2022

AGENTE E ESCRIVÃO POLÍCIA CIVIL DE GOIÁS
2ª EDIÇÃO

EDITORA
AlfaCon
Concursos Públicos

Proteção de direitos

Todos os direitos autorais desta obra são reservados e protegidos pela Lei nº 9.610/98. É proibida a reprodução de qualquer parte deste material didático, sem autorização prévia expressa por escrito do autor e da editora, por quaisquer meios empregados, sejam eletrônicos, mecânicos, videográficos, fonográficos, reprográficos, microfílmicos, fotográficos, gráficos ou quaisquer outros que possam vir a ser criados. Essas proibições também se aplicam à editoração da obra, bem como às suas características gráficas.

Diretor Geral: Evandro Guedes
Diretor de TI: Jadson Siqueira
Diretor Editorial: Javert Falco
Gerente Editorial: Mariana Passos
Editor Responsável: Mateus Ruhmke Vazzoller
Coordenação de Editoração: Alexandre Rossa
Diagramação: Emilly Lazarotto

Língua Portuguesa
Pablo Jamilk

Redação
Rachel Ribeiro

Realidade Étnica, Social, Histórica, Geográfica, Cultural, Política e Econômica do Estado de Goiás
Ítalo Trigueiro

Raciocínio Lógico
Daniel Lustosa

Noções de Direito Administrativo
Evandro Guedes

Noções de Direito Constitucional
Daniel Sena, Gustavo Muzy, Nilton Matos

Noções de Direito Penal
Eduardo Labruna, Evandro Guedes

Noções de Direito Processual Penal
Roberto Fernandes

Noções de Legislação Penal e Processual Penal
André Adriano, Gustavo Muzy, Guilherme de Luca, Norberto Junior, Mauricio Cazarotto, Pedro Canezin, Rafael Medeiros, Wallace França

Noções de Medicina Legal
Elvira Sampaio

Dados Internacionais de Catalogação na Publicação (CIP)
Jéssica de Oliveira Molinari CRB-8/9852

B82

Agente e escrivão : polícia civil de Goiás/ Equipe de professores Alfacon. -- Cascavel, PR : AlfaCon, 2022.
    692 p.

Bibliografia
ISBN 978-65-5918-479-8

1. Agente e escrivão - Concursos - Brasil 2. Polícia civil – Goiás 3. Língua portuguesa 4. redação 5. Direito 6. Conhecimentos gerais

22-4224   CDD 351.81076

Índices para catálogo sistemático:
1. Serviço público - Brasil - Concursos

Dúvidas?
Acesse: www.alfaconcursos.com.br/atendimento

Núcleo Editorial:
Rua: Paraná, nº 3193, Centro - Cascavel/PR
CEP: 85.810-010

Núcleo Comercial/Centro de Distribuição:
Rua: Dias Leme, nº 489, Mooca - São Paulo/SP
CEP: 03118-040

SAC: (45) 3037-8888

Data de fechamento 1ª impressão: 02/09/2022

EDITORA AlfaCon Concursos Públicos

www.alfaconcursos.com.br/apostilas

Atualizações e erratas
Esta obra é vendida como se apresenta. Atualizações - definidas a critério exclusivo da Editora AlfaCon, mediante análise pedagógica - e erratas serão disponibilizadas no site www.alfaconcursos.com.br/codigo, por meio do código disponível no final do material didático. Ressaltamos que há a preocupação de oferecer ao leitor uma obra com a melhor qualidade possível, sem a incidência de erros técnicos e/ou de conteúdo. Caso ocorra alguma incorreção, solicitamos que o leitor, atenciosamente, colabore com sugestões, por meio do setor de atendimento do AlfaCon Concursos Públicos.

APRESENTAÇÃO

A chance de fazer parte do Serviço Público chegou, e a oportunidade está no concurso para **Agente e Escrivão - Polícia Civil de Goiás - PCGO.** Neste universo dos concursos públicos, estar bem-preparado faz toda a diferença e para ingressar nesta carreira, é fundamental que esteja preparado com os conteúdos que o AlfaCon julga mais importante cobrados na prova:

Aqui, você encontrará os conteúdos básicos de

- Língua Portuguesa
- Redação
- Realidade Étnica, Social, Histórica, Geográfica, Cultural, Política e Econômica do Estado de Goiás
- Raciocínio Lógico
- Noções de Direito Administrativo
- Noções de Direito Constitucional
- Noções de Direito Penal
- Noções de Direito Processual Penal
- Noções de Legislação Penal e Processual Penal
- Noções de Medicina Legal

O AlfaCon preparou todo o material com explicações, reunindo os principais conteúdos relacionados a prova, dando ênfase aos tópicos mais cobrados. ESTEJA ATENTO AO CONTEÚDO ONLINE POR MEIO DO CÓDIGO DE RESGATE, para que você tenha acesso a todo conteúdo do solicitado pelo edital.

Desfrute de seu material o máximo possível, estamos juntos nessa conquista!

Bons estudos e rumo à sua aprovação!

EDITORA
AlfaCon
Concursos Públicos

COMO ESTUDAR PARA UM CONCURSO PÚBLICO!

AlfaCon — Concursos Públicos

Para se preparar para um concurso público, não basta somente estudar o conteúdo. É preciso adotar metodologias e ferramentas, como plano de estudo, que ajudem o concurseiro em sua organização.

As informações disponibilizadas são resultado de anos de experiência nesta área e apontam que estudar de forma direcionada traz ótimos resultados ao aluno.

CURSO ON-LINE GRATUITO

- Como montar caderno
- Como estudar
- Como e quando fazer simulados
- O que fazer antes, durante e depois de uma prova!

Ou pelo link: alfaconcursos.com.br/cursos/material-didatico-como-estudar

ORGANIZAÇÃO

Organização é o primeiro passo para quem deseja se preparar para um concurso público.

Conhecer o conteúdo programático é fundamental para um estudo eficiente, pois os concursos seguem uma tendência e as matérias são previsíveis. Usar o edital anterior - que apresenta pouca variação de um para outro - como base é uma boa opção.

Quem estuda a partir desse núcleo comum precisa somente ajustar os estudos quando os editais são publicados.

PLANO DE ESTUDO

Depois de verificar as disciplinas apresentadas no edital, as regras determinadas para o concurso e as características da banca examinadora, é hora de construir uma tabela com seus horários de estudo, na qual todas as matérias e atividades desenvolvidas na fase preparatória estejam dispostas.

PASSO A PASSO

VEJA AS ETAPAS FUNDAMENTAIS PARA ORGANIZAR SEUS ESTUDOS

PASSO 1	PASSO 2	PASSO 3	PASSO 4	PASSO 5
Selecionar as disciplinas que serão estudadas.	Organizar sua rotina diária: marcar pontualmente tudo o que é feito durante 24 horas, inclusive o tempo que é destinado para dormir, por exemplo.	Organizar a tabela semanal: dividir o horário para que você estude 2 matérias por dia e também destine um tempo para a resolução de exercícios e/ou revisão de conteúdos.	Seguir rigorosamente o que está na tabela, ou seja, destinar o mesmo tempo de estudo para cada matéria. Por exemplo: 2h/dia para cada disciplina.	Reservar um dia por semana para fazer exercícios, redação e também simulados.

Esta tabela é uma sugestão de como você pode organizar seu plano de estudo. Para cada dia, você deve reservar um tempo para duas disciplinas e também para a resolução de exercícios e/ou revisão de conteúdos. Fique atento ao fato de que o horário precisa ser determinado por você, ou seja, a duração e o momento do dia em que será feito o estudo é você quem escolhe.

TABELA SEMANAL

SEMANA	SEGUNDA	TERÇA	QUARTA	QUINTA	SEXTA	SÁBADO	DOMINGO
1							
2							
3							
4							

SUMÁRIO

LÍNGUA PORTUGUESA 23
  1. Níveis de Análise da Língua 24
  2. Morfologia Classes de Palavras 24
    2.1 Substantivos 24
    2.2 Artigo 24
    2.3 Pronome 25
    2.4 Pronomes de tratamento 25
    2.5 Adjetivo 28
    2.6 Advérbio 31
    2.7 Conjunção 32
    2.8 Interjeição 33
    2.9 Numeral 33
    2.10 Preposição 34
  3. Pronomes 36
    3.1 Pessoais 36
    3.2 De tratamento 37
    3.3 Demonstrativos 38
    3.4 Relativos 39
    3.5 Indefinidos 39
    3.6 Interrogativos 39
    3.7 Possessivos 39
  4. Substantivo 40
    4.1 Número dos substantivos 40
  5. Verbo 41
    5.1 Estrutura e conjugação dos verbos 41
    5.2 Flexão verbal 42
    5.3 Formas nominais do verbo 42
    5.4 Tempos verbais 42
    5.5 Tempos compostos da voz ativa 42
    5.6 Vozes verbais 43
    5.7 Tipos de voz passiva 43
    5.8 Verbos com a conjugação irregular 43
  6. Sintaxe Básica da Oração e do Período 48
    6.1 Período simples (oração) 48
    6.2 Período composto 50
  7. Concordância Verbal e Nominal 52
    7.1 Concordância verbal 52
    7.2 Concordância nominal 53
  8. Acentuação Gráfica 54
    8.1 Regras gerais 54

Sumário

9. Colocação Pronominal 55
   9.1 Regras de próclise 55
   9.2 Regras de mesóclise 55
   9.3 Regras de ênclise 55
   9.4 Casos facultativos 55
10. Regência Verbal e Nominal 56
    10.1 Regência verbal 56
    10.2 Regência nominal 57
11. Crase 59
    11.1 Crase proibitiva 59
    11.2 Crase obrigatória 59
    11.3 Crase facultativa 59
12. Pontuação 60
    12.1 Principais sinais e usos 60
13. Tipologia Textual 62
    13.1 Narração 62
    13.2 Dissertação 63
    13.3 Descrição 63
14. Compreensão e Interpretação de Textos 64
15. Paráfrase um Recurso Precioso 67
16. Ortografia 68
17. Acordo Ortográfico da Língua Portuguesa 73
    17.1 Trema 73
    17.2 Regras de acentuação 73
    17.3 Hífen com compostos 74
    17.4 Uso do hífen com palavras formadas por prefixos 74
    17.5 Síntese das principais regras do hífen 76
    17.6 Quadro resumo do emprego do hífen com prefixos 76
18. Interpretação de Textos 78
    18.1 Ideias preliminares sobre o assunto 78
    18.2 Semântica ou pragmática? 78
    18.3 Questão de interpretação? 78
    18.4 Tipos de texto - o texto e suas partes 78
    18.5 O texto dissertativo 78
19. Demais Tipologias Textuais 80
    19.1 O texto narrativo 80
    19.2 O texto descritivo 80
    19.3 Conotação x denotação 80
    19.4 Figuras de linguagem 80
    19.5 Funções da linguagem 81

20. Interpretação de Texto Poético..83
　　20.1 Tradução de sentido...83
　　20.2 Organização de texto (texto embaralhado) 84
　　20.3 Significação das palavras 84
　　20.4 Inferência 84

21. Estrutura e Formação de Palavras 88
　　21.1 Estrutura das palavras 88
　　21.2 Radicais gregos e latinos 88
　　21.3 Origem das palavras de língua portuguesa..89
　　21.4 Processos de formação de palavras 89

22. Figuras de Linguagem...91
　　22.1 Conotação x denotação 91
　　22.2 Vícios de linguagem 92

23. Questões..93

REDAÇÃO 99

1. Redação para Concursos Públicos 100
　　1.1 Por que tenho que me Preparar com Antecedência para a Redação?...................................100
　　1.2 Os Primeiros Passos 100
　　1.3 Orientações para o Texto Definitivo 101
　　1.4 Temas e Textos Motivadores 102
　　1.5 Título..103
　　1.6 O Texto Dissertativo 103
　　1.7 Estrutura do Texto Dissertativo 104

2. Dissertação Expositiva e Argumentativa 105
　　2.1 Dissertação expositiva..105
　　2.2 Estrutura do texto dissertativo-expositivo 105
　　2.3 Propostas de dissertação expositiva...105
　　2.4 Dissertação argumentativa 109
　　2.5 Estrutura do texto dissertativo-argumentativo 109
　　2.6 Propostas de dissertação argumentativa 109
　　2.7 Elementos de coesão 112
　　2.8 Critérios de avaliação das bancas..112

REALIDADE ÉTINICA, SOCIAL, HISTÓRICA, GEOGRAFIA, CULTURAL, POLÍTICA E ECONÔMICA DO ESTADO DE GOIÁS..114

1. Formação Econômica: Mineração e Pecuária 115
　　1.1 Primeiros anos do Brasil 115
　　1.2 Expedições de exploração 116
　　1.3 Período pré-ocupação territorial..116
　　1.4 Ocupação e povoamento do território goiano 117
　　1.5 O anhanguera e o ouro em Goiás 118
　　1.6 Efetiva colonização 118

SUMÁRIO

Sumário

    1.7 Entraves do povoamento da região 118
    1.8 Mineração 119
    1.9 Sistema colonial 119
    1.10 Principais impostos da economia mineradora 120
    1.11 Primeiros habitantes 122
    1.12 Declínio da mineração 124
    1.13 Pecuária: ocupação e povoamento 125
    1.14 Crise na mineração e escravidão 128
    1.15 Sociedade goiana no século xix 129

2. A Construção de Goiânia e a Nova Dinâmica Econômica 130
    2.1 Século xix 130
    2.2 Velha república 130
    2.3 Ferrovia 131
    2.4 Mudança da capital 132

3. Modernização da Agricultura 135

4. Partidos Políticos e Democracia: o Fim do Regime Militar e a Ordem Política em Goiás 138
    4.1 A redemocratização 138
    4.2 A era do marconismo 139

5. A Cultura Goiana 141
    5.1 Identidade cultural 141
    5.2 Artes 141
    5.3 Festas e festivais 142
    5.4 Gastronomia 143

6. Diferenças Regionais 144
    6.1 Aspectos da regionalização territorial de Goiás: diferenças e atualidades 144
    6.2 Mesorregiões 144
    6.3 Mesorregião norte 144
    6.4 Mesorregião noroeste 145
    6.5 Mesorregião leste 145
    6.6 Mesorregião centro 145
    6.7 Mesorregião sul 146
    6.8 Disparidades entre as mesorregiões 146
    6.9 As microrregiões 146
    6.10 Regiões de planejamento do governo do estado 146
    6.11 A regionalização: políticas públicas, sociedade e economia 147

7. Urbanização e Mudanças Sociais 148
    7.1 Processo de urbanização 148
    7.2 Sociedade goiana e a urbanização 150
    7.3 Consequências da urbanização do território 151

RACIOCÍNIO LÓGICO 152

1. Proposições 153
1.1 Definições 153
1.2 Tabela verdade e conectivos lógicos 154
1.3 Tautologias, contradições e contingências 155
1.4 Equivalências lógicas 156
1.5 Relação entre todo, algum e nenhum 157

2. Argumentos 158
2.1 Definições 158
2.2 Métodos para classificar os argumentos 159

3. Psicotécnicos 161

4. Análise Combinatória 164
4.1 Definição 164
4.2 Fatorial 164
4.3 Princípio fundamental da contagem (PFC) 164
4.4 Arranjo e combinação 165
4.5 Permutação 165

5. Probabilidade 167
5.1 Definições 167
5.2 Fórmula da probabilidade 167
5.3 Eventos complementares 167
5.4 Casos especiais de probabilidade 168

6. Teoria dos Conjuntos 169
6.1 Definições 169
6.2 Subconjuntos 169
6.3 Operações com conjuntos 170

7. Conjuntos Numéricos 171
7.1 Números naturais 171
7.2 Números inteiros 171
7.3 Números racionais 171
7.4 Números irracionais 172
7.5 Números reais 172
7.6 Intervalos 173
7.7 Múltiplos e divisores 173
7.8 Números primos 173
7.9 MMC e MDC 173
7.10 Divisibilidade 174
7.11 Expressões numéricas 174

8. Sistema Legal de Medidas 175
8.1 Medidas de tempo 175
8.2 Sistema métrico decimal 175

SUMÁRIO

Sumário

9. Razões e Proporções 176
   9.1 Grandeza 176
   9.2 Razão 176
   9.3 Proporção 176
   9.4 Divisão em partes proporcionais 176
   9.5 Regra das torneiras 177
   9.6 Regra de três 177
10. Porcentagem e Juros 178
    10.1 Porcentagem 178
    10.2 Lucro e prejuízo 178
    10.3 Juros simples 178
    10.4 Juros compostos 178
    10.5 Capitalização 178
11. Sequências Numéricas 179
    11.1 Conceitos 179
    11.2 Lei de formação de uma sequência 179
    11.3 Progressão aritmética (P.A.) 179
    11.4 Progressão geométrica (P.G.) 180
12. Matrizes, Determinantes e Sistemas Lineares 182
    12.1 Matrizes 182
    12.2 Multiplicacao de matrizes 183
    12.3 Determinantes 184
    12.4 Sistemas lineares 187
13. Funções, Função Afim e Função Quadrática 189
    13.1 Definições, domínio, contradomínio e imagem 189
    13.2 Plano cartesiano 189
    13.3 Funções injetoras, sobrejetoras e bijetoras 189
    13.4 Funções crescentes, decrescentes e constantes 190
    13.5 Funções inversas e compostas 190
    13.6 Função afim 190
14. Função Exponencial e Função Logarítmica 193
    14.1 Equação e função exponencial 193
    14.2 Equação e função logarítmica 193
15. Trigonometria 195
    15.1 Triângulos 195
    15.2 Trigonometria no triângulo retângulo 195
    15.3 Trigonometria num triângulo qualquer 195
    15.4 Medidas dos ângulos 195
    15.5 Ciclo trigonométrico 196
    15.6 Funções trigonométricas 197
    15.7 Identidades e operações trigonométricas 198
    15.8 Bissecção de arcos ou arco metade 198

16. Geometria Plana 199
    16.1 Semelhanças de figuras...199
    16.2 Relações métricas nos triângulos...199
    16.3 Quadriláteros..200
    16.4 Polígonos regulares..201
    16.5 Círculos e circunferências..202
    16.6 Polígonos regulares inscritos e circunscritos..203
    16.7 Perímetros e áreas dos polígonos e círculos..204

17. Questões...206

NOÇÕES DE DIREITO ADMINISTRATIVO 208

1. Introdução ao Direito Administrativo..209
    1.1 Ramos do Direito 209
    1.2 Conceito de Direito Administrativo..209
    1.3 Objeto do Direito Administrativo...209
    1.4 Fontes do Direito Administrativo...209
    1.5 Sistemas Administrativos..210
    1.6 Regime Jurídico Administrativo..210
    1.7 Noções de Estado..211
    1.8 Noções de Governo...211

2. Administração Pública..213
    2.1 Classificação de Administração Pública 213
    2.2 Organização da Administração..213
    2.3 Administração Direta..213
    2.4 Noção de Centralização, Descentralização e Desconcentração 214
    2.5 Administração Indireta..214

3. Órgão Público..219
    3.1 Teorias...219
    3.2 Características..219
    3.3 Classificação 219
    3.4 As Paraestatais...220

4. Ato Administrativo 222
    4.1 Conceito de Ato Administrativo..222
    4.2 Elementos de Validade do Ato 222
    4.3 Motivação 222
    4.4 Atributos do Ato...222
    4.5 Classificação dos Atos Administrativos..223
    4.6 Espécies de Atos Administrativos...223
    4.7 Extinção dos Atos Administrativos...225
    4.8 Convalidação..226

SUMÁRIO

Sumário

5. Poderes e deveres administrativos 227
   5.1 Deveres 227
   5.2 Poderes Administrativos 227
   5.3 Abuso de Poder 232
6. Controle da Administração Pública 233
   6.1 Classificação 233
   6.2 Controle Administrativo 235
   6.3 Controle Legislativo 235
   6.4 Controle Judiciário 238
7. Responsabilidade Civil do Estado 239
   7.1 Teoria do Risco Administrativo 239
   7.2 Teoria da Culpa Administrativa 239
   7.3 Teoria do Risco Integral 239
   7.4 Danos Decorrentes de Obras Públicas 239
   7.5 Responsabilidade Civil Decorrente de Atos Legislativos 240
   7.6 Responsabilidade Civil Decorrente de Atos Jurisdicionais 240
   7.7 Ação de Reparação de Danos 240
   7.8 Ação Regressiva 240
8. Questões 241

NOÇÕES DE DIREITO CONSTITUCIONAL 243

1. Teoria Geral da Constituição 244
   1.1 Conceito de constituição e princípio da supremacia da constituição 244
   1.2 Poder constituinte 245
   1.3 Classificação das normas constitucionais quanto à sua eficácia 246
   1.4 Emendas constitucionais 246
2. Interpretação das Normas Constitucionais e Controle de Constitucionalidade 248
   2.1 Interpretação das normas constitucionais 248
   2.2 Controle de constitucionalidade 249
3. Princípios Fundamentais 253
   3.1 Princípio da Tripartição dos Poderes 253
   3.2 Princípio Federativo 254
   3.3 Princípio Republicano 255
   3.4 Presidencialismo 255
   3.5 Democracia 255
   3.6 Fundamentos da República Federativa do Brasil 255
   3.7 Objetivos Fundamentais da República Federativa do Brasil 256
   3.8 Princípios que Regem as Relações Internacionais do Brasil 256
4. Direitos Fundamentais 258
   4.1 Conceito 258
   4.2 Amplitude horizontal e vertical 258
   4.3 Classificação 258
   4.4 Características 258

- 4.5 Dimensões dos Direitos Fundamentais ... 259
- 4.6 Titulares dos Direitos Fundamentais ... 259
- 4.7 Cláusulas Pétreas e os Direitos Fundamentais ... 259
- 4.8 Eficácia dos Direitos Fundamentais ... 260
- 4.9 Força Normativa dos Tratados Internacionais ... 261
- 4.10 Tribunal Penal Internacional - TPI ... 261
- 4.11 Direitos X Garantias ... 261

5. Direitos e Deveres Individuais e Coletivos ... 262
   - 5.1 Direito à Vida ... 262
   - 5.2 Direito à Igualdade ... 262
   - 5.3 Direito à Liberdade ... 263
   - 5.4 Direito à Propriedade ... 266
   - 5.5 Direito à segurança ... 268
   - 5.6 Remédios constitucionais ... 275

6. Direitos Sociais e Nacionalidade ... 278
   - 6.1 Direitos sociais ... 278
   - 6.2 Direitos de nacionalidade ... 280

7. Direitos Políticos e Partidos Políticos ... 284
   - 7.1 Direitos políticos ... 284
   - 7.2 Partidos políticos ... 287

8. Da Organização Político-Administrativa ... 288
   - 8.1 Princípio federativo ... 288
   - 8.2 Vedações constitucionais ... 289
   - 8.3 Características dos entes federativos ... 289
   - 8.4 Competências dos entes federativos ... 293
   - 8.5 Intervenção ... 296

9. Administração Pública ... 299
   - 9.1 Conceito ... 299
   - 9.2 Princípios expressos da administração pública ... 299
   - 9.3 Princípios implícitos da administração pública ... 301
   - 9.4 Regras aplicáveis aos servidores públicos ... 303
   - 9.5 Direitos trabalhistas ... 304
   - 9.6 Liberdade de associação sindical ... 305

10. Poder Legislativo ... 312
    - 10.1 Princípios ... 312
    - 10.2 Poder Legislativo ... 313

11. Poder Executivo ... 324
    - 11.1 Princípios ... 324

12. Poder Judiciário ... 330
    - 12.1 Disposições gerais ... 330
    - 12.2 Composição dos Órgãos do Poder Judiciário ... 332
    - 12.3 Análise das Competências dos Órgãos do Poder Judiciário ... 338

SUMÁRIO

Sumário

13. Funções Essenciais à Justiça 342
    13.1 Ministério público 342
    13.2 Advocacia pública 348
    13.3 Defensoria pública 349
    13.4 Advocacia 350
14. Defesa do Estado e das Instituições Democráticas 351
    14.1 Sistema constitucional de crises 351
    14.2 Forças armadas 353
    14.3 Segurança pública 355
15. Ordem Social 358
    15.1 Seguridade social 358
    15.2 Da educação, da cultura e do desporto 360
    15.3 Ciência e tecnologia 361
    15.4 Comunicação social 362
    15.5 Meio ambiente 363
    15.6 Família, criança, adolescente, jovem e idoso 363
    15.7 Índios 365
16. A Constituição e os Tratados Internacionais de Direitos Humanos 366
    16.1 Conceitualização 366
    16.2 A redemocratização e os tratados Internacionais de Direitos Humanos 366
    16.3 Fases de incorporação 367
17. Questões 368

NOÇÕES DE DIREITO PENAL 370

1. Introdução ao Direito Penal e Aplicação da Lei Penal 371
    1.1 Introdução ao Estudo do Direito Penal 371
    1.2 Teoria do crime 371
    1.3 Princípio da legalidade (anterioridade – reserva legal) 372
    1.4 Interpretação da lei penal 373
    1.5 Conflito aparente de normas penais 373
    1.6 Lei penal no tempo 375
    1.7 Crimes permanentes ou continuados 375
    1.8 Lei excepcional ou temporária 376
    1.9 Tempo do crime 376
    1.10 Lugar do crime 376
    1.11 Da lei penal no espaço 377
    1.12 Pena cumprida no estrangeiro 380
    1.13 Eficácia de sentença estrangeira 380
    1.14 Contagem de prazo 380
    1.15 Frações não computáveis da pena 380
    1.16 Legislação especial 380

2. Do Crime 381
   2.1 Relação de causalidade 381
   2.2 Da consumação e tentativa 382
   2.3 Desistência voluntária e arrependimento eficaz 383
   2.4 Arrependimento posterior 383
   2.5 Crime impossível ("quase crime") 383
   2.6 Crime doloso 384
   2.7 Crime culposo 384
   2.8 Preterdolo 385
   2.9 Erro sobre elemento do tipo 385
   2.10 Erro sobre a pessoa 386
   2.11 Erro sobre a ilicitude do fato 386
   2.12 Coação irresistível e obediência hierárquica 387
   2.13 Exclusão da ilicitude 387
   2.14 Da imputabilidade penal 389
   2.15 Do concurso de pessoas 390
   2.16 Circunstâncias incomunicáveis 391

3. Concurso de Crimes 393
   3.1 Concurso material 393
   3.2 Concurso formal 393
   3.3 Crime continuado 394
   3.4 Crime continuado específico ou qualificado 394
   3.5 3.5 Multas no concurso de crimes 394

4. Dos Crimes Contra a Pessoa 395
   4.1 Dos crimes contra a vida 395
   4.2 Das lesões corporais 406
   4.3 Da periclitação da vida e da saúde 410
   4.4 Da rixa 413
   4.5 Dos crimes contra honra 414
   4.6 Dos crimes contra liberdade individual 419

5. Dos Crimes Contra o Patrimônio 423
   5.1 Do furto 423
   5.2 Do roubo e da extorsão 427
   5.3 Da usurpação 432
   5.4 Do dano 433
   5.5 Da apropriação indébita 434
   5.6 Do estelionato e outras fraudes 438
   5.7 Da receptação 443
   5.8 Disposições gerais 445

Sumário

6. Dos Crimes Contra a Dignidade Sexual 446
   - 6.1 Dos crimes contra a liberdade sexual 446
   - 6.2 Ação penal 448
   - 6.3 Aumento de pena 448
   - 6.4 Do lenocínio e do tráfico de pessoa para fim de prostituição ou outra forma de exploração sexual 448
   - 6.5 Do ultraje público ao pudor 449
   - 6.6 Disposições gerais 449

7. Dos Crimes Contra a Fé Pública 450
   - 7.1 Da moeda falsa 450
   - 7.2 Petrechos para falsificação de moeda 450
   - 7.3 Da falsidade de títulos e outros papéis públicos 450
   - 7.4 Da falsidade documental 451
   - 7.5 De outras falsidades 455
   - 7.6 Das fraudes em certames de interesse público 456

8. Dos Crimes Contra Administração Pública 457
   - 8.1 Dos crimes praticados por funcionário público contra a administração em geral 457
   - 8.2 Dos crimes praticados por particular contra a administração em geral 469
   - 8.3 Dos crimes praticados por particular contra a administração pública estrangeira 476
   - 8.4 Dos crimes contra a administração da justiça 479
   - 8.5 Subtração ou dano de coisa própria em poder de terceiro 484
   - 8.6 Dos crimes contra as finanças públicas 489

9. Questões 490

NOÇÕES DE DIREITO PROCESSUAL PENAL 492

1. Introdução ao Direito Processual Penal 493
   - 1.1 Lei processual penal no espaço 493
   - 1.2 Lei processual penal no tempo 493
   - 1.3 Interpretação da lei processual penal 493

2. Inquérito Policial 494
   - 2.1 Conceito de inquérito policial 494
   - 2.2 Natureza jurídica 494
   - 2.3 Características do inquérito policial 494
   - 2.4 Valor probatório do inquérito policial 495
   - 2.5 Vícios 496
   - 2.6 Do procedimento investigatório (IP) face aos servidores vinculados aos órgãos da segurança da pública (art. 144º da cf/88) 496
   - 2.7 Incomunicabilidade 496
   - 2.8 Notícia crime 496
   - 2.9 Prazos para conclusão do inquérito policial 497

3. Provas 499
   3.1 Conceito 499
4. Prisões 504
   4.1 Conceito 504
5. Questões 508

NOÇÕES DE LEGISLAÇÃO PENAL E PROCESSUAL PENAL 510

1. Lei nº 10.826/2003 - Estatuto do Desarmamento 511
   1.1 Conceitos introdutórios 511
   1.2 Dos crimes e das penas 517
2. Lei Nº 8.072/90 – Lei de Crimes Hediondos 527
   2.1 Crimes equiparados a hediondos 529
   2.2 Privilégios não aplicados aos crimes hediondos 530
   2.3 Regime inicial 530
   2.4 Prisão temporária 530
   2.5 Alterações no código penal 530
3. Lei Nº 7.716/1989 - Crimes Resultantes de Preconceito de Raça ou de Cor 531
4. Lei Nº 12.850/2013 - Lei de Organização Criminosa 532
   4.1 Convenção de palermo 532
   4.2 O conceito de organização criminosa 532
   4.3 Os crimes de associação criminosa do código penal (art. 288), Da lei de drogas (art. 35 Da lei nº 11.343/2006), De organização criminosa para fins de terrorismo (art. 3º da lei nº 13.260/2016) E de organização criminosa do art. 2º da lei nº 12.850/2013 533
   4.4 Os meios de obtenção de prova da lei nº 12.850/2013 534
   4.5 Da colaboração premiada 535
   4.6 Da ação controlada 538
   4.7 Da infiltração de agentes 539
   4.8 Do acesso a registros, dados cadastrais, documentos e informações 540
   4.9 Dos crimes ocorridos na investigação e na obtenção da prova 541
   4.10 Disposições finais 541
5. Lei nº 9.296/1996 – Lei de Interceptação Telefônica 542
   5.1 Conceito e Aplicabilidade da Interceptação 542
   5.2 Requisitos Legais da Interceptação 543
   5.3 Procedimento da Interceptação Telefônica 544
   5.4 Captação Ambiental de Sinais Eletromagnéticos, Ópticos ou Acústicos 545
   5.5 Descarte de Material Irrelevante 545
   5.6 O Crime Previsto no Art. 10 da Lei Nº 9.296/96 545
6. Lei Nº 7.210/1984 - Lei de Execução Penal 547
7. Lei Nº 9.099/1995 - Juizados Especiais Cíveis e Criminais 584
   7.1 Disposições gerais 584
   7.2 Dos juizados especiais cíveis 584
   7.3 Dos juizados especiais criminais 588
   7.4 Disposições finais comuns 591

Sumário

8. Lei Nº 8.137/1990 - Crimes Contra a Ordem Tributária 592
   8.1 Aspectos gerais 592
9. Lei Nº 11.340/2006 - Lei Maria da Penha 593
   9.1 Origem da Lei Maria da Penha 593
   9.2 Objetivos 593
   9.3 Direitos das mulheres 593
   9.4 Sujeitos da violência doméstica e familiar contra a mulher 593
   9.5 Alcance da lei 594
   9.6 Formas de violência doméstica e familiar contra a mulher 595
   9.7 Requisitos para aplicar a Lei Maria da Penha 595
   9.8 Da assistência à mulher em situação de violência doméstica e familiar 595
   9.9 Aspectos processuais relevantes 598
   9.10 Medidas protetivas de urgência 600
   9.11 Da equipe de atendimento multidisciplinar 603
   9.12 Disposições transitórias 603
   9.13 Disposições finais 603
   9.14 Alterações legislativas 604
10. Decreto-Lei nº 3.688/1941 - Lei das Contravenções Penais 605
    10.1 Infração penal 605
    10.2 Penas acessórias 605
    10.3 Ação penal 606
    10.4 Contravenções penais em espécie 607
    10.5 Contravenções referentes ao patrimônio 607
    10.6 Contravenções referentes à incolumidade pública 607
    10.7 Omissão de cautela da guarda ou condução de animais 608
    10.8 Direção sem habilitação 608
    10.9 Contravenções referentes à paz pública 608
    10.10 Perturbação do trabalho ou do sossego 608
    10.11 Contravenções referentes à fé pública 609
    10.12 Contravenções relativas à organização do trabalho 609
    10.13 Contravenções relativas à polícia de costumes 609
    10.14 Contravenções referentes à administração pública 610
11. Lei nº 9.605/1998 – Meio Ambiente 611
    11.1 Da apreensão do produto e do instrumento de infração administrativa ou de crime ...611
    11.2 Dos crimes contra o meio ambiente 611
12. Lei nº 8.429/1992 - Lei de Improbidade Administrativa 623
    12.1 Dos atos de improbidade administrativa 623
    12.2 Penas 626
    12.3 Da declaração de bens 626
    12.4 Do procedimento administrativo e do processo judicial 626
    12.5 Disposições penais 629
    12.6 Da prescrição 630
13. Lei Nº 12.037/2009 - Lei de Identificação Criminal 631

14. Lei Nº 13.869/2019 - Lei de Abuso de Autoridade 633
15. Lei Nº 8.069/1990 - Estatuto da Criança e do Adolescente 637
    15.1 Direito da criança e do adolescente 637
    15.2 Fases do direito da criança e do adolescente 637
    15.3 Conceito de criança e de adolescente 637
    15.4 Direitos fundamentais 637
    15.5 Direito à vida e à saúde 637
    15.6 Direito à liberdade, ao respeito e à dignidade 638
    15.7 Direito à convivência familiar 639
    15.8 Direito à educação, à cultura, ao esporte e ao lazer 641
    15.9 Direito à profissionalização e à proteção no trabalho 642
    15.10 Da prevenção 642
    15.11 Autorização para viajar 643
    15.12 Política de atendimento e entidades de atendimento 644
    15.13 Medidas de proteção 645
    15.14 Conselho tutelar 647
    15.15 Justiça da infância e da juventude 647
    15.16 Recursos no ECA 649
    15.17 Ministério público, advocacia e tutela de direitos 649
    15.18 Crimes e infrações administrativas 651
    15.19 Infrações administrativas 654
    15.20 Sistema nacional de atendimento socioeducativo 655
16. Questões 659

NOÇÕES DE MEDICINA LEGAL 661

1. Medicina Legal 662
    1.1 Conceitos de medicina legal 662
    1.2 Campos da medicina legal 662
    1.3 Peritos e perícia 662
2. Documentos Médico-Legais 663
    2.1 Atestados médicos 663
    2.2 Relatório médico legal 663
    2.3 Parecer médico legal 664
    2.4 Depoimento oral 664
    2.5 Exame pericial 664
    2.6 Corpo de delito 664
    2.7 Exames grafológicos 665
    2.8 Exames por precatória 665
    2.9 Fotografia 665
3. Antropologia Forense 666
    3.1 Identidade 666
    3.2 Identificação 666
    3.3 Outros tipos de identificação 668

Sumário

4. Traumatologia Forense 672
   4.1 Agentes mecânicos 672
   4.2 Agentes físicos 675
   4.3 Agentes físico-químicos 676
   4.4 Agentes químicos 677
5. Sexologia Forense 679
   5.1 Erotologia forense 679
   5.2 Obstetrícia forense 681
   5.3 Himenologia forense 683
6. Tanatologia Forense 684
   6.1 Tanatognose 684
   6.2 Ações com o cadáver 685
   6.3 Fauna cadavérica 685
   6.4 Lesões *in vita* e *post mortem* 687
   6.5 Locais de crime 687
   6.6 Transplante e doação de órgãos 687
7. Questões 690

LÍNGUA PORTUGUESA

1. NÍVEIS DE ANÁLISE DA LÍNGUA

Vamos começar o nosso estudo fazendo uma distinção entre quatro níveis de análise da Língua Portuguesa, afinal, você não pode confundir-se na hora de estudar. Fique ligado nessa diferença:

→ **Nível Fonético / Fonológico:** estuda a produção e articulação dos sons da língua.

→ **Nível Morfológico:** estuda a estrutura e a classificação das palavras.

→ **Nível Sintático:** estuda a função das palavras dentro de uma sentença.

→ **Nível Semântico:** estuda as relações de sentido construídas entre as palavras.

Na Semântica, estudaremos, entre outras coisas, a diferença entre linguagem de sentido denotativo (ou literal, do dicionário) e linguagem de sentido conotativo (ou figurado).

Ex: Rosa é uma flor.

01. Morfologia:

Rosa: substantivo;

Uma: artigo;

É: verbo ser;

Flor: substantivo

02. Sintaxe:

Rosa: sujeito;

É uma flor: predicado;

Uma flor: predicativo do sujeito.

03. Semântica:

Rosa pode ser entendida como uma pessoa ou como uma planta, depende do sentido.

Vamos, a partir de agora, estudar as classes de palavras.

2. MORFOLOGIA CLASSES DE PALAVRAS

Antes de mergulhar nas conceituações, vamos fazer uma lista para facilitar o nosso estudo: classe e exemplo.

Artigo: o, a, os, as, um, uma, uns, umas.

Adjetivo: Legal, interessante, capaz, brasileiro, francês.

Advérbio: Muito, pouco, bem, mal, ontem, certamente

Conjunção: Que, caso, embora.

Interjeição: Ai! Ui! Ufa! Eita.

Numeral: Sétimo, vigésimo, terço.

Preposição: A, ante, até, após, com, contra, de, desde, em, entre.

Pronome: Cujo, o qual, quem, eu, lhe.

Substantivo: Mesa, bicho, concursando, Pablo, José.

Verbo: Estudar, passar, ganhar, gastar.

2.1 Substantivos

Os substantivos são palavras que nomeiam seres reais ou imaginários, objetos, lugares ou estados de espírito.

Eles podem ser:

→ Comuns: quando designam seres da mesma espécie.

gato, mulher, árvore

→ Próprios: quando se referem a um ser em particular.

Bahia, Clarice Lispector, Japão

→ Concretos: que designam seres reais no mundo ou na mente.

menino, bolo, jacaré, duende

→ Abstratos: que designam sentimentos, qualidades, estados ou ações dos seres.

saudade, tristeza, dor, sono (sensações)

beleza, destreza (qualidades)

vida, morte (estados)

estudo, trabalho, luta (ações)

→ Simples: que são formados por um único radical.

garrafa, porta, camiseta, neve

→ Compostos: que são formados por mais de um radical.

passatempo, guarda-chuva

→ Primitivos: que não derivam de outra palavra da língua portuguesa.

pulso, dente

→ Derivados: que derivam de outra palavra.

pulseira, dentista

→ Coletivos: que nomeiam seres da mesma espécie.

alcateia, arquipélago, biblioteca

Há a possibilidade de que palavras de outras classes gramaticais tenham função de substantivo em uma frase, oração ou período, e quando isso ocorre são chamadas Palavras Substantivadas. Para isso, o artigo precede a palavra.

Ainda não sei o porquê do livro não ter sido devolvido.

2.2 Artigo

O artigo é a palavra variável que tem por função individualizar algo, ou seja, possui como função primordial indicar um elemento, por meio de definição ou indefinição da palavra que, pela anteposição do artigo, passa a ser substantivada. Os artigos se subdividem em:

Artigos definidos: **o, a, os, as** - porque definem o substantivo a que se referem.

Hoje à tarde, falaremos sobre **a** aula da semana passada.

Na última aula, falamos **do** conteúdo programático.

Artigos indefinidos: **um, uma, uns, umas** - porque indefinem o substantivo a que se referem.

Assim que eu passar no concurso, eu irei comprar **um** carro.

Pela manhã, papai, apareceu **um** homem da loja aqui.

É importante ressaltar que os artigos podem ser contraídos com algumas preposições essenciais, como demonstraremos na tabela a seguir:

Prepo-sições	Artigo								
	Definido				Indefinido			
	o	a	os	as	um	uma	uns	umas
A	ao	à	aos	às	-	-	-	-
De	do	da	dos	das	dum	duma	duns	dumas
Em	no	na	nos	nas	num	numa	nuns	numas
Per	pelo	pela	pelos	pelas	-	-	-	-
Por	polo	pola	polos	polas	-	-	-	-

O artigo é utilizado para substantivar um termo. Ou seja, quer transformar algo em um substantivo? Coloque um artigo em sua frente.

"Cantar alivia a alma." (Verbo)

"O cantar alivia a alma." (Substantivo)

Emprego do artigo com a palavra "todo":

Quando inserimos artigos ao lado do termo "todo", em geral, o sentido da expressão passa a designar totalidade. Como no exemplo abaixo:

Pobreza é um problema que acomete todo país.

(todos os países)

Pobreza é um problema que acomete todo o país.

(o país em sua totalidade).

2.3 Pronome

Os pronomes são palavras que determinam ou substituem substantivos, indicando a pessoa do discurso – que é quem participa ou é objeto do ato comunicativo.

Os pronomes podem ser pessoais, possessivos, demonstrativos, indefinidos, relativos ou interrogativos.

Pronomes substantivos e adjetivos

É chamado pronome substantivo quando um pronome substitui um substantivo.

É chamado pronome adjetivo quando determina o substantivo com o qual se encontra.

Pronomes pessoais

Pronomes pessoais representam as pessoas do discurso, substituindo o substantivo.

Existem três pessoas do discurso – ou gramaticais:

> 1ª pessoa: eu, nós
> 2ª pessoa: tu, vós
> 3ª pessoa: ele, ela, eles, elas

Os pronomes pessoais podem ser:

→ Retos: têm função, em regra, como sujeito da oração.
→ Oblíquos: têm função de objeto ou complemento.

2.4 Pronomes de Tratamento

Estes são os pronomes utilizados para nos referirmos às pessoas. Eles podem ser cerimoniosos ou familiares, dependendo da pessoa com a qual falamos; considera-se a idade, o cargo e o título, dentre outros, para escolher o tratamento adequado.

É importante ressaltar que as abreviaturas devem, de modo geral, ser evitadas.

Exemplos de pronomes de tratamento:

Você: tratamento informal

Senhor, senhora: tratamento de respeito

Vossa Excelência: altas autoridades

Vossa Reverendíssima: para sacerdotes

Vossa Alteza: para príncipes, princesas e duques

Pronomes possessivos

São os pronomes que atribuem posse de algo às pessoas do discurso.

Eles podem estar em:

> 1ª pessoa do singular: meu, minha, meus, minhas
> 2ª pessoa do singular: teu, tua, teus, tuas
> 3ª pessoa do singular: seu, sua, seus, suas
> 1ª pessoa do plural: nosso, nossa, nossos, nossas
> 2ª pessoa do plural: vosso, vossa, vossos, vossas
> 3ª pessoa do plural: seu, sua, seus, suas

Pronomes demonstrativos

São os que indicam lugar, posição ou identidade dos seres, relativamente às pessoas do discurso.

São eles:

este(s), esta(s), esse(s), essa(s), aquele(s), aquela(s), aqueloutro(s), aqueloutra(s), mesmo(s), mesma(s), próprio(s), própria(s), tal, tais, semelhante(s).

Pronomes relativos

São palavras que representam substantivos já citados, com os quais estão relacionadas.

Eles podem ser:

→ Variáveis:
> Masculino: o qual, os quais, cujo, cujos, quanto, quantos.
> Femininos: a qual, as quais, cuja, cujas, quanta, quantas.

→ Invariáveis: quem, que, onde.

Os pronomes relativos podem unir duas orações como em:

Da árvore caíram maçãs, que foram recolhidas.

Pronomes indefinidos

São os pronomes que se referem, de forma imprecisa e vaga, à 3ª pessoa do discurso.

Eles podem ser:

→ Pronomes indefinidos substantivos

Têm função de substantivo: alguém, algo, nada, tudo, ninguém.

→ Pronomes indefinidos adjetivos

Têm função de adjetivo: cada, certo(s), certa (s).

→ Que variam entre pronomes adjetivos e substantivos

Variam de acordo com o contexto: algum, alguma, bastante, demais, mais, qual etc.

Locuções pronominais indefinidas

Cada qual, cada um, seja qual for, tal qual, um ou outro etc.

Pronomes interrogativos

São os pronomes utilizados em frases interrogativas e, assim como os pronomes indefinidos, não imprecisos para com a 3ª pessoa do plural.

Exemplos:

Quem foi?

Quantos professores vieram hoje?

Lutar contra quê?

Verbo

O verbo é uma palavra que exprime um estado, uma ação, um fato ou um fenômeno.

Ele possui diferentes formas, por suas flexões, para indicar a pessoa do discurso, o número, o tempo, o modo e a voz.

Pessoa e número

O verbo pode variar indicando a pessoa e o número:

> 1ª pessoa: eu ando (singular) / nós andamos
> 2ª pessoa: tu anda (singular) / vós andais
> 3ª pessoa: ele anda (singular) / eles andam

Tempos verbais

Os tempos têm a função de situar uma ação ou um acontecimento e podem ser:

→ Presente: Agora eu escrevo.
→ Pretérito (passado):
  > Imperfeito: Depois de ler, ele fechava o livro.
  > Perfeito: Ele fechou o livro.
  > Mais-que-perfeito: Quando vi, ele já fechara o livro.
→ Futuro:
  > Do presente: Indiara ganhará o presente.
  > Do pretérito: Indiara ganharia o presente.

Modos verbais

Existem três modos de um fato se realizar:

→ Indicativo: Exprime um fato certo e positivo.
→ Imperativo: Exprime uma ordem, proibição, pedido, conselho.
→ Subjuntivo: Enuncia um fato hipotético, possível.

Formas nominais

As formas nominais enunciam, de forma imprecisa, vaga e impessoal, um fato.

São elas:

→ Infinitivo: prender, vender.
→ Gerúndio: prendendo, vendendo.
→ Particípio: prendido, vendido.

Além disso, o infinitivo pode ser pessoal ou impessoal, sendo:

→ Pessoal: quando tem sujeito.
→ Impessoal: quando não tem sujeito.

Também pode ser flexionado ou não flexionado

→ Flexionado: comeres tu, comermos nós, comerdes vós, comerem eles.
→ Não flexionado: comer eu, comer ele.

Verbos auxiliares

São os que se unem a uma forma nominal de outro verbo para formar voz passiva, tempos compostos e locuções verbais.

Principais verbos auxiliares: ter, haver, ser, estar.

Voz

Quanto à voz, os verbos podem ser classificados em:

→ Ativos
→ Passivos
→ Reflexivos

Conjugações

Podem-se agrupar os verbos em três conjugações, de acordo com a terminação do infinitivo.

> 1ª conjugação: terminados em -ar: cantar
> 2ª conjugação: terminados em -er: bater
> 3ª conjugação: terminados em -ir: fingir

As conjugações são caracterizadas pelas vogais temáticas A, E e I.

Elementos estruturais do verbo

É necessário identificar o radical, o elemento básico, e a terminação, que varia indicando tempo e modo, e pessoa e número.

Exemplo: dançar | danç- (radical) -ar (terminação)

Na terminação é encontrada ao menos um dos seguintes elementos:

→ Vogal temática: que caracteriza a conjugação.
→ Desinência modo-temporal: indica o modo e o tempo do verbo.
→ Desinência número pessoal: indica se seria a 1ª, 2ª ou 3ª pessoa e se seria do plural ou do singular.

Tempos primitivos e derivados

Os tempos podem ser divididos em primitivos e derivados, que podem ser:
→ Presente do infinitivo:
  Exemplo: reclamar
  > Pretérito imperfeito do indicativo: reclamava, reclamavas.
  > Futuro do presente: reclamarei, reclamarás.
  > Futuro do pretérito: reclamaria, reclamarias.
  > Infinitivo pessoal: reclamar, reclamares.
  > Gerúndio: reclamando.
  > Particípio: reclamado.
→ Presente do indicativo:
  Exemplo: guardo, guardas, guardais
  > Presente do subjuntivo - guardo: guarda, guardas, guarda, guardamos, guardais, guardam
  > Imperativo afirmativo - guardas: guarda, guardais
→ Pretérito perfeito do indicativo:
  Exemplo: guardaram
  > Pretérito mais que perfeito do indicativo: guardara, guardaras
  > Pretérito imperfeito do subjuntivo: guardasse, guardasses
  > Futuro do subjuntivo: guardares

Modo imperativo

O imperativo se dá de duas formas:
→ Imperativo afirmativo:
  > 2ª pessoa do singular e a 2ª pessoa do plural: derivam das pessoas equivalentes do presente do indicativo e suprime-se o s final.
  > demais pessoas: continuam como no presente do subjuntivo, sem alteração.
→ Imperativo negativo: as pessoas são iguais às equivalentes do presente do subjuntivo.

Tempos compostos

→ Da voz ativa: é formado pelo particípio do verbo principal, precedido pelos verbos auxiliares ter ou haver.
→ Da voz passiva: é formado quando o verbo principal, no particípio, é precedido pelos auxiliares ter (ou haver) e ser, de forma conjunta.
→ Locuções verbais: são formadas por um verbo principal, no gerúndio ou infinitivo, precedido por um verbo auxiliar.

Verbos regulares, irregulares e defectivos

A conjugação dos verbos pode ser dividida em:
→ Regular: são os que seguem um modelo comum de conjugação, mantendo o radical invariável
→ Irregular: são os que são alterados no radical e/ou nas terminações.
→ Defectiva: são os que não são usados em certos modos por não terem a conjugação completa.

Emprego do verbo haver

O verbo haver é utilizado, principalmente, para expressar ter ou existir, mas pode indicar, também, estar presente, decorrer, fazer, recuperar, julgar, acontecer, comportar-se, entender-se e o ato de ter existência. Além disso, ele possui diversas particularidades na conjugação.

O verbo haver é um verbo irregular, que passa por alterações tanto no seu radical, quanto nas suas terminações, quando conjugado.
→ Presente do indicativo:
  > (eu) hei
  > (tu) hás
  > (ele) há
  > (nós) havemos
  > (vós) haveis
  > (eles) hão

No pretérito perfeito do indicativo, no pretérito mais-que-perfeito do indicativo, no pretérito imperfeito do subjuntivo e no futuro do subjuntivo, o radical hav- se transformará em houv-.
→ Pretérito perfeito do indicativo
  > (eu) houve
  > (tu) houveste
  > (ele) houve
  > (nós) houvemos
  > (vós) houvestes
  > (eles) houveram
→ Futuro do subjuntivo
  > (quando eu) houver
  > (quando tu) houveres
  > (quando ele) houver
  > (quando nós) houvermos
  > (quando vós) houverdes
  > (quando eles) houverem

Nos demais tempos verbais, o radical hav- passa a ser haj-, no presente do subjuntivo e no imperativo.
→ Presente do subjuntivo
  > (que eu) haja
  > (que tu) hajas
  > (que ele) haja
  > (que nós) hajamos
  > (que vós) hajais
  > (que eles) hajam

Quando o verbo haver é utilizado para indicar tempo ou com o sentido de existir, ele será impessoal e sem sujeito, sendo conjugado apenas na 3ª pessoa do singular.

> Presente do indicativo: há
> Pretérito perfeito do indicativo: houve
> Pretérito imperfeito do indicativo: havia
> Pretérito mais-que-perfeito do indicativo: houvera
> Futuro do presente do indicativo: haverá
> Futuro do pretérito do indicativo: haveria
> Presente do subjuntivo: que haja
> Pretérito imperfeito do subjuntivo: se houvesse
> Futuro do subjuntivo: quando houver

Esse verbo pode ser, também, verbo auxiliar na formação de tempos compostos. Para tal, ele substitui o verbo ter, apresentando ainda o mesmo sentido, e pode ser conjugado em todas as pessoas verbais.

→ Pretérito mais-que-perfeito composto do indicativo
> (Eu) havia + particípio do verbo principal
> (Tu) havias + particípio do verbo principal
> (Ele) havia + particípio do verbo principal
> (Nós) havíamos + particípio do verbo principal
> (Vós) havíeis + particípio do verbo principal
> (Eles) haviam + particípio do verbo principal

→ Haver ou a ver

Para referir-se a algo que possui relação para com alguma coisa, a expressão correta é a ver.

2.5 Adjetivo

É a palavra variável que expressa uma qualidade, característica ou origem de algum substantivo ao qual se relaciona.

Meu terno é azul, elegante e italiano.

Analisando, entendemos assim:

Azul: característica.
Elegante: qualidade.
Italiano: origem.

Estrutura e a classificação dos adjetivos. Com relação à sua formação, eles podem ser:

Explicativos: quando a característica é comum ao substantivo referido.

Fogo **quente**, Homem **mortal**. (Todo fogo é quente, todo homem é mortal)

Restritivos: quando a característica não é comum ao substantivo, ou seja, nem todo substantivo é assim caracterizado.

Terno **azul**, Casa **grande**. (Nem todo terno é azul, nem toda casa é grande)

Simples: quando possui apenas uma raiz.

amarelo, brasileiro, competente, sagaz, loquaz, inteligente, grande, forte etc.

Composto: quando possui mais de uma raiz.

amarelo-canário, luso-brasileiro, verde-escuro, vermelho-sangue etc.

Primitivo: quando pode dar origem a outra palavra, não tendo sofrido derivação alguma.

bom, legal, grande, rápido, belo etc.

Derivado: quando resultado de um processo de derivação, ou seja, oriundo de outra palavra.

bondoso (de bom), grandioso (de grande), maléfico (de mal), esplendoroso (de esplendor) etc.

Os adjetivos que designam origem de algum termo são denominados adjetivos pátrios ou gentílicos.

Uma lista de adjetivos pátrios de estado:

Adjetivos Pátrios	
Acre	Acriano
Alagoas	Alagoano
Amapá	Amapaense
Aracaju	Aracajuano ou Aracajuense
Amazonas	Amazonense ou Baré
Belém (PA)	Belenense
Belo Horizonte	Belo-horizontino
Boa Vista	Boa-vistense
Brasília	Brasiliense
Cabo Frio	Cabo-friense
Campinas	Campineiro ou Campinense
Curitiba	Curitibano
Espírito Santo	Espírito-santense ou Capixaba
Fernando de Noronha	Noronhense
Florianópolis	Florianopolitano
Fortaleza	Fortalezense
Goiânia	Goianiense
João Pessoa	Pessoense
Macapá	Macapaense
Maceió	Maceioense
Manaus	Manauense
Maranhão	Maranhense
Marajó	Marajoara
Natal	Natalense ou Papa-jerimum
Porto Alegre	Porto Alegrense
Ribeirão Preto	Ribeiropretense
Rio de Janeiro (Estado)	Fluminense
Rio de Janeiro (Cidade)	Carioca
Rio Branco	Rio-branquense
Rio grande do Norte	Rio-grandense-do-norte, Norte-riograndense ou Potiguar

Rio grande do Sul	Rio-grandense-do-sul, Sul-rio-grandense ou Gaúcho
Rondônia	Rondoniano
Roraima	Roraimense
Salvador	Salvadorense ou Soteropolitano
Santa Catarina	Catarinense ou Barriga-verde
Santarém	Santarense
São Paulo (Estado)	Paulista
São Paulo (Cidade)	Paulistano
Sergipe	Sergipano
Teresina	Teresinense
Tocantins	Tocantinense

Países	
Croácia	Croata
Costa rica	Costarriquense
Curdistão	Curdo
Estados Unidos	Estadunidense, norte-americano ou ianque
El Salvador	Salvadorenho
Guatemala	Guatemalteco
Índia	Indiano ou hindu (os que professam o hinduísmo)
Israel	Israelense ou israelita
Irã	Iraniano
Moçambique	Moçambicano
Mongólia	Mongol ou mongólico
Panamá	Panamenho
Porto Rico	Porto-riquenho
Somália	Somali

Adjetivos pátrios compostos

Na formação de adjetivos pátrios compostos, o primeiro elemento aparece na forma reduzida e, normalmente, erudita.

Observe alguns exemplos:

Adjetivos Pátrios Compostos	
África	Afro-/Cultura afro-americana
Alemanha	Germano- ou teuto-/Competições teutoinglesas
América	Américo-/Companhia américo-africana
Ásia	Ásio-/Encontros ásio-europeus
Áustria	Austro-/Peças austro-búlgaras
Bélgica	Belgo-/Acampamentos belgo-franceses
China	Sino-/Acordos sino-japoneses
Espanha	Hispano-/Mercado hispano-português
Europa	Euro-/Negociações euro-americanas
França	Franco- ou galo-/Reuniões franco-italianas
Grécia	Greco-/Filmes greco-romanos
Índia	Indo-/Guerras indo-paquistanesas
Inglaterra	Anglo-/Letras anglo-portuguesas
Itália	Ítalo-/Sociedade ítalo-portuguesa
Japão	Nipo-/Associações nipo-brasileiras
Portugal	Luso-/Acordos luso-brasileiros

Locução adjetiva

Expressão que tem valor adjetival, mas que é formada por mais de uma palavra. Geralmente, concorrem para sua formação uma preposição e um substantivo. Veja alguns exemplos.

Locução Adjetiva	Adjetivo
de águia	Aquilino
de aluno	Discente
de anjo	Angelical
de ano	Anual
de aranha	Aracnídeo
de asno	Asinino
de baço	Esplênico
de bispo	Episcopal
de bode	Hircino
de boi	Bovino
de bronze	Brônzeo ou êneo
de cabelo	Capilar
de cabra	Caprino
de campo	Campestre ou rural
de cão	Canino
de carneiro	Arietino
de cavalo	Cavalar, equino, equídeo ou hípico
de chumbo	Plúmbeo
de chuva	Pluvial
de cinza	Cinéreo
de coelho	Cunicular
de cobre	Cúprico
de couro	Coriáceo
de criança	Pueril
de dedo	Digital
de diamante	Diamantino ou adamantino
de elefante	Elefantino
de enxofre	Sulfúrico
de estômago	Estomacal ou gástrico
de falcão	Falconídeos
de fera	Ferino
de ferro	Férreo
de fígado	Figadal ou hepático

LÍNGUA PORTUGUESA

MORFOLOGIA CLASSES DE PALAVRAS

de fogo	Ígneo
de gafanhoto	Acrídeo
de garganta	Gutural
de gelo	Glacial
de gesso	Gípseo
de guerra	Bélico
de homem	Viril ou humano
de ilha	Insular
de intestino	Celíaco ou entérico
de inverno	Hibernal ou invernal
de lago	Lacustre
de laringe	Laríngeo
de leão	Leonino
de lebre	Leporino
de lobo	Lupino
de lua	Lunar ou selênico
de macaco	Simiesco, símio ou macacal
de madeira	Lígneo
de marfim	Ebúrneo ou ebóreo
de Mestre	Magistral
de monge	Monacal
de neve	Níveo ou nival
de nuca	Occipital
de orelha	Auricular
de ouro	Áureo
de ovelha	Ovino
de paixão	Passional
de pâncreas	Pancreático
de pato	Anserino
de peixe	Písceo ou ictíaco
de pombo	Columbino
de porco	Suíno ou porcino
de prata	Argênteo ou argírico
de quadris	Ciático
de raposa	Vulpino
de rio	Fluvial
de serpente	Viperino
de sonho	Onírico
de terra	Telúrico, terrestre ou terreno
de trigo	Trítico
de urso	Ursino
de vaca	Vacum
de velho	Senil
de vento	Eólico
de verão	Estival
de vidro	Vítreo ou hialino
de virilha	Inguinal
de visão	Óptico ou ótico

Flexão do adjetivo

O adjetivo pode ser flexionado em gênero, número e grau.

Flexão de gênero (Masculino / Feminino)

Com relação ao gênero, os adjetivos podem ser classificados de duas formas:

Biformes: quando possuem uma forma para cada gênero.

Homem **belo** / mulher **bela**

Contexto **complicado** / questão **complicada**

Uniformes: quando possuem apenas uma forma, como se fossem elementos neutros.

Homem **fiel** / mulher **fiel**

Contexto **interessante** / questão **interessante**

Flexão de número (Singular / Plural)

Os adjetivos simples seguem a mesma regra de flexão que os substantivos simples, portanto essas regras serão descriminadas no quadro de número dos substantivos. Serão, por regra, flexionados os adjetivos compostos que, em sua formação, possuírem dois adjetivos. A flexão ocorrerá apenas no segundo elemento da composição.

Guerra greco-**romana** - Guerras greco-**romanas**

Conflito **socioeconômico** - Análises **socioeconômicas**

Por outro lado, se houver um substantivo como elemento da composição, o adjetivo fica invariável.

Blusa **amarelo-canário** - Blusas **amarelo-canário**

Mesa **verde-musgo** - Mesas **verde-musgo**

O caso em questão também pode ocorrer quando um substantivo passa a ser, por derivação imprópria, um adjetivo, ou seja, também serão invariáveis os "substantivos adjetivados".

Terno cinza - Ternos cinza

Vestido rosa - Vestidos rosa

E também:

surdo mudo - surdos mudos

pele vermelha - peles vermelhas

Azul-marinho e azul-celeste são invariáveis.

Flexão de grau (Comparativo e Superlativo)

Há duas maneiras de se estabelecer o grau do adjetivo: por meio do grau comparativo e por meio do grau superlativo.

Vejamos como isso ocorre.

Grau comparativo: estabelece um tipo de comparação de características, sendo estabelecido de três maneiras:

Inferioridade: O açúcar é **menos** doce (do) **que** os teus olhos.

Igualdade: O meu primo é **tão** estudioso **quanto** o meu irmão.

Superioridade: Gramática **é mais legal** (do) **que** Matemática.

Grau superlativo: reforça determinada qualidade em relação a um referente. Pode-se estabelecer o grau superlativo de duas maneiras:

Relativo: em relação a um grupo.
De superioridade: José é o **mais** inteligente dos alunos.
De inferioridade: O presidente foi o **menos** prestigiado da festa.

Absoluto: sem relações, apenas reforçando as características
Analítico (com auxílio de algum termo)
Pedro é muito magro.
Pedro é magro, magro, magro.
Sintético (com o acréscimo de – íssimo ou –érrimo)
Pedro é macérrimo.
Somos todos estudiosíssimos.

Veja, agora, uma tabela de superlativos sintéticos.

Superlativos	
Grau normal	Superlativos
Ágil	Agilíssimo
Agradável	Agradabilíssimo
Agudo	Acutíssimo ou Agudíssimo
Alto	Altíssimo, Sumo ou Supremo
Amargo	Amaríssimo ou Marguíssimo
Amável	Amabilíssimo
Amigo	Amicíssimo
Antigo	Antiquíssimo
Atroz	Atrocíssimo
Baixo	Baixíssimo ou Ínfimo
Bom	Ótimo ou Boníssimo
Capaz	Capacíssimo
Célebre	Celebérrimo
Cheio	Cheíssimo
Comum	Comuníssimo
Cristão	Cristianíssimo
Cruel	Crudelíssimo
Doce	Dolcíssimo ou Docíssimo
Difícil	Dificílimo
Eficaz	Eficacíssimo
Fácil	Facílimo
Feliz	Felicíssimo
Feroz	Ferocíssimo
Fiel	Fidelíssimo
Frágil	Fragílimo
Frio	Frigidíssimo ou Friíssimo
Geral	Generalíssimo
Grande	Grandíssimo ou Máximo
Horrível	Horribilíssimo
Honorífico	Honorificentíssimo
Humilde	Humílimo ou Humildíssimo
Inimigo	Inimicíssimo
Inconstitucional	Inconstitucionalíssimo
Jovem	Juveníssimo
Livre	Libérrimo e Livríssimo
Louvável	Laudabilíssimo
Magnífico	Magnificentíssimo
Magro	Macérrimo ou Magríssimo
Mau	Péssimo ou malíssimo
Miserável	Miserabilíssimo
Mísero	Misérrimo
Miúdo	Minutíssimo
Notável	Notabilíssimo
Pequeno	Mínimo ou Pequeníssimo
Pessoal	Personalíssimo
Pobre	Paupérrimo ou Pobríssimo
Precário	Precaríssimo ou Precariíssimo
Próspero	Prospérrimo
Provável	Probabilíssimo
Sábio	Sapientíssimo
Sério	Seríssimo
Simpático	Simpaticíssimo
Simples	Simplíssimo ou Simplicíssimo
Tenaz	Tenacíssimo
Terrível	Terribilíssimo
Vão	Vaníssimo
Voraz	Voracíssimo
Vulgar	Vulgaríssimo
Vulnerável	Vulnerabilíssimo

Atente à mudança de sentido provocada pela alteração de posição do adjetivo.

Homem **grande** (alto, corpulento)
Grande homem (célebre)

Mas isso nem sempre ocorre. Se você analisar a construção "giz azul" e "azul giz", perceberá que não há diferença semântica.

2.6 Advérbio

É a palavra invariável que se relaciona ao verbo, ao adjetivo ou a outro advérbio para atribuir-lhes uma circunstância.

Os alunos saíram **apressadamente**.
O caso era muito **interessante**.
Resolvemos **muito bem** o problema.

LÍNGUA PORTUGUESA

É importante decorar essa lista de advérbios para que você consiga reconhecê-los na sentença.

→ Classificação do Advérbio:

Afirmação: sim, certamente, efetivamente etc.

Negação: não, nunca, jamais.

Intensidade: muito, pouco, assaz, bastante, mais, menos, tão, tanto, quão etc.

Lugar: aqui, ali, aí, aquém, acima, abaixo, atrás, dentro, junto, defronte, perto, longe, algures, alhures, nenhures etc.

Tempo: agora, já, depois, anteontem, ontem, hoje, jamais, sempre, outrora, breve etc.

Modo: assim, adrede, bem, mal, depressa, devagar, melhor, pior e a maior parte das palavras formadas de um adjetivo, mais a terminação "mente" (leve + mente = levemente; calma + mente = calmamente).

Inclusão: também, inclusive.

Designação: eis.

Interrogação: onde, como, quando, por que.

Também existem as chamadas locuções adverbiais que vêm quase sempre introduzidas por uma preposição: à farta (= fartamente), às pressas (= apressadamente), à toa, às cegas, às escuras, às tontas, às vezes, de quando em quando, de vez em quando etc.

Existem casos em que utilizamos um adjetivo como forma de advérbio. É o que chamamos de adjetivo adverbializado.

Aquele orador fala **belamente**.
advérbio de modo

Aquele orador fala **bonito**.
adjetivo adverbializado que tenta designar modo

2.7 Conjunção

É a palavra invariável que conecta elementos em algum encadeamento frasal. A relação em questão pode ser de natureza lógico-semântica (relação de sentido) ou apenas indicar uma conexão exigida pela sintaxe da frase.

Coordenativas

São as conjunções que conectam elementos que não possuem dependência sintática, ou seja, as sentenças que são conectadas por meio desses elementos já estão com suas estruturas sintáticas (sujeito / predicado / complemento) completas.

Aditivas: e, nem (= e não), também, que, não só... mas também, não só... como, tanto ... como, assim... como etc.

José não foi à aula **nem** fez os exercícios.

Devemos estudar **e** apreender os conteúdos.

Adversativas: mas, porém, contudo, todavia, no entanto, entretanto, senão, não obstante, aliás, ainda assim.

Os países assinaram o acordo, **mas** não o cumpriram.

A menina cantou bem, **contudo** não agradou ao público.

Alternativas: ou... ou, já ... já, seja... seja, quer... quer, ora... ora, agora... agora.

Ora diz sim, **ora** diz não.

Ou está feliz, **ou** está no ludibriando.

Conclusivas: logo, pois (depois do verbo), então, portanto, assim, enfim, por fim, por conseguinte, conseguintemente, consequentemente, donde, por onde, por isso.

O **concursando** estudou muito, **logo**, deverá conseguir seu cargo.

É professor, **por conseguinte** deve saber explicar o conteúdo.

Explicativas: Isto é, por exemplo, a saber, ou seja, verbi gratia, pois (antes do verbo), pois bem, ora, na verdade, depois, além disso, com efeito, que, porque, ademais, outrossim, porquanto etc.

Deve ter chovido, **pois** o chão está molhado.

O homem é um animal racional, **porque** é capaz de raciocinar.

Não converse agora, **que** eu estou explicando.

Subordinativas

São as conjunções que denotam uma relação de subordinação entre orações, ou seja, a conjunção subordinativa evidencia que uma oração possui dependência sintática em relação a outra. O que se pretende dizer com isso é que uma das orações envolvidas nesse conjunto desempenha uma função sintática para com sua oração principal.

Integrantes

Que, se

Sei **que** o dia do pagamento é hoje.

Vejamos **se** você consegue estudar sem interrupções.

Adverbiais

Causais: indicam a causa de algo.

Já que, porque, que, pois que, uma vez que, sendo que, como, visto que, visto como, como etc.

Não teve medo do perigo, **já que** estava protegido.

Passou no concurso, **porque** estudou muito.

Comparativas: estabelecem relação de comparação:

Como, tal como, mais...(do)que, menos...(do)que, tão como, assim como, tanto quanto etc.

Tal como procederes, receberás o castigo.

Alberto é aplicado **como** quem quer passar.

Concessivas (concessão): estabelecem relação de quebra de expectativa com respeito à sentença à qual se relacionam.

Embora, ainda que, dado que, posto que, conquanto, em que, quando mesmo, mesmo que, por menos que, por pouco que, apesar de (que).

Embora tivesse estudado pouco, conseguiu passar.

Conquanto estudasse, não conseguiu aprender.

Condicionais: estabelecem relação de condição.

Se, salvo se, caso, exceto se, contanto que, com tal que, caso, a não ser que, a menos que, sem que etc.

Se tudo der certo, estaremos em Portugal amanhã.

Caso você tenha dúvidas, pergunte a seu professor.

Consecutivas: estabelecem relação de consequência.

Tanto que, de modo que, de sorte que, tão...que, sem que etc.

O aluno estudou **tanto que** morreu.

Timeto Amon era **tão** feio **que** não se olhava no espelho.

Conformativas: estabelecem relação de conformidade.

Conforme, consoante, segundo, da mesma maneira que, assim como, como que etc.

Faça a prova **conforme** teu pai disse.

Todos agem **consoante** se vê na televisão.

Finais: estabelecem relação de finalidade.

Para que, a fim de que, que, porque.

Estudou muito **para que** pudesse ter uma vida confortável.

Trabalhei **a fim de que** o resultado seja satisfatório.

Proporcionais: estabelecem relação de proporção.

À proporção que, à media que, quanto mais... tanto mais, quanto menos... tanto menos, ao passo que etc.

À medida que o momento de realizar a prova chegava, a ansiedade de todos aumentava.

Quanto mais você estudar, **tanto mais** terá a chance de ser bem sucedido.

Temporais: estabelecem relação de tempo.

Quando, enquanto, apenas, mal, desde que, logo que, até que, antes que, depois que, assim que, sempre que, senão quando, ao tempo que, apenas que, antes que, depois que, sempre que etc.

Quando todos disserem para você parar, continue.

Depois que terminar toda a lição, poderá descansar um pouco.

Mal chegou, já quis sair.

2.8 Interjeição

É o termo que exprime, de modo enérgico, um estado súbito de alma. Sem muita importância para a análise a que nos propomos, vale apenas lembrar que elas possuem uma classificação semântica[1]:

Dor: ai! ui!

Alegria: ah! eh! oh!

Desejo: oxalá[2]! tomara!

Admiração: puxa! cáspite! safa! quê!

Animação: eia! sus! coragem!

Aplauso: bravo! apoiado!

Aversão: ih! chi! irra! apre!

Apelo: ó, olá! psit! pitsiu! alô! socorro!

Silêncio: psit! psiu! caluda!

Interrogação, **espanto**: hem!

Há, também, locuções interjeitivas: **Minha nossa! Meu Deus!**

A despeito da classificação acima, o que determina o sentido da interjeição é o seu uso.

2.9 Numeral

É a palavra que indica uma quantidade, multiplicação, fração ou um lugar numa série. Os numerais podem ser divididos em:

Cardinais: quando indicam um número básico: um, dois, três, cem mil...

Ordinais: quando indicam um lugar numa série: primeiro, segundo, terceiro, centésimo, milésimo...

Multiplicativos: quando indicam uma quantidade multiplicativa: dobro, triplo, quádruplo...

Fracionários: quando indicam parte de um inteiro: meio, metade, dois terços...

Algarismo		Cardinais	Ordinais
Romanos	Arábicos		
I	1	um	primeiro
II	2	dois	segundo
III	3	três	terceiro
IV	4	quatro	quarto
V	5	cinco	quinto
VI	6	seis	sexto
VII	7	sete	sétimo
VIII	8	oito	oitavo
IX	9	nove	nono
X	10	dez	décimo
XI	11	onze	undécimo ou décimo primeiro
XII	12	doze	duodécimo ou décimo segundo
XIII	13	treze	décimo terceiro
XIV	14	quatorze ou catorze	décimo quarto
XV	15	quinze	décimo quinto
XVI	16	dezesseis	décimo sexto
XVII	17	dezessete	décimo sétimo
XVIII	18	dezoito	décimo oitavo
XIX	19	dezenove	décimo nono
XX	20	vinte	vigésimo
XXI	21	vinte e um	vigésimo primeiro
XXX	30	trinta	trigésimo
XXXL	40	quarenta	quadragésimo
L	50	cinquenta	quinquagésimo

1 Segundo Napoleão Mendes de Almeida.
2 Curiosamente, esses elementos podem ser concebidos, em algumas situações, como advérbios de dúvida.

LX	60	sessenta	sexagésimo
LXX	70	setenta	septuagésimo ou setuagésimo
LXXX	80	oitenta	octogésimo
XC	90	noventa	nonagésimo
C	100	cem	centésimo
CC	200	duzentos	ducentésimo
CCC	300	trezentos	trecentésimo
CD	400	quatrocentos	quadringentésimo
D	500	quinhentos	quingentésimo
DC	600	seiscentos	seiscentésimo ou sexcentésimo
DCC	700	setecentos	septingentésimo
DCCC	800	oitocentos	octingentésimo
CM	900	novecentos	nongentésimo ou noningentésimo
M	1.000	mil	milésimo
X'	10.000	dez mil	dez milésimos
C'	100.000	cem mil	cem milésimos
M'	1.000.000	um milhão	milionésimo
M''	1.000.000.000	um bilhão	bilionésimo

Lista de numerais multiplicativos e fracionários:

Algarismos	Multiplicativos	Fracionários
2	duplo, dobro, dúplice	meio ou metade
3	triplo, tríplice	terço
4	quádruplo	quarto
5	quíntuplo	quinto
6	sêxtuplo	sexto
7	sétuplo	sétimo
8	óctuplo	oitavo
9	nônuplo	nono
10	décuplo	décimo
11	undécuplo	onze avos
12	duodécuplo	doze avos
100	cêntuplo	centésimo

Para realizar a leitura dos cardinais:

É necessário colocar a conjunção "e" entre as centenas e dezenas, assim como entre as dezenas e a unidade. Ex.: 3.068.724 = três milhões sessenta e oito mil setecentos e vinte e quatro. Quanto à leitura do numeral ordinal, há duas possibilidades: Quando é inferior a 2.000, lê-se inteiramente segundo a forma ordinal. 1766º = milésimo septingentésimo sexagésimo sexto. Acima de 2.000, lê-se o primeiro algarismo como cardinal e os demais como ordinais. Hodiernamente, entretanto, tem-se observado a tendência a ler os números redondos segundo a forma ordinal.

2.536º = dois milésimos quingentésimo trigésimo sexto.

8 000º = oitavo milésimo.

Para realizar a leitura do fracionário:

O numerador de um numeral fracionário é sempre lido como cardinal. Quanto ao denominador, há dois casos:

Primeiro: se for inferior ou igual a 10, ou ainda for um número redondo, será lido como ordinal 2/6 = dois sextos; 9/10 = nove décimos; centésimos (se houver).

São exceções: 1/2 = meio; 1/3 = um terço.

Segundo: se for superior a 10 e não constituir número redondo, é lido como cardinal, seguido da palavra "avos".

1/12 = um doze avos; 4/25 = quatro vinte e cinco avos.

Ao se fazer indicação de reis, papas, séculos, partes de uma obra, usam-se os numerais ordinais até décimo. A partir daí, devem-se empregar os cardinais. Século V (século quinto), século XX (vinte), João Paulo II (segundo), Bento XVI (dezesseis).

2.10 Preposição

É a palavra invariável que serve de ligação entre dois termos de uma oração ou, às vezes, entre duas orações. Costuma-se denominar "regente" o termo que exige a preposição e "regido" aquele que recebe a preposição:

Ele comprou um livro **de** poesia.

Ele tinha medo **de** ficar solitário.

Como se vê, a preposição "de", no primeiro caso, liga termos de uma mesma oração; no segundo, liga orações.

Preposições essenciais

São aquelas que têm como função primordial a conexão das palavras: a, ante, até, após, com contra, de, desde, em, entre, para, per, perante, por, sem, sob, sobre, trás. Veja o emprego de algumas preposições:

Os manifestantes lutaram **contra** a polícia.

O aluno chegou **ao** salão rapidamente.

Aguardo sua decisão **desde** ontem.

Entre mim e ti, não há qualquer problema.

Preposições acidentais

São palavras que pertencem a outras classes, empregadas, porém, eventualmente como preposições: conforme, consoante, durante, exceto, fora, agora, mediante, menos, salvante, salvo, segundo, tirante.

O emprego das preposições acidentais é mais comum do que parece:

Todos saíram da sala, **exceto** eu.

Tirante as mulheres, o grupo que estava na sala parou de falar.

Escreveu o livro **conforme** o original.

Locuções prepositivas

Além das preposições simples, existem também as chamadas locuções prepositivas, que terminam sempre por uma preposição simples: abaixo de, acerca de, acima de, a despeito de, adiante de, a fim de, além de, antes de, ao lado de, a par de, apesar de, a respeito de, atrás de, através de, de acordo com, debaixo de, de cima de, defronte de, dentro de, depois de, diante de, embaixo de, em cima de, em frente de(a), em lugar de, em redor de, em torno de, em vez de, graças a, junto a (de), para baixo de, para cima de, para com, perto de, por baixo de, por causa de, por cima de, por detrás de, por diante de, por entre, por trás de.

CONECTIVOS

Os conectivos têm a função de ligar palavras ou orações e eles podem ser coordenativos (ligam orações coordenadas) ou subordinativos (ligam orações subordinadas).

Coordenativos

→ Conjunções coordenativas:

Iniciam orações coordenadas:

Aditivas: e

Adversativas: mas

Alternativas: ou

Conclusivas: logo

Explicativas: pois

Subordinativos

→ Pronomes relativos:

Iniciam orações adjetivas:

que

quem

cujo/cuja

o qual/a qual

→ Conjunções subordinativas:

Iniciam orações adverbiais:

Causais: porque

Comparativas: como

Concessivas: embora

Condicionais: se

Conformativas: conforme

Consecutivas: (tão) que

Finais: para que

Proporcionais: à medida que

Temporais: quando

Iniciam orações substantivas:

Integrantes: que, se

Formas variantes

Algumas palavras possuem mais de uma forma, ou seja, junto à forma padrão existem outras formas variantes.

Em algumas situações, é irrelevante a variação utilizada, mas em outros deve-se escolher a variação mais generalizada.

Exemplos:

Assobiar, assoviar

Coisa, cousa

Louro, loiro

Lacrimejar, lagrimejar

Infarto, enfarte

Diabete, diabetes

Transpassar, traspassar, trespassar

3. PRONOMES

Em uma definição breve, podemos dizer que pronome é o termo que substitui um substantivo, desempenhando, na sentença em que aparece, uma função coesiva. Podemos dividir os pronomes em sete categorias, são elas: pessoais, tratamento, demonstrativos, relativos, indefinidos, interrogativos, possessivos.

Antes de partir para o estudo pormenorizado dos pronomes, vamos fazer uma classificação funcional deles quando empregados em uma sentença:

Pronomes substantivos: são aqueles que ocupam o lugar do substantivo na sentença.

> **Alguém** apareceu na sala ontem.
> **Nós** faremos todo o trabalho.

Pronomes adjetivos: são aqueles que acompanham um substantivo na sentença.

> **Meus** alunos são os mais preparados.
> Pessoa **alguma** fará tal serviço por **esse** valor.

3.1 Pessoais

Referem-se às pessoas do discurso:

Quem fala (1ª pessoa);
Com quem se fala (2ª pessoa);
De quem se fala (3ª pessoa).

Classificação dos Pronomes Pessoais (caso **Reto** x caso **Oblíquo**)

Pessoa Gramatical	Retos	Oblíquos	
		Átonos	Tônicos
1ª Singular	eu	me	mim, comigo
2ª Singular	tu	te	ti, contigo
3ª Singular	ele, ela	o, a, lhe, se	si, consigo
1ª Plural	nós	nos	nós, conosco
2ª Plural	vós	vos	vós, convosco
3ª Plural	eles, elas	os, as, lhes, se	si, consigo
Função	Sujeito	Complemento/Adjunto	

Emprego de alguns pronomes (**Certo** X **Errado**)

Eu e tu x mim e ti

1ª regra: depois de preposição essencial, usa-se pronome oblíquo.

> **Entre** mim e ti, não há acordo.
> **Sobre** Manoel e ti, nada se pode falar.
> Devo **a** ti esta conquista.
> O presente é **para** mim.
> Não saia **sem** mim.
> Comprei um livro **para** ti.

Observe a preposição essencial destacada nas sentenças.

2ª regra: se o pronome utilizado na sentença for sujeito de um verbo, deve-se empregar os do caso RETO.

> Não saia sem **eu** deixar.
> Comprei um livro para **tu** leres.
> O presente é para **eu** desfrutar.

Observe que o pronome desempenha a função de sujeito do verbo destacado.

Ou seja: "mim" não faz nada!

Não vá se confundir com as sentenças em que a ordem frasal está alterada. Deve-se, nesses casos, tentar pôr a sentença na ordem direta.

> Para mim, fazer exercícios é muito bom. → Fazer exercícios é muito bom para mim.
> Não é tarefa para mim realizar esta revisão. → Realizar esta revisão não é tarefa para mim.

Com causativos e sensitivos:

Regra com verbos causativos (mandar, fazer, deixar) ou sensitivos (ver, ouvir, sentir).

Quando os pronomes oblíquos átonos são empregados com verbos causativos ou sensitivos, pode haver a possibilidade de desempenharem a função de sujeito de uma forma verbal próxima. Ex.:

> Fiz **Juliana** chorar. (sentença original)
> Fi-**la** chorar. (sentença reescrita com a substituição do termo Juliana pelo pronome oblíquo)

Em ambas as situações, a "Juliana é a chorona". Isso quer dizer que o termo feminino que está na sentença é sujeito do verbo chorar. Pensando dessa maneira, entenderemos a primeira função da forma pronominal "la" que aparece na sentença reescrita.

Outro fator a ser considerado é que o verbo "fazer" necessita de um complemento, portanto, é um verbo transitivo. Bem, ocorre que o complemento do verbo "fazer" não pode ter outro referente senão "Juliana". Então, entendemos que, na reescrita da frase, a forma pronominal "la" funciona como complemento do verbo "fazer" e sujeito do verbo "chorar".

Si e consigo

Estes pronomes somente podem ser empregados se se referirem ao sujeito da oração, pois possuem função reflexiva:

> Alberto só pensa em si.
> ("Si" refere-se a "Alberto": sujeito do verbo "pensar")
>
> O aluno levou as apostilas consigo.
> ("consigo" refere-se ao termo "aluno")

Estão erradas, portanto, frases como estas:

> Creio muito em si, meu amigo.
> Quero falar consigo.

Corrigindo:

> Creio muito em **você**, meu amigo.
> Quero falar **contigo**.

Conosco e convosco

Se vierem seguidos de uma expressão complementar, geralmente a palavra "todos", desdobram-se em "com nós" e "com vós":

Este trabalho é com nós mesmos.

Ele(s), ela(s) x o(s), a(s)

É muito comum ouvirmos frases como: "Vi **ela** na esquina", "Não queremos **eles** aqui". Então, é errado falar ou escrever assim, pois o pronome em questão está sendo utilizado fora de seu emprego original, ou seja, como um complemento (ao passo que deveria ser apenas sujeito). O certo é: "Vi-**a** na esquina", "Não **os** queremos aqui".

"O" e "a"

São complementos diretos, ou seja, são utilizados juntamente aos verbos transitivos diretos, ou nos bitransitivos, como no exemplo a seguir:

Comprei **um carro** para minha namorada = Comprei-**o** para ela. (Ocorreu a substituição do Objeto Direto)

É importante lembrar que há uma especificidade em relação à colocação dos pronomes "o" e "a" depois de algumas palavras:

> Se a palavra terminar em R, S ou Z: tais letras devem ser suprimidas e o pronome há de ser empregado como **lo**, **la**, **los**, **las**.

Fazer as tarefas = fazê-**las**

Querer o dinheiro = querê-**lo**.

> Se a palavra terminar com **ão**, **õe** ou **m**: tais letras devem ser mantidas e o pronome há de ser empregado como **no**, **na**, **nos**, **nas**.

Compraram a casa = compraram-**na**

Compõe a canção = compõe-**na**.

Lhe

É um complemento indireto, equivalente a "a ele" ou "a ela": ou seja, é empregado juntamente a um verbo transitivo indireto ou a um verbo bitransitivo, como no exemplo:

Comprei um carro **para minha namorada** = comprei-**lhe** um carro. (Ocorreu a substituição do objeto indireto)

Muitas bancas gostam de trocar as formas "o" e "a" por "lhe", o que não pode ser feito sem que a sentença seja totalmente reelaborada.

3.2 De Tratamento

São pronomes de tratamento você, senhor, senhora, senhorita, fulano, sicrano, beltrano e as expressões que integram o quadro seguinte:

Pronome	Abreviatura Singular	Abreviatura Plural
Vossa Excelência(s)	V.Ex.ª	V.Ex.as
Usa-se para:		
Presidente (sem abreviatura), ministro, embaixador, governador, secretário de Estado, prefeito, senador, deputado federal e estadual, juiz, general, almirante, brigadeiro e presidente de câmara de vereadores;		
Vossa(s) Magnificência(s)	V.Mag.ª	V.Mag.as
Usa-se para:		
Reitor de universidade para o qual também se pode usar V. Ex.ª;		
Vossa(s) Senhoria(s)	V.Sª	V.S.as
Usa-se para:		
Qualquer autoridade ou pessoa civil não citada acima;		
Vossa(s) Santidade(s)	V.S	VV.SS.
Usa-se para:		
Papa;		
Vossa(s) Eminência(s)	V.Em.ª	V.Em.as
Usa-se para:		
Cardeal;		
Vossa(s) Excelência(s) Reverendíssima(s)	V.Exª.Rev.ma	V.Ex.as.Rev.mas
Usa-se para:		
Arcebispo e bispo;		
Vossa(s) Reverendíssima(s)	V.Rev.ma	V.Rev.mas
Usa-se para:		
Autoridade religiosa inferior às acima citadas;		
Vossa(s) Reverência(s)	V.Rev.ª	V.Rev.mas
Usa-se para:		
Religioso sem graduação;		
vossa(s) majestade(s)	v.m.	vv.mm.
Usa-se para:		
Rei e imperador		
Vossa(s) Alteza(s)	V.A.	VV.AA.
Usa-se para:		
Príncipe, arquiduque e duque.		

PRONOMES

Todas essas expressões se apresentam também com SUA para cujas abreviaturas basta substituir o "V" por "S".

Emprego dos pronomes de tratamento
Vossa Excelência etc. x **Sua Excelência** etc.

Os pronomes de tratamento iniciados com "Vossa(s)" empregam-se em uma relação direta, ou seja, indicam o nosso interlocutor, pessoa com quem falamos:

Soube que V. Ex.ª, Senhor Ministro, falou que não estava interessado no assunto da reunião.

Empregaremos o pronome com a forma "Sua" quando a relação não é direta, ou seja, quando falamos SOBRE a pessoa:

A notícia divulgada é de que Sua Excelência, o Presidente da República, foi flagrado em uma boate.

Utilização da 3ª pessoa

Os pronomes de tratamento são de 3ª pessoa; portanto, todos os elementos relacionados a eles devem ser empregados também na 3ª pessoa, para que se mantenha a uniformidade:

É preciso que V. Ex.ª **diga** qual será o **seu** procedimento no caso em questão, a fim de que seus assessores possam agir a tempo.

Uniformidade de Tratamento

No momento da escrita ou da fala, não é possível ficar fazendo "dança das pessoas" com os pronomes. Isso quer dizer que se deve manter a uniformidade de tratamento. Para tanto, se for utilizada 3ª pessoa no início de uma sentença, ela deve permanecer ao longo de todo o texto. Preste atenção para ver como ficou estranha a construção abaixo:

Quando **você** chegar, eu **te** darei o presente.

"Você" é de 3ª pessoa e "te" é de 2ª pessoa. Não há motivo para cometer tal engano. Tome cuidado, portanto. Podemos corrigir a sentença:

Quando tu chegares, eu te darei o presente.

Quando você chegar, eu lhe darei o presente.

3.3 Demonstrativos

São os que localizam ou identificam o substantivo ou uma expressão no espaço, no tempo ou no texto.

1ª Pessoa	
Masculino	Este(s)
Feminino	Esta(s)
Neutro	Isto
No Espaço	Com o falante
No tempo	Presente
No Texto	O que se pretende dizer ou o imediatamente retomado
2ª Pessoa	
Masculino	Esse(s)
Feminino	Essa(s)
Neutro	Isso
No Espaço	Pouco afastado
No tempo	Passado ou futuro próximos
No Texto	O que se disse anteriormente
3ª Pessoa	
Masculino	Aquele(s)
Feminino	Aquela(s)
Neutro	Aquilo
No Espaço	Muito afastado
No tempo	Passado ou futuro distantes
No Texto	O que se disse há muito ou o que se pretende dizer

Quando o pronome retoma algo já mencionado no texto, dizemos que ele possui função **Anafórica**. Quando aponta para algo que será dito, dizemos que possui função **Catafórica**. Essa nomenclatura começou a ser cobrada em algumas questões de concurso público, portanto, é importante ter esses conceitos na ponta da língua.

Exemplos de emprego dos demonstrativos:

Veja este livro que eu trouxe, é muito bom.

Você deve estudar mais! Isso é o que eu queria dizer.

Vê aquele mendigo lá na rua? Terrível futuro o aguarda.

Há outros pronomes demonstrativos:

O, a, os, as, quando antecedem o relativo Que e podem ser permutados por: Aquele (s), Aquela (s), Aquilo:

Não entendi o que disseste. (Não entendi aquilo que disseste.)

Esta rua não é a que te indiquei. (Esta rua não é aquela que te indiquei.)

Tal: quando puder ser permutado por qualquer demonstrativo: Não acredito que você disse **tal** coisa. (aquela coisa)

Semelhante: quando puder ser permutado por qualquer demonstrativo: Jamais me prestarei a **semelhante** canalhice. (esta canalhice)

Mesmo: quando modificar os pronomes eu, tu, nós e vós: Eu **mesmo** investiguei o caso.

De modo análogo, classificamos o termo "**próprio**". (eu próprio, ela própria)

Mesmo pode ainda funcionar como pronome neutro em frases como: "é o mesmo", "vem a ser o mesmo".

Vejamos mais alguns exemplos:

José e **João** são alunos do ensino médio. Este gosta de matemática, **aquele** gosta de português.

Veja que a verdadeira relação estabelecida pelos pronomes demonstrativos focaliza, por meio do "este" o elemento mais próximo, por meio do "aquele" o elemento mais afastado.

Esta sala precisa de bons professores. / Gostaria de que esse órgão pudesse resolver meu problema.

Este(s), **esta(s)**, **isto** indicam o local de onde escrevemos. **Esse(s)**, **essa(s)**, **isso** indicam o local em que se encontra o nosso interlocutor.

3.4 Relativos

São termos que relacionam palavras em um encadeamento. Os relativos da Língua Portuguesa são:

Que: Quando puder ser permutado por "o qual" ou um de seus termos derivados. Utiliza-se o pronome "que" para referências a pessoas ou coisas.

O Qual: Empregado para referência a coisas ou pessoas.

Quem: É equivalente, segundo o mestre Napoleão Mendes de Almeida, a dois pronomes – aquele e que.

Quanto: Será relativo quando seu antecedente for o termo "tudo".

Onde: É utilizado para estabelecer referência a lugares, sendo permutável por "em que" ou "no qual" e seus derivados.

Cujo: Possui um sentido possessivo. Não permite permuta por outro relativo. Também é preciso lembrar que o pronome cujo não admite artigo, pois já é variável (cujo / cuja, jamais cujo o, cuja a).

O peão a **que** me refiro é Jonas.

A casa n**a qual** houve o tiroteio foi interditada.

O homem para **quem** se enviou a correspondência é Alberto.

Não gastes tudo **quanto** tens.

O estado para **onde** vou é Minas Gerais.

Cara, o pedreiro em **cujo** serviço podemos confiar é Marcelino.

A preposição que está relacionada ao pronome é, em grande parte dos casos, oriunda do verbo que aparece posteriormente na sentença. As bancas costumam cobrar isso!

3.5 Indefinidos

São os que determinam o substantivo de modo vago, de maneira imprecisa.

Variáveis				Invariáveis
Masculino		Feminino		
Singular	Plural	Singular	Plural	
Algum	Alguns	Alguma	Algumas	Alguém
Certo	Certos	Certa	Certas	Algo
Muito	Muitos	Muita	Muitas	Nada
Nenhum	Nenhuns	Nenhuma	Nenhumas	Ninguém
Outro	Outros	Outra	Outras	Outrem
Qualquer	Quaisquer	Qualquer	Quaisquer	Cada
Quando	Quantos	Quanta	Quantas	
Tanto	Tantos	Tanta	Tantas	
Todo	Todos	Toda	Todas	Tudo
Vário	Vários	Vária	Várias	
Pouco	Poucos	Pouca	Poucas	

Fique bem atento para as alterações de sentido relacionadas às mudanças de posição dos pronomes indefinidos.

Alguma pessoa passou por aqui ontem.
Pessoa alguma passou por aqui ontem.
Alguma pessoa = ao menos uma pessoa.
Pessoa alguma = ninguém.

3.6 Interrogativos

Chamam-se interrogativos os pronomes **que**, **quem**, **qual** e **quanto**, empregados para formular uma pergunta direta ou indireta:

Que conteúdo estão estudando?

Diga-me **que** conteúdo estão estudando.

Quem vai passar no concurso?

Gostaria de saber **quem** vai passar no concurso.

Qual dos livros preferes?

Não sei **qual** dos livros preferes.

Quantos de coragem você tem?

Pergunte **quanto** de coragem você tem.

3.7 Possessivos

Com eles relacionamos a coisa possuída à pessoa gramatical possuidora. No quadro abaixo, estão relacionados aos pronomes pessoais.

Pessoais	Possessivos
eu	meu, minha, meus, minhas
tu	teu, tua, teus, tuas
ele, você, v.ex.ª etc.	seu, sua, seus, suas
nós	nosso, nossa, nossos, nossas
vós	vosso, vossa, vossos, vossas
eles	seu, sua, seus, suas

Emprego

→ **Ambiguidade**: "Seu", "sua", "seus" e "suas" são os reis da ambiguidade (duplicidade de sentido)

O policial prendeu o maconheiro em **sua** casa.

(casa de quem?)

Meu pai levou meu tio para casa em seu carro.

(no carro de quem?)

Corrigindo:

O policial prendeu o maconheiro na casa deste.

Meu pai, em seu carro, levou meu tio para casa.

→ **Emprego especial** - Não se usam os possessivos em relação às partes do corpo ou às faculdades do espírito. Devemos, pois, dizer:

Machuquei a mão. (E não "a minha mão")

Ele bateu a cabeça. (E não "a sua cabeça")

Perdeste a razão? (E não "a tua razão")

4. SUBSTANTIVO

É a palavra variável que designa qualidades, sentimentos, sensações, ações etc.

Quanto a sua classificação, o substantivo pode ser:

Primitivo (sem afixos): pedra.
Derivado (com afixos): pedreiro/ empedrado.
Simples (1 núcleo): guarda.
Composto (mais de 1 núcleo): guarda-roupas.
Comum (designa ser genérico): copo, colher.
Próprio (designa ser específico): Maria, Portugal.
Concreto (existência própria): cadeira, lápis.
Abstrato (existência dependente): glória, amizade.

Os substantivos concretos

Designam seres de existência própria, como: padre, político, carro e árvore. Os substantivos abstratos nomeiam qualidades ou conceitos de existência dependente, como: beleza, fricção, tristeza e amor.

Os substantivos próprios

São sempre concretos e devem ser grafados com iniciais maiúsculas. Porém, alguns substantivos próprios podem vir a se tornar comuns, pelo processo de derivação imprópria que, geralmente, ocorre pela anteposição de um artigo e a grafia do substantivo com letra minúscula. (um judas = traidor / um panamá = chapéu). As flexões dos substantivos podem se dar em gênero, número e grau.

Gênero dos substantivos

Quanto à distinção entre masculino e feminino, os substantivos podem ser:

Biformes: quando apresentam uma forma para o masculino e outra para o feminino - gato, gata, homem, mulher.

Uniformes: quando apresentam uma única forma para ambos os gêneros. Nesse caso, eles estão divididos em:

Epicenos: usados para animais de ambos os sexos (macho e fêmea) - besouro, jacaré, albatroz;

Comum de dois gêneros: aqueles que designam pessoas. Nesse caso, a distinção é feita por um elemento ladeador (artigo, pronome) - terrícola, estudante, dentista, motorista;

Sobrecomuns: apresentam um só gênero gramatical para designar seres de ambos os sexos - indivíduo, vítima, algoz.

Em algumas situações, a mudança de gênero altera também o sentido do substantivo:

O cabeça (líder) / A cabeça (parte do corpo).

4.1 Número dos Substantivos

Tentemos resumir as principais regras de formação do plural nos substantivos.

Terminação	Variação	Exemplo
vogal ou ditongo	acréscimo do 's'	barco - barcos
m	ns	pudim - pudins
ão (primeiro caso)	ões	ladrão - ladrões
ão (segundo caso)	ães	pão - pães
ão (terceiro caso)	s	cidadão - cidadãos
r	es	mulher - Mulheres
z	es	cartaz - cartazes
n	es	abdômen - Abdômenes
s (oxítonos)	es	inglês - ingleses
al, el, ol, ul	is	tribunal - tribunais
il (oxítonos)	s	barril - barris
il (paroxítonos)	eis	fóssil - fósseis
zinho, zito	s	anelzinho - aneizinhos

Alguns substantivos são grafados apenas no plural: alvíssaras, anais, antolhos, arredores, belas-artes, calendas, cãs, condolências, esponsais, exéquias, fastos, férias, fezes, núpcias, óculos, pêsames.

Grau do substantivo:

Aumentativo / Diminutivo[1]

Analítico: quando se associam os adjetivos ao substantivo: carro grande, pé pequeno;

Sintético: quando se adiciona ao substantivo sufixos indicadores de grau, carrão, pezinho.

Sufixos:

Aumentativos: -ázio, -orra, -ola, -az, -ão, -eirão, -alhão, -arão, -arrão, -zarrão;

Diminutivos: -ito, -ulo-, -culo, -ote, -ola, -im, -elho, -inho, -zinho (o sufixo -zinho é obrigatório quando o substantivo terminar em vogal tônica ou ditongo: cafezinho, paizinho);

O aumentativo pode exprimir tamanho (casarão), desprezo (sabichão, ministraço, poetastro) ou intimidade (amigão); enquanto o diminutivo pode indicar carinho (filhinho) ou ter valor pejorativo (livreco, casebre), além das noções de tamanho (bolinha).

---

[1] Quando não flexionamos o substantivo em algum grau, dizemos que ele está no grau normal.

5. VERBO

É a palavra com que se expressa uma ação (cantar, vender), um estado (ser, estar), mudança de estado (tornar-se) ou fenômeno da natureza (chover).

Quanto à noção que expressam, os verbos podem ser classificados da seguinte maneira:

Verbos Relacionais: exprimem estado ou mudança de estado. São os chamados verbos de ligação.

Verbo de ligação
ser
estar
continuar
andar
parecer
permanecer
ficar
tornar-se

Verbos Nocionais: exprimem ação ou fenômeno da natureza. São os chamados verbos significativos.

Os Verbos Nocionais podem ser classificados da seguinte maneira:

VI (Verbo Intransitivo): diz-se daquele que não necessita de um complemento para que se compreenda a ação verbal. Exemplos: morrer, cantar, sorrir, nascer, viver.

VT (Verbo Transitivo): diz-se daquele que necessita de um complemento para expressar o afetado pela ação verbal. Divide-se em três tipos:

Diretos: não possuem preposição para ligar o complemento verbal ao verbo. São exemplos os verbos querer, comprar, ler, falar etc.

Indiretos: possuem preposição para ligar o complemento verbal ao verbo. São exemplos os verbos gostar, necessitar, precisar, acreditar etc.

Diretos e Indiretos, ou Bitransitivos: possuem dois complementos, um não-preposicionado, outro com preposição. São exemplos os verbos pagar, perdoar, implicar etc.

Preste atenção na dica que segue:

João **morreu**.
(quem morre, morre. Não é preciso um complemento para entender o verbo).

Eu **quero** um aumento.
(quem quer, quer alguma coisa. É preciso um complemento para entender o sentido do verbo).

Eu **preciso** de um emprego.
(quem precisa, precisa "de" alguma coisa. Deve haver uma preposição para ligar o complemento ao seu verbo).

Mário **pagou** a conta ao padeiro.
(quem paga, paga algo a alguém. Há um complemento com preposição e um complemento sem preposição).

5.1 Estrutura e Conjugação dos Verbos

Os verbos possuem:

Raiz: o que lhes guarda o sentido (**cant**ar, **corr**er, **sorr**ir).

Vogal temática: o que lhes garante a família conjugacional. (**A**R, **E**R, **I**R).

Desinências: o que ajuda a conjugar ou nominalizar o verbo. (canta**ndo**, cantá**vamos**).

Os verbos apresentam três conjugações, quer dizer, três famílias conjugacionais. Em função da vogal temática, podem-se criar três paradigmas[2] verbais. De acordo com a relação dos verbos com esses paradigmas, obtém-se a seguinte classificação:

Regulares: seguem o paradigma verbal de sua conjugação sem alterar suas raízes (amar, vender, partir).

Irregulares: não seguem o paradigma verbal da conjugação a que pertencem. As irregularidades podem aparecer na raiz ou nas desinências (ouvir - ouço/ouve, estar - estou/estão).

Anômalos: apresentam profundas irregularidades. São classificados como anômalos em todas as gramáticas os verbos ser e ir.

Defectivos: não são conjugados em determinadas pessoas, tempo ou modo, portanto, apresentam algum tipo de "defeito" (falir - no presente do indicativo só apresenta a 1ª e a 2ª pessoa do plural). Os defectivos distribuem-se em grupos:

» impessoais;
» unipessoais (vozes ou ruídos de animais, só conjugados nas 3ªs pessoas);
» antieufônicos (a sonoridade permite confusão com outros verbos) - demolir; falir, abolir etc.

Abundantes: apresentam mais de uma forma para uma mesma conjugação.

Existe abundância conjugacional e participial. A primeira ocorre na conjugação de algumas formas verbais, como, por exemplo, o verbo "haver", que admite "nós havemos/hemos", "vós haveis/heis". A segunda ocorre com as formas nominais de particípio. A seguir segue uma lista dos principais abundantes na forma participial.

Verbos	Particípio regular – empregado com os auxiliares TER e HAVER	Particípio irregular – empregado com os auxiliares SER, ESTAR e FICAR
aceitar	aceitado	aceito
acender	acendido	aceso
benzer	benzido	bento
eleger	elegido	eleito
entregar	entregado	entregue
enxugar	enxugado	enxuto
expressar	expressado	expresso

[2] Paradigma é o modo como se dá a conjugação.

VERBO

expulsar	expulsado	expulso
extinguir	extinguido	extinto
matar	matado	morto
prender	prendido	preso
romper	rompido	roto
salvar	salvado	salvo
soltar	soltado	solto
suspender	suspendido	suspenso
tingir	tingido	tinto

5.2 Flexão Verbal

Relativamente à flexão verbal, anotamos:

Número: singular ou plural;

Pessoa gramatical: 1ª, 2ª ou 3ª;

Tempo: referência ao momento em que se fala (pretérito, presente ou futuro). O modo imperativo só tem um tempo, o presente;

Voz: ativa, passiva, reflexiva e recíproca (que trabalharemos mais tarde);

Modo: indicativo (certeza de um fato ou estado), subjuntivo (possibilidade ou desejo de realização de um fato ou incerteza do estado) e imperativo (expressa ordem, advertência ou pedido).

5.3 Formas Nominais do Verbo

As três formas nominais do verbo (infinitivo, gerúndio e particípio) não possuem função exclusivamente verbal.

Infinitivo: assemelha-se ao substantivo, indica algo atemporal - o nome do verbo, sua desinência característica é a letra R: ama**r**, realça**r**, ungi**r** etc.

Gerúndio: equipara-se ao adjetivo ou advérbio pelas circunstâncias que exprime de ação em processo. Sua desinência característica é **-NDO**: ama**ndo**, realça**ndo**, ungi**ndo** etc.

Particípio: tem valor e forma de adjetivo - pode também indicar ação concluída, sua desinência característica é **-ADO** ou **-IDO** para as formas regulares: am**ado**, realç**ado**, ung**ido** etc.

5.4 Tempos Verbais

Dentro do **Modo Indicativo**, anotamos os seguintes tempos:

Presente do indicativo: indica um fato real situado no momento ou época em que se fala;

Eu amo, eu vendo, eu parto.

Pretérito perfeito do indicativo: indica um fato real cuja ação foi iniciada e concluída no passado;

Eu amei, eu vendi, eu parti.

Pretérito imperfeito do indicativo: indica um fato real cuja ação foi iniciada no passado, mas não foi concluída ou era uma ação costumeira no passado;

Eu amava, eu vendia, eu partia.

Pretérito mais-que-perfeito do indicativo: indica um fato real cuja ação é anterior a outra ação já passada;

Eu amara, eu vendera, eu partira.

Futuro do presente do indicativo: indica um fato real situado em momento ou época vindoura;

Eu amarei, eu venderei, eu partirei.

Futuro do pretérito do indicativo: indica um fato possível, hipotético, situado num momento futuro, mas ligado a um momento passado.

Eu amaria, eu venderia, eu partiria.

Dentro do **Modo Subjuntivo**, anotamos os seguintes tempos:

Presente do subjuntivo: indica um fato provável, duvidoso ou hipotético, situado no momento ou época em que se fala. Para facilitar a conjugação, utilize a conjunção "que";

Que eu ame, que eu venda, que eu parta.

Pretérito imperfeito do subjuntivo: indica um fato provável, duvidoso ou hipotético, cuja ação foi iniciada, mas não concluída no passado. Para facilitar a conjugação, utilize a conjunção "se";

Se eu amasse, se eu vendesse, se eu partisse.

Futuro do subjuntivo: indica um fato provável, duvidoso, hipotético, situado num momento ou época futura. Para facilitar a conjugação, utilize a conjunção "quando".

Quando eu amar, quando eu vender, quando eu partir.

5.5 Tempos Compostos da Voz Ativa

Constituem-se pelos verbos auxiliares **ter** ou **haver** + particípio do verbo que se quer conjugar, dito principal.

No **modo Indicativo**, os tempos compostos são formados da seguinte maneira:

Pretérito perfeito: presente do indicativo do auxiliar + particípio do verbo principal (Tenho amado);

Pretérito mais-que-perfeito: pretérito imperfeito do indicativo do auxiliar + particípio do verbo principal (Tinha amado);

Futuro do presente: futuro do presente do indicativo do auxiliar + particípio do verbo principal (Terei amado);

Futuro do pretérito: futuro do pretérito indicativo do auxiliar + particípio do verbo principal (Teria amado).

No **modo Subjuntivo** a formação se dá da seguinte maneira:

Pretérito perfeito: presente do subjuntivo do auxiliar + particípio do VP (Tenha amado);

Pretérito mais-que-perfeito: imperfeito do subjuntivo do auxiliar + particípio do VP (Tivesse amado);

Futuro composto: futuro do subjuntivo do auxiliar + particípio do VP (Tiver amado).

Quanto às **formas nominais**, elas são formadas da seguinte maneira:

Infinitivo composto: infinitivo pessoal ou impessoal do auxiliar + particípio do verbo principal (Ter vendido / Teres vendido);

Gerúndio composto: gerúndio do auxiliar + particípio do verbo principal (Tendo partido).

5.6 Vozes Verbais

Cuidado com esse conteúdo, costuma ser muito cobrado em provas de concursos públicos.

Quanto às vozes, os verbos apresentam voz:

Ativa: sujeito é agente da ação verbal;

(**O corretor** vende casas)

Passiva: sujeito é paciente da ação verbal;

(Casas são vendidas **pelo corretor**)

Reflexiva: o sujeito é agente e paciente da ação verbal.

(A garota feriu-**se** ao cair da escada)

Recíproca: há uma ação mútua descrita na sentença.

(Os amigos entreolh**aram-se**)

A voz passiva: sua característica é possuir um sujeito paciente, ou seja, que é afetado pela ação do verbo.

5.7 Tipos de Voz Passiva

Analítica: verbo auxiliar + particípio do verbo principal. Isso significa que há uma locução verbal de voz passiva.

Casas **são vendidas** pelo corretor

Veja mais alguns exemplos:

Ele fez o trabalho - O trabalho **foi feito** por ele (mantido o pretérito perfeito do indicativo)

O vento ia levando as folhas - As folhas iam **sendo levadas** pelo vento (mantido o gerúndio do verbo principal em um dos auxiliares).

Vereadores entregarão um prêmio ao gari - Um prêmio **será entregue** ao gari por vereadores (veja como a flexão do futuro se mantém na locução).

Sintética: verbo apassivado pelo termo "se" (partícula apassivadora) + sujeito paciente.

Roubou-se **o dinheiro do povo**.

Fez-se **o trabalho** com pressa.

É comum observar, em provas de concurso público, questões que mostram uma voz passiva sintética como aquela que é proveniente de uma ativa com sujeito indeterminado.

Alguns verbos da língua portuguesa apresentam **problemas de conjugação**. A seguir, **temos uma lista**, seguida de comentários sobre essas dificuldades de conjugação.

Compraram um carro novo (ativa);

Comprou-se um carro novo (passiva sintética).

5.8 Verbos com a Conjugação Irregular

Abolir: Defectivo - não possui a 1ª pessoa do singular do presente do indicativo, por isso não possui presente do subjuntivo e o imperativo negativo. (= banir, carpir, colorir, delinquir, demolir, descomedir-se, emergir, exaurir, fremir, fulgir, haurir, retorquir, urgir).

Acudir: Alternância vocálica o/u - presente do indicativo - acudo, acodes... e pretérito perfeito do indicativo - com u (= bulir, consumir, cuspir, engolir, fugir).

Adequar: Defectivo - só possui a 1ª e a 2ª pessoa do plural no presente do indicativo.

Aderir: Alternância vocálica e/i - presente do indicativo - adiro, adere... (= advertir, cerzir, despir, diferir, digerir, divergir, ferir, sugerir).

Agir:

Acomodação gráfica g/j - presente do indicativo - ajo, ages... (= afligir, coagir, erigir, espargir, refulgir, restringir, transigir, urgir).

Agredir:

Alternância vocálica e/i - presente do indicativo - agrido, agrides, agride, agredimos, agredis, agridem (= prevenir, progredir, regredir, transgredir).

Aguar:

Regular - presente do indicativo - águo, águas..., - pretérito perfeito do indicativo - aguei, aguaste, aguou, aguamos, aguastes, aguaram (= desaguar, enxaguar, minguar).

Prazer:

Irregular - presente do indicativo - aprazo, aprazes, apraz... / pretérito perfeito do indicativo - aprouve, aprouveste, aprouve, aprouvemos, aprouvestes, aprouveram.

Arguir:

Irregular com alternância vocálica o/u - presente do indicativo - arguo (ú), arguis, argui, arguimos, arguis, arguem - pretérito perfeito - argui, arguiste...

Atrair:

Irregular - presente do indicativo - atraio, atrais... / pretérito perfeito - atraí, atraíste... (= abstrair, cair, distrair, sair, subtrair).

Atribuir:

Irregular - presente do indicativo - atribuo, atribuis, atribui, atribuímos, atribuís, atribuem - pretérito perfeito - atribuí, atribuíste, atribuiu... (= afluir, concluir, destituir, excluir, instruir, possuir, usufruir).

Averiguar:

Alternância vocálica o/u - presente do indicativo - averiguo (ú), averiguas (ú), averigua (ú), averiguamos, averiguais, averiguam (ú) - pretérito perfeito - averiguei, averiguaste... - presente do subjuntivo - averigue, averigues, averigue... (= apaziguar).

Cear:

Irregular - presente do indicativo - ceio, ceias, ceia, ceamos, ceais, ceiam - pretérito perfeito indicativo - ceei, ceaste, ceou, ceamos, ceastes, cearam (= verbos terminados em -ear: falsear, passear... - alguns apresentam pronúncia aberta: estreio, estreia...).

VERBO

Coar:
Irregular - presente do indicativo - coo, côas, côa, coamos, coais, coam - pretérito perfeito - coei, coaste, coou... (= abençoar, magoar, perdoar).

Comerciar:
Regular - presente do indicativo - comercio, comercias... - pretérito perfeito - comerciei... (= verbos em -iar, exceto os seguintes verbos: mediar, ansiar, remediar, incendiar, odiar).

Compelir:
Alternância vocálica e/i - presente do indicativo - compilo, compeles... - pretérito perfeito indicativo - compeli, compeliste...

Compilar:
Regular - presente do indicativo - compilo, compilas, compila... - pretérito perfeito indicativo - compilei, compilaste...

Construir:
Irregular e abundante - presente do indicativo - construo, constróis (ou construís), constrói (ou construí), construímos, construís, constroem (ou construem) - pretérito perfeito indicativo - construí, construíste...

Crer:
Irregular - presente do indicativo - creio, crês, crê, cremos, credes, creem - pretérito perfeito indicativo - cri, creste, creu, cremos, crestes, creram - imperfeito indicativo - cria, crias, cria, críamos, críeis, criam.

Falir:
Defectivo - presente do indicativo - falimos, falis - pretérito perfeito indicativo - fali, faliste... (= aguerrir, combalir, foragir-se, remir, renhir)

Frigir:
Acomodação gráfica g/j e alternância vocálica e/i - presente do indicativo - frijo, freges, frege, frigimos, frigis, fregem - pretérito perfeito indicativo - frigi, frigiste...

Ir:
Irregular - presente do indicativo - vou, vais, vai, vamos, ides, vão - pretérito perfeito indicativo - fui, foste... - presente subjuntivo - vá, vás, vá, vamos, vades, vão.

Jazer:
Irregular - presente do indicativo - jazo, jazes... - pretérito perfeito indicativo - jazi, jazeste, jazeu...

Mobiliar:
Irregular - presente do indicativo - mobílio, mobílias, mobília, mobiliamos, mobiliais, mobíliam - pretérito perfeito indicativo - mobiliei, mobiliaste...

Obstar:
Regular - presente do indicativo - obsto, obstas... - pretérito perfeito indicativo - obstei, obstaste...

Pedir:
Irregular - presente do indicativo - peço, pedes, pede, pedimos, pedis, pedem - pretérito perfeito indicativo - pedi, pediste... (= despedir, expedir, medir).

Polir:
Alternância vocálica e/i - presente do indicativo - pulo, pules, pule, polimos, polis, pulem - pretérito perfeito indicativo - poli, poliste...

Precaver-se:
Defectivo e pronominal - presente do indicativo - precavemo-nos, precaveis-vos - pretérito perfeito indicativo - precavi-me, precaveste-te...

Prover:
Irregular - presente do indicativo - provejo, provês, provê, provemos, provedes, proveem - pretérito perfeito indicativo - provi, proveste, proveu...

Reaver:
Defectivo - presente do indicativo - reavemos, reaveis - pretérito perfeito indicativo - reouve, reouveste, reouve... (verbo derivado do haver, mas só é conjugado nas formas verbais com a letra v).

Remir:
Defectivo - presente do indicativo - remimos, remis - pretérito perfeito indicativo - remi, remiste...

Requerer:
Irregular - presente do indicativo - requeiro, requeres... - pretérito perfeito indicativo - requeri, requereste, requereu... (derivado do querer, diferindo dele na 1ª pessoa do singular do presente do indicativo e no pretérito perfeito do indicativo e derivados, sendo regular)

Rir:
Irregular - presente do indicativo - rio, rir, ri, rimos, rides, riem - pretérito perfeito indicativo - ri, riste... (= sorrir)

Saudar:
Alternância vocálica - presente do indicativo - saúdo, saúdas... - pretérito perfeito indicativo - saudei, saudaste...

Suar:
Regular - presente do indicativo - suo, suas, sua... - pretérito perfeito indicativo - suei, suaste, sou... (= atuar, continuar, habituar, individuar, recuar, situar)

Valer:
Irregular - presente do indicativo - valho, vales, vale... - pretérito perfeito indicativo - vali, valeste, valeu...

Também merecem atenção os seguintes verbos irregulares:

→ **Pronominais:** Apiedar-se, dignar-se, persignar-se, precaver-se

Caber

Presente do indicativo: caibo, cabes, cabe, cabemos, cabeis, cabem;

Presente do subjuntivo: caiba, caibas, caiba, caibamos, caibais, caibam;

Pretérito perfeito do indicativo: coube, coubeste, coube, coubemos, coubestes, couberam;

Pretérito mais-que-perfeito do indicativo: coubera, couberas, coubera, coubéramos, coubéreis, couberam;

Pretérito imperfeito do subjuntivo: coubesse, coubesses, coubesse, coubéssemos, coubésseis, coubessem;

Futuro do subjuntivo: couber, couberes, couber, coubermos, couberdes, couberem.

Dar

Presente do indicativo: dou, dás, dá, damos, dais, dão;

Presente do subjuntivo: dê, dês, dê, demos, deis, deem;

Pretérito perfeito do indicativo: dei, deste, deu, demos, destes, deram;

Pretérito mais-que-perfeito do indicativo: dera, deras, dera, déramos, déreis, deram;

Pretérito imperfeito do subjuntivo: desse, desses, desse, déssemos, désseis, dessem;

Futuro do subjuntivo: der, deres, der, dermos, derdes, derem.

Dizer

Presente do indicativo: digo, dizes, diz, dizemos, dizeis, dizem;

Presente do subjuntivo: diga, digas, diga, digamos, digais, digam;

Pretérito perfeito do indicativo: disse, disseste, disse, dissemos, dissestes, disseram;

Pretérito mais-que-perfeito do indicativo: dissera, disseras, dissera, disséramos, disséreis, disseram;

Futuro do presente: direi, dirás, dirá etc.;

Futuro do pretérito: diria, dirias, diria etc.;

Pretérito imperfeito do subjuntivo: dissesse, dissesses, dissesse, disséssemos, dissésseis, dissessem;

Futuro do subjuntivo: disser, disseres, disser, dissermos, disserdes, disserem;

Estar

Presente do indicativo: estou, estás, está, estamos, estais, estão;

Presente do subjuntivo: esteja, estejas, esteja, estejamos, estejais, estejam;

Pretérito perfeito do indicativo: estive, estiveste, esteve, estivemos, estivestes, estiveram;

Pretérito mais-que-perfeito do indicativo: estivera, estiveras, estivera, estivéramos, estivéreis, estiveram;

Pretérito imperfeito do subjuntivo: estivesse, estivesses, estivesse, estivéssemos, estivésseis, estivessem;

Futuro do subjuntivo: estiver, estiveres, estiver, estivermos, estiverdes, estiverem;

Fazer

Presente do indicativo: faço, fazes, faz, fazemos, fazeis, fazem;

Presente do subjuntivo: faça, faças, faça, façamos, façais, façam;

Pretérito perfeito do indicativo: fiz, fizeste, fez, fizemos, fizestes, fizeram;

Pretérito mais-que-perfeito do indicativo: fizera, fizeras, fizera, fizéramos, fizéreis, fizeram;

Pretérito imperfeito do subjuntivo: fizesse, fizesses, fizesse, fizéssemos, fizésseis, fizessem;

Futuro do subjuntivo: fizer, fizeres, fizer, fizermos, fizerdes, fizerem.

Seguem esse modelo desfazer, liquefazer e satisfazer.

Os particípios desses verbos e seus derivados são irregulares: Feito, desfeito, liquefeito, satisfeito, etc.

Haver

Presente do indicativo: hei, hás, há, havemos, haveis, hão;

Presente do subjuntivo: haja, hajas, haja, hajamos, hajais, hajam;

Pretérito perfeito do indicativo: houve, houveste, houve, houvemos, houvestes, houveram;

Pretérito mais-que-perfeito do indicativo: houvera, houveras, houvera, houvéramos, houvéreis, houveram;

Pretérito imperfeito do subjuntivo: houvesse, houvesses, houvesse, houvéssemos, houvésseis, houvessem;

Futuro do subjuntivo: houver, houveres, houver, houvermos, houverdes, houverem.

Ir

Presente do indicativo: vou, vais, vai, vamos, ides, vão;

Presente do subjuntivo: vá, vás, vá, vamos, vades, vão;

Pretérito imperfeito do indicativo: ia, ias, ia, íamos, íeis, iam;

Pretérito perfeito do indicativo: fui, foste, foi, fomos, fostes, foram;

Pretérito mais-que-perfeito do indicativo: fora, foras, fora, fôramos, fôreis, foram;

Pretérito imperfeito do subjuntivo: fosse, fosses, fosse, fôssemos, fôsseis, fossem;

Futuro do subjuntivo: for, fores, for, formos, fordes, forem.

Poder

Presente do indicativo: posso, podes, pode, podemos, podeis, podem;

Presente do subjuntivo: possa, possas, possa, possamos, possais, possam;

Pretérito perfeito do indicativo: pude, pudeste, pôde, pudemos, pudestes, puderam;

Pretérito mais-que-perfeito do indicativo: pudera, puderas, pudera, pudéramos, pudéreis, puderam;

Pretérito imperfeito do subjuntivo: pudesse, pudesses, pudesse, pudéssemos, pudésseis, pudessem;

Futuro do subjuntivo: puder, puderes, puder, pudermos, puderdes, puderem.

Pôr

Presente do indicativo: ponho, pões, põe, pomos, pondes, põem;

LÍNGUA PORTUGUESA

Presente do subjuntivo: ponha, ponhas, ponha, ponhamos, ponhais, ponham;

Pretérito imperfeito do indicativo: punha, punhas, punha, púnhamos, púnheis, punham;

Pretérito perfeito do indicativo: pus, puseste, pôs, pusemos, pusestes, puseram;

Pretérito mais-que-perfeito do indicativo: pusera, puseras, pusera, puséramos, puséreis, puseram;

Pretérito imperfeito do subjuntivo: pusesse, pusesses, pusesse, puséssemos, pusésseis, pusessem;

Futuro do subjuntivo: puser, puseres, puser, pusermos, puserdes, puserem.

Todos os derivados do verbo pôr seguem exatamente esse modelo: Antepor, compor, contrapor, decompor, depor, descompor, dispor, expor, impor, indispor, interpor, opor, pospor, predispor, pressupor, propor, recompor, repor, sobrepor, supor, transpor são alguns deles.

Querer

Presente do indicativo: quero, queres, quer, queremos, quereis, querem;

Presente do subjuntivo: queira, queiras, queira, queiramos, queirais, queiram;

Pretérito perfeito do indicativo: quis, quiseste, quis, quisemos, quisestes, quiseram;

Pretérito mais-que-perfeito do indicativo: quisera, quiseras, quisera, quiséramos, quiséreis, quiseram;

Pretérito imperfeito do subjuntivo: quisesse, quisesses, quisesse, quiséssemos, quisésseis, quisessem;

Futuro do subjuntivo: Quiser, quiseres, quiser, quisermos, quiserdes, quiserem;

Saber

Presente do indicativo: sei, sabes, sabe, sabemos, sabeis, sabem;

Presente do subjuntivo: saiba, saibas, saiba, saibamos, saibais, saibam;

Pretérito perfeito do indicativo: soube, soubeste, soube, soubemos, soubestes, souberam;

Pretérito mais-que-perfeito do indicativo: Soubera, souberas, soubera, soubéramos, soubéreis, souberam;

Pretérito imperfeito do subjuntivo: Soubesse, soubesses, soubesse, soubéssemos, soubésseis, soubessem;

Futuro do subjuntivo: souber, souberes, souber, soubermos, souberdes, souberem.

Ser

Presente do indicativo: Sou, és, é, somos, sois, são;

Presente do subjuntivo: Seja, sejas, seja, sejamos, sejais, sejam;

Pretérito imperfeito do indicativo: Era, eras, era, éramos, éreis, eram;

Pretérito perfeito do indicativo: Fui, foste, foi, fomos, fostes, foram;

Pretérito mais-que-perfeito do indicativo: Fora, foras, fora, fôramos, fôreis, foram;

Pretérito imperfeito do subjuntivo: Fosse, fosses, fosse, fôssemos, fôsseis, fossem;

Futuro do subjuntivo: For, fores, for, formos, fordes, forem.

As segundas pessoas do imperativo afirmativo são: Sê (tu) e sede (vós).

Ter

Presente do indicativo: Tenho, tens, tem, temos, tendes, têm;

Presente do subjuntivo: Tenha, tenhas, tenha, tenhamos, tenhais, tenham;

Pretérito imperfeito do indicativo: Tinha, tinhas, tinha, tínhamos, tínheis, tinham;

Pretérito perfeito do indicativo: Tive, tiveste, teve, tivemos, tivestes, tiveram;

Pretérito mais-que-perfeito do indicativo: Tivera, tiveras, tivera, tivéramos, tivéreis, tiveram;

Pretérito imperfeito do subjuntivo: Tivesse, tivesses, tivesse, tivéssemos, tivésseis, tivessem;

Futuro do subjuntivo: Tiver, tiveres, tiver, tivermos, tiverdes, tiverem.

Seguem esse modelo os verbos: Ater, conter, deter, entreter, manter, reter.

Trazer

Presente do indicativo: Trago, trazes, traz, trazemos, trazeis, trazem;

Presente do subjuntivo: Traga, tragas, traga, tragamos, tragais, tragam;

Pretérito perfeito do indicativo: Trouxe, trouxeste, trouxe, trouxemos, trouxestes, trouxeram;

Pretérito mais-que-perfeito do indicativo: Trouxera, trouxeras, trouxera, trouxéramos, trouxéreis, trouxeram;

Futuro do presente: Trarei, trarás, trará, etc.;

Futuro do pretérito: Traria, trarias, traria, etc.;

Pretérito imperfeito do subjuntivo: Trouxesse, trouxesses, trouxesse, trouxéssemos, trouxésseis, trouxessem;

Futuro do subjuntivo: Trouxer, trouxeres, trouxer, trouxermos, trouxerdes, trouxerem.

Ver

Presente do indicativo: Vejo, vês, vê, vemos, vedes, veem;

Presente do subjuntivo: Veja, vejas, veja, vejamos, vejais, vejam;

Pretérito perfeito do indicativo: Vi, viste, viu, vimos, vistes, viram;

Pretérito mais-que-perfeito do indicativo: Vira, viras, vira, víramos, víreis, viram;

Pretérito imperfeito do subjuntivo: Visse, visses, visse, víssemos, vísseis, vissem;

Futuro do subjuntivo: Vir, vires, vir, virmos, virdes, virem.

Seguem esse modelo os derivados antever, entrever, prever, rever. Prover segue o modelo acima apenas no presente do indicativo e seus tempos derivados; nos demais tempos, comporta-se como um verbo regular da segunda conjugação.

Vir

Presente do indicativo: Venho, vens, vem, vimos, vindes, vêm;

Presente do subjuntivo: Venha, venhas, venha, venhamos, venhais, venham;

Pretérito imperfeito do indicativo: Vinha, vinhas, vinha, vínhamos, vínheis, vinham;

Pretérito perfeito do indicativo: Vim, vieste, veio, viemos, viestes, vieram;

Pretérito mais-que-perfeito do indicativo: Viera, vieras, viera, viéramos, viéreis, vieram;

Pretérito imperfeito do subjuntivo: Viesse, viesses, viesse, viéssemos, viésseis, viessem;

Futuro do subjuntivo: Vier, vieres, vier, viermos, vierdes, vierem;

Particípio e gerúndio: Vindo.

Emprego do infinitivo

Apesar de não haver regras bem definidas, podemos anotar as seguintes ocorrências:

→ Usa-se o impessoal:

Sem referência a nenhum sujeito: É proibido **estacionar** na calçada;

Nas locuções verbais: Devemos **pensar** sobre a sua situação;

Se o infinitivo exercer a função de complemento de adjetivos: É uma questão fácil de **resolver**;

Se o infinitivo possuir valor de imperativo – O comandante gritou: "**marchar**!"

→ Usa-se o pessoal:

Quando o sujeito do infinitivo é diferente do sujeito da oração principal: Eu não te culpo por seres um imbecil;

Quando, por meio de flexão, se quer realçar ou identificar a pessoa do sujeito: Não foi bom agires dessa forma;

6. SINTAXE BÁSICA DA ORAÇÃO E DO PERÍODO

Sintaxe é a parte da Gramática que estuda a função das palavras ou das expressões em uma oração ou em um período.

Definições importantes:

Frase, oração e período (conceitos essenciais)

Frase: qualquer sentença dotada de sentido.

Ex.: Eu adoro estudar Português!

Ex.: Fogo! Socorro!

Oração: frase organizada em torno de uma forma verbal.

Os alunos farão a prova amanhã!

Período: conjunto de orações;

> Período simples: 1 oração.

Estudarei Português.

> Período composto: mais de 1 oração.

Estudarei Português e farei a prova.

6.1 Período simples (oração)

A oração é dividida em termos. Assim, o estudo fica organizado e impossibilita a confusão. São os termos da oração:

Essenciais;

Integrantes;

Acessórios.

Termos essenciais da oração

Sujeito e Predicado: são chamados de essenciais, porque são os elementos que dão vida à oração. Quer dizer, sem um deles (o predicado, ao menos) não se pode formar oração.

O **Brasil** caminha para uma profunda transformação social.
(sujeito)   (predicado)

Sujeito

Sujeito é o termo sintático sobre o qual se declara ou se constata algo. Deve-se observar que há uma profunda relação entre o verbo que comporá o predicado e o sujeito da oração. Usualmente, o sujeito é formado por um substantivo ou por uma expressão substantivada.

Classificação do Sujeito:

Simples;

Composto;

Oculto, elíptico ou desinencial;

Indeterminado;

Inexistente;

Oracional.

Sujeito simples: aquele que possui apenas um núcleo.

O país deverá enfrentar difíceis rivais na competição.

A perda de fôlego de algumas das grandes economias também já foi notada por outras gigantes do setor.

> **Sujeito composto:** é aquele que possui mais de um núcleo.

Rigoberto e Jacinto são amigos inseparáveis.

Eu, meus **amigos** e todo o **resto** dos alunos faremos a prova.

Sujeito oculto, elíptico ou desinencial: aquele que não se encontra expresso na oração, porém é facilmente subentendido pelo verbo apresentado.

Acord**amos** cedo naquele dia. (Quem acordou? Nós)

Ab**ri** o blusão, tirei o 38, e perguntei com tanta raiva que uma gota de meu cuspe bateu na cara dele.(R. Fonseca)

Vanderlei caminhou pela manhã. À tarde pass**eou** pelo lago municipal, onde encont**rou** a Anaconda da cidade.

Perceba que o sujeito não está grafado na sentença, mas é facilmente recuperável por meio da terminação do verbo.

Sujeito indeterminado: ocorre quando o verbo não se refere a um núcleo determinado. São situações de indeterminação do sujeito:

Terceira pessoa do plural sem um referente:

Nunca lhe **deram** nada.

Fizeram comentários maldosos a seu respeito.

Com verbos transitivos indiretos, intransitivo e relacionais (de ligação) acompanhados da partícula "se" que, no caso, será classificada como índice de indeterminação de sujeito.

Vive-se muito bem.

Precisa-se de força e coragem na vida de estudante.

Nem sempre **se está** feliz na riqueza.

Sujeito inexistente ou oração sem sujeito: ocorre em algumas situações específicas.

Com verbos impessoais (principalmente os que denotam fenômeno da natureza).

Em setembro **chove** muito.

Nevava em Palotina.

Com o verbo haver, desde que empregado nos sentidos de existir, acontecer ou ocorrer.

Há poemas perfeitos, não **há** poetas perfeitos.

Deveria haver soluções para tais problemas.

Com os verbos ir, haver e fazer, desde que empregado fazendo alusão a tempo transcorrido.

Faz um ano que não viajo. (verbo "fazer" no sentido de "tempo transcorrido")

Há muito tempo que você não aparece. (verbo "haver" no sentido de "tempo")

Vai para dois meses que não recebo salário. (verbo "ir" no sentido de "tempo")

Com os verbos ser ou estar indicando tempo.

Era noite fechada.

É tarde, eles não vêm!

Com os verbos bastar e chegar indicando cessamento.

Basta de tanta corrupção no Senado!

Chega de ficar calado quando a situação aperta!

Com o verbo ser indicando data ou horas.

São dez horas no relógio da torre.

Amanhã **serão** dez de dezembro.

Sujeito oracional: ocorre nas análises do período composto, quando se verifica que o sujeito de um verbo é uma oração.

É preciso **que você estude Língua Portuguesa**.

Predicado

É o termo que designa aquilo que se declara acerca do sujeito. É mais simples e mais prudente para o aluno buscar identificar o predicado antes do sujeito, pois, se assim o fizer, terá mais concretude na identificação do sujeito.

Classificação do predicado:

> Nominal;
> Verbal;
> Verbo-nominal.

Predicado Nominal: o predicado nominal é formado por um verbo relacional (de ligação) + predicativo.

Lembre os principais verbos de ligação: ser, estar, permanecer, continuar, ficar, parecer, andar e torna-se.

A economia da Ásia parecia derrotada após a crise.

O deputado, de repente, virou patriota.

Português é legal.

Predicado Verbal: o predicado verbal tem como núcleo um verbo nocional.

Empresários **investirão R$ 250 milhões em novo berço para Porto de Paranaguá**.

Predicado Verbo-nominal: ocorre quando há um verbo significativo (nocional) + um predicativo do sujeito.

O trem chegou atrasado. ("atrasado" é uma qualidade do sujeito que aparece após o verbo, portanto, é um predicativo do sujeito).

Pedro Paladino já nasceu rico.

Acompanhei a indignação de meus alunos preocupado.

Predicativo

O predicativo é um termo componente do predicado. Qualifica sujeito ou objeto.

Josefina era **maldosa**, **ruim**, **sem valor**. (pred. do sujeito)

Leila deixou o garoto **louco**. (pred. do objeto)

O diretor nomeou João **chefe da repartição**. (pred. do objeto)

Termos integrantes da oração

Objeto Direto (complemento verbal);

Objeto Indireto (complemento verbal);

Complemento Nominal;

Agente da Passiva.

Objeto Direto: é o complemento de um verbo transitivo direto.

Os bons cidadãos cumprem **as leis**. (quem cumpre, cumpre algo)

Em resumo: ele queria **uma mulher**. (quem quer, quer algo)

Objeto Indireto: é o complemento de um verbo transitivo indireto.

Os bons cidadãos obedecem **às leis**. (quem obedece, obedece a algo)

Necessitamos **de manuais mais práticos** nos dias de hoje. (quem necessita, necessita de algo)

Complemento Nominal: é o complemento, sempre preposicionado, de adjetivos, advérbios e substantivos que, em determinadas circunstâncias, pedem complemento, assim como os verbos transitivos indiretos.

O filme era impróprio para crianças.

Finalizou-se a construção do prédio.

Agiu favoravelmente ao réu.

Agente da Passiva: É o complemento que, na voz passiva, designa o ser praticante da ação sofrida ou recebida pelo sujeito.

Ex. de voz ativa: O zagueiro executou a jogada.

Ex. de voz passiva: A jogada foi executada **pelo zagueiro**. (Agente da passiva)

Conversas foram interceptadas pela **Polícia Federal**. (Agente da passiva)

Termos acessórios da oração

Adjunto Adnominal;

Adjunto Adverbial;

Aposto;

Vocativo.

Adjunto Adnominal: a função do adjunto adnominal é desempenhada por qualquer palavra ou expressão que, junto de um substantivo ou de uma expressão substantivada, modifica o seu sentido. Vejamos algumas palavras que desempenham tal função.

Artigos: as alunas serão aprovadas.

Pronomes adjetivos: aquela aluna será aprovada.

Numerais adjetivos: duas alunas serão aprovadas.

Adjetivos: aluno **estudioso** é aprovado.

Locuções adjetivas: aluno **de gramática** passa no concurso.

Adjunto Adverbial: o Adjunto Adverbial é o termo acessório (que não é exigido por elemento algum da sentença) que exprime circunstância ao verbo e, às vezes, ao adjetivo ou mesmo ao advérbio.

Advérbios: os povos antigos trabalhavam mais.

Locuções Adverbiais: Li vários livros **durante as férias**.

Alguns tipos de adjuntos adverbiais: Tempo: **Ontem**, choveu muito.

Lugar: Gostaria de que me encontrasse **na esquina da padaria**.

Modo: Alfredo executou a aria **fantasticamente**.

Meio: Fui para a escola **a pé**.

Causa: **Por amor**, cometem-se loucuras.

Instrumento: Quebrou a **vidraça com uma pedra**.
Condição: **Se estudar muito**, será aprovado.
Companhia: Faremos sucesso **com essa banda**.

Aposto: o aposto é o termo sintático que, possuindo equivalência semântica, esclarece seu referente. Tipos de Aposto:

Explicativo: Alencar, **escritor romântico**, possui uma obra vastíssima.

Resumitivo ou recapitulativo: Estudo, esporte, cinema, **tudo** o chateava.

Enumerativo: Preciso de duas coisas: **saúde e dinheiro**.

Especificativo: A notícia foi publicada na revista **Veja**.

Distributivo: Havia grupos interessados: **o da direita e o da esquerda**.

Oracional: Desejo só uma coisa: **que vocês passem no concurso**.

Vocativo: O Vocativo é uma interpelação, é um chamamento. Normalmente, indica com quem se fala.

Ó mar, por que não me levas contigo?

Vem, **minha amiga**, abraçar um vitorioso.

6.2 Período Composto

Nesse tópico, você deverá realizar a análise de mais de uma oração, portanto, atenção! Há dois processos de composição de período em Língua Portuguesa. São eles: coordenação e subordinação.

Coordenação: ocorre quando são unidas orações independentes sintaticamente. Ou seja, são autônomas do ponto de vista estrutural. Vamos a um exemplo.

Altamiro pratica esportes e estuda muito.

Subordinação: ocorre quando são unidas orações que possuem dependência sintática. Ou seja, não estão completas em sua estrutura. O processo de subordinação ocorre de três maneiras:

Substantiva: quando a oração desempenhar a função de um substantivo na sentença (**sujeito, predicativo, objeto direto, objeto indireto, complemento nominal ou aposto**).

Adjetiva: quando a oração desempenhar a função de adjunto adnominal na sentença.

Adverbial: quando a oração desempenhar a função de adjunto adverbial na sentença.

Eu quero **que vocês passem no concurso**. (oração subordinada substantiva objetiva direta – a função de objeto direto está sendo desempenhada pela oração)

O Brasil, **que é um belíssimo país**, possui vegetação exuberante. (oração subordinada adjetiva explicativa)

Quando José entrou na sala, Manoel saiu. (oração subordinada adverbial temporal)

Processo de coordenação

Há dois tipos de orações coordenadas: **assindéticas** e **sindéticas**.

Assindéticas:

O nome vem da palavra grega *sýndetos*, que significa conjunção, união. Ou seja, oração que não possui conjunção quando está colocada ao lado de outra.

Valdevino **correu (OCA), correu (OCA), correu (OCA)** o dia todo.

Perceba que não há conjunções para ligar os verbos, ou seja, as orações estão colocadas uma ao lado da outra sem síndeto, portanto, são **Orações Coordenadas Assindéticas**.

Sindéticas:

Contrariamente às assindéticas, as sindéticas possuem conjunção para exprimir uma relação lógico-semântica. Cada oração recebe o nome da conjunção que a introduz. Por isso é necessário decorar as conjunções.

Aditivas: São introduzidas pelas conjunções e, nem, mas também, também, como (após "não só"), como ou quanto (após "tanto"), mais etc., dando a ideia de adição à oração anterior.

A seleção brasileira venceu a Dinamarca/ **e empatou com a Inglaterra**. (Oração Coordenada Assindética / **Oração Coordenada Sindética Aditiva**)

Adversativas: São introduzidas pelas conjunções mas, porém, todavia, contudo, entretanto, no entanto, não obstante, senão, apesar disso, embora etc., indicando uma relação de oposição à sentença anterior.

O time batalhou muito, / **mas não venceu o adversário.** (Oração Coordenada Assindética / **Oração Coordenada Sindética Adversativa**)

Alternativas: São introduzidas pelas conjunções ou... ou, ora... ora, já... já, quer... quer, seja... seja, nem... nem etc., indicando uma relação de alternância entre as sentenças.

Ora estuda, / ora trabalha,: (Oração Coordenada Sindética Alternativa / Oração Coordenada Sindética Alternativa)

Conclusivas: São introduzidas pelas conjunções pois (posposto ao verbo), logo, portanto, então, por conseguinte, por sequência, assim, desse modo, destarte, com isso, por isto, consequentemente, de modo que, indicando uma relação de conclusão do período anterior.

Comprei a carne e o carvão, / **portanto podemos fazer o churrasco**. (Oração Coordenada Assindética / **Oração Coordenada Sindética Conclusiva**)

Estou muito doente, / **não posso, pois, ir à aula**. (Oração Coordenada Assindética/ **Oração Coordenada Sindética Conclusiva**)

Explicativas: São introduzidas pelas conjunções que, porque, porquanto, por, portanto, como, pois (anteposta ao verbo), ou seja, isto é, indicando uma relação de explicação para com a sentença anterior.

Não converse, / **pois estou estudando**. (OCA / **Oração Coordenada Sindética Explicativa**)

Processo de subordinação

Orações Subordinadas Substantivas: dividem-se em 6 tipos, introduzidas, geralmente, pelas conjunções "**que**" e "**se**".

Subjetiva (O.S.S.S.): Exerce função de sujeito do verbo da oração principal.

É interessante / **que todos joguem na loteria**. (Oração Principal / **Oração subordinada substantiva subjetiva**)

Objetiva Direta (O.S.S.O.D.): Exerce função de objeto direto.

Eu quero / **que você entenda a matéria**. - Quem quer, quer algo ou alguma coisa - (Oração Principal / **Oração subordinada substantiva Objetiva Direta**)

Objetiva Indireta (O.S.S.O.I.): Exerce função de objeto indireto.

Os alunos necessitam / **de que as explicações fiquem claras**. - Quem necessita, necessita de algo - (Oração Principal / **Oração subordinada substantiva Objetiva Indireta**)

Predicativa (O.S.S.P.): Exerce função de predicativo.

O bom é / **que você faça exercícios todos os dias**. (Oração Principal / **Oração subordinada substantiva Predicativa**)

Completiva Nominal (O.S.S.C.N.): Exerce função de complemento nominal de um nome da oração principal.

Jonas tem vontade / **de que alguém o mande calar a boca**. (Oração Principal / **Oração subordinada substantiva Completiva Nominal**)

Apositivas (O.S.S.A.): Possuem a função de aposto da sentença principal, geralmente são introduzidas por dois-pontos (:).

Eu quero apenas isto: / **que você passe no concurso**. (Oração Principal / **Oração subordinada substantiva Apositiva**)

Orações Subordinadas Adjetivas: dividem-se em dois tipos. Quando desenvolvidas, são introduzidas por um pronome relativo.

O nome Oração Subordinada Adjetiva se deve ao fato de ela desempenhar a mesma função de um adjetivo na oração, ou seja, a função de adjunto adnominal. Na Gramática de Portugal, são chamadas de Orações Relativas pelo fato de serem introduzidas por pronome relativo.

Restritivas: Restringem a informação da oração principal. Não possuem vírgulas.

O homem / **que mora ao lado** / é mal-humorado. (Oração Principal / **Oração subordinada Adjetiva Restritiva** / Oração Principal)

Para entender basta perguntar: qualquer homem é mal-humorado? Não. Só o que mora ao lado.

Explicativas: Explicam ou dão algum esclarecimento sobre a oração principal.

João, / **que é o ex-integrante da comissão**, / chegou para auxiliar os novos contratados. (Oração Principal / **Oração Subordinada Adjetiva Explicativa** /Oração Principal)

Orações Subordinadas Adverbiais: dividem-se em nove tipos. Recebem o nome da conjunção que as introduz. Nesse caso, teremos uma principal (que não está negritada) e uma subordinada adverbial (que está em negrito).

Essas orações desempenham a função de Adjunto Adverbial da oração principal.

Causais: Exprimem a causa do fato que ocorreu na oração principal. Introduzidas, principalmente, pelas conjunções porque, visto que, já que, uma vez que, como que, como.

Ex.: Já que precisamos de dinheiro, vamos trabalhar.

Comparativas: Representam o segundo termo de uma comparação. Introduzidas, na maior parte dos casos, pelas conjunções que, do que, como, assim como, (tanto) quanto.

Ex.: Tiburcina fala **como uma gralha** (fala - o verbo está elíptico).

Concessivas: Indica uma concessão entre as orações. Introduzidas, principalmente, pelas conjunções embora, a menos que, ainda que, posto que, conquanto, mesmo que, se bem que, por mais que, apesar de que. Fique de olho na relação da conjunção com o verbo.

Ex.: Embora não tivesse tempo disponível, consegui estudar.

Condicionais: Expressa ideia de condição. Introduzidas, principalmente, pelas conjunções se, salvo se, desde que, exceto, caso, desde, contanto que, sem que, a menos que.

Ex.: Se ele não se defender, acabará como "boi-de-piranha" no caso.

Conformativas: Exprimem acordo, concordância entre fatos ou ideias. Introduzidas, principalmente, pelas conjunções como, consoante, segundo, conforme, de acordo com etc.

Ex.: Realize as atividades **conforme eu expliquei**.

Consecutivas: Indicam a consequência ou o efeito daquilo que se diz na oração principal. Introduzidas, principalmente, pelas conjunções que (precedida de tal, tão, tanto, tamanho), de sorte que, de modo que.

Ex.: Estudei tanto, **que saiu sangue dos olhos**.

Finais: Exprimem finalidade da ação primeira. Introduzidas, em grande parte dos casos, pelas conjunções para que, a fim de que, que e porque.

Ex.: Estudei muito **para que pudesse fazer a prova**.

Proporcionais: Expressa uma relação de proporção entre as orações. Introduzidas, principalmente, pelas conjunções (locuções conjuntivas) à medida que, quanto mais....mais, à proporção que, ao passo que, quanto mais.

Ex.: José piorava, **à medida que abandonava seu tratamento**.

Temporais: Indicam circunstância de tempo. Introduzidas, principalmente, pelas conjunções quando, antes que, assim que, logo que, até que, depois que, mal, apenas, enquanto etc.

Ex.: Logo que iniciamos o trabalho os alunos ficaram mais tranquilos.

Você viu que não é difícil. Na verdade, só é preciso estudar muito e decorar o sentido das conjunções.

LÍNGUA PORTUGUESA

7. CONCORDÂNCIA VERBAL E NOMINAL

Trata-se do processo de flexão dos termos a fim de se relacionarem harmoniosamente na frase. Quando se pensa sobre a relação do verbo com os demais termos da oração, o estudo focaliza a concordância verbal. Quando a análise se volta para a relação entre pronomes, substantivos, adjetivos e demais termos do grupo nominal, diz-se que o foco é concordância nominal.

Fique de olho aberto para a relação do sujeito com o verbo. Uma boa noção de Sintaxe é importantíssima para entender esse segmento do conteúdo.

7.1 Concordância Verbal

Regra geral

O verbo concorda com o sujeito em número e pessoa.

O **primeiro-ministro** russo **acusou** seus inimigos.

Dois **parlamentares rebateram** a acusação.

Contaram-se **mentiras** no telejornal.

Vós sois os responsáveis por vosso destino.

Regras para sujeito composto[1]

Anteposto (colocado antes do verbo): o verbo vai para o plural:

Eu e meus irmãos vamos à praia.

Posposto (colocado após o verbo): o verbo concorda com o mais próximo ou vai para o plural:

Morreu (morreram), no acidente, **o prefeito e o vereador**.

Formado por pessoas (gramaticais) diferentes: plural da predominante.

Eu, você e os alunos **estudaremos** para o concurso. (a primeira pessoa é a predominante, por isso, o verbo fica na primeira pessoa do plural)

Com núcleos em correlação: concorda com o mais próximo ou fica no plural:

O professor assim como o monitor auxilia(m) os estudantes.

Ligado por NEM: verbo concordará:

No singular: se houver exclusão.

Nem Josias nem Josué **percebeu** o perigo iminente.

No singular: quando se pretende individualizar a ação, aludindo a um termo em específico.

Nem os esportes nem a leitura **o entretém**.

No plural: quando não houver exclusão, ou seja, quando a intenção for aludir ao sujeito em sua totalidade.

Nem a minha rainha nem o meu mentor **serão** tão convincentes a ponto de me fazerem mudar de ideia.

Ligado por COM: verbo concorda com o antecedente do COM ou vai para o plural:

O vocalista com os demais integrantes da banda **realizaram (realizou)** o show.

Ligado por OU: verbo no singular (se houver exclusão) ou no plural (se não houver exclusão):

Ou Pedro Amorim ou Jurandir Leitão **será** eleito vereador da cidade.

O aviso ou o ofício **deveriam** ser expedidos antes da data prevista.

Se o sujeito for construído com os termos:

Um e outro, nem um nem outro: verbo no singular ou plural, dependendo do sentido pretendido.

Um e outro **passou (passaram)** no concurso.

Um ou outro: verbo no singular.

Um ou outro fez a lição.

Expressões partitivas seguidas de nome plural: verbo no singular ou plural.

A maior parte das pessoas **fez (fizeram)** o exercício recomendado.

Coletivo geral: verbo no singular.

O cardume **nadou** rio acima.

Expressões que indicam quantidade aproximada seguida de numeral: Verbo concorda com o substantivo.

Aproximadamente 20 % dos eleitores compareceram às urnas.

Aproximadamente 20% do eleitorado **compareceu** às urnas.

Pronomes (indefinidos ou interrogativos) seguidos dos pronomes "nós" e/ou "vós": verbo no singular ou plural.

Ex.: Quem de nós **fará (faremos)** a diferença?

Palavra QUE (pronome relativo): verbo concorda com o antecedente do pronome "que".

Ex.: Fui eu que **fiz** a diferença.

Palavra QUEM: verbo na 3ª pessoa do singular.

Ex.: Fui eu *quem* **fez** a diferença.

Pela repetida utilização errônea, algumas gramáticas já toleram a concordância do verbo com a pessoa gramatical distinta da terceira, no caso de se utilizar um pronome pessoal como antecedente do "quem".

Um dos que: verbo no singular ou plural.

Ele foi *um dos que* **fez (fizeram)** a diferença.

Palavras sinônimas: verbo concorda com o mais próximo ou fica no plural.

Ex.: *A ruindade, a maldade, a vileza* **habita (habitam)** a alma do ser humano.

Quando os verbos estiverem acompanhados da palavra "SE": fique atento à função da palavra "SE".

SE - na função de pronome apassivador: verbo concorda com o sujeito paciente.

Vendem-se casas e sobrados em Alta Vista.

Presenteou-se o aluno aplicado com uma gramática.

---

[1] As gramáticas registram um sem-número de regras de concordância. Selecionamos as mais relevantes para o universo do concurso público.

SE - na função de índice de indeterminação do sujeito: verbo fica sempre na 3ª pessoa do singular.

Precisa-se de empregados com capacidade de aprender.

Vive-se muito bem na riqueza.

A dica é ficar de olho na transitividade do verbo. Se o verbo for VTI, VI ou VL, o termo "SE" será índice de indeterminação do sujeito.

Casos de concordância com o verbo "ser":

Quando indicar tempo ou distância: Concorda com o predicativo.

Amanhã **serão** 7 de fevereiro.

São 890 quilômetros daqui até Florianópolis.

Quando houver sujeito que indica quantidade e predicativo que indica suficiência ou excesso: Concorda com o predicativo.

Vinte milhões **era** muito por aquela casa.

Sessenta centavos **é** pouco por aquele lápis.

O verbo dar, no sentido de bater ou soar, acompanhado do termo hora(s): concorda com o sujeito.

Deram cinco horas no relógio do juiz.

Deu cinco horas o relógio juiz.

Verbo "parecer" – Concordância estranha.

Verbo "parecer" somado a infinitivo: Flexiona-se um dos dois.

Os alunos **pareciam** estudar novos conteúdos.

Os alunos **parecia estudarem** novos conteúdos.

Quando houver sujeito construído com nome no plural: com artigo no singular ou sem artigo: o verbo fica no singular.

Memórias Póstumas de Brás Cubas **continua** sendo lido por jovens estudantes.

Minas Gerais **é** um lindo lugar.

Com artigo plural: o verbo fica no plural.

Os Estados Unidos **aceitaram** os termos do acordo assinado.

7.2 Concordância Nominal

A concordância nominal está relacionada aos termos do grupo nominal. Ou seja, entram na dança o substantivo, o pronome, o artigo, o numeral e o adjetivo. Vamos à regra geral para a concordância.

Regra geral

O artigo, o numeral, o adjetivo e o pronome adjetivo devem concordar com o substantivo a que se referem em gênero e número.

Meu belíssimo e **antigo** carro **amarelo** quebrou, ontem, em **uma** rua **estreita**.

Os termos destacados acima, mantém uma relação harmoniosa com o núcleo de cada expressão. Relação tal que se estabelece em questões de gênero e de número.

A despeito de a regra geral dar conta de grande parte dos casos de concordância, devemos considerar a existência de casos particulares, que merecem atenção.

Casos que devem ser estudados

Dependendo da intencionalidade de quem escreve, pode-se realizar a concordância atrativa, primando por concordar com apenas um termo de uma sequência ou com toda a sequência. Vejamos:

Vi um carro e uma **moto** *vermelha*. (concordância apenas com o termo "moto")

Vi um carro e uma **moto** *vermelhos*. (concordância com ambos os elementos)

Bastante ou bastantes?

Se "bastante" é pronome adjetivo, será variável; se for advérbio (modificando o verbo), será invariável, ou seja, não vai para o plural.

Há *bastantes* **motivos** para sua ausência. (adjetivo)

Os alunos **falam** *bastante*. (advérbio)

Troque a palavra "bastante" por "muito". Se "muito" for para o plural, "bastante" também irá.

Anexo, incluso, apenso, obrigado, mesmo, próprio: são adjetivos que devem concordar com o substantivo a que se referem.

O *relatório* segue **anexo** ao documento.

Os *documentos* irão **apensos** ao relatório.

A expressão "em anexo" é invariável (não vai para plural nem para o feminino).

As planilhas irão **em anexo**.

É bom, é necessário, é proibido, é permitido: variam somente se o sujeito vier antecedido de um artigo ou outro termo determinante.

Maçã **é bom** para a voz. / A maçã **é boa** para a voz.

É necessário **aparecer** na sala. / É necessária **sua aparição** na sala.

Menos / alerta. São sempre invariáveis, contanto que respeitem sua classe de origem - advérbio: se forem derivadas para substantivo, elas poderão variar.

Encontramos **menos** alunos na escola. / Encontramos **menos** alunas na escola.

O policial ficou **alerta**. / Os policiais ficaram **alerta**.

Só / sós. Variam apenas quando forem adjetivos: quando forem advérbios, serão invariáveis.

Pedro apareceu **só** (sozinho) na sala. / Os meninos apareceram **sós** (sozinhos) na sala. (adjetivo)

Estamos **só** (somente) esperando sua decisão. (advérbio)

A expressão "a sós" é invariável.

A menina ficou **a sós** com seus pensamentos.

Troque "só" por "sozinho" (vai para o plural) ou "somente" (fica no singular).

8. ACENTUAÇÃO GRÁFICA

Antes de começar o estudo, é importante que você entenda quais são os padrões de tonicidade da Língua Portuguesa e quais são os encontros vocálicos presentes na Língua. Assim, fica mais fácil entender quais são as regras e como elas surgem.

Padrões de Tonicidade

Palavras oxítonas: última sílaba tônica (so**fá**, ca**fé**, ji**ló**)

Palavras paroxítonas: penúltima sílaba tônica (fe**rru**gem, a**du**bo, sa**ú**de)

Palavras proparoxítonas: antepenúltima sílaba tônica (**â**nimo, **ví**tima, **á**timo)

Encontros Vocálicos

Hiato (encontro vocálico que se separa):
> Pi - **a** - no; sa - **ú** - de.

Ditongo (encontro vocálico que permanece unido na sílaba):
> cha - p**éu**; to - n**éis**.

Tritongo (encontro vocálico que permanece unido na sílaba):
> sa - g**uão**; U - ru - g**uai**.

8.1 Regras Gerais

Quanto às Proparoxítonas

Acentuam-se todas as palavras:

Vítima, **â**nimo, Hiper**bó**lico

Quanto às Paroxítonas

Não se acentuam as terminadas em A, E, O (seguidas ou não de S) M e ENS.

Cas**te**lo, gra**na**da, pa**ne**la, pe**pi**no, **pa**jem, i**ma**gens etc.

Acentuam-se as terminadas em R, N, L, X, I ou IS, US, UM, UNS, PS, Ã ou ÃS e DITONGOS.

Susten**tá**vel, **tó**rax, **hí**fen, **tá**xi, **ál**bum, **bí**ceps, prin**cí**pio etc.

Fique de olho em alguns casos particulares, como as palavras terminadas em OM / ON / ONS

Iândom; **pró**ton, **nêu**trons etc.

Nova Ortografia – olho aberto! Deixam de se acentuarem as paroxítonas com OO e EE

"Voo, enjoo, perdoo, magoo."

"Leem, veem, deem, creem."

Quanto às Oxítonas

São acentuadas as terminadas em:

A ou **AS**: So**fá**, Pa**rá**;

E ou **ES**: Ra**pé**, Ca**fé**;

O ou **OS**: A**vô**, Ci**pó**;

EM ou **ENS**: Tam**bém**, Para**béns**.

Acentuação de Monossílabos

Acentuam-se os monossílabos tônicos terminados em **A**, **E** e **O**, seguidos ou não de **S**.

Pá, pó, pé, já, lá, fé, só.

Acentuação dos Hiatos

Acentuam-se os hiatos quando forem formados pelas letras **I** ou **U**, sozinhas ou seguidas de **S**:

Sa**ú**va, Ba**ú**, Bala**ús**tre, Pa**ís**.

Exceções:

Seguidas de **NH**: Ta**i**nha

Paroxítonas antecedidas de ditongo: Fe**i**ura

Com o **i** duplicado: Xi**i**ta

Ditongos Abertos

Serão acentuados os ditongos abertos **ÉU**, **ÉI** e **ÓI**, com ou sem **S**, quando forem oxítonos ou monossílabos.

Chap**éu**, R**éu**, Ton**éis**, Her**ói**, Past**éis**, Hot**éis**, Lenç**óis**.

Novo Acordo Ortográfico – fique de olho! Caiu o acento do ditongo aberto em posição de paroxítona.

"Ideia, Onomatopeia, Jiboia, Paranoia, Heroico etc."

Formas Verbais com Hífen

Para saber se há acento em uma forma verbal com hífen, deve-se analisar o padrão de tonicidade de cada bloco da palavra:

Aju**dá**-lo (oxítona terminada em "a" / monossílabo átono)

Con**tar**-lhe (oxítona terminada em "r" / monossílabo átono)

Convi**dá**-la-íamos. (oxítona terminada em "a" / proparoxítona)

Verbos "*ter*" e "*vir*"

Quando escritos na 3ª pessoa do singular, não serão acentuados:

Ele tem / ele vem.

Quando escritos na **3ª pessoa do plural**, receberão o **acento circunflexo**:

Eles **têm** / **vêm**

Nos verbos derivados das formas acima:

Acento agudo para singular - Contém / convém.

Acento circunflexo para o plural - Contêm / convêm.

Acentos Diferenciais

Alguns permanecem:

pôde / pode (pretérito perfeito / presente simples);

pôr / por (verbo / preposição);

fôrma[1] / forma (substantivo / verbo ou ainda substantivo).

Caiu o acento diferencial de:

para - pára (preposição / verbo);

pelo - pêlo (preposição + artigo / substantivo);

polo - pólo (preposição + artigo / substantivo);

pera - pêra (preposição + artigo / substantivo).

---

[1] Nesse caso, é facultativo o acento.

9. COLOCAÇÃO PRONOMINAL

Esta parte do conteúdo é relativa ao estudo da posição dos pronomes oblíquos átonos em relação ao verbo. Antes de iniciar o estudo, trate de memorizar os pronomes em questão, do contrário, você não progredirá.

Pronomes Oblíquos Átonos
me
te
o, a, lhe, se
nos
vos
os, as, lhes, se

Quatro casos de colocação:

Próclise (anteposto ao verbo)

    Nunca **o** vi.

Mesóclise (medial em relação ao verbo)

    Dir-**te**-ei algo.

Ênclise (posposto ao verbo)

    Passa-**me** a resposta.

Apossínclise (intercalação de uma ou mais palavras entre o pronome e o verbo)

    Talvez tu **me** já não creias.

9.1 Regras de Próclise

Palavras ou expressões negativas:

    Não **me** deixe aqui neste lugar!

    Ninguém **lhe** disse que seria fácil.

Pronomes relativos:

    O material de que **me** falaste é muito bom.

    Eis o conteúdo que **me** causa nojo.

Pronomes indefinidos:

    Alguém **me** disse que você vai ser transferido.

    Tudo **me** parece estranho.

Conjunções subordinativas:

    Confiei neles, assim que **os** conheci.

    Disse que **me** faltavam palavras.

Advérbios:

    Sempre **lhe** disse a verdade.

    Talvez **nos** apareça a resposta para essa questão.

Pronomes interrogativos:

    Quem **te** contou a novidade?

    Que **te** parece essa situação?

"Em + gerúndio"

    Em **se** tratando de Gramática, eu gosto muito!

    Nesta terra, em **se** plantando, tudo há de nascer.

Particípio

    Ele havia avisado-**me** (errado)

    Ele **me** havia avisado (certo)

Sentenças optativas

    Deus **lhe** pague!

    Deus **o** acompanhe!

9.2 Regras de Mesóclise

Emprega-se o pronome oblíquo átono no meio da forma verbal, quando ela estiver no futuro do presente ou no futuro simples do pretérito do indicativo.

    Chamar-**te**-ei, quando ele chegar.

    Se houver tempo, contar-**vos**-emos nossa aventura.

    Contar-**te**-ia a novidade.

9.3 Regras de Ênclise

Não se inicia sentença, em Língua Portuguesa, por pronome oblíquo átono. Ou seja, não coloque o pronome átono no início da frase.

Formas verbais:

Do **infinitivo impessoal** (precedido ou não da preposição "a");

Do **gerúndio**;

Do **imperativo afirmativo**;

    Alcança-**me** o prato de salada, por favor!

    Urge obedecer-**se** às leis.

    O garoto saiu da sala desculpando-**se**.

    Tratando-**se** desse assunto, não gosto de pensar.

    Dá-**me** motivos para estudar.

Se o gerúndio vier precedido da preposição "em", deve-se empregar a próclise.

    Em **se** tratando de Gramática, eu gosto muito.

9.4 Casos Facultativos

Sujeito expresso, próximo ao verbo.

    O menino se machucou **(-se)**.

    Eu **me** refiro **(-me)** ao fato de ele ser idiota.

Infinitivo antecedido de "não" ou de preposição.

    Sabemos que não se habituar **(-se)** ao meio causa problemas.

    O público o incentivou a se jogar **(-se)** do prédio.

10. REGÊNCIA VERBAL E NOMINAL

Regência é a parte da Gramática Normativa que estuda a relação entre dois termos, verificando se um termo serve de complemento a outro e se nessa complementação há uma preposição.

Dividimos a Regência em:

Regência Verbal (ligada aos verbos).

Regência Nominal (ligada aos substantivos, adjetivos ou advérbios).

10.1 Regência Verbal

Deve-se analisar, nesse caso, a necessidade de complementação, a presença ou ausência da preposição e a possibilidade de mudança de sentido do texto.

Vamos aos casos:

Agradar e desagradar: São transitivos indiretos (com preposição a) nos sentidos de satisfazer, contentar:

A biografia de Aníbal Machado **agradou/desagradou** à maioria dos leitores.

A criança **agradava** ao pai por ser muito comportada.

Agradar: Pode ser transitivo direto (sem preposição) se significar acariciar, afagar:

Agradar a esposa.

Pedro passava o dia todo **agradando** os seus gatos.

Agradecer: Transitivo direto e indireto, com a preposição a, no sentido de demonstrar gratidão a alguém:

Agradecemos a Santo Antônio o milagre alcançado.

A**gradecemos-lhes** a benesse concedida.

O verbo em questão também pode ser transitivo direto no sentido de mostrar gratidão por alguma coisa:

Agradeço a dedicação de todos os estudantes.

Os pais **agradecem** a dedicação dos professores para com os alunos.

Aspirar: É transitivo indireto (preposição "a") nos sentidos de desejar, pretender ou almejar:

Sempre **aspirei** a um cargo público.

Manoel **aspirava** a ver novamente a família na Holanda.

Aspirar: É transitivo direto na acepção de inalar, sorver, tragar, ou seja, mandar para dentro:

Aspiramos o perfume das flores.

Vimos a empregada **aspirando** a poeira do sofá.

Assistir: É transitivo direto no sentido de ajudar, socorrer etc:

O professor **assistia** o aluno.

Devemos **assistir** os mais necessitados.

Assistir: É transitivo indireto (complemento regido pela preposição "a") no sentido de ver ou presenciar:

Assisti ao comentário da palestra anterior.

Você deve **assistir** às aulas do professor!

Assistir: É transitivo indireto (complemento regido pela preposição "a") no sentido de "ser próprio de", "pertencer a":

O direito à vida **assiste** ao ser humano.

Esse comportamento **assiste** às pessoas vitoriosas.

Assistir: É intransitivo no sentido de morar ou residir:

Maneco **assistira** em Salvador.

Chegar: É verbo intransitivo e possui os adjuntos adverbiais de lugar introduzidos pela preposição "a":

Chegamos a Cascavel pela manhã.

Este é o ponto a que pretendia **chegar**.

Caso a expressão indique posição em um deslocamento, admite-se a preposição em:

Cheguei no trem à estação.

Os verbos ir e vir têm a mesma regência de chegar:

Nós **iremos** à praia amanhã.

Eles **vieram** ao cursinho para estudar.

Custar: Ter valor ou preço: verbo transitivo direto:

O avião **custa** 100 mil reais.

Ter como resultado certa perda ou revés: verbo transitivo direto e indireto:

Essa atitude **custou**-lhe a vida.

Ser difícil ou trabalhoso: intransitivo:

Custa muito entender esse raciocínio.

Levar tempo ou demorar: intransitivo:

Custa a vida para aprender a viver.

Esquecer / lembrar: Possuem a seguinte regra - se forem pronominais, terão complemento regido pela preposição "de"; se não forem, não haverá preposição:

Lembrei-**me de** seu nome. / Esqueci-me de seu nome.

Lembrei seu nome. / Esqueci seu nome.

Gostar: É transitivo indireto no sentido de apreciar (complemento introduzido pela preposição "de"):

Gosto de estudar.

Gosto muito de minha mãe.

Gostar: Como sinônimo de experimentar ou provar é transitivo direto:

Gostei a sobremesa apenas uma vez e já adorei.

Gostei o chimarrão uma vez e não mais o abandonei.

Implicar: pode ser:

Transitivo direto (sentido de acarretar):

Cada escolha **implica** uma renúncia.

Transitivo direto e indireto (sentido de envolver alguém em algo):

Implicou a irmã no crime.

Transitivo indireto (sentido de rivalizar):

Joana estava **implicando** com o irmão menor.

O verbo informar é bitransitivo, ou seja, é transitivo direto e indireto. Quem informa, informa:
- » Algo a alguém: **Informei** o acontecido para Jonas.
- » Alguém de algo: **Informei**-o do acontecido.
- » Alguém sobre algo: **Informei**-o sobre o acontecido.

Morar / Residir: Verbos intransitivos (ou, como preconizam alguns dicionários, transitivo adverbiado), cujos adjuntos adverbiais de lugar são introduzidos pela preposição "em":

José **mora** em Alagoas.

Há boas pessoas **residindo** em todos os estados do Brasil.

Obedecer: É um verbo transitivo indireto:

Os filhos **obedecem** aos pais.

Obedeça às leis de trânsito.

Embora transitivo indireto, admite forma passiva:

"Os pais são obedecidos pelos filhos."

O antônimo "desobedecer" também segue a mesma regra.

Perdoar: É transitivo direto e indireto, com objeto direto de coisa e indireto de pessoa:

Jesus **perdoou** os pecados aos pecadores.

Perdoava-lhe a desconsideração.

Perdoar admite a voz passiva:

"Os pecadores foram perdoados por Deus."

Precisar: É transitivo indireto (complemento regido pela preposição de) no sentido de "necessitar":

Precisaremos de uma nova Gramática.

Precisar: É transitivo direto no sentido de indicar com precisão:

Magali não soube **precisar** quando o marido voltaria da viagem.

Preferir É um verbo bitransitivo, ou seja, é transitivo direto e indireto, sempre exigindo a preposição a (preferir alguma coisa a outra):

Ex.: Adelaide **preferiu** o filé ao risoto.

Ex.: **Prefiro** estudar a ficar em casa descansando.

Ex.: **Prefiro** o sacrifício à desistência.

É incorreto reforçar o verbo "preferir" ou utilizar a locução "do que".

Proceder: É intransitivo na acepção de "ter cabimento":

Suas críticas são vazias, não **procedem**.

Proceder: É também intransitivo na acepção de "portar-se":

Todas as crianças **procederam** bem ao lavarem as mãos antes do lanche.

Proceder: No sentido de "ter procedência" é utilizado com a preposição de:

Acredito que a dúvida **proceda** do coração dos curiosos.

Proceder: É transitivo indireto exigindo a preposição a no sentido de "dar início":

Os investigadores **procederam** ao inquérito rapidamente.

Querer: É transitivo direto no sentido de "desejar":

Eu **quero** um carro novo.

Querer: É transitivo indireto (com o complemento de pessoa) no sentido de "ter afeto":

Quero muito a meus alunos que são dedicados.

Solicitar: É utilizado, na maior parte dos casos, como transitivo direto e indireto. Nada impede, entretanto, que se construa como transitivo direto:

O juiz **solicitou** as provas ao advogado.

Solicito seus documentos para a investidura no cargo.

Visar: É transitivo direto na acepção de mirar:

O atirador **visou** o alvo e disparou um tiro certeiro.

Visar: É transitivo direto também no sentido de "dar visto", "assinar":

O gerente havia **visado** o relatório do estagiário.

Visar: É transitivo indireto, exigindo a preposição a, na acepção de "ter em vista", "pretender", "almejar":

Pedro **visava** ao amor de Mariana.

As regras gramaticais **visam** à uniformidade da expressão linguística.

10.2 Regência Nominal

Alguns nomes (substantivos, adjetivos e advérbios) são comparáveis aos verbos transitivos indiretos: precisam de um complemento introduzido por uma preposição.

Acompanhemos os principais termos que exigem regência especial.

Substantivo		
Admiração a, por	Devoção a, para, com, por	Medo a, de
Aversão a, para, por	Doutor em	Obediência a
Atentado a, contra	Dúvida acerca de, em, sobre	Ojeriza a, por
Bacharel em	Horror a	Proeminência sobre
Capacidade de, para	Impaciência com	Respeito a, com, para com, por
Exceção a	Excelência em	Exatidão de, em
Dissonância entre	Divergência com, de, em, entre, sobre	Referência a
Alusão a	Acesso a	Menção a

Adjetivos		
Acessível a	Diferente de	Necessário a
Acostumado a, com	Entendido em	Nocivo a
Afável com, para com	Equivalente a	Paralelo a
Agradável a	Escasso de	Parco em, de
Alheio a, de	Essencial a, para	Passível de
Análogo a	Fácil de	Preferível a

REGÊNCIA VERBAL E NOMINAL

Ansioso de, para, por	Fanático por	Prejudicial a
Apto a, para	Favorável a	Prestes a
Ávido de	Generoso com	Propício a
Benéfico a	Grato a, por	Próximo a
Capaz de, para	Hábil em	Relacionado com
Compatível com	Habituado a	Relativo a
Contemporâneo a, de	Idêntico a	Satisfeito com, de, em, por
Contíguo a	Impróprio para	Semelhante a
Contrário a	Indeciso em	Sensível a
Curioso de, por	Insensível a	Sito em
Descontente com	Liberal com	Suspeito de
Desejoso de	Natural de	Vazio de
Distinto de, em, por	Dissonante a, de, entre	Distante de, para

Advérbios		
Longe de	Perto de	Relativamente a
Contemporaneamente a	Impropriamente a	Contrariamente a

É provável que você encontre um grande número de listas com palavras e suas regências, porém a maneira mais eficaz de se descobrir a regência de um termo é fazer uma pergunta para ele e verificar se, na pergunta, há uma preposição. Havendo, descobre-se a regência.

Ex.: A descoberta era **acessível** a todos.

Faz-se a pergunta: algo que é acessível é acessível? (a algo ou a alguém). Descobre-se, assim, a regência de acessível.

11. CRASE

O acento grave é solicitado nas palavras quando há a união da preposição "a" com o artigo (ou a vogal dependendo do caso) feminino "a" ou com os pronomes demonstrativos (aquele, aquela, aquilo e "a").

Ex.: Mário foi **à** festa ontem.

Tem-se o "a" preposição e o "a" artigo feminino.

Quem vai, vai a algum lugar / festa é palavra feminina, portanto, admite o artigo "a".

Chegamos **àquele** assunto (a + aquele).

A gravata que eu comprei é semelhante **à** que você comprou (a + a).

Decore os casos em que não ocorre crase, pois a tendência da prova é perguntar se há crase ou não. Sabendo os casos proibitivos, fica muito fácil.

11.1 Crase Proibitiva

Não se pode usar acento grave indicativo de crase:

Antes de palavras masculinas.

Ex.: Fez uma pergunta **a** Mário.

Antes de palavras de sentido indefinido.

Ex.: Não vai **a** festas, **a** reuniões, **a** lugar algum.

Antes de verbos.

Ex.: Todos estão dispostos **a** colaborar.

De pronomes pessoais.

Ex.: Darei um presente **a** ela.

De nomes de cidade, estado ou país que não utilizam o artigo feminino.

Ex.: Fui **a** Cascavel. / Vou **a** Pequim.

Da palavra "casa" quando tem significado de próprio lar, ou seja, quando ela aparecer indeterminada na sentença.

Ex.: Voltei a casa, pois precisava comer algo.

Quando houver determinação da palavra casa, ocorrerá crase.

"Voltei à casa de meus pais"

Da palavra "terra" quando tem sentido de solo;

Ex.: Os tripulantes vieram a terra.

A mesma regra da palavra "casa" se aplica à palavra terra.

De expressões com palavras repetidas;

Dia a dia, mano a mano, face a face, cara a cara etc.

Diante de numerais cardinais referentes a substantivos que não estão determinados pelo artigo:

Ex.: Irei assistir a duas aulas de Língua Portuguesa.

No caso de locuções adverbiais que exprimem hora determinada e nos casos em que o numeral estiver precedido de artigo, acentua-se:

"Chegamos às oito horas da noite."

"Assisti às duas sessões de ontem."

No caso dos numerais, há uma dica para facilitar o entendimento dos casos de crase. Se houver o "a" no singular e a palavra posterior no plural, não ocorrerá o acento grave. Do contrário, ocorrerá.

11.2 Crase Obrigatória

Locução adverbial feminina.

Ex.: À noite, à tarde, às pressas, às vezes, à farta, à vista, à hora certa, à esquerda, à direita, à toa, às sete horas, à custa de, à força de, à espera de, à vontade, à toa.

Termos femininos ou masculinos com sentido da expressão "à moda de" ou "ao estilo de".

Ex.: Filé à milanesa, servir à francesa, brigar à portuguesa, gol à Pelé, conto à Machado de Assis, discurso à Rui Barbosa etc.

Locuções conjuntivas proporcionais.

Ex.: À medida que, à proporção que.

Locuções prepositivas.

Ex.: À procura de, à vista de, à margem de, à beira de, à custa de, à razão de, à mercê de, à maneira de etc.

Para evitar ambiguidade: receberá o acento o termo afetado pela ação do verbo (objeto direto preposicionado).

Ex.: Derrubou a menina **à panela**.

Ex.: Matou a vaca **à cobra**.

Diante da palavra distância quando houver determinação da distância em questão:

Ex.: Achava-se à **distância de cem** (ou de alguns) **metros**.

Antes das formas de tratamento "senhora", "senhorita" e "madame" = não há consenso entre os gramáticos, no entanto, opta-se pelo uso.

Ex.: Enviei lindas flores **à senhorita**.

Ex.: Josias remeteu uma carta **à senhora**.

11.3 Crase Facultativa

Após a preposição até:

As crianças foram até **à escola**.

Antes de pronomes possessivos femininos:

Ele fez referência **à nossa causa!**

Antes de nomes próprios femininos:

Mandei um SMS **à Joaquina**.

Antes da palavra Dona.

Remeti uma carta à **Dona Benta**.

Não se usa crase antes de nomes históricos ou sagrados:

"O padre fez alusão a Nossa Senhora."

"Quando o professor fez menção a Joana D'Arc, todos ficaram entusiasmados."

12. PONTUAÇÃO

A pontuação assinala a melodia de nossa fala, ou seja, as pausas, a ênfase etc.

12.1 Principais Sinais e Usos

Vírgula

É o sinal mais importante para concurso público.

Usa-se a vírgula para:

Separar termos que possuem mesma função sintática no período:

> **José**, **Maria**, **Antônio** e **Joana** foram ao mercado. (função de núcleo do sujeito)

Isolar o vocativo:

> Então, **minha cara**, não há mais o que se dizer!

Isolar um aposto explicativo (cuidado com essa regra, veja que não há verbo no aposto explicativo):

> O João, **ex-integrante da comissão**, veio fazer parte da reunião.

Isolar termos antecipados, como: complemento, adjunto ou predicativo:

> **Na semana passada**, comemos camarão no restaurante português. (antecipação de adjunto adverbial)

Separar expressões explicativas, conjunções e conectivos:

> isto é, ou seja, por exemplo, além disso, pois, porém, mas, no entanto, assim etc.

Separar os nomes dos locais de datas:

> Cascavel, 02 de maio de 2012.

Isolar orações adjetivas explicativas (pronome relativo + verbo + vírgula):

> O Brasil, **que é um belíssimo país**, possui ótimas praias.

Separar termos de uma enumeração:

> Vá ao mercado e traga **cebola**, **alho**, **sal**, **pimenta e coentro**.

Separar orações coordenadas:

> Esforçou-se muito, **mas não venceu o desafio**. (oração coordenada sindética adversativa)
>
> Roubou todo o dinheiro, **e ainda apareceu na casa**. (oração coordenada sindética aditiva).
>
> A vírgula pode ser utilizada antes da conjunção aditiva "e" caso se queira enfatizar a oração por ela introduzida.

Omitir um termo, elipse (no caso da elipse verbal, chamaremos "zeugma"):

> De dia era um anjo, de noite um **demônio**. (omissão do verbo "ser")

Separar termos de natureza adverbial deslocado dentro da sentença:

> **Na semana passada**, trinta alunos foram aprovados no concurso. (locução adverbial temporal)
>
> **Se estudar muito**, você será aprovado no concurso. (oração subordinada adverbial condicional)

Ponto final

Usa-se o ponto final:

Ao final de frases para indicar uma pausa total; é o que marca o fim de um período:

> Depois de passar no concurso, comprarei um carro.

Em abreviaturas:

> Sr., a. C., Ltda., num., adj., obs., máx., *bat.*, *brit.* etc.

Ponto e vírgula

Usam-se ponto e vírgula para:

Separar itens que aparecem enumerados:

> Uma boa dissertação apresenta:
>
> Coesão;
>
> Coerência;
>
> Progressão lógica;
>
> Riqueza lexical;
>
> Concisão;
>
> Objetividade;
>
> Aprofundamento.

Separar um período que já se encontra dividido por vírgulas:

> Não gostava de trabalhar; queria, no entanto, muito dinheiro no bolso.

Separar partes do texto que se equilibram em importância:

> Os pobres dão pelo pão o trabalho; os ricos dão pelo pão a fazenda; os de espíritos generosos dão pelo pão a vida; os de nenhum espírito dão pelo pão a alma.(Vieira).
>
> O capitalismo é a exploração do homem pelo homem; o socialismo é exatamente o contrário.

Dois Pontos

São usados dois pontos quando:

Se vai fazer uma citação ou introduzir uma fala:

> José respondeu:
>
> - Não, muito obrigado!

Se quer indicar uma enumeração:

> Quero apenas uma coisa: que vocês sejam aprovados no concurso!

Aspas

São usadas aspas para indicar:

Citação presente no texto. Ex.:

> "Há distinção entre categorias do pensamento" - disse o filósofo.

Expressões estrangeiras, neologismos, gírias. Ex.:

> Na parede, haviam pintado a palavra "love". (expressão estrangeira)
>
> Ficava "bailarinando", como diria Guimarães. (neologismo)
>
> "Velho", esconde o "cano" aí e "deixa baixo". (gíria)

Reticências

São usadas para indicar supressão de um trecho, interrupção na fala, ou dar ideia de continuidade ao que se estava falando. Ex.:

(...) Profundissimamente hipocondríaco Este ambiente me causa repugnância Sobe-me à boca uma ânsia análoga à ânsia Que se escapa pela boca de um cardíaco(...)

Eu estava andando pela rua quando...

Eu gostei da nova casa, mas da garagem...

Parênteses

São usados quando se quer explicar melhor algo que foi dito ou para fazer simples indicações. Ex.:

Foi o homem que cometeu o crime (o assassinato do irmão).

Travessão

Indica a fala de um personagem:

Ademar falou. Ex.:

- Amigo, preciso contar algo para você.

Isola um comentário no texto. Ex.:

O estudo bem realizado - **diga-se de passagem, que quase ninguém faz** - é o primeiro passo para a aprovação.

Isola um aposto na sentença. Ex.:

A Semântica – **estudo sobre as relações de sentido** - é importantíssima para o entendimento da Língua.

Reforçar a parte final de um enunciado. Ex.:

Para passar no concurso, é preciso estudar muito — **muito mesmo.**

Trocas

A Banca, eventualmente, costuma perguntar sobre a possibilidade de troca de termos, portanto, atenção!

- » Vírgulas, travessões e parênteses, quando isolarem um aposto, podem ser trocadas sem prejuízo para a sentença;
- » Travessões podem ser trocados por dois pontos, a fim de enfatizar um enunciado.

Regra de ouro

Na ordem natural de uma sentença, é proibido:

→ Separar Sujeito e Predicado com vírgulas:

"Aqueles maravilhosos velhos ensinamentos de meu pai foram de grande utilidade. (certo) Aqueles maravilhosos velhos ensinamentos de meu pai, foram de grande utilidade. (errado)."

→ Separar Verbo de Objeto:

"O presidente do maravilhoso país chamado Brasil assinou uma lei importante. (certo) O presidente do maravilhoso país chamado Brasil assinou, uma lei importante. (errado)"

13. TIPOLOGIA TEXTUAL

O conteúdo relativo à tipologia textual é, deveras, fácil. Precisamos, apenas, destacar alguns elementos estruturantes a cada tipo de texto. Dessa forma, você conseguirá responder quaisquer questões relacionadas a essa temática.

O primeiro item que se deve ter em mente na hora de analisar um texto segundo sua tipologia é o caráter da predominância. Isso quer dizer que um mesmo agrupamento textual pode possuir características de diversas tipologias distintas, porém as questões costumam focalizar qual é o "tipo" predominante, o que mais está evidente no texto. Um pouco de bom-senso e uma pequena dose de conhecimento relativo ao assunto são necessários para obter sucesso nesse conteúdo.

Trabalharemos com três tipologias básicas: **narração, dissertação e descrição.** Vamos ao trabalho:

13.1 Narração

Facilmente identificável, a tipologia narrativa guarda uma característica básica: contar algo, transmitir a ocorrência de fatos e/ou ações que possuam um registro espacial e temporal. Quer dizer, a narração necessita, também, de um espaço bem marcado e de um tempo em que as ações narradas ocorram. Discorramos sobre cada aspecto separadamente.

São elementos de uma NARRAÇÃO:

Personagem: Quem pratica ação dentro da narrativa, é claro. Deve-se observar que os personagens podem possuir características físicas (altura, aparência, cor do cabelo etc.) e psicológicas (temperamento, sentimentos, emoções etc.), as quais podem ser descritas ao longo do texto.

Espaço: Trata-se do local em que a ação narrativa ocorre.

Tempo: É o lapso temporal em que a ação é descrita. Não se engane, o tempo pode ser enunciado por um simples "era uma vez".

Ação: Não existe narração sem ação! Ou seja, os personagens precisam fazer algo, ou sofrer algo para que haja ação narrativa.

Narrador: Afinal, como será contada uma estória sem uma voz que a narre? Portanto, este é outro elemento estruturante da tipologia narrativa. O narrador pode estar inserido na narrativa ou apenas "observar" e narrar os acontecimentos.

Note-se que, na tipologia narrativa, os verbos flexionados no pretérito são mais evidentes.

Eis um exemplo de narração, tente observar os elementos descritos acima, no texto:

Um Apólogo
Machado de Assis

Era uma vez uma agulha, que disse a um novelo de linha:

— Por que está você com esse ar, toda cheia de si, toda enrolada, para fingir que vale alguma cousa neste mundo?

— Deixe-me, senhora.

— Que a deixe? Que a deixe, por quê? Porque lhe digo que está com um ar insuportável? Repito que sim, e falarei sempre que me der na cabeça.

— Que cabeça, senhora? A senhora não é alfinete, é agulha. Agulha não tem cabeça. Que lhe importa o meu ar? Cada qual tem o ar que Deus lhe deu. Importe-se com a sua vida e deixe a dos outros.

— Mas você é orgulhosa.

— Decerto que sou.

— Mas por quê?

— É boa! Porque coso. Então os vestidos e enfeites de nossa ama, quem é que os cose, senão eu?

— Você? Esta agora é melhor. Você é que os cose? Você ignora que quem os cose sou eu e muito eu?— Você fura o pano, nada mais; eu é que coso, prendo um pedaço ao outro, dou feição aos babados...

— Sim, mas que vale isso? Eu é que furo o pano, vou adiante, puxando por você, que vem atrás obedecendo ao que eu faço e mando...

— Também os batedores vão adiante do imperador.

— Você é imperador?

— Não digo isso. Mas a verdade é que você faz um papel subalterno, indo adiante; vai só mostrando o caminho, vai fazendo o trabalho obscuro e ínfimo. Eu é que prendo, ligo, ajunto...

Estavam nisto, quando a costureira chegou à casa da baronesa. Não sei se disse que isto se passava em casa de uma baronesa, que tinha a modista ao pé de si, para não andar atrás dela. Chegou a costureira, pegou do pano, pegou da agulha, pegou da linha, enfiou a linha na agulha, e entrou a coser. Uma e outra iam andando orgulhosas, pelo pano adiante, que era a melhor das sedas, entre os dedos da costureira, ágeis como os galgos de Diana — para dar a isto uma cor poética. E dizia a agulha:

— Então, senhora linha, ainda teima no que dizia há pouco? Não repara que esta distinta costureira só se importa comigo; eu é que vou aqui entre os dedos dela, unidinha a eles, furando abaixo e acima...

A linha não respondia; ia andando. Buraco aberto pela agulha era logo enchido por ela, silenciosa e ativa, como quem sabe o que faz, e não está para ouvir palavras loucas. A agulha, vendo que ela não lhe dava resposta, calou-se também, e foi andando. E era tudo silêncio na saleta de costura; não se ouvia mais que o plic-plic-plic-plic da agulha no pano. Caindo o sol, a costureira dobrou a costura, para o dia seguinte. Continuou ainda nessa e no outro, até que no quarto acabou a obra, e ficou esperando o baile.

Veio a noite do baile, e a baronesa vestiu-se. A costureira, que a ajudou a vestir-se, levava a agulha espetada no corpinho, para dar algum ponto necessário. E enquanto compunha o vestido da bela dama, e puxava de um lado ou outro, arregaçava daqui ou dali, alisando, abotoando, acolchetando, a linha para mofar da agulha, perguntou-lhe:

— Ora, agora, diga-me, quem é que vai ao baile, no corpo da baronesa, fazendo parte do vestido e da elegância? Quem é que vai dançar com ministros e diplomatas, enquanto você volta para a caixinha da costureira, antes de ir para o balaio das mucamas? Vamos, diga lá.

Parece que a agulha não disse nada; mas um alfinete, de cabeça grande e não menor experiência, murmurou à pobre agulha:

— Anda, aprende, tola. Cansas-te em abrir caminho para ela e ela é que vai gozar da vida, enquanto aí ficas na caixinha de costura. Faze como eu, que não abro caminho para ninguém. Onde me espetam, fico.

Contei esta história a um professor de melancolia, que me disse, abanando a cabeça:

— Também eu tenho servido de agulha a muita linha ordinária!

13.2 Dissertação

O texto dissertativo, também chamado por alguns de informativo, possui a finalidade de discorrer sobre determinado assunto, apresentando fatos, opiniões de especialista, dados quantitativos ou mesmo informações sobre o assunto da dissertação. É preciso entender que nem sempre a dissertação busca persuadir o seu interlocutor, ela pode simplesmente transmitir informações pertinentes ao assunto dissertado.

Quando a persuasão é objetivada, o texto passa a ter também características argumentativas. A rigor, as questões de concurso público focalizam a tipologia, não seus interstícios, portanto, não precisa ficar desesperado com o fato de haver diferença entre texto dissertativo-expositivo e texto dissertativo-argumentativo. Importa saber que ele é dissertativo.

Toda boa dissertação possui a **Introdução** do tema, o **Desenvolvimento** coeso e coerente, que está vinculado ao que se diz na introdução, e uma **Conclusão** lógica do texto, evidenciando o que se permite compreender por meio da exposição dos parágrafos de desenvolvimento.

A tipologia dissertativa pode ser facilmente encontrada em editoriais, textos de divulgação acadêmica, ou seja, com caráter científico, ensaios, resenhas, artigos científicos e textos pedagógicos.

Exemplo de dissertação:

Japão foi avisado sobre problemas em usinas dois anos antes, diz Wikileaks

O Wikileaks, site de divulgação de informações consideradas sigilosas, vazou um documento que denuncia que o governo japonês já havia sido avisado pela vigilância nuclear internacional que suas usinas poderiam não ser capazes de resistir a terremotos. O relatório, assinado pelo embaixador Thomas Schieffer obtido pelo WikiLeaks foi publicado hoje pelo jornal britânico, The Guardian.

O documento revela uma conversa de dezembro de 2008 entre o então deputado japonês, Taro Kono, e um grupo diplomático norte-americano durante um jantar. Segundo o relatório, um membro da Agência Internacional de Energia Atômica (AIEA) disse que as normas de segurança estavam obsoletas para aguentar os fortes terremotos, o que significaria "um problema grave para as centrais nucleares". O texto diz ainda que o governo do Japão encobria custos e problemas associados a esse ramo da indústria.

Diante da recomendação da AIEA, o Japão criou um centro de resposta de emergência em Fukushima, capaz de suportar, apenas, tremores até magnitude 7,0.

13.3 Descrição

Em um texto descritivo, faz-se um tipo de retrato por escrito de um lugar, uma pessoa, um animal ou um objeto. Os adjetivos são abundantes nessa tipologia, uma vez que a sua função de caracterizar os substantivos é extremamente exigida nesse contexto. É possível existir um texto descritivo que enuncie características de sensações ou sentimentos, porém não é muito comum em provas de concurso público. Não há relação temporal na descrição. Os verbos relacionais são mais presentes, para poder evidenciar aspectos e características. Significa "criar" com palavras uma imagem.

Exemplo de texto descritivo:

Texto extraído da prova do BRB (2010) – Banca CESPE/UnB

Nome científico: *Ginkgo biloba L.*
Nome popular: *Nogueira-do-japão*
Origem: *Extremo Oriente*
Aspecto: *as folhas dispõem-se em leque e são semelhantes ao trevo; a altura da árvore pode chegar a 40 metros; o fruto lembra uma ameixa e contém uma noz que pode ser assada e comida*

14. COMPREENSÃO E INTERPRETAÇÃO DE TEXTOS

É bastante comum e compreensível que os concursandos tenham algum tipo de dificuldade nas questões de compreensão e interpretação de textos. Isso é oriundo do próprio histórico de leituras que o candidato possui, uma vez que grande parte dos concursandos querem gabaritar uma prova, ou mesmo conseguir um cargo público, sem possuir o menor hábito de leitura. Ou seja você precisa adquirir (se ainda não possui) o bom costume de ler.

Por "ler", entende-se buscar os meandros de um texto, de uma canção, de qualquer coisa com que entremos em contato. Mesmo um discurso ou um diálogo podem ser "lidos". O grande problema fica a cargo de que o bom brasileiro gosta de fazer qualquer coisa, menos de ler. Parece até que aquilo que era uma diversão, um bom entretenimento virou um pesadíssimo "fardo". Você não pode pensar desse modo. Ler deve ser uma prática constante.

E na hora do concurso? Como proceder?

Há três elementos fundamentais para boa interpretação:

Eliminação dos vícios de leitura ;

Organização;

"Malandragem".

Vícios de leitura

A pior coisa que pode acontecer com o concursando, quando recebe aquele texto "capetótico" para ler e interpretar, é cair num vício de leitura. Veja se você possui algum deles. Caso possua, tente eliminar o quanto antes.

O Movimento:

Como tudo inicia. O indivíduo pega o texto para ler e não para quieto. Troca a maneira de sentar, troca a posição do texto, nada está bom, nada está confortável. Em casa, senta para estudar e o que acontece? Fome. Depois? Sede. Então, a pessoa fica se mexendo para pegar comida, para tomar água, para ficar mais sossegado e o fluxo de leitura vai para o espaço. FIQUE QUIETO! O conceito é militar! Sente-se e permaneça assim até acabar a leitura, do contrário, vai acabar com a possibilidade de entender o que está escrito. Estudar com televisão, rádio, *msn* e qualquer coisa dispersiva desse gênero só vai atrapalhar você.

O Apoio:

Não é aconselhável utilizar apoios para a leitura, tais como: réguas, acompanhar a linha com a caneta, ler em voz baixa, passar o dedo pelo papel etc. Basta pensar que seus olhos são muito mais rápidos que qualquer movimento ou leitura em voz alta. Gaguejou, escorregou no papel, dançou.

O Garoto da Borboleta:

Se você possui os vícios "a" e "b", certamente é um "garoto da borboleta" também. Isso quer dizer que é um desatento que fica facilmente (fatalmente) disperso. Tudo chama sua atenção: caneta batendo na mesa, o concorrente barulhento, a pessoa estranha que está em sua frente, o tempo passando etc. Você vai querer ficar voltando ao início do texto porque não conseguiu compreender nada e, finalmente, vai perder as questões de interpretação.

Organização da leitura

Para que ocorra organização, é necessário compreender que todo texto possui:

Posto: aquilo que é dito no texto. O conteúdo expresso.

Pressuposto: aquilo que não está dito, mas que é facilmente compreendido.

Subentendido: o que se pode interpretar por uma soma de dito com não-dito.

Veja um exemplo:

Alguém diz: "felizmente, meu tio parou de beber." É certo que o dito se compõe pelo conteúdo da mensagem: o homem parou de beber. O não-dito, ou pressuposto, fica a cargo da ideia de que meu tio "bebia", agora, não bebe mais. Por sua vez, o subentendido pode ser abstraído como "meu tio possuía problemas com a bebida e eu assumo isso por meio da sentença que profiro". Não é difícil! É necessário, no entanto, possuir uma certa "malandragem linguística" para perceber isso de início. Veremos isso ao longo do texto.

As dicas de organização não são novas, mas são eficazes, vamos lá:

Ler mais de uma vez o texto (quando for curtinho, é lógico):

A primeira leitura é para tomar contato com o assunto, a segunda, para observar como o texto está articulado.

Ao lado de cada parágrafo, escreva a principal ideia (tópico frasal) ou argumento mais forte do trecho. Isso ajuda você a ter clareza da temática e como ela está sendo desenvolvida.

Se o texto for muito longo, recomenda-se ler primeiro a questão de interpretação, para, então, buscá-la na leitura.

Observar as relações entre parágrafos:

Observar que há relações de exemplificação, oposição, causalidade entre os parágrafos do texto, por isso, tente compreender as relações intratextuais nos parágrafos.

Ficar de olho aberto para as conjunções adversativas: no entanto, contudo, entretanto, etc.

Atentar para o comando da questão:

Responda àquilo que foi pedido.

» **Dica**: entenda que modificar e prejudicar o sentido não são a mesma coisa.

Palavras de alerta (polarizadoras):

Sublinhar palavras como: erro, incorreto, correto e exceto, para não se confundir no momento de responder à questão.

Inaceitável, incompatível e incongruente também podem aparecer.

Limitar os horizontes:

Não imaginar que você sabe o que o autor quis dizer, mas sim entender o que ele disse: o que ele escreveu. Não extrapolar a significação do texto. Para isso, é importante prestar atenção no significado das palavras.

Pode até ser coerente o que você concluiu, mas se não há base textual, descarte.

» **Ex.**: O homem **pode** morrer de infarto. / O homem **deve** morrer de infarto.

Busque o tema central do texto:

Geralmente aparece no primeiro parágrafo do texto.

Desenvolvimento:

Se o enunciado mencionar a argumentação do texto, você deve buscar entender o que ocorre com o desenvolvimento dos parágrafos.

Verificar se o desenvolvimento ocorre por:

- » Causa e consequência;
- » Enumeração de fatos;
- » Retrospectiva histórica;
- » Fala de especialista;
- » Resposta a um questionamento;
- » Sequência de dados;
- » Estudo de caso;
- » Exemplificação.

Relatores:

Atentar para os pronomes relativos e demonstrativos no texto. Ele auxiliam o leitor a entender como se estabelece a coesão textual.

Alguns deles:

- » Que;
- » Cujo;
- » O qual;
- » Onde;
- » Esse;
- » Este;
- » Isso;
- » Isto.

Entender se a questão é de interpretação ou de compreensão:

Interpretação

Parte do texto para uma conclusão. As questões que solicitam uma inferência apresentam as seguintes estruturas:

- » É possível entender que...
- » O texto possibilita o entendimento de que...
- » O texto encaminha o leitor para...
- » O texto possibilita deduzir que...
- » Depreende-se do texto que...
- » Com apoio no texto, infere-se que...
- » Entende-se que...
- » Compreende-se que...

Compreensão

Buscam-se as informações solicitadas pela questão no texto. As questões dessa natureza possuem as seguintes estruturas:

- » De acordo com o texto, é possível afirmar....
- » Segundo o texto...
- » Conforme o autor...
- » No texto...
- » Conforme o texto...

Tomar cuidado com as generalizações.

Na maior parte das vezes, o elaborador da prova utiliza a generalização para tornar a questão incorreta.

Atenção para as palavras "sempre, nunca, exclusivamente, unicamente, somente".

O que você não deve fazer!

"Viajar" no texto: interpretar algo para além do que o texto permite.

Ser "mão-de-vaca": interpretar apenas um trecho do texto.

Dar uma de "Zé Mané" e entender o contrário: fique atento a palavras como "pode", "não", "deve" etc.

"Malandragem da banca"

Talvez seja essa a característica mais difícil de se desenvolver no concursando, pois ela envolve o conhecimento do tipo de interpretação e dos limites estabelecidos pelas bancas. Só há uma maneira de ficar "malandro" estudando para concurso público: realizando provas! Pode parecer estranho, mas depois de resolver 200 questões da mesma banca, você já consegue prever como será a próxima questão. Prever é garantir o acerto! Então, faça exercícios até cansar e, quando cansar, faça mais um pouco. Assim você fica "malandro" na banca!

Vamos trabalhar com alguns exemplos agora:

Exemplo I

Entre os maiores obstáculos ao pleno desenvolvimento do Brasil, está a educação. Este é o próximo grande desafio que deve ser enfrentado com paciência, mas sem rodeios. É a bola da vez dentro das políticas públicas prioritárias do Estado. Nos anos 90 do século passado, o país derrotou a inflação — que corroía salários, causava instabilidade política e irracionalidade econômica. Na primeira década deste século, os avanços deram-se em direção a uma agenda social, voltada para a redução da pobreza e da desigualdade estrutural. Nos próximos anos, a questão da melhoria da qualidade do ensino deve ser uma obrigação dos governantes, sejam quais forem os ungidos pelas decisões das urnas.

Jornal do Brasil, Editorial, 21/1/2010 (com adaptações).

Agora o mesmo texto, devidamente marcado.

Entre **os maiores obstáculos** ao pleno desenvolvimento do Brasil, está a educação. Este é o **próximo grande desafio** que deve ser enfrentado com paciência, mas sem rodeios. É a **bola da vez** dentro das políticas públicas prioritárias do Estado. **Nos anos 90 do século passado,** o país derrotou a inflação — que corroía salários, causava instabilidade política e irracionalidade econômica. **Na primeira década deste século**, os avanços deram-se em direção a uma agenda social, voltada para a redução da pobreza e da desigualdade estrutural. **Nos próximos anos**, a questão da melhoria da qualidade do ensino deve ser uma **OBRIGAÇÃO DOS GOVERNANTES**, sejam quais forem os ungidos pelas decisões das urnas.

Comentário: Observe que destacamos para você elementos que podem surgir, posteriormente como questões. O texto inicia falando que há mais obstáculos além da educação. Também argumenta, posteriormente, que já houve outros desafios além desse que ele chama de "próximo grande desafio". Utilizando uma expressão de sentido **Conotativo** (bola da vez), o escritor anuncia que a educação ocupa posição de destaque quando o assunto se volta para as políticas públicas prioritárias do Estado.

No decorrer do texto, que se desenvolve por um tipo de retrospectiva histórica (veja o que está sublinhado), o redator traça um panorama dessas políticas públicas ao longo da história do país, fazendo uma previsão para os anos vindouros (o que foi destacado em caixa alta).

Exemplo II

Um passo fundamental para que não nos enganemos quanto à **natureza do capitalismo contemporâneo** e o significado das políticas empreendidas pelos países centrais para enfrentar a recente **crise econômica** é problematizarmos, com cuidado, o termo **neoliberalismo**: "começar pelas palavras talvez não seja coisa vã", escreve Alfredo Bosi em Dialética da Colonização.

A partir da década de 1980, buscando exprimir a natureza do capitalismo contemporâneo, muitos, principalmente os críticos, utilizaram esta palavra que, por fim, se generalizou. Mas o que, de fato, significa? O prefixo neo quer dizer novo; portanto, novo liberalismo. Ora, durante o século XIX **DEU-SE A CONSTRUÇÃO DE UM LIBERALISMO** que viria encontrar a sua crise definitiva na I Guerra Mundial em 1914 e na crise de 1929. Mas desde o período entre guerras e, sobretudo, depois, com o término da II Guerra Mundial, em 1945, tomou corpo um novo modelo, principalmente na Europa, que de certa forma se contrapunha ao velho liberalismo: era **O MUNDO DA SOCIALDEMOCRACIA**, da presença do Estado na vida econômica, das ações políticas inspiradas na reflexão teórica do economista britânico John Keynes, um crítico do liberalismo econômico clássico que viveu na primeira metade do século XX. Quando esse modelo também entrou em crise, no princípio da década de 1970, surgiu a perspectiva de **RECONSTRUÇÃO DA ORDEM LIBERAL**. Por isso, novo liberalismo, neoliberalismo.

(Grupo de São Paulo, disponível em http://www.correiocidadania.com.br/content/view/5158/9/, acesso em 28/10/2010)

Exemplo III

Em Defesa do Voto Obrigatório

O voto, direito duramente conquistado, **deve ser considerado um dever** cívico, sem o exercício do qual o **direito se descaracteriza ou se perde**, afinal liberdade e democracia são fins e não apenas meios. Quem vive em uma comunidade política não pode estar **DESOBRIGADO** de opinar sobre os rumos dela. Nada contra a desobediência civil, recurso legítimo para o protesto cidadão, que, no caso eleitoral, se pode expressar no voto nulo (cuja tecla deveria constar na máquina utilizada para votação). Com o **voto facultativo**, o direito de votar e o de não votar ficam inscritos, em pé de igualdade, no corpo legal. Uma parte do eleitorado deixará voluntariamente de opinar sobre a constituição do poder político. O desinteresse pela política e a descrença no voto são registrados como mera "escolha", sequer como desobediência civil ou protesto. **A consagração da alienação política** como um direito legal interessa aos conservadores, reduz o peso da soberania popular e desconstitui o sufrágio como universal.

Para o **cidadão ativo**, que, além de votar, se organiza para garantir os direitos civis, políticos e sociais, o enfoque é inteiramente outro. O tempo e o **TRABALHO DEDICADOS AO ACOMPANHAMENTO CONTINUADO DA POLÍTICA NÃO SE APRESENTAM COMO RESTRITIVOS DA LIBERDADE INDIVIDUAL.** Pelo contrário, são obrigações auto-assumidas no esforço de construção e aprofundamento da democracia e de vigília na defesa das liberdades individuais e públicas. A ideia de que a democracia se constrói nas lutas do dia a dia se contrapõe, na essência, ao modelo liberal. O cidadão escolado na disputa política sabe que a liberdade de não ir votar é uma armadilha. Para que o sufrágio continue universal, para que todo poder emane do povo e não, dos donos do poder econômico, o voto, além de ser um direito, **deve conservar a sua condição de dever cívico.**

Exemplo IV

Madrugada na aldeia

Madrugada na aldeia nervosa,
com as glicínias escorrendo orvalho,
os figos prateados de orvalho,
as uvas multiplicadas em orvalho,
as últimas uvas miraculosas.

O silêncio está sentado pelos corredores,
encostado às paredes grossas,
de sentinela.

E em cada quarto os cobertores peludos envolvem o sono:
poderosos animais benfazejos, encarnados e negros.
Antes que um sol luarento
dissolva as frias vidraças,
e o calor da cozinha perfume a casa
com lembrança das árvores ardendo,
a velhinha do leite de cabra desce as pedras da rua
antiquíssima, antiquíssima,
e o pescador oferece aos recém-acordados
os translúcidos peixes,
que ainda se movem, procurando o rio.

(Cecília Meireles. Mar absoluto, in Poesia completa. Rio de Janeiro: Nova Aguilar, 1994, p.311)

15. PARÁFRASE UM RECURSO PRECIOSO

Parafrasear, em sentido lato, significa reescrever uma sequência de texto sem alterar suas informações originais. Isso quer dizer que o texto resultante deve apresentar o mesmo sentido do texto original, modificando, evidentemente, apenas a ordem frasal ou o vocabulário. Há algumas exigências para uma paráfrase competente. São elas:

> Usar a mesma ordem das ideias que aparecem no texto original.
>
> Em hipótese alguma é possível omitir informações essenciais.
>
> Não tecer comentários acerca do texto original, apenas parafrasear, sem frescura.
>
> Usar construções sintáticas e vocabulares que, apesar de manterem o sentido original, sejam distintas das do texto base.

Os passos da paráfrase

Vamos entender que há alguns recursos para parafrasear um texto. Apresentarei alguns com a finalidade de clarear mais o assunto em questão.

A utilização de termos sinônimos.

> O presidente assinou o documento, **mas** esqueceu-se de pegar sua caneta. / O presidente assinou o documento, **contudo** esqueceu-se de pegar sua caneta.

O uso de palavras antônimas, valendo-se de palavra negativa.

> José era um **covarde.**
>
> José **não** era um **valente.**

Emprego de termos anafóricos.

> São Paulo e Palmeiras são dois times brasileiros. O São Paulo venceu o Palmeiras na semana passada. / São Paulo e Palmeiras são dois times brasileiros. **Aquele** (São Paulo) venceu **este** (Palmeiras) na semana passada.

Permuta de termo verbal por nominal, e vice-versa.

> É importante que chegue cedo. / **Sua chegada** é importante.

Deixar termos elípticos.

> Eu preciso da colaboração de todos. / Preciso da colaboração de todos.

Alteração da ordem frasal.

> Adalberto venceu o último desafio de sua vida ontem. / Ontem, Adalberto venceu o último desafio de sua vida.

Transposição de voz verbal.

> Joel cortou a seringueira centenária. / A seringueira centenária foi cortada por Joel.

Troca de discurso.

> Naquela manhã, Oséas dirigiu-se ao pai dizendo: "Cortarei a grama sozinho." (discurso direto).
>
> Naquela manhã, Oséas dirigiu-se ao pai dizendo que cortaria a grama sozinho. (discurso indireto).

Troca de palavras por expressões perifrásticas.

> **O Rei do Futebol** esteve presente durante as celebrações. / **Pelé** esteve presente durante as celebrações.

Troca de locuções por palavras de mesmo sentido:

> A turma **da noite** está comprometida com os estudos. / A turma **noturna** está mais comprometida com os estudos.

16. ORTOGRAFIA

A ortografia é a parte da Gramática que estuda a escrita correta das palavras. O próprio nome da disciplina já designa tal função. É oriunda das palavras gregas **ortho** que significa "correto" e **graphos** que significa "escrita". Neste capítulo, vamos estudar alguns aspectos da correta grafia das palavras: o emprego de algumas letras que apresentam dificuldade para os falantes do Português.

Atualmente, há um confusão a respeito do sistema ortográfico vigente. O último sistema foi elaborado em 1990, com base em um sistema de 1986, e será implantado em todos os países de língua lusófona. No Brasil, a adesão ao acordo se deu em 2009 e, como leva 4 anos para ser implantado, teríamos dois sistemas oficiais até 31 de dezembro de 2013. Bem, seria isso, se não houvesse a prorrogação do prazo até o ano de 2016. A partir de então, vale apenas o Novo Acordo Ortográfico.

Por certo, dúvidas pairam pela cabeça do aluno: que sistema devo usar? Qual sistema devo aprender? O melhor é estudar o sistema antigo, aprendendo quais foram as atualizações, assim, garante-se que não errará pela novidade ou pela tradição. A banca deve avisar no edital do concurso ou no comando da questão qual sistema ortográfico está levando em consideração. Como as maiores alterações estão no terreno de acentuação e emprego do hífen (para o Português falado no Brasil, evidentemente), não teremos grandes surpresas neste capítulo. Vamos ao trabalho.

O Alfabeto

As letras K, W e Y foram inseridas no alfabeto devido a uma grande quantidade de palavras que são grafadas com tais letras e não podem mais figurar como termos exóticos em relação ao português. Eis alguns exemplos de seu emprego:

Em abreviaturas e em símbolos de uso internacional:

Kg - quilograma / **w** - watt /

Em palavras estrangeiras de uso internacional, nomes próprios estrangeiros e seus derivados:

Kremlin, Kepler, Darwin, Byron, byroniano.

O alfabeto, também conhecido como abecedário, é formado (a partir do novo acordo ortográfico) por 26 letras.

Forma Maiúscula		Forma Minúscula	
A	B	a	b
C	D	c	d
E	F	e	f
G	H	g	h
I	J	i	j
K	L	k	l
M	N	m	n
O	P	o	p
Q	R	q	r
S	T	s	t
U	V	u	v
W	X	w	x
Y	Z	y	z

O emprego da letra "H"

A letra H demanda um pouco de atenção. Apesar de não possui verdadeiramente sonoridade, utilizamo-la, ainda, por convenção histórica. Seu emprego, basicamente, está relacionado às seguintes regras:

No início de algumas palavras, por sua origem:

Ex.: Hoje, hodierno, haver, Helena, helênico.

No fim de algumas interjeições:

Ah! Oh! Ih! Uh!

No interior de palavra compostas que preservam o hífen, nas quais o segundo elemento se liga ao primeiro:

Super-homem, pré-história, sobre-humano.

Nos dígrafos NH, LH e CH:

Tainha, lhama, chuveiro.

O emprego de "E" e "I"

Existe uma curiosidade a respeito do emprego dessas letras nas palavras que escrevemos: o fato de o "e", no final da palavra, ser pronunciado como uma semivogal faz com que muitos falantes sintam aquela vontade de grafar a palavra com "i". Bem, veremos quais são os principais aspectos do emprego dessas letras.

Escreveremos com "e"

Palavras formadas com o prefixo ante- (que significa antes, anterior):

Antebraço, antevéspera, antecipar, antediluviano etc.

A sílaba final de formas conjugadas dos verbos terminados em –OAR e –UAR (quando estiverem no subjuntivo). Ex.:

Abençoe (abençoar)

Continue (continuar)

Pontue (pontuar)

Algumas palavras, por sua origem: arrepiar, cadeado, creolina, desperdiçar, desperdício, destilar, disenteria, empecilho, indígena, irrequieto, mexerico, mimeógrafo, orquídea, quase, sequer, seringa, umedecer etc.

Escreveremos com "i"

Palavras formadas com o prefixo anti- (que significa contra). Ex.:

Antiaéreo, anticristo, antitetânico, anti-inflamatório.

A sílaba final de formas conjugadas dos verbos terminados em –AIR, -OER e –UIR:

Cai (cair)

Sai (sair)

Diminui (diminuir)

Dói (doer)

Os ditongos AI, OI, ÓI, UI:

Pai

Foi

Herói

Influi

As seguintes palavras: aborígine, chefiar, crânio, criar, digladiar, displicência, escárnio, implicante, impertinente, impedimento, inigualável, lampião, pátio, penicilina, privilégio, requisito etc.

Vejamos alguns casos em que o emprego das letras "E" e "I" pode causar uma alteração semântica:

Escrito com "e"
Arrear = pôr arreios
Área = extensão de terra, local
Delatar = denunciar
Descrição = ação de descrever
Descriminação = absolver
Emergir = vir à tona
Emigrar = sair do país ou do local de origem
Eminente = importante

Escrito com "i"
Arriar = abaixar, desistir
Ária = peça musical
Dilatar = alargar, aumentar
Discrição = qualidade do discreto
Discriminar = separar, estabelecer diferença
Imergir = mergulhar
Imigrar = entrar em um país estrangeiro
Iminente = próximo, prestes e ocorre

O Novo Acordo Ortográfico explica que, agora, escreve-se com "i" antes de sílaba tônica. Veja alguns exemplos: acriano (admite-se, por ora, acreano), rosiano (de Guimarães Rosa), camoniano, nietzschiano (de Nietzsche) etc.

O emprego de O e U

Vejamos como empregar essas letras, a fim de que não mais possamos errar.

Apenas por exceção, palavras em Português com sílabas finais átonas (fracas) terminam por us; o comum é que se escreva com o ou os. Veja os exemplos: carro, aluno, abandono, abono, chimango etc.

Exemplos das exceções a que aludimos: bônus, vírus, ônibus etc.

Em palavras proparoxítonas ou paroxítonas com terminação em ditongo, são comuns as terminações –UA, -ULA, -ULO:

Tábua, rábula, crápula, coágulo.

As terminações –AO, -OLA, -OLO só aparecem em algumas palavras: mágoa, névoa, nódoa, agrícola[1], vinícola, varíola etc.

Fique de olho na grafia destes termos:

Com a letra O: abolir, boate, botequim, bússola, costume, engolir, goela, moela, moleque, mosquito etc.

Com a letra U: bulício, buliçoso, bulir, camundongo, curtume, cutucar, jabuti, jabuticaba, rebuliço, urtiga, urticante etc.

[1] Em razão da construção íncola (quem vive, habitante), por isso, silvícola, terrícola etc.

O emprego de G e J

Essas letras, por apresentarem o mesmo som eventualmente, costumam causar problemas de ortografia. Vamos tentar facilitar o trabalho: a letra "g" só apresenta o som de "j" diante das letras "e" e "i": gesso, gelo, agitar, agitador, agir, gíria.

Escreveremos com "G"

Palavras terminadas em - AGEM, -IGEM, -UGEM. Ex.:

Garagem, vertigem, rabugem, ferrugem, fuligem etc.

Exceções: pajem, lambujem (doce ou gorjeta), lajem (pedra da sepultura).

As palavras terminadas em –ÁGIO, ÉGIO, ÍGIO, ÓGIO, ÚGIO:

Contágio, régio, prodígio, relógio, refúgio.

As palavras derivadas de outras que já possuem a letra "g".

Viagem - viageiro

Ferrugem - ferrugento

Vertigem - vertiginoso

Regime - regimental

Selvagem - selvageria

Regional - regionalismo

Em geral, após a letra "r"

Ex.: Aspergir, divergir, submergir, imergir etc.

As palavras:

De origem latina: agir, gente, proteger, surgir, gengiva, gesto etc.

De origem árabe: álgebra, algema, ginete, girafa, giz etc.

De origem francesa: estrangeiro, agiotagem, geleia, sargento etc.

De origem italiana: gelosia, ágio etc.

Do castelhano: gitano.

Do inglês: gim.

Escreveremos com "J"

Os verbos terminados em –JAR ou –JEAR e suas formas conjugadas:

Gorjear: gorjeia (lembre-se das "aves"), gorjeiam, gorjearão.

Viajar: viajei, viaje, viajemos, viajante.

Cuidado para não confundir os termos viagem (substantivo) com viajem (verbo "viajar"). Vejamos o emprego.

"Ele fez uma bela viagem."

"Tomara que eles viajem amanhã."

Palavras derivadas de outras terminadas em –JA.

Granja: granjeiro, granjear.

Loja: lojista, lojinha.

Laranja: laranjal, laranjeira.

Lisonja: lisonjeiro, lisonjeador.

Sarja: sarjeta.

ORTOGRAFIA

Palavras cognatas (raiz em comum) ou derivadas de outras que possuem o "j".

Laje: lajense, lajedo.

Nojo: nojento, nojeira.

Jeito: jeitoso, ajeitar, desajeitado.

Nas palavras: conjetura, ejetar, injeção, interjeição, objeção, objeto, objetivo, projeção, projeto, rejeição, sujeitar, sujeito, trajeto, trajetória, trejeito.

Palavras de origem ameríndia (geralmente tupi-guarani) ou africana: canjerê, canjica, jenipapo, jequitibá, jerimum, jia, jiboia, jiló, jirau, Moji, pajé, pajéu.

Nas palavras: berinjela, cafajeste, jeca, jegue, Jeremias, jerico, jérsei, majestade, manjedoura, ojeriza, pegajento, rijeza, sujeira, traje, ultraje, varejista.

Orientações sobre a grafia do fonema /s/

Podemos representar o fonema /s/ por:

S: ânsia, cansar, diversão, farsa.

SS: acesso, assar, carrossel, discussão.

C, Ç: acetinado, cimento, açoite, açúcar.

SC, SÇ: acréscimo, adolescente, ascensão, consciência, nasço, desça

X: aproximar, auxiliar, auxílio, sintaxe.

XC: exceção, exceder, excelência, excepcional.

Como se grafa, então?

Escreveremos com s:

A correlação nd - ns:

Pretender - pretensão, pretenso;

Expandir - expansão, expansivo.

A correlação rg - rs:

Aspergir - aspersão;

Imergir - imersão;

Emergir - emersão.

A correlação rt - rs:

Divertir - diversão;

Inverter - inversão.

O sufixo - ense:

paranaense;

cearense;

londrinense.

Escreveremos com ss:

A correlação ced - cess:

Ceder - cessão;

Interceder - intercessão;

Retroceder - retrocesso.

A correlação gred - gress:

Agredir - agressão, agressivo;

Progredir - progressão, progresso.

A correlação prim - press

Imprimir - impressão, impresso;

Oprimir - opressão, opressor;

Reprimir - repressão, repressivo.

A correlação meter - miss

Submeter - submissão;

Intrometer - intromissão.

Escreveremos com c ou com "Ç"

Palavras de origem tupi ou africana. Ex.:

Açaí, araçá, Iguaçu, Juçara, muçurana, Paraguaçu, caçula, cacimba.

O "ç" só será usado antes das vogais a, o, u.

Com os sufixos:

aça: barcaça;

ação: armação;

çar: açucar;

ecer: esmaecer;

iça: carniça;

nça: criança;

uça: dentuça.

Palavras derivadas de verbos terminados em –ter (não confundir com a regra do –meter / s):

Abster -> abstenção;

Reter -> retenção;

Deter -> detenção.

Depois de ditongos:

Feição;

louça;

traição.

Palavras de origem árabe:

açúcar;

açucena;

cetim;

muçulmano.

Emprego do SC

Escreveremos com sc palavras que são termos emprestados do latim:

adolescência;

ascendente;

consciente;

crescer;

descer;

fascinar;

fescenino.

Grafia da letra s com som de "Z"

Escreveremos com "S":

Terminações –ês, -esa, -isa, que indicam nacionalidade, título ou origem:

    Japonês - japonesa;
    Marquês - marquesa;
    Camponês - camponesa.

Após ditongos:

    causa;
    coisa;
    lousa;
    Sousa.

As formas dos verbos pôr e querer e de seus compostos:

    Eu pus, nós pusemos, pusésseis etc.
    Eu quis, nós quisemos, quisésseis etc.

As terminações –oso e –osa, que indicam qualidade:

    gostoso;
    garboso;
    fervorosa;
    talentosa.

O prefixo trans-:

    transe;
    transação;
    transoceânico.

Em diminutivos cujo radical termine em "**S**":

    Rosa - rosinha;
    Teresa - Teresinha;
    Lápis - lapisinho.

A correlação "**d**" - "**s**":

    Aludir - alusão, alusivo;
    Decidir - decisão, decisivo;
    Defender - defesa, defensivo.

Verbos derivados de palavras cujo radical termina em s:

    Análise - analisar;
    Presa - apresar;
    Êxtase - extasiar.
    Português - aportuguesar

Os substantivos com os sufixos gregos –esse, isa, -ose:

    catequese;
    diocese;
    poetisa;
    virose.

(obs.: "catequizar" com "z")

Os nomes próprios:

    Baltasar;
    Heloísa;
    Isabel;
    Isaura;
    Luísa;
    Sousa;
    Teresa.

As palavras:

    análise;
    cortesia;
    hesitar;
    reses;
    vaselina;
    avisar;
    defesa;
    obséquio;
    revés;
    vigésimo;
    besouro;
    fusível;
    pesquisa;
    tesoura;
    colisão;
    heresia;
    querosene;
    vasilha.

Emprego da letra "Z"

Escreveremos com "z"

As terminações - ez, -eza de substantivos abstratos derivados de adjetivos:

    Belo - beleza;
    Rico - riqueza;
    Altivo - altivez;
    Sensato - sensatez.

Os verbos formados com os sufixo - izar e palavras cognatas:

    balizar;
    inicializar;
    civilizar.

As palavras derivadas em:

    zal: cafezal, abacaxizal;
    zeiro: cajazeiro, açaizeiro;
    zito: avezita.
    zinho: cãozinho, pãozinho, pezinho

Os derivados de palavras cujo radical termina em z:

    Cruzeiro;
    Esvaziar.

ORTOGRAFIA

As palavras:
- azar;
- aprazível;
- baliza;
- buzina;
- bazar;
- cicatriz;
- ojeriza;
- prezar;
- proeza;
- vazamento;
- vizinho;
- xadrez;
- xerez.

Emprego do X e do CH

A letra X pode representar os seguintes fonemas:
- **/ch/:** xarope;
- **/cx/:** sexo, tóxico;
- **/z/:** exame;
- **/ss/:** máximo;
- **/s/:** sexto.

Escreveremos com "X"

Em geral, após um ditongo:
> Caixa, peixe, ameixa, rouxinol, caixeiro (exceções: recauchutar e guache)

Geralmente, depois de sílaba iniciada por -em:
- enxada;
- enxerido;
- enxugar;
- enxurrada.

Encher (e seus derivados); palavras que iniciam por ch e recebem o prefixo en- "encharcar, enchumaçar, enchiqueirar, enchumbar". "Enchova" também é uma exceção.

Em palavras de origem indígena ou africana:
- abacaxi;
- xavante;
- xará;
- orixá;
- xinxim.

Após a sílaba me no início da palavra:
- mexerica;
- mexerico;
- mexer;
- mexida.

(exceção: mecha de cabelo)

Nas palavras:
- bexiga;
- bruxa;
- coaxar;
- faxina;
- graxa;
- lagartixa;
- lixa;
- praxe;
- vexame;
- xícara;
- xale;
- xingar;
- xampu.

Escreveremos com "CH"

→ As seguintes palavras, em razão de sua origem:
- chave;
- cheirar;
- chuva;
- chapéu;
- chalé;
- charlatão;
- salsicha;
- espadachim;
- chope;
- sanduíche;
- chuchu;
- cochilo;
- fachada;
- flecha;
- mecha;
- mochila;
- pechincha.

Atente para a divergência de sentido com os seguintes elementos

bucho - estômago	buxo - espécie de arbusto
cheque - ordem de pagamento	xeque - lance do jogo de xadrez
tacha - pequeno prego	taxa - imposto

17. ACORDO ORTOGRÁFICO DA LÍNGUA PORTUGUESA

O Novo Acordo Ortográfico busca simplificar as regras ortográficas da Língua Portuguesa e unificar a nossa escrita e a das demais nações de língua portuguesa: Portugal, Angola, Moçambique, Cabo Verde, Guiné-Bissau, São Tomé e Príncipe e Timor-Leste.

Sua implementação no Brasil passou por algumas etapas:
> 2009 – vigência ainda não obrigatória
> 2010 a 2015: adaptação completa às novas regras
> A partir de 1º de janeiro de 2016: emprego obrigatório, o novo acordo ortográfico passa a ser o único formato da língua reconhecido no Brasil.

Entre as mudanças na língua portuguesa decorrentes da reforma ortográfica, podemos citar o fim do trema, alterações da forma de acentuar palavras com ditongos abertos e que sejam hiatos, supressão dos acentos diferencias e dos acentos tônicos, novas regras para o emprego do hífen e inclusão das letras w, k e y ao idioma.

Entre a proposta (em 1990) e a entrada em vigor (2016) são 16 anos. Esse processo foi longo porque era necessário que fossem alcançadas as três decisões para que o acordo fosse cumprido. Em 2006, São Tomé e Príncipe e Cabo Verde se uniram ao Brasil e ratificaram o novo acordo. Em maio de 2008, Portugal também ratificou o acordo para unificar a ortografia em todas as nações de língua portuguesa.

17.1 Trema

Não se usa mais o trema (¨), sinal colocado sobre a letra u para indicar que ela deve ser pronunciada nos grupos gue, gui, que, qui.

aguentar, bilíngue, cinquenta, delinquente, eloquente, ensanguentado, frequente, linguiça, quinquênio, sequência, sequestro, tranquilo.

Obs.: o trema permanece apenas nas palavras estrangeiras e em suas derivadas. Exemplos: Müller, mülleriano.

17.2 Regras de Acentuação

Ditongos abertos em paroxítonas

Não se usa mais o acento dos ditongos abertos éi e ói das palavras paroxítonas (palavras que têm acento tônico na penúltima sílaba).

alcateia, androide, apoia, apoio (verbo), asteroide, boia, celuloide, claraboia, colmeia, Coreia, debiloide, epopeia, estoico, estreia, geleia, heroico, ideia, jiboia, joia, odisseia, paranoia, paranoico, plateia, tramoia.

Obs.: a regra é somente para palavras paroxítonas. Assim, continuam a ser acentuadas as palavras oxítonas e os monossílabos tônicos terminados em éi(s), ói(s). Exemplos: papéis, herói, heróis, dói (verbo doer), sóis etc.

A palavra ideia não leva mais acento, assim como heroico. Mas o termo herói é acentuado.

I e u tônicos depois de um ditongo

Nas palavras paroxítonas, não se usa mais o acento no i e no u tônicos quando vierem depois de um ditongo.

baiuca, bocaiuva (tipo de palmeira), cauila (avarento)

Obs.:
> se a palavra for oxítona e o i ou o u estiverem em posição final (ou seguidos des), o acento permanece. Exemplos: tuiuiú, tuiuiús, Piauí;
> se o i ou o u forem precedidos de ditongo crescente, o acento permanece. Exemplos: guaíba, Guaíra.

Hiatos ee e oo

Não se usa mais acento em palavras terminadas em eem e oo(s).

abençoo, creem, deem, doo, enjoo, leem, magoo, perdoo, povoo, veem, voos, zoo

Acento diferencial

Não se usa mais o acento que diferenciava os pares pára/para, péla(s)/pela(s), pêlo(s)/pelo(s), pólo(s)/polo(s) e pêra/pera.

Exs.:

Ele para o carro.

Ele foi ao polo Norte.

Ele gosta de jogar polo.

Esse gato tem pelos brancos.

Comi uma pera.

Obs.:
> Permanece o acento diferencial em pôde/pode. Pôde é a forma do passado do verbo poder (pretérito perfeito do indicativo), na 3ª pessoa do singular. Pode é a forma do presente do indicativo, na 3ª pessoa do singular.

Ontem, ele não pôde sair mais cedo, mas hoje ele pode.

> Permanece o acento diferencial em pôr/por. Pôr é verbo. Por é preposição. Exemplo: Vou pôr o livro na estante que foi feita por mim.
> Permanecem os acentos que diferenciam o singular do plural dos verbos ter e vir, assim como de seus derivados (manter, deter, reter, conter, convir, intervir, advir etc.).

Exs.:

Ele tem dois carros. / Eles têm dois carros.

Ele vem de Sorocaba. / Eles vêm de Sorocaba.

Ele mantém a palavra. / Eles mantêm a palavra.

Ele convém aos estudantes. / Eles convêm aos estudantes.

Ele detém o poder. / Eles detêm o poder.

Ele intervém em todas as aulas. / Eles intervêm em todas as aulas.

> É facultativo o uso do acento circunflexo para diferenciar as palavras forma/fôrma. Em alguns casos, o uso do acento deixa a frase mais clara. Veja este exemplo: Qual é a forma da fôrma do bolo?

Acento agudo no u tônico

Não se usa mais o acento agudo no u tônico das formas (tu) arguis, (ele) argui, (eles) arguem, do presente do indicativo dos verbos arguir e redarguir.

17.3 Hífen com Compostos

Palavras compostas sem elementos de ligação

Usa-se o hífen nas palavras compostas que não apresentam elementos de ligação.

guarda-chuva, arco-íris, boa-fé, segunda-feira, mesa-redonda, vaga-lume, joão-ninguém, porta-malas, porta-bandeira, pão-duro, bate-boca.

Exceções: Não se usa o hífen em certas palavras que perderam a noção de composição, como girassol, madressilva, mandachuva, pontapé, paraquedas, paraquedista, paraquedismo.

Compostos com palavras iguais

Usa-se o hífen em compostos que têm palavras iguais ou quase iguais, sem elementos de ligação.

reco-reco, blá-blá-blá, zum-zum, tico-tico, tique-taque, cri-cri, glu-glu, rom-rom, pingue-pongue, zigue-zague, esconde-esconde, pega-pega, corre-corre.

Compostos com elementos de ligação

Não se usa o hífen em compostos que apresentam elementos de ligação.

pé de moleque, pé de vento, pai de todos, dia a dia, fim de semana, cor de vinho, ponto e vírgula, camisa de força, cara de pau, olho de sogra.

Obs.: Incluem-se nesse caso os compostos de base oracional.

maria vai com as outras, leva e traz, diz que diz que, deus me livre, deus nos acuda, cor de burro quando foge, bicho de sete cabeças, faz de conta.

Exceções: água-de-colônia, arco-da-velha, cor-de-rosa, mais-que-perfeito, pé-de-meia, ao deus-dará, à queima-roupa.

Topônimos

Usa-se o hífen nas palavras compostas derivadas de topônimos (nomes próprios de lugares), com ou sem elementos de ligação.

Exs.:
Belo Horizonte: belo-horizontino
Porto Alegre: porto-alegrense
Mato Grosso do Sul: mato-grossense-do-sul
Rio Grande do Norte: rio-grandense-do-norte
África do Sul: sul-africano

17.4 Uso do Hífen com Palavras Formadas por Prefixos

Casos gerais

Antes de h

Usa-se o hífen diante de palavra iniciada por h.

Exs.:
anti-higiênico
anti-histórico
macro-história
mini-hotel
proto-história
sobre-humano
super-homem
ultra-humano

Letras iguais

Usa-se o hífen se o prefixo terminar com a mesma letra com que se inicia a outra palavra.

Exs.:
micro-ondas
anti-inflacionário
sub-bibliotecário
inter-regional

Letras diferentes

Não se usa o hífen se o prefixo terminar com letra diferente daquela com que se inicia a outra palavra.

Exs.:
autoescola
antiaéreo
intermunicipal
supersônico
superinteressante
agroindustrial
aeroespacial
semicírculo

Obs.: Se o prefixo terminar por vogal e a outra palavra começar por r ou s, dobram-se essas letras.

Exs.:
minissaia
antirracismo
ultrassom
semirreta

Casos particulares

Prefixos sub e sob

Com os prefixos sub e sob, usa-se o hífen também diante de palavra iniciada por r.

Exs.:
sub-região
sub-reitor
sub-regional
sob-roda

Prefixos circum e pan

Com os prefixos circum e pan, usa-se o hífen diante de palavra iniciada por m, n e vogal.

Exs.:
circum-murado
circum-navegação
pan-americano

Outros prefixos

Usa-se o hífen com os prefixos ex, sem, além, aquém, recém, pós, pré, pró, vice.

Exs.:
além-mar
além-túmulo
aquém-mar
ex-aluno
ex-diretor
ex-hospedeiro
ex-prefeito
ex-presidente
pós-graduação
pré-história
pré-vestibular
pró-europeu
recém-casado
recém-nascido
sem-terra
vice-rei

Prefixo co

O prefixo co junta-se com o segundo elemento, mesmo quando este se inicia por o ou h. Neste último caso, corta-se o h. Se a palavra seguinte começar com r ou s, dobram-se essas letras.

Exs.:
coobrigação
coedição
coeducar
cofundador
coabitação
coerdeiro
corréu
corresponsável
cosseno

Prefixos pre e re

Com os prefixos pre e re, não se usa o hífen, mesmo diante de palavras começadas por e.

Exs.:
preexistente
preelaborar
reescrever
reedição

Prefixos ab, ob e ad

Na formação de palavras com ab, ob e ad, usa-se o hífen diante de palavra começada por b, d ou r.

Exs.:
ad-digital
ad-renal
ob-rogar
ab-rogar

Outros casos do uso do hífen

Não e quase

Não se usa o hífen na formação de palavras com não e quase.

Exs.:
(acordo de) não agressão
(isto é um) quase delito

Mal

Com mal*, usa-se o hífen quando a palavra seguinte começar por vogal, h ou l.

Exs.:
mal-entendido
mal-estar
mal-humorado
mal-limpo

Obs.: Quando mal significa doença, usa-se o hífen se não houver elemento de ligação.

Exs.:
mal-francês.

Se houver elemento de ligação, escreve-se sem o hífen.
mal de lázaro, mal de sete dias.

Tupi-guarani

Usa-se o hífen com sufixos de origem tupi-guarani que representam formas adjetivas: açu, guaçu, mirim.

ACORDO ORTOGRÁFICO DA LÍNGUA PORTUGUESA

Exs.:
capim-açu
amoré-guaçu
anajá-mirim

Combinação ocasional

Usa-se o hífen para ligar duas ou mais palavras que ocasionalmente se combinam, formando não propriamente vocábulos, mas encadeamentos vocabulares.

Exs.:
ponte Rio-Niterói
eixo Rio-São Paulo

Hífen e translineação

Para clareza gráfica, se no final da linha a partição de uma palavra ou combinação de palavras coincidir com o hífen, ele deve ser repetido na linha seguinte.

Exs.:
Na cidade, conta-
-se que ele foi viajar.
O diretor foi receber os ex-
-alunos.
guarda-
-chuva
Por favor, diga-
-nos logo o que aconteceu.

17.5 Síntese das Principais Regras do Hífen

	Síntese do Hífen	
Letras diferentes	Não use hífen	Infraestrutura, extraoficial, supermercado
Letras iguais	Use hífen	Anti-inflamatório, contra-argumento, inter-racial, hiper-realista
Vogal + r ou s	Não use hífen (duplique r ou s)	Corréu, cosseno, minissaia, autorretrato
Bem	Use hífen	Bem-vindo, bem-humorado

17.6 Quadro Resumo do Emprego do Hífen com Prefixos

Prefixos	Letra que inicia a palavra seguinte
Ante-, Anti-, Contra-, Entre-, Extra-, Infra-, Intra-, Sobre-, Supra-, Ultra-	H / VOGAL IDÊNTICA À QUE TERMINA O PREFIXO Exemplos com H: ante-hipófise, anti-higiênico, anti-herói, contra-hospitalar, entre-hostil, extra-humano, infra-hepático, sobre-humano, supra-hepático, ultra-hiperbólico. Exemplos com vogal idêntica: anti-inflamatório, contra-ataque, infra-axilar, sobre-estimar, supra-auricular, ultra-aquecido.
Ab-, Ad-, Ob-, Sob-	B - R - D (Apenas com o prefixo "Ad") Exemplos: ab-rogar (pôr em desuso), ad-rogar (adotar), ob-reptício (astucioso), sob-roda, ad-digital
Circum-, Pan-	H / M / N / VOGAL Exemplos: circum-meridiano, circum-navegação, circum-oral, pan-americano, pan-mágico, pan-negritude.
Ex- (no sentido de estado anterior), Sota-, Soto-, Vice-, Vizo-	DIANTE DE QUALQUER PALAVRA Exemplos: ex-namorada, sota-soberania (não total), soto-mestre (substituto), vice-reitor, vizo-rei.
Hiper-, Inter-, Super-	H / R Exemplos: hiper-hidrose, hiper-raivoso, inter-humano, inter-racial, super-homem, super-resistente.
Pós-, Pré-, Pró- (tônicos e com significados próprios)	DIANTE DE QUALQUER PALAVRA Exemplos: pós-graduação, pré-escolar, pró-democracia. Obs.: se os prefixos não forem autônomos, não haverá hífen. Exemplos: predeterminado, pressupor, pospor, propor.
Sub-	B - H - R Exemplos: sub-bloco, sub-hepático, sub-humano, sub-região. Obs.: "subumano" e "subepático" também são aceitas.
Pseudoprefixos (diferem-se dos prefixos por apresentarem elevado grau de independência e possuírem uma significação mais ou menos delimitada, presente à consciência dos falantes.) Aero-, Agro-, Arqui-, Auto-, Bio-, Eletro-, Geo-, Hidro-, Macro-, Maxi-, Mega-, Micro-, Mini-, Multi-, Neo-, Pluri-, Proto-, Pseudo-, Retro-, Semi-, Tele-	H / VOGAL IDÊNTICA À QUE TERMINA O PREFIXO Exemplos com H: geo-histórico, mini-hospital, neo-helênico, proto-história, semi-hospitalar. Exemplos com vogal idêntica: arqui-inimigo, auto-observação, eletro-ótica, micro-ondas, micro-ônibus, neo-ortodoxia, semi-interno, tele-educação.

01. Não se utilizará o hífen em palavras iniciadas pelo prefixo 'co-'.

    Ex.: coadministrar, coautor, coexistência, cooptar, coerdeiro corresponsável, cosseno.

02. *Prefixos des- e in- + segundo elemento sem o "h" inicial.*

    Ex.: *desarmonia, desumano, desumidificar, inábil, inumano, etc.*

03. Não se utilizará o hífen com a palavra não.

    Ex.: não violência, não agressão, não comparecimento.

04. Não se utiliza o hífen em palavras que possuem os elementos "bi", "tri", "tetra", "penta", "hexa", etc.

    Ex.: bicampeão, bimensal, bimestral, bienal, tridimensional, trimestral, triênio, tetracampeão, tetraplégico, pentacampeão, pentágono, etc.

05. Em relação ao prefixo "hidro", em alguns casos pode haver duas formas de grafia.

    Ex.: hidroelétrica e hidrelétrica

06. No caso do elemento "socio", o hífen será utilizado apenas quando houver função de substantivo (= de associado).

    Ex.: sócio-gerente / socioeconômico

18. INTERPRETAÇÃO DE TEXTOS

18.1 Ideias Preliminares sobre o Assunto

Independentemente de quem seja o professor de Língua Portuguesa, é muito comum ele ouvir alguns alunos falando que até gostam da matéria em questão, mas que possuem muita dificuldade com a interpretação dos textos. Isso é algo totalmente normal, principalmente porque costumamos fazer algo terrível chamado de "leitura dinâmica" que poderia ser traduzido da seguinte maneira: procedimento em que você olha as palavras mas não entende o significado do que está lá escrito.

Para interpretar um texto, o indivíduo precisa de muita atenção e de muito treino. Interpretar pode ser comparado com disparar uma arma: apenas temos chance de acertar o alvo se treinarmos muito e soubermos combinar todos os elementos externos ao disparo: velocidade do ar, direção, distância etc.

Quando o assunto é texto, o primordial é estabelecer uma relação contextual com aquilo que estamos lendo. Montar o contexto significa associar o que está escrito no texto base com o que está disposto nas questões. Lembre-se de que há uma questão montada com a intenção de testar você, ou seja, deve ficar atento para todas as palavras e para todas as possibilidades de mudança de sentido que possa haver nas questões.

É preciso, para entender as questões de interpretação de qualquer banca, buscar o raciocínio que o elaborador da questão emprega na redação da questão. Usualmente, objetiva-se a depreensão dos sentidos do texto. Para tanto, destaque os itens fundamentais (as ideias principais contidas nos parágrafos) para poder refletir sobre tais itens dentro das questões.

18.2 Semântica ou Pragmática?

Existe uma discussão acadêmica sobre o que possa ser considerado como semântica e como pragmática. Em que pese o fato de os universitários divergirem a respeito do assunto, vamos estabelecer uma distinção simples, apenas para clarear nossos estudos.

Semântica: disciplina que estuda o significado dos termos. Para as questões relacionadas a essa área, o comum é que se questione acerca da troca de algum termo e a manutenção do sentido original da sentença.

Pragmática: disciplina que estuda o sentido que um termo assume dentro de determinado contexto. Isso quer dizer que a identificação desse sentido depende do entorno linguístico e da intenção de quem exprime a sentença.

Para exemplificar essa situação, vejamos o exemplo abaixo:

Pedro está na geladeira.

Nesse caso, é possível que uma questão avalie a capacidade de o leitor compreender que há, no mínimo, dois sentidos possíveis para essa sentença: um deles diz respeito ao fato de a expressão "na geladeira" poder significar algo como "ele foi até a geladeira buscar algo", o que – coloquialmente – significaria uma expressão indicativa de lugar. O outro sentido diz respeito ao fato de "na geladeira" significar que "foi apartado de alguma coisa para receber algum tipo de punição".

A questão sobre semântica exigiria que o candidato percebesse a possibilidade de trocar a palavra "geladeira" por "refrigerador" – havendo, nesse caso, uma relação de sinonímia.

A questão de pragmática exigiria que o candidato percebesse a relação contextualmente estabelecida, ou seja, a criação de uma figura de linguagem (um tipo de metáfora) para veicular um sentido particular.

18.3 Questão de Interpretação?

Como se faz para saber que uma questão de interpretação é uma questão de interpretação? É uma mera intuição que surge na hora da prova ou existe uma "pista" a ser seguida para a identificação da natureza da questão?

Respondendo a essa pergunta, entende-se que há pistas que identificam a questão como pertencente ao rol de questões para interpretação. Os indícios mais precisos que costumam aparecer nas questões são:

Reconhecimento da intenção do autor.

Ponto de vista defendido.

Argumentação do autor.

Sentido da sentença.

Apesar disso, não são apenas esses os indícios de que uma questão é de intepretação. Dependendo da banca, podemos ter a natureza interpretativa distinta, principalmente porque o critério de intepretação é mais subjetivo que objetivo. Algumas bancas podem restringir o entendimento do texto; outras podem extrapolá-lo.

18.4 Tipos de Texto - O Texto e suas Partes

Um texto é um todo. Um todo é constituído de diversas partes. A interpretação é, sobremaneira, uma tentativa de reconhecer as intenções de quem comunica recompondo as partes para uma visão global do todo.

Para podermos interpretar, é necessário termos o conhecimento prévio a respeito dos tipos de texto que, fortuitamente, podemos encontrar em um concurso. Vejamos quais são as distinções fundamentais com relação aos tipos de texto.

18.5 O Texto Dissertativo

Nas acepções mais comuns do dicionário, o verbo "dissertar" significa "discorrer ou opinar sobre algum tema". O texto dissertativo apresenta uma ideia básica que começa a ser desdobrada em subitens ou termos menores. Cabe ressaltar que não existe apenas um tipo de dissertação, há mais de uma maneira de o autor escrever um texto dessa natureza.

Conceituar, polemizar, questionar a lógica de algum tema, explicar ou mesmo comentar uma notícia são estratégias dissertativas. Vamos dividir essa tipologia textual em dois tipos essencialmente diferentes: o **dissertativo-expositivo** e o **dissertativo-argumentativo**.

Padrão dissertativo-expositivo

A característica fundamental do padrão expositivo da dissertação é utilizar a estrutura da prosa não para convencer alguém de alguma coisa, e sim para apresentar uma ideia, apresentar um conceito. O princípio do texto expositivo não é a persuasão, é a informação e, justamente por tal fato, ficou conhecido como informativo. Para garantir uma boa interpretação desse padrão textual, é importante buscar a ideia principal (que deve estar presente na introdução do texto) e, depois, entender quais serão os aspectos que farão o texto progredir.

> **Onde posso encontrar esse tipo de texto?** Jornais revistas, sites sobre o mundo de economia e finanças. Diz-se que esse tipo de texto focaliza a função referencial da linguagem.
>
> **Como costuma ser o tipo de questão relacionada ao texto dissertativo-expositivo?** Geralmente, os elaboradores questionam sobre as informações veiculadas pelo texto. A tendência é que o elaborador inverta as informações contidas no texto.
>
> **Como resolver mais facilmente?** Toda frase que mencionar o conceito ou a quantidade de alguma coisa deve ser destacada para facilitar a consulta.

Padrão dissertativo-argumentativo

No texto do padrão dissertativo-argumentativo, existe uma opinião sendo defendida e existe uma posição ideológica por detrás de quem escreve o texto. Se analisarmos a divisão dos parágrafos de um texto com características argumentativas, perceberemos que a introdução apresenta sempre uma tese (ou hipótese) que é defendida ao longo dos parágrafos.

Uma vez feito isso, o candidato deve entender qual é a estratégia utilizada pelo produtor do texto para defender seu ponto de vista. Na verdade, agora é o momento de colocar "a mão na massa" para valer, uma vez que aqueles enunciados que iniciam com "infere-se da argumentação do texto", "depreende-se dos argumentos do autor" serão vencidos caso se observem os fatores de interpretação corretos.

Quais são esses fatores, então?

> A conexão entre as ideias do texto (atenção para as conjunções).
>
> Articulação entre as ideias do texto (atenção para a combinação de argumentos).
>
> Progressão do texto.

Os Recursos Argumentativos:

Quando o leitor interage com uma fonte textual, deve observar - tratando-se de um texto com o padrão dissertativo-argumentativo - que o autor se vale de recursos argumentativos para construir seu raciocínio dentro do texto. Vejamos alguns recursos importantes:

Argumento de autoridade: baseado na exposição do pensamento de algum especialista ou alguma autoridade no assunto. Citações, paráfrases e menções ao indivíduo podem ser tomadas ao longo do texto. Tome cuidado para não cair na armadilha: saiba diferenciar se a opinião colocada em foco é a do autor ou se é a do indivíduo que ele cita ao longo do texto.

Argumento com base em consenso: parte de uma ideia tomada como consensual, o que "carrega" o leitor a entender apenas aquilo que o elaborador mostra. Sentenças do tipo todo mundo sabe que, é de conhecimento geral que identificam esse tipo de argumentação.

Argumento com fundamentação concreta: basear aquilo que se diz em algum tipo de pesquisa ou fato que ocorre com certa frequência.

Argumento silogístico (com base em um raciocínio lógico): do tipo hipotético - Se...então.

Argumento de competência linguística: consiste em adequar o discurso ao panorama linguístico de quem é tido como possível leitor do texto.

Argumento de exemplificação: utilizar casos, ou pequenos relatos para ilustrar a argumentação do texto.

19. DEMAIS TIPOLOGIAS TEXTUAIS

19.1 O Texto Narrativo

Em uma definição bem simplista, "narrar" significa "sequenciar ações". É um dos gêneros mais utilizados e mais conhecidos pelo ser humano, quer no momento de relatar algum evento para alguém – em um ambiente mais formal -, quer na conversa informal sobre o resumo de um dia de trabalho. O fato é que narramos, e o fazemos de maneira praticamente instintiva. É importante, porém, conhecer quais são seus principais elementos de estruturação.

Os operadores do texto narrativo são:

Narrador: é a voz que conduz a narrativa.

Narrador-protagonista: narra o texto em primeira pessoa.

Narrador-personagem (testemunha): nesse caso, quem conta a história não participou como protagonista, no máximo como um personagem adjuvante da história.

Narrador onisciente: narrador que está distanciado dos eventos e conhece aquilo que se passa na cabeça dos personagens.

Personagens: são aqueles que efetivamente atuam na ordem da narração, ou seja, a trama está atrelada aos comportamentos que eles demonstram ao longo do texto.

Tempo: claramente, é o lapso em que transcorrem as ações narradas. Segundo a classificação tradicional, divide-se o tempo da narrativa em: Cronológico, Psicológico e Da narrativa.

Espaço: é o local físico em que as ações ocorrem.

Trama: é o encadeamento de ações propriamente dito.

19.2 O Texto Descritivo

O texto descritivo é o que levanta características para montar algum tipo de panorama. Essas características, mormente, são físicas, entretanto, não é necessário ser sempre desse modo. Podemos dizer que há dois tipos de descrição:

Objetiva: em que surgem aspectos sensoriais diretos, ou seja, não há uma subjetividade por parte de quem escreve. Veja um exemplo:

Nome científico: Ginkgo biloba L.
Nome popular: nogueira-do-japão.
Origem: Extremo Oriente.

Aspecto: as folhas dispõem-se em leque e são semelhantes ao trevo.

A altura da árvore pode chegar a 40 metros; o fruto lembra uma ameixa e contém uma noz que pode ser assada e comida.

Subjetiva: em que há impressões particulares do autor do texto. Há maior valorização dos sentimentos insurgentes daquilo que se contempla. Veja um exemplo:

19.3 Conotação X Denotação

É interessante, quando se estuda o conteúdo de interpretação de texto, ressaltar a distinção conceitual entre o sentido conotativo e o sentido denotativo da linguagem. Vejamos como se opera essa distinção:

Sentido conotativo: figurado, ou abstrato. Relaciona-se com as figuras de linguagem.

Adalberto **entregou sua alma a Deus**.

A ideia de entregar a alma a Deus é figurada, ou seja, não ocorre literalmente, pois não há um serviço de entrega de almas. Essa é uma figura que convencionamos chamar de **metáfora**.

Sentido denotativo: literal, ou do dicionário. Relaciona-se com a função referencial da linguagem.

Adalberto **morreu**.

Quando dizemos função referencial, entende-se que o falante está preocupado em transmitir precisamente o fato ocorrido, sem apelar para figuras de pensamento.

19.4 Figuras de Linguagem

Apenas para ilustrar algumas das mais importantes figuras de linguagem que podem ser cobradas em algumas provas, observe a lista:

Metáfora: uma figura de linguagem, que consiste na comparação de dois termos sem o uso de um conectivo.

Seus olhos **são dois oceanos**. (Os olhos possuem a profundidade do oceano, a cor do oceano etc.)

Comparação: comparação direta com o elemento conectivo.

O vento é como uma mulher.

Metonímia: figura de linguagem que consiste utilização de uma expressão por outra, dada a semelhança de sentido ou a possibilidade de associação lógica entre elas.

Vá ao mercado e traga um Nescau. (achocolatado em pó).

Antítese: figura de linguagem que consiste na exposição de ideias opostas.

*"**Nasce** o Sol e não dura mais que um **dia***
*Depois da **Luz** se segue à **noite** escura*
*Em tristes **sombras morre** a formosura,*
*Em contínuas **tristezas e alegrias**."*

(Gregório de Matos)

Os termos em negrito evidenciam relações semânticas de distinção (oposição). Nascer é o contrário de morrer, assim como sombra é o contrário de luz. Essa figura foi muito utilizada na poesia brasileira, em especial pelo autor dos versos acima: Gregório de Matos Guerra.

Paradoxo: expressão que contraria o senso comum. Ilógica.

> "Amor é fogo que **arde sem se ver**;
> É ferida que **dói e não se sente**;
> É um **contentamento descontente**;
> É **dor que desatina sem doer**."
>
> (Luís de Camões)

A construção semântica acima é totalmente ilógica, pois é impossível uma ferida doer e não ser sentida, assim como não é possível o contentamento ser descontente.

Perífrase: expressão que tem por função substituir semanticamente um termo:

> **A última flor do Lácio** anda muito judiada. (Português é a última flor do Lácio)

Eufemismo: figura que consiste em atenuar uma expressão desagradável:

> José **pegou emprestado sem avisar**; (roubou).

Disfemismo: contrário ao Eufemismo, é a figura de linguagem que consiste em tornar uma expressão desagradável em algo ainda pior.

> O homem **abotoou o paletó de madeira**. (morreu).

Prosopopeia: atribuição de características animadas a seres inanimados.

> O vento sussurrou em meus ouvidos.

Hipérbole: exagero proposital de alguma característica.

> **Estou morrendo de rir.**

Sinestesia: confusão dos sentidos do corpo humano para produzir efeitos expressivos.

> Ouvi uma **voz suave** saindo do quarto.

19.5 Funções da Linguagem

Deve-se a Roman Jakobson a discriminação das seis funções da linguagem na expressão e na comunicação humanas, conforme o realce particular que cada um dos componentes do processo de comunicação recebe no enunciado. Por isso mesmo, é raro encontrar em uma única mensagem apenas uma dessas funções, ou todas reunidas em um mesmo texto. O mais frequente é elas se superporem, apresentando-se uma ou outra como predominante.

Em que pese tal fato, é preciso considerar que há particularidades com relação às funções da linguagem, ou seja, cada função descreve algo em particular. Com isso, pretendo dizer que, antes de o estudante se ater às funções em si, é preciso que ele conheça o sistema que é um pouco mais amplo, ou seja, o ato comunicativo. Afinal, a teoria de Roman Jakobson se volta à descrição do ato comunicativo em si.

Em um livro chamado Linguística e comunicação, o linguista Roman Jakobson, pensando sobre o ato comunicativo e seus elementos, identifica seis funções da linguagem.

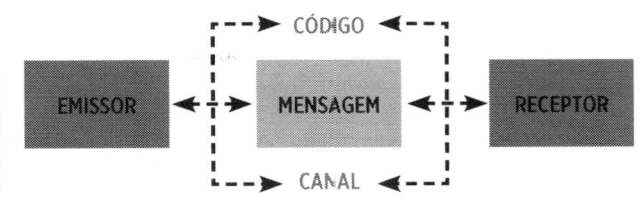

→ Nesse esquema, identificamos:
> **Emissor**: quem enuncia.
> **Mensagem**: aquilo que é transmitido pelo emissor.
> **Receptor**: quem recebe a mensagem.
> **Código**: o sistema em que a mensagem é codificada. O código deve ser comum aos polos da comunicação.
> **Canal**: meio físico por que ocorre a comunicação.

Pensando sobre esses elementos, Jakobson percebeu que cada função da linguagem está centrada em um elemento específico do ato comunicativo. É o que veremos agora.

As Funções da Linguagem são:

> **Referencial**: centrada na mensagem, ou seja, na transmissão do conteúdo. Como possui esse caráter, a objetividade é uma constante para a função referencial. É comum que se busque a imparcialidade quando dela se faz uso. É também conhecida como função denotativa. Como a terceira pessoa do singular é predominante, podem-se encontrar exemplos de tal função em textos científicos, livros didáticos, textos de cunho apenas informativo etc.

Emotiva: centrada no emissor, ou seja, em quem enuncia a mensagem. Basicamente a primeira pessoa predomina quando o texto se apoia sobre a função emotiva. É muito comum a observarmos em depoimentos, discursos, em textos sentimentais, e mesmo em textos líricos.

Apelativa: centrada no receptor, ou seja, em quem recebe a mensagem. As características comuns a manifestações dessa função da linguagem são os verbos no modo imperativo, a tentativa de persuadir o receptor, a utilização dos pronomes de tratamento que tangenciem o interlocutor. É comum observar a função apelativa em propaganda, em discursos motivacionais etc.

Poética: centrada na transformação da mensagem, ou seja, em como modificar o conteúdo da mensagem a fim de torná-lo mais expressivo. As figuras de linguagem são abundantes nessa função e, por sua presença, convencionou-se chamar, também, função poética de função conotativa. Textos literários, poemas e brincadeiras com a mensagem são fontes em que se pode verificar a presença da função poética da linguagem.

Fática: centrada no canal comunicativo. Basicamente, busca testar o canal para saber se a comunicação está ocorrendo. Expressões como "olá", "psiu" e "alô você" são exemplos dessa função.

DEMAIS TIPOLOGIAS TEXTUAIS

Metalinguística: centrada no código. Quando o emissor se vale do código para explicar o próprio código, ou seja, num tipo de comunicação autorreferente. Como exemplo, podemos citar um livro de gramática, que se vale da língua para explicar a própria língua; uma aula de didática (sobre como dar aula); ou mesmo um poema que se refere ao processo de escrita de um poema. O poema a seguir é um ótimo exemplo de função metalinguística.

Catar feijão

Catar feijão se limita com escrever:
jogam-se os grãos na água do alguidar
e as palavras na da folha de papel;
e depois, joga-se fora o que boiar.
Certo, toda palavra boiará no papel,
água congelada, por chumbo seu verbo:
pois para catar esse feijão, soprar nele,
e jogar fora o leve e oco, palha e eco.
Ora, nesse catar feijão entra um risco:
o de que entre os grãos pesados entre
um grão qualquer, pedra ou indigesto,
um grão imastigável, de quebrar dente.
Certo não, quando ao catar palavras:
a pedra dá à frase seu grão mais vivo:
obstrui a leitura fluviante, flutual,
açula a atenção, isca-a com risco.

MELO NETO, João Cabral de. Obra completa.
Rio de Janeiro: Nova Aguilar, 1995.

20. INTERPRETAÇÃO DE TEXTO POÉTICO

Cada vez mais comum em provas de concursos públicos, o texto poético possui suas particularidades. Nem todas as pessoas possuem a capacidade de ler um texto poético, quanto mais interpretá-lo. Justamente por esse fato, ele tem sido o predileto dos examinadores que querem dificultar a vida dos candidatos.

Antes de passar à interpretação propriamente dita, é preciso identificar a nomenclatura das partes de um poema. Cada "linha" do poema é chamada de "**verso**", o conjunto de versos é chamado de "**estrofe**". A primeira sugestão para quem pretende interpretar um poema é segmentar a interpretação por estrofe e anotar o sentido trazido ao lado e cada trecho.

Geralmente as bancas pecam ao diferenciar **autor** de **eu-lírico**. O primeiro é realmente a pessoa por detrás da pena, ou seja, é quem efetivamente escreve o texto; o segundo é a "voz" do poema, a "pessoa" fictícia, abstrata que figura como quem traz o poema para o leitor.

Outro problema muito comum na hora de fazer algo dessa natureza é a leitura do texto. Como o texto está em uma disposição que não é mais tão usual, as pessoas têm dificuldade para realizar a leitura. Eis uma dica fundamental: só interrompa a leitura quando chegar a um ponto ou a uma vírgula, porque é dessa maneira que se lê um texto poético. Além disso, é preciso que, mesmo mentalmente, o indivíduo tente dar ênfase na leitura, pois isso pode ajudar na intepretação.

Comumente, o vocabulário do texto poético não é acessível e, em razão disso, costuma haver notas explicativas com o significado das palavras, jamais ignore essa informação! Pode ser a salvação para a interpretação do texto lido.

Veja um exemplo:

Nel mezzo del camin (Olavo Bilac)

"Cheguei. Chegaste. Vinhas fatigada
E triste, e triste e fatigado eu vinha.
Tinhas a alma de sonhos povoada,
E a alma de sonhos povoada eu tinha...

E paramos de súbito na estrada
Da vida: longos anos, presa à minha
A tua mão, a vista deslumbrada
Tive da luz que teu olhar continha.

Hoje, segues de novo... Na partida
Nem o pranto os teus olhos umedece,
Nem te comove a dor da despedida.
E eu, solitário, volto a face, e tremo,
Vendo o teu vulto que desaparece
Na extrema curva do caminho extremo."

Existe outro fator extremamente importante na hora de tentar entender o conteúdo de um texto poético: o **título**! Nem todo poema possui um título, é claro, mas os que possuem ajudam, e muito, na compreensão do "assunto" do poema.

É claro que ter conhecimento do autor e do estilo de escrita por ele adotado é a ferramenta mais importante para que o candidato compreenda com profundidade o que está sendo veiculado pelo texto, porém, como grande parte das bancas ainda não chegou a esse nível de aprofundamento interpretativo, apenas o reconhecimento da superfície do texto já é suficiente para responder às questões.

Vejamos alguns textos para explanar melhor:

Bem no fundo (Paulo Leminski)

No fundo, no fundo,
Bem lá no fundo,
A gente gostaria
De ver nossos problemas
Resolvidos por decreto

A partir desta data,
Aquela mágoa sem remédio
É considerada nula
E sobre ela – silêncio perpétuo

Extinto por lei todo o remorso,
Maldito seja quem olhar pra trás,
Lá pra trás não há nada,
E nada mais

Mas problemas não se resolvem,
Problemas têm família grande,
E aos domingos saem todos passear
O problema, sua senhora
E outros pequenos probleminhas

Interpretação: por mais que trabalhemos para resolvermos nossos problemas, a única certeza é a de que eles continuarão, pois é isso que nos move.

20.1 Tradução de Sentido

As questões de tradução de sentido costumam ser o "calcanhar de Aquiles" dos candidatos. Nem sempre aparecem nas provas, mas quando surgem, é celeuma garantida. A maneira mais eficaz de resolvê-las é buscar relações de sinonímia em ambos os lados da sentença. Com isso, fica mais fácil acertar a questão.

Consideremos a relação de sinonímia presente entre "alegria" e "felicidade". Esses dois substantivos não significam, rigorosamente, a mesma coisa, mas são considerados sinônimos contextuais, se considerarmos um texto. Disso, entende-se que o sinônimo é identificado contextualmente e não depende, necessariamente, do conhecimento do sentido de todas as palavras.

Seria bom se fosse sempre dessa maneira. Ocorre que algumas bancas tentam selecionar de maneira não rigorosa os candidatos que acabam por cobrar o chamado "conhecimento que não é básico" dos candidatos. O melhor exemplo é pedir o significado da palavra "adrede", o qual pouquíssimas pessoas conhecem.

20.2 Organização de Texto (Texto Embaralhado)

Em algumas bancas, é comum haver questões que apresentam um texto desordenado, para que o candidato o reordene, garantido a coesão e a coerência. Além disso, não é raro haver trecho de texto com lacunas para preencher com alguns parágrafos. Para que isso ocorra, é mister saber o que significa coesão e coerência. Vamos a algumas definições simples.

Coesão é o conjunto de procedimentos e mecanismos que estabelecem conexão dentro do texto, o que busca garantir a progressão daquilo que se escreve nas sentenças. Pronomes, perífrases e sinônimos estão entre os mecanismos de coesão que podem ser empregados na sentença.

Coerência diz respeito à organização de significância do texto, ou seja, o sentido daquilo que se escreve. A sequência temporal e o princípio de não contradição são os dispostos mais emergentes da coerência.

Em questões dessa natureza, busque analisar as sequências de entrada e saída dos textos. Veja se há definições e conectivos que encerram ideias, ou se há pronomes que buscam sequenciar as sentenças. Desse modo, fica mais fácil acertar a questão.

20.3 Significação das Palavras

Compreensão, interpretação, intelecção

O candidato que é concurseiro de longa data sabe que, dentre as questões de interpretação de texto, é muito comum surgirem nomenclaturas distintas para fenômenos não tão distintos assim. Quer dizer que se no seu edital há elementos como leitura, compreensão, intelecção ou interpretação de texto, no fundo, o conceito é o mesmo. Ocorre que, dentro desse processo de interpretação, há elementos importantes para a resolução dos certames.

O que se diz e o que se pode ter dito:

Sempre que há um momento de enunciação, o material linguístico serve de base para que os interlocutores negociem o sentido daquilo que está na comunicação. Isso ocorre por meio de vários processos, sendo que é possível destacar alguns mais relevantes:

Dito: consiste na superfície do enunciado. O próprio material linguístico que se enuncia.

Não-dito: consiste naquilo que se identifica imediatamente, quando se trabalha com o que está posto (o dito).

Subentendido: consiste nos sentidos ativados por um processo inferencial de análise e síntese do material linguístico somado ao não-dito.

» Vejamos isso em uma sentença para compreendermos a teoria.
» "A eleição de Barack Obama não é um evento apenas americano."

Dito: é o próprio conteúdo da sentença – o fato de a eleição em questão não ser um evento apenas americano.

Não-dito: alguém poderia pensar que a eleição teria importância apenas para os americanos.

Subentendido: pode-se concluir que a eleição em questão terá grandes repercussões, a um nível global.

20.4 Inferência

Assunto muitíssimo delicado e ainda não resolvido na linguística. Não vou me dispor a teorizar sobre isso, pois seria necessário o espaço de um livro para tanto. Para a finalidade dos concursos públicos, vamos considerar que a inferência é o resultado do processamento na leitura, ou seja, é aquilo que se pode "concluir" ou "depreender" da leitura de um texto.

No momento de responder a uma questão dessa natureza, recomenda-se prudência. Existe um conceito que parece fundamental para facilitar a resolução dessas questões. Ele se chama **ancoragem lexical.** Basicamente, entende-se como A. L. a inserção de algum elemento que dispara pressuposições e fomenta inferências, ou seja, se alguma questão pedir se é possível inferir algo, o candidato só poderá responder afirmativamente, se houve uma palavra ou uma expressão (âncora lexical) que permita associar diretamente esses elementos.

Semântica (sentido)

Evidentemente, o conteúdo relativo à significação das palavras deve muito a uma boa leitura do dicionário. Na verdade, o vocabulário faz parte do histórico de leitura de qualquer pessoa: quanto mais você lê, maior é o número de palavras que você vai possuir em seu "HD" mental. Como é impossível receitar a leitura de um dicionário, podemos arrolar uma lista com palavras que possuem peculiaridades na hora de seu emprego. Falo especificamente de **sinônimos, antônimos, homônimos e parônimos**. Mãos à obra!

Sinônimos:

Sentido aproximado: não existem sinônimos perfeitos:

Feliz (Alegre / Contente).

Palavra (Vocábulo).

Professor (Docente).

Professor Mário chegou à escola. O **docente** leciona matemática.

Antônimos:

Oposição de sentido:

Bem (Mal).

Bom (Mau).

Igual (Diferente).

Homônimos:

Homônimos são palavras com escrita ou pronúncia iguais (semelhantes), porém com significado (sentido) diferente:

Adoro comer **manga** com sal.

Derrubei vinho na **manga** da camisa.

Há três tipos de homônimos: homógrafos, homófonos e homônimos perfeitos.

Homógrafos – palavras que possuem a mesma grafia, mas o som é diferente.

O meu **olho** está doendo.

Quando eu **olho** para você, dói.

Homófonos – apresentam grafia diferente, mas o som é semelhante.

A **cela** do presídio foi incendiada.

A **sela** do cavalo é novinha.

Homônimos perfeitos – possuem a mesma grafia e o mesmo som.

O **banco** foi assaltado.

O **banco** da praça foi restaurado ontem.

Ele não **para** de estudar.

Ele olhou **para** a prova.

Parônimos:

Parônimos – são palavras que possuem escrita e pronúncia semelhantes, mas com significado distinto.

O professor fez a **descrição** do conteúdo.

Haja com muita **discrição**, Marivaldo.

Aqui vai uma lista para você se precaver quanto aos sentidos desses termos:

Ascender (subir).
Acender (pôr fogo, alumiar).

Quando Nero **ascendeu** em Roma, ele **acendeu** Roma.

Acento (sinal gráfico).
Assento (lugar de sentar-se).

O **acento** grave indica crase.

O **assento** 43 está danificado.

Acerca de (a respeito de).
Cerca de (aproximadamente).
Há cerca de (faz aproximadamente).

Falamos **acerca de** Português ontem.

José mora **cerca de** mim.

Há cerca de 10 anos, leciono Português.

Afim (semelhante a).
A fim de (com a finalidade de).

Nós possuímos ideias **afins**.

Nós estamos estudando **a fim** de passar.

Aprender (instruir-se).
Apreender (assimilar).

Quando você **apreender** o conteúdo, saberá que **aprendeu** o conteúdo.

Área (superfície).
Ária (melodia, cantiga).

O tenor executou a ária.

A polícia cercou a área.

Arrear (pôr arreios).
Arriar (abaixar, descer).

Precisamos **arrear** o cavalo.

Joaquim **arriou** as calças.

Caçar (apanhar animais).
Cassar (anular).

O veado foi **caçado**.

O deputado teve sua candidatura **cassada**.

Censo (recenseamento).
Senso (raciocínio).

Finalizou-se o **censo** no Brasil.

Argumentou com bom-**senso**.

Cerração (nevoeiro).
Serração (ato de serrar).

Nos dias de chuva, pode haver **cerração**.

Rolou a maior **serração** na madeireira ontem.

Cerrar (fechar).
Serrar (cortar).

Cerrou os olhos para a verdade.

Marina **serrou**, acidentalmente, o nariz na serra.

Cessão (ato de ceder).
Seção (divisão).
Secção (corte).
Sessão (reunião).

O órgão pediu a **cessão** do espaço.

Compareça à **seção** de materiais.

Fez-se uma **secção** no azulejo.

Assisti à **sessão** de cinema ontem. Passava "A Lagoa Azul".

Concerto (sessão musical).
Conserto (reparo).

Vamos ao **concerto** hoje.

Fizeram o **conserto** do carro.

Mal (antônimo de bem).
Mau (antônimo de bom).

O homem **mau** vai para o inferno.

O **mal** nunca prevalece sobre o bem.

Ratificar (confirmar).
Retificar (corrigir).

O documento **ratificou** a decisão.

O documento **retificou** a decisão.

Tacha (pequeno prego, mancha).
Taxa (imposto, percentagem).

Comprei uma tacha.

Paguei outra taxa.

LÍNGUA PORTUGUESA

INTERPRETAÇÃO DE TEXTO POÉTICO

Continuação da lista:

Bucho (estômago)
Buxo (arbusto)
Calda (xarope)
Cauda (rabo)
Cela (pequeno quarto)
Sela (arreio)
Chá (bebida)
Xá (Título do soberano da Pérsia, atual Irã, antes da revolução islâmica)
Cheque (ordem de pagamento)
Xeque (lance do jogo de xadrez)
Comprimento (extensão)
Cumprimento (saudação)
Conjetura (hipótese)
Conjuntura (situação)
Coser (costurar)
Cozer (cozinhar)
Deferir (costurar)
Diferir (distinguir-se)
Degredado (desterrado, exilado)
Degradado (rebaixado, estragado)
Descrição (ato de descrever)
Discrição (reserva, qualidade de discreto)
Descriminar (inocentar)
Discriminar (distinguir)
Despensa (lugar de guardar mantimentos)
Dispensa (isenção, licença)
Despercebido (não notado)
Desapercebido (desprovido, despreparado)
Emergir (vir à tona)
Imergir (mergulhar)
Eminente (notável, célebre)
Iminente (prestes a acontecer)
Esbaforido (ofegante, cansado)
Espavorido (apavorado)
Esperto (inteligente)
Experto (perito)
Espiar (observar)
Expiar (sofrer castigo)
Estada (ato de estar, permanecer)
Estadia (permanência, estada por tempo limitado)
Estático (imóvel)
Extático (pasmo)
Estrato (tipo de nuvem)
Extrato (resumo)

Flagrante (evidente)
Fragrante (perfumado)
Fluir (correr)
Fruir (gozar, desfrutar)
Incidente (episódio)
Acidente (acontecimento grave)
Incipiente (principiante)
Insipiente (ignorante)
Inflação (desvalorização do dinheiro)
Infração (violação, transgressão)
Infligir (aplicar castigo)
Infringir (transgredir)
Intercessão (ato de interceder)
Interseção ou intersecção (ato de cortar)
Laço (nó)
Lasso (frouxo)
Mandado (ordem judicial)
Mandato (período político)
Ótico (relativo ao ouvido)
Óptico (relativo à visão)
Paço (palácio)
Passo (passada)
Peão (empregado / peça de xadrez)
Pião (brinquedo)
Pequenez (pequeno)
Pequinês (ração de cão, de Pequim)
Pleito (disputa)
Preito (homenagem)
Proeminente (saliente)
Preeminente (nobre, distinto)
Prescrição (ordem expressa)
Proscrição (eliminação, expulsão)
Prostrar-se (humilhar-se)
Postar-se (permanecer por muito tempo)
Ruço (grisalho, desbotado)
Russo (da Rússia)
Sexta (numeral cardinal)
Cesta (utensílio)
Sesta (descanso depois do almoço)
Sortido (abastecido)
Surtido (produzido, causado)
Sortir (abastecer)
Surtir (efeito ou resultado)
Sustar (suspender)
Suster (sustentar)
Tilintar (soar)

Tiritar (tremer)
Tráfego (trânsito)
Tráfico (comércio ilícito)
Vadear (passa a pé ou a cavalo, atravessar o rio)
Vadiar (vagabundear)
Viagem (substantivo)
Viajem (verbo)
Vultoso (volumoso, grande vulto)
Vultuoso (inchado)

21. ESTRUTURA E FORMAÇÃO DE PALAVRAS

21.1 Estrutura das Palavras

Para compreender os termos da Língua Portuguesa, deve-se observar, nos vocábulos, a presença de algumas estruturas como raiz, desinências e afixos:

Raiz ou Radical (morfema lexical): parte que guarda o sentido da palavra.

> **Pedr**eiro
> **Pedr**ada
> Em**pedr**ado
> **Pedr**egulho.

Desinências (fazem a flexão dos termos)
Nominais:

> Gênero: Jogador / Jogadora.
> Número: Aluno / Alunos.
> Grau: Cadeira / Cadeirinha.

Verbais:

> Modo-tempo: Cantá**va**mos / Vendê**ra**mos.
> Número-pessoa: Fize**mos** / Compra**stes**

Afixos (conectam-se às raízes dos termos)

> » Prefixos: colocados antes da raiz

Infeliz, **des**fazer, **re**tocar.

> » Sufixos: colocados após a raiz

Feliz**mente**, capac**idade**, igual**dade**.

Também é importante ficar atento aos termos de ligação. São eles:

Vogal de ligação:

> Gas**ô**metro / Bar**ô**metro / Cafe**i**cultura / Carn**í**voro

Consoante de ligação:

> Gira**s**sol / Cafe**t**eira / Pau**l**ada / Cha**l**eira

21.2 Radicais Gregos e Latinos

O conhecimento sobre a origem dos radicais é, muitas vezes, importante para a compreensão e memorização de inúmeras palavras.

Radicais gregos

Os radicais gregos têm uma importância expressiva para a compreensão e fácil memorização de diversas palavras que foram criadas e vulgarizadas pela linguagem científica.

Podemos observar que esses radicais se unem, geralmente, a outros elementos de origem grega e, frequentemente, sofrem alterações fonéticas e gráficas para formarem palavras compostas.

Seguem algumas palavras e seus respectivos radicais:

ácros, alto: acrópole, acrobacia, acrofobia
álgos, dor: algofilia, analgésico, nevralgia
ánthropos, homem: antropologia, antropófago, filantropo
astér, astéros, estrela: asteroide, asterisco
ástron, astro: astronomia, astronauta
biblíon, livro: biblioteca, bibliografia, bibliófilo
cir-, quiro- (de chéir, cheirós, mão): cirurgia, cirurgião, quiromante
chlorós, verde: cloro, clorofila, clorídrico
chróma, chrómatos, cor: cromático, policromia
dáktylos, dedo: datilografia, datilografar
déka, dez: decálogo, decâmetro, decassílabo
gámos, casamento: poligamia, polígamo, monogamia
gastér, gastrós, estômago: gastrite, gastrônomo, gástrico
glótta, glóssa, língua: poliglota, epiglote, glossário
grámma, letra, escrito: gramática, anagrama, telegrama
grápho, escrevo: grafia, ortografia, caligrafia
heméra, dia: herneroteca, hernerologia, efêmero
hippos, cavalo: hipódromo, hipismo, hipopótamo
kardía, coração: cardíaco, cardiologia, taquicardia
mésos, meio, do meio: mesocarpo, mesóclise, mesopotâmia
mnemo- (de mnéme, memória, lembrança): mnemônico, amnésia, mnemoteste
morphé, forma: morfologia, amorfo, metamorfose
nekrós, morto: necrotério, necropsia, necrológio
páis, paidós, criança: pedagogia, pediatria, pediatra
pyr, pyrós, fogo: pirosfera, pirotécnico, antipirético
rino- (ele rhis, rhinós, nariz): rinite, rinofonia, otorrino
theós, deus: teologia, teólogo, apoteose
zóon, animal: zoologia, zoológico, zoonose

Radicais latinos

Outras palavras da língua portuguesa possuem radicais latinos. A maioria delas entrou na língua entre os séculos XVIII e XX. Seguem algumas das que vieram por via científica ou literária:

ager, agri, campo: agrícola, agricultura
ambi- (de ambo, ambos): ambidestro, ambíguo
argentum, argenti, prata: argênteo, argentífero, argentino
capillus, capilli, cabelo: capilar, capiliforme, capilaridade
caput, capitis, cabeça: capital, decapitar, capitoso
cola-, (de colo, colere, habitar, cultivar): arborícola, vitícola
cuprum, cupri, cobre: cúpreo, cúprico, cuprífero
ego, eu: egocêntrico, egoísmo,ególatra
equi-, (de aequus, igual): equivalente, equinócio, equiângulo
-fero (de fero, ferre, levar, conter): aurífero, lactífero, carbonífero
fluvius, rio: fluvial, fluviômetro
frigus, frigoris, frio: frigorífico, frigomóvel
lapis, lapidis, pedra: lápide, lapidificar, lapidar
lex, legis, lei: legislativo, legislar, legista

noceo, nocere, prejudicar, causar mal: nocivo, inocente, inócuo
pauper, pauperis, pobre: pauperismo, depauperar
pecus, rebanho: pecuária, pecuarista, pecúnia
pluvia, chuva: pluvial, pluviômetro
radix, radieis, raiz: radical, radicar, erradicar
sidus, sideris, astro: sideral, sidéreo, siderar
stella, estrela: estelar, constelação
triticum, tritici, trigo: triticultura, triticultor, tritícola
vinum, vini, vinho: vinicultura, vinícola
vitis, videira: viticultura, viticultor, vitícola
volo, volare, voar: volátil, noctívolo
vox, vocis, voz: vocal, vociferar

21.3 Origem das Palavras de Língua Portuguesa

As palavras da língua portuguesa têm múltiplas origens, mas a maioria delas veio do latim vulgar, ou seja, o latim que era falado pelo povo duzentos anos antes de Cristo.

No geral, as palavras que formam o nosso léxico podem ser de origem latina, de formação vernácula ou de importação estrangeira.

Quanto às palavras de origem latina, sabe-se que algumas datam dos séculos VI e XI, aproximadamente, e outras foram introduzidas na língua por escritores e letrados, ao longo do tempo, sobretudo no período áureo, o século XVI, e de forma ainda mais abundante durante os séculos que o seguiram, por meios literário e científico. As primeiras, as formas populares, foram grandemente alteradas na fala do povo rude, mas as formas eruditas tiveram leves alterações.

Houve, ao longo desses séculos, com incentivo do povo luso-brasileiro, a criação de palavras que colaboraram para enriquecer o vocabulário. Essas palavras são chamadas criações vernáculas.

Desde os primórdios da língua, diversos termos estrangeiros entraram em uso, posteriormente enriquecendo definitivamente o patrimônio léxico, porque é inevitável que palavras de outros idiomas adentrem na língua por meio das relações estabelecidas entre os povos e suas culturas.

Devido a isso, encontramos, no vocabulário português, palavras provenientes:

→ Do grego
   por influência do cristianismo e do latim literário: anjo, bíblia, clímax
      por criação de sábios e cientistas: nostalgia, microscópio
→ Do hebraico
   veiculadas pela Bíblia: aleluia, Jesus, Maria, Sábado
→ Do alemão
   guerra, realengo, interlância
→ Do árabe
   algodão, alfaiate, algema
→ Do japonês
   biombo, micado, samurai
→ Do francês
   greve, detalhe, pose
→ Do inglês
   bife, futebol, tênis
→ Do turco
   lacaio, algoz
→ Do italiano
   piano, maestro, lasanha
→ Do russo
   vodca, esputinique
→ Do tupi
   tatu, saci, jiboia, pitanga
→ Do espanhol
   cavalheiro, ninharia, castanhola
→ De línguas africanas
   macumba, maxixe, marimbondo

Atualmente, o francês e o inglês são os idiomas com maior influência sobre a língua portuguesa.

21.4 Processos de Formação de Palavras

Há dois processos mais fortes (presentes) na formação de palavras em Língua Portuguesa: a composição e a derivação. Vejamos suas principais características.

Composição: é muito mais uma criação de vocábulo. Pode ocorrer por:

   Justaposição (sem perda de elementos):
   » Guarda-chuva, girassol, arranha-céu etc.
   Aglutinação (com perda de elementos):
   » Embora, fidalgo, aguardente, planalto, boquiaberto etc.
   Hibridismo (união de radicais oriundos de línguas distintas:
   » Automóvel (latim e grego); Sambódromo (tupi e grego).

Derivação: é muito mais uma transformação no vocábulo. Pode ocorrer das seguintes maneiras:

   Prefixal (prefixação)
   » Reforma, anfiteatro, cooperação
   Sufixal (sufixação)
   » Pedreiro, engenharia, florista
   Prefixal – sufixal
   » Infelizmente, ateísmo, desordenamento
   Parassintética: prefixo e sufixo simultaneamente, sem a possibilidade de remover umas das partes.
   » Avermelhado, anoitecer, emudecer, amanhecer
   Regressão (regressiva) ou deverbal: advinda de um verbo.
   » Abalo (abalar), luta (lutar), fuga (fugir)

ESTRUTURA E FORMAÇÃO DE PALAVRAS

Imprópria (conversão): mudança de classe gramatical.
O jantar, um não, o seu sim, o pobre.

Estrangeirismo

Pode-se entender como um empréstimo linguístico

Com aportuguesamento: abajur (do francês "abat-jour"), algodão (do árabe "al-qutun"), lanche (do inglês "lunch") etc.

Sem aportuguesamento: networking, software, pizza, show, shopping etc.

Acrônimo ou Sigla

Silabáveis: podem ser separados em sílabas.

Infraero (Infraestrutura Aeroportuária), **Petrobras** (Petróleo Brasileiro) etc.

Não-silabáveis: não podem ser separados em sílabas.

FMI, MST, SPC, PT, INSS, MPU etc.

Onomatopeia ou reduplicação

Onomatopeia: tentativa de representar um som da natureza.
Pow, paf, tum, psiu, argh.

Reduplicação: repetição de palavra com fim onomatopaico.
Reco-reco, tique-taque, pingue-pongue.

Redução ou abreviação

Eliminação do segmento de alguma palavra

Fone (telefone), cinema (cinematógrafo), pneu (pneumático) etc.

22. FIGURAS DE LINGUAGEM

Para iniciar o estudo deste capítulo, é importante, retomar alguns conceitos: ao falar de figuras de linguagem, estamos, também, falando de **funções da linguagem** e de **semântica**.

As figuras de linguagem (também chamadas de figuras de pensamento) são construções que se relacionam com a função **poética da linguagem**, ou seja, estão articuladas em razão de modificar o código linguístico para dar ênfase no sentido de uma frase.

É comum vermos exemplos de figuras de linguagem em propagandas publicitárias, poemas, músicas etc. Essas figuras estão presentes em nossa fala cotidiana, principalmente na fala de registro **informal**.

O registro dito informal é aquele que não possui grande preocupação com a situação comunicativa, uma vez que não há tensão para a comunicação entre os falantes. Gírias, erros de concordância e subtração de termos da frase são comuns nesse baixo nível de formalidade comunicativa. Até grandes poetas já escreveram textos sobre esse assunto, veja o exemplo do escritor Oswald de Andrade, que discute a norma gramatical em relação à fala popular do brasileiro:

Pronominais

Dê-me um cigarro
Diz a gramática
Do professor e do aluno
E do mulato sabido
Mas o bom negro e o bom branco
Da Nação Brasileira
Dizem todos os dias
Deixa disso camarada
Me dá um cigarro

Oswald de Andrade
(1890-1954)

Os Cem Melhores Poemas Brasileiros do Século - Seleção e Organização de Ítalo Moriconi, Editora Objetiva, Rio de Janeiro, 2001 (In Pau-Brasil - Poesia - Oswald de Andrade, São Paulo, Globo)

22.1 Conotação X Denotação

É interessante, quando se estuda o conteúdo de figuras de linguagem, ressaltar a distinção conceitual entre o sentido conotativo e o sentido denotativo da linguagem. Vejamos como se opera essa distinção:

Sentido CONOTATIVO: figurado, ou abstrato. Relaciona-se com as figuras de linguagem.

> Adalberto **entregou sua alma a Deus**.

A ideia de entregar a alma a Deus é figurada, ou seja, não ocorre literalmente, pois não há um serviço de entrega de almas. Essa é uma figura que convencionamos chamar de **metáfora**.

Sentido DENOTATIVO: literal, ou do dicionário. Relaciona-se com a função **referencial** da linguagem.

> Adalberto **morreu**.

Quando dizemos função referencial, entende-se que o falante está preocupado em transmitir precisamente o fato ocorrido, sem apelar para figuras de pensamento. Essa frase do exemplo serviu para mostrar o sinônimo da figura de linguagem anterior.

Vejamos agora algumas das principais figuras de linguagem que costumam ser cobradas em provas de concursos públicos:

Metáfora: uma figura de linguagem, que consiste na comparação de dois termos sem o uso de um conectivo.

> Rosa **é uma flor**. (A pessoa é como uma flor: perfumada, delicada, bela etc.)
> Seus olhos **são dois oceanos**. (Os olhos possuem a profundidade do oceano, a cor do oceano etc.)
> João **é fera**. (João é perito em alguma coisa, desempenha determinada tarefa muito bem etc.)

Metonímia: figura de linguagem que consiste utilização de uma expressão por outra, dada a semelhança de sentido ou a possibilidade de associação lógica entre elas.

Há vários tipos de metonímia, vejamos alguns deles:

Efeito pela causa:

> O carrasco ergueu **a morte**. (O efeito é a morte, a causa é o machado).

Marca pelo produto:

> **Vá ao mercado e traga um Nescau**. (achocolatado em pó).

Autor pela obra:

> **Li Camões com entusiasmo**. (Quem leu, leu a obra, não o autor).

Continente pelo conteúdo:

> **Comi dois pratos de feijão**. (Comeu o feijão, ou seja, o conteúdo do prato)

Parte pelo todo:

> Peço sua **mão em casamento**. (Pede-se, na verdade, o corpo todo).

Possuidor pelo possuído:

> Mulher, vou **ao médico**. (Vai-se ao consultório que pertence ao médico, não ao médico em si).

Antítese: figura de linguagem que consiste na exposição de ideias opostas.

> *"**Nasce** o Sol e não dura mais que um **dia***
> *Depois da **Luz** se segue à **noite** escura*
> *Em tristes sombras morre a formosura,*
> *Em contínuas **tristezas** e **alegrias**."*

(Gregório de Matos)

Os termos em negrito evidenciam relações semânticas de distinção (oposição). Nascer é o contrário de morrer, assim como sombra é o contrário de luz. Essa figura foi muito utilizada na poesia brasileira, em especial pelo autor dos versos acima: Gregório de Matos Guerra.

FIGURAS DE LINGUAGEM

Paradoxo: expressão que contraria o senso comum. Ilógica.

> "Amor é fogo que **arde sem se ver**;
> É ferida que **dói e não se sente**;
> É um **contentamento descontente**;
> É **dor que desatina sem doer**."
>
> (Luís de Camões)

A construção semântica acima é totalmente ilógica, pois é impossível uma ferida doer e não ser sentida, assim como não é possível o contentamento ser descontente.

Perífrase: expressão que tem por função substituir semanticamente um termo:

> **A última flor do Lácio** anda muito judiada. (Português é a última flor do Lácio)
>
> **O país do futebol** é uma grande nação. (Brasil)
>
> **O Bruxo do Cosme Velho** foi um grande escritor. (Machado de Assis era conhecido como o Bruxo do Cosme Velho)
>
> **O anjo de pernas tortas** foi o melhor jogador do mundo. (Garrincha)

Eufemismo: figura que consiste em atenuar uma expressão desagradável:

> José **pegou emprestado sem avisar**; (roubou).
>
> Maurício **entregou a alma a Deus**; (morreu).
>
> Coitado, só porque **é desprovido de beleza**. (feio)

Disfemismo: contrário ao Eufemismo, é a figura de linguagem que consiste em tornar uma expressão desagradável em algo ainda pior.

> O homem **abotoou o paletó de madeira**. (morreu)
>
> **Está chupando cana pela raiz**. (morreu)
>
> **Sentou no colo do capeta**. (morreu)

Prosopopeia: atribuição de características animadas a seres inanimados.

> **O vento sussurrou em meus ouvidos**.
>
> Parecia que a **agulha odiava o homem**.

Hipérbole: exagero proposital de alguma característica.

> **Estou morrendo de rir**.
>
> **Chorou rios de lágrimas**.

Hipérbato: inversão sintática de efeito expressivo.

> **Ouviram do Ipiranga as margens plácidas
> De um povo heroico o brado e retumbante**.

Colocando na ordem direta:

> *As margens plácidas do Ipiranga ouviram o brado retumbante de um povo heroico.*
>
> **Da minha família, ninguém fala!**

Gradação: figura que consiste na construção de uma escala de termo que fazem parte do mesmo campo semântico.

> Plantou **a semente**, zelou pelo **broto**, regou a **planta** e colheu o **fruto**. (A gradação pode ser do campo semântico da palavra semente – broto, planta e fruto – ou da palavra plantar – zelar, regar, colher)

Ironia: figura que consiste em dizer o contrário do que se pensa.

> **Lamento por ter sido eu o vencedor dessa prova.** (Evidentemente a pessoa não lamenta ser o vencedor de alguma coisa)

Onomatopeia: tentativa de representar um som da natureza. Figura muito comum em histórias em quadrinhos.

> Pof, tic-tac, click, bum, vrum!

Sinestesia: confusão dos sentidos do corpo humano para produzir efeitos expressivos.

> Ouvi uma **voz suave** saindo do quarto.
>
> O seu **perfume doce** é extremamente inebriante.

22.2 Vícios de Linguagem

Em um âmbito geral, vício de linguagem é toda expressão contrária à lógica da norma gramatical. Vejamos quais são os principais deslizes que se transformam em vícios.

Pleonasmo vicioso: consiste na repetição desnecessária de ideias.

> **Subir para cima.**
>
> **Descer para baixo.**
>
> **Entrar para dentro.**
>
> **Cardume de peixes.**
>
> **Enxame de abelhas.**
>
> **Elo de ligação.**
>
> **Fato real.**

Observação: pode existir o plágio expressivo em um texto poético. Na frase "ele penetrou na escura treva" há pleonasmo, mas não é vicioso.

Ambiguidade: ocorre quando a construção frasal permite que a sentença possua dois sentidos.

> Tenho que buscar **a cadela da sua irmã**.
>
> A empregada disse para o chefe que o cheque estava sobre **sua mesa**.
>
> **Como você**, também estou cansado. (conjunção "como" ou verbo "comer")

Cacofonia: ocorre quando a pronúncia de determinadas palavras permite a construção de outra palavra.

> Dei um beijo na bo**ca dela**.
>
> Nos**so hino** é belo.
>
> Na **vez passada**, esca**pei de** uma.

Barbarismo: é um desvio na forma de falar ou grafar determinada palavra.

> Mortandela (em vez de mortadela).
>
> Poblema (em vez de problema).
>
> Mindingo (em vez de mendigo).
>
> Salchicha (em vez de salsicha).

Esse conteúdo costuma ser simples para quem pratica a leitura de textos poéticos, portanto devemos sempre ler poesia. Passemos à resolução de algumas questões.

23. QUESTÕES

01. (AOCP – 2018 – PM/ES – OFICIAL COMBATENTE)

TEXTO I

Por que a diversão é tão útil para a humanidade

Por Pâmela Carbonari

Quem ama o tédio, divertido lhe parece. Apesar da diversão ser um conceito tão relativo quanto a beleza, a paródia do ditado é tão verdadeira quanto a de que a necessidade é a mãe da invenção.

[...]

O escritor de ciência americano Steven Johnson acredita que o prazer é o motor da inovação. Em seu décimo livro, O poder inovador da diversão: como o prazer e o entretenimento mudaram o mundo, lançado no Brasil pela editora Zahar, ele mostra a importância da música, dos jogos, da mágica, da comida e de outras formas de diversão para chegarmos onde estamos e para que tipo de futuro esses passatempos nos levarão.

[...]

Do jogo de dardos veio a estatística. A flauta de osso pode ser a ancestral do computador que você lê este artigo. As caixas de música serviram de inspiração para os teares. Com uma prosa leve e bemhumorada (à prova de hipocrisias), Johnson explica como tecnologias fundamentais para o nosso tempo nasceram e evoluíram de objetos e engrenagens que não tinham outro objetivo senão entreter. [...]

Somos naturalmente hedonistas. E, como você diz, a diversão ajudou a moldar a humanidade. Você acha que o prazer é a chave para a inteligência?

Eu não diria que o prazer é "a" chave para a inteligência, mas sim que é um elemento subestimado de inteligência. Em outras palavras, tendemos a supor que pessoas inteligentes usam suas habilidades mentais em busca de problemas sérios que tenham clara utilidade ou recompensa econômica por trás deles. Mas o pensamento inteligente é muitas vezes desencadeado por experiências mais lúdicas, como os nossos ancestrais do Paleolítico que, esculpindo as primeiras flautas de ossos de animais, descobriram como posicionar os buracos para produzir os sons mais interessantes. Essas inovações exigiram uma grande dose de inteligência – dado o estado do conhecimento humano sobre a música e o design de instrumentos há 50 mil anos – mas esse tipo de coisa não era "útil" em nenhum sentido tradicional.

A história da diversão sempre esteve à margem dos registros históricos mais sérios e práticos, como guerras, poder e igualdade, por exemplo. Você acha que a diversão estava implícita nesses eventos ou foi ignorada pelos historiadores?

Acho que tem sido amplamente ignorada pelos historiadores. E quando foi observada e narrada, os relatos históricos foram muito limitados: há histórias sobre moda, jogos ou temperos, mas como narrativas separadas. Olhamos para a longa história da civilização de maneira diferente se contarmos a história do comportamento "lúdico" como uma categoria mais abrangente – esse era meu objetivo ao escrever O poder inovador da diversão. Essa história é muito mais importante que a maioria das pessoas imagina.

Nesse seu último livro, você diz que os prazeres inúteis da vida geralmente nos dão uma pista sobre futuras mudanças na sociedade. O que podemos prever para o futuro a partir dos nossos prazeres mais comuns agora?

Provavelmente o melhor exemplo recente foi a mania de Pokémon Go. Eu posso imaginar-nos olhando para trás em 2025, quando muitos de nós estarão usando regularmente dispositivos de realidade aumentada para resolver "problemas sérios" no trabalho, e vamos perceber que a primeira adoção dominante dessa tecnologia veio de pessoas correndo pelas cidades capturando monstros japoneses imaginários em seus telefones.

Por que a humanidade precisa se divertir?

Esta é uma questão verdadeiramente profunda. Algumas coisas que consideramos divertidas (sexo, comida, por exemplo) têm claras explicações evolutivas sobre por que nossos cérebros devem achá-las prazerosas. Mas o tipo de diversão que descrevo em O Poder Inovador da Diversão – o prazer de ver uma boneca robô imitar um humano, ou a diversão de jogar um jogo de tabuleiro – é mais difícil de explicar. Eu acho que tem a ver com a experiência de novidade e surpresa; uma parte significativa de nossa inteligência vem do nosso interesse em coisas que nos surpreendem desafiando nossas expectativas. Quando experimentamos essas coisas, temos um pequeno estímulo que diz: "Preste atenção nisso, isso é novo". E assim, ao longo do tempo, os sistemas culturais se desenvolveram para criar experiências cada vez mais elaboradas para surpreender outros seres humanos: desde as primeiras flautas de osso, até os novos e brilhantes padrões de tecido de chita, todas as formas de Pokémon Go. É uma história antiga; temos muito mais oportunidades e tecnologias para nos surpreender do que nossos ancestrais.

Adaptado de: <https://super.abril.com.br/blog/literal/por-que-a-diversao-e-tao--util-para-a-humanidade/>. Acesso em: 22 jun. 2018.

Considere as seguintes análises sobre a classificação e a função que os verbos em destaque assumem no contexto e assinale a alternativa INCORRETA.

a) Em "Preste atenção nisso, isso é novo", percebe-se a utilização de um verbo no imperativo, com função de chamar a atenção do interlocutor.

b) Em "Eu acho que tem a ver com a experiência de novidade [...]", o autor se posiciona de modo enfático e utiliza o presente do indicativo para mostrar que sua opinião é uma verdade incontestável.

c) Em "Provavelmente o melhor exemplo recente foi a mania de Pokémon Go.", o verbo encontra-se conjugado no pretérito para fazer referência a um evento passado.

d) Em "O escritor de ciência americano Steven Johnson acredita que o prazer é o motor da inovação.", o verbo está no presente para indicar a certeza do pesquisador diante daquilo que defende.

e) Em "Eu posso imaginar-nos olhando para trás em 2025, quando muitos de nós [...] vamos perceber que a primeira adoção dominante dessa tecnologia veio de pessoas [...] capturando monstros japoneses imaginários em seus telefones.", a locução em destaque equivale ao verbo no futuro "perceberemos" e acaba sendo preferida pelos falantes em situações de fala ou de escrita mais informalizada.

QUESTÕES

02. (AOCP – 2018 – TRT/1ª REGIÃO/RJ – ANALISTA JUDICIÁRIO)

Texto I

O Aleph e o Hipopótamo I

Leandro Karnal

O tempo é uma grandeza física. Está por todos os lados e em todos os recônditos de nossas vidas. Dizemos que temos tempo de sobra para algumas coisas ou, às vezes, que não temos tempo para nada. Há dias em que o tempo não passa, anda devagar, como se os ponteiros do relógio (alguém ainda usa modelo analógico?) parecessem pesados. Arrastam-se como se houvesse bolas de ferro em suas engrenagens. Tal é o tempo da sala de espera para ser atendido no dentista ou pelo gerente do banco, por exemplo.

Em compensação, há o tempo que corre, voa, falta. Em nosso mundo pautado pelo estresse, por mais compromissos que a agenda comporta, a sensação de que a areia escorre mais rápido pela ampulheta é familiar e amarga. O tempo escasseia e os mesmos exatos 60 minutos que a física diz que uma hora contém viram uma fração ínfima do tempo de que precisamos.

Vivemos um presente fugidio. Mal falei, mal agi e o que acabei de fazer virou passado, parafraseando o genial historiador Marc Bloch. Não é incomum querermos que o presente dure mais, se estique, para que uma faísca de felicidade pudesse viver alguns momentos mais longos.

Se o presente é esse instante impossível de ser estendido, o passado parece um universo em franca expansão. Quanto mais envelhecemos, como indivíduos e como espécie, mais passado existe, mais parece que devemos nos lembrar, não nos esquecer. Criamos estantes com memorabilia, pastas de computador lotadas de fotos, estocamos papéis e contas já pagas, documentos. Criamos museus, parques, tombamos construções, fazemos estátuas e mostras sobre o passado.

E o futuro? Como nos projetamos nesse tempo que ainda não existe... "Pode deixar que amanhã eu entrego tudo o que falta"; "Semana que vem nos encontramos, está combinado"; "Apenas um mês e... férias!"; "Daqui a um ano eu me preocupo com isso". Um cotidiano voltado para um tempo incerto, mas que arquitetamos como algo sólido. E tudo o que é sólido se desmancha no ar, não é mesmo? Ah, se pudéssemos ao menos ver o tempo, senti-lo nas mãos, calculá-lo de fato! [...]

Saber sobre tudo que possa vir a ocorrer é um grande desejo. Ele anima as filas em videntes e debates sobre as centúrias de Nostradamus. Infelizmente, pela sua natureza e deficiência, toda profecia deve ser vaga. "Vejo uma viagem no seu futuro", afirma a mística intérprete das cartas. Jamais poderia ser: no dia 14 de março de 2023, às 17h12, você estará no Largo do Boticário, no Rio de Janeiro, lendo o conto A Cartomante, de Machado de Assis. Claro que mesmo uma predição detalhada seria problemática, pois, dela sabendo, eu poderia dispor as coisas de forma que acontecessem como anunciado.

Entender o passado em toda a sua vastidão e complexidade, perceber o quanto ele ainda é presente, é o sonho de todos os historiadores, desejo maior de todos os que lotam os consultórios de psicólogos e psicanalistas. [...] Ao narrar o que vi e vivi, dependo da memória. Aquilo de que nos lembramos ou nos esquecemos nem sempre depende de nossa vontade ou escolhas. Quando digo: quero me esquecer disso ou daquilo, efetivamente estou me lembrando da situação. Alguns eventos são tão traumáticos que, como esquadrinhou Freud um século atrás, são bloqueados pela memória. Escamoteados pelo trauma, ficam ali condicionando nossas ações e não ações no presente. [...]

(Adaptado de https://entrelacosdocoracao.com.br/2018/03/o-aleph-e-o-hipopotamo-i/ - Acesso em 26/03/2018)

"O tempo escasseia e os mesmos exatos 60 minutos que a física diz que uma hora contém viram uma fração ínfima do tempo de que precisamos."

O verbo empregado nos mesmos tempo e modo que o verbo grifado na frase apresentada está grifado em

a) "O tempo é uma grandeza física.".
b) "Ah, se pudéssemos ao menos ver o tempo [...]".
c) "[...] efetivamente estou me lembrando da situação".
d) "[...] como se os ponteiros do relógio (alguém ainda usa modelo analógico?) parecessem pesados.".
e) "[...] você estará no Largo do Boticário, no Rio de Janeiro [...]".

03. (AOCP – 2018 – PM/TO – ASPIRANTE)

Texto II

Abril Despedaçado

Alessandra Salina

O filme Abril Despedaçado, de Walter Salles, aborda o conflito de terras entre duas famílias no interior nordestino do Brasil. Essa disputa se mantém durante várias gerações e se caracteriza por um ritual no qual sempre os filhos mais velhos de cada família se enfrentam em um duelo de morte em nome de suas terras, de forma que as mortes se alternavam entre as famílias. Abril Despedaçado mostra a repercussão desta prática na história de vida dos personagens, principalmente em relação ao protagonista *Tonho* (Rodrigo Santoro) e seu irmão *Menino*.

O contexto dessa história também denuncia a pobreza do sertão e principalmente os vários níveis de exploração e domínio estabelecidos. A família evidenciada no filme sobrevive da confecção da rapadura e, enquanto o pai de família força o filho pequeno ao trabalho intenso, também é explorado pelo dono da venda que passa a pagar menos pelo seu produto.

O filme mostrou-se um recurso muito rico para observação e análise da violência, principalmente a psicológica. É importante ressaltar que outro personagem, *Menino*, é vítima constante de violência: apanha do pai, é proibido de brincar, obrigado a trabalhos forçados e presencia o assassinato de um dos irmãos.

Outro aspecto positivo do filme é o fato de mostrar uma população que sofre violência e que possivelmente apenas intervenções amplas em seu contexto poderiam protegê-las, como o oferecimento de condições dignas de trabalho, moradia, acesso à escola etc.

Disponível em: http://www.laprev.ufscar.br/sinopse-filmes/abril-despedacado
Acesso em 21/01/2018.

Assinale a alternativa em que ocorram, respectivamente, dígrafo vocálico, dígrafo consonantal e encontro consonantal.

a) Oferecimento – dignas – conflito.
b) História – sobrevive – aspecto.
c) Violência – acesso – psicológica.
d) População – ressaltar – trabalho.
e) Personagens – Brasil – durante.

04. (AOCP – 2019 – PC/ES – ESCRIVÃO)

Projetos e Ações: Papo de Responsa

O Programa Papo de Responsa foi criado por policiais civis do Rio de Janeiro. Em 2013, a Polícia Civil do Espírito Santo, por meio de policiais da Academia de Polícia (Acadepol) capixaba, conheceu o programa e, em parceria com a polícia carioca, trouxe para o Estado.

O 'Papo de Responsa' é um programa de educação não formal que – por meio da palavra e de atividades lúdicas – discute temas diversos como prevenção ao uso de drogas e a crimes na internet, *bullying*, direitos humanos, cultura da paz e segurança pública, aproximando os policiais da comunidade e, principalmente, dos adolescentes.

O projeto funciona em três etapas e as temáticas são repassadas pelo órgão que convida o Papo de Responsa, como escolas, igrejas e associações, dependendo da demanda da comunidade. No primeiro ciclo, denominado de "Papo é um Papo", a equipe introduz o tema e inicia o processo de aproximação com os alunos. Já na segunda etapa, os alunos são os protagonistas e produzem materiais, como músicas, poesias, vídeos e colagens de fotos, mostrando a percepção deles sobre a problemática abordada. No último processo, o "Papo no Chão", os alunos e os policiais civis formam uma roda de conversa no chão e trocam ideias relacionadas a frases, questões e músicas direcionadas sempre no tema proposto pela instituição. Por fim, acontece um bate-papo com familiares dos alunos, para que os policiais entendam a percepção deles e também como os adolescentes reagiram diante das novas informações.

Disponível em: https://pc.es.gov.br/projetos-e-acoes. Acesso em: 30 jan. 2019.

O nome escolhido para o projeto revela uma variante linguística escolhida com o objetivo comunicativo de:

a) disfarçar um preconceito linguístico.
b) denotar expressividade, ao zombar, de maneira criativa, do modo como os jovens falam.
c) aproximar-se do público-alvo, por meio da utilização de uma mesma variante linguística.
d) atingir o público-alvo, marcando intimidade, por meio de uma linguagem formal.
e) revelar a diferença estilística ocupacional, ao usar um jargão dos policiais.

05. (AOCP – 2018 – PM/ES – SOLDADO)

TEXTO II

Por que essa pressa?

Walcyr Carrasco

Ando surpreso. De uns tempos para cá, as pessoas parecem estar perdendo a noção de fila. Para embarcar no aeroporto, nem se diga! Assim que o voo é chamado, sempre há um grupo de passageiros que se amontoa em frente à entrada. Crianças, idosos e deficientes têm preferência no embarque, mas poucos conseguem chegar na frente. Detalhe: os lugares são marcados previamente. Por que a pressa?

Imagino como sofre o caixa de um bar, tendo de atender várias pessoas que gritam ao mesmo tempo. Em metrô, é um sufoco. O correto seria esperar que saia quem vai desembarcar. Tentei fazer isso no horário de pico. Fui empurrado, levei uma cotovelada na orelha e ainda me xingaram! Uma loucura! Quem quer sair empurra, quem quer entrar empurra mais!

Até entre os elegantes, reina a confusão! Fui a uma festa. Serviram o jantar em um bufê, com comida farta, de dar água na boca. Os mais educadinhos foram se servindo em fila. Dali a pouco entrou uma perua no meio, estendendo as unhas pintadas:

– Deixa eu pegar só uma saladinha!

Pronto! Outro voou para o prato quente, furando todo mundo. A fila parou. Dois ou três aproveitaram a deixa para se servir, espetando quem estava na frente com os garfos. [...] Quando chego a um restaurante e avisam que tem espera, vou embora. Ninguém respeita ordem de chegada. A começar dos maîtres, que dão preferência a clientes fiéis, conhecidos... seja lá quem for. É justo que um cliente tenha suas vantagens. Mas, então, por que não reservar a mesa com antecedência? [...]

Elevador, então, nem se fala. Elevadores, aliás, transformaram-se num purgatório. Não é inferno porque um dia a gente sai. Os espaçosos espremem os mais corteses. Nunca falta quem use um perfume fortíssimo, desses de deixar a cabeça tonta. Tudo seria passável se ao menos fosse possível entrar e sair de um elevador cheio sem passar por cenas de pugilato. Mesmo porque, como nos metrôs, quem vai entrar nunca deixa os outros desembarcar!

É impossível que todo mundo tenha sempre tanta pressa. Minha impressão é que, com o stress da vida moderna, as pessoas andam esquecendo as regras mínimas do bem viver.

Adaptado de: http://www.itatiaia.com.br/blog/jose-lino-souza-barros/por-que--essa-pressa-texto-de-walcyr-carrasco. Acesso em: 24 fev. 2018.

De acordo com o texto, é correto afirmar que:

a) o autor defende que as filas devem ser ensinadas nas escolas para que a sociedade volte a viver em harmonia.
b) o autor constrói seu texto em torno da crítica a quem não tem capacidade para respeitar as filas.
c) o autor narra uma história fictícia para ilustrar as dificuldades atuais vividas nas grandes cidades.
d) o autor acredita que a pressa é o único problema da sociedade contemporânea.
e) o autor relata as situações pelas quais passam pessoas de idade, com alguma deficiência, que usam metrôs e elevadores para convidá-los a serem mais educados ao terem de lidar com filas.

06. (AOCP – 2019 – PC/ES – ESCRIVÃO)

Projetos e Ações: Papo de Responsa

O Programa Papo de Responsa foi criado por policiais civis do Rio de Janeiro. Em 2013, a Polícia Civil do Espírito Santo, por meio de policiais da Academia de Polícia (Acadepol) capixaba, conheceu o programa e, em parceria com a polícia carioca, trouxe para o Estado.

O 'Papo de Responsa' é um programa de educação não formal que – por meio da palavra e de atividades lúdicas – discute temas diversos como prevenção ao uso de drogas e a crimes na internet, *bullying*, direitos humanos, cultura da paz e segurança pública, aproximando os policiais da comunidade e, principalmente, dos adolescentes.

O projeto funciona em três etapas e as temáticas são repassadas pelo órgão que convida o Papo de Responsa, como escolas, igrejas e associações, dependendo da demanda da comunidade.

QUESTÕES

No primeiro ciclo, denominado de "Papo é um Papo", a equipe introduz o tema e inicia o processo de aproximação com os alunos. Já na segunda etapa, os alunos são os protagonistas e produzem materiais, como músicas, poesias, vídeos e colagens de fotos, mostrando a percepção deles sobre a problemática abordada. No último processo, o "Papo no Chão", os alunos e os policiais civis formam uma roda de conversa no chão e trocam ideias relacionadas a frases, questões e músicas direcionadas sempre no tema proposto pela instituição. Por fim, acontece um bate-papo com familiares dos alunos, para que os policiais entendam a percepção deles e também como os adolescentes reagem diante das novas informações.

Disponível em: https://pc.es.gov.br/projetos-e-acoes. Acesso em: 30 jan. 2019.

De acordo com o texto, assinale a alternativa correta.

a) O programa é realizado em todo o país, mas apenas em 2013 foi levado ao Espírito Santo, por meio da polícia carioca.
b) A família dos adolescentes deve acompanhar todas as etapas do projeto social.
c) Os temas trabalhados são escolhidos a partir da necessidade da instituição solicitante.
d) No projeto, busca-se conhecer a perspectiva dos adolescentes, para que, a partir disso, seja imposta uma forma de se comportar corretamente em sociedade.
e) O projeto objetiva levar os adolescentes a seguirem a carreira policial.

07. (AOCP – 2018 – PM/TO – ASPIRANTE)

Texto I

LIVRO II

1. Sendo, pois, de duas espécies a virtude, intelectual e moral, a primeira, por via de regra, gera-se e cresce graças ao ensino — por isso requer experiência e tempo; enquanto a virtude moral é adquirida em resultado do hábito, donde ter-se formado o seu nome por uma pequena modificação da palavra (hábito). Por tudo isso, evidencia-se também que nenhuma das virtudes morais surge em nós por natureza; com efeito, nada do que existe naturalmente pode formar um hábito contrário à sua natureza. Por exemplo, à pedra, que por natureza se move para baixo, não se pode imprimir o hábito de ir para cima, ainda que tentemos adestrá-la jogando-a dez mil vezes no ar; nem se pode habituar o fogo a dirigir-se para baixo, nem qualquer coisa que por natureza se comporte de certa maneira a comportar-se de outra.

Não é, pois, por natureza, nem contrariando a natureza que as virtudes se geram em nós. Diga-se, antes, que somos adaptados por natureza a recebê-las e nos tornamos perfeitos pelo hábito. Por outro lado, de todas as coisas que nos vêm por natureza, primeiro adquirimos a potência e mais tarde exteriorizamos os atos. Isso é evidente no caso dos sentidos, pois não foi por ver ou ouvir frequentemente que adquirimos a visão e a audição, mas, pelo contrário, nós as possuíamos antes de usá-las, e não entramos na posse delas pelo uso. Com as virtudes dá-se exatamente o oposto: adquirimo-las pelo exercício, como também sucede com as artes. Com efeito, as coisas que temos de aprender antes de poder fazê-las, aprendemo-las fazendo (...); por exemplo, os homens tornam-se arquitetos construindo e tocadores de lira tangendo esse instrumento. Da mesma forma, tornamo-nos justos praticando atos justos, e assim com a temperança, a bravura, etc.

Isto é confirmado pelo que acontece nos Estados: os legisladores tornam bons os cidadãos por meio de hábitos que lhes incutem. Esse é o propósito de todo legislador, e quem não logra tal desiderato falha no desempenho da sua missão. Nisso, precisamente, reside a diferença entre as boas e as más constituições. Ainda mais: é das mesmas causas e pelos mesmos meios que se gera e se destrói toda virtude, assim como toda arte: de tocar a lira surgem os bons e os maus músicos. Isso também vale para os arquitetos e todos os demais; construindo bem, tornam-se bons arquitetos; construindo mal, maus. Se não fosse assim não haveria necessidade de mestres, e todos os homens teriam nascido bons ou maus em seu ofício.

Isso, pois, é o que também ocorre com as virtudes: pelos atos que praticamos em nossas relações com os homens nos tornamos justos ou injustos; pelo que fazemos em presença do perigo e pelo hábito do medo ou da ousadia, nos tornamos valentes ou covardes. O mesmo se pode dizer dos apetites e da emoção da ira: uns se tornam temperantes e calmos, outros intemperantes e irascíveis, portando-se de um modo ou de outro em igualdade de circunstâncias. Numa palavra: as diferenças de caráter nascem de atividades semelhantes. É preciso, pois, atentar para a qualidade dos atos que praticamos, porquanto da sua diferença se pode aquilatar a diferença de caracteres. E não é coisa de somenos que desde a nossa juventude nos habituemos desta ou daquela maneira. Tem, pelo contrário, imensa importância, ou melhor: tudo depende disso.

ARISTÓTELES. Ética a Nicômaco: tradução de Leonel Vallandro e Gerd Bornheim da versão inglesa de W.D. Ross (Os pensadores). 4. ed. São Paulo: Nova Cultural, 1991, p.29-30.

Em "É preciso, pois, atentar para a qualidade dos atos que praticamos, <u>porquanto</u> da sua diferença se pode aquilatar a diferença de caracteres.", o conectivo em destaque expressa, no período, sentido de

a) concessão.
b) consequência.
c) conclusão.
d) finalidade.
e) explicação.

08. (AOCP – 2019 – PC/ES – ESCRIVÃO)

Projetos e Ações: Papo de Responsa

O Programa Papo de Responsa foi criado por policiais civis do Rio de Janeiro. Em 2013, a Polícia Civil do Espírito Santo, por meio de policiais da Academia de Polícia (Acadepol) capixaba, conheceu o programa e, em parceria com a polícia carioca, trouxe para o Estado.

O 'Papo de Responsa' é um programa de educação não formal que – por meio da palavra e de atividades lúdicas – discute temas diversos como prevenção ao uso de drogas e a crimes na internet, *bullying*, direitos humanos, cultura da paz e segurança pública, aproximando os policiais da comunidade e, principalmente, dos adolescentes.

O projeto funciona em três etapas e as temáticas são repassadas pelo órgão que convida o Papo de Responsa, como escolas, igrejas e associações, dependendo da demanda da comunidade. No primeiro ciclo, denominado de "Papo é um Papo", a equipe introduz o tema e inicia o processo de aproximação com os alunos. Já na segunda etapa, os alunos são os protagonistas e produzem materiais, como músicas, poesias, vídeos e colagens de fotos, mostrando a percepção deles sobre a problemática abordada. No último processo, o "Papo no Chão", os alunos e os policiais civis formam uma roda de conversa no chão e trocam ideias relacionadas a frases, questões e músicas direcionadas sempre no tema proposto pela instituição. Por fim, acontece um bate-papo com familiares dos alunos, para que os policiais entendam a percepção deles e também como os adolescentes reagiram diante das novas informações.

Disponível em: https://pc.es.gov.br/projetos-e-acoes. Acesso em: 30 jan. 2019.

No excerto "[...] aproximando os policiais da comunidade e, principalmente, dos adolescentes.", a preposição "da", na expressão em destaque, indica:

a) posse.
b) modo.
c) meio.
d) alvo.
e) tempo.

09. (AOCP – 2018 – TRT/1ª REGIÃO/RJ – ANALISTA JUDICIÁRIO)

Texto I

Os medos que o poder transforma em mercadoria política e comercial

Zygmunt Bauman

O medo faz parte da condição humana. Poderíamos até conseguir eliminar uma por uma a maioria das ameaças que geram medo (era justamente para isto que servia, segundo Freud, a civilização como uma organização das coisas humanas: para limitar ou para eliminar totalmente as ameaças devidas à casualidade da Natureza, à fraqueza física e à inimizade do próximo): mas, pelo menos até agora, as nossas capacidades estão bem longe de apagar a "mãe de todos os medos", o "medo dos medos", aquele medo ancestral que decorre da consciência da nossa mortalidade e da impossibilidade de fugir da morte.

Embora hoje vivamos imersos em uma "cultura do medo", a nossa consciência de que a morte é inevitável é o principal motivo pelo qual existe a cultura, primeira fonte e motor de cada e toda cultura. Pode-se até conceber a cultura como esforço constante, perenemente incompleto e, em princípio, interminável para tornar vivível uma vida mortal. Ou pode-se dar mais um passo: é a nossa consciência de ser mortais e, portanto, o nosso perene medo de morrer que nos tornam humanos e que tornam humano o nosso modo de ser-no-mundo.

A cultura é o sedimento da tentativa incessante de tornar possível viver com a consciência da mortalidade. E se, por puro acaso, nos tornássemos imortais, como às vezes (estupidamente) sonhamos, a cultura pararia de repente [...].

Foi precisamente a consciência de ter que morrer, da inevitável brevidade do tempo, da possibilidade de que os projetos fiquem incompletos que impulsionou os homens a agir e a imaginação humana a alçar voo. Foi essa consciência que tornou necessária a criação cultural e que transformou os seres humanos em criaturas culturais. Desde o seu início e ao longo de toda a sua longa história, o motor da cultura foi a necessidade de preencher o abismo que separa o transitório do eterno, o finito do infinito, a vida mortal da imortal; o impulso para construir uma ponte para passar de um lado para outro do precipício; o instinto de permitir que nós, mortais, tenhamos incidência sobre a eternidade, deixando nela um sinal imortal da nossa passagem, embora fugaz.

Tudo isso, naturalmente, não significa que as fontes do medo, o lugar que ele ocupa na existência e o ponto focal das reações que ele evoca sejam imutáveis. Ao contrário, todo tipo de sociedade e toda época histórica têm os seus próprios medos, específicos desse tempo e dessa sociedade. Se é incauto divertir-se com a possibilidade de um mundo alternativo "sem medo", em vez disso, descrever com precisão os traços distintivos do medo na nossa época e na nossa sociedade é condição indispensável para a clareza dos fins e para o realismo das propostas. [...]

(Adaptado de http://www.ihu.unisinos.br/563878-os-medos-que-o-poder-transforma-em-mercadoria-politica-e-comercial-artigo--de-zygmunt-bauman - Acesso em 26/03/2018)

Conjunções ou locuções conjuntivas são palavras invariáveis utilizadas para ligar orações ou palavras da mesma oração. As conjunções destacadas nos trechos a seguir estabelecem determinados sentidos, introduzindo uma relação semântica entre as orações. Assinale a alternativa que apresenta, entre parênteses, a interpretação correta da conjunção destacada.

a) "[...] é a nossa consciência de ser mortais e, <u>portanto</u>, o nosso perene medo de morrer que nos tornam humanos [...]" (justificativa).
b) "[...] se, por puro acaso, nos tornássemos imortais, <u>como</u> às vezes (estupidamente) sonhamos, a cultura pararia de repente [...]" (causa).
c) "<u>Se</u> é incauto divertir-se com a possibilidade de um mundo alternativo 'sem medo', em vez disso, descrever com precisão os traços distintivos do medo na nossa época e na nossa sociedade é condição indispensável." (hipótese).
d) "[...] interminável para tornar vivível uma vida mortal. <u>Ou</u> pode-se dar mais um passo: é a nossa consciência de ser mortais [...]" (finalidade).
e) "<u>Embora</u> hoje vivamos imersos em uma 'cultura do medo', a nossa consciência de que a morte é inevitável." (consequência).

10. (AOCP – 2021 – PC/PA – DELEGADO)

Bauman: Para que a utopia renasça é preciso confiar no potencial humano

Dennis de Oliveira

Zygmunt Bauman é um dos pensadores contemporâneos que mais têm produzido obras que refletem os tempos contemporâneos. Nascido na Polônia em 1925, o sociólogo tem um histórico de vida que passa pela ocupação nazista durante a Segunda Guerra Mundial, pela ativa militância em prol da construção do socialismo no seu país sob a direta influência da extinta União Soviética e pela crise e desmoronamento do regime socialista. Atualmente, vive na Inglaterra, em tempo de grande mobilidade de populações na Europa. Professor emérito de sociologia da Universidade de Leeds, Bauman propõe o conceito de "modernidade líquida" para definir o presente, em vez do já batido termo "pós-modernidade", que, segundo ele, virou mais um qualificativo ideológico.

Bauman define modernidade líquida como um momento em que a sociabilidade humana experimenta uma transformação que pode ser sintetizada nos seguintes processos: a metamorfose do cidadão, sujeito de direitos, em indivíduo em busca de afirmação no espaço social; a passagem de estruturas de solidariedade coletiva para as de disputa e competição; o enfraquecimento dos sistemas de proteção estatal às intempéries da vida, gerando um permanente ambiente de incerteza; a colocação da responsabilidade por eventuais fracassos no plano individual; o fim da perspectiva do planejamento a longo prazo; e o divórcio e a iminente apartação total entre poder e política. A seguir, a íntegra da entrevista concedida pelo sociólogo à revista CULT.

CULT – Na obra Tempos líquidos, o senhor afirma que o poder está fora da esfera da política e há uma decadência da atividade do planejamento a longo prazo. Entendo isso como produto da crise das grandes narrativas, particularmente após a queda dos regimes do Leste Europeu. Diante disso, é possível pensar ainda em um resgate da utopia?

Zygmunt Bauman – Para que a utopia nasça, é preciso duas condições. A primeira é a forte sensação (ainda que difusa e inarticulada) de que o mundo não está funcionando adequadamente e deve ter seus fundamentos revistos para que se reajuste. A segunda condição é a existência de uma confiança no potencial humano à altura da tarefa de reformar o mundo, a crença de que "nós, seres humanos, podemos fazê-lo", crença esta articulada com a racionalidade capaz de perceber o que está errado com o mundo, saber o que precisa ser modificado, quais são os pontos problemáticos, e ter força e coragem para extirpá-los. Em suma, potencializar a força do mundo para o atendimento das necessidades humanas existentes ou que possam vir a existir.

Adaptado de: https://revistacult.uol.com.br/home/entrevistazygmunt-bauman/>. Acesso em: 14 jan. 2021.

Em "[...] o enfraquecimento dos sistemas de proteção estatal às intempéries da vida, gerando um permanente ambiente de incerteza [...]", qual é a relação sintático-semântica que a oração em destaque exprime?

a) Causa.
b) Consequência.
c) Modo.
d) Concessão.
e) Contraste.

Gabaritos

01	B	02	A	03	C
04	C	05	B	06	C
07	E	08	D	09	C
10	B				

REDAÇÃO

1. REDAÇÃO PARA CONCURSOS PÚBLICOS

A questão discursiva (redação) assusta muitos candidatos. Afinal, escrever de acordo com a norma culta da Língua Portuguesa, respeitando as inúmeras regras gramaticais, é tarefa que exige muita atenção. Além disso, é necessário que o candidato apresente bons argumentos dentro de uma estrutura na qual as ideias tenham coesão e façam sentido (coerência). Por isso, é importante que a redação seja estudada e treinada ao longo da preparação para o concurso almejado.

1.1 Por que tenho que me Preparar com Antecedência para a Redação?

Quando a redação (questão discursiva) é solicitada, em geral, é uma etapa eliminatória (se o candidato não alcançar a nota mínima, é eliminado do concurso). Então, por ter peso significativo, podendo colocá-lo na lista de classificação ou tirá-lo dela, merece atenção especial.

Entretanto, não se pode dar início ao estudo para concurso pela redação. É necessário que o aluno tenha conhecimento das regras gramaticais, da estrutura sintática das orações e dos períodos, dos elementos de coesão textual, ou seja, é essencial uma maturidade para, então, produzir um texto. Além do domínio da norma culta, deve-se dedicar à disciplina de Atualidades, que, muitas vezes, já vem prevista no edital. Quem tem conhecimento do assunto se sente mais confortável para escrever.

1.2 Os Primeiros Passos

Antes de começar a praticar a produção de textos, é importante ler o edital de abertura do concurso (quando já tiver sido publicado; quando não, leia o último) para entender os critérios de avaliação da sua prova discursiva e sobre qual assunto o tema versará.

Veja aguns exemplos:

CONCURSO	EDITAL – PROVA DISCURSIVA	ASSUNTO COBRADO - TEMA	A PROPOSTA
DEPEN - 2015	A prova discursiva valerá 20,00 pontos e consistirá da redação de texto dissertativo, de até 30 linhas, acerca de tema de atualidades, constantes do subitem 22.2 deste edital.	Os assuntos que o tema pode abordar foram disponibilizados no edital. Atualidades: 1 Sistema de justiça criminal. 2 Sistema prisional brasileiro. 3 Políticas públicas de segurança pública e cidadania.	**SEGURANÇA PÚBLICA: POLÍCIA E POLÍTICAS PÚBLICAS** Ao elaborar seu texto, faça o que se pede a seguir. > Disserte a respeito da segurança como condição para o exercício da cidadania. [valor: 25,50 pontos] > Dê exemplos de ação do Estado na luta pela segurança pública. [valor: 25,50 pontos] > Discorra acerca da ausência do poder público e a presença do crime organizado. [valor: 25,00 pontos]
PC-PR - 2018	A Redação, com no mínimo 15 e no máximo 25 linhas, versará sobre um tema da atualidade	Tema da atualidade, ou seja, pode ser cobrado qualquer assunto.	Com base na coletânea e nos conhecimentos sobre o tema, redija um texto dissertativo-argumentativo que coloque em discussão **a importância da correta emissão e decodificação da mensagem, bem como o repasse dessa mensagem ao interlocutor, seja na modalidade escrita ou oral.**
PF-2018 PERITO CRIMINAL	Para o cargo de Perito Criminal Federal, a prova discursiva, de caráter eliminatório e classificatório, valerá 13,00 pontos e consistirá da redação de texto dissertativo, de até 30 linhas, a respeito de temas relacionados aos conhecimentos específicos para cada cargo/área.	O tema tratará das matérias de conhecimentos específicos do cargo, ou seja, será um assunto do conteúdo programático.	Considerando que o texto precedente tem caráter unicamente motivador, redija um texto dissertativo acerca do **impacto da LRF na gestão pública**, abordando, necessariamente, os seguintes aspectos: 1. o processo de planejamento; [valor: 4,10 pontos] 2. as receitas e a renúncia fiscal; [valor: 4,10 pontos] 3. as despesas com pessoal. [valor: 4,20 pontos]

			O COMBATE ÀS INFRAÇÕES DE TRÂNSITO NAS RODOVIAS FEDERAIS BRASILEIRAS
PRF – 2018	A prova discursiva valerá 20,00 pontos e consistirá da redação de texto dissertativo, de até 30 linhas, a respeito de temas relacionados aos objetos de avaliação.	O tema tratará de algum assunto relacionado ao conteúdo programático.	Ao elaborar seu texto, aborde os seguintes aspectos: 1. medidas adotadas pela PRF no combate às infrações; [valor: 7,00 pontos] 2. ações da sociedade que auxiliem no combate às infrações; [valor: 6,00 pontos] 3. atitudes individuais para a diminuição das infrações. [valor: 6,00 pontos]
PM-SP – 2019 - SOLDADO	Prova Dissertativa (Parte II), de caráter eliminatório e classificatório, visa avaliar a capacidade do candidato de produzir uma redação que atenda ao tema e ao gênero/tipo de texto propostos, além de seu domínio da norma culta da língua portuguesa e dos mecanismos de coesão e coerência textual;	Não foi informado o tema nem o tipo de texto (dissertativo, narrativo, descritivo).	A popularização da internet ameaça o poder de influência da televisão?

A partir disso, o aluno deve direcionar a sua leitura para temas da atualidade, para matéria do conteúdo programático (conhecimentos específicos) ou para assunto relacionado ao cargo ou à instituição a que está concorrendo. É crucial que conheça a banca examinadora e que tenha contato com as provas anteriores a fim de observar o perfil das propostas de redação.

Em geral, as bancas de concursos públicos exigem textos dissertativos e apontam qual assunto o tema abordará (atualidades ou conteúdo programático). Quando isso não ocorrer, deve-se levar em consideração o perfil da banca e as provas anteriores para o mesmo cargo.

1.3 Orientações para o Texto Definitivo

a) Não use a 1ª pessoa do singular: os textos formais exigem a impessoalização da linguagem. Isso significa que, às vezes, é necessário omitir os agentes do discurso e as diversas vozes que compõem um texto. Então, empregue a terceira pessoa do singular ou do plural.

Ex.: **Eu acredito** que a pena de morte deve ser aplicada em casos de crimes hediondos. (Incorreto)

Acredita-se que a pena de morte deve ser aplicada em casos de crimes hediondos. (Correto)

Devemos analisar alguns fatores que contribuem para esse problema. (incorreto)

Alguns fatores que contribuem para esse problema devem ser analisados. (Correto)

Atenção! A primeira pessoa do plural deve ser um sujeito socialmente considerado, como em "Nós (brasileiros) devemos entender que o voto é uma importante ferramenta para se alcançar uma mudança." Não empregue de forma indiscriminada.

Como impessoalizar a linguagem do texto dissertativo-argumentativo?

→ **Oculte o agente**:

Para deixar o discurso mais objetivo, prefira por ocultar o agente sempre que possível. Isso pode ser feito por meio de expressões como: é importante, é preciso, é indispensável, é urgente, é crucial, é necessário, já que elas não revelam o agente da ação:

Ex.: É necessário discutir alguns aspectos relacionados a essa temática.

É essencial investir em educação para minimizar tais problemas.

→ **Indetermine o sujeito**:

Indeterminar o sujeito também é uma estratégia de ocultar o agente da ação verbal. A melhor forma de empregar essa técnica é por meio do pronome indeterminador do sujeito (se).

Ex.: Muito **se** tem discutido sobre a redução da maioridade penal.

Acredita-se que a desigualdade social contribui para o aumento da violência.

→ **Empregue a voz passiva**:

Na voz passiva, o sujeito da oração torna-se paciente, isto é, ele sofre a ação expressa pelo fato verbal. Empregá-la é um recurso que também oculta o agente da ação.

Ex.: Devem ser analisados alguns fatores que contribuem para o aumento da violência.

Medidas devem ser tomadas para a pacificação da sociedade.

b) Jamais se dirija ao leitor: o leitor é o examinador e o candidato não deve estabelecer um diálogo com ele.

c) Não use gírias; clichês, provérbios e citações sem critério. você pode acabar errando o autor da expressão (o que pega muito mal), ou até mesmo usá-la fora de contexto, o que pode direcionar a sua redação para um lado que você não quer. Os ditados populares empobrecem o texto. Os examinadores não gostam de ver o senso comum se repetindo.

Ex.: Desde os primórdios da humanidade; fechar com chave de ouro.

a) Evite a construção de períodos longos: pode prejudicar a clareza textual. Além disso, procure escrever na ordem direta.

b) Respeite as margens da folha de redação: não ultrapasse o limite estipulado na folha do texto definitivo.

c) Não use corretivo: se errar alguma palavra, risque (com um traço penas) e prossiga. Não use parênteses nem a palavra "digo".

Ex.: A ~~sociadade~~ sociedade deve se conscientizar do seu papel.

a) Evite algarismos, a não ser que se trate de anos, décadas, séculos ou referências a textos legais (artigos, decretos, etc.).

b) A letra deve ser legível: pode ser letra cursiva ou de imprensa. Não se esqueça de fazer a distinção entre maiúscula e minúscula.

c) Cuidado com a separação silábica.

Translineação: é a divisão das palavras no fim da linha. Eva em conta não apenas critérios de correção gramatical, mas também recomendações estilísticas (estética textual).

1) Não se isola sílaba forma apenas por uma vogal;

2) Não se isola elemento cacofônico;

3) Na partição de palavras hifenizadas, recomenda-se repetir o hífen na linha seguinte.

Maria foi secretária, ministra e era muito **a-**
miga do antigo presidente. Quando entrou na dis-
puta eleitoral, todos nós esperávamos que, lançando-
se candidata, facilmente ganharia as eleições.
INADEQUADO

Maria foi secretária, ministra e era muito
amiga do antigo presidente. Quando entrou na **disputa**
eleitoral, todos nós esperávamos que, lançando-
-**se** candidata, facilmente ganharia as eleições.
ADEQUADO

---

d) Não use as palavras generalizadoras, afinal sempre há uma exceção, um exemplo contrário ou algo assim.

Ex.: "Todos jogam lixo no chão" ou "Ninguém faria isso" ou "Isso jamais vai acontecer, é impossível."

e) Não invente dados estatísticos, pesquisas, mentiras convincentes.

f) Não use a ironia. A ironia é uma figura de linguagem que não deve ser utilizada no texto dissertativo argumentativo. Nele nada deve ficar subentendido. A escrita deve ser sempre clara, sem nada oculto, sem gracinha e de forma argumentativa.

g) Não é uma boa ideia usar palavras rebuscadas. Seu texto pode ficar sem fluência e clareza, dificultando a compreensão do corretor. Lembre-se: linguagem formal não é sinônimo de linguagem complicada.

Ex.: Hodiernamente, mister, mormente, dessarte, etc.

a) Evite estrangeirismo: empregar palavras estrangeiras em meio à nossa língua de forma desnecessária. Não é necessário fazer isso se há no português uma palavra correspondente que pode ser usada.

Ex.: Stress em vez de estresse

b) Não se utilize de pergunta retórica.

Pergunta retórica: é uma interrogação que não tem como objetivo obter uma resposta, mas sim estimular a reflexão do indivíduo sobre determinado assunto.

1.4 Temas e Textos Motivadores

Os textos motivadores - um grupo de textos apresentados junto à proposta de redação - têm a função de situar o candidato acerca do tema proposto, fornecendo elementos que possam ajudá-lo a refletir sobre o assunto abordado. Tais textos servem para estimular ideias para o desenvolvimento do tema e são úteis por ajudar a manter o foco temático.

O papel dos textos motivadores da prova de redação é o de motivar, inspirar e contextualizar o candidato em relação ao tema proposta.

Esses textos não estão ali por acaso, então devem ser utilizados, e podem evitar que o candidato escreva uma redação genérica. Contudo, não podem ser copiados, pois as provas que contém cópias terão as linhas desconsideradas e podem, quando em excesso, levar à nota zero.

Então, a intenção não é que o aluno reproduza as informações contidas nos textos motivadores. O que se deseja é que o candidato leia os textos, interprete-os e reelabore-os, interligando-os à sua discussão. Assim sendo, o ideal é retirar de cada texto motivador as ideias principais e que podem ser utilizadas na sua produção escrita.

Leia todos com atenção e não se esqueça de procurar estabelecer uma relação entre eles, ou seja, busque os pontos em comum, e os conecte de uma maneira que defina argumentos consistentes para sua redação. Escreva as principais ideias em forma de tópicos e com as suas palavras.

Tipos de textos motivadores

Os textos motivadores podem ser de vários tipos

→ Matérias jornalísticas/ Reportagens

Um dos tipos mais comuns de textos motivadores são as matérias jornalísticas. Para que haja maior entendimento sobre elas, análise:

O que acontece?

Com quem acontece?

Em que lugar acontece?

Quando acontece?

De que modo acontece?

Por que acontece?

Para que acontece?

→ Charges/Tirinhas

As charges ou as tirinhas são uma forma curta e, muitas vezes, descontraída de apresentar informações relevantes para a produção do texto. Repare nelas:

Os personagens;

O ambiente;

O assunto principal;

A linguagem utilizada (formal, informal, com figuras de linguagem ou não, com marcas de regionalismo ou não etc.).

→ Gráficos

Os gráficos possibilitam uma leitura mais ágil das informações. Ao se deparar com eles, observe o seguinte:

O título;

As informações na horizontal e na vertical;

A forma como os índices foram representados (colunas, fatias etc.);

O uso de cores diferentes (caso haja);

A fonte da qual as informações foram coletadas.

→ Imagens

Muitas vezes as imagens podem vir sem nenhuma palavra. Se isso ocorrer, note:

O que é a imagem (foto, quadro etc.)?

Quem é o autor dela?

Qual é o assunto principal?

O que está sendo retratado?

Há marcas temporais ou regionais na imagem?

Se o aluno não souber nada sobre a temática apresentada, os textos motivadores podem ser um ótimo suporte. Além dos dados expostos, tais textos também provocam a reflexão sobre outros aspectos do problema e jamais devem ser ignorados.

1.5 Título

O título só é obrigatório se for solicitado nas instruções da prova de redação.

Pode ser que a Banca examinadora deixe o espaço para o título, nesse caso, ele também é obrigatório.

Se puser o título e não for obrigatório (não for exigido), não receberá mais pontos por isso e só terá pontos descontados se contiver algum erro nele.

Caso se esqueça de colocar título quando for obrigatório, a redação não será anulada, mas poderá ter pontos (poucos) descontados.

Dicas:

> Nunca utilize tema como título;
> Não coloque ponto final;
> Não escreva todas as palavras com letra maiúscula;
> Não pule linha depois do título;
> Construa-o quando terminar o texto.

1.6 O Texto Dissertativo

Dissertar significa expor algum assunto. Dependendo da maneira como o esse assunto seja abordado, a dissertação poder ser **expositiva** ou **argumentativa**.

→ **Dissertação expositiva**: apresenta informações sobre assuntos, expõe, explica, reflete ideias de modo objetivo, imparcial. O autor é o porta-voz de uma opinião, ou seja, a intenção é expor fatos, dados estatísticos, informações científicas, argumentos de autoridades etc. Este tipo de texto pode ter duas abordagens: Estudo de Caso (em que é apresentada uma solução para a situação hipotética apresentada) e Questão Teórica (em que é preciso apresentar conceitos, normas, regras, diretrizes de um determinado conteúdo).

Vejamos um exemplo do tipo expositivo.

A forma temporária como tratam os vídeos criados reflete outro aspecto característico desses apps. Em oposição à noção de que tudo o que é postado na internet fica registrado para a eternidade (e tem potencial de se transformar em viral), os aplicativos querem passar a sensação de efêmero. Quem não viu a transmissão ao vivo dificilmente terá nova chance. Nisso, eles se assemelham a outro app de sucesso, o Snapchat, serviço de troca de mensagens pelo qual o conteúdo é destruído segundos após ser recebido pelo destinatário.

(VEJA, 2015, p. 98)

→ **Dissertação argumentativa**: defende uma tese (ideia, ponto de vista) por meio de estratégias argumentativas. Tem a intenção de persuadir (convencer) o interlocutor. Em geral, há o predomínio da linguagem denotativa, de conectores de causa-efeito, de verbos no presente.

Vejamos agora um exemplo do tipo argumentativo.

Fazer pesquisa crítica envolve difíceis decisões de cunho ético e político a fim de que, não importa quais sejam os resultados de nossos estudos, nosso compromisso com os sujeitos pesquisados seja mantido. A questão é complexa por causa das múltiplas realidades dos múltiplos participantes envolvidos na pesquisa naturalística da visa social. Por exemplo, no projeto de pesquisa de referência neste artigo, havia um componente que envolvia a observação participante da sala de aula, isto é, a observação à procura das unidades e elementos significativos para os próprios participantes da situação.

(KLEIMAN, 2001, p. 49)

Quando o texto dissertativo se dedica mais a expor ideias, a fazer que o leitor/ouvinte tome conhecimento de informações ou interpretações dos fatos, tem caráter expositivo e podemos classificá-lo como expositivo. Quando as interpretações expostas pelo texto dissertativo vão mais além nas intenções e buscam explicitamente convencer o leitor/ouvinte sobre a validade dessas explicações, classifica-se o texto como argumentativo (COROA, 2008b, p. 121).

Vale mencionar que, muitas, vezes, nos editais, não fica claro se o texto será expositivo ou argumentativo. Quando isso ocorrer, o candidato deve analisar as provas anteriores para traçar o perfil da banca examinadora. Mas não se preocupe, pois a estrutura de ambos é igual, ou seja, os dois tipos de texto devem conter introdução, desenvolvimento e conclusão. Além disso, no primeiro parágrafo, deve haver a apresentação da ideia central que será desenvolvida.

Veja as propostas a seguir:

Foi recentemente publicado no Americam Journal of Preventive Medicine um estudo com adultos jovens, de 19 a 32 anos de idade, apontando que quanto maior o tempo dispendido em mídias sociais de relacionamento, maior a sensação de solidão das pessoas. Além disso, esse estudo demonstrou também que quanto maior a frequência de uso, maior a sensação de isolamento social.

(Adaptado de: ESCOBAR, Ana. Disponível em: http://g1.globo.com)

Com base nas ideias do texto acima, redija uma dissertação sobre o tema:

Isolamento social na era da comunicação virtual

A partir da proposta apresentada, pode-se inferir que o examinador quer saber o ponto de vista (opinião) do candidato em relação ao assunto. A intenção é que seja apontado o que ele pensa a respeito do tema, e não que ele apresente de forma objetiva informações a fim de esclarecer determinado assunto. Então, resta claro que a dissertação terá caráter argumentativo.

Agora veja a proposta seguinte:

A segurança jurídica tem muita relação com a ideia de respeito à boa-fé. Se a administração adotou determinada interpretação como a correta e a aplicou a casos concretos, não pode depois vir a anular atos anteriores, sob o pretexto de que os mesmos foram praticados com base em errônea interpretação. Se o administrado teve reconhecido determinado direito com base em interpretação adotada em caráter uniforme para toda a administração, é evidente que a sua boa-fé deve ser respeitada. Se a lei deve respeitar o direito adquirido, o ato jurídico perfeito e a coisa julgada, por respeito ao princípio da segurança jurídica, não é admissível que os direitos do administrado fiquem flutuando ao sabor de interpretações jurídicas variáveis no tempo.

Maria Sylvia Zanella Di Pietro. Direito administrativo. p. 85 (com adaptações).

Considerando que o texto apresentado tem caráter estritamente motivador, elabore uma dissertação a respeito dos atos administrativos e da segurança jurídica no direito administrativo brasileiro, abordando, necessariamente, os seguintes aspectos:

1. os elementos de validade do ato administrativo e os critérios para sua convalidação; [valor: 14,00 pontos]

2. distinção entre ato administrativo nulo, anulável e inexistente; [valor: 10,00 pontos]

3. o controle exercido de ofício pela administração pública sobre os seus atos e o dever de agir e de prestar contas. [valor: 14,00 pontos]

Considerando o tema proposto e os tópicos apresentados, pode-se perceber que o candidato deve, necessariamente, produzir um texto expositivo, já que o examinador avaliará o conhecimento técnico dele sobre o assunto, e não o seu ponto de vista, a sua opinião. Para isso, deverá fundamentar suas ideias por meio de leis, doutrina, jurisprudência, citação de uma autoridade no assunto.

1.7 Estrutura do Texto Dissertativo

Não há dúvida de que todo texto dissertativo (expositivo ou argumentativo) deve ter início, meio e fim, ou seja, introdução, desenvolvimento e conclusão.

→ **Introdução:** a importância da introdução é evidente, pois é ela que determina o tom do texto, o encaminhamento do desenvolvimento e sua estrutura. Então, ela deve ser vista como um compromisso que o autor assume com o restante do desenvolvimento. Nela haverá a contextualização do assunto que será desenvolvido ao longo do texto, ou seja, apresentação da ideia que será defendida (argumentação) ou esclarecida (exposição).

→ **Desenvolvimento**: é a parte da redação em que há o desenvolvimento da ideia apresentada no primeiro parágrafo. Vai ocorrer a comprovação da tese por meio de argumentos – texto argumentativo – ou a exposição de informações a fim de esclarecer um assunto – texto expositivo.

Estrutura dos parágrafos de desenvolvimento:

Tópico frasal: apresentação da ideia-núcleo que será desenvolvida(introdução);

Comprovação da ideia-núcleo (desenvolvimento);

Fechamento do parágrafo (conclusão).

Jamais construa parágrafos com apenas um período. Os parágrafos de desenvolvimento devem ter, no mínimo, três períodos.

→ **Conclusão**: consiste no fechamento das ideias apresentadas. Não podem ser expostos argumentos novos nesse parágrafo. O que ocorre é a retomada da ideia central (tese ou tema) e a apresentação das considerações finais.

2. DISSERTAÇÃO EXPOSITIVA E ARGUMENTATIVA

2.1 Dissertação Expositiva

A dissertação expositiva tende à simples exposição de ideias, de informações, de definições e de conceitos, sem necessidade de um forte convencimento do leitor.

Quando o texto dissertativo se dedica mais a expor ideias, a fazer que o leitor/ouvinte tome conhecimento de informações ou interpretações dos fatos, tem caráter expositivo e podemos classificá-lo como expositivo. (COROA, 2008b, p. 121).

2.2 Estrutura do Texto Dissertativo-Expositivo

Na introdução, há a apresentação do tema (parágrafo mais curto). Como não há tese, o candidato deve fazer a apresentação do tema (ideia central do texto).

→ Tipos de introdução:
> - Definição: tem por objetivo expor uma definição, uma ideia, uma expressão. Para isso, é importante ter como referência os sentidos expostos em dicionários, leis, doutrinas, etc.
> - Paráfrase: é uma reescritura do tema e dos tópicos apresentados na proposta de redação. Não pode haver alteração de sentido e deve ser respeitada a simetria (paralelismo) sintático e semântico.
> - Citações e estatísticas: neste tipo de introdução, o candidato traz uma frase (citação) de algum especialista no assunto, ou estatísticas a respeito do tema. Importante tomar cuidado para não trazer citações "vazias", que não sejam relacionadas ao assunto, e também se preocupar em fazer uma análise a respeito das estatísticas trazidas, para que elas não fiquem deslocadas.

→ No desenvolvimento, há a apresentação de informações sobre assuntos, exposição, explicação de ideias de modo objetivo, fundamentação por meio de leis, citação de autores, exemplos etc. Segundo fulano de tal, ...; Segundo a Lei Tal,..., Conforme entendimento do STF, ... Em outras palavras, há presença de dados polifônicos. Não há opinião do candidato aqui, e sim apresentação do seu conhecimento técnico sobre determinado assunto.

ELEMENTOS COESIVOS PARA INCIAR OS PARÁGRAFOS DE DESENVOLVIMENTO

A primeira delas... A primeira dessas questões ... O primeiro desses pontos ... Em primeiro lugar, ...	1º PARÁGRAFO DE DESENVOLVIMENTO
Outra questão importante é... Também é de suma importância ... O segundo dos aspectos ... Além disso, ... Em segundo lugar, ...	2º PARÁGRAFO DE DESENVOLVIMENTO
Há de se considerar também, ... Há de se considerar, por último, ... O terceiro dos aspectos, ...	3º PARÁGRAFO DE DESENVOLVIMENTO

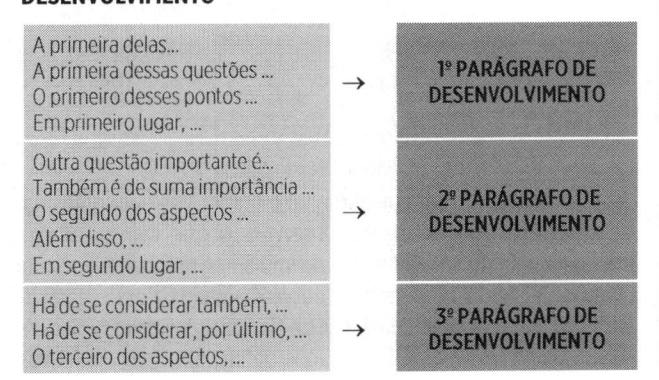

→ Na conclusão, ocorrerá a retomada da ideia central.
Tipos de conclusão:
> - Síntese: consiste em sintetizar as ideias que foram abordadas ao longo da dissertação, confirmando a ideia central que aparece na introdução do texto.
> - Proposta de intervenção: elaborar uma sugestão para solucionar o problema posto em debate na proposta de redação. Essas sugestões precisam ter três características muito importantes. Em primeiro lugar, é preciso que elas sejam aplicáveis ao tema e ao que foi dito no texto. Além disso, as sugestões precisam ser detalhadas. A proposta bem elaborada deve conter um detalhamento do que fazer, como fazer, os meios e os participantes da proposta. Por último, proposta apresentada deve ser executável, ou seja, possível de ser realizada. Não adianta apresentar soluções utópicas e fantasiosas, pois elas não serão realizadas.
> - Dedução: trata-se de um processo de raciocínio em que a conclusão é alcançada a partir de um conjunto de premissas abordadas em uma afirmação e que constroem um pensamento lógico. Isso se chama "regras de inferência". O candidato vai explorar nos parágrafos dedicados ao desenvolvimento da dissertação, tudo aquilo que sabe sobre o tema, fazer as devidas relações e, no momento da conclusão, manifestar o que se pode deduzir dessas informações.

ELEMENTOS COESIVOS PARA INCIAR O ÚLTIMO PARÁGRAFO

Por fim, ...
Por último, ...
Finalmente, ...
Em último lugar, ...

2.3 Propostas de Dissertação Expositiva

PROPOSTA I

A remição de pena, ou seja, o direito do condenado de abreviar o tempo imposto em sua sentença penal, pode ocorrer mediante trabalho, estudo e, de forma mais recente, pela leitura, conforme disciplinado pela Recomendação n.º 44/2013 do CNJ. A remição de pena, prevista na Lei de Execução Penal, está relacionada ao direito constitucional de individualização da pena. Dessa forma, as penas devem ser justas e proporcionais, além de particularizadas, levando-se em conta a aptidão à ressocialização demonstrada pelo apenado por meio do estudo ou do trabalho.

A possibilidade de remir a pena por meio da leitura já é realidade em diversos presídios do país. De acordo com a Recomendação n.º 44/2013 do CNJ, deve ser estimulada a remição pela leitura como forma de atividade complementar, especialmente para apenados aos quais não sejam assegurados os direitos ao trabalho, à educação e à qualificação profissional. Para isso, há necessidade de elaboração de um projeto pela autoridade penitenciária estadual ou federal com vistas à remição pela leitura, assegurando-se, entre outros critérios, a participação voluntária do preso e a existência de um acervo de livros dentro da unidade penitenciária. Segundo a norma, o preso deve ter o prazo de 21 a 30 dias para a leitura de uma obra, apresentando, ao final do período, uma resenha a respeito

DISSERTAÇÃO EXPOSITIVA E ARGUMENTATIVA

do assunto, que deverá ser avaliada pela comissão organizadora do projeto. Cada obra lida possibilita a remição de quatro dias de pena, com o limite de doze obras por ano, ou seja, no máximo 48 dias de remição por leitura a cada doze meses.

Internet: <www.cnj.jus.br> (com adaptações).

A Assembleia Legislativa do Ceará aprovou projeto de lei que altera o art. 4.º da Lei n.º 15.718/2014, elaborada conforme recomendação do CNJ. O projeto de lei torna expressa a possibilidade da leitura de livros religiosos proporcionarem a remição da pena em execução penal. Segundo a Secretaria de Administração Penitenciária (SAP), atualmente, no projeto Livro Aberto, são 5.100 detentos que leem mensalmente em 17 unidades prisionais do Ceará. O preso escolhe, a cada mês, uma obra literária dentre os títulos selecionados para a leitura, o que agora poderá incluir livros religiosos. Em seguida, o apenado redigirá relatório de leitura ou resenha — a ser elaborados de forma individual, presencial e em local adequado —, devendo atingir nota igual ou superior a 6,0 para ser aprovado pela Secretaria de Educação do Estado do Ceará (SEDUC). Depois, isso é levado para a vara judicial, para ser avaliada a redução da pena.

Internet: <www.ceara.gov.br> (com adaptações).

É indiscutível que a obra literária tem o poder de reorganizar a nossa visão de mundo, nossa mente e nossos sentimentos, tocando nosso espírito por meio das palavras, que não são apenas a forte presença do nosso código; elas comunicam sempre alguma coisa que nos toca, porque obedece a certa ordem. O caos originário dá lugar à ordem e, por conseguinte, a mensagem pode atuar. Uma boa notícia é que toda obra literária pressupõe essa superação do caos, determinada por um arranjo especial das palavras, fazendo uma proposta de sentido.

Maria Luzineide P. da C. Ribeiro e Maria do Rosário C. Rocha. Olhando pelo avesso: reflexões sobre a remição de pena pela leitura e a escolarização nas prisões brasileiras. In: Fernanda Marsaro dos Santos et al. (Org.). Educação nas prisões. 1.ª ed. Jundiaí: Paco, 2019, p. 203 (com adaptações).

A leitura é um poderoso instrumento de ascensão social, de amadurecimento do ser em relação à sua função dentro de uma complexa sociedade, de absorção da sua cultura ao redor (...) é uma atividade essencial a qualquer área do conhecimento e mais essencial ainda à própria vida do ser humano.

Fernanda M. dos Santos, Gesuína de F. E. Leclerc e Luciano C. Barbosa. Leitura que liberta: uma experiência para remição de pena no Distrito Federal. In: Fernanda Marsaro dos Santos et al. (Org.). Educação nas prisões. 1.ª ed. Jundiaí: Paco, 2019, p. 21.

Considerando que os textos anteriormente apresentados têm caráter unicamente motivador, redija um texto dissertativo abordando os seguintes aspectos acerca da remição de pena pela leitura.

1 A remição de pena pela leitura como forma de ressocialização. [valor: 9,50 pontos]

2 A importância da leitura como forma de reorganização da visão de mundo do detento. [valor: 9,50 pontos]

3 Possibilidades e desafios da implementação de projetos de leitura no sistema prisional brasileiro. [valor: 9,50 pontos]

Padrão de resposta da banca

O candidato deve redigir um texto dissertativo em que aborde os aspectos propostos, acerca da remição de pena pela leitura, de maneira clara e coerente, empregando mecanismos de coesão textual. O candidato deve demonstrar conhecer a atualidade do tema da remição de pena pela leitura como forma de ressocialização, bem como discorrer sobre a importância da leitura como possibilidade de ampliação da visão de mundo do participante do projeto dentro do estabelecimento prisional. Para tanto, pode, por exemplo, mencionar a Jornada da Leitura no Cárcere, evento cuja primeira edição ocorreu em fevereiro de 2020, com apoio do CNJ, a fim de identificar, refletir e disseminar as boas práticas de leitura no sistema carcerário. Por fim, o candidato deve discorrer sobre possibilidades de projetos de leitura que podem ser implementados no sistema penitenciário brasileiro e os desafios para que projetos dessa natureza sejam colocados em prática.

PROPOSTA II

Lei n.º 12.305, de 2 de agosto de 2010

Art. 6.º São princípios da Política Nacional de Resíduos Sólidos:

(...)

VI – a cooperação entre as diferentes esferas do poder público, o setor empresarial e demais segmentos da sociedade;

VII – a responsabilidade compartilhada pelo ciclo de vida dos produtos;

VIII – o reconhecimento do resíduo sólido reutilizável e reciclável como um bem econômico e de valor social, gerador de trabalho e renda e promotor de cidadania;

IX – o respeito às diversidades locais e regionais;

(...).

Internet: <mma.gov.br> (com adaptações).

Média da composição gravimétrica dos resíduos sólidos gerados no Brasil resíduos participação

Resíduos	Participação (%)	Quantidade (t por dia)
Material reciclável	31,9	58.527,40
metais	2,9	5.293,50
aço	2,3	4.213,70
alumínio	0,6	1.079,90
papel, papelão e tetrapak	13,1	23.997,40
plástico total	13,5	24.847,90
plástico firme	8,9	16.399,60
plástico rígido	4,6	8.449,30
vidro	2,4	4.388,60
material orgânico	51,4	94.335,10
outros	16,7	30.618,90
total	100	183.481,50

Internet: <www.politize.com.br> (com adaptações).

À proporção em que aumenta o número de habitantes nas cidades, cresce a geração de lixo. Observa-se que as cidades, cada vez mais, apresentam dificuldades para implantar, ordenar e gerenciar de modo sustentável os resíduos por elas gerados. Nesse contexto, em 12/8/2010, foi instituída a Política Nacional de Resíduos Sólidos (PNRS), pela Lei n.º 12.305/2010, que definiu princípios, objetivos, instrumentos e diretrizes relativos à gestão e ao gerenciamento de resíduos sólidos, incluídos os perigosos, em âmbito nacional.

Entre os conceitos introduzidos está o de responsabilidade compartilhada pelo ciclo de vida dos produtos: "conjunto de atribuições individualizadas e encadeadas dos fabricantes, importadores, distribuidores e comerciantes, dos consumidores e dos titulares dos serviços públicos de limpeza urbana e de manejo dos resíduos sólidos, para minimizar o volume de resíduos sólidos e rejeitos gerados, bem como para reduzir os impactos causados à saúde humana e à qualidade ambiental decorrentes do ciclo de vida dos produtos, nos termos desta Lei". Isso quer dizer que a lei exige que as empresas assumam o retorno de seus produtos descartados e cuidem da adequada destinação ao final de seu ciclo de vida útil.

Internet: <oeco.org.br> (com adaptações).

Cerca de 80% do impacto de um produto na natureza está relacionado ao seu design e a toda a cadeia logística. Assim, torna-se necessário rever os tipos de materiais produzidos e repensar suas formas de produção, para que seu destino final seja o começo de um novo ciclo, e não os aterros sanitários e os oceanos. O principal objetivo da economia circular é acabar com os resíduos, ou seja, não gerar desperdício.

Internet: <positiva.eco.br> (com adaptações).

Considerando que os fragmentos de texto precedentes têm caráter motivador, redija um texto dissertativo sobre o seguinte tema.

O DESCARTE DE RESÍDUOS SÓLIDOS NO BRASIL NO SÉCULO XXI

Ao elaborar seu texto, responda aos seguintes questionamentos.

1. Por que o modelo de descarte de resíduos sólidos predominante até o início do século XXI deve ser substituído? [valor: 9,50 pontos]

2. Em que consistem a economia circular e a responsabilidade compartilhada e de que forma esses novos conceitos podem impactar a economia do país? [valor: 19,00 pontos]

Padrão de resposta da banca

Com relação ao aspecto 1, o candidato pode mencionar que o modelo de descarte de resíduos sólidos predominante até o início do século XXI acarreta as consequências como as mencionadas a seguir:

– para o meio ambiente: nos lixões, os resíduos são depositados a céu aberto, sem tratamento ou controle ambiental, o que contribui para o aumento da poluição; há agravamento do efeito estufa em razão da produção de gás metano e contaminação do lençol freático por meio do chorume que é produzido;

– para a saúde pública: os lixos expostos atraem animais vetores de doenças; os catadores de lixo, nos lixões, ficam expostos ao contato direto com agentes físicos, químicos e biológicos potencialmente nocivos; o sentimento de marginalização dos indivíduos que sobrevivem do descarte alheio é intensificado, o que agrava os problemas sociais existentes;

– para a economia: parte da população marginalizada do mercado formal busca a sobrevivência nos restos produzidos pela sociedade; com isso, prejudica-se a economia que gira em torno do mercado formal e aumentam-se os gastos públicos para a recuperação da saúde das pessoas submetidas a essas condições de insalubridade.

Por essas e por outras razões, o modelo de descarte de resíduos sólidos predominante até o início do século XXI precisa ser substituído por outro, que seja sustentável para o planeta.

Com relação ao aspecto 2, o candidato deve explicitar em que consiste a economia circular e a responsabilidade compartilhada. Pode mencionar, por exemplo, que a economia circular visa ao máximo aproveitamento dos materiais, de forma que se produza o mínimo de resíduos (diferentemente da economia linear, em que algo é produzido, consumido e descartado), e que a responsabilidade compartilhada, que envolve o recolhimento de um produto pela empresa fabricante após o seu ciclo de uso, para que se dê a destinação adequada a ele, favorece o reaproveitamento de materiais e a diminuição da produção de resíduos. Assim, a economia circular e a responsabilidade compartilhada impactam o modo de fabricação de produtos, uma vez que visam cada vez mais ao reaproveitamento dos materiais que já existem e cada vez menos ao emprego de novas matérias-primas, o que se reverte em menos danos ao meio ambiente. A economia circular e a responsabilidade compartilhada impactam, ainda, o modo como um produto é consumido e a valorização de suas características: um produto de vida útil mais longa, fabricado com materiais que podem ser reaproveitados ou que se decompõem mais rapidamente, é mais valorizado, em detrimento daquele que não compartilha dessas características, como o produto gerado sob condição de obsolescência programada, por exemplo.

PROPOSTA III

O Estado, como pessoa jurídica, é um ser intangível. Somente se faz presente no mundo jurídico por meio de seus agentes, pessoas físicas cuja conduta é a ele imputada. O Estado, por si só, não pode causar danos a ninguém. Segundo o direito positivo, o Estado é civilmente responsável pelos danos que seus agentes causarem a terceiros. Sendo-o, incumbe-lhe reparar os prejuízos causados, mediante obrigação de pagar as devidas indenizações.

José dos Santos Carvalho Filho. Manual de direito administrativo. 32.ª ed. São Paulo: Atlas, 2018 (com adaptações).

Considerando que o fragmento de texto anteriormente apresentado tem caráter unicamente motivador, redija um texto dissertativo acerca da responsabilidade civil do Estado, abordando, necessariamente, os seguintes tópicos:

1 a teoria da responsabilidade civil do Estado atualmente aplicada no direito brasileiro; [valor: 9,00 pontos]

2 requisitos da responsabilidade civil; [valor: 20,00 pontos]

3 direito de regresso. [valor: 9,00 pontos]

Padrão de resposta da banca

1 A teoria da responsabilidade civil do Estado aplicada atualmente no direito brasileiro é a teoria da responsabilidade objetiva do Estado. Ela dispensa o fator culpa em relação ao fato danoso, ou seja, a culpa é desconsiderada com pressuposto da responsabilidade. Esta teoria é informada pela teoria do risco administrativo e pela teoria do risco integral. Na primeira, é possível aplicar as causas excludentes da responsabilidade do Estado (culpa da vítima, culpa de terceiros ou força maior). Na segunda, não.

DISSERTAÇÃO EXPOSITIVA E ARGUMENTATIVA

2 Os requisitos da responsabilidade civil do Estado são: a) fato administrativo, que é considerado qualquer conduta, comissiva ou omissiva, legítima ou ilegítima, singular ou coletiva, atribuída ao poder público; b) dano, pois não há responsabilidade sem que haja o dano, seja material, seja moral; e c) nexo causal, pois somente haverá responsabilidade se houver uma relação de causalidade entre o fato administrativo e o dano. Ao lesado cabe demonstrar que o prejuízo sofrido se originou da conduta estatal.

3 O direito de regresso é garantido ao Estado no sentido de dirigir sua pretensão indenizatória contra o agente responsável pelo dano, se ele tiver agido com dolo ou culpa, conforme dispõe o § 6.º do art. 37 da Constituição Federal de 1988: "Art. 37. (...) § 6.º As pessoas jurídicas de direito público e as de direito privado prestadoras de serviços públicos responderão pelos danos que seus agentes, nessa qualidade, causarem a terceiros, assegurado o direito de regresso contra o responsável nos casos de dolo ou culpa".

PROPOSTA IV

Art. 215. O Estado garantirá a todos o pleno exercício dos direitos culturais e acesso às fontes da cultura nacional, e apoiará e incentivará a valorização e a difusão das manifestações culturais. § 1.º O Estado protegerá as manifestações das culturas populares, indígenas e afro-brasileiras, e das de outros grupos participantes do processo civilizatório nacional.

Brasil. Constituição da República Federativa do Brasil. Brasília - DF: Senado Federal, 1988.

Os direitos culturais protegem o potencial que cada pessoa possui — individualmente, em comunidade com outros e como grupo de pessoas — para desenvolver e expressar sua humanidade e visão de mundo, os significados que atribui a sua experiência e a maneira como o faz. Os direitos culturais podem ser considerados como algo que protege o acesso ao patrimônio e aos recursos culturais que permitem a ocorrência desses processos de identificação e de desenvolvimento.

Entrevista com Farida Shaheed, da ONU. In: Revista Observatório Itaú Cultural, n.º 11, jan.-abr./2011 (com adaptações).

Integrar os direitos culturais ao rol de direitos humanos — ou seja, considerá-los direitos inerentes ao ser humano — traz consequências importantes ao tratamento desses direitos, que não podem, por exemplo, sofrer nenhum tipo de distinção de raça, cor, sexo, língua, religião, opinião política, origem social ou nacional ou condição de nascimento ou riqueza. Tais direitos incorporam, ainda, outras características dos direitos humanos: são fundados no respeito pela dignidade e no valor de cada pessoa; são universais, ou seja, são aplicados de forma igual e sem discriminação a todas as pessoas; são inalienáveis, de modo que ninguém pode ser privado de seus direitos humanos (apesar de eles poderem ser limitados em situações específicas); são indivisíveis, inter-relacionados e interdependentes, já que não é suficiente respeitar apenas parte dos direitos humanos; e devem ser vistos como de igual importância entre si.

Nicolas Allen. Os direitos culturais como direitos humanos: breve sistematização de tratados internacionais. Internet: <http://institutodea.com> (com adaptações).

Considerando que os fragmentos de textos apresentados anteriormente têm caráter unicamente motivador, redija um texto dissertativo abordando:

1 a importância da cultura para a formação integral do ser humano; [valor: 14,00 pontos]

2 a relação entre cultura e cidadania; [valor: 12,00 pontos]

3 o dever do Estado de garantir o acesso à cultura bem como incentivar a difusão e preservação das manifestações culturais. [valor: 12,00 pontos]

Padrão de resposta da banca

Espera-se que o candidato seja capaz de apresentar argumentos coerentes e determinantes para a defesa do importante papel das manifestações culturais na formação integral do ser humano, mostrando como a cultura é um meio essencial de enriquecimento da maneira como o sujeito enxerga a si mesmo e ao mundo que o cerca. Também se espera que o candidato seja capaz de relacionar a cultura à cidadania, mostrando, mediante argumentos e exemplos consistentes, que fazer da cultura um aspecto de destaque nas sociedades é relevante para a convivência social e para o pleno exercício dos direitos dos cidadãos. Por fim, espera-se que o candidato seja capaz de discorrer acerca do dever do Estado de garantir o acesso à cultura bem como incentivar a difusão e preservação das manifestações culturais, como forma de assegurar o pleno exercício da cidadania pelo povo.

PROPOSTA V

A Lei n.º 11.705/2008, conhecida como Lei Seca, por reduzir a tolerância com motoristas que dirigem embriagados, colocou o Brasil entre os países com legislação mais severa sobre o tema. No entanto, a atitude dos motoristas pouco mudou nesses dez anos. Um levantamento, por meio da Lei de Acesso à Informação, indicou mais de 1,7 milhão de autuações, com crescimento contínuo desde 2008. O avanço das infrações nos últimos cinco anos ficou acima do aumento da frota de veículos e de pessoas habilitadas: o número de motoristas flagrados bêbados continua crescendo, em vez de diminuir com o endurecimento das punições ao longo desses anos.

Internet: <g1.globo.com> (com adaptações).

Nas estradas federais que cortam o estado de Pernambuco, durante o feriadão de Natal, a PRF registrou cento e três acidentes de trânsito, com cinquenta e dois feridos e sete mortos. Segundo a corporação, seis motoristas foram presos por dirigir bêbados e houve oitenta e sete autuações pela Lei Seca. Os números são parte da Operação Integrada Rodovia, deflagrada pela PRF. Em 2017, foram registrados noventa acidentes. No ano passado, a ação da polícia teve um dia a menos.

Internet: <g1.globo.com> (com adaptações).

Considerando que os fragmentos de texto acima têm caráter unicamente motivador, redija um texto dissertativo acerca do seguinte tema.

O COMBATE ÀS INFRAÇÕES DE TRÂNSITO NAS RODOVIAS FEDERAIS BRASILEIRAS

Ao elaborar seu texto, aborde os seguintes aspectos:

1 medidas adotadas pela PRF no combate às infrações; [valor: 7,00 pontos]

2 ações da sociedade que auxiliem no combate às infrações; [valor: 6,00 pontos]

3 atitudes individuais para a diminuição das infrações. [valor: 6,00 pontos]

Padrão de resposta da banca

Quanto ao desenvolvimento do tema, o candidato deve, a partir dos textos motivadores, abordar o tema e os aspectos propostos, de maneira clara e coerente, empregando os mecanismos de coesão textual. A abordagem dada ao tema pode variar, mas o candidato deve demonstrar conhecer a atualidade do tema das infrações nas rodovias, que vitimam inúmeras pessoas, além dos próprios ilícitos cometidos.

Com relação ao aspecto 1, espera-se que o candidato aborde medidas que podem ser implementadas ou que já são adotadas pela Polícia Rodoviária Federal no combate às infrações nas rodovias, como o aumento de efetivo, a ampliação do uso de equipamentos eletrônicos, o incremento de operações integradas no combate aos ilícitos, as campanhas institucionais, entre outras.

No aspecto 2, espera-se que o candidato aborde ações que podem ser feitas pela sociedade para diminuição das infrações, como campanhas de iniciativa privada para aumento da conscientização da conduta a ser praticada, palestras em entidades privadas com ampla divulgação, envolvimento com escolas públicas e privadas em busca da conscientização da sociedade, entre outras.

No que se refere ao aspecto 3, espera-se que o candidato aborde atitudes que o indivíduo pode realizar para combater as infrações, como a própria conscientização da conduta correta a ser praticada, a participação de atividades educativas de trânsito, o envolvimento em atividades de ajuda a vítimas de trânsito, entre outras.

Observação: foram citadas algumas medidas, ações e atitudes neste padrão de resposta apenas como exemplos.

2.4 Dissertação Argumentativa

A dissertação argumentativa tem o objetivo de convencer o leitor sobre uma tese, por meio de fortes articulações lógicas entre os significados.

Quando as interpretações expostas pelo texto dissertativo vão mais além nas intenções e buscam explicitamente convencer o leitor/ouvinte sobre a validade dessas explicações, classifica-se o texto como argumentativo (COROA, 2008b, p. 121).

2.5 Estrutura do Texto Dissertativo-Argumentativo

Na Introdução, deve haver a contextualização do tema. Em seguida, deve ser apresentada a tese que será desenvolvida (ponto de vista). Por fim, podem ser apresentados os argumentos para a defesa dessa opinião (opcional).

Tipos de introdução

> O candidato pode utilizar a definição ou citações e estatísticas, mas deve, em seguida, apresentar a tese (opinião).
> Roteiro: tem por objetivo apresentar ao leitor o roteiro que será seguido durante o desenvolvimento do seu texto tese + argumentos); assim, ao citar o roteiro na introdução, o autor deve segui-lo até o final, para que não haja incoerências.
> Exemplo: Em virtude da onda de conservadorismo que o Brasil vive na atualidade, tornam-se comuns as discussões sobre direitos coletivos. Nesse cenário, é importante analisar as causas do conservadorismo moderno e os reflexos dele nos direitos da coletividade.

> Alusão histórica: representa um tipo de introdução em que um fato passado se relaciona de algum modo a um fato presente, servindo de ponto de reflexão ou ela semelhanças entre eles, ou pelas diferenças. Após a contextualização, deve ser apresentada a tese.
> Exemplo: Por ter pecado nos excessos do liberalismo, a Revolução Francesa foi talvez a que mais contribuiu com o surgimento do conservadorismo. Do mesmo modo, no Brasil esse mesmo processo volta a emergir depois de anos de governo liberal no poder.

→ O desenvolvimento é o parágrafo em que serão desenvolvidos argumentos para comprovar a tese exposta na introdução. Na primeira frase do parágrafo, ou seja, no tópico frasal é apresentada a ideia central do parágrafo (o argumento). Depois do tópico frasal (introdução), há a comprovação dessa ideia (desenvolvimento) e, por fim, o fechamento do parágrafo (conclusão).

Os diversos argumentos deverão ser sustentados com exemplos e provas que os validem, tornando-os indiscutíveis, como:

> Exemplos;
> Enumeração de fatos;
> Causa e efeito;
> Dados estatísticos;
> Citações de autores renomados;
> Depoimentos de personalidades renomadas;
> Alusões históricas.

→ Na conclusão há a retomada e a reafirmação da tese inicial, já defendida pelos diversos argumentos apresentados no desenvolvimento.
→ Retomada da tese: a melhor forma de fazer isso é parafraseando a sua tese, ou seja, passando exatamente a mesma ideia, mas com outras palavras.
→ Os mesmos tipos de conclusão do texto expositivo podem ser usados aqui.

2.6 Propostas de Dissertação Argumentativa

PROPOSTA I

A partir da leitura do Texto Motivador abaixo e com base em seu conhecimento de mundo, escolha um dos temas e desenvolva um texto dissertativo-argumentativo. Seu texto deverá ser produzido em prosa e conter no mínimo 20 e no máximo 30 linhas.

TEMA: O excesso de imagens e sua relação com a realidade

O mundo das imagens

Talvez se possa dizer que o que predomina na mídia mundial é a imagem. Com frequência, as outras "linguagens" aparecem de maneira complementar [...] ou propriamente subordinada à imagem. Tanto assim que a mídia apresenta aspectos e fragmentos das configurações e movimentos da sociedade global como se fosse um vasto espetáculo de videoclipe [...] Ao lado da montagem, colagem, bricolagem, simulacro e virtualidade, muitas vezes combinando tudo isso, a mídia parece priorizar o espetáculo do videoclipe. Tanto é assim que guerras e genocídios parecem festivais pop,

DISSERTAÇÃO EXPOSITIVA E ARGUMENTATIVA

departamentos do shopping center global, cenas da Disneylândia mundial. Os mais graves e dramáticos acontecimentos da vida de indivíduos e coletividades aparecem, em geral, como um videoclipe eletrônico informático, desterritorializado entretenimento de todo o mundo.

Fonte: IANNI, Octávio. O mundo do trabalho. In: FREITAS, Marcos Cezar de. (Org.).A reinvenção do futuro. São Paulo: Cortez, 1996. p. 39

PROPOSTA II

A partir da leitura do Texto Motivador abaixo e com base em seu conhecimento de mundo, escolha um dos temas e desenvolva um texto dissertativo-argumentativo. Seu texto deverá ser produzido em prosa e conter no mínimo 20 e no máximo 30 linhas.

Tema: O cuidado com o corpo e com a mente e sua relação com o trabalho

Cuidar do corpo e da mente

Conciliar trabalho, estudo, rotina doméstica e os cuidados com o corpo e a mente pode, à primeira vista, parecer impossível. Por isso, o G1 conversou com especialistas para apontar passos essenciais para quem quer levar uma vida mais equilibrada. Eles concordaram em três pontos: fazer exercícios, comer bem, cuidar da saúde mental e buscar acompanhamento médico.

[...] Faça exercícios físicos. Fazer exercícios é a primeira recomendação. É simples: mexa-se. "Só de você não ser sedentário já está mil pontos à frente da pessoa sedentária", diz o clínico geral e médico de família Alfredo Salim Helito, do Hospital Sírio-Libanês, em São Paulo. "Se você tiver a opção entre ser magro e fazer atividade física, escolha a atividade física. O sedentarismo não pode acompanhar o ser humano", frisa.

Alimente-se bem. A alimentação saudável e equilibrada também é essencial. A alimentação foi outro ponto de consenso entre os especialistas ouvidos pelo G1 como chave para uma vida melhor. E a primeira dica de como nutrir melhor o corpo é: beber água.[...]

Cuide da saúde mental. Terapias, tradicionais ou alternativas, ajudam a melhorar a saúde mental. As intervenções tradicionais — como a psicoterapia ou a psicanálise — podem ajudar a prestar mais atenção às próprias emoções, pensamentos ou padrões de comportamento. Para a psicóloga Gláucia Flores, que atende em Brasília, o momento de buscar ajuda profissional é quando a pessoa percebe que está tendo prejuízos na vida.

"Vamos pensar nossa vida como uma pizza: uma fatia é o trabalho, uma é a família, uma é o casamento, os filhos, o lazer. Quando a gente dá mais importância pra uma do que pra outra, essa balança fica desigual. É importante, sim, que a gente encontre prazer no trabalho, mas também ter outros interesses para também aprender outras coisas", analisa Gláucia.

Vá ao médico. Encontrar um médico de confiança também é essencial. Além de adotar bons hábitos, fazer um acompanhamento médico pelo menos uma vez por ano também é recomendável, explica a clínica geral Sílvia Souto, da Aliança Instituto de Oncologia, em Brasília. Para começar, ela recomenda procurar, primeiro, um médico generalista.

Fonte: https://g1.globo.com/ciencia-e-saude/vivavoce/noticia/2019/02/01/cuidar--do-corpo-e-da-mente-veja-4-passos-paralevar-uma-vida-saudavel-e-equilibra-da.ghtml. Adaptado. Acessado em 06/12/19

PROPOSTA III

Motivado pela leitura dos textos seguintes, sem, contudo, copiá-los ou parafraseá-los, redija um texto DISSERTATIVO-ARGUMENTATIVO com, no mínimo, 20 e, no máximo, 30 linhas, em modalidade e limites solicitados.

Tema: DESAFIOS DAS POLÍTICAS DE SEGURANÇA PÚBLICA PARA COMBATER A VIOLÊNCIA NA SOCIEDADE.

TEXTO 1

Constituições Federais e contexto político-institucional

O termo segurança "pública" parece ter sido usado pela primeira vez na Constituição Federal (CF) de 1937. Em outras Constituições, como a de 1934, aparece o termo segurança "interna" para tratar com matérias atinentes ao controle da ordem, fato que irá gerar vários dilemas organizacionais no país e em seu pacto federativo. É interessante constatar que, na CF de 1937, cabia exclusivamente à União a competência de regular a matéria e garantir "o bemestar, a ordem, a tranquilidade e a segurança públicas, quando o exigir a necessidade de uma regulamentação uniforme" (artigo 16, inciso V).

Nota-se aqui uma primeira tensão conceitual e que terá impacto direto nos mandatos e atribuições das polícias brasileiras. A Lei nº 192, de 17 de janeiro de 1936 regulava as atividades das polícias militares e as vinculava às unidades da federação, cabendo à União apenas um papel de supervisão e controle, por meio do Exército. Por essa lei, as polícias militares eram as responsáveis pela segurança "interna", enquanto a CF de 1937 fala de segurança "pública", atividade que formalmente não foi assumida por nenhuma instituição até a CF de 1988. O significativo é que essa lei só foi revogada pelo Decreto-Lei nº 317, de 13 de março de 1967, que regulamentou a CF de 1967 no que tange à atuação das polícias. O conceito criado pela CF de 1937 parece não ter conseguido se institucionalizar e não teve força para mudar, mesmo após o Estado Novo, as estruturas que organizavam as polícias estaduais. E ainda mais emblemático dessa dificuldade é que a CF de 1967 restabeleceu a competência das polícias militares para a "manutenção da ordem e segurança interna nos Estados, nos Territórios e no Distrito Federal" (grifo nosso).

Será somente a CF de 1988 que irá resgatar o conceito de 1937 e trará um capítulo específico sobre segurança "pública", não obstante repetir a CF de 1937 e não definir o significado desse conceito. A CF de 1988, em seu artigo 144, definirá tão somente quais são as instituições públicas encarregadas de prover segurança "pública" (LIMA, 2011). Em suma, nossa atual Constituição não define o que vem a ser segurança pública, apenas delimita quais organizações pertencem a esse campo.

Disponível em: <http://www.scielo.br/pdf/rdgv/v12n1/1808-2432-rdgv-12-10049.pdf> Acesso em: 20 de junho de 2019. Texto adaptado

TEXTO 2

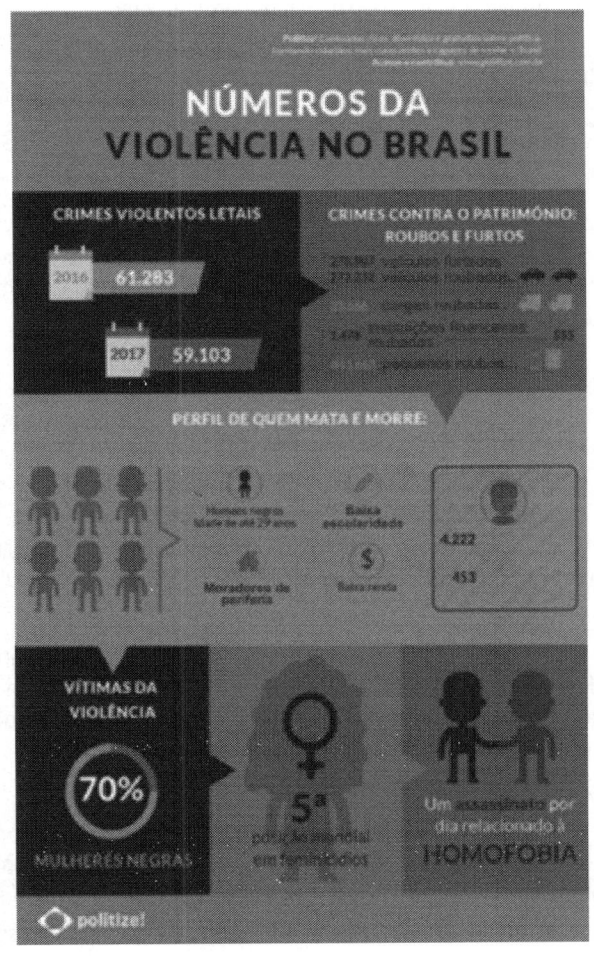

NÚMEROS DA VIOLÊNCIA NO BRASIL

CRIMES VIOLENTOS LETAIS
2016 — 61.283
2017 — 59.103

CRIMES CONTRA O PATRIMÔNIO: ROUBOS E FURTOS

PERFIL DE QUEM MATA E MORRE:
Homens negros (idade de até 29 anos)
Baixa escolaridade
Moradores de periferia
Baixa renda
4.222
453

VÍTIMAS DA VIOLÊNCIA
70% MULHERES NEGRAS
5ª posição mundial em feminicídios
Um assassinato por dia relacionado à HOMOFOBIA

politize!

Disponível em: https://www.politize.com.br/seguranca-publica-brasileiraentenda. Acesso em 20 de junho de 2019. Texto adaptado.

PROPOSTA IV

Texto 01

Pela primeira vez, a população deve consumir mais conteúdo midiático na internet do que pela TV, de acordo com relatório da agência de mídia Zenith. Conforme a previsão, já em 2019 as pessoas devem passar mais horas navegando pela internet, fazendo compras, assistindo a filmes, séries e vídeos, conversando ou ouvindo música, do que assistindo à televisão.

("Internet irá ultrapassar TV já em 2019, indica relatório", 18.06.2018. https://epoca-negocios.globo.com. Adaptado)

Texto 02

De acordo com estudo divulgado pela empresa Morrison Foster, as pessoas passam, em média, sete horas por dia nas redes sociais. E é exatamente esse o local ocupado pelos influenciadores, que também estão conectados e produzindo conteúdos para seus seguidores a todo tempo. Segundo uma outra pesquisa, publicada pela Sprout Social, 74% dos consumidores guiam suas decisões de compra com base nas redes sociais. Ou seja, o público está atento às opiniões da internet e, principalmente, aos depoimentos de canais influentes e de credibilidade.

("A contribuição dos influenciadores digitais para a decisão de compra". 02.02.2018. https://franpress.com.br. Adaptado)

Texto 03

Nos últimos 10 anos, o tempo médio de consumo domiciliar de televisão passou de 8h18 para 9h17. Um crescimento de 12%. Vale ressaltar que esse foi um período de forte ascensão da internet como plataforma de distribuição de conteúdo. Os conteúdos da TV, além de entreter e informar, também exercem um papel importante na dinâmica social. Eles influenciam a pauta de conversas tanto com material que gera engajamento entre os telespectadores, como com publicidades criativas. O levantamento da Kantar IBOPE Media aponta que 51% das pessoas acham que a propaganda na TV é interessante e proporciona assunto para conversar. E, entre os que acessam a internet enquanto veem TV, 23% comentam nas redes sociais o que assistem – mostrando que a televisão segue marcando presença no dia a dia do brasileiro.

(João Paulo Reis. "Televisão: a abrangência e a influência do meio mais presente na vida dos brasileiros", 24.12.2018. https://observatoriodatelevisao.bol.uol.com.br. Adaptado)

Com base nas informações dos textos e em seus próprios conhecimentos, escreva um texto dissertativo, de acordo com a norma-padrão da língua portuguesa, sobre o tema:

A popularização da internet ameaça o poder de influência da televisão?

PROPOSTA V

Em visita aos Estados Unidos, em 1970, Margaret Thatcher fez o seguinte pronunciamento:

"Uma das razões por que valorizamos indivíduos não é porque sejam todos iguais, mas porque são todos diferentes. Permitamos que nossos filhos cresçam, alguns mais altos que outros, se tiverem neles a capacidade de fazê-lo. Pois devemos construir uma sociedade na qual cada cidadão possa desenvolver plenamente seu potencial, tanto para seu próprio benefício quanto para o da comunidade como um todo."

A premissa crucial que leva a afirmação de Thatcher a parecer quase evidente em si mesma – a suposição de que a "comunidade como um todo" seria adequadamente servida por todo cidadão dedicado a seu "próprio benefício" – acabou por ser admitida como ponto pacífico. Assim, no fim do século passado, tornou-se aceita a noção de que, ao agir egoisticamente, de algum modo as pessoas beneficiariam as outras.

(Adaptado de: ZYGMUNT, Bauman. A riqueza de poucos beneficia todos nós? Rio de Janeiro: Zahar, 2015, p.30)

II

Segundo a ortodoxia econômica, uma boa dose de desigualdade leva a economias mais eficientes e crescimento mais rápido. Isso se dá porque retornos mais altos e impostos menores no topo da escala – segundo afirmam – fomentariam o empreendedorismo e engendrariam um bolo econômico maior.

Assim, terá dado certo a experiência de fomento da desigualdade? Os indícios sugerem que não. A disparidade de riqueza atingiu dimensões extraordinárias, mas sem o progresso econômico prometido.

(Adaptado de: LANSEY, Stewart apud ZYGMUNT, Bauman. A riqueza de poucos beneficia todos nós? Rio de Janeiro: Zahar, 2015, p.24-25)

Considerando os textos acima, escreva uma dissertação argumentativa em que você discuta a seguinte questão:

A realização individual fomenta maior igualdade social?

REDAÇÃO

2.7 Elementos de Coesão

Prioridade, relevância: em primeiro lugar, antes de mais nada, antes de tudo, em princípio, primeiramente, acima de tudo, principalmente, primordialmente, sobretudo.

Tempo: atualmente, hoje, frequentemente, constantemente, às vezes, eventualmente, por vezes, ocasionalmente, sempre, raramente, não raro, ao mesmo tempo, simultaneamente, nesse ínterim, enquanto, quando, antes que, depois que, logo que, sempre que, assim que, desde que, todas as vezes que, cada vez que, então, enfim, logo, logo depois, imediatamente, logo após, a princípio, no momento em que, pouco antes, pouco depois, anteriormente, posteriormente, em seguida, afinal, por fim, finalmente, agora.

Semelhança, comparação, conformidade: de acordo com, segundo, conforme, sob o mesmo ponto de vista, tal qual, tanto quanto, como, assim como, como se, bem como, igualmente, da mesma forma, assim também, do mesmo modo, semelhantemente, analogamente, por analogia, de maneira idêntica, de conformidade com.

Condição, hipótese: se, caso, desde que, eventualmente.

Adição, continuação: além disso, demais, ademais, outrossim, ainda mais, por outro lado, também, e, nem, não só ... mas também, não só... como também, não apenas ... como também, não só ... bem como, com, ou (quando não for excludente).

Dúvida: talvez, provavelmente, possivelmente, quiçá, quem sabe, é provável, não é certo, se é que.

Certeza, ênfase: certamente, decerto, por certo, inquestionavelmente, sem dúvida, inegavelmente, com toda a certeza.

Ilustração, esclarecimento: por exemplo, só para ilustrar, só para exemplificar, isto é, quer dizer, em outras palavras, ou por outra, a saber, ou seja, aliás.

Propósito, intenção, finalidade: com o fim de, a fim de, com o propósito de, com a finalidade de, com o intuito de, para que, a fim de que, para.

Resumo, recapitulação, conclusão: em suma, em síntese, em conclusão, enfim, em resumo, portanto, assim, dessa forma, dessa maneira, desse modo, logo, dessa forma, dessa maneira, assim sendo.

Explicação: por consequência, por conseguinte, como resultado, por isso, por causa de, em virtude de, assim, de fato, com efeito, tão (tanto, tamanho)... que, porque, porquanto, pois, já que, uma vez que, visto que, como (= porque), portanto, logo, que (= porque), de tal sorte que, de tal forma que, haja vista.

Contraste, oposição, restrição: pelo contrário, em contraste com, salvo, exceto, menos, mas, contudo, todavia, entretanto, no entanto, embora, apesar de, apesar de que, ainda que, mesmo que, posto que, conquanto, se bem que, por mais que, por menos que, só que, ao passo que, por outro lado, em contrapartida, ao contrário do que se pensa, em compensação.

Contraposição: é possível que... no entanto... É certo que... entretanto... É provável que ... porém...

Sequenciação dos parágrafos: em primeiro lugar ..., em segundo ..., por último ...; por um lado ..., por outro ...; primeiramente, ...,em seguida, ..., finalmente, ...

Enumeração: é preciso considerar que ...; Também não devemos esquecer que ...; Não podemos deixar de lembrar que...

Reafirmação/Retomada: compreende-se, então, que ... É bom acrescentar ainda que ... É interessante reiterar ...

2.8 Critérios de Avaliação das Bancas

Banca Cespe

Aspectos Macroestruturais

1. Apresentação (legibilidade, respeito às margens e indicação de parágrafos) e estrutura textual (organização das ideais em texto estruturado).

2. Desenvolvimento do tema: tópicos da proposta

Aspectos Microestruturais

Ortografia

Morfossintaxe

Propriedade vocabular

Quando forem apresentados tópicos, deve-se construir 1 (um) parágrafo para cada tópico.

Banca FCC

O candidato deverá desenvolver texto dissertativo a partir de proposta única, sobre assunto de interesse geral. Considerando que o texto é único, os itens discriminados a seguir serão avaliados em estreita correlação:

→ Conteúdo: até 40 (quarenta) pontos:

perspectiva adotada no tratamento do tema;

capacidade de análise e senso crítico em relação ao tema proposto;

consistência dos argumentos, clareza e coerência no seu encadeamento.

Obs.: A nota será prejudicada, proporcionalmente, caso ocorra abordagem tangencial, parcial ou diluída em meio a divagações e/ou colagem de textos e de questões apresentados na prova.

→ Estrutura: até 30 (trinta) pontos:

respeito ao gênero solicitado;

progressão textual e encadeamento de ideias;

articulação de frases e parágrafos (coesão textual).

→ Expressão: até 30 (trinta) pontos:

→ A avaliação da expressão não será feita de modo estanque ou mecânico, mas sim de acordo com sua estreita correlação com o conteúdo desenvolvido. A avaliação será feita considerando-se:

desempenho linguístico de acordo com o nível de conhecimento exigido para o cargo/área/especialidade;

adequação do nível de linguagem adotado à produção proposta e coerência no uso;

domínio da norma culta formal, com atenção aos seguintes itens: estrutura sintática de orações e períodos, elementos coesivos; concordância verbal e nominal; pontuação; regência verbal e nominal; emprego de pronomes; flexão verbal e nominal; uso de tempos e modos verbais; grafia e acentuação.

Banca Cesgranrio

A Redação será avaliada conforme os critérios a seguir:
- adequação ao tema proposto;
- adequação ao tipo de texto solicitado;
- emprego apropriado de mecanismos de coesão (referenciação, sequenciação e demarcação das partes do texto);
- capacidade de selecionar, organizar e relacionar de forma coerente argumentos pertinentes ao tema proposto; e
- pleno domínio da modalidade escrita da norma-padrão (adequação vocabular, ortografia, morfologia, sintaxe de concordância, de regência e de colocação).

Banca Vunesp

Na avaliação da Prova Dissertativa (Parte II), serão considerados os critérios a seguir:
- Tema: considera-se se o texto do candidato atende ao tema proposto. A fuga completa ao tema proposto é motivo suficiente para que a redação não seja corrigida em qualquer outro de seus aspectos, recebendo nota 0 (zero);
- Estrutura (gênero/tipo de texto e coerência): consideram-se aqui, conjuntamente, os aspectos referentes ao gênero/tipo de texto proposto e à coerência das ideias. A fuga completa ao gênero/tipo de texto é motivo suficiente para que a redação não seja corrigida em qualquer outro de seus aspectos, recebendo nota 0 (zero). Avalia-se aqui como o candidato sustenta sua tese em termos argumentativos e como essa argumentação está organizada, considerando-se a macroestrutura do texto dissertativo (introdução, desenvolvimento e conclusão). No gênero/tipo de texto, avalia-se também o tipo de interlocução construída: por se tratar de uma dissertação, deve-se prezar pela objetividade, sendo assim, o uso de primeira pessoa do singular e de segunda pessoa (singular e plural) poderá ser penalizado. Será considerado aspecto negativo a referência direta à situação imediata de produção textual (ex.: como afirma o autor do primeiro texto/da coletânea/do texto I; como solicitado nesta prova/proposta de redação). Na coerência, será observada, além da pertinência dos argumentos mobilizados para a defesa do ponto de vista, a capacidade do candidato de encadear as ideias de forma lógica e coerente (progressão textual). Serão considerados aspectos negativos a presença de contradições entre as ideias, a falta de partes da macroestrutura dissertativa, a falta de desenvolvimento das ideias ou a presença de conclusões não decorrentes do que foi previamente exposto;
- Expressão (coesão e modalidade): consideram-se neste item os aspectos referentes à coesão textual e ao domínio da norma-padrão da língua portuguesa. Na coesão, avalia-se a utilização dos recursos coesivos da língua (anáforas, catáforas, substituições, conjunções etc.) de modo a tornar a relação entre frases e períodos e entre os parágrafos do texto mais clara e precisa. Serão considerados aspectos negativos as quebras entre frases ou parágrafos e o emprego inadequado de recursos coesivos. Na modalidade, serão examinados os aspectos gramaticais como ortografia, morfologia, sintaxe e pontuação, bem como a escolha lexical (precisão vocabular) e o grau de formalidade/informalidade expressa em palavras e expressões.

Banca IBFC

Para o desenvolvimento da Redação, o candidato deverá redigir, observando os critérios de correção estabelecidos no quadro abaixo:

Critérios de Correção

1 Conhecimento do tema (cobertura dos tópicos apresentados: domínio e interrelação entre os conceitos centrais do tema proposto);

2 Habilidade argumentativa (atualização, originalidade e relevância das informações);

3 Sequência lógica e de organização do pensamento (introdução, desenvolvimento e considerações finais);

4 Coerência e Coesão (pontuação, continuidade e progressão de ideias, uso apropriado de articuladores);

5 Morfossintaxe (relação entre as palavras, concordância verbal e nominal, regência verbal e nominal, organização e estruturação dos períodos e orações, emprego dos tempos e modos verbais e colocação de pronome);

6 Acentuação e ortografia.

Banca FGV

Na avaliação da Prova Escrita Discursiva, a redação será corrigida segundo os critérios a seguir:

PARTE 1 – ESTRUTURA TEXTUAL GLOBAL

(A) ABORDAGEM DO TEMA

Considera a capacidade de o candidato selecionar argumentos convenientes, dentro do perfil esperado, assim como a boa seleção desses argumentos.

(B) PROGRESSÃO TEXTUAL

Considera a capacidade de o candidato mostrar coesão e coerência entre os parágrafos componentes do texto por ele redigido, assim como a distribuição do tema por uma evolução adequada de suas partes.

PARTE 2 – CORREÇÃO GRAMATICAL

A correção gramatical será considerada sob o aspecto da melhor expressão escrita do ponto de vista comunicativo, ou seja, de sua adequação à situação comunicativa.

(A) SELEÇÃO VOCABULAR

Considera problemas de inadequação vocabular, troca entre parônimos, emprego de palavras gerais por específicas, emprego de vocábulos de variação linguística inadequada, marcas de oralidade.

(B) NORMA CULTA

Considera problemas gerais de construção frasal do ponto de vista comunicativo.

REALIDADE ÉTINICA, SOCIAL, HISTÓRICA, GEOGRAFIA, CULTURAL, POLÍTICA E ECONÔMICA DO ESTADO DE GOIÁS

1. FORMAÇÃO ECONÔMICA: MINERAÇÃO E PECUÁRIA

A abordagem dos conhecimentos sobre o Estado de Goiás em concursos públicos obedece a uma norma definida pela Lei Estadual nº. 14.911, de 11 de agosto de 2004, que estabelece, em seu artigo 1º, que as provas de concursos públicos estaduais, além das matérias específicas de cada carreira, deverão conter questões atinentes à *"realidade étnica, social, histórica, geográfica, cultural, política e econômica do Estado de Goiás"*. Assim, a elaboração deste material não tem uma perspectiva acadêmica, mas sim, pretende subsidiar concurseiros e todos aqueles que queiram adquirir informações das atualidades e do processo de formação histórica do Estado de Goiás.

Neste capítulo, será abordada a formação econômica de Goiás, com destaque para os ciclos econômicos: mineração no século XVIII, agropecuária nos séculos XIX e XX e estrada de ferro na primeira metade do século XX.

1.1 Primeiros Anos do Brasil

Didaticamente, antes de abordar especificamente a realidade do Estado de Goiás, temos que compreender o processo de colonização do território brasileiro.

O processo de colonização do território brasileiro iniciado no século XVI com o extrativismo do pau-brasil e com trocas entre os colonos e os índios, gradualmente passou a ser dominado pelo cultivo da cana-de-açúcar para fins de exportação. Dessa forma, a cana-de-açúcar foi importante política e economicamente, pois propiciou a ocupação efetiva das terras coloniais portuguesas da América, ao mesmo tempo em que garantia lucro à Metrópole (Portugal). Gradativamente, as terras foram ocupadas por senhores de terra, missionários, homens livres e por inúmeros escravos africanos, consolidando um sistema colonial marcado pelo famoso **Pacto Colonial**, caracterizado pela imposição, por parte das metrópoles, de regras, leis e normas às suas colônias visando ao exclusivismo comercial. Ou seja, as colônias eram levadas a comprar e vender somente produtos da sua Metrópole. Assim, as metrópoles garantiam preços baixos para as matérias-primas e preços elevados para produtos manufaturados.

```
            Produtos manufaturados
                    ↓
┌──────────────┐              ┌──────────────┐
│  Metrópole   │ ⇐Exclusivismo comercial⇒ │   Colônia    │
│  (Portugal)  │              │   (Brasil)   │
└──────────────┘              └──────────────┘
                    ↑
            Produtos primários
        (extrativismo e agricultura)
```

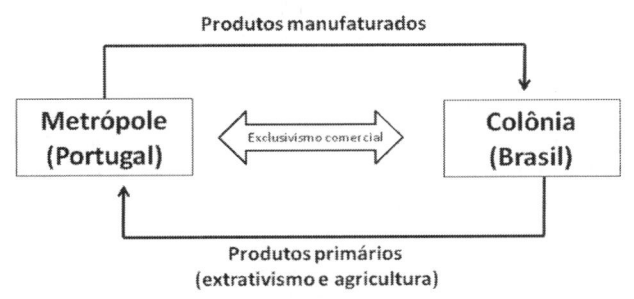

Durante os séculos XVI e XVII, a **grande lavoura litorânea** foi a base da economia da Colônia, fator determinante para a tardia ocupação do interior do território. Entretanto, no final do século XVI, ocorrem algumas penetrações aos chamados "sertões". Porém, essas penetrações não representaram a fase de fixação e colonização do interior, constituindo-se em incursões em busca das "drogas dos sertão" e de reconhecimento das possibilidades econômicas da região, por meio da coleta de amostragens de ouro e da captura de índios, usados como mão de obra escrava no litoral (período das expedições de exploração).

Expansão do território brasileiro

No século XVII, o açúcar produzido no Brasil começou a enfrentar a concorrência do açúcar holandês, tendo como consequência a decadência da economia colonial, obrigando parte da população do litoral nordestino, região produtora de açúcar, a migrar para a região Sudeste, iniciando a expansão territorial brasileira.

Vários autores apontam como fatores determinantes para a expansão do território colonial brasileiro: **Bandeiras, Pecuária, Drogas do Sertão e União Ibérica (1580-1640)**.

Bandeiras: expedições privadas oriundas de São Paulo rumo ao interior do Brasil, que visavam encontrar ouro ou capturar índios para serem escravizados.

Pecuária: a criação de gado se iniciou no Nordeste (Bahia e Pernambuco) e seguiu o curso do rio São Francisco (conhecido como Rio dos Currais e Velho Chico) que propiciava grande quantidade de pastagens naturais até aos "sertões" (interior do Brasil).

Drogas do Sertão: eram produtos nativos do Brasil e que não existiam na Europa e, por isso, atraíam o interesse dos europeus que os consideravam como novas especiarias (cacau, baunilha, canela, pau-cravo, castanha-do-pará, guaraná, urucum, algodão, fumo, açúcar e mandioca) e tinham o uso medicinal, culinário, artesanal e manufatureiro. Os jesuítas extraíam ervas medicinais utilizando a exploração da mão de obra indígena e, por meio de expedições (conhecidas como **Descidas**), partiam geralmente do Pará e penetram no interior do território.

União Ibérica (1580-1640): em 1578, o então rei de Portugal, D. Sebastião morreu na Batalha de Alcácer-Quibir, travada no norte da África (Marrocos). Ele não havia deixado filhos (herdeiros diretos), então o Cardeal D. Henrique, seu parente mais próximo, assumiu o governo de Portugal por um tempo e também morreu. Com isso o rei espanhol, Filipe II, assume o trono português em 1580 unindo as Coroas Ibéricas (Portugal e Espanha), e o Tratado de Tordesilhas perde o sentido. A dominação espanhola em Portugal durou até 1640, quando o Duque de Bragança foi aclamado com o título de D. João I, promovendo a restauração de Portugal. A União Ibérica levou a economia do açúcar brasileiro a uma situação de decadência, obrigando a Coroa Portuguesa, após a restauração, a procurar novas oportunidades e produtos.

A expansão e ocupação territorial foram consequências de ordem econômica (Bandeiras, pecuária e drogas do sertão) e política (fim da União Ibérica) e visava atender aos interesses dos colonos e da Metrópole (Portugal). A conquista do sertão, povoado por diversos grupos indígenas, foi lenta e gradativa.

Sobre o Tratado de Tordesilhas, cabe ressaltar que foi celebrado em 1494 entre Portugal e Espanha e visava dividir as terras "descobertas e por descobrir" por ambas as Coroas fora da Europa.

A expansão territorial colonial brasileira teve como consequência a incorporação ao domínio português de uma vasta extensão de terras localizadas além da linha de Tordesilhas e efetiva

FORMAÇÃO ECONÔMICA: MINERAÇÃO E PECUÁRIA

ocupação de terras já pertencentes a Portugal. Além das descobertas das ricas jazidas de ouro na região dos atuais estados de Minas Gerais, Goiás e Mato Grosso, fator determinante para o povoamento do interior do Brasil.

1.2 Expedições de Exploração

Durante os séculos XVI e XVII, em razão das condições econômicas vigentes na Colônia, essencialmente orientadas para o comércio exportador, a grande lavoura litorânea foi a base da economia nacional, determinando a mais tardia ocupação das regiões interiores. Entretanto, desde o primeiro século da colonização do Brasil (século XVI), diversas expedições de exploração percorreram o interior do território, incluindo a região do atual Estado de Goiás.

As **expedições de exploração** se intensificaram no século XVII e visavam à prospecção das potencialidades econômicas da região. O século XVII representou uma etapa de investigação das possibilidades econômicas do interior do Brasil e, consequentemente, das regiões goianas, durante a qual o seu território se tornou conhecido. As expedições de exploração oriundas da Bahia (quando oficiais – organizadas pela Coroa Portuguesa) e de São Paulo (quando particulares), sendo classificadas em: **Descidas, Entradas e Bandeiras**.

Descidas: expedições organizadas por religiosos da Ordem de Jesus e capuchinhos da Ordem de São Francisco, com o objetivo de "civilizar e catequizar" as populações indígenas. Os jesuítas criaram na região Norte (Amazônia e Pará) um sistema bem estruturado, que ficou conhecido como "aldeamentos", local da aculturação indígena (catequização). Os jesuítas organizaram diversas expedições fluviais pelo Rio Tocantins até o interior do país, visando capturar índios e drogas do sertão para suas aldeias, nas missões da Amazônia e do Pará. Além de expandir o cristianismo no novo continente, por meio da catequização dos índios, os jesuítas lucravam com a venda das ervas medicinais (drogas do sertão ou especiarias brasileiras), muito valorizadas na Europa. Os jesuítas contribuíram para o conhecimento da região, pois tinham o hábito de fazer mapas do local.

Entradas: caracterizavam-se por expedições de exploração que eram organizadas e financiadas pela Coroa Portuguesa, ou seja, eram empresas estatais. Visavam à exploração do território e à prospecção de minérios (ouro, pedras preciosas) dentro dos limites estabelecidos pelo Tratado de Tordesilhas. Ocorreram em menor número, pois a Coroa Portuguesa não queria ariscar o capital sem a certeza de lucros.

Bandeiras: os bandeirantes eram aventureiros que adentraram no interior do território brasileiro. Para tanto, organizavam as Bandeiras, expedições de exploração organizadas com base no sistema de ações, e cada bandeirante tinha uma participação nos lucros, de acordo com os seus investimentos. Incentivadas pela Coroa portuguesa, eram organizadas militarmente e cada um dos participantes entrava com uma parcela de capital, que consistia, geralmente, em certo número de escravos. Tinham como finalidade encontrar índios, ouro ou pedras preciosas.

Geralmente, as Bandeiras partiam de São Paulo.

Tipos de Bandeiras: Apresamento, Prospecção e Sertanismo de Contrato.

Apresamento: capturar os índios e vendê-los como escravos. A escravização dos índios foi considerada ilegal desde 1595, aceitando, no entanto, o pretexto da "guerra justa".

Prospecção: pesquisa - busca de metais preciosos e também drogas do sertão.

Sertanismo de contrato: mediante contrato, combatiam os índios e recapturavam negros que fugiam, além de destruírem quilombos.

1.3 Período Pré-Ocupação Territorial

No processo de colonização e povoamento do interior do Brasil, é importante citar o interesse dos portugueses em ultrapassar a linha imaginária do Tratado de Tordesilhas, ainda mais após a **União Ibérica (1580-1640)** quando portugueses e espanhóis respondiam à Coroa espanhola. No fim da União, os portugueses já estavam ocupando livremente terras espanholas e não estavam interessados em deixar a região.

De acordo com Palacín; Moraes (2008), na última década do século XVI e durante todo século XVII, a região do interior do Brasil presenciou várias penetrações de expedições de exploração (Entradas, Bandeiras e Descidas), porém, sem promover a fixação populacional, pois apenas visavam à prospecção de ouro e prata, apresamento dos índios e a busca das chamadas drogas do sertão.

Assim, ao longo do século XVII, graças à expansão do bandeirismo (Bandeiras) e da catequese jesuítica (Descidas), estabeleceu-se uma ampla linha de penetração populacional no território goiano, a saber:

> Uma oriunda do Norte que, pela via fluvial do Tocantins, penetrou a porção setentrional (norte) de Goiás; e

---

Os principais fatores responsáveis pela expansão territorial colonial brasileira foram: as Bandeiras, a pecuária (expansão da criação de gado), drogas do sertão (especiarias brasileiras) e o fim da União Ibérica (1640) que provocou a crise do açúcar (concorrência holandesa) levando à expansão oficial. Como consequência, verifica-se o domínio de novas terras, a ocupação efetiva de terras já pertencentes a Portugal e a descoberta de ouro no território dos atuais estados de Minas Gerais, Goiás e Mato Grosso.

O século XVII representou uma etapa de investigação das possibilidades econômicas do interior do Brasil e, consequentemente, das regiões goianas, durante a qual o seu território se tornou conhecido. As expedições de exploração foram oriundas da Bahia (quando oficiais - organizadas pela Coroa Portuguesa) e de São Paulo (quando particulares), sendo classificadas em: Descidas, Entradas e Bandeiras.

> A outra, paulista, advinda principalmente do Centro-Sul da Colônia.

Cabe ressaltar que nem todas foram registradas. Entretanto, seguem abaixo algumas expedições de exploração que percorreram as atuais terras goianas.

A **primeira Bandeira** nos sertões de Goiás que se tem notícia foi a de Antônio Macedo e Domingos Luís Grau (1590-1593), seguida por: Sebastião Marinho (1592), Domingos Rodrigues (1596-1600), Nicolau Barreto (1602-04), Belchior Dias Carneiro (1607), Martins Rodrigues (1608-13), André Fernandes (1613-15), Lázaro da Costa (1615-18), Antônio Pedroso de Alvarenga (1615-18), Francisco Lopes Buenavides (1665-66), Antônio Pais (1671), Sebastião Pais de Barros e **Bartolomeu Bueno da Silva (pai) (1673)**.

A **primeira Descida** foi organizada e coordenada pelo padre jesuíta Cristóvão de Lisboa, em 1625, seguida por: Pe. Luis Filgueira (1636), Pe. Antonio Ribeiro e Pe. Antônio Vieira (1653), Pe. Tomé Ribeiro e Francisco Veloso (1655), Pe. Manuel Nunes (1659), Pe. Gaspar Misch e Ir. João de Almeida (1668), Pe. Gonçalo de Vera e Ir. Sebastião Teixeira (1671), Pe. Raposo (1674), Pe. Manuel da Mota e Pe. Jerônimo da Gama (1721-22).

As expedições de exploração contribuíram para o conhecimento do território goiano, mas não representaram a fase de fixação e colonização, o que ocorreu somente com a descoberta de ouro na primeira metade do século XVIII.

O início da atividade mineradora no Brasil deu-se com a descoberta de Antônio Rodrigues Arzão (Sabará-MG, em 1693). Contudo, a corrida do ouro começou efetivamente com a descoberta das minas de Ouro Preto-MG por Antônio Dias de Oliveira, em 1698.

A mineração foi determinante na interiorização do povoamento, bem como para a ocupação dos "sertões", que compreendiam desde o Nordeste até o Sul do país, trazendo uma demanda crescente de mercadorias que envolviam instrumentos para extração mineração até produtos de primeira necessidade.

1.4 Ocupação e Povoamento do Território Goiano

Os primeiros núcleos populacionais de Goiás foram constituídos por duas frentes colonizadoras, uma pelo sul, por meio dos bandeirantes paulistas que atravessaram o Rio Paranaíba, e outra pelo norte, formada pelos migrantes da Bahia, Pará e Maranhão, que subiram pelo vale do Rio Tocantins.

As primeiras Bandeiras que chegaram ao território goiano datam do final do século XVI, ora incentivadas por lendas do tipo Eldorado, ora pela lucratividade do comércio de escravos indígenas utilizados na economia nordestina do açúcar.

No entanto, quando Antônio Rodrigues Arzão (1693) encontrou ouro em Sabará-MG e pouco tempo depois, Pascoal Moreira Cabral descobriu ouro em Cuiabá-MT (em 1718), a certeza de que na atual região de Goiás também haveria o metal precioso incentivou muitos aventureiros a percorrerem o território.

Neste contexto, no ano de 1673, partiu de São Paulo para a região onde hoje é Goiás, uma expedição chefiada pelos bandeirantes **Bartolomeu Bueno da Silva (pai)** e Sebastião Pais de Barros. Porém, o ouro encontrado era de pouco valor, o chamado *ouro de tolo*.

Entre os vários fatores de atração dos bandeirantes para a atual região de Goiás, podemos apontar: **momento político favorável, novas vias de acesso às minas de Cuiabá (MT), crença popular e a Guerra dos Emboabas.**

Momento político favorável: com o fim da União Ibérica, Portugal encontrava-se em situação econômica difícil e a economia colonial também enfrentava a concorrência do açúcar holandesa, necessitando de novas fontes de riquezas.

Novas vias de acesso às minas de Cuiabá (MT): descoberta do ouro às margens do rio Coxipó-Mirin (1718), próximo onde hoje está situada a cidade de Cuiabá, necessitando buscar um caminho por terra para chegar à região das minas de Mato Grosso.

Crença popular: a localização de Goiás, entre as regiões mineradoras de Mato Grosso e Minas Gerais, despertava a crença de que na região também haveria ouro, fora a lenda do "Eldorado".

Guerra dos Emboabas: com a descoberta do ouro em Minas Gerais (Sabará - 1693), gerou-se um conflito em paulistas e *emboabas* (portugueses), resultando na expulsão dos paulistas de Minas, os quais penetraram em Goiás e Mato Grosso, descobrindo novas jazidas.

Depois de várias Bandeiras de caça ao índio e de busca ao ouro percorrerem o solo goiano, **Bartolomeu Bueno da Silva** (filho) (Anhanguera), em 1725, chegou às margens do Rio Vermelho, próximo à Serra Dourada, descobrindo na região diversos córregos auríferos, minas tão ricas como as de Cuiabá, com ótimo clima e com mais facilidade de comunicação. Esta rota seria chamada posteriormente de **Caminho de Goiás** ou **Picada de Goiás** – uma das Estradas Reais surgidas no Brasil em função da mineração, no século XVIII.

Santos (2002) e outros autores destacam que a Coroa Portuguesa procurava consolidar a ocupação da capitania seguindo três ações táticas: articulação de estradas com a grande bacia hidrográfica do rio Paraná; fundação de freguesias, vilas e cidades ordenadamente colocadas no eixo dessas estradas; e incentivo da agricultura de exportação de cana-de-açúcar. Assim, a estrada, aberta em 1725 pelo bandeirante Anhanguera, serviu como eixo para a fundação de ao menos 19 freguesias, entre elas as de Campinas, Jundiaí e Mogi Mirim, com o objetivo de ocupar a região. Tratava-se de uma estratégia político-militar da Coroa Portuguesa para a definição de fronteiras, que vinham sendo ameaçadas principalmente pelos espanhóis.

Sobre o "caminho geral dos Goiases" ou "estrada dos Goiases", Rossetto (2006) destaca que partia de São Paulo rumo geral Norte, margeando, a Leste, a encosta da serra da Mantiqueira, atravessando os atuais municípios de Jundiaí, Mogi-Guaçu, Casa Branca, e Franca, entre outros, até o atual município de Uberaba, de onde defletia a Oeste, atingindo a região das minas de Goiás (ROSSETTO, 2006).

FORMAÇÃO ECONÔMICA: MINERAÇÃO E PECUÁRIA

1.5 O Anhanguera e o Ouro em Goiás

Nascido em Parnaíba-SP, herdou do pai o nome e o apelido Anhanguera (em *tupi guarani* significa *homem que faz fogo*); também pode significar "diabo velho" ou "Espírito Maligno", por causa do episódio do fogo posto na aguardente a fim de amedrontar os índios e obrigá-los a revelar o local do ouro e pedras preciosas. Com 12 anos passou a acompanhar o pai nas incursões ao território goiano, mas com a descoberta de ouro em Minas Gerais, estabeleceu-se em Sabará e mais tarde retornou a Parnaíba-SP para organizar uma bandeira para retornar a Goiás.

Com o incentivo e permissão da Coroa Portuguesa, Bartolomeu Bueno e os sócios, João Leite da Silva Ortiz e Domingos Rodrigues do Prado, partiram de São Paulo (1722) e durante quase três anos exploraram os sertões goianos em busca da lendária **Serra dos Martírios**. Finalmente encontrou ouro na região do Rio Vermelho, em 1725.

Sobre a bandeira do Anhanguera

> Principais financiadores da bandeira foram João Leite da Silva Ortiz, genro do próprio Anhanguera, proprietário de Lavras em Minas, e João de Abreu, irmão de Ortiz.
> Saída de SP em 1722, com aproximadamente 500 homens, 39 cavalos, cachorros, 152 armas e 2 religiosos.
> Em 1725 chegou às margens do Rio Vermelho, próximo a Serra Dourada, onde encontrou ouro e fincou uma cruz (A Cruz do Anhanguera), marcando o início da colonização de Goiás.

A região das minas de Goiás ficou vinculada politicamente à Capitania de São Paulo, tendo Bartolomeu Bueno da Silva como **Superintendente de Minas,** considerado o fundador de Goiás, e João Leite da Silva Ortiz, o guarda-mor. Fundaram o Arraial de Nossa Senhora de Sant'Ana (na região do Rio Vermelho), que foi elevado à categoria de vila, em 1739, passando a ser chamada de Vila Boa de Goiás e, mais tarde, Cidade de Goiás, a qual se manteve como capital do Estado até 1937, quando esta foi transferida para Goiânia. Bartolomeu Bueno foi acusado de sonegação de impostos (1733), perdendo seu prestígio junto à Coroa Portuguesa, e sua autoridade foi progressivamente sendo limitada. A persistência das lutas internas e as suspeitas de contrabando levaram ao estabelecimento de uma ouvidoria e à criação da Capitania de Goiás (1749). Morreu em 1740, pobre e destituído de poder na Vila Boa de Goiás.

1.6 Efetiva Colonização

Goiás é um estado considerado *filho do ouro*, pois a descoberta do ouro no território determinou a fixação do homem na região, lançando as bases da colonização portuguesa, vinculando administrativa e politicamente a região à Capitania de São Paulo. Entretanto, cabe ressaltar que a região era povoada por inúmeras tribos indígenas, as quais promoveram inicialmente uma resistência a esta ocupação portuguesa, acarretando a morte de muitos nativos, a escravidão de outros e a fuga de populações inteiras rumo à região Norte do país.

Os sertões do Centro-Oeste brasileiro passaram a ser de interesse a Coroa Portuguesa, com a descoberta do ouro, e coube aos paulistas o início da ocupação e o povoamento da região. Porém, com a divulgação da notícia do achado, Goiás passou a receber um enorme fluxo populacional, atraindo até mesmo aqueles que antes se dedicavam às minas de Cuiabá, abrindo para isso a estrada de Cuiabá a Vila Boa, capital de Goiás.

O povoamento, fruto pela mineração de ouro, tendia a ser nômade, uma vez que é um **povoamento dinâmico**, **sazonal, irregular e instável, sem nenhum planejamento e nenhuma ordem**. Isso porque, quando o ouro se esgota, os mineiros vão para outro lugar e a povoação existente definha ou desaparece. Em Goiás não foi diferente.

No primeiro momento de ocupação e povoamento, vários núcleos urbanos surgiram em virtude da atividade mineradora. Inicialmente, as descobertas das jazidas ocorreram na parte sul do território e foram-se sucedendo rumo ao norte - Rio Tocantins.

Ainda na primeira metade do século XVIII, a região do Rio Vermelho, nas proximidades da Serra Dourada, a primeira a ser ocupada, e posteriormente, em consequência das explorações auríferas ou da localização junto às rotas de Goiás para Minas Gerais, foram surgindo outros núcleos urbanos, como, por exemplo: surgiram os arraiais de Barra (marco zero do povoamento), Anta e Ouro Fino; Santa Rita, Guarinos e Água Quente. Na porção sudeste, Nossa Senhora do Rosário da Meia Ponte (atual Pirenópolis) e Santa Cruz e Araxá, no atual Triangulo Mineiro.

Outras povoações surgidas ainda na primeira metade do século XVIII foram: Córrego do Jaraguá, Corumbá e o Arraial dos Couros (atual Formosa), na rota de ligações do Arraial de Sant'Ana e Pirenópolis a Minas Gerais. Ao longo dos caminhos que demandavam a Bahia, mais ao norte, na bacia do Tocantins, localizaram-se diversos outros núcleos populacionais, como São José do Tocantins (Niquelândia), Traíras, Cachoeira, Flores, São Félix, Arraias, Natividade, Chapada e Muquém.

Na década de 1740, a porção mais povoada de Goiás era o sul do estado, mas a expansão rumo ao setentrião (norte) prosseguia com o surgimento dos arraiais do Carmo, Conceição, São Domingos, São José do Duro (Dianópolis), Amaro Leite, Cavalcante, Palma (Paranã) e Pilar de Goiás.

1.7 Entraves do Povoamento da Região

A historiografia destaca que o povoamento da região foi promovido pela atividade mineradora, em especial pelos paulistas, os quais superaram **várias dificuldades**, entre elas:

> A grande distância dos centros coloniais, em especial, São Paulo;

Entre os vários fatores de atração dos bandeirantes para a atual região de Goiás, podemos apontar: momento político favorável, novas vias de acesso às minas de Cuiabá (MT), crença popular e a Guerra dos Emboabas.

Goiás é um estado considerado filho do ouro, pois a descoberta do ouro no território determinou a fixação do homem na região, lançando as bases da colonização portuguesa vinculando administrativa e politicamente a região à Capitania de São Paulo.

> A falta de conhecimento do território, levando muitas expedições a se perderem pelo caminho;
> A situação de isolamento e o despovoamento da região;
> A irregularidade dos rios, ou seja, os rios goianos não são navegáveis;
> Os frequentes ataques indígenas às expedições;
> A falta de estradas/vias para Goiás;
> As secas e a falta de alimentos;
> Os insetos venenosos e as doenças diversas.

Neste contexto, é necessário destacar as expedições conhecidas como **Monções**. Inicialmente, o termo serviu para definir o período propício para navegação no Brasil, entre a segunda década do século XVIII e a primeira metade do século XIX.

As expedições começaram a utilizar as vias fluviais (rios) e, devido a isso, foram nomeadas de **monções**, pois se favoreciam de um período das cheias, regimes nos quais os rios eram facilmente navegáveis. As monções partiam de São Paulo até alcançar as minas de Cuiabá, transportando inicialmente mão de obra paras as minas, e pouco depois se transformaram em expedições de abastecimento da região.

1.8 Mineração

O ciclo do outro em Goiás durou aproximadamente 50 anos, iniciando em 1725, tendo seu auge em 1750-53 e a partir de 1770 já se apresentava em crise. A maior concentração aurífera localizou-se em torno da **Serra dos Pirineus e da Serra Dourada**, bem na área central do território goiano onde foram erguidos os povoados mais consistentes.

> Expedições conhecidas como Monções eram expedições de abastecimento da região mineradora que acompanhavam o curso dos rios.

As jazidas, descobertas ao acaso, foram exploradas por processos elementares e rudes, sendo exploradas as camadas de superfície. A historiografia aponta que as autoridades não se preocupavam com a técnica de produção, mas tão somente com o fruto das arrecadações de impostos.

Havia duas formas de extração aurífera: a **lavra** e a **faiscação**.

Lavras: grande extração, que utilizava mão de obra escrava. À medida que o ouro do local ia se esgotando, a lavra se deslocava para outra região, deixando o que resta para a faiscação, praticada por pequenos mineradores.

Faiscação: pequena extração, praticada quase sem o trabalho de escravos. Técnica de baixo custo, que torna a mineração acessível a qualquer homem livre.

Tipos de jazidas auríferas que foram exploradas no Brasil:

> **Filões (jazidas primárias):** caracterizados pela exploração do subsolo ou seio de montanhas. Esse tipo de exploração era feito por meio de escavações de túneis e galerias de pouca profundidade e comprimento.
> **Ouro de aluvião ou mineração de cascalho (jazidas secundárias ou aluvionais):** caracterizado pela exploração do ouro encontrado na superfície, em leitos, margens e encostas dos rios, subdividido basicamente em três métodos: **Faisqueiras, Tabuleiros e Guapiaras ou Grupiaras.**
> **Faisqueiras:** ouro que foi sendo transportado pouco a pouco pela constante ação da água e depositado no leito dos rios ou ribeirões.
> **Tabuleiros:** ouro encontrado nas margens dos rios e córregos; sua exploração era feita basicamente por escavações às margens dos rios; este método é conhecido também por Catas.
> **Guapiaras ou Grupiaras:** ouro encontrado nas encostas dos morros, antigos leitos e margens dos rios e ribeirões. Esse tipo de depósito corresponde ao sedimento aluvional acumulado quando o rio ainda cavava o seu leito numa altura superior.

Em Goiás, como em grande do Brasil, a forma de exploração foi o **"ouro de aluvião ou mineração de cascalho"**, que explorava o ouro depositado nos leitos, margens e antigos barracos que margeavam os rios e de fácil extração. Entretanto, de esgotamento mais rápido, conferindo à atividade mineradora um caráter nômade, extensivo, de pouco investimento, de técnica rudimentar e que utilizava o trabalho escravo.

1.9 Sistema Colonial

Cabe lembrar o contexto histórico mercantilista do sistema colonial, no qual a Metrópole extraía o máximo de suas colônias. Diferentemente das outras atividades econômicas da Colônia, a mineração foi submetida à rigorosa disciplina e ao controle por parte da Metrópole.

> Em Goiás, a forma de exploração foi "ouro de aluvião ou mineração de cascalho".

O Período Colonial marca a "descoberta", o povoamento e o posicionamento de Goiás dentro do pacto colonial estabelecido entre Portugal (Metrópole) e Brasil (Colônia), em que a Metrópole fornecia os produtos manufaturados para a Colônia, enquanto que esta era obrigada a fornecer matéria-prima.

Assim, Goiás se insere nesse contexto do sistema colonial, ou seja, produtor de matéria-prima e importador de produtos manufaturados. Situação evidenciada pela a proibição de engenhos de açúcar em terras goianas, além de toda a mão de obra ser direcionada para a extração do ouro, relegando a pecuária e a agricultura como atividades econômicas de subsistência. Em Goiás, a procura de ouro se estendeu sobre todo o território, reduzindo as demais atividades a um nível secundário, acarretando carências profundas no abastecimento de alimentos para a região.

Desse modo, quase a totalidade da mão de obra disponível na região foi absorvida pela mineração, permanecendo a agricultura e a pecuária até o final do século XVIII como atividades subsidiárias. Neste cenário, o comércio, com exceção do comércio de metais, foi de cunho interno, fundamentado na importação dos gêneros de primeira necessidade e dos manufaturados, e os

FORMAÇÃO ECONÔMICA: MINERAÇÃO E PECUÁRIA

caminhos diretos com o exterior foram proibidos, a exemplo do fechamento do intercâmbio direto com o exterior pelo Pará e Maranhão, tendo por via os rios Araguaia e Tocantins. Era uma prática de Portugal isolar as regiões auríferas para impedir o contrabando do ouro.

Assim, nas terras goianas, durante os cinquenta primeiros anos da atividade mineradora, todos os esforços de capital e de mão de obra foram concentrados na extração do metal. Ocorreu socialmente uma supervalorização da figura do "mineiro" e, em contrapartida, pouca estima pela profissão do "roceiro". Assim, ser mineiro era uma profissão honrosa, significava *status* social.

Quadro administrativo da capitania

No primeiro momento, período que se estende de 1728 a 1748, a administração política das minas de Goiás era regida pela provisão real de 1728, que criou a Superintendência das Minas de Goiás. Bartolomeu Bueno da Silva foi nomeado o primeiro superintendente das minas e o guarda-mor, seu genro, João Leite Ortiz.

Depois de vinte anos de ocupação e colonização, Goiás tinha crescido tanto em população e em importância, que não poderia continuar sendo governado à distância por São Paulo.

Após vários choques administrativos, por causa do contrabando e das lutas internas, Goiás conseguiu sua independência no dia 9 de maio de 1748, realizada por D. João V (que passou a ser válida em 1749). O território goiano passou então a ser denominado Capitania de Goiás, tendo como primeiro governador, enviado de SP, D. Marcos de Noronha "Conde dos Arcos", ex-governador de Pernambuco. No entanto, em função da dimensão territorial e do espaçamento dos povoamentos, o **contrabando** tornou-se atividade costumeira.

A Capitania de Goiás possuía o seguinte quadro administrativo: **Governador (Capitão-General), Ouvidor-Mor e Provedor-Mor (Intendente das Minas).**

> **Governador (Capitão-General):** responsável pelo Poder Executivo: pela administração, pela aplicação das leis e pelo comando do Exército.
> **Ouvidor-Mor:** responsável pela Justiça.
> **Provedor-Mor (Intendente das Minas):** responsável pela arrecadação dos impostos.

Instituições administrativas

Dentre a estrutura administrativa da Capitania de Goiás, implantada pela Coroa Portuguesa para a fiscalização da região, destacou-se: a Casa de Fundição e a Intendência das Minas.

Nos anos iniciais (de 1727 até 1736), a arrecadação do imposto aurífero se fez de forma exclusiva sobre o metal fundido na Casa de Fundição de São Paulo. Porém, com a ampliação das jazidas descobertas e consequente aumento da produção do ouro e da população, a Coroa Portuguesa buscou logo montar uma estrutura administrativa para exercer o controle da região e da exploração do metal. Assim, instalaram-se as seguintes instituições administrativas:

> **Intendência das Minas:** órgão diretamente vinculado ao rei. O Intendente das Minas tinha como função administrar as minas, distribuir terras (datas = lotes) para a exploração do ouro, cobrar tributos, e fiscalizar o trabalho dos mineradores.
> **Casa de Fundição:** local onde todo o ouro deveria ser obrigatoriamente levado para ser transformando em barras. Neste local, já seria cobrado o imposto devido, e o restante era devolvido; porém, com o selo real, que comprovava o pagamento do tributo.

Em Goiás foram instaladas duas Casas de Fundição: a de Vila Boa (instalada em 1751) e a de São Félix (instalada em 1754, mais tarde transferida para Cavalcante, em 1796), pois todo ouro, para sair da Capitania, deveria ser fundido em barras, ter o carimbo da Coroa e a guia para exportação. Essas Casas de Fundição foram extintas em 1807.

A Capitania de Goiás possuía o seguinte quadro administrativo: Governador (Capitão General), Ouvidor-Mor e Provedor-Mor (Intendente das Minas).

1.10 Principais Impostos da Economia Mineradora

Na tentativa de evitar o contrabando, a Coroa implantou o sistema de **capitação** (1736-1751). Esse sistema consistia no pagamento de uma quantia por cabeça de escravos possuídos, ou seja, o valor do imposto era pelo número de escravos que se encontrava na data (lavra) de extração de ouro. A partir de 1751, voltou-se ao pagamento do **quinto**, que consistia na cobrança da quinta parte de todo ouro extraído, o qual deveria ser pago no momento da transformação do ouro em barras nas Casas de Fundição.

No que refere à tributação, a cobrança do QUINTO era dificultada pela circulação do ouro em pó, que permitia a prática cotidiana do contrabando; como exemplo, o ouro era contrabandeado na carapinha dos escravos ou nos famosos *santos de pau oco*. Com o intuito de efetivar sua cobrança e evitar o contrabando, foram criadas as Casas de Fundição.

Formas de cobrar o quinto: capitação, sistema de fintas e Casas de Fundição.

> **Capitação**: cobrado sobre o **número de escravos** utilizados no garimpo. Previa a cobrança de 17 gramas de ouro/escravo.
> **Sistema de Fintas**: cotas anuais de arrecadação do quinto, com seu valor fixado em 30 arrobas (450 quilos de ouro).
> **Casas de Fundição.**

Além do quinto (20% da produção de ouro) e da capitação (imposto cobrado por cabeça de escravos), foram cobrados outros impostos, como:

> **Entradas:** sobre a circulação das mercadorias (roupas, ferragens, sal e até alimentos);

> **Dízimos:** sobre a décima parte da produção agropecuária (pois o governo não queria que a agropecuária se desenvolvesse muito em áreas mineradoras, ficando sempre em segundo plano);
> **Passagens:** sobre o trânsito nos rios (isso dificultava ainda mais o trânsito para Goiás);
> **Ofícios:** sobre lotação de cargos públicos (a prática de comprar cargos públicos era comum em terras goianas);
> **Sizas:** sobre o comércio de escravos (esse imposto era cobrado em todo o Brasil, isso levava ao aumento do contrabando de escravos);
> **Foro:** imposto pago pelo uso dos terrenos e casas.

REGISTROS E CONTAGENS – como eram chamados os locais onde a Coroa Portuguesa buscava o controle tributário e policial sobre o trânsito de homens e mercadorias, coletando os impostos sobre o ouro e gêneros, como carnes, açúcar, sal e escravos.

Comunicação com o centro colonial

De acordo com o historiador João Capistrano de Abreu, Portugal, para proteger a região das Minas de Goiás e combater o contrabando do ouro, estabeleceu rotas de comunicação com os centros coloniais, adotando uma política isolacionista em todas as regiões auríferas. E, em 1737, proibiu o intercâmbio direto das Minas de Goiás com o exterior, que ocorria pelo Pará e Maranhão, fechando a navegação dos rios Araguaia e Tocantins, dificultando ainda mais as relações do centro do território com a região norte. Promoveu, assim, o isolamento da região das minas de Goiás, a decadência e a morte de inúmeras povoações localizadas nas zonas banhadas por aquele rio e os seus afluentes.

Uma característica da ocupação aurífera de Goiás é a enorme distância entre os povoados, o que dificultava e encarecia a estrutura de abastecimento aos centros povoadores e, mesmo assim, a navegação pelo rio Tocantins continuou interditada até 1782. Entretanto, conectar Vila Boa a São Paulo e criar condições de controle sobre a exploração do ouro era uma preocupação dos representantes da Coroa Portuguesa na Colônia. Com a propagação de descobertas de jazidas auríferas, estradas foram criadas e submetidas ao controle fiscal por meio de postos de contagem e registro. As **Estradas Reais** ligavam os arraiais, povoado a povoado, aos centros abastecedores coloniais. A intervenção da Coroa na região era direcionada a cobrar tributos e combater o contrabando do ouro. Em vista disso, existiram momentos que as vias de escoamento das *Minas de Goyases* foram restritas a um único caminho: a antiga Rota das Bandeiras de São Paulo, posteriormente consagrada como a "Picada de Goiás". Esta rota vinha de São Paulo, seguia pela vila de Jundiaí, Jaguary e Mogy do Campo até atingir o sul de Goiás.

Sociedade mineradora

As descobertas auríferas em uma fase inicial propiciaram elevado afluxo populacional. Mas a região não chegou a ser efetivamente ocupada. Os núcleos de povoamento representados pelos arraiais foram concentrações isoladas, cercadas por vastas porções desérticas sob o aspecto populacional. Esses núcleos foram imersos por aventureiros em busca de enriquecimento rápido e sem o interesse de fixar raízes na região.

O povoamento de Goiás marcado pela mineração é considerado **sazonal**, ou seja, trata-se de um **povoamento muito irregular e mais instável, sem nenhum planejamento, sem nenhuma ordem**. Onde aparece ouro, ali surge uma povoação e quando o ouro se esgota, os mineiros mudam-se para outro local, e a povoação existente definha e, em muitos casos, chega a desaparecer. Fora a sazonalidade, os povoamentos oriundos da mineração, no geral, eram: **dinâmicos, urbanos, comerciais e militarizados**.

A etnia brasileira formou-se do contato de raças, línguas e culturas diferentes correspondentes aos grupos de imigração caucasoide (branco), negroide (africanos) e dos mongoloides (índios), já existentes na América em período muito anterior à época dos descobrimentos.

Não se tardou a verificar o fenômeno da mestiçagem provocado pelo contato biológico de raças diferentes e os fenômenos de aculturação, resultante do contato de culturas diferentes. Em Goiás não foi diferente e a diversidade marca a sociedade nesse período. Na falta de mulheres brancas, a união com as índias e negras era costume predominante, geralmente não oficializado. Porém, esse contato gerou uma sociedade extremamente miscigenada.

A sociedade goiana na época da mineração agrega os mais diferentes tipos: mineradores ricos, faiscadores pobres, negros libertos, vendedores ambulantes, artesãos, profissionais liberais e mulheres de várias condições. Essa diversidade de grupos levou a uma variedade de interesses na região, distintos daqueles da Coroa.

Principais impostos na mineração:
Entradas: sobre a circulação das mercadorias (roupas, ferragens, sal e até alimentos);
DÍZIMOS: sobre a décima parte da produção agropecuária (pois o governo não queria que a agropecuária se desenvolvesse muito em áreas mineradoras, ficando sempre em segundo plano);
PASSAGENS: sobre o trânsito nos rios (isso dificultava ainda mais o trânsito para Goiás);
OFÍCIOS: sobre lotação de cargos públicos (a prática de comprar cargos públicos era comum em terras goianas);
SIZAS: sobre o comércio de escravos (esse imposto era cobrado em todo Brasil, isso levava ao aumento do contrabando de escravos);
FORO: imposto pago pelo uso dos terrenos e casas.

Características do povoado de Goiás na época da mineração: sazonal, irregular, sem planejamento, instável, desordenado, dinâmico, urbano, comercial e militarizado.

FORMAÇÃO ECONÔMICA: MINERAÇÃO E PECUÁRIA

Uma das particularidades marcantes da sociedade estruturada em terras goianas foi que não se apresentou uma rígida estratificação social, comparada às áreas litorâneas, havendo a possibilidade de mobilidade social.

Trata-se, como já dissemos, de uma sociedade dinâmica, urbana, comercial, militarizada e violenta. Situação agravada, pois o governo não possuía uma força repressiva capaz de conter o clima de banditismo em terras goianas. Com um pequeno **Regimento dos Dragões**, era impossível modificar o clima existente, até porque essa pequena força repressiva desempenhava outras funções, como a segurança interna, a vigilância das fronteiras, o patrulhamento das regiões diamantíferas, o transporte dos quintos e até a arrecadação dos impostos. Com todas essas funções, a situação gerada acabava inviabilizando o trabalho repressivo. Sem dúvida, o contrabando e a violência eram a tônica da região.

Muitos criminosos procurados refugiavam-se nos arraiais goianos para fugir da Justiça (Goiás era terra de ninguém), mais presente na área litorânea e nas vilas mineiras mais bem estruturadas, contribuindo para o crescimento da violência e do sentimento de insegurança.

Cabe também destacar que o deslocamento maciço da população para as regiões das minas provocou elevada inflação no preço dos alimentos e de outros produtos. Isso levou o **jesuíta** Antonil a escrever que os mineiros morriam à míngua, em uma região rica em ouro e onde havia muita fome.

Grupos éticos que se destacaram na composição da população goiana: **os brancos, os negros e os índios**.

1.11 Primeiros Habitantes

Registros oficiais apontam vários sítios arqueológicos pré-coloniais no estado de Goiás, sendo que alguns remontam há 11.000 anos. Destaque para os sítios arqueológicos encontrados nos municípios de **Caiapônia, Formosa, Serranópolis e Niquelândia**. Esses sítios se classificam em: assentamentos ou locais de atividades específicas de grupos ceramistas agricultores; abrigos sob rocha apresentando pinturas e gravuras; sítios líticos a céu aberto associados com grupos caçadores-coletores e/ou a grupos ceramistas; e também foram registrados 21 lajes e blocos horizontais a céu aberto com gravuras (WUST, 2001).

No território goiano são encontrados **três estilos de pinturas rupestres**, a saber: estilo Caiapônia (possivelmente tradição Planalto), estilo Serranópolis (possivelmente tradição São Francisco) e o conjunto estilístico de Formosa (tradição Geométrica), representando animais com um extraordinário realismo: veados, antas, tatus, tartarugas, onças, aves, macacos correndo em círculo, peixes aos pares ou em cardumes, como as piracemas do tempo da seca no rio Araguaia (SCHMITZ, 1984).

Diversas nações indígenas são consideradas como representantes dos primeiros habitantes do território que atualmente forma os estados de Goiás e Tocantins. A maioria pertencente ao tronco linguístico Macro-Jê (família Jê: Akuen, Kayapó, Timbira e Karajá). Outros três grupos pertenciam ao tronco linguístico Tupi (família Tupi-Guarani: Avá-Canoeiro, Tapirapé e Guajajara). Cabe destacar a ausência de documentação confiável para precisar com exatidão a classificação linguística dos povos Goyá, Araé, Crixá e Araxá, que também habitavam a região (PALACÍN, 2008).

No processo de povoamento, o confronto entre o homem branco (colonizador) e o nativo (índio) foi inevitável. Houve resistência da maioria das tribos indígenas, independentemente do contato bandeirantes ou jesuítas. No entanto, de acordo com Palacín (2008) este confronto levou à dizimação dos nativos por vários meios, como:

> Ocupação das terras dos índios;
> Escravização dos mais pacíficos;
> Choques intermitentes com as tribos indomáveis;
> Aldeamento de pequenos grupos, que definhavam rapidamente no regime de semicativeiro;
> Cruzamentos raciais, sobretudo por meio dos índios cativos;
> Suicídios coletivos (forma de resistência à escravidão);
> Degeneração e extinção dos índios;
> Doenças trazidas pelos brancos;
> Destruição do seu *habitat*.

De acordo com a Fundação Nacional do Índio (FUNAI), Goiás tinha, em 2010, apenas 8.583 índios distribuídos nas **três etnias: Karajá, Avá-Canoeiro e Tapuia**.

Os homens livres (classe dirigente)

O início da ocupação das terras e do povoamento de Goiás ocorreu nas primeiras décadas do século XVIII, com a introdução da exploração do ouro como atividade principal. Os colonos levaram alguns anos para estabelecer a posse da terra, realizando construções de moradias rudimentares, roças de mantimentos e outras estruturas necessárias à sua fixação.

Atualmente, existem três etnias indígenas: Karajá (no Araguaia), Avá-Canoeiro (região do Lago Serra da Mesa) e Tapuia (reserva indígena Fazenda Carretão - ao norte em Rubiataba).

De acordo com o historiador Palacín (2008), a época do descobrimento do ouro em Goiás foi caracterizada pela pressa e semianarquia, trazendo para a região o rico minerador, patriarca e empreendedor no comando da massa de escravos, e também negros forros, mulatos e brancos gravitando em volta das minas e dos negócios. Era uma mistura de moços e velhos, pobres e ricos, religiosos de diversas ordens.

Em Goiás, seguindo a prática administrativa do Estado português, formou-se uma elite política que ocupou os principais cargos por meio da compra do direito de exercê-los por certo período.

Nesse período, a elite social em Goiás compunha-se de fidalgos portugueses ou de brasileiros, cujo poder estava relacionado à propriedade de escravos e de terras.

Estimava-se que os homens livres eram praticamente a metade da população de escravos, oriundos de várias partes do Brasil, e nem sempre eram brancos, pois a maioria era **mestiça: mamelucos, mulatos e cafuzos**.

Um elemento social presente em Goiás na época mineradora era os **faiscadores** que constituíam um grupo de homens livres que se aventuravam pelo sertão goiano em busca de ouro e prestígio social advindo da posição de mineiro.

A vida urbana mais intensa viabilizou também oportunidades no mercado interno, surgindo um grupo intermediário formado por comerciantes, mascates, artesãos (como alfaiates, carpinteiros, sapateiros) e tropeiros. E ainda pequenos roceiros que, em terrenos reduzidos, entregavam-se à agricultura de subsistência. Plantavam roças de milho, feijão, mandioca, algumas hortaliças e árvores frutíferas. Também faziam parte deste grupo os faiscadores - indivíduos nômades que mineravam por conta própria. Deslocavam-se conforme o esgotamento dos veios de ouro.

Os escravos africanos

O Brasil se configurou como uma formação colonial-escravista de caráter agromercantil e foi, de longe, o país que mais recebeu escravos, dentre eles, os **sudaneses** (minas) e **bantos**.

Os escravos *minas* ou *sudaneses* (mais aptos para a mineração) eram de origem oeste-africanos, de regiões que atualmente são os países de Costa do Marfim, Benim, Togo, Gana e Nigéria. A região do golfo de Benim foi um dos principais pontos de embarque de escravos, tanto que era conhecida como Costa dos Escravos.

Muitos dos escravos trazidos da Costa da Mina eram seguidores da religião muçulmana, e a maior parte foi levada para a Bahia. Alguns deles sabiam ler e escrever em árabe, fato inusitado no Brasil colonial, onde a maioria da população, inclusive a elite, era analfabeta. A influência islâmica desses escravos pode ainda ser vista em Salvador, sobretudo no vestuário das baianas, com seu característico turbante muçulmano, saias largas e compridas, xales e mantas listradas.

O outro grande grupo que veio para o Brasil foi o dos **bantos**, a maioria oriunda de regiões que atualmente são os países de Angola, República do Congo, República Democrática do Congo, Moçambique. Constituíram a maior parte dos escravos levados para o Rio de Janeiro, Minas Gerais e para a Zona da Mata do Nordeste.

Rotas da escravidão

Nesse contexto escravocrata, a historiografia goiana aponta que no início da colonização foi utilizada a mão de obra escrava indígena, porém predominou a escravidão negra africana, deixando profundas marcas na sociedade goiana.

A vida do escravo nas minas era extremamente dura. Normalmente, a estimativa de vida útil de um escravo nas minas era próxima de sete anos de trabalho. Além do mais, a má alimentação, os maus tratos, as arbitrariedades e os castigos eram a forma usual de sujeição do escravo.

Existe uma dificuldade de determinar a origem dos escravos trazidos para Goiás, sendo certa a presença de inúmeros grupos etnolinguísticos de origem bantos e sudaneses. Porém, de acordo com a pesquisadora e antropóloga goiana, Mary Baiocchi, ao estudar os povos calungas em Goiás, confirma-se a predominância dos povos bantos em Goiás, tais como angolanos, moçambicanos e congos.

Os africanos trazidos para a Capitania de Goiás desembarcaram em diferentes portos, a saber: Belém do Pará, São Luís do Maranhão, Salvador, Rio de Janeiro e, provavelmente, de Parnaíba, no Piauí e de Recife. Estudos apontam que muitos africanos recém-chegados ao Brasil ficaram algum tempo em outras capitanias, como Minas Gerais e Bahia, antes de serem trazidos para as minas de ouro de Goiás. O certo é que as principais rotas de entradas de africanos na Capitania de Goiás eram pelo Pará, Maranhão e pela Bahia.

A americana Mary Karasch, pesquisando as chamadas nações de Goiás, aponta outra rota por meio da qual os escravos chegavam à Capitania, iniciando no Rio de Janeiro e passando por Vila Rica e Paracatu em Minas Gerais. Eram conduzidos por tropeiros que, além de cativos, traziam produtos, como utensílios e objetos de ferro, sal, vinhos, bacalhau, e artigos de luxo, como tecidos finos, vestidos, perfumes.

A sociedade mestiça

Um dos aspectos marcantes da formação sociedade goiana foi a miscigenação. Um dos fatores foi que ao mesmo tempo em que diminuía o número de escravos, aumentava o número de negros livres ou "forros". Na capitação de 1745, os negros forros, que pagaram capitação, foram 120, enquanto o número de escravos chegava quase a 11.000. No recenseamento de 1804, os negros livres era em número de 7.936, 28% do total de negros.

A maior parte da população era formada por mulatos, pois a ausência de mulheres brancas na região das minas de Goiás foi um fator determinante para a mestiçagem, em grande escala, entre branco e negro, até então desconhecida no Brasil.

Em Goiás, principalmente na fase da decadência do ouro, negros livres e mulatos só trabalhavam o indispensável para não morrerem de fome. Os brancos, por costume inveterado, faziam o mesmo. Com o tempo, os mulatos estabeleceram-se em todos os níveis da sociedade, como, por exemplo: no Exército, no sacerdócio, até como grandes proprietários. Todavia, nem o negro livre, nem o mulato eram socialmente bem aceitos.

Escravos, negros e mulatos apareciam muitas vezes nas expressões correntes e mesmo nos documentos oficiais, como formando a ralé da sociedade.

Exploração de diamantes em goiás

Além de ouro, Goiás também apresentava grandes concentrações de outros minérios, como: xisto, quartzífero, xisto micáceo (útil na produção do aço) e pedras preciosas, em especial, o diamante.

A extração mineral no Goiás colonial não se restringiu apenas ao ouro, pois, de acordo com Palacín (2001, p. 56) o *"primeiro descobrimento de diamantes [em Goiás], nos rios Claro e Pilões deve ter-se dado em meados de 1733"*.

Apesar de pouco conhecida, por causa da grande visibilidade da exploração do ouro, a exploração de diamantes foi objeto de extrema atenção por parte das autoridades portuguesas. No contexto de Goiás, na segunda metade do século XVIII, a exploração de diamante era restrita aos contratadores legalmente autorizados que recolhiam a captação.

FORMAÇÃO ECONÔMICA: MINERAÇÃO E PECUÁRIA

Fases da exploração:

1ª fase: ocorreu por meio do **sistema de contratação** (1740-1771), pelo qual o direito de lavra passava a ser dado a um único concessionário (contratador), reservando-se à Coroa Portuguesa o direito exclusivo de compra dos diamantes. A principal tributação era na forma de Capitação.

2ª fase: a partir de 1771, com a criação da Real Extração, a extração ficou controle direto da Coroa (extinto em 1832).

1.12 Declínio da Mineração

A partir da **segunda metade do século XVIII**, Portugal começou a entrar em **fase de decadência econômica progressiva**, marcada pelo declínio da produtividade e do volume médio da produção das minas do Brasil. Nesse contexto, a partir de **1778**, a **produção bruta** das minas de Goiás **começou a declinar** gradativamente, em virtude da escassez dos metais das minas conhecidas, da ausência de novas descobertas e do decréscimo progressivo do rendimento por escravo.

A região mineradora de Goiás teve seu esgotamento rápido, a partir de 1778, sendo causado por vários fatores, como:

> **Características gerais do período da mineração:**
> **Economia:** escravocrata, inter-regional, comercial, monetária, dinâmica, arrojo fiscal, inflação.
> **Sociedade:** escravocrata, mobilidade social, urbana, violenta, militarizada, fome.
> **Política/administrativa:** Governador-Capitão-General (Executivo e Defesa), Provedor-Mor (Finanças), Ouvidor-Mor (Justiça).

> O esgotamento rápido das minas;
> A carência de mão de obra;
> A má administração da região;
> Os altos custos dos transportes;
> As estradas precárias;
> As longas distâncias dos grandes centros;
> A falta de alimentação;
> As técnicas rudimentares (e precárias) empregadas na extração do ouro;
> O contrabando de ouro;
> A falta de investimentos (todo ouro produzido aqui era levado para a Metrópole);
> O excesso e as altas taxas de impostos cobrados às populações das regiões auríferas.

Com o declínio da atividade mineradora, entre os anos de 1778 a 1804, a produção do ouro tornou-se cada vez mais escassa, a população foi gradativamente diminuindo e a região passou por um longo período de transição - da economia mineradora para a economia agropastoril.

Transição da sociedade mineradora à sociedade agropastoril

Durante o período minerador, a lavoura e a pecuária eram atividades econômicas secundárias e faziam parte de um esquema que possibilitava a subsistência dos moradores.

A decadência do ouro afetou toda a estrutura da sociedade goiana, levando à ruralização social da maior parte do território e à regressão a uma economia de subsistência e amonetária.

As jazidas auríferas do norte do território foram sempre menos expressivas, ocorrendo o declínio da mineração mais rapidamente, e a pecuária extensiva ocupou a região.

A diminuição da população urbana e sua consequente ruralização são resultados da queda da atividade mineradora. Entretanto, no sul de Goiás, tal situação pouco afeta dois centros urbanos: Vila Boa e Meia Ponte. De um lado, Vila Boa, na condição de centro administrativo e sede do funcionalismo, reteve grande parte de seus habitantes e sustentou algumas atividades comerciais locais. Por outro, Meia Ponte, com posição privilegiada, era o entroncamento das estradas inter-regionais.

Consequências da decadência da mineração

A maior concentração aurífera esteve localizada em torno da Serra dos Pirineus e da Serra Dourada, bem no centro do território goiano, onde surgiram inúmeros povoados. Entretanto, o ouro de aluvião, as técnicas rudimentares empregadas na extração do ouro e a ausência de novas descobertas contribuíram para que a fase áurea das jazidas goianas fosse rápida e a escassez do metal logo deu sinais.

Goiás presencia, entre o final do XVIII e início do século XIX, um longo período de transição, desaparecendo uma economia mineradora, urbana, dinâmica e de alto teor comercial, dando lugar a uma economia agrária, fechada, de subsistência, produzindo apenas algum excedente para aquisição de gêneros essenciais, como: sal, ferramentas etc. Manteve-se, dessa forma, o relacionamento com São Paulo e Rio de Janeiro, embora muito limitado, de onde importavam cerca de 80% desses produtos indispensáveis.

Em 1804, como atividade rural de subsistência, consta que Goiás produzia aguardente, algodão, açúcar, arroz, couros, café, feijão, fumo, marmeladas, trigo, além de bovinos e suínos.

A historiografia aponta que a **crise da atividade mineradora trouxe várias consequências para Goiás**, entre elas:

> Diminuição da importação e do comércio externo;
> Menos rendimento dos impostos;
> Diminuição da mão de obra escrava (pelo seu alto custo);
> Estreitamento do comércio interno, pois, com a falta o ouro, falta recursos para aquisição de mercadorias;
> Esvaziamento dos centros urbanos e ruralização social;
> Empobrecimento e isolamento cultural.

A crise da mineração e as ações governamentais

No último quarto do século XVIII, a mineração em Goiás como nas demais regiões auríferas da colônia brasileira estava em franca decadência. A queda do rendimento nas minas goianas prolongou-se de forma vagarosa e constante. A partir de 1778, a baixa na produção foi decaindo e a arrecadação do quinto caiu gradativamente. Novas jazidas foram descobertas em Anicuns (1809). Todavia, já em 1820, a mineração em Anicuns não passava de uma vaga lembrança, e a agricultura passou a ser uma opção econômica, mas de cara enfrentava vários **obstáculos que impediam o desenvolvimento das atividades agrícolas**, a saber:

> **Legislação fiscal:** dízimos, impostos temidos pelos agricultores, tanto na forma de avaliação, como na forma de pagamento;
> Desprezo dos mineiros pelo trabalho agrícola, muito pouco rentável;
> Ausência de mercado consumidor;
> Dificuldade de exportação, pelo alto custo do transporte e pela ausência de sistema viário.

A decadência iminente da mineração fez com que o governo Colonial tomasse várias medidas administrativas na perspectiva de integrar a região de Goiás ao centro econômico da Colônia. Palacín; Moraes (2008) destaca que a Coroa Portuguesa, dentro de sua perspectiva mercantilista, promoveu várias ações visando incentivar a agricultura, a pecuária, o comércio e a navegação dos rios, a saber:

> Isenção de impostos (dízimos) por dez anos aos lavradores que se estabelecem nas margens dos rios Tocantins, Araguaia e Maranhão;
> Deu-se ênfase à catequese e à civilização do índio para aproveitá-lo como mão de obra na agricultura;
> Criação dos presídios às margens dos rios visando proteger o comércio, auxiliar a navegação e aproveitar o trabalho dos nativos para cultivar a terra;
> Incrementou-se a navegação do Araguaia e Tocantins;
> Revogou-se o alvará de 5 de janeiro de 1785, que proibia e extinguia fábricas e manufaturas em toda a Colônia. Esta revolução foi seguida de estímulos à agricultura do algodão e à criação de fábricas de tecer.

No entanto, os resultados obtidos não foram satisfatórios, lançando Goiás a uma situação de isolamento e decadência, a qual permanece durante o século XIX. Nos últimos anos, a historiografia vem questionando a ideia de decadência, alegando que não poderia haver decadência, em virtude das características do processo civilizatório na região. A certeza desse momento histórico era a de que a maioria dos habitantes das terras goianas plantava para o autoconsumo e pouquíssimos produtos eram enviados para fora da região. Em 1804, a atividade mineradora em decadência não tinha encontrado um produto que a substituísse.

O legado da mineração

O início do XIX evidenciou a herança deixada pela atividade mineradora predominante do século XVIII, resultado da primeira fase do processo de formação e ocupação territorial de Goiás. Podemos apontar como herança do período da mineração:

Delimitação do imenso território da Capitania: ao sul, o julgado de Meia Ponte, por sua posição geográfica, encontrou-se privilegiado, pois se tornou o entroncamento das Entradas que davam ao norte da capitania e das rotas que ligavam a região a São Paulo e ao Rio de Janeiro. Ao norte, sobrou a possibilidade de navegação dos rios da Bacia Tocantins e Araguaia. No nordeste do território, manteve caminhos e fluxo populacional com a Bahia, Piauí e Maranhão.

Efetiva ocupação do território: a atividade econômica da mineração propiciou o efetivo povoamento do interior do território brasileiro, formando pequenos aglomerados urbanos e concentrações de comunidades rurais. Em Goiás, no início do XIX, consta uma população próxima de 50 mil habitantes.

Estrutura fundiária: mediante a imensidão territorial, a Coroa Portuguesa não teve condições de fiscalizar a apropriação do solo, possibilitando a concentração de terras, com a formação de inúmeros latifúndios e com o predomínio do sistema de posse.

Degradação ambiental: desmatamento e assoreamento dos rios, resultante do ouro de aluvião.

1.13 Pecuária: Ocupação e Povoamento

Transição do século xviii para o xix

Estevam (2004), ao abordar o século XIX goiano, destaca que a consolidação da fazenda goiana como unidade produtiva básica da economia de Goiás permitiu um desenvolvimento peculiar do modo de vida rural no interior das relações e das práticas sociais.

Até o início do processo de modernização-urbanização de Goiás (que ocorre na segunda metade do século XX), pode-se propor uma identificação da sociedade goiana com seu espaço de vida pautada pelos referenciais comuns e pelos símbolos que davam sentido à existência daquela sociedade. São exemplos disso as relações de proximidade com a natureza, o conhecimento da terra, o trabalho desenvolvido com técnicas rudimentares, a contagem cíclica do tempo, a linguagem, as vestimentas, a camaradagem, a confiança e a própria moral machista. Essa organização social, que surgiu e se consolidou em Goiás no século XIX, baseou-se em um único processo de trabalho: **pecuária extensiva-agricultura de subsistência**.

Nesse contexto, evidenciam-se as diferenças entre o norte e o sul do território. Com relação à lavoura, os julgados do norte apresentam bem **menos sítios de cultivo** do que os julgados do sul. Entretanto, quanto à pecuária, ao número de fazendas de criação de gado, a região norte apresenta um número bem superior ao da região sul.

A necessidade de tomar dos silvícolas áreas sob seu domínio, para formação de pastagens, propiciou a marcha do povoamento rumo às porções setentrionais (norte), promovendo a

FORMAÇÃO ECONÔMICA: MINERAÇÃO E PECUÁRIA

expansão da ocupação do território neste período e novamente ascenderam os conflitos com os índios.

A atividade da **pecuária** exercida na época era **basicamente extensiva** na grande extensão de pastagem natural, o que não propiciou a criação de núcleos urbanos expressivos. A economia tendeu a uma ruralização cada vez mais marcante, e esse tipo de atividade econômica gerou grande dispersão e nomadismo da população.

Com a pecuária, os antigos centros mineradores decadentes não foram substituídos por povoações dinâmicas. Em contrapartida, surgiram dos pousos de tropeiros novos núcleos, entre eles Curralinho (atual Itaberaí) e Campo Alegre, como também Anápolis, que inicialmente era uma fazenda de criação, um local de passagem de muitos criadores de gado; além de Ipameri, Catalão, Itumbiara, Bela Vista, Campos Belos, Posse, Dianópolis, Porto Real e outros.

No início do século XIX, os núcleos urbanos eram pobres e em número reduzido, destacando-se apenas as povoações de Meia Ponte e Vila Boa de Goiás, que funcionavam como sede do governo. Em 1809, de acordo com a obra de *Auguste de Saint-Hilaire* "Viagem às Nascentes do rio São Francisco e pela Província de Goiás", Vila Boa dispunha de mais ou menos 900 casas, e Meia Ponte - atual Pirenópolis - era, na época, a maior e mais comerciante povoação da Província, depois da capital.

No início do século XIX, as migrações das populações oriundas de Minas Gerais e do Nordeste brasileiro incrementaram o sistema agrícola e comercial da região. Novos núcleos urbanos surgiram e outros já existentes tomaram novos impulsos. Vejamos o mapa a seguir:

No sul e no norte de Goiás, no início do século XIX, a mineração era de pequena monta. O respaldo econômico do novo surto de povoamento foi representado pela pecuária, estabelecida através de duas grandes vias de penetração:

> **Ao nordeste**, representada por criadores e rebanhos nordestinos, que pelo São Francisco se espalhou pelo oeste da Bahia, penetrando nas zonas adjacentes de Goiás. O Arraial dos Couros (Formosa) foi o grande centro dessa via.

> **Ao sul:** de São Paulo e Minas Gerais, que através dos antigos caminhos da mineração, penetraram no território goiano, estabilizando-se no sudoeste da capitania.

A necessidade de ocupar as porções do território goiano para formação de pastagens contribuiu para o surgimento de inúmeros povoamentos, entre eles:

> Arraial do Bonfim (Silvânia), à margem do Rio Vermelho, fundado por mineradores que haviam abandonado as minas de Santa Luzia, em fase de esgotamento.

> Campo Alegre, originada de um pouso de tropeiros; primitivamente, chamou-se Arraial do Calaça.

> Ipameri, fundada por criadores e lavradores procedentes de Minas Gerais.

> Santo Antônio do Morro do Chapéu (Monte Alegre de Goiás), na zona centro-oriental, na rota do sertão baiano.

> Posse, surgida no início do século XIX, em consequência da fixação de criadores de gado de origem nordestina.

> A expansão do povoamento do centro-oeste de Goiás foi mais discreta, embora algumas povoações aí se erguessem, como o Arraial do Descoberto (Porangatu), originado de descobertas tardias de jazidas auríferas.

Nas porções setentrionais (norte), ligadas à política de povoamento dos vales dos rios Araguaia e Tocantins, com objetivos ligados à implantação do comércio fluvial, surgiram as seguintes povoações:

> Porto Real (Porto Nacional), no final do século XVIII.

> São Pedro de Alcântara e Araguacema, na região do Araguaia no início do século XIX.

De acordo com Palacín (2001), o povoamento oriundo da pecuária apresentou numerosos problemas. Entre eles destacam-se:

a) Não foi um povoamento uniforme: caracterizou-se pela má distribuição e pela heterogeneidade do seu crescimento. Ou seja, enquanto algumas áreas permaneceram estacionárias, outras decaíram (os antigos centros mineradores), e outras ainda, localizadas principalmente na região centro-sul, surgiram e se desenvolveram, em decorrência, sobretudo, do surto migratório de paulistas, mineiros e nordestinos.

b) Outro problema crucial do povoamento residiu na **dificuldade de comunicação com as outras regiões brasileiras.** Comunicações carentes e difíceis com as diversas regiões do Império, derivadas principalmente da pobreza da Província, incapaz de obter meios eficientes para vencer as enormes distâncias que

---

Região norte - ocorreu intensa mestiçagem com o índio (mão de obra na criação de gado). A mestiçagem com o negro foi menor. Ocorreu também a exploração do babaçu, pequenos roçados, comércio do sal (muito rendoso) e a faiscação.

Região sul/sudoeste - ocorreu migração de criadores de gado de Minas Gerais para o Triângulo mineiro, compradores/comerciantes de animais do sertão mineiro, do MT e de GO.

Consequências da ocupação pela Pecuária:

Reintegração da região goiana, por meio da pecuária mercantil, ao sistema econômico do Brasil.

Surgimento do trabalho livre não assalariado: arrendatários, parceiros e meeiros.

Lavoura de subsistência (agricultura familiar) empregava agregados e camaradas (trabalhadores que recebiam como remuneração a cessão de lotes de terras para retirarem sua subsistência).

Sistema de quarta: na pecuária, o vaqueiro, geralmente era com 1/4 das crias do rebanho que houvesse cuidado.

separavam Goiás do centro colonial, região litorânea, refletiram negativamente sobre o comércio de exportação e importação, freando qualquer possibilidade de desenvolvimento provincial.

Entre as consequências da expansão da pecuária em Goiás, pode-se apontar a degradação ambiental: fruto do desmatamento para formação de pastagem, que também contribuiu para o surgimento de voçorocas.

Em resumo, no período de transição, a pecuária torna-se, lentamente, o setor mais dinâmico da economia, tendo como característica essencial a forma extensiva e a capacidade de deslocamento dos animais para os mercados consumidores.

Novos aspectos administrativos

A estrutura administrativa da Capitania de Goiás era formada por: **Capital-General-Mor** (Governador); **Ouvidor-Mor** (responsável pela Justiça) e pelo **Provedor-Mor** (responsável pelas finanças, o qual a partir de 1774 acumula também a função de Diretor-Geral dos Índios).

Entretanto, por causa da enorme área geográfica de Goiás, vários Capitães-Generais (Governadores) propuseram a divisão da Capitania de Goiás em duas Comarcas, a fim de facilitar a administração. Assim, para facilitar a administração, a aplicação da Justiça e, principalmente, incentivar o povoamento e o desenvolvimento da navegação dos rios Tocantins e Araguaia, o Alvará de 18 de março de 1809 dividiu a Capitania de Goiás em duas comarcas (ouvidorias):

Comarca da região sul: compreendia Vila Boa (sede administrativa), e os demais julgados de Meia Ponte, Santa Cruz, Santa Luzia, Pilar, Crixás e Desemboque.

Comarca da região norte: compreendia Vila de São João das Duas Barras (sede administrativa) e os demais julgados de Porto Real, Natividade, Conceição, Arraias, São Félix, Cavalcante, Traíras e Flores.

Visando amenizar o isolamento da região, foi estabelecida uma linha de correio da Corte Portuguesa para o Pará por via Goiás (1808) para auxiliar o desenvolvimento da navegação e as comunicações.

Estas novas medidas administrativas não deixaram de auxiliar a Capitania que se encontrava em condições difíceis, mas não resolveram seus grandes problemas, que eram de ordem econômica, social e cultural.

Goiás na visão dos viajantes

Na passagem do século XVIII para o século XIX (período de transição), houve, por parte dos viajantes naturalistas, talvez pelas dificuldades de acesso ao interior do país, pouco interesse em conhecer a Província de Goiás. Não só a localização geográfica, mas a própria situação socioeconômica da região não era propícia às visitas das expedições. A Província passava por uma crise decorrente da quase extinta produção aurífera, antes motivo de explosão demográfica. Agora, com a queda da mineração, Goiás vivia uma economia primária de subsistência, que aos olhos dos viajantes era a própria decadência. Insistiam em estabelecer "verdades", a partir de suas visões deturpadas da realidade goiana. O fato de não compreenderem a realidade local impulsionou-lhes a emitir julgamentos e opiniões a partir de seus olhares etnocêntricos, de modo que suas narrativas fazem considerações e observações, carregadas de juízos de valor, com um olhar a partir da realidade europeia.

Os viajantes naturalistas que percorreram a província de Goiás, dentre eles: *Sait-Hilaire, Johann Emanuel Pohl, Johann Batist von Spix e Karl Friedrich Von Martius*, são de grande importância para compreender a província de Goiás nas primeiras décadas do século XIX, pois se dedicaram a relatar, com uma riqueza de detalhes, as paisagens, os hábitos e aspectos do cotidiano da população, suas festas religiosas, e uma descrição da imagem do espaço urbano.

Os viajantes europeus olhavam para Goiás e viam apenas um deserto de homens, sem estrutura e perspectivas de vida, sem estradas e meios de comunicações, inertes, parados diante do ócio, muito diferente das atitudes e valores da vida europeia. Perplexos diante da realidade que lhes ofuscava, não conseguiam perceber as razões econômicas e sociais que levaram a Província àquela situação. Esta visão formulou na historiografia goiana uma série de mitos e distorções, além de interpretações equivocadas e tendenciosas sobre o povo goiano, em que são comuns palavras como "decadência", "indolência", "inatividade", "ócio" e "preguiça", dentre muitas outras, revelando aspectos negativos da população goiana. *"Os habitantes são vadios e indolentes em extremo e, por isso, sempre há escassez das coisas comuns na vida"* (GARDNER, 1975).

A distância dos centros e as precárias condições das vias de comunicação e infraestrutura para os viajantes contribuíram para o isolamento da sociedade goiana, caracterizada por uma ruralização, não urbana e nem comercial, portanto amonetária e não dinâmica.

Palacín (2001), ao analisar esse momento de transição, destaca que a visão dos viajantes, com todas as suas incertezas, deixam algumas impressões comuns sobre a região de Goiás das primeiras décadas do século XIX, como:

- precárias condições das vias de comunicação e infraestrutura para os viajantes;

> Longas distâncias;
> Crise no abastecimento de víveres;
> Despovoamento da região, com um processo de ruralização social;
> Escassez de mão de obra;
> Comércio de pequeno porte e estagnado;
> Pecuária como principal atividade de exportação.

O historiador Nasr Fayad Chaul, ao analisar a sociedade goiana, preocupa-se em desconstruir as ideias de **atraso, decadência e indolência** utilizadas por viajantes e cronistas do século XIX para descreverem a Província de Goiás. Segundo Chaul, os viajantes edificaram a ideia de que a precariedade das estradas e as poucas existentes isolavam Goiás; a carência das comunicações isolava o comércio (*Pohl*); a incapacidade do povo em se superar o isolava (*D'Alincourt*). As casas abandonadas nos arraiais, para onde o povo ia apenas em ocasião das festas religiosas (*Saint-Hilaire*) eram o retrato do sertão de Goiás: rural e sem produção agrícola,

FORMAÇÃO ECONÔMICA: MINERAÇÃO E PECUÁRIA

rico em ouro e pobre em alimentos, carente em tudo e sem forças para sair do marasmo (Cunha Mattos e Taunay).; região onde reinava o ócio e a preguiça.

Assim, o que chamou a atenção nos relatos dos viajantes que percorram Goiás foi o abandono, o desalento, a ociosidade e a promiscuidade em que vivia a população local.

O que viram aqui era, para eles, o oposto da Europa; viram um mundo em estagnação, paralisado pela ausência de quase tudo: de boas estradas, boas casas, escolas, métodos adequados de agricultura e, principalmente, civilização. Uma população muito pobre, sem acesso a artigos básicos, entre eles, vestuário e calçados.

Ao percorrerem algumas localidades da província, esses viajantes descreveram também a alimentação, a qual consistia basicamente em: arroz, mandioca ou milho, *in natura* ou em forma de farinha, ovos, carne seca, quase nunca fresca, criações domesticas como: porcos, cabras, gansos, patos, perus, pombos, galinhas, feijão, fumo, aguardente, frutas e verduras, geralmente em pouca quantidade, além dos gêneros importados, como vinho, bacalhau e outros, mais comumente na mesa dos mais abastados, enquanto os mais pobres complementavam sua alimentação com carne de caça.

Como característica da sociedade nesse momento observada pelos viajantes, o marido, autoritário, possuía concubinas e dominava a família, sempre com muitos filhos e uma mulher, submissa. A mulher permanecia reclusa e guardada, porém isso não cabia a todas as mulheres, pois o comportamento variava de acordo com as classes sociais às quais pertenciam. As mulheres da elite sofriam restrições que mais refletiam as considerações sobre honra feminina, e que estavam relacionadas à honra familiar. Eram, devido a isto, confinadas ao espaço familiar, sendo protegidas pelos maridos de possíveis perigos de sedução e assédio sexual.

1.14 Crise na Mineração e Escravidão

Comunidades e territórios quilombolas

Com o declínio da mineração, os senhores de escravos não tinham mais como mantê-los nem possuíam recursos para adquirir novas peças. Tal fato gradativamente levou ao abrandamento da escravidão, por via da miscigenação, além de fugas, do deslocamento para outras regiões e da compra da liberdade.

A transição da economia mineradora para a agropecuária foi marcada em um primeiro momento pela agricultura, mas logo a criação de gado se tornou a principal atividade econômica da região. Tais mudanças refletiram, também, na natureza do trabalho escravo empregado, que pelas próprias características da pecuária, levou a um controle menos rigoroso do trabalho escravo. Portanto, quando foi assinada a Lei Áurea, em 1888, quase não havia escravos para serem libertos em Goiás. Um dos maiores redutos de escravos fugitivos (1736) em Goiás foi a pequena cidade de Pilar de Goiás, que foi tombada pelo Patrimônio Histórico e Artístico Nacional em 1954.

Palacín (2001) destaca que há várias causas, decorrentes todas da própria decadência da mineração, para explicar em Goiás o declínio da população, inclusive a diminuição do número de escravos. Entre elas:

a) Diminuição ou estancamento na importação de escravos: a crise da produção do ouro fez com que a região deixasse de importar escravos. Não entrando novos escravos em Goiás, e a taxa de natalidade entre eles sendo inferior à do resto da população, em longo prazo a proporção da população escrava tendia a diminuir.

b) Diminuição da produtividade do trabalho escravo: com a queda na produtividade, o trabalho escravo quase não pagava os próprios custos, de modo que resultava mais barato e, sobretudo, mais seguro, o trabalho assalariado ou semiassalariado.

c) Compra da liberdade: o regime de trabalho do escravo nas minas era realmente duro e desumano, mas o escravo podia trabalhar para si em dias feriados e, com isso, juntar um montante para conseguir sua **alforria**.

d) Miscigenação da população: pelos registros dos batizados, podemos constatar acentuada miscigenação em Goiás e, às vezes, os filhos de escrava com o branco recebiam a liberdade no momento do batizado.

e) O tipo de trabalho: o controle rigoroso do trabalho escravo, próprio à mineração e à lavoura de monocultura, era praticamente impossível na pecuária extensiva.

A escravidão fincou raízes profundas na sociedade brasileira. Os africanos e seus descendentes resistiram durante todos os séculos contra a escravatura, por meio de rebeliões ou fugas, formando quilombos.

Segundo Silva (2000), seguem os quilombos que existem ou existiram no estado de Goiás:

Ambrósio: existiu na região do Triângulo Mineiro, que, até 1816, pertencia a Goiás. Teve mais de mil moradores e foi destruído por massacre.

Três Barras: tinha 60 integrantes, conhecidos pelos insultos e provocações aos viajantes.

São Gonçalo: próximo à Cidade de Goiás, então capital; seus integrantes atacavam roças e rebanhos das fazendas vizinhas.

Pilar: próximo à cidade de mesmo nome, foi destruído em lutas. Seus 300 integrantes chegaram a planejar a morte de todos os brancos do local, mas o plano foi descoberto antes.

Muquém: próximo à atual cidade de Niquelândia e junto ao povoado de mesmo nome; deixou poucas informações a seu respeito.

Papuã: na mesma região do Muquém, foi descoberto em 1741 e destruído anos depois pelos colonizadores.

Acaba Vida: na mesma região de Niquelândia, ocupava terras férteis e era conhecido localmente, sendo citado em 1879.

Tesouras: no arraial de mesmo nome, tinha até atividades de mineração.

Mesquita: próximo à atual cidade de Luziânia, sua população se estendia no seu entorno.

Cedro: localizado no atual município de Mineiros, tinha cerca de 250 moradores que praticam a agricultura de subsistência. Sobrevive até hoje.

Forte: localizado no nordeste de Goiás, sobreviveu até hoje, tornando-se povoado do município de São João d'Aliança.

Calunga: localizado no Vão do Paranã, no nordeste de Goiás, existe há 250 anos; foi descoberto pela sociedade nacional, no fim dos anos 1960. Tem 5 mil habitantes, distribuídos em vários núcleos na mesma região.

Kalungas?

A origem dos Kalungas remonta ao século XVIII, durante a exploração das "minas dos Goyases", como era chamada a região de Goiás. Na língua banto "kalunga" significa lugar sagrado, de proteção. Foi em busca deste lugar que os negros, fugidos da escravidão, formaram o quilombo nas serras goianas.

A população Kalunga é uma comunidade de negros, originalmente formada por descendentes dos primeiros quilombolas, ou seja, de escravos que fugiram do cativeiro e organizaram quilombos, passando a viver em relativo isolamento, construindo para si uma identidade e uma cultura próprias, com os elementos africanos de sua origem adicionados aos europeus dos colonizadores, marcados pela forte presença do catolicismo tradicional do meio rural.

Além dos quilombolas e índios, outros negros, que no século XIX se mudaram para aquelas serras e ali foram abrir fazendas ou viver em pequenos sítios, juntaram-se ao povo Kalunga. Assim, lentamente, o povo Kalunga foi se estendendo pelas serras em volta do rio Paranã, por suas encostas e seus vales, que os moradores chamam de vãos.

Hoje eles ocupam um território que abrange parte dos municípios de **Cavalcante, Monte Alegre e Teresina de Goiás.** Nesse território, existem quatro núcleos principais de população: a região da Contenda e do Vão do Calunga, o Vão de Almas, o Vão do Moleque e o antigo Ribeirão dos Negros, depois rebatizado como Ribeirão dos Bois.

1.15 Sociedade Goiana no Século XIX

Na fase de transição da economia mineradora para a agropastoril, mesmo entre os brancos a pobreza era geral, mas ser branco continuava sendo uma honra e um privilégio. O branco, mesmo quando pobre, conforme cita *Eschwege*, na época da independência, *não movia uma palha, pois até na vadiagem encontrava com que viver.*

> Municípios que mais concentram terras quilombolas (Kalungas) em Goiás: Cavalcante, Monte Alegre e Teresina de Goiás (região nordeste do Estado de Goiás).

A literatura apresenta algumas características da sociedade do século XIX, dentre elas:

> Ruralização (não urbana)/empobrecimento cultural;
> Não comercial (amonetária);
> Estática (imobilidade social)/escravocrata;
> Novas figuras sociais (arrendatários, parceiros e meeiros, peões de trecho e outros);
> Miscigenação (mestiçagem), principalmente, devido à ausência de mulheres brancas e isolamento.

A historiografia goiana traz também algumas particularidades que marcaram grande parte da sociedade goiana no século XIX:

> Grande número de analfabetos (ausência de professores);
> Mito do "doutor";
> No início do século XIX, só havia uma livraria em toda a Capitania, em Meia Ponte;
> Sociedade patriarcal, na qual as mulheres não recebiam educação, eram *desprovidas de encantos, inibidas, estúpidas, reduzidas ao papel de fêmeas para os homens* (visão dos viajantes);
> Casamentos eram arranjados;
> Filhos fora do casamento (bastardos), os quais ficavam à margem da sociedade, e quase sempre não eram reconhecidos pelos pais;
> A presença de novas figuras sociais: arrendatários, parceiros e meeiros, peões de trecho e outros.

Palacín (2008), ao abordar a imigração em Goiás, destaca que no final do século XIX grupos locais tentaram impulsionar a imigração europeia em Goiás, porém, não obtiveram êxito.

2. A CONSTRUÇÃO DE GOIÂNIA E A NOVA DINÂMICA ECONÔMICA

A mudança da capital de Goiás foi pensada desde o século XVIII e XIX, e essa proposta foi retomada com Pedro Ludovico, no início da década de 1930, como bandeira de progresso e desenvolvimento, além de ser usada como estratégia para sua sobrevivência política. Desta forma, Goiânia seria o símbolo de um novo Goiás, moderno.

O foco deste capítulo será a análise do contexto histórico que antecede a construção da nova capital do estado de Goiás, assim como o processo que envolveu a mudança do centro político e seus desdobramentos, principalmente os aspectos da nova dinâmica econômica da região.

2.1 Século XIX

Após o processo de independência do Brasil, ocorrido na primeira parte do século XIX, a Capitania de Goiás passou a ser Província de Goiás. No entanto, em virtude do isolamento do território, distância e insignificância política junto ao governo central, a situação da região não sofreu grandes alterações. Politicamente, os dirigentes políticos (presidentes da Província), que exerciam grande influência na vida política, continuavam vindo de fora da região, pois eram de livre escolha do poder central (D. Pedro). Geralmente, eram portugueses sem vínculos familiares na região, descontentando os grupos políticos locais. A economia regional vivenciava o que muitos chamaram de decadência; amargava um processo de ruralização, amonetária e fechada em si mesma. A sociedade goiana, em sua maioria, encontrava-se em estágio de ruralização e permanecia alheia às decisões e mudanças políticas. Assim, o processo de independência do Brasil não trouxe significativas transformações sociais e econômicas para a Capitania de Goiás.

De acordo com o historiador hispano-brasileiro Palacín (2008) (2008), na segunda metade do século XIX, a Província de Goiás progrediu economicamente em virtude do crescimento do rebanho bovino, promovendo o povoamento e ocupação do sul de Goiás. É importante ressaltar que a pecuária extensiva, de caráter mercantil e exportador, estava voltada para o mercado do Sudeste, em especial, para os mercados fluminenses e os abatedouros do Rio de Janeiro.

Como consequência da economia agropecuária, surgiram vários núcleos urbanos, a indústria de couros prosperou, juntamente com o início da fabricação de tecidos de algodão, devido à abundância de matéria-prima, chegando a haver, no final do século XIX, cerca de 1.500 teares. O Arraial dos Couros (atual município de Formosa) se destacou na indústria dos couros, chegando a fabricar implementos agrícolas de ferro. Cabe destacar que ao longo do período do Império a pecuária possibilitou a organização de oligarquias locais, no final do século XIX e primeiras décadas do século XX. Elas iriam dominar o cenário político de Goiás, como, por exemplo, as famílias: Bulhões, Caiados, Rodrigues, Jardins e Fleury.

O século XIX em Goiás é marcado pelo isolamento devido à distância do litoral e pela falta de estrutura na área dos transportes. Com o intuito de romper esse isolamento, seus administradores lutavam para normalizar a navegação do Araguaia"Tocantins, sem grandes resultados; tentaram também estender os trilhos de ferro aos sertões goianos, mas obtiveram êxito.

No final do século XIX, a partir de 1870, a sociedade brasileira presencia movimentos liberais: o republicano e o abolicionista. Em Goiás, as ideias republicanas não encontraram muito apoio, tendo como principal representante Joaquim Xavier Guimarães Natal. Já o abolicionismo teve como grande defensor Antônio Félix de Bulhões, o Castro Alves goiano. Palacín (2008) destaca que a abolição da escravatura, promovida pela Lei Áurea (1888), não afetou a economia agropecuária goiana, pois com a decadência da mineração goiana, gradativamente, o trabalho escravo foi substituído por parceiros, meeiros e arrendatários, diminuindo progressivamente o cativo goiano.

Os Presidentes da Província (estrangeiros) indicados pelo Imperador foram responsabilizados por grupos locais pelo atraso de Goiás. Sob o pretexto de afastar o "Oficialismo Político" e chegar ao poder, fundaram os partidos políticos: o Liberal (1878) e o Conservador (1882). A imprensa goiana, por meio dos jornais Tribuna Livre, Publicador Goiano, Comércio, Goyaz, foi propulsora dessas ideias. Palacín (2008) destaca que o cenário do final do século XIX foi marcado pelos seguintes aspectos:

> Fortalecimento dos grupos políticos locais, lançando as bases das futuras oligarquias goianas;

> Os representantes próprios da região foram enviados à Câmara Alta, como: André Augusto de Pádua Fleury, José Leopoldo de Bulhões Jardim, Cônego Inácio Xavier da Silva e outros;

> A política goiana era dirigida por Presidentes da Província impostos pelo poder central;

> A vida política na última década do Império foi muito agitada, em decorrência da instabilidade política nacional e dos choques de interesses dos grupos locais, na medida em que a administração da Província Goiás, no final do Segundo Reinado, passou a ser comandada por políticos (oligarquias) locais: Rodrigues, Jardins, Fleury, Bulhões e Caiados.

Goiás acompanhou os movimentos liberais no Brasil durante e século XIX. A abolição da escravidão não afetou a vida econômica da Província, pois o número de escravos era muito pequeno em comparação a outras regiões do Brasil. Após a decadência da mineração goiana, a escravidão foi sendo substituída, gradativamente, pela prática do trabalho de parceiros e meeiros, diminuindo progressivamente o cativo goiano.

2.2 Velha República

A República Velha ou Primeira República é o nome dado ao período compreendido entre a Proclamação da República (1889) e até a Revolução de 1930. A República Velha é dividida em dois momentos históricos: a República da Espada e a República Oligárquica.

> *O processo de independência do Brasil não trouxe significativas transformações sociais e econômicas para a Capitania de Goiás.*

- República da Espada (1889-1894): período dominado por militares (marechais Deodoro da Fonseca e Floriano Peixoto), marcado por um viés mais centralizador do poder. Destacam-se ainda crises econômicas, como a do Encilhamento, e conflitos entre as elites brasileiras, como a Revolução Federalista e a Revolta da Armada.

- República Oligárquica (1894-1930): também chamada República dos Coronéis - caracterizou-se pelo controle político do governo federal pela oligarquia cafeeira paulista (produtora de café) e pela elite rural mineira (produtora de leite), na conhecida "Política do Café com Leite", período marcado pelo coronelismo, garantindo poder político regional às diversas elites locais do país.

Muitos dicionários utilizam o termo "Coronelismo" para designar certos hábitos políticos e sociais próprios do meio rural brasileiro, em que os grandes proprietários rurais, chamados de "coronéis", exerciam absoluto domínio sobre as pessoas que viviam em suas terras ou delas dependiam para sobreviver. O fenômeno tem raízes profundas na tradição patriarcal brasileira e no arcaísmo da estrutura agrária do país.

O coronelismo foi a expressão do poder local na Primeira República e é um dos temas clássicos da política goiana, na qual o domínio político do coronel se expressava, em especial, na posse de terras e de votos. Desta forma, o controle das eleições era definido em duas instâncias: nas mesas eleitorais se decidia quem poderia votar, enquanto na Assembleia, por meio de comissão de verificação dos poderes, legitimavam-se ou não os pleitos eleitorais.

A historiografia traz algumas características do Coronelismo, a saber: mandonismo local, clientelismo (troca de favores), apadrinhamento e voto de cabresto (curral eleitoral).

Os aspectos da política dos coronéis envolviam os níveis de poder (federal, estadual e municipal). O coronel se coloca como mediador entre as instituições políticas e a população interiorana. Pessoa (1999) ressalta que, nesse período, o atraso era a forma privilegiada de controle. De uma maneira geral, a historiografia aponta que o coronelismo goiano se estruturou graças ao predomínio da vida rural sobre a urbana, na grande propriedade autossuficiente, na produção de subsistência, na falta de meios de comunicação e na dispersão e no isolamento da população goiana.

A Proclamação da República (1889) não alterou os problemas socioeconômicos enfrentados pela população goiana, em especial pelo isolamento proveniente da carência dos meios de comunicação, com a ausência de centros urbanos e de um mercado interno e com uma economia de subsistência. As elites dominantes continuaram as mesmas. As mudanças advindas foram apenas administrativas e políticas, pois, a partir da República, as oligarquias assuem o poder. As décadas iniciais da República, até 1930, foram marcadas por instabilidade política, fruto da disputa das elites oligárquicas goianas pelo poder político: os Bulhões, os Fleury, e os Jardim Caiado. Até o ano de 1912, prevaleceu na política goiana a elite oligárquica dos Bulhões, liderada por José Leopoldo de Bulhões, e a partir desta data até 1930, a elite oligárquica dominante passa a ser a dos Jardim Caiado, liderada por Antônio Ramos Caiado (GOIÁS, 2016).

Nas décadas iniciais do século XX, o cenário goiano apresenta algumas particularidades, dentre elas:

> O escravo liberto (1888) continuou flutuante, caminhando para a marginalização social;
> As elites dominantes continuaram as mesmas;
> Não ocorreu a imigração europeia;
> Existência de latifúndios improdutivos, áreas imensas para povoar e explorar;
> Decadência - sem se pensar em modificar a estrutura de produção;
> Pecuária e agricultura deficitárias;
> Educação em estado embrionário;
> Povo esquecido em suas necessidades, mas usado pelos hábeis políticos, que baixavam decretos em seu nome.

2.3 Ferrovia

Na transição do século XIX para o século XX, o Estado começou a vivenciar certo desenvolvimento, com a instalação do telégrafo em Goiás para a transmissão de notícias. Com a chegada da estrada de ferro em território goiano (região de Goiandira, Ouvidor e Catalão), no início do século XX, a urbanização na região Sudeste se ampliou e iniciou a produção de arroz para exportação. Contudo, por falta de recursos financeiros, a estrada de ferro não se prolongou até a capital e o norte goiano, o qual permaneceu praticamente incomunicável e pouco povoado. O setor mais dinâmico da economia continuou sendo a pecuária e predominava no estado o latifúndio (GOIÁS, 2016).

A Estrada de Ferro Mogiana chegou até Araguari (MG), em 1886 e, no início do século XX, implantou-se a Companhia de Estrada de Ferro de Goiás com investimentos de capitais franceses, chegando à cidade goiana de Goiandira (onde foi inaugurada em 1913).

O avanço dos trilhos sobre o território goiano é resultante das transformações verificadas no cenário nacional, em especial a expansão da cafeicultura que tornou necessária a incorporação de novas regiões ao sistema capitalista nacional. Assim, a chegada da ferrovia se constituiu o principal elemento propulsor da modernização econômica da região, promovendo transformações também na esfera social, cultural e ideológica.

A Estrada de Ferro de Goiás e a implantação das charqueadas nas cidades ao longo dos trilhos possibilitaram um crescimento substancial da pecuária, pois a carne, em parte industrializada e em parte como gado gordo para o abate, era exportada para os mercados paulistas com custos mais baixos. Ou seja, a ferrovia criou condições de integração da região com os centros consumidores, aproximando a economia do sul/sudeste goiano de São Paulo por meio do aprofundamento dos vínculos econômicos com o Triângulo Mineiro, região já articulada com a economia paulista. Assim, a ferrovia contribuiu de forma efetiva para romper o isolamento da região.

Por fim, a formação do território goiano se constituiu pela conjugação de diversos fatores de ordem natural, histórico-social e político-econômica, a saber: distribuição mineral (ouro), avanço da agropecuária e a implantação de ferrovias e rodovias, que possibilitou a sua integração ao território nacional.

A CONSTRUÇÃO DE GOIÂNIA E A NOVA DINÂMICA ECONÔMICA

Revolução de 1930 e a construção de goiânia

A Revolução de 1930 foi o movimento revolucionário armado, liderado pelos estados de Minas Gerais, Paraíba e Rio Grande do Sul (Aliança Liberal), que culminou com o Golpe de Estado e com Getúlio Vargas na Presidência da República do Brasil. Foram registradas mudanças no campo político e pôs-se fim à chamada "Política do Café com Leite" e à Velha República.

> A ferrovia contribuiu de forma efetiva para romper o isolamento da região e criou condições de integração da região com os centros consumidores, aproximando a economia do sul/sudeste goiano de São Paulo.

Em Goiás, o movimento sofreu resistência por parte da oligarquia rural dominante. No entanto, suas ideias tiveram repercussão no sul e sudeste do estado, de onde surgiram adeptos da Revolução, apoiados pelas colunas revolucionárias vindas de Minas Gerais. A vinculação entre o ideário revolucionário e o apoio de setores político-econômicos dessas regiões deve-se à predominância de expressivo número de comerciantes e profissionais liberais na região. Assim, a Aliança Liberal teve apoio do Partido Republicano de Goiás, com destaque para o médico Pedro Ludovico Teixeira, em Rio Verde-Goiás. Na capital, a oposição ao caiadismo coube a Mário Caiado e Domingos Velasco.

Pedro Ludovico (outubro – 1930) organizou um levante armado para tomar o poder e foi preso em Rio Verde-Goiás. Durante sua remoção para a Cidade de Goiás, foi libertado pela Coluna Mineira e a revolução saiu vitoriosa. Assim, Pedro Ludovico chegou ao destino não mais como prisioneiro, mas para assumir a liderança do movimento e o governo provisório do estado e logo foi nomeado como interventor no estado por Getúlio Vargas.

Após 1930 o Estado não sofre alterações em seu conteúdo de classe, "Ele continua favorecendo as oligarquias. Essas continuam como as únicas beneficiárias da política econômica do Estado" (SILVA, 2002, p. 20). No entanto, Chaul (2002) aponta a Revolução de 1930 é mais do que uma alternância das oligarquias no poder (saída do caiadismo e entrada do ludoviquismo), significou "a construção de um projeto político baseado na idealização da modernidade, com a participação realista das camadas medias urbanas" (CHAUL, 2002, p.160).

Acerca deste momento histórico, a historiografia constata a existência de um projeto de Estado para o interior do país, projeto este que se configura na "Marcha para o Oeste", empreendida pelo Estado Varguista. A Marcha busca afirmação da brasilidade por meio da interiorização. Desse modo, com uma estrutura governamental autoritária e centralizadora, o Estado brasileiro, que a partir da Revolução de 1930 passou a ser comandado por Getúlio Vargas, pautou-se na tentativa da construção de uma nova identidade nacional e de um novo modelo estatal.

O processo de substituição do caiadismo pelo ludoviquismo no poder do Estado de Goiás, em 1930, não deve ser visto como uma mera substituição de oligarquias, pois parte do grupo opositor aos Caiados tinha forte aceitação dos ideais propagados pela Aliança Liberal (SILVA, 2001). Assim, após a Revolução de 1930, o governo goiano adotou como meta trazer o desenvolvimento para o estado, resolver os problemas do transporte, da educação, da saúde e da exportação. Dentro desse discurso desenvolvimentista e de modernização deu-se a construção de Goiânia.

2.4 Mudança da Capital

A cidade de Goiás, a antiga capital, passou a representar a inércia e o atraso confrontados pelo ímpeto criador e inovador da Revolução de 1930. Por isso, além das razões geográfico-econômicas da mudança, podemos acrescentar o significado da Revolução "como libertação do passado e como criação de um mundo novo", conforme Relatório elaborado por Pedro Ludovico sobre o período 1930-33 e apresentado ao Exmo. Sr. Dr. Getúlio Vargas dd. Chefe do Governo Provisório, e ao povo goiano.

Campos (1987) destaca que os políticos goianos eram acusados de impedir o progresso em Goiás; o lema era "quanto pior, melhor". Pedro Ludovico rotulava a Cidade de Goiás de centro "oligárquico, decadente e atrasado". Assim, a ideia mudancista, que vagamente era abordada até 1930, firmou-se, e Pedro Ludovico tomou a decisão de fazer a transferência para um local mais apropriado. Em 1932, foi assinado o Decreto nº 2737, de 20 de dezembro, nomeando uma comissão que, sob a presidência de Dom Emanuel Gomes de Oliveira, então bispo de Goiás, escolhesse o local onde seria edificada a nova Capital do Estado. Após a realização de estudos das condições topográficas, hidrológicas e climáticas, a comissão apresentou quatro localidades que poderiam converter-se em capital: Bomfim (Silvânia), Pires do Rio, Batã (Orizona) e Campinas. A região de Campinas foi escolhida e chancelada pelo renomado urbanista, Armando Augusto de Godoi e, por imposição de Pedro Ludovico, a escolhida é Campinas. Apesar da forte campanha antimudancista, originada, dentre outros fatores, por:

> Evados gastos públicos que a transferência representaria;

> Motivos sentimentais e econômicos: a mudança levaria à desvalorização de imóveis, negócios e terras.

Fatores que favoreceram a escolha do local: região aplainada e pouco acidentada (topografia favorável), abundância hídrica, proximidade do traçado previsto da estrada de ferro (que chegaria a Anápolis -1935).

Seguem as etapas da construção de Goiânia:

1933: Lançamento da pedra fundamental da cidade de Goiânia (24/10/1933) por Pedro Ludovico Teixeira (idealizador do projeto); Atílio Correia Lima e Armando Augusto Godoy elaboram o projeto arquitetônico. Aberlado e Jerônimo Coimbra Bueno foram os construtores;

1935: Criado oficialmente o novo município. Venerando de Freitas é nomeado por Ludovico o primeiro prefeito de Goiânia;

1937: Ocorreu a transferência da capital para Goiânia;

1942: Ocorreu o "Batismo Cultural" de Goiânia.

O nome:

O nome "Goiânia", sugerido pelo professor Alfredo de Castro, foi escolhido em um concurso promovido pelo jornal "O Social". A origem etimológica teria vindo da adaptação ortográfica e fonética do título do livro Goyania, um poema épico do escritor Manuel Lopes de Carvalho Ramos, publicado em Portugal em 1896.

O projeto urbanístico:

O projeto inicial de Goiânia foi elaborado pelo o arquiteto-urbanista Atílio Correa Lima, que se inspirou na escola francesa de urbanismo do início do século XX. Projetou importantes prédios, como o Palácio das Esmeraldas e a visão geral da cidade que previa inicialmente 15.000 habitantes e que poderia atingir a 50.000 habitantes. Atílio não chegou a concluir a implantação integral da nova capital, sendo substituído por Armando de Godói, que deu continuidade ao plano, mas seguindo orientação do modelo das cidades-jardim inglesas, em especial, na parte sul de Goiânia. A empresa de engenharia Coimbra-Bueno foi a responsável pela implantação e construção da cidade.

Goiânia foi construída em um ambiente de profundas batalhas discursivas, com vistas à produção de uma nova mentalidade inspirada nos ideais da modernidade. Seus edifícios refletem o espírito de tempos e lugares produzidos a partir de bases científicas disciplinadoras, fundadas no pensamento euclidiano balizador da Art Decó.

Embora ligada à estrutura fundiária, Goiânia foi edificada sob o prisma da modernidade, servindo de bandeira política para Pedro Ludovico nas eleições constituintes de 1933, que elegeriam os representantes governamentais e 1934. A ideia mudancista, que sofreu forte rejeição na cidade de Goiás, era sua principal bandeira eleitoral que ocultava a face real de seu intento: não se tratava apenas de deslocar os Caiado do centro de poder; Goiânia representava o veículo de condução político-burocrática capaz de levar o estado a uma maior inserção no mercado nacional, a uma dinamização do processo de acumulação capitalista nas fronteiras economicamente mais desenvolvidas do estado (CHAUL, 2009).

Por fim, a mudança da capital mobilizou todas as atenções do estado, pois se tratava de mudar a geografia política, alterando o lugar de encontro das atividades econômicas, administrativas e culturais. Entre os anos de 1933 e 1937, estruturou-se, ainda que timidamente, a nova capital de Goiás, cuja construção foi uma decorrência da reorientação política ocorrida em Goiás após 1930. O interventor Pedro Ludovico, desejoso de restringir o poder das elites políticas fixadas na tradicional cidade de Goiás, comprometeu-se com a mudança da capital como chave para o seu governo.

A nova dinâmica econômica de goiás

A construção de Goiânia promoveu a abertura de novas estradas, tornando-se centro de ligação dentro do estado e com outros estados: favoreceu a imigração, e consequentemente o povoamento, acelerando a colonização da região do Mato Grosso goiano, zona de grande riqueza agrícola (região que começa na cidade de Anápolis e continua até o oeste, na base da Serra Dourada, e de Goiânia até Itapaci) (ARRAIS, 2013).

O apoio do governo federal foi essencial para a efetivação do projeto de construção da nova capital, a qual passou a ser vista como um importante empreendimento político e econômico de caráter modernizador e um grande símbolo da "Marcha para o Oeste", projeto lançado em 1938 pelo governo Getúlio Vargas, em pleno Estado Novo. Tal projeto teve em Goiás e em Goiânia uma base estratégica por sua localização geográfica, elo entre o litoral e um interior ainda a ser desbravado. Neste sentido, ocorreu a construção da primeira colônia agrícola, em 1941, na cidade goiana de Ceres, a Colônia Agrícola Nacional de Goiás (CANG), e a organização da expedição Roncador-Xingu, dos irmãos Villas-Boas, que saiu de Aragarças em 1943 e mergulhou na Amazônia ainda virgem de contatos com o homem branco.

Dentro da visão desenvolvimentista e nacionalista do governo federal de Getúlio Vargas, a "Marcha para o Oeste" visava, entre outros aspectos: ocupar o interior do Brasil por meio de uma política demográfica que buscava incentivar a migração para a região; valorizar terras, por meio de um projeto de reforma agrária - criação de colônias agrícolas; defender o território nacional; expandir o capitalismo que estava centrado no Sudeste do país por meio da construção de muitas estradas; diminuir e eliminar a oposição dos coronéis (oligarquias locais); aumentar a exploração da borracha na Amazônia; incentivar à agricultura e a pecuária, especialmente para a própria sobrevivência.

A ocupação do Centro-Oeste brasileiro, por meio da "Marcha para o Oeste", visava também a ser uma etapa preliminar à ocupação da Amazônia, e seu desdobramento se vincula à mudança da capital federal (Brasília) e a abertura da estrada ligando Brasília a Belém. O governo federal tinha a expectativa de promover a integração regional, por meio do incentivo e da ampliação da economia agroexportadora de Goiás, visando diminuir as diferenças econômicas entre as regiões Sudeste e Centro-Oeste.

Figura 1. Capa do Jornal O Popular de 22 de agosto de 1940. Disponível em: http://www.opopular.com.br/o-brasil-marcha-para-o-oeste-1.296179. Acesso em: 09/09/2016.

A partir de 1940, Goiás passa a crescer em ritmo acelerado, também em virtude do desbravamento do Mato Grosso Goiano, da campanha nacional de "Marcha para o Oeste" e da construção de Brasília. A população do estado se multiplicou, estimulada pela forte imigração, oriunda principalmente dos estados do Maranhão, Bahia e Minas Gerais. A urbanização foi provocada essencialmente pelo êxodo rural. Contudo, a urbanização neste período não foi acompanhada de industrialização. A economia continuava

A CONSTRUÇÃO DE GOIÂNIA E A NOVA DINÂMICA ECONÔMICA

predominantemente baseada no setor primário (agricultura e pecuária) e continuava vigente o sistema latifundiário (GOIÁS, 2016).

Goiânia foi planejada, inicialmente, para 50 mil habitantes, mas em 1950 já eram aproximadamente 53 mil pessoas, sendo 75% vivendo em área urbana. No entanto, no início da década de 60, contava com 150 mil habitantes, e esse crescimento demográfico foi devido a uma série de fatores, dentre eles:

> A chegada da estrada de ferro em 1951;
> A retomada da política de interiorização de Vargas, entre 1951 e 1954;
> A inauguração da Usina Hidrelétrica do Rochedo, em 1955;
> A construção de Brasília, entre 1956 e 1960;
> As obras viárias que promoveram a ligação do Planalto Central com o resto do país.

Segundo Arrais (2004), "Até as primeiras décadas do Século XX, a economia goiana apresentava um perfil ligado à agricultura de subsistência, com forte dependência de produtos manufaturados importados de outros estados [...]. Entretanto, a partir da década de 1950, os investimentos em crédito agrícola, em rodovias e em infraestrutura de estocagem modificaram radicalmente esta situação, transformando o estado de Goiás em um verdadeiro "celeiro nacional". Dentre as consequências advindas dessa transformação econômica em Goiás, sobressaem a concentração fundiária, o êxodo rural e a disseminação do modo de vida urbano. Cabe destacar que até a década de 1960 Goiás estava sob a liderança política de Pedro Ludovico e foi um período marcado por uma grande presença do Estado como gestor do progresso econômico, sendo comparado com a postura do governo de Getúlio Vargas no âmbito nacional.

Analisando o período 1910-1920, Arrais (2013) destaca que ocorreu um processo de reintegração regional graças à chegada da ferrovia e a primeira guerra mundial, que favoreceu a economia goiana. A ferrovia não apenas fundou novos municípios, como Pires do Rio (1930) e Leopoldo de Bulhões (1948), mas também dinamizou os existentes, como Ipameri e Anápolis.

Com a criação de Goiânia, ampliou-se a urbanização da região e ocorreu a valorização fundiária, alterando o perfil socioeconômico, em especial, na região do Mato Grosso goiano. Foi um período que ensaiou um arranjo regional: 1º) na região da Estrada de Ferro ocorreu a modernização urbana - reforçando relações comerciais com o Sudeste brasileiro e aumentando as diferenças entre o meridional (sul) e o setentrional (norte) goiano; 2º) a chegada da ferrovia em Anápolis (1935) consolida-se como polo comercial e da arcaica indústria de transformação (concentração de máquinas de beneficiar arroz). A instalação da Colônia Agrícola Nacional de Goiás (Cang), em 1943, favoreceu a migração e o comércio regional - sendo montada uma estrutura de transporte rumo ao Norte Goiano. Anápolis serviu de suporte para a edificação de Brasília. 3º) início da integração do norte Goiano com o avanço de rodovias, que continuou sendo uma região com baixa densidade demográfica e menos urbana. 4º) Goiânia se consolidou como mercado de serviços e consumo na região do Mato Grosso de Goiás para produtos manufaturados, além de promover uma valorização das terras na região.

Na década de 50, com a construção de Brasília e da rodovia BR-153, a Belém-Brasília, a região valorizou-se. Os latifundiários da região procederam a uma verdadeira "corrida" - semelhante à do ouro - aliados a advogados e juízes corruptos para grilar a imensa quantidade de terras devolutas da região. O fato é que a expansão das relações capitalistas em Goiás e a integração regional promoveram a valorização fundiária em porções territoriais antes esquecidas, multiplicando conflitos agrários, em especial no norte de Goiás, palco de uma das mais importantes lutas camponesas do país, episódio conhecido como A guerrilha de Trombas e Formoso.

> Dentre as consequências advindas dessa transformação econômica em Goiás, sobressaem a concentração fundiária, o êxodo rural e a disseminação do modo de vida urbano. Cabe destacar que até a década de 1960, Goiás estava sob a liderança política de Pedro Ludovico e foi um período marcado por uma grande presença do Estado como gestor do progresso econômico, sendo comparado com a postura do governo de Getúlio Vargas no âmbito nacional.

3. MODERNIZAÇÃO DA AGRICULTURA

A política do governo federal de interiorização do desenvolvimento, com a implantação de uma infraestrutura de transporte nas primeiras décadas do século XX, das mudanças político-institucionais após 1930 e da construção de Goiânia e Brasília, favoreceu a expansão da fronteira agrícola rumo a Goiás. A integração regional foi favorecida pela construção das rodovias que permitiram a circulação interna da produção, de modo que a integração da economia goiana ao mercado brasileiro se concretizou por meio do sistema ferroviário. A partir da década 1960, as políticas do governo federal de crescimento agrícola da região Centro-Oeste (Planalto Central), em especial em áreas de cerrado1, objetiva a produção de commodities2 para exportação, visando equilibrar a balança comercial brasileira e paralelamente atender a dinâmica e as necessidades de mobilidade do capital nacional associado ao capital internacional. Esses eventos estimularam o crescimento e a especialização da agropecuária em Goiás o incremento da urbanização, vinculando o setor agrícola e o setor urbano-industrial.

Este capítulo analisará a relação entre a modernização da agricultura e os impactos na economia goiana.

Modernização da agricultura

A infraestrutura viária permitiu a penetração de uma população rural migrante para o Centro-Oeste e a efetiva integração da região ao comércio nacional, promovendo a valorização das áreas ocupadas. As empresas colonizadoras voltadas para a agropecuária agroexportadora, representantes do setor privado, promoveram significativas transformações socioeconômicas e espaciais, a partir de políticas desenvolvimentistas elaboradas pelo poder público (ESTEVAM, 2004).

A expansão da fronteira agrícola se efetivou nos anos 70, com o cultivo do arroz e logo depois da soja. Na pecuária, o plantio de pastagens, com o cultivo de forrageiras, aumenta a produção e a produtividade do rebanho por hectare (MENDONÇA; RIBEIRO; THOMAZ Jr, 2002).

A agricultura agroexportadora dos 1970 promoveu alterações na ocupação da região Centro-Oeste, com técnicas modernas no cultivo de grãos e na criação de gado. O cerrado, com sua topografia plana, até então pouco utilizado, passa a ser intensamente aproveitado, graças à disponibilidade de capitais (programas governamentais), de recursos técnicos (máquinas), de tecnologia (desenvolvimento de pesquisas científicas) e do apoio na construção de infraestrutura (rodovias) pelo Estado brasileiro, como forma de atrair capital privado nacional e transnacional.

O setor agropecuário brasileiro, em especial a região Centro-Oeste, devido a algumas determinantes, dentre eles, a expansão da agricultura comercial e avanços tecnológicos que envolvem os insumos agrícolas3, transformou-se, na segunda metade do século XX. Houve a "modernização dos latifúndios, o fortalecimento da vocação exportadora, a formação dos complexos agroindustriais, a estreita vinculação com o setor financeiro e a crescente interpenetração de capitais, envolvendo os setores agropecuário, industrial e financeiro". (ALENTEJANO, 1996, p. 90).

Arrais (2013, p. 44) destaca que a modernização da agricultura deve ser "compreendida na relação espaço-tempo, não sendo aconselhável, portanto, restringi-la às mudanças na base técnica e ao aumento da produtividade".

Nesse contexto, a partir da década de 1970, o perfil da economia goiana sofreu fortes alterações. De uma economia agrícola com significativa produção de arroz e milho destinada ao mercado interno, passou-se para uma agricultura destinada à exportação, na qual a soja e os derivados da cana-de-açúcar despontam como os principais produtos.

A historiografia aponta diversos fatores determinantes para a ocupação do cerrado goiano com a agricultura comercial. Dentre eles, destacam-se:

> A presença dos chapadões com topografia plana (facilita a mecanização);
> Disponibilidade de terras;
> Latifúndios improdutivos e também de terras devolutas;
> Disponibilidade de água para projetos de irrigação;
> Políticas creditícias e fiscais subsidiadas pelo Estado brasileiro;
> Construção da infraestrutura – rodovias e ferrovias - necessária aos novos empreendimentos empresariais.

A região do Caiapó, atual Sudoeste Goiano, graças aos condicionantes ambientais e à oferta de terras que possibilitavam ampliar a produção de soja em curto intervalo de tempo, foi primeira região de Goiás a sofrer o processo de transformação no uso e ocupação do solo, devido também à sua "proximidade geográfica com os mercados do Centro-Sul; tradição na atividade agropecuária com a presença dos latifúndios e de uma elite agrária voltada para a absorção das inovações; pouco adensamento populacional no campo, o que facilitou o processo de incorporação das terras, quase sem resistência por partes dos pequenos médios produtores rurais etc." (MENDONÇA; RIBEIRO; THOMAZ Jr, 2002).

A proximidade dos grandes centros de consumo e comercialização do país, integração à rede viária da Região Sudeste e as políticas creditícias e fiscais do Governo Federal para a ocupação do cerrado facilitou o desenvolvimento da agricultura agroexportadora, e o Sudoeste Goiano tornou-se a porta de entrada da modernização da agropecuária em Goiás e de grande parte do Centro-Norte brasileiro (MENDONÇA RIBEIRO; THOMAZ Jr, 2002).

---

1 Cerrado: possui uma aparência árida decorrente, em parte dos solos pobres e ácidos e da ocorrência de apenas duas estações climáticas: uma seca e outra chuvosa. O relevo plano em quase toda a sua extensão facilita a mecanização da agricultura. Berço de grande diversidade de espécies e de importantes bacias hidrográficas. "O bioma do cerrado distribuído pelo território nacional (1/3 da biota brasileira), no contexto da globalização da economia, está sofrendo violento processo de impactos ambientais em termos de degradação e destruição de significativos ecossistemas do território do país". (BARBOSA; TEIXEIRA NETTO; GOMES, 2004).

2 Commodities (mercadoria em inglês): termo usado para descrever produtos de baixo valor agregado; muitas vezes, commodities pode ser sinônimo de "matéria-prima", porque são produtos usados na criação de outros bens. São principalmente minérios e gêneros agrícolas, que são produzidos em larga escala e comercializados em nível mundial. As commodities são negociadas em bolsas de mercadorias. Portanto, seus preços são definidos em nível global pelo mercado internacional.

3 Insumos agrícolas: são insumos de produção que são utilizados na obtenção de produtos agrícolas, sejam vegetais ou animais. Classificados em: mecânicos: equipamentos e máquinas usados para a preparação e manutenção dos produtos (tratores, sistemas de irrigação etc.); biológicos: elementos que são de origem vegetal ou animal (adubos, plantas etc.); minerais ou químicos: produtos provenientes de rochas ou fabricados em laboratórios (fertilizantes, agrotóxicos etc.).

MODERNIZAÇÃO DA AGRICULTURA

Planos desenvolvimentistas dos governos militares

A construção de Brasília no Planalto Central, o projeto de integração nacional promovido pela construção de rodovias, interligando a Capital Federal a todas as capitais estaduais, entre 1968 e 1980, promoveram e integraram a região de Goiás ao tráfego rodoviário, criando condições para a expansão das relações capitalistas na região. Esses fatores foram responsáveis pela expansão agrícola mais recente no Cerrado, resultando, a partir da década de 1970, na expansão da agricultura comercial (FERREIRA; MENDES, 2009). No entanto, um dos aspectos marcantes da modernização agrícola em Goiás foi a quantidade benefícios de inúmeros programas governamentais com que o Estado de Goiás foi agraciado.

A implantação da fronteira agrícola em Goiás necessita de investimentos em pesquisas, visando à viabilidade técnica para a exploração dos solos do Cerrado, por meio de várias técnicas de cultivo e créditos rurais destinados à aquisição de insumos e tecnologias agrícolas visando, entre outros, aos desmatamentos e à correção da acidez dos solos de Cerrado (Sistema de Calagem - depósito de calcário no solo objetivando a adequação do pH), pois o solo do Cerrado naturalmente não é agricultável.

De acordo com Santos (1998), os governos federal e estadual, tendo em vista os investimentos em infraestrutura e/ou financiamento, por meio de crédito oficial à produção, elaboraram inúmeros programas e projetos de intervenção. A partir de 1975, com o II Plano Nacional de Desenvolvimento (PND), os programas federais apresentaram propostas mais objetivas e específicas de planejamento regional. Dessa maneira, a expansão da fronteira agrícola em Goiás dá-se a partir da incorporação de extensas áreas de Cerrado ao processo produtivo. As políticas e os programas governamentais de ação direta sobre a região foram o Programa de Desenvolvimento dos Cerrados (POLOCENTRO) e o Programa de Cooperação Nipo-brasileira para o Desenvolvimento dos Cerrados (PRODECER).

> I Plano Nacional de Desenvolvimento: conservava os princípios traçados no Programa de Metas e Bases para a Ação do Governo apresentado em 1970, durante o governo do general Emílio Garrastazu Médici (1969-1974); objetivava colocar o Brasil entre as nações desenvolvidas no espaço de uma geração.

> II Plano Nacional de Desenvolvimento (PND): chamado II PND (1975-1979), por determinação constitucional, havia uma obrigação segundo a qual todo novo governo deveria lançar um plano nacional de desenvolvimento. Instituído durante o governo de Ernesto Geisel e tinha como finalidade estimular a produção de insumos básicos, bens de capital, alimentos e energia. Previa a integração do Brasil no mercado mundial graças à conquista de mercados externos, sobretudo para produtos manufaturados e produtos primários não tradicionais e visava enfrentar os problemas advindos da crise do petróleo e da crise internacional decorrente.

> Programa de Desenvolvimento dos Cerrados (POLOCENTRO): formulado pela SUDECO, foi um programa que partiu das ações do II Plano Nacional de Desenvolvimento (PND II) e destinou recursos ao suporte à pesquisa, à assistência técnica, ao crédito rural, às infraestruturas de transporte, energia e armazenamento, tendo por objetivos: pesquisa agropecuária; promoção e extensão agropecuária; estradas vicinais; eletrificação rural; implantação de sistemas de beneficiamento, armazenagem e transporte de produtos agrícolas; e estímulos à produção e comercialização regional de calcário e outros insumos agrícolas.

> Programa de Cooperação Nipo-brasileira para o Desenvolvimento dos Cerrados (PRODECER): objetivava tornar o Cerrado uma área mais produtiva, bem como estimular a migração racional. O programa teve início em 1974, e estabeleceu uma relação entre Japão e Brasil. Os objetivos principais do programa foram: estimular o aumento da produção de alimentos; contribuir para o desenvolvimento regional do país; aumentar a oferta de alimentos no mundo; desenvolver a região do Cerrado.

Em geral, o objetivo desses programas era, por meio da ocupação dirigida, incrementar a produção agrícola nacional, o que geraria um acréscimo na competitividade dos produtos. Assim, o Estado passou a ser o principal agente condutor de políticas voltadas para a efetiva ocupação do Cerrado, partindo do princípio da tecnificação da agricultura baseada nos moldes da "Revolução Verde", propiciando o aumento da produtividade e a expansão da fronteira agrícola.

Para Santos (1998), o norte de Goiás, por estar dentro do contexto da Amazônia Legal e do Centro-Sul, foi beneficiado com programas gerenciados pela Superintendência da Região Centro-Oeste - SUDECO, como também pelos gerenciados pela Superintendência do Desenvolvimento da Amazônia (SUDAM). Cita-se também o Proterra (Programa de redistribuição de terras e de estímulo à agroindústria do Norte e Nordeste). No entanto, dentre os inúmeros programas que contribuíram para o desenvolvimento e o modernização da agricultura de Goiás, os mais importantes foram o Polamazônia, o Polocentro e a Região Geoeconômica de Brasília.

> Polamazônia: objetivou criar "mecanismos geradores de emprego e criação de instrumentos sociais capazes de elevar o padrão de vida e o bem-estar das comunidades envolvidas", incentivando projetos agropecuários, como também o desenvolvimento urbano e o setor de transportes. O estado de Goiás foi agraciado com um grande centro de pesquisa agropecuária em Araguaína, atualmente no Estado do Tocantins.

> Polocentro (Programa de Desenvolvimento do Cerrado): investimentos na agropecuária com ênfase na modernização das atividades agropecuárias no Centro-Oeste e oeste de Minas Gerais. Os recursos para infraestrutura, pesquisa agropecuária e financiamento rural foram destacados no Polocentro, principalmente em Goiás. A mecanização agrícola e a armazenagem de energia elétrica também foram contempladas pelo programa.

> Programa Região Geoeconômica de Brasília: objetivou alocar investimentos em infraestrutura e créditos abertos para a agropecuária e agroindústria para a cidade de Brasília e cidades vizinhas, para seu abastecimento.

O governo de Goiás também contribuição para o desenvolvimento da agricultura na década de 70, por meio do Goiás-Rural, um programa que subsidiou os agricultores na abertura ao cultivo de novas terras. O governo goiano também adquiriu uma quantidade de máquinas e equipamentos visando atender o produtor rural.

De acordo com Santos (1998), a soja foi introduzida na agricultura goiana, na década de 70. Foi melhorada e adaptada pela pesquisa agropecuária que, além de encontrar terras propícias ao seu desenvolvimento em Goiás, ainda contou com uma fase em que os agricultores do Sul do país, principalmente Rio Grande do Sul e Paraná, migraram para a região trazendo parte das tecnologias utilizadas em seus estados. A cana-de-açúcar em Goiás foi inserida na década de 1980 e conseguiu produzir, em termos de toneladas, maior produção que o milho, o feijão, o arroz e a soja.

> São consequências da modernização da agricultura em Goiás: redução ao volume dos cultivos tradicionais, como o arroz - prejudicando o mercado interno; transformação das condições de trabalho no campo, com a concentração fundiária e do assalariamento - provocando êxodo rural da mão de obra menos qualificada; perda de biodiversidade (fauna e flora) pelo desmatamento da vegetação natural para as culturas e pastagens.

Consequências da modernização da agricultura

A modernização da agricultura, especialmente a partir de 1970, causou profundas transformações no território goiano e foi marcada por algumas características, dentre elas:

> Concentrada, na medida em que privilegiou determinadas regiões do estado, especialmente sul/sudoeste;
> Excludente, na medida em que o crédito agrícola não foi destinado de maneira igual para pequenos, médios e grandes proprietários;
> Imprudente, pois não foi acompanhada de uma política que evitou a proliferação de problemas ambientais no estado, como o desmatamento do cerrado, assoreamento de rios e outros;
> Seletiva, na medida em que privilegiou culturas como a soja e a cana-de-açúcar.

Assim, a modernização da agricultura apresenta alguns reveses, dentre eles:

> Redução ao volume dos cultivos tradicionais, como o arroz - prejudicou o mercado interno;
> Transformação das condições de trabalho no campo, com a concentração fundiária e do assalariamento - provocou êxodo rural da mão de obra menos qualificada;
> Perda de biodiversidade (fauna e flora) pelo desmatamento da vegetação natural para as culturas e pastagens.

De acordo com Arrais (2013, p. 46), o "território goiano, ao mesmo tempo em que aumentou a produtividade, também reforçou os vínculos com o Sudeste brasileiro, pois insumos como máquinas e implementos agrícolas, além da cadeia química (fertilizantes), eram e ainda são importados". Assim, o estado de Goiás colaborou para a industrialização do Sudeste.

Paralelamente à mudança no setor produtivo rural (de subsistência para agricultura intensiva) ocorreu um processo de urbanização, e o acesso à base técnica dependeu não apenas de crédito, mas de um padrão fundiário concentrador (créditos para latifundiários e não para o pequeno produtor) levando ao êxodo rural. Em decorrência desse processo, acentuam-se as diferenças regionais com a desigual distribuição da população goiana no espaço. As regiões norte e noroeste presenciam baixa densidade demográfica, atividades agropecuárias tradicionais, enquanto que as regiões Centro-Sul e leste concentram mais da metade da população total do estado.

Por fim, a integração da agricultura com a indústria se manifestou pela formação e expansão do Complexo Agroindustrial – base da atual economia goiana.

4. PARTIDOS POLÍTICOS E DEMOCRACIA: O FIM DO REGIME MILITAR E A ORDEM POLÍTICA EM GOIÁS

Dentro da "realidade étnica, social, histórica, geográfica, cultural, política e econômica do estado de Goiás", o período da abertura política e a ordem política, engendrada a partir deste momento histórico, vendo sendo muito cobrada nos últimos concursos públicos.

A Revolução de 1930 levou ao poder político do estado de Goiás um grupo, que assumiu o comando em nome do ideário modernizante tão propagado no momento pós-revolução. Desde então, vários acontecimentos promoveram mudanças na administração política de Goiás, de 1930 até os dias atuais. Pode-se assim identificar, respectivamente, os seguintes grupos políticos no comando do governo do Estado a partir de 1930: Ludoviquismo, Governos Militares, Irismo e Marconismo. Assim, este capítulo analisará a reorganização dos partidos políticos no período de transição do Regime Militar (1964-1985) para a democracia, além do surgimento e desenvolvimento do Irismo e do Marconismo, fenômenos políticos presentes no cenário político do estado de Goiás nas últimas décadas.

4.1 A Redemocratização

De acordo com o Doutor em Ciência Política Francisco Itami Campos e com o Doutor em Educação Arédio Teixeira Duarte, em sua obra: O legislativo em Goiás(2011), a década de 1980 pode ser caracterizada como "fim de uma época - término da Guerra Fria, queda do muro de Berlim, colapso do mundo comunista. As crises da economia mundial interferem no País, provocando recessão econômica e acentuando o desgaste do Regime Militar".

Segundo o autor Lázaro Chaves Curvêlo na publicação . "A luta pela redemocratização - Abertura Lenta, Gradual e Segura rumo à Democracia.", ocorreu a "redemocratização" do país, período de abertura política rumo à democracia, ou seja, restauração das instituições democráticas extintas durante o Regime Militar (1964-1985), o qual tinha imposto um regime de exceção e censura às instituições nacionais. O período de redemocratização tem início no governo de Ernesto Geisel e culmina com a eleição indireta de Tancredo Neves, que faleceu antes de assumir o poder, sendo empossado José Sarney, iniciando a chamada Nova República.

Nesse processo ocorreu a anistia aos condenados por crimes políticos e também aos torturadores, em 1979. No mesmo ano surgiu a Nova Lei Orgânica dos Partidos, pondo fim ao bipartidarismo (1966-1979).

Durante o Regime Militar (1964-1985) o Ato Institucional nº 2 (AI-2), de 1965, criou uma série de pré-requisitos para a fundação de partidos políticos, que na prática permitiu a existência somente de duas agremiações. Assim, entre 1966 e 1979, o Brasil tinha apenas dois partidos legais, a Aliança Renovadora Nacional (Arena), de apoio ao governo, e o Movimento Democrático Brasileiro (MDB), de oposição consentida. Outros, como o Partido Comunista Brasileiro (PCB), o Partido Comunista do Brasil (PCdoB), continuaram a existir na clandestinidade. Com o fim do bipartidarismo surgiu o pluripartidarismo: a Arena permaneceu unida sob o PDS; o MDB se transforma em PMDB; e surgem outros, como PDT, PTB, PT e o Partido da Social Democracia Brasileira (PSDB), surgido de uma dissidência do PMDB (ALVES, 1984).

Outro fato marcante da redemocratização foi a campanha das "Diretas Já" entre novembro de 1983 e abril de 1984. Considerada um dos movimentos de maior participação popular da história do Brasil, propunha eleições diretas para o cargo de Presidente da República. No entanto, a proposta não foi aprovada pelo Congresso Nacional e restou a eleição indireta, disputada entre Paulo Maluf (PDS) e Tancredo Neves (PMDB), sendo vencida por Tancredo Neves (DUARTE, 2016).

O processo de redemocratização do país se intensifica a partir de 1982, com a volta das eleições diretas para Governadores de Estado. Em junho de 1983 ocorreu em Goiânia a primeira manifestação popular em favor das eleições diretas para a Presidência, deflagrando o movimento das Diretas Já. A promulgação da nova Constituição Brasileira, em 1988, a redemocratização atinge seu ápice, ao devolver parte do poder aos ditos representantes do povo, o Legislativo.

Redemocratização e o irismo em goiás

No processo de abertura, no início dos anos 80 as eleições para Governador estadual passam a ser diretas e, em outubro de 1982, Iris Rezende Machado (PMDB) venceu a disputa com o Ex-Governador Otávio Lage de Siqueira (PDS) e foi eleito Governador. O PMDB ainda elegeu, nas eleições de 1982, a maioria dos Deputados Estaduais e Federais e, até o final dos anos 1990, manteve a hegemonia política, elegendo os Governadores e a maioria dos parlamentares goianos (CAMPOS; DUARTE, 2011), consolidando o Irismo. Ainda sobre a eleição de 1982, mesmo com o fim do sistema bipartidário, somente o PMDB e o PDS elegeram Deputados Estaduais e Federais, sendo Mauro Borges (PMDB) eleito Senador.

A oposição saiu vitoriosa nas eleições para os governos estaduais em 1982, incluindo a eleição de Iris Rezende, fortalecendo a mobilização social e a própria oposição, dando fôlego ao processo de transição para a democracia. Ocorreu em Goiânia (junho de 1983) a primeira manifestação popular em favor das eleições diretas para a Presidência da República, e o movimento das Diretas Já toma conta do País.

Em 1985 os civis Tancredo Neves/José Sarney foram eleitos Presidente/Vice-Presidente da República pelo Congresso Nacional e, em 1986, ocorreram eleições para Governadores de Estado e para compor o Congresso Nacional. A disputa em Goiás foi entre Henrique Antônio Santillo x Mauro Borges, que rompera com o PMDB, levando seus aliados para o PDC. Com o apoio de Iris Rezende (então Ministro da Agricultura) foi eleito o médico Henrique Antônio Santillo (PMDB) para o Executivo estadual, governando de 1977-1990. O PMDB elegeu 70% da bancada dos Deputados federais, os quais iriam participar, como constituintes, do processo de elaboração e proclamação da Constituição Federal de 1988 (Constituição Cidadã) (CAMPOS; DUARTE, 2011).

Cabe destacar que no período republicano, a causa separatista do norte de Goiás voltou a se manifestar. O crescimento econômico das regiões sul e sudoeste, intensificado a partir da chegada dos trilhos no estado, na primeira metade do século XX, refletiu-se no aumento das diferenças regionais e, por intermédio de uma campanha suprapartidária, liderada por Siqueira Campos, a Constituição de 1988 instituiu a criação do estado do Tocantins, formado pela divisão de Goiás.

Em 1989, a Assembleia Legislativa do estado de Goiás também foi revestida do caráter constituinte, com a nova Constituição Estadual promulgada em 5 de outubro de 1989.

Nas eleições de 1989 participaram 22 candidatos para a Presidência da República, dentre eles, o Deputado Federal goiano Ronaldo Caiado (PSD)1, ficando na 10ª posição, e Fernando Collor de Melo foi eleito Presidente. Em Goiás em 1990, o PMDB manteve sua força política elegendo o Governador, o Senador e a maioria dos Deputados Federais e Estaduais. Iris Rezende (govenador) e Maguito Vilela como vice-Governador vencem a disputa contra Paulo Roberto Cunha. Também foram candidatos ao cargo Executivo no primeiro turno: Valdi Camarcio (PT) e Iram Saraiva (PDT).

Na eleição de 1994, dentro do contexto do neoliberalismo brasileiro, foi eleito Presidente Fernando Henrique Cardoso (PSDB), que fora ministro da Fazenda do Presidente Itamar Franco e responsável pela implantação do Plano Real - projeto que visou estabilizar a economia brasileira. Em Goiás, o PMDB mais uma vez elege o governo e a maioria dos Deputados Federais e Estaduais. A disputa entre Maguito Vilela (Governador)/ Naphtali Alves (vice-Governador) x Lúcia Vânia (Governadora)/ Alcides Rodrigues (vice-Governador) foi vencida por Maguito Vilela, que governou Goiás de 1995 a 1998. Também foram candidatos ao cargo Executivo no primeiro turno: Ronaldo Caiado (PFL) e Luiz Antônio (PT).

Nas eleições de 1998, Fernando Henrique Cardoso, foi reeleito Presidente, graças à introdução na Constituição Federal de emenda relativa à reeleição para cargos do Executivo no Brasil. Em Goiás, essas eleições marcam o fim da hegemonia política do Irismo, pois o PMDB teve seu candidato ao governo estadual derrotado, perdendo também a maioria na Assembleia Legislativa. O PSDB assume o Executivo estadual e elegeu maioria do Legislativo.

Sobre o irismo

A historiografia, de certa forma, aponta que as ações político-administrativas de Iris Rezende buscavam recolocar o estado nas vias de crescimento econômico, por meio de investimentos pesados na infraestrutura, dando ênfase ao setor de transportes, pavimentando estradas escoadoras da produção rural e ampliando a rede de destruição de energia. Sobressai-se o estilo populista, consagrado pelos mutirões, nos quais havia a mobilização da máquina pública junto com o povo para a construção de moradias populares.

No entanto, mesmo com os mutirões e os programas assistencialistas, seu governo é acusado por muitos de ter relegado o aspecto social, além de promover o endividamento do Estado.

A atuação nacional de Iris Rezende merece menção, pois assumiu o Ministério da Agricultura durante o governo Sarney e também o da Justiça (1997-1998) durante o governo de Fernando Henrique Cardoso.

4.2 A Era do Marconismo

A eleição de 1998 promoveu, no cenário político estadual, uma virada histórica com a chegada do Marconismo ao poder. O estado de Goiás era governado pelo PMDB desde 1983 e perdeu a eleição mesmo com seu principal líder na disputa (Íris Rezende Machado). O então Deputado Federal, Marconi Perillo, candidato pela Coligação Tempo Novo (PSDB/PP/PFL), foi eleito para a gestão do Governo Estadual de 1999 a 2003, tendo como Vice-Governador Alcides Rodrigues. O PMDB elegeu a maior bancada, 16 Deputados (39%), seguido pelo PSDB, com 6 (14,6%); o PL e o PSD elegeram 4 Deputados cada um (9,8%); o PPB/ PP, 3 (7,3%); PFL e PST, 2 (4,8%); e, elegendo apenas 1 Deputado, os partidos PSC, PT, PC do B e PDT (2,4%). No entanto, no início da Legislatura, o quadro partidário definido nas eleições é alterado e cinco Deputados migram do PMDB para partidos da base do Governo que passa a ter maioria (CAMPOS; DUARTE, 2011). No primeiro turno também foram candidatos ao governo: Osmar Magalhães (PT), Martiniano Cavalcante (PSTU), Everaldo Pastore (PV) e Chico Dentista (PMN).

Convém atentar para a segunda reforma administrativa do estado promovida pelo Executivo estadual, sendo a primeira promovida pelo governo de Mauro Borges (1961-1964). Ancorada no discurso de modernidade e inserção de tecnologia na Administração Pública, diversas Secretarias de Estado, autarquias e fundações foram extintas, e a inovação administrativa foi a criação de Agências (autarquias) que assumiram atribuições das Secretarias e outros órgãos públicos extintos, visando descentralizar e promover a eficiência da Administração Pública estadual.

Nas eleições de 2002, Luiz Inácio Lula da Silva (PT) é eleito Presidente da República. Em Goiás, essa eleição marca novo confronto entre o Marconismo e o Irismo, sendo Marconi Perillo reeleito Governador, vencendo Maguito Vilela (PMDB); sua base aliada do Governador elege a maioria dos parlamentares, sendo o PSDB a maior bancada com 13 Deputados eleitos. Convém destacar a bancada feminina, com oito Deputadas eleitas, sendo maior que a das demais Legislaturas., Considerando-se as três suplentes que assumiram, tem-se que 11 mulheres compuseram esta Legislatura, representando mais de um quarto da Assembleia Legislativa de Goiás (CAMPOS; DUARTE, 2011). Iris Rezende (PMDB) perdeu a vaga para o Senado para Lucia Vânia (PSDB) e Demóstenes Torres (PFL).

Os dois primeiros governos de Marconi Perillo (1999-2006) se caracterizaram por uma política de modernização da estrutura administrativa do estado, materializada pela criação de agências reguladoras, privatização e facilitação do acesso do cidadão aos serviços prestados pelo setor público, com a visão de que o cidadão é um consumidor destes serviços.

Em 2006 Luiz Inácio Lula da Silva (PT) é reeleito Presidente da República e, em Goiás, outro enfrentamento do Irismo x Marconismo foi marcado pela disputa ao governo por Alcides Rodrigues (PP) e Maguito Vilela (PMDB), sendo eleito Alcides Rodrigues (PP) ao

> Podem-se assim identificar, respectivamente, os seguintes grupos políticos, no comando do governo do estado a partir de 1930: Ludoviquismo, Governos Militares, Irismo e Marconismo.

---

1. Ronaldo Caiado tornou-se uma figura nacional em 1985, na condição de líder da UDR (União Democrática Ruralista), chegando a ser candidato à Presidência da República nas eleições majoritárias de 1989, pelo PSD. A criação da UDR foi uma reação ao plano de Reforma Agrária apresentado pelo governo de José Sarney.

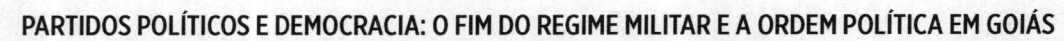

governo; Marconi Perillo conquistou uma vaga ao Senado; dando-se continuidade ao Tempo Novo, verificou-se a maioria de Deputados no Parlamento goiano (CAMPOS; DUARTE, 2011).

Na eleição de 2010, Dilma Rousseff (Coligação PT/PMDB) foi a primeira mulher eleita à Presidência da República. Em Goiás, foi reeditado o confronto havido em 1998 com as candidaturas de Marconi Perillo (PSDB) e Iris Rezende (PMDB) ao governo estadual, sendo Marconi Perillo eleito para seu terceiro mandato como Governador.

Em 2014, Dilma Rousseff (Presidente da República) e Marconi Perillo (Governador) são reeleitos. Marconi Perillo vence novamente Iris Rezende.

5. A CULTURA GOIANA

A cultura goiana é o conjunto de manifestações artístico-culturais desenvolvidas pelos goianos. É o que determina o jeito de ser goiano, ou seja, a goianidade. A cultura goiana se materializa na literatura, na arte e, principalmente, na cultura popular, compondo um vasto e diversificado universo de danças, festas, cultos, artesanatos, cantigas, culinária, entre outros aspectos.

Este capítulo se dedicará à observação da construção da goianidade, analisando a cultura Goiana, suas características e particularidades regionais.

5.1 Identidade Cultural

De acordo com Chaul (2011), a identidade cultural do povo goiano é produzida culturalmente a partir de uma mestiçagem ocorrida entre o índio nativo, o negro africano e o branco europeu, os quais delegaram aos goianos traços culturais que podem ser encontrados na literatura, nas artes plásticas, passando pela música e pela dança. Ou seja, o povo goiano é herdeiro de uma mescla de culturas que, somadas e temperadas, criaram uma identidade cultural própria. A condição geográfica de Goiás (centro do Brasil) facilitou o intercâmbio de culturas com outras regiões, misturando costumes e tradições de gente, como nortistas, nordestinos, mineiros, paulistas e ainda aquelas originárias de índios e negros. Isso fez com que o estado passasse a representar um verdadeiro caldeirão cultural (GOIÁS, 2016)a.

A posição geográfica da região também é em grande parte responsável pelos rótulos, estigmas e heranças não merecidas e presentes nos relatos dos viajantes do século XIX, cronistas, governadores e de historiadores. Isso porque a crise da mineração e a ruralização econômica e social criaram um estigma de decadência que permeou inúmeras análises que foram feitas sobre o processo histórico de Goiás. Os viajantes europeus vislumbraram um aspecto comum: a decadência da capitania resultado do ócio, do atraso, do isolamento (CHAUL, 2011).

Os estigmas de "atraso", "decadência", marasmo e ócio, que serviram para identificar o povo goiano, criaram o termo pejorativo "goianice" -, até que foi substituído por outro estigma, construído a partir da ideia de modernização e progresso apregoada após a Revolução de 1930, que tentava reconstruir a imagem de Goiás com uma visão mais contemporânea e inserir a região na construção da nação brasileira. Dessa forma, a "goianice" representa o contexto histórico de Goiás após a crise da mineração ("decadência"), enquanto que "goianidade" indica a modernização e o progresso do período pós-1930 em Goiás. Assim, "o termo 'goianidade' abrange uma época em que se procura mesclar o 'velho' e o 'novo', fundir o 'antigo' e o 'moderno', envolver o rural e o urbano e confluir o 'atraso' e o 'progresso' pelos caminhos da história" CHAUL (2011).

5.2 Artes

Escultura: José Joaquim da Veiga Vale é considerado um dos grandes "santeiros" do século XIX - esculpia imagens, na maioria em cedro. Suas madonas são as mais representativas e eram expressas conforme a devoção de cada pessoa que a encomendava. O artista produziu mais de duzentas estatuetas em estilo barroco, principalmente em madeira. Sua obra impressiona, sobretudo, pelos detalhes e filetes dourados. A produção de Veiga Vale encontra-se conservada no Museu de Arte Sacra (da Igreja da Boa Morte), na Cidade de Goiás.

Pintura: destaque para Siron Franco e Antônio Poteiro, artistas renomados e reconhecidos mundialmente em pinturas, monumentos e instalações, que vão do primitivismo de Poteiro até aos temas atuais de Siron Franco. Também se destaca Goiandira do Couto, por seus quadros pintados não com tinta, mas com areia colorida retirada da Serra Dourada.

Literatura: na literatura goiana destacam-se, entre outros:

> - Hugo de Carvalho Ramos (1895-1921): com Tropas e Boiadas (uma coletânea de contos de inspiração sertaneja);
> - Basileu Toledo França (1919-2003): as obras de maior respaldo são os romances históricos "Pioneiros" e "Jagunços e Capangueiros";
> - Bernardo Élis (1915-1997): primeiro e único goiano a entrar para a Academia Brasileira de Letras. Captava a vida rural do interior dos cerrados, onde morava, com uso intenso da linguagem regional. Entre suas obras: Apenas um Violão, O Tronco (que posteriormente virou filme - enfatiza a violência e exploração do trabalhador rural), e Ermos e Gerais, sua mais premiada obra;
> - Carmo Bernardes (1915-1996): considerado um mestre da literatura regionalista e defensor ardoroso da fauna e da flora brasileira, principalmente do Cerrado. Dentre suas obras: Jurubatuba e Selva-Bichos e Gente;
> - Gilberto Mendonça Teles (1931-): considerado o escritor goiano mais famoso na Europa, com A Raiz da Fala (1972) e Hora Aberta (1986);
> - Yêda Schmaltz: obra destaque Baco e Anas Brasileiras;
> - Pio Vargas (1964-1991): obras Anatomia do Gesto e Os Novelos do Acaso;
> - Leo Lynce (1884-1954): um dos precursores do Modernismo, com seu livro Ontem.
> - Cora Coralina (1889-1985): Anna Lins dos Guimarães Peixoto Bretas, poetisa e contista, é considerada uma das maiores escritoras brasileiras do século XX. Tinha quase 76 anos quando publicou seu primeiro livro, Poemas dos Becos de Goiás e Estórias Mais. Conhecida também por seus dotes culinários, especialmente na feitura dos típicos doces da cidade de Goiás, onde morava - motivo do qual é evidente a presença do cotidiano interiorano brasileiro, em especial dos becos e ruas de pedras históricas, em sua obra.

A CULTURA GOIANA

5.3 Festas e Festivais

Em Goiás três festivais têm espaço garantido no calendário de eventos estadual, dando repercussão à cultura audiovisual, à dramaturgia e à música: Fica, TeNPo e Canto da Primavera.

> Festival Internacional de Cinema e Vídeo Ambiental - Fica (Cidade de Goiás - antiga capital): maior festival cinematográfico sobre o meio ambiente e realizado anualmente desde 1999.

> Mostra de Teatro Nacional de Porangatu (TeNPo): A primeira edição aconteceu em 2001 e é considerado um grande painel das artes cênicas, sobretudo regionais. Visa popularizar as artes dramáticas, pois são apresentados espetáculos de teatro e circo.

> Festival Canto da Primavera, em Pirenópolis: é uma Mostra de Música que acontece na cidade de Pirenópolis e atualmente se encontra 17ª edição.

Festas religiosas

No processo de formação da chamada gente goiana, o legado religioso no estado de Goiás está intimamente ligado ao processo de ocupação e colonização portuguesa, refletindo na forte presença de elementos cristãos nas manifestações populares que se consolidaram como uma das poucas opções de entretenimento, intimamente ligadas na própria formação sertaneja da gente goiana. Por todo o estado, são costumeiras as distribuições das cidades no espaço geográfico partindo de uma igreja católica como ponto central do município, o que lhes atribuía também o direcionamento das festas populares (GOIÁS, 2016b).

Existem praticamente em todo o estado de Goiás festas e cultos religiosos, alguns das quais chegam a misturar fé e folclore. Quase sempre são uma herança da colonização portuguesa e da fé católica, e na sua maioria mesclam festejos religiosos e profanos.

> Festas do Divino Espírito Santo de Pirenópolis: Pirenópolis é Patrimônio Nacional e berço da cultura goiana. A Festa do Divino Espírito Santo é uma festa cristã e seu nome litúrgico é "Festa de Pentecostes". Foi registrada como Patrimônio cultural imaterial brasileiro em 2010 e mescla festejos religiosos e profanos, sendo constituída de várias manifestações culturais, como Novena, Folias, Procissão, Missa, Roqueira, Mascarados, Pastorinhas, Congadas e Cavalhadas (encenação da luta dos cristãos contra os mouros).

> Procissão do Fogaréu: acontece há 260 anos, na Cidade de Goiás, por ocasião da Semana Santa. Ritual que mistura religiosidade e folclore, a Procissão do Fogaréu teria chegado ao Arraial de Sant'Anna (que deu origem à Cidade de Goiás) durante a exploração do ouro pelos portugueses. Uma multidão acompanha anualmente na Semana Santa a caçada feita pelos faricocos, personagens centrais do cortejo que representam os soldados romanos, a Jesus Cristo.

> Romaria de Nossa Senhora do Muquém: no distrito de Niquelândia, norte goiano: considerada uma das maiores do mundo e a celebração religiosa a mais antiga de Goiás, sendo realizada no mês de agosto desde o século XVIII e chega a ter a presença de 300 mil romeiros.

> Trindade (próximo à Goiânia): desde a descoberta do Medalhão, por volta de 1840, os devotos do Divino Pai Eterno saem de vários lugares com um destino: o Santuário Basílica do Divino Pai Eterno em Trindade. Assim, a Romaria do Divino Pai Eterno, a maior Festa dedicada à Santíssima Trindade no mundo, torna Trindade a Capital da Fé de Goiás.

Manifestações populares

O processo de formação histórica do povo goiano propiciou o aparecimento de inúmeras legítimas manifestações do folclore goiano. O legado religioso introduzido pelos portugueses foi agregado às tradições indígenas, africanas e europeias de maneira a abrigar um sincretismo, não apenas religioso, mas de tradições, ritmos e manifestações que constituem a cultura goiana, fruto da batida do tambor da Congada, dos mantras entoados nas orações ao Divino, até a cadência da viola sertaneja ou o samba e o rock (GOIÁS, 2016b).

> Folias de Reis: no interior de Goiás são comuns no começo do ano as Folias de Reis, que dão o tom de festa e oração firmes, no intuito de retribuir graças recebidas. Na adoração ao Menino Jesus, segundo a saga dos três Santos Reis Magos, os festeiros arrecadam alimentos, animais e até dinheiro para cobrir as despesas da festa, popularizando a fé e promovendo a socialização entre comunidades.

> Cavalhadas: de origem europeia, recriam os torneios medievais e as batalhas entre cristãos e mouros, estando presentes em vários municípios goianos, dentre eles: Santa Cruz de Goiás (considerada a mais antiga), Pirenópolis, Jaraguá, São Francisco, Corumbá e Palmeiras de Goiás. As Cavalhadas homenageiam o Divino Espírito Santo.

> Congadas: trata-se de uma importante festa popular do folclore brasileiro, que apresenta elementos religiosos e culturais africanos (principalmente do Congo e Angola) misturados com portugueses (cristãos). As Congadas têm sua origem no Brasil Colonial e são marcadas por danças, cantos e músicas. Possuem um forte componente religioso católico e prestam culto a Nossa Senhora do Rosário e a São Benedito. Estão presentes em várias cidades goianas, em especial no Sudeste Goiano: Catalão, Pires do Rio e Goiandira.

> Catira: dança rural com influências indígenas, africanas e europeias e é considerada uma dança típica do Goiás; é também conhecida como Cateretê em Minas Gerais e São Paulo. Marcada por palmeados e sapateados, a dança é por tradição exclusivamente masculina, mas nota-se atualmente a presença de mulheres. Presente na vida do sertanejo e no cenário rural goiano, outrora realizada em agradecimento ao santo de devoção pela boa colheita. Existem grupos de Catira em várias cidades goianas, dentre elas: Itaberaí, Jaraguá, Formosa, Rio Verde, Aparecida de Goiânia, Silvania, Anápolis e Itaguari.

5.4 Gastronomia

A comida caipira faz parte das raízes goianas, em que frango com guariroba, arroz com pequi, pamonha de sal, empadão goiano, paçoca de pilão, peixe assado na telha e galinhada representam a tradicional cozinha goiana, formada da combinação de várias culturas instaladas na região. Assim, desenvolveu-se carregada de influências e misturas que, em virtude da colonização e da escassez de alimentos vindos de outras capitanias, teve que buscar adaptações de acordo com a realidade local, em especial a do Cerrado. Bariani Ortêncio, em seu livro Cozinha Goiana: histórico e receituário, resumiu essa ideia ao ressaltar as substituições aqui realizadas, pois, se não havia a batatinha inglesa, havia a mandioca e o inhame nativos, a taioba substituía a couve. E assim, introduziu-se, na panela goiana, o pequi, a guariroba, além dos diversos frutos do Cerrado, como o cajá-manga e a mangaba, consumidos também em sucos, compotas, geleias, doces e sorvetes (GOIÁS, 2016b).

Cabe ressaltar que, em Goiás, comer é um ato social, materializado, em especial, em uma pamonhada – de modo que é comum reunir familiares e amigos para preparar caldeirões imensos da pamonha, como forma de integração social. Homens, mulheres, crianças, jovens e adultos - todos participam. "A comida carrega traços da identidade e da memória do povo goiano, tanto que a cozinha típica goiana é geralmente grande e uma das partes mais importantes da casa, por agregar ritos e hábitos do ato de fazer a comida" (GOIÁS, 2016).

> *A comida caipira faz parte das raízes goianas, em que frango com guariroba, arroz com pequi, pamonha de sal, empadão goiano, paçoca de pilão, peixe assado na telha e galinhada representam a tradicional cozinha goiana, formada da combinação de várias culturas instaladas na região.*

Arquitetura

Das inúmeras formas de se conhecer Goiás, uma delas é por meio de sua Arquitetura, pois as culturas indígena, negra e europeia deixaram traços arquitetônicos importantes, de vilarejos coloniais despretensiosos (cidade de Goiás) à elegância europeia Art Déco (Goiânia). No período colonial, a arquitetura colonial goiana acompanhou em as linhas gerais da casa brasileira vernacular do período, carregando a simplicidade e o intimismo dos casarios coloniais da antiga Vila Boa. Igrejas goianas, particularmente pinturas de forros e imagens de santos, a inspiração claramente barroca, embora sem o mesmo esplendor das igrejas barrocas mineiras.

A construção de Goiânia seguiu a estética de sua Arquitetura oficial e os elementos de seu traçado urbanístico original no estilo francês da Art Déco, planejado pelo urbanista Attilio Corrêa Lima, influenciado pelas mais recentes teorias de planejamento urbano. Exemplos de Art Déco: Teatro Goiânia, Museu Zoroastro Artiaga, Palácio das Esmeraldas Coreto (Praça Cívica), Torre do Relógio (Av. Goiás), Estação Ferroviária (localizada na Praça do Trabalhador) e Edifício da antiga Escola Técnica de Goiânia (agora IFG-GO).

6. DIFERENÇAS REGIONAIS

Oficialmente, o Brasil é dividido em 05 grandes regiões: Norte, Nordeste, Centro-Oeste, Sudeste e Sul.

A região Centro-Oeste é formada por Goiás, Mato Grosso, Mato Grosso do Sul e Distrito Federal.

O Estado estado de Goiás é o 7º estado do País em extensão territorial e é o mais populoso da Região Centro-Oeste, com aproximadamente 53% da população. Seu território esta dividido em 5 mesorregiões, 18 microrregiões e 246 municípios.

Este capítulo se dedicará a à análise dos aspectos da regionalização territorial do Estado estado de Goiás: diferenças e particularidades econômicas, políticas, sociais e culturais.

6.1 Aspectos da Regionalização Territorial de Goiás: Diferenças e Atualidades

Pode-se regionalizar uma área de acordo com o Produto Interno Bruto (PIB), renda per capita, nível de industrialização, etnia, entre outras características. A regionalização de Goiás se constitui por mesorregiões e microrregiões que englobam vários municípios goianos e foram criadas para facilitar a implantação e o desenvolvimento de políticas públicas.

Na regionalização de Goiás, o Instituto Brasileiro de Geografia e Estatística (IBGE) observou os recortes espaciais definidos a partir de critérios (naturais, econômicos, sociais, entre outros), o que permitiu agrupar locais com características semelhantes, separando-os dos demais. Assim, territorialmente o estado de Goiás está dividido em cinco mesorregiões, dezoito microrregiões e 246 municípios, tendo como característica territorial marcante o fato de ser ocupado e não povoado.

Mesorregião é uma subdivisão dos estados brasileiros que congrega diversos municípios de uma área geográfica com similaridades econômicas e sociais.

As mesorregiões de Goiás são: Norte de Goiás; Noroeste de Goiás; Leste de Goiás; Centro de Goiás e Sul Goiano.

6.2 Mesorregiões

Segue o mapa com as mesorregiões de Goiás:
1. Norte de Goiás
2. Noroeste de Goiás
3. Leste de Goiás
4. Centro de Goiás
5. Sul Goiano

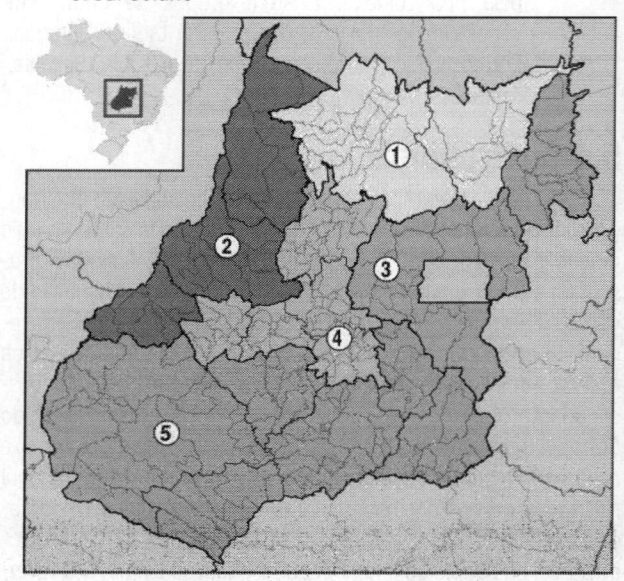

Mapa - Mesorregiões de Goiás. Disponível em: <http://pt.wikipedia.org>. Acesso em 04/05/2015.

6.3 Mesorregião Norte

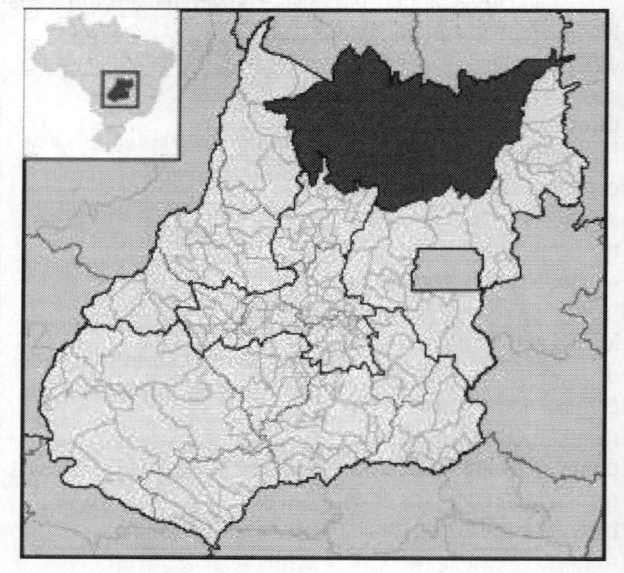

São 27 municípios agrupados nas microrregiões: Chapada dos Veadeiros e Porangatu.

Niquelândia é o município mais populoso da mesorregião, com uma área de quase dez mil quilômetros quadrados (9.843 km^2), é o maior município de Goiás.

6.4 Mesorregião Noroeste

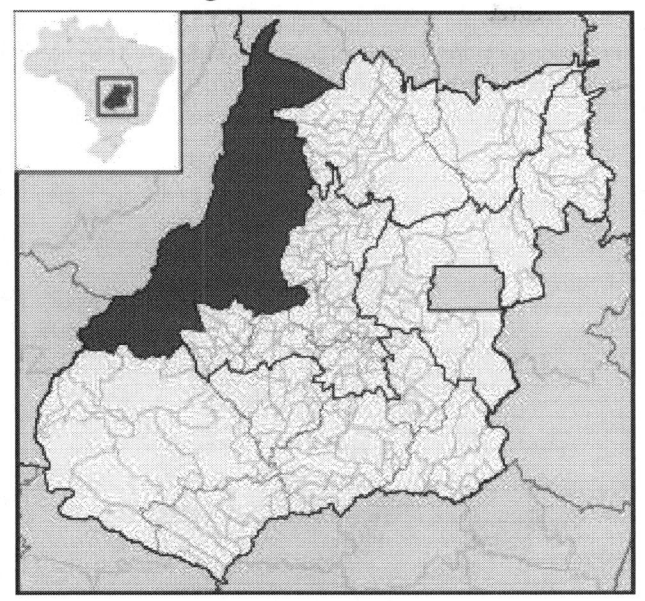

São 23 municípios agrupados nas microrregiões: Aragarças, São Miguel do Araguaia e Rio Vermelho.

Um fator que contribuiu para esse processo foi a evasão da população, principalmente jovem, à procura de oportunidades de emprego e de ensino para regiões socioeconômica e culturalmente mais desenvolvidas, como é o caso da mesorregião Centro Goiano, onde está localizada a região metropolitana de Goiânia e mesorregião Leste Goiano, em que se encontra a Microrregião do Entorno de Brasília (e o próprio Distrito Federal).

6.5 Mesorregião Leste

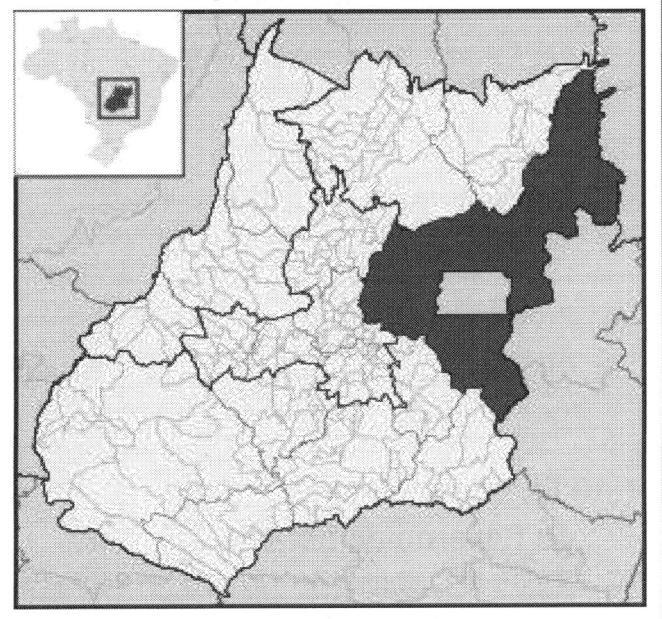

São 32 municípios agrupados nas microrregiões: Entorno do Distrito Federal e Vão do Paranã. Região com maior crescimento populacional nos últimos anos. Com uma população de 174.531, Luziânia é o município mais populoso e Pirenópolis, fundado em 1727, o mais antigo.

A região de Pirenópolis, também conhecida como a Região do Ouro, é considerada por muitos o berço da cultura de Goiás, visto que foi a primeira cidade a possuir obras sacras, a primeira a ter um cinema e uma biblioteca, além de ter sido sede do primeiro jornal de Goiás – Matutina Meiapontense (1834). Mantém prédios coloniais e ruas de pedra, que junto com seus atrativos naturais (ex.: cachoeiras), contribuem para o desenvolvimento do turismo eco-histórico.

6.6 Mesorregião Centro

É a mesorregião com o maior número de habitantes – elevada densidade demográfica e obteve um crescimento demográfico de 15,35% nos últimos anos. A região tem condição destacada, pois concentra a maior população (região metropolitana de Goiânia), o maior estoque de empregos formais e o maior desenvolvimento econômico de Goiás.

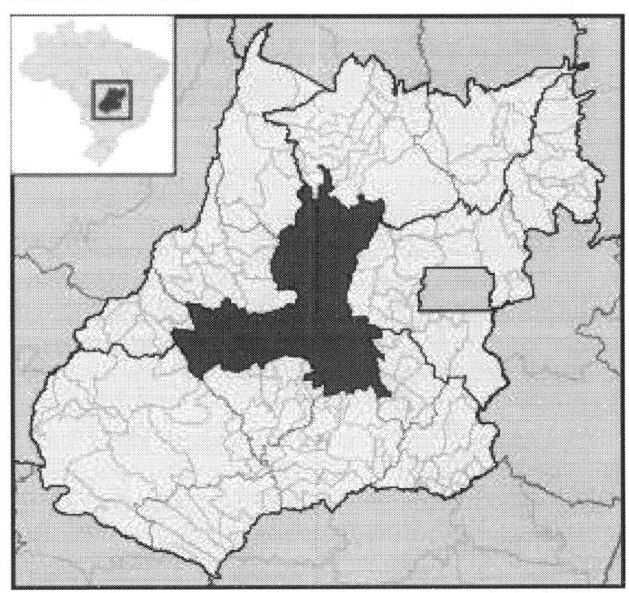

São 82 municípios agrupados em cinco microrregiões: Anápolis, Ceres, Anicuns, Goiânia e Iporá.

Na Mesorregião Centro Goiano, está Goiânia, capital do Estado, sendo o núcleo polarizador da Região Metropolitana, um aglomerado de 20 municípios que abrigava mais de 2.173 milhões de habitantes.

Apesar de sediar grandes indústrias, o setor de serviços é o pilar de sua economia. A capital é um centro de excelência em medicina e vem se consolidando sua vocação para o turismo de negócios e eventos. Além de apresentar bons índices de qualidade de vida, acima da média nacional, Goiânia ostenta o título de cidade com a área urbana mais verde do País.

6.7 Mesorregião Sul

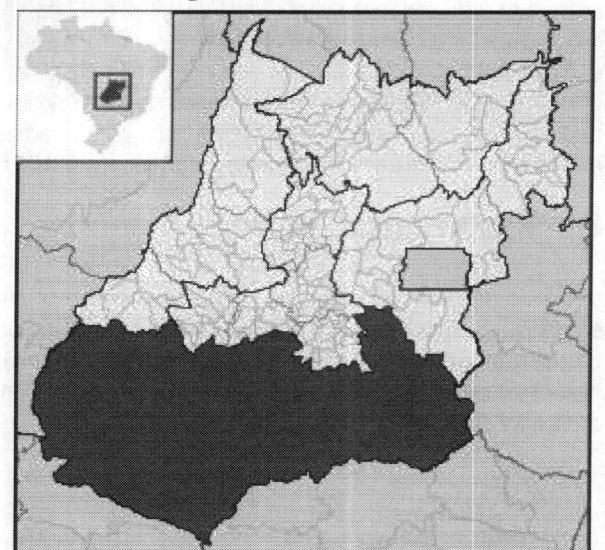

São 82 municípios agrupados em seis microrregiões (Catalão, Meia Ponte, Pires do Rio, Quirinópolis, Sudoeste de Goiás e Vale do Rio dos Bois).

Segunda região mais populosa e proporcionalmente a mais rica de Goiás, tanto que entre os 10 municípios com maior PIB per capita municipal no estado, 8 ficam nesta mesorregião. São eles: Chapadão do Céu, São Simão, Perolândia, Cachoeira Dourada, Catalão, Porteirão, Turvelândia, Ouvidor. Em termos de PIB, a região sul só fica atrás do Centro Goiano. Rio Verde é o mais populoso.

A região é marcada por um acentuado desenvolvimento de atividades agroindustriais, com agricultura e pecuária moderna agroexportadora, com destaque para o município de Rio Verde, uma das cinco maiores cidades do interior da região Centro-Oeste. Sendo um dos principais centros comerciais do interior goiano, com o crescimento do agronegócio brasileiro, a cidade vem se destacado com cooperativas agrícolas e importantes unidades industriais que agregam valor à sua produção agrícola. Rio Verde é produtora de arroz, soja, milho, algodão, sorgo, feijão, girassol e ainda vem se sobressaindo na cultura de tomate. Conta ainda com importante plantel bovino, avícola e suíno. O turismo local se baseia em feiras e eventos ligados ao agronegócio e ecoturismo.

A região do Sudoeste goiano abriga várias etapas da cadeia produtiva das mais poderosas agroindústrias do país ligadas ao setor de alimentação.

6.8 Disparidades entre as Mesorregiões

As disparidades entre as mesorregiões do Estado de Goiás decorrem dos investimentos públicos e privados privilegiarem áreas onde já existe uma infraestrutura, como, por exemplo: viadutos, rodovias etc., que permite maior fluidez da produção e de distribuição de pessoas e informações. Um grande problema das políticas públicas é o privilégio no investimento na infraestrutura em algumas mesorregiões, deixando ao acaso as mesorregiões menos desenvolvidas.

6.9 As Microrregiões

Microrregião é um agrupamento de municípios limítrofes. Sua finalidade é integrar a organização, o planejamento e a execução de funções públicas de interesse comum, definidas por lei complementar estadual. Segue mapa com as microrregiões do estado de Goiás.

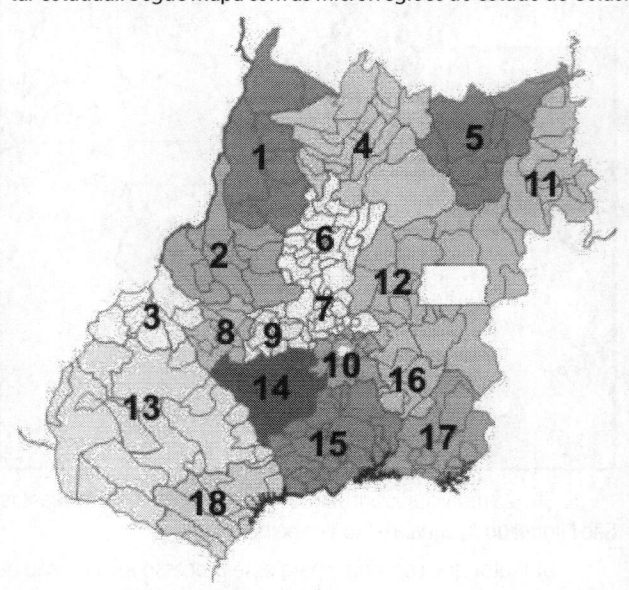

1. São Miguel do Araguaia
2. Rio Vermelho
3. Aragarças
4. Porangatu
5. Chapada dos Veadeiros
6. Ceres
7. Anápolis
8. Iporá
9. Anicuns
10. Goiânia
11. Vão do Paranã
12. Entorno de Brasília
13. Sudoeste de Goiás
14. Vale do Rio dos Bois
15. Meia Ponte
16. Pires do Rio
17. Catalão
18. Quirinópolis

6.10 Regiões de Planejamento do Governo do Estado

São 10 (dez) e foram definidas segundo os critérios abaixo:

> A Região do Entorno do Distrito Federal foi definida conforme o estabelecido na Lei de criação da RIDE: Região Integrada de Desenvolvimento do DF e Entorno – Lei Complementar (Constituição Federal) nº 94, de 19 de fevereiro de 1998.

- A Região Metropolitana de Goiânia (Grande Goiânia mais Região de Desenvolvimento Integrado) é definida pela Lei Complementar Estadual nº 27 de dezembro de 1999, alterada pela Lei Complementar Estadual nº 54 de 23 de maio de 2005.
- As regiões do Norte Goiano e do Nordeste Goiano, constantes no primeiro PPA, foram delimitadas em função de sua homogeneidade em termos de condições socioeconômicas e espaciais e como estratégia de planejamento para investimentos governamentais, tendo em vista minimizar os desequilíbrios regionais.
- As outras seis regiões foram definidas tendo como critério os principais eixos rodoviários do estado. Todos os municípios cujas sedes utilizam o mesmo eixo rodoviário para o deslocamento à Capital do Estado foram considerados pertencentes a uma mesma região de planejamento.

6.11 A Regionalização: Políticas Públicas, Sociedade e Economia

Historicamente, a porção norte do estado de Goiás, atual Tocantins desde 1988, sempre foi mais pobre, economicamente, do que a parte sul (meridional) do estado. Comprovando os desequilíbrios regionais, os dados referentes à população municipal em 1920 revelam que entre 10 municípios de maior população, apenas três estavam situados na porção setentrional (norte), correspondendo a 11,4 % do total.

Um fato que marcou a história político-administrativa de Goiás foi a divisão de seu território, com a criação do estado do Tocantins pela Constituição de 1988. Cabe ressaltar que essa ideia de emancipação da região norte goiana não era nova, pois surgiu, pela primeira vez, no contexto do movimento separatista do norte de Goiás, do ano de 1821 – ainda no período colonial, que chegou a estabelecer um governo autônomo provisório na cidade de Cavalcante, que se declarou independente da Comarca do Sul.

> Pode-se regionalizar uma área de acordo com o Produto Interno Bruto (PIB), renda per capita, nível de industrialização, etnia, entre outras características. A regionalização de Goiás se dá por mesorregiões e microrregiões que englobam vários municípios goianos e foram criadas para facilitar a implantação e o desenvolvimento de políticas públicas.

Atualmente, no estado de Goiás, a disparidade econômica ainda persiste, pois a porção norte do estado ainda guarda os piores índices de desenvolvimento econômico e humano. Deve-se dar destaque para a porção territorial do nordeste do Estado, que concerne os piores indicadores sociais, baixo índice de industrialização e, em alguns pontos, persiste a agropecuária tradicional.

A parte sul do estado é a mais desenvolvida economicamente. Nesta área temos uma agricultura intensiva voltada para a exportação, uma pecuária intensiva, boa industrialização e mais áreas de atração turística.

A regionalização do território do estado de Goiás foi de fundamental importância, no sentido de subsidiar os governos no planejamento e na elaboração de políticas públicas direcionadas na perspectiva de solucionar problemas socioeconômicos das comunidades que se desenvolveram nesses territórios. A regionalização objetiva, entre outros aspectos:

a) Estabelecer compromissos entre os gestores para o atendimento das referências intermunicipais;
b) Promover maior equidade na alocação de recursos;
c) Definir prioridades de intervenção coerentes com as necessidades da população;
d) Subsidiar o processo de qualificação das regiões e microrregiões;
e) Promover a melhoria da qualidade da atenção e o acesso dos cidadãos, bem como assegurar o planejamento dos serviços o mais próximo possível das comunidades a serem atendidas.
f) Garantir a melhor participação dos cidadãos na tomada de decisões e na escolha das prioridades regionais e locais, na organização e gestão dos serviços.

7. URBANIZAÇÃO E MUDANÇAS SOCIAIS

O território de Goiás possui os seguintes aspectos físicos: 03 regiões hidrográficas (Região Hidrográfica Tocantins/Araguaia, Região Hidrográfica do São Francisco e a Região Hidrográfica do Paraná); o solo é predominantemente do grupo Latossolo, em especial, na região Sudoeste Goiano; o relevo é de baixa declividade em sua maior parte, formado por terras planas (chapadões); o clima caracteriza-se por duas estações bem definidas: um período chuvoso e outro com baixos índices pluviométricos; destaca-se ainda a predominância do cerrado na vegetação original. Essa região passou por processo de rápida urbanização a partir da segunda metade do século XX.

O termo urbanização é empregado para designar o processo pelo qual a população urbana cresce em proporção superior à população rural.

Este capítulo analisará os aspectos que envolveram o processo de urbanização e suas consequentes mudanças sociais e econômicas em Goiás.

7.1 Processo de Urbanização

O processo de urbanização do território goiano é percebido ainda na década de 1940, momento quando o Estado passou a intervir decisivamente no processo de ocupação da região, pois o processo de industrialização de substituição das importações passou a requerer da agricultura dupla atribuição: produzir excedentes de alimentos a custos razoáveis e fornecer recursos para financiar o desenvolvimento urbano-industrial do centro mais dinâmico da economia nacional (GALINDO; SANTOS, 1995).

A década de 1950 imprime um ritmo acelerado no progresso e urbanização do território goiano, em virtude de alguns fatores determinantes, dentre eles: a construção de Goiânia, o desbravamento do Mato Grosso Goiano, a campanha do governo federal da "Marcha para o Oeste", culminando na construção de Brasília.

Todavia, até os anos 1960, mesmo com o surto modernizante ocorrido até os anos de 1950, grande parte do território goiano, em especial a região norte do estado, era eminentemente rural. Não só pelo fato de que 70% de sua população viver no meio rural, de acordo com o IBGE, mas também porque a população mantinha aspectos culturais, modo de vida, vinculados ao mundo sertanejo rural e com pouco contato com os centros urbanos (SOUZA; ALMEIDA, 2007).

No entanto, a partir da década de 1960, o modelo de desenvolvimento imposto pelos governos militares propiciou um processo econômico mais dinâmico. Como consequência desse modelo, Goiás nas últimas décadas tornou-se um grande exportador de commodities agropecuárias, e graças à vinculação do setor agropastoril ao setor industrial – ocorreu um rápido processo de industrialização, consolidando sua agroindústria (GOIÁS, 2015).

O processo de modernização agrícola do território goiano só se efetivou na década de 1970 e se consolidou com desenvolvimento do setor agroindustrial nos anos de 1980. A expansão desses setores ampliou as exportações e os elos da cadeia industrial de Goiás aos grandes centros comerciais nacionais e globais (GOIÁS, 2015). Ressalta-se o papel interventor dos governos (federal e estadual) no processo de modernização da agricultura e desenvolvimento do setor agroindustrial, em especial, na parte sul do território goiano, onde a cultura da soja, do milho e, mais recentemente, da cana-de-açúcar foi priorizada devido seu potencial exportador e maior encadeamento com a indústria.

Durante o processo de urbanização e desenvolvimento agroindustrial, a região norte do território goiano foi desmembrada, em 1988, dando origem ao Estado do Tocantins.

A partir da década de 1990 houve maior diversificação do setor industrial por meio do crescimento de atividades do setor de fabricação de produtos químicos, farmacêuticos, veículos automotores e produção de etanol. Um fator responsável pela atração desse capital diz respeito aos programas de incentivos fiscais estaduais implementados a partir da década de 1980 (GOIÁS, 2015). Merece destaque o Fundo de Participação e Fomento à Industrialização do Estado de Goiás - **FOMENTAR** (1984), que foi substituído pelo Programa de Desenvolvimento Industrial de Goiás - **PRODUZIR** (2000).

O FOMENTAR e o PRODUZIR são programas de incentivos fiscais, implementados em Goiás, os quais focaram no desenvolvimento de três grandes grupos de segmentos industriais: 1) processamento de matérias-primas naturais e indústrias acessórias, como embalagens, adubos e rações; 2) química, farmacêutica e automobilística, com a tentativa de diversificação da economia; 3) setores tradicionais como de confecções, calçados e móveis, com objetivos de promover o adensamento de suas cadeias produtivas (CASTRO et al 2009).

De acordo com a Secretaria Estadual de Indústria e Comércio de Goiás, o FOMENTAR visava incrementar a implantação e a expansão das indústrias para a promoção do desenvolvimento do Estado. Já o PRODUZIR visava incentivar a implantação, expansão ou revitalização de indústrias, estimulando a realização de investimentos, a renovação tecnológica e o aumento da competitividade estadual com ênfase na geração de emprego, renda e redução das desigualdades sociais e regionais.

Nos anos de 1980, o território goiano já estava consolidado como produtor agropecuário e às políticas públicas de incentivos fiscais do governo estadual foram determinantes para a atração e ampliação das relações capitalistas no estado, ocorrendo a instalação de grandes complexos industriais, provocando fortes transformações na estrutura produtiva (PIRES, 2009). No início da década 1980 se verifica a continuidade do movimento migratório da população do meio rural para os centros urbanos, iniciado ainda na década de 1970, em virtude da expansão da pecuária e substituição das culturas tradicionais por extensas áreas agrícolas mecanizadas, principalmente pela monocultura da soja.

A análise dos dados oficiais sobre a migração rural para centros urbanos permite confirmar uma aceleração do processo de urbanização em Goiás a partir da década de 1970; já em 1980, 62% dos goiano-tocantinenses já se diziam urbanos. Em 1991, com o Tocantins separado de Goiás, 80,8% dos goianos e 57,7% dos tocantinenses viviam áreas urbanas. A Tabela 1 a seguir evidencia o processo de urbanização em Goiás.

Tabela 1 - Estado de Goiás e Brasil: população por situação de domicílio - 1950, 1960, 1970, 1980, 1991, 2000, 2010 e 2013. (mil habitantes)

Ano	Goiás		Brasil	
	Urbana	Rural	Urbana	Rural
1950	246	969	18.783	33.162
1960	575	1.338	31.303	38.767
1970	1.237	1.702	52.085	41.054
1980	2.401	1.459	80.437	38.574
1991	3.248	771	110.991	35.834
2000	4.397	607	137.954	31.845
2010	5.421	583	160.926	29.830
2013(1)	5.913	543	170.786	30.681

Fonte: IBGE | Elaboração: Instituto Mauro Borges / Segplan-GO / Gerência de Sistematização e Disseminação de Informações Socioeconômicas - 2015. | (1) PNAD.

O processo migratório, o aumento da infraestrutura causada pela construção de Brasília, as políticas públicas federais e os incentivos estaduais favoreceram o setor agroindustrial de Goiás. A partir dos anos 1990 Goiás passou a experimentar taxas de crescimento econômico acima da média nacional, aumentando sua participação no PIB nacional. No fim dos anos 1990, o Produto Interno Bruto goiano cresceu, em termos reais, a uma taxa média de 4,7% ao ano, desempenho acima do nacional, que ficou em 3,4% no período - deixando Goiás em 9ª posição, como estado mais rico do Brasil.

A partir dos anos 2000, a economia goiana passa por processo de diversificação produtiva por meio dos investimentos privados que migraram para Goiás, incentivadas pelos programas de isenção fiscal do governo estadual. Deve-se dar destaque para a indústria de processamento de alimentos, com a instalação da Perdigão (hoje BRF) em Rio Verde em 2001. Na indústria automotiva, destacam-se as empresas John Deere, Mitsubishi e a Caoa Hyundai e, em outras atividades, empresas como a Teuto, Neo Química, Geolab, Nova Farma, Ambev, Jamel, Arroz Brejeiro, Granol, JBS, Vigor, entre outras. Na indústria de mineração destacam-se empresas como a canadense Yamana Gold, em Pilar de Goiás, Alto Horizonte, Crixás e Guarinos, e o Grupo Anglo American, em Barro Alto, Catalão, Ouvidor e Niquelândia. O complexo mineral instalado em Goiás coloca o estado como destaque nacional na produção de vários minérios como níquel, vermiculita, amianto e cobre, e segunda posição em ouro, nióbio e fosfato. Além da indústria sucroenergética, o estado é um dos maiores produtores de açúcar e etanol do país (GOIÁS, 2015).

Vejamos, na tabela a seguir, a evolução do PIB goiano e sua taxa de participação no PIB nacional.

Tabela 2 - Estado de Goiás: Produto Interno Bruto, taxa de crescimento e participação no PIB do Brasil - 2002-2013 (R$ Milhão)

Ano	Valores Correntes	Taxa de Crescimento (%)	Participação (%)
2002	37.416		2,53
2003	42.836	4,24	2,52
2004	48.021	5,22	2,47
2005	50.534	4,18	2,35
2006	57.057	3,1	2,41
2007	65.210	5,47	2,45
2008	75.271	7,99	2,48
2009	85.615	0,93	2,64
2010	106.772	10,7	2,75
2013	151.010	4,1	2,84

Fonte: SEGPLAN-GO / IMB / Gerência de Contas Regionais e Indicadores. Elaboração: Instituto Mauro Borges / SEGPLAN-GO. | Gerência de Sistematização e Disseminação de Informações Socioeconômicas - 2016 (adaptada)

Pode-se observar na tabela acima que o Produto Interno Bruto goiano cresceu a uma taxa média anual superior à registrada para a economia brasileira. Entre 2010 e 2015 o aumento foi de 56%. Este progresso na economia goiana é fruto de investimentos privados e apoio do Estado a setores industriais, bem como tem destaque nas atividades agropecuárias e minerais voltadas para a produção de commodities. No entanto, a posição geográfica privilegiada (central) e consolidação do estado como um polo logístico (armazenagem, transporte e comunicação) foi fundamental para o bom desempenho recente da economia goiana.

Nesse contexto, a cidade de Anápolis se destaca, pois é cortada por importantes eixos rodoviários, a BR-153 e a BR-060. É parte importante do eixo Goiânia-Anápolis-Brasília e está no marco zero da interligação entre as ferrovias Centro Atlântica e Norte-Sul. A sua infraestrutura de transporte está relacionada com o Distrito Agroindustrial e o Porto Seco (Estação Aduaneira Interior) que formatam um nó estratégico de distribuição de cargas de abrangência nacional

> A posição geográfica privilegiada (central) e a consolidação do estado como um polo logístico (armazenagem, transporte e comunicação) foram fundamentais para o bom desempenho recente da economia goiana.

e internacional, além do futuro Aeroporto de Cargas de Anápolis. Quando concluída a ferrovia Norte-Sul, a integração multimodal em Anápolis (Plataforma Logística Multimodal de Goiás) promoverá no Brasil o conceito de central de inteligência logística com acesso eficiente aos eixos de transporte rodoviário, ferroviário e aeroportuário, ou seja, permitirá a integração com as principais rotas logísticas do país. Há também a possibilidade de escoamento de parte da produção goiana de grãos via Porto de São Simão-GO - Hidrovia Tietê-Paraná (GOIÁS, 2015).

Dentre os setores que compõem o PIB goiano, no período de 2003-2014, Goiás se destaca com maior expansão no setor da agropecuária que, em volume, teve variação média anual de 5,2%. Conforme tabela abaixo:

Tabela 3 - Crescimento médio de Goiás e Brasil (2003-2014) - %

Atividade	Goiás	Brasil
Serviços	4,7	3,6
Indústria	4,4	2,9
Agropecuária	5,2	2,7

Fonte: IBGE, Instituto Mauro Borges.

URBANIZAÇÃO E MUDANÇAS SOCIAIS

A consolidação da atividade agropecuária, que se iniciou a partir dos anos 1980, deve-se, dentre outros fatores, à maior produção agrícola, à diversificação de culturas e ao aumento de produtividade. Atualmente Goiás figura entre os maiores produtores em nível nacional de soja (3º), sorgo (1º), milho (3º), feijão (3º), cana-de-açúcar (3º) e algodão (3º). Na pecuária, o estado é destaque em rebanho bovino (3º) e na produção de leite (4º). A partir de 2001, o município de Rio Verde e região passaram a se destacar na produção de suínos e frangos (GOIÁS, 2015a).

As indústrias do ramo alimentício, farmacêutico e, recentemente, a cadeia produtiva sucroalcooleira e automotiva, têm impulsionado o setor industrial e também passam ser importantes na composição do PIB goiano.

Vejamos a evolução da participação das atividades produtivas no PIB goiano entre 1995-2011.

Tabela 4: participação das atividades produtivas no PIB de Goiás 1995-2011 (%)

Atividades	1995	2000	2005	2011
Agropecuária	13,9	14,0	13,4	12,5
Indústria	20,4	24,0	26,0	26,8
Serviços	65,7	62,0	60,7	60,7

Fonte: SEGPLAN-GO / IMB / Gerência de Contas Regionais e Indicadores. Elaboração: Instituto Mauro Borges / SEGPLAN-GO. (Adaptada).

Observa-se a consolidação da agropecuária e a crescente participação da indústria no PIB. No entanto, o setor de serviços ainda é o maior gerador de riquezas e empregos em Goiás. O setor de serviços tem peso relevante na economia goiana, pois as atividades comerciais, tanto as do varejo como a atacadista, têm alcançado êxito. Especialmente a atividade atacadista tem-se beneficiado da localização estratégica como centro de distribuição para o resto do país (GOIÁS, 2015).

7.2 Sociedade Goiana e a Urbanização

Em Goiás, a partir da década de 1960, foram ocorrendo mudanças na estrutura produtiva regional. A agropecuária intensificou o seu lado comercial exigindo técnicas mais modernas. Assim, devido à modernização da agricultura (1970), à falta de subsídios para os pequenos produtores e à falta de trabalho para a mão de obra menos especializada, teve início um intenso êxodo rural. Dessa forma, um imenso contingente de camponeses foi deslocado para centros urbanos e geralmente tal mão de obra redirecionou-se para a construção civil.

Nas últimas cinco décadas, o crescimento urbano de Goiás foi acelerado e intensificou-se o processo de urbanização. Houve uma mudança no quadro populacional e no perfil da sociedade goiana. A tabela a seguir evidencia a rápida evolução da população goiana.

Tabela 5 - Estado de Goiás, Centro-Oeste e Brasil: População recenseada e estimada - 1940, 1950, 1960, 1970, 1980, 1991, 2000, 2010 e 2014.

Ano	População (habitantes)		
	Goiás	Centro-Oeste	Brasil
1940	826.414	1.258.679	41.236.315
1950	1.214.921	1.736.965	51.944.397
1960	1.913.289	2.942.992	70.070.457
1970	2.938.677	5.073.259	93.139.037
1980	3.860.174	7.545.769	119.011.052
1991	4.018.903	9.427.601	146.825.475
2000	5.003.228	11.636.728	169.799.170
2010	6.003.788	14.058.094	190.755.799
2014(1)	6.523.222	15.219.608	202.768.562

Fonte: IBGE /Elaboração: Instituto Mauro Borges / Segplan-GO / Gerência de Sistematização e Disseminação de Informações Socioeconômicas - 2015. / (1) Estimativa 01/07

As migrações influenciaram no crescimento da população regional. Isso deve ser somado ao crescimento natural e ao êxodo rural. A região Centro-Oeste continua atraindo novos habitantes, migrantes de origem do Sudeste e Nordeste para as fronteiras agrícolas do Sul, Leste e Centro-Norte de Mato Grosso e Goiás. O território goiano recebeu e vem recebendo ondas migratórias de Minas Gerais, Bahia, Distrito Federal, Maranhão entre outras. Estas ondas migratórias podem ser observadas na tabela a seguir:

Tabela 6 - ESTADO DE GOIÁS: migração por lugar de nascimento - 2011 – 13.

Lugar de nascimento	2011	2012	2013
Minas Gerais	342.231	345.960	380.103
Bahia	266.322	255.756	264.532
Distrito Federal	273.833	231.742	230.255
Maranhão	162.735	231.333	209.166
Tocantins	108.199	117.110	149.857
Piauí	101.916	106.769	102.381
São Paulo	106.522	104.676	89.649

Fonte: IBGE | Elaboração: Instituto Mauro Borges / Segplan-GO/Gerência de Sistematização e Disseminação de Informações Socioeconômicas -2015.

O dinamismo econômico provocado por todos esses processos ocasionou também a redistribuição da população no território. As cidades que receberam a maior parte desses migrantes do campo foram a capital, Goiânia, as cidades da região do Entorno de Brasília - como Luziânia e Formosa -, e as cidades próximas às regiões que desenvolveram o agronegócio, como Rio Verde, Jataí, Cristalina e Catalão.

Segundo o Instituto Mauro Borges de Estatísticas e Estudos Socioeconômicos da Secretaria de Gestão e Planejamento (IMB/Segplan), há também um processo imigratório, saltando de 10.484 em 2011, para 13.188 estrangeiros, em 2013, vivendo em Goiás. Quanto à origem desses estrangeiros, verificam-se os seguintes dados: Portugal (15,7%), Estados Unidos (15%), Espanha (9%), Itália (5,5%) e Bolívia (5,3%).

Assim, Goiás tornou-se um local de alto fluxo migratório nas últimas décadas, tornando-se recentemente o estado com maior fluxo migratório líquido do país. As principais razões para esse alto fluxo migratório são a localização estratégica, que interliga praticamente todo o país por eixos rodoviários, o dinamismo econômico e também a proximidade com a capital federal - Brasília.

7.3 Consequências da Urbanização do Território

Para Arrais (2013), um aspecto interessante da urbanização do território goiano, ocorrida no período de 1960-1980, foi a concentração espacial da população. Em 1980, 56,79% da população residia em municípios na parte meridional (sul) do estado. Outro aspecto foi a hegemonia de Goiânia na oferta de trabalho, bens e serviços (saúde, educação e outros), ou seja, cidade de oportunidades para migrantes que rumaram para a jovem capital, tornando-se um centro de atração - uma capital regional. Com a valorização fundiária ocorrida na capital nos anos 1980, a migração se direciona para municípios periféricos como Aparecida de Goiânia, Trindade e Senador Canedo, promovendo rapidamente um processo de conurbação[1], em especial com Aparecida de Goiânia. Por consequente, ocorre uma migração pendular de pessoas na região na busca por trabalho, saúde e educação.

Também a região do Entorno do Distrito Federal é um local de atração serviços de saúde, educação e comércio. Ocorrendo uma explosão de urbanização, inicialmente Luziania e região e depois em Águas Lindas, emancipada em 1995 (ano que já contava com mais de 100 mil habitantes). Ocorre também a migração pendular de pessoas.

> Devido à modernização da agricultura (1970), à falta de subsídios para os pequenos produtores e à falta de trabalho para a mão de obra menos especializada, teve início um intenso êxodo rural. Dessa forma, um imenso contingente de camponeses foi deslocado para centros urbanos e geralmente tal mão de obra foi redirecionada para a construção civil.

No sudoeste e no sudeste Goiano, o desenvolvimento se dá em torno do agronegócio - culturas temporárias e intenso processo de tecnificação. Verificou-se a migração de mineiros e paulistas, isso porque se trata de uma região de cidades funcionais, ou seja, especializadas em serviços como: agricultura, pecuária, mineração e articuladas com mercados (Arrais, 2013).

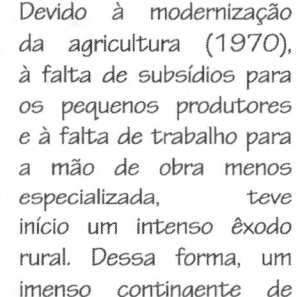

A estratégia de desenvolvimento de Goiás adotada nas últimas décadas foi baseada no estímulo à atração de empreendimentos industriais, na dotação de infraestrutura física requerida pelas plantas industriais e os incentivos fiscais. Essa estratégia mostrou-se eficiente para promover o crescimento econômico e a melhoria de alguns indicadores sociais. No entanto, o modelo adaptado se mostrou insuficiente para o desenvolvimento homogêneo do território e incapaz de melhorar a distribuição funcional da renda. Assim, o PIB goiano permanece concentrado em dez municípios do estado, localizados na metade sul do território. O modelo de incentivos fiscais não conseguiu promover a distribuição mais equilibrada da produção no território goiano, muito embora tenha sido fundamental para a mudança do perfil econômico do estado. (GOIÁS, 2015a).

> As principais razões para esse alto fluxo migratório são a localização estratégica, que interliga praticamente todo o país por eixos rodoviários, o dinamismo econômico e também a proximidade com a capital federal - Brasília.

---

1. Conurbação (do latim *urbis*, cidade) é a unificação da malha urbana de duas ou mais cidades, em consequência de seu crescimento geográfico.

RACIOCÍNIO LÓGICO

1. PROPOSIÇÕES

1.1 Definições

Proposição é uma **declaração** (sentença declarativa - afirmação ou negação - com sujeito "definido", verbo e sentido completo - sentença fechada) que pode ser **classificada** OU em Verdadeiro OU em Falso.

São exemplos de proposições:

p: Danilo tem duas empresas

Q: Susana comprou um carro novo

a: Beatriz é inteligente

B: 2 + 7 = 10

As letras "p", "Q", "a", "B", servem para representar (simbolizar) as proposições.

Valores lógicos das proposições

Uma proposição só pode ser classificada em dois valores lógicos, que são ou o **Verdadeiro (V)** ou o **Falso (F)**, não admitindo outro valor.

As proposições têm três princípios básicos, sendo um deles o princípio fundamental que é:

Princípio da não contradição: diz que uma proposição não pode ser verdadeira e falsa ao mesmo tempo.

Os outros dois são:

Princípio da identidade: diz que uma proposição verdadeira sempre será verdadeira e uma falsa sempre será falsa.

Princípio do terceiro excluído: diz que uma proposição só pode ter dois valores lógicos, ou o de verdadeiro ou o de falso, **não existindo** um terceiro valor.

Interrogações, exclamações e ordens não são proposições.

Exs.:
Que dia é hoje?
Que maravilha!
Estudem muito.

Sentenças abertas e quantificadores lógicos

Existem algumas "sentenças abertas" que aparecem com com incógnitas (termo desconhecido) ou com sujeito indefinido, como por exemplo: "x + 2 = 5", não sendo consideradas proposições, já que não se pode classificá-las sem saber o o valor de x ou se ter a definição do sujeito, porém com o uso dos **quantificadores lógicos**, elas tornam-se proposições, uma vez que esses quantificadores passam a dar valor ao "x" ou definir o sujeito.

Os quantificadores lógicos são:

$\forall$: para todo; qualquer que seja; todo;

$\exists$: existe; existe pelo menos um; algum;

$\nexists$: não existe; nenhum.

Ex.:

x + 2 = 5 (sentença aberta - não é proposição)

p: $\exists$ x, x + 2 = 5 (lê-se: existe x tal que, x + 2 = 5). Agora é proposição, uma vez que agora é possível classificar a proposição como verdadeira, já que sabemos que tem um valor de "x" que somado a dois é igual a cinco.

Negação de proposição (modificador lógico)

Negar uma proposição significa modificar o seu valor lógico, ou seja, se uma proposição é verdadeira, a sua negação será falsa, e se uma proposição for falsa, a sua negação será verdadeira.

Os símbolos da negação são (~) ou ($\neg$) antes da letra que representa a proposição.

Ex.: p: 3 é ímpar;

~p: 3 **não** é ímpar;

$\neg$p: 3 é **par** (outra forma de negar a proposição).

~p: não é verdade que 3 é ímpar (outra forma de negar a proposição).

$\neg$p: é mentira que 3 é ímpar (outra forma de negar a proposição).

Lei da dupla negação:

~(~p) = p, negar uma proposição duas vezes significa voltar para própria proposição:

q: 2 é par;

~q: 2 não é par;

~(~q): 2 **não** é **ímpar**;

portanto;

q: 2 é par.

Tipos de proposição

Simples ou atômica: são únicas, com apenas um verbo (ação), não pode ser dividida/separada (fica sem sentido) e não tem conectivo lógico.

Ex.: Na proposição "João é professor" tem-se uma única informação, com apenas um verbo, não sendo possível separá-la e sem conectivo.

Composta ou molecular: tem mais de uma proposição simples unidas pelos conectivos lógicos, podem ser divididas/separadas e tem mais de um verbo (pode ser o mesmo verbo referido mais de uma vez).

Ex.: "Pedro é advogado e João é professor". É possível separar em duas proposições simples: "Pedro é advogado" e "João é professor".

Simples (atômicas)	Compostas (moleculares)
Não têm conectivo lógico	Têm conectivo lógico
Não podem ser divididas	Podem ser divididas
1 verbo	+ de 1 verbo

Conectivo lógico

Serve para unir as proposições simples, formando proposições compostas. São eles:

e: conjunção ($\wedge$)

ou: disjunção ($\vee$)

ou..., ou: disjunção exclusiva ($\underline{\vee}$)

se..., então: condicional ($\rightarrow$)

se..., e somente se: bicondicional ($\leftrightarrow$)

Alguns autores consideram a negação (-) como um conectivo, porém aqui não faremos isso, pois os conectivos servem para

PROPOSIÇÕES

formar proposição composta, e a negação faz apenas a mudança do valor das proposições.

O "e" possui alguns sinônimos, que são: "mas", "porém", "nem" (nem = e não) e a própria vírgula. O condicional também tem alguns sinônimos que são: "portanto", "quando", "como" e "pois" (pois = condicional invertido. Ex.: A, pois B = B $\to$ A).

Ex.:

a: Maria foi à praia

b: João comeu peixe

p: Se Maria foi a praia, então João comeu peixe

q: ou 4 + 7 = 11 ou a Terra é redonda

1.2 Tabela Verdade e Conectivos Lógicos

A tabela verdade nada mais é do que um mecanismo usado para dar valor às proposições compostas (que também serão ou verdadeiras ou falsas), por meio de seus respectivos conectivos.

A primeira coisa que precisamos saber numa tabela verdade é o seu número de linhas, e que esse depende do número de proposições simples que compõem a proposição composta.

Número de linhas = 2^n

Em que "**n**" é o número de proposições simples que compõem a proposição composta. Portanto se houver 3 proposições simples formando a proposição composta então a tabela dessa proposição terá 8 linhas ($2^3 = 8$). Esse número de linhas da tabela serve para que tenhamos todas as relações possíveis entre "V" e "F" das proposições simples. Veja:

P	Q	R
V	V	V
V	V	F
V	F	V
V	F	F
F	V	V
F	V	F
F	F	V
F	F	F

Observe que temos todas as relações entre os valores lógicos das proposições, que sejam: as 3 verdadeiras (1ª linha), as 3 falsas (última linha), duas verdadeiras e uma falsa (2ª, 3ª e 5ª linhas), e duas falsas e uma verdadeira (4ª, 6ª e 7ª linhas). Nessa demonstração, temos uma forma prática de como se pode organizar a tabela, sem se preocupar se foram feitas todas relações entres as proposições.

Para o correto preenchimento da tabela, devemos seguir algumas regras:

> Comece sempre pelas proposições simples e suas negações, se houver;

> Resolva os parênteses, colchetes e chaves, respectivamente (igual à expressão numérica), se houver;

> Faça primeiro as conjunções e disjunções, depois os condicionais e por último os bicondicionais;

> numa proposição composta com mais de um conectivo o conectivo principal será o que for resolvido por último (muito importante saber o conectivo principal).

> A última coluna da tabela deverá ser sempre a da proposição toda, conforme as demonstrações adiante.

O valor lógico de uma proposição composta depende dos valores lógicos das proposições simples que a compõem assim como do conectivo utilizado, e é o que veremos a partir de agora.

Valor lógico de uma proposição composta por conjunção (e) = tabela verdade da conjunção ($\wedge$).

Conjunção "e": Sejam p e q proposições, a conjunção das proposições p e q, denotada por p $\wedge$ q, só será verdadeiro quando p e q forem verdadeiras simultaneamente (se p ou q for falso p $\wedge$ q será falso).

Ex.: P $\wedge$ Q

P	Q	P$\wedge$Q
V	V	V
V	F	F
F	V	F
F	F	F

Representando por meio de conjuntos, temos: P $\wedge$ Q

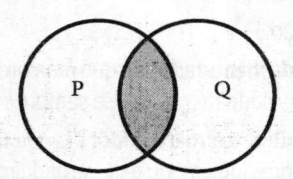

Valor lógico de uma proposição composta por disjunção (ou) = tabela verdade da disjunção ($\vee$).

Disjunção "ou": Sejam p e q proposições, a disjunção das proposições p e q, denotada por p $\vee$ q, só será falsa quando p e q forem falsas simultaneamente (se p ou q for verdadeiro p $\vee$ q será verdadeiro).

Ex.: P $\vee$ Q

P	Q	P$\vee$Q
V	V	V
V	F	V
F	V	V
F	F	F

Representando por meio de conjuntos, temos: P $\vee$ Q

Valor lógico de uma proposição composta por disjunção exclusiva (ou, ou) = tabela verdade da disjunção exclusiva ($\veebar$).

Disjunção Exclusiva "ou ..., ou ...": Sejam p e q proposições, a disjunção exclusiva das proposições p e q, denotada por p $\underline{\vee}$ q, será verdadeiro quando p e q tiverem valores diferentes/contrários (se p e q tiverem valores iguais p $\underline{\vee}$ q será falso).

Ex.: P $\underline{\vee}$ Q

P	Q	P$\underline{\vee}$Q
V	V	F
V	F	V
F	V	V
F	F	F

Representando por meio de conjuntos, temos: P $\underline{\vee}$ Q

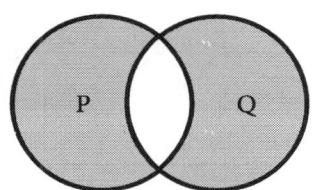

Valor lógico de uma proposição composta por condicional (se, então) = tabela verdade do condicional (→).

Condicional "Se p, então q": Sejam p e q proposições, a condicional de p e q, denotada por p → q onde se lê "p condiciona q" ou "se p, então q", é a proposição que assume o valor falso somente quando p for verdadeira e q for falsa. A tabela para a condicional de p e q é a seguinte:

Ex.: P → Q

P	Q	P→Q
V	V	V
V	F	F
F	V	V
F	F	V

Atente-se bem para esse tipo de proposição, pois é um dos mais cobrados em concursos.

Dicas:
P é antecedente e Q é consequente = P → Q
P é consequente e Q é antecedente = Q → P
P é suficiente e Q é necessário = P → Q
P é necessário e Q é suficiente = Q → P
Representando por meio de conjuntos, temos: P → Q

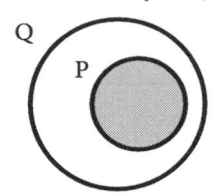

Valor lógico de uma proposição composta por bicondicional (se e somente se) = tabela verdade do bicondicional (↔).

Bicondicional "se, e somente se": Sejam p e q proposições, a bicondicional de p e q, denotada por p ↔ q, onde se lê "p bicondicional q", será verdadeira quando p e q tiverem valores iguais (se p e q tiverem valores diferentes p ↔ q será falso).

No bicondicional, "P" e "Q" são ambos suficientes e necessários ao mesmo tempo.

Ex.: P ↔ Q

P	Q	P↔Q
V	V	V
V	F	F
F	V	F
F	F	V

Representando por meio de conjuntos, temos: P ↔ Q

P = Q

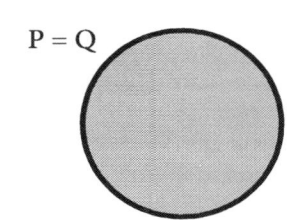

Proposição composta	Verdadeira quando...	Falsa quando...
P∧Q	P e Q são verdadeiras	Pelo menos uma falsa
P∨Q	Pelo menos uma verdadeira	P e Q são falsas
P$\underline{\vee}$Q	P e Q têm valores diferentes	P e Q têm valores iguais
P→Q	P = verdadeiro, q = verdadeiro ou P = falso	P = verdadeiro e Q = falso
P↔Q	P e Q têm valores iguais	P e Q têm valores diferentes

1.3 Tautologias, Contradições e Contingências

Tautologia: proposição composta que é **sempre verdadeira** independente dos valores lógicos das proposições simples que a compõem.

(P ∧ Q) → (P ∨ Q)

P	Q	P∧Q	P∨Q	(P∧Q)→(P∨Q)
V	V	V	V	V
V	F	F	V	V
F	V	F	V	V
F	F	F	F	V

Contradição: proposição composta que é **sempre falsa**, independente dos valores lógicos das proposições simples que a compõem.

~(P ∨ Q) ∧ P

P	Q	P∨Q	~(P∨Q)	~(P∨Q)∧P
V	V	V	F	F
V	F	V	F	F
F	V	V	F	F
F	F	F	V	F

PROPOSIÇÕES

Contingência: ocorre quando não é tautologia nem contradição. ~(P∨Q) ↔ P

P	Q	P∨Q	~(P∨Q)	~(P∨Q)↔P
V	V	F	V	V
V	F	V	F	F
F	V	V	F	V
F	F	F	V	F

1.4 Equivalências Lógicas

Duas ou mais proposições compostas são ditas equivalentes quando são formadas pelas mesmas proposições simples e suas tabelas verdades (resultado) são iguais.

Atente-se para o princípio da equivalência. A tabela verdade está aí só para demonstrar a igualdade.

Seguem algumas demonstrações das mais importantes:

P ∧ Q = Q ∧ P: basta trocar as proposições de lugar – também chamada de **recíproca**.

P	Q	P∧Q	Q∧P
V	V	V	V
V	F	F	F
F	V	F	F
F	F	F	F

P ∨ Q = Q ∨ P: basta trocar as proposições de lugar – também chamada de **recíproca**.

P	Q	P∨Q	Q∨P
V	V	V	V
V	F	V	V
F	V	V	V
F	F	F	F

P ⊻ Q = Q ⊻ P: basta trocar as proposições de lugar - também chamada de **recíproca**.

P ⊻ Q = ~P ⊻ ~Q: basta negar as proposições – também chamada de **contrária**.

P ⊻ Q = ~Q ⊻ ~P: troca as proposições de lugar e nega-as – também chamada de **contra-positiva**.

P ⊻ Q = (P ∧ ~Q) ∨ (~P ∧ Q): observe aqui a exclusividade dessa disjunção.

P	Q	~P	~Q	P∧~Q	~P∧Q	P⊻Q	Q⊻P	~P⊻~Q	~Q⊻~P	(P∧~Q)∨(~P∧Q)
V	V	F	F	F	F	F	F	F	F	F
V	F	F	V	V	F	V	V	V	V	V
F	V	V	F	F	V	V	V	V	V	V
F	F	V	V	F	F	F	F	F	F	F

P ↔ Q = Q ↔ P: basta trocar as proposições de lugar - também chamada de **recíproca**.

P ↔ Q = ~P ↔ ~Q: basta negar as proposições – também chamada de contrária.

P ↔ Q = ~Q ↔ ~P: troca as proposições de lugar e nega-as – também chamada de contra- positiva.

P ↔ Q = (P → Q) ∧ (Q → P): observe que é condicional para os dois lados, por isso bicondicional.

P	Q	~P	~Q	P→Q	Q→P	P↔Q	Q↔P	~P↔~Q	~Q↔~P	(P→Q)∧(Q→P)
V	V	F	F	V	V	V	V	V	V	V
V	F	F	V	F	V	F	F	F	F	F
F	V	V	F	V	F	F	F	F	F	F
F	F	V	V	V	V	V	V	V	V	V

A disjunção exclusiva e o bicondicional são as proposições com o maior número de equivalências.

P → Q = ~Q → ~P: troca as proposições de lugar e nega-se – também chamada de **contra-positiva**.

P → Q = ~P ∨ Q: nega-as o antecedente OU mantém o consequente.

P	Q	~P	~Q	P→Q	~Q→~P	~P∨Q
V	V	F	F	V	V	V
V	F	F	V	F	F	F
F	V	V	F	V	V	V
F	F	V	V	V	V	V

Equivalências mais importantes e mais cobradas em concursos.

Negação de proposição composta

São também equivalências lógicas; vejamos algumas delas:

~(P ∧ Q) = ~P ∨ ~Q (Leis De Morgan)

Para negar a conjunção, troca-se o conectivo e (∧) por ou (∨) e nega-se as proposições que a compõem.

P	Q	~P	~Q	P∧Q	~(P∧Q)	~P∨~Q
V	V	F	F	V	F	F
V	F	F	V	F	V	V
F	V	V	F	F	V	V
F	F	V	V	F	V	V

~(P ∨ Q) = ~P ∧ ~Q (Leis De Morgan)

Para negar a disjunção, troca-se o conectivo **ou (∨)** por **e (∧)** e negam-se as proposições simples que a compõem.

P	Q	~P	~Q	P∨Q	~(P∨Q)	~P∧~Q
V	V	F	F	V	F	F
V	F	F	V	V	F	F
F	V	V	F	V	F	F
F	F	V	V	F	V	V

~(P → Q) = P ∧ ~Q

Para negar o condicional, mantém-se o antecedente E nega-se o consequente.

P	Q	~Q	P→Q	~(P→Q)	P∧~Q
V	V	F	V	F	F
V	F	V	F	V	V
F	V	F	V	F	F
F	F	V	V	F	F

~(P ⊻ Q) = P ↔ Q

Para negar a disjunção exclusiva, faz-se o bicondicional ou nega-se a disjuncao exclusiva com a propria disjuncao exclusiva, mas negando apenas uma das proposicoes que a compõe.

P	Q	P⊻Q	~(P⊻Q)	P↔Q
V	V	F	V	V
V	F	V	F	F
F	V	V	F	F
F	F	F	V	V

~(P ↔ Q) = (P ⊻ Q).

Para negar a bicondicional, faz-se a disjunção exclusiva ou nega-se o bicondicional com o proprio bicondicional, mas negando apenas uma das proposicoes que o compõe.

P	Q	P↔Q	~(P↔Q)	P⊻Q
V	V	V	F	F
V	F	F	V	V
F	V	F	V	V
F	F	V	F	F

1.5 Relação entre Todo, Algum e Nenhum

Também conhecidos como **quantificadores lógicos**, eles têm entre si algumas relações que devemos saber, são elas:

"Todo A é B" equivale a **"nenhum A não é B"**, e vice-versa.

"todo amigo é bom = nenhum amigo não é bom."

"Nenhum A é B" equivale a **"todo A não é B"**, e vice-versa.

"nenhum aluno é burro = todo aluno não é burro."

"Todo A é B" tem como negação **"algum A não é B"** e vice-versa.

Ex.: ~(todo estudante tem insônia) = algum estudante não tem insônia.

"Nenhum A é B" tem como negação **"algum A é B"** e vice-versa.

Ex.: ~(algum sonho é impossível) = nenhum sonho é impossível.

Temos também a representação em forma de conjuntos, que é:

TODO A é B:

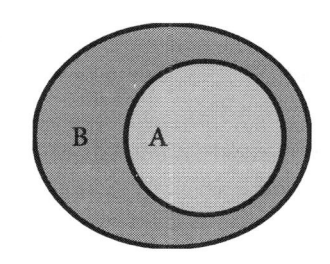

ALGUM A é B:

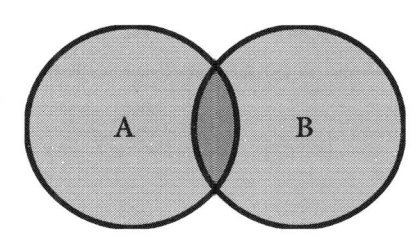

NENHUM A é B:

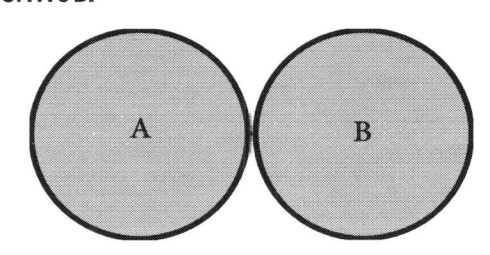

Relação de Equivalência:	Relação de Negação:
> Todo A é B = Nenhum A não é B. Ex.: Todo diretor é bom ator. = Nenhum diretor é mau ator.	> Todo A é B = Algum A não é B. Ex.: Todo policial é honesto. = Algum policial não é honesto.
> Nenhum A é B = Todo A não é B. Ex.: Nenhuma mulher é legal. = Toda mulher não é legal.	> Nenhum A é B = Algum A é B. Ex.: Nenhuma ave é mamífera. = Alguma ave é mamífera.

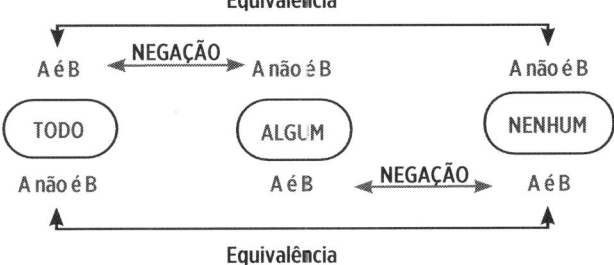

Equivalência

A é B ← NEGAÇÃO → A não é B   A não é B

TODO   **ALGUM**   **NENHUM**

A não é B   A é B ← NEGAÇÃO → A é B

Equivalência

RACIOCÍNIO LÓGICO

2. ARGUMENTOS

Os argumentos são uma extensão das proposições, mas com algumas características e regras próprias. Vejamos isso a partir de agora.

2.1 Definições

Argumento é um conjunto de proposições, divididas em premissas (proposições iniciais - hipóteses) e conclusões (proposições finais - teses).

Ex.:

p_1: Toda mulher é bonita.
p_2: Toda bonita é charmosa.
p_3: Maria é bonita.
c: Portanto, Maria é charmosa.

p_1: Se é homem, então gosta de futebol.
p_2: Mano gosta de futebol.
c: Logo, Mano é homem.

p_1, p_2, p_3, p_n, correspondem às premissas, e "c" à conclusão.

Representação dos argumentos

Os argumentos podem ser representados das seguintes formas:

$$\begin{array}{c} P_1 \\ P_2 \\ P_3 \\ \ldots \\ P_n \\ \hline c \end{array}$$

ou

$$P_1 \wedge P_2 \wedge P_3 \wedge \cdots \wedge P_n \rightarrow C$$

ou

$$P_1, P_2, P_3, \cdots, P_n \vdash C$$

Tipos de argumentos

Existem vários tipos de argumento. Vejamos alguns:

Dedução

O argumento dedutivo parte de situações gerais para chegar a conclusões particulares. Esta forma de argumento é válida quando suas premissas, sendo verdadeiras, fornecem uma conclusão também verdadeira.

Ex.:

p_1: Todo professor é aluno.
p_2: Daniel é professor.
c: Logo, Daniel é aluno.

Indução

O argumento indutivo é o contrário do argumento dedutivo, pois parte de informações particulares para chegar a uma conclusão geral. Quanto mais informações nas premissas, maiores as chances da conclusão estar correta.

Ex.:

p_1: Cerveja embriaga.
p_2: Uísque embriaga.
p_3: Vodca embriaga.
c: Portanto, toda bebida alcoólica embriaga.

Analogia

As analogias são comparações (nem sempre verdadeiras). Neste caso, partindo de uma situação já conhecida verificamos outras desconhecidas, mas semelhantes. Nas analogias, não temos certeza.

Ex.:

p_1: No Piauí faz calor.
p_2: No Ceará faz calor.
p_3: No Paraná faz calor.
c: Sendo assim, no Brasil faz calor.

Falácia

As falácias são falsos argumentos, logicamente inconsistentes, inválidos ou que não provam o que dizem.

Ex.:

p_1: Eu passei num concurso público.
p_2: Você passou num concurso público.
c: Logo, todos vão passar num concurso público.

Silogismos

Tipo de argumento formado por três proposições, sendo duas premissas e uma conclusão. São em sua maioria dedutivos.

Ex.:

p_1: Todo estudioso passará no concurso.
p_2: Beatriz é estudiosa.
c: Portanto, Beatriz passará no concurso.

Classificação dos argumentos

Os argumentos só podem ser classificados em, ou válidos, ou inválidos:

Válidos ou bem construídos

Os argumentos são válidos sempre que as premissas garantirem a conclusão, ou seja, sempre que a conclusão for uma consequência obrigatória do seu conjunto de premissas.

Ex.:

p_1: Toda mulher é bonita.
p_2: Toda bonita é charmosa.
p_3: Maria é mulher.
c: Portanto, Maria é bonita e charmosa.

Veja que, se Maria é mulher, e toda mulher é bonita, e toda bonita é charmosa, então Maria só pode ser bonita e charmosa.

Inválidos ou mal construídos

Os argumentos são inválidos sempre que as premissas **não** garantirem a conclusão, ou seja, sempre que a conclusão **não** for uma consequência obrigatória do seu conjunto de premissas.

Ex.:

p_1: Todo professor é aluno.
p_2: Daniel é aluno.
c: Logo, Daniel é professor.

Note que, se Daniel é aluno, nada garante que ele seja professor, pois o que sabemos é que todo professor é aluno, não o contrário.

Alguns argumentos serão classificados apenas por meio desse conceito (da GARANTIA). Fique atento para não perder tempo.

2.2 Métodos para Classificar os Argumentos

Os argumentos nem sempre podem ser classificados da mesma forma, por isso existem os métodos para sua classificação, uma vez que dependendo do argumento, um método ou outro, sempre será mais fácil e principalmente mais rápido.

1º método: diagramas lógicos (ou método dos conjuntos).

Utilizado sempre que no argumento houver as expressões: **todo**, **algum** ou **nenhum**, e seus respectivos sinônimos.

Representaremos o que for dito em forma de conjuntos e verificaremos se a conclusão está correta (presente nas representações).

> Esse método é muito utilizado por diversas bancas de concursos e tende a confundir o concurseiro, principalmente nas questões em que temos mais de uma opção de diagrama para o mesmo enunciado. Lembrando que quando isso ocorrer (mais de um diagrama para o mesmo argumento), a questão só estará correta se a conclusão estiver presente em todas as representações se todos os diagramas corresponderem à mesma condição.

As representações genéricas são:

TODO A é B:

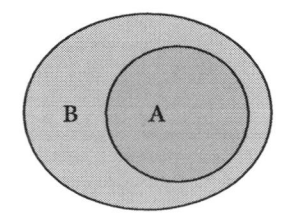

ALGUM A é B:

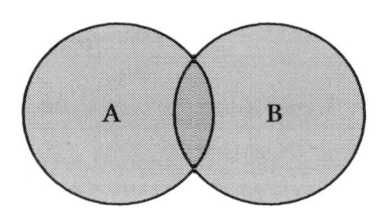

NENHUM A é B:

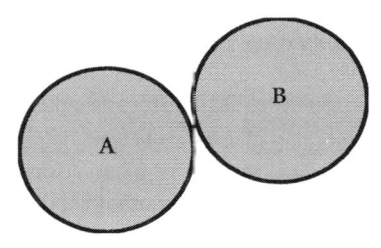

2º método: premissas verdadeiras (proposição simples ou conjunção).

Utilizado sempre que não for possível os diagramas lógicos e quando nas premissas houver uma proposição simples ou uma conjunção.

A proposição simples ou a conjunção serão os pontos de partida da resolução, já que teremos que considerar todas as premissas verdadeiras e elas – proposição simples ou conjunção – só admitem um jeito de serem verdadeiras.

O método consiste em, considerar todas as premissas como verdadeiras, dar valores às proposições simples que as compõem e no final avaliar a conclusão; se a conclusão também for verdadeira o argumento é válido, porém se a conclusão for falsa o argumento é inválido.

Premissas verdadeiras e conclusão verdadeiras = argumento válido.

Premissas verdadeiras e conclusão falsa = argumento inválido.

3º método: conclusão falsa (proposição simples, disjunção ou condicional).

Utilizado sempre que não for possível um dos "dois" métodos citados anteriormente e quando na conclusão houver uma proposição simples, uma disjunção ou um condicional.

A proposição simples, a disjunção ou o condicional serão os pontos de partida da resolução, já que teremos que considerar a conclusão como sendo falsa e elas – proposição simples, disjunção e condicional – só admitem um jeito de serem falsas.

O método consiste em: considerar a conclusão como falsa, dar valores às proposições simples, que a compõem, e supor as premissas como verdadeiras, a partir dos valores das proposições simples da conclusão e atribuir os valores das proposições simples das premissas. No final, se assim ficar – a conclusão falsa e as premissas verdadeiras – o argumento será inválido; porém se uma das premissas mudar de valor, então o argumento passa a ser válido.

Conclusão falsa e premissas verdadeiras = argumento inválido.

Conclusão falsa e pelo menos 1 (uma) premissa falsa = argumento válido.

Para esses dois métodos (2º método e 3º método), podemos definir a validade dos argumentos da seguinte forma:

RACIOCÍNIO LÓGICO

ARGUMENTOS

PREMISSAS	CONCLUSÃO	ARGUMENTO
Verdadeiras	Verdadeira	Válido
Verdadeiras	Falsa	Inválido
Pelo menos 1 (uma) falsa	Falsa	Válido

4º método: tabela verdade.

Método utilizado em último caso, quando não for possível usar qualquer um dos anteriores.

Dependendo da quantidade de proposições simples que tiver o argumento, esse método fica inviável, pois temos que desenhar a tabela verdade. No entanto, esse método é um dos mais garantidos nas resoluções das questões de argumentos.

Consiste em desenhar a tabela verdade do argumento em questão e avaliar se nas linhas em que as premissas forem todas verdadeiras – ao mesmo tempo – a conclusão também será toda verdadeira. Caso isso ocorra, o argumento será válido, porém se em uma das linhas em que as premissas forem todas verdadeiras a conclusão for falsa, o argumento será inválido.

Linhas da tabela verdade em que as premissas são todas verdadeiras e conclusão, nessas linhas, também todas verdadeiras = argumento válido.

Linhas da tabela verdade em que as premissas são todas verdadeiras e pelo menos uma conclusão falsa, nessas linhas = argumento inválido.

3. PSICOTÉCNICOS

Questões psicotécnicas são todas as questões em que não precisamos de conhecimento adicional para resolvê-las. As questões podem ser de associações lógicas, verdades e mentiras, sequências lógicas, problemas com datas – calendários, sudoku, entre outras.

Neste capítulo, abordaremos inicialmente as questões mais simples do raciocínio lógico para uma melhor familiarização com a matéria.

Não existe teoria, somente prática e é com ela que vamos trabalhar e aprender.

01. (FCC) Considere que os dois primeiros pares de palavras foram escritos segundo determinado critério.

Temperamento → totem
Traficante → tetra
Massificar → ?

De acordo com esse mesmo critério, uma palavra que substituiria o ponto de interrogação é:

a) ramas.
b) maras.
c) armas.
d) samar.
e) asmar.

RESPOSTA: C.

Analisando os dois primeiros pares de palavras, vemos que a segunda palavra de cada par é formada pela última sílaba + a primeira sílaba da primeira palavra do par, logo, seguindo esse raciocínio, teremos AR + MAS = armas.

02. (FCC) Observe atentamente a disposição das cartas em cada linha do esquema seguinte. A carta que está oculta é:

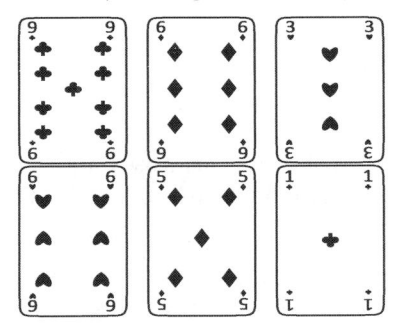

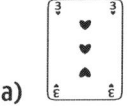

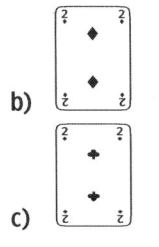

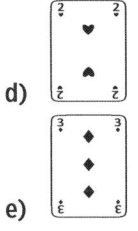

RESPOSTA: A.

Observando cada linha (horizontal), temos nas duas primeiras os três mesmos naipes (copas, paus e ouros, só mudando a ordem) e a terceira carta é o resultado da subtração da primeira pela segunda; portanto, a carta que está oculta tem que ser o "3 de copas", pois 10 – 7 = 3 e o naipe que não apareceu na terceira linha foi o de copas.

03. (FCC) Considere a sequência de figuras abaixo. A figura que substitui corretamente a interrogação é:

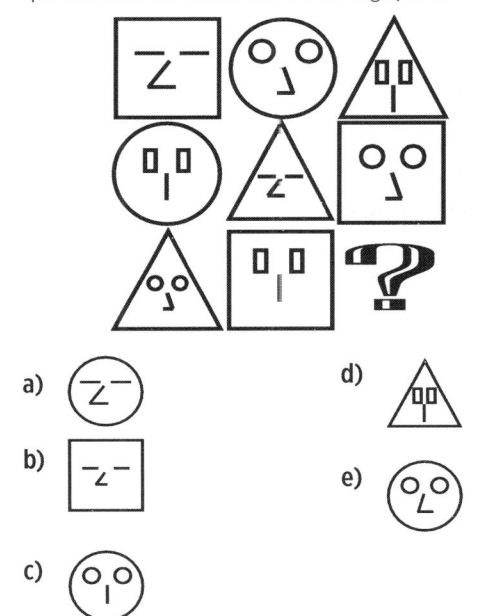

RESPOSTA: A.

Veja que em cada fila (linha ou coluna) temos sempre um círculo, um triângulo e um quadrado fazendo o contorno da careta; os olhos são círculos, quadrados ou tiras; o nariz é reto, para direita ou para esquerda; sendo assim, no ponto de interrogação o que está faltando é a careta redonda com o olhos em tiras e o nariz para a esquerda.

04. (Esaf - Adaptada) Mauro, José e Lauro são três irmãos. Cada um deles nasceu em um estado diferente: um é mineiro, outro é carioca, e outro é paulista (não necessariamente nessa ordem). Os três têm, também, profissões diferentes: um é engenheiro, outro é veterinário, e outro é psicólogo (não necessariamente nessa ordem). Sabendo que José é mineiro, que o engenheiro é paulista, e que Lauro é veterinário, conclui-se corretamente que:

RACIOCÍNIO LÓGICO

PSICOTÉCNICOS

a) Lauro é paulista e José é psicólogo.
b) Mauro é carioca e José é psicólogo.
c) Lauro é carioca e Mauro é psicólogo.
d) Mauro é paulista e José é psicólogo.
e) Lauro é carioca e Mauro não é engenheiro.

RESPOSTA: D.

É a única resposta possível após o preenchimento da tabela e análise das alternativas.

Vamos construir uma tabela para facilitar a resolução da questão:

Nome	Estado	Profissão
José	Mineiro	Psicólogo
Mauro	Paulista	Engenheiro
Lauro	Carioca	Veterinário

De acordo com as informações:

José é mineiro;

O engenheiro é paulista;

Lauro é veterinário, note que Lauro não pode ser paulista, pois o paulista é engenheiro.

05. (FGV) Certo dia, três amigos fizeram, cada um deles, uma afirmação:

Aluísio: Hoje não é terça-feira.

Benedito: Ontem foi domingo.

Camilo: Amanhã será quarta-feira.

Sabe-se que um deles mentiu e que os outros dois falaram a verdade. Assinale a alternativa que indique corretamente o dia em que eles fizeram essas afirmações.

a) Sábado.
b) Domingo.
c) Segunda-feira.
d) Terça-feira.
e) Quarta-feira.

RESPOSTA: C.

Baseado no que foi dito na questão, Benedito e Camilo não podem, os dois, estarem falando a verdade, pois teríamos dois dias diferentes. Então, conclui-se que Aluísio falou a verdade; com isso, o que Camilo esta dizendo é mentira e, portanto Benedito também está falando a verdade. Logo, o dia em que foi feita a afirmação é uma segunda-feira.

06. (FUMARC) Heloísa, Bernardo e Antônio são três crianças. Uma delas tem 12 anos a outra tem 10 anos e a outra 8 anos. Sabe-se que apenas uma das seguintes afirmações é verdadeira:

Bernardo tem 10 anos.

Heloísa não tem 10 anos.

Antônio não tem 12 anos.

Considerando estas informações é correto afirmar que:

a) Heloísa tem 12 anos, Bernardo tem 10 anos e Antônio tem 8 anos.
b) Heloísa tem 12 anos, Bernardo tem 8 anos e Antônio tem 10 anos.
c) Heloísa tem 10 anos, Bernardo tem 8 anos e Antônio tem 12 anos.
d) Heloísa tem 10 anos, Bernardo tem 12 anos e Antônio tem 8 anos.

RESPOSTA: D.

Como a questão informa que só uma afirmação é verdadeira, vejamos qual pode ser esta afirmação: se "I" for a verdadeira, teremos Bernardo e Heloísa, os dois, com 10 anos, o que pelo enunciado da questão não é possível; se "II" for a verdadeira, teremos, mais uma vez, Bernardo e Heloísa, agora ambos com 8 anos, o que também não é possível; se "III" for a verdadeira, teremos Heloísa com 10 anos, Bernardo com 12 anos e Antônio com 8 anos.

07. (FCC) Na sentença seguinte falta a última palavra. Você deve escolher a alternativa que apresenta a palavra que MELHOR completa a sentença.

Devemos saber empregar nosso tempo vago; podemos, assim, desenvolver hábitos agradáveis e evitar os perigos da:

a) Desdita.
b) Pobreza.
c) Ociosidade.
d) Bebida.
e) Doença.

RESPOSTA: C.

Qual dessas alternativas tem a palavra que mais se relaciona com tempo vago? Agora ficou claro! Assim a palavra é OCIOSIDADE.

08. (ESAF) Três meninos, Zezé, Zozó e Zuzu, todos vizinhos, moram na mesma rua em três casas contíguas. Todos os três meninos possuem animais de estimação de raças diferentes e de cores também diferentes. Sabe-se que o cão mora em uma casa contígua à casa de Zozó; a calopsita é amarela; Zezé tem um animal de duas cores - branco e laranja; a cobra vive na casa do meio. Assim, os animais de estimação de Zezé, Zozó e Zuzu são respectivamente:

a) Cão, cobra, calopsita.
b) Cão, calopsita, cobra.
c) Calopsita, cão, cobra.
d) Calopsita, cobra, cão.
e) Cobra, cão, calopsita.

RESPOSTA: A.

De acordo com as informações:

A cobra vive na casa do meio;

O cão mora em uma casa contígua à casa de Zozó; contígua quer dizer vizinha, e para isso Zozó só pode morar na casa do meio;

A calopsita é amarela e Zezé tem um animal de duas cores - branco e laranja; com isso o cão só pode ser de Zezé;

Vamos construir uma tabela para ficar melhor a resolução da questão:

	Casa	Casa	Casa
Nome	Zezé	Zozó	Zuzu
Animal	Cão	Cobra	Calopsita

No livro Alice no País dos Enigmas, o professor de matemática e lógica Raymond Smullyan apresenta vários desafios ao raciocínio lógico que têm como objetivo distinguir-se entre verdadeiro e falso. Considere o seguinte desafio inspirado nos enigmas de Smullyan.

Duas pessoas carregam fichas nas cores branca e preta. Quando a primeira pessoa carrega a ficha branca, ela fala somente a verdade, mas, quando carrega a ficha preta, ela fala somente mentiras. Por outro lado, quando a segunda pessoa carrega a ficha branca, ela fala somente mentira, mas, quando carrega a ficha preta, fala somente verdades.

Com base no texto acima, julgue o item a seguir.

09. (CESPE) Se a primeira pessoa diz "Nossas fichas não são da mesma cor" e a segunda pessoa diz "Nossas fichas são da mesma cor", então, pode-se concluir que a segunda pessoa está dizendo a verdade.

RESPOSTA: CERTO.

Analisando linha por linha da tabela, encontramos contradições nas três primeiras linhas, ficando somente a quarta linha como certa, o que garante que a segunda pessoa está falando a verdade.

1ª pessoa: "Nossas fichas não são da mesma cor"	2ª pessoa: "Nossas fichas são da mesma cor"
Ficha branca (verdade)	Ficha branca (mentira)
Ficha branca (verdade)	Ficha preta (verdade)
Ficha preta (mentira)	Ficha branca (mentira)
Ficha preta (mentira)	Ficha preta (verdade)

10. (CESPE) O quadro abaixo pode ser completamente preenchido com algarismos de 1 a 6, de modo que cada linha e cada coluna tenham sempre algarismos diferentes.

1				3	2
		5	6		1
	1	6		5	
5	4			2	
	3	2	4		
4			2		3

RESPOSTA: CERTO.

Vamos preencher o quadro, de acordo com o que foi pedido:

1	6	4	5	3	2
3	2	5	6	4	1
2	1	6	3	5	4
5	4	3	1	2	6
6	3	2	4	1	5
4	5	1	2	6	3

4. ANÁLISE COMBINATÓRIA

As primeiras atividades matemáticas da humanidade estavam ligadas à contagem de objetos de um conjunto, enumerando seus elementos.

Vamos estudar, aqui, algumas técnicas para a descrição e contagem de todos os casos possíveis de um acontecimento.

4.1 Definição

A análise combinatória é utilizada para descobrir o **número de maneiras possíveis** de realizar determinado evento, sem que seja necessário demonstrar todas essas maneiras.

Ex.: Quantos são os pares formados pelo lançamento de dois **"dados"** simultaneamente?

No primeiro dado, temos 6 possibilidades – do 1 ao 6 – e, no segundo dado, também temos 6 possibilidades – do 1 ao 6. Juntando todos os pares formados, temos 36 pares (6 . 6 = 36).

(1,1), (1,2), (1,3), (1,4), (1,5), (1,6),
(2,1), (2,2), (2,3), (2,4), (2,5), (2,6),
(3,1), (3,2), (3,3), (3,4), (3,5), (3,6),
(4,1), (4,2), (4,3), (4,4), (4,5), (4,6),
(5,1), (5,2), (5,3), (5,4), (5,5), (5,6),
(6,1), (6,2), (6,3), (6,4), (6,5), (6,6);

Logo, temos **36 pares**.

Não há necessidade de expor todos os pares formados, basta que saibamos quantos pares são.

Imagine se fossem 4 dados e quiséssemos saber todas as quadras possíveis, o resultado seria 1296 quadras. Um número inviável de ser representado. Por isso utilizamos a Análise Combinatória.

Para resolver as questões de Análise Combinatória, utilizamos algumas técnicas, que veremos a partir de agora.

4.2 Fatorial

É comum, nos problemas de contagem, calcularmos o produto de uma multiplicação cujos fatores são números naturais consecutivos. Fatorial de um número (natural) é a multiplicação deste número por todos os seus antecessores, em ordem, até o número 1.

$$n! = n(n-1)(n-2)...3.2.1, \text{ sendo } n \in \mathbb{N} \text{ e } n > 1.$$

Por definição, temos:
→ $0! = 1$
→ $1! = 1$

Ex.: $4! = 4 \cdot 3 \cdot 2 \cdot 1 = 24$
$6! = 6 \cdot 5 \cdot 4 \cdot 3 \cdot 2 \cdot 1 = 720$
$8! = 8 \cdot 7 \cdot 6 \cdot 5 \cdot 4 \cdot 3 \cdot 2 \cdot 1 = 40320$

Observe que:
$6! = 6 \cdot 5 \cdot 4!$
$8! = 8 \cdot 7 \cdot 6!$

Para n = 0, teremos: $0! = 1$.
Para n = 1, teremos: $1! = 1$.

Ex.: *Qual deve ser o valor numérico de n para que a equação $(n + 2)! = 20 \cdot n!$ seja verdadeira?*

O primeiro passo na resolução deste problema consiste em escrevermos **(n + 2)!** em função de **n!**, em busca de uma equação que não mais contenha fatoriais:

$(n+2)(n+1) n! = 20 n!$, dividindo por $n!$, temos:

$(n+2)(n+1) = 20$, fazendo a distributiva

$n^2 + 3n + 2 = 20 \Rightarrow n^2 + 3n - 18 = 0$

Rapidamente concluímos que as raízes procuradas são **–6** e **3**, mas como não existe fatorial de números negativos, já que eles não pertencem ao conjunto dos números naturais, ficamos apenas com a raiz igual a **3**.

Portanto:

O valor numérico de n, para que a equação seja verdadeira, é igual a 3.

4.3 Princípio Fundamental da Contagem (PFC)

É uma das técnicas mais importantes e uma das mais utilizadas nas questões de Análise Combinatória.

O PFC é utilizado nas questões em que os elementos podem ser repetidos **ou** quando a ordem dos elementos fizer diferença no resultado.

> **Atenção**
> Esses "elementos" são os dados das questões, os valores envolvidos.

Consiste de dois princípios: o **multiplicativo** e o **aditivo**. A diferença dos dois consiste nos termos utilizados durante a resolução das questões.

Multiplicativo: usado sempre que na resolução das questões utilizarmos o termo "**e**". Como o próprio nome já diz, faremos multiplicações.

Aditivo: usado quando utilizarmos o termo "**ou**". Aqui realizaremos somas.

Ex.: Quantas senhas de 3 algarismos são possíveis com os algarismos 1, 3, 5 e 7?

Como nas senhas os algarismos podem ser repetidos, para formar senhas de 3 algarismos temos a seguinte possibilidade:

SENHA = Algarismo E Algarismo E Algarismo

Nº de SENHAS = 4 . 4 . 4 (já que são 4 os algarismos que temos na questão, e observe o princípio multiplicativo no uso do "e"). Nº de SENHAS = 64.

Ex.: Quantos são os números naturais de dois algarismos que são múltiplos de 5?

Como o zero à esquerda de um número não é significativo, para que tenhamos um número natural com dois algarismos, ele deve começar com um dígito de 1 a 9. Temos, portanto, 9 possibilidades.

Para que o número seja um múltiplo de 5, ele deve terminar em 0 ou 5, portanto temos apenas 2 possibilidades. A multiplicação de 9 por 2 nos dará o resultado desejado. Logo: São 18 os números naturais de dois algarismos que são múltiplos de 5.

4.4 Arranjo e Combinação

Duas outras técnicas usadas para resolução de problemas de análise combinatória, sendo importante saber quando usa cada uma delas.

Arranjo: usado quando os elementos (envolvidos no cálculo) não podem ser repetidos E quando a ordem dos elementos faz diferença no resultado

A fórmula do arranjo é:

$$A_{n,p} = \frac{n!}{(n-p)!}$$

Sendo:

n = todos os elementos do conjunto;

p = os elementos utilizados.

Ex.: pódio de competição.

Combinação: usado quando os elementos (envolvidos no cálculo) não podem ser repetidos E quando a ordem dos elementos não faz diferença no resultado.

A fórmula da combinação é:

$$C_{n,p} = \frac{n!}{p! \cdot (n-p)!}$$

Sendo:

n = a todos os elementos do conjunto;

p = os elementos utilizados.

Ex.: salada de fruta.

4.5 Permutação

Permutação simples

Seja E um conjunto com n elementos. Chama-se permutação simples dos n elementos, qualquer agrupamento (sequência) de n elementos distintos de E em outras palavras, permutacao é a ORGANIZACAO de TODOS os elementos. Em outras palavras, permutação a ORGANIZAÇÃO de TODOS os elementos

Podemos, também, interpretar cada permutação de **n** elementos como um arranjo simples de **n** elementos tomados **n** a **n**, ou seja, p = n.

Nada mais é do que um caso particular de arranjo cujo p = n. Logo:

Assim, a fórmula da permutação é:

$$P_n = n!$$

Ex.: Quantos anagramas têm a palavra prova?

A palavra **prova** tem 5 letras, e nenhuma repetida, sendo assim n = 5, e:

$P_5 = 5!$

$P_5 = 5 \cdot 4 \cdot 3 \cdot 2 \cdot 1$

$P_5 = 120$ anagramas

> **Atenção**
>
> As permutações são muito usadas nas questões de anagramas.
>
> Anagramas: todas as palavras formadas com todas as letras de uma palavra, quer essas novas palavras tenham sentido ou não na linguagem comum.

Permutação com elementos repetidos

Na permutação com elementos repetidos, usa-se a seguinte fórmula:

$$P_n^{k,y,\cdots,w} = \frac{n!}{k! \cdot y! \cdot \ldots \cdot w!}$$

Sendo:

n = o número total de elementos do conjunto;

k, y, w = as quantidades de elementos repetidos.

Ex.: Quantos anagramas têm a palavra concurso?

Observe que na palavra **CONCURSO** existem duas letras repetidas, o "C" e o "O", e cada uma duas vezes, portanto n = 8, k = 2 e y = 2, agora:

$$P_8^{2,2} = \frac{8!}{2! \cdot 2!}$$

$$P_8^{2,2} = \frac{8 \cdot 7 \cdot 6 \cdot 5 \cdot 4 \cdot 3 \cdot 2!}{2 \cdot 1 \cdot 2!} \text{ (Simplificando o 2!)}$$

$$P_8^{2,2} = \frac{20.160}{2}$$

$$P_8^{2,2} = 10.080 \text{ anagramas}$$

ANÁLISE COMBINATÓRIA

Resumo:

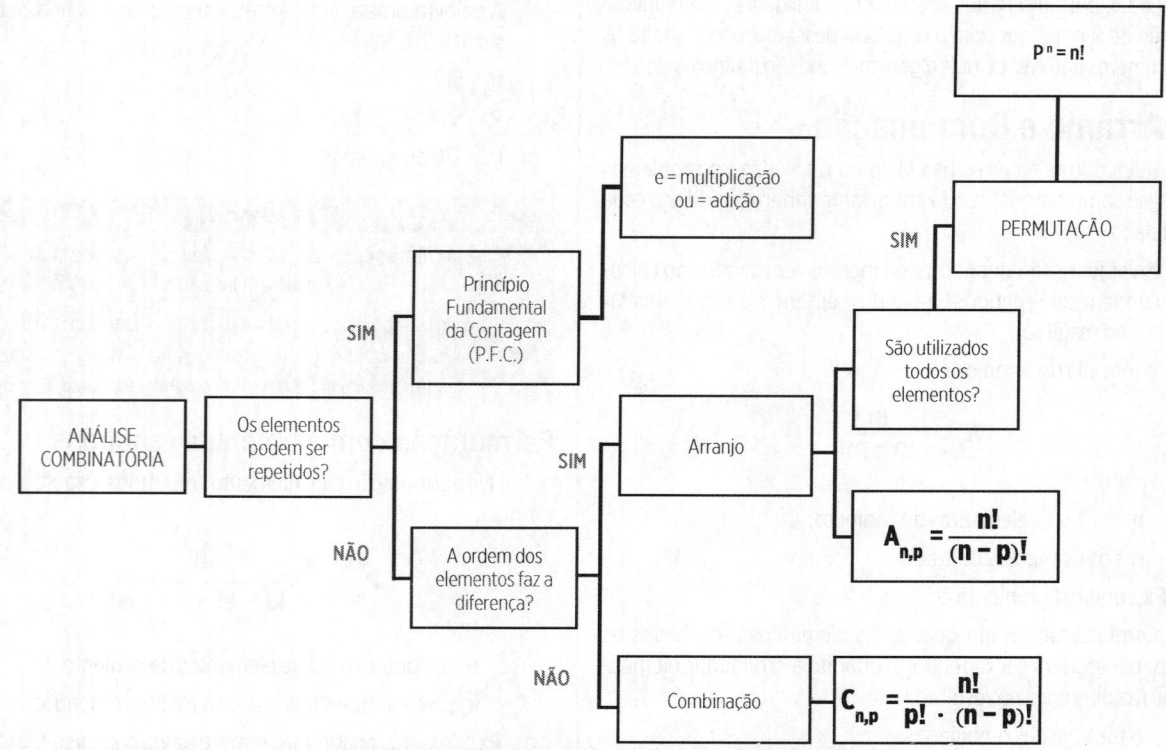

```
ANÁLISE COMBINATÓRIA
│
├── Os elementos podem ser repetidos?
│   │
│   ├── SIM → Princípio Fundamental da Contagem (P.F.C.)
│   │         e = multiplicação
│   │         ou = adição
│   │
│   └── NÃO → A ordem dos elementos faz a diferença?
│             │
│             ├── SIM → Arranjo → São utilizados todos os elementos?
│             │                    │
│             │                    ├── SIM → PERMUTAÇÃO  $P^n = n!$
│             │                    │
│             │                    └── $A_{n,p} = \dfrac{n!}{(n-p)!}$
│             │
│             └── NÃO → Combinação  $C_{n,p} = \dfrac{n!}{p! \cdot (n-p)!}$
```

Para saber qual das técnicas utilizar basta fazer duas, no máximo, três perguntas para a questão, veja:

Os elementos podem ser repetidos?

Se a resposta for sim, deve-se trabalhar com o PFC; se a resposta for não, passe para a próxima pergunta;

A ordem dos elementos faz diferença no resultado da questão?

Se a resposta for sim, trabalha-se com arranjo; se a resposta for não, trabalha-se com as combinações (todas as questões de arranjo podem ser feitas por PFC).

(Opcional): vou utilizar todos os elementos para resolver a questão?

Para fazer a 3ª pergunta, depende, se a resposta da 1ª for não e a 2ª for sim; se a resposta da 3ª for sim, trabalha-se com as permutações.

Permutações circulares e combinações com repetição

Casos especiais dentro da análise combinatória

Permutação Circular: usada quando houver giro horário ou anti-horário. Na permutação circular o que importa são as posições, não os lugares.

$$Pc(n) = (n-1)!$$

Sendo:

n = o número total de elementos do conjunto;

Pc = permutação circular.

Combinação com Repetição: usada quando p > n ou quando a questão deixar subentendido que pode haver repetição.

$$C_{r(n,p)} = C_{(n+p-1,p)} = \frac{(n+p-1)!}{p! \cdot (n-1)!}$$

Sendo:

n = o número total de elementos do conjunto;

p = o número de elementos utilizados;

Cr = combinação com repetição.

5. PROBABILIDADE

A que temperatura a água entra em ebulição? Se largarmos uma bola, com que velocidade ela atinge o chão? Conhecidas certas condições, é perfeitamente possível responder a essas duas perguntas, antes mesmo da realização desses experimentos.

Esses experimentos são denominados determinísticos, pois neles os resultados podem ser previstos.

Considere agora os seguintes experimentos:

> No lançamento de uma moeda, qual a face voltada para cima?
> No lançamento de um dado, que número saiu?
> Uma carta foi retirada de um baralho completo. Que carta é essa?

Mesmo se esses experimentos forem repetidos várias vezes, nas mesmas condições, não poderemos prever o resultado.

Um experimento cujo resultado, mesmo que único, é imprevisível, é denominado experimento aleatório. E é justamente ele que nos interessa neste estudo. Um experimento ou fenômeno aleatório apresenta as seguintes características:

> Pode se repetir várias vezes nas mesmas condições;
> É conhecido o conjunto de todos os resultados possíveis;
> Não se pode prever o resultado.

A teoria da probabilidade surgiu para nos ajudar a medir a "chance" de ocorrer determinado resultado em um experimento aleatório.

5.1 Definições

Para o cálculo das probabilidades, temos que saber primeiro 3 (três) conceitos básicos acerca do tema:

Atenção
Maneiras possíveis de se realizar determinado evento (análise combinatória)
≠ (diferente)
Chance de determinado evento ocorrer (probabilidade).

Experimento Aleatório: é o experimento em que não é possível GARANTIR o resultado, mesmo que esse seja feito diversas vezes nas mesmas condições.

Ex.: Lançamento de uma moeda: ao lançarmos uma moeda os resultados possíveis são o de cara e o de coroa, mas não tem como garantir qual será o resultado desse lançamento.

Ex.: Lançamento de um dado: da mesma forma que a moeda, não temos como garantir qual o resultado (1, 2, 3, 4, 5 e 6) desse lançamento.

Espaço Amostral - (Ω) ou (U): é o conjunto de todos os resultados possíveis para um experimento aleatório.

Ex.: Na moeda: o espaço amostral na moeda é $\Omega = 2$, pois só temos dois resultados possíveis para esse experimento, que é ou CARA ou COROA.

Ex.: No "dado": o espaço amostral no "dado" é $U = 6$, pois temos do 1 (um) ao 6 (seis), como resultados possíveis para esse experimento.

Evento: Qualquer subconjunto do espaço amostral é chamado evento. No lançamento de um dado, por exemplo, em relação à face voltada para cima, podemos ter os eventos:

> O número par: {2, 4, 6}.
> O número ímpar: {1, 3, 5}.
> Múltiplo de 8: { }.

5.2 Fórmula da Probabilidade

Considere um experimento aleatório em que para cada um dos n eventos simples, do espaço amostral U, a chance de ocorrência é a mesma. Nesse caso o calculo da probabilidade de um evento qualquer dado pela fórmula:

$$P(A) = \frac{n(A)}{n(U)}$$

Na expressão acima, **n (U)** é o número de elementos do espaço amostral **U** e **n (A)**, o número de elementos do evento **A**.

$$P = \frac{evento}{espaço\ amostral}$$

Os valores da probabilidade variam de 0 (0%) a 1 (100%).

Quando a probabilidade é de 0 (0%), diz-se que o evento é impossível.

Ex.: Chance de você não passar num concurso.

Quando a probabilidade é de 1 (100%), diz-se que o evento é certo.

Ex.: Chance de você passar num concurso.

Qualquer outro valor entre 0 e 1, caracteriza-se como a probabilidade de um evento.

Na probabilidade também se usa o PFC, ou seja sempre que houver duas ou mais probabilidades ligadas pelo conectivo "e" elas serão multiplicadas, e quando for pelo "ou", elas serão somadas.

5.3 Eventos Complementares

Dois eventos são ditos **complementares** quando a chance do evento ocorrer somado à chance de ele não ocorrer sempre dá 1 (um).

$$P(A) + P(\bar{A}) = 1$$

Sendo:

P(A) = a probabilidade do evento ocorrer;

P(Ā) = a probabilidade do evento não ocorrer.

5.4 Casos Especiais de Probabilidade

A partir de agora veremos algumas situações típicas da probabilidade, que servem para não perdermos tempo na resolução das questões.

Eventos independentes

Dois ou mais eventos são independentes quando não dependem uns dos outros para acontecer, porém ocorrem simultaneamente. Para calcular a probabilidade de dois ou mais eventos independentes, basta multiplicar a probabilidade de cada um deles.

Ex.: Uma urna tem 30 bolas, sendo 10 vermelhas e 20 azuis. Se sortearmos 2 bolas, 1 de cada vez e repondo a sorteada na urna, qual será a probabilidade de a primeira ser vermelha e a segunda ser azul?

Sortear uma bola vermelha da urna não depende de uma bola azul ser sorteada e vice-versa, então a probabilidade da bola ser vermelha é $\frac{10}{30}$, e para a bola ser azul a probabilidade é $\frac{20}{30}$. Dessa forma, a probabilidade de a primeira bola ser vermelha e a segunda azul é:

$$P = \frac{20}{30} \cdot \frac{10}{30}$$

$$P = \frac{200}{900}$$

$$P = \frac{2}{9}$$

Probabilidade condicional

É a probabilidade de um evento ocorrer sabendo que já ocorreu outro, relacionado a esse.

A fórmula para o cálculo dessa probabilidade é:

$$P_{A/B} = \frac{P_{(A \cap B)}}{P_B}$$

$$P = \frac{\text{probabilidade dos eventos simultâneos}}{\text{probabilidade do evento condicional}}$$

Probabilidade da união de dois eventos

Assim como na teoria de conjuntos, faremos a relação com a fórmula do número de elementos da união de dois conjuntos. É importante lembrar que "ou" significa união.

A fórmula para o cálculo dessa probabilidade é:

$$P(A \cup B) = P(A) + P(B) - P(A \cap B)$$

Ex.: Ao lançarmos um dado, qual é a probabilidade de obtermos um número primo ou um número ímpar?

Os números primos no dado são 2, 3 e 5, já os números ímpares no dado são 1, 3 e 5, então os números primos e ímpares são 3 e 5. Aplicando a fórmula para o cálculo da probabilidade fica:

$$P_{(A \cup B)} = \frac{3}{6} + \frac{3}{6} - \frac{2}{6}$$

$$P_{(A \cup B)} = \frac{4}{6}$$

$$P_{(A \cup B)} = \frac{2}{3}$$

Probabilidade binomial

Essa probabilidade é a chamada probabilidade estatística e será tratada aqui de forma direta e com o uso da fórmula.

A fórmula para o cálculo dessa probabilidade é:

$$P = C_{n,s} \cdot P_{sucesso}^{s} \cdot P_{fracasso}^{f}$$

Sendo:

C = o combinação;
n = o número de repetições do evento;
s = o números de "sucessos" desejados;
f = o número de "fracassos".

6. TEORIA DOS CONJUNTOS

Frequentemente, usa-se a noção de conjunto. O principal exemplo de conjunto são os conjuntos numéricos, que, advindos da necessidade de contar ou quantificar as coisas ou objetos, foram adquirindo características próprias que os diferem. Os componentes de um conjunto são chamados de elementos. Costuma-se representar um conjunto nomeando os elementos um a um, colocando-os entre chaves e separando-os por vírgula; é o que chamamos de representação por extensão. Para nomear um conjunto, usa-se geralmente uma letra maiúscula. Exemplos:

A = {1,2,3,4,5} → conjunto finito

B = {1,2,3,4,5,...} → conjunto infinito

6.1 Definições

Ex.: Se quisermos montar o conjunto das vogais do alfabeto, os **elementos** serão a, e, i, o, u.

A nomenclatura dos conjuntos é formada pelas letras maiúsculas do alfabeto.

Ex.: Conjunto dos estados da região Sul do Brasil: A = {Paraná, Santa Catarina, Rio Grande do Sul}.

Representação dos conjuntos

Os conjuntos podem ser representados tanto em **chaves** como em **diagramas**.

ATENÇÃO! Quando é dada uma propriedade característica dos elementos de um conjunto, diz-se que ele está representado por compreensão. Vejamos:

A = {x |x é um múltiplo de dois maior que zero}

Representação em chaves

Conjuntos dos estados brasileiros que fazem fronteira com o Paraguai:

B = {Paraná, Mato Grosso do Sul}.

Representação em diagramas

Ex.: Conjuntos das cores da bandeira do Brasil:

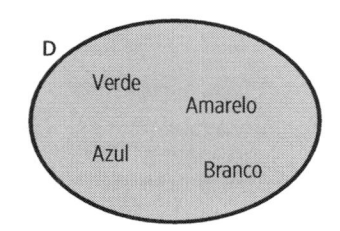

Elementos e relação de pertinência

Quando um elemento está em um conjunto, dizemos que ele pertence a esse conjunto. A relação de pertinência é representada pelo símbolo ∈ (pertence).

Ex.: Conjunto dos algarismos pares: **G** = {2, 4, 6, 8, 0}.

Observe que:

4 ∈ G

7 ∉ G

Conjunto unitário, conjunto vazio e conjunto universo

Conjunto unitário: possui um só elemento.

Ex.: Conjunto da capital do Brasil: K = {Brasília}

Conjunto vazio: simbolizado por Ø ou {}, é o conjunto que não possui elemento.

Ex.: Conjunto dos estados brasileiros que fazem fronteira com o Chile: M = Ø.

Conjunto universo: Em inúmeras situações é importante estabelecer o conjunto U ao qual pertencem os elementos de todos os conjuntos considerados. Esse conjunto é chamado de conjunto universo. Assim:

> Quando se estuda as letras, o conjunto universo das letras é o Alfabeto

> Quando se estuda a população humana, o conjunto universo é constituído de todos os seres humanos.

Para descrever um conjunto A por meio de uma propriedade característica p de seus elementos, deve-se mencionar, de modo explícito ou não, o conjunto universo U no qual se está trabalhando:

Ex.: A = {x ∈ R | x>2}, onde U = R → forma explícita

A = {x | x > 2} → forma implícita.

6.2 Subconjuntos

Diz-se que B é um subconjunto de A se, e somente se, todos os elementos de B pertencem a A.

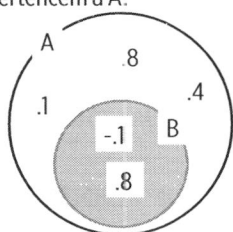

Deve-se notar que A = {-1,0,1,4,8} e B = {-1,8}, ou seja, todos os elementos de B também são elementos do conjunto A.

Nesse caso, diz-se que B está contido em A ou B é subconjunto de A. (B ⊂ A). Pode-se dizer também que A contém B. (A ⊃ B).

OBSERVAÇÕES:

> Se A ⊂ B e B ⊂ A, então A = B.

> Os símbolos ⊂ (contido), ⊃ (contém), ⊄ (não está contido) e ⊅ (não contém) são utilizados para relacionar conjuntos.

> Para todo conjunto A, tem-se A ⊂ A.

> Para todo conjunto A, tem-se Ø ⊂ A, onde Ø representa o conjunto vazio.

> Todo conjunto é subconjunto de si próprio (D ⊂ D);

> O conjunto vazio é subconjunto de qualquer conjunto (Ø ⊂ D);

> Se um conjunto A possui "p" elementos, então ele possui 2^p subconjuntos;

TEORIA DOS CONJUNTOS

> O conjunto formado por todos os subconjuntos de um conjunto A, é denominado conjunto das partes de A. Assim, se A = {4, 7}, o conjunto das partes de A, é dado por {∅, {4}, {7}, {4, 7}}.

6.3 Operações com Conjuntos

União de conjuntos: a união de dois conjuntos quaisquer será representada por "A ∪ B" e terá os elementos que pertencem a A "ou" a B, ou seja, TODOS os elementos.

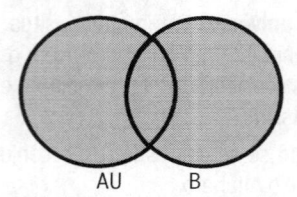

A ∪ B

Interseção de conjuntos: a interseção de dois conjuntos quaisquer será representada por "A ∩ B". Os elementos que fazem parte do conjunto interseção são os elementos COMUNS aos dois conjuntos.

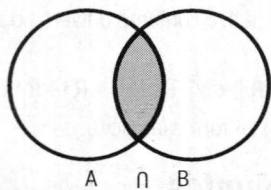

A ∩ B

Conjuntos disjuntos: Se dois conjuntos não possuem elementos em comum, diz-se que eles são disjuntos. Simbolicamente, escreve-se A ∩ B = ∅. Nesse caso, a união dos conjuntos A e B é denominada união disjunta. O número de elementos A ∩ B nesse caso é igual a zero.

$$n(A \cap B) = 0.$$

Ex.:

Seja A = {1, 2, 3, 4, 5}, B = {1, 5, 6, 3}, C = {2, 4, 7, 8, 9} e D = {10, 20}. Tem-se:

A ∪ B = {1,2,3,4,5,6}

B ∪ A = {1,2,3,4,5,6}

A ∩ B = {1,3,5}

B ∩ A = {1,3,5}

A ∪ B ∪ C = {1,2,3,4,5,6,7,8,9} e

A ∩ D = ∅.

É possível notar que A, B e C são todos disjuntos com D, mas A, B e C não são dois a dois disjuntos.

Diferença de conjuntos: a diferença de dois conjuntos quaisquer será representada por "A – B" e terá os elementos que pertencem somente a A, mas não pertencem a B, ou seja, que são EXCLUSIVOS de A.

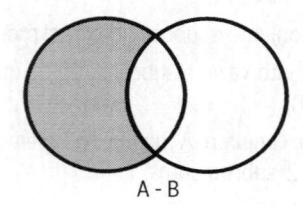

A - B

Complementar de um conjunto: se A está contido no conjunto universo U, o complementar de A é a diferença entre o conjunto universo e o conjunto A, será representado por "$C_U^{(A)} = U - A$" e terá todos os elementos que pertencem ao conjunto universo, menos os que pertencem ao conjunto A.

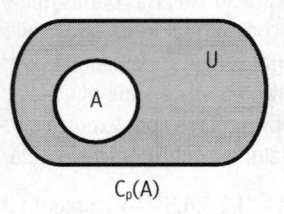

$C_p(A)$

7. CONJUNTOS NUMÉRICOS

Os números surgiram da necessidade de contar ou quantificar coisas ou objetos. Com o passar do tempo, foram adquirindo características próprias.

7.1 Números Naturais

É o primeiro dos conjuntos numéricos. Representado pelo símbolo $\mathbb{N}$. É formado pelos seguintes elementos:

$\mathbb{N} = \{0, 1, 2, 3, 4, 5, 6, 7, 8, 9, 10, 11, 12, 13, ... +\infty\}$

O símbolo ∞ significa infinito, o + quer dizer positivo, então $+\infty$ quer dizer infinito positivo.

7.2 Números Inteiros

Esse conjunto surgiu da necessidade de alguns cálculos não possuírem resultados, pois esses resultados eram negativos.

Representado pelo símbolo $\mathbb{Z}$, é formado pelos seguintes elementos:

$\mathbb{Z} = \{-\infty, ..., -3, -2, -1, 0, 1, 2, 3, ..., +\infty\}$

Operações e propriedades dos números naturais e inteiros

As principais operações com os números naturais e inteiros são: adição, subtração, multiplicação, divisão, potenciação e radiciação (as quatro primeiras são também chamadas operações fundamentais).

Adição

Na adição, a soma dos termos ou parcelas resulta naquilo que se chama **total**.

Ex.: $2 + 2 = 4$

As propriedades da adição são:

Elemento Neutro: qualquer número somado ao zero tem como total o próprio número.

Ex.: $+ 0 = 2$

Comutativa: a ordem dos termos não altera o total.

Ex.: $2 + 3 = 3 + 2 = 5$

Associativa: o ajuntamento de parcelas não altera o total.

Ex.: $2 + 0 = 2$

Subtração

Operação contrária à adição, também conhecida como diferença.

Os termos ou parcelas da subtração, assim como o total, têm nomes próprios:

M – N = P; em que M = minuendo, N = subtraendo e P = diferença ou resto.

Ex.: $7 - 2 = 5$

Quando o subtraendo for maior que o minuendo, a diferença será negativa.

Multiplicação

Nada mais é do que a soma de uma quantidade de parcelas fixas. Ao resultado da multiplicação chama-se produto. Os símbolos que indicam a multiplicação são o **"x"** (sinal de vezes) ou o **"."** (ponto).

Exs.: $4 \times 7 = 7 + 7 + 7 + 7 = 28$

$7 \cdot 4 = 4 + 4 + 4 + 4 + 4 + 4 + 4 = 28$

As propriedades da multiplicação são:

Elemento Neutro: qualquer número multiplicado por 1 terá como produto o próprio número.

Ex.: $5 \cdot 1 = 5$

Comutativa: ordem dos fatores não altera o produto.

Ex.: $3 \cdot 4 = 4 \cdot 3 = 12$

Associativa: o ajuntamento dos fatores não altera o resultado.

Ex.: $2 \cdot (3 \cdot 4) = (2 \cdot 3) \cdot 4 = 24$

Distributiva: um fator em evidência multiplica todas as parcelas dentro dos parênteses.

Ex.: $2 \cdot (3 + 4) = (2 \cdot 3) + (2 \cdot 4) = 6 + 8 = 14$

Atenção		
Na multiplicação existe "jogo de sinais", que fica assim:		
Parcela	Parcela	Produto
+	+	+
+	–	–
–	+	–
–	–	+
Exs.: $2 \cdot -3 = -6$		
$-3 \cdot -7 = 21$		

Divisão

É o inverso da multiplicação. Os sinais que a representam são: "÷", ":", "/" ou a fração.

Exs.: $14 \div 7 = 2$

$25 : 5 = 5$

$36/12 = 3$

Atenção
Por ser o inverso da multiplicação, a divisão também possui o "jogo de sinal".

7.3 Números Racionais

Com o passar do tempo alguns cálculos não possuíam resultados inteiros, a partir daí surgiram os números racionais, que são representados pela letra $\mathbb{Q}$ e são os números que podem ser escritos sob forma de frações.

$\mathbb{Q} = \frac{a}{b}$ (com "b" diferente de zero → $b \neq 0$); em que "a" é o numerador e "b" é o denominador.

Fazem parte desse conjunto também as dízimas periódicas (números que apresentam uma série infinita de algarismos decimais, após a vírgula) e os números decimais (aqueles que são escritos com a vírgula e cujo denominador são as potências de 10).

Toda fração cujo numerador é menor que o denominador é chamada de fração própria.

Operações com os números racionais

Adição e subtração

Para somar frações deve-se estar atento se os denominadores das frações são os mesmos. Caso sejam iguais, basta repetir o denominador e somar (ou subtrair) os numeradores, porém se os denominadores forem diferentes é preciso fazer o M.M.C. (assunto que será visto adiante) dos denominadores, constituir novas frações equivalentes às frações originais e, assim, proceder com o cálculo.

$$\frac{2}{7} + \frac{4}{7} = \frac{6}{7}$$

$$\frac{2}{3} + \frac{4}{5} = \frac{10}{15} + \frac{12}{15} = \frac{22}{15}$$

Multiplicação

Para multiplicar frações basta multiplicar numerador com numerador e denominador com denominador.

$$\frac{3}{4} \cdot \frac{5}{7} = \frac{15}{28}$$

Divisão

Para dividir frações basta fazer uma multiplicação da primeira fração com o inverso da segunda fração.

$$\frac{2}{3} \div \frac{4}{5} = \frac{2}{3} \cdot \frac{5}{4} = \frac{10}{12} = \frac{5}{6} \text{(Simplificando por 2)}$$

Toda vez que for possível deve-se simplificar a fração até sua fração irredutível (aquela que não pode mais ser simplificada).

Potenciação

Se a multiplicação é soma de uma quantidade de parcelas fixas, a potenciação é a multiplicação de uma quantidade de fatores fixos, tal quantidade indicada no expoente que acompanha a base da potência.

A potenciação é expressa por: a^n, cujo "a" é a base da potência e o "n" é o expoente.

Ex.: $4^3 = 4 \cdot 4 \cdot 4 = 64$

As propriedades das potências são:

$a^0 = 1$

$3^0 = 1$

$a^1 = a$

$5^1 = 5$

$a^{-n} = 1/a^n$

$2^{-3} = \frac{1}{2^3} = 1/8$

$a^m \cdot a^n = a^{(m+n)}$

$3^2 \cdot 3^3 = 3^{(2+3)} = 3^5 = 243$

$a^m : a^n = a^{(m-n)}$

$4^5 : 4^3 = 4^{(5-3)} = 4^2 = 16$

$(a^m)^n = a^{m \cdot n}$

$(2^2)^4 = 2^{2 \cdot 4} = 2^8 = 256$

$a^{m/n} = \sqrt[n]{a^m}$

$7^{2/3} = \sqrt[3]{7^2} = \sqrt[3]{49}$

Não confunda: $(am)n \neq am\ n$

Não confunda também: $(-a)n \neq -an$.

Radiciação

É a expressão da potenciação com expoente fracionário.

A representação genérica da radiciação é: $\sqrt[n]{a}$; cujo "n" é o índice da raiz, o "a" é o radicando e "$\sqrt{\ }$" é o radical.

Quando o índice da raiz for o 2 ele não precisa aparecer e essa raiz será uma raiz quadrada.

As propriedades das "raízes" são:

→ $\sqrt[n]{a^m} = (\sqrt[n]{a})^m = a^{m/n}$

→ $\sqrt[m]{\sqrt[n]{a}} = {}^{m \cdot n}\sqrt{a}$

→ $\sqrt[m]{a^m} = a = a^{m/m} = a^1 = a$

Racionalização: se uma fração tem em seu denominador um radical, faz-se o seguinte:

$$\frac{1}{\sqrt{a}} = \frac{1}{\sqrt{a}} \cdot \frac{\sqrt{a}}{\sqrt{a}} = \frac{\sqrt{a}}{\sqrt{a^2}} = \frac{\sqrt{a}}{a}$$

Transformando dízima periódica em fração

Para transformar dízimas periódicas em fração, é preciso atentar-se para algumas situações:

> Verifique se depois da vírgula só há a parte periódica, ou se há uma parte não periódica e uma periódica.
> Observe quantas são as "casas" periódicas e, caso haja, as não periódicas. Lembrado sempre que essa observação só será para os números que estão depois da vírgula.
> Em relação à fração, o denominador será tantos "9" quantos forem as casas do período, seguido de tantos "0" quantos forem as casas não periódicas (caso haja e depois da vírgula). Já o numerador será o número sem a vírgula até o primeiro período "menos" toda a parte não periódica (caso haja).

Exs.: $0,6666... = \frac{6}{9}$

$0,36363636... = \frac{36}{99}$

$0,123333... = \frac{123 - 12}{900} = \frac{111}{900}$

$2,8888... = \frac{28 - 2}{9} = \frac{26}{9}$

$3,754545454... = \frac{3754 - 37}{990} = \frac{3717}{990}$

Transformando número decimal em fração

Para transformar número decimal em fração, basta contar quantas "casas" existem depois da vírgula; então o denominador da fração será o número 1 acompanhado de tantos zeros quantos forem o número de "casas", já o numerador será o número sem a "vírgula".

Exs.: $0,3 = \frac{3}{10}$

$2,45 = \frac{245}{100}$

$49,586 = \frac{49586}{1000}$

7.4 Números Irracionais

São os números que não podem ser escritos na forma de fração.

O conjunto é representado pela letra $\mathbb{I}$ e tem como elementos as dízimas não periódicas e as raízes não exatas.

7.5 Números Reais

Simbolizado pela letra $\mathbb{R}$, é a união do conjunto dos números racionais com o conjunto dos números irracionais.

Representado, tem-se:

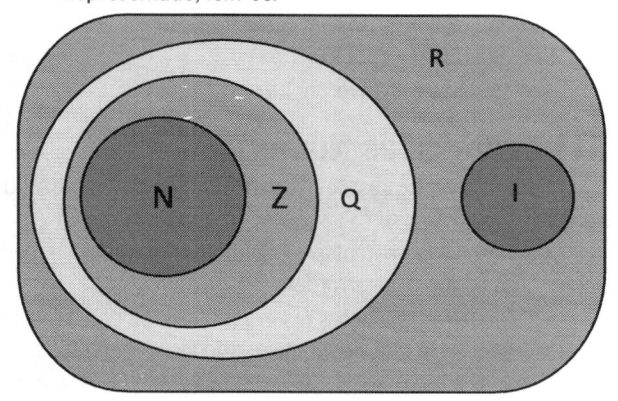

[Diagrama com conjuntos N ⊂ Z ⊂ Q ⊂ R, e I dentro de R]

Colocando todos os números em uma reta, tem-se:

-2   -1   0   1   2

As desigualdades ocorrem em razão de os números serem maiores ou menores uns dos outros.

Os símbolos das desigualdades são:

≥ maior ou igual a;
≤ menor ou igual a;
> maior que;
< menor que.

Dessas desigualdades surgem os intervalos, que nada mais são do que um espaço dessa reta, entre dois números.

Os intervalos podem ser abertos ou fechados, depende dos símbolos de desigualdade utilizados.

Intervalo aberto ocorre quando os números não fazem parte do intervalo e os sinais de desigualdade são:

> maior que;
< menor que.

Intervalo fechado ocorre quando os números fazem parte do intervalo e os sinais de desigualdade são:

≥ maior ou igual a;
≤ menor ou igual a.

7.6 Intervalos

Os intervalos numéricos podem ser representados das seguintes formas:

Com os Símbolos <, >, ≤, ≥

Quando forem usados os símbolos < ou >, os números que os acompanham não fazem parte do intervalo real. Já quando forem usados os símbolos ≤ ou ≥ os números farão parte do intervalo real.

Exs.:

2 < x < 5: o 2 e o 5 não fazem parte do intervalo.
2 ≤ x < 5: o 2 faz parte do intervalo, mas o 5 não.
2 ≤ x ≤ 5: o 2 e o 5 fazem parte do intervalo.

Com os Colchetes

Quando os colchetes estiverem voltados para os números, significa que farão parte do intervalo. Porém, quando os colchetes estiverem invertidos, significa que os números não farão parte do intervalo.

Exs.:

]2;5[: o 2 e o 5 não fazem parte do intervalo.
[2;5[: o 2 faz parte do intervalo, mas o 5 não faz.
[2;5]: o 2 e o 5 fazem parte do intervalo.

Sobre uma Reta Numérica

Intervalo aberto 2<x<5:

[Reta numérica com 0, 2 (aberto), 5 (aberto)]

Em que 2 e 5 não fazem parte do intervalo numérico, representado pela marcação aberta (sem preenchimento - ○).

Intervalo fechado e aberto 2≤x<5:

[Reta numérica com 0, 2 (fechado), 5 (aberto)]

Em que 2 faz parte do intervalo, representado pela marcação fechada (preenchida - ●) em que 5 não faz parte do intervalo, representado pela marcação aberta (○).

Intervalo fechado 2≤x≤5:

[Reta numérica com 0, 2 (fechado), 5 (fechado)]

Em que 2 e 5 fazem parte do intervalo numérico, representado pela marcação fechada (●).

7.7 Múltiplos e Divisores

Os múltiplos são resultados de uma multiplicação de dois números naturais.

Ex.: Os múltiplos de 3 são: 0, 3, 6, 9, 12, 15, 18, 21, 24, 27, 30... (os múltiplos são infinitos).

Os divisores de um "número" são os números cuja divisão desse "número" por eles será exata.

Ex.: Os divisores de 12 são: 1, 2, 3, 4, 6, 12.

Atenção
Números quadrados perfeitos são aqueles que resultam da multiplicação de um número por ele mesmo.
Ex.: 4 = 2 · 2
25 = 5 · 5

7.8 Números Primos

São os números que têm apenas dois divisores, o 1 e ele mesmo (alguns autores consideram os números primos aqueles que tem 4 divisores, sendo o 1, o -1, ele mesmo e o seu oposto – simétrico).

Veja alguns números primos:

2 (único primo par), 3, 5, 7, 11, 13, 17, 19, 23, 29, 31, 37, 41, 43, 47, 53, 59, ...

Os números primos servem para decompor outros números.

A decomposição de um número em fatores primos serve para fazer o MMC (mínimo múltiplo comum) e o MDC (máximo divisor comum).

7.9 MMC e MDC

O MMC de um, dois ou mais números é o menor número que, ao mesmo tempo, é múltiplo de todos esses números.

O MDC de dois ou mais números é o maior número que pode dividir todos esses números ao mesmo tempo.

Para calcular, após decompor os números, o MMC de dois ou mais números será o produto de todos os fatores primos, comuns e não comuns, elevados aos maiores expoentes. Já o MDC será apenas os fatores comuns a todos os números elevados aos menores expoentes.

Exs.: $6 = 2 \cdot 3$
$18 = 2 \cdot 3 \cdot 3 = 2 \cdot 3^2$
$35 = 5 \cdot 7$
$144 = 2 \cdot 2 \cdot 2 \cdot 2 \cdot 3 \cdot 3 = 2^4 \cdot 3^2$
$225 = 3 \cdot 3 \cdot 5 \cdot 5 = 3^2 \cdot 5^2$
$490 = 2 \cdot 5 \cdot 7 \cdot 7 = 2 \cdot 5 \cdot 7^2$
$640 = 2 \cdot 2 \cdot 2 \cdot 2 \cdot 2 \cdot 2 \cdot 2 \cdot 5 = 2^7 \cdot 5$
MMC de 18 e 225 = $2 \cdot 3^2 \cdot 5^2 = 2 \cdot 9 \cdot 25 = 450$
MDC de 225 e 490 = 5

Para saber a quantidade de divisores de um número basta, depois da decomposição do número, pegar os expoentes dos fatores primos, somar "+1" e multiplicar os valores obtidos.

Exs.: $225 = 3^2 \cdot 5^2 = 3^{2+1} \cdot 5^{2+1} = 3 \cdot 3 = 9$

Nº de divisores = $(2 + 1) \cdot (2 + 1) = 3 \cdot 3 = 9$ divisores. Que são: 1, 3, 5, 9, 15, 25, 45, 75, 225.

7.10 Divisibilidade

As regras de divisibilidade servem para facilitar a resolução de contas, para ajudar a descobrir se um número é ou não divisível por outro. Veja algumas dessas regras.

Divisibilidade por 2: para um número ser divisível por 2 basta que o mesmo seja par.

Exs.: 14 é divisível por 2.
17 não é divisível por 2.

Divisibilidade por 3: para um número ser divisível por 3, a soma dos seus algarismos tem que ser divisível por 3.

Exs.: 174 é divisível por 3, pois $1 + 7 + 4 = 12$
188 não é divisível por 3, pois $1 + 8 + 8 = 17$

Divisibilidade por 4: para um número ser divisível por 4, ele tem que terminar em 00 ou os seus dois últimos números devem ser múltiplos de 4.

Exs.: 300 é divisível por 4.
532 é divisível por 4.
766 não é divisível por 4.

Divisibilidade por 5: para um número ser divisível por 5, ele deve terminar em 0 ou em 5.

Exs.: 35 é divisível por 5.
370 é divisível por 5.
548 não é divisível por 5.

Divisibilidade por 6: para um número ser divisível por 6, ele deve ser divisível por 2 e por 3 ao mesmo tempo.

Exs.: 78 é divisível por 6.
576 é divisível por 6.
652 não é divisível por 6.

Divisibilidade por 9: para um número ser divisível por 9, a soma dos seus algarismos deve ser divisível por 9.

Exs.: 75 é não divisível por 9.
684 é divisível por 9.

Divisibilidade por 10: para um número ser divisível por 10, basta que ele termine em 0.

Exs.: 90 é divisível por 10.
364 não é divisível por 10.

7.11 Expressões Numéricas

Para resolver expressões numéricas, deve-se sempre seguir a ordem:

> Resolva os (parênteses), depois os [colchetes], depois as {chaves}, nessa ordem;
> Dentre as operações resolva primeiro as potenciações e raízes (o que vier primeiro), depois as multiplicações e divisões (o que vier primeiro) e por último as somas e subtrações (o que vier primeiro).

Calcule o valor da expressão:

Ex.: $8 - \{5 - [10 - (7 - 3 \cdot 2)] \div 3\}$
Resolução:
$8 - \{5 - [10 - (7 - 6)] \div 3\}$
$8 - \{5 - [10 - (1)] \div 3\}$
$8 - \{5 - [9] \div 3\}$
$8 - \{5 - 3\}$
$8 - \{2\}$
6

8. SISTEMA LEGAL DE MEDIDAS

8.1 Medidas de Tempo

A unidade padrão do tempo é o segundo (s), mas devemos saber as seguintes relações:

1 min = 60 s

1h = 60 min = 3600 s

1 dia = 24 h = 1440 min = 86400 s

30 dias = 1 mês

2 meses = 1 bimestre

6 meses = 1 semestre

12 meses = 1 ano

10 anos = 1 década

100 anos = 1 século

Exs.: 5h47min18seg + 11h39min59s = 26h86min77s = 26h87min17s = 27h27min17s = 1dia3h27mim17s;

8h23min − 3h49min51seg = 7h83min − 3h49min51seg = 7h82min60seg − 3h49min51seg = 4h33min9seg.

Cuidado com as transformações de tempo, pois elas não seguem o mesmo padrão das outras medidas.

8.2 Sistema Métrico Decimal

Serve para medir comprimentos, distâncias, áreas e volumes. Tem como unidade padrão o metro (m). Veremos agora seus múltiplos, variações e algumas transformações.

Metro (m):

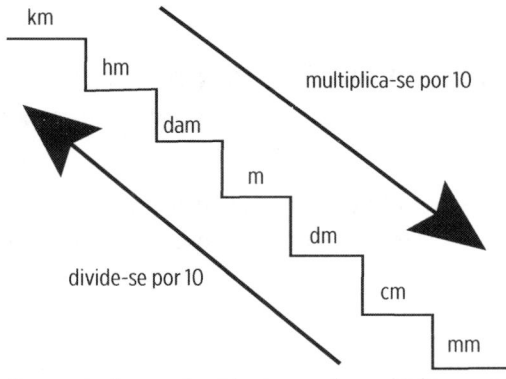

(escada: km, hm, dam, m, dm, cm, mm — multiplica-se por 10 descendo, divide-se por 10 subindo)

Para cada degrau descido da escada, multiplica-se por 10, e para cada degrau subido, divide-se por 10.

Exs.: Transformar 2,98km em cm = 2,98 · 100.000 = 298.000cm (na multiplicação por 10 ou suas potências, basta deslocar a "vírgula" para a direita);

Transformar 74m em km = 74 ÷ 1000 = 0,074km (na divisão por 10 ou suas potências, basta deslocar a "vírgula" para a esquerda).

Atenção
O grama (g) e o litro (l) seguem o mesmo padrão do metro (m).

Metro quadrado (m^2):

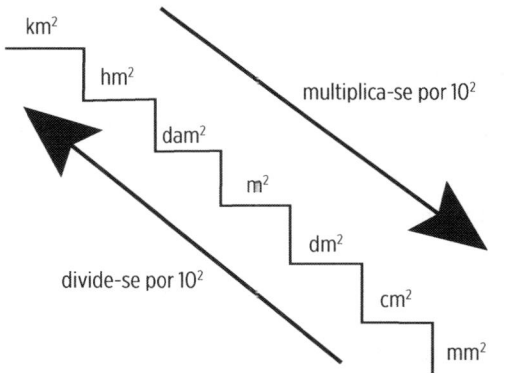

(escada: km^2, hm^2, dam^2, m^2, dm^2, cm^2, mm^2 — multiplica-se por 10^2 descendo, divide-se por 10^2 subindo)

Para cada degrau descido da escada multiplica por 10^2 ou 100, e para cada degrau subido divide por 10^2 ou 100.

Exs.: Transformar 79,11m^2 em cm^2 = 79,11 · 10.000 = 791.100cm^2;

Transformar 135m^2 em km^2 = 135 ÷ 1.000.000 = 0,000135km^2.

Metro cúbico (m^3):

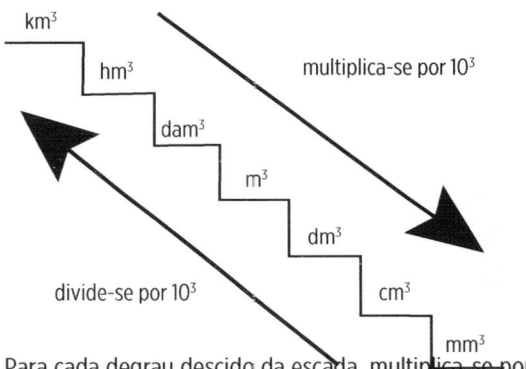

(escada: km^3, hm^3, dam^3, m^3, dm^3, cm^3, mm^3 — multiplica-se por 10^3 descendo, divide-se por 10^3 subindo)

Para cada degrau descido da escada, multiplica-se por 10^3 ou 1000, e para cada degrau subido, divide-se por 10^3 ou 1000.

Exs.: Transformar 269dm^3 em cm^3 = 269 · 1.000 = 269.000cm^3

Transformar 4.831cm^3 em m^3 = 4.831 ÷ 1.000.000 = 0,004831m^3

O metro cúbico, por ser uma medida de volume, tem relação com o litro (l), e essa relação é:

$1m^3$ = 1000 litros

$1dm^3$ = 1 litro

$1cm^3$ = 1 mililitro

9. RAZÕES E PROPORÇÕES

Neste capítulo, estão presentes alguns assuntos muito incidentes em provas: razões e proporções. É preciso que haja atenção no estudo desse conteúdo.

9.1 Grandeza

É tudo aquilo que pode ser contado, medido ou enumerado.

Ex.: Comprimento (distância), tempo, quantidade de pessoas e/ou coisas, etc.

Grandezas Diretamente Proporcionais: são aquelas em que o aumento de uma implica o aumento da outra.

Ex.: Quantidade e preço.

Grandezas Inversamente Proporcionais: são aquelas em que o aumento de uma implica a diminuição da outra.

Ex.: Velocidade e tempo.

9.2 Razão

É a comparação de duas grandezas. Essas grandezas podem ser de mesma espécie (com a mesma unidade) ou de espécies diferentes (unidades diferentes). Nada mais é do que uma fração do tipo $\frac{a}{b}$, com $b \neq 0$.

Nas razões, os numeradores são também chamados de antecedentes e os denominadores de consequentes.

Exs.:

Escala: comprimento no desenho comparado ao tamanho real.

Velocidade: distância comparada ao tempo.

9.3 Proporção

Pode ser definida como a igualdade de razões.

$$\frac{a}{b} = \frac{c}{d}$$

Dessa igualdade, tiramos a propriedade fundamental das proporções: "o produto dos meios igual ao produto dos extremos" (a chamada "multiplicação cruzada").

$$b \cdot c = a \cdot d$$

É basicamente essa propriedade que ajuda resolver a maioria das questões desse assunto.

Dados três números racionais a, b e c, não nulos, denomina-se <u>quarta proporcional</u> desses números um número x tal que:

$$\frac{a}{b} = \frac{c}{x}$$

Proporção contínua é toda proporção que apresenta os meios iguais.

De um modo geral, uma proporção contínua pode ser representada por:

$$\frac{a}{b} = \frac{b}{c}$$

As outras propriedades das proporções são:

Numa proporção, a soma dos dois primeiros termos está para o 2º (ou 1º) termo, assim como a soma dos dois últimos está para o 4º (ou 3º).

$$\frac{a+b}{b} = \frac{c+d}{d} \text{ ou } \frac{a+b}{a} = \frac{c+d}{c}$$

Numa proporção, a diferença dos dois primeiros termos está para o 2º (ou 1º) termo, assim como a diferença dos dois últimos está para o 4º (ou 3º).

$$\frac{a-b}{b} = \frac{c-d}{d} \text{ ou } \frac{a-b}{a} = \frac{c-d}{c}$$

Numa proporção, a soma dos antecedentes está para a soma dos consequentes, assim como cada antecedente está para o seu consequente.

$$\frac{a+c}{b+d} = \frac{c}{d} = \frac{a}{b}$$

Numa proporção, a diferença dos antecedentes está para a diferença dos consequentes, assim como cada antecedente está para o seu consequente.

$$\frac{a-c}{b-d} = \frac{c}{d} = \frac{a}{b}$$

Numa proporção, o produto dos antecedentes está para o produto dos consequentes, assim como o quadrado de cada antecedente está para quadrado do seu consequente.

$$\frac{a \cdot c}{b \cdot d} = \frac{a^2}{b^2} = \frac{c^2}{d^2}$$

A última propriedade pode ser estendida para qualquer número de razões.

$$\frac{a \cdot c \cdot e}{b \cdot d \cdot f} = \frac{a^3}{b^3} = \frac{c^3}{d^3} = \frac{e^3}{f^3}$$

9.4 Divisão em Partes Proporcionais

Para dividir um número em partes direta ou inversamente proporcionais, basta seguir algumas regras:

Divisão em partes diretamente proporcionais

Divida o número 50 em partes diretamente proporcionais a 4 e a 6.

$4x + 6x = 50$

$10x = 50$

$x = \frac{50}{10}$

$x = 5$

x = constante proporcional

Então, $4x = 4 \cdot 5 = 20$ e $6x = 6 \cdot 5 = 30$

Logo, a parte proporcional a 4 é o 20 e a parte proporcional ao 6 é o 30.

Divisão em partes inversamente proporcionais

Divida o número 60 em partes inversamente proporcionais a 2 e a 3.

$$\frac{x}{2} + \frac{x}{3} = 60$$

$$\frac{3x}{6} + \frac{2x}{6} = 60$$

$$5x = 60 \cdot 6$$

$$5x = 360$$

$$x = \frac{360}{5}$$

$$x = 72$$

x = constante proporcional

Então, $\frac{x}{2} = \frac{72}{2} = 36$ e $\frac{x}{3} = \frac{72}{3} = 24$

Logo, a parte proporcional a 2 é o 36 e a parte proporcional ao 3 é o 24.

Perceba que, na divisão diretamente proporcional, quem tiver a maior parte ficará com o maior valor. Já na divisão inversamente proporcional, quem tiver a maior parte ficará com o menor valor.

9.5 Regra das Torneiras

Sempre que uma questão envolver uma "situação" que pode ser feita de um jeito em determinado tempo (ou por uma pessoa) e, em outro tempo, de outro jeito (ou por outra pessoa), e quiser saber em quanto tempo seria se fosse feito tudo ao mesmo tempo, usa-se a regra da torneira, que consiste na aplicação da seguinte fórmula:

$$t_T = \frac{t_1 \cdot t_2}{t_1 + t_2}$$

Em que "t" é o tempo.

Quando houver mais de duas "situações", é melhor usar a fórmula:

$$\frac{1}{t_T} = \frac{1}{t_1} + \frac{1}{t_2} + \ldots + \frac{1}{t_n}$$

Em que "n" é a quantidade de situações.

Uma torneira enche um tanque em 6h. Uma segunda torneira enche o mesmo tanque em 8h. Se as duas torneiras forem abertas juntas quanto tempo vão levar para encher o mesmo tanque?

$$t_T = \frac{t_1 \cdot t_2}{t_1 + t_2}$$

$$t_T = \frac{6 \cdot 8}{6 + 8} = \frac{48}{14} = 3h\ 25min\ e\ 43s$$

9.6 Regra de Três

Mecanismo prático e/ou método utilizado para resolver questões que envolvem razão e proporção (grandezas).

Regra de três simples

Aquela que só envolve duas grandezas.

Ex.: Durante uma viagem um carro consome 20 litros de combustível para percorrer 240km, quantos litros são necessários para percorrer 450km?

Primeiro, verifique se as grandezas envolvidas na questão são direta ou inversamente proporcionais, e monte uma estrutura para visualizar melhor a questão.

Distância	Litro
240	20
450	x

Ao aumentar a distância, a quantidade de litros de combustível necessária para percorrer essa distância também vai aumentar, então, as grandezas são diretamente proporcionais.

$$\frac{20}{x} = \frac{240}{450}$$

Aplicando a propriedade fundamental das proporções:

240x = 9000

$$x = \frac{9000}{240} = 37,5\ litros$$

Regra de três composta

Aquela que envolve mais de duas grandezas.

Ex.: Dois pedreiros levam nove dias para construir um muro com 2m de altura. Trabalhando três pedreiros e aumentando a altura para 4m, qual será o tempo necessário para completar esse muro?

Neste caso, deve-se comparar uma grandeza de cada vez com a variável.

Dias	Pedreiros	Altura
9	2	2
x	3	4

Note que, ao aumentar a quantidade de pedreiros, o número de dias necessários para construir um muro diminui, então as grandezas pedreiros e dias são inversamente proporcionais. No entanto, se aumentar a altura do muro, será necessário mais dias para construí-lo. Dessa forma as grandezas muro e dias são diretamente proporcionais. Para finalizar, basta montar a proporção e resolver, lembrando que quando uma grandeza for inversamente proporcional à variável sua fração será invertida.

$$\frac{9}{x} = \frac{3}{2} \cdot \frac{2}{4}$$

$$\frac{9}{x} = \frac{6}{8}$$

Ex.: Aplicando a propriedade fundamental das proporções:

6x = 72

$$X = \frac{72}{6} = 12\ dias$$

10. PORCENTAGEM E JUROS

O presente capítulo trata de uma pequena parte da matemática financeira, e também do uso das porcentagens, assuntos presentes no dia a dia de todos.

10.1 Porcentagem

É a aplicação da taxa percentual a determinado valor.

Taxa percentual: é o valor que vem acompanhado do símbolo %.

Para fins de cálculo, usa-se a taxa percentual em forma de fração ou em números decimais.

Ex.: 3% = 3/100 = 0,03

15% = 15/100 = 0,15

34% de 1200 = 34/100 . 1200 = 40800/100 = 408

65% de 140 = 0,65 . 140 = 91

10.2 Lucro e Prejuízo

Lucro e prejuízo são resultados de movimentações financeiras.

Custo (C): "Gasto".
Venda (V): "Ganho".
Lucro (L): quando se ganha mais do que se gasta.

$$L = V - C$$

Prejuízo (P): quando se gasta mais do que se ganha.

$$P = C - V$$

Basta substituir no lucro ou no prejuízo o valor da porcentagem, no custo ou na venda.

Ex.: Um computador foi comprado por R$ 3.000,00 e revendido com lucro de 25% sobre a venda. Qual o preço de venda?

Como o lucro foi na venda, então L = 0,25V:

L = V – C

0,25V = V – 3.000

0,25V – V = -3.000

-0.75V = -3.000 (-1)

0,75V = 3.000

$$V = \frac{3000}{0,75} = \frac{300000}{75} = 4.000$$

Logo, a venda se deu por R$ 4.000,00.

10.3 Juros Simples

Juros: atributos (ganhos) de uma operação financeira.

Juros simples: os valores são somados ao capital apenas no final da aplicação. Somente o capital rende juros.

Para o cálculo de juros simples, usa-se a seguinte fórmula:

$$J = C \cdot i \cdot t$$

Atenção
Nas questões de juros, as taxas de juros e os tempos devem estar expressos pela mesma unidade.

> J = juros;
> C = capital;
> i = taxa de juros;
> t = tempo da aplicação.

Ex.: Um capital de R$ 2.500,00 foi aplicado a juros de 2% ao trimestre durante um ano. Quais os juros produzidos?

Em 1 ano há exatamente 4 trimestres, como a taxa está em trimestre, agora é só calcular:

J = C . i . t

J = 2.500 . 0,02 . 4

J = 200

10.4 Juros Compostos

Os valores são somados ao capital no final de cada período de aplicação, formando um novo capital, para incidência dos juros novamente. É o famoso caso de juros sobre juros.

Para o cálculo de juros compostos, usa-se a seguinte fórmula:

$$M = C \cdot (1 + i)^t$$

> M = montante;
> C = capital;
> i = taxa de juros;
> t = tempo da aplicação.

Um investidor aplicou a quantia de R$ 10.000,00 à taxa de juros de 2% a.m. durante 4 meses. Qual o montante desse investimento?

Aplicando a fórmula, já que a taxa e o tempo estão na mesma unidade:

Ex.: M = C · (1 + i)t

M = 10.000 · (1 + 0,02)4

M = 10.000 · (1,02)4

M = 10.000 · 1,08243216

M = 10.824,32

10.5 Capitalização

Capitalização: acúmulo de capitais (capital + juros).

Nos juros simples, calcula-se por: M = C + J.

Nos juros compostos, calcula-se por: J = M – C.

Em algumas questões terão que ser calculados os montantes do juro simples ou os juros do juro composto.

11. SEQUÊNCIAS NUMÉRICAS

Neste capítulo, será possível verificar a formação de uma sequência e também do que trata a P.A. (Progressão Aritmética) e a P.G. (Progressão Geométrica).

11.1 Conceitos

Sequências: conjuntos de elementos organizados de acordo com certo padrão, ou seguindo determinada regra. O conhecimento das sequências é fundamental para a compreensão das progressões.

Progressões: as progressões são sequências numéricas com algumas características exclusivas.

Cada elemento das sequências e/ou progressões são denominados termos.

Sequência dos números quadrados perfeitos:
(1, 4, 9, 16, 25, 36, 49, 64, 81, 100...);

Sequência dos números primos: (2, 3, 5, 7, 11, 13, 17, 19, 23, 29, 31, 37, 41, 43, 47, 53...).

Veja que na sequência dos números quadrados perfeitos a lei que determina sua formação é: $a_n = n^2$.

11.2 Lei de Formação de uma Sequência

Para determinarmos uma sequência numérica, precisamos de uma lei de formação. A lei que define a sequência pode ser a mais variada possível.

Ex.: A sequência definida pela lei $a_n = n^2 + 1$, com "n" $\in \mathbb{N}$, cujo a_n é o termo que ocupa a n-ésima posição na sequência é: 0, 2, 5, 10, 17, 26... Por esse motivo, a_n é chamado de termo geral da sequência.

11.3 Progressão Aritmética (P.A.)

Progressão aritmética é uma sequência numérica em que cada termo, a partir do segundo, é igual ao anterior adicionado a um número fixo, chamado razão da progressão (r).

Quando r > 0, a progressão aritmética é crescente; quando r < 0, decrescente e quando r = 0, constante ou estacionária.

> (2, 5, 8, 11, ...), temos r = 3. Logo, a P.A. é crescente.
> (20, 18, 16, 14, ...), temos r = -2. Logo, a P.A. é decrescente.
> (5, 5, 5, 5, ...), temos r = 0. Logo, a P.A. é constante.

A representação matemática de uma progressão aritmética é:

$(a_1, a_2, a_3, ..., a_n, a_{n+1},...)$ na qual:
$$\begin{cases} a_2 = a_1 + r \\ a_3 = a_2 + r \\ a_4 = a_3 + r \\ \vdots \end{cases}$$

Se a razão de uma PA é a quantidade que acrescentamos a cada termo para obter o seguinte, podemos dizer que ela é igual à diferença entre qualquer termo, a partir do segundo, e o anterior. Assim, de modo geral, temos:

$$r = a_2 - a_1 = a_3 - a_2 = \cdots = a_{n+1} - a_n$$

Para encontrar um termo específico, a quantidade de termos ou até mesmo a razão de uma P.A., dispomos de uma relação chamada termo geral de uma P.A.: $a_n = a_1 + (n-1)r$, onde:

> a_n é o termo geral;
> a_1 é o primeiro termo;
> n é o número de termos;
> r é a razão da P.A.

Propriedades:

P₁. Em toda P.A. finita, a soma de dois termos equidistantes dos extremos é igual à soma dos extremos.

```
1    3    5    7    9    11
          5 + 7 = 12
       3 + 9 = 12
     1 + 11 = 12
```

OBS.: Dois termos são equidistantes quando a distância entre um deles para o primeiro termo da P.A. é igual a distância do outro para o último termo da P.A.

P₂. Uma sequência de três termos é P.A. se, e somente se, o termo médio é igual à média aritmética entre os outros dois, isto é: (a,b,c) é P.A. $\Leftrightarrow b = \dfrac{(a+c)}{2}$

Ex.: seja a P.A. (2, 4, 6), então, $4 = \dfrac{2+6}{2}$

P₃. Em uma P.A. com número ímpar de termos, o termo médio é a média aritmética entre os extremos.

Ex.: (3, 6, 9, 12, 15, 18, 21, 24, 27, 30, 33, 36, 39), $21 = \dfrac{3+39}{2}$

P₄. A soma S_n dos n primeiros termos da PA $(a_1, a_2, a_3,...a_n)$ é dada por:

$$S_n = \frac{(a_1 + a_n)}{2} \cdot n$$

Ex.: Calcule a soma dos termos da P.A. (1, 4, 7, 10, 13, 16, 19, 22, 25).

Resolução:

$a_1 = 1; a_n = 25; n = 9$

$$S_n = \frac{(a_1 + a_n) \cdot n}{2}$$

$$S_n = \frac{(1 + 25) \cdot 9}{2}$$

$$S_n = \frac{(26) \cdot 9}{2}$$

$$S_n = \frac{234}{2}$$

$$S_n = 117$$

SEQUÊNCIAS NUMÉRICAS

Interpolação aritmética

Interpolar significa inserir termos, ou seja, interpolação aritmética é a colocação de termos entre os extremos de uma P.A. Consiste basicamente em descobrir o valor da razão da P.A. e, com isso inserir esses termos.

Utiliza-se a fórmula do termo geral para a resolução das questões, em que "**n**" será igual a "**k + 2**", cujo "**k**" é a quantidade de termos que se quer interpolar.

Ex.: Insira 5 termos em uma P.A. que começa com 3 e termina com 15.

Resolução:

$a_1 = 3$; $a_n = 15$; $k = 5$ e $n = 5 + 2 = 7$

$a_n = a_1 + (n-1) \cdot r$

$15 = 3 + (7-1) \cdot r$

$15 = 3 + 6r$

$6r = 15 - 3$

$6r = 12$

$r = \dfrac{12}{6}$

$r = 2$

Então, P.A. (3, 5, 7, 9, 11, 13, 15)

11.4 Progressão Geométrica (P.G.)

Progressão geométrica é uma sequência de números não nulos em que cada termo, a partir do segundo, é igual ao anterior multiplicado por um número fixo, chamado razão da progressão (q).

A representação matemática de uma progressão geométrica é $(a_1, a_2, a_3, ..., a_{n-1}, a_n)$, na qual $a_2 = a_1 \cdot q$, $a_3 = a_2 \cdot q$, ... etc. De modo geral, escrevemos: $a_{n+1} = a_n \cdot q$, $\forall n \in \mathbb{N}^*$ e $q \in \mathbb{R}$.

Em uma P.G., a razão q é igual ao quociente entre qualquer termo, a partir do segundo, e o anterior. Exemplo:

→ (4, 8, 16, 32, 64)

$q = \dfrac{8}{4} = \dfrac{16}{8} = \dfrac{32}{16} = \dfrac{64}{32} = 2$

→ (6, -18, 54, -162)

$q = \dfrac{186}{6} = \dfrac{54}{-18} = \dfrac{-162}{54} = -3$

Assim, podemos escrever:

$\dfrac{a_2}{a_1} = \dfrac{a_3}{a_2} = \cdots = \dfrac{a_{n+1}}{a_n} = q$, sendo q a razão da P.G.

Podemos classificar uma P.G. como:

→ Crescente:
> Quando $a_1 > 0$ e $q > 1$

(2, 6, 18, 54, ...) é uma P.G. crescente com $a_1 = 2$ e $q = 3$

> Quando $a_1 < 0$ e $0 < q < 1$

(-40, -20, -10, ...) é uma P.G. crescente com $a_1 = -40$ e $q = 1/2$

→ Decrescente:
> Quando $a_1 > 0$ e $0 < q < 1$

(256, 64, 16, ...) é uma P.G. decrescente, com $a_1 = 256$ e $q = 1/4$

> Quando $a_1 < 0$ e $q > 1$

(-2, -10, -50, ...) é uma P.G. decrescente, com $a_1 = -2$ e $q = 5$

→ Constante:
> Quando $q = 1$

(3, 3, 3, 3, 3, ...) é uma P.G. constante, com $a_1 = 3$ e $q = 1$

→ Alternada:
> Quando $q < 0$

(2, -6, 18, -54) é uma P.G. alternada, com $a_1 = 2$ e $q = -3$

A fórmula do termo geral de uma PG nos permite encontrar qualquer termo da progressão.

$$a_n = a_1 \cdot q^{n-1}$$

Propriedades:

P$_1$. Em toda P.G. finita, o produto de dois termos equidistantes dos extremos é igual ao produto dos extremos.

1   3   9   27   81   243

9 · 27 = 243
3 · 81 = 243
1 · 243 = 243

OBS.: Dois termos são equidistantes quando a distância de um deles para o primeiro termo P.G. é igual a distância do outro para o último termo da P.G.

P$_2$. Uma sequência de três termos, em que o primeiro é diferente de zero, é uma P.G. se, e somente, sem o quadrado do termo médio é igual ao produto dos outros dois, isto é, sendo $a \neq 0$.

Ex.: (a, b, c) é P.G. $\Leftrightarrow b^2 = ac$

$(2, 4, 8) \Leftrightarrow 4^2 = 2 \cdot 8 = 16$

P$_3$. Em uma P.G. com número ímpar de termos, o quadrado do termo médio é igual ao produto dos extremos.

Ex.: (2, 4, 8, 16, 32, 64, 128, 256, 512), temos que $32^2 = 2 \cdot 512 = 1024$.

P$_4$ Soma dos n primeiros termos de uma P.G. $S_n = \dfrac{a_1(q^n - 1)}{q - 1}$

P$_5$ Soma dos termos de uma P.G. infinita:

Ex.: $S_\infty = \dfrac{a_1}{1 - q}$, se $-1 < q < 1$

OBS.:

$S_\infty = +\infty$, se $q > 1$ e $a_1 > 0$

$S_\infty = -\infty$, se $q > 1$ e $a_1 < 0$

Interpolação geométrica

Interpolar significa inserir termos, ou seja, interpolação geométrica é a colocação de termos entre os extremos de uma P.G. Consiste basicamente em descobrir o valor da razão da P.G. e, com isso, inserir esses termos.

Utiliza-se a fórmula do termo geral para a resolução das questões, em que "**n**" será igual a "**p + 2**", cujo "**p**" é a quantidade de termos que se quer interpolar.

Ex.: Insira 4 termos em uma P.G. que começa com 2 e termina com 2048.

Resolução:

$a_1 = 2$; $a_n = 2048$; $p = 4$ e $n = 4 + 2 = 6$

$a_n = a_1 \cdot q^{(n-1)}$

$2048 = 2 \cdot q^{(6-1)}$

$2048 = 2 \cdot q^5$

$q^5 = \dfrac{2048}{2}$

$q^5 = 1024 \quad (1024 = 4^5)$

$q^5 = 4^5$

$q = 4$

P.G. (2, **8, 32, 128, 512**, 2048).

Produto dos termos de uma P.G.

Para o cálculo do produto dos termos de uma P.G., basta usar a seguinte fórmula:

$$P_n = \sqrt{(a_1 \cdot a_n)^n}$$

Qual o produto dos termos da P.G. (5, 10, 20, 40, 80, 160).

Resolução:

$a_1 = 5$; $a_n = 160$; $n = 6$

$P_n = \sqrt{(a_1 \cdot a_n)^n}$

$P_n = \sqrt{(5 \cdot 160)^6}$

$P_n = (5 \cdot 160)^3$

$P_n = (800)^3$

$P_n = 512000000$

12. MATRIZES, DETERMINANTES E SISTEMAS LINEARES

12.1 Matrizes

Matriz: é uma tabela que serve para organizar dados numéricos em linhas e colunas.

Nas matrizes, cada número é chamado de elemento da matriz, as filas horizontais são chamadas **linhas** e as filas verticais são chamadas **colunas**.

$$\begin{bmatrix} 1 & 4 & 7 \\ 13 & -1 & 18 \end{bmatrix} \rightarrow \text{Linha}$$
$$\downarrow \text{Coluna}$$

No exemplo, a matriz apresenta 2 linhas e 3 colunas. Dizemos que essa matriz é do tipo 2x3 (2 linhas e 3 colunas). Lê-se dois por três.

Representação de uma matriz

Uma matriz pode ser representada por parênteses ( ) ou colchetes [ ], com seus dados numéricos inseridos dentro desses símbolos matemáticos. Cada um desses dados, ocupam uma posição definida por uma linha e coluna.

A nomenclatura da matriz se dá por uma letra maiúscula. De modo geral, uma matriz A de m linhas e n colunas (m x n) pode ser representada da seguinte forma:

$$A = \begin{bmatrix} a_{11} & a_{12} & a_{13} & \dots & a_{1n} \\ a_{21} & a_{22} & a_{23} & \dots & a_{2n} \\ a_{31} & a_{32} & a_{33} & \dots & a_{3n} \\ \dots & \dots & \dots & \dots & \dots \\ a_{m1} & a_{m2} & a_{m3} & & a_{mn} \end{bmatrix}_{m \times n} \text{com m, n} \in \mathbb{N}^*$$

Abreviadamente:

$$\boxed{A_{m \times n} = [a_{ij}]_{m \times n}}$$

Com:

"i" $\in$ {1, 2, 3, ..., m} e "j" $\in$ {1, 2, 3, ..., n}

No qual, "a_{ij}" é o elemento da "i" linha com a "j" coluna.

$$B_{3 \times 2} = \begin{pmatrix} 4 & 7 \\ 6 & 8 \\ 18 & 10 \end{pmatrix} \text{matriz de ordem 3x2}$$

$$C_{2 \times 2} = \begin{pmatrix} 2 & 13 \\ 18 & 28 \end{pmatrix} \text{matriz quadrada de ordem 2x2, ou somente 2}$$

Lei de formação de uma matriz

As matrizes possuem uma lei de formação que define seus elementos a partir da posição (linha e coluna) de cada um deles na matriz, e podemos assim representar:

D = $(d_{ij})_{3 \times 3}$ em que $d_{ij} = 2_i - j$

$$D = \begin{pmatrix} d_{11} = 2 \cdot (1) - 1 = 1 & d_{12} = 2 \cdot (1) - 2 = 0 & d_{13} = 2 \cdot (1) - 3 = -1 \\ d_{21} = 2 \cdot (2) - 1 = 3 & d_{22} = 2 \cdot (2) - 2 = 2 & d_{23} = 2 \cdot (2) - 3 = 1 \\ d_{31} = 2 \cdot (3) - 1 = 5 & d_{32} = 2 \cdot (3) - 2 = 4 & d_{33} = 2 \cdot (3) - 3 = 3 \end{pmatrix}$$

$$= \begin{pmatrix} 1 & 0 & -1 \\ 3 & 2 & 1 \\ 5 & 4 & 3 \end{pmatrix}$$

Logo:

$$D = \begin{pmatrix} 1 & 0 & -1 \\ 3 & 2 & 1 \\ 5 & 4 & 3 \end{pmatrix}$$

Tipos de matrizes

Existem alguns tipos de matrizes mais comuns e usados nas questões de concursos:

Matriz linha

É aquela que possui somente uma linha.

$$A_{1 \times 3} = \begin{bmatrix} 4 & 7 & 10 \end{bmatrix}$$

Matriz coluna

É aquela que possui somente uma coluna.

$$B_{3 \times 1} = \begin{bmatrix} 6 \\ 13 \\ 22 \end{bmatrix}$$

Matriz nula

É aquela que possui todos os elementos nulos, ou zero.

$$C_{2 \times 3} = \begin{bmatrix} 0 & 0 & 0 \\ 0 & 0 & 0 \end{bmatrix}$$

Matriz quadrada

É aquela que possui o número de linhas **igual** ao número de colunas.

$$D_{3 \times 3} = \begin{bmatrix} 1 & 4 & 7 \\ 13 & 10 & 18 \\ 32 & 29 & 1 \end{bmatrix}$$

Características das Matrizes Quadradas:
Possuem diagonal principal e secundária.

$$A_{3 \times 3} = \begin{bmatrix} 1 & 2 & 3 \\ 2 & 4 & 6 \\ 3 & 6 & 9 \end{bmatrix} \text{diagonal principal}$$

$$A_{3 \times 3} = \begin{bmatrix} 1 & 2 & 3 \\ 2 & 4 & 6 \\ 3 & 6 & 9 \end{bmatrix} \text{diagonal secundária}$$

Matriz identidade

É toda a matriz quadrada que os elementos da diagonal principal são iguais a um e os demais são zeros:

$$A_{3 \times 3} = \begin{bmatrix} 1 & 0 & 0 \\ 0 & 1 & 0 \\ 0 & 0 & 1 \end{bmatrix}$$

Matriz diagonal

É toda a matriz quadrada que os elementos da diagonal principal são diferentes de zero e os de mais são zeros:

$$A_{3 \times 3} = \begin{bmatrix} 1 & 0 & 0 \\ 0 & 4 & 0 \\ 0 & 0 & 7 \end{bmatrix}$$

Matriz triangular

Aquela cujos elementos de um dos triângulos formados pela diagonal principal são zeros.

$$A_{3 \times 3} = \begin{bmatrix} 2 & 5 & 8 \\ 0 & 6 & 3 \\ 0 & 0 & 9 \end{bmatrix}$$

Matriz transposta (a^t)

É aquela em que ocorre a troca ordenada das linhas por colunas.

$$A = [a_{ij}]_{m \times n} = A^t = [a^t_{ji}]_{n \times m}$$

$$A_{2 \times 3} = \begin{bmatrix} 1 & 4 & 7 \\ 6 & 8 & 9 \end{bmatrix} \to A^t_{3 \times 2} = \begin{bmatrix} 1 & 6 \\ 4 & 8 \\ 7 & 9 \end{bmatrix}$$

Perceba que a linha 1 de A corresponde à coluna 1 de A^t e a coluna 2 de A corresponde à coluna 2 de A^t.

Matriz oposta

É toda matriz obtida trocando o sinal de cada um dos elementos de uma matriz dada.

$$A_{2 \times 2} = \begin{bmatrix} 4 & -1 \\ -6 & 7 \end{bmatrix} \to -A_{2 \times 2} = \begin{bmatrix} -4 & 1 \\ 6 & -7 \end{bmatrix}$$

Matriz simétrica: é toda a matriz quadrada que a A^t = A:

$$\left. \begin{array}{l} A \begin{bmatrix} 1 & 3 \\ 3 & 2 \end{bmatrix} \\ A_t \begin{bmatrix} 1 & 3 \\ 3 & 2 \end{bmatrix} \end{array} \right\} A = A^t$$

Operações com matrizes

Vamos ver agora as principais operações com as matrizes; fique atento para a multiplicação de duas matrizes.

Igualdade de matrizes

Duas matrizes são iguais quando possuem o mesmo número de linhas e colunas (mesma ordem), e os elementos correspondentes são iguais.

$$X = Y \to X_{2 \times 2} = \begin{pmatrix} 1 & 0 \\ 3 & 2 \end{pmatrix} \text{ e } Y_{2 \times 2} = \begin{pmatrix} 1 & 0 \\ 3 & 2 \end{pmatrix}$$

Soma de matrizes

Só é possível somar matrizes de mesma ordem. Para fazer o cálculo, basta somar os elementos correspondentes.

Ex.: S = X + Y (S = matriz soma de X e Y)

$$X_{2 \times 3} = \begin{bmatrix} 6 & 8 & 9 \\ 10 & 13 & 4 \end{bmatrix} \text{ e } Y_{2 \times 3} = \begin{bmatrix} 18 & 22 & 30 \\ 9 & 14 & 28 \end{bmatrix}$$

$$S = \begin{bmatrix} 6+18 & 8+22 & 9+30 \\ 10+9 & 13+14 & 4+28 \end{bmatrix}$$

$$S_{2 \times 3} = \begin{bmatrix} 24 & 30 & 39 \\ 19 & 27 & 32 \end{bmatrix}$$

Produto de uma constante por uma matriz

Basta multiplicar a constante por todos os elementos da matriz.

Ex.: P = 2Y

$$Y_{2 \times 2} = \begin{pmatrix} 7 & 4 \\ 13 & 25 \end{pmatrix}$$

$$P = \begin{pmatrix} 2 \cdot 7 & 2 \cdot 4 \\ 2 \cdot 13 & 2 \cdot 25 \end{pmatrix}$$

$$P_{2 \times 2} = \begin{pmatrix} 14 & 8 \\ 26 & 50 \end{pmatrix}$$

12.2 Multiplicação de Matrizes

Para multiplicar matrizes, devemos "multiplicar linhas por colunas", ou seja, multiplica o 1º número da linha pelo 1º número da coluna, o 2º número da linha pelo 2º número da coluna e assim sucessivamente para todos os elementos das linhas e colunas.

Esse procedimento de cálculo só poderá ser feito se o número de colunas da 1ª matriz for igual ao número de linhas da 2ª matriz.

$$(A_{m \times n}) \cdot (B_{n \times p}) = C_{m \times p}$$

Ex.: M = A2 x 3 . B3 x 2

$$A_{2 \times 3} = \begin{bmatrix} 1 & 2 & 4 \\ 5 & 7 & 6 \end{bmatrix} \text{ e } B_{3 \times 2} = \begin{bmatrix} 2 & 3 \\ 8 & 1 \\ 4 & 9 \end{bmatrix}$$

$$M_{2 \times 2} = \begin{bmatrix} m_{11} & m_{12} \\ m_{21} & m_{22} \end{bmatrix}$$

$$M_{2 \times 2} = \begin{bmatrix} m_{11} = (1 \cdot 2 + 2 \cdot 8 + 4 \cdot 4) & m_{12} = (1 \cdot 3 + 2 \cdot 1 + 4 \cdot 9) \\ m_{21} = (5 \cdot 2 + 7 \cdot 8 + 6 \cdot 4) & m_{22} = (5 \cdot 3 + 7 \cdot 1 + 6 \cdot 9) \end{bmatrix}$$

$$M_{2 \times 2} = \begin{bmatrix} m_{11} = 34 & m_{12} = 41 \\ m_{21} = 90 & m_{22} = 76 \end{bmatrix}$$

$$M_{2 \times 2} = \begin{bmatrix} 34 & 41 \\ 90 & 76 \end{bmatrix}$$

Matriz inversa (a^{-1})

Se existe uma matriz B, quadrada de ordem n, tal que A · B = B · A = I$_n$, dizemos que a matriz B é a inversa de A. Costumamos indicar a matriz inversa por A^{-1}. Assim B = A^{-1}.

Logo: A · A^{-1} = A^{-1} · A = I$_n$

Para melhor compreender essa definição, observe o exemplo:

Ex.: $A \cdot A^{-1} = I_n$

$$A_{2\times 2} = \begin{pmatrix} 1 & -2 \\ 3 & 1 \end{pmatrix} \text{ e } A^{-1}_{2\times 2} = \begin{pmatrix} a & b \\ c & d \end{pmatrix}$$

Logo:

$$\begin{pmatrix} 1 & -2 \\ 3 & 1 \end{pmatrix} \cdot \begin{pmatrix} a & b \\ c & d \end{pmatrix} = \begin{pmatrix} 1 & 0 \\ 0 & 1 \end{pmatrix}$$

$$\begin{pmatrix} 1a - 2c & 1b - 2d \\ 3a + 1c & 3b + 1d \end{pmatrix} = \begin{pmatrix} 1 & 0 \\ 0 & 1 \end{pmatrix}$$

$$\begin{cases} 1a - 2c = 1 \\ 1b - 2d = 0 \\ 3a + 1c = 0 \\ 3b + 1d = 1 \end{cases} \rightarrow \begin{array}{l} I \begin{cases} 1a - 2c = 1 \\ 3a + 1c = 0 \end{cases} \\ II \begin{cases} 1b - 2d = 0 \\ 3b + 1d = 1 \end{cases} \end{array}$$

Resolvendo o sistema I:

$$I \begin{cases} 1a - 2c = 1 \\ 3a + 1c = 0 \ (\cdot 2) \end{cases}$$

$$I \begin{cases} 1a - 2c = 1 \\ 6a + 2c = 0 \end{cases} + \text{(somando as equações)}$$

$$7a = 1$$
$$a = \frac{1}{7}$$

Substituindo-se "a" em uma das duas equações, temos:

$$3\left(\frac{1}{7}\right) + 1c = 0$$
$$\frac{3}{7} + 1c = 0$$
$$c = \frac{-3}{7}$$

Resolvendo o sistema II:

$$II \begin{cases} 1b - 2d = 0 \ (\cdot -3) \\ 3b + 1d = 1 \end{cases}$$

$$II \begin{cases} -3b + 6d = 0 \\ 3b + 1d = 1 \end{cases} + \text{(somando as equações)}$$

$$7d = 1$$
$$d = \frac{1}{7}$$

Substituindo-se "d" em uma das duas equações, temos:

$$1b - 2\left(\frac{1}{7}\right) = 0$$
$$b - \frac{2}{7} = 0$$
$$b = \frac{2}{7}$$

a = 1/7; b = 2/7; c = -3/7; d = 1/7

Logo:

$$A^{-1}_{2\times 2} = \begin{pmatrix} 1/7 & 2/7 \\ -3/7 & 1/7 \end{pmatrix}$$

12.3 Determinantes

Determinante é um número real associado à matriz.

Só há determinante de matriz quadrada. Cada matriz apresenta um único determinante.

Cálculo dos determinantes

Determinante de uma matriz de ordem 1 ou de 1ª ordem

Se a matriz é de 1ª ordem, significa que ela tem apenas uma linha e uma coluna, portanto, só um elemento, que é o próprio determinante da matriz.

$A_{1\times 1} = [13]$
Det A = 13

$B_{1\times 1} = [-7]$
Det B = -7

Determinante de uma matriz de ordem 2 ou de 2ª ordem

Será calculado pela **subtração** do produto dos elementos da diagonal principal pelo produto dos elementos da diagonal secundária.

$$A_{2\times 2} = \begin{bmatrix} 2 & 4 \\ 3 & 7 \end{bmatrix}$$

Det A = (2 . 7) - (4 . 3)
Det A = (14) - (12)
Det A = 2

$$B_{2\times 2} = \begin{bmatrix} 6 & -1 \\ 8 & 9 \end{bmatrix}$$

Ex.: Det B = (6 . 9) - (-1 . 8)
Det B = (54) - (-8)
Det B = 54 + 8
Det B = 62

Determinante de uma matriz de ordem 3 ou de 3ª ordem

Será calculado pela **Regra de Sarrus**, que consiste em:

1º passo: repetir as duas primeiras colunas ao lado da matriz.

2º passo: multiplicar os elementos da diagonal principal e das outras duas diagonais que seguem a mesma direção, e somá-los.

3º passo: multiplicar os elementos da diagonal secundária e das outras duas diagonais que seguem a mesma direção, e somá-los.

4º passo: o valor do determinante será dado pela subtração do resultado do 2º com o 3º passo.

$$A_{3\times3} = \begin{pmatrix} 2 & 4 & 7 \\ 3 & 5 & 8 \\ 1 & 9 & 6 \end{pmatrix} \begin{matrix} 2 & 4 \\ 3 & 5 \\ 1 & 9 \end{matrix}$$

$$A_{3\times3} = \begin{pmatrix} 2 & 4 & 7 \\ 3 & 5 & 8 \\ 1 & 9 & 6 \end{pmatrix} \begin{matrix} 2 & 4 \\ 3 & 5 \\ 1 & 9 \end{matrix}$$

Det A = (2.5.6 + 4.8.1 + 7.3.9) − (7.5.1 + 2.8.9 + 4.3.6)

Det A = (60 + 32 + 189) − (35 + 144 + 72)

Det A = (281) − (251)

Det A = 30

Se estivermos diante de uma matriz triangular ou matriz diagonal, o seu determinante será calculado, pelo produto dos elementos da diagonal principal, somente.

Matriz triangular

$$A_{3\times3} = \begin{pmatrix} 2 & 4 & 7 \\ 0 & 5 & 8 \\ 0 & 0 & 6 \end{pmatrix} \begin{matrix} 2 & 4 \\ 0 & 5 \\ 0 & 0 \end{matrix}$$

$$A_{3\times3} = \begin{pmatrix} 2 & 4 & 7 \\ 0 & 5 & 8 \\ 0 & 0 & 6 \end{pmatrix} \begin{matrix} 2 & 4 \\ 0 & 5 \\ 0 & 0 \end{matrix}$$

Det A = (2·5·6 + 4·8·0 + 7·0·0) − (7·5·0 + 2·8·0 + 4·0·6)

Det A = (60 + 0 + 0) − (0 + 0 + 0)

Det A = 60 (produto da diagonal principal = 2 x 5 x 6)

Matriz diagonal

$$B_{3\times3} = \begin{pmatrix} 2 & 0 & 0 \\ 0 & 5 & 0 \\ 0 & 0 & 6 \end{pmatrix} \begin{matrix} 2 & 0 \\ 0 & 5 \\ 0 & 0 \end{matrix}$$

$$B_{3\times3} = \begin{pmatrix} 2 & 0 & 0 \\ 0 & 5 & 0 \\ 0 & 0 & 6 \end{pmatrix} \begin{matrix} 2 & 0 \\ 0 & 5 \\ 0 & 0 \end{matrix}$$

Det B = (2·5·6 + 0·0·0 + 0·0·0) − (0·5·0 + 2·0·0 + 0·0·6)

Det B = (60 + 0 + 0) − (0 + 0 + 0)

Det B = 60 (produto da diagonal principal = 2 · 5 · 6)

Determinante de uma matriz de ordem superior a 3

Será calculado pela **Regra de Chió** ou **Teorema de Laplace**.

Regra de Chió

Escolha um elemento $a_{ij} = 1$.

Retirando a linha (i) e a coluna (j) do elemento $a_{ij} = 1$, obtenha o menor complementar (D_{ij}) do referido elemento – uma nova matriz com uma ordem a menos.

Subtraia de cada elemento dessa nova matriz menor complementar (D_{ij}) o produto dos elementos que pertenciam a sua linha e coluna e que foram retirados, formado outra matriz.

Calcule o determinante dessa última matriz e multiplique por $(-1)^{i+j}$, sendo que i e j pertencem ao elemento $a_{ij} = 1$.

$$A_{3\times3} = \begin{pmatrix} 2 & 4 & 7 \\ 3 & 5 & 8 \\ 1 & 9 & 6 \end{pmatrix} (I)$$

$$Det.\ A_{3\times3} = \begin{pmatrix} 2 & 4 & 7 \\ 3 & 5 & 8 \\ 1 & 9 & 6 \end{pmatrix} = \begin{pmatrix} 4 & 7 \\ 5 & 8 \end{pmatrix} (II)$$

$$Det.\ A_{3\times3} = \begin{pmatrix} 2 & 4 & 7 \\ 3 & 5 & 8 \\ 1 & 9 & 6 \end{pmatrix} = \begin{pmatrix} 4 - (2 \cdot 9) & 7 - (2 \cdot 6) \\ 5 - (3 \cdot 9) & 8 - (3 \cdot 6) \end{pmatrix} (III)$$

$$Det.\ A_{3\times3} = (-1)^{3+1} \cdot \begin{pmatrix} -14 & -5 \\ -22 & -10 \end{pmatrix} (IV)$$

$$Det.\ A_{3\times3} = (1) \cdot (140 - 110)$$

$$Det.\ A = 30$$

O Teorema de Laplace

Primeiramente, precisamos saber o que é um cofator. O cofator de um elemento aij de uma matriz é: $A_{ij} = (-1)^{i+j} \cdot D_{ij}$.

Agora, vamos ao teorema:

Escolha uma linha ou coluna qualquer do determinante:

$$A_{3\times3} = \begin{pmatrix} 2 & 4 & 7 \\ 3 & 5 & 8 \\ 1 & 9 & 6 \end{pmatrix}$$

Calcule o cofator de cada elemento dessa fila:

$$a_{11} = A_{11} = (-1)^{1+1} \cdot \begin{pmatrix} 5 & 8 \\ 9 & 6 \end{pmatrix} = (1) \cdot (-42) = -42$$

$$a_{21} = A_{21} = (-1)^{2+1} \cdot \begin{pmatrix} 4 & 7 \\ 9 & 6 \end{pmatrix} = (-1) \cdot (-39) = 39$$

$$a_{31} = A_{31} = (-1)^{3+1} \cdot \begin{pmatrix} 4 & 7 \\ 5 & 8 \end{pmatrix} = (1) \cdot (-3) = -3$$

Multiplique cada elemento da fila selecionada pelo seu respectivo cofator. O determinante da matriz será a soma desses produtos.

$Det.\ A_{3\times3} = a_{11} \cdot A_{11} + a_{21} \cdot A_{21} + a_{31} \cdot A_{31}$

$Det.\ A_{3\times3} = 2 \cdot (-42) + 3 \cdot 39 + 1 \cdot (-3)$

$Det.\ A_{3\times3} = (-84) + 117 + (-3)$

$Det.\ A_{3\times3} = 117 - 87$

$Det.\ A = 30$

Propriedade dos determinantes

As propriedades dos determinantes servem para facilitar o cálculo do determinante, uma vez que, com elas, diminuímos nosso trabalho nas resoluções das questões de concursos.

Determinante de matriz transposta

Se **A** é uma matriz de ordem "**n**" e **A**^{t} sua transposta, então: Det. At = Det. A

$$A_{2 \times 2} = \begin{bmatrix} 2 & 3 \\ 1 & 4 \end{bmatrix}$$

$$Det.\ A = 2 \cdot 4 - 3 \cdot 1$$

$$Det.\ A = 8 - 3$$

$$Det.\ A = 5$$

$$A^t_{2 \times 2} = \begin{bmatrix} 2 & 1 \\ 3 & 4 \end{bmatrix}$$

$$Det.\ A^t = 2 \times 4 - 1 \cdot 3$$

$$Det.\ A^t = 8 - 3$$

$$Det.\ A^t = 5$$

Determinante de uma matriz com fila nula

Se uma das filas (linha ou coluna) da matriz A for toda nula, então: Det. A = 0

Ex.: $A_{2 \times 2} = \begin{bmatrix} 2 & 3 \\ 0 & 0 \end{bmatrix}$
Det. A = 2 . 0 – 3 . 0
Det. A = 0 – 0
Det. A = 0

Determinante de uma matriz cuja fila foi multiplicada por uma constante

Se multiplicarmos uma fila (linha ou coluna) qualquer da matriz A por um número k, o determinante da nova matriz será k vezes o determinante de A.

Det. A' (k vezes uma fila de A) = k · Det. A

Ex.: $A_{2 \times 2} = \begin{bmatrix} 2 & 1 \\ 3 & 2 \end{bmatrix}$
Det. A = 2 . 2 – 1 . 3
Det. A = 4 – 3
Det. A = 1

$A'_{2 \times 2} = \begin{bmatrix} 4 & 2 \\ 3 & 2 \end{bmatrix} \cdot 2\ (k = 2)$
Det. A' = 4 . 2 – 2 . 3
Det. A' = 8 – 6
Det. A' = 2
Det. A' = k . Det. A
Det. A' = 2 . 1
Det. A' = 2

Determinante de uma matriz multiplicada por uma constante

Se multiplicarmos toda uma matriz A de ordem "n" por um número k, o determinante da nova matriz será o produto (multiplicação) de k^n pelo determinante de A.

Det (k · A) = k^n · Det. A

Ex.: $A_{2 \times 2} = \begin{bmatrix} 2 & 1 \\ 4 & 3 \end{bmatrix}$
Det. A = 2 . 3 – = 1 . 4
Det. A = 6 – 4
Det. A = 2

$3 \cdot A_{2 \times 2} = \begin{bmatrix} 6 & 3 \\ 12 & 9 \end{bmatrix}$
Det. 3A = 6 . 9 – 3 . 12
Det. 3A = 54 – 36
Det. 3A = 18
Det (k . A) = k^n . Det. A
Det (3 . A) = 3^2 . 2
Det (3 . A) = 9 . 2
Det (3 . A) = 18

Determinante de uma matriz com filas paralelas iguais

Se uma matriz A de ordem n ≥ 2 tem duas filas paralelas com os elementos respectivamente iguais, então: Det. A = 0

Ex.: $A_{2 \times 2} = \begin{bmatrix} 2 & 3 \\ 2 & 3 \end{bmatrix}$
Det. A = 2 . 3 – 3 . 2
Det. A = 6 – 6
Det. A = 0

Determinante de uma matriz com filas paralelas proporcionais

Se uma matriz A de ordem n ≥ 2 tem duas filas paralelas com os elementos respectivamente proporcionais, então: Det. A = 0.

Ex.: $A_{2 \times 2} = \begin{bmatrix} 3 & 6 \\ 4 & 8 \end{bmatrix}$

Det. A = 3 . 8 – 6 . 4
Det. A = 24 – 24
Det. A = 0

Determinante de uma matriz com troca de filas paralelas

Se em uma matriz A de ordem n ≥ 2 trocarmos de posição duas filas paralelas, obteremos uma nova matriz B, tal que:

Det. A = – Det. B

Ex.: $A_{2 \times 2} = \begin{bmatrix} 5 & 4 \\ 2 & 3 \end{bmatrix}$

Det. A = 5 . 3 – 2 . 4
Det. A = 15 – 8
Det. A = 7

Ex.: $B_{2 \times 2} = \begin{bmatrix} 4 & 5 \\ 3 & 2 \end{bmatrix}$

Det. B = 4 · 2 - 5 · 3
Det. B = 8 - 15
Det. B = -7
Det. A = - Det. B
Det. A = - (-7)
Det. A = 7

Determinante do produto de matrizes

Se A e B são matrizes quadradas de ordem n, então:

Det. (A · B) = Det. A · Det. B

Ex.: $A_{2 \times 2} = \begin{bmatrix} 1 & 2 \\ 2 & 3 \end{bmatrix}$
Det. A = 1 . 3 - 2 . 2
Det. A = 3 - 4
Det. A = -1
$B_{2 \times 2} = \begin{bmatrix} 2 & 5 \\ 3 & 4 \end{bmatrix}$
Det. B = 2 . 4 - 5 . 3
Det. B = 8 - 15
Det. B = -7
$A \cdot B_{2 \times 2} = \begin{bmatrix} 8 & 13 \\ 13 & 22 \end{bmatrix}$
Det. (A . B) = 8 . 22 - 13 . 13
Det. (A . B) = 176 - 169
Det. (A . B) = 7
Det. (A . B) = Det. A . Det. B
Det. (A . B) = (-1) . (-7)
Det. (A . B) = 7

Determinante de uma matriz triangular

O determinante é igual ao produto dos elementos da diagonal principal.

Determinante de uma matriz inversa

Seja B a matriz inversa de A, então, a relação entre os determinantes de B e A é dado por:

$$\boxed{Det\ (B) = \frac{1}{Det\ (A)}}$$

Ex.: $A_{2 \times 2} = \begin{pmatrix} 1 & -2 \\ 3 & 1 \end{pmatrix}$
Det. A = 1 . 1 - (-2 . 3)
Det. A = 1 + 6
Det. A = 7

Ex.: $B = A^{-1}{}_{2 \times 2} = \begin{pmatrix} 1/7 & 2/7 \\ -3/7 & 1/7 \end{pmatrix}$

Det. B = (1/7 · 1/7) - (2/7 · -3/7)
Det. B = 1/49 + 6/49
Det. B = 7/49
Det. B = 1/7

$$Det.\ B = \frac{1}{Det\ (A)}$$

$$Det.\ B = \frac{1}{7}$$

$$Det.\ B = \frac{1}{7}$$

12.4 Sistemas Lineares

Equações Lineares: é toda equação do 1º grau com uma ou mais incógnitas.

Sistemas Lineares: é o conjunto de equações lineares.
Equação: 2x + 3y = 7

Sistema: $\begin{cases} 2x + 3y = 7 \\ 4x - 5y = 3 \end{cases}$

Equação: x + 2y + z = 8

Sistema: $\begin{cases} x + y - z = 4 \\ 2x - y + z = 5 \\ x + 2y + z = 8 \end{cases}$

Representação de um sistema linear em forma de matriz

Todo sistema linear pode ser escrito na forma de uma matriz.
Esse conteúdo será importante mais adiante para a resolução dos sistemas.

$$\begin{cases} 2x + 3y = 7 \\ 4x - 5y = 3 \end{cases}$$

Forma de matriz

$\begin{bmatrix} 2 \text{ (coeficiente de x)} & 3 \text{ (coeficiente de y)} \\ 4 \text{ (coeficiente de x)} & -5 \text{ (coeficiente de y)} \end{bmatrix} \cdot \begin{bmatrix} x \\ y \end{bmatrix} = \begin{bmatrix} 7 \\ 3 \end{bmatrix}$
$\hspace{6cm} \downarrow$
$\hspace{5cm}$ termos independentes

Matriz incompleta

$$\begin{bmatrix} 2 & 3 \\ 4 & -5 \end{bmatrix}$$

MATRIZES, DETERMINANTES E SISTEMAS LINEARES

Matriz de x

$$\begin{bmatrix} 7 & 3 \\ 3 & -5 \end{bmatrix}$$

Substituem-se os coeficientes de x pelos termos independentes.

Matriz de y

$$\begin{bmatrix} 2 & 7 \\ 4 & 3 \end{bmatrix}$$

Substituem-se os coeficientes de y pelos termos independentes.

Resolução de um sistema linear

A Regra de Cramer só é possível quando o número de variáveis for igual ao número de equações.

Resolvem-se os sistemas pelo método dos determinantes, também conhecido como **Regra de Cramer.**

A regra consiste em: o valor das variáveis será calculado dividindo-se o **determinante da matriz da variável** pelo **determinante da matriz incompleta**, do sistema.

Então:

O valor de x é dado por:

$$x = \frac{\text{determinante da matriz de X}}{\text{determinante da matriz incompleta}}$$

O valor de y é dado por:

$$y = \frac{\text{determinante da matriz de Y}}{\text{determinante da matriz incompleta}}$$

O valor de z é dado por:

$$z = \frac{\text{determinante da matriz de Z}}{\text{determinante da matriz incompleta}}$$

Se o determinante da matriz incompleta for diferente de zero (Det. In. ≠ 0), teremos sempre um sistema possível e determinado;

Se o determinante da matriz incompleta for igual a zero (Det. In. = 0), temos duas situações:

1ª: Se os determinantes de todas as matrizes das variáveis também forem iguais a zero (Det. X = 0 e Det. Y = 0 e Det. Z = 0), teremos um sistema possível e indeterminado;

2ª: Se o determinante de, pelo menos, uma das matrizes das variáveis for diferente de zero (Det. · ≠ 0 ou Det. Y ≠ 0 ou Det. Z ≠ 0), teremos um sistema impossível.

```
                        ┌─ Determinado (SPD)
            ┌─ Possível ─┤
Sistemas ───┤            └─ Indeterminado (SPI)
lineares    │
            └─ Impossível (SI)
```

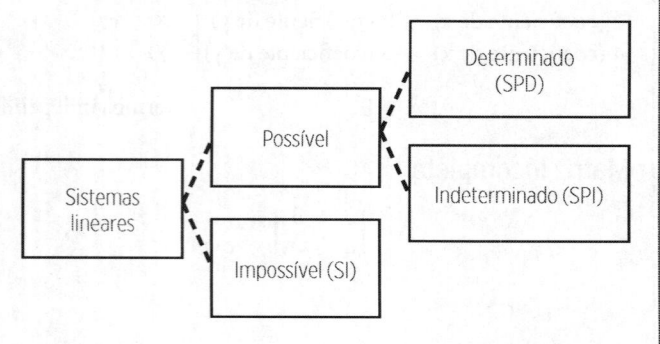

SPD: sistema possível e determinado (quando Det. In. ≠ 0).

SPI: sistema possível e indeterminado (quando Det. In. = 0, e Det. . = 0 e Det. Y = 0 e Det. Z = 0).

SI: sistema impossível (quando Det. In. = 0, e Det. . ≠ 0 ou Det. Y ≠ 0 ou Det. Z ≠ 0).

Ex.: $\begin{cases} x + y - z = 4 \\ 2x - y + z = 5 \\ x + 2y + z = 8 \end{cases}$

Matriz incompleta: $\begin{bmatrix} 1 & 1 & -1 \\ 2 & -1 & 1 \\ 1 & 2 & 1 \end{bmatrix}$ det. In. = -9

Matriz de X: $\begin{bmatrix} 4 & 1 & -1 \\ 5 & -1 & 1 \\ 8 & 2 & 1 \end{bmatrix}$ det. X = -27

Matriz de Y: $\begin{bmatrix} 1 & 4 & -1 \\ 2 & 5 & 1 \\ 1 & 8 & 1 \end{bmatrix}$ det. Y = -18

Matriz de Z: $\begin{bmatrix} 1 & 1 & 4 \\ 2 & -1 & 5 \\ 1 & 2 & 8 \end{bmatrix}$ det. Z = -9

Valor de x é: $x = \frac{-27}{-9} = 3 = 3$

Valor de y é: $y = \frac{-18}{-9} = 2 = 2$

Valor de z é: $z = \frac{-9}{-9} = 1 = 1$

Solução: x = 3, y = 2 e z = 1

13. FUNÇÕES, FUNÇÃO AFIM E FUNÇÃO QUADRÁTICA

Neste capítulo será abordado um assunto de grande importância para a matemática: as funções.

13.1 Definições, Domínio, Contradomínio e Imagem

A função é uma relação estabelecida entre dois conjuntos A e B, em que exista uma associação entre cada elemento de A com um único de B por meio de uma lei de formação.

Matematicamente, podemos dizer que função é uma relação de dois valores, por exemplo: $f(x) = y$, sendo que x e y são valores, nos quais x é o domínio da função (a função está dependendo dele) e y é um valor que depende do valor de x, sendo a imagem da função.

As funções possuem um conjunto chamado domínio e outro chamado de imagem da função, além do contradomínio. No plano cartesiano, que o eixo x representa o domínio da função, enquanto no eixo y apresentam-se os valores obtidos em função de x, constituindo a imagem da função (o eixo y seria o contradomínio da função).

Demonstração:

Com os conjuntos A = {1, 4, 7} e B = {1, 4, 6, 7, 8, 9, 12} cria-se a função f: A → B definida por $f(x) = x + 5$, que também pode ser representada por $y = x + 5$. A representação, utilizando conjuntos, desta função é:

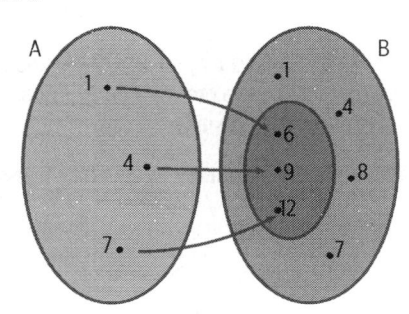

O conjunto A é o conjunto de saída e o B é o conjunto de chegada.

Domínio é um sinônimo para conjunto de saída, ou seja, para esta função o domínio é o próprio conjunto A = {1, 4, 7}.

Como, em uma função, o conjunto de saída (domínio) deve ter todos os seus elementos relacionados, não precisa ter subdivisões para o domínio.

O domínio de uma função também é chamado de campo de definição ou campo de existência da função, e é representado pela letra "D".

O conjunto de chegada "B", também possui um sinônimo, é chamado de contradomínio, representado por "CD".

Note que se pode fazer uma subdivisão dentro do contradomínio. Podemos ter elementos do contradomínio que não são relacionados com algum elemento do Domínio e outros que são. Por isso, deve-se levar em consideração esta subdivisão.

Este subconjunto é chamado de conjunto imagem, e é composto por todos os elementos em que as flechas de relacionamento chegam.

O conjunto Imagem é representado por "Im", e cada ponto que a flecha chega é chamado de imagem.

13.2 Plano Cartesiano

Criado por René Descartes, o plano cartesiano consiste em dois eixos perpendiculares, sendo o horizontal chamado de eixo das abscissas e o vertical de eixo das ordenadas. O plano cartesiano foi desenvolvido por Descartes no intuito de localizar pontos num determinado espaço.

As disposições dos eixos no plano formam quatro quadrantes, mostrados na figura a seguir

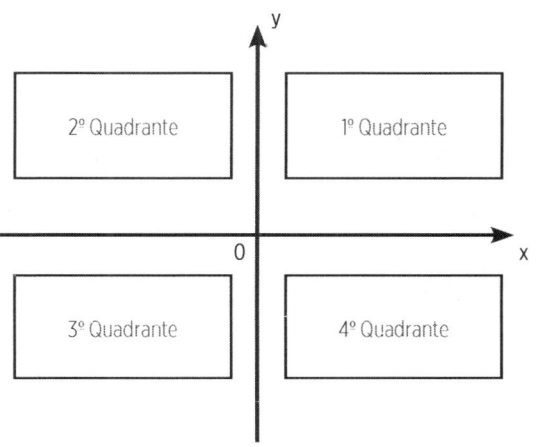

O encontro dos eixos é chamado de origem. Cada ponto do plano cartesiano é formado por um par ordenado (x, y), em que x: abscissa e y: ordenada.

Raízes

Em matemática, uma raiz ou "zero" da função consiste em determinar os pontos de interseção da função com o eixo das abscissas no plano cartesiano. A função f é um elemento no domínio de f tal que $f(x) = 0$.

Ex.: Considere a função:

$f(x) = x^2 - 6x + 9$

3 é uma raiz de f, porque:

$f(3) = 3^2 - 6 \cdot 3 + 9 = 0$

13.3 Funções Injetoras, Sobrejetoras e Bijetoras

Função injetora

É toda a função em que cada x encontra um único y, ou seja, os elementos distintos têm imagens distintas.

Função sobrejetora

Toda a função em que o conjunto imagem é exatamente igual ao contradomínio (y).

FUNÇÕES, FUNÇÃO AFIM E FUNÇÃO QUADRÁTICA

Função bijetora
Toda a função que for Injetora e Sobrejetora ao mesmo tempo.

13.4 Funções Crescentes, Decrescentes e Constantes

Função crescente
À medida que x "aumenta", as imagens vão "aumentando".

Com $x_1 > x_2$ a função é crescente para $f(x_1) > f(x_2)$, isto é, aumentando valor de x, aumenta o valor de y.

Função decrescente
À medida que x "aumenta", as imagens vão "diminuindo" (decrescendo).

Com $x_1 > x_2$ a função é crescente para $f(x_1) < f(x_2)$, isto é, aumentando x, diminui o valor de y.

Função constante
Em uma função constante qualquer que seja o elemento do domínio, eles sempre terão a mesma imagem, ao variar x encontra-se sempre o mesmo valor y.

13.5 Funções Inversas e Compostas

Função inversa
Dada uma função $f: A \to B$, se f é bijetora, se define a função inversa f^{-1} como sendo a função de B em A, tal que $f^{-1}(y) = x$.

Ex.: Determine a **inversa** da função definida por:

$y = 2x + 3$

Trocando as variáveis x e y:

$x = 2y + 3$

Colocando y em função de x:

$2y = x - 3$

$y = \dfrac{x-3}{2}$, que define a função inversa da função dada.

Função composta
Chama-se função composta (ou função de função) a função obtida substituindo-se a variável independente x por uma função.

Simbolicamente fica:

$fog(x) = f(g(x))$ ou $gof(x) = g(f(x))$

Ex.: Dadas as funções $f(x) = 2x + 3$ e $g(x) = 5x$, determine $g_o f(x)$ e $f_o g(x)$.

$g_o f(x) = g[f(x)] = g(2x+3) = 5(2x+3) = 10x + 15$

$f_o g(x) = f[g(x)] = f(5x) = 2(5x) + 3 = 10x + 3$

13.6 Função Afim
Chama-se função polinomial do 1º grau, ou função afim, a qualquer função f dada por uma lei da forma $f(x) = ax + b$, cujo a e b são números reais dados e $a \neq 0$.

Na função $f(x) = ax + b$, o número a é chamado de coeficiente de x e o número b é chamado termo constante.

Gráfico
O gráfico de uma função polinomial do 1º grau, $y = ax + b$, com $a \neq 0$, é uma reta oblíqua aos eixos x e y.

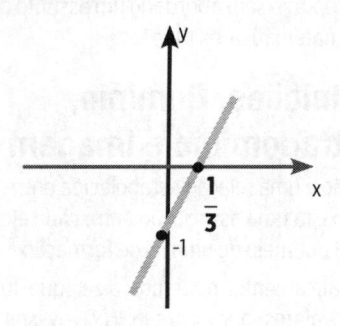

Zero e equação do 1º grau
Chama-se zero ou raiz da função polinomial do 1º grau $f(x) = ax + b$, $a \neq 0$, o número real x tal que $f(x) = 0$.

Assim: $f(x) = 0 \Rightarrow ax + b = 0 \Rightarrow x = \dfrac{-b}{a}$

Crescimento e decrescimento
A função do 1º grau $f(x) = ax + b$ é crescente quando o coeficiente de x é positivo ($a > 0$).

A função do 1º grau $f(x) = ax + b$ é decrescente quando o coeficiente de x é negativo ($a < 0$).

Sinal
Estudar o sinal de qualquer $y = f(x)$ é determinar os valor de x para os quais y é positivo, os valores de x para os quais y é zero e os valores de x para os quais y é negativo.

Considere uma função afim $y = f(x) = ax + b$, essa função se anula para a raiz $x = \dfrac{-b}{a}$.

Há então, dois casos possíveis:

a > 0 (a função é crescente)

$y > 0 \Rightarrow ax + b > 0 \Rightarrow x > \dfrac{-b}{a}$

$Y < 0 \Rightarrow ax + b < 0 \Rightarrow x < \dfrac{-b}{a}$

Logo, y é positivo para valores de x maiores que a raiz; y é negativo para valores de x menores que a raiz.

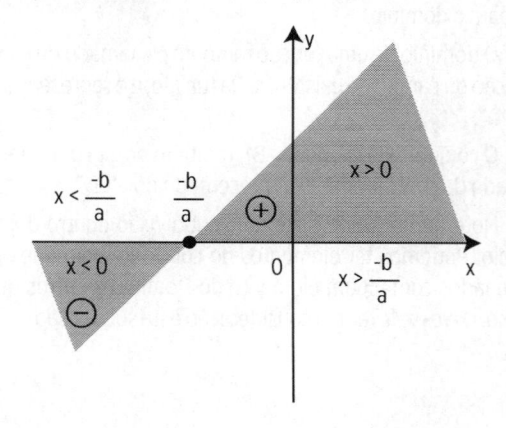

a < 0 (a função é decrescente)

$$y > 0 \Rightarrow ax + b > 0 \Rightarrow x < \frac{-b}{a}$$

$$y > 0 \Rightarrow ax + b > 0 \Rightarrow x < \frac{-b}{a}$$

Portanto, y é positivo para valores de x menores que a raiz; y é negativo para valores de x maiores que a raiz.

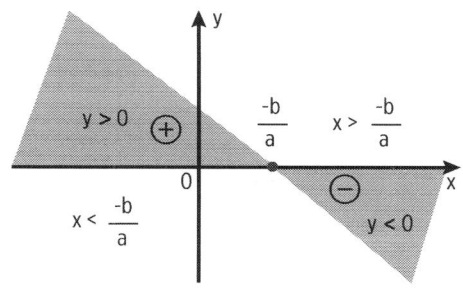

Equações e inequações do 1º grau

Equação

Uma equação do 1º grau na incógnita x é qualquer expressão do 1º grau que pode ser escrita numa das seguintes formas:

$$ax + b = 0$$

Para resolver uma equação, basta achar o valor de "x".

Sistema de equação

Um sistema de equação de 1º grau com duas incógnitas é formado por: duas equações de 1º grau com duas incógnitas diferentes em cada equação.

Ex.:

$$\begin{cases} x + y = 20 \\ 3x + 4y = 72 \end{cases}$$

Para encontramos o par ordenado solução desse sistema, é preciso utilizar dois métodos para a sua solução. Esses dois métodos são: Substituição e Adição.

Método da Substituição

Esse método consiste em escolher uma das duas equações, isolar uma das incógnitas e substituir na outra equação.

Dado o sistema $\begin{cases} x + y = 20 \\ 3x + 4y = 72 \end{cases}$ enumeramos as equações.

$$\begin{cases} x + y = 20 \quad \text{❶} \\ 3x + 4y = 72 \quad \text{❷} \end{cases}$$

Escolhemos a equação 1 e isolamos o x:

x + y = 20
x = 20 - y

Equação 2 substituímos o valor de x = 20 - y.

3x + 4y = 72
3(20 - y) + 4y = 72
60 - 3y + 4y = 72
- 3y + 4y = 72 - 60
y = 12

Para descobrir o valor de x, basta substituir y por 12 na equação:

x = 20 - y.
x = 20 - y
x = 20 - 12
x = 8

Portanto, a solução do sistema é S = (8, 12)

Método da Adição

Este método consiste em adicionar as duas equações de tal forma que a soma de uma das incógnitas seja zero. Para que isso aconteça, será preciso que multipliquemos algumas vezes as duas equações ou apenas uma equação por números inteiros para que a soma de uma das incógnitas seja zero.

Dado o sistema:

$$\begin{cases} x + y = 20 \\ 3x + 4y = 72 \end{cases}$$

Para adicionarmos as duas equações e a soma de uma das incógnitas de zero, teremos que multiplicar a primeira equação por - 3.

$$\begin{cases} x + y = 20 \;(-3) \\ 3x + 4y = 72 \end{cases}$$

Agora, o sistema fica assim:

$$\begin{cases} -3x - 3y = -60 \\ 3x + 4y = 72 \end{cases}$$

Adicionando as duas equações:

- 3x - 3y = - 60
+ 3x + 4y = 72
y = 12

Para descobrir o valor de x, basta escolher uma das duas equações e substituir o valor de y encontrado:

x + y = 20
x + 12 = 20
x = 20 - 12
x = 8

Portanto, a solução desse sistema é: S = (8, 12)

Inequação

Uma inequação do 1º grau na incógnita x é qualquer expressão do 1º grau que pode ser escrita numa das seguintes formas:

ax + b > 0
ax + b < 0
ax + b ≥ 0
ax + b ≤ 0

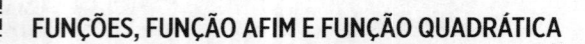

Cujo a, b são números reais com a ≠ 0.

Ex.: $-2x + 7 > 0$

$x - 10 \leq 0$

$2x + 5 \leq 0$

$12 - x < 0$

Resolvendo uma inequação de 1º grau

Uma maneira simples de resolver uma equação do 1º grau é isolarmos a incógnita x em um dos membros da igualdade. Observe dois exemplos:

Ex.: Resolva a inequação $-2x + 7 > 0$:

$-2x > -7 \cdot (-1)$

$2x < 7$

$x < 7/2$

Logo, a solução da inequação é $x < 7/2$

Resolva a inequação $2x - 6 < 0$

$2x < 6$

$x < 6/2$

$x < 3$

Portanto, a solução da inequação é $x < 3$.

Pode-se resolver qualquer inequação do 1º grau por meio do estudo do sinal de uma função do 1º grau, com o seguinte procedimento:

Iguala-se a expressão ax + b a zero;

Localiza-se a raiz no eixo x;

Estuda-se o sinal conforme o caso.

Ex.: $-2x + 7 > 0$

$-2x + 7 = 0$

$x = 7/2$

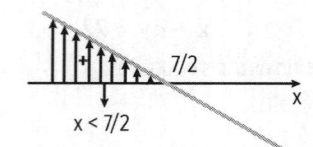

Ex.: $2x - 6 < 0$

$2x - 6 = 0$

$x = 3$

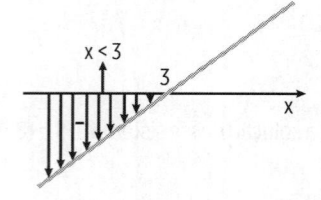

14. FUNÇÃO EXPONENCIAL E FUNÇÃO LOGARÍTMICA

14.1 Equação e Função Exponencial

Chama-se de equação exponencial toda equação na qual a incógnita aparece em expoente.

Para resolver equações exponenciais, devem-se realizar dois passos importantes:

Redução dos dois membros da equação a potências de mesma base;

Aplicação da propriedade:

$$a^m = a^n \Rightarrow m = n \ (a \neq 1 \text{ e } a >)$$

Função exponencial

Chamam-se de funções exponenciais aquelas nas quais temos a variável aparecendo em expoente.

A função $f: \mathbb{R} \to \mathbb{R}_+$, definida por $f(x) = a^x$, com $a \in \mathbb{R}+$ e $a \neq 1$, é chamada função exponencial de base a. O domínio dessa função é o conjunto $\mathbb{R}$ (reais) e o contradomínio é $\mathbb{R}_+$ (reais positivos, maiores que zero).

Gráfico cartesiano da função exponencial

Há 2 casos a considerar:

Quando a>1;

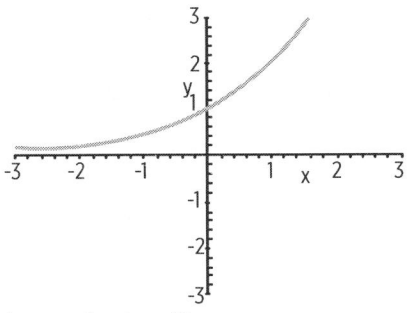

$f(x)$ é crescente e $Im = \mathbb{R}_+$

Para quaisquer x_1 e x_2 do domínio: $x_2 > x_1 \Rightarrow y_2 > y_1$ (as desigualdades têm mesmo sentido).

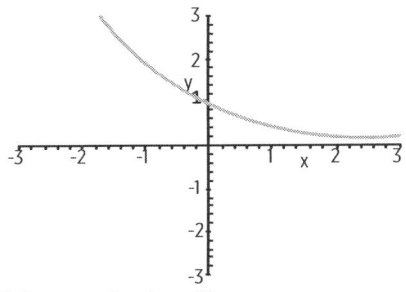

Quando 0 < a < 1.

$f(x)$ é decrescente e $Im = \mathbb{R}_+$

Para quaisquer x_1 e x_2 do domínio: $x_2 > x_1 \Rightarrow y_2 < y_1$ (as desigualdades têm sentidos diferentes).

Nas duas situações, pode-se observar que:

> O gráfico nunca intercepta o eixo horizontal;
> A função não tem raízes; o gráfico corta o eixo vertical no ponto (0,1);
> Os valores de y são sempre positivos (potência de base positiva é positiva), portanto, o conjunto imagem é $Im = \mathbb{R}_+$.

Inequações exponenciais

Chama-se de inequação exponencial toda inequação na qual a incógnita aparece em expoente.

Para resolver inequações exponenciais, deve-se realizar dois passos:

Redução dos dois membros da inequação a potências de mesma base;

Aplicação da propriedade:

$a > 1$

$a^m > a^n \Rightarrow m > n$

(as desigualdades têm mesmo sentido)

$0 < a < 1$

$a^m > a^n \Rightarrow m < n$

(as desigualdades têm sentidos diferentes)

14.2 Equação e Função Logarítmica

Logaritmo

$$a^x = b \Leftrightarrow \log_a b = x$$

Sendo $b > 0$, $a > 0$ e $a \neq 1$

Na igualdade $x = \log_a b$ tem:

a = base do logaritmo

b = logaritmando ou antilogaritmo

x = logaritmo

Consequências da definição

Sendo $b > 0$, $a > 0$ e $a \neq 1$ e m um número real qualquer, há, a seguir, algumas consequências da definição de logaritmo:

$\log_a 1 = 0$

$\log_a a = 1$

$\log_a a^m = m$

$a^{\log_a b} = b$

$\log_a b = \log_a c \Leftrightarrow b = c$

Propriedades operatórias dos logaritmos

$$\log_a(x \cdot y) = \log_a x + \log_a y$$

$$\log_a\left(\frac{x}{y}\right) = \log_a x - \log_a y$$

$$\log_a x^m = m \cdot \log_a x$$

$$\log_a \sqrt[n]{x^m} = \log_a x^{\frac{m}{n}} = \frac{m}{n} \cdot \log_a x$$

Cologaritmo

$$\operatorname{colog}_a b = \log_a \frac{1}{b}$$

$$\operatorname{colog}_a b = -\log_a b$$

Mudança de base

$$\log_a x = \frac{\log_b x}{\log_b a}$$

Função logarítmica

A função $f: \mathbb{R}_+ \to \mathbb{R}$, definida por $f(x) = \log_a x$, com $a \neq 1$ e $a > 0$, é chamada função logarítmica de base a. O domínio dessa função é o conjunto $\mathbb{R}_+$ (reais positivos, maiores que zero) e o contradomínio é $\mathbb{R}$ (reais).

Gráfico cartesiano da função logarítmica

Há dois casos a se considerar:

Quando a>1;

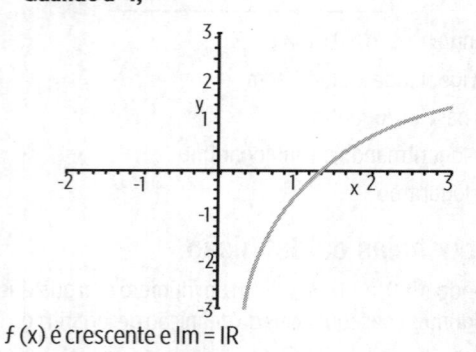

$f(x)$ é crescente e Im = IR

Para quaisquer x_1 e x_2 do domínio: $x_2 > x_1 \Rightarrow y_2 > y_1$ (as desigualdades têm mesmo sentido)

Quando 0<a<1.

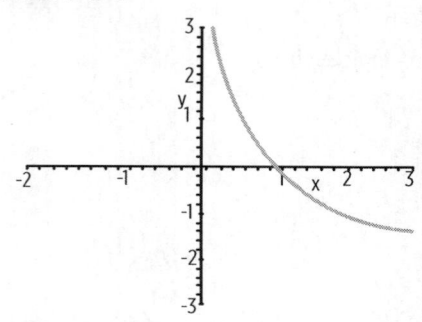

$f(x)$ é decrescente e Im = IR

Para quaisquer x_1 e x_2 do domínio: $x_2 > x_1 \Rightarrow y_2 < y_1$ (as desigualdades têm sentidos diferentes).

Nas duas situações, pode-se observar que:
> O gráfico nunca intercepta o eixo vertical;
> O gráfico corta o eixo horizontal no ponto (1,0);
> A raiz da função é $x = 1$;
> Y assume todos os valores reais, portanto, o conjunto imagem é Im = IR.

Equações logarítmicas

Chama-se de equações logarítmicas toda equação que envolve logaritmos com a incógnita aparecendo no logaritmando, na base ou em ambos.

Inequações logarítmicas

Chama-se de inequações logarítmicas toda inequação que envolve logaritmos com a incógnita aparecendo no logaritmando, na base ou em ambos.

Para resolver inequações logarítmicas, deve-se realizar dois passos:

Redução dos dois membros da inequação a logaritmos de mesma base;

Aplicação da propriedade:

$a > 1$

$\log_a m > \log_a n \Rightarrow m > n > 0$

(as desigualdades têm mesmo sentido)

$0 < a < 1$

$\log_a m > \log_a n \Rightarrow 0 < m < n$

(as desigualdades têm sentidos diferentes)

15. TRIGONOMETRIA

Neste capítulo estudaremos sobre os triângulos e as relações que os envolvem.

15.1 Triângulos

O triângulo é uma das figuras mais simples e também uma das mais importantes da Geometria. O triângulo possui propriedades e definições de acordo com o tamanho de seus lados e medida dos ângulos internos.

Quanto aos lados, o triângulo pode ser classificado da seguinte forma:

Equilátero: possui os lados com medidas iguais.

Isósceles: possui dois lados com medidas iguais.

Escaleno: possui todos os lados com medidas diferentes.

Quanto aos ângulos, os triângulos podem ser denominados:

Acutângulo: possui os ângulos internos com medidas menores que 90°.

Obtusângulo: possui um dos ângulos com medida maior que 90°.

Retângulo: possui um ângulo com medida de 90°, chamado ângulo reto.

No triângulo retângulo existem importantes relações, uma delas é o **Teorema de Pitágoras**, que diz o seguinte: "A soma dos quadrados dos catetos é igual ao quadrado da hipotenusa".

$$a^2 = b^2 + c^2$$

A condição de existência de um triângulo é: um lado do triângulo seja sempre menor do que a soma dos outros dois lados e seja sempre maior do que a diferença desses dois lados.

15.2 Trigonometria no Triângulo Retângulo

As razões trigonométricas básicas são relações entre as medidas dos lados do triângulo retângulo e seus ângulos. As três funções básicas mais importantes da trigonometria são: seno, cosseno e tangente. O ângulo é indicado pela **letra x**.

Função	Notação	Definição
seno	sen(x)	medida do cateto oposto a x / medida da hipotenusa
cosseno	cos(x)	medida do cateto adjacente a x / medida da hipotenusa
tangente	tan(x)	medida do cateto oposto a x / medida do cateto adjacente a x

Relação fundamental: para todo ângulo x (medido em radianos), vale a importante relação:

$$\cos^2(x) + \text{sen}^2(x) = 1$$

15.3 Trigonometria num Triângulo Qualquer

Os problemas envolvendo trigonometria são resolvidos em sua maioria por meio da comparação com triângulos retângulos. Mas no cotidiano algumas situações envolvem triângulos acutângulos ou triângulos obtusângulos. Nesses casos, necessitamos do auxílio da Lei dos Senos ou dos Cossenos.

Lei dos senos

A Lei dos Senos estabelece relações entre as medidas dos lados com os senos dos ângulos opostos aos lados. Observe:

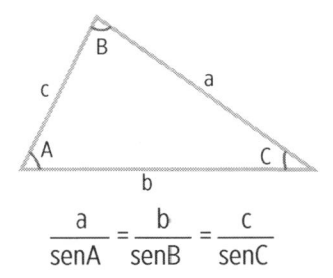

$$\frac{a}{\text{sen}A} = \frac{b}{\text{sen}B} = \frac{c}{\text{sen}C}$$

Lei dos cossenos

Nos casos em que não pode aplicar a Lei dos Senos, existe o recurso da Lei dos Cossenos. Ela permite trabalhar com a medida de dois segmentos e a medida de um ângulo. Dessa forma, se dado um triângulo ABC de lados medindo a, b e c, temos:

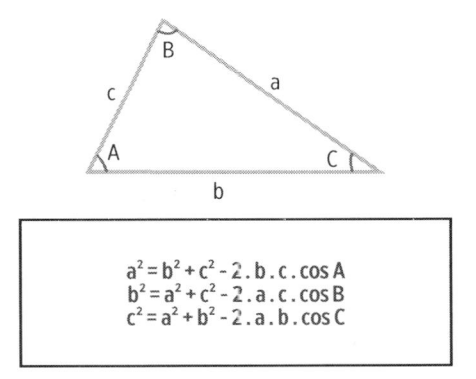

$$a^2 = b^2 + c^2 - 2 \cdot b \cdot c \cdot \cos A$$
$$b^2 = a^2 + c^2 - 2 \cdot a \cdot c \cdot \cos B$$
$$c^2 = a^2 + b^2 - 2 \cdot a \cdot b \cdot \cos C$$

15.4 Medidas dos Ângulos

Medidas em grau

Sabe-se que uma volta completa na circunferência corresponde a 360°; se dividir em 360 arcos, haverá arcos unitários medindo 1° grau. Dessa forma, diz-se que a circunferência é simplesmente um arco de 360° com o ângulo central medindo uma volta completa ou 360°.

Também se pode dividir o arco de 1° grau em 60 arcos de medidas unitárias iguais a 1' (arco de um minuto). Da mesma forma podemos dividir o arco de 1' em 60 arcos de medidas unitárias iguais a 1'' (arco de um segundo).

Medidas em radianos

Dada uma circunferência de centro O e raio R, com um arco de comprimento s e α o ângulo central do arco, vamos determinar a medida do arco em radianos de acordo com a figura a seguir:

TRIGONOMETRIA

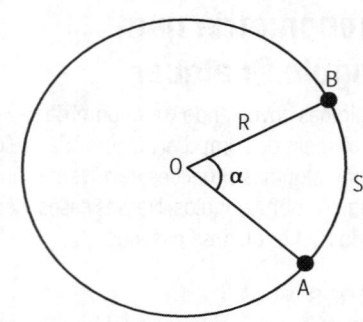

Diz-se que o arco mede um radiano se o comprimento do arco for igual à medida do raio da circunferência. Assim, para saber a medida de um arco em radianos, deve-se calcular quantos raios da circunferência são precisos para se ter o comprimento do arco. Portanto:

$$\alpha = \frac{s}{R}$$

Com base nessa fórmula, podemos expressar outra expressão para determinar o comprimento de um arco de circunferência:

$$s = \alpha \cdot R$$

De acordo com as relações entre as medidas em grau e radiano de arcos, vamos destacar uma regra de três capaz de converter as medidas dos arcos.

360° → 2π radianos (aproximadamente 6,28)
180° → π radiano (aproximadamente 3,14)
90° → π/2 radiano (aproximadamente 1,57)
45° → π/4 radiano (aproximadamente 0,785)

Medida em graus	Medida em radianos
180	π
x	a

15.5 Ciclo Trigonométrico

Considerando um plano cartesiano, representados nele um círculo com centro na origem dos eixos e raios.

Divide-se o ciclo trigonométrico em quatro arcos, obtendo quatro quadrantes.

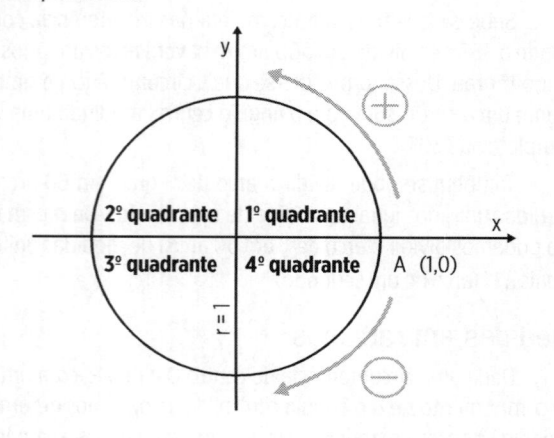

Dessa forma, obtêm-se as relações:

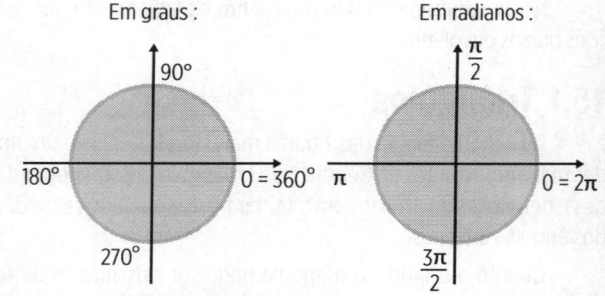

Em graus: 90°, 180°, 0 = 360°, 270°
Em radianos: $\frac{\pi}{2}$, π, 0 = 2π, $\frac{3\pi}{2}$

Razões trigonométricas

As principais razões trigonométricas são:

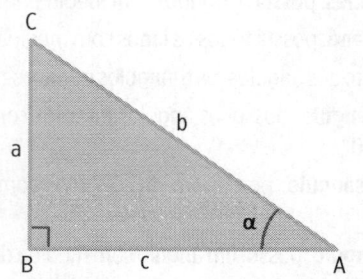

$$\text{sen } \alpha = \frac{\text{comprimento do cateto oposto}}{\text{comprimento da hipotenusa}} = \frac{a}{b}$$

$$\cos \alpha = \frac{\text{comprimento do cateto adjacente}}{\text{comprimento da hipotenusa}} = \frac{c}{b}$$

$$\text{tg } \alpha = \frac{\text{comprimento do cateto oposto}}{\text{comprimento do cateto adjacente}} = \frac{a}{c}$$

Outras razões decorrentes dessas são:

$$\text{tg } x = \frac{\text{sen } x}{\cos x}$$

$$\text{cotg } x = \frac{1}{\text{tg } x} = \frac{\cos x}{\text{sen } x}$$

$$\sec x = \frac{1}{\cos x}$$

$$\text{cossec } x = \frac{1}{\text{sen } x}$$

A partir da relação fundamental, encontram-se ainda as seguintes relações:

(sen x)² + (cos x)² = 1 = [relação fundamental da trigonometria]
1 + (cotg x)² = (cossec x)²
1 + (tg x)² = (sec x)²

Redução ao 1° quadrante

sen(90° - α) = cos α
cos(90° - α) = sen α
sen(90° + α) = cos α
cos(90° + α) = -sen α
sen(180° - α) = sen α
cos(180° - α) = -cos α
tg(180° - α) = -tg α

sen(180° + α) = -sen α
cos(180° + α) = -cos α
sen(270° - α) = -cos α
cos(270° - α) = -sen α
sen(270° + α) = -cos α
cos(270° + α) = sen α
sen(-α) = -sen α
cos(-α) = cos α
tg(-α) = -tg α

15.6 Funções Trigonométricas

Função seno

Chama-se função seno a função **f(x) = sen x**.

O domínio dessa função é R e a imagem é Im [-1,1]; visto que, na circunferência trigonométrica, o raio é unitário.

Então:

Domínio de $f(x)$ = sen x; D(sen x) = R.
Imagem de $f(x)$ = sen x; Im(sen x) = [-1,1].

Sinal da função

$f(x)$ = sen x é positiva no 1º e 2º quadrantes (ordenada positiva);
$f(x)$ = sen x é negativa no 3º e 4º quadrantes (ordenada negativa).

Quando $x \in \left[0, \frac{\pi}{2}\right]$, 1º quadrante, o valor de sen x cresce de 0 a 1.

Quando $x \in \left[\frac{\pi}{2}, \pi\right]$, 2º quadrante, o valor de sen x decresce de 1 a 0.

Quando $x \in \left[\pi, \frac{3\pi}{2}\right]$, 3º quadrante, o valor de sen x decresce de 0 a -1.

Quando $x \in \left[\frac{3\pi}{2}, 2\pi\right]$, 4º quadrante, o valor de sen x cresce de -1 a 0.

Função cosseno

Chama-se função cosseno a função **f(x) = cos x**.

O domínio dessa função também é R e a imagem é Im [-1,1]; visto que, na circunferência trigonométrica, o raio é unitário.

Então:

Domínio de $f(x)$ = cos x; D(cos x) = R.
Imagem de $f(x)$ = cos x; Im(cos x) = [-1,1].

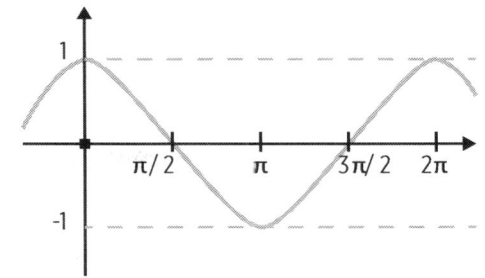

Sinal da função

$f(x)$ = cos x é positiva no 1º e 4º quadrantes (abscissa positiva);
$f(x)$ = cos x é negativa no 2º e 3º quadrantes (abscissa negativa).

Quando $x \in \left[0, \frac{\pi}{2}\right]$, 1º quadrante, o valor do cos x decresce de 1 a 0.

Quando $x \in \left[\frac{\pi}{2}, \pi\right]$, 2º quadrante, o valor do cos x decresce de 0 a -1.

Quando $x \in \left[\pi, \frac{3\pi}{2}\right]$, 3º quadrante, o valor do cos x cresce de -1 a 0.

Quando, $x \in \left[\frac{3\pi}{2}, 2\pi\right]$ 4º quadrante, o valor do cos x cresce de 0 a 1.

Função tangente

Chama-se função tangente a função **f(x) = tg x**.

Então:

Domínio de $f(x)$: o domínio dessa função são todos os números reais, exceto os que zeram o cosseno, pois não existe cos x = 0

Imagem de $f(x)$ = Im =]-∞, ∞[

Sinal da função

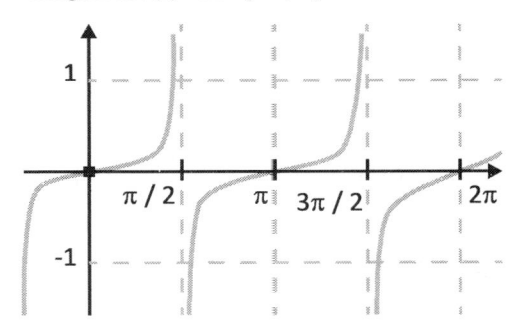

$f(x)$ = tg x é positiva no 1º e 3º quadrantes (produto da ordenada pela abscissa positiva);
$f(x)$ = tg x é negativa no 2º e 4º quadrantes (produto da ordenada pela abscissa negativa).

Outras funções

Função secante

Denomina-se função secante a função:
$$f(x) = \frac{1}{\cos x}$$

Função cossecante

Denomina-se função cossecante a função:
$$f(x) = \frac{1}{\operatorname{sen} x}$$

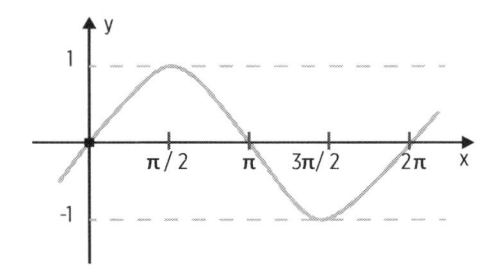

Função cotangente

Denomina-se função cossecante a função:

$$f(x) = \frac{1}{\operatorname{tg} x}$$

15.7 Identidades e Operações Trigonométricas

As mais comuns são as seguintes:

sen(a + b) = sen a · cos b + sen b · cos a
sen(a − b) = sen a · cos b − sen b · cos a
cos(a + b) = cos a · cos b − sen a · cos b
cos(a − b) = cos a · cos b + sen a · cos b

$$\operatorname{tg}(a+b) = \frac{\operatorname{tg}a + \operatorname{tg}b}{1 - \operatorname{tg}a \cdot \operatorname{tg}b}$$

$$\operatorname{tg}(a-b) = \frac{\operatorname{tg}a - \operatorname{tg}b}{1 + \operatorname{tg}a \cdot \operatorname{tg}b}$$

sen(2x) = 2 · sen(x) · cos(x)
cos(2x) = cos²(x) − sen²(x)

$$\operatorname{tg}(2x) = \left(\frac{2 \cdot \operatorname{tg}(x)}{1 - \operatorname{tg}^2(x)}\right)$$

$$\operatorname{sen}(x) + \operatorname{sen}(y) = 2 \cdot \operatorname{sen}\left(\frac{x+y}{2}\right) \cdot \cos\left(\frac{x-y}{2}\right)$$

$$\operatorname{sen}(x) - \operatorname{sen}(y) = 2 \cdot \operatorname{sen}\left(\frac{x-y}{2}\right) \cdot \cos\left(\frac{x+y}{2}\right)$$

$$\cos(x) + \cos(y) = 2 \cdot \cos\left(\frac{x+y}{2}\right) \cdot \cos\left(\frac{x-y}{2}\right)$$

$$\cos(x) - \cos(y) = -2 \cdot \operatorname{sen}\left(\frac{x+y}{2}\right) \cdot \operatorname{sen}\left(\frac{x-y}{2}\right)$$

15.8 Bissecção de Arcos ou Arco Metade

Também temos a fórmula do arco metade para senos, cossenos e tangentes:

1. $\sin\left(\frac{a}{2}\right) = \pm\sqrt{\frac{1-\cos(a)}{2}}$

2. $\cos\left(\frac{a}{2}\right) = \pm\sqrt{\frac{1+\cos(a)}{2}}$

3. $\tan\left(\frac{a}{2}\right) = \pm\sqrt{\frac{1-\cos(a)}{1+\cos(a)}}$

16. GEOMETRIA PLANA

Conceitos importantes:

Ceviana: as cevianas são segmentos de reta que partem do vértice do triângulo para o lado oposto.

Mediana: é o segmento de reta que liga um vértice deste triângulo ao ponto médio do lado oposto a este vértice. As medianas se encontram em um ponto chamado de baricentro.

Altura: altura de um triângulo é um segmento de reta perpendicular a um lado do triângulo ou ao seu prolongamento, traçado pelo vértice oposto. As alturas se encontram em um ponto chamado ortocentro.

Bissetriz: é o lugar geométrico dos pontos que equidistam de duas retas concorrentes e, por consequência, divide um ângulo em dois ângulos congruentes. As bissetrizes se encontram em um ponto chamado incentro.

Mediatrizes: são retas perpendiculares a cada um dos lados de um triângulo. As mediatrizes se encontram em um ponto chamado circuncentro.

16.1 Semelhanças de Figuras

Duas figuras (formas geométricas) são semelhantes quando satisfazem a duas condições: os seus ângulos têm o mesmo tamanho e os lados correspondentes são proporcionais.

Nos triângulos existem alguns casos de semelhanças bem conhecidos;

1º caso: LAL (lado, ângulo, lado): dois lados congruentes e o ângulo entre esses lados também congruentes.

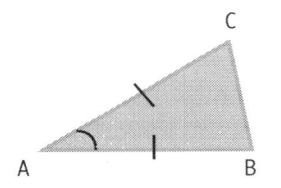

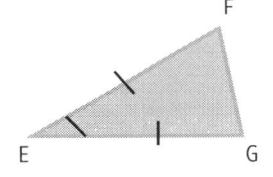

2º caso: LLL (lado, lado, lado): os três lados congruentes.

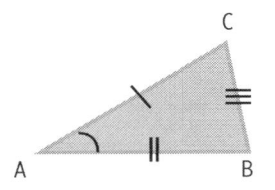

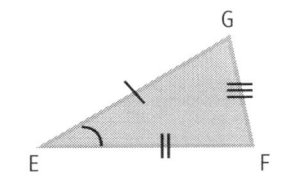

3º caso: ALA (ângulo, lado, ângulo): dois ângulos congruentes e o lado entre esses ângulos também congruente.

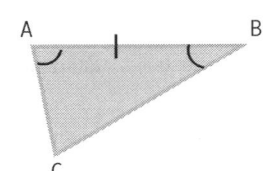

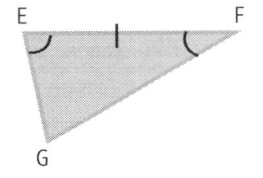

4º caso: LAA$_o$ (lado, ângulo, ângulo oposto): congruência do ângulo adjacente ao lado, e congruência do ângulo oposto ao lado.

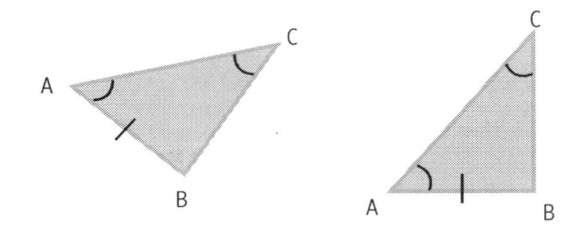

16.2 Relações Métricas nos Triângulos

O triângulo retângulo e suas relações métricas

Denomina-se triângulo retângulo o triângulo que tem um de seus ângulos retos, ou seja, um de seus ângulos mede 90°. O triângulo retângulo é formado por uma hipotenusa e dois catetos, a hipotenusa é o lado maior, o lado aposto ao ângulo de 90°, e os outros dois lados são os catetos.

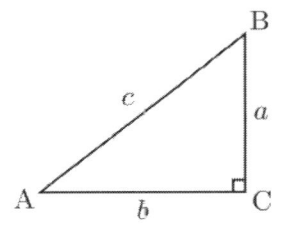

Na figura, podemos observar o triângulo retângulo de vértices A, B e C, e lados a, b e c. Como o ângulo de 90° está no vértice C, então a hipotenusa do triângulo é o lado c, e os catetos são os lados a e b.

Assim, podemos separar um triângulo em dois triângulos semelhantes:

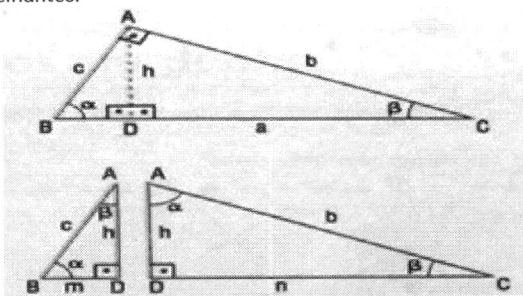

Neste segundo triângulo, podemos observar uma perpendicular à hipotenusa até o vértice A; essa é a altura h do triângulo, separando assim a hipotenusa em dois segmentos, o segmento m e o segmento n, separando esses dois triângulos obtemos dois triângulos retângulos, o triângulo $\triangle ABD$ e $\triangle ADC$. Como os ângulos dos três triângulos são congruentes, então podemos dizer que os triângulos são semelhantes.

Com essa semelhança, ganhamos algumas relações métricas entre os triângulos:

RACIOCÍNIO LÓGICO

$\dfrac{c}{a} = \dfrac{m}{c} \Rightarrow c^2 = am$

$\dfrac{c}{a} = \dfrac{h}{b} \Rightarrow cb = ah$

$\dfrac{b}{a} = \dfrac{n}{b} \Rightarrow b^2 = an$

$\dfrac{h}{m} = \dfrac{n}{h} \Rightarrow h^2 = mn$

Da primeira e da terceira equação, obtemos:
$c^2 + b^2 = am + an = a(m + n)$.

Como vimos na figura que m+n=a, então temos:
$c^2 + b^2 = aa = a^2$,

ou seja, trata-se do Teorema de Pitágoras.

Lei dos cossenos

Para um triângulo qualquer demonstra-se que:

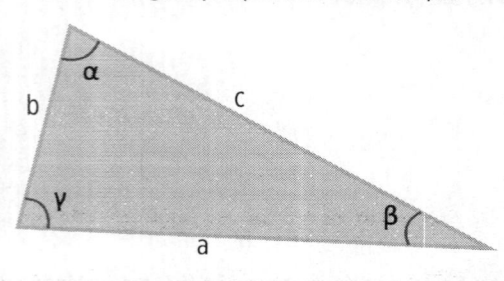

$$a^2 = b^2 + c^2 - 2 \cdot b \cdot c \cdot \cos\alpha$$

Note que o lado "a" do triângulo é oposto ao cosseno do ângulo α.

Lei dos senos

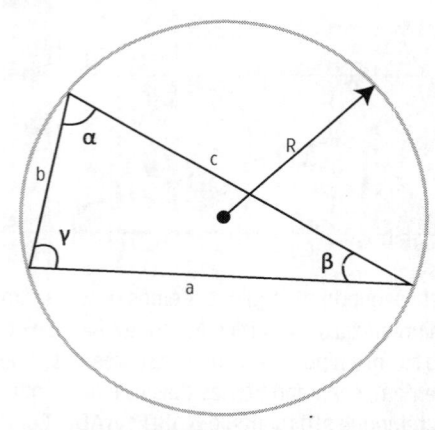

R é o raio da circunferência circunscrita a esse triângulo.

Neste caso, valem as seguintes relações, conforme a lei dos senos:

$$\dfrac{a}{\operatorname{sen}\alpha} = \dfrac{b}{\operatorname{sen}\beta} = \dfrac{c}{\operatorname{sen}\gamma} = 2R$$

16.3 Quadriláteros

Quadrilátero é um polígono de quatro lados. Eles possuem os seguintes elementos:

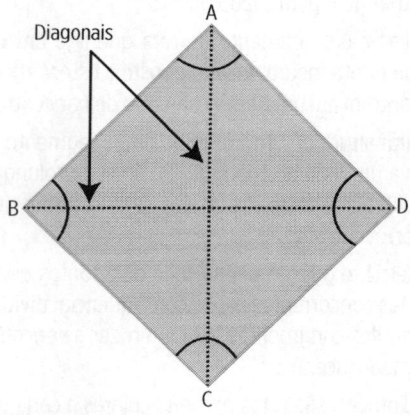

Vértices: A, B, C, e D.
Lados: AB, BC, CD, DA.
Diagonais: AC e BD.
Ângulos internos ou ângulos do quadrilátero ABCD: Â, B̂, Ĉ e D̂.

Todo quadrilátero tem duas diagonais.

O perímetro de um quadrilátero ABCD é a soma das medidas de seus lados, ou seja: AB + BC + CD + DA.

Quadriláteros importantes

Paralelogramo

Paralelogramo é o quadrilátero que tem os lados opostos paralelos.

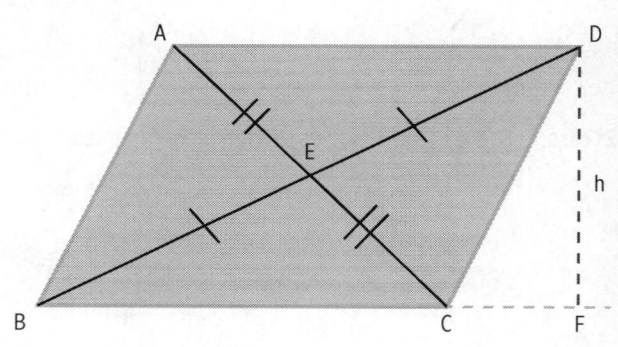

h é a altura do paralelogramo.

Num paralelogramo:
Os lados opostos são congruentes;
Cada diagonal o divide em dois triângulos congruentes;
Os ângulos opostos são congruentes;
As diagonais interceptam-se em seu ponto médio.

Retângulo

Retângulo é o paralelogramo em que os quatro ângulos são congruentes (retos).

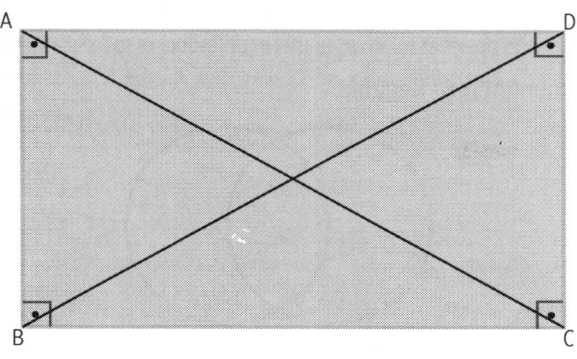

Losango

Losango é o paralelogramo em que os quatro lados são congruentes.

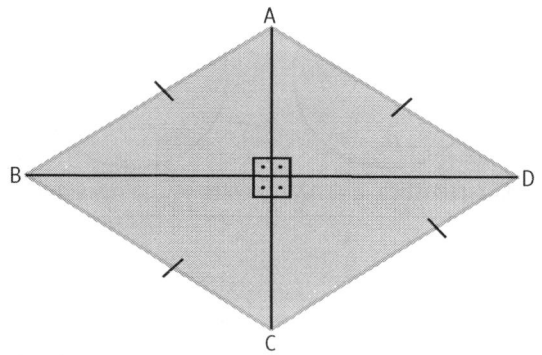

Quadrado

Quadrado é o paralelogramo em que os quatro lados e os quatro ângulos são congruentes.

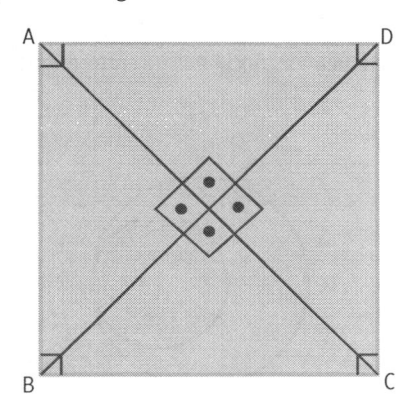

Trapézios

É o quadrilátero que apresenta somente dois lados paralelos chamados bases.

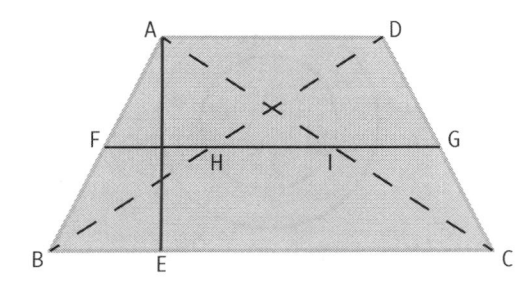

Trapézio retângulo

É aquele que apresenta dois ângulos retos.

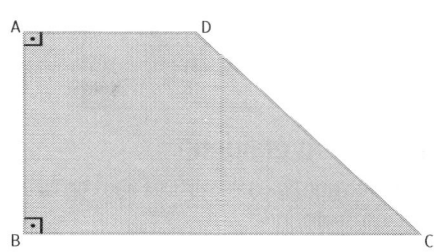

Trapézio isósceles

É aquele em que os lados não paralelos são congruentes.

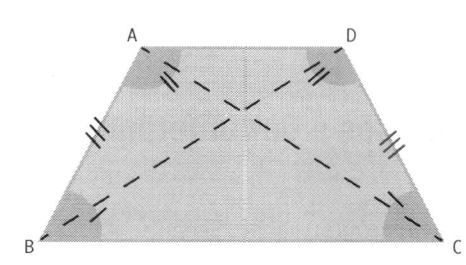

16.4 Polígonos Regulares

Um polígono é regular se todos os seus lados e todos os seus ângulos forem congruentes.

Os nomes dos polígonos dependem do critério que se utiliza para classificá-los. Usando **o número de ângulos** ou o **número de lados**, tem-se a seguinte nomenclatura:

Número de lados (ou ângulos)	Nome do Polígono	
	Em função do número de ângulos	Em função do número de lados
3	triângulo	trilátero
4	quadrângulo	quadrilátero
5	pentágono	pentalátero
6	hexágono	hexalátero
7	heptágono	heptalátero
8	octógono	octolátero
9	eneágono	enealátero
10	decágono	decalátero
11	undecágono	undecalátero
12	dodecágono	dodecalátero
15	pentadecágono	pentadecalátero
20	icoságono	icosalátero

Nos polígonos regulares cada ângulo externo é dado por:

$$e = \frac{360°}{n}$$

A soma dos ângulos internos é dada por:

$$S_i = 180 \cdot (n-2)$$

E cada ângulo interno é dado por:

$$i = \frac{180(n-2)}{n}$$

Diagonais de um polígono

O segmento que liga dois vértices não consecutivos de polígono é chamado de diagonal.

O número de diagonais de um polígono é dado pela fórmula:

$$d = \frac{n \cdot (n-3)}{2}$$

16.5 Círculos e Circunferências

Círculo

É a área interna a uma circunferência.

Circunferência

É o contorno do círculo. Por definição, é o lugar geométrico dos pontos equidistantes ao centro.

A distância entre o centro e o lado é o raio.

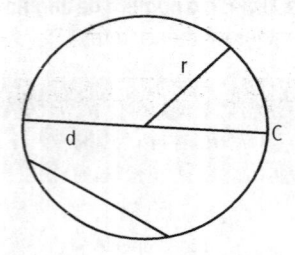

Corda

É o seguimento que liga dois pontos da circunferência.

A maior corda, ou corda maior de uma circunferência, é o diâmetro. Também dizemos que a corda que passa pelo centro é o diâmetro.

Posição relativa entre reta e circunferência

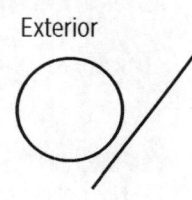

Secante Tangente Exterior

Uma reta é:
> **Secante**: distância entre a reta e o centro da circunferência é menor que o raio.
> **Tangente**: a distância entre a reta e o centro da circunferência é igual ao raio.
> **Externa**: a distância entre a reta e o centro da circunferência é maior que o raio.

Posição relativa entre circunferência

As posições relativas entre circunferência são basicamente 5.

Circunferência Secante

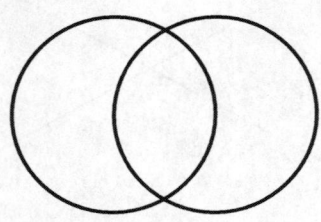

Característica: a distância entre os centros é menor que a soma dos raios das duas, porém, é maior que o raio de cada uma.

Externo

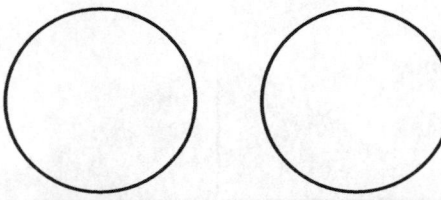

Característica: a distância entre os centros é maior que a soma do raio.

Tangente

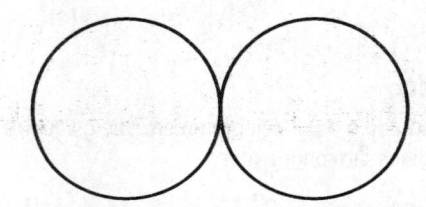

Característica: distância entre centro é igual à soma dos raios.

Interna

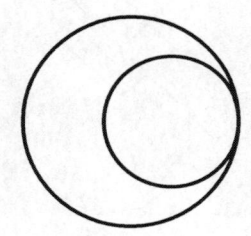

Característica: distância entre os centros mais o raio da menor é igual ao raio da maior.

Interior

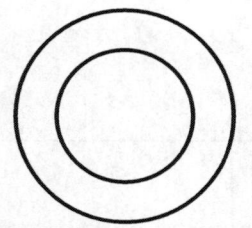

Característica: distância entre os centros menos o raio da menor é menor que o raio da maior.

Ângulo central e ângulo inscrito

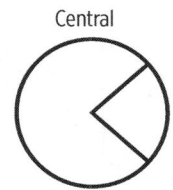

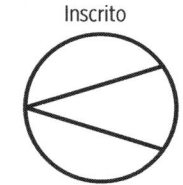

Central   Inscrito

Um ângulo central sempre é o dobro do ângulo inscrito de um mesmo arco.

As áreas de círculos e partes do círculo são:

Área do círculo = $\pi \cdot r^2 = \dfrac{1}{4} \cdot \pi \cdot D^2$

Área do setor círcular = $\pi \cdot r^2 \cdot \dfrac{\alpha}{360º} = \dfrac{1}{2} \cdot \alpha \cdot r^2$

Área da coroa = área do círculo maior − área do círculo menor

> Os ângulos podem ser expressos em graus (360° = 1 volta) ou em radianos (2π = 1 volta)

16.6 Polígonos Regulares Inscritos e Circunscritos

As principais relações entre a circunferência e os polígonos são:
> Qualquer polígono regular é inscritível em uma circunferência.
> Qualquer polígono regular e circunscritível a uma circunferência.

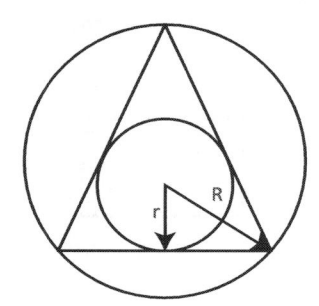

Polígono circunscrito a uma circunferência é o que possui seus lados tangentes à circunferência. Ao mesmo tempo, dizemos que esta circunferência está inscrita no polígono.

Já um polígono é inscrito em uma circunferência se cada vértice do polígono for um ponto da circunferência, e neste caso dizemos que a circunferência é circunscrita ao polígono.

Da inscrição e circunscrição dos polígonos nas circunferências podem-se ter as seguintes relações:

Apótema de um polígono regular é a distância do centro a qualquer lado. Ele é sempre perpendicular ao lado.

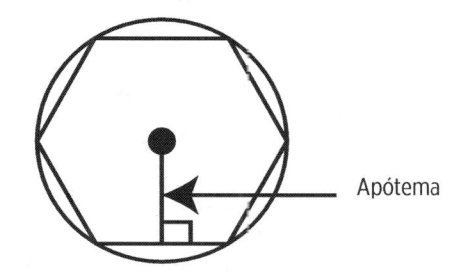

Apótema

Nos polígonos inscritos:

No quadrado

Cálculo da medida do lado (L):

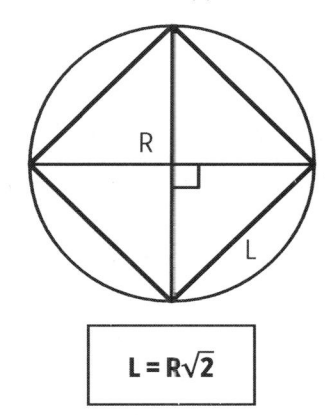

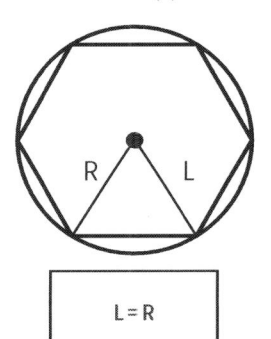

$$L = R\sqrt{2}$$

Cálculo da medida do apótema (a):

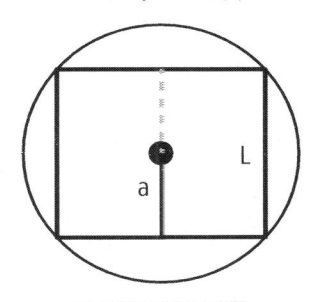

$$a = \dfrac{R\sqrt{2}}{2}$$

No hexágono

Cálculo da medida do lado (L):

$$L = R$$

RACIOCÍNIO LÓGICO

GEOMETRIA PLANA

Cálculo da medida do apótema (a):

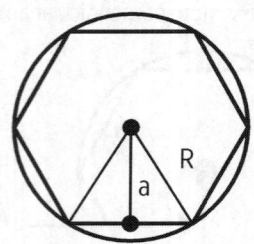

$$a = \frac{R\sqrt{3}}{2}$$

No triângulo equilátero
Cálculo da medida do lado (L):

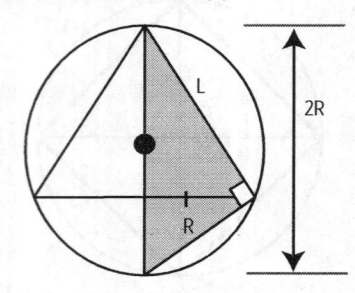

$$L = R\sqrt{3}$$

Cálculo da medida do apótema (a):

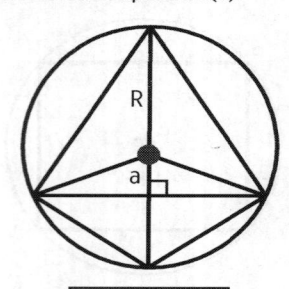

$$a = \frac{R}{2}$$

Nos polígonos circunscritos:

No quadrado
Cálculo da medida do lado (L):

$$L = 2R$$

Cálculo da medida do apótema (a):

$$a = R$$

No hexágono
Cálculo da medida do lado (L):

$$L = \frac{2R\sqrt{3}}{3}$$

Cálculo da medida do apótema (a):

$$a = R$$

No triângulo equilátero
Cálculo da medida do lado (L):

$$L = 2R\sqrt{3}$$

Cálculo da medida do apótema (a):

$$a = R$$

16.7 Perímetros e Áreas dos Polígonos e Círculos

Perímetro

Perímetro: É o contorno da figura ou seja, a soma dos lados da figura.

Para calcular o perímetro do círculo utilize: $P = 2\pi \cdot r$

Área

É o espaço interno, ou seja, a extensão que ela ocupa dentro do perímetro.

As principais áreas (S) de polígonos são:

Retângulo

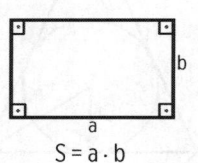

$$S = a \cdot b$$

Quadrado

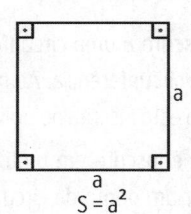

$$S = a^2$$

Paralelogramo

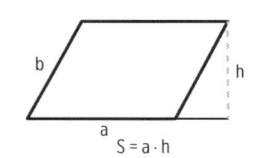

$S = a \cdot h$

Losango

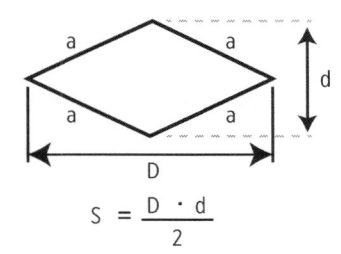

$S = \dfrac{D \cdot d}{2}$

Trapézio

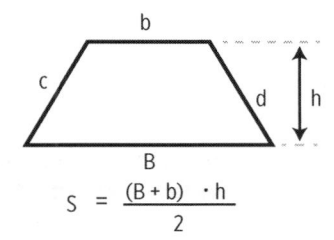

$S = \dfrac{(B + b) \cdot h}{2}$

Triângulo

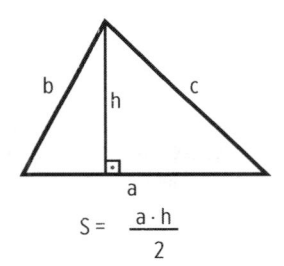

$S = \dfrac{a \cdot h}{2}$

Triângulo equilátero

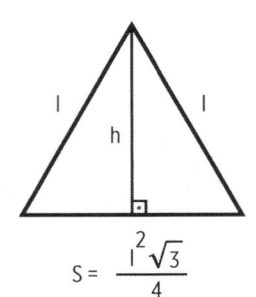

$S = \dfrac{l^2 \sqrt{3}}{4}$

Círculo

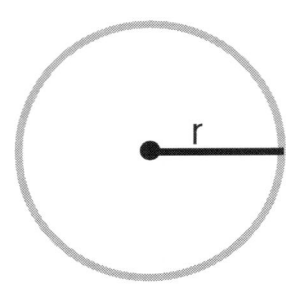

$S = \pi \cdot r^2$

17. QUESTÕES

01. **(AOCP – 2018 – PM/ES – SOLDADO)** Se todo soldado é militar e nenhum militar é político, é possível concluir, corretamente, que:
a) nenhum militar é soldado.
b) nenhum soldado é político.
c) todo soldado é político.
d) todo político é militar.
e) todo militar é soldado.

02. **(AOCP – 2018 – PM/TO – ASPIRANTE)** Uma televisão de última geração é vendida no mercado formal por R$ 4.300,00. Com o passar dos anos, qualquer produto vendido no mercado sofre uma desvalorização no preço de venda. Considere que essa televisão sofra uma desvalorização linear, ano a ano, e que, em 6 anos, o preço de venda dessa televisão passará a ser de R$ 2.500,00. Dessa forma, quantos anos após a compra da televisão o seu valor de venda será inferior a R$ 1.310,00, pela primeira vez?
a) 7 anos.
b) 8 anos.
c) 10 anos.
d) 15 anos.
e) 20 anos.

03. (AOCP – 2021 – PC/PA – ESCRIVÃO)
Para realizar uma identificação humana, uma papiloscopista dispõe de 12 impressões digitais de palmas das mãos e 8 impressões digitais de solas dos pés, sendo que uma dessas impressões digitais corresponde à identificação humana procurada. Dessa forma, a probabilidade, na forma de taxa percentual, de que a identificação humana ocorra por uma das impressões digitais de solas dos pés é igual a:
a) 85%.
b) 60%.
c) 50%.
d) 40%.
e) 25%.

04. **(AOCP – 2021 – PC/PA – INVESTIGADOR)(AOCP – 2021 – PC/PA – INVESTIGADOR)** Um grupo composto por cinco peritos, escolhidos entre sete possíveis peritos, deve ser formado para determinada investigação. Sabe-se que um dos possíveis peritos é do sexo masculino e os demais são do sexo feminino. A probabilidade de que esse grupo seja formado somente com peritos do sexo feminino é igual a:
a) $\frac{2}{7}$.
b) $\frac{1}{5}$.
c) $\frac{1}{9}$.
d) $\frac{4}{7}$.
e) $\frac{2}{5}$.

05. **(AOCP – 2021 – PC/PA – INVESTIGADOR)(AOCP – 2021 – PC/PA – INVESTIGADOR)** Se a proposição "Todos os notebooks são computadores" é sempre verdadeira, então é correto afirmar que:
a) "Algum notebook não é computador".
b) "O conjunto dos notebooks contém o conjunto dos computadores".
c) "Nenhum computador é notebook".
d) "O conjunto dos computadores contém o conjunto dos notebooks".
e) "Nem todo notebook é computador".

06. **(AOCP – 2018 – PM/ES – SOLDADO)** O resultado da soma

$$\frac{1}{2} + \frac{7}{10} + \frac{13}{10} + \frac{8}{5} + \frac{9}{10}$$

é um número:
a) divisível por 2.
b) inteiro negativo.
c) divisível por 3.
d) racional e inteiro.
e) racional negativo.

07. **(AOCP – 2018 – PM/ES – SOLDADO)** Dados os conjuntos A = {1, 2, 3, 4} e B = {3, 4, 5}, então o número de elementos de $A \cup B$ é igual a:
a) 3.
b) 4.
c) 5.
d) 6.
e) 7.

08. **(AOCP – 2018 – PM/ES – SOLDADO)** Sejam x e y dois números reais e que estão relacionados pela equação 3y – 2 = x + 15, dessa forma, se x = 10, então o valor de y será igual a:
a) $\frac{23}{3}$.
b) 12.
c) 9.
d) 10.
e) 5.

09. **(AOCP – 2018 – PM/ES – SOLDADO)** Considere o conjunto C dado por C = {2, 4, 8, x, y}, em que x e y são números inteiros. Sabendo que a soma dos elementos de C resulta em 44 e que o valor de y é o dobro do valor de x, então a diferença entre y e x, nessa ordem, é igual a:
a) 2.
b) 4.
c) 6.
d) 8.
e) 10.

10. **(AOCP – 2018 – PM/ES – SOLDADO)** Em uma loja especializada em vestuário e calçados para militares, estão sendo anunciados três tipos de compra:

Na compra de 2 coturnos, 1 farda e 3 quepes, o cliente irá pagar R$ 770,00;

Na compra de 1 coturno, 2 fardas e 3 quepes, o cliente irá pagar R$ 850,00;

Na compra de 1 coturno, 3 fardas e 2 quepes, o cliente irá pagar R$ 840,00.

Independentemente se o cliente vai aceitar ou não uma dessas ofertas, os preços de cada item citado são fixos e não mudam, mesmo que o cliente faça outra escolha nas quantidades de cada item. Dessa forma, caso um cliente queira comprar somente 1 coturno, 1 farda e 1 quepe, ele irá pagar por essa compra a quantia de:

a) R$ 380,00.
b) R$ 450,00.
c) R$ 930,00.
d) R$ 910,00.
e) R$ 600,00.

Gabaritos

01	B	02	C	03	D
04	A	05	D	06	D
07	C	08	C	09	E
10	A				

NOÇÕES DE DIREITO ADMINISTRATIVO

1. INTRODUÇÃO AO DIREITO ADMINISTRATIVO

Neste capítulo, vamos conhecer algumas características do Direito Administrativo, seu conceito, sua finalidade, seu regime jurídico peculiar que orienta toda a sua atividade administrativa, seja ela exercida pelo próprio Estado-administrador, ou por particular. Para entendermos melhor tudo isso, é preciso dar início ao nosso estudo pela compreensão adequada do papel do Direito na vida social.

O Direito é um conjunto de normas (regras e princípios) impostas coativamente pelo Estado que regularão a vida em sociedade, possibilitando a coexistência pacífica das pessoas.

1.1 Ramos do Direito

O Direito é historicamente dividido em dois grandes ramos: o Direito Público e o Direito Privado. Em relação ao Direito Privado, vale o princípio da igualdade (isonomia) entre as partes; aqui não há que se falar em superioridade de uma parte sobre a outra. Por esse motivo, dizemos que estamos em uma relação jurídica horizontal ou uma horizontalidade nas relações jurídicas.

O Direito Privado é regulado pelo princípio da autonomia da vontade, o que traduz a regra a qual diz que o particular pode fazer tudo que não é proibido (Art. 5º, II, da Constituição Federal).

No Direito Público, temos o Estado em um dos polos, representando os interesses da coletividade, e um particular desempenhando seus próprios interesses. Sendo assim, o Estado é tratado com superioridade ante ao particular, pois o Estado é o procurador da vontade da coletividade e, representada pelo próprio Estado, deve ser tratada de forma prevalente ante a vontade do particular.

O fundamento dessa relação jurídica vertical é encontrado no Princípio da Supremacia do Interesse Público, que estudaremos com mais detalhes no tópico referente aos princípios. Mas já podemos adiantar que, como o próprio nome o interesse público é supremo. Desse modo, são disponibilizadas ao Estado prerrogativas especiais para que possa atingir os seus objetivos. Essas prerrogativas são os poderes da administração pública.

Esquema da Divisão do Direito

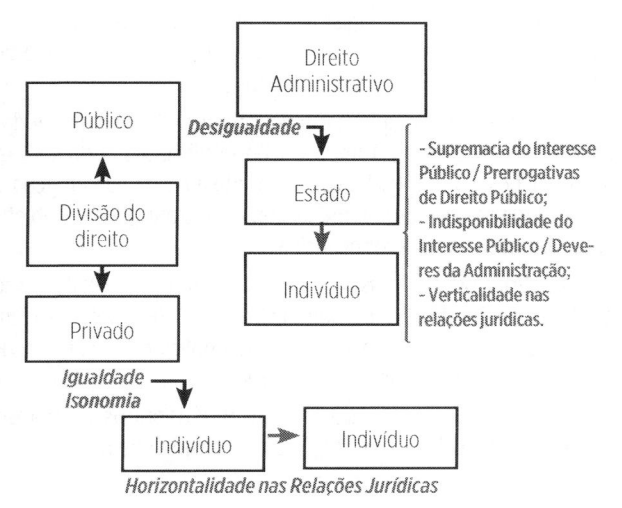

Os dois princípios norteadores do Direito Administrativo são: Supremacia do Interesse Público (gera os poderes) e Indisponibilidade do Interesse Público (gera os deveres da administração).

1.2 Conceito de Direito Administrativo

Vários são os conceitos que podem ser encontrados na doutrina para o Direito Administrativo. Descreveremos dois deles trazidos pela doutrina contemporânea e citados a seguir:

O Direito Administrativo é o ramo do direito público que tem por objeto órgãos, agentes e pessoas jurídicas administrativas que integram a Administração Pública. A atividade jurídica não contenciosa que exerce e os bens que se utiliza para a consecução de seus fins de natureza pública[1].

O Direito Administrativo é o conjunto harmônico de princípios jurídicos que regem órgãos, agentes e atividades públicas que tendem a realizar concreta, direta e imediatamente os fins desejados pelo Estado[2].

1.3 Objeto do Direito Administrativo

Os conceitos de Direito Administrativo foram desenvolvidos de forma que se desdobram em uma sequência natural de tópicos que devem ser estudados ponto a ponto para que a matéria seja corretamente entendida.

Por meio desses conceitos, podemos constatar que o objeto do Direito Administrativo são as relações da administração pública, sejam elas de natureza interna entre as entidades que a compõe, seus órgãos e agentes, ou de natureza externa entre a administração e os administrados.

Além de ter por objeto a atuação da administração pública, também é foco do Direito Administrativo o desempenho das atividades públicas quando exercidas por algum particular, como no caso das concessões, permissões e autorizações de serviços públicos.

Resumidamente, podemos dizer que o Direito Administrativo tem por objeto a administração pública e também as atividades administrativas, independentemente de quem as exerçam.

1.4 Fontes do Direito Administrativo

É o lugar de onde provém algo, no nosso caso, no qual emanam as regras do Direito Administrativo. Esse não está codificado em um único livro. Dessa forma, para o estudarmos de maneira completa, temos que recorrer às fontes, ou seja, a institutos esparsos. Por esse motivo, dizemos que o Direito Administrativo está tipificado (escrito), mas não está codificado em um único instituto.

Lei: fonte principal do Direito Administrativo. A lei deve ser compreendida em seu sentido amplo, o que inclui a Constituição Federal, as normas supra legais, as leis e também os atos normativos da própria administração pública. Temos como exemplo os Arts. 37 ao 41 da Constituição Federal, a Lei nº 8.666/93, a Lei nº 8.112/90, a Lei de Improbidade Administrativa (Lei nº 8.429/92), Processo Administrativo Federal (Lei nº 9.784/99), etc.

Jurisprudência: gênero que se divide entre jurisprudência e doutrina. Jurisprudência são decisões quais são editadas pelos tribunais e não possuem efeito vinculante; são resumos numerados

---

1 Direito Administrativo, Maria Sylvia Zanella di Pietro, 23ª edição.
2 Conceito de Direito Administrativo do professor Hely Lopes Meirelles.

INTRODUÇÃO AO DIREITO ADMINISTRATIVO

que servem de fonte de pesquisa do direito materializados em livros, artigos e pareceres.

Doutrina tem a finalidade de tentar sistematizar e melhor explicar o conteúdo das normas de Direito Administrativo; doutrina pode ser utilizada como critério de interpretação de normas, bem como auxiliar a produção normativa.

Costumes: conjunto de regras não escritas, porém, observadas de maneira uniforme, as quais suprem a omissão legislativa acerca de regras internas da Administração Pública.

Segundo o doutrinador do Direito Administrativo, Hely Lopes Meirelles, em razão da deficiência da legislação, a prática administrativa vem suprindo o texto escrito e, sedimentada na consciência dos administradores e administrados, a praxe burocrática passa a saciar a lei e atuar como elemento informativo da doutrina.

Lei e Súmulas Vinculantes são consideradas fontes principais do Direito Administrativo. Jurisprudência, súmulas, doutrina e costumes são considerados fontes secundárias.

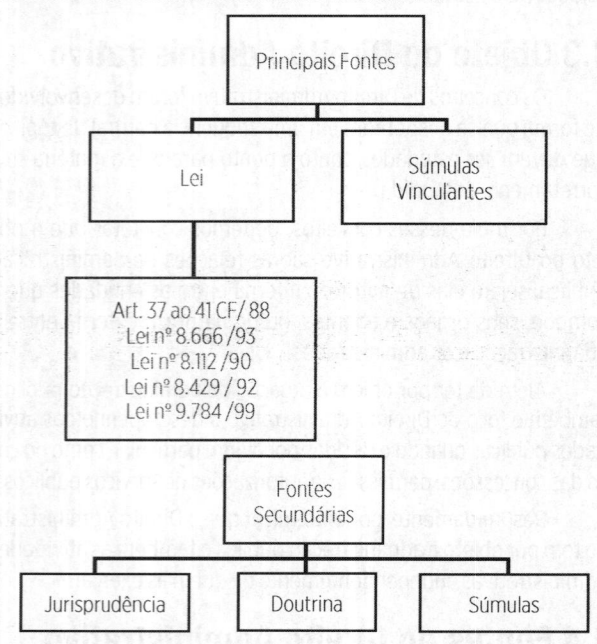

```
Principais Fontes
├── Lei
│    └── Art. 37 ao 41 CF/88
│         Lei nº 8.666/93
│         Lei nº 8.112/90
│         Lei nº 8.429/92
│         Lei nº 9.784/99
└── Súmulas Vinculantes

Fontes Secundárias
├── Jurisprudência
├── Doutrina
└── Súmulas
```

1.5 Sistemas Administrativos

É o regime que o Estado adota para o controle dos atos administrativos ilegais praticados pelo poder público nas diversas esferas e em todos os poderes. Existem dois sistemas que são globalmente utilizados.

O Sistema Francês (do contencioso administrativo), não utilizado no Brasil, determina que as lides administrativas podem transitar em julgado, ou seja, as decisões administrativas têm força de definibilidade. Nesse sentido, falamos em dualidade de jurisdição, já que existem tribunais administrativos e judiciais, cada qual com suas competências.

O Sistema Inglês, também chamado de jurisdicional único ou unicidade da jurisdição, é o sistema que atribui somente ao poder judiciário a capacidade de tomar decisões sobre a legalidade administrativa com caráter de coisa julgada ou definitividade.

O Direito Administrativo, no nosso sistema, não pode fazer coisa julgada e todas as decisões administrativas podem ser revistas pelo poder judiciário, pois somente ele pode dar resolução em caráter definitivo. Ou seja, não cabem mais recursos, por isso, falamos em trânsito em julgado das decisões judiciais e nunca das decisões administrativas.

> A Constituição Federal de 1988 adotou o sistema Inglês ou, o do não contencioso administrativo.

Via administrativa de curso forçado

São situações em que o particular é obrigado a seguir todas as vias administrativas até o fim, antes de socorrer ao poder judiciário. Isso é exceção, pois a regra é que, ao particular, é facultado socorrer ao poder judiciário, por força do Art. 5º, XXXV, da Constituição Federal.

> ***XXXV.*** *A lei não excluirá da apreciação do Poder Judiciário lesão ou ameaça a direito.*

Exemplos de via administrativa de curso forçado:

Aqui, o indivíduo deve esgotar as esferas administrativas obrigatoriamente antes de ingressar com ação no poder judiciário.

Justiça Desportiva: só são admitidas pelo poder judiciário ações relativas à disciplina e as competições desportivas depois de esgotadas as instâncias da Justiça Desportiva. Art. 217, § 1º, CF.

Ato Administrativo ou a Omissão da Administração Pública que contrarie Súmula Vinculante: só pode ser alvo de reclamação ao STF depois de esgotadas as vias administrativas. Lei nº 11.417/2006, Art. 7º, §1º.

Habeas Data: é indispensável para caracterizar o interesse de agir no *Habeas Data* a prova anterior do indeferimento do pedido de informação de dados pessoais ou da omissão em atendê-lo sem que se confirme situação prévia de pretensão. *STF, HD, 22-DF Min. Celso de Mello.*

1.6 Regime Jurídico Administrativo

É o conjunto de normas e princípios de direito público que regulam a atuação da administração pública. Tais regras se fundamentam nos princípios da Supremacia e da Indisponibilidade do Interesse Público, conforme estudaremos adiante.

O Princípio da Supremacia do Interesse Público é o fundamento dos poderes da Administração Pública, afinal de contas, qualquer pessoa que tenha como fim máximo da sua atuação o interesse da coletividade, somente conseguirá atingir esses objetivos se dotadas de poderes especiais.

O Princípio da Indisponibilidade do Interesse Público é o fundamento dos deveres da Administração Pública, pois essa tem o dever de nunca abandonar o interesse público e de usar os seus poderes com a finalidade de satisfazê-lo.

Desses dois princípios decorrem todos os outros princípios e regras que se desdobram no regime jurídico administrativo.

1.7 Noções de Estado

Conceito de estado

Estado é a pessoa jurídica territorial soberana.

Pessoa: capacidade para contrair direitos e obrigações.

Jurídica: é constituída por meio de uma formalidade documental e não por uma mulher, tal como a pessoa física.

Territorial soberana: quer dizer que, dentro do território do Estado, esse detém a soberania, ou seja, sua vontade prevalece ante a das demais pessoas (sejam elas físicas ou jurídicas). Podemos definir soberania da seguinte forma: soberania é a independência na ordem internacional (lá fora ninguém manda no Estado) e supremacia na ordem interna (aqui dentro quem manda é o Estado).

Elementos do estado

Território: é a base fixa do Estado (solo, subsolo, mar, espaço aéreo).

Povo: é o componente humano do Estado.

Governo Soberano: é o responsável pela condução do Estado. Por ser tal governo soberano, ele não se submete a nenhuma vontade externa, pois, relembrando, lá fora o Estado é independente e aqui dentro sua vontade é suprema, afinal, a vontade do Estado é a vontade do povo.

Formas de estado

Temos duas formas de Estado:

Estado Unitário: é caracterizado pela centralização política; não existe divisão em estados membros ou municípios, há somente uma esfera política central que emana sua vontade para todo o país. É o caso do Uruguai.

Estado Federado: caracteriza-se pela descentralização política; existem diferentes entidades políticas autônomas que são distribuídas regionalmente e cada uma exerce o poder político dentro de sua área de competência. É o caso do Brasil.

Poderes do estado

Os poderes do Estado estão previstos no texto Constitucional.

Art. 2º. São Poderes da União, independentes e harmônicos entre si, o Legislativo, o Executivo e o Judiciário.

Os poderes podem exercer as funções para que foram investidos pela Constituição Federal (funções típicas) ou executar cargos diversas das suas competências constitucionais (funções atípicas). Por esse motivo, não há uma divisão absoluta entre os poderes, e sim relativa, pois o poder Executivo pode executar suas funções típicas (administrar) e pode também iniciar o processo legislativo em alguns casos (pedido de vagas para novos cargos). Além disso, é possível até mesmo legislar no caso de medidas provisórias com força de lei.

Poderes	Funções Típicas	Funções Atípicas
Legislativo	Criar Leis Fiscalizar (Tribunal de Contas)	Administrar Julgar Conflitos
Executivo	Administrar	Criar Leis Julgar Conflitos
Judiciário	Julgar Conflitos	Administrar Criar Leis

É importante notar que a atividade administrativa está presente nos três poderes, por isso, o Direito Administrativo, por ser um dos ramos do Direito Público, disciplina não somente a atividade administrativa do Poder Executivo, mas também a do Poder Legislativo e do Judiciário.

1.8 Noções de Governo

O governo é atividade política e discricionária, tendo conduta independente. Governar está relacionado com a função política do Estado, a de comandar, de coordenar, de direcionar e de fixar planos e diretrizes de atuação do Estado. O governo é o conjunto de Poderes e órgãos constitucionais responsáveis pela função política do Estado.

O governo está diretamente ligado com as decisões tomadas pelo Estado. Exerce a direção suprema e geral, ao fazer uma analogia, podemos dizer que o governo é o cérebro do Estado.

Função de governo e função administrativa

É comum aparecer em provas de concursos públicos questões que confundem as ideias de governo e de administração pública. Para evitar esse erro, analisaremos as diferenças entre as expressões:

Segundo o jurista brasileiro, Hely Lopes Meirelles, o governo é uma atividade política e discricionária e tem conduta independente.

De acordo com ele, a administração é uma atividade neutra, normalmente vinculada à lei ou à norma técnica, e exercida mediante conduta hierarquizada.

Não podemos confundir Governo com Administração Pública, pois governo se encarrega de definir os objetivos do Estado e definir as políticas para o alcance desses objetivos; a Administração Pública se encarrega simplesmente em atingir os objetivos traçados pelo governo.

O governo atua mediante atos de soberania ou, pelo menos, de autonomia política na condução dos negócios públicos. A Administração é atividade neutra, normalmente vinculada à lei ou à norma técnica. Governo é conduta independente, enquanto a Administração é hierarquizada.

O Governo deve comandar com responsabilidade constitucional e política, mas sem responsabilidade técnica e legal pela execução. A administração age sem responsabilidade política, mas com responsabilidade técnica e legal pela execução dos serviços públicos.

Sistemas de governo

Sistema de governo se refere ao grau de dependência entre o poder legislativo e executivo.

Parlamentarismo

É caracterizado por uma grande relação de dependência entre o poder legislativo e o executivo.

A chefia do Estado e a do Governo são desempenhadas por pessoas distintas.

Chefe de Estado: responsável pelas relações internacionais.

Chefe de Governo: responsável pelas relações internas, o chefe de governo é o da Administração pública.

Presidencialismo

É caracterizado por não existir dependência, ou quase nenhuma, entre o Poder Legislativo e o Executivo.

A chefia do Estado e a do Governo são representadas pela mesma pessoa.

O Brasil adota o presidencialismo.

Formas de governo

Conforme Hely Meirelles, a forma de governo se refere à relação entre governantes e governados.

Monarquia

Hereditariedade: o poder é passado de pai para filho.

Vitaliciedade: o detentor do poder fica no cargo até a morte.

Ausência de prestação de contas.

República

Eletividade: o governante precisa ser eleito para chegar ao poder.

Temporalidade: ao chegar ao poder, o governante ficará no cargo por tempo determinado.

Dever de prestar contas.

O Brasil adota a república como forma de governo.

2. ADMINISTRAÇÃO PÚBLICA

Antes de fazermos qualquer conceituação doutrinária sobre Administração Pública, podemos entendê-la como a ferramenta utilizada pelo Estado para atingir os seus objetivos. O Estado possui objetivos, e quem escolhe quais são eles é o seu governo, pois a esse é que cabe a função política (atividade eminentemente discricionária) do Estado e que determina as suas vontades, ou seja, o Governo é o cérebro do Estado. Para poder atingir esses objetivos, o Estado precisa fazer algo, e o faz por meio de sua Administração Pública. Sendo assim, essa é a responsável pelo exercício das atividades públicas do Estado.

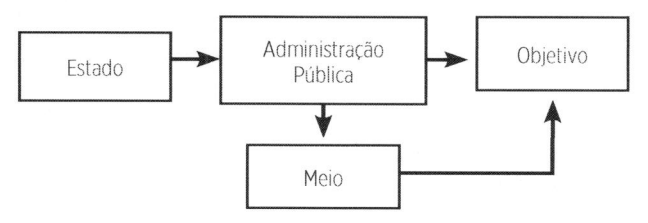

2.1 Classificação de Administração Pública

Sentido material/objetivo

Em sentido material ou objetivo, a Administração Pública compreende o exercício de atividades pelas quais se manifesta a função administrativa do Estado.

Compõe a Administração Pública material qualquer pessoa jurídica, seus órgãos e agentes que exercem as **atividades** administrativas do Estado. Como exemplo de tais atividades, há a prestação de serviços públicos, o exercício do poder de polícia, o fomento, a intervenção e as atividades da Administração Pública.

Essas são as chamadas atividades típicas do Estado e, pelo critério formal, qualquer pessoa que exerce alguma dessas é Administração Pública, não importa quem seja. Por esse critério, teríamos, por exemplo, as seguintes pessoas na Administração Pública:

União, Estados, Municípios, DF, Autarquias, Fundações Públicas prestadoras de serviços públicos, Empresa Pública prestadora de serviço público, Sociedade de Economia Mista prestadora de serviços públicos e, ainda, as concessionárias, autorizatárias e permissionárias de serviço público.

Esse critério não é o adotado pelo Brasil. Assim sendo, a classificação feita acima não descreve a Administração Pública Brasileira, que, conforme veremos a seguir, adota o modelo formal de classificação.

Sentido formal/subjetivo

Em sentido formal ou subjetivo, a Administração Pública compreende o conjunto de órgãos e pessoas jurídicas encarregadas, por determinação legal, do exercício da função administrativa do Estado.

Pelo modelo formal, segundo Meirelles, a Administração Pública é o conjunto de entidades (pessoas jurídicas, seus órgãos e agentes) que o nosso ordenamento jurídico identifica como Administração Pública, pouco interessa a sua área de atuação, ou seja, pouco importa a atividade mas, sim, quem a desempenha.

A Administração Pública Brasileira que adota o modelo formal é classificada em Administração Direta e Indireta.

2.2 Organização da Administração

A Administração Pública foi definida pela Constituição Federal no Art. 37.

> **Art. 37.** A Administração Pública direta e indireta de qualquer dos Poderes da União, dos Estados, do Distrito Federal e dos Municípios obedecerá aos princípios de legalidade, impessoalidade, moralidade, publicidade e eficiência e, também, ao seguinte:

O Decreto-Lei nº 200/67 determina quem é Administração Pública Direta e Indireta.

> **Art. 4º.** A Administração Federal compreende:
> *I. A Administração Direta, que se constitui dos serviços integrados na estrutura administrativa da Presidência da República e dos Ministérios.*
> *II. A Administração Indireta, que compreende as seguintes categorias de entidades, dotadas de personalidade jurídica própria:*
> *a) Autarquias;*
> *b) Empresas Públicas;*
> *c) Sociedades de Economia Mista.*
> *d) Fundações públicas.*

Dessa forma, temos somente quatro pessoas que representam a Administração Direta e nenhuma outra. São consideradas pessoas jurídicas de direito público e possuem várias características. As pessoas da Administração Direta recebem o nome de pessoas políticas do estado.

A Administração Indireta também representa um rol taxativo e não cabe ampliação. Existem quatro pessoas da Administração Indireta e nenhuma outra; elas possuem características marcantes. Contudo, não possuem a mais importante e que diferencia das pessoas políticas do Estado, ou seja, a capacidade de legislar (capacidade política).

2.3 Administração Direta

A Administração Direta é representada pelas entidades políticas. São elas: União, Estados, DF e os Municípios.

A definição no Brasil foi feita pelo Decreto-Lei nº 200/67, que dispõe sobre a organização da Administração Federal e estabelece diretrizes para a Reforma Administrativa.

É importante observar que esse decreto dispõe somente sobre a Administração Pública Federal, todavia, pela aplicação do princípio da simetria, tal regra é aplicada uniformemente por todo o território nacional. Assim sendo, tal classificação utilizada nesse decreto define expressamente a Administração Pública Federal e também, implicitamente, a Administração Pública dos demais entes da federação.

Os entes políticos possuem autonomia política (capacidade de legislar), administrativa (capacidade de auto-organizar-se) e capacidade financeira (capacidade de julgar as próprias contas). Não podemos falar aqui em hierarquia entre os entes, mas sim em cooperação, pois um não dá ordens aos outros, visto que eles são autônomos.

NOÇÕES DE DIREITO ADMINISTRATIVO

ADMINISTRAÇÃO PÚBLICA

Características

São pessoas jurídicas de direito público interno – tem autonomia.

> Unidas formam a República Federativa do Brasil: pessoa jurídica de direito público externo –tem soberania (independência na ordem externa e supremacia na interna).
> Regime jurídico de direito público.
> Autonomia Política: Administrativa e Financeira.
> Sem subordinação: atuam por cooperação.
> Competências: hauridas da CF.
> Responsabilidade civil - regra - objetiva.
> Bens: públicos, não pode ser objeto de sequestro, arresto, penhora etc.
> Débitos judiciais: são pagos por precatórios.
> Regime de pessoal: regime jurídico único.
> Competência para julgamento de ações judiciais.
>> União = Justiça Federal.
>> Demais Entes Políticos = Justiça Estadual.

2.4 Noção de Centralização, Descentralização e Desconcentração

Centralização Administrativa: órgãos e agentes trabalhando para a Administração Direta.

Descentralização Administrativa: técnica administrativa em que a Administração direta passa a atividade administrativa, serviço ou obra pública para outras pessoas jurídicas ou físicas (para pessoa física somente por delegação por colaboração). A descentralização pode ser feita por outorga legal (titularidade + execução) ou diante delegação por colaboração (somente execução). A outorga legal cria as pessoas da Administração Indireta. A Delegação por colaboração gera os concessionários, permissionários e Autorizatários de serviços públicos:

> **Descentralização por Outorga Legal** (também chamada de descentralização técnica, por serviços, ou funcional): é feita por lei e transfere a titularidade e a execução da atividade administrativa por prazo indeterminado para uma pessoa jurídica integrante da administração indireta.
> **Descentralização por Delegação** (também chamada de descentralização por colaboração): é feita em regra por um contrato administrativo e, nesses casos, depende de licitação; também pode acontecer descentralização por delegação por meio de um ato administrativo. Transfere somente a execução da atividade administrativa, e não a sua titularidade, por prazo determinado para um particular, pessoa física ou jurídica.

```
                ADMINISTRAÇÃO
                    DIRETA
                ↙           ↘
        Outorga legal      Delegação
              ↓                 ↓
      Entes da administração   Particulares que vão
            indireta           executar o serviço público
                               por sua conta e risco
              ↓                 ↓
        • Autarquias         • Concessões
        • Fundações Públicas • Permissões
        • Empresas Públicas  • Autorizações
        • Sociedades de
          Economia Mista
```

Outorga Legal
> Feita por lei;
> Transfere a titularidade e a execução do serviço público;
> Não tem prazo.

Delegação
> Feita por contrato, exceto as autorizações;
> Os contratos dependem de licitação;
> Transfere somente a execução do serviço público e não a titularidade;
> Há fiscalização do Poder Público. Tal fiscalização decorre do exercício do poder disciplinar;
> Tem prazo.
> **Desconcentração administrativa**: técnica de subdivisão de órgãos públicos para que melhor desempenhem o serviço público ou atividade administrativa. Em outras palavras, na desconcentração, a Pessoa Jurídica distribui competências no âmbito de sua própria estrutura. É a distribuição de competências entre os diversos órgãos integrantes da estrutura de uma pessoa jurídica da Administração Pública. Somente ocorre na Administração Direta ou Indireta, jamais para particulares, uma vez que não existem órgãos públicos entre particulares.

2.5 Administração Indireta

Pessoas / Entes / Entidades Administrativas
> **F**undações Públicas;
> **A**utarquias;
> **S**ociedades de Economia Mista;
> **E**mpresas Públicas.

Características
> Tem personalidade jurídica própria;
> Tem patrimônio e receita próprios;
> Tem autonomia:
>> Administrativa;
>> Técnica;
>> Financeira.

Obs.:
> Não tem autonomia política;
> Finalidade definida em lei;
> Controle do Estado.

Não há subordinação nem hierarquia entre os entes da administração direta e indireta, mas sim, vinculação que se manifesta por meio da **supervisão ministerial** realizada pelo ministério ou secretaria da pessoa política responsável pela área de atuação da entidade administrativa. Tal supervisão tem por finalidade o exercício do denominado **controle finalístico** ou **poder de tutela**.

Em alguns casos, a entidade administrativa pode estar diretamente vinculada à chefia do poder executivo e, nesse contexto, caberá a essa chefia o exercício do controle finalístico de tal entidade.

> São frutos da descentralização por outorga legal.
> Nomeação de Dirigentes.

Os dirigentes das entidades administrativas são nomeados pelo chefe do poder a que está vinculada a respectiva entidade, ou seja, as entidades administrativas ligadas ao poder executivo federal têm seus dirigentes nomeados pelo chefe de tal poder, que, nesse caso, é o(a) Presidente(a) da República.

É válido lembrar que, em todos os poderes, existe a função administrativa no executivo, de forma típica, e nos demais poderes, de forma atípica. Além disso, a função administrativa de todos os poderes é exercida pela sua Administração Pública (Administração Direta e Indireta), assim sendo, existe Administração Pública Direta e Indireta nos três poderes e, caso uma entidade administrativa seja vinculada ao Poder Legislativo ou Judiciário, caberá ao chefe do respectivo poder a nomeação de tal dirigente.

Excepcionalmente, a nomeação de um dirigente pode depender ainda de aprovação do Poder Legislativo. Na esfera federal, temos como exemplo a nomeação dos dirigentes das agências reguladoras. Tais nomeações são feitas pelo Presidente da República e, para terem efeito, dependem de aprovação do Senado Federal.

Via de regra, lembraremos que a nomeação do dirigente de uma entidade administrativa é feita pelo chefe do Poder Executivo, sendo que, em alguns casos, é necessária a prévia aprovação de outro poder. Excepcionalmente, o Judiciário e o Legislativo poderão nomear dirigentes para essas entidades, desde que vinculadas ao respectivo poder.

Criação dos entes da administração indireta

A instituição das entidades administrativas depende sempre de uma lei ordinária específica. Essa lei pode criar a entidade administrativa. Nesse caso, nasce uma pessoa jurídica de direito público, as autarquias. A lei também pode autorizar a criação das entidades administrativas. Nessa circunstância, nascem as demais entidades da administração indireta: fundações públicas, empresas públicas e sociedades de economia mista. Pelo fato dessas entidades serem autorizadas por lei, elas são pessoas jurídicas de Direito Privado.

A lei que cria ou que autoriza a criação de uma entidade administrativa é uma **lei ordinária específica.**

Quando a lei autoriza a criação de uma entidade da Administração Indireta, a sua construção será consumada após o registro na serventia registral pertinente (cartório ou junta comercial, conforme o caso).

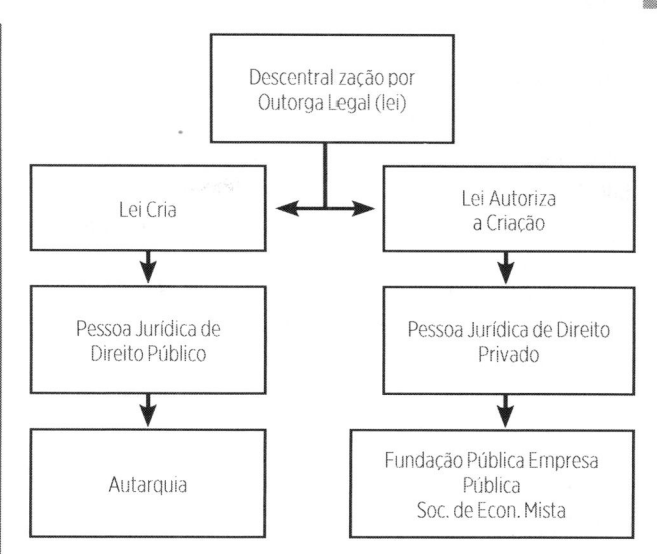

Extinção dos entes da administração indireta:
> Só lei revoga lei.
> Se a lei cria, a lei extingue.
> Se a lei autoriza a criação, autoriza também a extinção.

Relação da administração pública direta com a indireta

As entidades compreendidas na Administração Indireta vinculam-se ao Ministério em cuja área de competência estiver enquadrada sua principal atividade. Dessa forma, não há que se falar em hierarquia ou subordinação, mas, sim vinculação.

A vinculação entre a Administração Direta e a Administração Indireta gera o chamado controle finalístico ou supervisão ministerial. Assim, a Administração Direta não pode intervir nas decisões da Indireta, salvo se ocorrer a chamada fuga de finalidade.

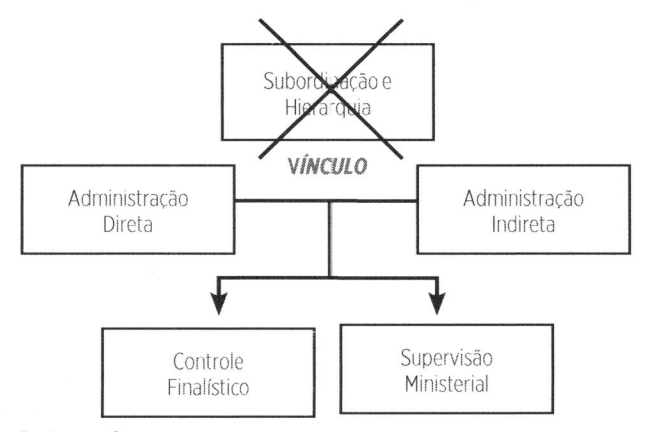

Autarquias

Autarquia é a pessoa jurídica de direito público, criada por lei, com capacidade de autoadministração, para o desempenho de serviço público descentralizado (atividade típica do Estado). É o próprio serviço público personificado.

Vejamos a seguir as suas características:

Personalidade Jurídica: Direito Público.
> Recebem todas as prerrogativas do Direito Público.

Finalidade: atividade típica do Estado.

Regime Jurídico: público.

Responsabilidade Civil: objetiva.

Bens: públicos (não podem ser objeto de penhora, arresto, sequestro).

> Ao serem constituídas, recebem patrimônio do Ente Instituidor e, a partir desse momento, seguem com sua autonomia.

Débitos Judiciais: pagamento por precatórios.

Regime de Pessoal: regime jurídico único.

Competência para o julgamento de suas ações judiciais:
> Autarquia Federal = Justiça Federal.
> Outras Esferas = Justiça Estadual.

Ex.: INSS, Banco Central do Brasil.

Espécies de autarquias

Comum ou Ordinária (de Acordo com Decreto-Lei nº 200/67)

São as autarquias que recebem as características principais, ou seja, criadas diretamente por lei, pessoas jurídicas de direito público e que desempenham um serviço público especializado; seu ato constitutivo é a própria lei.

Sob Regime Especial

As autarquias em regime especial são submetidas a um regime jurídico peculiar, diferente do jurídico relativo às autarquias comuns.

Por autarquia comum deve-se entender as ordinárias, aquelas que se submetem a regime jurídico comum das autarquias. Na esfera federal, o regime jurídico comum das autarquias é o Decreto-Lei nº 200/67.

Se a autarquia além das regras do regime jurídico comum ainda é alcançada por alguma regra especial, peculiar às suas atividades, será considerada uma autarquia em regime especial.

Agências Reguladoras

São responsáveis por regular, normatizar e fiscalizar determinados serviços públicos que foram delegados ao particular. Em razão dessa característica, elas têm mais liberdade e maior autonomia, se comparadas com as Autarquias comuns.

Ex.: ANCINE, ANA, ANAC, ANTAQ, ANATEL, ANEEL, ANP, ANTT.

Autarquia Territorial

É classificado como Autarquia Territorial, o espaço que faça parte do território da União, mas que não se enquadre na definição de Estado membro, DF ou município. No Brasil atual, não existem exemplos de Autarquias Territoriais, mas elas podem vir a ser criadas. Nesse caso, esses Territórios fazem parte da Administração Direta e são Autarquias Territoriais, pois são criados por lei e assumem personalidade jurídica de direito público.

Associações Públicas (Autarquias Interfederativas ou Multifederativas)

Também chamada de consórcio público de Direito Público.

O consórcio público é a pessoa jurídica formada exclusivamente por entes da Federação, na forma da Lei nº 11.107, de 2005, para estabelecer relações de cooperação federativa, inclusive a realização de objetivos de interesse comum, constituída como associação pública, com personalidade jurídica de direito público e natureza autárquica, ou como pessoa jurídica de direito privado, sem fins econômicos.

Sendo assim, não é todo consórcio público que representa uma Autarquia Interfederativa, mas somente os públicos de Direito Público.

Autarquia Fundacional ou Fundação Autárquica

As Fundações Públicas de Direito Público (exceção) são consideradas, na verdade, uma espécie de autarquia.

Agências Executivas

As agências executivas não se configuram como pessoas jurídicas, menos ainda outra classificação qualquer. Representam, na prática, um título que é dado às autarquias e fundações públicas que assinam contrato de gestão com a Administração Pública. Art. 37, §8º.

Conselhos fiscalizadores de profissões são considerados autarquias. Contudo, comportam uma exceção muito importante:

ADI 3.026-DF Min. Eros Graus. 08/06/2006. OAB: Considerada entidade sui generis, um serviço independente não sujeita ao controle finalístico da Administração Direta.

Fundação pública

A Fundação Pública é a entidade dotada de personalidade jurídica de Direito Privado, sem fins lucrativos, criada em virtude de autorização legislativa, para o desenvolvimento de atividades que não exijam execução por órgãos ou entidades de direito público, com autonomia administrativa, patrimônio próprio gerido pelos respectivos órgãos de direção e funcionamento custeado por recursos da União e de outras fontes.

Regra
> Autorizada por lei;
> Pessoa jurídica de Direito Privado;
> Depende de registro dos atos constitutivos na junta comercial;
> Depende de lei complementar que especifique o campo de atuação.

Exceção
> Criada diretamente por lei;
> Pessoa jurídica de direito público;
> Possui um capital personalizado (diferença meramente conceitual);
> Considerada pela doutrina como autarquia fundacional.

> As fundações públicas de Direito Público, são espécie de autarquia, sendo chamadas pela doutrina como autarquias fundacionais.

Características
> **Personalidade Jurídica:** Direito Privado.
> **Finalidade:** lei complementar definirá – Sem fins lucrativos.

> **Regime Jurídico:** Híbrido (regras de Direito Público + Direito Privado) incontroverso.
> **Responsabilidade Civil:** se for prestadora de serviço público é objetiva, caso contrário é subjetiva.
> **Bens Privados, com exceção:** bens diretamente ligados à prestação de serviço público são bens públicos.
> **Débitos Judiciais:** são pagos por meio do seu patrimônio, com exceção dos bens diretamente ligados à prestação de serviços públicos, que são bens públicos e não se submetem a pagamento de débitos judiciais.
> **Regime de Pessoal:** Regime Jurídico **Único.**

Competência para o julgamento de suas ações judiciais:
» Justiça Federal.
» Outras esferas = Justiça Estadual.
» IBGE, Biblioteca Nacional, FUNAI.

Empresas públicas e sociedades de economia mista

São pessoas jurídicas de Direito Privado, criadas pela Administração Direta por meio de autorização da lei, com o respectivo registro, para a prestação de serviços públicos ou a exploração da atividade econômica.

A Lei 13.303/16 dispõe sobre o estatuto jurídico da empresa pública, da sociedade de economia mista e de suas subsidiárias, no âmbito da União, dos Estados, do Distrito Federal e dos Municípios.

A referida lei apresenta os seguintes conceitos:

> **Art. 3º** Empresa pública é a entidade dotada de personalidade jurídica de direito privado, com criação autorizada por lei e com patrimônio próprio, cujo capital social é integralmente detido pela União, pelos Estados, pelo Distrito Federal ou pelos Municípios.
>
> **Art. 4º** Sociedade de economia mista é a entidade dotada de personalidade jurídica de direito privado, com criação autorizada por lei, sob a forma de sociedade anônima, cujas ações com direito a voto pertençam em sua maioria à União, aos Estados, ao Distrito Federal, aos Municípios ou a entidade da administração indireta.

Empresas públicas e sociedades de economia mista exploradoras da atividade econômica

Segundo o Art. 173 da Constituição Federal:

> **Art. 173.** Ressalvados os casos previstos nesta Constituição, a exploração direta de atividade econômica pelo Estado só será permitida quando necessária aos imperativos da segurança nacional ou a relevante interesse coletivo, conforme definidos em lei.
>
> **§ 1º** - A lei estabelecerá o estatuto jurídico da Empresa Pública, da sociedade de economia mista e de suas subsidiárias que explorem atividade econômica de produção ou comercialização de bens ou de prestação de serviços, dispondo sobre:
>
> **I.** Sua função social e formas de fiscalização pelo Estado e pela sociedade;
>
> **II.** A sujeição ao regime jurídico próprio das empresas privadas, inclusive quanto aos direitos e obrigações civis, comerciais, trabalhistas e tributários;
>
> **III.** Licitação e contratação de obras, serviços, compras e alienações, observados os princípios da Administração Pública;
>
> **IV.** A constituição e o funcionamento dos conselhos de administração e fiscal, com a participação de acionistas minoritários;
>
> **V.** Os mandatos, a avaliação de desempenho e a responsabilidade dos administradores.
>
> **§ 2º** - As empresas públicas e as sociedades de economia mista não poderão gozar de privilégios fiscais não extensivos às do setor privado.
>
> **§ 3º** - A lei regulamentará as relações da Empresa Pública com o Estado e a sociedade.
>
> **§ 4º** - A lei reprimirá o abuso do poder econômico que vise à dominação dos mercados, à eliminação da concorrência e ao aumento arbitrário dos lucros.
>
> **§ 5º** - A lei, sem prejuízo da responsabilidade individual dos dirigentes da pessoa jurídica, estabelecerá a responsabilidade desta, sujeitando-a as punições compatíveis com sua natureza, nos atos praticados contra a ordem econômica e financeira e contra a economia popular.

Empresas públicas e sociedades de economia mista prestadoras de serviço público

Essas entidades são criadas para a exploração da atividade econômica em sentido amplo, o que inclui o exercício delas em sentido estrito e também a prestação de serviços públicos que podem ser explorados com o intuito de lucro.

Segundo o Art. 175 da Constituição Federal:

> **Art. 175.** Incumbe ao Poder Público, na forma da lei, diretamente ou sob regime de concessão ou permissão, sempre através de licitação, a prestação de serviços públicos.
>
> **Parágrafo único.** A lei disporá sobre:
>
> **I.** O regime das empresas concessionárias e permissionárias de serviços públicos, o caráter especial de seu contrato e de sua prorrogação, bem como as condições de caducidade, fiscalização e rescisão da concessão ou permissão;
>
> **II.** Os direitos dos usuários;
>
> **III.** Política tarifária;
>
> **IV.** A obrigação de manter serviço adequado.

Não se inclui nessa categoria os serviços públicos relativos aos direitos sociais, pois esses não podem ser prestados com o intuito de lucro pelo Estado e, também, não são de titularidade exclusiva do Estado, podendo ser livremente explorados por particulares.

Características comuns das empresas públicas e sociedades de economia mista

Personalidade Jurídica: Direito Privado.

Finalidade: prestação de serviço público ou a exploração da atividade econômica.

Regime Jurídico Híbrido: se for prestadora de serviço público, o regime jurídico é mais público; se for exploradora da atividade econômica, o regime jurídico é mais privado.

Responsabilidade Civil: se for prestadora de serviço público, a responsabilidade civil é objetiva, se for exploradora da atividade econômica, a civil é subjetiva.

Bens Privados, com exceção: bens diretamente ligados à prestação de serviço público são bens públicos.

Débitos Judiciais: são pagos por meio do seu patrimônio, com exceção dos bens diretamente ligados à prestação de serviços públicos, que são bens públicos e não se submetem a pagamento de débitos judiciais.

ADMINISTRAÇÃO PÚBLICA

Regime de Pessoal: CLT – Emprego Público.

Exemplo de Empresa Pública: Caixa Econômica Federal, Correios.

Exemplo de Sociedade de Economia Mista: Banco do Brasil e Petrobras.

Sociedade de economia mista

A Sociedade de Economia Mista é uma entidade dotada de personalidade jurídica de Direito Privado, autorizada por lei para a exploração de atividade econômica, sob a forma de sociedade anônima, cujas ações com direito a voto pertençam em sua maioria à União ou a entidade da Administração Indireta:

> Autorizada por lei;
> Pessoa jurídica de Direito Privado;
> Capital 50% + 1 ação no controle da Administração Pública;
> Constituição obrigatória por Sociedade Anônima (S.A.);
> Competência da Justiça Estadual.

Empresa pública

Entidade dotada de personalidade jurídica de Direito Privado, com patrimônio próprio e capital exclusivo da União, autorizado por lei para a exploração de atividade econômica que o Governo seja levado a exercer por força de contingência ou de conveniência administrativa, podendo revestir-se de qualquer das formas admitidas em direito.

> Autorizado por lei;
> Pessoa jurídica de Direito Privado;
> 100% na constituição de capital público;
> Constituído de qualquer forma admitido em direito;
> Competência da Justiça Federal.

Esse quadro foi desenvolvido para memorização das características mais importantes das pessoas da Administração Pública indireta.

Tabela Comparativa das Características dos Entes da Administração Pública

CARACTERÍSTICA	ENTIDADES POLÍTICAS	AUTARQUIA	FUNDAÇÃO PÚBLICA	EMPRESA PÚBLICA	SOCIEDADE DE ECONOMIA MISTA
PERSONALIDADE JURÍDICA	Direito Público	Direito Público	Direito Privado	Direito Privado	Direito Privado
FINALIDADE	Competências constitucionais	Atividade típica do Estado	Lei Complementar definirá	Exploração da atividade econômica OU prestação de serviço público	Exploração da atividade econômica OU prestação de serviço público
REGIME JURÍDICO	Direito Público	Direito Público	Híbrido: se PSP + público. Caso desenvolva outra atividade, mais privado.	Híbrido: se EAE + privado; se PSP + público	Híbrido: se EAE + privado; se PSP + público
RESPONSABILIDADE CIVIL	Objetiva: ação Subjetiva: omissão	Objetiva: ação Subjetiva: omissão	PSP = Objetiva, nos demais casos, subjetiva	PSP = Objetiva, EAE = Subjetiva	PSP = Objetiva, EAE = Subjetiva
BENS	Públicos	Públicos	Privados, exceção: bens diretamente ligados à prestação de serviços públicos são bens públicos.	Privados, exceção: bens diretamente ligados à prestação de serviços públicos são bens públicos.	Privados, exceção: bens diretamente ligados à prestação de serviços públicos são bens públicos.
DÉBITOS JUDICIAIS	Precatórios	Precatórios	Patrimônio	Patrimônio	Patrimônio
REGIME DE PESSOAL	Regime Jurídico Único	Regime Jurídico Único	Regime Jurídico Único	CLT	CLT
COMPETÊNCIA PARA JULGAMENTO	União: Justiça Federal; Demais: Justiça Estadual.	Federal: Justiça Federal; Demais: Justiça Estadual.	Federal: Justiça Federal; Demais: justiça Estadual.	Federal: Justiça Federal; Demais: justiça Estadual.	Todas: Justiça Estadual.

* EAE: Exploração da Atividade Econômica.
* PSP: Prestação de Serviço Público.

3. ÓRGÃO PÚBLICO

Neste capítulo, aprenderemos a respeito dos órgãos públicos, sua finalidade, seu papel na estrutura da Administração Pública, bem como as diversas teorias e classificações relativas ao tema. Começaremos a partir das teorias que buscam explicar o que é o órgão público.

3.1 Teorias

São três as teorias criadas para caracterizar e conceituar a ideia de órgão público: a Teoria do Mandato, Teoria da Representação e Teoria Geral do Órgão.

Teoria do mandato

Essa teoria preceitua que o agente, pessoa física, funcionaria como o mandatário da pessoa jurídica, agindo sob seu nome e com a responsabilidade dela, em razão de outorga específica de poderes (não adotado).

Teoria da representação

O agente funcionaria como um tutor ou curador do Estado, que representaria nos atos que necessita participar (não adotado).

Teoria geral do órgão

Tem-se presunção de que a pessoa jurídica exterioriza sua vontade por meio dos órgãos, os quais são parte integrante da própria estrutura da pessoa jurídica, de tal modo que, quando os agentes que atuam nesses órgãos manifestam sua vontade, considera-se que essa foi manifestada pelo próprio Estado. Falamos em imputação da atuação do agente, pessoa natural, à pessoa jurídica (adotado pela CF/88).

Alguns órgãos possuem uma pequena capacidade, que é impetrar mandado de segurança para garantir prerrogativas próprias. Contudo, somente os órgãos independentes e autônomos têm essa capacidade.

Segundo o doutrinador Hely Lopes Meirelles, os órgãos não possuem personalidade jurídica, tampouco vontade própria, agem em nome da entidade a que pertencem, mantendo relações entre si e com terceiros, e não possuem patrimônio próprio. Os órgãos manifestam a vontade da Pessoa Jurídica à qual pertencem; os agentes, quando atuam para o Estado, dizemos que estão em imputação à pessoa jurídica a qual estão efetivamente ligados. Assim, falamos em imputação à pessoa jurídica.

Constatamos que órgãos são meros centros de competência, e os agentes que trabalham nesses órgãos estão em imputação à pessoa jurídica a que estão ligados; suas ações são imputadas ao ente federativo. Assim, quando um servidor público federal atua, suas ações são imputadas (como se o próprio Estado estivesse agindo) à União, pois o agente é ligado a um órgão que pertence a esse ente.

> **Ex.:** Quando um Policial Federal está trabalhando, ele é um agente público que atua dentro de um órgão (Departamento de Polícia Federal) e suas ações, quando feitas, são consideradas como se a União estivesse agindo. Por esse motivo, os atos que gerem prejuízo a terceiros são imputados a União, ou seja, é a União que paga o prejuízo e, depois, entra com ação regressiva contra o agente público.

3.2 Características

Não possui personalidade jurídica

Muitas pessoas se assustam com essa regra devido ao fato de o órgão público ter CNPJ, realizar licitações e também por celebrar contratos públicos. Todavia, essas situações não devem ser levadas em consideração nesse momento.

O CNPJ não é suficiente para conferir personalidade jurídica para o órgão público, a sua instituição está ligada ao direito tributário, e realmente o órgão faz licitação, celebra contratos, mas ele não possui direitos, não é responsável pela conduta dos seus agentes e tudo isso por que ele não possui personalidade jurídica, órgão público não é pessoa.

Integram a estrutura da pessoa jurídica que pertencem

O órgão público é simplesmente o integrante da estrutura corporal (orgânica) da pessoa jurídica a que está ligado. O órgão público é para a pessoa jurídica a que está ligado, o que o coração, os rins, o fígado, o estômago e o pulmão, dentre tantos outros órgãos do corpo humano são para nós, essenciais.

> Não possui capacidade processual, salvo os órgãos independentes e autônomos que podem impetrar Mandado de Segurança em defesa de suas prerrogativas constitucionais, quando violadas por outro órgão.
> Não possui patrimônio próprio.
> São hierarquizados.
> São frutos da desconcentração.
> Estão presentes na Administração Direta e Indireta.
> Criação e extinção: por meio de Lei.
> Estruturação: pode ser feita por meio de decreto autônomo, desde que não impliquem em aumento de despesas.
> Os agentes que trabalham nos órgãos estão em imputação à pessoa jurídica que estão ligados.

3.3 Classificação

Dentre as diversas classificações pertinentes ao tema, a partir de agora, abordaremos as classificações quanto à posição estatal que leva em consideração a relação de subordinação e hierarquia, a estrutura que se relaciona com a desconcentração e a composição ou atuação funcional que se relaciona com a quantidade de agentes que agem e manifestam vontade em nome do órgão.

Posição estatal

Quanto à posição estatal, os órgãos são classificados em independentes, autônomos, superiores e subalternos:

Órgãos Independentes

> São considerados o mais alto escalão do Governo.
> Não exercem subordinação.
> Seus agentes são inseridos por eleição.

ÓRGÃO PÚBLICO

> Têm suas competências determinadas pelo texto constitucional.
> Possuem alguma capacidade processual.

Órgãos Autônomos
> São classificados como órgãos diretivos.
> Possuem capacidade administrativa, financeira e técnica.
> São exemplos os Ministérios e as Secretarias.
> Possuem alguma capacidade processual.

Órgãos Superiores
> São órgãos de direção, controle e decisão.
> Não possuem autonomia administrativa ou financeira.
> Exemplos são as coordenadorias, gabinetes, etc.

Subalternos
> Exercem atribuições de mera execução.
> Exercem reduzido poder decisório.
> São exemplos as seções de expediente ou de materiais.

Estrutura

A classificação quanto à estrutura leva em consideração, a partir do órgão analisado, se existe ou não um processo de desconcentração, se há ramificações que levam a órgãos subordinados ao órgão analisado.

Simples: são aqueles que representam um só centro de competências, sem ramificações, independentemente do número de cargos.

Composto: são aqueles que reúnem em sua estrutura diversos órgãos, ou seja, existem ramificações.

A Presidência da República é um órgão composto, pois dela se origina outros órgãos de menor hierarquia, dentre esses o Ministério da Justiça, por exemplo, que também é órgão composto, pois, a partir dele, tem-se novas ramificações, tais como o Departamento Penitenciário Nacional, o Departamento de Polícia Federal, entre outros.

A partir da Presidência da República, tem-se também um órgão chamado de gabinete, e esse é considerado simples, pois a partir dele não há novos órgãos, ou seja, não nasce nenhuma ramificação a partir do gabinete da Presidência da República.

Atuação funcional/composição

Os órgãos públicos podem ser classificados em singulares ou colegiados:

Órgãos Singulares ou Unipessoais: a sua atuação ou decisões são atribuições de um único agente.

Ex.: Presidência da República.

Órgão Colegiado ou Pluripessoal: a atuação e as decisões dos órgãos colegiados acontecem mediante obrigatória manifestação conjunta de seus membros.

Ex.: Congresso Nacional, Tribunais de Justiça.

3.4 As Paraestatais

A expressão "paraestatais" gera divergência em nosso ordenamento jurídico, sendo que podemos mencionar três posicionamentos:

As Paraestatais são as Autarquias - posição de José Cretella Júnior – entendimento ultrapassado.

As Paraestatais são: as Fundações Públicas, Empresas Públicas, Sociedades de Economia Mista e os Serviços Sociais Autônomos – posição de Hely Lopes Meirelles - corrente minoritária.

As Paraestatais são os serviços sociais autônomos, as fundações de apoio, as organizações sociais – OS, as organizações da sociedade civil de interesse público – OSCIP'S e as organizações da sociedade civil – OSCs – posição de Maria Silvia Zanella di Pietro, entre outros - é o entendimento majoritário.

Obs.: nesse terceiro sentido, as paraestatais equivalem ao chamado terceiro setor. O primeiro setor é o Estado e o segundo setor é o mercado (iniciativa privada que visa ao lucro).

Serviços Sociais Autônomos – são pessoas jurídicas de direito privado sem fins lucrativos, instituídas por lei e vinculadas a categorias profissionais, sendo mantidas por dotações orçamentárias ou contribuições parafiscais. É o chamado sistema "S".

Ex.: SESI, SESC, SENAI, SENAC, SEBRAE etc. Não integram a Administração Pública nem direta e nem indireta.

Fundações de Apoio - segundo a professora Odete Medauar, são pessoas jurídicas de direito privado que se destinam a colaborar com instituições de ensino e pesquisa, sendo instituídas por professores, pesquisadores ou universitários (ver Lei 8.958/94). Exemplos: FUVEST, FIPE, CNPQ etc.

Organizações Sociais e Organizações da Sociedade Civil de Interesse Público – são pessoas jurídicas de direito privado sem fins lucrativos, instituídas por particulares que desempenham serviços não exclusivos de Estado, como a saúde, cultura, preservação do meio ambiente, etc.

→ **Características comuns entre as Organizações Sociais (Lei 9.637/98) e as Organizações da Sociedade Civil de Interesse Público (Lei 9.790/99).**

> São pessoas jurídicas de direito privado.
> Sem fins lucrativos.
> Instituídas por particulares.
> Desempenham serviços não exclusivos de Estado.
> Não integram a Administração Pública (seja direta ou indireta).
> Ambas integram o chamado terceiro setor.
> Sujeitam-se ao controle da Administração Pública e do Tribunal de Contas.
> Gozam de imunidade tributária, desde que atendidos os requisitos legais, conforme prevê o Art. 150, VI, "c", da CF/88.

Principais diferenças entre OS e OSCIPs

Organizações Sociais	Organizações da Sociedade Civil de Interesse Público
- o vínculo com o Estado se dá por Contrato de Gestão;	- o vínculo com o Estado se dá por Termo de Parceria;
- o ato de qualificação é discricionário, dado pelo Ministro da pasta competente;	- o ato de qualificação é vinculado, dado pelo Ministro da Justiça;
- pode ser contratada pela Administração com dispensa de licitação (hipótese de licitação dispensável);	- não há essa previsão;
- o Conselho deve ser formado por representantes do Poder Público;	- não há essa exigência;
- regulada pela Lei n.º 9.637/98;	- regulada pela Lei n.º 9.790/99;
- Ex.: Associação Roquette Pinto, IMPA (Instituto Nacional de Matemática Pura e Aplicada).	- Ex.: AMI (Amigo do Índio), AMAR (Associação de Amparo às Mães de Alto Risco).

→ **Observações sobre as Organizações Sociais:**
> O poder público pode destinar para as OSs recursos orçamentários e bens necessários ao cumprimento do contrato de gestão, mediante permissão de uso.
> O poder público pode ceder servidores públicos para as OSs com ônus para a origem.
> A Administração poderá dispensar a licitação nos contratos de prestação de serviços celebrados com as OSs (Art. 24, XXIV da Lei 8.666/93).

Organizações da Sociedade Civil – OSC - As Organizações da Sociedade Civil (OSCs) são entidades do terceiro setor criadas com a finalidade de atuar junto ao Poder Público, em regime de mútua cooperação, na execução de serviços públicos e tem o seu regime jurídico regulado pela Lei n. 13.019/2014.

Essas entidades atuam na prestação de serviço público não exclusivo do Estado e têm vínculo com a Administração Pública, de modo que essa conexão se dá mediante celebração de Termo de Fomento, Termo de Colaboração e Acordo de Cooperação. Vejamos tais conceitos:

Termo de Colaboração (Art. 2º, VII e Art. 16): instrumento por meio do qual são formalizadas as parcerias estabelecidas pela Administração Pública com organizações da sociedade civil para a consecução de finalidades de interesse público e recíproco propostas pela Administração Pública que envolvam a transferência de recursos financeiros. Assim, o Termo de Colaboração é utilizado para a execução de políticas públicas nas mais diversas áreas, para consecução de **planos de trabalho de iniciativa da própria Administração**, nos casos em que esta já tem parâmetros consolidados, com indicadores e formas de avaliação conhecidos, abarcando, reitere-se, o **repasse de valores por parte do erário**;

Termo de Fomento (Art. 2º, VIII e Art. 17): instrumento por meio do qual são formalizadas as parcerias estabelecidas pela Administração Pública com organizações da sociedade civil para a consecução de finalidades de interesse público e recíproco propostas pelas organizações da sociedade civil, que envolvam a transferência de recursos financeiros. Note-se, portanto, que o Termo de Fomento, ao contrário do Termo de Colaboração, tem como objetivo **incentivar iniciativas das próprias OSCs, para consecução de planos de trabalho por elas propostos**, buscando albergar nas políticas públicas tecnologias sociais inovadoras, promover projetos e eventos nas mais diversas áreas e expandir o alcance das ações desenvolvidas pelas organizações. Assim como no Termo de Colaboração, o Termo de Fomento também enseja a transferência de recursos financeiros por parte da Administração Pública;

Acordo de Cooperação (Art. 2º, VIII-A): instrumento por meio do qual são formalizadas as parcerias estabelecidas pela Administração Pública com organizações da sociedade civil para a consecução de finalidades de interesse público e recíproco que não envolvam a transferência de recursos financeiros. Portanto, o grande diferencial do Acordo de Cooperação com os demais é justamente a **ausência de repasse de valores financeiros**. O Acordo, como regra, também não exige prévia realização de chamamento público como ocorre no caso do Termo de Fomento e do Termo de Colaboração, o que será abordado mais adiante, salvo quando envolver alguma forma de compartilhamento de recurso patrimonial (comodato, doação de bens etc.).

Para facilitar, segue tabela comparativa:

	Iniciativa de plano de trabalho	Transferência de recursos públicos	Previsão na Lei 13.019/14
Termo de Colaboração	Administração	Sim	Art. 2º, VII e Art. 16
Termo de fomento	OSC	Sim	Art. 2º, VIII e Art. 17
Acordo de cooperação	Administração ou OSC	Não	Art. 2º, VIII-A

Chamamento Público: trata-se do procedimento que o poder público deverá realizar obrigatoriamente na prospecção de organizações. É a partir desse chamamento que serão avaliadas diferentes propostas para escolher a OSC mais adequada à parceria, ou ainda um grupo de OSCs trabalhando em rede, a fim de tornar mais eficaz a execução do objeto. Tal procedimento deverá adotar procedimentos claros, objetivos e simplificados que orientem os interessados e facilitem o acesso direto aos órgãos e às instâncias decisórias.

Obs.: não se aplicará a Lei 8.666/93 às relações de parceria com as OSCs (Art. 84, Lei 13.019/14), uma vez que agora há lei própria.

Organizações não governamentais (ONGs)

A ONG é uma entidade civil sem fins lucrativos, formada por pessoas interessadas em determinado tema, o qual se constitui em seu objetivo e interesse principal. (Ex.: IDEC – Instituto Brasileiro de Defesa do Consumidor).

Normalmente são iniciativas de pessoas ou grupos que visam colaborar na solução de problemas da comunidade, como mobilizações, educação, conscientização e organização de serviços ou programas para o atendimento de suas necessidades.

Do ponto de vista jurídico, o termo ONG não se aplica. Nosso Código Civil prevê apenas dois formatos institucionais para entidades civis sem fins lucrativos, sendo a Associação Civil (Art. 44, I e Art. 53 ambos do Código Civil) e a Fundação Privada (Art. 44, III e 62, ambos do Código Civil).

4. ATO ADMINISTRATIVO

4.1 Conceito de Ato Administrativo

Ato administrativo é toda manifestação unilateral de vontade da Administração Pública que, agindo nessa qualidade, tenha por fim imediato adquirir, resguardar, transferir, modificar, extinguir e declarar direitos, ou impor obrigações aos administrados ou a si própria.

Da prática dos atos administrativos gera-se:
> Superioridade
> Efeitos jurídicos

4.2 Elementos de Validade do Ato

Competência

Poderes que a lei confere aos agentes públicos para exercer funções com o mínimo de eficácia. A competência tem caráter instrumental, ou seja, é um instrumento outorgado para satisfazer interesses públicos – finalidade pública.

Características da Competência:

> Obrigatoriedade: ela é obrigatória para todos os agentes e órgãos públicos.
> Irrenunciabilidade: a competência é um poder-dever de agir e não pode ser renunciada pelo detentor do poder-dever. Contudo, tem caráter relativo uma vez que a competência pode ser delegada ou pode ocorrer a avocação.
> Intransferível: mesmo após a delegação, a competência pode ser retomada a qualquer tempo pelo titular do poder-dever, por meio da figura da revogação.
> Imodificável: pela vontade do agente, pois somente a lei determina competências.
> Imprescritível: a competência pode ser executada a qualquer tempo. Somente a lei pode exercer a função de determinar prazos prescricionais. **Ex.:** o Art. 54 da Lei nº 9.784/99 determina o prazo decadência de cinco anos para anular atos benéficos para o administrado de boa-fé.

Finalidade

Visa sempre ao interesse público e à finalidade específica prevista em lei. **Ex.:** remoção de ofício.

Forma

O ato administrativo é, em regra, formal e escrito.

> A Lei nº 9.784/99, que trata dos processos administrativos no âmbito da União, reza pelo Princípio do Informalismo, admitindo que existam atos verbais ou por meio de sinais (de acordo com o contexto).

Motivo

O motivo é a causa imediata do ato administrativo. É a situação de fato e de direito que determina ou autoriza a prática do ato, ou, em outras palavras, o pressuposto fático e jurídico (ou normativo) que enseja a prática do ato.

Art. 40, § 1º, II, "a", CF. Trata da aposentadoria por tempo de contribuição.

Objeto

É o ato em si, ou seja, no caso da remoção o ato administrativo é o próprio instituto da remoção.

Ex.: Demissão: quanto ao ato de demissão deve ter o agente competente para determiná-lo (competência), depois disso, deve ser revertido de forma escrita (forma), a finalidade deve ser o interesse público (finalidade), o motivo deve ser embasado em lei, ou seja, os casos do Art. 132 da Lei nº 8.112/90, o objeto é o próprio instituto da demissão que está prescrito em lei.

4.3 Motivação

É a exteriorização por escrito dos motivos que levaram a produção do ato.

> Faz parte do elemento forma e não do motivo.
> Teoria dos Motivos Determinantes.

A motivação é elemento de controle de validade dos atos administrativos. Se ela for falsa, o ato é ilegal, independentemente da sua qualidade (discricionário ou vinculado).

Devem ser motivados:
> Todos os atos administrativos vinculados;
> Alguns atos administrativos discricionários (atos punitivos, que geram despesas, dentre outros).

A Lei nº 9.784/99, em seu Art. 50, traz um rol dos atos que devem ser motivados. Veja a seguir:

Art. 50. *Os atos administrativos deverão ser motivados, com indicação dos fatos e dos fundamentos jurídicos, quando:*

I. Neguem, limitem ou afetem direitos ou interesses;

II. Imponham ou agravem deveres, encargos ou sanções;

III. Decidam processos administrativos de concurso ou seleção pública;

IV. Dispensem ou declarem a inexigibilidade de processo licitatório;

V. Decidam recursos administrativos;

VI. Decorram de reexame de ofício;

VII. Deixem de aplicar jurisprudência firmada sobre a questão ou discrepem de pareceres, laudos, propostas e relatórios oficiais;

VIII. Importem anulação, revogação, suspensão ou convalidação de ato administrativo.

§ 1º - A motivação deve ser explícita, clara e congruente, podendo consistir em declaração de concordância com fundamentos de anteriores pareceres, informações, decisões ou propostas, que, nesse caso, serão parte integrante do ato.

§ 2º - Na solução de vários assuntos da mesma natureza, pode ser utilizado meio mecânico que reproduza os fundamentos das decisões, desde que não prejudique direito ou garantia dos interessados.

§ 3º - A motivação das decisões de órgãos colegiados e comissões ou de decisões orais constará da respectiva ata ou de termo escrito.

4.4 Atributos do Ato

Qualidades especiais dos atos administrativos que lhes asseguram uma qualidade jurídica superior a dos atos de direito privado.

Presunção de legitimidade e veracidade

Presume-se, em caráter relativo, que os atos da administração foram produzidos em conformidade com a lei e os fatos deles. Para os administrados são obrigatórios. Ocorre aqui, a inversão do ônus da prova (cabe ao administrado provar que o ato é vicioso).

Consequências

Imediata executoriedade do ato administrativo, mesmo impugnado pelo administrado. Até decisão que reconhece o vício ou susta os efeitos do ato.

Impossibilidade de o Poder Judiciário analisar, de ofício, elementos de validade do ato não expressamente impugnados pelo administrado.

Imperatividade

Imperativo, ou seja, é impositivo e independe da anuência do administrado.

Exceção

Atos negociais: a Administração concorda com uma pretensão do Administrado ou reconhece que ela satisfaz os requisitos para o exercício de certo direito (autorização e permissão – discricionário; licença - vinculado).

> Relacionado ao poder extroverso do Estado (expressão italiana do autor Renato Aless), esse poder é usado como sinônimo para imperatividade nas provas de concurso.

Atos enunciativos: declaram um fato ou emitem uma opinião sem que tal manifestação produza por si só efeitos jurídicos.

Autoexecutoriedade

O ato administrativo, uma vez produzido pela Administração, é passível de execução imediata, independentemente de manifestação do Poder Judiciário.

Para Hely Lopes Meirelles, deve haver previsão legal, a exceção existe em casos de emergência. Esse atributo incide em todos os atos, com exceção dos enunciativos e negociais. A administração não goza de autoexecutoriedade na cobrança de débito, quando o administrado resiste ao pagamento.

Tipicidade

O ato deve observar a forma e o tipo previsto em lei para sua produção.

4.5 Classificação dos Atos Administrativos

Atos Vinculados: são os que a Administração pratica sem margem alguma de liberdade de decisão, pois a lei previamente determinou o único comportamento possível a ser obrigatoriamente adotado sempre que se configure a situação objetiva descrita na lei. Não cabe ao agente público apreciar a situação objetiva descrita nela.

Atos Discricionários: a Administração pode praticar, com certa liberdade de escolha, nos termos e limites da lei, quanto ao seu conteúdo, seu modo de realização, sua oportunidade e sua conveniência administrativa.

Atos Gerais: caracterizam-se por não possuir destinatários determinados. Os Atos Gerais são sempre determinados e prevalecem sobre os individuais. Podem ser revogados a qualquer tempo. Ex.: são os decretos regulamentares. Esses atos necessitam ser publicados em meio oficial.

Atos Individuais: são aqueles que possuem destinatários certos (determinados), produzindo diretamente efeitos concretos, constituindo ou declarando situação jurídicas subjetivas. **Ex.:** nomeação em concurso público e exoneração. Os atos podem ser discricionários ou vinculados e sua revogação somente é passível caso não tenha gerado direito adquirido.

Atos Simples: decorrem de uma única manifestação de vontade, de um único órgão.

Atos Complexos: necessitam, para formação de seu conteúdo, da manifestação de vontade de dois ou mais órgãos.

Atos Compostos: o seu conteúdo depende de manifestação de vontade de um único órgão, contudo, para funcionar, necessita de outro ato que o aprove.

Diferenças entre ato complexo e ato composto:

Ato Complexo	Ato Composto
1 ato	2 atos
2 vontades	2 vontades
2 ou + órgãos	1 órgão com a aprovação de outro

4.6 Espécies de Atos Administrativos

Normativo;

Ordinatórios;

Negociais;

Enunciativos;

Punitivos.

Atos normativos

São atos caracterizados pela generalidade e pela abstração, isto é, um ato normativo não é prescrito para uma situação determinada, mas para todos os eventos assemelhados; a abstração deriva do fato desse ato não representar um caso concreto, determinado, mas, sim, um caso abstrato, descrito na norma e possível de acontecer no mundo real. A regra abstrata deve ser aplicada no caso concreto.

Finalidade: regulamentar as leis e uniformizar procedimentos administrativos.

Características:

> Não possuem destinatários determinados;
> Correspondem aos atos gerais;
> Não pode inovar o ordenamento jurídico;
> Controle.

Regra: os atos administrativos normativos não podem ser atacados mediante recursos administrativos ou judiciais.

ATO ADMINISTRATIVO

Exceção: atos normativos que gerarem efeitos concretos para determinado destinatário podem ser impugnados pelo administrado na via judicial ou administrativa.

Decretos regulamentares, instruções normativas, atos declaratórios normativos.

Atos ordinatórios

São atos administrativos endereçados aos servidores públicos em geral.

Finalidade: divulgar determinações aplicáveis ao adequado desempenho de suas funções.

Características:
> Atos internos;
> Decorrem do exercício do poder hierárquico;
> Vinculam os servidores subordinados ao órgão que o expediu;
> Não atingem os administrados;
> Estão hierarquicamente abaixo dos atos normativos;
> Devem obediência aos atos normativos que tratem da mesma matéria relacionada ao ato ordinatório.

Exs.: Instruções, circulares internas, portarias, ordens de serviço.

Atos negociais

São atos administrativos editados quando o ordenamento jurídico exige que o particular obtenha anuência prévia da Administração para realizar determinada atividade de interesse dele ou exercer determinado direito.

Finalidade: satisfação do interesse público, ainda que essa possa coincidir com o interesse do particular que requereu o ato.

Características:
> Os atos negociais não são imperativos, coercitivos e autoexecutórios;
> Os atos negociais não podem ser confundidos com contratos, pois, nesses existe manifestação de vontade bilateral e, nos atos negociais, nós temos uma manifestação de vontade unilateral da Administração Pública, que é provocada mediante requerimento do particular;
> Podem ser vinculados, discricionários, definitivos e precários.

Atos Negociais Vinculados: reconhecem um direito subjetivo do particular, mediante um requerimento, desse particular, comprovando preencher os requisitos que a lei exige para a anuência do direito, a Administração obrigatoriamente deve praticar o ato.

Atos Negociais Discricionários: não reconhecem um direito subjetivo do particular, pois, mesmo que esse atenda às exigências necessárias para a obtenção do ato, a Administração poderá não praticá-lo, decidindo se executa ou não o ato por juízo de conveniência e oportunidade.

Atos Negociais Definitivos: não comportam revogação, são atos vinculados, mas podem ser anulados ou cassados. Sendo assim, esses atos geram, ao particular, apenas uma expectativa de definitividade.

Atos Negociais Precários: podem ser revogados a qualquer tempo, são atos discricionários; via de regra, a revogação do ato negocial não gera direito de indenização ao particular.

Espécies de Atos Negociais

Licença: fundamenta-se no poder de polícia da Administração. É ato vinculado e definitivo, pois reconhece um direito subjetivo do particular, mediante um requerimento desse, comprovando preencher os requisitos que a lei exige. Para a anuência do direito, a Administração, obrigatoriamente, deve praticar o ato. A licença não comporta revogação, mas ela pode ser anulada ou cassada, sendo assim, esses atos geram, ao particular, apenas uma expectativa de definitividade.

Ex.: Alvará para a realização de uma obra, alvará para o funcionamento de um estabelecimento comercial, licença para dirigir, licença para exercer uma profissão.

Admissão: é o ato unilateral e vinculado pelo qual a Administração faculta a alguém a inclusão em estabelecimento governamental para o gozo de um serviço público. O ato de admissão não pode ser negado aos que preencham as condições normativas requeridas.

Ex.: Ingresso em estabelecimento oficial de ensino na qualidade de aluno; o desfrute dos serviços de uma biblioteca pública como inscrito entre seus usuários.

Aprovação: é o ato unilateral e discricionário pelo qual a Administração faculta a prática de ato jurídico (aprovação prévia) ou manifesta sua concordância com ato jurídico já praticado (aprovação a posteriori).

Homologação: é o ato unilateral e vinculado de controle pelo qual a Administração concorda com um ato jurídico ou série de atos (procedimento) já praticados, verificando a consonância deles com os requisitos legais condicionadores de sua válida emissão.

Autorização: na maior parte das vezes em que é praticado, fundamenta-se no poder de polícia do Estado quando a lei exige a autorização como condicionante para prática de uma determinada atividade privada ou para o uso de bem público. Todavia, a autorização também pode representar uma forma de descentralizar, por delegação, serviços públicos para o particular.

A autorização é caracterizada por uma predominância do interesse do particular que solicita o ato, todavia, também existe interesse público na prática desse ato.

É um ato discricionário, pois não reconhece um direito subjetivo do particular; mesmo que esse atenda às exigências necessárias para a obtenção do ato, a Administração poderá não praticá-lo, decidindo se desempenha ou não o ato por juízo de conveniência e oportunidade.

É um ato precário, pois pode ser revogado a qualquer tempo. Via de regra, a revogação da autorização não gera direito de indenização ao particular, mas, caso a autorização tenha sido concedida por prazo certo, pode haver o direito de indenização para o particular.

Prazo: a autorização é concedida sem prazo determinado, todavia, pode havê-la outorgada por prazo certo.

Exs.:
> Atividades potencialmente perigosas e que podem colocar em risco a coletividade, por isso, a necessidade de regulação do Estado;
> Autorização para porte de arma de fogo;
> Autorização para a prestação de serviços privados de educação e saúde;
> Autorização de uso de bem público;
> Autorização de serviço público: prestação de serviço de táxi.

Permissão: é o ato administrativo discricionário e precário, pelo qual a Administração Pública consente ao particular o exercício de uma atividade de interesse predominantemente da coletividade.

Características:
> Pode ser concedida por prazo certo;
> Pode ser imposta condições ao particular.

A Permissão é um ato precário, pois pode ser revogada a qualquer tempo. Via de regra, a revogação da permissão não gera direito de indenização ao particular, mas, caso a autorização tenha sido concedida por prazo certo ou sob condições, pode haver o direito de indenização para o particular.

A permissão concedida ao particular, por meio de um ato administrativo, não se confunde com a permissão para a prestação de serviços públicos. Nesse último caso, representa uma espécie de descentralização por delegação realizada por meio de contrato.

Ex.: Permissão de uso de bem público.

Atos enunciativos

São atos administrativos enunciativos aqueles que têm por finalidade declarar um juízo de valor, uma opinião ou um fato.

Características:
> Não produzem efeitos jurídicos por si só;
> Não contêm uma manifestação de vontade da administração.

Certidão, atestado, parecer e apostila.

Certidão: é uma cópia de informações registradas em banco de dados da Administração. Geralmente, é concedida ao particular mediante requerimento da informação registrada pela Administração.

Atestado: declara uma situação de que a Administração tomou conhecimento em virtude da atuação de seus agentes. O atestado não se assemelha à certidão, pois essa declara uma informação constante em banco de dados e aquele declara um fato que não corresponde a um registro de um arquivo da Administração.

Parecer: é um documento técnico, confeccionado por órgão especializado na respectiva matéria tema do parecer, em que o órgão emite sua opinião relativa ao assunto.

Apostila: apostilar significa corrigir, emendar, complementar um documento. É o aditamento de um contrato administrativo ou de um ato administrativo. É um ato de natureza aditiva, pois sua finalidade é adicionar informações a um registro já existente.

Ex.: Anotar alterações na situação funcional de um servidor.

Atos punitivos

São os atos administrativos por meio dos quais a Administração Pública impõe sanções a seus servidores ou aos administrados.

Fundamento
> **Poder Disciplinar:** quando o ato punitivo atinge servidores públicos e particulares ligados à Administração por algum vínculo jurídico específico.
> **Poder de Polícia:** quando o ato punitivo atinge a particulares não ligados à Administração Pública por um vínculo jurídico específico.

Os atos punitivos podem ser internos e externos:
> **Atos Punitivos Internos:** têm como destinatários os servidores públicos e aplicam penalidades disciplinares, ou seja, os atos punitivos internos decorrem sempre do poder disciplinar.
> **Atos Punitivos Externos**: têm como destinatários os particulares. Podem ter fundamento decorrente do poder disciplinar, quando punem particulares sujeitos à disciplina administrativa, ou podem ter fundamento no poder de polícia, quando punem particulares não ligados à Administração Pública.

Todo ato punitivo interno decorre do poder disciplinar, mas nem todo ato que decorre do poder punitivo que surge do poder disciplinar é um ato punitivo interno, pois, quando a Administração aplica punição aos particulares ligados a administração, essa punição decorre do poder disciplinar, mas também representa um ato punitivo externo.

Todo ato punitivo decorrente do poder de polícia é um ato punitivo externo, pois, nesse caso, temos a Administração punindo sempre o particular.

4.7 Extinção dos Atos Administrativos

Anulação ou controle de legalidade

É o desfazimento do ato administrativo que decorre de vício de legalidade ou de legitimidade na prática do ato.

Cabimento
> Ato discricionário;
> Ato vinculado.

Competência para Anular
> Entidade da Administração Pública que praticou o ato: pode anular o ato a pedido do interessado ou de ofício em razão do princípio da autotutela.
> Poder Judiciário: pode anular somente por provocação do interessado.

Efeitos da Anulação: *ex tunc*, retroagem desde a data da prática do ato, impugnando a validade do ato.

Prazo: 5 (cinco) anos
> Contagem;
> Prática do ato.

No caso de efeitos patrimoniais contínuos, a partir do primeiro pagamento.

NOÇÕES DE DIREITO ADMINISTRATIVO

ATO ADMINISTRATIVO

Revogação ou controle de mérito

É o desfazimento do ato administrativo por motivos de conveniência e oportunidade.

Cabimento
> Ato discricionário legal, inconveniente e inoportuno;
> Não é cabível a revogação de ato vinculado.

Competência para Revogar

Apenas a entidade da Administração Pública que praticou o ato.

Não pode o controle de mérito ser feito pelo Poder Judiciário na sua função típica de julgar. Todavia, a Administração Pública está presente nos três poderes da União e, caso uma entidade dos Poderes Judiciário, Legislativo ou Executivo pratique um ato discricionário legal, que com o passar do tempo, se mostre inconveniente e inoportuno, somente a entidade que criou o ato tem competência para revogá-lo.

Assim, o poder judiciário não tem competência para exercer o controle de mérito dos atos da Administração Pública, mas a essa do Poder Judiciário pratica atos administrativos e cabe somente a ela a revogação dos atos praticados por ela mesma.

Efeitos da revogação: *ex nunc*, não retroagem, ou seja, a revogação gera efeitos prospectivos, para frente.

Cassação

É o desfazimento do ato administrativo decorrente do descumprimento dos requisitos que permitem a manutenção do ato. Na maioria das vezes, a cassação representa uma sanção aplicada ao particular que deixou de atender às condições exigidas para a manutenção do ato.

Como exemplo, temos a cassação da carteira de motorista, que nada mais é do que a cassação de um ato administrativo classificado como licença. A cassação da licença para dirigir decorre da prática de infrações de trânsito praticadas pelo particular, sendo assim, nesse caso, essa cassação é uma punição.

4.8 Convalidação

Convalidação é a correção com efeitos retroativos do ato administrativo com defeito sanável, o qual pode ser considerado:

Vício de Competência relativo à Pessoa

Exceção: competência exclusiva (não cabe convalidação).

O vício de competência relativo à matéria não é considerado um defeito sanável e também não cabe convalidação.

Vício de Forma

Exceção: a lei determina que a forma seja elemento essencial de validade de determinado ato (também não cabe convalidação).

Convalidação Tácita

O Art. 54 da Lei nº 9.784/99 prevê que a Administração tem o direito de anular os atos administrativos de que decorram efeitos favoráveis para os destinatários. O prazo é de cinco anos, contados da data em que forem praticados, salvo comprovada má-fé. Transcorrido esse prazo, o ato foi convalidado, pois não pode ser mais anulado pela Administração.

Convalidação Expressa

Art. 55, Lei nº 9.784/99. Em decisão na qual se evidencie não acarretarem lesão ao interesse público nem prejuízo a terceiros, os atos que apresentarem defeitos sanáveis poderão ser convalidados pela própria Administração.

5. PODERES E DEVERES ADMINISTRATIVOS

Para um desempenho adequado do papel que compete à administração pública, o ordenamento jurídico confere a ela poderes e deveres especiais. Nesse capítulo, conheceremos seus deveres e poderes de modo a diferenciar a aplicabilidade de um ou de outro poder ou dever na análise de casos concretos, bem como apresentado nas questões de concurso público.

5.1 Deveres

Os deveres da administração pública são um conjunto de obrigações de direito público que a ordem jurídica confere aos agentes públicos com o objetivo de permitir que o Estado alcance seus fins.

O fundamento desses deveres é o Princípio da Indisponibilidade do Interesse Público, pois, como a administração pública é uma ferramenta do Estado para alcançar seus objetivos, não é permitido ao agente público usar dos seus poderes para satisfazer interesses pessoais ou de terceiros. Com base nessa regra, concluímos que esses agentes não podem dispor do interesse público, por não ser o seu proprietário, e sim o povo. A ele cabe a gestão da administração pública em prol da coletividade.

A doutrina, de um modo geral, enumera, como alguns dos principais deveres impostos aos agentes administrativos pelo ordenamento jurídico, quatro obrigações administrativas, a saber:

> Poder-Dever de Agir;
> Dever de Eficiência;
> Dever de Probidade;
> Dever de Prestar Contas.

Poder-dever de agir

O poder-dever de agir determina que toda a Administração Pública tem que agir em caso de determinação legal. Contudo, essa é temperada, uma vez que o administrador precisa ter possibilidade real de atuar.

Art. 37, § 6º, CF. Policiais em serviço que presenciam um cidadão ser assaltado e morto e nada fazem. Nessa situação, além do dever imposto por lei, havia a possibilidade de agir. Nesse caso concreto, gera-se a possibilidade de indenização por parte do Estado, com base na responsabilidade civil do Estado.

Enquanto no direito privado agir é uma faculdade do administrador, no direito público, agir é um dever legal do agente público.

Em decorrência dessa regra temos que os **poderes** administrativos são **irrenunciáveis**, devendo ser **obrigatoriamente exercidos** por seus titulares nas situações cabíveis.

A inércia do agente público acarreta responsabilização a ela por abuso de poder na modalidade omissão. A Administração Pública também responderá pelos danos patrimoniais ou morais decorrentes da omissão na esfera cível.

Dever de eficiência

A Constituição implementou o dever de eficiência com a introdução da Emenda Constitucional nº 19 de 1998, a chamada reforma administrativa. Esse novo modelo instituiu a denominada "administração gerencial", tendo vários exemplos dispostos no corpo do texto constitucional, como:

> Possibilidade de perda do cargo de servidor estável em razão de insuficiência de desempenho (Art. 41, § 1º, III);
> O estabelecimento como condição para o ganho da estabilidade de avaliação de desempenho (Art. 41, § 4º);
> A possibilidade da celebração de contratos de gestão (Art. 37, § 8º);
> A exigência de participação do servidor público em cursos de aperfeiçoamento profissional como um dos requisitos para a promoção na carreira (Art. 39, § 2º).

Dever de probidade

O dever de probidade determina que todo administrador público, no desempenho de suas atividades, atue sempre com ética, honestidade e boa-fé, em consonância com o Princípio da Moralidade Administrativa.

Art. 37, § 4º, CF. Os atos de improbidade administrativa importarão a suspensão dos direitos políticos, a perda da função pública, a indisponibilidade dos bens e o ressarcimento ao erário, na forma e gradação previstas em lei, sem prejuízo da ação penal cabível.

Efeitos:

> A suspensão dos direitos políticos;
> Perda da função pública;
> Ressarcimento ao erário;
> Indisponibilidade dos bens.

Dever de prestar contas

O dever de prestar contas decorre diretamente do Princípio da Indisponibilidade do Interesse Público, sendo pertinente à função do agente público, que é simples gestão da coisa pública.

Art. 70, Parágrafo único, CF. Prestará contas qualquer pessoa física ou jurídica, pública ou privada, que utilize, arrecade, guarde, gerencie ou administre dinheiros, bens e valores públicos ou pelos quais a União responda, ou que, em nome dessa, assuma obrigações de natureza pecuniária.

5.2 Poderes Administrativos

São mecanismos que, utilizados isoladamente ou em conjunto, permitem que a administração pública possa cumprir suas finalidades. Dessa forma, os poderes administrativos representam um conjunto de prerrogativas de direito Público que a ordem jurídica confere aos agentes administrativos para o fim de permitir que o Estado alcance os seus fins, assim leciona o professor José dos Santos Carvalho Filho.

O fundamento desses poderes é o princípio da supremacia do interesse público, pois, como a administração pública é uma ferramenta do Estado para alcançar seus objetivos, e tais objetivos são de interesse de toda coletividade, é necessário que o Estado possa ter prerrogativas especiais na busca de seus objetivos. Como exemplo, podemos citar a aplicação de uma multa de trânsito. Imagine que a lei fale que ultrapassar o sinal vermelho é errado, mas que o Estado não tenha o poder de aplicar a multa. De nada vale a previsão da infração na lei.

PODERES E DEVERES ADMINISTRATIVOS

São Poderes Administrativos descritos pela doutrina pátria:
> Poder Vinculado;
> Poder Discricionário;
> Poder Hierárquico;
> Poder Disciplinar;
> Poder Regulamentar;
> Poder de Polícia.

Poder vinculado

O poder vinculado determina que o administrador somente pode fazer o que a lei determina; aqui não se gera poder de escolha, ou seja, está o administrador preso (vinculado) aos ditames da lei.

O agente público não pode fazer considerações de conveniência e oportunidade. Caso descumpra a única hipótese prevista na lei para orientar a sua conduta, praticará um ato ilegal, sendo assim, deve o ato ser anulado.

Poder discricionário

O poder discricionário gera a margem de escolha, que é a conveniência e a oportunidade, o mérito administrativo. Diz-se que o agente público pode agir com liberdade de escolha, mas sempre respeitando os parâmetros da lei.

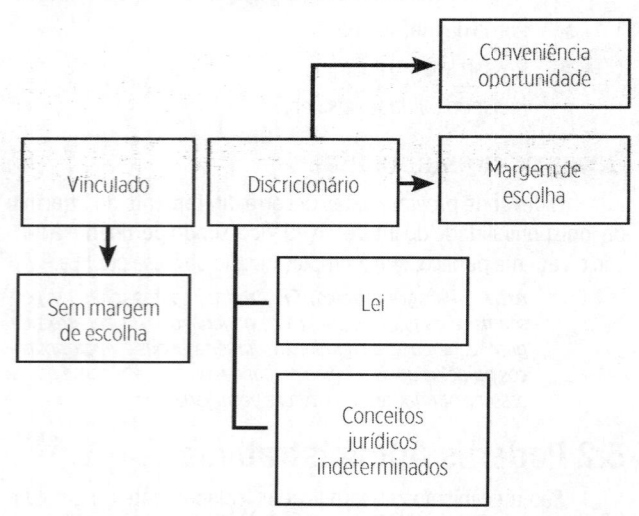

Duas são as vertentes que autorizam o poder discricionário: a lei e os conceitos jurídicos indeterminados. Esses últimos são determinações da própria lei, por exemplo: quando a Lei prevê a boa-fé, quem decide se o administrado está de boa ou má-fé é o agente público, sempre sendo razoável e proporcional.

Poder hierárquico

Manifesta a noção de um escalonamento vertical da Administração Pública, já que temos a subordinação entre órgãos e agentes, sempre no âmbito de uma mesma pessoa jurídica.

Observação

Não há subordinação nem hierarquia:
> Entre pessoas distintas;
> Entre os poderes da república;
> Entre a administração e o administrado.

Prerrogativas

Dar ordens: cabe ao subordinado o dever de obediência, salvo nos casos de ordens manifestamente ilegais.

Fiscalizar a atuação dos subordinados.

Revisar os atos dos subordinados e, nessa atribuição:
> Manter os atos vinculados legais e os atos discricionários legais convenientes e oportunos.
> Convalidar os atos com defeitos sanáveis.
> Anular os atos ilegais.
> Revogar os atos discricionários legais inconvenientes e inoportunos.

A caraterística marcante é o grau de subordinação entre órgãos e agentes, sempre dentro da estrutura da mesma pessoa jurídica. O controle hierárquico permite que o superior aprecie todos os aspectos dos atos de seus subordinados (quanto à legalidade e quanto ao mérito administrativo) e pode ocorrer de ofício ou a pedido, quando for interesse de terceiros, por meio de recurso hierárquico.

Aplicar sanções aos servidores que praticarem infrações funcionais.

Delegar competência

Delegação é o ato discricionário, revogável a qualquer tempo, mediante o qual o superior hierárquico confere o exercício temporário de algumas de suas atribuições, originariamente pertencentes ao seu cargo, a um subordinado.

É importante alertar que, excepcionalmente, a lei admite a delegação para outro órgão que não seja hierarquicamente subordinado ao delegante, conforme podemos constatar da redação do Art. 12 da Lei nº 9.784/99:

> *Art. 12. Um órgão administrativo e seu titular poderão, se não houver impedimento legal, delegar parte da sua competência a outros órgãos ou titulares, ainda que estes não lhe sejam hierarquicamente subordinados, quando for conveniente, em razão de circunstâncias de índole técnica, social, econômica, jurídica ou territorial.*

Características da delegação

Não podem ser Delegados
> Edição de atos de caráter normativo;
> A decisão de recursos administrativos;
> As matérias de competência exclusiva do órgão ou autoridade.

Consequências
> Não acarreta renúncia de competências;
> Transfere o exercício da atribuição e não a titularidade, pois pode ser revogada a delegação a qualquer tempo pela autoridade delegante;
> O ato de delegação e sua revogação deverão ser publicados em meio oficial.

Avocação Competência

Avocar é o ato discricionário mediante o qual o superior hierárquico traz para si o exercício temporário de determinada competência, atribuída por lei a um subordinado.

Cabimento: é uma medida excepcional e deve ser fundamentada.

Restrições: não podem ser avocadas competências exclusivas do subordinado.

Consequências: desonera o agente de qualquer responsabilidade relativa ao ato praticado pelo superior hierárquico.

```
Poder hierárquico ─┬─ Delegação ── Somente os atos administrativos, nunca os atos políticos.
                   └─ Avocação ── Medida excepcional que deve ser fundamentada.
```

> Segundo a Lei nº 9.784/99, que trata do processo administrativo federal:
> *Art. 13. Não podem ser objeto de delegação:*
> *I. a edição de atos de caráter normativo;*
> *II. a decisão de recursos administrativos;*
> *III. as matérias de competência exclusiva do órgão ou autoridade.*

Poder disciplinar

O poder disciplinar é uma espécie de poder-dever de agir da Administração Pública. Dessa forma, o administrador público atua de forma a punir internamente as infrações cometidas por seus agentes e, em exceção, atua de forma a, punir particulares que mantenham um vínculo jurídico específico com a Administração.

O poder disciplinar não pode ser confundido com o *jus puniendi* do Estado, ou seja, com o poder do Estado de aplicar a lei penal a quem comete uma infração penal.

Em regra, o poder disciplinar é discricionário, algumas vezes, é vinculado. Essa discricionariedade se encontra na escolha da quantidade de sanção a ser aplicada dentro das hipóteses previstas na lei, e não na faculdade de punir ou não o infrator, pois puni-lo é um dever, sendo assim, a punição não é discricionária, quantidade de punição que em regra é. Porém, é importante lembrar que, quando a lei apontar precisamente a penalidade ou a quantidade dela que deve ser aplicada para determinada infração, o poder disciplinar será vinculado.

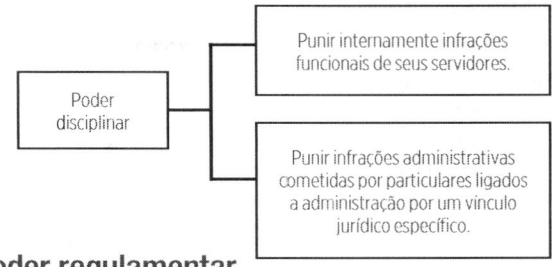

```
Poder disciplinar ─┬─ Punir internamente infrações funcionais de seus servidores.
                   └─ Punir infrações administrativas cometidas por particulares ligados a administração por um vínculo jurídico específico.
```

Poder regulamentar

Quando a Administração atua punindo particulares (comuns) que cometeram falta, ela está usando o poder de polícia. Contudo, quando atua penalizando particulares que mantenham um vínculo jurídico específico (plus), estará utilizando o poder disciplinar.

Existem duas formas de manifestação do poder regulamentar: o decreto regulamentar e o autônomo, sendo que o primeiro é a regra e o segundo é a exceção.

Decreto regulamentar

Também denominado decreto executivo ou regulamento executivo.

O decreto regulamentar é uma prerrogativa dos chefes do poder executivo de regulamentar a lei para garantir a sua fiel aplicação.

Restrições

> Não inova o ordenamento jurídico;
> Não pode alterar a lei;
> Não pode criar direitos e obrigações;
> Caso o decreto regulamentar extrapole os limites da lei, haverá quebra do princípio da legalidade. Nessa situação, se do decreto regulamentar for federal, caberá ao Congresso Nacional sustar os seus dispositivos violadores da lei.

Exercício

> Somente por decretos dos chefes do poder Executivo (Presidente da República, Governadores e Prefeitos), sendo uma competência exclusiva, indelegável a qualquer outra autoridade.

Natureza

> **Decreto:** natureza secundária ou derivada;
> **Lei:** natureza primária ou originária.

Prazo para Regulamentação

> A lei a ser regulamentada deve apontar;
> A ausência do prazo é inconstitucional;
> Enquanto não regulamentada, a lei é inexequível (não pode ser executada);
> Se o chefe do executivo descumprir o prazo, a lei se torna exequível (pode ser executada);
> A competência para editar decreto regulamentar não pode ser objeto de delegação.

PODERES E DEVERES ADMINISTRATIVOS

Decreto autônomo

A Emenda Constitucional nº 32, alterou o Art. 84 da Constituição Federal e deu ao seu inciso VI a seguinte redação:

Art. 84. Compete privativamente ao Presidente da República:
VI. dispor, mediante decreto, sobre:
a) organização e funcionamento da administração federal, quando não implicar aumento de despesa nem criação ou extinção de órgãos públicos;
b) extinção de funções ou cargos públicos, quando vagos;

Essa previsão se refere ao que a doutrina chama de decreto autônomo, pois se refere à predição para o presidente da república tratar mediante decreto de determinados assuntos, sem lei anterior, balizando a sua atuação, pois a baliza foi a própria Constituição Federal. O decreto é autônomo porque não depende de lei.

Características

> Inova o ordenamento jurídico.
> O decreto autônomo tem natureza primária ou originária.
> Somente pode tratar das matérias descritas no Art. 84, VI, da Constituição Federal.
> O Presidente da República poderá delegar as atribuições mencionadas para edição de decretos autônomos aos Ministros de Estado, ao Procurador-Geral da República ou ao Advogado-Geral da União, que observarão os limites traçados nas respectivas delegações, conforme prevê o inciso único do Art. 84.

As regras relativas às competências do Presidente da República no uso do decreto regulamentar e do autônomo são estendidas aos demais chefes do executivo nacional dentro das suas respectivas administrações públicas. Sendo assim, governadores e prefeitos podem tratar, mediante decreto autônomo, dos temas estaduais e municipais de suas respectivas administrações que o Presidente da República pode resolver, mediante decreto autônomo, na esfera da administração pública federal.

DECRETO DE EXECUÇÃO
É a regra.
Pode ser editado pelos chefes do Executivo.
Não inova o ordenamento jurídico e necessita de amparo de uma lei.
É de competência exclusiva, não pode ser delegável.
DECRETO AUTÔNOMO
É a exceção.
Somente pode ser editado pelo Presidente da República.
Inova lei nos casos do Art. 84, IV, a e b do texto constitucional.
É de competência privativa e pode ser delegável de acordo com o Art. 84, parágrafo único.

Poder de polícia

O Código Tributário Nacional, em seu Art. 78, ao tratar dos fatos geradores das taxas, assim conceitua poder de polícia:

Art. 78. Considera-se poder de polícia atividade da Administração Pública que, limitando ou disciplinando direito, interesse ou liberdade, regula a prática de ato ou abstenção de fato, em razão de interesse público concernente à segurança, à higiene, à ordem, aos costumes, à disciplina da produção e do mercado, ao exercício de atividades econômicas dependentes de concessão ou autorização do Poder Público, à tranquilidade pública ou ao respeito à propriedade e aos direitos individuais ou coletivos.

Hely Lopes Meirelles conceitua poder de polícia como a faculdade que dispõe a Administração Pública para condicionar, restringir o uso, o gozo de bens, atividades e direitos individuais, em benefício da coletividade ou do próprio Estado.

É competente para exercer o poder de polícia administrativa sobre uma dada atividade o ente federado, ao qual a Constituição da República atribui competência para legislar sobre essa mesma atividade, para regular a prática dessa.

Assim, podemos dizer que o poder de polícia é discricionário em regra, podendo ser vinculado nos casos em que a lei determinar. Ele dispõe que toda a Administração Pública pode condicionar ou restringir os direitos dos administrados em caso de não cumprimento das determinações legais.

O poder de polícia **fundamenta-se** no de **império** do Estado (Poder **Extroverso**), que decorre do Princípio da Supremacia do Interesse Público, pois, por meio de imposições limitando ou restringindo a esfera jurídica dos administrados, visa à Administração Pública à defesa de um bem maior, que é proteção dos direitos da coletividade, pois o interesse público prevalece sobre os particulares.

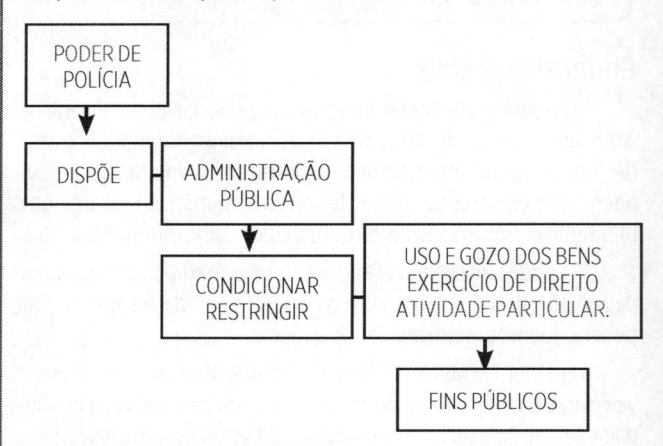

```
PODER DE POLÍCIA
   ↓
DISPÕE → ADMINISTRAÇÃO PÚBLICA
              ↓
         CONDICIONAR → USO E GOZO DOS BENS
         RESTRINGIR    EXERCÍCIO DE DIREITO
                       ATIVIDADE PARTICULAR.
                            ↓
                       FINS PÚBLICOS
```

Atributos do poder de polícia

Discricionariedade: o poder de polícia, em regra, é discricionário, pois dá margem de liberdade dentro dos parâmetros legais ao administrador público para agir; contudo, se a lei exigir, tal poder pode ser vinculado.

O Estado escolhe as atividades que sofrerão as fiscalizações da polícia administrativa. Essa escolha é manifestação da discricionariedade do poder de polícia do Estado. Também é manifestação da discricionariedade do poder de polícia a majoração da quantidade de pena aplicada a quem cometer uma infração sujeita à disciplina do poder de polícia.

Nos casos em que a lei prever uma pena que tenha duração no tempo e não fixar exatamente a quantidade, dando uma margem de escolha de quantidade ao julgador, temos o exercício do poder discricionário na atuação de polícia e, como limite desse poder de punir, temos a própria lei que traz a ordem de polícia e ainda os princípios da razoabilidade e da proporcionalidade que vedam a aplicação da pena em proporção superior à gravidade do fato ilícito praticado.

Autoexecutoriedade: é a prerrogativa da Administração Pública de executar diretamente as decisões decorrentes do poder de polícia, por seus próprios meios, sem precisar recorrer ao judiciário.

Cabimento

> Autorização da Lei;
> Medida Urgente.

A **Autoexecutoriedade** no uso do poder de polícia não é absoluta, tendo natureza relativa, ou seja, não são todos os atos decorrentes do poder de polícia que são autoexecutórios. Para que um ato assim ocorra, é necessário que ele seja exigível e executório ao mesmo tempo:

> **Exigibilidade**: exigível é aquela conduta prevista na norma que, caso seja infringida, pode ser aplicada uma **coerção indireta**, ou seja, caso a pessoa venha a sofrer uma penalidade e se recuse a aceitar a aplicação da sanção, a aplicação dessa somente poderá ser executada por decisão judicial. É o caso das multas, por exemplo, que podem ser lançadas a quem comete uma infração de trânsito, a administração não pode receber o valor devido por meio da coerção, caso a pessoa penalizada se recuse a pagar a multa, o seu recebimento dependerá de execução judicial pela Administração Pública. A exigibilidade é uma característica de todos os atos praticados no exercício do poder de polícia.

> **Executoriedade**: executória é a norma que, caso seja desrespeitada, permite a aplicação de uma **coerção direta**, ou seja, a administração pode utilizar da força coercitiva para garantir a aplicação da penalidade, sem precisar recorrer ao judiciário.

É o caso das sanções de interdição de estabelecimentos comerciais, suspensão de direitos, entre outras. Não são todas as medidas decorrentes do poder de polícia executórias.

O ato de polícia para ser autoexecutório precisa ser ao mesmo tempo exigível e executório, ou seja, nem todos os atos decorrentes do poder de polícia são autoexecutórios.

> **Coercibilidade**: esse atributo informa que as determinações da Administração podem ser impostas coercitivamente ao administrado, ou seja, o particular é obrigado a observar os ditames da administração. Caso ocorra resistência por parte desse, a administração pública estará autorizada a usar força, independentemente de autorização judicial, para fazer com que seja cumprida a regra de polícia. Todavia, os meios utilizados pela administração devem ser legítimos, humanos e compatíveis com a urgência e a necessidade da medida adotada.

Classificação

O poder de polícia pode ser originário, no caso da Administração Pública direta e derivada. Quando diz respeito as autarquias, a doutrina orienta que fundações públicas, sociedade de economia mista e empresas públicas não possuem o poder de polícia em suas ações. Classificação:

Poder de Polícia Originário:
> Dado à Administração Pública Direta.

Poder de Polícia Delegado:
> Dado às pessoas da Administração Pública Indireta que possuem personalidade jurídica de direito público. Esse poder somente é proporcionado para as autarquias ligadas à Administração Indireta.

O poder de polícia não pode ser exercido por particulares ou por pessoas jurídicas de direito privado da administração indireta, entretanto, o STJ em uma recente decisão entendeu que os atos de consentimento de polícia e de fiscalização dessa, que por si só não têm natureza coercitiva, podem ser delegados às pessoas jurídicas de direito privado da Administração Indireta.

Meios de atuação

O poder de polícia pode ser exercido tanto preventivamente quanto repressivamente.

Prevenção: manifesta-se por meio da edição de atos normativos de alcance geral, tais como leis, decretos, resoluções, entre outros, e também por meio de várias medidas administrativas, tais como a fiscalização, a vistoria, a notificação, a licença, a autorização, entre outros.

Repressão: manifesta-se por meio da aplicação de punições, tais como multas, interdição de direitos, destruição de mercadorias etc.

Ciclo de polícia

O ciclo de polícia se refere às fases de atuação desse poder, ordem de polícia, consentimento fiscalização e sanção de polícia, sendo assim, esse ciclo, para se completar, pode passar por quatro fases distintas:

Ordem de Polícia: é a Lei inovadora que tem trazido limites ou condições ao exercício de atividades privadas ou uso de bens.

Consentimento: é a autorização prévia fornecida pela Administração para a prática de determinada atividade privada ou para usar um bem.

Fiscalização: é a verificação, por parte da administração pública, para certificar-se de que o administrado está cumprindo as exigências contidas na ordem de polícia para a prática de determinada atividade privada ou uso de bem.

Sanção de Polícia: é a coerção imposta pela administração ao particular que pratica alguma atividade regulada por ordem de polícia em descumprimento com as exigências contidas.

É importante destacar que o ciclo de polícia não precisa necessariamente comportar essas quatro fases, pois as de ordem e fiscalização devem sempre estar presentes em qualquer atuação de polícia administrativa, todavia, as fases de consentimento e de sanção não estarão presentes em todos os ciclos de polícia.

NOÇÕES DE DIREITO ADMINISTRATIVO

Prescrição

O Prazo de Prescrição das ações punitivas decorrentes do exercício do poder de polícia é de **5 anos** para a esfera federal, conforme constata-se na redação do Art. 1º da Lei nº 9.873/99:

> **Art. 1º.** Prescreve em cinco anos a ação punitiva da Administração Pública Federal, direta e indireta, no exercício do poder de polícia, objetivando apurar infração a legislação em vigor, contados da data da prática do ato ou, no caso de infração permanente ou continuada, do dia em que tiver cessado.

Polícia administrativa x polícia judiciária

Polícia Administrativa: atua visando evitar a prática de infrações administrativas, tem natureza preventiva, entretanto, em alguns casos ela pode ser repressiva. A polícia administrativa atua sobre atividades privadas, bens ou direitos.

Polícia Judiciária: atua com o objetivo de reprimir a infração criminal, tem natureza repressiva, mas, em alguns casos, pode ser preventiva. Ao contrário da polícia administrativa que atua sobre atividades privadas, bens ou direitos, a atuação da judiciária recai sobre as pessoas.

Poder de polícia x prestação de serviços públicos

Não podemos confundir toda atuação estatal com a prestação de serviços públicos, pois, dentre as diversas atividades desempenhadas pela Administração Pública, temos, além da prestação de serviços públicos, o exercício do poder de polícia, o fomento, a intervenção na propriedade privada, entre outras.

Distingue-se o poder de polícia da prestação de serviços públicos, pois essa é uma atividade positiva, que se manifesta numa obrigação de fazer.

Poder de Polícia: atividade negativa, que traz a noção de não fazer, proibição, excepcionalmente pode trazer uma obrigação de fazer. Seu exercício sofre tributação mediante taxa e é indelegável a particulares.

Serviço Público: atividade positiva, que traz a noção de fazer algo. A sua remuneração se dá por meio da tarifa, que não é um tributo, mas sim, uma espécie de preço público, e o serviço público, mesmo sendo de titularidade exclusiva do Estado, é delegável a particulares.

5.3 Abuso de Poder

O administrador público tem que agir obrigatoriamente em obediência aos princípios constitucionais, do contrário, sua ação pode ser arbitrária e, consequentemente, ilegal, o que gerará o chamado abuso de poder.

Excesso de Poder: quando o agente público atua fora dos limites de sua esfera de competência.

Desvio de Poder: quando a atuação do agente, embora dentro de sua órbita de competência, contraria a finalidade explícita ou implícita na lei que determinou ou autorizou a sua atuação, tanto é desvio de poder a conduta contrária à finalidade geral (ou mediata) do ato – o interesse público –, quanto a que discrepe de sua finalidade específica (ou imediata).

Omissão de Poder: ocorre quando o agente público fica inerte diante de uma situação em que a lei impõe o uso do poder.

> Todos os atos que forem praticados com abuso de poder são ilegais e devem ser anulados; essa anulação pode acontecer tanto pela via administrativa quanto pela via judicial.
>
> O remédio constitucional para combater o abuso de poder é o Mandado de Segurança.

6. CONTROLE DA ADMINISTRAÇÃO PÚBLICA

É um conjunto de instrumentos que o ordenamento jurídico estabelece a fim de que a própria administração Pública, os três poderes, e, ainda, o povo, diretamente ou por meio de órgãos especializados, possam exercer o poder de fiscalização, orientação e revisão da atuação de todos os órgãos, entidades e agentes públicos, em todas as esferas do poder.

6.1 Classificação

Quanto à origem

Controle Interno

Acontece dentro do próprio poder, decorrente do princípio da autotutela.

Finalidade:

Art. 74, CF. Os Poderes Legislativo, Executivo e Judiciário manterão, de forma integrada, sistema de controle interno com a finalidade de:

I. Avaliar o cumprimento das metas previstas no plano plurianual, a execução dos programas de governo e dos orçamentos da União;

II. Comprovar a legalidade e avaliar os resultados, quanto à eficácia e eficiência, da gestão orçamentária, financeira e patrimonial nos órgãos e entidades da administração federal, bem como da aplicação de recursos públicos por entidades de direito privado;

III. Exercer o controle das operações de crédito, avais e garantias, bem como dos direitos e haveres da União;

IV. Apoiar o controle externo no exercício de sua missão institucional.

§ 1º - Os responsáveis pelo controle interno, ao tomarem conhecimento de qualquer irregularidade ou ilegalidade, dela darão ciência ao Tribunal de Contas da União, sob pena de responsabilidade solidária.

Exs.:

Pode ser exercido no âmbito hierárquico ou por órgãos especializados (sem hierarquia);

O controle finalístico (controvérsia doutrinária, alguns autores falam que é modalidade de controle externo);

A fiscalização realizada por um órgão da Administração Pública do Legislativo sobre a atuação dela própria;

O controle realizado pela Administração Pública do poder judiciário nos atos administrativos praticados pela própria Administração Pública desse poder.

Controle Externo

É exercido por um poder sobre os atos administrativos de outro poder.

A exemplo, temos o controle judicial dos atos administrativos, que analisa aspectos de legalidade dos atos da Administração Pública dos demais poderes; ou o controle legislativo realizado pelo poder legislativo, nos atos da Administração Pública dos outros poderes.

Controle Popular

É o controle exercido pelos administrados na atuação da Administração Pública dos três poderes, seja por meio da ação popular, do direito de petição ou de outros.

É importante lembrar que os atos administrativos devem ser publicados, salvo os sigilosos. Todavia, uma outra finalidade da publicidade dos atos administrativos é o desenvolvimento do controle social da Administração Pública[1].

Quanto ao momento de exercício

Controle Prévio

É exercido antes da prática ou antes da conclusão do ato administrativo.

Finalidade:

É um requisito de validade do ato administrativo.

Ex.: A aprovação do Senado Federal da escolha de ministros do STF ou de dirigente de uma agência reguladora federal. Em tais situações, a referida aprovação antecede a nomeação de tais agentes.

Controle Concomitante

É exercido durante a prática do ato.

Finalidade:

Possibilitar a aferição do cumprimento das formalidades exigidas para a formação do ato administrativo.

Ex.: Fiscalização da execução de um contrato administrativo; acompanhamento de uma licitação pelos órgãos de controle.

Controle Subsequente/Corretivo/Posterior

É exercido após a conclusão do ato.

Finalidade:

> Correção dos defeitos sanáveis do ato;
> Declaração de nulidade do ato;
> Revogação do ato discricionário legal inconveniente e inoportuno.
> Cassação do ato pelo descumprimento dos requisitos que são exigidos para a sua manutenção.
> Conferir eficácia ao ato.

Ex.: Homologação de um concurso público.

Quanto ao aspecto controlado

Controle de Legalidade

Sua finalidade é verificar se o ato foi praticado em conformidade com o ordenamento jurídico, e, por esse, entendemos que o

---

1 Lei de Acesso à Informação Pública - Lei 12.527-Art. 3º. Os procedimentos previstos nesta Lei destinam-se a assegurar o direito fundamental de acesso à informação e devem ser executados em conformidade com os princípios básicos da Administração Pública e com as seguintes diretrizes:
I. observância da publicidade como preceito geral e do sigilo como exceção;
II. divulgação de informações de interesse público, independentemente de solicitações;
III. utilização de meios de comunicação viabilizados pela tecnologia da informação;
IV. fomento ao desenvolvimento da cultura de transparência na Administração Pública;
V. desenvolvimento do controle social da Administração Pública.

ato tem que ser praticado de acordo com as leis e também com os princípios fundamentais da administração pública.

Lei deve ser entendida, nessa situação, em sentido amplo, ou seja, a Constituição Federal, as leis ordinárias, complementares, delegadas, medidas provisórias e as normas infralegais.

Exercício

Própria Administração Pública: pode realizar o controle de legalidade a pedido ou de ofício. Em decorrência do princípio da autotutela, é espécie de controle interno.

Poder Judiciário: no exercício da função jurisdicional, pode exercer o controle de legalidade somente por provocação. Nesse caso, é uma espécie de inspeção externo.

Poder Legislativo: somente pode exercer controle de legalidade nos casos previstos na Constituição Federal. É forma de controle externo.

Consequências

Confirmação da validade do ato.

Anulação do ato com vício de validade (ilegal).

Um ato administrativo pode ser anulado pela própria Administração[2] que o praticou, por provocação ou de ofício (controle interno) ou pelo poder judiciário. Nesse caso, somente por provocação (controle externo). A anulação gera efeitos retroativos (*ex tunc*), desfazendo todas as relações do ato resultadas, salvo, entretanto, os efeitos produzidos para os terceiros de boa-fé.

Prazo para anulação na via administrativa: cinco anos, contados a partir da prática do ato, salvo comprovada má-fé.

Segundo o STF, quando o controle interno acarretar o desfazimento de um ato administrativo que implique em prejuízo à situação jurídica do administrado, a administração deve antes instaurar um procedimento que garanta a ele o contraditório e a ampla-defesa, para que, dessa forma, possa defender os seus interesses.

Convalidação do ato é a correção com efeitos retroativos do ato administrativo com defeito sanável. Considera-se problema reparável:

> I. Vício de competência relativo à pessoa.
>> » **Exceção**: competência exclusiva (também não cabe convalidação).
>> » O vício de competência relativo à matéria não é caracterizado como um defeito sanável.
>
> II. Vício de Forma
>> » **Exceção**: lei determina que a forma seja elemento essencial de validade de determinado ato (também não cabe convalidação).

Sendo assim, somente os vícios nos elementos forma e competência podem ser convalidados. Em todos os demais casos, a administração somente pode anular o ato.

Mesmo quando o defeito admite convalidação, a administração pública tem a possibilidade de anular, pois a regra é a anulação e a convalidação uma faculdade disponível ao agente público em hipóteses excepcionais.

[2] Súmula 473, STF. *A Administração pode anular seus próprios atos, quando eivados de vícios que os tornem ilegais, porque deles não se originam direitos; ou revogá-los, por motivo de conveniência ou oportunidade, respeitados os direitos adquiridos, e ressalvada, em todos os casos, a apreciação judicial.*

Convalidação Tácita

O Art. 54 da Lei 9.784 prevê que a administração tem o direito de anular os atos administrativos de que decorram efeitos favoráveis; para os destinatários, decai em cinco anos, contados da data em que forem praticados, salvo comprovada má-fé. Transcorrido esse prazo, o ato foi convalidado, pois não pode ser mais anulado pela administração.

Convalidação Expressa

> **Art. 55, Lei 9.784/99.** *Em decisão na qual se evidencie não acarretar lesão ao interesse público nem prejuízo a terceiros, os atos que apresentarem defeitos sanáveis poderão ser convalidados pela própria Administração.*

O prazo que a Administração Pública tem para convalidar um ato é o mesmo que ela tem para anular, ou seja, cinco anos contados a partir da data da prática do feito. Como analisamos, a convalidação, se trata de um controle de legalidade que verificou que o ato foi praticado com vício, todavia, na hipótese descrita no Art. 55 da Lei 9.784/99, a autoridade com competência para anular tal ato, pode optar pela sua convalidação.

Controle de Mérito

Sua finalidade é verificar a conveniência e a oportunidade dos atos administrativos discricionários.

Exercício

Em regra, é exercido discricionariamente pelo próprio poder que praticou o feito.

Excepcionalmente, o poder legislativo tem competência para verificar o mérito de atos administrativos dos outros poderes, esse é um controle de mérito de natureza política.

Não pode ser exercido pelo poder judiciário na sua função típica, mas pode ser executado pela Administração Pública do poder judiciário nos atos dela própria.

Consequências

Manutenção do ato discricionário legal, conveniente e oportuno;

Revogação do ato discricionário legal, inconveniente e inoportuno.

Nas hipóteses em que o Poder Legislativo exerce controle de mérito da atuação administrativa dos outros poderes, não lhe é permitida a revogação de tais atos.

Quanto à amplitude

Controle Hierárquico

Decorre da hierarquia presente na Administração Pública, que se manifesta na subordinação entre órgãos e agentes, sempre no âmbito de uma mesma pessoa jurídica. Acontece na Administração Pública dos três poderes.

Consequências

É um controle interno permanente (antes/durante/após a prática do ato) e irrestrito, pois verifica aspectos de legalidade e de mérito de um ato administrativo praticado pelos agentes e órgãos subordinados.

Esse controle está relacionado às atividades de supervisão, coordenação, orientação, fiscalização, aprovação, revisão, avocação e aplicação de meios corretivos dos desvios e irregularidades verificados.

Controle Finalístico/Tutela Administrativa / Supervisão Ministerial

É exercido pela administração direta sobre as pessoas jurídicas da administração indireta.

Efeitos

Depende de norma legal que o estabeleça, não se enquadrando como um controle específico, e sua finalidade é verificar se a entidade está atingindo as suas intenções estatutárias.

6.2 Controle Administrativo

É um controle interno, fundado no poder de autotutela, exercido pelo poder executivo e pelos órgãos administrativos dos poderes legislativo e judiciário sobre suas próprias condutas, tendo em vista aspectos de legalidade e de mérito administrativo3.

> Súmula 473, STF: A Administração pode anular seus próprios atos, quando eivados de vícios que os tornam ilegais, porque deles não se originam direitos; ou revogá-los, por motivo de conveniência ou oportunidade, respeitados os direitos adquiridos, e ressalvada, em todos os casos, a apreciação judicial.

O controle administrativo é sempre interno. Pode ser hierárquico, quando é feito entre órgãos verticalmente escalonados integrantes de uma mesma pessoa jurídica, seja da Administração Direta ou Indireta; ou não hierárquico, quando exercido entre órgãos que, embora integrem uma só pessoa jurídica, não estão na mesma linha de escalonamento vertical e também no controle finalístico exercido entre a Administração Direta e a Indireta.

O controle administrativo é um controle permanente, pois acontece antes, durante e depois da prática do ato; também é irrestrito, pois como já foi dito, analisa aspectos de legalidade e de mérito.

Ainda é importante apontar que o controle administrativo pode acontecer de ofício ou a pedido do administrado.

Quando interessado em provocar a atuação da Administração Pública, o administrado pode se valer da reclamação administrativa, que é uma expressão genérica para englobar um conjunto de instrumentos, tais como o direito de petição, a representação, a denúncia, o recurso, o pedido de reconsideração, a revisão, dentre outros meios.

O meio utilizado pela Administração Pública para processar o pedido do interessado é o processo administrativo, que, na esfera federal, é regulado pela Lei nº 9.784/99.

6.3 Controle Legislativo

É a fiscalização realizada pelo Poder Legislativo, na sua função típica de fiscalizar, na atuação da Administração Pública dos três poderes.

Quando exercido na atuação administrativa dos outros poderes, é espécie de controle externo; quando realizado na Administração Pública do próprio poder legislativo, é espécie de controle interno.

---
3 ALEXANDRINO, Marcelo & PAULO Vicente. Direito Administrativo Descomplicado. 19ª edição. São Paulo - 2011.

Hipóteses de controle

O controle legislativo na atuação da Administração Pública somente pode ocorrer nas hipóteses previstas na Constituição Federal, não sendo permitidas às Constituições Estaduais ou às leis orgânicas criarem novas modalidades de controle legislativo no respectivo território de sua competência. Caso se crie nova forma de controle legislativo por instrumento legal diverso da Constituição Federal, tal norma será inconstitucional.

Como as normas estaduais e municipais não podem criar novas modalidades de controle legislativo, nessas esferas, pelo princípio da simetria, são aplicadas as hipóteses de controle legislativo previstas na Constituição Federal para os estados e municípios. Todavia, vale ressaltar que como o sistema legislativo federal adota o bicameralismo, as hipóteses de controle do Congresso Nacional, do Senado, das comissões e do Tribunal de Contas da União são aplicadas às assembleias legislativas na esfera estadual e às câmaras de vereadores nas esferas municipais.

Modalidades

Controle de Legalidade

Quando se analisa aspectos de legalidade da atuação da Administração Pública dos três poderes, tais como dos atos e contratos administrativos.

Controle de Mérito (Político)

É um controle de natureza política, que possibilita ao Poder Legislativo, nas hipóteses previstas na Constituição Federal, a intervir na atuação da Administração Pública do Poder Executivo, controlando aspectos de eficiência da atuação e também de conveniência da tomada de determinadas decisões do poder executivo.

Ex.: Quando o Senado tem que aprovar o ato do Presidente da República, que nomeia um dirigente de uma agência reguladora.

Efeitos:

Não acarreta revogação do ato, pois esse ainda não conclui o seu processo de formação enquanto não for aprovado pelo poder legislativo, ou seja, tal ato não gera efeitos até a aprovação, por isso, não há o que se falar em revogação.

Controle exercido pelo Congresso Nacional

A competência exclusiva do Congresso Nacional vem descrita no Art. 40 da Constituição Federal:

> **V.** Sustar os atos normativos do Poder Executivo que exorbitem do poder regulamentar ou dos limites de delegação legislativa;

Tal situação acontece quando, no exercício do poder regulamentar, o presidente da república edite um decreto para complementar determinada lei e, nesse decreto, ele venha a inovar o ordenamento jurídico, ultrapassando os limites da lei. Todavia, a sustação do ato normativo pelo Congresso Nacional não invalida todo o decreto mas somente o trecho dele que esteja exorbitando do exercício do poder regulamentar.

> **IX.** Julgar anualmente as contas prestadas pelo Presidente da República e apreciar os relatórios sobre a execução dos planos de governo;

CONTROLE DA ADMINISTRAÇÃO PÚBLICA

X. Fiscalizar e controlar, diretamente, ou por qualquer de suas Casas, os atos do Poder Executivo, incluídos os da administração indireta;

Controle exercido Privativamente pelo Senado Federal

As competências privativas do Senado Federal vêm descritas no Art. 52 da Constituição Federal, dentre essas, algumas se referem ao exercício de atividades de controle:

I. Processar e julgar o Presidente e o Vice-Presidente da República nos crimes de responsabilidade, bem como os Ministros de Estado e os Comandantes da Marinha, do Exército e da Aeronáutica nos crimes da mesma natureza conexos com aqueles;

II. Processar e julgar os Ministros do Supremo Tribunal Federal, os membros do Conselho Nacional de Justiça e do Conselho Nacional do Ministério Público, o Procurador-Geral da República e o Advogado-Geral da União nos crimes de responsabilidade;

Nesses dois primeiros casos, o julgamento será presidido pelo presidente do STF, limitando-se este à condenação, que somente será proferida por dois terços dos votos do Senado Federal.

III. Aprovar previamente, por voto secreto, após arguição pública, a escolha de:
a) Magistrados, nos casos estabelecidos nesta Constituição;
b) Ministros do Tribunal de Contas da União indicados pelo Presidente da República;
c) Governador de Território;
d) Presidente e diretores do Banco Central;
e) Procurador-Geral da República;
f) titulares de outros cargos que a lei determinar.

IV. Aprovar previamente, por voto secreto, após arguição em sessão secreta, a escolha dos chefes de missão diplomática de caráter permanente;

V. Autorizar operações externas de natureza financeira, de interesse da União, dos Estados, do Distrito Federal, dos Territórios e dos Municípios;

VI. Fixar, por proposta do Presidente da República, limites globais para o montante da dívida consolidada da União, dos Estados, do Distrito Federal e dos Municípios;

VII. Dispor sobre limites globais e condições para as operações de crédito externo e interno da União, dos Estados, do Distrito Federal e dos Municípios, de suas autarquias e demais entidades controladas pelo Poder Público Federal;

VIII. dispor sobre limites e condições para a concessão de garantia da União em operações de crédito externo e interno;

IX. Estabelecer limites globais e condições para o montante da dívida mobiliária dos Estados, do Distrito Federal e dos Municípios;

X. Aprovar, por maioria absoluta e por voto secreto, a exoneração, de ofício, do Procurador-Geral da República antes do término de seu mandato;

XI. Avaliar periodicamente a funcionalidade do Sistema Tributário Nacional, em sua estrutura e seus componentes, e o desempenho das administrações tributárias da União, dos Estados e do Distrito Federal e dos Municípios.

Controle exercido pela Câmara dos Deputados

A competência da Câmara dos Deputados vem descrita no Art. 51 da Constituição Federal, e nesse momento analisaremos as competências relativas à área de controle da administração:

Compete privativamente à Câmara dos Deputados:

I. Autorizar, por dois terços de seus membros, a instauração de processo contra o Presidente e o Vice-Presidente da República e os Ministros de Estado;

II. Proceder à tomada de contas do Presidente da República, quando não apresentadas ao Congresso Nacional dentro de sessenta dias após a abertura da sessão legislativa;

Fiscalização Contábil, Financeira e Orçamentária na Constituição Federal

Também chamado de controle financeiro, em sentido amplo, vem descrito no Art. 70 da CF, que traz as seguintes regras:

Art. 70, CF. A fiscalização contábil, financeira, orçamentária, operacional e patrimonial da União e das entidades da administração direta e indireta, quanto à legalidade, legitimidade, economicidade, aplicação das subvenções e renúncia de receitas, será exercida pelo Congresso Nacional, mediante controle externo, e pelo sistema de controle interno de cada Poder.

Como podemos observar, segundo os ditames do Art. 70 da Constituição Federal, a fiscalização contábil, financeira e orçamentária é realizada tanto por meio de controle interno como de externo.

Áreas alcançadas pelo Controle Financeiro (Amplo):

Contábil: controla o cumprimento das formalidades no registro de receitas e despesas.

Financeira: controla a entrada e a saída de capital, sua destinação.

Orçamentária: fiscaliza e acompanha a execução do orçamento anual, plurianual.

Operacional: controla a atuação administrativa, observando se estão sendo respeitadas as diretrizes legais que orientam a atuação da Administração Pública, bem como avaliando aspectos de eficiência e economicidade.

Patrimonial: controle do patrimônio público, seja ele móvel ou imóvel.

Aspectos Controlados: as áreas alcançadas pelo controle financeiro (sentido amplo) abrangem os seguintes aspectos:

Legalidade: atuação conforme a lei.

Legitimidade: atuação conforme os princípios orientadores da atuação da Administração Pública.

O controle financeiro realizado pelo Congresso Nacional não analisa aspectos de mérito.

Para que o controle financeiro seja eficiente, é necessária a prestação de contas por parte das pessoas físicas ou jurídicas que, de qualquer forma, administrem dinheiro ou direito patrimonial público; tal regra vem descrita no parágrafo único do Art. 70:

Art. 70, Parágrafo único. Prestará contas qualquer pessoa física ou jurídica, pública ou privada, que utilize, arrecade, guarde, gerencie ou administre dinheiros, bens e valores públicos ou pelos quais a União responda, ou que, em nome desta, assuma obrigações de natureza pecuniária.

Controle exercido pelos Tribunais de Contas

Os Tribunais de Contas são órgãos de controle vinculados ao Poder Legislativo. A finalidade que possuem é auxiliar na função de exercer o controle externo da Administração Pública.

Apesar da expressão órgãos auxiliares, os tribunais de contas não se submetem ao poder legislativo, ou seja, não existe hierarquia nem subordinação entre os tribunais de contas e o poder legislativo.

A Constituição Federal, no Art. 71, estabelece as competências do Tribunal de Contas da União (TCU), e, pelo princípio da simetria, os tribunais de contas estaduais e municipais detêm as mesmas competências nas suas esferas de fiscalização, não sendo permitidas às Constituições Estaduais e às leis orgânicas municipais criar novas hipóteses de controle. Veja as competências dos Tribunais de Contas a seguir.

Hipóteses de Controle

Art. 71. O controle externo, a cargo do Congresso Nacional, será exercido com o auxílio do Tribunal de Contas da União, ao qual compete:

I. Apreciar as contas prestadas anualmente pelo Presidente da República, mediante parecer prévio que deverá ser elaborado em sessenta dias a contar de seu recebimento;

II. Julgar as contas dos administradores e demais responsáveis por dinheiros, bens e valores públicos da administração direta e indireta, incluídas as fundações e sociedades instituídas e mantidas pelo Poder Público federal, e as contas daqueles que derem causa a perda, extravio ou outra irregularidade de que resulte prejuízo ao erário público;

III. Apreciar, para fins de registro, a legalidade dos atos de admissão de pessoal, a qualquer título, na administração direta e indireta, incluídas as fundações instituídas e mantidas pelo Poder Público, excetuadas as nomeações para cargo de provimento em comissão, bem como a das concessões de aposentadorias, reformas e pensões, ressalvadas as melhorias posteriores que não alterem o fundamento legal do ato concessório;

IV. Realizar, por iniciativa própria, da Câmara dos Deputados, do Senado Federal, de Comissão técnica ou de inquérito, inspeções e auditorias de natureza contábil, financeira, orçamentária, operacional e patrimonial, nas unidades administrativas dos Poderes Legislativo, Executivo e Judiciário, e demais entidades referidas no inciso II;

V. Fiscalizar as contas nacionais das empresas supranacionais de cujo capital social a União participe, de forma direta ou indireta, nos termos do tratado constitutivo;

VI. Fiscalizar a aplicação de quaisquer recursos repassados pela União mediante convênio, acordo, ajuste ou outros instrumentos congêneres, a Estado, ao Distrito Federal ou a Município;

VII. Prestar as informações solicitadas pelo Congresso Nacional, por qualquer de suas Casas, ou por qualquer das respectivas Comissões, sobre a fiscalização contábil, financeira, orçamentária, operacional e patrimonial e sobre resultados de auditorias e inspeções realizadas;

VIII. Aplicar aos responsáveis, em caso de ilegalidade de despesa ou irregularidade de contas, as sanções previstas em lei, que estabelecerá, entre outras cominações, multa proporcional ao dano causado ao erário;

IX. Assinar prazo para que o órgão ou entidade adote as providências necessárias ao exato cumprimento da lei, se verificada ilegalidade;

X. Sustar, se não atendido, a execução do ato impugnado, comunicando a decisão à Câmara dos Deputados e ao Senado Federal;

XI. Representar ao Poder competente sobre irregularidades ou abusos apurados.

§ 1º - No caso de contrato, o ato de sustação será adotado diretamente pelo Congresso Nacional, que solicitará, de imediato, ao Poder Executivo as medidas cabíveis.

§ 2º - Se o Congresso Nacional ou o Poder Executivo, no prazo de noventa dias, não efetivar as medidas previstas no parágrafo anterior, o Tribunal decidirá a respeito.

§ 3º - As decisões do Tribunal de que resulte imputação de débito ou multa terão eficácia de título executivo.

§ 4º - O Tribunal encaminhará ao Congresso Nacional, trimestral e anualmente, relatório de suas atividades.

Pontos Relevantes

A partir dessas regras, analisaremos alguns aspectos relevantes referentes ao controle da Administração Pública quando feito pelos tribunais de contas, nas suas respectivas áreas de competências:

> Contas do Presidente da República são somente apreciadas mediante parecer prévio do tribunal de contas, a competência para julgá-las é do Congresso Nacional.

Apreciação e julgamento das contas públicas

O TCU tem a competência de apreciar e julgar as contas dos administradores públicos.

O julgamento das contas feito pelo TCU não depende de homologação ou parecer do Poder Legislativo, pois, lembrando, os Tribunais de Contas não são subordinados ao Poder Legislativo.

Julgamento das Contas do Próprio Tribunal de Contas

Como a Constituição Federal não se preocupou em estabelecer quem é que detém a competência para julgar as contas dos Tribunais de Contas, o STF entendeu que podem as Constituições Estaduais e Leis Orgânicas Municipais submeterem as contas dos Tribunais de Contas a julgamentos das suas respectivas casas legislativas.

Controle dos Atos Administrativos

O TCU tem o poder de sustar a execução do ato e, nesse caso, deve dar ciência dessa decisão à Câmara dos Deputados e ao Senado Federal.

Súmula Vinculante nº 3. Nos processos perante ao Tribunal de Contas da União, assegura-se o contraditório e a ampla defesa quando da decisão puder resultar anulação ou revogação de ato administrativo que beneficie o interessado, excetuada a apreciação da legalidade do ato de concessão inicial de aposentadoria, reforma e pensão.

Controle dos Contratos Administrativos

Regra: o TCU não pode sustar os contratos administrativos, pois tal competência é do Congresso Nacional, que deve solicitar de imediato ao Poder Executivo a adoção das medidas cabíveis.

Exceção: caso o Congresso Nacional ou o Poder Executivo não tomem as medidas necessárias para a sustação do contrato em 90 dias, o TCU terá competência para efetuar a sua sustação.

Declaração de Inconstitucionalidade das Leis

Segundo o STF, os tribunais de contas, no exercício de suas competências, podem declarar uma norma inconstitucional e afastar a sua aplicação nos processos de sua apreciação. Todavia,

NOÇÕES DE DIREITO ADMINISTRATIVO

tal declaração de inconstitucionalidade deve ser feita pela maioria absoluta dos membros dos tribunais de contas.

> *Súmula 347, STF.* O Tribunal de Contas, no exercício de suas atribuições, pode apreciar a constitucionalidade das leis e dos atos do poder público.

6.4 Controle Judiciário

É um controle de legalidade (nunca de mérito) realizado pelo poder judiciário, na sua função típica de julgar, nos atos praticados pelas Administração Pública de qualquer poder.

Esse controle por abranger somente aspectos de legalidade, fica restrito à possibilidade de anulação dos atos administrativos ilegais, não podendo o poder judiciário realizar o controle de mérito dos atos administrativos e, em consequência, não podendo revogar os atos administrativos praticados pela Administração Pública.

O controle judiciário somente será exercido por meio da provocação do interessado, não podendo o poder judiciário apreciar um ato administrativo de ofício, em decorrência do atributo da presunção de legitimidade dos atos administrativos.

É importante lembrar que a própria Administração Pública faz o controle de legalidade da sua própria atuação, todavia as decisões administrativas não fazem coisa julgada. Assim sendo, a decisão administrativa pode ser reformada pelo poder judiciário, pois somente as decisões desse poder é que tem o efeito de coisa julgada.

Os meios para provocar a atuação do poder judiciário são vários, dentre eles, encontramos:

> Mandado de Segurança.
> Ação Popular.
> Ação Civil Pública.
> Dentre outros.

7. RESPONSABILIDADE CIVIL DO ESTADO

A responsabilidade civil consubstancia-se na obrigação de indenizar um dano patrimonial decorrente de um fato lesivo voluntário. É modalidade de obrigação extracontratual e, para que ocorra, são necessários alguns elementos previstos no Art. 37, § 6º, da Constituição Federal:

> **§6º** - As pessoas jurídicas de direito público e as pessoas jurídicas de direito privado prestadoras de serviço público responderão pelos danos seus agentes, nessa qualidade, causarem a terceiros, assegurado o direito de regresso contra o responsável nos casos de dolo ou culpa.

7.1 Teoria do Risco Administrativo

É a responsabilidade objetiva do Estado, que paga o terceiro lesado, desde que ocorra o dano por ação praticada pelo agente público, mesmo o agente não agindo com dolo ou culpa.

Enquanto para a Administração a responsabilidade independe da culpa, para o servidor, ela depende: aquela é objetiva, esta é subjetiva e se apura pelos critérios gerais do Código Civil.

Requisitos

O fato lesivo causado pelo agente em decorrência de culpa em sentido amplo, a qual abrange o dolo (intenção), e a culpa em sentido estrito, que engloba a negligência, a imprudência e a imperícia.

A ocorrência de um dano patrimonial ou moral.

O nexo de causalidade entre o dano havido e o comportamento do agente, o que significa ser necessário que o dano efetivamente haja decorrido diretamente, da ação ou omissão indevida do agente.

> As Pessoas Jurídicas de Direito Privado prestadoras de serviço público estão também sob a responsabilidade na modalidade risco administrativo.

Situações de quebra do nexo causal da Administração Pública (Rompimento do Nexo Causal).

Caso I
Culpa exclusiva de terceiros ou da vítima.

Ex.: Marco, Agente Federal, dirigindo regularmente viatura oficial em escolta, atropela Sérgio, um suicida. Nessa situação, a Administração Pública não está obrigada a indenizar, pois o prejuízo foi causado exclusivamente pela vítima.

Caso II
Caso fortuito, evento da natureza imprevisível e inevitável.

Ex.: A PRF apreende um veículo em depósito. No local, cai um raio e destrói por completo o veículo apreendido. Nessa situação, a Administração não estará obrigada a indenizar o prejuízo sofrido, uma vez que não ocorreu culpa.

Caso III
Motivo de força maior, evento humano imprevisível e inevitável.

Ex.: A PRF apreende um veículo em depósito. Uma manifestação popular intensa invade-o e depreda todo o veículo, inutilizando-o. Nessa situação, a Administração não estará obrigada a indenizar o prejuízo sofrido, uma vez que não ocorreu culpa.

> Estão incluídas todas as pessoas jurídicas de Direito Público, ou seja, a Administração Direta, as autarquias e as fundações públicas de direito público, independentemente de suas atividades.

7.2 Teoria da Culpa Administrativa

Segundo a Teoria da Culpa Administrativa, também conhecida como Teoria da Culpa Anônima ou Falta de Serviço, o dever do Estado de indenizar o dano sofrido pelo particular somente existe caso seja comprovada a existência de falta de serviço. É possível ainda ocorrer a responsabilização do Estado aos danos causados por fenômenos da natureza quando ficar comprovado que o Estado concorreu de alguma maneira para que se produzisse o evento danoso, seja por dolo ou culpa. Nessa situação, vigora a responsabilidade subjetiva, pois temos a condição de ter ocorrido com dolo ou culpa. A culpa administrativa pode decorrer de uma das três formas possíveis de falta do serviço:

> Inexistência do serviço.
> Mau funcionamento do serviço.
> Retardamento do serviço.

Cabe sempre ao particular prejudicado pela falta comprovar sua ocorrência para fazer justa indenização.

Para os casos de omissão, a regra geral é a responsabilidade subjetiva. No entanto, há casos em que mesmo na omissão a responsabilidade do Estado será objetiva como, por exemplo, no caso de atendimento hospitalar deficiente e de pessoas sob a custódia do Estado, ou seja, o preso, pois, nesse caso, o Estado tem o dever de assegurar integridade física e mental do custodiado.

7.3 Teoria do Risco Integral

A Teoria do Risco Integral representa uma exacerbação da responsabilidade civil da Administração. Segundo essa teoria, basta a existência de evento danoso e do nexo causal para que surja a obrigação de indenizar para a administração, mesmo que o dano decorra de culpa exclusiva do particular.

Alguns autores consideram essa teoria para o caso de acidente nuclear.

7.4 Danos Decorrentes de Obras Públicas

Só fato da obra: sem qualquer irregularidade na sua execução.

Responsabilidade Civil **Objetiva** da Administração Pública ou particular (tanto faz quem execute a obra).

Má Execução da Obra
> **Administração Pública:** responsabilidade civil objetiva, com direito de ação regressiva.
> **Particular:** responsabilidade civil subjetiva.

7.5 Responsabilidade Civil Decorrente de Atos Legislativos

Regra: irresponsabilidade do Estado.

Exceção 1: leis inconstitucionais:
> Depende de declaração de inconstitucionalidade do STF;
> Depende de ajuizamento de ação de reparação de danos.

Exceção 2: leis de efeitos concretos

7.6 Responsabilidade Civil Decorrente de Atos Jurisdicionais

Regra: irresponsabilidade do Estado.

Exceção: erro judiciário – esfera penal, ou seja, erro do judiciário que acarretou na prisão de um inocente ou na manutenção do preso no cárcere por tempo superior ao prolatado na sentença, Art. 5º, LXXV, da CF. Segundo o STF, essa responsabilidade não alcança outras esferas.

Caso seja aplicada uma prisão cautelar a um acusado criminal e ele venha a ser absolvido, o Estado não responderá pelo erro judiciário, pois se entende que a aplicação da medida não constitui erro do judiciário, mas sim, uma medida cautelar pertinente ao processo.

7.7 Ação de Reparação de Danos

Administração Pública X Particular:

Pode ser amigável ou judicial.

Não pode ser intentada contra o agente público cuja ação acarretou o dano.

Ônus da Prova:

Particular: nexo de causalidade direto e imediato entre o fato lesivo e o dano.

Administração Pública:
> Culpa exclusiva da vítima.
> Força Maior.
> Culpa concorrente da vítima.

Valor da Indenização destina-se à cobertura das seguintes despesas:
> O que a vítima perdeu;
> O que a vítima gastou (advogados);
> O que a vítima deixou de ganhar.

Em caso de morte:
> Sepultamento;
> Pensão alimentícia para os dependentes com base na expectativa de vida da vítima.

Prescrição:
Art. 1º da Lei nº 9.494/97: 5 anos.
Tal prazo aplica-se inclusive às delegatárias de serviço público.

7.8 Ação Regressiva

Administração Pública X Agente Público:

O Art. 37, § 6º, da CF permite à Administração Pública ou delegatária (Concessionárias, Autorizatárias e Permissionárias) de serviço público a ingressar com uma ação regressiva contra o agente cuja atuação acarretou o dano, desde que comprovado dolo ou culpa.

Requisitos:
> Trânsito em julgado da sentença que condenou a Administração ou Delegatária a indenizar.
> Culpa ou dolo do agente público (responsábilidade civil subjetiva).

Regras Especiais:
> O dever de reparação se estende aos sucessores até o limite da herança recebida.
> Pode acontecer após a quebra do vínculo entre o agente público e a Administração Pública.
> A ação de ressarcimento ao erário é imprescritível.

O agente ainda pode ser responsabilizado nas esferas administrativa e criminal se a conduta que gerou o prejuízo ainda incorrer em crime ou em falta administrativa, conforme o caso, podendo as penalidades serem aplicadas de forma cumulativa.

8. QUESTÕES

01. **(AOCP – 2019 – PC/ES – ESCRIVÃO)** Poderes Administrativos são elementos indispensáveis para persecução do interesse público. São Poderes da Administração Pública, EXCETO:
    a) Poder de Polícia.
    b) Poder Regulamentar.
    c) Poder Hierárquico.
    d) Poder Judicial.
    e) Poder Disciplinar.

02. **(AOCP – 2019 – PC/ES – ESCRIVÃO)** Abuso de poder é toda ação que torna irregular a execução do ato administrativo, legal ou ilegal, e que propicia, contra seu autor, medidas disciplinares, civis e criminais. Sobre o abuso de poder, assinale a alternativa correta.
    a) O abuso de poder pode estar presente somente nos atos discricionários e não nos atos vinculados.
    b) O abuso de poder pode ocorrer tanto por desvio de poder, ou finalidade, como por excesso de poder.
    c) O autor do abuso de poder será responsabilizado somente nas esferas administrativas e criminal e não na esfera cível.
    d) O abuso de poder pode estar presente somente nos atos ilegais e não nos atos legais.
    e) Desvio de finalidade e abuso de poder são expressões sinônimas em termos conceituais.

03. **(AOCP – 2018 – PM/SC – OFICIAL)** Assinale a alternativa correta segundo as disposições do Direito Administrativo.
    a) Leis que proíbam o nepotismo na Administração Pública não são de iniciativa exclusiva do Chefe do Poder Executivo, podendo, desse modo, ser propostas pelos parlamentares.
    b) Para se coibir a prática, a vedação ao nepotismo exige a edição de lei formal no respectivo ente federado.
    c) Compete privativamente ao Presidente da República dispor, mediante decreto, sobre a extinção de funções ou cargos públicos, quando preenchidos.
    d) Poder disciplinar é o que cabe à Administração Pública para apurar infrações e aplicar penalidades aos servidores públicos e demais pessoas sujeitas ou não à disciplina interna da Administração.
    e) A anulação é o desfazimento do ato administrativo por razões de conveniência e oportunidade, podendo ser feita pela própria Administração Pública, com fundamento no seu poder de autotutela ou, ainda, pelo Poder Judiciário, mediante provocação dos interessados.

04. **(AOCP – 2018 – PM/SC – OFICIAL)** Nos termos do Decreto-Lei nº 200/67, a Administração Federal é composta pela Administração Direta, que se constitui dos serviços integrados na estrutura administrativa da Presidência da República e dos Ministérios, e pela Administração Indireta, que compreende as Autarquias, as Empresas Públicas, as Sociedades de Economia Mista e as Fundações Públicas, todas dotadas de personalidade jurídica própria.
    Em relação à temática, assinale a alternativa correta.
    a) Em atenção aos princípios da impessoalidade e isonomia, que regem a admissão por concurso público, a dispensa do empregado de empresas públicas e sociedades de economia mista que prestam serviços públicos deve ser motivada, assegurando-se, assim, que tais princípios, observados no momento daquela admissão, sejam também respeitados por ocasião da dispensa.
    b) Somente por lei específica poderão ser criadas autarquias e fundações, e autorizada a instituição de empresa pública e de sociedade de economia mista, cabendo à lei complementar, neste último caso, definir as áreas de sua atuação.
    c) É imprescindível a autorização legislativa para a criação de empresas subsidiárias, ainda que haja previsão para esse fim na própria lei que instituiu a empresa de economia mista matriz, tendo em vista se tratarem de pessoas jurídicas diversas.
    d) As empresas públicas e as sociedades de economia mista, por serem autorizadas por lei, sujeitam-se absolutamente ao regime jurídico de direito privado.
    e) A empresa pública é pessoa jurídica de direito privado com capital inteiramente público, vedada a possibilidade de participação das entidades da Administração Indireta, e organizado sob a forma de sociedade anônima.

05. **(AOCP – 2019 – PC/ES – INVESTIGADOR)** Dentro da organização da Administração Pública, pode-se conceituar o processo de desconcentração como
    a) a distribuição de competências entre órgãos dentro da mesma pessoa jurídica, a fim de permitir o mais adequado e racional desempenho das atividades estatais.
    b) o fenômeno inerente à Administração Indireta, que consiste na criação de entidades para atividades de fiscalização e regulação de um determinado setor.
    c) a prestação de serviço ao Poder Público, por meio de contrato de gestão ou termo de parceria com empresas do setor privado.
    d) a transferência de poderes e atribuições para um sujeito distinto e autônomo do ente federativo criador.
    e) o ato de criação de pessoas jurídicas meramente administrativas, sem a característica de ente político.

06. **(AOCP – 2019 – PC/ES – ESCRIVÃO)** A descentralização administrativa ocorre quando há a transferência da responsabilidade, pelo exercício de atividades administrativas pertinentes à Administração Pública, a pessoas jurídicas auxiliares por ela criadas com essa finalidade ou para particulares, podendo se dar por meio da outorga ou delegação de serviços públicos. A respeito da outorga e da delegação de serviços públicos, assinale a alternativa correta.
    a) É possível realizar a outorga por meio de lei, contrato administrativo ou ato administrativo.
    b) Na outorga, transfere-se a titularidade e a execução dos serviços públicos.
    c) A delegação pode se dar exclusivamente para as pessoas da Administração Pública Indireta.
    d) A outorga pode se dar para pessoas da Administração Pública Indireta ou para os particulares, dependendo do caso.
    e) Na delegação, transfere-se a titularidade e a execução dos serviços públicos.

07. **(AOCP – 2021 – PC/PA – INVESTIGADOR)** Considerando a Administração Pública, assinale a alternativa correta.
    a) A investidura em cargo ou emprego público e as nomeações para cargo em comissão declarado em lei de livre nomeação e exoneração dependem de aprovação prévia em concurso público de provas ou de provas e títulos, de acordo com a natureza e a complexidade do cargo ou emprego, na forma prevista em lei.
    b) O prazo de validade do concurso público será de até 2 anos, prorrogável duas vezes, por igual período.

QUESTÕES

- c) Durante o prazo improrrogável previsto no edital de convocação, aquele aprovado em concurso público de provas ou de provas e títulos será convocado, mas não terá prioridade sobre novos concursados para assumir cargo ou emprego na carreira.
- d) As funções de confiança, exercidas exclusivamente por servidores ocupantes de cargo efetivo, e os cargos em comissão, a serem preenchidos por servidores de carreira nos casos, condições e percentuais mínimos previstos em lei, destinam-se apenas às atribuições de direção, chefia e assessoramento.
- e) O direito de greve será exercido nos termos e nos limites definidos expressamente na Constituição Federal.

08. **(AOCP – 2021 – PC/PA – ESCRIVÃO)** Assinale a alternativa correta conforme a Constituição Federal de 1988.
- a) O prazo de validade do concurso público será de 2 anos, prorrogável uma vez por igual período.
- b) Como condição para a aquisição da estabilidade, é obrigatória a avaliação especial de desempenho, na forma de lei complementar.
- c) A administração fazendária e seus servidores fiscais terão, dentro de suas áreas de competência e jurisdição, precedência sobre os demais setores administrativos, na forma da lei.
- d) José, servidor público efetivo da Administração Direta do Estado do Pará, foi investido no mandato de deputado estadual. Nesse caso, deverá ser afastado de seu cargo, sendo-lhe facultado optar pela sua remuneração.
- e) Maria, servidora pública efetiva de determinada autarquia municipal, foi eleita prefeita. Nesse caso, havendo compatibilidade de horários, perceberá as vantagens de seu cargo, sem prejuízo da remuneração do cargo eletivo.

09. **(AOCP – 2019 – PC/ES – ESCRIVÃO)** Assinale a alternativa que apresenta um exemplo de instrumento de controle jurisdicional da Administração Pública.
- a) Reclamação Administrativa.
- b) Comissão Parlamentar de Inquérito.
- c) Pedido de Informação.
- d) Recurso Administrativo.
- e) Mandado de Segurança.

10. **(AOCP – 2018 – TRT/1ª REGIÃO/RJ – ANALISTA JUDICIÁRIO)** A respeito do controle da Administração Pública, assinale a alternativa correta.
- a) No processo de revisão, no âmbito da Administração Federal, é admitida a reformatio *in pejus*, desde que haja a possibilidade de manifestação prévia do recorrente.
- b) Contra omissão ou ato da administração pública, o uso da reclamação só será admitido após o esgotamento da segunda instância administrativa.
- c) O sistema francês é marcado pela dualidade de jurisdição, tendo em vista que, ao lado do Poder Judiciário, o ordenamento contempla uma Justiça Administrativa competente para dirimir conflitos de interesse envolvendo a Administração Pública.
- d) O controle ministerial exercido pelos Ministérios sobre os órgãos de sua estrutura administrativa caracteriza controle interno por vinculação.
- e) É constitucional a exigência de depósito ou arrolamento prévio de dinheiros ou bens para admissibilidade de recurso administrativo.

Gabaritos

01	D	02	B	03	A
04	A	05	A	06	B
07	D	08	C	09	E
10	C				

NOÇÕES DE DIREITO CONSTITUCIONAL

1. TEORIA GERAL DA CONSTITUIÇÃO

Neste capítulo, trataremos da teoria geral da Constituição, especificamente suas origens, seu conceito e sua classificação. Além disso, veremos a classificação das normas constitucionais quanto à sua eficácia; discutiremos o poder constituinte, e também as emendas constitucionais.

1.1 Conceito de Constituição e Princípio da Supremacia da Constituição

Costuma-se dizer que a origem das Constituições seria a chamada "Magna Charta Libertatum", ou simplesmente "Magna Carta", que foi assinada em 1215, pelo Rei João Sem Terra da Inglaterra, na qual o mesmo aceitava limitações impostas à sua autoridade por parte dos nobres locais.

Esse documento é considerado como um embrião das constituições atuais porque, pela primeira vez, entendia-se que até o mesmo próprio rei teria que se submeter a um documento jurídico.

No entanto, embora se considere que essa seria a origem remota das constituições, o constitucionalismo, como ramo do Direito, surgiu juntamente com as constituições escritas e rígidas, sendo que as primeiras foram a dos Estados Unidos da América, em 1787, após a independência das 13 colônias inglesas, e a da França, em 1791, após a Revolução Francesa de 1789.

Essas duas constituições apresentavam dois traços marcantes: organização do Estado e limitação do poder estatal, por meio da previsão de direitos e garantias fundamentais.

Mas, o que vem a ser uma constituição?

A palavra constituição tem o significado de estrutura, formação, organização.

Pode ser definida como a lei fundamental e suprema de um Estado, que contém normas referentes à estruturação do Estado, forma de governo e aquisição do poder, direitos e garantias dos cidadãos.

Ou seja, a Constituição vai definir, em normas gerais, o funcionamento do Estado, bem como os direitos fundamentais de seus cidadãos.

É o principal documento jurídico de uma nação e todas as leis lhe devem obediência, sendo que aquelas que contradisserem a Constituição serão consideradas como aberrações jurídicas, e não devem produzir efeitos.

Essa ideia de superioridade da Constituição em relação às leis é o que se chama de "Princípio da Supremacia da Constituição".

Para garantir tal supremacia, o Poder Judiciário utiliza-se do chamado mecanismo de controle de constitucionalidade, afastando do ordenamento jurídico aquelas normas consideradas inconstitucionais.

Conceito ideal de constituição

Durante o século XIX, tendo em vista o surgimento de movimentos liberais em praticamente toda a Europa, exigindo que os respectivos monarcas de cada país aceitassem submeter-se a uma Constituição, surgiram muitos textos com esse nome, mas que, na prática, serviam para legitimar o poder real.

Ou seja, funcionavam como "falsas constituições" para reforçar a autoridade dos reis.

Para combater isso, os constitucionalistas criaram o que ficou conhecido como "conceito ideal de Constituição".

Segundo ele, uma constituição, para que possa ser de fato considerada como tal, deve:

> consagrar um sistema de garantias da liberdade (mecanismos de defesa do cidadão contra arbítrios estatais);
> conter o princípio da divisão de poderes, permitindo o controle sistêmico do Estado por si mesmo;
> ser escrita.

Classificação das constituições

As constituições podem ser classificadas por diversos critérios. Vejamos os principais deles:

Quanto ao conteúdo

Na verdade, não se trata de um critério de classificação de constituições, mas sim de normas constitucionais.

Por ele, as normas constitucionais podem ser agrupadas em dois grupos: constituição material e constituição formal.

Constituição material: conjunto de regras substancialmente constitucionais, ou seja, são aquelas normas que tratam de assuntos propriamente constitucionais, como organização do Estado, direitos fundamentais etc.

Constituição formal: o conjunto de todas as regras constantes da constituição escrita, consubstanciada em um documento solene, mesmo que algumas dessas regras tratem de matéria não propriamente constitucional. Ou seja, é tudo o que consta em uma constituição.

Existem normas que são formalmente constitucionais, porém materialmente não o são, porque tratam de assunto que poderia muito bem não estar da Constituição. Exemplo disso é a disposição constante no Art. 242, § 2º:

> *§ 2º. O Colégio Pedro II, localizado na cidade do Rio de Janeiro, será mantido na órbita federal.*

Quanto à forma

Quanto à sua forma, as constituições dividem-se em escritas e costumeiras.

As escritas, conforme o próprio nome indica, caracterizam-se por se encontrarem consubstanciadas em textos legais formais. A maioria dos países ocidentais adota essa forma.

Ex.: constituições brasileira, americana, francesa, alemã, portuguesa etc.).

Já as constituições costumeiras são aquelas que não estão codificadas somente em textos legais formais, mas são formadas pelos costumes e decisões dos tribunais (a chamada jurisprudência) e em textos constitucionais esparsos. Seu maior exemplo é o da Constituição Inglesa, pois aquele país não possui um documento intitulado "Constituição", sendo as normas organizadoras do Estado Inglês formadas ao longo de um extenso período de tempo.

Quanto ao modo de elaboração

Quanto a esse critério, podem as constituições ser dogmáticas ou históricas.

Na verdade, essa classificação está muito ligada à classificação quanto à forma da constituição. As dogmáticas são sempre escritas e são elaboradas por um órgão constituinte em um momento preciso e determinado, produzindo um documento que pode ser datado e que refletirá as ideias predominantes na sociedade em um determinado momento.

Toda constituição escrita é dogmática e vice-versa.

Já as históricas, que estão associadas às constituições costumeiras, têm sua formação dispersa no tempo, sendo consolidadas por meio de um lento processo histórico, não havendo um momento em que se possa dizer: "eis a nossa Constituição pronta!", estando em um processo de contínua formação e alteração, uma vez que não estão consubstanciadas em um único documento.

Uma vez mais, quem nos fornece o exemplo é a Constituição Inglesa.

Quanto à origem

Sob esse ponto de vista, as constituições podem ser populares, outorgadas ou cesaristas.

As constituições populares são elaboradas por um órgão eleito pela vontade popular, chamado normalmente de Assembleia Constituinte, que assim delibera e aprova o documento como representante da vontade dos nacionais. Exemplo desse tipo é a nossa Constituição atual.

As constituições outorgadas se caracterizam por serem elaboradas sem a participação do povo, mas são impostas (outorgadas) por alguém ou um grupo que não recebeu do povo o poder constituinte originário.

Exemplo dessas constituições são as constituições brasileiras de 1824, 1937 e 1967.

Por fim, as chamadas constituições cesaristas ou plebiscitárias representam um meio-termo entre os dois primeiros tipos, pois são elaboradas por alguém que não recebeu do povo a incumbência de elaborar a constituição, porém são submetidas posteriormente a um processo de aprovação popular (plebiscito).

Quanto à possibilidade de alteração

Nesse aspecto, as constituições podem ser: imutáveis, rígidas, flexíveis ou semirrígidas.

As constituições imutáveis não admitem qualquer modificação por qualquer meio, tendo sempre o mesmo texto perpetuamente. Como se pode logo concluir, estão fadadas a uma existência de curta duração, uma vez que não podem ser alteradas para adaptarem-se às mudanças da sociedade.

As rígidas são aquelas que somente podem ser alteradas mediante um processo especial, mais solene e mais difícil do que o utilizado na elaboração das leis.

As flexíveis caracterizam-se por poderem ser modificadas sem a exigência de um processo qualificado diferente do adotado para a legislação ordinária. Ou seja, são aquelas que são alteradas da mesma forma que as leis.

Por sua vez, as semirrígidas ou semiflexíveis são aquelas que contêm uma parte rígida, que somente pode ser alterada por um processo diferenciado, e uma parte flexível, que pode ser alterada por leis comuns.

A Constituição Brasileira de 1988 é rígida.

Quanto à extensão

De acordo com esse critério, as constituições podem ser analíticas ou sintéticas.

As constituições analíticas, também chamadas de dirigentes, têm esse nome por serem mais detalhadas, regendo todos os assuntos que entendam relevantes à formação, destinação e funcionamento do Estado. Por tal razão são chamadas também de dirigentes.

Já as constituições sintéticas, também chamadas de negativas, preocupam-se somente com os princípios e as normas gerais de regência do Estado, organizando-o e limitando seu poder através dos direitos e garantias individuais. Ou seja, praticamente só possuem normas materialmente constitucionais.

São chamadas de sintéticas por serem resumidas e tratarem somente dos assuntos materialmente constitucionais.

As constituições mais recentes tendem a ser analíticas.

Exemplo de constituição analítica é a nossa atual e exemplo de constituição sintética é a norte-americana.

1.2 Poder Constituinte

O Poder Constituinte pode ser definido como a manifestação soberana da suprema vontade política de um povo, social e juridicamente organizado, que se manifesta na elaboração e alteração da Constituição.

Ou seja, é o poder constituinte que elabora e altera a Constituição.

Titularidade

Em uma democracia, o poder constituinte pertence ao povo. Assim, a vontade constituinte é a vontade do próprio povo.

Porém, embora o povo seja o titular do direito, quem o exerce são seus representantes, uma vez que o exercício direto do poder constituinte pelo povo é inviável. Essa titularidade (mas não exercício direto) fica claro no preâmbulo de nossa Constituição: Nós, representantes do povo brasileiro, reunidos..." e no parágrafo único do Art. 1º. "Todo o poder emana do povo, que o exerce por meio de representantes eleitos ou diretamente, nos termos desta Constituição.

Espécies de poder constituinte

O Poder Constituinte classifica-se em:

> Poder Constituinte originário ou de 1º grau;
> Poder Constituinte derivado ou de 2º grau.

Poder constituinte originário

O Poder Constituinte originário elabora a Constituição do Estado, organizando-o e criando seus poderes.

O exercício desse poder se manifesta na elaboração de uma nova constituição.

TEORIA GERAL DA CONSTITUIÇÃO

Pode-se identificar duas formas de expressão desse poder: através de uma Assembleia Constituinte eleita pelo povo, ato chamado de convenção (constituições populares, tendo como um dos exemplos a Constituição Federal de 1988) ou de um Movimento Revolucionário, através de um ato de outorga, como ocorreu com a Constituição de 1824.

O Poder Constituinte originário caracteriza-se por ser inicial (dá início ao ordenamento jurídico), ilimitado (não é limitado por qualquer norma jurídica anterior) e incondicionado (forma livre de exercício).

Poder constituinte derivado

Tem esse nome porque deriva das normas estabelecidas pelo Poder Constituinte originário.

Além de derivado do Poder Constituinte originário, apresenta as características de subordinado ou limitado (encontra-se limitado pelas normas do texto constitucional, às quais deve obedecer, sob pena de inconstitucionalidade) e condicionado, uma vez que seu exercício deve seguir as regras estabelecidas pelo Poder Constituinte originário.

Por sua vez, o Poder Constituinte derivado subdivide-se em:

Poder Constituinte Derivado Reformador: consiste na possibilidade de alterar-se o texto constitucional, respeitando-se os limites e a forma estabelecidos na Constituição.

Poder Constituinte Derivado Decorrente: consiste na capacidade, em um Estado Federal, de os Estados-membros auto-organizarem-se por meio de constituições estaduais, respeitando as regras contidas na Constituição Federal.

Assim, no Brasil, por exemplo, cada Estado possui a sua própria Constituição, e os Municípios podem elaborar suas Leis Orgânicas.

1.3 Classificação das Normas Constitucionais quanto à sua Eficácia

As normas constitucionais podem ser classificadas de acordo com sua aplicabilidade, ou seja, de acordo com sua capacidade de produzirem efeitos.

A classificação tradicional é do jurista José Afonso da Silva, que divide as normas constitucionais em três categorias: normas de eficácia plena, de eficácia contida e de eficácia limitada.

> **Normas de eficácia plena:** são aquelas que, desde a entrada em vigor da Constituição, produzem ou podem produzir todos os seus efeitos essenciais, nos termos propostos pelo constituinte (Ex.: os remédios constitucionais).

> **Normas de eficácia contida:** são aquelas que, embora produzam seus efeitos desde logo, foi deixada margem, pelo constituinte, de restrição, pelo legislador ordinário, de seus efeitos. Ex.: Art. 5º, XIII.

> **Normas de eficácia limitada:** somente produzem seus efeitos plenamente após a edição de lei ordinária ou complementar que lhes desenvolva a aplicabilidade. Ou seja, precisam ser regulamentadas. Ex.: Art. 7º, XI.

Além desses três tipos, podemos citar também as normas programáticas:

> **Normas programáticas:** caracterizam-se por expressarem valores que devem ser respeitados e perseguidos pelo legislador. Não têm a pretensão de serem de aplicação imediata, mas sim de aplicação diferida, paulatina, constituindo um norte ao legislador. Por isso, normalmente, trazem conceitos vagos e abertos. Um exemplo de norma programática seria o Art. 7º, inciso IV, de nossa Constituição Federal, que trata do salário mínimo:

Art. 7º. São direitos dos trabalhadores urbanos e rurais, além de outros que visem à melhoria de sua condição social:

IV. Salário mínimo, fixado em lei, nacionalmente unificado, capaz de atender a suas necessidades vitais básicas e às de sua família com moradia, alimentação, educação, saúde, lazer, vestuário, higiene, transporte e previdência social, com reajustes periódicos que lhe preservem o poder aquisitivo, sendo vedada sua vinculação para qualquer fim;

1.4 Emendas Constitucionais

No exercício do Poder Constituinte Derivado, o Estado pode alterar o texto constitucional, respeitados os limites impostos pelo Poder Constituinte Originário.

Estas alterações se dão por meio das chamadas emendas constitucionais, as quais, uma vez aprovadas, passam a compor o texto original da Magna Carta, em pé de igualdade com as demais normas.

A emenda constitucional é expressamente prevista como espécie normativa no Art. 59 da Constituição Federal.

No entanto, para sua aprovação, uma proposta de emenda constitucional não pode incidir em alguma das restrições previstas pelo constituinte.

Restrições às emendas constitucionais

As restrições às emendas constitucionais podem ser de dois tipos: materiais (também chamadas de cláusulas pétreas), temporais e formais.

Restrições materiais

Têm esse nome porque são restrições de conteúdo (matéria). Ou seja, a Constituição proíbe a aprovação de emendas que tratem de determinadas matérias.

Essas matérias que não podem ser objeto de emendas estão previstas no Art. 60, § 4º, e são chamadas pela doutrina de cláusulas pétreas.

Vejamos o texto deste dispositivo:

Art. 60 (...)
§ 4º. Não será objeto de deliberação a proposta de emenda tendente a abolir:
I. A forma federativa de Estado;
II. O voto direto, secreto, universal e periódico;
III. A separação dos Poderes;
IV. Os direitos e garantias individuais.

Teoria da dupla revisão

O constitucionalista português José Gomes Canotilho defendia ser possível a alteração das cláusulas pétreas, desde que antes fosse alterado o texto constitucional que as defina (teoria da dupla revisão). Ou seja, primeiro altera-se o rol das cláusulas pétreas e depois altera-se a constituição no particular.

No entanto, a maioria dos doutrinadores brasileiros rejeita esta tese por ser uma forma de burlar a vontade soberana do Constituinte Originário.

Restrições temporais

O Art. 60, § 1º, estabelece que a Constituição não poderá ser emendada:

> na vigência de intervenção federal;
> na vigência de estado de defesa;
> na vigência de estado de sítio.

Restrições formais

As restrições formais nada mais são do que os procedimentos necessários para que a emenda constitucional possa ser votada e aprovada.

Pelo fato de a nossa constituição ser rígida, a elaboração de emendas à Constituição exige um processo legislativo mais rígido e dificultoso do que o ordinário.

Ou seja, as restrições formais são os requisitos que deverão ser observados para a aprovação da emenda. Estão ligados à iniciativa para a propositura da emenda, ao rito e ao quórum necessários para sua aprovação.

Iniciativa

De acordo com o Art. 60 da CF, a Constituição poderá ser emendada mediante proposta:

I. De um terço, no mínimo, dos membros da Câmara dos Deputados ou do Senado Federal;

II. Do Presidente da República;

III. De mais da metade das Assembleias Legislativas das unidades da Federação, manifestando-se, cada uma delas, pela maioria relativa de seus membros.

Ou seja, uma Proposta de Emenda Constitucional (PEC) somente pode ser apresentada por uma dessas pessoas ou entidades.

Rito e quórum de aprovação

A PEC terá sua constitucionalidade examinada pela Comissão de Constituição e Justiça da Casa onde foi proposta. Após isso, será colocada em plenário e será votada em dois turnos, sendo que, em cada um deles, deverá ser aprovada por três quintos dos votos dos membros daquela Casa (maioria qualificada de 60% dos membros).

Se a PEC for aprovada nestes dois turnos, será enviada para votação na outra Casa legislativa, onde também deverá ser aprovada em dois turnos com três quintos de aprovação.

Após isso, se aprovada, será então promulgada pelas Mesas da Câmara dos Deputados e do Senado Federal.

2. INTERPRETAÇÃO DAS NORMAS CONSTITUCIONAIS E CONTROLE DE CONSTITUCIONALIDADE

Nos Estados que adotam uma Constituição rígida, entende-se que o texto constitucional deve ser alterado por meio de um procedimento especial, não se admitindo sua alteração ou revogação por leis em sentido estrito.

Desta forma, havendo conflito entre a Constituição e uma lei ou outro ato normativo, deve prevalecer o texto constitucional.

O processo de aferimento da compatibilidade entre a lei ou ato normativo e a Constituição Federal é chamado de controle de constitucionalidade, e é feito por meio da atuação do Poder Judiciário.

Deve-se observar que, em princípio, toda lei ou ato normativo possui a presunção de constitucionalidade, devendo a inconstitucionalidade ser declarada expressamente pelo Judiciário.

Antes, porém, de falarmos especificamente sobre controle de constitucionalidade, convém discorrermos um pouco sobre interpretação das normas constitucionais.

2.1 Interpretação das Normas Constitucionais

Toda norma, assim como toda manifestação de pensamento humano, precisa ser interpretada. Interpretar significa extrair da norma seu verdadeiro sentido.

A hermenêutica constitucional é o conjunto de princípios e técnicas de interpretação das normas constitucionais.

A interpretação constitucional é particularmente importante quando se encontram conflitos, aparentes ou verdadeiros, entre dispositivos constantes da Carta Maior.

Principais regras:

> As normas constitucionais devem ser interpretadas de forma a evitar-se ao máximo Num conflito de normas, deve-se procurar relativizar seu alcance, de forma a evitar-se o sacrifício total de uma em relação à outra.

> Os princípios fundamentais e os direitos e garantias individuais devem nortear as interpretações dos demais dispositivos constitucionais;

> As normas constitucionais têm caráter sintético e genérico;

> Não existem normas inúteis na constituição, todas têm sua utilidade e devem ser preservadas.

> A interpretação não deve cingir-se à mera análise do texto, mas deve observar aquilo que está implícito.

Muitas vezes, o conflito entre um texto legal e a Constituição pode ser resolvido com a adoção de uma interpretação da lei que não contradiga o texto constitucional.

Interpretação conforme a constituição

Já vimos que, sempre que possível, a lei deve ser interpretada de forma que seja mantida a vontade do legislador e, ao mesmo tempo, não ocorra conflito com a Constituição Federal.

Esta é a chamada "interpretação conforme a Constituição", que somente é admissível quando a norma apresentar diversas interpretações possíveis.

Existem duas hipóteses que podem ocorrer quando se aplica a interpretação conforme a Constituição: interpretação conforme com ou sem redução do texto.

Interpretação conforme com redução do texto

Tal interpretação ocorrerá quando for possível, em virtude da redação do texto impugnado, declarar a inconstitucionalidade de determinada expressão, possibilitando, com a supressão deste termo, uma interpretação que não ofenda à Carta Magna.

Exemplo: o Supremo Tribunal Federal declarou, liminarmente, a suspensão da eficácia da expressão desacato contida no Art. 7º, § 2º, da Lei 8.906/94, que dispõe:

> *§ 2º. O advogado tem imunidade profissional, não constituindo injúria, difamação ou desacato puníveis qualquer manifestação de sua parte, no exercício de sua atividade, em juízo ou fora dele, sem prejuízo das sanções disciplinares perante a OAB, pelos excessos que cometer.*

Desta forma, com a supressão do termo "desacato", entendeu o Pretório Excelso que o texto da lei não afrontaria a Constituição Federal.

Interpretação conforme sem redução do texto

Tal técnica é aplicada no caso em que não sendo possível suprimir-se qualquer expressão da norma para adaptá-la à Constituição, define-se uma interpretação para a norma que não fira a Carta Magna.

Aí ocorrem duas possibilidades: ou o Judiciário define qual a interpretação que deve ser dada à norma, excluindo quaisquer outras, ou ele define quais interpretações não podem ser admitidas, permitindo quaisquer outras que lhes sejam diferentes.

Desta forma, vê-se que na interpretação sem redução de texto, o STF não afasta a norma (ou parte dela) do ordenamento jurídico, mas simplesmente define quais interpretações são possíveis ou são vedadas.

Exemplo de utilização dessa técnica é a decisão do STF no julgamento da ADIN 1371, cuja ementa assim dispõe:

> ***EMENTA***: *Ação direta de inconstitucionalidade. 2. Art. 80 e a expressão "ressalvada a filiação", constante do inciso V, do Art. 237, da Lei Complementar nº 75, de 25 de maio de 1993. 3. Dispositivos que permitem a filiação de membros do Ministério Público a partido político. 4. Alegação de incompatibilidade das normas aludidas, quanto à filiação partidária, com o art. 128, § 5º, inciso II, letra e, da Constituição. 5. Ação julgada procedente, em parte, para, sem redução de texto, dar a) ao Art. 237, inciso V, da Lei Complementar federal nº 75/93, de 20/5/93, interpretação conforme a Constituição, no sentido de que a filiação partidária de membro do Ministério Público da União somente pode efetivar-se nas hipóteses de afastamento de suas funções institucionais, mediante licença, nos termos da lei, e b) ao Art. 80 da Lei Complementar federal nº 75/93, interpretação conforme à Constituição, para fixar como única exegese constitucionalmente possível aquela que apenas admite a filiação partidária, se o membro do Ministério Público estiver afastado de suas funções institucionais, devendo cancelar sua filiação partidária, antes de reassumir essas funções, não podendo, ainda, desempenhar funções pertinentes ao Ministério Público Eleitoral senão dois anos após o cancelamento da filiação político-partidária.*

2.2 Controle de Constitucionalidade

Princípio da supremacia da constituição

A Constituição é a norma fundamental que rege a organização de um Estado. Encontra-se acima de todas as outras leis e é o cânon de aferição da validade delas. Tudo aquilo que estiver em desacordo com a vontade do constituinte deve ser expurgado do ordenamento jurídico.

Quando um comando legal contradiz a Constituição, diz-se que ele padece de inconstitucionalidade e, reconhecida esta, ele é considerado nulo, e tudo transcorre, via de regra, como se o mesmo nunca tivesse existido (efeito ex tunc da declaração de inconstitucionalidade).

Recepção de leis pela constituição

Quando uma nova Constituição entra em vigor, as leis e atos normativos anteriores a ela e que não contradizerem o texto constitucional, continuarão em vigor, não havendo necessidade de serem reeditados.

Esse fenômeno é chamado de recepção das normas jurídicas pela nova Constituição.

Controle preventivo e repressivo de constitucionalidade

O controle de constitucionalidade pode ser preventivo ou repressivo.

O controle preventivo de constitucionalidade visa impedir que um ato ou lei inconstitucional venha a existir, a adquirir eficácia, sendo exercido antes da entrada em vigor da norma.

É praticado:

> pelo Poder Executivo, principalmente através do chamado veto jurídico; e
> pelo Poder Legislativo, principalmente através da atuação das Comissões de Constituição e Justiça, mas também através das votações em plenário.

É considerada a melhor forma de controle de constitucionalidade, uma vez que impede que a norma inconstitucional venha a produzir efeitos no mundo jurídico.

Já o controle repressivo tem o objetivo de retirar do ordenamento jurídico uma norma vigente que, porém, se encontra em desacordo com a Constituição.

É exercido, via de regra, pelo Poder Judiciário, porém, nossa Constituição Federal prevê duas hipóteses excepcionais em que este controle pode ser feito pelo Poder Legislativo:

> no caso de o Poder Executivo exorbitar seu poder regulamentar (expedição de decretos) ou os limites de delegação legislativa (Art. 49, V, da CF); e
> no caso de apreciação de Medida Provisória editada pelo Executivo.

Controle concentrado e difuso de constitucionalidade

No direito constitucional comparado, identificam-se dois modelos de controle de constitucionalidade pelo Judiciário: controle concentrado (com origem na Europa Continental) e controle difuso (utilizado nos Estados Unidos da América).

A seguir apresentamos as características diferenciadoras dos dois sistemas:

Controle concentrado, direto, abstrato ou fechado	Controle difuso, aberto ou incidental
Origem: Constituição austríaca de 1920.	Origem: EUA (construção jurisprudencial).
Controle feito de forma abstrata, sem vinculação a um caso concreto.	Controle feito com base no caso concreto trazido ao Tribunal pela parte.
Realizado pela Suprema Corte.	Realizado pelos juízes das instâncias inferiores.
Resultado julgamento *erga omnes* (vale para todas as pessoas).	O resultado do julgamento só vale entre as partes envolvidas no processo.
Legitimidade para provocação da declaração de inconstitucionalidade: restrita.	Legitimidade para provocação da declaração de inconstitucionalidade: qualquer interessado.

O Brasil permite a utilização dos dois sistemas de controle de constitucionalidade: concentrado e difuso.

A seguir, trataremos dos dois sistemas de controle de constitucionalidade, de acordo com as regras estabelecidas pela nossa Constituição Federal.

Controle concentrado

No Brasil, o controle direto de constitucionalidade é exercido pelo Supremo Tribunal Federal, de forma abstrata, ou seja, sem vinculação a um caso específico, por meio da ação direta de inconstitucionalidade (ADIN) e da ação declaratória de constitucionalidade (ADECON).

Ação direta de inconstitucionalidade (adin)

O objeto da Ação Direta de Inconstitucionalidade ou ADI, é a declaração de inconstitucionalidade ou ato normativo.

Pode ser utilizado para questionar a constitucionalidade de lei ou ato normativo federal, estadual ou distrital, este último quando no exercício de competência equivalente à dos Estados-membros, não existindo controle concentrado da constitucionalidade de lei ou ato normativo municipal em face da Constituição Federal.

A análise do STF é feita sempre abstrata, e por isso o pretório excelso não admite a propositura de ADIN contra ato normativo já revogado ou cuja eficácia já tenha se exaurido (por exemplo, leis temporárias ou medidas provisórias não convertidas em lei).

A ADIN somente pode ser impetrada contra decreto quando através dele o Chefe do Executivo extrapola do Poder Regulamentar.

Não se aplica aos atos de efeito concreto (alvarás, licenças etc.), às súmulas dos tribunais e às respostas do TSE a consultas.

NOÇÕES DE DIREITO CONSTITUCIONAL

De acordo com o entendimento do STF, somente existe a possibilidade de impetração de ADIN contra lei ou ato normativo editado posteriormente à constituição. Segundo o Pretório Excelso, a incompatibilidade de uma lei anterior com a Constituição superveniente deve ser analisada no caso concreto, por meio do controle difuso.

O STF admite também o controle concentrado da constitucionalidade dos tratados internacionais, uma vez internalizados em nosso ordenamento jurídico, lembrando que tais tratados são celebrados pelo Presidente da República, porém sua incorporação ao ordenamento jurídico se dá através de decreto legislativo, o qual é sucedido por um decreto presidencial que o promulga e publica, momento a partir do qual passa a ter obrigatoriedade.

Uma vez internados, os tratados qualificam-se como atos normativos infraconstitucionais, no mesmo nível, por exemplo, das leis ordinárias, sendo que qualquer conflito desses tratados com as normas internas será resolvido pelas regras ordinárias de resolução de conflitos entre normas.

Pois bem, uma vez incorporados ao ordenamento pátrio, os tratados internacionais são passíveis de controle difuso e concentrado, como as demais normas.

Legitimação para a ADIN

De acordo com o Art. 103 da Constituição Federal, podem ingressar com ADIN no Supremo Tribunal Federal:

I. Presidente da República;
II. Mesa do Senado Federal;
III. Mesa da Câmara dos Deputados;
IV. Mesa de Assembleia Legislativa de Estado-Membro ou Câmara Legislativa do DF;
V. Governador do Estado ou Distrito Federal;
VI. Procurador-Geral da República;
VII. Conselho Federal da Ordem dos Advogados do Brasil;
VIII. Partido político com representação no Congresso Nacional;
IX. Confederação sindical ou entidade de classe de âmbito nacional.

Por partido político com representação no Congresso Nacional entende-se como partido político que tenha eleito pelo menos um deputado federal ou um senador.

Se, após a impetração da ação, mas antes de seu julgamento, o partido perder sua representação (exemplo: o único deputado federal do partido muda de agremiação), a ação não será julgada, de acordo com a posição atual do STF.

No entanto, o próprio STF decidiu que, se o julgamento da ação já houver sido iniciado, terá ela prosseguimento normal.

ADIN e pertinência temática

Para alguns dos legitimados pelo Art. 103 da CF, o STF exige a presença da chamada pertinência temática, definida como a relação de pertinência entre o objeto da ação e os interesses ou objetivos de existência do legitimado.

Se presume de forma absoluta a pertinência temática (possuem legitimação ativa universal) para os seguintes legitimados, tendo em vista suas próprias atribuições institucionais:

> presidente da República;
> mesa do Senado Federal e da Câmara dos Deputados;
> procurador-Geral da República;
> partido político com representação no Congresso Nacional;
> conselho Federal da OAB.

Desta forma, essas pessoas ou instituições não necessitam provar a coerência entre seus objetivos institucionais e o objeto da ADIN.

Por outro lado, a Mesa da Assembleia Legislativa (ou Câmara Legislativa, no caso do DF), o Governador do Estado ou DF e as confederações sindicais ou entidades de âmbito nacional precisam demonstrar a tal pertinência temática.

Assim, por exemplo, ADIN impetrada pelo Sindicato Nacional das Costureiras que visasse questionar a constitucionalidade do aumento da alíquota da CSLL para instituições financeiras não seria conhecida pelo STF, vez que inexiste qualquer relação próxima entre os objetivos de existência do sindicato e o objeto da ação.

Procedimento

O procedimento da ADIN inicia-se com a apresentação da petição inicial, que pode ser subscrita por um dos legitimados ou por advogado que os represente.

Se a petição inicial for inepta, não fundamentada ou manifestamente improcedente será liminarmente indeferida pelo relator, cabendo agravo ao plenário do Tribunal desta decisão.

Aceita a petição inicial, o relator pedirá informações à autoridade que produziu o ato, a qual deverá fornecê-las no prazo de 30 dias.

Prestadas ou não as informações, o Advogado-Geral da União se manifestará, após o que os autos serão remetidos ao Procurador-Geral da República para sua manifestação.

O julgamento da ADIN, então, será feito pelo plenário do STF, sendo exigido o quórum mínimo de oito ministros.

Para que o julgamento seja concluído, deverão manifestar-se pela constitucionalidade ou inconstitucionalidade da norma a maioria absoluta dos membros do STF (seis ministros). Assim, estando presentes somente oito ministros na primeira sessão e tendo quatro votado pela constitucionalidade e quatro pela inconstitucionalidade, deverá o julgamento prosseguir outro dia com a manifestação de ministros que não se encontravam presentes à sessão anterior, até que o número de seis votos a favor ou contra a constitucionalidade seja alcançado.

Se a ADIN for julgada procedente, a norma será considerada inconstitucional e nula para todos os efeitos, causando inclusive a revalidação das normas por ela revogadas, expressa ou tacitamente.

Se for julgada improcedente, a norma será considerada constitucional, fazendo coisa julgada material, ou seja, não se admitindo mais discussão.

A decisão proferida tem efeitos erga omnes, ou seja, vale contra todos, e ex tunc, ou seja, retroagindo até a data entrada em vigor da norma impugnada.

Prazo prescricional

Considera-se que o direito de propor Ação Direta de Inconstitucionalidade não prescreve, podendo a mesma ser proposta a qualquer tempo, desde que a lei ou ato normativa ainda esteja em vigor.

Ação declaratória de constitucionalidade (ADECON)

O objeto da Ação Declaratória de Constitucionalidade (ADECON) é a declaração da constitucionalidade de uma lei ou ato normativo federal, com o objetivo de afastar-se a insegurança jurídica ou o estado de incerteza sobre a lei ou ato normativo federal.

Desta forma, pode-se dizer de forma simplista que a ADECON é o "oposto" da ADIN.

A lei e atos normativos tem presunção de constitucionalidade, porém, essa presunção é relativa, podendo ser questionada por meio de uma ADIN ou pelo controle difuso. Desta forma, o que se busca com a ADECON é a transformação da presunção relativa de constitucionalidade em presunção absoluta, devido a seus efeitos vinculantes.

Somente podem ser objeto da ADECON a lei ou ato normativo que seja matéria de questionamento judicial. Sendo necessário, assim, que existam diversas ações em andamento em que a constitucionalidade da lei seja questionada.

Legitimação para a ADECON

Os legitimados para propor a ADECON são os mesmos autorizados a impetrar a ADIN.

Procedimento

O rito da ADECON é, basicamente, o mesmo da ADIN. Na ADECON, porém, não existe a necessidade de manifestação do Advogado-Geral da União, uma vez que a declaração da constitucionalidade é o objetivo da ação, não havendo, assim, a necessidade de defesa do ato legal em questão.

O quórum para seu julgamento é o mesmo da ADIN (oito ministros), também havendo necessidade de manifestação de seis dos onze ministros pela procedência ou pela improcedência da ação.

Julgada procedente a ação, a norma será considerada constitucional. Se for julgada improcedente, a lei ou ato normativo federal será considerado inconstitucional, com os mesmos efeitos de uma ADIN julgada procedente.

Também os efeitos da decisão da ADECON produzem efeitos *erga omnes* e *ex tunc*, vinculando o Judiciário e a Administração Pública.

Modulação dos efeitos da decisão de inconstitucionalidade

A declaração de inconstitucionalidade de uma lei ou ato normativo produzirá, via de regra, efeitos retroativos (ex tunc), como se a norma nunca tivesse vigorado.

No entanto, em algumas situações, o STF tem admitido que os efeitos da declaração de inconstitucionalidade não retroajam ou somente retroajam em parte, normalmente para evitar consequências excessivamente danosas que poderiam advir da aplicação da regra geral de retroatividade.

A essa decisão do STF que estipula quais serão os efeitos da declaração de inconstitucionalidade dá-se o nome de modulação dos efeitos.

Controle difuso ou aberto

O controle difuso, incidental, aberto ou indireto é o controle exercido por qualquer juiz ou tribunal, quando submetido a sua apreciação algum caso concreto, em que o autor ou o réu, para defender sua tese, alega a inconstitucionalidade de lei ou ato normativo. O que a parte pretende é a declaração de inconstitucionalidade somente para isentá-lo, no caso concreto, do cumprimento da lei ou ato que considera incompatível com a Constituição Federal (por isso também é chamado de controle por via de exceção).

No controle difuso, a Suprema Corte somente aprecia o caso em grau de recurso (recurso extraordinário), e somente se este for apresentado, diferentemente do controle concentrado, em que conhece da questão originariamente.

Assim como o controle concentrado é típico dos países da Europa continental, o difuso é típico dos países que adotam a *common law* (Inglaterra e ex-colônias, especialmente os Estados Unidos).

Como o Brasil adota os dois modelos, todo juiz pode reconhecer a inconstitucionalidade de uma lei ou ato normativo, o que é feito nos próprios autos da ação em questão, sem a necessidade de um procedimento especial.

Controle difuso e a cláusula da reserva de plenário (Art. 97 da CF)

A Constituição Federal, em seu Art. 97, preceitua que, num Tribunal, a inconstitucionalidade de qualquer lei ou ato normativo somente pode ser declarada pelo voto da maioria de seus membros ou, onde houver, da maioria dos integrantes do respectivo órgão especial, sob pena de nulidade da decisão emanada do órgão fracionário (turma, câmara ou seção).

Essa é a chamada cláusula de reserva de plenário, e vale para todos os tribunais, via controle difuso, e para o STF, no controle difuso e no concentrado.

Assim, tendo o órgão fracionário decidido pela inconstitucionalidade do diploma impugnado, e não tendo sido tal questão analisada anteriormente pelo plenário ou órgão especial, deverá o debate ser levado a estes, que se manifestarão pela constitucionalidade ou não.

Tal apreciação pelo plenário somente é necessária se não houver decisão anterior do próprio Tribunal ou do STF, nesse caso, mesmo que em controle difuso.

Os juízes de primeira instância são livres para decidir de forma monocrática sobre a inconstitucionalidade do ato.

Controle difuso e o Senado Federal

O STF pode, incidentalmente e por maioria absoluta, declarar a inconstitucionalidade de lei ou ato normativo do Poder Público.

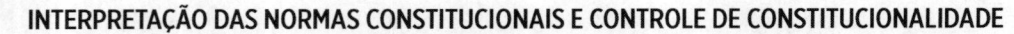

Após, poderá oficiar ao Senado Federal, para que este, através de resolução, suspenda a execução, no todo ou parcialmente, da lei inconstitucional.

O Senado, porém, tem discricionariedade para expedir ou não a resolução, não podendo ser obrigado a tal pelo STF.

Efeitos da declaração de inconstitucionalidade incidental

Uma vez declarada incidenter tantum a inconstitucionalidade da lei ou ato normativo pelo STF, desfaz-se desde o início o ato declarado inconstitucional, não gerando nenhuma consequência jurídica (efeitos *ex tunc*).

Porém, esses efeitos somente têm aplicação para as partes e no processo em que houve a citada declaração, não afetando terceiros, a não ser que, como já visto, o Senado Federal amplie os efeitos dessa decisão através de resolução ou que seja editada uma súmula vinculante pelo STF. Neste caso, porém, os efeitos não serão retroativos para os demais que não integraram a lide, gerando para estes somente efeitos *ex nunc*.

Súmulas vinculantes

O Art. 103-A da Constituição Federal estipula que o STF poderá, de ofício ou por provocação, após reiteradas decisões sobre matéria constitucional, aprovar súmula que, a partir de sua publicação na imprensa oficial, terá efeito vinculante em relação aos demais órgãos do Poder Judiciário e à administração pública direta e indireta, nas esferas federal, estadual e municipal.

São as chamadas "súmulas vinculantes" que são de cumprimento obrigatório em relação ao Poder Judiciário e à Administração Pública.

As súmulas vinculantes devem ser aprovadas mediante decisão de dois terços dos membros do STF, desde que a questão já tenha sido julgada outras vezes na Corte, com decisões sempre semelhantes.

Uma vez aprovada a súmula, poderá ela ser revista ou cancelada também por decisão do STF.

Importante observar que as súmulas vinculantes não obrigam o Poder Legislativo, que poderá aprovar emendas constitucionais ou leis que tratem do assunto de forma diversa daquela estabelecida na súmula, embora os efeitos da mesma permaneçam para os feitos já julgados.

3. PRINCÍPIOS FUNDAMENTAIS

Os Princípios Fundamentais, também chamados de Princípios Constitucionais, formam a base de toda a organização do Estado Brasileiro. Como bem citado pelo Professor José Afonso da Silva, "os Princípios Fundamentais visam essencialmente definir e caracterizar a coletividade política e o Estado e enumerar as principais opções político-constitucionais[1]".

Exatamente em razão de sua importância, a Constituição Federal os colocou logo no início, pois eles são a base de todo o texto. O que se segue a partir desses princípios é mero desdobramento de seu conteúdo.

Quem se prepara para concurso público deve saber que, quando esse tema é abordado, costuma-se trabalhar questões com o conteúdo previsto nos Arts. 1º ao 4º do texto constitucional. Geralmente, aparece apenas texto constitucional puro, mas, dependendo do concurso, as bancas costumam cobrar questões doutrinárias mais difíceis.

Quais princípios serão abordados?

> Princípio da Tripartição dos Poderes;
> Princípio Federativo;
> Princípio Republicano;
> Presidencialismo;
> Princípio Democrático;
> Fundamentos da República Federativa do Brasil;
> Objetivos Fundamentais da República Federativa do Brasil;
> Princípios que Regem as Relações Internacionais do Brasil.

3.1 Princípio da Tripartição dos Poderes

Esse princípio, também chamado de Princípio da Separação dos Poderes, originou-se, historicamente, numa tentativa de limitar os poderes do Estado. Alguns filósofos perceberam que, se o Poder do Estado estivesse dividido entre três entidades diferentes, seria possível que a sociedade exercesse um maior controle de sua utilização.

Na verdade, a divisão não é do Poder Estatal, haja vista ser ele uno, indivisível e indelegável, mas apenas uma divisão das suas funções. Nos dizeres de José Afonso da Silva: "O poder político, uno, indivisível e indelegável, se desdobra e se compõe de várias funções, fato que permite falar em distinções das funções, que fundamentalmente são três: a legislativa, a executiva e a jurisdicional"[2].

A previsão constitucional desse princípio encontra-se no Art. 2º, que diz:

> **Art. 2º.** São Poderes da União, independentes e harmônicos entre si, o Legislativo, o Executivo e o Judiciário.

Esses são os três poderes, cada qual responsável pelo desenvolvimento de uma função principal do Estado:

Poder Executivo

Função principal (típica) de administrar o Estado;

Poder Legislativo

Função principal (típica) de legislar e fiscalizar as contas públicas;

Poder Judiciário

Função principal (típica) jurisdicional.

Além da sua própria função, a Constituição criou uma sistemática que permite a cada um dos poderes o exercício da função do outro poder. Essa função acessória chamamos de **função atípica:**

Poder Executivo

Função atípica de legislar e julgar;

Poder Legislativo

Função atípica de administrar e julgar;

Poder Judiciário

Função atípica de administrar e legislar.

Dessa forma, pode-se dizer que além da própria função, cada poder exerce de forma acessória a função do outro poder.

Uma pergunta sempre surge na cabeça dos candidatos: qual dos três poderes é mais importante?

A única resposta possível é a inexistência de poder mais importante. Cada poder possui sua própria função de forma que não se pode afirmar que exista hierarquia entre os poderes do Estado.

Eles são independentes e harmônicos entre si, e para se garantir essa harmonia, a doutrina norte-americana desenvolveu um sistema que mantém a igualdade entre os poderes: **Sistema de Freios e Contrapesos** (checks and balances).

O sistema de freios e contrapesos adotado pela nossa Constituição, revela-se nas inúmeras medidas previstas no texto constitucional que condicionam a competência de um poder à apreciação de outro poder de forma a garantir o equilíbrio entre os três poderes. Abaixo estão alguns exemplos delas:

Exs.:

A necessidade de sanção do Chefe do Poder Executivo para que um Projeto de Lei aprovado pelo Poder Legislativo possa entrar em vigor;

O **processo do Chefe do Poder Executivo** por crime de responsabilidade a ser realizado no Senado Federal, cuja sessão de julgamento é presidida pelo Presidente do STF;

A **necessidade de apreciação** pelo Poder Legislativo das Medidas Provisórias editadas pelo Chefe do Poder Executivo;

A **nomeação dos ministros** do STF é feita pelo Presidente da República depois de aprovada pelo Senado Federal.

Em todas as hipóteses acima apresentadas, faz-se necessária a participação de mais de um Poder para a consecução de um ato administrativo. Isso cria uma verdadeira relação de interdependência entre os poderes, o que garante o equilíbrio entre eles.

Por último, não se pode esquecer que a separação dos poderes é uma das cláusulas pétreas por força do Art. 60, § 4º, III, da Constituição Federal.

---

[1] CANOTILHO, J. J. Gomes, e MOREIRA, Vital. Fundamentos da Constituição. In: SILVA, José Afonso da. Curso de Direito Constitucional Positivo. 33ª Ed. São Paulo: Malheiros, 2010. p. 94.

[2] SILVA, José Afonso da. Curso de Direito Constitucional Positivo. 33ª Ed. São Paulo: Malheiros, 2010. p. 108.

PRINCÍPIOS FUNDAMENTAIS

Significa dizer que a separação dos poderes não pode ser abolida do texto constitucional por meio de emenda:

> **Art. 60, § 4º.** Não será objeto de deliberação a proposta de emenda tendente a abolir:
> **III.** A separação dos Poderes.

3.2 Princípio Federativo

Esse princípio apresenta a Forma de Estado adotada no Brasil: federação. A forma de Estado reflete o modo de exercício do poder político em função do território. É uma forma composta ou complexa3, visto que prevalece a pluralidade de poderes políticos internos. Está baseada na descentralização política do Estado, cuja representação se dá por meio de quatro entes federativos:

União;

Estados;

Distrito Federal;

Municípios.

Cada ente federativo possui sua **própria autonomia política**, o que **não** pode ser confundido com o atributo da soberania, pertencente ao Estado Federal.

A autonomia de cada ente confere-lhe a capacidade política de, inclusive, criar sua própria Constituição. Apesar de cada ente federativo possuir essa independência, não se pode esquecer que a existência do pacto federativo pressupõe a existência de uma Constituição Federal e da impossibilidade de separação (Princípio da Indissolubilidade do Vínculo Federativo). Havendo quebra do pacto federativo, a Constituição Federal prevê como instrumento de manutenção da forma de Estado a chamada Intervenção Federal, a qual será estudada em momento oportuno.

Não existe hierarquia entre os entes federativos. O que os distingue é a competência que cada um recebeu da Constituição Federal. Deve-se ressaltar que os estados e o Distrito Federal possuem direito de participação na formação da vontade nacional ao possuírem representantes no Senado Federal. Os municípios não possuem representantes no Senado Federal. Caracteriza-se, ainda, pela existência de um guardião da Constituição Federal, o Supremo Tribunal Federal. A doutrina tem apontado para algumas características da forma federativa brasileira:

Tricotômica

Federação constituída em três níveis: federal, estadual e municipal. O Distrito Federal não é considerado nessa classificação, haja vista possuir competência híbrida, ou seja, ora age como estado ora como município.

Centrífuga

Essa característica reflete a formação da federação brasileira. É a formação "de dentro para fora". O movimento é de centrifugadora. A força de criação do estado federal brasileiro surgiu a partir de um Estado Unitário para a criação de um estado federado, ou seja, o poder centralizado que se torna descentralizado. O poder político era concentrado nas mãos de um só ente e, depois, passa a fazer parte de vários entes federativos.

---

3 A doutrina classifica as formas de Estado em Compostas ou Unitárias. Os Estados Compostos ou Complexos possuem como base a descentralização política enquanto que os Estados Unitários ou simples possuem uma única entidade política a qual exerce de forma centralizada o poder político (CUNHA, 2011, p. 872). Estado Federal é espécie de Estado Composto, portanto, não se confunde com Estado Unitário.

Por Desagregação

Ocorre quando um estado unitário resolve se descentralizar politicamente, desagregando o poder central em favor de vários entes titulares de poder político.

Como última observação, não menos importante, a **Forma Federativa de Estado** também é uma cláusula **pétrea**.

Depois de estudar os Princípios da Tripartição dos Poderes e o Federativo, passa-se a ver como eles estão estruturados dentro da República Federativa do Brasil. Uma informação importante antes disso: a autonomia política existente em cada ente federativo pode ser percebida por meio de existência dos poderes em cada um.

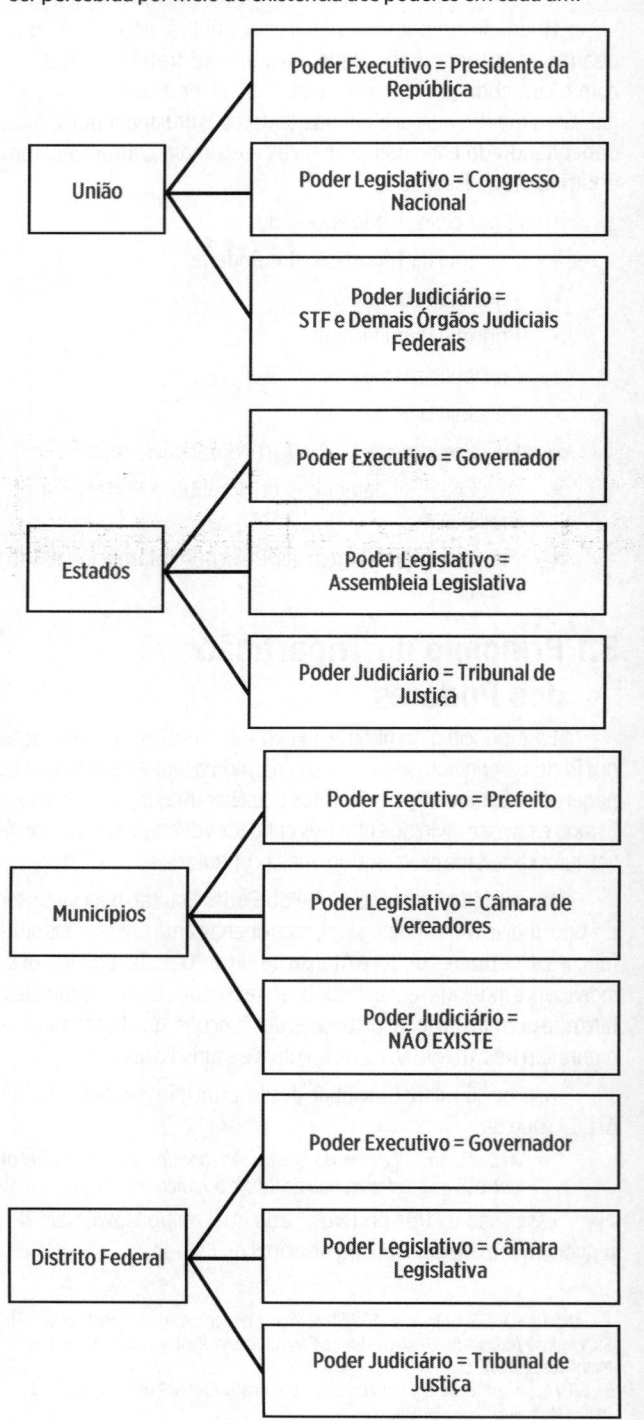

União
- Poder Executivo = Presidente da República
- Poder Legislativo = Congresso Nacional
- Poder Judiciário = STF e Demais Órgãos Judiciais Federais

Estados
- Poder Executivo = Governador
- Poder Legislativo = Assembleia Legislativa
- Poder Judiciário = Tribunal de Justiça

Municípios
- Poder Executivo = Prefeito
- Poder Legislativo = Câmara de Vereadores
- Poder Judiciário = NÃO EXISTE

Distrito Federal
- Poder Executivo = Governador
- Poder Legislativo = Câmara Legislativa
- Poder Judiciário = Tribunal de Justiça

3.3 Princípio Republicano

O princípio Republicano representa a **Forma de Governo** adotada no Brasil. A forma de governo reflete o modo de aquisição e exercício do poder político, além de medir a relação existente entre o governante e o governado.

A melhor forma de entender esse instituto é conhecendo suas características. A primeira característica decorre da análise etimológica da expressão *res publica*. Essa expressão, que dá origem ao Princípio ora estudado, significa coisa pública, ou seja, em um Estado Republicano o governante cuida da coisa pública, governa para o povo.

Outra característica importante é a Temporariedade. Esse atributo revela o caráter temporário do exercício do poder político. Por causa desse princípio, em nosso Estado, o governante permanece no poder por tempo determinado.

Em uma República, o governante é escolhido pelo povo. Essa é a chamada Eletividade. O poder político é adquirido pelas eleições, sendo que a vontade popular se concretiza nas urnas.

Por fim, em um Estado Republicano o governante pode ser responsabilizado por seus atos.

A forma de governo republicana se contrapõe à monarquia, cujas características são opostas às estudadas aqui.

É importante destacar que o princípio republicano não é uma cláusula pétrea, pois esse princípio não se encontra listado no rol das cláusulas pétreas do Art. 60, § 4o, da Constituição Federal. Apesar disso, a Constituição o considerou como princípio sensível. Princípios sensíveis são aqueles que, se tocados, ensejarão a chamada Intervenção Federal, conforme previsto no Art. 34, VII, da Constituição:

> **Art. 34.** *A União não intervirá nos Estados nem no Distrito Federal, exceto para:*
> **VII.** *assegurar a observância dos seguintes princípios constitucionais:*
> **a)** *forma republicana, sistema representativo e regime democrático.*

3.4 Presidencialismo

O Presidencialismo é o sistema de governo adotado no Brasil. O sistema de governo rege a relação entre o Poder Executivo e o Legislativo medindo o grau de dependência entre eles. No Presidencialismo, prevalece a separação entre os Poderes Executivo e Legislativo, os quais são independentes e harmônicos entre si.

A Constituição declara, em seu Art. 76, que:

> *O Poder Executivo é exercido pelo Presidente da República, auxiliado pelos Ministros de Estado.*

O Presidencialismo possui uma característica muito importante, que é a concentração das funções executivas em uma só pessoa, o Presidente, o qual é eleito pelo povo, e exerce ao mesmo tempo três funções: Chefe de Estado, Chefe de Governo, e Chefe da Administração Pública.

A função de Chefe de Estado diz respeito a todas as atribuições do Presidente nas relações externas do País. Como Chefe de Governo, o Presidente possui inúmeras atribuições internas no que tange à governabilidade do país. Já como Chefe da Administração Pública, o Presidente exercerá as funções relacionadas com a chefia da Administração Pública Federal.

3.5 Democracia

Este princípio revela o Regime de Governo adotado no Brasil. Caracteriza-se pela existência do Estado Democrático de Direito e pela preservação da dignidade da pessoa humana.

A democracia significa o governo do povo, pelo povo e para o povo. É a chamada soberania popular. Sua fundamentação constitucional encontra-se no Art. 1º da CF:

> **Art. 1º, Parágrafo único.** *Todo o poder emana do povo, que o exerce por meio de representantes eleitos ou diretamente, nos termos desta Constituição.*

Esse princípio também é conhecido como princípio sensível e, no Brasil, caracteriza-se por seu exercício se dar de forma direta e indireta. Por esse motivo, a democracia brasileira é conhecida como semidireta ou participativa. Esse tema, porém, será abordado na seção sobre **Direitos Políticos**.

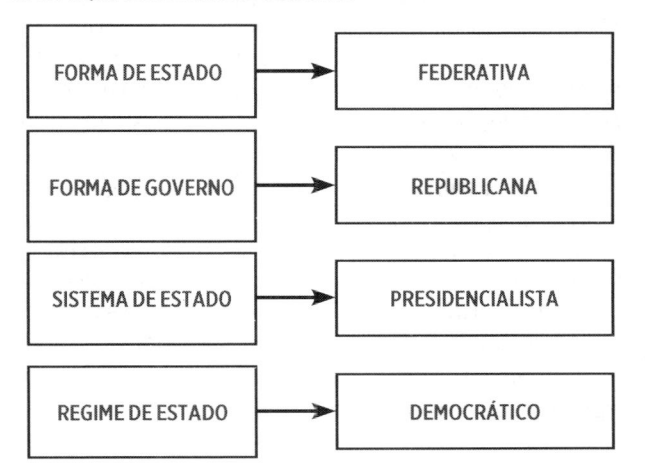

FORMA DE ESTADO	→ FEDERATIVA
FORMA DE GOVERNO	→ REPUBLICANA
SISTEMA DE ESTADO	→ PRESIDENCIALISTA
REGIME DE ESTADO	→ DEMOCRÁTICO

3.6 Fundamentos da República Federativa do Brasil

Entre os Princípios Constitucionais mais importantes, destacam-se os Fundamentos da República Federativa do Brasil, os quais estão elencados no Art. 1º da Constituição Federal:

> **Art. 1º.** *A República Federativa do Brasil, formada pela união indissolúvel dos Estados e Municípios e do Distrito Federal, constitui-se em Estado Democrático de Direito e tem como fundamentos:*
> **I.** *A soberania;*
> **II.** *A cidadania;*
> **III.** *A dignidade da pessoa humana;*
> **IV.** *Os valores sociais do trabalho e da livre iniciativa;*
> **V.** *O pluralismo político.*

A soberania é um fundamento que possui estreita relação com o Poder do Estado. É a capacidade que o Estado tem de impor sua vontade. Esse princípio possui uma dupla acepção: soberania interna e externa.

A soberania interna é a capacidade de impor o poder estatal no âmbito interno, perante os administrados, sem se sujeitar a qualquer outro poder.

PRINCÍPIOS FUNDAMENTAIS

A soberania externa é percebida pelo reconhecimento dos outros Estados soberanos de que o Estado Brasileiro possui sua própria autonomia no âmbito internacional.

A cidadania como princípio revela a condição jurídica de quem é titular de Direitos Políticos. Ela permite ao indivíduo que possui vínculo jurídico com o Estado participar de suas decisões e escolher seus representantes. O exercício da cidadania guarda estreita relação com a Democracia, pois essa autoriza a participação popular na formação da vontade estatal.

A dignidade da pessoa humana é considerada o princípio com maior hierarquia axiológica da Constituição. Sua importância se traduz na medida em que deve ser assegurada, primordialmente, pelo Estado, mas também deve ser observada nas relações particulares. Como fundamento, embasa toda a gama de direitos fundamentais, os quais estão ligados em sua origem a esse princípio. A dignidade da pessoa humana representa o núcleo mínimo de direitos e garantias que devem ser assegurados aos seres humanos.

O valor social do trabalho e da livre iniciativa revela a adoção de uma economia capitalista ao mesmo tempo em que elege o trabalho como elemento responsável pela valorização social. Ao mesmo tempo em que a Constituição garante uma liberdade econômica, protege o trabalho como elemento relacionado à dignidade do indivíduo como membro da sociedade.

O Pluralismo Político, ao contrário do que parece, não está relacionado apenas com a pluralidade de partidos políticos, devendo ser entendido sob um sentido mais amplo, pois revela uma sociedade em que pluralidade de ideias se torna um ideal a ser preservado. Liberdades, como de expressão, religiosa ou política estão entre as formas de manifestação desse princípio.

Geralmente, quando esse tema é cobrado em prova, costuma ser questionado apenas o texto constitucional.

FUNDAMENTOS REPÚBLICA FEDERATIVA DO BRASIL:
- **SO**BERANIA
- **CI**DADANIA
- **DI**GNIDADE DA PESSOA HUMANA
- **VA**LOR SOCIAL DO TRABALHO E DA LIVRE INICIATIVA
- **PLU**RALISMO POLÍTICO

3.7 Objetivos Fundamentais da República Federativa do Brasil

Outro grupo de Princípios Constitucionais que costuma ser cobrado em prova é o dos Objetivos da República Federativa do Brasil, os quais estão previstos em um rol exemplificativo no Art. 3º da Constituição Federal:

Art. 3º. Constituem objetivos fundamentais da República Federativa do Brasil:

I. Construir uma sociedade livre, justa e solidária;

II. Garantir o desenvolvimento nacional;

III. Erradicar a pobreza e a marginalização e reduzir as desigualdades sociais e regionais;

IV. Promover o bem de todos, sem preconceitos de origem, raça, sexo, cor, idade e quaisquer outras formas de discriminação.

Os objetivos são verdadeiras metas a serem perseguidas pelo Estado com o fim de garantir os ditames constitucionais. Deve-se ter muita atenção em relação a esses dispositivos, pois eles costumam ser cobrados em prova fazendo-se alterações dos termos constitucionais.

Outra característica que distingue os fundamentos dos objetivos é o fato de os fundamentos serem nominados com substantivos ao passo que os objetivos se iniciam com verbos. Essa diferença pode ajudar a perceber qual a resposta correta na prova.

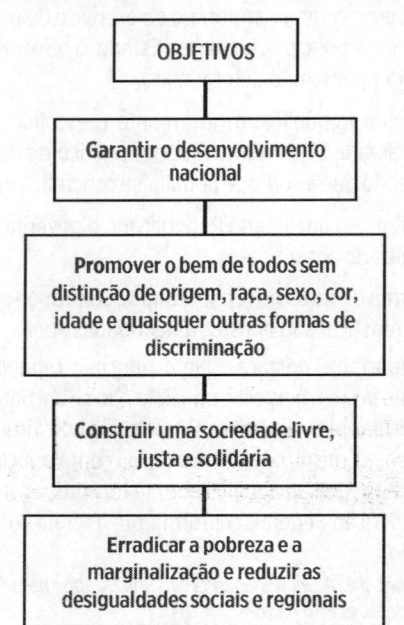

OBJETIVOS:
- Garantir o desenvolvimento nacional
- Promover o bem de todos sem distinção de origem, raça, sexo, cor, idade e quaisquer outras formas de discriminação
- Construir uma sociedade livre, justa e solidária
- Erradicar a pobreza e a marginalização e reduzir as desigualdades sociais e regionais

3.8 Princípios que Regem as Relações Internacionais do Brasil

E, por fim, têm-se os Princípios que regem as relações internacionais, os quais estão previstos no Art. 4º da CF:

Art. 4º. A República Federativa do Brasil rege-se nas suas relações internacionais pelos seguintes princípios:

I. Independência nacional;

II. Prevalência dos direitos humanos;

III. Autodeterminação dos povos;

IV. Não intervenção;

V. Igualdade entre os Estados;

VI. Defesa da paz;

VII. Solução pacífica dos conflitos;

VIII. Repúdio ao terrorismo e ao racismo;

IX. Cooperação entre os povos para o progresso da humanidade;

X. Concessão de asilo político.

Parágrafo único. A República Federativa do Brasil buscará a integração econômica, política, social e cultural dos povos da América Latina, visando à formação de uma comunidade latino-americana de nações.

Esses princípios revelam características muito interessantes do Brasil, ressaltando sua soberania e independência em relação aos outros Estados do mundo.

A independência nacional destaca, no âmbito da soberania externa, a relação do país com os demais estados, uma relação de igualdade, sem estar subjugado a outro Estado.

A prevalência dos direitos humanos vai ao encontro do fundamento da dignidade da pessoa humana, característica muito importante que se revela por meio do grande rol de direitos e garantias fundamentais previstos na Constituição Federal.

O Brasil **defende a autodeterminação dos povos.** Por esse princípio, respeitam-se as decisões e escolhas de cada povo. Entende-se que cada povo é capaz de escolher o seu próprio caminho político e de resolver suas crises internas sem necessidade de intervenção externa de outros países. Esse princípio se completa ao da **não intervenção** no mesmo sentido de preservação e respeito à soberania dos demais Estados.

Esses princípios se completam juntamente com o da **igualdade entre os Estados,** sendo que cada país é reconhecido como titular de soberania na mesma proporção que os demais, sem hierarquia entre eles.

Com uma ampla gama de garantias constitucionais, não poderia ficar de lado a **defesa da paz** como princípio fundamental, ao mesmo tempo que funciona como bandeira defendida pelo Brasil em suas relações internacionais. No mesmo sentido, **a solução pacífica dos conflitos** revela o lado conciliador do governo brasileiro, que por vezes intermedeia relações conturbadas entre outros chefes de estado.

O repúdio ao terrorismo e ao racismo é princípio decorrente da dignidade da pessoa humana; terrorismo e racismo são tomados como inaceitáveis em sociedades modernas.

O Estado Brasileiro tem-se destacado na **cooperação entre os povos para o progresso da humanidade**, envolvendo-se em pesquisas científicas para cura de doenças, bem como na defesa e preservação do meio ambiente, entre outros.

A concessão de asilo político como princípio constitucional fundamenta a decisão brasileira de amparar estrangeiros que estejam sendo perseguidos em seus países por questões políticas ou de opinião.

Destaca-se, entre os princípios que regem as relações internacionais, um mandamento para que a República Federativa do Brasil busque a integração econômica, política, social e cultural dos povos da América Latina, visando à formação de uma comunidade latino-americana de nações. Repare que o texto constitucional mencionou América Latina, não América do Sul. Parece não haver muita diferença, mas esse tema já foi cobrado em prova e a troca dos termos é considerada errada.

4. DIREITOS FUNDAMENTAIS

Os direitos e garantias fundamentais estão entre os temas mais cobrados em provas. Além de questões envolvendo a literalidade do texto constitucional, encontramos aqui muitas discussões doutrinárias e jurisprudências que tornam essa matéria uma fonte inesgotável de questões.

Procura-se nas próximas páginas apresentar as principais questões levantadas na doutrina e nos tribunais, sempre privilegiando as posições adotadas pelas bancas organizadoras de concurso público.

Inicia-se o estudo pelas Regras Gerais aplicáveis aos direitos fundamentais, tema que tem sido priorizado pelas maiores organizadoras de concursos do país.

4.1 Conceito

Os direitos e garantias fundamentais são institutos jurídicos que foram criados no decorrer do desenvolvimento da humanidade e se constituem de normas protetivas que formam um núcleo mínimo de prerrogativas inerentes à condição humana.

4.2 Amplitude Horizontal e Vertical

Possuem como objetivo principal a proteção do indivíduo diante do poder do Estado. Mas não só do Estado. Os direitos e garantias fundamentais também constituem normas de proteção do indivíduo em relação aos outros indivíduos da sociedade.

E é exatamente nesse ponto que surgem os conceitos de **Amplitude Horizontal e Amplitude Vertical.** Amplitude vertical é o efeito protetor que as normas definidoras de direitos e garantias fundamentais produzem para um indivíduo diante do Estado. Já a amplitude horizontal é o efeito protetor que as normas definidoras de direitos e garantias fundamentais produzem para um indivíduo diante dos outros indivíduos.

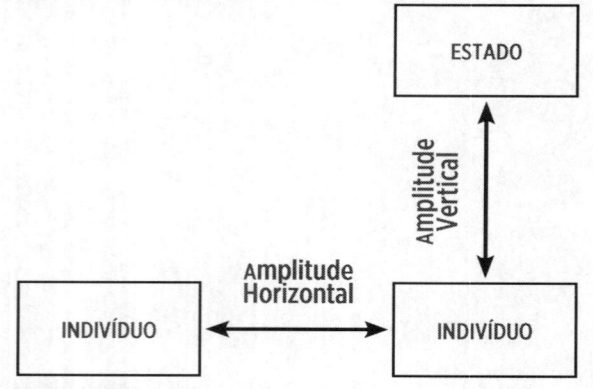

4.3 Classificação

A Constituição Federal, quando se refere aos direitos fundamentais, classifica-os em cinco grupos:
> Direitos e Deveres Individuais e Coletivos;
> Direitos Sociais;
> Direitos de Nacionalidade;
> Direitos Políticos;
> Partidos Políticos.

Essa classificação encontra-se distribuída entre os Arts. 5º e 17 do texto constitucional e é normalmente chamada pela doutrina de Conceito Formal dos Direitos Fundamentais. O Conceito Formal é o que a Constituição Federal resolveu classificar como sendo Direito Fundamental. É o rol de direitos fundamentais previstos expressamente no texto constitucional.

Costuma-se perguntar nas provas: "O rol de direitos fundamentais é um rol exaustivo? Ou melhor, taxativo?" O que se quer saber é se o rol de direitos fundamentais é só aquele que está expresso na Constituição ou não.

Responde-se a essa questão com o § 2º do Art. 5º, que diz:

> **§ 2º** - Os direitos e garantias expressos nesta Constituição não excluem outros decorrentes do regime e dos princípios por ela adotados, ou dos tratados internacionais em que a República Federativa do Brasil seja parte.

Isso significa que o rol não é taxativo, mas exemplificativo. A doutrina costuma chamar esse parágrafo de Cláusula de Abertura Material, que é exatamente a possibilidade de existirem outros direitos fundamentais, ainda que fora do texto constitucional. Esse seria o Conceito Material dos direitos fundamentais, ou seja, todos os direitos fundamentais que possuem a essência fundamental, ainda que não estejam expressos no texto constitucional.

4.4 Características

O elemento jurídico acima abordado, além de explicar a possibilidade de se inserirem novos direitos fundamentais no rol dos que já existem expressamente na Constituição Federal, também constitui uma das características que serão abordadas a seguir:

Historicidade
Essa característica revela que os Direitos Fundamentais são frutos da evolução histórica da humanidade. Significa que eles evoluem com o passar do tempo.

Inalienabilidade
Os direitos fundamentais não podem ser alienados, não podem ser negociados, não podem ser transigidos.

Irrenunciabilidade
Os direitos fundamentais não podem ser renunciados.

Imprescritibilidade
Os direitos fundamentais não se sujeitam aos prazos prescricionais. Não se perde um direito fundamental pelo decorrer do tempo.

Universalidade
Os direitos fundamentais pertencem a todas as pessoas, independentemente da sua condição.

Máxima Efetividade
Essa característica é mais uma imposição ao Estado, que está coagido a garantir a máxima efetividade dos direitos fundamentais. Esses direitos não podem ser ofertados de qualquer forma. É necessário que eles sejam garantidos da melhor forma possível.

Concorrência
Os direitos fundamentais podem ser utilizados em conjunto com outros direitos. Não é necessário abandonar um para usufruir outro direito.

Complementariedade

Um direito fundamental não pode ser interpretado sozinho. Cada direito deve ser analisado juntamente com outros direitos fundamentais, bem como com outros institutos jurídicos.

Proibição do Retrocesso

Essa característica proíbe que os direitos já conquistados sejam perdidos.

Limitabilidade

Não existe direito fundamental absoluto. São direitos relativos.

Não Taxatividade

Essa característica, já tratada anteriormente, diz que o rol de direitos fundamentais é apenas exemplificativo, tendo em vista a possibilidade de inserção de novos direitos.

Veja como esse tema costuma ser abordado em prova:

Os atos de improbidade administrativa estão taxativamente previstos em lei, não sendo possível compreender que sua enumeração seja meramente exemplificativa. ERRADO.

4.5 Dimensões dos Direitos Fundamentais

As dimensões, também conhecidas por Gerações de direitos fundamentais, são uma classificação adotada pela doutrina que leva em conta a ordem cronológica de reconhecimento desses direitos. São cinco as dimensões atualmente reconhecidas:

1ª Dimensão – foram os primeiros direitos conquistados pela humanidade. São direitos relacionados à liberdade, em todas as suas formas. Possuem um caráter negativo diante do Estado, tendo em vista ser utilizado como uma verdadeira limitação ao poder estatal, ou seja, o Estado, diante dos direitos de primeira dimensão, fica impedido de agir ou interferir na sociedade. São verdadeiros direitos de defesa com caráter individual. Estão entre estes direitos as liberdades públicas, civis e políticas.

2ª Dimensão – estes direitos surgem na tentativa de reduzirem as desigualdades sociais provocadas pela primeira dimensão. Por isso, são conhecidos como direitos de igualdade. Para reduzir as diferenças sociais, o Estado precisa interferir na sociedade: essa interferência reflete a conduta positiva adotada por meio de prestações sociais. São exemplos de direitos de segunda dimensão: os direitos sociais, econômicos e culturais.

3ª Dimensão – aqui estão os conhecidos direitos de fraternidade. São direitos que refletem um sentimento de solidariedade entre os povos na tentativa de preservarem os direitos de toda a coletividade. São de terceira geração o direito ao meio ambiente saudável, o direito ao progresso da humanidade, ao patrimônio comum, entre outros.

4ª Dimensão – esses direitos ainda não possuem um posicionamento pacífico na doutrina, mas costuma-se dizer que nesta dimensão ocorre a chamada globalização dos direitos fundamentais. São direitos que rompem com as fronteiras entre os Estados. São direitos de todos os seres humanos, independentemente de sua condição, como o direito à democracia, ao pluralismo político. São também considerados direitos de 4ª geração os direitos mais novos, que estão em construção, como o direito genético ou espacial.

5ª Dimensão – essa é a mais nova dimensão defendida por alguns doutrinadores. É formado basicamente pelo direito à paz.

Esse seria o direito mais almejado pelo homem e que consubstancia a reunião de todos os outros direitos.

Deve-se ressaltar que esses direitos, à medida que foram sendo conquistados, complementavam os direitos anteriores, de forma que não se pode falar em substituição ou superação de uma geração sobre a outra, mas em cumulação, de forma que hoje podemos usufruir de todos os direitos pertencentes a todas as dimensões.

Para não se esquecer das três primeiras dimensões é só lembrar-se do Lema da Revolução Francesa: Liberdade, Igualdade e Fraternidade.

1ª DIMENSÃO	2ª DIMENSÃO	3ª DIMENSÃO
LIBERDADE	IGUALDADE	FRATERNIDADE

4.6 Titulares dos Direitos Fundamentais

Quem são os Titulares dos Direitos Fundamentais?

A própria Constituição Federal responde a essa pergunta quando diz no *caput* do Art. 5º que são titulares "os brasileiros e estrangeiros residentes no país". Mas será que é necessário residir no país para que o estrangeiro tenha direitos fundamentais?

Imaginemos um avião cheio de alemães que está fazendo uma escala no Aeroporto Municipal de Cascavel-PR.

Nenhum dos alemães reside no país. Seria possível entrar no avião e matar todas aquelas pessoas, haja vista não serem titulares de direitos fundamentais por não residirem no país? É claro que não. Para melhor se compreender o termo "residente", o STF o tem interpretado de forma mais ampla no sentido de abarcar todos aqueles que estão no país. Ou seja, todos os que estão no território brasileiro, independentemente de residirem no país, são titulares de direitos fundamentais.

Mas será que, para ser titular de direitos fundamentais, é necessário ter a condição humana? Ao contrário do que parece, não é necessário. Tem-se reconhecido como titulares de direitos fundamentais as pessoas jurídicas. Ressalta-se que não só as pessoas jurídicas de direito privado, mas também as pessoas jurídicas de direito público.

> O STF já se pronunciou sobre a "briga de galo" e a "farra do boi", declarando-as inconstitucionais. Quanto à "vaquejada", o Supremo se manifestou acerca da admissibilidade parcial, desde que não figure flagelação do animal. Por fim, o tema de "rodeios" ainda não foi pleiteado.

Os animais não são considerados titulares de direitos fundamentais, mas isso não significa que seja possível maltratá-los. Na prática, a CF/88 protege-os contra situações de maus-tratos. De outro lado, mortos podem ser titulares de direitos fundamentais, desde que o direito seja compatível (ex.: honra).

4.7 Cláusulas Pétreas e os Direitos Fundamentais

O Art. 60, § 4º da Constituição Federal, traz o rol das chamadas **Cláusulas Pétreas**:

§ 4º - Não será objeto de deliberação a proposta de emenda tendente a abolir:

I. A forma federativa de Estado;
II. O voto direto, secreto, universal e periódico;
III. A separação dos Poderes;
IV. Os direitos e garantias individuais.

As Cláusulas Pétreas são núcleos temáticos formados por institutos jurídicos de grande importância, os quais não podem ser retirados da Constituição. Observe-se que o texto proíbe a abolição desses princípios, mas não impede que os mesmos sejam modificados, no caso, para melhor. Isso já foi cobrado em prova. É importante notar que o texto constitucional prevê no inciso IV como sendo Cláusulas Pétreas apenas os direitos e garantias individuais. Pela literalidade da Constituição, não são todos os direitos fundamentais que são protegidos por esse instituto, mas apenas os de caráter individual. Parte da doutrina e da jurisprudência entende que essa proteção deve ser ampliada, abrangendo os demais direitos fundamentais. Deve-se ter atenção com esse tema em prova, pois já foram cobrados os dois posicionamentos.

4.8 Eficácia dos Direitos Fundamentais

O § 1º do Art. 5º da Constituição Federal prevê que:

> *§ 1º - As normas definidoras dos direitos e garantias fundamentais têm aplicação imediata.*

Quando a Constituição Federal se refere à aplicação de uma norma, na verdade está falando da sua eficácia.

Esse tema é sempre cobrado em provas de concurso. Com o intuito de obter uma melhor compreensão, é necessário conceituar, classificar e diferenciar os vários níveis de eficácia das normas constitucionais.

Para que uma norma constitucional seja aplicada é indispensável que a ela possua eficácia, a qual é *a capacidade que uma norma jurídica tem de produzir efeitos.*

Se os efeitos produzidos se restringem ao âmbito normativo, tem-se a chamada **eficácia jurídica**, ao passo que, se os efeitos são concretos, reais, tem-se a chamada **eficácia social**. Eficácia jurídica, portanto, é a capacidade que uma norma constitucional tem de revogar todas as outras normas que com ela apresentem divergência. Já a eficácia social, também conhecida como efetividade, é a aplicabilidade na prática, concreta, da norma. Todas as normas constitucionais possuem eficácia jurídica, mas nem todas possuem eficácia social. Logo, é possível afirmar que todas as normas constitucionais possuem eficácia. O problema surge quando uma norma constitucional não pode ser aplicada na prática, ou seja, não possui eficácia social.

Para explicar esse fenômeno, foram desenvolvidas várias classificações acerca do grau de eficácia de uma norma constitucional. A classificação mais adotada pela doutrina e mais cobrada em prova é a adotada pelo professor José Afonso da Silva[1]. Para esse estudioso, a eficácia social se classifica em:

> **Eficácia Plena;**
> **Eficácia Contida;**
> **Eficácia Limitada.**

As normas de **eficácia plena** são aquelas **autoaplicáveis**. São normas que possuem aplicabilidade direta, imediata e integral. Seus efeitos práticos são plenos. É uma norma que não depende de complementação legislativa para produzir efeitos. Veja os exemplos:

Art. 1º; Art. 5º, *caput* e incisos XXXV e XXXVI; Art. 19; Art. 21; Art. 53; Art. 60, § 1º e 4º; Art. 69; Art. 128, § 5º, I e II; Art. 145, § 2º; entre outros.

As normas de **eficácia contida** também são **autoaplicáveis**. Assim como as normas de eficácia plena, elas possuem **aplicabilidade direta e imediata**. Contudo, sua aplicação não é integral. É neste ponto que a eficácia contida se diferencia da eficácia plena. A norma de eficácia contida nasce plena, mas pode ser restringida por outra norma.

Daí a doutrina chamá-la de norma contível, restringível ou redutível. Essas espécies permitem que outra norma reduza a sua aplicabilidade. São normas que produzem efeitos imediatos, mas esses efeitos podem ser restringidos. Ex:

Art. 5º, VII, XII, XIII, XV, XXVII, XXXIII; Art. 9º; Art. 37, I; Art. 170, parágrafo único; entre outros.

Já as normas de **eficácia limitada** são desprovidas de eficácia social. Diz-se que as normas de eficácia limitada não são autoaplicáveis, possuem aplicabilidade indireta, mediata e reduzida ou diferida.

São normas que dependem de outra para produzirem efeitos. O que as difere das normas de eficácia contida é a dependência de outra norma para que produza efeitos sociais. Enquanto as de eficácia contida produzem efeitos imediatos, os quais poderão ser restringidos posteriormente, as de eficácia limitada dependem de outra norma para produzirem efeitos. Deve-se ter cuidado para não pensar que essas espécies normativas não possuem eficácia. Como se afirmou anteriormente, elas possuem eficácia jurídica, mas não possuem eficácia social. As normas de eficácia limitada são classificadas, ainda, em:

> Normas de eficácia limitada de princípio institutivo (organizativo ou organizatório);
> Normas de eficácia limitada de princípio programático.

As normas de eficácia limitada de **princípio institutivo** são aquelas que dependem de outra norma para organizar ou instituir estruturas, entidades ou órgãos.

Art. 18, § 2º; Art. 22, Parágrafo único; Art. 25, § 3º; Art. 33; Art. 88; Art. 90, §2º; Art. 102, §1º; Art. 107, §1º; Art. 113; Art. 121; Art. 125, §3º; 128, §5º; Art. 131; entre outros.

As normas de eficácia limitada de **princípio programático** são aquelas que apresentam verdadeiros objetivos a serem perseguidos pelo Estado, programas a serem implementados. Em regra, possuem fins sociais.

Art. 7º, XI, XX, XXVII; Art. 173, §4º; Art. 196; Art. 205; Art. 215; Art. 218; Art. 227; entre outros.

O Supremo Tribunal Federal (STF) possui algumas decisões que conferiram o grau de eficácia limitada aos seguintes dispositivos:

Art. 5º, LI; Art. 37, I; Art. 37, VII; Art. 40, § 4º; Art. 18, §4º.

Feitas as considerações iniciais sobre esse tema, resta saber o que o § 1º do Art. 5º da CF quis dizer com "aplicação imediata". Para traduzir essa expressão, basta analisar a explicação apresentada anteriormente. Segundo a doutrina, as normas que possuem

---

[1] Silva, José Afonso da. "Curso de Direito Constitucional Positivo". 27ª edição. São Paulo: Malheiros, 2005.

aplicação imediata ou são de eficácia plena ou contida. Ao que parece, o texto constitucional quis restringir a eficácia dos direitos fundamentais em plena ou contida, não existindo, em regra, normas definidoras de direitos fundamentais com eficácia limitada. Entretanto, pelos próprios exemplos aqui apresentados, não é essa a realidade do texto constitucional. Certamente, existem normas de eficácia limitada entre os direitos fundamentais (7º, XI, XX, XXVII). A dúvida que surge então é: como responder na prova?

A doutrina e o STF têm entendido que, apesar do texto expresso na Constituição Federal, existem normas definidoras de direitos fundamentais que não possuem aplicabilidade imediata, as quais são de eficácia limitada. Diante dessa contradição, a doutrina tem orientado no sentido de se conferir a maior eficácia possível aos direitos fundamentais. Em prova, pode ser cobrada tanto uma questão abordando o texto puro da Constituição Federal quanto o posicionamento da doutrina. Deve-se responder conforme for perguntado.

A Constituição previu dois instrumentos para garantir a efetividade das normas de eficácia limitada: **Ação Direta de Inconstitucionalidade** por omissão e o **Mandado de Injunção.**

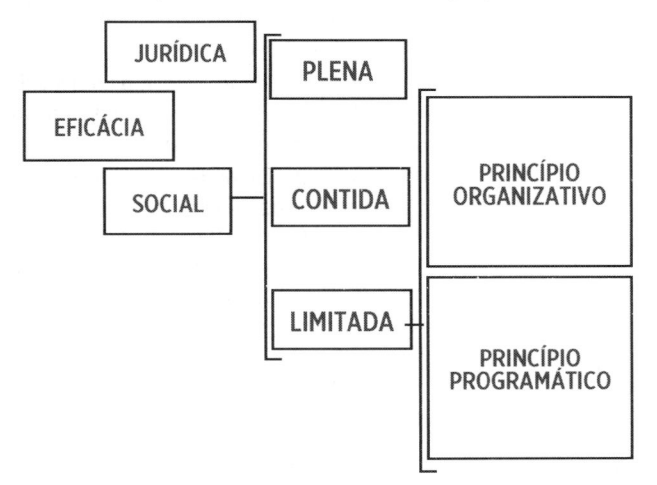

4.9 Força Normativa dos Tratados Internacionais

Uma regra muito importante para a prova é a que está prevista no § 3º do Art. 5º:

> *§3º - Os tratados e convenções internacionais sobre direitos humanos que forem aprovados, em cada Casa do Congresso Nacional, em dois turnos, por três quintos dos votos dos respectivos membros, serão equivalentes às emendas constitucionais.*

Esse dispositivo constitucional apresenta a chamada Força Normativa dos Tratados Internacionais.

Segundo o texto constitucional, é possível que um tratado internacional possua força normativa de emenda constitucional, desde que preencha os seguintes requisitos:

> Tem que falar de direitos humanos;
> Tem que ser aprovado nas duas casas legislativas do Congresso Nacional, ou seja, na Câmara dos Deputados e no Senado Federal;
> Tem que ser aprovado em dois turnos em cada casa;
> Tem que ser aprovado por 3/5 dos membros em cada turno de votação, em cada casa.

Preenchidos esses requisitos, o Tratado Internacional terá força normativa de **Emenda à Constituição.**

Mas surge a seguinte questão: e se o Tratado Internacional for de Direitos Humanos e não preencher os requisitos constitucionais previstos no § 3º do Art. 5º da Constituição? Qual será sua força normativa? Segundo o STF, caso o Tratado Internacional fale de direitos humanos, mas não preencha os requisitos do § 3º do Art. 5º da CF, ele terá força normativa de **Norma Supralegal.**

Ainda há os tratados internacionais que não falam de direitos humanos. São tratados que falam de outros temas, por exemplo, o comércio. Esses tratados possuem força normativa de **Lei Ordinária.**

Em suma, são três as forças normativas dos Tratados Internacionais:

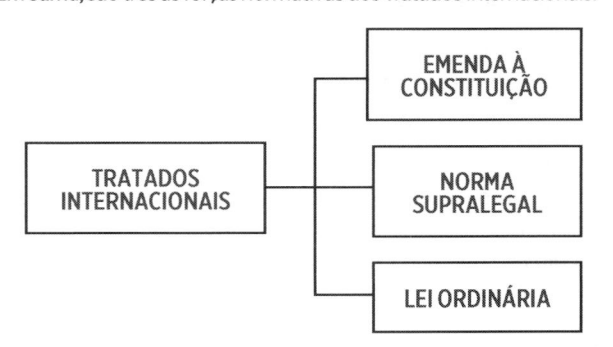

4.10 Tribunal Penal Internacional - TPI

Há outra regra muito interessante prevista no § 4º do Art. 5º da Constituição:

> *§ 4º - O Brasil se submete à jurisdição de Tribunal Penal Internacional a cuja criação tenha manifestado adesão.*

É o chamado **Tribunal Penal Internacional**. Mas o que é o Tribunal Penal Internacional? É uma corte permanente, localizada em Haia, na Holanda, com competência de julgamento dos crimes contra a humanidade.

É um Tribunal, pois tem função jurisdicional; é Penal porque só julga crimes; é Internacional, haja vista sua competência não estar restrita à fronteira de um só Estado.

Mas uma coisa deve ser esclarecida. O TPI não julga qualquer tipo de crime. Só os crimes que tenham repercussão para toda a humanidade. Geralmente, são crimes de guerra, agressão estrangeira, genocídio, dentre outros.

Apesar de ser um tribunal com atribuições jurisdicionais, o TPI não faz parte do Poder Judiciário brasileiro. Sua competência é complementar à jurisdição nacional, não ofendendo, portanto, a soberania do Estado brasileiro. Isso significa que o TPI só age quando a Justiça Brasileira se omite ou é ineficaz.

4.11 Direitos X Garantias

Muitos questionam se direitos e garantias são a mesma coisa, mas a melhor doutrina tem diferenciado esses dois institutos.

Os direitos são os próprios direitos previstos na Constituição Federal. São os bens jurídicos tutelados pela Constituição. Eles representam por si só esses bens.

As garantias são instrumentos de proteção dos direitos. São ferramentas disponibilizadas pela Constituição para a fruição dos direitos.

Apesar da diferença entre os dois institutos é possível afirmar que **toda garantia é um direito.**

5. DIREITOS E DEVERES INDIVIDUAIS E COLETIVOS

A Constituição Federal, ao disciplinar os direitos individuais, os coloca basicamente no Art. 5º. Logo no *caput* desse artigo, já aparece uma classificação didática dos direitos ali previstos:

> *Art. 5º. Todos são iguais perante a lei, sem distinção de qualquer natureza, garantindo-se aos brasileiros e aos estrangeiros residentes no País a inviolabilidade do direito à vida, à liberdade, à igualdade, à segurança e à propriedade, nos termos seguintes:*

Para estudarmos os direitos individuais, utilizaremos os cinco grupos de direitos previstos no *caput* do Art. 5º:

> Direito à vida;
> Direito à igualdade;
> Direito à liberdade;
> Direito à propriedade;
> Direito à segurança.

Percebe-se que os 78 incisos do Art. 5º, de certa forma, decorrem de um desses direitos que podem ser chamados de **"direitos raízes"**. Utilizando essa divisão, a seguir serão abordados os incisos mais importantes desse artigo, tendo em vista a preparação para a prova. Logicamente, não conseguiremos abordar todos os incisos, o que não tira a responsabilidade de lê-los.

5.1 Direito à Vida

Ao falar desse direito, que é considerado pela doutrina como o **direito mais fundamental de todos**, por ser um pressuposto para o exercício dos demais direitos, enfrenta-se um primeiro dEsafio: esse direito é absoluto?

Assim como os demais direitos, o direito à vida não é absoluto. São várias as justificativas existentes para considerá-lo um direito passível de flexibilização:

Pena de morte

Uma que já apareceu em prova: existe pena de morte no Brasil?

A sua resposta tem que ser "SIM". A alínea "a" do inciso XLVII do Art. 5º traz essa previsão expressamente:

> *XLVII. Não haverá penas:*
> *a) de morte, salvo em caso de guerra declarada, nos termos do Art. 84, XIX;*

Todas as vezes que a Constituição traz uma negação acompanhada de uma exceção, estamos diante de uma possibilidade.

Aborto

A prática de aborto no Brasil é permitida? O Art. 128 do Código Penal Brasileiro apresenta duas possibilidades de prática de aborto que são verdadeiras excludentes de ilicitude:

> *Art. 128. Não se pune o aborto praticado por médico:*

Aborto necessário
> *I. Se não há outro meio de salvar a vida da gestante;*

Aborto sentimental
> *II. Se a gravidez resulta de estupro e o aborto é precedido de consentimento da gestante ou, quando incapaz, de seu representante legal.*

São os **abortos necessário** e **sentimental**. Aborto necessário é aquele praticado para salvar a vida da gestante e o aborto sentimental é utilizado nos casos de estupro. Essas duas exceções à prática do crime de aborto são hipóteses em que se permite a sua prática no direito brasileiro. Além dessas duas hipóteses previstas expressamente na legislação brasileira, o STF também reconhece a possibilidade da prática de aborto do feto anencéfalo (feto sem cérebro)[1]. Mais uma vez, o direito à vida encontra-se flexibilizado.

Legítima defesa e estado de necessidade

Esses dois institutos, também excludentes de ilicitude do crime, são outras possibilidades de limitação do direito à vida, conforme disposto no Art. 23 do Código Penal Brasileiro:

> *Art. 23. Não há crime quando o agente pratica o fato:*
> *I. Em estado de necessidade;*
> *II. Em legítima defesa;*

Em linhas gerais e de forma exemplificativa, o estado de necessidade permite que, diante de uma situação de perigo, uma pessoa possa, para salvar uma vida, tirar a vida de outra pessoa. Na legítima defesa, caso sua vida seja ameaçada por alguém, existe legitimidade em retirar a vida de quem o ameaçou.

Outro ponto que deve ser ressaltado é que o direito à vida não está adstrito apenas ao fato de se estar vivo. Quando a constituição protege o direito à vida, a faz em suas diversas acepções. Existem dispositivos constitucionais que protegem o direito à vida no que tange a sua preservação da integridade física e moral (Art. 5º, III, V, XLVII, XLIX; Art. 199, §4º. A Constituição também protege o direito à vida no que tange à garantia de uma vida com qualidade (Arts. 6º; 7º, IV; 196; 205; 215).

5.2 Direito à Igualdade

Igualdade formal x igualdade material

Possui como sinônimo o termo Isonomia. A doutrina classifica esse direito em:

Igualdade Formal

Traduz-se no termo "todos são iguais perante a lei, sem distinção de qualquer natureza". É o previsto no *caput* do Art. 5º. É uma igualdade jurídica, que não se preocupa com a realidade, mas apenas evita que alguém seja tratado de forma discriminatória.

Igualdade Material

Também chamada de igualdade efetiva ou substancial. É a igualdade que se preocupa com a realidade. Traduz-se na seguinte expressão: "tratar os iguais com igualdade e os desiguais com desigualdade, na medida das suas desigualdades". Esse tipo de igualdade confere um tratamento com justiça para aqueles que não a possuem.

---

[1] O Tribunal, por maioria e nos termos do voto do Relator, julgou procedente a ação para declarar a inconstitucionalidade da interpretação segundo a qual a interrupção da gravidez de feto anencéfalo é conduta tipificada nos artigos 124, 126, 128, incisos I e II, todos do Código Penal, contra os votos dos Senhores Ministros Gilmar Mendes e Celso de Mello que, julgando-a procedente, acrescentavam condições de diagnóstico de anencefalia especificadas pelo Ministro Celso de Mello; e contra os votos dos Senhores Ministros Ricardo Lewandowski e Cezar Peluso (Presidente), que a julgavam improcedente. Impedido o Senhor Ministro Dias Toffoli. Plenário, 12.04.2012. ADPF 54 – Relator Min. Marco Aurélio.

```
                    ┌─ Formal ──── Todos são iguais perante a lei, sem distinção de qualquer natureza
        Igualdade ──┤
                    └─ Material ── Tratar os iguais com igualdade e os desiguais com desigualdade
```

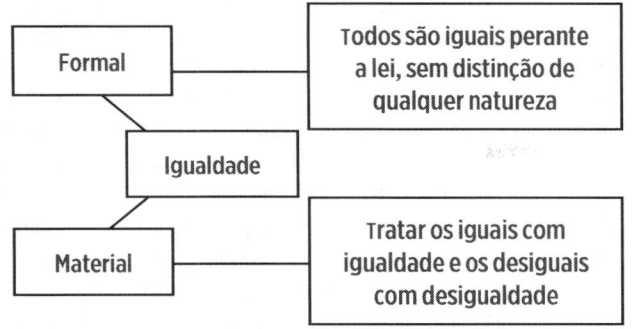

A igualdade formal é a regra utilizada pelo Estado para conferir um tratamento isonômico entre as pessoas. Contudo, por diversas vezes, um tratamento igualitário não consegue atender a todas as necessidades práticas. Faz-se necessária a utilização da igualdade em seu aspecto material para que se consiga produzir um verdadeiro tratamento isonômico.

Imaginemos as relações entre homens e mulheres. A regra é que homem e mulher são tratados da mesma forma conforme previsto no inciso I do Art. 5º:

> *I. Homens e mulheres são iguais em direitos e obrigações, nos termos desta Constituição;*

Contudo, em diversas situações, homens e mulheres serão tratados de forma diferente:

Licença-maternidade

Tem duração de 120 dias para a mulher. Para o homem, apenas 5 dias de licença-paternidade;

Aposentadoria

A mulher se aposenta 5 anos mais cedo que o homem;

Serviço Militar Obrigatório

Só o homem está obrigado.

Essas são algumas das situações em que são permitidos tratamentos desiguais entre as pessoas. As razões que justificam essa discriminação são as diferenças efetivas que existem entre os homens e as mulheres em cada uma das hipóteses. Exemplificando, a mulher tem mais tempo para se recuperar em razão da nítida distinção do desgaste feminino para o masculino no que tange ao parto. É indiscutível que, por mais desgastante que seja o nascimento de um filho para o pai, nada se compara ao sofrimento suportado pela mãe. Por essa razão, a licença-maternidade é maior que a licença-paternidade.

Igualdade nos concursos públicos

O tema diz respeito à igualdade nos concursos públicos. Seria possível restringir o acesso a um cargo público em razão do sexo de uma pessoa? Ou por causa de sua altura? Ou ainda, pela idade que possui?

Essas questões encontram a mesma resposta: sim! É possível, desde que os critérios discriminatórios preencham alguns requisitos:

Deve ser Fixado em Lei

Não basta que os critérios estejam previstos no edital, precisam estar previstos em lei, no seu sentido formal.

Deve ser Necessário ao Exercício do Cargo

O critério discriminatório deve ser necessário ao exercício do cargo. A título de exemplo: seria razoável exigir para um cargo de policial militar, altura mínima ou mesmo, idade máxima, que representam vigor físico, tendo em vista a natureza do cargo que exige tal condição. As mesmas condições não poderiam ser exigidas para um cargo de técnico judiciário, por não serem necessárias ao exercício do cargo.

Em suma, podem ser exigidos critérios discriminatórios desde que previstos em lei e que sejam necessários ao exercício do cargo, observados os critérios de proporcionalidade e razoabilidade.

Esse tema sempre tem sido alvo de questões em prova, principalmente sob o aspecto jurisprudencial. Veja este exemplo de questão:

No ato da posse o servidor apresentará, se entender necessário, declaração de bens e valores que constituem o seu patrimônio e, obrigatoriamente, declaração quanto ao exercício ou não de outro cargo, emprego ou função pública. ERRADO.

Ações afirmativas

Como formas de concretização da igualdade material foram desenvolvidas políticas públicas de compensação dirigidas às minorias sociais chamadas de **Ações Afirmativas ou Discriminações Positivas**. São verdadeiras ações de cunho social que visam a compensar possíveis perdas que determinados grupos sociais tiveram ao longo da história de suas vidas. Quem nunca ouviu falar nas "quotas para os pobres nas Universidades" ou ainda, "reserva de vagas para deficientes em concursos públicos"? Essas são algumas das espécies de ações afirmativas desenvolvidas no Brasil.

Mas por que reservar vagas para deficientes em concursos públicos? Ora, é óbvio que o deficiente, qualquer que seja sua deficiência, quando se prepara para um concurso público possui muito mais dificuldade que uma pessoa que tem a plenitude de seu vigor físico. Em razão dessa diferença, o Estado, na tentativa de reduzir a desigualdade existente entre os concorrentes, resolveu compensar a limitação de um portador de necessidades especiais reservando-lhe vagas especiais.

Perceba que, ao contrário do que parece, quando se reservam vagas num concurso público para deficientes estamos diante de um nítido tratamento discriminatório, que nesse caso é justificável pelas diferenças naturais entre o concorrente sadio e o concorrente deficiente. Lembre-se de que igualdade material é tratar iguais com igualdade e desiguais com desigualdade. O que se faz por meio dessas políticas de compensação é tratar os desiguais com desigualdade, na medida de suas desigualdades. Só dessa forma é possível alcançar um verdadeiro tratamento isonômico entre os candidatos.

Por fim, destaca-se o fato de o STF ter declarado constitucional a política de cotas étnico-raciais para seleção de estudantes em universidades públicas pacificando uma discussão antiga sobre esse tipo de ação afirmativa.

5.3 Direito à Liberdade

O direito à liberdade pertence à primeira geração de direitos fundamentais por expressarem os direitos mais ansiados pelos indivíduos como forma de defesa diante do Estado. O que se verá a seguir são algumas das acepções desse direito que podem ser cobradas em prova.

DIREITOS E DEVERES INDIVIDUAIS E COLETIVOS

Liberdade de ação

O inciso II do Art. 5º apresenta aquilo que a doutrina chama de liberdade de ação:

> *II. Ninguém será obrigado a fazer ou deixar de fazer alguma coisa senão em virtude de lei;*

Essa é a liberdade por excelência. Segundo o texto constitucional, a liberdade só pode ser restringida por lei. Por isso, dizemos que esse inciso também apresenta o **Princípio da Legalidade.**

A liberdade pode ser entendida de duas formas, a depender do destinatário da mensagem:

Para o particular

Para o particular, liberdade significa "fazer tudo que não for proibido".

Para o agente público

Para o agente público, liberdade significa "poder fazer tudo o que for determinado ou permitido pela lei".

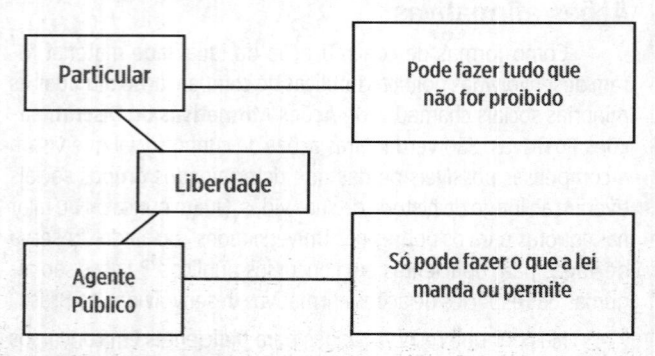

```
Particular ─── Pode fazer tudo que não for proibido
     │
 Liberdade
     │
Agente Público ─── Só pode fazer o que a lei manda ou permite
```

Liberdade de locomoção

Uma das liberdades mais almejadas pelos indivíduos durante as lutas sociais é o grande carro-chefe na limitação dos poderes do Estado. O inciso XV do Art. 5º já diz:

> *XV. É livre a locomoção no território nacional em tempo de paz, podendo qualquer pessoa, nos termos da lei, nele entrar, permanecer ou dele sair com seus bens;*

Perceba-se que o direito explanado nesse inciso não possui caráter absoluto, haja vista ter sido garantido em tempo de paz. Isso significa que em momentos sem paz seriam possíveis restrições às liberdades de locomoção. Destaca-se o Estado de Sítio que pode ser decretado nos casos previstos no Art. 137 da Constituição Federal. Nessas circunstâncias, seriam possíveis maiores restrições à chamada liberdade de locomoção por meio de medidas autorizadas pela própria Constituição Federal:

> *Art. 137. O Presidente da República pode, ouvidos o Conselho da República e o Conselho de Defesa Nacional, solicitar ao Congresso Nacional autorização para decretar o estado de sítio nos casos de:*
> *I. Comoção grave de repercussão nacional ou ocorrência de fatos que comprovem a ineficácia de medida tomada durante o estado de defesa;*
> *II. Declaração de estado de guerra ou resposta a agressão armada estrangeira.*
> *Art. 139. Na vigência do estado de sítio decretado com fundamento no Art. 137, I, só poderão ser tomadas contra as pessoas as seguintes medidas:*
> *I. Obrigação de permanência em localidade determinada;*
> *II. Detenção em edifício não destinado a acusados ou condenados por crimes comuns;*

Outro ponto interessante refere-se à possibilidade de qualquer pessoa entrar, permanecer ou sair do país com seus bens. Esse direito também não pode ser encarado de forma absoluta, haja vista a possibilidade de se exigir declaração de bens ou pagamento de imposto quando da entrada no país com bens. Nesse caso, liberdade de locomoção não se confunde com imunidade tributária.

Caso a liberdade de locomoção seja restringida por ilegalidade ou abuso de poder, a Constituição reservou um poderoso instrumento garantidor, o chamado **Habeas Corpus.**

> *Art. 5º, LXVIII. conceder-se-á "Habeas Corpus" sempre que alguém sofrer ou se achar ameaçado de sofrer violência ou coação em sua liberdade de locomoção, por ilegalidade ou abuso de poder;*

Liberdade de pensamento

Essa liberdade serve de amparo para uma série de possibilidades no que tange ao pensamento. Assim como os demais direitos fundamentais, a manifestação do pensamento não possui caráter absoluto, sendo restringido pela própria Constituição Federal, que proíbe seu exercício de forma anônima:

> *Art. 5º, IV. É livre a manifestação do pensamento, sendo vedado o anonimato;*

A vedação ao anonimato, além de ser uma garantia ao exercício da manifestação do pensamento, possibilita o exercício do direito de resposta caso alguém seja ofendido.

Sobre Denúncia Anônima, é importante fazer uma observação. Diante da vedação constitucional ao anonimato, poder-se-ia imaginar que essa ferramenta de combate ao crime fosse considerada inconstitucional. Contudo, não tem sido esse o entendimento do STF. A denúncia anônima pode até ser utilizada como ferramenta de comunicação do crime, mas não pode servir como amparo para a instauração do Inquérito Policial, muito menos como fundamento para condenação de quem quer que seja.

Liberdade de consciência e crença religiosa

Uma primeira pergunta deve ser feita acerca da liberdade religiosa em nosso país: qual a religião oficial do Brasil? A única resposta possível: é nenhuma. A liberdade religiosa do Estado brasileiro é incompatível com a existência de uma religião oficial. É o que apresenta o inciso VI do Art. 5º:

> *VI. É inviolável a liberdade de consciência e de crença, sendo assegurado o livre exercício dos cultos religiosos e garantida, na forma da lei, a proteção aos locais de culto e a suas liturgias;*

Esse inciso marca a liberdade religiosa existente no Brasil. Por esse motivo, dizemos que o Brasil é um Estado laico, leigo ou não confessional. Isso significa, basicamente, que no Brasil existe uma relação de separação entre Estado e Igreja. Essa relação entre o Estado e a Igreja encontra, inclusive, vedação expressa no texto constitucional:

> *Art. 19. É vedado à União, aos Estados, ao Distrito Federal e aos Municípios:*
> *I. Estabelecer cultos religiosos ou igrejas, subvencioná-los, embaraçar-lhes o funcionamento ou manter com eles ou seus representantes relações de dependência ou aliança, ressalvada, na forma da lei, a colaboração de interesse público;*

Por causa da liberdade religiosa, é possível exercer qualquer tipo de crença no país. É possível ser católico, protestante, mulçumano, ateu ou satanista. Isso é liberdade de crença ou consciência.

Liberdade de crer ou não crer. Perceba que o inciso VI, além de proteger as crenças e cultos, também protege as suas liturgias. Apesar do amparo constitucional, não se pode utilizar esse direito para praticar atos contrários às demais normas do direito brasileiro como, por exemplo, sacrificar seres humanos como forma de prestar culto a determinada divindade. Isso a liberdade religiosa não ampara.

Outro dispositivo importante é o previsto no inciso VII:

> *VII. É assegurada, nos termos da lei, a prestação de assistência religiosa nas entidades civis e militares de internação coletiva;*

Nese inciso, a Constituição Federal garantiu a assistência religiosa nas entidades de internação coletivas, sejam elas civis ou militares. Entidades de internação coletivas são quartéis, hospitais ou hospícios. Em razão dessa garantia constitucional, é comum encontrarmos nesses estabelecimentos capelas para que o direito seja exercido.

Apesar da importância dos dispositivos analisados anteriormente, nenhum é mais cobrado em prova que o inciso VIII:

> *VIII. Ninguém será privado de direitos por motivo de crença religiosa ou de convicção filosófica ou política, salvo se as invocar para eximir-se de obrigação legal a todos imposta e recusar-se a cumprir prestação alternativa, fixada em lei;*

Estamos diante do instituto da **Escusa de Consciência.** Esse direito permite a qualquer pessoa que, em razão de sua crença ou consciência, deixe de cumprir uma obrigação imposta sem que com isso sofra alguma consequência em seus direitos. Tal permissivo constitucional encontra uma limitação prevista expressamente no texto em análise. No caso de uma obrigação imposta a todos, se o indivíduo recusar-se ao seu cumprimento, ser-lhe-á oferecida uma prestação alternativa. Não a cumprindo também, a Constituição permite que direitos sejam restringidos. O Art. 15 prescreve que os direitos restringidos serão os direitos políticos:

> *Art. 15. É vedada a cassação de direitos políticos, cuja perda ou suspensão só se dará nos casos de:*
>
> *IV. Recusa de cumprir obrigação a todos imposta ou prestação alternativa, nos termos do Art. 5º, VIII;*

Liberdade de reunião

Acerca dessa liberdade, é importante ressaltar as condições estabelecidas pelo texto constitucional:

> *XVI. Todos podem reunir-se pacificamente, sem armas, em locais abertos ao público, independentemente de autorização, desde que não frustrem outra reunião anteriormente convocada para o mesmo local, sendo apenas exigido prévio aviso à autoridade competente;*

Enumerando-as, de forma a facilitar o estudo, tem-se que as condições estabelecidas para o exercício do direito à reunião são:

Reunião Pacífica

Não se legitima uma reunião que tenha fins não pacíficos;

Sem Armas

Para evitar a violência ou coação por meio de armas;

Locais Abertos ao Público

Encontra-se subentendida a reunião em local fechado;

Independente de Autorização

Não precisa de autorização;

Necessidade de Prévio Aviso

Precisa de prévio aviso;

Não Frustrar outra Reunião convocada Anteriormente para o Mesmo Local

Garantia de isonomia no exercício do direito prevalecendo o de quem exerceu primeiro.

Sobre o exercício da liberdade de reunião é importante saber que ele não depende de autorização, mas necessita de prévio aviso.

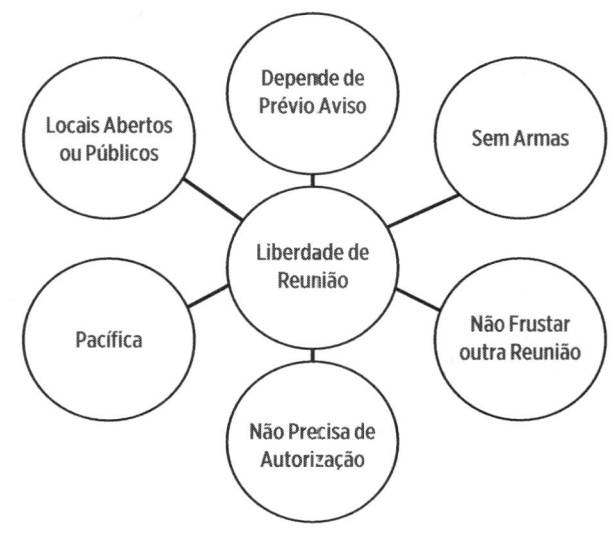

Outro ponto que já foi alvo de questão de prova é a possibilidade de restrição desse direito no Estado de Sítio e no Estado de Defesa. O problema está na distinção entre as limitações que podem ser adotadas em cada uma das medidas:

> *Art. 136, § 1º - O decreto que instituir o estado de defesa determinará o tempo de sua duração, especificará as áreas a serem abrangidas e indicará, nos termos e limites da lei, as medidas coercitivas a vigorarem, dentre as seguintes:*
>
> *I. Restrições aos direitos de:*
>
> *a) reunião, ainda que exercida no seio das associações;*
>
> *Art. 139. Na vigência do estado de sítio decretado com fundamento no Art. 137, I, só poderão ser tomadas contra as pessoas as seguintes medidas:*
>
> *IV. Suspensão da liberdade de reunião;*

Ao passo que no Estado de Defesa ocorrerão restrições ao direito de reunião, no Estado de Sítio ocorrerá a suspensão desse direito.

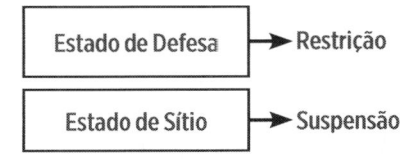

Estado de Defesa	→ Restrição
Estado de Sítio	→ Suspensão

Liberdade de associação

São vários os dispositivos constitucionais que regulam a liberdade de associação:

> *XVII. É plena a liberdade de associação para fins lícitos, vedada a de caráter paramilitar;*
>
> *XVIII. A criação de associações e, na forma da lei, a de cooperativas independem de autorização, sendo vedada a interferência estatal em seu funcionamento;*
>
> *XIX. As associações só poderão ser compulsoriamente dissolvidas ou ter suas atividades suspensas por decisão judicial, exigindo-se, no primeiro caso, o trânsito em julgado;*

XX. Ninguém poderá ser compelido a associar-se ou a permanecer associado;

XXI. As entidades associativas, quando expressamente autorizadas, têm legitimidade para representar seus filiados judicial ou extrajudicialmente;

O primeiro ponto que dever ser lembrado é que a liberdade de associação só poderá ser usufruída para fins lícitos sendo proibida a criação de associação paramilitar.

Entende-se como associação de caráter paramilitar toda organização paralela ao Estado, sem legitimidade, com estrutura e organização tipicamente militar. São as facções criminosas, milícias ou qualquer outra organização que possua fins ilícitos e alheios aos do Estado.

Destaca-se, com a mesma importância para sua prova, a dispensa de autorização e interferência estatal no funcionamento e criação das associações.

Maior destaque deve ser dado ao inciso XIX, que condiciona qualquer limitação às atividades associativas a uma decisão judicial. As associações podem ter suas atividades suspensas ou dissolvidas. Em qualquer um dos casos deve haver decisão judicial. No caso da dissolução, por ser uma medida mais grave, não basta qualquer decisão judicial, tem que ser transitada em julgado. Isso significa uma decisão definitiva, à qual não caiba mais recurso.

O inciso XX tutela a chamada Liberdade Associativa, pela qual ninguém será obrigado a se associar ou mesmo a permanecer associado a qualquer entidade associativa.

Por fim, temos o inciso XXI, que permite às associações que representem seus associados tanto na esfera judicial quanto na administrativa desde que possuam expressa autorização. Expressa autorização significa por escrito, por meio de instrumento legal que comprove a autorização.

Vale destacar que, para suspender as atividades de uma associação, basta qualquer decisão judicial; para dissolver, tem que haver decisão judicial transitada em julgado.

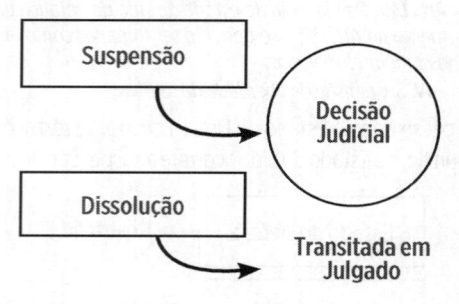

5.4 Direito à Propriedade

Quando se fala em direito à propriedade, alguns atributos que lhe são inerentes aparecem imediatamente. Propriedade é a faculdade que uma pessoa tem de usar, gozar dispor de um bem. O texto constitucional garante esse direito de forma expressa:

Art. 5º, XXII. É garantido o direito de propriedade.

Apesar de esse direito aparentar possuir um caráter absoluto, quando se investiga mais a fundo esse tema, percebe-se que ele possui vários limitadores no próprio texto constitucional. E é isso que se passa a analisar agora.

Limitações

Dentre as limitações existentes na Constituição, estão:

Função social

A Constituição exige em seu Art. 5º que a propriedade atenda a sua função social:

XXIII. A propriedade atenderá a sua função social;

Isso significa que a propriedade não é tão individual quanto pensamos. A necessidade de observância da função social demonstra que a propriedade é muito mais que uma titularidade privada. Esse direito possui reflexos em toda a sociedade. É só imaginar uma propriedade imóvel, um terreno urbano, que, apesar de possuir um proprietário, fica abandonado. Cresce o mato, as pessoas começam a jogar lixo naquele lugar, alguns criminosos começam a utilizar aquele ambiente para prática de atividades ilícitas. Veja quantas coisas podem acontecer numa propriedade e que importarão em consequências gravosas para o meio social mais próximo. É por isso que a propriedade tem que atender a sua função social.

Requisição administrativa

Consta no inciso XXV do Art. 5º:

XXV. No caso de iminente perigo público, a autoridade competente poderá usar de propriedade particular, assegurada ao proprietário indenização ulterior, se houver dano;

Essa é a chamada Requisição Administrativa. Esse instituto permite que a propriedade seja limitada pela necessidade de se solucionar situação de perigo público. Não se trata de uma forma de desapropriação, pois o dono da propriedade requisitada não a perde, apenas a empresta para uso público, sendo garantido, posteriormente, havendo dano, direito a indenização. Esse instituto limita o caráter absoluto da propriedade.

Desapropriação

É a perda da propriedade. Esse é o limitador por excelência do direito, restringindo o caráter perpétuo da propriedade. A seguir, estão exemplificadas as três modalidades de desapropriação:

Desapropriação pelo Mero Interesse Público

Essa modalidade é utilizada pelo Estado quando o interesse social ou a utilidade pública prevalecem sobre o direito individual. Nesse tipo de desapropriação, destaca-se que o proprietário nada fez para merecê-la, contudo, o interesse público exige que determinada área seja desapropriada. É o caso de construção de uma rodovia que exige a desapropriação de várias propriedades para o asfaltamento da via. Conforme o texto da Constituição:

XXIV. A lei estabelecerá o procedimento para desapropriação por necessidade ou utilidade pública, ou por interesse social, mediante justa e prévia indenização em dinheiro, ressalvados os casos previstos nesta Constituição;

Deve ser destacado que essa modalidade de desapropriação gera direito à indenização, que deve ser paga em dinheiro, previamente e com valor justo.

Desapropriação-Sanção

Nesta modalidade, o proprietário, por algum motivo, não observou a função social da propriedade. Por esse motivo, é chamada de Desapropriação-sanção, haja vista ser uma verdadeira punição. Segundo a CF, essa desapropriação gera direito à indenização, que deverá ser paga em títulos da dívida pública ou agrária. Segundo os Art. 182, § 4º, III e 184 da Constituição:

> **Art. 182**, § 4º - É facultado ao Poder Público municipal, mediante lei específica para área incluída no plano diretor, exigir, nos termos da lei federal, do proprietário do solo urbano não edificado, subutilizado ou não utilizado, que promova seu adequado aproveitamento, sob pena, sucessivamente, de:
>
> *I.* Parcelamento ou edificação compulsórios;
>
> *II.* Imposto sobre a propriedade predial e territorial urbana progressivo no tempo;
>
> *III.* Desapropriação com pagamento mediante títulos da dívida pública de emissão previamente aprovada pelo Senado Federal, com prazo de resgate de até dez anos, em parcelas anuais, iguais e sucessivas, assegurados o valor real da indenização e os juros legais.
>
> **Art. 184.** Compete à União desapropriar por interesse social, para fins de reforma agrária, o imóvel rural que não esteja cumprindo sua função social, mediante prévia e justa indenização em títulos da dívida agrária, com cláusula de preservação do valor real, resgatáveis no prazo de até vinte anos, a partir do segundo ano de sua emissão, e cuja utilização será definida em lei.

Desapropriação Confiscatória

Por último, tem-se essa modalidade prevista no Art. 243 da Constituição:

> **Art. 243.** As propriedades rurais e urbanas de qualquer região do País onde forem localizadas culturas ilegais de plantas psicotrópicas ou a exploração de trabalho escravo na forma da lei serão expropriadas e destinadas à reforma agrária e a programas de habitação popular, sem qualquer indenização ao proprietário e sem prejuízo de outras sanções previstas em lei, observado, no que couber, o disposto no Art. 5º. (Redação dada pela Emenda Constitucional nº 81, de 2014)
>
> **Parágrafo único.** Todo e qualquer bem de valor econômico apreendido em decorrência do tráfico ilícito de entorpecentes e drogas afins e da exploração de trabalho escravo será confiscado e reverterá a fundo especial com destinação específica, na forma da lei. (Redação dada pela Emenda Constitucional nº 81, de 2014)

É a desapropriação que ocorre com a propriedade utilizada para cultivo de plantas psicotrópicas. Nesse caso, não haverá indenização, mas o proprietário poderá ser processado pela prática de ilícito penal.

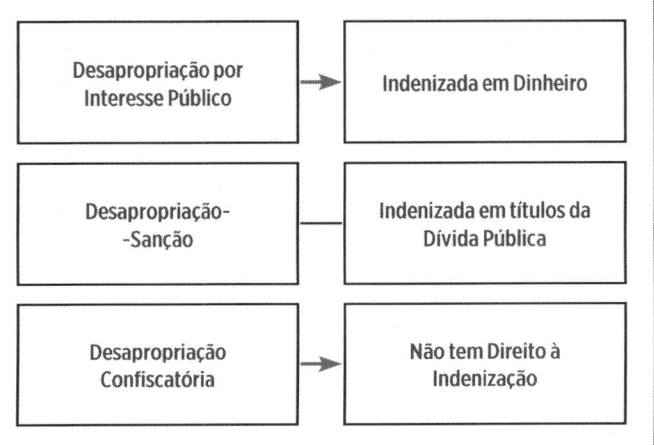

Desapropriação por Interesse Público	→	Indenizada em Dinheiro
Desapropriação-Sanção	→	Indenizada em títulos da Dívida Pública
Desapropriação Confiscatória	→	Não tem Direito à Indenização

Bem de família

A Constituição consagra uma forma de proteção às pequenas propriedades rurais chamada de Bem de Família:

> **XXVI.** A pequena propriedade rural, assim definida em lei, desde que trabalhada pela família, não será objeto de penhora para pagamento de débitos decorrentes de sua atividade produtiva, dispondo a lei sobre os meios de financiar o seu desenvolvimento;

O mais importante para prova é atentar para os requisitos estabelecidos no inciso, quais sejam:

Pequena Propriedade Rural

Não se trata de qualquer propriedade.

Definida em Lei

Não em outra espécie normativa.

Trabalhada pela Família

Não por qualquer pessoa.

Débitos Decorrentes da Atividade Produtiva

Não por qualquer débito.

Propriedade imaterial

Além das propriedades sobre bens materiais, a Constituição também consagra normas de proteção sobre a propriedade de bens imateriais. São duas as propriedades consagradas: autoral e industrial.

A propriedade autoral encontra-se protegida nos incisos XXVII e XXVIII do Art. 5º:

> **XXVII.** Aos autores pertence o direito exclusivo de utilização, publicação ou reprodução de suas obras, transmissível aos herdeiros pelo tempo que a lei fixar;
>
> **XXVIII.** São assegurados, nos termos da lei:
>
> **a)** a proteção às participações individuais em obras coletivas e à reprodução da imagem e voz humanas, inclusive nas atividades desportivas;
>
> **b)** o direito de fiscalização do aproveitamento econômico das obras que criarem ou de que participarem aos criadores, aos intérpretes e às respectivas representações sindicais e associativas;

Já a propriedade industrial encontra-se protegida no inciso XXIX:

> **XXIX.** A lei assegurará aos autores de inventos industriais privilégio temporário para sua utilização, bem como proteção às criações industriais, à propriedade das marcas, aos nomes de empresas e a outros signos distintivos, tendo em vista o interesse social e o desenvolvimento tecnológico e econômico do País;

Uma relação muito interessante entre a propriedade autoral e a industrial está no tempo de proteção previsto na Constituição. Observe-se que na propriedade autoral o direito do autor é vitalício, tendo em vista a previsão de possibilidade de transmissão desses direitos aos herdeiros. Contudo, quando nas mãos dos sucessores, a proteção será pelo tempo que a lei fixar, ou seja, temporário.

Já na propriedade industrial, a proteção do próprio autor já possui caráter temporário.

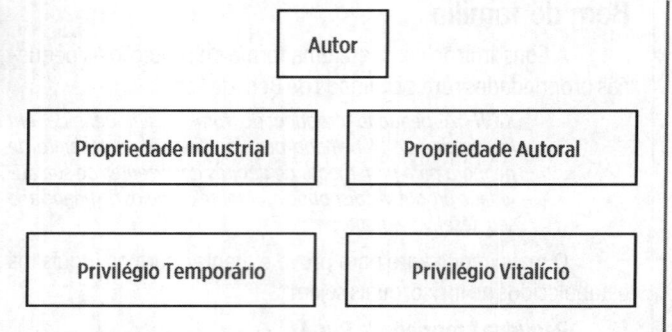

```
                    Autor
    ┌──────────────┴──────────────┐
Propriedade Industrial    Propriedade Autoral

Privilégio Temporário     Privilégio Vitalício
```

Direito à herança

De nada adiantaria tanta proteção à propriedade se esse bem jurídico não pudesse ser transmitido por meio da sucessão de bens aos herdeiros após a morte. O direito à herança, consagrado expressamente na Constituição, traduz-se no coroamento do direito de propriedade. É a grande força motriz desse direito. Só faz sentido ter direito à propriedade se esse direito possa ser transferido aos herdeiros.

> **XXX.** É garantido o direito de herança;
>
> **XXXI.** A sucessão de bens de estrangeiros situados no País será regulada pela lei brasileira em benefício do cônjuge ou dos filhos brasileiros, sempre que não lhes seja mais favorável a lei pessoal do de cujus;

Destaque especial deve ser dado ao inciso XXXI, que prevê a possibilidade de aplicação de lei estrangeira no país em casos de sucessão de bens de pessoa estrangeira desde que esses bens estejam situados no Brasil. A Constituição Federal permite que seja aplicada a legislação mais favorável aos herdeiros, quer seja a lei brasileira, quer seja a lei estrangeira.

5.5 Direito à Segurança

Ao se referir à segurança como direito individual, o Art. 5º pretende significar "segurança jurídica" que trata de normas de pacificação social e que produzem uma maior segurança nas relações sociais. Esse é o ponto alto dos direitos individuais. Sem dúvida, aqui está a maior quantidade de questões cobradas em prova.

Princípio da segurança nas relações jurídicas

Este princípio tem como objetivo garantir a estabilidade das relações jurídicas. Veja o que diz a Constituição:

> **XXXVI.** A lei não prejudicará o direito adquirido, o ato jurídico perfeito e a coisa julgada;

Os três institutos aqui protegidos encontram seu conceito formalizado na **Lei de Introdução às normas do Direito Brasileiro**.

> **Art. 6º, § 1º** - Reputa-se ato jurídico perfeito o já consumado segundo a lei vigente ao tempo em que se efetuou.
>
> **§ 2º** - Consideram-se adquiridos assim os direitos que o seu titular, ou alguém por ele, possa exercer, como aqueles cujo começo do exercício tenha termo pré-fixo, ou condição pré-estabelecida inalterável, a arbítrio de outrem.
>
> **§ 3º** - Chama-se coisa julgada ou caso julgado a decisão judicial de que já não caiba recurso.

Em linhas gerais, pode-se assim conceituá-los:

Direito Adquirido

Direito já incorporado ao patrimônio do titular;

Ato Jurídico Perfeito

Ato jurídico que já atingiu seu fim. Ato jurídico acabado, aperfeiçoado, consumado;

Coisa Julgada

Sentença judicial transitada em julgado. Aquela sentença em relação à qual não cabe mais recurso.

De uma coisa não se pode esquecer: a proibição de retroatividade da lei nos casos aqui estudados não se aplica às leis mais benéficas, ou seja, uma lei mais benéfica poderá produzir efeitos em relação ao direito adquirido, ao ato jurídico perfeito e à coisa julgada.

Devido processo legal

O devido processo legal possui como objetivo principal limitar o poder do Estado. Esse princípio condiciona a restrição da liberdade ou dos bens de um indivíduo à existência de um procedimento estatal que respeite todos os direitos e garantias processuais previstos na lei. É o que diz o inciso LIV do Art. 5º:

> **LIV.** Ninguém será privado da liberdade ou de seus bens sem o devido processo legal;

A exigência constitucional de existência de processo aplica-se tanto aos processos judiciais quanto aos procedimentos administrativos.

Desse princípio, surge a garantia constitucional à **proporcionalidade** e **razoabilidade.** Da mesma forma, é durante o devido processo legal que poderão ser exercidos os direitos ao contraditório e à ampla defesa, que serão analisados a seguir.

Contraditório e ampla defesa

Essas garantias constitucionais, conforme já salientado, decorrem do Devido Processo Legal. São utilizadas como ferramenta de defesa diante das acusações impostas pelo Estado ou por um particular nos processos judiciais e administrativos:

> **LV.** Aos litigantes, em processo judicial ou administrativo, e aos acusados em geral são assegurados o contraditório e ampla defesa, com os meios e recursos a ela inerentes;

Mas o que significam o contraditório e a ampla defesa?

Contraditório é o direito de contradizer, contrariar, contraditar. Se alguém diz que você é ou fez alguma coisa, o contraditório lhe permite dizer que não é e que não fez o que lhe foi imputado. É simplesmente o direito de contrariar. Já a ampla defesa é a possibilidade de utilização de todos os meios admitidos em direito para se defender de uma acusação.

Em regra, o contraditório e a ampla defesa são garantidos em todos os processos judiciais ou administrativos, contudo, a legislação brasileira previu alguns procedimentos administrativos incompatíveis com o exercício desse direito:

> Inquérito Policial;
> Sindicância Investigativa;
> Inquérito Civil.

Em suma, nos procedimentos investigatórios que não possuem o condão de punir o investigado não serão garantidos o contraditório e a ampla defesa.

Observem-se as Súmulas Vinculantes do Supremo Tribunal Federal que versam sobre esse tema:

SV 3. *Nos processos perante o Tribunal de Contas da União asseguram-se o contraditório e a ampla defesa quando da decisão puder resultar anulação ou revogação de ato administrativo que beneficie o interessado, excetuada a apreciação da legalidade do ato de concessão inicial de aposentadoria, reforma e pensão.*

SV 5. *A falta de defesa técnica por advogado no processo administrativo disciplinar não ofende a Constituição.*

SV 14. *É direito do defensor, no interesse do representado, ter acesso amplo aos elementos de prova que, já documentados em procedimento investigatório realizado por órgão com competência de polícia judiciária, digam respeito ao exercício do direito de defesa.*

SV 21. *É inconstitucional a exigência de depósito ou arrolamento prévios de dinheiro ou bens para admissibilidade de recurso administrativo.*

Proporcionalidade e razoabilidade

Eis uma garantia fundamental que não está expressa no texto constitucional apesar de ser um dos institutos mais utilizados pelo Supremo em suas decisões atuais. Trata-se de um princípio implícito, cuja fonte é o Princípio do Devido Processo Legal. Esses dois institutos jurídicos são utilizados como parâmetro de ponderação quando adotadas medidas pelo Estado, principalmente no que tange à restrição de bens e direitos dos indivíduos. Duas palavras esclarecem o sentido dessas garantias: necessidade e adequação.

Para saber se um ato administrativo observou os critérios de proporcionalidade e razoabilidade, deve-se questionar se o ato foi necessário e se foi adequado à situação.

Para exemplificar, imaginemos que um determinado fiscal sanitário, ao inspecionar um supermercado, depara-se com um pote de iogurte com a data de validade vencida há um dia. Imediatamente, ele prende o dono do mercado, dá dois tiros para cima, realiza revista manual em todos os clientes e funcionários do mercado e aplica uma multa de dois bilhões de reais. Pergunta-se: será que a medida adotada pelo fiscal foi necessária? Foi adequada? Certamente que não. Logo, a medida não observou os princípios da razoabilidade e proporcionalidade.

É importante deixar claro que os princípios da proporcionalidade e da razoabilidade estão implícitos no texto constitucional, ou seja, não estão previstos expressamente.

Inadmissibilidade das provas ilícitas

Uma das garantias mais importantes do direito brasileiro é a inadmissibilidade das provas ilícitas. Encontra-se previsto expressamente no inciso LVI do Art. 5º:

> **LVI.** *São inadmissíveis, no processo, as provas obtidas por meios ilícitos.*

Em razão dessa garantia, é proibida a produção de provas ilícitas num processo sob pena de nulidade processual. Em regra, a prova ilícita produz nulidade de tudo o que a ela estiver relacionado. Esse efeito decorre da chamada Teoria dos Frutos da Árvore Envenenada. Segundo a teoria, se a árvore está envenenada, os frutos também o serão. Se uma prova foi produzida de forma ilícita, as demais provas dela decorrentes também serão ilícitas (ilicitude por derivação). Contudo, deve-se ressaltar que essa teoria é aplicada de forma restrita no direito brasileiro, ou seja, encontrada uma prova ilícita num processo, não significa que todo o processo será anulado, mas apenas os atos e demais provas que decorreram direta ou indiretamente daquela produzida de forma ilícita.

Caso existam provas autônomas produzidas em conformidade com a lei, o processo deve prosseguir ainda que tenham sido encontradas e retiradas as provas ilícitas. Logo, é possível afirmar que a existência de uma prova ilícita no processo não anula de pronto todo o processo.

Deve-se destacar, ainda, a única possibilidade já admitida de prova ilícita nos tribunais brasileiros: a produzida em legítima defesa.

Inviolabilidade domiciliar

Essa garantia protege o indivíduo em seu recinto mais íntimo: a casa. A Constituição diz:

> **XI.** *A casa é asilo inviolável do indivíduo, ninguém nela podendo penetrar sem consentimento do morador, salvo em caso de flagrante delito ou desastre, ou para prestar socorro, ou, durante o dia, por determinação judicial.*

Como regra, só se pode entrar na casa de uma pessoa com o seu consentimento. Excepcionalmente, a Constituição Federal admite a entrada sem consentimento do morador nos casos de:

> Flagrante delito;
> Desastre;
> Prestar socorro;
> Determinação Judicial – só durante o dia.

No caso de determinação judicial, a entrada se dará apenas durante o dia. Nos demais casos, a entrada será permitida a qualquer hora.

Alguns conceitos importantes: o que é casa? O que pode ser entendido como casa para efeito de inviolabilidade? A jurisprudência tem interpretado o conceito de casa de forma ampla, em consonância com o disposto nos Arts. 245 e 246 do Código de Processo Penal:

> **Art. 245.** *As buscas domiciliares serão executadas de dia, salvo se o morador consentir que se realizem à noite, e, antes de penetrarem na casa, os executores mostrarão e lerão o mandado ao morador, ou a quem o represente, intimando-o, em seguida, a abrir a porta.*
>
> **Art. 246.** *Aplicar-se-á também o disposto no artigo anterior, quando se tiver de proceder a busca em compartimento habitado ou em aposento ocupado de habitação coletiva ou em compartimento não aberto ao público, onde alguém exercer profissão ou atividade.*

O STF já considerou como casa, para efeitos de inviolabilidade, oficina mecânica, quarto de hotel ou escritório profissional.

Outra questão relevante é saber o que é dia? Dois são os posicionamentos adotados na doutrina:

Das 6h às 18h;

Da aurora ao crepúsculo.

Segundo a jurisprudência, isso deve ser resolvido no caso concreto, tendo em vista variação de fusos horários existentes em nosso país, bem como a ocorrência do "Horário de Verão". Na prática, é possível entrar na casa independentemente do horário, desde que seja durante o dia.

DIREITOS E DEVERES INDIVIDUAIS E COLETIVOS

Veja esta questão da FCC sobre o tema:

A casa é asilo inviolável do indivíduo, podendo-se nela entrar, sem permissão do morador, EXCETO

A em caso de desastre.

B em caso de flagrante delito.

C para prestar socorro.

D por determinação judicial, a qualquer hora. Gabarito: D.

Em caso de flagrante delito, desastre ou para prestar socorro, pode-se entrar a qualquer momento

Entrada somente para pessoas autorizadas

Mas se for para cumprir determinação judicial só durante o dia

Casa – Asilo Inviolável

Princípio da inafastabilidade da jurisdição

Esse princípio, também conhecido como Princípio do Livre Acesso ao Poder Judiciário ou Direito de Ação, garante, nos casos de necessidade, o acesso direto ao poder judiciário. Também, decorre desse princípio a ideia de que não é necessário o esgotamento das vias administrativas para ingressar com uma demanda no Poder Judiciário. Assim prevê a Constituição Federal:

> **XXXV.** A lei não excluirá da apreciação do Poder Judiciário lesão ou ameaça a direito;

Perceba que a proteção possui sentido duplo: lesão ou ameaça à lesão. Significa dizer que a garantia pode ser utilizada tanto de forma preventiva como de forma repressiva. Tanto para prevenir a ofensa a direito como para reprimir a ofensa já cometida.

Quanto ao acesso ao Judiciário independentemente do esgotamento das vias administrativas, há algumas peculiaridades previstas na legislação brasileira:

Justiça Desportiva

A Constituição Federal prevê no Art. 217:

> **Art. 217**, § 1º - O Poder Judiciário só admitirá ações relativas à disciplina e às competições desportivas após esgotarem-se as instâncias da justiça desportiva, regulada em lei.

Ou seja, o acesso ao Poder Judiciário está condicionado ao esgotamento das vias administrativas.

Compromisso Arbitral

A Lei nº 9.307/96 prevê que as partes, quando em discussão patrimonial, poderão optar pela arbitragem como forma de resolução de conflito.

Não se trata de uma instância administrativa de curso forçado, mas de uma opção facultada às partes.

Habeas Data

O Art. 8º da Lei nº 9.507/97 exige, para impetração do Habeas Data, a comprovação da recusa ao acesso a informação. Parte da doutrina não considera isso como exigência de prévio esgotamento da via administrativa, mas condição da ação. Veja-se a súmula nº 2 do STJ:

> **Súm. 2.** Não cabe "Habeas Data" se não houve recusa de informações por parte da autoridade administrativa.

Reclamação Constitucional

O Art. 7º, § 1º da Lei nº 11.417/2006, que regula a edição de Súmulas Vinculantes, prevê que só será possível a Reclamação Constitucional nos casos de omissão ou ato da administração pública que contrarie ou negue vigência à Súmula Vinculante, após o esgotamento das vias administrativas.

Gratuidade das certidões de nascimento e de óbito

A Constituição traz expressamente que:

> **LXXVI.** São gratuitos para os reconhecidamente pobres, na forma da lei:
> a) o registro civil de nascimento;
> b) a certidão de óbito;

Observe-se que o texto Constitucional condiciona o benefício da gratuidade do registro de nascimento e da certidão de óbito apenas para os reconhecidamente pobres. Entretanto, a Lei nº 6.015/73 prevê que:

> **Art. 30.** Não serão cobrados emolumentos pelo registro civil de nascimento e pelo assento de óbito, bem como pela primeira certidão respectiva.
> § 1º - Os reconhecidamente pobres estão isentos de pagamento de emolumentos pelas demais certidões extraídas pelo cartório de registro civil.

Perceba que essa lei amplia o benefício garantido na Constituição para todas as pessoas no que tange ao registro e à aquisição da primeira certidão de nascimento e de óbito. Quanto às demais vias, só serão garantidas aos reconhecidamente pobres. Deve-se ter cuidado com essa questão em prova, pois deve ser levado em conta se a pergunta tem como referência a Constituição ou não.

Celeridade processual

Traz o texto constitucional:

> **LXXVIII.** A todos, no âmbito judicial e administrativo, são assegurados a razoável duração do processo e os meios que garantam a celeridade de sua tramitação.

Essa é a garantia da celeridade processual. Decorre do Princípio da Eficiência que obriga o Estado a prestar assistência em tempo razoável. Celeridade quer dizer rapidez, mas uma rapidez com qualidade. Esse princípio é aplicável nos processos judiciais e administrativos, visa dar maior efetividade a prestação estatal. Deve-se garantir o direito antes que o seu beneficiário deixe de precisar. Após a inclusão desse dispositivo entre os direitos fundamentais, várias medidas para acelerar a prestação jurisdicional foram adotadas, dentre as quais destacam-se:

> Juizados Especiais;
> Súmula Vinculante;
> Realização de Inventários e Partilhas por Vias Administrativas;
> Informatização do Processo.

Essas são algumas das medidas que foram adotadas para trazer mais celeridade ao processo.

Erro judiciário

Dispositivo de grande utilidade social que funciona como limitador da arbitrariedade estatal. O Estado, no que tange à liberdade do indivíduo, não pode cometer erros sob pena de ter que indenizar o injustiçado. Isso é o que prevê o inciso LXXV do Art. 5º:

> **LXXV.** O Estado indenizará o condenado por erro judiciário, assim como o que ficar preso além do tempo fixado na sentença;

Publicidade dos atos processuais

Em regra, os atos processuais são públicos. Essa publicidade visa a garantir maior transparência aos atos administrativos bem como permite a fiscalização popular. Além disso, atos públicos possibilitam um exercício efetivo do contraditório e da ampla defesa. Entretanto, essa publicidade comporta algumas exceções:

> **LX.** A lei só poderá restringir a publicidade dos atos processuais quando a defesa da intimidade ou o interesse social o exigirem;

Nos casos em que a intimidade ou o interesse social exigirem, a publicidade poderá ser restringida apenas aos interessados. Imaginemos uma audiência em que estejam envolvidas crianças; nesse caso, como forma de preservação da intimidade, o juiz poderá restringir a participação na audiência apenas aos membros da família e demais interessados.

Sigilo das comunicações

Uma das normas mais importantes da Constituição Federal que versa sobre segurança jurídica é esta:

> **XII.** É inviolável o sigilo da correspondência e das comunicações telegráficas, de dados e das comunicações telefônicas, salvo, no último caso, por ordem judicial, nas hipóteses e na forma que a lei estabelecer para fins de investigação criminal ou instrução processual penal;

Esse dispositivo prevê quatro formas de comunicação que possuem proteção constitucional:

> Sigilo da Correspondência;
> Comunicação Telegráfica;
> Comunicação de Dados;
> Comunicações Telefônicas.

Dessas quatro formas de comunicação, apenas uma obteve autorização de violação do sigilo pelo texto constitucional: as comunicações telefônicas. Deve-se tomar cuidado com esse tema em prova. Segundo o texto expresso, só as comunicações telefônicas poderão ter o seu sigilo violado. E mais, só o juiz poderá fazê-lo, com fins definidos também pela Constituição, os quais são para investigação criminal e instrução processual penal.

Entretanto, considerando a inexistência de direito fundamental absoluto, a jurisprudência tem considerado a possibilidade de quebra dos demais sigilos, desde que seja determinada por ordem judicial.

No que tange ao sigilo dos dados bancários, fiscais, informáticos e telefônicos, a jurisprudência tem permitido sua quebra por determinação judicial, determinação de Comissão Parlamentar de Inquérito, requisição do Ministério Público, solicitação da autoridade fazendária.

Tribunal do júri

O Tribunal do Júri é uma instituição pertencente ao poder judiciário, que possui competência específica para julgar determinados tipos de crime. O Júri é formado pelo Conselho de Sentença, que é presidido por um Juiz Togado e por sete jurados que efetivamente farão o julgamento do acusado. A ideia do Tribunal do Júri é que o acusado seja julgado por seus pares.

A Constituição Federal apresenta alguns princípios que regem esse tribunal:

> **Art. 5º, XXXVIII.** É reconhecida a instituição do júri, com a organização que lhe der a lei, assegurados:
> **a)** a plenitude de defesa;
> **b)** o sigilo das votações;
> **c)** a soberania dos veredictos;
> **d)** a competência para o julgamento dos crimes dolosos contra a vida.

Segundo esse texto, o Tribunal do Júri é regido pelos seguintes princípios:

Plenitude de Defesa

Esse princípio permite que no júri sejam utilizadas todas as provas permitidas em direito. Aqui, o momento probatório é bastante explorado haja vista a necessidade de se convencer os jurados que são pessoas comuns da sociedade.

Sigilo das Votações

O voto é sigiloso. Durante o julgamento não é permitido que um jurado converse com o outro sobre o julgamento sob pena de nulidade;

Soberania dos Veredictos

O que for decidido pelos jurados será considerado soberano. Nem o Juiz presidente poderá modificar o julgamento. Aqui quem decide são os jurados;

Competência para Julgar os Crimes Dolosos Contra a Vida

O júri não julga qualquer tipo de crime, mas apenas os dolosos contra a vida. Crimes dolosos, em simples palavras, são aqueles praticados com intenção, com vontade. São diferentes dos crimes culposos, os quais são praticados sem intenção.

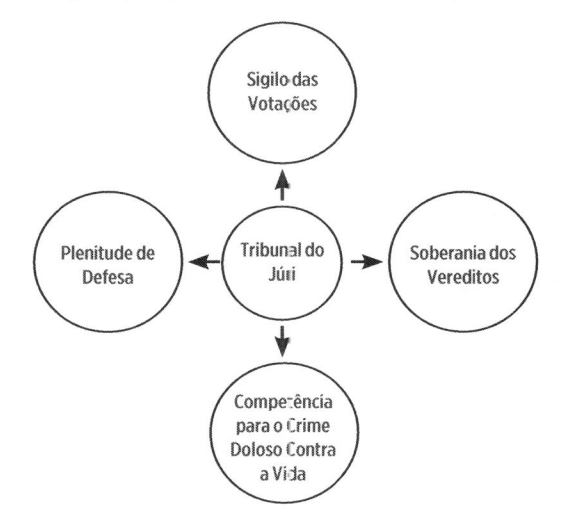

NOÇÕES DE DIREITO CONSTITUCIONAL

Princípio da anterioridade

O inciso XXXIX do Art. 5º da CF apresenta o chamado Princípio da Anterioridade Penal:

> **XXXIX.** Não há crime sem lei anterior que o defina, nem pena sem prévia cominação legal.

Esse princípio decorre na necessidade de se prever antes da aplicação da pena, a conduta que é considerada como crime e a pena que deverá ser cominada. Mais uma regra de segurança jurídica.

Princípio da irretroatividade

Esse princípio também possui sua importância ao prever que a lei penal não poderá retroagir, salvo se for para beneficiar o réu.

> **Art. 5º, XL.** A lei penal não retroagirá, salvo para beneficiar o réu.

Crimes imprescritíveis, inafiançáveis e insuscetíveis de graça e anistia

Os dispositivos a seguir estão entre os mais cobrados em prova. O ideal é que sejam memorizados na ordem proposta no quadro abaixo:

> **Art. 5º, XLII.** A prática do racismo constitui crime inafiançável e imprescritível, sujeito à pena de reclusão, nos termos da lei;
>
> **Art. 5º, XLIII.** A lei considerará crimes inafiançáveis e insuscetíveis de graça ou anistia a prática da tortura, o tráfico ilícito de entorpecentes e drogas afins, o terrorismo e os definidos como crimes hediondos, por eles respondendo os mandantes, os executores e os que, podendo evitá-los, se omitirem;
>
> **Art. 5º, XLIV.** Constitui crime inafiançável e imprescritível a ação de grupos armados, civis ou militares, contra a ordem constitucional e o Estado Democrático.

Crimes Imprescritíveis	Crimes Inafiançáveis	Crimes Insuscetíveis de Graça e Anistia
Racismo	Racismo	Tráfico
Ação de Grupos Armados	Ação de Grupos Armados	Terrorismo
	Tráfico	Tortura
	Terrorismo	Crimes Hediondos
	Tortura	
	Crimes Hediondos	

Os crimes inafiançáveis englobam todos os crimes previstos nos incisos XLII, XLIII e XLIV.

Os crimes que são insuscetíveis de graça e anistia não são imprescritíveis, e vice e versa. Dessa forma, nunca pode existir, na prova, uma questão que trabalhe com as duas classificações ao mesmo tempo.

Nunca, na prova, pode haver uma questão em que se apresentem as três classificações ao mesmo tempo.

Princípio da personalidade da pena

Assim diz o inciso XLV, do Art. 5º da CF:

> **XLV.** Nenhuma pena passará da pessoa do condenado, podendo a obrigação de reparar o dano e a decretação do perdimento de bens ser, nos termos da lei, estendidas aos sucessores e contra eles executadas, até o limite do valor do patrimônio transferido.

Esse inciso diz que a pena é pessoal, quem comete o crime responde pelo crime, de forma que não é possível que uma pessoa cometa um crime e outra responda pelo crime em seu lugar; pode até ocorrer, mas seria algum erro, não como regra, porque a pena é pessoal.

É necessário prestar atenção ao tema, pois já apareceu em prova tanto na forma de um problema quanto com a modificação do próprio texto constitucional. Esse princípio da personalidade da pena diz que a pena é pessoal, isto é, a pena não pode passar para outra pessoa, mas permite que a responsabilidade pelos danos civis possa passar para seus herdeiros. Para exemplificar, imaginemos que uma determinada pessoa assalta uma padaria e consegue roubar uns R$ 50.000,00.

Em seguida, a polícia prende o ladrão por ter roubado a padaria. Em regra, todo crime cometido gera uma responsabilidade penal prevista no Código Penal brasileiro. Ainda, deve-se ressarcir os danos causados à vítima. Se ele roubou R$50.000,00, tem que devolver, no mínimo, esse valor à vítima.

É muito difícil conseguir o montante voluntariamente, por isso, é necessário entrar com uma ação civil ex delicto para reaver o dinheiro referente ao crime cometido. O dono da padaria entra com a ação contra o bandido pedindo os R$50.000,00 acrescidos juros e danos morais. Enquanto ele cumpre a pena, a ação está tramitando. Ocorre que o preso se envolve numa confusão dentro da penitenciária e acaba morrendo.

O preso possui alguns filhos, os quais são seus herdeiros. Quando os bens passam aos herdeiros, chamamos isso de sucessão. Quando foram contabilizar os bens que o bandido tinha, perceberam que sobraram apenas R$30.000,00, valor que deve ser dividido entre os herdeiros. Pergunta:

01. O homem que cometeu o crime estava cumprindo pena, mas ele morreu. Qual filho assume o lugar dele? O mais velho ou o mais novo?

Nenhum dos dois, porque a pena é personalíssima. Só cumpre a pena quem praticou o crime.

02. É possível que a responsabilidade de reparar os danos materiais exigidos pelo dono da padaria recaia sobre seus herdeiros?

Sim. A Constituição diz que os herdeiros respondem com o valor do montante recebido, até o limite da herança recebida.

03. O dono da padaria pediu R$50.000,00, mas só sobraram R$30.000,00. Os filhos terão que inteirar esse valor até completar os R$50.000,00?

Não, pois a Constituição diz que os sucessores respondem até o limite do patrimônio transferido. Ou seja, se só são transferidos R$30.000,00, então os herdeiros só vão responder pela indenização com esses R$30.000,00. E o os outros R$20.000,00, quem vai pagar? Ninguém. O dono da padaria fica com esse prejuízo.

Penas proibidas e permitidas

Vejamos agora dois incisos do Art. 5º da CF, que sempre caem em prova juntos: incisos XLVI e XLVII. Há no inciso XLVI as penas permitidas e no XLVII as penas proibidas. Mas como isso cai em prova? O examinador pega uma pena permitida e diz que é proibida ou pega uma proibida e diz que é permitida. Conforme os incisos:

XLVI. *A lei regulará a individualização da pena e adotará, entre outras, as seguintes:*
   a) privação ou restrição da liberdade;
   b) perda de bens;
   c) multa;
   d) prestação social alternativa;
   e) suspensão ou interdição de direitos.

Aqui há o rol de penas permitidas. Memorize essa lista para lembrar quais são as penas permitidas. Atenção para uma pena que é pouco comum e que geralmente em prova é colocada como pena proibida, que é a pena de perda de bens.

Veja o próximo inciso com o rol de penas proibidas:

XLVII. *Não haverá penas:*
   a) de morte, salvo em caso de guerra declarada, nos termos do Art. 84, XIX;
   b) de caráter perpétuo;
   c) de trabalhos forçados;
   d) de banimento;
   e) cruéis.

Essas são as penas que não podem ser aplicadas no Brasil. E, na prova, é cobrado da seguinte forma: existe pena de morte no Brasil? Deve-se ter muita atenção com esse tema, pois apesar de a Constituição ter dito que é proibida, existe uma exceção no caso de guerra declarada. Essa exceção é uma verdadeira possibilidade, de forma que deve-se afirmar que existe pena de morte no Brasil. Apesar de a regra ser a proibição, existe a possibilidade de sua aplicação. Só como curiosidade, a pena de morte no Brasil é regulada pelo Código Penal Militar, a qual será executada por meio de fuzilamento.

A próxima pena proibida é a de caráter perpétuo. Não existe esse tipo de pena no Brasil, pois as penas aqui são temporárias. No Brasil, uma pessoa só fica presa até, no máximo, 40 anos.

A outra pena é a de trabalhos forçados. É aquela pena em que o sujeito é obrigado a trabalhar de forma a denegrir a sua condição como ser humano. Esse tipo de pena não é permitida no Brasil.

Há ainda a pena de banimento, que é a expulsão do brasileiro, tanto nato como naturalizado.

Por fim, a Constituição veda a aplicação de penas cruéis. Pena cruel é aquela que denigre a condição humana, expõe o indivíduo a situações desumanas, vexatórias, que provoquem intenso sofrimento.

Princípio da individualização da pena

Nos termos do Art. 5º, inciso XLVIII, da CF:

XLVIII. *A pena será cumprida em estabelecimentos distintos, de acordo com a natureza do delito, a idade e o sexo do apenado;*

Esse dispositivo traz uma regra muito interessante, o princípio da individualização da pena. Significa que a pessoa quando cumprir sua pena deve cumpri-la em estabelecimento e condições compatíveis com a sua situação. Se mulher, deve cumprir com mulheres; se homem, cumprirá com homens; se reincidente, com reincidentes; se réu primário, com réus primários; e assim por diante. O ideal é que cada situação possua um cumprimento de pena adequado que propicie um melhor acompanhamento do poder público e melhores condições para a ressocialização.

Regras sobre prisões

São vários os dispositivos constitucionais previstos no Art. 5º, da CF, que se referem às prisões:

LXI. *Ninguém será preso senão em flagrante delito ou por ordem escrita e fundamentada de autoridade judiciária competente, salvo nos casos de transgressão militar ou crime propriamente militar, definidos em lei;*

LXII. *A prisão de qualquer pessoa e o local onde se encontre serão comunicados imediatamente ao juiz competente e à família do preso ou à pessoa por ele indicada;*

LXIII. *O preso será informado de seus direitos, entre os quais o de permanecer calado, sendo-lhe assegurada a assistência da família e de advogado;*

LXIV. *O preso tem direito à identificação dos responsáveis por sua prisão ou por seu interrogatório policial;*

LXV. *A prisão ilegal será imediatamente relaxada pela autoridade judiciária;*

LXVI. *Ninguém será levado à prisão ou nela mantido, quando a lei admitir a liberdade provisória, com ou sem fiança;*

LXVII. *Não haverá prisão civil por dívida, salvo a do responsável pelo inadimplemento voluntário e inescusável de obrigação alimentícia e a do depositário infiel.*

Como destaque para prova, é importante enfatizar o disposto no inciso LXVII, o qual prevê duas formas de prisão civil por dívida:

Devedor de Pensão Alimentícia;
Depositário Infiel.

Apesar de a Constituição Federal apresentar essas duas possibilidades de prisão civil por dívida, o STF tem entendido que só existe uma: a prisão do devedor de pensão alimentícia. Isso significa que o depositário infiel não poderá ser preso. Essa é a inteligência da Súmula Vinculante nº 25:

Súmula Vinculante 25. É ilícita a prisão civil de depositário infiel, qualquer que seja a modalidade do depósito.

Em relação a esse assunto deve-se ter muita atenção ao resolver a questão. Se a Banca perguntar conforme a Constituição Federal, responde-se segundo a Constituição Federal. Mas se perguntar à luz da jurisprudência, responde-se conforme o entendimento do STF. Vejamos como o Cespe abordou o tema utilizando o posicionamento jurisprudencial:

Constituição Federal	STF
Duas Formas de Prisão Civil	Uma Forma de Prisão Civil
Depositário Infiel e Devedor de Pensão Alimentícia	Devedor de Pensão Alimentícia

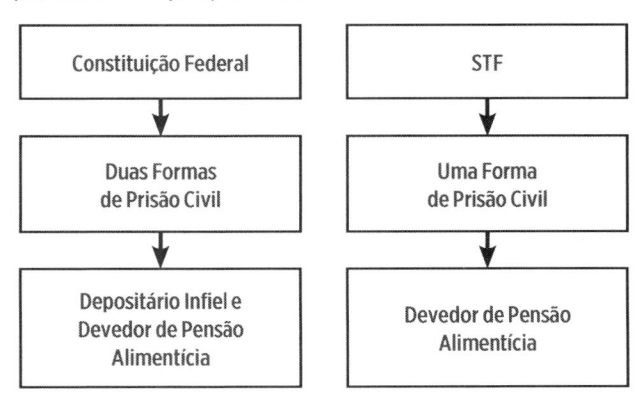

Extradição

Fruto de acordo internacional de cooperação, a extradição permite que determinada pessoa seja entregue a outro país para que seja responsabilizada pelo cometimento de algum crime. Existem duas formas de extradição:

NOÇÕES DE DIREITO CONSTITUCIONAL

DIREITOS E DEVERES INDIVIDUAIS E COLETIVOS

Extradição Ativa
Quando o Brasil pede para outro país a extradição de alguém.

Extradição Passiva
Quando algum país pede para o Brasil a extradição de alguém.

A Constituição Federal preocupou-se em regular apenas a extradição passiva por meios dos incisos LI e LII do Art. 5º:

> **LI.** Nenhum brasileiro será extraditado, salvo o naturalizado, em caso de crime comum, praticado antes da naturalização, ou de comprovado envolvimento em tráfico ilícito de entorpecentes e drogas afins, na forma da lei;
>
> **LII.** Não será concedida extradição de estrangeiro por crime político ou de opinião.

De acordo com a inteligência desses dispositivos, três regras podem ser adotadas em relação à extradição passiva:

Brasileiro Nato
Nunca será extraditado.

Brasileiro Naturalizado
Será extraditado em duas hipóteses: crime comum cometido antes da naturalização comprovado envolvimento com o tráfico ilícito de drogas, antes ou depois da naturalização.

Estrangeiro
Poderá ser extraditado salvo em dois casos:
> - Crime Político;
> - Crime de Opinião.

E na extradição ativa, quem poderá ser extraditado?

Qualquer pessoa pode ser extraditada na extradição ativa, inclusive o brasileiro nato. Deve-se ter muito cuidado com essa questão em prova. Lembre-se que a extradição ativa ocorre quando o Brasil pede a extradição de um criminoso para outro país. Isso pode ser feito pedindo a extradição de qualquer pessoa que o Brasil queira punir.

Princípios que regem a extradição no país

```
                    Extradição
                   ↙         ↘
              Passiva         Ativa
                ↓
    Estrangeiro – pode, salvo crime
         político e de opinião
                ↓
       Brasileiro nato – não pode
                ↓
       Brasileiro naturalizado – pode
            ↓
    Envolvimento com tráfico de drogas antes ou
              depois da naturalização
            ↓
       Crime comum antes da naturalização
```

Princípio da Reciprocidade
O Brasil só extradita ao país que extradita para o Brasil. Deve haver acordo ou tratado de extradição entre os país requerente e o Brasil.

Princípio da Especialidade
O extraditando só poderá ser processado e julgado pelo crime informado no pedido de extradição.

Comutação da Pena
O país requerente deverá firmar um compromisso de comutar a pena prevista em seu país quando a pena a ser aplicada for proibida no Brasil.

Dupla Tipicidade ou Dupla Incriminação
Só se extradita se a conduta praticada for considerada crime no Brasil e no país requerente.

Deve-se ter muito cuidado para não confundir extradição com entrega, deportação, expulsão ou banimento. A extradição, como se viu, é instituto de cooperação internacional entre países soberanos para a punição de criminosos.

Pela extradição, um país entrega o criminoso a outro país para que ele seja punido pelo crime praticado.

A entrega é o ato por meio do qual o país entrega uma pessoa para ser julgada no Tribunal Penal Internacional.

Deportação é a retirada do estrangeiro que tenha entrado de forma irregular no território nacional.

Expulsão é a retirada do estrangeiro que tenha praticado um ato ofensivo ao interesse nacional conforme as regras estabelecidas no Estatuto do Estrangeiro (Art. 65, Lei nº 6.815/80).

Banimento é uma das penas proibidas no direito brasileiro que consiste na expulsão de brasileiros para fora do território nacional.

Princípio da presunção da inocência

Também conhecido como princípio da não culpabilidade, essa regra de segurança jurídica garante que ninguém poderá ser condenado sem antes haver uma sentença penal condenatória transitada em julgado. Ou seja, uma sentença judicial condenatória definitiva:

> **Art. 5º, LVII.** Ninguém será considerado culpado até o trânsito em julgado de sentença penal condenatória.

Identificação criminal

> **Art. 5º, LVIII.** O civilmente identificado não será submetido a identificação criminal, salvo nas hipóteses previstas em lei.

A Constituição garante que não será identificado criminalmente quem possuir identificação pública capaz de identificá-lo. Contudo, a Lei 12.037/2009 prevê hipóteses nas quais será possível a identificação criminal mesmo de quem apresentar outra identificação:

> **Art. 3º.** Embora apresentado documento de identificação, poderá ocorrer identificação criminal quando:
>
> **I.** O documento apresentar rasura ou tiver indício de falsificação;
>
> **II.** O documento apresentado for insuficiente para identificar cabalmente o indiciado;
>
> **III.** O indiciado portar documentos de identidade distintos, com informações conflitantes entre si;
>
> **IV.** A identificação criminal for essencial às investigações policiais, segundo despacho da autoridade judiciária competente, que decidirá de ofício ou mediante representação da autoridade policial, do Ministério Público ou da defesa;
>
> **V.** Constar de registros policiais o uso de outros nomes ou diferentes qualificações;

VI. *O estado de conservação ou a distância temporal ou da localidade da expedição do documento apresentado impossibilite a completa identificação dos caracteres essenciais.*

Ação penal privada subsidiária da pública

Art. 5º LIX. Será admitida ação privada nos crimes de ação pública, se esta não for intentada no prazo legal.

Em regra, nos crimes de ação penal pública, o titular da ação penal é o Ministério Público. Contudo, havendo omissão ou mesmo desídia por parte do órgão ministerial, o ofendido poderá promover a chamada Ação Penal Privada Subsidiária da Pública. Esse tema encontra-se disciplinado no Art. 29 do Código de Processo Penal:

Art. 29. Será admitida ação privada nos crimes de ação pública, se esta não for intentada no prazo legal, cabendo ao Ministério Público aditar a queixa, repudiá-la e oferecer denúncia substitutiva, intervir em todos os termos do processo, fornecer elementos de prova, interpor recurso e, a todo tempo, no caso de negligência do querelante, retomar a ação como parte principal.

5.6 Remédios Constitucionais

Inicia-se agora o estudo dos chamados Remédios Constitucionais, tema muito cobrado em prova de concurso. Os remédios constitucionais são espécies de garantias constitucionais que visam a proteger determinados direitos e até outras garantias fundamentais. São poderosas ações constitucionais que estão disciplinadas no texto da Constituição.

Habeas corpus

Sem dúvida, esse remédio constitucional é o mais importante para prova, haja vista a sua utilização para proteger um dos direitos mais ameaçados do indivíduo: a liberdade de locomoção. Vejamos o que diz o texto constitucional:

Art. 5º LXVIII. Conceder-se-á "Habeas Corpus" sempre que alguém sofrer ou se achar ameaçado de sofrer violência ou coação em sua liberdade de locomoção, por ilegalidade ou abuso de poder.

É essencial, conhecer os elementos necessários para a utilização dessa ferramenta.

Deve-se compreender que o *Habeas Corpus* é utilizado para proteger a liberdade de locomoção. Em relação a isso, é preciso estar atento, pois ele não tutela qualquer liberdade, mas apenas a liberdade de locomoção.

Outro ponto fundamental é que ele poderá ser utilizado tanto de forma preventiva quanto de forma repressiva. *Habeas Corpus* preventivo é aquele utilizado para prevenir a violência ou coação à liberdade de locomoção. *Habeas Corpus* repressivo é utilizado para reprimir à violência ou coação a liberdade de locomoção, ou seja, é utilizado quando a restrição da liberdade de locomoção já ocorreu.

Percebe-se que não é a qualquer tipo de restrição à liberdade de locomoção que caberá o remédio, mas apenas àquelas cometidas com ilegalidade ou abuso de poder.

Nas relações processuais que envolvem a utilização do *Habeas Corpus*, é possível identificar a participação de três figurantes:

Impetrante

O impetrante é a pessoa que impetra a ação. Quem entra com a ação. A titularidade dessa ferramenta é Universal, pois qualquer pessoa pode impetrar o HC. Não precisa sequer de advogado. Sua possibilidade é tão ampla que não precisa possuir capacidade civil ou mesmo qualquer formalidade. Esse remédio é desprovido de condições que impeçam sua utilização da forma mais ampla possível. Poderá impetrar essa ação tanto uma pessoa física quanto jurídica.

Paciente

O paciente é quem teve a liberdade de locomoção restringida. Ele será o beneficiário do *Habeas Corpus*. Pessoa jurídica não pode ser paciente de Habeas Corpus, pois a liberdade de locomoção é um direito incompatível com sua natureza jurídica.

Autoridade coatora

É quem restringiu a liberdade de locomoção com ilegalidade ou abuso de poder. Poderá ser tanto uma autoridade privada quanto uma autoridade pública.

Outra questão interessante que está prevista na Constituição é a gratuidade dessa ação:

Art. 5º LXXVII. São gratuitas as ações de Habeas Corpus e Habeas Data, e, na forma da lei, os atos necessários ao exercício da cidadania.

A Constituição proíbe a utilização desse remédio constitucional em relação às punições disciplinares militares. É o que prevê o Art. 142, § 2º:

§ 2º - Não caberá "Habeas Corpus" em relação a punições disciplinares militares.

Contudo, o STF tem admitido o remédio quando impetrado por razões de ilegalidade da prisão militar. Quanto ao mérito da prisão, deve-se aceitar a vedação Constitucional, mas em relação às legalidade da prisão, prevalece o entendimento de que o remédio seria possível.

Também não cabe *Habeas Corpus* em relação às penas pecuniárias, multas, advertências ou, ainda, nos processos administrativos disciplinares e no processo de *Impeachment*. Nesses casos, o não cabimento deve-se ao fato de que as medidas não visam restringir a liberdade de locomoção.

Por outro lado, a jurisprudência tem admitido o cabimento para impugnar inserção de provas ilícitas no processo ou quando houver excesso de prazo na instrução processual penal.

Por último, cabe ressaltar que o magistrado poderá concedê-lo de ofício.

Habeas data

O *Habeas Data* cuja previsão está no inciso LXXII do Art. 5º tem como objetivo proteger a liberdade de informação:

LXXII. conceder-se-á "Habeas Data":
a) para assegurar o conhecimento de informações relativas à pessoa do impetrante, constantes de registros ou bancos de dados de entidades governamentais ou de caráter público;
b) para a retificação de dados, quando não se prefira fazê-lo por processo sigiloso, judicial ou administrativo.

Duas são as formas previstas na Constituição para utilização desse remédio:

> **Para Conhecer a Informação.**
> **Para Retificar a Informação.**

É importante ressaltar que só caberá o remédio em relação às informações do próprio impetrante.

As informações precisam estar em um banco de dados governamental ou de caráter público, o que significa que seria possível entrar com um *Habeas Data* contra um banco de dados privado desde que tenha caráter público.

Da mesma forma que o *Habeas Corpus*, o *Habeas Data* também é gratuito:

> **Art. 5º, LXXVII.** *São gratuitas as ações de "Habeas Corpus" e "Habeas Data", e, na forma da lei, os atos necessários ao exercício da cidadania.*

Mandado de segurança

O mandado de segurança é um remédio muito cobrado em prova em razão dos seus requisitos:

> **Art. 5º, LXIX.** *Conceder-se-á mandado de segurança para proteger direito líquido e certo, não amparado por "Habeas Corpus" ou "Habeas Data", quando o responsável pela ilegalidade ou abuso de poder for autoridade pública ou agente de pessoa jurídica no exercício de atribuições do Poder Público.*

Como se pode ver, o mandado de segurança será cabível proteger direito líquido e certo desde que não amparado por Habeas Corpus ou Habeas Data. O que significa dizer que será cabível desde que não seja para proteger a liberdade de locomoção e a liberdade de informação. Esse é o chamado caráter subsidiário do mandado de segurança.

O texto constitucional exigiu também para a utilização dessa ferramenta a ilegalidade e o abuso de poder praticado por autoridade pública ou privada, desde que esteja no exercício de atribuições do poder público.

O mandado de segurança possui prazo decadencial para ser utilizado: 120 dias.

Existe também o mandado de segurança coletivo:

> **Art. 5º, LXX.** *O mandado de segurança coletivo pode ser impetrado por:*
> *a) partido político com representação no Congresso Nacional;*
> *b) organização sindical, entidade de classe ou associação legalmente constituída e em funcionamento há pelo menos um ano, em defesa dos interesses de seus membros ou associados.*

Observadas as regras do mandado de segurança individual, o mandado de segurança coletivo possui alguns requisitos que lhe são peculiares: os legitimados para propositura.

São legitimados para propor o mandado de segurança coletivo:

> **Partidos políticos com representação no Congresso Nacional.**

Para se ter representação no Congresso Nacional, basta um membro em qualquer uma das casas.

> **Organização Sindical.**
> **Entidade de Classe.**
> **Associação.**

Desde que legalmente constituída e em funcionamento há, pelo menos, um ano. Segundo o STF, a necessidade de estar constituída e em funcionamento há pelo menos um ano só se aplica às associações. A Banca FCC entende que esse requisito se aplica a todas as entidades.

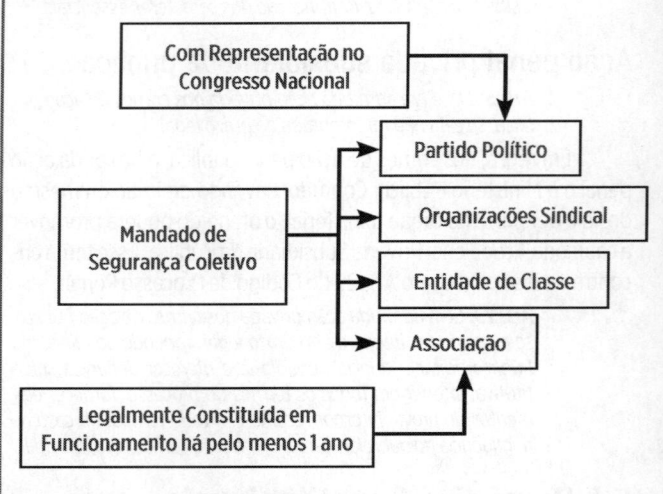

Mandado de injunção

O mandado de injunção é uma ferramenta mais complexa para se entender. Vejamos o que diz a Constituição:

> **Art. 5º, LXXI.** *Conceder-se-á mandado de injunção sempre que a falta de norma regulamentadora torne inviável o exercício dos direitos e liberdades constitucionais e das prerrogativas inerentes à nacionalidade, à soberania e à cidadania.*

O seu objetivo é suprir a omissão legislativa que impede o exercício de direitos fundamentais. Algumas normas constitucionais para que produzam efeitos dependem da edição de outras normas infraconstitucionais. Essas normas são conhecidas por sua eficácia como normas de eficácia limitada. O mandado de injunção visa a corrigir a ineficácia das normas com eficácia limitada.

Todas as vezes que um direito deixar de ser exercido pela ausência de norma regulamentadora, será cabível esse remédio.

No que tange à efetividade da decisão, deve-se esclarecer a possibilidade de adoção por parte do STF de duas correntes doutrinárias:

Teoria Concretista Geral

O Poder Judiciário concretiza o direito no caso concreto aplicando seu dispositivo com efeito *erga omnes*, para todos os casos iguais;

Teoria Concretista Individual

O Poder Judiciário concretiza o direito no caso concreto aplicando seu dispositivo com efeito inter partes, ou seja, apenas com efeito entre as partes.

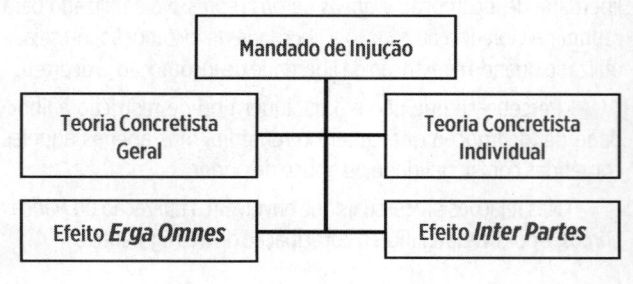

Ação popular

A ação popular é uma ferramenta fiscalizadora utilizada como espécie de exercício direto dos direitos políticos. Por isso, só poderá ser utilizada por cidadãos. Segundo o inciso LXXIII do Art. 5º:

> ***LXXIII.*** *Qualquer cidadão é parte legítima para propor ação popular que vise a anular ato lesivo ao patrimônio público ou de entidade de que o Estado participe, à moralidade administrativa, ao meio ambiente e ao patrimônio histórico e cultural, ficando o autor, salvo comprovada má-fé, isento de custas judiciais e do ônus da sucumbência.*

Além da previsão constitucional, essa ação encontra-se regulamentada pela Lei nº 4.717/65. Percebe-se que seu objetivo consiste em proteger o patrimônio público, a moralidade administrativa, o meio ambiente e o patrimônio histórico e cultural.

O autor não precisa pagar custas judiciais ou ônus da sucumbência, salvo se houver má-fé.

6. DIREITOS SOCIAIS E NACIONALIDADE

6.1 Direitos Sociais

Prestações positivas

Os direitos sociais encontram-se previstos a partir do Art. 6º até o Art. 11 da Constituição Federal. São normas que se concretizam por meio de prestações positivas por parte do Estado, haja vista objetivarem reduzir as desigualdades sociais.

Deve-se dar destaque para o Art. 6º, que foi alterado pela EC 64/2010 e que possivelmente será objeto de questionamento em concurso público:

> **Art. 6º.** São direitos sociais a educação, a saúde, a alimentação, o trabalho, a moradia, o transporte, o lazer, a segurança, a previdência social, a proteção à maternidade e à infância, a assistência aos desamparados, na forma desta Constituição. (Redação dada pela Emenda Constitucional nº 90, de 2015)

Boa parte dos direitos aqui previstos necessita de recursos financeiros para serem implementados, o que acaba por dificultar sua plena eficácia.

Mas, antes de avançar nessa parte do conteúdo, faz-se necessário dizer que costumam ser cobradas questões de provas que abordam apenas o texto puro da Constituição Federal. A principal orientação, portanto, é que se dedique tempo à leitura da Constituição Federal, mais precisamente, do Art. 7º, que possui vários dispositivos que podem ser trabalhados em prova.

Reserva do possível

Seria possível exigir do Estado a concessão de um direito social quando tal direito não fosse assegurado de forma condizente com sua previsão constitucional? A título de exemplo, veremos um dispositivo dos direitos sociais dos trabalhadores:

> **IV.** Salário-mínimo, fixado em lei, nacionalmente unificado, capaz de atender a suas necessidades vitais básicas e às de sua família com moradia, alimentação, educação, saúde, lazer, vestuário, higiene, transporte e previdência social, com reajustes periódicos que lhe preservem o poder aquisitivo, sendo vedada sua vinculação para qualquer fim.

Observe-se que a Constituição garante que o salário-mínimo deve atender às necessidades vitais básicas do trabalhador e de sua família com moradia, alimentação, educação, saúde, lazer, vestuário, higiene, transporte e previdência social. Entendendo que os direitos sociais são espécies de direitos fundamentais e, analisando-os sob o dispositivo previsto no § 1º do Art. 5º, segundo o qual "as normas definidoras de direitos e garantias fundamentais têm aplicação imediata", pergunta-se: seria possível entrar com uma ação visando a garantir o disposto no inciso IV, que está sendo analisado?

Certamente não. Para se garantir tudo o que está previsto no referido inciso, seria necessário que o salário-mínimo valesse, em média, por volta de R$ 3.000,00. Agora, imagine se algum trabalhador conseguisse esse benefício por meio de uma decisão judicial, o que não fariam todos os demais trabalhadores do país.

Se o Estado fosse obrigado a pagar esse valor para todos os trabalhadores, os cofres públicos rapidamente quebrariam. Para se garantir essa estabilidade, foi desenvolvida a teoria da **Reserva do Possível**, por meio da qual o Estado pode alegar essa impossibilidade financeira para atender algumas demandas, como o aumento do salário-mínimo. Quando o poder público for demandado para garantir algum benefício de ordem social, poderá ser alegada, previamente, a impossibilidade financeira para concretização do direito sob o argumento da reserva do possível.

Mínimo existencial

Por causa da Reserva do Possível, o Estado passou a se esconder atrás dessa teoria, eximindo-se da sua obrigação social de garantia dos direitos tutelados na Constituição Federal. Tudo o que era pedido para o Estado era negado sob o argumento de que "não era possível". Para trazer um pouco de equilíbrio a essa relação, foi desenvolvida outra teoria chamada de Mínimo Existencial. Essa teoria permite que os poderes públicos deixem de atender algumas demandas em razão da reserva do possível, mas exige que seja garantido o Mínimo Existencial.

Princípio da proibição ou retrocesso ou efeito cliquet

Uma regra que funciona com caráter de segurança jurídica é a Proibição do Retrocesso. Esse dispositivo proíbe que os direitos sociais já conquistados sejam esvaziados ou perdidos sob pena de desestruturação social do País.

Salário-mínimo

Feitas algumas considerações iniciais sobre a doutrina social, segue-se à análise de alguns dispositivos constitucionais que se encontram no Art. 7º:

> **IV.** Salário-mínimo, fixado em lei, nacionalmente unificado, capaz de atender a suas necessidades vitais básicas e às de sua família com moradia, alimentação, educação, saúde, lazer, vestuário, higiene, transporte e previdência social, com reajustes periódicos que lhe preservem o poder aquisitivo, sendo vedada sua vinculação para qualquer fim.

Vários pontos são relevantes nesse inciso. Primeiramente, é importante comentar o trecho "fixado em lei". Segundo o texto constitucional, o salário-mínimo só poderá ser fixado em Lei; entretanto, no dia 25 de fevereiro de 2011 foi publicada a Lei nº 12.382, que prevê a possibilidade de fixação do salário-mínimo por meio de Decreto do Poder Executivo. Questionado no STF[1], o guardião da Constituição considerou constitucional a fixação de salário-mínimo por meio de Decreto Presidencial.

Outro ponto interessante diz respeito ao salário-mínimo ser nacionalmente unificado. Muitos acham que alguns estados da federação fixam valores referentes ao salário-mínimo maiores do que o fixado nacionalmente. O STF já afirmou que os Estados não podem fixar salário-mínimo diferente do nacionalmente unificado. O que cada Estado pode fixar é o piso salarial da categoria de trabalhadores com valor maior que o salário-mínimo.

---

[1] Ver no STF, ADI 4.568, Rel. Min. Cármen Lúcia, julgamento em 3-11-2011, Plenário, Informativo 646.

Temos ainda a proibição de vinculação do salário-mínimo para qualquer fim. Em fevereiro de 2011, esse tema foi enfrentado pelo STF, que determinou a desvinculação do salários dos técnicos em radiologia do salário-mínimo, como estava previsto na Lei nº 7.394/85.

Algumas Súmulas Vinculantes do STF são importantes, pois se referem ao salário-mínimo:

>**Súmula Vinculante 4:** *Salvo nos casos previstos na Constituição, o salário-mínimo não pode ser usado como indexador de base de cálculo de vantagem de servidor público ou de empregado, nem ser substituído por decisão judicial.*
>
>**Súmula Vinculante 6:** *Não viola a Constituição o estabelecimento de remuneração inferior ao salário-mínimo para as praças prestadoras de serviço militar inicial.*
>
>**Súmula Vinculante 15:** *O cálculo de gratificações e outras vantagens do servidor público não incide sobre o abono utilizado para se atingir o salário-mínimo.*
>
>**Súmula Vinculante 16:** *Os Arts. 7º, IV, e 39, § 3º (redação da EC 19/98) da Constituição referem-se ao total da remuneração percebida pelo servidor público.*

Prescrição trabalhista

Um dos dispositivos previstos no Art. 7º mais cobrados em prova é o inciso XXIX:

>***XXIX.*** *Ação, quanto aos créditos resultantes das relações de trabalho, com prazo prescricional de cinco anos para os trabalhadores urbanos e rurais, até o limite de dois anos após a extinção do contrato de trabalho.*

Imaginemos, por exemplo, uma pessoa que tenha exercido sua função no período noturno, em uma empresa, durante 20 anos. Contudo, em todos esses anos de trabalho, ela não recebeu nenhum adicional noturno. Ora, ao ter seu contrato de trabalho rescindido, ela poderá ingressar em juízo pleiteando as verbas trabalhistas não pagas. Tendo em vista a existência de prazo prescricional para reaver seus direitos, o trabalhador terá o prazo de 2 anos para entrar com a ação, e só terá direito aos últimos 5 anos de adicional noturno.

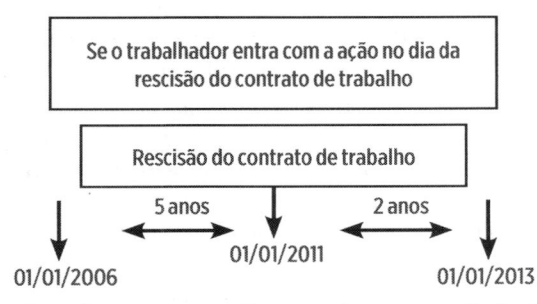

Ressalta-se que esses 5 anos contam-se a partir do dia em que entrou com a ação. Se ele entrar com a ação no último dia do prazo de 2 anos, só terá direito a 3 anos de adicional noturno.

Nesse exemplo, se o trabalhador entrar com a ação no dia 01/01/2011, receberá os últimos 5 anos de adicional noturno, ou seja, até o dia 01/01/2006. Mas se o trabalhador entrar com a ação no dia 01/01/2013, último dia do prazo prescricional de 2 anos, ele terá direito aos últimos 5 anos de adicional noturno a contar do dia em que entrou com a ação. Isso significa que se depare o adicional noturno até o dia 01/01/2008. Perceba que, se o trabalhador demorar a entrar com a ação, ele perde os direitos trabalhistas anteriores ao prazo dos últimos 5 anos.

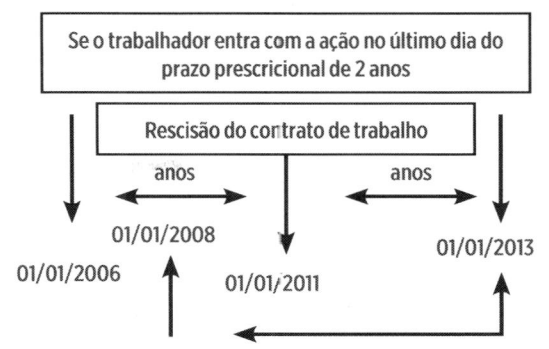

Proibição do trabalho noturno, perigoso e insalubre

Este inciso também é muito cotado para ser cobrado em prova. É importante lê-lo para que, em seguida, se possa responder a uma pergunta que fará entender o motivo de ele ser tão abordado em testes:

>***Art. 7º***, *XXXIII. Proibição de trabalho noturno, perigoso ou insalubre a menores de dezoito e de qualquer trabalho a menores de dezesseis anos, salvo na condição de aprendiz, a partir de quatorze anos.*

A pergunta é muito simples: a partir de qual idade pode se trabalhar no Brasil? Você deve estar em dúvida: entre 16 e 14 anos. Isso é o que acontece com a maioria dos candidatos. Por isso, nunca esqueça: se temos uma regra e essa regra está acompanhada de uma exceção; temos, então, uma possibilidade.

Ora, se a Constituição diz que é proibido o trabalho para os menores de 16 e, em seguida, excepciona essa regra dizendo que é possível a partir dos 14, na condição de aprendiz, ela quis dizer que o trabalho no Brasil se inicia aos 14 anos. Esse entendimento se fortalece à luz do Art. 227, § 3º, I:

>***Art. 227***, *§ 3º - O direito a proteção especial abrangerá os seguintes aspectos:*
>*I. Idade mínima de quatorze anos para admissão ao trabalho, observado o disposto no Art. 7º, XXXIII.*

Direitos dos empregados domésticos

O parágrafo único, do Art. 7º, da CF assegurava ao trabalhador doméstico um número reduzido de direitos, se comparado com os demais empregados, urbanos ou rurais.

Nos termos daquele dispositivo, seriam garantidos à categoria dos trabalhadores domésticos apenas os direitos previstos nos incisos IV, VI, VIII, XV, XVII, XVIII, XIX, XXI e XXIV, do Art. 7º, bem como a sua integração à previdência social.

Com a promulgação da EC nº 72, de 2 de abril de 2013, aquele parágrafo foi alterado para estender aos empregados domésticos praticamente todos os demais direitos constantes nos incisos, do Art. 7º, da CF.

A nova redação do parágrafo único, do Art. 7º, da CF dispõe:

>***Art. 7º***, *Parágrafo único. São assegurados à categoria dos trabalhadores domésticos os direitos previstos nos incisos IV, VI, VII, VIII, X, XIII, XV, XVI, XVII, XVIII, XIX, XXI, XXII, XXIV, XXVI, XXX, XXXI e XXXIII e, atendidas as condições estabelecidas em lei e observada a simplificação do cumprimento das obrigações tributárias, principais e acessórias, decorrentes da relação de trabalho e suas peculiaridades, os previstos nos incisos I, II, III, IX, XII, XXV e XXVIII, bem como a sua integração à previdência social.*

NOÇÕES DE DIREITO CONSTITUCIONAL

Direitos coletivos dos trabalhadores

São basicamente os direitos relacionados à criação e organização das associações e sindicatos que estão previstos no Art. 8º.

Princípio da unicidade sindical

O primeiro direito coletivo refere-se ao princípio da unicidade sindical. Esse dispositivo proíbe a criação de mais de uma organização sindical, representativa de categoria profissional ou econômica, em uma mesma base territorial:

> *II. É vedada a criação de mais de uma organização sindical, em qualquer grau, representativa de categoria profissional ou econômica, na mesma base territorial, que será definida pelos trabalhadores ou empregadores interessados, não podendo ser inferior à área de um Município.*

Em cada base territorial (federal, estadual, municipal ou distrital) só pode existir um sindicato representante da mesma categoria, lembrando que a base territorial mínima refere-se à área de um município.

Exemplificando: só pode existir **um** sindicato municipal de pescadores no município de Cascavel. Só pode existir **um** sindicato estadual de pescadores no estado do Paraná. Só pode existir **um** sindicato federal de pescadores no Brasil. Contudo, é possível existirem vários sindicatos municipais de pescadores no Estado do Paraná.

Contribuição confederativa e sindical

Essa questão costuma enganar até mesmo os mais preparados. Vejamos o que diz a Constituição Federal no Art. 8º, IV:

> *IV. A assembleia geral fixará a contribuição que, em se tratando de categoria profissional, será descontada em folha, para custeio do sistema confederativo da representação sindical respectiva, independentemente da contribuição prevista em lei.*

A primeira coisa que se deve perceber é a existência de duas contribuições nesse inciso. Uma chamada de Contribuição Confederativa a outra de Contribuição Sindical.

A Contribuição Confederativa é a prevista nesse inciso, fixada pela assembleia geral, descontada em folha para custear o sistema confederativo. Essa contribuição é aquela paga às organizações sindicais e que só é obrigada aos filiados e aos sindicatos. Não possui natureza tributária, por isso obriga apenas as pessoas que voluntariamente se filiam a uma entidade sindical.

A Contribuição Sindical, que é a contribuição prevista em lei, mais precisamente na Consolidação das Leis Trabalhistas (Decreto-Lei nº 5.452/43), deve ser paga por todos os trabalhadores ainda que profissionais liberais. Sua natureza é tributária, não possuindo caráter facultativo.

Contribuição	
Confederativa	Sindical
Fixada pela Assembleia	Fixada pela CLT
Natureza não tributária	Natureza tributária
Obrigada apenas aos filiados a sindicatos	Obrigada a todos os trabalhadores

Liberdade de associação

Esse inciso costuma ser cobrado em prova devido às inúmeras possibilidades de se modificar o seu texto:

> *V. Ninguém será obrigado a filiar-se ou a manter-se filiado a sindicato.*

É a liberdade de associação que permite aos trabalhadores escolherem se desejam ou não se filiar a um determinado sindicato. Ninguém será obrigado a filiar-se ou a manter-se filiado.

Participação do aposentado no sindicato

Esse inciso também possui aplicação semelhante ao anterior, portanto deve haver uma leitura atenta aos detalhes que podem ser modificados em prova:

> *VII. O aposentado filiado tem direito a votar e ser votado nas organizações sindicais.*

Estabilidade sindical

A estabilidade sindical constitui norma de proteção aos dirigentes sindicais que possui grande utilidade ao evitar o cometimento de arbitrariedades por partes das empresas em retaliação aos representantes dos empregados:

> *VIII. É vedada a dispensa do empregado sindicalizado a partir do registro da candidatura a cargo de direção ou representação sindical e, se eleito, ainda que suplente, até um ano após o final do mandato, salvo se cometer falta grave nos termos da lei.*

O importante aqui é entender o período de proteção que a Constituição garantiu aos dirigentes sindicais. A estabilidade se inicia com o registro da candidatura e permanece, com o candidato eleito, até um ano após o término do seu mandato. Ressalte-se que essa proteção contra despedida arbitrária não prospera diante do cometimento de falta grave.

6.2 Direitos de Nacionalidade

A nacionalidade é um vínculo jurídico existente entre um indivíduo e um Estado. Esse vínculo jurídico é a ligação existente capaz de gerar direitos e obrigações entre a pessoa e o Estado.

A aquisição da nacionalidade decorre do nascimento ou da manifestação de vontade. Quando a nacionalidade é adquirida pelo nascimento, estamos diante da chamada **Nacionalidade Originária**. Mas, se for adquirida por meio da manifestação de vontade, estamos diante de uma **Nacionalidade Secundária.**

A Nacionalidade Originária, também chamada de aquisição de nacionalidade primária, é aquela involuntária. Decorre do nascimento desde que preenchidos os requisitos previstos na legislação. Um brasileiro que adquire nacionalidade originária é chamado de nato.

Dois critérios foram utilizados em nossa Constituição para se conferir a nacionalidade originária:

Jus Solis

Esse é critério do solo, critério territorial. Serão considerados brasileiros natos as pessoas que nascerem no território nacional. Esse é o critério adotado como regra no texto constitucional.

Jus Sanguinis

Esse é o critério do sangue. Serão considerados brasileiros natos os descendentes de brasileiros, ou seja, aqueles que possuem o sangue brasileiro.

A nacionalidade secundária ou adquirida é a aquisição que depende de uma manifestação de vontade. É voluntária e, quem a adquire, possui a qualificação de naturalizado.

Conflito de nacionalidade

Alguns países adotavam apenas o critério *jus sanguinis*, outros somente o critério *jus solis*, e isso gerou alguns problemas que a doutrina nominou de Conflito de Nacionalidade. O Conflito de Nacionalidade pode ser de duas formas:

Conflito Positivo

Ocorre quando o indivíduo adquire várias nacionalidades. Ele será chamado de polipátrida.

Conflito Negativo

Ocorre quando o indivíduo não adquire qualquer nacionalidade. Esse será chamado de apátrida (*heimatlos*).

Para evitar a ocorrência desses tipos de conflito, os países têm adotado critérios mistos de aquisição de nacionalidade originária, a exemplo do próprio Brasil.

A seguir, serão analisadas várias hipóteses previstas no Art. 12 da Constituição Federal de aquisição de nacionalidade tanto originária quanto secundária.

Nacionalidade originária

As hipóteses de aquisição da nacionalidade originária estão previstas no Art. 12, I da Constituição Federal, e são:

> **Art. 12.** São brasileiros:
> **I.** Natos:
> **a)** os nascidos na República Federativa do Brasil, ainda que de pais estrangeiros, desde que estes não estejam a serviço de seu país;
> **b)** os nascidos no estrangeiro, de pai brasileiro ou mãe brasileira, desde que qualquer deles esteja a serviço da República Federativa do Brasil;
> **c)** os nascidos no estrangeiro de pai brasileiro ou de mãe brasileira, desde que sejam registrados em repartição brasileira competente ou venham a residir na República Federativa do Brasil e optem, em qualquer tempo, depois de atingida a maioridade, pela nacionalidade brasileira.

A primeira hipótese, prevista na alínea "a", adotou para aquisição o critério *jus solis*, ou seja, serão considerados brasileiros natos aqueles que nascerem no país ainda que de pais estrangeiros, desde que, os pais não estejam a serviço do seu país. Para que os filhos de pais estrangeiros fiquem impedidos de adquirirem a nacionalidade brasileira, é preciso que ambos os pais sejam estrangeiros, mas basta que apenas um deles esteja a serviço do seu país. Se os pais estrangeiros estiverem a serviço de outro país, a doutrina tem entendido que não se aplicará a vedação.

Já a segunda hipótese, adotada na alínea "b", utilizou o critério *jus sanguinis* para fixação da nacionalidade originária. Serão brasileiros natos os nascidos fora do país, filho de pai ou mãe brasileira, desde que qualquer deles esteja a serviço da República Federativa do Brasil. Estar a serviço do país significa estar a serviço de qualquer ente federativo (União, Estados, Distrito Federal ou Município) incluídos os órgãos e entidades da administração indireta (fundações, autarquias, empresas públicas e sociedades de economia mista).

A terceira hipótese, prevista na alínea "c", apresenta, na verdade, duas possibilidades: uma depende do registro a outra depende da opção confirmativa.

Primeiro, temos a regra aplicada aos nascidos no estrangeiro, filho de pai brasileiro ou mãe brasileira, condicionada à aquisição da nacionalidade ao registro em repartição brasileira competente. Nessa hipótese, adota-se o critério *jus sanguinis* acompanhado do registro em repartição brasileira.

Em seguida, temos a segunda possibilidade destinada aos nascidos no estrangeiro de pai brasileiro ou de mãe brasileira, que venham a residir na República Federativa do Brasil e optem (opção confirmativa), em qualquer tempo, depois de atingida a maioridade, pela nacionalidade brasileira.

Essa é a chamada nacionalidade protestativa, pois depende da manifestação de vontade por parte do interessado. Deve-se ter cuidado com a condição para a manifestação da vontade que só poder ser exercida depois de atingida a maioridade, apesar de não existir tempo limite para o exercício desse direito.

Nacionalidade secundária

A seguir, serão apresentadas as hipóteses de aquisição de nacionalidade secundária:

> **Art. 12**, II. Naturalizados:
> **a)** Os que, na forma da lei, adquiram a nacionalidade brasileira, exigidas aos originários de países de língua portuguesa apenas residência por um ano ininterrupto e idoneidade moral;
> **b)** os estrangeiros de qualquer nacionalidade, residentes na República Federativa do Brasil há mais de quinze anos ininterruptos e sem condenação penal, desde que requeiram a nacionalidade brasileira.

A primeira hipótese de naturalização, prevista na alínea "a" do inciso II, é a chamada naturalização ordinária. Essa naturalização apresenta uma forma de aquisição prevista em lei. Esta Lei é a nº 6.815/80, que traz algumas regras para aquisição de nacionalidade, as quais não serão estudadas neste momento. O que interessa agora para a prova é a segunda parte da alínea, que confere um tratamento diferenciado para os originários de países de língua portuguesa, para quem será exigida apenas residência por um ano ininterrupto e idoneidade moral. Entende-se país de língua portuguesa qualquer país que possua a língua portuguesa como língua oficial (Angola, Portugal, Timor Leste, entre outros). Essa forma de naturalização não gera direito subjetivo ao estrangeiro, o que significa que ele poderá pleitear sua naturalização e essa poderá ser indeferida pelo Chefe do Poder Executivo, haja vista se tratar de um ato discricionário.

A alínea "b" do inciso II apresenta a chamada naturalização extraordinária ou quinzenária. Essa hipótese é destinada a qualquer estrangeiro e será exigida residência ininterrupta pelo prazo de 15 anos e não existência de condenação penal. Nessa espécie, não há discricionariedade em conceder a naturalização, pois ela gera direito subjetivo ao estrangeiro que tenha preenchido os requisitos.

NOÇÕES DE DIREITO CONSTITUCIONAL

O melhor é não esquecer que a ausência temporária da residência não quebra o vínculo ininterrupto exigido para a naturalização no país. Também deve ser ressaltado que não existe naturalização tácita ou automática, sendo exigido requerimento de quem desejar se naturalizar no Brasil.

Português equiparado

> **Art. 12.** § 1º. Aos portugueses com residência permanente no País, se houver reciprocidade em favor de brasileiros, serão atribuídos os direitos inerentes ao brasileiro, salvo os casos previstos nesta Constituição.

Trata-se do chamado português equiparado ou quase nacional. Segundo o dispositivo, a Constituição assegura aos portugueses tratamento diferenciado, como se fossem brasileiros. Não se trata de uma hipótese de naturalização, nesse caso são atribuídos os mesmos direitos inerentes ao brasileiro.

Essa condição depende de reciprocidade por parte de Portugal. O Brasil possui um acordo internacional com Portugal por meio do Decreto nº 3.927/2001 que promulgou o Tratado de Cooperação, Amizade e Consulta Brasil/Portugal. Havendo o mesmo tratamento a um brasileiro quando estiver no país português, serão garantidos tratamentos diferenciados aos portugueses que aqui estiverem desde que manifestem interesse no recebimento desse tratamento diferenciado. Ressalta-se que para requerer esse tipo de tratamento será necessária, além do requerimento, a constituição de residência permanente no Brasil.

Por fim, não se pode esquecer de que o tratamento dado aos portugueses os equipara aos brasileiros naturalizados.

Tratamento diferenciado entre brasileiros

O § 2º do Art. 12 proíbe o tratamento diferençado entre brasileiros natos e naturalizados:

> **§ 2º** - A lei não poderá estabelecer distinção entre brasileiros natos e naturalizados, salvo nos casos previstos nesta Constituição.

O próprio dispositivo excepciona a regra permitindo que a Constituição Federal estabeleça tratamento diferenciado entre brasileiros natos e naturalizados. São quatro os tratamentos diferenciados estabelecidos pelo texto constitucional:

> Cargos privativos de brasileiros natos;
> Funções privativas de brasileiros natos;
> Regras de extradição;
> Propriedade de empresas de jornalística ou de radiodifusão.

O § 3º apresenta a primeira hipótese de distinção dentre brasileiros natos e naturalizados:

> **§ 3º** - São privativos de brasileiro nato os cargos:
> I. De Presidente e Vice-Presidente da República;
> II. De Presidente da Câmara dos Deputados;
> III. De Presidente do Senado Federal;
> IV. De Ministro do Supremo Tribunal Federal;
> V. Da carreira diplomática;
> VI. de oficial das Forças Armadas;
> VII. De Ministro de Estado da Defesa.

Os cargos privativos aos brasileiros natos são muito incidentes em provas. Por esse motivo, sugere-se que sejam memorizados. Dois critérios foram utilizados para escolha desses cargos. O primeiro está relacionado com os cargos que sucedem o Presidente da República (Presidente e Vice-Presidente da República, Presidente da Câmara dos Deputados, Presidente do Senado Federal e Ministro do Supremo Tribunal Federal). O segundo critério diz respeito à segurança nacional (carreira diplomática, oficial das forças armadas e Ministro do Estado da Defesa).

As funções privativas de brasileiros natos estão prevista no Art. 89, VII da Constituição:

> **Art. 89.** O Conselho da República é órgão superior de consulta do Presidente da República, e dele participam:
> I. O Vice-Presidente da República;
> II. O Presidente da Câmara dos Deputados;
> III. O Presidente do Senado Federal;
> IV. Os líderes da maioria e da minoria na Câmara dos Deputados;
> V. Os líderes da maioria e da minoria no Senado Federal;
> VI. O Ministro da Justiça;
> VII. Seis cidadãos brasileiros natos, com mais de trinta e cinco anos de idade, sendo dois nomeados pelo Presidente da República, dois eleitos pelo Senado Federal e dois eleitos pela Câmara dos Deputados, todos com mandato de três anos, vedada a recondução.

A terceira possibilidade de tratamento diferenciado diz respeito às regras de extradição previstas no inciso LI do Art. 5º:

> **LI.** Nenhum brasileiro será extraditado, salvo o naturalizado, em caso de crime comum, praticado antes da naturalização, ou de comprovado envolvimento em tráfico ilícito de entorpecentes e drogas afins, na forma da lei.

A quarta previsão está no Art. 222 da Constituição:

> **Art. 222.** A propriedade de empresa jornalística e de radiodifusão sonora e de sons e imagens é privativa de brasileiros natos ou naturalizados há mais de dez anos, ou de pessoas jurídicas constituídas sob as leis brasileiras e que tenham sede no País.

Perda da nacionalidade

A seguir serão trabalhadas as hipóteses de perda da nacionalidade. Uma pergunta: brasileiro nato pode perder a nacionalidade?

Vejamos o que diz a Constituição Federal:

> **§ 4º** - Será declarada a perda da nacionalidade do brasileiro que:
> I. Tiver cancelada sua naturalização, por sentença judicial, em virtude de atividade nociva ao interesse nacional;
> II. Adquirir outra nacionalidade, salvo no casos:
> a) de reconhecimento de nacionalidade originária pela lei estrangeira;
> b) de imposição de naturalização, pela norma estrangeira, ao brasileiro residente em estado estrangeiro, como condição para permanência em seu território ou para o exercício de direitos civis.

Ao se analisar o dispositivo do *caput* desse parágrafo, é possível concluir que as regras são para os brasileiros natos ou naturalizados.

Mas vale a pena verificar cada hipótese:

O inciso I deixa claro que é uma hipótese aplicada apenas aos brasileiros naturalizados (cancelamento de naturalização). Se o indivíduo tem seu vínculo com o Estado cancelado por decisão judicial, não há que se falar em permanência da nacionalidade brasileira;

O inciso II já não permite a mesma conclusão, haja vista ter considerado qualquer brasileiro. Logo, ao brasileiro, seja ele nato ou naturalizado, que adquirir outra nacionalidade, será declarada a perda da nacionalidade, pelo menos em regra. Essa regra possui duas exceções: nos casos de reconhecimento de nacionalidade originária estrangeira ou de imposição de naturalização, não será declarada a perda da nacionalidade brasileira. É nestas hipóteses que se encontram permitidas as situações de dupla nacionalidade que conhecemos.

Uma questão interessante surge: seria possível a reaquisição da nacionalidade brasileira?

Uma vez perdida a nacionalidade, tem-se entendido que é possível a sua reaquisição dependendo da forma que foi perdida.

Se o indivíduo perde a nacionalidade com fundamento no inciso I, por cancelamento de naturalização, só seria possível a reaquisição por meio de ação rescisória.

Caso o indivíduo perca a nacionalidade por ter adquirido outra, que revela a hipótese do inciso II, também será possível a reaquisição por decreto presidencial (Art. 36, Lei nº 818/49).

Apesar da divergência doutrinária, prevalece o entendimento de que o brasileiro, após a reaquisição, volta à condição anterior, ou seja, se era brasileiro nato, volta a ser nato, se era naturalizado, volta como naturalizado.

7. DIREITOS POLÍTICOS E PARTIDOS POLÍTICOS

7.1 Direitos Políticos

Os direitos políticos são um conjunto de direitos fundamentais que permitem ao indivíduo participar da vontade política do Estado. Para se falar de direitos políticos, alguns conceitos são indispensáveis.

Cidadania, democracia e soberania popular

A Cidadania é a condição conferida ao indivíduo que possui direito político. É o exercício desse direito. Essa condição só é possível em nosso país por causa do regime de governo adotado, a Democracia. A democracia parte do pressuposto de que o poder do Estado decorre da vontade popular, da Soberania Popular. Conforme o parágrafo único do Art. 1º da Constituição:

> *Art. 1º, Parágrafo único. Todo o poder emana do povo, que o exerce por meio de representantes eleitos ou diretamente, nos termos desta Constituição.*

A democracia brasileira é classificada como semidireta ou participativa, haja vista poder ser exercida tanto de forma direta como de forma indireta. Como forma de exercício direto temos o previsto no Art. 14 da CF:

> *Art. 14. A soberania popular será exercida pelo sufrágio universal e pelo voto direto e secreto, com valor igual para todos, e, nos termos da lei, mediante:*
> *I. Plebiscito;*
> *II. Referendo;*
> *III. Iniciativa popular.*

Mas ainda há a ação popular que também é forma de exercício direto dos direitos políticos:

> *Art. 5º, LXXIII. Qualquer cidadão é parte legítima para propor ação popular que vise a anular ato lesivo ao patrimônio público ou de entidade de que o Estado participe, à moralidade administrativa, ao meio ambiente e ao patrimônio histórico e cultural, ficando o autor, salvo comprovada má-fé, isento de custas judiciais e do ônus da sucumbência.*

Entendamos o que significa cada uma das formas de exercício direto dos direitos políticos:

Plebiscito

Consulta popular realizada antes da tomada de decisão. O representante do poder público quer tomar uma decisão, mas, antes de tomá-la, ele pergunta para os cidadãos quem concorda. O que os cidadãos decidirem será feito.

Referendo

Consulta popular realizada depois da tomada de decisão. O representante do poder público toma uma decisão e depois pergunta o que os cidadãos acharam.

Iniciativa popular

Essa é uma das formas de se iniciar o processo legislativo no Brasil. A legitimidade para propor criação de lei pelo eleitorado encontra amparo no Art. 61, § 2º da CF:

> *Art. 61, § 2º - A iniciativa popular pode ser exercida pela apresentação à Câmara dos Deputados de projeto de lei subscrito por, no mínimo, um por cento do eleitorado nacional, distribuído pelo menos por cinco Estados, com não menos de três décimos por cento dos eleitores de cada um deles.*

Ação popular

Remédio constitucional previsto no inciso LXXIII que funciona como instrumento de fiscalização dos poderes públicos nos termos do inciso citado.

Quando se fala em exercício indireto, significa exercício por meio dos representantes eleitos que representarão a vontade popular.

Todas essas ferramentas disponibilizadas acima constituem formas de exercício dos direitos políticos no Brasil.

A doutrina costuma classificar os direitos políticos em:

> **Direitos políticos positivos.**
> **Direitos políticos negativos.**

Direitos políticos positivos

Os direitos políticos positivos se mostram pela possibilidade de participação na vontade política do Estado. Esses direitos políticos se materializam por meio da Capacidade Eleitoral Ativa e da Capacidade Eleitoral Passiva. O primeiro é a possibilidade de votar. O segundo, de ser votado.

Para que se possa exercer a capacidade eleitoral ativa, faz-se necessário o chamado alistamento eleitoral. É, simplesmente, inscrever-se como eleitor, o que acontece quando obtemos o título de eleitor. A Constituição apresenta três regras para o alistamento e o voto:

Voto Obrigatório

Maiores de 18 anos;

Voto Facultativo

Maiores de 16 e menores de 18; analfabetos e maiores de 70 anos;

Voto Proibido

Estrangeiros e conscritos.

Vejamos estas regras previstas no texto constitucional:

> *Art. 14, § 1º. O alistamento eleitoral e o voto são:*
> *I. Obrigatórios para os maiores de dezoito anos;*
> *II. Facultativos para:*
> *a) os analfabetos;*
> *b) os maiores de setenta anos;*
> *c) os maiores de dezesseis e menores de dezoito anos.*
> *§ 2º - Não podem alistar-se como eleitores os estrangeiros e, durante o período do serviço militar obrigatório, os conscritos.*

Condições de alistabilidade

- **Obrigatório**: Maiores de 18 anos e < 70
- **Facultativo**:
  - Maiores de 16 e menores de 18 anos
  - Analfabetos
  - Maiores de 70 anos
- **Proibido**:
  - Estrangeiros
  - Conscritos

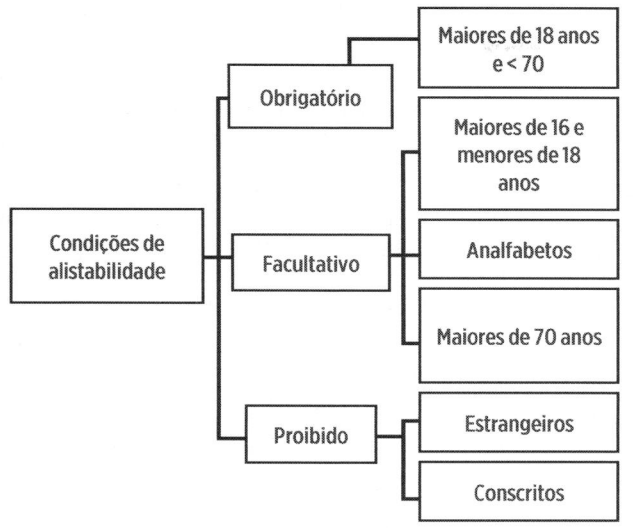

A **capacidade eleitoral passiva** é a capacidade de ser eleito. É uma das formas de participação política em que o cidadão aceita a incumbência de representar os interesses dos seus eleitores. Para que alguém possa ser eleito se faz necessário o preenchimento das Condições de Elegibilidade. São condições de elegibilidade as previstas no Art. 14, § 3º da Constituição:

> *Art. 14, § 3º - São condições de elegibilidade, na forma da lei:*
> *I. a nacionalidade brasileira;*
> *II. o pleno exercício dos direitos políticos;*
> *III. o alistamento eleitoral;*
> *IV. o domicílio eleitoral na circunscrição;*
> *V. a filiação partidária;*
> *VI. a idade mínima de:*
> *a) trinta e cinco anos para Presidente e Vice-Presidente da República e Senador;*
> *b) trinta anos para Governador e Vice-Governador de Estado e do Distrito Federal;*
> *c) vinte e um anos para Deputado Federal, Deputado Estadual ou Distrital, Prefeito, Vice-Prefeito e juiz de paz;*
> *d) dezoito anos para Vereador.*

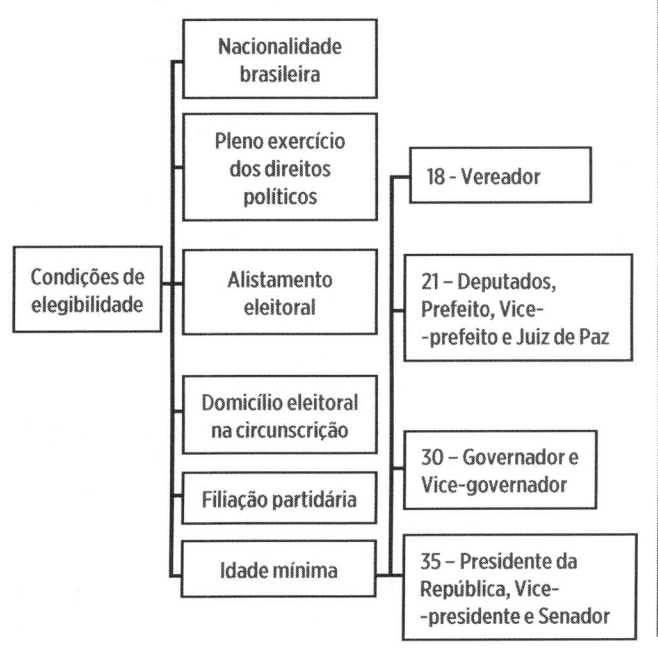

Condições de elegibilidade

- Nacionalidade brasileira
- Pleno exercício dos direitos políticos
- Alistamento eleitoral
- Domicílio eleitoral na circunscrição
- Filiação partidária
- Idade mínima:
  - 18 – Vereador
  - 21 – Deputados, Prefeito, Vice-prefeito e Juiz de Paz
  - 30 – Governador e Vice-governador
  - 35 – Presidente da República, Vice-presidente e Senador

Direitos políticos negativos

Os direitos políticos negativos são verdadeiras vedações ao exercício da cidadania. São inelegibilidades, hipóteses de perda ou suspensão dos direitos políticos que se encontram previstos expressamente no texto constitucional. Só não se pode esquecer a possibilidade prevista no § 9º do Art. 14 da Constituição, que admite que sejam criadas outras inelegibilidades por Lei Complementar, desde possuam caráter relativo. Inelegibilidade absoluta, segundo a doutrina, só na Constituição Federal.

A primeira inelegibilidade está prevista no Art. 14, § 4º:

> *Art. 14, § 4º - São inelegíveis os inalistáveis e os analfabetos.*

Trata-se de uma inelegibilidade absoluta que impede os inalistáveis e analfabetos a concorrerem a qualquer cargo eletivo. Nota-se primeiramente que a Constituição se refere aos inalistáveis como "inelegíveis". Todas as vezes que se encontrar o termo inalistável, deve-se pensar automaticamente em estrangeiros e conscritos. Logo, são inelegíveis os estrangeiros, conscritos e analfabetos.

Quanto aos analfabetos, uma questão merece atenção: os analfabetos podem votar, mas não podem receber votos.

Em seguida, tem-se o § 5º, que traz a chamada regra da Reeleição. Trata-se de uma espécie de inelegibilidade relativa por meio do qual alguns titulares de cargos políticos ficam impedidos de se reelegerem por mais de duas eleições consecutivas, ou seja, é permitida apenas uma reeleição:

> *Art. 14, § 5º - O Presidente da República, os Governadores de Estado e do Distrito Federal, os Prefeitos e quem os houver sucedido, ou substituído no curso dos mandatos poderão ser reeleitos para um único período subsequente.*

O primeiro ponto interessante desse parágrafo está na restrição que só ocorre para os membros do poder executivo (Presidente, Governador e Prefeito). Logo, um membro do Poder Legislativo poderá se reeleger quantas vezes ele quiser, enquanto o membro do Poder Executivo só poderá se reeleger uma única vez. Ressalte-se que o impedimento se aplica também a quem suceder ou substituir o titular dos cargos supracitados.

Mais uma regra de inelegibilidade relativa encontra-se no § 6º:

> *Art. 14, § 6º - Para concorrerem a outros cargos, o Presidente da República, os Governadores de Estado e do Distrito Federal e os Prefeitos devem renunciar aos respectivos mandatos até seis meses antes do pleito.*

Estamos diante da chamada regra de **Desincompatibilização**. Da mesma forma que o dispositivo anterior só se aplica aos membros do Poder Executivo, e essa norma exige que os representantes desse Poder, para que possam concorrer a outro cargo, devem renunciar os respectivos mandatos até seis meses antes do pleito.

Ainda há a chamada Inelegibilidade Reflexa, ou em razão do parentesco. Essa hipótese gera um impedimento, não ao titular do cargo político, mas aos seus parentes até segundo grau. Também se aplica apenas aos membros do Poder Executivo:

> *Art. 14, § 7º - São inelegíveis, no território de jurisdição do titular, o cônjuge e os parentes consanguíneos ou afins, até o segundo grau ou por adoção, do Presidente da República, de Governador de Estado ou Território, do Distrito Federal, de Prefeito ou de quem os haja substituído dentro dos seis meses anteriores ao pleito, salvo se já titular de mandato eletivo e candidato à reeleição.*

DIREITOS POLÍTICOS E PARTIDOS POLÍTICOS

O impedimento gerado está relacionado ao território de jurisdição do titular da seguinte forma:

> O Prefeito gera inelegibilidade aos cargos de Prefeito e Vereador do mesmo município;

> O Governador gera inelegibilidade aos cargos de Prefeito, Vereador, Deputado Estadual, Deputado Federal, Senador da República e Governador do mesmo Estado Federativo;

> O Presidente gera inelegibilidade a todos os cargos eletivos do país.

São parentes de 1º grau: pai, mãe, filho, sogro. São parentes de 2º grau: avô, irmão, neto, cunhado.

O STF editou a Súmula Vinculante nº 18, que diz:

> **Súmula Vinculante nº 18.** A dissolução da sociedade ou do vínculo conjugal, no curso do mandato, não afasta a inelegibilidade prevista no § 7º do Art. 14 da Constituição Federal.

Lei complementar pode estabelecer novas hipóteses de inelegibilidade relativa. É o que dispõe o § 9º do Art. 14:

> **Art. 14, § 9º** - Lei complementar estabelecerá outros casos de inelegibilidade e os prazos de sua cessação, a fim de proteger a probidade administrativa, a moralidade para exercício de mandato considerada vida pregressa do candidato, e a normalidade e legitimidade das eleições contra a influência do poder econômico ou o abuso do exercício de função, cargo ou emprego na administração direta ou indireta.

Com base no texto, é possível concluir que o rol de inelegibilidades relativas previstas na Constituição Federal é meramente exemplificativo. Há ainda a Lei Complementar nº 64/90 que traz várias hipóteses de inelegibilidade.

Condições para eleição do militar

O militar pode se candidatar a cargo político eletivo desde que observadas as regras estabelecidas no § 8º do Art. 14:

> **Art. 14, § 8º** - O militar alistável é elegível, atendidas as seguintes condições:
>
> **I.** se contar menos de dez anos de serviço, deverá afastar-se da atividade;
>
> **II.** se contar mais de dez anos de serviço, será agregado pela autoridade superior e, se eleito, passará automaticamente, no ato da diplomação, para a inatividade.

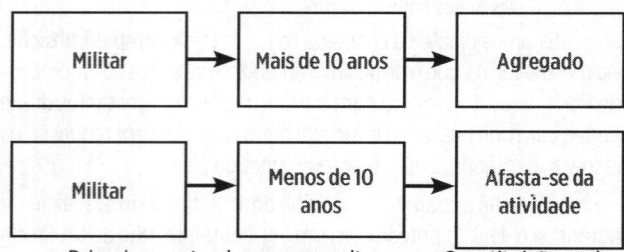

```
Militar → Mais de 10 anos → Agregado

Militar → Menos de 10 anos → Afasta-se da atividade
```

Primeiramente, deve-se ressaltar que a Constituição veda a filiação partidária aos militares:

> **Art. 142, § 3º, V.** O militar, enquanto em serviço ativo, não pode estar filiado a partidos políticos.

Recordando as condições de elegibilidade, tem-se que é necessária a filiação partidária para ser elegível, contudo, no caso do militar, o TSE tem entendido que o registro da candidatura supre a falta de prévia filiação partidária.

Um segundo ponto interessante decorre da própria interpretação do § 8º, que prevê duas regras para eleição dos militares em razão do tempo de serviço:

Militar com menos de dez anos: deve se afastar da atividade;

Militar com mais de dez anos: deve ficar agregado pela autoridade superior e se eleito, passado para inatividade.

Esse prazo de dez anos escolhido pela Constituição decorre da garantia de estabilidade para os militares.

Impugnação de mandato eletivo

Estes parágrafos dispensam explicação e, quando aparecem em prova, costumam cobrar o próprio texto constitucional. Deve-se ter cuidado com o prazo de 15 dias para impugnação:

> **Art. 14, § 10** - O mandato eletivo poderá ser impugnado ante a Justiça Eleitoral no prazo de quinze dias contados da diplomação, instruída a ação com provas de abuso do poder econômico, corrupção ou fraude.
>
> **§ 11** - A ação de impugnação de mandato tramitará em segredo de justiça, respondendo o autor, na forma da lei, se temerária ou de manifesta má-fé.

Cassação, suspensão e perda dos direitos políticos

Uma coisa é certa: não existe cassação de direitos políticos no Brasil. Isso não pode ser esquecido, pois sempre é cobrado em prova. Apesar dessa norma protetiva, são permitidas a perda e a suspensão desses direitos, conforme disposto no Art. 15 da Constituição:

> **Art. 15.** É vedada a cassação de direitos políticos, cuja perda ou suspensão só se dará nos casos de:
>
> **I.** Cancelamento da naturalização por sentença transitada em julgado;
>
> **II.** Incapacidade civil absoluta;
>
> **III.** Condenação criminal transitada em julgado, enquanto durarem seus efeitos;
>
> **IV.** Recusa de cumprir obrigação a todos imposta ou prestação alternativa, nos termos do Art. 5º, VIII;
>
> **V.** Improbidade administrativa, nos termos do Art. 37, § 4º.

Observe-se que o texto constitucional não esclareceu muito bem quais são as hipóteses de perda ou suspensão, trabalho esse que ficou a cargo da doutrina fazer. Seguem abaixo as hipóteses de perda ou suspensão:

Cancelamento da naturalização por sentença transitada em julgado – trata-se de perda dos direitos políticos. Ora, se o indivíduo teve cancelado seu vínculo com o Estado Brasileiro, não há sentido em lhe garantir os direitos políticos;

Incapacidade civil absoluta – apesar de ser absoluta, essa incapacidade civil pode cessar dependendo da situação. Logo, é hipótese de suspensão dos direitos políticos;

Condenação criminal transitada em julgado, enquanto durarem seus efeitos – condenação criminal é suspensão, pois dura enquanto durar a pena. Deve-se ter cuidado com essa questão em prova. O efeito da suspensão sobre os direitos políticos independe do tipo de pena aplicada ao cidadão.

Recusa de cumprir obrigação a todos imposta ou prestação alternativa, nos termos do Art. 5º, VIII - essa é a famosa hipótese da escusa de consciência. Em relação a esse tema, existe divergência na doutrina. Parte da doutrina Constitucional entende que é hipótese de perda, outra parte da doutrina, principalmente eleitoral, entende que seja hipótese de suspensão.

Improbidade administrativa, nos termos do Art. 37, § 4º - essa é mais uma hipótese de suspensão dos direitos políticos.

Princípio da anterioridade eleitoral

Este princípio exige o prazo de um ano para aplicação de lei que altere processo eleitoral. Isso visa a evitar que os candidatos sejam pegos de surpresa com as regras eleitorais. O Art. 16 diz:

> *Art. 16. A lei que alterar o processo eleitoral entrará em vigor na data de sua publicação, não se aplicando à eleição que ocorra até um ano da data de sua vigência.*

O STF decidiu que essa lei não se aplica às eleições de 2010 por não ter respeitado esse princípio que requer o prazo de 1 ano para aplicação da lei que alterar o processo eleitoral.

A lei havia sido publicada em junho de 2010 e queriam que valesse para as eleições do mesmo ano. O STF disse que sua aplicação para 2010 era inconstitucional.

7.2 Partidos Políticos

Natureza jurídica dos partidos políticos

Os partidos políticos, segundo previsão expressa da Constituição, possuem natureza jurídica de direito privado. Segundo o disposto no Art. 17, § 2º:

> *§ 2º - Os partidos políticos, após adquirirem personalidade jurídica, na forma da lei civil, registrarão seus estatutos no Tribunal Superior Eleitoral.*

Quando a Constituição determina que os partidos devem adquirir sua personalidade jurídica na forma da lei civil, praticamente, afirma que é uma pessoa jurídica de direito privado apesar de ser exigido seu registro no TSE.

Direitos dos partidos

Os partidos possuem vários direitos previstos expressamente na Constituição, dentre os quais destacam-se:

Recursos do fundo partidário;

Acesso gratuito ao rádio e à televisão (Lei nº 9.096/95).

Limitações aos partidos

Apesar da liberdade estampada no *caput* do Art. 17, é possível perceber que a criação dos partidos políticos possui algumas limitações:

> *Art. 17. É livre a criação, fusão, incorporação e extinção de partidos políticos, resguardados a soberania nacional, o regime democrático, o pluripartidarismo, os direitos fundamentais da pessoa humana e observados os seguintes preceitos:*
>
> *I. Caráter nacional;*
>
> *II. Proibição de recebimento de recursos financeiros de entidade ou governo estrangeiros ou de subordinação a estes;*
>
> *III. Prestação de contas à Justiça Eleitoral;*
>
> *IV. Funcionamento parlamentar de acordo com a lei.*
>
> *§ 4º - É vedada a utilização pelos partidos políticos de organização paramilitar.*

Verticalização

Antes da Emenda Constitucional nº 52/2006, era utilizada a chamada Verticalização, que significava a necessidade de vinculação das candidaturas do nível nacional, estadual, distrital ou municipal. Vejamos como está escrito agora:

> *§ 1º - É assegurada aos partidos políticos autonomia para definir sua estrutura interna, organização e funcionamento e para adotar os critérios de escolha e o regime de suas coligações eleitorais, sem obrigatoriedade de vinculação entre as candidaturas em âmbito nacional, estadual, distrital ou municipal, devendo seus estatutos estabelecer normas de disciplina e fidelidade partidária.*

Significa dizer que não é mais preciso haver vinculação das candidaturas nos diversos níveis federativos (União, Estados, Distrito Federal e Municípios).

8. DA ORGANIZAÇÃO POLÍTICO-ADMINISTRATIVA

Para que se possa compreender a Organização Político-Administrativa do Estado Brasileiro, faz-se necessário, primeiramente, entender como se deu essa formação. Para isso, será abordado o Princípio Federativo.

8.1 Princípio Federativo

A Forma de Estado adotada no Brasil é a Federativa. Quando se afirma que o nosso Estado é uma Federação, quer-se dizer como se dá o exercício do poder político em função do território. Em um Estado Federal, existe pluralidade de poderes políticos internos, os quais se organizam de forma descentralizada. No Brasil, são quatro poderes políticos, também chamados de entes federativos:

- **União;**
- **Estados;**
- **Distrito Federal;**
- **Municípios.**

Essa organização é baseada na autonomia política de cada ente federativo. Deve-se estar atento a esse tema em prova, pois as bancas gostam de trocar autonomia por soberania. Cada ente possui sua própria autonomia, enquanto que o Estado Federal possui a soberania. A autonomia de cada ente federativo se dá no âmbito político, financeiro, orçamentário, administrativo e em qualquer outra área permitida pela Constituição Federal:

> *Art. 18. A organização político-administrativa da República Federativa do Brasil compreende a União, os Estados, o Distrito Federal e os Municípios, todos autônomos, nos termos desta Constituição.*

Deve-se destacar, inclusive, que o pacto federativo sobrevive em torno da Constituição Federal, que impede sua dissolução sob pena de se decretar Intervenção Federal:

> *Art. 34. A União não intervirá nos Estados nem no Distrito Federal, exceto para:*
> *I. Manter a integridade nacional.*

A proibição de secessão, que impede a separação de um ente federativo, também é conhecida como Princípio da Indissolubilidade.

Outro ponto muito cobrado em prova diz respeito à inexistência de hierarquia entre os entes federativos. O que distingue um ente federativo do outro não é a superioridade, mas a distribuição de competências feita pela própria Constituição Federal. Não se deve esquecer também que as Unidades da Federação possuem representação junto ao Poder Legislativo da União, mais precisamente, no Senado Federal.

Em razão dessa organização completamente diferenciada, a doutrina classifica a federação brasileira de várias formas:

Tricotômica

Federação constituída em três níveis: federal, estadual e municipal. O Distrito Federal não é considerado nessa classificação, haja vista possuir competência híbrida, agindo tanto como um Estado quanto como Município;

Centrífuga

Característica que reflete a formação da federação brasileira. É a formação "de dentro para fora". O movimento é de centrifugadora. A força de criação do estado federal brasileiro surgiu a partir de um Estado Unitário para a criação de um estado federado, ou seja, o poder centralizado que se torna descentralizado. O poder político era concentrado nas mãos de um só ente e depois passa a fazer parte de vários entes federativos;

Por Desagregação

Ocorre quando um Estado Unitário resolve se descentralizar politicamente, desagregando o poder central em favor de vários entes titulares de poder político.

Mais uma característica que não pode ser ignorada em prova: a Forma Federativa de Estado é uma cláusula pétrea, conforme dispõe o Art. 60, § 4º, I:

> *Art. 60, § 4º - Não será objeto de deliberação a proposta de emenda tendente a abolir:*
> *I. A forma federativa de Estado.*

Cumpre lembrar de que a Capital do Brasil é Brasília. Deve-se ter cuidado: há questão de prova que diz que a Capital é o Distrito Federal. O Distrito Federal é um ente federativo, ao passo que Brasília é uma Região Administrativa dentro do Distrito Federal:

> *Art. 18, § 1º - Brasília é a Capital Federal.*

Outra coisa com a qual se deve ter cuidado diz respeito aos Territórios Federais:

> *§ 2º - Os Territórios Federais integram a União, e sua criação, transformação em Estado ou reintegração ao Estado de origem serão reguladas em lei complementar.*

Esses não são entes federativos, pois não possuem autonomia política. São pessoas jurídicas de direito público que possuem apenas capacidade administrativa. Sua natureza jurídica é de autarquia federal e só podem ser criados por lei federal. Para sua criação se faz necessária a aprovação das populações diretamente envolvidas, por meio de plebiscito, parecer da Assembleia Legislativa e lei complementar federal. Os territórios são administrados por governadores escolhidos pelo Presidente da República e podem ser divididos em municípios. Cada território elegerá quatro deputados federais, mas não poderá eleger Senador da República. Seguem abaixo vários dispositivos constitucionais que regulamentam os Territórios:

> *Art. 18, § 3º - Os Estados podem incorporar-se entre si, subdividir-se ou desmembrar-se para se anexarem a outros, ou formarem novos Estados ou Territórios Federais, mediante aprovação da população diretamente interessada, através de plebiscito, e do Congresso Nacional, por lei complementar.*
> *Art. 45, § 2º - Cada Território elegerá quatro Deputados.*
> *Art. 48. Cabe ao Congresso Nacional, com a sanção do Presidente da República, não exigida esta para o especificado nos Arts. 49, 51 e 52, dispor sobre todas as matérias de competência da União, especialmente sobre:*
> *VI. Incorporação, subdivisão ou desmembramento de áreas de Territórios ou Estados, ouvidas as respectivas Assembleias Legislativas.*

Art. 84. Compete privativamente ao Presidente da República:

XIV. Nomear, após aprovação pelo Senado Federal, os Ministros do Supremo Tribunal Federal e dos Tribunais Superiores, os Governadores de Territórios, o Procurador-Geral da República, o presidente e os diretores do banco central e outros servidores, quando determinado em lei.

A Constituição Federal autoriza a divisão dos Territórios em Municípios. Os Territórios com mais de 100.000 habitantes possuirão Poder Judiciário próprio, bem como membros do Ministério Público e Defensores Públicos Federais. Poderão ainda eleger membros para Câmara Territorial:

Art. 33, § 1º - Os Territórios poderão ser divididos em Municípios, aos quais se aplicará, no que couber, o disposto no Capítulo IV deste Título.

§ 3º - Nos Territórios Federais com mais de cem mil habitantes, além do Governador nomeado na forma desta Constituição, haverá órgãos judiciários de primeira e segunda instância, membros do Ministério Público e defensores públicos federais; a lei disporá sobre as eleições para a Câmara Territorial e sua competência deliberativa.

8.2 Vedações Constitucionais

A Constituição Federal fez questão de estabelecer algumas vedações expressas aos entes federativos, as quais estão previstas no Art. 19:

Art. 19. É vedado à União, aos Estados, ao Distrito Federal e aos Municípios:

I. Estabelecer cultos religiosos ou igrejas, subvencioná-los, embaraçar-lhes o funcionamento ou manter com eles ou seus representantes relações de dependência ou aliança, ressalvada, na forma da lei, a colaboração de interesse público;

II. Recusar fé aos documentos públicos;

III. Criar distinções entre brasileiros ou preferências entre si.

A primeira vedação decorre da laicidade do Estado brasileiro, ou seja, não possuímos religião oficial no Brasil, em razão da situação de separação entre Estado e Igreja. A segunda vedação decorre da presunção de veracidade dos documentos públicos. E, por último, contemplando o Princípio da Isonomia, o qual será tratado em momento oportuno, fica vedado estabelecer distinções entre brasileiros ou preferências entre si. Atente-se a esta questão.

8.3 Características dos Entes Federativos

União

Muitos sentem dificuldade em visualizar a União, tendo em vista ser um ente meio abstrato. O que se precisa saber é que a União é uma pessoa jurídica de direito público interno ao mesmo tempo em que é pessoa jurídica de direito público externo. É o Poder Central responsável por assuntos de interesse geral do Estado e que representa os demais entes federativos. Apesar de não possuir o atributo Soberania, a União exerce essa soberania em nome do Estado Federal. É só pensar na representação internacional do Estado. Quem celebra tratados internacionais? É o Chefe do Executivo da União, o Presidente da República.

Um dos temas mais cobrados em prova são os Bens da União. Os Bens da União estão previstos no Art. 20 da Constituição Federal:

Art. 20. São bens da União:

I. Os que atualmente lhe pertencem e os que lhe vierem a ser atribuídos;

II. As terras devolutas indispensáveis à defesa das fronteiras, das fortificações e construções militares, das vias federais de comunicação e à preservação ambiental, definidas em lei;

III. Os lagos, rios e quaisquer correntes de água em terrenos de seu domínio, ou que banhem mais de um Estado, sirvam de limites com outros países, ou se estendam a território estrangeiro ou dele provenham, bem como os terrenos marginais e as praias fluviais;

IV. As ilhas fluviais e lacustres nas zonas limítrofes com outros países; as praias marítimas; as ilhas oceânicas e as costeiras, excluídas, destas, as que contenham a sede de Municípios, exceto aquelas áreas afetadas ao serviço público e a unidade ambiental federal, e as referidas no art. 26, II;

V. Os recursos naturais da plataforma continental e da zona econômica exclusiva;

VI. O mar territorial;

VII. Os terrenos de marinha e seus acrescidos;

VIII. os potenciais de energia hidráulica;

IX. Os recursos minerais, inclusive os do subsolo;

X. As cavidades naturais subterrâneas e os sítios arqueológicos e pré-históricos;

XI. As terras tradicionalmente ocupadas pelos índios.

§ 1º É assegurada, nos termos da lei, à União, aos Estados, ao Distrito Federal e aos Municípios a participação no resultado da exploração de petróleo ou gás natural, de recursos hídricos para fins de geração de energia elétrica e e de outros recursos minerais no respectivo território, plataforma continental, mar territorial ou zona econômica exclusiva, ou compensação financeira por essa exploração.

§ 2º - A faixa de até cento e cinquenta quilômetros de largura, ao longo das fronteiras terrestres, designada como faixa de fronteira, é considerada fundamental para defesa do território nacional, e sua ocupação e utilização serão reguladas em lei.

Esse artigo, quando cobrado em prova, costuma ser trabalhado apenas com o texto literal da Constituição. A dica de estudo é a memorização dos bens que são considerados da União. Contudo, alguns bens necessitam de uma explicação maior para que sejam compreendidos.

Terras devolutas

O inciso II fala das chamadas terras devolutas, mas o que significa terras devolutas? São terras que estão sob o domínio da União sem qualquer destinação, nem pública nem privada. Serão da União apenas as terras devolutas indispensáveis à defesa das fronteiras, das fortificações e construções militares, das vias federais de comunicação e à preservação ambiental, conforme definição em lei. As demais terras devolutas serão de propriedade dos Estados Membros nos termos do Art. 26, IV:

Art. 26. Incluem-se entre os bens dos Estados:

IV. As terras devolutas não compreendidas entre as da União.

DA ORGANIZAÇÃO POLÍTICO-ADMINISTRATIVA

Mar territorial, plataforma continental e zona econômica exclusiva

Os incisos IV e V apresentam três bens que são muito interessantes e que se confundem nas cabeças dos alunos: mar territorial, plataforma continental e Zona Econômica Exclusiva. A Lei 8.617/93 esclarece as diferenças entre esses institutos.

O mar territorial é formado por uma faixa de água marítima ao longo da costa brasileira, com uma dimensão de 12 milhas marítimas, contadas a partir da linha base. A plataforma continental é o prolongamento natural do território terrestre, compreendidos o leito e o subsolo do mar até a distância de 200 milhas marítimas ou até o bordo exterior da margem continental.

A zona econômica exclusiva é a extensão situada além do mar territorial até o limite das 200 milhas marítimas.

Acerca desse tema sempre há confusão. O mar territorial é extensão do território nacional sobre qual o Estado exerce sua soberania. Já a plataforma continental e a zona econômica exclusiva são águas internacionais onde o direito à soberania do Estado se limita à exploração e ao aproveitamento, à conservação e a gestão dos recursos naturais, vivos ou não vivos, das águas sobrejacentes ao leito do mar, do leito do mar e seu subsolo, e no que se refere a outras atividades com vistas à exploração e ao aproveitamento da zona para fins econômicos.

Estados

Os Estados são pessoas jurídicas de direito público interno, entes federativos detentores de autonomia própria. Essa autonomia se percebe pela sua capacidade de auto-organização, autogoverno, autoadministração. Destaca-se, ainda, o seu poder de criação da própria Constituição Estadual, bem como das demais normas de sua competência:

> *Art. 25. Os Estados organizam-se e regem-se pelas Constituições e leis que adotarem, observados os princípios desta Constituição.*

Percebe-se, ainda, o seu autogoverno à medida que cada Estado organiza seus próprios Poderes: Poder Legislativo (Assembleia Legislativa), Poder Executivo (Governador) e Poder Judiciário (Tribunal de Justiça). Destacam-se também suas autonomias administrativa, tributária e financeira.

Segundo o Art. 18, § 3º:

> *Art. 18, § 3º - Os Estados podem incorporar-se entre si, subdividir-se ou desmembrar-se para se anexarem a outros, ou formarem novos Estados ou Territórios Federais, mediante aprovação da população diretamente interessada, através de plebiscito, e do Congresso Nacional, por lei complementar.*

O que se precisa lembrar para a prova é que, para se criar outro Estado, faz-se necessária a aprovação da população diretamente interessada por meio de plebiscito e que essa criação depende de lei complementar federal. A Constituição prevê ainda a oitiva das Assembleias Legislativas envolvidas na modificação:

> *Art. 48. Cabe ao Congresso Nacional, com a sanção do Presidente da República, não exigida esta para o especificado nos Arts. 49, 51 e 52, dispor sobre todas as matérias de competência da União, especialmente sobre:*
>
> *IV. Incorporação, subdivisão ou desmembramento de áreas de Territórios ou Estados, ouvidas as respectivas Assembleias Legislativas.*

Em razão de sua autonomia, a Constituição apresentou um rol de bens que pertencem aos Estados:

> *Art. 26. Incluem-se entre os bens dos Estados:*
>
> *I. As águas superficiais ou subterrâneas, fluentes, emergentes e em depósito, ressalvadas, neste caso, na forma da lei, as decorrentes de obras da União;*
>
> *II. As áreas, nas ilhas oceânicas e costeiras, que estiverem no seu domínio, excluídas aquelas sob domínio da União, Municípios ou terceiros;*
>
> *III. As ilhas fluviais e lacustres não pertencentes à União;*
>
> *IV. As terras devolutas não compreendidas entre as da União.*

Algumas regras em relação à Organização dos Poderes Legislativo e Executivo no âmbito dos Estados também aparecem na Constituição Federal. Quando cobradas em prova, a leitura e memorização dos artigos abaixo se tornam essenciais:

> *Art. 27. O número de Deputados à Assembleia Legislativa corresponderá ao triplo da representação do Estado na Câmara dos Deputados e, atingido o número de trinta e seis, será acrescido de tantos quantos forem os Deputados Federais acima de doze.*
>
> *§ 1º - Será de quatro anos o mandato dos Deputados Estaduais, aplicando-se-lhes as regras desta Constituição sobre sistema eleitoral, inviolabilidade, imunidades, remuneração, perda de mandato, licença, impedimentos e incorporação às Forças Armadas.*
>
> *§ 2º - O subsídio dos Deputados Estaduais será fixado por lei de iniciativa da Assembleia Legislativa, na razão de, no máximo, setenta e cinco por cento daquele estabelecido, em espécie, para os Deputados Federais, observado o que dispõem os Arts. 39, § 4º, 57, § 7º, 150, II, 153, III, e 153, § 2º, I.*
>
> *§ 3º - Compete às Assembleias Legislativas dispor sobre seu regimento interno, polícia e serviços administrativos de sua secretaria, e prover os respectivos cargos.*
>
> *§ 4º - A lei disporá sobre a iniciativa popular no processo legislativo estadual.*
>
> *Art. 28. A eleição do Governador e do Vice-Governador de Estado, para mandato de quatro anos, realizar-se-á no primeiro domingo de outubro, em primeiro turno, e no último domingo de outubro, em segundo turno, se houver, do ano anterior ao do término do mandato de seus antecessores, e a posse ocorrerá em primeiro de janeiro do ano subsequente, observado, quanto ao mais, o disposto no Art. 77.*
>
> *§ 1º - Perderá o mandato o Governador que assumir outro cargo ou função na administração pública direta ou indireta, ressalvada a posse em virtude de concurso público e observado o disposto no Art. 38, I, IV e V.*
>
> *§ 2º - Os subsídios do Governador, do Vice-Governador e dos Secretários de Estado serão fixados por lei de iniciativa da Assembleia Legislativa, observado o que dispõem os Arts. 37, XI, 39, § 4º, 150, II, 153, III, e 153, § 2º, I.*

Municípios

Os municípios são elencados pela Constituição Federal como entes federativos dotados de autonomia, a qual se percebe pela sua capacidade de auto-organização, autogoverno e autoadministração. São regidos por Lei Orgânica e possui Executivo e Legislativo próprio, os quais são representados, respectivamente, pela Prefeitura e pela Câmara Municipal e que são regulamentados pelos Arts. 29 e 29-A da Constituição. O examinador pode explorar, em prova de concurso público, questões que requeiram a memorização desses artigos. Para entender por que ele faria isso, recomenda-se a leitura:

> **Art. 29.** O Município reger-se-á por lei orgânica, votada em dois turnos, com o interstício mínimo de dez dias, e aprovada por dois terços dos membros da Câmara Municipal, que a promulgará, atendidos os princípios estabelecidos nesta Constituição, na Constituição do respectivo Estado e os seguintes preceitos:
>
> **I.** Eleição do Prefeito, do Vice-Prefeito e dos Vereadores, para mandato de quatro anos, mediante pleito direto e simultâneo realizado em todo o País;
>
> **II.** Eleição do Prefeito e do Vice-Prefeito realizada no primeiro domingo de outubro do ano anterior ao término do mandato dos que devam suceder, aplicadas as regras do Art. 77, no caso de Municípios com mais de duzentos mil eleitores;
>
> **III.** Posse do Prefeito e do Vice-Prefeito no dia 1º de janeiro do ano subsequente ao da eleição;
>
> **IV.** Para a composição das Câmaras Municipais, será observado o limite máximo de:
>
> **a)** 9 (nove) Vereadores, nos Municípios de até 15.000 (quinze mil) habitantes;
>
> **b)** 11 (onze) Vereadores, nos Municípios de mais de 15.000 (quinze mil) habitantes e de até 30.000 (trinta mil) habitantes;
>
> **c)** 13 (treze) Vereadores, nos Municípios com mais de 30.000 (trinta mil) habitantes e de até 50.000 (cinquenta mil) habitantes;
>
> **d)** 15 (quinze) Vereadores, nos Municípios de mais de 50.000 (cinquenta mil) habitantes e de até 80.000 (oitenta mil) habitantes;
>
> **e)** 17 (dezessete) Vereadores, nos Municípios de mais de 80.000 (oitenta mil) habitantes e de até 120.000 (cento e vinte mil) habitantes;
>
> **f)** 19 (dezenove) Vereadores, nos Municípios de mais de 120.000 (cento e vinte mil) habitantes e de até 160.000 (cento sessenta mil) habitantes;
>
> **g)** 21 (vinte e um) Vereadores, nos Municípios de mais de 160.000 (cento e sessenta mil) habitantes e de até 300.000 (trezentos mil) habitantes;
>
> **h)** 23 (vinte e três) Vereadores, nos Municípios de mais de 300.000 (trezentos mil) habitantes e de até 450.000 (quatrocentos e cinquenta mil) habitantes;
>
> **i)** 25 (vinte e cinco) Vereadores, nos Municípios de mais de 450.000 (quatrocentos e cinquenta mil) habitantes e de até 600.000 (seiscentos mil) habitantes;
>
> **j)** 27 (vinte e sete) Vereadores, nos Municípios de mais de 600.000 (seiscentos mil) habitantes e de até 750.000 (setecentos cinquenta mil) habitantes;
>
> **k)** 29 (vinte e nove) Vereadores, nos Municípios de mais de 750.000 (setecentos e cinquenta mil) habitantes e de até 900.000 (novecentos mil) habitantes;
>
> **l)** 31 (trinta e um) Vereadores, nos Municípios de mais de 900.000 (novecentos mil) habitantes e de até 1.050.000 (um milhão e cinquenta mil) habitantes;
>
> **m)** 33 (trinta e três) Vereadores, nos Municípios de mais de 1.050.000 (um milhão e cinquenta mil) habitantes e de até 1.200.000 (um milhão e duzentos mil) habitantes;
>
> **n)** 35 (trinta e cinco) Vereadores, nos Municípios de mais de 1.200.000 (um milhão e duzentos mil) habitantes e de até 1.350.000 (um milhão e trezentos e cinquenta mil) habitantes;
>
> **o)** 37 (trinta e sete) Vereadores, nos Municípios de 1.350.000 (um milhão e trezentos e cinquenta mil) habitantes e de até 1.500.000 (um milhão e quinhentos mil) habitantes;
>
> **p)** 39 (trinta e nove) Vereadores, nos Municípios de mais de 1.500.000 (um milhão e quinhentos mil) habitantes e de até 1.800.000 (um milhão e oitocentos mil) habitantes;
>
> **q)** 41 (quarenta e um) Vereadores, nos Municípios de mais de 1.800.000 (um milhão e oitocentos mil) habitantes e de até 2.400.000 (dois milhões e quatrocentos mil) habitantes;
>
> **r)** 43 (quarenta e três) Vereadores, nos Municípios de mais de 2.400.000 (dois milhões e quatrocentos mil) habitantes e de até 3.000.000 (três milhões) de habitantes;
>
> **s)** 45 (quarenta e cinco) Vereadores, nos Municípios de mais de 3.000.000 (três milhões) de habitantes e de até 4.000.000 (quatro milhões) de habitantes;
>
> **t)** 47 (quarenta e sete) Vereadores, nos Municípios de mais de 4.000.000 (quatro milhões) de habitantes e de até 5.000.000 (cinco milhões) de habitantes;
>
> **u)** 49 (quarenta e nove) Vereadores, nos Municípios de mais de 5.000.000 (cinco milhões) de habitantes e de até 6.000.000 (seis milhões) de habitantes;
>
> **v)** 51 (cinquenta e um) Vereadores, nos Municípios de mais de 6.000.000 (seis milhões) de habitantes e de até 7.000.000 (sete milhões) de habitantes;
>
> **w)** 53 (cinquenta e três) Vereadores, nos Municípios de mais de 7.000.000 (sete milhões) de habitantes e de até 8.000.000 (oito milhões) de habitantes; e
>
> **x)** 55 (cinquenta e cinco) Vereadores, nos Municípios de mais de 8.000.000 (oito milhões) de habitantes;
>
> **V.** Subsídios do Prefeito, do Vice-Prefeito e dos Secretários Municipais fixados por lei de iniciativa da Câmara Municipal, observado o que dispõem os Arts. 37, XI, 39, § 4º, 150, II, 153, III, e 153, § 2º, I;
>
> **VI.** O subsídio dos Vereadores será fixado pelas respectivas Câmaras Municipais em cada legislatura para a subsequente, observado o que dispõe esta Constituição, observados os critérios estabelecidos na respectiva Lei Orgânica e os seguintes limites máximos:
>
> **a)** em Municípios de até dez mil habitantes, o subsídio máximo dos Vereadores corresponderá a vinte por cento do subsídio dos Deputados Estaduais;
>
> **b)** em Municípios de dez mil e um a cinquenta mil habitantes, o subsídio máximo dos Vereadores corresponderá a trinta por cento do subsídio dos Deputados Estaduais;
>
> **c)** em Municípios de cinquenta mil e um a cem mil habitantes, o subsídio máximo dos Vereadores corresponderá a quarenta por cento do subsídio dos Deputados Estaduais;
>
> **d)** em Municípios de cem mil e um a trezentos mil habitantes, o subsídio máximo dos Vereadores corresponderá a cinquenta por cento do subsídio dos Deputados Estaduais;
>
> **e)** em Municípios de trezentos mil e um a quinhentos mil habitantes, o subsídio máximo dos Vereadores corresponderá a sessenta por cento do subsídio dos Deputados Estaduais;
>
> **f)** em Municípios de mais de quinhentos mil habitantes, o subsídio máximo dos Vereadores corresponderá a setenta e cinco por cento do subsídio dos Deputados Estaduais;

VII. O total da despesa com a remuneração dos Vereadores não poderá ultrapassar o montante de cinco por cento da receita do Município;

VIII. Inviolabilidade dos Vereadores por suas opiniões, palavras e votos no exercício do mandato e na circunscrição do Município;

IX. Proibições e incompatibilidades, no exercício da vereança, similares, no que couber, ao disposto nesta Constituição para os membros do Congresso Nacional e na Constituição do respectivo Estado para os membros da Assembleia Legislativa;

X. Julgamento do Prefeito perante o Tribunal de Justiça;

XI. Organização das funções legislativas e fiscalizadoras da Câmara Municipal;

XII. Cooperação das associações representativas no planejamento municipal;

XIII. Iniciativa popular de projetos de lei de interesse específico do Município, da cidade ou de bairros, através de manifestação de, pelo menos, cinco por cento do eleitorado;

XIV. Perda do mandato do Prefeito, nos termos do Art. 28, parágrafo único.

Art. 29-A. O total da despesa do Poder Legislativo Municipal, incluídos os subsídios dos Vereadores e excluídos os gastos com inativos, não poderá ultrapassar os seguintes percentuais, relativos ao somatório da receita tributária e das transferências previstas no § 5º do Art. 153 e nos Arts. 158 e 159, efetivamente realizado no exercício anterior:

IX. 7% (sete por cento) para Municípios com população de até 100.000 (cem mil) habitantes;

X. 6% (seis por cento) para Municípios com população entre 100.000 (cem mil) e 300.000 (trezentos mil) habitantes;

XI. 5% (cinco por cento) para Municípios com população entre 300.001 (trezentos mil e um) e 500.000 (quinhentos mil) habitantes;

XII. 4,5% (quatro inteiros e cinco décimos por cento) para Municípios com população entre 500.001 (quinhentos mil e um) e 3.000.000 (três milhões) de habitantes;

XIII. 4% (quatro por cento) para Municípios com população entre 3.000.001 (três milhões e um) e 8.000.000 (oito milhões) de habitantes;

XIV. 3,5% (três inteiros e cinco décimos por cento) para Municípios com população acima de 8.000.001 (oito milhões e um) habitantes.

§1º - A Câmara Municipal não gastará mais de setenta por cento de sua receita com folha de pagamento, incluído o gasto com o subsídio de seus Vereadores.

§2º - Constitui crime de responsabilidade do Prefeito Municipal:

I. Efetuar repasse que supere os limites definidos neste artigo;

II. Não enviar o repasse até o dia vinte de cada mês; ou

III. Enviá-lo a menor em relação à proporção fixada na Lei Orçamentária.

§3º - Constitui crime de responsabilidade do Presidente da Câmara Municipal o desrespeito ao § 1º deste artigo.

Mesmo sendo dotada de autonomia federativa, sua organização possui algumas limitações impostas pela própria Constituição. Entre essas limitações, deve-se destacar a ausência de Poder Judiciário no âmbito municipal, cuja função jurisdicional é exercida pelos órgãos do Judiciário Federal e Estadual. É importante lembrar que não existe representante municipal no Congresso Nacional.

A Constituição permite que sejam criados novos municípios, conforme as regras estabelecidas no Art. 18, § 4º:

Art. 18, § 4º - A criação, a incorporação, a fusão e o desmembramento de Municípios, far-se-ão por lei estadual, dentro do período determinado por Lei Complementar Federal, e dependerão de consulta prévia, mediante plebiscito, às populações dos Municípios envolvidos, após divulgação dos Estudos de Viabilidade Municipal, apresentados e publicados na forma da lei.

Perceba que as regras são um pouco diferentes das necessárias para a criação de Estados. A primeira coisa que deve ser lembrada é que a criação será por Lei Ordinária Estadual, desde que haja autorização emanada de Lei Complementar Federal. As populações diretamente envolvidas na modificação devem ser consultadas por meio de plebiscito. E, por último, não se pode esquecer a exigência de Estudo de Viabilidade Municipal. Para prova, memorize essas condições.

Um fato curioso é que apesar de não existir ainda uma Lei Complementar Federal autorizando o período de criação de Municípios, vários Municípios foram criados na vigência de Constituição Federal, o que obrigou o Congresso Nacional a aprovar a Emenda Constitucional nº 57/2008, que acrescentou o Art. 96 ao Ato das Disposições Constitucionais Transitórias (ADCT), convalidando a criação dos Municípios até 31 de dezembro de 2006:

Art. 96. Ficam convalidados os atos de criação, fusão, incorporação e desmembramento de Municípios, cuja lei tenha sido publicada até 31 de dezembro de 2006, atendidos os requisitos estabelecidos na legislação do respectivo Estado à época de sua criação.

Distrito federal

Se questionarem se o Distrito Federal é um Estado ou é um Município, a resposta será: "O Distrito Federal não é Estado nem Município, é Distrito Federal."

A Constituição Federal afirma que o Distrito Federal é ente federativo assim como a União, os Estados e os Municípios. Esse ente federativo é conhecido pela sua autonomia e por sua competência híbrida. Quando se fala em competência híbrida, quer-se dizer que o DF pode exercer competências tanto de Estado quanto de Município:

Art. 32, § 1º - Ao Distrito Federal são atribuídas as competências legislativas reservadas aos Estados e Municípios.

Caracteriza a sua autonomia o fato de poder criar a sua própria Lei Orgânica, bem como a existência do Poder Executivo (Governador), Legislativo (Câmara Legislativa) e Judiciário (Tribunal de Justiça do Distrito Federal e Territórios):

Art. 32. O Distrito Federal, vedada sua divisão em Municípios, reger-se-á por lei orgânica, votada em dois turnos com interstício mínimo de dez dias, e aprovada por dois terços da Câmara Legislativa, que a promulgará, atendidos os princípios estabelecidos nesta Constituição.

§ 2º - A eleição do Governador e do Vice-Governador, observadas as regras do Art. 77, e dos Deputados Distritais coincidirá com a dos Governadores e Deputados Estaduais, para mandato de igual duração.

§ 3º - Aos Deputados Distritais e à Câmara Legislativa aplica-se o disposto no Art. 27.

Como se pode depreender da leitura do artigo, a autonomia do DF possui algumas limitações, por exemplo, a vedação da sua divisão em Municípios. Nesse mesmo sentido, deve-se lembrar que o DF não possui competência para organizar e manter as Polícias Civil e Militar, o Corpo de Bombeiros Militar, o Poder Judiciário, o Ministério Público e a Defensoria Pública. Nesses casos, a competência foi conferida à União:

> *Art. 32, § 4º* - *Lei federal disporá sobre a utilização, pelo Governo do Distrito Federal, da polícia civil, da polícia penal, da polícia militar e do corpo de bombeiros militar.*
>
> *Art. 21. Compete à União:*
>
> *XIII - organizar e manter o Poder Judiciário, o Ministério Público do Distrito Federal e dos Territórios e a Defensoria Pública dos Territórios;*
>
> *XIV - organizar e manter a polícia civil, a polícia penal, a polícia militar e o corpo de bombeiros militar do Distrito Federal, bem como prestar assistência financeira ao Distrito Federal para a execução de serviços públicos, por meio de fundo próprio;*

Por fim, é importante lembrar que o Distrito Federal não se confunde com Brasília. Isso é facilmente percebido pela leitura do Art. 18:

> *Art. 18. A organização político-administrativa da República Federativa do Brasil compreende a União, os Estados, o Distrito Federal e os Municípios, todos autônomos, nos termos desta Constituição.*
>
> *§ 1º - Brasília é a Capital Federal.*

O Distrito Federal é ente federativo, ao passo que Brasília é a Capital Federal. Sob a ótica da organização administrativa do DF, pode-se afirmar que Brasília é uma das Regiões Administrativas do Distrito Federal, haja vista não poder o DF ser dividido em municípios.

8.4 Competências dos Entes Federativos

Como já foi visto, entre os entes federativos não existe hierarquia. Mas o que diferencia um ente federativo do outro? A diferença está na distribuição das competências pela Constituição. Cada ente federativo possui sua parcela de responsabilidades estabelecidas dentro da Constituição Federal.

Para a fixação dessas competências, a Constituição fez uso do Princípio da Predominância de Interesse. Esse princípio define a abrangência das competências de cada ente com base na predominância de interesse. Para a União, em regra, foram previstas competências de interesse geral, de toda a coletividade. Para os Estados, a Constituição reservou competências de interesse regional. Aos Municípios, competências de interesse local. E, por fim, ao Distrito Federal, foram reservadas competências de interesse local e regional, razão pela qual a doutrina chama de competência híbrida.

As competências são classificadas em dois tipos:

Competências Materiais ou Administrativas;
Competências Legislativas.

As competências materiais ou administrativas são aquelas que preveem ações a serem desempenhadas pelos entes federativos.

As competências legislativas estão relacionadas com a capacidade que um ente federativo possui de criar leis, inovar o ordenamento jurídico. Primeiramente, serão analisadas as competências administrativas de todos os entes federativos. De início, será abordada a União.

Competências administrativas

A União possui duas formas de competências materiais: Exclusiva e Comum. As competências exclusivas estão previstas no Art. 21 da Constituição Federal:

> *Art. 21. Compete à União:*
>
> *I. Manter relações com Estados estrangeiros e participar de organizações internacionais;*
>
> *II. Declarar a guerra e celebrar a paz;*
>
> *III. Assegurar a defesa nacional;*
>
> *IV. Permitir, nos casos previstos em lei complementar, que forças estrangeiras transitem pelo território nacional ou nele permaneçam temporariamente;*
>
> *V. Decretar o estado de sítio, o estado de defesa e a intervenção federal;*
>
> *VI. Autorizar e fiscalizar a produção e o comércio de material bélico;*
>
> *VII. Emitir moeda;*
>
> *VIII. Administrar as reservas cambiais do País e fiscalizar as operações de natureza financeira, especialmente as de crédito, câmbio e capitalização, bem como as de seguros e de previdência privada;*
>
> *IX. Elaborar e executar planos nacionais e regionais de ordenação do território e de desenvolvimento econômico e social;*
>
> *X. Manter o serviço postal e o correio aéreo nacional;*
>
> *XI. Explorar, diretamente ou mediante autorização, concessão ou permissão, os serviços de telecomunicações, nos termos da lei, que disporá sobre a organização dos serviços, a criação de um órgão regulador e outros aspectos institucionais;*
>
> *XII. Explorar, diretamente ou mediante autorização, concessão ou permissão:*
>
> *a) os serviços de radiodifusão sonora, e de sons e imagens;*
>
> *b) os serviços e instalações de energia elétrica e o aproveitamento energético dos cursos de água, em articulação com os Estados onde se situam os potenciais hidroenergéticos;*
>
> *c) a navegação aérea, aeroespacial e a infraestrutura aeroportuária;*
>
> *d) os serviços de transporte ferroviário e aquaviário entre portos brasileiros e fronteiras nacionais, ou que transponham os limites de Estado ou Território;*
>
> *e) os serviços de transporte rodoviário interestadual e internacional de passageiros;*
>
> *f) os portos marítimos, fluviais e lacustres;*
>
> *XIII. organizar e manter o Poder Judiciário, o Ministério Público do Distrito Federal e dos Territórios e a Defensoria Pública dos Territórios;*
>
> *XIV. organizar e manter a polícia civil, a polícia penal, a polícia militar e o corpo de bombeiros militar do Distrito Federal, bem como prestar assistência financeira ao Distrito Federal para a execução de serviços públicos, por meio de fundo próprio;*

XV. Organizar e manter os serviços oficiais de estatística, geografia, geologia e cartografia de âmbito nacional;

XVI. Exercer a classificação, para efeito indicativo, de diversões públicas e de programas de rádio e televisão;

XVII. Conceder anistia;

XVIII. Planejar e promover a defesa permanente contra as calamidades públicas, especialmente as secas e as inundações;

XIX. Instituir sistema nacional de gerenciamento de recursos hídricos e definir critérios de outorga de direitos de seu uso;

XX. Instituir diretrizes para o desenvolvimento urbano, inclusive habitação, saneamento básico e transportes urbanos;

XXI. Estabelecer princípios e diretrizes para o sistema nacional de viação;

XXII. Executar os serviços de polícia marítima, aeroportuária e de fronteiras;

XXIII. Explorar os serviços e instalações nucleares de qualquer natureza e exercer monopólio estatal sobre a pesquisa, a lavra, o enriquecimento e reprocessamento, a industrialização e o comércio de minérios nucleares e seus derivados, atendidos os seguintes princípios e condições:

Essas competências são exclusivas, pois a União exclui a possibilidade de outro ente federativo realizá-la. Por isso, diz-se que são indelegáveis. Só a União pode fazer.

A outra competência material da União é a comum. Ela é comum a todos os entes federativos, União, Estados, Distrito Federal e Municípios. Vejamos o que diz o Art. 23:

Art. 23. É competência comum da União, dos Estados, do Distrito Federal e dos Municípios:

I. Zelar pela guarda da Constituição, das leis e das instituições democráticas e conservar o patrimônio público;

II. Cuidar da saúde e assistência pública, da proteção e garantia das pessoas portadoras de deficiência;

III. Proteger os documentos, as obras e outros bens de valor histórico, artístico e cultural, os monumentos, as paisagens naturais notáveis e os sítios arqueológicos;

IV. Impedir a evasão, a destruição e a descaracterização de obras de arte e de outros bens de valor histórico, artístico ou cultural;

V. Proporcionar os meios de acesso à cultura, à educação, à ciência, à tecnologia, à pesquisa e à inovação; (Redação dada pela Emenda Constitucional nº 85, de 2015)

VI. Proteger o meio ambiente e combater a poluição em qualquer de suas formas;

VII. Preservar as florestas, a fauna e a flora;

VIII. Fomentar a produção agropecuária e organizar o abastecimento alimentar;

IX. Promover programas de construção de moradias e a melhoria das condições habitacionais e de saneamento básico;

X. Combater as causas da pobreza e os fatores de marginalização, promovendo a integração social dos setores desfavorecidos;

XI. Registrar, acompanhar e fiscalizar as concessões de direitos de pesquisa e exploração de recursos hídricos e minerais em seus territórios;

XII. Estabelecer e implantar política de educação para a segurança do trânsito.

Parágrafo único. Leis complementares fixarão normas para a cooperação entre a União e os Estados, o Distrito Federal e os Municípios, tendo em vista o equilíbrio do desenvolvimento e do bem-estar em âmbito nacional.

Agora vejamos as competências materiais dos Estados. A primeira de que já se falou, é a competência comum prevista no Art. 23, analisada anteriormente.

Os Estados também possuem a chamada competência residual, reservada ou remanescente. Está prevista no Art. 25, § 1º, o qual cita que estão reservadas aos Estados as competências que não lhe sejam vedadas pela Constituição. Significa dizer que os Estados poderão fazer tudo aquilo que não for competência da União ou do Município:

Art. 25, § 1º - São reservadas aos Estados as competências que não lhes sejam vedadas por esta Constituição.

Em relação às competências administrativas dos Municípios, a Constituição previu duas espécies: Comum e Exclusiva. A competência comum está prevista no Art. 23 e já foi vista anteriormente. A competência exclusiva está no Art. 30, III a IX da Constituição:

Art. 30. Compete aos Municípios:

III. Instituir e arrecadar os tributos de sua competência, bem como aplicar suas rendas, sem prejuízo da obrigatoriedade de prestar contas e publicar balancetes nos prazos fixados em lei;

IV. Criar, organizar e suprimir distritos, observada a legislação estadual;

V. Organizar e prestar, diretamente ou sob regime de concessão ou permissão, os serviços públicos de interesse local, incluído o de transporte coletivo, que tem caráter essencial;

VI. Manter, com a cooperação técnica e financeira da União e do Estado, programas de educação infantil e de ensino fundamental;

VII. Prestar, com a cooperação técnica e financeira da União e do Estado, serviços de atendimento à saúde da população;

VIII. Promover, no que couber, adequado ordenamento territorial, mediante planejamento e controle do uso, do parcelamento e da ocupação do solo urbano;

IX. Promover a proteção do patrimônio histórico-cultural local, observada a legislação e a ação fiscalizadora federal e estadual.

No âmbito das competências administrativas, temos as competências do Distrito Federal que são chamadas de híbridas. O DF pode fazer tudo o que for de competência dos Estados ou dos Municípios.

Competências legislativas

Vejamos agora as competências legislativas de cada ente federativo. Primeiramente, no que diz respeito às competências legislativas da União, elas podem ser privativas ou concorrentes.

As competências privativas da União estão previstas no Art. 22 da Constituição Federal e possuem como característica principal a possibilidade de delegação mediante Lei Complementar aos Estados:

Art. 22. Compete privativamente à União legislar sobre:

I. Direito civil, comercial, penal, processual, eleitoral, agrário, marítimo, aeronáutico, espacial e do trabalho;

II. Desapropriação;

III. Requisições civis e militares, em caso de iminente perigo e em tempo de guerra;

IV. Águas, energia, informática, telecomunicações e radiodifusão;

V. Serviço postal;

VI. Sistema monetário e de medidas, títulos e garantias dos metais;

VII. Política de crédito, câmbio, seguros e transferência de valores;

VIII. Comércio exterior e interestadual;

IX. Diretrizes da política nacional de transportes;

X. Regime dos portos, navegação lacustre, fluvial, marítima, aérea e aeroespacial;

XI. Trânsito e transporte;

XII. Jazidas, minas, outros recursos minerais e metalurgia;

XIII. Nacionalidade, cidadania e naturalização;

XIV. Populações indígenas;

XV. Emigração e imigração, entrada, extradição e expulsão de estrangeiros;

XVI. Organização do sistema nacional de emprego e condições para o exercício de profissões;

XVII. Organização judiciária, do Ministério Público do Distrito Federal e dos Territórios e da Defensoria Pública dos Territórios, bem como organização administrativa destes;

XVIII. Sistema estatístico, sistema cartográfico e de geologia nacionais;

XIX. Sistemas de poupança, captação e garantia da poupança popular;

XX. Sistemas de consórcios e sorteios;

XXI. Normas gerais de organização, efetivos, material bélico, garantias, convocação e mobilização das polícias militares e corpos de bombeiros militares;

XXII. Competência da polícia federal e das polícias rodoviária e ferroviária federais;

XXIII. Seguridade social;

XXIV. Diretrizes e bases da educação nacional;

XXV. Registros públicos;

XXVI. Atividades nucleares de qualquer natureza;

XXVII. Normas gerais de licitação e contratação, em todas as modalidades, para as administrações públicas diretas, autárquicas e fundacionais da União, Estados, Distrito Federal e Municípios, obedecido o disposto no Art. 37, XXI, e para as empresas públicas e sociedades de economia mista, nos termos do Art. 173, § 1º, III;

XXVIII. Defesa territorial, defesa aeroespacial, defesa marítima, defesa civil e mobilização nacional;

XXIX. Propaganda comercial.

Parágrafo único. Lei complementar poderá autorizar os Estados a legislar sobre questões específicas das matérias relacionadas neste artigo.

As competências concorrentes, previstas no Art. 24 da Constituição, podem ser exercidas de forma concorrentes pela União, pelos Estados e pelo Distrito Federal. Atenção: Município não possui competência concorrente. Vejamos o que diz o citado artigo:

Art. 24. Compete à União, aos Estados e ao Distrito Federal legislar concorrentemente sobre:

I. Direito tributário, financeiro, penitenciário, econômico e urbanístico;

II. Orçamento;

III. Juntas comerciais;

IV. Custas dos serviços forenses;

V. Produção e consumo;

VI. Florestas, caça, pesca, fauna, conservação da natureza, defesa do solo e dos recursos naturais, proteção do meio ambiente e controle da poluição;

VII. Proteção ao patrimônio histórico, cultural, artístico, turístico e paisagístico;

VIII. Responsabilidade por dano ao meio ambiente, ao consumidor, a bens e direitos de valor artístico, estético, histórico, turístico e paisagístico;

IX. Educação, cultura, ensino, desporto, ciência, tecnologia, pesquisa, desenvolvimento e inovação; (Redação dada pela Emenda Constitucional nº 85, de 2015)

X. Criação, funcionamento e processo do juizado de pequenas causas;

XI. Procedimentos em matéria processual;

XII. Previdência social, proteção e defesa da saúde;

XIII. Assistência jurídica e Defensoria pública;

XIV. Proteção e integração social das pessoas portadoras de deficiência;

XV. Proteção à infância e à juventude;

XVI. Organização, garantias, direitos e deveres das polícias civis.

§ 1º - No âmbito da legislação concorrente, a competência da União limitar-se-á a estabelecer normas gerais.

§ 2º - A competência da União para legislar sobre normas gerais não exclui a competência suplementar dos Estados.

§ 3º - Inexistindo lei federal sobre normas gerais, os Estados exercerão a competência legislativa plena, para atender a suas peculiaridades.

§ 4º - A superveniência de lei federal sobre normas gerais suspende a eficácia da lei estadual, no que lhe for contrário.

No âmbito das competências concorrentes, algumas regras são fundamentais para a prova. Aqui, a participação da União é no sentido de fixar normas gerais, ficando os Estados com a competência de suplementar a legislação federal. Caso a União não legisle sobre determinada matéria de competência concorrente, nasce para o Estado o direito de legislar de forma plena sobre a matéria. Contudo, resolvendo a União legislar sobre matéria já regulada pelo Estado, a lei estadual ficará com sua eficácia suspensa pela lei federal nos pontos discordantes. Deve-se ter cuidado com esse último ponto. Não ocorre revogação da lei estadual pela lei federal, haja vista não existir hierarquia entre leis de entes federativos distintos. O que ocorre, como bem explicitou a Constituição Federal, é a suspensão da eficácia.

Quanto às competências dos Estados, há as seguintes espécies: residual, por delegação da União, concorrente suplementar e expressa.

A competência residual dos Estados é também chamada de competência remanescente ou reservada. Está prevista no Art. 25, § 1º, o qual prevê que aos Estados serão reservadas todas as competências que não sejam previstas a União ou aos Municípios. Deve-se lembrar que esse dispositivo fundamenta tanto as competências materiais quanto as legislativas:

Art. 25, § 1º - São reservadas aos Estados as competências que não lhes sejam vedadas por esta Constituição.

NOÇÕES DE DIREITO CONSTITUCIONAL

DA ORGANIZAÇÃO POLÍTICO-ADMINISTRATIVA

Outra competência dos Estados é a por delegação da União, que decorre da possibilidade de serem delegadas as competências privativas da União mediante Lei Complementar. Encontra-se prevista no Art. 22, parágrafo único:

> **Art. 22**, Parágrafo único. Lei complementar poderá autorizar os Estados a legislar sobre questões específicas das matérias relacionadas neste artigo.

Temos ainda as competências concorrentes suplementares previstas no Art. 24, § 2º da CF. Essas suplementam a competência legislativa da União no âmbito das competências concorrentes permitindo, inclusive, que os Estados legislem de forma plena quando não existir lei federal sobre o assunto:

> **Art. 24, § 2º** - A competência da União para legislar sobre normas gerais não exclui a competência suplementar dos Estados.
>
> **§ 3º** - Inexistindo lei federal sobre normas gerais, os Estados exercerão a competência legislativa plena, para atender a suas peculiaridades.

Há também as competências expressas dos Estados, as quais podem ser encontradas nos Art. 18, § 4º e 25, §§ 2º e 3º da Constituição Federal:

> **Art. 18, § 4º** - A criação, a incorporação, a fusão e o desmembramento de Municípios, far-se-ão por lei estadual, dentro do período determinado por Lei Complementar Federal, e dependerão de consulta prévia, mediante plebiscito, às populações dos Municípios envolvidos, após divulgação dos Estudos de Viabilidade Municipal, apresentados e publicados na forma da lei.
>
> **Art. 25, § 2º** - Cabe aos Estados explorar diretamente, ou mediante concessão, os serviços locais de gás canalizado, na forma da lei, vedada a edição de medida provisória para a sua regulamentação.
>
> **§ 3º** - Os Estados poderão, mediante lei complementar, instituir regiões metropolitanas, aglomerações urbanas e microrregiões, constituídas por agrupamentos de municípios limítrofes, para integrar a organização, o planejamento e a execução de funções públicas de interesse comum.

Para os Municípios, a Constituição previu dois tipos de competência legislativa: exclusiva e suplementar. A legislativa exclusiva dos Municípios está prevista no Art. 30, I, o qual menciona que os Municípios possuem competência para legislar sobre assuntos de interesse local:

> **Art. 30.** Compete aos Municípios:
> **I.** Legislar sobre assuntos de interesse local.

A competência legislativa suplementar está prevista no Art. 30, II, o qual permite aos Municípios legislar de forma suplementar a Legislação Federal e Estadual:

> **Art. 30.** Compete aos Municípios:
> **II.** Suplementar a legislação federal e a estadual no que couber.

Por fim, nós há a competência legislativa do Distrito Federal que, conforme já dito, é híbrida, permitindo ao DF legislar sobre as matérias de competência dos Estados e dos Municípios. Apesar dessa competência ampla, a Constituição resolveu estabelecer algumas limitações a sua autonomia legislativa excluindo algumas matérias de sua competência. Segundo o Art. 21, XIII e XIV da CF, o Distrito Federal não possui competência para organizar e legislar sobre alguns dos seus órgãos: Poder Judiciário, Polícia Militar, Corpo de Bombeiros Militar e Polícia Civil.

> **Art. 21.** Compete à União:
>
> **XIII.** Organizar e manter o Poder Judiciário, o Ministério Público do Distrito Federal e dos Territórios e a Defensoria Pública dos Territórios.
>
> **XIV.** Organizar e manter a polícia civil, a polícia militar e o corpo de bombeiros militar do Distrito Federal, bem como prestar assistência financeira ao Distrito Federal para a execução de serviços públicos, por meio de fundo próprio;

Diante deste estudo, algumas conclusões são muito úteis para a prova:

Não se deve confundir as competências exclusivas com as privativas da União. Competência exclusiva é administrativa e indelegável. Competência privativa é legislativa e delegável.

Não se deve confundir as competências comuns com as concorrentes. Competência comum é comum a todos os entes e é administrativa. Competência concorrente é só para União, Estados e o DF além de ser legislativa. Município tem competência comum, mas não tem concorrente.

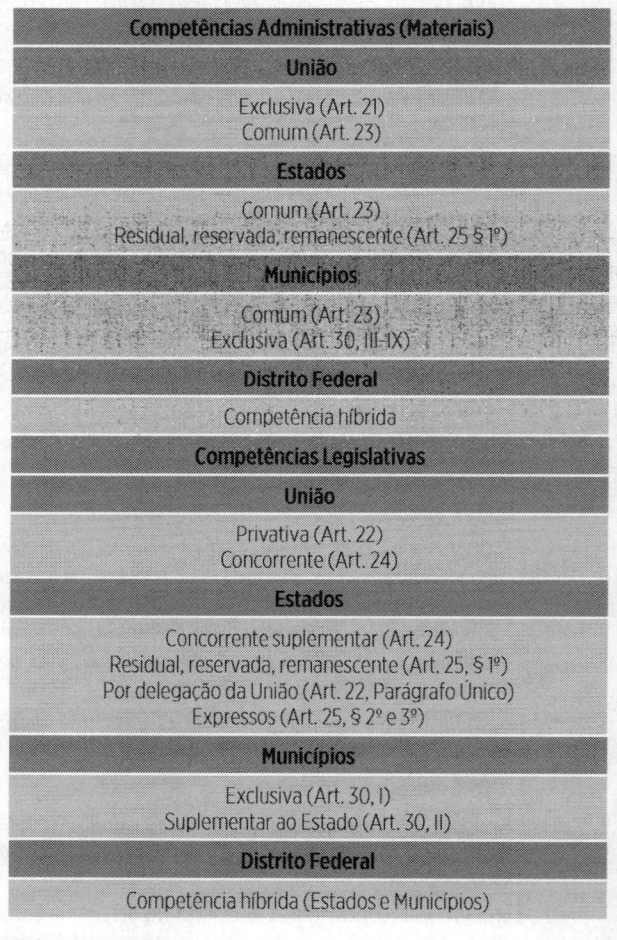

Competências Administrativas (Materiais)
União
Exclusiva (Art. 21)
Comum (Art. 23)
Estados
Comum (Art. 23)
Residual, reservada, remanescente (Art. 25 § 1º)
Municípios
Comum (Art. 23)
Exclusiva (Art. 30, III-IX)
Distrito Federal
Competência híbrida
Competências Legislativas
União
Privativa (Art. 22)
Concorrente (Art. 24)
Estados
Concorrente suplementar (Art. 24)
Residual, reservada, remanescente (Art. 25, § 1º)
Por delegação da União (Art. 22, Parágrafo Único)
Expressos (Art. 25, § 2º e 3º)
Municípios
Exclusiva (Art. 30, I)
Suplementar ao Estado (Art. 30, II)
Distrito Federal
Competência híbrida (Estados e Municípios)

8.5 Intervenção

A Constituição Federal está assentada no princípio federativo como forma de Estado adotada no Brasil. O fato de sermos uma federação reflete inúmeras características, dentre as quais se destaca a autonomia de cada ente federativo. A autonomia é atributo inerente aos entes federativos que exclui a possibilidade de hierarquia entre os mesmos bem como a possibilidade de intervenção de um ente federativo no outro.

A regra constitucional é a da não intervenção. Contudo, excepcionalmente, a Constituição Federal previu hipóteses taxativas que permitem a um ente federativo intervir em outro ente em situações que visem à preservação da unidade do pacto federativo, a garantia da soberania nacional e de princípios fundamentais.

A União poderá intervir nos Estados e no Distrito Federal e os Estados poderão intervir em seus Municípios. A União não pode intervir em município, salvo se for um município pertencente a Território Federal. Destaca-se, novamente, que a possibilidade de intervenção é uma exceção e só poderá ocorrer nas hipóteses taxativamente elencadas na Constituição Federal.

Outra regra comum às intervenções é que a competência para decretá-las é exclusiva do Chefe do Poder Executivo. Se a intervenção é federal, a competência para decretar é do Presidente da República. Se a intervenção é estadual, a competência é do Governador de Estado.

A seguir serão abordados as espécies de intervenção.

Intervenção federal

A intervenção federal é a intervenção da União nos Estados ou nos Municípios pertencentes aos Territórios Federais e será decretada pelo Presidente da República.

Como dito anteriormente, a possibilidade de intervenção federal constitui exceção prevista em rol taxativo, conforme disposto no Art. 34:

Art. 34. A União não intervirá nos Estados nem no Distrito Federal, exceto para:

I. Manter a integridade nacional;

II. Repelir invasão estrangeira ou de uma unidade da Federação em outra;

III. Pôr termo a grave comprometimento da ordem pública;

IV. Garantir o livre exercício de qualquer dos Poderes nas unidades da Federação;

V. Reorganizar as finanças da unidade da Federação que:

a) suspender o pagamento da dívida fundada por mais de dois anos consecutivos, salvo motivo de força maior;

b) deixar de entregar aos Municípios receitas tributárias fixadas nesta Constituição, dentro dos prazos estabelecidos em lei;

VI. Prover a execução de lei federal, ordem ou decisão judicial;

VII. Assegurar a observância dos seguintes princípios constitucionais:

a) forma republicana, sistema representativo e regime democrático;

b) direitos da pessoa humana;

c) autonomia municipal;

d) prestação de contas da administração pública, direta e indireta;

e) aplicação do mínimo exigido da receita resultante de impostos estaduais, compreendida a proveniente de transferências, na manutenção e desenvolvimento do ensino e nas ações e serviços públicos de saúde.

A partir desse artigo, a doutrina classificou a intervenção federal em dois tipos:

Intervenção Federal Espontânea;
Intervenção Federal Provocada.

A intervenção Federal espontânea, ou de ofício, é aquela em que o Chefe do Poder Executivo, de forma discricionária, decreta a intervenção independentemente de provocação de outros órgãos. A decretação de ofício ocorrerá nas hipóteses previstas nos incisos I, II, III e do Art. 34:

Art. 34. A União não intervirá nos Estados nem no Distrito Federal, exceto para:

I. Manter a integridade nacional;

II. Repelir invasão estrangeira ou de uma unidade da Federação em outra;

III. Pôr termo a grave comprometimento da ordem pública.

A intervenção federal provocada é aquela que depende da provocação dos órgãos legitimados pela Constituição Federal, conforme o Art. 36:

Art. 36. A decretação da intervenção dependerá:

I. No caso do Art. 34, IV, de solicitação do Poder Legislativo ou do Poder Executivo coacto ou impedido, ou de requisição do Supremo Tribunal Federal, se a coação for exercida contra o Poder Judiciário;

II. No caso de desobediência a ordem ou decisão judiciária, de requisição do Supremo Tribunal Federal, do Superior Tribunal de Justiça ou do Tribunal Superior Eleitoral;

III. De provimento, pelo Supremo Tribunal Federal, de representação do Procurador-Geral da República, na hipótese do Art. 34, VII, e no caso de recusa à execução de lei federal.

A provocação se dá por meio de solicitação ou requisição. A solicitação não obriga o Presidente da República a decretar a medida, ao contrário da requisição, que está revestida de obrigatoriedade na qual caberá ao Presidente apenas executá-la.

A decretação de intervenção federal por solicitação ocorrerá na hipótese do Art. 34, IV, a qual compete ao Poder Executivo ou Legislativo das Unidades da Federação solicitar a execução da medida quando se acharem coagidos ou impedidos de executarem suas atribuições constitucionais.

A decretação de intervenção federal por requisição ocorrerá nas hipóteses previstas no Art. 34, IV, VI e VII. No inciso IV, a requisição caberá ao Supremo Tribunal Federal quando a coação for exercida contra o Poder Judiciário. No inciso VI, a requisição virá do STF, STJ ou do TSE quando houver desobediência de ordem judicial. E no inciso VI e VII a requisição será do Supremo quando houver representação interventiva feita pelo Procurador Geral da República nos casos de recusa de execução de lei federal ou ofensa aos princípios sensíveis.

O decreto interventivo especificará todas as condições em que ocorrerá a medida e terá eficácia imediata após a sua decretação pelo Presidente da República. Após sua decretação, a medida será submetida a apreciação do Congresso Nacional no prazo de 24 horas:

DA ORGANIZAÇÃO POLÍTICO-ADMINISTRATIVA

Art. 36, § 1º - O decreto de intervenção, que especificará a amplitude, o prazo e as condições de execução e que, se couber, nomeará o interventor, será submetido à apreciação do Congresso Nacional ou da Assembleia Legislativa do Estado, no prazo de vinte e quatro horas.

§ 2º - Se não estiver funcionando o Congresso Nacional ou a Assembleia Legislativa, far-se-á convocação extraordinária, no mesmo prazo de vinte e quatro horas.

Caberá ao Congresso Nacional aprovar ou suspender a execução da Intervenção:

Art. 49. É da competência exclusiva do Congresso Nacional:
IV. Aprovar o estado de defesa e a intervenção federal, autorizar o estado de sítio, ou suspender qualquer uma dessas medidas.

Nas hipóteses de intervenção decretada por requisição do Poder Judiciário previstas no Art. 34, VI e VII, a Constituição dispensou a necessidade e apreciação do Congresso Nacional, destacando que, nesses casos, o decreto limitar-se-á a suspensão do ato impugnado, caso essa medida seja suficiente para conter a crise. Se a mera suspensão do ato não restabelecer a normalidade, poderão ser adotadas outras medidas com o mesmo objetivo:

Art. 36, § 3º - Nos casos do Art. 34, VI e VII, ou do Art. 35, IV, dispensada a apreciação pelo Congresso Nacional ou pela Assembleia Legislativa, o decreto limitar-se-á a suspender a execução do ato impugnado, se essa medida bastar ao restabelecimento da normalidade.

Não podemos esquecer que nos casos de intervenção espontânea ou provocada por solicitação, o Presidente deverá consultar, antes da decretação, o Conselho da República e o Conselho da Defesa Nacional que emitirão parecer opinativo sobre a situação:

Art. 90. Compete ao Conselho da República pronunciar-se sobre:
V. Intervenção federal, estado de defesa e estado de sítio;

Art. 91, § 1º - Compete ao Conselho de Defesa Nacional:
II. Opinar sobre a decretação do estado de defesa, do estado de sítio e da intervenção federal.

Cessando a crise, a ordem será restabelecida, inclusive com o retorno das autoridades públicas afastadas, caso não possuam outra incompatibilidade:

§ 4º - Cessados os motivos da intervenção, as autoridades afastadas de seus cargos a estes voltarão, salvo impedimento legal.

Apesar de a Constituição Federal não mencionar sobre a possibilidade de controle judicial da Intervenção, seria possível que ocorresse este controle caso os limites constitucionais estabelecidos fossem desrespeitados. Ressalta-se que contra a Intervenção em si não cabe atuação do Poder Judiciário, considerando ser essa uma medida de natureza política.

Intervenção estadual

A intervenção estadual poderá ocorrer nos Municípios localizados em seu território mediante decreto do Governador do Estado nas hipóteses previstas no Art. 35:

Art. 35. O Estado não intervirá em seus Municípios, nem a União nos Municípios localizados em Território Federal, exceto quando:
I. Deixar de ser paga, sem motivo de força maior, por dois anos consecutivos, a dívida fundada;
II. Não forem prestadas contas devidas, na forma da lei;
III. Não tiver sido aplicado o mínimo exigido da receita municipal na manutenção e desenvolvimento do ensino e nas ações e serviços públicos de saúde;
IV. O Tribunal de Justiça der provimento a representação para assegurar a observância de princípios indicados na Constituição Estadual, ou para prover a execução de lei, de ordem ou de decisão judicial.

Devem ser atendidos os mesmos requisitos da Intervenção Federal: temporariedade, controle político pelo legislativo e decreto do Chefe do Executivo.

Na hipótese do inciso IV, a intervenção dependerá de representação interventiva do Procurador-Geral de Justiça, sendo dispensada a apreciação da Assembleia Legislativa. Segundo o STF, essa decisão do Tribunal de Justiça que autoriza a intervenção do Estado no Município possui natureza político-administrativa e tem caráter definitivo, sendo insuscetível de recurso extraordinário para o STF[1].

---

1 Súmula 637 do STF: não cabe recurso extraordinário contra acórdão de Tribunal de Justiça que defere pedido de intervenção estadual em Município.

9. ADMINISTRAÇÃO PÚBLICA

Antes de iniciar este estudo sobre a Administração Pública, definida nos Art. 37 ao 43 da Constituição Federal, é importante esclarecer que o tema analisado aqui é devidamente estudado de forma mais aprofundada na disciplina de Direito Administrativo. A missão deste estudo é apresentar os mais importantes temas acerca da Administração Pública, sob a ótica do texto constitucional.

9.1 Conceito

Primeiramente, faz-se necessário conceituar a Administração Pública, remetendo ao *caput* do Art. 37, CF.

> **Art. 37.** *A administração pública direta e indireta de qualquer dos Poderes da União, dos Estados, do Distrito Federal e dos Municípios obedecerá aos princípios de legalidade, impessoalidade, moralidade, publicidade e eficiência e, também, ao seguinte:*

Neste primeiro momento, deve-se entender que alguns termos que aparecem no Art. 37. O conceito da Administração Pública deve ser visto sob dois aspectos. Sob a perspectiva objetiva, a Administração Pública constitui a atividade desenvolvida pelo poder público, que tem como função a satisfação do interesse público. Sob a perspectiva subjetiva, Administração Pública é o conjunto de órgãos e pessoas jurídicas que desempenham a atividade administrativa. Interessa aqui conhecer a Administração Pública sob essa última perspectiva, a qual se classifica em Administração Direta e Indireta.

A Administração Pública Direta é formada por pessoas jurídicas de direito público, ou pessoas políticas, entes que possuem personalidade jurídica e autonomia própria. São entes da Administração Pública Direta a União, os Estados, o Distrito Federal e os Municípios. Esses entes são pessoas jurídicas de Direito Público que exercem as atividades administrativas por meio dos órgãos e agentes pertencentes aos Poderes Executivo, Legislativo e Judiciário. Os órgãos não são dotados de personalidade jurídica própria, pois agem em nome da pessoa jurídica a qual estão vinculados.

A Administração Pública Indireta é formada por pessoas jurídicas próprias, de direito público ou privado, que executam atividades do Estado por meio da descentralização administrativa. São os entes da Administração Indireta as Autarquias, Fundações Públicas, Sociedades de Economia Mista e Empresas Públicas.

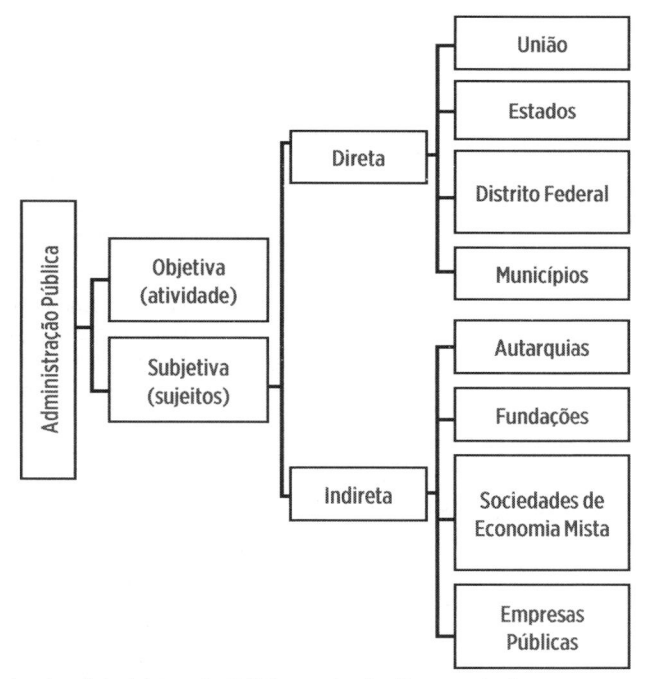

Segundo a Constituição Federal, a Administração Pública, seja ela direta ou indireta, pertencente a qualquer dos Poderes, deverá obedecer aos princípios da Legalidade, Impessoalidade, Moralidade, Publicidade e Eficiência, os quais serão estudados agora.

9.2 Princípios Expressos da Administração Pública

Os princípios que regem a Administração Pública são verdadeiros parâmetros que orientam o desenvolvimento da atividade administrativa, os quais são de observância obrigatória. A Administração é regida por princípios expressos e princípios implícitos. Primeiramente vamos analisar os princípios expressos no texto constitucional, que são: Legalidade, Impessoalidade, Moralidade, Publicidade e Eficiência.

ADMINISTRAÇÃO PÚBLICA

Legalidade

Esse é o primeiro princípio expresso na Constituição Federal para a Administração Pública. Para se entender o Princípio da Legalidade, é preciso analisar suas duas acepções: a legalidade em relação aos particulares e a legalidade em relação à Administração Pública.

Para os particulares, a legalidade remete ao Art. 5º da Constituição: significa que ele poderá fazer tudo o que não for proibido por lei, conforme já previa o Art. 5º, II da Constituição Federal:

> *II. ninguém será obrigado a fazer ou deixar de fazer alguma coisa senão em virtude de lei.*

Já em relação à Administração Pública, a legalidade impõe uma conduta mais rigorosa exigindo que se faça apenas o que estiver determinado por lei ou que seja permitido pela lei: quando se fala em lei, trata-se daquela em sentido estrito, ou em sentido formal, porque há exceções à aplicação do Princípio da Legalidade que já apareceram em prova, como a Medida Provisória, o Estado de Defesa e o Estado de Sítio; por isso, esse princípio não deve ser encarado de forma absoluta.

A Medida Provisória é exceção, pois é ato emitido pelo chefe do Poder Executivo, porque com sua publicação já produz efeitos na sociedade; em seguida, temos os sistemas constitucionais de crises, sendo exceções, porque o decreto que rege essas medidas prevê algumas situações excepcionais, com amparo constitucional, então são exceções à legalidade, mas com fundamento constitucional. O agente público, ao agir, deverá pautar sua conduta segundo a lei.

Impessoalidade

Esse princípio exige do administrador uma postura isenta de interesses pessoais. Ele não poderá agir com o fim de atender suas próprias vontades. Agir de forma impessoal é agir visando a atender o interesse público. A impessoalidade deve ser enxergada sob duas perspectivas: finalidade da atuação administrativa e proibição da promoção pessoal. A impessoalidade deve ser vista sob duas perspectivas: primeiro, a impessoalidade se confunde com o interesse público; segundo, a impessoalidade é a proibição da autopromoção, ou seja, vedação à promoção pessoal.

A título exemplificativo, para a finalidade da atuação administrativa, que será sempre a satisfação do interesse público em benefício da coletividade, é que se realizam os concursos públicos para contratação de pessoal e licitação para contratação dos serviços pela Administração Pública, são formas exigidas por lei que garantem o referido princípio. Isso impede que o administrador atue satisfazendo seus interesses pessoais.

Nesse sentido, fica proibida a vinculação da imagem do administrador a obras e propagandas não se permitindo também a vinculação da sigla do partido. Ressalte-se ainda o teor da Súmula Vinculante nº 13 do STF, que veda a prática de nepotismo:

> **Súmula Vinculante 13.** *A nomeação de cônjuge, companheiro ou parente em linha reta, colateral ou por afinidade, até o terceiro grau, inclusive, da autoridade nomeante ou de servidor da mesma pessoa jurídica, investido em cargo de direção, chefia ou assessoramento, para o exercício de cargo em comissão ou de confiança, ou, ainda, de função gratificada na Administração Pública direta e indireta, em qualquer dos Poderes da União, dos Estados, do Distrito Federal e dos municípios, compreendido o ajuste mediante designações recíprocas, viola a Constituição Federal.*

A impessoalidade também proíbe a promoção pessoal. O administrador público não poderá se utilizar da máquina administrativa para promover sua própria imagem. Veja o que diz o Art. 37, § 1º diz:

> *§1º - A publicidade dos atos, programas, obras, serviços e campanhas dos órgãos públicos deverá ter caráter educativo, informativo ou de orientação social, dela não podendo constar nomes, símbolos ou imagens que caracterizem promoção pessoal de autoridades ou servidores públicos.*

Notemos que esse parágrafo tem como objetivo trazer de forma expressa a proibição da vinculação da imagem do agente público com as obras e serviços realizadas durante seu mandato, nesse sentido, já existe proibição da utilização inclusive da sigla do partido.

Moralidade

Não é possível se definir o que é, mas é possível compreender por meio da interpretação das normas. Esse princípio prevê que o administrador deve agir conforme os fins públicos. Por esse princípio, ao administrador não basta fazer tudo conforme a lei. É importante o faça de boa-fé, respeitando os preceitos éticos, com probidade e justiça. E aqui não se fala em moral comum, mas em uma moral jurídica ou política.

A não observância do referido princípio poderá ser combatida por meio da Ação Popular, conforme prevê o Art. 5º, LXXIII da CF:

> *LXXIII. Qualquer cidadão é parte legítima para propor ação popular que vise a anular ato lesivo ao patrimônio público ou de entidade de que o Estado participe, à moralidade administrativa, ao meio ambiente e ao patrimônio histórico e cultural, ficando o autor, salvo comprovada má-fé, isento de custas judiciais e do ônus da sucumbência.*

Ressalte-se também que, se o agente público agir em desconformidade com o princípio de moralidade, sua conduta poderá ensejar a ação de improbidade administrativa, a qual é punida nos termos do Art. 37, § 4º:

> *§ 4º - Os atos de improbidade administrativa importarão a suspensão dos direitos políticos, a perda da função pública, a indisponibilidade dos bens e o ressarcimento ao erário, na forma e gradação previstas em lei, sem prejuízo da ação penal cabível.*

Publicidade

A publicidade como princípio também poderá ser analisada sob duas acepções: a primeira delas é a publicidade como condição de eficácia do ato administrativo; a segunda, como forma de se garantir a transparência destes mesmos atos.

Como condição de eficácia do ato administrativo, a publicidade muito aparece em prova; o examinador costuma dizer que a publicidade é requisito de validade do ato administrativo, mas isso é errado, porque validade e eficácia são diferentes. A publicidade é necessária, pois é a forma de tornar conhecido o conteúdo do ato, principalmente se esse ato for capaz de produzir efeitos externos ou que ensejem ônus para o patrimônio público. Em regra, a publicidade se dá pelos meios de comunicação oficiais, como o Diário Oficial da União.

A publicidade também tem a função de garantir a transparência do ato administrativo. É uma forma dos administrados fiscalizarem a atuação do poder público. Apesar de sua importância, nesse aspecto a publicidade encontra limitação na própria Constituição que prevê a possibilidade de sigilo dos atos administrativos todas as vezes que for necessário para preservar a segurança da sociedade e do Estado:

> **XXXIII.** Todos têm direito a receber dos órgãos públicos informações de seu interesse particular, ou de interesse coletivo ou geral, que serão prestadas no prazo da lei, sob pena de responsabilidade, ressalvadas aquelas cujo sigilo seja imprescindível à segurança da sociedade e do Estado.

Eficiência

O Princípio da Eficiência foi o último incluído no rol dos princípios, em razão da reforma administrativa promovida pela Emenda Constitucional nº 19/98. A sua inserção como princípio expresso está relacionada a necessidade de produção de resultados satisfatórios a sociedade. A Administração Pública deve ter produtividade em suas atividades como se fosse iniciativa privada.

Como forma de garantir uma nova postura na prestação dos seus serviços, esse princípio exige que as ações sejam praticadas com celeridade, perfeição, visando a atingir ótimos resultados, sempre tendo como destinatário o bem-estar do administrado. A celeridade dos processos encontra-se prevista no Art. 5º, LXXVIII da CF:

> **LXXVIII.** A todos, no âmbito judicial e administrativo, são assegurados a razoável duração do processo e os meios que garantam a celeridade de sua tramitação.

Em respeito ao princípio da eficiência, a Constituição Federal previu formas de participação do administrado como fiscal da Administração Pública:

> **Art. 37**, § 3º - A lei disciplinará as formas de participação do usuário na administração pública direta e indireta, regulando especialmente:
>
> **I.** As reclamações relativas à prestação dos serviços públicos em geral, asseguradas a manutenção de serviços de atendimento ao usuário e a avaliação periódica, externa e interna, da qualidade dos serviços;
>
> **II.** O acesso dos usuários a registros administrativos e a informações sobre atos de governo, observado o disposto no Art. 5º, X e XXXIII;
>
> **III.** A disciplina da representação contra o exercício negligente ou abusivo de cargo, emprego ou função na administração pública.

Decorre desse princípio, ainda, a necessidade de avaliação de desempenho para concessão da estabilidade ao servidor público em estágio probatório, bem como a existência da avaliação periódica de desempenho como uma das condições para perda do cargo nos termos do Art. 41 da CF:

> **Art. 41.** São estáveis após três anos de efetivo exercício os servidores nomeados para cargo de provimento efetivo em virtude de concurso público.
>
> **§ 1º** - O servidor público estável só perderá o cargo:
>
> **I.** Em virtude de sentença judicial transitada em julgado;
>
> **II.** Mediante processo administrativo em que lhe seja assegurada ampla defesa;
>
> **III.** Mediante procedimento de avaliação periódica de desempenho, na forma de lei complementar, assegurada ampla defesa.
>
> **§ 2º** - Invalidada por sentença judicial a demissão do servidor estável, será ele reintegrado, e o eventual ocupante da vaga, se estável, reconduzido ao cargo de origem, sem direito a indenização, aproveitado em outro cargo ou posto em disponibilidade com remuneração proporcional ao tempo de serviço.

> **§ 3º** - Extinto o cargo ou declarada a sua desnecessidade, o servidor estável ficará em disponibilidade, com remuneração proporcional ao tempo de serviço, até seu adequado aproveitamento em outro cargo.
>
> **§ 4º** - Como condição para a aquisição da estabilidade, é obrigatória a avaliação especial de desempenho por comissão instituída para essa finalidade.

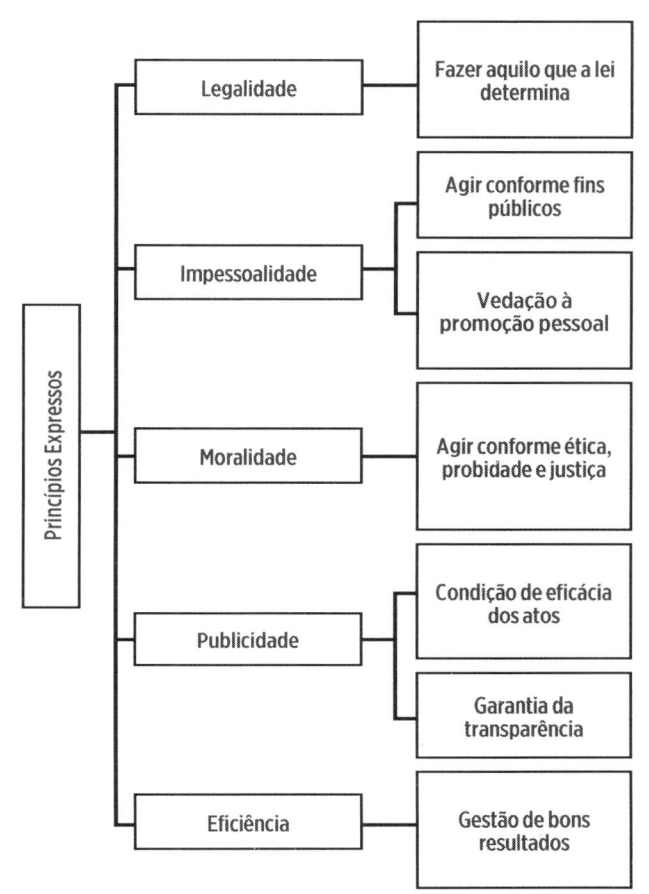

Princípios Expressos:

- **Legalidade** — Fazer aquilo que a lei determina
- **Impessoalidade** — Agir conforme fins públicos; Vedação à promoção pessoal
- **Moralidade** — Agir conforme ética, probidade e justiça
- **Publicidade** — Condição de eficácia dos atos; Garantia da transparência
- **Eficiência** — Gestão de bons resultados

9.3 Princípios Implícitos da Administração Pública

Além dos princípios expressamente previstos no *caput* do Art. 37 da Constituição Federal (Legalidade, Impessoalidade, Moralidade, Publicidade e Eficiência), a doutrina elenca outros como princípios gerais de direito que decorrem da interpretação constitucional:

Supremacia do interesse público

Esse princípio é tido pela doutrina como um dos pilares do regime jurídico administrativo. Nesse sentido, o Estado representa o interesse público ou da coletividade, e a coletividade, em regra, deve prevalecer sobre o interesse privado. A Administração Pública, em sua relação com os administrados tem prevalência sobre o interesse privado.

O Regime Democrático adotado no Estado brasileiro confere à Administração Pública o poder de representar os interesses da sociedade, é nessa relação que vamos desenvolver a supremacia do interesse público, que decorre da relação de verticalidade entre o Estado e os particulares.

ADMINISTRAÇÃO PÚBLICA

Esse princípio não goza de caráter absoluto, pois o Estado também age como se fosse particular em suas relações jurídicas, geralmente econômicas, por exemplo, o Estado não pode abusar da autoridade estatal sobre os direitos e princípios fundamentais dos administrados, já que esses são os limites da supremacia do interesse público.

Decorre desse princípio o poder de império exercido pela Administração Pública, a qual poderá impor sua vontade ao particular de forma coercitiva, podendo inclusive restringir seus direitos e impor obrigações, como ocorre no caso da desapropriação e requisição administrativa. Logicamente, esse princípio não goza de caráter absoluto, não tendo aplicabilidade nos atos praticados de mera gestão administrativa ou quando o poder público atua como particular nas relações econômicas.

Indisponibilidade do interesse público

Juntamente com a Supremacia do Interesse Público, o princípio da Indisponibilidade do Interesse Público forma a base do regime jurídico-administrativo. Por esse princípio, a Administração Pública não pode ser vista como dona da coisa pública, mas apenas gestora. A coisa pública pertence ao povo, e o Estado é o responsável pelo cuidado ou gestão da coisa pública.

Como limitação a esse princípio, existe o princípio da legalidade, que determina os passos e em que condições a Administração Pública pode se utilizar dos bens públicos, sempre respeitando a indisponibilidade do interesse público. Destaca-se ainda o papel que esse princípio exerce como limitador do princípio da supremacia do interesse público.

Um ponto importante a respeito desse princípio é que os bens públicos são indisponíveis, não pertencendo aos seus administradores ou aos seus agentes os quais estão proibidos, inclusive de renunciar a qualquer direito ou prerrogativa inerente ao Poder Público.

Na desapropriação, a Administração Pública pode retirar o bem de uma pessoa pelo fundamento da Supremacia do interesse público, por outro lado, em razão da Indisponibilidade do interesse público, há vedação à Administração Pública no sentido de não se apropriar de tal bem sem que o particular seja indenizado.

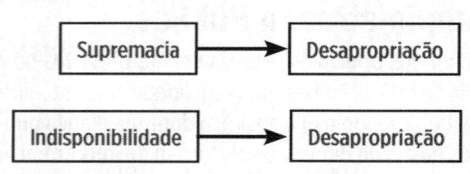

Supremacia → Desapropriação

Indisponibilidade → Desapropriação

Razoabilidade e proporcionalidade

Esses princípios são, por vezes, vistos em separado pela doutrina; eles servem para a limitação da atuação administrativa, e devem ser vistos em conjunto, como unidade. A Razoabilidade e a Proporcionalidade decorrem do princípio do devido processo legal e são utilizados, principalmente, como limitador da discricionariedade administrativa, ainda mais quando o ato limitado restringe os direitos do administrado. Trata-se, portanto, de uma ferramenta para controle de legalidade que pode gerar a nulidade do ato administrativo. Ao pensar em Razoabilidade e Proporcionalidade, deve-se pensar em dois elementos que os identificam: adequação e necessidade.

A melhor forma de verificar a sua utilização prática é no caso concreto. Imagine uma fiscalização sanitária realizada pelo poder público em que o administrado é flagrado cometendo um ilícito sanitário, ou seja, encontra um produto com o prazo de validade vencido. Dependendo da infração cometida, será aplicada uma penalidade administrativa maior ou não. Com a aplicação dos princípios em tela, a penalidade deve ser necessária, adequada e equivalente à infração cometida. Os princípios garantem que a sanção aplicada não seja maior que a necessária para atingir o fim proposto pelo poder público. O que se busca é uma adequação entre os meios e os fins necessários, proibindo o excesso na aplicação das medidas.

Sem dúvida, esses princípios gerais de direito estão entre os mais utilizados atualmente nas decisões do Supremo Tribunal Federal, pois esses princípios são utilizados nas decisões para se adequar a lei ao caso concreto.

Em suma, esses princípios são a adequação dos meios com a finalidade proposta pela Administração Pública, com o fim de evitar os excessos cometidos pelo agente público. Em razão disso, também são conhecidos como a proibição do excesso, por isso trabalhar a razoabilidade e a proporcionalidade como unidade.

Continuidade dos serviços públicos

Esse princípio se traduz pelo próprio nome. Ele exige que a atividade administrativa seja contínua, não sofra interrupções e seja adequada, com qualidade, para que não ocorram prejuízos tanto para a Administração quanto para os administrados. Apesar disso, há situações excepcionais, em que se permite a interrupção do serviço público. Existem limitações a esse princípio, tanto para a Administração, quanto para o particular que está incumbido de executar o serviço público, e sua atuação pode ser percebida no próprio direito de greve do servidor público que se encontra condicionado à observância da lei para ser exercido.

O poder de vinculação desse princípio é tão grande que o particular, ao prestar o serviço público por delegação, não poderá interrompê-lo ainda que a administração pública não cumpra sua parte no contrato. Significa dizer que o particular prejudicado no contrato administrativo **não poderá opor a exceção do contrato não cumprido,** ficando desobrigado apenas por decisão judicial transitada em julgado, ou seja, o particular não pode deixar de cumprir sua obrigação pelo não cumprimento por parte da administração, mas o particular pode deixar de prestar o serviço público quando determinado por decisão judicial.

O responsável pela prestação do serviço público só ficaria desobrigado da sua prestação em caso de emergência e desde que haja aviso prévio em situações de **segurança**, de **ordem técnica** ou mesmo por **inadimplência do usuário**.

Autotutela

Esse princípio permite que a Administração avalie e reveja seus próprios atos, tanto em relação à legalidade do ato, quanto ao aspecto do mérito. Essa possibilidade não impede o ato de ser apreciado pelo Poder Judiciário, limitando a verificação da legalidade, nunca o mérito. Quando o ato for revisto em razão de vício de legalidade, ocorre a anulação do ato, se a questão é de mérito (discricionariedade e oportunidade), a administração revoga seus atos.

Este princípio foi consagrado pelo Supremo por meio da Súmula 473:

Súm. 473, STF. *A administração pode anular seus próprios atos, quando eivados de vícios que os tornam ilegais, porque deles não se originam direitos; ou revogá-los, por motivo de conveniência ou oportunidade, respeitados os direitos adquiridos, e ressalvada, em todos os casos, a apreciação judicial.*

A autotutela dos atos administrativos não depende de provocação, podendo a administração analisar de ofício seus próprios atos. Essa é a ideia primordial da autotutela.

Segurança jurídica

Esse princípio tem fundamento inicial já no Art. 5º da CF, que decorre da própria garantia fundamental à Segurança Jurídica; no que tange a sua aplicabilidade na Administração Pública, esse princípio evoca a impossibilidade da lei nova prejudicar o direito adquirido, o ato jurídico perfeito e a coisa julgada, ou seja, esse princípio veda a aplicação retroativa de nova interpretação da norma administrativa, para que o administrado não seja surpreendido com inovações jurídicas.

Por se tratar de um direito fundamental, a administração pública fica obrigada a assegurar o seu cumprimento sob pena de ser responsabilizada.

9.4 Regras Aplicáveis aos Servidores Públicos

Passamos agora a analisar as regras aplicáveis aos servidores públicos, as quais estão previstas nos Arts. 37 a 41 da Constituição Federal.

Cargos, empregos e funções

Os primeiros dispositivos relacionados aos servidores públicos e que foram apresentados pela Constituição Federal regulamentam o acesso a cargos, empregos e funções públicas. Vejamos o que diz o Art. 37, I e II da CF:

> *I. Os cargos, empregos e funções públicas são acessíveis aos brasileiros que preencham os requisitos estabelecidos em lei, assim como aos estrangeiros, na forma da lei;*
>
> *II. A investidura em cargo ou emprego público depende de aprovação prévia em concurso público de provas ou de provas e títulos, de acordo com a natureza e a complexidade do cargo ou emprego, na forma prevista em lei, ressalvadas as nomeações para cargo em comissão declarado em lei de livre nomeação e exoneração.*

Ao iniciarmos este estudo, uma distinção se faz necessária antes de tudo: qual a diferença entre cargo, emprego e função pública?

Cargo público é a unidade de competência ofertada por uma pessoa jurídica de direito público e ocupada por um agente público que tenha sido criado por lei com denominação específica e quantidade certa. Quem ocupa um cargo público fez concurso público e é submetido a um regime estatutário e pode ser de provimento efetivo ou em comissão.

Emprego público, por sua vez, seria a unidade de competência desempenhada por agentes contratados sob regime celetista, ou seja, quem ocupa um emprego público possui uma relação trabalhista com a Administração Pública.

Função pública é a atribuição ocupada por quem não possui cargo ou emprego público. Ocorre em duas situações: nas contratações temporárias e nas atividades de confiança.

Os cargos, empregos e funções são acessíveis a todos os brasileiros e estrangeiros que preencherem os requisitos previstos em lei. Aos estrangeiros, o acesso é limitado, essa é norma de eficácia limitada, pois depende de regulamentação, como professores ou pesquisadores em universidades e instituições de pesquisa científica e tecnológica. Destaca-se ainda que existem cargos privativos de brasileiros natos, os quais estão previstos no Art. 12, § 3º da CF: Presidente e Vice-Presidente da República, Presidente da Câmara dos Deputados, Presidente do Senado Federal, Ministro do STF, oficial das forças armadas, carreira diplomática e Ministro do Estado da Defesa.

O acesso aos cargos e empregos públicos depende de aprovação em concurso público de provas ou de provas e títulos dependendo do cargo a ser ocupado. A realização do concurso não será necessária para o preenchimento de cargos em comissão, haja vista serem de livre nomeação e exoneração. Estão obrigados a contratar por meio de concurso toda a Administração Pública direta e indireta, seja do Poder Executivo, Legislativo, ou Judiciário, seja da União, Estados, Distrito Federal e Municípios.

É importante ressaltar, neste momento, que a função pública aqui tratada não pode ser confundida com a função que todo agente da Administração Pública detém, que é aquele conjunto de atribuições inerentes ao cargo ou emprego; neste momento a função pública foi tratada como diferenciação do cargo e do emprego públicos. Em seguida, é necessário ressaltar que os cargos em comissão dispensam o concurso público, que é meio exigido para que se ocupe um cargo ou emprego públicos.

Validade do concurso público

A Constituição Federal previu prazo de validade para os concursos públicos. Vejamos o que diz o Art. 37, III e IV:

> **Art. 37,** *III. O prazo de validade do concurso público será de até dois anos, prorrogável uma vez, por igual período;*
>
> *IV. Durante o prazo improrrogável previsto no edital de convocação, aquele aprovado em concurso público de provas ou de provas e títulos será convocado com prioridade sobre novos concursados para assumir cargo ou emprego, na carreira.*

O prazo de validade será de **até 2 anos,** podendo ser prorrogado apenas uma vez, por igual período. O prazo de validade passa a ser contado a partir da homologação do resultado. Este é o prazo que a Administração Pública terá para contratar ou nomear os aprovados para o preenchimento do emprego ou do cargo público, respectivamente.

Segundo posicionamento do STF, quem é aprovado dentro do número de vagas previstas no edital possui direito subjetivo à nomeação durante o prazo de validade do concurso. Uma forma de burlar esse sistema encontrado pela Administração Pública tem sido a publicação de edital com cadastro de reserva, que gera apenas uma expectativa de direito para quem foi classificado no concurso público.

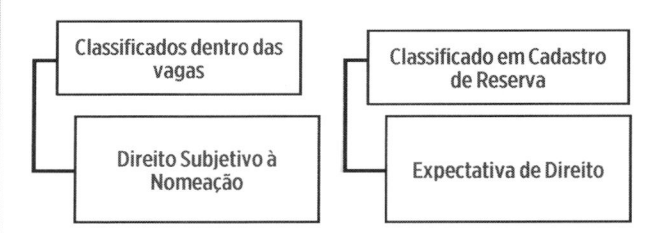

Classificados dentro das vagas	Classificado em Cadastro de Reserva
Direito Subjetivo à Nomeação	Expectativa de Direito

ADMINISTRAÇÃO PÚBLICA

Segundo a Constituição, durante o prazo improrrogável do concurso, os aprovados terão prioridade na convocação diante dos novos concursados, o que não impede a abertura de novos certames apesar de a Lei nº 8.112/90 proibir a abertura de novo concurso enquanto houver candidato aprovado no concurso anterior e desde que esteja dentro do prazo de validade. Na prova, deve-se responder conforme for perguntado. Se for segundo a Constituição Federal, não há proibição de realização de novo concurso enquanto existir outro com prazo de validade aberto. Se perguntar segundo a Lei nº 8.112/90, não se abrirá novo concurso enquanto houver candidato aprovado em concurso anterior com prazo de validade não expirado.

Reserva de vaga para deficiente

Essa regra sobre concurso público é uma das mais importantes de inclusão social previstas no texto constitucional; é regra de ação afirmativa que visa à inserção social dos portadores de necessidades especiais, e compensar a perda social que alguns grupos têm. Possuindo valor social relevante, diz respeito à reserva de vagas para pessoas com necessidades especiais, que não podem ser tratados da mesma forma que as pessoas que estão em pleno vigor físico. Aqui, a isonomia deve ser material observando a nítida diferença entre os deficientes e os que não são. Vejamos o que dispõe a Constituição a respeito desse tema:

> *Art. 37, VIII. A lei reservará percentual dos cargos e empregos públicos para as pessoas portadoras de deficiência e definirá os critérios de sua admissão.*

Por se tratar de norma de eficácia limitada, a Constituição exigiu regulamentação para este dispositivo o que foi feito, no âmbito federal, pela Lei nº 8.112/90:

> *Art. 5, § 2º - Às pessoas portadoras de deficiência é assegurado o direito de se inscrever em concurso público para provimento de cargo cujas atribuições sejam compatíveis com a deficiência de que são portadoras; para tais pessoas serão reservadas até 20% (vinte por cento) das vagas oferecidas no concurso.*

Esse dispositivo garante a reserva de até 20% das vagas oferecidas no concurso para os deficientes. Complementando esta norma, foi publicado o Decreto Federal nº 3.298/99 que fixou o mínimo de 5% das vagas para deficientes, exigindo nos casos em que esse percentual gerasse número fracionado, que fosse arredondado para o próximo número inteiro. Essa proteção gerou um inconveniente nos concursos com poucas vagas, fazendo com que o STF interviesse e decidisse no sentido de que se a observância do mínimo de 5% ultrapassar o máximo de 20% não será necessário fazer a reserva da vaga. Isso é perfeitamente visível em concursos com duas vagas. Se fosse reservado o mínimo, ter-se-ia pelo menos 1 vaga para deficiente, o que corresponderia a 50% das vagas, ultrapassando assim o limite de 20% estabelecido em lei.

Funções de confiança e cargos em comissão

A Constituição prevê a existência das funções de confiança e os cargos em comissão:

> *Art. 37, V. As funções de confiança, exercidas exclusivamente por servidores ocupantes de cargo efetivo, e os cargos em comissão, a serem preenchidos por servidores de carreira nos casos, condições e percentuais mínimos previstos em lei, destinam-se apenas às atribuições de direção, chefia e assessoramento.*

Existem algumas peculiaridades entre esses dois institutos que sempre são cobrados em prova. As funções de confiança são privativas de ocupantes de cargo efetivo, ou seja, para aquele que fez concurso público; já os cargos em comissão podem ser ocupados por qualquer pessoa, apesar de a Constituição estabelecer que deve se reservar um percentual mínimo para os ocupantes de cargo efetivo. Tanto as funções de confiança como os cargos em comissão destinam-se às atribuições de **direção, chefia** e **assessoramento**.

As funções de confiança – livre designação e livre dispensa – são apenas para servidores públicos ocupantes de cargos efetivos, os quais serão designados para seu exercício podendo ser dispensados a critério da administração pública. Já os **cargos em comissão** são de livre nomeação e livre exoneração, podendo ser ocupados por qualquer pessoa, servidor público ou não. A ocupação de um cargo em comissão por pessoa não detentora de cargo de provimento efetivo não gera direito de ser efetivado, muito menos de adquirir a estabilidade.

Contratação por tempo determinado

Outra forma de ingresso no serviço público é por meio de contratação por tempo determinado. A Constituição prevê:

> *Art. 37, IX. A lei estabelecerá os casos de contratação por tempo determinado para atender a necessidade temporária de excepcional interesse público.*

Nesse caso, temos uma norma de eficácia limitada, pois a Constituição não regulamenta, apenas prevê que uma lei vai regulamentar. Na contratação por tempo determinado, o contratado não ocupa cargo público nem possui vínculo trabalhista. Ele exercerá função pública de caráter temporário. Essa contratação tem que ser embasada em excepcional interesse público, questão emergencial. Em regra, faz-se o Processo Seletivo Simplificado, podendo ser feito por meio de provas, entrevista ou até mesmo entrega de currículo; esse processo simplificado não pode ser confundido com o concurso público.

O seu contrato com a Administração Pública é regido por norma específica de regime especial que, no caso da esfera federal, será a Lei nº 8.745/93. A referida lei traz várias hipóteses de contratação temporária para atender a essa necessidade excepcional.

Direitos sociais dos servidores públicos

Quando se fala em direitos sociais aplicáveis aos servidores públicos, significa dizer uma parcela dos direitos de natureza trabalhista prevista no Art. 7º da Constituição Federal. Vejamos quais direitos sociais trabalhistas foram destinados a esses trabalhadores ocupantes de cargos públicos.

9.5 Direitos Trabalhistas

A Constituição Federal não concedeu todos os direitos trabalhistas aos servidores públicos, mas apenas os previstos expressamente no texto constitucional no Art. 39, § 3º:

> *Art. 39, § 3º - Aplica-se aos servidores ocupantes de cargo público o disposto no Art. 7º, IV, VII, VIII, IX, XII, XIII, XV, XVI, XVII, XVIII, XIX, XX, XXII e XXX, podendo a lei estabelecer requisitos diferenciados de admissão quando a natureza do cargo o exigir.*

Segundo esse dispositivo, foram garantidos os seguintes direitos sociais aos servidores públicos:

VI. Salário-mínimo, fixado em lei, nacionalmente unificado, capaz de atender a suas necessidades vitais básicas e às de sua família com moradia, alimentação, educação, saúde, lazer, vestuário, higiene, transporte e previdência social, com reajustes periódicos que lhe preservem o poder aquisitivo, sendo vedada sua vinculação para qualquer fim;

VII. Garantia de salário, nunca inferior ao mínimo, para os que percebem remuneração variável;

VIII. Décimo terceiro salário com base na remuneração integral ou no valor da aposentadoria;

IX. Remuneração do trabalho noturno superior à do diurno;

XII. Salário-família pago em razão do dependente do trabalhador de baixa renda nos termos da lei;

XIII. Duração do trabalho normal não superior a oito horas diárias e quarenta e quatro semanais, facultada a compensação de horários e a redução da jornada, mediante acordo ou convenção coletiva de trabalho;

XV. Repouso semanal remunerado, preferencialmente aos domingos;

XVI. Remuneração do serviço extraordinário superior, no mínimo, em cinquenta por cento à do normal;

XVII. Gozo de férias anuais remuneradas com, pelo menos, um terço a mais do que o salário normal;

XVIII. Licença à gestante, sem prejuízo do emprego e do salário, com a duração de cento e vinte dias;

XIX. Licença-paternidade, nos termos fixados em lei;

XX. Proteção do mercado de trabalho da mulher, mediante incentivos específicos, nos termos da lei;

XXII. Redução dos riscos inerentes ao trabalho, por meio de normas de saúde, higiene e segurança;

XXX. Proibição de diferença de salários, de exercício de funções e de critério de admissão por motivo de sexo, idade, cor ou estado civil.

A experiência de ler os incisos destinados aos servidores públicos é muito importante para que você acerte em prova. O fato de outros direitos trabalhistas do Art. 7º não terem sido previstos no Art. 39 não significa que tais direitos não sejam concedidos aos servidores públicos. Ocorre que alguns direitos trabalhistas conferidos aos servidores públicos estão disciplinados em outros lugares na própria Constituição ou em leis esparsas. A título de exemplo, pode-se citar o direito à aposentadoria, que apesar de não ter sido referido no Art. 39, § 3º, encontra-se previsto expressamente no Art. 40 da Constituição Federal.

9.6 Liberdade de Associação Sindical

A Constituição Federal garante aos servidores públicos o direito à associação sindical:

> **VI.** É garantido ao servidor público civil o direito à livre associação sindical.

A Constituição concede ao servidor público civil o direito à associação sindical. Dessa forma, a livre associação profissional ou sindical não é garantida aos militares em razão da peculiaridade do seu regime jurídico, cuja vedação está prevista na própria Constituição Federal:

> **Art. 142, IV.** Ao militar são proibidas a sindicalização e a greve.

Segundo a doutrina, trata-se de uma norma autoaplicável, a qual não depende de regulamentação para ser exercida, pois o servidor pode prontamente usufruir desse direito.

Direito de greve

Segundo o Art. 37, VII:

> **VII.** O direito de greve será exercido nos termos e nos limites definidos em lei específica;

O direito de greve, previsto na Constituição Federal aos servidores públicos, condiciona o seu exercício a uma norma regulamentadora, por isso é uma norma de eficácia limitada.

Como até o presente momento a necessária lei não foi publicada, o Supremo Tribunal Federal adotou a Teoria Concretista Geral, a partir da análise do Mandado de Injunção, e fez com que o direito de greve tivesse efetividade e conferiu efeito erga omnes à decisão, ou seja, os seus efeitos atingem todos os servidores públicos, ainda que aquele não tenha ingressado com ação judicial para exercer seu direito de greve.

A partir disso, segundo o STF, os servidores públicos de todo o país poderão se utilizar do seu direito de greve nos termos da Lei nº 7.783/89, a qual regulamenta o direito de greve dos trabalhadores da iniciativa privada.

Ressalte-se que o direito de greve, juntamente com o de associação sindical, não se aplica aos militares pelos mesmos motivos já apresentados ao analisarmos o direito de liberdade de associação sindical.

```
                  Direitos Sociais dos Servidores
                              Públicos
                                 |
       ┌─────────────────────────┼─────────────────────────┐
   Trabalhista              Associação Sindical           Greve
        |                                                   |
   Garantida aos                              Nos termos da lei que regulamenta
   servidores civis                           a greve dos trabalhadores da
                                              iniciativa privada
```

TRABALHISTAS
- Salário-mínimo
- Garantia do mínimo para os que têm remuneração variável
- 13º salário
- Duração de trabalho não superior a oito horas por dia e 44 por semana
- Repouso semanal remunerado
- Remuneração pelo serviço extraordinário (horas extras)
- Férias anuais
- Licença à gestante (120 dias)
- Licença-paternidade
- Proteção ao mercado de trabalho da mulher
- Redução dos riscos inerentes ao trabalho
- Proibição de diferença de salários

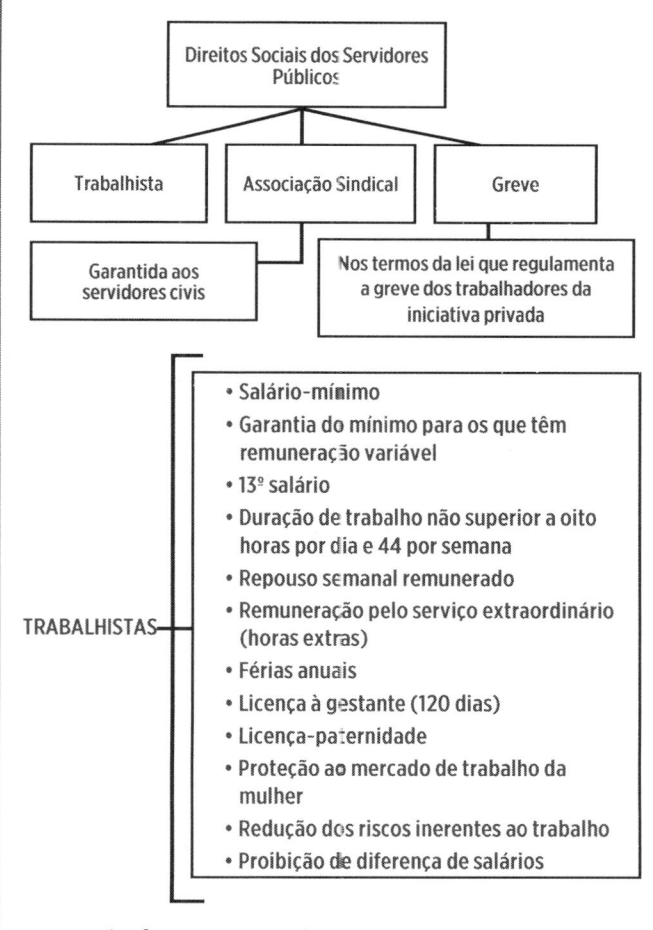

Vedação à acumulação de cargos, empregos e funções públicas

A Constituição achou por bem regular a acumulação de cargos públicos no Art. 37, XVI e XVII:

NOÇÕES DE DIREITO CONSTITUCIONAL

XVI. É vedada a acumulação remunerada de cargos públicos, exceto, quando houver compatibilidade de horários, observado em qualquer caso o disposto no inciso XI:

a) a de dois cargos de professor;

b) a de um cargo de professor com outro técnico ou científico;

c) a de dois cargos ou empregos privativos de profissionais de saúde, com profissões regulamentadas;

XVII. A proibição de acumular estende-se a empregos e funções e abrange autarquias, fundações, empresas públicas, sociedades de economia mista, suas subsidiárias, e sociedades controladas, direta ou indiretamente, pelo poder público;

Segundo o texto constitucional, em regra, é vedada a acumulação de cargos públicos, ressalvadas as hipóteses previstas na própria Constituição Federal e quando houver compatibilidade de horário.

Além dessas hipóteses, a Constituição Federal também previu a acumulação lícita em outros casos, observemos:

Magistrado + Magistério – é permitida a acumulação de um cargo de juiz com um de professor:

Art. 95, Parágrafo único. Aos juízes é vedado:

I. Exercer, ainda que em disponibilidade, outro cargo ou função, salvo uma de magistério.

Membro do Ministério Público + Magistério – é permitida a acumulação de um cargo de Membro do Ministério Público com um de professor:

Art. 128, § 5º. Leis complementares da União e dos Estados, cuja iniciativa é facultada aos respectivos Procuradores-Gerais, estabelecerão a organização, as atribuições e o estatuto de cada Ministério Público, observadas, relativamente a seus membros:

II. As seguintes vedações:

d) exercer, ainda que em disponibilidade, qualquer outra função pública, salvo uma de magistério.

Cargo Eletivo + cargo, emprego ou função pública – é permitida a acumulação de um cargo eletivo com um cargo emprego ou função pública:

Art. 38. Ao servidor público da administração direta, autárquica e fundacional, no exercício de mandato eletivo, aplicam-se as seguintes disposições:

I. Tratando-se de mandato eletivo federal, estadual ou distrital, ficará afastado de seu cargo, emprego ou função;

II. Investido no mandato de Prefeito, será afastado do cargo, emprego ou função, sendo-lhe facultado optar pela sua remuneração;

III. Investido no mandato de Vereador, havendo compatibilidade de horários, perceberá as vantagens de seu cargo, emprego ou função, sem prejuízo da remuneração do cargo eletivo, e, não havendo compatibilidade, será aplicada a norma do inciso anterior;

IV. Em qualquer caso que exija o afastamento para o exercício de mandato eletivo, seu tempo de serviço será contado para todos os efeitos legais, exceto para promoção por merecimento;

V. Para efeito de benefício previdenciário, no caso de afastamento, os valores serão determinados como se no exercício estivesse.

A proibição de acumular se estende à percepção de remuneração e aposentadoria. Vejamos o que diz o §10º do Art. 37:

§ 10 - É vedada a percepção simultânea de proventos de aposentadoria decorrentes do Art. 40 ou dos Arts. 42 e 142 com a remuneração de cargo, emprego ou função pública, ressalvados os cargos acumuláveis na forma desta Constituição, os cargos eletivos e os cargos em comissão declarados em lei de livre nomeação e exoneração.

Aqui a acumulação dos proventos da aposentadoria com a remuneração será permitida nos casos em que são autorizadas a acumulação dos cargos, ou, ainda, quando acumular com cargo em comissão e cargo eletivo. Significa dizer ser possível a acumulação dos proventos da aposentadoria de um cargo, emprego ou função pública com a remuneração de cargo, emprego ou função pública.

A Constituição também vedou a percepção de mais de uma aposentadoria, ressalvados os casos de acumulação de cargos permitida, ou seja, o indivíduo pode acumular as aposentadorias dos cargos que podem ser acumulados:

Art. 40, § 6º - Ressalvadas as aposentadorias decorrentes dos cargos acumuláveis na forma desta Constituição, é vedada a percepção de mais de uma aposentadoria à conta do regime de previdência previsto neste artigo.

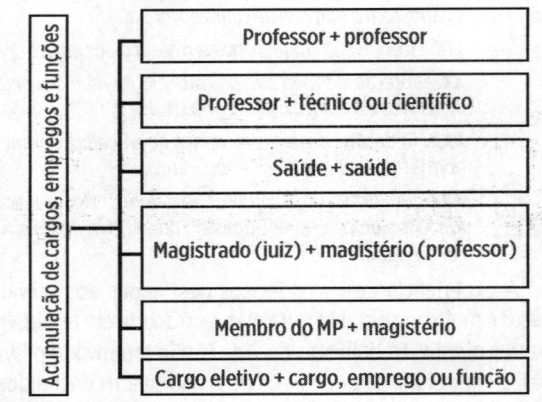

Acumulação de cargos, empregos e funções
Professor + professor
Professor + técnico ou científico
Saúde + saúde
Magistrado (juiz) + magistério (professor)
Membro do MP + magistério
Cargo eletivo + cargo, emprego ou função

Estabilidade

Um dos maiores desejos de quem faz concurso público é alcançar a Estabilidade. Essa é a garantia que se dá aos titulares de cargo público, ou seja, ao servidor público. Essa garantia faz que o servidor tenha certa tranquilidade para usufruir do seu cargo com maior tranquilidade; o servidor passa exercer suas atividades sem a preocupação de perder seu cargo por qualquer simples motivo. Vejamos o que diz a Constituição Federal:

Art. 41. São estáveis após três anos de efetivo exercício os servidores nomeados para cargo de provimento efetivo em virtude de concurso público.

§ 1º - O servidor público estável só perderá o cargo:

I. Em virtude de sentença judicial transitada em julgado;

II. Mediante processo administrativo em que lhe seja assegurada ampla defesa;

III. Mediante procedimento de avaliação periódica de desempenho, na forma de lei complementar, assegurada ampla defesa.

§ 2º - Invalidada por sentença judicial a demissão do servidor estável, será ele reintegrado, e o eventual ocupante da vaga, se estável, reconduzido ao cargo de origem, sem direito a indenização, aproveitado em outro cargo ou posto em disponibilidade com remuneração proporcional ao tempo de serviço.

§ 3º - Extinto o cargo ou declarada a sua desnecessidade, o servidor estável ficará em disponibilidade, com remuneração proporcional ao tempo de serviço, até seu adequado aproveitamento em outro cargo.

§ 4º - Como condição para a aquisição da estabilidade, é obrigatória a avaliação especial de desempenho por comissão instituída para essa finalidade.

O primeiro ponto relevante é que a estabilidade se adquire após três anos de efetivo exercício. Só adquire estabilidade quem ocupa um cargo público de provimento efetivo, após a aprovação em concurso público. Essa garantia não se estende aos titulares de emprego público nem aos que ocupam cargos em comissão de livre nomeação e exoneração.

Não confunda a estabilidade com estágio probatório. Esse é o período de avaliação inicial dentro do novo cargo a que o servidor concursado se sujeita antes de adquirir sua estabilidade. A Constituição não fala nada de estágio probatório, mas, para os servidores públicos federais, aplica-se o prazo previsto na Lei 8.112/90. Aqui temos um problema. O referido estatuto dos servidores públicos federais prevê o prazo de 24 meses para o estágio probatório.

Contudo, tem prevalecido, na doutrina e na jurisprudência, o entendimento de que não tem como se dissociar o prazo do estágio probatório da aquisição da estabilidade, de forma que até o próprio STF e o STJ reconhecem que o prazo do estágio probatório foi revogado tacitamente pela EC 19/98 que alterou o prazo de aquisição da estabilidade para 3 anos. Reforça esse entendimento o fato de que a Advocacia-Geral da União já emitiu parecer vinculante determinando a aplicação do prazo de **3 anos para o estágio probatório** em todo o Poder Executivo Federal, o que de fato acontece. Dessa forma, para prova o prazo do estágio probatório é de 3 anos.

Segundo o texto constitucional, é condição para a aquisição da estabilidade a avaliação especial de desempenhos aplicada por comissão instituída para essa finalidade.

O servidor estável só perderá o cargo nas hipóteses previstas na Constituição, as quais são:

> **Sentença judicial transitada em julgado;**
> **Procedimento Administrativo Disciplinar;**
> **Insuficiência de desempenho comprovada na Avaliação Periódica;**
> **Excesso de despesas com pessoal nos termos do Art. 169, § 3º.**

Servidores em exercício de mandato eletivo

Para os servidores públicos que estão no exercício de mandato eletivo, aplicam-se as seguintes regras:

Art. 38. Ao servidor público da administração direta, autárquica e fundacional, no exercício de mandato eletivo, aplicam-se as seguintes disposições:

I. Tratando-se de mandato eletivo federal, estadual ou distrital, ficará afastado de seu cargo, emprego ou função;

II. Investido no mandato de Prefeito, será afastado do cargo, emprego ou função, sendo-lhe facultado optar pela sua remuneração;

III. Investido no mandato de Vereador, havendo compatibilidade de horários, perceberá as vantagens de seu cargo, emprego ou função, sem prejuízo da remuneração do cargo eletivo, e, não havendo compatibilidade, será aplicada a norma do inciso anterior;

IV. Em qualquer caso que exija o afastamento para o exercício de mandato eletivo, seu tempo de serviço será contado para todos os efeitos legais, exceto para promoção por merecimento;

V. Para efeito de benefício previdenciário, no caso de afastamento, os valores serão determinados como se no exercício estivesse.

Em suma:

Mandato Eletivo Federal, Estadual ou Distrital: afasta-se do cargo, emprego ou função;

Mandato Eletivo Municipal:

Prefeito: Afasta-se do cargo, mas pode optar pela remuneração;

Vereador: Havendo compatibilidade de horário, pode exercer os dois cargos e cumular as duas remunerações respeitando os limites legais. Não havendo compatibilidade de horário, deverá afastar-se do cargo podendo optar pela remuneração de um dos dois.

Havendo o afastamento, a Constituição determinou ainda que esse período seja contabilizado como tempo de serviço gerando todos seus efeitos legais, com exceção da promoção de merecimento, além de ser contabilizado para efeito de benefício previdenciário.

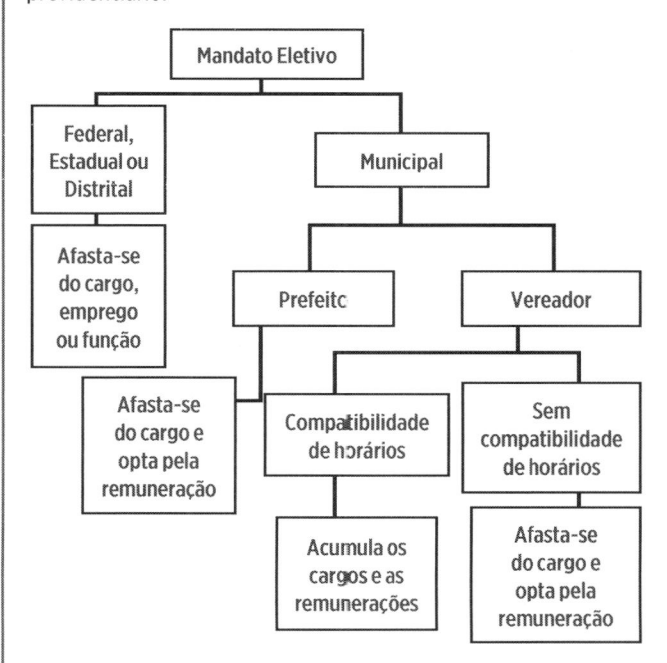

Regras de Remuneração dos Servidores Públicos

A Constituição Federal previu várias regras referentes a remuneração dos servidores públicos, que consta no Art. 37, da CF, as quais são bem interessantes para serem cobradas em sua prova:

ADMINISTRAÇÃO PÚBLICA

X. A remuneração dos servidores públicos e o subsídio de que trata o § 4º do Art. 39 somente poderão ser fixados ou alterados por lei específica, observada a iniciativa privativa em cada caso, assegurada revisão geral anual, sempre na mesma data e sem distinção de índices;

O primeiro ponto importante sobre a remuneração dos servidores é que ela só pode ser fixada por meio de lei específica, se a Constituição não estabelece qualquer outro critério, essa lei é ordinária. Além disso, a iniciativa da lei também é específica, ou seja, cada poder tem competência para propor a lei que altere o quadro remuneratório dos seus servidores. Por exemplo, no âmbito do Poder Executivo Federal o Presidente da República é quem tem a iniciativa para propor o projeto de lei.

Ainda há que se fazer a revisão geral anual, sem distinção de índices e sempre na mesma data, que serve para suprir as perdas inflacionárias que ocorrem com a remuneração dos servidores. No que tange à revisão geral anual, o STF entende que a competência para a iniciativa é privativa do Presidente da República, com base no Art. 61, § 1º, II, "a" da CF:

§ 1º - São de iniciativa privativa do Presidente da República as leis que:

II. Disponham sobre:

a) criação de cargos, funções ou empregos públicos na administração direta e autárquica ou aumento de sua remuneração.

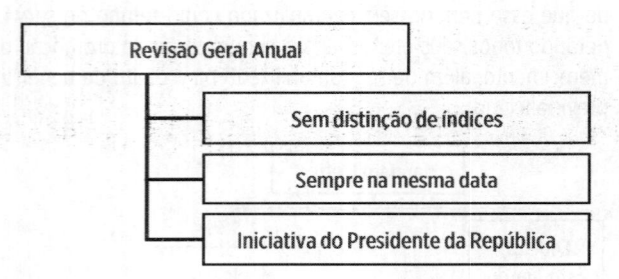

Revisão Geral Anual
- Sem distinção de índices
- Sempre na mesma data
- Iniciativa do Presidente da República

Outro ponto importante é o teto constitucional, que é o limite imposto para fixação das tabelas remuneratórias dos servidores; conforme o inciso XI do Art. 37, CF:

XI. A remuneração e o subsídio dos ocupantes de cargos, funções e empregos públicos da administração direta, autárquica e fundacional, dos membros de qualquer dos Poderes da União, dos Estados, do Distrito Federal e dos Municípios, dos detentores de mandato eletivo e dos demais agentes políticos e os proventos, pensões ou outra espécie remuneratória, percebidos cumulativamente ou não, incluídas as vantagens pessoais ou de qualquer outra natureza, não poderão exceder o subsídio mensal, em espécie, dos Ministros do Supremo Tribunal Federal, aplicando-se como limite, nos Municípios, o subsídio do Prefeito, e nos Estados e no Distrito Federal, o subsídio mensal do Governador no âmbito do Poder Executivo, o subsídio dos Deputados Estaduais e Distritais no âmbito do Poder Legislativo e o subsídio dos Desembargadores do Tribunal de Justiça, limitado a noventa inteiros e vinte e cinco centésimos por cento do subsídio mensal, em espécie, dos Ministros do Supremo Tribunal Federal, no âmbito do Poder Judiciário, aplicável este limite aos membros do Ministério Público, aos Procuradores e aos Defensores Públicos.

Vamos entender essa regra, analisando os diversos tipos de limites previstos no texto constitucional.

O primeiro limite é o Teto Geral, que, segundo a Constituição, corresponde ao subsídio do Ministro do Supremo Tribunal Federal. Isso significa que nenhum servidor público no Brasil pode receber remuneração maior que o subsídio do Ministro do Supremo Tribunal Federal. Esse limite se aplica a todos os poderes em todos os entes federativos. Ressalte-se que a iniciativa de proposta legislativa para fixação da remuneração dos Ministros pertence aos próprios membros do STF.

Em seguida, nós temos os subtetos, que são limites aplicáveis a cada poder e em cada ente federativo. Vejamos de forma sistematizada as regras previstas na Constituição Federal:

Estados e DF

Poder Executivo: subsídio do Governador.

Poder Legislativo: subsídio do Deputado Estadual ou Distrital.

Poder Judiciário: subsídio do Desembargador do Tribunal de Justiça. Aplica-se este limite aos membros do Ministério Público e da Defensoria Pública dos Estados e Distrito Federal.

Municípios

Poder Executivo: subsídio do Prefeito.

A Constituição permite que os Estados e o Distrito Federal poderão, por iniciativa do governador, adotar limite único nos termos do Art. 37, § 12, mediante emenda a Constituição Estadual ou a Lei Orgânica do DF, o qual não poderá ultrapassar 90,25% do subsídio do ministro do STF. Ressalte-se que se porventura for criado este limite único ele não será aplicado a alguns membros do Poder Legislativo, como aos Deputados Distritais e Vereadores.

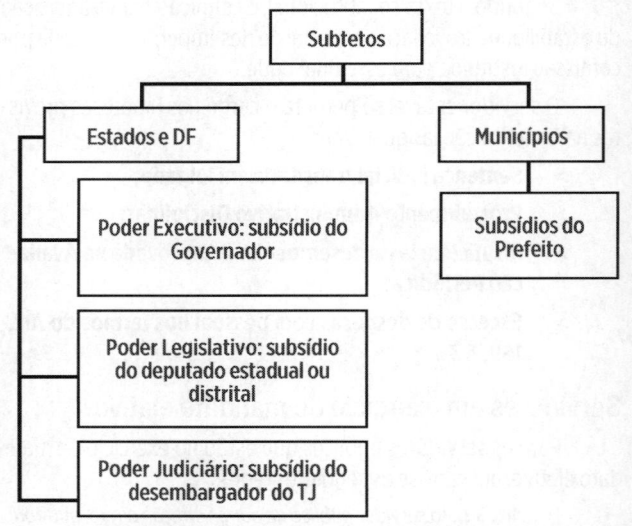

Subtetos
- **Estados e DF**
  - Poder Executivo: subsídio do Governador
  - Poder Legislativo: subsídio do deputado estadual ou distrital
  - Poder Judiciário: subsídio do desembargador do TJ
- **Municípios**
  - Subsídios do Prefeito

A seguir, são abordados alguns limites específicos que também estão previstos no texto constitucional, mas em outros artigos, pois são determinados a algumas autoridades:

Governador e Prefeito: subsídio do ministro do STF;

Deputado Estadual e Distrital[1]: 75% do subsídio do Deputado Federal;

---

[1] Arts. 27, §2º e 32, §3º da Constituição Federal

Vereador: 75% do subsídio do Deputado Estadual para os municípios com mais de 500.000 habitantes. Nos municípios com menos habitantes, aplica-se a regra proporcional a população conforme o Art. 29, VI da Constituição Federal[2].

Magistrados dos Tribunais Superiores: 95% do subsídio dos ministros do STF. Dos demais magistrados, o subteto é 95% do subsídio dos ministros dos Tribunais Superiores.

> *Art. 93, V. O subsídio dos Ministros dos Tribunais Superiores corresponderá a noventa e cinco por cento do subsídio mensal fixado para os Ministros do Supremo Tribunal Federal e os subsídios dos demais magistrados serão fixados em lei e escalonados, em nível federal e estadual, conforme as respectivas categorias da estrutura judiciária nacional, não podendo a diferença entre uma e outra ser superior a dez por cento ou inferior a cinco por cento, nem exceder a noventa e cinco por cento do subsídio mensal dos Ministros dos Tribunais Superiores, obedecido, em qualquer caso, o disposto nos Arts. 37, XI, e 39, § 4º.*

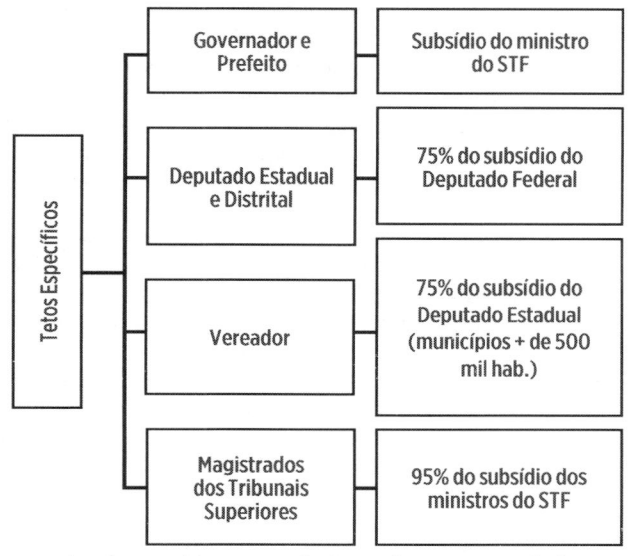

Tetos Específicos:

Cargo	Teto
Governador e Prefeito	Subsídio do ministro do STF
Deputado Estadual e Distrital	75% do subsídio do Deputado Federal
Vereador	75% do subsídio do Deputado Estadual (municípios + de 500 mil hab.)
Magistrados dos Tribunais Superiores	95% do subsídio dos ministros do STF

Lembre-se de que esses limites aplicam-se quando for possível a acumulação de cargos prevista no texto constitucional, ressalvados os seguintes casos:

Magistratura + Magistério: a Resolução nº 14/2006 do Conselho Nacional de Justiça prevê que não se sujeita ao teto a remuneração oriunda no magistério exercido pelos juízes;

Exercício cumulativo de funções no Supremo Tribunal Federal e Tribunal Superior Eleitoral.

---
2 Art. 29, VI. O subsídio dos Vereadores será fixado pelas respectivas Câmaras Municipais em cada legislatura para a subsequente, observado o que dispõe esta Constituição, observados os critérios estabelecidos na respectiva Lei Orgânica e os seguintes limites máximos: a) em Municípios de até dez mil habitantes, o subsídio máximo dos Vereadores corresponderá a vinte por cento do subsídio dos Deputados Estaduais; b) em Municípios de dez mil e um a cinquenta mil habitantes, o subsídio máximo dos Vereadores corresponderá a trinta por cento do subsídio dos Deputados Estaduais; c) em Municípios de cinquenta mil e um a cem mil habitantes, o subsídio máximo dos Vereadores corresponderá a quarenta por cento do subsídio dos Deputados Estaduais; d) em Municípios de cem mil e um a trezentos mil habitantes, o subsídio máximo dos Vereadores corresponderá a cinquenta por cento do subsídio dos Deputados Estaduais; e) em Municípios de trezentos mil e um a quinhentos mil habitantes, o subsídio máximo dos Vereadores corresponderá a sessenta por cento do subsídio dos Deputados Estaduais; f) em Municípios de mais de quinhentos mil habitantes, o subsídio máximo dos Vereadores corresponderá a setenta e cinco por cento do subsídio dos Deputados Estaduais;

Casos em que se pode ultrapassar o teto constitucional

Magistratura + Magistério	Min. STF + Min. TSE

→ Teto Ministro STF

Os limites aplicam-se as empresas públicas e sociedades de economia mista desde que recebam recursos da União dos Estados e do Distrito Federal para pagamento do pessoal e custeio em geral:

> *§ 9º - O disposto no inciso XI aplica-se às empresas públicas e às sociedades de economia mista, e suas subsidiárias, que receberem recursos da União, dos Estados, do Distrito Federal ou dos Municípios para pagamento de despesas de pessoal ou de custeio em geral.*

A Constituição Federal também trouxe previsão expressa vedando qualquer equiparação ou vinculação de remuneração de servidor público:

> *XIII. É vedada a vinculação ou equiparação de quaisquer espécies remuneratórias para o efeito de remuneração de pessoal do serviço público.*

Antes da EC 19/1998, muitos servidores incorporavam vantagens pecuniárias calculadas sobre outras vantagens, gerando aumento desproporcional da remuneração. Isso acabou com a alteração do texto constitucional:

> *XIV. Os acréscimos pecuniários percebidos por servidor público não serão computados nem acumulados para fins de concessão de acréscimos ulteriores.*

Destaque-se, ainda, a regra constitucional que prevê a irredutibilidade da remuneração dos servidores públicos:

> *XV. O subsídio e os vencimentos dos ocupantes de cargos e empregos públicos são irredutíveis, ressalvado o disposto nos incisos XI e XIV deste artigo e nos Arts. 39, § 4º, 150, II, 153, III, e 153, § 2º, I.*

A irredutibilidade aqui é meramente nominal, não existindo direito à preservação do valor real em proteção a perda do poder aquisitivo. A irredutibilidade também não impede a alteração da composição remuneratória; significa dizer que podem ser retiradas as gratificações, mantendo-se o valor nominal da remuneração, nem mesmo a supressão de parcelas ou gratificações; é preciso considerar que o STF entende não haver direito adquirido a regime jurídico.

Regras de aposentadoria

Esse tema costuma ser trabalhado em Direito Previdenciário devido às inúmeras regras de transição que foram editadas, além das previstas no texto constitucional. Para as provas de Direito Constitucional, é importante a leitura atenta dos dispositivos abaixo:

> *Art. 40. O regime próprio de previdência social dos servidores titulares de cargos efetivos terá caráter contributivo e solidário, mediante contribuição do respectivo ente federativo, de servidores ativos, de aposentados e de pensionistas, observados critérios que preservem o equilíbrio financeiro e atuarial.*
>
> *§ 1º O servidor abrangido por regime próprio de previdência social será aposentado:*

I. por incapacidade permanente para o trabalho, no cargo em que estiver investido, quando insuscetível de readaptação, hipótese em que será obrigatória a realização de avaliações periódicas para verificação da continuidade das condições que ensejaram a concessão da aposentadoria, na forma de lei do respectivo ente federativo;

II. compulsoriamente, com proventos proporcionais ao tempo de contribuição, aos 70 (setenta) anos de idade, ou aos 75 (setenta e cinco) anos de idade, na forma de lei complementar;

III. no âmbito da União, aos 62 (sessenta e dois) anos de idade, se mulher, e aos 65 (sessenta e cinco) anos de idade, se homem, e, no âmbito dos Estados, do Distrito Federal e dos Municípios, na idade mínima estabelecida mediante emenda às respectivas Constituições e Leis Orgânicas, observados o tempo de contribuição e os demais requisitos estabelecidos em lei complementar do respectivo ente federativo.

§ 2º Os proventos de aposentadoria não poderão ser inferiores ao valor mínimo a que se refere o § 2º do art. 201 ou superiores ao limite máximo estabelecido para o Regime Geral de Previdência Social, observado o disposto nos §§ 14 a 16.

§ 3º As regras para cálculo de proventos de aposentadoria serão disciplinadas em lei do respectivo ente federativo.

§ 4º É vedada a adoção de requisitos ou critérios diferenciados para concessão de benefícios em regime próprio de previdência social, ressalvado o disposto nos §§ 4º-A, 4º-B, 4º-C e 5º. (Redação dada pela Emenda Constitucional nº 103, de 2019)

§ 4º-A. Poderão ser estabelecidos por lei complementar do respectivo ente federativo idade e tempo de contribuição diferenciados para aposentadoria de servidores com deficiência, previamente submetidos a avaliação biopsicossocial realizada por equipe multiprofissional e interdisciplinar.

§ 4º-B. Poderão ser estabelecidos por lei complementar do respectivo ente federativo idade e tempo de contribuição diferenciados para aposentadoria de ocupantes do cargo de agente penitenciário, de agente socioeducativo ou de policial dos órgãos de que tratam o inciso IV do caput do art. 51, o inciso XIII do caput do art. 52 e os incisos I a IV do caput do art. 144.

§ 4º-C. Poderão ser estabelecidos por lei complementar do respectivo ente federativo idade e tempo de contribuição diferenciados para aposentadoria de servidores cujas atividades sejam exercidas com efetiva exposição a agentes químicos, físicos e biológicos prejudiciais à saúde, ou associação desses agentes, vedada a caracterização por categoria profissional ou ocupação.

§ 5º Os ocupantes do cargo de professor terão idade mínima reduzida em 5 (cinco) anos em relação às idades decorrentes da aplicação do disposto no inciso III do § 1º, desde que comprovem tempo de efetivo exercício das funções de magistério na educação infantil e no ensino fundamental e médio fixado em lei complementar do respectivo ente federativo.

§ 6º Ressalvadas as aposentadorias decorrentes dos cargos acumuláveis na forma desta Constituição, é vedada a percepção de mais de uma aposentadoria à conta de regime próprio de previdência social, aplicando-se outras vedações, regras e condições para a acumulação de benefícios previdenciários estabelecidas no Regime Geral de Previdência Social.

§ 7º Observado o disposto no § 2º do art. 201, quando se tratar da única fonte de renda formal auferida pelo dependente, o benefício de pensão por morte será concedido nos termos de lei do respectivo ente federativo, a qual tratará de forma diferenciada a hipótese de morte dos servidores de que trata o § 4º-B decorrente de agressão sofrida no exercício ou em razão da função.

§ 8º É assegurado o reajustamento dos benefícios para preservar-lhes, em caráter permanente, o valor real, conforme critérios estabelecidos em lei.

§ 9º O tempo de contribuição federal, estadual, distrital ou municipal será contado para fins de aposentadoria, observado o disposto nos §§ 9º e 9º-A do art. 201, e o tempo de serviço correspondente será contado para fins de disponibilidade.

§ 10. A lei não poderá estabelecer qualquer forma de contagem de tempo de contribuição fictício.

§ 11. Aplica-se o limite fixado no art. 37, XI, à soma total dos proventos de inatividade, inclusive quando decorrentes da acumulação de cargos ou empregos públicos, bem como de outras atividades sujeitas a contribuição para o regime geral de previdência social, e ao montante resultante da adição de proventos de inatividade com remuneração de cargo acumulável na forma desta Constituição, cargo em comissão declarado em lei de livre nomeação e exoneração, e de cargo eletivo.

§ 12. Além do disposto neste artigo, serão observados, em regime próprio de previdência social, no que couber, os requisitos e critérios fixados para o Regime Geral de Previdência Social.

§ 13. Aplica-se ao agente público ocupante, exclusivamente, de cargo em comissão declarado em lei de livre nomeação e exoneração, de outro cargo temporário, inclusive mandato eletivo, ou de emprego público, o Regime Geral de Previdência Social.

§ 14. A União, os Estados, o Distrito Federal e os Municípios instituirão, por lei de iniciativa do respectivo Poder Executivo, regime de previdência complementar para servidores públicos ocupantes de cargo efetivo, observado o limite máximo dos benefícios do Regime Geral de Previdência Social para o valor das aposentadorias e das pensões em regime próprio de previdência social, ressalvado o disposto no § 16.

§ 15. O regime de previdência complementar de que trata o § 14 oferecerá plano de benefícios somente na modalidade contribuição definida, observará o disposto no art. 202 e será efetivado por intermédio de entidade fechada de previdência complementar ou de entidade aberta de previdência complementar.

§ 16. Somente mediante sua prévia e expressa opção, o disposto nos §§ 14 e 15 poderá ser aplicado ao servidor que tiver ingressado no serviço público até a data da publicação do ato de instituição do correspondente regime de previdência complementar.

§ 17. Todos os valores de remuneração considerados para o cálculo do benefício previsto no § 3º serão devidamente atualizados, na forma da lei.

§ 18. Incidirá contribuição sobre os proventos de aposentadorias e pensões concedidas pelo regime de que trata este artigo que superem o limite máximo estabelecido para os benefícios do regime geral de previdência social de que trata o art. 201, com percentual igual ao estabelecido para os servidores titulares de cargos efetivos.

§ 19. Observados critérios a serem estabelecidos em lei do respectivo ente federativo, o servidor titular de cargo efetivo que tenha completado as exigências para a aposentadoria voluntária e que opte por permanecer em atividade poderá fazer jus a um abono de permanência equivalente, no máximo, ao valor da sua contribuição previdenciária, até completar a idade para aposentadoria compulsória.

§ 20. É vedada a existência de mais de um regime próprio de previdência social e de mais de um órgão ou entidade gestora desse regime em cada ente federativo, abrangidos todos os poderes, órgãos e entidades autárquicas e fundacionais, que serão responsáveis pelo seu financiamento, observados os critérios, os parâmetros e a natureza jurídica definidos na lei complementar de que trata o § 22.

§ 21. A contribuição prevista no § 18 deste artigo incidirá apenas sobre as parcelas de proventos de aposentadoria e de pensão que superem o dobro do limite máximo estabelecido para os benefícios do regime geral de previdência social de que trata o art. 201 desta Constituição, quando o beneficiário, na forma da lei, for portador de doença incapacitante.

§ 22. Vedada a instituição de novos regimes próprios de previdência social, lei complementar federal estabelecerá, para os que já existam, normas gerais de organização, de funcionamento e de responsabilidade em sua gestão, dispondo, entre outros aspectos, sobre:

I. requisitos para sua extinção e consequente migração para o Regime Geral de Previdência Social;

II. modelo de arrecadação, de aplicação e de utilização dos recursos;

III. fiscalização pela União e controle externo e social;

IV. definição de equilíbrio financeiro e atuarial;

V. condições para instituição do fundo com finalidade previdenciária de que trata o art. 249 e para vinculação a ele dos recursos provenientes de contribuições e dos bens, direitos e ativos de qualquer natureza;

VI. mecanismos de equacionamento do déficit atuarial;

VII. estruturação do órgão ou entidade gestora do regime, observados os princípios relacionados com governança, controle interno e transparência;

VIII. condições e hipóteses para responsabilização daqueles que desempenhem atribuições relacionadas, direta ou indiretamente, com a gestão do regime;

IX. condições para adesão a consórcio público;

X. parâmetros para apuração da base de cálculo e definição de alíquota de contribuições ordinárias e extraordinárias.

Dos militares dos estados, do distrito federal e dos territórios

A Constituição Federal distingue duas espécies de servidores, os civis e os militares, sendo que a estes reserva um regime jurídico diferenciado, previsto especialmente no Art. 42 (Polícias Militares e Corpos de Bombeiros Militares) e no Art. 142, § 3º (Forças Armadas – Exército, Marinha e Aeronáutica).

As Polícias Militares, os Corpos de Bombeiros Militares e as Forças Armadas são instituições organizadas com base na **hierarquia** e na **disciplina**.

Tomando de empréstimo o conceito constante do Art. 14, § 1º e 2º, da Lei nº 6.880, de 1980 (Estatuto dos Militares das Forças Armadas), temos que a **hierarquia** militar é a ordenação da autoridade, em níveis diferentes, dentro da estrutura militar e a **disciplina** é a rigorosa observância e o acatamento integral das leis, regulamentos, normas e disposições que fundamentam o organismo militar e coordenam seu funcionamento regular e harmônico, traduzindo-se pelo perfeito cumprimento do dever por parte de todos e de cada um dos componentes desses organismos.

É claro que a hierarquia e a disciplina estão presentes em todo o serviço público. No entanto, no seio militar, elas são muito mais rígidas, objetivando garantir pronta e irrestrita obediência de seus membros, o que é imprescindível para o exercício das suas atividades.

As Polícias Militares e os Corpos de Bombeiros Militares são **órgãos de Segurança Pública** (Art. 144, da CF), organizados e mantidos pelos Estados.

Às Polícias Militares cabem as atribuições de polícia administrativa, ostensiva e a preservação da ordem pública. Aos Corpos de Bombeiros Militares cabe, além das atribuições definidas em lei (atividades de combate a incêndio, busca e resgate de pessoas etc.), a execução de atividades de defesa civil (Art. 144, § 5º, da CF).

Segundo o § 6º, do Art. 144, da CF, as Polícias Militares e os Corpos de Bombeiros Militares são forças auxiliares e reserva do Exército e subordinam-se aos Governadores dos Estados, do Distrito Federal e dos Territórios.

Apesar de estarem subordinadas ao Governador do Distrito Federal, a organização e a manutenção da Polícia Militar e do Corpo de Bombeiros Militares do Distrito Federal são de competência da União (Art. 21, inciso XIV, da CF).

No Art. 42, a Constituição Federal estende aos policiais militares e aos bombeiros militares praticamente as mesmas **disposições** aplicáveis aos integrantes das Forças Armadas, militares da União, previstas no Art. 142, § 2º e 3º, da CF. Assim, entre outros:

> **O militar que seja alistável é elegível.** No entanto, se contar menos de dez anos de serviço, deverá afastar-se da atividade; se contar mais de dez anos de serviço será agregado pela autoridade superior e, se eleito, passará automaticamente, no ato da diplomação, para a inatividade;

> **Não cabe Habeas** Corpus em relação a punições disciplinares militares;

> **Ao militar são proibidas** a sindicalização e a greve;

> O militar, **enquanto em serviço ativo**, não pode estar filiado a partidos políticos.

10. PODER LEGISLATIVO

Com o objetivo de limitar o poder do Estado, alguns filósofos desenvolveram a tese de que, se o poder estivesse nas mãos de várias pessoas, seria possível controlá-lo de uma forma melhor. Essa necessidade se deu em razão dos grandes abusos cometidos pelos imperadores que agiam arbitrariamente com seus súditos. A partir de então, surgiu a teoria da **Separação dos Poderes**, também chamada de Tripartição dos Poderes. Antes de analisar cada um dos Poderes do Estado, são explorados a seguir dois princípios constitucionais essenciais para entender essa organização: Tripartição dos Poderes e Federativo.

10.1 Princípios

Princípio da tripartição dos poderes

O primeiro princípio constitucional importante para o estudo da Organização dos Poderes é o Princípio da Tripartição dos Poderes, também chamado de Princípio da Separação dos Poderes. Sua origem histórica tem como fundamento a necessidade de se limitar os poderes do Estado. Alguns filósofos perceberam que se o Poder do Estado estivesse dividido entre três entidades diferentes, seria possível que a sociedade exercesse um maior controle sobre sua utilização.

Foi aí que surgiu a ideia de se dividir o Poder do Estado em três poderes, cada qual responsável pelo desenvolvimento de uma função principal do Estado:

Poder Executivo

Função principal (típica) de administrar o Estado;

Poder Legislativo

Função principal (típica) de legislar e fiscalizar as contas públicas;

Poder Judiciário

Função principal (típica) jurisdicional.

Além da sua própria função, a Constituição criou uma sistemática que permite a cada um dos poderes o exercício da função do outro poder. É a função atípica:

Poder Executivo

Função atípica de legislar e julgar;

Poder Legislativo

Função atípica de administrar e julgar;

Poder Judiciário

Função atípica de administrar e legislar.

Dessa forma, pode-se dizer que além da própria função, cada poder exercerá de forma acessória a função do outro poder.

Uma pergunta sempre surge na cabeça dos estudantes e poderá aparecer em prova: qual dos três poderes é mais importante?

A única resposta possível é a inexistência de poder mais importante. Cada poder possui sua própria função de forma que não se pode afirmar que exista hierarquia entre os poderes do Estado. Como diz a Constituição no Art. 2º:

> ***Art. 2º.*** *São Poderes da União, independentes e harmônicos entre si, o Legislativo, o Executivo e o Judiciário.*

A seguir, será tratado de outro princípio que, juntamente com a Separação dos Poderes, é responsável pela organização do Estado: Princípio Federativo.

Princípio federativo

Quando se fala em Federação, está-se falando da Forma de Estado adotada no Brasil. A forma de Estado reflete o modo de exercício do poder político em função do território, ou seja, como o poder político está distribuído dentro do território. Para compreender esta forma de Estado precisa-se ter em mente sua principal característica: descentralização política. Dizemos então que, numa federação, o poder político está distribuído entre os vários entes federativos, ou melhor, entre quatro entes federativos:

União;

Estados;

Distrito Federal;

Municípios.

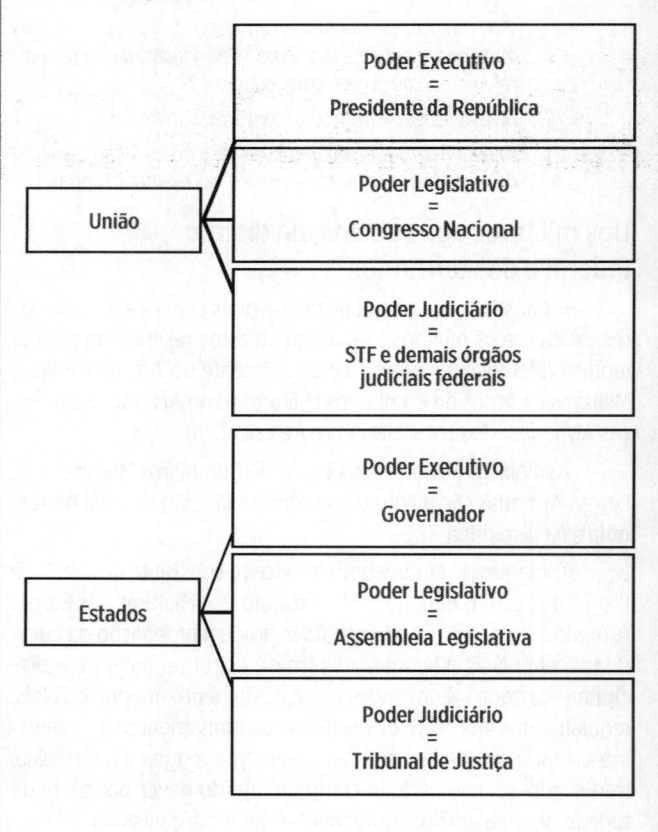

União:
- Poder Executivo = Presidente da República
- Poder Legislativo = Congresso Nacional
- Poder Judiciário = STF e demais órgãos judiciais federais

Estados:
- Poder Executivo = Governador
- Poder Legislativo = Assembleia Legislativa
- Poder Judiciário = Tribunal de Justiça

```
Municípios ─┬─ Poder Executivo = Prefeito
            ├─ Poder Legislativo = Câmara de Vereadores
            └─ Poder Judiciário = Não Existe

Distrito Federal ─┬─ Poder Executivo = Governador
                  ├─ Poder Legislativo = Câmara Legislativa
                  └─ Poder Judiciário = Tribunal de Justiça
```

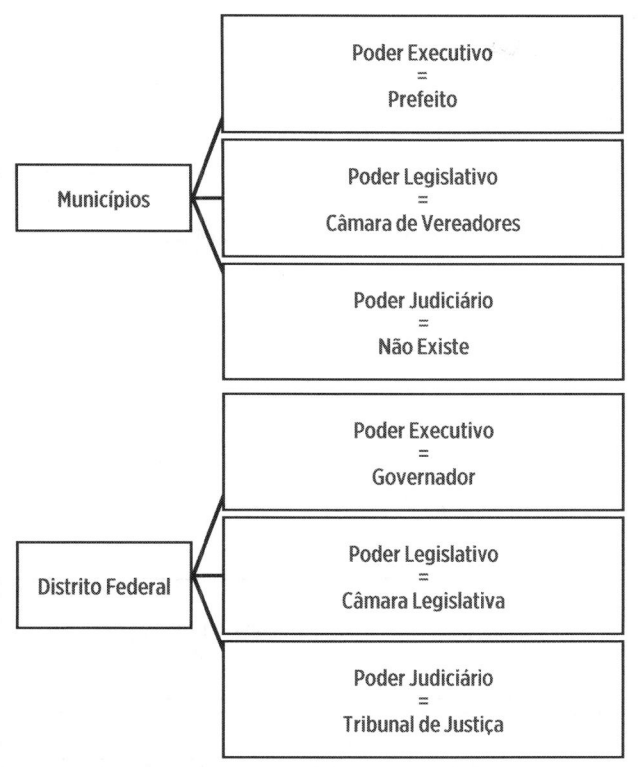

Cada um dos entes federativos possui sua própria autonomia política, a qual pode ser percebida pela capacidade de auto-organização, de criação de leis e, inclusive, de criação da sua própria Constituição. Apesar de cada ente federativo possuir essa independência, não se pode esquecer que a existência do pacto federativo pressupõe a existência de uma Constituição Federal e da impossibilidade de separação.

Uma coisa deve ficar bem clara: não existe hierarquia entre os entes federativos. O que os diferencia é a competência que cada um recebeu da Constituição Federal.

Após analisar estes dois princípios constitucionais, será feita a junção entre eles para se ver como se estruturam dentro da República Federativa do Brasil. Dessa forma, foi visto na imagem anterior.

Agora que ficou esclarecido como o Estado Brasileiro está organizado, serão estudados os três Poderes em espécie. Começaremos pelo Poder Legislativo, sempre muito cobrado em prova.

10.2 Poder Legislativo

Funções típicas e atípicas

Esse Poder possui como função típica duas atribuições: legislar e fiscalizar.

Legislar significa criar leis, inovar o ordenamento jurídico. A função fiscalizatória diz respeito ao controle externo das contas públicas. É a fiscalização financeira, contábil e orçamentária.

Informações gerais

O Poder Legislativo da União é representado pelo Congresso Nacional, cuja estrutura é bicameral, ou seja, é formado pela Câmara dos Deputados e pelo Senado Federal. Essa previsão encontra-se na Constituição Federal:

> *Art. 44. O Poder Legislativo é exercido pelo Congresso Nacional, que se compõe da Câmara dos Deputados e do Senado Federal.*

A **Câmara dos Deputados** é composta pelos Deputados Federais que são **representantes do povo** eleitos segundo o **sistema proporcional**, devendo cada ente (Estado e Distrito Federal) eleger no mínimo 8 e no máximo 70 Deputados Federais. A proporcionalidade está relacionada com a quantidade da população dos entes federativos. Quanto maior for a população, mais deputados serão eleitos. Os territórios podem eleger quatro deputados. O mandato do Deputado é de quatro anos. Atualmente, existem na Câmara 513 membros. Sua organização é assim expressa na Constituição:

> *Art. 45. A Câmara dos Deputados compõe-se de representantes do povo, eleitos, pelo sistema proporcional, em cada Estado, em cada Território e no Distrito Federal.*
>
> *§ 1º - O número total de Deputados, bem como a representação por Estado e pelo Distrito Federal, será estabelecido por lei complementar, proporcionalmente à população, procedendo-se aos ajustes necessários, no ano anterior às eleições, para que nenhuma daquelas unidades da Federação tenha menos de oito ou mais de setenta Deputados.*
>
> *§ 2º. Cada Território elegerá quatro Deputados.*

O **Senado Federal** é composto por Senadores da República que são **representantes dos Estados e do Distrito Federal** eleitos segundo o **sistema majoritário simples ou puro**, devendo cada ente eleger três senadores. Aqui o sistema é majoritário, haja vista serem eleitos os candidatos mais votados.

O mandato do Senador é de oito anos cuja eleição de quatro em quatro anos ocorre de forma alternada. Numa eleição, elegem-se 2 e na outra 1. Cada Senador será eleito com dois suplentes. Atualmente, existem 81 Senadores. Conforme o Art. 46 do texto constitucional:

> *Art. 46. O Senado Federal compõe-se de representantes dos Estados e do Distrito Federal, eleitos segundo o princípio majoritário.*
>
> *§ 1º - Cada Estado e o Distrito Federal elegerão três Senadores, com mandato de oito anos.*
>
> *§ 2º - A representação de cada Estado e do Distrito Federal será renovada de quatro em quatro anos, alternadamente, por um e dois terços.*
>
> *§ 3º - Cada Senador será eleito com dois suplentes.*

Competências

Este é um dos temas mais cobrados em prova, razão pela qual precisa ser estudado com estratégia para que no momento em que o candidato enfrentar a questão, consiga resolvê-la. A melhor forma de acertar essas questões é memorizando os artigos sobre as competências, pois é dessa forma que será cobrado em prova. Uma sugestão para facilitar a memorização é fazer muitos exercícios sobre o tema.

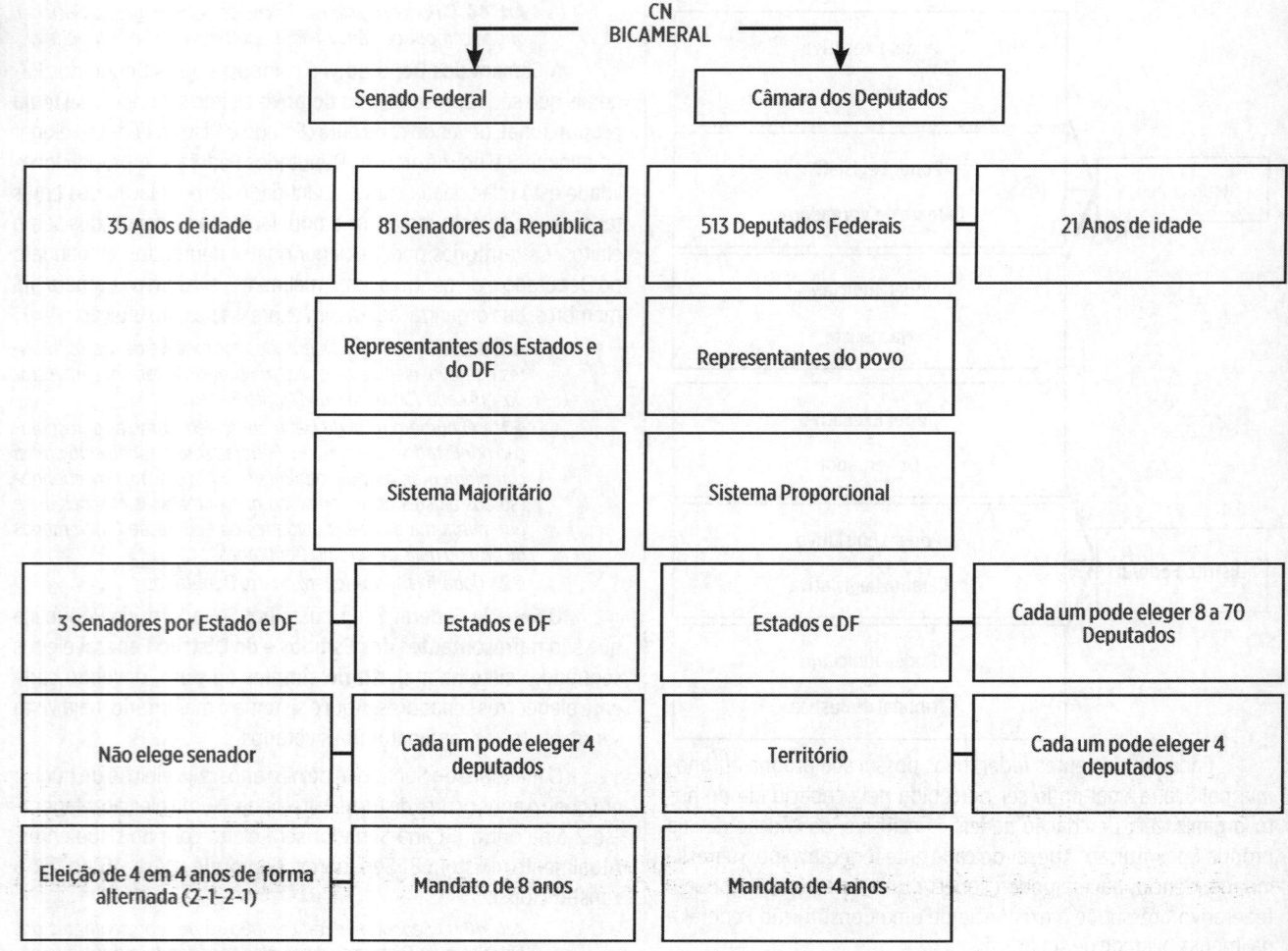

PODER LEGISLATIVO

```
                            CN
                         BICAMERAL
              ┌──────────────┴──────────────┐
         Senado Federal              Câmara dos Deputados
```

Senado Federal		Câmara dos Deputados	
35 Anos de idade	81 Senadores da República	513 Deputados Federais	21 Anos de idade
	Representantes dos Estados e do DF	Representantes do povo	
	Sistema Majoritário	Sistema Proporcional	
3 Senadores por Estado e DF	Estados e DF	Estados e DF	Cada um pode eleger 8 a 70 Deputados
Não elege senador	Cada um pode eleger 4 deputados	Território	Cada um pode eleger 4 deputados
Eleição de 4 em 4 anos de forma alternada (2-1-2-1)	Mandato de 8 anos	Mandato de 4 anos	

A seguir apresentam-se as competências de cada órgão.

Competência do congresso nacional

Uma coisa que se deve entender é que o Congresso Nacional, apesar de ser formado pela Câmara e pelo Senado, possui suas próprias competências, as quais estão previstas nos Arts. 48 e 49. Um detalhe que sempre cai em prova diz respeito à diferença entre as competências desses dois artigos.

No Art. 48, encontram-se as competências do Congresso que dependem de sanção presidencial, as quais serão desempenhadas mediante lei (lei ordinária ou complementar) que disponham sobre matérias de competência da União. Segue abaixo o rol dessas competências:

Art. 48. Cabe ao Congresso Nacional, com a sanção do Presidente da República, não exigida esta para o especificado nos Arts. 49, 51 e 52, dispor sobre todas as matérias de competência da União, especialmente sobre:

I. Sistema tributário, arrecadação e distribuição de rendas;

II. Plano plurianual, diretrizes orçamentárias, orçamento anual, operações de crédito, dívida pública e emissões de curso forçado;

III. Fixação e modificação do efetivo das Forças Armadas;

IV. Planos e programas nacionais, regionais e setoriais de desenvolvimento;

V. Limites do território nacional, espaço aéreo e marítimo e bens do domínio da União;

VI. Incorporação, subdivisão ou desmembramento de áreas de Territórios ou Estados, ouvidas as respectivas Assembleias Legislativas;

VII. Transferência temporária da sede do Governo Federal;

VIII. Concessão de anistia;

IX. organização administrativa, judiciária, do Ministério Público e da Defensoria Pública da União e dos Territórios e organização judiciária e do Ministério Público do Distrito Federal;

X. Criação, transformação e extinção de cargos, empregos e funções públicas, observado o que estabelece o Art. 84, VI, b;

XI. Criação e extinção de Ministérios e órgãos da administração pública;

XII. Telecomunicações e radiodifusão;

XIII. Matéria financeira, cambial e monetária, instituições financeiras e suas operações;

XIV. Moeda, seus limites de emissão, e montante da dívida mobiliária federal;

XV. Fixação do subsídio dos Ministros do Supremo Tribunal Federal, observado o que dispõem os Arts. 39, § 4º; 150, II; 153, III; e 153, § 2º, I.

No Art. 49, têm-se as Competências Exclusivas do Congresso Nacional. Essas não dependem de sanção presidencial e serão formalizadas por meio de Decreto Legislativo:

Art. 49. *É da competência exclusiva do Congresso Nacional:*

I. Resolver definitivamente sobre tratados, acordos ou atos internacionais que acarretem encargos ou compromissos gravosos ao patrimônio nacional;

II. Autorizar o Presidente da República a declarar guerra, a celebrar a paz, a permitir que forças estrangeiras transitem pelo território nacional ou nele permaneçam temporariamente, ressalvados os casos previstos em lei complementar;

III. Autorizar o Presidente e o Vice-Presidente da República a se ausentarem do País, quando a ausência exceder a quinze dias;

IV. Aprovar o estado de defesa e a intervenção federal, autorizar o estado de sítio, ou suspender qualquer uma dessas medidas;

V. Sustar os atos normativos do Poder Executivo que exorbitem do poder regulamentar ou dos limites de delegação legislativa;

VI. Mudar temporariamente sua sede;

VII. Fixar idêntico subsídio para os Deputados Federais e os Senadores, observado o que dispõem os Arts. 37, XI, 39, § 4º, 150, II, 153, III, e 153, § 2º, I;

VIII. Fixar os subsídios do Presidente e do Vice-Presidente da República e dos Ministros de Estado, observado o que dispõem os Arts. 37, XI, 39, § 4º, 150, II, 153, III, e 153, § 2º, I;

IX. Julgar anualmente as contas prestadas pelo Presidente da República e apreciar os relatórios sobre a execução dos planos de governo;

X. Fiscalizar e controlar, diretamente, ou por qualquer de suas Casas, os atos do Poder Executivo, incluídos os da administração indireta;

XI. Zelar pela preservação de sua competência legislativa em face da atribuição normativa dos outros Poderes;

XII. Apreciar os atos de concessão e renovação de concessão de emissoras de rádio e televisão;

XIII. Escolher dois terços dos membros do Tribunal de Contas da União;

XIV. Aprovar iniciativas do Poder Executivo referentes a atividades nucleares;

XV. Autorizar referendo e convocar plebiscito;

XVI. Autorizar, em terras indígenas, a exploração e o aproveitamento de recursos hídricos e a pesquisa e lavra de riquezas minerais;

XVII. Aprovar, previamente, a alienação ou concessão de terras públicas com área superior a dois mil e quinhentos hectares.

Competência da câmara de deputados

As competências da Câmara dos Deputados estão previstas no Art. 51, as quais serão exercidas, em regra, por meio de Resolução da Câmara. Apesar de o texto constitucional prever essas competências como privativas, elas não podem ser delegadas:

Art. 51. *Compete privativamente à Câmara dos Deputados:*

I. Autorizar, por dois terços de seus membros, a instauração de processo contra o Presidente e o Vice-Presidente da República e os Ministros de Estado;

II. Proceder à tomada de contas do Presidente da República, quando não apresentadas ao Congresso Nacional dentro de sessenta dias após a abertura da sessão legislativa;

III. Elaborar seu regimento interno;

IV. Dispor sobre sua organização, funcionamento, polícia, criação, transformação ou extinção dos cargos, empregos e funções de seus serviços, e a iniciativa de lei para fixação da respectiva remuneração, observados os parâmetros estabelecidos na lei de diretrizes orçamentárias;

V. Eleger membros do Conselho da República, nos termos do Art. 89, VII.

Competência do senado federal

As competências do Senado Federal estão previstas no Art. 52, as quais serão exercidas, em regra, por meio de Resolução do Senado. Apesar de o texto constitucional prever essas competências como privativas, elas não podem ser delegadas:

Art. 52. *Compete privativamente ao Senado Federal:*

I. Processar e julgar o Presidente e o Vice-Presidente da República nos crimes de responsabilidade, bem como os Ministros de Estado e os Comandantes da Marinha, do Exército e da Aeronáutica nos crimes da mesma natureza conexos com aqueles;

II. Processar e julgar os Ministros do Supremo Tribunal Federal, os membros do Conselho Nacional de Justiça e do Conselho Nacional do Ministério Público, o Procurador-Geral da República e o Advogado-Geral da União nos crimes de responsabilidade;

III. Aprovar previamente, por voto secreto, após arguição pública, a escolha de:

a) Magistrados, nos casos estabelecidos nesta Constituição;
b) Ministros do Tribunal de Contas da União indicados pelo Presidente da República;
c) Governador de Território;
d) Presidente e diretores do banco central;
e) Procurador-Geral da República;
f) Titulares de outros cargos que a lei determinar;

IV. Aprovar previamente, por voto secreto, após arguição em sessão secreta, a escolha dos chefes de missão diplomática de caráter permanente;

V. Autorizar operações externas de natureza financeira, de interesse da União, dos Estados, do Distrito Federal, dos Territórios e dos Municípios;

VI. Fixar, por proposta do Presidente da República, limites globais para o montante da dívida consolidada da União, dos Estados, do Distrito Federal e dos Municípios;

VII. Dispor sobre limites globais e condições para as operações de crédito externo e interno da União, dos Estados, do Distrito Federal e dos Municípios, de suas autarquias e demais entidades controladas pelo Poder Público federal;

VIII. Dispor sobre limites e condições para a concessão de garantia da União em operações de crédito externo e interno;

IX. Estabelecer limites globais e condições para o montante da dívida mobiliária dos Estados, do Distrito Federal e dos Municípios;

X. Suspender a execução, no todo ou em parte, de lei declarada inconstitucional por decisão definitiva do Supremo Tribunal Federal;

XI. Aprovar, por maioria absoluta e por voto secreto, a exoneração, de ofício, do Procurador-Geral da República antes do término de seu mandato;

XII. Elaborar seu regimento interno;

XIII. Dispor sobre sua organização, funcionamento, polícia, criação, transformação ou extinção dos cargos, empregos e funções de seus serviços, e a iniciativa de lei para fixação da respectiva remuneração, observados os parâmetros estabelecidos na lei de diretrizes orçamentárias;

XIV. Eleger membros do Conselho da República, nos termos do Art. 89, VII;

XV. Avaliar periodicamente a funcionalidade do Sistema Tributário Nacional, em sua estrutura e seus componentes, e o desempenho das administrações tributárias da União, dos Estados e do Distrito Federal e dos Municípios.

Parágrafo único. Nos casos previstos nos incisos I e II, funcionará como Presidente o do Supremo Tribunal Federal, limitando-se a condenação, que somente será proferida por dois terços dos votos do Senado Federal, à perda do cargo, com inabilitação, por oito anos, para o exercício de função pública, sem prejuízo das demais sanções judiciais cabíveis.

As questões sobre as competências dos órgãos parlamentares são muito cobradas em prova e exigem do candidato uma nítida capacidade de memorização. Às vezes, é possível encontrar uma questão que trabalhe a competência associada com questões doutrinárias ou mesmo jurisprudencial. Vejamos o exemplo:

Imunidade parlamentar

Os parlamentares, por ocuparem uma função essencial na organização política do Estado, possuem Imunidades. As imunidades são prerrogativas inerentes à sua função que têm como objetivo garantir a sua independência durante o exercício do seu mandato. Um ponto que deve ser lembrado é que a imunidade não pertence à pessoa, e sim ao cargo, motivo pelo qual é irrenunciável. Isso significa que o parlamentar só a detém enquanto estiver no exercício de sua função.

São dois os tipos de imunidade:

Imunidade material;
Imunidade formal.

A imunidade material é uma verdadeira irresponsabilidade absoluta. Também conhecida como inviolabilidade parlamentar, ela isenta o seu titular de qualquer responsabilidade civil, penal, administrativa ou mesmo política, no que tange às suas opiniões, palavras e votos. Vejamos o que diz o *caput* do Art. 53:

Art. 53. Os Deputados e Senadores são invioláveis, civil e penalmente, por quaisquer de suas opiniões, palavras e votos.

Mas deve-se ter atenção: essa prerrogativa diz respeito apenas às opiniões, palavras e votos proferidos no exercício da função parlamentar durante o seu mandato, ainda que a busca pela responsabilização ocorra após o término do seu mandato. Não importa se está dentro do recinto parlamentar ou fora dele. O que importa é que seja praticado na função ou em razão da função parlamentar.

As imunidades formais são prerrogativas de ordem processual e ocorrem em relação:

Ao foro de julgamento;
À prisão;
Ao processo.

A **prerrogativa de foro** decorre do previsto no Art. 53, § 1º da CF, que prevê:

§ 1º - Os Deputados e Senadores, desde a expedição do diploma, serão submetidos a julgamento perante o Supremo Tribunal Federal.

Como pode se depreender do texto constitucional, a partir da expedição do diploma o parlamentar será julgado perante o STF nas ações de natureza penal sem necessidade de autorização da Casa legislativa à qual pertence. Ressalte-se que o parlamentar será julgado no STF por infrações cometidas antes ou depois da diplomação, contudo, finalizado o seu mandato, perde-se com ele a imunidade, fazendo com que os seus processos saiam da competência do STF e passem para os demais órgãos do Judiciário, a depender da matéria em questão. Não estão incluídas nessa prerrogativa as ações de natureza cível.

Em relação **à prisão**, o parlamentar só poderá ser preso em flagrante delito de crime inafiançável conforme previsão do § 2º do Art. 53:

§ 2º - Desde a expedição do diploma, os membros do Congresso Nacional não poderão ser presos, salvo em flagrante de crime inafiançável. Nesse caso, os autos serão remetidos dentro de vinte e quatro horas à Casa respectiva, para que, pelo voto da maioria de seus membros, resolva sobre a prisão.

Essa prerrogativa inicia sua abrangência a partir da diplomação e alcança qualquer forma de prisão, seja de natureza penal ou civil. A manutenção dessa prisão depende de manifestação da maioria absoluta dos membros da Casa.

Apesar de o texto constitucional não prever, interpreta-se de forma lógica que o Parlamentar será preso no caso de uma sentença penal condenatória transitada em julgado.

Há também a imunidade em relação ao processo prevista no Art. 53, §§ 3º ao 5º:

§ 3º - Recebida a denúncia contra o Senador ou Deputado, por crime ocorrido após a diplomação, o Supremo Tribunal Federal dará ciência à Casa respectiva, que, por iniciativa de partido político nela representado e pelo voto da maioria de seus membros, poderá, até a decisão final, sustar o andamento da ação.

§ 4º - O pedido de sustação será apreciado pela Casa respectiva no prazo improrrogável de quarenta e cinco dias do seu recebimento pela Mesa Diretora.

§ 5º - A sustação do processo suspende a prescrição, enquanto durar o mandato.

A imunidade em relação ao processo prevista na Constituição possibilita a Casa a qual pertence o parlamentar, pelo voto da maioria absoluta, sustar o andamento da ação penal desde que a faça antes da decisão definitiva e desde que seja em relação aos crimes cometidos após a diplomação. Não é necessária autorização da respectiva casa para processar o parlamentar.

A Casa Legislativa possui 45 dias para apreciar o pedido que, se aprovado, suspenderá o prazo prescricional da infração até o final do mandato.

Função fiscalizadora

Essa é a segunda função típica do Poder Legislativo. Além de criar normas, o Congresso Nacional também possui como função principal a fiscalização contábil, financeira e orçamentária da União e de suas Entidades da Administração direta e Indireta. Vejamos o Art. 70 da Constituição:

Art. 70. A fiscalização contábil, financeira, orçamentária, operacional e patrimonial da União e das entidades da administração direta e indireta, quanto à legalidade, legitimidade, economicidade, aplicação das subvenções e renúncia de receitas, será exercida pelo Congresso Nacional, mediante controle externo, e pelo sistema de controle interno de cada Poder.

Parágrafo único. Prestará contas qualquer pessoa física ou jurídica, pública ou privada, que utilize, arrecade, guarde, gerencie ou administre dinheiros, bens e valores públicos ou pelos quais a União responda, ou que, em nome desta, assuma obrigações de natureza pecuniária.

Veja que o Art. 70 fala em Controle Externo e Controle Interno. São as duas formas de fiscalização vislumbrada pelo texto constitucional. O Controle Interno é aquele realizado por cada Poder. Cada um fiscaliza suas próprias contas. Já o Controle Externo é o realizado pelo Congresso Nacional, com apoio do Tribunal de Contas da União.

O Art. 71 ainda apresenta as atribuições do Tribunal de Contas da União no que tange à fiscalização exercida:

***Art. 71.** O controle externo, a cargo do Congresso Nacional, será exercido com o auxílio do Tribunal de Contas da União, ao qual compete:*

***I.** Apreciar as contas prestadas anualmente pelo Presidente da República, mediante parecer prévio que deverá ser elaborado em sessenta dias a contar de seu recebimento;*

***II.** Julgar as contas dos administradores e demais responsáveis por dinheiros, bens e valores públicos da administração direta e indireta, incluídas as fundações e sociedades instituídas e mantidas pelo Poder Público federal, e as contas daqueles que derem causa a perda, extravio ou outra irregularidade de que resulte prejuízo ao erário público;*

***III.** Apreciar, para fins de registro, a legalidade dos atos de admissão de pessoal, a qualquer título, na administração direta e indireta, incluídas as fundações instituídas e mantidas pelo Poder Público, excetuadas as nomeações para cargo de provimento em comissão, bem como a das concessões de aposentadorias, reformas e pensões, ressalvadas as melhorias posteriores que não alterem o fundamento legal do ato concessório;*

***IV.** Realizar, por iniciativa própria, da Câmara dos Deputados, do Senado Federal, de Comissão técnica ou de inquérito, inspeções e auditorias de natureza contábil, financeira, orçamentária, operacional e patrimonial, nas unidades administrativas dos Poderes Legislativo, Executivo e Judiciário, e demais entidades referidas no inciso II;*

***V.** Fiscalizar as contas nacionais das empresas supranacionais de cujo capital social a União participe, de forma direta ou indireta, nos termos do tratado constitutivo;*

***VI.** Fiscalizar a aplicação de quaisquer recursos repassados pela União mediante convênio, acordo, ajuste ou outros instrumentos congêneres, a Estado, ao Distrito Federal ou a Município;*

***VII.** Prestar as informações solicitadas pelo Congresso Nacional, por qualquer de suas Casas, ou por qualquer das respectivas Comissões, sobre a fiscalização contábil, financeira, orçamentária, operacional e patrimonial e sobre resultados de auditorias e inspeções realizadas;*

***VIII.** Aplicar aos responsáveis, em caso de ilegalidade de despesa ou irregularidade de contas, as sanções previstas em lei, que estabelecerá, entre outras cominações, multa proporcional ao dano causado ao erário;*

***IX.** Assinar prazo para que o órgão ou entidade adote as providências necessárias ao exato cumprimento da lei, se verificada ilegalidade;*

***X.** Sustar, se não atendido, a execução do ato impugnado, comunicando a decisão à Câmara dos Deputados e ao Senado Federal;*

***XI.** Representar ao Poder competente sobre irregularidades ou abusos apurados.*

Uma questão sempre cobrada em prova diz respeito às regras do Tribunal de Contas da União. A primeira coisa a ser estabelecida é a situação jurídica do TCU. A qual dos três poderes pertence o TCU?

A única reposta possível: o TCU não está subordinado a nenhum Poder. Ele é um órgão autônomo que está vinculado funcionalmente ao Poder Legislativo. Não se trata de subordinação, mas de ligação funcional. Apesar da previsão de função jurisdicional, o TCU também não pertence ao Poder Judiciário. O termo utilizado no Art. 73 é equivocado quando comparado à natureza do órgão:

***Art. 73.** O Tribunal de Contas da União, integrado por nove Ministros, tem sede no Distrito Federal, quadro próprio de pessoal e jurisdição em todo o território nacional, exercendo, no que couber, as atribuições previstas no Art. 96.*

Apesar de ser chamado de "tribunal" e de a Constituição Federal ter dito que possuía "jurisdição", o TCU não é órgão do Poder Judiciário. As suas ações possuem natureza meramente administrativa.

Vencido esse tema, passa-se à análise da composição do TCU:

§ 1º - Os Ministros do Tribunal de Contas da União serão nomeados dentre brasileiros que satisfaçam os seguintes requisitos:

I. Mais de trinta e cinco e menos de sessenta e cinco anos de idade;

II. Idoneidade moral e reputação ilibada;

III. Notórios conhecimentos jurídicos, contábeis, econômicos e financeiros ou de administração pública;

IV. Mais de dez anos de exercício de função ou de efetiva atividade profissional que exija os conhecimentos mencionados no inciso anterior.

§ 2º - Os Ministros do Tribunal de Contas da União serão escolhidos:

I. Um terço pelo Presidente da República, com aprovação do Senado Federal, sendo dois alternadamente dentre auditores e membros do Ministério Público junto ao Tribunal, indicados em lista tríplice pelo Tribunal, segundo os critérios de antiguidade e merecimento;

II. Dois terços pelo Congresso Nacional.

Como se pode perceber, ser Ministro do TCU não é para qualquer pessoa. Faz-se necessário o preenchimento dos seguintes requisitos:

> Ser brasileiro;
> Possuir mais de trinta e cinco e menos de sessenta e cinco anos de idade;
> Possuir idoneidade moral e reputação ilibada;
> Possuir notórios conhecimentos jurídicos, contábeis, econômicos e financeiros ou de administração pública;
> Ter mais de dez anos de exercício de função ou de efetiva atividade profissional que exija os conhecimentos mencionados no inciso anterior.

A Constituição também regulou a forma de escolha desses membros por meio das seguintes regras:

NOÇÕES DE DIREITO CONSTITUCIONAL

PODER LEGISLATIVO

> Um terço será escolhido pelo Presidente da República, com aprovação do Senado Federal, sendo dois alternadamente dentre auditores e membros do Ministério Público junto ao Tribunal, indicados em lista tríplice pelo Tribunal, segundo os critérios de antiguidade e merecimento;

> Dois terços pelo Congresso Nacional.

Quanto à escolha feita pelo Presidente uma observação é pertinente. Dos três membros que poderão ser escolhidos pelo Presidente dois serão, obrigatoriamente, auditores e membros do Ministério Público junto ao Tribunal de Contas da União. Já o terceiro membro escolhido pelo Presidente, será de sua livre escolha desde que preenchidos os demais requisitos já mencionados.

Outra observação importantíssima e sempre cobrada em prova: a Constituição equipara os Ministros do TCU aos Ministros do STJ ao passo que os auditores estão equiparados aos Juízes do TRF. Logicamente, se o auditor estiver substituindo o Ministro, a ele serão asseguradas as garantias próprias dos Ministros. Esta é a leitura dos § 3º e 4º:

> *§ 3º - Os Ministros do Tribunal de Contas da União terão as mesmas garantias, prerrogativas, impedimentos, vencimentos e vantagens dos Ministros do Superior Tribunal de Justiça, aplicando-se-lhes, quanto à aposentadoria e pensão, as normas constantes do Art. 40.*
>
> *§ 4º - O auditor, quando em substituição a Ministro, terá as mesmas garantias e impedimentos do titular e, quando no exercício das demais atribuições da judicatura, as de juiz de Tribunal Regional Federal.*

Processo legislativo

Agora será estudada outra função típica do Poder Legislativo: o Processo Legislativo. O Processo Legislativo é um conjunto de procedimentos necessários para criação das normas. A Constituição, no Art. 59, apresenta algumas normas que podem ser criadas segundo essas regras:

> **Art. 59.** *O processo legislativo compreende a elaboração de:*
> *I. Emendas à Constituição;*
> *II. Leis complementares;*
> *III. Leis ordinárias;*
> *IV. Leis delegadas;*
> *V. Medidas provisórias;*
> *VI. Decretos legislativos;*
> *VII. Resoluções.*
>
> **Parágrafo único.** *Lei complementar disporá sobre a elaboração, redação, alteração e consolidação das leis.*

Essas são as chamadas normas primárias, pois a sua fonte de validade é a própria constituição. Nem de longe são as únicas normas existentes no direito brasileiro. O candidato deve ter ouvido falar em uma portaria ou instrução normativa. Essas outras normas que não estão no Art. 59, mas que também regulam nossas vidas, são chamadas de normas secundárias as quais, retiram a validade das normas primárias.

Uma pergunta que sempre é feita em prova: existe hierarquia entre as normas primárias previstas no Art. 59?

Em um primeiro momento, é possível verificar hierarquia entre essas normas, haja vista as emendas constitucionais possuírem o mesmo *status* da Constituição Federal. Fora as emendas que são hierarquicamente superiores às demais, pode-se afirmar, com amparo no próprio STF, que não existe hierarquia entre demais normas primárias. Isso significa dizer que as leis complementares, leis ordinárias, leis delegadas, medidas provisórias, decretos legislativos e resoluções estão na mesma posição jurídica. O que as distingue é a competência para edição e para a utilização. Cada uma dessas normas possui uma utilização específica prevista na própria Constituição e é isso que será estudado a partir de agora. Inicia-se com o chamado Processo Legislativo Ordinário.

Processo legislativo ordinário

Esse é o processo legislativo destinado a elaboração das leis ordinárias e complementares. É composto por três fases: **introdutória**, **constitutiva** e **complementar**.

Fase introdutória

A fase introdutória é composta basicamente pela iniciativa, ou seja, pela deflagração do processo de criação de uma lei.

Mas quem pode iniciar esse processo legislativo?

Qualquer membro ou comissão do Congresso Nacional, da Câmara ou do Senado; o Presidente da República; o Supremo Tribunal Federal; os Tribunais Superiores; o Procurador-Geral da República; e os cidadãos. Isso está previsto no *caput* do Art. 61:

> **Art. 61.** *A iniciativa das leis complementares e ordinárias cabe a qualquer membro ou Comissão da Câmara dos Deputados, do Senado Federal ou do Congresso Nacional, ao Presidente da República, ao Supremo Tribunal Federal, aos Tribunais Superiores, ao Procurador-Geral da República e aos cidadãos, na forma e nos casos previstos nesta Constituição.*

Algumas considerações precisam ser feitas acerca da iniciativa. Primeiramente, no que tange à iniciativa do Presidente da República: existem algumas matérias em que a iniciativa da lei é privativa do Presidente, as quais estão previstas no § 1º do Art. 61:

> *§ 1º - São de iniciativa privativa do Presidente da República as leis que:*
>
> *I. Fixem ou modifiquem os efetivos das Forças Armadas;*
>
> *II. Disponham sobre:*
>
> *a) criação de cargos, funções ou empregos públicos na administração direta e autárquica ou aumento de sua remuneração;*
>
> *b) organização administrativa e judiciária, matéria tributária e orçamentária, serviços públicos e pessoal da administração dos Territórios;*
>
> *c) servidores públicos da União e Territórios, seu regime jurídico, provimento de cargos, estabilidade e aposentadoria;*
>
> *d) organização do Ministério Público e da Defensoria Pública da União, bem como normas gerais para a organização do Ministério Público e da Defensoria Pública dos Estados, do Distrito Federal e dos Territórios;*
>
> *e) criação e extinção de Ministérios e órgãos da administração pública, observado o disposto no Art. 84, VI;*
>
> *f) militares das Forças Armadas, seu regime jurídico, provimento de cargos, promoções, estabilidade, remuneração, reforma e transferência para a reserva.*

Quer dizer que só o Presidente da República tem iniciativa para propor projetos de lei sobre esses temas.

Outra consideração importante se refere à iniciativa popular, ou seja, os projetos de lei propostos por cidadãos. A Constituição no § 2º do Art. 61 condiciona o exercício desta iniciativa ao preenchimento de alguns requisitos:

> § 2º - A iniciativa popular pode ser exercida pela apresentação à Câmara dos Deputados de projeto de lei subscrito por, no mínimo, um por cento do eleitorado nacional, distribuído pelo menos por cinco Estados, com não menos de três décimos por cento dos eleitores de cada um deles.

Também é relevante anotar a competência do STF e dos Tribunais Superiores que estão previstos no Art. 93 e 96, II:

> **Art. 93.** Lei complementar, de iniciativa do Supremo Tribunal Federal, disporá sobre o Estatuto da Magistratura, observados os seguintes princípios.
>
> **Art. 96.** Compete privativamente:
> **II.** Ao Supremo Tribunal Federal, aos Tribunais Superiores e aos Tribunais de Justiça propor ao Poder Legislativo respectivo, observado o disposto no Art. 169.

E ainda há a iniciativa do Procurador Geral da República, chefe do Ministério Público da União, e que está prevista no Art. 127, § 2º:

> **Art. 127,** § 2º - Ao Ministério Público é assegurada autonomia funcional e administrativa, podendo, observado o disposto no Art. 169, propor ao Poder Legislativo a criação e extinção de seus cargos e serviços auxiliares, provendo-os por concurso público de provas ou de provas e títulos, a política remuneratória e os planos de carreira; a lei disporá sobre sua organização e funcionamento.

Todo Processo Legislativo precisa ser iniciado em uma das Casas do Poder Legislativo da União, as quais possuem atribuição principal para legislar. A Casa Legislativa, onde o projeto de lei é apresentado inicialmente, é chamada de Casa Iniciadora. Sempre o projeto se inicia em uma Casa, enquanto a outra fica responsável pela revisão. Quem revisa é chamada de Casa Revisora. Se o projeto se iniciar na Câmara dos Deputados, essa será a Casa Iniciadora, enquanto o Senado Federal será a Casa Revisora. Se ao contrário, o projeto se inicia no Senado, a Câmara será a Casa Revisora.

Em regra, a Casa Iniciadora será a Câmara dos Deputados, ou seja, é nessa casa que os processos legislativos costumam ser iniciados. Excepcionalmente, o Processo Legislativo se iniciará no Senado Federal. O Senado só será Casa Iniciadora quando a iniciativa for de um membro ou de uma comissão do Senado bem como nos casos em que for proposta por comissão mista do Congresso Nacional. No último caso, o processo iniciar-se-á alternadamente em cada casa, iniciando-se uma vez na Câmara outra vez no Senado[1].

Fase constitutiva

Apresentado o projeto de lei à Casa Iniciadora, iniciar-se-á a Fase Constitutiva. Essa fase é formada por três momentos: discussão, votação e sanção.

Discussão

A discussão, também chamada de debate, é o momento destinado à discussão dos projetos de lei. A discussão ocorre em três locais: na Comissão de Constituição e Justiça (CCJ), nas Comissões Temáticas (CT) e no Plenário.

A CCJ realiza uma análise formal do projeto e emite um parecer terminativo quanto à constitucionalidade. Isso significa dizer que aquilo que for decidido por essa comissão definirá o rumo do projeto de lei analisado.

Já as Comissões Temáticas realizam um exame material e emitem pareceres meramente opinativos, ou seja, essas comissões emitem apenas uma opinião que poderá ser seguida ou não.

Após o debate nas comissões, o projeto de lei é enviado ao plenário, onde ocorre a votação.

Votação

Neste momento se faz necessário compreender os quóruns necessários para votação. Existem três tipos de quórum:

Quórum para deliberação:

Para a deliberação em plenário de qualquer projeto de lei é necessária a presença da maioria absoluta dos membros, conforme disposto no Art. 47:

> **Art. 47.** Salvo disposição constitucional em contrário, as deliberações de cada Casa e de suas Comissões serão tomadas por maioria dos votos, presente a maioria absoluta de seus membros.

Quórum para aprovação de lei ordinária:

Para aprovação de lei ordinária, é necessário o voto de maioria simples ou relativa dos presentes com fundamento no Art. 47 acima apresentado.

Quórum para aprovação de lei complementar:

Para aprovação de lei complementar é necessário o voto da maioria absoluta dos membros. Vejamos o Art. 69 da Constituição:

> **Art. 69.** As leis complementares serão aprovadas por maioria absoluta.

Mas o que é **maioria absoluta?** Calcula-se a maioria absoluta de forma muito simples. É o primeiro número inteiro após a metade.

Ex.: No caso do Senado Federal, que possui 81 membros, para se calcular a maioria absoluta primeiramente se busca a metade, que é 40,5. O primeiro número inteiro após a metade é 41. Logo, esse número representa a maioria absoluta do Senado. Esse raciocínio deve ser feito também com a Câmara para se chegar a sua maioria absoluta, que é 257. Lembre-se de que a maioria absoluta é um número fixo. Sempre será a mesma quantidade. Lembre-se também de que esse quórum serve tanto para iniciar as deliberações nas Casas quanto para aprovar a lei complementar.

A **maioria relativa** é a maioria dos presentes. Sua lógica é parecida com a utilizada para descobrir a maioria absoluta, com apenas uma distinção: o parâmetro aqui é a quantidade de presentes. Logo, para se calcular a maioria relativa, deve-se contar os presentes, descobrir quanto é a metade e chegar ao primeiro número inteiro após a metade. Supondo que estejam presentes 41 Senadores, o que já bastaria para se iniciar qualquer deliberação, a maioria relativa dos presentes estaria representada por 21 membros. Essa quantidade já seria suficiente para aprovar uma lei ordinária.

Entendidos esses *quóruns*, pode-se votar o projeto de lei. Duas são as consequências possíveis de um projeto de lei na Casa Iniciadora:

Rejeição

Projeto de lei rejeitado deve ser arquivado;

Aprovação

Projeto de lei aprovado segue para Casa Revisora.

---

[1] Regimento Comum: Resolução nº 1, de 1970-CN, (texto consolidado até 2010) e normas conexas. Brasília: Congresso Nacional, 2011, Art. 142: Os projetos elaborados por Comissão Mista serão encaminhados, alternadamente, ao Senado e à Câmara dos Deputados.

Após a aprovação do projeto de lei na Casa Iniciadora, o projeto será encaminhado para a Casa Revisora conforme disposição do Art. 65:

> **Art. 65.** *O projeto de lei aprovado por uma Casa será revisto pela outra, em um só turno de discussão e votação, e enviado à sanção ou promulgação, se a Casa revisora o aprovar, ou arquivado, se o rejeitar.*
>
> **Parágrafo único.** *Sendo o projeto emendado, voltará à Casa iniciadora.*

Na Casa Revisora o projeto também precisa passar pelas mesmas comissões que passou na Casa Iniciadora até chegar ao plenário. A partir da votação, o projeto pode ter três destinos:

Rejeição

Caso o projeto seja rejeitado, o mesmo será arquivado;

Aprovação sem emenda

Se aprovado sem emendas, o projeto segue para o Presidente da República sancionar ou vetar;

Aprovação com emendas

Se aprovado com emendas, o projeto retorna à Casa Iniciadora, que analisará as emendas. Caso aprove as emendas, encaminhará o projeto para sanção do Presidente. Se as emendas não forem aprovadas, a Casa Iniciadora retira as emendas e, do mesmo jeito, encaminha o Projeto de Lei para sanção. Essa situação revela uma nítida prevalência da Casa Iniciadora sobre a Casa Revisora.

Uma observação deve ser feita nos casos dos Projetos de Lei rejeitados: segundo o Art. 67, projeto de lei rejeitado só poderá ser apresentado novamente na mesma sessão legislativa se for apresentado pelo voto de maioria absoluta dos membros de qualquer das casas **(Princípio da Irrepetibilidade Relativa)**:

> **Art. 67.** *A matéria constante de projeto de lei rejeitado somente poderá constituir objeto de novo projeto, na mesma sessão legislativa, mediante proposta da maioria absoluta dos membros de qualquer das Casas do Congresso Nacional.*

Esse tema sempre é cobrado em prova, bem como os aspectos relacionados aos *quóruns* exigidos para as deliberações no parlamento. Memorize as regras e tenha cuidado para não confundi-las.

Sanção ou veto

Inicia-se agora a tratar do terceiro momento da fase constitutiva: a sanção ou veto. A sanção é a concordância do Presidente com o projeto de lei, enquanto o veto é a sua discordância. Tanto a sanção quanto o veto estão regulados no Art. 66:

> **Art. 66.** *A Casa na qual tenha sido concluída a votação enviará o projeto de lei ao Presidente da República, que, aquiescendo, o sancionará.*
>
> **§ 1º** - *Se o Presidente da República considerar o projeto, no todo ou em parte, inconstitucional ou contrário ao interesse público, vetá-lo-á total ou parcialmente, no prazo de quinze dias úteis, contados da data do recebimento, e comunicará, dentro de quarenta e oito horas, ao Presidente do Senado Federal os motivos do veto.*

Primeiramente, serão analisados alguns aspectos importantes da sanção. O § 1º do Art. 66 afirma que o Presidente possui 15 dias úteis para manifestar-se sobre o projeto de lei. Esse parágrafo apresenta a modalidade de Sanção Expressa. Sanção Expressa é aquela em que o Presidente expressamente manifesta sua concordância com o projeto de lei. Ele deixa clara sua opinião a favor do projeto de lei.

Outra forma de sanção é a chamada Sanção Tácita. Vejamos o § 3º do mesmo artigo:

> **Art. 66, § 3º** - *Decorrido o prazo de quinze dias, o silêncio do Presidente da República importará sanção.*

A Sanção Tácita ocorre quando o Presidente, durante o prazo que possui de 15 dias, não manifesta sua vontade quanto ao projeto de lei. Simplesmente fica em silêncio.

O silêncio do Presidente significa concordância com o projeto de lei. Note que com a sanção o projeto de lei se transforma em lei.

Quanto ao veto, algumas considerações também precisam ser feitas. Utilizando a mesma fundamentação do Art. 66, pode-se afirmar que o Presidente possui o prazo de 15 dias úteis para concordar ou discordar do projeto de lei. Agora, havendo discordância de forma expressa tem-se o chamado Veto Expresso. Uma pergunta surge diante dessa afirmação: será que existe veto tácito?

Ora, se durante o prazo de 15 dias úteis, o Presidente não falar nada, tem-se a Sanção Tácita. Seria possível o silêncio do Presidente provocar duas consequências jurídicas diferentes? Não. Logo, pode-se afirmar que não existe Veto Tácito. O veto será sempre expresso.

O veto pode ser jurídico ou político. O Veto Jurídico ocorre quando o Presidente considera o projeto de lei inconstitucional. É uma espécie de controle de constitucionalidade prévio, pois ocorre antes da criação da lei. Já o Veto Político ocorre quando o Presidente veta o projeto de lei por considerá-lo contrário ao interesse público.

A doutrina afirma ainda que o veto poderá ser total ou parcial. O Veto Total ocorre quando o Presidente veta todo o projeto de lei. O Veto Parcial é aquele em que o Presidente veta parte do projeto de lei. No que tange ao veto parcial, a Constituição estabeleceu alguns limites no § 2º:

> **Art. 66, § 2º** - *O veto parcial somente abrangerá texto integral de artigo, de parágrafo, de inciso ou de alínea.*

Ou seja, não existe veto de palavras ou letras isoladas. O veto só pode abranger o texto integral de um artigo, parágrafo, inciso ou de alínea.

O veto tem que ser motivado, pois, conforme prevê o § 1º do Art. 61 o Presidente deverá informar a sua justificativa ao Presidente do Senado Federal em 48 horas. Isso se faz necessário em razão do veto ser superável, ou seja, o Congresso, em 30 dias, analisará o veto e poderá, pelo voto de maioria absoluta dos Deputados e Senadores, rejeitá-lo. É o que dispõe o § 4º do Art. 66:

> **§ 4º** - *O veto será apreciado em sessão conjunta, dentro de trinta dias a contar de seu recebimento, só podendo ser rejeitado pelo voto da maioria absoluta dos Deputados e Senadores. (Redação dada pela Emenda Constitucional nº 76, de 2013)*

Derrubado o veto, o projeto será enviado ao Presidente da República para que o promulgue:

> **§ 5º** - *Se o veto não for mantido, será o projeto enviado, para promulgação, ao Presidente da República.*

Finalizado o terceiro momento da fase constitutiva, inicia-se agora a fase complementar.

Fase complementar

A fase complementar consiste em dois momentos: a promulgação e a publicação.

A promulgação é um atestado de que a lei existe. Em regra, é feita pelo Presidente da República; contudo, nos casos de sanção tácita ou rejeição do veto, em que o Presidente não promulgue a lei em 48 horas, a competência para fazê-la será do Presidente do Senado Federal e, se esse não a fizer, será competente o Vice-Presidente do Senado. A publicação marca o início da exigência da lei.

> **§ 7º** - Se a lei não for promulgada dentro de quarenta e oito horas pelo Presidente da República, nos casos dos § 3º e § 5º, o Presidente do Senado a promulgará, e, se este não o fizer em igual prazo, caberá ao Vice-Presidente do Senado fazê-lo.

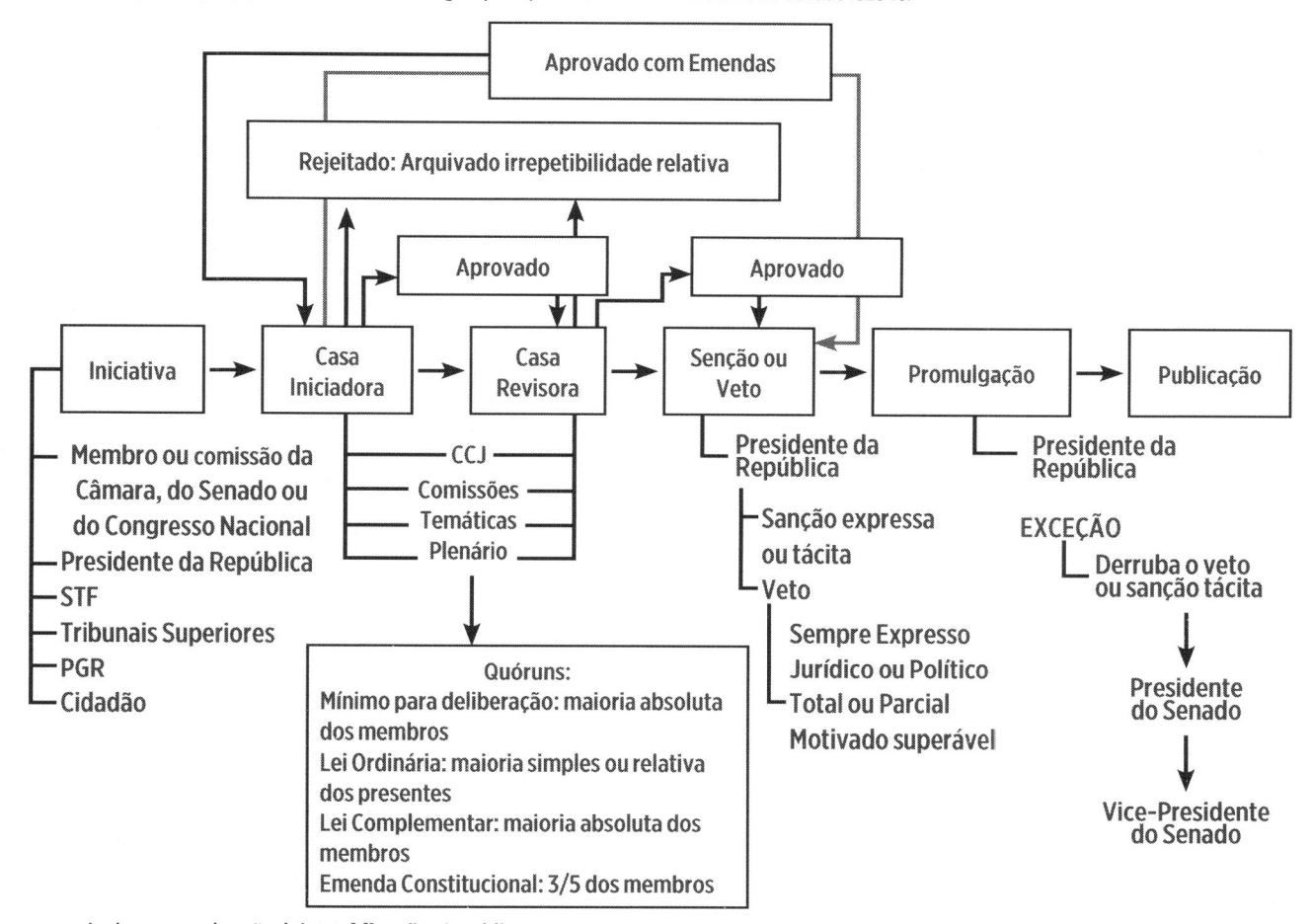

```
                        ┌─────────────────────────┐
                        │   Aprovado com Emendas  │
                        └─────────────────────────┘
                ┌────────────────────────────────────┐
                │ Rejeitado: Arquivado irrepetibilidade relativa │
                └────────────────────────────────────┘
                         ┌──────────┐    ┌──────────┐
                         │ Aprovado │    │ Aprovado │
                         └──────────┘    └──────────┘
┌──────────┐   ┌──────────┐   ┌──────────┐   ┌──────────┐   ┌──────────┐   ┌──────────┐
│Iniciativa│──▶│   Casa   │──▶│   Casa   │──▶│ Sanção ou│──▶│Promulgação│──▶│Publicação│
│          │   │Iniciadora│   │ Revisora │   │   Veto   │   │           │   │          │
└──────────┘   └──────────┘   └──────────┘   └──────────┘   └──────────┘   └──────────┘
```

- Iniciativa:
  - Membro ou comissão da Câmara, do Senado ou do Congresso Nacional
  - Presidente da República
  - STF
  - Tribunais Superiores
  - PGR
  - Cidadão

- Casa Revisora: CCJ, Comissões Temáticas, Plenário

- Sanção ou Veto — Presidente da República:
  - Sanção expressa ou tácita
  - Veto
    - Sempre Expresso
    - Jurídico ou Político
    - Total ou Parcial
    - Motivado superável

- Promulgação — Presidente da República
  - **EXCEÇÃO**: Derruba o veto ou sanção tácita → Presidente do Senado → Vice-Presidente do Senado

Quóruns:
- Mínimo para deliberação: maioria absoluta dos membros
- Lei Ordinária: maioria simples ou relativa dos presentes
- Lei Complementar: maioria absoluta dos membros
- Emenda Constitucional: 3/5 dos membros

Após a promulgação, há a **publicação**. A publicação marca o momento em que a norma se torna conhecida da sociedade, pois passa a ser pública. Essa publicidade é feita em jornais oficiais como o Diário Oficial da União. A partir da publicação, se não houver outro prazo para o início da vigência, a lei poderá ser exigida.

Esse é o Processo Legislativo das leis ordinárias e complementares. A diferença entre o Processo Legislativo das leis ordinárias e o das leis complementares está no quórum de aprovação. Além dessa diferença, a doutrina tem salientado que, para uma matéria ser regulada por lei complementar, deve haver exigência expressa do texto constitucional.

Passa-se para outra espécie de processo legislativo: o Processo Legislativo Sumário.

Processo legislativo sumário

O Processo Legislativo Sumário é o Processo Legislativo Ordinário com prazo. Regulado no Art. 64, o Processo Legislativo Sumário é caracterizado pelo pedido de urgência solicitado pelo Presidente da República nos projetos de Lei de sua iniciativa, ainda que não seja de iniciativa privativa.

> **Art. 64**, § 1º - O Presidente da República poderá solicitar urgência para apreciação de projetos de sua iniciativa.

Pedida a urgência, o Congresso Nacional deverá analisar o projeto de lei no prazo de 100 dias os quais são destinados:

45 dias para análise da Câmara dos Deputados (Casa Iniciadora);

45 dias para análise do Senado (Casa Revisora);

10 dias para a Casa Iniciadora analisar as emendas se existirem.

Esta é a leitura dos § 2º e 3º do Art. 64:

> **§ 2º** - Se, no caso do § 1º, a Câmara dos Deputados e o Senado Federal não se manifestarem sobre a proposição, cada qual sucessivamente, em até quarenta e cinco dias, sobrestar-se-ão todas as demais deliberações legislativas da respectiva Casa, com exceção das que tenham prazo constitucional determinado, até que se ultime a votação.

NOÇÕES DE DIREITO CONSTITUCIONAL

> *§ 3º - A apreciação das emendas do Senado Federal pela Câmara dos Deputados far-se-á no prazo de dez dias, observado quanto ao mais o disposto no parágrafo anterior.*

O § 2º apresentado também prevê que se qualquer uma das Casas Legislativas não votar o Projeto de Lei no prazo de 45 dias, a votação das demais proposituras ficará sobrestada até que se realize a votação. É o chamado sobrestamento ou trancamento de pauta.

A Constituição também deixou clara sua vedação de pedido de urgência para projetos de códigos bem como a suspensão do prazo nos recessos parlamentares:

> *§ 4º - Os prazos do § 2º não correm nos períodos de recesso do Congresso Nacional, nem se aplicam aos projetos de código.*

É possível afirmar que todos os processos legislativos em regime de urgência se iniciam na Câmara dos Deputados?

Certamente que sim, visto que só pode ser pedido pelo Presidente da República e este, quando inicia o processo legislativo, o faz na Câmara dos Deputados conforme disposição expressa no *caput* do Art. 64:

> **Art. 64.** *A discussão e votação dos projetos de lei de iniciativa do Presidente da República, do Supremo Tribunal Federal e dos Tribunais Superiores terão início na Câmara dos Deputados.*

Processo legislativo especial

O Processo Legislativo Especial é o processo de criação das demais espécies normativas previstas no Art. 59: emendas constitucionais, medidas provisórias, leis delegadas, decretos legislativos e resoluções. As leis ordinárias e complementares são criadas segundo o Processo Legislativo Ordinário. Nesta apostila não serão estudados todos os processos legislativos especiais. Focalizam-se as duas principais, mais cobradas em prova: emendas constitucionais e medidas provisórias.

Emendas à constituição

A aprovação de Emendas à Constituição decorre do Poder Constituinte Derivado Reformador, que é o único legitimado para alterar o texto constitucional. As emendas são as únicas espécies normativas responsáveis pela alteração da Constituição Federal.

O Processo Legislativo das Emendas é diferenciado, tendo em vista seu poder normativo ser muito grande, pois é o da própria Constituição. Logo, é um processo mais dificultado, mais rigoroso. A Constituição Federal regula esse processo no seu Art. 60.

Primeiramente, será analisada a iniciativa, que é o rol de legitimados para propor a alteração do Texto Constitucional. Vejamos o *caput* do Art. 60, que possui um rol de legitimados para propor emendas, o qual é diferente do rol de legitimados para propor projetos de lei:

> **Art. 60.** *A Constituição poderá ser emendada mediante proposta:*
> *I. De um terço, no mínimo, dos membros da Câmara dos Deputados ou do Senado Federal;*
> *II. Do Presidente da República;*
> *III. De mais da metade das Assembleias Legislativas das unidades da Federação, manifestando-se, cada uma delas, pela maioria relativa de seus membros.*

Atente-se para alguns detalhes que são muito importantes. Um deputado ou senador não pode propor emenda à Constituição, só se estiverem representados por 1/3, no mínimo, dos membros. Outro ponto relevante é saber que o Presidente da República é legitimado para propor tanto lei quanto emenda. E, por último, deve-se ter cuidado com o último legitimado, que é um pouco diferente: mais da metade das Assembleias legislativas das unidades da federação, manifestando-se, cada uma delas, pela maioria relativa de seus membros. Deve-se ter muito cuidado, principalmente, com o *quórum* exigido aqui, que é a maioria relativa dos membros, e não maioria absoluta.

A aprovação de Emendas depende de um *quórum* bem qualificado: aprovação nas duas Casas, em dois turnos em cada Casa, por três quintos dos membros em cada votação. É o que prevê o § 2º do Art. 60:

> *§ 2º - A proposta será discutida e votada em cada Casa do Congresso Nacional, em dois turnos, considerando-se aprovada se obtiver, em ambos, três quintos dos votos dos respectivos membros.*

Não depende de sanção presidencial que, após aprovada, vai direto para promulgação, que fica a cargo das Mesas da Câmara e do Senado. Caso a proposta seja rejeitada por qualquer uma das Casas, deverá ser arquivada aplicando-se o Princípio da Irrepetibilidade Absoluta, o qual significa que a mesma proposta, uma vez rejeitada, não pode ser reapresentada na mesma sessão legislativa, conforme estabelecido no Art. 60:

> *§ 3º - A emenda à Constituição será promulgada pelas Mesas da Câmara dos Deputados e do Senado Federal, com o respectivo número de ordem.*
>
> *§ 5º - A matéria constante de proposta de emenda rejeitada ou havida por prejudicada não pode ser objeto de nova proposta na mesma sessão legislativa.*

A edição de Emendas Constitucionais obedece a alguns limites constitucionais chamados de limites circunstanciais e limites materiais.

Os limites circunstanciais são momentos em que não se podem apresentar propostas de emendas constitucionais. São três os momentos: intervenção federal, estado de defesa e estado de sítio. Assim, dispõe o § 1º do Art. 60:

> *§ 1º - A Constituição não poderá ser emendada na vigência de intervenção federal, de estado de defesa ou de estado de sítio.*

Os **limites materiais** são temas que não podem ser retirados da Constituição Federal, pois compõem seu núcleo imutável. São as chamadas cláusulas pétreas previstas no § 4º do Art. 60:

> *§ 4º - Não será objeto de deliberação a proposta de emenda tendente a abolir:*
> *I. A forma federativa de Estado;*
> *II. O voto direto, secreto, universal e periódico;*
> *III. A separação dos Poderes;*
> *IV. Os direitos e garantias individuais.*

Medidas provisórias

O Art. 62 é destinado à regulação das Medidas Provisórias. A edição dessa espécie normativa é de competência privativa do Presidente da República e só pode ser elaborada em situação de relevância e urgência. É uma função atípica desempenhada pelo Chefe do Executivo. Veja o *caput* do Art. 62:

> **Art. 62.** *Em caso de relevância e urgência, o Presidente da República poderá adotar medidas provisórias, com força de lei, devendo submetê-las de imediato ao Congresso Nacional.*

A Medida Provisória não é uma lei, mas tem força de lei. Depois de editada, produz efeitos imediatos, mas precisa ser submetida à apreciação do Congresso Nacional.

Primeiramente, passa por uma comissão mista do Congresso para verificação dos requisitos constitucionais, seguindo posteriormente para o plenário de cada Casa Legislativa. A Casa Iniciadora obrigatória é a Câmara dos Deputados, tendo em vista a competência ser do Presidente da República:

> § 5º - A deliberação de cada uma das Casas do Congresso Nacional sobre o mérito das medidas provisórias dependerá de juízo prévio sobre o atendimento de seus pressupostos constitucionais.
>
> § 8º - As medidas provisórias terão sua votação iniciada na Câmara dos Deputados.
>
> § 9º - Caberá à comissão mista de Deputados e Senadores examinar as medidas provisórias e sobre elas emitir parecer, antes de serem apreciadas, em sessão separada, pelo plenário de cada uma das Casas do Congresso Nacional.

O Congresso tem um prazo de 60 dias para manifestar-se sobre a Medida Provisória, o qual poderá ser prorrogado por mais 60 dias se necessário. Esse prazo ficará suspenso durante os recessos parlamentares. Se, por ventura, nos primeiros 45 dias a MP não for analisada, a pauta da Casa onde se encontrar entrará em regime de urgência sobrestando as demais deliberações. O sobrestamento da pauta, também conhecido como trancamento de pauta, impede a Casa Legislativa de votar outra proposição que não possua prazo enquanto a Medida Provisória não for votada:

> § 3º - As medidas provisórias, ressalvado o disposto nos §§ 11 e 12 perderão eficácia, desde a edição, se não forem convertidas em lei no prazo de sessenta dias, prorrogável, nos termos do § 7º, uma vez por igual período, devendo o Congresso Nacional disciplinar, por decreto legislativo, as relações jurídicas delas decorrentes.
>
> § 4º - O prazo a que se refere o § 3º contar-se-á da publicação da medida provisória, suspendendo-se durante os períodos de recesso do Congresso Nacional.
>
> § 6º - Se a medida provisória não for apreciada em até quarenta e cinco dias contados de sua publicação, entrará em regime de urgência, subsequentemente, em cada uma das Casas do Congresso Nacional, ficando sobrestadas, até que se ultime a votação, todas as demais deliberações legislativas da Casa em que estiver tramitando.
>
> § 7º - Prorrogar-se-á uma única vez por igual período a vigência de medida provisória que, no prazo de sessenta dias, contado de sua publicação, não tiver a sua votação encerrada nas duas Casas do Congresso Nacional.

A apreciação da Medida Provisória pelo Congresso Nacional pode gerar três consequências:

Conversão em lei sem emendas

Havendo conversão integral da MP em lei, ela seguirá para promulgação pelo Presidente da Mesa do Congresso Nacional.

Conversão em lei com emendas

Havendo conversão parcial a MP se transformará em Projeto de Lei, seguindo todos os trâmites normais, inclusive em relação a sanção presidencial:

> § 12 - Aprovado projeto de lei de conversão alterando o texto original da medida provisória, esta manter-se-á integralmente em vigor até que seja sancionado ou vetado o projeto.

Rejeição

A rejeição pode ser tácita ou expressa. Em ambos os casos, se rejeitada, a MP perde sua eficácia desde a origem (ex tunc). Nesse caso o Congresso Nacional terá 60 dias para disciplinar as relações jurídicas decorrentes do período em que estava em vigor mediante Decreto Legislativo. Caso não o faça, os atos praticados durante a vigência da MP permanecerão regulados pela própria Medida Provisória:

> § 11 - Não editado o decreto legislativo a que se refere o § 3º até sessenta dias após a rejeição ou perda de eficácia de medida provisória, as relações jurídicas constituídas e decorrentes de atos praticados durante sua vigência conservar-se-ão por ela regidas.

A Medida Provisória rejeitada ou que tenha perdido a eficácia não poderá ser reeditada na mesma Sessão Legislativa aplicando-se nesse caso o Princípio da Irrepetibilidade Absoluta:

> § 10 - É vedada a reedição, na mesma sessão legislativa, de medida provisória que tenha sido rejeitada ou que tenha perdido sua eficácia por decurso de prazo.

Não poderão ser editadas Medidas Provisórias que versem sobre os limites materiais estabelecidos no Art. 62, § 1º e no Art. 25, § 2º da Constituição Federal:

> § 1º - É vedada a edição de medidas provisórias sobre matéria:
> I. Relativa a:
> a) nacionalidade, cidadania, direitos políticos, partidos políticos e direito eleitoral;
> b) direito penal, processual penal e processual civil;
> c) organização do Poder Judiciário e do Ministério Público, a carreira e a garantia de seus membros;
> d) planos plurianuais, diretrizes orçamentárias, orçamento e créditos adicionais e suplementares, ressalvado o previsto no Art. 167, § 3º;
>
> I. Que vise a detenção ou sequestro de bens, de poupança popular ou qualquer outro ativo financeiro;
> II. Reservada a lei complementar;
> III. Já disciplinada em projeto de lei aprovado pelo Congresso Nacional e pendente de sanção ou veto do Presidente da República.
>
> **Art. 25.** Os Estados organizam-se e regem-se pelas Constituições e leis que adotarem, observados os princípios desta Constituição.
> § 2º - Cabe aos Estados explorar diretamente, ou mediante concessão, os serviços locais de gás canalizado, na forma da lei, vedada a edição de medida provisória para a sua regulamentação.

NOÇÕES DE DIREITO CONSTITUCIONAL

11. PODER EXECUTIVO

O Poder Executivo, tem como função principal administrar o Estado. Para entender como o Poder Executivo Brasileiro está organizado, a seguir serão analisados alguns princípios constitucionais que o influenciam.

11.1 Princípios

Princípio republicano

O primeiro princípio que será estudo é o Republicano que representa a Forma de Governo adotada no Brasil. A forma de governo reflete o modo de aquisição e exercício do poder político, além de medir a relação existente entre o governante e o governado.

A melhor forma de entender esse instituto é conhecendo suas características. A primeira característica decorre da análise etimológica da expressão res publica. Essa expressão, que dá origem ao princípio ora estudado, significa coisa pública, ou seja, em um Estado republicano o governante governa a coisa pública, governa para o povo.

Na república, o governante é escolhido pelo povo. Essa é a chamada eletividade. O poder político é adquirido pelas eleições, cuja vontade popular se concretiza nas urnas.

Outra característica importante é a Temporariedade. Esse atributo revela o caráter temporário do exercício do poder político. Por causa desse princípio, em nosso Estado, o governante permanece por quatro anos no poder, sendo permitida apenas uma reeleição.

Por fim, num Estado Republicano o governante pode ser responsabilizado por seus atos.

Quando se fala dessas características da forma de governo republicana, remete-se imediatamente ao regime político adotado no Brasil, que permite a participação popular nas decisões estatais: **democracia**.

Princípio democrático

Esse princípio revela o **Regime de Governo** adotado no Brasil, também chamado de **Regime Político**. Caracteriza-se por um governo do povo, pelo povo e para o povo.

Presidencialismo

O Presidencialismo é o **Sistema de Governo** adotado no Brasil. O sistema de governo rege a relação entre o Poder Executivo e o Legislativo, medindo o grau de dependência entre eles. No Presidencialismo, prevalece a separação entre os Poderes Executivo e Legislativo os quais são independentes e harmônicos entre si.

A Constituição declara que o Poder Executivo da União é exercido pelo Presidente da República, auxiliado por seus Ministros de Estado:

> *Art. 76. O Poder Executivo é exercido pelo Presidente da República, auxiliado pelos Ministros de Estado.*

O Presidencialismo possui uma característica muito importante para prova: o presidente, que é eleito pelo povo, exerce ao mesmo tempo três funções: Chefe de Estado, Chefe de Governo e Chefe da Administração Pública.

A função de Chefe de Estado diz respeito a todas as atribuições do Presidente nas relações externas do País. Como Chefe de Governo, o Presidente possui inúmeras atribuições internas, no que tange à governabilidade do país. Já como Chefe da Administração Pública, o Presidente exercerá as funções relacionadas com a chefia da Administração Pública Federal, ou seja, apenas da União.

Esses princípios que regem o Poder Executivo costumam ser cobrados em prova. Vejamos esta questão sobre o princípio republicano:

Sistema de Governo

```
              Presidencialismo
         ┌─────────┼─────────┐
   Chefe de    Chefe da      Chefe de
    Estado   Administração   Governo
              Pública
      │          │              │
      ▼          ▼              ▼
  Relação     Chefe da       Ações internas
  externas    Administração  de
  do Brasil   Pública        Governabilidade
  com outros  Federal
  Estados
```

Partindo de discussões sobre o presidencialismo, que caracteriza as funções exercidas pelo Presidente da República, a seguir serão estudados suas atribuições, que aparecem praticamente em todos os editais que contém Poder Executivo.

Atribuições do presidente

As atribuições do Presidente da República encontram-se arroladas no Art. 84 da Constituição Federal:

> *Art. 84. Compete privativamente ao Presidente da República:*
> *I. Nomear e exonerar os Ministros de Estado;*
> *II. Exercer, com o auxílio dos Ministros de Estado, a direção superior da administração federal;*
> *III. Iniciar o processo legislativo, na forma e nos casos previstos nesta Constituição;*
> *IV. Sancionar, promulgar e fazer publicar as leis, bem como expedir decretos e regulamentos para sua fiel execução;*
> *V. Vetar projetos de lei, total ou parcialmente;*
> *VI. Dispor, mediante decreto, sobre:*
> *a) Organização e funcionamento da administração federal, quando não implicar aumento de despesa nem criação ou extinção de órgãos públicos;*
> *b) Extinção de funções ou cargos públicos, quando vagos;*
> *VII. Manter relações com Estados estrangeiros e acreditar seus representantes diplomáticos;*
> *VIII. Celebrar tratados, convenções e atos internacionais, sujeitos a referendo do Congresso Nacional;*
> *IX. Decretar o estado de defesa e o estado de sítio;*
> *X. Decretar e executar a intervenção federal;*
> *XI. Remeter mensagem e plano de governo ao Congresso Nacional por ocasião da abertura da sessão legislativa, expondo a situação do País e solicitando as providências que julgar necessárias;*

XII. *Conceder indulto e comutar penas, com audiência, se necessário, dos órgãos instituídos em lei;*

XIII. *Exercer o comando supremo das Forças Armadas, nomear os Comandantes da Marinha, do Exército e da Aeronáutica, promover seus oficiais-generais e nomeá-los para os cargos que lhes são privativos;*

XIV. *Nomear, após aprovação pelo Senado Federal, os Ministros do Supremo Tribunal Federal e dos Tribunais Superiores, os Governadores de Territórios, o Procurador-Geral da República, o presidente e os diretores do banco central e outros servidores, quando determinado em lei;*

XV. *Nomear, observado o disposto no Art. 73, os Ministros do Tribunal de Contas da União;*

XVI. *Nomear os magistrados, nos casos previstos nesta Constituição, e o Advogado-Geral da União;*

XVII. *Nomear membros do Conselho da República, nos termos do Art. 89, VII;*

XVIII. *Convocar e presidir o Conselho da República e o Conselho de Defesa Nacional;*

XIX. *Declarar guerra, no caso de agressão estrangeira, autorizado pelo Congresso Nacional ou referendado por ele, quando ocorrida no intervalo das sessões legislativas, e, nas mesmas condições, decretar, total ou parcialmente, a mobilização nacional;*

XX. *Celebrar a paz, autorizado ou com o referendo do Congresso Nacional;*

XXI. *Conferir condecorações e distinções honoríficas;*

XXII. *Permitir, nos casos previstos em lei complementar, que forças estrangeiras transitem pelo território nacional ou nele permaneçam temporariamente;*

XXIII. *Enviar ao Congresso Nacional o plano plurianual, o projeto de lei de diretrizes orçamentárias e as propostas de orçamento previstos nesta Constituição;*

XXIV. *Prestar, anualmente, ao Congresso Nacional, dentro de sessenta dias após a abertura da sessão legislativa, as contas referentes ao exercício anterior;*

XXV. *Prover e extinguir os cargos públicos federais, na forma da lei;*

XXVI. *Editar medidas provisórias com força de lei, nos termos do Art. 62;*

XXVII. *Exercer outras atribuições previstas nesta Constituição.*

Parágrafo único: O Presidente da República poderá delegar as atribuições mencionadas nos incisos VI, XII e XXV, primeira parte, aos Ministros de Estado, ao Procurador-Geral da República ou ao Advogado-Geral da União, que observarão os limites traçados nas respectivas delegações.

Esse tema, quando cobrado em prova, costuma trabalhar com a memorização do texto constitucional. A dica é memorizar o Art. 84 da Constituição. Ele sempre está contemplado em prova.

Como já se falou na análise do Presidencialismo, as atribuições do Presidente são de Chefe de Estado, Chefe de Governo ou Chefe da Administração Pública. Procurou-se, abaixo, adequar, conforme a melhor doutrina, as atribuições do Art. 84 às funções desenvolvidas pelo Presidente no exercício de seu mandato:

Como **Chefe de Estado:**

O Presidente representa o Estado nas suas relações internacionais. São funções de Chefe de Estado as previstas nos incisos VII, VIII, XIX, XX, XXII e XXVII do Art. 84;

Como **Chefe de Governo:**

O Presidente exerce sua liderança política representando e gerindo os negócios internos nacionais. São funções de Chefe de Governo as previstas nos incisos I, III, IV, V, IX, X, XI, XII, XIII, XIV, XV, XVI, XVII, XVIII, XXI, XXIII, XX V, XXVI e XXVII;

Como **Chefe da Administração Pública:**

O Presidente gerencia os negócios internos administrativos da administração pública federal. São funções de Chefe da Administração Pública as previstas nos incisos II, VI, XXV e XXVII.

Uma característica interessante é que esse rol de competências é meramente exemplificativo, por força do inciso XXVII, que abre a possibilidade de o Presidente exercer outras atribuições além das previstas expressamente no texto constitucional.

Outra questão amplamente trabalhada em prova é a possibilidade de delegação de algumas de suas atribuições, conforme prescrição do parágrafo único do Art. 84. Nem todas as atribuições do Presidente são delegáveis, apenas as previstas nos incisos **VI, XII e XXV, primeira parte:**

VI. *Dispor, mediante decreto, sobre:*

a) *Organização e funcionamento da administração federal, quando não implicar aumento de despesa nem criação ou extinção de órgãos públicos;*

b) *Extinção de funções ou cargos públicos, quando vagos;*

XII. *Conceder indulto e comutar penas, com audiência, se necessário, dos órgãos instituídos em lei;*

XXV. *Prover os cargos públicos federais, na forma da lei.*

São três competências que podem ser delegadas para três pessoas: Ministro de Estado, Procurador-Geral da República e Advogado-Geral da União.

Ministro de Estado é qualquer ministro que auxilie o Presidente da República na administração do Estado. São exemplos: Ministro da Justiça, Ministro da Fazenda e Ministro da Agricultura.

Processo eleitoral

O processo de eleição do Presidente da República também encontra regulação expressa no texto constitucional:

Art. 77. *A eleição do Presidente e do Vice-Presidente da República realizar-se-á, simultaneamente, no primeiro domingo de outubro, em primeiro turno, e no último domingo de outubro, em segundo turno, se houver, do ano anterior ao do término do mandato presidencial vigente.*

§ 1º - *A eleição do Presidente da República importará a do Vice-Presidente com ele registrado.*

§ 2º - *Será considerado eleito Presidente o candidato que, registrado por partido político, obtiver a maioria absoluta de votos, não computados os em branco e os nulos.*

§ 3º - *Se nenhum candidato alcançar maioria absoluta na primeira votação, far-se-á nova eleição em até vinte dias após a proclamação do resultado, concorrendo os dois candidatos mais votados e considerando-se eleito aquele que obtiver a maioria dos votos válidos.*

§ 4º - *Se, antes de realizado o segundo turno, ocorrer morte, desistência ou impedimento legal de candidato, convocar-se-á, dentre os remanescentes, o de maior votação.*

§ 5º - *Se, na hipótese dos parágrafos anteriores, remanescer, em segundo lugar, mais de um candidato com a mesma votação, qualificar-se-á o mais idoso.*

Algumas considerações são importantes acerca desse tema. Primeiramente, deve-se registrar que a Constituição regulou até o dia em que deve ocorrer a eleição:

Primeiro Turno:

PODER EXECUTIVO

Primeiro Domingo de Outubro;

Segundo Turno:

Último Domingo de Outubro.

Uma coisa chama a atenção no *caput* do Art. 77. É que a Constituição diz que as eleições ocorrem no ano anterior ao do término do mandato presidencial vigente. Pergunta-se: será que essa regra é aplicável no direito brasileiro?

É claro que esse dispositivo é aplicado nos dias de hoje. A eleição ocorre no ano anterior ao do término do mandato presidencial vigente, pois o mandato acaba no dia 1º de janeiro, conforme dispõe o Art. 82:

> **Art. 82.** O mandato do Presidente da República é de quatro anos e terá início em primeiro de janeiro do ano seguinte ao da sua eleição.

Ora, se o novo mandato tem início em primeiro de janeiro, significa que o mandato antigo acaba no dia primeiro de janeiro. Logo, está corretíssimo afirmar que as eleições ocorrem no ano anterior ao do término do mandato presidencial vigente.

Quando votamos para Presidente, só votamos no Presidente. O Vice é eleito como consequência da eleição do Presidente. Esse será eleito se tiver a maioria absoluta dos votos, não computados os votos brancos e nulos, ou seja, será eleito aquele que possuir a maioria absoluta dos votos válidos. Maioria absoluta dos votos significa dizer que o eleito obteve o primeiro número inteiro após a metade dos votos válidos. Se ninguém obtiver maioria absoluta, deve-se convocar nova eleição – segundo turno. Para o segundo turno, são chamados os dois candidatos mais votados. Se, porventura, ocorrer empate no segundo lugar, a Constituição determina que seja convocado o mais idoso.

O critério de idade é para a situação de desempate. Ocorrendo morte, desistência ou impedimento de algum candidato do segundo turno, deverá ser convocado o próximo mais votado.

Finalizada a eleição, o Presidente e o Vice terão prazo de dez dias a contar da posse, para assumir o cargo. Caso não seja assumido, o cargo será declarado vago. Se o Presidente assume e o Vice não, o cargo do Vice é declarado vago, ficando o Presidente sem Vice até o fim do mandato. Caso o Vice assuma e o Presidente não, o cargo de Presidente será declarado vago, assumindo o Vice a função de Presidente e permanecendo durante o seu mandato sem Vice.

> **Art. 78.** O Presidente e o Vice-Presidente da República tomarão posse em sessão do Congresso Nacional, prestando o compromisso de manter, defender e cumprir a Constituição, observar as leis, promover o bem geral do povo brasileiro, sustentar a união, a integridade e a independência do Brasil.
>
> **Parágrafo único.** Se, decorridos dez dias da data fixada para a posse, o Presidente ou o Vice-Presidente, salvo motivo de força maior, não tiver assumido o cargo, este será declarado vago.

Impedimento e vacância

O Impedimento e a Vacância são espécies de ausência do Presidente da República. São circunstâncias em que o Presidente não está no exercício de sua função. A diferença entre os dois institutos está no fato de que, na vacância a ausência é definitiva, enquanto no impedimento a ausência é temporária. São exemplos de vacância: morte, perda do cargo, renúncia. São exemplos de impedimento: doença, viagem, férias. Na vacância, ocorre sucessão; no impedimento, ocorre substituição. Tanto no caso de impedimento como no de vacância, a Constituição Federal determina que o Vice-Presidente ficará no lugar do Presidente, pois essa é a sua função precípua:

> **Art. 79.** Substituirá o Presidente, no caso de impedimento, e suceder-lhe-á, no de vaga, o Vice-Presidente.
>
> **Parágrafo único.** O Vice-Presidente da República, além de outras atribuições que lhe forem conferidas por lei complementar, auxiliará o Presidente, sempre que por ele convocado para missões especiais.

O problema maior surge quando o Presidente e o Vice se ausentam ao mesmo tempo. Nesse caso, a Constituição determina que se convoquem outros sucessores: Presidente da Câmara dos Deputados, Presidente do Senado Federal e Presidente do Supremo Tribunal Federal. Esses são os legitimados a sucederem o Presidente da República e o Vice-Presidente de forma sucessiva e temporária quando ocorrer a ausência dos dois ao mesmo tempo:

> **Art. 80.** Em caso de impedimento do Presidente e do Vice-Presidente, ou vacância dos respectivos cargos, serão sucessivamente chamados ao exercício da Presidência o Presidente da Câmara dos Deputados, o do Senado Federal e o do Supremo Tribunal Federal.

Uma coisa deve ser observada: o Vice-Presidente é o único legitimado a suceder o Presidente de forma definitiva. O Presidente da Câmara, do Senado e do STF só substituem o Presidente em caráter temporário. Isso significa que, se o Presidente morrer, quem assume o cargo é o Vice.

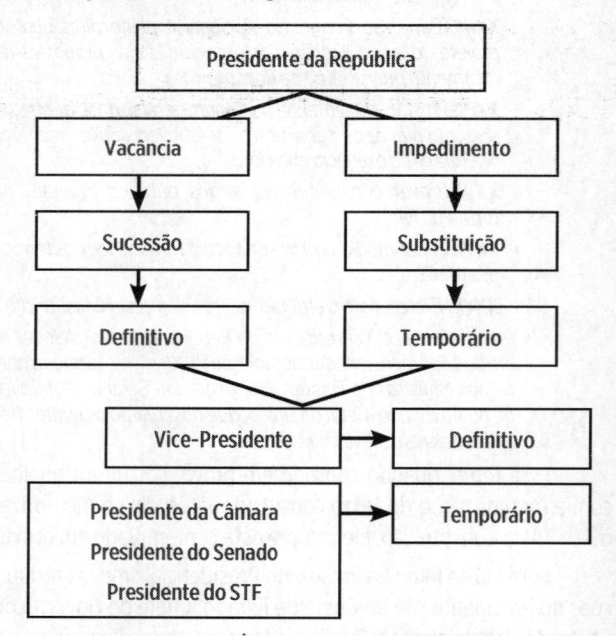

Agora, se ocorrer vacância dos cargos de Presidente e de Vice ao mesmo tempo, a Constituição determina que sejam realizadas novas eleições:

> **Art. 81.** Vagando os cargos de Presidente e Vice-Presidente da República, far-se-á eleição noventa dias depois de aberta a última vaga.
>
> § 1º - Ocorrendo a vacância nos últimos dois anos do período presidencial, a eleição para ambos os cargos será feita trinta dias depois da última vaga, pelo Congresso Nacional, na forma da lei.
>
> § 2º - Em qualquer dos casos, os eleitos deverão completar o período de seus antecessores.

Caso a vacância se dê nos dois primeiros anos de mandato, a eleição será direta, ou seja, com a participação do povo e deverá ocorrer no prazo de 90 dias a contar da última vacância. Mas, se a vacância se der nos dois últimos anos do mandato, a eleição será indireta (realizada pelo Congresso Nacional) no prazo de 30 dias a contar da última vacância. Quem for eleito permanecerá no cargo até o fim do mandato de quem ele sucedeu. Não se inicia um novo mandato. Esse mandato é chamado pela doutrina de Mandato-Tampão.

Em qualquer uma das duas situações, enquanto não forem eleitos os novos Presidente e Vice-Presidente, quem permanece no cargo é um dos sucessores temporários: Presidente da Câmara, do Senado ou do STF.

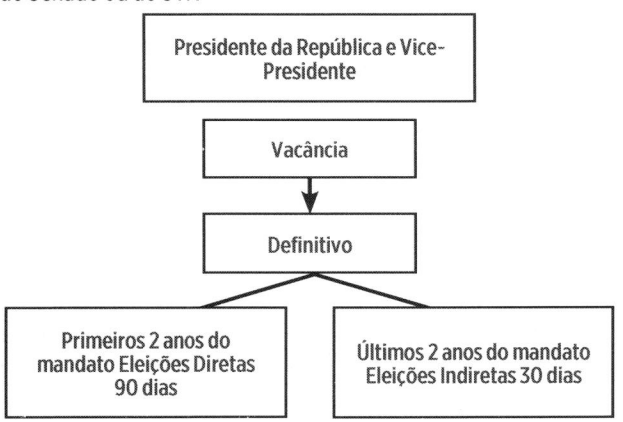

```
Presidente da República e Vice-Presidente
          ↓
      Vacância
          ↓
      Definitivo
      ↙       ↘
Primeiros 2 anos do    Últimos 2 anos do mandato
mandato Eleições Diretas   Eleições Indiretas 30 dias
      90 dias
```

Perda do cargo no caso de saída do país sem autorização do congresso nacional

Esse artigo prevê a possibilidade de perda do cargo do Presidente e Vice-Presidente nos casos de ausência do País por período superior a 15 dias sem licença do Congresso Nacional:

> **Art. 83.** O Presidente e o Vice-Presidente da República não poderão, sem licença do Congresso Nacional, ausentar-se do País por período superior a quinze dias, sob pena de perda do cargo.

Vejamos que a Constituição não proíbe que o Presidente ou o Vice se ausentem do país sem licença do Congresso Nacional. Mas se a ausência se der por mais de 15 dias, nesse caso será indispensável a autorização da Casa Legislativa.

Órgãos auxiliares do presidente da república

A Constituição nos apresenta três órgãos auxiliares do Presidente da República: Ministros de Estado, Conselho da República e Conselho de Defesa Nacional. Os Ministros de Estados são os auxiliares diretos do Presidente da República. Os Arts. 87 e 88 trazem várias regras que podem ser trabalhadas em prova:

> **Art. 87.** Os Ministros de Estado serão escolhidos dentre brasileiros maiores de vinte e um anos e no exercício dos direitos políticos.
> **Parágrafo único.** Compete ao Ministro de Estado, além de outras atribuições estabelecidas nesta Constituição e na lei:
> *I. Exercer a orientação, coordenação e supervisão dos órgãos e entidades da administração federal na área de sua competência e referendar os atos e decretos assinados pelo Presidente da República;*
> *II. Expedir instruções para a execução das leis, decretos e regulamentos;*
> *III. Apresentar ao Presidente da República relatório anual de sua gestão no Ministério;*
> *IV. Praticar os atos pertinentes às atribuições que lhe forem outorgadas ou delegadas pelo Presidente da República.*

> **Art. 88.** A lei disporá sobre a criação e extinção de Ministérios e órgãos da administração pública.

O Conselho da República e o Conselho de Defesa Nacional também são órgãos auxiliares do Presidente da República, mas que possuem atribuição consultiva. Em situações determinadas pela Constituição, o Presidente, antes de tomar alguma decisão, precisa consultar esses dois órgãos.

Abaixo, seguem os Arts. 89, 90 e 91, cujas regras também podem ser cobradas em prova. Destacam-se as composições e as competências desses órgãos:

> **Art. 89.** O Conselho da República é órgão superior de consulta do Presidente da República, e dele participam:
> *I. O Vice-Presidente da República;*
> *II. O Presidente da Câmara dos Deputados;*
> *III. O Presidente do Senado Federal;*
> *IV. Os líderes da maioria e da minoria na Câmara dos Deputados;*
> *V. Os líderes da maioria e da minoria no Senado Federal;*
> *VI. O Ministro da Justiça;*
> *VII. Seis cidadãos brasileiros natos, com mais de trinta e cinco anos de idade, sendo dois nomeados pelo Presidente da República, dois eleitos pelo Senado Federal e dois eleitos pela Câmara dos Deputados, todos com mandato de três anos, vedada a recondução.*

> **Art. 90.** Compete ao Conselho da República pronunciar-se sobre:
> *I. Intervenção federal, estado de defesa e estado de sítio;*
> *II. As questões relevantes para a estabilidade das instituições democráticas.*
> **§ 1º** - O Presidente da República poderá convocar Ministro de Estado para participar da reunião do Conselho, quando constar da pauta questão relacionada com o respectivo Ministério.
> **§ 2º** - A lei regulará a organização e o funcionamento do Conselho da República.

> **Art. 91.** O Conselho de Defesa Nacional é órgão de consulta do Presidente da República nos assuntos relacionados com a soberania nacional e a defesa do Estado democrático, e dele participam como membros natos:
> *I. O Vice-Presidente da República;*
> *II. O Presidente da Câmara dos Deputados;*
> *III. O Presidente do Senado Federal;*
> *IV. Ministro da Justiça;*
> *V. O Ministro de Estado da Defesa;*
> *VI. O Ministro das Relações Exteriores;*
> *VII. O Ministro do Planejamento;*
> *VIII. Os Comandantes da Marinha, do Exército e da Aeronáutica.*
> **§ 1º** - Compete ao Conselho de Defesa Nacional:
> *I. Opinar nas hipóteses de declaração de guerra e de celebração da paz, nos termos desta Constituição;*
> *II. Opinar sobre a decretação do estado de defesa, do estado de sítio e da intervenção federal;*
> *III. Propor os critérios e condições de utilização de áreas indispensáveis à segurança do território nacional e opinar sobre seu efetivo uso, especialmente na faixa de fronteira e nas relacionadas com a preservação e a exploração dos recursos naturais de qualquer tipo;*
> *IV. Estudar, propor e acompanhar o desenvolvimento de iniciativas necessárias a garantir a independência nacional e a defesa do Estado democrático.*
> **§ 2º** - A lei regulará a organização e o funcionamento do Conselho de Defesa Nacional.

PODER EXECUTIVO

Responsabilidades

A forma de governo adotada no País é a República e, por essa razão, é possível responsabilizar o Presidente da República por seus atos. A Constituição tratou de regular a responsabilização por Crime de Responsabilidade e por Infrações Penais Comuns.

Antes de trabalhar com cada uma das responsabilidades, serão analisadas as chamadas Imunidades.

Imunidades são prerrogativas inerentes aos cargos mais importantes do Estado. Cargos que são estratégicos e essenciais à manutenção da ordem constitucional. Entre vários, se destaca o de Presidente da República.

A imunidade pode ser:

Material

É a conhecida irresponsabilidade penal absoluta. Essa imunidade protege o titular contra a responsabilização penal.

Formal

São prerrogativas de cunho processual

Um primeiro ponto essencial que precisa ser estabelecido: o Presidente não possui imunidade material, contudo, em razão da importância do seu cargo, possui imunidades formais. Apesar de o Presidente não possuir imunidade material, outros cargos a possuem, por exemplo, os Parlamentares.

Ao todo, pode-se elencar **quatro prerrogativas processuais** garantidas pela Constituição Federal ao Chefe do Executivo da União:

Processo

A Constituição exige juízo de admissibilidade emitido pela Câmara para que o Presidente possa ser processado durante o seu mandato. Isso significa que o Presidente da República só poderá ser processado se a Câmara dos Deputados autorizar pelo voto de 2/3 dos membros:

> *Art. 86. Admitida a acusação contra o Presidente da República, por dois terços da Câmara dos Deputados, será ele submetido a julgamento perante o Supremo Tribunal Federal, nas infrações penais comuns, ou perante o Senado Federal, nos crimes de responsabilidade.*

Prerrogativa de foro

O Presidente não pode ser julgado por qualquer juiz, haja vista a importância da função que exerce no Estado.

Diante disso, a Constituição estabeleceu dois foros competentes para julgar o Presidente:

Supremo Tribunal Federal

Será julgado pelas infrações penais comuns;

Senado Federal

Será julgado pelos Crimes de Responsabilidade.

Analisando essas duas primeiras prerrogativas, não se pode esquecer o previsto no Art. 86, § 1º:

> *§ 1º - O Presidente ficará suspenso de suas funções:*
> *I. Nas infrações penais comuns, se recebida a denúncia ou queixa-crime pelo Supremo Tribunal Federal;*
> *II. Nos crimes de responsabilidade, após a instauração do processo pelo Senado Federal.*

> *§ 2º - Se, decorrido o prazo de cento e oitenta dias, o julgamento não estiver concluído, cessará o afastamento do Presidente, sem prejuízo do regular prosseguimento do processo.*

A Constituição determina que, após iniciado o processo, tanto por infração penal comum quanto por crime de responsabilidade, o Presidente fique suspenso de suas funções pelo prazo de 180 dias, tempo necessário para que se finalize o processo. Caso o Presidente não seja julgado nesse período, ele poderá retornar ao exercício de suas funções sem prejuízo de continuidade do processo. Deve-se ter muito cuidado em prova com o início do prazo de suspensão:

Infração Penal Comum

O prazo de suspensão inicia-se **a partir do recebimento da denúncia ou queixa**;

Crime de Responsabilidade

O prazo de suspensão inicia-se **a partir da instauração do processo**.

Caso a Câmara autorize o processo do Presidente por crime de responsabilidade, o Senado deverá processá-lo, pois não assiste discricionariedade ao Senado em processar ou não. Sua decisão é vinculada à decisão da Câmara, pelo fato de as duas Casas serem políticas. Contudo, nos casos de infração penal comum, o STF não está obrigado a processar o Presidente em respeito à Separação dos Poderes.

Vamos aproveitar o momento para entender o que são infração penal comum e crime de responsabilidade.

Infração Penal Comum:

É qualquer crime ou contravenção penal cometida pelo Presidente da República na função ou em razão da sua função de Presidente. Seu processamento se dará no Supremo Tribunal Federal.

Crime de Responsabilidade:

A primeira coisa que se precisa saber sobre o crime de responsabilidade é que ele não é um crime. O crime de responsabilidade é uma infração de natureza **político-administrativa**. O nome crime é impróprio para esse instituto. O processo que visa a esse tipo de responsabilização é o *Impeachment*.

O Presidente responderá por esse tipo de infração caso sua conduta se amolde ao previsto no Art. 85 da Constituição Federal:

> *Art. 85. São crimes de responsabilidade os atos do Presidente da República que atentem contra a Constituição Federal e, especialmente, contra:*
> *I. A existência da União;*
> *II. O livre exercício do Poder Legislativo, do Poder Judiciário, do Ministério Público e dos Poderes constitucionais das unidades da Federação;*
> *III. O exercício dos direitos políticos, individuais e sociais;*
> *IV. A segurança interna do País;*
> *V. A probidade na administração;*
> *VI. A lei orçamentária;*
> *VII. O cumprimento das leis e das decisões judiciais.*
> *Parágrafo único. Esses crimes serão definidos em lei especial, que estabelecerá as normas de processo e julgamento.*

Esse rol de condutas, consideradas como Crime de Responsabilidade estabelecido na Constituição, é meramente exemplificativo, já que é a Lei 1.079/50 o dispositivo regulador do Crime de Resposabilidade. Deve-se destacar sua relevância na fixação de outras autoridades que respondem por esse crime, novos crimes além dos procedimentos adotados nesse processo, principalmente na competência exclusiva do cidadão para denunciar o Presidente. Destaca-se ainda que, para haver condenação, o Senado deve proferi-la pelo voto de 2/3 dos seus membros.

Considerando que não se trata de um crime, essa infração não pode resultar numa pena privativa de liberdade. Quem pratica crime de responsabilidade não pode ser preso. A consequência estabelecida no Art. 52, parágrafo único, é a perda do cargo e a inabilitação para o exercício de qualquer função pública pelo prazo de oito anos:

> **Art. 52**, Parágrafo único. Nos casos previstos nos incisos I e II, funcionará como Presidente o do Supremo Tribunal Federal, limitando-se a condenação, que somente será proferida por dois terços dos votos do Senado Federal, à perda do cargo, com inabilitação, por oito anos, para o exercício de função pública, sem prejuízo das demais sanções judiciais cabíveis.

Prisão

O Presidente só pode ser preso pela prática de infração penal comum e somente se sobrevier sentença condenatória:

> **Art. 86**, § 3º - Enquanto não sobrevier sentença condenatória, nas infrações comuns, o Presidente da República não estará sujeito a prisão.

Irresponsabilidade penal relativa

Também conhecida na doutrina como Imunidade Formal Temporária, essa prerrogativa afirma que o Presidente não poderá ser responsabilizado por atos alheios aos exercícios de suas funções:

> **§ 4º** - O Presidente da República, na vigência de seu mandato, não pode ser responsabilizado por atos estranhos ao exercício de suas funções.

Para melhor compreender as imunidades conferidas ao Presidente da República, analisemos as seguintes situações hipotéticas:

01. Suponhamos que o Presidente da República seja flagrado após ter cometido o assassinado de duas pessoas por motivos particulares.

    a) Poderia ele, no momento em que é flagrado, ser preso pelo crime?

Não. O Presidente só pode ser preso se tiver uma sentença condenatória.

Poderia o Presidente ser processado pelo crime de duplo homicídio durante o se mandato?

O Presidente não pode ser responsabilizado por atos alheios aos exercícios de suas funções. Ao matar duas pessoas, ele não comete o crime na condição de Presidente, ou seja, esse crime não possui relação com sua função de Presidente. Por esse motivo, ele não pode ser processado durante o seu mandato. Não significa que ficará impune pelo crime cometido, apenas será responsabilizado normalmente após o mandato, nesse caso, sem nenhuma prerrogativa. Apesar de não haver previsão legal, a jurisprudência entende que o prazo prescricional, nesse caso, ficará suspenso, não prejudicando a responsabilização do Presidente.

02. Suponhamos agora que, em reunião com os Ministros, o Presidente tenha discutido com um deles. Em meio à confusão, o Presidente mata o Ministro.

    a) Poderia ele ser preso por esse crime?

O Presidente não pode ser preso enquanto não sobrevier sentença condenatória. É a imunidade em relação às prisões.

b) O Presidente poderá ser processado por esse crime enquanto estiver no seu mandato?

Nesse caso sim. Perceba que o crime cometido foi em razão da função de Presidente, visto que não estaria na reunião com Ministros se não fosse o Presidente da República. Dessa forma, ele será processado por essa infração penal comum no Supremo Tribunal Federal, caso a Câmara dos Deputados autorize o processo. Havendo sentença condenatória, ele poderá ser preso. A possibilidade de responsabilização do Presidente da República por infração penal comum só ocorre se o crime cometido estiver ligado à sua função de Presidente.

Já em relação a outras esferas do direito, como cíveis, administrativas, trabalhistas ou qualquer outra área, o presidente não possui prerrogativa. Isso significa que o Presidente responderá normalmente, sem nenhum privilégio, nas outras esferas do Direito. O tema das Responsabilidades do Presidente tem sido alvo de inúmeras questões de prova. As questões podem ser trabalhadas a partir da literalidade do texto constitucional ou mesmo invocando caso concreto para verificação das regras e prerrogativas do Presidente.

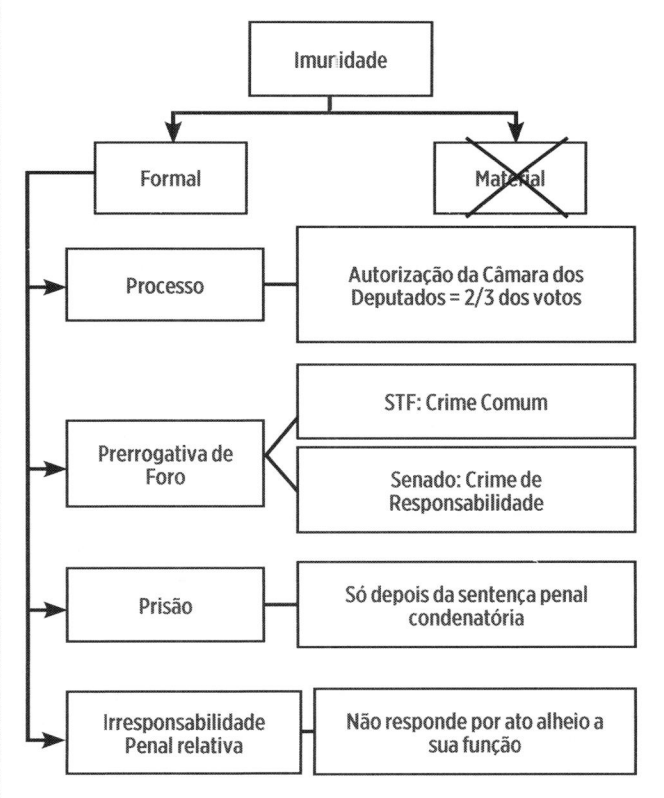

```
                    Imunidade
                   /         \
               Formal       Material (riscado)
                 |
          ┌──────┼──────────────┐
          ↓                     
       Processo  ──────→  Autorização da Câmara dos
                          Deputados = 2/3 dos votos
          
                          ┌──→ STF: Crime Comum
       Prerrogativa de ───┤
           Foro           └──→ Senado: Crime de
                               Responsabilidade
          
       Prisão     ──────→  Só depois da sentença penal
                           condenatória
          
       Irresponsabilidade  Não responde por ato alheio a
       Penal relativa ──→  sua função
```

12. PODER JUDICIÁRIO

12.1 Disposições Gerais

Organograma

O Poder Judiciário é o titular da chamada função jurisdicional. Ele possui a atribuição principal de "dizer o direito", "aplicar o direito ao caso concreto". Além de desempenhar esta função típica, o Judiciário também exerce de forma atípica a função dos demais poderes. Quando realiza concursos públicos ou contrata uma empresa prestadora de serviços, ele o faz no exercício da função administrativa (Poder Executivo). O Judiciário também exerce de forma atípica a função do Poder Legislativo quando edita instrumentos normativos que regulam as atividades dos tribunais.

Para desempenhar suas funções, o Poder Judiciário se utiliza de diversos órgãos os quais estão previstos no Art. 92:

> **Art. 92.** São órgãos do Poder Judiciário:
> **I.** O Supremo Tribunal Federal;
> **I-A.** O Conselho Nacional de Justiça;
> **II.** O Superior Tribunal de Justiça;
> **II-A.** O Tribunal Superior do Trabalho; (Incluído pela Emenda Constitucional nº 92, de 2016)
> **III.** Os Tribunais Regionais Federais e Juízes Federais;
> **IV.** Os Tribunais e Juízes do Trabalho;
> **V.** Os Tribunais e Juízes Eleitorais;
> **VI.** Os Tribunais e Juízes Militares;
> **VII.** Os Tribunais e Juízes dos Estados e do Distrito Federal e Territórios.
>
> **§ 1º** - O Supremo Tribunal Federal, o Conselho Nacional de Justiça e os Tribunais Superiores têm sede na Capital Federal.
> **§ 2º** - O Supremo Tribunal Federal e os Tribunais Superiores têm jurisdição em todo o território nacional.

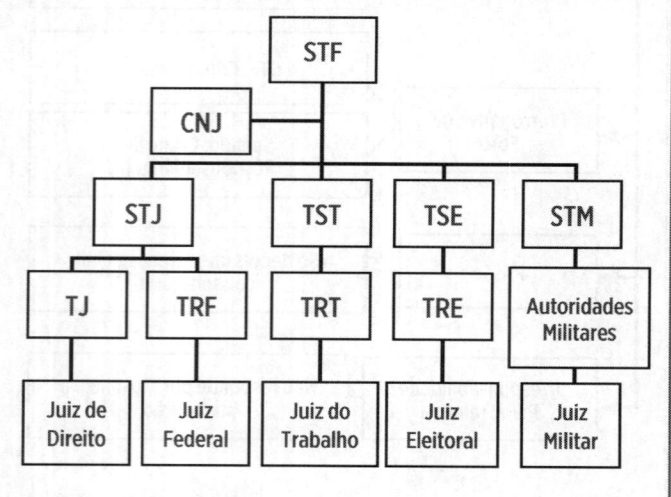

```
                    STF
                     |
        CNJ ---------|
                     |
        ┌────────┬───┴────┬────────┐
       STJ      TST      TSE      STM
        |        |        |        |
     ┌──┴──┐     |        |    Autoridades
     TJ   TRF   TRT      TRE    Militares
     |     |     |        |        |
   Juiz  Juiz  Juiz do   Juiz    Juiz
   de    Federal Trabalho Eleitoral Militar
   Direito
```

Critérios para ingresso na carreira

Conforme o que diz o Art. 93, I, da Constituição Federal:

> **Art. 93.** Lei complementar, de iniciativa do Supremo Tribunal Federal, disporá sobre o Estatuto da Magistratura, observados os seguintes princípios:
>
> **I.** Ingresso na carreira, cujo cargo inicial será o de juiz substituto, mediante concurso público de provas e títulos, com a participação da Ordem dos Advogados do Brasil em todas as fases, exigindo-se do bacharel em direito, no mínimo, três anos de atividade jurídica e obedecendo-se, nas nomeações, à ordem de classificação.

Esse inciso apresenta regras para o ingresso na carreira da Magistratura. O ingresso dar-se-á no cargo de juiz substituto e depende de aprovação em concurso público de provas e títulos.

Como foi possível perceber, é um tipo de concurso que é bem seletivo, sendo que aprovação depende de intensa dedicação do candidato. Além de a prova ser dificílima, o candidato precisa comprovar no mínimo três anos de atividade jurídica, que só pode ser realizada após a conclusão do curso. Deve-se estar atento a esse prazo de atividade jurídica exigido, as bancas costumam trocar o três por outro numeral.

O conceito de atividade jurídica é definido na Resolução nº 75/2009 do Conselho Nacional de Justiça que prevê, entre outros, o exercício da advocacia ou de cargo público privativo de bacharel em direito como forma de se comprovar o tempo exigido.

Quinto constitucional

O quinto permite que uma pessoa se torne magistrado sem necessidade de realização de concurso público para a magistratura. É uma porta de entrada destinada a quem não é membro do Poder Judiciário. A regra do quinto decorre do fato de que 1/5 das vagas em alguns tribunais são destinadas aos membros do Ministério Público ou da Advocacia. Vejamos o que dispõe o Art. 94 da Constituição Federal:

> **Art. 94.** Um quinto dos lugares dos Tribunais Regionais Federais, dos Tribunais dos Estados, e do Distrito Federal e Territórios será composto de membros, do Ministério Público, com mais de dez anos de carreira, e de advogados de notório saber jurídico e de reputação ilibada, com mais de dez anos de efetiva atividade profissional, indicados em lista sêxtupla pelos órgãos de representação das respectivas classes.
>
> **Parágrafo único.** Recebidas as indicações, o tribunal formará lista tríplice, enviando-a ao Poder Executivo, que, nos vinte dias subsequentes, escolherá um de seus integrantes para nomeação.

Um detalhe que não pode ser esquecido é: para concorrer às vagas pelo quinto constitucional, faz-se necessário que os membros do Ministério Público e da Advocacia possuam mais de dez anos de experiência.

Outra questão muito importante é saber quais são os tribunais que permitem o ingresso pelo quinto. Segundo o Art. 94, podem ingressar pelo quinto os membros dos Tribunais Regionais Federais, dos Tribunais dos Estados, e do Distrito Federal e Territórios.

Ainda possuem um quinto das vagas para os Membros do MP e da Advocacia os Tribunais Regionais do Trabalho e o Tribunal Superior do Trabalho. Assim preveem os Arts. 111-A e 115 da Constituição:

> **Art. 111-A.** O Tribunal Superior do Trabalho compor-se-á de vinte e sete Ministros, escolhidos dentre brasileiros com mais de trinta e cinco anos e menos de sessenta e cinco anos, de notável saber jurídico e reputação ilibada, nomeados pelo Presidente da República após aprovação pela maioria absoluta do Senado Federal, sendo: (Redação dada pela Emenda Constitucional nº 92, de 2016)

I. Um quinto dentre advogados com mais de dez anos de efetiva atividade profissional e membros do Ministério Público do Trabalho com mais de dez anos de efetivo exercício, observado o disposto no Art. 94.

Art. 115. *Os Tribunais Regionais do Trabalho compõem-se de, no mínimo, sete juízes, recrutados, quando possível, na respectiva região, e nomeados pelo Presidente da República dentre brasileiros com mais de trinta e menos de sessenta e cinco anos, sendo:*

I. Um quinto dentre advogados com mais de dez anos de efetiva atividade profissional e membros do Ministério Público do Trabalho com mais de dez anos de efetivo exercício, observado o disposto no Art. 94.

O Superior Tribunal de Justiça também permite que membros do Ministério Público ou da Advocacia nele ingressem, contudo não são destinadas 1/5 das vagas, mas 1/3 das vagas:

Art. 104. *O Superior Tribunal de Justiça compõe-se de, no mínimo, trinta e três Ministros.*

Parágrafo único. *Os Ministros do Superior Tribunal de Justiça serão nomeados pelo Presidente da República, dentre brasileiros com mais de trinta e cinco e menos de sessenta e cinco anos, de notável saber jurídico e reputação ilibada, depois de aprovada a escolha pela maioria absoluta do Senado Federal, sendo:*

I. Um terço dentre juízes dos Tribunais Regionais Federais e um terço dentre desembargadores dos Tribunais de Justiça, indicados em lista tríplice elaborada pelo próprio Tribunal;

II. Um terço, em partes iguais, dentre advogados e membros do Ministério Público Federal, Estadual, do Distrito Federal e Territórios, alternadamente, indicados na forma do Art. 94.

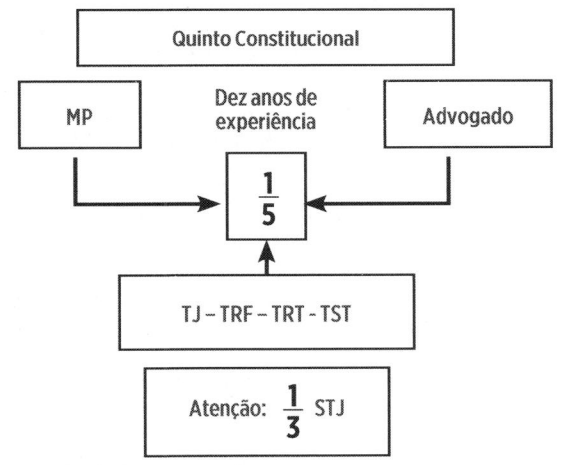

```
              Quinto Constitucional
                       |
    ┌──────────────────┼──────────────────┐
    |           Dez anos de               |
   MP           experiência            Advogado
    |                  |                  |
    └────────────→    1/5    ←────────────┘
                       ↑
              TJ – TRF – TRT – TST

              Atenção:  1/3  STJ
```

Garantias dos membros

As garantias são um conjunto de proteções que os membros do Poder Judiciário possuem e que são inerentes ao exercício de suas funções. Uma observação se faz necessária: quando se fala "membro do poder judiciário", refere-se ao titular da Função Jurisdicional, ou seja, ao magistrado, ao juiz. Os demais servidores auxiliares do Poder Judiciário não possuem as mesmas garantias dos juízes.

A doutrina classifica as garantias dos magistrados em duas espécies:

> **Garantias de Independência;**
> **Garantias de Imparcialidade.**

As Garantias de Independência são proteções que garantem ao magistrado uma maior tranquilidade para desempenhar suas funções. O objetivo é permitir ao juiz segurança no desempenhar de suas funções. Elas estão previstas no Art. 95, as quais são:

Art. 95. *Os juízes gozam das seguintes garantias:*

I. Vitaliciedade, que, no primeiro grau, só será adquirida após dois anos de exercício, dependendo a perda do cargo, nesse período, de deliberação do tribunal a que o juiz estiver vinculado, e, nos demais casos, de sentença judicial transitada em julgado;

II. Inamovibilidade, salvo por motivo de interesse público, na forma do Art. 93, VIII;

III. Irredutibilidade de subsídio, ressalvado o disposto nos Arts. 37, X e XI, 39, § 4º, 150, II, 153, III, e 153, § 2º, I.

A **vitaliciedade** é como se fosse a estabilidade do servidor público, com uma diferença: ela é bem mais vantajosa que a simples estabilidade. A vitaliciedade garante ao magistrado perder o seu cargo apenas por sentença judicial transitada em julgado. Como se pode ver, é bem mais vantajosa que a estabilidade. Atente-se para alguns detalhes: a vitaliciedade só será adquirida após dois anos de exercício no cargo; durante o estágio probatório do juiz, que dura dois anos, ele poderá perder o cargo por deliberação do próprio tribunal do qual faz parte.

Um detalhe quase nunca percebido é que a exigência dos dois anos de exercício para se adquirir a vitaliciedade só se aplica aos juízes do primeiro grau, ou seja, aos juízes que ingressaram na carreira por meio de concurso público. Os juízes que ingressam diretamente no Tribunal, por meio do Quinto Constitucional, ou mesmo no STJ pelo 1/3 das vagas, não precisam esperar os dois anos para adquirir a garantia. Para estes, a vitaliciedade é imediata, sendo adquirida no momento em que ele pisa no Tribunal.

A **inamovibilidade** prevê que o magistrado não poderá ser removido do local onde exerce a sua função sem sua vontade. Ele poderá julgar qualquer pessoa, conforme sua convicção, sem medo de ser obrigado a deixar o local onde exerce sua jurisdição. Essa garantia não é absoluta, pois poderá ser removido de ofício por interesse público conforme preleciona o Art. 93, VIII:

Art. 93, *VIII. O ato de remoção, disponibilidade e aposentadoria do magistrado, por interesse público, fundar-se-á em decisão por voto da maioria absoluta do respectivo tribunal ou do Conselho Nacional de Justiça, assegurada ampla defesa.*

A **irredutibilidade dos subsídios** representa a garantia de que o magistrado não poderá ter redução em sua remuneração. A forma de retribuição pecuniária do magistrado é por meio de subsídio, que equivale a uma parcela única. Por isso, fala-se em irredutibilidade dos subsídios.

O parágrafo único do mesmo artigo apresenta o rol de **garantias de imparcialidade**. Essas normas são verdadeiras vedações aplicadas aos magistrados. São impedimentos que visam a garantir um julgamento imparcial, sem vícios ou privilégios. Por isso, são chamadas de garantias de imparcialidade. São elas:

Art. 95, *Parágrafo único. Aos juízes é vedado:*

I. Exercer, ainda que em disponibilidade, outro cargo ou função, salvo uma de magistério;

II. Receber, a qualquer título ou pretexto, custas ou participação em processo;

III. Dedicar-se à atividade político-partidária.

IV. Receber, a qualquer título ou pretexto, auxílios ou contribuições de pessoas físicas, entidades públicas ou privadas, ressalvadas as exceções previstas em lei;

NOÇÕES DE DIREITO CONSTITUCIONAL

PODER JUDICIÁRIO

V. Exercer a advocacia no juízo ou tribunal do qual se afastou, antes de decorridos três anos do afastamento do cargo por aposentadoria ou exoneração.

Geralmente as bancas cobram a memorização dessas vedações. O **inciso I** é bem cobrado em razão da exceção prevista na Constituição para a acumulação de cargos ou funções. Segundo esse inciso, o magistrado, além de exercer sua função de juiz, também pode exercer uma função no magistério.

O **inciso II** proíbe o magistrado de receber custas ou participação em processos. O juiz já recebe sua remuneração para desempenhar sua função independente dos valores que estão em jogo nos processos.

O **inciso III** proíbe o juiz de se dedicar à atividade político-partidária exatamente para evitar que seus julgamentos sejam influenciados por correntes políticas ou convicções partidárias. O juiz precisa ficar alheio a tais situações.

O **inciso IV** proíbe o magistrado de receber ajudas financeiras de terceiros ressalvados os casos previstos em lei. Por exemplo, um juiz não pode receber um carro como agradecimento por um julgamento favorável, mas poderia receber os valores decorrentes da venda de livros que tenha escrito ou mesmo, receber valores pela ministração de palestras.

12.2 Composição dos Órgãos do Poder Judiciário

A composição dos tribunais é tema recorrente em prova e requer um alto poder de memorização do candidato, principalmente pela composição diferenciada entre um e outro tribunal. A seguir descreve-se, então, a composição de cada um dos órgãos do Poder Judiciário.

Supremo tribunal federal

Art. 101. O Supremo Tribunal Federal compõe-se de onze Ministros, escolhidos dentre cidadãos com mais de trinta e cinco e menos de sessenta e cinco anos de idade, de notável saber jurídico e reputação.

Parágrafo único. Os Ministros do Supremo Tribunal Federal serão nomeados pelo Presidente da República, depois de aprovada a escolha pela maioria absoluta do Senado Federal.

O Supremo Tribunal Federal é o órgão de cúpula do Poder Judiciário e é formado por 11 ministros escolhidos pelo Presidente da República depois de aprovada a escolha pela maioria absoluta do Senado Federal, dentre os cidadãos com mais de trinta e cinco e menos de sessenta e cinco anos de idade, de notável saber jurídico e reputação ilibada.

Existe mais um requisito que não está escrito nesse artigo, mas está previsto no Art. 12, § 3º, IV, da Constituição. Para ser Ministro do STF deve ser brasileiro nato:

Art. 12, § 3º - São privativos de brasileiro nato os cargos:
IV. De Ministro do Supremo Tribunal Federal.

A Constituição não exige do candidato a Ministro do STF que tenha formação superior em Direito, apesar de exigir notório saber jurídico.

Conselho nacional de justiça

Vejamos agora a composição do Conselho Nacional de Justiça:

Art. 103-B. O Conselho Nacional de Justiça compõe-se de 15 (quinze) membros com mandato de 2 (dois) anos, admitida 1 (uma) recondução, sendo:

I. O Presidente do Supremo Tribunal Federal;

II. Um Ministro do Superior Tribunal de Justiça, indicado pelo respectivo tribunal;

III. Um Ministro do Tribunal Superior do Trabalho, indicado pelo respectivo tribunal;

IV. Um desembargador de Tribunal de Justiça, indicado pelo Supremo Tribunal Federal;

V. Um juiz estadual, indicado pelo Supremo Tribunal Federal;

VI. Um juiz de Tribunal Regional Federal, indicado pelo Superior Tribunal de Justiça;

VII. Um juiz federal, indicado pelo Superior Tribunal de Justiça;

VIII. Um juiz de Tribunal Regional do Trabalho, indicado pelo Tribunal Superior do Trabalho;

IX. Um juiz do trabalho, indicado pelo Tribunal Superior do Trabalho;

X. Um membro do Ministério Público da União, indicado pelo Procurador-Geral da República;

XI. Um membro do Ministério Público estadual, escolhido pelo Procurador-Geral da República dentre os nomes indicados pelo órgão competente de cada instituição estadual;

XII. Dois advogados, indicados pelo Conselho Federal da Ordem dos Advogados do Brasil;

XIII. Dois cidadãos, de notável saber jurídico e reputação ilibada, indicados um pela Câmara dos Deputados e outro pelo Senado Federal.

§ 1º - O Conselho será presidido pelo Presidente do Supremo Tribunal Federal e, nas suas ausências e impedimentos, pelo Vice-Presidente do Supremo Tribunal Federal.

§ 2º - Os demais membros do Conselho serão nomeados pelo Presidente da República, depois de aprovada a escolha pela maioria absoluta do Senado Federal.

§ 3º - Não efetuadas, no prazo legal, as indicações previstas neste artigo, caberá a escolha ao Supremo Tribunal Federal.

§ 4º Compete ao Conselho o controle da atuação administrativa e financeira do Poder Judiciário e do cumprimento dos deveres funcionais dos juízes, cabendo-lhe, além de outras atribuições que lhe forem conferidas pelo Estatuto da Magistratura:

I. zelar pela autonomia do Poder Judiciário e pelo cumprimento do Estatuto da Magistratura, podendo expedir atos regulamentares, no âmbito de sua competência, ou recomendar providências;

II. zelar pela observância do art. 37 e apreciar, de ofício ou mediante provocação, a legalidade dos atos administrativos praticados por membros ou órgãos do Poder Judiciário, podendo desconstituí-los, revê-los ou fixar prazo para que se adotem as providências necessárias ao exato cumprimento da lei, sem prejuízo da competência do Tribunal de Contas da União;

III. receber e conhecer das reclamações contra membros ou órgãos do Poder Judiciário, inclusive contra seus serviços auxiliares, serventias e órgãos prestadores de serviços notariais e de registro que atuem por delegação do poder público ou oficializados, sem prejuízo da competência disciplinar e correicional dos tribunais, podendo avocar processos disciplinares em curso, determinar a remoção ou a disponibilidade e aplicar outras sanções administrativas, assegurada ampla defesa;

IV. representar ao Ministério Público, no caso de crime contra a administração pública ou de abuso de autoridade;

V. rever, de ofício ou mediante provocação, os processos disciplinares de juízes e membros de tribunais julgados há menos de um ano;

VI. elaborar semestralmente relatório estatístico sobre processos e sentenças prolatadas, por unidade da Federação, nos diferentes órgãos do Poder Judiciário;

VII. elaborar relatório anual, propondo as providências que julgar necessárias, sobre a situação do Poder Judiciário no País e as atividades do Conselho, o qual deve integrar mensagem do Presidente do Supremo Tribunal Federal a ser remetida ao Congresso Nacional, por ocasião da abertura da sessão legislativa.

A composição do CNJ possui uma dificuldade peculiar para a memorização. Perceba na leitura do artigo, que os membros do Conselho são indicados por algum órgão. Além de memorizar os membros, o candidato tem de memorizar o órgão que indicou o membro. Para isso, deve-se fazer uma análise lógica na construção dessa composição:

A primeira coisa que se tem que fazer é identificar os órgãos que escolhem:

STF;
STJ;
TST;
PGR;
CFOAB;
Câmara dos Deputados;
Senado Federal.

A partir dessa primeira análise, parte-se para a identificação dos membros que são indicados por cada um dos órgãos, que deve ser construída de forma lógica.

Entre os membros do CNJ existem dois advogados: quem poderia indicar dois advogados? O STF, o STJ, o TST ou o **Conselho Federal dos Advogados do Brasil**? Que quem indica os dois advogados é o CFOAB. Entre os membros do CNJ, existe um membro do Ministério Público da União e um membro do Ministério Público estadual. Quem indica esses dois membros do Ministério Público? Será o STF? Ou seria o STJ? Não é mais lógico que a escolha dos membros do Ministério Público seja do **Procurador Geral da República,** que é o chefe do Ministério Público da União? Certamente.

Com base nessa lógica, fica fácil identificar os membros do CNJ. Continuemos a análise. Agora existem membros da justiça trabalhista: um Ministro do TST, um Juiz do TRT e um Juiz do Trabalho. Quem escolhe esses juízes? STF, STJ ou TST? Mais uma resposta bem lógica. Só pode ser o **Tribunal Superior do Trabalho** o responsável pela escolha desses três membros pertencentes à justiça trabalhista.

Ainda há alguns membros a serem escolhidos. Quem escolhe os membros da Justiça Federal (Juiz do TRF e Juiz Federal)? Tem de ser o Tribunal guardião da Legislação Federal: **Superior Tribunal de Justiça**. Ele também escolherá um membro do seu próprio tribunal para fazer parte do CNJ.

Ao **Supremo Tribunal Federal** fica a responsabilidade pela escolha dos membros da Justiça Estadual, ou seja, um Juiz Estadual e um Desembargador de Tribunal de Justiça. Aqui cabe uma observação importantíssima. O STF não escolhe um de seus ministros para fazer parte do CNJ, pois o Presidente do STF é membro nato. Ele não é escolhido, ele faz parte do CNJ desde sua nomeação como Presidente do STF. Ao mesmo tempo em que é indicado como Presidente do STF, ele também cumulará a função de Presidente do CNJ.

Por último, resta saber quem o **Senado Federal** e a **Câmara dos Deputados** indicará para ser membro do CNJ. Cada um deles indicará um cidadão de notável saber jurídico e reputação ilibada.

Como se pode perceber, nem todos os membros do Conselho Nacional de Justiça são membros do Poder Judiciário. Essa é uma característica já cobrada em prova, com exceção do Presidente do STF, que é membro nato do CNJ; os demais serão nomeados pelo Presidente da República depois de aprovada a escolha pela maioria do Senado Federal. Caso as indicações acima listadas não sejam efetuadas, caberá ao Supremo Tribunal Federal fazê-las. Lembre-se de que os membros do CNJ exercem um mandato de dois anos, sendo admitida uma recondução.

Abaixo, segue um esquema de memorização para a composição desse órgão do poder judiciário.

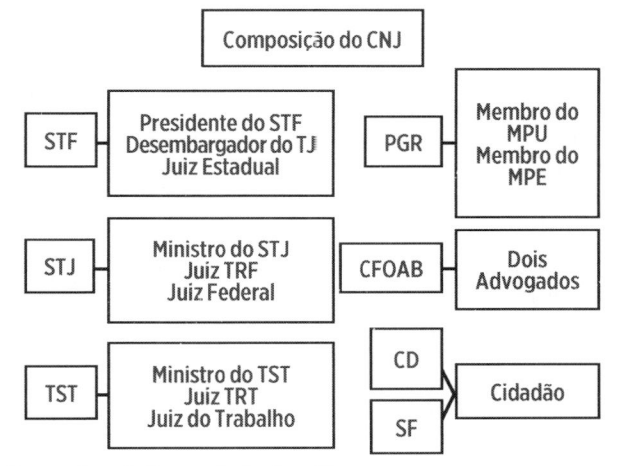

```
                    Composição do CNJ

        ┌──────────────────────┐              ┌──────────┐
        │ Presidente do STF    │              │ Membro do│
  STF ──┤ Desembargador do TJ  ├── PGR ──────┤ MPU      │
        │ Juiz Estadual        │              │ Membro do│
        └──────────────────────┘              │ MPE      │
                                              └──────────┘
        ┌──────────────────────┐              ┌──────────┐
        │ Ministro do STJ      │              │ Dois     │
  STJ ──┤ Juiz TRF             ├── CFOAB ────┤ Advogados│
        │ Juiz Federal         │              └──────────┘
        └──────────────────────┘
        ┌──────────────────────┐     CD
        │ Ministro do TST      │              ┌──────────┐
  TST ──┤ Juiz TRT             ├─────────────┤ Cidadão  │
        │ Juiz do Trabalho     │     SF       └──────────┘
        └──────────────────────┘
```

Superior tribunal de justiça

O texto constitucional prevê no Art. 104:

Art. 104. O Superior Tribunal de Justiça compõe-se de, no mínimo, trinta e três Ministros.

Parágrafo único. Os Ministros do Superior Tribunal de Justiça serão nomeados pelo Presidente da República, dentre brasileiros com mais de trinta e cinco e menos de sessenta e cinco anos, de notável saber jurídico e reputação ilibada, depois de aprovada a escolha pela maioria absoluta do Senado Federal, sendo:

I. Um terço dentre juízes dos Tribunais Regionais Federais e um terço dentre desembargadores dos Tribunais de Justiça, indicados em lista tríplice elaborada pelo próprio Tribunal;

II. Um terço, em partes iguais, dentre advogados e membros do Ministério Público Federal, Estadual, do Distrito Federal e Territórios, alternadamente, indicados na forma do Art. 94.

O Superior Tribunal de Justiça é composto por, no mínimo, 33 ministros. Deve-se ter cuidado com isso em prova: não são 33, mas, no mínimo 33. Esse dispositivo permite que o Tribunal possua mais de 33 membros.

Seus membros serão nomeados pelo Presidente da República depois de aprovada a escolha pelo Senado Federal. Aqui se aplica uma regra comum nos tribunais superiores: nomeação pelo

NOÇÕES DE DIREITO CONSTITUCIONAL

PODER JUDICIÁRIO

Presidente mediante aprovação do Senado. Outro requisito é a idade: no mínimo 35 e no máximo 65 anos.

Questão sempre cobrada em prova é a composição. A escolha dos Ministros não é livre, estando vinculada ao texto constitucional que prevê:

> 1/3 das vagas para os membros dos Tribunais Regionais Federais;
> 1/3 das vagas para os Desembargadores dos Tribunais de Justiça;
> 1/3 das vagas, dividida em partes iguais, para membros do Ministério Público Federal, Estadual e do Distrito Federal e advogados com mais de 10 anos de experiência.

No que tange às vagas para os membros do Ministério Público e advogados, uma coisa chama a atenção: a divisão em partes iguais. Se houver isso em uma prova, é muito provável que o candidato marque essa afirmação como sendo incorreta, tendo em vista 1/3 de 33 ser igual a 11, valor esse impossível de se dividir em partes iguais, quando a divisão se trata de pessoas. Contudo, essa é a previsão expressa da Constituição, que não é de toda absurda. Considerando que o STJ pode ser composto por mais de 33 membros, havendo, por exemplo, 36, seria possível efetivar essa divisão em partes iguais. Enquanto o órgão for formado por 33 membros, a vaga remanescente é alternada entre membros do MPF e MPDFT e da advocacia.

Tribunal regional federal

O Art. 107 apresenta as regras de composição dos Tribunais Regionais Federais:

> **Art. 107.** Os Tribunais Regionais Federais compõem-se de, no mínimo, sete juízes, recrutados, quando possível, na respectiva região e nomeados pelo Presidente da República dentre brasileiros com mais de trinta e menos de sessenta e cinco anos, sendo:
> *I. Um quinto dentre advogados com mais de dez anos de efetiva atividade profissional e membros do Ministério Público Federal com mais de dez anos de carreira;*
> *II. Os demais, mediante promoção de juízes federais com mais de cinco anos de exercício, por antiguidade e merecimento, alternadamente.*

Os TRFs possuem a mesma peculiaridade do STJ no que diz respeito à composição baseada em um mínimo, sendo, nesse caso, no mínimo sete juízes, recrutados, quando possível, na respectiva região. Atualmente, são cinco regiões jurisdicionais, cada uma sob a responsabilidade de um TRF.

Para fazer parte dos TRFs o juiz precisa ter no mínimo 30 e no máximo 65 anos de idade. Quando comparada aos Tribunais Superiores, a idade mínima sofre uma atenuação de 35 para 30 anos; deve-se ter atenção em relação a isso.

Os membros dos TRFs são nomeados pelo Presidente da República sem necessidade de aprovação do Senado Federal. Essa é outra distinção importante.

Nos TRFs adota-se a regra do Quinto Constitucional, por meio do qual, 1/5 das vagas são destinadas a advogados e membros do Ministério Público Federal com mais de 10 anos de experiência. As demais vagas são destinadas a promoção de juízes federais com mais de cinco anos de exercício, que pode ocorrer ou por merecimento ou por antiguidade, de forma alternada.

Justiça do trabalho

A Justiça do Trabalho encontra-se prevista no Art. 111 da Constituição, sendo competente para julgar as causas cuja matéria possua natureza trabalhista. São órgãos da Justiça do Trabalho:

> **Art. 111.** *São órgãos da Justiça do Trabalho:*
> *I. O Tribunal Superior do Trabalho;*
> *II. Os Tribunais Regionais do Trabalho;*
> *III. Juízes do Trabalho.*

§ 1º a 3º - Vejamos a composição dos órgãos da Justiça trabalhista.

Tribunal superior de trabalho

O Tribunal Superior do Trabalho é o órgão de cúpula da Justiça do Trabalho. Segundo a Constituição Federal, o TST é composto por 27 membros, conforme previsão do Art. 111-A:

> **Art. 111-A.** *O Tribunal Superior do Trabalho compor-se-á de vinte e sete Ministros, escolhidos dentre brasileiros com mais de trinta e cinco anos e menos de sessenta e cinco anos, de notável saber jurídico e reputação ilibada, nomeados pelo Presidente da República após aprovação pela maioria absoluta do Senado Federal, sendo: (Redação dada pela Emenda Constitucional nº 92, de 2016)*
> *I. Um quinto dentre advogados com mais de dez anos de efetiva atividade profissional e membros do Ministério Público do Trabalho com mais de dez anos de efetivo exercício, observado o disposto no Art. 94;*
> *II. Os demais dentre juízes dos Tribunais Regionais do Trabalho, oriundos da magistratura da carreira, indicados pelo próprio Tribunal Superior.*

O Texto Constitucional exige para ser Ministro do TST a condição de brasileiro, maior de 35 anos e menor de 65 anos. A nomeação dos Ministros se dá por ato do Presidente da República após a aprovação do Senado Federal pelo voto da maioria absoluta dos seus membros. Os 27 ministros são divididos da seguinte forma:

> 1/5: advogados com mais de dez anos de efetiva atividade profissional e membros do Ministério Público do Trabalho com mais de dez anos de efetivo exercício;
> 4/5: juízes dos TRT's, oriundos da magistratura de carreira, indicados pelo próprio tribunal.

Como se pode perceber, no TST adota-se o critério de ingresso pela regra do Quinto Constitucional. Além disso, é importante ressaltar a exigência de que juiz do TRT que deseje concorrer a uma vaga no TST seja membro do Poder Judiciário de carreira, isto é, que tenha ingressado nos quadros do tribunal por meio de concurso público nos termos do Art. 93, I da CF. Essa última regra exclui a possibilidade daqueles que são oriundos do quinto constitucional nos TRTs de ingressarem no TST na vaga destinada aos membros da magistratura trabalhista (4/5 das vagas).

A Constituição prevê, ainda, o funcionamento junto ao TST da Escola Nacional de Formação e Aperfeiçoamento de Magistrados do Trabalho e o Conselho Superior da Justiça do Trabalho, conforme o Art. 111-A, § 2º:

> **Art. 111-A, § 2º** - *Funcionarão junto ao Tribunal Superior do Trabalho:*
> *I. A Escola Nacional de Formação e Aperfeiçoamento de Magistrados do Trabalho, cabendo-lhe, dentre outras funções, regulamentar os cursos oficiais para o ingresso e promoção na carreira;*

II. O Conselho Superior da Justiça do Trabalho, cabendo-lhe exercer, na forma da lei, a supervisão administrativa, orçamentária, financeira e patrimonial da Justiça do Trabalho de primeiro e segundo graus, como órgão central do sistema, cujas decisões terão efeito vinculante.

§ 3º Compete ao Tribunal Superior do Trabalho processar e julgar, originariamente, a reclamação para a preservação de sua competência e garantia da autoridade de suas decisões. (Incluído pela Emenda Constitucional nº 92, de 2016)

Tribunal regional do trabalho

O ingresso no Tribunal Regional do Trabalho se dá conforme as regras previstas no Art. 115 da CF:

__Art. 115.__ Os Tribunais Regionais do Trabalho compõem-se de, no mínimo, sete juízes, recrutados, quando possível, na respectiva região, e nomeados pelo Presidente da República dentre brasileiros com mais de trinta e menos de sessenta e cinco anos, sendo:

I. Um quinto dentre advogados com mais de dez anos de efetiva atividade profissional e membros do Ministério Público do Trabalho com mais de dez anos de efetivo exercício, observado o disposto no Art. 94;

II. Os demais, mediante promoção de juízes do trabalho por antiguidade e merecimento, alternadamente.

§ 1º - Os Tribunais Regionais do Trabalho instalarão a justiça itinerante, com a realização de audiências e demais funções de atividade jurisdicional, nos limites territoriais da respectiva jurisdição, servindo-se de equipamentos públicos e comunitários.

§ 2º - Os Tribunais Regionais do Trabalho poderão funcionar descentralizadamente, constituindo Câmaras regionais, a fim de assegurar o pleno acesso do jurisdicionado à justiça em todas as fases do processo.

__Art. 116.__ Nas Varas do Trabalho, a jurisdição será exercida por um juiz singular.

São no mínimo sete juízes recrutados, quando possível, na respectiva região os quais serão nomeados pelo Presidente da República entre brasileiros com mais de 30 e menos de 65 anos de idade. Para ser um juiz do TRT, é necessária a observação dos seguintes critérios:

> - 1/5 – advogados com mais de 10 anos de efetiva atividade profissional e membros do Ministério Público do Trabalho com mais de 10 anos de efetivo exercício;
> - 4/5 – juízes do trabalho promovidos por antiguidade e merecimento, alternadamente.

A Constituição prevê, dentro da estrutura dos TRTs, como forma de democratizar o acesso à Justiça do Trabalho, a possibilidade de instalação da justiça itinerante, com a realização de audiências e demais funções de atividade jurisdicional, nos limites territoriais da respectiva jurisdição, servindo-se de equipamentos públicos e comunitários. Não se deve esquecer de que os TRTs poderão funcionar descentralizadamente, constituindo Câmaras regionais, a fim de assegurar o pleno acesso do jurisdicionado à justiça em todas as fases do processo, garantindo-se, dessa forma, uma maior celeridade processual. Ainda dentro da estrutura da Justiça do Trabalho, a Constituição prevê a possibilidade de juízes de direito exercerem as atribuições da jurisdição trabalhista nas comarcas não abrangidas pela Justiça do Trabalho, garantindo-se, nesse caso, recurso para o TRT:

__Art. 112.__ A lei criará varas da Justiça do Trabalho, podendo, nas comarcas não abrangidas por sua jurisdição, atribuí-la aos juízes de direito, com recurso para o respectivo Tribunal Regional do Trabalho.

Por fim, a Constituição determinou que a jurisdição nas Varas do Trabalho seja exercida por um juiz singular:

__Art. 116.__ Nas Varas do Trabalho, a jurisdição será exercida por um juiz singular.

Competências

Quanto às competências da Justiça do Trabalho, a Constituição encarregou-se de defini-las expressamente no Art. 114:

__Art. 114.__ Compete à Justiça do Trabalho processar e julgar:

I. As ações oriundas da relação de trabalho, abrangidos os entes de direito público externo e da administração pública direta e indireta da União, dos Estados, do Distrito Federal e dos Municípios;

II. As ações que envolvam exercício do direito de greve;

III. As ações sobre representação sindical, entre sindicatos, entre sindicatos e trabalhadores, e entre sindicatos e empregadores;

IV. Os mandados de segurança, "Habeas Corpus" e "Habeas Ddata", quando o ato questionado envolver matéria sujeita à sua jurisdição;

V. Os conflitos de competência entre órgãos com jurisdição trabalhista, ressalvado o disposto no Art. 102, I, o;

VI. As ações de indenização por dano moral ou patrimonial, decorrentes da relação de trabalho;

VII. As ações relativas às penalidades administrativas impostas aos empregadores pelos órgãos de fiscalização das relações de trabalho;

VIII. A execução, de ofício, das contribuições sociais previstas no Art. 195, I, a, e II, e seus acréscimos legais, decorrentes das sentenças que proferir;

IX. Outras controvérsias decorrentes da relação de trabalho, na forma da lei.

§ 1º - Frustrada a negociação coletiva, as partes poderão eleger árbitros.

§ 2º - Recusando-se qualquer das partes à negociação coletiva ou à arbitragem, é facultado às mesmas, de comum acordo, ajuizar dissídio coletivo de natureza econômica, podendo a Justiça do Trabalho decidir o conflito, respeitadas as disposições mínimas legais de proteção ao trabalho, bem como as convencionadas anteriormente.

§ 3º - Em caso de greve em atividade essencial, com possibilidade de lesão do interesse público, o Ministério Público do Trabalho poderá ajuizar dissídio coletivo, competindo à Justiça do Trabalho decidir o conflito.

Justiça eleitoral

A Justiça Eleitoral é a justiça especializada em questões de natureza eleitoral. Seus órgãos estão previstos no Art. 118 da Constituição:

__Art. 118.__ São órgãos da Justiça Eleitoral:
I. O Tribunal Superior Eleitoral;
II. Os Tribunais Regionais Eleitorais;
III. Os Juízes Eleitorais;
IV. As Juntas Eleitorais.

Uma peculiaridade distingue os órgãos da Justiça Eleitoral dos demais órgãos do Poder Judiciário. Apesar de seus membros possuírem as mesmas garantias dos demais membros do Poder

PODER JUDICIÁRIO

Judiciário, eles não possuem a vitaliciedade, haja vista serem eleitos para um mandato de dois anos, no mínimo, não podendo exercê-lo por mais de dois biênios consecutivos:

> **Art. 121.** Lei complementar disporá sobre a organização e competência dos tribunais, dos juízes de direito e das juntas eleitorais.
>
> **§ 1º** - Os membros dos tribunais, os juízes de direito e os integrantes das juntas eleitorais, no exercício de suas funções, e no que lhes for aplicável, gozarão de plenas garantias e serão inamovíveis.
>
> **§ 2º** - Os juízes dos tribunais eleitorais, salvo motivo justificado, servirão por dois anos, no mínimo, e nunca por mais de dois biênios consecutivos, sendo os substitutos escolhidos na mesma ocasião e pelo mesmo processo, em número igual para cada categoria.

Analisa-se, a seguir, a composição de cada um dos órgãos da Justiça Eleitoral:

Tribunal superior eleitoral

O Tribunal Superior Eleitoral é o tribunal superior da Justiça Eleitoral. Sua composição está prevista no Art. 119 da Constituição Federal:

> **Art. 119.** O Tribunal Superior Eleitoral compor-se-á, no mínimo, de sete membros, escolhidos:
>
> **I.** Mediante eleição, pelo voto secreto:
>
> **a)** Três juízes dentre os Ministros do Supremo Tribunal Federal;
>
> **b)** Dois juízes dentre os Ministros do Superior Tribunal de Justiça;
>
> **II.** Por nomeação do Presidente da República, dois juízes dentre seis advogados de notável saber jurídico e idoneidade moral, indicados pelo Supremo Tribunal Federal.
>
> **Parágrafo único.** O Tribunal Superior Eleitoral elegerá seu Presidente e o Vice-Presidente dentre os Ministros do Supremo Tribunal Federal, e o Corregedor Eleitoral dentre os Ministros do Superior Tribunal de Justiça.

Como se pode depreender do texto constitucional, o TSE é composto de no mínimo sete membros os quais serão eleitos ou nomeados segundo as seguintes regras:

Escolhidos mediante eleição: **três** juízes dentre os Ministros STF e **dois** juízes dentre os Ministros do STJ;

Por nomeação do Presidente da República: dois juízes dentre seis **advogados** de notável saber jurídico e idoneidade moral, indicados pelo Supremo Tribunal Federal.

O Presidente e o Vice-Presidente do TSE serão escolhidos dentre os Ministros do STF e o Corregedor Eleitoral será escolhido dentre os Ministros do STJ.

Tribunal regional eleitoral

Os Tribunais Regionais Eleitorais serão distribuídos em todo território nacional sendo um em cada Capital de cada Estado e no Distrito Federal os quais se comporão de **sete membros**, conforme dispõe o Art. 120 da Constituição Federal:

> **Art. 120.** Haverá um Tribunal Regional Eleitoral na Capital de cada Estado e no Distrito Federal.
>
> **§ 1º** - Os Tribunais Regionais Eleitorais compor-se-ão:
>
> **I.** Mediante eleição, pelo voto secreto:
>
> **a)** De dois juízes dentre os desembargadores do Tribunal de Justiça;
>
> **b)** De dois juízes, dentre juízes de direito, escolhidos pelo Tribunal de Justiça;
>
> **II.** De um juiz do Tribunal Regional Federal com sede na Capital do Estado ou no Distrito Federal, ou, não havendo, de juiz federal, escolhido, em qualquer caso, pelo Tribunal Regional Federal respectivo;
>
> **III.** Por nomeação, pelo Presidente da República, de dois juízes dentre seis advogados de notável saber jurídico e idoneidade moral, indicados pelo Tribunal de Justiça.
>
> **§ 2º** - O Tribunal Regional Eleitoral elegerá seu Presidente e o Vice-Presidente dentre os desembargadores.

Os membros do TRE serão escolhidos conforme os seguintes critérios:

Mediante eleição: dois juízes dentre os desembargadores do Tribunal de Justiça e **dois** juízes, dentre juízes de direito, escolhidos pelo Tribunal de Justiça.

Por nomeação do Presidente da República: de**dois** juízes dentre seis advogados de notável saber jurídico e idoneidade moral, indicados pelo Tribunal de Justiça.

Cada TRE elegerá seu Presidente e o Vice-Presidente entre os seus desembargadores.

Juízes e juntas eleitorais

No que tange aos juízes e juntas eleitorais previstos no Art. 121 da Constituição, sua regulação está prevista no Código Eleitoral entre os Arts. 32 e 41, a qual deve ser analisada em disciplina oportuna. Isto é o que prevê o texto constitucional:

> **Art. 121.** Lei complementar disporá sobre a organização e competência dos tribunais, dos juízes de direito e das juntas eleitorais.
>
> **§ 1º** - Os membros dos tribunais, os juízes de direito e os integrantes das juntas eleitorais, no exercício de suas funções, e no que lhes for aplicável, gozarão de plenas garantias e serão inamovíveis.

Competência

Quanto às atribuições da Justiça Eleitoral, não existe dúvida sobre a sua competência especializada em matéria eleitoral. O Art. 121, em seu § 3º, estabelece algumas regras que podem ser cobradas em prova:

> **Art. 121, § 3º** - São irrecorríveis as decisões do Tribunal Superior Eleitoral, salvo as que contrariarem esta Constituição e as denegatórias de Habeas Corpus ou mandado de segurança.
>
> **§ 4º** - Das decisões dos Tribunais Regionais Eleitorais somente caberá recurso quando:
>
> **I.** Forem proferidas contra disposição expressa desta Constituição ou de lei;
>
> **II.** Ocorrer divergência na interpretação de lei entre dois ou mais tribunais eleitorais;
>
> **III.** Versarem sobre inelegibilidade ou expedição de diplomas nas eleições federais ou estaduais;
>
> **IV.** Anularem diplomas ou decretarem a perda de mandatos eletivos federais ou estaduais;
>
> **V.** Denegarem Habeas Corpus, mandado de segurança, Habeas Data ou mandado de injunção.

Justiça militar

A Justiça Militar compõe a chamada justiça especializada, nesse caso, em direito militar. A sua existência se deve à subordinação dos militares a um regime especial com direitos e deveres distintos quando comparados aos servidores civis.

A Constituição Federal definiu como órgãos da Justiça Militar os seguintes:

> **Art. 122.** São órgãos da Justiça Militar:
> **I.** O Superior Tribunal Militar;
> **II.** Os Tribunais e Juízes Militares instituídos por lei.

Na sequência, pode-se ver a composição de cada um dos órgãos:

Superior tribunal militar

O Superior Tribunal Militar é o órgão de cúpula da Justiça Militar, o qual é composto segundo as regras estabelecidas no Art. 123 da CF:

> **Art. 123.** O Superior Tribunal Militar compor-se-á de quinze Ministros vitalícios, nomeados pelo Presidente da República, depois de aprovada a indicação pelo Senado Federal, sendo três dentre oficiais-generais da Marinha, quatro dentre oficiais-generais do Exército, três dentre oficiais-generais da Aeronáutica, todos da ativa e do posto mais elevado da carreira, e cinco dentre civis.
> **Parágrafo único.** Os Ministros civis serão escolhidos pelo Presidente da República dentre brasileiros maiores de trinta e cinco anos, sendo:
> **I.** Três dentre advogados de notório saber jurídico e conduta ilibada, com mais de dez anos de efetiva atividade profissional;
> **II.** Dois, por escolha paritária, dentre juízes auditores e membros do Ministério Público da Justiça Militar.

O STM é composto por quinze ministros nomeados pelo Presidente da República, depois de aprovada a indicação pelo Senado Federal. Esses ministros ocuparão os cargos de forma vitalícia e serão escolhidos entre militares da ativa e do posto mais elevado da carreira, bem como entre civis escolhidos pelo Presidente da República com mais de 35 anos de idade, observadas as seguintes regras:

10 Militares

Três – oficiais-generais da Marinha;

Quatro – oficiais-generais do Exército;

Três – oficiais-generais da Aeronáutica;

5 Civis

Três – civis entre advogados de notório saber jurídico e conduta ilibada, com mais de dez anos de efetiva atividade profissional;

Dois – civis escolhidos de forma paritária, entre juízes auditores e membros do Ministério Público da Justiça Militar.

Competências

Segundo a Constituição Federal, a Justiça Militar é competente para processar e julgar os crimes militares definidos em lei:

> **Art. 124.** À Justiça Militar compete processar e julgar os crimes militares definidos em lei.
> **Parágrafo único.** A lei disporá sobre a organização, o funcionamento e a competência da Justiça Militar.

É importante lembrar que essa competência é da Justiça Militar da União, a qual só julgará crimes militares praticados por militares das Forças Armadas. A Constituição também previu a criação da Justiça Militar nos Estados com competência para julgar os militares dos estados (policiais e bombeiros militares) em seu Art. 125, § 3º ao 5º:

> **Art. 125.** Os Estados organizarão sua Justiça, observados os princípios estabelecidos nesta Constituição.
> **§ 3º** - A lei estadual poderá criar, mediante proposta do Tribunal de Justiça, a Justiça Militar estadual, constituída, em primeiro grau, pelos juízes de direito e pelos Conselhos de Justiça e, em segundo grau, pelo próprio Tribunal de Justiça, ou por Tribunal de Justiça Militar nos Estados em que o efetivo militar seja superior a vinte mil integrantes.
> **§ 4º** - Compete à Justiça Militar estadual processar e julgar os militares dos Estados, nos crimes militares definidos em lei e as ações judiciais contra atos disciplinares militares, ressalvada a competência do júri quando a vítima for civil, cabendo ao tribunal competente decidir sobre a perda do posto e da patente dos oficiais e da graduação das praças.
> **§ 5º** - Compete aos juízes de direito do juízo militar processar e julgar, singularmente, os crimes militares cometidos contra civis e as ações judiciais contra atos disciplinares militares, cabendo ao Conselho de Justiça, sob a presidência de juiz de direito, processar e julgar os demais crimes militares.

Tribunais e juízes estaduais

Em relação aos Tribunais e Juízes estaduais, a Constituição Federal fixou regras gerais e deixou a cargo de cada Estado organizar a sua justiça, observados os princípios estabelecidos na Constituição Federal:

> **Art. 125.** Os Estados organizarão sua Justiça, observados os princípios estabelecidos nesta Constituição.
> **§ 1º** - A competência dos tribunais será definida na Constituição do Estado, sendo a lei de organização judiciária de iniciativa do Tribunal de Justiça.
> **§ 2º** - Cabe aos Estados a instituição de representação de inconstitucionalidade de leis ou atos normativos estaduais ou municipais em face da Constituição Estadual, vedada a atribuição da legitimação para agir a um único órgão.
> **§ 3º** - A lei estadual poderá criar, mediante proposta do Tribunal de Justiça, a Justiça Militar estadual, constituída, em primeiro grau, pelos juízes de direito e pelos Conselhos de Justiça e, em segundo grau, pelo próprio Tribunal de Justiça, ou por Tribunal de Justiça Militar nos Estados em que o efetivo militar seja superior a vinte mil integrantes.
> **§ 4º** - Compete à Justiça Militar estadual processar e julgar os militares dos Estados, nos crimes militares definidos em lei e as ações judiciais contra atos disciplinares militares, ressalvada a competência do júri quando a vítima for civil, cabendo ao tribunal competente decidir sobre a perda do posto e da patente dos oficiais e da graduação das praças.
> **§ 5º** - Compete aos juízes de direito do juízo militar processar e julgar, singularmente, os crimes militares cometidos contra civis e as ações judiciais contra atos disciplinares militares, cabendo ao Conselho de Justiça, sob a presidência de juiz de direito, processar e julgar os demais crimes militares.
> **§ 6º** - O Tribunal de Justiça poderá funcionar descentralizadamente, constituindo Câmaras regionais, a fim de assegurar o pleno acesso do jurisdicionado à justiça em todas as fases do processo.
> **§ 7º** - O Tribunal de Justiça instalará a justiça itinerante, com a realização de audiências e demais funções da atividade jurisdicional, nos limites territoriais da respectiva jurisdição, servindo-se de equipamentos públicos e comunitários.
> **Art. 126.** Para dirimir conflitos fundiários, o Tribunal de Justiça proporá a criação de varas especializadas, com competência exclusiva para questões agrárias.
> **Parágrafo único.** Sempre que necessário à eficiente prestação jurisdicional, o juiz far-se-á presente no local do litígio.

PODER JUDICIÁRIO

ÓRGÃO	MEMBROS	IDADE
STF	11	35 - 65
COMPOSIÇÃO		

Brasileiros natos.
Notável saber jurídico e reputação ilibada.
Nomeado pelo Presidente da República mediante aprovação do Senado pela maioria absoluta.

ÓRGÃO	MEMBROS	IDADE
CNJ	15	
COMPOSIÇÃO		

Presidente do STF.
Indicados pelo STF: 1 desembargador do TJ, 1 juiz estadual.
Indicados pelo STJ: 1 ministro do STJ, 1 juiz do TRF, 1 juiz federal.
Indicados pelo TST: 1 ministro do TST, 1 juiz do TRT, 1 juiz do trabalho.
Indicados pelo PGR: 1 membro do MPE, 1 membro do MPU.
Indicados pelo CFOAB: 2 advogados.
Indicado pela Câmara: 1 cidadão.
Indicado pelo Senado: 1 cidadão.

ÓRGÃO	MEMBROS	IDADE
STJ	Mínimo de 33	35-65
COMPOSIÇÃO		

Brasileiro.
Notável saber jurídico e reputação ilibada.
Nomeado pelo Presidente da República mediante aprovação do Senado.
1/3 juízes do TRF.
1/3 desembargadores do TJ.
1/3 advogados e membros do MPF, MPE e MPDFT.

ÓRGÃO	MEMBROS	IDADE
TRF	Mínimo de 7	30-65
COMPOSIÇÃO		

Nomeados pelo Presidente da República.
1/5 advogados e membros do MPF (os advogados e membros do Ministério Público quando são nomeados para algum cargo do Poder Judiciário pelo Quinto Constitucional precisam comprovar 10 anos de experiência).
4/5 juízes federais.

ÓRGÃO	MEMBROS	IDADE
TST	27	35-65
COMPOSIÇÃO		

Nomeado pelo Presidente da República mediante aprovação do Senado.
1/5 advogados e membros do MPT.
4/5 juízes do TRT da magistratura de carreira.

ÓRGÃO	MEMBROS	IDADE
TRT	Mínimo de 7	30-65
COMPOSIÇÃO		

Nomeados pelo Presidente da República.
1/5 advogados e membros do MPT.
4/5 juízes do trabalho.

ÓRGÃO	MEMBROS	IDADE
TSE	Mínimo de 7	
COMPOSIÇÃO		

Eleição: 3 ministros do STF; 2 ministros do STJ.
Nomeação pelo Presidente da República: 2 advogados de notável saber jurídico e idoneidade moral indicados pelo STF.

ÓRGÃO	MEMBROS	IDADE
TRE	7	
COMPOSIÇÃO		

Eleição: 2 desembargadores do TJ, 2 juízes de direito do TJ.
1 juiz do TRF ou juiz federal.
Nomeação pelo Presidente da República: 2 advogados de notável saber jurídico e idoneidade moral indicados pelo TJ.

ÓRGÃO	MEMBROS	IDADE
STM	15	
COMPOSIÇÃO		

Ministros vitalícios.
Nomeados pelo Presidente da República mediante aprovação do Senado.
3 oficiais-generais da Marinha.
4 oficiais-generais do Exército.
3 oficiais-generais da Aeronáutica.
5 civis escolhidos pelo Presidente entre brasileiros com mais de trinta e cinco anos sendo três dentre advogados com mais de dez anos de efetiva atividade profissional e dois entre juízes auditores e membros do MPJM.

12.3 Análise das Competências dos Órgãos do Poder Judiciário

O sucesso nesta parte da matéria depende de intensa leitura e memorização das competências que serão cobradas em prova. As mais cobradas são, sem dúvida, as do STF e do STJ. Também há grande ocorrência de questões sobre o CNJ. Passa-se à análise de cada um dos órgãos do Poder Judiciário.

Supremo tribunal federal

O Supremo Tribunal Federal é o órgão de cúpula do Poder Judiciário. Também é conhecido como Tribunal Constitucional, pois possui como atribuição precípua a guarda da Constituição Federal. Como protetor do texto constitucional, ele realiza o chamado Controle de Constitucionalidade Concentrado. Nota-se que as competências do STF compõem um rol taxativo e estão distribuídas em três espécies: originária, recursal ordinária e recursal extraordinária.

Originárias – as causas previstas no inciso I do Art. 102 têm início no próprio STF, a quem compete julgar originariamente.

> **Art. 102.** Compete ao Supremo Tribunal Federal, precipuamente, a guarda da Constituição, cabendo-lhe:
>
> **I.** Processar e julgar, originariamente:
>
> **a)** A ação direta de inconstitucionalidade de lei ou ato normativo federal ou estadual e a ação declaratória de constitucionalidade de lei ou ato normativo federal;
>
> **b)** Nas infrações penais comuns, o Presidente da República, o Vice-Presidente, os membros do Congresso Nacional, seus próprios Ministros e o Procurador-Geral da República;
>
> **c)** Nas infrações penais comuns e nos crimes de responsabilidade, os Ministros de Estado e os Comandantes da Marinha, do Exército e da Aeronáutica, ressalvado o disposto no Art. 52, I, os membros dos Tribunais Superiores, os do Tribunal de Contas da União e os chefes de missão diplomática de caráter permanente;
>
> **d)** O Habeas Corpus, sendo paciente qualquer das pessoas referidas nas alíneas anteriores; o mandado de segurança e o Habeas Data contra atos do Presidente da República, das Mesas da Câmara dos Deputados e do Senado Federal, do Tribunal de Contas da União, do Procurador-Geral da República e do próprio Supremo Tribunal Federal;

e) O litígio entre Estado estrangeiro ou organismo internacional e a União, o Estado, o Distrito Federal ou o Território;

f) As causas e os conflitos entre a União e os Estados, a União e o Distrito Federal, ou entre uns e outros, inclusive as respectivas entidades da administração indireta;

g) A extradição solicitada por Estado estrangeiro;

h) (Revogado Emenda Constitucional nº 45, de 2004);

i) O Habeas Corpus, quando o coator for Tribunal Superior ou quando o coator ou o paciente for autoridade ou funcionário cujos atos estejam sujeitos diretamente à jurisdição do Supremo Tribunal Federal, ou se trate de crime sujeito à mesma jurisdição em uma única instância;

j) A revisão criminal e a ação rescisória de seus julgados;

l) A reclamação para a preservação de sua competência e garantia da autoridade de suas decisões;

m) A execução de sentença nas causas de sua competência originária, facultada a delegação de atribuições para a prática de atos processuais;

n) A ação em que todos os membros da magistratura sejam direta ou indiretamente interessados, e aquela em que mais da metade dos membros do tribunal de origem estejam impedidos ou sejam direta ou indiretamente interessados;

o) Os conflitos de competência entre o Superior Tribunal de Justiça e quaisquer tribunais, entre Tribunais Superiores, ou entre estes e qualquer outro tribunal;

p) O pedido de medida cautelar das ações diretas de inconstitucionalidade;

q) O mandado de injunção, quando a elaboração da norma regulamentadora for atribuição do Presidente da República, do Congresso Nacional, da Câmara dos Deputados, do Senado Federal, das Mesas de uma dessas Casas Legislativas, do Tribunal de Contas da União, de um dos Tribunais Superiores, ou do próprio Supremo Tribunal Federal;

r) As ações contra o Conselho Nacional de Justiça e contra o Conselho Nacional do Ministério Público.

Recurso ordinário

Analisa matéria já debatida em instância anterior atuando como tribunal de 2º grau de jurisdição. O Art. 102, II prevê como competência em sede de recurso ordinário:

II. Julgar, em recurso ordinário:
a) O Habeas Corpus, o mandado de segurança, o Habeas Data e o mandado de injunção decididos em única instância pelos Tribunais Superiores, se denegatória a decisão;
b) O crime político.

Recurso extraordinário

Atua na defesa da norma constitucional. O Art. 102, III, prevê que compete ao STF o julgamento das causas decididas em única ou última instância quando a decisão recorrida:

III. Julgar, mediante recurso extraordinário, as causas decididas em única ou última instância, quando a decisão recorrida:
a) Contrariar dispositivo desta Constituição;
b) Declarar a inconstitucionalidade de tratado ou lei federal;
c) Julgar válida lei ou ato de governo local contestado em face desta Constituição.
d) Julgar válida lei local contestada em face de lei federal.

As questões sobre competências costumam ser bem complicadas, pois exigem do candidato a memorização de vários dispositivos, sem contar que se costuma complicar colocando a competência de um tribunal como se fosse de outro tribunal. Vejamos este exemplo:

Controle de constitucionalidade

O STF, em sede de controle de constitucionalidade concentrado, tem competência para apreciar originariamente a Ação Direta de Inconstitucionalidade e a Ação Declaratória de Constitucionalidade. Essas ações têm como objetivo questionar a constitucionalidade de uma lei ou ato normativo diante da Constituição. Quando esse questionamento se dá diretamente no STF, é necessário que seja apresentado por um dos legitimados que estão previstos no Art. 103:

Art. 103. Podem propor a ação direta de inconstitucionalidade e a ação declaratória de constitucionalidade:
I. O Presidente da República;
II. A Mesa do Senado Federal;
III. A Mesa da Câmara dos Deputados;
IV. A Mesa de Assembleia Legislativa ou da Câmara Legislativa do Distrito Federal;
V. O Governador de Estado ou do Distrito Federal;
VI. O Procurador-Geral da República;
VII. O Conselho Federal da Ordem dos Advogados do Brasil;
VIII. Partido político com representação no Congresso Nacional;
IX. Confederação sindical ou entidade de classe de âmbito nacional.

§1º - O Procurador-Geral da República deverá ser previamente ouvido nas ações de inconstitucionalidade e em todos os processos de competência do Supremo Tribunal Federal.

§2º - Declarada a inconstitucionalidade por omissão de medida para tornar efetiva norma constitucional, será dada ciência ao Poder competente para a adoção das providências necessárias e, em se tratando de órgão administrativo, para fazê-lo em trinta dias.

§3º - Quando o Supremo Tribunal Federal apreciar a inconstitucionalidade, em tese, de norma legal ou ato normativo, citará, previamente, o Advogado-Geral da União, que defenderá o ato ou texto impugnado.

Deve-se memorizar o rol de legitimados. Observe que os membros do Poder Executivo e Legislativo da União, dos Estados e do Distrito Federal possuem legitimidade para ingressar com essas ações de Controle de Constitucionalidade, contudo as mesmas autoridades no âmbito dos Municípios não possuem tal poder, e isso aparece muito em prova. Prefeito e Mesa da Câmara de Vereadores não possuem legitimidade para propor as ações de controle de constitucionalidade citadas acima.

Observam-se também outros detalhes. No que tange às Casas Legislativas, a competência é da Mesa e não do membro. Mesa da Câmara ou da Assembleia é órgão de direção em que encontram o Presidente da Casa, os Secretários e demais membros de direção.

Quanto aos partidos políticos, não é qualquer partido político que tem legitimidade; tem de ser partido com representação no Congresso Nacional. E representação no Congresso Nacional significa pelo menos um membro em qualquer uma das Casas.

Em relação à confederação sindical ou entidade de classe, não será qualquer uma que possui legitimidade. Deve ser de âmbito nacional.

Súmulas vinculantes

As súmulas vinculantes são ferramentas jurídicas criadas para garantir maior efetividade ao inciso LXXVIII do Art. 5º da

NOÇÕES DE DIREITO CONSTITUCIONAL

PODER JUDICIÁRIO

Constituição Federal de 1988 (celeridade processual). Introduzida no direito brasileiro por meio da Emenda Constitucional nº 45/2004, essas súmulas refletem o pensamento do Supremo Tribunal Federal acerca da validade, interpretação e eficácia de algumas normas que já foram analisadas em reiteradas decisões.

A competência para edição dessas súmulas é exclusiva do STF. Após a edição da súmula, ela produz efeitos vinculantes para todos os órgãos do Poder Judiciário e para a Administração Pública direta e indireta, nas esferas federal, estadual e municipal. É importante ressaltar que os efeitos das súmulas vinculantes não atingem o STF nem o Poder Legislativo: o STF, por poder rever ou cancelar a súmula conforme a evolução jurisprudencial; e o Legislativo, por ser o Poder responsável pela inovação legislativa no Brasil.

O seu principal objetivo é diminuir a quantidade de processos com temas idênticos que se acumulam nas diversas instâncias do Judiciário. Ao editar uma súmula vinculante, o STF produz segurança jurídica e evita a multiplicação de processos sobre as questões sumuladas. Esse tema está regulado pelo Art. 103-A da Constituição Federal e a Lei 11.417/2006.

> **Art. 103-A.** O Supremo Tribunal Federal poderá, de ofício ou por provocação, mediante decisão de dois terços dos seus membros, após reiteradas decisões sobre matéria constitucional, aprovar súmula que, a partir de sua publicação na imprensa oficial, terá efeito vinculante em relação aos demais órgãos do Poder Judiciário e à administração pública direta e indireta, nas esferas federal, estadual e municipal, bem como proceder à sua revisão ou cancelamento, na forma estabelecida em lei.
>
> **§ 1º** - A súmula terá por objetivo a validade, a interpretação e a eficácia de normas determinadas, acerca das quais haja controvérsia atual entre órgãos judiciários ou entre esses e a administração pública que acarrete grave insegurança jurídica e relevante multiplicação de processos sobre questão idêntica.
>
> **§ 2º** - Sem prejuízo do que vier a ser estabelecido em lei, a aprovação, revisão ou cancelamento de súmula poderá ser provocada por aqueles que podem propor a ação direta de inconstitucionalidade.
>
> **§ 3º** - Do ato administrativo ou decisão judicial que contrariar a súmula aplicável ou que indevidamente a aplicar, caberá reclamação ao Supremo Tribunal Federal que, julgando-a procedente, anulará o ato administrativo ou cassará a decisão judicial reclamada, e determinará que outra seja proferida com ou sem a aplicação da súmula, conforme o caso.

Superior tribunal de justiça

O Superior Tribunal de Justiça é o conhecido protetor da legislação federal. Suas competências estão arroladas no Art. 105 da Constituição e estão divididas em: originária, recursal ordinária e recursal especial.

Originária

As causas previstas no inciso I do Art. 105 têm início no próprio STJ, a quem compete julgar originariamente:

> *a)* Nos crimes comuns, os Governadores dos Estados e do Distrito Federal, e, nestes e nos de responsabilidade, os desembargadores dos Tribunais de Justiça dos Estados e do Distrito Federal, os membros dos Tribunais de Contas dos Estados e do Distrito Federal, os dos Tribunais Regionais Federais, dos Tribunais Regionais Eleitorais e do Trabalho, os membros dos Conselhos ou Tribunais de Contas dos Municípios e os do Ministério Público da União que oficiem perante tribunais;
>
> *b)* Os mandados de segurança e os Habeas Data contra ato de Ministro de Estado, dos Comandantes da Marinha, do Exército e da Aeronáutica ou do próprio Tribunal;
>
> *c)* Os Habeas Corpus, quando o coator ou paciente for qualquer das pessoas mencionadas na alínea "a", ou quando o coator for tribunal sujeito à sua jurisdição, Ministro de Estado ou Comandante da Marinha, do Exército ou da Aeronáutica, ressalvada a competência da Justiça Eleitoral;
>
> *d)* Os conflitos de competência entre quaisquer tribunais, ressalvado o disposto no Art. 102, I, "o", bem como entre tribunal e juízes a ele não vinculados e entre juízes vinculados a tribunais diversos;
>
> *e)* As revisões criminais e as ações rescisórias de seus julgados;
>
> *f)* A reclamação para a preservação de sua competência e garantia da autoridade de suas decisões;
>
> *g)* Os conflitos de atribuições entre autoridades administrativas e judiciárias da União, ou entre autoridades judiciárias de um Estado e administrativas de outro ou do Distrito Federal, ou entre as deste e da União;
>
> *h)* O mandado de injunção, quando a elaboração da norma regulamentadora for atribuição de órgão, entidade ou autoridade federal, da administração direta ou indireta, excetuados os casos de competência do Supremo Tribunal Federal e dos órgãos da Justiça Militar, da Justiça Eleitoral, da Justiça do Trabalho e da Justiça Federal;
>
> *i)* A homologação de sentenças estrangeiras e a concessão de exequatur às cartas rogatórias.

Recurso Ordinário

Analisa matéria já debatida em instância anterior atuando como tribunal de 2º grau de jurisdição. O Art. 105, II prevê como competência em sede de recurso ordinário:

> *a)* Os "Habeas Corpus" decididos em única ou última instância pelos Tribunais Regionais Federais ou pelos tribunais dos Estados, do Distrito Federal e Territórios, quando a decisão for denegatória;
>
> *b)* Os mandados de segurança decididos em única instância pelos Tribunais Regionais Federais ou pelos tribunais dos Estados, do Distrito Federal e Territórios, quando denegatória a decisão;
>
> *c)* As causas em que forem partes Estado estrangeiro ou organismo internacional, de um lado, e, do outro, Município ou pessoa residente ou domiciliada no País.

Recurso Especial

Atua na defesa das normas infraconstitucionais federais. O Art. 105, III prevê que compete ao STJ o julgamento das causas decididas em única ou última instância pelos TRFs e TJs que:

> *a)* Contrariar tratado ou lei federal, ou negar-lhe vigência;
>
> *b)* Julgar válido ato de governo local contestado em face de lei federal;
>
> *c)* Der a lei federal interpretação divergente da que lhe haja atribuído outro tribunal.

Conselho nacional de justiça

O Conselho Nacional de Justiça é órgão do poder judiciário, mas não possui função jurisdicional. Sua função é de caráter administrativo.

O CNJ é responsável pela fiscalização administrativa e financeira do Poder Judiciário. Possui também atribuição para fiscalizar os seus membros quanto a observância dos deveres funcionais.

Por fim, deve-se lembrar que o CNJ não possui competência sobre o STF, haja vista este ser o órgão de cúpula de todo o poder judiciário.

> *§ 4º - Compete ao Conselho o controle da atuação administrativa e financeira do Poder Judiciário e do cumprimento dos deveres funcionais dos juízes, cabendo-lhe, além de outras atribuições que lhe forem conferidas pelo Estatuto da Magistratura:*
>
> *I. Zelar pela autonomia do Poder Judiciário e pelo cumprimento do Estatuto da Magistratura, podendo expedir atos regulamentares, no âmbito de sua competência, ou recomendar providências;*
>
> *II. Zelar pela observância do Art. 37 e apreciar, de ofício ou mediante provocação, a legalidade dos atos administrativos praticados por membros ou órgãos do Poder Judiciário, podendo desconstituí-los, revê-los ou fixar prazo para que se adotem as providências necessárias ao exato cumprimento da lei, sem prejuízo da competência do Tribunal de Contas da União;*
>
> *III. Receber e conhecer das reclamações contra membros ou órgãos do Poder Judiciário, inclusive contra seus serviços auxiliares, serventias e órgãos prestadores de serviços notariais e de registro que atuem por delegação do poder público ou oficializados, sem prejuízo da competência disciplinar e correicional dos tribunais, podendo avocar processos disciplinares em curso e determinar a remoção, a disponibilidade ou a aposentadoria com subsídios ou proventos proporcionais ao tempo de serviço e aplicar outras sanções administrativas, assegurada ampla defesa;*
>
> *IV. Representar ao Ministério Público, no caso de crime contra a administração pública ou de abuso de autoridade;*
>
> *V. Rever, de ofício ou mediante provocação, os processos disciplinares de juízes e membros de tribunais julgados há menos de um ano;*
>
> *VI. Elaborar semestralmente relatório estatístico sobre processos e sentenças prolatadas, por unidade da Federação, nos diferentes órgãos do Poder Judiciário;*
>
> *VII. Elaborar relatório anual, propondo as providências que julgar necessárias, sobre a situação do Poder Judiciário no País e as atividades do Conselho, o qual deve integrar mensagem do Presidente do Supremo Tribunal Federal a ser remetida ao Congresso Nacional, por ocasião da abertura da sessão legislativa.*
>
> *§ 5º - O Ministro do Superior Tribunal de Justiça exercerá a função de Ministro-Corregedor e ficará excluído da distribuição de processos no Tribunal, competindo-lhe, além das atribuições que lhe forem conferidas pelo Estatuto da Magistratura, as seguintes:*
>
> *I. Receber as reclamações e denúncias, de qualquer interessado, relativas aos magistrados e aos serviços judiciários;*
>
> *II. Exercer funções executivas do Conselho, de inspeção e de correição geral;*
>
> *III. Requisitar e designar magistrados, delegando-lhes atribuições, e requisitar servidores de juízos ou tribunais, inclusive nos Estados, Distrito Federal e Territórios.*
>
> *§ 6º - Junto ao Conselho oficiarão o Procurador-Geral da República e o Presidente do Conselho Federal da Ordem dos Advogados do Brasil.*
>
> *§ 7º - A União, inclusive no Distrito Federal e nos Territórios, criará ouvidorias de justiça, competentes para receber reclamações e denúncias de qualquer interessado contra membros ou órgãos do Poder Judiciário, ou contra seus serviços auxiliares, representando diretamente ao Conselho Nacional de Justiça.*

Justiça federal

Estes são os órgãos da chamada Justiça Federal:

> *Art. 106. São órgãos da Justiça Federal:*
> *I. Os Tribunais Regionais Federais;*
> *II. Os Juízes Federais.*

Tribunal regional federal e juízes federais

As competências da Justiça Federal, em regra, estão relacionadas com causas de interesse da União. Atente para esse tema, pois há competências que são dos Tribunais Regionais Federais e outras que são dos Juízes Federais. As provas costumam trocar essas competências umas pelas outras. As primeiras encontram-se definidas no Art. 108 e as dos Juízes Federais estão previstas no Art. 109:

> *Art. 108. Compete aos Tribunais Regionais Federais:*
>
> *I. Processar e julgar, originariamente:*
>
> *a) Os juízes federais da área de sua jurisdição, incluídos os da Justiça Militar e da Justiça do Trabalho, nos crimes comuns e de responsabilidade, e os membros do Ministério Público da União, ressalvada a competência da Justiça Eleitoral;*
>
> *b) As revisões criminais e as ações rescisórias de julgados seus ou dos juízes federais da região;*
>
> *c) Os mandados de segurança e os Habeas Data contra ato do próprio Tribunal ou de juiz federal;*
>
> *d) Os Habeas Corpus, quando a autoridade coatora for juiz federal;*
>
> *e) Os conflitos de competência entre juízes federais vinculados ao Tribunal;*
>
> *II. Julgar, em grau de recurso, as causas decididas pelos juízes federais e pelos juízes estaduais no exercício da competência federal da área de sua jurisdição.*
>
> *Art. 109. Aos juízes federais compete processar e julgar:*
>
> *I. As causas em que a União, entidade autárquica ou empresa pública federal forem interessadas na condição de autoras, rés, assistentes ou oponentes, exceto as de falência, as de acidentes de trabalho e as sujeitas à Justiça Eleitoral e à Justiça do Trabalho;*
>
> *II. As causas entre Estado estrangeiro ou organismo internacional e Município ou pessoa domiciliada ou residente no País;*
>
> *III. As causas fundadas em tratado ou contrato da União com Estado estrangeiro ou organismo internacional;*
>
> *IV. Os crimes políticos e as infrações penais praticadas em detrimento de bens, serviços ou interesse da União ou de suas entidades autárquicas ou empresas públicas, excluídas as contravenções e ressalvada a competência da Justiça Militar e da Justiça Eleitoral;*
>
> *V. Os crimes previstos em tratado ou convenção internacional, quando, iniciada a execução no País, o resultado tenha ou devesse ter ocorrido no estrangeiro, ou reciprocamente;*
>
> *V-A. As causas relativas a direitos humanos a que se refere o § 5º deste artigo;*
>
> *VI. Os crimes contra a organização do trabalho e, nos casos determinados por lei, contra o sistema financeiro e a ordem econômico-financeira;*
>
> *VII. Os Habeas Corpus, em matéria criminal de sua competência ou quando o constrangimento provier de autoridade cujos atos não estejam diretamente sujeitos a outra jurisdição;*
>
> *VIII. Os mandados de segurança e os Habeas Data contra ato de autoridade federal, excetuados os casos de competência dos tribunais federais;*
>
> *IX. Os crimes cometidos a bordo de navios ou aeronaves, ressalvada a competência da Justiça Militar;*
>
> *X. Os crimes de ingresso ou permanência irregular de estrangeiro, a execução de carta rogatória, após o "exequatur", e de sentença estrangeira, após a homologação, as causas referentes à nacionalidade, inclusive a respectiva opção, e à naturalização;*
>
> *XI. A disputa sobre direitos indígenas.*

13. FUNÇÕES ESSENCIAIS À JUSTIÇA

As funções essenciais à justiça estão previstas expressamente do Art. 127 ao 135 da Constituição Federal, elas são representadas pelas seguintes instituições:

- Ministério Público;
- Advocacia Pública;
- Defensoria Pública;
- Advocacia.

Ao contrário do que muitos pensam, essas instituições não fazem parte do Poder Judiciário, mas desempenham suas funções junto a esse poder. Sua atuação é essencial ao exercício jurisdicional, razão pela qual foram classificadas como funções essenciais. Essa necessidade se justifica em razão da impossibilidade de o Judiciário agir de ofício, ou seja, toda a atuação jurisdicional demanda provocação, a qual será titularizada por uma dessas instituições.

Esses organismos são representados por agentes públicos ou privados cuja função principal é provocar a atuação do Poder Judiciário, o qual se mantém inerte e imparcial, aguardando o momento certo para agir. São em sua essência "advogados".

O Ministério Público é o advogado da Sociedade, pois, conforme prevê o *caput* do Art. 127, incumbe-lhe a tarefa de defender a ordem jurídica, o regime democrático e os interesses sociais e individuais indisponíveis:

> **Art. 127.** *O Ministério Público é instituição permanente, essencial à função jurisdicional do Estado, incumbindo-lhe a defesa da ordem jurídica, do regime democrático e dos interesses sociais e individuais indisponíveis.*

A Advocacia Pública advoga para o Estado representando os entes públicos judicial e extrajudicialmente ou mesmo desempenhando atividades de assessoria e consultoria jurídica.

A Defensoria Pública tem como atribuição principal advogar para os necessitados. São os defensores públicos responsáveis pela defesa dos hipossuficientes, aqueles que não possuem recursos financeiros para contratarem advogados privados.

E, por último, há a Advocacia, que, pela lógica, é privada, formada por advogados particulares, os quais são inscritos na Ordem dos Advogados do Brasil e atuam de forma autônoma e independente dentro dos limites estabelecidos em lei.

O objetivo desta breve introdução é apresentar a diferença funcional básica entre as instituições de forma a facilitar o estudo que, a partir de agora, será mais aprofundado, visando a possíveis questões em provas de concursos públicos. Então, analisaremos, a partir de agora, as Funções Essenciais à Justiça.

13.1 Ministério Público

A compreensão dessa instituição inicia-se pela leitura do próprio texto constitucional, que prevê:

O Ministério Público é uma instituição permanente, de natureza política, cujas atribuições possuem natureza administrativa, sem que com isso esteja subordinada ao Poder Executivo.

Fala-se em uma instituição independente e autônoma aos demais Poderes, motivo pelo qual está posicionada constitucionalmente em capítulo à parte na organização dos poderes como uma função essencial à justiça. Como função essencial à justiça, o Ministério Público é responsável pela provocação do Poder Judiciário em defesa da sociedade, quando se tratar de direitos sociais e individuais indisponíveis.

O Ministério Público no Brasil, além de obedecer às regras constitucionais, também é regido por duas normas: Lei Complementar nº 75/93 e a Lei nº 8.625/93. Essa regula o Ministério Público Nacional e é aplicável aos Ministérios Públicos dos Estados. Aquela é específica para o Ministério Público da União. Cada Estado da Federação poderá organizar o seu órgão ministerial editando sua própria Lei Orgânica Estadual.

A seguir, será feita uma leitura da instituição sob a ótica constitucional sem aprofundar nas estruturas lançadas nas referidas leis orgânicas, o que será feito em momento oportuno.

Estrutura orgânica

Para viabilizar o exercício de suas funções, a Constituição Federal organizou o Ministério Público no Art. 128:

> **Art. 128.** *O Ministério Público abrange:*
> *I. o Ministério Público da União, que compreende:*
> *a) o Ministério Público Federal;*
> *b) o Ministério Público do Trabalho;*
> *c) o Ministério Público Militar;*
> *d) o Ministério Público do Distrito Federal e Territórios;*
> *II. os Ministérios Públicos dos Estados.*

Fique atento a essa classificação, pois o rol é taxativo e, em prova, os examinadores costumam mencionar a existência de um "Ministério Público Eleitoral" ao se fazer comparativo com a estrutura do Poder Judiciário. Na organização do MPU, não foi prevista a existência de Ministério Público com atribuição Eleitoral, função essa de competência do Ministério Público Federal e do Ministério Público Estadual, conforme prevê a Lei Complementar nº 75/93 (Arts. 72 a 80 da LC nº 75/93).

Como se pode perceber, o Ministério Público está dividido em Ministério Público da União e Ministério Público dos Estados, cada um com sua própria autonomia organizacional e chefia própria. O Ministério Público da União, por sua vez, abrange:

> - Ministério Público Federal;
> - Ministério Público do Trabalho;
> - Ministério Público Militar;
> - Ministério Público do Distrito Federal e Territórios.

Existe ainda o Ministério Público junto ao Tribunal de Contas, o qual possui natureza diversa do Ministério Público aqui estudado. Sua organização está atrelada ao Tribunal de Contas do qual faz parte, mas aos seus membros são estendidas as disposições aplicáveis aos Membros do Ministério Público:

> **Art. 130.** *Aos membros do Ministério Público junto aos Tribunais de Contas aplicam-se as disposições desta seção pertinentes a direitos, vedações e forma de investidura.*

Atribuições

Suas atribuições se apoiam na defesa da ordem jurídica, do regime democrático e dos interesses sociais e individuais indisponíveis. É um verdadeiro defensor da sociedade e fiscal dos poderes públicos. Em rol meramente exemplificativo, a Constituição previu como funções institucionais o Art. 129:

> **Art. 129.** São funções institucionais do Ministério Público:
> **I.** promover, privativamente, a ação penal pública, na forma da lei;
> **II.** zelar pelo efetivo respeito dos Poderes Públicos e dos serviços de relevância pública aos direitos assegurados nesta Constituição, promovendo as medidas necessárias a sua garantia;
> **III.** promover o inquérito civil e a ação civil pública, para a proteção do patrimônio público e social, do meio ambiente e de outros interesses difusos e coletivos;
> **IV.** promover a ação de inconstitucionalidade ou representação para fins de intervenção da União e dos Estados, nos casos previstos nesta Constituição;
> **V.** defender judicialmente os direitos e interesses das populações indígenas;
> **VI.** expedir notificações nos procedimentos administrativos de sua competência, requisitando informações e documentos para instrui-los, na forma da lei complementar respectiva;
> **VII.** exercer o controle externo da atividade policial, na forma da lei complementar mencionada no artigo anterior;
> **VIII.** requisitar diligências investigatórias e a instauração de inquérito policial, indicados os fundamentos jurídicos de suas manifestações processuais;
> **IX.** exercer outras funções que lhe forem conferidas, desde que compatíveis com sua finalidade, sendo-lhe vedada a representação judicial e a consultoria jurídica de entidades públicas.
> **§ 1º.** A legitimação do Ministério Público para as ações civis previstas neste artigo não impede a de terceiros, nas mesmas hipóteses, segundo o disposto nesta Constituição e na lei.
> **§ 2º.** As funções do Ministério Público só podem ser exercidas por integrantes da carreira, que deverão residir na comarca da respectiva lotação, salvo autorização do chefe da instituição (Redação dada pela Emenda Constitucional nº 45, de 2004).
> **§ 3º.** O ingresso na carreira do Ministério Público far-se-á mediante concurso público de provas e títulos, assegurada a participação da Ordem dos Advogados do Brasil em sua realização, exigindo-se do bacharel em direito, no mínimo, três anos de atividade jurídica e observando-se, nas nomeações, a ordem de classificação (Redação dada pela Emenda Constitucional nº 45, de 2004).
> **§ 4º.** Aplica-se ao Ministério Público, no que couber, o disposto no Art. 93 (Redação dada pela Emenda Constitucional nº 45, de 2004).
> **§ 5º.** A distribuição de processos no Ministério Público será imediata (Incluído pela Emenda Constitucional nº 45, de 2004).

No desempenho das suas funções institucionais, algumas características foram previstas pela Constituição, as quais são muito importantes para a prova.

Os § 2º e § 3º afirmam que as funções do Ministério Púbico só podem ser exercidas por integrantes da carreira, ou seja, por Membros aprovados em concurso público de provas e títulos, assegurada a participação da OAB durante a sua realização, entre os quais são exigidos os seguintes requisitos:

> ser bacharel em direito;
> possuir, no mínimo, três anos de atividade jurídica.

Em relação à atividade jurídica, deve-se salientar a regulamentação feita pela Resolução nº 40 do Conselho Nacional do Ministério Público, a qual prevê, entre outras atividades, o exercício da advocacia ou de cargo, função e emprego que exija a utilização preponderante de conhecimentos jurídicos, ou até mesmo a realização de cursos de pós-graduação dentro dos parâmetros estabelecidos pela referida resolução. É importante lembrar que esse requisito deverá ser comprovado no momento da investidura no cargo, ou seja, na posse[1], depois de finalizadas todas as fases do concurso.

A Constituição exige ainda que o Membro do Ministério Público resida na comarca de lotação, salvo quando houver autorização do chefe da Instituição. Em razão da semelhança e importância com a carreira da magistratura, a Constituição previu expressamente a aplicação do Art. 93 aos membros do Ministério Público, no que for compatível com a carreira. E, por fim, determina que a distribuição dos processos aos órgãos ministeriais seja feita de forma imediata.

No âmbito de suas atribuições, algumas funções merecem destaque:

Titular da ação penal pública

Segundo o inciso I do Art. 129, compete ao Ministério Público promover, privativamente, a ação penal pública, na forma da lei. A doutrina classifica esse dispositivo como espécie de norma de eficácia contida possuindo aplicabilidade direta e imediata, permitida a regulamentação por lei.

Essa competência é corroborada pela possibilidade de requisição de diligências investigatórias e da instauração de inquérito policial, para que o órgão ministerial formule sua convicção sobre o ilícito penal, o que está previsto no inciso VIII do Art. 129.

Essa exclusividade conferida pela Constituição Federal encontra limitação no próprio texto constitucional, ao permitir o cabimento de ação penal privada subsidiária da pública nos casos em que o Ministério Público fique inerte e não cumpra com sua obrigação[2].

Dessa competência decorre o poder de investigação do Ministério Público, o qual tem sido alvo de muita discussão nos tribunais. Quem não concorda com esse poder sustenta ser a atividade de investigação criminal uma atividade exclusiva da autoridade policial nos termos do Art. 144 da CF.

O posicionamento que tem prevalecido na doutrina e na jurisprudência é no sentido de que o Ministério Público tem legitimidade para promover a investigação criminal, haja vista ser ele o destinatário das informações sobre o fato delituoso produzido no inquérito policial. Ademais, por ter caráter administrativo, o inquérito policial é dispensável, não dependendo o MP da sua existência para promover a persecução penal.

Para a solução desse caso, tem-se aplicado a Teoria dos Poderes Implícitos. Segundo a teoria, as competências expressamente previstas no texto constitucional carregam consigo os meios necessários para sua execução, ou seja, a existência de uma competência explícita implica existência de competências implicitamente previstas e necessárias para execução da atribuição principal. Em suma, se ao Ministério Público compete o oferecimento exclusivo da Ação Penal Pública, por consequência da aplicação dessa teoria, compete também a execução das atividades necessárias à formação da sua opinião sobre o delito. Significa dizer que o poder de investigação criminal está implicitamente previsto no poder de oferecimento da ação penal pública.

---

1 Resolução do CNMP nº 87, de 27 de junho de 2012.
2 Ações Diretas de Inconstitucionalidade, Ações Declaratórias de Constitucionalidade, Arguição de Descumprimento de Preceito Fundamental.

FUNÇÕES ESSENCIAIS À JUSTIÇA

Legitimidade para promover o inquérito civil e a ação civil pública

O Ministério Público também é competente para promover o inquérito civil e a ação civil pública nos termos do inciso III do Art. 129. Essas ferramentas são utilizadas para a proteção do patrimônio público e social, do meio ambiente e de outros interesses difusos e coletivos.

Entendem-se como interesses difusos aqueles de natureza indivisível, cujos titulares não se podem determinar apesar de estarem ligados uns aos outros pelas circunstâncias fáticas. Interesses coletivos se diferenciam dos difusos na medida em que é possível determinar quem são os titulares do direito.

Segundo a Constituição Federal, a ação civil pública não é medida exclusiva a ser adotada pelo Ministério Público:

> **Art. 129**, § 1º. A legitimação do Ministério Público para as ações civis previstas neste artigo não impede a de terceiros, nas mesmas hipóteses, segundo o disposto nesta Constituição e na lei.

A lei de Ação Civil Pública (Lei nº 7.347/85) prevê que são legitimados para propor tal ação, além do MP:

A Defensoria Pública;

A União, os Estados, o Distrito Federal e os Municípios;

A autarquia, empresa pública, fundação ou sociedade de economia mista;

A associação que concomitantemente esteja constituída há pelo menos 1 (um) ano nos termos da lei civil e inclua entre suas finalidades institucionais a proteção ao meio ambiente, ao consumidor, à ordem econômica, à livre concorrência ou ao patrimônio artístico, estético, histórico, turístico e paisagístico.

Já o inquérito civil é procedimento investigatório de caráter administrativo, que poderá ser instaurado pelo Ministério Público com o fim de colher os elementos de prova necessários para a sua convicção sobre o ilícito e, posteriormente, instrução da Ação Civil Pública.

Controle de constitucionalidade

Função das mais relevantes desempenhada pelos órgãos ministeriais ocorre no Controle da Constitucionalidade das leis e atos normativos. Essa atribuição é inerente à sua função de guardião da ordem jurídica. Como protetor da ordem jurídica, compete ao Ministério Público oferecer as ações de controle abstrato de constitucionalidade[3], bem como a Representação Interventiva para fins de intervenção da União e dos Estados nas hipóteses previstas na Constituição Federal.

Controle externo da atividade policial

A Constituição Federal determina que o Ministério Público realize o controle externo da atividade policial. Fala-se em controle externo haja vista o Ministério Público não pertencer à mesma estrutura das forças policiais. É uma instituição totalmente autônoma a qualquer órgão policial, razão pela qual não se pode falar em subordinação dos organismos policiais ao Parquet. A justificativa para essa atribuição decorre do fato de ser ele o destinatário final da atividade policial.

Se, por um lado, o controle externo objetiva a fiscalização das atividades policiais para que elas não sejam desenvolvidas além dos limites legais, preservando os direitos e garantias fundamentais dos investigados, por outro, garante o seu perfeito desenvolvimento, prevenindo e corrigindo a produção probatória, visando ao adequado oferecimento da ação penal.

O controle externo da atividade policial desenvolvido pelo Ministério Público, além de regulamentado nas respectivas leis orgânicas, está normatizado na Resolução nº 20 do CNMP. Ressalte-se que o controle externo não exime a instituição policial de realizar o seu próprio controle interno por meio das corregedorias e órgãos de fiscalização.

Sujeitam-se ao citado controle externo todas as instituições previstas no Art. 144 da Constituição Federal[4], bem como as demais instituições que possuam parcela do poder de polícia desde que estejam relacionadas com a segurança pública e a persecução criminal.

Conselho nacional do ministério público

O Conselho Nacional do Ministério Público, a exemplo do Conselho Nacional de Justiça, foi criado pela Emenda Constitucional nº 45/2004 com o objetivo de efetuar a fiscalização administrativa e financeira do Ministério Público, bem como o cumprimento dos deveres funcionais de seus membros.

Composição

Segundo o texto constitucional, o CNMP é composto de 14 membros, nomeados pelo Presidente da República, depois de aprovada a escolha pela maioria absoluta do Senado Federal, para um mandato de dois anos, sendo permitida apenas uma recondução. Veja-se a composição prevista pela Constituição Federal no Art. 130-A:

> **Art. 130-A.** O Conselho Nacional do Ministério Público compõe-se de quatorze membros nomeados pelo Presidente da República, depois de aprovada a escolha pela maioria absoluta do Senado Federal, para um mandato de dois anos, admitida uma recondução, sendo:
>
> **I.** o Procurador-Geral da República, que o preside;
>
> **II.** quatro membros do Ministério Público da União, assegurada a representação de cada uma de suas carreiras;
>
> **III.** três membros do Ministério Público dos Estados;
>
> **IV.** dois juízes, indicados um pelo Supremo Tribunal Federal e outro pelo Superior Tribunal de Justiça;
>
> **V.** dois advogados, indicados pelo Conselho Federal da Ordem dos Advogados do Brasil;
>
> **VI.** dois cidadãos de notável saber jurídico e reputação ilibada, indicados um pela Câmara dos Deputados e outro pelo Senado Federal.
>
> § 1º. Os membros do Conselho oriundos do Ministério Público serão indicados pelos respectivos Ministérios Públicos, na forma da lei.

Atribuições

Vejamos as atribuições previstas constitucionalmente para o CNMP:

---

3 Art. 5º, LIX, da CF. Será admitida ação privada nos crimes de ação pública, se esta não for intentada no prazo legal.

4 Art. 144. A segurança pública, dever do Estado, direito e responsabilidade de todos, é exercida para a preservação da ordem pública e da incolumidade das pessoas e do patrimônio, através dos seguintes órgãos: I - polícia federal; II - polícia rodoviária federal; III - polícia ferroviária federal; IV - polícias civis; V - polícias militares e corpos de bombeiros militares.

§ 2º. Compete ao Conselho Nacional do Ministério Público o controle da atuação administrativa e financeira do Ministério Público e do cumprimento dos deveres funcionais de seus membros, cabendo-lhe:

I. zelar pela autonomia funcional e administrativa do Ministério Público, podendo expedir atos regulamentares, no âmbito de sua competência, ou recomendar providências;

II. zelar pela observância do Art. 37 e apreciar, de ofício ou mediante provocação, a legalidade dos atos administrativos praticados por membros ou órgãos do Ministério Público da União e dos Estados, podendo desconstituí-los, revê-los ou fixar prazo para que se adotem as providências necessárias ao exato cumprimento da lei, sem prejuízo da competência dos Tribunais de Contas;

III. receber e conhecer das reclamações contra membros ou órgãos do Ministério Público da União ou dos Estados, inclusive contra seus serviços auxiliares, sem prejuízo da competência disciplinar e correicional da instituição, podendo avocar processos disciplinares em curso, determinar a remoção, a disponibilidade ou a aposentadoria com subsídios ou proventos proporcionais ao tempo de serviço e aplicar outras sanções administrativas, assegurada ampla defesa;

IV. rever, de ofício ou mediante provocação, os processos disciplinares de membros do Ministério Público da União ou dos Estados julgados há menos de um ano;

V. elaborar relatório anual, propondo as providências que julgar necessárias sobre a situação do Ministério Público no País e as atividades do Conselho, o qual deve integrar a mensagem prevista no Art. 84, XI.

§ 3º. O Conselho escolherá, em votação secreta, um Corregedor nacional, dentre os membros do Ministério Público que o integram, vedada a recondução, competindo-lhe, além das atribuições que lhe forem conferidas pela lei, as seguintes:

I. receber reclamações e denúncias, de qualquer interessado, relativas aos membros do Ministério Público e dos seus serviços auxiliares;

II. exercer funções executivas do Conselho, de inspeção e correição geral;

III. requisitar e designar membros do Ministério Público, delegando-lhes atribuições, e requisitar servidores de órgãos do Ministério Público.

§ 4º. O Presidente do Conselho Federal da Ordem dos Advogados do Brasil oficiará junto ao Conselho.

§ 5º. Leis da União e dos Estados criarão ouvidorias do Ministério Público, competentes para receber reclamações e denúncias de qualquer interessado contra membros ou órgãos do Ministério Público, inclusive contra seus serviços auxiliares, representando diretamente ao Conselho Nacional do Ministério Público.

Princípios institucionais

A Constituição Federal prevê expressamente no § 1º do Art. 127 os chamados Princípios Institucionais, os quais norteiam o desenvolvimento das atividades dos Órgãos Ministeriais:

§ 1º. São princípios institucionais do Ministério Público a unidade, a indivisibilidade e a independência funcional.

O **Princípio da Unidade** revela que os membros do Ministério Público integram um órgão único chefiado por um Procurador-Geral. Essa unidade é percebida dentro de cada ramo do Ministério Público, não existindo unidade entre o Ministério Público estadual e da União, ou entre os diversos Ministérios Públicos estaduais, ou ainda entre os ramos do Ministério Público da União. Qualquer divisão que exista dentro de um dos Órgãos Ministeriais possui caráter meramente funcional.

Já o **Princípio da Indivisibilidade**, que decorre do Princípio da Unidade, revela a possibilidade de os membros se substituírem sem qualquer prejuízo ao processo, pois o Ministério Público é uno e indivisível. Os membros agem em nome da instituição e nunca em nome próprio, pois pertencem a um só corpo. Esse princípio veda a vinculação de um membro a um processo permitindo, inclusive, a delegação da denúncia a outro membro. Ressalte-se que, como no Princípio da Unidade, a Indivisibilidade só ocorre dentro de um mesmo ramo do Ministério Público.

E, por fim, há o **Princípio da Independência Funcional,** com uma dupla acepção: em relação aos membros e em relação à instituição. No que tange aos membros, o referido Princípio garante uma atuação independente no exercício das suas atribuições sujeitando-se apenas às determinações constitucionais, legais e de sua consciência jurídica, não havendo qualquer hierarquia ou subordinação intelectual entre os membros. Sob a perspectiva da instituição, o Princípio da Independência Funcional elimina qualquer subordinação do Ministério Público a outro Poder. Apesar da Independência Funcional, verifica-se a existência de uma mera hierarquia administrativa.

Além desses princípios expressos na Constituição Federal, a doutrina e a Jurisprudência reconhecem a existência de um princípio implícito no texto constitucional: **Princípio do Promotor Natural**. Esse princípio decorre da interpretação do Art. 129, § 2º, da Constituição, que afirma:

§ 2º. As funções do Ministério Público só podem ser exercidas por integrantes da carreira, que deverão residir na comarca da respectiva lotação, salvo autorização do chefe da instituição.

O Princípio do Promotor Natural veda a designação de membros do Ministério Público fora das hipóteses constitucionais e legais, exigindo que sua atuação seja predeterminada por critérios objetivos aplicáveis a todos os membros da carreira, evitando, assim, que haja designações arbitrárias. O princípio também impede a nomeação de promotor *ad hoc* ou de exceção considerando que as funções do Ministério Público só podem ser desempenhadas por membros da carreira.

```
Princípios Institucionais
├── Constituição Federal
│   ├── Unidade
│   ├── Indivisibilidade
│   └── Independência Funcional
└── Doutrina
    └── Promotor Natural
```

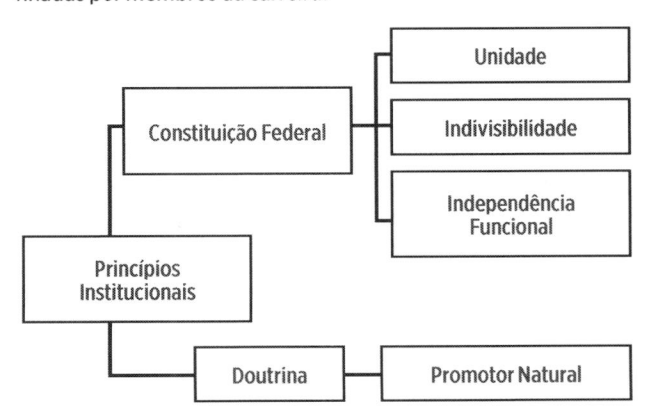

Garantias

O Ministério Público, em razão da importância de sua função, recebeu da Constituição Federal algumas garantias que lhe asseguram a independência necessária para bem desempenhar suas atribuições. E não é só a instituição que possui garantias, mas os membros também. Vejamos o que diz a Constituição sobre as garantias institucionais e dos membros:

NOÇÕES DE DIREITO CONSTITUCIONAL

FUNÇÕES ESSENCIAIS À JUSTIÇA

Art. 127, § 2º. Ao Ministério Público é assegurada autonomia funcional e administrativa, podendo, observado o disposto no Art. 169, propor ao Poder Legislativo a criação e extinção de seus cargos e serviços auxiliares, provendo-os por concurso público de provas ou de provas e títulos, a política remuneratória e os planos de carreira; a lei disporá sobre sua organização e funcionamento.

§ 3º. O Ministério Público elaborará sua proposta orçamentária dentro dos limites estabelecidos na lei de diretrizes orçamentárias.

§ 4º Se o Ministério Público não encaminhar a respectiva proposta orçamentária dentro do prazo estabelecido na lei de diretrizes orçamentárias, o Poder Executivo considerará, para fins de consolidação da proposta orçamentária anual, os valores aprovados na lei orçamentária vigente, ajustados de acordo com os limites estipulados na forma do § 3º.

§ 5º. Se a proposta orçamentária de que trata este artigo for encaminhada em desacordo com os limites estipulados na forma do § 3º, o Poder Executivo procederá aos ajustes necessários para fins de consolidação da proposta orçamentária anual.

§ 6º. Durante a execução orçamentária do exercício, não poderá haver a realização de despesas ou a assunção de obrigações que extrapolem os limites estabelecidos na lei de diretrizes orçamentárias, exceto se previamente autorizadas, mediante a abertura de créditos suplementares ou especiais.

O Art. 127, § 2º a § 6º, trata das chamadas **Garantias Institucionais.** Essas garantias visam a conceder maior autonomia à instituição, além de proteger sua independência no exercício de suas atribuições constitucionais. As Garantias Institucionais são de três espécies:

Autonomia funcional: ao desempenhar sua função, o Ministério Público não se subordina a qualquer outra autoridade ou poder, sujeitando-se apenas às determinações constitucionais, legais e de sua consciência jurídica.

Autonomia administrativa: é a capacidade de autogestão, autoadministração e autogoverno. O Ministério Público tem competência para propor ao Legislativo a criação, extinção e organização de seus cargos e carreiras bem como demais atos de gestão.

Autonomia financeira: o Ministério Público pode elaborar sua proposta orçamentária dentro dos limites estabelecidos na Lei de Diretrizes Orçamentárias, tendo liberdade para administrar esses recursos.

Um dos temas mais importantes e que revelam a autonomia administrativa do Ministério Público é a possibilidade que a instituição tem de escolher os seus próprios chefes. Vejamos a literalidade do texto constitucional:

Art. 128, § 1º. O Ministério Público da União tem por chefe o Procurador-Geral da República, nomeado pelo Presidente da República dentre integrantes da carreira, maiores de trinta e cinco anos, após a aprovação de seu nome pela maioria absoluta dos membros do Senado Federal, para mandato de dois anos, permitida a recondução.

§ 2º. A destituição do Procurador-Geral da República, por iniciativa do Presidente da República, deverá ser precedida de autorização da maioria absoluta do Senado Federal.

No âmbito dessa autonomia, a Constituição previu expressamente que o Procurador-Geral será escolhido pela própria instituição dentre os membros da carreira. No caso do Ministério Público da União, a chefia ficará a cargo do Procurador-Geral da República, o qual será nomeado pelo Presidente da República dentre os membros da carreira com mais de 35 anos de idade, desde que sua escolha seja aprovada pelo voto da maioria absoluta do Senado Federal. O Procurador-Geral da República exercerá seu mandato por dois anos, permitida a recondução. Ao permitir a recondução, a Constituição não estabeleceu limites, de forma que o Procurador-Geral da República poderá ser reconduzido por quantas vezes o Presidente considerar conveniente. Se o Presidente pode nomear o Chefe do MPU, ele também poderá destituí-lo do cargo, desde que autorizado pelo Senado pela mesma quantidade de votos, qual seja, maioria absoluta.

Já em relação à Chefia dos Ministérios Públicos dos Estados e do Distrito Federal e Territórios a regra é um pouco diferente:

Art. 128, § 3º. Os Ministérios Públicos dos Estados e o do Distrito Federal e Territórios formarão lista tríplice dentre integrantes da carreira, na forma da lei respectiva, para escolha de seu Procurador-Geral, que será nomeado pelo Chefe do Poder Executivo, para mandato de dois anos, permitida uma recondução.

§ 4º. Os Procuradores-Gerais nos Estados e no Distrito Federal e Territórios poderão ser destituídos por deliberação da maioria absoluta do Poder Legislativo, na forma da lei complementar respectiva.

A escolha dos Procuradores-Gerais de Justiça dependerá de nomeação pelo Chefe do Poder Executivo[5], com base em lista tríplice formada dentre os integrantes da carreira, sendo permitida uma recondução. Diferentemente do Procurador-Geral da República, que poderá ser reconduzido várias vezes, o Procurador-Geral de Justiça só poderá ser reconduzido uma única vez. A destituição desses Procuradores-Gerais dependerá da deliberação da maioria absoluta do Poder Legislativo.

Já o Art. 128, § 5º, apresenta as **Garantias dos Membros.**

Art. 128, § 5º. Leis complementares da União e dos Estados, cuja iniciativa é facultada aos respectivos Procuradores-Gerais, estabelecerão a organização, as atribuições e o estatuto de cada Ministério Público, observadas, relativamente a seus membros:

I. as seguintes garantias:

a) vitaliciedade, após dois anos de exercício, não podendo perder o cargo senão por sentença judicial transitada em julgado;

b) inamovibilidade, salvo por motivo de interesse público, mediante decisão do órgão colegiado competente do Ministério Público, pelo voto da maioria absoluta de seus membros, assegurada ampla defesa;

c) irredutibilidade de subsídio, fixado na forma do Art. 39, § 4º, e ressalvado o disposto nos Arts. 37, X e XI, 150, II, 153, III, 153, § 2º, I;

São duas espécies de garantias dos membros: **Garantias de Independência e Garantias de Imparcialidade.**

As **Garantias de Independência** são prerrogativas inerentes ao cargo e estão previstas no inciso I do referido artigo, as quais visam a garantir aos membros maior liberdade, independência e autonomia no exercício de sua função ministerial. Tais garantias são indisponíveis, proibindo o titular do cargo de dispensar qualquer das prerrogativas. São as garantias da vitaliciedade, inamovibilidade e irredutibilidade dos subsídios.

A **Vitaliciedade** é como se fosse uma estabilidade só que muito mais vantajosa. O membro, ao ingressar na carreira mediante concurso público, torna-se vitalício após o efetivo exercício no cargo pelo prazo de dois anos. Uma vez vitalício só perderá o cargo

---

[5] No caso do Ministério Público do Distrito Federal e Territórios, a nomeação do seu chefe será feita pelo Presidente da República e sua destituição dependerá do voto da maioria absoluta do Senado Federal mediante provocação do Presidente da República.

por sentença judicial transitada em julgado. Após passar pelo estágio probatório de dois anos, um Membro do Ministério Público só perderá o cargo por sentença judicial transitada em julgado.

A **Inamovibilidade** impede a movimentação do membro *ex-ofício* contra a sua vontade. Em regra, o Membro do Ministério Público só poderá ser removido ou promovido por sua própria iniciativa, ressalvados os casos em que houver interesse público. E mesmo quando o interesse público exigir, a remoção dependerá de decisão do órgão colegiado competente pelo voto da maioria absoluta de seus membros, assegurando-se o direito à ampla defesa.

A **Irredutibilidade dos Subsídios** diz respeito à proteção da remuneração do membro ministerial. Subsídio é a forma de retribuição pecuniária paga ao membro do Ministério Público a qual se caracteriza por ser uma parcela única. Com essa garantia, o Membro do Ministério Público poderá trabalhar sem medo de perder sua remuneração.

Ressalta-se que o Supremo Tribunal Federal já entendeu tratar-se esta irredutibilidade como meramente nominal, não protegendo o subsídio da desvalorização provocada por perdas inflacionárias. Lembre-se também de que essa garantia não é absoluta, pois comporta exceções previstas nos Arts. 37, X e XI, 150, II, 153, III, e 153, § 2º, I, da Constituição Federal. Em suma, a irredutibilidade não impedirá a redução do subsídio quando ultrapassar o teto constitucional ou em razão da cobrança do imposto de renda.

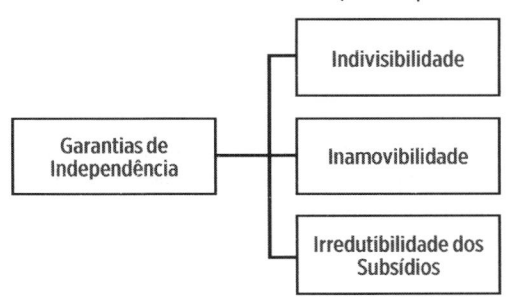

```
                        ┌─ Indivisibilidade
Garantias de           │
Independência  ────────┼─ Inamovibilidade
                       │
                        └─ Irredutibilidade dos Subsídios
```

As **Garantias de Imparcialidade** são verdadeiras vedações e visam a garantir uma atuação isenta de qualquer interferência política ou pessoal.

> **Art. 128, § 5º, II.** *as seguintes vedações:*
> *a) receber, a qualquer título e sob qualquer pretexto, honorários, percentagens ou custas processuais;*
> *b) exercer a advocacia;*
> *c) participar de sociedade comercial, na forma da lei;*
> *d) exercer, ainda que em disponibilidade, qualquer outra função pública, salvo uma de magistério;*
> *e) exercer atividade político-partidária (Redação dada pela Emenda Constitucional nº 45, de 2004);*
> *f) receber, a qualquer título ou pretexto, auxílios ou contribuições de pessoas físicas, entidades públicas ou privadas, ressalvadas as exceções previstas em lei (Incluída pela Emenda Constitucional nº 45, de 2004).*
> *§ 6º. Aplica-se aos membros do Ministério Público o disposto no Art. 95, parágrafo único, V (Incluído pela Emenda Constitucional nº 45, de 2004).*

Antes de explorar essas regras, faz-se necessária a menção ao Art. 29, § 3º, da ADCT:

> *§ 3º. Poderá optar pelo regime anterior, no que respeita às garantias e vantagens, o membro do Ministério Público admitido antes da promulgação da Constituição, observando-se, quanto às vedações, a situação jurídica na data desta.*

Esse dispositivo retrata uma peculiaridade interessante a respeito dos Membros do Ministério Público. Antes da promulgação da Constituição Federal de 1988, o regime jurídico a que estavam sujeitos era diferente. A ADCT permitiu aos membros que ingressaram antes de 1988 a escolha do regime jurídico a que estariam sujeitos a partir de então. Os membros que ingressaram na carreira antes de 1988 e que possuíam inscrição na OAB podem advogar desde que tenham optado pelo regime jurídico anterior a 1988. Para os membros que ingressaram na carreira depois da promulgação da Constituição Federal, essa escolha não é permitida, pois estão sujeitos apenas ao regime constitucional atual. Feita essa consideração, passa-se à análise das garantias vigentes.

Deve-se compreender a abrangência das vedações do inciso II do § 5º do Art. 128 da Constituição Federal.

É vedado aos membros do Ministério Público receber, a qualquer título e sob qualquer pretexto, honorários, percentagens ou custas processuais, bem como receber auxílios ou contribuições de pessoas físicas, entidades públicas ou privadas, ressalvadas as exceções previstas em lei. Tais vedações visam a impedir que membros sejam motivados indevidamente a exercer suas funções sob a expectativa de receberem maiores valores pela sua atuação. Percebe-se que a vedação encontra exceção quando a contribuição está prevista em lei. Dessa forma, não ofende a Constituição Federal o recebimento de valores em razão da venda de livros, do exercício do magistério ou mesmo da ministração de palestra.

Outra vedação aplicável aos membros do Parquet é em relação ao exercício da advocacia. Acerca desse impedimento, deve-se ressaltar a situação dos membros do Ministério Público da União que ingressaram na carreira antes de 1988 e que tenham optado pelo regime jurídico anterior, nos termos do § 3º do Art. 29 da ADCT, os quais poderão exercer a advocacia nos termos da Resolução nº 8 do CNMP, com a nova redação dada pela Resolução nº 16.

Ademais, o texto constitucional estendeu aos Membros do Ministério Público a mesma vedação aplicável aos Magistrados no Art. 95, parágrafo único, V, qual seja, a de exercer a advocacia no juízo ou tribunal do qual se afastou, antes de decorridos três anos do afastamento do cargo por aposentadoria ou exoneração. A doutrina tem chamado essa vedação de quarentena.

Os membros do Ministério Público não podem participar de sociedade comercial, na forma da lei. Essa vedação encontra regulamentação na Lei nº 8.625/93 a qual prevê a possibilidade de participação como cotista ou acionista[6].

Também não podem exercer, ainda que em disponibilidade, qualquer outra função pública, salvo uma de magistério. Ressalta-se que o CNMP regulamentou o exercício do magistério, que poderá ser público ou privado, por no máximo 20 horas aula por semana, desde que o horário seja compatível com as atribuições ministeriais e o seu exercício se dê inteiramente em sala de aula[7].

Para evitar que sua atuação seja influenciada por pressões políticas, a Constituição vedou o exercício de atividade político-partidária aos Membros do Ministério Público. Isso significa que, se um membro quiser se filiar ou mesmo exercer um cargo político, deverá se afastar do cargo no Ministério Público. Essa vedação tem caráter absoluto desde a Emenda Constitucional nº 45/2004, a qual foi

---

6 Lei Orgânica Nacional do Ministério Público, Lei nº 8.625/93, Art. 44, III.
7 Resolução nº 3/2005 – CNMP.

NOÇÕES DE DIREITO CONSTITUCIONAL

regulamentada pelo Conselho Nacional do Ministério Público, que determinou a aplicação da vedação apenas aos membros que tenham ingressado na carreira após a promulgação da emenda[8].

13.2 Advocacia Pública

A Advocacia Pública é a função essencial à justiça responsável pela defesa dos interesses dos entes estatais, tanto judicialmente quanto extrajudicialmente, bem como as atividades de consultoria e assessoramento jurídico do Poder Executivo.

No âmbito da União, essa atividade é exercida pela Advocacia-Geral da União, enquanto nos Estados, Distrito Federal e nos Municípios, a Advocacia Pública será exercida pelas Procuradorias.

Apesar de não haver previsão constitucional para as Procuradorias Municipais, elas são perfeitamente possíveis desde que previstas na Lei Orgânica do Município ou permitidas sua criação pela Constituição Estadual.

São vistas, a seguir, quais instituições compõem a Advocacia Pública no Brasil.

Advocacia-geral da união (agu)

A AGU é responsável pela assistência jurídica da União, conforme prevê o texto constitucional:

> **Art. 131.** A Advocacia-Geral da União é a instituição que, diretamente ou através de órgão vinculado, representa a União, judicial e extrajudicialmente, cabendo-lhe, nos termos da lei complementar que dispuser sobre sua organização e funcionamento, as atividades de consultoria e assessoramento jurídico do Poder Executivo.
>
> **§ 1º.** A Advocacia-Geral da União tem por chefe o Advogado-Geral da União, de livre nomeação pelo Presidente da República dentre cidadãos maiores de trinta e cinco anos, de notável saber jurídico e reputação ilibada.

A chefia desse órgão fica a cargo do Advogado-Geral da União, o qual é nomeado livremente pelo Presidente da República, entre os cidadãos maiores de trinta e cinco anos, com notável saber jurídico e reputação ilibada. Segundo a Lei nº 10.683/03, em seu Art. 25, o Advogado-Geral da União é considerado Ministro de Estado, sendo-lhe aplicadas todas as prerrogativas inerentes ao *status*. Atente-se para isso em prova, visto que, para ser o Chefe dessa Instituição, não é necessário ser membro da carreira nem depende de aprovação do Senado Federal. É um cargo de livre nomeação e exoneração cuja confiança do Presidente da República se torna o principal critério para a escolha do seu titular.

Um detalhe muito importante e que pode ser cobrado em prova é que a Constituição Federal, ao apontar as competências dessa instituição, afirmou que a AGU representa judicial e extrajudicialmente a União e em relação a consultoria e assessoramento jurídico apenas ao Poder Executivo. Essas competências foram confirmadas na Lei Orgânica da Advocacia-Geral da União (Lei Complementar nº 73/93):

> **Art. 1º.** A Advocacia-Geral da União é a instituição que representa a União judicial e extrajudicialmente.
>
> **Parágrafo único.** À Advocacia-Geral da União cabem as atividades de consultoria e assessoramento jurídicos ao Poder Executivo, nos termos desta Lei Complementar.

Enquanto a atividade de consultoria e assessoramento jurídico restringe-se apenas ao Poder Executivo, a representação judicial e extrajudicial abrangerá todos os Poderes da União (Executivo, Legislativo e Judiciário), bem como suas autarquias e fundações públicas, conforme esclarece a Lei nº 9.028/95:

> **Art. 22.** A Advocacia-Geral da União e os seus órgãos vinculados, nas respectivas áreas de atuação, ficam autorizados a representar judicialmente os titulares e os membros dos Poderes da República, das Instituições Federais referidas no Título IV, Capítulo IV, da Constituição, bem como os titulares dos Ministérios e demais órgãos da Presidência da República, de autarquias e fundações públicas federais, e de cargos de natureza especial, de direção e assessoramento superiores e daqueles efetivos, inclusive promovendo ação penal privada ou representando perante o Ministério Público, quando vítimas de crime, quanto a atos praticados no exercício de suas atribuições constitucionais, legais ou regulamentares, no interesse público, especialmente da União, suas respectivas autarquias e fundações, ou das Instituições mencionadas, podendo, ainda, quanto aos mesmos atos, impetrar Habeas Corpus e mandado de segurança em defesa dos agentes públicos de que trata este artigo.

É importante lembrar também que o ingresso na carreira da AGU depende de aprovação em concurso público de provas e títulos nos termos do Art. 131, § 2º:

> **§ 2º.** O ingresso nas classes iniciais das carreiras da instituição de que trata este artigo far-se-á mediante concurso público de provas e títulos.

Destaca-se ainda a atuação da AGU na defesa da República Federativa do Brasil em demandas instauradas perante Cortes Internacionais.

Além das diversas carreiras que serão vistas, não se pode esquecer dos Advogados da União, os quais são responsáveis pela defesa da União quando esta se encontra em juízo.

Procuradoria-geral da fazenda nacional (pgfn)

A PGFN é órgão vinculado a AGU responsável pelas ações de natureza tributária, cujo objetivo principal é garantir o recebimento de recursos de origem fiscal. A Constituição assim define sua competência no Art. 131:

> **Art. 131, § 3º.** Na execução da dívida ativa de natureza tributária, a representação da União cabe à Procuradoria-Geral da Fazenda Nacional, observado o disposto em lei.

Procuradoria-geral federal

A Procuradoria-Geral Federal, órgão vinculado à AGU, é responsável pela representação judicial e extrajudicial das autarquias e fundações públicas da União por meio dos Procuradores Federais. Sua previsão não é constitucional, mas está descrita na Lei nº 10.480/2002:

> **Art. 10.** À Procuradoria-Geral Federal compete a representação judicial e extrajudicial das autarquias e fundações públicas federais, as respectivas atividades de consultoria e assessoramento jurídicos, a apuração da liquidez e certeza dos créditos, de qualquer natureza, inerentes às suas atividades, inscrevendo-os em dívida ativa, para fins de cobrança amigável ou judicial.

Em relação ao Banco Central, autarquia vinculada a União, foi prevista carreira própria regulamentada na Lei nº 9.650/98, a qual localizou o Procurador do Banco Central como membro de carreira da própria instituição. Apesar disso, o Procurador do Banco Central está vinculado à AGU.

---

[8] Resolução nº 5/2006 – CNMP.

Procuradoria-geral dos estados e do distrito federal

No âmbito dos Estados e do Distrito Federal, a consultoria jurídica e a representação judicial serão realizadas pelos Procuradores dos Estados e do Distrito Federal, conforme preleciona o Art. 132 da Constituição Federal:

> **Art. 132.** *Os Procuradores dos Estados e do Distrito Federal, organizados em carreira, na qual o ingresso dependerá de concurso público de provas e títulos, com a participação da Ordem dos Advogados do Brasil em todas as suas fases, exercerão a representação judicial e a consultoria jurídica das respectivas unidades federadas.*
>
> **Parágrafo único.** *Aos procuradores referidos neste artigo é assegurada estabilidade após três anos de efetivo exercício, mediante avaliação de desempenho perante os órgãos próprios, após relatório circunstanciado das corregedorias.*

Segundo a Constituição, o ingresso na carreira depende de concurso público de provas e títulos, cuja participação da OAB é obrigatória em todas as suas fases, não sendo admitido, portanto, que as atividades de representação judicial e de consultoria jurídica sejam realizadas por ocupantes de cargos em comissão.

Apesar de não haver previsão constitucional, o STF já decidiu que devem ser aplicadas simetricamente as mesmas regras da União para a nomeação do Procurador-Geral das Unidades Federadas. Dessa forma, o Governador detém a competência de nomear e exonerar livremente o chefe da Instituição, não se exigindo que o titular do referido cargo seja membro da carreira.

Por fim, a Constituição Federal garantiu aos procuradores estaduais e do Distrito Federal, estabilidade após três anos de efetivo exercício mediante avaliação de desempenho perante os órgãos próprios, após relatório circunstanciado das corregedorias.

Procuradoria dos municípios

Conforme já estudado, não existe previsão constitucional para a criação das procuradorias municipais, não havendo da mesma forma qualquer impedimento para sua criação. Logo, cada município poderá criar sua própria procuradoria, desde que prevista essa possibilidade na Constituição Estadual ou na Lei Orgânica do Município.

13.3 Defensoria Pública

Como instituição essencial ao funcionamento da Justiça, a Defensoria Pública é responsável, em primeiro plano, pela assistência jurídica e gratuita dos hipossuficientes, os quais não possuem recursos financeiros para contratar um advogado. Essa função tipicamente realizada pela Defensoria concretiza o direito fundamental expresso no Art. 5º, LXXIV, da Constituição:

> **Art. 5º**, *LXXIV. O Estado prestará assistência jurídica integral e gratuita aos que comprovarem insuficiência de recursos.*

Complementando esse dispositivo, a Constituição previu no Art. 134 algumas regras sobre a Defensoria:

> **Art. 134.** *A Defensoria Pública é instituição permanente, essencial à função jurisdicional do Estado, incumbindo-lhe, como expressão e instrumento do regime democrático, fundamentalmente, a orientação jurídica, a promoção dos direitos humanos e a defesa, em todos os graus, judicial e extrajudicial, dos direitos individuais e coletivos, de forma integral e gratuita, aos necessitados, na forma do inciso LXXIV do Art. 5º desta Constituição Federal. (Redação dada pela Emenda Constitucional nº 80, de 2014)*
>
> **§ 1º.** *Lei complementar organizará a Defensoria Pública da União e do Distrito Federal e dos Territórios e prescreverá normas gerais para sua organização nos Estados, em cargos de carreira, providos, na classe inicial, mediante concurso público de provas e títulos, assegurada a seus integrantes a garantia da inamovibilidade e vedado o exercício da advocacia fora das atribuições institucionais.*
>
> **§ 2º.** *Às Defensorias Públicas Estaduais são asseguradas autonomia funcional e administrativa e a iniciativa de sua proposta orçamentária dentro dos limites estabelecidos na lei de diretrizes orçamentárias e subordinação ao disposto no Art. 99, § 2º.*
>
> **§ 3º** *Aplica-se o disposto no § 2º às Defensorias Públicas da União e do Distrito Federal. (Incluído pela Emenda Constitucional nº 74, de 2013)*
>
> **§ 4º** *São princípios institucionais da Defensoria Pública a unidade, a indivisibilidade e a independência funcional, aplicando-se também, no que couber, o disposto no Art. 93 e no inciso II do Art. 96 desta Constituição Federal. (Incluído pela Emenda Constitucional nº 80, de 2014)*

Atualmente, cada Unidade Federativa é responsável pela organização da sua Defensoria Pública, havendo ainda uma Defensoria no âmbito da União e no Distrito Federal.

As Defensorias Estaduais possuem autonomia funcional e administrativa não se admitindo sua subordinação a nenhum dos poderes. Sua autonomia avança ainda nas questões orçamentárias permitindo que tenha iniciativa própria para apresentação de proposta orçamentária dentro dos limites estabelecidos na lei de diretrizes orçamentárias.

A Emenda Constitucional nº 74, de 06 de agosto de 2013, introduziu o § 3º ao Art. 134, da CF para conferir autonomia funcional e administrativa e a iniciativa de proposta orçamentária também às Defensorias Públicas da União e do Distrito Federal.

Segundo a Lei Complementar nº 80/94 que organiza a Defensoria Pública:

> **Art. 2º.** *A Defensoria Pública abrange:*
> *I. a Defensoria Pública da União;*
> *II. a Defensoria Pública do Distrito Federal e dos Territórios;*
> *III. as Defensorias Públicas dos Estados.*

Cabe aos Defensores Públicos a assistência jurídica integral dos hipossuficientes, não se limitando apenas à defesa judicial. A Lei Complementar nº 80/94 traz extenso rol de atribuições:

> **Art. 4º.** *São funções institucionais da Defensoria Pública, dentre outras:*
>
> *I. prestar orientação jurídica e exercer a defesa dos necessitados, em todos os graus (Redação dada pela Lei Complementar nº 132, de 2009);*
>
> *II. promover, prioritariamente, a solução extrajudicial dos litígios, visando à composição entre as pessoas em conflito de interesses, por meio de mediação, conciliação, arbitragem e demais técnicas de composição e administração de conflitos;*
>
> *III. promover a difusão e a conscientização dos direitos humanos, da cidadania e do ordenamento jurídico;*
>
> *IV. prestar atendimento interdisciplinar, por meio de órgãos ou de servidores de suas Carreiras de apoio para o exercício de suas atribuições;*
>
> *V. exercer, mediante o recebimento dos autos com vista, a ampla defesa e o contraditório em favor de pessoas naturais e jurídicas, em processos administrativos e judiciais, perante todos os órgãos e em todas as instâncias, ordinárias ou extraordinárias, utilizando todas as medidas capazes de propiciar a adequada e efetiva defesa de seus interesses;*

VI. representar aos sistemas internacionais de proteção dos direitos humanos, postulando perante seus órgãos;

VII. promover ação civil pública e todas as espécies de ações capazes de propiciar a adequada tutela dos direitos difusos, coletivos ou individuais homogêneos quando o resultado da demanda puder beneficiar grupo de pessoas hipossuficientes;

VIII. exercer a defesa dos direitos e interesses individuais, difusos, coletivos e individuais homogêneos e dos direitos do consumidor, na forma do inciso LXXIV do Art. 5º da Constituição Federal;

IX. impetrar Habeas Corpus, mandado de injunção, Habeas Data e mandado de segurança ou qualquer outra ação em defesa das funções institucionais e prerrogativas de seus órgãos de execução;

X. promover a mais ampla defesa dos direitos fundamentais dos necessitados, abrangendo seus direitos individuais, coletivos, sociais, econômicos, culturais e ambientais, sendo admissíveis todas as espécies de ações capazes de propiciar sua adequada e efetiva tutela;

XI. exercer a defesa dos interesses individuais e coletivos da criança e do adolescente, do idoso, da pessoa portadora de necessidades especiais, da mulher vítima de violência doméstica e familiar e de outros grupos sociais vulneráveis que mereçam proteção especial do Estado;

XIV. acompanhar inquérito policial, inclusive com a comunicação imediata da prisão em flagrante pela autoridade policial, quando o preso não constituir advogado (Incluído pela Lei Complementar nº 132, de 2009);

XV. patrocinar ação penal privada e a subsidiária da pública (Incluído pela Lei Complementar nº 132, de 2009);

XVI. exercer a curadoria especial nos casos previstos em lei (Incluído pela Lei Complementar nº 132, de 2009);

XVII. atuar nos estabelecimentos policiais, penitenciários e de internação de adolescentes, visando a assegurar às pessoas, sob quaisquer circunstâncias, o exercício pleno de seus direitos e garantias fundamentais (Incluído pela Lei Complementar nº 132, de 2009);

XVIII. atuar na preservação e reparação dos direitos de pessoas vítimas de tortura, abusos sexuais, discriminação ou qualquer outra forma de opressão ou violência, propiciando o acompanhamento e o atendimento interdisciplinar das vítimas (Incluído pela Lei Complementar nº 132, de 2009);

XIX. atuar nos Juizados Especiais (Incluído pela Lei Complementar nº 132, de 2009);

XX. participar, quando tiver assento, dos conselhos federais, estaduais e municipais afetos às funções institucionais da Defensoria Pública, respeitadas as atribuições de seus ramos (Incluído pela Lei Complementar nº 132, de 2009);

XXI. executar e receber as verbas sucumbenciais decorrentes de sua atuação, inclusive quando devidas por quaisquer entes públicos, destinando-as a fundos geridos pela Defensoria Pública e destinados, exclusivamente, ao aparelhamento da Defensoria Pública e à capacitação profissional de seus membros e servidores(Incluído pela Lei Complementar nº 132, de 2009);

XXII. convocar audiências públicas para discutir matérias relacionadas às suas funções institucionais(Incluído pela Lei Complementar nº 132, de 2009).

Por fim, cabe destacar que, assim como os Advogados Públicos, os Defensores Públicos são remunerados por meio de subsídio:

> **Art. 135.** Os servidores integrantes das carreiras disciplinadas nas Seções II e III deste Capítulo serão remunerados na forma do Art. 39, § 4º.

13.4 Advocacia

Quando a Constituição Federal se refere à Advocacia, fala-se do advogado privado, profissional autônomo, indispensável à função jurisdicional. Os advogados estão vinculados à Ordem dos Advogados do Brasil, entidade de classe de natureza especial, não vinculada aos Poderes do Estado e que tem como atribuições controlar, fiscalizar e selecionar novos profissionais para o exercício da Carreira.

Segundo a Constituição Federal:

> **Art. 133.** O advogado é indispensável à administração da justiça, sendo inviolável por seus atos e manifestações no exercício da profissão, nos limites da lei.

Esse dispositivo revela dois princípios que regem a advocacia no Brasil: o princípio da indispensabilidade e o da inviolabilidade.

Segundo o princípio da indispensabilidade, o advogado é indispensável à administração da Justiça, pois só ele possui a chamada capacidade postulatória. Logicamente, esse princípio não goza de caráter absoluto, sendo permitida a capacidade de postular ao próprio interessado em situações expressamente previstas na Constituição Federal como no *Habeas Corpus* e nos juizados especiais.

Destaca-se ainda que nos processos administrativos disciplinares a ausência de defesa técnica por meio de advogado não gera nulidade ao procedimento[9].

Já o princípio da inviolabilidade constitui norma que visa a garantir ao advogado o exercício das suas atribuições de forma independente e autônoma às demais instituições do Estado. Da mesma forma, esse princípio não goza de caráter absoluto, sendo possível a limitação quando seus atos e atribuições não estiverem ligados ao exercício da profissão nos termos do Estatuto da Advocacia[10].

Como condição para o exercício dessa profissão, o STF já declarou que é constitucional a necessidade de aprovação do Exame de Ordem aplicado pela OAB aos bacharéis em direito.

A amplitude desse tema requer análise aprofundada, a qual é feita em disciplina própria. Aqui foi feita uma breve análise constitucional do instituto.

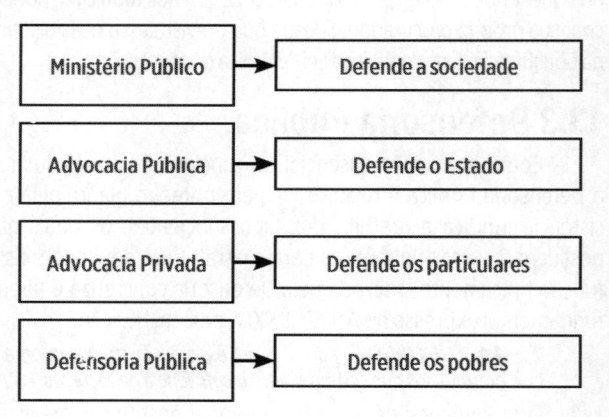

Ministério Público	Defende a sociedade
Advocacia Pública	Defende o Estado
Advocacia Privada	Defende os particulares
Defensoria Pública	Defende os pobres

---

9 Súmula Vinculante nº 5: *A falta de defesa técnica por advogado no processo administrativo disciplinar não ofende a Constituição.*
10 Lei nº 8.906/94.

14. DEFESA DO ESTADO E DAS INSTITUIÇÕES DEMOCRÁTICAS

No título V, Arts. 136 a 144, a Constituição Federal apresenta instrumentos eficazes na proteção do Estado e de toda estrutura democrática. Os instrumentos disponibilizados são o Sistema Constitucional de Crises que compreende o Estado de Defesa e o Estado de Sítio, Forças Armadas e Segurança Pública, os quais serão analisados a partir de agora.

14.1 Sistema Constitucional de Crises

O Sistema Constitucional de Crises é um conjunto de medidas criadas pela Constituição Federal para restabelecer a ordem constitucional em momentos de crises político-institucionais. Antes de tratar das espécies em si, deve-se ressaltar algumas características essenciais desses institutos.

É necessário partir do pressuposto de que o **Estado de sítio é mais grave que o estado de defesa.** Essa compreensão permite entender que as medidas adotadas no Estado de Sítio serão mais gravosas que no Estado de Defesa.

Outro ponto interessante são os princípios que regem o Sistema Constitucional de Crises. As duas medidas devem observar os seguintes princípios:

Necessidade

Só podem ser decretadas em último caso.

Proporcionalidade

As medidas adotadas devem ser proporcionais aos problemas existentes.

Temporariedade

As medidas do Sistema Constitucional de Crises devem ser temporárias. Devem durar apenas o tempo necessário para resolver a crise.

Legalidade

As medidas devem guardar respeito à lei. E aqui é possível vislumbrar duas perspectivas acerca da legalidade:

Stricto sensu: As medidas devem respeitar os limites estabelecidos nos Decretos Presidenciais que autorizam a execução. É uma perspectiva mais restrita da legalidade;

Lato sensu: As medidas precisam respeitar a lei em sentido amplo, ou seja, toda a legislação brasileira, incluindo a Constituição Federal.

Trabalhados esses conceitos iniciais, agora será abordado cada um dos institutos do Sistema Constitucional de Crises em espécie. Inicia-se pelo Estado de Defesa.

Estado de defesa

O Estado de Defesa está regulamentado no Art. 136 da Constituição e o seu $\chi\alpha\pi\upsilon\tau$ apresenta algumas informações importantíssimas:

> **Art. 136.** O Presidente da República pode, ouvidos o Conselho da República e o Conselho de Defesa Nacional, decretar estado de defesa para preservar ou prontamente restabelecer, em locais restritos e determinados, a ordem pública ou a paz social ameaçadas por grave e iminente instabilidade institucional ou atingidas por calamidades de grandes proporções na natureza.

Esse dispositivo enumera as **hipóteses de cabimento da medida ou quais são os seus objetivos**: preservar ou prontamente restabelecer a ordem pública ou a paz social ameaçadas por grave e iminente instabilidade institucional ou atingidas por calamidades de grandes proporções na natureza. Qualquer circunstância dessas autoriza a decretação de Estado de Defesa. Lembre-se de que esse rol é taxativo. Só essas situações podem autorizar a medida.

Um detalhe interessante e que pode funcionar como ponto de distinção entre o Estado de Sítio e de Defesa é a área abrangida. O texto constitucional apresentado determina que as áreas abrangidas pela medida sejam locais restritos e determinados.

Outro ponto importante e que é frequente cobrado em prova diz respeito ao tempo de duração do Estado de Defesa. Segundo Art. 136, § 2º, essa medida de contenção de crises poderá durar 30 dias, podendo prorrogar mais uma vez por igual período:

> **§ 2º.** O tempo de duração do estado de defesa não será superior a trinta dias, podendo ser prorrogado uma vez, por igual período, se persistirem as razões que justificaram a sua decretação.

Não se esqueça de que o prazo só poderá ser prorrogado uma única vez.

Como característica principal da execução do Estado de Defesa está a possibilidade de se restringirem alguns direitos, os quais estão previamente definidos nos §§ 1º a 3º do Art. 136:

> **§ 1º.** O decreto que instituir o estado de defesa determinará o tempo de sua duração, especificará as áreas a serem abrangidas e indicará, nos termos e limites da lei, as medidas coercitivas a vigorarem, dentre as seguintes:
> **I.** restrições aos direitos de:
> a) reunião, ainda que exercida no seio das associações;
> b) sigilo de correspondência;
> c) sigilo de comunicação telegráfica e telefônica;
> **II.** ocupação e uso temporário de bens e serviços públicos, na hipótese de calamidade pública, respondendo a União pelos danos e custos decorrentes.
>
> **§ 3º.** Na vigência do estado de defesa:
> **I.** a prisão por crime contra o Estado, determinada pelo executor da medida, será por este comunicada imediatamente ao juiz competente, que a relaxará, se não for legal, facultado ao preso requerer exame de corpo de delito à autoridade policial;
> **II.** a comunicação será acompanhada de declaração, pela autoridade, do estado físico e mental do detido no momento de sua autuação;
> **III.** a prisão ou detenção de qualquer pessoa não poderá ser superior a dez dias, salvo quando autorizada pelo Poder Judiciário;
> **IV.** é vedada a incomunicabilidade do preso.

Alguns pontos merecem um destaque especial. Devido à gravidade da situação e à excepcionalidade das medidas, a Constituição autoriza a restrição de vários direitos fundamentais, por exemplo, o direito de reunião, o sigilo das correspondências, das comunicações telegráficas e telefônicas.

Essas medidas restritivas dispensam autorização judicial, inclusive a decretação de prisão que será determinada pela própria autoridade executora do Estado de Defesa e poderá durar até dez dias. A prisão deverá ser comunicada imediatamente ao juiz o qual poderá prorrogá-la por período superior.

Não se deve esquecer que, mesmo em um momento de crise, como esse em que muitos direitos constitucionais são flexibilizados, é vedada pela Constituição Federal a incomunicabilidade do preso. A ele deverá ser garantido o direito de falar com seu familiar ou advogado, além do direito de ter preservada sua integridade.

Para que seja decretado o Estado de Defesa, a Constituição previu alguns procedimentos. Primeiramente, deve-se lembrar que a decretação é competência do Presidente da República. Antes de executar a medida, ele deverá consultar o Conselho de Defesa Nacional e o Conselho da República os quais emitirão um parecer acerca da situação. Apesar da obrigatoriedade em ouvir os Conselhos, o Presidente não está vinculado ao seus pareceres. Significa dizer que os pareceres emitidos pelos conselhos são meramente opinativos.

Ouvidos os Conselhos, o Presidente decreta a medida e imediatamente submete o decreto ao Congresso Nacional para aprovação. A decisão do Congresso Nacional é definitiva. Caso o decreto seja rejeitado, o Estado de Defesa cessa imediatamente.

> *§ 4º. Decretado o estado de defesa ou sua prorrogação, o Presidente da República, dentro de vinte e quatro horas, submeterá o ato com a respectiva justificação ao Congresso Nacional, que decidirá por maioria absoluta.*
> *§ 5º. Se o Congresso Nacional estiver em recesso, será convocado, extraordinariamente, no prazo de cinco dias.*
> *§ 6º. O Congresso Nacional apreciará o decreto dentro de dez dias contados de seu recebimento, devendo continuar funcionando enquanto vigorar o estado de defesa.*
> *§ 7º. Rejeitado o decreto, cessa imediatamente o estado de defesa.*

Apesar de ser caracterizado por medidas excepcionais, que restringem sobremaneira os direitos e garantias fundamentais, o Controle Constitucional de Crises não está imune à fiscalização por parte dos poderes públicos. Havendo excessos nas medidas adotadas, a Constituição prevê a possibilidade de responsabilização dos agentes por seus atos. A doutrina constitucional prevê duas formas de controle: Controle Político e Controle Jurisdicional.

O Controle Político é realizado basicamente pelo Congresso Nacional, que o efetuará de três formas:

Imediato: ocorre logo após a decretação da medida conforme o § 4º do Art. 136.

Concomitante: ocorre durante a execução do Estado de Defesa conforme § 6º do Art. 136 e Art. 140.

> *Art. 140. A Mesa do Congresso Nacional, ouvidos os líderes partidários, designará Comissão composta de cinco de seus membros para acompanhar e fiscalizar a execução das medidas referentes ao estado de defesa e ao estado de sítio.*

Sucessivo (posterior): ocorre após a execução da medida nos termos do Art. 141:

> *Art. 141. Cessado o estado de defesa ou o estado de sítio, cessarão também seus efeitos, sem prejuízo da responsabilidade pelos ilícitos cometidos por seus executores ou agentes.*
> *Parágrafo único. Logo que cesse o estado de defesa ou o estado de sítio, as medidas aplicadas em sua vigência serão relatadas pelo Presidente da República, em mensagem ao Congresso Nacional, com especificação e justificação das providências adotadas, com relação nominal dos atingidos e indicação das restrições aplicadas.*

O Controle Jurisdicional é o realizado pelo Poder Judiciário, e ocorrerá de duas formas:

Concomitante: durante a execução da medida. Veja-se o disposto no Art. 136, § 3º;

Sucessivo (Posterior): após a execução da medida nos termos do Art. 141.

Estado de sítio

O Estado de Sítio é mais gravoso que o Estado de Defesa. Por consequência, as medidas adotadas nesse caso terão maior efeito restritivo aos direitos fundamentais.

Primeiramente são abordadas às hipóteses de cabimento do Estado de Sítio, que estão previstas no Art. 137, I e II:

> *I. comoção grave de repercussão nacional ou ocorrência de fatos que comprovem a ineficácia de medida tomada durante o estado de defesa;*
> *II. declaração de estado de guerra ou resposta a agressão armada estrangeira.*

A doutrina faz uma distinção interessante entre os dois incisos, classificando-os em Repressivo e Defensivo. O Estado de Sítio Repressivo está previsto no inciso I, haja vista ser necessária a atuação dos poderes públicos para conter a situação de crise. Já o inciso II, é chamado de Estado de Sítio Defensivo, pois o poder público utiliza a medida como forma de se defender de agressões externas.

Um ponto distintivo entre o Estado de Defesa e o Estado de Sítio, muito cobrado em prova, refere-se à área abrangida. Segundo o inciso I do Art. 137, será decretada a medida quando a crise tiver repercussão nacional. Quando o candidato encontrar na prova o termo "repercussão nacional", deve associar com o Estado de Sítio. Diferentemente, se estiver escrito "local restrito e determinado", relacionar o dispositivo com Estado de Defesa.

Um tema muito cobrado em prova é o tempo de duração do Estado de Sítio. Vejamos o que diz o §1º do Art. 137:

> *§ 1º. O estado de sítio, no caso do Art. 137, I, não poderá ser decretado por mais de trinta dias, nem prorrogado, de cada vez, por prazo superior; no do inciso II, poderá ser decretado por todo o tempo que perdurar a guerra ou a agressão armada estrangeira.*

Qual o prazo de duração do Estado de Sítio? Depende da hipótese de cabimento.

Segundo o § 1º, se a hipótese for a do inciso I do Art. 137, o prazo será de 30 dias prorrogáveis por mais 30 dias enquanto for necessário para conter a situação. Cuidado com este prazo, pois a Constituição deixou transparecer que ele não pode ser prorrogado, contudo, o que ela quis dizer é que não pode ser prorrogado por mais de 30 dias todas as vezes que for prorrogado. Dessa forma, ele poderá ser prorrogado indefinidamente, enquanto for necessário.

Já no caso do inciso II, a Constituição regula o Estado de Sítio em caso de guerra ou agressão estrangeira e prevê que a medida durará enquanto for necessária para repelir a agressão estrangeira ou acabar com a guerra. Logo, o Estado de Sítio nestes casos não possuem prazo certo para terminar.

No que tange às medidas coercitivas que podem ser adotadas no Estado de Sítio, a Constituição prevê no Art. 139:

> *Art. 139. Na vigência do estado de sítio decretado com fundamento no Art. 137, I, só poderão ser tomadas contra as pessoas as seguintes medidas:*
> *I. obrigação de permanência em localidade determinada;*

II. detenção em edifício não destinado a acusados ou condenados por crimes comuns;

III. restrições relativas à inviolabilidade da correspondência, ao sigilo das comunicações, à prestação de informações e à liberdade de imprensa, radiodifusão e televisão, na forma da lei;

IV. suspensão da liberdade de reunião;

V. busca e apreensão em domicílio;

VI. intervenção nas empresas de serviços públicos;

VII. requisição de bens.

***Parágrafo único.** Não se inclui nas restrições do inciso III a difusão de pronunciamentos de parlamentares efetuados em suas Casas Legislativas, desde que liberada pela respectiva Mesa.*

O dispositivo só regulamentou as restrições adotadas na hipótese do inciso I do Art. 137, qual seja: comoção grave de repercussão nacional ou ocorrência de fatos que comprovem a ineficácia de medida tomada durante o Estado de Defesa. Esse rol de medidas é taxativo, restringindo a atuação do poder público durante sua aplicação. No caso do Art. 137, II, a Constituição nada disse, o que levou a doutrina a concluir a possibilidade de adoção de qualquer medida necessária para conter a situação, desde que compatíveis com a Ordem Constitucional e com as leis brasileiras.

Como se pode perceber, as medidas aqui são mais gravosas que as adotadas no Estado de Defesa, e isso pode ser muito bem notado pela distinção feita entre o Estado de Defesa e de Sítio no que se refere à liberdade de reunião. Enquanto no Estado de Defesa a liberdade de reunião sofre restrições, aqui ela será suspensa.

Outro dispositivo importante é o previsto no parágrafo único, que isenta os pronunciamentos dos parlamentares efetuados em suas Casas das restrições impostas no inciso III do artigo em análise, desde que liberadas pelas respectivas Mesas. As demais restrições devem ser lidas e memorizadas, pois podem ser cobradas em prova.

Vejamos agora como é o procedimento de decretação do Estado de Sítio:

***Art. 137.** O Presidente da República pode, ouvidos o Conselho da República e o Conselho de Defesa Nacional, solicitar ao Congresso Nacional autorização para decretar o estado de sítio nos casos de:*

***Parágrafo único.** O Presidente da República, ao solicitar autorização para decretar o estado de sítio ou sua prorrogação, relatará os motivos determinantes do pedido, devendo o Congresso Nacional decidir por maioria absoluta.*

***Art. 138.** O decreto do estado de sítio indicará sua duração, as normas necessárias a sua execução e as garantias constitucionais que ficarão suspensas, e, depois de publicado, o Presidente da República designará o executor das medidas específicas e as áreas abrangidas.*

§ 2º. Solicitada autorização para decretar o estado de sítio durante o recesso parlamentar, o Presidente do Senado Federal, de imediato, convocará extraordinariamente o Congresso Nacional para se reunir dentro de cinco dias, a fim de apreciar o ato.

§ 3º. O Congresso Nacional permanecerá em funcionamento até o término das medidas coercitivas.

Conforme estudado no Estado de Defesa, a decretação do Estado de Sítio fica a cargo do Presidente da República após ouvir o Conselho da República e o Conselho de Defesa Nacional. A consulta é obrigatória, mas os pareceres dos Conselhos não vinculam o Presidente. Apesar da similaridade de procedimentos, aqui o Presidente tem que solicitar autorização do Congresso Nacional antes de decretar o Estado de Sítio. Essa diferença é bastante cobrada em prova.

Ao passo que no Estado de Defesa o Presidente Decreta a medida e depois apresenta para o Congresso avaliar. No Estado de Sítio, antes de decretar, o Presidente deve sujeitar a medida à apreciação do Congresso Nacional.

Essa característica demonstra que, assim como no Estado de Defesa, a medida está sujeita a controle dos outros Poderes. Sendo assim, verifica-se que a fiscalização será feita tanto pelos órgãos políticos quanto pelos órgãos jurisdicionais.

Tem-se controle político quando realizado pelo Congresso Nacional, o qual se dará de forma:

Prévio: ocorre quando o Congresso Nacional autoriza a execução da medida;

Concomitante: ocorre durante a execução da medida;

***Art. 140.** A Mesa do Congresso Nacional, ouvidos os líderes partidários, designará Comissão composta de cinco de seus membros para acompanhar e fiscalizar a execução das medidas referentes ao estado de defesa e ao estado de sítio.*

Sucessivo (posterior): ocorre após a execução da medida;

***Art. 141.** Cessado o estado de defesa ou o estado de sítio, cessarão também seus efeitos, sem prejuízo da responsabilidade pelos ilícitos cometidos por seus executores ou agentes.*

***Parágrafo único.** Logo que cesse o estado de defesa ou o estado de sítio, as medidas aplicadas em sua vigência serão relatadas pelo Presidente da República, em mensagem ao Congresso Nacional, com especificação e justificação das providências adotadas, com relação nominal dos atingidos e indicação das restrições aplicadas.*

Também existe o controle jurisdicional executado pelos órgãos do Poder Judiciário, o qual se dará de forma:

Concomitante: durante a execução da medida. Apesar de não haver previsão constitucional expressa, qualquer lesão ou ameaça a direito poderá ser apreciada pelo Poder Judiciário;

Sucessivo (Posterior): após a execução da medida nos termos do Art. 141.

14.2 Forças Armadas

Instituições

As Forças Armadas são formadas por instituições que compõem a estrutura de defesa do Estado, a Marinha, o Exército e a Aeronáutica. Possuem como funções principais a defesa da pátria, a garantia dos poderes constitucionais, da lei e da ordem. Apesar de sua vinculação à União, suas atribuições têm caráter nacional e podem ser exercidas em todo o território brasileiro:

***Art. 142.** As Forças Armadas, constituídas pela Marinha, pelo Exército e pela Aeronáutica, são instituições nacionais permanentes e regulares, organizadas com base na hierarquia e na disciplina, sob a autoridade suprema do Presidente da República, e destinam-se à defesa da Pátria, à garantia dos poderes constitucionais e, por iniciativa de qualquer destes, da lei e da ordem.*

Segundo o $\chi\alpha\pi\upsilon\tau$ do Art. 142, são classificadas como instituições permanentes e regulares. Estão sempre prontas para agir. São regulares, pois desempenham funções sistemáticas e dependem de um efetivo de servidores para realizá-las.

Ainda, destaca-se a base de sua organização na hierarquia e na disciplina. Esses atributos típicos da Administração Pública são ressaltados nessas instituições devido ao caráter militar que possuem. As Forças Armadas valorizam demasiadamente essa estrutura hierárquica, com regulamentos que garantem uma distribuição do efetivo em diversos níveis de escalonamento, cujo comando supremo está nas mãos do Presidente da República.

Em linhas gerais, a Constituição previu algumas regras para o funcionamento das instituições militares:

> *§ 1º. Lei complementar estabelecerá as normas gerais a serem adotadas na organização, no preparo e no emprego das Forças Armadas.*
>
> *§ 3º. Os membros das Forças Armadas são denominados militares, aplicando-se-lhes, além das que vierem a ser fixadas em lei, as seguintes disposições:*
>
> *I. as patentes, com prerrogativas, direitos e deveres a elas inerentes, são conferidas pelo Presidente da República e asseguradas em plenitude aos oficiais da ativa, da reserva ou reformados, sendo-lhes privativos os títulos e postos militares e, juntamente com os demais membros, o uso dos uniformes das Forças Armadas;*
>
> *II. o militar em atividade que tomar posse em cargo ou emprego público civil permanente, ressalvada a hipótese prevista no Art. 37, inciso XVI, alínea "c", será transferido para a reserva, nos termos da lei; (Redação dada pela Emenda Constitucional nº 77, de 2014)*
>
> *III. o militar da ativa que, de acordo com a lei, tomar posse em cargo, emprego ou função pública civil temporária, não eletiva, ainda que da administração indireta, ressalvada a hipótese prevista no art. 37, inciso XVI, alínea "c", ficará agregado ao respectivo quadro e somente poderá, enquanto permanecer nessa situação, ser promovido por antiguidade, contando-se-lhe o tempo de serviço apenas para aquela promoção e transferência para a reserva, sendo depois de dois anos de afastamento, contínuos ou não, transferido para a reserva, nos termos da lei; (Redação dada pela Emenda Constitucional nº 77, de 2014);*
>
> *IV. ao militar são proibidas a sindicalização e a greve;*
>
> *V. o militar, enquanto em serviço ativo, não pode estar filiado a partidos políticos;*
>
> *VI. o oficial só perderá o posto e a patente se for julgado indigno do oficialato ou com ele incompatível, por decisão de tribunal militar de caráter permanente, em tempo de paz, ou de tribunal especial, em tempo de guerra;*
>
> *VII. o oficial condenado na justiça comum ou militar a pena privativa de liberdade superior a dois anos, por sentença transitada em julgado, será submetido ao julgamento previsto no inciso anterior;*
>
> *VIII. aplica-se aos militares o disposto no art. 7º, incisos VIII, XII, XVII, XVIII, XIX e XXV, e no Art. 37, incisos XI, XIII, XIV e XV, bem como, na forma da lei e com prevalência da atividade militar, no Art. 37, inciso XVI, alínea "c"; (Redação dada pela Emenda Constitucional nº 77, de 2014)*
>
> *IX. (Revogado pela Emenda Constitucional nº 41, de 19.12.2003).*
>
> *X. a lei disporá sobre o ingresso nas Forças Armadas, os limites de idade, a estabilidade e outras condições de transferência do militar para a inatividade, os direitos, os deveres, a remuneração, as prerrogativas e outras situações especiais dos militares, consideradas as peculiaridades de suas atividades, inclusive aquelas cumpridas por força de compromissos internacionais e de guerra.*

Habeas corpus

A Constituição declarou expressamente o não cabimento de *Habeas Corpus* nas punições disciplinares militares:

> *§ 2º. Não caberá Habeas Corpus em relação a punições disciplinares militares.*

Essa vedação decorre do regime constritivo rigoroso existente nas instituições castrenses, o qual permite como sanção administrativa a prisão. Deve-se ter muito cuidado com isso em prova. Segundo o STF, se o *Habeas Corpus* versar sobre a ilegalidade da prisão, ele será admitido, ficando a vedação adstrita apenas ao seu mérito.

Vedações

Como foi dito anteriormente, o regime militar é bem rigoroso e a Constituição apresentou algumas vedações que sempre caem em prova:

> *IV. ao militar são proibidas a sindicalização e a greve;*
>
> *V. o militar, enquanto em serviço ativo, não pode estar filiado a partidos políticos;*

A sindicalização e a greve são medidas que dificultam o trabalho do militar, pois o influencia a questionar as ordens recebidas de seus superiores. As atribuições dos militares dependem de uma obediência irrestrita, por essa razão a Constituição os impediu de se organizarem em sindicatos e de realizarem movimentos paredistas.

Quanto à vedação de filiação a partido político, deve-se destacar que o militar, para que desenvolva suas atividades com eficiência, não pode se sujeitar às correntes político-partidárias. O militar deve obedecer apenas à Constituição Federal e executar suas atividades com determinação. Essa vedação não o impede de se candidatar a cargo eletivo, desde que não seja conscrito. Aqui cabe citar o Art. 14, § 8º da CF:

> *§ 8º. O militar alistável é elegível, atendidas as seguintes condições:*
>
> *I. se contar menos de dez anos de serviço, deverá afastar-se da atividade;*
>
> *II. se contar mais de dez anos de serviço, será agregado pela autoridade superior e, se eleito, passará automaticamente, no ato da diplomação, para a inatividade.*

Serviço militar obrigatório

Outro tema importante acerca das Forças Armadas é a existência do serviço militar obrigatório, previsto no Art. 143:

> *Art. 143. O serviço militar é obrigatório nos termos da lei.*
>
> *§ 1º. Às Forças Armadas compete, na forma da lei, atribuir serviço alternativo aos que, em tempo de paz, após alistados, alegarem imperativo de consciência, entendendo-se como tal o decorrente de crença religiosa e de convicção filosófica ou política, para se eximirem de atividades de caráter essencialmente militar.*
>
> *§ 2º. as mulheres e os eclesiásticos ficam isentos do serviço militar obrigatório em tempo de paz, sujeitos, porém, a outros encargos que a lei lhes atribuir.*

A Lei que regula o serviço militar obrigatório é a 4.375/64, a qual obriga todos os brasileiros a se alistarem. Destaca-se que essa obrigatoriedade não se aplica aos eclesiásticos (líderes religiosos) e às mulheres, em tempos de paz, o que nos conduz à conclusão de que eles poderiam ser convocados em momentos de guerra ou mobilização nacional.

O § 1º apresenta um tema que já foi cobrado em prova: a dispensa do serviço obrigatório pela escusa de consciência. Isso ocorre quando o indivíduo se recusa a cumprir a obrigação essencialmente militar que é imposta pela Constituição Federal em razão da sua convicção filosófica, religiosa ou política. O referido parágrafo, em consonância com o inciso VIII do Art. 5º, permite que nesses casos o interessado tenha respeitado o seu direito de escolha e de livre consciência desde que cumpra a prestação alternativa regulamentada na Lei 8.239/91, a qual consiste no desempenho de atribuições de caráter administrativo, assistencial, filantrópico ou produtivo, em substituição às atividades de caráter essencialmente militar. Não havendo o cumprimento da atividade obrigatória ou da prestação alternativa fixada em lei, o Art. 15 prevê como consequência a restrição dos direitos políticos:

> **Art. 15.** *É vedada a cassação de direitos políticos, cuja perda ou suspensão só se dará nos casos de:*
> *IV. recusa de cumprir obrigação a todos imposta ou prestação alternativa, nos termos do Art. 5º, VIII.*

Acerca desse tema, um problema surge na doutrina. A Constituição não estabelece de forma clara qual consequência deverá ser aplicada ao indivíduo que se recusa a cumprir a obrigação ou a prestação alternativa. A Lei 8.239/91, que regula a prestação alternativa ao serviço militar obrigatório, prevê que será declarada a suspensão dos direitos políticos de quem se recusar a cumprir a obrigação e a prestação alternativa. A doutrina tem se dividido entre as duas possibilidades: perda ou suspensão dos direitos políticos.

Em tese, esse tema não deveria ser cobrado em prova de concurso, considerando sua divergência doutrinária; entretanto, recentemente, para o concurso de juiz do TRF da 5ª região, a banca CESPE trouxe essa questão e sustentou em seu gabarito definitivo a posição de perda dos direitos políticos. Diante desse último posicionamento da CESPE, caso o candidato faça alguma prova desta banca, em que seja cobrada esse conteúdo, deve-se responder perda. O mesmo se aplica para FCC, que também entende que ocorre perda dos direitos políticos.

14.3 Segurança Pública

Órgãos

Conforme prescrito no $\chi\alpha\pi\upsilon\tau$ do Art. 144, a Segurança Pública é dever do Estado e tem como objetivo a preservação da ordem pública e da incolumidade das pessoas e do patrimônio. Esse tema é certo em concursos públicos da área de Segurança Pública e deve ser estudado com o foco na memorização de todo o artigo. Um dos pontos mais importantes está na definição de quais órgãos compõem a chamada segurança pública, os quais estão listados de forma taxativa no Art. 144:

> **Art. 144.** *A segurança pública, dever do Estado, direito e responsabilidade de todos, é exercida para a preservação da ordem pública e da incolumidade das pessoas e do patrimônio, através dos seguintes órgãos:*
> *I. polícia federal;*
> *II. polícia rodoviária federal;*
> *III. polícia ferroviária federal;*
> *IV. polícias civis;*
> *V. polícias militares e corpos de bombeiros militares.*
> *VI. polícias penais federal, estaduais e distrital.*

O STF já decidiu que esse rol é taxativo e que os demais entes federativos estão vinculados à classificação proposta pela Constituição. Diante disso, conclui-se que os Estados, Distrito Federal e Municípios estão proibidos de criar outros órgãos de segurança pública diferentes dos estabelecidos na Constituição Federal. Vejamos esta questão de prova:

Ainda, como fruto dessa taxatividade, deve-se afirmar que nenhum outro órgão além dos estabelecidos nesse artigo poderá ser considerado como sendo de Segurança Pública. Isso se aplica às Guardas Municipais, aos Agentes Penitenciários, aos Agentes de Trânsito e aos Segurança Privados.

Há ainda a chamada Força Nacional de Segurança, instituição criada como fruto de um acordo de cooperação entre os Estados e o Distrito Federal que possui o objetivo de apoiar ações de segurança pública nesses locais. Apesar de ser formado por membros dos órgãos de segurança pública de todo o país, não se pode afirmar, principalmente numa prova de concurso, que essa instituição faça parte dos Órgãos de Segurança Pública.

Não se pode esquecer das Polícias Legislativas criadas no âmbito da Câmara dos Deputados e do Senado Federal, previstas nos Arts. 51, IV e 52, XIII. Também não entram na classificação de Órgãos de Segurança Pública para a prova, pois não estão no rol do Art. 144:

> **Art. 51.** *Compete privativamente à Câmara dos Deputados:*
> *IV. dispor sobre sua organização, funcionamento, polícia, criação, transformação ou extinção dos cargos, empregos e funções de seus serviços, e a iniciativa de lei para fixação da respectiva remuneração, observados os parâmetros estabelecidos na lei de diretrizes orçamentárias.*
>
> **Art. 52.** *Compete privativamente ao Senado Federal:*
> *XIII. dispor sobre sua organização, funcionamento, polícia, criação, transformação ou extinção dos cargos, empregos e funções de seus serviços, e a iniciativa de lei para fixação da respectiva remuneração, observados os parâmetros estabelecidos na lei de diretrizes orçamentárias.*

Cada um dos órgãos será organizado em estatuto próprio, conforme preleciona o § 7º do Art. 144:

> **§ 7º.** *A lei disciplinará a organização e o funcionamento dos órgãos responsáveis pela segurança pública, de maneira a garantir a eficiência de suas atividades.*

Polícia administrativa x polícia judiciária

Antes de iniciar uma análise mais detida do artigo em questão, uma importante distinção doutrinária deve ser feita em relação às polícias de segurança pública: Polícia Administrativa e Polícia Judiciária.

Polícia Administrativa é a polícia preventiva. Sua atividade ocorre antes do cometimento da infração penal com o intuito de impedir a sua ocorrência. Sua atuação é ostensiva, ou seja, visível pelos membros da sociedade. É aquela polícia a que recorremos quando temos um problema. Uma característica marcante das polícias ostensivas é o seu uniforme. É a vestimenta que identifica um policial ostensivo. O maior exemplo de polícia administrativa é a Polícia Militar. Também são consideradas como polícia preventiva: Polícia Federal (em situações específicas), Polícia Rodoviária Federal, Polícia Ferroviária Federal e Corpo de Bombeiros Militar.

DEFESA DO ESTADO E DAS INSTITUIÇÕES DEMOCRÁTICAS

Polícia Judiciária é a polícia repressiva. Sua atividade ocorre após o cometimento da infração penal, quando a atuação da polícia preventiva não surtiu efeito. Sua atividade é investigativa com o fim de encontrar os elementos comprobatórios do ilícito penal cometido. O resultado do trabalho das polícias judiciárias é utilizado posteriormente pelo Ministério Público para subsidiar sua atuação junto ao Poder Judiciário. Daí a razão do nome ser Polícia Judiciária. O resultado de seu trabalho é utilizado pelo Poder Judiciário em seus julgamentos. Atente-se para a seguinte diferença, pois já caiu em prova de concurso: a Polícia Judiciária não faz parte do Poder Judiciário, mas do Poder Executivo. São consideradas como Polícia Judiciária a Polícia Civil e a Polícia Federal. A Polícia Militar também possui atribuições repressivas quando atua na investigação de crimes cometidos por policiais militares.

Além dessa classificação, pode-se distinguir os órgãos do Art. 144 em federais e estaduais, a depender da sua vinculação federativa:

Federais

Polícia Federal, Polícia Rodoviária Federal e Polícia Ferroviária Federal;

Estaduais

Polícia Civil, Polícia Militar e Corpo de Bombeiro Militar.

Feitas essas considerações iniciais, prossegue-se agora com a análise de cada um dos órgãos de segurança pública do Art. 144.

Polícia federal

A Polícia Federal é o órgão de segurança pública com maior quantidade de atribuições previstas na Constituição Federal, razão pela qual é a mais cobrada em prova:

> *§ 1º. A polícia federal, instituída por lei como órgão permanente, organizado e mantido pela União e estruturado em carreira, destina-se a:*
>
> *I. apurar infrações penais contra a ordem política e social ou em detrimento de bens, serviços e interesses da União ou de suas entidades autárquicas e empresas públicas, assim como outras infrações cuja prática tenha repercussão interestadual ou internacional e exija repressão uniforme, segundo se dispuser em lei;*
>
> *II. prevenir e reprimir o tráfico ilícito de entorpecentes e drogas afins, o contrabando e o descaminho, sem prejuízo da ação fazendária e de outros órgãos públicos nas respectivas áreas de competência;*
>
> *III. exercer as funções de polícia marítima, aeroportuária e de fronteiras;*
>
> *IV. exercer, com exclusividade, as funções de polícia judiciária da União.*

Deve-se destacar, como característica principal, a sua atuação como Polícia Judiciária exclusiva da União. É ela quem atuará na repressão dos crimes cometidos contra a União e suas entidades autárquicas e empresas públicas. Apesar de mencionar algumas entidades da administração indireta, não se mencionou as Sociedades de Economia Mista. Isso força uma conclusão de que a Polícia Federal não tem atribuição nos crimes que envolvam interesses de Sociedades de Economia Mista.

As demais atribuições serão exercidas concomitantemente com outros órgãos, limitando a exclusividade de sua atuação apenas à função investigativa no âmbito da União.

Polícia rodoviária federal

A Polícia Rodoviária Federal é órgão da União responsável pelo patrulhamento das rodovias federais:

> *§ 2º. A polícia rodoviária federal, órgão permanente, organizado e mantido pela União e estruturado em carreira, destina-se, na forma da lei, ao patrulhamento ostensivo das rodovias federais.*

Eventualmente, sua atuação se estenderá às rodovias estaduais ou distritais mediante convênio firmado entre os entes federativos. Não havendo esse convênio, o patrulhamento das rodovias estaduais e distritais fica a cargo das Polícias Militares. É comum no âmbito das Polícias Militares a criação de batalhões ou companhias com essa atribuição específica, as chamadas Polícias Rodoviárias.

Polícia ferroviária federal

A Polícia Ferroviária Federal é o órgão da União responsável pelo patrulhamento das ferrovias federais:

> *§ 3º. A polícia ferroviária federal, órgão permanente, organizado e mantido pela União e estruturado em carreira, destina-se, na forma da lei, ao patrulhamento ostensivo das ferrovias federais.*

Diante da pouca relevância das ferrovias no Brasil, esse órgão ficou no esquecimento durante vários anos. No dia 5 agosto de 2011, a Presidente Dilma sancionou a Lei 12.462, que cria no âmbito do Ministério da Justiça a Polícia Ferroviária Federal. O efetivo que comporá essa nova estrutura se originará das instituições que anteriormente cuidavam das ferrovias:

> *Art. 48. A Lei nº 10.683, de 28 de maio de 2003, passa a vigorar com as seguintes alterações:*
>
> *Art. 29, XIV. Do Ministério da Justiça: o Conselho Nacional de Política Criminal e Penitenciária, o Conselho Nacional de Segurança Pública, o Conselho Federal Gestor do Fundo de Defesa dos Direitos Difusos, o Conselho Nacional de Combate à Pirataria e Delitos contra a Propriedade Intelectual, o Conselho Nacional de Arquivos, o Conselho Nacional de Políticas sobre Drogas, o Departamento de Polícia Federal, o Departamento de Polícia Rodoviária Federal, o Departamento de Polícia Ferroviária Federal, a Defensoria Pública da União, o Arquivo Nacional e até 6 (seis) Secretarias;*
>
> *§ 8º. Os profissionais da Segurança Pública Ferroviária oriundos do grupo Rede, Rede Ferroviária Federal (RFFSA), da Companhia Brasileira de Trens Urbanos (CBTU) e da Empresa de Trens Urbanos de Porto Alegre (Trensurb) que estavam em exercício em 11 de dezembro de 1990, passam a integrar o Departamento de Polícia Ferroviária Federal do Ministério da Justiça (NR).*

Polícia civil

Essa é a Polícia Judiciária no âmbito dos Estados e do Distrito Federal. É dirigida por delegados de polícia de carreira e possui atribuição subsidiária à da Polícia Federal e à da Polícia Militar. Significa dizer que o que não for atribuição da Polícia Federal ou da Polícia Militar será da Polícia Civil:

> *§ 4º - às polícias civis, dirigidas por delegados de polícia de carreira, incumbem, ressalvada a competência da União, as funções de polícia judiciária e a apuração de infrações penais, exceto as militares.*

Polícia militar e corpo de bombeiros militar

Essas duas instituições possuem caráter essencialmente ostensivo dentro das atribuições próprias. A Polícia Militar é responsável pelo policiamento ostensivo e preservação da ordem pública.

É a PM quem exerce a função principal de prevenção do crime. Quando se pensa em polícia, certamente é a primeira que vem à mente, pois é vista pela sociedade. Já o Corpo de Bombeiros Militar, apesar de não ser órgão policial, possui atribuição de segurança pública à medida que executa atividades de defesa civil. São responsáveis por uma atuação voltada para a proteção da sociedade, prestação de socorro, atuação em incêndios e acidentes. Destaca-se pela agilidade no atendimento, o que muitas vezes acaba por coibir maiores tragédias:

> *§ 5º. às polícias militares cabem a polícia ostensiva e a preservação da ordem pública; aos corpos de bombeiros militares, além das atribuições definidas em lei, incumbe a execução de atividades de defesa civil.*
>
> *§ 6º. As polícias militares e corpos de bombeiros militares, forças auxiliares e reserva do Exército, subordinam-se, juntamente com as polícias civis, aos Governadores dos Estados, do Distrito Federal e dos Territórios.*

Por serem corporações militares, a eles se aplicam as mesmas regras que são aplicadas às Forças Armadas, como a proibição de greve, filiação partidária e sindicalização.

São ainda consideradas forças auxiliares e reserva do Exército. Significa que num momento de necessidade de efetivo seria possível a convocação de Policiais e Bombeiros Militares como força reserva e de apoio.

Estão subordinados aos Governadores dos Estados, a Distrito Federal e dos Territórios a quem compete a gestão da Segurança Pública em cada ente federativo.

No que tange à Polícia Militar, ao Corpo de Bombeiros Militares e à Polícia Civil do Distrito Federal, há um detalhe que não pode ser esquecido, pois já foi cobrado em prova. Apesar da subordinação destas forças ao Governador do Distrito Federal, a competência para legislar e manter estas corporações é da União.

Aqui há uma exceção na autonomia federativa do Distrito Federal, que está prevista expressamente na Constituição no Art. 21, XIV:

> **Art. 21.** *Compete à União:*
> *XIV. organizar e manter a polícia civil, a polícia militar e o corpo de bombeiros militar do Distrito Federal, bem como prestar assistência financeira ao Distrito Federal para a execução de serviços públicos, por meio de fundo próprio.*

Polícias penais

A Emenda Constitucional 104/2019 introduziu no rol de entidades de segurança pública as chamadas penais.

De acordo com o art. 144, §5º-A da Constituição, cabe às polícias penais, vinculadas ao órgão administrador do sistema penal da unidade federativa a que pertencem, a segurança dos estabelecimentos penais.

15. ORDEM SOCIAL

A Ordem Social é um conjunto de ações desencadeadas por meio de prestações positivas do Estado que visam a reduzir as desigualdades sociais e a garantir um tratamento mínimo, com o fim de tornar efetivo o fundamento constitucional da dignidade da pessoa humana. Perceba este sentimento expresso no Art. 193 da Constituição Federal:

> **Art. 193.** A ordem social tem como base o primado do trabalho, e como objetivo o bem-estar e a justiça sociais.

O trabalho é considerado como a base de toda a teia social. É ele que garante a dignidade para as pessoas. Além disso, o citado artigo deixa claro o objetivo da Ordem Social, qual seja, garantir o bem-estar e a justiça sociais.

Esses direitos decorrem dos direitos sociais trabalhados anteriormente no Art. 6º da Constituição. São direitos implementados por meio de políticas públicas.

A Constituição Federal estabeleceu alguns grupos de direitos que serão trabalhados na Ordem Social:

> Seguridade Social;
> Educação, Cultura e Desporto;
> Ciência e Tecnologia;
> Comunicação Social;
> Meio Ambiente;
> Família, Criança, Adolescente, Jjovem e Idoso; e
> Índios.

Esse tema, quando cobrado em prova, costuma ter uma abordagem próxima da literalidade da Constituição. Significa dizer que, para o candidato acertar questões sobre Ordem Social, será necessária a leitura repetida dos artigos que compõem essa parte da Constituição Federal. Apesar de o mais cobrado ser o próprio texto, tratar-se-á de cada um desses temas sob uma abordagem doutrinária e jurisprudencial.

15.1 Seguridade Social

A Seguridade Social está prevista no Art. 194 e constitui um conjunto de ações que visam a garantir o mínimo existencial para a população, objetivando melhores condições de vida. É composta de três ações: a saúde, a Previdência Social e a Assistência Social.

A implementação dessas ações são obrigação não só do Estado, mas também da sociedade, conforme estabelece o Art. 194:

> **Art. 194.** A seguridade social compreende um conjunto integrado de ações de iniciativa dos Poderes Públicos e da sociedade, destinadas a assegurar os direitos relativos à saúde, à previdência e à assistência social.

Apesar da ação conjunta, a obrigação de organizar a Seguridade Social é do Estado, que deve fazer amparada nos seguintes objetivos:

> Universalidade da cobertura e do atendimento;
> Uniformidade e equivalência dos benefícios e serviços às populações urbanas e rurais;
> Seletividade e distributividade na prestação dos benefícios e serviços;
> Irredutibilidade do valor dos benefícios;
> Equidade na forma de participação no custeio;
> Diversidade da base de financiamento, identificando-se, em rubricas contábeis específicas para cada área, as receitas e as despesas vinculadas a ações de saúde, previdência e assistência social, preservado o caráter contributivo da previdência social;
> Caráter democrático e descentralizado da administração, mediante gestão quadripartite, com participação dos trabalhadores, dos empregadores, dos aposentados e do Governo nos órgãos colegiados.

A **universalidade** de cobertura representa a cobertura sobre qualquer situação de risco social enquanto que a universalidade de atendimento está relacionada com a cobertura para todos os que necessitarem.

A **uniformidade e equivalência** de benefícios e serviços às populações urbanas e rurais deixa claro que não existe tratamento diferenciado entre os trabalhadores urbanos e rurais. Ambos são tratados da mesma forma.

A **seletividade e a distributividade** visa a redistribuir os benefícios sociais na tentativa de atender a quem mais dele necessitar. Em tese, esses princípios permitem um tratamento desigual sob o enfoque da igualdade material.

A **Irredutibilidade** do valor dos benefícios garante ao beneficiário a manutenção do valor nominal dos benefícios.

A **equidade na forma de participação no custeio** apresenta a ideia de distribuição justa levando em consideração a capacidade de contribuição e a isonomia entre os contribuintes. A ideia aqui para a manutenção da Seguridade é que o custeio seja distribuído de forma justa entre os vários agentes contributivos. Esse princípio nos conduz ao seguinte, que é a **diversidade da base de financiamento,** o qual conta com a participação de vários agentes responsáveis pela manutenção financeira da Seguridade Social, especialmente, os trabalhadores, as empresas e os entes estatais.

Por fim, há o último objetivo, que é o **caráter democrático e descentralizado da administração, mediante gestão quadripartite,** com participação dos trabalhadores, dos empregadores, dos aposentados e do Governo nos órgãos colegiados. Aqui, há uma questão que já apareceu várias vezes em prova, principalmente por causa da palavra quadripartite, que significa a participação na gestão de forma democrática, envolvendo quatro atores sociais: trabalhadores, empregadores, aposentados e Governo.

Agora serão analisados os três serviços que compõem a Seguridade Social: Saúde, Previdência Social e Assistência Social. Aqui se propõe analisar apenas os pontos mais importantes, envolvendo esses temas. Como já sinalizado anteriormente, na Ordem Social o mais cobrado em prova é o próprio texto constitucional.

Saúde

Acerca desse tema, várias questões costumam ser cobradas em prova. Segue a análise de algumas delas:

Caráter não contributivo

O direito à saúde é uma norma de proteção do direito à vida destinada a todas as pessoas, independentemente de contribuição à Previdência Social. Por isso, dizemos que não possui caráter contributivo, ou seja, quem quiser ser beneficiado pela saúde pública poderá utilizar dos seus serviços independentemente de filiação ou contribuição à Previdência Social. Observando a leitura do *caput* do Art. 196 se pode perceber que esse direito de caráter social é garantido a todos:

> **Art. 196.** *A saúde é direito de todos e dever do Estado, garantido mediante políticas sociais e econômicas que visem à redução do risco de doença e de outros agravos e ao acesso universal e igualitário às ações e serviços para sua promoção, proteção e recuperação.*

Vinculação ao direito à vida

O direito à saúde decorre do próprio direito à vida, como forma de garantir qualidade à vida em sua modalidade de existência humana. De nada adianta garantir ao indivíduo o direito de viver se essa vida não possuir o mínimo de dignidade. Garantir saúde é cumprir os ditames constitucionais que protegem o indivíduo em sua existência, em perfeita consonância com o princípio da dignidade da pessoa humana.

Remoção de órgãos, tecidos e substâncias humanas

Outra norma muito interessante e que pode cair em prova é a proteção constitucional à remoção de órgãos, tecidos e substâncias humanas. A Constituição Federal, em seu Art. 199, § 4º, traz expressamente a vedação para a comercialização de órgãos, apesar de não regulamentar as formas de remoção, pesquisa, coleta e processamento de sangue. A falta de regulamentação ocorre porque a Constituição deixou para a legislação infraconstitucional o dever de fazê-la.

O dispositivo em questão é um exemplo de norma de eficácia limitada, o qual foi regulamentado pelas Leis 10.205/01, 9.434/97 e 11.105/05:

> **Art. 199**, § 4º. *A lei disporá sobre as condições e os requisitos que facilitem a remoção de órgãos, tecidos e substâncias humanas para fins de transplante, pesquisa e tratamento, bem como a coleta, processamento e transfusão de sangue e seus derivados, sendo vedado todo tipo de comercialização.*

Previdência social

Caráter contributivo e filiação obrigatória

Sem dúvida, uma das questões mais cobradas em prova está no próprio *caput* do Art. 201, que afirma ser a Previdência Social de caráter contributivo e filiação obrigatória:

> **Art. 201.** *A previdência social será organizada sob a forma de regime geral, de caráter contributivo e de filiação obrigatória, observados critérios que preservem o equilíbrio financeiro e atuarial, e atenderá, nos termos da lei, a:*
>
> *I. cobertura dos eventos de doença, invalidez, morte e idade avançada;*
>
> *II. proteção à maternidade, especialmente à gestante;*
>
> *III. proteção ao trabalhador em situação de desemprego involuntário;*
>
> *IV. salário-família e auxílio-reclusão para os dependentes dos segurados de baixa renda;*
>
> *V. pensão por morte do segurado, homem ou mulher, ao cônjuge ou companheiro e dependentes, observado o disposto no § 2º.*

Ter caráter contributivo significa dizer que só poderá ser beneficiado pela Previdência Social quem contribuir previamente com o sistema de previdência público. Além da contribuição, a Constituição exige a filiação ao Sistema, na qualidade de segurado. Esse tema está regulamentado na Lei 8.213/91 e será melhor estudado na disciplina de Direito Previdenciário.

Regras para aposentadoria

As regras de aposentadoria são o ponto forte desse tema; serão tratadas junto à disciplina de Direito Previdenciário.

> **Art. 201** (...)
>
> *§ 7º É assegurada aposentadoria no regime geral de previdência social, nos termos da lei, obedecidas as seguintes condições:*
>
> *I. 65 (sessenta e cinco) anos de idade, se homem, e 62 (sessenta e dois) anos de idade, se mulher, observado tempo mínimo de contribuição.*
>
> *II. 60 (sessenta) anos de idade, se homem, e 55 (cinquenta e cinco) anos de idade, se mulher, para os trabalhadores rurais e para os que exerçam suas atividades em regime de economia familiar, nestes incluídos o produtor rural, o garimpeiro e o pescador artesanal.*
>
> *§ 8º O requisito de idade a que se refere o inciso I do § 7º será reduzido em 5 (cinco) anos, para o professor que comprove tempo de efetivo exercício das funções de magistério na educação infantil e no ensino fundamental e médio fixado em lei complementar."*

O destaque fica para a redução do período de contribuição para quem exerce a função de magistério. Observe-se que a Constituição Federal reduziu em cinco anos o tempo de contribuição necessário para aposentadoria para o professor que comprove o tempo de efetivo exercício previsto em lei complementar nas funções de magistério na educação infantil e no ensino fundamental e médio. Anteriormente, o texto constitucional exigia tempo exclusivo de dedicação a essas atividades.

Previdência privada

Outra regra que já foi cobrada em prova diz respeito à possibilidade de o regime de previdência ser organizado pela iniciativa privada. Algumas palavras-chave definem essa relação de previdência privada: complementar, autonomia e facultativo. Vejamos o que diz o Art. 202 da CF:

> **Art. 202.** *O regime de previdência privada, de caráter complementar e organizado de forma autônoma em relação ao regime geral de previdência social, será facultativo, baseado na constituição de reservas que garantam o benefício contratado, e regulado por lei complementar.*
>
> *§ 1º. A lei complementar de que trata este artigo assegurará ao participante de planos de benefícios de entidades de previdência privada o pleno acesso às informações relativas à gestão de seus respectivos planos.*
>
> *§ 2º. As contribuições do empregador, os benefícios e as condições contratuais previstas nos estatutos, regulamentos e planos de benefícios das entidades de previdência privada não integram o contrato de trabalho dos participantes, assim como, à exceção dos benefícios concedidos, não integram a remuneração dos participantes, nos termos da lei.*
>
> *§ 3º. É vedado o aporte de recursos a entidade de previdência privada pela União, Estados, Distrito Federal e Municípios, suas autarquias, fundações, empresas públicas, sociedades de economia mista e outras entidades públicas, salvo na qualidade de patrocinador, situação na qual, em hipótese alguma, sua contribuição normal poderá exceder a do segurado.*

§ 4º. Lei complementar disciplinará a relação entre a União, Estados, Distrito Federal ou Municípios, inclusive suas autarquias, fundações, sociedades de economia mista e empresas controladas direta ou indiretamente, enquanto patrocinadoras de entidades fechadas de previdência privada, e suas respectivas entidades fechadas de previdência privada.

§ 5º. A lei complementar de que trata o parágrafo anterior aplicar-se-á, no que couber, às empresas privadas permissionárias ou concessionárias de prestação de serviços públicos, quando patrocinadoras de entidades fechadas de previdência privada.

§ 6º. A lei complementar a que se refere o § 4º deste artigo estabelecerá os requisitos para a designação dos membros das diretorias das entidades fechadas de previdência privada e disciplinará a inserção dos participantes nos colegiados e instâncias de decisão em que seus interesses sejam objeto de discussão e deliberação.

Quando se diz complementar, quer se dizer que complementa o regime geral de previdência. A autonomia representa a não vinculação do regime privado ao público. E, por fim, a faculdade de se aderir, haja vista não constituir obrigação a nenhum trabalhador.

Assistência social

O Art. 203 prevê os benefícios e serviços da Assistência Social. São várias as prestações oferecidas a quem precisa de assistência, geralmente aos hipossuficientes. A Assistência Social não depende de contribuição à previdência social:

Art. 203. A assistência social será prestada a quem dela necessitar, independentemente de contribuição à seguridade social, e tem por objetivos:

I. a proteção à família, à maternidade, à infância, à adolescência e à velhice;

II. o amparo às crianças e adolescentes carentes;

III. a promoção da integração ao mercado de trabalho;

IV. a habilitação e reabilitação das pessoas portadoras de deficiência e a promoção de sua integração à vida comunitária;

V. a garantia de um salário mínimo de benefício mensal à pessoa portadora de deficiência e ao idoso que comprovem não possuir meios de prover à própria manutenção ou de tê-la provida por sua família, conforme dispuser a lei.

15.2 Da Educação, da Cultura e do Desporto

Educação

O acesso à educação é um dos grandes serviços de ordem social e deverá ser garantido segundo os princípios previstos no Art. 206, que costuma ser muito cobrado em prova:

Art. 206. O ensino será ministrado com base nos seguintes princípios:

I. igualdade de condições para o acesso e permanência na escola;

II. liberdade de aprender, ensinar, pesquisar e divulgar o pensamento, a arte e o saber;

III. pluralismo de ideias e de concepções pedagógicas, e coexistência de instituições públicas e privadas de ensino;

IV. gratuidade do ensino público em estabelecimentos oficiais;

V. valorização dos profissionais da educação escolar, garantidos, na forma da lei, planos de carreira, com ingresso exclusivamente por concurso público de provas e títulos, aos das redes públicas;

VI. gestão democrática do ensino público, na forma da lei;

VII. garantia de padrão de qualidade;

VIII. piso salarial profissional nacional para os profissionais da educação escolar pública, nos termos de lei federal.

Gratuidade do ensino público

Como consequência da regra constitucional, que prevê gratuidade do ensino público, o STF editou a Súmula Vinculante nº 12, proibindo a cobrança de taxa de matrícula nas Universidades Públicas:

Súmula Vinculante 12. A cobrança de taxa de matrícula nas universidades públicas viola o disposto no Art. 206, IV, da Constituição Federal.

Igualdade de condições e acesso meritocrático

Outros dois princípios que se destacam nos Arts. 206 e 208, da CF, são a igualdade de condições de acesso e permanência na escola e o acesso meritocrático aos níveis mais elevados de ensino:

Art. 206, I. igualdade de condições para o acesso e permanência na escola;

Art. 208, V. acesso aos níveis mais elevados do ensino, da pesquisa e da criação artística, segundo a capacidade de cada um;

Entende-se por acesso meritocrático aquele que privilegia o mérito de cada estudante na obtenção da vaga para universidades e demais cursos de pós-graduação, o que justifica a utilização de vestibulares para seleção dos candidatos.

O STF entende que quando o servidor é removido *ex-ofício* de uma localidade de trabalho, o direito a transferências de uma universidade para outra só vale se a transferência for para universidade congênere. Ou seja, de privada para privada e de pública para pública. Segundo esse entendimento, o direito à matrícula na universidade não contempla a transferência de um aluno de universidade privada para a pública.

Direito público subjetivo à educação

Quando a Constituição prevê que o acesso ao ensino obrigatório é gratuito como Direito Público Subjetivo, ela quer dizer que se você precisar, poderá exigir na Justiça o fornecimento desse direito social sob pena de responsabilização do Poder Público pelo descaso, se houver. Vejamos os §§ 1º e 2º do Art. 208:

Art. 208, § 1º. O acesso ao ensino obrigatório e gratuito é direito público subjetivo.

§ 2º. O não oferecimento do ensino obrigatório pelo Poder Público, ou sua oferta irregular, importa responsabilidade da autoridade competente.

Estrangeiro

Um tema bastante cobrado em prova é a possibilidade de contratação de servidores estrangeiros por universidades e instituições de pesquisa científica e tecnológica em decorrência da sua autonomia:

Art. 207. As universidades gozam de autonomia didático-científica, administrativa e de gestão financeira e patrimonial, e obedecerão ao princípio de indissociabilidade entre ensino, pesquisa e extensão.

§ 1º. É facultado às universidades admitir professores, técnicos e cientistas estrangeiros, na forma da lei.

§ 2º. O disposto neste artigo aplica-se às instituições de pesquisa científica e tecnológica.

Ensino religioso

Este tema invoca a laicidade do Estado, isto é, a relação de separação entre Estado e Igreja. Diante dessa separação, a Constituição considerou a matrícula na matéria de Ensino Religioso como sendo facultativa:

> **Art. 210**, § 1º. *O ensino religioso, de matrícula facultativa, constituirá disciplina dos horários normais das escolas públicas de ensino fundamental.*

Em algumas questões, as bancas testam os candidatos inserindo porcentagens de investimento em educação dos Entes Federativos. Vejamos esta questão:

Cultura

Um dos direitos de Ordem Social com maior impacto sobre a sociedade é o direito cultural. Historicamente, o acesso à cultura sempre se mostrou uma grande ferramenta de satisfação social e a garantia do seu acesso a todos os grupos sociais é um dos grandes desafios do Estado:

> **Art. 215.** *O Estado garantirá a todos o pleno exercício dos direitos culturais e acesso às fontes da cultura nacional, e apoiará e incentivará a valorização e a difusão das manifestações culturais.*

Direito à manifestação popular

Um dos princípios constitucionais que protegem esse direito social é a pluralidade política. Pluralidade política é pluralidade de ideias, multiplicidade de percepções. Esse princípio garante à sociedade o acesso a diversas manifestações culturais de todos os grupos participantes da formação cultural nacional:

> **Art. 215**, § 1º. *O Estado protegerá as manifestações das culturas populares, indígenas e afro-brasileiras, e das de outros grupos participantes do processo civilizatório nacional.*

Datas comemorativas

Esse dispositivo constitui uma justificativa para a existência de feriados religiosos no Brasil. Apesar de o Estado viver uma relação de separação com a Religião, tem-se permitido a criação, por meio de lei, dos feriados religiosos sob o argumento de garantia das manifestações culturais:

> **Art. 215**, § 2º. *A lei disporá sobre a fixação de datas comemorativas de alta significação para os diferentes segmentos étnicos nacionais.*

Patrimônio cultural brasileiro

Questão para prova é o rol de elementos culturais que constituem o patrimônio cultural brasileiro, o qual abrange a manifestação cultural sob várias perspectivas:

> **Art. 216.** *Constituem patrimônio cultural brasileiro os bens de natureza material e imaterial, tomados individualmente ou em conjunto, portadores de referência à identidade, à ação, à memória dos diferentes grupos formadores da sociedade brasileira, nos quais se incluem:*
>
> *I. as formas de expressão;*
>
> *II. os modos de criar, fazer e viver;*
>
> *III. as criações científicas, artísticas e tecnológicas;*
>
> *IV. as obras, objetos, documentos, edificações e demais espaços destinados às manifestações artístico-culturais;*
>
> *V. os conjuntos urbanos e sítios de valor histórico, paisagístico, artístico, arqueológico, paleontológico, ecológico e científico.*

Desportos

Aqui também existem algumas questões que podem ser trabalhadas em prova. Por exemplo, a diferença entre práticas desportivas formais e não formais. Práticasaa desportivas formais são aqueles esportes clássicos, olímpicos, como o futebol, vôlei, basquete, atletismo, entre outros. Já os esportes não formais são aqueles que crianças praticam, como pique-esconde, pique-bandeirinha, queimada, entre outros que, na prática, possuem o mesmo fim dos esportes formais: o desenvolvimento físico e mental do indivíduo. Ambas as atividades desportivas são amparadas pela Constituição:

> **Art. 217.** *É dever do Estado fomentar práticas desportivas formais e não formais, como direito de cada um, observados:*

Outra questão importantíssima está no regramento da chamada Justiça Desportiva. Apesar do nome "justiça", trata-se de uma instância de natureza jurídico-administrativa. A Constituição Federal exige o esgotamento dessa instância quando houver questões desportivas a serem resolvidas. Aqui temos uma exceção ao princípio da Inafastabilidade da Jurisdição, sendo que o esgotamento das vias administrativas é de curso forçado:

> **Art. 217**, § 1º. *O Poder Judiciário só admitirá ações relativas à disciplina e às competições desportivas após esgotarem-se as instâncias da justiça desportiva, regulada em lei.*

É preciso ressaltar ainda que, segundo o STF, os membros do Poder Judiciário não podem exercer suas funções na Justiça Desportiva. E, ainda, segundo o Tribunal Superior do Trabalho, a Justiça Desportiva não tem competência para processar e julgar questões trabalhistas envolvendo os atletas e suas entidades profissionais desportivas.

15.3 Ciência e Tecnologia

Acerca desse tema, é importante ressaltar a diferença apresentada pela Constituição para Pesquisa Científica Básica e a Pesquisa Tecnológica, conforme se depreende dos §§1º e §2º do Art. 218:

> **Art. 218.** *O Estado promoverá e incentivará o desenvolvimento científico, a pesquisa, a capacitação científica e tecnológica e a inovação. (Redação dada pela Emenda Constitucional nº 85, de 2015)*
>
> *§ 1º - A pesquisa científica básica e tecnológica receberá tratamento prioritário do Estado, tendo em vista o bem público e o progresso da ciência, tecnologia e inovação. (Redação dada pela Emenda Constitucional nº 85, de 2015)*
>
> *§ 2º. A pesquisa tecnológica voltar-se-á preponderantemente para a solução dos problemas brasileiros e para o desenvolvimento do sistema produtivo nacional e regional.*

Destaca-se no Art. 218, da CF, também, o apoio que deve ser fornecido pelo Estado na formação e capacitação de recursos humanos nas áreas de ciência, pesquisa e tecnologia, bem como no estímulo às empresas para que invistam nessas áreas:

> *§3º - O Estado apoiará a formação de recursos humanos nas áreas de ciência, pesquisa, tecnologia e inovação, inclusive por meio do apoio às atividades de extensão tecnológica, e concederá aos que delas se ocupem meios e condições especiais de trabalho;*
>
> *§ 4º. A lei apoiará e estimulará as empresas que invistam em pesquisa, criação de tecnologia adequada ao País, formação e aperfeiçoamento de seus recursos humanos e que pratiquem sistemas de remuneração que assegurem ao empregado, desvinculada do salário, participação nos ganhos econômicos resultantes da produtividade de seu trabalho.*

Vinculação da receita dos estados e df

Há aqui tema pertinente à prova. O previsto no § 5º do Art. 218, da CF, que faculta aos Estados e ao Distrito Federal a possibilidade de vinculação de parte de sua receita orçamentária a entidades públicas de pesquisa científica e tecnológica. Não estão incluídos nessa possibilidade a União e os municípios:

> **§ 5º.** É facultado aos Estados e ao Distrito Federal vincular parcela de sua receita orçamentária a entidades públicas de fomento ao ensino e à pesquisa científica e tecnológica.

Patrimônio nacional

E, ainda, não se deve esquecer que o Mercado Interno integra o chamado patrimônio nacional:

> **Art. 219.** O mercado interno integra o patrimônio nacional e será incentivado de modo a viabilizar o desenvolvimento cultural e sócio-econômico, o bem-estar da população e a autonomia tecnológica do País, nos termos de lei federal.

15.4 Comunicação Social

A Comunicação Social decorre do direito fundamental à liberdade e acaba por concretizar o princípio da pluralidade, ao prever a manifestação do pensamento como um direito não sujeito a restrições abusivas por parte do Estado. O Art. 220 trata desse direito, aparentemente, de forma absoluta, entretanto, não é demais relembrar que não existe direito fundamental absoluto. Caso a manifestação ao pensamento ofenda outro direito fundamental, é possível a sua restrição diante de um conflito de interesses. Não se pode esquecer também que a Constituição foi promulgada em 1988, momento histórico de transição da ditadura para o regime democrático. Era de se esperar que a Constituição Federal se preocupasse demasiadamente com a garantia da manifestação do pensamento:

> **Art. 220.** A manifestação do pensamento, a criação, a expressão e a informação, sob qualquer forma, processo ou veículo não sofrerão qualquer restrição, observado o disposto nesta Constituição.
> **§ 1º.** Nenhuma lei conterá dispositivo que possa constituir embaraço à plena liberdade de informação jornalística em qualquer veículo de comunicação social, observado o disposto no Art. 5º, IV, V, X, XIII e XIV.
> **§ 2º.** É vedada toda e qualquer censura de natureza política, ideológica e artística.

Com base nessa liberdade de informação, o STF entendeu que para a profissão de jornalista não seria necessária a obtenção de grau superior de Jornalismo, sob pena de limitar-se esse direito que, como dito, não é absoluto, mas goza de ampla proteção constitucional.

Competência legislativa

Segundo o § 3º e o Art. 21, XVI, a competência para legislar sobre esta matéria é da União, questão essa já cobrada em prova:

> **§ 3º.** Compete à lei federal:
> **I.** regular as diversões e espetáculos públicos, cabendo ao Poder Público informar sobre a natureza deles, as faixas etárias a que não se recomendem, locais e horários em que sua apresentação se mostre inadequada;
> **II.** estabelecer os meios legais que garantam à pessoa e à família a possibilidade de se defenderem de programas ou programações de rádio e televisão que contrariem o disposto no Art. 221, bem como da propaganda de produtos, práticas e serviços que possam ser nocivos à saúde e ao meio ambiente.

> **Art. 21.** Compete à União:
> **XVI.** exercer a classificação, para efeito indicativo, de diversões públicas e de programas de rádio e televisão.

Propriedade de empresa jornalística, radiodifusão sonora e de sons e imagens

Aqui tem-se uma questão que eventualmente aparece em provas.

> **Art. 222.** A propriedade de empresa jornalística e de radiodifusão sonora e de sons e imagens é privativa de brasileiros natos ou naturalizados há mais de dez anos, ou de pessoas jurídicas constituídas sob as leis brasileiras e que tenham sede no País.
> **§ 1º.** Em qualquer caso, pelo menos setenta por cento do capital total e do capital votante das empresas jornalísticas e de radiodifusão sonora e de sons e imagens deverá pertencer, direta ou indiretamente, a brasileiros natos ou naturalizados há mais de dez anos, que exercerão obrigatoriamente a gestão das atividades e estabelecerão o conteúdo da programação.
> **§ 2º.** A responsabilidade editorial e as atividades de seleção e direção da programação veiculada são privativas de brasileiros natos ou naturalizados há mais de dez anos, em qualquer meio de comunicação social.
> **§ 3º.** Os meios de comunicação social eletrônica, independentemente da tecnologia utilizada para a prestação do serviço, deverão observar os princípios enunciados no Art. 221, na forma de lei específica, que também garantirá a prioridade de profissionais brasileiros na execução de produções nacionais.
> **§ 4º.** Lei disciplinará a participação de capital estrangeiro nas empresas de que trata o § 1º.
> **§ 5º.** As alterações de controle societário das empresas de que trata o § 1º serão comunicadas ao Congresso Nacional.

O Art. 222 exige, para ser proprietário de empresa jornalística, que o titular seja brasileiro nato ou naturalizado há mais de 10 anos. Essa regra não impede que estrangeiros sejam proprietários de empresas de comunicação no Brasil, haja vista a possibilidade desses estrangeiros integrarem uma pessoa jurídica desde que a administração seja feita por brasileiros natos ou naturalizados há mais de dez anos e a pessoa jurídica seja constituída sobre as leis brasileiras.

A Constituição limita em 30 % a possibilidade de capital votante estrangeiro.

Seguem abaixo alguns outros artigos que já foram alvos de questões de prova:

> **Art. 223.** Compete ao Poder Executivo outorgar e renovar concessão, permissão e autorização para o serviço de radiodifusão sonora e de sons e imagens, observado o princípio da complementaridade dos sistemas privado, público e estatal.
> **§ 1º.** O Congresso Nacional apreciará o ato no prazo do Art. 64, § 2º e § 4º, a contar do recebimento da mensagem.
> **§ 2º.** A não renovação da concessão ou permissão dependerá de aprovação de, no mínimo, dois quintos do Congresso Nacional, em votação nominal.
> **§ 3º.** O ato de outorga ou renovação somente produzirá efeitos legais após deliberação do Congresso Nacional, na forma dos parágrafos anteriores.
> **§ 4º.** O cancelamento da concessão ou permissão, antes de vencido o prazo, depende de decisão judicial.

§ 5º. O prazo da concessão ou permissão será de dez anos para as emissoras de rádio e de quinze para as de televisão.

Art. 224. *Para os efeitos do disposto neste capítulo, o Congresso Nacional instituirá, como seu órgão auxiliar, o Conselho de Comunicação Social, na forma da lei.*

15.5 Meio Ambiente

Nossa Constituição é uma das normas mais garantistas do Meio Ambiente. Essa postura tem colocado o país à frente de muitos outros nas questões de preservação ambiental. É muito interessante a forma como esse direito social é apresentado sendo bem de uso comum do povo cuja preservação visa a garantir um meio ambiente sadio para as presentes e futuras gerações:

> ***Art. 225.*** *Todos têm direito ao meio ambiente ecologicamente equilibrado, bem de uso comum do povo e essencial à sadia qualidade de vida, impondo-se ao Poder Público e à coletividade o dever de defendê-lo e preservá-lo para as presentes e futuras gerações.*

Atribuições do poder público

Para que esse ideal de preservação seja garantido, a Constituição exigiu uma série de condutas dos Poderes Públicos, as quais estão previstas no § 1º do Art. 225 da CF:

> *§ 1º. Para assegurar a efetividade desse direito, incumbe ao Poder Público:*
>
> *I. preservar e restaurar os processos ecológicos essenciais e prover o manejo ecológico das espécies e ecossistemas;*
>
> *II. preservar a diversidade e a integridade do patrimônio genético do País e fiscalizar as entidades dedicadas à pesquisa e manipulação de material genético;*
>
> *III. definir, em todas as unidades da Federação, espaços territoriais e seus componentes a serem especialmente protegidos, sendo a alteração e a supressão permitidas somente através de lei, vedada qualquer utilização que comprometa a integridade dos atributos que justifiquem sua proteção;*
>
> *IV. exigir, na forma da lei, para instalação de obra ou atividade potencialmente causadora de significativa degradação do meio ambiente, estudo prévio de impacto ambiental, a que se dará publicidade;*
>
> *V. controlar a produção, a comercialização e o emprego de técnicas, métodos e substâncias que comportem risco para a vida, a qualidade de vida e o meio ambiente;*
>
> *VI. promover a educação ambiental em todos os níveis de ensino e a conscientização pública para a preservação do meio ambiente;*
>
> *VII. proteger a fauna e a flora, vedadas, na forma da lei, as práticas que coloquem em risco sua função ecológica, provoquem a extinção de espécies ou submetam os animais a crueldade.*

Responsabilização pela atividade lesiva ao meio ambiente

Os dois parágrafos que se seguem ambos do Art. 225 da CF, são muito importantes, pois trazem a possibilidade de responsabilização pelo dano ambiental tanto na esfera administrativa quanto na esfera penal. Ou seja, quem polui o meio ambiente pode ser responsabilizado penalmente, incluindo a Pessoa Jurídica. Aqui fica claro que Pessoa Jurídica pode praticar crime:

> *§ 2º. Aquele que explorar recursos minerais fica obrigado a recuperar o meio ambiente degradado, de acordo com solução técnica exigida pelo órgão público competente, na forma da lei.*
>
> *§ 3º. As condutas e atividades consideradas lesivas ao meio ambiente sujeitarão os infratores, pessoas físicas ou jurídicas, a sanções penais e administrativas, independentemente da obrigação de reparar os danos causados.*

Se uma Pessoa Jurídica praticar crime ambiental ela será punida com uma sanção compatível com sua natureza jurídica.

Patrimônio nacional

Esse parágrafo já foi abordado várias vezes em prova e requer a memorização do candidato dos ecossistemas que são considerados patrimônio nacional. Os examinadores costumam incluir outro tipo de ecossistema não previsto nesse parágrafo. Por exemplo, em 2010 afirmou-se numa prova da banca CESPE que os "pampas gaúchos" também integravam o patrimônio nacional. Estes elementos devem ser memorizados:

> ***Art. 225, § 4º.*** *A Floresta Amazônica brasileira, a Mata Atlântica, a Serra do Mar, o Pantanal Mato-Grossense e a Zona Costeira são patrimônio nacional, e sua utilização far-se-á, na forma da lei, dentro de condições que assegurem a preservação do meio ambiente, inclusive quanto ao uso dos recursos naturais.*

Limitação para utilização do meio ambiente

Como forma de limitar a utilização do Meio Ambiente, a Constituição instituiu algumas restrições à utilização das terras devolutas ou arrecadadas. Essas terras são consideradas bens dos Estados e, por esse motivo, indisponíveis:

> ***Art. 225, § 5º.*** *São indisponíveis as terras devolutas ou arrecadadas pelos Estados, por ações discriminatórias, necessárias à proteção dos ecossistemas naturais.*

Outro dispositivo limitador é o § 6º, que restringe a instalação de reatores nucleares, os quais, antes de serem instalados, terão sua localização definida em legislação federal:

> ***Art. 225 § 6º.*** *As usinas que operem com reator nuclear deverão ter sua localização definida em lei federal, sem o que não poderão ser instaladas.*

Patrimônio Nacional:
- Floresta Amazônica Brasileira
- Pantanal Mato-Grossense
- Zona Costeira
- Serra do Mar
- Mata Atlântica

15.6 Família, Criança, Adolescente, Jovem e Idoso

Família

Esse é um dos temas sobre a Ordem Social que aparecem em abundância em provas, em razão das recentes mudanças promovidas pelas Emendas Constitucionais nos 65 e 66 de 2010, bem como o atual posicionamento jurisprudencial do STF:

NOÇÕES DE DIREITO CONSTITUCIONAL

ORDEM SOCIAL

Art. 226. A família, base da sociedade, tem especial proteção do Estado.

§ 1º. O casamento é civil e gratuita a celebração.

§ 2º. O casamento religioso tem efeito civil, nos termos da lei.

§ 3º. Para efeito da proteção do Estado, é reconhecida a união estável entre o homem e a mulher como entidade familiar, devendo a lei facilitar sua conversão em casamento.

§ 4º. Entende-se, também, como entidade familiar a comunidade formada por qualquer dos pais e seus descendentes.

§ 5º. Os direitos e deveres referentes à sociedade conjugal são exercidos igualmente pelo homem e pela mulher.

§ 6º. O casamento civil pode ser dissolvido pelo divórcio.

§ 7º. Fundado nos princípios da dignidade da pessoa humana e da paternidade responsável, o planejamento familiar é livre decisão do casal, competindo ao Estado propiciar recursos educacionais e científicos para o exercício desse direito, vedada qualquer forma coercitiva por parte de instituições oficiais ou privadas.

§ 8º. O Estado assegurará a assistência à família na pessoa de cada um dos que a integram, criando mecanismos para coibir a violência no âmbito de suas relações.

O primeiro destaque é o fim da separação judicial. De acordo com a nova redação do § 6º, a partir de agora o casamento se dissolve com o divórcio, sem a necessidade de efetivar-se primeiro a separação judicial.

Outro destaque é a recente decisão do STF[1] que reconheceu a possibilidade de União Estável entre casais homoafetivos, ampliando a compreensão do § 3º. Sobre esse tema deve-se ter muito cuidado. A Constituição Federal entende que União Estável ocorre entre homem e mulher, enquanto o STF entende que pode ocorrer entre casais do mesmo sexo. Diante dessa pluralidade de entendimentos, caso em prova haja uma pergunta que tenha como base a Constituição Federal, deve-se responder que é só entre homem e mulher. Mas se a questão perguntar segundo o STF, nesse caso a União Estável poderá ocorrer entre pessoas do mesmo sexo. É bom lembrar também das entidades familiares reconhecidas pela Constituição Federal:

Casamento civil ou religioso: quando ocorre a formalização da união entre um homem e mulher segundo as leis civis ou religiosas;

União Estável: união informal entre pessoas (do mesmo sexo ou não) com efeitos jurídicos iguais aos do casamento;

Monoparental: quando a família é formada por qualquer um dos pais e seus descendentes.

O STF não liberou o casamento entre casais homoafetivos, apenas reconheceu a União Estável entre eles. Não se deve confundir casamento com união estável.

Criança, adolescente e jovem

O Art. 227 possui várias normas de proteção para a criança, o adolescente e jovem, que podem ser cobradas em prova. A Constituição também sofreu alterações nesse artigo por meio da Emenda Constitucional nº 65, que inseriu o Jovem entre os indivíduos que possuem proteção especial da Constituição Federal. Merece destaque especial no § 3º, I, que prevê como idade mínima para o trabalho da criança 14 anos:

---

1 Vide ADI 4.277 e ADPF 132, Rel. Min. Ayres Britto, julgamento em 5-5-2011, Plenário, DJE de 14-10-2011.

Art. 227. É dever da família, da sociedade e do Estado assegurar à criança, ao adolescente e ao jovem, com absoluta prioridade, o direito à vida, à saúde, à alimentação, à educação, ao lazer, à profissionalização, à cultura, à dignidade, ao respeito, à liberdade e à convivência familiar e comunitária, além de colocá-los a salvo de toda forma de negligência, discriminação, exploração, violência, crueldade e opressão.

§ 1º. O Estado promoverá programas de assistência integral à saúde da criança, do adolescente e do jovem, admitida a participação de entidades não governamentais, mediante políticas específicas e obedecendo aos seguintes preceitos:

I. aplicação de percentual dos recursos públicos destinados à saúde na assistência materno-infantil;

II. criação de programas de prevenção e atendimento especializado para as pessoas portadoras de deficiência física, sensorial ou mental, bem como de integração social do adolescente e do jovem portador de deficiência, mediante o treinamento para o trabalho e a convivência, e a facilitação do acesso aos bens e serviços coletivos, com a eliminação de obstáculos arquitetônicos e de todas as formas de discriminação.

§ 2º. A lei disporá sobre normas de construção dos logradouros e dos edifícios de uso público e de fabricação de veículos de transporte coletivo, a fim de garantir acesso adequado às pessoas portadoras de deficiência.

§ 3º. O direito a proteção especial abrangerá os seguintes aspectos:

I. idade mínima de quatorze anos para admissão ao trabalho, observado o disposto no Art. 7º, XXXIII;

II. garantia de direitos previdenciários e trabalhistas;

III. garantia de acesso do trabalhador adolescente e jovem à escola;

IV. garantia de pleno e formal conhecimento da atribuição de ato infracional, igualdade na relação processual e defesa técnica por profissional habilitado, segundo dispuser a legislação tutelar específica;

V. obediência aos princípios de brevidade, excepcionalidade e respeito à condição peculiar de pessoa em desenvolvimento, quando da aplicação de qualquer medida privativa da liberdade;

VI. estímulo do Poder Público, através de assistência jurídica, incentivos fiscais e subsídios, nos termos da lei, ao acolhimento, sob a forma de guarda, de criança ou adolescente órfão ou abandonado;

VII. programas de prevenção e atendimento especializado à criança, ao adolescente e ao jovem dependente de entorpecentes e drogas afins.

§ 4º. A lei punirá severamente o abuso, a violência e a exploração sexual da criança e do adolescente.

§ 5º. A adoção será assistida pelo Poder Público, na forma da lei, que estabelecerá casos e condições de sua efetivação por parte de estrangeiros.

§ 6º. Os filhos, havidos ou não da relação do casamento, ou por adoção, terão os mesmos direitos e qualificações, proibidas quaisquer designações discriminatórias relativas à filiação.

§ 7º. No atendimento dos direitos da criança e do adolescente levar-se-á em consideração o disposto no Art. 204.

§ 8º. A lei estabelecerá:

I. o estatuto da juventude, destinado a regular os direitos dos jovens;

II. o plano nacional de juventude, de duração decenal, visando à articulação das várias esferas do poder público para a execução de políticas públicas. .

Imputabilidade penal

Art. 228. São penalmente inimputáveis os menores de dezoito anos, sujeitos às normas da legislação especial.

Dizer que são inimputáveis os menores de 18 anos significa dizer que a eles não podem ser imputada a prática de crime e nem podem ser punidos segundo o Código Penal. Por isso, o próprio dispositivo determina que a conduta ilícita dos menores de 18 anos seja regulada por legislação especial, a qual já existe: Lei 8.069/90, Estatuto da Criança e do Adolescente.

Responsabilidade dos pais para com os filhos e dos filhos para com os pais

> **Art. 229.** Os pais têm o dever de assistir, criar e educar os filhos menores, e os filhos maiores têm o dever de ajudar e amparar os pais na velhice, carência ou enfermidade.

Atente-se nesse dispositivo para o dever recíproco de cuidado que a Constituição impõe tanto aos pais quanto aos filhos. Uma verdadeira lição de moral que não necessitaria sequer estar prevista na Constituição Federal. Contudo, as práticas abusivas de violência e desrespeito registradas em nosso país são tantas que o Legislador Originário não se excedeu em prever tais normas de proteção.

Idoso

Quanto à proteção constitucional ao idoso, veja-se o disposto no Art. 230, o qual contém várias informações que podem se tornar questões de prova:

> **Art. 230.** A família, a sociedade e o Estado têm o dever de amparar as pessoas idosas, assegurando sua participação na comunidade, defendendo sua dignidade e bem-estar e garantindo-lhes o direito à vida.
> **§ 1º.** Os programas de amparo aos idosos serão executados preferencialmente em seus lares.
> **§ 2º.** Aos maiores de sessenta e cinco anos é garantida a gratuidade dos transportes coletivos urbanos.

Chama-se a atenção para a realização de programas de amparo aos idosos que se realizarão preferencialmente em seus lares. Preferencialmente, não é obrigatoriamente!

Outra questão que sempre aparece em prova é acerca da idade para a concessão de transporte gratuito: maior de 65 anos de idade. É muito comum as bancas tentarem confundir o candidato colocando a idade de 60 ou 70 anos. Apesar de todas as idades se referirem ao idoso, cada uma tem uma consequência jurídica diferente.

15.7 Índios

Os artigos que falam sobre os índios estão entre os mais cobrados da Ordem Social. Primeiramente, serão abordadas as Terras tradicionalmente ocupadas. É importante que memorize os elementos que caracterizam as terras tradicionalmente ocupadas, que estão previstas no § 1º do Art. 231:

> **Art. 231.** São reconhecidos aos índios sua organização social, costumes, línguas, crenças e tradições, e os direitos originários sobre as terras que tradicionalmente ocupam, competindo à União demarcá-las, proteger e fazer respeitar todos os seus bens.
> **§ 1º.** São terras tradicionalmente ocupadas pelos índios as por eles habitadas em caráter permanente, as utilizadas para suas atividades produtivas, as imprescindíveis à preservação dos recursos ambientais necessários a seu bem-estar e as necessárias a sua reprodução física e cultural, segundo seus usos, costumes e tradições.

Não se deve esquecer de que os índios não possuem a propriedade das terras tradicionalmente por eles habitadas, mas apenas a posse, conforme o § 2º do Art. 231. Não se confunde a propriedade com a posse. A propriedade dessas terras é da União, conforme previsto no Art. 20, XI:

> **§ 2º.** As terras tradicionalmente ocupadas pelos índios destinam-se a sua posse permanente, cabendo-lhes o usufruto exclusivo das riquezas do solo, dos rios e dos lagos nelas existentes.
> **Art. 20.** São bens da União:
> **XI.** as terras tradicionalmente ocupadas pelos índios.

Várias regras constitucionais objetivam a proteção dessas terras:

> **§ 3º.** O aproveitamento dos recursos hídricos, incluídos os potenciais energéticos, a pesquisa e a lavra das riquezas minerais em terras indígenas só podem ser efetivados com autorização do Congresso Nacional, ouvidas as comunidades afetadas, ficando-lhes assegurada participação nos resultados da lavra, na forma da lei.
> **§ 4º.** As terras de que trata este artigo são inalienáveis e indisponíveis, e os direitos sobre elas, imprescritíveis.
> **§ 6º.** São nulos e extintos, não produzindo efeitos jurídicos, os atos que tenham por objeto a ocupação, o domínio e a posse das terras a que se refere este artigo, ou a exploração das riquezas naturais do solo, dos rios e dos lagos nelas existentes, ressalvado relevante interesse público da União, segundo o que dispuser lei complementar, não gerando a nulidade e a extinção direito a indenização ou a ações contra a União, salvo, na forma da lei, quanto às benfeitorias derivadas da ocupação de boa fé.
> **§ 7º.** Não se aplica às terras indígenas o disposto no Art. 174, § 3º e § 4º.

Remoção dos índios

Uma norma de proteção e que demonstra a preocupação do Constituinte Originário com a preservação da cultura indígena é a que proíbe a remoção obrigatoria dos índios sem que seja referendada pelo Congresso Nacional. O STF[2], em uma interpretação ampliativa desse instituto, entende que o índio não pode ser intimado por Comissão Parlamentar de Inquérito na condição de testemunha para prestar depoimento fora do seu habitat:

> **§ 5º.** É vedada a remoção dos grupos indígenas de suas terras, salvo, ad referendum do Congresso Nacional, em caso de catástrofe ou epidemia que ponha em risco sua população, ou no interesse da soberania do País, após deliberação do Congresso Nacional, garantido, em qualquer hipótese, o retorno imediato logo que cesse o risco.

Defesa dos direitos indígenas

O Art. 232 delega ao Ministério Público como função institucional o dever de acompanhar os processos que tenham como partes os índios, suas comunidades e organização, os quais possuem legitimidade para ingressar em juízo em defesa dos seus direitos e interesses. A atribuição Ministerial encontra reforço no Art. 129, V da CF:

> **Art. 232.** Os índios, suas comunidades e organizações são partes legítimas para ingressar em juízo em defesa de seus direitos e interesses, intervindo o Ministério Público em todos os atos do processo.
> **Art. 129.** São funções institucionais do Ministério Público:
> **V.** defender judicialmente os direitos e interesses das populações indígenas.

---

2 Vide HC 80.240, Rel. Min. Sepúlveda Pertence, julgamento em 20-6-2001, Primeira Turma, DJ de 14-10-2005.

16. A CONSTITUIÇÃO E OS TRATADOS INTERNACIONAIS DE DIREITOS HUMANOS

16.1 Conceitualização

Antes de abordarmos os Tratados Internacionais de Direitos Humanos e sua relação com a legislação nacional, é necessário entendermos o que são Tratados Internacionais. Segundo a Convenção de Viena (1969), configura um Tratado Internacional um acordo entre duas partes ou mais em âmbito internacional concretizado e formalizado por meio de texto escrito, com ciência de função de efeitos jurídicos no plano internacional. É o mecanismo por meio do qual os Estados estabelecem obrigações para si em nível internacional e coparticipativo.

Contexto: Os ataques à vida humana, as diversas atrocidades e atentados cometidos contra os seres humanos durante a Segunda Guerra Mundial e logo após seu fim, em guerras pontuais, levaram a comunidade internacional:

> a estabelecer ações que visavam punir os próprios Estados em casos de violação dos Direitos Humanos;
> a relativizar a Soberania dos Estados envolvidos que, a partir dos Tratados, colocavam seus acordos internacionais acima de suas vontades particulares.

Atrocidades durante a segunda guerra mundial

> **Genocídio:** aproximadamente seis milhões de judeus mortos em campos de concentração.
> **Tortura e Crueldade:** a polícia militar japonesa (Kempeitai) a serviço do Império, aplicava técnicas de tortura em prisioneiros como lascas de metal marteladas embaixo das unhas, ferro em brasa nas genitálias.
> **Crimes de guerra:** prisioneiros alemães na Noruega foram obrigados a fazer a limpeza em campos minados, o saldo foi de 392 feridos e 275 mortos.
> **Estupros:** O Exército Vermelho estuprou milhares de alemãs, bem como os militares japoneses utilizavam-se de mulheres capturadas em guerra como escravas sexuais.

O breve século XX fez emergir, então, o Direito Internacional dos Direitos Humanos. Era a resposta que a comunidade internacional daria:

> aos Estados devastados pela Guerra e que almejavam um futuro de paz;
> às violações aos Direitos Humanos ocorridos em alta escala durante a Guerra;
> aos países como mecanismo de prevenção contra tentativas de uma nova guerra.

Apesar do movimento mundial pós-guerra, de todo empenho entre as nações para consolidar acordos e tratados que mantivessem o respeito à dignidade humana e aos Direitos humanos e prevenissem outra "catástrofe bélica" como havia sido a segunda grande guerra, o Brasil só começou a participar intensamente do corpo Internacional dos Direitos Humanos a partir de 1985, quando o país volta a dar passos no retorno à Democracia.

Vários Tratados, Pactos e Convenções foram ratificados pelo Brasil. As propostas trazidas pela Carta Constitucional de 1988, evidenciando os Direitos Humanos como norteadores das relações internacionais, exibiram uma nova forma de compreensão dos Direitos Humanos. Temos, então, uma clara relação entre Direitos Humanos e Processo de Democratização do Estado brasileiro.

16.2 A Redemocratização e os Tratados Internacionais de Direitos Humanos

Juntamente com a necessidade de afirmação democrática, em 1985, tem início no Brasil o processo de ratificação de diversos Tratados Internacionais de Direitos Humanos. Esse processo tem como ponto iniciante a ratificação em 1989 da Convenção contra a Tortura e outros Tratamentos cruéis, Desumanos ou Degradantes.

> *Art. 5º, §3º. Os tratados e as convenções internacionais sobre direitos humanos que forem aprovados, em cada Casa do Congresso Nacional, em dois turnos, por três quintos dos votos dos respectivos membros, serão equivalentes às emendas constitucionais. (Incluído pela Emenda Constitucional nº 45, de 2004)*
> Trecho do texto original da Constituição de 1988.

Problema: Os Tratados Internacionais anteriores à Emenda Constitucional 45, de 2004, teriam força de Emenda constitucional com sistema de votação de maioria simples. Isto significa que haveria um ferimento no processo legislativo ao utilizar processo de votação para leis ordinárias elegendo Emendas Constitucionais.
Solução: Os tratados e as convenções internacionais sobre direitos humanos que foram incorporados ao ordenamento jurídico brasileiro pela forma comum, ou seja, sem observar o disposto no artigo 5º, §3º, da Constituição Federal, possuem, segundo a posição que prevaleceu no Supremo Tribunal Federal, status supralegal, mas infraconstitucional.

Norma Supralegal: está acima das leis, mas abaixo da Constituição Federal.

> Rito Ordinário → Maioria simples (todos os tratados anteriores à emenda 45, de 2004).
> Rito de Emenda → Maioria qualificada (3/5, 2 turnos, 2 casas do Congresso Nacional).

O Direito constitucional, depois de 1988, conta com relações diferenciadas frente ao Direito Internacional dos Direitos Humanos. A visão da supralegalidade deste último encontra amparo em vários dispositivos constitucionais (CF, Art. 4º, Art. 5º, parágrafo 2º, e parágrafo 3º e 4º do mesmo Art. 5º).

Localização dos Tratados Internacionais dos Direitos Humanos na Pirâmide de Hans Kelsen segundo a normatização jurídica constitucional:

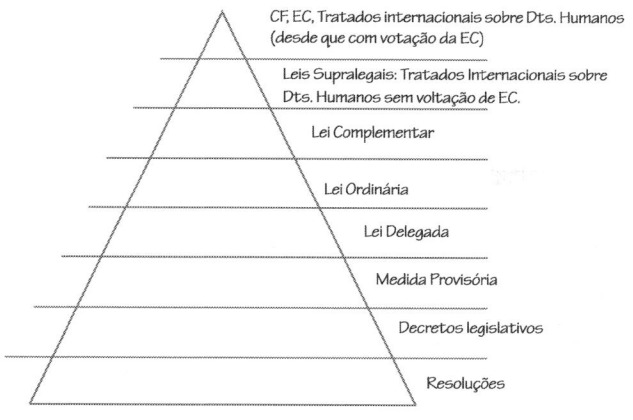

Pirâmide (do topo à base):
- CF, EC, Tratados internacionais sobre Dts. Humanos (desde que com votação da EC)
- Leis Supralegais: Tratados Internacionais sobre Dts. Humanos sem votação de EC.
- Lei Complementar
- Lei Ordinária
- Lei Delegada
- Medida Provisória
- Decretos legislativos
- Resoluções

A Constituição Brasileira de 1988 é um marco de ruptura com o processo jurídico ditatorial dos anos que a precederam. Neste sentido, os diversos vínculos existentes na Constituição Federal com os Direitos Humanos podem ser evidenciados em toda redação jurídica constitucional.

Dignidade da Pessoa Humana	Art. 1º, III
Interação entre o Direito Brasileiro e os Tratados Internacionais de Direitos Humanos	Art. 5º, §2º
Sobre julgamento de causas relativas aos Direitos Humanos	Art. 109, V

Ao considerarmos os Tratados Internacionais e seu encontro com a Legislação Constitucional Brasileira, podemos extrair como conclusão que a natureza do Direito encontrado no Tratado Internacional poderá:

Gerar conflitos entre um tidh e o direito interno.

Exemplo: se, na existência de conflito entre um Direito interno e os Direitos Internacionais dos Direitos Humanos, a conclusão a que chegamos é: prevalece a norma que melhor beneficia os direitos da pessoa humana.

CF/88 (Art. 5º, LXVII)	Pacto de San José de Costa Rica (Art. 7, VII)
Não haverá prisão civil por dívida, salvo a do responsável pelo inadimplemento voluntário e inescusável de obrigação alimentícia e a do depositário infiel.	Ninguém deve ser detido por dívidas. Este princípio não limita os mandatos de autoridade judiciária competente expedidos em virtude de inadimplemento de obrigação alimentar.

Identificar-se com um direito já presente na constituição.

Exemplo:

CF/88 (Art. 5º, III)	DOCUMENTOS INTERNACIONAIS
Ninguém será submetido à tortura ou a tratamento desumano ou degradante.	**Art. 5º.** Declaração Universal dos Direitos Humanos (1948). **Art. 7º.** Pacto Internacional de Direitos Civis e Políticos (1966). **Art. 5º.** Convenção Americana de Direitos Humanos (1969).

Complementar e aumentar o território dos direitos previstos constitucionalmente.

Exemplo:

Direito de toda a pessoa a um nível de vida adequado para si próprio e sua família inclusive à alimentação, vestimenta e moradia.	**Art. 11.** Pacto Internacional dos Direitos Econômicos, Sociais e Culturais.
Proibição de qualquer propaganda em favor da guerra.	**Art. 20.** Pacto Internacional dos Direitos Civis e Políticos.

16.3 Fases de Incorporação

Primeira Fase (Celebração): é o ato de celebração do tratado, convenção ou ato internacional, para posteriormente e internamente o parlamento decidir sobre sua viabilidade, conveniência e oportunidade. Tal etapa compete privativamente ao Presidente da República, pois a este cabe celebrar todos os tratados e atos internacionais (CF, Art. 84, VIII). No Brasil, concedem-se poderes de negociação de convenções internacionais a pessoas específicas, ou seja, aqueles considerados aptos para negociar em nome do Presidente da República: os Chefes de Missões Diplomáticas, sob a responsabilidade do Ministério das Relações Exteriores. Com isso, exime-se o Chefe de Estado de negociação corriqueiro no âmbito das relações internacionais.

Segunda Fase (Aprovação Parlamentar): é de competência exclusiva de o Congresso Nacional, pois cabe a este resolver definitivamente sobre tratados, acordos ou atos internacionais que acarretam encargos ou compromissos gravosos ao patrimônio nacional (Art. 49, CF). Concordando o Congresso Nacional com a celebração do ato internacional, elabora-se um decreto legislativo, de acordo com o Art. 59, VI da Constituição Federal, que é o instrumento adequado para referendar e aprovar a decisão do Chefe do Executivo, dando-se a este uma carta branca para que possa ratificar ou aderir ao tratado se não o tinha feito.

Terceira Fase (Ratificação pelo Presidente): com o objetivo que o tratado se incorpore e, com isso, passe a poder ter efeitos no ordenamento jurídico interno, é a fase em que o Presidente da República, mediante decreto, promulga o texto, publicando-o em português, em órgão da imprensa oficial, dando-se, pois, ciência e publicidade da ratificação da assinatura já lançada. Com a promulgação do tratado esse ato normativo passa a ser aplicado de forma geral e obrigatória.

A doutrina mais moderna de direito internacional defende uma força mais expressiva dos tratados e convenções sobre a legislação infraconstitucional. Chegam a defender até uma equivalência entre normas constitucionais e tratados, especialmente aqueles que versarem sobre direitos humanos, de tal modo que, afora o controle de constitucionalidade, o intérprete deve ainda verificar se o caso sob análise está de acordo com a "legislação" internacional, seria o Controle de Convencionalidade.

NOÇÕES DE DIREITO CONSTITUCIONAL

17. QUESTÕES

01. **(AOCP – 2019 – PC/ES – ESCRIVÃO)** Inconstitucionalidade é a desconformidade entre uma norma da Constituição e outra infraconstitucional. A respeito do Controle de Constitucionalidade, é correto afirmar que:
    a) a cláusula de reserva de plenário, prevista no art. 97 da Constituição Federal, caracteriza-se como condição de eficácia jurídica da declaração de inconstitucionalidade dos atos do Poder Público.
    b) por meio da Ação Direta de Constitucionalidade (ADC), busca-se declarar a inconstitucionalidade de lei ou ato normativo federal.
    c) a Ação Direta de Inconstitucionalidade por Omissão (ADO) caracteriza-se como meio de controle difuso de constitucionalidade.
    d) a Arguição de Descumprimento de Preceito Fundamental não pode se dar na modalidade incidental, somente autônoma.
    e) são algumas das peculiaridades da Ação Direta Genérica de Inconstitucionalidade (ADI genérica): admite desistência, é passível de ação rescisória e pode ter seu objeto ampliado pelo Supremo Tribunal Federal.

02. **(AOCP – 2019 – PC/ES – ESCRIVÃO)** O Poder Constituinte é a manifestação soberana da suprema vontade política de um povo, social e juridicamente organizado. A respeito do Poder Constituinte, é correto afirmar que:
    a) o Poder Constituinte derivado não está preso a limites formais.
    b) o Poder Constituinte originário está previsto e regulado no texto da própria Constituição.
    c) o Poder Constituinte derivado pode se manifestar na criação de um novo Estado ou na refundição de um Estado.
    d) o Poder Constituinte originário pode ser reformador ou revisor.
    e) o Poder Constituinte originário é permanente, eis que não se esgota no momento do seu exercício, podendo ser convocado a qualquer momento pelo povo.

03. **(AOCP – 2021 – PC/PA – ESCRIVÃO)** Helena e seu marido Diego são espanhóis e vieram passar suas férias no Brasil. Ela estava grávida e teve seu parto durante suas férias no Brasil, nascendo sua filha Isabel em território brasileiro. Um mês após o parto, os três retornaram para a Espanha. Sobre a situação hipotética apresentada, assinale a alternativa correta.
    a) Isabel não será brasileira, tendo em vista que seus pais são espanhóis, não possuem vínculos com o Brasil e não se enquadram nas hipóteses legais acerca da nacionalidade.
    b) Isabel poderá ser naturalizada brasileira caso requeira a nacionalidade a qualquer tempo.
    c) Isabel somente poderá solicitar a nacionalidade brasileira após atingir a maioridade.
    d) Isabel é considerada brasileira nata pelo fato de ter nascido no Brasil, mesmo com os pais estrangeiros, já que estes não estavam a serviço de seu país de origem.
    e) Isabel poderá requerer a nacionalidade brasileira caso venha a residir no Brasil por pelo menos um ano ininterrupto.

04. **(AOCP – 2019 – PC/ES – INVESTIGADOR)** João, brasileiro nato, após devido processo legal, transitado em julgado, perdeu a nacionalidade brasileira em razão de ter optado voluntariamente por nacionalidade estrangeira. Anos depois, João retornou ao Brasil e adquiriu a nacionalidade brasileira por meio da naturalização. De acordo com a Constituição Federal, assinale qual dos cargos a seguir poderá ser ocupado por João.
    a) Ministro do Supremo Tribunal Federal.
    b) Oficial das forças armadas.
    c) Embaixador.
    d) Senador.
    e) Ministro de Estado de Defesa.

05. **(AOCP – 2019 – PC/ES – INVESTIGADOR)** De acordo com a Constituição Federal, assinale a alternativa correta acerca da Organização Político-Administrativa do Estado.
    a) Os Territórios Federais integram a União e sua criação, transformação em Estado ou reintegração ao Estado de origem serão reguladas em lei ordinária.
    b) Os Estados podem incorporar-se entre si, subdividir-se ou desmembrar-se para se anexarem a outros, ou formarem novos Estados ou Territórios Federais, mediante aprovação da população diretamente interessada, através de plebiscito, e do Congresso Nacional, por lei complementar.
    c) A criação, a incorporação, a fusão e o desmembramento de Municípios farse-ão por lei federal, dentro do período determinado por Lei Ordinária.
    d) Os Estados podem incorporar-se entre si, subdividir-se ou desmembrar-se para se anexarem a outros, ou formarem novos Estados ou Territórios Federais, mediante aprovação das Assembleias Legislativas dos Estados diretamente interessados e do Congresso Nacional, por lei ordinária.
    e) São considerados como bens dos Estados da Federação os recursos minerais, inclusive os do subsolo.

06. **(AOCP – 2019 – PC/ES – ESCRIVÃO)** São formas de governo:
    a) Presidencialismo e Parlamentarismo.
    b) Monarquia e República.
    c) Estado liberal e Estado social.
    d) Estado unitário e Estado federal.
    e) Democracia e totalitarismo.

07. **(AOCP – 2018 – PM/ES – SOLDADO)** Referente às disposições constitucionais acerca da segurança pública, analise o trecho a seguir com as respectivas assertivas e assinale a alternativa que aponta as corretas. A segurança pública, dever do Estado, direito e responsabilidade de todos, é exercida para a preservação da ordem pública e da incolumidade das pessoas e do patrimônio, através dos seguintes órgãos:
    I. polícias militares e corpos de bombeiros militares.
    II. polícias civis.
    III. polícia federal e polícia ferroviária federal.
    IV. polícia rodoviária federal e polícia marítima federal.
    a) Apenas I e II.
    b) Apenas III e IV.
    c) Apenas I, II e III.
    d) Apenas I, III e IV.
    e) Apenas II, III e IV

08. **(AOCP – 2021 – PC/PA – ESCRIVÃO)** A segurança pública, dever do Estado, direito e responsabilidade de todos, é exercida para a preservação da ordem pública e da incolumidade das pessoas e do patrimônio. Sobre o tema, assinale a alternativa correta.
    a) A polícia federal, instituída por lei como órgão permanente, organizado e mantido pela União e estruturado em carreira, destina-se a exercer as funções de polícia judiciária da União, mas sem exclusividade.

b) A segurança viária compete, no âmbito dos estados, do Distrito Federal e dos municípios, aos respectivos órgãos ou entidades executivos e seus agentes de trânsito, estruturados em carreira, na forma da lei.

c) A lei não disciplinará a organização e o funcionamento dos órgãos responsáveis pela segurança pública, cabendo a cada órgão determinar suas diretrizes a fim de garantir a eficiência de suas atividades.

d) As polícias militares e os corpos de bombeiros militares, forças auxiliares e reserva do Exército subordinam-se, ao contrário das polícias civis e das polícias penais estaduais e distrital, aos governadores dos estados, do Distrito Federal e dos territórios.

e) A polícia ferroviária federal, órgão transitório, organizado e mantido pelos estados e estruturado em carreira, destina-se, na forma da lei, ao patrulhamento ostensivo das ferrovias federais.

09. **(AOCP – 2018 – PM/SC – OFICIAL)** O Supremo Tribunal Federal, órgão máximo do Poder Judiciário brasileiro, compõe-se de onze Ministros, escolhidos dentre cidadãos com mais de trinta e cinco e menos de sessenta e cinco anos de idade, de notável saber jurídico e reputação ilibada, os quais são nomeados pelo Presidente da República, depois de aprovada a escolha pela maioria absoluta do Senado Federal.

Concernente às competências do STF, incumbe-lhe processar e julgar, originariamente, EXCETO:

a) as ações contra o Conselho Nacional de Justiça e contra o Conselho Nacional do Ministério Público.

b) o litígio entre Estado estrangeiro ou organismo internacional e a União, o Estado, o Distrito Federal ou o Território.

c) os mandados de segurança e os habeas data contra ato de Ministro de Estado, dos Comandantes da Marinha, do Exército e da Aeronáutica.

d) as causas e os conflitos entre a União e os Estados, a União e o Distrito Federal, ou entre uns e outros, inclusive as respectivas entidades da administração indireta.

e) a ação direta de inconstitucionalidade de lei ou ato normativo federal ou estadual e a ação declaratória de constitucionalidade de lei ou ato normativo federal.

10. **(AOCP – 2019 – PC/ES – INVESTIGADOR)** Assinale a alternativa correta de acordo com o que dispõe a Constituição Federal acerca do Poder Judiciário.

a) Lei complementar, de iniciativa do Congresso Nacional, disporá sobre o Estatuto da Magistratura.

b) A Justiça Militar não está vinculada ao Poder Judiciário.

c) São irrecorríveis as decisões do Tribunal Superior Eleitoral, salvo as que contrariarem a Constituição Federal e as denegatórias de habeas corpus ou mandado de segurança.

d) É obrigatória a promoção do juiz que figure por três vezes alternadas em lista de merecimento.

e) Ao juiz titular, não é obrigatório residir na respectiva comarca, salvo por determinação do tribunal.

Gabaritos

01	A	02	E	03	D
04	D	05	B	06	B
07	C	08	B	09	C
10	C				

NOÇÕES DE DIREITO PENAL

1. INTRODUÇÃO AO DIREITO PENAL E APLICAÇÃO DA LEI PENAL

1.1 Introdução ao Estudo do Direito Penal

A Infração Penal é gênero que se divide em duas espécies: **crimes** (conduta mais gravosa) e **contravenções penais** (conduta de menor gravidade). Essa divisão é chamada de dicotômica. A diferença básica incide sobre as penas aplicáveis aos infratores: enquanto o crime é punível com pena de reclusão e detenção, as contravenções penais implicam em prisão simples e multa, que pode ser aplicada de forma cumulativa ou não.

Para que a conduta seja definida como crime, tem que estar tipificada (escrita) em alguma norma penal. Não somente o próprio Código Penal as descreve, mas também as Leis Complementares Penais ou Leis Especiais, por exemplo: Estatuto do Desarmamento (Lei nº 10.826/2003), Lei de Tortura (Lei nº 9.455/1997), entre outras. Por conseguinte, o Decreto-lei nº 3.688/1941 prevê as Contravenções Penais, que também são conhecidas como Crime Anão ou Delito Liliputiano, visto seu reduzido potencial ofensivo. Como essa espécie de infração não é o objetivo do estudo, não convém aprofundar o assunto, basta apenas ressaltar que Contravenção Penal não admite tentativa. Porém, no Crime, a modalidade tentada é punível, desde que exista previsão legal (Código Penal).

> **Fique Ligado**
> O Direito Penal é chamado de Direito das Condutas Ilícitas

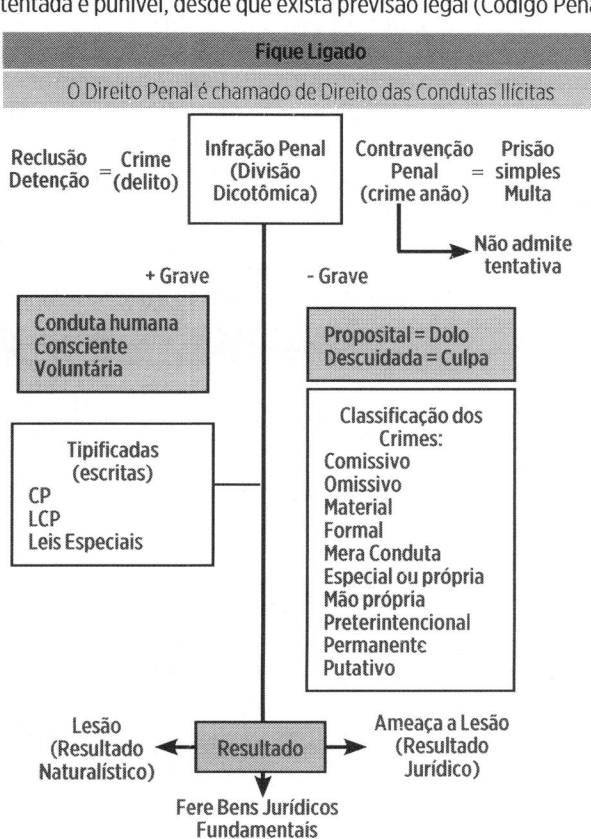

→ **Para configurar infração penal, são necessários alguns pressupostos:**

Deve ser uma **conduta humana**, ou seja, o simples ataque de um animal não configura crime, porém, caso ele seja instigado por uma pessoa, passa a ser um mero objeto utilizado na prática da conduta do agressor.

Deve ser uma **ação consciente**, possível de ser prevista pelo agente, quando a conduta do agente se der com imprudência, negligência ou imperícia. Responderá de forma culposa, entretanto se realmente houver intenção, ou seja, a conduta do indivíduo é motivada por desejo ou propósito específico, tem-se a conduta dolosa.

Necessita ser **voluntária**. Por exemplo, caso o agente venha a agredir alguém por conta de um espasmo muscular, essa conduta é tida como involuntária.

→ **A infração penal sempre gera um resultado que pode ser:**

> **Naturalístico:** quando ocorre efetivamente a lesão do um bem jurídico tutelado. Por exemplo, no crime de homicídio, o resultado naturalístico ocorre com a interrupção da vida da vítima, pois a conduta modificou o mundo exterior, tanto do de cujus (falecido) como de seus familiares.

> **Jurídico**: ocorre quando a lesão não se consuma. Utilizando o mesmo exemplo acima, ocorreria caso o agressor não tivesse êxito na sua conduta. Ele responderia pela tentativa de homicídio, desde que não tivesse causado lesão corporal. Convém ressaltar que, embora o agente não obtenha êxito no resultado pretendido, o Código Penal sempre irá punir por aquilo que ele queria fazer (elemento subjetivo), contudo, nesse caso, gerou apenas um resultado jurídico.

> **Fique Ligado**
> Todo crime gera um resultado, porém nem todo crime gera um resultado naturalístico (lesão).

1.2 Teoria do Crime

Sendo o crime (delito) espécie da infração penal, possui uma nova divisão. Nesse caso, existem diversas correntes doutrinárias que definem esse conceito, entretanto, adotaremos a majoritária, a qual vigora no Direito Penal Brasileiro, classificada como Teoria Finalista Tripartida ou Tripartite.

Crime Delito	
→	Fato Típico (está escrito, definido como crime)
	+
→	Ilícito (antijurídico) – (contrário à lei)
	+
→	Culpável (culpabilidade)

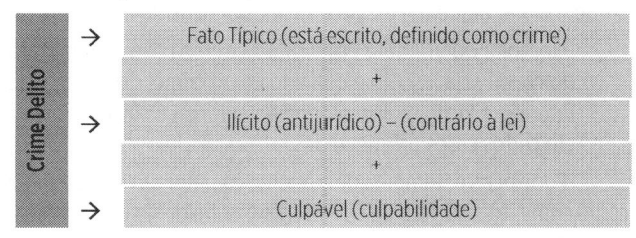

Conceito de crime no direito penal brasileiro

→ Fato típico: para ser considerado fato típico, é fundamental que a conduta esteja tipificada, ou seja, escrita em alguma norma penal. Não obstante, é necessário que exista:

NOÇÕES DE DIREITO PENAL

- > Conduta. É a ação do agente, seja ela culposa (descuidada) ou dolosa, intencional; comissiva (ação) ou omissiva (deixar de fazer).
- > Resultado. Que seja naturalístico (modificação provocada no mundo exterior pela conduta) ou jurídico (quando não houver resultado jurídico, não há crime).
- > Nexo Causal. O elo entre a ação e o resultado, ou seja, se o resultado foi provocado diretamente pela ação do agente, há nexo causal.
- > Tipicidade. A conduta tem que ser considerada crime, deve estar tipificada, escrita na norma penal.

→ Ilícito (antijurídico): neste quesito, a ação do agente tem que ser ilícita, pois nosso ordenamento jurídico prevê legalidade em determinadas situações em que, mesmo sendo antijurídicas, serão permissivas. São as chamadas excludentes de ilicitude ou de antijuridicidade, sendo elas: Legítima Defesa, Estado de Necessidade, Estrito Cumprimento do Dever Legal ou Exercício Regular de um Direito.

Fique Ligado
Caso não existam alguns destes elementos na conduta, pode-se dizer que o fato é atípico.

→ Culpável (culpabilidade): é o juízo de reprovação que recai na conduta típica e ilícita. Em alguns casos, mesmo o agente cometendo um fato típico e ilícito, ele não poderá ser culpável, ou seja, não poderá receber uma sanção penal, pois incidirá nas excludentes de culpabilidade. A mais conhecida é a inimputabilidade em razão da idade, ou seja, é o agente menor de 18 anos em conflito com a lei, o qual não comete crime, mas ato infracional análogo aos delitos previstos no Código Penal. É quando, no momento da ação ou da omissão, o agente é totalmente incapaz de entender o caráter ilícito do fato ou de determinar-se de acordo com esse entendimento. Ainda dentro dessa espécie, haverá três desdobramentos, que são a imputabilidade, a potencial consciência da ilicitude e a exigibilidade de conduta diversa.

Para que o crime ocorra, é necessário preencher todos os requisitos anteriores. Caso haja exclusão de alguns dos elementos do fato típico ou se não for ilícito/antijurídico, tem-se a exclusão do crime. Caso não possa ser culpável, o agente será **isento** de pena.

Pode ocorrer de o agente cometer um fato descrito como crime – matar alguém – e esse fato não ser considerado crime.

Exemplo: quem mata em legítima defesa comete um fato típico, ou seja, escrito e definido como crime. Contudo, esse fato não é ilícito, pois a própria lei autoriza o sujeito a matar em certos casos pré-definidos.

Pode ocorrer também de o agente cometer um fato definido como crime, ou seja, fato típico – escrito e definido no Código Penal – e ilícito, o ordenamento jurídico não autorizar aquela conduta, e mesmo assim ficar isento de PENA. Assim, pode o sujeito cometer um crime e não ter pena.

Exemplo: quem é obrigado a cometer um crime. Uma pessoa encosta a arma carregada na cabeça de outra e diz que, se ela não cometer tal crime, irá morrer.

1.3 Princípio da Legalidade (Anterioridade – Reserva Legal)

Art. 1º Não há crime sem lei anterior que o defina. Não há pena sem prévia cominação legal.

Somente haverá crime quando existir perfeita correspondência entre a conduta praticada e a previsão legal (Reserva Legal), que não pode ser vaga, ou seja, deve ser específica. Exige-se que a lei esteja em vigor no momento da prática da infração penal (Anterioridade). Fundamento Constitucional é o art. 5º, XXXIX.

→ Princípio: *Nullum crimen, nulla poena sine praevia lege* (não há crime nem pena sem lei prévia).

As normas penais incriminadoras não são proibitivas e, sim, descritivas. Por exemplo, o art. 121 diz que matar alguém, no Código Penal, não é proibitivo, ou seja, não descreve "não matar". O tipo penal prevê uma conduta, que, se cometida, possuirá uma sanção (punição).

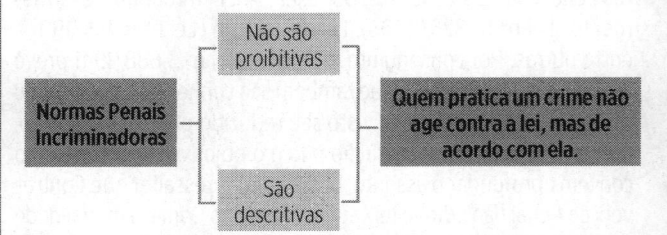

Normas Penais Incriminadoras
- Não são proibitivas
- São descritivas

Quem pratica um crime não age contra a lei, mas de acordo com ela.

A analogia no Direito Penal só é aceita para beneficiar o agente. Por exemplo, no antigo ordenamento jurídico, só era permitido realizar o aborto em decorrência do estupro (conjunção carnal), entretanto, a norma penal não abrangia o caso de atentado violento ao pudor (qualquer outro contato íntimo que não seja relação sexual vaginal). Caso a mulher viesse a engravidar em decorrência disso, realizava-se a analogia *in bonam partem*, permitindo também, nesse caso, o aborto. Contudo, cabe destacar que atualmente não há mais previsão do crime de atentado violento ao pudor no Código Penal, visto que hoje a conduta é tipificada no delito de estupro.

Fique Ligado
Medida Provisória não pode dispor sobre matéria penal, criar crimes e cominar penas, art. 62, § 1º, inciso I, alínea b CF/1988, somente Lei Ordinária.

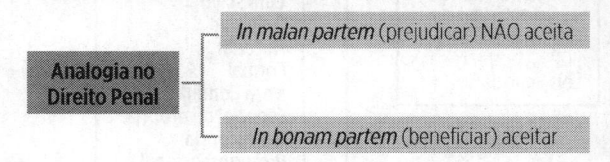

Analogia no Direito Penal
- *In malan partem* (prejudicar) NÃO aceita
- *In bonam partem* (beneficiar) aceitar

Normas Penais em branco são aquelas que precisam ser complementadas para que analisemos o caso concreto. Por exemplo, a vigente Lei de Drogas nº 11.343/06 dispõe sobre diversas condutas ilícitas, entretanto, o que é droga? Para constatar se determinada substância é droga ou não, o tipo penal deve ser complementado pela portaria da Agência Nacional de Vigilância Sanitária (Anvisa) nº 344/98, em que todas as substâncias que estiverem descritas serão consideradas como droga.

> **Fique Ligado**
> O princípio da Reserva Legal admite o uso de Normas Penais em branco.

A Analogia Penal é diferente de Interpretação Analógica, nessa situação, a conduta do agente é analisada dentro da própria norma penal, ou seja, é observado a forma como a conduta foi praticada, quais os meios utilizados. Sendo assim, a Interpretação Analógica sempre será possível, ainda que mais gravosa para o agente.

> **Art. 121.** Matar alguém:
> **Pena** - reclusão, de seis a vinte anos.
> **§ 2º** Se o homicídio é cometido:
> **III.** Com emprego de veneno, fogo, explosivo, asfixia, tortura ou outro meio insidioso ou cruel, ou de que possa resultar perigo comum;
> **Pena** - reclusão, de doze a trinta anos.

Nessa situação, caso o agente tenha cometido o homicídio utilizando-se de alguma das formas expostas no inciso III, ocorrerá a aplicação de uma pena mais gravosa, visto que a conduta qualifica o crime.

1.4 Interpretação da Lei Penal

A matéria **Interpretação da Lei Penal** passou a ser abordada com mais frequência pelos editais de concursos públicos. No entanto, quando cobrada, não costuma gerar muita dificuldade. Isso porque geralmente a banca examinadora aborda uma espécie de interpretação e questiona o seu significado na questão.

A interpretação da Lei Penal consiste em buscar o significado e a extensão da letra da lei em relação à realidade e à vontade do legislador.

Assim, a interpretação da Lei Penal divide-se em:

Quanto ao sujeito

Autêntica ou legislativa

É aquela realizada pelo mesmo órgão da qual emana, podendo vir no próprio texto legislativo ou em lei posterior.

Exemplo: conceito de funcionário público previsto no art. 327, CP.

Doutrina

É aquela realizada pelos doutrinadores – estudiosos do direito penal – normalmente encontrada em livros, artigos e documentos.

Exemplo: Código Penal comentado.

Jurisprudencial ou judicial

É aquela realizada pelo Poder Judiciário na aplicação do caso concreto, na busca pela vontade da lei. É a análise das decisões reiteradas sobre determinado assunto legal.

Exemplos: Súmulas do Tribunais Superiores e Súmula Vinculante.

Quanto ao modo

Literal ou gramatical

É aquela que busca o sentido literal das palavras.

Teleológica

É aquela que busca compreender a intenção ou a vontade da lei.

Histórica

É aquela que busca compreender o sentido da lei por meio da análise de momento e contexto histórico em que foi editada.

Sistemática

É aquela que analisa o sentido da lei em conjunto com todo o ordenamento jurídico (as Legislações em vigor, os Princípios Gerais de Direito, a Doutrina e a Jurisprudencial).

Progressiva

É aquela que busca adaptar a lei aos progressos obtidos pela sociedade.

Quanto ao resultado

Declarativa

É aquela em que se encontra a perfeita correspondência entre a letra da lei e a intenção do legislador.

Restritiva

É aquela em que se restringe o alcance da letra da lei para que corresponda à real intenção do legislador. A lei diz mais do que deveria dizer.

Extensiva

É aquela em que se amplia o alcance da letra da lei para que corresponda à real intenção do legislador. A lei diz menos do que deveria dizer.

Analógica

É aquela em que a Lei Penal permite a ampliação de seu conteúdo por meio da utilização de uma expressão genérica ou aberta pelo legislador.

Exemplo:

> **Art. 121, § 2º, III, CP.** Homicídio qualificado por emprego de veneno, fogo, explosivo, asfixia, tortura ou outro meio insidioso ou cruel, ou de que possa resultar perigo comum.

1.5 Conflito Aparente de Normas Penais

Fala-se em conflito aparente de normas penais quando duas ou mais normas aparentemente parecem reger o mesmo tema. Na prática, uma conduta pode se enquadrar em mais de um tipo penal, mas isso é tão somente aparente, pois os princípios do direito penal resolvem esse fato. São eles:

a) Princípio da Especialidade.
b) Princípio da Subsidiariedade.

c) Princípio da Consunção.
d) Princípio da Alternatividade.

Princípio da especialidade

A regra, nesse caso, é que a norma especial prevalecerá sobre a norma geral. Dessa forma, a norma no tipo penal incriminador é mais completa que a prevista na norma geral.

Isso ocorre, por exemplo, no crime de homicídio e infanticídio. O crime de infanticídio possui em sua elementar dados complementares que o tornam mais especial – completo – que a norma geral.

Repare as elementares do art. 123 do CP: 1) matar o próprio filho; 2) logo após o parto; 3) sob o estado puerperal. Esses são dados que, se presentes, tornam a conduta de matar alguém um crime específico, diferente do homicídio. Logo, o art. 123 (infanticídio) é considerado especial em relação ao art. 121 (homicídio), que pode ser entendido, nesse caso, como uma conduta genérica.

Princípio da subsidiariedade

Utiliza-se esse princípio sempre que a norma principal mais grave não puder ser utilizada. Nesse caso, usamos a norma subsidiária menos gravosa.

A subsidiariedade pode ser expressa ou tácita. Será expressa sempre que o próprio artigo de lei assim determinar. Um bom exemplo é o art. 239, que trata da simulação de casamento. O tipo penal prevê pena de detenção, de um a três anos, se o fato não constituir elemento de crime mais grave. Assim, caso não tenha ocorrido crime mais grave, será aplicada a pena expressa em lei. Porém, se ocorrer crime mais grave, deve ser aplicado somente esse, ficando atípico o fato menos grave.

A subsidiariedade tácita ocorre quando não há expressa referência na lei, mas, se um fato mais grave ocorrer, a norma subsidiária ficará afastada. Isso ocorre, por exemplo, no crime do art. 311 do Código de Trânsito Brasileiro (CTB). O artigo expressa a proibição da conduta de trafegar em velocidade incompatível com a segurança nas proximidades de escolas, hospitais, estações de embarques e desembarques de passageiros, logradouros estreitos ou onde houver grande movimentação ou concentração de pessoas, gerando perigo de dano.

Contudo, se o agente estiver conduzindo nessas condições e acabar por atropelar e matar alguém, responderá pelo crime do art. 302 do CTB, que descreve a figura do homicídio culposo na direção de veículo automotor. Assim, esse crime – mais grave – afastará aquele crime de perigo.

Princípio da consunção

Esse princípio pode ocorrer quando um crime "meio" é necessário ou durante a fase normal de preparação para outro crime. Por exemplo, o crime de lesão corporal fica absorvido pelo crime de homicídio, ou mesmo o crime de invasão de domicílio que fica absorvido pelo crime de furto.

Não estamos falando em norma especial ou geral, mas do crime mais grave que absorveu o crime menos grave, que simplesmente foi um meio necessário para a execução da conduta mais gravosa.

Ocorre também o princípio da consunção quando, por exemplo, o agente falsifica um documento com o intuito de cometer o crime de estelionato. Como o crime de falsificação é o meio necessário para o crime de estelionato, funcionando como a elementar fraude, fica por esse absorvido.

Nesse sentido, o STJ editou a Súmula 17, que diz o seguinte:

Súmula 17
Quando o falso se exaure no estelionato, sem mais potencialidade lesiva, é por este absorvido.

Outro ponto importante é quando se trata do assunto de crime progressivo e progressão criminosa. Pode-se afirmar o seguinte:

No **crime progressivo,** o agente tem um fim específico mais grave, contudo, necessariamente deve passar por fases anteriores menos graves. No final das contas, o crime progressivo é um meio para um fim. Isso ocorre no caso do dolo de matar, em que o agente obrigatoriamente tem que ferir a vítima antes, causando lesões corporais.

Aqui tem-se a aplicação do Princípio da Consunção. Por outro lado, a progressão criminosa ocorre quando o dolo inicial é menos grave e, no decorrer da conduta, o agente muda sua intenção para uma conduta mais grave (repare que há dois dolos).

Tem-se como exemplo do agente que inicia a conduta com o dolo de lesionar e desfere socos na vítima, contudo, no decorrer da ação muda de intenção lhe desfere golpes de faca, causando o resultado morte.

Veja que há duas intenções, contudo, o Código Penal punirá o agente somente pelo crime mais grave. Assim, no caso exemplificado, também

se aplica o Princípio da Consunção.

No entanto, pode ocorrer progressão criminosa com a incidência do concurso material, ou seja, aplicação de mais de um crime. Isso ocorre, por exemplo, no crime de roubo em que o agente no meio da conduta resolve estuprar a vítima, ou seja, tem-se a progressão criminosa com dois dolos, em que o agente responderá por dois crimes diversos.

Princípio da alternatividade

Esse princípio é aplicado nos chamados crimes de ação múltipla ou de conteúdo variado. Os penais descrevem várias condutas para um único crime. Tem-se como exemplo o art. 33 da Lei nº 11.343/2006:

Art. 33. *Importar, exportar, remeter, preparar, produzir, fabricar, adquirir, vender, expor à venda, oferecer, ter em depósito, transportar, trazer consigo, guardar, prescrever, ministrar, entregar a consumo ou fornecer drogas, ainda que gratuitamente, sem autorização ou em desacordo com determinação legal ou regulamentar:*
Pena - *reclusão de 5 (cinco) a 15 (quinze) anos e pagamento de 500 (quinhentos) a 1.500 (mil e quinhentos) dias-multa.*

Assim, pode-se afirmar que, se o agente tiver um depósito e vender a droga, não responderá por dois crimes, mas somente por crime único. Isso ocorre porque qualquer ação nuclear do tipo representa o mesmo crime. Na prática, não há concurso material, respondendo o agente por uma pena somente.

→ Costume NÃO revoga nem altera lei.
→ Assim, pode-se dizer que há três princípios intrínsecos no art. 1º do Código Penal: da Legalidade, da Anterioridade e da Reserva Legal. É importante ressaltar que apenas a Lei Ordinária pode versar sobre matéria penal, tanto para criá-las quanto para extingui-las.

Não obstante, convém ressaltar os preceitos existentes nos tipos penais. Por exemplo: art. 121, Código Penal, matar alguém. Pena de 6 a 20 anos. O preceito primário seria a conduta do agente – matar alguém – e o preceito secundário seria a cominação da pena de 6 a 20 anos. Para ser considerado crime, é fundamental que existam os dois preceitos.

1.6 Lei Penal no Tempo

Art. 2º Ninguém pode ser punido por fato que lei posterior deixa de considerar crime, Cessando em virtude dela a execução e os efeitos penais da sentença condenatória.
Parágrafo único. A Lei posterior, que de qualquer forma modo favorecer o agente, aplica-se aos fatos anteriores, ainda que decididos por sentença transitada em julgado.

1.6.1 conflito temporal

Regra: irretroatividade da lei.

Exceção: retroatividade para beneficiar o réu.

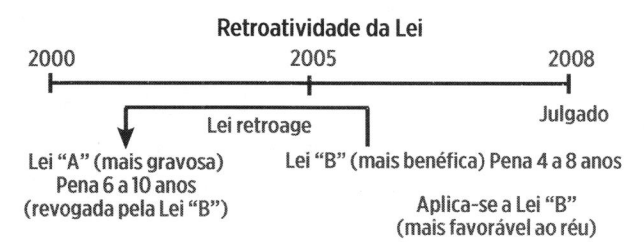

Retroatividade da Lei

```
2000              2005              2008
 |─────────────────|─────────────────|
        Lei retroage            Julgado
Lei "A" (mais gravosa)  Lei "B" (mais benéfica) Pena 4 a 8 anos
Pena 6 a 10 anos
(revogada pela Lei "B")      Aplica-se a Lei "B"
                             (mais favorável ao réu)
```

Em regra, o Código Penal sempre adota a lei vigente ("A") no momento da ação ou omissão do agente. Sendo assim, se um crime for cometido nessa época, o agente irá responder pelo fato descrito no tipo penal. Contudo, por vezes, o processo se estende no tempo, e o julgamento do agente demora a acontecer. Nesse lapso temporal, caso sobrevenha uma nova Lei ("B"), que torne mais branda a sanção aplicada, esta irá retroagir ao tempo do fato, beneficiando o réu.

Ultratividade da lei

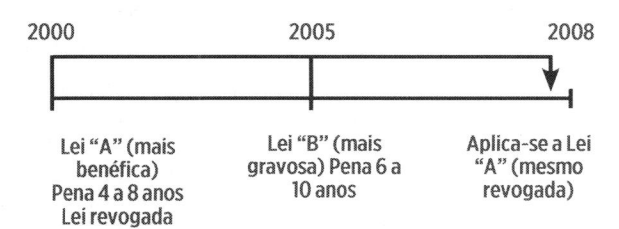

```
2000              2005              2008
 |─────────────────|─────────────────▼
Lei "A" (mais    Lei "B" (mais    Aplica-se a Lei
benéfica)        gravosa) Pena 6 a  "A" (mesmo
Pena 4 a 8 anos  10 anos            revogada)
Lei revogada
```

Não obstante a regra da irretroatividade, pode ocorrer a chamada ultratividade de lei mais benéfica. Seria o caso que, no momento da ação, vigorava a Lei "A", entretanto, no decorrer do processo, entrou em vigência nova Lei "B", revogando a Lei "A", tornando mais gravosa a conduta anteriormente praticada pelo agente.

Sendo assim, no momento do julgamento, ocorrerá a ultratividade da lei, ou seja, a Lei "A", mesmo não estando mais em vigor, irá ultra-agir ao momento do julgamento para beneficiar o réu, por ser menos gravosa a punição que o agente irá receber.

Abolitio criminis (abolição do crime)

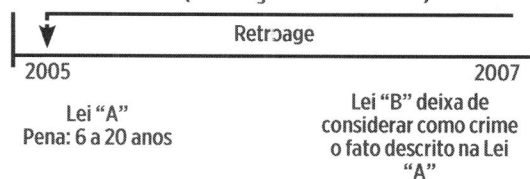

```
         Retroage
  ▼─────────────────
2005                 2007
Lei "A"              Lei "B" deixa de
Pena: 6 a 20 anos    considerar como crime
                     o fato descrito na Lei
                     "A"
```

Consequências:

> Tranca e extingue o inquérito policial e a ação penal.
> Cassa imediatamente a execução de todos os efeitos penais.
> Não alcança os efeitos civis da condenação.

Em relação à *Abolitio Criminis,* ocorre o seguinte fato: quando uma conduta que antes era tipificada como crime pelo Código Penal deixa de existir, ou seja, passa a não ser mais considerada crime, dizemos que ocorreu a abolição do crime. Diante disso, cessam imediatamente todos os efeitos penais que incidiam sobre o agente: tranca e extingue o inquérito policial. Caso o acusado esteja preso, deve ser posto em liberdade. Entretanto, não extingue os efeitos civis, ou seja, caso o agente tenha sido impelido em ressarcir a vítima da sua conduta mediante o pagamento de multa, essa ainda assim deverá ser paga.

Importante ressaltar que a lei que beneficia o réu não se trata de uma faculdade do juiz, mas de um dever que deve ser adotado em benefício do acusado.

1.7 Crimes Permanentes ou Continuados

Nos crimes permanentes, ou seja, naqueles em que a consumação se prolonga no tempo, aplica-se ao fato a lei que estiver em vigência quando cessada a atividade, mesmo que mais grave (severa) que a lei em vigência quando da prática do primeiro ato executório. O crime se perpetua no tempo, enquanto não cessada a permanência. É o que ocorre, por exemplo, com o crime de sequestro e cárcere privado. Assim, será aplicada a lei que estiver em vigência quando da libertação da vítima. Observa-se, então, o momento em que cessa a permanência, para daí se determinar qual é a norma a ser aplicada. É o que estabelece a Súmula 711 do Supremo Tribunal Federal (STF).

Súmula 711
A lei penal mais grave aplica-se ao crime continuado ou ao crime permanente, se a sua vigência é anterior à cessação da continuidade ou da permanência.

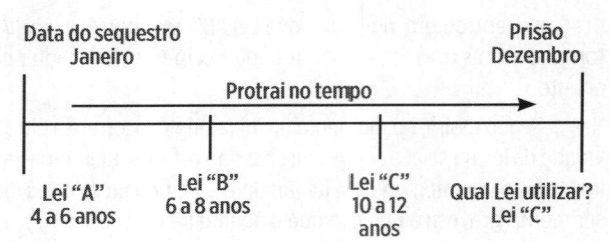

INTRODUÇÃO AO DIREITO PENAL E APLICAÇÃO DA LEI PENAL

```
Data do sequestro                          Prisão
    Janeiro                              Dezembro
         |──── Protrai no tempo ────────────►
    |          |           |              |
  Lei "A"    Lei "B"    Lei "C"      Qual Lei utilizar?
  4 a 6 anos 6 a 8 anos  10 a 12          Lei "C"
                          anos
```

Exemplo: O sequestro é um crime que se protrai no tempo, ou seja, a todo instante ele está se consumando; qualquer que seja o momento da prisão, o agente estará em flagrante. Assim, nos casos de crimes permanentes ou continuados, aplica-se a pena no momento em que cessar a conduta do agente, ainda que mais grave ou mais branda. Independe nessa circunstância a quantificação da pena, isto é, a lei vigente será considerada no momento que cessou a conduta do agente ou a privação de liberdade da vítima, com a prisão dos acusados.

1.8 Lei Excepcional ou Temporária

Art. 3º A Lei excepcional ou temporária, embora decorrido o período de sua duração ou cessada as circunstâncias que a determinaram, aplica-se ao fato praticado durante sua vigência.

Lei Excepcional: utilizada em períodos de anormalidade social.

Exemplo: guerra, calamidades públicas, enchentes, grandes eventos etc.

Lei Temporária: período previamente fixado pelo legislador.

Exemplo: lei que configura o crime de pescar em certa época do ano (piracema). Após lapso de tempo previamente determinado, a lei deixa de considerar tal conduta como crime.

Exemplo:
→ de 2005 a 2006, o fato "A" era considerado crime. Aqueles que infringiram a lei responderam posteriormente, mesmo o fato não sendo considerado mais crime.

→ Só ocorre retroatividade se a lei posterior expressamente determinar.

É importante ressaltar que são leis excepcionais e temporárias, ou seja, a lei irá vigorar por determinado tempo. Após o prazo determinado, tal conduta não mais será considerada crime. Entretanto, durante a sua vigência, todos aqueles que cometerem o fato tipificado em tais normas, mesmo encerrada sua vigência, serão punidos.

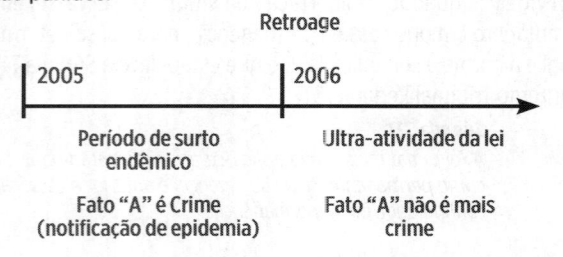

```
                    Retroage
    |─────────────────|──────────────────►
   2005              2006
   
  Período de surto      Ultra-atividade da lei
     endêmico
     
  Fato "A" é Crime      Fato "A" não é mais
  (notificação de epidemia)    crime
```

Fique Ligado
Não existe abolitio criminis de Lei Temporária ou Excepcional.

1.9 Tempo do Crime

Art. 4º Considera-se praticado o crime no momento da ação ou omissão, ainda que outro seja o momento do resultado.

Teoria da Atividade: o crime reputa-se praticado no momento da conduta (momento da execução).

Fique Ligado
A imputabilidade do agente deve ser aferida no momento em que o crime é praticado.

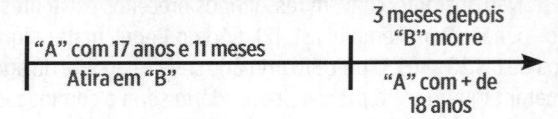

```
                           3 meses depois
  "A" com 17 anos e 11 meses   "B" morre
  ──────────────────────────|────────────►
       Atira em "B"          "A" com + de
                               18 anos
```

Este princípio traz o momento da ação do crime, ou seja, independentemente do resultado, para aplicação da lei penal, é considerado o momento exato da prática delituosa, seja ela comissiva (ação) ou omissiva (omissão).

Exemplo: O menor "A" comete disparos de arma de fogo contra "B", vindo a feri-lo. Entretanto, devido às lesões causadas pelos disparos, três meses depois do fato, "B" vem a falecer. Nessa época, mesmo "A" tendo completado sua maioridade penal (18 anos), ainda assim não poderá ser punido, pois, no momento em que praticou a conduta (disparos contra "B"), era inimputável.

Devemos, contudo, ficar atentos aos crimes permanentes e continuados. É o caso do sequestro, por exemplo, em que o crime se consuma a todo instante em que houver a privação de liberdade da vítima.

```
  "A" com 17 anos e 11 meses   3 meses depois
  ──────────────────────────|────────────►
       Sequestra "B"          Preso com 18
                                  anos
                ▼
            Crime de
            sequestro
```

No exemplo em questão, "A" não será mais inimputável, pois, no momento de sua prisão, já completou 18 anos, não sendo considerado o momento em que se iniciou a ação, mas, sim, quando cessou.

1.10 Lugar do Crime

Art. 6º Considera-se praticado o crime no lugar em que ocorreu a ação ou omissão, no todo ou em parte, bem como onde se produziu ou deveria produzir-se o resultado.

Teoria da Ubiquidade: utilizada no caso de um crime ser praticado em território nacional e o resultado ser produzido no estrangeiro. O foro competente será tanto o lugar da ação ou omissão quanto o local em que produziu ou deveria produzir-se o resultado.

```
  Ambos os lugares são competentes para jugar o processo
  ──────────────────────────────────────────►
  "A", manda uma              A carta explote
  carta bomba                  efetivamente
  pelo correio para            em LONDRES.
  LONDRES.
  Local da ação               Local que produziu
  ou omissão                  ou deveria produzir
                              o resultado
```

376

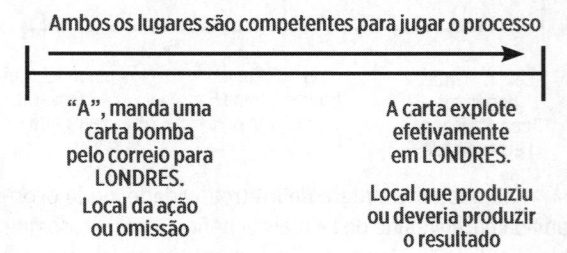

Exemplo: "A", residente no Brasil, enviou uma carta-bomba pelo correio para Londres, na Inglaterra. Sendo assim, a carta efetivamente explode naquele país. Desse modo, tanto o Brasil quanto a Inglaterra serão competentes para julgar "A".

Não se aplica a teoria do "resultado".

São considerados para os crimes a distância países diferentes.

Não confundir os artigos.

L ugar	Art. 6º
U biquidade	
T empo	Art. 4º
A tividade	

1.11 Da Lei Penal no Espaço

Da territorialidade

Antes de iniciar o estudo deste tópico, tenha em mente que iremos estudar a Lei Penal e não a Lei Processual Penal, que segue outra regra específica.

Aqui trataremos de como se comporta a Lei Penal Brasileira quando ocorrerem crimes no exterior, ou seja, a extraterritorialidade da lei penal. Portanto, a extraterritorialidade abrange apenas a Lei Penal, excluindo-se a Lei Processual Penal.

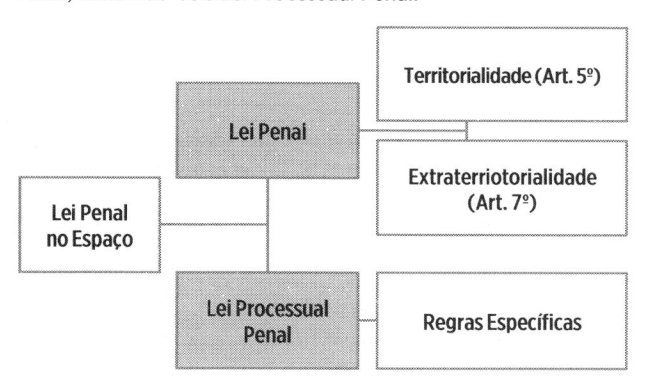

A territorialidade refere-se à aplicação da Lei Penal dentro do próprio Estado que a editou. Dessa forma, quando se aplica a lei brasileira em território nacional, utiliza-se o conceito de Territorialidade.

A territorialidade é tratada no art. 5º, CP: *aplica-se a lei brasileira, sem prejuízo de convenções, tratados e regras de direito internacional, ao crime cometido no território nacional.*

Território Nacional Próprio

Art. 5º

> Lei Brasileira:
> sem prejuízo.
> Convenções, tratados e regras internacionais:
> imunidades.

§1º Território por extensão ou assimilação.

Embarcação ou aeronave brasileira pública (em qualquer lugar).

Embarcação ou aeronave brasileira privada a serviço do Estado brasileiro (em qualquer lugar).

Embarcação ou aeronave brasileira mercante ou privada, desde que não esteja em território alheio.

A extraterritorialidade é tratada no Art. 7º.

> **Art. 7º** *Ficam sujeitos a Lei Brasileira, embora cometidos no estrangeiro:*
>
> **I.** *Os crimes:*
> **a)** *contra a vida ou a liberdade do Presidente de República;*
> **b)** *contra o patrimônio ou a fé pública da União, do Distrito Federal, de Estado, de Território, de Município, de empresa pública, sociedade de economia mista, autarquia ou fundação instituída pelo Poder Público;*
> **c)** *contra a administração pública, por quem está a seu serviço;*
> **d)** *de genocídio, quando o agente for brasileiro ou domiciliado no Brasil;*
>
> **II.** *Os crimes:*
> **a)** *que, por tratado ou convenção, o Brasil se obrigou a reprimir;*
> **b)** *praticados por brasileiros;*
> **c)** *praticados em aeronaves ou embarcações brasileiras, mercantes ou de propriedade privada, quando em território estrangeiro e aí não venham a ser julgados.*
>
> **§ 1º** *Nos casos do inciso I, o agente é punido segundo a lei brasileira, ainda que absolvido ou condenado no estrangeiro.*
>
> **§ 2º** *Nos casos do inciso II, a aplicação da lei brasileira depende do concurso das seguintes condições:*
> **a)** *entra o agente no território nacional;*
> **b)** *ser o fato punível também no país em que foi praticado;*
> **c)** *estar o crime incluído entre aqueles pelos quais a lei brasileira autoriza a extradição;*
> **d)** *não ter sido o agente absolvido no estrangeiro ou aí não ter cumprido pena;*
> **e)** *não ter sido o agente perdoado no estrangeiro, ou, por outro motivo não estar extinta a punibilidade, segundo a lei mais favorável.*
>
> **§ 3º** *A lei brasileira aplica-se também ao crime cometido por estrangeiro contra brasileiro fora do Brasil, se reunidas as condições previstas no parágrafo anterior:*
> **a)** *não pedida ou negada sua extradição;*
> **b)** *houve requisição do Ministro da Justiça.*

Território nacional

Podemos conceituar território nacional como sendo o espaço onde certo Estado possui sua soberania.

Elementos que constituem um Estado soberano:

> Território.
> Povo.
> Soberania – governo autônomo e independente.

Considera-se como território nacional as limitações geográficas do país, incluindo o mar territorial, que representa a extensão de 12 milhas do mar a contar da costa, sempre na maré baixa. O Código Penal considera também como território nacional o espaço aéreo respectivo e o espaço aéreo correspondente ao território nacional. Esse sempre deve ser considerado como território próprio.

É preciso considerar também como território nacional o chamado território por extensão, assimilação ou impróprio, que é descrito no § 1º do art. 5º do Código Penal.

INTRODUÇÃO AO DIREITO PENAL E APLICAÇÃO DA LEI PENAL

§ 1º Para os efeitos penais, consideram-se como extensão do território nacional as embarcações e aeronaves brasileiras, de natureza pública ou a serviço do governo brasileiro, onde quer que se encontrem, bem como as aeronaves e as embarcações brasileiras, mercantes ou de natureza privada, que se achem, respectivamente no espaço aéreo correspondente ou em alto mar.

§ 2º É também aplicável a lei brasileira aos crimes praticados a bordo de aeronaves ou embarcações estrangeiras, de propriedade privada, achando-se aquelas em pouso no território nacional ou em voo no espaço aéreo correspondente, e estas em porto ou mar territorial do Brasil.

Como mencionado, a Lei Penal aplica-se em todo o território nacional próprio ou por assimilação. Por esse princípio aplica-se aos nacionais ou estrangeiros (mesmo que irregular) a Lei Penal brasileira.

Contudo, em alguns casos, mesmo o fato sendo praticado no Brasil, não se aplica a Lei Penal. Isso se dá em razão de convenções, tratados e regras de direito internacional em que o Brasil abre mão de punir a conduta, ou seja, nesses casos não se aplicará a Lei Brasileira.

Dessa forma, o Princípio da Territorialidade da Lei Penal é mitigado, isto é, não é adotado de forma absoluta e, sim, temperada. Por esse motivo denomina-se Princípio da Territorialidade Temperada.

Pode-se citar como exemplo as imunidades diplomáticas e consulares concedidas aos diplomatas e aos cônsules que exercem suas atividades no Brasil, por meio de adesão do Brasil às convenções de Viena (1961 e 1963).

Quando se fala em território nacional, obrigatoriamente devem ser analisadas algumas regras: todas as embarcações ou aeronaves brasileiras de natureza pública, onde quer que se encontrem, são consideradas extensão do território nacional.

Embarcações e aeronaves de natureza privada serão consideradas extensão do território nacional quando estiverem, respectivamente, em alto mar, no mar territorial brasileiro ou no espaço aéreo correspondente. Preste bem atenção: as embarcações e aeronaves de natureza privada que não estiverem a serviço do Brasil somente responderão pela lei brasileira se estiverem em território nacional.

Exemplo: Um navio brasileiro privado que se encontre no mar territorial da Argentina se submeterá Leis Penais Argentinas, ou seja, caso um brasileiro mate alguém naquele local, a lei a ser aplicada é a Lei Penal Argentina, pois o navio não está a serviço do Brasil.

Por outro lado, se o navio estiver em alto mar (terra de ninguém; aplica-se o princípio do pavilhão ou da bandeira) e ostentar a bandeira brasileira e lá um marujo matar o outro, a competência é da lei brasileira.

A mesma regra se aplica para as aeronaves. Outra questão interessante é o caso de uma aeronave a serviço do Brasil (Força Aérea Brasileira) pousar em um país distinto e o piloto cometer um crime. Nesse caso, aplica-se a lei brasileira. Caso a aeronave seja particular, aplica-se a lei do país onde a aeronave tiver pousado.

Outra questão interessante é se o piloto sair do aeroporto e fora cometer um crime do lado de fora. Nesse caso, deve ser questionado se o piloto estava em serviço oficial ou não, pois, caso esteja, aplica-se a lei penal brasileira; em caso contrário, aplica-se a lei do país onde o crime foi cometido.

Resumo dos Conceitos

> Território nacional: é o espaço onde determinado Estado exerce com exclusividade sua soberania.
> Território próprio: toda a extensão territorial geográfica (o mapa), acrescida do mar territorial, que possui a extensão de 12 milhas mar adentro, a contar da baixa maré (litoral).
> Território por extensão: embarcações e aeronaves brasileiras – públicas ou a serviço do Estado (qualquer lugar do mundo) e privadas em águas ou terras de ninguém.
> Territorialidade: aplicação da lei penal no território nacional.
> Territorialidade absoluta: impossibilidade para aplicação de convenções, tratados e regras de direito internacional ao crime cometido no território nacional.
> Territorialidade temperada: adota como regra a aplicação da lei penal brasileira no território nacional. Entretanto, com determinadas hipóteses, permite a aplicação de lei penal estrangeira a fatos cometidos no Brasil (art. 5º do CP).
> Imunidade: exclusão da aplicação da lei penal.
> Imunidade diplomática e consular: são imunidades previstas em convenções internacionais chanceladas pelo Brasil.
> Imunidade parlamentar: previstas na Constituição Federal aos membros do Poder Legislativo.

Princípios da aplicação da lei penal no espaço

> Próprio.
> Por assimilação ou extensão.

Embarcação e aeronaves brasileiras: públicas ou a serviço do Estado (em qualquer parte do planeta); privadas ou marcantes em águas ou terras de ninguém.

Passa-se à análise dos princípios que regulam a aplicação da Lei Penal no Espaço.

Princípio da territorialidade

A lei penal de um país será aplicada aos crimes cometidos dentro de seu território. O Estado soberano tem o dever de exercer jurisdição sobre as pessoas que estejam sem seu território.

Princípio da nacionalidade

É classificado também como Princípio da Personalidade. Os cidadãos de um determinado país devem obediência às suas leis, onde quer que se encontrem. Pode-se dividir esse princípio em:

→ Princípio da Nacionalidade Ativa: aplica-se a lei nacional ao cidadão que comete crime no estrangeiro, independentemente da nacionalidade do sujeito passivo ou do bem jurídico lesado.

→ Princípio da Nacionalidade Passiva: o fato praticado pelo cidadão nacional deve atingir um bem jurídico de seu próprio estado ou de um concidadão.

Princípio da defesa, real ou de proteção

Considera-se a nacionalidade do bem jurídico lesado (sujeito passivo), independentemente da nacionalidade do sujeito ativo ou do local da prática do crime.

Princípio da justiça penal universal ou da universalidade

Todo Estado tem o direito de punir todo e qualquer crime, independentemente da nacionalidade do criminoso, do bem jurídico lesado ou do local em que o crime foi praticado, bastando que o criminoso se encontre dentro do seu território. Assim, qualquer pessoa que cometa crime dentro do território nacional será processado e julgado aqui.

Princípio da representação

A Lei Penal Brasileira também será aplicada aos delitos cometidos em aeronaves e embarcações privadas brasileiras quando se encontrarem no estrangeiro e não venham a ser julgadas.

> **Fique Ligado**
> O Código Penal brasileiro adota o princípio da Territorialidade como regra e os outros como exceção. Assim, os outros princípios visam disciplinar a aplicação extraterritorial da Lei Penal brasileira.

Extraterritorialidade

Art. 7º *Ficam sujeitos à lei brasileira, embora cometidos no estrangeiro:*

I. Os crimes:

a) contra a vida ou a liberdade do Presidente da República;

b) contra o patrimônio ou a fé pública da União, do Distrito Federal, de Estado, de Território, de Município, de empresa pública, sociedade de economia mista, autarquia ou fundação instituída pelo Poder Público;

c) contra a administração pública, por quem está a seu serviço;

d) de genocídio, quando o agente for brasileiro ou domiciliado no Brasil;

II. Os crimes:

a) que, por tratado ou convenção, o Brasil se obrigou a reprimir;

b) praticados por brasileiro;

c) praticados em aeronaves ou embarcações brasileiras, mercantes ou de propriedade privada, quando em território estrangeiro e aí não sejam julgados.

§ 1º Nos casos do inciso I, o agente é punido segundo a lei brasileira, ainda que absolvido ou condenado no estrangeiro.

§ 2º Nos casos do inciso II, a aplicação da lei brasileira depende do concurso das seguintes condições:

a) entrar o agente no território nacional;

b) ser o fato punível também no país em que foi praticado;

c) estar o crime incluído entre aqueles pelos quais a lei brasileira autoriza a extradição;

d) não ter sido o agente absolvido no estrangeiro ou não ter aí cumprido a pena;

e) não ter sido o agente perdoado no estrangeiro ou, por outro motivo, não estar extinta a punibilidade, segundo a lei mais favorável.

§ 3º A lei brasileira aplica-se também ao crime cometido por estrangeiro contra brasileiro fora do Brasil, se, reunidas as condições previstas no parágrafo anterior:

a) não foi pedida ou foi negada a extradição;

b) houve requisição do Ministro da Justiça.

A regra é: a Lei Penal brasileira se aplica apenas aos crimes praticados no Brasil (conforme estudado no art. 5º do Código Penal). No entanto, há situações que, por força do art. 7º, Estado pode aplicar sua legislação penal no estrangeiro. Nessa norma, encontram-se diversos princípios. São eles:

Da defesa ou real: amplia a aplicação da lei penal em decorrência da gravidade da lesão. É o aplicável no art. 7º, nas alíneas do inciso I.

a) contra a vida ou a liberdade do Presidente da República.

Caso seja a prática de latrocínio, não há a extensão da lei brasileira, visto que o latrocínio é considerado crime contra o patrimônio.

b) contra o patrimônio ou a fé pública da União, do Distrito Federal, de Estado, de Território, de Município, de empresa pública, sociedade de economia mista, autarquia ou fundação instituída pelo Poder Público;

c) contra a administração pública, por quem está a seu serviço;

d) de genocídio, quando o agente for brasileiro ou domiciliado no Brasil.

Há discussão sobre qual o princípio aplicável nesse caso, havendo quem sustente ser da defesa, outros dizem ser da nacionalidade ativa e outra corrente, ainda, afirma ser relacionado ao princípio da Justiça Penal Universal.

Justiça Penal Universal (também chamada de Justiça Cosmopolita): amplia a aplicação da legislação penal brasileira em decorrência da de tratado ou convenção que o Brasil é signatário. Vem normatizada pelo Art. 7º, inciso II, alínea "a":

a) Que, por tratado ou convenção, o Brasil se obrigou a reprimir.

Nacionalidade Ativa: amplia a aplicação da legislação penal brasileiro ao exterior caso o crime seja praticado por brasileiro. Está prevista no art. 7º, inciso II, alínea "b":

b) Praticados por brasileiro.

Representação (também chamado de Pavilhão ou da Bandeira ou da Substituição): amplia a aplicação da legislação penal brasileira em decorrência do local em que o crime é praticado. Vem normatizada pelo art. 7º, inciso II, alínea "c":

c) Praticados em aeronaves ou embarcações brasileiras, mercantes ou de propriedade privada, quando em território estrangeiro e aí não sejam julgados.

Nacionalidade Passiva: amplia a aplicação da legislação penal brasileira em decorrência da nacionalidade da vítima do crime. Vem normatizada pelo art. 7º, §3º:

§3º A lei brasileira aplica-se também ao crime cometido por estrangeiro contra brasileiro fora do Brasil.

A regra de que a Legislação Penal brasileira será aplicada no exterior vale apenas para os crimes e nunca para as contravenções penais. Apesar de a lei prever no art. 7º que a lei brasileira também será aplicada no exterior, há determinadas regras para essa aplicação, também normatizadas pelos parágrafos do artigo em questão. Vejamos:

Extraterritorialidade incondicionada: é a prevista para os casos normatizados no art. 7º, inciso I, alíneas "a" até "d". Segundo o Código Penal, o agente será processado de acordo com a lei brasileira, mesmo se for absolvido ou condenado no exterior (conforme normatizado pelo §1º do art. 7º). Não exige qualquer condição.

INTRODUÇÃO AO DIREITO PENAL E APLICAÇÃO DA LEI PENAL

Extraterritorialidade condicionada: é a prevista para os casos normatizados no art. 7º, § 2º, alíneas "a" até "e". São as condições:

>   a) Entrar o agente no território nacional.
>   b) Ser o fato punível também no país em que foi praticado.
>   c) Estar o crime incluído entre aqueles pelos quais a lei brasileira autoriza a extradição.
>   d) Não ter sido o agente absolvido no estrangeiro ou cumprido a pena.
>   e) Não ter sido o agente perdoado no estrangeiro.

Não estará extinta a punibilidade do agente, seja pela brasileira ou pela lei estrangeira.

Extraterritorialidade hipercondicionada: é prevista para os casos normatizados no art. 7º, §3º. É chamado pela doutrina de hipercondicionada porque exige, além das condições da extraterritorialidade condicionada, outras duas. São condições:

> - Não ser pedida ou, se pleiteada, negada a extradição.
> - Requisição do Ministro da Justiça.

1.12 Pena Cumprida no Estrangeiro

> *Art. 8º A pena cumprida no estrangeiro atenua a pena imposta no Brasil pelo mesmo crime, quando diversas, ou nela é computada, quando idênticas.*

Caso o agente seja processado, condenado e cumprido pena no exterior, estipula-se no art. 7º que, caso venha a ser condenado pelo mesmo fato no Brasil (no caso da extraterritorialidade incondicionada), deverá se verificar:

Se as penas são idênticas, ou seja, da mesma natureza. Caso positivo, deverá ser computada como cumprida no Brasil.

Exemplo: as duas são privativas de liberdade.

Se as penas são diversas, ou seja, de natureza diferente. Nesse caso, deverá haver uma atenuação.

Exemplo: no exterior, o agente cumpriu pena restritiva de liberdade e, no Brasil, foi condenado e teve sua pena substituída pela prestação de serviços comunitários. Neste caso, deverá se atenuar a pena no Brasil.

1.13 Eficácia de Sentença Estrangeira

> *Art. 9º A sentença estrangeira, quando a aplicação da lei brasileira produz na espécie as mesmas consequências, pode ser homologada no Brasil para:*
>
> *I. Obrigar o condenado à reparação do dano, a restituições e a outros efeitos civis;*
>
> *II. Sujeitá-lo a medida de segurança.*
>
> *Parágrafo único. A homologação depende:*
> *a) para os efeitos previstos no inciso I, de pedido da parte interessada;*
> *b) para os outros efeitos, da existência de tratado de extradição com o país de cuja autoridade judiciária emanou a sentença, ou, na falta de tratado, de requisição do Ministro da Justiça.*

A regra geral é de que a sentença penal estrangeira não precisa ser homologada para produzir efeitos no Brasil. No entanto, o art. 9º traz duas situações que necessitam da homologação para que a sentença produza efeitos no Brasil. São elas:

Para a produção de efeitos civis (por exemplo, reparação de danos, restituições, entre outros). Nesse caso, depende do pedido da parte interessada.

Para a aplicação de medida de segurança ao agente da Infração Penal. Caso exista tratado de extradição, necessita de requisição do Procurador-Geral da República. Caso inexista tratado de extradição, necessita de requisição do Ministro da Justiça.

1.14 Contagem de Prazo

> *Art. 10 O dia do começo inclui-se no cômputo do prazo. Contam-se os dias, os meses e os anos pelo calendário comum.*

A regra aqui é diferente da processual, visto que o dia em que se começa a contar o prazo penal é incluído no cômputo do prazo. Por exemplo, imagine que determinado agente tenha praticado uma infração penal em 10 de agosto de 2012. Supondo que essa infração penal possui um prazo prescricional de 8 anos, a pretensão punitiva irá prescrever em 9 de agosto de 2020.

1.15 Frações Não Computáveis da Pena

> *Art. 11. Desprezam-se, nas penas privativas de liberdade e nas restritivas de direitos, as frações de dia, e, na pena de multa, as frações de cruzeiro.*

Caso após o cálculo da pena, remanesçam frações de dia. Por exemplo, o agente é condenado à pena de 15 dias de detenção, com uma causa de aumento de 1/2, sendo a pena final de 22,5 dias. Com a aplicação do art. 11, despreza-se a fração de metade e a pena final é de 22 dias.

Do mesmo modo, aplica-se a regra à pena de multa, não sendo condenado o agente a pagar os centavo do valor aplicado.

1.16 Legislação Especial

> *Art. 12. As regras gerais deste Código aplicam-se aos fatos incriminados por lei especial, se esta não dispuser de modo diverso.*

As infrações penais não estão descritas apenas no Código Penal, mas também em outras leis, chamadas de leis especiais. Nesses casos, são aplicadas as regras gerais do Código Penal, desde que a legislação especial não disponha de modo diverso.

2. DO CRIME

2.1 Relação de Causalidade

Teoria da equivalência dos antecedentes

A ação ou omissão tem que dar causa ao resultado.

Relação de Causalidade

> **Art. 13** O resultado, de que depende a existência do crime, somente é imputável a quem lhe deu causa. Considera-se causa a ação ou omissão sem a qual o resultado não teria ocorrido.

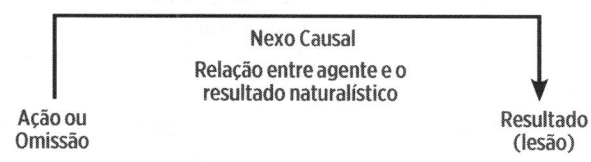

Nexo Causal — Relação entre agente e o resultado naturalístico

Ação ou Omissão → Resultado (lesão)

Nesse caso, antes de tudo, é importante mencionar sobre a responsabilidade do agente. Para o Código Penal, existem duas formas de responsabilidade: subjetiva e objetiva.

Subjetiva: o agente pode ser punido na modalidade culposa, quando não queria o resultado. É o imperito, imprudente ou negligente. A modalidade dolosa ocorre quando o agente quis ou assumiu o risco do resultado. O Código Penal sempre irá punir sobre aquilo que o agente queria causar, sobre a intenção no momento da conduta.

Objetiva: a responsabilidade objetiva não é mais adotada, visto que sempre haveria a punição por dolo, não se admitindo a forma culposa.

Exemplo: "A" dispara dois tiros em "B". Os tiros efetivamente acertam "B" causando sua morte. Nessa situação, a ação de "A" deu causa ao resultado (morte de "B"), mantendo uma relação de causa × efeito, com resultado naturalístico: morte.

Superveniência de causa independente

> **§ 1º** A superveniência de causa relativamente independente exclui a imputação quando, por si só, produziu o resultado; os fatos anteriores, entretanto, imputam-se a quem os praticou.

Exemplo: "A" atira em "B", contudo, "B" morre devido a um veneno ingerido anteriormente. A causa efetiva da morte de "B" foi envenenamento e não o disparo efetuado por "A". Nessa situação, "A" responderá apenas por tentativa de homicídio.

Neste exemplo, a causa da morte não foi efetivamente o tiro disparado por "A", mas o veneno ingerido anteriormente.

Sendo assim, não foi efetivamente o disparo que causou o resultado naturalístico da morte de "B".

Exemplo: "A" atira na cabeça de "B", que é socorrido por uma ambulância e, no trajeto para o hospital, o veículo capota causando a morte de "B". Mesmo "A" tendo concorrido diretamente para que "B" estivesse na ambulância, o código penal manda que "A" responda somente por tentativa de homicídio.

O fato que ocorre após a conduta do agente, entretanto, não ocorreria se a ação ou omissão não tivesse acontecido.

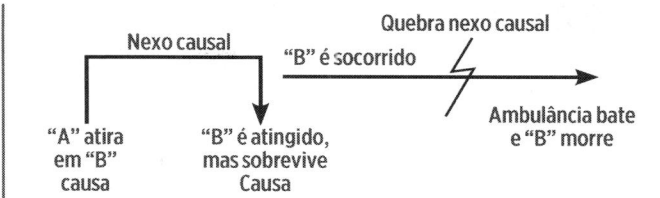

"A" atira em "B" **causa** → "B" é atingido, mas sobrevive **Causa** → "B" é socorrido **Nexo causal** → Ambulância bate e "B" morre **Quebra nexo causal**

No exemplo anterior, digamos que "B" tenha sido socorrido com sucesso. Entretanto, devido ao ferimento na cabeça, precisou se submeter a uma intervenção cirúrgica imprescindível e, durante o procedimento, devido a complicações, vem a falecer. Nessa situação, "A" responderá por homicídio consumado, pois ninguém está obrigado a submeter-se a intervenções cirúrgicas. A mesma situação ocorre se, devido à internação, "B" contraia infecção hospitalar, vindo a falecer. Nessas duas hipóteses, "A" responderá pelo crime consumado, segundo entendimento do Superior Tribunal de Justiça (STJ). Cabe ressaltar que, mesmo "B" estando no hospital, se ele falecer devido a um desmoronamento provocado por um terremoto, haverá novamente a quebra do nexo causal, como no acidente com a ambulância. Assim, "A" responderá somente pela tentativa de homicídio.

Relevância da omissão

O "dever" de agir é um dever jurídico. É dever do garantidor ou garantia, imposto por lei. Quando da omissão, o agente tem a possibilidade e o dever jurídico de agir e omite-se.

Exemplo: Dois policiais observam uma pessoa sendo vítima de roubo e nada fazem. Nesse caso, os agentes, tendo a possibilidade e o dever de agir, omitiram-se. Nessa situação, ambos responderão pelo resultado, ou seja, por roubo.

> **§ 2º** A omissão é penalmente relevante quando o omitente devia e podia agir para evitar o resultado. O dever de agir incumbe a quem:
> a) Tenha por Lei obrigação de cuidado, proteção ou vigilância; (dever legal).

Exemplos: Pai que deixa de alimentar o filho, que vem a morrer de inanição.

Carcereiro que observa o preso agonizando à beira da morte e nada faz.

> b) De outra forma, assumiu a responsabilidade de impedir o resultado; (dever do garantidor).

Exemplos: Babá que descuida da criança e a deixa morrer. Salva-vidas que observa banhista se afogar e nada faz.

> c) Com seu comportamento anterior, criou o risco da ocorrência do resultado.

Exemplo: Homem se propõe a ajudar um idoso a atravessar a rua, porém, no meio do caminho, o homem abandona o idoso, que morre atropelado.

Esses crimes são chamados de crimes omissivos impróprios, comissivos por omissão ou ainda participação por omissão. Em todos esses casos, o omitente responderá pelo resultado, a não ser que este não lhe possa ser atribuído nem por dolo nem por culpa. O agente deve ter consciência de que se encontra na função de agente garantidor.

2.2 Da Consumação e Tentativa

Art. 14 *Diz-se do Crime:*
I. Consumado, quando nele se reúnem todos os elementos de sua definição legal.

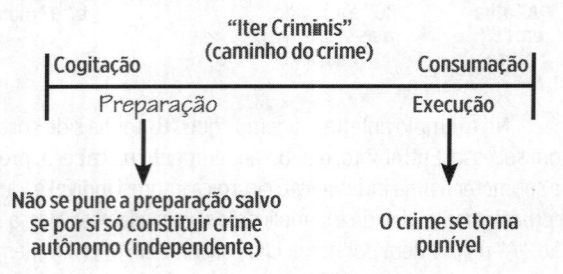

"Iter Criminis"
(caminho do crime)

Cogitação — Preparação — Execução — Consumação

Não se pune a preparação salvo se por si só constituir crime autônomo (independente)

O crime se torna punível

Para que o crime seja consumado, é necessário que ele percorra todas as fases do iter criminis: cogitação, preparação, execução e consumação. O agente, com sua conduta, "caminha" por todas as fases até atingir o resultado.

Exemplo: Fabrício tem vontade de matar (animus necandi) Pedro, e pensa em uma forma de consumar seu desejo (cogitação). Para isso, compra um revólver e munições (preparação) e desloca-se até a casa da vítima. Ao avistar Pedro, inicia os disparos (execução) contra ele, ferindo-o mortalmente (consumação).

O Código Penal não admite a punição nas fases de **cogitação** e **preparação**, salvo se constituírem **crimes autônomos**. No caso citado anteriormente, se Fabrício fosse preso no momento em que estava com o revólver, deslocando-se à casa de Pedro para matá-lo, iria configurar apenas o crime de porte ilegal de arma de fogo, não podendo ser, de forma alguma, punido pela tentativa de matar Pedro. Só é possível punir a intenção do agente a partir do momento que entra na esfera de **execução**.

Outro exemplo seria a união de três ou mais pessoas que planejam assaltar um banco, e, para isso, compram ferramentas (picaretas, pás, marretas), conseguem a planta do banco e alugam uma casa nas proximidades. Contudo, no momento em que planejavam o assalto, já munidos com toda parafernália, são surpreendidos pela polícia. Nesse caso, essas pessoas não responderão pelo crime de "roubo" (art. 157, CP), na forma tentada, mas pelo crime de "associação criminosa" (art. 288, CP). Mesmo com a posse de todos os materiais que seriam utilizados, eles não haviam entrado na esfera de execução do roubo.

Por conseguinte, o Código Penal sempre irá punir o agente por aquilo que ele queria cometer (**elemento subjetivo**), ou seja, qual era a intenção do agente, ainda que o resultado seja outro.

Exemplo: "A", com intenção de matar "B", efetua vários disparos em sua direção, contudo, acerta apenas um tiro no dedo do pé de "B". Independentemente desse resultado, "A" vai responder por tentativa de homicídio, pois essa era sua intenção inicial.

É importante sempre atentar-se para a vontade do agente, pois o Código Penal irá puni-lo somente pelo resultado ao qual quis causar, ou seja, sempre pelo elemento subjetivo do agente.

Tentativa

Diz que o crime é tentado quando iniciada a execução, que não se consuma por circunstâncias alheias à vontade do agente.

Não se admite tentativa para:
> Crime culposo.
> Contravenções Penais (art. 4º, inciso L, CP).
> Mera conduta.
> Crime Preterdoloso.

Alguns tipos penais não aceitam a forma "tentada". Sendo assim, o fato de iniciar a execução já o torna consumado, como o crime de concussão (art. 316, CP). Nessas situações, a consumação é um mero exaurimento.

Os crimes "tentados" são aqueles que iniciam a fase de execução, mas não chegam à consumação por circunstâncias alheias à vontade do agente, ou seja, o autor quer praticar a conduta, mas é impedido de alguma forma.

Exemplos:

"A", com intenção de matar "B", compra um revólver, mas, ao encontrar "B", no momento em que iria iniciar os disparos, é flagrado por um policial, que o impede.

"A", com intenção de matar "B", compra um revólver, mas, ao encontrar "B" do outro lado da rua, atinge uma caçamba de entulhos que trafegava pela via no momento em que começa a efetuar os disparos.

As circunstâncias alheias à vontade do agente podem ser quaisquer fatos que impeçam a consumação do crime.

Pena do crime tentado

É a mesma do crime consumado, contudo, deve ser reduzida de 1/3 a 2/3. Quanto mais próximo o crime chegar da consumação, maior deve ser a pena aplicada e menor a redução de tempo.

Se, quando iniciada a execução, o crime não se consumar por circunstâncias alheias à vontade do agente, incidirá a pena do crime consumado, com redução no quantum da pena.

Homicídio: pena de 6 a 20 anos.

Exemplo: João fez disparos contra José causando sua morte.

Pena de 12 anos

Tentativa de homicídio: pena de 6 a 20 anos reduzida de 1/3 a 2/3.

Exemplo: João fez disparos contra José, que foi ferido, socorrido e sobreviveu.

Pena de 4 anos (melhor cenário) a 8 anos (pior cenário).

Exemplo: João, armado de pistola, efetua 15 disparos contra José, ficando este em coma por 40 dias, quase vindo a falecer, mas consegue sobreviver.

Pena: mesmo nesse caso, haverá redução de pena. Porém, a pena mínima (8 anos ou 1/3) deve ser aplicada.

Existem dois tipos de tentativa – a perfeita e a imperfeita –, e ambas podem ser cruentas e incruentas.

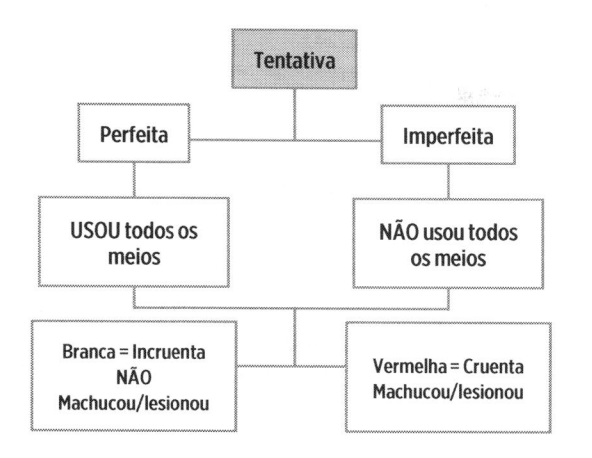

```
                    Tentativa
                   /         \
              Perfeita      Imperfeita
                 |              |
           USOU todos os    NÃO usou todos
              meios            os meios
                 |              |
         Branca = Incruenta   Vermelha = Cruenta
              NÃO             Machucou/lesionou
         Machucou/lesionou
```

A tentativa perfeita (crime falho) ocorre quando o agente esgotar todos os meios, vindo a acertar ou não a vítima. E a tentativa imperfeita ocorre quando o agente NÃO esgotou todos os meios, mesmo que já tenha atingido a vítima ou ainda sem feri-la, por circunstâncias alheias à sua vontade.

A doutrina ainda classifica a tentativa em idônea ou inidônea (também apelidada de "crime impossível") quanto à possibilidade de alcançar o resultado.

2.3 Desistência Voluntária e Arrependimento Eficaz

Art. 15 O agente que, voluntariamente, desiste de prosseguir na execução ou impede que o resultado se produza, só responde pelos atos já praticados.

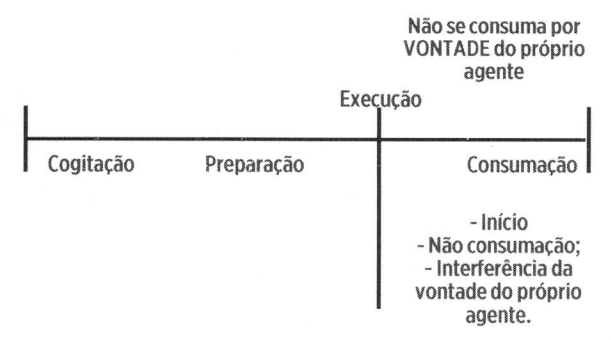

```
                              Não se consuma por
                              VONTADE do próprio
                                    agente
                                      |
                                  Execução
|---------------|---------------|---------|--------------------|
Cogitação      Preparação                            Consumação
                                              - Início
                                              - Não consumação;
                                              - Interferência da
                                                vontade do próprio
                                                agente.
```

Desistência voluntária: o agente interrompe voluntariamente a execução do crime, impedindo a consumação. Nessa situação, o agente poderia efetuar mais disparos, porém desiste de continuar a efetuá-los e vai embora. É importante ressaltar que a desistência não teve influência de nenhuma outra circunstância, senão a vontade do próprio agente.

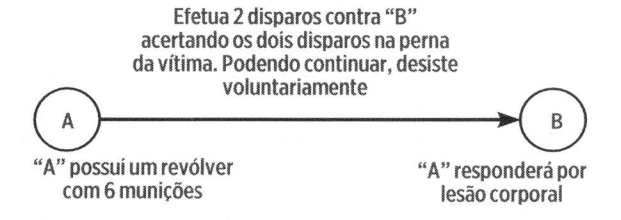

```
              Efetua 2 disparos contra "B"
           acertando os dois disparos na perna
            da vítima. Podendo continuar, desiste
                     voluntariamente
      (A) ─────────────────────────────────▶ (B)

    "A" possui um revólver            "A" responderá por
       com 6 munições                    lesão corporal
```

Arrependimento eficaz: encerrada a execução do crime, o agente voluntariamente impede o resultado. Aqui, ele leva a execução até o fim, contudo, com sua ação impede que o resultado seja produzido.

Nessa situação, o agente esgota os meios, efetuando todos os disparos, mas, após finalizá-los, arrepende-se do que fez, socorre a vítima, levando-a para um hospital, o que garante que ela seja salva.

A "desistência voluntária" (ato negativo) e o "arrependimento eficaz" (ato positivo) têm como consequência a desclassificação da figura típica, ou seja, exclui a modalidade tentada. Dessa forma, o agente responderá pelos atos até então praticados. Nessas situações, considera-se a lesão corporal.

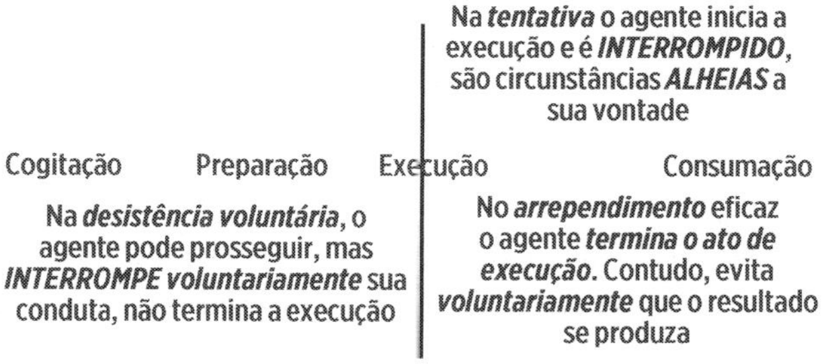

```
                                    Na tentativa o agente inicia a
                                    execução e é INTERROMPIDO,
                                    são circunstâncias ALHEIAS a
                                           sua vontade

Cogitação    Preparação    Execução                  Consumação

Na desistência voluntária, o      No arrependimento eficaz
agente pode prosseguir, mas       o agente termina o ato de
INTERROMPE voluntariamente sua    execução. Contudo, evita
conduta, não termina a execução   voluntariamente que o resultado
                                  se produza
```

Tentativa: após o início da execução, o crime não se consuma por circunstâncias alheias à vontade do agente.

Desistência voluntária: mesmo podendo prosseguir, o agente desiste, interrompe por sua vontade própria.

Arrependimento eficaz: finalizados todos os atos de execução, o agente por vontade própria, socorre a vítima, impedindo que o resultado (morte) ocorra.

2.4 Arrependimento Posterior

Art. 16. Nos crimes cometidos sem violência ou grave ameaça à pessoa, reparado o dano ou restituída a coisa, até o recebimento da denúncia ou da queixa, por ato voluntário do agente, a pena será reduzida de um a dois terços.

É requisito fundamental que não ocorra violência ou ameaça grave. Após a consumação do crime, antes do recebimento da denúncia ou queixa (início da ação penal), o agente repara o dano causado anteriormente.

Exemplo: Um rapaz é preso pelo furto (art. 155, CP) de uma televisão de 14 polegadas, mas, antes do recebimento da denúncia, seu advogado ou representante legal repara à vítima todos os danos que o agente causou quando subtraiu o bem. Nessa hipótese, a pena do agente será reduzida.

Caso a reparação do dano ocorra após o recebimento da denúncia, não se fala mais em arrependimento posterior, mas em circunstância atenuante (prevista no art. 65, inciso III, alínea "b", do Código Penal). Da mesma forma, o arrependimento posterior não é reconhecido quando o bem é apreendido pela autoridade policial e restituído à vítima, pois depende da voluntariedade do agente.

2.5 Crime Impossível ("Quase Crime")

Art. 17. Não se pune a tentativa quando, por ineficácia absoluta do meio ou por absoluta impropriedade do objeto, é impossível consumar-se o crime.

DO CRIME

Ineficácia absoluta do meio: o meio empregado ou o instrumento utilizado para a execução do crime jamais levarão o agente à consumação.

> Tentar matar alguém utilizando uma arma de brinquedo.
> Tentar envenenar alguém com sal.

Exemplo: "A", com a intenção de envenenar "B", coloca sal – erro de tipo putativo – em sua comida, pensando ser arsênico.

Impropriedade absoluta do objeto material: nessa hipótese, a pessoa ou a coisa sobre a qual recai a conduta é absolutamente inidônea para produção de algum resultado lesivo.

> Matar quem já está morto.

Exemplo: "A", com intenção de matar "B" enquanto este está dormindo, efetua vários disparos. Contudo, "B" já estava morto devido ao veneno administrado por "C" horas atrás.

Embora o elemento subjetivo do agente seja o dolo – homicídio –, a conduta não será punível, pois o meio empregado "sal" ou o objeto material "morto" tornam o crime impossível de ser consumado.

Caso a ineficácia absoluta do meio seja relativa, será considerado crime.

Exemplo: A quase impossibilidade de cometer um crime com uma arma antiga de colecionador, usada na Segunda Guerra Mundial. Entretanto, caso a arma tenha potencial para causar lesão (esteja funcionando), o crime que o agente tentou praticar com a arma será considerado punível.

2.6 Crime Doloso

Art. 18. *Diz-se o crime:*
doloso, quando o agente quis o resultado ou assumiu o risco de produzi-lo.

> Dolo direto: o agente quis o resultado.
> Doloso indireto ou indeterminado: o agente assumiu o risco de produzir o resultado (dolo eventual).

Exemplos:

"A" atira em direção de "B" querendo matá-lo.

O caçador "A" efetua vários disparos a fim de abater um animal. Contudo, "A" é advertido por "B" que há um local habitado na direção em que está atirando. "A" não se importa e continua os disparos, mesmo consciente de que pode acertar alguém. Um de seus projéteis acerta "C", um inocente morador das redondezas. Nessa situação, deverá "A" responder por homicídio doloso (eventual), pois assumiu o risco de produzir o resultado não observando a advertência que "B" lhe havia feito. O agente sabe o que pode vir a causar, mas não se importa com o resultado.

"A" dirigindo em altíssima velocidade e disputando um racha com amigos perto de uma movimentada escola vem a atropelar "B", estudante, no momento que este atravessava a via. "A" tinha consciência de que sua conduta poderia matar alguém, contudo, não se importou em continuar. Novamente, o agente sabe que pode acontecer, mas não se importa.

> Dolo Direto: Teoria da Vontade. Quer o resultado.
> Dolo Eventual: Teoria do Assentimento. Assume o risco de produzir o resultado.

2.7 Crime Culposo

Diz- Art. 18 se o crime:
II. Culposo, quando o agente deu causa ao resultado por imprudência, negligência ou imperícia.

Parágrafo único. *Salvo os casos expressos em lei, ninguém pode ser punido por fato previsto como crime, senão quando o pratica dolosamente.*

Culpa

Na conduta culposa, há uma ação voluntária dirigida a uma finalidade lícita, mas, pela quebra do dever de cuidado a todos exigidos, sobrevém um resultado ilícito não desejado, cujo risco nem sequer foi assumido.

Requisitos do crime culposo

→ **Quebra do dever objetivo de cuidado**: a culpa decorre da comparação que se faz entre o comportamento realizado pelo sujeito no plano concreto e aquele que uma pessoa de prudência normal, mediana, teria naquelas mesmas circunstâncias. Haverá a conduta culposa sempre que o evento decorrer da quebra do dever de cuidado por parte do agente mediante uma conduta imperita, negligente ou imprudente.

→ **Previsibilidade**: não basta tão somente a quebra do dever de cuidado para que o agente responda pela modalidade culposa, pois é necessário que as consequências de sua ação descuidada sejam previsíveis.

Modalidades do crime culposo

→ **Imprudência**: é o fazer sem a obrigação de cuidado.

É a culpa de quem age, ou seja, aquela que surge durante a realização de um fato sem o cuidado necessário.

Exemplo: Ultrapassagem em local proibido, excesso de velocidade, trafegar na contramão, manejar arma carregada, atravessar o sinal vermelho etc.

→ **Imperícia**: é a falta de conhecimento técnico ou habilitação para o exercício de profissão ou atividade.

Exemplo: Médico que, ao realizar uma cirurgia, esquece uma pinça dentro do abdômen do paciente. Atirador de elite que acerta a vítima em vez de acertar o criminoso. Médico que faz uma cirurgia de lipoaspiração e causa a morte de paciente.

→ **Negligência**: é o não fazer sem a obrigação de cuidado.

É a culpa na sua forma omissiva. Consiste em deixar alguém não tomar o cuidado devido antes de começar a agir.

Exemplo: Deixar de conferir os pneus antes de viajar ou realizar a devida manutenção do veículo. Deixar substância tóxica ao alcance de crianças etc.

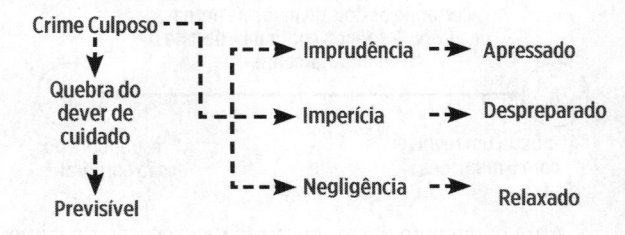

```
Crime Culposo ----+
      ↓           +---> Imprudência --> Apressado
Quebra do         |
dever de          +---> Imperícia   --> Despreparado
cuidado           |
      ↓           +---> Negligência --> Relaxado
 Previsível
```

Culpa consciente

Na culpa consciente, o agente antevê o resultado, mas não o aceita, não se conforma com ele. O agente age na crença de que não causará o resultado danoso.

Exemplo: O atirador (não o substituto) de facas no circo. Ele atira as facas na crença de que, habilidoso, acertará a maçã. Mas, ao contrário do que acreditava, ele acerta uma espectadora.

2.8 Preterdolo

Art. 19 Pelo resultado que agrava especialmente a pena, só responde o agente que o houver causado ao menos culposamente.

Quando o resultado agravador for imputado a título de culpa, tem-se o crime preterdoloso. Nele, o agente quer praticar determinado crime, mas acaba excedendo-se e produzindo culposamente um resultado mais gravoso do que o desejado.

Exemplo: O agente desfere um soco no rosto da vítima com a intenção de lesioná-la, no entanto, ela perde o equilíbrio, bate a cabeça e morre.

Veja a seguir a previsão de latrocínio, que admite a figura do preterdolo, e da lesão corporal seguida de morte, que se aplica ao exemplo mencionado.

Art. 157. Subtrair coisa móvel alheia, para si ou para outrem, mediante grave ameaça ou violência à pessoa, ou depois de havê-la, por qualquer meio, reduzido a impossibilidade de resistência:
***Pena** - Reclusão, de quatro a dez anos, e multa.*
§ 3º Se da violência resulta lesão corporal grave, a pena é de reclusão, de sete a quinze anos, além da multa; se resulta morte, a reclusão é de vinte a trinta anos, sem prejuízo da multa.
Art. 129. Ofender a integridade corporal ou a saúde de outrem: [...]
§ 3º Se resulta morte e as circunstâncias evidenciam que o agente não quis o resultado, nem assumiu o risco de produzi-los;
***Pena** - Reclusão, de quatro a doze anos.*

2.9 Erro sobre Elemento do Tipo

Art. 20. O erro sobre elemento constitutivo do tipo legal de crime exclui o dolo, mas permite a punição por crime culposo, se previsto em lei.

Elementares: é a descrição típica do crime. Geralmente o próprio *caput*. Quando ausente a elementar, o crime não existe.

Art. 155. Subtrair coisa alheia móvel: Caso o indivíduo subtraia coisa própria por engano não haverá o crime, pouco importando sua intenção. Assim, se o agente subtrai sua própria bicicleta por "engano", pensando que está a subtrair bicicleta de seu vizinho não comete crime algum. Não há como punir uma pessoa que subtrai suas próprias coisas.

Circunstancias: são dados assessórios do crime, que, se suprimidos, não impedem a punição do agente. Só servem para aumentar ou diminuir a pena.

Exemplo: ladrão que furta um bem de pequeno valor pensando ser de grande valor. Ele responderá pelo furto simples sem redução de pena do privilégio.

Erro essencial

Incide sobre situação e tem tal importância para o tipo que, se o erro não existisse, o agente não teria cometido o crime, ou pelo menos, não naquelas circunstâncias.

Erro inevitável (invencível ou escusável)

É aquele que não podia ter sido evitado, nem mesmo com o emprego de uma diligência mediana.

Nessas duas situações, exclui-se o dolo e a culpa do agente. Sendo assim, exclui-se o crime.

Exemplos:

O agente furta caneta pensando que é dele próprio.

Sujeito que mantém conjunção carnal com uma menor de 13 anos que aparenta ter 20 anos pela sua proporção física.

Bêbado que sai de uma festa e liga carro alheio com sua chave, sendo o carro de mesma cor e modelo que o seu.

Erro evitável (vencível ou inescusável)

É aquele que poderia ser evitado pela prudência normal do homem médio. Exclui o dolo, mas permite a modalidade culposa se prevista em lei. Quando não prevista a modalidade culposa, não ocorre o crime.

Exemplo: caçador confunde vulto em uma moita com o animal que caçava e atira, vindo a causar a morte de um lavrador. Nessa situação, caso o fato seja previsível, deverá o caçador responder por homicídio culposo.

O agente bêbado sai de uma festa e, ao observar carro idêntico ao seu, tenta abri-lo com a chave do próprio carro. Não obtendo êxito, quebra o vidro com uma pedra, força a ignição e vai para casa. Nesse caso, ainda que a conduta do agente seja reprovável, não há que se falar em crime, pois o furto não prevê a modalidade culposa. Assim, tem-se a exclusão da tipicidade.

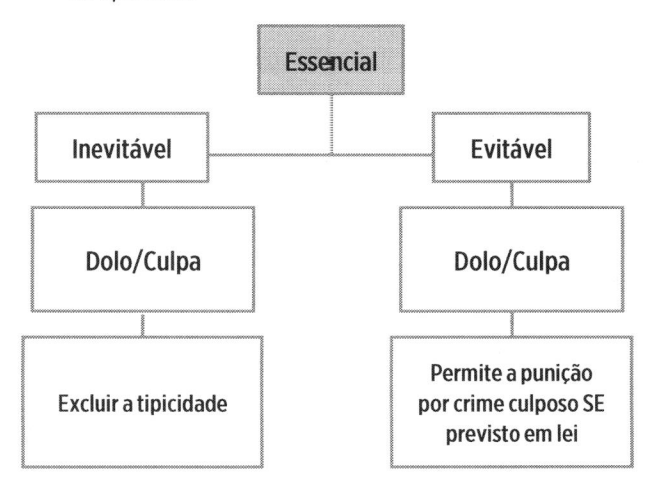

```
                    Essencial
                   /         \
            Inevitável      Evitável
                |              |
           Dolo/Culpa      Dolo/Culpa
                |              |
                           Permite a punição
         Excluir a        por crime culposo SE
         tipicidade          previsto em lei
```

Erro de tipo acidental

Já o erro de tipo acidental não exclui o crime, visto que o agente manifesta o elemento subjetivo do tipo e apenas erra na execução da ação criminosa.

- Erro sobre o objeto *(error in objecto)*: o agente furta um quadro que acredita ser verdadeiro, mas no outro dia descobre que é falso. Aqui, ele responde como se tivesse furtado o quadro verdadeiro.

- Erro sobre a pessoa *(error in persona)*: o agente tenta matar "A", mas mata "B", executando fielmente o que havia planejado. Nesse caso, responde normalmente pelo homicídio da vítima desejada.

- Erro sobre a execução *(aberratio ictus)*: o agente tenta matar a sua namorada ao vê-la com outro, mas por não saber manusear a arma, acerta em pessoa diversa quando atira. Nesse caso, responderá como se tivesse matado a namorada. Possui previsão no art. 73, CP.

- Resultado diverso do pretendido *(aberratio criminis)*: ocorre resultado diverso do pretendido. A consequência para o agente é responder pelo crime, a título de culpa (se houver), conforme art. 74, CP. Se ocorrer também o resultado pretendido, haverá concurso formal (1 ação = 2 crimes).

- Erro sucessivo (dolo geral ou *aberratio causae*): o agente, após acreditar ter matado a sogra por veneno, "desova" o corpo em um lago. Após a perícia analisar o caso, é constatado que não houve morte por envenenamento, mas por afogamento. Nessa situação, o agente responde como se tivesse envenenado a vítima.

2.10 Erro sobre a Pessoa

Art. 20 [...]
§ 3º *O erro quanto à pessoa contra a qual o crime é praticado não isenta de pena. Não se consideram, neste caso, as condições ou qualidades da vítima, senão as da pessoa contra quem o agente queria praticar o crime.*

É o erro na representação do agente, que olha um desconhecido e o confunde com a pessoa que quer atingir. O erro é tão irrelevante, que o legislador determinou que o autor fosse punido pelo crime que efetivamente cometeu contra o terceiro inocente (vítima efetiva), como se tivesse atingido a pretendida (vítima virtual), por exemplo:

"A" atira em "B" por engano, pois pensei que "B" fosse seu pai, quem realmente queria matar

A ⟶ B Vítima efetiva sósia de "C"

Nessa situação será considerado para aplicação de pena como se tivesse matado "C" seu pai

C Vítima virtual Pai de "A"

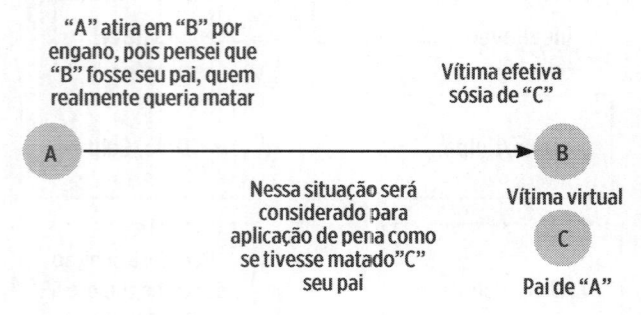

Esta situação é considerada um irrelevante penal, ou seja, o agente quer cometer uma coisa – matar "C" –, entretanto, acaba matando "B". Porém, independentemente do resultado, o Código Penal sempre adota o elemento subjetivo, ou seja, irá punir o agente pelo fato que ele realmente quis praticar. Como no exemplo o agente queria matar seu pai, incidirá ainda aumento de pena – agravante genérica (art. 61, inciso II, alínea "e", CP).

2.11 Erro sobre a Ilicitude do Fato

Erro de proibição

Art. 21. *O desconhecimento da lei é inescusável. O erro sobre a ilicitude do fato, se inevitável, isenta de pena; se evitável, poderá diminui-la de um sexto a um terço.*

É a errada compreensão de uma determinada regra legal. Pode levar o agente a supor que certa conduta seja lícita.

Exemplo: Um rústico aldeão, que nasceu e passou toda a sua vida em um vilarejo afastado no sertão, agride levemente sua mulher, por suspeitar de traição. É de irrelevante importância se o aldeão sabia ou não que sua conduta era ilícita.

Nesse caso, há crime, porém o CP determina que, devido às circunstâncias (por força do ambiente onde vive e as experiências acumuladas do agente), o sujeito não terá PENA, ou seja, exclui-se a culpabilidade.

Nesta situação, como o agente é de lugar ermo e não possui conhecimento suficiente sobre fatos que não são permitidos, o juiz não aplicará pena, embora a conduta seja criminosa.

Tipos de erro de proibição

Erro inevitável ou escusável: é isento de pena.

Exemplo: O caso de uma dona de casa de prostituição, cujo funcionamento era de pleno conhecimento das autoridades fiscais e com alvará de funcionamento fornecido pela prefeitura, apresenta circunstância que sugeriam o desempenho de atividade lícita.

Parágrafo único. *Considera-se evitável o erro se o agente atua ou se omite sem a consciência da ilicitude do fato, quando lhe era possível, nas circunstâncias, ter ou atingir essa consciência.*

Erro evitável ou inescusável: não isenta de pena, mas terá direito a uma redução de pena de 1/6 a 1/3.

Exemplo: Atendente de farmácia que, apesar de ter ciência de que a venda de medicamentos com tarja preta configura transgressão administrativa, não tem consciência de que tal prática, com relação a alguns dos medicamentos controlados, caracteriza também crime de tráfico de drogas.

Observe o quadro a seguir.

Erro de tipo	Erro de proibição
O agente erra sobre dados do próprio crime. Isento do dolo e culpa, se inevitável, e isento de dolo, mas permite a punição por culpa se evitável.	O agente acha que sua conduta é legal, quando na verdade é ilegal. Aqui o agente comete crime, mas não tem pena, pois a culpabilidade fica excluída.

É importante que diferenciarmos bem a relação entre erro de tipo (exclui o crime) e erro de proibição (isento de pena). No erro de tipo, o agente sabe que sua conduta é ilícita, entretanto, erra sobre o próprio tipo penal, ou seja, sua intenção é realizar uma conduta, mas acaba cometendo outra. No erro de proibição, o agente desconhece o caráter ilícito do fato, imagina estar praticando uma conduta lícita, quando na verdade é ilícita (criminosa).

2.12 Coação Irresistível e Obediência Hierárquica

Art. 22. Se o fato é cometido sob coação irresistível ou em estrita obediência a ordem, não manifestamente ilegal, de superior hierárquico, só é punível o autor da coação ou da ordem.

Para que se possa considerar alguém culpado do cometimento de uma infração penal, é necessário que o ato tenha sido praticado em condições e circunstâncias normais, pois, do contrário, não será possível exigir do sujeito conduta diferente daquela que acabou efetivamente praticando.

Nessa situação, o agente (autor mediato) obriga uma terceira pessoa (autor imediato) a cometer um crime ou cumprir uma ordem ilegal. A pessoa coagida não será punida; a punição será de quem a coagiu e a obrigou a realizar a conduta contra seu consentimento.

Coação irresistível

É o emprego de força física ou de grave ameaça para que alguém faça ou deixe de fazer alguma coisa.

Coação física (vis absoluta): o sujeito não comete crime.

Exemplo: "A" imobiliza "B"; em seguida, "A" coloca uma arma na mão de "B" e o força a apertar o gatilho, sendo que o disparo acerta "C", que morre. Nessa situação, devido à coação FÍSICA irresistível, "B" NÃO comete crime. "A" responderá por homicídio.

A coação física recai sobre a conduta do agente (elemento do fato típico), pois este foi forçado. Nessa situação, exclui-se o crime.

Coação moral (vis relativa): o sujeito comete um crime, mas ocorre isenção de pena.

Exemplo: "A" encosta uma arma carregada na cabeça "B" e ordena que ele atire em "C", caso contrário quem irá morrer é "B". Assim, "B" atira e "C" morre. Nessa situação, ambos cometem crime ("A" e "B"). Contudo, somente "A" terá PENA, "B" estará ISENTO de pena devido a coação MORAL irresistível e inexigibilidade de conduta diversa.

Assim sendo, mesmo "B" tendo praticado o ato, sua conduta foi forçada mediante grave ameaça moral, e, temendo por sua própria vida, cometeu o crime. Nessa situação, a conduta de "B" é típica e ilícita, contudo, não culpável, pois ficará isento de pena.

Obediência hierárquica

É a obediência à ordem não manifestamente ilegal de superior hierárquico, tornando viciada a vontade do subordinado e afastando a exigência de conduta diversa. Também exclui a culpabilidade.

Ordem de superior hierárquico: é a manifestação de vontade do titular de uma função pública a um funcionário que lhe é subordinado.

Exemplo: Um delegado de polícia manda seu subordinado, aspirante recém-chegado à corporação, que prenda um desafeto do agente, para que esse aprenda uma lição.

Caso o aspirante cumpra a ordem ilegal de seu superior, ambos estarão cometendo crime (abuso de autoridade), pois, embora haja ordem de superior, o aspirante não é obrigado a cumpri-la.

Ordem manifestamente não ilegal: a ordem deve ser aparentemente legal. Se for manifestamente ilegal, deve o subordinado responder pelo crime.

Exemplo: Um delegado de polícia determina que o agente prenda Antônio, indiciado por crime de latrocínio, alegando que Antônio tem contra si um mandado de prisão expedido pela autoridade judiciária. O agente prende Antônio e o conduz até a delegacia. Acontece que não existia mandado algum contra Antônio. Nessa situação, o delegado e o agente cometeram crime de abuso de autoridade. Contudo, somente o delegado terá PENA, enquanto o agente ficará isento devido à "aparência" de ordem manifestamente NÃO ilegal.

Nessa conduta, o agente pensava estar praticando uma ação lícita, entretanto, foi enganado por seu superior, sob alegação de posse de falso mandado de prisão.

2.13 Exclusão da Ilicitude

Art. 23. Não há crime quando o agente pratica o fato:
Em estado de necessidade;
II. Em legítima defesa;
III. Em estrito cumprimento de dever legal ou no exercício regular de direito.

Excesso punível

Parágrafo único. O agente, em qualquer das hipóteses deste artigo, responderá pelo excesso doloso ou culposo.

O agente que extrapolar os limites das excludentes deve responder pelo resultado produzido de forma dolosa ou culposa.

Exemplo: João saca sua arma para matar Manoel, que, prevendo o ocorrido, pega sua própria arma e atira primeiro, ferindo João. Mesmo após a cessação da agressão por parte de João, Manoel efetua mais dois disparos para garantir o resultado.

Nessa situação, Manoel excedeu-se e deverá responder por homicídio na modalidade dolosa.

Excesso - responderá por homicídio doloso

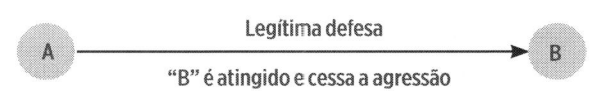

A ———— Legítima defesa ————> B

"B" é atingido e cessa a agressão

"A" atira em "B" para se defender de injusta agressão

"A" mesmo depois de cessada a agressão de "B" efetua mais dois disparos para garantir o resultado

Não obstante, as excludentes de ilicitude, como o próprio nome já diz, excluem o caráter ilícito do fato, tornando a conduta lícita e jurídica.

DO CRIME

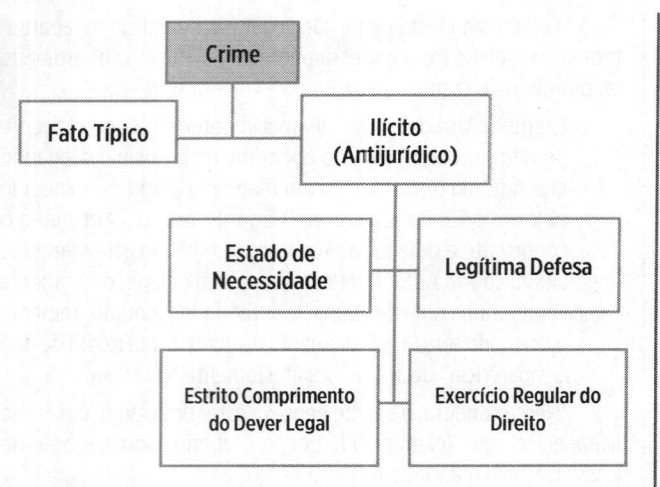

```
                    Crime
         ┌────────────┴────────────┐
    Fato Típico                  Ilícito
                              (Antijurídico)
                    ┌────────────┴────────────┐
              Estado de              Legítima Defesa
             Necessidade
              
         Estrito Cumprimento    Exercício Regular do
           do Dever Legal              Direito
```

Ocorrendo o fato diante de uma dessas excludentes, exclui-se também o crime.

São situações em que a norma penal permite que se cometa crime em determinadas situações, pois, apesar de serem condutas ilícitas, o agente não será punido.

Estado de necessidade

Art. 24. *Considera-se em estado de necessidade quem pratica o fato para salvar de perigo atual, que não provocou por sua vontade, nem podia de outro modo evitar, direito próprio ou alheio, cujo sacrifício, nas circunstâncias, não era razoável exigir-se.*

Ocorre quando um bem é lesado para se salvar outro bem em perigo de ser igualmente ofendido. Ambos os possuidores desses bens têm direito de agir para proteger-se.

→ Requisitos para configuração do estado de necessidade:
> Perigo atual.
> Direito próprio ou alheio.
> Perigo não causado voluntariamente pelo agente.
> Inevitabilidade de comportamento.
> Razoabilidade do sacrifício.
> Requisito subjetivo.

Exemplos:

Em um cruzeiro marítimo, 10 passageiros estão a bordo de um navio. No entanto, só existem 9 salva-vidas e o navio está afundando em alto-mar. O único que ficou sem o apetrecho não sabe nadar e, para salvar sua vida do perigo atual, desfere facadas em outro passageiro para conseguir se salvar.

Trabalhador desempregado vê os filhos passarem fome, entra em supermercado e furta dois pacotes de arroz e um pedaço de carne seca (furto famélico).

Cidadão não tem carteira de motorista e observa um motorista em avançado estado de infarto. Nessa situação, toma a direção de veículo automotor e dirige perigosamente até o hospital, gerando perigo de dano.

Não irá incidir em estado de necessidade caso o agente dê causa ao acontecimento.

§ 1º *Não pode alegar estado de necessidade quem tinha o dever legal de enfrentar o perigo.*

Um exemplo disso é o bombeiro. Ele poderá recusar-se a participar de uma situação perigosa, quando for impossível o salvamento ou quando o risco for inútil.

Legítima defesa

Art. 25. *Entende-se em legítima defesa quem, usando moderadamente dos meios necessários, repele injusta agressão, atual ou iminente, a direito seu ou de outrem. (Redação dada pela Lei nº 7.209, de 11.7.1984)*

Parágrafo único. *Observados os requisitos previstos no caput deste artigo, considera-se também em legítima defesa o agente de segurança pública que repele agressão ou risco de agressão a vítima mantida refém durante a prática de crimes.*
(Incluído pela Lei nº 13.964, de 2019) ANTICRIME

Agora há uma nova (porém, não tão nova assim) previsão de legítima defesa para agentes de segurança pública que repelem (a meu ver, já era assim) agressão ou risco de agressão (já era assim também; injusta agressão ATUAL ou IMINENTE) vítima mantida REFÉM (injusta agressão acontecendo) durante a prática de crimes.

Conclui-se que não há nada de novo, senão já preenchidos todos os requisitos da legítima defesa do *caput* do art. 25 do CP.

No entanto, a novidade está no novíssimo art. 14-A do Código de Processo Penal (introduzido também pelo pacote ANTICRIME). Esses agentes terão um Inquérito PRIVILEGIADO e com direito a contraditório (direito a serem CITADOS EM 48 HORAS e ampla defesa com direito a DEFENSOR).

Ocorre um efetivo ataque ilícito contra o agente ou terceiro, legitimando repulsa.

Requisitos para que subsista a legítima defesa:

> Agressão humana.
> Agressão injusta.
> Agressão atual ou iminente.
> Agressão a direito próprio ou a terceiro.
> Meios necessários.
> Requisito subjetivo.

Exemplos:

"A", desafeto de "B", arma-se com um machado e, prestes a desferir um golpe, é surpreendido pela reação de "B", que saca um revólver e efetua um disparo.

"A", munido de um cão, atiça o animal na direção de "B", que, para repelir a injusta agressão, atira no enfurecido animal.

"A", menor de idade, pega um fuzil e, prestes a atirar em "B", é surpreendido por esse, que pega uma bazuca, único meio de proteção disponível no momento, vindo a "explodir" "A".

Os meios necessários para conter a injusta agressão podem ser quaisquer que estejam disponíveis, inexistindo equiparação dos meios utilizados.

É necessário que seja atual e iminente. Caso "B", ferido por "A", desloque-se até sua casa depois de sofrida agressão para apanhar revólver com intuito de se defender, não será mais válido, caso venha efetuar disparos contra "A".

Não Configura Legítima Defesa

Exemplo: "A", marido traído, chega a casa e surpreende "C", sua esposa, em conjunção carnal com "B". Enfurecido, pega sua arma e dispara contra a esposa traidora.

"A", surpreendido por cão feroz, dispara para que não seja atacado.

"A", desafeto de "B", sai à procura dele e efetua disparo. Mais tarde, provou-se que "B" também estava armado e queria igualmente executar "A".

Estrito cumprimento do dever legal

Em síntese, é a ação praticada por um dever imposto por lei. É necessário que o cumprimento seja nos exatos ditames da lei. Do contrário, o agente incorrerá em excesso, podendo responder criminalmente.

Exemplos:

Policial que prende foragido da justiça, vindo a causar-lhe lesões devido à sua resistência.

Soldado que, em tempos de guerra, executa inimigo.

A execução efetuada pelo carrasco, quando o ordenamento jurídico admite.

Exercício regular de direito

É o desempenho de uma atividade ou prática de uma conduta autorizada em lei.

> Tratamento médico ou intervenção cirúrgica, em que o médico comete lesão corporal para realizar o ato cirúrgico.

> Ofendículos (exercício regular do direito de defesa da propriedade), cerca elétrica, cacos de vidro, arame farpado etc.

A lei não permite o emprego da violência física como meio para repelir injúrias ou palavras caluniosas, visto que não existe legítima defesa da honra. Somente a vida ou a integridade física são abrangidas pelo instituto da legítima defesa.

Admite-se a excludente de legítima defesa real contra quem pratica o fato acobertado por causa de exclusão da culpabilidade, como o inimputável.

Nos termos do Código Penal e na descrição da excludente de ilicitude, haverá legítima defesa sucessiva na hipótese de excesso, que permite a defesa legítima do agressor inicial.

É possível legítima defesa de provocações por meio de injúrias verbais, segundo a sua intensidade e conforme as circunstâncias, que podem ou não ser agressão.

Agressão de inimputável constitui legítima defesa.

Agressão decorrente de desafio, duelo, convite para briga não constitui legítima defesa.

Agressão passada constitui vingança e, não, legítima defesa.

Agressão futura não autoriza legítima defesa (mal futuro).

Não existe legítima defesa da honra.

O agente tem que saber que está na legítima defesa.

Legítima defesa e porte ilegal de arma de fogo: se portar anteriormente, responde pelo crime do art. 14 ou art. 16, *caput* do estatuto do desarmamento (Lei nº 10.826/2003). Se for contemporâneo, não responde pelo crime dos artigos mencionados.

2.14 Da Imputabilidade Penal

Art. 26. É isento de pena o agente que, por doença mental ou desenvolvimento mental incompleto ou retardado, era, ao tempo da ação ou da omissão, inteiramente incapaz de entender o caráter ilícito do fato ou de determinar-se de acordo com esse entendimento.

Redução de pena

Parágrafo único. *A pena pode ser reduzida de um a dois terços, se o agente, em virtude de perturbação de saúde mental ou por desenvolvimento mental incompleto ou retardado não era inteiramente capaz de entender o caráter ilícito do fato ou de determinar-se de acordo com esse entendimento.*

Imputabilidade: é a capacidade de entender o caráter ilícito do fato e de determinar-se de acordo com esse entendimento. É a capacidade de entendimento e a faculdade de controlar e comandar suas próprias ações. Ou seja, é a capacidade de compreensão do agente de que sua conduta é ilícita, inapropriada. É um dos elementos da culpabilidade, a qual é substrato do conceito analítico de crime.

→ Imputável (regra): pode-se imputar (aplicar) pena ao sujeito.

→ INImputável (exceção): não pode sofrer pena.

Exclusão da imputabilidade

Doença mental

Inclui-se doença mental de qualquer ordem, compreendendo a infindável gama de moléstias mentais.

Exemplo: alcoolismo patológico.

Desenvolvimento mental incompleto ou retardado

Exemplo: Silvícola inadaptado (índio) menor de 18 anos.

Sistema adotado pela legislação brasileira

Regra: BIOpsicológico

Não basta ter a enfermidade. No momento da ação ou omissão, o sujeito precisa estar inteiramente incapaz de entender e compreender o caráter ilícito do fato e determinar-se de acordo com esse entendimento.

Exceção: biológico

Basta tão somente a menoridade (menos de 18 anos) para configurar a inimputabilidade (art. 27 do CP).

Embriaguez

Art. 28

II A embriaguez, voluntária ou culposa, pelo álcool ou substância de efeitos análogos.

§ 1º É isento de pena o agente que, por embriaguez completa, proveniente de caso fortuito ou força maior, era, ao tempo da ação ou da omissão, inteiramente incapaz de entender o caráter ilícito do fato ou de determinar-se de acordo com esse entendimento.

DO CRIME

NÃO exclui a Imputabilidade	Exclui a Imputabilidade
Voluntária	Caso fortuito
Culposa	Força maior
Preordenada	

A embriaguez não exclui a imputabilidade, quais sejam: a voluntária (toma bebida alcoólica por conta própria); a culposa (toma além da conta) e a preordenada (toma para criar coragem), sendo que a última é causa de aumento de pena (agravante genérica – art. 61, inciso II, alínea "L"). Nesse caso, aplica-se a teoria da *actio libera in causa*.

> **§ 2º** A pena pode ser reduzida de um a dois terços, se o agente, por embriaguez, proveniente de caso fortuito ou força maior, não possuía, ao tempo da ação ou da omissão, a plena capacidade de entender o caráter ilícito do fato ou de determinar-se de acordo com esse entendimento.

No caso da embriaguez por caso fortuito, caso ela seja completa, será causa de isenção de pena; caso seja semicompleta (semi-imputabilidade), incidirá em diminuição de pena (redução de culpabilidade) de 1/3 a 2/3.

Emoção e paixão

> **Art. 28.** Não excluem a imputabilidade penal:
> I. A emoção ou a paixão;

A emoção pode, em alguns casos, servir como diminuição de pena (privilégio), como no caso do homicídio e lesão corporal privilegiado. São requisitos: a emoção deve ser intensa; o agente deve estar sob o domínio dessa emoção; deve ter sido provocado por ato injusto da vítima; a reação do agente deve ocorre logo após a provocação.

A injusta provocação pode ser de forma indireta. Por exemplo, alguém que maltrata um animal, com intenção de provocar o agente, utilizando desse objeto (um cachorro) para obter seu desejo.

Menores de 18 anos

> **Art. 27.** Os menores de 18 (dezoito) anos são penalmente inimputáveis, ficando sujeitos às normas estabelecidas na legislação especial.

Fundamento constitucional

O art. 228 da CF/1988 prevê que são penalmente inimputáveis os menores de dezoito anos, sujeitos às normas de legislação especial.

Critério adotado pelo Código Penal: sistema biológico

→ Crime + contravenção penal maior de 18 anos.
→ Ato infracional menor de 18 anos.

Os menores de 18 anos não sofrem sanção penal pela prática do ato ilícito, em decorrência da ausência de culpabilidade. Estão sujeitos ao procedimento e às medidas socioeducativas previstas no Estatuto da Criança e do Adolescente (ECA – Lei nº 8.069/1990) em virtude das condutas descritas como crime e contravenção penal, se consideradas ato infracional.

Para auxiliar, convém esquematizar as Excludentes de Imputabilidade. Veja a seguir.

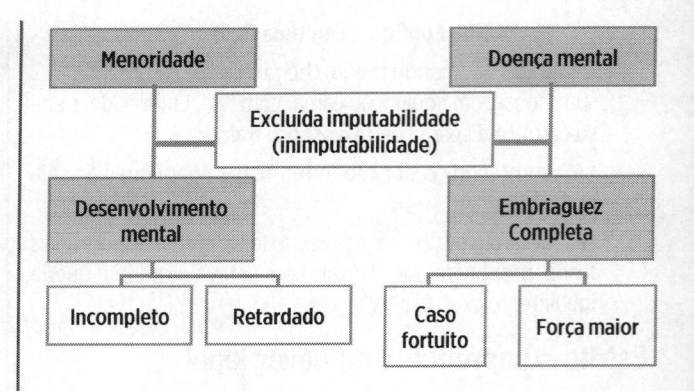

De acordo com entendimento, essas são as causas justificantes para a exclusão da imputabilidade, podemos dizer que são elementos da culpabilidade. Esta é substrato que compõe o conceito analítico de crime, juntamente com fato típico e a ilicitude.

2.15 Do Concurso de Pessoas

> **Art. 29.** Quem, de qualquer modo, concorre para o crime incide nas penas a este cominadas, na medida de sua culpabilidade.

Sujeitos da infração penal:

> Sujeito Ativo (quem comete a ação).
> Sujeito Passivo (quem sofre a ação).

Foco do estudo = sujeito ativo do crime.

Quem pode ser sujeito ativo da infração penal:

> Maiores de dezoito anos. Lembre-se: o
> menor comete ato infracional (tudo que representa crime, para o menor de idade é ato infracional, que, na verdade, constitui um tipo específico tratado no ECA).
> Pessoas Jurídicas em atos lesivos ao meio ambiente.
> As pessoas jurídicas podem ser responsabilizadas penalmente.

O Concurso de Pessoas também conhecido como concurso de agentes. Ocorre quando duas ou mais pessoas concorrem para o mesmo crime. Colaborar ou concorrer para o crime é praticar o ato (moral ou material) que tenha relevância para a perpetração do ilícito.

Requisitos para concursos de pessoas

Pluralidade de agentes

Quem participa da execução do crime é coautor. Quem não executa o verbo do tipo é partícipe.

Exemplo: "A" segura "B" enquanto "C" o esfaqueia até a morte. "A" e "C" são coautores do crime de homicídio. Há divisão de tarefas no crime, pois ambos participam da execução.

"A" empresta arma para "B", que utiliza a arma para executar "C". Assim, "B" é autor (executou) e "A" é partícipe (auxiliou de forma material).

O código penal adotou a Teoria Monista de agentes, ou seja, todos responderão pelo mesmo crime, independentemente de qual seja a sua participação.

Relevância causal

A conduta deverá ser relevante. Do contrário, não ocorrerá o concurso de pessoas.

Exemplo: "A" empresta arma para "B", que, para matar, "C" usa um pedaço de pau. Nessa situação, o auxílio de "A" foi irrelevante para que o crime acontecesse e somente "B" responde por homicídio. Contudo, se, ao emprestar a arma, "A" de qualquer forma incentivou moralmente a atitude de "B", esse será partícipe do crime de homicídio.

Se não houve nexo entre o homicídio e o empréstimo da arma, nessa situação, a conduta de "A" é atípica.

Liame subjetivo

É a vontade de participar do crime. Pelo menos um agente tem que querer participar do crime do outro.

Exemplo: "A", desafeto de "B", posiciona-se para matá-lo. "C", também inimigo mortal de "B", sabendo da vontade de "A", adere à vontade dele e juntos disparam a arma. Ambos responderão por homicídio como coautores.

Identidade de infração

O Código Penal adotou a Teoria Unitária ou Monista, em que todos que concorrem para o crime responderão pelo mesmo crime, na medida de sua culpabilidade (responsabilidade).

Teorias do concurso de pessoas

Teoria do *Caput*
- Regra: monista / igualitária / unitária.
- Exceção: pluralista (não tem concurso de pessoas).

Exemplo: corrupção passiva e ativa.

Teoria do autor

- Regra: restritiva (Código Penal). Quem pratica o núcleo do tipo (verbo).
- Exceção: domínio do fato (doutrina e jurisprudência); Teoria do Partícipe.
- Acessoriedade limitada.

Não pratica o verbo; contudo, auxilia de qualquer forma.
  » Moral: instigado ou induzido.
  » Material: qualquer auxílio.
- Não ocorre concurso de pessoas.
- Autor mediato (homem por trás).
- Autoria colateral.
- Participação inócua (ineficaz).
- Crimes de concurso necessário.

Autoria sucessiva ou participação sucessiva TÊM Concurso de Pessoas!

Exemplo: associação criminosa, de acordo com o art. 288, CP.

A exceção é a teoria pluralista.

Exemplo: corrupção passiva e ativa.

Autor (Teoria Restrita).

- Quem pratica o núcleo do tipo (verbo).

Partícipe.

- Não pratica o verbo; contudo, auxilia de qualquer forma.
  » Moral: instigado ou induzido.
  » Material: qualquer auxílio.

Mandante = Partícipe.

Autor mediato (não ocorre concurso):
- São usados como instrumentos do crime:
- Inimputável.
- Doente mental.
- Coação irresistível.
- Obediência hierárquica.

Exceção: Teoria Pluralista.

Participação em crime diverso

§ 1º Se a participação for de menor importância, a pena pode ser diminuída de um sexto a um terço

§ 2º Se algum dos concorrentes quis participar de crime menos grave, ser-lhe-á aplicada a pena deste; essa pena será aumentada até metade, na hipótese de ter sido previsível o resultado mais grave.

Há hipóteses, todavia, em que o partícipe colabora com um crime e o autor, no momento da prática do ilícito, vai além do imaginado pelo partícipe.

Exemplo: é o caso em que dois indivíduos combinam um furto. Sendo que um deles fica no carro esperando pela fuga e o outro entra na residência. No interior da casa, o autor, além de furtar, encontra a moradora e dispara vários tiros contra ela. Nessa situação, por força do art. 29, § 2º, do CP, os agentes deverão responder por crimes diferentes. O que ficou no carro responde por furto (pois era esse ato que queria praticar) e, o autor, por latrocínio.

Partícipe		Autor / Coautor	Executem o núcleo do tipo
Cogitação	Preparação	Execução	Consumação
	- Ajuste - Determinação - Instigação - Auxílio	**Regra**: teoria **Monista**, todos responderão pelo mesmo crime.	
- Se não chegar a ser tentado (executado) não ocorre crime. Salvo se por si só configurar crime autônomo.		Exceção: Teoria Pluralista, quem quis participar do crime menos grave, responderá por ele.	

2.16 Circunstâncias Incomunicáveis

Fique Ligado

No crime culposo admite-se coautoria, mas NÃO participação.
Não existe tentativa em crime Preterdoloso.

Art. 30. *Não se comunicam as circunstâncias e as condições de caráter pessoal, salvo quando elementares do crime.*

NOÇÕES DE DIREITO PENAL

DO CRIME

Exemplo: "A", funcionário público, convida "B" para furtar a repartição pública em que trabalha. "B", desconhecendo a função de "A", acaba aceitando. Nesse caso, "A" responderá por peculato (art. 312, CP) e 'B" por furto (art. 155, CP). Porém, caso "B" soubesse da função pública de "A", ambos responderiam por peculato.

Art. 31. O ajuste, a determinação ou instigação e o auxílio, salvo disposição expressa em contrário, não são puníveis, se o crime não chega, pelo menos, a ser tentado.

Atualmente, o induzimento, a instigação e o auxílio material ao suicídio ou à automutilação configuraram o crime, com ou sem resultados. De crime eminentemente material, se converteu, por força da Lei nº 13.968/2019, em crime formal.

3. CONCURSO DE CRIMES

Sabe-se que, no Direito Penal, a prática de um crime leva à aplicação de uma sanção penal.

Assim, segundo a lógica, se um agente cometer **um** crime, a ele será aplicada **uma** pena. Da mesma forma, se um agente cometer **mais de um** crime, para cada crime cometido será aplicada uma pena correspondente.

Dessa forma, a matéria **concurso de crimes** busca explicar como deverão ser aplicadas as penas quando o agente, mediante uma ou várias condutas, cometer uma **pluralidade de crimes**.

Nesse sentido, o Código Penal Brasileiro traz três espécies de concurso de crimes:

Concurso Material (art. 69).

Concurso Formal (art. 70).

Crime Continuado (art. 71).

3.1 Concurso Material

Art. 69. Quando o agente, mediante mais de uma ação ou omissão, pratica dois ou mais crimes, idênticos ou não, aplicam-se cumulativamente as penas privativas de liberdade em que haja incorrido. No caso de aplicação cumulativa de penas de reclusão e de detenção, executa-se primeiro aquela.

§ 1º Na hipótese deste artigo, quando ao agente tiver sido aplicada pena privativa de liberdade, não suspensa, por um dos crimes, para os demais será incabível a substituição de que trata o art. 44 deste Código.

§ 2º Quando forem aplicadas penas restritivas de direitos, o condenado cumprirá simultaneamente as que forem compatíveis entre si e sucessivamente as demais.

A principal característica do concurso material é a **pluralidade de condutas.**

Para se configurar o concurso material, devem estar presentes os seguintes requisitos:

Requisitos cumulativos

> Pluralidade de condutas (mais de uma ação ou omissão).
> Pluralidade de crimes (dois ou mais crimes, idênticos ou não).

Consequência: aplicação **cumulativa** das penas privativas de liberdade, ou seja, somam-se as penas de cada crime cometido.

Com mais de uma ação ou omissão	+	Pratica dois ou mais crimes (idênticos ou não)	=	Pena privativa de liberdade aplicada comulativamente

Exemplo: José, ao chegar em casa, encontra sua esposa com o amante. Tomado pela raiva, José pega sua arma de fogo e atira no outro homem, vindo a matá-lo. Logo em seguida, dispara contra sua esposa, que também morre no local.

No exemplo em questão, verifica-se a ocorrência do concurso material, uma vez que José, com mais de uma ação, cometeu dois crimes. Dessa forma, José responderá pela prática de dois homicídios dolosos, devendo as penas serem aplicadas de forma cumulativa.

3.2 Concurso Formal

Art. 70. Quando o agente, mediante uma só ação ou omissão, pratica dois ou mais crimes, idênticos ou não, aplica-se-lhe a mais grave das penas cabíveis ou, se iguais, somente uma delas, mas aumentada, em qualquer caso, de um sexto até metade. As penas aplicam-se, entretanto, cumulativamente, se a ação ou omissão é dolosa e os crimes concorrentes resultam de desígnios autônomos, consoante o disposto no artigo anterior.

Parágrafo único. Não poderá a pena exceder a que seria cabível pela regra do Art. 69 deste Código.

A principal característica do concurso formal é a **Unidade de Condutas.**

Quanto ao **Concurso Formal**, ele pode ser **Próprio** ou **Impróprio.**

No concurso material, é indiferente para a aplicação da pena se os crimes são idênticos ou não. No entanto, a doutrina traz a distinção entre concurso material homogêneo e heterogêneo.

> Concurso material homogêneo: os crimes praticados são idênticos.
> Concurso material heterogêneo: os crimes praticados são diferentes.

Concurso formal próprio ou perfeito

Art. 70, *caput*, 1ª parte

Para configurar concurso formal próprio, devem estar presentes os seguintes requisitos:

Requisitos cumulativos

> Unidade de Condutas (uma só ação ou omissão).
> Pluralidade de Crimes (dois ou mais crimes, idênticos ou não).

Consequência: aplica-se a **exasperação** da pena. Ou seja, se as penas forem diversas, aplica-se a mais grave; se idênticas, aplica-se apenas uma delas, sendo em ambos os casos aumentadas de 1/6 até a metade.

Com uma ação ou omissão	+	Pratica dois ou mais crimes (idênticos ou não)	=	Exasperação Penas diferentes: aplica-se a mais grave aumentada de 1/6 a 1/2 Penas idênticas: aplica-se apenas uma, aumentada de 1/6 a 1/2

Exemplo: Um motorista dirigindo em alta velocidade atropela e mata três pessoas.

Concurso formal impróprio ou imperfeito

Art. 70, caput, 2ª parte. (...) As penas aplicam-se, entretanto, cumulativamente, se a ação ou omissão é dolosa e os crimes concorrentes resultam de desígnios autônomos, consoante o disposto no artigo anterior.

O **Concurso Formal Impróprio** possui os mesmos requisitos do concurso formal próprio, isto é, unidade de condutas e pluralidade de crimes.

No entanto, se a conduta for **dolosa** e houver **desígnios autônomos** (dolo de cometer isoladamente cada crime), por

CONCURSO DE CRIMES

questão de justiça, será aplicada a regra do concurso material, ou seja, aplicam-se as penas de forma **cumulativa**.

Para configurar concurso formal impróprio, devem estar presentes, além dos requisitos do concurso formal próprio, os seguintes requisitos:

Requisitos Específicos Cumulativos

> Conduta Dolosa.
> Desígnios Autônomos.
> **Consequência**: aplicação **Cumulativa** das penas privativas de liberdade. Ou seja, somam-se as penas de cada crime cometido.

Com apenas uma ação ou omissão pratica dois ou mais crimes	+	Conduta dolosa e desígnios autônomos	=	Pena privativa de liberdade aplicada comulativamente

Exemplo: José, ao chegar em casa, encontra sua esposa com o amante. Tomado pela raiva, com intenção de matar os dois, joga uma granada na direção deles, vindo a matar a esposa e o amante.

No exemplo em questão, verifica-se a ocorrência do concurso formal impróprio, uma vez que José, ainda que tenha cometido dois crimes com apenas uma ação, agiu de forma dolosa e com desígnios autônomos. Dessa forma, José responderá pela prática de dois homicídios dolosos, devendo as penas serem aplicadas de forma cumulativa.

A pena do crime cometido em concurso formal, tanto próprio quanto impróprio, não poderá ser maior do que a pena aplicável se ocorrido em concurso material.

3.3 Crime Continuado

Art. 71. Quando o agente, mediante mais de uma ação ou omissão, pratica dois ou mais crimes da mesma espécie e, pelas condições de tempo, lugar, maneira de execução e outras semelhantes, devem os subsequentes ser havidos como continuação do primeiro, aplica-se-lhe a pena de um só dos crimes, se idênticas, ou a mais grave, se diversas, aumentada, em qualquer caso, de um sexto a dois terços.

A principal característica do **Crime Continuado** é a presença do **Nexo de Continuidade Delitiva**, por meio do qual os crimes subsequentes serão concebidos como continuação do primeiro.

Por isso, o crime continuado é uma ficção jurídica, tendo sido criado para beneficiar o réu, atenuando a pena imposta.

Para se configurar o crime continuado devem estar presentes os seguintes requisitos:

Requisitos Cumulativos

> Pluralidade de Condutas (mais de uma ação ou omissão).
> Pluralidade de Crimes da mesma espécie (dois ou mais crimes da mesma espécie).
> Nexo de Continuidade Delitiva (condições de tempo, lugar, maneira de execução e outras condições semelhantes).

Consequência: aplica-se a **exasperação** da pena, ou seja, se as penas forem diversas, aplica-se a mais grave; se idênticas, aplica-se apenas uma delas, sendo, em ambos os casos, aumentadas de um sexto até **dois terços**.

Exemplo: Um operadora de supermercado que subtrai diariamente uma pequena quantia do dinheiro de seu caixa.

3.4 Crime Continuado Específico ou Qualificado

Art. 71

Parágrafo único. Nos crimes dolosos, contra vítimas diferentes, cometidos com violência ou grave ameaça à pessoa, poderá o juiz, considerando a culpabilidade, os antecedentes, a conduta social e a personalidade do agente, bem como os motivos e as circunstâncias, aumentar a pena de um só dos crimes, se idênticas, ou a mais grave, se diversas, até o triplo, observadas as regras do parágrafo único do Art. 70 e do Art. 75 deste Código.

Para a configuração do crime continuado específico, é necessária a presença dos requisitos previstos no art. 71, *caput*, mais os seguintes requisitos específicos:

→ **Requisitos específicos cumulativos**
> Crimes Dolosos.
> Vítimas Diferentes.
> Violência e grave ameaça à pessoa.

Consequência: o juiz **poderá** aumentar a pena de um só dos crimes, se idênticas, ou a mais grave, se diversas, **até o triplo**.

→ **Para tanto, o juiz deverá considerar:**
> Do agente:
> culpabilidade,
> antecedentes,
> personalidade.
> Motivos de circunstâncias do crime.

3.5 3.5 Multas no Concurso de Crimes

Art. 72 No concurso de crimes, as penas de multa são aplicadas distinta e integralmente.

4. DOS CRIMES CONTRA A PESSOA

Os direitos e garantias individuais não têm caráter absoluto, por esse motivo, o direito à vida é relativo.

Ex.: Pena de morte em caso de guerra externa. (art. 5º, XLVII, "a", CF/88). O crime de homicídio, capitulado nos crimes contra a vida, está descrito no art. 121 do Código Penal, e versa sobre a eliminação da vida humana extrauterina.

Vejamos no quadro abaixo quais são os crimes dolosos contra a vida, e suas principais peculiaridades:

Crimes Contra a Vida	
Homicídio (art. 121, CP)	São todos crimes processados mediante ação penal pública incondicionada. São julgados pelo tribunal do Júri. **Obs.:** O homicídio culposo é julgado pelo juízo singular (vara criminal).
Participação em Suicídio (art. 122, CP)	
Infanticídio (art. 123, CP)	
Aborto (Arts. 124 a 126, CP)	

Dos crimes culposos contra a vida, só há o homicídio. Os demais não comportam a modalidade culposa, o aborto culposo pode ser resultado qualificado, mas crime autônomo ele não é. Não há infanticídio culposo também. Só o homicídio admite a forma culposa.

4.1 Dos Crimes Contra a Vida

Homicídio

Art. 121. Matar alguém:

Pena - reclusão, de seis a vinte anos

Caso de diminuição de pena

§ 1º Se o agente comete o crime impelido por motivo de relevante valor social ou moral, ou sob o domínio de violenta emoção, logo em seguida a injusta provocação da vítima, o juiz pode reduzir a pena de um sexto a um terço.

Homicídio qualificado

§ 2º Se o homicídio é cometido:

I. mediante paga ou promessa de recompensa, ou por outro motivo torpe;

II. por motivo fútil;

III. com emprego de veneno, fogo, explosivo, asfixia, tortura ou outro meio insidioso ou cruel, ou de que possa resultar perigo comum;

IV. à traição, de emboscada, ou mediante dissimulação ou outro recurso que dificulte ou torne impossível a defesa do ofendido;

V. para assegurar a execução, a ocultação, a impunidade ou vantagem de outro crime:

Pena - reclusão, de doze a trinta anos.

Feminicídio (Incluído pela Lei nº 13.104, de 2015)

VI. contra a mulher por razões da condição de sexo feminino: (Incluído pela Lei nº 13.104, de 2015)

VII. contra autoridade ou agente descrito nos arts. 142 e 144 da Constituição Federal, integrantes do sistema prisional e da Força Nacional de Segurança Pública, no exercício da função ou em decorrência dela, ou contra seu cônjuge, companheiro ou parente consanguíneo até terceiro grau, em razão dessa condição: (Incluído pela Lei nº 13.142, de 2015)

VIII. com emprego de arma de fogo de uso restrito ou proibido: (Incluído pela Lei nº 13.964, de 2019).

Pena - reclusão, de doze a trinta anos.

§ 2º-A Considera-se que há razões de condição de sexo feminino quando o crime envolve: (Incluído pela Lei nº 13.104, de 2015)

I. violência doméstica e familiar; (Incluído pela Lei nº 13.104, de 2015)

II. menosprezo ou discriminação à condição de mulher. (Incluído pela Lei nº 13.104, de 2015)

Homicídio culposo

§ 3º Se o homicídio é culposo: (Vide Lei nº 4.611, de 1965)

Pena - detenção, de um a três anos.

Aumento de pena

§ 4º No homicídio culposo, a pena é aumentada de 1/3 (um terço), se o crime resulta de inobservância de regra técnica de profissão, arte ou ofício, ou se o agente deixa de prestar imediato socorro à vítima, não procura diminuir as consequências do seu ato, ou foge para evitar prisão em flagrante. Sendo doloso o homicídio, a pena é aumentada de 1/3 (um terço) se o crime é praticado contra pessoa menor de 14 (quatorze) ou maior de 60 (sessenta) anos. (Redação dada pela Lei nº 10.741, de 2003)

§ 5º Na hipótese de homicídio culposo, o juiz poderá deixar de aplicar a pena, se as consequências da infração atingirem o próprio agente de forma tão grave que a sanção penal se torne desnecessária. (Incluído pela Lei nº 6.416, de 24.5.1977)

§ 6º A pena é aumentada de 1/3 (um terço) até a metade se o crime for praticado por milícia privada, sob o pretexto de prestação de serviço de segurança, ou por grupo de extermínio. (Incluído pela Lei nº 12.720, de 2012)

§ 7º A pena do feminicídio é aumentada de 1/3 (um terço) até a metade se o crime for praticado: (Incluído pela Lei nº 13.104, de 2015)

I. durante a gestação ou nos 3 (três) meses posteriores ao parto; (Incluído pela Lei nº 13.104, de 2015)

II. contra pessoa menor de 14 (catorze) anos, maior de 60 (sessenta) anos, com deficiência ou portadora de doenças degenerativas que acarretem condição limitante ou de vulnerabilidade física ou mental; (Redação dada pela Lei nº 13.771, de 2018)

III. na presença física ou virtual de descendente ou de ascendente da vítima; (Redação dada pela Lei nº 13.771, de 2018)

IV. em descumprimento das medidas protetivas de urgência previstas nos incisos I, II e III do caput do art. 22 da Lei nº 11.340, de 7 de agosto de 2006. (Incluído pela Lei nº 13.771, de 2018)

Homicídio Simples

Art. 121. Matar alguém:

Pena - reclusão, de seis a vinte anos.

Caso de Diminuição de Pena

§ 1º Se o agente comete o crime impelido por motivo de relevante valor social ou moral, ou sob o domínio de violenta emoção, logo em seguida a injusta provocação da vítima, o juiz pode reduzir a pena de um sexto a um terço.

Homicídio Qualificado

§ 2º Se o homicídio é cometido:

I. Mediante paga ou promessa de recompensa, ou por outro motivo torpe;

II. Por motivo fútil;

III. Com emprego de veneno, fogo, explosivo, asfixia, tortura ou outro meio insidioso ou cruel, ou de que possa resultar perigo comum;

IV. À traição, de emboscada, ou mediante dissimulação ou outro recurso que dificulte ou torne impossível a defesa do ofendido;

V. Para assegurar a execução, a ocultação, a impunidade ou vantagem de outro crime:

Pena - reclusão, de doze a trinta anos.

DOS CRIMES CONTRA A PESSOA

Homicídio Culposo
§ 3º. Se o homicídio é culposo.
Pena - detenção, de um a três anos.
Aumento de pena
§ 4º. No homicídio culposo, a pena é aumentada de 1/3 (um terço), se o crime resulta de inobservância de regra técnica de profissão, arte ou ofício, ou se o agente deixa de prestar imediato socorro à vítima, não procura diminuir as consequências do seu ato, ou foge para evitar prisão em flagrante. Sendo doloso o homicídio, a pena é aumentada de 1/3 (um terço) se o crime é praticado contra pessoa menor de 14 (quatorze) ou maior de 60 (sessenta) anos.
§ 5º. Na hipótese de homicídio culposo, o juiz poderá deixar de aplicar a pena, se as consequências da infração atingirem o próprio agente de forma tão grave que a sanção penal se torne desnecessária.

O homicídio é a morte injusta de uma pessoa praticada por outrem. De acordo com Nelson Hungria é o crime por excelência.

No art. 121, *caput* tem-se o chamado Homicídio Doloso Simples. No art. 121, §1º, tem-se o chamado Homicídio Doloso Privilegiado (causa de diminuição de pena). O art. 121, §2º, traz o Homicídio Doloso qualificado. O Art.121, §3º, prevê o Homicídio Culposo. O art. 121, §4º, do CP estabelece hipóteses de causa de aumento (majorantes) de pena no homicídio culposo. o §5º traz o Perdão Judicial.

E o homicídio preterdoloso? Está previsto no art. 129, §3º do CP: é a lesão corporal seguida de morte.

Homicídio não é genocídio, são dois crimes distintos. Nem todo homicídio em massa será considerado genocídio. Para ser genocídio, a conduta deve se enquadrar na Lei nº 2.889/1956, o agente deve ter a vontade/propósito de exterminar total ou parcialmente um grupo étnico, social ou religioso. Se o objetivo não for esse, não há se falar em genocídio. Pode ser genocídio segregando membros de um grupo, impedindo o nascimento no seio de um grupo. Foi o que Saddam Hussein fez com os Curdos no Iraque, por exemplo.

Homicídio simples

Art. 121. *Matar alguém:*

Sujeito Ativo: é crime comum, pode ser praticado por qualquer pessoa.

Sujeito Passivo: da mesma forma, pode ser qualquer pessoa. Magalhães Noronha entende que o Estado também figura como vítima do homicídio, justificando existir um interesse do ente político na conservação da vida humana, sua condição de existência.

Alguns autores apontam que, quando a vítima for o Presidente da República, do Senado Federal ou da Câmara dos Deputados, o crime pode ser contra a Segurança Nacional. A conduta pode ser tipificada no art. 121 do CP ou no art. 29 da Lei nº 7.170/83, consistindo em matar alguém com motivação política. Caso isso ocorra, tem-se a aplicação do Princípio da Especialidade.

Conduta punida

A conduta punível nesse tipo penal nada mais é que tirar a vida de alguém. Atente-se para a diferença:

> **Vida intrauterina**: abortamento – aborto.
> **Vida extrauterina**: homicídio ou infanticídio.

Quanto ao início do parto, existem três correntes:

> 1ª Corrente: dá-se com o completo e total desprendimento do feto das entranhas maternas;
> 2ª Corrente: ocorre desde as dores do parto;
> 3ª Corrente: ocorre com a dilatação do colo do útero.

Forma de execução: trata-se de delito de execução livre, podendo ser praticado por ação ou omissão, meios de execução diretos ou indiretos.

Tipo Subjetivo: o art. 121, *caput* é punido a título de dolo direto ou dolo eventual.

Verifica-se o dolo eventual quando o agente assumiu o risco de praticar a conduta delituosa. Atualmente os tribunais entendem que quando o agente, embriagado, pratica homicídio de trânsito, pode ser condenado pelo homicídio do art. 121 do CP, tendo em vista que, ao ingerir bebida alcoólica e tomar a direção de um veículo, assumiu o risco de produzir o evento danoso.

> A finalidade do agente pode servir como privilégio ou como qualificadora.

Consumação e tentativa

Trata-se de delito material ou de resultado, ou seja, o delito consuma-se com a morte. A morte dá-se com a cessação da atividade encefálica. Cessando a atividade encefálica, o agente será considerado morto, conforme se extrai da Lei nº 9.434/97 – Lei de Transplantes. A tentativa é possível, considerando que o homicídio se trata de crime plurissubsistente, permitindo-se o fracionamento da execução.

O homicídio simples pode ser considerado crime hediondo quando praticado em atividade típica de grupo de extermínio, conforme prevê o art. 1º da Lei nº8.072/1990 (Lei dos Crimes Hediondos). É o chamado homicídio condicionado. O homicídio também pode ser praticado através de relações sexuais ou atos libidinosos.

Ex.: "A", portador do vírus HIV (AIDS) e sabedor desta condição, com a intenção de matar, tem relação sexual com "B", com o fim de transmitir voluntária e dolosamente o vírus a este último. Nesta situação, após a transmissão, enquanto "B" não morrer, "A" responderá por tentativa de homicídio, após a morte de "B", "A" responderá por homicídio consumado.

Homicídio privilegiado

Art. 121, § 1º. Se o agente comete o crime impelido por motivo de relevante valor social ou moral, ou sob o domínio de violenta emoção, logo em seguida a injusta provocação da vítima, ou juiz pode reduzir a pena de um sexto a um terço.

O Homicídio Privilegiado é causa de diminuição de pena, havendo a redução de 1/6 a 1/3. Essa diminuição de pena é direito subjetivo do réu, sendo que, presentes os requisitos, o juiz deve reduzir a pena.

Hipóteses privilegiadoras

Se o agente comete o crime por motivo de relevante valor social

No valor social, o agente mata para atender os interesses de toda coletividade.

Ex.: Matar estuprador do bairro; matar um assassino que aterroriza a cidade.

Se o agente comete o crime por relevante valor moral: o agente mata para atender interesses particulares, diferente do valor social

Esses interesses morais são ligados aos sentimentos de compaixão, misericórdia ou piedade.

Ex.: Eutanásia; A mata B porque este matou seu filho.

Alguns autores salientam que o entendimento doutrinário mais recente, é no sentido de que a ortotanásia não seja crime, mas essa questão, indagada em concurso do MP de SC, foi considerada tão crime como a eutanásia.

Se o agente comete o crime sob o domínio de violenta emoção, logo em seguida a injusta provocação da vítima - Homicídio Emocional

Atente-se que domínio não se confunde com mera influência. A mera influência é uma atenuante de pena prevista no art. 65 do CP.

É necessário observar que o homicídio deve ocorrer logo após a injusta provocação da vítima, ou seja, deve haver imediatidade da reação (reação sem intervalo temporal). Entende a jurisprudência que, enquanto perdurar o domínio da violenta emoção, a reação será considerada imediata.

Observa-se ainda que a provocação da vítima deve ser injusta, e isso não traduz, necessariamente, um fato típico. Pode haver injusta provocação sem configurar fato típico, mas serve para configurar o homicídio emocional.

Ex.: Adultério.

Se for injusta a agressão da vítima, será caso de legítima defesa.

O privilégio é sempre circunstância do crime. Sendo que as circunstâncias subjetivas são incomunicáveis, nos termos do art. 30 do CP. Já as circunstâncias objetivas são comunicáveis, nos termos do art. 30, in fine.

Circunstâncias Subjetivas	Circunstâncias Objetivas
Não se comunicam.	Comunicam-se.
Ligam-se ao motivo ou estado anímico do agente	Ligam-se ao meio / modo de execução
Como as privilegiadoras aqui citadas são subjetivas, não haverá comunicabilidade em relação aos demais autores do crime, logo não se aplica ao **coautor** se não restarem comprovados os mesmos requisitos.	

Homicídio qualificado

Posição Majoritária – 6ª Turma do STJ (HC 78.643/PR), Nelson Hungria, Raúl Eugênio Zaffaroni e Alexandre Araripe Marinho – As qualificadoras não são, a rigor, circunstâncias, mas sim elementares do Tipo Derivado, porque dão pena abstrata nova, ou seja, podem ser identificadas antes mesmo da fixação da pena-base. Então sempre se comunicam.

O homicídio qualificado é sempre crime hediondo.

Homicídio Qualificado
§ 2º. Se o homicídio é cometido:
I. Mediante paga ou promessa de recompensa, ou por outro motivo torpe;
II. Por motivo fútil;
III. Com emprego de veneno, fogo, explosivo, asfixia, tortura ou outro meio insidioso ou cruel, ou de que possa resultar perigo comum;
IV. À traição, de emboscada, ou mediante dissimulação ou outro recurso que dificulte ou torne impossível a defesa do ofendido;
V. Para assegurar a execução, a ocultação, a impunidade ou vantagem de outro crime:
***Pena** - reclusão, de doze a trinta anos.*

Motivo torpe

É o motivo abjeto, ignóbil, vil, espelhando ganância.

É indagado se a qualificadora da torpeza se aplica também ao mandante, ou apenas para o executor.

Alguns autores dizem que a resposta depende se a qualificadora for compreendida como elementar ou circunstância. Entendendo que se trata de circunstância, somente o executor responde pelo homicídio qualificado já que a circunstância subjetiva não se comunica. Por outro lado, entendendo-se que se trata de elementar subjetiva do crime, haverá comunicabilidade, estendendo-se a qualificadora ao mandante (ambos respondem pela qualificadora – mandante e executor).

Atualmente, prevalece a segunda hipótese, ou seja, que se trata de elementar subjetiva do crime, respondendo o mandante e o executor pelo crime qualificado.

Mediante paga ou promessa de recompensa

No caso de o agente matar mediante paga ou promessa de recompensa de natureza diversa da econômica, por exemplo, sexual, continua se tratando de motivo torpe, pois não deixa de se ajustar ao encerramento genérico, somente não configurando o exemplo dado no início do inciso. É o chamado homicídio mercenário.

O homicídio mercenário que nada mais é que um exemplo de torpeza. O executor é chamado de matador de aluguel.

O crime, mediante paga ou promessa, é crime de concurso necessário (plurisubsistente – plurilateral – plurisubjetivo), exigindo-se pelo menos duas pessoas (mandante e executor).

Neste caso, necessariamente a natureza é econômica, logo se a vantagem era promessa sexual, entre outras, não incidirá a qualificadora.

No inciso I o legislador encerrou de forma genérica, o que permite a interpretação analógica, ou seja, permite ao juiz a análise de outras situações que aqui podem se enquadrar.

CIÚME não é considerado motivo torpe.
AUSÊNCIA de motivo não é considerado motivo fútil.
Um motivo não pode ser FÚTIL e TORPE ao mesmo tempo, pois um exclui o outro.

Por motivo fútil

Segundo alguns autores é aquele que ocorre quando o móvel apresenta real desproporção entre o delito e a sua causa moral. Tem-se a pequeneza do motivo (matar por pouca coisa).

Ex.: Briga de trânsito.

Tem caráter SUBJETIVO, pois se refere à motivação do agente para cometer o crime.

É um motivo insignificante, de pouca importância, completamente desproporcional à natureza do crime praticado.

Atente-se que, motivo fútil não se confunde com motivo injusto, uma vez que a injustiça é característica de todo e qualquer crime - injusto penal.

Se não há motivo comprovado nos autos, poderá ser denunciado por homicídio qualificado pelo motivo fútil? Aqui há duas correntes:

1ª Corrente: a ausência de motivos equipara-se ao motivo fútil, pois seria um contrassenso conceber que o legislador punisse com pena mais grave quem mata por futilidade, permitindo que o que age sem qualquer motivo receba sanção mais branda. (MAJORITÁRIA)

2ª Corrente: a ausência de motivos não pode ser equiparada ao motivo fútil, sob pena de se ofender o princípio da reserva legal. É o que entende Cezar Roberto Bitencourt – para ele o legislador que deve incluir a ausência de motivo no rol das qualificadoras.

Com emprego de veneno, fogo, explosivo, asfixia, tortura ou outro meio insidioso ou cruel, ou de que possa resultar perigo comum

No inciso III, novamente é possível a interpretação analógica, tendo como exemplos o emprego de veneno, fogo, explosivo, asfixia ou tortura.

Tem caráter objetivo, pois se refere aos meios empregados pelo agente para o cometimento do homicídio.

No caso do emprego de veneno, é imprescindível que a vítima desconheça estar ingerindo a substância letal.

No caso de tortura, o agente emprega crueldade na conduta, provocando na vítima sofrimento desnecessário antes da morte.

Homicídio qualificado pela tortura (art. 121, § 2º, III, CP)	Tortura com resultado morte (art. 1º, § 3º, Lei nº 9.455/97)
Morte DOLOSA.	Morte PRETERDOLOSA.
O agente utiliza a tortura para provocar a morte da vítima.	O agente tem o dolo de torturar a vítima, e da tortura resulta culposamente sua morte.
Competência do Tribunal do Júri.	Competência do Juízo Singular (vara criminal).
A tortura foi o meio utilizado para a morte.	A tortura foi o fim desejado, mas a morte foi culposa.

A traição, de emboscada, ou mediante dissimulação ou outro recurso que dificulte ou torne impossível a defesa do ofendido

No inciso IV legislador prevê como exemplos a traição, emboscada ou dissimulação, finalizando de maneira genérica o que também permite a interpretação analógica.

Tem caráter objetivo (modo de execução do crime).

Traição: ataque desleal, quebra de confiança.

Emboscada: aquele que ataca a vítima com surpresa. Ele se oculta para surpreender a vítima.

Dissimulação: significa fingimento, disfarçando o agente a sua intenção hostil.

Ex.: Aquele que convida para ir à casa de outrem e, lá chegando, mata o convidado.

Para assegurar a execução, ocultação, a impunidade ou vantagem de outro crime

O inciso V possui caráter subjetivo (refere-se aos motivos do crime). Trata das hipóteses de conexão teleológica e consequencial.

→ Quando se comete o crime para assegurar a execução, classifica-se o homicídio como qualificado teleológico.

Ex.: "A" pretendendo cometer um crime de extorsão mediante sequestro contra uma pessoa muito importante e para assegurar a execução mata o segurança do empresário.

→ Já no homicídio consequencial são as seguintes hipóteses:

Conexão Consequencial	
Ocultação	Quer evitar a descoberta do crime cometido pelo agente. **Ex.:** Ocultar o cadáver após o homicídio.
Impunidade	O criminoso procura evitar que se descubra que ele foi o autor do crime. **Ex.:** Matar a testemunha ocular de um crime.
Vantagem	O agente quer usufruir a vantagem decorrente da prática de outro crime. **Ex.:** Um ladrão mata o outro para ficar com todo o dinheiro do roubo praticado por ambos.

O STF tem admitido a coexistência do privilégio (caráter subjetivo) com as qualificadoras de caráter objetivo (chamado homicídio privilegiado-qualificado).

Ex.: "A" matou "B" envenenado porque este estuprou a filha daquele.

O homicídio privilegiado-qualificado não é considerado hediondo (pois a existência do privilégio afasta a hediondez do homicídio qualificado).

Matar por ocasião de outro crime, sem vínculo finalístico, não qualifica o crime.

O crime futuro deve ocorrer para gerar a conexão teleológica? O crime futuro não precisa ocorrer para gerar esta qualificadora, bastando matar para essa finalidade.

Há possibilidades do homicídio qualificado ser privilegiado? Sim. Há essa possibilidade, quando as qualificadoras são objetivas.

> Matar para assegurar uma contravenção penal não qualifica o crime nesta modalidade, mas pode qualificá-lo pelo motivo fútil

Ou seja, uma das privilegiadoras, e uma das qualificadoras do meio cruel ou da torpeza (objetivas).

Para a maioria da doutrina, o homicídio qualificado quando também for privilegiado não será hediondo, uma vez que o privilégio é preponderante.

Feminicídio

VI. Contra a mulher por razões da condição de sexo feminino:
Pena - reclusão, de doze a trinta anos.
§ 2º-A. Considera-se que há razões de condição de sexo feminino quando o crime envolve:
I. Violência doméstica e familiar;
II. Menosprezo ou discriminação à condição de mulher.
§ 7º A Pena do feminicídio é aumentada de 1/3 (um terço) até a metade se o crime for praticado:
I. Durante a gestação ou nos 3 (três) meses posteriores ao parto;
II. Contra pessoa menor de 14 (catorze) anos, maior de 60 (sessenta) anos ou com deficiência;
III. Na presença de descendente ou de ascendente da vítima.
Pena - reclusão, de doze a trinta anos.

A Lei nº 13.104/2015 introduziu no Código penal uma nova figura típica: o feminicídio. A pena para o homicídio qualificado é de 12 a 30 anos de prisão, e será aumentada em um terço se o crime acontecer durante a gestação ou nos três meses posteriores ao parto; se for contra adolescente menor de 14 anos ou adulto acima de 60 anos ou ainda pessoa com deficiência. Também se o assassinato for cometido na presença de descendente ou ascendente da vítima.

Pode-se definir como uma qualificadora do crime de homicídio motivada pelo ódio contra as mulheres, tendo como motivador as circunstâncias específicas em que o pertencimento da mulher ao sexo feminino é central na prática do delito. Entre essas circunstâncias estão incluídos: os assassinatos em contexto de violência doméstica ou familiar e o menosprezo ou discriminação à condição de mulher.

O feminicídio é qualificadora conhecida como crime fétido.

Razões de Gênero

A qualificadora do feminicídio não poderá ser provada por um laudo pericial ou exame cadavérico, porque nem sempre um assassinado de uma mulher será considerado "feminicídio". Assim, para ser configurada a qualificadora do feminicídio, a acusação tem que provar que o crime foi cometido contra a mulher por razões da condição de sexo feminino.

O § 2º-A foi acrescentado como norma explicativa, para esclarecer as situações em que a morte da mulher ocorreu em razão da condição de sexo feminino, podendo se dar em duas situações:

> Violência doméstica e familiar;
> Menosprezo ou discriminação à condição de mulher;

O § 7º do art. 121 do CP estabelece causas de aumento de pena para o crime de feminicídio.

A pena será aumentada de 1/3 até a metade se for praticado:

> Durante a gravidez ou nos 3 meses posteriores ao parto;
> Contra pessoa menor de 14 anos, maior de 60 anos ou com deficiência;
> Na presença de ascendente ou descendente da vítima.

Art. 1º. São considerados hediondos os seguintes crimes, todos tipificados no Decreto-Lei nº 2.848, de 7 de dezembro de 1940 - Código Penal, consumados ou tentados:
I. homicídio (art. 121), quando praticado em atividade típica de grupo de extermínio, ainda que cometido por um só agente, e homicídio qualificado (art. 121, § 2º, incisos I, II, III, IV, V, VI e VII e VIII);

Como todo homicídio qualificado, o feminicídio também é considerado hediondo de acordo com o art. 1º da Lei nº 8.072/90 (Lei de Crimes Hediondos).

Homicídio funcional

Essa qualificadora foi inserida pela Lei nº 13.142/2015, que acrescentou objetivamente essa conduta no rol dos crimes hediondos (art. 1º, I e I-A, da Lei nº 8.072/1990) e também aumentou a pena de 1/3 a 2/3 no art. 129, § 12 (lesão corporal).

VII. Contra autoridade ou agente descrito nos Arts. 142 e 144 da Constituição Federal, integrantes do sistema prisional e da Força Nacional de Segurança Pública, no exercício da função ou em decorrência dela, ou contra seu cônjuge, companheiro ou parente consanguíneo até terceiro grau, em razão dessa condição:

São autoridades previstas no art. 142 da CF/88

Art. 142. As Forças Armadas, constituídas pela Marinha, pelo Exército e pela Aeronáutica, são instituições nacionais permanentes e regulares, organizadas com base na hierarquia e na disciplina, sob a autoridade suprema do Presidente da República, e destinam-se à defesa da Pátria, à garantia dos poderes constitucionais e, por iniciativa de qualquer destes, da lei e da ordem.

São autoridades do art. 144 da CF/88:

Art. 144. A segurança pública, dever do Estado, direito e responsabilidade de todos, é exercida para a preservação da ordem pública e da incolumidade das pessoas e do patrimônio, através dos seguintes órgãos:
I. Polícia federal;
II. Polícia rodoviária federal;
III. Polícia ferroviária federal;
IV. Polícias civis;
V. Polícias militares e corpos de bombeiros militares.
VI. polícias penais federal, estaduais e distrital (EC nº 104/20190).

A qualificadora do inciso VII objetiva prevenir ou reduzir crimes contra pessoas que atuam na área de segurança pública, no combate à criminalidade. É norma penal em branco, pois precisa ser complementada pelos arts. 142 e 144 da CF, acima mencionados.

Homicídio com emprego de arma de fogo de uso restrito ou proibido.

O inciso VII foi acrescentado pela Lei nº13.964/2019 – Pacote Antricrime. Foi objeto de veto pelo Presidente da República, mas em 19/04/2021 foi afastado pelo Congresso Nacional (em vigência).

Trata-se de qualificadora objetiva, ou seja, refere-se ao meio de execução utilizado pelo agente (arma de fogo de uso restrito/proibido).

É norma penal em branco ao quadrado: necessita de complemento normativo, a fim de definir quais armas são de uso restrito/proibido. No caso, a definição é extraída do art. 3º, parágrafo único, do Anexo I do Decreto nº10.030/2019.

Trata-se de qualificadora com natureza de crime hediondo, por força do art. 1º, I, da Lei nº 8.072/1990.

DOS CRIMES CONTRA A PESSOA

Homicídio culposo

§ 3º. Se o homicídio é culposo:
Pena - detenção, de um a três anos.

Ocorre o homicídio culposo quando o agente realiza uma conduta voluntária, com violação de dever objetivo de cuidado imposto a todos, por negligência, imprudência ou imperícia, produzindo, por consequência, um resultado (morte) involuntário, não previsto e nem querido, mas objetivamente previsível, que podia ter sido evitado caso observasse a devida atenção.

> NÃO incide aumento quando o agente foge em razão de sérias ameaças de linchamento.

Modalidades de Culpa	
Negligência	Culpa negativa. O agente deixa de fazer aquilo que a cautela manda. **Ex.:** Viajar de carro com os freios danificados.
Imprudência	Culpa positiva. O agente pratica um ato perigoso. **Ex.:** Trafegar com veículo no centro da cidade a 180 km/h.
Imperícia	Culpa profissional. É a falta de aptidão para o exercício de arte, profissão ou ofício para a qual o agente, apesar de autorizado a exercê-la, não possui conhecimentos teóricos ou práticos para tanto. **Ex.:** Médico ginecologista que começa a realizar cirurgias plásticas sem especialização para tanto.

Por se tratar de infração de médio potencial ofensivo (já que a pena mínima é de um ano) há possibilidade de suspensão condicional do processo.

Já quando ocorre o delito previsto no art. 302 do CTB – homicídio culposo na condução de veículo automotor – a pena é detenção de dois a quatro anos + a suspensão ou proibição da permissão de conduzir veículo.

Art. 121, §3º, CP	Art. 302, CTB
Norma geral	Norma especial: na direção de veículo automotor.
Pena varia de 01 a 03 anos – infração penal de médio potencial ofensivo.	A pena é de 02 a quatro anos à infração penal de grande potencial ofensivo.
Admite a suspensão do processo.	Não admite suspensão condicional do processo.

Aumento de pena

§ 4º. No homicídio culposo, a pena é aumentada de 1/3 (um terço), se o crime resulta de inobservância de regra técnica de profissão, arte ou ofício, ou se o agente deixa de prestar imediato socorro à vítima, não procura diminuir as consequências do seu ato, ou foge para evitar prisão em flagrante. Sendo doloso o homicídio, a pena é aumentada de 1/3 (um terço) se o crime é praticado contra pessoa menor de 14 (quatorze) ou maior de 60 (sessenta) anos.

Aqui se tem o rol das majorantes do homicídio doloso e o rol das majorantes do homicídio culposo.

Aumento de pena de 1/3

Se o crime resulta de inobservância de regra técnica de profissão, arte ou ofício: neste caso, apesar do agente dominar a técnica, não observa o caso concreto. É diferente da imperícia, pois nessa hipótese, o agente não domina a técnica.

Se o agente deixa de prestar imediato socorro à vítima: neste caso, é necessário para a incidência da majorante que o socorro seja possível, e que o agente não tenha risco pessoal na conduta.

Não incide aumento quando terceiros prestarem socorro ou morte instantânea incontestável.

Neste caso, não incide também o art. 135 do CP (omissão de socorro), para evitar o *bis in idem*.

De acordo com o STF, se o autor do crime, apesar de reunir condições de socorrer a vítima não o faz, concluindo pela inutilidade da ajuda em face da gravidade da lesão, sofre a majorante do art. 121, §4º, do CP:

Se não procura diminuir as consequências do seu ato;

Se foge para evitar prisão em flagrante: para a maioria da doutrina esta majorante é aplicável, pois o agente demonstra, ao fugir do flagrante, ausência de escrúpulo e diminuta responsabilidade moral, lembrando que prejudica as investigações.

Para a doutrina moderna, essa majorante não deveria incidir, pois a pessoa estaria obrigada, nessa hipótese, a produzir prova contra si mesma, o que vai de encontro ao instituto de liberdade, e já que a fuga sem violência não é crime e daí que não poderia também incidir essa majorante. (Defensoria Pública).

No homicídio doloso a pena é aumentada de 1/3 se o crime é praticado contra:

> Menor de 14 anos;
> Maior de 60 anos (não abrange aquele que tem idade igual a 60 anos).

A idade da vítima deve ser conhecida pelo agente.

E se, quando do disparo de arma de fogo, a vítima tenha menos de 14 anos, e quando falece já é maior de 14, incide a majorante? SIM, neste caso analisa-se se na ocasião da ação a vítima era menor de 14 anos (teoria da atividade).

Perdão Judicial

§ 5º. Na hipótese de homicídio culposo, o juiz poderá deixar de aplicar a pena, se as consequências da infração atingirem o próprio agente de forma tão grave que a sanção penal se torne desnecessária.

Conceito: segundo alguns autores, perdão judicial é o instituto pelo qual o Juiz, não obstante a prática de um fato típico e ilícito, por um agente comprovadamente culpado, deixa de lhe aplicar, nas hipóteses taxativamente previstas em lei, o preceito sancionador cabível, levando em consideração determinadas circunstâncias que concorrem para o evento.

O perdão judicial somente é concedido após a sentença.

O perdão judicial é uma causa extintiva da punibilidade. E caso seja indagado pelo examinador acerca da diferença do perdão judicial para o perdão do ofendido, é necessário observar que:

Perdão Judicial	Perdão do Ofendido
É ato unilateral (não precisa ser aceito pelo agente).	É ato bilateral (precisa ser aceito pelo agente).
Homicídio culposo ou lesão corporal culposa.	Somente na ação penal privada.

O perdão judicial somente ocorre no homicídio culposo, se as circunstâncias da infração atingirem o agente de forma tão grave que a sanção penal se torne desnecessária.

Ex.: Pai culposamente atropela filho na garagem de casa.

Natureza jurídica da sentença concessiva de perdão judicial: De acordo com a Súmula 18 do STJ: A sentença concessiva do perdão judicial é declaratória da extinção da punibilidade, não subsistindo qualquer efeito condenatório.

Perdão Judicial e Código de Trânsito Brasileiro: O perdão judicial no CTB estava previsto no art. 300, mas este foi vetado.

> O art. 120 do CP, prevê que a sentença que conceder perdão judicial não será considerada para efeitos de reincidência.

Causa Específica de Aumento de Pena

§ 6º. A pena é aumentada de 1/3 (um terço) até a metade se o crime for praticado por milícia privada, sob o pretexto de prestação de serviço de segurança, ou por grupo de extermínio.

Esse parágrafo foi introduzido no Código Penal pela Lei nº 12.720 de 27 de setembro de 2012, juntamente com a mudança no §7º do crime de lesão corporal (art. 129 do CP) e o novo crime de constituição de milícia privada (art. 288-A do CP).

É uma majorante de concurso necessário, visto que um grupo não pode ser constituído por uma ou duas pessoas.

O legislador omitiu qual o número mínimo exigido para a configuração desses grupos de extermínio ou milícias, mas a interpretação que predomina é de no mínimo 03 pessoas.

Para que ocorra essa causa especial de aumento de pena, se faz necessário um especial fim de agir do grupo de milícia privada (pretexto de prestação de serviço de segurança). Essa majorante também é aplicada se for cometida por somente um integrante do grupo, somente se o referido homicídio já teria sido planejado pela milícia anteriormente.

Ex.: O que ocorre nas favelas do Rio de Janeiro.

Induzimento, instigação ou auxílio ao suicídio

Induzimento, instigação ou auxílio a suicídio ou a automutilação
Art. 122. Induzir ou instigar alguém a suicidar-se ou a praticar automutilação ou prestar-lhe auxílio material para que o faça: (Redação dada pela Lei nº 13.968, de 2019)
Pena - reclusão, de 6 (seis) meses a 2 (dois) anos. (Redação dada pela Lei nº 13.968, de 2019)
§ 1º Se da automutilação ou da tentativa de suicídio resulta lesão corporal de natureza grave ou gravíssima, nos termos dos §§ 1º e 2º do art. 129 deste Código: (Incluído pela Lei nº 13.968, de 2019)
Pena - reclusão, de 1 (um) a 3 (três) anos. (Incluído pela Lei nº 13.968, de 2019)
§ 2º Se o suicídio se consuma ou se da automutilação resulta morte: (Incluído pela Lei nº 13.968, de 2019)
Pena - reclusão, de 2 (dois) a 6 (seis) anos. (Incluído pela Lei nº 13.968, de 2019)
§ 3º A pena é duplicada: (Incluído pela Lei nº 13.968, de 2019)
I. se o crime é praticado por motivo egoístico, torpe ou fútil; (Incluído pela Lei nº 13.968, de 2019)
II. se a vítima é menor ou tem diminuída, por qualquer causa, a capacidade de resistência. (Incluído pela Lei nº 13.968, de 2019)
§ 4º A pena é aumentada até o dobro se a conduta é realizada por meio da rede de computadores, de rede social ou transmitida em tempo real. (Incluído pela Lei nº 13.968, de 2019)
§ 5º Aumenta-se a pena em metade se o agente é líder ou coordenador de grupo ou de rede virtual. (Incluído pela Lei nº 13.968, de 2019)
§ 6º Se o crime de que trata o § 1º deste artigo resulta em lesão corporal de natureza gravíssima e é cometido contra menor de 14 (quatorze) anos ou contra quem, por enfermidade ou deficiência mental, não tem o necessário discernimento para a prática do ato, ou que, por qualquer outra causa, não pode oferecer resistência, responde o agente pelo crime descrito no § 2º do art. 129 deste Código. (Incluído pela Lei nº 13.968, de 2019)
§ 7º Se o crime de que trata o § 2º deste artigo é cometido contra menor de 14 (quatorze) anos ou contra quem não tem o necessário discernimento para a prática do ato, ou que, por qualquer outra causa, não pode oferecer resistência, responde o agente pelo crime de homicídio, nos termos do art. 121 deste Código. (Incluído pela Lei nº 13.968, de 2019)

Para o Direito Penal Brasileiro, não é passível de punição a conduta do agente que tem como objetivo o extermínio da sua própria vida, ou seja, aquele que comete o suicídio (autocídio/autoquiria), bem como a possível lesão que o sujeito venha a sofrer caso sua tentativa não obtenha sucesso, devido à falta de previsão legal para tal conduta.

Contudo, o objetivo da norma penal ao tipificar essa conduta é punir o agente que participa na ocorrência do crime, auxiliando, induzindo ou instigando alguém a cometer o suicídio.

Classificação

É crime simples, comum, e formal, pois sua consumação independe de resultado resultado. É crime de forma livre. Pode ser praticado por ação ou por omissão IMPRÓPRIA, quando presente o dever de agir. (art. 13, § 2º, CP)

Condutas acessórias à prática do suicídio:

> Induzir: Implantar a ideia.
> Instigar: Reforçar a ideia preexistente.
> Auxiliar: Intromissão no processo físico de causação.

Sujeitos

Sujeito Ativo: crime comum, pode ser praticado por qualquer um.

Sujeito Passivo: alguém que tenha capacidade para agir, pois caso contrário será crime de homicídio. Se ela tiver relativa capacidade (de 14 até fazer 18 anos – art. 224, "a" e 217-A, CP), incorrerá na pena do art. 122, § 3º, II, CP.

> O crime previsto no art. 122, CP é um crime condicionado ao resultado (morte ou lesão), pois se não se consumar, não terá relevância penal alguma e, portanto, não admite tentativa.

DOS CRIMES CONTRA A PESSOA

Natureza Jurídica do art. 122, CP: Nelson Hungria, Luiz Regis Prado, Aníbal Bruno e Rogério Greco – Condição Objetiva de Punibilidade, porque o crime se perfaz quando se instiga, induz ou auxilia. Entretanto, cabe destacar que a nova redação do art. 122 não mais condiciona a existência do crime ao resultado lesão grave ou morte. Assim, a prática de umas condutas de induzir, instigar ou auxiliar o suicídio ou à automutilação já é suficiente para configurar o crime, com ou sem resultado.

Art. 13, § 2º, CP. A omissão é penalmente relevante quando o omitente devia e podia agir para evitar o resultado. O dever de agir incumbe a quem:
a) Tenha por lei obrigação de cuidado, proteção ou vigilância;
b) De outra forma, assumiu a responsabilidade de impedir o resultado;
c) Com seu comportamento anterior, criou o risco da ocorrência do resultado.

A conduta só é punida na forma dolosa (o agente que participa), NÃO existindo previsão para modalidade culposa.

Descrição do crime: é conhecido também como o crime de participação em suicídio. Ademais, a participação deve dirigir-se a pessoa(as) determinada (as), pois NÃO é punível a participação genérica (um filme, livro, que estimule o pensamento suicida).

Sendo a conduta criminosa composta de vários verbos (induzir, instigar, auxiliar), ainda que o agente realize as três condutas, o crime será único, respondendo desta forma, apenas pelo art. 122 do CP.

Na participação material, o auxílio deve ser acessório, pois, caso seja direto e imediato, o crime será o de homicídio, visto que o sujeito não pode, em hipótese alguma, realizar uma conduta apta a eliminar a vida da vítima.

Ex.: "A" empresta sua arma de fogo para "B", contudo, "B" solicita para que esse ("A") efetue o disparo em sua cabeça.

O auxílio deve ser eficaz, ou seja, precisa contribuir efetivamente para o suicídio. Desse modo, se "A" empresta uma arma de fogo para "B" se matar, mas este acabe utilizando uma corda (enforcamento), nesse caso, a conduta de "A" será atípica.

Exige-se que o agente imprima seriedade em sua conduta, querendo que a vítima efetivamente se suicide (dolo).

Não há crime se o agente fala, por brincadeira, para a vítima se matar e esta realmente se mata.

Não caracteriza constrangimento ilegal a coação (força) exercida para impedir o suicídio (art. 146, §3º, II, CP).

Ex.: "A" induz "B" a suicidar-se e "C" empresta a arma de fogo. "B" se mata. "A" e "C" responderão como autores do crime previsto no art. 122, CP.

Pacto de Morte ou Suicídio a Dois

Duas pessoas resolvem se suicidar conjuntamente. Ex.: câmara de gás. Podem ocorrer as seguintes situações:		
"A" e "B" sobreviveram e não ocorreu lesão corporal grave (ou gravíssima).	Os dois abriram a torneira de gás.	Os dois responderão por tentativa de homicídio.
"A" e "B" sobreviveram e não ocorreu lesão corporal grave (ou gravíssima).	"A" abriu a torneira.	"A" responderá por tentativa de homicídio e "B" não responderá por nada (Fato Atípico).
"A" e "B" sobreviveram, mas "B" ficou com lesão corporal grave (ou gravíssima).	"A" abriu a torneira.	"A" responderá por tentativa de homicídio e "B" responderá por participação em suicídio (art. 122).
"A" morreu e "B" sobreviveu.	"A" abriu a torneira.	"B" responderá por participação em suicídio (art. 122).
"A" morreu e "B" sobreviveu.	"B" abriu a torneira.	"B" responderá por homicídio.

Roleta-Russa e Duelo Americano

Os Sobreviventes Responderão pelo Crime:	
Roleta-russa	A arma de fogo (revólver) é municiada com um único projétil, sendo o gatilho acionado por ambos os participantes – conforme sua ordem – girando o "tambor" da arma a cada nova tentativa. "A" gira o tambor, mira em sua cabeça, e aciona o gatilho.
Duelo-Americano	Existem duas armas, sendo que apenas uma está municiada, cada um escolhe a sua e efetiva o disparo contra si mesmo, desconhecendo qual efetivamente está carregada.

Formas qualificadas

Portanto verificar o aluno que com as modificações introduzidas no referido crime, tem-se agora as qualificadoras de lesão grave ou gravíssima (que antes tornava atípico o crime) e morte, em que ambas eram apenas consideradas como condição para a tipificação do crime:

a) Se da automutilação ou da tentativa de suicídio resulta lesão corporal de natureza grave ou gravíssima, nos termos dos §§ 1º e 2º do art. 129 deste Código – pena de 1 a 3 anos

b) Se o suicídio se consuma ou se da automutilação resulta morte – pena de 2 a 6 anos

Formas majoradas

a) A pena é duplicada (aqui o aumento será aplicado em dobro, o que não é até o dobro, mas sim em dobro)
> se o crime é praticado por motivo egoístico, torpe ou fútil;
> se a vítima é menor ou tem diminuída, por qualquer causa, a capacidade de resistência.

b) A pena é aumentada até o dobro se a conduta é realizada por meio da rede de computadores, de rede social ou transmitida em tempo real.

Portanto, perceba que não havia essa previsão na redação anterior. Através da evolução comportamental da sociedade, uma maior punição agora se impõe aos que, através dos novos meios de comunicação em massa – internet e redes sociais.

c) Aumenta-se a pena em metade se o agente é líder ou coordenador de grupo ou de rede virtual

O que antes também não era previsto, agora se tem uma maior punição dos líderes/administradores/fundadores de grupos de comunicação, devido ao seu imenso poder de persuasão sobre seus "seguidores".

Infanticídio

> **Art. 123.** Matar, sob a influência do estado puerperal, o próprio filho, durante o parto ou logo após:
> **Pena** - detenção, de dois a seis anos.

O art. 123 do CP é um homicídio especial, dotado de especializastes, possuindo pena menor, o que implica o fato de ser considerado Homicídio Privilegiado.

Requisitos

- Praticado pela própria mãe contra seu filho;
- Durante ou logo após o parto;
- Contra recém-nascido (neonato);
- Sob influência de estado puerpério (lapso temporal até que a mulher volte ao ciclo menstrual normal).

Trata-se de crime próprio (praticado pela própria mãe).

É um crime comissivo (ação) ou omissivo (omissão imprópria), sendo também um crime material, consuma-se, efetivamente, com a morte da vítima.

Sujeitos

Sujeito Ativo: o sujeito ativo aqui é a mãe, sob influência do estado puerperal.

Indaga-se se o crime em questão admite concurso de pessoas (coautoria e participação)?

Sobre essa pergunta existem duas correntes:

1ª Corrente: o estado puerperal é condição personalíssima incomunicável, logo, não admite concurso de pessoas. Mas atente-se que o CP não reconhece essa condição personalíssima – não tem previsão do art. 30 do CP.

2ª Corrente: o estado puerperal é condição pessoal comunicável, pelo que é admitido o concurso de agentes. (Majoritária)

→ Alguns autores dividem dessa forma:

1ª Situação: parturiente e médico matam o nascente ou neonato. Parturiente responde pelo art. 123 e o médico também responde pelo art. 123 em coautoria.

2ª Situação: parturiente, auxiliada pelo médico, mata nascente ou neonato. A parturiente responde pelo art. 123 e o médico também, como partícipe.

3ª Situação: médico, auxiliado pela parturiente, mata nascente ou neonato. O médico responderá pelo crime de homicídio e a parturiente, também responder a pelo art. 121 do CP na qualidade de partícipe. Mas aqui surgem duas correntes em face da injustiça existente:

Corrente Majoritária: o médico responde pelo art. 121 do CP e a parturiente responde pelo art. 123 para sanar a injustiça existente.

Sujeito Passivo: é o próprio filho, ou seja, somente aquele que é o nascente (durante o parto) ou neonato (logo após o parto).

Diante da especialidade, tanto do sujeito ativo como do sujeito passivo, o crime é considerado biprópio.

Supondo que a mãe mate aquele que supõe ser seu filho, mas na verdade é filho de outrem. Nesse caso continuará respondendo pelo crime de infanticídio, diante da aplicação do art. 20, § 3º, do CP (erro quanto à pessoa) que determina a consideração das qualidades da vítima virtual.

Conduta

A conduta punível é tirar a vida extrauterina do próprio filho, durante ou logo após o parto.

→ Tem-se o matar + as seguintes especializantes:

Elemento temporal constitutivo do tipo: durante ou logo após o parto. Se for antes do parto, o crime é de aborto. Se, após o parto, o crime é de homicídio.

Influência do estado puerperal: a doutrina afirma que, o logo após perdura enquanto presente a influência do estado puerperal. Enquanto a gestante estiver sob a influência do estado puerperal, o elemento temporal constitutivo estará presente. Estado puerperal é um desequilíbrio fisio-psíquico.

Estado puerperal: Conforme Sanches, é o estado que envolve a parturiente durante a expulsão da criança do ventre materno, produzindo profundas alterações psíquicas e físicas.

Puerpério é o período que se estende do início do parto até a volta da mulher às condições pré-gravidez.

É preciso, também, que haja uma relação de causa e efeito entre o estado puerperal e o crime, pois nem sempre ele produz perturbações psíquicas na parturiente. Esse alerta se encontra na exposição de motivos do CP.

Dependendo do grau do estado puerperal é possível que a parturiente seja tratada como inimputável ou semi-imputável? Sim. Dependendo do grau de desequilíbrio fisio-psíquico, a parturiente pode sofrer o mesmo tratamento do inimputável ou semi-imputável. Essa é a posição de Mirabete.

Tipo subjetivo

O crime descrito no art. 123 é punido a título de dolo, não havendo possibilidade de punição na modalidade culposa.

Consumação e tentativa:

O crime se consuma com a morte, sendo perfeitamente possível a tentativa.

Aborto provocado pela gestante ou com seu consentimento

Art. 124. Provocar aborto em si mesma ou consentir que outrem lhe provoque:
Pena - detenção, de um a três anos.

O crime de aborto ocorre quando há a interrupção da gravidez, ocasionando a morte do produto da geração, procriação, concepção, ou seja, é a eliminação da vida intrauterina.

Sob o aspecto jurídico, a gravidez tem início com a nidação (implantação do óvulo fecundado no útero – parede uterina).

Portanto, não há crime de aborto quando da utilização de meios que inibem a fixação do ovo na parede uterina. É o que ocorre com o DIU (diafragma intrauterino).

Espécies de Aborto

Criminoso	Interrupção dolosa da gravidez (Arts. 124 a 127, CP).
Legal ou Permitido	Não há crime por expressa previsão legal, art. 128, CP: I) Quando não há outro meio para salvar a vida da gestante (aborto necessário ou terapêutico); II) Quando a gravidez resulta de estupro (aborto sentimental ou humanitário).
Natural	Interrupção espontânea da gravidez. Não há crime.
Acidental	A gestante sofre um acidente qualquer e perde o bebê. Não é crime, por ausência de dolo.
Eugênico ou Eugenésico	Interrupção da gravidez quando há anomalia ou algum defeito genético. É crime, exceto o aborto de anencéfalo.
Econômico ou Social	Interrupção da gravidez para não agravar a situação de miséria enfrentada pela mãe ou por sua família. É crime.

Objetividade jurídica

Vida humana. No aborto provocado por terceiro SEM o consentimento da gestante (art. 125), protege-se também a integridade física e psíquica da gestante.

Objeto material

O produto da concepção (óvulo fecundado, embrião ou feto).

Deve haver prova da gravidez, pois se a mulher não está grávida, ou se o feto já havia morrido por outro motivo qualquer, será crime impossível por absoluta impropriedade do objeto (art. 17, CP).

O feto deve estar alojado no útero materno. Desse modo, se ocorrer a destruição de um tubo de ensaio que contém um óvulo fertilizado *in vitro* não haverá aborto.

O feto não necessita ter viabilidade. Basta que esteja vivo antes do crime.

Sujeitos do crime

Sujeito Ativo: Os crimes do art. 124, CP são de mão própria, pois somente a gestante pode provocar aborto em si mesma ou consentir que um terceiro lhe provoque. Não admitem coautoria, mas admite participação. É crime comum nos demais casos.

Sujeito Passivo: é o feto. No aborto provocado por terceiro SEM o consentimento da gestante (art. 125) as vítimas são o feto e a gestante.

É crime de forma livre. Pode ser praticado de forma comissiva ou omissiva (Ex.: deixar dolosamente de ingerir medicamentos necessários para a preservação da gravidez). Se, contudo, o meio de execução for absolutamente ineficaz será crime impossível (Ex.: despachos, rezas e simpatias).

Elemento subjetivo

É o dolo, direto ou eventual.

Não existe o crime de aborto culposo

Se a própria gestante agir culposamente e ensejar o aborto, o fato será atípico. Já o terceiro que provoca aborto por culpa responde por lesão corporal culposa contra a gestante.

Consumação e tentativa

Ocorre com a morte do feto. É dispensável a expulsão do produto da concepção.

É admitida a tentativa.

Ex.: Realizou manobras abortivas e o feto foi expulso com vida: tentativa de aborto.

O agente quer ferir a gestante e realiza manobras abortivas e o feto é expulso com vida: lesão corporal grave (aceleração de parto – art. 129, § 1º, IV, CP).

Realizou manobras abortivas e o feto foi expulso com vida. Logo em seguida o agente mata o feto: tentativa de aborto e homicídio em concurso material.

Realizou manobras abortivas e o feto foi expulso com vida, mas morreu alguns dias depois em razão da manobra realizada: aborto consumado.

Classificação doutrinária

O aborto é crime: material, próprio e de mão própria ou comum, instantâneo, comissivo ou omissivo, de dano, unissubjetivo, unilateral ou de concurso eventual, plurissubjetivo ou de concurso necessário, plurissubsistente, de forma livre, progressivo.

O art. 20 da LCP diz que constitui contravenção penal a conduta de anunciar processo, substância ou objeto destinado a provocar aborto.

Análise do tipo penal

1ª parte: provocar aborto em si.

É o autoaborto, um crime próprio e de mão própria.

Admite participação:

Ex.: Mulher gestante ingere medicamento abortivo que lhe foi dado por seu namorado e provoca o aborto. Nesta situação a gestante é autora de autoaborto e seu namorado é partícipe (induzir, instigar ou auxiliar) deste crime. Todavia, se o namorado tivesse executado qualquer ato de provocação do aborto seria autor do crime previsto no art. 126, CP (aborto com o consentimento da gestante).

O partícipe do autoaborto, além de responder por este crime, pratica ainda homicídio culposo ou lesão corporal culposa se ocorrer morte ou lesão corporal grave em relação à gestante, pois o disposto no art. 127 não se aplica ao crime do art. 124.

Quanto à gestante que provoca aborto em si mesma, o aborto legal ou permitido, duas situações podem ocorrer:

> Se for aborto necessário ou terapêutico: não há crime (estado de necessidade);
> Se for aborto sentimental ou humanitário: há crime, pois nesta modalidade somente é autorizado no aborto praticado pelo médico.

2ª parte: consentir para que 3º lhe provoque o aborto.

O legislador criou uma exceção à teoria monista ou unitária no concurso de pessoas (art. 29, *Caput*, CP) e criou crimes distintos: a gestante responde pelo art. 124, 2ª parte, CP e o terceiro que provoca o aborto responde pelo art. 126, CP.

Esse crime é de mão própria, pois somente a gestante pode prestar o consentimento. Não admite coautoria, mas admite participação.

A gestante dever ter capacidade e discernimento para consentir (ser maior de 14 anos e ter integridade mental). E o consentimento deve ser válido (isento de fraude e não tenha sido obtido por meio de violência ou grave ameaça).

Aborto provocado por terceiro

Art. 125. *Provocar aborto, sem o consentimento da gestante:*
Pena - *reclusão, de três a dez anos.*

Sujeito ativo: qualquer pessoa

Sujeito passivo: produto da concepção feto e a gestante.

Trata-se da forma mais grave do crime de aborto, pois é cometido sem o consentimento da gestante.

De acordo com a jurisprudência, aquele que desfere chute no ventre de mulher, sabendo de sua gravidez, responde pelo crime de aborto (art. 127, CP).

Art. 126. *Provocar aborto com o consentimento da gestante:*
Pena - *reclusão, de um a quatro anos.*
Parágrafo único. *Aplica-se a pena do artigo anterior, se a gestante não é maior de quatorze anos, ou é alienada ou débil mental, ou se o consentimento é obtido mediante fraude, grave ameaça ou violência.*

Considerações

É crime de concurso necessário.

O legislador criou uma exceção à teoria monista ou unitária no concurso de pessoas (art. 29, *Caput*, CP) e criou crimes distintos: a gestante responde pelo art. 124, 2ª parte, CP e o terceiro que provoca o aborto responde pelo art. 126, CP.

O consentimento da gestante (expresso ou tácito) deve subsistir até a consumação do aborto. Se durante a prática do crime ela se arrepender e solicitar ao terceiro a paralisação das manobras letais, mas não for obedecida, para ela o fato será atípico, e o terceiro responderá pelo crime do art. 125, CP.

Se três ou mais pessoas associarem-se para o fim de praticarem abortos, responderão pelo crime de Associação Criminosa (art. 288, CP) em concurso material com os abortos efetivamente realizados.

Se não tiver o consentimento da gestante responde pelo art. 125 do CP.

Caso a gestante consentir, mas seu consentimento não seja válido, por se enquadrar em alguma das hipóteses do parágrafo único do art. 126 (gestante não maior de 14 anos ou alienada mental ou consentimento obtido através de fraude, grave ameaça ou violência), os agentes responderão pelo crime do art. 125 do CP.

Forma qualificada

Art. 127. *As penas cominadas nos dois artigos anteriores são aumentadas de um terço, se, em consequência do aborto ou dos meios empregados para provocá-lo, a gestante sofre lesão corporal de natureza grave; e são duplicadas, se, por qualquer dessas causas, lhe sobrevém a morte.*

Esses resultados são preterdolosos advindos da prática abortiva, ou seja, são resultados que só poderão ser imputados a título de culpa. Se houver dolo em relação a esses resultados haverá concurso.

O aborto de feto anencefálico é uma espécie de aborto eugênico.

Aborto necessário

Art. 128. *Não se pune o aborto praticado por médico:*
Se não há outro meio de salvar a vida da gestante;

Depende de dois requisitos:

> Que a vida da gestante corra perigo em razão da gravidez;
> Que não exista outro meio de salvar sua vida. (Desse modo, há crime de aborto quando interrompida a gravidez para preservar a saúde da gestante).

O risco para a vida da gestante não precisa ser atual. Basta que exista, isto é, que no futuro possa colocar em perigo a vida da mulher.

Não necessita do consentimento da gestante e não haverá crime quando a gestante se recusa a fazê-lo e o médico provoca o aborto necessário.

Se o aborto necessário for realizado por ENFERMEIRA, ou por qualquer pessoa que não o médico, duas situações podem ocorrer:

> Há perigo atual para a gestante: estado de necessidade (art. 24, CP);
> Não há perigo atual: há crime de aborto.

Aborto no caso de gravidez resultante de estupro

II. Se a gravidez resulta de estupro e o aborto é precedido de consentimento da gestante ou quando incapaz, de seu representante legal.

Necessita de três requisitos:

> Ser praticado por médico;
> Consentimento válido da gestante ou de seu representante legal (se for incapaz);
> Gravidez resultante de estupro.

Nesta hipótese, como não há perigo atual para a vida da gestante, haverá o crime de aborto se praticado por qualquer pessoa que não seja o médico.

O aborto será permitido mesmo que a gravidez resulte de ato libidinoso diverso da conjunção carnal (Ex.: sexo anal, estupro de vulnerável) em razão da mobilidade dos espermatozoides. É considerada uma hipótese de analogia *in bonam partem*.

Não se exige autorização judicial para a realização desta espécie de aborto permitido.

São causas especiais de exclusão da ilicitude. Embora o aborto praticado em tais situações seja fato típico, não há crime pelo fato de serem hipóteses admitidas pelo ordenamento jurídico.

Ambos devem ser praticados por médico (este não precisa de autorização judicial para realizar estas espécies de aborto).

Aborto sentimental também é autorizado quando a gravidez decorrer de estupro de vulnerável (analogia in bonam partem).

Aborto Econômico: não está previsto no ordenamento jurídico. Se praticado será crime de aborto.

De acordo com o Código Penal, existem apenas duas modalidades permissivas de aborto previstas no art. 128 do CP (aborto necessário e aborto sentimental).

No entanto, em abril de 2012, o STF no julgamento da ADPF 54 passou a admitir uma terceira modalidade: o aborto de feto anencefálico (malformação fetal que leva à ausência de cérebro e à impossibilidade de vida).

Para tanto, não há necessidade de autorização judicial. Basta um laudo formal do médico atestando a anencefalia e a inviabilidade de vida.

4.2 Das Lesões Corporais

Art. 129. Ofender a integridade corporal ou a saúde de outrem:
Pena - detenção, de três meses a um ano.
Lesão Corporal de Natureza Grave
§ 1º. Se resulta:
  I. Incapacidade para as ocupações habituais, por mais de trinta dias;
  II. Perigo de vida;
  III. Debilidade permanente de membro, sentido ou função;
  IV. Aceleração de parto:
Pena - reclusão, de um a cinco anos.
§ 2º. Se resulta:
  I. Incapacidade permanente para o trabalho;
  II. Enfermidade incurável;
  III. Perda ou inutilização do membro, sentido ou função;
  IV. Deformidade permanente;
  V. Aborto:
Pena - reclusão, de dois a oito anos.
Lesão Corporal Seguida de Morte
§ 3º. Se resulta morte e as circunstâncias evidenciam que o agente não quis o resultado, nem assumiu o risco de produzi-lo:
Pena - reclusão, de quatro a doze anos.
Diminuição de Pena:
§ 4º. Se o agente comete o crime impelido por motivo de relevante valor social ou moral ou sob o domínio de violenta emoção, logo em seguida a injusta provocação da vítima, o juiz pode reduzir a pena de um sexto a um terço.
Substituição da Pena:
§ 5º. O juiz, não sendo graves as lesões, pode ainda substituir a pena de detenção pela de multa, de duzentos mil réis a dois contos de réis:
  I. Se ocorre qualquer das hipóteses do parágrafo anterior;
  II. Se as lesões são recíprocas.
Lesão Corporal Culposa
§ 6º. Se a lesão é culposa:
Pena - detenção, de dois meses a um ano.

Aumento de Pena
§ 7º. Aumenta-se a pena de 1/3 (um terço) se ocorrer qualquer das hipóteses dos §§ 4º e 6º do art. 121 deste Código.
§ 8º. Aplica-se à lesão culposa o disposto no § 5º do art. 121.
Violência Doméstica
§ 9º. Se a lesão for praticada contra ascendente, descendente, irmão, cônjuge ou companheiro, ou com quem conviva ou tenha convivido, ou, ainda, prevalecendo-se o agente das relações domésticas, de coabitação ou de hospitalidade.
Pena - detenção, de 3 (três) meses a 3 (três) anos.
§ 10. Nos casos previstos nos §§ 1º a 3º deste artigo, se as circunstâncias são as indicadas no § 9º deste artigo, aumenta-se a pena em 1/3 (um terço).
§ 11. Na hipótese do § 9º deste artigo, a pena será aumentada de um terço se o crime for cometido contra pessoa portadora de deficiência.
§ 12. Se a lesão for praticada contra autoridade ou agente descrito nos Arts. 142 e 144 da Constituição Federal, integrantes do sistema prisional e da Força Nacional de Segurança Pública, no exercício da função ou em decorrência dela, ou contra seu cônjuge, companheiro ou parente consanguíneo até terceiro grau, em razão dessa condição, a pena é aumentada de um a dois terços.

Essa qualificadora foi inserida pela Lei nº 13.142/2015.

São autoridades previstas no art. 142 da CF/88:

Art. 142. As Forças Armadas, constituídas pela Marinha, pelo Exército e pela Aeronáutica, são instituições nacionais permanentes e regulares, organizadas com base na hierarquia e na disciplina, sob a autoridade suprema do Presidente da República, e destinam-se à defesa da Pátria, à garantia dos poderes constitucionais e, por iniciativa de qualquer destes, da lei e da ordem.

São autoridades do art. 144 da CF/88:

Art. 144. A segurança pública, dever do Estado, direito e responsabilidade de todos, é exercida para a preservação da ordem pública e da incolumidade das pessoas e do patrimônio, através dos seguintes órgãos:
  I. Polícia federal;
  II. Polícia rodoviária federal;
  III. Polícia ferroviária federal;
  IV. Polícias civis;
  V. Polícias militares e corpos de bombeiros militares;
  VI - polícias penais federal, estaduais e distrital. (EC nº 104/2019).
§8º. Guardas municipais.
§ 13. Se a lesão for praticada contra a mulher, por razões da condição do sexo feminino, nos termos do § 2º-A do art. 121 deste Código: **(Incluído pela Lei nº 14.188, de 2021)**
Pena - reclusão, de 1 (um) a 4 (quatro anos). (Incluído pela Lei nº 14.188, de 2021)

Lesão corporal é a ofensa humana direcionada à integridade corporal ou à saúde de outra pessoa, quer do ponto de vista anatômico, quer do ponto de vista fisiológico ou mental. A dor, por si só, não caracteriza lesão corporal.

No crime de lesão corporal, protege-se a incolumidade física em sentido amplo: Saúde física ou corporal; Saúde fisiológica (correto funcionamento do organismo) e Saúde mental (psicológica).

Topografia do art. 129	
Art. 129, *caput*	Lesão dolosa leve.
Art. 129, §1º	Lesão dolosa grave - Atenção! O § 1º não traz somente a lesão dolosa grave. Ele também tem lesão preterdolosa grave.

Art. 129, §2º	Lesão dolosa gravíssima - também no § 2º tem preterdolo.
Art. 129, §3º	Lesão seguida de morte (está genuinamente preterdolosa).
Art. 129, §4º	Lesão dolosa privilegiada.
Art. 129, §5º	Lesão culposa.
Art. 129, §6º	Majorantes.
Art. 129, §7º	Perdão judicial.
Art. 129, §§ 9, 10 e 11	Violência doméstica e familiar (aqui não é só contra mulher).
Art. 129, § 12	Praticada contra autoridade policial.

Classificação

Pode ser praticado por ação ou omissão, quando presente o dever de agir para evitar o resultado, art. 13, §2º, CP.

Ex.: A mãe que deixa o filho pequeno sozinho na cama, desejando que ele caísse e se machucasse.

É crime de forma livre. Pode ser praticado por ação ou omissão. Pratica lesão quem cria ferimento ou quem agrava o ferimento que já existe.

Elemento subjetivo é o dolo (direto ou eventual) conhecido como *animus laedendi*, mas há também a culpa no §6º (lesão corporal culposa) e o preterdolo no §3º (lesão corporal seguida de morte).

> Qual crime é praticado, pelo policial militar que agride uma pessoa? Abuso de autoridade e lesão corporal.

Sujeitos do crime

Sujeito Ativo: é crime comum, podendo ser praticado por qualquer pessoa.

Sujeito Passivo: em regra, qualquer pessoa.

Exceções: art. 129, §1º, IV (aceleração de parto) e art. 129, §2º, V (lesão que resulta aborto). Nestas duas hipóteses as vítimas são, necessariamente, gestantes. Também na lesão qualificada pela violência doméstica a vítima precisa ser ascendente, descendente, irmã, cônjuge ou companheira do agressor. No § 13 (Lei nº14.188/2021) a vítima, necessariamente, é mulher.

Exceções:

> Art. 129, §1º, IV (aceleração de parto).
> Art. 129, §2º, V (lesão que resulta aborto).

Nestas duas hipóteses as vítimas são, necessariamente, gestantes.

> Contra ascendente, descendente, irmã, cônjuge ou companheira do agressor.
> Agentes de Segurança descritos no art. 129, §12º, assim com parente consanguíneo até terceiro grau.
> Contra mulher, por razões da condição de sexo feminino.

Consumação e tentativa

Por ser crime material se consuma com a efetiva lesão da vítima. A pluralidade de lesões contra a mesma vítima e no mesmo contexto temporal caracteriza crime único, mas deve influenciar na dosimetria da pena-base (art. 59, CP).

A tentativa só é cabível nas modalidades dolosas. Não cabe tentativa na lesão culposa e na lesão corporal seguida de morte.

Lesão corporal (art. 29, CP)	Contravenção penal de vias de fato (art. 21, LCP)
Lesionar a vítima.	Agredir a vítima, sem lesioná-la Ex.: empurrão, puxão de cabelo.

Lesão corporal leve

A ação penal é pública condicionada à representação da vítima, de competência dos Juizados Especiais Criminais (art. 88 da Lei nº 9.099/95).

O conceito de Lesão Leve é considerado por exclusão: será de natureza leve se não for a lesão de natureza grave ou gravíssima.

Há jurisprudência admitindo o princípio da insignificância na lesão corporal, quanto às lesões levíssimas. Na doutrina, esse posicionamento é adotado por José Henrique Pierangeli

Lesão corporal de natureza grave

§ 1º. Se resulta

I. Incapacidade para as ocupações habituais, por mais de trinta dias;

II. Perigo de vida;

III. Debilidade permanente de membro, sentido ou função;

IV. Aceleração de parto:

Pena - reclusão, de um a cinco anos.

Trata-se de infração de médio potencial ofensivo, considerando que a pena mínima é de um ano.

A ação penal é pública incondicionada.

Incapacidade para as ocupações habituais por mais de trinta dias.

As ocupações habituais são aquelas rotineiras, física ou mental, do cotidiano do ofendido e não apenas seu trabalho. É suficiente tratar-se de ocupação concreta, pouco importando se lucrativa ou não.

A atividade deve ser lícita, sendo indiferente se moral ou imoral.

Prostituta pode. Ladrão não pode.

Um bebê de tenra idade pode ser vítima dessa lesão? A resposta é afirmativa e há jurisprudência nesse sentido, trazendo como exemplo a hipótese em que o bebê, em razão da agressão não pode ser alimentado, pelo prazo de 30 dias.

É irrelevante a idade da vítima (pode ser idosa ou criança).

São exigidos dois exames periciais: um inicial realizado logo após o crime; e um exame complementar realizado logo que decorra o prazo de 30 dias da data do crime.

Supondo que a vítima sofra uma lesão ficando com um hematoma no olho, e, por vergonha não saiu de casa pelo prazo superior a trinta dias, nessa hipótese, restou configurado o delito de lesões corporais graves? Ensina a doutrina, seguida pela jurisprudência, que a relutância por vergonha de praticar as ocupações habituais não agrava o crime. É a lesão que deve incapacitar o agente e não a vergonha da lesão.

Perigo de vida

Perigo de vida é a possibilidade grave, concreta e imediata de a vítima morrer em consequência das lesões sofridas. Trata-se de perigo concreto, comprovado por perícia médica, que deve indicar, de modo preciso e fundamentado, no que consistiu o perigo de vida proporcionado à vítima.

Nesta hipótese, é crime tipicamente PRETERDOLOSO, pois o resultado agravador deve resultar de culpa do agente.

Se o agente, ao praticar a lesão, quis o resultado ou assumiu o risco de produzi-lo, responderá por tentativa de homicídio.

O crime preterdoloso não está apenas na lesão corporal seguida de morte. O perigo de vida é um resultado necessariamente preterdoloso. O inciso II ora discutido nada mais é que um crime preterdoloso, isto é, dolo na lesão e culpa no perigo de vida. Está-se, pois, diante de um crime necessariamente preterdoloso.

Debilidade permanente de membro, sentido ou função.

Debilidade é a diminuição ou o enfraquecimento da capacidade funcional. Há de ser permanente, isto é, duradoura e de recuperação incerta. Não se exige perpetuidade.

Ex.: O agente não fica cego, mas tem reduzida a capacidade visual.

Membros	São os braços, pernas, mãos e pés.
Sentidos	São os mecanismos sensoriais por meio dos quais percebemos o mundo externo: visão, audição, tato, olfato e paladar.
Função	É a atividade inerente a um órgão ou aparelho do corpo humano: respiratória, circulatória, digestiva etc.

A perda ou inutilização de membro sentido ou função é lesão corporal gravíssima (art. 129, §2º, III, CP).

Órgãos duplos: (Ex.: Rins, olhos, pulmões) a perda de um deles caracteriza lesão grave pela debilidade permanente. Já a perda de ambos configura lesão corporal gravíssima pela perda ou inutilização.

A recuperação do membro, sentido ou função por meio cirúrgico ou ortopédico não exclui a qualificadora, pois a vítima não é obrigada a submeter-se a tais procedimentos.

Aceleração de parto

É a antecipação do parto, o parto prematuro. A criança nasce com vida e continua a viver.

Para incidir essa qualificadora do inciso IV, é imprescindível que o agente saiba ou pudesse saber que a vítima da lesão era gestante, sob pena de restar caracterizada a responsabilidade penal objetiva, vedada pelo ordenamento jurídico. É necessário observar ainda que, em nenhuma dessas hipóteses o agente aceita ou quer o abortamento.

Se em consequência da lesão o feto for expulso morto do ventre materno, o crime será de lesão corporal gravíssima em razão do aborto (art. 129, §2º, V, CP).

Lesão corporal dolosa gravíssima

§ 2º. Se resulta
I. Incapacidade permanente para o trabalho;
II. Enfermidade incurável;
III. Perda ou inutilização do membro, sentido ou função;
IV. Deformidade permanente;
V. Aborto:
Pena *- reclusão, de dois a oito anos.*

Em concurso, restou indagado se a expressão gravíssima era criação da lei, doutrina ou jurisprudência. Referida expressão é criação da doutrina que foi seguida pela jurisprudência.

A Lei nº 9.455/97, que é a lei de tortura, adotou a expressão doutrinária gravíssima. Na lei de tortura, no art. 1º, §3º, há expressa menção à lesão grave ou gravíssima.

Incapacidade permanente para o trabalho

Deve tratar-se de incapacidade genérica para o trabalho, ou seja, a vítima fica impossibilitada de exercer qualquer tipo de atividade laborativa remunerada.

A incapacidade não significa perpetuidade, basta que seja uma incapacidade duradoura, dilatada no tempo.

Enfermidade incurável.

É a alteração prejudicial da saúde por processo patológico, físico ou psíquico, que não pode ser eficazmente combatida com os recursos da medicina à época do crime. Deve ser provada por exame pericial.

Também é considerada incurável a enfermidade que somente pode ser enfrentada por procedimento cirúrgico complexo ou mediante tratamentos experimentais ou penosos, pois a vítima não pode ser obrigada a enfrentar tais situações.

A transmissão intencional do vírus da AIDS no Brasil é tida como de natureza letal, pelo que é considerada tentativa de homicídio. O certo seria a criação de tipo penal específico sobre a transmissão intencional do vírus da AIDS.

Em recente julgado o STF afastou essa ideia. Entendeu a Corte Suprema, recentemente, que não se trata de tentativa de homicídio a transmissão intencional do vírus da AIDS.

Perda ou inutilização de membro, sentido ou função

Perda: é a amputação, a destruição ou privação de membro (ex.: arrancar um braço), sentido (ex.: perda da audição), função (ex.: ablação do pênis que extingue a função reprodutora). Pode concretizar-se por meio de mutilação (o membro, sentido ou função é eliminado diretamente pela conduta do agressor) ou amputação (resulta da intervenção médico-cirúrgica realizada para salvar a vida do ofendido).

Inutilização: falta de aptidão do órgão para desempenhar sua função específica. O membro ou órgão continua ligado ao corpo da vítima, mas incapacitado para desempenhar as atividades que lhe são próprias.

Ex.: A vítima ficou paraplégica.

A correção corporal da vítima por meios ortopédicos ou próteses não afasta a qualificadora, ao contrário do reimplante realizado com êxito.

A perda de parte do movimento de um membro (braço, perna, mão ou pé) configura lesão grave pela debilidade permanente. Todavia, a perda de todo o movimento caracteriza lesão corporal gravíssima pela inutilização.

Deformidade permanente

Segundo doutrina a jurisprudência majoritária, esta qualificadora está intimamente relacionada a questões estéticas. Desse modo, precisa ser visível, mas não necessariamente na face, e capaz de causar impressão vexatória em quem olha a vítima.

A vítima não é obrigada a se submeter a intervenção cirúrgica para a reparação da deformidade. Caso, no entanto, se submeta, e a deformidade seja corrigida, desaparecerá a qualificadora, sendo cabível, inclusive, a revisão criminal. A correção da deformidade com o uso de prótese (ex.: olho de vidro, orelha de borracha ou aparelho ortopédico) não exclui a qualificadora.

Aborto.

Essa qualificadora é necessariamente preterdolosa. Há dolo na lesão e culpa no aborto. Se o agente quer, ou assume o risco do aborto haverá concurso de crimes.

A interrupção da gravidez, com a consequente morte do produto da concepção, deve ter sido provocada culposamente, pois se trata de crime preterdoloso.

Se a morte do feto foi proposital, o sujeito responderá por dois crimes: lesão corporal em concurso formal impróprio com aborto sem o consentimento da gestante (art. 125). É obrigatório o conhecimento da gravidez por parte do agressor.

Lesão corporal seguida de morte

> **§ 3º.** Se resulta morte e as circunstâncias evidenciam que o agente não quis o resultado, nem assumiu o risco de produzi-lo.
> **Pena** - reclusão, de quatro a doze anos.

É crime exclusivamente preterdoloso (dolo no antecedente – lesão - e culpa no consequente – morte). Esse crime não vai a júri, considerando que não há dolo na morte.

A morte foi ocasionada a título culposo – temos o típico caso de crime preterdoloso (dolo na conduta antecedente e culpa na posterior).

Se presente o dolo direto ou dolo eventual quanto ao resultado morte, o sujeito responderá por homicídio doloso.

Essa modalidade de lesão corporal não admite tentativa.

Lesão corporal privilegiada

> *Diminuição de Pena*
> **§ 4º.** Se o agente comete o crime impelido por motivo de relevante valor social ou moral ou sob o domínio de violenta emoção, logo em seguida a injusta provocação da vítima, o juiz pode reduzir a pena de um sexto a um terço.

Esse privilégio se aplica a todos os tipos de lesão dolosa, contudo, é incabível nas lesões culposas.

Mesmas características do homicídio privilegiado (art. 121, §1º, do CP).

> *Substituição da Pena*
> **§ 5º.** O juiz, não sendo graves as lesões, pode ainda substituir a pena de detenção pela de multa:
> **I.** Se ocorre qualquer das hipóteses do parágrafo anterior;
> **II.** Se as lesões são recíprocas.

A situação da substituição de penas somente se aplica ao *caput*, considerando que exige que as lesões corporais não sejam graves. A possibilidade de substituição, assim, somente se dá com a hipótese de lesões leves.

Quando a Lesão Corporal Leve for Privilegiada

Desse modo, caso as lesões sejam leves, o juiz terá duas opções: reduzir a pena de 1/6 a 1/3 (§4º) ou substituí-la por multa (§5º).

Se as Lesões Leves Forem Recíprocas

Uma pessoa agride outra e, cessada essa primeira agressão, ocorrer uma outra lesão pela primeira vítima.

Lesão corporal culposa

> **§ 6º.** Se a lesão é culposa:
> **Pena** - detenção, de dois meses a um ano.

Ocorre lesão corporal culposa quando o agente faltou com seu dever de cuidado objetivo por meio de imprudência, negligência ou imperícia. Desse modo, as consequências, embora previsíveis, não foram previstas pelo agente, ou se foram, ele não assumiu o risco de produzir o resultado.

Essa espécie de lesão depende de representação da vítima ou de seu representante legal (art. 88, Lei nº 9.099/95), pois é crime de ação penal pública condicionada a representação e infração penal de menor potencial ofensivo (pena máxima menor que dois anos).

Diferentemente do que ocorre com as lesões dolosas (que podem ser leves, graves ou gravíssimas) o CP não fez distinção com relação às lesões culposas. Desse modo, qualquer que seja a intensidade da lesão, o agente responderá por lesão corporal CULPOSA. A gravidade da lesão será levada em consideração na fixação da pena-base (art. 59).

Aumento de pena

> **§ 7º.** Aumenta-se a pena de um terço, se ocorrer qualquer das hipóteses do art. 121, §§ 4º e 6º.
> **Art. 121**, §4º, CP. No homicídio culposo, a pena é aumentada de 1/3 (um terço), se o crime resulta de inobservância de regra técnica de profissão, arte ou ofício, ou se o agente deixa de prestar imediato socorro à vítima, não procura diminuir as consequências do seu ato, ou foge para evitar prisão em flagrante. Sendo DOLOSO o homicídio, a pena é aumentada de 1/3 (um terço) se o crime é praticado contra pessoa menor de 14 (quatorze) ou maior de 60 (sessenta) anos.
> **Art. 121**, §4º, CP. A pena é aumentada de 1/3 (um terço) até a metade se o crime for praticado por milícia privada, sob o pretexto de prestação de serviço de segurança, ou por grupo de extermínio.

DOS CRIMES CONTRA A PESSOA

§ 8º. Aplica-se à lesão culposa o disposto no § 5º do art. 121.
Art. 121, § 5º, CP. *Na hipótese de homicídio CULPOSO, o juiz poderá deixar de aplicar a pena, se as consequências da infração atingirem o próprio agente de forma tão grave que a sanção penal se torne desnecessária.*
Violência Doméstica
§ 9º. Se a lesão for praticada contra ascendente, descendente, irmão, cônjuge ou companheiro, ou com quem conviva ou tenha convivido, ou, ainda, prevalecendo-se o agente das relações domésticas, de coabitação ou de hospitalidade:
Pena - detenção, de 3 (três) meses a 3 (três) anos.
§ 10. Nos casos previstos nos §§ 1º a 3º deste artigo, se as circunstâncias são as indicadas no § 9º deste artigo, aumenta-se a pena em 1/3 (um terço).
§ 11. Na hipótese do § 9º deste artigo, a pena será aumentada de um terço se o crime for cometido contra pessoa portadora de deficiência.

A forma qualificada do §9º só se aplica à lesão corporal LEVE.

§ 13. Se a lesão for praticada contra a mulher, por razões da condição do sexo feminino, nos termos do § 2º-A do art. 121 deste Código:
Pena - reclusão, de 1 (um) a 4 (quatro anos).

A Lei nº 14.188 de 2021 acrescentou o § 13 ao artigo 129. Trata-se de nova qualificadora para a lesão corporal simples (leve) cometida contra a mulher por razões da condição do sexo feminino. Assim, se a lesão for praticada contra a mulher, por razões da condição do sexo feminino, a conduta se enquadra no § 13 do artigo 129.

Nos demais casos (ex: vítima homem) a conduta continua sendo tipificada no § 9º do art. 129 do CP.

Se a lesão for grave, gravíssima ou seguida de morte, aplica-se o § 1º (grave), § 2º (gravíssima) ou o § 3º (lesão seguida de morte) cumulada com a causa de aumento de pena do § 10.

Pode ser causa supralegal de exclusão da ilicitude (somente na lesão corporal leve), desde que presentes os seguintes requisitos, cumulativos:

> Deve ser expresso;
> Livre (não pode ter sido concedido em razão de coação ou ameaça);
> Ser moral e respeitar os bons costumes;
> Deve ser prévio à consumação da lesão;
> O ofendido deve ser capaz para consentir (maior de 18 anos e mentalmente capaz).

Durante a relação sexual, a mulher pede ao seu parceiro que a bata com força.

É irrelevante o consentimento do ofendido nos crimes de lesão corporal grave, gravíssima e seguida de morte, pois o bem jurídico protegido nestas hipóteses é indisponível.

Autolesão: em razão do princípio da alteridade, não se pune a autolesão. Todavia, pode caracterizar o crime descrito no art. 171, §2º, V, CP (Fraude para recebimento de indenização ou valor de seguro).

Ex.: Jogador de golfe quebra o próprio braço para receber o valor do seguro.

Lesões em atividades esportivas: há a exclusão da ilicitude em razão do exercício regular do direito.

Cirurgias emergenciais: se há risco de morte do paciente, o médico que atua sem o consentimento do operado estará amparado pelo estado de necessidade de terceiro. Se não há risco de morte, a cirurgia depende de consentimento da vítima ou de seu representante legal para afastar o crime pelo exercício regular do direito.

Cirurgia de mudança de sexo: não há crime de lesão corporal gravíssima por ausência de dolo de lesionar a integridade corporal ou a saúde do paciente. Atualmente é permitida a realização dessa cirurgia – redesignação sexual – inclusive na rede pública de saúde (Portaria do Ministério da Saúde nº 1.707 de 19/08/08). Desse modo, o médico que realiza este procedimento não comete crime por estar acobertado pelo exercício regular de direito.

Cirurgia de esterilização sexual: não há crime na conduta do médico que realiza esta cirurgia (vasectomia, ligadura de trompas etc.) com a autorização do paciente, apesar da eliminação da função reprodutora. Exercício regular de direito.

4.3 Da Periclitação da Vida e da Saúde

Perigo de contágio venéreo

Art. 130. *Expor alguém, por meio de relações sexuais ou qualquer ato libidinoso, a contágio de moléstia venérea, de que sabe ou deve saber que está contaminado:*
Pena - detenção, de três meses a um ano, ou multa.
§ 1º. Se é intenção do agente transmitir a moléstia:
Pena - reclusão, de um a quatro anos, e multa.
§ 2º. Somente se procede mediante representação.

Esse crime configura-se quando o agente transmite ou expõe a perigo de contágio de uma doença venérea (sífilis, gonorreia etc.), bem como, caso ele a desconheça, venha a infectar uma possível vítima.

A forma de transmitir a doença pode ser por meio de relações sexuais (conjunção carnal), ou por qualquer outro ato libidinoso (ação que satisfaça a libido do agente, beijo lascivo, sexo oral, sexo anal, masturbação, etc.).

Se a intenção do agente é transmitir a doença, por tratar-se de crime formal, não é necessário o contágio.

O §1º traz a forma qualificada do crime, ou seja, quando o agente tem a intenção (dolo) de transmitir a doença.

> A AIDS não é considerada uma moléstia venérea, visto que pode ser contraída ou transmitida de diversas formas, além do contato sexual.

Perigo de contágio de moléstia grave

Art. 131. *Praticar, com o fim de transmitir a outrem moléstia grave de que está contaminado, ato capaz de produzir o contágio:*
Pena - reclusão, de um a quatro anos, e multa.

Trata-se de crime de dano (caso exponha a perigo sem querer ou assumir o risco será hipótese do art. 132, CP), Formal (não precisa transmitir) e de Forma Livre.

Nesse delito, o agente tem o fim especial de agir, ou seja, pratica um ato (diverso do contato sexual) com a intenção de transmitir uma moléstia grave (qualquer doença que acarrete em prejuízo a saúde da vítima – não sendo venérea), por exemplo, sarampo, tuberculose etc.

Ademais, em relação à AIDS, visto seu grau letal, é considerado como tentativa de homicídio (art. 121 do CP), não há possibilidade alguma de enquadrá-la como moléstia grave.

Perigo para vida ou saúde de outrem

Art. 132. *Expor a vida ou a saúde de outrem a perigo direto e iminente:*
Pena - *detenção, de três meses a um ano, se o fato não constitui crime mais grave.*
Parágrafo único. *A pena é aumentada de um sexto a um terço se a exposição da vida ou da saúde de outrem a perigo decorre do transporte de pessoas para a prestação de serviços em estabelecimentos de qualquer natureza, em desacordo com as normas legais.*

Estará configurado o crime quando o agente, de qualquer forma, expõe ao perigo a vida de uma pessoa determinada. Tal ação pode ser praticada de forma livre, ou seja, não exige uma conduta específica.

Soltar uma pedra do alto de um viaduto sobre um carro que passa pela rodovia com intenção de causar um acidente.

Caso a conduta do agente não seja contra uma pessoa determinada, restará configurado crime diverso que será avaliado de acordo com a situação (Arts. 250 a 259 do CP).

Abandono de incapaz

Art. 133. *Abandonar pessoa que está sob seu cuidado, guarda, vigilância ou autoridade, e, por qualquer motivo, incapaz de defender-se dos riscos resultantes do abandono:*
Pena - *detenção, de seis meses a três anos.*
§ 1º. *Se do abandono resulta lesão corporal de natureza grave:*
Pena - *reclusão, de um a cinco anos.*
§ 2º. *Se resulta a morte:*
Pena - *reclusão, de quatro a doze anos.*
Aumento de Pena
§ 3º. *As penas cominadas neste artigo aumentam-se de um terço:*
I. *Se o abandono ocorre em lugar ermo;*
II. *Se o agente é ascendente ou descendente, cônjuge, irmão, tutor ou curador da vítima.*
III. *Se a vítima é maior de 60 (sessenta) anos.*

Trata-se crime próprio. O tipo penal incrimina a conduta do agente, que tendo o dever de cuidado, guarda, vigilância ou autoridade abandona, desampara, deixa de prestar o devido cuidado com aquele que seja incapaz de se proteger (defender). O agente possui a condição de garantidor – dever de agir.

Ex.: A mãe deixa o filho em um parque central enquanto percorre lojas realizando compras, ou então, deixa-o dentro do veículo enquanto está no interior de um supermercado. Uma babá, que deixa a criança sozinha dentro de casa enquanto vai à feira.

O incapaz não precisa ser necessariamente uma criança. Por exemplo, uma instrutora de escola de natação que deixa os alunos sozinhos na piscina enquanto vai ao banheiro.

Se o abandono se dá em uma situação em que não há risco, não haverá crime. Para a existência do delito deve haver o dolo de perigo.

Ademais, os parágrafos primeiro e segundo qualificam o crime quando do abandono resultar lesão corporal de natureza grave, ou a morte do incapaz. Por conseguinte, a pena será aumentada (majorante) quando o abandono ocorrer em local ermo, se o incapaz for ascendente, descendente, cônjuge, irmão, tutor, curador, ou se a vítima for maior de 60 anos, conforme o § 3º do referido artigo.

Exposição ou abandono de recém-nascido

Art. 134. *Expor ou abandonar recém-nascido, para ocultar desonra própria:*
Pena - *detenção, de seis meses a dois anos.*
§ 1º. *Se do fato resulta lesão corporal de natureza grave:*
Pena - *detenção, de um a três anos.*
§ 2º. *Se resulta a morte:*
Pena - *detenção, de dois a seis anos.*

Esse delito é considerado uma forma privilegiada do crime de abandono de incapaz, artigo anterior, no entanto, nesse caso, a vítima é determinada – o recém-nascido – ademais, tal conduta visa a proteção da honra do agente.

Pode-se citar o exemplo de uma jovem de 18 anos, mãe solteira, que abandona seu filho recém-nascido para preservar sua imagem perante a família.

Por conseguinte, também existe a forma qualificada do crime, expressa nos parágrafos primeiro e segundo, no caso de a ação resultar em lesão corporal de natureza grave ou a morte do recém-nascido.

Omissão de socorro

Art. 135. *Deixar de prestar assistência, quando possível fazê-lo sem risco pessoal, à criança abandonada ou extraviada, ou à pessoa inválida ou ferida, ao desamparo ou em grave e iminente perigo; ou não pedir, nesses casos, o socorro da autoridade pública:*
Pena - *detenção, de um a seis meses, ou multa.*
Parágrafo único. *A pena é aumentada de metade, se da omissão resulta lesão corporal de natureza grave, e triplicada, se resulta a morte.*

Essa norma penal tipifica a conduta omissa do agente que não presta auxílio – desde que tal prestação não incorra em risco pessoal – ou, quando não puder fazê-lo, deixa de pedir o socorro da autoridade pública.

Classificação

É considerado um crime COMUM, visto que pode ser praticado por qualquer pessoa.

É um crime OMISSIVO PRÓPRIO ou PURO, pois a conduta omissiva está prevista no artigo análise, ocorrendo quando o agente deixa de fazer o que lhe é imposto por lei – prestar socorro.

Comumente é praticado apenas por uma pessoa, sendo que é perfeitamente possível que haja o concurso de agentes, art. 29 do CP.

Sujeitos do crime

Sendo crime comum, o sujeito ativo pode ser qualquer pessoa, enquanto o sujeito passivo são as pessoas elencadas no *caput* do próprio artigo: criança abandonada ou extraviada (perigo abstrato). Pessoa ferida ou inválida com sérias dificuldades de movimentação (perigo abstrato). Ao desamparo ou em grave e eminente perigo (perigo concreto).

Consumação e tentativa

O crime se consuma no momento da omissão. Ademais, não configura-se o crime quando a vítima ofereça resistência que torne impossível a prestação de auxílio, ou então, caso ela esteja manifestamente em óbito.

Não admite tentativa.

descrição do crime

O crime pode ser cometido de duas formas distintas:

Falta de assistência imediata: o agente pode prestar socorro, sem risco pessoal, mas deliberadamente não o faz.

Falta de assistência mediata: o agente não pode prestar pessoalmente o socorro, mas também não solicita o auxílio da autoridade pública.

A simples condição de médico não o coloca como garantidor.

Pessoa inválida e pessoa ferida: é imprescindível que se encontrem ao desamparo no momento da omissão.

Se apenas uma pessoa presta o socorro, quando diversas poderiam tê-lo feito sem risco pessoal, não há crime para ninguém.

Omissão de socorro a pessoa idosa (igual ou superior a 60 anos), responde conforme o art. 97, da Lei nº 10.741/03 – Estatuto do Idoso (princípio da especialidade).

> *Parágrafo único. A pena é aumentada de metade, se da omissão resulta lesão corporal de natureza grave, e triplicada, se resulta a morte.*

A causa de aumento de pena é exclusivamente preterdolosa, o agente tem o dolo de se omitir (não presta o socorro) e disto, acaba resultando uma consequência não desejada pelo omitente.

Condicionamento de atendimento médico-hospitalar emergencial

> *Art. 135-A. Exigir cheque-caução, nota promissória ou qualquer garantia, bem como o preenchimento prévio de formulários administrativos, como condição para o atendimento médico-hospitalar emergencial:*
> *Pena - detenção, de 3 (três) meses a 1 (um) ano, e multa.*
> *Parágrafo único. A pena é aumentada até o dobro se da negativa de atendimento resulta lesão corporal de natureza grave, e até o triplo se resulta a morte.*

Esse delito tipifica a conduta do estabelecimento que presta atendimento médico-hospitalar emergencial e venha a exigir cheque, nota promissória ou qualquer garantia, como também, que sejam preenchidos formulários como condição necessária para que o socorro – atendimento médico seja prestado.

Existe ainda o aumento de pena, tratado no parágrafo único, que incide quando a conduta negativa resulta em lesão corporal grave ou morte.

Inserido no Código Penal pela Lei nº 12.653/12, a fim de coibir uma prática que era comum em estabelecimentos médico-hospitalares particulares.

Maus-tratos

> *Art. 136. Expor a perigo a vida ou a saúde de pessoa sob sua autoridade, guarda ou vigilância, para fim de educação, ensino, tratamento ou custódia, quer privando-a de alimentação ou cuidados indispensáveis, quer sujeitando-a a trabalho excessivo ou inadequado, quer abusando de meios de correção ou disciplina:*
> *Pena - detenção, de dois meses a um ano, ou multa.*
> *§ 1º. Se do fato resulta lesão corporal de natureza grave:*
> *Pena - reclusão, de um a quatro anos.*
> *§ 2º. Se resulta a morte:*
> *Pena - reclusão, de quatro a doze anos.*
> *§ 3º. Aumenta-se a pena de um terço, se o crime é praticado contra pessoa menor de 14 (catorze) anos.*

Esse artigo tipifica a conduta do agente que pratica, sob a pessoa que esteja subordinada à sua autoridade, guarda ou vigilância, atos não condizentes como forma ou a pretexto de educá-la, ensiná-la, tratá-la ou reprimi-la.

Classificação

Trata-se de crime PRÓPRIO, ou seja, o sujeito ativo deve ser superior hierárquico do sujeito passivo.

É um crime comissivo ou omissivo, porém suas condutas são vinculadas, ou seja, o artigo traz, expressamente, a forma como a conduta do agente deve ocorrer.

Haverá crime único desde que as condutas sejam praticadas contra a mesma vítima e no mesmo contexto fático.

Sujeitos do crime

Sujeito Ativo: é um crime próprio, ou seja, somente aquele que tem o sujeito passivo sob sua autoridade, guarda ou vigilância, para fins de educação, ensino, tratamento ou custódia.

Sujeito Passivo: é aquele que se encontra sob a autoridade, guarda ou vigilância de outra pessoa, para fins de educação, ensino, tratamento ou custódia.

Consumação e tentativa

O crime consuma-se com a exposição da vítima ao perigo. Não se exige o dano efetivo.

A conduta de privação de alimentos ou cuidados indispensáveis (modalidade omissiva) não admite tentativa. Contudo, as demais condutas admitem a tentativa.

Descrição do crime

Apenas pode ser executado pelos meios/condutas indicados no tipo penal, sendo as seguintes:

> Privar a vítima de alimentos ou cuidados indispensáveis: caso a intenção do agente, ao privar a vitima de alimentos, seja matá-la, responderá pelo crime de homicídio (tentado ou consumado);
> Sujeitar a vítima a trabalhos excessivos ou inadequados;
> Abusar dos meios de disciplina ou correção.

As formas qualificadas do crime de maus-tratos (lesão corporal de natureza grave e morte) são exclusivamente preterdolosas – conduta dolosa no antecedente e culpa no consequente.

Aumenta-se a pena de 1/3 se o crime é praticado contra pessoa menor de 14 anos.

A esposa não pode ser vítima de maus-tratos pelo marido, visto que não se encontra sob sua autoridade, guarda ou vigilância. Desse modo, o marido poderá responder pelo crime de lesão corporal (art. 129 do CP).

Tratando-se de criança ou adolescente sujeita à autoridade, guarda ou vigilância de alguém e submetida a vexame ou constrangimento, aplica-se o art. 232 da Lei nº 8.069/90 (ECA): submeter criança ou adolescente sob sua autoridade, guarda ou vigilância a vexame ou a constrangimento: pena – detenção de seis meses a dois anos.

A diferença entre o crime de maus-tratos e o crime de Tortura (Lei nº 9.455/97), reside no fato de que nesta a vítima é submetida a intenso sofrimento físico ou mental como forma de aplicar castigo pessoal ou medida de caráter preventivo (art. 1º, II, Lei nº 9.455/97).

Caso a vítima seja idosa, incide o crime previsto no art. 99 da Lei nº 10.741/2003 - Estatuto do Idoso.

4.4 Da Rixa

Art. 137. Participar de rixa, salvo para separar os contendores:
Pena - detenção, de quinze dias a dois meses, ou multa.
Parágrafo único. Se ocorre morte ou lesão corporal de natureza grave, aplica-se, pelo fato da participação na rixa, a pena de detenção, de seis meses a dois anos.

A rixa é um conflito tumultuoso que ocorre entre três ou mais pessoas, acompanhada de vias de fato (luta, briga), em que os participantes desferem violências recíprocas, não sendo possível identificar dois grupos distintos.

Trata-se de crime comum, pois pode ser praticado por qualquer pessoa.

Ainda, enquadra-se em um delito plurissubjetivo, plurilateral ou de concurso necessário, visto que, para configurar o crime, devem existir no mínimo três pessoas. Por conseguinte, basta que apenas um dos participantes seja imputável (dois menores e um maior de 18 anos).

Também é considerado um crime de condutas contrapostas, ou seja, todos os participantes trocam agressões entre si, ora apanha, ora bate.

Sujeitos do crime

No crime de rixa, ao mesmo tempo em que o agente é sujeito ativo, ele também é sujeito passivo, pois assim como agride também sofre agressão - reciprocidade.

Consumação e tentativa

A consumação ocorre no momento em que os participantes iniciam as vias de fato ou ainda as violências recíprocas.

Admite a tentativa, quando ocorre, por exemplo, a intervenção policial no momento em que iriam se iniciar as agressões.

Descrição do crime

Os três ou mais rixosos devem combater entre si, pois participa da rixa quem nela pratica, agressivamente, atos de violência material.

Não há rixa quando lutam entre si dois ou mais grupos contrários, perfeitamente definidos. Nesse caso, os membros de cada grupo devem ser responsabilizados pelos ferimentos produzidos nos membros do grupo contrário.

O crime pode ser praticado de forma comissiva (o agente participa efetivamente da rixa), ou omissiva (quando o omitente podia e devia agir para evitar o resultado).

Ex.: O policial que assiste a três pessoas brigando entre si e nada faz para impedir o resultado.

Não há crime na conduta de quem ingressou no tumulto somente para separar os contendores.

Sendo considerado um crime de perigo abstrato, para que se configure o delito não há necessidade de que os participantes sofram lesões, o simples fato de participar da rixa já configura o em crime.

O contato físico é dispensável, sendo perfeitamente possível a rixa a distância com o arremesso de objetos, tiros, etc.

Na possibilidade em que ocorrer lesão corporal de natureza leve em algum dos participantes e o agente que a causou possa ser identificado, nessa hipótese, ele responderá pelo crime de rixa em concurso material com o crime de lesão, se resulta em lesão corporal grave/gravíssima ou a morte, estará configurado o crime de rixa qualificada.

A briga entre torcidas não configura rixa, mas sim o tipo penal descrito no art. 41-B da Lei nº 10.671/2003 – Estatuto do Torcedor. Trata-se de um tipo penal específico incluído pela Lei nº 12.299/2010.

Rixa qualificada – também é conhecida como rixa complexa.

Parágrafo único. Se ocorre morte ou lesão corporal de natureza grave, aplica-se, pelo fato da participação na rixa, a pena de detenção, de seis meses a dois anos.

Trata-se de um dos últimos resíduos da responsabilidade penal objetiva - antigamente adotada pelo ordenamento jurídico brasileiro - pois, nesta hipótese, independe qual dos rixosos foi o responsável pela produção do resultado agravador – lesão corporal grave ou morte - todos aqueles que participaram responderão na modalidade qualificada.

Ainda, não importa se a morte ou a lesão corporal grave seja produzida em um dos rixosos ou então em uma terceira pessoa, alheia à rixa (apaziguador ou mero transeunte).

Há aqui três sistemas de punição:

Sistema da solidariedade absoluta: se da rixa resultar lesão grave ou morte, todos os participantes respondem pelo evento (lesão grave ou homicídio), independentemente de se apurar quem foi o seu real autor.

Sistema da cumplicidade correspectiva: havendo lesão grave ou morte, e não sendo apurado seu autor, todos os participantes respondem por esse resultado, sofrendo, entretanto, sanção intermediária à de um autor e de um partícipe.

Sistema da autonomia: a rixa é punida por si mesma, independentemente do resultado morte ou lesão grave, o qual, se ocorrer, somente qualificará o delito. Apenas o causador da lesão grave ou morte, se identificado, é que responderá também pelos delitos dos Arts. 121 e 129 do CP.

O CP adotou o princípio ou sistema da autonomia, nos termos do art. 137, parágrafo único:

> **Parágrafo único.** *Se ocorre morte ou lesão corporal de natureza grave, aplica-se, pelo fato da participação na rixa, a pena de detenção, de seis meses a dois anos.*

Até mesmo o rixoso que sofreu lesão corporal grave responde pela rixa qualificada (todos os que se envolvem no tumulto, daí sobrevindo lesão corporal grave ou morte respondem pela rixa qualificada).

O resultado agravador (lesão corporal grave ou a morte) pode ser doloso ou culposo, não se tratando de crime essencialmente preterdoloso.

Caso o resultado seja lesões leves ou ocorra uma tentativa de homicídio, não é capaz de qualificar a rixa.

Ex.: "A" participou da rixa, mas abandonou ANTES da produção do resultado agravador (lesão corporal grave ou morte): "A" responde por rixa qualificada, pois concorreu com o seu comportamento anterior para a produção do resultado.

"A" ingressou na rixa DEPOIS da produção do resultado agravador (lesão corporal grave ou morte): "A" responde por rixa simples.

RIXA versus LEGÍTIMA DEFESA – Durante uma rixa um dos participantes, "A", empunha uma arma para matar "B", este, em sua defesa, consegue defender-se, toma a arma de "A" e o mata. Nessa situação, caso "A" conseguisse matar "B", deveria responder pelo crime de rixa qualificada (resultando morte de um dos participantes) em concurso material com o crime de homicídio. Contudo, como "B" conseguiu reagir, em relação ao crime de homicídio que "A" tentara contra ele, caberá à exclusão de ilicitude – legítima defesa – em relação ao crime de homicídio (morte de "A"), porém, ainda assim, "B" e "C" responderão por rixa qualificada, pois a legítima defesa não é relevante para excluir a qualificação do crime de rixa.

4.5 Dos Crimes Contra Honra

Crime	Conduta	Honra ofendida
Calúnia: art. 138, CP	Imputar fato criminoso sabidamente falso.	Há ofensa da honra objetiva. Ofende-se a reputação, diz respeito ao conceito perante terceiros.
Difamação: art. 139, CP	Imputar fato desonroso, em regra não importando se verdadeiro ou falso.	Ofende-se a honra objetiva.
Injúria: Art. 140, CP	É a atribuição de qualidade negativa.	Ofende-se a honra subjetiva, a autoestima, ou seja, o que a vítima pensa dela mesma.

Calúnia

> **Art. 138.** *Caluniar alguém, imputando-lhe falsamente fato definido como crime:*
> **Pena** *- detenção, de seis meses a dois anos, e multa.*
> **§ 1º.** *Na mesma pena incorre quem, sabendo falsa a imputação, a propala ou divulga.*
> **§ 2º.** *É punível a calúnia contra os mortos.*
> *Exceção da Verdade*
> **§ 3º.** *Admite-se a prova da verdade, salvo:*
> *I. Se, constituindo o fato imputado crime de ação privada, o ofendido não foi condenado por sentença irrecorrível;*
> *II. Se o fato é imputado a qualquer das pessoas indicadas no nº I do art. 141;*
> *III. Se do crime imputado, embora de ação pública, o ofendido foi absolvido por sentença irrecorrível.*

Honra objetiva (o que os outros pensam do indivíduo).

Sujeitos do crime

Sujeito Ativo/Passivo: qualquer pessoa (crime comum).

Os mortos também podem ser caluniados, mas seus parentes é que serão os sujeitos passivos do crime. Não há regra semelhante no tocante aos demais crimes contra a honra.

Podem, ainda, ser vítimas os menores e os loucos.

A pessoa jurídica também pode ser sujeito passivo do crime de calúnia, pois pode cometer crimes ambientais (Lei nº 9.605/98).

Mas, observe-se que não podem praticar tal crime pessoas que desfrutam de inviolabilidade funcional.

Ex.: Parlamentares.

Aqui se indaga se advogados são imunes à prática do crime de calúnia. A resposta é que os causídicos não possuem imunidade profissional na calúnia, possuindo a imunidade somente no que tange à difamação e à injúria.

Objeto material

É a pessoa que tem sua honra objetiva ofendida.

Núcleo do tipo

A conduta típica consiste em caluniar alguém (imputar falsamente um fato definido como crime).

A imputação de fato definido como Contravenção Penal (Decreto-Lei nº 3.688/41) não constitui calúnia, pois não é crime, mas poderá caracterizar difamação.

Atribuir falsamente a alguém a prática de um fato atípico não constitui crime de calúnia, mas poderá configurar outro crime contra a honra.

Ex.: dano culposo.

Fato determinado

É imprescindível a imputação da prática de um fato determinado, ou seja, de uma situação concreta, contendo autor, objeto e suas circunstâncias.

Pessoa certa e determinada

A ofensa deve se dirigir a pessoa certa e determinada.

Ex.: Dizer que no dia 25 de dezembro, por volta de 20h00min, Roberto se fantasiou de papai noel e praticou um furto na casa de Pedro, o qual reside no centro da cidade de Cascavel/PR.

Falsidade da imputação

Deve ser falsa a imputação do fato definido como crime. Essa falsidade pode recair sobre o fato (o crime imputado à vítima não ocorreu) ou sobre o envolvimento no fato (o crime ocorreu, mas a vítima não praticou tal delito).

Quando o ofensor, agindo de boa-fé, supõe erroneamente ser verdadeira a afirmação, incidirá em Erro de Tipo. Desse modo, o fato será atípico, pois excluirá o dolo do fato típico.

Consumação

O crime de calúnia se consuma quando terceira pessoa toma conhecimento do fato imputado. Não é necessário que a vítima tome conhecimento da ofensa.

Calúnia X Denunciação Caluniosa

Calúnia (art. 138, CP)	Denunciação Caluniosa (art. 339, CP)
Caluniar alguém, imputando-lhe falsamente fato definido como crime.	Dar causa à instauração de inquérito policial, de procedimento investigatório criminal, de processo judicial, de processo administrativo disciplinar, de inquérito civil ou de ação de improbidade administrativa contra alguém, imputando-lhe crime, infração ético-disciplinar ou ato ímprobo de que o sabe inocente.
É crime contra honra.	É crime contra a Administração da Justiça.
Regra: Ação Penal Privada.	Ação Penal Pública Incondicionada.
Não admite a imputação falsa de contravenção.	Admite (é circunstância que importa na diminuição da pena pela metade (art. 339 §2º, CP).

§ 1º. Na mesma pena incorre quem, sabendo falsa a imputação, a propala ou divulga.
> Propalar: relatar verbalmente.
> Divulgar: relatar por qualquer outro meio (panfletos, outdoors, gestos etc).

Observa-se que também é punível a conduta daquele que propaga e divulga a calúnia criada por outrem.

Responde pelo *caput* quem cria a falsidade e responde pelo §1º do CP a pessoa que divulga (diversa da pessoa que criou – se for a mesma pessoa, o §1º configura *post factum* impunível).

Exclui-se o crime quando o agente age:
> Com *animus jocandi*: intenção de brincar.
> Com *animus consulendi*: intenção de aconselhar.
> Com *animus narrandi*: intenção de narrar (é o animus da testemunha).
> Com *animus corrigendi*: intenção de corrigir.
> Com *animus defendendi*: intenção de defender direito

Exceção da verdade

§ 3º. Admite-se a prova da verdade, salvo:
I. Se, constituindo o fato imputado crime de ação privada, o ofendido não foi condenado por sentença irrecorrível;
II. Se o fato é imputado a qualquer das pessoas indicadas no nº I do art. 141;
III. Se do crime imputado, embora de ação pública, o ofendido foi absolvido por sentença irrecorrível.

Trata-se de incidente processual, forma de defesa indireta, por meio da qual o acusado de ter praticado a calúnia pretende provar a veracidade do que alegou.

Somente haverá o crime de calúnia quando o fato for falso. Desse modo, se a imputação é verdadeira o fato é atípico.

A exceção da verdade é o instrumento adequado para se provar a veracidade do fato imputado a outrem.

A regra é a admissibilidade da exceção da verdade. Todavia, em três situações previstas pelo CP não será admitida a sua utilização:

I. Se, constituindo o fato imputado crime de ação privada, o ofendido não foi condenado por sentença irrecorrível;
II. Se o fato é imputado a qualquer das pessoas indicadas no inciso I do art. 141;
(Presidente da República ou chefe de governo estrangeiro).
III. Se do crime imputado, embora de ação pública, o ofendido foi absolvido por sentença irrecorrível.

Difamação

Art. 139. *Difamar alguém, imputando-lhe fato ofensivo à sua reputação:*
Pena - *detenção, de três meses a um ano, e multa.*

Difamar é imputar a alguém um fato ofensivo à sua reputação.

Subsiste o crime de difamação ainda que seja verdadeira a imputação (salvo quando o ofendido é funcionário público e a ofensa é relativa ao exercício de suas funções), desde que dirigida a ofender a honra alheia.

Objetividade jurídica

Honra objetiva (o que os outros pensam do indivíduo).

O fato pode ser: Verdadeiro ou Falso / Criminoso ou não criminoso / Contravenção penal;

O fato deve ser Determinado.

Objeto material

É a pessoa que tem sua honra objetiva ofendida.

Espécie de honra ofendida

A difamação ofende a honra objetiva.

Consumação e tentativa

Se consuma no momento em que um terceiro toma conhecimento da ofensa.

Morto não pode ser vítima de difamação.

Tendo em vista que pessoa jurídica tem reputação, então pode ser vítima de difamação.

O crime é punido a título de dolo, sendo imprescindível a vontade de ofender a reputação, a intenção de ofender a honra.

Em regra, admite tentativa. No caso de difamação verbal, não se admite a tentativa.

Exceção da verdade

Parágrafo único. *A exceção da verdade somente se admite se o ofendido é funcionário público e a ofensa é relativa ao exercício de suas funções.*

Na difamação, a exceção da verdade somente é admitida se o ofendido é funcionário público e a ofensa é relativa ao exercício de suas funções. É indispensável a relação de causalidade entre a imputação e o exercício da função pública.

Na difamação, a consequência da exceção da verdade, ao contrário da calúnia, atinge a ilicitude, e não a atipicidade da conduta, pois é uma hipótese especial de exercício regular do direito.

A procedência da exceção da verdade na difamação gera a absolvição, sendo uma forma especial de exercício regular de direito.

Art. 138	Art. 139
Admite prova da verdade.	A regra é não admitir a prova da verdade.
Exceções: art. 138, § 3º I, II e III.	Exceção: art. 139, Parágrafo único. Ofendido funcionário público mais ofensa funcional.
Procedência gera a absolvição sob o fundamento da atipicidade.	Procedência gera a absolvição, pois se trata de hipótese de exercício regular de direito. Descriminante especial.
Admite exceção de notoriedade.	Também.

Injúria

Art. 140. *Injuriar alguém, ofendendo-lhe a dignidade ou o decoro:*
Pena - detenção, de um a seis meses, ou multa.
§ 1º. *O juiz pode deixar de aplicar a pena:*
I. Quando o ofendido, de forma reprovável, provocou diretamente a injúria;
II. No caso de retorsão imediata, que consista em outra injúria.
§ 2º. *Se a injúria consiste em violência ou vias de fato, que, por sua natureza ou pelo meio empregado, se considerem aviltantes:*
Pena - detenção, de três meses a um ano, e multa, além da pena correspondente à violência.
§ 3º. *Se a injúria consiste na utilização de elementos referentes a raça, cor, etnia, religião, origem ou a condição de pessoa idosa ou portadora de deficiência:*
Pena - reclusão de um a três anos e multa.

Injuriar é atribuir qualidade negativa à alguém.

Espécie de honra ofendida

Ofende a honra subjetiva da pessoa (o que a pessoa acha de si própria). A consumação ocorre quando a ofensa chega ao conhecimento da vítima.

Ofende a dignidade ou o decoro da vítima:

Na injúria, é irrelevante o fato de a qualidade negativa atribuída à vítima ser ou não verdadeira. Desse modo, se o agente chama uma pessoa de gorda, com a intenção de injuriar, estará configurado o crime de injúria, mesmo que a vítima seja mesmo gorda ou obesa.

> Dignidade: ofende as qualidades morais da pessoa.
Ex.: Chamar alguém de vagabundo.
> Decoro: ofende as qualidades físicas.
Exs.: Chamar alguém de monstro, retardado ou idiota.

Queixa-crime ou denúncia

A queixa-crime ou denúncia oferecida pelo crime de injúria deve descrever, minuciosamente sob pena de inépcia, quais foram as ofensas proferidas contra a vítima, por mais baixas e repudiáveis que possam ser.

Formas de execução

Pode ser praticado por ação ou omissão.

Ex.: "A" estende a mão para cumprimentar "B" e este recusa o cumprimento.

Consumação e tentativa

É crime de execução livre: pode ser praticado por meio de palavras, gestos, escritos etc. Aliás, pode ser praticado por ação ou omissão (o único exemplo dado pela doutrina de injúria por omissão é ignorar ou não retribuir um cumprimento, como forma de humilhar a pessoa na frente de outras).

Como a injúria protege a honra subjetiva, o crime se consuma quando a vítima toma conhecimento da injúria, dispensando-se o efetivo dano à sua honra (é crime formal). Consuma no momento em que o fato chega ao conhecimento da vítima, dispensando efetivo dano a sua dignidade ou decoro.

A tentativa é possível somente na forma escrita. A injúria realizada verbalmente não admite tentativa.

Exceção da verdade: a injúria não admite exceção da verdade, pois o ofensor atribui uma qualidade negativa à vítima e não um fato.

Elemento subjetivo

É o dolo (direto ou eventual). Não admite a modalidade culposa de injúria.

Injúria Contra Funcionário Público X Desacato

Injúria contra funcionário público	Desacato (art. 331, CP)
Atribuir qualidade negativa ao funcionário público durante sua ausência.	A ofensa é realizada na presença do funcionário público no exercício da função ou em razão dela.
É crime contra a honra.	É crime contra a Administração Pública.
Ação Penal Privada (Regra).	Ação Penal Pública Incondicionada.
Ex.: "A" Fala a seus vizinhos que o Promotor da cidade é bandido.	Ex.: "A" Durante uma audiência judicial chama o Juiz de corrupto.

Atenção às imunidades! Quem detém imunidade por palavras, opiniões e votos não pratica calúnia, injúria ou difamação. São eles: senadores, deputados federais, deputados estaduais/distritais, vereadores no limite da vereança, advogado (que tem imunidade profissional na injúria - art. 7º, §2º, do EOAB - a calúnia foi afastada pelo STF).

Pessoa jurídica pode ser vítima de injúria? Não, vez que não possui honra subjetiva, não tem dignidade, decoro. Quanto a isso não há divergência.

Mirabete entende que pessoa jurídica não pode ser vítima de nenhum crime contra a honra, pois esse capítulo se aplicaria apenas às pessoas físicas.

Perdão judicial

§ 1º. O juiz pode deixar de aplicar a pena:
I. Quando o ofendido, de forma reprovável, provocou diretamente a injúria;
II. No caso de retorsão imediata, que consista em outra injúria.

O perdão judicial é causa de extinção da punibilidade (art. 107, IX, CP). A sentença que concede o perdão judicial é declaratória da extinção da punibilidade (Súmula 18, STJ).

Só o perdão do ofendido tem que ser aceito, o perdão do juiz não é oferecido, mas sim imposto.

Trata-se de um direito subjetivo do acusado, e não uma faculdade do juiz. Preenchidos os requisitos, o juiz deve perdoar.

> Quando o ofendido, de forma reprovável, provocou diretamente a injúria;

A provocação tem que ser reprovável e direta.

> No caso de retorsão imediata, que consista em outra injúria.

Retorsão é o revide. Deve ser imediata. É modalidade anômala de legítima defesa. Não há retorsão contra ofensa passada. Existe apenas retorsão imediata no crime de injúria.

Injúria real

§ 2º. Se a injúria consiste em violência ou vias de fato, que, por sua natureza ou pelo meio empregado, se considerem aviltantes:
Pena - detenção, de três meses a um ano, e multa, além da pena correspondente à violência.

É a injúria praticada com meio de execução especial: mediante violência ou vias de fato. Aqui a violência ou as vias de fato são o meio e a injúria é o fim. O agente usa da violência para injuriar.

Jogar ovos em um cantor, cuspir na cara, dar tapa no rosto.

Aviltantes: humilhantes.

O meio de execução é a violência ou então as vias de fato. Se a injúria real for praticada com vias de fato, esta é absorvida.

A lei impõe o concurso material obrigatório entre as penas de injúria real e do resultado da violência (homicídio, lesão corporal etc.).

Injúria qualificada

§ 3º. Se a injúria consiste na utilização de elementos referentes a raça, cor, etnia, religião, origem ou a condição de pessoa idosa ou portadora de deficiência:
Pena - reclusão de um a três anos e multa.

Não pode-se confundir a injúria preconceito (art. 140, §3º, CP) com o crime de racismo (Lei nº 7.716/89). Na injúria, ocorre a atribuição de qualidade negativa. Já no racismo, ocorre a segregação da vítima do convívio social.

Assim como nos demais crimes contra a honra, a ofensa deve ser dirigida a pessoa ou pessoas determinadas.

Injúria Qualificada X Crime de Racismo

Injúria Qualificada (art. 140, § 3º, CP)	Crime de Racismo (Lei nº 7.716/89)
É crime afiançável.	É crime inafiançável.
Ação Penal Pública Condicionada a Representação.	Ação Pública Incondicionada.
Prescritível.	Imprescritível.
Atribuir a alguém qualidade negativa.	Manifestações preconceituosas generalizadas ou segregação racial.
Ex.: Chamar uma pessoa negra de macaco.	Ex.: Hotel que proíbe a hospedagem de pessoas negras. Ex.: Empresa que não contrata pessoas da religião evangélica.

Prevalece na doutrina, que a injúria preconceito não admite o perdão judicial do art. 140, § 1º, tratando-se de violação mais séria à honra da vítima, ferindo uma das fundamentos do Estado Democrático de Direito, qual seja, a dignidade da pessoa humana.

Disposições comuns

Art. 141 - As penas cominadas neste Capítulo aumentam-se de um terço, se qualquer dos crimes é cometido:
I. contra o Presidente da República, ou contra chefe de governo estrangeiro;
II. contra funcionário público, em razão de suas funções;
III. na presença de várias pessoas, ou por meio que facilite a divulgação da calúnia, da difamação ou da injúria.
IV. contra pessoa maior de 60 (sessenta) anos ou portadora de deficiência, exceto no caso de injúria. (Incluído pela Lei nº 10.741, de 2003)
§ 1º - Se o crime é cometido mediante paga ou promessa de recompensa, aplica-se a pena em dobro. (Redação dada pela Lei nº 13.964, de 2019) Vigência
§ 2º - Se o crime é cometido ou divulgado em quaisquer modalidades das redes sociais da rede mundial de computadores, aplica-se em triplo a pena. (Incluído pela Lei nº 13.964, de 2019)

Este artigo não traz qualificadoras, mas sim causas de aumento de pena, majorantes (a serem consideradas pelo juiz na terceira fase de aplicação da pena).

É uma majorante aplicada a todos os crimes do capítulo – injúria, difamação e calúnia. Nenhum desses crimes escapa do aumento quando preenchidos os requisitos.

Aumentam-se de um terço, se qualquer dos crimes é cometido:
I. Contra o Presidente da República, ou contra chefe de governo estrangeiro;

A pena é aumentada de 1/3, em razão da importância das funções desempenhadas pelo Presidente da República e pelo chefe de governo estrangeiro. A conduta criminosa, além de atentar contra a honra de uma pessoa, ofende também os interesses de toda a nação que ela representa.

II. Contra funcionário público, em razão de suas funções.

Esse aumento de pena não se aplica quando a conduta se refere à vida privada do funcionário público.

É necessário o nexo de causalidade entre a ofensa e o exercício da função pública.

III. Na presença de várias pessoas, ou por meio que facilite a divulgação da calúnia, da difamação ou da injúria.

A expressão "várias pessoas" se refere a no mínimo três pessoas. Não se incluindo neste número o ofensor, a vítima e eventuais coautores e partícipes.

O STF, após o julgamento da ADPF nº 130-7/DF decidiu que a Lei de Imprensa (Lei nº 5.250/67) não foi recepcionada pela CF/88. Desse modo, aos crimes contra a honra praticados por meio da imprensa (oral ou escrita) serão aplicadas as disposições do Código Penal (Arts. 138 a 145).

IV. Contra pessoa maior de 60 (sessenta) anos ou portadora de deficiência, exceto no caso de injúria.

Esse inciso foi inserido no CP pela Lei nº 10.741/03 (Estatuto do Idoso). O ofensor tem que ter conhecimento da idade da vítima no momento do crime.

Não se aplica este inciso no caso de injúria, pois neste crime já existe a figura da injúria qualificada (art. 140, §3º, CP) razão pela qual evita-se o bis in idem desta forma.

§ 1º. Se o crime é cometido mediante paga ou promessa de recompensa, aplica-se a pena em dobro.

Hipótese de crime plurissubjetivo ou de concurso necessário. O pagamento, em ambos os casos, pode ser em dinheiro ou qualquer outro bem e a vantagem não precisa ser necessariamente econômica.

Ex.: Promessa de emprego, de casamento, de favores sexuais.

Essa majorante não se aplica ao mandante, apenas ao executor.

§ 2º Se o crime é cometido ou divulgado em quaisquer modalidades das redes sociais da rede mundial de computadores, aplica-se em triplo a pena.

A majorante havia sido vetada pelo Presidente da República, contudo, em abril de 2021 o veto foi derrubado pelo Congresso Nacional. Assim, o crime contra honra cometido por meio das redes sociais – Facebook, Twitter, Instagram, YouTube, LinkedIn, etc... – terá a incidência da referida causa de aumento.

Exclusão do crime

Art. 142. Não constituem injúria ou difamação punível:
I. A ofensa irrogada em juízo, na discussão da causa, pela parte ou por seu procurador;
II. A opinião desfavorável da crítica literária, artística ou científica, salvo quando inequívoca a intenção de injuriar ou difamar;
III. O conceito desfavorável emitido por funcionário público, em apreciação ou informação que preste no cumprimento de dever do ofício.
Parágrafo único. Nos casos dos ns. I e III, responde pela injúria ou pela difamação quem lhe dá publicidade.

Esse dispositivo não se aplica ao crime de calúnia, pois há neste crime o interesse do Estado e da sociedade em realizar a sua apuração.

Ex: advogado diz que o promotor foi subornado pelo réu para pedir sua absolvição.

A imunidade é relativa: para a maioria, a ressalva exarada pela expressão salvo quando se tem intenção de injuriar ou difamar se aplica não apenas ao inciso II, como também aos incisos I e III. Esse é o entendimento da maioria.

Nas hipóteses dos incisos I e III responde pela injúria ou difamação aquele que dá publicidade ao fato. É imprescindível, para tanto, o *animus* em ofender a vítima.

I. A ofensa irrogada em juízo, na discussão da causa, pela parte ou por seu procurador;

Esta excludente de ilicitude não se aplica quando a ofensa é dirigida ao juiz (magistrado), pois este não é parte na causa.

Para o advogado, de acordo com o art. 7º, §2º, da Lei nº 8.906/94 (Estatuto da OAB): O advogado tem imunidade profissional, não constituindo injúria, difamação ou desacato puníveis em qualquer manifestação de sua parte, no exercício de sua atividade, em juízo ou fora dele, sem prejuízo das sanções disciplinares perante a OAB, pelos excessos que cometer.

A expressão desacato foi declarada inconstitucional pelo STF, nos autos da ADIN 1.127-8. Desse modo, o advogado pode praticar o crime de desacato.

II. A opinião desfavorável da crítica literária, artística ou científica, salvo quando inequívoca a intenção de injuriar ou difamar;
III. O conceito desfavorável emitido por funcionário público, em apreciação ou informação que preste no cumprimento de dever do ofício.

Cuida-se de modalidade especial de estrito cumprimento do dever legal.

Ex.: Delegado de Polícia que, ao relatar o inquérito policial, refere-se ao indiciado como pessoa de alta periculosidade, covarde e impiedoso.

Retratação

Art. 143. O querelado que, antes da sentença, se retrata cabalmente da calúnia ou da difamação, fica isento de pena.
Parágrafo único. Nos casos em que o querelado tenha praticado a calúnia ou a difamação utilizando-se de meios de comunicação, a retratação dar-se-á, se assim desejar o ofendido, pelos mesmos meios em que se praticou a ofensa.

É necessário observar que, retratação não se confunde com confissão da calúnia ou da difamação. Retratar-se é escusar-se, retirar o que disse, trazer a verdade novamente à tona. Trata-se de causa extintiva da punibilidade.

Se o querelado se retrata, há exclusão do crime, mas isso não importa em exclusão de indenização na seara cível.

Atente-se que, somente em relação a calúnia e a difamação há possibilidade de retratação, não abrangendo a injúria. Atente-se que, na lei de imprensa, havia previsão relativa a injúria, mas esta não foi recepcionada pela CF, nos termos de decisão proferida pelo STF.

Na retratação não se exige a concordância do ofendido.

A retratação deve ser total e incondicional. Deve ainda, abranger tudo o que foi dito pelo ofensor.

> É possível retratação extintiva da punibilidade no crime contra a honra de funcionário público no exercício da função? Em regra, não, pois não haverá querelado (a ação penal é pública).

Pedido de explicações

Art. 144. Se, de referências, alusões ou frases, se infere calúnia, difamação ou injúria, quem se julga ofendido pode pedir explicações em juízo. Aquele que se recusa a dá-las ou, a critério do juiz, não as dá satisfatórias, responde pela ofensa.

Possui as seguintes características:

> É medida facultativa, pois a vítima não precisa dele se valer para o oferecimento da ação penal.
> Somente pode ser utilizado antes do ajuizamento da ação penal.
> Não possui procedimento específico.
> Não interrompe ou suspende o prazo decadencial.

O requerido não pode ser compelido a prestar as informações solicitadas. Desse modo, caso se omita, não poderá sofrer qualquer espécie de sanção.

Ação penal

Art. 145. Nos crimes previstos neste Capítulo somente se procede mediante queixa, salvo quando, no caso do art. 140, § 2º, da violência resulta lesão corporal.

Parágrafo único. Procede-se mediante requisição do Ministro da Justiça, no caso do inciso I do caput do art. 141 deste Código, e mediante representação do ofendido, no caso do inciso II do mesmo artigo, bem como no caso do § 3º do art. 140 deste Código. (Redação dada pela Lei nº 12.033, de 2009).

Espécies de ação penal

A regra geral é que os crimes contra a honra (Calúnia/Difamação/Injúria) são de Ação Penal privada.

→ Todavia, há três exceções:

> Pública Condicionada a requisição do Ministro da Justiça (crime contra o Presidente da República ou chefe de governo estrangeiro);
> Pública Condicionada a representação do ofendido (crime contra funcionário público em razão de suas funções ou crime de injúria qualificada – discriminação);
> Pública incondicionada: injúria real se resulta lesão corporal.

Crime contra a honra de funcionário público: Tratando-se de ofensa em razão da função, a ação penal é pública condicionada a representação.

Tratando-se de ofensa sem vínculo com a função pública, a ação penal é privada.

Súm. 714, STF. É concorrente a legitimidade do ofendido mediante queixa e do MP condicionada a representação do ofendido, para a ação penal por crime contra a honra de servidor público em razão do exercício de suas funções.

Caso a injúria preconceito tenha sido praticada antes da Lei nº 12.033/09 quando tal crime dependia de queixa e ao ingressar com a inicial já está em vigor tal lei. Será cabível queixa ou deverá ser oferecida representação para que o MP denuncie? Essa é uma alteração irretroativa pela qual a ação penal continuará sendo privada, nessa hipótese.

4.6 Dos Crimes contra Liberdade Individual

Dos crimes contra a liberdade pessoal

Constrangimento ilegal

Art. 146. Constranger alguém, mediante violência ou grave ameaça, ou depois de lhe haver reduzido, por qualquer outro meio, a capacidade de resistência, a não fazer o que a lei permite, ou a fazer o que ela não manda:

Pena - detenção, de três meses a um ano, ou multa.

Aumento de Pena

§ 1º. As penas aplicam-se cumulativamente e em dobro, quando, para a execução do crime, se reúnem mais de três pessoas, ou há emprego de armas.

§ 2º. Além das penas cominadas, aplicam-se as correspondentes à violência.

§ 3º. Não se compreendem na disposição deste artigo:

I. A intervenção médica ou cirúrgica, sem o consentimento do paciente ou de seu representante legal, se justificada por iminente perigo de vida;

II. A coação exercida para impedir suicídio.

Ameaça

Art. 147. Ameaçar alguém, por palavra, escrito ou gesto, ou qualquer outro meio simbólico, de causar-lhe mal injusto e grave:

Pena - detenção, de um a seis meses, ou multa.

Parágrafo único. Somente se procede mediante representação.

Perseguição

Art. 147-A. Perseguir alguém, reiteradamente e por qualquer meio, ameaçando-lhe a integridade física ou psicológica, restringindo-lhe a capacidade de locomoção ou, de qualquer forma, invadindo ou perturbando sua esfera de liberdade ou privacidade. (Incluído pela Lei nº 14.132, de 2021)

Pena – reclusão, de 6 (seis) meses a 2 (dois) anos, e multa. (Incluído pela Lei nº 14.132, de 2021)

§ 1º. A pena é aumentada de metade se o crime é cometido:

I – contra criança, adolescente ou idoso;

II – contra mulher por razões da condição de sexo feminino, nos termos do § 2º-A do art. 121 deste Código;

III – mediante concurso de 2 (duas) ou mais pessoas ou com o emprego de arma.

§ 2º. As penas deste artigo são aplicáveis sem prejuízo das correspondentes à violência.

§ 3º. Somente se procede mediante representação.

A Lei nº 14.132/2021 acrescentou o art. 147-A ao CP, para tipificar o crime de perseguição, também chamado de "stalking".

A perseguição ou stalking é uma forma de violência na qual o agente invade a esfera de privacidade da vítima, praticando reiteradamente a mesma ação por maneiras e atos variados. O sujeito utiliza-se de chamadas por telefone, mensagens amorosas, telegramas, ramalhetes de flores, presentes não solicitados, mensagens em faixas afixadas na rua, permanência na saída do trabalho, frequência no mesmo local de lazer da vítima, etc.

O novo tipo objetiva coibir e punir a conduta de pessoas que praticam esse tipo de perseguição – stalking, conduta bastante comum.

Sujeito ativo: pode ser qualquer pessoa (crime comum).

Sujeito passivo: é qualquer pessoa que (homem ou mulher).

DOS CRIMES CONTRA A PESSOA

O § 1º prevê as circunstâncias que aumentam a pena (majorantes): quando o crime é praticado contra criança, adolescente ou idoso ou mulher por razões da condição de sexo feminino.

Trata-se de crime de ação penal pública condicionada. A consumação do delito exige a perseguição reiterada. Trata-se de crime habitual. Não se exige produção de resultado naturalístico. É crime formal.

Violência psicológica contra a mulher
Art. 147-B. Causar dano emocional à mulher que a prejudique e perturbe seu pleno desenvolvimento ou que vise a degradar ou a controlar suas ações, comportamentos, crenças e decisões, mediante ameaça, constrangimento, humilhação, manipulação, isolamento, chantagem, ridicularização, limitação do direito de ir e vir ou qualquer outro meio que cause prejuízo à sua saúde psicológica e autodeterminação: (Incluído pela Lei nº 14.188, de 2021)
Pena - reclusão, de 6 (seis) meses a 2 (dois) anos, e multa, se a conduta não constitui crime mais grave.

A Lei Maria da Penha – Lei nº 11.340/2006, prevê que a violência doméstica também pode ser violência psicológica. Contudo, não havia um tipo penal específico para punir o agente que cometesse violência psicológica contra a mulher.

Assim, o art. 147-B foi acrescentado para suprir essa lacuna, pois até então, isso gerava uma proteção deficiente para a mulher.

A violência psicológica pode ser praticada, por exemplo, por meio de: ameaça; constrangimento; humilhação; manipulação; isolamento; chantagem; ridicularização; limitação do direito de ir e vir; etc...

Sujeito ativo: trata-se de crime comum, pode ser praticado por qualquer pessoa (homem ou mulher).

Sujeito passivo: é crime próprio, pois a vítima deve ser mulher (criança, adulta, idosa, desde que do sexo feminino).

O crime é punido a título de dolo, não prevê a modalidade culposa. O delito se consuma com a provocação do dano emocional à vítima. Admite tentativa.

É processado mediante ação penal pública incondicionada.

Sequestro e Cárcere Privado
Art. 148. Privar alguém de sua liberdade, mediante sequestro ou cárcere privado:
Pena - reclusão, de um a três anos.
§ 1º. A pena é de reclusão, de dois a cinco anos:
I. Se a vítima é ascendente, descendente, cônjuge ou companheiro do agente ou maior de 60 (sessenta) anos;
II. Se o crime é praticado mediante internação da vítima em casa de saúde ou hospital;
III. Se a privação da liberdade dura mais de quinze dias.
IV. Se o crime é praticado contra menor de 18 (dezoito) anos;
V. Se o crime é praticado com fins libidinosos.
§ 2º. Se resulta à vítima, em razão de maus-tratos ou da natureza da detenção, grave sofrimento físico ou moral:
Pena - reclusão, de dois a oito anos.

Trata-se de infração de médio potencial ofensivo, admitindo-se a suspensão condicional do processo.

As pessoas que são impossibilitadas de se locomover podem ser vítimas do delito? A liberdade de movimento não deixa de existir quando se exerce à custa de aparelhos ou com o auxílio de outrem.

Essa é a posição que prevalece no Brasil. Há doutrinadores estrangeiros que afirmam que não seria esse o delito, mas sim o de constrangimento ilegal em se tratando de pessoas que não podem se locomover.

Caso a vítima seja Presidente da República, do SF, CD e STF, e, havendo motivação política, o delito pode ser considerado crime contra a Segurança Nacional (art. 28 da Lei nº 7.170/83).

→ Conduta: é a privação da liberdade. Pode ser executada mediante:

> Sequestro: é privação da liberdade sem confinamento.

Ex.: Sítio, casa.

> Cárcere Privado: é a privação da liberdade com confinamento.

Ex.: Porão.

Quando o crime for praticado mediante cárcere privado, deve fixar esse meio mais gravoso na fixação da pena.

O crime pode ser praticado por ação ou omissão.

Médico que não concede alta para paciente já curado.

→ Tipo subjetivo: O dolo é a finalidade especial do crime.

Se a finalidade for obter vantagem econômica, o delito será o previsto no art. 159 do CP. Se o fim for satisfazer pretensão, deixa de ser o delito do art. 148 e passa a ser o delito previsto no art. 345 (exercício arbitrário das próprias razões). Ex.: médico que não concede alta para paciente com a finalidade de satisfazer pretensão tida como legítima – pagamento do tratamento – o delito será de exercício arbitrário das próprias razões.

Na hipótese em que a finalidade é causar sofrimento físico ou mental, o delito será o de tortura.

→ Consumação e tentativa: Trata-se de delito permanente, e sua consumação se protrai no tempo. Consuma-se com a efetiva privação da liberdade ou locomoção da vítima.

A tentativa é perfeitamente difícil já que a privação da liberdade pode ser antecedida de violência e se o agente age de forma violenta, mas não consegue privar sua liberdade por circunstâncias alheias a sua vontade, terá havido tentativa.

→ Qualificadoras: art. 148, §1º:

I. Ascendente, descendente, cônjuge ou companheiro do agente ou maior de 60 anos.

Neste caso, para qualificar não abrange o parentesco colateral, por afinidade, padrasto, ou madrasta do agente.

O idoso deve ter MAIS de 60 anos quando de sua libertação, não importando se quando da privação da liberdade tinha menos de 60 anos.

II. Se o crime é praticado mediante internação da vítima em casa de saúde ou hospital: Neste caso, tem que ser internação simulada ou fraudulenta.

III. Se a privação da liberdade dura mais de quinze dias: Este prazo inicia-se no momento da privação da vítima, até sua libertação.

IV. Crime praticado contra menor de 18 anos: neste inciso basta que a vítima seja maior de 18 anos ao final do sequestro, pouco importando se tinha menos que 18 anos no início do cárcere.

V. Se praticado com fins libidinosos: trata-se de ação penal pública incondicionada (e não ação privada, como era anterior a 2005).

Redução a Condição Análoga à de Escravo
Art. 149. Reduzir alguém a condição análoga à de escravo, quer submetendo-o a trabalhos forçados ou a jornada exaustiva, quer sujeitando-o a condições degradantes de trabalho, quer restringindo, por qualquer meio, sua locomoção em razão de dívida contraída com o empregador ou preposto:
Pena - reclusão, de dois a oito anos, e multa, além da pena correspondente à violência.
§ 1º. Nas mesmas penas incorre quem:
I. Cerceia o uso de qualquer meio de transporte por parte do trabalhador, com o fim de retê-lo no local de trabalho;
II. Mantém vigilância ostensiva no local de trabalho ou se apodera de documentos ou objetos pessoais do trabalhador, com o fim de retê-lo no local de trabalho.
§ 2º. A pena é aumentada de metade, se o crime é cometido:
I. Contra criança ou adolescente;
II. Por motivo de preconceito de raça, cor, etnia, religião ou origem.

Tráfico de Pessoas
Art. 149-A. Agenciar, aliciar, recrutar, transportar, transferir, comprar, alojar ou acolher pessoa, mediante grave ameaça, violência, coação, fraude ou abuso, com a finalidade de: (Incluído pela Lei nº 13.344, de 2016)
I. remover-lhe órgãos, tecidos ou partes do corpo; (Incluído pela Lei nº 13.344, de 2016)
II. submetê-la a trabalho em condições análogas à de escravo; (Incluído pela Lei nº 13.344, de 2016)
III. submetê-la a qualquer tipo de servidão; (Incluído pela Lei nº 13.344, de 2016)
IV. adoção ilegal; ou (Incluído pela Lei nº 13.344, de 2016)
V. exploração sexual. (Incluído pela Lei nº 13.344, de 2016)
Pena. reclusão, de 4 (quatro) a 8 (oito) anos, e multa. (Incluído pela Lei nº 13.344, de 2016)
§ 1º. A pena é aumentada de um terço até a metade se: (Incluído pela Lei nº 13.344, de 2016)
I. o crime for cometido por funcionário público no exercício de suas funções ou a pretexto de exercê-las; (Incluído pela Lei nº 13.344, de 2016)
II. o crime for cometido contra criança, adolescente ou pessoa idosa ou com deficiência; (Incluído pela Lei nº 13.344, de 2016)
III. o agente se prevalecer de relações de parentesco, domésticas, de coabitação, de hospitalidade, de dependência econômica, de autoridade ou de superioridade hierárquica inerente ao exercício de emprego, cargo ou função; ou (Incluído pela Lei nº 13.344, de 2016)
IV. a vítima do tráfico de pessoas for retirada do território nacional. (Incluído pela Lei nº 13.344, de 2016)
§ 2º. A pena é reduzida de um a dois terços se o agente for primário e não integrar organização criminosa. (Incluído pela Lei nº 13.344, de 2016)

Dos crimes contra a inviolabilidade do domicílio

Violação de Domicílio
Art. 150 - Entrar ou permanecer, clandestina ou astuciosamente, ou contra a vontade expressa ou tácita de quem de direito, em casa alheia ou em suas dependências:
Pena - detenção, de um a três meses, ou multa.
§ 1º - Se o crime é cometido durante a noite, ou em lugar ermo, ou com o emprego de violência ou de arma, ou por duas ou mais pessoas:
Pena - detenção, de seis meses a dois anos, além da pena correspondente à violência.
§ 2º - (Revogado pela Lei nº 13.869, de 2019)
§ 3º - Não constitui crime a entrada ou permanência em casa alheia ou em suas dependências:
I. durante o dia, com observância das formalidades legais, para efetuar prisão ou outra diligência;
II. a qualquer hora do dia ou da noite, quando algum crime está sendo ali praticado ou na iminência de o ser.
§ 4º - A expressão "casa" compreende:
I. qualquer compartimento habitado;
II. aposento ocupado de habitação coletiva;
III. compartimento não aberto ao público, onde alguém exerce profissão ou atividade.
§ 5º - Não se compreendem na expressão "casa":
I. hospedaria, estalagem ou qualquer outra habitação coletiva, enquanto aberta, salvo a restrição do n.º II do parágrafo anterior;
II. taverna, casa de jogo e outras do mesmo gênero

Dos crimes contra a inviolabilidade de correspondência

Violação de Correspondência
Art. 151. Devassar indevidamente o conteúdo de correspondência fechada, dirigida a outrem:
Pena - detenção, de um a seis meses, ou multa.
Sonegação ou Destruição de Correspondência
§ 1º. Na mesma pena incorre:
I. Quem se apossa indevidamente de correspondência alheia, embora não fechada e, no todo ou em parte, a sonega ou destrói;
Violação de Comunicação Telegráfica, Radioelétrica ou Telefônica
II. Quem indevidamente divulga, transmite a outrem ou utiliza abusivamente comunicação telegráfica ou radioelétrica dirigida a terceiro, ou conversação telefônica entre outras pessoas;
III. Quem impede a comunicação ou a conversação referidas no número anterior;
IV. Quem instala ou utiliza estação ou aparelho radioelétrico, sem observância de disposição legal.
§ 2º. As penas aumentam-se de metade, se há dano para outrem.
§ 3º. Se o agente comete o crime, com abuso de função em serviço postal, telegráfico, radioelétrico ou telefônico:
Pena - detenção, de um a três anos.
§ 4º. Somente se procede mediante representação, salvo nos casos do § 1º, IV, e do § 3º.
Correspondência Comercial
Art. 152. Abusar da condição de sócio ou empregado de estabelecimento comercial ou industrial para, no todo ou em parte, desviar, sonegar, subtrair ou suprimir correspondência, ou revelar a estranho seu conteúdo:
Pena - detenção, de três meses a dois anos.
Parágrafo único. Somente se procede mediante representação.
Dos Crimes contra a Inviolabilidade dos Segredos
Divulgação de Segredo
Art. 153. Divulgar alguém, sem justa causa, conteúdo de documento particular ou de correspondência confidencial, de que é destinatário ou detentor, e cuja divulgação possa produzir dano a outrem:
Pena - detenção, de um a seis meses, ou multa.
§ 1º. Somente se procede mediante representação.

§ 1º-A. Divulgar, sem justa causa, informações sigilosas ou reservadas, assim definidas em lei, contidas ou não nos sistemas de informações ou banco de dados da Administração Pública:
Pena - detenção, de 1 (um) a 4 (quatro) anos, e multa.
§ 2º. Quando resultar prejuízo para a Administração Pública, a ação penal será incondicionada.

Violação do Segredo Profissional
Art. 154. Revelar alguém, sem justa causa, segredo, de que tem ciência em razão de função, ministério, ofício ou profissão, e cuja revelação possa produzir dano a outrem:
Pena - detenção, de três meses a um ano, ou multa.
Parágrafo único. Somente se procede mediante representação.

Invasão de dispositivo informático
Art. 154-A. Invadir dispositivo informático de uso alheio, conectado ou não à rede de computadores, com o fim de obter, adulterar ou destruir dados ou informações sem autorização expressa ou tácita do usuário do dispositivo ou de instalar vulnerabilidades para obter vantagem ilícita: (Redação dada pela Lei nº 14.155, de 2021)
Pena – reclusão, de 1 (um) a 4 (quatro) anos, e multa
§ 1º Na mesma pena incorre quem produz, oferece, distribui, vende ou difunde dispositivo ou programa de computador com o intuito de permitir a prática da conduta definida no caput. (Incluído pela Lei nº 12.737, de 2012)
§ 2º. Aumenta-se a pena de 1/3 (um terço) a 2/3 (dois terços) se da invasão resulta prejuízo econômico. (Redação dada pela Lei nº 14.155, de 2021)
§ 3º Se da invasão resultar a obtenção de conteúdo de comunicações eletrônicas privadas, segredos comerciais ou industriais, informações sigilosas, assim definidas em lei, ou o controle remoto não autorizado do dispositivo invadido: (Incluído pela Lei nº 12.737, de 2012)
Pena - reclusão, de 2 (dois) a 5 (cinco) anos, e multa. (Redação dada pela Lei nº 14.155, de 2021)
§ 4º Na hipótese do § 3o, aumenta-se a pena de um a dois terços se houver divulgação, comercialização ou transmissão a terceiro, a qualquer título, dos dados ou informações obtidos. (Incluído pela Lei nº 12.737, de 2012)
§ 5º Aumenta-se a pena de um terço à metade se o crime for praticado contra: (Incluído pela Lei nº 12.737, de 2012)
 I. Presidente da República, governadores e prefeitos; (Incluído pela Lei nº 12.737, de 2012)
 II. Presidente do Supremo Tribunal Federal; (Incluído pela Lei nº 12.737, de 2012)
 III. Presidente da Câmara dos Deputados, do Senado Federal, de Assembleia Legislativa de Estado, da Câmara Legislativa do Distrito Federal ou de Câmara Municipal; ou (Incluído pela Lei nº 12.737, de 2012)
 IV. dirigente máximo da administração direta e indireta federal, estadual, municipal ou do Distrito Federal. (Incluído pela Lei nº 12.737, de 2012)
 Ação penal
 (Incluído pela Lei nº 12.737, de 2012)
Art. 154-B. Nos crimes definidos no art. 154-A, somente se procede mediante representação, salvo se o crime é cometido contra a administração pública direta ou indireta de qualquer dos Poderes da União, Estados, Distrito Federal ou Municípios ou contra empresas concessionárias de serviços públicos. (Incluído pela Lei nº 12.737, de 2012)

5. DOS CRIMES CONTRA O PATRIMÔNIO

5.1 Do Furto

Art. 155 - Subtrair, para si ou para outrem, coisa alheia móvel: **Pena** - reclusão, de um a quatro anos, e multa.

§ 1º - A pena aumenta-se de um terço, se o crime é praticado durante o repouso noturno.

§ 2º - Se o criminoso é primário, e é de pequeno valor a coisa furtada, o juiz pode substituir a pena de reclusão pela de detenção, diminuí-la de um a dois terços, ou aplicar somente a pena de multa.

§ 3º - Equipara-se à coisa móvel a energia elétrica ou qualquer outra que tenha valor econômico.

Furto qualificado

§ 4º - A pena é de reclusão de dois a oito anos, e multa, se o crime é cometido:

  I. com destruição ou rompimento de obstáculo à subtração da coisa;

  II. com abuso de confiança, ou mediante fraude, escalada ou destreza;

  III. com emprego de chave falsa;

  IV. mediante concurso de duas ou mais pessoas.

§ 4º-A A pena é de reclusão de 4 (quatro) a 10 (dez) anos e multa, se houver emprego de explosivo ou de artefato análogo que cause perigo comum. (Incluído pela Lei nº 13.654, de 2018)

§ 4º-B. A pena é de reclusão, de 4 (quatro) a 8 (oito) anos, e multa, se o furto mediante fraude é cometido por meio de dispositivo eletrônico ou informático, conectado ou não à rede de computadores, com ou sem a violação de mecanismo de segurança ou a utilização de programa malicioso, ou por qualquer outro meio fraudulento análogo. (Incluído pela Lei nº 14.155, de 2021)

§ 4º-C. A pena prevista no § 4º-B deste artigo, considerada a relevância do resultado gravoso: (Incluído pela Lei nº 14.155, de 2021)

I – aumenta-se de 1/3 (um terço) a 2/3 (dois terços), se o crime é praticado mediante a utilização de servidor mantido fora do território nacional;

II – aumenta-se de 1/3 (um terço) ao dobro, se o crime é praticado contra idoso ou vulnerável.

§ 5º - A pena é de reclusão de três a oito anos, se a subtração for de veículo automotor que venha a ser transportado para outro Estado ou para o exterior. (Incluído pela Lei nº 9.426, de 1996)

§ 6º A pena é de reclusão de 2 (dois) a 5 (cinco) anos se a subtração for de semovente domesticável de produção, ainda que abatido ou dividido em partes no local da subtração. (Incluído pela Lei nº 13.330, de 2016)

§ 7º A pena é de reclusão de 4 (quatro) a 10 (dez) anos e multa, se a subtração for de substâncias explosivas ou de acessórios que, conjunta ou isoladamente, possibilitem sua fabricação, montagem ou emprego. (Incluído pela Lei nº 13.654, de 2018)

O crime de furto está descrito no rol dos crimes contra o patrimônio, mais precisamente, no Título II do Código Penal. Furto é se apropriar de algo alheio para si ou para outra pessoa.

Existem várias modalidades de furto, dentre as quais se destacam: o furto de coisa comum, furto privilegiado e o furto qualificado. Há que se distinguir furto de roubo: a principal diferença entre os dois é que no roubo há emprego de violência e no furto não há.

Bem jurídico tutelado

Tutela-se o patrimônio, a posse e a detenção, desde que legítimas.

Classificação

É considerado um crime COMUM (praticado por qualquer pessoa) e MATERIAL (para sua consumação exige um resultado naturalístico).

É um crime doloso (ânimo de assenhoramento definitivo da coisa. Vontade de se tornar dono / proprietário do bem).

Sujeitos do crime

Sujeito Ativo: qualquer pessoa (exceto o proprietário).

Sujeito Passivo: qualquer pessoa (proprietário, possuidor ou detentor do bem). Pode ser pessoa física ou jurídica.

Consumação e tentativa

De acordo com a teoria da inversão da posse, ocorre a consumação do furto no momento em que o bem sai da esfera de disponibilidade da vítima e passa para a do autor do delito.

E de acordo com o STJ não se exige a posse mansa e pacífica do bem para a sua consumação, bastando que o agente obtenha a simples posse do bem, ainda que por um curto período de tempo.

Precedentes do STJ e STF considera-se consumado o crime de furto com a simples posse, ainda que breve, do bem subtraído, não sendo necessária que a mesma se dê de forma mansa e pacífica, bastando que cesse a clandestinidade, ainda que por curto espaço de tempo.

Furto Consumado

Há perda dos bens subtraídos;

APF (auto de Prisão em Flagrante) de apenas um dos agentes e fuga dos comparsas;

Subtração e posse de apenas parte dos bens;

APF (auto de Prisão em Flagrante) no caso de flagrante presumido.

Por circunstâncias alheias à vontade do agente, este não consegue consumar o furto. É admitida a tentativa, pois se trata de crime material (exige resultado).

> 01. Pungista (vulgarmente conhecido como batedor de carteira) coloca a mão no bolso da vítima, mas a carteira está no outro bolso: tentativa de furto.
> 02. Pungista coloca a mão no bolso da vítima, mas a carteira está em casa: crime impossível (Art. 17, CP).

Tipo subjetivo

O delito é punido a título de dolo. Mas, atente-se que é necessária a vontade de apoderamento definitivo, ou seja, a intenção de não mais devolver a coisa à vítima.

O furto de uso é fato atípico. Mas para ser caracterizado o furto de uso são necessários três requisitos: a intenção desde o início de uso momentâneo da coisa, ser coisa não consumível (infungível) e a restituição seja imediata e integral à vítima.

Qual crime pratica o proprietário que subtrai coisa sua na legítima posse de terceiro? Há prática do delito de exercício

DOS CRIMES CONTRA O PATRIMÔNIO

arbitrário das próprias razões. E, aqui, pode se enquadrar no Art. 345 ou 346 do CP, a depender da qualidade da posse do agente.

E a coisa pública de uso comum, pode ser objeto material de furto?

A coisa pública, de uso comum, a todos pertence, não podendo ser subtraída e configurar furto. Sucede que, dependendo da situação, há possibilidade da prática de crime ambiental, do delito de usurpação de águas e do crime de dano.

Ex.: Furto de parte de estátua.

A vigilância física ou eletrônica em estabelecimentos comerciais torna o crime impossível? Primeiramente, deve-se analisar a natureza do equipamento. Se, por exemplo, há um equipamento que impede por si só a saída do estabelecimento com o bem, seria configurado o crime impossível. O fato de haver câmeras ou seguranças apenas dificulta a consumação.

Furto noturno

Art. 155, § 1º, CP. *A pena aumenta-se de um terço, se o crime é praticado durante o repouso noturno.*

O repouso noturno só era aplicado ao furto simples (*caput*). Porém, atualmente a jurisprudência admite a previsão do aumento de pena tanto para o furto simples (*caput*) quanto para o furto qualificado (§§ 4º, 5º)

Aplica-se esta causa de aumento de pena, desde que o fato seja praticado durante o repouso noturno.

Não importa se a casa estava ou não habitada, ou o seu morador estava ou não dormindo (divergência).

Aplica-se esta majorante, também, aos furtos cometidos durante o repouso noturno em veículos estacionados em vias públicas, bem como em estabelecimentos comerciais (Divergência jurisprudencial).

Repouso Noturno	Noite
Período em que as pessoas se recolhem em suas casas para descansarem (dormirem). Varia conforme a região: grandes metrópoles ou pequenas cidades do interior.	Ausência de luz solar. Período que vai da aurora ou crepúsculo.

Furto privilegiado

§ 2º. *Se o criminoso é primário, e é de pequeno valor a coisa furtada, o juiz pode substituir a pena de reclusão pela de detenção, diminuí-la de um a dois terços, ou aplicar somente a pena de multa.*

Aplica-se apenas ao furto simples (*caput*) e ao furto noturno. Não se aplica ao furto qualificado (§§ 4º e 5º).

Criminoso primário: aquele que não é reincidente. Não precisa ser portador de bons antecedentes. Se já transcorrido o prazo de 5 anos entre a data de cumprimento ou extinção da pena e a infração penal posterior, o agente readquire a sua condição de primário (Art. 64, I, CP).

Coisa subtraída de pequeno valor: bem cujo valor seja de até um salário mínimo na data do fato.

"Coisa de pequeno valor" não se confunde com "coisa de valor insignificante". A primeira, se também presente a primariedade do agente, enseja a incidência do privilégio; a segunda conduz à atipicidade do fato, em decorrência do princípio da insignificância (criminalidade de bagatela).

Presentes estes dois requisitos legais, o juiz é obrigado a aplicar o privilégio ao criminoso (direito subjetivo do acusado).

Furto qualificado-privilegiado

O STF aceita a possibilidade de se aplicar o privilégio (Art. 155, §2º, CP) às figuras qualificadas (Art. 155, §§ 4º e 5º, CP) desde que não haja imposição isolada de pena de multa em decorrência do privilégio.

O STF entendeu que no furto qualificado pelo concurso de agentes, não há óbice ao reconhecimento do privilégio, desde que estejam presentes os requisitos ensejadores de sua aplicação, quais sejam, a primariedade do agente e o pequeno valor da coisa furtada.

§ 3º. *Equipara-se à coisa móvel a energia elétrica ou qualquer outra que tenha valor econômico.*

Trata-se de norma penal interpretativa. Entende por qualquer outra energia térmica, mecânica, radioatividade e genética (sêmen de animal).

Furto de sinal de tv a cabo

1ª Corrente: não é crime. A energia se consome, se esgota e pode, inclusive, terminar, ao passo que sinal de TV não se consome, não diminui. É adotada por Bittencourt.

2ª Corrente: o furto de sinal de TV se encaixa no §3º do Art. 155, pois é uma forma de energia. É uma corrente adotada pelo STJ.

Furto de Energia X estelionato no Consumo de Energia

Furto de Energia Elétrica	Estelionato no Consumo de Energia
No furto de energia elétrica, o agente **não está autorizado via contrato, consumir energia**.	Nesse caso o agente está autorizado, via contrato, a consumir energia.
O agente, mediante artifício, por exemplo, ligação clandestina, subtrai a energia.	O agente, mediante fraude, altera o medidor de consumo da energia, indicando valor menor que o efetivamente consumido.

Furto qualificado

§ 4º. *A pena é de reclusão de dois a oito anos, e multa, se o crime é cometido:*
I. Com destruição ou rompimento de obstáculo à subtração da coisa;

Ex.: arrombamento de fechaduras, janelas, portas, cadeados, cofres, trincos.

Se o obstáculo destruído for inerente à própria coisa não incidirá esta forma qualificada.

Ex.: quebrar o vidro da porta de um carro com o objetivo de furtar o veículo (furto simples).

Todavia, caso o agente quebre o vidro apenas para viabilizar o furto do CD-Player, ou de qualquer outro objeto que se encontra em seu interior, responderá por furto qualificado.

Se o agente, apenas desliga o alarme não incidirá a qualificadora, pois não houve destruição ou rompimento de obstáculo.

Caso a violência seja empregada após a consumação do furto, o agente responderá por furto em concurso com o crime de dano (Art. 163).

De acordo com Fernando Capez, o furto da bolsa para obter o que está em seu interior não qualifica o delito, pois a bolsa não é obstáculo e sim forma de transportar as coisas. O obstáculo seria um cadeado.

Há decisões que entendem pela aplicabilidade da qualificadora quando há ligação direta no veículo.

> *II. Com abuso de confiança, ou mediante fraude, escalada ou destreza;*

> Confiança é circunstância subjetiva incomunicável no concurso de pessoas (Art. 30, CP).

Ex.: Famulato (furto praticado por empregado doméstico contra o patrão).

Essa qualificadora pressupõe dois requisitos:
> A vítima tem que depositar, por qualquer motivo (amizade, parentesco, relações profissionais etc.), uma especial confiança no agente;
> O agente deve se aproveitar de alguma facilidade decorrente da confiança nele depositada para cometer o crime.

A vítima tem que depositar, por qualquer motivo (amizade, parentesco, relações profissionais etc.), uma especial confiança no agente;

O agente deve se aproveitar de alguma facilidade decorrente da confiança nele depositada para cometer o crime.

Furto Mediante Abuso de Confiança	Apropriação Indébita
O agente tem mero contato com a coisa. O agente pode até ter posse, mas essa é uma posse precária vigiada.	O agente exerce a posse em nome de outrem. O agente tem posse desvigiada
O dolo está presente desde o início da posse.	O dolo é superveniente à posse.

Fraude é o artifício (emprego de algum objeto, instrumento ou vestimenta para enganar o titular do bem) ou ardil (conversa enganosa), isto é, o meio enganoso empregado pelo agente para diminuir a vigilância da vítima ou de terceiro sobre um bem móvel, permitindo ou facilitando sua subtração.
> A fraude como qualificadora há de ser empregada antes ou durante a subtração da coisa, ou seja, antecede a consumação do crime.
> Um ponto muito relevante é a diferenciação entre furto mediante fraude e estelionato.

Destreza: trata-se de peculiar habilidade física ou manual permitindo ao agente despojar a vítima sem que esta perceba.

Ex.: Batedores de carteira ou punguistas.

	Furto Mediante Fraude	Estelionato (Art. 171, CP)
F R A U D E	É qualificadora do crime.	É elementar do crime.
	Deve ser empregada antes ou durante a subtração do bem.	Antecede o apossamento da coisa.
	É utilizada para **diminuir a vigilância** da vítima sobre o bem, permitindo ou facilitando a subtração.	É utilizada para induzir a vítima em erro, mediante uma falsa percepção da realidade.
	Há a subtração do bem sem que a vítima perceba.	Ocorre a entrega espontânea (embora viciada) do bem pela vítima ao agente.
	Ex.: "A" e "B", bandidos, se disfarçam de técnicos de TV a cabo e pedem para consertar a TV de "C". Enquanto "C" permanece em seu quarto "A" e "B" aproveitam sua distração para furtar objetos na sala de estar.	**Ex.:** "A" se disfarça de manobrista e fica parado em frente a um restaurante. "B" entrega seu veículo para que o falso manobrista o estacione. "A" desaparece com o carro.

> *III. Com emprego de chave falsa;*

Segundo alguns autores, chave falsa é todo o instrumento, com ou sem forma de chave, destinado a abrir fechaduras

Ex.: Grampos, arames, estiletes, micha etc.

A chave verdadeira, obtida fraudulentamente, não gera a qualificadora do inciso III.

> *IV. Mediante concurso de duas ou mais pessoas.*

Responderá por furto qualificado mesmo se um dos integrantes for menor de 18 anos.

> *§ 4º-A A pena é de reclusão de 4 (quatro) a 10 (dez) anos e multa, se houver emprego de explosivo ou de artefato análogo que cause perigo comum.*

A Lei 13.645, de 2018, inseriu uma nova qualificadora ao crime de furto, com o intuito de criminalizar mais gravemente a conduta relacionada à subtração com o emprego de explosivo ou artefato análogo, como o que acontece com os caixas de banco.

> *§ 4º-B. A pena é de reclusão, de 4 (quatro) a 8 (oito) anos, e multa, se o furto mediante fraude é cometido por meio de dispositivo eletrônico ou informático, conectado ou não à rede de computadores, com ou sem a violação de mecanismo de segurança ou a utilização de programa malicioso, ou por qualquer outro meio fraudulento análogo. (Incluído pela Lei nº 14.155, de 2021)*
> *§ 4º-C. A pena prevista no § 4º-B deste artigo, considerada a relevância do resultado gravoso:*
> *I – aumenta-se de 1/3 (um terço) a 2/3 (dois terços), se o crime é praticado mediante a utilização de servidor mantido fora do território nacional; (Incluído pela Lei nº 14.155, de 2021)*
> *II – aumenta-se de 1/3 (um terço) ao dobro, se o crime é praticado contra idoso ou vulnerável.*

A recente Lei nº 14.155/2021 alterou as disposições do artigo 155 e inseriu o § 4º-B, prevendo nova qualificadora ao delito de furto quando cometido mediante fraude por meio de dispostivio eletrônico ou informático.

Também acrescentou o § 4º-C, passando a prever duas causas de aumento para a conduta do § 4º-B, quando o delito de furto mediante fraude em dispositivo eletrônico for cometido por meio de servidor localizado fora do território brasileiro ou contra idoso ou pessoa vulnerável.

A fim de incidência da nova qualificadora, pode-se citar a conduta do agente que invade computador de terceiro e nele instala programa malicioso (malware), e então, descobre senhas bancárias e subtrai valores da conta bancária da vítima, por exemplo.

DOS CRIMES CONTRA O PATRIMÔNIO

§ 5º. A pena é de reclusão de 3 (três) a 8 (oito) anos, se a subtração for de veículo automotor que venha a ser transportado para outro Estado ou para o exterior.

§ 6º A pena é de reclusão de 2 (dois) a 5 (cinco) anos se a subtração for de semovente domesticável de produção, ainda que abatido ou dividido em partes no local da subtração.

§ 7º A pena é de reclusão de 4 (quatro) a 10 (dez) anos e multa, se a subtração for de substâncias explosivas ou de acessórios que, conjunta ou isoladamente, possibilitem sua fabricação, montagem ou emprego.

Ademais, outra modificação feita pela Lei 13.654 de 2018 foi a inserção do § 7º no Art. 155 do CP. Essa alteração pune mais gravemente a subtração de explosivos ou acessórios para a fabricação, montagem ou emprego.

Bens imóveis e energia elétrica

Os bens considerados imóveis pela legislação civil e que puderem ser deslocados de um local para outro podem ser objeto de furto.

Ex.: Navios, prédios, terrenos, carro, moto, animal de estimação, celular.

A energia elétrica ou qualquer outra que possua valor econômico é equiparada a coisa móvel (Art. 155, §3º, CP).

Ex.: Energia genética, energia nuclear, energia mecânica. Desse modo, a ligação clandestina de energia elétrica "gato" é crime de furto.

Modalidades de furto

Abigeato: furto de gado.

Famulato: furto praticado pelo empregado doméstico contra o patrão. Não precisa ser realizado na residência do patrão, pode ser em qualquer lugar.

Furto famélico: hipótese em que o agente subtrai alimentos para saciar sua fome ou de sua família, pois se encontra em situação de extrema miséria e pobreza.

O furto famélico configura estado de necessidade, preenchidos os seguintes requisitos:

> Fato praticado para mitigar a fome;
> Que haja subtração de coisa capaz de contornar imediatamente e diretamente a emergência (fome).
> Inevitabilidade do comportamento lesivo.
> Impossibilidade de trabalho ou insuficiência dos recursos auferidos.

Somente pode ser aplicado o furto famélico àquele que está desempregado? Não. Caso os recursos obtidos sejam insuficientes, pode ser reconhecido o furto famélico.

O consentimento do ofendido, antes ou durante a subtração, torna o fato atípico (bem disponível), mas após a subtração, o fato será típico.

Não existe furto culposo.

É possível o furto privilegiado + repouso noturno.

É possível o furto privilegiado + furto qualificado desde que não haja imposição isolada da pena de multa em decorrência do privilégio.

Princípio da Insignificância no Furto

O princípio da insignificância é causa supralegal de exclusão da tipicidade (o fato não será crime).

Exige a presença dos seguintes requisitos

Requisitos objetivos: mínima ofensividade da conduta; ausência de periculosidade social; reduzido grau de reprovabilidade do comportamento; e inexpressividade da lesão jurídica.

Requisitos subjetivos: importância do objeto material para a vítima (situação econômica + valor sentimental do bem); e circunstâncias e resultado do crime.

O princípio da insignificância, desde que presentes seus requisitos objetivos e subjetivos, é em tese aplicável tanto ao furto simples como ao furto qualificado.

Ex.: Duas pessoas, em concurso de agentes, furtam uma penca de bananas.

Subtração de cartão bancário ou de crédito: não há crime de furto (princípio da insignificância). Eventual utilização do cartão, para saques em dinheiro ou compras em geral, caracteriza o crime de estelionato (art. 171, CP).

Furtos x outros crimes semelhantes

Principais diferenças entre os crimes que mais são confundidos em provas de concurso:

Furto x apropriação indébita

O furto é diferente da apropriação indébita (art. 168, CP), pois no primeiro a posse é vigiada e a subtração reside exatamente na retirada do bem desta esfera de vigilância. Já no segundo, a vítima entrega ao agente a posse desvigiada de um bem.

Furto x peculato

O funcionário público que subtrai ou concorre para que seja subtraído bem público ou particular, que se encontra sob a guarda ou custódia da Administração Pública, valendo-se da facilidade que seu cargo lhe proporciona, pratica o crime de peculato furto (art. 312, §1º, CP), também conhecido como peculato impróprio.

Furto x exercício arbitrário das próprias razões

Se um credor subtrai bens do devedor para se ressarcir de dívida não paga, o crime não será de furto, mas de exercício arbitrário das próprias razões (Art. 345, CP).

É pacífico o entendimento de que a coisa abandonada (*res derelicta*), a coisa de ninguém (*res nullius*) não podem ser objeto do crime de furto, como também a coisa perdida (*res desperdita*), porém a coisa perdida constitui o crime de apropriação de coisa achada, Art.169, II, do CP.

O ser humano não pode ser objeto de furto, salvo se forem partes definidas e com valor econômico.

Ex.: Cabelo.

Cadáver pode ser objeto de furto, desde que possua dono.

Ex.: Cadáver de faculdade de medicina.

§ 5º. A pena é de reclusão de três a oito anos, se a subtração for de VEÍCULO AUTOMOTOR que venha a ser transportado para outro Estado ou para o exterior. (Incluído pela Lei nº 9.426, de 1996)

Esta qualificadora só incide quando o furto for de veículo automotor, não abrangendo embarcação nem aeronave, além disso, o veículo automotor deve ser levado para outro Estado ou País. O legislador esqueceu-se de colocar o DF na qualificadora, porém a doutrina entende que o DF está abrangido também, pois a norma ao utilizar a expressão Estado considerou os entes da federação, dentre eles o DF.

Não basta a mera intenção de ultrapassar os limites do Estado ou do País, é necessário a transposição de fronteiras seja consumado.

Furto de coisa comum

Art. 156. *Subtrair o condômino, coerdeiro ou sócio, para si ou para outrem, a quem legitimamente a detém, a coisa comum:*
Pena - *detenção, de seis meses a dois anos, ou multa.*
§ 1º. *Somente se procede mediante representação.*
§ 2º. *Não é punível a subtração de coisa comum fungível, cujo valor não excede a quota a que tem direito o agente.*

5.2 Do Roubo e da Extorsão

Roubo

Art. 157 - *Subtrair coisa móvel alheia, para si ou para outrem, mediante grave ameaça ou violência a pessoa, ou depois de havê-la, por qualquer meio, reduzido à impossibilidade de resistência:*
Pena - *reclusão, de quatro a dez anos, e multa.*
§ 1º - *Na mesma pena incorre quem, logo depois de subtraída a coisa, emprega violência contra pessoa ou grave ameaça, a fim de assegurar a impunidade do crime ou a detenção da coisa para si ou para terceiro.*
§ 2º *A pena aumenta-se de 1/3 (um terço) até metade: (Redação dada pela Lei nº 13.654, de 2018)*
   I. (revogado); (Redação dada pela Lei nº 13.654, de 2018)
   II. se há o concurso de duas ou mais pessoas;
   III. se a vítima está em serviço de transporte de valores e o agente conhece tal circunstância.
   IV. se a subtração for de veículo automotor que venha a ser transportado para outro Estado ou para o exterior; (Incluído pela Lei nº 9.426, de 1996)
   V. se o agente mantém a vítima em seu poder, restringindo sua liberdade. (Incluído pela Lei nº 9.426, de 1996)
   VI. se a subtração for de substâncias explosivas ou de acessórios que, conjunta ou isoladamente, possibilitem sua fabricação, montagem ou emprego. (Incluído pela Lei nº 13.654, de 2018)
   VII. se a violência ou grave ameaça é exercida com emprego de arma branca; (Incluído pela Lei nº 13.964, de 2019) - **PACOTE ANTICRIME**
§ 2º-A *A pena aumenta-se de 2/3 (dois terços): (Incluído pela Lei nº 13.654, de 2018)*
   I. se a violência ou ameaça é exercida com emprego de arma de fogo; (Incluído pela Lei nº 13.654, de 2018)
   II. se há destruição ou rompimento de obstáculo mediante o emprego de explosivo ou de artefato análogo que cause perigo comum. (Incluído pela Lei nº 13.654, de 2018)
§ 2º-B. *Se a violência ou grave ameaça é exercida com emprego de arma de fogo de uso restrito ou proibido, aplica-se em dobro a pena prevista no caput deste artigo. (Incluído pela Lei nº 13.964, de 2019) -* **PACOTE ANTICRIME**
§ 3º *Se da violência resulta: (Redação dada pela Lei nº 13.654, de 2018)*
   I. lesão corporal grave, a pena é de reclusão de 7 (sete) a 18 (dezoito) anos, e multa: (Incluído pela Lei nº 13.654, de 2018)
   II. morte, a pena é de reclusão de 20 (vinte) a 30 (trinta) anos, e multa. (Incluído pela Lei nº 13.654, de 2018)

O crime de roubo está tipificado no rol dos crimes contra o patrimônio. Esse crime assemelha-se muito ao crime de furto, contudo possui elementos que, agregados à conduta "subtrair", formam um novo crime.

No roubo há a subtração de coisa móvel alheia, porém com o emprego de violência ou grave ameaça contra a pessoa, elementos esses que empregados, fazem com que a vítima entregue a coisa móvel, funcionando como circunstâncias especiais que relevam a distinção para o crime furto.

Classificação

É crime comum / formal (STJ e STF) / instantâneo / plurissubsistente / de dano / de concurso eventual.

Ofende o patrimônio, a integridade física e a liberdade individual da vítima (Crime COMPLEXO).

É crime de forma livre: admite qualquer meio de execução.

Emprego de Grave Ameaça

Também denominada de violência moral ou vis compulsiva (consiste na promessa de mal grave, iminente e passível de realização).

Emprego de Violência

Também denominada de violência própria, violência física ou vis absoluta (consiste no emprego de força física sobre a vítima, mediante lesão corporal ou vias de fato, para facilitar a subtração do bem.

Qualquer Outro Meio que Reduza a Vítima à Impossibilidade de Resistência

Também conhecida como **violência imprópria ou violência indireta**. Abrange todos os outros meios (diferentes da violência ou grave ameaça) que impossibilitam a resistência da vítima no momento da execução do roubo.

Ex.: Drogar ou embriagar a vítima, usar soníferos (o famoso "Boa noite Cinderela") ou hipnose etc.

Não admite o princípio da insignificância, pois o desvalor da conduta é elevado, o que justifica a rigorosa atuação do direito penal.

O elemento subjetivo é o dolo e exige-se o fim de assenhoramento definitivo da coisa (*animus rem sibi habendi*). Não é admitida a modalidade culposa.

O crime de roubo admite arrependimento posterior? Para a maioria da doutrina o roubo próprio admite arrependimento posterior quando praticado mediante violência imprópria (Ex.: uso de psicotrópicos). Para a minoria, violência imprópria não admite arrependimento posterior, pois não deixa de ser espécie de violência.

Sujeitos do crime

Sujeito Ativo: qualquer pessoa (crime comum), exceto o proprietário da coisa alheia móvel.

Sujeito Passivo: o proprietário, possuidor ou detentor da coisa alheia móvel, assim como qualquer outra pessoa que seja

DOS CRIMES CONTRA O PATRIMÔNIO

atingida pela violência ou grave ameaça. Pessoa Jurídica também pode ser sujeito passivo.

Consumação e tentativa

Consuma-se o crime de roubo, no momento em que o agente se torna possuidor do bem subtraído mediante grave ameaça ou violência. Para que o agente se torne possuidor, é desnecessário que a coisa saia da esfera de vigilância da vítima, bastando que cesse a clandestinidade ou a violência. (Para esta corrente, o crime de Roubo é Formal).

A tentativa é plenamente admitida, haja vista o caráter plurissubsistente do crime de roubo.

Situações nas quais o roubo é considerado consumado:
> Destruição ou perda do bem subtraído;
> Prisão em flagrante de um dos ladrões e fuga do(s) comparsa(s) com o bem subtraído.

Roubo impróprio

§ 1º. Na mesma pena incorre quem, logo depois de subtraída a coisa, emprega violência contra pessoa ou grave ameaça, a fim de assegurar a impunidade do crime ou a detenção da coisa para si ou para terceiro.

	Roubo Próprio (caput)	Roubo Impróprio (§ 1º)
Meios de Execução	Violência ou Grave ameaça ou qualquer outro meio que reduza a vítima à impossibilidade de resistência (violência imprópria).	Violência ou Grave Ameaça.
Momento de Emprego do meio de execução	Antes ou Durante a subtração do bem.	Logo depois de subtrair a coisa, mas antes da consumação do furto.
Finalidade do meio de execução	Permitir a subtração do bem.	Assegurar a impunidade do crime ou a detenção da coisa (o bem já foi subtraído).

O roubo impróprio não admite a violência imprópria (qualquer outro meio que reduza a vítima à impossibilidade de resistência).

Para se falar em roubo impróprio é imprescindível o prévio apoderamento da coisa.

O roubo impróprio consuma-se no momento em que o sujeito utiliza violência à pessoa ou grave ameaça, ainda que não tenha êxito em sua finalidade de assegurar a impunidade do crime ou a detenção da coisa subtraída para si ou para terceiro (**é Crime Formal**).

Causas de aumento de pena

§ 2º. A pena aumenta-se de um terço até metade:
I. (Revogado)
II. Se há o concurso de duas ou mais pessoas;
III. Se a vítima está em serviço de transporte de valores e o agente conhece tal circunstância.
IV. Se a subtração for de veículo automotor que venha a ser transportado para outro Estado ou para o exterior;
V. Se o agente mantém a vítima em seu poder, restringindo sua liberdade.

Se o crime é cometido em concurso de agentes e somente um deles utiliza a arma, a causa de aumento de pena se estende a todos os envolvidos no roubo, independentemente de serem coautores ou partícipes.

Arma de fogo	Efetivo uso: incide a causa de aumento. Porte ostensivo: incide a causa de aumento. Porte simulado de arma: não incide a causa de aumento, mas caracteriza o roubo simples (grave ameaça).
Arma com defeito	Absoluta ineficácia de arma: não incide a causa de aumento, mas caracteriza o roubo simples (grave ameaça). Relativa ineficácia de arma: incide a causa do aumento.
Arma desmuniciada	Não incide a causa de aumento, mas caracteriza o roubo simples (grave ameaça). Conforme entendimento do STF, a arma desmuniciada ou sem possibilidade de pronto municiamento não configura o crime tipificado no Art. 14 da Lei 10.826/03 (Estatuto do Desarmamento).
Arma de brinquedo	Não incide a causa de aumento, mas caracteriza o roubo simples (grave ameaça).

Se há o concurso de duas ou mais pessoas

Incide esta qualificadora ainda que um dos envolvidos seja inimputável (ex.: Menor de 18 anos) ou não possa ser identificado.

Essa qualificadora incide ainda que apenas um dos envolvidos no roubo pratique atos executórios ou esteja presente no local do crime. Desse modo, aplica-se tanto aos coautores quanto aos partícipes.

Se a vítima está em serviço de transporte de valores e o agente conhece tal circunstância

Tem por finalidade conceder maior proteção às pessoas que prestam serviços relacionados ao transporte de valores, excluindo-se o proprietário dos bens.

Ex.: Carros-fortes, office-boys, estagiários, funcionários de bancos, etc.

Exige-se que o agente tenha conhecimento desta circunstância.

Se a subtração for de veículo automotor que venha a ser transportado para outro Estado ou para o exterior

Fundamenta-se na maior dificuldade de recuperação do bem pela vítima, quando ocorre a transposição de fronteiras estaduais ou internacionais.

Não incide esta causa de aumento de pena na hipótese de transporte de componentes isolados (peças) do veículo automotor para outro Estado ou para o exterior.

Esta majorante só incide quando o roubo for de veículo automotor, não abrangendo embarcação nem aeronave. Além disso, a causa de aumento de pena somente terá incidência quando o veículo automotor efetivamente for transportado para outro Estado ou para o Exterior.

De acordo com Cleber Masson, a majorante é compatível com a forma tentada em uma única hipótese: quando o agente é perseguido logo após a subtração e foge em direção a fronteira de outro País ou Estado, mas acaba sendo preso antes que transponha a fronteira. Nesse caso basta a intenção do agente de transpor a fronteira para a aplicação do aumento de pena.

Ex.: Um veículo foi roubado e desmanchado em Cascavel/PR e suas peças foram encaminhadas para São Paulo ou para o Paraguai.

Se o agente mantém a vítima em seu poder, restringindo sua liberdade

Na hipótese desta qualificadora, a vítima deve ter restringida sua liberdade por tempo juridicamente relevante.

Ex.: Pedro, mediante grave ameaça, subtrai o carro de Rafael, e com ele permanece até abandoná-lo em um local distante, evitando, dessa forma, o pedido de socorro às autoridades.

Se a subtração for de substâncias explosivas ou de acessórios que, conjunta ou isoladamente, possibilitem sua fabricação, montagem ou emprego

Trata-se de mais uma alteração marcada pela Lei nº 13.654/2018. Nesse caso, vale a pena destacar o objeto material do roubo. Em se tratando de explosivos ou acessórios para fabricação, montagem ou emprego, haverá aumento de pena.

> Em se tratando de simulacro, permanece o entendimento de que ainda é roubo (pois tem capacidade de constranger), mas é descaracterizado do aumento de pena!

Se a violência ou ameaça é exercida com emprego de arma de fogo

Aqui incide o aumento apenas com o uso da arma de fogo (arma PRÓPRIA) e desde que não seja de uso restrito ou proibido (já que com a alteração do pacote **ANTICRIME**, agora há a previsão do §2º-B com aumento de pena até o DOBRO).

E uma outra inovação do mesmo pacote legislativo, foi a "ressurreição" do uso de arma branca (ou arma IMPRÓPRIA) no §2º em seu novel inciso VII (aumento de 1/3 a ½).

> **§ 2º-A** A pena aumenta-se de 2/3 (DOIS TERÇOS):
> **I.** se a violência ou ameaça é exercida com emprego de arma de fogo.

A Lei nº 13.654 de 2018 inseriu o parágrafo 2º - A, restringindo o aumento de pena no crime de furto. Agora, será considerado aumento de pena apenas em se tratando de arma própria (fogo), não abrangendo mais a arma imprópria. Além disso, entende o STF que é desnecessária a perícia na arma e a apreensão (desde que haja outros meios de prova) para o enquadramento do aumento. Cabe à parte comprovar a ineficácia do meio.

> **II.** se há **destruição ou rompimento de obstáculo** mediante o emprego de **EXPLOSIVO** ou de **ARTEFATO** análogo que cause **PERIGO COMUM**. (grifo nosso)

Perceba aqui a única diferença com furto (art. 155), já que lá, no furto, há a previsão de qualificadora para rompimento ou destruição de obstáculo em qualquer modalidade de ruptura ou destruição. Ao contrário aqui, no roubo (art. 157), não se trata de qualificadora, mas sim de majorante (ou causa de aumento) onde apenas incidirá tal majoração caso de rompimento ou destruição com explosivos ou artefato análogo.

Se a violência ou grave ameaça é exercida com emprego de arma de fogo de uso restrito ou proibido

A inovação do pacote ANT CRIME, consistiu no aumento em dobro para tal utilização de arma de uso proibido como fruto da violência ou ameaça empregada pelo agente, além de também ter inserido tal previsão no rol dos crimes HEDIONDOS.

Roubo qualificado

> **§ 3º** Se da violência resulta: (Redação dada pela Lei nº 13.654, de 2018)
> **I.** lesão corporal grave, a pena é de reclusão de 7 (sete) a 18 (dezoito) anos, e multa. (Incluído pela Lei nº 13.654, de 2018)
> **II.** morte, a pena é de reclusão de 20 (vinte) a 30 (trinta) anos, e multa. (Incluído pela Lei nº 13.654, de 2018)

Assim, existem duas qualificadoras do crime de roubo: a qualificação por lesão grave e ou pela morte, fato conhecido como latrocínio.

De acordo com o texto legal, somente é possível a incidência das qualificadoras quando o resultado agravador resultar de violência. Desse modo, se resultar de grave ameaça não incidirá esta qualificadora.

Imagine a seguinte situação hipotética: "A" apontou uma arma de fogo para "B", senhora de 80 anos, e anunciou o assalto. "B", com o susto da situação, sofreu um infarto fulminante e morreu em razão da grave ameaça empregada, momento em que "A" subtrai a bolsa da vítima. Nesta situação, "A" responderá por roubo consumado em concurso formal com homicídio culposo.

Segundo o Art. 1º, II, alínea "c" da Lei nº 8.072/90, o latrocínio, consumado ou tentado, **é crime hediondo**.

De acordo com a **Súmula 603 do STF** a competência para o processo e julgamento do latrocínio é do **Juiz Singular** e não do Tribunal do Júri. Isso ocorre porque o latrocínio é crime contra o patrimônio e o Tribunal do Júri só é competente para julgar os crimes dolosos contra a vida.

O resultado agravador (morte) pode ter sido causado de forma **dolosa ou culposa**. Percebe-se, então, que o latrocínio não é crime exclusivamente preterdoloso (dolo no antecedente e culpa no consequente). Admite-se a tentativa se o resultado agravador, morte, ocorrer de forma dolosa.

Qual crime pratica o assaltante que, duas semanas após o delito, mata gerente que o reconheceu como um dos criminosos? Não pode ser o Art. 157, § 3º, uma vez que exige o fator tempo e o fator nexo. O crime será de roubo em concurso material com homicídio qualificado pela conexão consequencial.

De acordo com a Súmula 610 do STF: há crime de latrocínio, quando o homicídio se consuma, ainda que não realize o agente a subtração de bens da vítima. Atenção para as seguintes situações:

Subtração do Bem	Morte da Vítima	Latrocínio
Consumado	Consumado	Consumado
Tentada	Consumado	Consumado
Tentada	Tentada	Tentada
Consumado	Tentada	Tentada

Extorsão (Art. 158, §1º, primeira parte, CP)	Roubo (Art. 157, §2º, II, CP)
Crime COMETIDO por duas ou mais pessoas.	Se há o CONCURSO de duas ou mais pessoas.
Admite coautoria, mas não admite participação.	Admite coautoria e participação.

Extorsão

Art. 158. *Constranger alguém, mediante violência ou grave ameaça, e com o intuito de obter para si ou para outrem indevida vantagem econômica, a fazer, tolerar que se faça ou deixar fazer alguma coisa:*

Pena - *reclusão, de quatro a dez anos, e multa.*

§ 1º. *Se o crime é cometido por duas ou mais pessoas, ou com emprego de arma, aumenta-se a pena de um terço até metade.*

§ 2º. *Aplica-se à extorsão praticada mediante violência o disposto no § 3º do artigo anterior.*

§ 3º. *Se o crime é cometido mediante a restrição da liberdade da vítima, e essa condição é necessária para a obtenção da vantagem econômica, a pena é de reclusão, de 6 (seis) a 12 (doze) anos, além da multa; se resulta lesão corporal grave ou morte, aplicam-se as penas previstas no Art. 159, §§ 2º e 3º, respectivamente.*

A extorsão, ao contrário do roubo, não pode ser praticada mediante violência imprópria (qualquer outro meio que reduza a vítima à impossibilidade de resistência).

Segundo Nelson Hungria, uma das formas mais frequentes de extorsão é a famosa "chantagem" (praticada mediante ameaça de revelação de fatos escandalosos ou difamatórios, para coagir o ameaçado a "comprar" o silêncio do ameaçador). Trata-se de crime de ação penal pública incondicionada.

Classificação

Extorsão é crime comum / de forma livre / formal / instantâneo / plurissubsistente / de dano / doloso (não admite a modalidade culposa) / de concurso eventual.

É considerado um crime complexo, pois protege vários bens jurídicos. (patrimônio, integridade física e liberdade individual).

É crime formal / de consumação antecipada. A obtenção da indevida vantagem econômica pelo agente é exaurimento do crime que será levado em consideração na dosimetria da pena-base (Art. 59, CP).

Sujeitos do crime

Por ser um crime comum, não se exige uma qualidade especial do sujeito ativo ou passivo, portanto pode ser cometido/sofrido por qualquer pessoa.

Consumação e tentativa

Súmula 96, STJ. *O crime de extorsão consuma-se independentemente da obtenção da vantagem indevida.*

A tentativa é admitida.

Causa de aumento de pena

> Se o crime é COMETIDO por duas ou mais pessoas;
> Se o crime é cometido com emprego de arma;

Extorsão qualificada

Art. 158, § 2º, CP. *Aplica-se à extorsão praticada mediante violência o disposto no § 3º do artigo anterior.*

Se, da **violência** resulta lesão corporal grave (7 a 18 anos), se resulta morte (20 a 30 anos).

Se, o resultado agravador (lesão corporal grave ou morte) ocorrer em razão da grave ameaça empregada, o agente responderá pelo crime de extorsão simples (*caput*).

A extorsão qualificada pela morte, consumada ou tentada é **crime hediondo** (Art. 1º, III, Lei nº 8.072/90).

Extorsão mediante restrição da liberdade da vítima

§ 3º. *Se o crime é cometido mediante a restrição da liberdade da vítima, e essa condição é necessária para a obtenção da vantagem econômica, a pena é de reclusão, de 6 (seis) a 12 (doze) anos, além da multa; se resulta lesão corporal grave ou morte, aplicam-se as penas previstas no art. 159, §§ 2º e 3º, respectivamente.*

Popularmente conhecido como o crime de "sequestro relâmpago".

Este delito, além de atentar contra o patrimônio da vítima, viola também sua liberdade de locomoção.

Ex.: "A", mediante uso de arma de fogo, ameaça de morte "B", o qual estava saindo de sua residência, e o constrange a dirigir seu veículo até um caixa eletrônico para que "B" saque dinheiro para entregar a "A".

Diferencia-se do Roubo (Art. 157, §2º, V, CP), pois é imprescindível um comportamento de "B" (digitar a senha do cartão do banco) para a consumação do crime de extorsão.

Diferenças entre o "sequestro relâmpago" com a extorsão mediante sequestro

Sequestro Relâmpago (Art. 158, §3º, CP)	Extorsão Mediante Sequestro (Art. 159, CP)
Restrição da liberdade.	Privação da liberdade.
Não há encarceramento da vítima.	A vítima é colocada no cárcere.
Finalidade de se obter indevida vantagem econômica.	Finalidade de se obter qualquer vantagem, como condição ou preço do resgate.

Se a vantagem é devida (legítima), verdadeira ou supostamente, o agente responderá pelo crime de exercício arbitrário das próprias razões (Art. 345, CP).

A vantagem indevida deve ser econômica, pois se não o for, estará afastado o crime de extorsão.

Ex.: "A", mediante violência ou grave ameaça, coage "B" a assumir a autoria de um crime de difamação praticado contra "C".

Diferenças entre o crime de extorsão e roubo:

Roubo	Extorsão
O ladrão subtrai.	O extorsionário faz com que a vítima lhe entregue.
O agente busca vantagem imediata.	O agente busca vantagem mediata (futura).
Não admite bens imóveis.	Admite bens imóveis também.
Admite violência imprópria.	Não admite violência imprópria.
A colaboração da vítima é dispensável.	A colaboração da vítima é indispensável.

Diferenças entre o crime de Extorsão e Constrangimento ilegal

A **extorsão** se distingue do crime de constrangimento ilegal (Art. 146, CP), pois, no primeiro há a presença de um elemento subjetivo do tipo (especial fim de agir do agente) representado pela vontade de **obter indevida vantagem econômica, para si ou para outrem**.

Diferenças entre o crime de Extorsão e Concussão

Extorsão (Art. 158)	Concussão (Art. 316)
Crime Contra o Patrimônio.	Crime contra a Administração Pública.
Há emprego de violência ou grave ameaça.	Não há emprego de violência ou grave ameaça.
Em regra é praticado por particular, mas funcionário público pode praticar caso empregue violência ou grave ameaça.	Em regra é praticado por funcionário público, mas particular pode ser coautor ou partícipe.

É possível concurso de crimes de roubo e extorsão, por exemplo o agente, após roubar o carro da vítima, a obriga a entregar o cartão bancário com a senha, conforme STJ.

Extorsão mediante sequestro

> **Art. 159.** *Sequestrar pessoa com o fim de obter, para si ou para outrem, qualquer vantagem, como condição ou preço do resgate:*
> **Pena** - *reclusão, de oito a quinze anos.*
> **§ 1º.** *Se o sequestro dura mais de 24 (vinte e quatro) horas, se o sequestrado é menor de 18 (dezoito) ou maior de 60 (sessenta) anos, ou se o crime é cometido por bando ou quadrilha:*
> **Pena** - *reclusão, de doze a vinte anos.*
> **§ 2º.** *Se do fato resulta lesão corporal de natureza grave:*
> **Pena** - *reclusão, de dezesseis a vinte e quatro anos.*
> **§ 3º.** *Se resulta a morte:*
> **Pena** - *reclusão, de vinte e quatro a trinta anos.*
> **§ 4º.** *Se o crime é cometido em concurso, o concorrente que o denunciar à autoridade, facilitando a libertação do sequestrado, terá sua pena reduzida de um a dois terços.*

Objetividade jurídica

Patrimônio e liberdade individual. Integridade física e vida humana (§2º e §3º).

→ **É crime complexo.**

Resulta da fusão da extorsão (Art. 158) e sequestro (Art. 148).

Objeto material

A pessoa privada de sua liberdade e também aquela lesada em seu patrimônio.

É crime hediondo em todas as suas modalidades (tentados ou consumados). (Art. 1º, IV, Lei nº 8.072/90).

Núcleo do tipo

"Sequestrar": privar uma pessoa de sua liberdade de locomoção por tempo juridicamente relevante.

Sujeitos do crime

Sujeito Ativo: qualquer pessoa (crime comum). Se o sujeito ativo for funcionário público e cometer o crime no exercício de suas funções, responderá também pelo crime de abuso de autoridade (Lei nº 13.869/2019).

Pessoa que simula o próprio sequestro para extorquir seus pais, mediante o auxílio de terceiros, responde por extorsão (Art. 158).

Sujeito Passivo: pessoa que sofre a lesão patrimonial e pessoa privada de sua liberdade.

A vítima deve ser necessariamente uma pessoa humana. Desse modo, a privação da liberdade de um animal (de extinção ou raça) configura o crime de extorsão (Art. 158, CP).

Se a vítima for menor de 18 anos ou maior de 60 anos o crime será qualificado (§1º).

Supondo que haja subtração de animal de outrem e informa que somente será devolvido caso seja pago resgate. Há prática do crime de extorsão mediante sequestro? Não haverá tal crime já que o tipo penal se remete à pessoa. Nessa hipótese, será configurado o delito de extorsão.

Elemento subjetivo

Dolo + (especial fim de agir) com o fim de obter, para si ou para outrem, qualquer vantagem, como condição ou preço do resgate. Não se admite a modalidade culposa.

Espécie da vantagem

A maioria da doutrina entende que a vantagem deve ser econômica e indevida.

Se a vantagem for devida, o agente responderá pelos crimes de sequestro (Art. 148) e exercício arbitrário das próprias razões (Art. 345) em concurso formal.

Consumação e tentativa

Consuma-se com a privação da liberdade da vítima, independente da obtenção da vantagem pelo agente. É crime formal. A tentativa é possível.

Juízo competente

O Juízo Competente para julgamento é o do local em que ocorreu o sequestro da vítima, e não o da entrega do eventual resgate.

Se os parentes da vítima realizarem o pagamento do resgate, ocorrerá o exaurimento do crime.

DOS CRIMES CONTRA O PATRIMÔNIO

Crime permanente

É Crime Permanente (a consumação se prolonga no tempo e dura todo o período em que a vítima estiver privada de sua liberdade).

Por ser crime permanente, é cabível a prisão em flagrante a qualquer tempo, enquanto durar a permanência.

A privação da liberdade do sequestrado há de ser mantida por tempo juridicamente relevante.

Classificação doutrinária

Crime comum / de forma livre/ FORMAL / PERMANENTE / plurissubsistente / de dano / de concurso eventual.

Ação penal

A Ação Penal é pública incondicionada em todas as espécies do crime.

Figuras qualificadas

§ 1º. Se o sequestro dura mais de 24 (vinte e quatro) horas, se o sequestrado é menor de 18 (dezoito) ou maior de 60 (sessenta) anos, ou se o crime é cometido por bando ou quadrilha. Pena - reclusão de 12 a 20 anos.

Incide a qualificadora quando na data do sequestro a vítima possuía, por exemplo, 59 anos e 11 meses e na data da libertação possuía mais de 60 anos, pois o crime de extorsão mediante sequestro é crime permanente (a consumação prolonga-se no tempo por vontade do agente).

E se o crime se deu em exatas 24 horas, incide a qualificadora? Não. Tem que ser mais de 24 horas.

Se o crime é cometido por associação criminosa e esta for usada para qualificar o delito, não pode haver a punição pelo Art. 288 do CP, sob pena de ocorrência do *bis in idem*.

§ 2º. Se do fato resulta lesão corporal de natureza grave:
Pena - reclusão de 16 a 24 anos.
§ 3º. Se resulta a morte:
Pena - reclusão de 24 a 30 anos.

No roubo e na extorsão só existe a qualificadora quando a lesão corporal de natureza grave ou a morte resultam da "violência", ao passo que nesta hipótese o crime será qualificado quando do FATO resultar lesão corporal de natureza grave ou morte. Portanto o resultado agravador pode ser provocado por violência própria, violência imprópria ou GRAVE AMEAÇA.

Não incidirá esta qualificadora se o resultado agravador for produzido por força maior, caso fortuito ou culpa de terceiro.

Ex.: cai um raio no barraco onde a vítima era mantida em cativeiro e esta morre.

A morte ou lesão corporal grave podem ter sido provocadas dolosa ou culposamente. Não é crime exclusivamente preterdoloso (dolo no antecedente e culpa no consequente).

A pena da extorsão mediante sequestro qualificada pela morte (24 a 30 anos) é a maior do Código Penal.

Delação premiada

*§ 4º. Se o crime é cometido em concurso, o concorrente que o denunciar à autoridade, **facilitando a libertação do sequestrado**, terá sua pena reduzida de um a dois terços.*

É causa especial de diminuição da pena que somente pode ser aplicada pelo Juiz (Delegados e Promotores não podem).

Requisitos para a incidência deste parágrafo:

> Prática do crime em concurso de pessoas: não é exigível Associação Criminosa, basta o concurso de pessoas;
> Esclarecimento por parte de um dos criminosos a autoridade sobre o crime;
> Facilitação da libertação do sequestrado, ou seja, que a delação seja eficaz.

De acordo com a jurisprudência, deve ser aplicada a delação premiada quando a vítima é libertada diretamente por um dos sequestradores.

A redução de pena é proporcional conforme a maior ou menor colaboração do agente. Quanto mais auxiliar, maior a redução.

A delação deve ser EFICAZ, ou seja, deve ter contribuído decisivamente para a libertação da vítima. Desse modo, a pena não será diminuída se o refém foi solto por outro motivo qualquer, diverso da informação prestada pelo sequestrador.

Presentes os requisitos legais, o juiz é obrigado a reduzir a pena do criminoso (é direito subjetivo do réu).

A redução da pena da delação premiada não se comunica aos demais coautores ou partícipes que não denunciaram o fato à autoridade (circunstância pessoal), pois não facilitaram a libertação do refém.

Extorsão indireta

Art. 160. Exigir ou receber, como garantia de dívida, abusando da situação de alguém, documento que pode dar causa a procedimento criminal contra a vítima ou contra terceiro:
Pena - reclusão, de um a três anos, e multa.

O crime de extorsão se consuma no momento em que é realizada a conduta de constrangimento mediante o uso de violência ou grave ameaça, portanto considerado crime formal. A obtenção da vantagem indevida configura mero exaurimento do crime.

5.3 Da Usurpação

Alteração de limites

Art. 161. Suprimir ou deslocar tapume, marco, ou qualquer outro sinal indicativo de linha divisória, para apropriar-se, no todo ou em parte, de coisa imóvel alheia:
Pena - detenção, de um a seis meses, e multa.
§ 1º. Na mesma pena incorre quem:

Usurpação de águas

I. Desvia ou represa, em proveito próprio ou de outrem, águas alheias;

Esbulho possessório

II. Invade, com violência a pessoa ou grave ameaça, ou mediante concurso de mais de duas pessoas, terreno ou edifício alheio, para o fim de esbulho possessório.
§ 2º. Se o agente usa de violência, incorre também na pena a esta cominada.
§ 3º. Se a propriedade é particular, e não há emprego de violência, somente se procede mediante queixa.

Supressão ou alteração de marca em animais

Art. 162. Suprimir ou alterar, indevidamente, em gado ou rebanho alheio, marca ou sinal indicativo de propriedade:
Pena - detenção, de seis meses a três anos, e multa.

5.4 Do Dano

Art. 163. Destruir, inutilizar ou deteriorar coisa alheia:
Pena - detenção, de um a seis meses, ou multa.
Dano Qualificado
Parágrafo único. Se o crime é cometido:
  I. Com violência à pessoa ou grave ameaça;
  II. Com emprego de substância inflamável ou explosiva, se o fato não constitui crime mais grave;
  III. contra o patrimônio da União, de Estado, do Distrito Federal, de Município ou de autarquia, fundação pública, empresa pública, sociedade de economia mista ou empresa concessionária de serviços públicos; (Redação dada pela Lei nº 13.531, de 2017)
  IV. Por motivo egoístico ou com prejuízo considerável para a vítima:
Pena - detenção, de seis meses a três anos, e multa, além da pena correspondente à violência.

Objetividade jurídica

Patrimônio das pessoas físicas ou jurídicas.

Não há crime de dano quando a conduta do agente recair sobre *res derelicta* (coisa abandonada) ou *res nullius* (coisa de ninguém). Todavia se a conduta recair sobre *res despedita* (coisa perdida) haverá crime, pois se trata de coisa alheia.

Objeto material

Coisa alheia, móvel ou imóvel, sobre a qual incide a conduta do agente.

Dano em documentos (públicos ou privados)

Se o agente danificou para impedir utilização do documento como prova de algum fato juridicamente relevante, responderá pelo crime de supressão de documento (Art. 305, CP). Todavia, se a conduta foi praticada unicamente com o objetivo de prejudicar o patrimônio da vítima, responderá o agente pelo crime de dano (Art. 163, CP).

Tipo misto alternativo, crime de ação múltipla ou de conteúdo variado

Haverá crime único na prática de várias condutas com objeto material no mesmo contexto fático.

É Crime de Forma Livre = Admite qualquer meio de execução.

Pode ser praticado por omissão, desde que presente o dever jurídico de agir (Art. 13, §2º, CP).

Empregada doméstica deixa, dolosamente, de fechar as janelas da casa da patroa durante uma chuva para que sejam danificados os objetos eletrônicos da casa.

O agente que pratica a conduta de pichar, grafitar ou por qualquer outro meio conspurcar (poluir) edificação ou monumento urbano responderá pelo crime previsto no Art. 65 da Lei nº 9.605/98 (Lei dos Crimes Ambientais).

Núcleos do tipo

Destruir: extinguir a coisa (dano físico total).

Ex.: Quebrar totalmente um espelho; queimar um telefone celular.

Inutilizar: tornar uma coisa imprestável aos fins a que se destina.

Retirar a bateria de um carro.

Deteriorar: estragar parcialmente um bem, diminuindo-lhe o valor ou a utilidade (dano físico parcial).

Ex.: Riscar a lataria de um veículo.

Conduta de fazer DESAPARECER coisa alheia não é crime de dano.

Exs.: Pedro faz sumir o celular de Rafael, seu desafeto. Nesta situação Pedro responderá civilmente por sua conduta. Não responderá pelo crime de dano (Art. 163, CP).

"A" abre a porteira da fazenda de "B", seu desafeto, para que desapareça o cavalo de propriedade deste último. "A" responderá civilmente por sua conduta.

Sujeitos do crime

Sujeito Ativo: é crime comum, pode ser praticado por qualquer pessoa, exceto o proprietário da coisa.

Se o proprietário danificar coisa própria, que se acha em poder de terceiro por determinação judicial ou convenção, responderá pelo previsto no Art. 346, CP.

Sujeito Passivo: qualquer pessoa (proprietário ou possuidor legítimo da coisa).

Elemento subjetivo

É o Dolo. A finalidade do agente deve ser unicamente destruir, inutilizar ou deteriorar coisa alheia.

Importante: não existe o crime de dano culposo.

Se o dano constituir-se em meio para a prática de outro crime, ou então como qualificadora de outro crime, será por este absorvido. Ex.: Furto qualificado pela destruição ou rompimento de obstáculo (Art. 155, §4º, I, CP): o dano, crime-meio, será absorvido pelo furto, crime-fim.

Consumação e tentativa

É crime material. Desse modo, ele se consuma quando o agente efetivamente destrói, inutiliza ou deteriora a coisa alheia. A tentativa é plenamente possível.

Dano simples

O crime de dano simples (*caput*) é IMPO, Infração de Menor Potencial Ofensivo, de competência do Juizado Especial e de ação penal privada (Art. 167, CP).

Classificação doutrinária

Crime comum / material / doloso / de forma livre / instantâneo / plurissubjetivo / de concurso eventual e não transeunte (deixa vestígios materiais).

Dano qualificado

Parágrafo único. *Se o crime é cometido:*
I. Com violência à pessoa ou grave ameaça;
II. Com emprego de substância inflamável ou explosiva, se o fato não constitui crime mais grave;
III. contra o patrimônio da União, de Estado, do Distrito Federal, de Município ou de autarquia, fundação pública, empresa pública, sociedade de economia mista ou empresa concessionária de serviços públicos; (Redação dada pela Lei nº 13.531, de 2017)
IV. Por motivo egoístico ou com prejuízo considerável para a vítima:
Pena - *detenção, de seis meses a três anos, e multa, além da pena correspondente à violência.*

Com violência à pessoa ou grave ameaça

A vítima da violência ou grave ameaça pode ser pessoa diversa da vítima do dano.

Ex.: Ameaçar a empregada doméstica de seu vizinho para quebrar a vidraça de sua janela.

A violência ou grave ameaça deve ocorrer antes ou durante a prática do crime de dano, pois, se ocorrer depois, o agente responderá pelo crime de dano simples em concurso material com o crime de lesão corporal (Art. 129) ou ameaça (Art. 147).

De acordo com o Art. 167, CP, nesta hipótese de dano a ação penal será pública incondicionada.

Com emprego de substância inflamável ou explosiva, se o fato não constitui crime mais grave

A expressão **"se o fato não constitui crime mais grave"** informa que esta qualificadora é expressamente subsidiária, ou seja, somente incidirá o dano qualificado quando a lesão ao patrimônio alheio não caracterizar um crime mais grave, nem funcionar como meio de execução de um delito mais grave.

Ex.: "A" explode o carro de "B" que estava no estacionamento: "A" responderá pelo crime de dano qualificado. Todavia se "A" explodiu o carro de "B" com a intenção de matá-lo, e efetivamente alcançou este resultado responderá pelo crime de homicídio qualificado (Art. 121, §2º, III, CP).

De acordo com o Art. 167 do CP, nesta hipótese de dano, **a ação penal será pública incondicionada**.

Contra o patrimônio da união, de estado, do distrito federal, de município ou de autarquia, fundação pública, empresa pública, sociedade de economia mista ou empresa concessionária de serviços públicos;

A Lei nº 13.531, de 2017, adicionou ao crime de dano qualificado todos os entes da Administração direta mais os concessionários de serviços públicos, o que de fato foi bem aplicado ao que acontece no dia a dia.

De acordo com o entendimento do STJ, o preso que danifica (destrói, deteriora ou inutiliza) as paredes e grades da cela dos presídios ou delegacias, com o objetivo de fuga não responde pelo crime de dano. Vejamos uma jurisprudência sobre o tema:

Conforme entendimento, há muito fixado nesta Corte Superior (STF), para a configuração do crime de dano, previsto no Art. 163 do CPB, é necessário que a vontade seja voltada para causar prejuízo patrimonial ao dono da coisa (animus nocendi). **Dessa forma, o preso que destrói ou inutiliza as grades da cela onde se encontra, com o intuito exclusivo de empreender fuga, não comete crime de dano.** *2. Parecer do MPF pela concessão da ordem. 3. Ordem concedida, para absolver o paciente do crime de dano contra o patrimônio público (Art. 163, Parágrafo Único, III, do CPB).*

De acordo com o Art. 167 do CP, nesta hipótese de dano **a ação penal será pública incondicionada**.

Por motivo egoístico ou com prejuízo considerável para a vítima

Motivo egoístico é aquele ligado à obtenção de um futuro benefício, de ordem moral ou econômica. Ex.: "A" e "B" foram aprovados na segunda fase do concurso de Delegado de Polícia Civil de um Estado qualquer. Então, no dia da prova oral, "A" sabota o carro de "B" para que este não consiga chegar a tempo para realizar o exame e seja eliminado do concurso.

> Aquele que destrói cadáver ou parte dele responde pelo crime previsto no Art. 211 do CP.

De acordo com o Art. 167 do CP, nesta hipótese de dano **a ação penal é privada**.

Introdução ou abandono de animais em propriedade alheia

Art. 164. *Introduzir ou deixar animais em propriedade alheia, sem consentimento de quem de direito, desde que o fato resulte prejuízo:*
Pena - *detenção, de quinze dias a seis meses, ou multa.*

Dano em coisa de valor artístico, arqueológico ou histórico

Art. 165. *Destruir, inutilizar ou deteriorar coisa tombada pela autoridade competente em virtude de valor artístico, arqueológico ou histórico:*
Pena - *detenção, de seis meses a dois anos, e multa.*

Alteração de local especialmente protegido

Art. 166. *Alterar, sem licença da autoridade competente, o aspecto de local especialmente protegido por lei:*
Pena - *detenção, de um mês a um ano, ou multa.*

Ação penal

Art. 167. *Nos casos do art. 163, do inciso IV do seu parágrafo e do Art. 164, somente se procede mediante queixa.*

5.5 Da Apropriação Indébita

Apropriação indébita
Art. 168. *Apropriar-se de coisa alheia móvel, de que tem a posse ou a detenção:*
Pena - *reclusão, de um a quatro anos, e multa.*
Aumento de Pena
§ 1º. *A pena é aumentada de um terço, quando o agente recebeu a coisa:*

I. Em depósito necessário;
II. Na qualidade de tutor, curador, síndico, liquidatário, inventariante, testamenteiro ou depositário judicial;
III. Em razão de ofício, emprego ou profissão.

A principal característica do crime de apropriação indébita é a existência de uma situação de **quebra de confiança**, pois a vítima entrega, voluntariamente, uma coisa móvel ao agente, e este, logo após, inverte seu ânimo no tocante ao bem, passando a comportar-se como seu dono.

Objetividade jurídica

Patrimônio.

Objeto material

Coisa alheia móvel sobre a qual recai a conduta criminosa (imóveis não).

Para o STJ é possível a prática do crime de apropriação indébita de coisas fungíveis (móveis que podem substituir-se por outros da mesma espécie, qualidade e quantidade).

Ex.: Dinheiro.

Núcleo do tipo

É o verbo "apropriar" que significa tomar para si, fazer sua coisa alheia.

Posse/detenção legítima e desvigiada

A posse ou a detenção do bem deve ser LEGÍTIMA e também desvigiada. Desse modo, o crime de apropriação indébita deve preencher os seguintes requisitos:

A vítima entrega o bem voluntariamente: se houver fraude para a entrega o crime será de estelionato, se houver violência ou grave ameaça à pessoa o crime será de roubo ou de extorsão.

O agente tem a posse ou detenção desvigiada do bem: se a posse ou detenção for vigiada e o bem for retirado da vítima sem sua autorização o crime será de furto.

O agente recebe o bem de boa-fé: se ao receber o bem o agente já tinha a intenção de apropriar-se dele, o crime será de estelionato. Obs.: a boa-fé é presumida.

Modificação posterior no comportamento do agente: após entrar licitamente (de boa-fé) na posse ou detenção da coisa, o agente passa a se comportar como se fosse dono. Momento em que apresenta seu ânimo de assenhoramento definitivo (*animus rem sibi habendi*). Essa alteração no comportamento do agente ocorre de duas formas:

a) **Prática de algum ato de disposição** (venda, doação, locação, troca etc.). Também conhecida como apropriação indébita própria.
b) **Recusa na restituição** (a vítima solicita a devolução do bem e o agente expressamente se recusa a devolver). Também denominada **negativa de restituição**.

Sujeitos do crime

Ex.: Se o agente é funcionário público e apropria-se de dinheiro, valor ou qualquer outro bem móvel, público ou particular (sob a guarda ou custódia da Administração Pública), de que tem a posse em razão do cargo, responderá pelo crime de peculato-apropriação (Art. 312, *caput*, 1ª parte, CP). Em regra, a prova desse delito depende da prática de algum ato incompatível com a vontade de restituir.

Sujeito Ativo: qualquer pessoa, desde que tenha a posse ou detenção lícita da coisa alheia móvel. Sempre pessoa diversa do proprietário.

Sujeito Passivo: proprietário ou possuidor (pessoa física ou jurídica) do bem.

Elemento subjetivo

Dolo. Doutrina e jurisprudência defendem a necessidade do ânimo de assenhoramento definitivo da coisa. Desse modo, não responderá por este crime aquele que simplesmente se esquece de devolver o bem na data previamente combinada. Não se admite a modalidade culposa.

Apropriação indébita "de uso"

Não se pune a apropriação indébita "de uso": situação em que a pessoa usa momentaneamente a coisa alheia, para em seguida restituí-la integralmente ao seu proprietário.

Apropriação Indébita X Estelionato

Apropriação indébita (Art. 168, CP)	Estelionato (Art. 171, CP)
O dolo é posterior ou subsequente.	O dolo é anterior ou antecedente.
A pessoa recebe a posse ou detenção de coisa de maneira legítima, surgindo a vontade de se apropriar posteriormente.	O agente já possuía a intenção de se apropriar do bem antes de alcançar a sua posse ou detenção.
Ex.: Pessoa vai a uma locadora de veículos, aluga um veículo, gosta dele e decide não devolver.	**Ex.:** Pessoa vai a uma locadora de veículos, já com a intenção de alugar o veículo e não devolvê-lo.

Consumação

Ocorre no momento em que o agente inverte seu ânimo em relação a coisa alheia móvel, ou seja, ele passa a se comportar como dono do bem. Pode se dar de duas maneiras:

Apropriação indébita própria	Se consuma com a prática de algum ato de disposição do bem, incompatível com a condição de possuidor ou detentor. **Ex.:** vender, doar, permutar, emprestar o bem.
Negativa de restituição	Se consuma no momento em que o agente se recusar expressamente a devolver o bem ao seu proprietário.

Tentativa

A apropriação indébita própria admite tentativa.

Ex.: "A" é preso em flagrante no momento em que doava os DVDs de "B", do qual tinha a posse legítima e desvigiada.

DOS CRIMES CONTRA O PATRIMÔNIO

A apropriação indébita negativa de restituição não admite tentativa (conatus), pois é crime unissubsistente: ou o sujeito recusa a devolver o bem, e o crime estará consumado, ou o devolve ao dono, e o fato será atípico.

Ação penal

A Ação Penal é pública incondicionada.

Competência

Local em que o agente se apropria da coisa alheia móvel, dela dispondo ou negando-se a restituí-la ao seu titular. (Art. 70, *caput*, CPP).

Quando o crime de apropriação indébita for praticado por algum representante (comercial ou não) da vítima, a competência será do local em que o agente deveria ter prestado contas dos valores recebidos.

Classificação doutrinária

Crime comum / material / de forma livre / de concurso eventual / doloso / em regra plurissubsistente, ou unissubsistente (negativa de restituição) / instantâneo.

Ex.:

01. O Art. 102 do Estatuto do Idoso (Lei nº 10.741/2003) prevê uma modalidade especial de apropriação indébita, quando praticada contra idoso:

    Art. 102. *Apropriar-se de ou desviar bens, proventos, pensão ou qualquer outro rendimento do idoso, dando-lhes aplicação diversa da de sua finalidade:*
    Pena *- reclusão de 1 a 4 anos.*

02. O Art. 5º, "*caput*", da Lei dos Crimes Contra o Sistema Financeiro Nacional (Lei nº 7.492/86) também contém uma modalidade especial de apropriação indébita:

    Art. 5º. *Apropriar-se, quaisquer das pessoas mencionadas no Art. 25 desta lei, de dinheiro, título, valor ou qualquer outro bem móvel de que tem a posse, ou desviá-lo em proveito próprio ou alheio:*
    Pena *- reclusão de 2 a 6 anos e multa.*

Trata-se de crime próprio, pois somente pode ser praticado pelo controlador e pelos administradores de instituição financeira (diretores e gerentes).

Aumento de pena

§ 1º. A pena é aumentada de um terço, quando o agente recebeu a coisa:
I. Em depósito necessário;
II. Na qualidade de tutor, curador, síndico, liquidatário, inventariante, testamenteiro ou depositário judicial;
III. Em razão de ofício, emprego ou profissão.

A pena será aumentada de um terço quando o agente recebeu a coisa:

Em depósito necessário

De acordo com a doutrina majoritária, esta causa de aumento de pena incide apenas no **depósito necessário miserável, previsto no Art. 647, II, CC** (é o que se efetua por ocasião de alguma calamidade, como inundação, incêndio, saque ou naufrágio).

Na qualidade de tutor, curador, síndico, liquidatário, inventariante, testamenteiro ou depositário judicial

O fundamento do tratamento penal mais rigoroso repousa na relevância das funções exercidas pelas pessoas indicadas neste inciso, as quais recebem coisas alheias para guardar consigo, necessariamente, até o momento da devolução.

> A palavra "síndico" deve ser substituída pela expressão "administrador judicial", em razão da alteração ocorrida pela Lei nº 11.101/2005 (Lei de Falência e Recuperação Judicial do Empresário e da Sociedade Empresária).

Em razão de ofício, emprego ou profissão

Não necessita de relação de confiança entre o agente e a vítima.

Emprego	Prestação de serviço em subordinação e dependência. **Ex.:** Dono de um supermercado e seus funcionários.
Ofício	Ocupação mecânica ou manual, que necessita de um determinado grau de habilidade, e que seja útil ou necessário às pessoas em geral. **Ex.:** Mecânico, sapateiro etc.
Profissão	Atividade em que não há hierarquia e necessita de conhecimentos específicos (técnico e intelectual). **Ex.:** Advogado, dentista, médico, arquiteto, contador etc.

Apropriação indébita privilegiada

O Art. 170 do Código Penal dispõe o seguinte:

Nos crimes previstos neste Capítulo, aplica-se o disposto no Art. 155, § 2º.

Art. 155*, §2º, CP. Se o criminoso é primário, e é de pequeno valor a coisa furtada, o juiz pode substituir a pena de reclusão pela de detenção, diminuí-la de um a dois terços, ou aplicar somente a pena de multa.*

Portanto, é possível a caracterização da apropriação indébita privilegiada, em qualquer de suas espécies.

Apropriação indébita previdenciária

Art. 168-A. *Deixar de repassar à previdência social as contribuições recolhidas dos contribuintes, no prazo e forma legal ou convencional:*
Pena *- reclusão, de 2 (dois) a 5 (cinco) anos, e multa.*
§ 1º. Nas mesmas penas incorre quem deixar de:
I. Recolher, no prazo legal, contribuição ou outra importância destinada à previdência social que tenha sido descontada de pagamento efetuado a segurados, a terceiros ou arrecadada do público;

II. Recolher contribuições devidas à previdência social que tenham integrado despesas contábeis ou custos relativos à venda de produtos ou à prestação de serviços;

III. Pagar benefício devido a segurado, quando as respectivas cotas ou valores já tiverem sido reembolsados à empresa pela previdência social.

§ 2º. É extinta a punibilidade se o agente, espontaneamente, declara, confessa e efetua o pagamento das contribuições, importâncias ou valores e presta as informações devidas à previdência social, na forma definida em lei ou regulamento, antes do início da ação fiscal.

§ 3º. É facultado ao juiz deixar de aplicar a pena ou aplicar somente a de multa se o agente for primário e de bons antecedentes, desde que:

I. Tenha promovido, após o início da ação fiscal e antes de oferecida a denúncia, o pagamento da contribuição social previdenciária, inclusive acessórios; ou

II. O valor das contribuições devidas, inclusive acessórios, seja igual ou inferior àquele estabelecido pela previdência social, administrativamente, como sendo o mínimo para o ajuizamento de suas execuções fiscais.

§ 4º A faculdade prevista no § 3º deste artigo não se aplica aos casos de parcelamento de contribuições cujo valor, inclusive dos acessórios, seja superior àquele estabelecido, administrativamente, como sendo o mínimo para o ajuizamento de suas execuções fiscais.

Objetividade jurídica

Seguridade social (saúde, previdência e assistência social - Art. 194, CF/88). Não se trata de crime contra o patrimônio.

Objeto material

Contribuição previdenciária arrecadada e não recolhida.

Núcleo do tipo

Deixar de repassar, significa **deixar de recolher**. (Recolher é depositar a quantia recebida - descontada ou cobrada).

É crime omissivo próprio ou puro (não admite tentativa).

Lei penal em branco homogênea

Deve ser complementada pela legislação previdenciária em relação aos prazos de recolhimento.

Sujeitos do crime

Sujeito Ativo: qualquer pessoa, crime comum (admite coautoria e participação).

> Pessoa Jurídica não pode ser sujeito ativo.

Sujeito Passivo: União Federal.

Competência

Sendo o sujeito ativo União Federal, a competência será da Justiça Federal (crime praticado em detrimento dos interesses da União).

Elemento subjetivo

É o dolo.

É dispensável (prescindível) o fim de assenhoramento definitivo (animus rem sibi habendi), pois o núcleo do tipo é "deixar de repassar", e não "apropriar-se" como no crime de apropriação indébita.

Não se admite a forma culposa.

Consumação

Para a maioria da doutrina é crime formal. Para o STF é crime material, pois deve haver a efetiva lesão aos cofres da União.

Se a conduta for praticada mediante fraude, o crime será de sonegação de contribuição previdenciária, previsto no Art. 337-A, CP.

É crime unissubsistente

A conduta se exterioriza em um único ato, suficiente para a consumação.

Ação penal

Ação penal pública incondicionada.

Hipótese de dificuldades financeiras

Firmou-se o entendimento de que há inexigibilidade de conduta diversa (causa supralegal de exclusão da culpabilidade).

O STJ já decidiu que o fato é atípico em face da ausência de dolo.

> Para o Cespe o fato se enquadra em estado de necessidade (excludente de ilicitude). Veja a questão:
>
> (Cespe) Em razão de sérias dificuldades de ordem financeira, causadas pelos desajustes da economia nacional, o proprietário de determinada empresa se viu obrigado a não recolher aos cofres previdenciários os recursos relativos às contribuições arrecadadas de seus empregados. Nessa situação, comprovadas as dificuldades insuperáveis que motivaram a conduta do empresário e, em consequência, o estado de necessidade, não terá havido qualquer ilicitude a legitimar a persecução penal.
>
> A questão está correta.

Extinção da punibilidade

§ 2º. É extinta a punibilidade se o agente, espontaneamente, declara, confessa e efetua o pagamento das contribuições, importâncias ou valores e presta as informações devidas à previdência social, na forma definida em lei ou regulamento, antes do início da ação fiscal.

A ação fiscal tem início com a lavratura do Termo de Início da Ação Fiscal (TIAF).

Para que ocorra a extinção da punibilidade, devem-se preencher, cumulativamente, três requisitos:

> Espontânea declaração e confissão do débito;
> Prestação de informações à Previdência Social;
> Pagamento integral do débito previdenciário ANTES do início da Ação Fiscal.

NOÇÕES DE DIREITO PENAL

DOS CRIMES CONTRA O PATRIMÔNIO

Perdão judicial e aplicação isolada de pena de multa

§ 3º. É facultado ao juiz deixar de aplicar a pena ou aplicar somente a de multa se o agente for primário e de bons antecedentes, desde que:

I. Tenha promovido, após o início da ação fiscal e antes de oferecida a denúncia, o pagamento da contribuição social previdenciária, inclusive acessórios; ou

> Para o STJ o pagamento integral do débito previdenciário, ANTES ou DEPOIS do recebimento da denúncia, é causa de extinção da punibilidade (Art. 9º, §2º, Lei nº 10.684/03). HC 63.168/SC.

A hipótese do inciso I não se aplica mais, em razão regra contida no Art. 9, §2º, Lei nº 10.684/03 e do entendimento do STJ sobre o assunto.

II. O valor das contribuições devidas, inclusive acessórios, seja igual ou inferior àquele estabelecido pela previdência social, administrativamente, como sendo o mínimo para o ajuizamento de suas execuções fiscais.

Perdão judicial e parcelamento

§ 4º A faculdade prevista no § 3º deste artigo não se aplica aos casos de parcelamento de contribuições cujo valor, inclusive dos acessórios, seja superior àquele estabelecido, administrativamente, como sendo o mínimo para o ajuizamento de suas execuções fiscais.

Justa causa e prévio esgotamento da via administrativa

Lei nº 9.430/96. Dispõe sobre a legislação tributária federal, as contribuições para a seguridade social, o processo administrativo de consulta; e dá outras providências:

Art. 83. A representação fiscal para fins penais relativa aos crimes contra a ordem tributária previstos nos Arts. 1º e 2º da Lei no 8.137, de 27 de dezembro de 1990, e aos crimes contra a Previdência Social, previstos nos Arts. 168-A e 337-A do Decreto-Lei no 2.848, de 7 de dezembro de 1940 (Código Penal), será encaminhada ao Ministério Público depois de proferida a decisão final, na esfera administrativa, sobre a exigência fiscal do crédito tributário correspondente. (Redação dada pela Lei nº 12.350, de 2010).

§ 1º. Na hipótese de concessão de parcelamento do crédito tributário, a representação fiscal para fins penais somente será encaminhada ao Ministério Público após a exclusão da pessoa física ou jurídica do parcelamento. (Incluído pela Lei nº 12.382, de 2011).

§ 2º. É suspensa a pretensão punitiva do Estado referente aos crimes previstos no caput, durante o período em que a pessoa física ou a pessoa jurídica relacionada com o agente dos aludidos crimes estiver incluída no parcelamento, desde que o pedido de parcelamento tenha sido formalizado antes do recebimento da denúncia criminal. (Incluído pela Lei nº 12.382, de 2011).

§ 3º. A prescrição criminal não corre durante o período de suspensão da pretensão punitiva. (Incluído pela Lei nº 12.382, de 2011).

§ 4º. Extingue-se a punibilidade dos crimes referidos no caput quando a pessoa física ou a pessoa jurídica relacionada com o agente efetuar o pagamento integral dos débitos oriundos de tributos, inclusive acessórios, que tiverem sido objeto de concessão de parcelamento. (Incluído pela Lei nº 12.382, de 2011).

Princípio da insignificância

Para o STF, é possível a aplicação do princípio da insignificância (causa supralegal de exclusão da tipicidade - o fato não será crime) quando o valor do débito previdenciário não ultrapassar R$10.000,00 (dez mil reais). O fundamento está no Art. 20 da Lei nº 10.522/02, que determina o arquivamento das execuções fiscais, sem cancelamento na distribuição, quando os débitos inscritos como dívida ativa da União não excedam este valor.

Forma privilegiada

Nos termos do Art. 170 do CP aplica-se o Art. 155, §2º, para este crime (forma privilegiada).

Apropriação de coisa havida por erro, caso fortuito ou força da natureza

Art. 169. Apropriar-se alguém de coisa alheia vinda ao seu poder por erro, caso fortuito ou força da natureza:
Pena - detenção, de um mês a um ano, ou multa.
Parágrafo único. Na mesma pena incorre:
Apropriação de Tesouro
I. Quem acha tesouro em prédio alheio e se apropria, no todo ou em parte, da quota a que tem direito o proprietário do prédio;
Apropriação de Coisa Achada
II. Quem acha coisa alheia perdida e dela se apropria, total ou parcialmente, deixando de restituí-la ao dono ou legítimo possuidor ou de entregá-la à autoridade competente, dentro no prazo de quinze dias.

Art. 170. Nos crimes previstos neste Capítulo, aplica-se o disposto no Art. 155, § 2º.

5.6 Do Estelionato e outras Fraudes

Estelionato
Art. 171 - Obter, para si ou para outrem, vantagem ilícita, em prejuízo alheio, induzindo ou mantendo alguém em erro, mediante artifício, ardil, ou qualquer outro meio fraudulento:
Pena - reclusão, de um a cinco anos, e multa, de quinhentos mil réis a dez contos de réis. (Vide Lei nº 7.209, de 1984)
§ 1º - Se o criminoso é primário, e é de pequeno valor o prejuízo, o juiz pode aplicar a pena conforme o disposto no art. 155, § 2º.
§ 2º - Nas mesmas penas incorre quem:
Disposição de coisa alheia como própria
I. vende, permuta, dá em pagamento, em locação ou em garantia coisa alheia como própria;
Alienação ou oneração fraudulenta de coisa própria
II. vende, permuta, dá em pagamento ou em garantia coisa própria inalienável, gravada de ônus ou litigiosa, ou imóvel que prometeu vender a terceiro, mediante pagamento em prestações, silenciando sobre qualquer dessas circunstâncias;
Defraudação de penhor
III. defrauda, mediante alienação não consentida pelo credor ou por outro modo, a garantia pignoratícia, quando tem a posse do objeto empenhado;
Fraude na entrega de coisa
IV. defrauda substância, qualidade ou quantidade de coisa que deve entregar a alguém;
Fraude para recebimento de indenização ou valor de seguro
V. destrói, total ou parcialmente, ou oculta coisa própria, ou lesa o próprio corpo ou a saúde, ou agrava as consequências da lesão ou doença, com o intuito de haver indenização ou valor de seguro;
Fraude no pagamento por meio de cheque
VI. emite cheque, sem suficiente provisão de fundos em poder do sacado, ou lhe frustra o pagamento.

Fraude eletrônica

§ 2º-A. A pena é de reclusão, de 4 (quatro) a 8 (oito) anos, e multa, se a fraude é cometida com a utilização de informações fornecidas pela vítima ou por terceiro induzido a erro por meio de redes sociais, contatos telefônicos ou envio de correio eletrônico fraudulento, ou por qualquer outro meio fraudulento análogo. (Incluído pela Lei nº 14.155, de 2021)

§ 2º-B. A pena prevista no § 2º-A deste artigo, considerada a relevância do resultado gravoso, aumenta-se de 1/3 (um terço) a 2/3 (dois terços), se o crime é praticado mediante a utilização de servidor mantido fora do território nacional. (Incluído pela Lei nº 14.155, de 2021)

§ 3º - A pena aumenta-se de um terço, se o crime é cometido em detrimento de entidade de direito público ou de instituto de economia popular, assistência social ou beneficência.

Estelionato contra idoso

§ 4º A pena aumenta-se de 1/3 (um terço) ao dobro, se o crime é cometido contra idoso ou vulnerável, considerada a relevância do resultado gravoso. (Redação dada pela Lei nº 14.155, de 2021)

§ 5º Somente se procede mediante representação, salvo se a vítima for: (Incluído pela Lei nº 13.964, de 2019)

I. a Administração Pública, direta ou indireta; (Incluído pela Lei nº 13.964, de 2019) **ANTICRIME**

II. criança ou adolescente; (Incluído pela Lei nº 13.964, de 2019)

III. pessoa com deficiência mental; ou (Incluído pela Lei nº 13.964, de 2019) **ANTICRIME**

IV. maior de 70 (setenta) anos de idade ou incapaz. (Incluído pela Lei nº 13.964, de 2019) **ANTICRIME**

Esse crime tem o objetivo de punir a conduta do agente que, utilizando-se de **fraude**, induz ou mantém alguém em erro, no intuito de obter uma vantagem ilícita sobre a vítima.

Classificação

Trata-se de COMUM, ou seja, pode ser praticado por qualquer pessoa.

É um crime instantâneo - consuma-se no momento da prática do ato - com efeitos permanentes.

Admite a modalidade comissiva (pratica a conduta do estelionato) ou omissiva (mantém a vítima em erro).

Sujeitos do crime

Sujeito Ativo: sendo um crime comum, admite qualquer pessoa.

Sujeito Passivo: qualquer pessoa - física ou jurídica - que seja mantida em erro, desde que seja determinada, NÃO se admite uma vítima incerta.

O crime de estelionato **exige** VÍTIMA CERTA E DETERMINADA, logo, se a vítima for incerta ou indeterminada, trata-se de crime contra a economia popular – Art. 2º, XI, Lei nº 1.521/51.

Ex.: Adulteração de balança, de bomba de combustível, de taxímetro.

Se a vítima for incapaz ou alienada, o crime será o do Art. 173 do CP: abuso de incapazes - *Abusar, em proveito próprio ou alheio, de necessidade, paixão ou inexperiência de menor, ou da alienação ou debilidade mental de outrem, induzindo qualquer deles à prática de ato suscetível de produzir efeito jurídico, em prejuízo próprio ou de terceiro.*

Consumação e tentativa

ADMITE tentativa, ademais a fraude deve ser idônea a ludibriar a vítima, pois, do contrário, será **crime impossível** em face da ineficácia absoluta do meio de execução (Art. 17 do CP).

Consuma-se com a obtenção da vantagem ilícita causando o prejuízo à vítima, passando pelos momentos de:

> Emprego de fraude pelo agente;
> Situação de erro na qual a vítima é colocada ou mantida;
> Obtenção de vantagem ilícita pelo agente;
> Prejuízo sofrido pela vítima.

Descrição

A vantagem **ilícita** deve ser de natureza econômica (patrimonial): se a vantagem for **lícita**, estará configurado o crime de exercício arbitrário das próprias razões, Art. 345 do CP: *fazer justiça pelas próprias mãos, para satisfazer pretensão, **embora legítima**, salvo quando a lei o permite.*

> Daí que o STF entendeu que o ponto eletrônico, ou a cola eletrônica são fatos atípicos em face da inexistência de vantagem econômica. Esse foi o entendimento prevalecente, apesar de haver minoria do STF que afirma tratar-se de fato típico.
> O silêncio pode ser usado como meio fraudulento para a prática de estelionato, bem como a mentira (tem que ser fraudulenta).
> A fraude bilateral não exclui o crime.

Formas de execução

Ardil - caracteriza-se pela fraude de forma intelectual, fraude moral, representada pela conversa enganosa. É a lábia.

Ex.: "A", alegando ser especialista em manutenção de computadores, convence "B" a entregar-lhe seu notebook para conserto.

Artifício - caracteriza-se pela fraude de forma material. O agente utiliza algum instrumento ou objeto para enganar a vítima.

Ex.: "A" se disfarça de manobrista e fica parado na porta de um restaurante para que "B" voluntariamente lhe entregue seu carro. Ou ainda, aquele que utiliza o bilhete premiado ou um documento falso.

Qualquer Outro Meio Fraudulento - é uma situação de interpretação analógica.

O silêncio. "A" comerciante entrega a "B", cliente, troco além do devido, mas este nada fala e nada faz, ficando com o dinheiro para si.

Estelionato e Crime Impossível - Qualquer que seja o meio de execução (artifício, ardil ou outro meio fraudulento) empregado na prática da conduta, somente haverá a tentativa quando apresentar idoneidade para enganar a vítima. A idoneidade leva em conta as condições pessoais do ofendido.

Se o meio fraudulento for capaz de enganar a vítima, estará caracterizado o conatus. Caso não tenha intenção de iludir a vítima ou apresente-se grosseiro será crime impossível, pois há impropriedade absoluta do meio de execução. (Art. 17 do CP).

Estelionato e Reparação do Dano: a reparação do dano não apaga o crime de estelionato, porém, dependendo do momento que ocorrer a indenização à vítima, podem ocorrer as seguintes situações:

> Se ANTERIOR ao RECEBIMENTO da DENÚNCIA ou QUEIXA, é possível o reconhecimento do arrependimento posterior, isso irá diminuir a pena de um a dois terços, nos termos do Art. 16 CP.

> Se ANTES da SENTENÇA, pode ser aplicada a atenuante genérica de acordo com o Art. 65, III, b, parte final, do CP.

> Se POSTERIOR à SENTENÇA, não surte efeito algum.

Pratica estelionato em sua modalidade fundamental (Art. 171, caput, do CP):

Exs.: "A" portando folha de cheque de "B" chega ao comércio e, se passando por "B", emite a cártula e obtém vantagem em prejuízo alheio.

"A" se apodera (furto, roubo...) de folha de cheque de "B" e a preenche indevidamente utilizando-a como meio fraudulento para induzir ou manter alguém em erro, e, por consequência, obtém vantagem ilícita em prejuízo alheio.

"A" está com sua conta bancária encerrada, mas continua comprando objetos e pagando com as folhas de cheques que ainda possui;

"A" cria uma conta bancária com documentos falsos e, posteriormente, emite cheques sem suficiente provisão de fundos para comprar objetos.

Estelionato privilegiado

*§1º. Se o criminoso é primário, e é de **pequeno valor o prejuízo**, o juiz pode aplicar a pena conforme o disposto no Art. 155, § 2º.*

O prejuízo de "pequeno valor" deve ser dano igual ou inferior a um salário mínimo vigente à época do fato.

Absorção do crimes de falso

Súm. 17, STJ. Quando o falso se exaure no estelionato, sem mais potencialidade lesiva, é por este absorvido.

Empregando a fraude, sem a intenção de se enriquecer e só com a intenção de prejudicar alguém, não se trata de estelionato. É necessário buscar a obtenção de indevida vantagem econômica.

Quando o agente, mediante fraude, consegue obter da vítima um título de crédito, o delito está consumado? Não, enquanto o título não é convertido em valor material, não há efetivo proveito do agente, podendo ser impedido de realizar a conversão por circunstâncias alheias a sua vontade. Assim, o crime ainda está na fase de execução. (**MAJORITÁRIA**).

Figuras equiparadas

§ 2º. Nas mesmas penas incorre quem:

Disposição de coisa alheia como própria

I. Vende, permuta, dá em pagamento, em locação ou em garantia coisa alheia como própria;

Nessa situação, admite-se que o bem seja móvel ou imóvel. É quando o agente, na posse do bem de um terceiro, utiliza-o como se fosse próprio.

Ex.: O inquilino de um imóvel, que aluga para uma terceira pessoa por um valor superior, na intenção de obter lucro, sem o consentimento ou ciência do proprietário real do imóvel.

Alienação ou oneração fraudulenta de coisa própria

II. Vende, permuta, dá em pagamento ou em garantia coisa própria inalienável, gravada de ônus ou litigiosa, ou imóvel que prometeu vender a terceiro, mediante pagamento em prestações, silenciando sobre qualquer dessas circunstâncias;

Nessa situação, o bem é da própria pessoa, podendo também ser imóvel ou móvel.

Ex.: O agente vende veículo para três pessoas ao mesmo tempo, no entanto, tal bem se encontra em busca e apreensão por falta de pagamento, existe um ônus judicial sobre o patrimônio.

Trata-se de crime de duplo resultado: vantagem + prejuízo, punindo-se aquele que pratica um dos núcleos do tipo, silenciando sobre a circunstância.

Defraudação de penhor

III. Defrauda, mediante alienação não consentida pelo credor ou por outro modo, a garantia pignoratícia, quando tem a posse do objeto empenhado;

Seria a hipótese em que, um devedor, recebendo algo como penhor (garantia) de um credor, pratica ato de posse do bem, sem o consentimento dele (credor).

Ex.: Um empresário resolve penhorar seu veículo para levantar fundos para o investimento na sua empresa, entretanto a empresa que penhorou o veículo decide alugá-lo para que possa obter lucro.

Fraude na entrega de coisa

IV. Defrauda substância, qualidade ou quantidade de coisa que deve entregar a alguém;

Pode ocorrer tanto em bens móveis quanto imóveis.

Ex.: Uma construtora vende imóveis na planta com dimensão de 200m^2, contudo, ao cabo das obras, na entrega da chave aos proprietários, esses constatam que os imóveis só possuem 170m^2.

Caso a qualidade, quantidade do objeto seja superior, não existe o crime (se o imóvel tivesse 230m^2, por exemplo).

Deve-se ter em mente que, na hipótese de RELAÇÃO COMERCIAL, pode-se estar diante do Art. 175 do CP.

Fraude para recebimento de indenização ou valor de seguro

V. Destrói, total ou parcialmente, ou oculta coisa própria, ou lesa o próprio corpo ou a saúde, ou agrava as consequências da lesão ou doença, com o intuito de haver indenização ou valor de seguro;

É pressuposto fundamental deste crime, a prévia existência de um contrato de seguro em vigor. Caso não exista seguro, será crime impossível, diante da impropriedade absoluta do objeto material (Art. 17 do CP). Nessa situação o sujeito passivo deste crime será necessariamente a seguradora, sendo também admissível a hipótese de tentativa.

Por conseguinte, é um crime FORMAL, ou seja, consuma-se com a prática da conduta típica (destruir, ocultar, autolesionar e agravar), ainda que o sujeito NÃO consiga alcançar a indevida vantagem econômica pretendida.

Cuidado para não confundir esta hipótese de estelionato com o crime de incêndio doloso qualificado (Art. 250, §1º, I, CP).

Ex.: Pedro ateou fogo em sua loja de tecidos, com a finalidade de obter o respectivo seguro, colocando em risco os imóveis vizinhos. Em razão dessa conduta, Pedro responderá por crime de incêndio doloso qualificado pelo intuito de obter vantagem econômica em proveito próprio.

Na hipótese em que a fraude é perpetrada por terceiro, sem o conhecimento do segurado, sabendo que esse será o beneficiário do valor da apólice, o delito será o previsto no Art. 171, *caput*, do CP.

Fraude no pagamento por meio de cheque

VI. Emite cheque, sem suficiente provisão de fundos em poder do sacado, ou lhe frusta o pagamento.

> Somente existe o crime, quando provado que, desde o início, EXISTE a má-fé do agente, ou seja, desde o momento em que colocou o cheque em circulação ele já não tinha intenção de honrar seu pagamento; seja pela ausência de suficiente de provisão de fundos, seja pela frustração de seu pagamento. Sendo assim, deve haver a finalidade específica que é a intenção de fraudar / enganar a vítima.

Sujeito Ativo: é um crime próprio (o titular da conta bancária), ademais, ADMITE coautoria e participação.

Sujeito Passivo: a pessoa física ou jurídica que suporta prejuízo patrimonial.

Súm. 246, STF. Comprovado NÃO ter havido fraude, não se configura crime de emissão de cheque sem fundos.

"A" compra um produto na loja de "B", no momento da compra não possui dinheiro na conta. Ocorre que pretendia realizar o depósito na conta antes que "B" apresentasse a folha de cheque ao banco. Todavia acaba se esquecendo de realizar o depósito. Desse modo o cheque é devolvido por falta de fundos. NÃO É CRIME, pois o inciso VI do Art. 171 do CP, NÃO admite a forma culposa.

Essa modalidade de estelionato se consuma no instante em que o banco se nega a efetuar o pagamento do cheque, quer pela ausência de fundos, quer pelo recebimento de contraordem (sustação) expedida pelo correntista, daí resulta o prejuízo patrimonial do ofendido. É crime material.

A falsidade ideológica é *ante factum* impunível, pois quem assina o cheque é o responsável pela fraude e não outra pessoa.

O crime do inciso VI do Art. 171, pode ser praticado de DUAS formas:

> O agente coloca o cheque em circulação sem ter dinheiro suficiente na conta;

> O agente possui fundos quando da emissão do cheque, no entanto, antes do beneficiário apresentar o título, o agente retira todo o numerário depositado ou apresenta uma contraordem de pagamento (sustação).

Fraude do cheque ocorre pelo agente que tem a conta encerrada, não é este estelionato do inciso VI, é estelionato simples do *caput*.

Competência até o recebimento da denúncia

A nova Lei nº14.155/2021 realizou importante alteração na competência para o julgamento do crime de estelionato, sobretudo a fraude no pagamento por meio de cheque.

Até então, as Súmulas 521 do STF e 244 do STJ, previam que o foro do local onde se deu a recusa do pagamento pelo sacado era competente para o processo e julgamento dos crimes de estelionato.

Não obstante, a Lei nº14.155/2021, inseriu o § 4º ao artigo 70 do CPP, prevendo o seguinte:

> *§ 4º Nos crimes previstos no art. 171 do Código Penal, quando praticados mediante depósito, mediante emissão de cheques sem suficiente provisão de fundos em poder do sacado ou com o pagamento frustrado ou mediante transferência de valores, a competência será definida pelo local do domicílio da vítima, e, em caso de pluralidade de vítimas, a competência firmar-se-á pela prevenção.*

Como se observa, agora a regra é que o Juízo competente é do local do domicílio da vítima, independentemente de onde se deu a recusa do cheque, ou no caso de transferência de valores, o local onde o autor obteve a vantagem.

Assim, restam superadas as Súmulas 521 do STF e 244 do STJ.

Desse modo, entende-se que o pagamento de cheque sem previsão de fundos, ATÉ o RECEBIMENTO da DENÚNCIA, impede o prosseguimento da ação penal, ou seja, é causa extintiva de punibilidade.

Na hipótese do inciso VI do Art. 171, a tentativa é possível, por exemplo: o correntista dolosamente emite um cheque sem suficiente provisão de fundos, mas seu pai, agindo sem seu conhecimento, deposita montante superior em sua conta corrente antes da apresentação da folha de cheque.

Segundo STJ, a emissão de cheques como garantia de dívida (pós-datado), e não como ordem de pagamento à vista, não constitui crime de estelionato, na modalidade prevista no art. 171, §2º, VI, CP. Entretanto, é possível a responsabilização do agente pelo estelionato na modalidade fundamental, se demonstrado seu dolo em obter vantagem ilícita em prejuízo alheio no momento da emissão fraudulenta do cheque.

Mas atente-se que, se o agente pós-datar o cheque sabendo da inexistência de fundos, há má-fé e configurará o Art. 171, *caput*, do CP. Assim, se emissão do cheque é fraudulenta - presente a má-fé - caracteriza o Art. 171, *caput*.

NÃO é crime de estelionato a emissão de cheque sem fundos para pagamento de:

A. Dívida anteriormente existente;

Nessa hipótese a razão do prejuízo da vítima é diferente da fraude no pagamento por meio de cheque.

Ex.: "A" compra algumas roupas fiado na loja de "B" e não efetua o pagamento na data combinada. Seis meses após a compra, após insistentes cobranças de "B", "A" emite um cheque sem fundos para quitar a dívida.

B. Dívidas de jogos ilícitos.

Ex.: Apostas ilegais ou jogo do bicho.

C. Programas sexuais com prostitutas ou garotos de programa.

Cheque

> Emitir cheque, encerrando, logo após, a conta: tem-se o Art. 171, §2º, VI, aplicando-se as Súmulas 521 do STF e 224 do STJ.

> Emitir cheque de conta encerrada: aplica-se o Art. 171, *caput*, sem aplicação das súmulas.

> Frustrar pagamento de cheque para não pagamento de dívida de jogo é crime? Nos termos do Art. 814 do CC, as dívidas de jogo não obrigam a pagamento, mas não se pode recobrar dívida dessa natureza então paga.

Causas de aumento de pena

§ 2º - A. A pena é de reclusão, de 4 (quatro) a 8 (oito) anos, e multa, se a fraude é cometida com a utilização de informações fornecidas pela vítima ou por terceiro induzido a erro por meio de redes sociais, contatos telefônicos ou envio de correio eletrônico fraudulento, ou por qualquer outro meio fraudulento análogo.

> **Súm. 73, STJ.** A utilização de papel-moeda GROSSEIRAMENTE falsificado configura, em tese, o crime de estelionato, de competência da Justiça Estadual.

A Lei nº 14.155/2021 inseriu o § 2º-A, que prevê a qualificadora do estelionato mediante fraude eletrônica. Nesse caso, o agente obtém vantagem ilícita com a utilização de informações fornecidas pela vítima ou por terceiro induzido a erro por meio de redes sociais (Facebook/Instagram), contatos telefônicos ou e-mail fraudulento.

A título de exemplo, tem-se a situação típica em que o agente insere anúncio falso em página clonada na internet, e a vítima, confiando na idoneidade da oferta e do produto, realiza o pagamento, mas não recebe o bem ofertado.

§ 2º - B. A pena prevista no § 2º-A deste artigo, considerada a relevância do resultado gravoso, aumenta-se de 1/3 (um terço) a 2/3 (dois terços), se o crime é praticado mediante a utilização de servidor mantido fora do território nacional.

A Lei nº14.155/2021 também inseriu causa de aumento nos casos em que a conduta prevista no § 2º-A ocorra mediante servidor localizado no exterior, sendo a pena majorada de 1/3 a 2/3. Art. 171, § 3º, CP. A pena aumenta-se de um terço, se o crime é cometido em detrimento de entidade de direito público ou de instituto de economia popular, assistência social ou beneficência.

Fundamenta-se na maior extensão dos danos produzidos, pois com a lesão ao patrimônio público e ao interesse social toda coletividade é prejudicada.

Súm. 24, STJ. Aplica-se ao crime de estelionato, em que figure como vítima entidade autárquica da Previdência Social, a qualificadora do § 3º do Art. 171, CP.

Não se aplica o §3º no caso de estelionato contra o Banco do Brasil, considerando que esta não é entidade de Direito Público.

Jogos de Azar: há o crime de estelionato caso seja empregado meio fraudulento visando eliminar totalmente a possibilidade de vitória por parte dos jogadores.

Adulteração de máquina de caça-níquel para que os apostadores nunca vençam.

Falsidade Documental: o sujeito que falsifica documento (público ou particular) e, posteriormente, dele se vale para enganar alguém, obtendo vantagem ilícita em prejuízo alheio responderia, EM TESE, por dois crimes: estelionato e falsidade documental (Art. 171, *caput*, e Art. 297 - documento público ou 298 - documento particular), contudo, nessa situação, o crime de estelionato absorve o crime de falsidade documental. É esse o teor da súmula do STJ:

Súm. 17, STJ. Quando o falso se exaure no estelionato, sem mais potencialidade lesiva, é por este absorvido.

Ocorre o "Princípio da Consumação", que é quando o crime-fim (estelionato) absorve o crime-meio (falsidade documental). Isso desde que a fé pública, o patrimônio ou outro bem jurídico qualquer não possam mais ser atacados pelo documento falsificado e utilizado por alguém como meio fraudulento para obtenção de vantagem ilícita em prejuízo alheio.

§ 4º A pena aumenta-se de 1/3 (um terço) ao dobro, se o crime é cometido contra idoso ou vulnerável, considerada a relevância do resultado gravoso.

Por fim, a Lei nº 14.155/2021 também alterou o § 4º do art. 171 do CP. Anteriormente, nos casos em que o crime era cometido contra idoso, a pena era aplicada em dobro.

Contudo, a nova previsão determina que a pena pode ser majorada de 1/3 até o dobro. Assim, trata-se de novatio legis in mellius (mais benéfica).

Competência

O Art. 70 do CPP prevê que a competência será, em regra, determinada pelo **lugar em que se consumar a infração**. Verifica-se nesta regra que no estelionato o juízo competente será o do local em que o sujeito obteve a vantagem ilícita em prejuízo alheio. Contudo, cumpre destacar que nos casos da prática de estelionato mediante depósito, mediante emissão de cheques sem suficiente provisão de fundos em poder do sacado ou com o pagamento frustrado ou mediante transferência de valores, a competência será definida pelo local do domicílio da vítima, nos termos do artigo 70, § 4º, do CPP (Lei nº14.155/2021).

Súm. 107, STJ. Compete à justiça comum estadual processar e julgar crime de estelionato praticado mediante falsificação das guias de recolhimento das contribuições previdenciárias, **quando não ocorre lesão à autarquia federal.**

É crime de competência da Justiça Estadual. No entanto, será de competência da Justiça Federal quando for praticado em detrimento de bens, serviços ou interesses da União ou suas entidades autárquicas ou empresas públicas. (Art. 109, inciso IV, CF).

Súm. 48, STJ. Compete ao juízo do local da obtenção da vantagem ilícita processar e julgar crime de estelionato cometido mediante falsificação de cheque. Esta súmula está relacionada ao crime definido pelo estelionato em sua modalidade fundamental (caput).

Ação penal

Perceba mais uma alteração do pacote ANTICRIME, estabelecendo o § 5º, agora expressamente, que a ação penal será CONDICIONADA à representação, salvo quando a vítima for:

> a Administração Pública, direta ou indireta
> criança ou adolescente
> pessoa com deficiência mental
> maior de 70 (setenta) anos de idade ou incapaz.

Duplicata simulada

Art. 172. *Emitir fatura, duplicata ou nota de venda que não corresponda à mercadoria vendida, em quantidade ou qualidade, ou ao serviço prestado.*
Pena - *detenção, de 2 (dois) a 4 (quatro) anos, e multa.*
Parágrafo único. *Nas mesmas penas incorrerá aquele que falsificar ou adulterar a escrituração do Livro de Registro de Duplicatas.*

Abuso de incapazes

Art. 173. *Abusar, em proveito próprio ou alheio, de necessidade, paixão ou inexperiência de menor, ou da alienação ou debilidade mental de outrem, induzindo qualquer deles à prática de ato suscetível de produzir efeito jurídico, em prejuízo próprio ou de terceiro:*
Pena - *reclusão, de dois a seis anos, e multa.*

Induzimento à especulação

Art. 174. *Abusar, em proveito próprio ou alheio, da inexperiência ou da simplicidade ou inferioridade mental de outrem, induzindo-o à prática de jogo ou aposta, ou à especulação com títulos ou mercadorias, sabendo ou devendo saber que a operação é ruinosa:*
Pena - *reclusão, de um a três anos, e multa.*

Fraude no comércio

Art. 175. *Enganar, no exercício de atividade comercial, o adquirente ou consumidor:*
I. Vendendo, como verdadeira ou perfeita, mercadoria falsificada ou deteriorada;
II. Entregando uma mercadoria por outra:
Pena - *detenção, de seis meses a dois anos, ou multa.*
§ 1º. *Alterar em obra que lhe é encomendada a qualidade ou o peso de metal ou substituir, no mesmo caso, pedra verdadeira por falsa ou por outra de menor valor; vender pedra falsa por verdadeira; vender, como precioso, metal de outra qualidade:*
Pena - *reclusão, de um a cinco anos, e multa.*
§ 2º. *É aplicável o disposto no Art. 155, § 2º.*

Outras fraudes

Art. 176. *Tomar refeição em restaurante, alojar-se em hotel ou utilizar-se de meio de transporte sem dispor de recursos para efetuar o pagamento:*
Pena - *detenção, de quinze dias a dois meses, ou multa.*
Parágrafo único. *Somente se procede mediante representação, e o juiz pode, conforme as circunstâncias, deixar de aplicar a pena.*

Fraudes e abusos na fundação ou administração de sociedade por ações

Art. 177. *Promover a fundação de sociedade por ações, fazendo, em prospecto ou em comunicação ao público ou à assembleia, afirmação falsa sobre a constituição da sociedade, ou ocultando fraudulentamente fato a ela relativo:*
Pena - *reclusão, de um a quatro anos, e multa, se o fato não constitui crime contra a economia popular.*

§ 1º. *Incorrem na mesma pena, se o fato não constitui crime contra a economia popular:*

I. O diretor, o gerente ou o fiscal de sociedade por ações, que, em prospecto, relatório, parecer, balanço ou comunicação ao público ou à assembleia, faz afirmação falsa sobre as condições econômicas da sociedade, ou oculta fraudulentamente, no todo ou em parte, fato a elas relativo;

II. O diretor, o gerente ou o fiscal que promove, por qualquer artifício, falsa cotação das ações ou de outros títulos da sociedade;

III. O diretor ou o gerente que toma empréstimo à sociedade ou usa, em proveito próprio ou de terceiro, dos bens ou haveres sociais, sem prévia autorização da assembleia geral;

IV. O diretor ou o gerente que compra ou vende, por conta da sociedade, ações por ela emitidas, salvo quando a lei o permite;

V. O diretor ou o gerente que, como garantia de crédito social, aceita em penhor ou em caução ações da própria sociedade;

VI. O diretor ou o gerente que, na falta de balanço, em desacordo com este, ou mediante balanço falso, distribui lucros ou dividendos fictícios;

VII. O diretor, o gerente ou o fiscal que, por interposta pessoa, ou conluiado com acionista, consegue a aprovação de conta ou parecer;

VIII. O liquidante, nos casos dos nºs I, II, III, IV, V e VII;

IX. O representante da sociedade anônima estrangeira, autorizada a funcionar no País, que pratica os atos mencionados nos nºs I e II, ou dá falsa informação ao Governo.

§ 2º. *Incorre na pena de detenção, de seis meses a dois anos, e multa, o acionista que, a fim de obter vantagem para si ou para outrem, negocia o voto nas deliberações de assembleia geral.*

Emissão irregular de conhecimento de depósito ou "warrant"

Art. 178. *Emitir conhecimento de depósito ou warrant, em desacordo com disposição legal:*
Pena - *reclusão, de um a quatro anos, e multa.*

Fraude à execução

Art. 179. *Fraudar execução, alienando, desviando, destruindo ou danificando bens, ou simulando dívidas:*
Pena - *detenção, de seis meses a dois anos, ou multa.*
Parágrafo único. *Somente se procede mediante queixa.*

5.7 Da Receptação

Art. 180. *Adquirir, receber, transportar, conduzir ou ocultar, em proveito próprio ou alheio, coisa que sabe ser produto de crime, ou influir para que terceiro, de boa-fé, a adquira, receba ou oculte:*
Pena - *reclusão, de um a quatro anos, e multa.*
Receptação Qualificada
§ 1º. *Adquirir, receber, transportar, conduzir, ocultar, ter em depósito, desmontar, montar, remontar, vender, expor à venda, ou de qualquer forma utilizar, em proveito próprio ou alheio, no exercício de atividade comercial ou industrial, coisa que deve saber ser produto de crime:*
Pena - *reclusão, de três a oito anos, e multa.*
§ 2º. *Equipara-se à atividade comercial, para efeito do parágrafo anterior, qualquer forma de comércio irregular ou clandestino, inclusive o exercício em residência.*
§ 3º. *Adquirir ou receber coisa que, por sua natureza ou pela desproporção entre o valor e o preço, ou pela condição de quem a oferece, deve presumir-se obtida por meio criminoso:*

NOÇÕES DE DIREITO PENAL

DOS CRIMES CONTRA O PATRIMÔNIO

Pena - detenção, de um mês a um ano, ou multa, ou ambas as penas.

§ 4º. A receptação é punível, ainda que desconhecido ou isento de pena o autor do crime de que proveio a coisa.

§ 5º. Na hipótese do § 3º, se o criminoso é primário, pode o juiz, tendo em consideração as circunstâncias, deixar de aplicar a pena. Na receptação dolosa aplica-se o disposto no § 2º do Art. 155.

§ 6º. Tratando-se de bens e instalações do patrimônio da União, Estado, Município, empresa concessionária de serviços públicos ou sociedade de economia mista, a pena prevista no caput deste artigo aplica-se em dobro.

Receptação de Animal

Art. 180-A. Adquirir, receber, transportar, conduzir, ocultar, ter em depósito ou vender, com a finalidade de produção ou de comercialização, semovente domesticável de produção, ainda que abatido ou dividido em partes, que deve saber ser produto de crime: (Incluído pela Lei nº 13.330, de 2016)

Pena - reclusão, de 2 (dois) a 5 (cinco) anos, e multa. (Incluído pela Lei nº 13.330, de 2016)

O artigo 180 do CP tipifica a conduta do agente que adquire, recebe, transporta, conduz, dentre outras condutas, com intuito de obter vantagem, produto de crime (furto, roubo, extorsão, estelionato etc.). É considerado como delito, a conduta de adquirir (receptação própria), como a de influenciar para que uma terceira pessoa adquira esses produtos (receptação imprópria).

Classificação

A conduta do *caput* é considera como um crime comum, pois pode ser praticada por qualquer agente. Ademais, no § 1º, considera-se crime PRÓPRIO, pois exige uma qualidade específica do agente, devendo ele ser comerciante ou industrial, mesmo que ele exerça de forma clandestina ou ilegal.

Ex.: Um ferro velho que vende peças de veículos furtados.

A receptação é crime acessório, pois depende da existência do crime anterior. Não é necessário que o crime anterior seja contra o patrimônio.

Ex.: Receptar bem oriundo do crime de corrupção passiva.

É um crime de ação múltipla e conteúdo variado, ou seja, a prática de várias condutas contra o mesmo bem, caracteriza crime único (adquire e vende).

O bem imóvel não pode ser objeto material do crime de receptação, somente bens móveis.

Sujeitos do crime

Sujeito Ativo (*caput*): pode ser qualquer pessoa, exceto quem seja autor ou coautor do crime antecedente (furto, extorsão, roubo).

Sujeito Ativo (da receptação qualificada §1º): é um crime próprio, somente aquela pessoa que desempenha atividade comercial ou industrial.

Dono de ferro velho de carros e peças usadas.
> Admite a participação.
> A atividade deve ser habitual ou contínua.

Sujeito Passivo: é a vítima do crime anterior, ou seja, donde veio o produto do furto.

Consumação e tentativa

Receptação Própria (*caput*): Adquirir, receber - crime material/instantâneo - transportar, conduzir ou ocultar - crime permanente - ambos **admitem** a tentativa.

Receptação Imprópria (**2ª parte do** *caput*): INFLUIR - crime FORMAL e UNISSUBSISTENTE - **NÃO** admite tentativa.

Receptação própria x imprópria

Própria: adquirir, receber, transportar, conduzir ou ocultar, em proveito próprio ou alheio, coisa que SABE ser produto de crime.

Imprópria: ou **Influir** para que terceiro, de boa-fé, a adquira, receba ou oculte:

Na receptação **imprópria**, caso o agente influenciador seja o autor do crime antecedente, responderá **APENAS** por este delito, e não pela receptação. Trata-se de *post factum impunível* (Ex.: "A" coautor do furto de um computador, influi para que "B", de boa-fé, o compre).

A expressão "coisa que sabe" é indicativa de dolo direto e implicitamente abrange o dolo eventual? Prevalece que, a expressão coisa que sabe indica apenas dolo direto. Assim, o *caput* do artigo não pune o dolo eventual.

Imaginando que Rogério venda um carro à Vânia. Após uma semana que vendeu o carro, Vânia fica sabendo que o carro é produto de crime, mas permanece com ele. Houve prática de receptação? Nesse caso, não se pode esquecer que se trata de dolo superveniente, e esse não configura o crime. Assim, o dolo superveniente não configura o crime. A má-fé deve ser contemporânea a qualquer das condutas previstas no tipo.

Receptação culposa

§ 3º. Adquirir ou receber coisa que, por sua natureza ou pela desproporção entre o valor e o preço, ou pela condição de quem a oferece, deve presumir-se obtida por meio criminoso: (Alterado pela Lei nº 9.426, de 1996):

Pena - detenção, de 1 (um) mês a 1 (um) ano, ou multa, ou ambas as penas.

É necessário observar três circunstâncias que indicam ser o bem produto de crime:

> Sua natureza;
> Desproporção entre valor e preço;
> Condição de quem a oferece.

No crime de receptação simples (*caput*) é necessário que o agente tenha certeza de que o bem é produto de crime, pois, em caso de dúvida (culpa ou dolo eventual), o agente responderá pelo crime de receptação culposa (§3º).

Norma penal explicativa

§ 4º. A receptação é punível, ainda que desconhecido ou isento de pena o autor do crime de que proveio a coisa.

Ainda que ocorra a extinção da punibilidade do crime antecedente, haverá o crime de receptação (Art. 180 do CP).

Ex.: A morte do agente do crime anterior, prescrição etc.

Esse parágrafo dá certa autonomia ao crime de receptação em relação ao crime antecedente.

Ex.: Ricardo, menor de idade, subtrai o DVD de um veículo e o vende a Pedro, o qual conhece a origem criminosa do bem. Nesta situação, mesmo sendo Ricardo inimputável, Pedro responderá pelo crime de receptação.

Segundo alguns autores, a receptação é crime acessório e pressupõe outro crime para que exista. Sucede que não há submissão à punição do crime principal para que seja punido, ou seja, sua punição é independente.

Se o crime pressuposto está prescrito ou teve extinta a punibilidade, não desaparece a receptação.

Receptação privilegiada

§ 5º. Na hipótese do § 3º. Receptação CULPOSA. se o criminoso é primário, pode o juiz, tendo em consideração as circunstâncias, deixar de aplicar a pena.

Na receptação dolosa aplica-se o disposto no § 2º do Art. 155:

Art. 155, § 2º. *Se o criminoso é primário, e é de pequeno valor a coisa furtada, o juiz pode substituir a pena de reclusão pela de detenção, diminuí-la de um a dois terços, ou aplicar somente a pena de multa.*

A receptação privilegiada (2ª parte do §5º) somente se aplica à receptação dolosa (própria ou imprópria); culposa e qualificada NÃO!

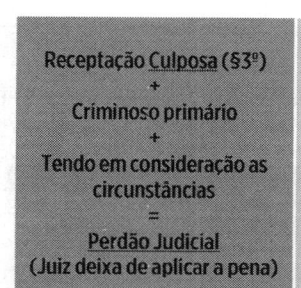

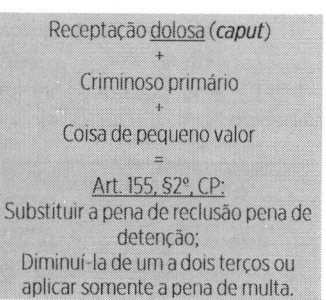

Receptação Culposa (§3º) + Criminoso primário + Tendo em consideração as circunstâncias = Perdão Judicial (Juiz deixa de aplicar a pena)	Receptação dolosa (caput) + Criminoso primário + Coisa de pequeno valor = Art. 155, §2º, CP: Substituir a pena de reclusão pena de detenção; Diminuí-la de um a dois terços ou aplicar somente a pena de multa.

Causa de aumento de pena

§6º. Tratando-se de bens e instalações do patrimônio da União, Estado, Município, empresa concessionária de serviços públicos ou sociedade de economia mista, a pena prevista no caput deste artigo APLICA-SE EM DOBRO.

Aplicável somente para a receptação **SIMPLES** (caput). Não se aplica à receptação qualificada nem à culposa.

É possível a **receptação da receptação**, por exemplo, "A" adquire um relógio produto de furto e o vende a "B", este vende o mesmo bem a "C" ciente de sua origem criminosa.

Caso o bem seja produto de contravenção penal, NÃO existirá o crime de receptação. O fato será atípico, pois este delito somente existe em caso de bem produto de CRIME.

Art. 180-A. *Adquirir, receber, transportar, conduzir, ocultar, ter em depósito ou vender, com a finalidade de produção ou de comercialização, semovente domesticável de produção, ainda que abatido ou dividido em partes, que deve saber ser produto de crime:*

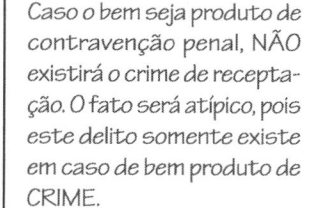

Pena *- reclusão, de 2 (dois) a 5 (cinco) anos, e multa.*

5.8 Disposições Gerais

Imunidades penais absolutas ou escusas absolutórias

Art. 181*. É isento de pena quem comete qualquer dos crimes previstos neste título, em prejuízo:*

I. Do cônjuge, na constância da sociedade conjugal;

II. De ascendente ou descendente, seja o parentesco legítimo ou ilegítimo, seja civil ou natural.

Trata-se de causa de extinção da punibilidade.

No caso do inciso I, abrange-se também a união estável, os separados de fato e ainda as uniões homoafetivas.

Não importa o regime de comunhão de bens do casamento.

Ex.: Separação total de bens.

No caso do inciso II, não se aplica esta escusa na hipótese de parentesco por afinidade (sogra, genro, cunhado...). Outrossim, verifica-se que não há abrangência aos colaterais e afins.

Imunidade patrimonial relativa

Art. 182. *Somente se procede mediante representação, se o crime previsto neste título é cometido em prejuízo:*

I. Do cônjuge desquitado ou judicialmente separado;

II. De irmão, legítimo ou ilegítimo;

III. De tio ou sobrinho, com quem o agente coabita.

Após a entrada em vigor da Lei nº 6.515/77, o desquite não existe mais no ordenamento jurídico brasileiro.

Aos ex-cônjuges divorciados não se aplica essa imunidade.

No caso dos incisos II e III, é necessária efetiva coabitação, para incidência desta imunidade

Este é um dos artigos do Código Penal que mais caem em concurso. Portanto, é muito importante decorá-lo!

Inaplicabilidade das imunidades

Art. 183. *Não se aplica o disposto nos dois artigos anteriores:*

I. Se o crime é de roubo ou de extorsão, ou, em geral, quando haja emprego de grave ameaça ou violência à pessoa;

II. Ao estranho que participa do crime;

III. Se o crime é praticado contra pessoa com idade igual ou superior a 60 (sessenta) anos.

Este inciso foi incluído pelo Estatuto do Idoso (Lei nº 10.741/03). **Preste muita atenção,** pois este é um dos dispositivos deste assunto que mais cai em concurso público.

É aplicada a imunidade na violência doméstica e familiar contra a mulher no ambiente familiar?

1ª Corrente: para Maria Berenice Dias, jurista brasileira, não se admite imunidade patrimonial na violência doméstica e familiar contra a mulher, benefício afastado pelo Art. 7º, IV, da Lei nº 11.340/06.

2ª Corrente: diz que a Lei Maria da Penha não vedou, expressamente, qualquer imunidade, diferente do Estatuto do Idoso que vedou a imunidade para o idoso.

Tem prevalecido a 2ª Corrente.

# 6. DOS CRIMES CONTRA A DIGNIDADE SEXUAL

6.1 Dos Crimes Contra a Liberdade Sexual

Estupro

> **Art. 213.** Constranger alguém, mediante violência ou grave ameaça, a ter conjunção carnal ou a praticar ou permitir que com ele se pratique outro ato libidinoso:
> **Pena** - reclusão, de 6 (seis) a 10 (dez) anos.
> **§ 1º** - Se da conduta resulta lesão corporal de natureza grave ou se a vítima é menor de 18 (dezoito) ou maior de 14 (catorze) anos:
> **Pena** - reclusão, de 8 (oito) a 12 (doze) anos.
> **§ 2º** - Se da conduta resulta morte:
> Pena - reclusão, de 12 (doze) a 30 (trinta) anos.

Sujeitos

Sujeito Ativo: na conjunção carnal, podem ser sujeitos ativo e passivo tanto homem quanto mulher. Trata-se de crime comum.

Da mesma forma, os atos libidinosos diversos, pode ser sujeito passivo e ativo qualquer pessoa, ainda que do mesmo sexo.

Sujeito Passivo: trata-se de delito comum, qualquer um pode ser vítima do crime, inclusive a prostituta e a esposa, quando cometido pelo marido.

> **Art. 7º, III, da Lei nº11.340/2006 – Maria da Penha:** estabelece que a violência sexual é forma de violência contra a mulher.
> **Art. 226, II do CP**: prevê causa de aumento de pena nos crimes sexuais se o crime é cometido por cônjuge ou companheiro:

Conduta

O art. 213 pune a conduta de "constranger", que é o núcleo do tipo.

Esse constrangimento deve se dar mediante violência ou grave ameaça.

É necessário observar que, a violência é uma das formas de se executar o crime. A outra forma é a grave ameaça, e aqui é necessário observar que não basta a ameaça, devendo essa ser grave.

O constrangimento se dá para a prática de conjunção carnal ou para a prática de ato libidinoso diverso da conjunção carnal.

Abrange o beijo lascivo? Beijo lascivo, de acordo com Nelson Hungria é aquele beijo que causa desconforto para quem olha. É interessante observar que beijo lascivo já foi considerado atentado violento ao pudor por conta dessa expressão porosa (atos libidinosos).

Assim, atos libidinosos são considerados os atos de natureza sexual que atentam, de forma intolerável e relevante, contra a dignidade sexual da vítima.

Aqui se indaga se o contato físico é ou não dispensável para a prática de estupro.

> **1ª Corrente:** O contato físico entre os sujeitos é indispensável.
> **2ª Corrente:** diz que o contato físico entre os sujeitos é dispensável. Ex. obrigar a vítima a se masturbar. Mas atente-se que aqui deve haver resistência da vitima.

→ **Tipo subjetivo**: o crime é punido a título de dolo.
> Consumação e tentativa:

Consuma-se o delito com a prática do ato de libidinagem, que é gênero de conjunção carnal e atos libidinosos, visado pelo agente.

Trata-se de delito plurissubsistente, admitindo tentativa.

A depender do caso concreto, já entendeu o STJ que poderá haver o concurso de crimes, levando-se em conta os momentos da prática de cada conduta.

→ Qualificadora Idade da Vítima:
> **§ 1º** - Se da conduta resulta lesão corporal de natureza grave ou se a vítima é menor de 18 (dezoito) ou maior de 14 (catorze) anos:
> **Pena** - reclusão, de 8 (oito) a 12 (doze) anos.

Se o agente, após a prática de conjunção carnal, pratica sexo anal e sexo oral, quantos crimes comete? Entende o STF e STJ que comete apenas um crime, que a pluralidade de atos não desnatura a unidade do crime, podendo essa interferir na dosagem da pena.

Essa questão deve ser analisada antes e depois da Lei 12.015/09.

Antes da Lei 12.015/09	Após a Lei 12.015/09
A idade da vítima era mera circunstância judicial a ser analisada pelo juiz no momento do art. 59 do CP.	Atualmente, trata-se de qualificadora prevista no §1º, cuja pena varia de 08 a 12 anos. É qualificadora irretroativa, vez que maléfica.
Estavam previstos no Art. 223 do CP. Se da violência resultar lesão grave, a pena era de 08 a 12 anos. Nessa hipótese, a grave ameaça não estava abrigada. A expressão "do fato" amplia exageradamente o espectro punição.	Previu o Art. 213, §1º que: Se da conduta resultar lesão grave: a pena será de 08 a 12 anos. Se da conduta resultar morte, nos termos do §2, a pena é de 12 a 30 anos.

Tratando-se de resultado qualificador morte, o agente responderá pelos dois crimes, e, em se tratando de morte dolosa, o agente irá responder perante o Tribunal do Júri.

Violação sexual mediante fraude

> **Art. 215.** Ter conjunção carnal ou praticar outro ato libidinoso com alguém, mediante fraude ou outro meio que impeça ou dificulte a livre manifestação de vontade da vítima:
> **Pena** - reclusão, de 2 (dois) a 6 (seis) anos.
> **Parágrafo único**. Se o crime é cometido com o fim de obter vantagem econômica, aplica-se também multa.

Trata-se de crime comum, podendo ser praticado por qualquer pessoa, contra qualquer pessoa, devendo ser observado que, no que tange à conjunção carnal.

Conduta

Este tipo penal visa punir o ato de ter conjunção carnal ou praticar atos libidinosos diversos da conjunção carnal, mediante:
→ **Fraude**: quando, por exemplo, há o relacionamento amoroso com o irmão gêmeo.

→ **Outro meio que impeça ou dificulte a livre manifestação de vontade da vítima**: quando ocorre por exemplo, o temor reverencial, a embriaguez moderada.

A fraude utilizada na execução do crime não pode anular a capacidade de resistência da vítima, caso em que estará configurado o delito de estupro de vulnerável.

Ex: boa noite cinderela.

Consumação e tentativa

O crime consuma-se com a prática do ato de libidinagem pelo agente, sendo admissível a tentativa.

Importunação sexual
Art. 215-A. Praticar contra alguém e sem a sua anuência ato libidinoso com o objetivo de satisfazer a própria lascívia ou a de terceiro: (Incluído pela Lei nº 13.718, de 2018)
Pena - reclusão, de 1 (um) a 5 (cinco) anos, se o ato não constitui crime mais grave. (Incluído pela Lei nº 13.718, de 2018).

A Lei nº 13.718/2018 acrescentou no artigo 215-A o crime de importunação sexual, a fim de punir a conduta do agente que pratica contra a vítima ato libidinoso, com o objetivo de satisfazer a própria lascívia ou a lascívia de terceiro.

Antes da previsão do art. 215-A, a conduta relativa à importunação sexual era tipificada, normalmente, nos arts. 61 ou 65 da Lei de Contravenção Penal (Decreto-lei nº 3.688/41).

Sujeito ativo: é crime comum. Pode ser praticado por qualquer pessoa (homem ou mulher).

Sujeito passivo: pode ser praticado contra qualquer pessoa (homem ou mulher). Assim, o art. 215-A do CP é crime bicomum.

Assédio sexual
Art. 216-A. Constranger alguém com o intuito de obter vantagem ou favorecimento sexual, prevalecendo-se o agente da sua condição de superior hierárquico ou ascendência inerente ao exercício de emprego, cargo ou função.
Pena – detenção, de 1 (um) a 2 (dois) anos.
Parágrafo único. (VETADO) (Incluído pela Lei nº 10.224, de 15 de 2001)
§ 2º - A pena é aumentada em até um terço se a vítima é menor de 18 (dezoito) anos.

Objetividade jurídica

Trata-se de delito pluriofensivo, resguardando a dignidade sexual do indivíduo e a liberdade de exercício do trabalho, o direito de não ser discriminado.

Sujeitos

Sujeito Ativo: só pode ser praticado por superior hierárquico ou ascendente em relação de emprego, cargo ou função.

Sujeito Passivo: é o subalterno ou subordinado do autor.

Conduta

É a insistência inoportuna de alguém em posição privilegiada, que usa dessa vantagem para obter favores sexuais de um subalterno.

Crime habitual

Alguns autores ditam que não é crime a mera relação entre docente e aluno, por ausência entre os dois sujeitos do vínculo do trabalho.

Trata-se de crime habitual, logo é imprescindível a prática de reiterados atos constrangedores. Neste caso, não se admite tentativa.

Registro não autorizado da intimidade sexual
Art. 216-B. Produzir, fotografar, filmar ou registrar, por qualquer meio, conteúdo com cena de nudez ou ato sexual ou libidinoso de caráter íntimo e privado sem autorização dos participantes:
Pena - detenção, de 6 (seis) meses a 1 (um) ano, e multa.
Parágrafo único. Na mesma pena incorre quem realiza montagem em fotografia, vídeo, áudio ou qualquer outro registro com o fim de incluir pessoa em cena de nudez ou ato sexual ou libidinoso de caráter íntimo.

A Lei nº 13.772/2018 acrescentou o art. 216-B a fim de preencher a lacuna que existia quanto à punição da conduta de indivíduos que registravam a prática sexual de terceiros em ambientes privados.

O bem jurídico protegido é a intimidade sexual da vítima. Quantos aos sujeitos do crime, podem ser qualquer pessoa, tanto o ativo como o passivo.

O elemento subjetivo do tipo é o dolo. Logo, não admite modalidade culposa.

Ademais, a cena de nudez ou de ato libidinoso registrada deve ter sido praticado em caráter íntimo e privado.

Assim, se o agente filma um casal mantendo relações sexuais em uma praça, por exemplo, não configura o crime.

Dos crimes sexuais contra vulnerável

Sedução

Este crime foi revogado pelo Art. 217.

Estupro de vulnerável
Art. 217-A. Ter conjunção carnal ou praticar outro ato libidinoso com menor de 14 (catorze) anos:
Pena - reclusão, de 8 (oito) a 15 (quinze) anos;
§ - 1º. Incorre na mesma pena quem pratica as ações descritas no caput com alguém que, por enfermidade ou deficiência mental, não tem o necessário discernimento para a prática do ato, ou que, por qualquer outra causa, não pode oferecer resistência. (Incluído pela Lei nº 12.015, de 2009)
§ 2º. (VETADO) (Incluído pela Lei nº 12.015, de 2009)
§ 3º. Se da conduta resulta lesão corporal de natureza grave:
Pena - reclusão, de 10 (dez) a 20 (vinte) anos.
§ 4º - Se da conduta resulta morte:
Pena - reclusão, de 12 (doze) a 30 (trinta) anos.

Corrupção de menores
Art. 218. Induzir alguém menor de 14 (catorze) anos a satisfazer a lascívia de outrem:
Pena - reclusão, de 2 (dois) a 5 (cinco) anos.
Parágrafo único. (VETADO). (Incluído pela Lei nº 12.015, de 2009).

Sujeitos

Sujeito Ativo: qualquer pessoa.

Sujeito Passivo: somente a pessoa menor de 14 anos.

Consumação e Tentativa

Consuma-se com a prática do ato que importa na satisfação da lascívia de outrem, independentemente deste considerar-se satisfeito. Admite tentativa.

O ato a que o menor vulnerável é induzido a praticar, não pode consistir em conjunção carnal ou atos libidinosos diversos da cópula normal, casos em que, ocorrendo a sua prática efetiva, configurado estará o crime de estupro de vulnerável (Art. 217-A do CP), tanto para quem induz, quanto para quem deles participa diretamente.

DOS CRIMES CONTRA A DIGNIDADE SEXUAL

Satisfação de lascívia mediante presença de criança ou adolescente

Art. 218-A. *Praticar, na presença de alguém menor de 14 (catorze) anos, ou induzi-lo a presenciar, conjunção carnal ou outro ato libidinoso, a fim de satisfazer lascívia própria ou de outrem:*
Pena - *reclusão, de 2 (dois) a 4 (quatro) anos.*

Favorecimento da prostituição ou outra forma de exploração sexual de vulnerável

Art. 218-B. *Submeter, induzir ou atrair à prostituição ou outra forma de exploração sexual alguém menor de 18 (dezoito) anos ou que, por enfermidade ou deficiência mental, não tem o necessário discernimento para a prática do ato, facilitá-la, impedir ou dificultar que a abandone:*
Pena - *reclusão, de 4 (quatro) a 10 (dez) anos.*

> Por falta de previsão legal, não haverá crime na conduta daquele que contratar, diretamente com pessoa maior de 14 anos, serviços sexuais.

§ 1º - *Se o crime é praticado com o fim de obter vantagem econômica, aplica-se também multa.*
§ 2º - *Incorre nas mesmas penas:*
I. *quem pratica conjunção carnal ou outro ato libidinoso com alguém menor de 18 (dezoito) e maior de 14 (catorze) anos na situação descrita no caput deste artigo;*
II. *o proprietário, o gerente ou o responsável pelo local em que se verifiquem as práticas referidas no caput deste artigo.*
§ 3º - *Na hipótese do inciso II do § 2º, constitui efeito obrigatório da condenação a cassação da licença de localização e de funcionamento do estabelecimento.*

Divulgação de cena de estupro ou de cena de estupro de vulnerável, de cena de sexo ou de pornografia

Art. 218-C. *Oferecer, trocar, disponibilizar, transmitir, vender ou expor à venda, distribuir, publicar ou divulgar, por qualquer meio - inclusive por meio de comunicação de massa ou sistema de informática ou telemática -, fotografia, vídeo ou outro registro audiovisual que contenha cena de estupro ou de estupro de vulnerável ou que faça apologia ou induza a sua prática, ou, sem o consentimento da vítima, cena de sexo, nudez ou pornografia:*
Pena - *reclusão, de 1 (um) a 5 (cinco) anos, se o fato não constitui crime mais grave.*
§ 1º *A pena é aumentada de 1/3 (um terço) a 2/3 (dois terços) se o crime é praticado por agente que mantém ou tenha mantido relação íntima de afeto com a vítima ou com o fim de vingança ou humilhação.*
§ 2º *Não há crime quando o agente pratica as condutas descritas no caput deste artigo em publicação de natureza jornalística, científica, cultural ou acadêmica com a adoção de recurso que impossibilite a identificação da vítima, ressalvada sua prévia autorização, caso seja maior de 18 (dezoito) anos.*

A Lei nº 13.718, de 2018 incluiu o art. 218-C para punir o agente que divulga fotografia ou vídeo que contém uma cena de estupro (relação sexual sem consentimento) ou uma cena que faça apologia ou induza a prática de estupro. Bem como o agente que divulga fotografia ou vídeo que contém cena de sexo (consensual), nudez ou pornografia.

A divulgação é feita sem o consentimento da pessoa que aparece na fotografia ou vídeo.

Ademais, as pessoas que recebem a fotografia ou vídeo, por Whatsapp por exemplo, não cometem o crime, pois esta conduta não se amolda na previsão do artigo 218-C.

A consumação do delito independe da forma como o agente obteve a fotografia ou vídeo. Contudo, se a obtenção da mídia se deu através de invasão de dispositivo informático, tem-se a incidência do art. 154-A, CP.

Trata-se de crime comum. Pode ser praticado por qualquer pessoa (homem ou mulher). Quanto à vítima, é a pessoa que aparece na fotografia ou no vídeo.

O delito pode ser praticado contra qualquer pessoa (homem ou mulher).

É processado mediante ação penal pública incondicionada.

O § 1º prevê causa de aumento para os casos em que o agente possui ou mantinha relação íntima de afeto com a vítima.

Por fim, o § 2º trata da hipótese de **exclusão de ilicitude**, quando o agente pratica a conduta em publicação de natureza jornalística, científica, cultural ou acadêmica com a adoção de recurso que impossibilite a identificação da vítima.

6.2 Ação Penal

Art. 225. *Nos crimes definidos nos Capítulos I e II deste Título, procede-se mediante ação penal pública incondicionada. (Redação dada pela Lei nº 13.718, de 2018).*
Parágrafo único. *(Revogado)*

→ **Regra**: com a Lei nº13.718/2018, todos os crimes contra a dignidade sexual são processados mediante **ação pena pública incondicionada**.

6.3 Aumento de Pena

Art. 226. *A pena é aumentada:*
I. *de quarta parte, se o crime é cometido com o concurso de 2 (duas) ou mais pessoas; (Redação dada pela Lei nº 11.106, de 2005)*
II. *de metade, se o agente é ascendente, padrasto ou madrasta, tio, irmão, cônjuge, companheiro, tutor, curador, preceptor ou empregador da vítima ou por qualquer outro título tiver autoridade sobre ela; (Redação dada pela Lei nº 13.718, de 2018)*
III. *(Revogado pela Lei nº 11.106, de 2005)*
IV. *de 1/3 (um terço) a 2/3 (dois terços), se o crime é praticado:*
Estupro coletivo
a) mediante concurso de 2 (dois) ou mais agentes; (Incluído pela Lei nº 13.718, de 2018)
Estupro corretivo
b) para controlar o comportamento social ou sexual da vítima. (Incluído pela Lei nº 13.718, de 2018)

6.4 Do Lenocínio e do Tráfico de Pessoa Para Fim de Prostituição ou Outra Forma de Exploração Sexual

Mediação para servir a lascívia de outrem

Art. 227 - *Induzir alguém a satisfazer a lascívia de outrem:*
Pena - *reclusão, de um a três anos.*
§ 1º - *Se a vítima é maior de 14 (catorze) e menor de 18 (dezoito) anos, ou se o agente é seu ascendente, descendente, cônjuge ou companheiro, irmão, tutor ou curador ou pessoa a quem esteja confiada para fins de educação, de tratamento ou de guarda:*
Pena - *reclusão, de dois a cinco anos.*

§ 2º - Se o crime é cometido com emprego de violência, grave ameaça ou fraude:

Pena - reclusão, de dois a oito anos, além da pena correspondente à violência.

§ 3º - Se o crime é cometido com o fim de lucro, aplica-se também multa.

Favorecimento da prostituição ou outra forma de exploração sexual

Art. 228. Induzir ou atrair alguém à prostituição ou outra forma de exploração sexual, facilitá-la, impedir ou dificultar que alguém a abandone:

Pena - reclusão, de 2 (dois) a 5 (cinco) anos, e multa.

§ 1º - Se o agente é ascendente, padrasto, madrasta, irmão, enteado, cônjuge, companheiro, tutor ou curador, preceptor ou empregador da vítima, ou se assumiu, por lei ou outra forma, obrigação de cuidado, proteção ou vigilância:

Pena - reclusão, de 3 (três) a 8 (oito) anos.

§ 2º - Se o crime é cometido com emprego de violência, grave ameaça ou fraude:

Pena - reclusão, de quatro a dez anos, além da pena correspondente à violência.

§ 3º - Se o crime é cometido com o fim de lucro, aplica-se também multa.

Casa de prostituição

Art. 229. Manter, por conta própria ou de terceiro, estabelecimento em que ocorra exploração sexual, haja, ou não, intuito de lucro ou mediação direta do proprietário ou gerente:

Pena - reclusão, de dois a cinco anos, e multa.

Rufianismo

Art. 230 - Tirar proveito da prostituição alheia, participando diretamente de seus lucros ou fazendo-se sustentar, no todo ou em parte, por quem a exerça:

Pena - reclusão, de um a quatro anos, e multa.

§ 1º - Se a vítima é menor de 18 (dezoito) e maior de 14 (catorze) anos ou se o crime é cometido por ascendente, padrasto, madrasta, irmão, enteado, cônjuge, companheiro, tutor ou curador, preceptor ou empregador da vítima, ou por quem assumiu, por lei ou outra forma, obrigação de cuidado, proteção ou vigilância:

Pena - reclusão, de 3 (três) a 6 (seis) anos, e multa.

§ 2º - Se o crime é cometido mediante violência, grave ameaça, fraude ou outro meio que impeça ou dificulte a livre manifestação da vontade da vítima:

Pena - reclusão, de 2 (dois) a 8 (oito) anos, sem prejuízo da pena correspondente à violência.

Tráfico internacional de pessoa para fim de exploração sexual

(Revogado pela Lei nº 13.344, de 2016)

§ 3º - Se o crime é cometido com o fim de obter vantagem econômica, aplica-se também multa.

Tráfico interno de pessoa para fim de exploração sexual

(Revogado pela Lei nº 13.344, de 2016
Promoção de migração ilegal

Art. 232-A. Promover, por qualquer meio, com o fim de obter vantagem econômica, a entrada ilegal de estrangeiro em território nacional ou de brasileiro em país estrangeiro:
(Incluído pela Lei nº 13.445, de 2017)

Pena - reclusão, de 2 (dois) a 5 (cinco) anos, e multa.

§ 1º Na mesma pena incorre quem promover, por qualquer meio, com o fim de obter vantagem econômica, a saída de estrangeiro do território nacional para ingressar ilegalmente em país estrangeiro.

§ 2º A pena é aumentada de 1/6 (um sexto) a 1/3 (um terço) se:

I. o crime é cometido com violência; ou

II. a vítima é submetida a condição desumana ou degradante.

§ 3º A pena prevista para o crime será aplicada sem prejuízo das correspondentes às infrações conexas.

6.5 Do Ultraje Público ao Pudor

Ato obsceno

Art. 233 - Praticar ato obsceno em lugar público, ou aberto ou exposto ao público:

Pena - detenção, de três meses a um ano, ou multa.

Escrito ou objeto obsceno

Art. 234 - Fazer, importar, exportar, adquirir ou ter sob sua guarda, para fim de comércio, de distribuição ou de exposição pública, escrito, desenho, pintura, estampa ou qualquer objeto obsceno:

Pena - detenção, de seis meses a dois anos, ou multa.

Parágrafo único - Incorre na mesma pena quem:

I. vende, distribui ou expõe à venda ou ao público qualquer dos objetos referidos neste artigo;

II. realiza, em lugar público ou acessível ao público, representação teatral, ou exibição cinematográfica de caráter obsceno, ou qualquer outro espetáculo, que tenha o mesmo caráter;

III. realiza, em lugar público ou acessível ao público, ou pelo rádio, audição ou recitação de caráter obsceno.

6.6 Disposições Gerais

Aumento de pena

Art. 234-A. Nos crimes previstos neste Título a pena é aumentada:

I. (VETADO); (Incluído pela Lei nº 12.015, de 2009).

II. (VETADO); (Incluído pela Lei nº 12.015, de 2009).

III. de metade a 2/3 (dois terços), se do crime resulta gravidez; (Redação dada pela Lei nº 13.718, de 2018)

IV. de 1/3 (um terço) a 2/3 (dois terços), se o agente transmite à vítima doença sexualmente transmissível de que sabe ou deveria saber ser portador, ou se a vítima é idosa ou pessoa com deficiência. (Redação dada pela Lei nº 13.718, de 2018)

Art. 234-B. Os processos em que se apuram crimes definidos neste Título correrão em segredo de justiça.

Art. 234-C. (VETADO). (Incluído pela Lei nº 12.015, de 2009).

7. DOS CRIMES CONTRA A FÉ PÚBLICA

7.1 Da Moeda Falsa

Art. 289. *Falsificar, fabricando-a ou alterando-a, moeda metálica ou papel-moeda de curso legal no país ou no estrangeiro:*
Pena *- reclusão, de três a doze anos, e multa.*
§ 1º. *Nas mesmas penas incorre quem, por conta própria ou alheia, importa ou exporta, adquire, vende, troca, cede, empresta, guarda ou introduz na circulação moeda falsa.*
§ 2º. *Quem, tendo recebido de boa-fé, como verdadeira, moeda falsa ou alterada, a restitui à circulação, depois de conhecer a falsidade, é punido com detenção, de seis meses a dois anos, e multa.*
§ 3º. *É punido com reclusão, de três a quinze anos, e multa, o funcionário público ou diretor, gerente, ou fiscal de banco de emissão que fabrica, emite ou autoriza a fabricação ou emissão:*
  I. De moeda com título ou peso inferior ao determinado em lei;
  II. De papel-moeda em quantidade superior à autorizada.
§ 4º. *Nas mesmas penas incorre quem desvia e faz circular moeda, cuja circulação não estava ainda autorizada.*

Modos de falsificar

Fabricando a moeda (manufaturando, fazendo a cunhagem): o próprio agente produz (cria) a moeda.

Alterando (modificando, adulterando): utilizando moeda verdadeira (autêntica), a altera (transforma cédula de dois reais em cem reais).

Objeto material

O objeto material também pode ser a moeda estrangeira, desde que tenha curso legal no Brasil, ou no país de origem, ou seja, quando circulada não pode ser recusada como meio de pagamento.

Heleno Fragoso, ensina que inexistirá o crime quando houver adulteração para que o valor nominal seja diminuído em relação ao verdadeiro.

É imprescindível, além das características apontadas, que a falsificação seja convincente, isto é, capaz de iludir os destinatários da moeda.

Nem sempre a falsificação grosseira constituirá fato atípico, já que este ocorrerá somente quando não haja qualquer possibilidade de iludir alguém. Do contrário, poderá se configurar o crime de estelionato. Este, aliás, é o entendimento do Superior Tribunal de Justiça:

Súmula 73 – STJ: *73. A utilização de papel-moeda grosseiramente falsificado configura, em tese, o crime de estelionato, de competência da Justiça Estadual.*

Crimes assimilados ao de moeda falsa

Art. 290. *Formar cédula, nota ou bilhete representativo de moeda com fragmentos de cédulas, notas ou bilhetes verdadeiros; suprimir, em nota, cédula ou bilhete recolhidos, para o fim de restituí-los à circulação, sinal indicativo de sua inutilização; restituir à circulação cédula, nota ou bilhete em tais condições, ou já recolhidos para o fim de inutilização:*
Pena *- reclusão, de dois a oito anos, e multa.*
Parágrafo único. *O máximo da reclusão é elevado a doze anos e multa, se o crime é cometido por funcionário que trabalha na repartição onde o dinheiro se achava recolhido, ou nela tem fácil ingresso, em razão do cargo.(Vide Lei nº 7.209, de 11.7.1984)*

Consumuação

Neste delito, da mesma forma, é necessário que a formação da moeda com fragmentos e a supressão do sinal indicativo sejam capazes de iludir.

Não é necessário o dano para consumar-se o delito, basta a mera formação da cédula a partir dos fragmentos, com a supressão do sinal identificador de recolhimento.

Há autores que ditam que, ao contrário do que ocorre com o crime de moeda falsa (art. 298, CP), a aquisição e o recebimento da moeda nas condições descritas no Art. 290, *caput*, não foram elevados à categoria de crime principal, subsistindo o delito de receptação.

7.2 Petrechos para Falsificação de Moeda

Art. 291. *Fabricar, adquirir, fornecer, a título oneroso ou gratuito, possuir ou guardar maquinismo, aparelho, instrumento ou qualquer objeto especialmente destinado à falsificação de moeda:*
Pena *- reclusão, de dois a seis anos, e multa.*

Emissão de título ao portador sem permissão legal

Art. 292. *Emitir, sem permissão legal, nota, bilhete, ficha, vale ou título que contenha promessa de pagamento em dinheiro ao portador ou a que falte indicação do nome da pessoa a quem deva ser pago:*
Pena *- detenção, de um a seis meses, ou multa.*
Parágrafo único. *Quem recebe ou utiliza como dinheiro qualquer dos documentos referidos neste artigo incorre na pena de detenção, de quinze dias a três meses, ou multa.*

7.3 Da Falsidade de Títulos e Outros Papéis Públicos

Falsificação de papéis públicos

Art. 293. *Falsificar, fabricando-os ou alterando-os:*
  I. Selo destinado a controle tributário, papel selado ou qualquer papel de emissão legal destinado à arrecadação de tributo;
  II. Papel de crédito público que não seja moeda de curso legal;
  III. Vale postal;
  IV. Cautela de penhor, caderneta de depósito de caixa econômica ou de outro estabelecimento mantido por entidade de direito público;
  V. Talão, recibo, guia, alvará ou qualquer outro documento relativo a arrecadação de rendas públicas ou a depósito ou caução por que o poder público seja responsável;
  VI. Bilhete, passe ou conhecimento de empresa de transporte administrada pela União, por Estado ou por Município:
Pena *- reclusão, de dois a oito anos, e multa.*
§1º. *Incorre na mesma pena quem:*
  I. Usa, guarda, possui ou detém qualquer dos papéis falsificados a que se refere este artigo;
  II. Importa, exporta, adquire, vende, troca, cede, empresta, guarda, fornece ou restitui à circulação selo falsificado destinado a controle tributário;
  III. Importa, exporta, adquire, vende, expõe à venda, mantém em depósito, guarda, troca, cede, empresta, fornece, porta ou, de qualquer forma, utiliza em proveito próprio ou alheio, no exercício de atividade comercial ou industrial, produto ou mercadoria:

a) em que tenha sido aplicado selo que se destine a controle tributário, falsificado;

b) sem selo oficial, nos casos em que a legislação tributária determina a obrigatoriedade de sua aplicação.

§2º. Suprimir, em qualquer desses papéis, quando legítimos, com o fim de torná-los novamente utilizáveis, carimbo ou sinal indicativo de sua inutilização:

Pena - *reclusão, de um a quatro anos, e multa.*

§3º. Incorre na mesma pena quem usa, depois de alterado, qualquer dos papéis a que se refere o parágrafo anterior.

§4º. Quem usa ou restitui à circulação, embora recebido de boa-fé, qualquer dos papéis falsificados ou alterados, a que se referem este artigo e o seu § 2º, depois de conhecer a falsidade ou alteração, incorre na pena de detenção, de seis meses a dois anos, ou multa.

§5º. Equipara-se a atividade comercial, para os fins do inciso III do § 1º, qualquer forma de comércio irregular ou clandestino, inclusive o exercido em vias, praças ou outros logradouros públicos e em residências.

Esse artigo do Código Penal traz a tipificação da conduta daquele agente que pratica atos de falsificação de papéis públicos, ou seja, aqueles que são chancelados pelo Estado como sendo verdadeiros. Dessa forma, o crime possui diversas condutas típicas, mas a principal está no **caput**, pois pune quem: **falsifica** ou **adultera o documento**.

De acordo com o §1º, pune-se com a mesma pena do *caput* - reclusão de dois a oito anos - quem **guarda, possui ou detém** quaisquer dos papéis que constam no inciso I ao VI do *caput*. Ademais, a falsificação prevista nos incisos II e III deste parágrafo, aplica punição às outras condutas ligadas, especificamente, à falsificação de selo destinado ao controle tributário, ou então, de produtos ou mercadorias sobre os quais incide o controle tributário.

Em relação ao §2º, pune-se quem efetuou a supressão do sinal indicativo de inutilização com intenção de tornar novamente utilizável.

O §3º prevê que é punido quem **USA**, desde que esse não seja o mesmo autor que suprimiu o documento, pois senão, responderá pela *caput*.

> O inciso III - vale postal - foi revogado pelo Art. 36 da Lei 6.538/76. Sendo assim, só é passível de cobrança em concursos que cobrem especificamente essa lei.

> Se a falsificação for usada como meio para a fraude, configura-se o crime de estelionato (Art. 171 do CP), o qual absorve o crime de falsificação, de acordo com o princípio da consunção.

O §4º é a figura **privilegiada** do Art. 293, pois pune quem recebe de **boa-fé** e repassa o documento falsificado após reconhecer a sua falsidade.

Por fim, o §5º trata da equiparação das condutas reconhecidas como atividade comercial expressa no Art. 1º, inciso III, exercidas em locais irregulares e clandestinos, em locais públicos ou até mesmo se praticada dentro da própria residência do agente.

Petrechos de falsificação

Art. 294. *Fabricar, adquirir, fornecer, possuir ou guardar* **objeto especialmente destinado à falsificação** *de qualquer dos papéis referidos no artigo anterior:*

Pena - *reclusão, de um a três anos, e multa.*

Art. 295. *Se o* **agente é funcionário público***, e comete o crime* **prevalecendo-se do cargo***, aumenta-se a pena de sexta parte.*

A figura típica do Art. 294, prevê a conduta do agente que possua objetos que tenham como fim específico a falsificação de quaisquer papéis públicos mencionados no Art. 293 do Código Penal.

> Caso o agente seja FUNCIONÁRIO PÚBLICO, e pratique quaisquer das condutas descritas no Art. 293, utilizando-se de privilégios que seu cargo ofereça, responderá com AUMENTO DE PENA - conforme Art. 295 do CP.

Caso esse objeto possua a capacidade de falsificar, mas sua função principal não é esta, a sua posse não será considerada como objeto (petrecho).

Ex.: Uma impressora de alta capacidade que tenha condições de imprimir cédulas falsas. Contudo, depende - logicamente - do contexto fático em que se apresente.

7.4 Da Falsidade Documental

Falsificação do selo ou sinal público

Art. 296. *Falsificar, fabricando-os ou alterando-os:*

I. Selo público destinado a autenticar atos oficiais da União, de Estado ou de Município;

II. Selo ou sinal atribuído por lei à entidade de direito público, ou a autoridade, ou sinal público de tabelião:

Pena - *reclusão, de dois a seis anos, e multa.*

§1º. Incorre nas mesmas penas:

I. Quem faz uso do selo ou sinal falsificado;

II. Quem utiliza indevidamente o selo ou sinal verdadeiro em prejuízo de outrem ou em proveito próprio ou alheio.

III. Quem altera, falsifica ou faz uso indevido de marcas, logotipos, siglas ou quaisquer outros símbolos utilizados ou identificadores de órgãos ou entidades da Administração Pública.

§2º. Se o agente é funcionário público, e comete o crime prevalecendo-se do cargo, aumenta-se a pena de sexta parte.

> O Art. 295 do Código Penal trata especificamente da hipótese em que o agente é FUNCIONÁRIO PÚBLICO, o qual responderá com aumento de pena de SEXTA PARTE caso tenha utilizado de atributos da sua função pública para a prática do crime.

> Na situação em que o agente é FUNCIONÁRIO PÚBLICO, responderá com aumento de pena de SEXTA PARTE (conforme Art. 327 do CP).

Esse delito visa incriminar o agente que **falsifica SELOS ou SINAIS públicos** - objetos que atestam um documento como verdadeiro - por meio da **fabricação** (contrafação - próprio agente

DOS CRIMES CONTRA A FÉ PÚBLICA

fabrica um selo ou sinal falso), ou pela **alteração** (modificação de selo ou sinal verdadeiro).

Tais itens - selo ou sinal - **não** são considerados documentos públicos, e sim, objetos que o criminoso utiliza para falsificação.

Ex.: Carimbo, selo de identificação etc.

A falsidade tipificada nesse artigo é **MATERIAL**, ou seja, a forma do documento é modificada (alteração), ou fabricada (contrafação).

Falsificação de documento público

Art. 297. *Falsificar, no todo ou em parte, documento público, ou alterar documento público verdadeiro:*
Pena - *reclusão, de dois a seis anos, e multa.*
§1º. Se o agente é funcionário público, e comete o crime prevalecendo-se do cargo, aumenta-se a pena de sexta parte.
§2º. Para os efeitos penais, equiparam-se a documento público o emanado de entidade paraestatal, o título ao portador ou transmissível por endosso, as ações de sociedade comercial, os livros mercantis e o testamento particular.
§3º. Nas mesmas penas incorre quem insere ou faz inserir:
I. Na folha de pagamento ou em documento de informações que seja destinado a fazer prova perante a previdência social, pessoa que não possua a qualidade de segurado obrigatório;
II. Na Carteira de Trabalho e Previdência Social do empregado ou em documento que deva produzir efeito perante a previdência social, declaração falsa ou diversa da que deveria ter sido escrita;
III. Em documento contábil ou em qualquer outro documento relacionado com as obrigações da empresa perante a previdência social, declaração falsa ou diversa da que deveria ter constado.
§4º. Nas mesmas penas incorre quem omite, nos documentos mencionados no § 3º, nome do segurado e seus dados pessoais, a remuneração, a vigência do contrato de trabalho ou de prestação de serviços.

Este título do Código Penal tem por objetivo tipificar a conduta do agente que **falsifica, total ou parcialmente, documento público**, bem como aquele que **altera** documentos públicos **verdadeiros** com intenção de obter **vantagem ilícita**.

A falsidade tipificada nesse artigo é material, ou seja, a forma do documento é modificada (alteração), ou falsificada (contrafação), total ou parcialmente.

Documento para o Direito Penal deve possuir as seguintes características:

> Forma escrita;
> Elaborado por pessoa determinada;
> Conteúdo revestido de relevância jurídica;
> Possuir eficácia probatória.
> Portanto, **documento público** é aquele confeccionado pelo funcionário público, nacional ou estrangeiro, **no desempenho de suas atividades**, em conformidade com as formalidades legais.

Para provar a materialidade do crime, é INDISPENSÁVEL a realização de exame de corpo de delito, direto ou indireto, no documento, NÃO podendo supri-lo pela confissão do acusado (Art. 158 do CPP), ou seja, pela perícia no documento.

Caso a agente seja funcionário público, responde com aumento de pena de sexta parte, conforme preceitua o §1º desse artigo.

A fotocópia (xerox/traslado), sem autenticação, não tem eficácia probatória. Desse modo, não é classificado como documento público para fins penais.

§ 2º. Para os efeitos penais, equiparam-se a documento público o emanado de entidade paraestatal, o título ao portador ou transmissível por endosso, as ações de sociedade comercial, os livros mercantis e o testamento particular.

Entidades paraestatais, integrantes do terceiro setor, são as pessoas jurídicas de direito privado, sem fins lucrativos, que atuam ao lado e em colaboração com o Estado. (Exemplo: SESC, SENAI, SESI, SENAC e ONGs).

Título ao portador: cheque ao portador (nominal).

Título transmissível por endosso: cheque, duplicata, nota promissória, letra de câmbio.

Ações de sociedade comercial: sociedades anônimas, sociedades em comandita por ações.

Livros mercantis: destinados a registrar as atividades empresariais.

Testamento **particular**.

Na hipótese em que o agente que faz **uso** do documento falsificado ou modificado seja o mesmo que falsificou - os papéis públicos - esse delito (Art. 297) será absorvido pelo (Art. 171), estelionato, do Código Penal, visto que, a conduta visa obter **vantagem indevida** mediante o **uso de fraude**. Sendo assim, a falsificação é **"meio"** (uso da fraude) para o fim (a vantagem), que é o crime de estelionato. Por conseguinte, de acordo com o **princípio da consunção**, o crime mais grave absorve o menos grave.

Súmula 17 – STJ. Quando o falso se exaure no estelionato, sem mais potencialidade lesiva, é por ele absorvido.

Falsificação de documento particular

Art. 298. *Falsificar, no todo ou em parte, documento particular ou alterar documento particular verdadeiro:*
Pena - *reclusão, de um a cinco anos, e multa.*

Este artigo do Código Penal tem por objetivo tipificar a conduta do agente que falsifica, total ou parcialmente, documento **particular**, bem como aquele que altera documentos particulares verdadeiros com intenção de obter vantagem ilícita.

Para configurar o crime de falsificação, faz-se necessário que a conduta tenha capacidade de ludibriar terceiros, pois a falsificação ou modificação **grosseira** ou sem potencialidade lesiva **não** configura o crime, ou seja, de acordo com o Art. 17 do CP é um

Documento escrito a lápis é documento público? É necessário observar que documento escrito a lápis ainda que feito por servidor público não é documento, considerando a insegurança na manutenção de seu conteúdo. Substituir fotografia em documento de identidade, prevalece que é o delito do Art. 297 do CP. (Atualmente a jurisprudência dispensa a perícia nesses casos).

crime impossível por absoluta impropriedade do objeto, podendo configurar estelionato.

Nessa situação, o documento em si é falso, porém os dados podem ser verdadeiros, pois o agente que emite/falsifica o documento, não tem competência para fazê-lo.

Para provar a materialidade do crime, é INDISPENSÁVEL a realização de exame de corpo de delito, direto ou indireto, no documento, não podendo supri-lo a confissão do acusado (Art. 158 do CPP).

Considerações

Se a falsidade do documento é material, o agente responde pelo Art. 298 do CP, falsificação de documento particular, caso seja **ideológica**, o agente responderá pelo Art. 299 do CP, falsidade ideológica.

Caso o agente que utilize o documento falsificado ou modificado seja o mesmo que o falsificou, responderá pelo crime do Art. 304 do CP, uso de documento particular falsificado.

Documento público nulo, se torna documento particular. Atos públicos nulos, feitos por oficiais incompetentes, são documentos particulares.

Na hipótese de documento particular, com firma reconhecida em cartório, temos um documento público? Falsificando os escritos do documento, o delito será o do Art. 298 do CP. Porém, se a conduta for para falsificar o selo do tabelião, o delito é o do Art. 297.

Na hipótese em que um indivíduo falsifica um documento particular com o objetivo de praticar o CRIME DE SONEGAÇÃO FISCAL, responderá pelo crime previsto no Art. 1º, III e IV, da Lei 8.137/90.

Falsidade ideológica

> **Art. 299**. Omitir, em documento público ou particular, declaração que dele devia constar, ou nele inserir ou fazer inserir declaração falsa ou diversa da que devia ser escrita, com o fim de prejudicar direito, criar obrigação ou alterar a verdade sobre fato juridicamente relevante:
> **Pena** - reclusão, de um a cinco anos, e multa, se o documento é público, e reclusão de um a três anos, e multa, se o documento é particular.
> **Parágrafo único.** Se o agente é funcionário público, e comete o crime prevalecendo-se do cargo, ou se a falsificação ou alteração é de assentamento de registro civil, aumenta-se a pena de sexta parte.

Diferentemente dos Art. 297 e 298, que tratam da falsidade material, em que o conteúdo pode ser verdadeiro, mas o documento em si é falso, esse artigo aborda a falsidade ideológica, em que o documento é verdadeiro, mas o conteúdo, a ideia é falsa. A falsidade ideológica também é conhecida como falso ideal, falso intelectual ou falso moral.

Falsidade Material	Falsidade Ideológica
A forma do documento é falsa, porém os dados podem ser verdadeiros.	A forma do documento é verdadeira, mas a ideia contida é falsa.

Núcleos do tipo

Omitir: o funcionário público no momento da elaboração de um documento, **deixa de inserir** (omissão) informação que nesse deveria constar. É a falsidade imediata.

Inserir: aquele que **insere** no documento público ou particular informação falsa ou diversa que deveria ser escrita. É a falsidade **imediata**.

Fazer inserir: é o particular que fornece a informação falsa ao funcionário público competente, que **por erro** a insere no documento verdadeiro. É chamada falsidade **mediata**.

Caso o agente que utilizar o documento falsificado ou modificado seja o mesmo, esse delito (Art. 299) será absorvido pelo Art. 171, estelionato, do Código Penal, visto que a conduta busca obter vantagem indevida mediante o uso de fraude.

Para que seja configurado o crime de falsidade ideológica, o agente deve ter um especial fim de agir, ou seja, um **dolo específico**, de prejudicar um direito, criar uma obrigação ou alterar a verdade sobre um fato.

Falso reconhecimento de firma ou letra

> **Art. 300**. Reconhecer, como verdadeira, no exercício de função pública, firma ou letra que o não seja:
> **Pena** - reclusão, de um a cinco anos, e multa, se o documento é público; e de um a três anos, e multa, se o documento é particular.

Esse crime é classificado como **próprio**, pois somente pode ser cometido por funcionário público no exercício da função, ou seja, aquele que tem a competência para o reconhecimento.

O delito configura-se quando o funcionário público reconhece (atesta, afirma), como verdadeiro a firma ou letra que **sabe ser falsa**.

Não admite a modalidade culposa, porém o agente poderá vir a responder na esfera administrativa e civil. (**STJ. RMS 26.548/PR - 2010**)

Certidão ou atestado ideologicamente falso

> **Art. 301**. Atestar ou certificar falsamente, em razão de função pública, fato ou circunstância que habilite alguém a obter cargo público, isenção de ônus ou de serviço de caráter público, ou qualquer outra vantagem:
> **Pena** - detenção, de dois meses a um ano.

Esse delito tipifica a conduta do funcionário público que, devido às qualidades que seu cargo **propicia, atesta ou certifica** aquilo que sabe ser falso, em benefício de terceiros, para que obtenham vantagem, isenção ou ônus de obrigações junto à Administração Pública (*caput*).

A **certidão ou atestado** são verdadeiros, porém **os dados** informados para que tal pessoa obtenha vantagem sobre a Administração são falsos.

Falsidade material de atestado ou certidão

> **§1º.** Falsificar, no todo ou em parte, atestado ou certidão, ou alterar o teor de certidão ou de atestado verdadeiro, para prova de fato ou circunstância que habilite alguém a obter cargo público, isenção de ônus ou de serviço de caráter público, ou qualquer outra vantagem:
> **Pena** - detenção, de três meses a dois anos.
> **§2º.** Se o crime é praticado com o fim de lucro, aplica-se, além da pena privativa de liberdade, a de multa.

DOS CRIMES CONTRA A FÉ PÚBLICA

Configura também a conduta do agente que, ao contrário de atestar ou certificar, **falsifica** atestado, certidões ou **altera** o seu conteúdo em benefício de terceiros que desejam obter as mesmas vantagens já mencionadas no *caput* (§ 1º).

De acordo com o § 2º, caso a conduta tenha o fim de obtenção de lucro, além da pena de restrição de liberdade, o agente será apenado também com o pagamento de multa.

> Se o agente é funcionário público, e comete o crime prevalecendo-se do cargo, ou se a falsificação ou alteração é de assentamento de registro civil, aumenta-se a pena de sexta parte.
>
> A falsidade ideológica é crime que não pode ser comprovado pericialmente, pois o documento é verdadeiro em seu aspecto formal, sendo falso apenas o seu conteúdo. Assim, não se exige o exame pericial (*corpo de delito*). O juiz é quem deve avaliar no caso concreto se o conteúdo é verdadeiro ou falso.

Falsidade de atestado médico

Art. 302. *Dar o médico, no exercício da sua profissão, atestado falso:*
Pena - detenção, de um mês a um ano.
Parágrafo único. *Se o crime é cometido com o fim de lucro, aplica-se também multa.*

O artigo visa punir o médico que, no exercício da sua profissão, fornece atestado falso independente de ele ser especialista ou não na área, imputando diagnóstico falso ao paciente que o solicita.

NÃO é necessário que o médico seja especialista da área a qual ele tenha fornecido o atestado falso.

Ex.: Um médico cirurgião plástico, atesta um distúrbio psiquiátrico para que a pessoa consiga obter licença ou qualquer alguma outra vantagem. Embora ele não seja neurologista, responderá pelo crime de falso atestado.

Caso o médico seja funcionário público, responderá pelo crime do Art. 301, *caput* do Código Penal.

Sendo a conduta realizada com o objetivo de obter lucros, além da pena de detenção, será aplicada também uma multa (parágrafo único).

Reprodução ou adulteração de selo ou peça filatélica

Art. 303. *Reproduzir ou alterar selo ou peça filatélica que tenha valor para coleção, salvo quando a reprodução ou a alteração está visivelmente anotada na face ou no verso do selo ou peça:*
Pena - detenção, de um a três anos, e multa.
Parágrafo único. *Na mesma pena incorre quem, para fins de comércio, faz uso do selo ou peça filatélica.*

Uso de documento falso

Art. 304. *Fazer uso de qualquer dos papéis falsificados ou alterados, a que se referem os Arts. 297 a 302:*
Pena - a cominada à falsificação ou à alteração.

> Artigo revogado pelo Art. 39 da Lei 6.538/78 que trata do mesmo crime.

O crime de documento falso é um crime classificado doutrinariamente como remetido e acessório.

Crime remetido: pois tem a conduta típica descrita em artigos diferentes: **Arts. 297 a 302**, ou seja, é quando o agente efetivamente faz o uso dos documentos mencionados nesses artigos.

Crime acessório: pois necessita da prática de crime anterior - **Art. 297 a 302** - para caracterizar-se crime. Antes de ocorrer efetivamente o uso do documento falso, já houve um crime anterior, consumado no momento em que esse foi fabricado, alterado, modificado etc.

Apontamentos

A consumação ocorre no momento da utilização de quaisquer dos documentos falsificados dos Arts. 297 a 302 do Código Penal.

É necessário que haja o uso, não sendo suficiente a simples alusão ao documento falso.

Para configurar o instituto da tentativa, irá depender de que maneira que o crime de uso de documento falso seja praticado.

No caso do comento ser mal feito e a falsidade seja evidente (GROSSEIRA), afasta a falsidade do documento.

Apesar de haver corrente sustentando que, para a caracterização do crime basta que o escrito saia da esfera de disponibilidade do agente, ainda que empregado em finalidade diversa daquela a que se destinava, de acordo com a maioria, é imprescindível que o documento falso seja utilizado em sua específica destinação probatória.

Quando o agente utiliza o documento falso para cometer o crime de estelionato, responderá apenas por este último, e o outro restará absorvido.

Ex.: "A" usa o documento falso para enganar "B", com o fim de obter vantagem.

O agente deve apresentar de forma espontânea o documento a terceiros. A doutrina vem aceitando que, se o agente for solicitado a entregar por agente policial, o crime persiste.

Ex.: Em uma blitz de trânsito, quando o condutor apresenta uma Carteira Nacional de Habilitação ao ser essa solicitada pelo agente público.

Caso o agente que utilize o documento falsificado ou modificado seja o mesmo que praticou a falsificação, responderá apenas pelo crime da falsificação do documento.

Independente da forma que será realizada a apresentação do documento, se voluntária ou por solicitação de autoridade pública, o agente responderá pelo crime do Art. 304 do CP.

Supressão de documento

Art. 305. *Destruir, suprimir ou ocultar, em benefício próprio ou de outrem, ou em prejuízo alheio, documento público ou particular verdadeiro, de que não podia dispor:*

Pena - *reclusão, de dois a seis anos, e multa, se o documento é público, e reclusão, de um a cinco anos, e multa, se o documento é particular.*

O crime desse artigo, tem por objetivo tipificar a conduta do agente que dispõe de documento público ou particular verdadeiro, quando não o podia, com intuito de destruir, suprimir ou ocultar informações na intenção de causar prejuízo para outrem ou vantagem para si ou para terceiros.

É necessário que o documento suprimido, o alterado ou ocultado tenha seu valor probatório insubstituível, ou seja, caso seja cópia do documento original, NÃO estará configurado o crime.

O autor deve agir com finalidade específica, qual seja, executar o crime em benefício próprio ou de outrem, ou em prejuízo alheio (ausente esse elemento, outro poderá ser o delito).

7.5 De Outras Falsidades

Falsificação do sinal empregado no contraste de metal precioso ou na fiscalização alfandegária, ou para outros fins

Art. 306. *Falsificar, fabricando-o ou alterando-o, marca ou sinal empregado pelo poder público no contraste de metal precioso ou na fiscalização alfandegária, ou usar marca ou sinal dessa natureza, falsificado por outrem:*
Pena - *reclusão, de 2 (dois) a 6 (seis) anos, e multa.*

Falsa identidade

Art. 307. *Atribuir-se ou atribuir a terceiro falsa identidade para obter vantagem, em proveito próprio ou alheio, ou para causar dano a outrem:*
Pena - *detenção, de três meses a um ano, ou multa, se o fato não constitui elemento de crime mais grave.*

Esse delito torna típica a conduta de atribuir, para si próprio ou parar terceira pessoa, falsa identidade para obtenção de vantagem ou causar dano a terceiro, na tentativa de incriminá-lo, por exemplo.

Da leitura do verbo nuclear "atribuir" conclui-se que o crime é comissivo (praticado por ação), não ocorrendo a hipótese em que o agente silencia acerca da identidade equivocada que lhe atribuem.

Não ocorre o uso de documento falso (Art. 304 do CP), quando o agente somente atribui - verbalmente - ser outra pessoa, deve ser capaz de iludir.

O crime de falsa identidade é um CRIME SUBSIDIÁRIO, ou seja, caso venha a ser utilizado para prática de um crime mais grave, será atribuída a pena desse. Seria o caso do estelionato (Art. 171 do CP), por exemplo, pois o agente utiliza-se da fraude da falsa identidade para obtenção de vantagem. Ocorre o chamado princípio da consunção, em que o crime fim (estelionato) absorve o crime meio (falsa identidade).

Uso de documento de identidade alheia

Art. 308. *Usar, como próprio, passaporte, título de eleitor, caderneta de reservista ou qualquer documento de identidade alheia ou ceder a outrem, para que dele se utilize, documento dessa natureza, próprio ou de terceiro:*
Pena - *detenção, de quatro meses a dois anos, e multa, se o fato não constitui elemento de crime mais grave.*

Esse crime descreve a conduta do agente que **utiliza de documento - verdadeiro** - de uma terceira pessoa para se passar por ela, sendo conhecido como o "uso de documento de identidade alheia". Se utilizar documento falso é o Art. 304 CP.

O agente efetivamente **utiliza** o documento alheio como se fosse próprio, sendo que a simples posse de documentos de terceiro não caracteriza o crime.

É punido tanto o agente que fez o uso do documento alheio, quanto a pessoa que o emprestou - cedeu - para que aquele o utiliza-se.

O crime de falsa identidade é subsidiário, ou seja, caso constituir crime mais grave será atribuído ao autor o crime mais grave. Desse modo, se o agente USAR documento falso, embora em nome de 3ª pessoa, (Ex.: colar sua fotografia em um documento de identidade alheio) responderá pelo crime de uso de documento falso (Art. 304, CP), haja vista que a substituição de fotografia em documento público caracteriza o crime de falsificação de documento público (Art. 297, CP).

Fraude de lei sobre estrangeiro

Art. 309. *Usar o estrangeiro, para entrar ou permanecer no território nacional, nome que não é o seu:*
Pena - *detenção, de 1 (um) a 3 (três) anos, e multa.*
Parágrafo único. *Atribuir a estrangeiro falsa qualidade para promover-lhe a entrada em território nacional: (Acrescentado pela L-009.426-1996)*
Pena - *reclusão, de 1 (um) a 4 (quatro) anos, e multa.*

De acordo com Mirabete, a expressão território nacional deve ser tomada no seu sentido jurídico, incluindo, portanto, o mar territorial e o espaço aéreo correspondente à coluna atmosférica.

O parágrafo único, traz um crime comum, cuja conduta típica consiste em atribuir a estrangeiro falsa qualidade para promover-lhe a entrada em território nacional.

Art. 310. *Prestar-se a figurar como proprietário ou possuidor de ação, título ou valor pertencente a estrangeiro, nos casos em que seja vedada por lei a propriedade ou a posse de tais bens: (Alterado pela L-009.426-1996).*
Pena - *detenção, de 6 (seis) meses a 3 (três) anos, e multa.*

Adulteração de sinal identificador de veículo automotor

Art. 311. *Adulterar ou remarcar número de chassi ou qualquer sinal identificador de veículo automotor, de seu componente ou equipamento:*
Pena - *reclusão, de três a seis anos, e multa.*
§1º. *Se o agente comete o crime no exercício da função pública ou em razão dela, a pena é aumentada de um terço.*
§2º. *Incorre nas mesmas penas o funcionário público que contribui para o licenciamento ou registro do veículo remarcado ou adulterado, fornecendo indevidamente material ou informação oficial.*

O sinal de identificação é a placa do veículo, numeração do motor, marcação dos vidros etc.

A pessoa que recebe o veículo já adulterado, sabendo dessa circunstância, não pratica o crime do Art. 311, mas sim o do Art. 180 (receptação).

O §1º é uma causa especial de aumento de pena, se o funcionário público comete o crime prevalecendo-se do cargo. Exige-se,

DOS CRIMES CONTRA A FÉ PÚBLICA

para incidir o aumento de pena, uma qualidade especial do agente, ser funcionário público, ou seja, um crime PRÓPRIO.

O §2º é uma figura equiparada. Esse parágrafo versa uma forma **própria** de crime, podendo ser cometido somente por funcionário público que tenha competência legítima para tais condutas.

Fita adesiva

A alteração de placa com utilização de fita adesiva é objeto de controvérsia. Para alguns autores, não se apresentando adulteração concreta e definitiva com objetivo de fraudar a propriedade, o licenciamento ou o registro do veículo, trata-se de simples infração administrativa. Para outros doutrinadores, há o crime do Art. 311 do CP.

Guilherme Nucci, ensina que a falsificação grosseira não constitui o delito, mas mera infração administrativa

Ex.: O agente modifica a placa do carro utilizando uma fita isolante preta.

7.6 Das Fraudes em Certames de Interesse Público

Fraudes em certame de interesse público

> **Art. 311-A.** Utilizar ou divulgar, indevidamente, com o fim de beneficiar a si ou a outrem, ou de comprometer a credibilidade do certame, conteúdo sigiloso de:
> **I.** Concurso público;
> **II.** Avaliação ou exame público;
> **III.** Processo seletivo para ingresso no ensino superior;
> **IV.** Exame ou processo seletivo previstos em lei:
> **Pena** - reclusão, de 1 (um) a 4 (quatro) anos, e multa.
> **§1º.** Nas mesmas penas incorre quem permite ou facilita, por qualquer meio, o acesso de pessoas não autorizadas às informações mencionadas no caput.
> **§2º.** Se da ação ou omissão resulta dano à administração pública:
> **Pena** - reclusão, de 2 (dois) a 6 (seis) anos, e multa.
> **§3º.** Aumenta-se a pena de 1/3 (um terço) se o fato é cometido por funcionário público.

Introduzido no Código Penal em 2011 pela Lei nº 12.550, visa evitar as fraudes cometidas em provas de concursos públicos, devido às precárias condições de fiscalização do Estado. Protege o sigilo da boa administração pública, vestibulares, processos seletivos, concursos públicos etc.

Por ser um crime comum, pode ser praticado por qualquer pessoa e, se praticado por funcionário público, a **pena aumenta-se de um terço** (Art. 311-A, §3º do CP).

Figura equiparada (Art. 311 - A, §1º): em análise ao tipo referido, a conduta é autenticamente um concurso de pessoas na modalidade participação, ou seja, um agente auxilia o outro na prática do crime.

Qualificadora (Art. 311 - A, §2º): o dano que afeta a Administração Pública é analisado em sentido amplo, e não somente o dano material. Por ser um crime contra a fé pública, afeta principalmente a moral da Administração e abala a credibilidade depositada pelas pessoas no Estado.

Consumação: Consuma-se com a simples prática dos núcleos, dispensando a obtenção da vantagem particular buscada pelo agente ou mesmo eventual dano à credibilidade do certame.

Princípio da especialidade

Aplicando-se o princípio da especialidade, a violação de sigilo funcional envolvendo certames de interesse público, não caracteriza o crime do Art. 325, mas sim o do Art. 311-A do CP.

Entendeu o STF que o uso de cola eletrônica não é crime. Entretanto, se o candidato teve acesso privilegiado ao gabarito da prova, pratica o crime junto com a pessoa que lhe forneceu.

8. DOS CRIMES CONTRA ADMINISTRAÇÃO PÚBLICA

8.1 Dos Crimes Praticados por Funcionário Público Contra a Administração em Geral

Peculato

> **Art. 312.** *Apropriar-se o funcionário público de dinheiro, valor ou qualquer outro bem móvel, público ou particular, de que tem a posse em razão do cargo, ou desviá-lo, em proveito próprio ou alheio:*
> **Pena** *- reclusão, de dois a doze anos, e multa.*
> *§ 1º. Aplica-se a mesma pena, se o funcionário público, embora não tendo a posse do dinheiro, valor ou bem, o subtrai, ou concorre para que seja subtraído, em proveito próprio ou alheio, valendo-se de facilidade que lhe proporciona a qualidade de funcionário.*
> **Peculato Culposo**
> *§ 2º. Se o funcionário concorre culposamente para o crime de outrem:*
> **Pena** *- detenção, de três meses a um ano.*
> *§ 3º. No caso do parágrafo anterior, a reparação do dano, se precede à sentença irrecorrível, extingue a punibilidade; se lhe é posterior, reduz de metade a pena imposta.*

Esse artigo tem por objetivo tipificar a conduta do funcionário público que, aproveitando do cargo que ocupa, apropria-se de bem público ou particular. É necessário que o agente utilize das facilidades do seu cargo, pois, se não o fizer, responderá normalmente, a depender do caso concreto, nos crimes elencados no Titulo II. Dos Crimes Contra O Patrimônio, do Código Penal, por exemplo, o furto. (Art. 155 do CP).

Peculato apropriação

> **Art. 312. apropriar-se** *o funcionário público de dinheiro, valor ou qualquer outro* **bem móvel, público ou particular**, *de que tem a posse em razão do cargo.(...)*

Nessa situação o funcionário público já possui a posse ou detenção lícita do bem (em razão do cargo que ocupa), porém passa a se comportar como se fosse o dono (pratica atos de disposição da coisa, venda, troca, doação etc.), não mais devolvendo ou restituindo o bem à Administração Pública.

Peculato-desvio

> **Art. 312.** *(...) ou desviá-lo, em proveito próprio ou alheio.*

Também chamado de **peculato próprio**, valendo-se do cargo, o agente desvia, em proveito próprio ou de outrem; dinheiro, valor ou qualquer outro bem móvel, público ou particular.

Peculato furto

Também chamado de **peculato impróprio**. Só haverá este crime se o funcionário público valer-se dessa qualidade para subtrair o bem. Caso contrário, o crime será o de furto (Art. 155 do CP). Caso o particular não tenha conhecimento da qualidade de funcionário público, responderá por furto, enquanto esse último, responderá por peculato.

Exs.: "A" funcionário público, valendo-se do cargo, subtrai bem móvel da administração com auxílio de "B", o qual conhecia sua função. Ambos respondem por peculato, Art. 312 do CP.

"A" funcionário público, valendo-se do cargo, subtrai bem móvel da administração com auxílio de "B", o qual desconhecia a função de "A". "A" responderá por peculato (Art. 312 do CP), e "B" por furto (Art. 155 do CP).

"A" funcionário público, sem aproveitar do cargo que ocupa, com auxílio de "B", subtrai bem móvel da repartição em que "A" trabalha. Ambos respondem por furto (Art. 155 do CP).

São considerados crimes próprios, pois exigem a qualidade de funcionário público para sua classificação.

A conduta é sempre dolosa (apropriar-se, desviar, subtrair). Existe, no entanto, previsão para modalidade culposa (vide § 2º, peculato culposo).

É um crime comissivo, por conseguinte, pode incorrer em omissão imprópria, quando o agente, como garantidor, podendo evitar, nada faz para que o crime não seja consumado (Art. 13, §2º, do CP).

Sujeitos do crime

Sujeito Ativo: o funcionário público (crime próprio), mas admite-se coautoria e participação de particulares, desde que tenham conhecimento da qualidade de funcionário público do agente.

Se, comprovado que o particular desconhecia a qualidade funcional do agente, responde por apropriação indébita.

Sujeito Passivo: o Estado e secundariamente o particular, pessoa física ou jurídica, diretamente lesada em seu patrimônio.

Consumação e tentativa

Admite tentativa, salvo o peculato culposo, pois os crimes culposos não admitem a modalidade culposa.

Tratando-se do peculato apropriação, e peculato furto, são crimes materiais, pois estarão consumados com a efetiva posse do bem móvel. No caso do peculato desvio, é um crime formal, pois se consuma no momento em que ocorre o desvio do destino da verba.

Figura culposa

> *§ 2º. Se o funcionário concorre culposamente para o crime de outrem:*

Essa situação é quando o funcionário público, por imprudência, imperícia ou negligência diante de sua conduta, permite que um terceiro pratique um crime contra a Administração Pública.

Caso o agente não seja funcionário público, ou sendo, não se utilize das facilidades que o cargo lhe proporciona para a subtração, incorrerá no crime de furto.

É importante considerar que:

> É o único crime culposo da espécie dos delitos funcionais.
> É o único crime de menor potencial ofensivo entre os delitos funcionais.

O funcionário público só responderá por este crime se o crime doloso de outrem (terceiro) chegar a se consumar.

Qual crime de outrem? Qualquer crime de outrem? Ou apenas algumas modalidades de crime?

NOÇÕES DE DIREITO PENAL

DOS CRIMES CONTRA ADMINISTRAÇÃO PÚBLICA

O § 2º merece uma interpretação topográfica. Então, esse crime de outrem só pode ser o do §1º. Só pode ser o do *caput*. Desse modo, só existe o crime de peculato culposo quando o funcionário público concorre culposamente para um peculato-furto ou peculato próprio (apropriação ou desvio), de outrem. Prevalece essa corrente, que é a restritiva.

No que tange ao diretor de sindicato que se apropria de quantia, ele não irá praticar peculato, pois não é funcionário público, sequer por equiparação. Não é o diretor de sindicato funcionário público típico ou atípico.

> § 3º. *No caso do parágrafo anterior, a reparação do dano, se precede à sentença irrecorrível extingue a punibilidade; se lhe é posterior, reduz de metade a pena imposta.*

No crime de peculato culposo, a reparação do DANO, se precede (é anterior) à sentença irrecorrível, extingue a punibilidade; se lhe é posterior, reduz de metade a pena imposta. Somente para o peculato culposo. No Peculato Doloso não é possível aplicação do § 3º.

Sentença irrecorrível

Antes da sentença irrecorrível, extingue a punibilidade.

A reparação do dano após a sentença irrecorrível, há redução de metade da pena imposta. E, isso é feito pelo juiz da execução penal.

Peculato x roubo

Se a posse do bem (peculato apropriação ou desvio) decorre de violência ou grave ameaça, há crime de roubo (Art. 157) ou extorsão (Art. 158 do CP).

Peculato	
Peculato Doloso	Peculato apropriação (*caput* 1ª parte); Peculato desvio (peculato próprio) (*caput* 2ª parte); Peculato mediante erro de outrem (peculato estelionato) (Art. 313).
Peculato Culposo	(§2)

O Peculato de Uso não é crime, mas pode caracterizar ato de improbidade administrativa (Art. 9º, Lei nº 8.429/92). É o fato em que, por exemplo, um funcionário público apropria-se temporariamente de veículo público, no intuito de realizar diligências de caráter pessoal, restituindo o veículo ao pátio da repartição logo após o uso.

Se há desvio da verba em proveito da própria Administração, com utilização diversa da prevista em sua destinação, configura-se o crime do Art. 315 do CP.

Princípio da insignificância

O princípio da insignificância é causa supralegal de exclusão da tipicidade, ou seja, o fato não será considerado crime. Sendo assim, há duas posições sobre o assunto:

> STJ: **não** admite a incidência do princípio da insignificância nos crimes contra a Administração Pública, pois a norma penal busca resguardar não somente o aspecto patrimonial, mas a moral administrativa (Súmula 599).

> STF: **admite** a aplicação do princípio da insignificância nos crimes contra a administração pública. (HC 107370/SP, rel. Min. Gilmar Mendes, 26.4.2011).

Peculato mediante erro de outrem

> **Art. 313**. *Apropriar-se de dinheiro ou qualquer utilidade que, no exercício do cargo, recebeu por erro de outrem:*
> **Pena** - *reclusão, de um a quatro anos, e multa.*

Conduta

Pune-se a conduta do agente que inverter, no exercício do seu cargo, a posse de valores recebidos por erro de terceiro. O bem apoderado, ao contrário do que ocorre no peculato apropriação, não está naturalmente na posse do agente, derivando de erro alheio.

O erro do ofendido deve ser espontâneo, pois, se provocado pelo funcionário, poderá configurar o crime de estelionato.

Classificação

É considerado crime próprio, pois exige a qualidade de funcionário público para sua classificação.

A conduta é sempre dolosa (apropriar-se). Não existe, no entanto, a forma culposa.

É um crime comissivo, por conseguinte, pode incorrer em omissão imprópria, quando o agente, como garantidor, podendo evitar, nada faz para que o crime não seja consumado (Art. 13, §2º do CP).

Sujeitos do crime

Sujeito Ativo: o funcionário público (crime próprio), mas admite-se coautoria e participação de particulares, desde que tenham conhecimento da qualidade de funcionário público do agente.

Sujeito Passivo: o Estado e secundariamente o particular, pessoa física ou jurídica, diretamente lesada em seu patrimônio.

Consumação e tentativa

ADMITE Tentativa

Sendo esse um crime material, consuma-se com a efetiva apropriação. Neste caso há divergência, alguns autores sustentam que a consumação se dará somente no momento em que o agente percebe o erro de terceiro e não o desfaz, ou seja, a consumação não se dá no momento do recebimento da coisa, mas sim no instante em que o agente se apropria da coisa recebida por erro, agindo como se dono fosse.

Descrição

O funcionário público que, no exercício do cargo, recebeu de terceiro, o qual estava em erro, dinheiro ou qualquer outra utilidade, e não prossegue com a efetiva destinação correta do recurso.

Apropriação coisa havida por erro

Se o funcionário público se apropriou de dinheiro ou qualquer utilidade que recebeu fora do exercício do cargo, responderá pelo crime de: apropriação de coisa havida por erro, caso fortuito ou força da natureza.

> **Art. 169**, CP. *Apropriar-se alguém de coisa alheia vinda ao seu poder por erro, caso fortuito ou força da natureza.*

Se o particular, por engano quanto à pessoa, coisa ou obrigação, entrega objeto a funcionário público, em razão do cargo deste, e se ele se apropria do bem, há crime de peculato mediante erro de outrem (Art. 313, CP).

Inserção de dados falsos em sistema de informações

Art. 313-A. *Inserir ou facilitar, o funcionário autorizado, a inserção de dados falsos, alterar ou excluir indevidamente dados corretos nos sistemas informatizados ou bancos de dados da Administração Pública com o fim de obter vantagem indevida para si ou para outrem ou para causar dano:*
Pena - *reclusão, de 2 (dois) a 12 (doze) anos, e multa.*

Pune-se a conduta do funcionário público autorizado que insere ou facilita inserção de dados falsos, altera ou exclui indevidamente dados nos sistema de informação da Administração Pública com o objetivo de receber vantagem indevida, tal crime é também conhecido como **peculato eletrônico**.

Classificação

Trata-se de crime de mão própria, pois exige a qualidade de funcionário público autorizado para sua classificação, ou seja, não é qualquer funcionário público, mas sim aquele autorizado a inserir, alterar ou excluir dados nos sistemas informatizados ou banco de dados.

A conduta é sempre dolosa (inserir, alterar ou excluir). Não existe, no entanto, a possibilidade da forma culposa.

É um crime comissivo, por conseguinte, pode incorrer em omissão imprópria, quando o agente, como garantidor, podendo evitar, nada faz para que o crime não seja consumado (Art. 13, §2º, CP).

Sujeitos do crime

Sujeito Ativo: o funcionário público autorizado (crime de mão própria), sendo possível a coautoria e participação do particular que tenha consciência da função pública do agente.

Sujeito Passivo: o Estado e secundariamente o particular, pessoa física ou jurídica, diretamente lesada em seu patrimônio.

Consumação e tentativa

ADMITE Tentativa

Sendo um crime formal, consuma-se com a devida inserção, alteração ou exclusão, não sendo necessário o efetivo recebimento da vantagem indevida, considerada apenas mero exaurimento do crime.

Descrição

Visa punir o funcionário autorizado, o qual detém acesso aos sistemas de informação da Administração Pública, e, aproveitando-se dessa situação, realiza condutas indevidas causando prejuízo para Administração, bem como, aos particulares.

Erro de tipo

É possível a ocorrência do erro do tipo, escusável ou inescusável, do agente que acredita estar agindo corretamente e acaba inserindo, excluindo ou alterando de forma equivocada, dados verdadeiros.

Mesmo sendo um crime de mão própria, é possível a figura da participação e coautoria, seja ela material ou moral.

Modificação ou alteração não autorizada de sistema de informações

Art. 313-B. *Modificar ou alterar, o funcionário, sistema de informações ou programa de informática sem autorização ou solicitação de autoridade competente:*
Pena - *detenção, de 3 (três) meses a 2 (dois) anos, e multa.*
Parágrafo único. *As penas são aumentadas de um terço até a metade se da modificação ou alteração resulta dano para a Administração Pública ou para o administrado.*

Consiste em punir a conduta do funcionário público que modifica ou altera, sem autorização, os sistemas de informações da Administração Pública.

Classificação

É considerado crime próprio, pois exigem a qualidade de funcionário público para sua Classificação.

A conduta é sempre dolosa (modificar, alterar). NÃO existe, no entanto, a possibilidade da forma culposa.

É um crime comissivo, por conseguinte pode incorrer em omissão imprópria, quando o agente, como garantidor, podendo evitar, nada faz para que o crime não seja consumado (Art. 13, §2º, CP).

Sujeitos do crime

Sujeito Ativo: o funcionário público (crime próprio), não exige a qualidade de ser funcionário autorizado, ademais é possível a coautoria e participação do particular que tenha consciência da função pública do agente.

Sujeito Passivo: o Estado e secundariamente o particular, pessoa física ou jurídica, diretamente prejudicada.

Consumação e tentativa

ADMITE Tentativa

O crime se consuma no momento da efetiva modificação ou alteração do sistema de informação, sendo que, se resultar em dano, é causa de aumento de pena conforme parágrafo único desse artigo.

Descrição

Para configuração do crime em tela é necessário que a modificação ou alteração ocorra sem autorização, pois tal conduta resume-se ao dolo do agente, à vontade livre de provocar as modificações.

Os crimes previstos nos Arts. 313-A e 313-B, ambos do CP, são conhecidos como peculato eletrônico.

Extravio, sonegação ou inutilização de livro ou documento

Art. 314. *Extraviar livro oficial ou qualquer documento, de que tem a guarda em razão do cargo; sonegá-lo ou inutilizá-lo, total ou parcialmente:*
Pena - *reclusão, de um a quatro anos, se o fato não constitui crime mais grave.*

Para a configuração deste crime, é indispensável que o funcionário público tenha a posse do livro ou documento em razão do cargo que ocupa. É considerado como sendo um **crime subsidiário**, pois comumente sendo aplicado, caso o resultado não constitua crime mais grave.

DOS CRIMES CONTRA ADMINISTRAÇÃO PÚBLICA

Classificação

É considerado crime próprio, pois exige a qualidade de funcionário público para sua classificação.

A conduta é sempre dolosa (extravio, inutilização, sonegação). Não existe, no entanto, a possibilidade da forma culposa.

É um crime comissivo, por conseguinte, pode incorrer em omissão imprópria, quando o agente, como garantidor, podendo evitar, nada faz para que o crime não seja consumado (Art. 13, §2º, CP).

Sujeitos do crime

Sujeito Ativo: somente funcionário público (crime próprio), ademais é possível a coautoria e participação do particular que tenha consciência da função pública do agente.

Sendo o sujeito ativo servidor em exercício junto a repartição fiscal ou tributária, o extravio de livro oficial, processo fiscal, ou qualquer documento por ele causado, configura crime especial previsto no Art. 3º, I, da Lei nº 8.137/90.

Sujeito Passivo: o Estado e, por conseguinte, o particular, pessoa física ou jurídica prejudicada.

Consumação e tentativa

ADMITE Tentativa

O crime se consuma no momento do efetivo extravio ou inutilização, mesmo que seja de forma parcial, bem como, com a sonegação.

Descrição

Por ser um crime subsidiário, a depender do resultado naturalístico que ocasionar, o crime será absorvido de acordo com sua especificidade (princípio da consunção), conforme em alguns dos casos expostos abaixo.

> Quando há o dolo específico de agir, responde pelo Art. 305 do CP.
> Caso o funcionário não seja o responsável pela guarda do livro ou do documento, responderá pelo Art. 337 do CP.
> Se praticado por advogado ou procurador, responderá pelo Art. 356 do CP.

O crime tipificado no Art. 314, além de ser próprio, é subsidiário em relação ao delito previsto no Art. 305, que exige dolo específico. Veja as diferenças:

	Art. 305. Supressão de documento público.	Art. 314. Extravio, sonegação ou inutilização de livro ou documento.
Objetividade Jurídica	Crime contra a fé pública.	Crime contra a administração pública.
Sujeito Ativo	Qualquer pessoa (crime comum).	Funcionário público (crime próprio).
Conduta	Destruir, suprimir ou ocultar documento público ou particular verdadeiro.	Extraviar, sonegar ou inutilizar livro oficial ou qualquer documento de que tem guarda em razão do cargo.
Tipo Subjetivo	Há finalidade específica de tirar proveito próprio ou de outrem, ou visando causar prejuízo alheio.	Não se exige qualquer finalidade específica.
Pena	Reclusão, de 2 a 6 anos, e multa, se o documento é público, e reclusão, de 1 a 5 anos, e multa, se o documento é particular.	Reclusão de 1 a 4 anos, se o fato não constitui crime mais grave.

Emprego irregular de verbas ou rendas públicas

Art. 315. Dar às verbas ou rendas públicas aplicação diversa da estabelecida em lei:
Pena - detenção, de um a três meses, ou multa.

Este tipo penal visa penalizar o administrador público que destina a verba pública para projetos, despesas ou gastos que não foram previstos no Orçamento Público, ou então, que não foram autorizados pela Lei Orçamentária Anual.

Classificação

São considerados crimes próprios, pois exigem a qualidade específica do funcionário público dotado de competência para utilizar e destinar as verbas públicas.

A conduta é sempre dolosa (destinar a verba para outra situação a qual não era prevista). Não existe possibilidade para modalidade culposa.

É um crime comissivo, por conseguinte, pode incorrer em omissão imprópria, quando o agente, como garantidor, podendo evitar, nada faz para que o crime não seja consumado (Art. 13, §2º, CP).

Sujeitos do crime

Sujeito Ativo: é crime próprio, pois o sujeito ativo será somente aquele funcionário público que tenha o poder de administração de verbas ou rendas pública (ex.: Presidente da República, Ministros, Governadores etc.), ademais, é possível a coautoria e participação do particular que tenha consciência da função pública do agente.

Tratando-se de Prefeito Municipal, há crime próprio, prevalecendo pelo princípio da especialidade o disposto no Art. 1º, III, do Decreto-Lei nº 201/67.

Sujeito Passivo: o Estado e secundariamente o particular, pessoa física ou jurídica, diretamente prejudicada.

Consumação e tentativa

ADMITE Tentativa

O crime se consuma no momento da efetiva destinação ou aplicação das verbas ou rendas públicas.

A simples destinação, sem posterior aplicação, constitui tentativa, gerando perigo para a regularidade administrativa.

Descrição

Caso o agente público seja o Presidente da República, ele responderá pela lei de improbidade administrativa, Art. 11, Lei nº 1.079/50. Por conseguinte, sendo prefeito, responderá pelo Art. 1º, III, do Decreto-Lei nº 201/67.

Entendimento stf

Segundo o STF

RT 617/396. Se o orçamento for aprovado por decreto do próprio Poder Executivo, e não por lei, não há o que se falar neste crime.
RT 883/462. Para que caracterize esse crime, é necessário que a lei que destina as verbas ou rendas públicas, seja em sentido formal e material.

Concussão

Art. 316. *Exigir, para si ou para outrem, direta ou indiretamente, ainda que fora da função ou antes de assumi-la, mas em razão dela, vantagem indevida:*
Pena - *reclusão, de 2 (dois) a 12 (doze) anos, e multa. (Redação dada pela Lei nº 13.964, de 2019)* - **ANTICRIME**
§ 1º. *Se o funcionário exige tributo ou contribuição social que sabe ou deveria saber indevido, ou, quando devido, emprega na cobrança meio vexatório ou gravoso, que a lei não autoriza:*
Pena - *reclusão, de três a oito anos, e multa.*
§ 2º. *Se o funcionário desvia, em proveito próprio ou de outrem, o que recebeu indevidamente para recolher aos cofres públicos:*
Pena - *reclusão, de dois a doze anos, e multa.*

No crime de concussão, o funcionário público exige uma vantagem indevida e a vítima, temendo represálias, cede a essa exigência.

Trata-se de uma forma especial de extorsão, executada por funcionário público.

Classificação

São considerados crimes próprios, pois exigem uma qualidade específica, ser funcionário público.

A conduta é sempre dolosa (**exigir**). Não existe possibilidade para modalidade culposa.

É um crime comissivo, por conseguinte pode incorrer em omissão imprópria, quando o agente, como garantidor, podendo evitar, nada faz para que o crime não seja consumado (Art. 13, §2º, do CP).

Sujeitos do crime

Sujeito ativo: somente funcionário público (crime próprio), ademais, é possível a coautoria e participação do particular que tenha consciência da função pública do agente.

Sujeito passivo: o Estado e, por conseguinte, o particular, pessoa física ou jurídica prejudicada.

Consumação e tentativa

ADMITE Tentativa

O crime é formal, sendo assim, está consumado no momento da exigência.

Descrição

Sendo um crime formal, e a consumação ocorrendo com a mera exigência da vantagem indevida. Pouco importa se o funcionário público recebe ou não. Porém, caso receba, haverá o exaurimento do crime.

> É atípica a conduta do particular (vítima) que efetivamente entregou o dinheiro exigido pelo funcionário público, pois ele agiu assim por medo de represálias.

Vantagem devida

Se a vantagem for devida, o agente funcionário público responderá pelo crime de abuso de autoridade, Lei nº 13.869/2019.

Caso a vantagem seja **para a própria Administração Pública**, poderá haver o crime de excesso de exação (Art. 316, §1º, CP).

Mesmo que seja funcionário público, mas que não tenha a competência para a prática do mal prometido, não responde por este crime, mas por extorsão.

> O particular que se disfarça de policial e exige dinheiro (vantagem indevida) para não efetuar a prisão de alguém, responderá pelo crime de extorsão (Art. 158, CP).

No crime de concussão, o agente exige a vantagem indevida. Ademais, no crime de corrupção passiva, Art. 317 do CP, o agente solicita, recebe ou aceita promessa de vantagem indevida.

Excesso de exação

Art. 316, §1º. *Se o funcionário exige tributo ou contribuição social que sabe ou deveria saber indevido, ou, quando devido, emprega na cobrança meio vexatório ou gravoso, que a lei não autoriza:*
Pena - *reclusão, de três a oito anos, e multa.*
Art. 316, §2º. *Se o funcionário desvia, em proveito próprio ou de outrem, o que recebeu indevidamente para recolher aos cofres públicos:*
Pena - *reclusão, de dois a doze anos, e multa.*

Trata-se da cobrança integral e pontual de tributos, em que o funcionário público exige ilegalmente tributo ou contribuição social em benefício da Administração Pública.

Classificação

É considerado crime próprio, pois exige uma qualidade específica, ser funcionário público.

A conduta é sempre dolosa (**exigir tributo ou contribuição social ou desviar o recebimento indevido**). NÃO existe possibilidade para modalidade culposa.

É um crime comissivo, por conseguinte, pode incorrer em omissão imprópria, quando o agente, como garantidor, podendo evitar, nada faz para que o crime não seja consumado (Art. 13, §2º, CP).

DOS CRIMES CONTRA ADMINISTRAÇÃO PÚBLICA

Sujeitos do crime

Sujeito Ativo: somente funcionário público (crime próprio), ademais, é possível a coautoria e participação do particular que tenha consciência da função pública do agente.

Sujeito Passivo: o Estado e, por conseguinte, o particular, pessoa física ou jurídica prejudicada.

Consumação e tentativa

ADMITE Tentativa

O §1º diz que o crime é formal, sendo assim, está consumado no momento da exigência do tributo ou contribuição social por meio vexatório e gravoso, mesmo que a vítima não realize o pagamento.

O § 2º refere-se ao crime material, sendo consumado no momento que ocorre o desvio em proveito próprio ou de outrem, tendo recebido indevidamente.

Descrição

§ 1º do Excesso de Exação

Exigir um tributo ou contribuição social que **sabe ou deveria saber indevido**.

Ex.: Tributo que já foi pago pelo contribuinte; ou a quantia cobrada é superior à fixada em lei.

Exigir um tributo ou contribuição social devido, porém **empregando meio vexatório ou gravoso, que a lei não autoriza**.

Ex.: Meio vexatório: humilhar, causar vergonha ou constrangimento na vítima. Meio gravoso: causar maiores despesas ao contribuinte.

§ 2º da Qualificadora

O **desvio** do tributo ou contribuição social **indevido** ocorre antes de sua incorporação aos cofres públicos, pois, caso ocorra depois, o funcionário público responderá pelo crime de peculato desvio (art. 312, *caput*, 2ª parte do CP).

Tributos

De acordo com o STF, existem cinco espécies de tributos: **impostos, taxas, contribuições de melhoria, empréstimos compulsórios e contribuições sociais**.

Segundo o STJ, **a custa e emolumentos concernentes aos serviços notariais e registrais possuem natureza tributária**, qualificando-se como taxas remuneratórias de serviços públicos. Desse modo, comete o crime de excesso de exação aquele que exige custas ou emolumentos que sabe ou deveria saber indevido.

Prevalece que a expressão "deveria saber" configura dolo eventual, entretanto há doutrina no sentido de que se trata de modalidade culposa do tipo.

Corrupção passiva

> **Art. 317.** Solicitar ou receber, para si ou para outrem, direta ou indiretamente, ainda que fora da função ou antes de assumi-la, mas em razão dela, vantagem indevida, ou aceitar promessa de tal vantagem:
>
> **Pena** - reclusão, de 2 (dois) a 12 (doze) anos, e multa.
>
> **§ 1º.** A pena é aumentada de um terço, se, em consequência da vantagem ou promessa, o funcionário retarda ou deixa de praticar qualquer ato de ofício ou o pratica infringindo dever funcional.
>
> **§ 2º.** Se o funcionário pratica, deixa de praticar ou retarda ato de ofício, com infração de dever funcional, cedendo a pedido ou influência de outrem:
>
> **Pena** - detenção, de três meses a um ano, ou multa.

Apesar de possuir certas semelhanças com o delito de concussão, nesse delito pode-se dizer que é menos constrangedor para a vítima, pois não há a coação moral da exigência, a honra da imagem do emprego vexatório, ocorre simplesmente a solicitação, o recebimento ou a simples promessa de recebimento.

Classificação

É considerado crime próprio, pois exigem uma qualidade específica, ser funcionário público.

A conduta é sempre dolosa (**solicita, recebe ou aceita promessa**). Não existe possibilidade para modalidade culposa.

É um crime comissivo, por conseguinte, pode incorrer em omissão imprópria, quando o agente, como garantidor, podendo evitar, nada faz para que o crime não seja consumado (Art. 13, §2º, do CP).

Sujeitos do crime

Sujeito Ativo: é o funcionário público no exercício da função, aquele fora da função, mas em razão dela, ou o particular que está na iminência de assumir, e atue criminosamente em razão dela. Pode ter a participação do particular que tenha consciência da função pública do agente.

Sujeito Passivo: o Estado e, por conseguinte, o particular, pessoa física ou jurídica prejudicada.

O particular só será vítima se a corrupção partir do funcionário corrupto.

Consumação e tentativa

Admite tentativa somente na modalidade solicitar, quando formulada por meio escrito (carta interceptada).

O crime é formal, sendo assim, nesse delito, existem três momentos em que o crime pode se consumar. No momento da **solicitação**, no momento do **recebimento**, ou então no instante em que o agente aceita a **promessa** de **recebimento**, independe do efetivo pagamento ou recebimento para o crime estar consumado, caso ocorra, será mero exaurimento do crime.

Descrição

Solicitar: a conduta parte do funcionário público que pede a vantagem indevida. Nesta situação, o funcionário público responde por corrupção passiva e **o particular, caso entregue a vantagem indevida, não responderá por crime algum (fato atípico)**.

Receber: a conduta parte do particular que oferece a vantagem indevida e o funcionário público recebe. Nesta situação, o funcionário público responde por corrupção passiva e o particular por corrupção ativa.

Aceitar promessa de tal vantagem: a conduta parte do particular que promete vantagem indevida ao funcionário público e este aceita a promessa. Nesta situação, o funcionário público responde por corrupção passiva e o particular por corrupção ativa. OBS.: não é necessário que o funcionário público efetivamente receba a vantagem prometida, pois o crime estará consumado com a mera aceitação de promessa.

Espécies de Corrupção Passiva

Corrupção Passiva Própria	Corrupção Passiva Imprópria
O funcionário público negocia um ato ILÍCITO. **Ex.:** PRF solicita R$ 100,00 para não multar motorista sem carteira de habilitação.	O funcionário público negocia um ato LÍCITO. **Ex.:** Juiz de Direito recebe dinheiro de autor de ação judicial para agilizar os trâmites do processo.

Ex.: Comerciantes dão dinheiro para que policiais militares realizem rondas diárias no bairro onde os comerciantes trabalham. É crime, pois os servidores públicos já são remunerados pelo Estado para realizarem estas atividades.

Promessa vantagem indevida

Particular que oferece ou promete vantagem indevida:

O particular que oferece ou promete vantagem indevida ao funcionário público, responde pelo crime de corrupção ativa, Art. 333, do CP.

> Mesmo que a propina seja para a prática de ato LEGAL, ocorrerá o crime em estudo.

Exceção à teoria unitária ou monista no concurso de pessoas:

Art. 29, CP. Quem, de qualquer modo, concorre para o crime incide nas penas a este cominadas, na medida de sua culpabilidade.

Portanto, a regra é que todos aqueles que concorrem para a prática de um crime responderão pelo mesmo crime. Como se trata de **exceção**, o funcionário público que recebe ou aceita promessa de vantagem indevida responde por corrupção passiva, Art. 317, enquanto o particular que oferece ou promete vantagem indevida responde por corrupção ativa, Art. 333.

Não configura o crime de corrupção passiva o recebimento, pelo funcionário público, de gratificações usuais de pequeno valor por serviços extraordinários (desde que não se trate de ato contrário à lei), ou pequenas doações ocasionais, geralmente no Natal ou no Ano Novo.

Caso a vantagem recebida seja revertida em favor da própria Administração Pública não haverá o crime de corrupção passiva. Todavia, o funcionário público estará sujeito à prática de ato de improbidade administrativa (Lei nº 8.429/92).

Causa de aumento de pena

§ 1º. A pena é aumentada de um terço, se, em consequência da vantagem ou promessa, o funcionário retarda ou deixa de praticar qualquer ato de ofício ou o pratica infringindo dever funcional.

O que seria o exaurimento do crime funciona como causa de aumento de pena para o funcionário público. A pena será aumentada em 1/3.

Se a violação praticada pelo agente público constitui, por si só, um novo crime, haverá concurso formal ou material entre a corrupção e a infração dela resultante. Todavia, nessa hipótese, a corrupção deixa de ser qualificada, pois do contrário incidirá no *bis in idem*, considerando-se o mesmo fato duas vezes em prejuízo do funcionário réu.

Corrupção passiva privilegiada

§ 2º. Se o funcionário pratica, deixa de praticar ou retarda ato de ofício, com infração de dever funcional, cedendo a pedido ou influência de outrem:
Pena - detenção, de três meses a um ano, ou multa.

Punem-se, nesse dispositivo, os famigerados favores administrativos.

Nesta hipótese, o particular não oferece ou promete vantagem indevida ao funcionário público. Ele apenas **pede** para que esse DÊ UM JEITINHO de praticar, deixar de praticar ou retardar ato de ofício, com infração de dever funcional.

Ex.: Pedro é abordado numa Blitz e seu veículo está com o IPVA atrasado. Diante disso, ele pede ao policial rodoviário que não aplique a devida multa ou apreenda o veículo. O policial atende ao pedido. Nesta situação, o policial praticou o crime de corrupção passiva privilegiada e Pedro é partícipe deste crime.

O § 2º tem grande incidência em concursos. É o famoso Dar um jeitinho.

Diferenças Importantes

Corrupção Passiva Privilegiada (Art. 317, §2º, CP)	Prevaricação (Art. 319, CP)
Se o funcionário pratica, deixa de praticar ou retarda ato de ofício, com infração de dever funcional, CEDENDO A PEDIDO OU INFLUÊNCIA DE OUTREM.	Retardar ou deixar de praticar, indevidamente, ato de ofício, ou praticá-lo contra disposição expressa de lei, PARA SATISFAZER INTERESSE OU SENTIMENTO PESSOAL. **Obs.:** Não há intervenção alheia nesse crime.

Facilitação de contrabando ou descaminho

Art. 318. Facilitar, com infração de dever funcional, a prática de contrabando ou descaminho (Art. 334):
Pena - reclusão, de 3 (três) a 8 (oito) anos, e multa.

Conduta: a conduta criminosa consiste em facilitar, por ação ou omissão, o contrabando ou o descaminho.

Sujeitos do crime

Sujeito Ativo: é crime próprio, somente o funcionário público incumbido de impedir a prática do contrabando ou descaminho poderá intentá-lo. Caso não ostente essa atribuição funcional, responderá pelo delito de contrabando ou descaminho, na condição de partícipe.

Sujeito Passivo: O Estado.

Exceção à teoria unitária ou monista no concurso de pessoas (Art. 29, CP)

O funcionário público que facilita, com infração de dever funcional, a prática de contrabando ou descaminho, responde pelo crime do Art. 318. Já o particular que realiza o contrabando ou descaminho responde pelo crime do elo crime do Art. 334 ou Art. 334 - A.

DOS CRIMES CONTRA ADMINISTRAÇÃO PÚBLICA

Conceito

Contrabando: é a importação ou exportação de mercadoria cuja entrada ou saída é proibida no Brasil. Ex.: máquinas caça-níquel, cigarros, quando em desacordo com autorização legal.

Descaminho: a importação ou exportação é permitida, porém o agente frauda o pagamento do tributo devido.

> Se a mercadoria importada ou exportada for arma de fogo, acessório ou munição, sem autorização da autoridade competente, o agente responderá pelo crime previsto no Art. 18 da Lei nº 10.826/03 (Estatuto do Desarmamento). Tráfico internacional de arma de fogo.

Consumação

Ocorre no momento em que o funcionário público efetivamente facilita o contrabando ou descaminho. **É crime formal ou de consumação antecipada**.

Não é necessário que a outra pessoa (autor do crime de contrabando ou descaminho - Art. 334) tenha sucesso em sua empreitada criminosa. Desse modo, mesmo que esta outra pessoa não obtenha êxito na realização do crime do Art. 334, o crime de contrabando e descaminho estará consumado, pois é crime formal.

Tentativa

Admitida somente na forma comissiva (ação). **A forma omissiva não admite o *conatus*.**

Elemento subjetivo

Dolo. Não se admite a modalidade culposa.

Competência

Os crimes de contrabando e descaminho é da competência da **Justiça Federal**, pois ofende interesse da União (Art. 109, IV, CF/88).

Prevenir e reprimir o contrabando e o descaminho são atribuições da Polícia Federal (Art. 144, §1º, II, CF/88).

> Súm. 151, STJ. A competência para o processo e julgamento por crime de contrabando e descaminho define-se pela prevenção do Juízo Federal do lugar da apreensão dos bens.

Prevaricação

Art. 319. Retardar ou deixar de praticar, indevidamente, ato de ofício, ou praticá-lo contra disposição expressa de lei, para satisfazer interesse ou sentimento pessoal:
Pena - detenção, de três meses a um ano, e multa.

Para que configure o delito de prevaricação, faz-se necessário que a ação ou omissão seja praticada de forma indevida, infrinja o dever funcional do agente público.

Classificação

É considerado crime de mão própria, pois exige uma qualidade específica, ser funcionário público e possuir determinado dever funcional.

Assim, é imprescindível que o funcionário tenha a atribuição para a prática do ato, pois, do contrário, não se pode considerar violação ao dever funcional.

A conduta é sempre dolosa, a qual se divide em três tipos: 1) Retardar indevidamente ato de ofício; 2) Deixar de praticar ato de ofício; 3) Praticar contra disposição expressa em lei.

NÃO admite a forma culposa.

Sujeitos do crime

Sujeito Ativo: somente funcionário público (crime próprio).

Sujeito Passivo: o Estado e, por conseguinte, o particular, pessoa física ou jurídica prejudicada.

Consumação e tentativa

Consuma-se o crime com o retardamento, a omissão ou a prática do ato, sendo dispensável a satisfação do interesse visado pelo servidor.

A tentativa não é admitida nas condutas retardar deixar de praticar, pois é crime omissivo próprio ou puro. Já a conduta praticá-lo contra disposição expressa de lei admite a tentativa por ser crime comissivo, ou seja, que exige uma ação.

É um crime formal. Para a consumação basta a intenção do funcionário público de satisfazer interesse ou sentimento pessoal, mesmo que não consiga êxito na concretização deste resultado.

Descrição

Crime de ação múltipla ou de conteúdo variado: Retardar, deixar de praticar ou praticá-lo. A realização de mais de um destes verbos, no mesmo contexto fático, caracteriza crime único. Todavia, tal fato será levado em conta pelo juiz no momento de fixação da pena-base (Art. 59 do CP).

Considerações

Retardar (atrasar / adiar): o funcionário público não realiza o ato de ofício dentro do prazo legal. Deixar de praticar (abster-se de praticar): não praticar o ato de ofício.

+

Indevidamente: (injustificavelmente / ilegalmente)

=

Prevaricação

Nessas duas hipóteses a prevaricação é crime omissivo próprio ou puro (condutas omissivas). Não admite tentativa (*conatus*).

NÃO há crime quando o funcionário público deixa de agir em razão de caso fortuito ou força maior.

Ex.: A falta de efetivo (pessoal) na repartição, incêndio, inundação etc.

Praticar (realizar um ato)
+
Contra Disposição Expressa de Lei
=
Prevaricação

Nesta hipótese a prevaricação é crime comissivo. Admite tentativa (*conatus*).

Pessoalidade

Interesse Pessoal: é qualquer vantagem ou proveito de caráter moral ou patrimonial. Caso o funcionário público exija ou receba uma vantagem indevida a pretexto de praticar, retardar ou omitir a prática de um ato de ofício, o crime será de concussão (Art. 316 do CP) ou corrupção passiva (Art. 317 do CP).

Sentimento Pessoal: vingança, ódio, amizade, inimizade, inveja, amor.

> **Ex.:** Promotor de Justiça solicita o arquivamento de inquérito policial o qual investiga crime que supostamente foi praticado por seu amigo de infância.

> No caso concreto, se ausente o interesse de satisfazer interesse ou sentimento pessoal e o funcionário público receber uma ordem que deveria cumprir e não cumpri-la, não estará configurado o crime de prevaricação. Todavia, poderá caracterizar ato de improbidade administrativa (Art. 11, II, Lei nº 8.429/92).

A desídia (preguiça), negligência ou comodismo (sem o fim de satisfazer interesse ou sentimento pessoal): não há crime de prevaricação. Todavia, o funcionário público poderá incorrer em ato de improbidade administrativa.

Diferenças Importantes

Prevaricação (Art. 319, CP)	Condescendência Criminosa (Art. 320, CP)
Retardar ou DEIXAR de PRATICAR, indevidamente, ATO DE OFÍCIO, ou praticá-lo contra disposição expressa de lei, para SATISFAZER INTERESSE OU SENTIMENTO PESSOA.	DEIXAR o funcionário, POR INDULGÊNCIA, DE RESPONSABILIDADE subordinado que cometeu infração no exercício do cargo ou, quando lhe falte competência, não levar o fato ao conhecimento da autoridade competente.

Prevaricação imprópria

Art. 319-A. *Deixar o Diretor de Penitenciária e/ou agente público de cumprir seu dever de vedar ao preso o acesso a aparelho telefônico, de rádio ou similar, que permita a comunicação com outros presos ou com o ambiente externo:*
Pena - *detenção, de 3 (três) meses a 1 (um) ano.*

Esse crime foi introduzido pela Lei nº 11.466/07 e recebe várias denominações por parte da doutrina, prevaricação imprópria, prevaricação em presídios, omissão do dever de vedar ao preso o acesso a aparelhos de comunicação. Todas essas classificações são aceitáveis, haja vista o legislador não conferir, na elaboração do tipo, o *nomem iuris* da conduta, deixando para que a doutrina o fizesse.

Classificação

É um crime doloso, não exigindo qualquer fim específico da conduta. Não é admitida a culpa.

É um crime simples, pois ofende um único bem jurídico e é um crime próprio, ou seja, podendo ser cometido somente por agente público que tenha o dever funcional de impedir a entrada de aparelhos de comunicação ou Diretor de Penitenciária.

Sujeitos do crime

Sujeito Ativo: por ser um crime próprio, pode ser cometido por agente público que deve ser interpretado de forma restrita, pois o agente deve ser incumbido de evitar a conduta descrita no tipo, para exemplificar podemos citar os agentes penitenciários, carcereiros e até mesmo pelos policiais responsáveis pela escolta.

O preso que for encontrado na posse de aparelho de comunicação não comete este crime, contudo incide em falta grave. Já o particular que fornece o aparelho para o preso comete o crime do art. 349-A do CP.

Consumação e tentativa

Por ser um crime formal, dá-se a consumação no momento em que o agente público ou Diretor de Penitenciária não faz nada para impedir a entrada de aparelho de comunicação ao preso, contudo devendo saber que tal situação é ilícita. É dispensável o efetivo acesso do preso ao aparelho de comunicação.

Não é possível a tentativa, haja vista ser este um crime omissivo próprio.

Descrição do crime

A finalidade deste crime é impedir que o preso tenha acesso a qualquer tipo de aparelho de comunicação que possa se comunicar com qualquer pessoa (familiares, advogados, outros presos).

Os aparelhos eletrônicos podem ser, telefones (fixos ou móveis) *walkie-talkies* ou até mesmo uma *webcam*.

O fato é atípico quando o aparelho não tem nenhuma capacidade de comunicação ou, de qualquer forma, impossibilitado de funcionar. O mesmo acontece para cópias falsas de aparelhos.

Telefones celulares sem crédito tipificam a conduta, pois se verifica a possibilidade da obtenção de créditos de formas ilícitas, por exemplo, extorsões baseadas em falsos sequestros. Caracteriza-se a conduta, até mesmo quando o aparelho não tiver bateria, visto que existem meios alternativos para a sua ativação.

Condescendência criminosa

Art. 320. *Deixar o funcionário, por indulgência, de responsabilizar subordinado que cometeu infração no exercício do cargo ou, quando lhe falte competência, não levar o fato ao conhecimento da autoridade competente:*
Pena - *detenção, de quinze dias a um mês, ou multa.*

DOS CRIMES CONTRA ADMINISTRAÇÃO PÚBLICA

Esse tipo penal tem por objetivo punir o superior hierárquico que por indulgência (clemência) deixa de punir seu subordinado, bem como aquele que, sem competência para responsabilização, tendo conhecimento de alguma infração, não leva a informação aquém de competência para punir o agente público.

Tem como base o poder disciplinar da Administração Pública.

Classificação

É considerado um crime próprio: omissivo próprio: sendo que ato está na inação (deixar de agir).

O dolo está na conduta de se OMITIR, sendo assim, não admite a forma culposa.

Sujeitos do crime

Sujeito Ativo: somente funcionário público hierarquicamente superior ao servidor infrator.

Sujeito Passivo: o Estado e, por conseguinte, o particular, pessoa física ou jurídica prejudicada.

Consumação e tentativa

Não admite tentativa

É um crime formal e omissivo próprio ou PURO. Consuma-se no momento em que o funcionário superior, depois de tomar conhecimento da infração, suplanta prazo legalmente previsto para a tomada de providências contra o subordinado infrator.

Descrição do crime

O **crime** ocorre com a mera omissão do funcionário público que, ao tomar conhecimento da infração (administrativa ou penal) cometida pelo subordinado no exercício do cargo, deixa de tomar qualquer providência para responsabilizá-lo, ou, quando lhe faltar competência para tanto, não levar o fato ao conhecimento da autoridade competente. Não necessita da efetiva impunidade do infrator.

O fato será atípico quando o superior hierárquico, por negligência, não tomar conhecimento da infração cometida pelo funcionário público subalterno no exercício do cargo.

> Se o funcionário público superior hierárquico se omite para atender sentimento ou interesse pessoal, responderá pelo crime de prevaricação.
>
> Se o superior hierárquico se omite com o objetivo de receber alguma vantagem indevida do funcionário público infrator, responderá pelo crime de corrupção passiva (Art. 317 do CP). Não configura o crime em tela, eventuais irregularidades praticadas pelo subordinado "extra officio" (fora do cargo) e toleradas pelo superior hierárquico.

Nexo funcional

Deve haver o nexo funcional, ou seja, a infração deve ter sido praticada no exercício do cargo público ocupado pelo funcionário público.

Ex.: Policial civil pratica peculato e o Delegado, após tomar conhecimento do caso, por indulgência (tolerância) nada faz.

Indulgência: é sinônimo de tolerância, perdão, clemência.

Advocacia administrativa

Art. 321. Patrocinar, direta ou indiretamente, interesse privado perante a administração pública, valendo-se da qualidade de funcionário:
Pena - detenção, de um a três meses, ou multa.
Parágrafo único. Se o interesse é ilegítimo:
Pena - detenção, de três meses a um ano, além da multa.

Esse delito visa tipificar a conduta do agente que tem por objetivo defender, apadrinhar, advogar, interesse alheio perante a Administração Pública.

Classificação

É considerado crime próprio, pois exige uma qualidade específica, ser funcionário público.

A conduta é sempre dolosa, que pode ser praticada pela ação ou omissão. Não existe possibilidade para modalidade culposa.

É um crime comissivo, por conseguinte pode incorrer em omissão imprópria, quando o agente, como garantidor, podendo evitar, nada faz para que o crime não seja consumado (art. 13, §2º, CP).

Sujeitos do crime

Sujeito Ativo: somente funcionário público (crime próprio). Não necessariamente advogado, como diversas questões afirmam.

Admite-se o concurso de terceiro não qualificado, na modalidade de coautoria ou participação, desde que conhecedor da condição funcional do agente público.

Sujeito Passivo: o Estado e, por conseguinte, o particular, pessoa física ou jurídica prejudicada.

Consumação e tentativa

ADMITE Tentativa

Consuma-se com a prática de ato revelador do patrocínio, que ofenda a moralidade administrativa, independente de obtenção de vantagem.

Descrição do crime

Utilizando da qualidade de funcionário, o agente público defende interesse alheio de forma direta: pelo próprio funcionário, ou então, de forma indireta: participação de uma terceira pessoa.

Necessidade de patrocínio

A advocacia administrativa exige mais do que um mero ato de encaminhamento ou protocolado de papéis. É necessário que se verifique o efetivo patrocínio de uma causa, complexa ou não, perante a administração.

Figura qualificadora

Parágrafo único. Se o interesse é ilegítimo:

Para ensejar na qualificadora, o agente que pratica o ato de patrocínio deve ter conhecimento de que o pleito é ilegítimo.

Responsabilidade

Caso o patrocínio seja referente à instauração de processo licitatório ou a celebração de contrato junto à Administração Pública, cuja invalidação seja decretada pelo Judiciário, o agente responderá pelo delito do art. 337-G do CP.

Violência arbitrária

Art. 322. *Praticar violência, no exercício de função ou a pretexto de exercê-la:*
Pena - *detenção, de seis meses a três anos, além da pena correspondente à violência.*

Esse delito tem por objetivo tipificar a conduta do agente público que atua com violência no exercício da sua função ou a pretexto dela.

A Lei nº 13.869/2019 (abuso de autoridade) deve revitalizar a aplicação, ainda que subsidiária, do delito de violência arbitrária, visto que parcela doutrina entendia que ter ocorrido a sua revogação tácita pela revogada Lei 4.898/65.

Classificação

A conduta é sempre dolosa: que pode ser praticada pela ação ou omissão. Não existe possibilidade para modalidade culposa.

É um crime comissivo, por conseguinte, pode incorrer em omissão imprópria, quando o agente, como garantidor, podendo evitar, nada faz para que o crime não seja consumado (Art. 13, §2º, CP).

Sujeitos do crime

Sujeito Ativo: somente funcionário público (crime próprio), não exige a qualidade específica de ser um policial, ademais, é possível a coautoria e participação do particular que tenha consciência da função pública do agente.

Sujeito Passivo: o Estado e, por conseguinte, o particular, pessoa física ou jurídica prejudicada.

Consumação e tentativa

ADMITE Tentativa

Consuma-se no momento da prática do ato de violência (ação), com a lesão provocada.

Descrição do crime

Conforme já mencionado, não é condição necessária que para incidir em violência arbitrária ou abuso de autoridade a condição específica de policial.

Ex.: Um fiscal sanitário que, no gozo de suas atribuições, ao encontrar uma bandeja de iogurte vencida, decide por lacrar o estabelecimento pelo prazo de noventa dias, além da aplicação da multa de R$ 100.000,00. Nessa hipótese, é claro observar que o agente abusou da atribuição do seu cargo prejudicando um particular. Pois, sua decisão, não foi proporcional ao agravo.

Figura qualificadora especial

Caso o agente seja ocupante de cargo em comissão, função de direção ou assessoramento, Art. 327,§2º, CP.

O simples emprego de intimidação moral, formada por ameaças, não é suficiente para caracterizar o crime desse artigo.

A pena do crime de violência arbitrária será somada à pena correspondente à violência.

Abandono de função

Art. 323. *Abandonar cargo público, fora dos casos permitidos em lei:*
Pena - *detenção, de quinze dias a um mês, ou multa.*
§ 1º. *Se do fato resulta prejuízo público:*
Pena - *detenção, de três meses a um ano, e multa.*
§ 2º. *Se o fato ocorre em lugar compreendido na faixa de fronteira:*
Pena - *detenção, de um a três anos, e multa.*

Tutela-se o regular desenvolvimento das atividades administrativas, punindo-se a interrupção do trabalho do servidor público que abandona suas atividades, fora dos casos permitidos em lei.

Classificação

Trata-se de um crime de mão própria, ou seja, que só pode ser cometido pelo próprio agente.

É um crime omissivo próprio, cometido por um funcionário específico, no momento em que não cumpre com suas funções.

Pune-se somente na modalidade dolosa.

Sujeitos do crime

Sujeito Ativo: embora o dispositivo diga abandono de função, entende a doutrina que somente o funcionário ocupante de cargo público pode cometer o crime, logo não prevalece a regra do Art. 327, CP.

Sujeito Passivo: A Administração Pública.

Consumação e tentativa

NÃO Admite Tentativa

É consumado após um tempo relevante, sendo previsto uma probabilidade de dano à Administração, porém sem necessidade que esse realmente ocorra para a efetiva consumação do crime.

Há doutrinadores que dizem que só haverá o crime de abandono após 31 dias ou mais de ausência injustificada no trabalho.

Descrição do crime

Forma qualificada pelo prejuízo

§ 1º. *Se do fato resulta prejuízo público:*
Pena - *detenção, de três meses a um ano, e multa.*

Nessa hipótese, compreende duas espécies de prejuízo, sendo o prejuízo social ou coleto, bem como aquele que afeta os serviços públicos e o interesse da coletividade.

Forma qualificada pelo lugar de fronteira

§ 2º. *Se o fato ocorre em lugar compreendido na faixa de fronteira:*
Pena - *detenção, de um a três anos, e multa.*

Considera-se fronteira a faixa situada até 150 Km de largura, ao longo das fronteiras terrestres.

DOS CRIMES CONTRA ADMINISTRAÇÃO PÚBLICA

Exercício funcional ilegalmente antecipado ou prolongado

Art. 324. Entrar, no exercício de função pública antes de satisfeitas as exigências legais, ou continuar a exercê-la, sem autorização, depois de saber oficialmente que foi exonerado, removido, substituído ou suspenso:

Pena - detenção, de quinze dias a um mês, ou multa.

O exercício ilegal de função pública afeta toda uma estrutura organizacional da Administração Pública, influindo diretamente na prestação de serviço público e no seu normal funcionamento. O referido crime tem por finalidade punir quem entra, exerce ou continua no serviço público de forma ilegal. É um crime de ação penal pública incondicionada.

Classificação

É um crime simples, de mão própria e formal.

É um crime doloso, não existindo a modalidade culposa.

Sujeitos do crime

Sujeito Ativo: é o funcionário público já nomeado que ainda não cumpriu todas as exigências para entrar no cargo ou que deixou de ser funcionário por ter sido exonerado, suspenso, removido etc.

Se for pessoa inteiramente alheia à função pública, o crime é o previsto no Art. 328 do CP.

Sujeito Passivo: é o Estado.

Consumação e tentativa

Por ser um crime formal, o delito se consuma com o primeiro ato realizado pelo funcionário público em alguma das condições do tipo penal, não necessitando que a Administração Pública sofra um efetivo dano ou prejuízo. A tentativa é possível, haja vista o caráter plurissubsistente do crime.

Descrição do crime

A primeira parte do *caput* versa uma norma penal em branco homogênea, pois necessita de complementação por legislação específica para saber quais são as exigências legais.

A segunda parte do *caput* descreve um elemento normativo específico, sendo necessário que o agente tenha o efetivo conhecimento de sua situação perante a Administração Pública.

Aquele que ingressa no exercício da função pública, antes de apresentar sua declaração de bens, incide no crime em tela se praticar algum ato inerente ao cargo.

Violação de sigilo funcional

Art. 325. Revelar fato de que tem ciência em razão do cargo e que deva permanecer em segredo, ou facilitar-lhe a revelação:

Pena - detenção de seis meses a dois anos, ou multa, se o fato não constitui crime mais grave.

§1º. Nas mesmas penas deste artigo incorre quem:

I. Permite ou facilita, mediante atribuição, fornecimento e empréstimo de senha ou qualquer outra forma, o acesso de pessoas não autorizadas a sistemas de informações ou banco de dados da Administração Pública;

II. Se utiliza, indevidamente, do acesso restrito.

§2º. Se da ação ou omissão resulta dano á Administração Pública ou a outrem:

Pena - reclusão, de dois a seis anos, e multa.

Certos assuntos da Administração Pública possuem caráter sigiloso e são imprescindíveis à segurança da sociedade e do Estado. Esse artigo tem por finalidade preservar os interesses públicos, privados e coletivos do sigilo das informações necessárias ao normal funcionamento da máquina pública. É um crime de ação penal pública incondicionada.

Classificação

É um crime simples, de mão própria (somente pode ser cometido por funcionário público que tenha o dever de assegurar o sigilo) e formal.

É considerado um crime doloso não tendo especificado em seu tipo penal um especial fim de agir. Não admite a modalidade culposa.

Sujeitos do crime

Sujeito Ativo: por ser um crime de mão própria, exige-se uma qualidade especial do sujeito ativo do crime, podendo ser tanto o funcionário público em efetivo exercício, quanto o aposentado, afastado ou em disponibilidade, podendo o particular ser partícipe do crime (Art. 325 do CP) se concorreu de qualquer modo com a revelação da informação.

Sujeito Passivo: é o ente público que teve o seu segredo revelado e, eventualmente, o particular lesado pela revelação do segredo.

Consumação e tentativa

O delito passa a ser consumado no momento em que a informação sigilosa é revelada a terceira pessoa, não exigindo que tal informação seja de conhecimento geral do público.

A tentativa somente é aceita se for uma conduta por escrito e, por circunstâncias alheias à vontade do agente, a carta não chega ao destino.

Descrição do crime

Figuras Equiparadas do §1º

Inciso I, exemplo: "A", um analista da Receita Federal, revela a senha do banco de dados do cadastro dos contribuintes, para que sua amiga encontre o endereço de seu ex-namorado.

Inciso II, exemplo: "A", analista da Receita Federal, utiliza a senha restrita do banco de dados dos servidores para descobrir informações fiscais de seus colegas de repartição.

Qualificadora §2º

Nessa figura, existe a lesão à Administração Pública ou a algum particular, ou seja, é considerado um crime de dano.

Aplicando-se o princípio da especialidade, a violação de sigilo funcional envolvendo certames de interesse público não caracteriza o crime do Art. 325, mas sim o do Art. 311-A do CP.

Violação de sigilo de proposta de concorrência

Art. 326. Devassar o sigilo de proposta de concorrência pública, ou proporcionar a terceiro o ensejo de devassá-lo:

Pena - detenção, de três meses a um ano, e multa.

> Revogado tacitamente pelo novo artigo 337-J do Código Penal, pois trata-se de norma contemporânea, que incrimina a prática do delito não só em concorrência, mas em qualquer modalidade de licitação.

Funcionário público

Art. 327. *Considera-se funcionário público, para os efeitos penais, quem, embora transitoriamente ou sem remuneração, exerce cargo, emprego ou função pública.*

§ 1º. *Equipara-se a funcionário público: quem exerce cargo, emprego ou função em entidade paraestatal, e quem trabalha para empresa prestadora de serviço contratada ou conveniada para a execução de atividade típica da Administração Pública.*

§ 2º. *A pena será aumentada da terça parte quando os autores dos crimes previstos neste Capítulo forem ocupantes de cargos em comissão ou de função de direção ou assessoramento de órgão da administração direta, sociedade de economia mista, empresa pública ou fundação instituída pelo poder público.*

São funcionários públicos não só aqueles que desempenham cargos criados por lei, regularmente investidos e nomeados, remunerados pelo cofres públicos, como também os que exercem emprego público (contratados, mensalistas, diaristas, tarefeiros, nomeados a título precário) e, ainda, todos que, de qualquer forma, exercem função pública.

> Para fins penais, considera-se funcionário público aquele que trabalha para uma empresa particular que mantém convênio com o Poder Público, e para este presta serviço.

8.2 Dos Crimes Praticados por Particular contra a Administração em Geral

Usurpação de função pública

Art. 328. *Usurpar o exercício de função pública:*
Pena - *detenção, de três meses a dois anos, e multa.*
Parágrafo único. *se do fato o agente aufere vantagem:*
Pena - *reclusão, de dois a cinco anos, e multa.*

Introdução

Esse crime foi criado com o intuito de punir aquele que exerce função pública sem possuir legitimidade para tanto, pois o Estado tem interesse em preservação da função das pessoas realmente investidas ao exercício das funções públicas. É um crime de ação penal pública incondicionada.

Classificação

É um crime simples, comum e formal.

É considerado um crime doloso, não dependendo de nenhuma finalidade. Não é admitida a culpa.

Sujeitos do crime

Sujeito Ativo: Por ser um crime comum, pode ser praticado por qualquer pessoa, inclusive por funcionário público. **Ex.:** um escrivão que atue exercendo tarefas exclusivas de um Delegado de Polícia.

Sujeito Passivo: Imediatamente é a Administração Pública e secundariamente a pessoa física ou jurídica à qual recaiu a conduta criminosa.

Consumação e tentativa

Trata-se de crime formal. Consuma-se o delito com a prática de ato exclusivo, que só pode ser praticado por pessoa legalmente investida no ofício usurpado.

A tentativa é plenamente possível. No caso do agente ser impedido de executar ato de ofício por circunstâncias alheias a sua vontade.

Descrição do crime

A figura qualificada (Art. 328, parágrafo único) se refere a um crime material, visto que o agente aufere vantagem do delito, sendo a vantagem de qualquer natureza.

Resistência

Art. 329. *Opor-se à execução de ato legal, mediante violência ou ameaça a funcionário competente para executá-lo ou a quem lhe esteja prestando auxílio:*
Pena - *detenção, de dois meses a dois anos.*
§ 1º. *Se o ato, em razão da resistência, não se executa:*
Pena - *reclusão, de um a três anos.*
§ 2º. *As penas deste artigo são aplicáveis sem prejuízo das correspondentes à violência.*

Introdução

Esse crime visa proteger a Administração Pública e, também, a atuação do funcionário público na realização de atos legais e a integridade física e moral do particular que lhe presta auxílio. É um crime de ação penal pública incondicionada.

Classificação

É um crime **pluriofensivo** (atinge mais de um bem jurídico), comum e formal.

É um crime doloso e mais a intenção de impedir a execução de ato legal (especial fim de agir). Não se admite a modalidade culposa.

Sujeitos do crime

Sujeito Ativo: pode ser praticado por qualquer pessoa (crime comum).

O funcionário público pode ser sujeito ativo deste crime nas situações em que age como particular.

O sujeito ativo (autor) pode ser pessoa alheia à execução do ato legal. Ex.: Filho que procura resistir à prisão legítima do pai mediante violência ou grave ameaça.

Sujeito Passivo: primariamente o Estado e, secundariamente, o funcionário público agredido ou ameaçado pela resistência.

Consumação e tentativa

É crime formal. Não importa se o agente consegue ou não impedir a execução do ato legal, o crime estará consumado.

Em regra admite tentativa, com exceção de ameaça verbal.

> É indispensável que o particular esteja efetivamente acompanhado do funcionário público competente para a execução do ato para que se caracterize o crime de resistência, pois caso o particular esteja sozinho o agente responderá por outro crime (lesão corporal, ameaça, tentativa de homicídio etc.).

Descrição do crime

Opor-se: impedir a execução do ato legal. O ato legal deve ser específico e concreto, isto é, apto a gerar efeitos imediatos e dirigido a pessoa(s) determinada(s).

Espécies de resistência

Resistência ATIVA: é o crime de resistência do Art. 329, *caput*, do Código Penal.

Resistência PASSIVA: o agente, sem o emprego de violência ou ameaça a funcionário público competente ou a quem lhe presta auxílio, se opõe à execução de ato legal.

Ex.: "A", policial civil, vai cumprir um mandado de prisão preventiva expedido em face de "B", este se agarra a um poste para não ser preso.

Nesta hipótese, (Resistência Passiva) não se configura o crime de Resistência. Todavia, o agente responderá pelo crime de Desobediência (Art. 330, CP).

Violência:

A violência deve ser dirigida contra pessoa, pois se for dirigida contra coisa o agente responderá pelo crime de dano qualificado (Art. 163, parágrafo único, III, CP).

A violência deve ser empregada durante a execução do ato legal, pois se for empregada antes ou depois o agente responderá pelo crime de ameaça (Art. 147, CP) ou lesão corporal (Art. 129, CP).

A violência deve ser empregada para impedir o cumprimento da ordem, se for outra a causa, o crime será outro.

Figura qualificada (Art. 329, §1º, CP): O que seria o exaurimento do crime funciona como uma qualificadora. Nesta hipótese o crime é material.

Legalidade do ato

Legalidade do Ato: o ato deve ser legal, mesmo que injusto.

Ex.: O juiz decretou a prisão preventiva de "A" pois ele é o principal suspeito de ter estuprado oito mulheres numa pequena cidade do interior. No momento da realização da prisão, "A" agrediu os policiais militares, pois jurava que era inocente. Uma semana após a prisão, "B" o verdadeiro estuprador fez duas novas vítimas e foi preso em flagrante. O juiz mandou soltar "A", mas este responderá pelo crime de resistência, pois o ato, apesar de injusto, era legal.

Desobediência

Art. 330. *Desobedecer a ordem legal de funcionário público:*
Pena - *detenção, de quinze dias a seis meses, e multa.*

O crime de desobediência, também conhecido como "resistência passiva", apresenta pontos em comum com o crime de resistência (Art. 329 do CP), porém se diferencia pela ausência de violência ou grave ameaça ao funcionário público ou a pessoa que está auxiliando o funcionário. É um crime de ação penal pública incondicionada.

Classificação

É um crime simples, comum e formal.

Dolo. O agente deve ter consciência da legalidade da ordem e da competência do funcionário público, sob pena de atipicidade do fato (o fato não será crime). Não se admite a modalidade culposa.

Pode ser praticado por ação ou por omissão.

Sujeitos do crime

Sujeito Ativo: qualquer pessoa, desde que vinculada ao cumprimento da ordem legal imposta pela autoridade pública.

Se o agente devia cumprir a ordem, por dever de ofício, tipifica-se, em tese, o delito de prevaricação.

Sujeito Passivo: é o Estado de forma imediata e mediatamente é o funcionário público o qual teve a ordem descumprida injustificadamente.

Consumação e tentativa

→ **A consumação depende do tipo de ordem:**

Se for uma **omissão** do agente: no momento em que o agente atuar, violando, assim, a ordem de abster-se;

Se for uma **ação** do agente: no momento em que transcorrer o prazo para que o agente realize determinado ato e este não cumpra a ordem dada.

Admite-se a tentativa na modalidade comissiva (ação). Não é cabível na modalidade omissiva.

Conduta

Desobedecer (Recusar cumprimento / Desatender / Descumprir) ordem legal de funcionário público competente para emiti-la. Necessita da presença de dois requisitos:

Existência de uma ordem legal: não se trata de uma mera solicitação ou pedido.

Ordem emanada de funcionário público competente: o funcionário deve possuir competência funcional para emitir a ordem.

Legalidade

Segundo a Jurisprudência, pratica o crime de desobediência o indivíduo que se recusa a identificar-se criminalmente nos casos previstos em lei. Assim, como o indiciado que se recusa a identificar-se civilmente.

Pratica o crime previsto no Art. 307 da Lei nº 9.503/97 (Código de Trânsito Brasileiro), o indivíduo que viola a suspensão ou proibição de se obter a permissão ou a habilitação para dirigir veículo automotor.

Desobediência X Resistência

Desobediência (Art. 330, CP)	Resistência (Art. 329, CP)
Não há emprego de violência ou ameaça.	Há emprego de violência ou ameaça.

Apontamentos

→ Não é crime de desobediência a conduta do agente que se recusa a realizar:
  > Teste de bafômetro;
  > Exame de sangue (hematológico);
  > Exame de DNA;
  > Dosagem alcoólica;
  > Exame grafotécnico.

Lembre-se de que ninguém é obrigado a produzir prova contra si mesmo, pois trata-se de desdobramento lógico da garantia constitucional ao silêncio.

Desacato

Art. 331. *Desacatar funcionário público no exercício da função ou em razão dela:*
Pena - detenção, de seis meses a dois anos, ou multa.

Todo funcionário público representa o Estado e age em seu nome a todo o momento em que exerce sua função. O crime de desacato (Art. 332 do CP) foi criado com o intuito de proteger o agente público e o prestígio da função exercida pelo funcionário público. É um crime de ação penal pública incondicionada.

Classificação

Crime de forma livre, admitindo qualquer meio de execução.

Dolo. Vontade livre e consciente de agir com a finalidade de desprestigiar a função pública do ofendido. Não se admite a modalidade culposa.

É um crime formal. Independe, para sua consumação, de um resultado naturalístico.

Sujeitos do crime

Sujeito Ativo: crime comum (pode ser praticado por qualquer pessoa).

É possível que o funcionário público seja autor do crime de desacato, pois, ao cometer este delito, ele se despe de sua qualidade de funcionário público e passa a atuar como um particular. Nesta situação não importa se o agente é ou não superior hierárquico do funcionário público ofendido.

O advogado pode praticar (ser sujeito ativo) o crime de desacato caso ofenda funcionário público no exercício da função ou em razão dela.

Sujeito Passivo: o Estado, primariamente, e o funcionário público ofendido, secundariamente.

Será vítima somente o funcionário público assim definido no *caput* do Art. 327 do CP, não abrangendo o equiparado.

Não há crime de desacato na hipótese em que o ofendido, no momento da conduta, não possui mais a condição de funcionário público (Ex.: aposentado, demitido etc). Todavia, poderá haver crime contra a honra (calúnia/difamação/injúria), pois neste caso há lesão contra um particular e não contra a Administração Pública.

Consumação e tentativa

É crime Formal. Ocorre no momento em que o funcionário público é ofendido. Não importa se sente ou não ofendido com os atos praticados. Não é necessário que outras pessoas presenciem a ofensa proferida.

Admite-se a tentativa, salvo quando a ofensa é praticada verbalmente.

Descrição do crime

O autor deste crime deve ter ciência de que o ofendido é funcionário público e se encontra no exercício da função pública ou que a ofensa é proferida em razão dela. Deve ter ainda o propósito de desprestigiar a função pública do funcionário público (especial fim de agir).

Não é necessário que o funcionário público se encontre no interior da repartição pública. Basta que esteja no exercício da função pública.

Ex.: Pedro encontra o Juiz de Direito no supermercado e o chama de corrupto.

Haverá crime único de desacato caso o agente ofenda vários funcionários públicos no mesmo contexto fático, pois o sujeito passivo é a Administração Pública.

Considerações

Não haverá o crime de desacato caso a ofensa diga respeito à vida particular do funcionário público. Todavia, poderá caracterizar crime contra a honra.

Ex.: Afirmar que o Promotor de Justiça foi visto saindo de um prostíbulo.

DOS CRIMES CONTRA ADMINISTRAÇÃO PÚBLICA

Vejamos as diferenças entre os crimes de injúria (Art. 140 do CP) e desacato (Art. 331 do CP).

Desacato (Art. 331, CP)	Injúria (Art. 140, CP)
A ofensa é proferida na PRESENÇA do funcionário público.	A ofensa é proferida na AUSÊNCIA do funcionário público.
Crime contra a Administração Pública.	Crime contra a honra.
Ação Penal Pública Incondicionada.	Regra: Ação Penal iniciativa privada.

Tráfico de influência

Art. 332. Solicitar, exigir, cobrar ou obter, para si ou para outrem, vantagem ou promessa de vantagem, a pretexto de influir em ato praticado por funcionário público no exercício da função:
Pena - reclusão, de 2 (dois) a 5 (cinco) anos, e multa
Parágrafo único. a pena é aumentada da metade, se o agente alega ou insinua que a vantagem é também destinada ao funcionário.

O crime de tráfico de influência foi criado pela Lei nº 9.127/95, porém antes de sua criação, o delito era chamado de exploração de prestígio (Art. 357 do CP), sendo esse um crime contra a Administração da justiça e o tráfico de influência (Art. 332 do CP) contra a Administração Pública. O crime em apreço é de ação penal pública incondicionada.

Classificação

É classificado como crime simples, comum e FORMAL.

É um crime doloso e com um especial fim de agir (vantagem para si ou para outrem). Não é admitida a modalidade culposa.

Sujeitos do crime

Sujeito Ativo: por ser um crime comum, pode ser praticado por qualquer pessoa.

Sujeito Passivo: de maneira imediata é o Estado e mediatamente, o comprador da influência (pessoa que paga ou promete vantagem), com o fim de obter benefício do funcionário público.

Consumação e tentativa

É um crime de consumação antecipada ou formal, caracterizando-se pela realização da conduta descrita no tipo penal, independentemente da obtenção da vantagem. Observação: com o núcleo do tipo "obter", o crime é material, consumando o delito no momento da obtenção da vantagem.

Tentativa é possível em determinados casos, do contrário não será admitida, pois se a conduta for realizada verbalmente não há que se falar em tentativa.

Descrição do crime

Por haver vários núcleos do tipo (exigir, solicitar, obter, cobrar), o crime de tráfico de influência é classificado como crime de ação múltipla ou de conteúdo variado, respondendo o agente se praticado no mesmo contexto fático, por crime único, mesmo se realizar mais de um núcleo do tipo.

Segundo STJ é dispensável para a caracterização do delito que o agente efetivamente influa em ato praticado por funcionário público, basta que o mesmo alegue ter condições para tanto.

Ex.: "A", dizendo ser amigo de um Delegado de Polícia, sem realmente sê-lo, solicita a "B" que entregue certo valor a pretexto de convencer (influir) o Delegado a não instaurar uma investigação contra o filho de "A".

Influência

Caso a aludida influência seja real, poderá haver outro crime (corrupção).

Causa de aumento de pena, parágrafo único

Caso o agente, além de toda a fraude empregada, alega que a vantagem também se destina ao funcionário público, será aquele merecedor de pena majorada, visto que o bem jurídico tutelado no tipo é mais gravemente afetado, qual seja, o prestígio da Administração Pública.

Corrupção ativa

Art. 333. Oferecer ou prometer vantagem indevida a funcionário público, para determiná-lo a praticar, omitir ou retardar ato de ofício:
Pena - reclusão, de 2 (dois) a 12 (doze) anos, e multa.
Parágrafo único. A pena é aumentada de um terço, se, em razão da vantagem ou promessa, o funcionário retarda ou omite ato de ofício, ou o pratica infringindo dever funcional.

O crime de corrupção ativa está tipificado no Art. 333 do Código Penal e faz parte dos crimes cometidos por particular contra a Administração Pública. Isso não quer dizer que não possa ser cometido por funcionário público que, se praticá-lo, estará se despindo de sua função pública e agindo como um particular.

É um crime de ação penal pública incondicionada.

Classificação

É considerado um crime formal, que para sua consumação não se exige um resultado.

Classificado como plurissubsistente, podendo sua conduta ser fracionada em diversos atos.

É um crime doloso, acrescido de um especial fim de agir (determinar o funcionário público a praticar, omitir ou retardar ato de ofício).

Sujeitos do crime

Sujeito Ativo: crime comum (qualquer pessoa).

Funcionário público também pode ser sujeito ativo deste crime, desde que realize a conduta sem aproveitar-se das facilidades inerentes à sua condição funcional.

Ex.: Pedro, analista judiciário do TRF, oferece dinheiro a um Delegado de Polícia para que este não o prenda em flagrante pela prática do crime de porte ilegal de arma de fogo.

O particular só responderá por corrupção ativa se este oferecer ou prometer vantagem indevida. A simples entrega de vantagem ilícita solicitada por funcionário público não configura crime nestes casos, o particular será vítima secundária de corrupção passiva (Art. 317 do CP).

Sujeito Passivo: o Estado e, secundariamente, a pessoa física ou jurídica prejudicada pela conduta criminosa.

Consumação e tentativa

É crime formal. Ocorre a consumação com a oferta ou promessa de vantagem indevida ao funcionário público, independentemente da sua aceitação. Ofereceu ou prometeu, o crime já está consumado.

Também não é necessária a prática, omissão ou retardamento do ato de ofício. Desse modo, se o agente oferece ou promete a vantagem indevida ao funcionário público, o crime estará consumado.

A tentativa é possível, salvo quando o crime é praticado verbalmente.

Descrição do crime

Vantagem Indevida: não precisa ser necessariamente patrimonial/econômica. Pode ter qualquer natureza: patrimonial, sexual, moral etc.

Meios de Execução: o delito de corrupção ativa pode ser praticado de duas formas:

Oferecer vantagem indevida: nesta hipótese, a conduta parte do particular que põe à disposição a vantagem indevida ao funcionário público e este a recebe. Desse modo, o particular praticou o crime de corrupção ativa (Art. 333 do CP) e o funcionário público o crime de corrupção passiva (Art. 317 do CP).

PROMETE vantagem indevida: nesta hipótese, a conduta parte do particular que promete a vantagem indevida ao funcionário público e este a aceita. Desse modo, o particular praticou o crime de corrupção ativa (Art. 333 do CP) e o funcionário público o crime de corrupção passiva (Art. 317 do CP). Não é necessário que o particular efetivamente cumpra sua promessa para que ocorra a consumação do delito, basta a simples promessa.

Não se configura a infração penal quando a oferta ou promessa tem o fim de impedir ou retardar ato ilegal.

Causa de aumento de pena

Parágrafo único. A pena é aumentada de um terço, se, em razão da vantagem ou promessa, o funcionário retarda ou omite ato de ofício, ou o pratica infringindo dever funcional.

A corrupção ativa é um crime formal. Desse modo, o que seria o exaurimento do crime (retardar ou omitir ato de ofício, ou o praticar infringindo dever funcional) funciona como uma causa de aumento de pena.

Considerações

O crime de corrupção ativa é uma exceção à Teoria Unitária ou Monista do concurso de pessoas (Art. 29 do CP), pois o particular que oferece ou promete vantagem indevida responde pelo crime de corrupção ativa (Art. 333 do CP), já o funcionário público que recebe ou aceita promessa de vantagem indevida responde pelo crime de corrupção passiva (Art. 317 do CP).

Corrupção Ativa (Art. 333, CP)	Corrupção Passiva (Art. 317, CP)
Sujeito Ativo: Particular	Sujeito Ativo: Funcionário Público
Fato Atípico ←	Solicitar
Oferecer →	Receber
Prometer →	Aceitar Promessa

É possível que ocorra o crime de corrupção ativa sem que ocorra corrupção passiva.

Ex.: Pedro oferece ou promete dinheiro, vantagem indevida, para que João (Delegado de Polícia) não o prenda em flagrante, mas João não recebe ou aceita a promessa.

Também é possível que ocorra o crime de corrupção passiva sem que ocorra corrupção ativa.

Ex.: Ronaldo (auditor fiscal) solicita vantagem indevida a André (empresário) para não aplicar uma multa milionária na empresa deste último.

Duas situações podem ocorrer: André realiza a entrega da vantagem indevida, ou não. Nas duas hipóteses, apenas Ronaldo praticou crime, pois a conduta de André é atípica.

Apontamentos

Na hipótese em que o particular pede para o funcionário público dar um jeitinho não responderá pelo crime de corrupção ativa, pois o agente não ofereceu nem prometeu vantagem indevida. Nessa hipótese, duas situações podem ocorrer:

> O funcionário público Dá o jeitinho. Responderá por corrupção passiva privilegiada (Art. 317, §2º, CP) e o particular será partícipe deste crime;

> O funcionário público Não dá o jeitinho. O fato é atípico para ambos.

Contrabando e descaminho

Descaminho - art. 334

Antes da publicação da Lei nº 13.008/14, o Art. 334 do Código Penal tipificava a prática dos crimes de contrabando e descaminho como crime único, atribuindo pena de reclusão de um a quatro anos. Com a nova redação ocorre a separação dos crimes de contrabando e descaminho, tornando-os crimes autônomos.

Art. 334. Iludir, no todo ou em parte, o pagamento de direito ou imposto devido pela entrada, pela saída ou pelo consumo de mercadoria

Pena - reclusão, de 1 (um) a 4 (quatro) anos.

§ 1º. Incorre na mesma pena quem:

I. pratica navegação de cabotagem, fora dos casos permitidos em lei;

II. pratica fato assimilado, em lei especial, a descaminho;

III. vende, expõe à venda, mantém em depósito ou, de qualquer forma, utiliza em proveito próprio ou alheio, no exercício de atividade comercial ou industrial, mercadoria de procedência estrangeira que introduziu clandestinamente no País ou importou fraudulentamente ou que sabe ser produto de introdução clandestina no território nacional ou de importação fraudulenta por parte de outrem;

IV. adquire, recebe ou oculta, em proveito próprio ou alheio, no exercício de atividade comercial ou industrial, mercadoria de procedência estrangeira, desacompanhada de documentação legal ou acompanhada de documentos que sabe serem falsos.

DOS CRIMES CONTRA ADMINISTRAÇÃO PÚBLICA

§ 2º. *Equipara-se às atividades comerciais, para os efeitos deste artigo, qualquer forma de comércio irregular ou clandestino de mercadorias estrangeiras, inclusive o exercido em residências.*
§ 3º. *A pena aplica-se em dobro se o crime de descaminho é praticado em transporte aéreo, marítimo ou fluvial.*

No Descaminho, as mercadorias apreendidas são legais no território brasileiro, porém não há o devido pagamento de tributos pela entrada e saída de mercadorias.

Descrição do crime

> Objeto Material: tributos não recolhidos.
> Núcleo do Tipo: iludir, ou seja, ludibriar, frustrar o pagamento do tributo.
> Sujeito Ativo: crime comum (qualquer pessoa) por ser um crime comum, pode ser praticado por qualquer pessoa, até mesmo um funcionário público, desde que o funcionário não tenha o dever funcional de impedir a prática do crime de contrabando e descaminho.
> Sujeito Passivo: o Estado

Ex.: Tício, policial civil, auxilia Caio a contrabandear caixas de cigarro para o outro lado da fronteira. Tício não tem um especial dever funcional de evitar tal conduta, portanto responderá pelo crime de descaminho ou contrabando capitulados, respectivamente, nos Art. 334 e 334-A do CP, como partícipe ou coautor, a depender do contexto fático.

> Apesar de existir divergência entre o STF e o STJ é cabível o princípio da insignificância no crime de Descaminho. Para a aplicação desse princípio o STJ estipula o valor de R$ 10.000,00, enquanto o STF entende que o valor é de R$ 20.000,00. Diante disso é de suma importância atentar-se para o comando da questão e observar qual dos posicionamentos a banca irá abordar.

Contrabando - art. 334-a

Art. 334-A. *Importar ou exportar mercadoria proibida:*
Pena - *reclusão, de 2 (dois) a 5 (cinco) anos.*
§ 1º. *Incorre na mesma pena quem:*
I. *pratica fato assimilado, em lei especial, a contrabando;*
II. *importa ou exporta clandestinamente mercadoria que dependa de registro, análise ou autorização de órgão público competente;*
III. *reinsere no território nacional mercadoria brasileira destinada à exportação;*
IV. *vende, expõe à venda, mantém em depósito ou, de qualquer forma, utiliza em proveito próprio ou alheio, no exercício de atividade comercial ou industrial, mercadoria proibida pela lei brasileira;*
V. *adquire, recebe ou oculta, em proveito próprio ou alheio, no exercício de atividade comercial ou industrial, mercadoria proibida pela lei brasileira.*
§ 2º. *Equipara-se às atividades comerciais, para os efeitos deste artigo, qualquer forma de comércio irregular ou clandestino de mercadorias estrangeiras, inclusive o exercido em residências.*
§ 3º. *A pena aplica-se em dobro se o crime de contrabando é praticado em transporte aéreo, marítimo ou fluvial.*

Diferentemente do que ocorre no Descaminho, no crime de Contrabando as mercadorias são proibidas no território brasileiro. Dessa forma, NÃO é possível a aplicação do princípio da insignificância.

Descrição do crime:

> Objeto Material: mercadoria contrabandeada.
> Núcleos do Tipo: importar, exportar mercadoria contrabandeada.
> Sujeito Ativo: crime comum (qualquer pessoa).
> Sujeito Passivo: o Estado.

Importante

A importação de bebidas é legal, porém a legislação traz uma restrição quanto à quantidade. Caso ocorra o excesso da quantidade permitida incidirá o Contrabando, Art. 334-A. Diferentemente ocorre no caso do crime de Descaminho, Art. 334, no qual ocorre a sonegação do tributo devido.

É mais uma exceção à teoria monista ou unitária no concurso de pessoas (Art. 29, *caput*, CP). Haja vista ser a conduta do funcionário público que facilita o contrabando ou descaminho (Art. 318 do CP) ser mais reprovável em razão de sua natureza funcional perante a administração pública, as condutas foram separadas e com penas distintas, porém, ambos os crimes tipificam o mesmo resultado, qual seja, o descaminho ou o contrabando.

> A redação anterior do Código Penal considerava que a pena seria aplicada em dobro mediante transporte aéreo. De acordo com o §3º dos Arts. 334 e 334-A, a nova redação passou a considerar esta previsão também para os transportes marítimos e fluviais.

O funcionário público que:

Não possui o dever funcional de impedir o contrabando ou descaminho. Será coautor ou partícipe do crime de contrabando ou descaminho (Art. 334, CP).

Possui o dever funcional de impedir a prática do contrabando ou descaminho e concorre para a realização de qualquer destes crimes. Responderá pelo crime de facilitação de contrabando ou descaminho (Art. 318, CP).

> Trata-se de mais uma exceção à Teoria Unitária ou Monista do concurso de pessoas (Art. 29, CP).

São crimes materiais (consumam-se com a produção de um resultado)	
Contrabando	O agente importa ou exporta a mercadoria proibida pelas vias ordinárias (caminhos normais), ou seja, pela fiscalização alfandegária: o crime estará consumado no instante em que a mercadoria é liberada pela autoridade alfandegária.
	O agente se vale dos meios clandestinos para importar ou exportar a mercadoria proibida. O crime estará consumado no momento da entrada ou saída da mercadoria do território nacional.
Descaminho	Se consuma com a liberação da mercadoria (permitida) sem o pagamento de tributo devido pela sua entrada ou saída do Brasil.

No crime de contrabando a mercadoria não precisa ser necessariamente estrangeira (produzida no exterior). Desse modo é possível a fabricação da mercadoria em território nacional desde que seja destinada exclusivamente à exportação.

Ex.: Empresa fabrica explosivos no Brasil e os exporta para a Coreia do Norte. Posteriormente, um norte coreano ingressa com estes explosivos em território brasileiro.

Crimes específicos: por ter natureza genérica ou residual, o crime de contrabando e descaminho somente será aplicado quando a conduta de descaminho ou contrabando de mercadoria não configurar algum crime específico.

Ex.: O indivíduo que importar ou exportar drogas, sem autorização ou em desacordo com determinação legal, responderá pelo crime de tráfico internacional de drogas (Art. 33, Lei nº 11.343/06. Lei de Drogas).

O indivíduo que importar ou exportar arma de fogo, acessório ou munição, sem autorização da autoridade competente, responderá pelo crime de tráfico internacional de arma de fogo (Art. 18, Lei nº 10.826/03. Estatuto do Desarmamento).

Competência para julgamento: Justiça federal, pois ofendem interesses da União (Art. 109, IV, CF/88).

> Súm. 151, STJ: A competência para o processo e julgamento por crime de contrabando ou descaminho define-se pela prevenção do Juízo Federal do lugar da apreensão dos bens.

Impedimento, perturbação ou fraude de concorrência

Art. 335. Impedir, perturbar ou fraudar concorrência pública ou venda em hasta pública, promovida pela administração federal, estadual ou municipal, ou por entidade paraestatal; afastar ou procurar afastar concorrente ou licitante, por meio de violência, grave ameaça, fraude ou oferecimento de vantagem:
Pena - detenção, de seis meses a dois anos, ou multa, além da pena correspondente à violência.
Parágrafo único. Incorre na mesma pena quem se abstém de concorrer ou licitar, em razão da vantagem oferecida.

Revogado tacitamente pelos pelo artigo 337-I do Código Penal, visto que o novo tipo penal possui maior abrangência.

Inutilização de edital ou de sinal

Art. 336. Rasgar ou, de qualquer forma, inutilizar ou conspurcar edital afixado por ordem de funcionário público; violar ou inutilizar selo ou sinal, empregado por determinação legal ou por ordem de funcionário público, para identificar ou cerrar qualquer objeto:
Pena - detenção, de um mês a um ano, ou multa.

O que é protegido nesse crime é a Administração Pública, pois acarreta complicação ao interesse público e o normal desenvolvimento de suas atividades.

Classificação

É considerado um crime simples, pois ofende um único bem jurídico e também material, pois para sua consumação gera um resultado naturalístico.

É um crime doloso, não possuindo um especial fim de agir. Não é admitida a modalidade culposa.

Sujeitos do crime

Sujeito Ativo: por ser um crime comum, pode ser praticado por qualquer pessoa, até mesmo funcionário público.
Sujeito Passivo: o Estado.

Consumação e tentativa

É exigido para sua consumação um resultado naturalístico, não sendo suficiente para a consumação a conduta descrita no tipo.

É possível que haja o fracionamento do *iter criminis*, portanto é admitida a tentativa.

Descrição do crime

Edital: tem natureza administrativa (licitação) ou judicial (citação).
Selo ou sinal: qualquer tipo de marca feita por determinação legal (lacre de interdição da vigilância sanitária).
Núcleos do tipo: rasgar, inutilizar, conspurcar (sujar) e violar.

Não haverá o crime se os objetos materiais referidos no tipo perderam utilidade, como na hipótese do edital com prazo vencido.

Não pratica o crime aquele que reage, moderadamente, contra ato abusivo (ilegal) de funcionário público, rasgando, por exemplo, tira de papel afixada por oficial de justiça na porta de sua moradia, anunciando seu despejo.

Subtração ou inutilização de livro ou documento

Art.337. Subtrair, ou inutilizar, total ou parcialmente, livro oficial, processo ou documento confiado à custódia de funcionário, em razão de ofício, ou de particular em serviço público:
Pena - reclusão, de dois a cinco anos, se o fato não constitui crime mais grave.

Essa conduta de subtração, inutilização de livro oficial, processo ou documento é prevista em vários tipos do Código Penal. As leituras dos arts. 305, 314, 337 e 356 são relativamente semelhantes, porém cada crime possui uma especificação diferente que os caracteriza. Esse crime é de ação penal pública incondicionada.

Classificação

Considerado um crime simples, pois ofende um único bem jurídico e comum, podendo ser praticado por qualquer pessoa.

É um crime doloso, e não depende de nenhuma finalidade específica. Não admite a modalidade culposa.

DOS CRIMES CONTRA ADMINISTRAÇÃO PÚBLICA

Sujeitos do crime

Sujeito Ativo: por ser um crime comum, pode ser cometido por qualquer pessoa, desde que não seja pelo funcionário público responsável pela custódia dos documentos.

Caso o agente seja funcionário público, incumbido ratione officci da guarda dos objetos materiais, a conduta será enquadrada no Art. 314 do CP. Se o agente for advogado ou procurador que, nessa qualidade, tiver retirado o processo ou documentos, o crime será o do Art. 356 do CP.

Sujeito Passivo: primeiramente é o Estado, e secundariamente a pessoa jurídica ou física que foi prejudicada pela ação criminosa.

Consumação e tentativa

Consuma-se o crime no momento da subtração de livro oficial, processo ou documento, mediante apoderamento do agente ou no momento da inutilização total ou parcial da coisa.

A tentativa é possível devido o crime ser de caráter plurissubsistente.

Descrição do crime

Subtrair e inutilizar são os núcleos do tipo. Subtrair é retirar um dos elementos do tipo (livro oficial, processo ou documento) da custódia do funcionário público, se apoderando do item.

Sonegação de contribuição previdenciária

> **Art. 337-A.** Suprimir ou reduzir contribuição social previdenciária e qualquer acessório, mediante as seguintes condutas:
> **I.** Omitir de folha de pagamento da empresa ou de documento de informações previsto pela legislação previdenciária segurados, empregado, empresário, trabalhador avulso ou trabalhador autônomo ou a este equiparado que lhe prestem serviços;
> **II.** Deixar de lançar mensalmente nos títulos próprios da contabilidade da empresa as quantias descontadas dos segurados ou as devidas pelo empregador ou pelo tomador de serviços;
> **III.** Omitir, total ou parcialmente, receitas ou lucros auferidos, remunerações pagas ou creditadas e demais fatos geradores de contribuições sociais previdenciárias:
> **Pena** - reclusão, de 2 (dois) a 5 (cinco) anos, e multa.
> **§ 1º.** É extinta a punibilidade se o agente, espontaneamente, declara e confessa as contribuições, importâncias ou valores e presta as informações devidas à previdência social, na forma definida em lei ou regulamento, antes do início da ação fiscal.
> **§ 2º.** É facultado ao juiz deixar de aplicar a pena ou aplicar somente a de multa se o agente for primário e de bons antecedentes, desde que:
> **II.** O valor das contribuições devidas, inclusive acessórios, seja igual ou inferior àquele estabelecido pela previdência social, administrativamente, como sendo o mínimo para o ajuizamento de suas execuções fiscais.
> **§ 3º.** Se o empregador não é pessoa jurídica e sua folha de pagamento mensal não ultrapassa R$ 1.510,00 (um mil, quinhentos e dez reais), o juiz poderá reduzir a pena de um terço até a metade ou aplicar apenas a de multa.
> **§ 4º.** O valor a que se refere o parágrafo anterior será reajustado nas mesmas datas e nos mesmos índices do reajuste dos benefícios da previdência social.

> No caso do §1º, preenchidos os requisitos para a concessão, é dever do juiz conceder o perdão ou aplicar a pena de multa. Trata-se de direito público subjetivo do réu.

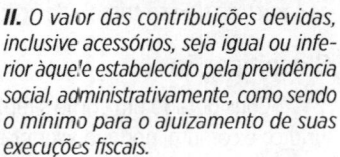

8.3 Dos Crimes Praticados por Particular contra a Administração Pública Estrangeira

Corrupção ativa em transação comercial internacional

> **Art. 337-B.** Prometer, oferecer ou dar, direta ou indiretamente, vantagem indevida a funcionário público estrangeiro, ou a terceira pessoa, para determiná-lo a praticar, omitir ou retardar ato de ofício relacionado à transação comercial internacional:
> **Pena** - reclusão, de 1 (um) a 8 (oito) anos, e multa.
> **Parágrafo único.** A pena é aumentada de 1/3 (um terço), se, em razão da vantagem ou promessa, o funcionário público estrangeiro retarda ou omite o ato de ofício, ou o pratica infringindo dever funcional.

Tráfico de influência em transação comercial internacional

> **Art. 337-C.** Solicitar, exigir, cobrar ou obter, para si ou para outrem, direta ou indiretamente, vantagem ou promessa de vantagem a pretexto de influir em ato praticado por funcionário público estrangeiro no exercício de suas funções, relacionado a transação comercial internacional:)
> **Pena** - reclusão, de 2 (dois) a 5 (cinco) anos, e multa.
> **Parágrafo único.** A pena é aumentada da metade, se o agente alega ou insinua que a vantagem é também destinada a funcionário estrangeiro.

Dos crimes em licitações e contratos administrativos – (incluído pela Lei nº 14.133/2021)

A nova Lei de Licitações – nº 14.133/2021 que revogou e alterou dispositivos da Lei 8.666/93, sobretudo no que se refere aos crimes em licitações e contratos administrativos, incluiu no Código Penal doze novos tipos penais entre os artigos 337-E e 337-P, objetivando reprimir as condutas ilícitas que fraudam os processos licitatórios no Brasil.

Apesar de a lei 8.666/93 ainda continuar aplicável aos contratos iniciados antes da vigência da nova lei, os crimes previstos na antiga legislação foram revogados pela Lei nº14.133/21 e passaram a ter previsão no Código Penal.

Contratação direta ilegal

> **Art. 337-E.** Admitir, possibilitar ou dar causa à contratação direta fora das hipóteses previstas em lei: (Incluído pela Lei nº 14.133, de 2021)
> **Pena** - reclusão, de 4 (quatro) a 8 (oito) anos, e multa. (Incluído pela Lei nº 14.133, de 2021)

O novo art. 337-E do CP pune aquele que "admite, possibilita ou dá causa à contratação direta fora das hipóteses previstas em lei". A previsão legal concentra num mesmo tipo penal a punição tanto do agente público contratante, quanto do particular contratado sem o devido processo licitatório.

O tipo penal buscar punir aquele que admite, possibilita ou da causa à contratação direta pelo ente administrativo de forma ilegal, ou seja, fora das hipóteses previstas em lei.

Cumpre destacar que o delito de dispensa de licitação, anteriormente previsto na Lei nº 8.666/93, teve a a pena mínima e máxima aumentadas. Antes, a punição era de 03 a 05 anos, agora, a pena é de 04 a 08 anos.

A nova previsão impede, inclusive, a celebração de acordo de não persecução penal – previsto no art. 28-A do CPP.

Ademais, o tipo penal é norma penal em branco, pois requer o complemento de lei diversa, que atualmente, pode ser a Lei nº 14.133/2021 ou a Lei nº8.666/93, no que se refere às hipóteses de dispensa de licitação.

Quanto ao elemento subjetivo especial do tipo, ainda que não previsto expressamente na anterior previsão da Lei nº8.666/93, o entendimento do STF e do STJ manifesta a necessidade de dolo específico do agente para a consumação do delito.

Trata-se de crime doloso, não admitindo culpa. Admite a tentativa. É unissubjetivo ou de concurso eventual. É processado mediante ação penal pública incondicionada.

Frustração do caráter competitivo de licitação
Art. 337-F. Frustrar ou fraudar, com o intuito de obter para si ou para outrem vantagem decorrente da adjudicação do objeto da licitação, o caráter competitivo do processo licitatório:
Pena - reclusão, de 4 (quatro) anos a 8 (oito) anos, e multa.

Os núcleos do tipo penal "frustrar ou fraudar" objetivam tipificar a conduta do indivíduo que busca impedir, atrapalhar, iludir ou burlar o caráter competitivo da licitação, impossibilitando que a Administração Pública obtenha a proposta mais vantajosa.

Dessa forma, comete o crime do artigo 337-F aquele que, com o intuito de obter para si ou para outrem vantagem decorrente da adjudicação do objeto da licitação, frustrar ou fraudar o caráter competitivo do processo licitatório.

Para a sua consumação exige conduta dolosa e a presença da finalidade específica de agir, ou seja, o objetivo de obter para si ou para outrem vantagem decorrente da adjudicação do objeto da licitação. Não admite a modalidade culposa.

Trata-se de crime formal, pois não é necessário que o agente obtenha a vantagem prevista no tipo penal.

É crime comum, podendo ser cometido por qualquer indivíduo. Não se exige qualidade específica do sujeito ativo.

Patrocínio de contratação indevida
Art. 337-G. Patrocinar, direta ou indiretamente, interesse privado perante a Administração Pública, dando causa à instauração de licitação ou à celebração de contrato cuja invalidação vier a ser decretada pelo Poder Judiciário:
Pena - reclusão, de 6 (seis) meses a 3 (três) anos, e multa.

Trata-se de modalidade especial do crime de advocacia administrativa (art. 321, CP). É crime próprio, pois há a exigência de que o sujeito ativa seja funcionário público – crime funcional.

O tipo penal pune a conduta do agente que, se valendo da função pública, favorece, ampara, patrocina interesse privado.

É crime material, pois exige a ocorrência de resultado naturalístico, ou seja, o patrocínio de interesse privado deve dar causa à instauração de licitação ou à celebração de contrato.

Por fim, prevê uma condição objetiva de punibilidade, ou seja, a licitação ou contrato deve ser invalidado pelo Poder Judiciário.

Funcionário público estrangeiro
Art. 337-D. Considera-se funcionário público estrangeiro, para os efeitos penais, quem, ainda que transitoriamente ou sem remuneração, exerce cargo, emprego ou função pública em entidades estatais ou em representações diplomáticas de país estrangeiro.

Parágrafo único. Equipara-se a funcionário público estrangeiro quem exerce cargo, emprego ou função em empresas controladas, diretamente ou indiretamente, pelo Poder Público de país estrangeiro ou em organizações públicas internacionais.

Modificação ou pagamento irregular em contrato administrativo
Art. 337-H. Admitir, possibilitar ou dar causa a qualquer modificação ou vantagem, inclusive prorrogação contratual, em favor do contratado, durante a execução dos contratos celebrados com a Administração Pública, sem autorização em lei, no edital da licitação ou nos respectivos instrumentos contratuais, ou, ainda, pagar fatura com preterição da ordem cronológica de sua exigibilidade:
Pena - reclusão, de 4 (quatro) anos a 8 (oito) anos, e multa.

O delito deste se dá na fase posterior à própria licitação, já durante a fase de execução do contrato.

É crime material, pois a consumação ocorre somente com o efetivo favorecimento do contratado.

A conduta de modificação irregular em contrato administrativo, prevista na primeira parte do tipo penal, exige o elemento normativo do tipo, ou seja, requer a a ausência de autorização da conduta em lei, no edital da licitação ou nos respectivos instrumentos contratuais. Caso a modificação seja permitida por lei, pelo edital ou pelo contrato, será penalmente atípica.

Já a segunda parte do artigo trata da do pagamento irregular em contrato administrativo, ou seja, a conduta incriminada é pagar fatura com preterição da ordem cronológica de sua exigibilidade, a fim de favorecer determinado contratado pela Administração, violando o princípio da impessoalidade.

Ademais, quanto ao verbos núcleo do tipo "possibilitar" ou "dar causa a", tem-se o entendimento de que o delito é crime comum, mesmo que o verbo "admitir" refira-se ao funcionário público. Já em relação à conduta do pagamento irregular, o crime é próprio.

Por fim, o tipo penal do art. 337-H é crime doloso, sem previsão da modalidade culpa e sem exigência de elemento subjetivo especial do tipo.

Perturbação de processo licitatório
Art. 337-I. Impedir, perturbar ou fraudar a realização de qualquer ato de processo licitatório:
Pena - detenção, de 6 (seis) meses a 3 (três) anos, e multa.

O artigo em análise busca punir o agente que atua para impedir, perturbar ou fraudar qualquer ato de um processo licitatório.

Trata-se de crime material a consumação ocorre com o efetivo impedimento ou fraude de qualquer ato do processo licitatório. Admite a tentativa.

Violação de sigilo em licitação
É crime comum, pode ser praticado por qualquer indivíduo. Não há exigência de qualidade específica do sujeito ativo.

Art. 337-J. Devassar o sigilo de proposta apresentada em processo licitatório ou proporcionar a terceiro o ensejo de devassá-lo:
Pena - detenção, de 2 (dois) anos a 3 (três) anos, e multa.

O tipo penal em análise tutela a inviolabilidade do sigilo das propostas da licitação.

A conduta incriminada neste artigo é o ato de quebrar o sigilo da prosposta ou propiciar que um terceiro o viole.

Devassar é fazer conhecer, corromper, enquanto que o verbo "proporcionar", é dar a oportunidade de, propiciar, oferecer.

Trata-se de crime comum, pode ser praticado por qualquer pessoa, funcionário público ou não.

É crime formal, a consumação se dá com a violação da informação sigilosa, independente de prejuízo. É crime doloso, não há modalidade culposa.

Afastamento de licitante

Art. 337-K. Afastar ou tentar afastar licitante por meio de violência, grave ameaça, fraude ou oferecimento de vantagem de qualquer tipo:

Pena - reclusão, de 3 (três) anos a 5 (cinco) anos, e multa, além da pena correspondente à violência.

Parágrafo único. Incorre na mesma pena quem se abstém ou desiste de licitar em razão de vantagem oferecida.

Esse artigo trata de hipótese do chamado crime de atentado ou de mero empreendimento, pois o tipo penal equiparou a forma consumada com forma tentada, em razão dos verbos núcleos "afastar" e "tentar afastar".

Afastar significa remover, impedir a participação de licitante. A conduta deve se dar com violência, grave ameaça, fraude ou oferecimento de vantagem de qualquer tipo.

O parágrafo único prevê uma modalidade equiparada ao caput, ou seja, aquele que se abstém (se afasta) de participar da licitação em razão de vantagem recebida incorre na mesma pena.

Trata-se de crime formal, não é necessário que haja o efetivo afastamento do licitante (comprovação do prejuízo).

É crime comum, pode ser cometido por qualquer pessoa, funcionário público ou não.

Fraude em licitação ou contrato

Art. 337-L. Fraudar, em prejuízo da Administração Pública, licitação ou contrato dela decorrente, mediante:

I - entrega de mercadoria ou prestação de serviços com qualidade ou em quantidade diversas das previstas no edital ou nos instrumentos contratuais;

II - fornecimento, como verdadeira ou perfeita, de mercadoria falsificada, deteriorada, inservível para consumo ou com prazo de validade vencido;

III - entrega de uma mercadoria por outra;

IV - alteração da substância, qualidade ou quantidade da mercadoria ou do serviço fornecido;

V - qualquer meio fraudulento que torne injustamente mais onerosa para a Administração Pública a proposta ou a execução do contrato:

Pena - reclusão, de 4 (quatro) anos a 8 (oito) anos, e multa.

O tipo penal busca tutelar a garantia da respeitabilidade, probidade, da integridade e moralidade do certame licitatório, especialmente no que tange à preservação do patrimônio da Administração Pública.

Trata-se de crime comum, pode ser praticado por qualquer pessoa, funcionário público ou não. É crime doloso, sem previsão de modalidade culposa e sem exigência de elemento subjetivo especial do tipo.

Os incisos I a V preveem as condutas que podem ser empregadas para fraudar a licitação ou o contrato administrativo. Não se trata de rol taxativo, pois inciso V menciona a expressão "qualquer meio fraudulento", assim o rol é exemplificativo, podendo ser utilizadas diversas outras condutas que tornem injustamente mais onerosa para a Administração Pública a proposta ou a execução do contrato.

Contratação inidônea

Art. 337-M. Admitir à licitação empresa ou profissional declarado inidôneo:

Pena - reclusão, de 1 (um) ano a 3 (três) anos, e multa.

§ 1º Celebrar contrato com empresa ou profissional declarado inidôneo:

Pena - reclusão, de 3 (três) anos a 6 (seis) anos, e multa.

§ 2º Incide na mesma pena do caput deste artigo aquele que, declarado inidôneo, venha a participar de licitação e, na mesma pena do § 1º deste artigo, aquele que, declarado inidôneo, venha a contratar com a Administração Pública.

O tipo penal em análise objetive portanto, visa proteger a integridade do certame licitatório, a fim de impedir que empresas ou profissionais inidôneos licitem e contratem com o Poder Público.

Assim, aquele que admite a participação em processo licitatório ou celebra contrato com empresa ou profissional declarado inidôneo, comete o crime do art. 337-M.

Trata-se de crime comum, pode ser cometido por qualquer pessoa. É crime formal, a consumação se dá com a mera admissão à licitação ou contratação. Não há a necessidade de comprovar prejuízo. É crime doloso, não há previsão da modalidade culposa.

Impedimento indevido

Art. 337-N. Obstar, impedir ou dificultar injustamente a inscrição de qualquer interessado nos registros cadastrais ou promover indevidamente a alteração, a suspensão ou o cancelamento de registro do inscrito:

Pena - reclusão, de 6 (seis) meses a 2 (dois) anos, e multa.

Da análise do tipo penal, na primeira parte, a conduta do agente deve consistir em "obstar, impedir ou dificultar injustamente a inscrição de qualquer interessado nos registros cadastrais". Vê-se que o termo "injustamente" é elemento normativo, pois, se o impedimento tiver fundamento legal, o fato é atípico. Já segunda parte do tipo penal, o agente deve "promover indevidamente a alteração, a suspensão ou o cancelamento de registro do inscrito. O elemento normativo é o termo "indevidamente", pois se houver fundamento idôneo para a alteração, suspensão ou cancelamento do registro, o fato é atípico.

Trata-se de crime próprio, só pode ser praticado por funcionário público. Exige conduta dolosa, não havendo previsão da modalidade culposa.

Omissão grave de dado ou de informação por projetista

Art. 337-O. Omitir, modificar ou entregar à Administração Pública levantamento cadastral ou condição de contorno em relevante dissonância com a realidade, em frustração ao caráter competitivo da licitação ou em detrimento da seleção da proposta mais vantajosa para a Administração Pública, em contratação para a elaboração de projeto básico, projeto executivo ou anteprojeto, em diálogo competitivo ou em procedimento de manifestação de interesse:

Pena - reclusão, de 6 (seis) meses a 3 (três) anos, e multa.

§ 1º Consideram-se condição de contorno as informações e os levantamentos suficientes e necessários para a definição da solução de projeto e dos respectivos preços pelo licitante, incluídos sondagens, topografia, estudos de demanda, condições ambientais e demais elementos ambientais impactantes, considerados requisitos mínimos ou obrigatórios em normas técnicas que orientam a elaboração de projetos.

§ 2º Se o crime é praticado com o fim de obter benefício, direto ou indireto, próprio ou de outrem, aplica-se em dobro a pena prevista no caput deste artigo.

O tipo penal objetiva coibir a omissão, modificação ou entrega à Administração Pública de informações relevantes ao procedimento licitatório, no que se refere ao levantamento cadastral ou condição de contorno, que estejam em dissonância com a realidade. Para que o delito se configure, a conduta deve frustrar o caráter competitivo da licitação e afastar a proposta mais vantajosa para a Administração Pública.

O § 2º prevê causa de aumento de pena, no caso de o crime ser praticado "com o fim de obter benefício, direto ou indireto, próprio ou de outrem" será aplicada a pena prevista em dobro.

Trata-se de crime formal, visto que não exige dano ao erário. É crime comum, podendo ser praticado por qualquer pessoa, em razão do verbo núcleo "entregar". É crime doloso, não admite a modalidade culposa.

Art. 337-P. A pena de multa cominada aos crimes previstos neste Capítulo seguirá a metodologia de cálculo prevista neste Código e não poderá ser inferior a 2% (dois por cento) do valor do contrato licitado ou celebrado com contratação direta.

O artigo prevê a aplicação da multa de acordo com o critério trifásico adotado pelo 49, caput, do Código Penal.

O artigo 337-P prevê maior rigor no cálculo dos percentuais da pena de multa, pois antes com a previsão do art. 99 da Lei nº 8.666/93, o valor da multa era limitado em 5% do valor contrato, o que inocorre na nova previsão. Assim, a pena de multa pode atingir valores maiores.

8.4 Dos Crimes Contra a Administração da Justiça

Reingresso de estrangeiro expulso

Art. 338. Reingressar no território nacional o estrangeiro que dele foi expulso:
Pena - reclusão, de um a quatro anos, sem prejuízo de nova expulsão após o cumprimento da pena.

A expulsão do estrangeiro está regulada na Lei nº 13.445/2017. Estatuto do Estrangeiro. Ocorrendo qualquer das hipóteses elencadas no art. 54 desta lei, caberá ao Presidente da República, por meio de decreto, analisar o cabimento e conveniência da expulsão (ato discricionário administrativo).

Para tipificar a conduta, é indispensável, após a edição do decreto de expulsão, que o agente tenha efetivamente saído do país, retornando em seguida. Desta forma, não configura o crime a recusa do estrangeiro expulso em deixar o país.

Denunciação caluniosa

Art. 339. Dar causa à instauração de inquérito policial, de procedimento investigatório criminal, de processo judicial, de processo administrativo disciplinar, de inquérito civil ou de ação de improbidade administrativa contra alguém, imputando-lhe crime, infração ético-disciplinar ou ato ímprobo de que o sabe inocente: (Redação dada pela Lei nº 14.110, de 2020)
Pena - reclusão, de dois a oito anos, e multa.
§ 1º. A pena é aumentada de sexta parte, se o agente se serve de anonimato ou de nome suposto.
§ 2º. A pena é diminuída de metade, se a imputação é de prática de contravenção.

O crime de denunciação caluniosa está capitulado no Art. 339 do Código Penal e versa sobre dar causa à instauração de algum procedimento de investigação contra alguém, imputando-lhe falsamente crime, sabendo que esse não o cometeu. O crime de denunciação caluniosa é de ação penal pública incondicionada.

Tal crime é também chamado calúnia qualificada.

Classificação

É considerado um crime pluriofensivo, ou seja, ofende mais de um bem jurídico como estudaremos no tópico **Sujeitos do Crime**, desse mesmo artigo.

É um crime comum, podendo ser praticado por qualquer pessoa e unissubjetivo, praticado por um só agente, mas admite concurso de pessoas.

O elemento subjetivo é o dolo direto, pois é indispensável que o agente tenha o conhecimento da inocência da pessoa a quem imputou falsamente o crime, segundo STJ.

Sujeitos do crime

Sujeito Ativo: qualquer pessoa (crime comum).
Sujeito Passivo: o Estado e a pessoa acusada falsamente de crime.

Consumação e tentativa

Por ser um crime material, consuma-se no momento em que se tem a efetiva instauração da investigação policial, de processo judicial, instauração de investigação administrativa, inquérito civil ou ação de improbidade administrativa contra alguém que o sabe ser inocente.

É admitida a tentativa.

Ex.: "A" vai à Delegacia e de forma dolosa, imputa "B" a prática de um crime de roubo, de que o sabia não ter cometido, com o fim de instaurar inquérito policial contra "B". O Delegado, contudo, já havia encerrado o referido caso e prendido o verdadeiro responsável pelo crime. Constatando a manobra de "A", o Delegado o prendeu em flagrante.

É necessário observar que não se faz necessário que seja a informação formalizada no inquérito policial. Basta que a conduta criminosa desencadeie atos preliminares de investigação. Aqui já se encontra consumado o crime e esse é o entendimento que prevalece.

Descrição do crime

A falsa imputação deve estar relacionada com crime, se for contravenção, estará caracterizada a forma privilegiada de denunciação caluniosa (art. 339, §2º, do CP).

A expressão "contra alguém" versa que deve ser dada a falsa imputação de pessoa determinada, indicando nome e atributos pessoais.

Considerações

Diferença entre o crime de calúnia e denunciação caluniosa.

CALÚNIA (Art. 138, CP)	DENUNCIAÇÃO CALUNIOSA (Art. 339, CP)
Caluniar alguém, imputando-lhe falsamente fato definido como crime.	Dar causa à instauração de investigação policial, de processo judicial, instauração de investigação administrativa, inquérito civil ou ação de improbidade administrativa contra alguém, imputando-lhe crime de que o sabe inocente.

DOS CRIMES CONTRA ADMINISTRAÇÃO PÚBLICA

É crime contra a honra.	É crime contra a Administração da Justiça.
Regra: Ação Penal Privada.	Ação Penal Pública Incondicionada.
Não admite a imputação falsa de Contravenção Penal.	Admite (é circunstância que importa na diminuição da pena pela metade (Art. 339, §2º, CP).

Ex.: José assaltou o Banco do Brasil → Calúnia.

José assaltou o Banco do Brasil: eu afirmo isso para o Delegado, querendo a instauração de procedimento inútil e criminoso → denunciação caluniosa.

O advogado não tem imunidade penal na calúnia e, nem tampouco, na denunciação caluniosa.

> Pode ser praticado o crime de denunciação caluniosa até mesmo pelo Promotor de Justiça que denuncia alguém sabendo ser inocente. Essa denúncia criminosa do Promotor de Justiça é denominada denúncia temerária ou abusiva.

Denunciação caluniosa privilegiada

§2º. A pena é diminuída de metade, se a imputação é de prática de contravenção.

A pena é reduzida de metade se a imputação é de contravenção penal. Passa-se a ter infração de menor potencial ofensivo, admitindo-se a suspensão condicional do processo.

Comunicação falsa de crime ou contravenção

Art. 340. Provocar a ação de autoridade, comunicando-lhe a ocorrência de crime ou contravenção que sabe não se ter verificado:
Pena - detenção, de um a seis meses, ou multa.

Introdução

Em que pese ser muito semelhante o *caput* ao crime de denunciação caluniosa, veremos que suas diferenças são facilmente perceptíveis.

Classificação

É considerado um crime SIMPLES por ofender um único bem jurídico e COMUM, podendo ser cometido por qualquer pessoa.

É um crime CAUSAL ou MATERIAL, sendo que a consumação depende de alguma medida tomada pela autoridade.

O elemento subjetivo do agente é o DOLO direto, portanto se a pessoa tem DÚVIDA sobre a existência da infração o fato é atípico.

Ex.: "A" não tem certeza se seu relógio foi furtado ou se foi perdido, e mesmo assim comunica à autoridade), não tendo previsão da modalidade culposa

Sujeitos do crime

Sujeito Ativo: por ser um crime comum ou geral, pode ser cometido por qualquer pessoa.

Sujeito Passivo: o Estado.

Consumação e tentativa

Por ser um crime material, a mera comunicação falsa não é suficiente para a consumação do delito, exigindo a provocação da ação da autoridade para fazer algo (conduta positiva). Consuma-se no momento em que a autoridade toma providência para apurar a ocorrência do crime, ou contravenção, comunicado falsamente.

A tentativa é possível. Vejamos como exemplo um indivíduo que comunica à autoridade um crime ou contravenção que sabe inexistente e, por circunstâncias alheias a sua vontade, a autoridade não toma nenhuma providência, tem-se o crime tentado.

Descrição do crime

O delito é comunicação falsa de crime ou contravenção (Art. 340 do CP). O agente não acusa nenhuma pessoa, mas a ocorrência de um crime inexistente. Se o agente vier a individualizar o autor, o STF já decidiu: responde por denunciação caluniosa (Art. 339 do CP).

O núcleo do tipo provocar significa dar causa à ação da autoridade, podendo ocorrer de várias formas, uma delas é que o crime ou contravenção penal comunicado não existiu ou houve o fato, mas foi absolutamente diverso do comunicado para a autoridade. Por isso é considerado um crime de forma livre.

Considerações

Caracteriza uma figura equiparada de estelionato (Art. 171, §2º, V, do CP) quando a comunicação falsa de crime ou contravenção é um meio fraudulento para que o agente obtenha o valor do seguro. O delito (Art. 340 do CP) se torna um antefactum impunível. Aplica-se o princípio da consunção.

Ex.: "A" esconde seu automóvel que é amparado por contrato de seguro e comunica à autoridade que sofreu um furto, já com a intenção de receber o dinheiro do seguro.

Atentem-se às diferenças:

Na denunciada caluniosa, o agente imputa a infração penal imaginária a pessoa certa e determinada.

Na comunicação falsa de crime, apenas comunica a fantasiosa infração, não a imputando a ninguém ou, imputando, aponta personagem fictício.

Autoacusação falsa

Art. 341. Acusar-se, perante a autoridade, de crime inexistente ou praticado por outrem:
Pena - detenção, de três meses a dois anos, ou multa.

O que leva uma pessoa a se autoacusar falsamente tem fundamento em vários motivos, por exemplo, alguém que recebe certa vantagem para assumir um crime praticado por outra pessoa ou o próprio pai diz ter sido o autor de um delito para que o filho não seja preso.

Para evitar esse comportamento, o crime de autoacusação falsa está tipificado no Art. 341 do Código Penal. Crime de ação penal pública incondicionada.

Classificação

Considerado um crime simples por ofender um único bem jurídico que é a Administração da justiça. Comum, podendo ser cometido por qualquer pessoa.

É um crime doloso, não tendo previsão para crime culposo.

Crime formal, não exigindo para sua consumação um resultado naturalístico, sendo possível então a tentativa.

Sujeitos do crime

Sujeito Ativo: por ser um crime comum, pode ser praticado por qualquer pessoa, porém se ocorreu realmente o crime, não pode ser sujeito ativo o próprio autor, coautor ou partícipe do crime ocorrido.

Sujeito Passivo: é o Estado.

Consumação e tentativa

É um crime formal, consumando-se no momento em que o sujeito efetua a autoacusação perante a autoridade, independentemente se a autoridade tomou alguma providência.

A tentativa só é possível quando a autoacusação é cometida por meio escrito, não se admitindo quando praticado verbalmente.

Descrição do crime

Não há que se falar em autoacusação falsa quando essa conduta for de CONTRAVENÇÃO PENAL.

O agente que se autoacusa não pode ser autor, coautor ou partícipe do delito anterior.

A autoridade que recebe essa notícia de crime legalmente deve ter poderes de investigar a prática de delitos.

Não configura o crime quando o réu chama para si a exclusiva responsabilidade de ilícito penal de que deve ser considerado concorrente (RT 371/160).

Considerações

Para facilitar o entendimento do crime, exemplos:

Vantagem Pecuniária:

Ex.: "A" recebe dinheiro do verdadeiro autor do crime para autoacusar-se.

Sacrifício:

Ex.: Mãe se autoacusa para livrar o filho que cometeu um crime.

Exibicionismo:

Ex.: Criminoso se autoacusa para que tenha reputação entre a bandidagem de sua comunidade.

Álibi:

Ex.: "A" imputa a si próprio crime menos grave para se livrar de crime mais grave, alegando ser no mesmo horário, porém em lugar diferente.

Supondo que João assuma autoria de crime praticado por outrem, e não só assume a autoria, mas também imputa a coautoria a outrem, que não o autor do delito.

Nessa situação, Fernando Capez[1] diz que o agente irá responder pelos Art. 341 e 339, em concurso formal imperfeito, soma das penas.

1- Fernando Capez é um professor, jurista e político brasileiro.

Falso testemunho ou falsa perícia

Art. 342. Fazer afirmação falsa, ou negar ou calar a verdade como testemunha, perito, contador, tradutor ou intérprete em processo judicial, ou administrativo, inquérito policial, ou em juízo arbitral:

Pena - reclusão, de um a três anos, e multa.

§ 1º. As penas aumentam-se de um sexto a um terço se o crime é praticado mediante suborno ou se cometido com o fim de obter prova destinada a produzir efeito em processo penal, ou em processo civil em que for parte entidade da administração pública direta ou indireta.

§ 2º. O fato deixa de ser punível se, antes da sentença no processo em que ocorreu o ilícito, o agente se retrata ou declara a verdade.

Muitas vezes o testemunho é o único meio probatório para a autoridade competente louvar-se da decisão. A testemunha que mente, nega ou cala a verdade não sacrifica apenas interesses individuais, mas atinge o Estado, responsável por assegurar a eficácia da justiça.

O Código Penal, visando preservar a busca pela verdade, versa em seu Art. 342 o crime de falso testemunho ou falsa perícia, sendo esse um crime de ação penal pública incondicionada.

Classificação

É um crime de ação múltipla ou de conteúdo variado, pois a prática de várias condutas típicas no tocante ao mesmo objeto material acarreta crime único.

Trata-se de crime de médio potencial ofensivo, admitindo-se a suspensão condicional do processo.

É um crime doloso, não exigindo qualquer finalidade específica.

Crime de mão própria, comissivo ou omissivo e instantâneo.

Sujeitos do crime

Sujeito Ativo: crime de mão própria, somente podendo ser praticado pela testemunha, perito, contador, tradutor ou intérprete.

Crime de mão própria. Em que pese o STF já ter admitido a coautoria quando o advogado instrui a testemunha, são frequentes as decisões de nossos Tribunais afirmando a incompatibilidade do instituto com o delito de falso testemunho, face a sua característica de mão própria. Desta forma, deve se tratar de mera participação.

Toda testemunha pratica o delito, ou apenas aquela que presta compromisso? A corrente majoritária entende que se a lei não submete a testemunha informante ao compromisso de dizer a verdade, não pode cometer o ilícito do Art. 342 do CP. Entretanto, já teve julgados no STF dizendo ser crime.

A vítima, por não ser testemunha (sequer equiparada), não pratica o crime do Art. 322, podendo ser autora de outro delito, como por exemplo, denunciação caluniosa. Art. 339 do CP.

Sujeito Passivo: é o Estado e, secundariamente, a pessoa prejudicada pelo falso testemunho ou pela falsa perícia.

Consumação e tentativa

Consumação ocorre no momento em que o depoimento é encerrado ou que o laudo pericial, os cálculos, a tradução ou interpretação são entregues concluídos. Sendo admitida a tentativa.

É fato atípico a conduta de mentir para evitar sua própria incriminação, pois ninguém é obrigado a produzir prova contra si mesmo.

DOS CRIMES CONTRA ADMINISTRAÇÃO PÚBLICA

Descrição do crime

Testemunha: aquela pessoa chamada para depor no processo, sob o compromisso de dizer a verdade fática. Perito: quem fornece laudos técnicos de conhecimentos específicos, que escapam da ciência do Juiz. Contador: especialista em assuntos contábeis. Pessoa que apresenta os cálculos a serem eventualmente efetuados. Tradutor: tem a função de adaptar textos em língua estrangeira para o vernáculo (idioma pátrio). Intérprete: responsável pela comunicação daquele que não conhece o idioma nacional.

O crime em tela possui três núcleos:

→ **Fazer Afirmação Falsa:**
> Falsidade positiva;
> Mentir para a autoridade.

Pedro mente para o juiz, dizendo que na data do crime estava viajando com Ronaldo (acusado) para Florianópolis.

→ **Negar a Verdade:**
> Falsidade negativa;
> Recusar-se a confirmar a veracidade de um fato.

Ex.: "A" nega que presenciou o latrocínio praticado por "B" contra "C".

→ **Calar a Verdade:**
> Reticência;
> Permanecer em silêncio sobre a verdade de determinado fato.

O juiz, durante a oitiva da testemunha formula várias perguntas a esta, mas ela nada responde.

O agente deve saber que falta com a verdade. Não há crime quando a testemunha ou perito é acometido por erro indesejado, pelo esquecimento dos fatos ou mesmo pela deformação inconsciente da lembrança em razão da passagem do tempo.

É imprescindível que a falsidade verse sobre fato juridicamente relevante (apto a influir de algum modo na decisão final da causa). Desse modo, exige-se que a falsidade tenha potencialidade lesiva, de modo a influir no futuro julgamento da causa.

Considerações

Falso Testemunho e Carta Precatória: na hipótese de falso testemunho prestado através de carta precatória, o foro competente para processar e julgar este crime é do juízo deprecado (comarca onde o falso testemunho foi prestado e onde o delito se consumou).

Falso Testemunho em CPI: responde pelo crime previsto no Art. 4º, II da Lei nº 1.579/52 a pessoa que presta falso testemunho perante CPI (Comissão Parlamentar de Inquérito).

O depoimento falso, prestado perante autoridade incompetente, não exclui o crime.

O depoimento falso, prestado em processo nulo, exclui o crime.

O compromisso de dizer a verdade (Art. 203, CPP) representa mera formalidade relacionada ao procedimento para a oitiva do juiz. Desse modo, tal ato é dispensável para a caracterização do crime.

Apontamentos

Teoria Subjetiva: O crime em estudo adotou a teoria subjetiva: só há crime quando o depoente (testemunha) tem consciência da divergência entre sua versão e o fato presenciado. Desse modo, é possível que haja o crime de falso testemunho ainda que o fato seja verdadeiro. Nesta hipótese, é necessário que a testemunha narre um fato que realmente ocorreu, mas não foi presenciado por ela.

Se o falso testemunho ou falsa perícia se der perante a justiça do trabalho, o seu processo e julgamento estarão afetos ao juízo criminal federal, por ser atingido interesse da União.

É perfeitamente possível o falso testemunho sobre fato verdadeiro, como no caso do agente que detalha minuciosamente episódios verdadeiros/ocorridos, que jamais presenciou.

Aumento de pena

§1º. As penas aumentam-se de um sexto a um terço, se o crime é praticado mediante suborno ou se cometido com o fim de obter prova destinada a produzir efeito em processo penal, ou em processo civil em que for parte entidade da administração pública direta ou indireta.

→ **São três as causas de aumento de pena:**
> Mediante suborno;
> Com o fim de obter prova destinada a produzir efeito em processo penal;
> Com o fim de obter prova destinada a produzir efeito em processo civil em que for parte entidade da administração pública direta ou indireta.

Retratação: Art. 342, §2º. O fato deixa de ser punível se, antes da sentença, no processo em que ocorreu o ilícito, o agente se retrata ou declara a verdade. Trata-se de causa de extinção da punibilidade (Art. 107, VI, do CP).

A retratação formulada pelo autor deve comunicar-se aos partícipes do delito.

Em processo de competência do Tribunal do Júri, é possível a retratação extintiva da punibilidade, mesmo após a decisão de pronúncia, desde que anterior à sentença de mérito.

Corrupção ativa de testemunha ou perito

Art. 343. Dar, oferecer ou prometer dinheiro ou qualquer outra vantagem a testemunha, perito, contador, tradutor ou intérprete, para fazer afirmação falsa, negar ou calar a verdade em depoimento, perícia, cálculos, tradução ou interpretação: (Redação dada pela Lei nº 10.268, de 28.8.2001)

Pena - reclusão, de três a quatro anos, e multa.(Redação dada pela Lei nº 10.268, de 28.8.2001)

Se o perito, contador, tradutor ou intérprete licitar, receber ou aceitar promessa de vantagem indevida a fim de fazer afirmação falsa, negar, calar a verdade, mas não o faz, incorrerá no crime de corrupção ativa, pois crime em estudo depende da efetiva afirmação falsa, negação ou omissão da verdade.

Parágrafo único. As penas aumentam-se de um sexto a um terço, se o crime é cometido com o fim de obter prova destinada a produzir efeito em processo penal ou em processo civil em que for parte entidade da administração pública direta ou indireta.

Conduta: trata-se de modalidade especial de corrupção ativa, abrangendo o mesmo comportamento criminoso, acrescido do núcleo dar.

Para configurar o delito em tela é necessário que haja algum procedimento oficial em andamento.

Consumação: trata-se de crime formal, logo se consuma com a simples realização de uma das condutas previstas no *caput*, sendo desnecessária a prática de qualquer ato pelos possíveis corrompidos.

> *O tipo pode ser executado de forma livre (palavras, escritos, gestos etc). Entretanto, se o agente se utilizar de violência ou grave ameaça, o crime será o de coação no curso do processo. Art. 344 CP.*

Coação no curso do processo

Art. 344. Usar de violência ou grave ameaça, com o fim de favorecer interesse próprio ou alheio, contra autoridade, parte, ou qualquer outra pessoa que funciona ou é chamada a intervir em processo judicial, policial ou administrativo, ou em juízo arbitral:
Pena - reclusão, de um a quatro anos, e multa, além da pena correspondente à violência.

A razão pela qual existe esse crime é para impedir que frustrem a eficiência da Administração da justiça com violência ou ameaças e para garantir o regular andamento dos processos ou em juízo arbitral. Crime esse de ação penal pública incondicionada.

Classificação

É um crime **pluriofensivo**, pois atinge mais de um bem jurídico, primeiramente a Administração da justiça, e secundariamente a integridade física ou a liberdade individual.

Doloso e com um especial fim de agir, apresentado no tipo com o fim de favorecer interesse próprio ou alheio. Não admite a modalidade culposa.

Considerado um crime comum, instantâneo, de concurso eventual, e em regra comissivo.

Sujeitos do crime

Sujeito Ativo: por ser um crime comum, pode ser cometido por qualquer pessoa, não sendo necessário que o agente tenha interesse no próprio processo.

Sujeito Passivo: é o Estado e de forma mediata, e secundariamente, figurará no polo passivo o indivíduo que sofreu a coação.

Magistrado, delegado, réu, testemunha, jurado etc.

Consumação e tentativa

Ocorre a consumação no momento do emprego da violência ou grave ameaça do agente.

A tentativa é possível, visto que o crime tem caráter plurissubsistente.

Ex.: "A" manda uma carta ameaçadora para uma testemunha de um processo judicial, mas por circunstâncias alheias a sua vontade, a carta se extravia nos Correios.

Segundo STJ, o crime de coação no curso do processo, por ser um crime formal, se consuma tão só com o emprego da grave ameaça ou violência contra qualquer das pessoas referidas no art. 344 do CP, independentemente do efetivo resultado pretendido ou de a vítima ter ficado intimidada. (STJ. REsp 819.763/PR)

Descrição do crime

Se a conduta descrita no tipo penal for realizada no curso de processo de uma CPI, o agente incidirá no crime previsto no Art. 4º, I, da Lei nº 1.579/52 que versa sobre as Comissões Parlamentares de Inquérito.

Não basta para a configuração do delito que a violência ou grave ameaça seja proferida às pessoas do Art. 344. É necessário que se faça tal injusto com o interesse de favorecimento próprio ou alheio.

Ex.: "A" amigo do réu, ameaça a testemunha a depor em favor do amigo. / "B" réu em processo judicial, intimida o perito a não revelar o verdadeiro resultado do laudo pericial.

Considerações

Se da conduta criminosa resulta violência, restarão caracterizados dois crimes, incidindo em concurso material obrigatório, somando as penas da coação no curso do processo mais o crime de violência (lesão corporal ou homicídio).

Exercício arbitrário das próprias razões

Art. 345. Fazer justiça pelas próprias mãos, para satisfazer pretensão, embora legítima, salvo quando a lei o permite:
Pena - detenção, de quinze dias a um mês, ou multa, além da pena correspondente à violência.
Parágrafo único. Se não há emprego de violência, somente se procede mediante queixa.

Como disposto no Art. 345 do Código Penal, não é aceita a justiça entre particulares e a ninguém é dado o direito de versar sobre a justiça privada se não o próprio poder judiciário, que tem a competência para resolver as divergências existentes entre os indivíduos. Em regra, esse crime é de ação penal privada, contudo será de ação penal pública incondicionada se estiver presente a violência.

Classificação

Crime simples, pois atinge um único bem jurídico. Comum, cometido por qualquer pessoa.

É um crime doloso, acompanhado com um elemento subjetivo específico "para satisfazer pretensão, embora legítima". Não sendo admitida a modalidade culposa.

Em regra é comissivo e instantâneo, consumando-se em um momento determinado.

A ação penal será pública incondicionada quando o crime é praticado em detrimento do patrimônio ou interesse da União, Estado ou Município.

Sujeitos do crime

Sujeito Ativo: pode ser cometido por qualquer pessoa, mas se o agente for funcionário público e comete o delito prevalecendo-se de sua condição, serão imputados dois crimes: exercício arbitrário das próprias razões + abuso de autoridade (Lei nº 4.898/65).

Ex.: "A" policial, proprietário de uma casa, encosta a viatura na frente de seu imóvel, entra na residência e, de arma em punho, expulsa "B", que não pagara o aluguel do mês anterior.

Sujeito Passivo: primeiramente é o Estado, e secundariamente a pessoa física ou jurídica prejudicada pela conduta criminosa.

Consumação e tentativa

Existe divergência entre os doutrinadores, mas majoritariamente foi classificado como um crime formal, consumando-se mesmo que a pretensão não seja atingida.

É plenamente aceitável a tentativa, visto o caráter plurissubsistente (ação composta por vários atos) do crime.

> Não é regra que, sendo funcionário responda por abuso de autoridade, somente se ele se prevalecer das condições de seu cargo.

Descrição do crime

O núcleo do tipo fazer justiça pelas próprias mãos, tem sentido de satisfazer pretensão pessoal. Essa pretensão pode ser de qualquer natureza, ligada ou não à propriedade, mas exigindo-se ao menos uma aparência de direito legítimo.

Ex.: Marido indignado com a traição da esposa, a expulsa da casa que construíram juntos.

A pretensão deve ser legítima, pois do contrário, a conduta acarretará na incidência de outros crimes, tais como o furto, roubo, estelionato, apropriação indébita, entre outros.

Ex.: "A", indignado com a traição de sua esposa, vai até a casa de "B" que é o homem que se deitou com ela e, para fazer justiça com as próprias mãos, obriga a mulher de "B" a manter relações sexuais com "A".

8.5 Subtração ou Dano de Coisa Própria em Poder de Terceiro

> *Art. 346. Tirar, suprimir, destruir ou danificar coisa própria, que se acha em poder de terceiro por determinação judicial ou convenção:*
> *Pena - detenção, de seis meses a dois anos, e multa.*

Sujeitos do crime

Sujeito Ativo: somente pode ser executado pelo proprietário da coisa (crime próprio). Sendo que o concurso de pessoas é plenamente possível.

Sujeito Passivo: será o estado, e secundariamente o indivíduo possuidor da coisa ou aquele contra quem foi empregada violência.

Fraude processual

> *Art. 347. Inovar artificiosamente, na pendência de processo civil ou administrativo, o estado de lugar, de coisa ou de pessoa, com o fim de induzir a erro o juiz ou o perito:*
> *Pena - detenção, de três meses a dois anos, e multa.*
> *Parágrafo único. Se a inovação se destina a produzir efeito em processo penal, ainda que não iniciado, as penas aplicam-se em dobro.*

O crime de fraude processual é um crime tacitamente subsidiário, somente sendo aplicável quando o fato não constituir crime mais grave. Delito esse de ação penal pública incondicionada.

Classificação

Considera-se um crime **simples**, pois ofende um único bem jurídico que é a Administração da justiça.

O crime de fraude processual também é considerado um crime **formal** ou de consumação antecipada, pois independe do resultado naturalístico.

Em regra é comissivo, considerado também um crime de dano, pois causa lesão à Administração da justiça.

Crime de concurso eventual, normalmente praticado por um só agente, mas o concurso é plenamente possível.

Sujeitos do crime

Sujeito Ativo: considerado um crime comum, logo, é passível de ser cometido por qualquer pessoa. (vítima, acusado ou mesmo advogado)

Foge do alcance do tipo o perito, uma vez que, se inovar o estado de coisa, pessoa ou lugar no decorrer dos exames periciais, incorrerá no crime previsto no Art. 342 do CPI.

Sujeito Passivo: de forma imediata é o Estado, e de forma mediata é a pessoa prejudicada no processo administrativo, penal ou civil.

Consumação e tentativa

Consuma-se no momento em que o agente utiliza o meio fraudulento para a inovação na pendência do processo.

A tentativa, entretanto, deve apresentar potencialidade real para enganar o juiz ou o perito. Se o artifício (fraude) for grosseiro ou perceptível é crime impossível (Art. 17 do CP) por ineficácia absoluta do meio.

Para o STJ não é exigido para a consumação do crime de fraude processual que o Juiz ou o perito sejam realmente induzidos a erro, basta que a inovação seja apta para produzir o resultado, mesmo que a pessoa não tenha interesse no processo. (STJ. HC 137.206/SP).

Descrição do crime

É um crime doloso e também necessita de um elemento subjetivo específico que é a intenção de induzir a erro o juiz ou perito, não sendo admitida a modalidade culposa.

Estado de lugar, de coisa ou de pessoa é onde deve recair a conduta artificiosa, para enganar o juiz ou perito.

Ex.: Limpar as manchas de sangue onde ocorreu o crime / Colocar uma arma de fogo na mão de uma pessoa assassinada para simular um suicídio.

> STJ pronunciou que o direito à não autoincriminação (nemo tenetur se detegere), não abrange a possibilidade dos acusados de mudarem a cena do crime de forma artificiosa, com o fim de induzir a erro Juiz ou perito. (STJ. HC 137.206/SP)

Nem toda a inovação caracteriza o surgimento do crime de fraude processual, pois esse elemento normativo do tipo deve ser empregado de forma artificiosa (ardil, fraude).

O parágrafo único aparentemente versa **uma causa especial de aumento de pena** sendo um tipo penal autônomo, pois a conduta de inovar artificiosamente foi cometida em processo penal que ainda não foi iniciado.

> Trata-se de infração subsidiária, logo absorvida quando a finalidade constituir crime mais grave.

Conduta: os objetos materiais do crime são taxativos, e desta forma, descabida qualquer integração analógica em relação às inovações que poderão ser praticadas pelo agente.

Pressupõe-se a existência de processo - civil ou administrativo - em andamento.

Em atenção ao princípio da inexigibilidade de conduta diversa, já se entendeu que não ocorre o ilícito quando o autor de um crime de homicídio nega a autoria e dá sumiço à arma, atuando no direito natural de autodefesa (RT 258/356).

Favorecimento pessoal

Art. 348. Auxiliar a subtrair-se à ação de autoridade pública autor de crime a que é cominada pena de reclusão:
Pena - detenção, de um a seis meses, e multa.
§ 1º. Se ao crime não é cominada pena de reclusão:
Pena - detenção, de quinze dias a três meses, e multa.
§ 2º. Se quem presta o auxílio é ascendente, descendente, cônjuge ou irmão do criminoso, fica isento de pena.

O crime de favorecimento pessoal basicamente consiste em prestar auxílio ao agente condenado com pena de reclusão para que escape da ação da autoridade pública. É um crime de ação penal pública incondicionada.

Classificação

Em análise ao Art. 348 do CP pode ser verificado que se trata de um crime acessório, pois depende da prática anterior de um crime com pena de reclusão (contravenção não).

Somente pode ser praticado de forma comissiva (ação), não havendo possibilidade de auxílio à subtração de autor de crime mediante uma conduta omissiva.

Sujeitos do crime

Sujeito Ativo: não é exigida qualquer qualidade específica do agente.

A vítima do crime anterior pode ser sujeito ativo do crime de favorecimento pessoal (Art. 348 do CP). Ex.: uma vítima de roubo (Art. 157 do CP), logo após a ocorrência do crime, engana os policiais, prestando-lhes falsas informações do paradeiro do criminoso para que tenha êxito em sua fuga.

Consumação e tentativa

Por ser um crime material, o crime se consuma com o efetivo auxílio, ainda que seja por curto período de tempo. Caso o criminoso tenha sido pego, o agente responderá pelo crime da mesma forma, já que a conduta de auxiliar o criminoso teve êxito, mesmo que breve.

É plenamente possível a tentativa.

O agente que deixa de comunicar à autoridade pública o local onde está escondido o autor do crime, mesmo que esta circunstância seja de conhecimento do agente, não comete crime algum.

Descrição do crime

Não é necessário que o autor do crime esteja em perseguição, fuga ou esteja sendo procurado pela autoridade pública no momento em que recebe o auxílio. Basta que, de forma idônea, o agente auxilie o criminoso a escapar da ação da autoridade pública.

Não esqueça, se quem presta o auxílio é cônjuge, ascendente, descendente ou irmão do criminoso, fica isento de pena. É a chamada escusa absolutória, presente no §2º do Art. 348 do CP.

Não existe o crime de favorecimento pessoal (Art. 348 do CP) quando a conduta de auxiliar a subtrair-se à ação de autoridade pública for referente a um crime cometido por um agente menor de idade ou qualquer outro inimputável, já que estes inimputáveis não cometem crimes, mas atos infracionais que acabarão sofrendo medidas de proteção ou medidas socioeducativas no caso dos menores de idade ou medidas de segurança quando forem doentes mentais ou tiverem desenvolvimento mental incompleto ou retardado.

Não há crime quando o agente estiver em escusa absolutória (cônjuge, ascendente, descendente ou irmão), quando o agente que cometeu o crime anterior estiver acobertado por uma excludente de ilicitude ou causa excludente de culpabilidade. E se o agente for absolvido pelo crime anterior, estará excluído o crime de favorecimento pessoal.

O favorecimento deve ocorrer APÓS o cometimento do crime e nunca para o cometimento do crime. Se o favorecimento for ajustado previamente, antes da consumação do crime, incidirá o agente como partícipe segundo o art. 29 do Código Penal: *Quem de qualquer modo concorre para o crime, incide nas penas a este cominadas, na medida de sua culpabilidade.*

O agente que presta o auxílio deve ter ciência da atual situação do criminoso, se não, tem-se excluído o dolo.

Ex.: Tício de forma voluntária, empresta seu carro a Mévio para que este faça uma viajem de negócios, quando na verdade, Mévio, que acabara de cometer um crime, pretendia fugir da polícia. Desta forma Tício não responde pelo crime.

Favorecimento real

Art. 349. Prestar a criminoso, fora dos casos de coautoria ou de receptação, auxílio destinado a tornar seguro o proveito do crime:
Pena - detenção, de um a seis meses, e multa.

O Código Penal prevê mais uma espécie de favorecimento, demonstrando ser este um crime acessório, pois necessita de algum crime já praticado anteriormente não alcançando as contravenções penais.

Classificação

É um crime de forma livre, ou seja, o favorecimento pode acontecer de diversas formas, como esconder o bem subtraído, aplicar no banco os valores provenientes de um estelionato, deixar um cofre aberto para que o agente que cometeu o crime guarde os documentos roubados no assalto.

DOS CRIMES CONTRA ADMINISTRAÇÃO PÚBLICA

É um crime doloso com um elemento subjetivo específico, no qual a finalidade do agente é tornar seguro o proveito do crime, porquanto o agente deve ter a ciência de que seu comportamento será efetivo para auxiliar o criminoso, não se admitindo portanto a modalidade culposa.

Sujeitos do crime

Sujeito Ativo: o crime de favorecimento real é comum, podendo ser praticado por qualquer pessoa, salvo coautor ou partícipe do crime que antecede o favorecimento.

Ex.: Tício, conhecido de Mévio, se dispõe a auxiliar Mévio a esconder o dinheiro que será roubado de uma casa lotérica. Se efetivamente vier a ocorrer o roubo, Tício será partícipe do crime, por auxiliar Mévio. O intuito de auxiliar deve vir de forma posterior ao cometimento do crime.

Sujeito Passivo: é o Estado e secundariamente, a vítima do delito anterior.

Consumação e tentativa

É considerado um crime formal ou de consumação antecipada, ou seja, o crime se consuma no instante em que o agente presta devido auxílio ao criminoso no intuito de tornar seguro o proveito do crime, mesmo que não venha a ocorrer efetivamente essa finalidade. A tentativa é plenamente aceitável em face do caráter plurissubsistente do delito.

Descrição do crime

O auxílio deve ser destinado a tornar seguro o proveito do crime.

Favorecimento Pessoal. Art. 348 CP:

> **Objeto material:** autor de crime anterior; Se busca a fuga do criminoso.

> **Quanto ao resultado:** crime material (prevalece).

> **Escusa absolutória:** possui hipótese de escusa absolutória, se quem presta o auxílio é cônjuge, ascendente, descendente ou irmão do criminoso, fica isento de pena. É a chamada escusa absolutória, presente no §2º do Art. 348 do CP.

Favorecimento Real. Art. 349 CP:

> **Objeto material:** proveito de crime anterior; Presta-se auxílio não ao criminoso em si, mas indiretamente, assegurando para ele a ocultação da coisa, proveito do crime (real).

> **Quanto ao resultado:** crime formal.

> **Escusa absolutória:** não tem previsão de escusa absolutória.

Para que possa ocorrer o crime do Art. 349, é necessário que o crime anterior tenha alcançado a consumação e se no crime não houve qualquer tipo de proveito, também não haverá o crime de favorecimento real.

Considerações

Quem estuda de maneira superficial o crime de favorecimento real, certamente poderia interpretar de forma errônea as diferenças entre os crimes de receptação própria (CP, Art. 180, *caput*, 1ª parte) na modalidade "ocultar" e favorecimento real (CP, Art. 349). Vamos observar as diferenças:

Receptação própria "ocultar" (Art. 180, *caput*, 1ª parte, CP)	Favorecimento real (Art. 349, CP)
Crime Contra o Patrimônio.	Crime contra a Administração da Justiça.
Quem se beneficia é qualquer outra pessoa que não seja o autor do crime anteriormente praticado.	O próprio autor do crime anteriormente cometido é o beneficiado pela conduta.
Exige-se que o proveito seja econômico.	O proveito pode ser tanto econômico quando de outra natureza.

Favorecimento real impróprio

Art. 349-A. Ingressar, promover, intermediar, auxiliar ou facilitar a entrada de aparelho telefônico de comunicação móvel, de rádio ou similar, sem autorização legal, em estabelecimento prisional.
Pena *- detenção, de 3 (três) meses a 1 (um) ano.*

Esse crime foi introduzido pela Lei nº 12.012/2009 e o legislador não atribuiu denominação alguma para esse crime, transferindo essa tarefa à jurisprudência e à doutrina.

Classificação

É um crime de ação múltipla ou de conteúdo variado, ou seja, se o agente vier a cometer mais de um núcleo do tipo no mesmo contexto fático, configurará crime único.

É um crime de forma livre, admitindo qualquer meio de execução.

Ex.: A esposa de um detento que oculta um aparelho celular em suas partes íntimas e leva ao interno no dia de visita ou joga o aparelho por cima dos muros da cadeia e até mesmo coloca os aparelhos no interior de alimentos (bolo, torta).

Sujeitos do crime

Sujeito Ativo: é um crime comum, podendo ser praticado por qualquer pessoa, vale ressaltar que até mesmo um preso pode ser sujeito ativo do crime tipificado no Art. 349-A, somente se este estiver em alguma permissão de saída ou saída temporária e também pode ser partícipe, por exemplo, o preso que induz sua esposa a levar a ele o aparelho de comunicação.

Sujeito Passivo: é o Estado.

Consumação e tentativa

É considerado crime de mera conduta, ou seja, a lei sequer prevê qualquer resultado naturalístico. Consuma-se o crime quando é praticada qualquer das condutas descritas no tipo (ingressar, promover, intermediar, auxiliar ou facilitar a entrada de aparelho de comunicação ou similar em estabelecimento prisional).

A tentativa é plenamente possível.

Ex.: Tício, em horário de visita, ao tentar ingressar no presídio onde seu primo está preso, esconde em sua blusa um aparelho celular e acaba sendo preso em flagrante durante a revista pessoal.

Descrição do crime

O objeto material do crime pode ser qualquer instrumento que tenha potencial de comunicação. (aparelho telefônico, *walkie-talkie*, *webcam*).

Não é exigido qualquer fim específico, basta o dolo, por parte do agente, de levar ao poder do preso o aparelho de comunicação.

Exercício arbitrário ou abuso de poder

Art. 350. Ordenar ou executar medida privativa de liberdade individual, sem as formalidades legais ou com abuso de poder:
Pena *- detenção, de um mês a um ano.*
Parágrafo único. Na mesma pena incorre o funcionário que:
I. Ilegalmente recebe e recolhe alguém a prisão, ou a estabelecimento destinado a execução de pena privativa de liberdade ou de medida de segurança;
II. Prolonga e execução de pena ou de medida de segurança, deixando de expedir em tempo oportuno ou de executar imediatamente a ordem de liberdade;
III. Submete pessoa que está sob sua guarda ou custódia a vexame ou a constrangimento não autorizado em lei;
IV. Efetua, com abuso de poder, qualquer diligência.

Os crimes de exercício arbitrário e abuso de poder, tanto o *caput* como as figuras equiparadas do parágrafo único foram revogados pela Lei nº 13.869/2019 – Abuso de autoridade.

Fuga de pessoa presa ou submetida a medida de segurança

Art. 351. Promover ou facilitar a fuga de pessoa legalmente presa ou submetida a medida de segurança detentiva:
Pena *- detenção, de seis meses a dois anos.*
§ 1º. Se o crime é praticado à mão armada, ou por mais de uma pessoa, ou mediante arrombamento, a pena é de reclusão, de dois a seis anos.
§ 2º. Se há emprego de violência contra pessoa, aplica-se também a pena correspondente à violência.
§ 3º. A pena é de reclusão, de um a quatro anos, se o crime é praticado por pessoa sob cuja custódia ou guarda está o preso ou o internado.
§ 4º. No caso de culpa do funcionário incumbido da custódia ou guarda, aplica-se a pena de detenção, de três meses a um ano, ou multa.

> Súmula 75 do STJ. Compete à justiça comum estadual processar e julgar o policial militar por crime de promover ou facilitar a fuga de preso de estabelecimento penal.

Evasão mediante violência contra a pessoa

Art. 352. Evadir-se ou tentar evadir-se o preso ou o indivíduo submetido a medida de segurança detentiva, usando de violência contra a pessoa:
Pena *- detenção, de três meses a um ano, além da pena correspondente à violência*

Arrebatamento de preso

Art. 353. Arrebatar preso, a fim de maltratá-lo, do poder de quem o tenha sob custódia ou guarda:
Pena *- reclusão, de um a quatro anos, além da pena correspondente à violência.*

Conduta

Somente uma conduta é prevista para a prática do crime, consubstanciada no núcleo arrebatar preso, com o fim de maltratá-lo (linchamento). Arrebatar significa arrancar, levar, retirar com violência.

Se não tiver o fim de maltratá-lo, não configurará este crime, mas poderá incorrer no Art. 351 do CP. promover ou facilitar fuga de pessoa presa.

O arrebatamento de pessoa submetida à medida de segurança (ou adolescente apreendido) com a finalidade de maltratá-la não configurará o crime do Art. 353 do CP. Nesses casos a retirada do internado da custódia da autoridade será atípica, respondendo o agente somente por eventual conduta posterior praticada contra o arrebatado (morte, lesões corporais etc).

Motim de presos

Art. 354. Amotinarem-se presos, perturbando a ordem ou disciplina da prisão:
Pena *- detenção, de seis meses a dois anos, além da pena correspondente à violência.*

Considerações

No tipo penal não há descrição de quantos presos são necessários para configurar o motim. Para alguns autores, três presos são suficientes. Já Mirabete exige no mínimo quatro. Todavia, nenhum entendimento está consolidado, sendo essencial que constitua um ajuntamento tumultuário de aprisionados.

Patrocínio infiel

Art. 355. Trair, na qualidade de advogado ou procurador, o dever profissional, prejudicando interesse, cujo patrocínio, em juízo, lhe é confiado:
Pena *- detenção, de seis meses a três anos, e multa.*

Patrocínio simultâneo ou tergiversação

Parágrafo único. Incorre na pena deste artigo o advogado ou procurador judicial que defende na mesma causa, simultânea ou sucessivamente, partes contrárias.

Sujeitos

Sujeito Ativo: o crime em tela somente poderá ser praticado por advogado ou procurador judicial devidamente inscrito nos quadros da OAB. Não estão incluídos no dispositivo os promotores e procuradores de justiça.

Sujeito Passivo: é o Estado e, possivelmente, o outorgante do mandato que foi prejudicado

Conduta

Pode se dar por ação (Ex.: Manifesta-se no processo de forma contrária aos interesses da parte defendida), ou por omissão (Ex.: Deixa de recorrer).

DOS CRIMES CONTRA ADMINISTRAÇÃO PÚBLICA

Conforme alguns autores, o patrocínio infiel deve ser empreendido em causa judicial, pouco importando a natureza ou espécie. Desta forma, a atuação extrajudicial do profissional, como em inquérito policial, sindicância etc. não caracteriza o crime em estudo, sendo o agente passível, apenas, de punição disciplinar.

Consumação e tentativa

Consuma-se com a ocorrência do efetivo prejuízo ao patrocinado, ainda que a situação possa ser revertida.

A tentativa é possível apenas na forma comissiva.

O dispositivo traz duas formas de infidelidade profissional:

Patrocínio simultâneo: consiste na conduta do advogado ou procurador que, concomitantemente, zela (ainda que por interposta pessoa) os interesses de partes contrárias.

> Não é necessário que o patrocínio se dê no mesmo processo, bastando ser a mesma causa.

Patrocínio sucessivo ou tergiversação: consiste na conduta do advogado que renuncia ao mandato de uma parte (ou por ela é dispensado) e passa, em seguida, a representar a outra.

No parágrafo único é dispensável a comprovação de efetivo prejuízo ao patrocinado traído - delito formal.

Sonegação de papel ou objeto de valor probatório

Art. 356. Inutilizar, total ou parcialmente, ou deixar de restituir autos, documento ou objeto de valor probatório, que recebeu na qualidade de advogado ou procurador:
Pena - detenção, de seis meses a três anos, e multa.

Exploração de prestígio

Art. 357. Solicitar ou receber dinheiro ou qualquer outra utilidade, a pretexto de INFLUIR em juiz, jurado, órgão do Ministério Público, funcionário de justiça, perito, tradutor, intérprete ou testemunha:
Pena - reclusão, de um a cinco anos, e multa.
Parágrafo único. As penas aumentam-se de um terço, se o agente alega ou insinua que o dinheiro ou utilidade também se destina a qualquer das pessoas referidas neste artigo.

Introdução

Versa de forma similar ao crime de tráfico de influência Art. 332 do CP. Com a edição da Lei nº 9.127/95, esses dois crimes foram diferenciados e o Art. 332 passou a ser o crime de tráfico de influência. Esse delito é de ação penal pública incondicionada.

Classificação

É um crime simples, pois ofende um único bem jurídico que é a administração da justiça.

Considerado um crime comum, podendo ser praticado por qualquer pessoa.

É um crime formal quando o agente (SOLICITAR) ou material (RECEBER).

É conhecido como um crime de ação múltipla ou de conteúdo variado, mesmo o agente praticando mais de um verbo do tipo no mesmo contexto, responderá por um único crime.

Sujeitos do crime

Sujeito Ativo: por ser considerado um crime comum, pode ser cometido por qualquer pessoa, pois a própria Descrição do Crime não exige qualquer qualidade do agente.

Sujeito Passivo: o Estado, e também o servidor utilizado na fraude, bem como a pessoa ludibriada pelo agente.

Consumação e tentativa

A consumação dependerá da conduta praticada:

Se a conduta do agente for solicitar, o crime se consuma com o simples pedido, independentemente do aceite da vítima enganada (crime formal).

A TENTATIVA é possível, porém dependerá de como será praticado o delito.

Ex.: "A", alegando conhecer um jurado, sem realmente conhecê-lo, solicita a "B" uma determinada vantagem para supostamente convencer o jurado a absolver seu irmão, réu em determinada ação penal.

> STF diz que, para a configuração do delito de exploração de prestígio, não é necessário que o agente influa na atuação das pessoas do tipo (juiz, jurado, perito etc.), bastando que o pedido da vantagem seja a PRETEXTO de influir. (STF. RHC 75.128/RJ)

Descrição do crime

Exige-se um especial fim de agir por parte do agente, portanto só caracteriza o crime na forma dolosa, não admitindo a forma culposa.

Causa de aumento de pena

Parágrafo único. As penas aumentam-se de um terço, se o agente alega ou insinua que o dinheiro ou utilidade também se destina a qualquer das pessoas referidas no artigo.

Não é exigida a afirmação explícita de qualquer das pessoas indicadas no *caput* desse artigo, basta a insinuação.

Se restar provado que o destinatário da vantagem é uma das pessoas indicadas no tipo penal, restará a este a corrupção passiva (Art. 317 do CP) e ao particular e ao intermediador o crime de corrupção ativa (Art. 333 do CP).

Considerações

Exploração de prestígio (Art. 357 do CP)	Tráfico de influência (Art. 332 do CP)
Solicitar ou receber.	Solicitar, exigir, cobrar ou obter.
Ato de disposição específica relativa aos órgão ou funcionários da administração da justiça.	Ato praticado por funcionário público no exercício da função.

Violência ou fraude em arrematação judicial

Art. 358. Impedir, perturbar ou fraudar arrematação judicial; afastar ou procurar afastar concorrente ou licitante, por meio de violência, grave ameaça, fraude ou oferecimento de vantagem:
Pena - *detenção, de dois meses a um ano, ou multa, além da pena correspondente à violência.*

Desobediência a decisão judicial sobre perda ou suspensão de direito

Art. 359. Exercer função, atividade, direito, autoridade ou múnus, de que foi suspenso ou privado por decisão judicial:
Pena - *detenção, de três meses a dois anos, ou multa.*

8.6 Dos Crimes Contra as Finanças Públicas

Contração de operação de crédito

Art. 359-A. Ordenar, autorizar ou realizar operação de crédito, interno ou externo, sem prévia autorização legislativa:
Pena - *reclusão, de 1 (um) a 2 (dois) anos.*
Parágrafo único. *Incide na mesma pena quem ordena, autoriza ou realiza operação de crédito, interno ou externo:*
I. Com inobservância de limite, condição ou montante estabelecido em lei ou em resolução do Senado Federal;
II. Quando o montante da dívida consolidada ultrapassa o limite máximo autorizado por lei.

Inscrição de despesas não empenhadas em restos a pagar

Art. 359-B. Ordenar ou autorizar a inscrição em restos a pagar, de despesa que não tenha sido previamente empenhada ou que exceda limite estabelecido em lei:
Pena - *detenção, de 6 (seis) meses a 2 (dois) anos.*

Assunção de obrigação no último ano do mandato ou legislatura

Art. 359-C. Ordenar ou autorizar a assunção de obrigação, nos dois últimos quadrimestres do último ano do mandato ou legislatura, cuja despesa não possa ser paga no mesmo exercício financeiro ou, caso reste parcela a ser paga no exercício seguinte, que não tenha contrapartida suficiente de disponibilidade de caixa:
Pena - *reclusão, de 1 (um) a 4 (quatro) anos.*

Ordenação de despesa não autorizada

Art. 359-D. Ordenar despesa não autorizada por lei:
Pena - *reclusão, de 1 (um) a 4 (quatro) anos.*

Prestação de garantia graciosa

Art. 359-E. Prestar garantia em operação de crédito sem que tenha sido constituída contragarantia em valor igual ou superior ao valor da garantia prestada, na forma da lei:
Pena - *detenção, de 3 (três) meses a 1 (um) ano.*

Não cancelamento de restos a pagar

Art. 359-F. Deixar de ordenar, de autorizar ou de promover o cancelamento do montante de restos a pagar inscrito em valor superior ao permitido em lei:
Pena - *detenção, de 6 (seis) meses a 2 (dois) anos.*

Aumento de despesa total com pessoal no último ano do mandato ou legislatura

Art. 359-G. Ordenar, autorizar ou executar ato que acarrete aumento de despesa total com pessoal, nos cento e oitenta dias anteriores ao final do mandato ou da legislatura:
Pena - *reclusão, de 1 (um) a 4 (quatro) anos.*

Oferta pública ou colocação de títulos no mercado

Art. 359-H. Ordenar, autorizar ou promover a oferta pública ou a colocação no mercado financeiro de títulos da dívida pública sem que tenham sido criados por lei ou sem que estejam registrados em sistema centralizado de liquidação e de custódia:
Pena - *reclusão, de 1 (um) a 4 (quatro) anos.*

9. QUESTÕES

01. **(AOCP – 2019 – PC/ES – ESCRIVÃO)** A impossibilidade da lei penal nova mais gravosa ser aplicada em caso ocorrido anteriormente à sua vigência é chamada de
   a) princípio da ultra-atividade da lei nova.
   b) princípio da legalidade.
   c) princípio da irretroatividade.
   d) princípio da normalidade.
   e) princípio da adequação.

02. **(AOCP – 2019 – PC/ES – ESCRIVÃO)** O art. 1º do Código Penal afirma que não há crime sem lei anterior que o defina e que não há pena sem prévia cominação legal. O mencionado dispositivo corresponde a qual princípio de direito penal?
   a) Princípio da legalidade.
   b) Princípio da proibição de pena indigna.
   c) Princípio da proporcionalidade.
   d) Princípio da igualdade.
   e) Princípio da austeridade.

03. **(AOCP – 2018 – PM/SC – OFICIAL)** Segundo o Código Penal Brasileiro, nos dispositivos da parte geral que disciplinam a aplicação da lei penal sobre tempo e lugar dos crimes, assinale a alternativa correta.
   a) Considera-se praticado o crime no lugar em que ocorreu a ação ou omissão, no todo ou em parte.
   b) Nos delitos dolosos, considera-se praticado o crime tão somente no momento da ação.
   c) Considera-se praticado o crime no momento da omissão, contanto que seja o mesmo momento do resultado.
   d) Considera-se praticado o crime no lugar apenas onde se produziu o resultado.
   e) Nos crimes tentados, o lugar do crime não abrange aquele em que se desenvolveram os atos executórios, mas tão somente abrange aquele em que deveria produzir-se o resultado.

04. **(AOCP – 2021 – PC/PA – INVESTIGADOR)(AOCP – 2021 – PC/PA – INVESTIGADOR)** Referente ao Direito Penal, assinale a alternativa correta.
   a) A lei penal mais grave aplica-se ao crime continuado ou ao crime permanente se a sua vigência é anterior à cessação da continuidade ou da permanência.
   b) Consoante a jurisprudência dos Tribunais Superiores, é possível a combinação de leis penais (*lex tertia*), desde que se favorável ao réu.
   c) Não há de se falar em *abolitio criminis* nas hipóteses em que, nada obstante à revogação formal do tipo penal, o fato criminoso passa a ser disciplinado perante dispositivo legal diverso. Nesses casos, verifica-se a incidência do princípio da consunção normativa.
   d) Os prazos de natureza penal são improrrogáveis, salvo se terminarem em sábados, domingos ou feriados, hipóteses em que serão prorrogados até o primeiro dia útil que se seguir.
   e) Caracteriza-se o crime impossível por impropriedade absoluta do objeto quando o meio de execução utilizado pelo agente é, por sua natureza ou essência, incapaz de produzir o resultado.

05. **(AOCP – 2019 – PC/ES – INVESTIGADOR)** Assinale a alternativa correta.
   a) O desconhecimento da lei é inescusável. O erro sobre a ilicitude do fato, se inevitável, isenta de pena; se evitável, poderá diminuí-la de 1/6 a 1/3.
   b) Se o fato é cometido sob coação resistível, só é punível o autor da coação.
   c) Se o fato é cometido em estrita obediência à ordem, ainda que manifestamente ilegal, de superior hierárquico, só é punível o autor da ordem.
   d) O erro quanto à pessoa contra a qual o crime é praticado isenta de pena.
   e) O erro sobre elemento constitutivo do tipo legal de crime exclui o dolo e não permite a punição por crime culposo, ainda que previsto em lei.

06. **(AOCP – 2019 – PC/ES – INVESTIGADOR)** Assinale, dentre as alternativas a seguir, a única que NÃO majora de 1/3 até a metade a pena para o autor do delito de feminicídio.
   a) Praticar o crime nos 5 meses posteriores ao parto.
   b) Praticar o crime contra pessoa menor de 14 anos.
   c) Praticar o crime contra pessoa com deficiência.
   d) Praticar o crime na presença física ou virtual de descendente ou de ascendente da vítima.
   e) Praticar o crime contra pessoa maior de 60 anos.

07. **(AOCP – 2019 – PC/ES – INVESTIGADOR)** Assinale a alternativa correta.
   a) Nos termos do que dispõe a Lei nº 11.343/2006, quem adquirir, para consumo pessoal, drogas sem autorização ou em desacordo com determinação legal ou regulamentar poderá ser submetido à pena de medida educativa de comparecimento a programa ou curso educativo pelo prazo máximo de 12 meses, desde que o agente seja reincidente.
   b) A Lei nº 4.898/1965 não prevê a possibilidade de aplicação de pena de multa para aquele que pratica conduta tipificada como abuso de autoridade.
   c) Nos termos do que dispõe a Lei nº 8.072/1990, o crime de roubo majorado pelo emprego de arma de fogo é considerado hediondo.
   d) Segundo o disposto na Lei nº 8.137/1990, constitui crime contra a ordem tributária as condutas de deixar de aplicar, ou aplicar em desacordo com o estatuído, incentivo fiscal ou parcelas de imposto liberadas por órgão ou entidade de desenvolvimento.
   e) Nos termos do que dispõe o Código Penal, o agente que praticar o delito de falsa perícia terá sua pena reduzida de um a dois terços se, antes da sentença no processo em que ocorreu o ilícito, retratar-se ou declarar a verdade.

08. **(AOCP – 2018 – PM/SC – OFICIAL)** A Autoridade Policial foi notificada a respeito de suposto crime contra a dignidade sexual, após a alegada vítima relatar que fora convidada, via mensagens de aplicativo de telefone celular, por um interlocutor que conhecera em uma festa a ter um encontro sexual na casa dele. Após o esgotamento das diligências inquisitoriais pela polícia, os autos do inquérito foram remetidos ao Ministério Público para *opinio delicti*. Considerando que a dita vítima é maior de idade, deverá o membro do Ministério Público responsável pelo caso:
   a) oferecer denúncia criminal contra o interlocutor por crime de assédio sexual (art. 216-A do Código Penal).
   b) oferecer denúncia criminal contra o interlocutor por crime de estupro de vulnerável (art. 217 do Código Penal).
   c) requerer derradeira diligência à Autoridade Policial, para que se produza laudo de corpo de delito sobre a vítima.
   d) determinar a remessa dos autos para que a vítima ofereça queixa-crime por difamação contra o interlocutor.
   e) pugnar pelo arquivamento dos autos em razão de atipicidade.

09. **(AOCP – 2019 – PC/ES – ESCRIVÃO)** O funcionário público que retardar ou deixar de praticar, indevidamente, ato de ofício, ou praticá-lo contra disposição expressa de lei, para satisfazer interesse ou sentimento pessoal, incorrerá no delito de
   a) prevaricação.
   b) condescendência criminosa.
   c) concussão.
   d) corrupção passiva.
   e) corrupção ativa.

10. **(AOCP – 2018 – PM/SC – OFICIAL)** De acordo com o Código Penal, todo indivíduo que "dar causa à instauração de investigação policial, de processo judicial, instauração de investigação administrativa, inquérito civil ou ação de improbidade administrativa contra alguém, imputando-lhe crime de que o sabe inocente", estará incurso em qual tipo penal?
   a) Prevaricação.
   b) Fraude processual.
   c) Autoacusação falsa.
   d) Comunicação falsa de crime ou contravenção.
   e) Denunciação caluniosa.

Gabaritos

01	C	02	A	03	A
04	A	05	A	06	A
07	D	08	E	09	A
10	E				

NOÇÕES DE DIREITO PROCESSUAL PENAL

1. INTRODUÇÃO AO DIREITO PROCESSUAL PENAL

Toda vez que ocorrer a prática de um delito, nasce para o Estado o *"jus puniendi"*, ou seja, o direito de punir do Estado, sempre pautado com ono devido processo legal. Tal mandamento deriva do Estado Democrático de Direito. Cumpre frisarNote que o Estado não pode simplesmente aplicar qualquer pena, mas sim, seguir o mandamento constitucional previsto no **Art.5º, XLVII:**

> **Art. 5, XLVII** - não haverá penas:
> **a)** de morte, salvo em caso de guerra declarada, nos termos do art. 84, XIX;
> **b)** de caráter perpétuo;
> **c)** de trabalhos forçados;
> **d)** de banimento;
> **e)** cruéis;.

Assim, visa-se a respeitar a dignidade da pessoa humana, harmonizando-a com as medidas legais pertinentes à elucidação de um delito, bem como a consequente aplicação posterior da pena.

Desse modo, definimos o processo penal como um conjunto de normas jurídicas tendentes a direcionar a atuação da polícia judiciária, assim como de todo o Poder Judiciário criminal, objetivando uma investigação, um processo e uma sentença justa, que se fundamentem na verdade dos fatos, a fim de respeitar todos os direitos constitucionais do homem, a ampla defesa, a presunção de inocência, dentre outros. Nesse sentido, verificamos nos comandos a seguir relacionados, previstos no **Art.5º, CF/88:**

> **III.** ninguém será processado nem sentenciado senão pela autoridade competente;
> **LIV.** ninguém será privado da liberdade ou de seus bens sem o devido processo legal;
> **LV.** aos litigantes, em processo judicial ou administrativo, e aos acusados em geral são assegurados o contraditório e ampla defesa, com os meios e recursos a ela inerentes;
> **LVI.** são inadmissíveis, no processo, as provas obtidas por meios ilícitos;
> **LVII.** ninguém será considerado culpado até o trânsito em julgado de sentença penal condenatória;.

E, por fim, cabe ressaltar que a prisão ocorre no Brasil conforme mandamento também presente **no inciso LXI do Art.5º, CF/88:** - *"ninguém será preso senão em flagrante delito ou por ordem escrita e fundamentada de autoridade judiciária competente, salvo nos casos de transgressão militar ou crime propriamente militar, definidos em lei;."*

1.1 Lei Processual Penal no Espaço

O Código de Processo Penal, no Art. 1o°, estabelece o Princípio da Territorialidade da Lei Processual Penal (*Locus Regit Actum* ou *Lex Fori*), de forma que se aplicam em território brasileiro as normas de cunho processual penal a todas as infrações penais relacionadas com o Estado brasileiro, de maneira a não haver hipóteses de extra-territorialidadeextraterritorialidade de lei processual penal.

> **Art. 1.** O processo penal reger-se-á, em todo o território brasileiro, por este Código, ressalvados:
> **I.** Os tratados, as convenções e regras de direito internacional;
> **II.** as prerrogativas constitucionais do Presidente da República, dos ministros de Estado, nos crimes conexos com os do Presidente da República, e dos ministros do Supremo Tribunal Federal, nos crimes de responsabilidade;
> **III.** os processos da competência da Justiça Militar;
> **IV.** os processos da competência do tribunal especial;(
> **V.** os processos por crimes de imprensa.
> **Parágrafo único.** Aplicar-se-á, entretanto, este Código aos processos referidos nos nos. IV e V, quando as leis especiais que os regulam não dispuserem de modo diverso.

Ao falar de território, se faz-se necessário preciso buscar seu conceito na própria lei, ou seja, no Código penal Brasileiro, conforme esculpido definição presente no em seu **Art. 5º:**

> **Art. 5.** Aplica-se a lei brasileira, sem prejuízo de convenções, tratados e regras de direito internacional, ao crime cometido no território nacional.
> **§1º.** Para os efeitos penais, consideram-se como extensão do território nacional as embarcações e aeronaves brasileiras, de natureza pública ou a serviço do governo brasileiro onde quer que se encontrem, bem como as aeronaves e as embarcações brasileiras, mercantes ou de propriedade privada, que se achem, respectivamente, no espaço aéreo correspondente ou em alto-mar.
> **§2º.** É também aplicável **a lei brasileira aos crimes praticados a bordo de aeronaves ou embarcações estrangeiras de propriedade privada, achando-se aquelas em pouso no território nacional ou em vôo voo no espaço aéreo correspondente, e estas em porto ou mar territorial do Brasil."**

1.2 Lei Processual Penal no Tempo

> **Art. 2. do CPP:** A lei processual penal aplicar-se-á desde logo, sem prejuízo da validade dos atos realizados sob a vigência da lei anterior.

Esse artigo contempla o princípio da aplicação imediata (*"tempus regit actum"*).

Desse princípio derivam duas regras fundamentais:

> a) a lei genuinamente processual tem aplicação imediata;
> b) a vigência dessa nova lei não invalida os atos processuais anteriores já praticados.

1.3 Interpretação da Lei Processual Penal

Conforme o **Art. 3º. do CPP:**

> *"A lei processual penal admitirá interpretação extensiva e aplicação analógica, bem como o suplemento dos princípios gerais de direito."*

A aplicação da lei processual penal segue as mesmas regras de hermenêutica que disciplinam a interpretação da legislação em geral. Interpretar significa definir o sentido e alcance de determinado conceito.

Em função da impossibilidade de se poder escrever na lei todo o seu significado ou ainda se de prever todas as situações possíveis de ocorrer na vida real, o Art. 3º do Código de Processo Penal prevê que a lei processual penal admitirá:

Interpretação extensiva.	Aplicação analógica.	Suplemento dos princípios gerais de direitoDireito.

NOÇÕES DE DIREITO PROCESSUAL PENAL

2. INQUÉRITO POLICIAL

A persecução criminal apresenta dois momentos distintos: o da investigação e o da ação penal.

Esta consiste no pedido de julgamento da pretensão punitiva, enquanto a primeira é atividade preparatória da ação penal, de caráter preliminar e informativo. Em outros termos, a persecução penal estatal se constitui de duas etapas:

a investigação preliminar, gênero do qual é espécie o inquérito policial, cujo objetivo é formar lastro probatório mínimo para a deflagração válida da fase seguinte;

processo penal, que é desencadeado pela propositura de ação penal perante o Judiciário.

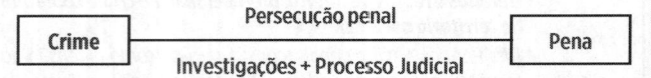

```
                   Persecução penal
[Crime] ─────────────────────────────── [Pena]
           Investigações + Processo Judicial
```

2.1 Conceito de Inquérito Policial

Inquérito policial é um procedimento administrativo inquisitivo, anterior ao processo, presidido pela autoridade policial (delegado de polícia) que conduz diligências, as quais objetivam apurar:

→ autoria (responsável pelo crime)
→ materialidade (existência);
→ circunstâncias.

Com a finalidade de possibilitar que o titular da ação penal possa ingressar em juízo.

2.2 Natureza Jurídica

Trata-se de um Procedimento Administrativo

Quando verificamos o quesito Procedimento, uma vez que não se trata, pois, de processo judicial, nem tampouco de processo administrativo, porquanto dele não resulta a imposição direta de nenhuma sanção.

→ Administrativo: O inquérito policial é um procedimento administrativo, porque é realizado pela polícia judiciária, que é um órgão do Poder Executivo poder este que tem como função típica a de administrar a coisa pública.

2.3 Características do Inquérito Policial

Inquisitivo

No inquérito policial não há partes, acusação e defesa; temos somente o delegado de polícia investigando um crime e, consequentemente, um suspeito. Nele não há contraditório nem ampla-defesa.

Realmente, a investigação não observa o contraditório, pois a polícia não tem a obrigação de avisar um suspeito que o está investigando; e não há ampla-defesa, porque o inquérito não pode, em regra, fundamentar uma sentença condenatória, tendo o suspeito possibilidade de se defender durante o processo.

Atenção à redação do Art. 5º, LV da CF:

Aos litigantes, em processo judicial ou administrativo, e aos acusados em geral são assegurados o contraditório e ampla defesa, com os meios e recursos a ela inerentes.

Como na fase da investigação não existe nenhuma acusação e nem partes, não há que se falar em contraditório e ampla defesa, pois o direito constitucional previsto no Art. 5º inciso LV da CF é válido para as partes de um processo. Além do inquérito policial não ter partes, é um procedimento e não um processo, conforme descrito na Constituição Federal.

Escrito

Todas as diligências realizadas no curso de um inquérito policial devem ser passadas a termo (escritas), para que seja facilitada a troca de informações entre os órgãos responsáveis pela persecução penal.

O delegado de polícia tem a faculdade de filmar ou gravar diligências realizadas, mas isso não afasta a obrigação de transcrever todas por escrito.

> **Art. 405º, § 1º, CPP.** *"Sempre que possível, o registro dos depoimentos do investigado, indiciado, ofendido e testemunhas será feito pelos meios ou recursos de gravação magnética, estenotipia, digital ou técnica similar, inclusive audiovisual, destinada a obter maior fidelidade das informações."*

Sendo assim, é possível que o delegado, havendo meios, documente os atos do IP através por meio das formas de tecnologia existentes, inclusive captação de som e imagem.

Discricionário

Discricionariedade é a liberdade dentro da lei (esta determina ou autoriza a atuação do Estado). Assim sendo, o delegado tem liberdade na adoção e condução das diligências adotadas no curso de um inquérito policial.

O Art. 6º do CPP traz um rol de possíveis procedimentos que podem ser adotados pela polícia na condução de um inquérito; ele não é taxativo, pois a polícia pode adotar qualquer uma daquelas diligências na ordem que entender melhor, ou seja, o rol é exemplificativo.

Não podemos entender discricionariedade como uma faculdade do delegado de iniciar ou não uma investigação, porque, conforme veremos adiante, em alguns casos a investigação é obrigatória. A discricionariedade se refere ao fato de o delegado, sendo obrigado ou não a investigar, poder adotar as diligências que considere convenientes para a solução do crime, desde que esteja prevista tal diligência na lei.

Explica essa regra o fato de que cada crime é um acontecimento único no mundo e, sendo assim, a solução deles não tem uma receita certa, devendo a autoridade policial saber utilizar, dentre os meios disponíveis, aqueles adequados à solução do caso.

Oficial

A realização do inquérito policial é atribuição de um órgão oficial do Estado (Polícia Judiciária), com a presidência deste incumbida a autoridade policial do respectivo órgão (Delegado de Polícia – art. 2º, §1º, da Lei 12.830/13).

> **Art. 2** *"As funções de polícia judiciária e a apuração de infrações penais exercidas pelo delegado de polícia são de natureza jurídica, essenciais e exclusivas de Estado."*

Oficioso

Ao tomar conhecimento de notícia de crime de ação penal pública incondicionada, a autoridade policial é obrigada a agir de ofício, independentemente de provocação da vítima e/ou qualquer outra pessoa.

Deve, pois, instaurar o inquérito policial de ofício, nos exatos termos do art. 5º, I, do CPP, procedendo, então, às diligências investigatórias no sentido de obter elementos de informação quanto à infração penal e sua autoria.

No caso de crimes de ação penal pública condicionada à representação e de ação penal de iniciativa privada, a instauração do inquérito policial está condicionada à manifestação da vítima ou de seu representante legal.

Sigiloso

Ao contrário do que ocorre no processo, o inquérito NÃO comporta publicidade, sendo procedimento essencialmente sigiloso, disciplinando o art. 20º, do CPP, que *"a autoridade assegurará no inquérito o sigilo necessário à elucidação do fato ou exigido pelo interesse da sociedade"*.

> **Classificação do sigilo**
>> **Sigilo externo**: destinado aos terceiros desinteressados e aà imprensa.
>> **Sigilo Interno**: destinado aos interessados no processo.

O sigilo do IP NÃO atinge o juiz e o membro do Ministério Público.

Quanto ao advogado do investigado, o Estatuto da OAB traz, em art. 7º, XIV, a seguinte redação:

> **Art. 7** São direitos do advogado: [...]XIV - examinar, em qualquer instituição responsável por conduzir investigação, mesmo sem procuração, autos de flagrante e de investigações de qualquer natureza, findos ou em andamento, ainda que conclusos à autoridade, podendo copiar peças e tomar apontamentos, em meio físico ou digital.

Súmula Vinculante 14 – "É direito do defensor, no interesse do representado, ter acesso amplo aos

elementos de prova que, já documentados em procedimento investigatório realizado por órgão com

competência de polícia judiciária, digam respeito ao exercício do direito de defesa."

Indisponível

A persecução criminal é de ordem pública, e uma vez iniciado o inquérito, não pode o delegado de polícia dele dispor. Se diante de uma circunstância fática, o delegado percebe que não houve crime, nem em tese, não deve iniciar o inquérito policial. Contudo, uma vez iniciado o procedimento investigativo, deve levá-lo até o final, não podendo arquivá-lo, em virtude de expressa vedação contida no art. 17º do CPP.

> **Art. 17.** A autoridade policial não poderá mandar arquivar autos de inquérito.

Dispensável

> **Art. 39, §5º** CPP – "O órgão do Ministério Público dispensará o inquérito, se com a representação forem oferecidos elementos que o habilitem a promover a ação penal, e, neste caso, oferecerá a denúncia no prazo de quinze dias."

Da leitura de dispositivos que regem a persecução penal preliminar, a exemplo art. 39º, § 5º, CPP, podemos concluir que o inquérito NÃO é imprescindível para a propositura da ação penal.

O inquérito visa coletar indícios de autoria e materialidade do crime para que o titular da ação penal possa ingressar em juízo. Assim sendo, se ele tiver esses indícios colhidos por outros meios, como por um inquérito não policial, o inquérito policial se torna dispensável.

Devemos observar também o teor da **Súmula 234 do STJ**: *"A participação de membro do Ministério Público na fase investigatória criminal não acarreta seu impedimento ou suspeição para o oferecimento da denúncia."*

2.4 Valor Probatório do Inquérito Policial

O Inquérito Policial tem valor probatório relativo, pois ele serve para embasar o início do processo, mas não tem a força de, sozinho, sustentar uma sentença condenatória, porque as provas colhidas durante o IP não se submeteram ao contraditório e à ampla defesa. Enfatizamos que o valor probatório é relativo, uma vez que não fundamenta uma decisão judicial, porém pode dar margem à abertura de um processo criminal contra alguém.

> **Art. 155, CPP.** O juiz formará sua convicção pela livre apreciação da prova produzida em contraditório judicial, não podendo fundamentar sua decisão exclusivamente nos elementos informativos colhidos na investigação, ressalvadas as provas cautelares, não repetíveis e antecipadas.

→ **Provas Cautelares, não Repetíveis e Antecipadas**

São as provas extraídas do IP e que têm a força de, eventualmente, sustentar uma sentença condenatória, conforme orienta o aArt. 155º do CPP.

Provas Cautelares	São aquelas em que existe um risco de desaparecimento do objeto pelo decurso do tempo. Justificam-se pela necessidade, pela urgência. Ex.: Interceptação telefônica, busca e apreensão.
Provas Não Renováveis ou Irrepetíveis	São colhidas na fase investigatória, porque não podem ser produzidas novamente na fase processual devido ao seu fácil perecimento. Perícia nos vestígios do crime. Para que essas provas tenham valor probatório de justificar uma sentença na fase processual, é necessário que elas sejam submetidas à ampla defesa e ao contraditório diferido ou postergado, ou seja, durante a fase processual.
Prova Antecipada	Aqui nos referimos às provas que, em regra, deveriam ser colhidas durante o curso do processo, e não durante o inquérito policial. Em alguns casos, é possível que o juiz antecipe a oitiva de uma testemunha para a fase das investigações, quando houver receio de que ela morra (idade avançada ou doença grave), ou então que a vítima se mude definitivamente para outro lugar, inviabilizando a sua audição. **Art. 225, CPP**. Se qualquer testemunha houver de ausentar-se, ou, por enfermidade ou por velhice, inspirar receio de que ao tempo da instrução criminal já não exista, o juiz poderá, de ofício ou a requerimento de qualquer das partes, tomar-lhe antecipadamente o depoimento.

INQUÉRITO POLICIAL

2.5 Vícios

Os vícios do inquérito policial são seus defeitos ou nulidades, e a dúvida é se aqueles podem ou não causar nulidades ao processo futuro. A resposta é negativa, pois o inquérito policial não tem a força de condenar ninguém, sendo assim, os seus defeitos serão apurados pelos órgãos competentes (corregedoria, MP). Dessa forma, podemos concluir que o delegado não pode ser considerado impedido ou suspeito de presidir o IP pelas futuras partes.

2.6 Do Procedimento Investigatório (IP) Face aos Servidores Vinculados aos Órgãos da Segurança da Pública (Art. 144º da CF/88)

A Lei 13.964/19 (Pacote Anticrime) incluiu o **art. 14-A ao Código de Processo Penal**, com a seguinte redação:

> *Art. 14-A. Nos casos em que servidores vinculados às instituições dispostas no art. 144 da Constituição Federal figurarem como investigados em inquéritos policiais, inquéritos policiais militares e demais procedimentos extrajudiciais, cujo objeto for a investigação de fatos relacionados ao uso da força letal praticados no exercício profissional, de forma consumada ou tentada, incluindo as situações dispostas no art. 23 do Decreto-Lei nº 2.848, de 7 de dezembro de 1940 (Código Penal), o indiciado poderá constituir defensor.. (Incluído pela Lei nº 13.964, de 2019.).*
>
> *§1º. Para os casos previstos no caput deste artigo, o investigado deverá ser citado da instauração do procedimento investigatório, podendo constituir defensor no prazo de até 48 (quarenta e oito) horas a contar do recebimento da citação. . (Incluído pela Lei nº 13.964, de 2019)*
>
> *§2º. Esgotado o prazo disposto no §1º. deste artigo com ausência de nomeação de defensor pelo investigado, a autoridade responsável pela investigação deverá intimar a instituição a que estava vinculado o investigado à época da ocorrência dos fatos, para que essa, no prazo de 48 (quarenta e oito) horas, indique defensor para a representação do investigado.. (Incluído pela Lei nº 13.964, de 2019. .*
>
> *§3º. (VETADO). . (Incluído pela Lei nº 13.964, de 2019. .*
>
> *§4º. (VETADO). (Incluído pela Lei nº 13.964, de 2019. .*
>
> *§5º. (VETADO). (Incluído pela Lei nº 13.964, de 2019..*
>
> *§6º. As disposições constantes deste artigo se aplicam aos servidores militares vinculados às instituições dispostas no art. 142 da Constituição Federal, desde que os fatos investigados digam respeito a missões para a Garantia da Lei e da Ordem.*

2.7 Incomunicabilidade

É importante saber que a incomunicabilidade não foi recepcionada pela CF e está tacitamente sem efeitos, mas suas regras são cobradas em questão de concurso.

> *Art. 21.. A incomunicabilidade do indiciado dependerá sempre de despacho nos autos e somente será permitida quando o interesse da sociedade ou a conveniência da investigação o exigir.*
>
> *Parágrafo único. A incomunicabilidade, que não excederá de três dias, será decretada por despacho fundamentado do Juiz, a requerimento da autoridade policial, ou do órgão do Ministério Público, respeitado, em qualquer hipótese, o disposto no artigo 89, inciso III, do Estatuto da Ordem dos Advogados do Brasil (Lei n. 4.215, de 27 de abril de 1963)*

2.8 Notícia Crime

Notícia crime (notitia criminis) é a forma como é denominado o conhecimento espontâneo ou provocado por parte da autoridade policial de um fato aparentemente criminoso. Por meio dela, a autoridade policial dará início às investigações.

Classificação da notícia crime

Ela é classificada em direta ou indireta, conforme veremos a seguir:

Notícia crime Crime Direta (cognição imediata ou espontânea)	Notícia Crime Indireta (cognição mediata ou provocada)
A autoridade policial toma conhecimento de um fato supostamente criminoso por meio da atuação da própria polícia, quando noticiado o crime pela imprensa ou comunicado anonimamente por um particular.	A polícia judiciária toma conhecimento do crime por meio da comunicação de um terceiro identificado.

Espécies de notícia crime indireta

→ **Requerimento**

É a comunicação de um fato supostamente criminoso, realizado pela vítima ou por seu representante legal (para menores de 18 anos de idade ou loucos). Além de comunicar o crime, também serve como um pedido para que a polícia inicie as investigações.

Segundo o CPP, diante de um requerimento, o delegado pode se recusar a iniciar as investigações e, neste caso, é cabível recurso ao chefe de polícia (Art. 5º, §2º do CPP).

> *Art. 5 §2º Do despacho que indeferir o requerimento de abertura de inquérito caberá recurso para o chefe de Polícia.*

→ **Requisição**

É a comunicação do crime feita à autoridade policial pelo promotor ou pelo juiz e também uma determinação para o início das investigações. O delegado não pode se recusar a cumprir uma requisição.

> *Art. 13. Incumbirá ainda à autoridade policial:*
>
> *I. fornecer às autoridades judiciárias as informações necessárias à instrução e julgamento dos processos;*
>
> *II. realizar as diligências requisitadas pelo juiz ou pelo Ministério Público;*
>
> *III. cumprir os mandados de prisão expedidos pelas autoridades judiciárias;*
>
> *IV. representar acerca da prisão preventiva.*

→ **Representação**

É a comunicação do crime e também uma autorização para que o Estado atue, seja investigando, seja processando o possível autor. A representação é apresentada pela vítima ou por seu representante legal nos crimes de ação penal pública condicionada a ela.

É importante saber que a falta da representação, nos casos em que a investigação dependa dela, impede definitivamente a atuação do Estado, ou seja, a polícia não pode investigar o fato, não pode lavrar um auto de prisão em flagrante e não haverá processo.

→ **Requisição do Ministro da Justiça**

É a comunicação do crime e também uma autorização política para que o delegado inicie as investigações. Será necessária especificamente em crimes de ação penal pública condicionada à requisição do Ministro da Justiça, a qual não tem caráter de ordem como a do juiz ou do promotor. O nome requisição foi adotado, porque o ato é praticado por uma autoridade da alta cúpula do Poder Executivo.

Notícia crime com força coercitiva ou notícia crime por apresentação

É comunicação de um crime decorrente de uma prisão em flagrante, porque a notícia crime se manifesta com a simples apresentação do autor do delito à autoridade policial, pela pessoa que realizou a prisão.

2.9 Prazos para Conclusão do Inquérito Policial

O inquérito policial não pode se estender indefinidamente (é temporário), dispondo o Código de Processo Penal e a legislação extravagante acerca dos prazos de sua conclusão.

Regra geral

Como regra geral, para os crimes da atribuição da polícia civil estadual, o prazo para a conclusão do inquérito é de 10 dias, estando o indiciado preso, prazo este improrrogável, e de 30 dias, se o agente está solto. Este último prazo comporta prorrogação, a requerimento do delegado e mediante autorização do

juiz (art. 10º, CPP), não especificando a lei qual o tempo de prorrogação nem quantas vezes poderá ocorrer, o que nos leva a crer que esta pode se dar pela

> **Art. 10.** O inquérito deverá terminar no prazo de 10 dias, se o indiciado tiver sido preso em flagrante, ou estiver preso preventivamente, contado o prazo, nesta hipótese, a partir do dia em que se executar a ordem de prisão, ou no prazo de 30 dias, quando estiver solto, mediante fiança ou sem ela.

> Com o advento **da Lei 13.964/19 (Pacote Anticrime)**, foi acrescentado o **art. 3-B ao CPP**, o qual se encontra no tópico "Juiz das Garantias", passando a dispor, dentre as várias competências do "Juiz das Garantias", a possibilidade de que este possa prorrogar o IP quando o investigado estiver preso.
> **Art. 3-B, §2º.**
> "Se o investigado estiver preso, o juiz das garantias poderá, mediante representação da autoridade policial e ouvido o Ministério Público, prorrogar, uma ÚNICA VEZ, a duração do INQUÉRITO POR ATÉ 15 (QUINZE) DIAS, após o que, se ainda assim a investigação não for concluída, a prisão será imediatamente relaxada"
> <u>Note que tal norma está SUSPENSA</u>: no dia 22/01/20 o Ministro Luiz Fux SUSPENDEU a implementação dos artigos que tratam do "Juiz das Garantias" (e de alguns outros dispositivos da referida Lei). Portanto, até a publicação da Apostila a norma está suspensa.

→ **Reprodução Simulada do Fato**

> **Art. 7. CPP**: Para verificar a possibilidade de haver a infração sido praticada de determinado modo, a autoridade policial poderá proceder à reprodução simulada dos fatos, desde que esta não contrarie a moralidade ou a ordem pública.

A reprodução simulada do fato é a famosa reconstituição do crime; tem a finalidade de verificar se a infração foi praticada de determinado modo. Nesse caso, o suspeito não é obrigado a contribuir com a diligência, mas é obrigado a comparecer.

→ **Indiciamento**

É o ato da autoridade policial que comunica a uma pessoa que ela é a suspeita de ter praticado determinado crime e está sendo investigada em um inquérito policial. O indiciamento não é um ato discricionário, pois se fundamenta nas provas colhidas durante as diligências. Se as provas apontam um suspeito, ele DEVE ser indiciado; se não apontam, o delegado não pode indiciar ninguém.

> **LEI Nº 12.830, de 2013 -** §6º. O indiciamento, privativo do delegado de polícia, dar-se-á por ato fundamentado, mediante análise técnico-jurídica do fato, que deverá indicar a autoria, materialidade e suas circunstâncias.

Procedimento especial no CPP

> **Art. 13-A.** Nos crimes previstos nos <u>arts. 148</u>, <u>149</u> e <u>149-A</u>, no §3º. do art. 158 e no <u>art. 159 do Decreto-Lei no 2.848, de 7 de dezembro de 1940 (Código Penal)</u>, e no <u>art. 239 da Lei no 8.069, de 13 de julho de 1990 (Estatuto da Criança e do Adolescente)</u>, o membro do Ministério Público ou o delegado de polícia poderá requisitar, de quaisquer órgãos do poder público ou de empresas da iniciativa privada, dados e informações cadastrais da vítima ou de suspeitos.... <u>(Incluído pela Lei nº 13.344, de 2016.</u>..
> Parágrafo único. A requisição, que será atendida no prazo de 24 (vinte e quatro) horas, conterá.... <u>(Incluído pela Lei nº 13.344, de 2016.</u>..
> **I.** o nome da autoridade requisitante.... <u>(Incluído pela Lei nº 13.344, de 2016.</u>..
> **II.** o número do inquérito policial; .... <u>(Incluído pela Lei nº 13.344, de 2016.</u>..
> **III.** a identificação da unidade de polícia judiciária responsável pela investigação.... <u>(Incluído pela Lei nº 13.344, de 2016.</u>
> **Art. 13-B.** Se necessário à prevenção e à repressão dos crimes relacionados ao tráfico de pessoas, o membro do Ministério Público ou o delegado de polícia poderão requisitar, mediante autorização judicial, às empresas prestadoras de serviço de telecomunicações e/ou telemática que disponibilizem imediatamente os meios técnicos adequados – como sinais, informações e outros – que permitam a localização da vítima ou dos suspeitos do delito em curso.... <u>(Incluído pela Lei nº 13.344, de 2016.</u>
> **§1º.** Para os efeitos deste artigo, sinal significa posicionamento da estação de cobertura, setorização e intensidade de radiofrequência. <u>(Incluído pela Lei nº 13.344, de 2016.</u>
> **§2º.** Na hipótese de que trata o **caput**, o sinal: <u>(Incluído pela Lei nº 13.344, de 2016.</u>
> **I.** não permitirá acesso ao conteúdo da comunicação de qualquer natureza, que dependerá de autorização judicial, conforme disposto em lei; <u>(Incluído pela Lei nº 13.344, de 2016.</u>
> **II.** deverá ser fornecido pela prestadora de telefonia móvel celular por período não superior a 30 (trinta) dias, renovável por uma única vez, por igual período; <u>(Incluído pela Lei nº 13.344, de 2016.</u>

INQUÉRITO POLICIAL

III. *para períodos superiores àquele de que trata o inciso II, será necessária a apresentação de ordem judicial.* (Incluído pela Lei nº 13.344, de 2016.

§3º. Na hipótese prevista neste artigo, o inquérito policial deverá ser instaurado no prazo máximo de 72 (setenta e duas) horas, contado do registro da respectiva ocorrência policial. (Incluído pela Lei nº 13.344, de 2016.

§4º. Não havendo manifestação judicial no prazo de 12 (doze) horas, a autoridade competente requisitará às empresas prestadoras de serviço de telecomunicações e/ou telemática que disponibilizem imediatamente os meios técnicos adequados – como sinais, informações e outros – que permitam a localização da vítima ou dos suspeitos do delito em curso, com imediata comunicação ao juiz.

→ **Final do Inquérito Policial**

O inquérito policial é finalizado com a produção de um documento chamado RELATÓRIO. Nele, o delegado vai relatar as diligências realizadas.

O delegado NÃO deve emitir opinião no relatório, ressalva feita à Lei nº 11.343/2006 (Lei de Drogas), prevendo que, na elaboração do relatório, a autoridade policial deva justificar as razões que a levaram à classificação do delito (art. 52º).

> Após a confecção desse relatório o inquérito policial estará concluído.

→ **Destino dos Autos do Inquérito Policial**

Os autos do inquérito, integrados com o relatório, serão remetidos ao JUDICIÁRIO (art. 10º, § 1º, CPP), para que sejam acessados pelo titular da ação penal.

> **Art. 10, §1.** *"A autoridade fará minucioso relatório do que tiver sido apurado e enviará autos ao juiz competente".*

→ **Arquivamento do Inquérito**

Quando o MP entender que o inquérito não obteve êxito algum, não prova nada quanto ao fato ou quanto à autoria, nem existe, no momento, expectativa de que novas diligências vão mudar esse cenário, o promotor irá requerer ao juiz o arquivamento do inquérito policial e, caso este concorde com o pedido, ele irá homologá-lo, arquivando o IP. Se discordar do pedido, ele irá encaminhar ao Procurador Geral de República (Nível Federal), para que este decida sobre o arquivamento do IP.

> **Art. 28, CPP.** *Se o órgão do Ministério Público, ao invés de apresentar a denúncia, requerer o arquivamento do inquérito policial ou de quaisquer peças de informação, o juiz, no caso de considerar improcedentes as razões invocadas, fará remessa do inquérito ou peças de informação ao procurador-geral, e este oferecerá a denúncia, designará outro órgão do Ministério Público para oferecê-la, ou insistirá no pedido de arquivamento, ao qual só então estará o juiz obrigado a atender.*

> Com o advento **da Lei 13.964/19 (Pacote Anticrime)**, foi acrescentado o Artigo 28 e revogando o atual artigo 28 (esse que foi supracitado).
>
> **Note que tal norma está SUSPENSA:** no dia 22/01/20 o Ministro Luiz Fux SUSPENDEU a implementação dos artigos que tratam do "Juiz das Garantias" (e de alguns outros dispositivos da referida Lei). Portanto, até a publicação da Apostila a norma está suspensa.
>
> Desta feita deve ser a aplicada a norma supracitada. De outra sorte, iremos aqui descrever a nova que até a presenta presente data está suspensa.
>
> **Art. 28.** *Ordenado o arquivamento do inquérito policial ou de quaisquer elementos informativos da mesma natureza, o órgão do Ministério Público comunicará à vítima, ao investigado e à autoridade policial e encaminhará os autos para a instância de revisão ministerial para fins de homologação, na forma da lei.* (Redação dada pela Lei nº 13.964, de 2019.

→ **Efeitos do Arquivamento do IP**

Arquivado o inquérito policial, por despacho do juiz, a requerimento do promotor de justiça, não pode a ação penal ser iniciada sem novas provas (Súmula 524 do STF). Assim sendo, o arquivamento do IP veda o oferecimento da denúncia para a promoção da ação penal, mas tal vedação não é absoluta, pois, se surgirem novas provas, a acusação poderá ser oferecida e ser iniciada a ação penal.

> **Art. 18, CPP.** *Depois de ordenado o arquivamento do inquérito pela autoridade judiciária, por falta de base para a denúncia, a autoridade policial poderá proceder a novas pesquisas, se de outras provas tiver notícia.*

3. PROVAS

3.1 Conceito

É tudo aquilo que é apresentado ao juiz, com o objetivo de contribuir na formação da sua opinião quanto aos fatos ou atos do processo que sejam relevantes para auxiliá-lo a chegar à sentença.

Cadeia de Custodia.

Cadeia de custódia da prova consiste no caminho que deve ser percorrido pela prova até a sua análise pelo magistrado, sendo certo que qualquer interferência indevida durante esse trâmite processual pode resultar na sua imprestabilidade.

Note que o tema "Cadeia de Custódia" é um tema totalmente novo incluído pelo pacote anticrime (lei nº 13.721/18), portanto, a probabilidade de constar em provas será enorme, atente à letra da lei, pois, sendo novidade e como não jurisprudência envolvendo o tema ainda, sendo assim, as bancas devem abusar a lei seca.

CONCEITO LEGAL → Considera-se cadeia de custódia o conjunto de todos os procedimentos utilizados para manter e documentar a história cronológica do vestígio coletado em locais ou em vítimas de crimes, para rastrear sua posse e manuseio a partir de seu reconhecimento até o descarte.

Inicio da cadeia de custódia: O início da cadeia de custódia dá-se com a preservação do local de crime ou com procedimentos policiais ou periciais nos quais seja detectada a existência de vestígio.

O agente público que reconhecer um elemento como de potencial interesse para a produção da prova **pericial fica responsável por sua preservação**.

A coleta dos vestígios deverá ser realizada **preferencialmente** por perito oficial

É proibida a entrada em locais isolados bem como a remoção de quaisquer vestígios de locais de crime antes da liberação por parte do perito responsável, **sendo tipificada como fraude processual a sua realização**.

> **Art. 158-A.** Considera-se cadeia de custódia o conjunto de todos os procedimentos utilizados para manter e documentar a história cronológica do vestígio coletado em locais ou em vítimas de crimes, para rastrear sua posse e manuseio a partir de seu reconhecimento até o descarte.
> **§1º**. O início da cadeia de custódia dá-se com a preservação do local de crime ou com procedimentos policiais ou periciais nos quais seja detectada a existência de vestígio.
> **§2º**. O agente público que reconhecer um elemento como de potencial interesse para a produção da prova pericial fica responsável por sua preservação.
> **§3º**. Vestígio é todo objeto ou material bruto, visível ou latente, constatado ou recolhido, que se relaciona à infração penal.
> **Art. 158-B.** A cadeia de custódia compreende o rastreamento do vestígio nas seguintes etapas:
> **I.** reconhecimento: ato de distinguir um elemento como de potencial interesse para a produção da prova pericial;
> **II.** isolamento: ato de evitar que se altere o estado das coisas, devendo isolar e preservar o ambiente imediato, mediato e relacionado aos vestígios e local de crime;
> **III.** fixação: descrição detalhada do vestígio conforme se encontra no local de crime ou no corpo de delito, e a sua posição na área de exames, podendo ser ilustrada por fotografias, filmagens ou croqui, sendo indispensável a sua descrição no laudo pericial produzido pelo perito responsável pelo atendimento;
> **IV.** coleta: ato de recolher o vestígio que será submetido à análise pericial, respeitando suas características e natureza;
> **V.** acondicionamento: procedimento por meio do qual cada vestígio coletado é embalado de forma individualizada, de acordo com suas características físicas, químicas e biológicas, para posterior análise, com anotação da data, hora e nome de quem realizou a coleta e o acondicionamento;
> **VI.** transporte: ato de transferir o vestígio de um local para o outro, utilizando as condições adequadas (embalagens, veículos, temperatura, entre outras), de modo a garantir a manutenção de suas características originais, bem como o controle de sua posse;
> **VII.** recebimento: ato formal de transferência da posse do vestígio, que deve ser documentado com, no mínimo, informações referentes ao número de procedimento e unidade de polícia judiciária relacionada, local de origem, nome de quem transportou o vestígio, código de rastreamento, natureza do exame, tipo do vestígio, protocolo, assinatura e identificação de quem o recebeu;
> **VIII.** processamento: exame pericial em si, manipulação do vestígio de acordo com a metodologia adequada às suas características biológicas, físicas e químicas, a fim de se obter o resultado desejado, que deverá ser formalizado em laudo produzido por perito;
> **IX.** armazenamento: procedimento referente à guarda, em condições adequadas, do material a ser processado, guardado para realização de contraperícia, descartado ou transportado, com vinculação ao número do laudo correspondente;
> **X.** descarte: procedimento referente à liberação do vestígio, respeitando a legislação vigente e, quando pertinente, mediante autorização judicial.
> **Art. 158-C.** A coleta dos vestígios deverá ser realizada preferencialmente por perito oficial, que dará o encaminhamento necessário para a central de custódia, mesmo quando for necessária a realização de exames complementares.
> **§1º**. Todos vestígios coletados no decurso do inquérito ou processo devem ser tratados como descrito nesta Lei, ficando órgão central de perícia oficial de natureza criminal responsável por detalhar a forma do seu cumprimento.
> **§2º**. É proibida a entrada em locais isolados bem como a remoção de quaisquer vestígios de locais de crime antes da liberação por parte do perito responsável, sendo tipificada como fraude processual a sua realização.
> **Art. 158-D.** O recipiente para acondicionamento do vestígio será determinado pela natureza do material.
> **§1º**. Todos os recipientes deverão ser selados com lacres, com numeração individualizada, de forma a garantir a inviolabilidade e a idoneidade do vestígio durante o transporte.
> **§2º**. O recipiente deverá individualizar o vestígio, preservar suas características, impedir contaminação e vazamento, ter grau de resistência adequado e espaço para registro de informações sobre seu conteúdo.
> **§3º**. O recipiente só poderá ser aberto pelo perito que vai proceder à análise e, motivadamente, por pessoa autorizada.
> **§4º**. Após cada rompimento de lacre, deve se fazer constar na ficha de acompanhamento de vestígio o nome e a matrícula do responsável, a data, o local, a finalidade, bem como as informações referentes ao novo lacre utilizado.

PROVAS

§5º. O lacre rompido deverá ser acondicionado no interior do novo recipiente.

Art. 158-E. Todos os Institutos de Criminalística deverão ter uma central de custódia destinada à guarda e controle dos vestígios, e sua gestão deve ser vinculada diretamente ao órgão central de perícia oficial de natureza criminal.

§1º. Toda central de custódia deve possuir os serviços de protocolo, com local para conferência, recepção, devolução de materiais e documentos, possibilitando a seleção, a classificação e a distribuição de materiais, devendo ser um espaço seguro e apresentar condições ambientais que não interfiram nas características do vestígio.

§2º. Na central de custódia, a entrada e a saída de vestígio deverão ser protocoladas, consignando-se informações sobre a ocorrência no inquérito que a eles se relacionam.

§3º. Todas as pessoas que tiverem acesso ao vestígio armazenado deverão ser identificadas e deverão ser registradas a data e a hora do acesso.

§4º. Por ocasião da tramitação do vestígio armazenado, todas as ações deverão ser registradas, consignando-se a identificação do responsável pela tramitação, a destinação, a data e horário da ação.

Art. 158-F. Após a realização da perícia, o material deverá ser devolvido à central de custódia, devendo nela permanecer.

Parágrafo único. Caso a central de custódia não possua espaço ou condições de armazenar determinado material, deverá a autoridade policial ou judiciária determinar as condições de depósito do referido material em local diverso, mediante requerimento do diretor do órgão central de perícia oficial de natureza criminal.

Classificação das Provas

> **Provas Nominadas**: são aquelas cujo meio de produção estão previstas em lei (Art. 158 a 250 do CPP).

Ex.: Art. 226. Quando houver necessidade de fazer-se o reconhecimento de pessoa, proceder-se-á pela seguinte forma:

I. a pessoa que tiver de fazer o reconhecimento será convidada a descrever a pessoa que deva ser reconhecida;

II. a pessoa, cujo reconhecimento se pretender, será colocada, se possível, ao lado de outras que com ela tiverem qualquer semelhança, convidando-se quem tiver de fazer o reconhecimento a apontá-la;

III. se houver razão para recear que a pessoa chamada para o reconhecimento, por efeito de intimidação ou outra influência, não diga a verdade em face da pessoa que deve ser reconhecida, a autoridade providenciará para que esta não veja aquela;

IV. do ato de reconhecimento lavrar-se-á auto pormenorizado, subscrito pela autoridade, pela pessoa chamada para proceder ao reconhecimento e por duas testemunhas presenciais.

> **Provas Inominadas**: são aquelas cujos meios de produção não estão previstas previstos na lei.

Ex.: recognição visuográfica de local de crime.

Princípio da liberdade na produção de provas

É possível a utilização de qualquer uma das duas modalidades de provas acima descritas, ou seja, as nominadas e as inominadas, em razão do princípio da liberdade na produção da prova.

Não há nenhuma hierarquia entre as provas, ou seja, tanto as nominadas quanto as inominadas têm o mesmo valor.

Tal princípio encontra exceção nas seguintes hipóteses:

> Estado civil das pessoas

Art. 155, parágrafo único, CPP. Somente quanto ao estado das pessoas serão observadas as restrições estabelecidas na lei civil.

Para provar o estado civil é necessária a apresentação de certidão, não admitindo nenhum outro modo, como por exemplo:, a prova testemunhal.

> Provas Ilícitas

Recebem conceituação diferente pelo Código de Processo Penal e também pela doutrina. Veja a seguir:

» Conceito de provas Ilícitas dentro do CPP

Para o CPP, não há distinção entre as provas ilícitas e ilegítimas, sendo todas elas espécies de provas ilícitas, ou seja, estas, para o CPP, são aquelas que ferem normas constitucionais e infraconstitucionais. Assim sendo, tanto faz se fere norma de direito penal ou de direito processual penal.

Art. 157, CPP. São inadmissíveis, devendo ser desentranhadas do processo, as provas ilícitas, assim entendidas as obtidas em violação a normas constitucionais ou legais.

» Conceito de provas Ilícitas para a doutrina

Nesse caso, as provas ilícitas recebem uma subclassificação: ilícitas e ilegítimas.

Provas ilícitas: São as que ofendem o direito material (Código Penal ou legislação penal extravagante) e também aquelas que ofendem os princípios constitucionais penais.

Violar uma correspondência para conseguir uma prova.

Provas Ilegítimas: São as provas que ofendem o direito formal, processual, ou seja, o Código de Processo Penal e a legislação processual penal extravagante. Também são aquelas que violam os princípios constitucionais processuais penais. Por exemplo: laudo pericial confeccionado somente por um perito não oficial.

Distinção entre PROVA ILÍCITA e PROVA ILEGÍTIMA	
Prova Ilícita	Prova Ilegítima
É aquela produzida mediante a violação de norma de direito material prevista na Constituição Federal ou em lei ordinária.	É aquela produzida mediante violação de norma de direito processual. Ex.: CPP, art. 479.

> Inutilização da prova Ilícitas

Art. 157. <u>São inadmissíveis</u>, devendo ser desentranhadas do processo, as provas ilícitas, assim entendidas as obtidas em violação a normas constitucionais ou legais.

§3º. Preclusa a decisão de desentranhamento da prova declarada inadmissível, <u>esta será inutilizada por decisão judicial, facultado às partes acompanhar o incidente</u>.

> Teoria dos frutos da Árvore Envenenada (Fruits Of The Poisonous Tree): Teoria da Prova Ilícita Por Derivação.

Art., 157, §1º, primeira parte. São também inadmissíveis as provas derivadas das ilícitas

As provas que decorrem de uma ilícita também estarão contaminadas, não devendo ser utilizadas no processo.

» Teoria da descoberta Inevitável: prova originária de fonte independente.

§1º. e 2º, CPP. São também inadmissíveis as provas derivadas das ilícitas, salvo quando não evidenciado o nexo de causalidade entre umas e outras, ou quando as derivadas puderem ser obtidas por uma fonte independente das primeiras. Considera-se fonte independente aquela que por si só, seguindo os trâmites típicos e de praxe, próprios da investigação ou instrução criminal, seria capaz de conduzir ao fato objeto da prova.

A prova derivada de uma ilícita poderá ser utilizada quando, seguindo os trâmites típicos e de praxe da investigação, ou da instrução criminal, pudermos chegar à mesma prova obtida por meio de uma ilícita.

Por meio de uma escuta ilegal, obtém-se a localização de um documento incriminador em relação ao indiciado. Ocorre que uma testemunha, depondo regularmente, também indicou à polícia o lugar onde se encontrava a referida prova. Podemos concluir que mesmo que esse documento não fosse confeccionado por meio de um procedimento ilegal, ele seria produzido após o interrogatório, por fonte independente.

» Teoria da prova absolutamente independente:

Art. 157, § 3º. *Preclusa a decisão de desentranhamento da prova declarada inadmissível, esta será inutilizada por decisão judicial, facultado às partes acompanhar o incidente*

A mera existência de uma prova ilícita no processo não necessariamente o contamina, pois, havendo outras provas lícitas absolutamente independentes da ilícita no processo serão aproveitadas.

A prova declarada ilícita pelo juiz será desentranhada dos autos e destruída com a presença facultativa das partes.

ÔNUS DA PROVA

ART. 156, CPP: *"A prova da alegação incumbirá a quem a fizer"*

PROVA EMPRESTADA

> É aceito no Brasil
> É aquela produzida em outro processo

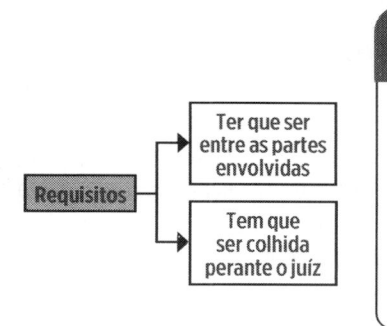

Requisitos:
- Ter que ser entre as partes envolvidas
- Tem que ser colhida perante o juíz

É possível a utilização de interceptação em procedimento ADM disciplinar, desde que tenha sido autorizada para apurar crime punido com reclusão.

Exame de Corpo Delito

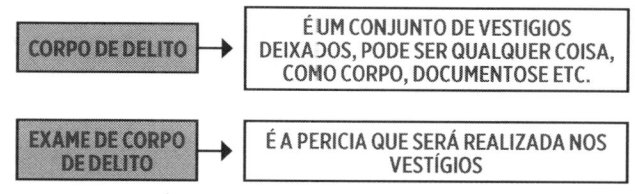

Art. 158 do CPP: *Quando a infração deixar vestígios, será indispensável o exame de corpo de delito, direto ou indireto, não podendo supri-lo a confissão do acusado.*

Parágrafo único. *Dar-se-á prioridade à realização do exame de corpo de delito quando se tratar de crime que envolva:*

I. violência doméstica e familiar contra mulher;

II. violência contra criança, adolescente, idoso ou pessoa com deficiência.

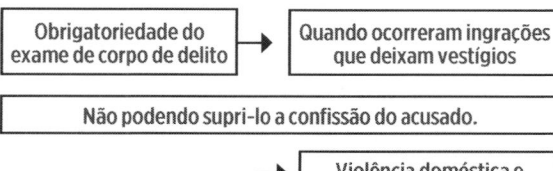

- Obrigatoriedade do exame de corpo de delito → Quando ocorreram ingrações que deixam vestígios
- Não podendo supri-lo a confissão do acusado.
- Prioridade à realização do exame decorpo de delito →
  - Violência doméstica e familiar contra mulher
  - Violênca contra criança, adolescente, idoso ou pessoa com deficiência

PODE O SER NEGADO PELO JUIZ OU DELEGADO O EXAME DE CORPO DE DELITO?

Art. 184. *Salvo o caso de exame de corpo de delito, o juiz ou a autoridade policial negará a perícia requerida pelas partes, quando não for necessária ao esclarecimento da verdade.*

DIFERENÇA ENTRE CORPO DE DELITO E EXAME DE CORPO DE DELITO

- **CORPO DE DELITO** → É UM CONJUNTO DE VESTÍGIOS DEIXADOS, PODE SER QUALQUER COISA, COMO CORPO, DOCUMENTOSE ETC.
- **EXAME DE CORPO DE DELITO** → É A PERICIA QUE SERÁ REALIZADA NOS VESTÍGIOS

Art. 158 do CPP *"Quando a infração deixar vestígios, será indispensável o exame de corpo de delito, direto ou indireto, não podendo supri-lo a confissão do acusado".*

DIFERENÇA ENTRE CORPO DE DELITO DIRETO E INDIRETO

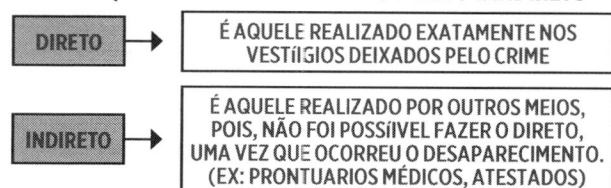

- **DIRETO** → É AQUELE REALIZADO EXATAMENTE NOS VESTÍGIOS DEIXADOS PELO CRIME
- **INDIRETO** → É AQUELE REALIZADO POR OUTROS MEIOS, POIS, NÃO FOI POSSÍVEL FAZER O DIRETO, UMA VEZ QUE OCORREU O DESAPARECIMENTO. (EX: PRONTUARIOS MÉDICOS, ATESTADOS)

É POSSIVEL A PROVA TESTEMUNHAL NO EXAME DE CORPO DE DELITO INDIRETO?

Art. 167 do CPP. *"Não sendo possível o exame de corpo de delito, por haverem desaparecido os vestígios, a prova testemunhal poderá suprir-lhe a falta".*

PERITOS – ART. 159, CPP

Art. 159. *"O exame de corpo de delito e outras perícias serão realizados por perito oficial, portador de diploma de curso superior".*

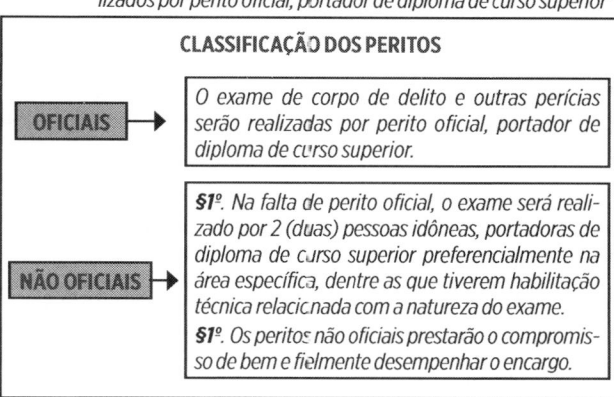

CLASSIFICAÇÃO DOS PERITOS

- **OFICIAIS** → *O exame de corpo de delito e outras perícias serão realizadas por perito oficial, portador de diploma de curso superior.*
- **NÃO OFICIAIS** →
  - **§1º.** *Na falta de perito oficial, o exame será realizado por 2 (duas) pessoas idôneas, portadoras de diploma de curso superior preferencialmente na área específica, dentre as que tiverem habilitação técnica relacionada com a natureza do exame.*
  - **§1º.** *Os peritos não oficiais prestarão o compromisso de bem e fielmente desempenhar o encargo.*

Portanto o perito não oficial deve:

> Ser pPessoa idônea (obrigatório)
> Ser pPortador de curso superior (obrigatório)
> Estar PREFERENCIALMENTE na área especifica da matéria examinada

Reconhecimento de Pessoas e Objetos

É o meio de prova que tem por finalidade identificar se determinada pessoa ou objeto teve algum tipo de ligação com o crime apurado no processo. Sendo assim, alguém que já tenha visto uma coisa ou outra será chamado a identificá-lo.

NOÇÕES DE DIREITO PROCESSUAL PENAL

PROVAS

→ Reconhecimento de Pessoas

Por meio deste expediente, busca-se identificar não somente o infrator, mas, em alguns casos, até mesmo a vítima e as testemunhas.

→ Procedimento

> **Art. 226**, I, CPP. *a pessoa que tiver de fazer o reconhecimento será convidada a descrever a pessoa que deva ser reconhecida;*
> **Art. 226**, II, CPP. *a pessoa, cujo reconhecimento se pretender, será colocada, se possível, ao lado de outras que com ela tiverem qualquer semelhança, convidando-se quem tiver de fazer o reconhecimento a apontá-la;*

→ Reconhecimento de Objetos

Se for necessário proceder ao reconhecimento de objetos que tenham algum tipo de vínculo com o crime, será adotará adotado o mesmo procedimento realizado para reconhecer uma pessoa (Art. 227, CPP. No reconhecimento de objeto, proceder-se-á com as cautelas estabelecidas no artigo anterior, no que for aplicável.).

É possível o reconhecimento de pessoas tanto por fotografias como também pela voz (modalidade de provas inominadas).

→ Acareação

É o meio de prova que tem por finalidade esclarecer divergências nas declarações de qualquer cidadão sobre fatos ou circunstâncias relevantes. A acareação pode se dar tanto entre acusados, acusado e testemunha, etc.

> **Art. 229**, CPP. *A acareação será admitida entre acusados, entre acusado e testemunha, entre testemunhas, entre acusado ou testemunha e a pessoa ofendida, e entre as pessoas ofendidas, sempre que divergirem, em suas declarações, sobre fatos ou circunstâncias relevantes.*

→ Natureza: meio de prova.

Pressupostos: divergência substancial sobre fato ou circunstância relevante, prestada previamente pelos confrontantes.

Procedimento: os acareados serão convocados à presença da autoridade (juiz ou delegado). Na sequência, serão provocados pela autoridade a mudar ou ratificar o depoimento anteriormente prestado.

→ Documentos

É o papel ou meio digital, fotográfico, etc., que tem por finalidade transmitir uma informação.

É o documento produzido com a finalidade de provar algo.

Ex.: Um comprovante de pagamento, declaração do IR.

→ Documentos Eventuais

Não possuem a finalidade de provar nada, mas, excepcionalmente, podem funcionar como prova.

Ex.: Uma foto familiar.

→ Tradução

Os documentos em língua estrangeira poderão ser traduzidos para que se obtenha a exata compreensão.

Segundo a doutrina, o que estiver escrito em língua estrangeira, para que tenha valor de prova, deve ser traduzido para o português, respeitando-se assim o princípio da publicidade.

→ Restituição

Após a sentença transitar em julgado, será possível a devolução dos documentos originais ao proprietário, adotando-se o seguinte procedimento:

> Requerimento do proprietário.
> Prévia oitiva do MP antes da decisão juiz.
> Se o juiz deferir o pedido, deve ficar cópia nos autos.

> **Art. 238**, CPP. *Os documentos originais, juntos a processo findo, quando não exista motivo relevante que justifique a sua conservação nos autos, poderão, mediante requerimento, e ouvido o Ministério Público, ser entregues à parte que os produziu, ficando traslado nos autos.*

→ Dos Indícios

> **Art. 239**, CPP. *Considera-se indício a circunstância conhecida e provada, que, tendo relação com o fato, autorize, por indução, concluir-se a existência de outra ou outras circunstâncias.*

Ex.: Alguém passeia pela rua e se depara com uma pessoa com a roupa suja de sangue e uma faca na mão. Essa pessoa passa pela outra correndo e, após alguns metros, encontra um cidadão caído no chão com várias facadas no corpo. Pode-se concluir, logicamente, que aquela primeira que passou com a faca cometeu a agressão, mesmo que não se tenha visto o crime acontecer.

→ Busca e Apreensão

Busca: é a procura de uma determinada pessoa ou de um objeto do rol do Art. 240 do CPP.

Apreensão: é resultante da busca bem-sucedida, em que se apreende a respectiva pessoa ou objeto procurado.

Para a doutrina moderna, a busca e apreensão seria uma medida cautelar, que tem por finalidade prospectar objetos ou pessoas.

Momento: pode ser produzida a qualquer momento, antes, durante ou até mesmo após a persecução penal, ou seja, durante a execução da pena.

LAUDO PERICIAL – ART. 160, CPP

> **Art. 160.** *"Os peritos elaborarão o laudo pericial, onde descreverão minuciosamente o que examinarem, e responderão aos quesitos formulados".*
> **Parágrafo único.** *"O laudo pericial será elaborado no prazo máximo de 10 dias, podendo este prazo ser prorrogado, em casos excepcionais, a requerimento dos peritos".*

É um documento pelo por meio do qual o perito expõe suas conclusões e deve conter:

> Informações detalhadas do objeto periciado
> Respostas elaboradas para os quesitos formulados pelas partes
> Conclusões

PARA LEMBRAR

Art. 161. O exame de corpo de delito poderá ser feito em qualquer dia e a qualquer hora.

Art. 162. A autópsia será feita pelo menos seis horas depois do óbito, salvo se os peritos, pela evidência dos sinais de morte, julgarem que possa ser feita antes daquele prazo, o que declararão no auto.

Autopsia é obrigatória?

Art. 162. do CPP - Parágrafo único. Nos casos de morte violenta, bastará o simples exame externo do cadáver, quando não houver infração penal que apurar, ou quando as lesões externas permitirem precisar a causa da morte e não houver necessidade de exame interno para a verificação de alguma circunstância relevante.

INTERROGATÓRIO. Arts 185 ao 196, CPP

> Trata-se de um meio de prova e um meio de defesa
> Ato personalíssimo do réu

Via de regra será oral → Exceções → Arts 192 e 193 do CPP

Art. 192. O interrogatório do mudo, do surdo ou do surdo-mudo será feito pela forma seguinte:

I. ao surdo serão apresentadas por escrito as perguntas, que ele responderá oralmente

II. ao mudo as perguntas serão feitas oralmente, respondendo-as por escrito

III. ao surdo-mudo as perguntas serão formuladas por escrito e do mesmo modo dará as respostas

Parágrafo único. Caso o interrogando não saiba ler ou escrever, intervirá no ato, como intérprete e sob compromisso, pessoa habilitada a entendê-lo

Art. 193. Quando o interrogando não falar a língua nacional, o interrogatório será feito por meio de intérprete.

> Individualidade

Art. 191. Havendo mais de um acusado, serão interrogados separadamente.

> Procedimentos

Art. 185. O acusado que comparecer perante a autoridade judiciária, no curso do processo penal, será qualificado e interrogado na presença de seu defensor, constituído ou nomeado.

§5º. Em qualquer modalidade de interrogatório, o juiz garantirá ao réu o direito de entrevista prévia e reservada com o seu defensor;

§10º. Do interrogatório deverá constar a informação sobre a existência de filhos, respectivas idades e se possuem alguma deficiência e o nome e o contato de eventual responsável pelos cuidados dos filhos, indicado pela pessoa presa

> Qualificação – 2 fases

Art. 187. O interrogatório será constituído de duas partes: sobre a pessoa do acusado e sobre os fatos

§1º. Na primeira parte o interrogando será perguntado sobre a residência, meios de vida ou profissão, oportunidades sociais, lugar onde exerce a sua atividade, vida pregressa, notadamente se foi preso ou processado alguma vez e, em caso afirmativo, qual o juízo do processo, se houve suspensão condicional ou condenação, qual a pena imposta, se a cumpriu e outros dados familiares e sociais

§2º. Na segunda parte será perguntado sobre

I. ser verdadeira a acusação que lhe é feita

II. não sendo verdadeira a acusação, se tem algum motivo particular a que atribuí-la, se conhece a pessoa ou pessoas a quem deva ser imputada a prática do crime, e quais sejam, e se com elas esteve antes da prática da infração ou depois dela

III. onde estava ao tempo em que foi cometida a infração e se teve notícia desta

IV. as provas já apuradas

V. se conhece as vítimas e testemunhas já inquiridas ou por inquirir, e desde quando, e se tem o que alegar contra elas

VI. se conhece o instrumento com que foi praticada a infração, ou qualquer objeto que com esta se relacione e tenha sido apreendido

VII. todos os demais fatos e pormenores que conduzam à elucidação dos antecedentes e circunstâncias da infração

VIII. se tem algo mais a alegar em sua defesa.

PODE O SER invocado o nemo tenetur se detegere no interrogatório?

Art. 186, §único do CPP. Depois de devidamente qualificado e cientificado do inteiro teor da acusação, o acusado será informado pelo juiz, antes de iniciar o interrogatório, do seu direito de permanecer calado e de não responder perguntas que lhe forem formuladas.

Parágrafo único. O silêncio, que não importará em confissão, não poderá ser interpretado em prejuízo da defesa.

uma vez interrogado pode acontecer outro?

Art. 196 do CPP - A todo tempo o juiz poderá proceder a novo interrogatório de ofício ou a pedido fundamentado de qualquer das partes.

INTERROGATÓRIO POR VIDEO CONFERÊNCIA

Art. 185, § 2º Excepcionalmente, o juiz, por decisão fundamentada, de ofício ou a requerimento das partes, poderá realizar o interrogatório do réu preso por sistema de videoconferência ou outro recurso tecnológico de transmissão de sons e imagens em tempo real, desde que a medida seja necessária para atender a uma das seguintes finalidades

I. prevenir risco à segurança pública, quando exista fundada suspeita de que o preso integre organização criminosa ou de que, por outra razão, possa fugir durante o deslocamento

II. viabilizar a participação do réu no referido ato processual, quando haja relevante dificuldade para seu comparecimento em juízo, por enfermidade ou outra circunstância pessoal

III. impedir a influência do réu no ânimo de testemunha ou da vítima, desde que não seja possível colher o depoimento destas por videoconferência, nos termos do art. 217 deste Código

IV. responder à gravíssima questão de ordem pública

§3º. Da decisão que determinar a realização de interrogatório por videoconferência, as partes serão intimadas com 10 (dez) dias de antecedência

§4º. Antes do interrogatório por videoconferência, o preso poderá acompanhar, pelo mesmo sistema tecnológico, a realização de todos os atos da audiência única de instrução e julgamento

§6º. A sala reservada no estabelecimento prisional para a realização de atos processuais por sistema de videoconferência será fiscalizada pelos corregedores e pelo juiz de cada causa, como também pelo Ministério Público e pela Ordem dos Advogados do Brasil.

CONFISSÃO – ARTS. 197 ao 200 do CPP

Art. 197. O valor da confissão se aferirá pelos critérios adotados para os outros elementos de prova, e para a sua apreciação o juiz deverá confrontá-la com as demais provas do processo, verificando se entre ela e estas existe compatibilidade ou concordância.

Art. 198. O silêncio do acusado não importará confissão, mas poderá constituir elemento para a formação do convencimento do juiz.

Art. 199. A confissão, quando feita fora do interrogatório, será tomada por termo nos autos, observado o disposto no art. 195.

Art. 200. A confissão será divisível e retratável, sem prejuízo do livre convencimento do juiz, fundado no exame das provas em conjunto.

4. PRISÕES

4.1 Conceito

Prisão nada mais é do que uma restrição à liberdade de ir e vir (liberdade ambulatorial ou de locomoção), por meio do recolhimento ao cárcere por ordem fundamentada do juiz ou derivada da prisão em flagrante.

Espécies de Prisão Cautelar

Atualmente existem três espécies de prisão cautelar, a saber, prisão em flagrante, preventiva e

> Prisão em Flagrante;
> Prisão Preventiva;
> Prisão Temporária.

→ **Prisão Preventiva**

É a medida cautelar de constrição da liberdade pessoal, cabível durante toda a persecução penal (IP + processo), decretada pelo juiz ex officio no curso da ação penal, ou a requerimento do MP, do querelante, do assistente ou por representação da autoridade policial. Não tem prazo e se justifica na presença dos requisitos estabelecidos na lei.

Note que a prisão preventiva teve alterações consideráveis conforme a o pacote anticrime.

Tempo da Prisão Preventiva

Não há prazo definido em lei acerca da duração dela, e se estende no tempo enquanto houver necessidade, que é dosada pela presença de seus requisitos legais. Se eventualmente estes desaparecem, a prisão preventiva será revogada e nada impede que ela seja decretada novamente, caso algum dos requisitos reapareça.

Por sua vez, se ela se estende no tempo de maneira desproporcional, se transforma-se em prisão ilegal, e, nesse caso, merecerá relaxamento.

Cabimento

Será possível tanto na investigação policial como no processo.

Art. 311 do CPP. *"Em qualquer fase da investigação policial ou do processo penal, caberá a prisão preventiva decretada pelo juiz, a requerimento do Ministério Público, do querelante ou do assistente, ou por representação da autoridade policial."*

Decretação

Art. 312 do CPP. A prisão preventiva poderá ser decretada como garantia da ordem pública, da ordem econômica, por conveniência da instrução criminal ou para assegurar a aplicação da lei penal, quando houver prova da existência do crime e indício suficiente de autoria e de perigo gerado pelo estado de liberdade do imputado.

§ 1º. A prisão preventiva também poderá ser decretada em caso de descumprimento de qualquer das obrigações impostas por força de outras medidas cautelares (art. 282, § 4º).

§ 2º. *"A decisão que decretar a prisão preventiva deve ser motivada e fundamentada em receio de perigo e existência concreta de fatos novos ou contemporâneos que justifiquem a aplicação da medida adotada."*

Admissibilidade

Art. 313 do CPP. Nos termos do art. 312 deste Código, será admitida a decretação da prisão preventiva.

I. nos crimes dolosos punidos com pena privativa de liberdade máxima superior a 4 (quatro) anos. ...

II. se tiver sido condenado por outro crime doloso, em sentença transitada em julgado, ressalvado o disposto no inciso I do caput do art. 64 do Decreto-Lei no 2.848, de 7 de dezembro de 1940 - Código Penal.

III. se o crime envolver violência doméstica e familiar contra a mulher, criança, adolescente, idoso, enfermo ou pessoa com deficiência, para garantir a execução das medidas protetivas de urgência.

§1º. Também será admitida a prisão preventiva quando houver dúvida sobre a identidade civil da pessoa ou quando esta não fornecer elementos suficientes para esclarecê-la, devendo o preso ser colocado imediatamente em liberdade após a identificação, salvo se outra hipótese recomendar a manutenção da medida.

§2º. Não será admitida a decretação da prisão preventiva com a finalidade de antecipação de cumprimento de pena ou como decorrência imediata de investigação criminal ou da apresentação ou recebimento de denúncia.

Excludentes de Ilicitude

Art. 314 do CPP. A prisão preventiva em nenhum caso será decretada se o juiz verificar pelas provas constantes dos autos ter o agente praticado o fato nas condições previstas nos incisos I, II e III do caput do art. 23 do Decreto-Lei no 2.848, de 7 de dezembro de 1940 - Código Penal.

Motivação

Art. 315 do CPP. A decisão que decretar, substituir ou denegar a prisão preventiva será sempre motivada e fundamentada. §1º. Na motivação da decretação da prisão preventiva ou de qualquer outra cautelar, o juiz deverá indicar concretamente a existência de fatos novos ou contemporâneos que justifiquem a aplicação da medida adotada.

§2º. Não se considera fundamentada qualquer decisão judicial, seja ela interlocutória, sentença ou acórdão, que.

I. limitar-se à indicação, à reprodução ou à paráfrase de ato normativo, sem explicar sua relação com a causa ou a questão decidida.

II. empregar conceitos jurídicos indeterminados, sem explicar o motivo concreto de sua incidência no caso.

III. invocar motivos que se prestariam a justificar qualquer outra decisão.

IV. não enfrentar todos os argumentos deduzidos no processo capazes de, em tese, infirmar a conclusão adotada pelo julgador.

V. limitar-se a invocar precedente ou enunciado de súmula, sem identificar seus fundamentos determinantes nem demonstrar que o caso sob julgamento se ajusta àqueles fundamentos.

VI. deixar de seguir enunciado de súmula, jurisprudência ou precedente invocado pela parte, sem demonstrar a existência de distinção no caso em julgamento ou a superação do entendimento.

Art. 316 do CPP. O juiz poderá, de ofício ou a pedido das partes, revogar a prisão preventiva se, no correr da investigação ou do processo, verificar a falta de motivo para que ela subsista, bem como novamente decretá-la, se sobrevierem razões que a justifiquem. (Redação dada pela Lei nº 13.964, de 2019. (Vigência)

Parágrafo único. Decretada a prisão preventiva, deverá o órgão emissor da decisão revisar a necessidade de sua manutenção a cada 90 (noventa) dias, mediante decisão fundamentada, de ofício, sob pena de tornar a prisão ilegal.

→ **Prisão Temporária (Lei 7.960/89)**

É a prisão cautelar cabível apenas ao longo do IP, decretada pelo juiz a requerimento do MP ou por representação da autoridade policial (o juiz não pode decretar a medida de ofício e também não pode ser requerida pelo querelante nos casos de ação penal privada), com prazo pré-eestabelecido em lei, uma vez presente os requisitos do Art. 1º da Lei 7.960/89.

> **Prisão Temporária:**
>> » É a prisão cautelar.
>> » Cabível apenas ao longo do IP.
>> » Decretada pelo juiz.
>> » Requerida pelo MP ou pelo delegado.
>> » Com prazo pré-eestabelecido em lei.
>> » Uma vez presente os seus requisitos.

Cabimento

Art. 1. Caberá prisão temporária:
I. quando imprescindível para as investigações do inquérito policial;
II. quando o indicado não tiver residência fixa ou não fornecer elementos necessários ao esclarecimento de sua identidade;
III. quando houver fundadas razões, de acordo com qualquer prova admitida na legislação penal, de autoria ou participação do indiciado nos seguintes crimes:
a) homicídio doloso (art. 121, caput, e seu § 2º);
b) seqüestro sequestro ou cárcere privado (art. 148, caput, e seus §§ 1º e 2º);
c) roubo (art. 157, caput, e seus §§ 1º, 2º e 3º);
d) extorsão (art. 158, caput, e seus §§ 1º e 2º.);
e) extorsão mediante seqüestro sequestro (art. 159, caput, e seus §§ 1º., 2º. e 3º.);
f) estupro (art. 213, caput, e sua combinação com o art. 223, caput, e parágrafo único). (Vide Decreto-Lei nº 2.848, de 1940)
g) atentado violento ao pudor (art. 214, caput, e sua combinação com o art. 223, caput, e parágrafo único). (Vide Decreto-Lei nº 2.848, de 1940)
h) rapto violento (art. 219, e sua combinação com o art. 223 caput, e parágrafo único). (Vide Decreto-Lei nº 2.848, de 1940)
i) epidemia com resultado de morte (art. 267, § 1º);
j) envenenamento de água potável ou substância alimentícia ou medicinal qualificado pela morte (art. 270, caput, combinado com art. 285);
l) quadrilha ou bando (art. 288), todos do Código Penal;
m) genocídio (arts. 1º, 2º e 3º da Lei nº 2.889, de 1º de outubro de 1956), em qualquer de suas formas típicas;
n) tráfico de drogas (art. 12 da Lei nº 6.368, de 21 de outubro de 1976);
o) crimes contra o sistema financeiro (Lei nº 7.492, de 16 de junho de 1986).
p) crimes previstos na Lei de Terrorismo.

> O rol de crimes descrito acima é taxativo, o que significa que somente esses delitos comportam a medida e mais nenhum

→ **Prisão em Flagrante**

É a prisão cautelar de natureza administrativa que funciona como ferramenta de preservação social, autorizando a captura daquele que é surpreendido no instante em que pratica ou termina de concluir a infração penal. Caracteriza-se pela imediatidade entre o crime e a prisão. Essa modalidade de prisão comporta várias delas, e, a seguir, exemplificaremos cada hipótese de flagrante, conforme o que vem sendo cobrado nos principais concursos do país.

Modalidades de Flagrante

Flagrante obrigatório/coercitivo: é aquele flagrante das autoridades policiais e seus agentes. A autoridade policial não tem qualquer discricionariedade quanto a prisão em flagrante ou não. (Fundamento: art. 301, CPP).

*Art. 301. "Qualquer do povo poderá e as autoridades policiais e seus agentes **deverão** prender quem quer que seja encontrado em flagrante delito".*

| Flagrante obrigatório | → | Autoridade Policial ou seus Agentes | → | Tem o dever de efetuar a prisão |

Flagrante Facultativo: é o flagrante que se aplica a qualquer pessoa do povo, não tendo o sujeito a obrigação de agir. (Fundamento: art. 301, CPP)

*Art. 301. "Qualquer do povo **poderá** e as autoridades policiais e seus agentes deverão prender quem quer que seja encontrado em flagrante delito".*

| Flagrante facultativo | → | Qualquer pessoa do povo | → | Poderá realizar o flagrante |

Esquematizando o tema:

Art. 301	Espécie de flagrante	Excludente de licitude	Infração em tese
Qualquer do povo PODERÁ	FACULTATIVO	Exercício regular do direito	Constrangimento ilegal
As autoridades policiais e seus agentes DEVERÃO	OBRIGATÓRIO	Estrito cumprimento do dever legal	Abuso de autoridade

→ **Flagrante Próprio (Real / Perfeito / Propriamente dito)**

Tem cabimento em duas hipóteses:

> Quando o agente está cometendo o delito, ou seja, está em plena prática dos atos executórios.;
> Acaba de cometer o delito, isto é, o agente terminou de concluir a prática da infração penal, ficando evidente que é o autor do crime

Art. 302, I e II, CPP. Considera-se em flagrante delito quem:
I. Está cometendo a infração penal;
II. Acaba de cometê-la;

→ **Flagrante Impróprio (Irreal/Imperfeito/Quase flagrante)**

É a espécie de flagrante que ocorre quando o criminoso conclui o crime ou é interrompido pela chegada de terceiros e foge, sem ser preso no local, fazendo com que se inicie uma perseguição, seja pela polícia, pela vítima ou por terceiro.

Art. 301, III, CP. Considera-se em flagrante delito quem:
III. É perseguido, logo após, pela autoridade, pelo ofendido ou por qualquer pessoa, em situação que faça presumir ser autor da infração.

NOÇÕES DE DIREITO PROCESSUAL PENAL

PRISÕES

→ **Flagrante presumido (Ficto ou Assimilado)**

O criminoso é encontrado, logo depois de praticar o crime, com objetos, armas ou papéis que faça presumir ser ele o autor do delito. Nesse caso, não há perseguição.

Art. 301, IV, CPP. Considera-se em flagrante delito quem:

IV. É encontrado, logo depois, com instrumentos, armas, objetos ou papéis que façam presumir ser ele autor da infração.

→ **Flagrante Forjado**

É o flagrante realizado para incriminar um inocente. A prisão é ilegal e o forjador irá responder criminalmente por denunciação caluniosa (Art. 339 do CP).

→ **Flagrante Esperado**

Ocorre quando a polícia toma conhecimento da possibilidade da ocorrência de um crime, então, fica em campana, aguardando que se iniciem os primeiros atos executórios, na expectativa de concretizar a captura. Devido à falta de previsão legal do flagrante esperado, quando a tomada se concretiza, ele se transforma em flagrante próprio, sendo assim, essa é uma modalidade viável para autorizar a prisão em flagrante.

No flagrante esperado, a polícia em nada contribui com a prática do delito, ela simplesmente toma conhecimento do crime que está por vir e aguarda o delito acontecer para realizar a prisão.

Não confundir com o flagrante preparado.

→ **Flagrante Preparado (Provocado / Delito Putativo por Obra do Agente Provocador)**

Ocorre quando o agente provocador (em regra, a polícia, podendo também ser terceiro) induz ou instiga alguém a cometer um crime. Não é admitido no Brasil, a prisão é ilegal, e o fato praticado não constitui crime, pois o é atípico, sendo a consumação da ação impossível, haja vista que, durante os atos executórios, haverá a prisão.

Súmula 145, STF. *Não há crime, quando a preparação do flagrante pela polícia torna impossível a sua consumação.*

→ **Flagrante Postergado (Diferido/Estratégico/Ação Controlada)**

Caracteriza-se pela possibilidade que a polícia (e somente ela) tem de retardar a prisão em flagrante, na expectativa de realizá-lo num momento mais adequado para a colheita de provas, para a captura do maior número de infratores e também a fim de conseguir o enquadramento no delito principal da facção criminosa. Ele é possível:

No Art. 2º caput e inciso II da Lei no 9.034/95 – Crime Organizado

Art. 2. Em qualquer fase de persecução criminal, são permitidos, sem prejuízo dos já previstos em lei, os seguintes procedimentos de investigação e formação de provas:

II. A ação controlada, que consiste em retardar a interdição policial do que se supõe ação praticada por organizações criminosas ou a ela vinculado, desde que mantida sob observação e acompanhamento para que a medida legal se concretize no momento mais eficaz do ponto de vista da formação de provas e fornecimento de informações.

Art. 53, Lei 11.343/06. Tráfico de Drogas

Art. 53. Em qualquer fase da persecução criminal relativa aos crimes previstos nesta Lei, são permitidos, além dos previstos em lei, mediante autorização judicial e ouvido o Ministério Público, os seguintes procedimentos investigatórios:

I. A infiltração por agentes de polícia, em tarefas de investigação, constituída pelos órgãos especializados pertinentes;

II. A não atuação policial sobre os portadores de drogas, seus precursores químicos ou outros produtos utilizados em sua produção, que se encontrem no território brasileiro, com a finalidade de identificar e responsabilizar maior número de integrantes de operações de tráfico e distribuição, sem prejuízo da ação penal cabível.

Parágrafo único. Na hipótese do inciso II deste artigo, a autorização será concedida desde que sejam conhecidos o itinerário provável e a identificação dos agentes do delito ou de colaboradores.

→ **Fases da Prisão em Flagrante**

a) Captura

> Emprego da força: a força pode ser utilizada, porém deve ser usada com moderação. Referente ao tema, importante o teor constante do artigo 292 do CPP.

Art. 292. Se houver, ainda que por parte de terceiros, resistência à prisão em flagrante ou à determinada por autoridade competente, o executor e as pessoas que o auxiliarem poderão usar dos meios necessários para defender-se ou para vencer a resistência, do que tudo se lavrará auto subscrito também por duas testemunhas.

Uso de algemas

Trata-se de uma medida de natureza excepcional, devendo ser utilizado utilizada quando houver risco de fuga OU agressão do preso contra policiais, membros da sociedade ou até a si mesmo.

Súmula Vinculante 11

Só é lícito o uso de algemas em casos de resistência e de fundado receio de fuga ou de perigo à integridade física própria ou alheia, por parte do preso ou de terceiros, justificada a excepcionalidade por escrito, sob pena de responsabilidade disciplinar, civil e penal do agente ou da autoridade e de nulidade da prisão ou do ato processual a que se refere, sem prejuízo da responsabilidade civil do Estado.

Art. 292 do CPP:

Parágrafo único. É vedado o uso de algemas em mulheres grávidas durante os atos médico-hospitalares preparatórios para a realização do parto e durante o trabalho de parto, bem como em mulheres durante o período de puerpério imediato.

b) Condução Coercitiva:

> NÃO SE IMPORÁ PRISÃO EM FLAGRANTE:
>> » Lei dos Juizados Especiais Criminais;
>> » Porte de drogas para consumo pessoal;
>> » CTB;

c) Lavratura do auto de prisão em Flagrante

> Possibilidade de concessão de fiança pela própria autoridade policial, nos moldes previstos pelo art. 322 do CPP.

*Art. 322. A autoridade policial **somente** poderá conceder fiança nos casos de infração cuja pena privativa de liberdade máxima não seja superior a 4 (quatro) anos. (Redação dada pela Lei nº 12.403, de 2011).*

Parágrafo único. Nos demais casos, a fiança será requerida ao juiz, que decidirá em 48 (quarenta e oito horas.

d) Convalidação Judicial da Prisão em Flagrante

Essa convalidação judicial constitui-se no procedimento que deverá ser observado pelo juiz quando do recebimento do auto de prisão em flagrante.

Providencias Providências que serão adotados pelo juiz ao receber o auto de prisão em flagrante.

Cumpre recordarmos que a obrigatoriedade de comunicação da prisão ao juiz encontra-se prevista na legislação ao teor do art. 306, do Código de Processo Penal, o que dispõe:

Art. 306. *"A prisão de qualquer pessoa e local onde se encontre serão comunicados imediatamente ao juiz competente, ao Ministério Público e a família do preso ou a pessoa por ele indicada".*

§1º. Em até 24 (vinte e quatro horas) após a realização da prisão, será encaminhado ao juiz competente o auto de prisão em flagrante e, caso o autuado não informe o nome de seu advogado, cópia integral para Defensoria Pública.

§2º. No mesmo prazo, será entregue ao preso, mediante recibo, a nota de culpa (termo de ciência das garantias constitucionais), assinada pela autoridade, com o motivo da prisão, o nome do condutor e os das testemunhas.

Audiência de Custódia
Conceito:

Audiência de custódia consiste no direito que a pessoa presa em flagrante possui de ser conduzida (levada), sem demora, à presença de uma autoridade judicial (magistrado) que irá analisar se os direitos fundamentais dessa pessoa foram respeitados (ex: se não houve tortura), se a prisão em flagrante foi legal e se a prisão cautelar deve ser decretada ou se o preso poderá receber a liberdade provisória ou medida cautelar diversa da prisão.

Art. 310 *do CPP: Após receber o auto de prisão em flagrante, no prazo máximo de até 24 (vinte e quatro) horas após a realização da prisão, o juiz deverá promover audiência de custódia com a presença do acusado, seu advogado constituído ou membro da Defensoria Pública e o membro do Ministério Público, e, nessa audiência, o juiz deverá, fundamentadamente. .*

I. relaxar a prisão ilegal; o.

II. converter a prisão em flagrante em preventiva, quando presentes os requisitos constantes do art. 312 deste Código, e se revelarem inadequadas ou insuficientes as medidas cautelares diversas da prisão; o.

III. conceder liberdade provisória, com ou sem fiança.

§1º. Se o juiz verificar, pelo auto de prisão em flagrante, que o agente praticou o fato em qualquer das condições constantes dos incisos I, II ou III do caput do art. 23 do Decreto-Lei nº 2.848, de 7 de dezembro de 1940 (Código Penal), poderá, fundamentadamente, conceder ao acusado liberdade provisória, mediante termo de comparecimento obrigatório a todos os atos processuais, sob pena de revogação.

§2º. Se o juiz verificar que o agente é reincidente ou que integra organização criminosa armada ou milícia, ou que porta arma de fogo de uso restrito, deverá denegar a liberdade provisória, com ou sem medidas cautelares.

§3º. A autoridade que deu causa, sem motivação idônea, à não realização da audiência de custódia no prazo estabelecido no caput deste artigo responderá administrativa, civil e penalmente pela omissão.

§4º. Transcorridas 24 (vinte e quatro) horas após o decurso do prazo estabelecido no caput deste artigo, a não realização de audiência de custódia sem motivação idônea ensejará também a ilegalidade da prisão, a ser relaxada pela autoridade competente, sem prejuízo da possibilidade de imediata decretação de prisão preventiva.

5. QUESTÕES

01. **(AOCP – 2021 – PC/PA – INVESTIGADOR)** De acordo com o Código de Processo Penal, assinale a alternativa correta.
    a) A lei processual penal veda expressamente o uso de interpretação extensiva e analógica.
    b) O princípio processual penal da territorialidade é regra que assegura a soberania nacional, pois não convém ao Estado brasileiro aplicar normas procedimentais estrangeiras para apurar e punir um delito ocorrido dentro do território brasileiro.
    c) A nova lei processual penal não se aplica desde logo, mas aguarda o término do processo já instaurado.
    d) O processo penal rege-se em todo o território brasileiro, excetuados os territórios da União.
    e) O processo penal terá estrutura inquisitória, permitida a iniciativa do juiz na fase de investigação.

02. **(AOCP – 2019 – PC/ES – INVESTIGADOR)** Acerca do inquérito policial brasileiro, assinale a alternativa correta.
    a) A presidência da investigação de natureza criminal é privativa da polícia judiciária.
    b) É permitido ao Ministério Público conduzir o inquérito policial como autoridade máxima.
    c) A autoridade policial pode contrariar a moralidade ou a ordem pública na reprodução simulada de fatos concernentes a crimes contra a dignidade sexual.
    d) A competência de apuração das infrações penais e da sua autoria não excluirá a de outras autoridades administrativas que não a polícia judiciária, a quem, por lei, seja cometida a mesma função.
    e) Do despacho que indeferir o requerimento de abertura de inquérito, caberá recurso para o Tribunal Regional Federal.

03. **(AOCP – 2021 – PC/PA – ESCRIVÃO)** Em se tratando do inquérito policial brasileiro, assinale a alternativa correta.
    a) O inquérito policial regrado no Código de Processo Penal também pode ser presidido pela autoridade tributária.
    b) A natureza do inquérito policial brasileiro é acusatória, sendo válido o direito ao contraditório
    c) A parte que for vítima de eventual ato ilícito não pode apresentar notícia de crime diretamente à delegacia por meio de advogado privado.
    d) O indiciamento configura etapa do inquérito policial que oficializa a existência do primeiro indício material do delito.
    e) Nos crimes de ação privada, a autoridade policial somente poderá proceder a inquérito a requerimento de quem tenha qualidade para intentá-la.

04. **(AOCP – 2019 – PC/ES – INVESTIGADOR)** Sobre o exame de corpo de delito e sobre as perícias em geral, assinale a alternativa correta.
    a) O exame de corpo de delito e outras perícias serão realizados por perito oficial, portador de diploma de curso superior, mas, na falta de perito oficial, o exame será realizado por 2 pessoas idôneas, portadoras de diploma de curso superior preferencialmente na área específica, dentre as que tiverem habilitação técnica relacionada com a natureza do exame.
    b) O assistente técnico indicado pelo querelante atuará a partir de sua admissão pelo Juízo e antes da conclusão dos exames e elaboração do laudo pelos peritos oficiais, sendo as partes intimadas a impugnar o laudo oficial a qualquer tempo.
    c) Os peritos não oficiais não serão intimados a prestar o compromisso de bem e fielmente desempenhar o encargo, podendo seu apontamento ser impugnado pela parte interessada, ainda que o laudo já tenha sido oficialmente protocolado nos autos processuais.
    d) É vedado às partes, quanto à perícia, indicar assistentes técnicos pareceristas durante o curso do processo judicial.
    e) O material probatório que serviu de base à perícia será disponibilizado antes do trânsito em julgado da sentença condenatória ou absolutória.

05. **(AOCP – 2018 – PM/SC – OFICIAL)** Acerca das provas entendidas como "ilícitas", assinale a alternativa correta.
    a) São admissíveis as provas derivadas das ilícitas, especialmente quando as derivadas puderem ser obtidas por uma fonte independente das primeiras.
    b) São inadmissíveis as provas ilícitas assim entendidas, porém devem elas ser mantidas nos autos do processo, para que possam sofrer apontamentos pelas partes envolvidas.
    c) Considera-se fonte independente de prova aquela que, por si só, seguindo os trâmites contratuais, próprios da investigação particular, seria capaz de conduzir ao fato objeto da prova.
    d) A prova ilícita significa a prova obtida, produzida, introduzida ou valorada de modo contrário à determinada ou específica previsão legal.
    e) O encontro fortuito de prova para cuja busca não se exija a adoção de qualquer providência que não a simples atuação da autoridade policial é igualmente irregular à prova tida como ilícita.

06. **(AOCP – 2018 – PM/SC – OFICIAL)** Entre as medidas assecuratórias do processo, o juiz competente pode autorizar tanto a busca quanto a apreensão. Busca significa o movimento desencadeado pelos agentes do Estado para a investigação, descoberta e pesquisa de algo interessante para o processo penal, realizando-se em pessoas ou lugares. Apreensão é medida assecuratória que toma algo de alguém ou de algum lugar, com a finalidade de produzir prova ou preservar direitos. Sobre a busca e a apreensão disciplinadas pelo Código de Processo Penal, assinale a alternativa correta.
    a) Proceder-se-á à busca domiciliar, quando fundadas razões a autorizarem, para apreender coisas indispensáveis à ampla defesa do acusado.
    b) Em casa habitada, a busca será feita de modo intransigente, ainda que se moleste os moradores mais do que o indispensável para o êxito da diligência.
    c) A busca em mulher será feita por outra mulher, independente do retardamento ou prejuízo da diligência.
    d) Se é determinada a pessoa ou coisa que se vai procurar, o morador será intimado a mostrá-la e, se não o fizer, será fisicamente constrangido para tanto.
    e) As buscas domiciliares serão executadas de dia, salvo se o morador consentir que se realizem à noite, e, antes de penetrarem na casa, os executores mostrarão e lerão o mandado ao morador, ou a quem o represente, intimando-o, em seguida, a abrir a porta.

07. **(AOCP – 2019 – PC/ES – ESCRIVÃO)** A busca domiciliar será realizada quando fundadas razões a autorizarem, EXCETO na hipótese de:
    a) prender criminosos.
    b) colher qualquer elemento de convicção.
    c) apreender pessoas vítimas de crime.
    d) submeter suspeito de cometimento de crime ao reconhecimento pessoal.
    e) descobrir objetos necessários à prova de infração ou à defesa do réu.

08. **(AOCP – 2019 – PC/ES – ESCRIVÃO)** Suponha que dois policiais civis abordem um indivíduo em atitude suspeita e que portava ferramentas aparentemente destinadas ao crime de furto. Durante a abordagem, o indivíduo, de livre e espontânea vontade, confessa aos policiais que o seu objetivo era utilizar as ferramentas para realizar furto a residências. Tendo em vista a situação hipotética, assinale a alternativa correta.
   a) O indivíduo deverá ser preso em flagrante delito pela tentativa de furto à residência, haja vista portar as ferramentas necessárias, bem como haver confessado de livre e espontânea vontade.
   b) Neste caso, haverá o flagrante pela tentativa de furto, pois o agente estava prestes a cometer a infração, não tendo a consumação se efetivado por circunstâncias alheias à sua vontade.
   c) Não haverá flagrante capaz de ensejar a prisão, uma vez que, no caso apresentado, o agente não atingiu os atos de execução do delito, não havendo se falar em flagrante pelos atos preparatórios.
   d) O agente estaria em flagrante delito devido às ferramentas a serem utilizadas no delito, independentemente da sua confissão.
   e) A confissão obtida sem o contraditório e a ampla defesa impossibilitariam o flagrante.

09. **(AOCP – 2019 – PC/ES – INVESTIGADOR)** Sobre as prisões disciplinadas pelo Código de Processo Penal, assinale a alternativa correta.
   a) Se a infração for afiançável, a falta de exibição do mandado não obstará à prisão, e o preso, em tal caso, será imediatamente apresentado ao juiz que tiver expedido o mandado.
   b) A prisão poderá ser efetuada em qualquer dia corrido e a qualquer hora, excluídas as restrições relativas à inviolabilidade do domicílio.
   c) Quando o acusado estiver no território nacional, fora da jurisdição do juiz processante, este encaminhará ofício à autoridade policial da jurisdição do acusado e determinará o cumprimento do mandado por comunicação postal, *fac-símile* ou digital.
   d) Ninguém poderá ser preso senão em flagrante delito ou por ordem escrita e fundamentada da autoridade judiciária competente, em decorrência de sentença condenatória transitada em julgado ou, no curso da investigação ou do processo, em virtude de prisão temporária ou prisão preventiva.
   e) Quando as autoridades locais tiverem fundadas razões para duvidar da legitimidade da pessoa do executor ou da legalidade do mandado que apresentar, não poderão colocar em custódia o réu, até que fique esclarecida a dúvida.

10. **(AOCP – 2021 – PC/PA – ESCRIVÃO)** Sobre o inquérito policial brasileiro, assinale a alternativa correta.
   a) Logo que tiver conhecimento da prática da infração penal, a autoridade policial deverá receber ordens superiores para iniciar a investigação.
   b) A autoridade policial fará sucinto relatório do que tiver sido apurado no inquérito e enviará autos ao promotor competente.
   c) Os instrumentos do crime, bem como os objetos que interessarem à prova, serão leiloados após fotografados.
   d) Qualquer pessoa do povo que tiver conhecimento da existência de infração penal em que caiba ação pública poderá, verbalmente ou por escrito, comunicá-la à autoridade policial, e esta, verificada a procedência das informações, mandará instaurar inquérito.
   e) Logo que tiver conhecimento da prática da infração penal, a autoridade policial deverá prender o indiciado.

Gabaritos

01	B	02	D	03	E
04	A	05	D	06	E
07	D	08	C	09	D
10	D				

NOÇÕES DE LEGISLAÇÃO PENAL E PROCESSUAL PENAL

1. LEI Nº 10.826/2003 - ESTATUTO DO DESARMAMENTO

1.1 Conceitos Introdutórios

O Estatuto do Desarmamento é uma lei que possui normas de Direito Administrativo, Penal e Processual Penal, iremos focar o estudo acerca das infrações penais; contudo, para entender determinados pontos existentes na lei, será necessário o conhecimento básico de alguns conceitos iniciais.

Por exemplo, o órgão responsável pela autorização e pelo registro de arma de fogo, em regra, é o SINARM (Sistema Nacional de Armas) – alocado na Polícia Federal e instituído pelo Ministério da Justiça –, cujas competências são exauridas do art. 3º da referida lei.

Objetivo

→ Os objetivos estão expostos na ementa da lei, quais sejam:
> Dispõe sobre registro, posse, porte e comercialização de armas de fogo e munição;
> Dispõe sobre o Sistema Nacional de Armas – SINARM;
> Define crimes; e
> Dá outras providências.

O Estatuto tem incriminação apenas das armas de fogo, acessórios, munições e artefatos explosivos ou incendiários, não se aplicando às armas brancas (arts. 18º e 19º da LCP1 ou art. 242º do ECA2).

Norma penal em branco

→ A Lei nº 10.826/2003 não definiu o conceito do que é:
> Arma de fogo, acessório e munição;
> De uso permitido, restrito e proibido; e
> Artefato explosivo ou incendiário.

Tais definições e outros complementos são regulados por diversos decretos, dentre eles: Decreto nº 9.607/2018 (Política Nacional de Exportação e Importação de Produtos de Defesa), Decreto nº 9.845/2019 (Regulamento acerca da posse de armas de fogo), Decreto nº 9.846/2019 (Regulamento para caçadores, colecionadores e atiradores), Decreto nº 9.847/2019 (Regulamento acerca do porte, da comercialização, do SINARM e do SIGMA), Decreto nº 10.030/2019 (Regulamento de Produtos Controlados pelo Comando do Exército), além de outros.

---

1 Art. 18, Decreto-Lei nº 3.688/1941: "Fabricar, importar, exportar, ter em depósito ou vender, sem permissão da autoridade, arma ou munição: Pena – prisão simples, de três meses a um ano, ou multa, ou ambas cumulativamente, se o fato não constitui crime contra a ordem política ou social.".

Art. 19, Decreto-Lei nº 3.688/1941: "Trazer consigo arma fora de casa ou de dependência desta, sem licença da autoridade: Pena – prisão simples, de quinze dias a seis meses, ou multa, ou ambas cumulativamente. §1º. A pena é aumentada de um terço até metade, se o agente já foi condenado, em sentença irrecorrível, por violência contra pessoa. §2º. Incorre na pena de prisão simples, de quinze dias a três meses, ou multa, quem, possuindo arma ou munição: a) deixa de fazer comunicação ou entrega à autoridade, quando a lei o determina; b) permite que alienado menor de 18 anos ou pessoa inexperiente no manejo de arma a tenha consigo; c) omite as cautelas necessárias para impedir que dela se apodere facilmente alienado, menor de 18 anos ou pessoa inexperiente em manejá-la.".

2 Art. 242, Lei nº 8.069/1990: "Vender, fornecer ainda que gratuitamente ou entregar, de qualquer forma, a criança ou adolescente arma, munição ou explosivo: Pena – reclusão, de 3 (três) a 6 (seis) anos.".

Definições dadas pelo Decreto nº 10.030/2019 (Anexo III)	
Acessório de arma de fogo	artefato que, acoplado a uma arma, possibilita a melhoria do desempenho do atirador, a modificação de um efeito secundário do tiro ou a modificação do aspecto visual da arma.
Acessório explosivo	engenho não muito sensível, de elevada energia de ativação, que tem por finalidade fornecer energia suficiente à continuidade de um trem explosivo e que necessita de um acessório iniciador para ser ativado.
Arma de fogo	arma que arremessa projéteis empregando a força expansiva dos gases, gerados pela combustão de um propelente confinado em uma câmara, normalmente solidária a um cano, que tem a função de dar continuidade à combustão do propelente, além de direção e estabilidade ao projétil.
Explosivo	tipo de matéria que, quando iniciada, sofre decomposição muito rápida, com grande liberação de calor e desenvolvimento súbito de pressão.

Definições dadas pelo Decreto nº 9.847/2019	
Arma de fogo de uso permitido: (Art. 2º, I)	as armas de fogo semiautomáticas ou de repetição que sejam: a) de porte, cujo calibre nominal, com a utilização de munição comum, não atinja, na saída do cano de prova, energia cinética superior a mil e duzentas libras-pé ou mil seiscentos e vinte joules; b) portáteis de alma lisa; ou c) portáteis de alma raiada, cujo calibre nominal, com a utilização de munição comum, não atinja, na saída do cano de prova, energia cinética superior a mil e duzentas libras-pé ou mil seiscentos e vinte joules.
Arma de fogo de uso restrito (Art. 2º, II)	as armas de fogo automáticas e as semiautomáticas ou de repetição que sejam: a) não portáteis; b) de porte, cujo calibre nominal, com a utilização de munição comum, atinja, na saída do cano de prova, energia cinética superior a mil e duzentas libras-pé ou mil seiscentos e vinte joules; ou c) portáteis de alma raiada, cujo calibre nominal, com a utilização de munição comum, atinja, na saída do cano de prova, energia cinética superior a mil e duzentas libras-pé ou mil seiscentos e vinte joules.
Arma de fogo de uso proibido (Art. 2º, III)	a) as armas de fogo classificadas de uso proibido em acordos e tratados internacionais dos quais a República Federativa do Brasil seja signatária; ou b) as armas de fogo dissimuladas, com aparência de objetos inofensivos.
Munição de uso restrito (Art. 2º, IV)	as munições que: a) atinjam, na saída do cano de prova de armas de porte ou portáteis de alma raiada, energia cinética superior a mil e duzentas libras-pé ou mil seiscentos e vinte joules; b) sejam traçantes, perfurantes ou fumígenas; c) sejam granadas de obuseiro, de canhão, de morteiro, de mão ou de bocal; ou d) sejam rojões, foguetes, mísseis ou bombas de qualquer natureza.
Munição de uso proibido (Art. 2º, V)	as munições que sejam assim definidas em acordo ou tratado internacional de que a República Federativa do Brasil seja signatária e as munições incendiárias ou químicas.

LEI Nº 10.826/2003 - ESTATUTO DO DESARMAMENTO

Munição (Art. 2º, X)	cartucho completo ou seus componentes, incluídos o estojo, a espoleta, a carga propulsora, o projétil e a bucha utilizados em armas de fogo.
Arma de fogo de porte (Art. 2º, VII)	as armas de fogo de dimensões e peso reduzidos que podem ser disparadas pelo atirador com apenas uma de suas mãos, a exemplo de pistolas, revólveres e garruchas.
Arma de fogo portátil (Art. 2º, VIII)	as armas de fogo que, devido às suas dimensões ou ao seu peso, podem ser transportadas por uma pessoa, tais como fuzil, carabina e espingarda.
Arma de fogo não portátil (Art. 2º, IX)	as armas de fogo que, devido às suas dimensões ou ao seu peso, precisam ser transportadas por mais de uma pessoa, com a utilização de veículos, automotores ou não, ou sejam fixadas em estruturas permanentes.

Classificação e definição das armas de fogo: a classificação e definição das armas de fogo de uso permitido, restrito ou proibido, além das obsoletas e de valor histórico, serão disciplinadas por ato do chefe do Poder Executivo Federal, por meio de proposta do Comando do Exército, conforme expõe o caput do art. 23º do referido estatuto.

> **Art. 23.** A classificação legal, técnica e geral bem como a definição das armas de fogo e demais produtos controlados, de usos proibidos, restritos, permitidos ou obsoletos e de valor histórico serão disciplinadas em ato do chefe do Poder Executivo Federal, mediante proposta do Comando do Exército. (Redação dada pela Lei nº 11.706, de 19/06/2008)
>
> **§1º.** Todas as munições comercializadas no País deverão estar acondicionadas em embalagens com sistema de código de barras, gravado na caixa, visando possibilitar a identificação do fabricante e do adquirente, entre outras informações definidas pelo regulamento desta Lei.
>
> **§2º.** Para os órgãos referidos no art. 6º, somente serão expedidas autorizações de compra de munição com identificação do lote e do adquirente no culote dos projéteis, na forma do regulamento desta Lei.
>
> **§3º.** As armas de fogo fabricadas a partir de 1 (um) ano da data de publicação desta Lei conterão dispositivo intrínseco de segurança e de identificação, gravado no corpo da arma, definido pelo regulamento desta Lei, exclusive para os órgãos previstos no art. 6º.
>
> **§4º.** As instituições de ensino policial e as guardas municipais referidas nos incisos III e IV do 'caput' do art. 6º desta Lei e no seu §7º poderão adquirir insumos e máquinas de recarga de munição para o fim exclusivo de suprimento de suas atividades, mediante autorização concedida nos termos definidos em regulamento. (Parágrafo acrescido pela Lei nº 11.706, de 19/06/2008)

Em muitos lugares na referida lei, haverá expressões que determinam a necessidade de complemento normativo, tais como: na forma [...], nas condições [...], nos termos do regulamento desta Lei; sem autorização ou em desacordo com determinação legal ou regulamentar.

Sinarm e registro

> **Art. 1º.** O Sistema Nacional de Armas – SINARM, instituído no Ministério da Justiça, no âmbito da Polícia Federal, tem circunscrição em todo o território nacional.

O SINARM é órgão vinculado à Polícia Federal e o responsável pelo cadastramento e registro das armas de fogo em território nacional, salvo as das Forças Armadas e Auxiliares, bem como as dos órgãos que constem em seus registros próprios (art. 2º, par. único) — estas serão cadastradas no SIGMA[3].

> **Art. 2º.** Ao SINARM compete:
> **I.** identificar as características e a propriedade de armas de fogo, mediante cadastro;
> **II.** cadastrar as armas de fogo produzidas, importadas e vendidas no País;
> **III.** cadastrar as autorizações de porte de arma de fogo e as renovações expedidas pela Polícia Federal;
> **IV.** cadastrar as transferências de propriedade, extravio, furto, roubo e outras ocorrências suscetíveis de alterar os dados cadastrais, inclusive as decorrentes de fechamento de empresas de segurança privada e de transporte de valores;
> **V.** identificar as modificações que alterem as características ou o funcionamento de arma de fogo;
> **VI.** integrar no cadastro os acervos policiais já existentes;
> **VII.** cadastrar as apreensões de armas de fogo, inclusive as vinculadas a procedimentos policiais e judiciais;
> **VIII.** cadastrar os armeiros em atividade no País, bem como conceder licença para exercer a atividade;
> **IX.** cadastrar mediante registro os produtores, atacadistas, varejistas, exportadores e importadores autorizados de armas de fogo, acessórios e munições;
> **X.** cadastrar a identificação do cano da arma, as características das impressões de raiamento e de microestriamento de projétil disparado, conforme marcação e testes obrigatoriamente realizados pelo fabricante;
> **XI.** informar às Secretarias de Segurança Pública dos Estados e do Distrito Federal os registros e autorizações de porte de armas de fogo nos respectivos territórios, bem como manter o cadastro atualizado para consulta.
>
> **Parágrafo único.** As disposições deste artigo não alcançam as armas de fogo das Forças Armadas e Auxiliares, bem como as demais que constem dos seus registros próprios.

Armas de fogo de uso restrito: compete ao Comando do Exército autorizar a aquisição e registrar as armas de fogo de uso restrito (art. 3º, par. único).

> **Art. 3º.** É obrigatório o registro de arma de fogo no órgão competente.
> **Parágrafo único.** As armas de fogo de uso restrito serão registradas no Comando do Exército, na forma do regulamento desta Lei.
> **Art. 27.** Caberá ao Comando do Exército autorizar, excepcionalmente, a aquisição de armas de fogo de uso restrito.
> **Parágrafo único.** O disposto neste artigo não se aplica às aquisições dos Comandos Militares.

Da posse de arma de fogo

A regra geral é que a população não tenha arma de fogo, daí o nome "Estatuto do Desarmamento". Contudo, um particular poderá obter a autorização para **posse de arma de fogo de uso permitido** (há diferença entre "posse" e "porte") caso preencha os requisitos necessários do art. 4º, que são, entre outros: curso técnico, avaliação psicológica, pagamento de taxas; bem como a idade mínima de 25 anos (art. 28).

---

[3] Art. 4º, caput, Decreto nº 9.847/2019: "O SIGMA, instituído no âmbito do Comando do Exército do Ministério da Defesa, manterá cadastro nacional das armas de fogo importadas, produzidas e comercializadas no país que não estejam previstas no art. 3º.". (Sistema de Gerenciamento Militar de Armas)

Art. 4º. Para adquirir arma de fogo de uso permitido o interessado deverá, além de declarar a efetiva necessidade, atender aos seguintes requisitos:

I. comprovação de idoneidade, com a apresentação de certidões negativas de antecedentes criminais fornecidas pela Justiça Federal, Estadual, Militar e Eleitoral e de não estar respondendo a inquérito policial ou a processo criminal, que poderão ser fornecidas por meios eletrônicos;

II. apresentação de documento comprobatório de ocupação lícita e de residência certa;

III. comprovação de capacidade técnica e de aptidão psicológica para o manuseio de arma de fogo, atestadas na forma disposta no regulamento desta Lei.

§1º. O SINARM expedirá autorização de compra de arma de fogo após atendidos os requisitos anteriormente estabelecidos, em nome do requerente e para a arma indicada, sendo intransferível esta autorização.

§2º. A aquisição de munição somente poderá ser feita no calibre correspondente à arma registrada e na quantidade estabelecida no regulamento desta Lei.

§3º. A empresa que comercializar arma de fogo em território nacional é obrigada a comunicar a venda à autoridade competente, como também a manter banco de dados com todas as características da arma e cópia dos documentos previstos neste artigo.

§4º. A empresa que comercializa armas de fogo, acessórios e munições responde legalmente por essas mercadorias, ficando registradas como de sua propriedade enquanto não forem vendidas.

§5º. A comercialização de armas de fogo, acessórios e munições entre pessoas físicas somente será efetivada mediante autorização do SINARM.

§6º. A expedição da autorização a que se refere o §1º será concedida, ou recusada com a devida fundamentação, no prazo de 30 (trinta) dias úteis, a contar da data do requerimento do interessado.

§7º. O registro precário a que se refere o §4º prescinde do cumprimento dos requisitos dos incisos I, II e III deste artigo.

§8º. Estará dispensado das exigências constantes do inciso III do 'caput' deste artigo, na forma do regulamento, o interessado em adquirir arma de fogo de uso permitido que comprove estar autorizado a portar arma com as mesmas características daquela a ser adquirida.

Art. 28. É vedado ao menor de 25 (vinte e cinco) anos adquirir arma de fogo, ressalvados os integrantes das entidades constantes dos incisos I, II, III, V, VI, VII e X do 'caput' do art. 6º desta Lei.

Diferenciação entre posse e porte: a *posse* de arma de fogo restringe-se à circunscrição residencial ou empresarial – desde que seja o proprietário ou o responsável legal. Já o *porte* é a autorização de levar a arma de fogo consigo além desses locais.

Art. 5º. O certificado de Registro de Arma de Fogo, com validade em todo o território nacional, autoriza o seu proprietário a manter a arma de fogo exclusivamente no interior de sua residência ou domicílio, ou dependência desses, ou, ainda, no seu local de trabalho, desde que seja ele o titular ou o responsável legal pelo estabelecimento ou empresa.

§1º. O certificado de registro de arma de fogo será expedido pela Polícia Federal e será precedido de autorização do SINARM. (Redação dada pela Lei nº 10.884, de 17/06/2004)

§2º. Os requisitos de que tratam os incisos I, II e III do art. 4º deverão ser comprovados periodicamente, em período não inferior a 3 (três) anos, na conformidade do estabelecido no regulamento desta Lei, para a renovação do Certificado de Registro de Arma de Fogo.

§3º. O proprietário de arma de fogo com certificados de registro de propriedade expedido por órgão estadual ou do Distrito Federal até a data da publicação desta Lei que não optar pela entrega espontânea prevista no art. 32 desta Lei deverá renová-lo mediante o pertinente registro federal, até o dia 31 de dezembro de 2008, ante a apresentação de documento de identificação pessoal e comprovante de residência fixa, ficando dispensado do pagamento de taxas e do cumprimento das demais exigências constantes dos incisos I a III do 'caput' do art. 4º desta Lei.4 (Redação dada pela Lei nº 11.706, de 19/06/2008) (Prazo prorrogado até 31/12/2009, de acordo com o art. 20 da Lei nº 11.922, de 13/04/2009)

§4º. Para fins do cumprimento do disposto no §3º deste artigo, o proprietário de arma de fogo poderá obter, no Departamento de Polícia Federal, certificado de registro provisório, expedido na rede mundial de computadores — internet, na forma do regulamento e obedecidos os procedimentos a seguir:

I. emissão de certificado de registro provisório pela internet, com validade inicial de 90 (noventa) dias; e

II. revalidação pela unidade do Departamento de Polícia Federal do certificado de registro provisório pelo prazo que estimar como necessário para a emissão definitiva do certificado de registro de propriedade. (Parágrafo acrescido pela Lei nº 11.706, de 19/06/2008)

§5º. Aos residentes em área rural, para os fins do disposto no 'caput' deste artigo, considera-se residência ou domicílio toda a extensão do respectivo imóvel rural. (Incluído pela Lei nº 13.870, de 17/09/2019)

Do porte de arma de fogo.

Art. 6º. É proibido o porte de arma de fogo em todo o território nacional, salvo para os casos previstos em legislação própria e para:

I. os integrantes das Forças Armadas;

II. os integrantes de órgãos referidos nos incisos I, II, III, IV e V do 'caput' do art. 144 da Constituição Federal e os da Força Nacional de Segurança Pública (FNSP); (Redação dada pela Lei nº 13.500, de 2017)

III. os integrantes das guardas municipais das capitais dos Estados e dos Municípios com mais de 500.000 (quinhentos mil) habitantes, nas condições estabelecidas no regulamento desta Lei;

IV. os integrantes das guardas municipais dos Municípios com mais de 50.000 (cinquenta mil) e menos de 500.000 (quinhentos mil) habitantes, quando em serviço; (Redação dada pela Lei nº 10.867, de 2004)

V. os agentes operacionais da Agência Brasileira de Inteligência e os agentes do Departamento de Segurança do Gabinete de Segurança Institucional da Presidência da República;

VI. os integrantes dos órgãos policiais referidos no art. 51, IV, e no art. 52, XIII, da Constituição Federal;

VII. os integrantes do quadro efetivo dos agentes e guardas prisionais, os integrantes das escoltas de presos e as guardas portuárias;

VIII. as empresas de segurança privada e de transporte de valores constituídas, nos termos desta Lei;

IX. para os integrantes das entidades de desporto legalmente constituídas, cujas atividades esportivas demandem o uso de armas de fogo, na forma do regulamento desta Lei, observando-se, no que couber, a legislação ambiental.

X. integrantes das Carreiras de Auditoria da Receita Federal do Brasil e de Auditoria-Fiscal do Trabalho, cargos de Auditor-Fiscal e Analista Tributário. (Redação dada pela Lei nº 11.501, de 2007)

---

4   Art. 20, Lei nº 11.922/2009: "Ficam prorrogados para 31 de dezembro de 2009 os prazos de que tratam o §3º do art. 5º e o art. 30, ambos da Lei nº 10.826, de 22 de dezembro de 2003.".

LEI Nº 10.826/2003 - ESTATUTO DO DESARMAMENTO

XI. os tribunais do Poder Judiciário descritos no art. 92 da Constituição Federal e os Ministérios Públicos da União e dos Estados, para uso exclusivo de servidores de seus quadros pessoais que efetivamente estejam no exercício de funções de segurança, na forma de regulamento a ser emitido pelo Conselho Nacional de Justiça – CNJ e pelo Conselho Nacional do Ministério Público – CNMP. (Incluído pela Lei nº 12.694, de 2012)

§1º. As pessoas previstas nos incisos I, II, III, V e VI do 'caput' deste artigo terão direito de portar arma de fogo de propriedade particular ou fornecida pela respectiva corporação ou instituição, mesmo fora de serviço, nos termos do regulamento desta Lei, com validade em âmbito nacional para aquelas constantes dos incisos I, II, V e VI. (Redação dada pela Lei nº 11.706, de 2008)

§1º-A. REVOGADO (Revogado pela Lei nº 11.706, de 2008)

§1º-B. Os integrantes do quadro efetivo de agentes e guardas prisionais poderão portar arma de fogo de propriedade particular ou fornecida pela respectiva corporação ou instituição, mesmo fora de serviço, desde que estejam: (Incluído pela Lei nº 12.993, de 2014)

I. submetidos a regime de dedicação exclusiva;

II. sujeitos à formação funcional, nos termos do regulamento; e

III. subordinados a mecanismos de fiscalização e de controle interno.

§1º-C. VETADO (Vetado na Lei nº 12.993, de 2014)

§2º. A autorização para o porte de arma de fogo aos integrantes das instituições descritas nos incisos V, VI, VII e X do 'caput' deste artigo está condicionada à comprovação do requisito a que se refere o inciso III do 'caput' do art. 4º desta Lei nas condições estabelecidas no regulamento desta Lei. (Redação dada pela Lei nº 11.706, de 2008)

§3º. A autorização para o porte de arma de fogo das guardas municipais está condicionada à formação funcional de seus integrantes em estabelecimentos de ensino de atividade policial, à existência de mecanismos de fiscalização e de controle interno, nas condições estabelecidas no regulamento desta Lei, observada a supervisão do Ministério da Justiça. (Redação dada pela Lei nº 10.884, de 2004)

§4º. Os integrantes das Forças Armadas, das polícias federais e estaduais e do Distrito Federal, bem como os militares dos Estados e do Distrito Federal, ao exercerem o direito descrito no art. 4º, ficam dispensados do cumprimento do disposto nos incisos I, II e III do mesmo artigo, na forma do regulamento desta Lei.

§5º. Aos residentes em áreas rurais, maiores de 25 (vinte e cinco) anos que comprovem depender do emprego de arma de fogo para prover sua subsistência alimentar familiar será concedido pela Polícia Federal o porte de arma de fogo, na categoria caçador para subsistência, de uma arma de uso permitido, de tiro simples, com 1 (um) ou 2 (dois) canos, de alma lisa e de calibre igual ou inferior a 16 (dezesseis), desde que o interessado comprove a efetiva necessidade em requerimento ao qual deverão ser anexados os seguintes documentos:

I. documento de identificação pessoal;

II. comprovante de residência em área rural; e

III. atestado de bons antecedentes. (Redação dada pela Lei nº 11.706, de 2008)

§6º. O caçador para subsistência que der outro uso à sua arma de fogo, independentemente de outras tipificações penais, responderá, conforme o caso, por porte ilegal ou por disparo de arma de fogo de uso permitido. (Redação dada pela Lei nº 11.706, de 2008)

§7º. Aos integrantes das guardas municipais dos Municípios que integram regiões metropolitanas será autorizado porte de arma de fogo, quando em serviço. (Incluído pela Lei nº 11.706, de 2008)

Art. 7º. As armas de fogo utilizadas pelos empregados das empresas de segurança privada e de transporte de valores, constituídas na forma da lei, serão de propriedade, responsabilidade e guarda das respectivas empresas, somente podendo ser utilizadas quando em serviço, devendo essas observar as condições de uso e de armazenagem estabelecidas pelo órgão competente, sendo o certificado de registro e a autorização de porte expedidos pela Polícia Federal em nome da empresa.

§1º. O proprietário ou diretor responsável de empresa de segurança privada e de transporte de valores responderá pelo crime previsto no parágrafo único do art. 13 desta Lei, sem prejuízo das demais sanções administrativas e civis, se deixar de registrar ocorrência policial e de comunicar à Polícia Federal perda, furto, roubo ou outras formas de extravio de armas de fogo, acessórios e munições que estejam sob sua guarda, nas primeiras 24 (vinte e quatro) horas depois de ocorrido o fato.

§2º. A empresa de segurança e de transporte de valores deverá apresentar documentação comprobatória do preenchimento dos requisitos constantes do art. 4º desta Lei quanto aos empregados que portarão arma de fogo.

§3º. A listagem dos empregados das empresas referidas neste artigo deverá ser atualizada semestralmente junto ao SINARM.

Art. 7º-A. As armas de fogo utilizadas pelos servidores das instituições descritas no inciso XI do art. 6º serão de propriedade, responsabilidade e guarda das respectivas instituições, somente podendo ser utilizadas quando em serviço, devendo estas observar as condições de uso e de armazenagem estabelecidas pelo órgão competente, sendo o certificado de registro e a autorização de porte expedidos pela Polícia Federal em nome da instituição.

§1º. A autorização para o porte de arma de fogo de que trata este artigo independe do pagamento de taxa.

§2º. O presidente do tribunal ou o chefe do Ministério Público designará os servidores de seus quadros pessoais no exercício de funções de segurança que poderão portar arma de fogo, respeitado o limite máximo de 50% (cinquenta por cento) do número de servidores que exerçam funções de segurança.

§3º. O porte de arma pelos servidores das instituições de que trata este artigo fica condicionado à apresentação de documentação comprobatória do preenchimento dos requisitos constantes do art. 4º desta Lei, bem como à formação funcional em estabelecimentos de ensino de atividade policial e à existência de mecanismos de fiscalização e de controle interno, nas condições estabelecidas no regulamento desta Lei.

§4º. A listagem dos servidores das instituições de que trata este artigo deverá ser atualizada semestralmente no SINARM.

§5º. As instituições de que trata este artigo são obrigadas a registrar ocorrência policial e a comunicar à Polícia Federal eventual perda, furto, roubo ou outras formas de extravio de armas de fogo, acessórios e munições que estejam sob sua guarda, nas primeiras 24 (vinte e quatro) horas depois de ocorrido o fato. (Artigo acrescido pela Lei nº 12.694, de 24/07/2012)

Art. 8º. As armas de fogo utilizadas em entidades desportivas legalmente constituídas devem obedecer às condições de uso e de armazenagem estabelecidas pelo órgão competente, respondendo o possuidor ou o autorizado a portar a arma pela sua guarda na forma do regulamento desta Lei.

O porte de arma de fogo, via de regra, é proibido (principalmente aos particulares), porém, com regras específicas, os arts. 6º, 7º e 8º autorizam alguns agentes (a maioria se trata de órgãos públicos de segurança pública)[5]. Além de outros que possuem autorização emanada de outras leis específicas[6].

---

[5] Art. 24, caput, Decreto nº 9.847/2019: "O porte de arma de fogo é deferido aos militares das Forças Armadas, aos policiais federais, estaduais e distritais, civis e militares, aos corpos de bombeiros militares e aos policiais da Câmara dos Deputados e do Senado Federal em razão do desempenho de suas funções institucionais.".

[6] São exemplos de leis próprias que constam autorizações de porte de arma de fogo: Lei Orgânica dos Magistratura Nacional – LOMN (Lei Complementar nº 35/1979); Lei Orgânica do Ministério Público – LOMP (Lei nº 8.625/1993); e Lei Orgânica do Ministério Público da União – LOMPU (Lei Complementar nº 75/1993).

Basicamente, é autorizado para:

Agentes Públicos (em serviço ou fora dele)

Forças Armadas (art. 6º, caput, I)

Art. 142º, caput, CF/88:
  Marinha;
  Aeronáutica;
  Exército.

Órgãos de Segurança Pública e Força Nacional de Segurança Pública (art. 6º, caput, II)

Art. 144º, caput, CF/88:
- Polícia Federal;
- Polícia Rodoviária Federal;
- Polícia Ferroviária Federal;
- Polícias Civis;
- Polícias Militares e Corpo de Bombeiros Militares.
- Força Nacional de Segurança Pública7 – FNSP.

Guardas Municipais* (art. 6º, caput, III)

Capitais de Estado e Municípios com mais de 500 mil habitantes.

GSI-PR e ABIN (art. 6º, caput, V)

Agentes Operacionais da ABIN;
Agentes de Segurança Presidencial do GSI-PR.

Polícia Legislativa Federal (art. 6º, caput, VI)

Polícia da Câmara dos Deputados (art. 51, IV, CF);
Polícia do Senado (art. 52, XIII, CF).

Agentes Públicos (apenas em serviço)

Guardas Municipais* (art. 6º, caput, IV, e §7º)

Municípios com **mais de 50** mil habitantes e **menos de 500** mil habitantes (art. 6º, caput, IV);
Municípios que integrem **regiões metropolitanas** (art. 6º, §7º).

Guardas Prisionais e Portuárias (art. 6º, caput, VII)

Agentes e Guardas Prisionais (poderão obter o porte para uso fora de serviço, desde que preencham os requisitos do §1º-B do art. 6º);
Integrantes de Escolta de Presos;
Guardas Portuários.[8]

Auditoria Fiscal Federal Tributária e Trabalhista (art. 6º, *caput*, X)

Auditor-Fiscal da Receita Federal;
Analista Tributário da Receita Federal;
Auditor-Fiscal do Trabalho Federal.

Agentes de Segurança do Poder Judiciário e Ministério Público (art. 6º, caput, XI)

Porte em nome da instituição e uso em serviço: competência da **Polícia Federal** (art. 7º-A).

Particulares

Empresas de Segurança Privada e de Transporte de Valores (art. 6º, caput, VIII)

Porte em nome da empresa e uso apenas em serviço: competência da **Polícia Federal** (art. 7º).[9]

Caçador para subsistência (art. 6º, §§ 5º e 6º)

Porte "caçador para subsistência" (residente em área rural): competência da **Polícia Federal**.

Atiradores, caçadores e colecionadores[10] (art. 9º)

Integrantes (art. 6º, *caput*, IX) e entidades desportivas (art. 8º).
Registro e porte de trânsito (guia de tráfego): competência do **Comando do Exército** (art. 9º).[11]

Estrangeiros no Brasil

Responsáveis pela segurança de cidadãos estrangeiros em visita ou sediados no Brasil

Autorização do porte de arma de fogo: competência do **Ministério da Justiça** (art. 9º).

Representantes estrangeiros em competição internacional oficial de tiro no Brasil

Registro e porte de trânsito: competência do **Comando do Exército** (art. 9º).[12]

---

7 Art. 4º, §2º, Decreto nº 5.289/2004: "O contingente mobilizável da Força Nacional de Segurança Pública será composto por servidores que tenham recebido, do Ministério da Justiça, treinamento especial para atuação conjunta, integrantes das polícias federais e dos órgãos de segurança pública dos Estados que tenham aderido ao programa de cooperação federativa.".
8 Art. 29, Parágrafo único, Decreto nº 9.847/2019: "Caberá à Polícia Federal expedir o porte de arma de fogo para os guardas portuários.".
9 Art. 32, Decreto nº 9.847/2019: "As empresas de segurança privada e de transporte de valores solicitarão à Polícia Federal autorização para aquisição de armas de fogo. §1º. A autorização de que trata o 'caput': I – será concedida se houver comprovação de que a empresa possui autorização de funcionamento válida e justificativa da necessidade de aquisição com base na atividade autorizada; e II – será válida apenas para a utilização da arma de fogo em serviço. [...]".
10 Art. 1º, §§ 1º e 2º, Decreto nº 9.846/2019: "[...] §1º. As armas de fogo de colecionadores, atiradores e caçadores serão cadastradas no Sistema de Gerenciamento Militar de Armas – SIGMA. §2º. O Certificado de Registro de Colecionador, Atirador e Caçador expedido pelo Comando do Exército, terá validade de dez anos.".
11 Art. 5º, Decreto nº 9.846/2019: "Os clubes e as escolas de tiro e os colecionadores, os atiradores e os caçadores serão registrados no Comando do Exército. [...] §2º. Fica garantido o direito de transporte desmuniciado das armas dos clubes e das escolas de tiro e de seus integrantes e dos colecionadores, dos atiradores e dos caçadores, por meio da apresentação do Certificado de Registro de Colecionador, Atirador e Caçador ou do Certificado de Registro de Arma de Fogo válidos. §3º. Os colecionadores, os atiradores e os caçadores poderão portar uma arma de fogo curta municiada, alimentada e carregada, pertencente a seu acervo cadastrado no SINARM ou no SIGMA, conforme o caso, sempre que estiverem em deslocamento para treinamento ou participação em competições, por meio da apresentação do Certificado de Registro de Colecionador, Atirador e Caçador, do Certificado de Registro de Arma de Fogo e da Guia de Tráfego válidos. §4º. A Guia de Tráfego é o documento que confere a autorização para o tráfego de armas, acessórios e munições no território nacional e corresponde ao porte de trânsito previsto no art. 24 da Lei nº 10.826, de 22 de dezembro de 2003. §5º. A Guia de Tráfego a que refere o §4º poderá ser emitida no sítio eletrônico do Comando do Exército.".
12 Art. 31, Decreto nº 9.847/2019: "A entrada de arma de fogo e munição no país, como bagagem de atletas, destinadas ao uso em competições internacionais será autorizada pelo Comando do Exército. §1º. O porte de trânsito das armas a serem utilizadas por delegações estrangeiras em competição oficial de tiro no país será expedido pelo Comando do Exército. §2º. Os responsáveis pelas delegações estrangeiras e brasileiras em competição oficial de tiro no país e os seus integrantes transportarão as suas armas desmuniciadas.".

LEI Nº 10.826/2003 - ESTATUTO DO DESARMAMENTO

Art. 9º. Compete ao Ministério da Justiça a autorização do porte de arma para os responsáveis pela segurança de cidadãos estrangeiros em visita ou sediados no Brasil e, ao Comando do Exército, nos termos do regulamento desta Lei, o registro e a concessão de porte de trânsito de arma de fogo para colecionadores, atiradores e caçadores e de representantes estrangeiros em competição internacional oficial de tiro realizada no território nacional.

Autorização conforme os órgãos	
Ministério da Justiça	Autorização do porte de arma para: • Seguranças de cidadãos estrangeiros em visita ou sediados no Brasil.
Comando do Exército[15]	Registro e concessão de porte de trânsito de arma de fogo para: • Colecionadores; • Atiradores; • Caçadores; e • Representantes estrangeiros em competição internacional oficial de tiro realizada no território nacional.

Perda automática: aquele que for abordado ou detido em estado de embriaguez ou sob o efeito drogas perderá automaticamente a eficácia do porte de arma de fogo (art. 10, §2º).

Art. 10. A autorização para o porte de arma de fogo de uso permitido, em todo o território nacional, é de competência da Polícia Federal e somente será concedida após autorização do SINARM.

§1º. A autorização prevista neste artigo poderá ser concedida com eficácia temporária e territorial limitada, nos termos de atos regulamentares, e dependerá de o requerente:

I. demonstrar a sua efetiva necessidade por exercício de atividade profissional de risco ou de ameaça à sua integridade física;

II. atender às exigências previstas no art. 4º desta Lei;

III. apresentar documentação de propriedade de arma de fogo, bem como o seu devido registro no órgão competente.

§2º. A autorização de porte de arma de fogo, prevista neste artigo, perderá automaticamente sua eficácia caso o portador dela seja detido ou abordado em estado de embriaguez ou sob efeito de substâncias químicas ou alucinógenas.

O uso ostensivo de arma de fogo para aqueles que possuem o porte é proibido, isto é, o sujeito que leva a arma consigo, mas a deixa aparecer. O resultado é o mesmo para quem seja detido embriagado portando a arma de fogo: cassação do porte e apreensão da arma (art. 20, Decreto nº 9.847/2019)[14].

Art. 11. Fica instituída a cobrança de taxas, nos valores constantes do Anexo desta Lei, pela prestação de serviços relativos:

I. ao registro de arma de fogo;

II. à renovação de registro de arma de fogo;

III. à expedição de segunda via de registro de arma de fogo;

IV. à expedição de porte federal de arma de fogo;

V. à renovação de porte de arma de fogo;

VI. à expedição de segunda via de porte federal de arma de fogo.

§1º. Os valores arrecadados destinam-se ao custeio e à manutenção das atividades do SINARM, da Polícia Federal e do Comando do Exército, no âmbito de suas respectivas responsabilidades.

§2º. São isentas do pagamento das taxas previstas neste artigo as pessoas e as instituições a que se referem os incisos I a VII e X e o §5º do art. 6º desta Lei. (Parágrafo com redação dada pela Lei nº 11.706, de 19/6/2008)

Art. 11-A. O Ministério da Justiça disciplinará a forma e as condições do credenciamento de profissionais pela Polícia Federal para comprovação da aptidão psicológica e da capacidade técnica para o manuseio de arma de fogo.

§1º. Na comprovação da aptidão psicológica, o valor cobrado pelo psicólogo não poderá exceder ao valor médio dos honorários profissionais para realização de avaliação psicológica constante do item 1.16 da tabela do Conselho Federal de Psicologia.

§2º. Na comprovação da capacidade técnica, o valor cobrado pelo instrutor de armamento e tiro não poderá exceder R$ 80,00 (oitenta reais), acrescido do custo da munição.

§3º. A cobrança de valores superiores aos previstos nos §§ 1º e 2º deste artigo implicará o descredenciamento do profissional pela Polícia Federal. (Artigo acrescido pela Lei nº 11.706, de 19/6/2008)

Do comércio

A **comercialização, produção, importação, exportação ou manutenção** de armas de fogo em território nacional são permitidas[15] desde que o estabelecimento comercial tenha sido previamente *autorizado pelo Comando do Exército (art. 24) e cadastrado no SINARM (art. 2º, IX).*

Art. 24. Excetuadas as atribuições a que se refere o art. 2º desta Lei, compete ao Comando do Exército autorizar e fiscalizar a produção, exportação, importação, desembaraço alfandegário e o comércio de armas de fogo e demais produtos controlados, inclusive o registro e o porte de trânsito de arma de fogo de colecionadores, atiradores e caçadores.

Comércio entre pessoas físicas: o comércio entre pessoas físicas só é possível mediante *autorização prévia do SINARM* (art. 4º, §5º), bem como a atividade de *armeiro*[16] (art. 2º, VIII).

A proibição não se restringe apenas às armas de fogo, mas também às armas de brinquedos (art. 26).

Art. 26. São vedadas a fabricação, a venda, a comercialização e a importação de brinquedos, réplicas e simulacros de armas de fogo, que com estas se possam confundir.

Parágrafo único. Excetuam-se da proibição as réplicas e os simulacros destinados à instrução, ao adestramento, ou à coleção de usuário autorizado, nas condições fixadas pelo Comando do Exército.

Das armas de fogo apreendidas

Destinatário das armas de fogo apreendidas (art. 25): deverão ser encaminhadas ao Comando do Exército pela autoridade judiciária competente, em até 48 horas, desde que já tenha sido

---

13 Ao Comando do Exército também se inclui a competência para o registro e cadastro das armas de fogo das representações diplomáticas (Art. 4º, §2º, IV, Decreto nº 9.847/2019).

14 Art. 20, Decreto nº 9.847/2019: "O titular de porte de arma de fogo para defesa pessoal concedido nos termos do disposto no art. 10 da Lei nº 10.826, de 2003, não poderá conduzi-la ostensivamente ou com ela adentrar ou permanecer em locais públicos, tais como igrejas, escolas, estádios desportivos, clubes, agências bancárias ou outros locais onde haja aglomeração de pessoas em decorrência de eventos de qualquer natureza. §1º. A inobservância ao disposto neste artigo implicará na cassação do porte de arma de fogo e na apreensão da arma, pela autoridade competente, que adotará as medidas legais pertinentes. §2º. Aplica-se o disposto no §1º na hipótese de o titular do porte de arma de fogo portar o armamento em estado de embriaguez ou sob o efeito de drogas ou medicamentos que provoquem alteração do desempenho intelectual ou motor.".

15 Art. 9º, Decreto nº 9.847/2019: "Fica permitida a venda de armas de fogo de porte e portáteis, munições e acessórios por estabelecimento comercial credenciado pelo Comando do Exército.".

16 Armeiro: "mecânico de armas" (Art. 3º, XXIV, Anexo, Decreto nº 3.665/2000).

feito o laudo pericial, a juntada aos autos e não mais interessem à persecução penal, a fim de serem destruídas ou doadas aos órgãos de segurança pública (art. 144, CF) ou às Forças Armadas (art. 142, CF).

> **Art. 25.** As armas de fogo apreendidas, após a elaboração do laudo pericial e sua juntada aos autos, quando não mais interessarem à persecução penal serão encaminhadas pelo juiz competente ao Comando do Exército, no prazo de até 48 (quarenta e oito) horas, para destruição ou doação aos órgãos de segurança pública ou às Forças Armadas, na forma do regulamento desta Lei. (Redação dada pela Lei nº 13.886, de 17/10/2019)
>
> §1º. As armas de fogo encaminhadas ao Comando do Exército que receberem parecer favorável à doação, obedecidos o padrão e a dotação de cada Força Armada ou órgão de segurança pública, atendidos os critérios de prioridade estabelecidos pelo Ministério da Justiça e ouvido o Comando do Exército, serão arroladas em relatório reservado trimestral a ser encaminhado àquelas instituições, abrindo-se-lhes prazo para manifestação de interesse. (Redação dada pela Lei nº 11.706, de 19/06/2008)
>
> §1º-A. As armas de fogo e munições apreendidas em decorrência do tráfico de drogas de abuso, ou de qualquer forma utilizadas em atividades ilícitas de produção ou comercialização de drogas abusivas, ou, ainda, que tenham sido adquiridas com recursos provenientes do tráfico de drogas de abuso, perdidas em favor da União e encaminhadas para o Comando do Exército, devem ser, após perícia ou vistoria que atestem seu bom estado, destinadas com prioridade para os órgãos de segurança pública e do sistema penitenciário da unidade da federação responsável pela apreensão. (Incluído pela Lei nº 13.886, de 17/10/2019)
>
> §2º. O Comando do Exército encaminhará a relação das armas a serem doadas ao juiz competente, que determinará o seu perdimento em favor da instituição beneficiada. (Incluído pela Lei nº 11.706, de 19/06/2008)
>
> §3º. O transporte das armas de fogo doadas será de responsabilidade da instituição beneficiada, que procederá ao seu cadastramento no SINARM ou no SIGMA. (Incluído pela Lei nº 11.706, de 19/06/2008)
>
> §4º. (VETADO na Lei nº 11.706, de 19/06/2008)
>
> §5º. O Poder Judiciário instituirá instrumentos para o encaminhamento ao SINARM ou ao SIGMA, conforme se trate de arma de uso permitido ou de uso restrito, semestralmente, da relação de armas acauteladas em juízo, mencionando suas características e o local onde se encontram. (Incluído pela Lei nº 11.706, de 19/06/2008)

Do banco nacional de perfis balísticos

Criação do Banco Nacional de Perfis Balísticos: a Lei nº 13.964/19 (pacote anticrime) incluiu o art. 34-A no Estatuto do Desarmamento a fim de auxiliar o trabalho pericial com sistema automatizado e integrado.

> **Art. 34-A.** Os dados relacionados à coleta de registros balísticos serão armazenados no Banco Nacional de Perfis Balísticos. (Artigo acrescido pela Lei nº 13.964, de 24/12/2019)
>
> §1º. O Banco Nacional de Perfis Balísticos tem como objetivo cadastrar armas de fogo e armazenar características de classe e individualizadoras de projéteis e de estojos de munição deflagrados por arma de fogo.
>
> §2º. O Banco Nacional de Perfis Balísticos será constituído pelos registros de elementos de munição deflagrados por armas de fogo relacionados a crimes, para subsidiar ações destinadas às apurações criminais federais, estaduais e distritais.
>
> §3º. O Banco Nacional de Perfis Balísticos será gerido pela unidade oficial de perícia criminal.
>
> §4º. Os dados constantes do Banco Nacional de Perfis Balísticos terão caráter sigiloso, e aquele que permitir ou promover sua utilização para fins diversos dos previstos nesta Lei ou em decisão judicial responderá civil, penal e administrativamente.
>
> §5º. É vedada a comercialização, total ou parcial, da base de dados do Banco Nacional de Perfis Balísticos.
>
> §6º. A formação, a gestão e o acesso ao Banco Nacional de Perfis Balísticos serão regulamentados em ato do Poder Executivo federal.

Justificado no Projeto de Lei nº 882/2019, de autoria do Ministro Sérgio Moro, segundo o qual:

> "Registre-se, ainda, a introdução do art. 34-A., que disciplina a coleta de dados e armazenamento de perfis balísticos, através de um Banco Nacional gerenciados por Unidade Oficial de Perícia Criminal. Trata-se de modalidade de prova técnica essencial para a apuração de crimes praticados com arma de fogo, entre eles o homicídio, cujos índices de apuração não têm sido positivos. A Secretaria Nacional de Segurança Pública – SENASP, em nota técnica manifestou-se afirmando: 'A Criação do Banco Nacional de Perfis Balísticos, com sistemas automatizados em rede integrada, possibilitará a elucidação dos crimes envolvendo armas de fogo como Homicídios, Feminicídios, Latrocínios, Roubos, crimes realizados por Organizações Criminosas, dentre outros.'.".

1.2 Dos Crimes e das Penas

Bem jurídico tutelado: é a *segurança pública e a paz social* (incolumidade pública). Preserva-se a coletividade e não apenas uma única pessoa, ou seja, ***não é a incolumidade física***. A segurança pública, de acordo com a Constituição Federal (art. 144, *caput*, CF)[17], é dever do Estado, porém de responsabilidade de todos, assim, aqueles que atentem contra a preservação da ordem social e da incolumidade pública serão punidos de acordo com a lei.

Ação penal: é *pública incondicionada*, uma vez que o bem jurídico tutelado pela norma é a incolumidade pública.

Sujeito passivo: o sujeito passivo imediato é a *coletividade*, ou seja, tratam-se de *crimes vago* e, em regra, *de perigo abstrato* e *de mera conduta*. Quase todos os delitos são dolosos e comissivos; contudo, haverá um ou outro que será culposo ou omissivo, como é o caso da omissão de cautela (art. 13, *caput*).

Fiança e liberdade provisória: *via de regra*, os crimes previstos na Lei nº 10.826/2003 são *suscetíveis de liberdade provisória* (todos) e *afiançáveis* (salvo os arts. 16, 17 e 18).

Delitos hediondos: os arts. 16, 17 e 18 são considerados crimes hediondos (art. 1º, par. único, Lei nº 8.072/90) e, por conseguinte, *insuscetíveis de anistia, graça, indulto e fiança*.

Inconstitucionalidade do art. 21º e dos parágrafos únicos dos arts. 14º e 15º: tais dispositivos foram considerados *inconstitucionais* segundo o Supremo Tribunal Federal (STF/ADI 3.112), uma vez que não estão incluídos no rol constitucional dos delitos inafiançáveis, conforme os incisos XLII, XLIII, XLIV, do art. 5º, da Carta Magna, quais sejam: *racismo, tortura, tráfico ilícito de drogas, terrorismo, crimes hediondos e ação de grupos armados contra a ordem constitucional e o Estado Democrático*.

---

[17] Art. 144, caput, CF/88: "A segurança pública, dever do Estado, direito e responsabilidade de todos, é exercida para a preservação da ordem pública e da incolumidade das pessoas e do patrimônio, através dos seguintes órgãos: [...]".

"A **proibição de estabelecimento de fiança** para os delitos de 'porte ilegal de arma de fogo de uso permitido' e de 'disparo de arma de fogo', **mostra-se desarrazoada,** porquanto são crimes de mera conduta, que não se equiparam aos crimes que acarretam lesão ou ameaça de lesão à vida ou à propriedade.

Insusceptibilidade de liberdade provisória quanto aos delitos elencados nos arts. 16, 17 e 18. **Inconstitucionalidade reconhecida**, visto que o texto magno não autoriza a prisão 'ex lege', em face dos princípios da presunção de inocência e da obrigatoriedade de fundamentação dos mandados de prisão pela autoridade judiciária competente. [...]

Ação julgada procedente, em parte, para declarar a **inconstitucionalidade dos parágrafos únicos dos artigos 14 e 15 e do artigo 21** da Lei nº 10.826, de 22 de dezembro de 2003.".[18]

Norma penal em branco: por se tratar de norma penal em branco, a definição de *arma de fogo, munição e acessórios de uso permitido, restrito ou proibido e artefatos explosivos* constam em outras normas infralegais. Lembre-se de que o Estatuto do Desarmamento cuida *apenas de arma de fogo*, acessórios e munições, mas *não de arma branca* (o porte dela poderá configurar contravenção penal).

Apenas um delito qualificado: somente o crime de "posse ou porte ilegal de arma de fogo de uso proibido" é *qualificado* (art. 16, §2º), já os arts. 19 e 20 se referem a *majorantes* (causas de aumento de pena).

Abolitio criminis temporária ou *vacatio legis* indireta:

> **Art. 30.** *Os possuidores e proprietários de arma de fogo de uso permitido ainda não registrada deverão solicitar seu registro até o dia 31 de dezembro de 2008, mediante apresentação de documento de identificação pessoal e comprovante de residência fixa, acompanhados de nota fiscal de compra ou comprovação da origem lícita da posse, pelos meios de prova admitidos em direito, ou declaração firmada na qual constem as características da arma e a sua condição de proprietário, ficando este dispensado do pagamento de taxas e do cumprimento das demais exigências constantes dos incisos I a III do 'caput' do art. 4º desta Lei. (Redação dada pela Lei nº 11.706, de 19/06/2008) (Prazo prorrogado até 31/12/2009, de acordo com o art. 20 da Lei nº 11.922, de 13/04/2009)*
>
> **Parágrafo único.** *Para fins do cumprimento do disposto no 'caput' deste artigo, o proprietário de arma de fogo poderá obter, no Departamento de Polícia Federal, certificado de registro provisório, expedido na forma do §4º do art. 5º desta Lei. (Parágrafo único acrescido pela Lei nº 11.706, de 19/06/2008)*
>
> **Art. 31.** *Os possuidores e proprietários de armas de fogo adquiridas regularmente poderão, a qualquer tempo, entregá-las à Polícia Federal, mediante recibo e indenização, nos termos do regulamento desta Lei.*
>
> **Art. 32.** *Os possuidores e proprietários de arma de fogo poderão entregá-la, espontaneamente, mediante recibo, e, presumindo-se de boa-fé, serão indenizados, na forma do regulamento, ficando extinta a punibilidade de eventual posse irregular da referida arma. (Redação dada pela Lei nº 11.706, de 19/06/2008)*

A abolitio criminis temporária a que se referem os arts. 30º e 32º é aplicável somente à **posse de arma de fogo de uso permitido (art. 12),** contudo há duas datas que distinguem a aplicação:

→ Até 23/10/2005: além do art. 12º, também era cabível à "posse de arma de fogo de uso permitido com numeração raspada ou suprimida" (art. 16, §1º, IV).

> *Súmula nº 513 do STJ*: "A 'abolitio criminis' temporária prevista na Lei nº 10.826/2003 aplica-se ao crime de posse de arma de fogo de uso permitido com numeração, marca ou qualquer outro sinal de identificação raspado, suprimido ou adulterado, praticado somente até 23/10/2005.".

→ Após 23/10/2005 e até 31/12/2009:[19] somente aplicável ao art. 12º, a posse de arma de fogo de uso permitido.

"É típica a conduta de possuir arma de fogo de uso permitido com numeração, marca ou qualquer outro sinal de identificação raspado, suprimido ou adulterado, praticada após 23/10/2005, pois, em relação a esse delito, a 'abolitio criminis' temporária cessou nessa data, termo final da prorrogação dos prazos previstos na redação original dos arts. 30 e 32 da Lei nº 10.826/2003.

A nova redação do art. 32 da Lei nº 10.826/2003, trazida pela Lei nº 11.706/2008, não mais suspendeu, temporariamente, a vigência da norma incriminadora ou instaurou uma 'abolitio criminis' temporária — conforme operado pelo art. 30 da mesma lei —, mas instituiu uma causa permanente de exclusão da punibilidade, consistente na entrega espontânea da arma.

A causa extintiva da punibilidade, na hipótese legal, consiste em ato jurídico (entrega espontânea da arma), e tão somente se tiver havido a sua efetiva prática é que a excludente produzirá seus efeitos. Se isso não ocorreu, não é caso de aplicação da excludente.".[20]

Posse irregular de arma de fogo de uso permitido (art. 12º)

> **Art. 12.** *Possuir ou manter sob sua guarda arma de fogo, acessório ou munição, de uso permitido, em desacordo com determinação legal ou regulamentar, no interior de sua residência ou dependência desta, ou, ainda no seu local de trabalho, desde que seja o titular ou o responsável legal do estabelecimento ou empresa:*
>
> **Pena** – *detenção, de 1 (um) a 3 (três) anos, e multa.*

Cuida-se, aqui, exclusivamente da **posse** de *arma de fogo, acessório ou munição*, **de uso permitido**. Portanto, tenha muito cuidado se houver a expressão "porte", "de uso restrito" ou "de uso proibido", pois incorrerá em outro tipo penal: ou art. 14, ou art. 16.

Veja que o tipo penal versa apenas sobre arma de fogo, bem como toda a Lei nº 10.826/2003, portanto, é **fato atípico** para o Estatuto do Desarmamento a posse ou o porte de **arma branca**, mas será contravenção penal (art. 19, LCP).

Descrição do crime

Sujeito ativo: é comum na primeira parte (não necessita de qualidade especial); enquanto que, na segunda, é próprio, uma vez que somente "o titular ou o responsável legal do estabelecimento ou empresa" pode cometê-lo.

---

18 STF, ADI 3.112/DF, Rel. Min. Ricardo Lewandowski, julgado em 02/05/2007, Tribunal Pleno, DJe 26/10/2007.

19 Art. 20, Lei nº 11.922/2009: "Ficam prorrogados para 31 de dezembro de 2009 os prazos de que tratam o §3º do art. 5º e o art. 30, ambos da Lei nº 10.826, de 22 de dezembro de 2003.".

20 STJ, REsp 1.311.408/RN, Rel. Min. Sebastião Reis Júnior, julgado em 13/03/2013, Terceira Seção, DJe 20/05/2013.

Condutas: como o tipo penal possui mais de um verbo, "possuir" e "manter", é considerado de ação múltipla (de conteúdo variado, tipo misto alternativo ou multinuclear).

Delimitação espacial: em sua residência, dependências dela ou em seu local de trabalho desde que seja o titular ou responsável pela empresa.

Caminhão não é residência (STJ): "Se o delito é de posse de arma de fogo e ocorreu dentro do prazo da 'vacatio legis' indireta, a pena deve ser extinta, mas tal causa de extinção não se estende ao porte de arma de fogo encontrada dentro do caminhão que o paciente dirigia. O conceito de residência não se confunde com o de veículo-caminhão, pois este é mero instrumento de trabalho.".[21]

> Caminhão não é local de trabalho (STJ): "Configura delito de porte ilegal de arma de fogo se a arma é apreendida no interior de caminhão. O caminhão não é um ambiente estático, não podendo ser reconhecido como local de trabalho.".22

Objeto material: arma de fogo, acessório ou munição, de uso permitido (norma penal em branco).

Elemento normativo jurídico: em desacordo com determinação legal ou regulamentar, isto é, sem o certificado de registro de arma de fogo (norma penal em branco).

Elemento subjetivo: delito exclusivamente doloso (não há tipificação da modalidade culposa) e sem necessidade de fim específico (dolo genérico).

Consumação e tentativa: trata-se de crime de perigo abstrato e de mera conduta, não necessitando de resultado naturalístico, além de ser delito permanente em que a sua consumação se protrai no tempo, portanto, a prisão em flagrante é possível em qualquer momento[23] enquanto perdurar a sua guarda ou posse. Ainda que seja de difícil ocorrência, a tentativa é possível (plurissubsistente).

Sursis processual: trata-se de crime de médio potencial ofensivo (a pena mínima é de até 1 ano e a máxima é superior a 2 anos), no qual será julgado pelo Juizado Comum, contudo é cabível a suspensão condicional do processo (art. 89, Lei nº 9.099/95)[24].

Ação penal pública incondicionada: por se tratar de crime de perigo abstrato, no qual o bem jurídico tutelado é a incolumidade pública.

Fiança policial: uma vez que a pena máxima não é superior a 4 anos nem está no rol constitucional dos crimes inafiançáveis (art. 5º, incisos XLII, XLIII e XLIV, CF/88), é possível a liberdade provisória mediante fiança policial (art. 322º, CPP)25.

---

21 STJ, HC 116.052/MG, Rel. Min. Jane Silva (Des. Conv. do TJ/MG), julgado em 20/11/2008, 6ª Turma, DJe 09/12/2008
22 STJ, REsp 1.219.901/MG, Rel. Min. Sebastião Reis Júnior, julgado em 24/04/2012, 6ª Turma, DJe 10/05/2012 (Vide Inf. 496).
23 Art. 303, CPP: "Nas infrações permanentes, entende-se o agente em flagrante delito enquanto não cessar a permanência.".
24 Art. 89, caput, Lei nº 9.099/1995: "Nos crimes em que a pena mínima cominada for igual ou inferior a um ano, abrangidas ou não por esta Lei, o Ministério Público, ao oferecer a denúncia, poderá propor a suspensão do processo, por dois a quatro anos, desde que o acusado não esteja sendo processado ou não tenha sido condenado por outro crime, presentes os demais requisitos que autorizariam a suspensão condicional da pena (art. 77 do Código Penal).".
25 Art. 322, caput, CPP: "A autoridade policial somente poderá conceder fiança nos casos de infração cuja pena privativa de liberdade máxima não seja superior a 4 (quatro) anos. [...]".

Omissão de cautela (art. 13º)

> **Art. 13.** Deixar de observar as cautelas necessárias para impedir que menor de 18 (dezoito) anos ou pessoa portadora de deficiência mental se apodere de arma de fogo que esteja sob sua posse ou que seja de sua propriedade:
> **Pena** – detenção, de 1 (um) a 2 (dois) anos, e multa.
> **Parágrafo único.** Nas mesmas penas incorrem o proprietário ou diretor responsável de empresa de segurança e transporte de valores que deixarem de registrar ocorrência policial e de comunicar à Polícia Federal perda, furto, roubo ou outras formas de extravio de arma de fogo, acessório ou munição que estejam sob sua guarda, nas primeiras 24 (vinte e quatro) horas depois de ocorrido o fato.

Devemos ter cuidado quanto a esse artigo, pois **no *caput*** é um **delito culposo**; enquanto que, **no parágrafo único, doloso** (crime autônomo). Dessa forma, analisaremos as condutas em separado, inicialmente pela omissão de cautela prevista no *caput*.

As penas são as mesmas para as duas condutas, tanto no *caput* quanto no parágrafo único, sendo que, em ambos os casos, estamos tratando de **infração de menor potencial ofensivo**: pena máxima de 2 anos (art. 61, Lei nº 9.099/95)[26]. Portanto, será julgado pelo Juizado Especial Criminal (JECRIM) e é admissível as suas benesses (art. 2º, Lei nº 9.099/95)[27], por exemplo: a transação penal e o *sursis* processual (art. 89, Lei nº 9.099/95).

Ação penal: pública e incondicionada, de igual modo toda a Lei nº 10.826/2003, por se tratar de crimes de perigo em que o bem jurídico tutelado é a incolumidade pública.

Fiança em sede policial: também é possível nas duas situações, uma vez que a pena máxima é inferior a 4 anos.

Descrição do crime (*caput*)

Sujeitos do crime: com relação ao sujeito ativo é próprio, na medida em que o agente é o possuidor ou proprietário da arma de fogo; já o sujeito passivo imediato é a coletividade (crime vago) e, mediatamente, qualquer menor de 18 anos ou deficiente mental que venha efetivamente a se apoderar da arma de fogo: comum.

Objeto material: somente arma de fogo, porém de qualquer porte, seja de uso permitido, restrito ou proibido. Assim, será fato atípico quando se tratar de munições ou acessórios.

Elemento subjetivo e conduta: é a culpa na modalidade negligência, com a conduta de "deixar de observar as cautelas necessárias" (omissão do dever objetivo de cuidado).

Consumação e tentativa: consuma-se no exato momento em que há o apossamento pelo menor de 18 ou deficiente mental da arma de fogo independentemente da ocorrência de deflagração de munição ou crime mais grave (crime instantâneo e de perigo). Dessa forma, caso o agente viva sozinho e esqueça a arma de fogo sobre a mesa, será fato atípico, bem como se ele tiver o zelo necessário, por exemplo, imagine que o agente tenha guardado a arma em um cofre, mas de qualquer forma a criança venha a se apoderar furtando a chave do cofre: não haverá crime. Outrossim,

---

26 Art. 61, Lei nº 9.099/1995: "Consideram-se infrações penais de menor potencial ofensivo, para os efeitos desta Lei, as contravenções penais e os crimes a que a lei comine pena máxima não superior a 2 (dois) anos, cumulada ou não com multa.".
27 Art. 2º, Lei nº 9.099/1995: "O processo orientar-se-á pelos critérios da oralidade, simplicidade, informalidade, economia processual e celeridade, buscando, sempre que possível, a conciliação ou a transação.".

LEI Nº 10.826/2003 - ESTATUTO DO DESARMAMENTO

por ser delito culposo e omissivo puro, não se admite a tentativa: ou se consuma, ou não há crime.

Concurso material: caso o menor de 18 anos ou o deficiente mental que tenha se apoderado da arma de fogo venha a cometer um crime, por exemplo, um homicídio, então o agente possuidor ou proprietário da arma de fogo responderá pela infração do art. 13 (omissão de cautela) e também pelo outro delito cometido.

> É muito comum as bancas de concursos cobrarem acerca desse crime o deficiente físico, mas é incorreto. Portanto, tenha muito cuidado e lembre-se que são apenas dois sujeitos os quais descrevem o tipo penal sobre se apoderar da arma de fogo:
> > Menor de 18 anos de idade;
> > Pessoa com deficiência mental.
>
> ~~Deficiente físico~~
> (Fato atípico)

Descrição do crime (parágrafo único)

Sujeitos do crime: em relação ao sujeito ativo é próprio, pois somente "o proprietário ou diretor responsável" da empresa de segurança e transporte de valores poderá cometê-lo; já o sujeito passivo imediato é a coletividade (crime vago), contudo há dois obstáculos nos estudos: o registro policial (qualquer delegacia) e a comunicação à Polícia Federal (especificamente).

Objeto material: arma de fogo, acessório ou munição que estejam sob sua guarda.

Elemento subjetivo e conduta: é exclusivamente doloso (não se admite a modalidade culposa) com condutas omissivas próprias de "deixar de registrar" ocorrência policial do sumiço e "deixar de comunicar" à Polícia Federal.

Consumação e tentativa: consuma-se após 24 horas do efetivo conhecimento do furto ou extravio (crime a prazo). Por conta disso, não se inicia a contagem do tempo enquanto não houver o conhecimento "do sumiço". A tentativa não é possível, por ser um crime omissivo próprio (ou omissivo puro).

Porte ilegal de arma de fogo de uso permitido (art. 14º)

> **Art. 14.** Portar, deter, adquirir, fornecer, receber, ter em depósito, transportar, ceder, ainda que gratuitamente, emprestar, remeter, empregar, manter sob guarda ou ocultar arma de fogo, acessório ou munição, de uso permitido, sem autorização e em desacordo com determinação legal ou regulamentar:
> **Pena** – reclusão, de 2 (dois) a 4 (quatro) anos, e multa.
> **Parágrafo único.** O crime previsto neste artigo é inafiançável, salvo quando a arma de fogo estiver registrada em nome do agente. (Vide Adin 3.112-1)

Semelhantemente ao art. 12º, este delito prevê incriminação pelo porte de arma de fogo, acessório ou munição, de uso permitido. Cuidado, pois, caso o agente possua autorização para posse de arma de fogo de uso permitido em sua residência e a leve consigo para o seu local de trabalho, sem ser proprietário ou responsável legal, configurará crime previsto no art. 14º: porte ilegal de arma de fogo de uso permitido.

Além disso, se a arma de fogo, acessório ou munição forem "de uso restrito" ou "de uso proibido", então o crime será o do art. 16º (posse ou porte ilegal de arma de fogo de uso restrito ou proibido).

> Cuida-se apenas de arma de fogo (toda a Lei nº 10.826/2003), portanto, é fato atípico para o Estatuto do Desarmamento o porte de arma branca: será contravenção penal (art. 19º, LCP).

Descrição do crime

Sujeito ativo: comum, uma vez que qualquer pessoa pode cometê-lo, até mesmo um integrante dos órgãos de segurança pública cujo porte seja deferido, basta que esteja com arma de fogo diversa da qual lhe foi autorizada, por exemplo: um policial militar que transporte no seu carro uma Winchester .44, do século XIX, totalmente funcional, a qual tenha ganhado de seu avô, porém sem certificado de registro (CR).

Condutas: como possui 13 verbos, é considerado tipo misto alternativo (de ação múltipla, de conteúdo variado ou multinuclear); assim, no mesmo contexto fático, a prática de mais de uma conduta pelo mesmo agente será crime único, por força do princípio da alternatividade.

Objeto material: arma de fogo, acessório ou munição, de uso permitido (norma penal em branco).

Arma desmuniciada, com defeito parcial e totalmente inapta: com relação a capacidade lesiva da arma, devemos entender como é a jurisprudência dos Tribunais Superiores e como é cobrado em prova, havendo algumas situações.

→ **Arma desmontada ou desmuniciada:** é crime, do mesmo modo que carregar apenas uma única munição.

"O Supremo Tribunal Federal firmou o entendimento de que é de perigo abstrato o crime de porte ilegal de arma de fogo, sendo, portanto, **irrelevante** para sua configuração encontrar-se a **arma desmontada ou desmuniciada**."[28]

"Este Superior Tribunal de Justiça tem jurisprudência pacificada no sentido de que o **porte ilegal de arma de fogo desmuniciada ou desmontada configura hipótese de perigo abstrato,** bastando apenas a prática do ato de levar consigo para a consumação do delito. Dessa forma, eventual nulidade do laudo pericial, ou até mesmo a sua ausência, **não impede o enquadramento da conduta.**"[29]

→ **Arma com defeito parcial:** trata-se de objeto material com impropriedade relativa e, portanto, é típica.

"O mero fato de o **funcionamento de arma de fogo não ser perfeito** não afasta a tipicidade material do **crime definido** no art. 14 da Lei nº 10.826/2003."[30]

---

28 STF, HC 95.861/RJ, Rel. p/ ac. Min. Dias Toffoli, julgado em 02/06/2015, 2ª Turma, DJe 01/07/2015.
29 STJ, AgRg no REsp 1.390.999/SP, Rel. Min. Laurita Vaz, julgado em 27/03/2014, 5ª Turma, DJe 03/04/2014. Precedente: STJ, AgRg no AREsp 179.022/DF, Rel. Min. Assusete Magalhães, julgado em 07/02/2013, 6ª Turma, DJe 05/04/2013.
30 STF, HC 93.816/RS, Rel. Min. Joaquim Barbosa, julgado em 06/05/2008, 2ª Turma, DJe 01/08/2008 (Vide Inf. 505).

→ **Arma totalmente inidônea:** crime impossível, pela impropriedade absoluta do objeto material ou ineficácia absoluta do meio.

"**Não está caracterizado o crime** de porte ilegal de **arma de fogo** quando o instrumento apreendido sequer pode ser enquadrado no conceito técnico de arma de fogo, por estar quebrado e, de acordo com laudo pericial, **totalmente inapto** para realizar disparos.".[31]

> Para configurar o crime impossível, não só a arma de fogo deve ser totalmente inapta, mas também a arma estar desmuniciada ou as munições serem totalmente inaptas (deflagradas e percutidas ou estragadas).

"A Terceira Seção desta Corte pacificou entendimento no sentido de que o tipo penal de posse ou porte ilegal de arma de fogo cuida-se de delito de mera conduta ou de perigo abstrato, sendo irrelevante a demonstração de seu efetivo caráter ofensivo.

Na hipótese, contudo, em que demonstrada por laudo pericial a **total ineficácia da arma de fogo** (inapta a disparar) **e das munições apreendidas** (deflagradas e percutidas), deve ser reconhecida a atipicidade da conduta perpetrada, diante da ausência de afetação do bem jurídico incolumidade pública, tratando-se de **crime impossível pela ineficácia absoluta do meio.**"[32]

É CRIME		
Arma desmontada ou desmuniciada	Arma com defeito parcial	Arma inapta e municiada

Elemento subjetivo: delito exclusivamente doloso (não há tipificação da modalidade culposa) e sem necessidade de fim específico (dolo genérico).

Elemento normativo jurídico: sem autorização e em desacordo com determinação legal ou regulamentar (norma penal em branco).

Consumação e tentativa: é instantâneo nas condutas: adquirir, fornecer, receber, ceder, emprestar, remeter e empregar; permanente nas demais. A tentativa é possível.

Ação penal: pública incondicionada, por se tratar de crime de perigo abstrato e de mera conduta, no qual o bem jurídico tutelado é a incolumidade pública (segurança pública e paz social).

Fiança policial: o parágrafo único foi considerado inconstitucional pelo STF (ADI 3.112), portanto, é possível a fiança em sede policial (art. 322º, CPP), já que sua pena máxima é de 4 anos e não está no rol constitucional dos crimes inafiançáveis (art. 5º, incs. XLII, XLIII e XLIV, CF/88).

Concurso de crimes: normalmente, o porte ilegal de arma de fogo – tanto de uso permitido quanto de uso restrito – é crime-meio (menor e menos grave) para se atingir um crime-fim (maior e mais grave). Dessa forma, poderá ou não ocorrer a absorção do porte pelo crime mais grave (princípio da consunção), desde que seja no mesmo contexto fático, por exemplo, o agente porta arma de fogo para o cometimento de um único homicídio ou roubo, então será possível a aplicação da consunção, havendo crime único, portanto, tenha cuidado.

→ **Roubo e porte, no mesmo contexto (logo após):** é crime único (princípio da consunção).

"O crime de porte de arma é **absorvido** pelo de roubo quando restar evidenciado o nexo de dependência ou de subordinação entre as duas condutas e que os delitos foram praticados em um mesmo contexto fático — o que caracteriza o princípio da consunção.".[33]

"PRINCÍPIO DA CONSUNÇÃO. ABSORÇÃO DO PORTE ILEGAL DE ARMA PELO CRIME PATRIMONIAL. A posse de arma de fogo, **logo após** a execução de roubo com o seu emprego, **não constitui crime autônomo** previsto no art. 16, §1º, IV, da Lei nº 10.826/03, por se encontrar na linha de desdobramento do crime patrimonial.".[34]

→ **Roubo e porte, em contexto diverso (dias após):** configura concurso material de crimes (delitos autônomos).

"PRINCÍPIO DA CONSUNÇÃO. INAPLICABILIDADE. CIRCUNSTÂNCIAS FÁTICAS DISTINTAS. DELITOS AUTÔNOMOS. [...] o acusado foi flagrado na **posse ilegal da arma de fogo em momento distinto** ao da prática do crime de roubo, caracterizando, assim, uma nova conduta autônoma e independente, o que **impede a aplicação do princípio da consunção.**".[35]

→ **Homicídio e porte de arma de fogo:** Há duas situações possíveis:

Caso ocorra **no mesmo contexto fático**, será **crime único**, por exemplo, imagine que, logo após a prisão do estuprador de sua filha, o pai – sob o domínio de violenta emoção – saque a arma do coldre do policial que estava levando o meliante e, então, dispare contra o bandido.

"A jurisprudência desta Corte Superior de Justiça orienta no sentido de que **o crime de homicídio absorve o de porte ilegal de arma de fogo** quando as duas condutas delituosas guardem, entre si, uma **relação de meio e fim** estreitamente vinculadas.".[36]

Se o agente não possuir autorização de posse nem porte, mas tiver a arma de fogo previamente **(contexto diverso)**, haverá **concurso de crimes.**

"A conduta de portar armas ilegalmente **não pode ser absorvida** pelo crime de homicídio qualificado, quando resta evidenciada a existência de crimes autônomos, sem nexo de dependência ou subordinação.".[37]

"Embora seja admissível, não se revela possível, 'in casu', a aplicação do princípio da consunção, porquanto a conduta de portar a arma de um lado, e a tentativa de homicídio de outro, ao que se tem, decorrem de desígnios autônomos **não se verificando a relação de meio e fim** que autoriza a absorção de uma figura típica pela outra.".[38]

---

31 STJ, AgRg no AREsp 397.473/DF, Rel. Min. Marco Aurélio Bellizze, julgado 19/08/2014, 5ª Turma, DJe 25/08/2014 (Vide Inf. 544).
32 STJ, REsp 1.451.397/MG, Rel. Min. Maria Thereza de Assis Moura, julgado em 15/09/2015, 6ª Turma, DJe 01/10/2015 (Vide Inf. 570).
33 STJ, Jurisprudência em Teses nº 5. Precedentes: HC 315.059/SP; AgRg no AREsp 484.845/DF; HC 249.718/RJ; HC 228.062/SC; HC 206.274/SP; HC 71.696/PR; HC 156.621/SP; HC 138.530/SP.
34 STF, RHC 123.399/RJ, Rel. Min. Dias Toffoli, julgado em 30/09/2014, 1ª Turma, DJe 17/11/2014.
35 STJ, AgRg no AREsp 988.625/ES, Rel. Min. Ribeiro Dantas, julgado em 07/03/2017, 5ª Turma, DJe 15/03/2017. No mesmo sentido: HC 241.666/SP, HC 317.337/RJ.
36 STJ, HC 126.944/MS, Rel. Min. Jorge Mussi, julgado em 04/03/2010, 5ª Turma, DJe 05/04/2010.
37 STJ, HC 226.373/SP, Rel. Min. Laurita Vaz, julgado em 26/02/2013, 5ª Turma, DJe 06/03/2013.
38 STJ, HC 101.127/SP, Rel. Min. Felix Fischer, julgado em 02/10/2008, 5ª Turma, DJe 10/11/2008.

→ **Legítima defesa absorve o homicídio, mas não o porte ilegal de arma de fogo:** trata-se de delito autônomo.

"**Não se comunica** a excludente de ilicitude que é a legítima defesa, relativa ao homicídio, **ao crime autônomo de porte ilegal de arma.**".[39]

Multiplicidade de armas do mesmo tipo penal: o porte de mais de uma arma de fogo, munição ou acessório, no mesmo contexto, e do mesmo tipo penal (e.g.: ou apenas do art. 14, ou apenas do art. 16), não configura concurso de crimes, mas sim crime único (princípio da consunção).

"A apreensão de **mais de uma** arma de fogo, acessório ou munição, em um **mesmo contexto** fático, não caracteriza concurso formal ou material de crimes, mas **delito único**.".[40]

Multiplicidade de armas de tipos penais diferentes: o porte de mais de uma arma de fogo, munição ou acessório, no mesmo contexto, de uso permitido (art. 14) e de uso restrito ou proibido (art. 16), haverá concurso de crimes, porque estão em tipos penais diferentes. Quanto ser concurso material ou formal de crimes, há divergência doutrinária e, por conseguinte, a banca irá mencionar que ocorrerá apenas o concurso de crimes (sem adentrar às suas espécies, material ou formal).

"**Não há crime único,** podendo haver concurso formal, quando, no mesmo contexto fático, o agente incide nas condutas dos arts. 14 (porte ilegal de arma de fogo de uso permitido) e 16 (posse ou porte ilegal de arma de fogo de uso restrito) da Lei nº 10.826/2003.".[41]

"**Não há crime único**, podendo haver concurso material, quando, no mesmo contexto fático, o agente incide nas condutas dos arts. 14 (porte ilegal de arma de fogo de uso permitido) e 16 (posse ou porte ilegal de arma de fogo de uso restrito) da Lei nº 10.826/2003.".[42]

> O Estatuto do Desarmamento prevê a incriminação não só de armas de fogo, mas também de munições e acessórios. Sendo assim, a conduta de levar consigo munições sem a referida arma de fogo, incorrerá em crime previsto no Estatuto (Lei nº 10.826/2003), até mesmo se estiver com partes da arma de fogo ou com ela desmuniciada. Do mesmo modo, quando se tratar de acessórios, por exemplo, uma mira telescópica.

Disparo de arma de fogo (art. 15º)

> **Art. 15.** Disparar arma de fogo ou acionar munição em lugar habitado ou em suas adjacências, em via pública ou em direção a ela, desde que essa conduta não tenha como finalidade a prática de outro crime:
> **Pena** – reclusão, de 2 (dois) a 4 (quatro) anos, e multa.
> **Parágrafo único.** O crime previsto neste artigo é inafiançável. (Vide Adin 3.112-1)

Cuida-se de crime subsidiário (soldado reserva)[43], isto é, se o agente tiver intenção de crime mais grave, então será absorvido pelo delito maior. Além disso, só existirá o crime se for praticado em local habitado ou em sua direção.

Descrição do crime

Sujeito ativo: é comum, uma vez que pode ser praticado por qualquer pessoa.

Elemento subjetivo e conduta: é o dolo (não há modalidade culposa) de "disparar" arma de fogo ou "acionar" munição (tipo misto alternativo).

Delimitação espacial: são duas situações que devem ser somadas para o crime existir: em lugar habitado ou em suas adjacências e em via pública ou em direção a ela. Se o agente efetuar o disparo em local ermo e desabitado, por exemplo: em uma área rural sem pessoas aos arredores, então será fato atípico.

Objeto material: arma de fogo ou munição, de uso permitido, restrito ou proibido (norma penal em branco). O tipo penal não mencionou sobre "acessório" (fato atípico).

Consumação e tentativa: consuma-se no momento em que ser der o disparo da arma ou o acionamento da munição (delito instantâneo) e de mera conduta (não é obrigatória ocorrência de resultado naturalístico a bem jurídico individual), sendo possível a tentativa (plurissubsistente)[44].

→ **Absorção do porte pelo disparo:** há duas situações a depender do contexto.

> > **No mesmo contexto:** será <u>crime único</u>, havendo absorção do porte de arma de fogo de uso permitido (art. 14) pelo disparo de arma de fogo (princípio da consunção).

"A jurisprudência desta Corte possui entendimento firmado no sentido de que não é automática a aplicação do princípio da consunção para **absorção do** delito de **porte** de arma de fogo **pelo** de **disparo**, dependendo das circunstâncias em que ocorreram as condutas.

"Na hipótese dos autos, as instâncias ordinárias reconheceram que os crimes foram praticados no **mesmo contexto** fático, devendo ser aplicado o referido postulado para que a **conduta menos grave** (porte ilegal de arma de fogo) seja **absorvida pela conduta mais grave** (disparo de arma de fogo).".[45]

> > **Em momentos distintos (contexto diverso):** haverá <u>concurso de crimes</u> (delitos autônomos).

"Segundo iterativa jurisprudência desta Corte, **não há falar em aplicação do princípio da consunção** quando dos delitos de porte ilegal de arma e disparo de arma de fogo são praticados em **momentos diversos**, em **contextos distintos**".[46]

---

39 STF, HC 120.678/PR, Rel. p/ ac. Min. Marco Aurélio, julgado em 24/02/2015, 1ª Turma, DJe 06/04/2015.
40 STJ, Jurisprudência em Teses nº 23. Precedentes: HC 228.231/SP; HC 163.783/RJ; HC 194.697/SP; HC 104.669/RJ; HC 110.800/SP; AREsp 303.312/SP (Vide Inf. 488).
41 STJ, Jurisprudência em Teses nº 23. Precedentes: HC 130.797/SP; HC 162.018/SP.
42 STJ, Jurisprudência em Teses nº 23. Precedentes: HC 211.834/SP; REsp 1.418.900/AL.
43 HUNGRIA, N. Comentários ao Código Penal. 5ª ed. Rio de Janeiro: Forense, v.1, 1977. Tomo I (arts. 1º ao 10), p. 147.
44 Para Guilherme de Souza Nucci, o delito pode ser unissubsistente ou plurissubsistente, dependendo do mecanismo eleito pelo agente. (NUCCI, G. S. Leis Penais e Processuais Penais Comentadas. 8ª ed. Rio de Janeiro: Forense, v.2, 2014)
45 STJ, AgRg no REsp 1.331.199/PR, Rel. Min. Ericson Maranho (Des. Conv. do TJ/SP), julgado em 23/10/2014, 6ª Turma, DJe 10/11/2014.
46 STJ, CC 134.342/GO, Rel. Min. Newton Trisotto (Des. Conv. do TJ/SC), julgado em 22/04/2015, 3ª Seção, DJe 05/05/2015. Precedentes: HC 128.533/MG; AgRg no REsp 1.347.003/SC; HC 214.606/RJ.

Concurso de crimes: normalmente, quando a finalidade for crime mais grave, então este absorverá o disparo, por se tratar de crime subsidiário, descrito no trecho: "desde que essa conduta não tenha como finalidade a prática de outro crime" (subsidiariedade explícita). Por exemplo: o agente dispara arma de fogo com a finalidade de se cometer um homicídio. Entretanto, o problema surge se o delito não for mais grave, há divergência doutrinária, como é o exemplo do disparo de arma de fogo e lesão corporal de natureza leve.

Nesse sentido, discorre Fernando Capez (apud Gonçalves & Júnior, 2016):

"Em resumo, o delito previsto no art. 15, 'caput', da Lei nº 10.826/2003 não é absorvido pelo crime de lesões corporais de natureza leve, em face de sua maior gravidade. Entendemos que **o agente responde por ambos os crimes em concurso**".[47]

Posse ou porte ilegal de arma de fogo de uso restrito (art. 16º)

Art. 16. Possuir, deter, portar, adquirir, fornecer, receber, ter em depósito, transportar, ceder, ainda que gratuitamente, emprestar, remeter, empregar, manter sob sua guarda ou ocultar arma de fogo, acessório ou munição de uso restrito, sem autorização e em desacordo com determinação legal ou regulamentar: (Redação dada pela Lei nº 13.964, de 24/12/2019)

Pena – reclusão, de 3 (três) a 6 (seis) anos, e multa.

§1º. Nas mesmas penas incorre quem: (Redação dada pela Lei nº 13.964, de 24/12/2019)

I. suprimir ou alterar marca, numeração ou qualquer sinal de identificação de arma de fogo ou artefato;

II. modificar as características de arma de fogo, de forma a torná-la equivalente a arma de fogo de uso proibido ou restrito ou para fins de dificultar ou de qualquer modo induzir a erro autoridade policial, perito ou juiz;

III. possuir, deter ver, fabricar ou empregar artefato explosivo ou incendiário, sem autorização ou em desacordo com determinação legal ou regulamentar;

IV. portar, possuir, adquirir, transportar ou fornecer arma de fogo com numeração, marca ou qualquer outro sinal de identificação raspado, suprimido ou adulterado;

V. vender, entregar ou fornecer, ainda que gratuitamente, arma de fogo, acessório, munição ou explosivo a criança ou adolescente; e

VI. produzir, recarregar ou reciclar, sem autorização legal, ou adulterar, de qualquer forma, munição ou explosivo.

§2º. Se as condutas descritas no 'caput' e no §1º deste artigo envolverem arma de fogo de uso proibido, a pena é de reclusão, de 4 (quatro) a 12 (doze) anos. (Incluído pela Lei nº 13.964, de 24/12/2019)

Cuida-se, não só da *posse*, mas também do *porte* (além de outras 12 condutas previstas no *caput* e mais outras 19 figuras equiparadas no §1º) de arma de fogo, acessório ou munição **de uso restrito** (*caput*) ou **de uso proibido** (§2º), bem como as formas equiparadas (§1º).

Delito hediondo: o art. 16 foi incluído no rol dos crimes hediondos pela Lei nº 13.497, de 26/10/2017. Todavia, com o advindo da Lei nº 13.964, de 24/12/2019, promoveu-se uma alteração nesse dispositivo prevendo ser hediondo "o crime de posse ou porte ilegal de arma de fogo de uso proibido" (art. 1º, par. único, II, Lei nº 8.072/90).

Desde a Lei nº 13.497/17 se discutia acerca do alcance da hediondez do art. 16º do Estatuto do Desarmamento: somente o caput ou todo o artigo (caput e figuras equiparadas). De acordo com o Superior Tribunal de Justiça – STJ, todo o art. 16 possui natureza hedionda.

INFORMATIVO Nº 657 – STJ:

"A qualificação de hediondez aos crimes do art. 16 da Lei nº 10.826/2003, inserida pela Lei nº 13.497/2017, abrange os tipos do 'caput' e as condutas equiparadas previstas no seu parágrafo único.

O art. 16 da Lei nº 10.826/2003 (Estatuto do Desarmamento) prevê gravosas condutas de contato com 'arma de fogo, acessório ou munição de uso proibido ou restrito', vindo seu parágrafo único a acrescer figuras equiparadas — em gravidade e resposta criminal. Dessa forma, ainda que algumas das condutas equiparadas possam ser praticadas com armas de uso permitido, o legislador as considerou graves ao ponto de torná-las com reprovação criminal equivalente às condutas do 'caput'. No art. 1º, parágrafo único, da Lei nº 8.072/1990, com redação dada pela Lei nº 13.497/2017, o legislador limitou-se a prever que o delito descrito no art. 16 da Lei nº 10.826/2003 é considerado hediondo. Assim, como a equiparação é tratamento igual para todos os fins, considerando equivalente o dano social e equivalente também a necessária resposta penal, salvo ressalva expressa, ao ser qualificado como hediondo o art. 16 da Lei nº 10.826/2003, as condutas equiparadas devem receber igual tratamento.".[48]

Reviveu-se a discussão pela doutrina a partir da Lei nº 13.964/19, na medida em que o nomen juris foi alterado para "posse ou porte ilegal de arma de fogo de uso proibido", ou seja, o art. 16º do Estatuto do Desarmamento só é hediondo quando envolver arma de fogo de uso proibido.

Inafiançável e insuscetível de graça, anistia e indulto: por se tratar de delito hediondo, não há possibilidade de fiança nem perdão pelos dispositivos da graça, da anistia e do indulto (art. 2º, caput, Lei nº 8.072/90)49, mas ainda é suscetível de liberdade provisória (art. 2º, §3º, Lei nº 8.072/90)50.

Descrição do crime (*caput*)

Sujeito ativo: é comum, uma vez que pode ser praticado por qualquer pessoa.

Elemento subjetivo e conduta: exclusivamente doloso (não há modalidade culposa) e, como possui 14 verbos, é considerado de ação múltipla (de conteúdo variado, tipo misto alternativo ou multinuclear).

Objeto material: no caput, trata-se apenas de arma de fogo, acessório ou munição de uso restrito.

Consumação e tentativa: em regra, é delito instantâneo, nas condutas: adquirir, fornecer, ceder, emprestar, remeter e empregar. Será permanente, nas condutas: possuir, deter, portar, ter em depósito, transportar, manter sob sua guarda e ocultar arma

---

47 GONÇALVES, V. E. R.; JUNIOR, J. P. B. Legislação Penal Especial. 2. ed. São Paulo: Saraiva, 2016, p. 229.

48 STJ, Informativo nº 657, HC 526.916/SP, Rel. Min. Nefi Cordeiro, julgado em 01/10/2019, 6ª Turma, DJe 08/10/2019.
49 Art. 2º, caput, Lei nº 8.072/1990: "Os crimes hediondos, a prática da tortura, o tráfico ilícito de entorpecentes e drogas afins e o terrorismo são insuscetíveis de: I – anistia, graça e indulto; II – fiança. [...]".
50 Art. 2º, §3º, Lei nº 8.072/1990: "Em caso de sentença condenatória, o juiz decidirá fundamentadamente se o réu poderá apelar em liberdade.".

LEI Nº 10.826/2003 - ESTATUTO DO DESARMAMENTO

de fogo. Não há a necessidade de resultado naturalístico a integridade física individual, haja vista ser crime de mera conduta e de perigo abstrato. A tentativa é possível (plurissubsistente).

Formas equiparadas (§1º): as condutas previstas no §1º sujeitam o agente às mesmas penas previstas no caput. Estende-se o alcance de incriminação da norma, abarcando as armas de fogo, acessórios e munições de uso restrito, de uso permitido (conspurcadas) e artefatos explosivos ou incendiários.

Forma qualificada (§2º): a pena será de reclusão de 4 (quatro) a 12 (doze) anos se a arma de fogo for de uso proibido.

Conflito aparente de normas: por força do princípio da especialidade, quando houver conflito entre normas penais e o objeto material for arma de fogo, acessório ou munição, então prevalecerá o Estatuto do Desarmamento.

Conduta	Conflito	Prevalece
Numeração, marca ou qualquer outro sinal de identificação raspado, suprimido ou adulterado	Arts. 12 e 14 (Est. do Desarmamento)	Art. 16, §1º, I e IV (Est. do Desarmamento)
Fraude processual em arma de fogo	Art. 347 do CP	Art. 16, §1º, II (Est. do Desarmamento)
Ceder arma de fogo, acessório, munição ou explosivo à criança ou ao adolescente	Art. 242 do ECA	Art. 16, §1º, V (caso a arma não seja de fogo, então se aplicará o ECA)
Possuir, deter, fabricar ou empregar artefato explosivo ou incendiário, sem autorização ou em desacordo com determinação legal ou regulamentar	Art. 253 do CP	Art. 16, §1º, III (Est. do Desarmamento)

Arma de fogo:
- De uso permitido:
  - Posse — Art. 12
  - Porte — Art. 14
  - Adulterada — Art. 16
- De uso restrito:
  - Posse
  - Porte — Art. 16
  - Adulterada

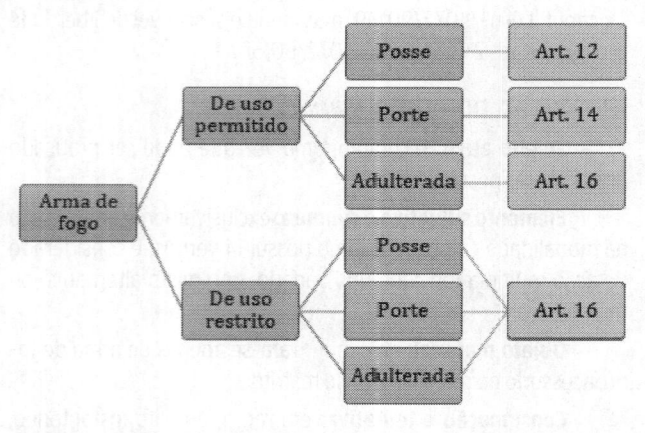

Comércio ilegal de arma de fogo (art. 17º)

Art. 17. Adquirir, alugar, receber, transportar, conduzir, ocultar, ter em depósito, desmontar, montar, remontar, adulterar, vender, expor à venda, ou de qualquer forma utilizar, em proveito próprio ou alheio, no exercício de atividade comercial ou industrial, arma de fogo, acessório ou munição, sem autorização ou em desacordo com determinação legal ou regulamentar:

Pena – reclusão, de 6 (seis) a 12 (doze) anos, e multa. (Redação dada pela Lei nº 13.964, de 24/12/2019)

§1º. Equipara-se à atividade comercial ou industrial, para efeito deste artigo, qualquer forma de prestação de serviços, fabricação ou comércio irregular ou clandestino, inclusive o exercido em residência. (Redação dada pela Lei nº 13.964, de 24/12/2019)

§2º. Incorre na mesma pena quem vende ou entrega arma de fogo, acessório ou munição, sem autorização ou em desacordo com a determinação legal ou regulamentar, a agente policial disfarçado, quando presentes elementos probatórios razoáveis de conduta criminal preexistente. (Incluído pela Lei nº 13.964, de 24/12/2019)

Por mais que o nome do crime dê a impressão de ser "compra e venda" (comércio) apenas de "armas de fogo" (comércio ilegal de arma de fogo), o tipo penal abarca não só a atividade comercial, mas também a industrial e a prestadora de serviços, bem como os acessórios e as munições.

Descrição do crime

Sujeito ativo: é próprio, uma vez que somente o agente que estiver "no exercício de atividade comercial ou industrial" (habitualidade preexistente), sem autorização ou em desacordo com determinação legal ou regulamentar. Se cometido por qualquer um dos agentes listados nos arts. 6º, 7º ou 8º, haverá aumento de metade da pena (art. 20).

Atividade irregular ou residencial (§1º): o exercício habitual exercido de forma irregular, clandestino ou residencial será equiparado à atividade comercial ou industrial.

Armeiro: "o exercício da atividade de armeiro, sem a devida licença, pode sujeitar o infrator às penas do art. 17, §1º, da Lei nº 10.826/03.".[51]

> *Art. 4º, Portaria nº 2.259/2011 (DG-DPF): "O armeiro não poderá prestar qualquer serviço aos possuidores de armas de fogo não registradas ou sem os documentos de que trata o artigo anterior, devendo, nesse caso, informar imediatamente à Polícia Federal.".*
>
> *Art. 5º, Portaria nº 2.259/2011 (DG-DPF): "É vedado ao armeiro a realização de recarga de munição, assim como adquirir, deter ou manter em depósito equipamento ou material destinado a esse fim.".*
>
> *Art. 6º, §2º, Portaria nº 2.259/2011 (DG-DPF): "É vedada a modificação das características da arma de fogo, de forma a torná-la equivalente a arma de fogo de uso proibido ou restrito ou para fins de dificultar ou de qualquer modo induzir a erro autoridade policial, perito ou juiz.".*
>
> *Art. 7º, Portaria nº 2.259/2011 (DG-DPF): "A licença concedida ao armeiro não implica autorização para a fabricação artesanal de armas, armações, canos, ferrolhos, e nem para a comercialização do material que tiver posse em razão de seu ofício.".*

Elemento subjetivo e conduta: delito exclusivamente doloso (não se admite a forma culposa) e de tipo misto alternativo (de ação múltipla, de conteúdo variado ou multinuclear), por haver 14 verbos.

Objeto material: arma de fogo, acessório ou munição, sem autorização ou em desacordo com determinação legal ou regulamentar.

---

51 ORIENTAÇÕES para o Licenciamento de Armeiros. Polícia Federal, 26 abr. 2012. Disponível em: <http://www.pf.gov.br/servicos-pf/armas/armeiros/licenciamento-armeiros>. Acesso em: 5 mar. 2020.

Forma simples (caput): a punição na modalidade simples só é cabível ao objeto material de uso permitido (reclusão, de 6 a 12 anos, e multa).

Forma majorada: se a arma de fogo, acessório ou munição forem de uso proibido ou restrito, então haverá aumento de metade da pena (art. 19).

Consumação e tentativa: instantâneo nas modalidades: adquirir, receber, desmontar, montar, remontar, adulterar, vender ou utilizar; e permanente nas demais: alugar, transportar, conduzir, ocultar, ter em depósito, expor à venda. A tentativa é admissível (plurissubsistente).

Delito hediondo: a Lei nº 13.964, de 24/12/2019, incluiu o art. 17 do referido Estatuto no rol dos crimes hediondos (art. 1º, par. único, III, Lei nº 8.072/90).

Inafiançável e insuscetível de graça, anistia e indulto: por se tratar de delito hediondo, não há possibilidade de fiança nem perdão pelos dispositivos da graça, da anistia e do indulto (art. 2º, caput, Lei nº 8.072/90), mas ainda é suscetível de liberdade provisória (art. 2º, §3º, Lei nº 8.072/90).

Prisão por agente encoberto (§2º): a Lei nº 13.964/19 (pacote anticrime) acrescentou a possibilidade de prisão em flagrante, por agente policial disfarçado, de quem vender ou entregar arma de fogo, acessório ou munição – desde que a conduta criminal seja preexistente. Não haverá crime impossível por obra do agente provocador, o chamado flagrante preparado (Súm. nº 145 do STF).

Justificado no Projeto de Lei nº 882/2019, de autoria do Ministro Sérgio Moro, segundo o qual:

"Vale aqui lembrar que as operações policiais disfarçadas, 'undercover operations' nos Estados Unidos, são extremamente eficazes naquele país. A exigência de indícios de conduta criminal pré-existente visa evitar aquilo que os norte-americanos chamam de 'entrapment', quando um agente policial provoca a prática de um crime por parte de um inocente e não de um criminoso. A Súmula nº 145 do STF (Não há crime, quando a preparação do flagrante pela polícia torna impossível a sua consumação) não é óbice para a sua aplicação, pois, além de antiga e ter analisado matéria legal, o Supremo vem temperando sua rigidez. No HC 67.908/SP, julgado pela 2ª Turma do STF em 08/03/1990, decidiu-se, cf. ementa, que 'denunciado o paciente pela guarda de haxixe, para comercialização, ato preexistente à venda ficta da substância entorpecente aos policiais — não há falar em crime impossível em face da provocação do flagrante'. O mesmo entendimento foi manifestado no HC 69.476/SP, julgado também pela 2ª Turma do STF em 04/08/1992 ('Posse de entorpecente pelo réu, que preexistia à atuação do agente provocador, ao manifestar interesse pela aquisição da droga, para fixar a prova pelo crime já consumado. Não é invocável, na espécie, a Súmula 145'). De teor semelhante, encontram-se ainda o HC 72.674/SP, julgado em 26/03/1996, pela 2ª Turma do STF; o HC 73.898/SP, julgado pela 2ª Turma do STF em 21/05/1996; o HC 74.510/SP, julgado pela 1ª Turma do STF em 08/10/1996; e o HC 81.970/SP, julgado pela 1ª Turma do STF em 28/06/2002.".

Tráfico internacional de arma de fogo (art. 18º)

Art. 18. Importar, exportar, favorecer a entrada ou saída do território nacional, a qualquer título, de arma de fogo, acessório ou munição, sem autorização da autoridade competente:
Pena – reclusão de 8 (oito) a 16 (dezesseis) anos, e multa. (Redação dada pela Lei nº 13.964, de 24/12/2019)
Parágrafo único. Incorre na mesma pena quem vende ou entrega arma de fogo, acessório ou munição, em operação de importação, sem autorização da autoridade competente, a agente policial disfarçado, quando presentes elementos probatórios razoáveis de conduta criminal preexistente. (Incluído pela Lei nº 13.964, de 24/12/2019)

Descrição do crime

Sujeito ativo: pode ser praticado por qualquer pessoa, por isso se trata de crime comum. Por força da conduta "favorecer a qualquer título", agentes públicos, em serviço, também incorrerão no delito que, de qualquer forma, favorecerem (não evitarem ou buscar evitar, dolosamente). Se cometido por qualquer um dos agentes listados nos arts. 6º, 7º ou 8º, haverá aumento de metade da pena (art. 20).

Elemento subjetivo e conduta: é o dolo (não há conduta culposa) da internacionalidade de forma ilegal, atinge os interesses não só da coletividade (segurança pública), mas também da União pela ausência de pagamento dos tributos de importação ou exportação. Como possui 3 verbos, é considerado de conteúdo variado (multinuclear, tipo misto alternativo ou de ação múltipla).

Objeto material: arma de fogo, acessório ou munição, sem autorização da autoridade competente.

Forma simples (caput): a punição na modalidade simples só é cabível ao objeto material de uso permitido (reclusão, de 8 a 16 anos, e multa).

Forma majorada: se a arma de fogo, acessório ou munição forem de uso proibido ou restrito, então haverá aumento de metade da pena (art. 19).

Consumação e tentativa: consuma-se no exato momento da entrada no território nacional ou da saída dele (delito instantâneo), não necessitando de efetiva entrega a seu destinatário, venda ou utilização dos objetos (crime formal). É admissível a tentativa (plurissubsistente).

Justiça Federal: os crimes previstos no Estatuto do Desarmamento, em regra, são de competência da Justiça Estadual, porém o tráfico internacional de armas compete à Justiça Federal, pois ofende os interesses da União (art. 21º, XXII, e art. 109, IV e V, da CF) que exerce o controle alfardegário.

Delito hediondo: a Lei nº 13.964, de 24/12/2019, incluiu o tráfico internacional de armas de fogo no rol dos crimes hediondos (art. 1º, par. único, IV, Lei nº 8.072/90).

Inafiançável e insuscetível de graça, anistia e indulto: por se tratar de delito hediondo, não há possibilidade de fiança nem perdão pelos dispositivos da graça, da anistia e do indulto (art. 2º, caput, Lei nº 8.072/90), mas ainda é suscetível de liberdade provisória (art. 2º, §3º, Lei nº 8.072/90).

Prisão por agente encoberto (par. único): a Lei nº 13.964/19 (pacote anticrime) acrescentou a possibilidade de prisão em flagrante, por agente policial disfarçado, de quem vender ou entregar arma de fogo, acessório ou munição – desde que a conduta criminal seja preexistente. Não haverá crime impossível por obra do agente provocador, o chamado flagrante preparado (Súm. nº 145 do STF).

Conflito aparente de normas

Por força do princípio da especialidade, quando os crimes de contrabando (art. 334-A, CP) e a facilitação de contrabando ou descaminho (art. 318, CP) tiverem por objeto armas de fogo, acessórios e munições, então incorrerá no art. 18 do Estatuto do Desarmamento.

Crime	Conflito	Prevalece
Contrabando	Art. 334-A do CP	Art. 18 (Est. do Desarmamento)
Facilitação de contrabando ou descaminho	Art. 318 do CP	Art. 18 (Est. do Desarmamento)

Aumento de pena (arts. 19º e 20º)

Art. 19. Nos crimes previstos nos arts. 17 e 18, a pena é aumentada da metade se a arma de fogo, acessório ou munição forem de uso proibido ou restrito.

Art. 20. Nos crimes previstos nos arts. 14, 15, 16, 17 e 18, a pena é aumentada da metade se:

I. forem praticados por integrante dos órgãos e empresas referidas nos arts. 6º, 7º e 8º desta Lei; ou

II. o agente for reincidente específico em crimes dessa natureza. (Incluído pela Lei nº 13.964, de 24/12/2019)

→ Basicamente, haverá aumento de metade da pena em duas situações:

Quanto ao objeto material: de uso restrito ou proibido (nos arts. 17 e 18).

Quanto ao sujeito ativo: agente listado nos arts. 6º, 7º e 8º; ou reincidente específico (nos arts. 14 a 18).

Liberdade provisória (art. 21º)

Art. 21. Os crimes previstos nos arts. 16, 17 e 18 são insuscetíveis de liberdade provisória.

Tal artigo foi considerado inconstitucional pelo STF (ADI 3.112), bem como os parágrafos únicos dos arts. 14º e 15º. Portanto, **todos** os crimes do Estatuto do Desarmamento **admitem a liberdade provisória** e, ressalvando os arts. 16º, 17º e 18º (delitos hediondos), também admitem a fiança.

"A **proibição de estabelecimento de fiança** para os delitos de 'porte ilegal de arma de fogo de uso permitido' e de 'disparo de arma de fogo', mostra-se **desarrazoada**, porquanto são crimes de mera conduta, que não se equiparam aos crimes que acarretam lesão ou ameaça de lesão à vida ou à propriedade.

"**Insusceptibilidade de liberdade provisória** quanto aos delitos elencados nos arts. 16, 17 e 18. **Inconstitucionalidade reconhecida**, visto que o texto magno não autoriza a prisão 'ex lege', em face dos princípios da presunção de inocência e da obrigatoriedade de fundamentação dos mandados de prisão pela autoridade judiciária competente. [...]

"Ação julgada procedente, em parte, para declarar a **inconstitucionalidade** dos **parágrafos únicos dos artigos 14 e 15 e do artigo 21** da Lei nº 10.826, de 22 de dezembro de 2003."[52]

---

[52] STF, ADI 3.112/DF, Rel. Min. Ricardo Lewandowski, julgado em 02/05/2007, Tribunal Pleno, DJe 26/10/2007.

2. LEI Nº 8.072/90 – LEI DE CRIMES HEDIONDOS

Dispõe sobre os crimes hediondos, nos termos do art. 5º, inciso XLIII, da Constituição Federal, e determina outras providências.

São considerados **hediondos** os seguintes crimes, todos tipificados no Decreto-lei nº 2.848, de 7 de dezembro de 1940 – Código Penal, consumados ou tentados:

> homicídio (art. 121), quando praticado em atividade típica de grupo de extermínio, ainda que cometido por um só agente, e homicídio qualificado (art. 121, § 2º, incisos I a VIII);

Homicídio	
Simples (art. 121)	**Qualificado (art. 121, § 2º, incisos I a VIII)**
Quando praticado em atividade típica de grupo de extermínio	Mediante paga ou promessa de recompensa, ou por outro motivo torpe
Ainda que cometido por um só agente →	Por motivo fútil
	À traição, de emboscada, ou mediante dissimulação ou outro recurso que dificulte ou torne impossível a defesa do ofendido
	Para assegurar a execução, a ocultação, a impunidade ou vantagem de outro crime
	Contra autoridade ou agente descrito nos arts. 142 e 144 da Constituição Federal, integrantes do sistema prisional e da Força Nacional de Segurança Pública, no exercício da função ou em decorrência dela, ou contra seu cônjuge, companheiro ou parente consanguíneo até terceiro grau, em razão dessa condição
	com emprego de arma de fogo de uso restrito ou proibido

> lesão corporal dolosa de natureza gravíssima (art. 129, § 2º) e lesão corporal seguida de morte (art. 129, § 3º), quando praticadas contra autoridade ou agente descrito nos arts. 142 e 144 da Constituição Federal, integrantes do sistema prisional e da Força Nacional de Segurança Pública, no exercício da função ou em decorrência dela, ou contra seu cônjuge, companheiro ou parente consanguíneo até terceiro grau, em razão dessa condição;

Lesão corporal		
	Dolosa de natureza gravíssima (art. 129, § 2º)	
	Seguida de morte (art. 129, § 3º)	
	Quando praticadas contra autoridade ou agente descrito nos arts. 142 e 144 da Constituição Federal, integrantes do sistema prisional e da Força Nacional de Segurança Pública, no exercício da função ou em decorrência dela	ou contra seu cônjuge, companheiro ou parente consanguíneo até terceiro grau, em razão dessa condição;

> roubo:
>> » circunstanciado pela restrição de liberdade da vítima (art. 157, § 2º, inciso V);
>> » circunstanciado pelo emprego de arma de fogo (art. 157, § 2º-A, inciso I) ou pelo emprego de arma de fogo de uso proibido ou restrito (art. 157, § 2º-B);
>> » qualificado pelo resultado lesão corporal grave ou morte (art. 157, § 3º);

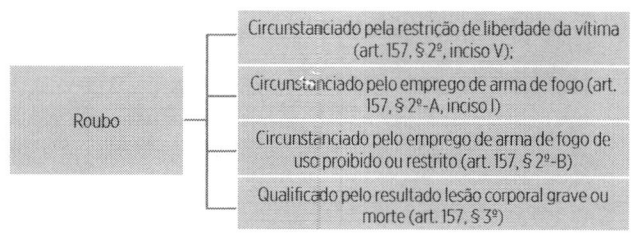

Roubo
Circunstanciado pela restrição de liberdade da vítima (art. 157, § 2º, inciso V);
Circunstanciado pelo emprego de arma de fogo (art. 157, § 2º-A, inciso I)
Circunstanciado pelo emprego de arma de fogo de uso proibido ou restrito (art. 157, § 2º-B)
Qualificado pelo resultado lesão corporal grave ou morte (art. 157, § 3º)

> extorsão qualificada pela restrição da liberdade da vítima, ocorrência de lesão corporal ou morte (art. 158, § 3º);
> extorsão mediante sequestro e na forma qualificada (art. 159, *caput*, e §§ 1º, 2º e 3º);

Extorsão	
Qualificada pela restrição da liberdade da vítima, ocorrência de lesão corporal ou morte (art. 158, § 3º)	Mediante sequestro e na forma qualificada (art. 159, *caput*, e §§ 1º, 2º e 3º)

> estupro (art. 213, *caput* e §§ 1º e 2º);

Estupro		
Art. 213, caput: Constranger alguém, mediante violência ou grave ameaça, a ter conjunção carnal ou a praticar ou permitir que com ele se pratique outro ato libidinoso	Art. 213, §§ 1º: Se da conduta resulta lesão corporal de natureza grave ou se a vítima é menor de 18 ou maior de 14 anos	Art. 213, §§ 2º: Se da conduta resulta morte

> estupro de vulnerável (art. 217-A, *caput* e §§ 1º, 2º, 3º e 4º);

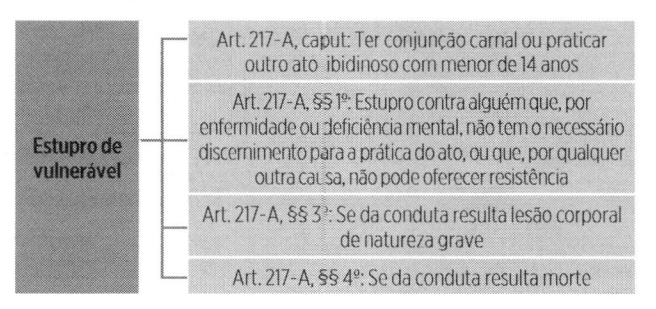

Estupro de vulnerável	
	Art. 217-A, caput: Ter conjunção carnal ou praticar outro ato libidinoso com menor de 14 anos
	Art. 217-A, §§ 1º: Estupro contra alguém que, por enfermidade ou deficiência mental, não tem o necessário discernimento para a prática do ato, ou que, por qualquer outra causa, não pode oferecer resistência
	Art. 217-A, §§ 3º: Se da conduta resulta lesão corporal de natureza grave
	Art. 217-A, §§ 4º: Se da conduta resulta morte

> epidemia.

Epidemia
Com resultado morte (art. 267, § 1º)

LEI Nº 8.072/90 – LEI DE CRIMES HEDIONDOS

> falsificação, corrupção, adulteração ou alteração de produto destinado a fins terapêuticos ou medicinais (art. 273, *caput* e § 1º, § 1º-A e § 1º-B, com a redação dada pela Lei nº 9.677, de 2 de julho de 1998).

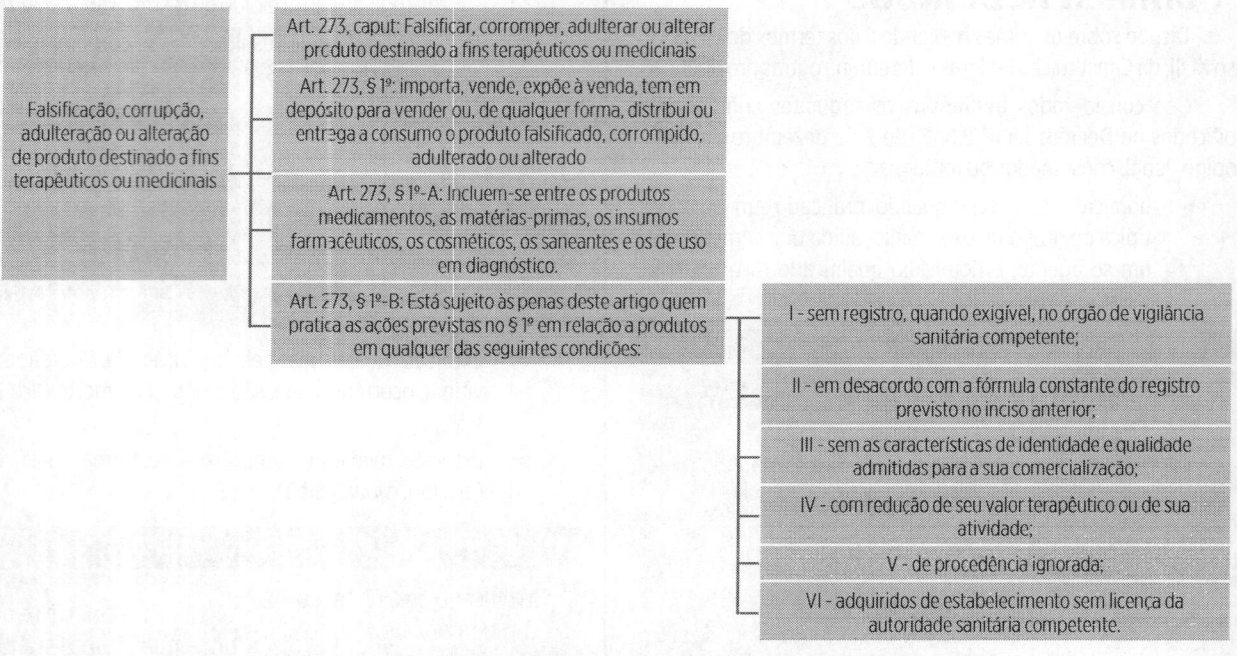

Falsificação, corrupção, adulteração ou alteração de produto destinado a fins terapêuticos ou medicinais

- Art. 273, caput: Falsificar, corromper, adulterar ou alterar produto destinado a fins terapêuticos ou medicinais
- Art. 273, § 1º: importa, vende, expõe à venda, tem em depósito para vender ou, de qualquer forma, distribui ou entrega a consumo o produto falsificado, corrompido, adulterado ou alterado
- Art. 273, § 1º-A: Incluem-se entre os produtos medicamentos, as matérias-primas, os insumos farmacêuticos, os cosméticos, os saneantes e os de uso em diagnóstico.
- Art. 273, § 1º-B: Está sujeito às penas deste artigo quem pratica as ações previstas no § 1º em relação a produtos em qualquer das seguintes condições:
  - I - sem registro, quando exigível, no órgão de vigilância sanitária competente;
  - II - em desacordo com a fórmula constante do registro previsto no inciso anterior;
  - III - sem as características de identidade e qualidade admitidas para a sua comercialização;
  - IV - com redução de seu valor terapêutico ou de sua atividade;
  - V - de procedência ignorada;
  - VI - adquiridos de estabelecimento sem licença da autoridade sanitária competente.

> favorecimento da prostituição ou de outra forma de exploração sexual de criança ou adolescente ou de vulnerável (art. 218-B, *caput*, e §§ 1º e 2º).

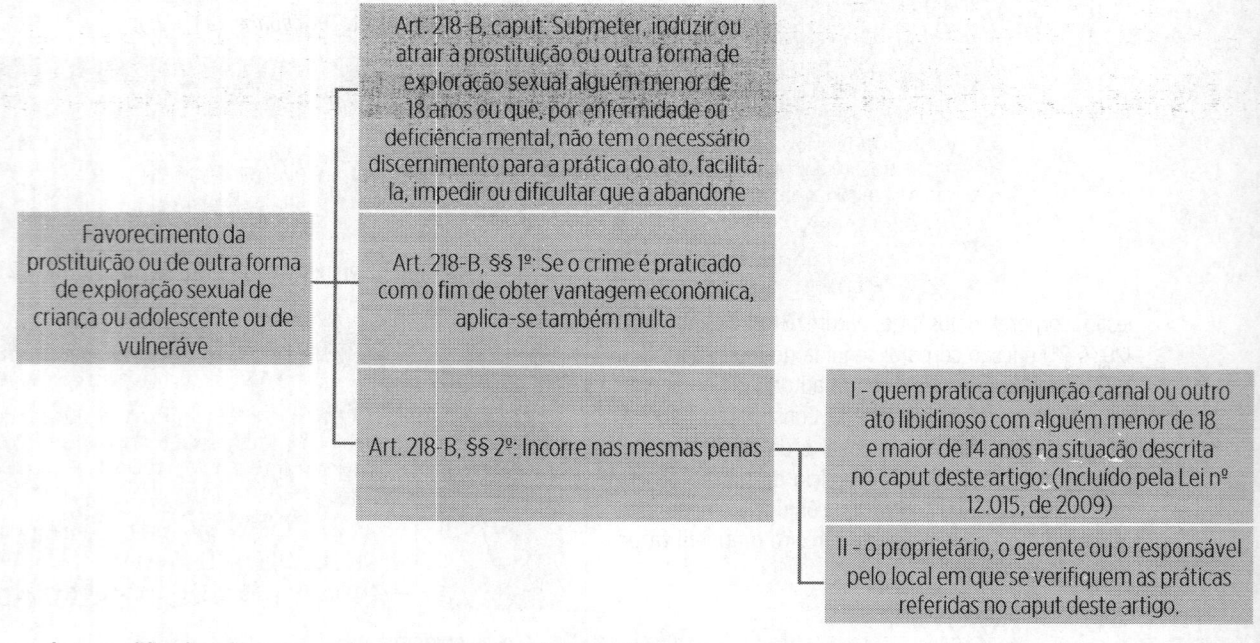

Favorecimento da prostituição ou de outra forma de exploração sexual de criança ou adolescente ou de vulneráve

- Art. 218-B, caput: Submeter, induzir ou atrair à prostituição ou outra forma de exploração sexual alguém menor de 18 anos ou que, por enfermidade ou deficiência mental, não tem o necessário discernimento para a prática do ato, facilitá-la, impedir ou dificultar que a abandone
- Art. 218-B, §§ 1º: Se o crime é praticado com o fim de obter vantagem econômica, aplica-se também multa
- Art. 218-B, §§ 2º: Incorre nas mesmas penas
  - I - quem pratica conjunção carnal ou outro ato libidinoso com alguém menor de 18 e maior de 14 anos na situação descrita no caput deste artigo: (Incluído pela Lei nº 12.015, de 2009)
  - II - o proprietário, o gerente ou o responsável pelo local em que se verifiquem as práticas referidas no caput deste artigo.

> furto qualificado pelo emprego de explosivo ou de artefato análogo que cause perigo comum (art. 155, § 4º-A).

Furto
Qualificado pelo emprego de explosivo ou de artefato análogo que cause perigo comum (art. 155, § 4º-A)

2.1 Crimes Equiparados a Hediondos

Consideram-se também hediondos, tentados ou consumados:

> o crime de genocídio, previsto nos arts. 1º, 2º e 3º da Lei nº 2.889, de 1º de outubro de 1956;

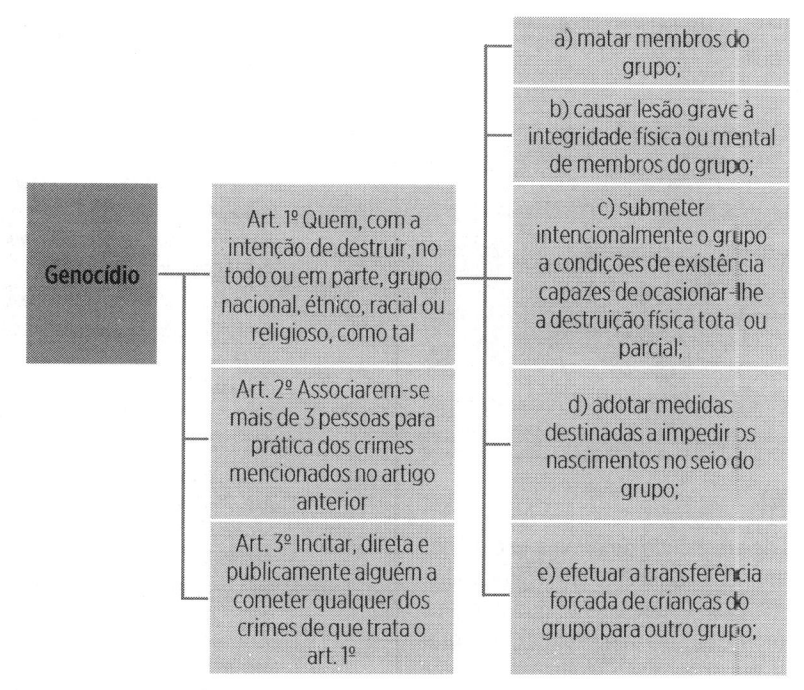

Genocídio

- Art. 1º Quem, com a intenção de destruir, no todo ou em parte, grupo nacional, étnico, racial ou religioso, como tal:
  - a) matar membros do grupo;
  - b) causar lesão grave à integridade física ou mental de membros do grupo;
  - c) submeter intencionalmente o grupo a condições de existência capazes de ocasionar-lhe a destruição física total ou parcial;
  - d) adotar medidas destinadas a impedir os nascimentos no seio do grupo;
  - e) efetuar a transferência forçada de crianças do grupo para outro grupo;
- Art. 2º Associarem-se mais de 3 pessoas para prática dos crimes mencionados no artigo anterior
- Art. 3º Incitar, direta e publicamente alguém a cometer qualquer dos crimes de que trata o art. 1º

> o crime de posse ou porte ilegal de arma de fogo de uso proibido, previsto no art. 16 da;
> o crime de comércio ilegal de armas de fogo, previsto no art. 17 da Lei nº 10.826, de 22 de dezembro de 2003;
> o crime de tráfico internacional de arma de fogo, acessório ou munição, previsto no art. 18 da Lei nº 10.826, de 22 de dezembro de 2003;

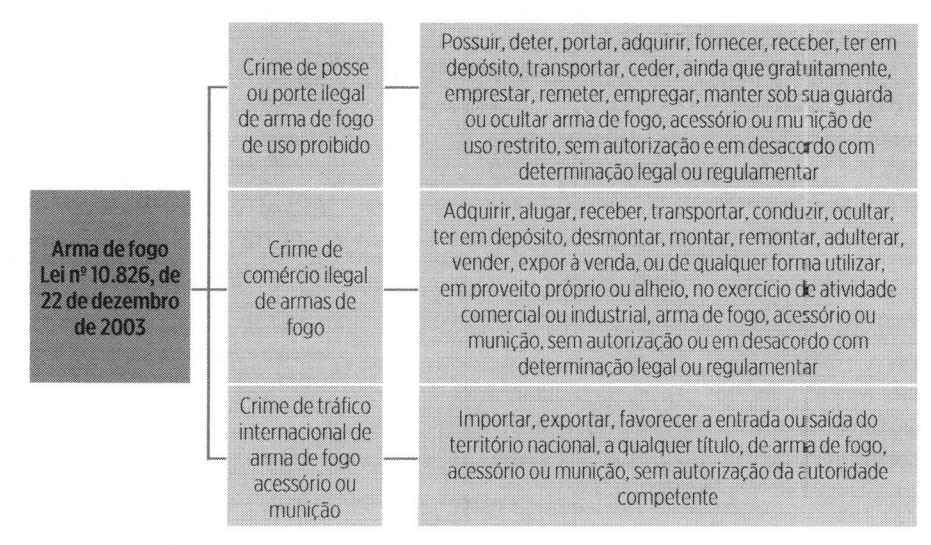

Arma de fogo — Lei nº 10.826, de 22 de dezembro de 2003

- Crime de posse ou porte ilegal de arma de fogo de uso proibido: Possuir, deter, portar, adquirir, fornecer, receber, ter em depósito, transportar, ceder, ainda que gratuitamente, emprestar, remeter, empregar, manter sob sua guarda ou ocultar arma de fogo, acessório ou munição de uso restrito, sem autorização e em desacordo com determinação legal ou regulamentar
- Crime de comércio ilegal de armas de fogo: Adquirir, alugar, receber, transportar, conduzir, ocultar, ter em depósito, desmontar, montar, remontar, adulterar, vender, expor à venda, ou de qualquer forma utilizar, em proveito próprio ou alheio, no exercício de atividade comercial ou industrial, arma de fogo, acessório ou munição, sem autorização ou em desacordo com determinação legal ou regulamentar
- Crime de tráfico internacional de arma de fogo acessório ou munição: Importar, exportar, favorecer a entrada ou saída do território nacional, a qualquer título, de arma de fogo, acessório ou munição, sem autorização da autoridade competente

> o crime de organização criminosa, quando direcionado à prática de crime hediondo ou equiparado.

Organização criminosa
Quando direcionado à prática de crime hediondo ou equiparado

NOÇÕES DE LEGISLAÇÃO PENAL E PROCESSUAL PENAL

LEI Nº 8.072/90 – LEI DE CRIMES HEDIONDOS

2.2 Privilégios Não Aplicados aos Crimes Hediondos

Os crimes hediondos, a prática da tortura, o tráfico ilícito de entorpecentes e drogas afins e o terrorismo são insuscetíveis de:

> anistia, graça e indulto;
> fiança.

Tráfico Tortura Terrorismo Hediondos	Racismo	Ação de Grupos Armados
Inafiançáveis		
Insuscetíveis de: - graça; e - anistia	Imprescritíveis	
Respondem os: - mandantes; - executores; que se omitirem.	Punidos com reclusão	

2.3 Regime Inicial

O art. 2º, § 1º da Lei de em estudo determina que a pena por crime hediondo será cumprida inicialmente em regime fechado. Contudo, a jurisprudência fixou entendimento que o regime inicial fechado não é obrigatório, ou seja, a hediondez ou a gravidade do crime não obriga, por si só, que o regime aplicado ao caso seja o mais grave, deve o magistrado analisar o caso concreto e apenas após isso decidir qual regime é o melhor a ser aplicado, respeitando os princípios constitucionais de individualização da pena e fundamentação das decisões.

Em caso de sentença condenatória, o juiz decidirá fundamentadamente se o réu poderá apelar em liberdade.

2.4 Prisão Temporária

A prisão temporária, sobre a qual dispõe a Lei nº 7.960, de 21 de dezembro de 1989, nos crimes hediondos, terá o prazo de 30 dias, prorrogável por igual período em caso de extrema e comprovada necessidade.

Prisão Temporária → 30 dias → 30 dias

A União manterá estabelecimentos penais, de segurança máxima, destinados ao cumprimento de penas impostas a condenados de alta periculosidade, cuja permanência em presídios estaduais ponha em risco a ordem ou incolumidade pública.

2.5 Alterações no Código Penal

Art. 5º Ao art. 83 do Código Penal é acrescido o seguinte inciso: [...]
Art. 83. [...]
V - cumprido mais de dois terços da pena, nos casos de condenação por crime hediondo, prática da tortura, tráfico ilícito de entorpecentes e drogas afins, e terrorismo, se o apenado não for reincidente específico em crimes dessa natureza.
Art. 6º Os arts. 157, § 3º; 159, caput e seus §§ 1º, 2º e 3º; 213; 214; 223, caput e seu parágrafo único; 267, caput e 270; caput, todos do Código Penal, passam a vigorar com a seguinte redação: [...]

Art. 157. [...]
§ 3º Se da violência resulta lesão corporal grave, a pena é de reclusão, de cinco a quinze anos, além da multa; se resulta morte, a reclusão é de vinte a trinta anos, sem prejuízo da multa.
Art. 159. [...]
Pena - reclusão, de oito a quinze anos.
§ 1º, Pena - reclusão, de doze a vinte anos.
§ 2º, Pena - reclusão, de dezesseis a vinte e quatro anos.
§ 3º, Pena - reclusão, de vinte e quatro a trinta anos.
Art. 213. [...]
Pena - reclusão, de seis a dez anos.
Art. 214. [...]
Pena - reclusão, de seis a dez anos.
Art. 223. [...]
Pena - reclusão, de oito a doze anos.
Parágrafo único [...] Pena - reclusão, de doze a vinte e cinco anos.
Art. 267. [...]
Pena – reclusão, de dez a quinze anos.
Art. 270. [...]
Pena – reclusão, de dez a quinze anos.
Art. 7º Ao art. 159 do Código Penal fica acrescido o seguinte parágrafo:
Art. 159. [...]
§ 4º Se o crime é cometido por quadrilha ou bando, o co-autor que denunciá-lo à autoridade, facilitando a libertação do seqüestrado, terá sua pena reduzida de um a dois terços.
Art. 8º Será de três a seis anos de reclusão a pena prevista no art. 288 do Código Penal, quando se tratar de crimes hediondos, prática da tortura, tráfico ilícito de entorpecentes e drogas afins ou terrorismo.
Parágrafo único. O participante e o associado que denunciar à autoridade o bando ou quadrilha, possibilitando seu desmantelamento, terá a pena reduzida de um a dois terços.
Art. 9º As penas fixadas no art. 6º para os crimes capitulados nos arts. 157, § 3º, 158, § 2º, 159, caput e seus §§ 1º, 2º e 3º, 213, caput e sua combinação com o art. 223, caput e parágrafo único, 214 e sua combinação com o art. 223, caput e parágrafo único, todos do Código Penal, são acrescidas de metade, respeitado o limite superior de trinta anos de reclusão, estando a vítima em qualquer das hipóteses referidas no art. 224 também do Código Penal.
Art. 10. O art. 35 da Lei nº 6.368, de 21 de outubro de 1976, passa a vigorar acrescido de parágrafo único, com a seguinte redação:
Art. 35. [...]
Parágrafo único. Os prazos procedimentais deste capítulo serão contados em dobro quando se tratar dos crimes previstos nos arts. 12, 13 e 14.

3. LEI Nº 7.716/1989 - CRIMES RESULTANTES DE PRECONCEITO DE RAÇA OU DE COR

PUNIÇÃO: serão punidos, na forma desta Lei, os crimes resultantes de discriminação ou preconceito de raça, cor, etnia, religião ou procedência nacional.

IMPEDIR OU OBSTAR O ACESSO DE ALGUÉM, DEVIDAMENTE HABILITADO, A QUALQUER CARGO DA ADMINISTRAÇÃO DIRETA OU INDIRETA, BEM COMO DAS CONCESSIONÁRIAS DE SERVIÇOS PÚBLICOS: Pena – reclusão de 2 a 5 anos. Incorre na mesma pena quem, por motivo de discriminação de raça, cor, etnia, religião ou procedência nacional, obstar a promoção funcional.

NEGAR OU OBSTAR EMPREGO EM EMPRESA PRIVADA: Pena – reclusão de 2 a 5 anos. Incorre na mesma pena quem, por motivo de discriminação de raça ou de cor ou práticas resultantes do preconceito de descendência ou origem nacional ou étnica:

> I - deixar de conceder os equipamentos necessários ao empregado em igualdade de condições com os demais trabalhadores;
> II - impedir a ascensão funcional do empregado ou obstar outra forma de benefício profissional;
> III - proporcionar ao empregado tratamento diferenciado no ambiente de trabalho, especialmente quanto ao salário.

PENAS DE MULTA: ficará sujeito às penas de multa e de prestação de serviços à comunidade, incluindo atividades de promoção da igualdade racial, quem, em anúncios ou qualquer outra forma de recrutamento de trabalhadores, exigir aspectos de aparência próprios de raça ou etnia para emprego cujas atividades não justifiquem essas exigências.

RECUSA: recusar ou impedir acesso a estabelecimento comercial, negando-se a servir, atender ou receber cliente ou comprador. Pena – reclusão de 1 a 3 anos.

RECUSAR, NEGAR OU IMPEDIR A INSCRIÇÃO OU INGRESSO DE ALUNO EM ESTABELECIMENTO DE ENSINO PÚBLICO OU PRIVADO DE QUALQUER GRAU: Pena – reclusão de 3 a 5 anos.

CRIME FOR PRATICADO CONTRA MENOR DE DEZOITO ANOS: a pena é agravada de 1/3.

IMPEDIR O ACESSO OU RECUSAR HOSPEDAGEM EM HOTEL, PENSÃO, ESTALAGEM, OU QUALQUER ESTABELECIMENTO SIMILAR: Pena – reclusão de 3 a 5 anos.

IMPEDIR O ACESSO OU RECUSAR ATENDIMENTO EM RESTAURANTES, BARES, CONFEITARIAS, OU LOCAIS SEMELHANTES ABERTOS AO PÚBLICO: Pena – reclusão de 1 a 3 anos.

IMPEDIR O ACESSO OU RECUSAR ATENDIMENTO EM ESTABELECIMENTOS ESPORTIVOS, CASAS DE DIVERSÕES, OU CLUBES SOCIAIS ABERTOS AO PÚBLICO: Pena – reclusão de 1 a 3 anos.

IMPEDIR O ACESSO OU RECUSAR ATENDIMENTO EM SALÕES DE CABELEIREIROS, BARBEARIAS, TERMAS OU CASAS DE MASSAGEM OU ESTABELECIMENTO COM AS MESMAS FINALIDADES: Pena – reclusão de 1 a 3 anos.

IMPEDIR O ACESSO ÀS ENTRADAS SOCIAIS EM EDIFÍCIOS PÚBLICOS OU RESIDENCIAIS E ELEVADORES OU ESCADA DE ACESSO AOS MESMOS: Pena – reclusão de 1 a 3 anos.

IMPEDIR O ACESSO OU USO DE TRANSPORTES PÚBLICOS, COMO AVIÕES, NAVIOS BARCAS, BARCOS, ÔNIBUS, TRENS, METRÔ OU QUALQUER OUTRO MEIO DE TRANSPORTE CONCEDIDO: Pena – reclusão de 1 a 3 anos.

IMPEDIR OU OBSTAR O ACESSO DE ALGUÉM AO SERVIÇO EM QUALQUER RAMO DAS FORÇAS ARMADAS: Pena – reclusão de 2 a 4 anos.

IMPEDIR OU OBSTAR, POR QUALQUER MEIO OU FORMA, O CASAMENTO OU CONVIVÊNCIA FAMILIAR E SOCIAL: Pena – reclusão de 2 a 4 anos.

PERDA DO CARGO OU FUNÇÃO PÚBLICA: constitui efeito da condenação a perda do cargo ou função pública, para o servidor público, e a suspensão do funcionamento do estabelecimento particular por prazo não superior a 3 meses.

EFEITOS DESTA LEI: não são automáticos, devendo ser motivadamente declarados na sentença.

PRATICAR, INDUZIR OU INCITAR A DISCRIMINAÇÃO OU PRECONCEITO DE RAÇA, COR, ETNIA, RELIGIÃO OU PROCEDÊNCIA NACIONAL: Pena – reclusão de 1 a 3 anos e multa.

FABRICAR, COMERCIALIZAR, DISTRIBUIR OU VEICULAR SÍMBOLOS, EMBLEMAS, ORNAMENTOS, DISTINTIVOS OU PROPAGANDA: que utilizem a cruz suástica ou gamada, para fins de divulgação do nazismo. Pena – reclusão de 2 a 5 anos e multa. (Incluído pela Lei nº 9.459, de 15/05/1997)

COMUNICAÇÃO SOCIAL OU PUBLICAÇÃO DE QUALQUER NATUREZA: se qualquer dos crimes previstos é cometido por intermédio dos meios de comunicação social ou publicação de qualquer natureza. Pena – reclusão de 2 a 5 anos e multa. No caso, o juiz poderá determinar, ouvido o Ministério Público ou a pedido deste, ainda antes do inquérito policial, sob pena de desobediência:

> I - o recolhimento imediato ou a busca e apreensão dos exemplares do material respectivo;
> II - a cessação das respectivas transmissões radiofônicas, televisivas, eletrônicas ou da publicação por qualquer meio;
> III - a interdição das respectivas mensagens ou páginas de informação na rede mundial de computadores.

EFEITO DA CONDENAÇÃO: após o trânsito em julgado da decisão, a destruição do material apreendido.

4. LEI Nº 12.850/2013 - LEI DE ORGANIZAÇÃO CRIMINOSA

Embora não seja um fenômeno recente, a criminalidade organizada apresenta um dos problemas centrais decorrentes da globalização. Antes, localizado em certas partes do mundo, como na Itália, por meio da mais famosa Máfia Italiana, que se construía sob a estrutura e a hierarquia de uma verdadeira família, ganhou notoriedade especialmente com a dramaturgia. Mas não só, outras organizações criminosas pelo mundo, com o processo de globalização, acabaram por se espalhar pelo globo, chegando, inclusive, a inspirar entre nós o estabelecimento de uma verdadeira criminalidade organizada.

Na legislação brasileira, embora desde a edição do Código Penal já fosse previsto o delito de quadrilha ou bando (art. 288), essa incriminação não se mostrava suficiente diante dos novos desafios que as organizações criminosas nacionais e transnacionais apresentavam. Nesse contexto, houve a edição da Lei nº 9.034/95, que dispunha sobre a utilização de meios operacionais para a prevenção e repressão de ações praticadas por organizações criminosas. Essa Lei, entretanto, não trazia os elementos necessários para um efetivo combate dessa criminalidade.

4.1 Convenção de Palermo

Importante documento internacional que trata sobre o tema, a chamada Convenção de Palermo ou, mais tecnicamente, Convenção das Nações Unidas contra o Crime Organizado Transnacional, foi incorporada ao sistema normativo brasileiro pelo Decreto nº 5.015, de 12 de março de 2004.

Já em seu artigo 1, a Convenção traz como objetivo "promover a cooperação para prevenir e combater mais eficazmente a criminalidade organizada transnacional.". Para tanto, estabelece uma série de mecanismos para a criminalização e o combate aos crimes relacionados a esse tipo de infração penal, definindo, para efeitos da Convenção, "Grupo criminoso organizado" como "grupo estruturado de três ou mais pessoas, existente há algum tempo e atuando concertadamente com o propósito de cometer uma ou mais infrações graves ou enunciadas na presente Convenção, com a intenção de obter, direta ou indiretamente, um benefício econômico ou outro benefício material".

Registre-se que, embora a Recomendação nº 3/2006 do Conselho Nacional de Justiça tenha proposto a adoção do conceito estabelecido na Convenção de Palermo, o que motivou, inclusive precedentes do Superior Tribunal de Justiça nesse sentido (veja-se, por ex., o HC 77.771, 5ª T., rel. Min. Laurita Vaz, j. 30.05.2008[1]), acabou não sendo considerada como uma definição legal válida de organização criminosa, sendo insuficiente para terminar sua punição criminal além dos casos de quadrilha ou bando (então prevista no art. 288 do Código Penal) ou associação para o tráfico (do art. 35 da Lei de Drogas. Nesse sentido, a conclusão do Supremo Tribunal Federal:

Em matéria penal, prevalece o dogma da reserva constitucional de lei em sentido formal, pois a Constituição da República somente admite a lei interna como única fonte formal e direta de regras de direito penal, a significar, portanto, que as cláusulas de tipificação e de cominação penais, para efeito de repressão estatal, subsumem-se ao âmbito das normas domésticas de direito penal incriminador, regendo-se, em consequência, pelo postulado da reserva de Parlamento. Doutrina. Precedentes (STF). **As convenções internacionais, como a Convenção de Palermo, não se qualificam, constitucionalmente, como fonte formal direta legitimadora da regulação normativa concernente à tipificação de crimes e à cominação de sanções penais.**[2]

4.2 O Conceito de Organização Criminosa

A Lei nº 12.850/13 revogou a Lei nº 9.034/95 - que até o ano de 2013 tratava sobre o crime organizado, sem, contudo, definir organização criminosa. Atualmente, a Lei nº 12.850/13 **define organização criminosa** e cuida dos crimes cometidos por elas, afirmando, já em seu art. 1º, que o seu objetivo é definir organização criminosa e dispor sobre a investigação criminal, os meios de obtenção da prova, infrações penais correlatas e o procedimento criminal a ser aplicado.

A Lei nº 12.850/13 traz, no § 1º, do art. 1º, o **conceito de organização criminosa** com a seguinte redação:

Considera-se organização criminosa a **associação de 4 (quatro) ou mais pessoas estruturalmente ordenada** e caracterizada pela **divisão de tarefas**, ainda que informalmente, com **objetivo** de obter, direta ou indiretamente, **vantagem** de qualquer natureza, **mediante a prática de infrações penais** cujas **penas máximas sejam superiores a 4 (quatro) anos, ou que sejam de caráter transnacional**".

O § 2º, do art. 1º, ainda estende a aplicabilidade da Lei nº 12.850/13:

> *I. às infrações penais previstas em **tratado ou convenção internacional** quando, iniciada a execução no País, o resultado tenha ou devesse ter ocorrido no estrangeiro, ou reciprocamente;*
>
> *II. às **organizações terroristas**, entendidas como aquelas voltadas para a prática dos atos de terrorismo legalmente definidos.*

Podemos dizer que uma das mais importantes informações sobre o crime organizado se encontra no seu art. 1º, que é justamente a definição de organização criminosa.

O Código Penal, em ser art. 288, trata do crime de associação criminosa, que pode facilmente ser confundido com a organização, por isso a definição do que é e como se caracteriza a organização criminosa, trazida em lei específica, torna-se ainda mais importante, pois, além da tipificação de um novo crime, ainda nos traz as diferenças entre ela e um crime já existente na legislação comum.

A Lei nº 12.850/13 trouxe, ainda, modificações ao Código Penal, o crime de associação criminosa antes era conhecido como crime de quadrilha ou bando.

---

[1] "O conceito jurídico da expressão organização criminosa ficou estabelecido em nosso ordenamento jurídico com o Decreto n. 5.015, de 12 de março de 2004, que promulgou o Decreto Legislativo nº 231, de 29 de maio de 2003, que ratificou a Convenção das Nações Unidas contra o Crime Organizado Transnacional (Convenção de Palermo). Precedentes desta Corte e do Supremo Tribunal Federal." (trecho da ementa)

[2] 2ª T., AgR no RHC 121.835, rel. Min. Celso de Mello, j. 13.102015, DJe 20.11.2015.

Além do mais, a Lei do Crime Organizado se aplica também aos crimes previstos em tratados ou convenções internacionais, desde que tenha iniciado sua execução no Brasil e o resultado tenha ou devesse ocorrer no exterior, ou quando a execução se iniciar no exterior e o resultado tenha ou devesse ocorrer no Brasil. Aplica-se também às organizações terroristas internacionais, reconhecidas conforme as normas de direito internacional, por foro do qual o Brasil seja participante, desde que os atos de suporte, preparatórios ou mesmo os executórios ocorram ou possam ocorrer no Brasil.

	Associação criminosa	Organização criminosa
Previsão legal	art. 288 do Código Penal	art. 2º da Lei nº 12.850/13
Quantidade de integrantes	3 ou mais pessoas	4 ou mais pessoas
Características	• Finalidade específica de cometer crimes.	• Estrutura ordenada; • **Divisão de Tarefas**, mesmo que informalmente; • **Objetivo de obter**, direta ou indiretamente, **vantagem** de qualquer natureza - **Prática de infrações penais** cujas penas máximas sejam superiores a 4 anos, ou que tenham **caráter transnacional**.

4.3 Os Crimes de Associação Criminosa do Código Penal (Art. 288), da Lei de Drogas (Art. 35 da Lei nº 11.343/2006), de Organização Criminosa para Fins de Terrorismo (Art. 3º da Lei nº 13.260/2016) e de Organização Criminosa do Art. 2º da Lei nº 12.850/2013

Na sequência, após definir, finalmente, o que é organização criminosa, a Lei estabelece o crime referente à promoção, à constituição (criação) ou ao financiamento de organização criminosa, equiparando a essa prática o fato de integrar organização ou mesmo de impedir ou, de qualquer forma, embaraçar a investigação de infração penal que a envolva:

> **Art. 2º. Promover, constituir, financiar ou integrar**, *pessoalmente ou por interposta pessoa*, **organização criminosa**:
> Pena - reclusão, de 3 (três) a 8 (oito) anos, e multa, sem prejuízo das penas correspondentes às demais infrações penais praticadas.
> **§1º. Nas mesmas penas** incorre quem **impede** *ou, de qualquer forma,* **embaraça a investigação** *de infração penal que envolva organização criminosa*.
> **§2º.** As penas **aumentam-se até a metade** se na atuação da organização criminosa houver **emprego de arma de fogo**.
> **§3º.** A pena é **agravada** para quem **exerce o comando**, *individual ou coletivo, da organização criminosa*, ainda que não pratique pessoalmente atos de execução.
> **§4º. A pena é aumentada de 1/6 (um sexto) a 2/3 (dois terços)**:
> **I.** *se há participação de criança ou adolescente;*
> **II.** *se há concurso de funcionário público, valendo-se a organização criminosa dessa condição para a prática de infração penal;*
> **III.** *se o produto ou proveito da infração penal destinar-se, no todo ou em parte, ao exterior;*
> **IV.** *se a organização criminosa mantém conexão com outras organizações criminosas independentes;*
> **V.** *se as circunstâncias do fato evidenciarem a transnacionalidade da organização.*
> **§5º.** *Se houver indícios suficientes de que o* **funcionário público** *integra organização criminosa, poderá o juiz determinar seu afastamento cautelar do cargo, emprego ou função, sem prejuízo da remuneração, quando a medida se fizer necessária à investigação ou instrução processual.*
> **§6º.** *A condenação com trânsito em julgado acarretará ao funcionário público a perda do cargo, função, emprego ou mandato eletivo e a interdição para o exercício de função ou cargo público pelo prazo de 8 (oito) anos subsequentes ao cumprimento da pena.*
> **§7º.** *Se houver indícios de* **participação de policial** *nos crimes de que trata esta Lei, a Corregedoria de Polícia instaurará inquérito policial e comunicará ao Ministério Público, que designará membro para acompanhar o feito até a sua conclusão.*
> **§8º.** *As lideranças de organizações criminosas armadas ou que tenham armas à disposição deverão iniciar o cumprimento da pena em estabelecimentos penais de segurança máxima.*
> **§9º.** *O condenado expressamente em sentença por integrar organização criminosa ou por crime praticado por meio de organização criminosa não poderá progredir de regime de cumprimento de pena ou obter livramento condicional ou outros benefícios prisionais se houver elementos probatórios que indiquem a manutenção do vínculo associativo.*

Ponto que merece destaque é o afastamento cautelar do funcionário público por determinação judicial para fins de investigação e instrução processual. Por se tratar de medida cautelar, sua remuneração é mantida durante o período de afastamento. Seria um meio de evitar que o servidor influencie, de alguma forma, nesses procedimentos.

Se condenado, o funcionário público pode perder o cargo, emprego ou função pública e ficar inabilitado para o exercício de função pública pelo prazo de 8 anos subsequentes ao cumprimento da pena, ou seja, após o cumprimento da pena se inicia a contagem do prazo de inabilitação.

Havendo indícios de participação de policial nos crimes trazidos por lei, será determinada a Corregedoria de Polícia para a instauração do inquérito e a comunicação do ocorrido ao Ministério Público, o qual determinará membro para acompanhar o feito até a sua conclusão.

registrar, ademais, que a Lei nº 13.964/2019 (o famoso icrime") introduziu a determinação de que as lideranças de organizações criminosas – armadas ou que tenham armas à disposição – iniciarão o cumprimento da pena em estabelecimentos penais de segurança máxima (lembre-se que o regime fechado pressupõe o cumprimento em estabelecimento de segurança máxima ou média). De outro lado, os condenados por integrar organização criminosa ou por crime praticado por meio delas, não poderão progredir de regime ou obter livramento condicional ou outros benefícios prisionais se persistirem elementos probatórios que indiquem que eles mantêm o vínculo associativo com a organização.

Pena: reclusão, de 3 a 8 anos e multa	Promover, constituir, financiar ou integrar, pessoalmente ou por interposta pessoa, organização criminosa.
	Impedir ou, de qualquer forma, embaraçar a investigação de infração penal que envolva organização criminosa.

AUMENTO DE PENA	
Aumentam-se até a metade	Se na atuação da organização criminosa houver emprego de arma de fogo.
Aumentam-se de 1/6 (um sexto) a 2/3 (dois terços)	Se há participação de criança ou adolescente;
	Se há concurso de funcionário público, valendo-se a organização criminosa dessa condição para a prática de infração penal;
	Se o produto ou proveito da infração penal destinar-se, no todo ou em parte, ao exterior;
	Se a organização criminosa mantém conexão com outras organizações criminosas independentes;
	Se as circunstâncias do fato evidenciarem a transnacionalidade da organização.
A pena é agravada	Para quem exerce o comando, individual ou coletivo, da organização criminosa, ainda que não pratique pessoalmente atos de execução.

Importante, por fim, não confundir a organização criminosa da Lei nº 12.850/2013 com a já analisada associação criminosa do art. 288 do Código Penal, e nem com as demais formas de associação ou organização criminosa previstas em lei.

A Lei nº 11.343/2006, por exemplo, prevê a forma mais simples de caracterização do delito exigindo apenas duas pessoas associadas para o fim de praticar o tráfico, reiteradamente ou não, nos seguintes moldes:

> **Art. 35.** *Associarem-se duas ou mais pessoas para o fim de praticar, reiteradamente ou não, qualquer dos crimes previstos nos arts. 33, caput e § 1º, e 34 desta Lei:*
> *Pena - reclusão, de 3 (três) a 10 (dez) anos, e pagamento de 700 (setecentos) a 1.200 (mil e duzentos) dias-multa.*

Por sua vez, a Lei Antiterrorismo (Lei nº 13.360/2016) também estabelece sua própria incriminação relativa à organização terrorista, impondo a seguinte incriminação:

> **Art. 3º.** *Promover, constituir, integrar ou prestar auxílio, pessoalmente ou por interposta pessoa, a organização terrorista:*
> *Pena - reclusão, de cinco a oito anos, e multa.*

Há, ainda, a Lei nº 2.889/56, que estabelece a associação para a prática de genocídio, com a seguinte redação:

> **Art. 2º** *Associarem-se mais de 3 (três) pessoas para prática dos crimes mencionados no artigo anterior:*
> *Pena: Metade da cominada aos crimes ali previstos.*

Note que, diante desse quadro, o delito de organização criminosa, previsto no art. 2º da Lei nº 12.850/2013, apresenta-se como norma geral com relação ao crime de associação criminosa, ao crime de organização terrorista ou mesmo à associação para a prática de genocídio.

A Lei nº 13.964/2019 (Pacote Anticrime) inclui no dispositivo a previsão de que as lideranças de organizações criminosas armadas ou que tenham armas à disposição iniciarão o cumprimento da pena em estabelecimento de segurança armada, sendo que o condenado por integrar organizações criminosas não poderá progredir de regime ou mesmo obter livramento condicional ou outros benefícios enquanto mantiver o vínculo associativo.

4.4 Os Meios de Obtenção de Prova da Lei nº 12.850/2013

Diferentemente dos meios de prova, os meios de **obtenção** de prova são indiretos, ou seja, buscam a obtenção de meios de prova (como a apreensão, um documento ou uma testemunha, por exemplo), sendo que, ademais, para sua *obtenção,* acabam por reduzir direitos constitucionalmente assegurados, como o caso da redução do sigilo das telecomunicações para a realização de uma interceptação telefônica. Por tudo isso, devem ser usados com moderação, desde que comprovada sua necessidade no caso concreto. Diz o art. 3º da Lei nº 12.850/2013 que em qualquer fase da persecução penal serão permitidos, sem prejuízo de outros já previstos em lei, os seguintes meios de obtenção da prova:

SÃO MEIOS DE OBTENÇÃO DA PROVA:
I. colaboração premiada;
II. captação ambiental de sinais eletromagnéticos, ópticos ou acústicos;
III. ação controlada;
IV. acesso a registros de ligações telefônicas e telemáticas, a dados cadastrais constantes de bancos de dados públicos ou privados e a informações eleitorais ou comerciais;
V. interceptação de comunicações telefônicas e telemáticas, nos termos da legislação específica;
VI. afastamento dos sigilos financeiro, bancário e fiscal, nos termos da legislação específica;
VII. infiltração, por policiais, em atividade de investigação, na forma do art. 11;
VIII. cooperação entre instituições e órgãos federais, distritais, estaduais e municipais na busca de provas e informações de interesse da investigação ou da instrução criminal.

Interessante mencionar que, havendo necessidade justificada de manter sigilo sobre a capacidade investigatória, poderá ser dispensada licitação para contratação de serviços técnicos especializados, aquisição ou locação de equipamentos destinados à polícia judiciária para o rastreamento e a obtenção de provas previstas nos incisos II e V do art. 3º, sendo que fica dispensada a publicação de que trata o parágrafo único do art. 61 da Lei nº 8.666/1993, devendo ser comunicado o órgão de controle interno da realização da contratação.

4.5 Da Colaboração Premiada

Art. 3º-A. O acordo de colaboração premiada é negócio jurídico processual e meio de obtenção de prova, que pressupõe utilidade e interesse públicos.

Art. 3º-B. O recebimento da proposta para formalização de acordo de colaboração demarca o início das negociações e constitui também marco de confidencialidade, configurando violação de sigilo e quebra da confiança e da boa-fé a divulgação de tais tratativas iniciais ou de documento que as formalize, até o levantamento de sigilo por decisão judicial.

§1º. A proposta de acordo de colaboração premiada poderá ser sumariamente indeferida, com a devida justificativa, cientificando-se o interessado.

§2º. Caso não haja indeferimento sumário, as partes deverão firmar Termo de Confidencialidade para prosseguimento das tratativas, o que vinculará os órgãos envolvidos na negociação e impedirá o indeferimento posterior sem justa causa.

§3º. O recebimento de proposta de colaboração para análise ou o Termo de Confidencialidade não implica, por si só, a suspensão da investigação, ressalvado acordo em contrário quanto à propositura de medidas processuais penais cautelares e assecuratórias, bem como medidas processuais cíveis admitidas pela legislação processual civil em vigor.

§4º. O acordo de colaboração premiada poderá ser precedido de instrução, quando houver necessidade de identificação ou complementação de seu objeto, dos fatos narrados, sua definição jurídica, relevância, utilidade e interesse público.

§5º. Os termos de recebimento de proposta de colaboração e de confidencialidade serão elaborados pelo celebrante e assinados por ele, pelo colaborador e pelo advogado ou defensor público com poderes específicos.

§6º. Na hipótese de não ser celebrado o acordo por iniciativa do celebrante, esse não poderá se valer de nenhuma das informações ou provas apresentadas pelo colaborador, de boa-fé, para qualquer outra finalidade.

Art. 3º-C. A proposta de colaboração premiada deve estar instruída com procuração do interessado com poderes específicos para iniciar o procedimento de colaboração e suas tratativas, ou firmada pessoalmente pela parte que pretende a colaboração e seu advogado ou defensor público.

§1º. Nenhuma tratativa sobre colaboração premiada deve ser realizada sem a presença de advogado constituído ou defensor público.

§2º. Em caso de eventual conflito de interesses, ou de colaborador hipossuficiente, o celebrante deverá solicitar a presença de outro advogado ou a participação de defensor público.

§3º. No acordo de colaboração premiada, o colaborador deve narrar todos os fatos ilícitos para os quais concorreu e que tenham relação direta com os fatos investigados.

§4º. Incumbe à defesa instruir a proposta de colaboração e os anexos com os fatos adequadamente descritos, com todas as suas circunstâncias, indicando as provas e os elementos de corroboração.

Art. 4º O juiz poderá, a requerimento das partes, conceder o perdão judicial, reduzir em até 2/3 (dois terços) a pena privativa de liberdade ou substituí-la por restritiva de direitos daquele que tenha colaborado efetiva e voluntariamente com a investigação e com o processo criminal, desde que dessa colaboração advenha um ou mais dos seguintes resultados:

I. a identificação dos demais coautores e partícipes da organização criminosa e das infrações penais por eles praticadas;

II. a revelação da estrutura hierárquica e da divisão de tarefas da organização criminosa;

III. a prevenção de infrações penais decorrentes das atividades da organização criminosa;

IV. a recuperação total ou parcial do produto ou do proveito das infrações penais praticadas pela organização criminosa;

V. a localização de eventual vítima com a sua integridade física preservada.

§1º Em qualquer caso, a concessão do benefício levará em conta a personalidade do colaborador, a natureza, as circunstâncias, a gravidade e a repercussão social do fato criminoso e a eficácia da colaboração.

§2º Considerando a relevância da colaboração prestada, o Ministério Público, a qualquer tempo, e o delegado de polícia, nos autos do inquérito policial, com a manifestação do Ministério Público, poderão requerer ou representar ao juiz pela concessão de perdão judicial ao colaborador, ainda que esse benefício não tenha sido previsto na proposta inicial, aplicando-se, no que couber, o art. 28 do Decreto-Lei nº 3.689, de 3 de outubro de 1941 (Código de Processo Penal).

§ 3º O prazo para oferecimento de denúncia ou o processo, relativos ao colaborador, poderá ser suspenso por até 6 (seis) meses, prorrogáveis por igual período, até que sejam cumpridas as medidas de colaboração, suspendendo-se o respectivo prazo prescricional.

§ 4º Nas mesmas hipóteses do caput deste artigo, o Ministério Público poderá deixar de oferecer denúncia se a proposta de acordo de colaboração referir-se a infração de cuja existência não tenha prévio conhecimento e o colaborador: (Redação dada pela Lei nº 13.964, de 2019)

I. não for o líder da organização criminosa;

II. for o primeiro a prestar efetiva colaboração nos termos deste artigo.

§ 4º-A. Considera-se existente o conhecimento prévio da infração quando o Ministério Público ou a autoridade policial competente tenha instaurado inquérito ou procedimento investigatório para apuração dos fatos apresentados pelo colaborador. (Incluído pela Lei nº 13.964, de 2019)

§ 5º Se a colaboração for posterior à sentença, a pena poderá ser reduzida até a metade ou será admitida a progressão de regime ainda que ausentes os requisitos objetivos.

§ 6º O juiz não participará das negociações realizadas entre as partes para a formalização do acordo de colaboração, que ocorrerá entre o delegado de polícia, o investigado e o defensor, com a manifestação do Ministério Público, ou, conforme o caso, entre o Ministério Público e o investigado ou acusado e seu defensor.

§ 7º Realizado o acordo na forma do § 6º deste artigo, serão remetidos ao juiz, para análise, o respectivo termo, as declarações do colaborador e cópia da investigação, devendo o juiz ouvir sigilosamente o colaborador, acompanhado de seu defensor, oportunidade em que analisará os seguintes aspectos na homologação: (Redação dada pela Lei nº 13.964, de 2019)

I. regularidade e legalidade; (Incluído pela Lei nº 13.964, de 2019)

II. adequação dos benefícios pactuados àqueles previstos no caput e nos §§ 4º e 5º deste artigo, sendo nulas as cláusulas que violem o critério de definição do regime inicial de cumprimento de pena do art. 33 do Decreto-Lei nº 2.848, de 7 de dezembro de 1940 (Código Penal), as regras de cada um dos regimes previstos no Código Penal e na Lei nº 7.210, de 11 de julho de 1984 (Lei de Execução Penal) e os requisitos de progressão de regime não abrangidos pelo § 5º deste artigo; (Incluído pela Lei nº 13.964, de 2019)

III. adequação dos resultados da colaboração aos resultados mínimos exigidos nos incisos I, II, III, IV e V do caput deste artigo; (Incluído pela Lei nº 13.964, de 2019)

IV. voluntariedade da manifestação de vontade, especialmente nos casos em que o colaborador está ou esteve sob efeito de medidas cautelares. (Incluído pela Lei nº 13.964, de 2019)

LEI Nº 12.850/2013 - LEI DE ORGANIZAÇÃO CRIMINOSA

§ 7º-A O juiz ou o tribunal deve proceder à análise fundamentada do mérito da denúncia, do perdão judicial e das primeiras etapas de aplicação da pena, nos termos do Decreto-Lei nº 2.848, de 7 de dezembro de 1940 (Código Penal) e do Decreto-Lei nº 3.689, de 3 de outubro de 1941 (Código de Processo Penal), antes de conceder os benefícios pactuados, exceto quando o acordo prever o não oferecimento da denúncia na forma dos §§ 4º e 4º-A deste artigo ou já tiver sido proferida sentença. (Incluído pela Lei nº 13.964, de 2019)

§ 7º-B. São nulas de pleno direito as previsões de renúncia ao direito de impugnar a decisão homologatória. (Incluído pela Lei nº 13.964, de 2019)

§ 8º O juiz poderá recusar a homologação da proposta que não atender aos requisitos legais, devolvendo-a às partes para as adequações necessárias. (Redação dada pela Lei nº 13.964, de 2019)

§ 9º Depois de homologado o acordo, o colaborador poderá, sempre acompanhado pelo seu defensor, ser ouvido pelo membro do Ministério Público ou pelo delegado de polícia responsável pelas investigações.

§ 10. As partes podem retratar-se da proposta, caso em que as provas autoincriminatórias produzidas pelo colaborador não poderão ser utilizadas exclusivamente em seu desfavor.

§ 10-A Em todas as fases do processo, deve-se garantir ao réu delatado a oportunidade de manifestar-se após o decurso do prazo concedido ao réu que o delatou. (Incluído pela Lei nº 13.964, de 2019)

§ 11. A sentença apreciará os termos do acordo homologado e sua eficácia.

§ 12. Ainda que beneficiado por perdão judicial ou não denunciado, o colaborador poderá ser ouvido em juízo a requerimento das partes ou por iniciativa da autoridade judicial.

§ 13. O registro das tratativas e dos atos de colaboração deverá ser feito pelos meios ou recursos de gravação magnética, estenotipia, digital ou técnica similar, inclusive audiovisual, destinados a obter maior fidelidade das informações, garantindo-se a disponibilização de cópia do material ao colaborador. (Redação dada pela Lei nº 13.964, de 2019)

§ 14. Nos depoimentos que prestar, o colaborador renunciará, na presença de seu defensor, ao direito ao silêncio e estará sujeito ao compromisso legal de dizer a verdade.

§ 15. Em todos os atos de negociação, confirmação e execução da colaboração, o colaborador deverá estar assistido por defensor.

§ 16. Nenhuma das seguintes medidas será decretada ou proferida com fundamento apenas nas declarações do colaborador: (Redação dada pela Lei nº 13.964, de 2019)

I. medidas cautelares reais ou pessoais; (Incluído pela Lei nº 13.964, de 2019)

II. recebimento de denúncia ou queixa-crime; (Incluído pela Lei nº 13.964, de 2019)

III. sentença condenatória. (Incluído pela Lei nº 13.964, de 2019)

§ 17. O acordo homologado poderá ser rescindido em caso de omissão dolosa sobre os fatos objeto da colaboração. (Incluído pela Lei nº 13.964, de 2019)

§ 18. O acordo de colaboração premiada pressupõe que o colaborador cesse o envolvimento em conduta ilícita relacionada ao objeto da colaboração, sob pena de rescisão. (Incluído pela Lei nº 13.964, de 2019)

Art. 5º. *São direitos do colaborador:*

I. usufruir das medidas de proteção previstas na legislação específica;

II. ter nome, qualificação, imagem e demais informações pessoais preservados;

III. ser conduzido, em juízo, separadamente dos demais coautores e partícipes;

IV. participar das audiências sem contato visual com os outros acusados;

V. não ter sua identidade revelada pelos meios de comunicação, nem ser fotografado ou filmado, sem sua prévia autorização por escrito;

VI. cumprir pena em estabelecimento penal diverso dos demais corréus ou condenados.

Art. 6º. *O termo de acordo da colaboração premiada deverá ser feito por escrito e conter:*

I. o relato da colaboração e seus possíveis resultados;

II. as condições da proposta do Ministério Público ou do delegado de polícia;

III. a declaração de aceitação do colaborador e de seu defensor;

IV. as assinaturas do representante do Ministério Público ou do delegado de polícia, do colaborador e de seu defensor;

V. a especificação das medidas de proteção ao colaborador e à sua família, quando necessário.

Art. 7º. *O pedido de homologação do acordo será sigilosamente distribuído, contendo apenas informações que não possam identificar o colaborador e o seu objeto.*

§1º. As informações pormenorizadas da colaboração serão dirigidas diretamente ao juiz a que recair a distribuição, que decidirá no prazo de 48 (quarenta e oito) horas.

§2º. O acesso aos autos será restrito ao juiz, ao Ministério Público e ao delegado de polícia, como forma de garantir o êxito das investigações, assegurando-se ao defensor, no interesse do representado, amplo acesso aos elementos de prova que digam respeito ao exercício do direito de defesa, devidamente precedido de autorização judicial, ressalvados os referentes às diligências em andamento.

§3º. O acordo de colaboração premiada deixa de ser sigiloso assim que recebida a denúncia, observado o disposto no art. 5º.

A colaboração premiada, também chamada de delação premiada, é um procedimento previsto na legislação penal de forma dispersa, com regras próprias a depender do caso, de acordo com a dicção legal pode-se definir a colaboração premiada como negócio jurídico processual e meio de obtenção de prova, que pressupõe utilidade e interesse públicos. Ela é um dos principais meios de provas da lei e auxilia na investigação e no curso do processo criminal. Deve-se registrar, contudo, que ela isolada não é suficiente para a condenação, é necessária a colaboração e mais o auxílio de outros meios de prova.

Esse meio de prova pode conceder ao colaborador três benefícios:

O perdão judicial;
Redução em até 2/3 (dois terços) da pena privativa;
Substituição da pena privativa de liberdade por restritiva de direitos.

Mas, para isso, o agente deve colaborar efetiva e voluntariamente com a investigação, de modo que sua vontade seja livre, cabendo somente a ele a escolha de colaborar.

Ainda para que o benefício seja concedido, não basta sua boa vontade em colaborar, dessa colaboração deve-se obter um dos seguintes resultados:

A identificação dos demais coautores e partícipes da organização criminosa e das infrações penais por eles praticadas;
A revelação da estrutura hierárquica e da divisão de tarefas da organização criminosa;

- A prevenção de infrações penais decorrentes das atividades da organização criminosa;
- A recuperação total ou parcial do produto ou do proveito das infrações penais praticadas pela organização criminosa;
- A localização de eventual vítima com a sua integridade física preservada.

A concessão do benefício deve levar em conta a personalidade do colaborador, a natureza, as circunstâncias, a gravidade e a repercussão social do fato criminoso e a eficácia da colaboração. De modo que, quanto mais relevante for a colaboração, melhor é o benefício concedido, assim, o próprio MP ou o delegado de polícia, a qualquer tempo podem requerer a concessão do perdão judicial ao colaborador.

A colaboração suspende, ainda, o prazo para oferecimento da denúncia, ou do processo, por até 6 meses, prorrogável por igual período, de modo a suspender também o prazo prescricional. O termo "por igual período" não significa a prorrogação por mais 6 meses, mas sim pelo prazo estabelecido para a suspensão.

Ministério Público pode deixar de oferecer a denúncia se a proposta de acordo de colaboração referir-se à infração de cuja existência não tenha prévio conhecimento e o colaborador:	não for o líder da organização criminosa
	for o primeiro a prestar efetiva colaboração

Vale registrar que se considera existente o conhecimento prévio da infração quando o Ministério Público ou a autoridade policial competente tenha instaurado inquérito ou procedimento investigatório para apuração dos fatos apresentados pelo colaborador.

Realizado o acordo, serão remetidos ao juiz, para análise, o respectivo termo, as declarações do colaborador e a cópia da investigação, devendo o juiz ouvir sigilosamente o colaborador, acompanhado de seu defensor, oportunidade em que analisará os seguintes aspectos na homologação:

I. regularidade e legalidade;

II. adequação dos benefícios pactuados, sendo nulas as cláusulas que violem o critério de definição do regime inicial de cumprimento de pena e as regras de cada um dos regimes previstos no Código Penal e na Lei de Execução Penal e os requisitos de progressão de regime não abrangidos na Lei de Organização Criminosa;

III. adequação dos resultados da colaboração aos resultados mínimos exigidos pela lei;

IV. voluntariedade da manifestação de vontade, especialmente nos casos em que o colaborador está ou esteve sob efeito de medidas cautelares.

O juiz ou o tribunal deve proceder à **análise fundamentada do mérito** da denúncia, do perdão judicial e das primeiras etapas de aplicação da pena, nos termos do Código Penal e do Código de Processo Penal), antes de conceder os benefícios pactuados, exceto quando o acordo prever o não oferecimento da denúncia ou já tiver sido proferida sentença.

Serão nulas de pleno direito as previsões de renúncia ao direito de impugnar a decisão homologatória.

O juiz poderá recusar a homologação da proposta que não atender aos requisitos legais, devolvendo-a às partes para as adequações necessárias.

A colaboração, **após a sentença**, pode reduzir a pena em até metade ou poderá admitir ao colaborador a progressão de regime, ainda que ausentes os pressupostos para sua concessão.

Outro ponto de extrema importância é a proibição do juiz na participação das negociações de colaboração, essa função é do Ministério Público ou do Delegado, em conjunto com o colaborador e seu defensor.

O termo de acordo deve conter, nos termos da própria lei:

- O relato da colaboração e seus possíveis resultados;
- As condições da proposta do Ministério Público ou do delegado de polícia;
- A declaração de aceitação do colaborador e de seu defensor;
- As assinaturas do representante do Ministério Público ou do delegado de polícia, do colaborador e de seu defensor;
- A especificação das medidas de proteção ao colaborador e à sua família, quando necessário.

O recebimento da proposta para formalização de acordo de colaboração determina o início das negociações e caracteriza o marco de confidencialidade. Assim, a violação de sigilo e quebra da confiança e da boa-fé, a divulgação de tais tratativas iniciais ou de documento que as formalize, até o levantamento de sigilo por decisão judicial constitui quebra dessa confidencialidade. A proposta de acordo de colaboração premiada poderá ser sumariamente indeferida, com a devida justificativa, cientificando-se o interessado. Contudo, caso não haja indeferimento sumário, as partes deverão firmar Termo de Confidencialidade para prosseguimento das tratativas, o que vinculará os órgãos envolvidos na negociação e impedirá o indeferimento posterior sem justa causa.

O recebimento de proposta de colaboração para análise ou o Termo de Confidencialidade não implica, por si só, a suspensão da investigação, ressalvado acordo em contrário quanto à propositura de medidas processuais penais cautelares e assecuratórias, bem como medidas processuais cíveis admitidas pela legislação processual civil em vigor. O acordo de colaboração premiada poderá ser precedido de instrução, quando houver necessidade de identificação ou complementação de seu objeto, dos fatos narrados, sua definição jurídica, relevância, utilidade e interesse público.

Os termos de recebimento de proposta de colaboração e de confidencialidade serão elaborados pelo celebrante e assinados por ele, pelo colaborador e pelo advogado ou defensor público com poderes específicos.

Na hipótese de não ser celebrado o acordo por iniciativa do celebrante, esse não poderá se valer de nenhuma das informações ou provas apresentadas pelo colaborador, de boa-fé, para qualquer outra finalidade.

A proposta de colaboração premiada deve estar instruída com **procuração do interessado com poderes específicos** para iniciar o procedimento de colaboração e suas tratativas, ou firmada pessoalmente pela parte que pretende a colaboração e seu advogado ou defensor público. Importante registrar: **nenhuma tratativa sobre colaboração premiada deve ser realizada sem a**

presença de advogado constituído ou defensor público. Em caso de eventual conflito de interesses, ou de colaborador hipossuficiente, o celebrante deverá solicitar a presença de outro advogado ou a participação de defensor público.

No acordo de colaboração premiada, o colaborador deve narrar todos os fatos ilícitos para os quais concorreu e que tenham relação direta com os fatos investigados.

Incumbe à defesa instruir a proposta de colaboração e os anexos com os fatos adequadamente descritos, com todas as suas circunstâncias, indicando as provas e os elementos de corroboração. O acordo será remetido ao juiz, o qual irá verificar sua regularidade, legalidade e voluntariedade, podendo, ainda, ouvir o colaborador sigilosamente na presença de seu defensor. Se não forem verificados os requisitos mencionados, o juiz poderá recusar a homologação da proposta ou adequá-la ao caso concreto.

O registro das tratativas e dos atos de colaboração deverá ser feito pelos meios ou recursos de gravação magnética, estenotipia, digital ou técnica similar, inclusive audiovisual, destinados a obter maior fidelidade das informações, garantindo-se a disponibilização de cópia do material ao colaborador.

Nos depoimentos que prestar, o colaborador renunciará, na presença de seu defensor, ao direito ao silêncio e estará sujeito ao compromisso legal de dizer a verdade. Em todos os atos de negociação, confirmação e execução da colaboração, o colaborador deverá estar assistido por defensor.

Vale registrar, ademais, que em todas as fases do processo, deve-se garantir ao réu delatado a oportunidade de manifestar-se após o decurso do prazo concedido ao réu que o delatou.

Nenhuma das seguintes medidas será decretada ou proferida com fundamento apenas nas declarações do colaborador:

I. medidas cautelares reais ou pessoais;
II. recebimento de denúncia ou queixa-crime;
III. sentença condenatória.

Nota-se que o colaborador passa a ser titular de uma série de direitos que visam garantir a sua segurança, de modo a assegurar que os demais membros da organização criminosa não saibam quem colaborou com as investigações.

O pedido de homologação do acordo será sigilosamente distribuído, contendo apenas informações que não possam identificar o colaborador e o seu objeto.

As informações pormenorizadas da colaboração serão dirigidas diretamente ao juiz a que recair a distribuição, que decidirá no prazo de 48 horas. O acesso aos autos será restrito ao juiz, ao Ministério Público e ao delegado de polícia, como forma de garantir o êxito das investigações, assegurando-se ao defensor, no interesse do representado, amplo acesso aos elementos de prova que digam respeito ao exercício do direito de defesa, devidamente precedido de autorização judicial, ressalvados os referentes às diligências em andamento.

O acordo de colaboração premiada e os depoimentos do colaborador serão **mantidos em sigilo até o recebimento da denúncia** ou da queixa-crime, sendo vedado ao magistrado decidir por sua publicidade em qualquer hipótese.

COLABORAÇÃO PREMIADA	
BENEFÍCIOS QUE PODEM SER CONCEDIDOS	• Perdão judicial; • Redução da pena em até 2/3; • Substituição da pena privativa de liberdade em restritiva de direito.
COLABORAÇÃO	Deve ser efetiva e voluntária trazendo um dos seguintes resultados: • a identificação dos demais coautores e partícipes da organização criminosa e das infrações penais por eles praticadas; • a revelação da estrutura hierárquica e da divisão de tarefas da organização criminosa; • a prevenção de infrações penais decorrentes das atividades da organização criminosa; • a recuperação total ou parcial do produto ou do proveito das infrações penais praticadas pela organização criminosa; • a localização de eventual vítima com a sua integridade física preservada.
ACORDO	O acordo é apenas homologado pelo juiz, ele não participa das negociações, cabendo ao Ministério Público ou ao Delegado firmar o acordo com o colaborador e seu defensor.
DIREITOS DO COLABORADOR	• Usufruir das medidas de proteção previstas na legislação específica; • Ter nome, qualificação, imagem e demais informações pessoais preservados; • Ser conduzido, em juízo, separadamente dos demais coautores e partícipes; • Participar das audiências sem contato visual com os outros acusados; • Não ter sua identidade revelada pelos meios de comunicação, nem ser fotografado ou filmado, sem sua prévia autorização por escrito; • Cumprir pena ou prisão cautelar em estabelecimento penal diverso dos demais corréus ou condenados.

4.6 Da Ação Controlada

A ação controlada constitui na autorização legal concedida à autoridade policial para retardar a intervenção penal diante da prática da infração penal relativa à organização criminosa, de modo a esperar um momento mais adequado, garantindo a produção de uma prova mais consistente.

Nos termos do art. 8º da Lei nº 12.850/2013 "consiste a ação controlada em **retardar a intervenção policial ou administrativa relativa à ação praticada por organização criminosa ou a ela vinculada**, desde que **mantida sob observação e acompanhamento** para que a medida legal se concretize no **momento mais eficaz à formação de provas e obtenção de informações**".

Esse meio de obtenção da prova tem como finalidade, portanto, aguardar um momento mais propício para se produzir um efeito maior, de maneira a alcançar um resultado muito melhor do que se a ação tivesse sido feita de imediato. Por exemplo: o agente policial, verificando atividade de organização criminosa, vê apenas um integrante agindo; ele aguarda um pouco mais para efetuar o flagrante de delito com o intuito de prender mais integrantes e, assim, desestruturar toda a organização.

É por essa razão que essa modalidade também é conhecida como flagrante retardado. A ação controlada, contudo, **não pode ser confundida com o flagrante preparado** que torna o crime impossível.

Esse retardamento deve ser **previamente comunicado ao juiz**, que, se achar necessário, irá estabelecer seus limites e ainda fará a comunicação imediata ao Ministério Público.

Ainda toda a operação será **sigilosa** e enquanto não se encerrar as diligências os autos ficaram restritos ao acesso do Juiz, Ministério Público e ao delegado de polícia.

E se caso a ação controlada envolver travessia de fronteiras, apenas pode haver o retardamento com a cooperação das autoridades dos países que sejam considerados como provável itinerário ou destinatário do investigado, com o intuito de se evitar fugas e extravio do proveito do crime.

AÇÃO CONTROLADA	
O QUE É?	Retardamento de intervenção policial ou administrativa relativa à ação praticada por organização criminosa. Por isso pode ser chamada de flagrante retardado.
CARACTERÍSTICAS	Deve ser previamente comunicada ao juiz; O ministério público deverá ser comunicado; Os autos ficam sob sigilo até o encerramento das diligências; No caso da ação envolver transposição de fronteiras, somente há o retardamento se houver cooperação do país que figure como provável itinerário ou destino do investigado.

4.7 Da Infiltração de Agentes

Art. 10. A infiltração de agentes de polícia em tarefas de investigação, representada pelo delegado de polícia ou requerida pelo Ministério Público, após manifestação técnica do delegado de polícia quando solicitada no curso de inquérito policial, será precedida de circunstanciada, motivada e sigilosa autorização judicial, que estabelecerá seus limites.

§1º. Na hipótese de representação do delegado de polícia, o juiz competente, antes de decidir, ouvirá o Ministério Público.

§2º. Será admitida a infiltração se houver indícios de infração penal de que trata o art. 1º e se a prova não puder ser produzida por outros meios disponíveis.

§3º. A infiltração será autorizada pelo prazo de até 6 (seis) meses, sem prejuízo de eventuais renovações, desde que comprovada sua necessidade.

§4º. Findo o prazo previsto no § 3º, o relatório circunstanciado será apresentado ao juiz competente, que imediatamente cientificará o Ministério Público.

§5º. No curso do inquérito policial, o delegado de polícia poderá determinar aos seus agentes, e o Ministério Público poderá requisitar, a qualquer tempo, relatório da atividade de infiltração.

Art. 10-A. Será admitida a ação de agentes de polícia infiltrados virtuais, obedecidos os requisitos do caput do art. 10, na internet, com o fim de investigar os crimes previstos nesta Lei e a eles conexos, praticados por organizações criminosas, desde que demonstrada sua necessidade e indicados o alcance das tarefas dos policiais, os nomes ou apelidos das pessoas investigadas e, quando possível, os dados de conexão ou cadastrais que permitam a identificação dessas pessoas.

§1º. Para efeitos do disposto nesta Lei, consideram-se:

I. dados de conexão: informações referentes a hora, data, início, término, duração, endereço de Protocolo de Internet (IP) utilizado e terminal de origem da conexão;

II. dados cadastrais: informações referentes a nome e endereço de assinante ou de usuário registrado ou autenticado para a conexão a quem endereço de IP, identificação de usuário ou código de acesso tenha sido atribuído no momento da conexão.

§2º. Na hipótese de representação do delegado de polícia, o juiz competente, antes de decidir, ouvirá o Ministério Público.

§3º. Será admitida a infiltração se houver indícios de infração penal de que trata o art. 1ª desta Lei e se as provas não puderem ser produzidas por outros meios disponíveis.

§4º. A infiltração será autorizada pelo prazo de até 6 meses, sem prejuízo de eventuais renovações, mediante ordem judicial fundamentada e desde que o total não exceda a 720 dias e seja comprovada sua necessidade.

§5º. Findo o prazo previsto no § 4º deste artigo, o relatório circunstanciado, juntamente com todos os atos eletrônicos praticados durante a operação, deverão ser registrados, gravados, armazenados e apresentados ao juiz competente, que imediatamente cientificará o Ministério Público.

§6º. No curso do inquérito policial, o delegado de polícia poderá determinar aos seus agentes, e o Ministério Público e o juiz competente poderão requisitar, a qualquer tempo, relatório da atividade de infiltração.

§7º. É nula a prova obtida sem a observância do disposto neste artigo.

Art. 10-B. As informações da operação de infiltração serão encaminhadas diretamente ao juiz responsável pela autorização da medida, que zelará por seu sigilo.

Parágrafo único. Antes da conclusão da operação, o acesso aos autos será reservado ao juiz, ao Ministério Público e ao delegado de polícia responsável pela operação, com o objetivo de garantir o sigilo das investigações.

Art. 10-C. Não comete crime o policial que oculta a sua identidade para, por meio da internet, colher indícios de autoria e materialidade dos crimes previstos no art. 1º desta Lei.

Parágrafo único. O agente policial infiltrado que deixar de observar a estrita finalidade da investigação responderá pelos excessos praticados.

Art. 10-D. Concluída a investigação, todos os atos eletrônicos praticados durante a operação deverão ser registrados, gravados, armazenados e encaminhados ao juiz e ao Ministério Público, juntamente com relatório circunstanciado.

Parágrafo único. Os atos eletrônicos registrados citados no caput deste artigo serão reunidos em autos apartados e apensados ao processo criminal juntamente com o inquérito policial, assegurando-se a preservação da identidade do agente policial infiltrado e a intimidade dos envolvidos.

Art. 11. O requerimento do Ministério Público ou a representação do delegado de polícia para a infiltração de agentes conterão a demonstração da necessidade da medida, o alcance das tarefas dos agentes e, quando possível, os nomes ou apelidos das pessoas investigadas e o local da infiltração.

Parágrafo único. Os órgãos de registro e cadastro público poderão incluir nos bancos de dados próprios, mediante procedimento sigiloso e requisição da autoridade judicial, as informações necessárias à efetividade da identidade fictícia criada, nos casos de infiltração de agentes na internet.

Art. 12. O pedido de infiltração será sigilosamente distribuído, de forma a não conter informações que possam indicar a operação a ser efetivada ou identificar o agente que será infiltrado.

§1º. As informações quanto à necessidade da operação de infiltração serão dirigidas diretamente ao juiz competente, que decidirá no prazo de 24 (vinte e quatro) horas, após manifestação do Ministério Público na hipótese de representação do delegado de polícia, devendo-se adotar as medidas necessárias para o êxito das investigações e a segurança do agente infiltrado.

§2º. Os autos contendo as informações da operação de infiltração acompanharão a denúncia do Ministério Público, quando serão disponibilizados à defesa, assegurando-se a preservação da identidade do agente.

§3º. Havendo indícios seguros de que o agente infiltrado sofre risco iminente, a operação será sustada mediante requisição do Ministério Público ou pelo delegado de polícia, dando-se imediata ciência ao Ministério Público e à autoridade judicial.

Art. 13. O agente que não guardar, em sua atuação, a devida proporcionalidade com a finalidade da investigação, responderá pelos excessos praticados.

Parágrafo único. Não é punível, no âmbito da infiltração, a prática de crime pelo agente infiltrado no curso da investigação, quando inexigível conduta diversa.

Esse meio de obtenção de prova possivelmente é um dos que trazem mais riscos ao agente policial, pois nesse caso o agente age como se fosse integrante da organização criminosa, com a finalidade de obter provas dos crimes por ela cometidos. E é por essa razão que a infiltração somente será admitida quando não houver outro meio de se obter as provas necessárias.

Por ser uma ação que envolve um grande risco, é necessária a autorização judicial, mediante requerimento do Ministério Público ou do delegado de polícia.

E ainda não basta a mera autorização judicial, ela deve preencher mais três requisitos:

A autorização judicial deve ser:	
Circunstanciada	deve ser específica, trazendo os detalhes do procedimento;
Motivada	deve conter as razões pelas quais a ação é necessária;
Sigilosa	devendo proteger a operação a ser realizada de modo que garanta seu êxito.

A infiltração poderá ser autorizada pelo prazo de até 6 meses, podendo ser prorrogada desde que comprovada a necessidade.

Além disso, o pedido de infiltração deverá ser distribuído sigilosamente a fim de garantir a integridade do agente e a eficácia da operação. Os detalhes das informações serão remetidos ao juiz após a distribuição do pedido, devendo, em 24 horas, proferir sua decisão.

O art. 13 traz uma informação extremamente importante, o agente deve atuar dentro dos seus limites, agindo proporcionalmente com a finalidade da investigação, de modo a responder pelos excessos praticados. Porém a lei também protege o agente, garantindo que, se não houver outra forma, o crime por ele praticado não será punível.

E, por fim, temos os direitos do agente, que têm como única finalidade a sua proteção, por se tratar de operação de risco, deve tomar quantas medidas forem necessárias para garantir a sua segurança.

INFILTRAÇÃO DE AGENTES	
REQUISITOS	• Somente se a prova não puder ser obtida por outro meio; • Autorização judicial: circunstanciada, motivada e sigilosa. • Deve ser requerida pelo delegado de polícia ou pelo Ministério Público;
CARACTERÍSTICAS	• Vai ser autorizada por 6 meses, podendo ser prorrogado desde que comprovada a necessidade; • A distribuição do pedido será feita sigilosamente; • Após a distribuição, o pedido será remetido ao juiz, que deverá proferir a decisão em 24 horas; • O agente responde pelos excessos que praticar na infiltração; • Os crimes cometidos pelo agente no curso da infiltração, se não puderem ser evitados, não serão puníveis;
SÃO DIREITOS DO AGENTE	• Recusar ou fazer cessar a atuação infiltrada; • Ter sua identidade alterada, aplicando-se, no que couber, o disposto no art. 9º da Lei nº 9.807, de 13 de julho de 1999, bem como usufruir das medidas de proteção a testemunhas; • Ter seu nome, sua qualificação, sua imagem, sua voz e demais informações pessoais preservadas durante a investigação e o processo criminal, salvo se houver decisão judicial em contrário; • Não ter sua identidade revelada, nem ser fotografado ou filmado pelos meios de comunicação, sem sua prévia autorização por escrito.

4.8 Do Acesso a Registros, Dados Cadastrais, Documentos e Informações

De acordo com o art. 15, da Lei nº 12.850/2013, o delegado de polícia e o Ministério Público terão acesso, **independentemente de autorização judicial**, **apenas** aos dados cadastrais do investigado que informem exclusivamente a qualificação pessoal, a filiação e o endereço mantidos pela Justiça Eleitoral, empresas telefônicas, instituições financeiras, provedores de internet e administradoras de cartão de crédito.

Em relação especificamente às **empresas de transporte**, a Lei determina que elas devem possibilitar, pelo prazo de 5 (cinco) anos, acesso direto e permanente do juiz, do Ministério Público ou do delegado de polícia aos bancos de dados de reservas e registro de viagens.

Já as concessionárias de **telefonia fixa ou móvel** devem manter, também pelo prazo de 5 (cinco) anos, à disposição das autoridades, registros de identificação dos números dos terminais de origem e de destino das ligações telefônicas internacionais, interurbanas e locais. Vale lembrar que os registros se referem unicamente à existência de ligações e não ao conteúdo delas, que dependerá, sempre, de interceptação telefônica.

Note que há uma limitação ao acesso do delegado de polícia e ao Ministério Público aos dados cadastrais do investigado, que se limitam somente às qualificações pessoais, filiação e endereço, não envolvendo qualquer quebra de sigilo bancário, fiscal ou de comunicações.

Note que a lei só permite o registro de números telefônicos e de viagens, não o acesso a conversas, ligações e afins, esses registros deverão ser mantidos por essas empresas pelo prazo de 5 anos.

4.9 Dos Crimes Ocorridos na Investigação e na Obtenção da Prova

Com o objetivo de tutelar as investigações no âmbito das organizações criminosas, especialmente protegendo as pessoas envolvidas (como o agente infiltrado) e o conteúdo das investigações (a divulgação antecipada de uma colaboração, por exemplo), o legislador estabeleceu quatro tipos penais incriminadores na Lei nº 12.850/2013. São eles:

Art. 18. Revelar a identidade, fotografar ou filmar o colaborador, sem sua prévia autorização por escrito:
Pena - reclusão, de 1 (um) a 3 (três) anos, e multa.

Art. 19. Imputar falsamente, sob pretexto de colaboração com a Justiça, a prática de infração penal a pessoa que sabe ser inocente, ou revelar informações sobre a estrutura de organização criminosa que sabe inverídicas:
Pena - reclusão, de 1 (um) a 4 (quatro) anos, e multa.

Art. 20. Descumprir determinação de sigilo das investigações que envolvam a ação controlada e a infiltração de agentes:
Pena - reclusão, de 1 (um) a 4 (quatro) anos, e multa.

Art. 21. Recusar ou omitir dados cadastrais, registros, documentos e informações requisitadas pelo juiz, Ministério Público ou delegado de polícia, no curso de investigação ou do processo:
Pena - reclusão, de 6 (seis) meses a 2 (dois) anos, e multa.
Parágrafo único. Na mesma pena incorre quem, de forma indevida, se apossa, propala, divulga ou faz uso dos dados cadastrais de que trata esta Lei.

Os crimes cometidos dentro da investigação e no meio de obtenção de prova serão punidos cada qual com uma pena específica, conforme a gravidade da conduta. Mas note que dois desses crimes (art. 18 e 20) têm a finalidade protetiva, pois tratam de ações que violam a segurança dos colaboradores e infiltrados.

4.10 Disposições Finais

Os crimes previstos na lei e as infrações penais conexas devem ser apuradas mediante **procedimento comum ordinário** previsto no Código de Processo Penal, devendo a instrução ser encerrada num prazo razoável, sendo que, se o réu estiver preso, o prazo máximo será de **120 dias**, prorrogável por igual período, desde que por decisão fundamentada e devidamente motivada pela complexidade da causa ou por fato procrastinatório atribuído ao réu.

Importante registrar que, de acordo com o art. 23 da Lei, **o sigilo da investigação** poderá ser decretado pela autoridade judicial competente, para garantia da celeridade e da eficácia das diligências investigatórias, devendo, contudo, ser assegurado ao defensor, no interesse do representado, amplo acesso aos elementos de prova que digam respeito ao exercício do direito de defesa, devidamente precedido de autorização judicial, ressalvados os referentes às diligências em andamento.

Por fim, caso determinado o depoimento do investigado, seu defensor terá assegurada a prévia vista dos autos, ainda que classificados como sigilosos, no prazo mínimo de três dias que antecedem ao ato, podendo ser ampliado, a critério da autoridade responsável pela investigação.

Prevê o art. 24 da Lei que o art. 288, do Decreto-Lei no 2.848, de 7 de dezembro de 1940 (Código Penal), passa a vigorar com a seguinte redação:

ASSOCIAÇÃO CRIMINOSA

Art. 288 – Código Penal - Associarem-se 3 (três) ou mais pessoas, para o fim específico de cometer crimes:
Pena - reclusão, de 1 (um) a 3 (três) anos.
Parágrafo único. A pena aumenta-se até a metade se a associação é armada ou se houver a participação de criança ou adolescente.

Na sequência, determina o art. 25 da Lei de Organização Criminosa que o art. 342 do Decreto-Lei nº 2.848, de 7 de dezembro de 1940 (Código Penal), passa a vigorar com a seguinte redação:

"Art. 342. (...) Pena - **reclusão, de 2 (dois) a 4 (quatro) anos, e multa.**"

FALSO TESTEMUNHO OU FALSA PERÍCIA

Art. 342. Fazer afirmação falsa, ou negar ou calar a verdade como testemunha, perito, contador, tradutor ou intérprete em processo judicial, ou administrativo, inquérito policial, ou em juízo arbitral:
Pena - reclusão, de 2 (dois) a 4 (quatro) anos, e multa.
§1º. As penas aumentam-se de um sexto a um terço, se o crime é praticado mediante suborno ou se cometido com o fim de obter prova destinada a produzir efeito em processo penal, ou em processo civil em que for parte entidade da administração pública direta ou indireta.
§2º. O fato deixa de ser punível se, antes da sentença no processo em que ocorreu o ilícito, o agente se retrata ou declara a verdade.

Em conclusão, a lei revoga expressa e totalmente a Lei nº 9.034, de 3 de maio de 1995, antiga Lei das Organizações Criminosas.

5. LEI Nº 9.296/1996 – LEI DE INTERCEPTAÇÃO TELEFÔNICA

A Lei nº 9.296/96 estabelece as regras acerca da interceptação telefônica, que tem por finalidade ser um meio de obtenção de prova. A interceptação telefônica tem previsão constitucional no art. 5º, inciso XII:

> **Art. 5º** [...]
> XII - é inviolável o sigilo da correspondência e das comunicações telegráficas, de dados e das comunicações telefônicas, salvo, no último caso, por ordem judicial, nas hipóteses e na forma que a lei estabelecer para fins de investigação criminal ou instrução processual penal;

O artigo mencionado traz os chamados requisitos constitucionais para a autorização da interceptação telefônica:

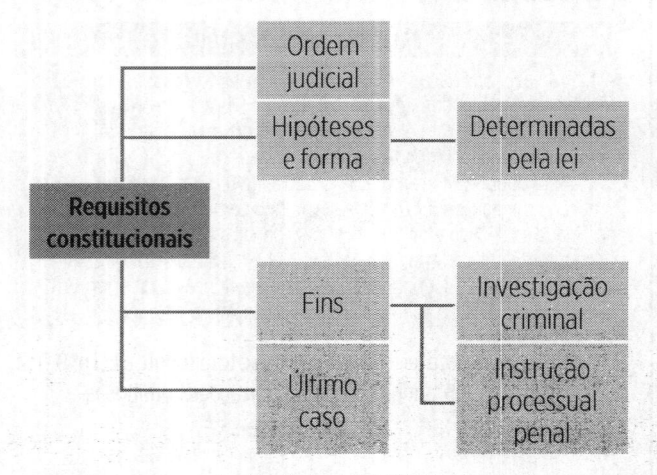

- **Requisitos constitucionais**
  - Ordem judicial
  - Hipóteses e forma → Determinadas pela lei
  - Fins → Investigação criminal
  - Último caso → Instrução processual penal

Ou seja, a regra é a da inviolabilidade do sigilo, e apenas poderá haver sua mitigação quando houver lei regulamentadora, desde que utilizada para fins de investigação ou instrução criminal e mediante ordem judicial.

A autorização da interceptação telefônica será exclusiva do judiciário, seja qual for a natureza do aparelho telefônico, ou seja, havendo ausência da ordem judicial, a instrução torna-se ilícita. É o que chamamos de cláusula de reserva de jurisdição. É em razão dessa cláusula que as Comissões Parlamentares de Inquérito (CPI) não têm o poder de decretar quebra ou interceptação dos sigilos telefônicos.

O art. 58, § 3º da Constituição Federal confere à CPI **poderes de investigação próprios das autoridades judiciais**. Assim, eles têm os mesmos poderes que um juiz teria durante uma instrução processual penal, respeitando os limites constitucionais impostos. Os poderes da CPI são amplos, porém limitados, não podendo violar direitos ou garantias fundamentais do indivíduo. Desse modo, não podem decretar a interceptação telefônica sem que se preencha todos os requisitos legais, incluindo a ordem judicial.

A CPI até pode determinar a quebra de sigilo telefônico, ou seja, análise de registros telefônicos passados do indivíduo, mas não a interceptação de conversas futuras.

Além do caso mencionado, a constituição determina ainda o afastamento dos sigilos telefônicos quando o País decretar Estado de Defesa ou Estado de Sítio:

> **Art. 136.** O Presidente da República pode, ouvidos o Conselho da República e o Conselho de Defesa Nacional, decretar estado de defesa para preservar ou prontamente restabelecer, em locais restritos e determinados, a ordem pública ou a paz social ameaçadas por grave e iminente instabilidade institucional ou atingidas por calamidades de grandes proporções na natureza.
> § 1º O decreto que instituir o **estado de defesa** determinará o tempo de sua duração, especificará as áreas a serem abrangidas e indicará, nos termos e limites da lei, as medidas coercitivas a vigorarem, dentre as seguintes:
> I - restrições aos direitos de: [...]
> b) sigilo de correspondência e
> c) sigilo de comunicação telegráfica e telefônica.
> **Art. 139.** Na vigência do estado de sítio decretado com fundamento no art. 137, I, só poderão ser tomadas contra as pessoas as seguintes medidas: [...]
> III - restrições relativas à inviolabilidade da correspondência, ao sigilo das comunicações, à prestação de informações e à liberdade de imprensa, radiodifusão e televisão, na forma da lei.

> **Observação:** o inciso do Estado de Sítio colocado na lousa está errado (art. 139, inciso IV da CF). Peço desculpas pelo equívoco, contudo, o texto acima traz as informações corretas de seu artigo e inciso, bem como de seu conteúdo.

Além disso, existe a possibilidade de se aplicar essa mitigação, prevista na Lei de Execuções Penais – Lei nº 7.210/84:

> **Art. 41**. [...]
> Parágrafo único. Os direitos previstos nos incisos V, X e XV poderão ser suspensos ou restringidos mediante ato motivado do diretor do estabelecimento.
> V - proporcionalidade na distribuição do tempo para o trabalho, o descanso e a recreação;
> X - visita do cônjuge, da companheira, de parentes e amigos em dias determinados;
> XV - contato com o mundo exterior por meio de correspondência escrita, da leitura e de outros meios de informação que não comprometam a moral e os bons costumes.

Por fim, temos a regra contida no Código de Processo Penal, que determina que a interceptação somente será válida se preenchida seus requisitos; caso contrário, será considerada como prova ilícita, e todas as provas que dela derivarem serão consideradas invalidas:

> **Art. 157.** São inadmissíveis, devendo ser desentranhadas do processo, as provas ilícitas, assim entendidas as obtidas em violação a normas constitucionais ou legais.
> § 1º São também inadmissíveis as provas derivadas das ilícitas, salvo quando não evidenciado o nexo de causalidade entre umas e outras, ou quando as derivadas puderem ser obtidas por uma fonte independente das primeiras.

5.1 Conceito e Aplicabilidade da Interceptação

Interceptar significa captar uma comunicação alheia, com a finalidade de tomar conhecimento de seu conteúdo. É necessário para intercepção que haja a participação de um terceiro, aquele que passa a conhecer o conteúdo da comunicação.

Além disso, ressalta-se que, com os avanços tecnológicos, devemos compreender como comunicação toda transmissão, emissão ou recepção de informações de qualquer natureza.

O art. 1º da Lei nº 9.296/96 diz que: *a interceptação de comunicações telefônicas, **de qualquer natureza**, para prova em investigação criminal e em instrução processual penal, observará o disposto nesta Lei e dependerá de ordem do juiz competente da ação principal, sob segredo de justiça.*

Existem várias situações nas quais poderá haver a interceptação de comunicações:

Interceptação telefônica	Escuta telefônica	Gravação clandestina	Quebra de sigilo
É a captação da comunicação telefônica por um terceiro, sem o conhecimento de ambos os comunicadores.	É a captação da comunicação telefônica por terceiro, com o conhecimento de um dos comunicadores.	É a autogravação, ou seja, quando um dos comunicadores grava a comunicação telefônica sem que o outro saiba.	É a captação da conversa ambiente por um terceiro, sem o conhecimento de ambos os interlocutores.

TRT-PR-29-11-2005 PROVA. GRAVAÇÃO TELEFÔNICA. LEI Nº 9.296-96. A prova obtida mediante gravação telefônica, mesmo sem conhecimento de um dos interlocutores, não é considerada clandestina ou ilícita, a teor do disposto no art. 5º, inc. LVI, da Constituição Federal, porque não ocorreu a interceptação de que trata a Lei nº 9.296-96, que pressupõe a intromissão de terceiro no curso da conversa, sendo mera gravação por um dos interlocutores, o que difere do chamado "grampo". Recurso ordinário admitido e desprovido, no tema. (TRT-9 19824200015901 PR 19824-2000-15-9-0-1, Relator: ANA MARIA DAS GRAÇAS VELOSO, 4A. TURMA, Data de Publicação: 29/11/2005)

5.2 Requisitos Legais da Interceptação

Para que a interceptação telefônica seja considerada válida, são necessários o preenchimento de alguns requisitos cumulativamente:

> haver indícios razoáveis de autoria ou participação em infração penal;
> quando a prova não puder ser obtida por outros meios;
> o fato investigado deve ser punido com pena de reclusão;
> a situação que será objeto da investigação deverá ser descrita com clareza, com a indicação e a qualificação dos suspeitos, SALVO se impossibilidade manifesta, devidamente justificada;
> ordem judicial devidamente fundamentada (previsão constitucional).

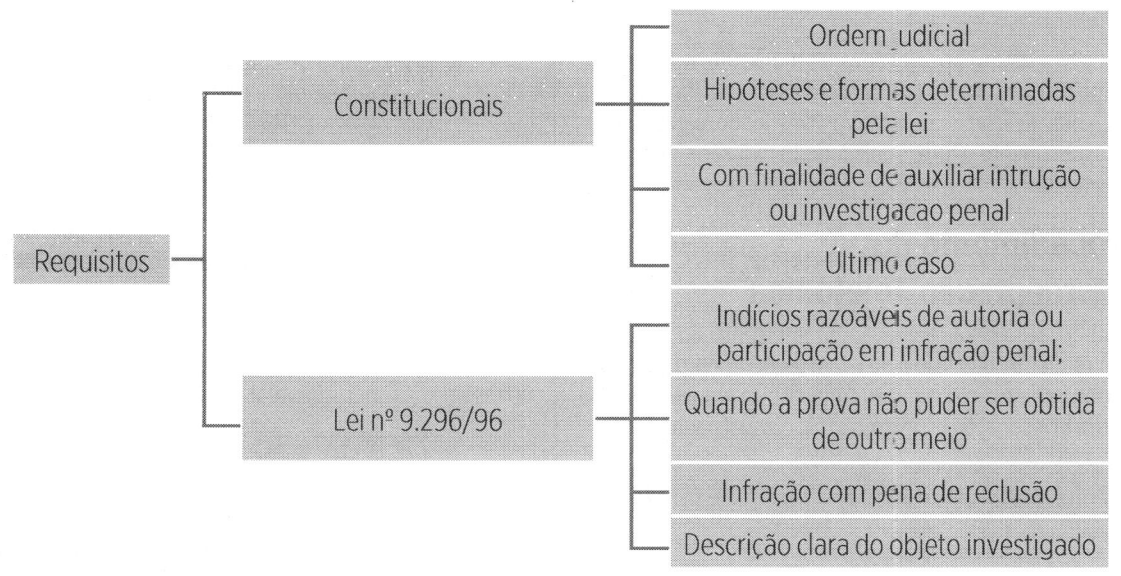

Requisitos

- **Constitucionais**
  - Ordem judicial
  - Hipóteses e formas determinadas pela lei
  - Com finalidade de auxiliar intrução ou investigação penal
  - Último caso
- **Lei nº 9.296/96**
  - Indícios razoáveis de autoria ou participação em infração penal;
  - Quando a prova não puder ser obtida de outro meio
  - Infração com pena de reclusão
  - Descrição clara do objeto investigado

REQUERIMENTO DE QUEBRA DO SIGILO TELEFÔNICO. IMPOSSIBILIDADE. LEI Nº 9.296/96. Consoante inciso XII, do art. 5º, da Constituição Federal de 1988 é inviolável o sigilo das comunicações telefônicas, somente sendo possível sua quebra para fins de investigação criminal ou instrução processual penal, por decisão judicial, nas hipóteses e na forma em que a lei estabelecer. Inexistentes os critérios determinados pela lei regulamentadora para a quebra do sigilo telefônico, não há como prosperar o pedido. (TRT-1 - RO: 00009003920125010283 RJ, Relator: Alexandre Teixeira de Freitas Bastos Cunha, Data de Julgamento: 10/04/2013, Sétima Turma, Data de Publicação: 18/04/2013)

Art. 2º Não será admitida a interceptação de comunicações telefônicas quando ocorrer qualquer das seguintes hipóteses:
I - não houver indícios razoáveis da autoria ou participação em infração penal;

A interceptação tem natureza cautelar, de modo que, para sua aplicação, deverá ser demonstrada a fumaça do delito e o perigo da demora, ou seja, a interceptação não deve dar início à investigação, é necessário que antes se verifique se há fatos que presumem ser o agente autor ou participe a infração penal.

II - a prova puder ser feita por outros meios disponíveis;

LEI Nº 9.296/1996 – LEI DE INTERCEPTAÇÃO TELEFÔNICA

A interceptação viola de forma direta um direito fundamental do indivíduo. Assim, sua aplicação só será possível se for a única opção; se houver outros meios de chegar ao mesmo resultado, outro meio deverá ser aplicado.

O STJ entende que se trata de uma medida invasiva que somente deve ser utilizada diante da impossibilidade de demais meios permitidos de obtenção de prova, sob pena de que se reconheça a ilicitude da intercepção e consequente a ilicitude da prova obtida.

> *III - o fato investigado constituir infração penal punida, no máximo, com pena de detenção.*

Não é suficiente que a conduta do agente seja típica. Além disso, é necessário que o crime a ele imputado seja punido com pena de reclusão e, com base nisso, podemos concluir que é necessária a verificação de causas excludentes de culpabilidade, pois somente havendo a real possibilidade de punição com reclusão é que se pode autorizar a decretação da interceptação telefônica.

> *Parágrafo único. Em qualquer hipótese deve ser descrita com clareza a situação objeto da investigação, inclusive com a indicação e qualificação dos investigados, salvo impossibilidade manifesta, devidamente justificada.*

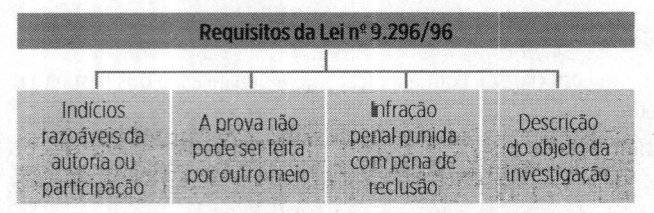

Requisitos da Lei nº 9.296/96
- Indícios razoáveis da autoria ou participação
- A prova não pode ser feita por outro meio
- Infração penal punida com pena de reclusão
- Descrição do objeto da investigação

O objeto a ser investigado deverá ser descrito de forma clara, contendo seus detalhes e informações essenciais, bem como a indicação e qualificação de quem será investigado, salvo se houver manifestadamente a impossibilidade de o fazer e desde que justificavelmente.

5.3 Procedimento da Interceptação Telefônica

A autorização para realização da interceptação telefônica poderá ser requerida de ofício pelo juiz, a requerimento de autoridade policial durante a investigação criminal ou a requerimento do MP durante a investigação ou instrução processual penal.

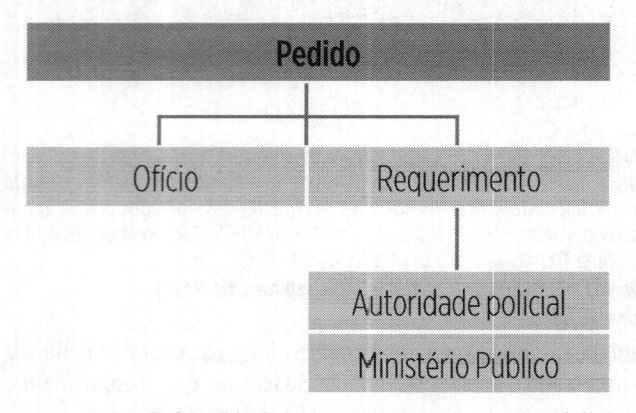

Pedido
- Ofício
- Requerimento
  - Autoridade policial
  - Ministério Público

Art. 4º O pedido de interceptação de comunicação telefônica conterá a demonstração de que a sua realização é necessária à apuração de infração penal, com indicação dos meios a serem empregados.

§ 1º Excepcionalmente, o juiz poderá admitir que o pedido seja formulado verbalmente, desde que estejam presentes os pressupostos que autorizem a interceptação, caso em que a concessão será condicionada à sua redução a termo.

§ 2º O juiz, no prazo máximo de vinte e quatro horas, decidirá sobre o pedido.

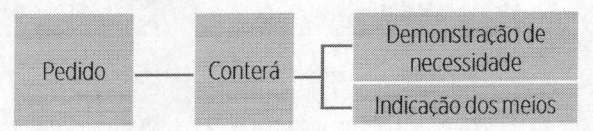

Pedido → Conterá → Demonstração de necessidade / Indicação dos meios

A decisão que autorizar a interceptação deverá será fundamentada, sob pena de nulidade, indicando também a forma de execução da diligência, que **não poderá exceder o prazo de 15 dias**, renovável por igual tempo uma vez comprovada a indispensabilidade do meio de prova.

> O prazo inicia sua contagem na data em que se efetiva a execução da diligência.

O STF entende que pode haver diversas prorrogações, desde que por igual período e que seja estritamente necessário.

Prazo → Máx. 15 dias → Renovável por igual período.

CORREIÇÃO PARCIAL. RENOVAÇÕES DE INTERCEPTAÇÕES TELEFÔNICAS. LEI Nº 9.296/96. É cabível a renovação de interceptações telefônicas sempre que imprescindíveis às investigações, pois não se podem desprezar os níveis de profissionalização de determinados agentes que têm criado novos desafios à justiça e à investigação contra a corrupção. Precedentes das Cortes Superiores. CORREIÇÃO PARCIAL DEFERIDA. POR MAIORIA. (Correição Parcial Nº 70053393955, Quarta Câmara Criminal, Tribunal de Justiça do RS, Relator: Rogerio Gesta Leal, Julgado em 09/05/2013) (TJ-RS - COR: 70053393955 RS, Relator: Rogerio Gesta Leal, Data de Julgamento: 09/05/2013, Quarta Câmara Criminal, Data de Publicação: Diário da Justiça do dia 03/06/2013)

Após deferido o pedido, a autoridade policial conduz os procedimentos da interceptação, dando ciência ao MP, que pode acompanhar sua realização.

Após cumprida a diligência, a autoridade policial remeterá o resultado ao juiz, acompanhado de auto circunstanciado, contendo resumo das operações realizadas.

Auto circunstanciado → Resumo das operações

Nesse momento, determinará o juiz que os documentos relativos à interceptação sejam autuados em apartado, apensados aos autos do inquérito policial ou do processo criminal, preservando-se o sigilo de diligências, gravações e transcrições respectivas, e logo após dará ciência ao MP.

> **Súmula Vinculante nº 14.** *É direito do defensor, no interesse do representado, ter acesso amplo aos elementos de prova que, já documentados em procedimento investigatório realizado por órgão com competência de polícia judiciária, digam respeito ao exercício do direito de defesa.*

5.4 Captação Ambiental de Sinais Eletromagnéticos, Ópticos ou Acústicos

Para investigação ou instrução criminal, poderá ser autorizada pelo juiz, a requerimento da autoridade policial ou do Ministério Público, a captação ambiental de sinais eletromagnéticos, ópticos ou acústicos, quando:

I - a prova não puder ser feita por outros meios disponíveis e igualmente eficazes; e

II - houver elementos probatórios razoáveis de autoria e participação em infrações criminais cujas penas máximas sejam superiores a 4 (quatro) anos ou em infrações penais conexas.

O requerimento deverá descrever circunstanciadamente o local e a forma de instalação do dispositivo de captação ambiental.

A instalação do dispositivo de captação ambiental poderá ser realizada, quando necessária, por meio de operação policial disfarçada ou no período noturno, exceto na casa, nos termos do inciso XI do *caput* do art. 5º da Constituição Federal

XI - a casa é asilo inviolável do indivíduo, ninguém nela podendo penetrar sem consentimento do morador, salvo em caso de flagrante delito ou desastre, ou para prestar socorro, ou, durante o dia, por determinação judicial;

A captação ambiental não poderá exceder o prazo de 15 dias, renovável por decisão judicial por iguais períodos, se comprovada a indispensabilidade do meio de prova e quando presente atividade criminal permanente, habitual ou continuada.

Captação ambiental → Prazo → Máx. 15 dias → Renovável por igual período.

Quando demonstrada a integridade da gravação, a captação ambiental feita por um dos interlocutores sem o prévio conhecimento da autoridade policial ou do Ministério Público poderá ser utilizada em matéria de defesa

As regras previstas na legislação específica para a interceptação telefônica e telemática aplicam-se subsidiariamente à captação ambiental.

5.5 Descarte de Material Irrelevante

Todo material considerado irrelevante poderá ser descartado por decisão judicial, durante o inquérito, a instrução processual ou após esta, em virtude de requerimento do Ministério Público ou da parte interessada.

O processo de descarte será assistido pelo Ministério Público, sendo facultada a presença do acusado ou de seu representante legal.

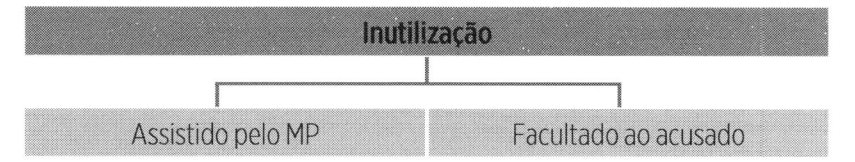

Inutilização
- Assistido pelo MP
- Facultado ao acusado

5.6 O Crime Previsto no Art. 10 da Lei Nº 9.296/96

A interceptação realizada sem autorização judicial ou com objetivos não autorizados por ele constituirá infração penal.

Art. 10. Constitui crime realizar interceptação de comunicações telefônicas, de informática ou telemática, promover escuta ambiental ou quebrar segredo da Justiça, sem autorização judicial ou com objetivos não autorizados em lei:

Pena - reclusão, de 2 (dois) a 4 (quatro) anos, e multa.

Parágrafo único. Incorre na mesma pena a autoridade judicial que determina a execução de conduta prevista no caput deste artigo com objetivo não autorizado em lei.

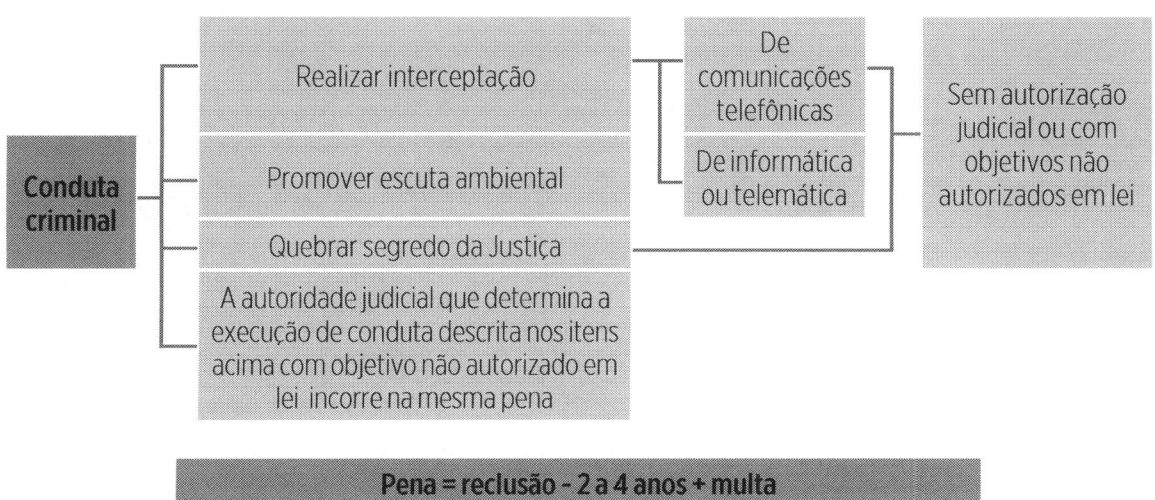

Conduta criminal:
- Realizar interceptação
  - De comunicações telefônicas
  - De informática ou telemática
  - Sem autorização judicial ou com objetivos não autorizados em lei
- Promover escuta ambiental
- Quebrar segredo da Justiça
- A autoridade judicial que determina a execução de conduta descrita nos itens acima com objetivo não autorizado em lei incorre na mesma pena

Pena = reclusão - 2 a 4 anos + multa

LEI Nº 9.296/1996 – LEI DE INTERCEPTAÇÃO TELEFÔNICA

Art. 10-A. *Realizar captação ambiental de sinais eletromagnéticos, ópticos ou acústicos para investigação ou instrução criminal sem autorização judicial, quando esta for exigida:*

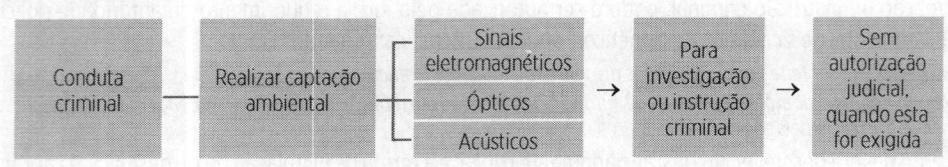

```
Conduta   — Realizar captação — ┬ Sinais eletromagnéticos ─┐
criminal     ambiental          ├ Ópticos                  ├→ Para investigação → Sem autorização
                                └ Acústicos                ┘   ou instrução        judicial, quando
                                                               criminal            esta for exigida
```

» Não há crime se a captação é realizada por um dos interlocutores.

A pena será aplicada em dobro ao funcionário público que descumprir determinação de sigilo das investigações que envolvam a captação ambiental ou revelar o conteúdo das gravações enquanto mantido o sigilo judicial.

6. LEI Nº 7.210/1984 - LEI DE EXECUÇÃO PENAL

A Lei de Execução Penal, lei n.º 7.210/84 estabelece o procedimento destinado à efetiva aplicação da pena ou da medida de segurança que foi definido anteriormente por sentença judicial.

A execução da pena é um procedimento autônomo, regulamentado por lei específica no qual serão juntadas cópias do processo penal com o intuito de se acompanhar o cumprimento da pena e a concessão de benefícios do apenado.

Com base no princípio da pessoalidade e da individualização da pena cada acusado terá direito a um processo de execução individual, ainda que haja mais envolvidos no mesmo crime por ele cometido.

A execução penal se apresenta como um novo processo, possuindo caráter jurisdicional e administrativo, e tem por finalidade efetivar as normas acerca da sentença penal e oferecer ao condenado ou internado condições de reintegração social.

A doutrina diverge sobre a natureza jurídica da execução penal, visto que há quem defenda que esta tenha natureza jurisdicional e outros defendam que esta tenha natureza administrativa.

Contudo é certo que o juiz da execução penal pratica atos administrativos, mas também pratica atos jurisdicionais, assim podemos dizer que a execução penal tem uma natureza híbrida, contudo esse entendimento não é pacífico.

A Lei de Execuções Penais contém 204 artigos, sendo que esta está dividida em 9 títulos e diversos capítulos.

TÍTULO I
DO OBJETO E DA APLICAÇÃO DA LEI DE EXECUÇÃO PENAL

Art. 1º *A execução penal tem por objetivo efetivar as disposições de sentença ou decisão criminal e proporcionar condições para a harmônica integração social do condenado e do internado.*

A LEP tem como seu objetivo garantir o cumprimento das sanções impostas na sentença ou na decisão criminal, visando proporcionar ao condenado ou internado medidas de reintegração social.

```
           OBJETIVO DA LEP
           /            \
Cumprimento de Sanções   Reintegração Social
```

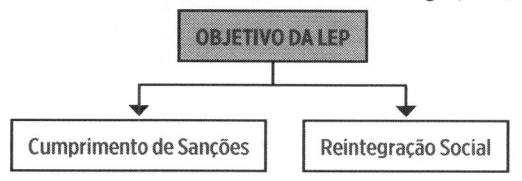

Art. 2º *A jurisdição penal dos juízes ou tribunais da justiça ordinária, em todo o território nacional, será exercida, no processo de execução, na conformidade desta Lei e do Código de Processo Penal.*

Parágrafo único. *Esta lei aplicar-se-á igualmente ao preso provisório e ao condenado pela Justiça Eleitoral ou Militar, quando recolhido a estabelecimento sujeito à jurisdição ordinária.*

As decisões ou sentenças proferidas por outras justiças, como a Federal, Militar ou Eleitoral, nos casos em que as penas sejam cumpridas em estabelecimento prisional estadual, a execução da pena será de competência da justiça estadual.

Súmula 192 do STJ - *Compete ao Juízo das Execuções Penais do Estado a execução das penas impostas a sentenciados pela Justiça Federal, Militar ou Eleitoral, quando recolhidos a estabelecimentos sujeitos a Administração Estadual. (Súmula 192, TERCEIRA SEÇÃO, julgado em 25/06/1997, DJ 01/08/1997)*

Ainda seguindo a mesma linha de pensamento desta súmula, o condenado pela justiça estadual, que se encontrar em cumprimento pena em estabelecimento prisional federal, terá como competente para o processo de execução da pena a justiça federal.

Ademais, ressalta-se que o preso provisório, conforme Art. 3º da LEP, está sujeito à execução penal, ou seja, ainda que não haja sentença penal condenatória transitada em julgada, ao preso provisório se aplicam as mesmas regras do condenado ou do internado, tendo em vista que está em regime fechado, garantindo assim que a pessoa já presa provisoriamente seja beneficiada pela LEP.

A LEP dentro deste artigo quis reforçar que o condenado ou internado tem os seus direitos preservados, ainda que o agente seja condenado ele não perde o seu estado de ser humano. Existem alguns direitos que são atingidos no momento da condenação como, a liberdade e os direitos políticos. Contudo todos os demais direitos que a sentença não atinge devem ser aplicados ao preso, garantindo que haja o tratamento humanizado, com respeito de modo a não sofrer qualquer tipo de discriminação.

Também, todos os direitos elencados como fundamentais pelo art. 5º da CF que não tenham sido afetados pela sentença deverão ser aplicados ao condenado, tal como o direito à vida, segurança, igualdade, legalidade, proteção à integridade física e moral etc.

Art. 4º *O Estado deverá recorrer à cooperação da comunidade nas atividades de execução da pena e da medida de segurança.*

Esta cooperação da comunidade está relacionada ao item 25 da Exposição de Motivos da LEP que, *"muito além da passividade ou da ausência de reação quanto as vítimas mortas ou traumatizadas, a comunidade participa ativamente do procedimento da execução, quer através de um conselho, quer através das pessoas jurídicas ou naturais que assistem ou fiscalizam não somente as reações penais em meios fechados (penas privativas da liberdade e medida de segurança detentiva) como também em meio livre (pena de multa e penas restritivas de direitos)".*

Fica evidente que cabe à comunidade o auxílio na reabilitação do condenado, ou seja, o Estado em conjunto com a comunidade deve trabalhar para ajudar o condenado a voltar à sociedade, e como meio de garantir esse auxílio, dentro da LEP foram introduzidas figuras como o Patronato, o Conselho da Comunidade, como meios de garantir que haja efetivamente essa cooperação e não seja apenas algo utópico.

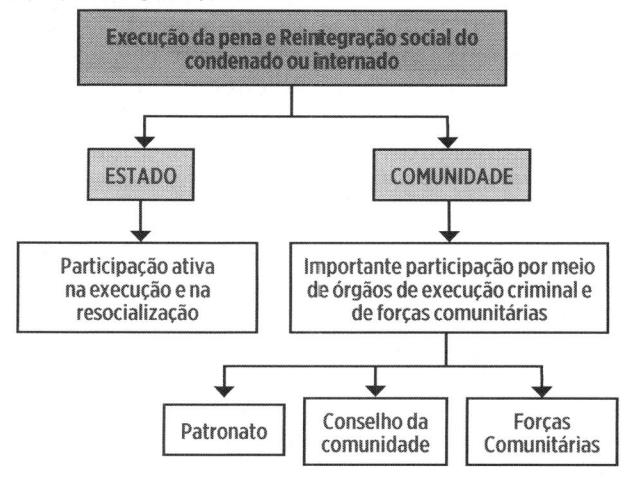

```
        Execução da pena e Reintegração social do
                condenado ou internado
                /                    \
           ESTADO                  COMUNIDADE
              |                         |
    Participação ativa        Importante participação por meio
    na execução e na          de órgãos de execução criminal e
    resocialização            de forças comunitárias
                                       |
                        ┌──────────────┼──────────────┐
                    Patronato    Conselho da      Forças
                                 comunidade    Comunitárias
```

NOÇÕES DE LEGISLAÇÃO PENAL E PROCESSUAL PENAL

LEI Nº 7.210/1984 - LEI DE EXECUÇÃO PENAL

TÍTULO II
DO CONDENADO E DO INTERNADO
CAPÍTULO I
DA CLASSIFICAÇÃO

Art. 5º *Os condenados serão classificados, segundo os seus antecedentes e personalidade, para orientar a individualização da execução penal.*

O processo de individualização da pena acontece por meio de 3 fases:

1ª Fase – âmbito legislativo: ocorre com a criação do tipo penal incriminador, no qual se estabelece de forma abstrata o mínimo e o máximo da pena cominada.

2ª Fase – âmbito judicial: ocorre no momento em que o juiz do processo de conhecimento, ao se deparar com o caso concreto, seguindo as diretrizes processuais fixa a pena cabível ao agente.

3ª Fase – âmbito executório: ocorre quando o juiz da execução penal adapta a pena aplicada pelo juiz da sentença à pessoa do condenado, ou seja, lhe concede ou nega benefícios com base no seu histórico pessoal.

Com o intuito de orientar essa terceira fase de individualização, o art. 5 da LEP trouxe de forma expressa a necessidade de classificação dos condenados à pena privativa de liberdade, tendo por critérios obrigatórios o exame de seus antecedentes e de sua personalidade, os quais podem, ainda, ser agregados a outros fatores como o âmbito familiar e social do agente e até mesmo sua capacidade laboral.

A classificação é um direito do preso, garantindo a ele tratamento individual que auxiliará em sua ressocialização, proporcionando um cumprimento de pena dentro de suas condições e necessidades.

Conforme estabelece o Art. 6º, cabe à Comissão Técnica de Classificação a elaboração do programa individualizado da pena privativa de liberdade, adequando esta à realidade do condenado ou do preso provisório, avaliando suas condições subjetivas somando-as com as particularidades acerca do crime praticado, tais como a natureza do crime praticado, o seu grau de periculosidade, o seu grau de instrução, dentre outros.

Será, então, função da Comissão especificar que tipo de trabalho será o mais adequado ao preso, se este pode estudar, se deve fazer terapia ocupacional, se precisa de acompanhamento psicológico, se existe necessidade de acompanhamento assistencial e relação ao preso e sua família, as atividades de lazer indicadas, a forma como as necessidades do preso serão supridas bem como o local indicado para o cumprimento da pena, tentando possibilitar da melhor forma possível a ressocialização do indivíduo.

O exame de antecedentes irá fazer uma análise dos dados pertinentes à vida pregressa do condenado, ou seja, sua vida antes da condenação, verificando se existe outros processos que o condenado esteja respondendo, bem como uma eventual reincidência.

Contudo o exame de personalidade tem por objetivo verificar as características genéticas do condenado, principalmente no que diz respeito ao seu caráter e às suas tendências. Nesse exame é verificado se existem traços no condenado que são permanentes ou se existem traços dinâmicos que podem ser modificações no decorrer da execução da pena, por isso que se leva em conta não apenas o histórico conhecido, mas também a realidade em que ele está inserido.

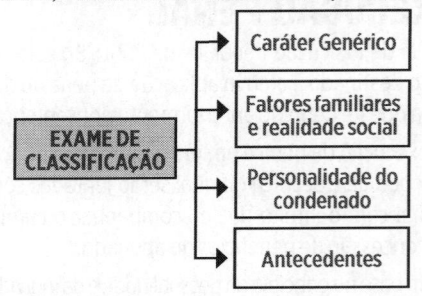

EXAME DE CLASSIFICAÇÃO:
- Caráter Genérico
- Fatores familiares e realidade social
- Personalidade do condenado
- Antecedentes

Art. 7º *A Comissão Técnica de Classificação, existente em cada estabelecimento, será presidida pelo Diretor e composta, no mínimo por dois chefes de serviço, um psiquiatra, um psicólogo e um assistente social, quando se tratar de condenado à pena privativa da liberdade.*

Parágrafo único. *Nos demais casos a Comissão atuará junto ao Juízo da Execução e será integrada por fiscais do Serviço Social.*

A composição da comissão técnica dependerá da natureza da pena, ou seja, se será pena restritiva de direitos ou de liberdade.

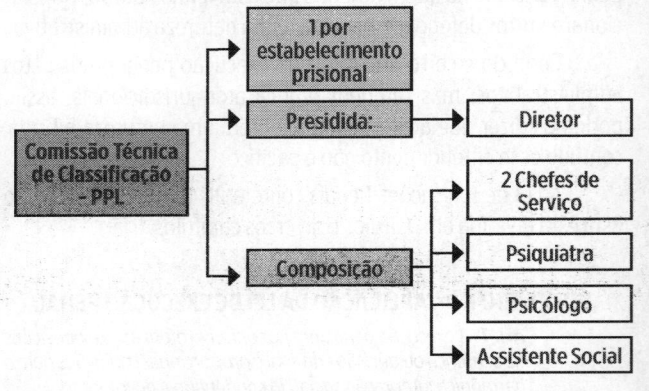

Comissão Técnica de Classificação - PPL:
- 1 por estabelecimento prisional
- Presidida: Diretor
- Composição:
  - 2 Chefes de Serviço
  - Psiquiatra
  - Psicólogo
  - Assistente Social

Ao se tratar de pena restritiva de direitos a LEP não faz a mesma exigência das penas privativas de liberdade, ficando deste modo dispensada a avaliação do condenado.

Art. 8º *O condenado ao cumprimento de pena privativa de liberdade, em regime fechado será submetido a exame criminológico para a obtenção dos elementos necessários a uma adequada classificação e com vistas à individualização da execução.*

Parágrafo único. *Ao exame de que trata este artigo poderá ser submetido o condenado ao cumprimento da pena privativa de liberdade em regime semiaberto.*

Primeiramente, não devemos confundir o exame criminológico com o exame de classificação. Como vimos, o exame de classificação é apresentado de forma genérica, já o exame criminológico é mais limitado, de modo a se restringir a questões de ordem psicológica e psiquiátrica do condenado.

O exame criminológico tem como função relevar elementos como maturidade, frustrações, vínculos efetivos, grau de agressividade, periculosidade, e a partir desses pontos verificar se existe a possibilidade de novas práticas delituosas.

O artigo em análise estabelece que o exame criminológico será obrigatório, isso acontece porque os crimes que a imposição é o regime fechado são mais gravosos, se fazendo necessário, então, a análise do condenado. Contudo no cumprimento de pena inicial em regime semiaberto esse exame será facultativo, podendo ser feito por iniciativa da Comissão visando uma melhor individualização da pena.

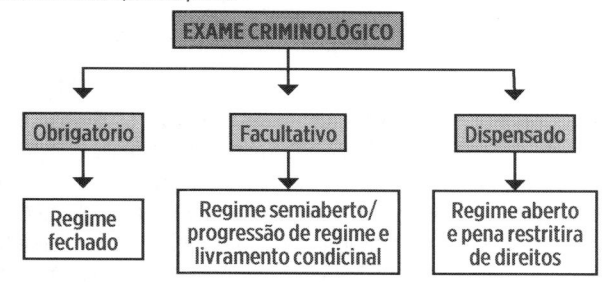

```
                    EXAME CRIMINOLÓGICO
                             |
        ┌────────────────────┼────────────────────┐
        ▼                    ▼                    ▼
   Obrigatório           Facultativo          Dispensado
        |                    |                    |
        ▼                    ▼                    ▼
    Regime          Regime semiaberto/       Regime aberto
    fechado         progressão de regime e   e pena restritiva
                    livramento condicional    de direitos
```

No que diz respeito ao exame criminológico na progressão de regime, a jurisprudência entende que o juiz pode solicitar desde que faça fundamentadamente, uma vez que o benefício da progressão é direito adquirido o cumprimento dos requisitos do art. 112 da LEP, tendo o condenado bons antecedentes fornecidos pela direção do estabelecimento prisional, e como a regra da progressão de regime é aplicada também ao livramento condicional, se aplica a ele a faculdade do exame criminológico, isto é: o entendimento que os tribunais superiores vêm tendo acerca do caso.

Art. 9º A Comissão, no exame para a obtenção de dados reveladores da personalidade, observando a ética profissional e tendo sempre presentes peças ou informações do processo, poderá:

I. entrevistar pessoas;

II. requisitar, de repartições ou estabelecimentos privados, dados e informações a respeito do condenado;

III. realizar outras diligências e exames necessários.

A partir do que estabelece esse artigo, verifica-se que a Comissão Técnica de Classificação deve buscar sempre o maior número de subsídios a respeito do condenado do examinado, ou seja, não se deve medir esforços para que todos os dados e as informações possíveis sobre o condenado sejam apreciadas. Além das providências elencadas neste artigo pode, ainda, a Comissão fazer uma análise dos autos da ação e do processo de execução, bem como verificar o comportamento do acusado durante a fase de execução.

Embora a comissão tenha um papel fundamental na formação do convencimento do juiz da execução, este não está vinculado às conclusões encontradas pela comissão, ou seja, pode o juiz decidir de modo contrário ao que estabelece a comissão, desde que fundamente sua decisão.

Art. 9º-A Os condenados por crime praticado, dolosamente, com violência de natureza grave contra pessoa, ou por qualquer dos crimes previstos no art. 1º da Lei nº 8.072, de 25 de julho de 1990, serão submetidos, obrigatoriamente, à identificação do perfil genético, mediante extração de DNA - ácido desoxirribonucleico, por técnica adequada e indolor.

§ 1º A identificação do perfil genético será armazenada em banco de dados sigiloso, conforme regulamento a ser expedido pelo Poder Executivo.

§ 1º-A. A regulamentação deverá fazer constar garantias mínimas de proteção de dados genéticos, observando as melhores práticas da genética forense.

§ 2º A autoridade policial, federal ou estadual, poderá requerer ao juiz competente, no caso de inquérito instaurado, o acesso ao banco de dados de identificação de perfil genético.

§ 3º Deve ser viabilizado ao titular de dados genéticos o acesso aos seus dados constantes nos bancos de perfis genéticos, bem como a todos os documentos da cadeia de custódia que gerou esse dado, de maneira que possa ser contraditado pela defesa.

§ 4º O condenado pelos crimes previstos no caput deste artigo que não tiver sido submetido à identificação do perfil genético por ocasião do ingresso no estabelecimento prisional deverá ser submetido ao procedimento durante o cumprimento da pena.

§ 8º Constitui falta grave a recusa do condenado em submeter-se ao procedimento de identificação do perfil genético.

Estamos diante da identificação obrigatória do perfil genético, nos casos dos crimes dolosos praticados com violência de natureza grave contra a pessoa bem como nos casos de prática de crime hediondo.

Essa identificação visa equipar o banco de dados para que sejam facilitados os esclarecimentos acerca do crime em investigações futuras, tal como disposto no §1º.

A exigência desse tipo de exame é limitada a apenas condenações que decorram de determinados crimes:

→ Crimes Dolosos Praticados Com Violência De Natureza Grave Contra A Pessoa;

→ Crimes Hediondos.

O material genético a ser extraído deve ser realizado por meio de técnica adequada e indolor, ou seja, não pode ser invasiva e nem causar lesões físicas ao condenado, e ainda a extração de DNA deverá ser determinada na sentença condenatória após o trânsito em julgado, a fim de que não se viole o princípio da presunção de inocência.

Identificado o perfil genético este deverá ser armazenado no banco de dados sigilosos regulamentado por meio do Poder Executivo, tendo as autoridades acesso a esses dados apenas mediante ordem judicial.

A ordem judicial pode vir de qualquer vara criminal, a competência dependerá de para qual juiz a representação do delegado foi distribuída ordinariamente.

Note que o exame é uma garantia do preso, uma vez que o indivíduo não tenha sido submetido a ele no início do cumprimento da pena, durante a sua execução ele deverá ser.

Havendo recusa do preso ao realizar o exame de identificação genético, esta conduta será considerada como falta grave.

Fique atento aos parágrafos 1º-A, 3º, 4º e 8º, pois todos foram introduzidos recentemente pela lei 13.964/19.

CAPÍTULO II
DA ASSISTÊNCIA
Seção I
Disposições gerais

Art. 10. A assistência ao preso e ao internado é dever do Estado, objetivando prevenir o crime e orientar o retorno à convivência em sociedade.

Parágrafo único. A assistência estende-se ao egresso.

A reabilitação do condenado é a finalidade primordial da pena ou da medida de segurança, possibilitando ao indivíduo o retorno ao convívio em sociedade. Contudo, para que isto venha acontecer, é necessário que o Estado adote medidas de assistência ao preso e ao internado, de forma a orientá-los no retorno da sua vida social, reduzindo as chances de reincidência em prática delituosa.

Essa assistência se estende também ao "egresso", sendo este o liberado definitivo pelo prazo de um ano contados da saída do estabelecimento prisional ou o liberado condicionalmente pelo período de prova, isso ocorre porque de nada adiantaria o agente ter a assistência durante o período de cárcere e no momento de sua reintegração este ficasse desamparado.

É um meio de garantir que o tempo passado longe da sociedade e as dificuldades encontradas façam com que ele volte ao caminho criminoso.

Evitando a reincidência criminosa, bem como o auxílio ao retorno dos condenados ao convívio social, a LEP trouxe as espécies de assistência disponibilizadas, sendo elas o amparo material, à saúde, jurídico, educacional, social, e religioso, cada uma com sua função individual, conforme prevê o art. 11 da Lei 7.210/84., tendo cada uma delas uma função individual.

Seção II
Da assistência material

Art. 12. *A assistência material ao preso e ao internado consistirá no fornecimento de alimentação, vestuário e instalações higiênicas.*

Art. 13. *O estabelecimento disporá de instalações e serviços que atendam aos presos nas suas necessidades pessoais, além de locais destinados à venda de produtos e objetos permitidos e não fornecidos pela Administração.*

Visa garantir o fornecimento de roupas, alimentação, produtos e instalações de higiene, asseio da sela ou alojamento entre outros, na exposição dos motivos da LEP, o item 41 menciona que a assistência ao condenado se espelhou nos princípios e nas regras internacionais sobre os direitos da pessoa presa, em especial às Regras Mínimas da ONU.

Sobre a **alimentação** tais regras determinam que *"a administração fornecerá a cada preso, em horas determinadas, uma alimentação de boa qualidade, bem preparada e servida, cujo valor nutritivo seja suficiente para a manutenção da sua saúde e das suas forças"* (item 20.1); e *"todo preso deverá ter a possibilidade de dispor de água potável quando dela necessitar"*.

A questão sobre vestuário também teve amparo das regras mencionadas: estabelecendo que *"todo preso a quem não seja permitido vestir suas próprias roupas deverá receber as apropriadas ao clima e em quantidade suficiente para manter-se em boa saúde. Ditas roupas não poderão ser, de forma alguma, degradantes ou humilhantes"* (item 17.1); *"todas as roupas deverão estar limpas e mantidas em bom estado. A roupa de baixo será trocada e lavada com a frequência necessária à manutenção da higiene"* (item 17.2); *"em circunstâncias excepcionais, quando o preso necessitar afastar-se do estabelecimento penitenciário para fins autorizados, ele poderá usar suas próprias roupas, que não chamem atenção sobre si"* (item 17.3); *"quando um preso for autorizado a vestir suas próprias roupas, deverão ser tomadas medidas para se assegurar que, quando do seu ingresso no estabelecimento penitenciário, as mesmas estão limpas e são utilizáveis"* (item 18); e *"cada preso disporá, de acordo com os costumes locais ou nacionais, de uma cama individual e de roupa de cama suficiente e própria, mantida em bom estado de conservação e trocada com uma frequência capaz de garantir sua limpeza"* (item 19).

No que diz respeito à higiene pessoal e asseio da sela ou alojamento, será um dever do preso cuidar, contudo cabendo à administração carcerária fornecer meios para que esse dever possa ser cumprido.

O artigo 13 deve ser entendido junto com o artigo 88 da LEP, em se tratando de estabelecimento destinado a presos em regime fechado o condenado será alojado em cela individual que conterá dormitório, aparelho sanitário e lavatório. Sendo requisitos básicos da unidade celular: a) salubridade do ambiente pela concorrência dos fatores de aeração, insolação e condicionamento térmico adequado à existência humana; b) área mínima de seis metros quadrados.

E, ainda, havendo a impossibilidade de acesso dos presos e internados a certos objetos de consumo e de uso pessoal, desde que não fornecidos pela administração penitenciária e que se trate de objetos de uso permitido, haverá um local destinado à venda destes materiais.

Seção III
Da assistência à saúde

Como dissemos anteriormente, o condenado tem a garantia de aplicação de todos os direitos que não são atingidos pela sentença, dentre esses direitos encontra-se o da vida, e entre os meios de se garantir esse direito está a assistência à saúde na qual visa conceder aos presos o devido tratamento de saúde, médico ou ambulatorial, bem como o fornecimento de medicação quando se fizer necessária.

Nesse sentido, o artigo 14 estabelece que a assistência à saúde terá caráter preventivo e curativo e compreenderá atendimento médico, farmacêutico e odontológico.

O artigo 14 está em concordância com o artigo 41, VII da LEP que determina como direito do preso a assistência à saúde. Ainda o artigo 43 garante a contratação de médico de confiança pessoal do internado, ou da sua família, com o intuito de orientar e acompanhar o tratamento recebido em casos de medida de segurança.

Caso não haja dentro do estabelecimento prisional local adequado ao tratamento do condenado, mediante autorização do diretor ou do juiz da execução poderá esta assistência ser prestada em local diverso nos termos do § 2°, do Art. 14.

E, ainda, a mulher no pré-natal e no pós parto e ao recém-nascido, são assegurados a assistência à saúde, e em se tratamento de gestante de alto risco, quando o tratamento não possa ser atendido dentro do estabelecimento prisional, a jurisprudência tem entendido que excepcionalmente a prisão domiciliar se estende a gestantes em regimes diversos do aberto.

Seção IV
Da assistência jurídica

Art. 16. *As Unidades da Federação deverão ter serviços de assistência jurídica, integral e gratuita, pela Defensoria Pública, dentro e fora dos estabelecimentos penais.*
§ 1º As Unidades da Federação deverão prestar auxílio estrutural, pessoal e material à Defensoria Pública, no exercício de suas funções, dentro e fora dos estabelecimentos penais.
§ 2º Em todos os estabelecimentos penais, haverá local apropriado destinado ao atendimento pelo Defensor Público.

§ 3º *Fora dos estabelecimentos penais, serão implementados Núcleos Especializados da Defensoria Pública para a prestação de assistência jurídica integral e gratuita aos réus, sentenciados em liberdade, egressos e seus familiares, sem recursos financeiros para constituir advogado.*

Como se sabe, em todo o processo criminal inclusive na execução da pena é fundamental a presença do defensor, visando tornar efetiva as garantias ao longo de toda execução.

A assistência deverá ser proporcionada aos presos ou internados pobres, ou seja, àqueles que não tenham recursos financeiros para constituir um advogado particular para acompanhar a execução da pena, bem como requerer benefícios, buscar reparação por erros judiciários, dentre outros conforme dispõe o Art. 15 da LEP.

Ademais, nos termos do Art. 16, o Estado, por meio da Defensoria Pública, tem a responsabilidade de proporcionar essa assistência, dentro e fora dos estabelecimentos prisionais e, para isso, deve o estado auxiliar com estrutura, recursos humanos e materiais, a possibilitando, assim, o exercício de suas funções. A LEP ainda introduz a necessidade de criação de Núcleos Especializados da Defensoria Pública, ainda que se trate de sentenciados em liberdade ou de egressos e seus familiares.

Seção V
Da assistência educacional

Art. 17. *A assistência educacional compreenderá a instrução escolar e a formação profissional do preso e do internado.*

Dentro do campo da assistência educacional se insere a instrução escolar e formação profissional do preso ou do internado, efetivando a regra constitucional de educação para todos.

Art. 18. *O ensino de primeiro grau será obrigatório, integrando-se no sistema escolar da unidade federativa.*

Art. 18-A. *O ensino médio, regular ou supletivo, com formação geral ou educação profissional de nível médio, será implantado nos presídios, em obediência ao preceito constitucional de sua universalização.*

§ 1º *O ensino ministrado aos presos e presas integrar-se-á ao sistema estadual e municipal de ensino e será mantido, administrativa e financeiramente, com o apoio da União, não só com os recursos destinados à educação, mas pelo sistema estadual de justiça ou administração penitenciária.*

§ 2º *Os sistemas de ensino oferecerão aos presos e às presas cursos supletivos de educação de jovens e adultos.*

§ 3º *A União, os Estados, os Municípios e o Distrito Federal incluirão em seus programas de educação à distância e de utilização de novas tecnologias de ensino, o atendimento aos presos e às presas.*

Este artigo traz a obrigatoriedade do ensino fundamental, antes chamado de 1º grau, a todos os presos, de modo que todos que não tenham a instrução fundamental passem a ter como um direito a ser efetivado pelo Estado. Contudo para que isto aconteça será necessário a implementação de escolas ou cursos dentro dos estabelecimentos prisionais, devendo atender todos os requisitos e as capacidades técnicas exigidas para a formação. Ou seja, o preso deverá ter o mesmo ensino disponibilizado em ensinos públicos ou particulares, habilitando este para seguir com os estudos quando posto em liberdade.

Art. 19. *O ensino profissional será ministrado em nível de iniciação ou de aperfeiçoamento técnico.*

Parágrafo único. *A mulher condenada terá ensino profissional adequado à sua condição.*

Como o ensino é um forte aliado na ressocialização do condenado, dispõe este artigo que ele pode ser feito em nível de iniciação para aqueles que não possuem a habilitação educacional, bem como pode ser feito em forma de aperfeiçoamento profissional.

E, ainda, teve o legislador o cuidado de garantir que deverá existir atividades que sejam habitualmente adequadas ao público feminino, visando facilitar sua reinserção social.

E por estar o legislador ciente da realidade e das dificuldades que o Poder Público possa encontrar para efetivar essa assistência, possibilitou-se o convênio entre Estado e escolas públicas ou particulares que ofereçam cursos especializados, conforme prevê o Art. 20 da LEP.

E para que essa assistência seja ainda mais ampla, o Art. 21 determina que os estabelecimentos prisionais sejam dotados de biblioteca, garantindo aos presos acesso à leitura, visto que este pode ser um forte instrumento de enriquecimento cultural e fonte de estudo, sendo um grande fator na reabilitação do preso, auxiliando também na disciplina prisional.

Por fim, o Art. 21-A prevê a realização de censo penitenciário, para que se garanta a efetiva e completa assistência educacional ao preso para apurar informações relevantes que irão auxiliar no momento da aplicação desses direitos, tais como o nível de escolaridade de cada preso, a existência de cursos nos níveis fundamental e médio e o número de apenados atendidos, a implementação de cursos profissionais, a existência de biblioteca e suas condições, bem como outros dados relevantes.

Seção VI
Da assistência social

Art. 22. *A assistência social tem por finalidade amparar o preso e o internado e prepará-los para o retorno à liberdade.*

Como sabemos, a pena ter como finalidade a ressocialização do indivíduo, de modo que possibilite sua volta ao convívio social, assim o serviço social passa a auxiliar o indivíduo dando a ele suporte para enfrentar as dificuldades encontradas após sua liberação e até mesmo acompanhando o preso ou internado durante o processo de execução, auxiliando dessa forma o processo de reabilitação.

A assistência social passa a ser o elo de ligação entre a realidade carcerária e a realidade social, auxiliando o preso a reconhecer as causas que o levaram a transgredir e os meios para evitar que isso ocorra novamente.

Para auxiliar nesse processo de reabilitação, o serviço de assistência social terá algumas incumbências, conforme prevê o Art. 23 e seus incisos:

I. conhecer os resultados dos diagnósticos e exames;

Os exames em que o preso está sujeito na fase executória serão analisados pela assistência social com a finalidade de dar ao órgão um maior conhecimento sobre o indivíduo e, assim, poder traçar métodos de adaptação do preso ao convívio social bem como sua adaptação dentro do cárcere.

II. relatar, por escrito, ao diretor do estabelecimento, os problemas e as dificuldades enfrentados pelo assistido;

A assistência social tem um contato direto com o preso, de modo que ela irá conhecer a realidade do cotidiano dentro do estabelecimento prisional, realidade essa que irá refletir no processo de reabilitação e, por isso, havendo problemas ou dificuldades deverão ser informadas, garantindo que o diretor tenha conhecimento do que o indivíduo esteja passando.

III. acompanhar o resultado das permissões de saídas e das saídas temporárias;

As autorizações de saída facultadas ao preso podem sem classificadas em permissões de saídas e saídas temporárias.

Permissões de saída: É destinada ao preso que cumpre regime fechado ou semiaberto. Neste caso o preso terá permissão de sair do estabelecimento prisional, contudo com a necessidade de ser escoltado, nos casos de falecimento ou doença grave do cônjuge, companheira, ascendente, descendente ou irmão, bem como no caso de necessitar o apenado de tratamento médico.

Saídas temporárias: Podem ser destinadas aos presos em regime semiaberto, sendo dispensada a escolta, contudo se pode exigir o monitoramento eletrônico, para os fins de visita à família, frequência em curso educacional.

Como em ambos os casos o preso passa a ter contato com o convívio em sociedade a LEP estabelece o acompanhamento da assistência social durante essas saídas, conseguindo verificar a forma que o preso reage fora do cárcere.

IV. promover, no estabelecimento, pelos meios disponíveis, a recreação;

Um dos pontos negativos do cárcere é a falta de ocupação, isso pode interferir diretamente no processo de reabilitação do preso e, por isso, incumbe à assistência social possibilitar atividades de integração no cárcere, de forma a manter a disciplina e o bom convívio entre os encarcerados.

V. promover a orientação do assistido, na fase final do cumprimento da pena, e do liberando, de modo a facilitar o seu retorno à liberdade;

Após um tempo dentro do cárcere é normal que, ao se aproximar o período de liberdade, o preso passe a ter sentimentos de dúvida, medo, ansiedade e insegurança, pois ele não sabe o que acontecerá após a sua libertação. Visando impedir que esses sentimentos o levem à frustração e a uma possível volta à vida criminosa se faz necessário a assistência social como mecanismo de orientação e alicerce diante desse fato marcante na vida do condenado.

VI. providenciar a obtenção de documentos, dos benefícios da previdência social e do seguro por acidente no trabalho;

É comum que ao ser colocado em liberdade o ex-preso não tenha documentação que o habilite a práticas de atos da vida civil ou mesmo obtenção de emprego. Desse modo, o serviço social vem como orientador sob como ele pode obter esses documentos e ainda promover seu encaminhamento a eventuais benefícios previdenciários que ele ou alguém de sua família possam a ter direito.

VII. orientar e amparar, quando necessário, a família do preso, do internado e da vítima.

Ao contrário do que se pensa, não é apenas o preso que precisa de auxílio da fase de execução, a família que sofreu um abalo também precisa de suporte. Assim, o serviço social servirá como suporte, passando a orientar a família para que os laços entre eles e o preso não sejam desfeitos, bem como ajudar na busca de recursos econômicos para que haja manutenção das necessidades básicas.

Logo essa assistência não se limita ao preso, pois a família da vítima também necessita desse cuidado, principalmente em crimes em que os resultados são mais graves, como na ocorrência de morte, estupro, dentre outros.

Seção VII
Da assistência religiosa

O Art. 24 da LEP assegura a assistência religiosa aos presos, a posse de livros religiosos e a liberdade de culto, diante do acesso de pessoas religiosas, em local adequado, para a realização de culto. Ademais, nenhum preso será obrigado a participar de atividade religiosa.

Seção VIII
Da assistência ao egresso

Art. 25. A assistência ao egresso consiste;
I. na orientação e apoio para reintegrá-lo à vida em liberdade;
II. na concessão, se necessário, de alojamento e alimentação, em estabelecimento adequado, pelo prazo de dois meses.

Parágrafo único. O prazo estabelecido no inciso II poderá ser prorrogado uma única vez, comprovado, por declaração do assistente social, o empenho na obtenção de emprego.

A preocupação com o egresso surge da prática comum dentro da sociedade no sentido de discriminar e marginalizar o ex-condenado, entre esses pontos temos a dificuldade de aceitação dentro do mercado de trabalho.

Consiste, então, a assistência do egresso nos primeiros passos após a sua liberdade, evitando que o abandono social ou a dificuldade o coloque de volta ao caminho criminoso.

A assistência pode consistir tanto na orientação quanto no apoio, muitas vezes por meio de núcleos especializados ao retorno do egresso, bem como ao seu retorno dentro da família, incluindo-o em atividades produtivas, direcionamento ao mercado de trabalho, de forma a apoiar o respeito e o exercício dos direitos inerentes a todas as pessoas. Pode também consistir a assistência no fornecimento de moradia e alimentação, em ambientes adequados, nos casos em que o egresso não tenha onde ficar. Contudo essa assistência é limitada em dois meses, prorrogável por uma única vez, desde que comprovado por declaração o empenho do egresso na busca por emprego, porém se transcorrido o prazo sem que o egresso tenha onde ficar, ele será encaminhado aos serviços de alojamento e alimentação destinados à população carente em geral, mas não perdendo o auxílio da assistência social já em progresso.

Art. 26. Considera-se egresso para os efeitos desta Lei:
I. o liberado definitivo, pelo prazo de um ano a contar da saída do estabelecimento;
II. o liberado condicional, durante o período de prova.

```
                    ┌─ Liberado ──┬─ Cumpriu a pena integralmente
Egressos ──────────┤  definitivo └─ Causa extintiva da punibilidade
                    └─ Liberado ───── Período de prova
                       condicional
```

Assim, nos termos do Art. 27 da LEP, a assistência social ajudará o egresso a voltar ao convívio social e o auxiliará na ressocialização através de meios que possibilitem a voltar a trabalhar e prover seu próprio sustento. Isso não implica, contudo, em preferências ou prioridades com relação a outros candidatos, seja no setor privado ou mesmo em concurso público.

CAPÍTULO III
DO TRABALHO
Seção I
Disposições gerais

Art. 28. *O trabalho do condenado, como dever social e condição de dignidade humana, terá finalidade educativa e produtiva.*

§ 1º Aplicam-se à organização e aos métodos de trabalho as precauções relativas à segurança e à higiene.

§ 2º O trabalho do preso não está sujeito ao regime da Consolidação das Leis do Trabalho.

Será considerado como trabalho a atividade desempenhada pelo preso, dentro ou fora dos estabelecimentos prisionais, sujeito à devida remuneração.

O trabalho tem função ressocializadora e, com isso, apresenta-se como mecanismo de recuperação, disciplina e aprendizado para a vida que o condenado vai levar após o cumprimento da sua pena.

O trabalho se apresenta como um direito do preso, mas também como um dever no curso da execução penal, ou seja, o trabalho remunerado é obrigatório ao preso dentro das suas capacidades e aptidão. Vale ressaltar que a obrigatoriedade não se confunde com o trabalho forçado, uma vez que se o preso se negar a fazer incorrerá em cometimento de fata grave, e esse ficará sujeito às infrações disciplinares, mas não sofrerá qualquer tipo de constrangimento pela recusa.

O trabalho terá uma dupla finalidade: educativa, ou seja, possibilitará ao preso o aprendizado de um ofício no qual pode dar continuidade quando posto em liberdade, bem como a finalidade produtiva, a qual consiste na realização de algo útil, podendo o preso sentir o resultado do seu trabalho e o recebimento de remuneração por ele.

Outro aspecto importante é que o preso faz jus aos direitos previstos nas normas legais de higiene e segurança no trabalho, de modo que se este ficar enfermo por conta do trabalho ou sofrer acidente trabalhista, ele fará jus ao recebimento de indenização similares ao que o trabalhador em liberdade tenha direito.

Sobre a inaplicabilidade da CLT, temos que nos atentar ao caso concreto, em se tratando de trabalho dentro do estabelecimento prisional, este será um dever do preso e, por isso, não está regido pela CLT. Mas nos casos em que o trabalho é feito no âmbito externo, ou seja, fora do estabelecimento prisional, a jurisprudência pacificou entendimento de que *"o trabalho externo prestado por condenado em regime aberto não configura o trabalho prisional, previsto na Lei das Execuções Penais"*, razão pela qual se reconhece *"relação de trabalho que se sujeita à tutela da CLT"*.

```
         VÍNCULO EMPREGATÍCIO
                  |
         ┌────────┴────────┐
         ↓                 ↓
        SIM               NÃO
         ↓                 ↓
  Trabalho externo   Trabalho interno
```

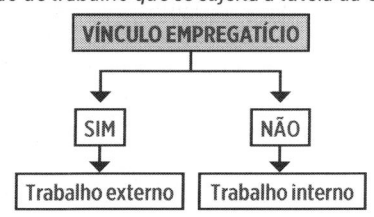

Por conseguinte, o Art. 29 da LEP assegura ao preso o o direito à remuneração adequada, que será estabelecida em tabela para evitar que haja injustiças ou exploração, de forma a abolir a mão de obra carcerária gratuita, não podendo ser inferior a 3/4 do salário mínimo.

Além do mais, poderá ser descontado da remuneração a indenização do dano ex-delicto, bem como os valores necessários para subsistência da família do preso, as suas despesas pessoais e, ainda, o ressarcimento do Estado pelas despesas realizadas com a manutenção do condenado dentro do cárcere. Contudo o desconto do ressarcimento só poderá ser feito após todos os demais descontos terem sido atendidos (§ 1º).

A LEP não dispõe o percentual de desconto em cada caso,

sendo tarefa da legislação estadual ou federal pertinente sobre o assunto estabelecer. Ademais, o que restar da remuneração deverá ser depositado em caderneta

de poupança que será disponibilizado ao preso quando em liberdade (§ 2°).

```
         Trabalho do preso
                |
                ↓
    Remuneração mínima de 3/4 do SIM -
         mediante tabela prévia
                |
                ↓
            Descontos
                |
    ┌──────┬────┴────┬──────────┐
    ↓      ↓         ↓          ↓
Indenização Assistência Despesas Ressarcimento
 do dano    familiar   pessoais   do Estado
ex-delicto
```

Art. 30. *As tarefas executadas como prestação de serviço à comunidade não serão remuneradas.*

No que diz respeito a pena de prestação de serviço à comunidade, sendo esta uma possibilidade de pena restritiva de direitos, esta será feita de forma gratuita, ou seja, o condenado não recebe remuneração pelos serviços prestados.

Seção II
Do trabalho interno

Art. 31. *O condenado à pena privativa de liberdade está obrigado ao trabalho na medida de suas aptidões e capacidade.*

Parágrafo único. *Para o preso provisório o trabalho não é obrigatório e só poderá ser executado no interior do estabelecimento.*

Entende-se como trabalho interno aquele prestado dentro das dependências do estabelecimento prisional, podendo consistir em construção, reforma, conservação, melhoramentos, serviços auxiliares nas cozinhas, lavanderias e enfermarias. Como já dissemos anteriormente, a LEP comporta o trabalho como um direito, mas também como uma obrigação do preso, e a recusa acarreta em infração disciplinar, exceto no caso de preso político e o preso provisório – estes não são obrigados –, contudo se o preso por vontade própria quiser trabalhar, poderá, desde que o faça internamente.

LEI Nº 7.210/1984 - LEI DE EXECUÇÃO PENAL

TRABALHO
- Obrigatório → TODOS
- Facultativo → Crimes políticos e ao preso provisório interno

Art. 32. Na atribuição do trabalho deverão ser levadas em conta a habilitação, a condição pessoal e as necessidades futuras do preso, bem como as oportunidades oferecidas pelo mercado.

§ 1º Deverá ser limitado, tanto quanto possível, o artesanato sem expressão econômica, salvo nas regiões de turismo.

§ 2º Os maiores de sessenta anos poderão solicitar ocupação adequada à sua idade.

§ 3º Os doentes ou deficientes físicos somente exercerão atividades apropriadas ao seu estado.

Como podemos ver, para que o preso tenha um trabalho atribuído deverá ser verificado antes sua habilitação e condição pessoal, por exemplo: se estiver grávida, se for portador de necessidades especiais, as suas necessidades futuras e as oportunidades oferecidas no mercado de trabalho.

Sendo o trabalho um meio de profissionalização e reinserção do preso na sociedade, o melhor é que este seja aproveitado tanto na execução quanto na sua liberação, visando o que o mercado de trabalho tem buscado. Por essa razão que a prática do artesanato é limitada, por não ser uma atividade rentável a ponto de possibilitar ao indivíduo sustento futuro de sua família, salvo em regiões de turismo, onde recebe um grande número de visitantes e, com isso, o trabalho local passa a ser valorizado ou quando o preso não tiver aptidão para desempenhar outra atividade.

Aos idosos são assegurados o direito de ter uma ocupação adequada para sua idade, de modo a respeitar suas condições físicas, mentais e psíquicas. E, ainda, ao preso doente ou portador de necessidades especiais serão disponibilizadas atividades adequadas à sua condição, de modo a não excluir estes da atividade laborativa.

Art. 33. A jornada normal de trabalho não será inferior a seis, nem superior a oito horas, com descanso nos domingos e feriados.

Parágrafo único. Poderá ser atribuído horário especial de trabalho aos presos designados para os serviços de conservação e manutenção do estabelecimento penal.

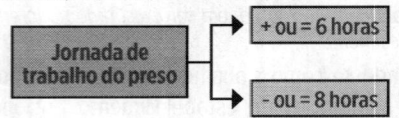

Jornada de trabalho do preso
- + ou = 6 horas
- - ou = 8 horas

A princípio apenas a jornada diária já permite ao preso a obtenção dos benefícios e por isso decidiu o STJ que *"para fins de remição, será considerado no cálculo apenas o dia de trabalho realizado, isto é, o dia em que for desempenhada a jornada completa de trabalho e não o número de horas trabalhadas"*.

Ou seja, o dia de trabalho realizado é que conta para o cálculo da remissão e não as horas, se o agente trabalhou uma jornada inteira de 6 horas, não se computa 6 horas de remissão mais sim um dia inteiro.

A LEP possibilita, ainda, uma jornada especial de trabalho aos presos designados para serviço de manutenção e conversão do estabelecimento prisional, serviços estes que não podem ser interrompidos e por isso exigem sua prestação em horários distintos dos estabelecidos na regra normal, inclusive nos dias que seria de descanso.

HABEAS CORPUS SUBSTITUTIVO. FALTA DE CABIMENTO. EXECUÇÃO PENAL. REMIÇÃO DA PENA PELA LEITURA. ART. 126 DA LEP. PORTARIA CONJUNTA N. 276/2012, DO DEPEN/MJ E DO CJF. RECOMENDAÇÃO N. 44/2013 DO CNJ. 1. Conquanto seja inadmissível o ajuizamento de habeas corpus em substituição ao meio próprio cabível, estando evidente o constrangimento ilegal, cumpre ao tribunal, de ofício, saná-lo. 2. A norma do art. 126 da LEP, ao possibilitar a abreviação da pena, tem por objetivo a ressocialização do condenado, sendo possível o uso da analogia in bonam partem, que admita o benefício em comento, em razão de atividades que não estejam expressas no texto legal (REsp n. 744.032/SP, Ministro Felix Fischer, Quinta Turma, DJe 5/6/2006). 3. O estudo está estreitamente ligado à leitura e à produção de textos, atividades que exigem dos indivíduos a participação efetiva enquanto sujeitos ativos desse processo, levando-os à construção do conhecimento. A leitura em si tem função de propiciar a cultura e possui caráter ressocializador, até mesmo por contribuir na restauração da autoestima. Além disso, a leitura diminui consideravelmente a ociosidade dos presos e reduz a reincidência criminal. 4. Sendo um dos objetivos da Lei de Execução Penal, ao instituir a remição, incentivar o bom comportamento do sentenciado e sua readaptação ao convívio social, a interpretação extensiva do mencionado dispositivo impõe-se no presente caso, o que revela, inclusive, a crença do Poder Judiciário na leitura como método factível para o alcance da harmônica reintegração à vida em sociedade. 5. Com olhos postos nesse entendimento, foram editadas a Portaria conjunta n. 276/2012, do Departamento Penitenciário Nacional/MJ e do Conselho da Justiça Federal, bem como a Recomendação n. 44/2013 do Conselho Nacional de Justiça. 6. Writ não conhecido. Ordem expedida de ofício, para restabelecer a decisão do Juízo da execução que remiu 4 dias de pena do paciente, conforme os termos da Recomendação n. 44/2013 do Conselho Nacional de Justiça.

Decisão

Vistos, relatados e discutidos os autos em que são partes as acima indicadas, acordam os Ministros da SEXTA Turma do Superior Tribunal de Justiça, por unanimidade, não conhecer do habeas corpus, concedendo, contudo, ordem de ofício, nos termos do voto do Sr. Ministro Relator. Os Srs. Ministros Rogerio Schietti Cruz, Nefi Cordeiro, Ericson Maranho (Desembargador convocado do TJ/SP) e Maria Thereza de Assis Moura votaram com o Sr. Ministro Relator -(HC 312.486-SP).

EMENTA: HABEAS CORPUS. EXECUÇÃO PENAL. REMIÇÃO DE PENA. JORNADA DE TRABALHO. PRETENSÃO DO CÔMPUTO DA REMIÇÃO EM HORAS, E NÃO EM DIAS TRABALHADOS: IMPROCEDÊNCIA. ORDEM DENEGADA. 1. Para fins de remição de pena, a legislação penal vigente estabelece que a contagem de tempo de execução é realizada à razão de um dia de pena a cada três dias de trabalho, sendo a jornada normal de trabalho não inferior a seis nem superior a oito horas, o que impõe ao cálculo a consideração dos dias efetivamente trabalhados pelo condenado e não as horas. 2. Ordem denegada. (HC 114393, Relator(a): Min. CÁRMEN LÚCIA, Segunda Turma, julgado em 03/12/2013, PROCESSO ELETRÔNICO DJe-242 DIVULG 09-12-2013 PUBLIC 10-12-2013)

Art. 34. *O trabalho poderá ser gerenciado por fundação, ou empresa pública, com autonomia administrativa, e terá por objetivo a formação profissional do condenado.*

§ 1º Nessa hipótese, incumbirá à entidade gerenciadora promover e supervisionar a produção, com critérios e métodos empresariais, encarregar-se de sua comercialização, bem como suportar despesas, inclusive pagamento de remuneração adequada.

§ 2º Os governos federal, estadual e municipal poderão celebrar convênio com a iniciativa privada, para implantação de oficinas de trabalho referentes a setores de apoio dos presídios.

O gerenciamento do trabalho pode ser feito por fundação ou empresa pública, com autonomia administrativa que terá como finalidade a formação profissional do preso. De modo que incumbirá a ela a supervisão e o financiamento das atividades laborativas.

Pode, ainda, por meio de convênios celebrados com o Poder Público ocorrer participação da iniciativa privada na implantação de oficinas de trabalhos referentes aos setores de apoio dos estabelecimentos prisionais.

Art. 35. *Os órgãos da administração direta ou indireta da União, Estados, Territórios, Distrito Federal e dos Municípios adquirirão, com dispensa de concorrência pública, os bens ou produtos do trabalho prisional, sempre que não for possível ou recomendável realizar-se a venda a particulares.*

Parágrafo único. *Todas as importâncias arrecadadas com as vendas reverterão em favor da fundação ou empresa pública a que alude o artigo anterior ou, na sua falta, do estabelecimento penal.*

Os produtos do trabalho dos presos serão comercializados a particulares, caso não seja possível, estes serão adquiridos pela Administração Pública, sem necessidade de haver concorrência pública, uma vez que a intenção por trás da aquisição seja a preparação profissional do preso, sendo que os valores arrecadados serão revertidos em favor da fundação ou empresa gerenciadora ou então em favor do estabelecimento prisional.

Seção III
Do trabalho externo

Art. 36. *O trabalho externo será admissível para os presos em regime fechado somente em serviço ou obras públicas realizadas por órgãos da administração direta ou indireta, ou entidades privadas, desde que tomadas as cautelas contra a fuga e em favor da disciplina.*

§ 1º O limite máximo do número de presos será de dez por cento do total de empregados na obra.

§ 2º Caberá ao órgão da administração, à entidade ou à empresa empreiteira a remuneração desse trabalho.

§ 3º A prestação de trabalho a entidade privada depende do consentimento expresso do preso.

O trabalho externo é aquele realizado fora da prisão, com o intuito de gerar oportunidade para o reingresso do preso na sociedade. O preso em regime fechado poderá trabalhar externamente quando os serviços forem realizados em obras públicas por órgão da Administração Pública, desde que os meios de prevenção contra fuga e disciplina sejam devidamente tomados.

Decidiu, ainda, o STJ que: *"Não obstante esta Corte já ter decidido pela possibilidade de concessão de trabalho externo a condenado em regime fechado, tem-se como indispensável, à concessão da benesse, a obediência a requisitos legais de ordem objetiva e subjetiva, além da vigilância direta, mediante escolta. Sobressai a impossibilidade prática de concessão da medida, evidenciando-se que não há como se designar um policial, diariamente, para acompanhar e vigiar o preso durante a realização dos serviços extramuros".*

Contudo, como já dissemos antes, por se tratar de regime fechado, o preso não tem vínculo empregatício, aplicando-se a ele as regras da LEP, pois o trabalho é obrigatório. Já ao preso no regime semiaberto, será permitido o trabalho externo em qualquer local, ou seja, aqui não existe as limitações de ser trabalho em obras públicas mediante escolta, e mais uma vez reforço, conforme entendimento jurisprudencial, ao preso no semiaberto se aplica o vínculo empregatício, se sujeitando então as regras da CLT.

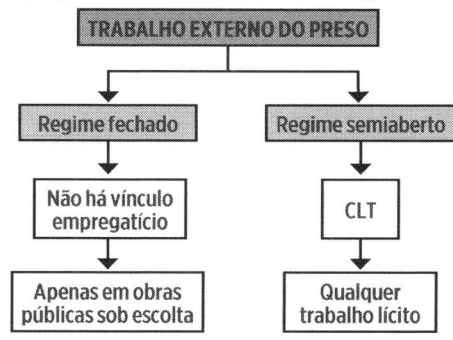

TRABALHO EXTERNO DO PRESO
- Regime fechado → Não há vínculo empregatício → Apenas em obras públicas sob escolta
- Regime semiaberto → CLT → Qualquer trabalho lícito

Art. 37. *A prestação de trabalho externo, a ser autorizada pela direção do estabelecimento, dependerá de aptidão, disciplina e responsabilidade, além do cumprimento mínimo de um sexto de pena.*

Parágrafo único. *Revogar-se-á a autorização de trabalho externo ao preso que vier a praticar fato definido como crime, for punido por falta grave, ou tiver comportamento contrário aos requisitos estabelecidos neste artigo.*

Caberá a direção do estabelecimento prisional deliberar acerca do trabalho externo, se preenchido os requisitos exigidos.

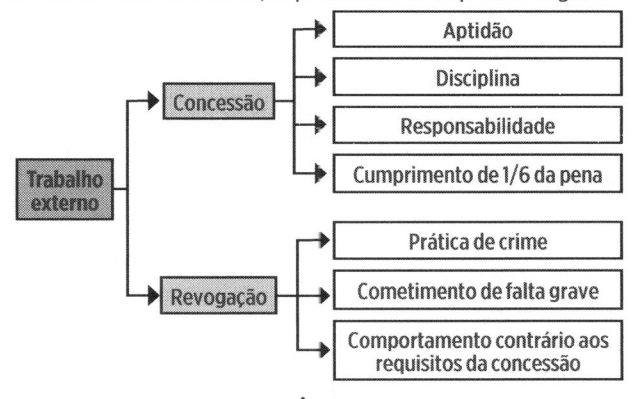

Trabalho externo
- Concessão:
  - Aptidão
  - Disciplina
  - Responsabilidade
  - Cumprimento de 1/6 da pena
- Revogação:
  - Prática de crime
  - Cometimento de falta grave
  - Comportamento contrário aos requisitos da concessão

CAPÍTULO IV
DOS DEVERES, DOS DIREITOS E DA DISCIPLINA

Seção I
Dos Deveres

Art. 38. *Cumpre ao condenado, além das obrigações legais inerentes ao seu estado, submeter-se às normas de execução da pena.*

O condenado está vinculado ao cumprimento das obrigações impostas na sentença:

Pena de Prisão: privação de liberdade;

Pena Restritiva de Direitos: se sujeitar às limitações impostas;

Pena de multa: responder com seu patrimônio pelo pagamento.

Além das obrigações acima mencionadas, que decorrem da própria natureza da pena, existe o rol de deveres do condenado, cuja violação acarretam em aplicação de medidas disciplinares que irão interferir no momento da de iberação sobre a concessão ou não de benefícios ao preso.

I. comportamento disciplinado e cumprimento fiel da sentença;

O comportamento disciplinar estar ligado à obediência, seria dizer que o preso deve agir com passividade, seguindo aquilo que lhe é determinado, visando a boa convivência com os demais presos, o impedimento de tumulto, brigas ou dissentimentos. O comportamento disciplinado influencia diretamente no momento de apreciação de pedidos de benefícios em favor do condenado, como no caso da progressão de regime, que além de outros requisitos se exige bom comportamento carcerário. Outro ponto é o fiel cumprimento da sentença, seria dizer que não basta o cumprimento da obrigação principal que seria a pena privativa de liberdade, mas também o cumprimento das demais obrigações advindas da sentença como, por exemplo, o ressarcimento do dano ex-delicto.

II. obediência ao servidor e respeito a qualquer pessoa com quem deva relacionar-se;

O dever de obediência implica tanto nas ordens dadas pelos servidores do estabelecimento prisional quanto no respeito a estes, implicando em falta grave a violação esse tipo de violação.

III. urbanidade e respeito no trato com os demais condenados;

O dever de urbanidade está ligado à boa convivência entre os condenados, evitando deste modo prática de condutas que possam gerar qualquer tipo de desentendimento dentro do ambiente carcerário.

IV. conduta oposta aos movimentos individuais ou coletivos de fuga ou de subversão à ordem ou à disciplina;

O termo "conduta oposta" tem como finalidade não estimular a atuação do condenado no sentido de participar, seja de que forma for, em movimentos voltados à fuga, motins, tumultos, rebeliões etc. Sendo considerada essa prática como uma falta grave.

Perceba que a lei só pede ao condenado que não haja de forma oposta, não sendo ele obrigado a denunciar ou intervir sem tomar conhecimento dessa situação.

V. execução do trabalho, das tarefas e das ordens recebidas;

Como já vimos, para o condenado em pena privativa de liberdade o trabalho é obrigatório pelo seu caráter ressocializador, e sendo este obrigatório, sua recusa caracteriza falta grave, interferindo no momento de concessão de benefícios como, por exemplo, no caso de progressão de regime.

VI. submissão à sanção disciplinar imposta;

O art. 53 da LEP traz o rol de sanções disciplinares que serão impostas ao preso em consequência das faltas praticadas. O que este inciso estabelece é que o preso, ao incorrer em alguma falta, deve cumprir a sanção a ele imposta, como forma de aprendizado e disciplina.

VII. indenização à vítima ou aos seus sucessores;

O art. 91 do Código Penal insere como um efeito automático e obrigatório da sentença condenatória transitada em julgado a obrigação certa de indenizar a vítima pelo dano causado pelo crime. Contudo o não cumprimento dessa obrigação não constitui falta disciplinar, mas poderá influenciar de forma negativa para concessão de benefícios como, por exemplo, o livramento condicional.

VIII. indenização ao Estado, quando possível, das despesas realizadas com a sua manutenção, mediante desconto proporcional da remuneração do trabalho;

Lembre-se de que já falamos sobre isso, sendo possível o desconto da remuneração do trabalho do preso em favor do Estado com o intuito de o ressarcir por todas as despesas tida com o condenado.

IX. higiene pessoal e asseio da cela ou alojamento;

O preso tem o dever de cuidar da limpeza tanto do compartimento individual quanto coletivo utilizado por ele.

X. conservação dos objetos de uso pessoal.

Essa conservação diz respeito aos objetos disponibilizados pela administração carcerária ao preso, tais como o colchão, as roupas, os objetos de higiene etc.

Parágrafo único. *Aplica-se ao preso provisório, no que couber, o disposto neste artigo.*

Perceba, ainda, que o parágrafo único diz que as mesmas regras aplicadas ao condenado definitivo se aplicam ao preso provisório, com exceção aos deveres decorrentes exclusivamente da condenação, como o fiel cumprimento da sentença, as indenizações à vítima e a execução do trabalho.

Seção II
Dos Direitos

Art. 40. *Impõe-se a todas as autoridades o respeito à integridade física e moral dos condenados e dos presos provisórios.*

Além de previsto na LEP, o art. 5º, XLIX da CF e o art. 38 do CP também asseguram aos presos, sejam eles definitivos ou provisórios, o respeito à sua integridade física e moral, tratando-se de um direito fundamental da pessoa humana. Essa proteção foi reforçada pelo STJ: *"o Estado Democrático de Direito repudia o tratamento cruel dispensado pelos seus agentes a qualquer pessoa, inclusive os presos. Impende assinalar, neste ponto, o que estabelece a Lex Fundamentalis, no art. 5o, inciso XLIX, segundo o qual os presos conservam, mesmo em tal condição, o direito à intangibilidade de sua integridade física e moral. Desse modo, é inaceitável a imposição de castigos corporais aos detentos, em qualquer circunstância, sob pena de censurável violação aos direitos fundamentais da pessoa humana".*

E seguindo esta mesma direção de proteção a integridade física e moral do preso é que o STF editou a Sumula Vinculante 11: *"só é licito o uso de algemas em casos de resistência e de fundado receio de fuga ou de perigo à integridade física própria ou alheia, por parte do preso ou de terceiros, justificada a excepcionalidade por escrito, sob pena de responsabilidade disciplinar, civil e penal do agente ou da autoridade e de nulidade da prisão ou do ato processual a que se refere, sem prejuízo da responsabilidade civil do Estado".*

O rol de direitos apresentados pelo Art. 41 da LEP é meramente EXEMPLIFICATIVO, ou seja, os direitos do preso não estão limitados ao que está previsto aqui, mas como já vimos ao preso se assegura todos os direitos não atingidos pela sentença ou pela lei, podemos dizer, então, que o preso tem direito a tudo que não lhe é proibido.

Em seguida, analisar-se-ão cada um dos direitos dispostos no artigo em análise.

***I.** alimentação suficiente e vestuário;*

Estando o Estado responsável pelo condenado será cabível a ele prover a alimentação necessária, bem como o fornecimento de uniforme para identificá-lo das demais pessoas que circulam pelo estabelecimento prisional, desde que este vestuário não afronte a dignidade da pessoa humana expondo o preso ao ridículo.

***II.** atribuição de trabalho e sua remuneração;*

Como já vimos o trabalho além de ser uma obrigação é ainda um direito do preso e isso acontece por seu caráter ressocializador e por beneficiar o preso com redução de pena. A remuneração pelo trabalho é, ainda, um direito do preso, sendo vedado o trabalho gratuito.

***III.** previdência social;*

Conforme dispõe também o art. 39 do CP, o preso tem direito à previdência social, embora o trabalho dele não esteja sujeito às regras da CLT, ele fará jus aos benefícios previdenciários. Vale a ressalva de que a lei não prevê a possibilidade de desconto automático da remuneração para contribuição previdenciária, sendo essa uma faculdade.

Outro aspecto importante sobre o direito do preso e a previdência está no auxílio-reclusão, que é um benefício concedido pelo INSS aos dependentes de pessoas presas, quando essas pessoas já contribuem para a previdência social no momento de sua prisão.

***IV.** constituição de pecúlio;*

Nada mais é do que a verba depositada em caderneta de poupança em decorrência da remuneração pelo trabalho, o qual será entregue ao preso quando for posto em liberdade. Lembre-se de que esse valor só será depositado após serem feitos todos os descontos necessários.

***V.** proporcionalidade na distribuição do tempo para o trabalho, o descanso e a recreação;*

Como já vimos, o trabalho terá uma jornada fixada e para que durante o período sem trabalho não seja ocioso, é um direito do preso que lhe sejam promovidas atividades recreativas, que além de contribuir para a manutenção da disciplina ainda auxiliem no processo de ressocialização.

***VI.** exercício das atividades profissionais, intelectuais, artísticas e desportivas anteriores, desde que compatíveis com a execução da pena;*

Esse inciso vem para reforçar a ideia de que o preso precisa de atividades que auxiliem no seu retorno à vida em sociedade, de modo que o Estado deve promover meios, espaços e condições que possibilitem a realização de atividades profissionais, intelectuais, artísticas e desportivas quando compatíveis com a execução da pena.

***VII.** assistência material, à saúde, jurídica, educacional, social e religiosa;*

Essa assistência vem prevista ao longo da LEP. Como já vimos, na forma de assistência material temos o fornecimento de roupas, instalações higiênicas e alimentação; na assistência à saúde temos o direito ao tratamento médico; na assistência jurídica temos a defensoria pública; como assistência educacional temos a instrução escolar e a formação profissional; como assistência social temos o amparo realizado em função do preso ou internado, bem como de sua família para prepará-lo para seu reingresso na sociedade e, por fim, como assistência religiosa temos a permissão de que os presos e internados participem de atividades religiosas organizadas dentro do estabelecimento prisional e também tendo acesso a livros contendo conteúdo religioso.

***VIII.** proteção contra qualquer forma de sensacionalismo;*

A imagem do indivíduo já é naturalmente atingida quando condenado por um crime e é recolhido ao cárcere, de modo que não há motivos para haver sensacionalismo infundados envolvendo seu nome, o que só faz contribuir com a sua marginalização. Este dispositivo não veda reportagens ou notícias envolvendo os estabelecimentos prisionais, nem eventuais entrevistas concedidas de forma espontânea pelo preso, contudo o conteúdo desses trabalhos não pode atentar contra a dignidade da pessoa humana.

***IX.** entrevista pessoal e reservada com o advogado;*

Esta prerrogativa decorre do direito de ampla defesa, sendo uma garantia prevista constitucionalmente pelo art. 5º, LV da CF. Este direito de entrevista decorre do direito de sigilo entre cliente e advogado, de modo que nenhuma interceptação será permitida.

Durante um tempo chegou a existir a discussão sobre restringir esse direito aos presos que se encontram em Regime Disciplinar Diferenciado como, por exemplo *"a Secretaria da Administração Penitenciária editou a Resolução SAP 49, de 17 de julho de 2002, com o objetivo de disciplinar o direito de visita e entrevista dos advogados com os presos do Regime Disciplinar Diferenciado, dispondo que "as entrevistas com advogado deverão ser previamente agendadas, mediante requerimento, escrito ou oral, à direção do estabelecimento, que designará imediatamente data e horário para o atendimento reservado, dentro dos 10 dias subsequentes"*. Contudo o STJ entendeu que esta regra era ilegal: *"o prévio agendamento das visitas, mediante requerimento à direção do estabelecimento prisional, é exigência que fere o direito do advogado de comunicar-se com cliente recolhido a estabelecimento civil, ainda que incomunicável, conforme preceitua o citado art. 7o da L. 8.906/1994, norma hierarquicamente superior ao ato impugnado"*, essa decisão se deu pelo fato de que ainda que em Regime Disciplinar Diferenciado, o preso faz parte do mesmo sistema que os demais de modo que ao aplicar a resolução ele seria tratado de forma desigual aos demais, ferindo diretamente a garantia constitucional da igualdade.

***X.** visita do cônjuge, da companheira, de parentes e amigos em dias determinados;*

Como auxílio na reabilitação do preso, a proximidade da família e de pessoas próximas nesse momento é essencial. Contudo essa visitação será feita em dia e horário determinado pela Administração Penitenciária, contudo esse direito não é ilimitado, ele pode sofrer restrições conforme o caso.

Existem dois pontos relevantes sobre o tema, o primeiro é sobre a visita do filho menor de idade, foi entendida pelo STF que deve ser permitida e que cabe à administração prisional proporcionar meios para que isso ocorra, uma vez que o preso precisa do contato com a família no processo de ressocialização.

O segundo ponto é sobre a chamada "visita íntima", sendo as visitas que têm como objetivo satisfazer as necessidades sexuais do preso, como um meio de tentar reduzir a tensão interna entre os presos e manter a disciplina entre eles, em especial a violência de caráter sexual entre eles e ainda manter o vínculo afetivo com o seu cônjuge ou companheiro.

XI. chamamento nominal;

O preso tem o direito de ser chamado pelo nome, de modo a ser vedado sua designação por número, apelidos ou qualquer outra denominação que não seu próprio nome.

XII. igualdade de tratamento salvo quanto às exigências da individualização da pena;

Como já sabemos, o preso tem direito à igualdade, de modo a não ser tratado de forma distinta aos demais, contudo essa igualdade deve ser limitada às exigências da individualização da pena, ou seja, o preso deve ser tratado de forma igual naquilo em que houver igualdade de situação.

XIII. audiência especial com o diretor do estabelecimento;

É o direito do preso de ter contato direto com o diretor para apresentar reclamações, sugestões, fazer pedidos, dentre outros. Esse direito constitui um importante instrumento de manutenção da ordem e da disciplina dentro do estabelecimento prisional.

Segundo Guilherme de Souza Nucci, "o direito não deve ser absoluto, mas regrado. O diretor-geral não pode negar-se sistematicamente a receber os presos em audiência, mas pode impor limites e condições em nome da disciplina e da segurança".

XIV. representação e petição a qualquer autoridade, em defesa de direito;

Esse direito encontra respaldo no art. 5º, XXXIV da CF, o qual dispõe que "são a todos assegurados, independentemente do pagamento de taxas: a) o direito de petição aos Poderes Públicos em defesa dos direitos ou contra ilegalidade ou abuso de poder".

Sendo assim, é reforçado o direito do preso de representar ou peticionar diretamente ao Poder Judiciário ou a outros órgãos públicos, visando apresentar reclamações ou realizar pedidos em defesa de seu direito.

Vale a ressalva de que o direito de representação e petição não confere ao preso permissão para ajuizar medidas que exijam capacidade postulatória para tanto.

XV. contato com o mundo exterior por meio de correspondência escrita, da leitura e de outros meios de informação que não comprometam a moral e os bons costumes.

Ao preso é garantido o direito de ter contato com o mundo exterior por meio de correspondência, leitura de jornais, televisão, rádio ou qualquer outro meio de comunicação, inclusive, conforme os avanços tecnológicos, o acesso à internet.

A limitação dos meios que comprometam a moral e os bons costumes possibilita à administração carcerária, em prol da segurança, da disciplina e do objetivo ressocializador da pena, proibir aos detentos o acesso a determinados conteúdos como, por exemplo, notícias de rebeliões ou motins, filmes com atos de violência entre detentos ou relativos ao cometimento de crimes, sites pornográficos, livros alusivos a armas, bombas, dentre outros.

XVI. atestado de pena a cumprir, emitido anualmente, sob pena da responsabilidade da autoridade judiciária competente.

Esse direito surgiu em 2003, com a necessidade de fornecer ao preso, ao menos anualmente, o quanto de pena ainda resta a ele cumprir, uma vez que o cálculo da pena não se limita à simples subtração entre o total imposto e o tempo já cumprido, uma vez que existem diversas situações que podem reduzir o tempo de pena do preso.

Parágrafo único. Os direitos previstos nos incisos V, X e XV poderão ser suspensos ou restringidos mediante ato motivado do diretor do diretor do estabelecimento.

Trata-se aqui de uma suspensão ou redução da jornada de trabalho, da recreação, das visitas e dos contatos com o mundo exterior. Vale a ressalva que a doutrina entende que como o parágrafo único foi explícito ao mencionar quais os direitos podem ser suspensos e restringidos, significa dizer que os demais direitos não estão sujeitos à suspensão ou restrição.

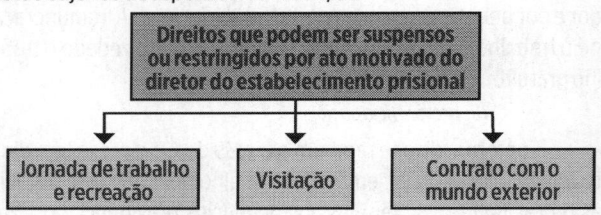

Direitos que podem ser suspensos ou restringidos por ato motivado do diretor do estabelecimento prisional
- Jornada de trabalho e recreação
- Visitação
- Contrato com o mundo exterior

Art. 42. Aplica-se ao preso provisório e ao submetido à medida de segurança, no que couber, o disposto nesta Seção.

Os direitos assegurados ao preso definitivo são aplicados no que couber aos réus presos provisoriamente e aos submetidos a medidas de segurança.

No que diz respeito ao preso provisório, o art. 41, XVI não teria aplicabilidade uma vez que como não existe condenação não há pena definitiva estabelecida. E, ainda, ele não fica obrigado ao trabalho, será facultado a ele.

Contudo, com relação ao internado, existe a possibilidade de que o seu próprio estado mental não permita o exercício de determinados direitos, que poderão ser suspensos ou restringidos pelo período que for necessário.

Art. 43. É garantida a liberdade de contratar médico de confiança pessoal do internado ou do submetido a tratamento ambulatorial, por seus familiares ou dependentes, a fim de orientar e acompanhar o tratamento.

Parágrafo único. As divergências entre o médico oficial e o particular serão resolvidos pelo juiz de execução.

O direito à contratação a médico de confiança pessoal do internado ou ao preso submetido a tratamento ambulatorial tem como finalidade alcançar maiores chances de cura, uma vez que se trata de médico em quem o internado tenha confiança que facilitaria a relação médico/paciente. Fora que, como sabemos, um médico particular não tem as limitações, em termos de recursos materiais e humanos, que os estabelecimentos psiquiátricos têm.

Contudo, se houverem divergências entre o diagnóstico do médico do estabelecimento psiquiátrico e do médico particular, esta será resolvida pelo juiz da execução.

Seção III
Da disciplina
Subseção I
Disposições gerais

Art. 44. A disciplina consiste na colaboração com a ordem na obediência às determinações das autoridades e seus agentes e no desempenho do trabalho.

Parágrafo único. Estão sujeitos à disciplina o condenado à pena privativa de liberdade ou restrita de direitos e o preso provisório.

A disciplina consiste num conjunto de regras que impõem ao condenado atenção às normas disciplinares contidas no estabelecimento prisional, bem como o fiel cumprimento aos deveres contidos no art. 39.

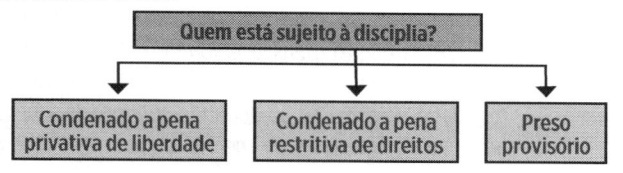

Quem está sujeito à disciplina?
- Condenado a pena privativa de liberdade
- Condenado a pena restritiva de direitos
- Preso provisório

Art. 45. *Não haverá falta nem sanção disciplinar sem expressa e anterior previsão legal ou regulamentar.*

Este artigo consagra o princípio da legalidade, sendo uma regra semelhante à contida no art. 1º do Código Penal e do art. 5º, XXXIX da CF, ou seja, toda e qualquer sanção disciplinar deve ser estabelecida anteriormente pela lei ou por regulamentos emitidos pela administração carcerária.

§ 1º As sanções não poderão colocar em perigo a integridade física e moral do condenado.

São expressamente vedadas as sanções que possam colocar em perigo a integridade física e moral do condenado. Essa regra vai de encontro com a previsão do art. 5o, XLIX, da CF, segundo a qual "é assegurado aos presos o respeito à integridade física e moral". No mesmo sentido, o art. 38 do Código Penal dispõe que "o preso conserva todos os direitos não atingidos pela perda da liberdade, impondo-se a todas as autoridades o respeito à sua integridade física e moral", e o art. 40 da LEP estabelece que "impõe-se a todas as autoridades o respeito à integridade física e moral dos condenados e dos presos provisórios". Como se vê, não há como permitir qualquer ato de constrangimento ou prática vexatória contra segregados.

§ 2º É vedado o emprego de cela escura.

No passado conhecíamos a cela escura por solitária, conhecida como um local precário, insalubre que não apresentava condições de ser habitado. Ressalta-se que esta proibição não impede que o preso seja recolhido a uma cela individual, conforme os termos previstos para o preso em regime disciplinar diferenciado.

A proibição é de que o preso seja colocado ou mantido em uma cela sob condições indignas, desumana ou degradante.

§ 3º São vedadas as sanções coletivas.

Esse artigo tem como finalidade garantir que não se consagre a responsabilidade penal objetiva, a qual é proibida no direito penal, uma vez que não se pode punir indiscriminadamente todos os indivíduos sem que se comprove a participação de cada um deles.

Tratando do tema, decidiu o Tribunal de Justiça de São Paulo que o simples fato de alguns apenados habitarem a cela, sem a demonstração de sua participação efetiva na escavação do túnel com intenção de fuga, não conduz a aplicação da pena correspondente à falta grave, devendo-se ponderar "que nos termos do § 3o do art. 45 da LEP é vedada a sanção coletiva, prevalecendo assim o princípio da individualização da culpa".

Art. 46. *O condenado ou denunciado, no início da execução da pena ou da prisão, será cientificado das normas disciplinares.*

Logo no ingresso do preso ao estabelecimento prisional é necessário que ele seja comunicado das regras disciplinares existentes, a fim de que futuramente não seja alegado por ele ignorância de tais regras.

Art. 47. *O poder disciplinar, na execução da pena privativa da liberdade, será exercido pela autoridade administrativa conforme as disposições regulamentares.*

Quando se tratar de execução de pena privativa de liberdade, o poder disciplinar será exercido pela autoridade administrativa carcerária, conforme as regras contidas no regulamento do estabelecimento prisional. Ao conferir à direção do estabelecimento prisional a imposição e a execução das sanções disciplinares, estabelece a lei uma exceção ao princípio da jurisdicionalidade. E, portanto, podemos afirmar que a atuação do juiz da execução nesses casos apenas ocorrerá nas hipóteses em que a administração carcerária infringir as regras estabelecidas pela lei ou pelo regulamento, devendo-se instaurar, nesse caso, o incidente de desvio de execução contido no art. 185 da LEP, o qual pode ser suscitado pelo Ministério Público, pelo Conselho Penitenciário, pelo próprio sentenciado ou por qualquer dos demais órgãos da execução penal.

Art. 48. *Na execução das penas restritas de direitos, o poder disciplinar será exercido pela autoridade administrativa a que estiver sujeito o condenado.*

Parágrafo único. *Nas faltas graves, a autoridade representará ao juiz da execução para os fins dos arts. 118, inciso I, 125, 127, 181, §§ 1º, letra d, e 2º desta Lei.*

Diferente do artigo acima, em se tratando de penas restritivas de direito o poder disciplinar será conferido à autoridade administrativa em que o condenado esteja sujeito, isso ocorre porque muitas vezes esse tipo de penalidade será executada por estabelecimento administrados por agentes do Estado.

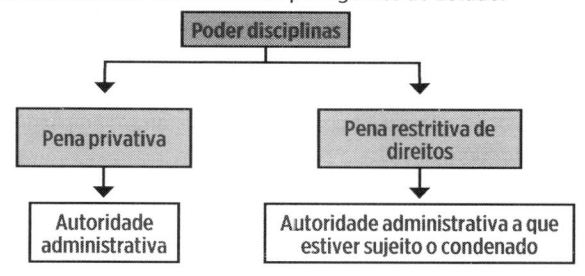

Poder disciplinar
- Pena privativa → Autoridade administrativa
- Pena restritiva de direitos → Autoridade administrativa a que estiver sujeito o condenado

Subseção II
Das faltas disciplinares

Art. 49. *As faltas disciplinares classificam-se em leves, médias e graves. A legislação local especificará as leves e médias, bem assim as respectivas sanções.*

Parágrafo único. *Pune-se a tentativa com a sanção correspondente à falta consumada.*

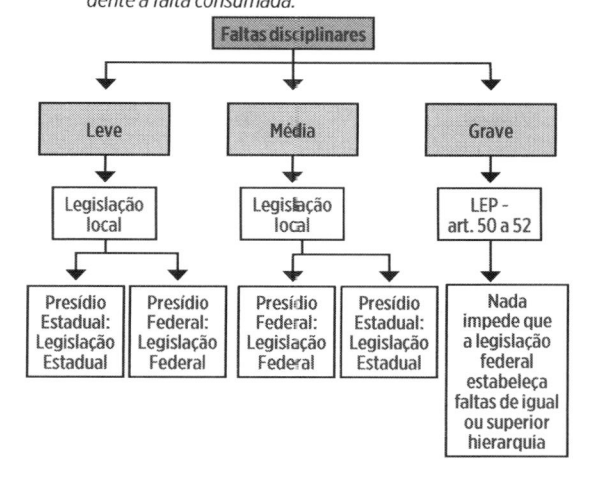

Faltas disciplinares
- Leve → Legislação local
  - Presídio Estadual: Legislação Estadual
  - Presídio Federal: Legislação Federal
- Média → Legislação local
  - Presídio Federal: Legislação Federal
  - Presídio Estadual: Legislação Estadual
- Grave → LEP - art. 50 a 52
  - Nada impede que a legislação federal estabeleça faltas de igual ou superior hierarquia

LEI Nº 7.210/1984 - LEI DE EXECUÇÃO PENAL

A tentativa será punida com a sanção correspondente à falta consumada, parte da doutrina entende que a aplicação da sanção disciplinar cabível na tentativa depende de cada caso, uma vez que deve ser levado em conta que as consequências da tentativa não são tão graves como se tivesse sido consumado. Em sentido contrário, outra parte da doutrina entende que seja a falta tentada ou consumada a sanção a ser aplicada deve ser a mesma, sem qualquer redução.

Art. 50. *Comete falta grave o condenado a pena privativa de liberdade que:*

I. incitar ou participar de movimento para subverter a ordem ou a disciplina;

II. fugir;

III. possuir, indevidamente, instrumento capaz de ofender a integridade física de outrem;

IV. provocar acidente de trabalho;

V. descumprir, no regime aberto, as condições impostas;

VI. inobservar os deveres previstos nos incisos II e V no art. 39 desta Lei.

VII. tiver em sua posse, utilizar ou fornecer aparelho telefônico, de rádio ou similar, que permita a comunicação com outros presos ou com o ambiente externo.

VIII. recusar submeter-se ao procedimento de identificação do perfil genético.

Parágrafo único. *O disposto neste artigo aplica-se no que couber, ao preso provisório.*

Este artigo estabelece o rol de condutas que se classificam como faltas de natureza grave praticadas por condenados que cumprem pena privativa de liberdade, e que se estendem, no que couber, também ao preso provisório.

De acordo com a jurisprudência, esse rol estabelecido pela Lei de Execução Penal é taxativo, não podendo ser ampliado por outros atos normativos.

Sendo assim, se pronunciou o Superior Tribunal de Justiça, salientando que "resolução da Secretaria de Administração Penitenciária do Estado de São Paulo tipificando a conduta como falta grave não é suficiente para legitimar a decisão (de punição), pois nos termos do art. 49 da L. 7.210/1984 a legislação local somente está autorizada a especificar as condutas que caracterizem faltas leves ou médias e suas respectivas sanções".

Na apuração da falta grave, é indispensável assegurar ao apenado o direito à ampla defesa e ao contraditório, sob pena de nulidade da punição eventualmente aplicada.

Fique atento ao inciso VIII pois ele foi introduzido recentemente pela Lei 13.964/19 (Pacote Anticrime).

HABEAS CORPUS SUBSTITUTIVO DE RECURSO ESPECIAL. EXECUÇÃO PENAL. RECUSA INJUSTIFICADA AO TRABALHO. FALTA GRAVE. O DEVER DE TRABALHO IMPOSTO AO APENADO NÃO SE CONFUNDE COM A PENA DE TRABALHO FORÇADO. HABEAS CORPUS NÃO CONHECIDO.

> O Superior Tribunal de Justiça, seguindo a posição sedimentada pelo Supremo Tribunal Federal, uniformizou o entendimento no sentido de ser inadmissível o conhecimento de habeas corpus substitutivo de recurso previsto para a espécie. Contudo, se constatada a existência de manifesta ilegalidade, é possível a concessão da ordem de ofício.

> O art. 50, inciso VI, da Lei de Execução Penal - LEP prevê a classificação de falta grave quando o apenado incorrer na inobservância do dever previsto no inciso V do art. 39 da mesma lei. Dessa forma, constitui falta disciplinar de natureza grave a recusa injustificada à execução do trabalho, tarefas e ordens recebidas no estabelecimento prisional. Ainda, determina o art. 31 da LEP a obrigatoriedade do trabalho ao apenado condenado à pena privativa de liberdade, na medida de suas aptidões e capacidades.

> A pena de trabalho forçado, vedada constitucionalmente no art. 5º, inciso XLVIII, alínea 'c', da Constituição Federal, não se confunde com o dever de trabalho imposto ao apenado, consubstanciado no art. 39, inciso V, da LEP, ante o disposto no art. 6º, 3, da Convenção Americana de Direitos Humanos.

> Habeas Corpus não conhecido. (HC 264.989/SP, Rel. Ministro ERICSON MARANHO (DESEMBARGADOR CONVOCADO DO TJ/SP), SEXTA TURMA, julgado em 04/08/2015, DJe 19/08/2015)

Art. 51. *Comete falta grave o condenado à pena restritiva de direitos que:*

I. descumprir, injustificadamente, a restrição imposta;

II. retardar, injustificadamente, o cumprimento da obrigação imposta;

III. inobservar os deveres previstos nos incisos II e V do art. 39 desta Lei.

Este artigo determina quais condutas se enquadram como faltas graves cometidas por condenados a pena restritivas de direitos.

I. descumprir, injustificadamente, a restrição imposta;

Ocorre quando o condenado descumpre sem qualquer motivação a obrigação imposta na pena.

II. retardar, injustificadamente, o cumprimento da obrigação imposta;

Ocorre quando o condenado atrasa o início do cumprimento da obrigação imposta na pena sem nenhum motivo relevante.

III. inobservar os deveres previstos nos incisos II e V do art. 39 desta Lei.

Trata-se da desobediência ao servidor, do desrespeito a qualquer pessoa com quem deva o condenado se relacionar e da não execução do trabalho, das tarefas ou das ordens recebidas.

Art. 52. *A prática de fato previsto como crime doloso constitui falta grave e, quando ocasionar subversão da ordem ou disciplina internas, sujeitará o preso provisório, ou condenado, nacional ou estrangeiro, sem prejuízo da sanção penal, ao regime disciplinar diferenciado, com as seguintes características:*

I. duração máxima de até 2 (dois) anos, sem prejuízo de repetição da sanção por nova falta grave de mesma espécie;

II. recolhimento em cela individual;

III. visitas quinzenais, de 2 (duas) pessoas por vez, a serem realizadas em instalações equipadas para impedir o contato físico e a passagem de objetos, por pessoa da família ou, no caso de terceiro, autorizado judicialmente, com duração de 2 (duas) horas;

IV. direito do preso à saída da cela por 2 (duas) horas diárias para banho de sol, em grupos de até 4 (quatro) presos, desde que não haja contato com presos do mesmo grupo criminoso;

V. *entrevistas sempre monitoradas, exceto aquelas com seu defensor, em instalações equipadas para impedir o contato físico e a passagem de objetos, salvo expressa autorização judicial em contrário;*

VI. *fiscalização do conteúdo da correspondência;*

VII. *participação em audiências judiciais preferencialmente por videoconferência, garantindo-se a participação do defensor no mesmo ambiente do preso.*

A primeira parte do caput do art. 52 diz que a prática de fato previsto como crime doloso constitui falta grave, contudo a lei não faz qualquer distinção entre o condenado por pena privativa de liberdade e restritiva de direitos, então podemos entender que ela se aplica a ambos.

No que diz respeito aos crimes preterdolosos, considerando que neles existe dolo quanto ao crime antecedente, então em regra incidem na regra contida acima.

Note que o artigo não exige condenação, basta apenas a prática do ato considerado crime doloso.

Por fim, se o ato praticado ocasionar subversão da ordem ou da disciplina internas do estabelecimento prisional, o juiz da execução está autorizado a determinar a inclusão do preso ao regime disciplinar diferenciado.

> **§ 1º** *O regime disciplinar diferenciado também será aplicado aos presos provisórios ou condenados, nacionais ou estrangeiros:*
>
> ***I.*** *que apresentem alto risco para a ordem e a segurança do estabelecimento penal ou da sociedade;*
>
> ***II.*** *sob os quais recaiam fundadas suspeitas de envolvimento ou participação, a qualquer título, em organização criminosa, associação criminosa ou milícia privada, independentemente da prática de falta grave.*
>
> **§ 2º** *(Revogado)*
>
> **§ 3º** *Existindo indícios de que o preso exerce liderança em organização criminosa, associação criminosa ou milícia privada, ou que tenha atuação criminosa em 2 (dois) ou mais Estados da Federação, o regime disciplinar diferenciado será obrigatoriamente cumprido em estabelecimento prisional federal.*
>
> **§ 4º** *Na hipótese dos parágrafos anteriores, o regime disciplinar diferenciado poderá ser prorrogado sucessivamente, por períodos de 1 (um) ano, existindo indícios de que o preso:*
>
> ***I.*** *continua apresentando alto risco para a ordem e a segurança do estabelecimento penal de origem ou da sociedade;*
>
> ***II.*** *mantém os vínculos com organização criminosa, associação criminosa ou milícia privada, considerados também o perfil criminal e a função desempenhada por ele no grupo criminoso, a operação duradoura do grupo, a superveniência de novos processos criminais e os resultados do tratamento penitenciário.*
>
> **§ 5º** *Na hipótese prevista no § 3º deste artigo, o regime disciplinar diferenciado deverá contar com alta segurança interna e externa, principalmente no que diz respeito à necessidade de se evitar contato do preso com membros de sua organização criminosa, associação criminosa ou milícia privada, ou de grupos rivais.*
>
> **§ 6º** *A visita de que trata o inciso III do caput deste artigo será gravada em sistema de áudio ou de áudio e vídeo e, com autorização judicial, fiscalizada por agente penitenciário.*
>
> **§ 7º** *Após os primeiros 6 (seis) meses de regime disciplinar diferenciado, o preso que não receber a visita de que trata o inciso III do caput deste artigo poderá, após prévio agendamento, ter contato telefônico, que será gravado, com uma pessoa da família, 2 (duas) vezes por mês e por 10 (dez) minutos."*

O regime disciplinar diferenciado é uma forma especial de cumprimento de pena dentro do regime fechado, caracterizada pela permanência do preso em cela individual, com limitação ao direito de visita e redução no direito de saída da cela.

O RDD é considerado tanto uma sanção disciplinar como uma medida cautelar, sendo sanção disciplinar quando imposta nos termos do art. 52, caput da LEP, e quanto medida cautelar nos termos do art. 52 e parágrafos da LEP.

O crime de organização criminosa vem definido no art. 1, §1º da Lei 12.850/13, já o crime de quadrilha ou banco, atualmente nomeado por associação criminosa nos termos do art. 24 da Lei 12.850/13.

> O artigo 52 foi inteiramente alterado pela Lei 13.694/19, ou seja, tem grandes chances de o examinador cobrar esse artigo!

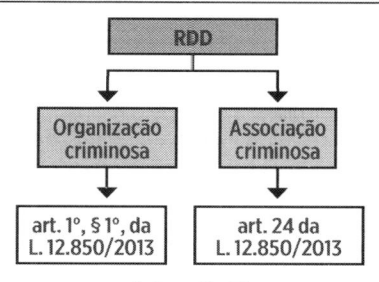

```
              RDD
               |
       ┌───────┴───────┐
  Organização      Associação
   criminosa        criminosa
       |                |
  art. 1º, § 1º, da   art. 24 da
  L. 12.850/2013    L. 12.850/2013
```

Subseção III
Das sanções e das recompensas

Art. 53. *Constituem sanções disciplinares:*

I. advertência verbal;

II. repreensão;

III. suspensão ou restrição de direitos (art. 41, parágrafo único);

IV. isolamento na própria cela, ou em local adequado, nos estabelecimentos que possuam alojamento coletivo, observado o disposto no art. 88 desta Lei.

V. inclusão no regime disciplinar diferenciado.

Esse rol de sanções é taxativo, de modo que não será admitida sua ampliação. A aplicação das sanções disciplinares é alternativa e não cumulativa.

Considerando a necessidade de que a sanção seja individual e proporcional à conduta praticada pelo preso, determina o art. 57, caput, da LEP que, na sua imposição, devem ser levados em conta a natureza, os motivos, as circunstâncias e as consequências do fato, bem como a pessoa do faltoso e seu tempo de prisão.

> ***Art. 54.*** *As sanções dos incisos I a IV do art. 53 serão aplicadas por ato motivado do diretor do estabelecimento e a do inciso V, por prévio e fundamentado despacho do juiz competente.*
>
> **§ 1º** *A autorização para a inclusão do preso em regime disciplinar dependerá de requerimento circunstanciado elaborado pelo diretor do estabelecimento ou outra autoridade administrativa.*
>
> **§ 2º** *A decisão judicial sobre inclusão de preso em regime disciplinar será precedida de manifestação do Ministério Público e da defesa e prolatada no prazo máximo de quinze dias.*

A inclusão do preso ao RDD está condicionado ao prévio e fundamentado despacho do juiz competente. Existe divergências sobre quem seria o juiz competente, uma corrente defende que seja o juiz das execuções penais, outra defende que pode ser o próprio juiz do processo.

A legitimidade para postular a inclusão do RDD é o diretor do estabelecimento prisional em que encontre o preso provisório ou condenado, ou de outra autoridade administrativa, tais como Secretário de Segurança Pública e o Secretário da Administração Penitenciária, sendo vedado ao juiz determiná-lo ex-officio, tampouco o Ministério Público requerer essa inserção.

Assim, apresentado o pedido de inclusão do preso ao RDD, sobre ele deverá se manifestar o MP e a Defesa, sendo que cada um terá o prazo de três dias, após transcorrido o prazo, caberá ao juiz da execução proferir a decisão dentro de 15 dias, sendo que dessa decisão caberá o recurso de agravo da execução.

Art. 55. *As recompensas têm em vista o bom comportamento reconhecido em favor do condenado, de sua colaboração com a disciplina e de sua dedicação ao trabalho.*

Art. 56. *São recompensas:*
I. o elogio;
II. a concessão de regalias.
Parágrafo único. *A legislação local e os regulamentos estabelecerão a natureza e a forma de concessão de regalias.*

As recompensas têm como finalidade estimular o preso a manter bom comportamento, a ter responsabilidade no exercício do seu trabalho e de cumprir de forma adequada os deveres que lhe são impostos pela LEP.

Subseção IV
Da aplicação das sanções

Art. 57. *Na aplicação das sanções disciplinares, levar-se-ão em conta a natureza, os motivos, as circunstâncias e as consequências do fato, bem como a pessoa do faltoso e seu tempo de prisão.*
Parágrafo único. *Nas faltas graves, aplicam-se as sanções previstas nos incisos III a V do art. 53 desta Lei.*

Assim como toda sanção não basta apenas que se verifique o ato de forma isolada, mas sim todas as circunstâncias para que a falta fosse cometida.

Art. 58. *O isolamento, a suspensão e a restrição de direitos não poderão exceder a trinta dias, ressalvada a hipótese do regime disciplinar diferenciado.*
Parágrafo único. *O isolamento será sempre comunicado ao juiz da execução.*

O artigo em análise trouxe um limite de 30 para a duração das penas de isolamento, suspensão e restrição de direito, uma vez que por se tratar de sanções mais severas deve-se garantir que não haverá abuso na aplicação da sanção. Perceba ainda que por se tratar da sanção mais severa, o isolamento deve ser informado ao juiz de execução.

Subseção V
Do procedimento disciplinar

Art. 59. *Praticada a falta disciplinar, deverá ser instaurado o procedimento para sua apuração, conforme regulamento, assegurado o direito de defesa.*
Parágrafo único. *A decisão será motivada.*

Art. 60. *A autoridade administrativa poderá decretar o isolamento preventivo do faltoso pelo prazo de até dez dias. A inclusão do preso no regime disciplinar diferenciado, no interesse da disciplina e da averiguação do fato, dependerá de despacho do juiz competente.*
Parágrafo único. *O tempo de isolamento ou inclusão preventiva no regime disciplinar diferenciado será computado no período de cumprimento da sanção disciplinar.*

As aplicações das sanções disciplinares contidas no art. 53, inciso I a V compete ao diretor do estabelecimento prisional, exigindo motivação para tanto. Já a penalidade contida no art. 53, inciso V está condicionada a decisão fundamentada do juiz competente.

A aplicação dessas sanções, seja qual for, será precedida de prévio procedimento administrativo disciplinar, que será instaurado no âmbito do estabelecimento prisional, no qual será assegurado ao preso o direito de defesa.

Considera-se necessária a presença do advogado durante o procedimento administrativo disciplinar, sob pena de nulidade por afrontamento às garantias constitucionais da ampla defesa e do contraditório, assim não se pode aplicar a sanção sem respeitada essa formalidade. Se o fizer, a imposição da sanção poderá ser revista judicialmente, uma vez que a regra contida na Súmula Vinculante 5 não se aplica em sede de execução penal diante da repercussão na liberdade de ir e vir do condenado.

Instaurado o procedimento administrativo podem ocorrer três situações:

Não ser reconhecida a prática da falta disciplinar ou não apurar a sua autoria.

Ser reconhecida a prática da falta disciplinar de natureza leve ou média.

Ser reconhecida a prática da natureza disciplinar de natureza grave.

TÍTULO III
DOS ÓRGÃOS DA EXECUÇÃO PENAL
CAPÍTULO I
DISPOSIÇÕES GERAIS

Art. 61. *São órgãos da execução penal:*
I. o Conselho Nacional de Política Criminal e Penitenciária;
II. o Juízo da Execução;
III. o Ministério Público;
IV. o Conselho Penitenciário;
V. os Departamentos Penitenciários;
VI. o Patronato;
VII. o Conselho da Comunidade;
VIII. a Defensoria Pública.

Cada um desses órgãos possui diferentes atribuições, sendo que uma não conflita com a outra, todos são relevantes para o controle e a fiscalização da execução penal e para o fortalecimento do propósito da LEP de ressocialização do condenado e de apoio ao egresso.

CAPÍTULO II
DO CONSELHO NACIONAL DE
POLÍTICA CRIMINAL E PENITENCIÁRIA

Art. 62. *O Conselho Nacional de Política Criminal e Penitenciária, com sede na Capital da República, é subordinado ao Ministério da Justiça.*

Art. 63. O Conselho Nacional de Política Criminal e Penitenciária será integrado por treze membros designados através de ato do Ministério da Justiça, dentre professores e profissionais da área do Direito Penal, Processual Penal, Penitenciário e ciências correlatas, bem como por representantes da comunidade e dos Ministérios da área social.

Parágrafo único. O mandato dos membros do Conselho terá duração de dois anos, renovado um terço em cada ano.

Art. 64. Ao Conselho Nacional de Política Criminal e Penitenciária, no exercício de suas atividades, em âmbito federal ou estadual, incumbe:

I. propor diretrizes da política criminal quanto a prevenção do delito, Administração da Justiça Criminal e execução das penas e das medidas de segurança;

II. contribuir na elaboração de planos nacionais de desenvolvimento, sugerindo as metas e prioridades da política criminal e penitenciária;

III. promover a avaliação periódica do sistema criminal para a sua adequação às necessidades do País;

IV. estimular e promover a pesquisa criminológica;

V. elaborar programa nacional penitenciário de formação e aperfeiçoamento do servidor;

VI. estabelecer regras sobre a arquitetura e construção de estabelecimentos penais e casas de albergados;

VII. estabelecer os critérios para a elaboração da estatística criminal;

VIII. inspecionar e fiscalizar os estabelecimentos penais, bem assim informar-se, mediante relatórios do Conselho Penitenciário, requisições, visitas ou outros meios, acerca do desenvolvimento da execução penal nos Estados, Territórios e Distrito Federal, propondo às autoridades dela incumbida as medidas necessárias ao seu aprimoramento;

IX. representar ao juiz da execução ou à autoridade administrativa para instauração de sindicância ou procedimento administrativo, em caso de violação das normas referentes à execução penal;

X. representar à autoridade competente para a interdição, no todo ou em parte, de estabelecimento penal.

O Conselho Nacional de Política Criminal e Penitenciária é um órgão colegiado, com sede em Brasília, subordinado ao Ministério da Justiça. O conselho é composto por 13 membros, designados por ato do Ministério da Justiça, entre professores e profissionais da área do Direito Penal, Processo Penal, Penitenciário e Ciências Correlatadas, bem como por representantes da comunidade dos Ministérios da área social.

O mandato dos membros do conselho tem duração de dois anos, renovando-se um terço em cada ano.

As funções do CNPCP vêm definidas no art. 64.

CAPÍTULO III
DO JUÍZO DA EXECUÇÃO

Art. 65. A execução penal competirá ao juiz indicado na lei local de organização judiciária e, na sua ausência, ao da sentença.

O juiz competente para atuar no âmbito da execução penal será o juiz indicado pela lei local, ou na sua falta o juiz da sentença, menciona-se o juiz da sentença porque em comarcas menores é comum a inexistência de vara específica para execução criminal, neste caso a função de execução da pena será exercida pelo próprio juiz que proferiu a sentença no processo conhecimento.

Existe um ponto de discussão na doutrina, pois como sabemos a LEP se aplica no que couber ao preso provisório, assim sendo, parte da doutrina entende que competiria ao juiz de execução do local de cumprimento da reprimenda decidir sobre os incidentes que surgirem durante a execução. Contudo outra parte da doutrina entende que por se tratar de execução provisória da pena esta deveria se submeter ao juiz da condenação.

No caso de o preso ter sido condenado pela justiça federal, mas se encontrar recolhido em estabelecimento prisional estadual, caberá, nesse caso, ao juiz das execuções penais do estado presidir sobre a execução da pena imposta, não sendo relevante o âmbito da condenação.

Outro caso é quando o preso é transferido de um estabelecimento prisional estadual para estabelecimento de segurança máxima federal, neste caso o acompanhamento da execução da pena caberá ao juiz federal competente da localidade em que se situar o referido estabelecimento. Entretanto, em se tratando de transferência de preso provisório, será de responsabilidade do juízo que solicitou a transferência do preso dirigir o controle da prisão, por meio de carta precatória.

No caso de o apenado estar sob suspensão condicional do processo, a competência será fixada pelo juízo da residência do executado, essa regra será aplicada igualmente ao indivíduo que cumpre pena restritiva de direitos.

No que diz respeito à pena de multa a competência é da vara de execuções fiscais, por ser considerada uma dívida de valor.

Por fim, no que diz respeito à medida de segurança, a competência será do juízo da execução da comarca em que estiver sendo cumprida, não sendo relevante, para tanto, se a hipótese é de internação ou de tratamento ambulatorial.

Por incompetência do Juízo, a Turma deferiu habeas corpus para cassar decisão proferida pelo juízo de Cascavel/PR, que, com base na Resolução 13/95 do Tribunal de Justiça do Estado do Paraná - que determinava ser, provisoriamente, da competência do juízo da sentença, a execução das penas privativas de liberdade a serem cumpridas em regime fechado, enquanto não implantado o Sistema Penitenciário do Estado -, decidira sobre o pedido de substituição da pena privativa de liberdade a que fora condenado o paciente. Considerou-se que a Lei Paranaense 11.374/95 - que alterou a lei de organização judiciária, prevendo a criação da Vara de Execução Criminal na Comarca de Cascavel -, ainda encontra-se pendente de regulamentação, não podendo o Tribunal de Justiça, por meio de Resolução, regular matéria que está sob reserva legal. HC deferido para cassar a decisão do juízo da comarca de Cascavel/PR, a fim de que outra seja proferida, agora pelo Juízo da Comarca de Curitiba. HC 81.393-PR, rel. Ministra Ellen Gracie, 18.2.2003. (HC-81393)

Art. 66. Compete ao juiz da execução:

I. aplicar aos casos julgados lei posterior que de qualquer modo favorecer o condenado;

II. declarar extinta a punibilidade;

III. decidir sobre:

   a) soma ou unificação de penas;

   b) progressão ou regressão nos regimes;

   c) detração e remição da pena;

   d) suspensão condicional da pena;

   e) livramento condicional;

   f) incidentes da execução;

IV. autorizar saídas temporárias;
V. determinar:
a) a forma de cumprimento da pena restritiva de direitos e fiscalizar sua execução;
b) a conversão da pena restritiva de direitos e de multa em privativa de liberdade;
c) a conversão da pena privativa de liberdade em restritiva de direitos;
d) a aplicação da medida de segurança, bem como a substituição da pena por medida de segurança;
e) a revogação da medida de segurança;
f) a desinternação e o restabelecimento da situação anterior;
g) o cumprimento de pena ou medida de segurança em outra Comarca;
h) a remoção do condenado na hipótese prevista no §1º do art. 86 desta Lei;
VI. zelar pelo correto cumprimento da pena e da medida de segurança;
VII. inspecionar, mensalmente, os estabelecimentos penais, tomando providências para o adequado funcionamento e promovendo, quando for o caso, a apuração de responsabilidade;
VIII. interditar, no todo ou em parte, estabelecimento penal que estiver funcionando em condições inadequadas ou com infringência aos dispositivos desta Lei;
IX. compor e instalar o Conselho da Comunidade;
X. emitir anualmente atestado de pena a cumprir.

A execução penal é jurisdicionalizada, o que significa dizer que incumbe ao magistrado impulsioná-la e fiscalizar o adequado cumprimento da pena imposta. Sendo assim, o artigo acima arrola quais as competências do juiz da execução.

Trata-se de um rol meramente exemplificativo, ou seja, as competências do juiz da execução não se exaurem aqui.

CAPÍTULO IV
DO MINISTÉRIO PÚBLICO

Art. 67. *O Ministério Público fiscalizará a execução da pena e da medida de segurança, oficiando no processo executivo e nos incidentes da execução.*

Art. 68. *Incumbe, ainda, ao Ministério Público;*
I. fiscalizar a regularidade formal das guias de recolhimento e de internamento;
II. requerer;
a) todas as providências necessárias ao desenvolvimento do processo executivo;
b) a instauração dos incidentes de excesso ou desvio de execução;
c) a aplicação de medida de segurança, bem com a substituição da pena por medida de segurança;
d) a revogação da medida de segurança;
e) a conversão de penas, a progressão ou regressão nos regimes e a revogação da suspensão condicional da pena e do livramento condicional;
f) a internação, a desinternação e o restabelecimento da situação anterior;
III. interpor recursos de decisões proferidas pela autoridade judiciária, durante a execução.

Parágrafo único. *O órgão do Ministério Público visitará mensalmente os estabelecimentos penais, registrando a sua presença em livro próprio.*

Ao Ministério Público incumbe atuar em todo processo de execução, desde o início até a extinção da punibilidade do condenado.

No decorrer da sua atuação, existem duas intervenções que são facultadas ao membro do MP: uma, no que diz respeito a requerer deliberações judicias relacionadas à concessão ou revogações de benefícios, instauração de instauração de incidentes, conversões e demais providências concernentes ao desenvolvimento do processo executivo; e a segunda no sentido de intervir mediante a formulação de pareceres com relação a situações materializadas no processo de execução criminal decorrentes de postulações do apenado ou do seu defensor, de manifestações do conselho da comunidade, de pronunciamentos do Conselho Penitenciário, de constatações ex-officio do juiz da execução etc.

Contudo entende que é pacífico o entendimento jurisprudencial de que a ausência de manifestação do MP em todas as fases pertinentes à execução da pena é causa de nulidade absoluta.

O rol contido no art. 68 é meramente exemplificado, uma vez que no próprio decorrer da LEP vemos demais situações onde se faz necessária a atuação do parquet.

CAPÍTULO V
DO CONSELHO PENITENCIÁRIO

De acordo com o Art. 69, o Conselho Penitenciário é um órgão consultivo e fiscalizador da execução da pena, de modo que constitui um elo entre o poder executivo e o judiciário sobre esse tema.

O CP é um órgão consultivo pois a ele compete opinar, mediante pareceres, nas situações que lhe são apresentadas. E é órgão fiscalizador no sentido que lhe cabe zelar pela observância dos direitos e interesses dos sentenciados.

Ainda, o §1º do Art.69 estabelece que o CP será integrado por membros nomeados pelo governador do estado, do Distrito Federal e dos Territórios, entre professores e profissionais da área do direito penal, processo penal, penitenciário e ciências correlatadas, bem como por representantes da comunidade, com mandato de quatro anos.

Nos termos do art. 69 fica a cargo da legislação federal e estadual a regulamentação do funcionamento do CP.

O CP é composto por 20 membros efetivos, escolhidos e indicados entre profissionais que apresentem experiência de, no mínimo, 10 anos na área de direito penal, processual penal, penitenciário e ciências correlatadas, distribuídos da seguinte forma:

> seis médicos psiquiatras, indicados pelo Conselho Regional de Medicina do Estado de São Paulo;
> quatro Procuradores de Justiça, indicados pelo Procurador-Geral de Justiça do Estado;
> dois Procuradores da República, indicados pelo Procurador-Geral da República;
> quatro advogados, indicados pela Ordem dos Advogados do Brasil – Seção São Paulo, sendo dois deles na qualidade de representantes da comunidade; dois Procuradores do Estado, da Procuradoria de Assistência Judiciária, indicados pelo Procurador-Geral do Estado;

> dois psicólogos, indicados pelo Conselho Regional de Psicologia do Estado de São Paulo;
> além de dirigentes de órgãos com atuação no sistema prisional, estes últimos na qualidade de membros informantes, sem direito ao voto.

Não havendo vedação legislativa, nada impede que o Conselho Penitenciário, vencido o respectivo mandato, sejam reconduzidos. Também não se afasta a possibilidade da sua exoneração ocorrer antes do final do período de 4 anos, podendo esta ser motivada pela prática de infrações penais ou administrativas, tudo em conformidade com o que dispõe a lei, conforme disposição do §2º do Art. 69.

> **Art. 70.** Incumbe ao Conselho Penitenciário:
> *I.* emitir parecer sobre indulto e comutação de pena, excetuada a hipótese de pedido de indulto com base no estado de saúde do preso;
> *II.* inspecionar os estabelecimentos e serviços penais;
> *III.* apresentar, no primeiro trimestre de cada ano, ao Conselho Nacional de Política Criminal e Penitenciária, relatório dos trabalhos efetuados no exercício anterior;
> *IV.* supervisionar os patronatos, bem como assistência dos egressos.

O rol de atribuições do CP não é taxativo, visto que a própria LEP traz outras funções no decorrer dos demais artigos.

CAPÍTULO VI
DOS DEPARTAMENTOS PENITENCIÁRIOS
Seção I
Do Departamento Penitenciário Nacional

De acordo com o *caput* do Art. 71, o DEPEN está subordinado ao Ministério da Justiça, sendo um órgão executivo da Política Penitenciária Nacional e de apoio administrativo e financeiro do Conselho Nacional de Política Criminal e Penitenciária.

> **Art. 72.** São atribuições do Departamento Penitenciário Nacional:
> *I.* acompanhar a fiel aplicação das normas de execução penal em todo o território nacional;
> *II.* inspecionar e fiscalizar periodicamente os estabelecimentos e serviços penais;
> *III.* assistir tecnicamente as unidades federativas na implementação dos princípios e regras estabelecidos nesta Lei;
> *IV.* colaborar com as unidades federativas, mediante convênios, na implantação de estabelecimentos e serviços penais;
> *V.* colaborar com as unidades federativas para a realização de cursos de formação de pessoal penitenciário e de ensino profissionalizante do condenado e do internado;
> *VI.* estabelecer, mediante convênios com as unidades federativas, o cadastro nacional das vagas existentes em estabelecimentos locais destinadas ao cumprimento de penas privativas de liberdade aplicadas pela justiça de outra unidade federativa, em especial para presos sujeitos a regime disciplinar;
> *VII.* acompanhar a execução da pena das mulheres beneficiadas pela progressão especial de que trata o § 3º do art. 112 desta Lei, monitorando sua integração social e a ocorrência de reincidência, específica ou não, mediante a realização de avaliações periódicas e de estatísticas criminais.
> *§ 1º* Incumbe também ao Departamento a coordenação e supervisão
> dos estabelecimentos penais e de internamento federais.
> *§ 2º* Os resultados obtidos por meio do monitoramento e das avaliações periódicas previstas no inciso VII do caput deste artigo serão utilizados para, em função da efetividade da progressão especial para a ressocialização das mulheres de que trata o § 3º do art. 112 desta Lei, avaliar eventual desnecessidade do regime fechado de cumprimento de pena para essas mulheres nos casos de crimes cometidos sem violência ou grave ameaça.

Se trata de um órgão responsável por executar a política penitenciária estabelecida pelo Ministério da Justiça, cabendo-lhe garantir que as normas de execução penal sejam aplicadas de forma adequada em todo o país.

Seção II
Do Departamento Penitenciário local

A LEP, nos artigos 73 e 74 trouxe a possibilidade de os estados-membros criarem, dentro do seu âmbito de atuação, departamento penitenciário ou órgão similar, sendo que a lei local irá definir suas atribuições, com o fim de supervisionar e coordenar os estabelecimentos prisionais da sua respectiva unidade federativa.

Além de objetivar acompanhar a execução da pena mais de perto, a esses órgãos incumbe ainda a função de promoção da melhoria do sistema carcerário, adotando estrutura adequada para atender as demandas de humanização da pena, bem como fortalecer o processo ressocitativo e integrativo do preso para com a sociedade.

Seção III
Da direção e do pessoal dos estabelecimentos penais

Para que o agente possa se tornar direito de estabelecimento prisional ele deve preencher alguns requisitos cumulativos:

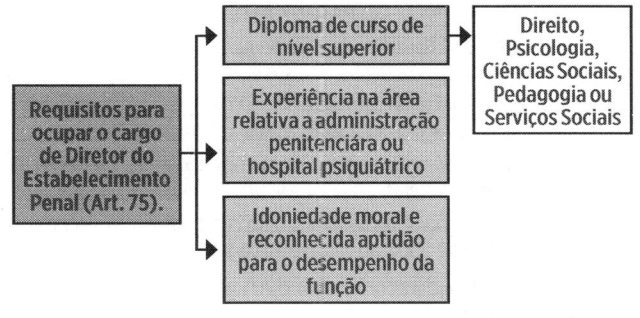

Requisitos para ocupar o cargo de Diretor do Estabelecimento Penal (Art. 75).
- Diploma de curso de nível superior → Direito, Psicologia, Ciências Sociais, Pedagogia ou Serviços Sociais
- Experiência na área relativa a administração penitenciára ou hospital psiquiátrico
- Idoneidade moral e reconhecida aptidão para o desempenho da função

Além disso, deve o direitor residir no próprio estabelecimento ou nas proximidades, dedicando tempo integral à função exercida.

> **Art. 76.** O Quadro do Pessoal Penitenciário será organizado em diferentes categorias funcionais, segundo as necessidades do serviço, com especificação de atribuições relativas às funções de direção, chefia e Assessoramento do estabelecimento e às demais funções.

A LEP se preocupou em constar a organização do quadro pessoal penitenciário em suas diferentes categorias funcionais, estabelecidas de acordo com a necessidade do serviço prestado, bem como especificando as atribuições inerentes a cada função, sendo elas de direção, chefia e assessoramento do estabelecimento penal.

Essa organização surge em decorrência da complexidade do processo de execução da pena, no qual demanda do estabelecimento prisional diversas funções que devem ser exercidas por uma pessoa especializada no tema.

São distribuídos em 4 categorias distintas o pessoal penitenciário:

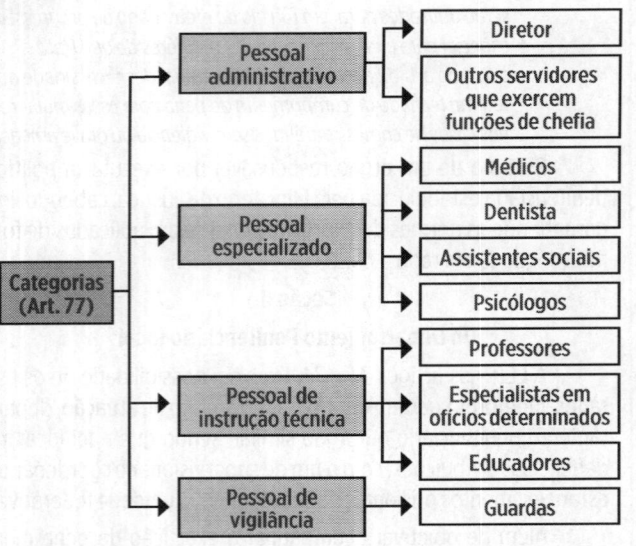

Categorias (Art. 77):
- **Pessoal administrativo**
  - Diretor
  - Outros servidores que exercem funções de chefia
- **Pessoal especializado**
  - Médicos
  - Dentista
  - Assistentes sociais
  - Psicólogos
- **Pessoal de instrução técnica**
  - Professores
  - Especialistas em ofícios determinados
  - Educadores
- **Pessoal de vigilância**
  - Guardas

Independentemente dessa classificação, a lei estabelece que o ingresso dos servidores, bem como a progressão e ascensão funcional dependeram de participação de cursos específicos, devendo ser realizada a reciclagem periódica daqueles que estiverem em exercício.

E, ainda, nos estabelecimentos penais destinados às mulheres a lei assegura que o trabalho será exercido por mulheres, com exceção de se tratar de pessoal técnico especializado.

CAPÍTULO VII
DO PATRONATO

Art. 78. *O Patronato público ou particular destina-se a prestar assistência ao albergados e aos egressos (art. 26).*

Art. 79. *Incumbe também ao Patronato:*
I. orientar os condenados à pena restritiva de direitos;
II. fiscalizar o cumprimento das penas de prestação de serviço à comunidade e de limitação de fim de semana;
III. colaborar na fiscalização do cumprimento das condições da suspensão e do livramento condicional.

O Patronato, de acordo com o Art. 78, destina-se a prestar assistência aos albergados e aos egressos, que estão na condição de liberdade ou por estarem regime aberto, ou por estar cumprindo penas restritivas de direitos ou por outro benefício a ele concedido, uma vez que o caput do art. 78 menciona que o patronato está destinado à assistência aos albergados e aos egressos.

Incumbe, ainda, ao patronato orientar os condenados às penas restritivas de direitos, fiscalizar o cumprimento das penas e dos benefícios, verificando se estão sendo respeitadas as restrições impostas.

Os patronatos podem ser públicos ou particulares, sendo público aqueles oficiais, vinculados ao Poder Público, e particular aqueles que são exercidos por instituições privadas que auxiliam o poder judiciário na execução e fiscalização das penas alternativas e contribuem para a valorização do apenado na comunidade e no seio familiar.

CAPÍTULO VIII
DO CONSELHO DA COMUNIDADE

A LEP instituiu o Conselho da Comunidade no Art. 80, o qual tem o intuito de demostrar a importância da participação da sociedade no processo de ressocialização do condenado, uma vez que o descaso e a falta de aceitação da sociedade é um dos fatores que podem determinar a reincidência criminosa.

O Conselho da Comunidade será composto por:

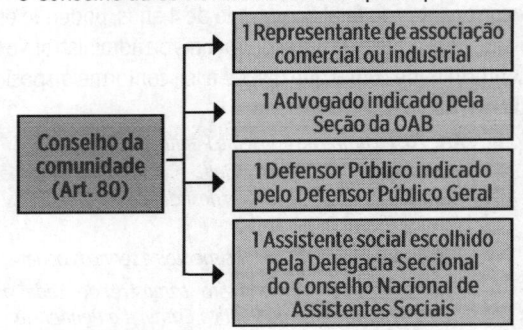

Conselho da comunidade (Art. 80):
- 1 Representante de associação comercial ou industrial
- 1 Advogado indicado pela Seção da OAB
- 1 Defensor Público indicado pelo Defensor Público Geral
- 1 Assistente social escolhido pela Delegacia Seccional do Conselho Nacional de Assistentes Sociais

Art. 81. *Incumbe ao Conselho da Comunidade:*
I. visitar, pelo menos mensalmente, os estabelecimentos penais existentes na Comarca;
II. entrevistar presos;
III. apresentar relatórios mensais ao juiz da execução e ao Conselho Penitenciário;
IV. diligenciar a obtenção de recursos materiais e humanos para melhor assistência ao preso ou internado, em harmonia com a direção do estabelecimento.

Considerando as atribuições contidas no art. 81 da LEP, podemos notar que elas estão, em sua maioria, se referindo sobre a atuação diante de sentenciados presos ou internados, deste modo podemos concluir que o conselho de comunidade deve ser instalado nas comarcas onde haja presídio ou hospital de custódia e tratamento psiquiátrico.

Será de competência do juiz da execução, nos termos do art. 66, IX da LEP a compor e instalar o conselho da comunidade.

O rol de atribuições do conselho não é exaustivo, uma vez que a própria LEP em outros artigos estabelece outras funções.

CAPÍTULO IX
DA DEFENSORIA PÚBLICA

Em prol da ampla defesa a LEP introduziu, no Art. 81-A, a Defensoria Pública como uma espécie de fiscal da execução da pena e da medida de segurança, garantindo que todos aqueles que não tiverem condições financeiras de pagar um defensor particular não fiquem desamparados de defesa técnica.

Art. 81-B. *Incumbe, ainda, à Defensoria Pública:*
I. requerer:
a) todas as providências necessárias ao desenvolvimento do processo executivo;
b) a aplicação aos casos julgados de lei posterior que de qualquer modo favorecer o condenado;
c) a declaração de extinção da punibilidade;
d) a unificação de penas;
e) a detração e remição da pena;

f) a instauração dos incidentes de excesso ou desvio de execução;

g) a aplicação de medida de segurança e sua revogação, bem como a substituição da pena por medida de segurança;

h) a conversão de penas, a progressão nos regimes, a suspensão condicional da pena, o livramento condicional, a comutação de pena e o indulto;

i) a autorização de saídas temporárias;

j) a internação, a desinternação e o restabelecimento da situação anterior;

k) o cumprimento de pena ou medida de segurança em outra comarca;

l) a remoção do condenado na hipótese prevista no § 1º do art. 86 desta Lei;

II. *requerer a emissão anual do atestado de pena a cumprir;*

III. *interpor recursos de decisões proferidas pela autoridade judiciária ou administrativa durante a execução;*

IV. *representar ao Juiz da execução ou à autoridade administrativa para instauração de sindicância ou procedimento administrativo em caso de violação das normas referentes à execução penal;*

V. *visitar os estabelecimentos penais, tomando providências para o adequado funcionamento, e requerer, quando for o caso, a apuração de responsabilidade;*

VI. *requerer à autoridade competente a interdição, no todo ou em parte, de estabelecimento penal.*

Parágrafo único. *O órgão da Defensoria Pública visitará periodicamente*
os estabelecimentos penais, registrando a sua presença em livro próprio.

O rol em que consta as atribuições da Defensoria é meramente exemplificativo, podendo a defensoria atuar em outras hipóteses fora das contidas no art. 81-B.

TÍTULO IV
DOS ESTABELECIMENTOS PENAIS
CAPÍTULO I
DISPOSIÇÕES GERAIS

De acordo com o Art. 82, os estabelecimentos penais são destinados ao condenado, ao indivíduo submetido à medida de segurança, ao preso provisório e ao egresso, considerando o egresso como sendo o liberado definitivo, pelo prazo de um ano a contar da saída do estabelecimento, bem como o preso sob liberdade condicional durante o período de prova.

São estabelecimentos penais previstos na LEP:

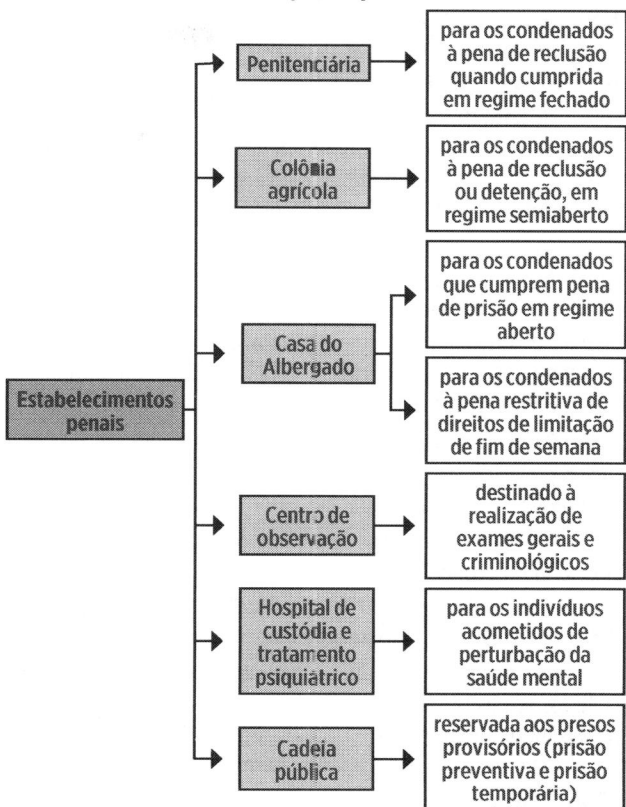

- **Penitenciária** → para os condenados à pena de reclusão quando cumprida em regime fechado
- **Colônia agrícola** → para os condenados à pena de reclusão ou detenção, em regime semiaberto
- **Casa do Albergado** → para os condenados que cumprem pena de prisão em regime aberto / para os condenados à pena restritiva de direitos de limitação de fim de semana
- **Centro de observação** → destinado à realização de exames gerais e criminológicos
- **Hospital de custódia e tratamento psiquiátrico** → para os indivíduos acometidos de perturbação da saúde mental
- **Cadeia pública** → reservada aos presos provisórios (prisão preventiva e prisão temporária)

No que diz respeito à classificação legal dos estabelecimentos penais e das diferenças entre elas, a lei não impõe que o Poder Público construa prédios separados para abrigar cada um deles, nesse sentido o art. 82, §2º da LEP diz que um mesmo conjunto arquitetônico poderá abrigar estabelecimento com destinações diversas, desde que, cada um fique isolado do outro.

O isolamento deve ocorrer, por exemplo, com divisão do estabelecimento prisional em pavilhões ou alas específicas, uma para cada diferente categoria dos presos.

Os estabelecimentos, a depender de sua natureza, deverão contar dentro de suas dependências com áreas e serviços destinados a dar assistência, educação, trabalho, recreação e prática esportiva. Essa norma está agregada a outras normas contidas na LEP, especialmente aquelas que garantem ao preso a assistência material, a assistência à saúde, a assistência jurídica, a assistência educacional e assistência social e o direito ao trabalho.

A lei ainda obriga que dentro dos estabelecimentos existam salas de aula destinadas a cursos de ensino básico e profissionalizante. A previsão legal tem como condão auxiliar na capacitação do indivíduo de modo que ela possa retornar ao mercado de trabalho quando colocado em liberdade.

Outro ponto em que o legislador se preocupou em trazer para o texto legislativo foi garantir a instalação destinada à Defensoria Pública nos estabelecimentos prisionais, impondo ao poder público que forneça aos defensores a estrutura pessoal e material necessária para o atendimento da população carcerária.

Ainda, como meio de prevenir a superlotação dos estabelecimentos prisionais, a LEP determina que a lotação deve ser compatível com a estrutura e a finalidade impostas pelo Conselho Nacional de Política Criminal e Penitenciária, a qual incube delimitar o limite máximo de capacidade do estabelecimento, atendendo à sua natureza e especificidades.

No caso de haver a superlotação carcerária esta poderá implicar na interdição do estabelecimento penal, determinada pelo juiz da execução com fundamento no art. 66, VIII, da LEP, sem prejuízo da incidência do art. 203, § 4º da LEP.

O art. 82, §1º da LEP veio para confirmar a regra constante no art. 5º, XLVII da CF, estabelecendo que a mulher deve ser recolhida em estabelecimento próprio e adequado para suas condições pessoais, o objetivo dessa norma é separar os homens das mulheres, tentando afastar as violências de ordem sexual e da própria promiscuidade entre eles.

Os estabelecimentos que são direcionados às mulheres deverão possuir, de forma exclusiva, agentes do sexo feminino de segurança nas suas dependências internas.

Os estabelecimentos femininos deverão, ainda, ter berçários, onde as condenadas possam cuidar dos seus filhos, tendo direito de amamentá-los no mínimo até os 6 meses de idade, regra essa que harmoniza com o disposto no art. 5º, L da CF.

Aos maiores de 60 anos é garantido o direito de serem recolhidos em estabelecimentos penais adequados à sua condição penal, independentemente do seu regime de cumprimento de pena. Esta norma se fundamenta na maior fragilidade por conta da sua idade, como meio de preservar sua saúde física e mental. Ressalta-se que, em se tratando de maior de 70 anos, o regime de cumprimento de pena será o aberto.

Art. 83-A. *Poderão ser objeto de execução indireta as atividades materiais acessórias, instrumentais ou complementares desenvolvidas em estabelecimentos penais, e notadamente:*

I. serviços de conservação, limpeza, informática, copeiragem, portaria, recepção, reprografia, telecomunicações, lavanderia e manutenção de prédios, instalações e equipamentos internos e externos;

II. serviços relacionados à execução de trabalho pelo preso.

§ 1º A execução indireta será realizada sob supervisão e fiscalização do poder público.

§ 2º Os serviços relacionados neste artigo poderão compreender o fornecimento de materiais, equipamentos, máquinas e profissionais.

O artigo anterior estabelece que o preso possa cumprir sua pena de forma indireta ao exercer algumas atividades realizadas dentro do estabelecimento prisional, sendo que essas atividades seriam supervisionadas e fiscalizadas.

Consoante o Art. 83-B, os cargos relacionados às funções de direção, chefia e coordenação não podem ser delegados a outras pessoas dentro do quadro pessoal do sistema prisional, isso porque são cargos com poder de decisão e as pessoas que irão exercê-los devem ser previamente escolhidas e devem, ainda, preencher os requisitos estabelecidos pela LEP.

Art. 84. *O preso provisório ficará separado do condenado por sentença transitada em julgado.*

§ 1º Os presos provisórios ficarão separados de acordo com os seguintes critérios:

I. acusados pela prática de crimes hediondos ou equiparados;

II. acusados pela prática de crimes cometidos com violência ou grave ameaça à pessoa;

III. acusados pela prática de outros crimes ou contravenções diversos dos apontados nos incisos I e II.

§ 2º O preso que, ao tempo do fato, era funcionário da Administração da Justiça Criminal ficará em dependência separada.

§ 3º Os presos condenados ficarão separados de acordo com os seguintes critérios:

I. condenados pela prática de crimes hediondos ou equiparados;

II. reincidentes condenados pela prática de crimes cometidos com violência ou grave ameaça à pessoa;

III. primários condenados pela prática de crimes cometidos com violência ou grave ameaça à pessoa;

IV. demais condenados pela prática de outros crimes ou contravenções em situação diversa das previstas nos incisos I, II e III.

§ 4º O preso que tiver sua integridade física, moral ou psicológica ameaçada pela convivência com os demais presos ficará segregado em local próprio.

Art. 85. *O estabelecimento penal deverá ter lotação compatível com a sua estrutura e finalidade.*

Parágrafo único. *O Conselho Nacional de Política Criminal e Penitenciária determinará o limite máximo de capacidade do estabelecimento, atendendo a sua natureza e peculiaridades.*

Primeiramente vale diferenciar quem é o preso provisório e quem é o definitivo, o primeiro é referente àqueles que se encontram presos de forma preventiva ou temporária; já os definitivos são aqueles condenados por decisão judicial transitada em julgado.

Seguindo a linha do CPP, a LEP também determina que os presos definitivos devem ficar separados dos provisórios, uma vez que o preso definitivo está em cárcere por ter ficado comprovada a sua responsabilidade criminal, já o preso preventivo está lá por necessidade cautelar, não há certeza sobre sua culpa nem sobre sua inocência.

Nos casos em que a estrutura do estabelecimento não consegue fazer a divisão dos presos, a prisão domiciliar se apresentar como um meio de resolver a questão, embora as hipóteses em que a prisão preventiva possa ser convertida em domiciliar sejam taxativas, o preso não pode ter seu direito violado, sendo assim o STF já entendeu que, zelando pelo bem estar do acusado, deve-se ir pelo que mais o beneficia, no caso a prisão domiciliar.

"Em subsistindo, assim, a falta de vaga para o cumprimento em regime semiaberto e na impossibilidade da Casa de Albergado, mostra-se juridicamente plausível a concessão de prisão domiciliar, impondo-se, como se impõe, sem qualquer exoneração do Poder Público do dever de promover a efetividade da resposta penal, na dupla perspectiva da prevenção geral e especial, decidir em favor do direito de liberdade, como é do Estado Social e Democrático de Direito." STJ, Habeas Corpus 48.629/MG, DJ 04.09.2006

Sendo o preso primário, este cumprirá sua pena em seção distinta daquela reservada aos presos reincidentes, isto porque se deve evitar que o indivíduo que acabou de iniciar sua vida no cárcere permaneça na mesma cela que criminosos habituais, podendo sofrer influências negativas que possam vir a prejudicar seu processo de ressocialização.

O preso que no momento do crime era funcionário da administração da justiça criminal ficará em local separado dos demais, isolado dos presos comuns, com o objetivo de resguardar sua integridade física e moral, que por hostilidade dos demais presos poderá ser comprometida.

Embora o artigo se relacione apenas aos funcionários da administração da justiça, a jurisprudência tem entendido que esta regra deve ser aplicada por analogia aos agentes penitenciários e aos policiais civis ou militares.

As penas privativas de liberdade que estão sendo aplicadas pela justiça de uma unidade federativa poderão ser executadas em outro estado, seja em estabelecimento local ou da União, conforme disposto no Art. 86.

No que diz respeito aos presos que apresentem um perigo maior à sociedade podem ser colocados em presídios de segurança máxima em local distante, conforme estabelece o Art. 86,§1º da LEP.

Os egressos e os liberados da medida de segurança poderão realizar atividades laborais nos estabelecimentos penais desde que estes se dediquem a obras públicas ou ao aproveitamento de terras ociosas, isso conforme o §2º do Art. 86. O trabalho poderá ser desenvolvido em estabelecimentos destinados aos presos dos regimes semiaberto e aberto, e em caráter excepcional poderá ser realizado em locais reservados aos presos do regime fechado.

CAPÍTULO II
DA PENITENCIÁRIA

Em consonância com o Art. 87, a penitenciaria é destinada aos condenados à pena de reclusão em regime de cumprimento fechado. É um estabelecimento que contará com o máximo de segurança, muros altos e com vigilância ostensiva exercida por meio de policiais ou agentes penitenciários. Note que a lei foi omissa sobre os condenados à pena de detenção que se encontrem em regime fechado, nesse caso os detentos cumpriram sua pena em penitenciárias, contudo permanecendo em alas separadas dos condenados com pena de reclusão.

O parágrafo único assegura a construção de estabelecimentos separados ao presos provisórios e os que se encontrem em cumprimento em RDD, os quais por razão de ordem pública precisam contar com máxima condição de segurança e, ainda, necessitam de recolhimento em celas individuais.

Com o objetivo de garantir os direitos e as garantias fundamentais do preso, a LEP, no Art. 88, determina que o condenado deva ser alojado em cela individual, que conterá equipamentos mínimos para uma vida digna dentro do cárcere, sem contar nas condições mínimas de salubridade do ambiente, bem como deverá ter a área mínima de seis metros quadrados, tudo isso para garantir que os presos sejam tratados de forma humanizada.

Além dos requisitos mínimos de humanização contidos no Art. 89, a penitenciária que se destina ao recolhimento de mulheres deverá ser dotada de uma seção voltada para gestante e parturiente e de creche para abrigar crianças maiores de seis meses e menores de sete anos, com a finalidade de assistir a criança desamparada cuja a responsável esteja presa.

A previsão de que o processo além de ser ressocializador, deve ainda garantir que a execução da pena seja feita de forma justa, estando em consonância com o que a Constituição Federal consagra como sendo direito e garantia de toda pessoa humana.

Art. 90. A penitenciária de homens será construída em local afastado do centro urbano a distância que não restrinja a visitação.

O cuidado do legislador nesse dispositivo decorre das questões de segurança para a comunidade, junto a qual esteja situado o estabelecimento, considerando-se principalmente a possiblidade de motins e de fugas.

Contudo essa precaução não pode impedir o contato do preso com seus familiares e amigos durante o período em cárcere, uma vez que o isolamento pode tornar o processo ressocializador ineficaz.

CAPÍTULO III
DA COLÔNIA AGRÍCOLA, INDUSTRIAL OU SIMILAR

Não importa a forma como sentenciado passou para o regime do semiaberto, seja ele o inicial ou seja ele alcançado por meio de progressão de regime, uma vez estando em cumprimento de pena no semiaberto, em consonância com o Art. 91, ele deverá ser colocado em colônia agrícola, industrial ou similar.

Trata-se de um estabelecimento de segurança média, sem muros ou grades, com uma segurança discreta e não armada. Os presos dentro desta condição tem liberdade de movimento, uma vez que a vigilância nesse estabelecimento se baseia na disciplina e responsabilidade do preso.

O preso em regime do semiaberto colocado em colônia agrícola, industrial ou similar, poderá ser alojado em compartimento coletivo conforme disposto no Art. 92, desde que observadas as condições de salubridade do ambiente, em especial ao que diz respeito à aeração, isolação e condicionamento térmico.

Requisitos básicos (Art. 92) → **Seleção adequada dos presos** + **Limite capacidade máxima**

No caso de não haver vaga na unidade prisional, o preso deverá ser posto no regime aberto ou em prisão domiciliar, uma vez que seria ilegal que ele cumprisse sua pena em local mais gravoso por falta de estruturas do Estado.

CAPÍTULO IV
DA CASA DO ALBERGADO

Art. 94. O prédio deverá situar-se em centro urbano, separado dos demais estabelecimentos, e caracterizar-se pela ausência de obstáculos físicos contra a fuga.

Art. 95. Em cada região haverá pelo menos uma Casa do Albergado, a qual deverá conter, além dos aposentos para acomodar os preços, local adequado para cursos e palestras.

Parágrafo único. O estabelecimento terá instalações para os serviços de fiscalização e orientação dos condenados.

O Art. 93 dispõe que a casa do albergado se destina ao cumprimento de pena privativa de liberdade dentro do regime aberto, bem como da pena restritiva de direitos de limitação de fim de semana.

O regime aberto está baseado na autodisciplina e no senso de responsabilidade e sem vigilância, trabalhar, frequentar curso ou exercer outra atividade autorizada, permanecendo recolhido na casa do albergado durante o período noturno e nos dias de folga.

A limitação do fim de semana consiste na obrigação de permanecer, aos sábados e aos domingos, pelo período de 5 horas diárias, em casa do albergado ou em outro estabelecimento igualmente adequado. Nesse local poderão ser realizados cursos e palestras ou, ainda, serem atribuídas atividades educativas.

O prédio da casa do albergado deverá situar-se em centro urbano, separado dos demais estabelecimentos, caracterizando-se pela ausência de guarda armada e de obstáculos físicos contra a fuga, tais como grades e muros. Contudo nada impede de existir na referida casa o controle de entrada e saída dos condenados, até mesmo para que seja informado adequadamente ao juiz da execução sobre o correto cumprimento da pena. Em termos de estrutura física, dispõe a lei que a edificação, além dos aposentos para acomodar os presos, deverá conter local adequado para cursos e palestras.

CAPÍTULO V
DO CENTRO DE OBSERVAÇÃO

Art. 96. *No Centro de Observação realizar-se-ão os exames gerais e o criminológico, cujos resultados serão encaminhados à Comissão Técnica de Classificação.*

Parágrafo único. *No Centro poderão ser realizadas pesquisas criminológicas.*

Art. 97. *O Centro de Observação será instalado em unidade autônoma ou em anexo a estabelecimento penal.*

Art. 98. *Os exames poderão ser realizados pela Comissão Técnica de Classificação, na falta do Centro de Observação.*

Tendo como finalidade a orientação sobre a individualização da pena e com isso dar início à execução da pena, o centro de observação surge para dar aplicabilidade às garantias contidas no art. 5º e 8º da LEP. O condenado a pena privativa de liberdade será submetido a exames gerais e também ao criminológico, como forma de garantir que cada indivíduo seja tratado dentro do processo de execução da pena conforme as suas peculiaridades.

Os exames mencionados terão seus resultados encaminhados à Comissão Técnica de Classificação, a fim de que seja elaborado o programa individualizado da pena privativa de liberdade adequada ao condenado.

O centro de observação, que deve existir em cada estado, será instalado em unidade autônoma ou em prédio anexo a estabelecimento penal. Se ausente, a lei vai permitir que os exames gerais e criminológicos sejam realizados pela comissão técnica – classificação instalada no estabelecimento que se encontra o condenado.

CAPÍTULO VI
DO HOSPITAL DE CUSTÓDIA E TRATAMENTO PSIQUIÁTRICO

Art. 99. *O Hospital de Custódia e Tratamento Psiquiátrico destina-se aos inimputáveis e semi-imputáveis referidos no art. 26 e seu parágrafo único do Código Penal.*

Parágrafo único. *Aplica-se ao Hospital, no que couber, o disposto no parágrafo único do art. 88 desta Lei.*

Art. 100. *O exame psiquiátrico e os demais exames necessários ao tratamento são obrigatórios para todos os internados.*

Art. 101. *O tratamento ambulatorial, previsto no art. 97, segunda parte, do Código Penal, será realizado no Hospital de Custódia e Tratamento Psiquiátrico ou em outro local com dependência médica adequada.*

O hospital de custódia e tratamento psiquiátrico, conforme dispõe o Art. 99, é destinado aos inimputáveis e semi-imputáveis mencionados no art. 26 e em seu parágrafo único. Em outras palavras, esse tipo de estabelecimento está reservado ao recolhimento dos indivíduos sujeitos à medida de segurança de internação, a lei permite, ainda, que na falta desses estabelecimentos ou de vagas, o indivíduo possa ser internado em outra instituição igualmente adequada. Esse estabelecimento será, ainda, o local adequado para o recebimento de indivíduos que sejam acometidos de doença mental no curso da execução da pena, até que ele se recupere e que possa retornar à casa prisional.

O hospital, além dos equipamentos médicos necessários, deve ainda cumprir os requisitos contidos no art. 88 da LEP, ou seja, garantia de que o indivíduo terá as condições mínimas de salubridade e de área mínima de 6 metros quadrados.

Em consonância com o Art. 100, todos os internados nesses estabelecimentos deverão ser submetidos a um exame psiquiátrico, a fim de que a eles lhe seja atestada a sua verdadeira condição mental. A lei não menciona de quanto em quanto tempo esse exame deve ser realizado, ficando a critério dos médicos responsáveis pelo indivíduo submetido a tratamento.

Os indivíduos sujeitos à medida de segurança, ainda, deverão ser submetidos aos exames de cessação de periculosidade.

CAPÍTULO VII
Da Cadeia Pública

Art. 102. *A cadeia pública destina-se ao recolhimento de presos provisórios.*

Art. 103. *Cada comarca terá, pelo menos uma cadeia pública a fim de resguardar o interesse da Administração da Justiça Criminal e a permanência do preso em local próximo ao seu meio social e familiar.*

Art. 104. *O estabelecimento de que trata este Capítulo será instalado próximo de centro urbano, observando-se na construção as exigências mínimas referidas no artigo 88 e seu parágrafo único desta Lei.*

De acordo com **Guilherme de Souza Nucci**, cadeia pública "é o estabelecimento destinado a abrigar presos provisórios, em sistema fechado, porém sem as características do regime fechado. Em outras palavras, a cadeia, normalmente encontrada na maioria das cidades brasileiras, é um prédio (muitas vezes anexo à delegacia de polícia) que abriga celas – o ideal é que fossem individuais ou, pelo menos, sem superlotação –, contendo um pátio para banho de sol. Não há trabalho disponível, nem outras dependências de lazer, cursos etc., justamente por ser lugar de passagem, onde não se deve cumprir pena." (NUCCI, Guilherme de Souza. Leis Penais e Processuais Penais Comentadas. 11. ed. São Paulo: Gen, 2018. 2. v.).

TÍTULO V
Da Execução das Penas em Espécie
CAPÍTULO I
Das Penas Privativas de Liberdade
SEÇÃO I
Disposições Gerais

Art. 105. *Transitando em julgado a sentença que aplicar pena privativa de liberdade, se o réu estiver ou vier a ser preso, o Juiz ordenará a expedição de guia de recolhimento para a execução.*

O trânsito em julgado da sentença penal condenatória é decorrente da irrecorribilidade da decisão que reconheceu a procedência da acusação e a imposição de sanção penal. Esse é o marco essencial do cumprimento das penas privativas de liberdade, por observância ao princípio constitucional da presunção de inocência.

Formalmente, uma vez ocorrendo o trânsito, será expedida guia de recolhimento para a execução. Essa guia nada mais é do que a formalização de que houve a condenação e o estabelecimento dos seus limites. Essa guia deverá ser expedida independentemente de o condenado estar solto ou preso.

Nesse sentido, o Art. 106 da LEP, determina que a guia de recolhimento será remetida à autoridade administrativa responsável pela execução penal, contendo o nome do condenado, sua qualificação civil, o número do registro geral de identificação, o inteiro teor da denúncia e da sentença condenatória, com a certidão do trânsito em julgado, bem como a informação de antecedentes, o grau de instrução, a data de término da pena e outras peças indispensáveis à execução.

A guia de recolhimento é a formalização da execução penal. Emitida, em regra, com o trânsito em julgado, ela é tida como se fosse a petição inicial da execução penal, isto é, o seu ato inaugural. Responsável pelo cumprimento da pena, da decisão do Poder Judiciário. A remessa da guia deverá ser comunicada ao Ministério Público, devendo ser retificada (corrigida) sempre que houver modificação em relação ao cumprimento da pena **(§ 1º)**.

Note que o funcionário da Administração da Justiça Criminal, em razão de sua peculiar situação, ficará em dependência separada quando do cumprimento da sanção penal **(§ 2º)**.

> ***Art. 107.*** *Ninguém será recolhido, para cumprimento de pena privativa de liberdade, sem a guia expedida pela autoridade judiciária.*
>
> *§ 1º A autoridade administrativa incumbida da execução passará recibo da guia de recolhimento para juntá-la aos autos do processo, e dará ciência dos seus termos ao condenado.*
>
> *§ 2º As guias de recolhimento serão registradas em livro especial, segundo a ordem cronológica do recebimento, e anexadas ao prontuário do condenado, aditando-se, no curso da execução, o cálculo das remições e de outras retificações posteriores.*

A existência da guia de recolhimento é condição sem a qual não poderá dar-se início à execução da penal. No caso, contudo, de determinação da prisão processual, em que não há trânsito em julgado da sentença penal condenatória, mas sim de uma necessidade cautelar do processo (para, por exemplo, evitar a fuga do suspeito), a guia é dispensada, bastando para o recolhimento o mandado de prisão emitido pela autoridade judiciária.

> ***Art. 108.*** *O condenado a quem sobrevier doença mental será internado em Hospital de Custódia e Tratamento Psiquiátrico.*

Não se trata, na hipótese, propriamente da conversão da pena privativa de liberdade em medida de segurança (como previsto no art. 183 da LEP), mas de uma situação provisória em que se manifesta uma doença mental. Caso ela se torne definitiva, de longa duração, será necessário dar início ao processo de conversão.

> ***Art. 109.*** *Cumprida ou extinta a pena, o condenado será posto em liberdade, mediante alvará do Juiz, se por outro motivo não estiver preso.*

Esse dispositivo tem a função de exigir a expedição de ato do Poder Judiciário para a soltura do condenado, não bastando mera determinação administrativa. Pense que se para ser inserido no sistema é necessário um ato judicial, para ser solto, a mesma via é necessária. Até por ser possível a existência de outros processos que exigem a manutenção do condenado preso.

SEÇÃO II
Dos Regimes

> ***Art. 110.*** *O Juiz, na sentença, estabelecerá o regime no qual o condenado iniciará o cumprimento da pena privativa de liberdade, observado o disposto no artigo 33 e seus parágrafos do Código Penal.*

O estabelecimento do regime inicial de cumprimento de pena (se fechado, semiaberto ou aberto) deve ser o produto do chamado sistema trifásico de individualização da pena, previsto nos Arts. 59 a 68 do Código Penal. Os artigos referidos pelo dispositivo dizem respeito somente a previsão em abstrato dos três regimes.

> ***Art. 111.*** *Quando houver condenação por mais de um crime, no mesmo processo ou em processos distintos, a determinação do regime de cumprimento será feita pelo resultado da soma ou unificação das penas, observada, quando for o caso, a detração ou remição.*
>
> ***Parágrafo único.*** *Sobrevindo condenação no curso da execução, somar-se-á a pena ao restante da que está sendo cumprida, para determinação do regime.*

O juízo da execução penal é um "juízo universal", isto é, todas as penas aplicadas a uma mesma pessoa serão cumpridas numa mesma Vara de Execução Criminal, que estará vinculada ao local em que o condenado estiver preso ou que tiver domicílio, se estiver em liberdade. Como registra **Guilherme de Souza Nucci**, "cabe ao juiz que controla todas as suas condenações promover o necessário somatório das penas e verificar a adequação do regime imposto, bem como dos benefícios auferidos. Em caso de concurso material, quando as penas serão somadas, é possível que o réu tenha, exemplificando, três penas de dois anos em regime aberto, cada uma delas, pois todas provenientes de juízos criminais diferentes. É natural que, concentrando-se todas elas na Vara de Execução Penal, o montante atingirá seis anos e o regime aberto torna-se incompatível (art. 33 § 2.º, b, CP). Deve o magistrado adaptá-lo ao semiaberto, no mínimo. Por outro lado, é viável haver a unificação de penas (consultar a nota 175 ao art. 66, III, a, desta Lei), ocasião em que nova adaptação de regime pode ser necessária. Ilustrando: o réu possui dez condenações por furto simples, atingindo dez anos de reclusão, motivo pelo qual foi inserido no regime inicial fechado (art. 33, § 2.º, a, CP). Porém, em seu processo de execução da pena, constata-se ter havido crime continuado (art. 71, CP), razão pela qual o juiz unifica todas elas em um ano e seis meses de reclusão. Deve, logicamente, afastar o regime fechado, concedendo o aberto." (NUCCI, Guilherme de Souza. Leis Penais e Processuais Penais Comentadas. 11. ed. São Paulo: Gen, 2018. 2. v.).

Assim, a ideia do legislador é sempre que sobrevier nova condenação, no âmbito da execução, o juiz precisará unificar as penas e verificar qual o regime que deve ser imposto no caso concreto.

> ***Art. 112.*** *A pena privativa de liberdade será executada em forma progressiva com a transferência para regime menos rigoroso, a ser determinada pelo juiz, quando o preso tiver cumprido ao menos:*
>
> *I. 16% da pena, se o apenado for primário e o crime tiver sido cometido sem violência à pessoa ou grave ameaça;*
>
> *II. 20% da pena, se o apenado for reincidente em crime cometido sem violência à pessoa ou grave ameaça;*
>
> *III. 25% da pena, se o apenado for primário e o crime tiver sido cometido com violência à pessoa ou grave ameaça;*

IV. 30% da pena, se o apenado for reincidente em crime cometido com violência à pessoa ou grave ameaça;

V. 40% da pena, se o apenado for condenado pela prática de crime hediondo ou equiparado, se for primário;

VI. 50% da pena, se o apenado for:

a) condenado pela prática de crime hediondo ou equiparado, com resultado morte, se for primário, vedado o livramento condicional;

b) condenado por exercer o comando, individual ou coletivo, de organização criminosa estruturada para a prática de crime hediondo ou equiparado; ou

c) condenado pela prática do crime de constituição de milícia privada;

VII. 60% da pena, se o apenado for reincidente na prática de crime hediondo ou equiparado;

VIII. 70% da pena, se o apenado for reincidente em crime hediondo ou equiparado com resultado morte, vedado o livramento condicional.

§ 1º Em todos os casos, o apenado só terá direito à progressão de regime se ostentar boa conduta carcerária, comprovada pelo diretor do estabelecimento, respeitadas as normas que vedam a progressão.

§ 2º A decisão do juiz que determinar a progressão de regime será sempre motivada e precedida de manifestação do Ministério Público e do defensor, procedimento que também será adotado na concessão de livramento condicional, indulto e comutação de penas, respeitados os prazos previstos nas normas vigentes.

O sistema progressivo de cumprimento de pena determinado na Lei de Execução Penal é fundamentado, essencialmente, em dois requisitos: um objetivo, consistente na necessidade de um determinado tempo de cumprimento, e um subjetivo, aferido através de atestado emitido pelo direto do estabelecimento.

O sistema brasileiro tem influência direta do sistema irlandês, que melhor adaptou o regime progressivo. A sua utilização visa manter a esperança do condenado na redução do rigor do cumprimento da pena com o passar do tempo e a demonstração do seu mérito, do seu merecimento.

Originalmente, para a demonstração do mérito, era necessária a realização de um novo exame criminológico. Contudo, em razão da ausência de profissionais suficientes para realização dos exames, foi substituído somente pelo atestado de boa conduta carcerária. Vale mencionar que embora não haja mais previsão legal de submissão ao sentenciado à exame criminológico para a progressão, a jurisprudência entende que é possível a realização da perícia caso o fato concreto assim justifique. Nesse sentido a Súmula 439 do Superior Tribunal de Justiça: "Admite-se o exame criminológico pelas peculiaridades do caso, desde que em decisão motivada".

Como toda decisão judicial, aquela que determina a progressão será motivada, sendo ouvido o Ministério Público e o defensor do sentenciado.

Em relação aos requisitos objetivos, a modificação realizada pelo Pacote Anticrime foi substancial, criando diversos percentuais diferentes para progressão, dependendo do crime praticado (sem violência, com violência ou hediondo) e da condição de primário ou reincidente do condenado. Esquematicamente, entende-se essa como a melhor visualização:

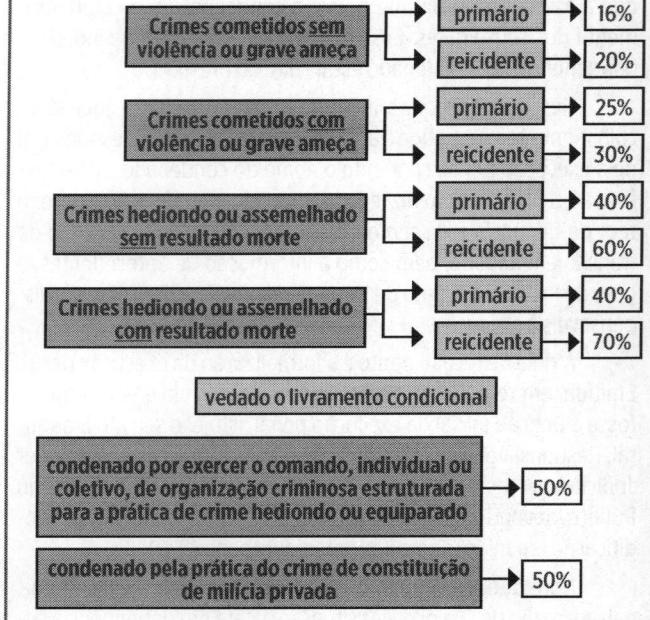

Crimes cometidos sem violência ou grave ameaça	primário	16%
	reincidente	20%
Crimes cometidos com violência ou grave ameaça	primário	25%
	reincidente	30%
Crimes hediondo ou assemelhado sem resultado morte	primário	40%
	reincidente	60%
Crimes hediondo ou assemelhado com resultado morte	primário	40%
	reincidente	70%

vedado o livramento condicional

condenado por exercer o comando, individual ou coletivo, de organização criminosa estruturada para a prática de crime hediondo ou equiparado	50%
condenado pela prática do crime de constituição de milícia privada	50%

Importante registar, por fim, que não se admite a chamada progressão *per saltum*, isto é, a transferência direta do regime fechada para o regime aberto. Somente será possível essa transferência, de maneira provisória quando faltar vagas no regime intermediário. Nesse sentido a **Súmula Vinculante 56 do Supremo Tribunal Federal:** "A falta de estabelecimento penal adequado não autoriza a manutenção do condenado em regime prisional mais gravoso, devendo-se observar, nessa hipótese, os parâmetros fixados no RE 641.320/RS"

§ 3º No caso de mulher gestante ou que for mãe ou responsável por crianças ou pessoas com deficiência, os requisitos para progressão de regime são, cumulativamente:

I. não ter cometido crime com violência ou grave ameaça a pessoa;

II. não ter cometido o crime contra seu filho ou dependente;

III. ter cumprido ao menos 1/8 da pena no regime anterior;

IV. ser primária e ter bom comportamento carcerário, comprovado pelo diretor do estabelecimento;

V. não ter integrado organização criminosa.

§ 4º O cometimento de novo crime doloso ou falta grave implicará a revogação do benefício previsto no § 3º deste artigo.

Em se tratando de mulheres gestantes ou mães que sejam responsáveis por pessoas em situação de vulnerabilidade (pela idade ou por deficiência) terão um requisito temporal diferenciado (1/8), desde que cumpridos os demais requisitos previsto em lei.

§ 5º Não se considera hediondo ou equiparado, para os fins deste artigo, o crime de tráfico de drogas previsto no § 4º do art. 33 da Lei nº 11.343, de 23 de agosto de 2006.

Essa modificação, também realizada pelo pacote anticrime, foi decorrente da mudança na jurisprudência do Supremo Tribunal Federal. Por uma questão de política criminal, a jurisprudência acabou excluindo dos crimes hediondos o chamado "pequeno traficante", consistente no indivíduo primário, com bons antecedentes, que não se dedique a atividades criminosas e nem faça parte de organização criminosa. Nessas hipóteses, o critério para progressão seguirá aqueles determinados para os crimes comuns.

§ 6º *O cometimento de falta grave durante a execução da pena privativa de liberdade interrompe o prazo para a obtenção da progressão no regime de cumprimento da pena, caso em que o reinício da contagem do requisito objetivo terá como base a pena remanescente.*

Se, de um lado, há um grande incentivo ao "bom" comportamento durante o cumprimento de pena, através da possibilidade da progressão de regime, a Lei de Execução Penal também prevê o inverso, a chamada regressão de regime. Contudo, quando o condenado já está no regime mais gravoso, por exemplo, a prática de falta grave -obviamente- não levará a progressão. Para que essa falta não passe impune, além da perda dos dias remidos, o apenado terá o reinício dos prazos para obtenção da progressão. Pense, por exemplo, que apenado tenha recebido uma pena de 10 anos; após o cumprimento de 5 anos, pratique falta grave. Seu prazo para obtenção da progressão será zerado, porém o novo cálculo somente incidirá sobre os cinco anos restantes, pois pena cumprida é pena extinta, não mais sendo utilizada para fins de benefícios.

Art. 113. *O ingresso do condenado em regime aberto supõe a aceitação de seu programa e das condições impostas pelo Juiz.*

De acordo com o art. 36 do Código Penal, o regime aberto é baseado na autodisciplina e no senso de responsabilidade do condenado. Assim, para o seu ingresso no regime aberto se realiza uma audiência para que essas condições sejam aceitas pelo apenado.

Art. 114. *Somente poderá ingressar no regime aberto o condenado que:*

I. estiver trabalhando ou comprovar a possibilidade de fazê-lo imediatamente;

II. apresentar, pelos seus antecedentes ou pelo resultado dos exames a que foi submetido, fundados indícios de que irá ajustar-se, com autodisciplina e senso de responsabilidade, ao novo regime.

Parágrafo único. *Poderão ser dispensadas do trabalho as pessoas referidas no artigo 117 desta Lei.*

Tendo em vista que um dos objetivos da própria sanção é a reintegração social do condenado, e o trabalho é uma das principais formas de fazê-lo, a Lei de Execução Penal condicionou o ingresso no regime aberto para os condenados que demonstrarem sua aptidão para a autodisciplina e responsabilidade e também que estiverem trabalho ou comprarem a possibilidade de trabalhar imediatamente.

Contudo, em razão da situação brasileira, esse requisito não é pode ser tomado como absoluto. Esse o entendimento do Superior Tribunal de Justiça: "As turmas que integram a Terceira Seção desta Corte consagraram o entendimento de que a regra do art. 114, I, da LEP, a qual exige do condenado, para ingressar no regime aberto, a comprovação de trabalho ou a possibilidade imediata de fazê-lo (apresentação de proposta de emprego), deve sofrer temperamentos, ante a realidade brasileira (HC 292.764/RJ, rel. Min. Maria Thereza de Assis Moura, Sexta Turma, DJe 27/06/2014) (HC 285.115/SP, Rel. Ministro Gurgel de Faria, Quinta Turma, DJe 08/04/2015)" (**STJ**, 6ª T., AgRg no HC 334247, rel. **Min. Nefi Cordeiro**, j. 14.03.2017)

O **art. 115** da LEP traz as chamadas condições mínimas (gerais e obrigatórias) para a inserção no regime aberto, sendo elas:

I. o dever de permanecer no local designado, durante o repouso e nos dias de folga;

II. sair para o trabalho e retornar, nos horários estabelecidos;

III. não se ausentar da cidade onde reside, sem autorização;

IV. comparecer a Juízo, para informar e justificar suas atividades, quando determinado.

O dispositivo, ademais, prevê a possibilidade de o juiz estabelecer condições especiais, que tenham relação com o crime praticado pelo apenado, como, por exemplo, a proibição de contato com a vítima do delito pelo qual fora condenado. Como já decidiu o Superior Tribunal de Justiça do Paraná: "É lícito ao Juiz estabelecer condições especiais para a concessão do regime aberto, em complementação daquelas previstas na LEP (art. 115 da LEP), mas não poderá adotar a esse título nenhum efeito já classificado como pena substitutiva (art. 44 do CPB)." (3ª S., REsp 1.107.314, rel. Min. Laurita Vaz, j. 13.12.2010, DJe 05.10.2011.). Aliás, sobre a utilização de uma pena substitutiva como condição do regime aberto, o mesmo Tribunal estabeleceu a Súmula 493: "É inadmissível a fixação de pena substitutiva (art. 44 do CP) como condição especial ao regime aberto.".

Art. 116. *O Juiz poderá modificar as condições estabelecidas, de ofício, a requerimento do Ministério Público, da autoridade administrativa ou do condenado, desde que as circunstâncias assim o recomendem.*

O artigo prevê a possibilidade justa do Juiz da Execução adaptar as condições da pena às circunstâncias fáticas que se apresentarem.

Art. 117. *Somente se admitirá o recolhimento do beneficiário de regime aberto em residência particular quando se tratar de:*

I. condenado maior de 70 anos;

II. condenado acometido de doença grave;

III. condenada com filho menor ou deficiente físico ou mental;

IV. condenada gestante.

A chamada prisão albergue domiciliar (PAD) é destinada, a princípio, aos condenados que estejam elencados no rol do art. 117 da LEP. A realidade brasileira, contudo, impôs que essa espécie seja praticamente a regra quando se fala em regime aberto, tendo em vista a ausência de casas do albergado no Brasil. Ademais, esse é o entendimento do STJ (HC 216.828, j.15.02.2012), diante da precariedade do sistema prisional e a ausência de condições para o cumprimento da pena em regime aberto.

Art. 118. *A execução da pena privativa de liberdade ficará sujeita à forma regressiva, com a transferência para qualquer dos regimes mais rigorosos, quando o condenado:*

I. praticar fato definido como crime doloso ou falta grave;

II. sofrer condenação, por crime anterior, cuja pena, somada ao restante da pena em execução, torne incabível o regime (artigo 111).

§ 1º *O condenado será transferido do regime aberto se, além das hipóteses referidas nos incisos anteriores, frustrar os fins da execução ou não pagar, podendo, a multa cumulativamente imposta.*

§ 2º *Nas hipóteses do inciso I e do parágrafo anterior, deverá ser ouvido previamente o condenado.*

Se a progressão é um direito daquele que tem mérito, nada mais natural que a regressão seja uma sanção aquele que descumpriu os objetivos do sistema prisional. Com efeito, caso o apenado pratique fato definido como crime doloso ou qualquer das faltas graves taxativamente previstas na LEP deverá ser transferido para regime mais gravoso de cumprimento de pena. Isso ocorrerá tanto se estiver em regime semiaberto quanto no regime aberto. Sobre o regime aberto, ademais, prevê o dispositivo que poderá haver a regressão se frustrar os fins da execução da pena (descumprindo as medidas impostas) ou se deixar de pagar a multa, quando podia fazê-lo. Nas duas hipóteses, o apenado deverá ser ouvido antes da regressão para que, podendo, justifique sua conduta e impeça a sanção.

De outro lado, caso haja uma unificação da pena do apenado, com o novo patamar punitivo deverá o Juiz da Execução realizar nova análise sobre o regime correto para cumprimento da sanção. Nesse caso, como a nova condenação já foi resultado de um processo judicial, desnecessária a oitiva do apenado.

Note que não há determinação expressa para que a progressão seja para o regime imediatamente mais grave. A doutrina, assim, entende cabível a progressão do regime aberto direto para o fechado. Para tanto, é claro, deve ser realizada fundamentação idônea.

Por fim, vale mencionar que é possível a chamada suspensão cautelar do regime em razão da prática de crime doloso ou de falta grave. , conforme entendimento do STF (HC 84.112, j. 04.05.2004).

Art. 119. *A legislação local poderá estabelecer normas complementares para o cumprimento da pena privativa de liberdade em regime aberto (artigo 36, § 1º, do Código Penal).*

SEÇÃO III
Das Autorizações de Saída
SUBSEÇÃO I
Da Permissão de Saída

Art. 120. *Os condenados que cumprem pena em regime fechado ou semiaberto e os presos provisórios poderão obter permissão para sair do estabelecimento, mediante escolta, quando ocorrer um dos seguintes fatos:*
I. falecimento ou doença grave do cônjuge, companheira, ascendente, descendente ou irmão;
II. necessidade de tratamento médico.
Parágrafo único. *A permissão de saída será concedida pelo diretor do estabelecimento onde se encontra o preso.*

Como observa **Guilherme de Souza Nucci**: "os presos, condenados ou provisórios, podem deixar o estabelecimento penal, sob escolta de policiais ou agentes penitenciárias, que assegurem não haver fuga, para situações de necessidade: a) participar de cerimônia funerária em decorrência de falecimento do cônjuge, companheiro(a), ascendente, descendente ou irmão; b) visitar as mesmas pessoas retro mencionadas quando padecerem de doença grave; c) necessidade de submissão a tratamento médico não disponível no presídio ou em hospital penitenciário anexo." (NUCCI, Guilherme de Souza. Leis Penais e Processuais Penais Comentadas. 11. ed. São Paulo: Gen, 2018. 2. v.).

Vale mencionar que a permissão para tratamento médico somente se aplica caso não haja o serviço no próprio estabelecimento.

Art. 121. *A permanência do preso fora do estabelecimento terá a duração necessária à finalidade da saída.*

A permissão não se confunde com a saída temporária. A permissão está condicionada ao motivo de sua determinação, enquanto a segunda já possui um tempo previamente determinado.

SUBSEÇÃO II
Da Saída Temporária

Art. 122. *Os condenados que cumprem pena em regime semiaberto poderão obter autorização para saída temporária do estabelecimento, sem vigilância direta, nos seguintes casos:*
I. visita à família;
II. frequência a curso supletivo profissionalizante, bem como de instrução do 2º grau ou superior, na Comarca do Juízo da Execução;
III. participação em atividades que concorram para o retorno ao convívio social.
§ 1º A ausência de vigilância direta não impede a utilização de equipamento de monitoração eletrônica pelo condenado, quando assim determinar o juiz da execução.
§ 2º Não terá direito à saída temporária a que se refere o caput deste artigo o condenado que cumpre pena por praticar crime hediondo com resultado morte.

A saída temporária é um direito "destinado aos presos que cumprem pena em regime semiaberto, como forma de viabilizar, cada vez mais, a reeducação, desenvolvendo-lhes o senso de responsabilidade, para, no futuro, ingressar no regime aberto, bem como para dar início ao processo de ressocialização." (NUCCI, Guilherme de Souza. Leis Penais e Processuais Penais Comentadas. 11. ed. São Paulo: Gen, 2018. 2. v.).

A concessão desse direito, segundo determinação do Superior Tribunal de Justiça é exclusivo da autoridade judiciária. Nesse sentido a Súmula 520 dispõe: "O benefício de saída temporária no âmbito da execução penal é ato jurisdicional insuscetível de delegação à autoridade administrativa do estabelecimento prisional".

Note que o pacote anticrime inseriu dois parágrafos no artigo, autorizando a imposição da vigilância indireta (através de equipamento de monitoração eletrônica), quando determinado pelo juiz. Ademais, proibiu-se a concessão de saídas temporárias aos condenados por crime hediondo com resultado morte.

Art. 123. *A autorização será concedida por ato motivado do Juiz da execução, ouvidos o Ministério Público e a administração penitenciária e dependerá da satisfação dos seguintes requisitos:*
I. comportamento adequado;
II. cumprimento mínimo de 1/6 da pena, se o condenado for primário, e 1/4, se reincidente;
III. compatibilidade do benefício com os objetivos da pena.

Como toda decisão judicial, a concessão da saída temporária deve ser motivada pela autoridade judiciária e precedida da oitiva tanto do Ministério Público quando da administração penitenciária. Note que os requisitos legais são cumulativos, devendo o apenado cumprir os três para pleitear o direito.

Art. 124. *A autorização será concedida por prazo não superior a 7 dias, podendo ser renovada por mais 4 vezes durante o ano.*
§ 1º. Ao conceder a saída temporária, o juiz imporá ao beneficiário as seguintes condições, entre outras que entender compatíveis com as circunstâncias do caso e a situação pessoal do condenado:
I. fornecimento do endereço onde reside a família a ser visitada ou onde poderá ser encontrado durante o gozo do benefício;

II. *recolhimento à residência visitada, no período noturno;*

III. *proibição de frequentar bares, casas noturnas e estabelecimentos congêneres.*

§ 2º. *Quando se tratar de frequência a curso profissionalizante, de instrução de ensino médio ou superior, o tempo de saída será o necessário para o cumprimento das atividades discentes.*

§ 3º. *Nos demais casos, as autorizações de saída somente poderão ser concedidas com prazo mínimo de 45 dias de intervalo entre uma e outra.*

O dispositivo limita a concessão de 4 saídas por anos por prazo não superior a 7 dias. Normalmente, na prática, são concedidas em períodos festivos, como as comemorações de final de ano, dia das mães ou dos pais.

Art. 125. *O benefício será automaticamente revogado quando o condenado praticar fato definido como crime doloso, for punido por falta grave, desatender as condições impostas na autorização ou revelar baixo grau de aproveitamento do curso.*

Parágrafo único. *A recuperação do direito à saída temporária dependerá da absolvição no processo penal, do cancelamento da punição disciplinar ou da demonstração do merecimento do condenado.*

Assim como todos os direitos concedidos no campo das execuções, a saída temporária visa na medida do possível, facilitar a reintegração social do apenado. Assim, qualquer demonstração no sentido contrário deverá ser sancionada, no caso com a revogação, além do processo para apuração da falta grave eventualmente praticada.

SEÇÃO IV
Da Remição

Art. 126. *O condenado que cumpre a pena em regime fechado ou semiaberto poderá remir, por trabalho ou por estudo, parte do tempo de execução da pena.*

§ 1º. *A contagem de tempo referida no caput será feita à razão de:*

I. *1 dia de pena a cada 12 horas de frequência escolar - atividade de ensino fundamental, médio, inclusive profissionalizante, ou superior, ou ainda de requalificação profissional - divididas, no mínimo, em 3 dias;*

II. *1 dia de pena a cada 3 dias de trabalho.*

§ 2º. *As atividades de estudo a que se refere o § 1º deste artigo poderão ser desenvolvidas de forma presencial ou por metodologia de ensino a distância e deverão ser certificadas pelas autoridades educacionais competentes dos cursos frequentados.*

§ 3º. *Para fins de cumulação dos casos de remição, as horas diárias de trabalho e de estudo serão definidas de forma a se compatibilizarem.*

§ 4º. *O preso impossibilitado, por acidente, de prosseguir no trabalho ou nos estudos continuará a beneficiar-se com a remição.*

§ 5º. *O tempo a remir em função das horas de estudo será acrescido de 1/3 no caso de conclusão do ensino fundamental, médio ou superior durante o cumprimento da pena, desde que certificada pelo órgão competente do sistema de educação.*

§ 6º. *O condenado que cumpre pena em regime aberto ou semiaberto e o que usufrui liberdade condicional poderão remir, pela frequência a curso de ensino regular ou de educação profissional, parte do tempo de execução da pena ou do período de prova, observado o disposto no inciso I do § 1º. deste artigo.*

§ 7º. *O disposto neste artigo aplica-se às hipóteses de prisão cautelar.*

§ 8º. *A remição será declarada pelo juiz da execução, ouvidos o Ministério Público e a defesa.*

A remição consiste no resgate de parcela da pena pelo trabalho ou pelo estudo do condenado. É uma das principais formas de reintegração social possíveis, por permitir uma adaptação do apenado ao mercado de trabalho que encontrará no meio aberto, além de, é claro, trazer melhores instrumentos para a vida em sociedade.

Originalmente, a remição se dava unicamente em relação ao trabalho. Com a evolução da jurisprudência, adotada agora pela lei, o estudo foi inserido como forma de remição. Posteriormente, o Conselho Nacional de Justiça, por meio da Resolução 44, estabeleceu até a possibilidade de remição pela leitura.

```
Remição ─┬─► trabalho ─────► 1 dia de pena a cada 3 trabalhados
         ├─► estudo ──────► 1 dia de pena a cada 12 horas de estudos (divididas em no mínimo 3 dias)
         └─► leitura (Resolução 44 CNJ)
```

Art. 127. *Em caso de falta grave, o juiz poderá revogar até 1/3 do tempo remido, observado o disposto no art. 57, recomeçando a contagem a partir da data da infração disciplinar.*

Como não poderia ser diferente, o apenado não deve se esquecer dos objetivos centrais da execução penal para manutenção de seus direitos. Entre as consequências danosas decorrentes da prática da falta grave está, expressamente, a perda de até 1/3 dos dias remidos. Essa sanção é uma forma de contra motivação ao descumprimento dos objetivos da execução penal.

Esse dispositivo foi uma evolução em relação a previsão originária da LEP que determinava a perda de todo o tempo remido. Interessante notar que a lei só prevê um máximo de perda, mas não um mínimo. Discute-se o mínimo de tempo a ser determinado, se seria o mínimo de um dia ou de 1/6. Os defensores da perda de um dia se ancoram na falta de qualquer previsão, devendo utilizar-se a perda mínima como critério. De outro lado, parte dos autores entende que 1/6 é o modelo ideal, por ser o menos patamar previsto na legislação.

Art. 128. *O tempo remido será computado como pena cumprida, para todos os efeitos.*

A própria palavra remição já deixa claro que todo o tempo remido deve ser considerado como pena cumprida e não como tempo eventualmente a ser descontado do total da pena (que seria o correto se o termo usado fosse remissão). Prevê a LEP, então, que haverá remição (resgate) e não remissão (perdão). O que é mais benéfico para o apenado, uma vez que pena cumprida é pena extinta, acelerando não só o término do cumprimento das penas, mas também a obtenção de todos os benefícios prisionais. Nesse sentido, é o entendimento do STJ (HC 205.895, 6ª Turma, j. 23.08.2011).

Art. 129. *A autoridade administrativa encaminhará mensalmente ao juízo da execução cópia do registro de todos os condenados que estejam trabalhando ou estudando, com informação dos dias de trabalho ou das horas de frequência escolar ou de atividades de ensino de cada um deles.*

§ 1º. *O condenado autorizado a estudar fora do estabelecimento penal deverá comprovar mensalmente, por meio de declaração da respectiva unidade de ensino, a frequência e o aproveitamento escolar.*

§ 2º. *Ao condenado dar-se-á a relação de seus dias remidos.*

Todos os envolvidos no processo de remição devem possuir os dados atualizados mensalmente. Tanto o juízo da execução quando o próprio condenado. É uma forma de controle e incentivo ao mesmo tempo.

Art. 130. Constitui o crime do artigo 299 do Código Penal declarar ou atestar falsamente prestação de serviço para fim de instruir pedido de remição.

Prevê o art. 299 do Código Penal o crime de falsidade ideológica. A previsão é desnecessária, mas serve como um *aviso* buscando evitar declarações falsas para a remição.

SEÇÃO V
Do Livramento Condicional

Art. 131. O livramento condicional poderá ser concedido pelo Juiz da execução, presentes os requisitos do artigo 83, incisos e parágrafo único, do Código Penal, ouvidos o Ministério Público e Conselho Penitenciário.

O livramento condicional é um benefício prisional que, embora siga normalmente o mesmo processo da progressão, tem requisitos próprios. Como observa a doutrina, o livramento condicional é "um instituto de política criminal, destinado a permitir a redução do tempo de prisão com a concessão antecipada e provisória da liberdade do condenado, quando é cumprida pena privativa de liberdade, mediante o preenchimento de determinados requisitos e a aceitação de certas condições."(NUCCI, Guilherme de Souza. Leis Penais e Processuais Penais Comentadas. 11. ed. São Paulo: Gen, 2018. 2. v.).

De acordo com o art. 83 do Código Penal, o juiz concederá o livramento condicional ao condenado a pena privativa de liberdade igual ou superior a dois anos, desde que: I - cumprida mais de um terço da pena se o condenado não for reincidente em crime doloso e tiver bons antecedentes; II - cumprida mais da metade se o condenado for reincidente em crime doloso; III – comprovado: a) bom comportamento durante a execução da pena; b) não cometimento de falta grave nos últimos 12 meses; c) bom desempenho no trabalho que lhe foi atribuído; e d) aptidão para prover a própria subsistência mediante trabalho honesto; IV - tenha reparado, salvo efetiva impossibilidade de fazê-lo, o dano causado pela infração; V - cumpridos mais de dois terços da pena, nos casos de condenação por crime hediondo, prática de tortura, tráfico ilícito de entorpecentes e drogas afins, tráfico de pessoas e terrorismo, se o apenado não for reincidente específico em crimes dessa natureza. Ademais, para o condenado por crime doloso, cometido com violência ou grave ameaça à pessoa, a concessão do livramento ficará também subordinada à constatação de condições pessoais que façam presumir que o liberado não voltará a delinquir.

Em que pese a legislação mencione o *poder* do Juiz da execução conceder o livramento, há, em verdade, um direito subjetivo do condenado que preencher os requisitos.

Por fim, vale mencionar que de acordo com a Súmula 441 do Superior Tribunal de Justiça: "A falta grave não interrompe o prazo para obtenção de livramento condicional".

Art. 132. Deferido o pedido, o Juiz especificará as condições a que fica subordinado o livramento.
§ 1º Serão sempre impostas ao liberado condicional as obrigações seguintes:
a) obter ocupação lícita, dentro de prazo razoável se for apto para o trabalho;
b) comunicar periodicamente ao Juiz sua ocupação;
c) não mudar do território da comarca do Juízo da execução, sem prévia autorização deste.
§ 2º Poderão ainda ser impostas ao liberado condicional, entre outras obrigações, as seguintes:
a) não mudar de residência sem comunicação ao Juiz e à autoridade incumbida da observação cautelar e de proteção;
b) recolher-se à habitação em hora fixada;
c) não frequentar determinados lugares.

Art. 133. Se for permitido ao liberado residir fora da comarca do Juízo da execução, remeter-se-á cópia da sentença do livramento ao Juízo do lugar para onde ele se houver transferido e à autoridade incumbida da observação cautelar e de proteção.

Art. 134. O liberado será advertido da obrigação de apresentar-se imediatamente às autoridades referidas no artigo anterior.

Art. 135. Reformada a sentença denegatória do livramento, os autos baixarão ao Juízo da execução, para as providências cabíveis.

Note que o Art. 132 da LEP divide as condições em obrigatórias (§ 1º) e facultativas (§ 2º). Todas devem ser levadas a conhecimento do condenado, que deverá cumpri-las integralmente para não perder o benefício e, consequentemente, voltar ao estágio anterior de cumprimento de pena. É essencial a observância dos requisitos, pois uma vez revogado o benefício, em regra, o tempo que permaneceu em livramento será desconsiderado.

Art. 136. Concedido o benefício, será expedida a carta de livramento com a cópia integral da sentença em 2 vias, remetendo-se uma à autoridade administrativa incumbida da execução e outra ao Conselho Penitenciário.

Art. 137. A cerimônia do livramento condicional será realizada solenemente no dia marcado pelo Presidente do Conselho Penitenciário, no estabelecimento onde está sendo cumprida a pena, observando-se o seguinte:
I. a sentença será lida ao liberando, na presença dos demais condenados, pelo Presidente do Conselho Penitenciário ou membro por ele designado, ou, na falta, pelo Juiz;
II. a autoridade administrativa chamará a atenção do liberando para as condições impostas na sentença de livramento;
III. o liberando declarará se aceita as condições.
§ 1º De tudo em livro próprio, será lavrado termo subscrito por quem presidir a cerimônia e pelo liberando, ou alguém a seu rogo, se não souber ou não puder escrever.
§ 2º Cópia desse termo deverá ser remetida ao Juiz da execução.

A carta de livramento é o documento oficial que contém a concessão do benefício e todas as obrigações do apenado. Para que não haja qualquer ruído na comunicação, além de receber propriamente a carta, é realizada uma cerimonia oficial, tanto para incentivar o cumprimento das condições como para esclarecê-las.

Art. 138. Ao sair o liberado do estabelecimento penal, ser-lhe-á entregue, além do saldo de seu pecúlio e do que lhe pertencer, uma caderneta, que exibirá à autoridade judiciária ou administrativa, sempre que lhe for exigida.
§ 1º A caderneta conterá:
a) a identificação do liberado;
b) o texto impresso do presente Capítulo;
c) as condições impostas.
§ 2º Na falta de caderneta, será entregue ao liberado um salvo-conduto, em que constem as condições do livramento, podendo substituir-se a ficha de identificação ou o seu retrato pela descrição dos sinais que possam identificá-lo.
§ 3º Na caderneta e no salvo-conduto deverá haver espaço para consignar-se o cumprimento das condições referidas no artigo 132 desta Lei.

Como o sentenciado permanece em cumprimento de pena, ainda vinculado ao sistema prisional, mantém uma identificação própria, até como forma de ser controlado pelo sistema policial.

Art. 139. *A observação cautelar e a proteção realizadas por serviço social penitenciário, Patronato ou Conselho da Comunidade terão a finalidade de:*

I. fazer observar o cumprimento das condições especificadas na sentença concessiva do benefício;

II. proteger o beneficiário, orientando-o na execução de suas obrigações e auxiliando-o na obtenção de atividade laborativa.

Parágrafo único. *A entidade encarregada da observação cautelar e da proteção do liberado apresentará relatório ao Conselho Penitenciário, para efeito da representação prevista nos artigos 143 e 144 desta Lei.*

Como observa Guilherme de Souza Nucci: "cumprimento da pena precisa ser efetivo e real, em particular quando se trata de benefício concedido para avaliar o grau de ressocialização do sentenciado. Nesse cenário, as condições fixadas pelo juiz para o gozo do livramento condicional devem ser fielmente respeitadas" (NUCCI, Guilherme de Souza. Leis Penais e Processuais Penais Comentadas. 11. ed. São Paulo: Gen, 2018. 2. v.).

Art. 140. *A revogação do livramento condicional dar-se-á nas hipóteses previstas nos artigos 86 e 87 do Código Penal.*

Parágrafo único. *Mantido o livramento condicional, na hipótese da revogação facultativa, o Juiz deverá advertir o liberado ou agravar as condições.*

São hipóteses de revogação obrigatória caso o condenado venha a ser condenado a pena privativa de liberdade, em sentença irrecorrível: I - por crime cometido durante a vigência do benefício; II - por crime anterior, observada a nova unificação das penas. De outro lado, será facultativa a revogação quando o liberado deixar de cumprir qualquer das obrigações constantes da sentença, ou for irrecorrivelmente condenado, por crime ou contravenção, a pena que não seja privativa de liberdade

Art. 141. *Se a revogação for motivada por infração penal anterior à vigência do livramento, computar-se-á como tempo de cumprimento da pena o período de prova, sendo permitida, para a concessão de novo livramento, a soma do tempo das duas penas.*

Art. 142. *No caso de revogação por outro motivo, não se computará na pena o tempo em que esteve solto o liberado, e tampouco se concederá, em relação à mesma pena, novo livramento.*

Art. 143. *A revogação será decretada a requerimento do Ministério Público, mediante representação do Conselho Penitenciário, ou, de ofício, pelo Juiz, ouvido o liberado.*

Unicamente na hipótese em que a revogação se der por crime praticado anteriormente pelo apenado, o tempo que esteve em livramento não será desconsiderado. Entendeu o legislador que o cometimento de crime posterior ou o descumprimento das demais condições devem levar a perda de todos o tempo de livramento, como forma de evitar o descumprimento das condições.

Pelos mesmos motivos, o apenado que tem o benefício revogado, em regra, não poderá novamente receber o livramento: "O apenado que motiva a revogação do livramento condicional não pode obter novamente o mesmo benefício, exceto quando a perda da benesse decorrer de infração penal cometida em data anterior à vigência do livramento, nos exatos termos dos artigos 88 do Código Penal e 142 da Lei de Execuções Penais que, consoante precedentes do Superior Tribunal de Justiça, foram recepcionados pela Constituição Federal" (STJ, 5ª T., HC 135.437, rel. Min. Laurita Vaz, 29.04.2010).

Art. 144. *O Juiz, de ofício, a requerimento do Ministério Público, da Defensoria Pública ou mediante representação do Conselho Penitenciário, e ouvido o liberado, poderá modificar as condições especificadas na sentença, devendo o respectivo ato decisório ser lido ao liberado por uma das autoridades ou funcionários indicados no inciso I do caput do art. 137 desta Lei, observado o disposto nos incisos II e III e §§ 1º e 2º do mesmo artigo.*

O livramento condicional, tal qual o regime aberto, pode a qualquer tempo sofrer modificações em seus requisitos, para melhor adaptá-lo à realidade.

Art. 145. *Praticada pelo liberado outra infração penal, o Juiz poderá ordenar a sua prisão, ouvidos o Conselho Penitenciário e o Ministério Público, suspendendo o curso do livramento condicional, cuja revogação, entretanto, ficará dependendo da decisão final.*

O dispositivo refere-se a possibilidade de suspensão do curso do livramento condicional. Tal procedimento vista evitar a revogação açodada, permitindo a realização do devido processo legal para verificação das causas e motivos que levaram ao descumprimento das condições, conforme entendimento do Supremo Tribunal Federal (HC 99652, j. 03.11.2009).

Assim, com a prática de uma nova infração penal, durante o período de livramento, a prorrogação é automática.

Art. 146. *O Juiz, de ofício, a requerimento do interessado, do Ministério Público ou mediante representação do Conselho Penitenciário, julgará extinta a pena privativa de liberdade, se expirar o prazo do livramento sem revogação.*

Com o fim do prazo determinado para o livramento sem sua prorrogação ou revogação, haverá a extinção da punibilidade do apenado. Importante observar que: "Consoante o disposto nos artigos 90 do Código Penal e 146 da Lei de Execuções Penais, **não é possível prorrogar, suspender ou revogar o livramento condicional após o escoamento do período de prova, mesmo que em razão da prática de novo delito durante o referido período**." (STJ, 5ª T., HC 346.663, rel. Min. Reynaldo Soares da Fonseca, j. 06.12.2016).

Seção VI
Da Monitoração Eletrônica
(Incluído pela Lei nº 12.258, de 2010)

Art. 146-B. *O juiz poderá definir a fiscalização por meio da monitoração eletrônica quando:*

II. autorizar a saída temporária no regime semiaberto;

IV. determinar a prisão domiciliar;

Art. 146-C. *O condenado será instruído acerca dos cuidados que deverá adotar com o equipamento eletrônico e dos seguintes deveres:*

I. receber visitas do servidor responsável pela monitoração eletrônica, responder aos seus contatos e cumprir suas orientações;

II. abster-se de remover, de violar, de modificar, de danificar de qualquer forma o dispositivo de monitoração eletrônica ou de permitir que outrem o faça;

Parágrafo único. *A violação comprovada dos deveres previstos neste artigo poderá acarretar, a critério do juiz da execução, ouvidos o Ministério Público e a defesa:*

I. a regressão do regime;

II. a revogação da autorização de saída temporária;

VI. a revogação da prisão domiciliar;

LEI Nº 7.210/1984 - LEI DE EXECUÇÃO PENAL

VII. advertência, por escrito, para todos os casos em que o juiz da execução decida não aplicar alguma das medidas previstas nos incisos de I a VI deste parágrafo.

Art. 146-D. *A monitoração eletrônica poderá ser revogada:*
I. quando se tornar desnecessária ou inadequada;
II. se o acusado ou condenado violar os deveres a que estiver sujeito durante a sua vigência ou cometer falta grave.

A monitoração eletrônica foi inserida pela Lei 12.258/2010 à Lei de Execução Penal, buscando aumentar o controle sobre aqueles sujeitos a cumprimento de pena fora do sistema prisional. Houve, como se percebe, diversos vetos à lei, devido a polêmica no entorno do regramento. As questões envolvendo o tema costumam ser literais, indicando-se a leitura cuidadosa dos dispositivos.

CAPÍTULO II
Das Penas Restritivas de Direitos
SEÇÃO I
Disposições Gerais

Art. 147. *Transitada em julgado a sentença que aplicou a pena restritiva de direitos, o Juiz da execução, de ofício ou a requerimento do Ministério Público, promoverá a execução, podendo, para tanto, requisitar, quando necessário, a colaboração de entidades públicas ou solicitá-la a particulares.*

Art. 148. *Em qualquer fase da execução, poderá o Juiz, motivadamente, alterar, a forma de cumprimento das penas de prestação de serviços à comunidade e de limitação de fim de semana, ajustando-as às condições pessoais do condenado e às características do estabelecimento, da entidade ou do programa comunitário ou estatal.*

As penas restritivas de direitos estão previstas no art. 43 do Código Penal, cabendo a Lei de Execução Penal o estabelecimento de alguns critérios para seu cumprimento. É bom lembrar que essas penas podem ser, a critério do Juízo da execução, modificadas entre elas, para melhor atender os fins da sanção que fora aplicada no caso concreto.

SEÇÃO II
Da Prestação de Serviços à Comunidade

Art. 149. *Caberá ao Juiz da execução:*
I. designar a entidade ou programa comunitário ou estatal, devidamente credenciado ou convencionado, junto ao qual o condenado deverá trabalhar gratuitamente, de acordo com as suas aptidões;
II. determinar a intimação do condenado, cientificando-o da entidade, dias e horário em que deverá cumprir a pena;
III. alterar a forma de execução, a fim de ajustá-la às modificações ocorridas na jornada de trabalho.
§ 1º O trabalho terá a duração de 8 (oito) horas semanais e será realizado aos sábados, domingos e feriados, ou em dias úteis, de modo a não prejudicar a jornada normal de trabalho, nos horários estabelecidos pelo Juiz.
§ 2º A execução terá início a partir da data do primeiro comparecimento.

Art. 150. *A entidade beneficiada com a prestação de serviços encaminhará mensalmente, ao Juiz da execução, relatório circunstanciado das atividades do condenado, bem como, a qualquer tempo, comunicação sobre ausência ou falta disciplinar.*

Umas das penas mais efetivas de todo o sistema, a prestação de serviços à comunidade é determinada pela sentença condenatória, mas cabe ao Juiz da execução a determinação do local de prestação pelo apenado. Importante ressaltar que a previsão do § 1º do Art. 149 da LEP está em conflito com o Código Penal, que prevê que a duração do trabalho será de 7 horas semanais. Na prática, aplica-se o Código Penal, que é norma mais nova (foi modificado em 1998). De outro lado, a atribuição de controlar mais de perto a prestação de serviços será da entidade beneficiada, que deverá enviar relatórios ao Juiz da execução.

SEÇÃO III
Da Limitação de Fim de Semana

Art. 151. *Caberá ao Juiz da execução determinar a intimação do condenado, cientificando-o do local, dias e horário em que deverá cumprir a pena.*
Parágrafo único. *A execução terá início a partir da data do primeiro comparecimento.*

Art. 152. *Poderão ser ministrados ao condenado, durante o tempo de permanência, cursos e palestras, ou atribuídas atividades educativas.*
Parágrafo único. *Nos casos de violência doméstica contra a mulher, o juiz poderá determinar o comparecimento obrigatório do agressor a programas de recuperação e reeducação.*

Art. 153. *O estabelecimento designado encaminhará, mensalmente, ao Juiz da execução, relatório, bem assim comunicará, a qualquer tempo, a ausência ou falta disciplinar do condenado.*

A limitação de final de semana é uma das penas menos aplicadas em nosso sistema, seja pela falta de rigor punitivo, seja pela falta de local para a sua efetiva prestação. Consiste no comparecimento do condenado aos sábados e domingos, por 5 horas diárias, em casa do albergado ou estabelecimento adequado, onde serão ministrados cursos e palestras ou atribuídas atividades educativas.

SEÇÃO IV
Da Interdição Temporária de Direitos

Art. 154. *Caberá ao Juiz da execução comunicar à autoridade competente a pena aplicada, determinada a intimação do condenado.*
§ 1º Na hipótese de pena de interdição do artigo 47, inciso I, do Código Penal, a autoridade deverá, em 24 horas, contadas do recebimento do ofício, baixar ato, a partir do qual a execução terá seu início.
§ 2º Nas hipóteses do artigo 47, incisos II e III, do Código Penal, o Juízo da execução determinará a apreensão dos documentos, que autorizam o exercício do direito interditado.

Art. 155. *A autoridade deverá comunicar imediatamente ao Juiz da execução o descumprimento da pena.*
Parágrafo único. *A comunicação prevista neste artigo poderá ser feita por qualquer prejudicado.*

De acordo com o Art. 47 do Código Penal, as penas de interdição temporária de direitos são: I - proibição do exercício de cargo, função ou atividade pública, bem como de mandato eletivo; II - proibição do exercício de profissão, atividade ou ofício que dependam de habilitação especial, de licença ou autorização do poder público; III - suspensão de autorização ou de habilitação para dirigir veículo; IV – proibição de frequentar determinados lugares. E V - proibição de inscrever-se em concurso, avaliação ou exame públicos.

CAPÍTULO III
Da Suspensão Condicional

Art. 156. *O Juiz poderá suspender, pelo período de 2 a 4 anos, a execução da pena privativa de liberdade, não superior a 2 anos, na forma prevista nos artigos 77 a 82 do Código Penal.*

A suspensão condicional da pena (ou *sursis* penal) consiste em medida determinada na sentença condenatória, na qual o juiz determinará a suspensão do cumprimento efetivo da pena caso o condenado cumpra determinados requisitos. De acordo com o art. 77 do Código Penal, a execução da pena privativa de liberdade, não superior a 2 anos, poderá ser suspensa, por 2 a 4 anos, desde que: I - o condenado não seja reincidente em crime doloso; II - a culpabilidade, os antecedentes, a conduta social e personalidade do agente, bem como os motivos e as circunstâncias autorizem a concessão do benefício; III - não seja indicada ou cabível a substituição por pena restritiva de direitos. Importante registar que a condenação anterior a pena de multa não impede a concessão do benefício. De outro lado, a execução da pena privativa de liberdade, não superior a quatro anos, poderá ser suspensa, por quatro a seis anos, desde que o condenado seja maior de setenta anos de idade, ou razões de saúde justifiquem a suspensão.

> *Art. 157. O Juiz ou Tribunal, na sentença que aplicar pena privativa de liberdade, na situação determinada no artigo anterior, deverá pronunciar-se, motivadamente, sobre a suspensão condicional, quer a conceda, quer a denegue.*

Como toda decisão judicial, a concessão ou denegação da suspensão condicional da pena depende de motivação idônea pelo Juiz.

> *Art. 158. Concedida a suspensão, o Juiz especificará as condições a que fica sujeito o condenado, pelo prazo fixado, começando este a correr da audiência prevista no artigo 160 desta Lei.*
>
> *§ 1º As condições serão adequadas ao fato e à situação pessoal do condenado, devendo ser incluída entre as mesmas a de prestar serviços à comunidade, ou limitação de fim de semana, salvo hipótese do artigo 78, § 2º, do Código Penal.*
>
> *§ 2º O Juiz poderá, a qualquer tempo, de ofício, a requerimento do Ministério Público ou mediante proposta do Conselho Penitenciário, modificar as condições e regras estabelecidas na sentença, ouvido o condenado.*
>
> *§ 3º A fiscalização do cumprimento das condições, reguladas nos Estados, Territórios e Distrito Federal por normas supletivas, será atribuída a serviço social penitenciário, Patronato, Conselho da Comunidade ou instituição beneficiada com a prestação de serviços, inspecionados pelo Conselho Penitenciário, pelo Ministério Público, ou ambos, devendo o Juiz da execução suprir, por ato, a falta das normas supletivas.*
>
> *§ 4º O beneficiário, ao comparecer periodicamente à entidade fiscalizadora, para comprovar a observância das condições a que está sujeito, comunicará, também, a sua ocupação e os salários ou proventos de que vive.*
>
> *§ 5º A entidade fiscalizadora deverá comunicar imediatamente ao órgão de inspeção, para os fins legais, qualquer fato capaz de acarretar a revogação do benefício, a prorrogação do prazo ou a modificação das condições.*
>
> *§ 6º Se for permitido ao beneficiário mudar-se, será feita comunicação ao Juiz e à entidade fiscalizadora do local da nova residência, aos quais o primeiro deverá apresentar-se imediatamente.*
>
> *Art. 159. Quando a suspensão condicional da pena for concedida por Tribunal, a este caberá estabelecer as condições do benefício.*
>
> *§ 1º De igual modo proceder-se-á quando o Tribunal modificar as condições estabelecidas na sentença recorrida.*
>
> *§ 2º O Tribunal, ao conceder a suspensão condicional da pena, poderá, todavia, conferir ao Juízo da execução a incumbência de estabelecer as condições do benefício, e, em qualquer caso, a de realizar a audiência admonitória.*
>
> *Art. 160. Transitada em julgado a sentença condenatória, o Juiz a lerá ao condenado, em audiência, advertindo-o das consequências de nova infração penal e do descumprimento das condições impostas.*
>
> *Art. 161. Se, intimado pessoalmente ou por edital com prazo de 20 dias, o réu não comparecer injustificadamente à audiência admonitória, a suspensão ficará sem efeito e será executada imediatamente a pena.*

Como toda a execução da pena é judicializada, caberá o controle da efetividade da suspensão a autoridade judiciária, assim como a imposição e acompanhamento das condições. Interessante notar que a suspensão, eventualmente, pode até ser concedida diretamente pelo Tribunal. Isso se dá, normalmente, nos casos de desclassificação ou absolvição por delitos conexos ou, mesmo, em caso de competência originária.

> *Art. 162. A revogação da suspensão condicional da pena e a prorrogação do período de prova dar-se-ão na forma do artigo 81 e respectivos parágrafos do Código Penal.*

De acordo com o art. 81 do Código Penal, a suspensão será revogada obrigatoriamente se, no curso do prazo, o beneficiário: I - for condenado, em sentença irrecorrível, por crime doloso; II – deixar de pagar a multa ou não efetuar, sem motivo justificado, a reparação do dano; ou III – descumprir a prestação de serviços ou limitação de final de ano no primeiro ano de suspensão. Contudo, poderá haver a revogação se o condenado descumpre qualquer outra condição imposta ou é irrecorrivelmente condenado, por crime culposo ou por contravenção, a pena privativa de liberdade ou restritiva de direitos.

> *Art. 163. A sentença condenatória será registrada, com a nota de suspensão em livro especial do Juízo a que couber a execução da pena.*
>
> *§ 1º Revogada a suspensão ou extinta a pena, será o fato averbado à margem do registro.*
>
> *§ 2º O registro e a averbação serão sigilosos, salvo para efeito de informações requisitadas por órgão judiciário ou pelo Ministério Público, para instruir processo penal.*

Todos os eventos relativos à suspensão condicional da pena deverão ser registrados formalmente, não só para acompanhamento, mas também para a verificação posterior do cumprimento de requisitos e consequências da sentença penal condenatória, como a reincidência.

CAPÍTULO IV
Da Pena de Multa

> *Art. 164. Extraída certidão da sentença condenatória com trânsito em julgado, que valerá como título executivo judicial, o Ministério Público requererá, em autos apartados, a citação do condenado para, no prazo de 10 (dez) dias, pagar o valor da multa ou nomear bens à penhora.*
>
> *§ 1º Decorrido o prazo sem o pagamento da multa, ou o depósito da respectiva importância, proceder-se-á à penhora de tantos bens quantos bastem para garantir a execução.*
>
> *§ 2º A nomeação de bens à penhora e a posterior execução seguirão o que dispuser a lei processual civil.*
>
> *Art. 165. Se a penhora recair em bem imóvel, os autos apartados serão remetidos ao Juízo Cível para prosseguimento.*
>
> *Art. 166. Recaindo a penhora em outros bens, dar-se-á prosseguimento nos termos do § 2º do artigo 164, desta Lei.*

A pena de multa foi convertida exclusivamente em dívida de valor em 1996, no âmbito do Código Penal. Atualmente, portanto, ela não mais pode ser convertida em pena privativa de liberdade. Por isso, deve ser executada como dívida que é.

> *Art. 167. A execução da pena de multa será suspensa quando sobrevier ao condenado doença mental (artigo 52 do Código Penal).*

O mesmo que se dá com a pena privativa de liberdade se dá com a multa. O condenado que esteja em *situação* de doença mental deve ser, mesmo que provisoriamente, excluído tanto do cumprimento da pena privativa de liberdade quanto da pena de multa.

Art. 168. *O Juiz poderá determinar que a cobrança da multa se efetue mediante desconto no vencimento ou salário do condenado, nas hipóteses do artigo 50, § 1º, do Código Penal, observando-se o seguinte:*

I. o limite máximo do desconto mensal será o da quarta parte da remuneração e o mínimo o de um décimo;

II. o desconto será feito mediante ordem do Juiz a quem de direito;

III. o responsável pelo desconto será intimado a recolher mensalmente, até o dia fixado pelo Juiz, a importância determinada.

Art. 169. *Até o término do prazo a que se refere o artigo 164 desta Lei, poderá o condenado requerer ao Juiz o pagamento da multa em prestações mensais, iguais e sucessivas.*

§ 1º O Juiz, antes de decidir, poderá determinar diligências para verificar a real situação econômica do condenado e, ouvido o Ministério Público, fixará o número de prestações.

§ 2º Se o condenado for impontual ou se melhorar de situação econômica, o Juiz, de ofício ou a requerimento do Ministério Público, revogará o benefício executando-se a multa, na forma prevista neste Capítulo, ou prosseguindo-se na execução já iniciada.

De modo a facilitar a cobrança da multa, é possível o seu parcelamento através do desconto mensal nas hipóteses previstas no art. 168 da LEP.

Art. 170. *Quando a pena de multa for aplicada cumulativamente com pena privativa da liberdade, enquanto esta estiver sendo executada, poderá aquela ser cobrada mediante desconto na remuneração do condenado (artigo 168).*

§ 1º Se o condenado cumprir a pena privativa de liberdade ou obtiver livramento condicional, sem haver resgatado a multa, far-se-á a cobrança nos termos deste Capítulo.

§ 2º Aplicar-se-á o disposto no parágrafo anterior aos casos em que for concedida a suspensão condicional da pena.

Sempre que possível haverá a execução conjunta de ambas as sanções. Na maior parte das vezes, contudo, o apenado somente realizará o pagamento após o cumprimento da pena mais grave.

TÍTULO VI
Da Execução das Medidas de Segurança
CAPÍTULO I
Disposições Gerais

Art. 171. *Transitada em julgado a sentença que aplicar medida de segurança, será ordenada a expedição de guia para a execução.*

Art. 172. *Ninguém será internado em Hospital de Custódia e Tratamento Psiquiátrico, ou submetido a tratamento ambulatorial, para cumprimento de medida de segurança, sem a guia expedida pela autoridade judiciária.*

Assim como ocorre no âmbito da pena privativa de liberdade, as medidas de segurança somente podem ser cumpridas após emissão da guia de execução. As medidas de segurança são destinadas aos agentes que tiverem praticado fatos típicos e ilícitos, mas sejam reconhecidos como inimputáveis. Nesse caso, ao invés de condenados, são submetidos a uma sentença chamada de absolutória imprópria, pois absolve o agente mas impõe uma medida de segurança baseada na sua periculosidade, não na culpabilidade.

Art. 173. *A guia de internamento ou de tratamento ambulatorial, extraída pelo escrivão, que a rubricará em todas as folhas e a subscreverá com o Juiz, será remetida à autoridade administrativa incumbida da execução e conterá:*

I. a qualificação do agente e o número do registro geral do órgão oficial de identificação;

II. o inteiro teor da denúncia e da sentença que tiver aplicado a medida de segurança, bem como a certidão do trânsito em julgado;

III. a data em que terminará o prazo mínimo de internação, ou do tratamento ambulatorial;

IV. outras peças do processo reputadas indispensáveis ao adequado tratamento ou internamento.

§ 1º Ao Ministério Público será dada ciência da guia de recolhimento e de sujeição a tratamento.

§ 2º A guia será retificada sempre que sobrevier modificações quanto ao prazo de execução.

Art. 174. *Aplicar-se-á, na execução da medida de segurança, naquilo que couber, o disposto nos artigos 8º e 9º desta Lei.*

A guia de execução, seja ela uma guia de internamento ou de tratamento ambulatorial, cumprirá as formalidades legais, tal qual a guia de recolhimento.

CAPÍTULO II
Da Cessação da Periculosidade

Art. 175. *A cessação da periculosidade será averiguada no fim do prazo mínimo de duração da medida de segurança, pelo exame das condições pessoais do agente, observando-se o seguinte:*

I. a autoridade administrativa, até 1 mês antes de expirar o prazo de duração mínima da medida, remeterá ao Juiz minucioso relatório que o habilite a resolver sobre a revogação ou permanência da medida;

II. o relatório será instruído com o laudo psiquiátrico;

III. juntado aos autos o relatório ou realizadas as diligências, serão ouvidos, sucessivamente, o Ministério Público e o curador ou defensor, no prazo de 3 dias para cada um;

IV. o Juiz nomeará curador ou defensor para o agente que não o tiver;

V. o Juiz, de ofício ou a requerimento de qualquer das partes, poderá determinar novas diligências, ainda que expirado o prazo de duração mínima da medida de segurança;

VI. ouvidas as partes ou realizadas as diligências a que se refere o inciso anterior, o Juiz proferirá a sua decisão, no prazo de 5 dias.

Art. 176. *Em qualquer tempo, ainda no decorrer do prazo mínimo de duração da medida de segurança, poderá o Juiz da execução, diante de requerimento fundamentado do Ministério Público ou do interessado, seu procurador ou defensor, ordenar o exame para que se verifique a cessação da periculosidade, procedendo-se nos termos do artigo anterior.*

Art. 177. *Nos exames sucessivos para verificar-se a cessação da periculosidade, observar-se-á, no que lhes for aplicável, o disposto no artigo anterior.*

Como visto, no caso de inimputabilidade, é a periculosidade e não a culpabilidade o motivo de ser da execução. Assim, diferentemente dos presos submetido a pena privativa de liberdade, em que há modelos previamente impostos com tempos mínimos de cumprimento, as medidas de segurança estão em constante avaliação e, a princípio, a qualquer momento poderá ser verificada a cessação da periculosidade do sujeito.

> **Art. 178.** *Nas hipóteses de desinternação ou de liberação (artigo 97, § 3º, do Código Penal), aplicar-se-á o disposto nos artigos 132 e 133 desta Lei.*
>
> **Art. 179.** *Transitada em julgado a sentença, o Juiz expedirá ordem para a desinternação ou a liberação.*

Como observa **Guilherme de Souza Nucci**: "revê a lei penal que o tratamento ambulatorial pode ser convertido em internação, caso essa providência seja necessária para fins curativos. Nada fala, no entanto, quanto à conversão da internação em tratamento ambulatorial, o que se nos afigura perfeitamente possível. Muitas vezes, o agente pode não revelar periculosidade suficiente para ser mantido internado, mas ainda necessitar de um tratamento acompanhado. Assim, valendo-se, por analogia, da hipótese prevista no art. 97, § 4.º, do Código Penal, pode o magistrado determinar a desinternação do agente para o fim de se submeter a tratamento ambulatorial, que seria a conversão da internação em tratamento ambulatorial. Leia-se, uma autêntica desintegração progressiva". (NUCCI, Guilherme de Souza. Leis Penais e Processuais Penais Comentadas. 11. ed. São Paulo: Gen, 2018. 2. v.).

Assim como as penas privativas de liberdade, as medidas de segurança também têm fim. Foi-se o tempo em que eram vistas como perpétuas. A jurisprudência já determinou sua limitação no máximo pelo prazo determinado no art. 75 do Código Penal, havendo, contudo, entendimento ainda mais moderno de que a limitação da duração da medida de segurança seria o mesmo da pena máxima do crime imputado ao inimputável. Nesse sentido, a Súmula 517 do Superior Tribunal de Justiça: "O tempo de duração da medida de segurança não deve ultrapassar o limite máximo da pena abstratamente cominada ao delito praticado".

TÍTULO VII
Dos Incidentes de Execução
CAPÍTULO I
Das Conversões

> **Art. 180.** *A pena privativa de liberdade, não superior a 2 anos, poderá ser convertida em restritiva de direitos, desde que:*
> *I. o condenado a esteja cumprindo em regime aberto;*
> *II. tenha sido cumprido pelo menos 1/4 da pena;*
> *III. os antecedentes e a personalidade do condenado indiquem ser a conversão recomendável.*

A hipótese complementa o disposto no Código Penal, permitindo a conversão de pena privativa de liberdade que já esteja em cumprimento em pena restritiva de direitos, no âmbito da execução.

> **Art. 181.** *A pena restritiva de direitos será convertida em privativa de liberdade nas hipóteses e na forma do artigo 45 e seus incisos do Código Penal.*
>
> *§ 1º A pena de prestação de serviços à comunidade será convertida quando o condenado:*
> *a) não for encontrado por estar em lugar incerto e não sabido, ou desatender a intimação por edital;*
> *b) não comparecer, injustificadamente, à entidade ou programa em que deva prestar serviço;*
> *c) recusar-se, injustificadamente, a prestar o serviço que lhe foi imposto;*
> *d) praticar falta grave;*
> *e) sofrer condenação por outro crime à pena privativa de liberdade, cuja execução não tenha sido suspensa.*
>
> *§ 2º A pena de limitação de fim de semana será convertida quando o condenado não comparecer ao estabelecimento designado para o cumprimento da pena, recusar-se a exercer a atividade determinada pelo Juiz ou se ocorrer qualquer das hipóteses das letras «a», «d» e «e» do parágrafo anterior.*
>
> *§ 3º A pena de interdição temporária de direitos será convertida quando o condenado exercer, injustificadamente, o direito interditado ou se ocorrer qualquer das hipóteses das letras «a» e «e», do § 1º, deste artigo.*

De outro lado, no caso de descumprimento de condições estabelecidas para as penas restritivas de direitos, a Lei de Execução Penal também possibilita a reconversão da pena alternativa em pena privativa de liberdade.

> **Art. 183.** *Quando, no curso da execução da pena privativa de liberdade, sobrevier doença mental ou perturbação da saúde mental, o Juiz, de ofício, a requerimento do Ministério Público, da Defensoria Pública ou da autoridade administrativa, poderá determinar a substituição da pena por medida de segurança.*

Esse artigo prevê a efetiva substituição da pena por medida de segurança. Aqui não se trata das hipóteses anteriores, em que há uma suspensão da pena, mas há efetiva substituição com definitividade.

Vale registar, nesse ponto, que "Em se tratando de medida de segurança aplicada em substituição à pena corporal, prevista no art. 183 da Lei de Execução Penal, sua duração está adstrita ao tempo que resta para o cumprimento da pena privativa de liberdade estabelecida na sentença condenatória. Precedentes desta Corte" (STJ, 6ª T., HC 373.405, rel. Min. Maria Thereza de Assis Moura, j. 06.10.2016).

> **Art. 184.** *O tratamento ambulatorial poderá ser convertido em internação se o agente revelar incompatibilidade com a medida.*
>
> *Parágrafo único. Nesta hipótese, o prazo mínimo de internação será de 1 ano.*

O tratamento ambulatorial é direcionado aos agentes que tenham praticado crime apenado com pena de detenção, considerados menos graves. Há, contudo, a hipótese desse tratamento tornar-se uma internação, caso se mostre incompatível com a realidade.

CAPÍTULO II
Do Excesso ou Desvio

> **Art. 185.** *Haverá excesso ou desvio de execução sempre que algum ato for praticado além dos limites fixados na sentença, em normas legais ou regulamentares.*

Conforme observa a doutrina: "instaura-se um incidente próprio, que correrá em apenso ao processo de execução, quando houver desvio (destinação diversa da finalidade da pena) ou excesso (aplicação abusiva do previsto em lei) em relação ao cumprimento da pena, seja ela de que espécie for. Exemplos: a) o condenado é privado do trabalho, embora deseje participar das atividades, porque se encontra em cela isolada, apenas para garantir a sua incolumidade física, vez que se encontra ameaçado por outros presos. O Estado deve buscar formas alternativas de proteção à integridade dos presos, mas não pode privá-los do trabalho, que, além de um dever, é um direito do condenado. Trata-se de um desvio da execução penal; b) o condenado, por ter cometido alguma falta disciplinar, passa mais de trinta dias em isolamento, infringindo o disposto no art. 58 desta Lei. Há nítido excesso de execução; c) pode-se aventar uma hipótese mista, em que se vislumbra desvio e excesso. Imagine-se o preso inserido no regime disciplinar diferenciado por ter desrespeitado o diretor do presídio (falta grave), porém fato que não se coaduna com o previsto nas hipóteses do art. 52 desta Lei." (NUCCI, Guilherme de Souza. Leis Penais e Processuais Penais Comentadas. 11. ed. São Paulo: Gen, 2018. 2. v.).

> *Art. 186. Podem suscitar o incidente de excesso ou desvio de execução:*
> *I. o Ministério Público;*
> *II. o Conselho Penitenciário;*
> *III. o sentenciado;*
> *IV. qualquer dos demais órgãos da execução penal.*

Os demais órgãos da execução designam, especialmente, o Conselho Nacional de Política Criminal e Penitenciária - CNPCP, os Departamentos Penitenciários, o Patronato, o Conselho da Comunidade e, eventualmente, o próprio juiz, agindo de ofício.

CAPÍTULO III
Da anistia e do indulto

> *Art. 187. Concedida a anistia, o Juiz, de ofício, a requerimento do interessado ou do Ministério Público, por proposta da autoridade administrativa ou do Conselho Penitenciário, declarará extinta a punibilidade.*

Anistia é uma forma de perdão concedida por meio de lei. Nas palavras de Guilherme de Souza Nucci, anistia "é a declaração feita pelo Poder Público, através de lei, editada pelo Congresso Nacional, de que determinado fato, anteriormente considerado criminoso, se tornou impunível por motivo de utilidade social. Volta-se, primordialmente, a crimes políticos, mas nada impede a sua aplicação a outras infrações penais" (Leis Penais e Processuais Penais Comentadas - Vol. 2, 11ª edição. [VitalSource Bookshelf]). Seu efeito é a extinção da punibilidade do fato penal.

> *Art. 188. O indulto individual poderá ser provocado por petição do condenado, por iniciativa do Ministério Público, do Conselho Penitenciário, ou da autoridade administrativa.*

O indulto individual também chamado de graça é modalidade de perdão concedida pelo Presidente da República (CF, art. 84, XII) por meio de decreto autônomo. Os critérios para sua concessão são discricionários do Chefe do Executivo.

> *Art. 189. A petição do indulto, acompanhada dos documentos que a instruírem, será entregue ao Conselho Penitenciário, para a elaboração de parecer e posterior encaminhamento ao Ministério da Justiça.*
>
> *Art. 190. O Conselho Penitenciário, à vista dos autos do processo e do prontuário, promoverá as diligências que entender necessárias e fará, em relatório, a narração do ilícito penal e dos fundamentos da sentença condenatória, a exposição dos antecedentes do condenado e do procedimento deste depois da prisão, emitindo seu parecer sobre o mérito do pedido e esclarecendo qualquer formalidade ou circunstâncias omitidas na petição.*
>
> *Art. 191. Processada no Ministério da Justiça com documentos e o relatório do Conselho Penitenciário, a petição será submetida a despacho do Presidente da República, a quem serão presentes os autos do processo ou a certidão de qualquer de suas peças, se ele o determinar.*
>
> *Art. 192. Concedido o indulto e anexada aos autos cópia do decreto, o Juiz declarará extinta a pena ou ajustará a execução aos termos do decreto, no caso de comutação.*

Os artigos 189 a 192 trazem, textualmente, o procedimento para a realização de anistia e indulto.

> *Art. 193. Se o sentenciado for beneficiado por indulto coletivo, o Juiz, de ofício, a requerimento do interessado, do Ministério Público, ou por iniciativa do Conselho Penitenciário ou da autoridade administrativa, providenciará de acordo com o disposto no artigo anterior.*

De acordo com a doutrina, indulto coletivo é "a clemência concedida pelo Presidente da República, por decreto, a condenados em geral, desde que preencham determinadas condições objetivas e/ou subjetivas. Cuida-se, também, de ato discricionário do Chefe do Poder Executivo, sem qualquer vinculação a parecer de órgão da execução penal. Anualmente, no mínimo um decreto é editado (como regra, o denominado indulto de natal), podendo perdoar integralmente a pena, gerando a extinção da punibilidade, mas mantendo-se o registro da condenação na folha de antecedentes do beneficiário, para fins de reincidência e análise de antecedentes criminais, como pode perdoar parcialmente a pena, operando-se um desconto (comutação), sem provocar a extinção da punibilidade." (NUCCI, Guilherme Souza. Leis Penais e Processuais Penais Comentadas - Vol. 2, 11ª edição. [VitalSource Bookshelf]).

TÍTULO VIII
Do procedimento judicial

> *Art. 194. O procedimento correspondente às situações previstas nesta Lei será judicial, desenvolvendo-se perante o Juízo da execução.*

Todo o procedimento de execução é jurisdicional. O controle dos direitos é todos feito por meio do Poder Judiciário. Cabe ao poder executivo, unicamente, o cumprimento de suas determinações ou a realização de procedimento essencialmente internos aos estabelecimentos prisionais.

> *Art. 195. O procedimento judicial iniciar-se-á de ofício, a requerimento do Ministério Público, do interessado, de quem o represente, de seu cônjuge, parente ou descendente, mediante proposta do Conselho Penitenciário, ou, ainda, da autoridade administrativa.*
>
> *Art. 196. A portaria ou petição será autuada ouvindo-se, em 3 dias, o condenado e o Ministério Público, quando não figurem como requerentes da medida.*
>
> *§ 1º Sendo desnecessária a produção de prova, o Juiz decidirá de plano, em igual prazo.*
>
> *§ 2º Entendendo indispensável a realização de prova pericial ou oral, o Juiz a ordenará, decidindo após a produção daquela ou na audiência designada.*

O procedimento de execução é oficial, isto é, não há necessidade de requerimento pelo Ministério Público ou parte interessada.

O agravo é o único recurso previsto na Lei de Execução Penal. É denominado agravo em execução. Como não há previsão de seu procedimento, utiliza-se o rito dos recursos em sentido estrito, previsto nos Arts. 582 a 592 do Código de Processo Penal.

TÍTULO IX
Das Disposições Finais e Transitórias

As disposições finais e transitórias têm incidência muito baixa em provas e concursos, portanto, serão apenas transcritas abaixo. Elas se referem a temas que não são afetos diretamente aos demais temas da norma, ou simplesmente servem como orientação para a realização de outras normas, esgotando na edição delas a sua eficácia.

Art. 198. É defesa ao integrante dos órgãos da execução penal, e ao servidor, a divulgação de ocorrência que perturbe a segurança e a disciplina dos estabelecimentos, bem como exponha o preso à inconveniente notoriedade, durante o cumprimento da pena.

Art. 199. O emprego de algemas será disciplinado por decreto federal.

Art. 200. O condenado por crime político não está obrigado ao trabalho.

Art. 201. Na falta de estabelecimento adequado, o cumprimento da prisão civil e da prisão administrativa se efetivará em seção especial da Cadeia Pública.

Art. 202. Cumprida ou extinta a pena, não constarão da folha corrida, atestados ou certidões fornecidas por autoridade policial ou por auxiliares da Justiça, qualquer notícia ou referência à condenação, salvo para instruir processo pela prática de nova infração penal ou outros casos expressos em lei.

Art. 203. No prazo de 6 (seis) meses, a contar da publicação desta Lei, serão editadas as normas complementares ou regulamentares, necessárias à eficácia dos dispositivos não autoaplicáveis.

§ 1º Dentro do mesmo prazo deverão as Unidades Federativas, em convênio com o Ministério da Justiça, projetar a adaptação, construção e equipamento de estabelecimentos e serviços penais previstos nesta Lei.

§ 2º Também, no mesmo prazo, deverá ser providenciada a aquisição ou desapropriação de prédios para instalação de casas de albergados.

§ 3º O prazo a que se refere o caput deste artigo poderá ser ampliado, por ato do Conselho Nacional de Política Criminal e Penitenciária, mediante justificada solicitação, instruída com os projetos de reforma ou de construção de estabelecimentos.

§ 4º O descumprimento injustificado dos deveres estabelecidos para as Unidades Federativas implicará na suspensão de qualquer ajuda financeira a elas destinada pela União, para atender às despesas de execução das penas e medidas de segurança.

Art. 204. Esta Lei entra em vigor concomitantemente com a lei de reforma da Parte Geral do Código Penal, revogadas as disposições em contrário, especialmente a Lei nº 3.274, de 2 de outubro de 1957.

Brasília, 11 de julho de 1984; 163º da Independência e 96º da República.

7. LEI Nº 9.099/1995 - JUIZADOS ESPECIAIS CÍVEIS E CRIMINAIS

7.1 Disposições Gerais

Os Juizados Especiais Cíveis e Criminais, órgãos da **Justiça Ordinária**, serão criados pela União, no Distrito Federal e nos Territórios, e pelos Estados, para conciliação, processo, julgamento e execução, nas causas de sua competência.

Essa Lei aplica-se para a Justiça Comum Estadual. Na **Justiça Federal** ela pode ser utilizada de forma **subsidiária**, pois o Juizado Especial Federal tem legislação própria (Lei nº 10.259/2001).

O processo orientar-se-á pelos critérios da **oralidade, simplicidade, informalidade, economia processual e celeridade**, buscando, **sempre que possível**, a conciliação ou a transação.

O sistema dos **Juizados Especiais Civis** (JEC) aplica-se para **causas cíveis de menor complexidade**, enquanto os **Juizados Especiais Criminais** (JECRIM) são utilizados **em infrações penais de menor potencial ofensivo**.

7.2 Dos Juizados Especiais Cíveis

Competência

O Juizado Especial Cível tem competência para conciliação, processo e julgamento das causas cíveis de **menor complexidade**, sendo que essa Lei define quais são esses casos.

Podem ser apreciadas pelo JEC:

> Causas que não excedam 40 vezes o salário mínimo.
> Hipóteses enumeradas no Art. 275, II, do Código de Processo Civil (rito sumário do CPC).
> A ação de despejo para uso próprio.
> As ações possessórias sobre bens imóveis de valor não excedente a 40 salários-mínimos.

Essa competência é **facultativa**, isto é, o autor **pode optar** por ingressar com ação na Justiça Comum, mesmo que esteja enquadrada uma dessas hipóteses.

Se determinada ação for de valor superior a 40 salários-mínimos, e a parte optar por esse procedimento, estará **renunciando ao crédito excedente ao teto** estabelecido, salvo conciliação (as partes podem fazer um acordo de valor superior).

O Juizado Especial também é competente para **executar seus próprios julgados e dos títulos executivos extrajudiciais de valor até 40 salários-mínimos** (observadas as restrições estabelecidas na Lei nº 9.099/95).

Algumas ações, independentemente do valor, não podem ser apreciadas pelo Juizado Especial Cível, devendo tramitar na via comum.

São **excluídas** da competência do JEC as causas:

> De natureza Alimentar, Falimentar e Fiscal.
> De interesse da Fazenda Pública.
> Relativas a acidentes de trabalho, a resíduos e ao estado das pessoas (ainda que de cunho patrimonial).

Mesmo quando o valor for igual ou inferior a 40 salários mínimos, essas causas não poderão tramitar no JEC.

A Lei nº 9.099/95 também traz algumas regras de competência (locais em que a ação deve ser proposta).

Competência do foro:

> **Domicílio do réu** (autor pode optar pelo local onde o réu exerça atividades profissionais ou econômicas ou mantenha estabelecimento, filial, agência, sucursal ou escritório).
> **Local onde a obrigação deva ser satisfeita.**
> **Domicílio do Autor ou do local do ato/fato** – Reparação de danos de qualquer natureza.

Apesar dessas regras, em qualquer hipótese o autor pode optar por propor a ação no domicílio do réu.

Do juiz, dos conciliadores e dos juízes leigos

A Lei nº 9.099/95 traz um procedimento simplificado. O juiz possui **ampla liberdade** para determinar as provas a serem produzidas, para apreciá-las e para dar especial valor as regras de experiência comum ou técnica.

Ele adotará em cada caso a decisão que reputar **mais justa e equânime**, atendendo aos **fins sociais da lei** e às **exigências do bem comum**.

O juizado especial é fortemente caracterizado pelos princípios da **conciliação** e da **celeridade**. Para privilegiar esses princípios, a Lei nº 9.099/95 traz a figura de dois auxiliares da justiça no âmbito da competência dessa lei.

São auxiliares da Justiça:

> **Conciliadores** (bacharéis em Direito).
> **Juízes leigos** (advogados com mais de 5 anos de experiência – impedidos de exercer a advocacia perante os Juizados Especiais enquanto no desempenho de suas funções).

Das partes no juizado especial

No Juizado Especial **não podem ser partes**:

> O incapaz.
> O preso.
> As pessoas jurídicas de direito público.
> As empresas públicas da União.
> A massa falida.
> O insolvente civil.

Independente do valor da causa ou matéria tratada, não poderão ser partes no JEC qualquer um dos acima indicados.

Somente podem **propor ação** perante o Juizado Especial (legitimados ativos):

> **As pessoas físicas capazes** (cessionários de direito de pessoas jurídicas são excluídos; considera-se capaz o **maior de 18 anos**, inclusive para conciliação).
> **As microempresas**.
> **OSCIP** (pessoas jurídicas qualificadas como Organização da Sociedade Civil de Interesse Público).
> **As sociedades de crédito ao microempreendedor.**

Nos termos dessa Lei, a obrigatoriedade de assistência por advogado depende do valor da causa:

> **Até 20 salários-mínimos** – **Facultativa** (as partes comparecem pessoalmente, elas constituem advogados apenas se quiserem).

> **Valor superior** – **Obrigatória** (devem obrigatoriamente constituir um advogado, não podem praticar os atos processuais pessoalmente).

No caso de **assistência facultativa**, se uma das partes comparecer assistida por advogado, ou se o réu for pessoa jurídica ou firma individual, terá a **outra parte, se quiser, assistência judiciária prestada por órgão instituído junto ao Juizado Especial, na forma da lei local**.

O Juiz alertará as partes da conveniência do patrocínio por advogado, quando a causa o recomendar.

O mandato ao advogado **poderá ser verbal**, salvo quanto aos poderes especiais (não precisa de procuração escrita para conferir poderes gerais de foro para o advogado).

Não é admitida, no processo, nenhuma forma de intervenção de terceiro ou de assistência (mas o litisconsórcio é admitido).

O Ministério Público intervirá nos casos previstos em lei.

Atos processuais

Os atos processuais são **públicos** e poderão ser realizados em **horário noturno**, de acordo com o disposto nas **normas de organização judiciária**.

Sempre que **preencherem as finalidades** para as quais forem realizados, eles serão **considerados válidos** (atendidos os critérios definidos pela Lei nº 9.099/05, Art. 2º).

Aqui a Lei adota o princípio da **instrumentalidade das formas**, isto é, caso a Lei preveja determinada forma para a prática de um ato, sem cominação de nulidade, e o ato seja praticado de forma diversa, tendo ele alcançado a sua finalidade essencial, não será o mesmo anulado.

A prática de atos processuais em outras comarcas poderá ser solicitada por qualquer meio idôneo de comunicação.

Registro dos atos – serão registrados apenas aqueles atos que forem considerados essenciais (de forma resumida), em notas manuscritas, datilografada ou estenotipadas.

Os demais atos (não considerados essenciais) poderão ser gravados em fita magnética ou equivalente, que será **inutilizada após o trânsito em julgado da decisão**.

Do pedido

O processo é instaurado com a **apresentação do pedido** à Secretaria do Juizado (isso pode ser feito **por escrito** ou até mesmo de **forma oral**). Nele constará de forma simples e em linguagem acessível:

> O nome, a qualificação e o endereço das partes.

> Os fatos e os fundamentos, de forma sucinta.

> O objeto e seu valor (pode ser formulado pedido genérico quando não for possível determinar, desde logo, a extensão da obrigação).

No caso de **pedido oral**, ele será **reduzido a escrito pela Secretaria do Juizado**, podendo ser utilizado o sistema de fichas ou formulários impressos.

Os pedidos Lei poderão ser **alternativos** ou **cumulados**. No caso de cumulação de pedidos, eles devem ser conexos e a **soma não ultrapasse o limite fixado na Lei** (40 salários-mínimos).

Registrado o pedido, independentemente de distribuição e autuação, a Secretaria do Juizado designará a sessão de conciliação, a realizar-se no prazo de **quinze dias**.

Comparecendo inicialmente ambas as partes, instaurar-se-á, desde logo, a sessão de conciliação, dispensados o registro prévio de pedido e a citação.

Havendo pedidos contrapostos, poderá ser dispensada a contestação formal e ambos serão apreciados na mesma sentença.

Das citações e intimações

A citação é a forma pela qual o réu tem ciência de que contra ele, corre um processo, sendo, nesse ato, chamado para integrar a relação processual.

A **citação** é feita:

> Por correspondência, com aviso de recebimento em mão própria.

> Tratando-se de pessoa jurídica ou firma individual, mediante entrega ao encarregado da recepção, que será obrigatoriamente identificado.

> Sendo necessário, por oficial de justiça, independentemente de mandado ou carta precatória.

O **comparecimento espontâneo suprirá a falta ou nulidade da citação**. Dessa forma, caso o réu não tenha sido citado ou a mesma tenha ocorrido de maneira nula (citou por engano o vizinho por exemplo), mas ele compareça espontaneamente em juízo, esse vício estará sanado.

A citação conterá cópia do pedido inicial, dia e hora para comparecimento do citando e advertência de que, não comparecendo este, considerar-se-ão verdadeiras as alegações iniciais, e será proferido julgamento, de plano (efeitos gerados pela revelia do réu).

Intimações - feitas na forma prevista para citação, ou por qualquer outro meio idôneo de comunicação.

Dos atos praticados na audiência, considerar-se-ão, desde logo, cientes as partes (não precisam ser intimados, pois tiveram ciência desses atos no momento em que os mesmos foram praticados).

As partes devem comunicar as mudanças de endereço que ocorrerem no curso do processo. Se não o fizerem, as intimações enviadas ao local anteriormente indicado serão **reputadas eficazes**.

Da revelia

Não comparecendo o demandado à sessão de conciliação ou à audiência de instrução e julgamento, reputar-se-ão verdadeiros os fatos alegados no pedido inicial, salvo se o contrário resultar da convicção do Juiz.

Da conciliação e do juízo arbitral

Aberta a sessão, o Juiz togado ou leigo esclarecerá as partes presentes sobre as vantagens da conciliação, mostrando-lhes os riscos e as consequências do litígio, especialmente quanto ao disposto no § 3º do Art. 3º desta Lei (renúncia ao crédito que exceder a 40 salários-mínimos).

A conciliação será conduzida pelo Juiz togado ou leigo ou por conciliador sob sua orientação. Obtida a conciliação, esta será **reduzida a escrito e homologada** pelo Juiz togado, mediante **sentença com eficácia de título executivo.**

Não comparecendo o demandado (revelia), o Juiz togado proferirá sentença.

Não obtida a conciliação, as partes poderão optar, de comum acordo, pelo juízo arbitral. O juízo arbitral considerar-se-á instaurado, **independentemente de termo de compromisso**, com a escolha do árbitro pelas partes. Se este não estiver presente, o Juiz convocá-lo-á e designará, de imediato, a data para a audiência de instrução. Esse árbitro será escolhido dentre os juízes leigos.

O árbitro conduzirá o processo com os mesmos critérios do Juiz (dirigirá o processo com liberdade para determinar as provas a serem produzidas, para apreciá-las e para dar especial valor às regras de experiência comum ou técnica), **podendo decidir por equidade**.

O árbitro apresentará o **laudo ao Juiz togado para homologação por sentença irrecorrível** ao término da instrução, ou nos cinco dias subsequentes.

Da instrução e julgamento

Caso não seja instituído o juízo arbitral, proceder-se-á imediatamente à audiência de instrução e julgamento, desde que não resulte prejuízo para a defesa.

Não sendo possível a sua realização imediata, será a audiência designada para um dos **quinze dias subsequentes**, cientes, desde logo, as partes e testemunhas eventualmente presentes.

Na audiência de instrução e julgamento, serão ouvidas as partes, colhidas as provas e, em seguida, proferida a sentença (as partes serão inquiridas ou interrogadas antes da produção das demais provas).

Serão **decididos de plano** (imediatamente) todos os incidentes que **possam interferir** no regular prosseguimento da audiência. As demais questões serão decididas na sentença.

As partes irão se **manifestar imediatamente** sobre os documentos apresentados pela parte contrária, **sem interrupção da audiência.**

Da resposta do réu

A contestação pode ser apresentada de **forma escrita ou oral**. Na contestação, deve estar contida **toda a matéria de defesa**, exceto arguição de suspeição ou impedimento do Juiz, que se processará na forma da legislação em vigor.

No âmbito dos Juizados Especiais, não se admitirá a reconvenção. Entretanto, é lícito ao réu, na contestação, formular pedido em seu favor, nos limites do Art. 3º desta Lei, desde que fundado nos mesmos fatos que constituem objeto da controvérsia (pedido contraposto).

O autor poderá responder ao pedido do réu na própria audiência ou requerer a designação da nova data, que será desde logo fixada, cientes todos os presentes.

Das provas

Todos os meios de prova moralmente legítimos, ainda que não especificados em lei, são hábeis para provar a veracidade dos fatos alegados pelas partes.

Dessa forma, mesmo que determinado meio de prova não esteja previsto na legislação, mas seja moralmente legítimo, ele poderá ser utilizado para demonstrar a veracidade dos fatos narrados pelas partes.

Todas as provas serão produzidas na audiência de instrução e julgamento, **ainda que não requeridas previamente**, podendo o Juiz limitar ou excluir as que considerar excessivas, impertinentes ou protelatórias. Assim, não é requisito para a produção da prova que a parte a tenha requerido previamente.

No Juizado Especial Cível, é possível trazer até **três testemunhas**. Essas testemunhas comparecem à audiência de instrução e julgamento levadas pela parte que as tenha arrolado, **independentemente de intimação**, ou mediante esta, se assim for requerido (só ocorre a intimação de testemunha se a parte o requerer).

Esse requerimento para intimação das testemunhas será apresentado à Secretaria, no **mínimo, cinco dias antes** da audiência de instrução e julgamento.

Se, mesmo após regularmente intimada, a testemunha não comparecer, o Juiz poderá determinar sua imediata condução, valendo-se, se necessário, do auxílio da força pública (condução coercitiva).

Quando a prova do fato exigir, o Juiz poderá inquirir técnicos de sua confiança, permitida às partes a apresentação de parecer técnico. No curso da audiência, poderá o Juiz, de ofício ou a requerimento das partes, realizar inspeção em pessoas ou coisas, ou determinar que o faça pessoa de sua confiança, que lhe relatará informalmente o verificado.

A prova oral não será reduzida a escrito, a sentença deverá referir, no essencial, os informes trazidos nos depoimentos.

A instrução do processo poderá ser dirigida por Juiz leigo, sob a supervisão de Juiz togado.

Da sentença

A sentença mencionará os elementos de convicção do Juiz (com breve resumo dos fatos relevantes ocorridos em audiência), **dispensado o relatório**.

Não se admitirá sentença condenatória por quantia ilíquida, **ainda que genérico o pedido**. Dessa forma, mesmo que a parte tenha formulado um pedido genérico, o juiz não pode proferir sentença ilíquida, ela já deve apresentar o valor da condenação.

É ineficaz a sentença condenatória na parte que exceder a alçada estabelecida nesta Lei. Dessa forma, caso a sentença condene o réu em quantia superior à 40 salários mínimos, ela será ineficaz (sem produção de efeitos) no que ultrapassar esse valor.

O Juiz Leigo que tiver dirigido a instrução proferirá sua decisão e, imediatamente a submeterá ao Juiz Togado, que **poderá**

homologá-la, proferir outra em substituição ou, antes de se manifestar, determinar a realização de atos probatórios indispensáveis.

Da sentença proferida, caberá recurso para o próprio Juizado (excetuada a homologatória de conciliação ou laudo arbitral). Esse recurso será julgado por uma turma composta por três Juízes togados, em exercício no primeiro grau de jurisdição, reunidos na sede do Juizado (Turma Recursal).

Apesar de, em determinados casos, a assistência de advogado ser facultativa no âmbito dos Juizados Especiais, no recurso, as partes serão obrigatoriamente representadas por advogado.

O prazo para interposição de recurso é de **dez dias**, contados da ciência da sentença, por petição escrita, da qual constarão as razões e o pedido do recorrente.

Após a interposição, a parte recorrente tem que realizar o preparo em 48 horas, independentemente de intimação, sob pena de deserção. Após o preparo, a Secretaria intimará o recorrido para oferecer resposta escrita no prazo de dez dias.

O recurso terá somente efeito devolutivo, mas o Juiz poderá dar-lhe efeito suspensivo, para evitar dano irreparável para a parte.

O julgamento em segunda instância constará apenas da ata, com a indicação suficiente do processo, fundamentação sucinta e parte dispositiva. **Se a sentença for confirmada pelos próprios fundamentos, a súmula do julgamento servirá de acórdão.**

Dos embargos de declaração

Os embargos de declaração constituem o recurso cabível quando, na sentença ou acórdão, houver **obscuridade, contradição, omissão ou dúvida**. Tratando-se apenas de erros materiais, esses podem ser corrigidos de ofício.

Os embargos de declaração serão interpostos **por escrito ou oralmente**, no prazo de **cinco dias**, contados da ciência da decisão. Quando interpostos contra a sentença, os embargos de declaração **suspenderão o prazo para recurso**.

Da extinção do processo sem julgamento do mérito

O processo será extinto (sem resolução do mérito), além dos casos previstos em lei, quando:

> O autor deixar de comparecer a qualquer das audiências do processo (caso comprove ter sido por motivo de força maior, a parte poderá ser isentada pelo Juiz do pagamento das custas).
> Inadmissível o procedimento instituído por esta Lei ou seu prosseguimento, após a conciliação.
> For reconhecida a incompetência territorial.
> Falecido o autor, a habilitação depender de sentença ou não se der no prazo de trinta dias.
> Falecido o réu, o autor não promover a citação dos sucessores no prazo de trinta dias da ciência do fato.

A extinção do processo **independerá**, em qualquer hipótese, de prévia intimação pessoal das partes.

Da execução

O Juizado possui competência para executar suas próprias decisões. A execução da sentença processar-se-á, no próprio Juizado, aplicando-se, no que couber, o disposto no Código de Processo Civil, com as seguintes alterações:

> As sentenças serão necessariamente líquidas, contendo a conversão em Bônus do Tesouro Nacional - BTN ou índice equivalente.
> Os cálculos de conversão de índices, de honorários, de juros e de outras parcelas serão efetuados por servidor judicial.
> A intimação da sentença será feita, sempre que possível, na própria audiência em que for proferida. Nessa intimação, o vencido será instado a cumprir a sentença tão logo ocorra seu trânsito em julgado, e advertido dos efeitos do seu descumprimento (inciso V).
> Não cumprida voluntariamente a sentença transitada em julgado, e tendo havido solicitação do interessado, que poderá ser verbal, proceder-se-á desde logo à execução, dispensada nova citação.
> Nos casos de obrigação de entregar, de fazer, ou de não fazer, o Juiz, na sentença ou na fase de execução, cominará multa diária, arbitrada de acordo com as condições econômicas do devedor, para a hipótese de inadimplemento. Não cumprida a obrigação, o credor poderá requerer a elevação da multa ou a transformação da condenação em perdas e danos, que o Juiz de imediato arbitrará, seguindo-se a execução por quantia certa, incluída a multa vencida de obrigação de dar, quando evidenciada a malícia do devedor na execução do julgado.
> Na obrigação de fazer, o Juiz pode determinar o cumprimento por outrem, fixado o valor que o devedor deve depositar para as despesas, sob pena de multa diária.
> Na alienação forçada dos bens, o Juiz poderá autorizar o devedor, o credor ou terceira pessoa idônea a tratar da alienação do bem penhorado, a qual se aperfeiçoará em juízo até a data fixada para a praça ou leilão. Sendo o preço inferior ao da avaliação, as partes serão ouvidas. Se o pagamento não for à vista, será oferecida caução idônea, nos casos de alienação de bem móvel, ou hipotecado o imóvel.
> É dispensada a publicação de editais em jornais, quando se tratar de alienação de bens de pequeno valor.
> O devedor poderá oferecer embargos, nos autos da execução, versando sobre:
>> Falta ou nulidade da citação no processo, se ele correu à revelia.
>> Manifesto excesso de execução.
>> Erro de cálculo.
>> Causa impeditiva, modificativa ou extintiva da obrigação, superveniente à sentença.

A execução de **título executivo extrajudicial**, no valor de **até 40 salários-mínimos**, obedecerá ao disposto no Código de Processo Civil, com as modificações introduzidas por esta Lei.

Efetuada a penhora, o devedor será intimado a comparecer à audiência de conciliação, quando poderá oferecer embargos (Art. 52, IX), por escrito ou verbalmente.

Na audiência, será buscado o **meio mais rápido e eficaz para a solução do litígio**, se possível com dispensa da alienação judicial, devendo o conciliador propor, entre outras medidas cabíveis, o pagamento do débito a prazo ou a prestação, a dação em pagamento ou a imediata adjudicação do bem penhorado.

Não apresentados os embargos em audiência, ou julgados improcedentes, qualquer das partes poderá requerer ao Juiz a adoção de uma das alternativas acima descritas.

Não encontrado o devedor ou inexistindo bens penhoráveis, o processo será imediatamente extinto, devolvendo-se os documentos ao autor.

Das despesas

Em primeiro grau de jurisdição, o acesso ao Juizado Especial independerá do pagamento de custas, taxas ou despesas.

O preparo do recurso, na forma do § 1º do Art. 42 desta Lei (O preparo será feito, independentemente de intimação, nas quarenta e oito horas seguintes à interposição, sob pena de deserção), compreenderá todas as despesas processuais, inclusive aquelas dispensadas em primeiro grau de jurisdição, ressalvada a hipótese de assistência judiciária gratuita.

Em primeiro grau de jurisdição, não há condenação do vencido em custas e honorários de advogado (salvo se configurada litigância de má-fé).

Em segundo grau, o recorrente, vencido, **pagará as custas e honorários de advogado**, que serão fixados entre 10% e 20% do valor de condenação (não havendo condenação, utiliza-se do valor corrigido da causa como base de cálculo).

Na execução não serão contadas custas, salvo quando:

> Reconhecida a litigância de má-fé.
> Improcedentes os embargos do devedor.
> Tratar-se de execução de sentença que tenha sido objeto de recurso improvido do devedor.

Disposições finais

Instituído o Juizado Especial, serão implantadas as curadorias necessárias e o serviço de assistência judiciária.

O **acordo extrajudicial**, de qualquer natureza ou valor, **poderá ser homologado**, no juízo competente, independentemente de termo, valendo a sentença como **título executivo judicial**.

Valerá como **título extrajudicial** o acordo celebrado pelas partes, por instrumento escrito, **referendado pelo órgão competente do Ministério Público**.

Nas causas sujeitas ao procedimento instituído pela Lei nº 9.099/95 **não é admitida a ação rescisória**.

7.3 Dos Juizados Especiais Criminais

Disposições gerais do jecrim

O Juizado Especial Criminal, **provido por juízes togados ou togados e leigos**, tem competência para a conciliação, o julgamento e a execução das **infrações penais de menor potencial ofensivo**, respeitadas as regras de conexão e continência.

Na hipótese de reunião de processos, perante o juízo comum ou o tribunal do júri, decorrentes da aplicação das regras de conexão e continência, **observar-se-ão os institutos da transação penal e da composição dos danos civis.**

→ Consideram-se infrações penais de menor potencial ofensivo (para os efeitos da Lei nº 9.099/95):

> As contravenções penais;
> Os crimes a que a lei comine pena máxima não superior a 2 anos (cumulada ou não com multa).

O processo perante o Juizado Especial orientar-se-á pelos critérios da oralidade, informalidade, economia processual e celeridade, objetivando, sempre que possível, a reparação dos danos sofridos pela vítima e a aplicação de pena não privativa de liberdade.

Da competência e dos atos processuais

Competência do Juizado → determinada pelo lugar em que foi praticada a infração penal.

Os atos processuais serão públicos e poderão realizar-se em horário noturno e em qualquer dia da semana, conforme dispuserem as normas de organização judiciária.

Os atos processuais serão válidos sempre que preencherem as finalidades para as quais foram realizados, atendidos os critérios indicados no Art. 62 da Lei nº 9.099/95 (*critérios da oralidade, informalidade, economia processual e celeridade, objetivando, sempre que possível, a reparação dos danos sofridos pela vítima e a aplicação de pena não privativa de liberdade*).

No âmbito do Juizado Especial Criminal, a nulidade somente será pronunciada se houver prejuízo para alguma das partes.

A prática de atos processuais em outras comarcas poderá ser solicitada por qualquer meio hábil de comunicação.

Somente serão registrados por escrito os atos havidos por essenciais. Os atos realizados em audiência de instrução e julgamento poderão ser gravados em fita magnética ou equivalente.

A citação será pessoal e far-se-á no próprio Juizado, sempre que possível, ou por mandado. Não encontrado o acusado para ser citado, o Juiz encaminhará as peças existentes ao Juízo comum para adoção do procedimento previsto em lei.

A intimação far-se-á por correspondência, com aviso de recebimento pessoal ou, tratando-se de pessoa jurídica ou firma individual, mediante entrega ao encarregado da recepção, que será obrigatoriamente identificado, ou, sendo necessário, por oficial de justiça, independentemente de mandado ou carta precatória, ou ainda por qualquer meio idôneo de comunicação.

Dos atos que forem praticados em audiência, são consideradas intimadas desde logo cientes as partes, os interessados e defensores.

Do ato de intimação do autor do fato e do mandado de citação do acusado, constará a necessidade de seu comparecimento acompanhado de advogado, com a advertência de que, na sua falta, ser-lhe-á designado defensor público.

Da fase preliminar

A autoridade policial que tomar conhecimento da ocorrência lavrará termo circunstanciado e o encaminhará imediatamente ao Juizado, com o autor do fato e a vítima, providenciando-se as requisições dos exames periciais necessários.

Depois da ocorrência do fato, a autoridade policial lavra o TC (Termo Circunstanciado) e encaminha para o Juizado. Não há inquérito.

Se o autor do fato (trata-se do réu, mas a Lei usa o termo "autor do fato") que, após a lavratura do termo, for imediatamente encaminhado ao juizado ou assumir o compromisso de a ele comparecer, não se imporá prisão em flagrante, nem se exigirá fiança.

Em caso de violência doméstica, o juiz poderá determinar, como medida de cautela, seu afastamento do lar, domicílio ou local de convivência com a vítima.

Comparecendo o autor do fato e a vítima, e não sendo possível a realização imediata da audiência preliminar, será designada data próxima, da qual ambos sairão cientes.

Na falta do comparecimento de qualquer dos envolvidos, a Secretaria providenciará sua intimação e, se for o caso, a do responsável civil (intimação feita na forma dos Arts. 67 e 68 da Lei nº 9.099/95, acima visto).

Na audiência preliminar, presente o representante do Ministério Público, o autor do fato e a vítima e, se possível, o responsável civil, acompanhados por seus advogados, o Juiz esclarecerá sobre a possibilidade da composição dos danos e da aceitação da proposta de aplicação imediata de pena não privativa de liberdade.

A conciliação será conduzida pelo Juiz ou também por conciliador (sob orientação do juiz).

Esses conciliadores são auxiliares da Justiça, recrutados, na forma da lei local, **preferentemente** entre bacharéis em Direito (mas aqueles que exerçam funções na administração da Justiça Criminal estão excluídos, não podem atuar como conciliadores).

Na audiência de conciliação, devem estar presentes o Juiz, o Promotor, a vítima e o autor do fato. Nessa audiência eles podem fazer acordo.

A composição (acordo) dos danos civis:
> Será reduzida a escrito.
> Homologada pelo Juiz (sentença irrecorrível).
> Eficácia de título a ser executado no juízo civil competente.

Tratando-se de ação penal de iniciativa privada ou de ação penal pública condicionada à representação, o acordo homologado acarreta a **renúncia ao direito de queixa ou representação**.

Não obtida a composição dos danos civis, será dada imediatamente ao ofendido a oportunidade de exercer o direito de **representação verbal, que será reduzida a termo**. O não oferecimento da representação na audiência preliminar não implica decadência do direito, que poderá ser exercido no prazo previsto em lei.

Havendo representação ou tratando-se de crime de ação penal pública incondicionada, não sendo caso de arquivamento, o Ministério Público poderá propor a aplicação imediata de pena restritiva de direitos ou multas, a ser especificada na proposta.

Nas hipóteses de ser a pena de multa a única aplicável, o Juiz poderá reduzi-la **até a metade**.

Entretanto, **não se admitirá a proposta** se ficar comprovado:
> Ter sido o autor da infração **condenado**, pela prática de crime, à pena **privativa de liberdade**, por **sentença definitiva**.
> Ter sido o agente beneficiado anteriormente, no prazo de **cinco anos**, pela aplicação de pena restritiva ou multa, nos termos deste Art..
> **Não indicarem** os antecedentes, a conduta social e a personalidade do agente, bem como os motivos e as circunstâncias, **ser necessária e suficiente a adoção da medida**.

Se a proposta for aceita pelo autor da infração e seu defensor, será submetida à apreciação do Juiz.

Se acolher essa proposta, o Juiz aplicará a pena restritiva de direitos ou multa, que não importará em reincidência, sendo registrada apenas para impedir novamente o mesmo benefício no prazo de cinco anos.

A imposição dessa sanção não constará de certidão de antecedentes criminais, salvo para os fins previstos no mesmo dispositivo, e não terá efeitos civis, cabendo aos interessados propor ação cabível no juízo cível.

Dessa sentença cabe apelação (mas ela segue as regras previstas para esse recurso na Lei nº 9.099/95).

Do procedimento sumaríssimo

Na ação penal de iniciativa pública, quando não houver aplicação de pena, pela ausência do autor do fato (ou pela não ocorrência da aceitação da proposta acima estudada) o Ministério Público oferecerá ao Juiz, de imediato, denúncia oral, se não houver necessidade de diligências imprescindíveis.

Para o oferecimento da denúncia, que será elaborada com base no termo de ocorrência acima tratado, com dispensa do inquérito policial, prescindir-se-á do exame do corpo de delito quando a materialidade do crime estiver aferida por boletim médico ou prova equivalente (nesse caso, então, não é preciso o exame de corpo de delito).

Se a complexidade ou circunstâncias do caso não permitirem a formulação da denúncia, o Ministério Público poderá requerer ao Juiz o encaminhamento das peças existentes, na forma do parágrafo único do Art. 66 da Lei nº 9.099/95 (Não encontrado o acusado para ser citado, o Juiz encaminhará as peças existentes ao Juízo comum para adoção do procedimento previsto em lei).

Na ação penal **de iniciativa do ofendido**, poderá ser oferecida **queixa oral**, cabendo ao Juiz verificar se a complexidade e as circunstâncias do caso determinam a adoção das providências previstas no parágrafo único do Art. 66 dessa lei (anteriormente citado).

Oferecida a denúncia ou queixa, será reduzida a termo, entregando-se cópia ao acusado, que com ela ficará citado e

LEI Nº 9.099/1995 - JUIZADOS ESPECIAIS CÍVEIS E CRIMINAIS

imediatamente cientificado da designação de dia e hora para a audiência de instrução e julgamento, da qual também tomarão ciência o Ministério Público, o ofendido, o responsável civil e seus advogados.

Se o acusado não estiver presente, será citado na forma dos Arts. 66 e 68 da Lei nº 9.099/95 (pessoalmente no próprio Juizado ou por mandado) e cientificado da data da audiência de instrução e de julgamento, devendo a ela trazer suas testemunhas ou apresentar requerimento para intimação, no mínimo, cinco dias antes de sua realização.

Não estando presentes o ofendido e o responsável civil, serão intimados nos termos do Art. 67 desta Lei para comparecerem à audiência de instrução e julgamento (intimado por carta com aviso de recebimento ou qualquer outro meio idôneo).

As testemunhas arroladas serão intimadas por correspondência com aviso de recebimento ou qualquer outro meio idôneo.

No dia e hora designados para a audiência de instrução e julgamento, se na fase preliminar não tiver havido possibilidade de tentativa de conciliação e de oferecimento de proposta pelo Ministério Público, proceder-se-á a tentativa de conciliação (na forma acima estudada – fase preliminar).

Nenhum ato será adiado, determinando o Juiz, **quando imprescindível, a condução coercitiva** de quem deva comparecer.

Aberta a audiência, será dada a palavra ao defensor para responder à acusação. Após isso o Juiz receberá, ou não, a denúncia ou queixa; havendo recebimento, serão ouvidas a vítima e as testemunhas de acusação e defesa, interrogando-se a seguir o acusado, se presente, passando-se imediatamente aos debates orais e à prolação da sentença.

Todas as provas serão produzidas na audiência de instrução e julgamento, podendo o Juiz limitar ou excluir as que considerar excessivas, impertinentes ou protelatórias.

De todo o ocorrido na audiência será lavrado termo, assinado pelo Juiz e pelas partes, contendo breve resumo dos fatos relevantes ocorridos em audiência e a sentença. A sentença, dispensado o relatório, mencionará os elementos de convicção do Juiz.

O recurso cabível no caso de decisão que rejeite a denúncia ou queixa e também da sentença é a **APELAÇÃO**, que poderá ser julgada por turma composta de três Juízes em exercício no primeiro grau de jurisdição, reunidos na sede do Juizado.

A apelação será interposta no prazo de **dez dias**, contados da ciência da sentença pelo Ministério Público, pelo réu e seu defensor, por petição escrita, da qual constarão as razões e o pedido do recorrente (o recorrido será intimado para oferecer resposta escrita também no prazo de dez dias).

As partes poderão requerer a transcrição da gravação da fita magnética e serão intimadas da data da sessão de julgamento pela imprensa.

Se a sentença for confirmada pelos próprios fundamentos, a súmula do julgamento servirá de acórdão (nesse caso a Turma recursal confirmou a sentença dada, o acórdão é simplificado, consistirá apenas na súmula do julgamento).

Embargos de declaração:

> Recurso cabível quando houver obscuridade, contradição, omissão ou dúvida (em sentença ou em acórdão).
> Serão opostos por escrito ou oralmente.
> Opostos no prazo de cinco dias (contados da ciência da decisão).

Quando opostos contra sentença, os embargos de declaração suspenderão o prazo para o recurso.

Os erros materiais podem ser corrigidos de ofício (o próprio Juiz corrige, sem que ninguém requeria).

Da execução

Se a única pena aplicada for a de multa, seu cumprimento far-se-á mediante pagamento na Secretaria do Juizado. Efetuado o pagamento, o Juiz declarará extinta a punibilidade, determinando que a condenação **não fique constando** dos registros criminais, exceto para fins de requisição judicial.

Mas caso não seja efetuado o pagamento de multa, será feita a conversão **em pena privativa da liberdade**, ou **restritiva de direitos**, nos termos previstos em lei.

A execução das penas privativas de liberdade e restritivas de direitos, ou de multa cumulada com estas, será processada perante o órgão competente, nos termos da lei.

Das despesas processuais

Nos casos de homologação do acordo civil e aplicação de pena restritiva de direitos ou multa, as despesas processuais serão reduzidas, conforme dispuser lei estadual.

Disposições finais

Além das hipóteses do Código Penal e da legislação especial, dependerá de representação a ação penal relativa aos crimes de lesões corporais leves e lesões culposas.

Nos crimes em que a pena mínima cominada for igual ou inferior a um ano, abrangidas ou não por esta Lei, o Ministério Público, ao oferecer a denúncia, poderá propor a suspensão do processo, por dois a quatro anos, desde que o acusado não esteja sendo processado ou não tenha sido condenado por outro crime, presentes os demais requisitos que autorizariam a suspensão condicional da pena (Os requisitos para suspensão da pena são tratados no Art. 77 do Código Penal).

Aceita a proposta pelo acusado e seu defensor, na presença do Juiz, este, recebendo a denúncia, **poderá suspender o processo**, submetendo o acusado **a período de prova**, sob as **seguintes condições**:

> Reparação do dano (salvo impossibilidade de fazê-lo).
> Proibição de frequentar determinados lugares.
> Proibição de ausentar-se da comarca onde reside, sem autorização do Juiz.
> Comparecimento pessoal e obrigatório a juízo, mensalmente, para informar e justificar suas atividades.

O Juiz **poderá especificar outras condições** a que fica subordinada a suspensão, desde que adequadas ao fato e à situação pessoal do acusado.

A suspensão PODERÁ SER REVOGADA se o acusado vier a ser processado, no curso do prazo, por contravenção, ou descumprir qualquer outra condição imposta.

Se no curso do prazo da suspensão o beneficiário vier a ser processado por outro crime ou não efetuar a reparação do dano (sem motivo justificado) a suspensão SERÁ REVOGADA.

Expirado o prazo sem revogação, o Juiz declarará extinta a punibilidade. Não correrá a prescrição durante o prazo de suspensão do processo.

Se o acusado não aceitar a proposta para que seja feita a suspensão o processo prosseguirá em seus ulteriores termos.

As disposições desta Lei não se aplicam aos processos penais cuja instrução já estiver iniciada.

Sobre esse Art.: ADIN nº 1.719/90 do STF: *O Tribunal, por votação unânime, deferiu, em parte, o pedido de medida cautelar, para, sem redução de texto e dando interpretação conforme à Constituição, excluir, com eficácia ex tunc, da norma constante do Art. 090 da Lei nº 9099/95, o sentido que impeça a aplicação de normas de direito penal, com conteúdo mais favorável ao réu, aos processos penais com instrução já iniciada à época da vigência desse diploma legislativo.*

As disposições previstas na Lei nº 9.099/95 **não se aplicam no âmbito da Justiça Militar.**

Nos casos em que esta Lei passa a exigir representação para a propositura da ação penal pública, o ofendido ou seu representante legal será **intimado para oferecê-la no prazo de trinta dias, sob pena de decadência**.

Aplicam-se subsidiariamente as disposições dos Códigos Penal e de Processo Penal, no que não forem incompatíveis com esta Lei.

7.4 Disposições Finais Comuns

Lei Estadual disporá sobre o Sistema de Juizados Especiais Cíveis e Criminais, sua organização, composição e competência.

Os serviços de cartório poderão ser prestados, e as audiências realizadas fora da sede da Comarca, em bairros ou cidades a ela pertencentes, ocupando instalações de prédios públicos, de acordo com audiências previamente anunciadas.

Os Estados, Distrito Federal e Territórios criarão e instalarão os Juizados Especiais no prazo de seis meses, a contar da vigência desta Lei.

No prazo de 6 meses, contado da publicação desta Lei, serão criados e instalados os Juizados Especiais Itinerantes, que deverão dirimir, prioritariamente, os conflitos existentes nas áreas rurais ou nos locais de menor concentração populacional

8. LEI Nº 8.137/1990 - CRIMES CONTRA A ORDEM TRIBUTÁRIA

8.1 ASPECTOS GERAIS

A Lei nº 8.137/90 define crimes contra a ordem tributária, econômica e contra as relações de consumo, e dá outras providências.

Em seu art. 11, dispõe que quem, de qualquer modo, inclusive por meio de pessoa jurídica, concorre para os crimes definidos na respectiva lei, incide nas penas a estes cominadas, na medida de sua culpabilidade. No entanto, nos crimes cometidos em quadrilha ou coautoria, o coautor ou partícipe que, a partir de confissão espontânea, revelar à autoridade policial ou judicial toda a trama delituosa, terá a sua pena reduzida de um a dois terços.

Os crimes previstos na referida Lei, de acordo com seu art. 15, são todos de ação penal pública, sendo a ação movida pelo Ministério Público, sem a necessidade de representação por parte de eventual ofendido (ação penal pública incondicionada).

Dos crimes praticados por particulares

Os arts. 1º e 2º da Lei nº 8.137/90 definem os crimes contra a ordem tributária que podem ser praticados por qualquer pessoa:

> **Art. 1º** Constitui crime contra a ordem tributária suprimir ou reduzir tributo, ou contribuição social e qualquer acessório, mediante as seguintes condutas:
>
> I - omitir informação, ou prestar declaração falsa às autoridades fazendárias;
>
> II - fraudar a fiscalização tributária, inserindo elementos inexatos, ou omitindo operação de qualquer natureza, em documento ou livro exigido pela lei fiscal;
>
> III - falsificar ou alterar nota fiscal, fatura, duplicata, nota de venda, ou qualquer outro documento relativo à operação tributável;
>
> IV - elaborar, distribuir, fornecer, emitir ou utilizar documento que saiba ou deva saber falso ou inexato;
>
> V - negar ou deixar de fornecer, quando obrigatório, nota fiscal ou documento equivalente, relativa a venda de mercadoria ou prestação de serviço, efetivamente realizada, ou fornecê-la em desacordo com a legislação.
>
> Pena - reclusão de 2 (dois) a 5 (cinco) anos, e multa.
>
> Parágrafo único. A falta de atendimento da exigência da autoridade, no prazo de 10 (dez) dias, que poderá ser convertido em horas em razão da maior ou menor complexidade da matéria ou da dificuldade quanto ao atendimento da exigência, caracteriza a infração prevista no inciso V.
>
> **Art. 2º** Constitui crime da mesma natureza:
>
> I - Fazer declaração falsa ou omitir declaração sobre rendas, bens ou fatos, ou empregar outra fraude, para eximir-se, total ou parcialmente, de pagamento de tributo;
>
> II - Deixar de recolher, no prazo legal, valor de tributo ou de contribuição social, descontado ou cobrado, na qualidade de sujeito passivo de obrigação e que deveria recolher aos cofres públicos;
>
> III - exigir, pagar ou receber, para si ou para o contribuinte beneficiário, qualquer percentagem sobre a parcela dedutível ou deduzida de imposto ou de contribuição como incentivo fiscal;
>
> IV - Deixar de aplicar, ou aplicar em desacordo com o estatuído, incentivo fiscal ou parcelas de imposto liberadas por órgão ou entidade de desenvolvimento;
>
> V - Utilizar ou divulgar programa de processamento de dados que permita ao sujeito passivo da obrigação tributária possuir informação contábil diversa daquela que é, por lei, fornecida à Fazenda Pública.
>
> Pena - detenção, de 6 (seis) meses a 2 (dois) anos, e multa.

Extinção da punibilidade e suspensão da prescrição

O art. 34 da Lei nº 9.249/95 dispõe que se extingue a punibilidade dos crimes definidos na Lei nº 8.137/90, quando o agente promover o pagamento do tributo ou contribuição social, inclusive acessórios, antes do recebimento da denúncia.

Já o art. 9º da Lei nº 10.684/03 estipula que, no caso de parcelamento dos débitos, fica suspensa a pretensão punitiva do Estado, referente aos crimes previstos nos arts. 1º e 2º da Lei nº 8.137/90, durante o período em que a pessoa jurídica relacionada com o agente dos aludidos crimes estiver incluída no regime de parcelamento, sendo que a punibilidade é extinta quando do pagamento integral das parcelas.

Dos crimes praticados por funcionários públicos

O art. 3º da Lei nº 8.137/90 dispõe sobre crimes contra a ordem tributária que podem ser praticados somente por funcionários públicos (crimes próprios):

> **Art. 3º** Constitui crime funcional contra a ordem tributária, além dos previstos no Decreto-lei nº 2.848, de 7 de dezembro de 1940 - Código Penal:
>
> I - extraviar livro oficial, processo fiscal ou qualquer documento, de que tenha a guarda em razão da função; sonegá-lo, ou inutilizá-lo, total ou parcialmente, acarretando pagamento indevido ou inexato de tributo ou contribuição social;
>
> II - exigir, solicitar ou receber, para si ou para outrem, direta ou indiretamente, ainda que fora da função ou antes de iniciar seu exercício, mas em razão dela, vantagem indevida; ou aceitar promessa de tal vantagem, para deixar de lançar ou cobrar tributo ou contribuição social, ou cobrá-los parcialmente. Pena - reclusão, de 3 (três) a 8 (oito) anos, e multa.
>
> III - patrocinar, direta ou indiretamente, interesse privado perante a administração fazendária, valendo-se da qualidade de funcionário público.
>
> Pena - reclusão, de 1 (um) a 4 (quatro) anos, e multa.

9. LEI Nº 11.340/2006 - LEI MARIA DA PENHA

9.1 Origem da Lei Maria da Penha

É interesse o fato do qual se originou a Lei nº 11.340/2006, mais conhecida por Lei Maria da Penha, a qual foi uma determinação da Comissão Interamericana de Direitos Humanos, Renato Brasileiro Lima (2016, p. 899) explica a origem:

> Em data de 22 de setembro de 2006, entrou em vigor a Lei nº 11.340/06, referente à violência doméstica e familiar contra a mulher. **Esta lei ficou conhecida como Lei Maria da Penha em virtude da grave violência de que foi vítima Maria da Penha Maia Fernandes**: em 29 de maio de 1983, na cidade de Fortaleza, a farmacêutica Maria da Penha, enquanto dormia, foi atingida por disparo de espingarda desferido por seu próprio marido. Por força desse disparo, que atingiu a vítima em sua coluna, Maria da Penha ficou paraplégica. Porém, as agressões não cessaram. Uma semana depois, a vítima sofreu nova violência por parte de seu então marido, tendo recebido uma descarga elétrica enquanto se banhava. O agressor foi denunciado em 28 de setembro de 1984. Devido a sucessivos recursos e apelos, sua prisão ocorreu somente em setembro de 2002. Por conta da lentidão do processo, e por envolver grave violação aos direitos humanos, o caso foi levado à Comissão Interamericana de Direitos Humanos, que publicou o Relatório nº 54/2001, no sentido de que a ineficácia judicial a impunidade e a impossibilidade de a vítima obter uma reparação mostra a falta de cumprimento do compromisso assumido pelo Brasil de reagir adequadamente ante a violência doméstica. Cinco anos depois da publicação do referido relatório, com o objetivo de coibir e reprimir a violência doméstica e familiar contra a mulher e superar uma violência há muito arraigada na cultura machista do povo brasileiro, entrou em vigor a Lei nº 11.340/06, que ficou mais conhecida como Lei Maria da Penha.

Violação dos Direitos Humanos: a lei dita que a violência doméstica e familiar contra a mulher é uma conduta que viola os Direitos Humanos (art. 6º).

> **Art. 6º** A violência doméstica e familiar contra a mulher constitui uma das formas de violação dos direitos humanos.

9.2 Objetivos

Os objetivos estão expostos na ementa da Lei e no seu art. 1º, quais sejam:

> - Cria mecanismos para coibir e prevenir a violência doméstica e familiar contra a mulher, nos termos do § 8º do art. 226 da Constituição Federal, da Convenção sobre a Eliminação de Todas as Formas de Violência contra a Mulher, da Convenção Interamericana para Prevenir, Punir e Erradicar a Violência contra a Mulher e de outros tratados internacionais ratificados pela República Federativa do Brasil;
> - Dispõe sobre a criação dos Juizados de Violência Doméstica e Familiar contra a mulher;
> - Estabelece medidas de assistência e proteção às mulheres em situação de violência doméstica e familiar;
> - Altera o Código de Processo Penal, o Código Penal e a Lei de Execução Penal; e
> - Dá outras providências.

O referido artigo remete ao § 8º, do art. 226, da CF/1988; porém, a mesma CF/1988 estabelece a proteção à família de forma genérica (a todos que integram a família), isto é, não diretamente à mulher.

9.3 Direitos das Mulheres

> **Art. 2º** Toda mulher, independentemente de classe, raça, etnia, orientação sexual, renda, cultura, nível educacional, idade e religião, **goza dos direitos fundamentais inerentes à pessoa humana**, sendo-lhe asseguradas as oportunidades e facilidades para viver sem violência, preservar sua saúde física e mental e seu aperfeiçoamento moral, intelectual e social.

> **Art. 3º** Serão asseguradas **às mulheres** as condições para o exercício efetivo dos direitos à vida, à segurança, à saúde, à alimentação, à educação, à cultura, à moradia, ao acesso à justiça, ao esporte, ao lazer, ao trabalho, à cidadania, à liberdade, à dignidade, ao respeito e à convivência familiar e comunitária.

> **§ 1º** O poder público desenvolverá políticas que visem garantir os direitos humanos das mulheres no âmbito das relações domésticas e familiares no sentido de resguardá-las de toda forma de negligência, discriminação, exploração, violência, crueldade e opressão.

> **§ 2º** Cabe à família, à sociedade e ao poder público criar as condições necessárias para o efetivo exercício dos direitos enunciados no 'caput'.

Não é só dever do **poder público**, mas também da **família** e da **sociedade** criar condições para o exercício efetivo dos **direitos garantidos, direitos que estão descritos** no caput do art. 3º: direitos à vida, à segurança, à saúde, à alimentação, à educação, à cultura, à moradia, ao acesso à justiça, ao esporte, ao lazer, ao trabalho, à cidadania, à liberdade, à dignidade, ao respeito e à convivência familiar e comunitária (art. 3º, § 2º).

Todavia, cabe ao **poder público** (exclusivamente) **desenvolver políticas** a fim de garantir os **Direitos Humanos** das mulheres (art. 3º, § 1º).

9.4 Sujeitos da Violência Doméstica e Familiar Contra a Mulher

> **Art. 4º** Na interpretação desta Lei serão considerados os fins sociais a que ela se destina e, especialmente, as condições peculiares **das mulheres** em situação de violência doméstica e familiar.

Sujeito passivo: exclusivamente a mulher, de nascença ou com transgenitalização, com a devida alteração em documento de registro civil de identificação autorizada por ordem judicial, em situação doméstica e/ou familiar

Os homens não são sujeitos passivos dessa lei (travestis, homossexuais ou transexuais). Há doutrina (minoritária) no sentido de ser extensível aos transexuais sem cirurgia de mudança de sexo.

Deve-se caracterizar o vínculo familiar, de relação doméstica ou de afetividade; basicamente, a existência de laços de

LEI Nº 11.340/2006 - LEI MARIA DA PENHA

convivência entre os sujeitos ativo (agressor) e passivo (vítima), com ou sem habitação.

> *Lei nº 11.340/06. Sujeito passivo: mulher. 'In casu', a relação de violência retratada neste feito ocorreu entre dois irmãos.* **Inaplicabilidade**. *Precedentes.* **STJ, HC 212.767/DF,** *Rel. Min. Vasco Della Giustina (Desembargador convidado do TJRS), julgado em 13/09/2011, 6ª Turma, DJe 09/11/2011. Precedente do STJ: CC 88.027/MG.*

Assevera-se que também é válido para **hermafrodita** que fez procedimento médico para concluir a sua natureza feminina, conforme a jurisprudência do **TJSC:**

> *Conflito negativo de competência. Violência doméstica e familiar. Homologação de auto de prisão em flagrante. Agressões praticadas pelo companheiro contra pessoa civilmente identificada como sendo do sexo masculino.* **Vítima submetida à cirurgia de adequação de sexo por ser hermafrodita. Adoção do sexo feminino.** *Presença de órgãos reprodutores femininos que lhe conferem a condição de mulher. Retificação do registro civil já requerida judicialmente.* **Possibilidade de aplicação, no caso concreto, da Lei nº 11.340/06.** *Competência do juízo suscitante. Conflito improcedente.* **TJSC, Conflito de Jurisdição nº 2009.006461-6**, *da Capital, Rel. Des. Roberto Lucas Pacheco, julgado em 23/06/2009, 3ª Câmara Criminal, DJe 14/08/2009.*

Sujeito ativo: tanto o **homem** quanto a **mulher**, independentemente da opção sexual, por exemplo, em uma relação homoafetiva entre duas mulheres (art. 5º, parágrafo único).

Corrobora o STJ:

> *O sujeito passivo da violência doméstica objeto da Lei Maria da Penha é a mulher, já o sujeito ativo pode ser tanto o homem quanto a mulher, desde que fique caracterizado o vínculo de relação doméstica, familiar ou de afetividade, além da convivência, com ou sem coabitação.* **STJ, Jurisprudência em Teses nº 41**. *Precedentes: HC 277.561/AL; HC 250.435/RJ; HC 181.246/RS; HC 175.816/RS; CC 88.027/MG; RHC 46.278/AL (Vide Inf. 551).*

9.5 Alcance da Lei

> *Art. 5º Para os efeitos desta Lei configura violência doméstica e familiar contra a mulher qualquer ação ou omissão baseada no gênero que lhe cause morte, lesão, sofrimento físico, sexual ou psicológico e dano moral ou patrimonial:*
>
> *I – no âmbito da unidade doméstica, compreendida como o espaço de convívio permanente de pessoas, com ou sem vínculo familiar, inclusive as esporadicamente agregadas;*
>
> *II – no âmbito da família, compreendida como a comunidade formada por indivíduos que são ou se consideram aparentados, unidos por laços naturais, por afinidade ou por vontade expressa;*
>
> *III – em qualquer relação íntima de afeto, na qual o agressor conviva ou tenha convivido com a ofendida, independentemente de coabitação.*
>
> **Parágrafo único.** *As relações pessoais enunciadas neste artigo independem de orientação sexual.*

Mesmo que ocorra uma agressão contra a mulher, deve-se obrigatoriamente ser **baseada no gênero** para que seja aplicada a Lei Maria da Penha (art. 5º, caput).

Alcance da norma: a eficácia da lei em estudo tem alcance limitado a três situações (art. 5º, I, II e III):

→ Âmbito doméstico: coabitação, hospitalar ou empregatício etc.

A patroa que bate na empregada doméstica que dorme, uma ou duas vezes por semana, na residência da empregadora (sem vínculo familiar e esporadicamente agregada); ou, uma colega agride a outra, em uma república de estudantes (coabitação).

→ Âmbito familiar: parentesco consanguíneo ou por afinidade.

Numa perspectiva de gênero e em condições de hipossuficiência ou inferioridade física e econômica, a irmã mais velha (22 anos) agride violentamente a caçula (17 anos) durante as férias à beira-mar (irmã que bate na irmã); ou, na mesma motivação, a mãe que bate na filha e vice-versa.

→ Relação íntima de afeto: casamento, noivado, namoro ou ex--namoro/noivado, separados, divorciados etc.

Uma ex-namorada agride a ex-parceira, que nunca moraram juntas (relação homoafetiva independente de coabitação).

União homoafetiva e desnecessidade de coabitação: haverá aplicação da lei em apreço mesmo que em uma relação homossexual (art. 5º, parágrafo único) e sem coabitação (art. 5º, III).

Nesse sentido é a jurisprudência do STJ:

> **Súmula nº 600 – STJ:** *Para a configuração da violência doméstica e familiar prevista no artigo 5º da Lei nº 11.340/2006 (Lei Maria da Penha) não se exige a coabitação entre autor e vítima.*

> *A violência doméstica abrange qualquer relação íntima de afeto, dispensada a coabitação.* **STJ, Jurisprudência em Teses nº 41**. *Precedentes: HC 280.082/RS; REsp 1.416.580/RJ; HC 181.246/RS; RHC 27.317/RJ; CC 91.979/MG; HC 179.130/SP; CC 107.238/MG; CC 105.201/MG (Vide Inf. 551).*

> *A Lei Maria da Penha atribuiu às uniões homoafetivas o caráter de entidade familiar, ao prever, no seu artigo 5º, parágrafo único, que as relações pessoais mencionadas naquele dispositivo independem de orientação sexual.* **STJ, Jurisprudência em Teses nº 41**. *Precedentes: REsp 1.183.378/RS; REsp 827.962/RS; REsp 1.026.981/RJ; REsp 1.236.524/SP.*

Rescindência de contrato de trabalho: o contrato de trabalho poderá ser rescindido, por culpa do empregador, se ele praticar qualquer forma de violência doméstica e familiar contra a mulher prevista na Lei Maria da Penha (Lei Complementar nº 150, de 1º/6/2015).

Necessidade de demonstração de vulnerabilidade: a doutrina tende a entender que há necessidade de demonstração de vulnerabilidade da vítima quando o **sujeito ativo for mulher**.

> *Para a aplicação da Lei nº 11.340/2006, há necessidade de demonstração da situação de vulnerabilidade ou hipossuficiência da mulher, numa perspectiva de gênero.* **STJ, Jurisprudência em Teses nº 41**. *Precedentes: AgRg no REsp 1.430.724/RJ; HC 181.246/RS; HC 175.816/RS; HC 176.196/RS; CC 96.533/MG (Vide Inf. 524).*

Desnecessidade de demonstração de vulnerabilidade: todavia, tem-se presumida a condição de vulnerável quando o **sujeito ativo for homem.**

A vulnerabilidade, hipossuficiência ou fragilidade da mulher têm-se como presumidas nas circunstâncias descritas na Lei nº 11.340/2006. **STJ, Jurisprudência em Teses nº 41**. Precedentes: RHC 55.030/RJ; HC 280.082/RS; REsp 1.416.580/RJ (Vide Inf. 539).

9.6 Formas de Violência Doméstica e Familiar Contra a Mulher

Art. 7º São formas de violência doméstica e familiar contra a mulher, entre outras:

I – a violência física, entendida como qualquer conduta que ofenda sua integridade ou saúde corporal;

II – a violência psicológica, entendida como qualquer conduta que lhe cause dano emocional e diminuição da autoestima ou que lhe prejudique e perturbe o pleno desenvolvimento ou que vise degradar ou controlar suas ações, comportamentos, crenças e decisões, mediante ameaça, constrangimento, humilhação, manipulação, isolamento, vigilância constante, perseguição contumaz, insulto, chantagem, violação de sua intimidade, ridicularização, exploração e limitação do direito de ir e vir ou qualquer outro meio que lhe cause prejuízo à saúde psicológica e à autodeterminação; (Redação dada pela Lei nº 13-772/2018)

III – a violência sexual, entendida como qualquer conduta que a constranja a presenciar, a manter ou a participar de relação sexual não desejada, mediante intimidação, ameaça, coação ou uso da força; que a induza a comercializar ou a utilizar, de qualquer modo, a sua sexualidade, que a impeça de usar qualquer método contraceptivo ou que a force ao matrimônio, à gravidez, ao aborto ou à prostituição, mediante coação, chantagem, suborno ou manipulação; ou que limite ou anule o exercício de seus direitos sexuais e reprodutivos;

IV – a violência patrimonial, entendida como qualquer conduta que configure retenção, subtração, destruição parcial ou total de seus objetos, instrumentos de trabalho, documentos pessoais, bens, valores e direitos ou recursos econômicos, incluindo os destinados a satisfazer suas necessidades;

V – a violência moral, entendida como qualquer conduta que configure calúnia, difamação ou injúria.

Violência geral: diante deste artigo, é possível perceber que os meios de violência doméstica e familiar contra a mulher são amplos. Por isso, a doutrina a nomeou de **violência geral:** física, psicológica, sexual, patrimonial e moral (art. 7º, I a V).

Além disso, com relevância, não é qualquer ação ou omissão capaz de infligir sofrimento na mulher que se aplicará a Lei Maria da Penha, mas somente aquelas condutas que sejam algum tipo de ilícito civil ou penal (crime ou contravenção).

Ex.: imagine que Tício, namorado de Mévia, decida terminar o relacionamento com ela, que fica desconsolada e chora compulsivamente por mais de 30 dias sem parar, sem se alimentar direito, nem saindo de seu quarto, sofrendo de uma forma descomunal. Nessa situação hipotética, a Lei Maria da Penha não será aplicada.

A aplicação da Lei Maria da Penha está condicionada à coexistência de três requisitos: sujeito passivo (art. 4º), âmbito (art. 5º) e violência geral (art. 7º).

9.7 Requisitos para Aplicar a Lei Maria da Penha

(1) Sujeito passivo	(1.1) mulher
(2) Âmbito	(2.1) doméstico (2.2) familiar (2.3) relação íntima de afeto
(3) Violência geral	(3.1) física (3.2) psicológica (3.3) sexual (3.4) patrimonial (3.5) moral

9.8 Da Assistência à Mulher em Situação de Violência Doméstica e Familiar

Das medidas integradas de prevenção

Art. 8º A política pública que visa coibir a violência doméstica e familiar contra a mulher far-se-á por meio de um conjunto articulado de ações da União, dos Estados, do Distrito Federal e dos Municípios e de ações não-governamentais, tendo por diretrizes:

I – a integração operacional do Poder Judiciário, do Ministério Público e da Defensoria Pública com as áreas de segurança pública, assistência social, saúde, educação, trabalho e habitação;

II – a promoção de estudos e pesquisas, estatísticas e outras informações relevantes, com a perspectiva de gênero e de raça ou etnia, concernentes às causas, às consequências e à frequência da violência doméstica e familiar contra a mulher, para a sistematização de dados, a serem unificados nacionalmente, e a avaliação periódica dos resultados das medidas adotadas;

III – o respeito, nos meios de comunicação social, dos valores éticos e sociais da pessoa e da família, de forma a coibir os papéis estereotipados que legitimem ou exacerbem a violência doméstica e familiar, de acordo com o estabelecido no inciso III do art. 1º, no inciso IV do art. 3º e no inciso IV do art. 221 da Constituição Federal;

IV – a implementação de atendimento policial especializado para as mulheres, em particular nas Delegacias de Atendimento à Mulher;

V – a promoção e a realização de campanhas educativas de prevenção da violência doméstica e familiar contra a mulher, voltadas ao público escolar e à sociedade em geral, e a difusão desta Lei e dos instrumentos de proteção aos direitos humanos das mulheres;

VI – a celebração de convênios, protocolos, ajustes, termos ou outros instrumentos de promoção de parceria entre órgãos governamentais ou entre estes e entidades não-governamentais, tendo por objetivo a implementação de programas de erradicação da violência doméstica e familiar contra a mulher;

VII – a capacitação permanente das Polícias Civil e Militar, da Guarda Municipal, do Corpo de Bombeiros e dos profissionais pertencentes aos órgãos e às áreas enunciados no inciso I quanto às questões de gênero e de raça ou etnia;

VIII – a promoção de programas educacionais que disseminem valores éticos de irrestrito respeito à dignidade da pessoa humana com a perspectiva de gênero e de raça ou etnia;

IX – o destaque, nos currículos escolares de todos os níveis de ensino, para os conteúdos relativos aos direitos humanos, à equidade de gênero e de raça ou etnia e ao problema da violência doméstica e familiar contra a mulher.

Da assistência à mulher em situação de violência doméstica e familiar

Art. 9º A assistência à mulher em situação de violência doméstica e familiar será prestada de forma articulada e conforme os princípios e as diretrizes previstos na Lei Orgânica da Assistência Social, no Sistema Único de Saúde, no Sistema Único de Segurança Pública, entre outras normas e políticas públicas de proteção, e emergencialmente quando for o caso.

§ 1º O juiz determinará, por prazo certo, a inclusão da mulher em situação de violência doméstica e familiar no cadastro de programas assistenciais do governo federal, estadual e municipal.

§ 2º O juiz assegurará à mulher em situação de violência doméstica e familiar, para preservar sua integridade física e psicológica:

I – acesso prioritário à remoção quando servidora pública, integrante da administração direta ou indireta;

II – manutenção do vínculo trabalhista, quando necessário o afastamento do local de trabalho, por até seis meses.

III – encaminhamento à assistência judiciária, quando for o caso, inclusive para eventual ajuizamento da ação de separação judicial, de divórcio, de anulação de casamento ou de dissolução de união estável perante o juízo competente. (Incluído pela Lei nº 13.894/2019)

§ 3º A assistência à mulher em situação de violência doméstica e familiar compreenderá o acesso aos benefícios decorrentes do desenvolvimento científico e tecnológico, incluindo os serviços de contracepção de emergência, a profilaxia das Doenças Sexualmente Transmissíveis (DST) e da Síndrome da Imunodeficiência Adquirida (AIDS) e outros procedimentos médicos necessários e cabíveis nos casos de violência sexual.

§ 4º Aquele que, por ação ou omissão, causar lesão, violência física, sexual ou psicológica e dano moral ou patrimonial a mulher fica obrigado a ressarcir todos os danos causados, inclusive ressarcir ao Sistema Único de Saúde (SUS), de acordo com a tabela SUS, os custos relativos aos serviços de saúde prestados para o total tratamento das vítimas em situação de violência doméstica e familiar, recolhidos os recursos assim arrecadados ao Fundo de Saúde do ente federado responsável pelas unidades de saúde que prestarem os serviços. (Incluído pela Lei nº 13.871/2019)

§ 5º Os dispositivos de segurança destinados ao uso em caso de perigo iminente e disponibilizados para o monitoramento das vítimas de violência doméstica ou familiar amparadas por medidas protetivas terão seus custos ressarcidos pelo agressor. (Incluído pela Lei nº 13.871/2019)

§ 6º O ressarcimento de que tratam os §§ 4º e 5º deste artigo não poderá importar ônus de qualquer natureza ao patrimônio da mulher e dos seus dependentes, nem configurar atenuante ou ensejar possibilidade de substituição da pena aplicada. (Incluído pela Lei nº 13.871/2019)

§ 7º A mulher em situação de violência doméstica e familiar tem prioridade para matricular seus dependentes em instituição de educação básica mais próxima de seu domicílio, ou transferi-los para essa instituição, mediante a apresentação dos documentos comprobatórios do registro da ocorrência policial ou do processo de violência doméstica e familiar em curso. (Incluído pela Lei nº 13.882/2019)

§ 8º Serão sigilosos os dados da ofendida e de seus dependentes matriculados ou transferidos conforme o disposto no §7º deste artigo, e o acesso às informações será reservado ao juiz, ao Ministério Público e aos órgãos competentes do poder público. (Incluído pela Lei nº 13.882/2019)

Prioridade de remoção de servidora pública: nos casos de violência doméstica e familiar contra a mulher que seja servidora pública da Administração Direta ou Indireta, o juiz deverá garantir prioridade na remoção desta para outro órgão a fim de garantir a integridade física e psicológica da vítima (art. 9º, § 2º, I).

Manutenção de vínculo trabalhista até 6 meses: quando houver necessidade de afastamento da vítima, o juiz garantirá a manutenção do vínculo trabalhista por até 6 (seis) meses objetivando a incolumidade dela (art. 9º, § 2º, II).

Ressarcimento ao Sistema Único de Saúde (SUS): a Lei nº 13.871/2019, que incluiu os §§ 4º, 5º e 6º, dispõe sobre a responsabilidade do agressor pelo ressarcimento dos custos relacionados aos serviços de saúde prestados pelo Sistema Único de Saúde (SUS) às vítimas de violência doméstica e familiar e aos dispositivos de segurança por elas utilizados. Todavia, tais parágrafos só tiveram vigência a partir de 2/11/2019 (45 dias após sua publicação no DOU).

Matrícula de dependentes na rede de educação básica: a Lei nº 13.882/2019, que incluiu os §§ 7º e 8º, dispõe sobre a garantia de matrícula dos dependentes da mulher vítima de violência doméstica e familiar em instituição de educação básica mais próxima de seu domicílio. Tais parágrafos possuem eficácia imediata, uma vez que a lei previu a sua vigência a partir do dia de sua publicação (publicado no DOU em 9/10/2019).

Do atendimento pela autoridade policial

Art. 10 Na hipótese da iminência ou da prática de violência doméstica e familiar contra a mulher, à autoridade policial que tomar conhecimento da ocorrência adotará, de imediato, as providências legais cabíveis.

Parágrafo único. Aplica-se o disposto no 'caput' deste artigo ao descumprimento de medida protetiva de urgência deferida.

Prioridade de atendimento policial: o art. 10 determina a atuação imediata pela autoridade policial que tomar conhecimento da iminência ou da prática de violência doméstica e familiar contra a mulher.

Art. 10-A É direito da mulher em situação de violência doméstica e familiar o atendimento policial e pericial especializado, ininterrupto e prestado por servidores — preferencialmente do sexo feminino — previamente capacitados. (Artigo acrescido pela Lei nº 13.505/2017)

§ 1º A inquirição de mulher em situação de violência doméstica e familiar ou de testemunha de violência doméstica, quando se tratar de crime contra a mulher, obedecerá às seguintes diretrizes:

I – salvaguarda da integridade física, psíquica e emocional da depoente, considerada a sua condição peculiar de pessoa em situação de violência doméstica e familiar;

II – garantia de que, em nenhuma hipótese, a mulher em situação de violência doméstica e familiar, familiares e testemunhas terão contato direto com investigados ou suspeitos e pessoas a eles relacionadas;

III – não revitimização da depoente, evitando sucessivas inquirições sobre o mesmo fato nos âmbitos criminal, cível e administrativo, bem como questionamentos sobre a vida privada.

§ 2º Na inquirição de mulher em situação de violência doméstica e familiar ou de testemunha de delitos de que trata esta Lei, adotar-se-á, preferencialmente, o seguinte procedimento:

I – a inquirição será feita em recinto especialmente projetado para esse fim, o qual conterá os equipamentos próprios e adequados à idade da mulher em situação de violência doméstica e familiar ou testemunha e ao tipo e à gravidade da violência sofrida;

II – quando for o caso, a inquirição será intermediada por profissional especializado em violência doméstica e familiar designado pela autoridade judiciária ou policial;

III – o depoimento será registrado em meio eletrônico ou magnético, devendo a degravação e a mídia integrar o inquérito.

Atendimento policial e pericial especializado: a Lei nº 13.505/2017, que incluiu os arts. 10-A, 12-A e 12-B, dispõe sobre o direito da mulher em situação de violência doméstica e familiar de ter atendimento policial e pericial especializado, ininterrupto e prestado por servidores — **preferencialmente do sexo feminino** — previamente capacitados.

Veja que o dispositivo não determina o atendimento obrigatório por servidores do sexo feminino, mas, sim, preferencialmente; isto é, na ausência delas, poderá o atendimento ser feito por agente policial masculino.

Diretrizes obrigatórias da inquirição (§ 1º)	Procedimento preferencial da inquirição (§ 2º)
I – Salvaguarda da integridade da depoente;	I – Recinto especial;
II – Ausência de contato direto com investigados, suspeitos ou pessoas relacionadas;	II – Intermediação por profissional especializado;
III – Não revitimização da depoente.	III – Registro em meio eletrônico ou magnético.

***Art. 11** No atendimento à mulher em situação de violência doméstica e familiar, a autoridade policial deverá, entre outras providências:*

I – garantir proteção policial, quando necessário, comunicando de imediato ao Ministério Público e ao Poder Judiciário;

II – encaminhar a ofendida ao hospital ou posto de saúde e ao Instituto Médico Legal;

III – fornecer transporte para a ofendida e seus dependentes para abrigo ou local seguro, quando houver risco de vida;

IV – se necessário, acompanhar a ofendida para assegurar a retirada de seus pertences do local da ocorrência ou do domicílio familiar;

V – informar à ofendida os direitos a ela conferidos nesta Lei e os serviços disponíveis, inclusive os de assistência judiciária para o eventual ajuizamento perante o juízo competente da ação de separação judicial, de divórcio, de anulação de casamento ou de dissolução de união estável. (Redação dada pela Lei nº 13.894/2019)

Providências durante o atendimento policial à mulher: o art. 11 lista certas providências que devem ser executadas pela autoridade policial que estiver atendendo a mulher em situação de violência doméstica e familiar, as quais não estão listadas em um rol taxativo, mas, sim, um rol exemplificativo, por força do termo: "[...] entre outras providências: [...]".

Providências durante o atendimento policial à mulher (art. 11)	
Garantir	Proteção policial (quando necessário).
Encaminhar	A ofendida ao hospital ou posto de saúde e ao IML.
Fornecer	Transporte para abrigo ou local seguro (quando houver risco de vida).
Acompanhar	Para assegurar a retirada de seus pertences (se necessário).
Informar	Os direitos e os serviços disponíveis.

***Art. 12** Em todos os casos de violência doméstica e familiar contra a mulher, feito o registro da ocorrência, deverá a autoridade policial adotar, de imediato, os seguintes procedimentos, sem prejuízo daqueles previstos no Código de Processo Penal:*

I – ouvir a ofendida, lavrar o boletim de ocorrência e tomar a representação a termo, se apresentada;

II – colher todas as provas que servirem para o esclarecimento do fato e de suas circunstâncias;

III – remeter, no prazo de 48 (quarenta e oito) horas, expediente apartado ao juiz com o pedido da ofendida, para a concessão de medidas protetivas de urgência;

IV – determinar que se proceda ao exame de corpo de delito da ofendida e requisitar outros exames periciais necessários;

V – ouvir o agressor e as testemunhas;

VI – ordenar a identificação do agressor e fazer juntar aos autos sua folha de antecedentes criminais, indicando a existência de mandado de prisão ou registro de outras ocorrências policiais contra ele;

VI-A – verificar se o agressor possui registro de porte ou posse de arma de fogo e, na hipótese de existência, juntar aos autos essa informação, bem como notificar a ocorrência à instituição responsável pela concessão do registro ou da emissão do porte, nos termos da Lei nº 10.826, de 22 de dezembro de 2003 (Estatuto do Desarmamento); (Incluído pela Lei nº 13.880/2019)

VII – remeter, no prazo legal, os autos do inquérito policial ao juiz e ao Ministério Público.

§ 1º O pedido da ofendida será tomado a termo pela autoridade policial e deverá conter:

I – qualificação da ofendida e do agressor;

II – nome e idade dos dependentes;

III – descrição sucinta do fato e das medidas protetivas solicitadas pela ofendida;

IV – informação sobre a condição de a ofendida ser pessoa com deficiência e se da violência sofrida resultou deficiência ou agravamento de deficiência preexistente. (Incluído pela Lei nº 13.836/2019)

LEI Nº 11.340/2006 - LEI MARIA DA PENHA

§ 2º A autoridade policial deverá anexar ao documento referido no §1º o boletim de ocorrência e cópia de todos os documentos disponíveis em posse da ofendida.

§ 3º Serão admitidos como meios de prova os laudos ou prontuários médicos fornecidos por hospitais e postos de saúde.

Procedimentos após o registro de ocorrência (art. 12)	
Ouvir, lavrar e tomar	Ouvir a ofendida, lavrar o boletim de ocorrência e tomar a representação a termo, se apresentada;
Colher	Todas as provas que servirem para o esclarecimento do fato e de suas circunstâncias;
Remeter	No prazo de 48 (quarenta e oito) horas, expediente apartado ao juiz com o pedido da ofendida, para a concessão de medidas protetivas de urgência;
Determinar	Que se proceda ao exame de corpo de delito da ofendida e requisitar outros exames periciais necessários;
Ouvir	O agressor e as testemunhas;
Ordenar	A identificação do agressor e fazer juntar aos autos sua folha de antecedentes criminais, indicando a existência de mandado de prisão ou registro de outras ocorrências policiais contra ele;
Verificar	Se o agressor possui registro de porte ou posse de arma de fogo e, na hipótese de existência, juntar aos autos essa informação, bem como notificar a ocorrência à instituição responsável pela concessão do registro ou da emissão do porte, nos termos da Lei nº 10.826/03 (Estatuto do Desarmamento);
Remeter	No prazo legal, os autos do inquérito policial ao juiz e ao Ministério Público.

Art. 12-A Os Estados e o Distrito Federal, na formulação de suas políticas e planos de atendimento à mulher em situação de violência doméstica e familiar, darão prioridade, no âmbito da Polícia Civil, à criação de Delegacias Especializadas de Atendimento à Mulher (DEAMS), de Núcleos Investigativos de Feminicídio e de equipes especializadas para o atendimento e a investigação das violências graves contra a mulher. (Artigo acrescido pela Lei nº 13.505/2017)

Art. 12-B (Vetado na Lei nº 13.505/2017)

§ 1º (Vetado na Lei nº 13.505/2017)

§ 2º (Vetado na Lei nº 13.505/2017)

§ 3º A autoridade policial poderá requisitar os serviços públicos necessários à defesa da mulher em situação de violência doméstica e familiar e de seus dependentes. (Incluído pela Lei nº 13.505, de 8/11/2017)

Art. 12-C Verificada a existência de risco atual ou iminente à vida ou à integridade física ou psicológica da mulher em situação de violência doméstica e familiar, ou de seus dependentes, o agressor será imediatamente afastado do lar, domicílio ou local de convivência com a ofendida: (Redação dada pela Lei nº 14.188/2021)

I – pela autoridade judicial;

II – pelo delegado de polícia, quando o Município não for sede de comarca; ou

III – pelo policial, quando o Município não for sede de comarca e não houver delegado disponível no momento da denúncia.

§ 1º Nas hipóteses dos incisos II e III do 'caput' deste artigo, o juiz será comunicado no prazo máximo de 24 (vinte e quatro) horas e decidirá, em igual prazo, sobre a manutenção ou a revogação da medida aplicada, devendo dar ciência ao Ministério Público concomitantemente.

§ 2º Nos casos de risco à integridade física da ofendida ou à efetividade da medida protetiva de urgência, não será concedida liberdade provisória ao preso.

9.9 Aspectos Processuais Relevantes

Competência mista e legislações aplicáveis

Art. 13 Ao processo, ao julgamento e à execução das causas cíveis e criminais decorrentes da prática de violência doméstica e familiar contra a mulher aplicar-se-ão as normas dos Códigos de Processo Penal e Processo Civil e da legislação específica relativa à criança, ao adolescente e ao idoso que não conflitarem com o estabelecido nesta Lei.

Aplicação subsidiária: por ser uma lei específica, a Lei Maria da Penha prevalece sobre a genérica naquilo que houver contradição, todavia, ainda se aplicará a lei geral quando aquela não versar sobre o assunto, por exemplo, os Códigos Processuais Penal e Civil (CPP e CPC), o Estatuto da Criança e do Adolescente (ECA), bem como o Estatuto do Idoso, entre outros.

Juizados de Violência Doméstica e Familiar contra a Mulher

Art. 14 Os Juizados de Violência Doméstica e Familiar contra a Mulher, órgãos da Justiça Ordinária com **competência cível e criminal**, poderão ser criados pela União, no Distrito Federal e nos Territórios, e pelos Estados, para o processo, o julgamento e a execução das causas decorrentes da prática de violência doméstica e familiar contra a mulher.

Parágrafo único. Os atos processuais poderão realizar-se em horário noturno, conforme dispuserem as normas de organização judiciária.

Competência cumulativa: os juizados de violência doméstica e familiar contra a mulher possuem a cumulação de competência civil e criminal, bem como de outras causas decorrentes (art. 14, caput).

Os Juizados de Violência Doméstica e Familiar contra a Mulher **têm competência cumulativa para o julgamento e a execução das causas decorrentes** da prática de violência doméstica e familiar contra a mulher, nos termos do art. 14, da Lei nº 11.340/2006. STJ, Jurisprudência em Teses nº 41. Precedentes: REsp 1.475.006/MT (Vide Inf. 550). (grifo nosso)

Horário noturno: os atos processuais relativos à Lei Maria da Penha poderão se realizar em **horário noturno** (art. 14, parágrafo único).

Art. 14-A A ofendida tem a opção de propor ação de divórcio ou de dissolução de união estável no Juizado de Violência Doméstica e Familiar contra a Mulher. (Incluído pela Lei nº 13.894/2019)

§ 1º Exclui-se da competência dos Juizados de Violência Doméstica e Familiar contra a Mulher a pretensão relacionada à partilha de bens.

§ 2º *Iniciada a situação de violência doméstica e familiar após o ajuizamento da ação de divórcio ou de dissolução de união estável, a ação terá preferência no juízo onde estiver.*

Opção da ofendida nos processos cíveis

Art. 15 É competente, por opção da ofendida, para os processos cíveis regidos por esta Lei, o Juizado:

I – do seu domicílio ou de sua residência;

II – do lugar do fato em que se baseou a demanda;

III – do domicílio do agressor.

Audiência de retratação

*Art. 16 Nas **ações penais públicas condicionadas à representação** da ofendida de que trata esta Lei, só será admitida a renúncia à representação perante o juiz, em audiência especialmente designada com tal finalidade, **antes do recebimento da denúncia** e ouvido o Ministério Público.*

Retratação da representação: nos casos de violência doméstica e familiar contra a mulher, somente será possível a **retratação da representação** (nos crimes de ação penal pública condicionada) **antes do recebimento da denúncia**.

*A audiência de retratação prevista no art. 16 da Lei nº 11.340/06 apenas será designada no caso de **manifestação expressa ou tácita da vítima** e desde que ocorrida **antes do recebimento da denúncia**. STJ, Jurisprudência em Teses nº 41. Precedentes: RHC 41.545/PB; HC 184.923/DF; AgRg no AREsp 40.934/DF; HC 167.898/MG; AgRg no Ag 1.380.117/SE; RHC 27.317/RJ; REsp 1.533.691/MG; AREsp 518.363/DF. (grifo nosso)*

O art. 16 da Lei Maria da Penha apresenta situação dilatada à regra geral descrita no CPP referente à retratação da representação (art. 25, CPP). Portanto, cuidado com esses temas em sua prova.

Retratação da representação	
Lei Maria da Penha	Até o **recebimento** da denúncia (por exemplo: a denúncia está em mãos do juiz, mas ainda não se iniciou o processo).
CPP	Até o **oferecimento** da denúncia (por exemplo: a denúncia ainda não foi encaminhada para o juiz, mas ainda está em mãos do Ministério Público).

Sanções vedadas

Art. 17 É vedada a aplicação, nos casos de violência doméstica e familiar contra a mulher, de penas de cesta básica ou outras de prestação pecuniária, bem como a substituição de pena que implique o pagamento isolado de multa.

Aplicação de pena de cesta básica ou de prestação pecuniária: a fim de desencorajar o agressor, o legislador proibiu (vedou) a **aplicação** de penas de cesta básica ou de prestação pecuniária (pagamento em dinheiro à vítima), bem como a **substituição** de pena pelo pagamento isolado de multa.

Substituição de pena privativa de liberdade por restritiva de direitos: o STJ determinou a impossibilidade de **substituição** de pena privativa de liberdade por restritiva de direitos, nos casos de violência doméstica e familiar contra a mulher.

Súmula nº 588 – STJ: *A prática de crime ou contravenção penal contra a mulher com violência ou grave ameaça no ambiente doméstico impossibilita a substituição da pena privativa de liberdade por restritiva de direitos.*

Princípio da insignificância e bagatela imprópria

Não se admite o **princípio da insignificância** (bagatela própria) para a violência doméstica e familiar contra a mulher.

Súmula nº 589 – STJ: *É inaplicável o princípio da insignificância nos crimes ou contravenções penais praticados contra a mulher no âmbito das relações domésticas.*

Nem mesmo a aplicação da bagatela imprópria:

Não é possível *a aplicação dos **princípios da insignificância e da bagatela imprópria** nos delitos praticados com violência ou grave ameaça no âmbito das relações domésticas e familiares. **STJ, Jurisprudência em Teses nº 41.** Precedentes: REsp 1.537.749/DF; AgRg no REsp 1.464.335/MS; AgRg no AREsp 19.042/DF; REsp 1.538.562/SP; AREsp 652.428/DF; HC 317.781/MS. (grifo nosso)*

Vedação da Lei nº 9.099/1995

Art. 41 Aos crimes praticados com violência doméstica e familiar contra a mulher, independentemente da pena prevista, não se aplica a Lei nº 9.099, de 26 de setembro de 1995.

Não se aplica a **Lei nº 9.099/1995** (JECrim) à violência doméstica e familiar contra a mulher, em todos os sentidos: sursis processual (suspensão condicional do processo), transação penal, reparação dos danos, entre outros dispositivos.

Súmula nº 536 – STJ: *A suspensão condicional do processo e a transação penal não se aplicam na hipótese de delitos sujeitos ao rito da Lei Maria da Penha.*

Lesão corporal leve e culposa

Súmula nº 542 – STJ: *A ação penal relativa ao crime de lesão corporal resultante de violência doméstica contra a mulher é pública incondicionada.*

Os demais crimes são de ação penal pública condicionada à representação continuarão com a mesma regra do Código Penal ou outras Leis Penais Especiais, o que não se aplica à Lei Maria da Penha é a Lei nº 9.099/1995 (JECrim).

Na violência doméstica e familiar contra a mulher que gere lesão corporal leve ou culposa, a **ação penal é pública incondicionada**. Por exemplo: o **crime de ameaça** contra a mulher em situação de violência doméstica e familiar continua a ser de **ação penal pública condicionada** à representação da vítima, conforme dispõe o art. 147, parágrafo único do Código Penal.

*O crime de lesão corporal, ainda que leve ou culposo, praticado contra a mulher no âmbito das relações domésticas e familiares, deve ser processado mediante ação penal pública incondicionada. **STJ, Jurisprudência em Teses nº 41.** Precedentes: REsp 1.537.749/DF; AgRg no REsp 1.442.015/MG; RHC 42.228/SP; AgRg no REsp 1.358.215/MG; RHC 45.444/MG; AgRg no REsp 1.428.577/DF; AgRg no HC 213.597/MT; HC 184.923/DF; RHC 33.881/MG; HC 242.458/DF (Vide Inf. 509).*

LEI Nº 11.340/2006 - LEI MARIA DA PENHA

9.10 Medidas Protetivas de Urgência

Disposições gerais

Art. 18 Recebido o expediente com o pedido da ofendida, caberá ao juiz, no prazo de 48 (quarenta e oito) horas:

I – conhecer do expediente e do pedido e decidir sobre as medidas protetivas de urgência;

II – determinar o encaminhamento da ofendida ao órgão de assistência judiciária, quando for o caso, inclusive para o ajuizamento da ação de separação judicial, de divórcio, de anulação de casamento ou de dissolução de união estável perante o juízo competente; (Redação dada pela Lei nº 13.894/2019)

III – comunicar ao Ministério Público para que adote as providências cabíveis;

IV – determinar a apreensão imediata de arma de fogo sob a posse do agressor. (Incluído pela Lei nº 13.880/2019)

Atendimento policial e pericial especializado: a Lei nº 13.505/2017, que incluiu os arts. 10-A, 12-A e 12-B, dispõe sobre o direito da mulher em situação de violência doméstica e familiar de ter atendimento policial e pericial especializado, ininterrupto e prestado por servidores — **preferencialmente do sexo feminino** — previamente capacitados.

Art. 19 As medidas protetivas de urgência poderão ser concedidas pelo juiz, a requerimento do Ministério Público ou a pedido da ofendida.

§ 1º As medidas protetivas de urgência poderão ser concedidas de imediato, independentemente de audiência das partes e de manifestação do Ministério Público, devendo este ser prontamente comunicado.

§ 2º As medidas protetivas de urgência serão aplicadas isolada ou cumulativamente, e poderão ser substituídas a qualquer tempo por outras de maior eficácia, sempre que os direitos reconhecidos nesta Lei forem ameaçados ou violados.

§ 3º Poderá o juiz, a requerimento do Ministério Público ou a pedido da ofendida, conceder novas medidas protetivas de urgência ou rever aquelas já concedidas, se entender necessário à proteção da ofendida, de seus familiares e de seu patrimônio, ouvido o Ministério Público.

Ministério Público ou ofendida: as medidas protetivas de urgências necessitam de **autorização judicial** e poderão ser concedidas por: [1] requerimento do Ministério Público ou [2] pedido da ofendida. Sendo assim, não cabe à autoridade policial solicitar medida protetiva de urgência, conforme a ausência legal no art. 19.

Art. 20 Em qualquer fase do inquérito policial ou da instrução criminal, caberá a prisão preventiva do agressor, decretada pelo juiz, de ofício, a requerimento do Ministério Público ou mediante representação da autoridade policial.

Parágrafo único. O juiz poderá revogar a prisão preventiva se, no curso do processo, verificar a falta de motivo para que subsista, bem como de novo decretá-la, se sobrevierem razões que a justifiquem.

Ministério Público ou autoridade policial: a prisão preventiva do agressor necessita de **autorização judicial** e poderá ser concedida: [1] requerimento do Ministério Público ou [2] representação da autoridade policial — no inquérito policial ou na instrução criminal (durante o processo penal poderá o juiz decretá-la de ofício).

Art. 21 A ofendida deverá ser notificada dos atos processuais relativos ao agressor, especialmente dos pertinentes ao ingresso e à saída da prisão, sem prejuízo da intimação do advogado constituído ou do defensor público.

Parágrafo único. A ofendida não poderá entregar intimação ou notificação ao agressor.

Notificação dos atos processuais: a ofendida deve ser "notificada" (ou "cientificada") sobre todos os atos processuais que envolverem o agressor; vedando-se, entretanto, que ela entregue intimação ou notificação ao agressor.

Medidas protetivas de urgência que obrigam o agressor

Art. 22 Constatada a prática de violência doméstica e familiar contra a mulher, nos termos desta Lei, o juiz poderá aplicar, de imediato, ao agressor, em conjunto ou separadamente, as seguintes medidas protetivas de urgência, entre outras:

I – suspensão da posse ou restrição do porte de armas, com comunicação ao órgão competente, nos termos da Lei nº 10.826, de 22 de dezembro de 2003 (Estatuto do Desarmamento);

II – afastamento do lar, domicílio ou local de convivência com a ofendida;

III – proibição de determinadas condutas, entre as quais:

a) aproximação da ofendida, de seus familiares e das testemunhas, fixando o limite mínimo de distância entre estes e o agressor;

b) contato com a ofendida, seus familiares e testemunhas por qualquer meio de comunicação;

c) frequentação de determinados lugares a fim de preservar a integridade física e psicológica da ofendida;

IV – restrição ou suspensão de visitas aos dependentes menores, ouvida a equipe de atendimento multidisciplinar ou serviço similar;

V – prestação de alimentos provisionais ou provisórios.

VI – comparecimento do agressor a programas de recuperação e reeducação; e (Incluído pela Lei nº 13.984/2020)

VII – acompanhamento psicossocial do agressor, por meio de atendimento individual e/ou em grupo de apoio. (Incluído pela Lei nº 13.984/2020)

§ 1º As medidas referidas neste artigo não impedem a aplicação de outras previstas na legislação em vigor, sempre que a segurança da ofendida ou as circunstâncias o exigirem, devendo a providência ser comunicada ao Ministério Público.

§ 2º Na hipótese de aplicação do inciso I, encontrando-se o agressor nas condições mencionadas no 'caput' e incisos do art. 6º da Lei nº 10.826, de 22 de dezembro de 2003 (Estatuto do Desarmamento), o juiz comunicará ao respectivo órgão, corporação ou instituição as medidas protetivas de urgência concedidas e determinará a restrição do porte de armas, ficando o superior imediato do agressor responsável pelo cumprimento da determinação judicial, sob pena de incorrer nos crimes de prevaricação ou de desobediência, conforme o caso.

§ 3º Para garantir a efetividade das medidas protetivas de urgência, poderá o juiz requisitar, a qualquer momento, auxílio da força policial.

§ 4º Aplica-se às hipóteses previstas neste artigo, no que couber, o disposto no 'caput' e nos §§ 5º e 6º do art. 461 da Lei nº 5.869, de 11 de janeiro de 1973 (Código de Processo Civil).

Medidas isoladas ou cumulativamente: determina o caput do art. 22 que o juiz poderá, de imediato, aplicar as medidas protetivas de urgência isoladas ou cumulativamente, entre outras, ou seja, o rol é exemplificativo.

Comunicação ao Ministério Público (§ 1º): como o rol é exemplificativo, poderá o juiz competente aplicar outras medidas previstas na legislação em vigor, mas sempre notificando o Ministério Público.

Agentes de segurança pública (§ 2º): tratando-se de agentes de segurança previstos no rol do *caput* e incisos do art. 6º do Estatuto do Desarmamento, o juiz competente irá comunicar o órgão competente e o superior hierárquico ficará responsável pela restrição do porte do subordinado sob de pena de incorrer nos crimes de prevaricação ou desobediência, conforme o caso.

Auxílio da força policial (§ 3º): a fim de garantir a efetividade das medidas protetivas, o juiz poderá requisitar o auxílio da força policial.

Medidas protetivas de urgência que obrigam o agressor, entre outras (art. 22)	
Suspensão de posse/porte de armas	Com comunicação ao órgão competente, nos termos da Lei nº 10.826/2003 (Estatuto do Desarmamento).
Afastamento do lar	Ou local de convivência com a ofendida.
Proibição de condutas	a) aproximação da ofendida, de seus familiares e das testemunhas, fixando o limite mínimo de distância entre estes e o agressor; b) contato com a ofendida, seus familiares e testemunhas por qualquer meio de comunicação; c) frequentação de determinados lugares a fim de preservar a integridade física e psicológica da ofendida;
Restrição de visitas	Aos dependentes menores, ouvida a equipe de atendimento multidisciplinar ou serviço similar.
Prestação de alimentos	Provisionais ou provisórios.

Medidas protetivas de urgência à ofendida

Art. 23 Poderá o juiz, quando necessário, sem prejuízo de outras medidas:

I – encaminhar a ofendida e seus dependentes a programa oficial ou comunitário de proteção ou de atendimento;

II – determinar a recondução da ofendida e a de seus dependentes ao respectivo domicílio, após afastamento do agressor;

III – determinar o afastamento da ofendida do lar, sem prejuízo dos direitos relativos a bens, guarda dos filhos e alimentos;

IV – determinar a separação de corpos;

V – determinar a matrícula dos dependentes da ofendida em instituição de educação básica mais próxima do seu domicílio, ou a transferência deles para essa instituição, independentemente da existência de vaga. (Incluído pela Lei nº 13.882/2019)

Medidas protetivas de urgência à ofendida, entre outras (art. 23)	
Programa de proteção	Encaminhamento da ofendida e de seus dependentes à programa oficial ou comunitário de proteção ou de atendimento.
Recondução ao domicílio	Determinação de reconduzir a ofendida e seus dependentes ao respectivo domicílio, após afastamento do agressor.
Afastamento do lar	Determinação de afastar a ofendida do lar, sem prejuízo dos direitos relativos a bens, guarda dos filhos e alimentos.
Separação matrimonial	Determinação da separação de corpos.
Matrícula escolar	Determinação de matrícula dos dependentes da ofendida em instituição de educação básica mais próxima do seu domicílio, ou a transferência deles para essa instituição, independentemente da existência de vaga.

Art. 24 Para a proteção patrimonial dos bens da sociedade conjugal ou daqueles de propriedade particular da mulher, o juiz poderá determinar, liminarmente, as seguintes medidas, entre outras:

I – restituição de bens indevidamente subtraídos pelo agressor à ofendida;

II – proibição temporária para a celebração de atos e contratos de compra, venda e locação de propriedade em comum, salvo expressa autorização judicial;

III – suspensão das procurações conferidas pela ofendida ao agressor;

IV – prestação de caução provisória, mediante depósito judicial, por perdas e danos materiais decorrentes da prática de violência doméstica e familiar contra a ofendida.

Parágrafo único. Deverá o juiz oficiar ao cartório competente para os fins previstos nos incisos II e III deste artigo.

Medidas protetivas do patrimônio da ofendida (art. 24)	
Restituição de bens	Indevidamente subtraídos pelo agressor à ofendida.
Proibição temporária	Para a celebração de atos e contratos de compra, venda e locação de propriedade em comum, salvo expressa autorização judicial.
Suspensão de procurações	Conferidas pela ofendida ao agressor.
Prestação de caução provisória	Mediante depósito judicial, por perdas e danos materiais decorrentes da prática de violência doméstica e familiar contra a ofendida.

Do crime de descumprimento de medidas protetivas de urgência

Descumprimento de medidas protetivas de urgência

> **Art. 24-A** *Descumprir decisão judicial que defere medidas protetivas de urgência previstas nesta Lei: (Incluído pela Lei nº 13.641/2018)*
>
> **Pena** – *detenção, de 3 (três) meses a 2 (dois) anos.*
>
> *§ 1º A configuração do crime independe da competência civil ou criminal do juiz que deferiu as medidas.*
>
> *§ 2º Na hipótese de prisão em flagrante, apenas a autoridade judicial poderá conceder fiança*
>
> *§ 3º O disposto neste artigo não exclui a aplicação de outras sanções cabíveis.*

Antes da Lei nº 13.641/2018, ao agente que descumprisse medida de protetiva de urgência, o juiz poderia aplicar outras sanções previstas, como, por exemplo, a possibilidade de se aplicar a prisão preventiva (art. 313, III, CPP). Portanto, antigamente o seu descumprimento não configurava crime na Lei Maria da Penha nem mesmo o de desobediência (art. 330, CP).

> *O descumprimento de medida protetiva de urgência não configura o crime de desobediência, em face da existência de outras sanções previstas no ordenamento jurídico para a hipótese.* **STJ, Jurisprudência em Teses nº 41.** *Precedentes: AgRg no HC 305.448/RS; Ag no REsp 1.519.650/DF; HC 312.513/RS; AgRg no REsp 1454609/RS; AgRg no REsp 1.490.460/DF; HC 305.442/RS; AgRg no AREsp 575.017/DF: HC 299.165/RS; AgRg no REsp 1.482.990/MG; AgRg no REsp 1.477.632/DF (Vide Inf. 544).*

Sujeito ativo: é **próprio** (somente aquele que teve a medida protetiva de urgência decretada poderá cometê-lo).

Mesmo após a vigência da Lei nº 13.641/2018, não configura o delito de desobediência (art. 330, CP), mas, sim, o crime de **"descumprimento de medidas protetivas de urgência"** (art. 24-A, Lei nº 11.340/2006) — especial modalidade de desobediência.

Elemento subjetivo e conduta: é **doloso** (não admite a forma culposa) e **comissivo** (admite tentativa) ou **omissivo** (não admite tentativa).

Consumação e tentativa: trata-se de **delito instantâneo** (sua consumação se dá em momento certo: quando o agente comete a conduta proibida na decisão judicial ou deixa de praticar aquela que lhe foi ordenada) e; tanto é **plurissubsistente** (admite tentativa), na forma comissiva; como também, **unissubsistente** (não admite tentativa), na forma omissiva.

Princípio da especialidade: o crime de "descumprimento de medidas protetivas de urgência" (art. 24-A da Lei Maria da Penha) trata-se de especial modalidade de "desobediência" (art. 330 do Código Penal) e, por conseguinte, o tipo específico prevalece sobre o genérico, por força do princípio da especialidade.

Ação penal: é pública incondicionada, isto é, o Ministério Público deverá promover, privativamente, a ação penal pública (art. 129, I, CF/1988), assim que tiver conhecimento, não podendo desistir da ação penal (art. 42, CPP).

Inquérito policial: mesmo que se trate de infração penal de menor potencial ofensivo, não se aplicará os institutos referentes a esta infração (art. 61, Lei nº 9.099/1995), devendo, portanto, a autoridade policial instaurar inquérito policial de ofício assim que tomar conhecimento da materialidade do delito (art. 4º, caput, I, CPP).

Competência: é do Juizado de Violência Doméstica e Familiar Contra a Mulher (arts. 13 e 14).

Descumprimento de medida protetiva penal ou civil (§ 1º): o descumprimento de decisão judicial que defere medida protetiva de urgência prevista na Lei Maria da Penha não é somente a de cunho penal, mas também a civil, por exemplo, as impostas pelos arts. 22 a 24.

Inadmissibilidade de fiança em sede policial (§ 2º): cuidado, pois o art. 24-A da Lei Maria da Penha é delito afiançável em sede judicial, mas será inafiançável em sede policial. Assim, a fiança somente poderá ser decretada pelo juiz competente.

Outras sanções (§ 3º): o cometimento do crime em estudo não impede a aplicação de outras sanções cabíveis, como a prisão preventiva (art. 313, III, CPP).

Atuação do Ministério Público

> **Art. 25** *O Ministério Público intervirá, quando não for parte, nas causas cíveis e criminais decorrentes da violência doméstica e familiar contra a mulher.*
>
> **Art. 26** *Caberá ao Ministério Público, sem prejuízo de outras atribuições, nos casos de violência doméstica e familiar contra a mulher, quando necessário:*
>
> *I – requisitar força policial e serviços públicos de saúde, de educação, de assistência social e de segurança, entre outros;*
>
> *II – fiscalizar os estabelecimentos públicos e particulares de atendimento à mulher em situação de violência doméstica e familiar, e adotar, de imediato, as medidas administrativas ou judiciais cabíveis no tocante a quaisquer irregularidades constatadas;*
>
> *III – cadastrar os casos de violência doméstica e familiar contra a mulher.*

"Custos legis": o Ministério Público, quando não for parte da ação, intervirá como fiscal da lei (art. 25).

Competências do Ministério Público (art. 26)	
Requisitar	**Força policial** e **serviços públicos** de saúde, de educação, de assistência social e de segurança, entre outros.
Fiscalizar	Os **estabelecimentos públicos** e **particulares** de atendimento à mulher em situação de violência doméstica e familiar.
Adotar	De imediato, as **medidas administrativas** ou **judiciais cabíveis** no tocante a quaisquer irregularidades constatadas.
Cadastrar	Os casos de violência doméstica e familiar contra a mulher (no banco de dados à que se referem os art. 38 e 38-A).

Da assistência judiciária

Art. 27 Em todos os atos processuais, cíveis e criminais, a mulher em situação de violência doméstica e familiar deverá estar acompanhada de advogado, ressalvado o previsto no art. 19 desta Lei.

Art. 28 É garantido a toda mulher em situação de violência doméstica e familiar o acesso aos serviços de Defensoria Pública ou de Assistência Judiciária Gratuita, nos termos da lei, em sede policial e judicial, mediante atendimento específico e humanizado.

Assistência Judiciária: a ofendida deve estar acompanhada de advogado, caso não tenha condições para o seu pagamento, o Estado deverá lhe garantir que seja assistida pela Defensoria Pública. Tal assistência possui dois parâmetros: no inquérito policial e no processo judicial; além de atendimento específico e humanizado.

9.11 Da Equipe de Atendimento Multidisciplinar

Art. 29 Os Juizados de Violência Doméstica e Familiar contra a Mulher que vierem a ser criados poderão contar com uma equipe de atendimento multidisciplinar, a ser integrada por profissionais especializados nas áreas psicossocial, jurídica e de saúde.

Art. 30 Compete à equipe de atendimento multidisciplinar, entre outras atribuições que lhe forem reservadas pela legislação local, fornecer subsídios por escrito ao juiz, ao Ministério Público e à Defensoria Pública, mediante laudos ou verbalmente em audiência, e desenvolver trabalhos de orientação, encaminhamento, prevenção e outras medidas, voltados para a ofendida, o agressor e os familiares, com especial atenção às crianças e aos adolescentes.

Art. 31 Quando a complexidade do caso exigir avaliação mais aprofundada, o juiz poderá determinar a manifestação de profissional especializado, mediante a indicação da equipe de atendimento multidisciplinar.

Art. 32 O Poder Judiciário, na elaboração de sua proposta orçamentária, poderá prever recursos para a criação e manutenção da equipe de atendimento multidisciplinar, nos termos da Lei de Diretrizes Orçamentárias (LDO).

Equipe multidisciplinar: essa ajudará os Juizados de Violência Doméstica e Familiar Contra a Mulher, que contará com profissionais específicos nas áreas psicossocial, jurídica e de saúde; devendo o Poder Judiciário prever recursos para a manutenção da equipe multidisciplinar, conforme dispõe a LDO.

9.12 Disposições Transitórias

Art. 33 Enquanto não estruturados os Juizados de Violência Doméstica e Familiar contra a Mulher, as varas criminais acumularão as competências cível e criminal para conhecer e julgar as causas decorrentes da prática de violência doméstica e familiar contra a mulher, observadas as previsões do Título IV desta Lei, subsidiada pela legislação processual pertinente.

Parágrafo único. Será garantido o direito de preferência, nas varas criminais, para o processo e o julgamento das causas referidas no 'caput'.

Locais em que não há Juizado de Violência Doméstica e Familiar Contra a Mulher: enquanto a comarca jurídica não possuir tais Juizados, ficará a cargo das **varas criminais** tais competências (cível e penal).

9.13 Disposições Finais

Art. 34 A instituição dos Juizados de Violência Doméstica e Familiar contra a Mulher poderá ser acompanhada pela implantação das curadorias necessárias e do serviço de assistência judiciária.

Art. 35 A União, o Distrito Federal, os Estados e os Municípios poderão criar e promover, no limite das respectivas competências: (Vide Lei nº 14.316/2022)

I – centros de atendimento integral e multidisciplinar para mulheres e respectivos dependentes em situação de violência doméstica e familiar;

II – casas-abrigos para mulheres e respectivos dependentes menores em situação de violência doméstica e familiar;

III – delegacias, núcleos de defensoria pública, serviços de saúde e centros de perícia médico-legal especializados no atendimento à mulher em situação de violência doméstica e familiar;

IV – programas e campanhas de enfrentamento da violência doméstica e familiar;

V – centros de educação e de reabilitação para os agressores.

Art. 36 A União, os Estados, o Distrito Federal e os Municípios promoverão a adaptação de seus órgãos e de seus programas às diretrizes e aos princípios desta Lei.

Art. 37 A defesa dos interesses e direitos transindividuais previstos nesta Lei poderá ser exercida, concorrentemente, pelo Ministério Público e por associação de atuação na área, regularmente constituída há pelo menos um ano, nos termos da legislação civil.

Parágrafo único. O requisito da pré-constituição poderá ser dispensado pelo juiz quando entender que não há outra entidade com representatividade adequada para o ajuizamento da demanda coletiva.

Art. 38 As estatísticas sobre a violência doméstica e familiar contra a mulher serão incluídas nas bases de dados dos órgãos oficiais do Sistema de Justiça e Segurança a fim de subsidiar o sistema nacional de dados e informações relativo às mulheres.

Parágrafo único. As Secretarias de Segurança Pública dos Estados e do Distrito Federal poderão remeter suas informações criminais para a base de dados do Ministério da Justiça.

Art. 38-A O juiz competente providenciará o registro da medida protetiva de urgência. (Artigo acrescido pela Lei nº 13.827/2019)

Parágrafo único. As medidas protetivas de urgência serão, após sua concessão, imediatamente registradas em banco de dados mantido e regulamentado pelo Conselho Nacional de Justiça, garantido o acesso instantâneo do Ministério Público, da Defensoria Pública e dos órgãos de segurança pública e de assistência social, com vistas à fiscalização e à efetividade das medidas protetivas. (Redação pela Lei nº 14.310/2022)

Art. 39 A União, os Estados, o Distrito Federal e os Municípios, no limite de suas competências e nos termos das respectivas leis de diretrizes orçamentárias, poderão estabelecer dotações orçamentárias específicas, em cada exercício financeiro, para a implementação das medidas estabelecidas nesta Lei.

Art. 40 As obrigações previstas nesta Lei não excluem outras decorrentes dos princípios por ela adotados.

Art. 41 Aos crimes praticados com violência doméstica e familiar contra a mulher, independentemente da pena prevista, não se aplica a Lei nº 9.099, de 26 de setembro de 1995 (Lei dos Juizados Especiais Cíveis e Criminais).

Não se aplica a **Lei nº 9.099/1995** (JECrim) à violência doméstica e familiar contra a mulher, em todos os sentidos: sursis processual (suspensão condicional do processo), transação penal, reparação dos danos, entre outros dispositivos.

> **Súmula nº 536** – STJ: A suspensão condicional do processo e a transação penal não se aplicam na hipótese de delitos sujeitos ao rito da Lei Maria da Penha.

Lesão corporal leve e culposa

> **Súmula nº 542** – STJ: A ação penal relativa ao crime de lesão corporal resultante de violência doméstica contra a mulher é pública incondicionada.

Na violência doméstica e familiar contra a mulher que gere lesão corporal leve ou culposa, a **ação penal é pública incondicionada.**

Os demais crimes de ação penal pública condicionada à representação **continuarão** com a mesma regra do Código Penal ou outras Leis Penais Especiais, o que não se aplica à Lei Maria da Penha é a Lei nº 9.099/1995 (JECrim). Por exemplo: o **crime de ameaça** contra a mulher em situação de violência doméstica e familiar, continua a ser de **ação penal pública condicionada** à representação da vítima, conforme dispõe o art. 147, parágrafo único, do Código Penal.

> O crime de lesão corporal, ainda que leve ou culposo, praticado contra a mulher no âmbito das relações domésticas e familiares, deve ser processado mediante ação penal pública incondicionada. **STJ, Jurisprudência em Teses nº 41.** Precedentes: REsp 1.537.749/DF; AgRg no REsp 1.442.015/MG; RHC 42.228/SP; AgRg no REsp 1.358.215/MG; RHC 45.444/MG; AgRg no REsp 1.428.577/DF; AgRg no HC 213.597/MT; HC 184.923/DF; RHC 33.881/MG; HC 242.458/DF (Vide Inf. 509).

9.14 Alterações Legislativas

Art. 42 O art. 313 do Decreto-Lei nº 3.689, de 3 de outubro de 1941 (Código de Processo Penal), passa a vigorar acrescido do seguinte inciso IV:

Art. 313 [...]

IV – se o crime envolver violência doméstica e familiar contra a mulher, nos termos da lei específica, para garantir a execução das medidas protetivas de urgência.

Art. 43 A alínea "f" do inciso II do art. 61 do Decreto-Lei nº 2.848, de 7 de dezembro de 1940 (Código Penal), passa a vigorar com a seguinte redação:

Art. 61[...]

I– [...]

f) com abuso de autoridade ou prevalecendo-se de relações domésticas, de coabitação ou de hospitalidade, ou com violência contra a mulher na forma da lei específica;

Art. 44 O art. 129 do Decreto-Lei nº 2.848, de 7 de dezembro de 1940 (Código Penal), passa a vigorar com as seguintes alterações:

Art. 129 [...]

§ 9º Se a lesão for praticada contra ascendente, descendente, irmão, cônjuge ou companheiro, ou com quem conviva ou tenha convivido, ou, ainda, prevalecendo-se o agente das relações domésticas, de coabitação ou de hospitalidade:

Pena – detenção, de 3 (três) meses a 3 (três) anos [...]

§ 11. Na hipótese do §9º deste artigo, a pena será aumentada de um terço se o crime for cometido contra pessoa portadora de deficiência.

Art. 45 O art. 152 da Lei nº 7.210, de 11 de julho de 1984 (Lei de Execução Penal), passa a vigorar com a seguinte redação:

Art. 152 [...]

Parágrafo único. Nos casos de violência doméstica contra a mulher, o juiz poderá determinar o comparecimento obrigatório do agressor a programas de recuperação e reeducação.

10. DECRETO-LEI Nº 3.688/1941 - LEI DAS CONTRAVENÇÕES PENAIS

A referida lei traz as regras gerais e tipifica as condutas entendidas como contravenção penal, trazendo as regras que distinguem as contravenções dos crimes/delitos. Esse tema se torna muito relevante diante da realidade expressada atualmente, no sentido de incriminação ainda maior das condutas, deixando de lado as contravenções penais, salvo o jogo do bicho, pois, provavelmente, tornar-se-á crime.

10.1 Infração Penal

No Brasil, o conceito de infração penal foi subdividido em duas espécies (teoria bipartite). Infração penal é o gênero e as espécies são ou crime ou contravenção penal. Se olharmos para a conduta em si, não dá para diferenciar crime de contravenção, por isso se diz que ontologicamente (na essência) são iguais, o que os diferencia é a valoração dada pelo legislador (ontologicamente iguais, mas axiologicamente diferentes).

Contravenção penal - sinônimos: Crime formiga, delito liliputiano, crime vagabundo, crime-anão.

IMPO = infrações de menor potencial ofensivo: São todas as contravenções e os crimes cuja pena máxima não seja superior a 02 anos.

Crime	
Reclusão	Regime fechado, semi-aberto e aberto
Detenção	Regime semi-aberto e aberto

Contravenção Penal	
Prisão simples e Multa	A prisão simples é sem rigor penitenciário e será em regime semiaberto ou aberto. Será em estabelecimento especial ou em seção especial de prisão comum (colônia agrícola ou casa do albergado), desde que fique sempre separado. Se a pena não ultrapassa 15 dias o trabalho é facultativo. No caso de prisão comum, o trabalho é facultativo para os presos provisórios (somente o trabalho interno) e para os presos políticos.

10.2 Penas Acessórias

As penas acessórias são a publicação da sentença (jornal de grande circulação na região) e as seguintes interdições de direitos:

> A incapacidade temporária para profissão ou atividade, cujo exercício dependa de habilitação especial, licença ou autorização do poder público;
> A suspensão dos direitos políticos (enquanto dure a execução da pena privativa de liberdade ou aplicação da medida de segurança detentiva).

Limites das penas

Paras os crimes prevê o Código Penal em seu Art. 75 que o máximo da pena cumprida será de 40 anos:

> **Art. 75.** O tempo de cumprimento das penas privativas de liberdade não pode ser superior a 40 (quarenta) anos.

Já para as contravenções penais, a regra é diferente, pois o tempo máximo de cumprimento de pena é de 05 anos, Art. 10 da Lei das Contravenções Penais:

> **Art. 10.** A duração da pena de prisão simples não pode, em caso algum, ser superior a cinco anos, nem a importância das multas ultrapassarem cinquenta contos.

Multa

A multa prevista pelo Código Penal será aplicada de acordo com o Art. 49 e seguintes:

> A pena de multa consiste no pagamento, ao fundo penitenciário, da quantia fixada na sentença e calculada em dias-multa. Será, no mínimo, de 10 (dez) e, no máximo, de 360 (trezentos e sessenta) dias-multa.
> O valor do dia-multa será fixado pelo juiz, não podendo ser inferior a um trigésimo do maior salário mínimo mensal vigente ao tempo do fato, nem superior a 5 (cinco) vezes esse salário.
> A multa pode ser aumentada até o triplo, se o juiz considerar que, em virtude da situação econômica do réu, é ineficaz, embora aplicada no máximo.

A Lei das Contravenções Penais prevê que a multa não pode ultrapassar cinquenta contos, no entanto, o Art. 2º da Lei nº 7.209/84 que alterou a parte geral do Código Penal prevê que as expressões de multa estão revogadas, aplicando-se a regra contida no Código Penal.

Conversão da multa em pena privativa de liberdade

A Lei das Contravenções Penais prevê, em seu Art. 9º, a conversão da multa em pena privativa de liberdade:

> **Art. 9º.** A multa converte-se em prisão simples, de acordo com o que dispõe o Código Penal sobre a conversão de multa em detenção.
> **Parágrafo único.** Se a multa é a única pena cominada, a conversão em prisão simples se faz entre os limites de quinze dias e três meses.

No entanto, toda doutrina entende que quando se revogou a parte do Código Penal relativa à conversão de multas em pena privativa de liberdade, isso não seria mais possível, em nenhuma legislação específica, ou seja, o Art. 9º estaria tacitamente revogado.

Suspensão condicional da pena (susis)

Na **Lei das Contravenções Penais** a pena pode ser suspensa pelo prazo de 01 a 03 anos, essa é a previsão do Art. 11:

> **Art. 11.** Desde que reunidas as condições legais, o juiz pode suspender por tempo não inferior a um ano nem superior a três, a execução da pena de prisão simples, bem como conceder livramento condicional.

No **Código Penal** a suspensão da pena é vinculada a quantidade de pena recebida na sentença, a saber:

Art. 77. A execução da pena privativa de liberdade, não superior a 2 (dois) anos, poderá ser suspensa, por 2 (dois) a 4 (quatro) anos.

§ 2º A execução da pena privativa de liberdade, não superior a quatro anos, poderá ser suspensa, por quatro a seis anos, desde que o condenado seja maior de setenta anos de idade, ou razões de saúde justifiquem a suspensão.

Internação em manicômio judiciário ou em casa de custódia

Leis das Contravenções Penais	Código Penal
Art. 16. O prazo mínimo de duração da internação em manicômio judiciário ou em casa de custódia e tratamento é de seis meses.	Art. 96, § 1º - A internação, ou tratamento ambulatorial, será por tempo indeterminado, perdurando enquanto não for averiguada, mediante perícia médica, a cessação de periculosidade. O prazo mínimo deverá ser de 1 (um) a 3 (três) anos.

Internação em colônia agrícola ou instituto de trabalho, de reeducação ou de ensino profissional

São internados em colônia agrícola ou em instituto de trabalho, de reeducação ou de ensino profissional, pelo prazo mínimo de um ano:

> O condenado por vadiagem (Art. 59);
> O condenado por mendicância (Art. 60 e seu parágrafo).

Essa previsão está no Art. 15 da Lei das Contravenções Penais e prevê que, além das penas cominadas aos crimes vadiagem ou mendicância (a mendicância foi revogada), o agente também sofreria uma medida de internação concomitante, esse é o chamado duplo binário, não mais aceito pela doutrina moderna.

10.3 Ação Penal

Nos crimes previstos pelo Código Penal, com aplicação subsidiária à legislação extravagante, a ação penal em regra é pública incondicionada, sendo privada ou condicionada a representação quando a lei assim exigir.

Art. 100. A ação penal é pública, salvo quando a lei expressamente a declara privativa do ofendido.

§ 1º - A ação pública é promovida pelo Ministério Público, dependendo, quando a lei o exige, de representação do ofendido ou de requisição do Ministro da Justiça.

Crime → Ação penal → privada → Vítima (queixa-crime) → pública → Condicionada a representação ou incondicionada → MP (denúncia).

No caso de contravenção penal, a ação sempre será pública incondicionada:

Art. 17. A ação penal é pública, devendo a autoridade proceder de ofício.

Crítica da doutrina: a Lei nº 9.099/95 transformou os delitos de lesão dolosa leve e lesão culposa em crimes de ação penal pública condicionada à representação. No entanto, a contravenção penal de vias de fato (empurrão, socos, desde que não tenha lesão), continua a ser pública incondicionada. Se o mais (lesão corporal) é condicionada à representação, o menos (vias de fato) também deveria o ser.

Tentativa de contravenção penal

A tentativa é um instituto que tem a natureza jurídica mutacional, pois de acordo com a infração penal ela terá uma natureza jurídica diferente.

Nos chamados delitos de empreendimento ou de atentado, a tentativa é impossível de ocorrer na prática, pois a própria tentativa já configura o delito. Também ocorre quando a própria legislação pune a tentativa como se fosse consumada, como no caso das faltas graves praticadas pelos presos.

Há aqueles crimes que *inadmitem* a tentativa, como nos crimes culposos e nos omissivos próprios. No entanto, a regra geral é que a tentativa é uma causa de diminuição de pena, pois é o que prevê o Art. 14, parágrafo único, do CP.

Art. 14, Parágrafo único - Salvo disposição em contrário, pune-se a tentativa com a pena correspondente ao crime consumado, diminuída de um a dois terços.

No caso das contravenções penais, muitas questões dão como correta que a tentativa é inadmissível. Logicamente, isso se pode marcar. No entanto, não se poderia dizer que a tentativa é inadmissível, pois, no mundo dos fatos, ela existe, somente não será punida, pois assim entendeu o legislador.

Art. 4º. Não é punível a tentativa de contravenção.

Territorialidade

Somente será punida a contravenção penal, se for praticada no território nacional. Portanto, a contravenção penal não será motivo de extradição.

Art. 2º. A lei brasileira só é aplicável à contravenção praticada no território nacional.

Reincidência

Crime (no Brasil ou no exterior) + contravenção penal = reincidência.

Contravenção (no Brasil) + contravenção penal = reincidência:

Art. 7º. Verifica-se a reincidência quando o agente pratica uma contravenção depois de passar em julgado a sentença que o tenha condenado, no Brasil ou no estrangeiro, por qualquer crime, ou, no Brasil, por motivo de contravenção.

Presunção de periculosidade

Presumem-se perigosos

> O condenado por motivo de contravenção cometido, em estado de embriaguez pelo álcool ou substância de efeitos análogos, quando habitual a embriaguez;
> O condenado por vadiagem ou mendicância.

Voluntariedade

Art. 3º Para a existência da contravenção, basta a ação ou omissão voluntária. Deve-se, todavia, ter em conta o dolo ou a culpa, se a lei faz depender, de um ou de outra, qualquer efeito jurídico.

Diz o Art. 3º que para a existência da contravenção penal, é desnecessária a existência do dolo ou da culpa. No entanto, para o Direito Penal Moderno, não há que se falar em infração penal sem que exista o elemento subjetivo dolo ou culpa, pois senão estaríamos diante de uma responsabilização penal objetiva.

Tanto na teoria causalista (o dolo e a culpa estavam na culpabilidade), quanto na teoria finalista (dolo e culpa estão na conduta) o dolo e a culpa são necessários para a existência do crime.

Erro de direito

Art. 8º No caso de ignorância ou de errada compreensão da lei, quando escusáveis, a pena pode deixar de ser aplicada.

10.4 Contravenções Penais em Espécie

Contravenções referentes à pessoa

Art. 18. Fabricar, importar, exportar, ter em depósito ou vender, sem permissão da autoridade, arma ou munição:
Pena - prisão simples, de três meses a um ano, ou multa, de um a cinco contos de réis, ou ambas cumulativamente, se o fato não constitui crime contra a ordem política ou social.
Art. 19. Trazer consigo arma fora de casa ou de dependência desta, sem licença da autoridade:
Pena - prisão simples, de quinze dias a seis meses, ou multa, de duzentos mil réis a três contos de réis, ou ambas cumulativamente.
§ 1º A pena é aumentada de um terço até metade, se o agente já foi condenado, em sentença irrecorrível, por violência contra pessoa.
§ 2º Incorre na pena de prisão simples, de quinze dias a três meses, ou multa, de duzentos mil réis a um conto de réis, quem, possuindo arma ou munição:
   a) deixa de fazer comunicação ou entrega à autoridade, quando a lei o determina;
   b) permite que alienado menor de 18 anos ou pessoa inexperiente no manejo de arma a tenha consigo;
   c) omite as cautelas necessárias para impedir que dela se apodere facilmente alienado, menor de 18 anos ou pessoa inexperiente em manejá-la.

Anúncio de meio abortivo

Art. 20. Anunciar processo, substância ou objeto destinado a provocar aborto:
Pena - multa de hum mil cruzeiros a dez mil cruzeiros.

A contravenção anterior prevê apenas a pena de multa; já no crime de incitação pública para a prática de crimes, a pena é de detenção de 3 a 6 meses ou multa.

Vias de fato

Art. 21. Praticar vias de fato contra alguém:
Pena - prisão simples, de quinze dias a três meses, ou multa, de cem mil réis a um conto de réis, se o fato não constitui crime.
Parágrafo único. Aumenta-se a pena de 1/3 (um terço) até a metade se a vítima é maior de 60 (sessenta) anos.

Internação irregular em estabelecimento psiquiátrico

Art. 22. Receber em estabelecimento psiquiátrico, e nele internar, sem as formalidades legais, pessoa apresentada como doente mental:
Pena - multa, de trezentos mil réis a três contos de réis.
§ 1º Aplica-se a mesma pena a quem deixa de comunicar a autoridade competente, no prazo legal, internação que tenha admitido, por motivo de urgência, sem as formalidades legais.
§ 2º Incorre na pena de prisão simples, de quinze dias a três meses, ou multa de quinhentos mil réis a cinco contos de réis, aquele que, sem observar as prescrições legais, deixa retirar-se ou despede de estabelecimento psiquiátrico pessoa nele, internada.
Art. 23. Receber e ter sob custódia doente mental, fora do caso previsto no Art. anterior, sem autorização de quem de direito:
Pena - prisão simples, de quinze dias a três meses, ou multa, de quinhentos mil réis a cinco contos de réis.

10.5 Contravenções Referentes ao Patrimônio

Art. 24. Fabricar, ceder ou vender gazua ou instrumento empregado usualmente na prática de crime de furto:
Pena - prisão simples, de seis meses a dois anos, e multa, de trezentos mil réis a três contos de réis.
Art. 25. Ter alguém em seu poder, depois de condenado, por crime de furto ou roubo, ou enquanto sujeito à liberdade vigiada ou quando conhecido como vadio ou mendigo, gazuas, chaves falsas ou alteradas ou instrumentos empregados usualmente na prática de crime de furto, desde que não prove destinação legítima:
Pena - prisão simples, de dois meses a um ano, e multa de duzentos mil réis a dois contos de réis.

O STF decidiu que o Art. 25 da LCP não foi recepcionado pela Constituição Federal de 1988 por ofensa aos princípios constitucionais da dignidade da pessoa humana, da isonomia, em virtude de seu conteúdo discriminatório, e da presunção de inocência, por acarretar uma indevida inversão de ônus da prova.

Art. 26. Abrir alguém, no exercício de profissão de serralheiro ou ofício análogo, a pedido ou por incumbência de pessoa de cuja legitimidade não se tenha certificado previamente, fechadura ou qualquer outro aparelho destinado à defesa de lugar nu objeto:
Pena - prisão simples, de quinze dias a três meses, ou multa, de duzentos mil réis a um conto de réis.
Pena - prisão simples, de um a seis meses, e multa, de quinhentos mil réis a cinco contos de réis.

10.6 Contravenções Referentes à Incolumidade Pública

Art. 28. Disparar arma de fogo em lugar habitado ou em suas adjacências, em via pública ou em direção a ela:
Pena - prisão simples, de um a seis meses, ou multa, de trezentos mil réis a três contos de réis.
Parágrafo único. Incorre na pena de prisão simples, de quinze dias a dois meses, ou multa, de duzentos mil réis a dois contos de réis, quem, em lugar habitado ou em suas adjacências, em via pública ou em direção a ela, sem licença da autoridade, causa deflagração perigosa, queima fogo de artifício ou solta balão aceso.

A contravenção penal de disparo foi tacitamente revogada pelo Estatuto do Desarmamento; a contravenção de deflagração perigosa foi tacitamente revogada pelo Código Penal, no Art. 251, §1º; a contravenção penal de soltar balões foi tacitamente revogado pela Lei dos Crimes Ambientais, apenas permaneceu a contravenção de queima de fogo de artifício.

Art. 29. Provocar o desabamento de construção ou, por erro no projeto ou na execução, dar-lhe causa:
Pena - multa, de um a dez contos de réis, se o fato não constitui crime contra a incolumidade pública.
Art. 30. Omitir alguém a providência reclamada pelo Estado ruinoso de construção que lhe pertence ou cuja conservação lhe incumbe:
Pena - multa, de um a cinco contos de réis.

10.7 Omissão de Cautela da Guarda ou Condução de Animais

Art. 31. Deixar em liberdade, confiar à guarda de pessoa inexperiente, ou não guardar com a devida cautela animal perigoso:
Pena - prisão simples, de dez dias a dois meses, ou multa, de cem mil réis a um conto de réis.
Parágrafo único. Incorre na mesma pena quem:
   a) na via pública, abandona animal de tiro, carga corrida, ou o confia à pessoa inexperiente;
   b) excita ou irrita animal, expondo a perigo a segurança alheia;
   c) conduz animal, na via pública, pondo em perigo a segurança alheia.

Art. 64. Tratar animal com crueldade ou submetê-lo a trabalho excessivo:
Pena – prisão simples, de dez dias a um mês, ou multa, de cem a quinhentos mil réis.
§ 1º Na mesma pena incorre aquele que, embora para fins didáticos ou científicos, realiza em lugar público ou exposto ao publico, experiência dolorosa ou cruel em animal vivo.
§ 2º Aplica-se a pena com aumento de metade, se o animal é submetido a trabalho excessivo ou tratado com crueldade, em exibição ou espetáculo público.

Art. 32, da Lei dos Crimes Ambientais:
Pena - detenção, de três meses a um ano, e multa.
§ 1º Incorre nas mesmas penas quem realiza experiência dolorosa ou cruel em animal vivo, ainda que para fins didáticos ou científicos, quando existirem recursos alternativos.
§ 2º A pena é aumentada de um sexto a um terço, se ocorre morte do animal.

10.8 Direção sem Habilitação

Direção perigosa de veículo e embarcação

Art. 32. Dirigir, sem a devida habilitação, veículo na via pública, ou embarcação a motor em águas públicas:
Pena - multa, de duzentos mil réis a dois contos de réis.

O Art. 32 da Lei das Contravenções Penais foi tacitamente revogado pelo Art. 309 do Código de Trânsito Brasileiro (CTB), subsistindo a contravenção na direção sem habilitação de embarcação (Súmula 720, STF).

Art. 34. Dirigir veículos na via pública, ou embarcações em águas públicas, pondo em perigo a segurança alheia:
Pena - prisão simples, de quinze a três meses, ou multa, de trezentos mil réis a dois contos de réis.

Há que se considerar que algumas condutas do CTB absorvem a infração penal do Art. 34:

> Dirigir veículo com concentração de álcool - Art. 306 CTB.
> Participando de rachas - Art 308 CTB.
> Com velocidade incompatível transitando próximo a escolas, hospitais, local de embarque e desembarque, logradouros estreitos, onde haja grande circulação de pessoas - Art. 311 CTB.

Direção sem habilitação e direção perigosa de aeronave

Art. 33. Dirigir aeronave sem estar devidamente licenciado:
Pena - prisão simples, de quinze dias a três meses, e multa, de duzentos mil réis a dois contos de réis.

Art. 35. Entregar-se na prática da aviação, a acrobacias ou a voos baixos, fora da zona em que a lei o permite, ou fazer descer a aeronave fora dos lugares destinados a esse fim:
Pena - prisão simples, de quinze dias a três meses, ou multa, de quinhentos mil réis a cinco contos de réis.

Art. 36. Deixar do colocar na via pública, sinal ou obstáculo, determinado em lei ou pela autoridade e destinado a evitar perigo a transeuntes:
Pena - prisão simples, de dez dias a dois meses, ou multa, de duzentos mil réis a dois contos de réis.
Parágrafo único. Incorre na mesma pena quem:
   a) apaga sinal luminoso, destrói ou remove sinal de outra natureza ou obstáculo destinado a evitar perigo a transeuntes;
   b) remove qualquer outro sinal de serviço público.

Art. 37. Arremessar ou derramar em via pública, ou em lugar de uso comum, ou do uso alheio, coisa que possa ofender, sujar ou molestar alguém:
Pena - multa, de duzentos mil réis a dois contos de réis.
Parágrafo único. Na mesma pena incorre aquele que, sem as devidas cautelas, coloca ou deixa suspensa coisa que, caindo em via pública ou em lugar de uso comum ou de uso alheio, possa ofender sujar ou molestar alguém.

Art. 38. Provocar, abusivamente, emissão de fumaça, vapor ou gás, que possa ofender ou molestar alguém:
Pena - multa, de duzentos mil réis a dois contos de réis.

10.9 Contravenções Referentes à Paz Pública

Art. 39. Participar de associação de mais de cinco pessoas, que se reúnam periodicamente, sob compromisso de ocultar à autoridade a existência, objetivo, organização ou administração da associação:
Pena - prisão simples, de um a seis meses, ou multa, de trezentos mil réis a três contos de réis.
§ 1º Na mesma pena incorre o proprietário ou ocupante de prédio que o cede, no todo ou em parte, para reunião de associação que saiba ser de caráter secreto.
§ 2º O juiz pode, tendo em vista as circunstâncias, deixar de aplicar a pena, quando lícito o objeto da associação.

Art. 40. Provocar tumulto ou portar-se de modo inconveniente ou desrespeitoso, em solenidade ou ato oficial, em assembleia ou espetáculo público, se o fato não constitui infração penal mais grave;
Pena - prisão simples, de quinze dias a seis meses, ou multa, de duzentos mil réis a dois contos de réis.

Art. 41. Provocar alarma, anunciando desastre ou perigo inexistente, ou praticar qualquer ato capaz de produzir pânico ou tumulto:
Pena - prisão simples, de quinze dias a seis meses, ou multa, de duzentos mil réis a dois contos de réis.

10.10 Perturbação do Trabalho ou do Sossego

Art. 42. Perturbar alguém o trabalho ou o sossego alheio:
   I. Com gritaria ou algazarra;

II. Exercendo profissão incômoda ou ruidosa, em desacordo com as prescrições legais;

III. Abusando de instrumentos sonoros ou sinais acústicos;

IV. Provocando ou não procurando impedir barulho produzido por animal de que tem a guarda:

Pena - prisão simples, de quinze dias a três meses, ou multa, de duzentos mil réis a dois contos de réis.

10.11 Contravenções Referentes à Fé Pública

Art. 43. Recusar-se a receber, pelo seu valor, moeda de curso legal no país:

Pena - multa, de duzentos mil réis a dois contos de réis.

Art. 44. Usar, como propaganda, de impresso ou objeto que pessoa inexperiente ou rústica possa confundir com moeda:

Pena - multa, de duzentos mil réis a dois contos de réis.

Art. 45. Fingir-se funcionário público:

Pena - prisão simples, de um a três meses, ou multa, de quinhentos mil réis a três contos de réis.

Art 46. Usar, publicamente, de uniforme, ou distintivo de função pública que não exerce; usar, indevidamente, de sinal, distintivo ou denominação cujo emprego seja regulado por lei.

Pena - multa, de duzentos a dois mil cruzeiros, se o fato não constitui infração penal mais grave.

10.12 Contravenções Relativas à Organização do Trabalho

Art. 47. Exercer profissão ou atividade econômica ou anunciar que a exerce, sem preencher as condições a que por lei está subordinado o seu exercício:

Pena - prisão simples, de quinze dias a três meses, ou multa, de quinhentos mil réis a cinco contos de réis.

Art. 48. Exercer, sem observância das prescrições legais, comércio de antiguidades, de obras de arte, ou de manuscritos e livros antigos ou raros:

Pena - prisão simples de um a seis meses, ou multa, de um a dez contos de réis.

Art. 49. Infringir determinação legal relativa à matrícula ou à escrituração de indústria, de comércio, ou de outra atividade:

Pena - multa, de duzentos mil réis a cinco contos de réis.

10.13 Contravenções Relativas à Polícia de Costumes

Art. 50. Estabelecer ou explorar jogo de azar em lugar público ou acessível ao público, mediante o pagamento de entrada ou sem ele:

Pena - prisão simples, de três meses a um ano, e multa, de dois a quinze contos de réis, estendendo-se os efeitos da condenação à perda dos moveis e objetos de decoração do local.

§ 1º A pena é aumentada de um terço, se existe entre os empregados ou participa do jogo pessoa menor de dezoito anos.

§ 2º Incorre na pena de multa, de R$ 2.000,00 (dois mil reais) a R$ 200.000,00 (duzentos mil reais), quem é encontrado a participar do jogo, ainda que pela internet ou por qualquer outro meio de comunicação, como ponteiro ou apostador. (Redação dada pela Lei nº 13.155, de 2015)

§ 3º Consideram-se, jogos de azar:

c) o jogo em que o ganho e a perda dependem exclusiva ou principalmente da sorte;

d) as apostas sobre corrida de cavalos fora de hipódromo ou de local onde sejam autorizadas;

e) as apostas sobre qualquer outra competição esportiva.

§ 4º Equiparam-se, para os efeitos penais, a lugar acessível ao público:

a) a casa particular em que se realizam jogos de azar, quando deles habitualmente participam pessoas que não sejam da família de quem a ocupa;

b) o hotel ou casa de habitação coletiva, a cujos hóspedes e moradores se proporciona jogo de azar;

c) a sede ou dependência de sociedade ou associação, em que se realiza jogo de azar;

d) o estabelecimento destinado à exploração de jogo de azar, ainda que se dissimule esse destino.

Art. 51. Promover ou fazer extrair loteria, sem autorização legal:

Pena - prisão simples, de seis meses a dois anos, e multa, de cinco a dez contos de réis, estendendo-se os efeitos da condenação à perda dos moveis existentes no local.

§ 1º Incorre na mesma pena quem guarda, vende ou expõe à venda, tem sob sua guarda para o fim de venda, introduz ou tenta introduzir na circulação bilhete de loteria não autorizada.

§ 2º Considera-se loteria toda operação que, mediante a distribuição de bilhete, listas, cupões, vales, sinais, símbolos ou meios análogos, faz depender de sorteio a obtenção de prêmio em dinheiro ou bens de outra natureza.

§ 3º Não se compreendem na definição do parágrafo anterior os sorteios autorizados na legislação especial.

Art. 52. Introduzir, no país, para o fim de comércio, bilhete de loteria, rifa ou tômbola estrangeiras:

Pena - prisão simples, de quatro meses a um ano, e multa, de um a cinco contos de réis.

Parágrafo único. Incorre na mesma pena quem vende, expõe à venda, tem sob sua guarda, para o fim de venda, introduz ou tenta introduzir na circulação, bilhete de loteria estrangeira.

Art. 53. Introduzir, para o fim de comércio, bilhete de loteria estadual em território onde não possa legalmente circular:

Pena - prisão simples, de dois a seis meses, e multa, de um a três contos de réis.

Parágrafo único. Incorre na mesma pena quem vende, expõe à venda, tem sob sua guarda, para o fim de venda, introduz ou tenta introduzir na circulação, bilhete de loteria estadual, em território onde não possa legalmente circular.

Art. 54. Exibir ou ter sob sua guarda lista de sorteio de loteria estrangeira:

Pena - prisão simples, de um a três meses, e multa, de duzentos mil réis a um conto de réis.

Parágrafo único. Incorre na mesma pena quem exibe ou tem sob sua guarda lista de sorteio de loteria estadual, em território onde esta não possa legalmente circular.

Art. 55. Imprimir ou executar qualquer serviço de feitura de bilhetes, lista de sorteio, avisos ou cartazes relativos a loteria, em lugar onde ela não possa legalmente circular:

Pena - prisão simples, de um a seis meses, e multa, de duzentos mil réis a dois contos de réis.

Art. 56. Distribuir ou transportar cartazes, listas de sorteio ou avisos de loteria, onde ela não possa legalmente circular:

Pena - prisão simples, de um a três meses, e multa, de cem a quinhentos mil réis.

Art. 57. Divulgar, por meio de jornal ou outro impresso, de rádio, cinema, ou qualquer outra forma, ainda que disfarçadamente, anúncio, aviso ou resultado de extração de loteria, onde a circulação dos seus bilhetes não seria legal:

Pena - multa, de um a dez contos de réis.

Art. 58. Explorar ou realizar a loteria denominada jogo do bicho, ou praticar qualquer ato relativo à sua realização ou exploração:

Pena - prisão simples, de quatro meses a um ano, e multa, de dois a vinte contos de réis.

Parágrafo único. Incorre na pena de multa, de duzentos mil réis a dois contos de réis, aquele que participa da loteria, visando a obtenção de prêmio, para si ou para terceiro.

Art. 59. *Entregar-se alguém habitualmente à ociosidade, sendo válido para o trabalho, sem ter renda que lhe assegure meios bastantes de subsistência, ou prover à própria subsistência mediante ocupação ilícita:*

Pena - *prisão simples, de quinze dias a três meses.*

Parágrafo único. *A aquisição superveniente de renda, que assegure ao condenado meios bastantes de subsistência, extingue a pena.*

Art. 61. *Importunar alguém, em lugar público ou acessível ao público, de modo ofensivo ao pudor:*

Pena - *multa, de duzentos mil réis a dois contos de réis.*

Art. 62. *Apresentar-se publicamente em estado de embriaguez, de modo que cause escândalo ou ponha em perigo a segurança própria ou alheia:*

Pena - *prisão simples, de quinze dias a três meses, ou multa, de duzentos mil réis a dois contos de réis.*

Parágrafo único. *Se habitual a embriaguez, o contraventor é internado em casa de custódia e tratamento.*

Art. 63. *Servir bebidas alcoólicas:*

A partir da nova redação do Art. 243, do ECA (Lei nº 8.069/90), dada pela Lei nº 13.106/15, passa a ser crime a conduta de vender bebidas alcóolicas a crianças e adolescentes. O inciso I do Art. 63 da LCP encontra-se revogado tacitamente.

II. A quem se acha em estado de embriaguez;

III. A pessoa que o agente sabe sofrer das faculdades mentais;

IV. A pessoa que o agente sabe estar judicialmente proibida de frequentar lugares onde se consome bebida de tal natureza:

Pena - *prisão simples, de dois meses a um ano, ou multa, de quinhentos mil réis a cinco contos de réis.*

Art. 65. *Molestar alguém ou perturbar-lhe a tranquilidade, por acinte ou por motivo reprovável:*

Pena - *prisão simples, de quinze dias a dois meses, ou multa, de duzentos mil réis a dois contos de réis.*

10.14 Contravenções Referentes à Administração Pública

Art. 66. *Deixar de comunicar à autoridade competente:*

I. Crime de ação pública, de que teve conhecimento no exercício de função pública, desde que a ação penal não dependa de representação;

II. Crime de ação pública, de que teve conhecimento no exercício da medicina ou de outra profissão sanitária, desde que a ação penal não dependa de representação e a comunicação não exponha o cliente a procedimento criminal:

Pena - *multa, de trezentos mil réis a três contos de réis.*

Art. 67. *Inumar ou exumar cadáver, com infração das disposições legais:*

Pena - *prisão simples, de um mês a um ano, ou multa, de duzentos mil réis a dois contos de réis.*

Art. 68. *Recusar à autoridade, quando por esta, justificadamente solicitados ou exigidos, dados ou indicações concernentes à própria identidade, estado, profissão, domicílio e residência:*

Pena - *multa, de duzentos mil réis a dois contos de réis.*

Parágrafo único. *Incorre na pena de prisão simples, de um a seis meses, e multa, de duzentos mil réis a dois contos de réis, se o fato não constitui infração penal mais grave, quem, nas mesmas circunstâncias, faz declarações inverídicas a respeito de sua identidade pessoal, estado, profissão, domicílio e residência.*

Pena - *prisão simples, de três meses a um ano.*

Art. 70. *Praticar qualquer ato que importe violação do monopólio postal da União:*

Pena - *prisão simples, de três meses a um ano, ou multa, de três a dez contos de réis, ou ambas cumulativamente.*

11. LEI Nº 9.605/1998 – MEIO AMBIENTE

De acordo com o Art. 225 da Constituição Federal: Todos têm direito ao meio ambiente ecologicamente equilibrado, bem de uso comum do povo e essencial à sadia qualidade de vida, impondo-se ao Poder Público e à coletividade o dever de defendê-lo e preservá-lo para as presentes e futuras gerações. Devido à importância do meio ambiente, fez-se necessária a edição de uma lei que protegesse das agressões mais relevantes esse importante bem jurídico.

Nesse contexto, surge a Lei 9.605/98, que instituiu regras acerca da proteção ao meio ambiente. Ela determinou, dentre outras medidas, normas referentes à apreensão de produtos e instrumentos das infrações administrativas ou dos crimes ambientais, instituindo, ainda, os chamados crimes ambientais.

Vale ressaltar que essa Lei é aplicada em conjunto com outras leis que tratem do mesmo tema, pois nada impede que outras leis tipifiquem crimes ambientais, além da aplicação subsidiária do próprio Código Penal no que couber. Contudo, convém observar os princípios que regem as normas jurídicas e, em caso de conflito entre elas, deve-se verificar, por meio do princípio da especialidade ou ainda da anterioridade, qual deverá ser aplicado ao caso concreto.

No intuito de seguir o edital do concurso da PRF-2018, analisaremos apenas os Capítulos III e V da Lei 9.605/98.

11.1 Da Apreensão do Produto e do Instrumento de Infração Administrativa ou de Crime

> **Art. 25.** *Verificada a infração, serão apreendidos seus produtos e instrumentos, lavrando-se os respectivos autos.*
> **§ 1º.** *Os animais serão prioritariamente libertados em seu habitat ou, sendo tal medida inviável ou não recomendável por questões sanitárias, entregues a jardins zoológicos, fundações ou entidades assemelhadas, para guarda e cuidados sob a responsabilidade de técnicos habilitados.*
> **§ 2º.** *Até que os animais sejam entregues às instituições mencionadas no § 1º deste artigo, o órgão autuante zelará para que eles sejam mantidos em condições adequadas de acondicionamento e transporte que garantam o seu bem-estar físico.*
> **§ 3º.** *Tratando-se de produtos perecíveis ou madeiras, serão estes avaliados e doados a instituições científicas, hospitalares, penais e outras com fins beneficentes.*
> **§ 4º.** *Os produtos e subprodutos da fauna não perecíveis serão destruídos ou doados a instituições científicas, culturais ou educacionais.*
> **§ 5º.** *Os instrumentos utilizados na prática da infração serão vendidos, garantida a sua descaracterização por meio da reciclagem.*

Poderá ocorrer, por meio das autoridades administrativas ambientais ou pela polícia, desde que havendo indícios de crime ambiental, a apreensão dos instrumentos e produtos da infração ambiental.

A Lei 13.052/14 trouxe algumas modificações nesta lei. Apresentamos, em seu material, o conteúdo atualizado para que não haja confusão.

O § 1º dispõe que os animais devem, de forma prioritária - preferencial-, ser liberados em seu habitat e somente serão entregues a instituições responsáveis caso não seja recomendável a sua soltura na natureza por questões sanitárias. Nessa hipótese, até que os animais sejam entregues as instituições, será dever do órgão autuante o fornecimento de condições adequadas de acondicionamento e transporte que garantam o bem-estar do animal.

No que se refere à doação de madeiras e doação ou destruição de produtos e subprodutos da fauna não perecíveis, somente poderá ocorrer após verificada a infração, ou seja, após o esgotamento do processo administrativo ou criminal, com a definitiva constatação da infração.

O termo "verificada a infração" não deve ser entendido de outro modo, sob pena de permitir o confisco de bens sem o devido processo.

Confisco dos instrumentos de crime ambiental

Esta Lei prevê o confisco genérico, aplicado aos instrumentos de crimes ambientais, independentemente se constituem objetos ilícitos, diferentemente do que prevê o Código Penal.

> **ATENÇÃO**
> O Código Penal determina que somente será possível o confisco de objetos cujo porte, fabricação ou alienação constituam objeto ilícito. No entanto, como a Lei 9.605/98 não traz essa ressalva, então todo objeto poderá ser confiscado.

Contudo, os objetos que poderão sofrer o confisco são aqueles que são usualmente utilizados para a prática de infrações ambientais, ou seja, não pode ser qualquer objeto, evitando assim o cometimento de injustiças ou abusos.

11.2 Dos Crimes Contra o Meio Ambiente

A aplicação da legislação penal ambiental necessita de uma adequada construção dos tipos penais e da sua real aplicação. Não é um trabalho fácil redigir essas normas, principalmente porque em sua maioria são mal elaboradas e confusas. Algumas trazem até mesmo dúvida sobre a constitucionalidade. Isso ocorre porque geralmente essas leis são inspiradas por especialistas do setor afetado, muitas vezes leigos com relação às normas jurídicas.

Perceberemos, ao longo deste estudo, a presença das chamadas "normas penais em branco": são normas que necessitam de uma complementação para que o ilícito penal seja totalmente construído, visto que diversos crimes necessitam de lei ou regulamentos para definir como será sua aplicação ao caso concreto. Em outras palavras, poderemos dizer que normas "administrativas" deverão servir como complemento da lei penal ambiental.

> **ATENÇÃO**
> Diferentemente do âmbito civil, a responsabilidade penal será SEMPRE SUBJETIVA! Ou seja, invariavelmente dependerá da demonstração do dolo do agente (vontade consciente direcionada a um fim) ou da culpa (infração de um dever de cuidado). Cumpre lembrar, ainda, que a culpa é exceção, somente sendo punida quando expressamente prevista.

Embora pelo recorte do edital pareça que não será cobrada a questão da dupla imputação, não é demais lembrar que atualmente a jurisprudência (e os concursos) entendem desnecessária a punição concorrente de uma pessoa física para que a pessoa jurídica possa ser punida por crime ambiental. Vejamos:

> *O art. 225, § 3º, da CF não condiciona a responsabilização penal da pessoa jurídica por crimes ambientais à simultânea persecução penal da pessoa física em tese responsável no âmbito da empresa.*

A norma constitucional não impõe a necessária dupla imputação. As organizações corporativas complexas da atualidade se caracterizam pela descentralização e distribuição de atribuições e responsabilidades, sendo inerentes a esta realidade, as dificuldades para imputar o fato ilícito a uma pessoa concreta. Condicionar a aplicação do art. 225, § 3º, da Carta Política a uma concreta imputação também a pessoa física implica indevida restrição da norma constitucional, expressa a intenção do constituinte originário não apenas de ampliar o alcance das sanções penais, mas também de evitar a impunidade pelos crimes ambientais frente às imensas dificuldades de individualização dos responsáveis internamente às corporações, além de reforçar a tutela do bem jurídico ambiental. A identificação dos setores e agentes internos da empresa determinantes da produção do fato ilícito tem relevância e deve ser buscada no caso concreto como forma de esclarecer se esses indivíduos ou órgãos atuaram ou deliberaram no exercício regular de suas atribuições internas à sociedade, e ainda para verificar se a atuação se deu no interesse ou em benefício da entidade coletiva. Tal esclarecimento, relevante para fins de imputar determinado delito à pessoa jurídica, não se confunde, todavia, com subordinar a responsabilização da pessoa jurídica à responsabilização conjunta e cumulativa das pessoas físicas envolvidas. Em não raras oportunidades, as responsabilidades internas pelo fato estarão diluídas ou parcializadas de tal modo que não permitirão a imputação de responsabilidade penal individual (STF, 1ª T., RE 548.181, rel. Min. Rosa Weber, j. 06-08-2013, DJE de 30-10-2014).

ATENÇÃO

É possível a aplicação da insignificância nos crimes ambientais.

A propósito, é muito importante lembrar que, de acordo com o Superior Tribunal de Justiça, é possível a aplicação do princípio da insignificância no caso de crimes ambientais, devendo ser feita, no entanto, uma análise rigorosa, por se tratar de bem jurídico de natureza difusa e protegido constitucionalmente. Vejamos: Esta Corte tem entendimento pacificado no sentido de que é possível a aplicação do denominado princípio da insignificância aos delitos ambientais, quando demonstrada a ínfima ofensividade ao bem ambiental tutelado (AgRg no Resp n. 1558312/ES, de minha lavra, Quinta Turma, julgado em 02/02/2016) (STJ, 5ª T., AgRg no AREsp 1.051.541, rel. Min. Felix Fischer, j. 28.11.2017, DJe 04.12.2017). Vale lembrar que o Supremo Tribunal Federal estabelece quatro requisitos para a aplicação desse princípio, são eles: mínima ofensividade da conduta do agente; ausência de periculosidade social da ação; reduzido grau de reprovabilidade do comportamento; inexpressividade da lesão jurídica provocada (cf. STF, 1ª T., RHC 145.447, rel. Min. Luiz Fux, j. 01.09.2017, DJe 28.09.2017).

Em relação aos crimes ambientais em espécie, a Lei 9.605/1998 realiza a seguinte divisão:

DOS CRIMES CONTRA O MEIO AMBIENTE
Dos crimes contra a fauna (Arts. 29-37)
Dos crimes contra a flora (Arts. 38-53)
Da poluição e outros crimes ambientais (Arts. 54-61)
Dos crimes contra o ordenamento urbano e o patrimônio cultural (Arts. 62-65)
Dos crimes contra a administração ambiental (Arts. 66-69)

Dos crimes contra a fauna

Compreende-se por fauna o conjunto de animais que vivem em uma determinada região ou ambiente, incluindo nesse conceito os animais da fauna terrestre e da fauna aquática.

Para complementar esse conceito, temos ao Art. 29 desta Lei: são espécimes da fauna silvestre todos aqueles pertencentes às espécies nativas, migratórias e quaisquer outras, aquáticas ou terrestres, que tenham todo ou parte de seu ciclo de vida ocorrendo dentro dos limites do território brasileiro, ou águas jurisdicionais brasileiras.

Art. 29. Matar, perseguir, caçar, apanhar, utilizar espécimes da fauna silvestre, nativos ou em rota migratória, sem a devida permissão, licença ou autorização da autoridade competente, ou em desacordo com a obtida:

Pena - detenção de seis meses a um ano, e multa.

§ 1º Incorre nas mesmas penas:

I - quem impede a procriação da fauna, sem licença, autorização ou em desacordo com a obtida;

II - quem modifica, danifica ou destrói ninho, abrigo ou criadouro natural;

III - quem vende, expõe à venda, exporta ou adquire, guarda, tem em cativeiro ou depósito, utiliza ou transporta ovos, larvas ou espécimes da fauna silvestre, nativa ou em rota migratória, bem como produtos e objetos dela oriundos, provenientes de criadouros não autorizados ou sem a devida permissão, licença ou autorização da autoridade competente.

§ 2º No caso de guarda doméstica de espécie silvestre não considerada ameaçada de extinção, pode o juiz, considerando as circunstâncias, deixar de aplicar a pena.

§ 3º São espécimes da fauna silvestre todos aqueles pertencentes às espécies nativas, migratórias e quaisquer outras, aquáticas ou terrestres, que tenham todo ou parte de seu ciclo de vida ocorrendo dentro dos limites do território brasileiro, ou águas jurisdicionais brasileiras.

§ 4º A pena é aumentada de metade, se o crime é praticado:

I - contra espécie rara ou considerada ameaçada de extinção, ainda que somente no local da infração;

II - em período proibido à caça;

III - durante a noite;

IV - com abuso de licença;

V - em unidade de conservação;

VI - com emprego de métodos ou instrumentos capazes de provocar destruição em massa.

§ 5º A pena é aumentada até o triplo, se o crime decorre do exercício de caça profissional.

§ 6º As disposições deste artigo não se aplicam aos atos de pesca.

São definidos como espécimes silvestres todos aqueles animais que pertencem às espécies nativas, migratórias ou qualquer outra, aquática ou terrestre, que tenham o seu ciclo de vida, seja ele todo ou em parte, ocorrendo dentro do território ou das águas jurisdicionais brasileiras.

Existe uma exceção com relação à criação doméstica de animais da fauna silvestre. Desde que estes NÃO estejam ameaçados de extinção, o juiz pode deixar de aplicar a pena. Trata-se de uma questão de bom senso, visto que a pessoa desenvolveu laços afetivos com o animal, então não haveria motivo para o Judiciário intervir.

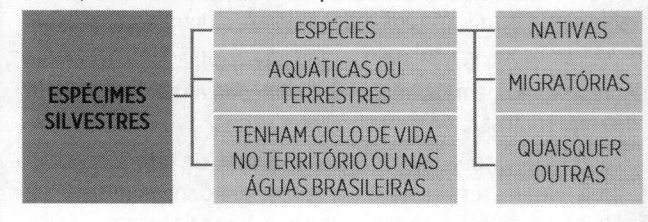

ESPÉCIMES SILVESTRES	ESPÉCIES	NATIVAS
	AQUÁTICAS OU TERRESTRES	MIGRATÓRIAS
	TENHAM CICLO DE VIDA NO TERRITÓRIO OU NAS ÁGUAS BRASILEIRAS	QUAISQUER OUTRAS

Convém ainda mencionar o § 1º, que visa à criminalização das condutas de quem, usando qualquer meio, impede a procriação dos animais silvestres, qualquer que seja o meio utilizado. Além disso, o referido dispositivo criminaliza quem modifica, danifica ou destrói o local de reprodução.

CAUSA DE AUMENTO DE PENA	
A pena é aumentada DE METADE se o crime é cometido...	- contra **espécie rara** ou considerada **ameaçada** de extinção, ainda que somente no local da infração; - em **período proibido à caça**; - durante a **noite**; - com **abuso de licença**; - em **unidade de conservação**; - com emprego de métodos ou instrumentos capazes de provocar **destruição em massa**;
A pena é aumentada ATÉ O TRIPLO...	- se o crime decorre do **exercício de caça profissional**.

A pesca é definida na Lei 9.605/98 como todo ato tendente a retirar, extrair, coletar, apanhar, apreender ou capturar espécimes dos grupos dos peixes, crustáceos, moluscos e vegetais hidróbios, suscetíveis ou não de aproveitamento econômico, ressalvadas as espécies ameaçadas de extinção, constantes nas listas oficiais da fauna e da flora.

Caso o crime contra a fauna venha a ser praticado no período de caça proibida, a pena será aumenta de metade. Contudo, independentemente do período, se o caçador desenvolver a atividade de forma profissional, ou seja, visando ao lucro, deverá ser aplicado o aumento de pena de até um triplo.

> **Art. 30.** Exportar para o exterior peles e couros de anfíbios e répteis em bruto, sem a autorização da autoridade ambiental competente:
> **Pena** - reclusão, de um a três anos, e multa.

ATENÇÃO
O crime se consuma com a exportação, independentemente se o agente visava ao lucro.

Exportar significa enviar para fora do país. O agente que incorre nesse crime, portanto, remete para fora do país peles e couros de anfíbios e répteis em bruto. O termo "em bruto" significa o couro não manufaturado, não tratado e transformado em produto.

O elemento normativo do tipo está no termo "sem autorização de autoridade competente": se o indivíduo tiver a autorização para realizar a exportação, o fato será atípico; contudo, se abusar de sua autorização, ele incorre na causa agravante constante no Art. 15, inciso II, alínea o da Lei 9.605/98.

> **Art. 31.** Introduzir espécime animal no País, sem parecer técnico oficial favorável e licença expedida por autoridade competente:
> **Pena** - detenção, de três meses a um ano, e multa.

Esse crime consiste na importação, ou seja, na entrada do espécime animal no Brasil. Como o tipo prevê apenas o termo "animal", então podemos compreender todo e qualquer espécime, sem nenhum tipo de classificação.

O elemento normativo do tipo consiste em sem parecer técnico oficial favorável e licença expedida por autoridade competente. São elementos cumulativos. Não basta um deles para que o fato se torne atípico; são necessários o parecer e a licença.

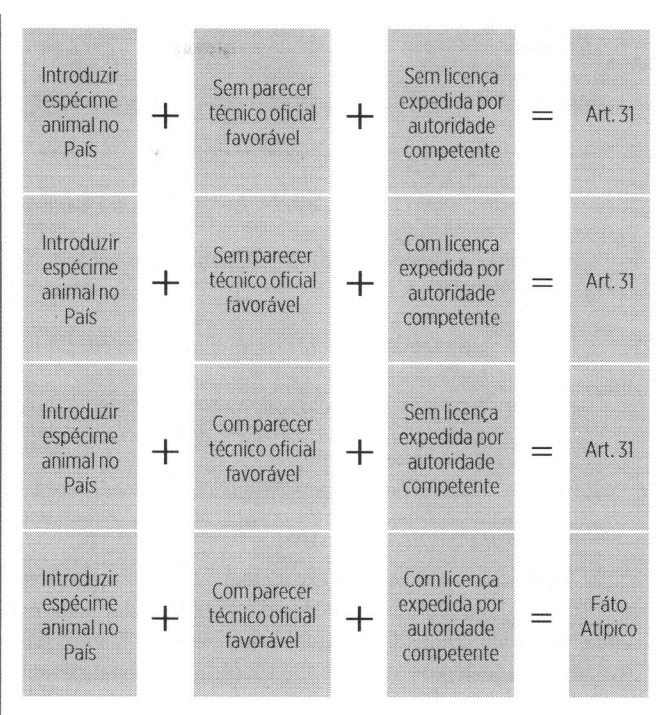

Introduzir espécime animal no País	+	Sem parecer técnico oficial favorável	+	Sem licença expedida por autoridade competente	=	Art. 31
Introduzir espécime animal no País	+	Sem parecer técnico oficial favorável	+	Com licença expedida por autoridade competente	=	Art. 31
Introduzir espécime animal no País	+	Com parecer técnico oficial favorável	+	Sem licença expedida por autoridade competente	=	Art. 31
Introduzir espécime animal no País	+	Com parecer técnico oficial favorável	+	Com licença expedida por autoridade competente	=	Fato Atípico

> **Art. 32.** Praticar ato de abuso, maus-tratos, ferir ou mutilar animais silvestres, domésticos ou domesticados, nativos ou exóticos:
> **Pena** - detenção, de três meses a um ano, e multa.
> **§ 1º** Incorre nas mesmas penas quem realiza experiência dolorosa ou cruel em animal vivo, ainda que para fins didáticos ou científicos, quando existirem recursos alternativos.
> **§ 2º** A pena é aumentada de um sexto a um terço, se ocorre morte do animal.

A doutrina entende que esse artigo protege apenas os animais silvestres. Os termos "domesticados, nativos ou exóticos" acompanham o termo "silvestres". Podemos reescrever o artigo da seguinte forma: praticar ato de abuso, maus-tratos, ferir ou mutilar animais silvestres domésticos ou domesticados, nativos ou exóticos. O crime se divide em quatro condutas, são elas:

Ato de abuso: que pode significar a exploração do animal, como, por exemplo, a submissão do animal a trabalhos excessivos.
Maus-tratos: causar sofrimento ao animal, colocando em risco sua integridade física.
Ferir: machucar o animal, causar lesões físicas.
Mutilar: cortar membros ou partes do corpo do animal.

CONDUTA
PRATICAR ATO DE ABUSO
MAUS-TRATOS
FERIR
MUTILAR

Existe, ainda, a figura de crime equiparado, chamado de "vivissecção", ou seja, a experiência em animal vivo, visando a fins didáticos ou científicos, quando existirem meios diversos de evitá-la.

LEI Nº 9.605/1998 – MEIO AMBIENTE

CAUSA DE AUMENTO DE PENA	
A pena é aumentada DE UM SEXTO A UM TERÇO...	- se, em consequência do crime praticado, **ocorre a morte do animal;**

Art. 33. Provocar, pela emissão de efluentes ou carreamento de materiais, o perecimento de espécimes da fauna aquática existentes em rios, lagos, açudes, lagoas, baías ou águas jurisdicionais brasileiras:

Pena - detenção, de um a três anos, ou multa, ou ambas cumulativamente.

Parágrafo único. Incorre nas mesmas penas:

I - quem causa degradação em viveiros, açudes ou estações de aquicultura de domínio público;

II - quem explora campos naturais de invertebrados aquáticos e algas, sem licença, permissão ou autorização da autoridade competente;

III - quem fundeia embarcações ou lança detritos de qualquer natureza sobre bancos de moluscos ou corais, devidamente demarcados em carta náutica.

Esse artigo se relaciona exclusivamente à flora aquática, que consiste na população animal que tem por habitat natural a água, subdividindo-se em fauna marinha, onde habitam os animais de água salgada, e fauna de água doce, onde habitam os animais que vivem em rios e riachos de uma certa região.

Faunas Aquáticas	
Fauna Marinha	Fauna de água doce
↓	↓
Água salgada	Rios e riachos regionais

FIGURAS EQUIPARADAS	
Quem causa degradação em viveiros, açudes ou estações de aquicultura de domínio público.	Degradar quer dizer deteriorar, danificar.
Quem explora campos naturais de invertebrados aquáticos e algas, sem licença, permissão ou autorização da autoridade competente.	Explorar significa se beneficiar, abusar, tirar proveito. Note que o termo "ou" quer dizer que a licença ou a autorização são independentes; ao possuir qualquer uma delas, o fato se torna atípico.
Quem fundeia embarcações ou lança detritos de qualquer natureza sobre bancos de moluscos ou corais, devidamente demarcados em carta náutica.	Fundeia quer dizer ancorar e lançar quer dizer atirar, jogar.

Art. 34. Pescar em período no qual a pesca seja proibida ou em lugares interditados por órgão competente:

Pena - detenção de um ano a três anos ou multa, ou ambas as penas cumulativamente.

Parágrafo único. Incorre nas mesmas penas quem:

I - pesca espécies que devam ser preservadas ou espécimes com tamanhos inferiores aos permitidos;

II - pesca quantidades superiores às permitidas, ou mediante a utilização de aparelhos, petrechos, técnicas e métodos não permitidos;

III - transporta, comercializa, beneficia ou industrializa espécimes provenientes da coleta, apanha e pesca proibidas.

A regra no Brasil é a de que a pesca seja permitida para fins comerciais, esportivos e científicos. A pesca, contudo, em períodos ou em locais interditados por órgão competente, configura fato típico (criminoso). Trata-se de uma norma penal em branco, que deverá ser complementada pelas normas dos entes federativos, os quais estabelecem os períodos e os locais proibidos.

Pesca + Locais interditados ou períodos proibidos = Art. 34

O órgão competente mencionado é aquele que compõe o SISNAMA – Sistema Nacional do Meio Ambiente (Art. 6º da Lei 6.938/81).

ATENÇÃO
O fato somente será considerado como crime quando o local interditado ou o período proibitivo for determinado por órgão competente; se o órgão for incompetente o fato será considerado atípico.

FIGURAS EQUIPARADAS	
Pesca espécies que devam ser preservadas ou espécimes com tamanhos inferiores aos permitidos.	Nessas três hipóteses, a pesca ocorre em épocas e locais permitidos, contudo a ilicitude está nos casos descritos ao lado. Vale ressaltar que ambas são consideradas normas penais em branco, devendo lei complementar definir as espécies a serem preservadas, o tamanho dos peixes e as quantidades que podem ser pescadas, e os petrechos que serão permitidos ou proibidos.
Pesca quantidades superiores às permitidas, ou mediante a utilização de aparelhos, petrechos, técnicas e métodos não permitidos.	
Transporta, comercializa, beneficia ou industrializa espécimes provenientes da coleta, apanha e pesca proibidas.	

É importante lembrar que o Superior Tribunal de Justiça entende que, somente se do uso de apetrecho de pesca proibido restou evidente ausência de ofensividade, ao menos em tese, ao bem jurídico tutelado pela norma penal, qual seja, a fauna aquática, configura atipicidade da conduta. Portanto, é necessário que o uso de petrechos proibidos cause efetivo risco às espécies ou ao ecossistema. Nesse sentido: É de se reconhecer a atipicidade material da conduta de uso de apetrecho de pesca proibido se resta evidente a completa ausência de ofensividade, ao menos em tese, ao bem jurídico tutelado pela norma penal, qual seja, a fauna aquática. (STJ, 6ª T., HC 93.859, rel. Min. Maria Thereza de Assis Moura, j. 13.08.2009, DJe 31.08.2009).

Art. 35. Pescar mediante a utilização de:

I - explosivos ou substâncias que, em contato com a água, produzam efeito semelhante;

II - substâncias tóxicas, ou outro meio proibido pela autoridade competente:

Pena - reclusão de um ano a cinco anos.

PESCAR	
Explosivos, substâncias que produzem efeitos semelhantes	Substâncias tóxicas, ou outro meio proibido pela autoridade competente

> **ATENÇÃO**
>
> Esse artigo é explicado pelo Art. 36 da Lei 9.605/98, que determina que para os efeitos da Lei, considera-se pesca: todo ato tendente a retirar, extrair, coletar, apanhar, apreender ou capturar espécimes dos grupos dos peixes, crustáceos, moluscos e vegetais hidróbios, suscetíveis ou não de aproveitamento econômico, ressalvadas as espécies ameaçadas de extinção, constantes nas listas oficiais da fauna e da flora.

Art. 37. *Não é crime o abate de animal, quando realizado:*

I - em estado de necessidade, para saciar a fome do agente ou de sua família;

II - para proteger lavouras, pomares e rebanhos da ação predatória ou destruidora de animais, desde que legal e expressamente autorizado pela autoridade competente;

IV - por ser nocivo o animal, desde que assim caracterizado pelo órgão competente. (grifo nosso)

São causas específicas de excludentes de ilicitude nos crimes contra a fauna. Cumpre lembrar que nada impede que as causas genéricas previstas no Código Penal (Art. 23) venham, também, a ser aplicadas.

I- Estado de Necessidade – Caça ou pesca famélica.

Veio apenas para reforçar o que já prevê o Art. 24 do Código Penal. Nesse caso, será afastada a ilicitude no caso de abate de animal com a finalidade de saciar a fome do agente ou de sua família. Contudo, o método utilizado pelo agente para abater o animal pode configurar crime autônomo: nesse caso ele será responsabilizado penalmente (como, por exemplo, no caso de o animal ter sido abatido por um tiro derivado de arma de fogo de porte ilegal).

II- Proteção de lavouras, pomares e rebanhos.

Assemelha-se à legítima defesa, contudo é importante lembrar: legítima defesa cabe contra pessoa, e não contra animal. Aqui o agente abate o animal que agia de forma predatória ou destruidora. Além disso, deve a conduta ser legal e autorizada por lei. A doutrina tem entendido que essa autorização deve ser individual: cada indivíduo deve requerer a sua junto ao órgão ambiental competente.

III- Animal Nocivo.

Desde que definido pelo órgão competente como sendo nocivo, o abate desse animal será permitido por ser considerado um risco ao sistema ambiental.

Dos crimes contra a flora

Entende-se por flora a totalidade das espécies vegetais que compreendem a vegetação de uma determinada região, sem qualquer expressão de importância individual. Compreende também as algas e os fitoplânctons marinhos flutuantes.

A flora se organiza em estratos, que determinam formações específicas, como campos e pradarias, savanas e estepes, bosques e florestas etc.

Art. 38. *Destruir ou danificar floresta considerada de preservação permanente, mesmo que em formação, ou utilizá-la com infringência das normas de proteção:*

Pena - *detenção, de um a três anos, ou multa, ou ambas as penas cumulativamente.*

Parágrafo único. *Se o crime for culposo, a pena será reduzida à metade.*

CONDUTAS
Destruir
Danificar
Utilizar

As normas de proteção serão constadas em leis e atos normativos, e ainda que não haja qualquer finalidade lucrativa, haverá o crime, pois a degradação da fauna ocorrerá independentemente de lucros ou qualquer outra vantagem auferida com a infração.

As florestas de preservação permanente são espécies do gênero áreas de preservação permanentes, que estão previstas dentro do Código Florestal. Ocorre, contudo, que as florestas de preservação permanentes podem ser tanto determinadas legalmente quanto por interesse social por ato do Chefe do Executivo.

FLORESTAS DE PRESERVAÇÃO PERMANENTE	
Determinação Legal	Ato do Chefe do Executivo

Art. 38-A. *Destruir ou danificar vegetação primária ou secundária, em estágio avançado ou médio de regeneração, do Bioma Mata Atlântica, ou utilizá-la com infringência das normas de proteção:*

Pena - *detenção, de 1 (um) a 3 (três) anos, ou multa, ou ambas as penas cumulativamente.*

Parágrafo único. *Se o crime for culposo, a pena será reduzida à metade.*

Um bioma é entendido como um grande ecossistema que compreende várias comunidades bióticas em diferentes estágios de evolução, em vasta extensão geográfica. É, assim, uma unidade ecológica imediatamente superior ao ecossistema.

Existem biomas terrestres e aquáticos, e dentro do Brasil são considerados grandes biomas a Floresta Amazônica, a Mata Atlântica, o Pantanal Mato-Grossense, o Cerrado, a Caatinga, o Domínio das Araucárias, as Pradarias e os ecossistemas litorâneos.

CONDUTAS
Destruir
Danificar
Utilizar

Art. 39. *Cortar árvores em floresta considerada de preservação permanente, sem permissão da autoridade competente:*

Pena - *detenção, de um a três anos, ou multa, ou ambas as penas cumulativamente.*

A conduta definida é a de cortar árvores contidas em preservação permanente, desde que sem permissão da autoridade competente. Se houver, autorização, o fato se torna atípico.

> **ATENÇÃO**
>
> Se a árvore cortada for considerada, por ato do poder público, como "madeira de lei" o agente incorrerá no crime do Art. 45, e não no do Art. 39.

LEI Nº 9.605/1998 – MEIO AMBIENTE

Art. 40. Causar dano direto ou indireto às Unidades de Conservação e às áreas de que trata o art. 27 do Decreto nº 99.274, de 6 de junho de 1990, independentemente de sua localização:
Pena - reclusão, de um a cinco anos.
§ 1º. Entende-se por Unidades de Conservação de Proteção Integral as Estações Ecológicas, as Reservas Biológicas, os Parques Nacionais, os Monumentos Naturais e os Refúgios de Vida Silvestre.
§ 2º. A ocorrência de dano afetando espécies ameaçadas de extinção no interior das Unidades de Conservação de Proteção Integral será considerada circunstância agravante para a fixação da pena.
§ 3º. Se o crime for culposo, a pena será reduzida à metade.
Art. 40-A. (VETADO)
§ 1º. Entende-se por Unidades de Conservação de Uso Sustentável as Áreas de Proteção Ambiental, as Áreas de Relevante Interesse Ecológico, as Florestas Nacionais, as Reservas Extrativistas, as Reservas de Fauna, as Reservas de Desenvolvimento Sustentável e as Reservas Particulares do Patrimônio Natural.
§ 2º. A ocorrência de dano afetando espécies ameaçadas de extinção no interior das Unidades de Conservação de Uso Sustentável será considerada circunstância agravante para a fixação da pena.
§ 3º. Se o crime for culposo, a pena será reduzida à metade.

Os dois artigos deverão ser vistos conjuntamente, uma vez que constituem um único tipo penal, pois há uma relação entre seus parágrafos, posto que prevalecerá a figura ilícita constante no caput do Art. 40 e os parágrafos do Art. 40-A.

CONDUTA	
Causa Dano	
Direto	Indireto

Nesse caso, o agente causa um dano diretamente à Unidade de Conservação ou então pratica algum ato que, como consequência, atinge a Unidade de Conservação, sendo essas previstas no Art. 27 do Decreto 99.274/90:

> **Art. 27.** Nas áreas circundantes das Unidades de Conservação, num raio de dez quilômetros, qualquer atividade que possa afetar a biota ficará subordinada às normas editadas pelo Conama.

CAUSAS AGRAVANTES	
Art. 40, § 2º: A ocorrência de dano afetando espécies ameaçadas de extinção no interior das Unidades de Conservação de Proteção Integral será considerada circunstância agravante para a fixação da pena.	Contudo, o Art. 15, inciso II, alínea q, da Lei 9.605/98 determina que será causa agravante de pena o crime que atingir espécies ameaçadas, listadas em relatórios oficiais. Em vedação ao *bis in idem*, será aplicado nesse caso somente o Art. 40, §2.

Art. 41. Provocar incêndio em mata ou floresta:
Pena - reclusão, de dois a quatro anos, e multa.
Parágrafo único. Se o crime é culposo, a pena é de detenção de seis meses a um ano, e multa.

A conduta é a de atear fogo em matas e florestas, podendo esse crime ser praticado de diversas formas. Esse fato típico não específica o termo "floresta". Entende-se assim que se trata de todas, não há necessidade de ser apenas a de preservação permanente.

Art. 42. Fabricar, vender, transportar ou soltar balões que possam provocar incêndios nas florestas e demais formas de vegetação, em áreas urbanas ou qualquer tipo de assentamento humano:
Pena - detenção de um a três anos ou multa, ou ambas as penas cumulativamente.

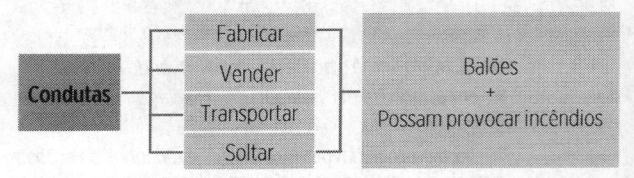

Condutas: Fabricar, Vender, Transportar, Soltar — Balões + Possam provocar incêndios

Será punida a conduta de fazer, de alienar de forma onerosa, conduzir ou fazer subir balão que tenha condição de provocar incêndios. O termo "possam" irá determinar que o balão deverá ser submetido a exame pericial para verificar a existência da periculosidade, exceto se o balão desaparecer.

O perigo de incêndio deve ocorrer em florestas e demais formas de vegetação ou mesmo em áreas urbanas ou qualquer assentamento urbano.

Art. 44. Extrair de florestas de domínio público ou consideradas de preservação permanente, sem prévia autorização, pedra, areia, cal ou qualquer espécie de minerais:
Pena - detenção, de seis meses a um ano, e multa.

Extrair quer dizer retirar, arrancar as espécies minerais de florestas de domínio público ou de preservação permanente.

Já sabemos o que quer dizer o termo "florestas de preservação aparente", contudo as de domínio público são aquelas pertencentes aos entes públicos, mas de uso da população.

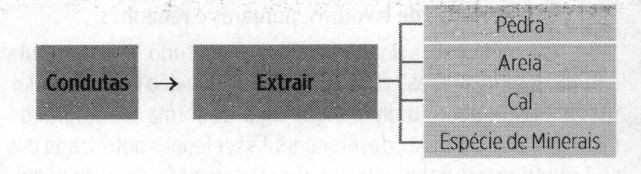

Condutas → Extrair: Pedra, Areia, Cal, Espécie de Minerais

Art. 45. Cortar ou transformar em carvão madeira de lei, assim classificada por ato do Poder Público, para fins industriais, energéticos ou para qualquer outra exploração, econômica ou não, em desacordo com as determinações legais:
Pena - reclusão, de um a dois anos, e multa.

CONDUTA	
Cortar	Transformar em carvão

O objeto protegido é a madeira de lei, que nada mais é do que a madeira assim considerada por ato do Poder Público. Geralmente é uma madeira mais forte, mais nobre e resistente, utilizada em construções e obras que exijam esse tipo de material.

O crime só ocorre se seu corte ou sua transformação ocorrerem em desacordo com as determinações legais.

Art. 46. Receber ou adquirir, para fins comerciais ou industriais, madeira, lenha, carvão e outros produtos de origem vegetal, sem exigir a exibição de licença do vendedor, outorgada pela autoridade competente, e sem munir-se da via que deverá acompanhar o produto até final beneficiamento:
Pena - detenção, de seis meses a um ano, e multa.
Parágrafo único. Incorre nas mesmas penas quem vende, expõe à venda, tem em depósito, transporta ou guarda madeira,

lenha, carvão e outros produtos de origem vegetal, sem licença válida para todo o tempo da viagem ou do armazenamento, outorgada pela autoridade competente.

Condutas → Receber / Adquirir — Para fins comerciais ou industriais — Madeira, Lenha, Carvão, Produtos de origem vegetal

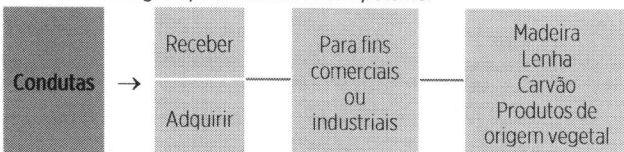

O termo "para fins comerciais ou industriais" determina que o sujeito ativo só poderá ser a pessoa que exerce atividade comercial ou industrial de produtos vegetais, excluindo desse caso o consumidor final ou a pessoa que vende ilegalmente esses produtos. Assim, o crime só ocorre se o fato for praticado com o intuito de revenda ou de algum tipo de benefício, não havendo crime se o agente adquire ou recebe esses produtos para uso próprio.

Cumpre ainda informar que, embora o tipo penal utilize o termo "e", na verdade o fato se consuma se não se exigir a exibição de licença do vendedor, outorgada pela autoridade competente OU se não estiver munido da via que deverá acompanhar o produto até final beneficiamento.

FIGURAS EQUIPARADAS
Incorre nas mesmas penas quem:
- vende;
- expõe à venda;
- tem em depósito;
- transporta ou guarda
madeira, lenha, carvão e outros produtos de origem vegetal, sem licença válida para todo o tempo da viagem ou do armazenamento, outorgada pela autoridade competente.

Art. 48. *Impedir ou dificultar a regeneração natural de florestas e demais formas de vegetação:*
Pena - *detenção, de seis meses a um ano, e multa.*

CONDUTA: Impedir | Dificultar

A regeneração natural é aquela realizada pela própria natureza, sem intervenção humana. Desse modo, não se inclui o processo de regeneração artificial, causada pelo homem.

Nesses crimes, o exame pericial será necessário, para comprovar que a vegetação estava sendo regenerada naturalmente e em qual estágio ele se encontrava, e ainda como meio de obter provas por meio dos vestígios deixados pela conduta delitiva.

Art. 49. *Destruir, danificar, lesar ou maltratar, por qualquer modo ou meio, plantas de ornamentação de logradouros públicos ou em propriedade privada alheia:*
Pena - *detenção, de três meses a um ano, ou multa, ou ambas as penas cumulativamente.*
Parágrafo único. *No crime culposo, a pena é de um a seis meses, ou multa.*

Condutas
Destruir ↓
Danificar ↓
Lesar ↓
Maltratar ↓
Por qualquer modo ou meio

Convém atentar ao termo "propriedade privada alheia"; ele não faz menção se são áreas urbanas ou rurais. Desse modo, deve ser interpretado de maneira ampla, aplicando-se aos dois.

O crime em análise pode ser praticado de qualquer forma, bastando que tenha por consequência uma das condutas, não importa o meio empregado.

Contudo, há uma grande discussão na doutrina a respeito da constitucionalidade desse artigo, quanto à sua modalidade culposa. Pensemos: tropeçar e pisar em um vaso de begônias de um vizinho será considerado crime? E quanto ao caso de um condutor de veículo automotor que perde o controle e avança sobre as bromélias de um jardim público?

Com base no princípio da intervenção mínima do Direito Penal, a modalidade culposa não deveria ser considerada, apenas se o crime fosse cometido com dolo.

Art. 50. *Destruir ou danificar florestas nativas ou plantadas ou vegetação fixadora de dunas, protetora de mangues, objeto de especial preservação:*
Pena - *detenção, de três meses a um ano, e multa.*

CONDUTA: Destruir | Danificar

Esse crime visa à proteção das florestas nativas ou plantadas e da vegetação fixadora de dunas, protetora de mangues, objeto de especial preservação. Contudo, é pertinente lembrar que, em se tratando de florestas de preservação permanente, o crime será o do Art. 38, com base no princípio da especialidade.

Dunas são montes e colinas formados de areia pela ação de ventos à beira-mar. Já o Manguezal é um ecossistema litorâneo de vegetação, que fica localizado em terrenos baixos sujeitos à ação das marés, de modo a formar uma cadeia alimentar com rica produção biológica.

A "especial proteção" pode decorrer de lei ou qualquer ato normativo federal, estadual, municipal ou distrital.

Art. 50-A. *Desmatar, explorar economicamente ou degradar floresta, plantada ou nativa, em terras de domínio público ou devolutas, sem autorização do órgão competente:*
Pena - *reclusão de 2 (dois) a 4 (quatro) anos e multa.*
§ 1º *Não é crime a conduta praticada quando necessária à subsistência imediata pessoal do agente ou de sua família.*
§ 2º *Se a área explorada for superior a 1.000 ha (mil hectares), a pena será aumentada de 1 (um) ano por milhar de hectare.*

Condutas
Desmatar ↓
Explorar ↓
Degradar

NOÇÕES DE LEGISLAÇÃO PENAL E PROCESSUAL PENAL

Esse é um crime novo, introduzido na Lei em 2006. Ele visa proteger florestas do desmatamento (derrubada de grande quantidade de árvores), da exploração econômica (exercício de atividade lucrativa) ou da degradação (ocorrência de estragos, destruição). A d

egradação se difere da conduta de destruir ou de danificar; a degradação ocorre durante um tempo, não acontecem de imediato os estragos.

E, ainda, temos que nos atentar à necessidade da falta de autorização de órgão competente, já que havendo autorização o fato se torna atípico. Essa autorização deve vir do IBAMA se a floresta pertencer à União, ou por órgãos municipais, estaduais ou distritais quando pertencente aos demais entes federativos.

Estado de Necessidade	Não é crime a conduta praticada quando necessária à subsistência imediata pessoal do agente ou de sua família.
Aumentado de Pena	Se a área explorada for superior a mil hectares, a pena será aumentada de 1 ano por milhar de hectare.

ATENÇÃO

As condutas do Art. 50 atingem florestas objeto de especial preservação, enquanto que as do Art. 50-A estão relacionadas às florestas situadas em áreas de domínio público ou desocupadas, não sendo necessária a existência de norma específica de proteção editada.

Art. 51. *Comercializar motosserra ou utilizá-la em florestas e nas demais formas de vegetação, sem licença ou registro da autoridade competente:*
***Pena** - detenção, de três meses a um ano, e multa.*

CONDUTAS	
Comercializar	Utilizá-la

A primeira atenção que devemos ter é sobre a conduta de comercializar, a qual não ser confundida com vender ou expor à venda. Nesse caso, a conduta diz respeito ao exercício de atividade comercial, de modo que somente o sujeito que exerce como atividade o comércio de motosserras poderá ser o sujeito ativo.

A motosserra é uma serra com motor, e ao comercializá-la ou utilizá-la em florestas e demais formas de vegetação, comete-se o crime em estudo, desde que não haja a devida licença ou registro da autoridade competente.

Art. 52. *Penetrar em Unidades de Conservação conduzindo substâncias ou instrumentos próprios para caça ou para exploração de produtos ou subprodutos florestais, sem licença da autoridade competente:*
Pena- detenção, de seis meses a um ano, e multa.

Conduta	→	Penetrar

Penetrar significa entrar. Dessa maneira, o crime consiste na entrada em Unidades de Conservação levando substâncias ou instrumentos próprios para a caça ou para a exploração de produtos ou subprodutos florestais, sem licença da autoridade competente. Ou seja, havendo licença, o fato se torna atípico.

Art. 53. *Nos crimes previstos nesta Seção, a pena é aumentada de um sexto a um terço se:*
I - do fato resulta a diminuição de águas naturais, a erosão do solo ou a modificação do regime climático;
II - o crime é cometido:
a) no período de queda das sementes;
b) no período de formação de vegetações;
c) contra espécies raras ou ameaçadas de extinção, ainda que a ameaça ocorra somente no local da infração;
d) em época de seca ou inundação;
e) durante a noite, em domingo ou feriado.

CAUSAS DE AUMENTO DE PENA – NOS CRIMES PREVISTOS NO ART. 38 A 52	
Aumenta-se de 1/6 a 1/3 a pena se	do fato **resulta a diminuição de águas** naturais, a **erosão do solo** ou a **modificação do regime climático;**
	o crime é cometido **no período de queda das sementes;**
	o crime é cometido no **período de formação de vegetações;**
	o crime é **cometido contra espécies raras ou ameaçadas de extinção**, ainda que a ameaça ocorra somente no local da infração;
	o crime é cometido em época de seca ou inundação;
	o crime é cometido **durante a noite, em domingo ou feriado.**

Da poluição e outros crimes ambientais

Os crimes aqui previstos tutelam, além do meio ambiente, outros bens jurídicos humanos, como a vida, a integridade física, a moradia etc.

É importante ressaltar que no momento de aplicação da pena o juiz deverá verificar as consequências que o crime causou no meio ambiente e para a saúde humana.

Então, embora essa lei vise à proteção ao meio ambiente, prevê, em alguns casos, a tutela direta e específica das pessoas.

Art. 54. *Causar poluição de qualquer natureza em níveis tais que resultem ou possam resultar em danos à saúde humana, ou que provoquem a mortandade de animais ou a destruição significativa da flora:*
Pena - reclusão, de um a quatro anos, e multa.
§ 1º Se o crime é culposo:
Pena - detenção, de seis meses a um ano, e multa.
§ 2º Se o crime:
I - tornar uma área, urbana ou rural, imprópria para a ocupação humana;
II - causar poluição atmosférica que provoque a retirada, ainda que momentânea, dos habitantes das áreas afetadas, ou que cause danos diretos à saúde da população;
III - causar poluição hídrica que torne necessária a interrupção do abastecimento público de água de uma comunidade;
IV - dificultar ou impedir o uso público das praias;
V - ocorrer por lançamento de resíduos sólidos, líquidos ou gasosos, ou detritos, óleos ou substâncias oleosas, em desacordo com as exigências estabelecidas em leis ou regulamentos:
Pena - reclusão, de um a cinco anos.
§ 3º Incorre nas mesmas penas previstas no parágrafo anterior quem deixar de adotar, quando assim o exigir a autoridade competente, medidas de precaução em caso de risco de dano ambiental grave ou irreversível.

Conduta	→	Causar

A conduta de dar causa à poluição de qualquer tipo pode resultar em danos à saúde humana ou provocar a mortandade de animais ou a destruição significativa da flora.

Sobre o termo "poluição", devemos entender como o lançamento ou então a adição de substância ou matéria ao meio ambiente.

A poluição definida por este crime abrange a poluição atmosférica, hídrica, térmica, do solo e sonora.

A expressão "níveis tais" determina que somente haverá o crime se ocorrer poluição em níveis altos que resultem ou possam resultar danos à saúde humana, a mortandade de animais ou a destruição significativa da flora, de modo que não é qualquer poluição que se enquadra no tipo penal.

Por ser um crime que causa danos, será indispensável o exame pericial para verificar se a poluição causou os prejuízos mencionados, e mesmo para aplicação das qualificadoras abaixo descritas.

Se o crime é culposo:	Pena de detenção, de seis meses a um ano, e multa.
Qualificadoras Pena de reclusão de 1 a 5 anos;	tornar uma área, urbana ou rural, **imprópria para a ocupação humana;**
	causar **poluição atmosférica** que provoque a retirada, ainda que momentânea, dos habitantes das áreas afetadas, ou que cause danos diretos à saúde da população;
	causar **poluição hídrica** que torne necessária a interrupção do abastecimento público de água de uma comunidade;
	dificultar ou impedir o uso público das praias;
	ocorrer por lançamento de resíduos sólidos, líquidos ou gasosos, ou detritos, óleos ou substâncias oleosas, em desacordo com as exigências estabelecidas em leis ou regulamentos;
	Incorre na mesma pena quem deixar de adotar, quando assim o exigir a autoridade competente, medidas de precaução em caso de risco de dano ambiental grave ou irreversível.

Art. 55. *Executar pesquisa, lavra ou extração de recursos minerais sem a competente autorização, permissão, concessão ou licença, ou em desacordo com a obtida:*
Pena - *detenção, de seis meses a um ano, e multa.*
Parágrafo único. *Nas mesmas penas incorre quem deixa de recuperar a área pesquisada ou explorada, nos termos da autorização, permissão, licença, concessão ou determinação do órgão competente.*

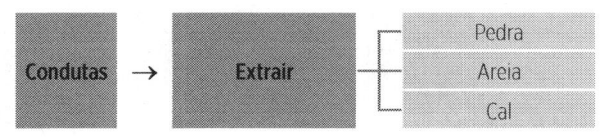

Condutas → Extrair → Pedra / Areia / Cal

A conduta diz respeito à execução, ou seja, à realização de pesquisa, lavra ou extração de recursos minerais, desde que o agente não esteja munido pela competente autorização, permissão, concessão ou licença ou ainda se agir em desacordo a qual dela tiver obtido. Assim como os demais casos, se o agente tiver um dos documentos exigidos ou ainda estiver agindo em regularidade, o fato se torna atípico.

Todavia, é pertinente lembrar: as autorizações, permissões, concessões e licenças são individuais. Se o agente tem licença para executar a lavra, mas se utiliza dela para pesquisa, o agente está, sim, cometendo o crime. Esses meios autorizadores são concedidos pelo Departamento Nacional de Produtos Minerais.

Aquele que deixa de recuperar a área pesquisada ou explorada, nos termos da autorização, permissão, licença, concessão ou determinação do órgão competente, comete crime equiparado ao caput.

Art. 56. *Produzir, processar, embalar, importar, exportar, comercializar, fornecer, transportar, armazenar, guardar, ter em depósito ou usar produto ou substância tóxica, perigosa ou nociva à saúde humana ou ao meio ambiente, em desacordo com as exigências estabelecidas em leis ou nos seus regulamentos:*
Pena - *reclusão, de um a quatro anos, e multa.*
§ 1º. *Nas mesmas penas incorre quem:*
I - abandona os produtos ou substâncias referidos no caput ou os utiliza em desacordo com as normas ambientais ou de segurança;
II - manipula, acondiciona, armazena, coleta, transporta, reutiliza, recicla ou dá destinação final a resíduos perigosos de forma diversa da estabelecida em lei ou regulamento.
§ 2º *Se o produto ou a substância for nuclear ou radioativa, a pena é aumentada de um sexto a um terço.*
§ 3º *Se o crime é culposo:*
Pena - *detenção, de seis meses a um ano, e multa.*

Esse crime consiste em um tipo misto alternativo - isto é, independentemente do número de condutas, haverá a prática de um crime único pelo agente - que prevê doze condutas consideradas puníveis:

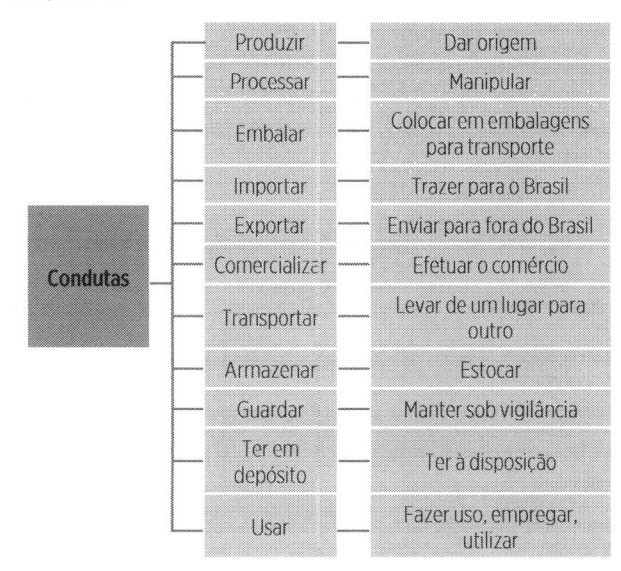

Condutas	
Produzir	Dar origem
Processar	Manipular
Embalar	Colocar em embalagens para transporte
Importar	Trazer para o Brasil
Exportar	Enviar para fora do Brasil
Comercializar	Efetuar o comércio
Transportar	Levar de um lugar para outro
Armazenar	Estocar
Guardar	Manter sob vigilância
Ter em depósito	Ter à disposição
Usar	Fazer uso, empregar, utilizar

Os objetos materiais do crime são as substâncias e os produtos tóxicos (venenosos), perigosos (que causam perigo) ou nocivos (que prejudicam ou causam danos). E, ainda, por entendimento doutrinário não basta somente a comprovação pericial; necessita-se que essas substâncias estejam classificadas em leis ou atos normativos, caso contrário o fato será considerado como atípico.

LEI Nº 9.605/1998 – MEIO AMBIENTE

O termo "em desacordo com as exigências estabelecidas em leis ou nos seus regulamentos" trata-se de uma norma penal em branco, que necessita de complementação.

FIGURAS EQUIPARADAS
Nas mesmas penas incorre quem: - abandona os produtos ou substâncias referidos no caput ou os utiliza em desacordo com as normas ambientais ou de segurança; - manipula, acondiciona, armazena, coleta, transporta, reutiliza, recicla ou dá destinação final a resíduos perigosos de forma diversa da estabelecida em lei ou regulamento.

PENAS	
Aumenta-se de 1/6 a 1/3	se o produto ou a substância forem nucleares ou radioativos
6 meses a 1 ano + multa	se **o crime for culposo**

Art. 58. Nos crimes dolosos previstos nesta Seção, as penas serão aumentadas:

I - de um sexto a um terço, se resulta dano irreversível à flora ou ao meio ambiente em geral;

II - de um terço até a metade, se resulta lesão corporal de natureza grave em outrem;

III - até o dobro, se resultar a morte de outrem.

Parágrafo único. As penalidades previstas neste artigo somente serão aplicadas se do fato não resultar crime mais grave.

CAUSAS DE AUMENTO DE PENA – nos crimes previstos no Art. 54 a 61	
Aumenta-se de 1/6 a 1/3	se **resulta dano irreversível** à flora ou ao meio ambiente em geral;
Aumenta-se de 1/3 até a metade	se **resulta lesão corporal** de natureza grave em outrem;
Aumenta-se até o dobro	se **resultar a morte de outrem.**

Art. 60. Construir, reformar, ampliar, instalar ou fazer funcionar, em qualquer parte do território nacional, estabelecimentos, obras ou serviços potencialmente poluidores, sem licença ou autorização dos órgãos ambientais competentes, ou contrariando as normas legais e regulamentares pertinentes:

Pena - detenção, de um a seis meses, ou multa, ou ambas as penas cumulativamente.

Condutas
Construir
↓
Reformar
↓
Ampliar
↓
Instalar
↓
Fazer funcionar

Art. 61. Disseminar doença ou praga ou espécies que possam causar dano à agricultura, à pecuária, à fauna, à flora ou aos ecossistemas:

Pena - reclusão, de um a quatro anos, e multa.

Condutas → Disseminar → Doença / Praga / Espécies

Disseminar consiste em espalhar, propagar a doença ou praga ou espécies que possam causar danos:

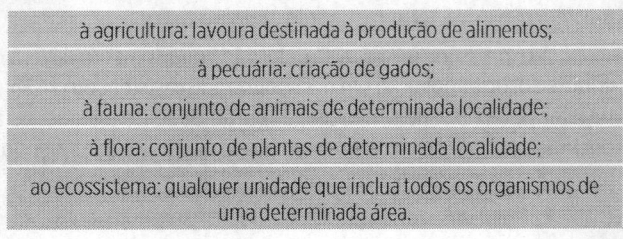

à agricultura: lavoura destinada à produção de alimentos;
à pecuária: criação de gados;
à fauna: conjunto de animais de determinada localidade;
à flora: conjunto de plantas de determinada localidade;
ao ecossistema: qualquer unidade que inclua todos os organismos de uma determinada área.

Esse crime se consuma com a mera disseminação da doença ou da praga, independentemente de o dano ocorrer.

Dos crimes contra o ordenamento urbano e o patrimônio cultural

Inclui-se no conceito de meio ambiente o meio ambiente artificial e o cultural. O meio ambiente artificial é aquele construído pelo homem, é composto pelo espaço urbano fechado e pelo espaço urbano aberto.

Já o patrimônio cultural encontra-se determinado pelo Art. 216 da CF: Constituem patrimônio cultural brasileiro os bens de natureza material e imaterial, tomados individualmente ou em conjunto, portadores de referência à identidade, à ação, à memória dos diferentes grupos formadores da sociedade brasileira, nos quais se incluem: I - as formas de expressão; II - os modos de criar, fazer e viver; III - as criações científicas, artísticas e tecnológicas; IV - as obras, objetos, documentos, edificações e demais espaços destinados às manifestações artístico-culturais; V - os conjuntos urbanos e sítios de valor histórico, paisagístico, artístico, arqueológico, paleontológico, ecológico e científico. Portanto, a proteção ao meio ambiente não se limita a apenas à flora e à fauna, mas sim aos patrimônios culturais existentes na sociedade.

Art. 62. Destruir, inutilizar ou deteriorar:

I - bem especialmente protegido por lei, ato administrativo ou decisão judicial;

II - arquivo, registro, museu, biblioteca, pinacoteca, instalação científica ou similar protegido por lei, ato administrativo ou decisão judicial:

Pena - reclusão, de um a três anos, e multa.

Parágrafo único. Se o crime for culposo, a pena é de seis meses a um ano de detenção, sem prejuízo da multa.

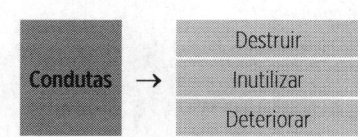

Condutas → Destruir / Inutilizar / Deteriorar

Trata-se dos bens especialmente protegidos por lei, ato administrativo ou judicial. A lei pode ser tanto federal, quanto municipal, estadual ou distrital, visto que é de competência concorrente entre os entes federativos a proteção ao patrimônio cultural brasileiro; do mesmo modo a decisão judicial pode ser derivada de qualquer instância do Poder Judiciário; e o ato administrativo será o tombamento, que também pode ser feito por órgão de qualquer dos entes.

Serão também objetos materiais protegidos por este artigo o arquivo, o registro, o museu, a biblioteca, a pinacoteca, a instalação científica ou similar protegidos por lei, ato administrativo ou decisão judicial.

> **Art. 63.** Alterar o aspecto ou estrutura de edificação ou local especialmente protegido por lei, ato administrativo ou decisão judicial, em razão de seu valor paisagístico, ecológico, turístico, artístico, histórico, cultural, religioso, arqueológico, etnográfico ou monumental, sem autorização da autoridade competente ou em desacordo com a concedida:
> **Pena** - reclusão, de um a três anos, e multa.

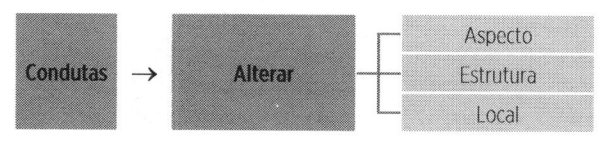

Condutas → Alterar → Aspecto / Estrutura / Local

Qualquer modificação, ainda que superficial, na aparência ou na organização do objeto material protegido na norma configura o crime em análise. Esses objetos são protegidos exatamente por seu valor original, de modo que qualquer alteração pode fazer com que ele perca esse valor histórico, paisagístico, artístico, cultural etc. Contudo, para que o crime se configure, não basta a mera modificação; esta não deve ter sido autorizada por autoridade competente ou então deve estar em desacordo com a autorização concedida. Caso contrário, o ato se torna atípico.

> **Art. 64.** Promover construção em solo não edificável, ou no seu entorno, assim considerado em razão de seu valor paisagístico, ecológico, artístico, turístico, histórico, cultural, religioso, arqueológico, etnográfico ou monumental, sem autorização da autoridade competente ou em desacordo com a concedida:
> **Pena** - detenção, de seis meses a um ano, e multa.

CONDUTAS → Promover → Construção em solo não edificável ou no seu entorno

Fazer qualquer obra ou edificação em solo onde não pode haver construções, bem como em seu entorno, consiste em crime contra o meio ambiente, desde que não haja autorização competente ou que o agente aja em descordo com a autorização concedida. Caso contrário, o fato de torna atípico.

> **Art. 65.** Pichar ou por outro meio conspurcar edificação ou monumento urbano:
> **Pena** - detenção, de 3 (três) meses a 1 (um) ano, e multa
> **§ 1º.** Se o ato for realizado em monumento ou coisa tombada em virtude do seu valor artístico, arqueológico ou histórico, a pena é de 6 (seis) meses a 1 (um) ano de detenção e multa.
> **§ 2º.** Não constitui crime a prática de grafite realizada com o objetivo de valorizar o patrimônio público ou privado mediante manifestação artística, desde que consentida pelo proprietário e, quando couber, pelo locatário ou arrendatário do bem privado e, no caso de bem público, com a autorização do órgão competente e a observância das posturas municipais e das normas editadas pelos órgãos governamentais responsáveis pela preservação e conservação do patrimônio histórico e artístico nacional.

CONDUTAS	
Pichar	Por outro meio conspurcar

A pichação consiste no ato de escrever ou rabiscar em muros, paredes e etc., enquanto conspurcar consiste em sujar, ambos em construções ou obra artística de grande valor cultural.

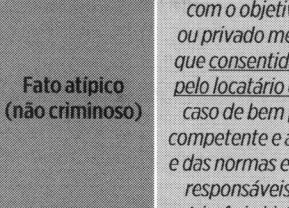

Fato atípico (não criminoso)	Não constitui crime a prática de grafite realizada com o objetivo de valorizar o patrimônio público ou privado mediante manifestação artística, desde que <u>consentida pelo proprietário</u> e, quando couber, <u>pelo locatário ou arrendatário do bem privado</u> e, no caso de bem público, com a autorização do órgão competente e a observância das posturas municipais e das normas editadas pelos órgãos governamentais responsáveis pela preservação e conservação do patrimônio histórico e artístico nacional. (grifo nosso)
A pena será de 6 meses a 1 ano	Se o ato for realizado em **monumento ou coisa tombada em virtude do seu valor artístico, arqueológico ou histórico.** (grifo nosso)

Dos crimes contra a administração ambiental

> **Art. 66.** Fazer o funcionário público afirmação falsa ou enganosa, omitir a verdade, sonegar informações ou dados técnico-científicos em procedimentos de autorização ou de licenciamento ambiental:
> **Pena** - reclusão, de um a três anos, e multa.

Condutas → Fazer afirmação falsa ou enganosa / Omitir a verdade / Sonegar informações ou dados técnicos

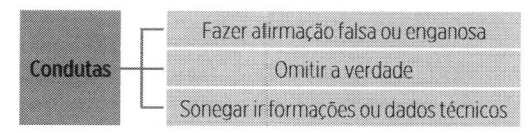

Esse delito seria uma forma de falsidade ideológica ambiental, praticado por funcionário público que faz uma afirmação que não corresponde à verdade ou que leva a engano, ou então não menciona a verdade ou ainda esconde dados técnico-científicos em procedimentos autorizadores e licenciadores ambientais. Desse modo, esse crime pode ser praticado tanto por meio de uma ação quanto de uma omissão.

> **Art. 67.** Conceder o funcionário público licença, autorização ou permissão em desacordo com as normas ambientais, para as atividades, obras ou serviços cuja realização depende de ato autorizativo do Poder Público:
> **Pena** - detenção, de um a três anos, e multa.
> **Parágrafo único.** Se o crime é culposo, a pena é de três meses a um ano de detenção, sem prejuízo da multa.

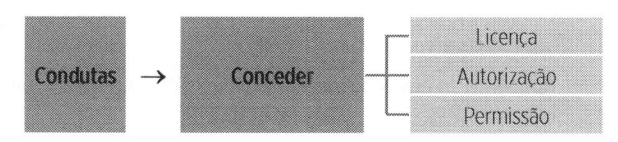

Condutas → Conceder → Licença / Autorização / Permissão

O funcionário público fornece a alguém autorização ou permissão ou licença infringindo a legislação ambiental para atividades, obras ou serviços que dependam de ato autorizativo do Poder Público.

> **Art. 68.** Deixar, aquele que tiver o dever legal ou contratual de fazê-lo, de cumprir obrigação de relevante interesse ambiental:
> **Pena** - detenção, de um a três anos, e multa.
> **Parágrafo único.** Se o crime é culposo, a pena é de três meses a um ano, sem prejuízo da multa.

CONDUTAS → Deixar de cumprir obrigação de relevante interesse ambiental

O agente, que tem como dever legal ou contratual cumprir obrigação de relevante interesse ambiental, se não o fizer, incorre no crime acima descrito.

O grande problema concentra-se no termo "relevante interesse ambiental", posto que a lei não menciona o que efetivamente seria isso, ferindo diretamente o princípio da taxatividade, até porque o meio ambiente constitui, por si só, um relevante interesse. Contudo, entende-se que o Art. 52 da Lei 12.305/10 resolve este problema ao dispor que: a observância do disposto no caput do art. 23 e no § 2º do art. 39 desta Lei é considerada obrigação de relevante interesse ambiental para efeitos do art. 68 da Lei nº 9.605, de 1998, sem prejuízo da aplicação de outras sanções cabíveis nas esferas penal e administrativa.

> **Art. 69.** *Obstar ou dificultar a ação fiscalizadora do Poder Público no trato de questões ambientais:*
> **Pena** *- detenção, de um a três anos, e multa.*

Condutas	
Obstar	Dificultar

O crime consiste no impedimento ou na criação de obstáculos para a ação fiscalizadora do Poder Público em questões ambientais.

> **Art. 69-A.** *Elaborar ou apresentar, no licenciamento, concessão florestal ou qualquer outro procedimento administrativo, estudo, laudo ou relatório ambiental total ou parcialmente falso ou enganoso, inclusive por omissão:*
> **Pena** *- reclusão, de 3 (três) a 6 (seis) anos, e multa.*
> **§ 1º** *Se o crime é culposo:*
> **Pena** *- detenção, de 1 (um) a 3 (três) anos.*
> **§ 2º** *A pena é aumentada de 1/3 (um terço) a 2/3 (dois terços), se há dano significativo ao meio ambiente, em decorrência do uso da informação falsa, incompleta ou enganosa.*

Condutas	
Elaborar	Apresentar

O crime ocorre com a formulação ou utilização de análise, conclusão pericial ou mesmo parecer ambiental, integral ou parcialmente falso ou enganoso. A falsidade ou o engano documental podem ocorrer com a inserção de dados falsos ou enganosos, bem como pela ausência de dados verdadeiros, podendo ser a falsidade tanto material quanto ideológica.

O documento elaborado ou utilizado deve ocorrer em casos de licenciamento, concessão florestal ou qualquer outro procedimento administrativo.

Por conta do princípio da especialidade, esse crime prevalece sobre os de falsidade previstos no Código Penal.

CAUSAS DE AUMENTO DE PENA	
Aumenta-se de 1/3 a 2/3	se há **dano significativo** ao meio ambiente, em decorrência do uso da informação falsa, incompleta ou enganosa.

12. LEI Nº 8.429/1992 - LEI DE IMPROBIDADE ADMINISTRATIVA

A improbidade administrativa está prevista no texto constitucional em seu art. 37, § 4º, que prevê:

Art. 37. [...]

§ 4º Os atos de improbidade administrativa importarão a suspensão dos direitos políticos, a perda da função pública, a indisponibilidade dos bens e o ressarcimento ao erário, na forma e gradação previstas em lei, sem prejuízo da ação penal cabível.

A norma constitucional determinou que os atos de improbidade administrativa deveriam ser regulamentados para a sua execução, o que ocorreu com a edição da Lei nº 8.429/92, recentemente alterada pela redação dada pela Lei nº 14.230/2021, que passou a dispor sobre as sanções aplicáveis em virtude da prática de atos de improbidade administrativa, de que trata o § 4º do art. 37 da Constituição Federal, e dá outras providências.

Sistema de responsabilização por atos de improbidade administrativa

O sistema de responsabilização por atos de improbidade administrativa tutelará a probidade na organização do Estado e no exercício de suas funções, como forma de assegurar a integridade do patrimônio público e social.

AUSÊNCIA DE COMPROVAÇÃO DE ATO DOLOSO: o mero exercício da função ou o desempenho de competências públicas, sem comprovação de ato doloso com fim ilícito, afasta a responsabilidade por ato de improbidade administrativa.

APLICAÇÃO DE PRINCÍPIOS CONSTITUCIONAIS: aplicam-se ao sistema da improbidade os princípios constitucionais do direito administrativo sancionador.

VIOLAÇÃO DA PROBIDADE NA ORGANIZAÇÃO DO ESTADO: os atos de improbidade violam a probidade na organização do Estado e no exercício de suas funções e a integridade do patrimônio público e social dos Poderes Executivo, Legislativo e Judiciário, bem como da administração direta e indireta, no âmbito da União, dos estados, dos municípios e do Distrito Federal.

> **Atenção!**
> Estão sujeitos às sanções desta Lei os atos de improbidade praticados contra o patrimônio de entidade privada que receba subvenção, benefício ou incentivo, fiscal ou creditício, de entes públicos ou governamentais.

SUJEIÇÃO À SANÇÃO: independentemente de integrar a administração indireta, estão sujeitos às sanções os atos de improbidade praticados contra o patrimônio de entidade privada para cuja criação ou custeio o erário haja concorrido ou concorra no seu patrimônio ou receita atual, limitado o ressarcimento de prejuízos, nesse caso, à repercussão do ilícito sobre a contribuição dos cofres públicos.

NÃO CONFIGURAÇÃO DE IMPROBIDADE: a ação ou omissão decorrente de divergência interpretativa, com base em jurisprudência, ainda que não pacificada, mesmo que não venha a ser posteriormente prevalecente nas decisões dos órgãos de controle ou dos tribunais do Poder Judiciário.

Agente público

Considera-se agente público o agente político, o servidor público e todo aquele que exerce, ainda que transitoriamente ou sem remuneração, por eleição, nomeação, designação, contratação ou qualquer outra forma de investidura ou vínculo, mandato, cargo, emprego ou função nas entidades.

RECURSO DE ORIGEM PÚBLICA: no que se refere a recursos de origem pública, sujeita-se às sanções previstas nesta Lei o particular, pessoa física ou jurídica, que celebra com a administração pública convênio, contrato de repasse, contrato de gestão, termo de parceria, termo de cooperação ou ajuste administrativo equivalente.

EXTENSÃO DA LEI DE IMPROBIDADE: as disposições da Lei são aplicáveis, no que couber, àquele que, mesmo não sendo agente público, induza ou concorra dolosamente para a prática do ato de improbidade.

SÓCIOS, COTISTAS, DIRETORES E COLABORADORES: sócios, cotistas, diretores e colaboradores de pessoa jurídica de direito privado não respondem pelo ato de improbidade que venha a ser imputado à pessoa jurídica, salvo se, comprovadamente, houver participação e benefícios diretos, caso em que responderão nos limites da sua participação.

> **Atenção!**
> As sanções desta Lei não se aplicarão à pessoa jurídica, caso o ato de improbidade administrativa seja também sancionado como ato lesivo à administração pública de que trata a Lei nº 12.846, de 1º de agosto de 2013 (lei sobre a responsabilização administrativa e civil de pessoas jurídicas pela prática de atos contra a administração pública, nacional ou estrangeira).

INDÍCIOS DE ATO DE IMPROBIDADE: se houver indícios de ato de improbidade, a autoridade que conhecer dos fatos representará ao Ministério Público competente, para as providências necessárias.

DANOS AO ERÁRIO: o sucessor ou herdeiro daquele que causar danos ao erário ou que se enriquecer ilicitamente está sujeito apenas à obrigação de repará-lo até o limite do valor da herança ou do patrimônio transferido.

RESPONSABILIDADE SUCESSÓRIA: a responsabilidade sucessória aplica-se também na hipótese de alteração contratual, de transformação, de incorporação, de fusão ou de cisão societária.

> **Atenção!**
> Nas hipóteses de fusão e incorporação, a responsabilidade da sucessora será restrita à obrigação de reparação integral do dano causado, até o limite do patrimônio transferido, não lhe sendo aplicáveis as demais sanções previstas na lei de improbidade decorrentes de atos e de fatos ocorridos antes da data da fusão ou da incorporação, exceto no caso de simulação ou de evidente intuito de fraude, devidamente comprovados.

12.1 Dos Atos de Improbidade Administrativa

LEI Nº 8.429/1992 - LEI DE IMPROBIDADE ADMINISTRATIVA

Dos atos de improbidade administrativa que importam enriquecimento ilícito

Constitui ato de improbidade administrativa importando em enriquecimento ilícito auferir, mediante a prática de ato doloso, qualquer tipo de vantagem patrimonial indevida em razão do exercício de cargo, de mandato, de função, de emprego ou de atividade nas entidades, e notadamente:

I - receber, para si ou para outrem, dinheiro, bem móvel ou imóvel, ou qualquer outra vantagem econômica, direta ou indireta, a título de comissão, percentagem, gratificação ou presente de quem tenha interesse, direto ou indireto, que possa ser atingido ou amparado por ação ou omissão decorrente das atribuições do agente público;

II - perceber vantagem econômica, direta ou indireta, para facilitar a aquisição, permuta ou locação de bem móvel ou imóvel, ou a contratação de serviços pelas entidades referidas no art. 1º por preço superior ao valor de mercado;

III - perceber vantagem econômica, direta ou indireta, para facilitar a alienação, permuta ou locação de bem público ou o fornecimento de serviço por ente estatal por preço inferior ao valor de mercado;

IV - utilizar, em obra ou serviço particular, qualquer bem móvel, de propriedade ou à disposição de qualquer das entidades referidas no art. 1º desta Lei, bem como o trabalho de servidores, de empregados ou de terceiros contratados por essas entidades;

V - receber vantagem econômica de qualquer natureza, direta ou indireta, para tolerar a exploração ou a prática de jogos de azar, de lenocínio, de narcotráfico, de contrabando, de usura ou de qualquer outra atividade ilícita, ou aceitar promessa de tal vantagem;

VI - receber vantagem econômica de qualquer natureza, direta ou indireta, para fazer declaração falsa sobre qualquer dado técnico que envolva obras públicas ou qualquer outro serviço ou sobre quantidade, peso, medida, qualidade ou característica de mercadorias ou bens fornecidos a qualquer das entidades referidas no art. 1º desta Lei;

VII - adquirir, para si ou para outrem, no exercício de mandato, de cargo, de emprego ou de função pública, e em razão deles, bens de qualquer natureza, decorrentes dos atos descritos no caput deste artigo, cujo valor seja desproporcional à evolução do patrimônio ou à renda do agente público, assegurada a demonstração pelo agente da licitude da origem dessa evolução;

VIII - aceitar emprego, comissão ou exercer atividade de consultoria ou assessoramento para pessoa física ou jurídica que tenha interesse suscetível de ser atingido ou amparado por ação ou omissão decorrente das atribuições do agente público, durante a atividade;

IX - perceber vantagem econômica para intermediar a liberação ou aplicação de verba pública de qualquer natureza;

X - receber vantagem econômica de qualquer natureza, direta ou indiretamente, para omitir ato de ofício, providência ou declaração a que esteja obrigado;

XI - incorporar, por qualquer forma, ao seu patrimônio bens, rendas, verbas ou valores integrantes do acervo patrimonial das entidades mencionadas no art. 1º desta lei;

XII - usar, em proveito próprio, bens, rendas, verbas ou valores integrantes do acervo patrimonial das entidades mencionadas no art. 1º desta lei.

Dos atos de improbidade administrativa que causam prejuízo ao erário

Constitui ato de improbidade administrativa que causa lesão ao erário qualquer ação ou omissão dolosa, que enseje, efetiva e comprovadamente, perda patrimonial, desvio, apropriação, malbaratamento ou dilapidação dos bens ou haveres das entidades, e notadamente:

I - facilitar ou concorrer, por qualquer forma, para a indevida incorporação ao patrimônio particular, de pessoa física ou jurídica, de bens, de rendas, de verbas ou de valores integrantes do acervo patrimonial das entidades referidas no art. 1º desta Lei;

II - permitir ou concorrer para que pessoa física ou jurídica privada utilize bens, rendas, verbas ou valores integrantes do acervo patrimonial das entidades mencionadas no art. 1º desta lei, sem a observância das formalidades legais ou regulamentares aplicáveis à espécie;

III - doar à pessoa física ou jurídica bem como ao ente despersonalizado, ainda que de fins educativos ou assistências, bens, rendas, verbas ou valores do patrimônio de qualquer das entidades mencionadas no art. 1º desta lei, sem observância das formalidades legais e regulamentares aplicáveis à espécie;

IV - permitir ou facilitar a alienação, permuta ou locação de bem integrante do patrimônio de qualquer das entidades referidas no art. 1º desta lei, ou ainda a prestação de serviço por parte delas, por preço inferior ao de mercado;

V - permitir ou facilitar a aquisição, permuta ou locação de bem ou serviço por preço superior ao de mercado;

VI - realizar operação financeira sem observância das normas legais e regulamentares ou aceitar garantia insuficiente ou inidônea;

VII - conceder benefício administrativo ou fiscal sem a observância das formalidades legais ou regulamentares aplicáveis à espécie;

VIII - frustrar a licitude de processo licitatório ou de processo seletivo para celebração de parcerias com entidades sem fins lucrativos, ou dispensá-los indevidamente, acarretando perda patrimonial efetiva;

IX - ordenar ou permitir a realização de despesas não autorizadas em lei ou regulamento;

X - agir ilicitamente na arrecadação de tributo ou de renda, bem como no que diz respeito à conservação do patrimônio público;

XI - liberar verba pública sem a estrita observância das normas pertinentes ou influir de qualquer forma para a sua aplicação irregular;

XII - permitir, facilitar ou concorrer para que terceiro se enriqueça ilicitamente;

XIII - permitir que se utilize, em obra ou serviço particular, veículos, máquinas, equipamentos ou material de qualquer natureza, de propriedade ou à disposição de qualquer das entidades mencionadas no art. 1º desta lei, bem como o trabalho de servidor público, empregados ou terceiros contratados por essas entidades;

XIV - celebrar contrato ou outro instrumento que tenha por objeto a prestação de serviços públicos por meio da gestão associada sem observar as formalidades previstas na lei;

XV - celebrar contrato de rateio de consórcio público sem suficiente e prévia dotação orçamentária, ou sem observar as formalidades previstas na lei;

XVI - facilitar ou concorrer, por qualquer forma, para a incorporação, ao patrimônio particular de pessoa física ou jurídica, de bens, rendas, verbas ou valores públicos transferidos pela administração pública a entidades privadas mediante celebração de parcerias, sem a observância das formalidades legais ou regulamentares aplicáveis à espécie;

XVII - permitir ou concorrer para que pessoa física ou jurídica privada utilize bens, rendas, verbas ou valores públicos transferidos pela administração pública a entidade privada mediante celebração de parcerias, sem a observância das formalidades legais ou regulamentares aplicáveis à espécie;

XVIII - celebrar parcerias da administração pública com entidades privadas sem a observância das formalidades legais ou regulamentares aplicáveis à espécie;

XIX - agir para a configuração de ilícito na celebração, na fiscalização e na análise das prestações de contas de parcerias firmadas pela administração pública com entidades privadas;

XX - liberar recursos de parcerias firmadas pela administração pública com entidades privadas sem a estrita observância das normas pertinentes ou influir de qualquer forma para a sua aplicação irregular.

XXII - conceder, aplicar ou manter benefício financeiro ou tributário contrário ao que dispõem o caput e o § 1º do art. 8º-A da Lei Complementar nº 116, de 31 de julho de 2003.

> **Atenção!**
> Nos casos em que a inobservância de formalidades legais ou regulamentares não implicar perda patrimonial efetiva, não ocorrerá imposição de ressarcimento, vedado o enriquecimento sem causa das entidades referidas na lei de improbidade.

PERDA PATRIMONIAL: a mera perda patrimonial decorrente da atividade econômica não acarretará improbidade administrativa, salvo se comprovado ato doloso praticado com essa finalidade.

Dos atos de improbidade administrativa que atentam contra os princípios da administração pública

Constitui ato de improbidade administrativa que atenta contra os princípios da administração pública a ação ou omissão dolosa que viole os deveres de honestidade, de imparcialidade e de legalidade, caracterizada por uma das seguintes condutas:

> revelar fato ou circunstância de que tem ciência em razão das atribuições e que deva permanecer em segredo, propiciando beneficiamento por informação privilegiada ou colocando em risco a segurança da sociedade e do Estado;

> negar publicidade aos atos oficiais, exceto em razão de sua imprescindibilidade para a segurança da sociedade e do Estado ou de outras hipóteses instituídas em lei;

> frustrar, em ofensa à imparcialidade, o caráter concorrencial de concurso público, de chamamento ou de procedimento licitatório, com vistas à obtenção de benefício próprio, direto ou indireto, ou de terceiros;

> deixar de prestar contas quando esteja obrigado a fazê-lo, desde que disponha das condições para isso, com vistas a ocultar irregularidades;

> revelar ou permitir que chegue ao conhecimento de terceiro, antes da respectiva divulgação oficial, teor de medida política ou econômica capaz de afetar o preço de mercadoria, bem ou serviço;

> descumprir as normas relativas à celebração, fiscalização e aprovação de contas de parcerias firmadas pela administração pública com entidades privadas;

> nomear cônjuge, companheiro ou parente em linha reta, colateral ou por afinidade, até o terceiro grau, inclusive, da autoridade nomeante ou de servidor da mesma pessoa jurídica investido em cargo de direção, chefia ou assessoramento, para o exercício de cargo em comissão ou de confiança ou, ainda, de função gratificada na administração pública direta e indireta em qualquer dos Poderes da União, dos estados, do Distrito Federal e dos municípios, compreendido o ajuste mediante designações recíprocas;

> praticar, no âmbito da administração pública e com recursos do erário, ato de publicidade que contrarie o disposto no § 1º do art. 37 da Constituição Federal, de forma a promover inequívoco enaltecimento do agente público e personalização de atos, de programas, de obras, de serviços ou de campanhas dos órgãos públicos.

> **Atenção!**
> Nos termos da Convenção das Nações Unidas contra a Corrupção, promulgada pelo Decreto nº 5.687, de 31 de janeiro de 2006, somente haverá improbidade administrativa, na aplicação deste artigo, quando for comprovado na conduta funcional do agente público o fim de obter proveito ou benefício indevido para si ou para outra pessoa ou entidade.

APLICAÇÃO DA LEI: aplica-se a lei a quaisquer atos de improbidade administrativa tipificados nesta Lei e em leis especiais e a quaisquer outros tipos especiais de improbidade administrativa instituídos por lei.

ENQUADRAMENTO DE CONDUTA FUNCIONAL: o enquadramento de conduta funcional na categoria pressupõe a demonstração objetiva da prática de ilegalidade no exercício da função pública, com a indicação das normas constitucionais, legais ou infralegais violadas.

EXIGÊNCIA DE LESIVIDADE RELEVANTE: os atos de improbidade exigem lesividade relevante ao bem jurídico tutelado para serem passíveis de sancionamento e independem do reconhecimento da produção de danos ao erário e de enriquecimento ilícito dos agentes públicos.

NÃO SE CONFIGURARÁ IMPROBIDADE: a mera nomeação ou indicação política por parte dos detentores de mandatos eletivos, sendo necessária a aferição de dolo com finalidade ilícita por parte do agente.

LEI Nº 8.429/1992 - LEI DE IMPROBIDADE ADMINISTRATIVA

12.2 Penas

Independentemente do ressarcimento integral do dano patrimonial, se efetivo, e das sanções penais comuns e de responsabilidade, civis e administrativas previstas na legislação específica, está o responsável pelo ato de improbidade sujeito às seguintes cominações, que podem ser aplicadas isolada ou cumulativamente, de acordo com a gravidade do fato:

> perda dos bens ou valores acrescidos ilicitamente ao patrimônio, perda da função pública, suspensão dos direitos políticos até 14 anos, pagamento de multa civil equivalente ao valor do acréscimo patrimonial e proibição de contratar com o Poder Público ou de receber benefícios ou incentivos fiscais ou creditícios, direta ou indiretamente, ainda que por intermédio de pessoa jurídica da qual seja sócio majoritário, pelo prazo não superior a 14 anos;

> perda dos bens ou valores acrescidos ilicitamente ao patrimônio, se concorrer esta circunstância, perda da função pública, suspensão dos direitos políticos até 12 anos, pagamento de multa civil equivalente ao valor do dano e proibição de contratar com o poder público ou de receber benefícios ou incentivos fiscais ou creditícios, direta ou indiretamente, ainda que por intermédio de pessoa jurídica da qual seja sócio majoritário, pelo prazo não superior a 12 anos;

> pagamento de multa civil de até 24 vezes o valor da remuneração percebida pelo agente e proibição de contratar com o Poder Público ou de receber benefícios ou incentivos fiscais ou creditícios, direta ou indiretamente, ainda que por intermédio de pessoa jurídica da qual seja sócio majoritário, pelo prazo não superior a 4 anos;

> **Atenção!**
> A sanção de perda da função pública atinge apenas o vínculo de mesma qualidade e natureza que o agente público ou político detinha com o Poder Público na época do cometimento da infração, podendo o magistrado, e em caráter excepcional, estendê-la aos demais vínculos, consideradas as circunstâncias do caso e a gravidade da infração.

MULTA: a multa pode ser aumentada até o dobro se o juiz considerar que, em virtude da situação econômica do réu, o valor calculado é ineficaz para reprovação e prevenção do ato de improbidade.

RESPONSABILIZAÇÃO DA PESSOA JURÍDICA: na responsabilização da pessoa jurídica, deverão ser considerados os efeitos econômicos e sociais das sanções, de modo a viabilizar a manutenção de suas atividades.

SANÇÃO DE PROIBIÇÃO DE CONTRATAÇÃO COM O PODER PÚBLICO: em caráter excepcional e por motivos relevantes devidamente justificados, a sanção de proibição de contratação com o Poder Público pode extrapolar o ente público lesado pelo ato de improbidade, observados os impactos econômicos e sociais das sanções, de forma a preservar a função social da pessoa jurídica.

ATOS DE MENOR OFENSA AOS BENS JURÍDICOS: no caso de atos de menor ofensa aos bens jurídicos, a sanção limitar-se-á à aplicação de multa, sem prejuízo do ressarcimento do dano e da perda dos valores obtidos, quando for o caso, nos termos do *caput* deste artigo.

LESÃO AO PATRIMÔNIO PÚBLICO: se ocorrer lesão ao patrimônio público, a reparação do dano a que se refere esta Lei deverá deduzir o ressarcimento ocorrido nas instâncias criminal, civil e administrativa que tiver por objeto os mesmos fatos.

SANÇÕES APLICADAS A PESSOAS JURÍDICAS: as sanções aplicadas a pessoas jurídicas deverão observar o princípio constitucional do *non bis in idem*.

CADASTRO NACIONAL DE EMPRESAS INIDÔNEAS E SUSPENSAS (CEIS): a sanção de proibição de contratação com o Poder Público deverá constar do CEIS, observadas as limitações territoriais contidas em decisão judicial.

EXECUÇÃO DA SANÇÃO: as sanções somente poderão ser executadas após o trânsito em julgado da sentença condenatória.

CONTAGEM DO PRAZO DA SANÇÃO: para efeitos de contagem do prazo da sanção de suspensão dos direitos políticos, computar-se-á retroativamente o intervalo de tempo entre a decisão colegiada e o trânsito em julgado da sentença condenatória.

12.3 Da Declaração de Bens

APRESENTAÇÃO DE DECLARAÇÃO DE IMPOSTO DE RENDA E PROVENTOS: a posse e o exercício de agente público ficam condicionados à apresentação de declaração de imposto de renda e proventos de qualquer natureza, que tenha sido apresentada à Secretaria Especial da Receita Federal do Brasil, a fim de ser arquivada no serviço de pessoal competente.

DECLARAÇÃO DE BENS: a declaração de bens será atualizada anualmente e na data em que o agente público deixar o exercício do mandato, do cargo, do emprego ou da função.

AGENTE PÚBLICO QUE SE RECUSAR A PRESTAR A DECLARAÇÃO DOS BENS: será apenado com a pena de demissão, sem prejuízo de outras sanções cabíveis, o agente público que se recusar a prestar a declaração dos bens a que se refere o *caput* deste artigo dentro do prazo determinado ou que prestar declaração falsa.

12.4 Do Procedimento Administrativo e do Processo Judicial

REPRESENTAÇÃO À AUTORIDADE ADMINISTRATIVA: qualquer pessoa poderá representar à autoridade administrativa competente para que seja instaurada investigação destinada a apurar a prática de ato de improbidade.

ELEMENTOS DA REPRESENTAÇÃO: a representação, que será escrita ou reduzida a termo e assinada, conterá a qualificação do representante, as informações sobre o fato e sua autoria e a indicação das provas de que tenha conhecimento.

REJEIÇÃO: a autoridade administrativa rejeitará a representação, em despacho fundamentado, se esta não contiver as formalidades. A rejeição não impede a representação ao Ministério Público.

APURAÇÃO DOS FATOS: atendidos os requisitos da representação, a autoridade determinará a imediata apuração dos fatos, observada a legislação que regula o processo administrativo disciplinar aplicável ao agente.

COMISSÃO PROCESSANTE: a comissão processante dará conhecimento ao Ministério Público e ao Tribunal ou Conselho de Contas da existência de procedimento administrativo para apurar a prática de ato de improbidade.

MINISTÉRIO PÚBLICO OU TRIBUNAL: o Ministério Público ou Tribunal ou Conselho de Contas poderá, a requerimento, designar representante para acompanhar o procedimento administrativo.

AÇÃO POR IMPROBIDADE ADMINISTRATIVA: na ação por improbidade administrativa poderá ser formulado, em caráter antecedente ou incidente, pedido de indisponibilidade de bens dos réus, a fim de garantir a integral recomposição do erário ou do acréscimo patrimonial resultante de enriquecimento ilícito.

PEDIDO DE INDISPONIBILIDADE: o pedido de indisponibilidade de bens poderá ser formulado independentemente da representação.

PEDIDO DE INDISPONIBILIDADE DE BENS: quando for o caso, o pedido de indisponibilidade de bens incluirá a investigação, o exame e o bloqueio de bens, contas bancárias e aplicações financeiras mantidas pelo indiciado no exterior, nos termos da lei e dos tratados internacionais.

DEFERIMENTO DO PEDIDO DE INDISPONIBILIDADE: o pedido de indisponibilidade de bens apenas será deferido mediante a demonstração no caso concreto de perigo de dano irreparável ou de risco ao resultado útil do processo, desde que o juiz se convença da probabilidade da ocorrência dos atos descritos na petição inicial com fundamento nos respectivos elementos de instrução, após a oitiva do réu em 5 dias.

DECRETAÇÃO: a indisponibilidade de bens poderá ser decretada sem a oitiva prévia do réu, sempre que o contraditório prévio puder comprovadamente frustrar a efetividade da medida ou houver outras circunstâncias que recomendem a proteção liminar, não podendo a urgência ser presumida.

VÁRIOS RÉUS: se houver mais de um réu na ação, a somatória dos valores declarados indisponíveis não poderá superar o montante indicado na petição inicial como dano ao erário ou como enriquecimento ilícito.

VALOR DA INDISPONIBILIDADE: o valor da indisponibilidade considerará a estimativa de dano indicada na petição inicial, permitida a sua substituição por caução idônea, por fiança bancária ou por seguro-garantia judicial, a requerimento do réu, bem como a sua readequação durante a instrução do processo.

INDISPONIBILIDADE DE BENS DE TERCEIRO: a indisponibilidade de bens de terceiro dependerá da demonstração da sua efetiva concorrência para os atos ilícitos apurados ou, quando se tratar de pessoa jurídica, da instauração de incidente de desconsideração da personalidade jurídica, a ser processado na forma da lei processual.

APLICAÇÃO: aplica-se à indisponibilidade de bens regida pela lei de improbidade, no que for cabível, o regime da tutela provisória de urgência da Lei nº 13.105, de 16 de março de 2015 (Código de Processo Civil – CPC).

CABIMENTO DE AGRAVO DE INSTRUMENTO: da decisão que deferir ou indeferir a medida relativa à indisponibilidade de bens caberá agravo de instrumento, nos termos da Lei nº 13.105, de 16 de março de 2015 (CPC).

INDISPONIBILIDADE: a indisponibilidade recairá sobre bens que assegurem exclusivamente o integral ressarcimento do dano ao erário, sem incidir sobre os valores a serem eventualmente aplicados a título de multa civil ou sobre acréscimo patrimonial decorrente de atividade lícita.

ORDEM DE INDISPONIBILIDADE DE BENS: a ordem de indisponibilidade de bens deverá priorizar veículos de via terrestre, bens imóveis, bens móveis em geral, semoventes, navios e aeronaves, ações e quotas de sociedades simples e empresárias, pedras e metais preciosos e, apenas na inexistência desses, o bloqueio de contas bancárias, de forma a garantir a subsistência do acusado e a manutenção da atividade empresária ao longo do processo.

APRECIAÇÃO DO PEDIDO DE INDISPONIBILIDADE: o juiz, ao apreciar o pedido de indisponibilidade de bens do réu a que se refere o *caput* deste artigo, observará os efeitos práticos da decisão, vedada a adoção de medida capaz de acarretar prejuízo à prestação de serviços públicos.

INDISPONIBILIDADE A QUANTIA: é vedada a decretação de indisponibilidade da quantia de até 40 salários-mínimos depositados em caderneta de poupança, em outras aplicações financeiras ou em conta-corrente.

VEDAÇÃO À DECRETAÇÃO DE INDISPONIBILIDADE: é vedada a decretação de indisponibilidade do bem de família do réu, salvo se comprovado que o imóvel seja fruto de vantagem patrimonial indevida.

APLICAÇÃO DAS SANÇÕES: a ação para a aplicação das sanções de que trata esta Lei será proposta pelo Ministério Público e seguirá o procedimento comum previsto na Lei nº 13.105, de 16 de março de 2015 (CPC). A ação deverá ser proposta perante o foro do local onde ocorrer o dano ou da pessoa jurídica prejudicada. A propositura da ação prevenirá a competência do juízo para todas as ações posteriormente intentadas que possuam a mesma causa de pedir ou o mesmo objeto.

PETIÇÃO DA AÇÃO: a petição inicial observará o seguinte:

> I - deverá individualizar a conduta do réu e apontar os elementos probatórios mínimos que demonstrem a ocorrência das hipóteses dos arts. 9º, 10 e 11 desta Lei e de sua autoria, salvo impossibilidade devidamente fundamentada;
>
> II - será instruída com documentos ou justificação que contenham indícios suficientes da veracidade dos fatos e do dolo imputado ou com razões fundamentadas da impossibilidade de apresentação de qualquer dessas provas, observada a legislação vigente, inclusive as disposições constantes dos arts. 77 e 80 da Lei nº 13.105, de 16 de março de 2015 (Código de Processo Civil).

Atenção!

O Ministério Público poderá requerer as tutelas provisórias adequadas e necessárias, nos termos dos arts. 294 a 310 da Lei nº 13.105, de 16 de março de 2015 (CPC).

PETIÇÃO INICIAL: a petição inicial será rejeitada nos casos do art. 330 da Lei nº 13.105, de 16 de março de 2015 (CPC), bem como quando não preenchidos os requisitos, ou ainda quando manifestamente inexistente o ato de improbidade imputado.

ATUAÇÃO DA PETIÇÃO: se a petição inicial estiver em devida forma, o juiz mandará autuá-la e ordenará a citação dos requeridos para que a contestem no prazo comum de 30 dias, iniciado o prazo na forma do art. 231 da Lei nº 13.105, de 16 de março de 2015 (CPC).

AGRAVO DE INSTRUMENTO: da decisão que rejeitar questões preliminares suscitadas pelo réu em sua contestação caberá agravo de instrumento.

INTERRUPÇÃO DO PRAZO PARA A CONTESTAÇÃO: havendo a possibilidade de solução consensual, poderão as partes requerer ao juiz a interrupção do prazo para a contestação, por prazo não superior a 90 dias.

OFERECIDA A CONTESTAÇÃO: e, se for o caso, ouvido o autor, o juiz:
> procederá ao julgamento conforme o estado do processo, observada a eventual inexistência manifesta do ato de improbidade;
> poderá desmembrar o litsconsórcio, com vistas a otimizar a instrução processual.

DECISÃO: após a réplica do Ministério Público, o juiz proferirá decisão na qual indicará com precisão a tipificação do ato de improbidade administrativa imputável ao réu, sendo-lhe vedado modificar o fato principal e a capitulação legal apresentada pelo autor.

INTIMAÇÃO: proferida a decisão as partes serão intimadas a especificar as provas que pretendem produzir.

> **Atenção!**
> Será nula a decisão de mérito total ou parcial da ação de improbidade administrativa que condenar o requerido por tipo diverso daquele definido na petição inicial; e condenar o requerido sem a produção das provas por ele tempestivamente especificadas.

JULGAMENTO IMPROCEDENTE: em qualquer momento do processo, verificada a inexistência do ato de improbidade, o juiz julgará a demanda improcedente. Sem prejuízo da citação dos réus, a pessoa jurídica interessada será intimada para, caso queira, intervir no processo.

DESCONSIDERAÇÃO DE PESSOA JURÍDICA: se a imputação envolver a desconsideração de pessoa jurídica, serão observadas as regras previstas nos arts. 133, 134, 135, 136 e 137 da Lei nº 13.105, de 16 de março de 2015 (CPC).

CONVERSÃO DA AÇÃO: a qualquer momento, se o magistrado identificar a existência de ilegalidades ou de irregularidades administrativas a serem sanadas sem que estejam presentes todos os requisitos para a imposição das sanções aos agentes incluídos no polo passivo da demanda, poderá, em decisão motivada, converter a ação de improbidade administrativa em ação civil pública, regulada pela Lei nº 7.347, de 24 de julho de 1985. Da decisão que converter a ação de improbidade em ação civil pública caberá agravo de instrumento.

Ao réu será assegurado o direito de ser interrogado sobre os fatos de que trata a ação, e a sua recusa ou o seu silêncio não implicarão confissão.

Não se aplicam na ação de improbidade administrativa:
I - a presunção de veracidade dos fatos alegados pelo autor em caso de revelia;
II - a imposição de ônus da prova ao réu, na forma dos §§ 1º e 2º do art. 373 da Lei nº 13.105, de 16 de março de 2015 (Código de Processo Civil);
III - o ajuizamento de mais de uma ação de improbidade administrativa pelo mesmo fato, competindo ao Conselho Nacional do Ministério Público dirimir conflitos de atribuições entre membros de Ministérios Públicos distintos;
IV - o reexame obrigatório da sentença de improcedência ou de extinção sem resolução de mérito.

> **Atenção!**
> A assessoria jurídica que emitiu o parecer atestando a legalidade prévia dos atos administrativos praticados pelo administrador público ficará obrigada a defendê-lo judicialmente, caso este venha a responder ação por improbidade administrativa, até que a decisão transite em julgado. Das decisões interlocutórias caberá agravo de instrumento, inclusive da decisão que rejeitar questões preliminares suscitadas pelo réu em sua contestação.

O Ministério Público poderá, conforme as circunstâncias do caso concreto, celebrar acordo de não persecução civil, desde que dele advenham, ao menos, os seguintes resultados:
> o integral ressarcimento do dano;
> a reversão à pessoa jurídica lesada da vantagem indevida obtida, ainda que oriunda de agentes privados.

A celebração do acordo dependerá, cumulativamente:
I - da oitiva do ente federativo lesado, em momento anterior ou posterior à propositura da ação;
II - de aprovação, no prazo de até 60 (sessenta) dias, pelo órgão do Ministério Público competente para apreciar as promoções de arquivamento de inquéritos civis, se anterior ao ajuizamento da ação;
III - de homologação judicial, independentemente de o acordo ocorrer antes ou depois do ajuizamento da ação de improbidade administrativa.

CELEBRAÇÃO DE ACORDO: em qualquer caso, a celebração do acordo a que se refere o *caput* deste artigo considerará a personalidade do agente, a natureza, as circunstâncias, a gravidade e a repercussão social do ato de improbidade, bem como as vantagens, para o interesse público, da rápida solução do caso.

APURAÇÃO DO VALOR DO DANO A SER RESSARCIDO: para fins de apuração do valor do dano a ser ressarcido, deverá ser realizada a oitiva do Tribunal de Contas competente, que se manifestará, com indicação dos parâmetros utilizados, no prazo de 90 dias.

CELEBRAÇÃO DO ACORDO: o acordo poderá ser celebrado no curso da investigação de apuração do ilícito, no curso da ação de improbidade ou no momento da execução da sentença condenatória. As negociações para a celebração do acordo ocorrerão entre o Ministério Público, de um lado, e, de outro, o investigado ou demandado e o seu defensor.

> **Atenção!**
> O acordo poderá contemplar a adoção de mecanismos e procedimentos internos de integridade, de auditoria e de incentivo à denúncia de irregularidades e a aplicação efetiva de códigos de ética e de conduta no âmbito da pessoa jurídica, se for o caso, bem como de outras medidas em favor do interesse público e de boas práticas administrativas.

DESCUMPRIMENTO DO ACORDO: em caso de descumprimento do acordo a que se refere o *caput* deste artigo, o investigado ou demandado ficará impedido de celebrar novo acordo pelo prazo de 5 anos, contado do conhecimento pelo Ministério Público do efetivo descumprimento.

A sentença proferida nos processos deverá, além de observar o disposto no art. 489 da Lei nº 13.105, de 16 de março de 2015 (CPC):

I - indicar de modo preciso os fundamentos que demonstram os elementos a que se referem os arts. 9º, 10 e 11 desta Lei, que não podem ser presumidos;

II - considerar as consequências práticas da decisão, sempre que decidir com base em valores jurídicos abstratos;

III - considerar os obstáculos e as dificuldades reais do gestor e as exigências das políticas públicas a seu cargo, sem prejuízo dos direitos dos administrados e das circunstâncias práticas que houverem imposto, limitado ou condicionado a ação do agente;

IV - considerar, para a aplicação das sanções, de forma isolada ou cumulativa:

a) os princípios da proporcionalidade e da razoabilidade;

b) a natureza, a gravidade e o impacto da infração cometida;

c) a extensão do dano causado;

d) o proveito patrimonial obtido pelo agente;

e) as circunstâncias agravantes ou atenuantes;

f) a atuação do agente em minorar os prejuízos e as consequências advindas de sua conduta omissiva ou comissiva;

g) os antecedentes do agente;

V - considerar na aplicação das sanções a dosimetria das sanções relativas ao mesmo fato já aplicadas ao agente;

VI - considerar, na fixação das penas relativamente ao terceiro, quando for o caso, a sua atuação específica, não admitida a sua responsabilização por ações ou omissões para as quais não tiver concorrido ou das quais não tiver obtido vantagens patrimoniais indevidas;

VII - indicar, na apuração da ofensa a princípios, critérios objetivos que justifiquem a imposição da sanção.

ILEGALIDADE: a ilegalidade sem a presença de dolo que a qualifique não configura ato de improbidade.

LITISCONSÓRCIO PASSIVO: na hipótese de litisconsórcio passivo, a condenação ocorrerá no limite da participação e dos benefícios diretos, vedada qualquer solidariedade. Não haverá remessa necessária nas sentenças de que trata a Lei de Improbidade.

AÇÃO POR IMPROBIDADE ADMINISTRATIVA: a ação por improbidade administrativa é repressiva, de caráter sancionatório, destinada à aplicação de sanções de caráter pessoal previstas nesta Lei, e não constitui ação civil, vedado seu ajuizamento para o controle de legalidade de políticas públicas e para a proteção do patrimônio público e social, do meio ambiente e de outros interesses difusos, coletivos e individuais homogêneos.

CONTROLE DE LEGALIDADE DE POLÍTICAS PÚBLICAS: o controle de legalidade de políticas públicas e a responsabilidade de agentes públicos, inclusive políticos, entes públicos e governamentais, por danos ao meio ambiente, ao consumidor, a bens e direitos de valor artístico, estético, histórico, turístico e paisagístico, a qualquer outro interesse difuso ou coletivo, à ordem econômica, à ordem urbanística, à honra e à dignidade de grupos raciais, étnicos ou religiosos e ao patrimônio público e social submetem-se aos termos da Lei nº 7.347, de 24 de julho de 1985.

SENTENÇA QUE JULGAR PROCEDENTE A AÇÃO: a sentença que julgar procedente a ação fundada condenará ao ressarcimento dos danos e à perda ou à reversão dos bens e valores ilicitamente adquiridos, conforme o caso, em favor da pessoa jurídica prejudicada pelo ilícito.

NECESSIDADE DE LIQUIDAÇÃO DO DANO: se houver necessidade de liquidação do dano, a pessoa jurídica prejudicada procederá a essa determinação e ao ulterior procedimento para cumprimento da sentença referente ao ressarcimento do patrimônio público ou à perda ou à reversão dos bens.

> **Atenção!**
> Caso a pessoa jurídica prejudicada não adote as providências no prazo de 6 meses, contado do trânsito em julgado da sentença de procedência da ação, caberá ao Ministério Público proceder à respectiva liquidação do dano e ao cumprimento da sentença referente ao ressarcimento do patrimônio público ou à perda ou à reversão dos bens, sem prejuízo de eventual responsabilização pela omissão verificada.

APURAÇÃO DO VALOR DO RESSARCIMENTO: para fins de apuração do valor do ressarcimento, deverão ser descontados os serviços efetivamente prestados.

PARCELAMENTO: o juiz poderá autorizar o parcelamento, em até 48 parcelas mensais corrigidas monetariamente, do débito resultante de condenação pela prática de improbidade administrativa se o réu demonstrar incapacidade financeira de saldá-lo de imediato.

FASE DE CUMPRIMENTO DA SENTENÇA: a requerimento do réu, na fase de cumprimento da sentença, o juiz unificará eventuais sanções aplicadas com outras já impostas em outros processos, tendo em vista a eventual continuidade de ilícito ou a prática de diversas ilicitudes, observado o seguinte: no caso de continuidade de ilícito, o juiz promoverá a maior sanção aplicada, aumentada de 1/3, ou a soma das penas, o que for mais benéfico ao réu; no caso de prática de novos atos ilícitos pelo mesmo sujeito, o juiz somará as sanções.

SANÇÕES: as sanções de suspensão de direitos políticos e de proibição de contratar ou de receber incentivos fiscais ou creditícios do Poder Público observarão o limite máximo de 20 anos.

12.5 Disposições Penais

CRIME À REPRESENTAÇÃO POR ATO DE IMPROBIDADE CONTRA AGENTE PÚBLICO OU TERCEIRO BENEFICIÁRIO: constitui crime a representação por ato de improbidade contra agente público ou terceiro beneficiário, quando o autor da denúncia o sabe inocente. Pena: detenção de 6 a 10 meses e multa.

Além da sanção penal, o denunciante está sujeito a indenizar o denunciado pelos danos materiais, morais ou à imagem que houver provocado.

PERDA DA FUNÇÃO PÚBLICA E SUSPENSÃO DOS DIREITOS POLÍTICOS: a perda da função pública e a suspensão dos direitos políticos só se efetivam com o trânsito em julgado da sentença condenatória.

A autoridade judicial competente poderá determinar o afastamento do agente público do exercício do cargo, do emprego ou da função, sem prejuízo da remuneração, quando a medida for necessária à instrução processual ou para evitar a iminente prática de novos ilícitos.

O afastamento será de até 90 dias, prorrogáveis uma única vez por igual prazo, mediante decisão motivada.

A aplicação das sanções independe:
> da efetiva ocorrência de dano ao patrimônio público, salvo quanto à pena de ressarcimento;
> da aprovação ou rejeição das contas pelo órgão de controle interno ou pelo Tribunal ou Conselho de Contas.

ATOS DO ÓRGÃO DE CONTROLE INTERNO OU EXTERNO: os atos do órgão de controle interno ou externo serão considerados pelo juiz quando tiverem servido de fundamento para a conduta do agente público.

PROVAS PRODUZIDAS: as provas produzidas perante os órgãos de controle e as correspondentes decisões deverão ser consideradas na formação da convicção do juiz, sem prejuízo da análise acerca do dolo na conduta do agente.

SENTENÇAS CIVIS E PENAIS: as sentenças civis e penais produzirão efeitos em relação à ação de improbidade quando concluírem pela inexistência da conduta ou pela negativa da autoria.

ABSOLVIÇÃO CRIMINAL: a absolvição criminal em ação que discuta os mesmos fatos, confirmada por decisão colegiada, impede o trâmite da ação da qual trata esta Lei, havendo comunicação com todos os fundamentos de absolvição previstos no art. 386 do Decreto-lei nº 3.689, de 3 de outubro de 1941 (CPC). Sanções eventualmente aplicadas em outras esferas deverão ser compensadas com as sanções aplicadas.

APURAÇÃO DE ILÍCITO: para apurar qualquer ilícito, o Ministério Público, de ofício, a requerimento de autoridade administrativa ou mediante representação formulada, poderá instaurar inquérito civil ou procedimento investigativo assemelhado e requisitar a instauração de inquérito policial. Na apuração dos ilícitos, será garantido ao investigado a oportunidade de manifestação por escrito e de juntada de documentos que comprovem suas alegações e auxiliem na elucidação dos fatos.

12.6 Da Prescrição

A ação para a aplicação das sanções prescreve em 8 anos, contados a partir da ocorrência do fato ou, no caso de infrações permanentes, do dia em que cessou a permanência.

A instauração de inquérito civil ou de processo administrativo para apuração dos ilícitos referidos nesta Lei suspende o curso do prazo prescricional por, no máximo, 180 dias corridos, recomeçando a correr após a sua conclusão ou, caso não concluído o processo, esgotado o prazo de suspensão.

O inquérito civil para apuração do ato de improbidade será concluído no prazo de 365 dias corridos, prorrogável uma única vez por igual período, mediante ato fundamentado submetido à revisão da instância competente do órgão ministerial, conforme dispuser a respectiva lei orgânica.

A ação deverá ser proposta no prazo de 30 dias, se não for caso de arquivamento do inquérito civil.

O prazo da prescrição interrompe-se:
I - pelo ajuizamento da ação de improbidade administrativa;
II - pela publicação da sentença condenatória;
III - pela publicação de decisão ou acórdão de Tribunal de Justiça ou Tribunal Regional Federal que confirma sentença condenatória ou que reforma sentença de improcedência;
IV - pela publicação de decisão ou acórdão do Superior Tribunal de Justiça que confirma acórdão condenatório ou que reforma acórdão de improcedência;
V - pela publicação de decisão ou acórdão do Supremo Tribunal Federal que confirma acórdão condenatório ou que reforma acórdão de improcedência.

Interrompida a prescrição, o prazo recomeça a correr do dia da interrupção, pela metade do prazo.

A suspensão e a interrupção da prescrição produzem efeitos relativamente a todos os que concorreram para a prática do ato de improbidade.

Nos atos de improbidade conexos que sejam objeto do mesmo processo, a suspensão e a interrupção relativas a qualquer deles estendem-se aos demais.

O juiz ou o tribunal, depois de ouvido o Ministério Público, deverá, de ofício ou a requerimento da parte interessada, reconhecer a prescrição intercorrente da pretensão sancionadora e decretá-la de imediato, caso, entre os marcos interruptivos.

É dever do Poder Público oferecer contínua capacitação aos agentes públicos e políticos que atuem com prevenção ou repressão de atos de improbidade administrativa.

Nas ações e nos acordos, não haverá adiantamento de custas, de preparo, de emolumentos, de honorários periciais e de quaisquer outras despesas.

No caso de procedência da ação, as custas e as demais despesas processuais serão pagas ao final.

Haverá condenação em honorários sucumbenciais em caso de improcedência da ação de improbidade se comprovada má-fé.

Atos que ensejem enriquecimento ilícito, perda patrimonial, desvio, apropriação, malbaratamento ou dilapidação de recursos públicos dos partidos políticos, ou de suas fundações, serão responsabilizados nos termos da Lei nº 9.096, de 19 de setembro de 1995.

13. LEI Nº 12.037/2009 - LEI DE IDENTIFICAÇÃO CRIMINAL

A identificação é o emprego de meios adequados para determinar a identidade ou a não identidade. É a descrição de uma pessoa que quer se fazer reconhecer. Identificar-se significa dar conhecimento acerca da pessoa, possibilitando a persecução criminal e a legitimidade nos polos ativo e passivo.

Para a CF/88 (art. 5º, inc. LVIII), basta a identificação civil para que a pessoa seja identificada, não submetendo o indivíduo à identificação criminal. Identificar criminalmente significa expor a pessoa a situação que muitas vezes causa constrangimento (fotografia sinalética, captura de digitais, banco de DNA etc.).

Vamos entender como a identificação se dará no Brasil.

Art. 1º *O civilmente identificado não será submetido a identificação criminal, salvo nos casos previstos nesta Lei.*

A lei fala sobre identificação civil, o que significa identificar-se mediante o uso de documentos oficiais. Assim, o art. 2º pauta quais são os documentos idôneos para comprovar a identificação.

Art. 2º *A identificação civil é atestada por qualquer dos seguintes documentos:*

I - carteira de identidade;

III - carteira profissional;

IV - passaporte;

V - carteira de identificação funcional;

VI - outro documento público que permita a identificação do indiciado.

Parágrafo único. *Para as finalidades desta Lei, equiparam-se aos documentos de identificação civis os documentos de identificação militares.*

Como se percebe, a regra é a não realização da identificação criminal. No entanto existem hipóteses excepcionais que legitimam a identificação criminal, ainda que haja a identificação civil. São elas:

Art. 3º *Embora apresentado documento de identificação, poderá ocorrer identificação criminal quando:*

I - o documento apresentar rasura ou tiver indício de falsificação;

II - o documento apresentado for insuficiente para identificar cabalmente o indiciado;

III - o indiciado portar documentos de identidade distintos, com informações conflitantes entre si;

IV - a identificação criminal for essencial às investigações policiais, segundo despacho da autoridade judiciária competente, que decidirá de ofício ou mediante representação da autoridade policial, do Ministério Público ou da defesa;

V - constar de registros policiais o uso de outros nomes ou diferentes qualificações;

VI - o estado de conservação ou a distância temporal ou da localidade da expedição do documento apresentado impossibilite a completa identificação dos caracteres essenciais.

Parágrafo único. As CÓPIAS dos documentos apresentados deverão ser juntadas aos autos do inquérito, ou outra forma de investigação, ainda que consideradas insuficientes para identificar o indiciado.

Art. 4º *Quando houver necessidade de identificação criminal, a autoridade encarregada tomará as providências necessárias para evitar o constrangimento do identificado.*

Art. 5º *A identificação criminal incluirá o processo datiloscópico e o fotográfico, que serão juntados aos autos da comunicação da prisão em flagrante, ou do inquérito policial ou outra forma de investigação.*

Parágrafo único. *Na hipótese do inciso IV do art. 3º, a identificação criminal poderá incluir a coleta de material biológico para a obtenção do perfil genético.*

A coleta de material biológico para banco de dados de perfis genéticos leva em conta a coleta mediante uso de *swab* oral, com captura de células da mucosa da parede da bochecha. No entanto, o sangue também pode ser fonte de material genético, mas hoje não é a primeira escolha, por se tratar de um procedimento invasivo.

Art. 5º-A. *Os dados relacionados à coleta do perfil genético deverão ser armazenados em banco de dados de perfis genéticos, gerenciado por unidade oficial de perícia criminal.*

§ 1º As informações genéticas contidas nos bancos de dados de perfis genéticos NÃO poderão revelar traços somáticos ou comportamentais das pessoas, EXCETO determinação genética de GÊNERO, consoante as normas constitucionais e internacionais sobre direitos humanos, genoma humano e dados genéticos.

§ 2º Os dados constantes dos bancos de dados de perfis genéticos terão CARÁTER SIGILOSO, respondendo civil, penal e administrativamente aquele que permitir ou promover sua utilização para fins diversos dos previstos nesta Lei ou em decisão judicial.

§ 3º As informações obtidas a partir da coincidência de perfis genéticos deverão ser consignadas em laudo pericial firmado por perito oficial devidamente habilitado.

Art. 6º *É vedado mencionar a identificação criminal do indiciado em atestados de antecedentes ou em informações não destinadas ao juízo criminal, antes do trânsito em julgado da sentença condenatória.*

Art. 7º *No caso de não oferecimento da denúncia, ou sua rejeição, ou absolvição, é facultado ao indiciado ou ao réu, após o arquivamento definitivo do inquérito, ou trânsito em julgado da sentença, requerer a retirada da identificação fotográfica do inquérito ou processo, desde que apresente provas de sua identificação civil.*

Exclusão do banco de perfis genéticos

Art. 7º-A. *A exclusão dos perfis genéticos dos bancos de dados ocorrerá:*

I - no caso de absolvição do acusado; ou

II - no caso de condenação do acusado, mediante requerimento, após decorridos 20 (vinte) anos do cumprimento da pena.

Art. 7º-B. *A identificação do perfil genético será armazenada em banco de dados sigiloso, conforme regulamento a ser expedido pelo Poder Executivo.*

Banco nacional multibiométrico

Art. 7º-C. *Fica autorizada a criação, no Ministério da Justiça e Segurança Pública, do Banco Nacional Multibiométrico e de Impressões Digitais.*

§ 1º A formação, a gestão e o acesso ao Banco Nacional Multibiométrico e de Impressões Digitais serão regulamentados em ato do Poder Executivo federal.

§ 2º O Banco Nacional Multibiométrico e de Impressões Digitais tem como objetivo armazenar dados de registros biométricos, de impressões digitais e, quando possível, de íris, face e voz, para subsidiar investigações criminais federais, estaduais ou distritais.

§ 3º O Banco Nacional Multibiométrico e de Impressões Digitais será integrado pelos registros biométricos, de impressões digitais, de íris, face e voz colhidos em investigações criminais ou por ocasião da identificação criminal.

LEI Nº 12.037/2009 - LEI DE IDENTIFICAÇÃO CRIMINAL

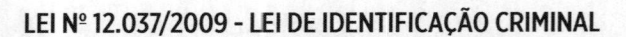

§ 4º Poderão ser colhidos os registros biométricos, de impressões digitais, de íris, face e voz dos presos provisórios ou definitivos quando não tiverem sido extraídos por ocasião da identificação criminal.

§ 5º Poderão integrar o Banco Nacional Multibiométrico e de Impressões Digitais, ou com ele interoperar, os dados de registros constantes em quaisquer bancos de dados geridos por órgãos dos Poderes Executivo, Legislativo e Judiciário das esferas federal, estadual e distrital, inclusive pelo Tribunal Superior Eleitoral e pelos Institutos de Identificação Civil.

§ 6º No caso de bancos de dados de identificação de natureza civil, administrativa ou eleitoral, a integração ou o compartilhamento dos registros do Banco Nacional Multibiométrico e de Impressões Digitais será limitado às impressões digitais e às informações necessárias para identificação do seu titular.

§ 7º A integração ou a interoperação dos dados de registros multibiométricos constantes de outros bancos de dados com o Banco Nacional Multibiométrico e de Impressões Digitais ocorrerá por meio de acordo ou convênio com a unidade gestora.

§ 8º Os dados constantes do Banco Nacional Multibiométrico e de Impressões Digitais terão caráter sigiloso, e aquele que permitir ou promover sua utilização para fins diversos dos previstos nesta Lei ou em decisão judicial responderá civil, penal e administrativamente.

§ 9º As informações obtidas a partir da coincidência de registros biométricos relacionados a crimes deverão ser consignadas em laudo pericial firmado por perito oficial habilitado.

§ 10 É vedada a comercialização, total ou parcial, da base de dados do Banco Nacional Multibiométrico e de Impressões Digitais.

§ 11 A autoridade policial e o Ministério Público poderão requerer ao juiz competente, no caso de inquérito ou ação penal instaurados, o acesso ao Banco Nacional Multibiométrico e de Impressões Digitais.

14. LEI Nº 13.869/2019 - LEI DE ABUSO DE AUTORIDADE

A lei de abuso de autoridade é o epíteto da Lei 13.869, de 5 de setembro de 2019, que possui sua base constitucional no art. 5º, inciso XXXIV, alínea "a" de nossa Magna Carta, dispositivo que trata do direito de petição em face dos Poderes Públicos em defesa de direitos contra a ilegalidade ou abuso de poder. Seu objetivo é buscar combater a arbitrariedade no exercício do poder pelos agentes públicos em geral, criminalizando uma série de condutas que anteriormente no máximo eram consideradas ilícitos administrativos.

Deve-se ter em mente, no entanto, que o conceito de "abuso de autoridade" usado pela lei refere-se ao seu conceito legal - subordinado ao princípio da legalidade penal - , sendo mais estrito que o conceito visto em Direito Administrativo em geral.

Essa nova lei revogou expressamente a Lei 4.898/1965, que tratava do mesmo assunto.

Importante observar que o prazo de "vacatio legis" (prazo para a lei entrar em vigor) previsto no art. 45 da lei é de 120 dias, contados a partir de sua publicação oficial, a qual ocorreu no dia 5 de setembro de 2019.

A lei sofreu diversos vetos pelo Presidente da República, sendo que vários deles foram derrubados pelo Congresso Nacional.

De uma certa forma polêmica, é certo que muitos dispositivos da referida lei estão sendo e serão questionados quanto à sua constitucionalidade, devendo estar-se atento a eventuais pronunciamentos do Supremo Tribunal Federal sobre a lei.

Por ser uma lei que trata diretamente da conduta de agentes públicos, deve ser bastante cobrada em provas, especialmente em carreiras policiais e jurídicas.

Para melhor clareza, estudaremos os dispositivos da lei um a um, comentando-os, desprezando-se, porém, aqueles que foram vetados pelo Presidente da República e cujo veto não foi derrubado pelo Congresso Nacional.

Disposições gerais

Art. 1º Esta Lei define os crimes de abuso de autoridade, cometidos por agente público, servidor ou não, que, no exercício de suas funções ou a pretexto de exercê-las, abuse do poder que lhe tenha sido atribuído.

§ 1º As condutas descritas nesta Lei constituem crime de abuso de autoridade quando praticadas pelo agente com a finalidade específica de prejudicar outrem ou beneficiar a si mesmo ou a terceiro, ou, ainda, por mero capricho ou satisfação pessoal.

§ 2º A divergência na interpretação de lei ou na avaliação de fatos e provas não configura abuso de autoridade.

O Art. 1º da Lei deixa claro que suas disposições se aplicam aos agentes públicos em geral, seja ou não servidor (vide no próximo tópico o conceito de agente público, para os efeitos dessa lei).

Por outro lado, também deixa claro que as condutas previstas na lei somente serão consideradas criminosas se forem praticadas com o dolo específico de prejudicar ou beneficiar alguém, ou quando o ato for praticado por mero capricho ou satisfação pessoal. Sendo assim, os crimes previstos na lei não admitem a modalidade culposa (que é quando o agente não tem a intenção de produzir o resultado, mas age com imprudência, imperícia ou negligência).

Por fim, especialmente visando tranquilizar o trabalho dos juízes e autoridades policiais, e até para evitar que sejam vítimas de perseguições políticas, o parágrafo 2º do art. 1º estipula que a divergência na interpretação da lei ou avaliação de fatos e provas não configura abuso de autoridade.

Sujeitos do crime

Art. 2º É sujeito ativo do crime de abuso de autoridade qualquer agente público, servidor ou não, da administração direta, indireta ou fundacional de qualquer dos Poderes da União, dos Estados, do Distrito Federal, dos Municípios e de Território, compreendendo, mas não se limitando a:

I. servidores públicos e militares ou pessoas a eles equiparadas;

II. membros do Poder Legislativo;

III. membros do Poder Executivo;

IV. membros do Poder Judiciário;

V. membros do Ministério Público;

VI. membros dos tribunais ou conselhos de contas.

Parágrafo único. Reputa-se agente público, para os efeitos desta Lei, todo aquele que exerce, ainda que transitoriamente ou sem remuneração, por eleição, nomeação, designação, contratação ou qualquer outra forma de investidura ou vínculo, mandato, cargo, emprego ou função em órgão ou entidade abrangidos pelo caput deste art..

Sujeito ativo de um crime é a pessoa que pode praticá-lo, ou seja, é aquele a quem pode ser imputada a prática do crime.

No caso dos crimes previstos na Lei de Abuso de Autoridade, todo agente público pode incorrer em suas penas, ainda que não seja servidor público, trazendo os incisos do art. 2º apenas exemplos, conforme o "caput" deixa claro, ao dizer *"compreendendo, mas não se limitando a"*.

Por sua vez, o conceito de agente público utilizado pela lei é bastante amplo, assemelhando-se àquele utilizado pela Lei de Improbidade Administrativa.

Assim, para a Lei de Abuso de Autoridade, basta que a pessoa exerça um cargo, mandato, emprego ou função em órgão da Administração Direta ou entidade da Administração Indireta, mesmo que de forma transitória ou sem remuneração, alcançando, desta forma, até mesmo trabalhadores terceirizados ou temporários.

Ação penal

Os crimes previstos na Lei de Abuso de Autoridade são de ação penal pública incondicionada.

Isso quer dizer que quem é o titular legitimado para propor a ação, processando o agente público, é o Ministério Público, não havendo sequer necessidade de representação por parte de algum ofendido. Assim, tomando o Ministério Público conhecimento da prática de ato que configure abuso de autoridade, deverá ele propor de ofício a ação penal respectiva, mesmo que ninguém o requeira.

No entanto, até em obediência à norma constitucional, a mesma lei estabelece que será admitida ação privada se a ação penal pública não for intentada no prazo legal, cabendo ao Ministério Público aditar a queixa, repudiá-la e oferecer denúncia substitutiva, intervir em todos os termos do processo, fornecer

LEI Nº 13.869/2019 - LEI DE ABUSO DE AUTORIDADE

elementos de prova, interpor recurso e, a todo tempo, no caso de negligência do querelante, retomar a ação como parte principal.

Ou seja, se o Ministério Público não apresentar a ação no prazo legal, poderá o ofendido - na condição de querelante - propor ele mesmo a ação, desde que o faça, de acordo com o § 2º do Art. 3º, no prazo de 6 meses contados da data em que se esgotar o prazo para oferecimento da denúncia.

Porém, ainda que seja o particular que proponha a ação (ação privada subsidiária da pública), continua sendo o Ministério Público o seu titular, podendo ele intervir no processo, inclusive interpondo recursos e retomando a ação como parte principal, no caso de negligência do querelante.

O Art. 39 da Lei de Abuso de Autoridade estipula que, na condução da ação penal, devem ser aplicadas as normas do Código de Processo Penal e da Lei dos Juizados Especiais (Lei 9.099/95), o que, permite, por exemplo, desde que atendidos os requisitos desta última, considerar-se o crime como de pequeno potencial ofensivo e aplicar-se o "sursis" processual, suspendendo o processo respectivo.

Efeitos da condenação e penas restritivas de direitos

O Capítulo IV da Lei 13.869/19 trata dos efeitos da condenação e também das penas restritivas de direitos que poderão ser aplicadas no caso dos crimes de abuso de autoridade.

Efeitos da condenação

A lei determina em seu art. 4º que são efeitos da condenação:

a) tornar certa a obrigação de indenizar o dano causado pelo crime, devendo o juiz, a requerimento do ofendido, fixar na sentença o valor mínimo para reparação dos danos causados pela infração, considerando os prejuízos por ele sofridos;

b) a inabilitação para o exercício de cargo, mandato ou função pública, pelo período de 1 (um) a 5 (cinco) anos;

c) a perda do cargo, do mandato ou da função pública.

Os efeitos previstos nos itens b) e c), porém, somente ocorrerão se houver reincidência em crime de abuso de autoridade e não são automáticos, ou seja, para que ocorram, o juiz deve prevê-los expressamente e de forma justificada em sua decisão.

Deve-se observar que, além desses efeitos específicos, existem outros, previstos na Constituição Federal ou em outras leis, como a perda dos direitos políticos após o trânsito em julgado da condenação (art. 15, inciso III, da CF).

Penas restritivas de direitos

A Constituição Federal, em seu Art. 5º, inciso XLVI, prevê a aplicação de penas alternativas à prisão, nos casos e na forma previstos em lei.

No caso dos crimes de abuso de autoridade, o Art. 5º da Lei 13.869/19 prevê as seguintes:

a) prestação de serviços à comunidade ou a entidades públicas; e

b) suspensão do exercício do cargo, da função ou do mandato, pelo prazo de 1 (um) a 6 (seis) meses, com a perda dos vencimentos e das vantagens.

Essas penas podem ser aplicadas de forma autônoma ou cumulativamente. Além disso, cabe ao juiz, com base nos critérios previstos no Código Penal, decidir se substituição da pena de prisão por essas penas é adequado e suficiente em cada caso.

Sanções de natureza civil e administrativa

Além das imposições de caráter penal - prisão ou aplicação de penas restritivas de direitos -, a Lei de Abuso de Autoridade prevê que podem ser aplicadas concomitantemente as penalidades de natureza civil e administrativa cabíveis em cada caso.

Isso decorre do princípio da independência entre as instâncias penal, civil e administrativa.

As notícias de crimes previstos na Lei 13.869/19 que também configurarem falta funcional deverão serão informadas à autoridade competente para a abertura de eventual processo administrativo disciplinar.

Embora o Art. 7º da lei estipule que as responsabilidades civil e administrativa são independentes da criminal, deixa ele claro que não se pode questionar sobre a existência ou a autoria do fato quando essas questões tenham sido decididas no juízo criminal.

Ou seja, se o juiz criminal decidiu que não houve crime ou que ficou provado que quem praticou o crime não foi o acusado, ele não poderá ser responsabilizado nas esferas cível e administrativo. No entanto, se o acusado for absolvido no âmbito penal por falta de provas, poderá ser condenado civil e administrativamente.

O Art. 8º também traz disposição importante, ao determinar que faz coisa julgada em âmbito cível, assim como no administrativo-disciplinar, a sentença penal que reconhecer expressamente ter sido o ato praticado com alguma excludente de ilicitude (estado de necessidade, legítima defesa, estrito cumprimento de dever legal ou exercício regular de direito).

Dos crimes e das penas

Em seus Art. 9º a 38, traz a Lei 13.869/19 a descrição dos diversos crimes que configuram abuso de autoridade no âmbito criminal, lembrando que o princípio da legalidade do direito penal estipula que alguém só pode ser acusado de um crime se a conduta respectiva estiver prevista (tipificada) previamente em lei e a mesma lei também preveja as penas aplicáveis.

Reproduzimos abaixo os artigos da lei que tipificam os crimes de abuso de autoridade, cujo estudo pertence ao campo do direito penal, devendo ser lidos com atenção:

Art. 9º Decretar medida de privação da liberdade em manifesta desconformidade com as hipóteses legais:

Pena - detenção, de 1 (um) a 4 (quatro) anos, e multa.

Parágrafo único. Incorre na mesma pena a autoridade judiciária que, dentro de prazo razoável, deixar de:

I. relaxar a prisão manifestamente ilegal;

II. substituir a prisão preventiva por medida cautelar diversa ou de conceder liberdade provisória, quando manifestamente cabível;

III. deferir liminar ou ordem de habeas corpus, quando manifestamente cabível.

Art. 10. Decretar a condução coercitiva de testemunha ou investigado manifestamente descabida ou sem prévia intimação de comparecimento ao juízo:
Pena - detenção, de 1 (um) a 4 (quatro) anos, e multa.
Art. 11. (VETADO).
Art. 12. Deixar injustificadamente de comunicar prisão em flagrante à autoridade judiciária no prazo legal:
Pena - detenção, de 6 (seis) meses a 2 (dois) anos, e multa.
Parágrafo único. Incorre na mesma pena quem:

I. deixa de comunicar, imediatamente, a execução de prisão temporária ou preventiva à autoridade judiciária que a decretou;

II. deixa de comunicar, imediatamente, a prisão de qualquer pessoa e o local onde se encontra à sua família ou à pessoa por ela indicada;

III. deixa de entregar ao preso, no prazo de 24 (vinte e quatro) horas, a nota de culpa, assinada pela autoridade, com o motivo da prisão e os nomes do condutor e das testemunhas;

IV. prolonga a execução de pena privativa de liberdade, de prisão temporária, de prisão preventiva, de medida de segurança ou de internação, deixando, sem motivo justo e excepcionalíssimo, de executar o alvará de soltura imediatamente após recebido ou de promover a soltura do preso quando esgotado o prazo judicial ou legal.

Art. 13. Constranger o preso ou o detento, mediante violência, grave ameaça ou redução de sua capacidade de resistência, a:

I. exibir-se ou ter seu corpo ou parte dele exibido à curiosidade pública;

II. submeter-se a situação vexatória ou a constrangimento não autorizado em lei;

III. produzir prova contra si mesmo ou contra terceiro:
Pena - detenção, de 1 (um) a 4 (quatro) anos, e multa, sem prejuízo da pena cominada à violência.
Art. 14. (VETADO).
Art. 15. Constranger a depor, sob ameaça de prisão, pessoa que, em razão de função, ministério, ofício ou profissão, deva guardar segredo ou resguardar sigilo:
Pena - detenção, de 1 (um) a 4 (quatro) anos, e multa.
Parágrafo único. Incorre na mesma pena quem prossegue com o interrogatório:

I. de pessoa que tenha decidido exercer o direito ao silêncio; ou

II. de pessoa que tenha optado por ser assistida por advogado ou defensor público, sem a presença de seu patrono.

Art. 16. Deixar de identificar-se ou identificar-se falsamente ao preso por ocasião de sua captura ou quando deva fazê-lo durante sua detenção ou prisão:
Pena - detenção, de 6 (seis) meses a 2 (dois) anos, e multa.
Parágrafo único. Incorre na mesma pena quem, como responsável por interrogatório em sede de procedimento investigatório de infração penal, deixa de identificar-se ao preso ou atribui a si mesmo falsa identidade, cargo ou função.
Art. 17. (VETADO).
Art. 18. Submeter o preso a interrogatório policial durante o período de repouso noturno, salvo se capturado em flagrante delito ou se ele, devidamente assistido, consentir em prestar declarações:
Pena - detenção, de 6 (seis) meses a 2 (dois) anos, e multa.
Art. 19. Impedir ou retardar, injustificadamente, o envio de pleito de preso à autoridade judiciária competente para a apreciação da legalidade de sua prisão ou das circunstâncias de sua custódia:
Pena - detenção, de 1 (um) a 4 (quatro) anos, e multa.

Parágrafo único. Incorre na mesma pena o magistrado que, ciente do impedimento ou da demora, deixa de tomar as providências tendentes a saná-lo ou, não sendo competente para decidir sobre a prisão, deixa de enviar o pedido à autoridade judiciária que o seja.
Art. 20. Impedir, sem justa causa, a entrevista pessoal e reservada do preso com seu advogado:
Pena - detenção, de 6 (seis) meses a 2 (dois) anos, e multa.
Parágrafo único. Incorre na mesma pena quem impede o preso, o réu solto ou o investigado de entrevistar-se pessoal e reservadamente com seu advogado ou defensor, por prazo razoável, antes de audiência judicial, e de sentar-se ao seu lado e com ele comunicar-se durante a audiência, salvo no curso de interrogatório ou no caso de audiência realizada por videoconferência.
Art. 21. Manter presos de ambos os sexos na mesma cela ou espaço de confinamento:
Pena - detenção, de 1 (um) a 4 (quatro) anos, e multa.
Parágrafo único. Incorre na mesma pena quem mantém, na mesma cela, criança ou adolescente na companhia de maior de idade ou em ambiente inadequado, observado o disposto na Lei nº 8.069, de 13 de julho de 1990 (Estatuto da Criança e do Adolescente).
Art. 22. Invadir ou adentrar, clandestina ou astuciosamente, ou à revelia da vontade do ocupante, imóvel alheio ou suas dependências, ou nele permanecer nas mesmas condições, sem determinação judicial ou fora das condições estabelecidas em lei:
Pena - detenção, de 1 (um) a 4 (quatro) anos, e multa.
§ 1º Incorre na mesma pena, na forma prevista no caput deste art., quem:

I. coage alguém, mediante violência ou grave ameaça, a franquear-lhe o acesso a imóvel ou suas dependências;

II. (VETADO);

III. cumpre mandado de busca e apreensão domiciliar após as 21h (vinte e uma horas) ou antes das 5h (cinco horas).

§ 2º Não haverá crime se o ingresso for para prestar socorro, ou quando houver fundados indícios que indiquem a necessidade do ingresso em razão de situação de flagrante delito ou de desastre.
Art. 23. Inovar artificiosamente, no curso de diligência, de investigação ou de processo, o estado de lugar, de coisa ou de pessoa, com o fim de eximir-se de responsabilidade ou de responsabilizar criminalmente alguém ou agravar-lhe a responsabilidade:
Pena - detenção, de 1 (um) a 4 (quatro) anos, e multa.
Parágrafo único. Incorre na mesma pena quem pratica a conduta com o intuito de:

I. eximir-se de responsabilidade civil ou administrativa por excesso praticado no curso de diligência;

II. omitir dados ou informações ou divulgar dados ou informações incompletos para desviar o curso da investigação, da diligência ou do processo.

Art. 24. Constranger, sob violência ou grave ameaça, funcionário ou empregado de instituição hospitalar pública ou privada a admitir para tratamento pessoa cujo óbito já tenha ocorrido, com o fim de alterar local ou momento de crime, prejudicando sua apuração:
Pena - detenção, de 1 (um) a 4 (quatro) anos, e multa, além da pena correspondente à violência.
Art. 25. Proceder à obtenção de prova, em procedimento de investigação ou fiscalização, por meio manifestamente ilícito:
Pena - detenção, de 1 (um) a 4 (quatro) anos, e multa.
Parágrafo único. Incorre na mesma pena quem faz uso de prova, em desfavor do investigado ou fiscalizado, com prévio conhecimento de sua ilicitude.

LEI Nº 13.869/2019 - LEI DE ABUSO DE AUTORIDADE

Art. 26. (VETADO).

Art. 27. Requisitar instauração ou instaurar procedimento investigatório de infração penal ou administrativa, em desfavor de alguém, à falta de qualquer indício da prática de crime, de ilícito funcional ou de infração administrativa:

Pena - detenção, de 6 (seis) meses a 2 (dois) anos, e multa.

Parágrafo único. Não há crime quando se tratar de sindicância ou investigação preliminar sumária, devidamente justificada.

Art. 28. Divulgar gravação ou trecho de gravação sem relação com a prova que se pretenda produzir, expondo a intimidade ou a vida privada ou ferindo a honra ou a imagem do investigado ou acusado:

Pena - detenção, de 1 (um) a 4 (quatro) anos, e multa.

Art. 29. Prestar informação falsa sobre procedimento judicial, policial, fiscal ou administrativo com o fim de prejudicar interesse de investigado:

Pena - detenção, de 6 (seis) meses a 2 (dois) anos, e multa.

Parágrafo único. (VETADO).

Art. 30. Dar início ou proceder à persecução penal, civil ou administrativa sem justa causa fundamentada ou contra quem sabe inocente:

Pena - detenção, de 1 (um) a 4 (quatro) anos, e multa.

Art. 31. Estender injustificadamente a investigação, procrastinando-a em prejuízo do investigado ou fiscalizado:

Pena - detenção, de 6 (seis) meses a 2 (dois) anos, e multa.

Parágrafo único. Incorre na mesma pena quem, inexistindo prazo para execução ou conclusão de procedimento, o estende de forma imotivada, procrastinando-o em prejuízo do investigado ou do fiscalizado.

Art. 32. Negar ao interessado, seu defensor ou advogado acesso aos autos de investigação preliminar, ao termo circunstanciado, ao inquérito ou a qualquer outro procedimento investigatório de infração penal, civil ou administrativa, assim como impedir a obtenção de cópias, ressalvado o acesso a peças relativas a diligências em curso, ou que indiquem a realização de diligências futuras, cujo sigilo seja imprescindível:

Pena - detenção, de 6 (seis) meses a 2 (dois) anos, e multa.

Art. 33. Exigir informação ou cumprimento de obrigação, inclusive o dever de fazer ou de não fazer, sem expresso amparo legal:

Pena - detenção, de 6 (seis) meses a 2 (dois) anos, e multa.

Parágrafo único. Incorre na mesma pena quem se utiliza de cargo ou função pública ou invoca a condição de agente público para se eximir de obrigação legal ou para obter vantagem ou privilégio indevido.

Art. 34. (VETADO).

Art. 35. (VETADO).

Art. 36. Decretar, em processo judicial, a indisponibilidade de ativos financeiros em quantia que extrapole exacerbadamente o valor estimado para a satisfação da dívida da parte e, ante a demonstração, pela parte, da excessividade da medida, deixar de corrigi-la:

Pena - detenção, de 1 (um) a 4 (quatro) anos, e multa.

Art. 37. Demorar demasiada e injustificadamente no exame de processo de que tenha requerido vista em órgão colegiado, com o intuito de procrastinar seu andamento ou retardar o julgamento:

Pena - detenção, de 6 (seis) meses a 2 (dois) anos, e multa.

Art. 38. Antecipar o responsável pelas investigações, por meio de comunicação, inclusive rede social, atribuição de culpa, antes de concluídas as apurações e formalizada a acusação:

Pena - detenção, de 6 (seis) meses a 2 (dois) anos, e multa.

15. LEI Nº 8.069/1990 - ESTATUTO DA CRIANÇA E DO ADOLESCENTE

15.1 Direito da criança e do adolescente

Inicialmente, o Estatuto da Criança e do Adolescente possui como conceito formal ser um conjunto de leis e princípios, que tem o objetivo de proteger de forma integral o melhor interessa a criança e ao adolescente.

Quando falamos do ponto de vista material, vemos o Estado exercendo um meio de garantir de forma efetiva a proteção dos direitos fundamentais da criança e do adolescente presentes no ECA. Assim, o ECA está inserido no âmbito do Direito Público, possuindo a competência concorrente.

15.2 Fases do Direito da Criança e do Adolescente

O Direito da Infância e Juventude teve quatro fases principais:
1) fase da absoluta indiferença,
2) fase da mera imputação penal,
3) fase tutelar e
4) fase da proteção integral.

A seguir, veremos um resumo de cada uma dessas fases.

→ **Fase da absoluta indiferença:** nesse momento, não havia preocupação direta com os direitos da criança e adolescentes por parte do Estado. Assim, não existiam normas regulamentadoras de direitos e deveres, tendo os pais o poder absoluto da vida de seus filhos, sem interferência legislativa ou social.

→ **Fase da mera imputação penal:** aqui, o Direito veio como forma de reprimir os menores infratores. Dessa forma, em 1603 regiam as Ordenações Filipinas (o Código Legal português que possuía penalidade penal a partir de 7 anos); depois, entrou em vigor, em 1830, o Código Penal do império, no qual fixou a imputabilidade plena aos 14 anos, vindo assim o ordenamento de 1927, que imputou uma nova fase.

→ **Fase da doutrina da situação irregular:** essa fase trouxe o menor como objeto do Direito, havendo uma discriminação gerada pela ligação de carência e delinquência, na qual o Estado intervia apenas com crianças e adolescentes em situação irregular.

É importante destacarmos que nesse momento ligava-se o menor carente (pobre ou abandonado) à condição de infrator, o que gerava ação apenas nessas condições, não havendo distinção entre os infantes. Assim, o Estado poderia retirar o menor do convívio de sua família, tendo em vista dificuldade financeira, ou seja, não se gerava meios de ajuda a família, retirava-se o menor do chamado "problema social".

Nesse momento, o destino desses menores caberia diretamente ao juiz, exercendo uma função judicial e normativa forte, uma vez que o juiz poderia editar atos normativos.

→ **Fase da doutrina da proteção integral:** a Constituição Federal de 1988 (CF/88), junto ao ECA, trouxe a proteção integral da criança e do adolescente. O art. 1º do ECA diz que a lei trata da proteção integral da criança e do adolescente.

Ainda, o art. 227, caput, da CF/88 diz que:

> **Art. 227** É dever da família, da sociedade e do Estado assegurar à criança, ao adolescente e ao jovem, com absoluta prioridade, o direito à vida, à saúde, à alimentação, à educação, ao lazer, à profissionalização, à cultura, à dignidade, ao respeito, à liberdade e à convivência familiar e comunitária, além de colocá-los a salvo de toda forma de negligência, discriminação, exploração, violência, crueldade e opressão.

Dessa forma, uma nova luz pairou sobre direito da criança e do adolescente, não mais como objeto e, sim, como ente principal dos cuidados e proteção da sociedade.

Nessa fase, diferente das demais, as normas se ampliaram a todos os menores de 18 anos, não ocorrendo mais a discriminação de nascimento, situação familiar, idade, sexo, raça, etnia/cor, religião/crença, deficiência, condição pessoal de desenvolvimento e aprendizagem, condição econômica, ambiente social, região e local de moradia ou outra condição que diferencie as pessoas, as famílias ou a comunidade em que vivem, conforme o art. 3º do ECA.

Ainda nesse contexto, o art. 4º, parágrafo único do ECA, observa a garantia de prioridade, ou seja, a primazia de receber proteção e socorro em quaisquer circunstâncias, bem como a preferência na formulação e na execução das políticas sociais e destinação privilegiada de recursos públicos.

Aqui, busca-se o melhor interesse para criança e ao adolescente, analisando o caso concreto e aplicando o que melhor se adeque ao "menor" (expressão antiquada uma vez que é familiarizada ao código de menores) e não mais aos pais e familiares.

15.3 Conceito de Criança e de Adolescente

A definição de criança e adolescente encontra-se no art. 2º do ECA, no qual criança é a pessoa até 12 anos de idade incompletos; já o adolescente possui entre 12 e 18 anos de idade. A distinção realizada pelo ECA é importante tendo em vista a regulamentação dos institutos, por exemplo, a medida socioeducativa, a qual se aplica apenas aos adolescentes.

15.4 Direitos Fundamentais

Com o novo olhar trazido pelo ECA, a criança e o adolescente passaram ser sujeitos de direito, gozando de direitos fundamentais da pessoa humana, além de direitos à pessoa em condição de desenvolvimento, sendo estes específicos a criança e ao adolescente. Vejamos:

→ direito à liberdade, ao respeito e à dignidade;
→ direito à convivência familiar e comunitária;
→ direito à educação, à cultura, ao esporte e ao lazer;
→ direito à profissionalização e proteção ao trabalho.

15.5 Direito à Vida e à Saúde

É o principal direito de todo ser humano, sendo um direito dos infantes. É o que garante a existência, separando a concepção da morte encefálica (morte cerebral), que, para a Medicina e o Judiciário, é o momento em que se encerrada a vida humana.

Assim, o direito à vida abraça a proteção da integridade corporal e psíquica, vedando os maus-tratos, a tortura, as penas degradantes e hediondas e protegendo a honra, a imagem e a privacidade. Para a criança e ao adolescente, o direito à vida é ampliado, uma vez que o infante necessita de acesso livre ao lazer e a convivência familiar.

O direito à saúde vem atrelado ao direito à vida, tendo em vista que ele preserva a integridade física e mental, prevenindo doenças e realizando tratamentos.

Para garantir o direito à vida e à saúde, é necessária a aplicação de políticas públicas que permitam condições dignas desde a concepção à maior idade, conforme o art. 7 do ECA.

Importante ressaltar que o direito à vida não é o direito a sobreviver. Para reconhecermos o direito à vida, devemos reconhecer o direito à saúde, ao lazer e à convivência em família, pois o direito à vida requer uma vida digna.

Nesse contexto, o legislador preocupou-se com os direitos da mulher, visando a uma gestação saudável e planejada, criando programas e políticas de saúde pública para a educação e o planejamento reprodutivo, criando ainda o acompanhamento gestacional do início ao puerpério, contando com a amplitude da alimentação ao conforto para o nascimento seguro e humanizado em hospitais públicos. Aqui, o direito ao pré-natal e perinatal são devidos ao nascituro, sendo implementados mesmo contra a vontade da gestante

Dessa forma, o ECA, em seu art. 9º, exigiu que o Poder Público garantisse condições adequadas ao aleitamento materno, incluindo mães em situação privativa de liberdade. Ainda, a CF/1988 em seu art. 5º, inciso L, estabelece que a mãe presidiária possa permanecer com seu filho durante o período de amamentação. Mais uma vez, destaca-se que o direito é do nascituro e não da mãe.

O art. 11 do ECA trata do acesso ao Sistema Único de Saúde, que inclui, além de atendimento médico e tratamentos, a vacinação, o fornecimento de medicamentos, próteses e qualquer outra tecnologia assistia, bem como a saúde odontológica.

Interligado ao art. 11, o art. 12 prevê o direito ao acompanhamento de um responsável ao infante em caso de internação, não abrangendo somente a figura dos pais ou tutor.

O art. 13 do ECA trata da suspeita de maus-tratos, segundo o qual é necessário comunicar obrigatoriamente o Conselho Tutelar em caso suspeita ou confirmação de castigo físico, de tratamento cruel ou degradante ou de maus tratos contra criança ou adolescente. A atual redação deu-se em razão ao caso do menino Bernardo,1 (refere-se ao assassinato do menino de 11 anos Bernardo Ugolina, ocorrido em 4 de abril de 2014, por meio de superdose em do medicamento Midazolam, que lhe foi dado pela madrasta) sendo criada a Lei nº 13.010/2014, que ficou conhecida como Lei do Menino Bernardo ou Lei da Palmada, que resguarda o direito de a criança e o adolescente serem educados sem castigo físico ou tratamento degradante.

15.6 Direito à Liberdade, ao Respeito e à Dignidade

Direito à liberdade

O art. 16 do ECA exemplifica os aspectos do direito à liberdade dos infantes:

---

1 Referente ao assassinato do menino Bernardo Ugolina, de 11 anos, ocorrido em 4 de abril de 2014, por meio de superdose do medicamento Midazolam, que lhe foi dado por sua madrasta.

Art. 16 O direito à liberdade compreende os seguintes aspectos:
I - Ir e vir e estar nos logradouros públicos e espaços comunitários, ressalvadas as restrições legais;
II - Opinião e expressão;
III - Crença e culto religioso;
IV - Brincar, praticar esportes e divertir-se;
V - Participar da vida familiar e comunitária, sem discriminação;
VI - Participar da vida política, na forma da lei;
VII - Buscar refúgio, auxílio e orientação.

No que tange o direito de ir e vir, conforme explicito no art.16, I do ECA, deve-se observar as restrições legais, por exemplo, os arts. 83 a 85 do ECA, sendo restrições necessárias à integridade do infante. Já no inciso II, do mesmo artigo, vemos o direito à opinião e expressão, sendo este o direito a expressar-se intelectualmente, comunicar-se, inclusive artisticamente, expressando seus pensamentos e emitindo opiniões.

> **Fique ligado**
>
> A liberdade de crença e culto, abordada no inciso III do art. 16, compreende o direito de escolha à sua própria religião, incluindo o direito a não possuir fé ou crença religiosa.

Um assunto delicado, no entanto, são as testemunhas de Jeová, pois não aceitam receber transfusão de sangue. Aqui, vemos o direito à vida e à crença religiosa se encontrando; nesse caso, a maioria doutrinária entende que a religião não pode se sobrepor ao direito à vida, não podendo, assim, ocorrer a recusa dos pais ou responsáveis à realização da transfusão. No entanto, há uma corrente minoritária que entende que essa decisão caberia ao infante.

O inciso IV trata do direito de brincar, praticar esportes e divertir-se. Esse direito determina que o Estado proporcione lazer adequado aos infantes, como parques ou atividades gratuitas.

Quando falamos sobre participar da vida familiar e comunitária, sem discriminação, devemos entender que compreende a família natural e todos os demais, não apenas pai e mãe; quando falamos em comunidade, devemos entender que a criança deve ser acolhida por todos, e poder sair e socializar sem sofrer discriminações ou abusos.

No que tange a vida política, não falamos aqui de quando o pai ou a mãe leva o filho a urna para apertar o botão de votação e, sim, de quando o adolescente completa seus 16 anos e cria maturidade política, o que lhe faculta o direito de dar início a sua capacidade eleitoral.

Chegamos agora à liberdade ao refúgio, ao auxílio e à orientação. Isso significa que o infante tem o direito a sair de situações que lhe fazem mal e ser refugiado, auxiliado e orientado da melhor forma possível. Ex. o infante que sai de casa ao sofrer abusos. Nesse caso, o Estado deve lhe propiciar abrigo e auxílio com orientações de profissionais especializados, visando levar ao esclarecimento e melhor interesse.

Direito ao respeito

O art. 17 do ECA traz em seu texto os aspectos do direito ao respeito imposto aos infantes.

Art. 17 *O direito ao respeito consiste na inviolabilidade da integridade física, psíquica e moral da criança e do adolescente, abrangendo a preservação da imagem, da identidade, da autonomia, dos valores, ideias e crenças, dos espaços e objetos pessoais.*

Aqui, o legislador preocupou-se, mais uma vez, com a inviolabilidade física, psíquica e moral do infante, demonstrando assim o respeito aos direitos da personalidade, deixando expressa a inviolabilidade da imagem, da identidade, das ideias e crenças, dos objetos pessoais.

Vemos como exemplo do direito ao respeito, o segredo de justiça que é imposto em qualquer processo que tenha como parte infantes.

Direito à dignidade

Ao falamos sobre o direito à dignidade, é normal remetermos nosso pensamento diretamente aos direitos humanos e à dignidade da pessoa humana. No entanto, nesse momento "abraçamos" no ECA a proteção integral da criança e do adolescente, uma vez que o infante nessa fase passou a ser reconhecido e protegido pelo Estado.

O legislador passou a proteger o infante de qualquer forma de tratamento desumano, violento, que lhe cause medo ou sofrimento, até mesmo os que lhe causem vergonha.

Assim, não se admitem castigos físicos, humilhações, terror psicológico, nem mesmo se feito pelos pais, pois, como vimos anteriormente, a Lei nº 13.010/2014 inseriu no ECA a proibição a tais castigos.

Assim, em caso de castigo físico que cause lesão corporal, será o autor enquadrado no art. 129 do Código Penal e haverá punição com base neste, bem como se responsável pelo infante correra o risco de perder sua guarda.

15.7 Direito à Convivência Familiar

Inicialmente, devemos destacar que quando falamos sobre convivência familiar, falamos apenas em pai e mãe; a convivência estende-se aos avós, tios, primos, entre outros. Essa convivência é a garantia de um ambiente adequado ao desenvolvimento do infante de forma integral.

Vejamos a classificação de família pelo art. 25 do ECA:

Art. 25 *Entende-se por família natural a comunidade formada pelos pais ou qualquer deles e seus descendentes.*
Parágrafo único. *Entende-se por família extensa ou ampliada aquela que se estende para além da unidade pais e filhos ou da unidade do casal, formada por parentes próximos com os quais a criança ou adolescente convive e mantém vínculos de afinidade e afetividade.*

O ECA visa sempre ao melhor interesse da criança e do adolescente. Nessa linha, entende-se que se manter no núcleo família ou próximo a ele sempre será o melhor, sendo a preferência auxiliar a família e reestabelecer a convivência.

Aqui, podemos incluir família cujos pais estejam em situação privativa de liberdade, em que o ECA prevê a convivência por visitas.

Podemos ver que a diferença histórica é gigante, pois antigamente retirava-se o menor do problema e hoje resolve-se o núcleo do problema para manter o infante próximo à sua família.

Excepcionalmente, caso a convivência do núcleo familiar natural (pai e mãe) não seja o melhor interesse ao infante, ele será inserido no núcleo familiar extensivo ou, em último caso, em família substituta conforme art. 28 do ECA.

Família substituta

A família substituta é a solução temporária para retirar o infante de uma situação de risco, conforme art. 98 do ECA, sendo o acolhimento de forma familiar ou institucional, conforme art. 101, incisos VII e VIII.

Art. 101 *Verificada qualquer das hipóteses previstas no art. 98, a autoridade competente poderá determinar, dentre outras, as seguintes medidas: [...]*
VII – Acolhimento institucional;
VIII – Inclusão em programa de acolhimento familiar;

O acolhimento família é a retirada do infante de uma situação de risco, na qual o mesmo é levado para um lar de alguma família previamente cadastrada junto ao judiciário, como solução temporária para o manter em segurança, e posteriormente reintegrá-lo ao seio familiar. Durante o acolhimento a família acolhedora receberá um valor para cuidar do infante.

Já no acolhimento institucional, o infante é levado a um "abrigo" ou entidade de atendimento.

A permanência desses infantes no acolhimento é avaliada a cada 3 meses, em que há a tentativa de reintrodução no núcleo familiar.

Entrega de recém-nascido para adoção

Ocorre a entrega do recém-nascido para a adoção quando a gestante não se sente preparada para iniciar o vínculo materno. Dessa forma, a entrega da criança para a adoção visa inclui-la em um núcleo familiar seguro, no qual ela se desenvolverá integralmente. No entanto, o ECA, em seu art. 19-A, prevê hipóteses em que a adoção é irregular, como a escolha de um adotante específico.

Assim, quando a mãe manifesta seu interesse em entregar seu bebê à adoção, é feita uma avaliação psicológica com uma equipe profissional da vara da infância e juventude, no intuito de entender o motivo e identificar um possível estado puerperal.

Ainda, são analisadas a indicação paterna ou família extensa que tenha o interesse em cuidar do infante e receber sua guarda, uma vez que o ECA preza pelo melhor interesse da criança e do adolescente. Caso não ocorra interesse familiar, o infante será enviado ao acolhimento para futura adoção.

Tenha atenção – sempre – ao art. 48 do ECA, uma vez que ele trata do direito do adotado de conhecer sua origem. Vejamos:

Art. 48 *O adotado tem direito de conhecer sua origem biológica, bem como de obter acesso irrestrito ao processo no qual a medida foi aplicada e seus eventuais incidentes, após completar 18 (dezoito) anos.*

Programa de apadrinhamento

Existem duas formas de apadrinhamento: afetivo e financeiro.

→ **Apadrinhamento afetivo:** tenta promover um vínculo afetivo entre o infante e as pessoas da comunidade que se interessam pelo apadrinhamento. Tem o intuito de criar um laço de carinho, segurança e amor, uma vez que o infante em situação de espera para adoção não possui um vínculo familiar estável. Assim, o apadrinhamento busca suprir esse vínculo afetivo, fazendo com que o infante socialize com a família do padrinho e habitue-se com datas comemorativas, passeios etc.

→ **Apadrinhamento financeiro:** é o ato de ajudar com uma contribuição mensal para cobrir os gastos financeiros do infante, não sendo necessário o contato direto, apenas o custeio de seus gastos.

O ECA estabelece ainda as regras para apadrinhar:

> **Art. 19**-B A criança e ao adolescente em programa de acolhimento institucional ou familiar poderão participar de programa de apadrinhamento.
> § 1º O apadrinhamento consiste em estabelecer e proporcionar à criança e ao adolescente vínculos externos à instituição para fins de convivência familiar e comunitária e colaboração com o seu desenvolvimento nos aspectos social, moral, físico, cognitivo, educacional e financeiro.
> § 2º Podem ser padrinhos ou madrinhas pessoas maiores de 18 (dezoito) anos não inscritas nos cadastros de adoção, desde que cumpram os requisitos exigidos pelo programa de apadrinhamento de que fazem parte.
> § 3º Pessoas jurídicas podem apadrinhar criança ou adolescente a fim de colaborar para o seu desenvolvimento.
> § 4º O perfil da criança ou do adolescente a ser apadrinhado será definido no âmbito de cada programa de apadrinhamento, com prioridade para crianças ou adolescentes com remota possibilidade de reinserção familiar ou colocação em família adotiva.
> § 5º Os programas ou serviços de apadrinhamento apoiados pela Justiça da Infância e da Juventude poderão ser executados por órgãos públicos ou por organizações da sociedade civil.
> § 6º Se ocorrer violação das regras de apadrinhamento, os responsáveis pelo programa e pelos serviços de acolhimento deverão imediatamente notificar a autoridade judiciária competente.

Poder familiar

O poder familiar é o conjunto de direitos e deveres que tem o intuito de prezar pela proteção segurança, educação, e desenvolvimento integral da criança e do adolescente, sendo ele atribuído aos pais mesmo que de filhos adotados ou fora do casamento.

Dessa forma, o poder familiar é um múnus público, ou seja, é um poder-dever (é um poder que gera a obrigação de zelar pelo desenvolvimento integral do infante). Além disso, é irrenunciável, tendo em vista que não há como abrir mão dele; é inalienável, ou seja, não pode ser transferido; é imprescritível, tendo em vista que não possuem validade; e é incompatível com a tutela, ou seja, não pode ser nomeado algum tutor.

Vejamos o rol exemplificativo dos deveres inerentes ao poder familiar de acordo com o art. 1.634 do CC:

> **Art. 1.634** Compete a ambos os pais, qualquer que seja a sua situação conjugal, o pleno exercício do poder familiar, que consiste em, quanto aos filhos:
> I – Dirigir-lhes a criação e a educação;
> II – Exercer a guarda unilateral ou compartilhada nos termos do art. 1.584;
> III – Conceder-lhes ou negar-lhes consentimento para casarem;
> IV – Numera-lhes tutor por testamento ou documento autêntico, se o outro dos pais não lhe sobreviver, ou o sobrevivo não puder exercer o poder familiar;
> V – Conceder-lhes ou negar-lhes consentimento para mudarem sua residência permanente para outro Município;
> VI – Numera-lhes tutor por testamento ou documento autêntico, se o outro dos pais não lhe sobreviver, ou o sobrevivo não puder exercer o poder familiar;
> VII – Representá-los judicial e extrajudicialmente até os 16 (dezesseis) anos, nos atos da vida civil, e assisti-los, após essa idade, nos atos em que forem partes, suprindo-lhes o consentimento;
> VIII – Reclamá-los de quem ilegalmente os detenha;
> IX – Exigir que lhes prestem obediência, respeito e os serviços próprios de sua idade e condição.

Ainda, neste mesmo raciocínio, perderá o poder familiar aquele que praticar algum dos atos descritos no art. 1.638 do CC:

> **Parágrafo único.** Perderá também por ato judicial o poder familiar aquele que:
> I - Praticar contra outrem igualmente titular do mesmo poder familiar:
> a) Homicídio, feminicídio ou lesão corporal de natureza grave ou seguida de morte, quando se tratar de crime doloso envolvendo violência doméstica e familiar ou menosprezo ou discriminação à condição de mulher;
> b) Estupro ou outro crime contra a dignidade sexual sujeito à pena de reclusão;
> II - Praticar contra filho, filha ou outro descendente:
> a) Homicídio, feminicídio ou lesão corporal de natureza grave ou seguida de morte, quando se tratar de crime doloso envolvendo violência doméstica e familiar ou menosprezo ou discriminação à condição de mulher;
> b) Estupro, estupro de vulnerável ou outro crime contra a dignidade sexual sujeito à pena de reclusão.

Portanto, o poder familiar é destituído apenas em casos de crime doloso contra outro titular do poder familiar ou contra os filhos.

Família substituta

Quando falamos em família substituta, estamos falando da retirada de um infante da sua família natural para a inserção em uma nova família, sempre em prol do melhor interesse ao infante, podendo ser atribuída a guarda, a tutela ou a adoção àquela família.

Assim, quando possível, o infante é ouvido por uma equipe profissional, e sua opinião é respeitada. No entanto, sempre objetivando do melhor interesse e levando-se em conta a afinada de parentesco, e manter grupos de irmãos juntos, sempre observando o art. 29 do ECA, in versus:

> **Art. 29** Não se deferirá colocação em família substituta a pessoa que revele, por qualquer modo, incompatibilidade com a natureza da medida ou não ofereça ambiente familiar adequado.

Guarda

A guarda pode ser definida como um poder, temporário ou definitivo, de um adulto com um infante no intuito de prezar pelo bem-estar físico e psíquico do infante, bem como a responsabilidade quanto às necessidades dele, sendo o infante dependente do guardião para todos os fins. Existem diversas formas de guarda. Dentre elas, destacam-se pela doutrina:

→ **Guarda de fato:** é a guarda sem autorização, o chamado guardião não possui nenhum vínculo formal com o infante e não é seu responsável legal.
→ **Guarda provisória:** a guarda provisória é uma transição judicial decorrente do pedido de tutela ou adoção.
→ **Guarda definitiva:** nesse caso, o processo judicial é simples e puramente de guarda, não objetivando uma tutela ou adoção, sendo comum em casos de avós que cuidam se seus netos.
→ **Guarda subsidiada:** é a guarda concedida em casos de acolhimento regulamenta pelo art. 34 do ECA.
→ **Guarda derivada:** deferida em casos de pedido de tutela. Uma vez que quem detém a tutela detém a guarda.
→ **Guarda peculiar:** visa suprir a falta eventual dos pais e se encontra prevista no art. 33, § 2º do ECA.

Tutela

A tutela é o momento em que o infante passa a ser de total responsabilidade legal do tutor, ou seja, ocorre o fim do poder familiar, sendo por perda ou suspensão desse poder. Geralmente, a tutela ocorre em caso de falecimento dos pais, ou com pais ausentes.

O tutor poderá ser nomeado em testamento pelos pais ou até mesmo por declaração de vontade, possuindo após a abertura da sucessão 30 dias para se manifestar judicialmente, no entanto, o juiz irá decidir em face do melhor interesse ao infante.

Adoção

Na adoção, retira-se totalmente o vínculo familiar, inserindo o infante em família substituta, quando não há mais meios de manter o vínculo familiar, sendo um ato jurídico em sentido estrito, conferindo ao infante o direito ao sobrenome, herança e formação de vínculo irrevogável.

ATENÇÃO
Importante ressaltar que a adoção se dá apenas por meio judicial!

Dessa forma, existem as seguintes espécies de adoção:

→ **Adoção conjunta ou bilateral:** quando há um casal para a adoção, havendo rompimento do vínculo familiar materno e paterno.
→ **Adoção unilateral:** quando o companheiro da mãe ou a do pai adota o filho do cônjuge.
→ **Adoção póstuma:** quando o adotante falece no decorrer do processo, no entanto, a adoção é finalizada, pois houve manifestação de vontade.
→ **Adoção intuito personae:** quando os pais escolhem diretamente a família substituta para quem entregarão o infante (Lei nº 12.010/2009), visando evitar que ocorressem favorecimentos ou até mesmo promessas de recompensa pela entrega do infante, restringiu esta forma de adoção, sendo permitidas apenas nos casos do art. 50, § 13 do ECA.
→ **Adoção internacional:** quando o adotante é domiciliado fora do Brasil.
→ **Adoção à brasileira:** quando o adotante registra o filho de outro como próprio, sendo caracterizado como crime perante o art. 242 do CP/40.

O ECA também estabelece alguns requisitos em seus artigos para a adoção.

> **Art. 42** Podem adotar os maiores de 18 (dezoito) anos, independentemente do estado civil.
> **Art. 43** A adoção será deferida quando apresentar reais vantagens para o adotando e fundar-se em motivos legítimos.
> **Art. 45** A adoção depende do consentimento dos pais ou do representante legal do adotando.
> § 1º O consentimento será dispensado em relação à criança ou adolescente cujos pais sejam desconhecidos ou tenham sido destituídos do pátrio poder, poder familiar.
> **Art. 46** A adoção será precedida de estágio de convivência com a criança ou adolescente, pelo prazo máximo de 90 (noventa) dias, observadas a idade da criança ou adolescente e as peculiaridades do caso.

Além destes requisitos, é necessário o prévio cadastro do adotante no Cadastro Nacional de Adoção, passando por todas as etapas de preparação psicológica e jurídica.

Após as etapas, ocorrerá a sentença de deferimento da adoção, que possui natureza constitutiva, criando o vínculo com a nova família e destituindo o vínculo anterior, sendo feito um novo registro de nascimento, constando o nome dos adotantes e do infante.

15.8 Direito à Educação, à Cultura, ao Esporte e ao Lazer

Um dos principais direitos do infante, que lhe garante o desenvolvimento pleno, é o direito a educação. Tal direito consta no art. 205 da CF/1988, que prevê a educação como direito de todos e dever do Estado e da família, e no art. 6º do ECA, que prevê a educação como um direito fundamental.

Vejamos o art. 54 do ECA:

> **Art. 54** É dever do Estado assegurar à criança e ao adolescente:
> I – Ensino Fundamental, obrigatório e gratuito, inclusive para os que a ele não tiveram acesso na idade própria;
> II – Progressiva extensão da obrigatoriedade e gratuidade ao ensino médio;
> III – Atendimento educacional especializado aos portadores de deficiência, preferencialmente na rede regular de ensino;
> IV – (Revogado)
> IV – Atendimento em creche e pré-escola às crianças de zero a cinco anos de idade;
> V – Acesso aos níveis mais elevados do ensino, da pesquisa e da criação artística, segundo a capacidade de cada um;
> VI – Oferta de ensino noturno regular, adequado às condições do adolescente trabalhador;

VII – Atendimento no Ensino Fundamental, através de programas suplementares de material didático-escolar, transporte, alimentação e assistência à saúde.

§ 1º O acesso ao ensino obrigatório e gratuito é direito público subjetivo.

§ 2º O não oferecimento do ensino obrigatório pelo poder público ou sua oferta irregular importa responsabilidade da autoridade competente.

§ 3º Compete ao poder público recensear os educandos no ensino fundamental, fazer-lhes a chamada e zelar, junto aos pais ou responsável, pela frequência à escola.

Dessa forma, vemos a importância da educação, sendo garantida a todos, sem distinção de qualquer natureza, não podendo ser vetada a inscrição do aluno na escola, consoante o art. 6º da Lei nº 7.716/1989, que constitui crime o ato de recusar a matrícula do aluno ou até mesmo seu ingresso na escola.

Já o direito à cultura é facilitado criando-se programas culturais e esportivos voltados para os infantes. Vemos em locais que há a política de meia entrada, como uma forma de facilitar o acesso do estudante ou do menor de 18 anos, bem como os centros esportivos públicos criados nos estados e municípios.

15.9 Direito à Profissionalização e à Proteção no Trabalho

Inicialmente, nossa Constituição prevê que o trabalho infantil pode iniciar-se aos 14 anos em casos de jovem aprendiz, sendo em outras hipóteses previsto apenas aos 16 anos.

Importante lembrar que ao adolescente que trabalha são garantidos todos os direitos trabalhistas e previdenciários, devendo, no entanto, respeitar a necessidade de capacitação profissional adequada ao mercado, sendo aqui o trabalho uma forma de aprendizado.

Por essa razão, existem algumas proibições que visam à proteção do adolescente, como a proibição ao trabalho noturno, perigoso e insalubre, proibição de labor em locais que prejudiquem sua formação física, ou proibição de labor em horário escolar.

15.10 Da Prevenção

A prevenção instituída no ECA é o ato de prevenir, ou seja, promover formas de evitar a violação dos direitos do infante. Vejamos o art. 70 do ECA:

Art. 70 É dever de todos prevenir a ocorrência de ameaça ou violação dos direitos da criança e do adolescente.

Já o art. 70-A traz em seu texto um rol exemplificativo das prevenções necessárias:

Art. 70-A A União, os Estados, o Distrito Federal e os Municípios deverão atuar de forma articulada na elaboração de políticas públicas e na execução de ações destinadas a coibir o uso de castigo físico ou de tratamento cruel ou degradante e difundir formas não violentas de educação de crianças e de adolescentes, tendo como principais ações:

I – A promoção de campanhas educativas permanentes para a divulgação do direito da criança e do adolescente de serem educados e cuidados sem o uso de castigo físico ou de tratamento cruel ou degradante e dos instrumentos de proteção aos direitos humanos;

II – A integração com os órgãos do Poder Judiciário, do Ministério Público e da Defensoria Pública, com o Conselho Tutelar, com os Conselhos de Direitos da Criança e do Adolescente e com as entidades não governamentais que atuam na promoção, proteção e defesa dos direitos da criança e do adolescente;

III – A formação continuada e a capacitação dos profissionais de saúde, educação e assistência social e dos demais agentes que atuam na promoção, proteção e defesa dos direitos da criança e do adolescente para o desenvolvimento das competências necessárias à prevenção, à identificação de evidências, ao diagnóstico e ao enfrentamento de todas as formas de violência contra a criança e ao adolescente;

IV – O apoio E o incentivo às práticas de resolução pacífica de conflitos que envolvam violência contra a criança e ao adolescente;

V – A inclusão, nas políticas públicas, de ações que visem a garantir os direitos da criança e do adolescente, desde a atenção pré-natal, e de atividades junto aos pais e responsáveis com o objetivo de promover a informação, a reflexão, o debate e a orientação sobre alternativas ao uso de castigo físico ou de tratamento cruel ou degradante no processo educativo;

VI – A promoção de espaços Inter setoriais locais para a articulação de ações e a elaboração de planos de atuação conjunta focados nas famílias em situação de violência, com participação de profissionais de saúde, de assistência social e de educação e de órgãos de promoção, proteção e defesa dos direitos da criança e do adolescente.

Parágrafo único. As famílias com crianças e adolescentes com deficiência terão prioridade de atendimento nas ações e políticas públicas de prevenção e proteção.

Não obstante, o art. 70-B visa dar concretude à prevenção contra maus-tratos e violação de direitos de crianças e adolescentes, vejamos seu texto:

Art. 70-B As entidades, públicas e privadas, que atuem nas áreas a que se refere o art. 71, dentre outras, devem contar, em seus quadros, com pessoas capacitadas a reconhecer e comunicar ao Conselho Tutelar suspeitas ou casos de maus-tratos praticados contra crianças e adolescentes.

Parágrafo único. São igualmente responsáveis pela comunicação de que trata este artigo, as pessoas encarregadas, por razão de cargo, função, ofício, ministério, profissão ou ocupação, do cuidado, assistência ou guarda de crianças e adolescentes, punível, na forma deste Estatuto, o injustificado retardamento ou omissão, culposos ou dolosos.

Assim, podemos ver que a prevenção deve ser feita por todos da sociedade, englobando-se a responsabilidade social, política e judiciária para que o direito dos infantes seja respeitado, sem a ocorrência de violações e maus-tratos.

Prevenção especial referente à informação, à cultura, ao lazer, aos esportes, às diversões e aos espetáculos

Dentro da doutrina instituída na infância e juventude, há a prevenção especial que trata do acesso a eventos e espetáculos públicos, devendo regulamentar o acesso de qualificando sua natureza e indicando a faixa etária recomendada.

Art. 74 O poder público, através do órgão competente, regulará as diversões e espetáculos públicos, informando sobre a natureza deles, as faixas etárias a que não se recomendem, locais e horários em que sua apresentação se mostre inadequada.

Parágrafo único. *Os responsáveis pelas diversões e espetáculos públicos deverão afixar, em lugar visível e de fácil acesso, à entrada do local de exibição, informação destacada sobre a natureza do espetáculo e a faixa etária especificada no certificado de classificação.*

Art. 75 *Toda criança ou adolescente terá acesso às diversões e espetáculos públicos classificados como adequados à sua faixa etária.*

Parágrafo único. *As crianças menores de dez anos somente poderão ingressar e permanecer nos locais de apresentação ou exibição quando acompanhadas dos pais ou responsável.*

O STF entende que não é apenas o Estado que deve determinar o que é próprio ou não ao infante, sendo dever da família contribuir com a análise da programação correta, uma vez que os programas de rádio e televisão devem exibir os programas recomendados em horários adequados ao público infanta juvenil.

Art. 76 *As emissoras de rádio e televisão somente exibirão, no horário recomendado para o público infanta juvenil, programas com finalidades educativas, artísticas, culturais e informativas.*

Parágrafo único. *Nenhum espetáculo será apresentado ou anunciado sem aviso de sua classificação, antes de sua transmissão, apresentação ou exibição.*

Já os proprietários e funcionários de empresas que explorem a venda ou aluguel de fitas[2] de programação em vídeo cuidarão para que não haja venda ou locação em desacordo com a classificação atribuída pelo órgão competente, bem como a comercialização de revistas contendo imagens imprópias.

Art. 77 *Os proprietários, diretores, gerentes e funcionários de empresas que explorem a venda ou aluguel de fitas de programação em vídeo cuidarão para que não haja venda ou locação em desacordo com a classificação atribuída pelo órgão competente.*

Parágrafo único. *As fitas a que alude este artigo deverão exibir, no invólucro, informação sobre a natureza da obra e a faixa etária a que se destinam.*

Art. 78 *As revistas e publicações contendo material impróprio ou inadequado a crianças e adolescentes deverão ser comercializadas em embalagem lacrada, com a advertência de seu conteúdo.*

Parágrafo único. *As editoras cuidarão para que as capas que contenham mensagens pornográficas ou obscenas sejam protegidas com embalagem opaca.*

Art. 79 *As revistas e publicações destinadas ao público infanto-juvenil não poderão conter ilustrações, fotografias, legendas, crônicas ou anúncios de bebidas alcoólicas, tabaco, armas e munições, e deverão respeitar os valores éticos e sociais da pessoa e da família.*

O art. 80 trata dos estabelecimentos que explores jogos de azar ou apostas, que devem vetar a entrada de infantes.

Art. 80 *Os responsáveis por estabelecimentos que explorem comercialmente bilhar, sinuca ou congênere ou por casas de jogos, assim entendidas as que realizem apostas, ainda que eventualmente, cuidarão para que não seja permitida a entrada e a permanência de crianças e adolescentes no local, afixando aviso para orientação do público.*

Prevenção à venda de produtos e serviços

No âmbito do ECA, há diversas restrições de acesso a produtos e serviços, sendo seu rol exemplificativo no art. 81 do ECA:

Art. 81 *É proibida a venda à criança ou ao adolescente de:*
I – Armas, munições E explosivos;
II – Bebidas alcoólicas;
III – Produtos cujos componentes possam causar dependência física ou psíquica ainda que por utilização indevida;
IV – Fogos de estampido e de artifício, exceto aqueles que pelo seu reduzido potencial sejam incapazes de provocar qualquer dano físico em caso de utilização indevida;
V – Revistas e publicações a que alude o art. 78;
VI – Bilhetes lotéricos e equivalentes.

No art. 82 do ECA, existe a restrição de hospedagem de criança ou adolescente, nos seguintes termos:

Art. 82 *É proibida a hospedagem de criança ou adolescente em hotel, motel, pensão ou estabelecimento congênere, salvo se autorizado ou acompanhado pelos pais ou responsável.* Assim, a lei deixou claro que somente acompanhado pelos pais ou responsável, a criança ou adolescente poderá se hospedar em hotel, motel, pensão ou estabelecimento congênere.

15.11 Autorização para Viajar

A Lei nº 13.812/2019 trouxe mudanças quanto à liberdade de trânsito de crianças e adolescentes sem os pais pelo País, sendo disposto no art. 83 do ECA que nenhuma criança ou adolescente menor de 16 anos poderá viajar para fora da comarca onde reside desacompanhado dos pais ou dos responsáveis sem expressa autorização judicial.

Ainda, o próprio art. 83 demonstra exceções em que não se exigirá autorização judicial:

Art. 83 *Nenhuma criança poderá viajar para fora da comarca onde reside, desacompanhada dos pais ou responsável, sem expressa autorização judicial.*
§ 1º A autorização não será exigida quando:
a) Tratar-se de comarca contígua à da residência da criança, se na mesma unidade da Federação, ou incluída na mesma região metropolitana;
b) A criança estiver acompanhada:
1) De ascendente ou colateral maior, até o terceiro grau, comprovado documentalmente o parentesco;
2) De pessoa maior, expressamente autorizada pelo pai, mãe ou responsável.
§ 2º A autoridade judiciária poderá, a pedido dos pais ou responsável, conceder autorização válida por dois anos.

No entanto, em se tratando de viagem ao exterior, o art. 84 do ECA prevê algumas necessidades:

Art. 84 *Quando se tratar de viagem ao exterior, a autorização é dispensável, se a criança ou adolescente:*
I - Estiver acompanhado de ambos os pais ou responsável;
II - Viajar na companhia de um dos pais, autorizado expressamente pelo outro através de documento com firma reconhecida.

Art. 85 *Sem prévia e expressa autorização judicial, nenhuma criança ou adolescente nascido em território nacional poderá sair do País em companhia de estrangeiro residente ou domiciliado no exterior.*

Ainda a Resolução nº 131/2011, do Conselho Nacional de Justiça (CNJ), dispõe sobre a concessão de autorização de viagem para o exterior de crianças e adolescentes.

---

2 Vale lembrar que o ECA é um estatuto antigo, da época em que existiam fitas cassetes, sendo hoje em dia o pensamento voltado para *sites*, *streaming* e DVDs.

15.12 Política de Atendimento e Entidades de Atendimento

O art. 86 do ECA aborda que a política de atendimento dos direitos da criança e do adolescente deve ser feita por meio de um conjunto de ações governamentais e não governamentais. Vejamos:

> *Art. 86 A política de atendimento dos direitos da criança e do adolescente far-se-á através de um conjunto articulado de ações governamentais e não-governamentais, da União, dos estados, do Distrito Federal e dos municípios.*

Tendo em vista que existem diversas linhas de ações públicas, principalmente nos art. 87 e 88 do ECA, é importante nos atentarmos à leitura deles para não nos confundirmos.

> *Art. 87 São linhas de ação da política de atendimento:*
> *I – Políticas sociais básicas;*
> *II – Serviços, programas, projetos e benefícios de assistência social de garantia de proteção social e de prevenção e redução de violações de direitos, seus agravamentos ou reincidências;*
> *III – Serviços especiais de prevenção e atendimento médico e psicossocial às vítimas de negligência, maus-tratos, exploração, abuso, crueldade e opressão;*
> *IV – Serviço de identificação e localização de pais, responsável crianças e adolescentes desaparecidos;*
> *V – proteção jurídico-social por entidades de defesa dos direitos da criança e do adolescente*
> *VI – Políticas e programas destinados a prevenir ou abreviar o período de afastamento do convívio familiar e a garantir o efetivo exercício do direito à convivência familiar de crianças e adolescentes*
> *VII – Campanhas de estímulo ao acolhimento sob forma de guarda de crianças e adolescentes afastados do convívio familiar e à adoção, especificamente inter-racial, de crianças maiores ou de adolescentes, com necessidades específicas de saúde ou com deficiências e de grupos de irmãos.*
>
> *Art. 88 São diretrizes da política de atendimento:*
> *I – Municipalização do atendimento;*
> *II – Criação de conselhos municipais, estaduais e nacional dos direitos da criança e do adolescente, órgãos deliberativos e controladores das ações em todos os níveis, assegurada a participação popular paritária por meio de organizações representativas, segundo leis federal, estaduais e municipais;*
> *III – Criação e manutenção de programas específicos, observada a descentralização político-administrativa;*
> *IV – Manutenção de fundos nacional, estaduais e municipais vinculados aos respectivos conselhos dos direitos da criança e do adolescente;*
> *V – Integração operacional de órgãos do Judiciário, Ministério Público, Defensoria, Segurança Pública e Assistência Social, preferencialmente em um mesmo local, para efeito de agilização do atendimento inicial a adolescente a quem se atribua autoria de ato infracional;*
> *VI – Integração operacional de órgãos do Judiciário, Ministério Público, Defensoria, Conselho Tutelar e encarregados da execução das políticas sociais básicas e de assistência social, para efeito de agilização do atendimento de crianças e de adolescentes inseridos em programas de acolhimento familiar ou institucional, com vista na sua rápida reintegração à família de origem ou, se tal solução se mostrar comprovadamente inviável, sua colocação em família substituta, em quaisquer das modalidades previstas no art. 28 desta Lei;*
> *VII – Mobilização da opinião pública para a indispensável participação dos diversos segmentos da sociedade;*
> *VIII – Especialização e formação continuada dos profissionais que trabalham nas diferentes áreas da atenção à primeira infância, incluindo os conhecimentos sobre direitos da criança e sobre desenvolvimento infantil;*
> *IX – Formação profissional com abrangência dos diversos direitos da criança e do adolescente que favoreça a intersetorialidade no atendimento da criança e do adolescente e seu desenvolvimento integral;*
> *X – Realização e divulgação de pesquisas sobre desenvolvimento infantil e sobre prevenção da violência.*

Insta salientarmos aqui que, em meio as diretrizes da política de atendimento a municipalização e a criação de conselhos nacionais, estaduais e municipais dos direitos da criança e do adolescente, temos uma função que é de interesse público, sendo a de membro do conselho nacional e dos conselhos estaduais e municipais.

Entidades de atendimento

As entidades de atendimento são as responsáveis por executar as políticas de atendimento, possuindo programas de proteção direcionados os infantes em situação de risco e programas de medidas sócio educativos

Destacamos a orientação e o apoio físico e psíquico necessários ao infante, bem como sua colocação em acolhimento familiar ou institucional.

O ECA diferencia as entidades governamentais e não governamentais, em seu art. 91:

> *Art. 91 As entidades não-governamentais somente poderão funcionar depois de registradas no Conselho Municipal dos Direitos da Criança e do Adolescente, o qual comunicará o registro ao Conselho Tutelar e à autoridade judiciária da respectiva localidade.*
> *§ 1º Será negado o registro à entidade que:*
> *I - Não ofereça instalações físicas em condições adequadas de habitabilidade, higiene, salubridade e segurança;*
> *II - Não apresente plano de trabalho compatível com os princípios desta Lei;*
> *III - Esteja irregularmente constituída;*
> *IV - Tenha em seus quadros pessoas inidôneas.*
> *V - Não se adequar ou deixar de cumprir as resoluções e deliberações relativas à modalidade de atendimento prestado expedidas pelos Conselhos de Direitos da Criança e do Adolescente, em todos os níveis.*
> *§ 2º O registro terá validade máxima de 4 (quatro) anos, cabendo ao Conselho Municipal dos Direitos da Criança e do Adolescente, periodicamente, reavaliar o cabimento de sua renovação, observado o disposto no § 1º deste artigo.*

Entidades de acolhimento institucional ou familiar

Os arts. 92 e 93 do ECA trazem as entidades de acolhimento institucional e familiar. Como vimos anteriormente, essas entidades visam acolher o infante para retorno a sua família ou em último caso adoção.

Para que os infantes sejam acolhidos deve-se haver uma decisão judicial, menos em casos urgentes em que não há tempo para tal ato, necessitando apenas da comunicação a vara de infância e juventude conforme art. 93 do ECA.

No máximo a cada 6 meses, o dirigente da entidade de acolhimento deverá enviar relatórios ao juiz, sobre a situação de cada infante.

Não obstante, o dirigente do acolhimento torna-se o guardião legal do infante, devendo cumprir o dever de zelar por ele. Em caso de descumprimento das obrigações o dirigente de entidade terá sua responsabilidade administrativa, civil e criminal apurada.

Entidades voltadas à internação

As entidades voltadas a internação visam à aplicação de medidas socioeducativa de aspecto pedagógico e punitivo.

O art. 94 do ECA institui observações necessárias as entidades:

> *Art. 94 As entidades que desenvolvem programas de internação têm as seguintes obrigações, entre outras:*
>
> *I – Observar os direitos e garantias de que são titulares os adolescentes;*
>
> *II – Não restringir nenhum direito que não tenha sido objeto de restrição na decisão de internação;*
>
> *III – Oferecer atendimento personalizado, em pequenas unidades e grupos reduzidos;*
>
> *IV – Preservar a identidade e oferecer ambiente de respeito e dignidade ao adolescente;*
>
> *V – Diligenciar no sentido do restabelecimento e da preservação dos vínculos familiares;*
>
> *VI – Comunicar à autoridade judiciária, periodicamente, os casos em que se mostre inviável ou impossível o reatamento dos vínculos familiares;*
>
> *VII – Oferecer instalações físicas em condições adequadas de habitabilidade, higiene, salubridade e segurança e os objetos necessários à higiene pessoal;*
>
> *VIII – Oferecer vestuário e alimentação suficientes e adequados à faixa etária dos adolescentes atendidos;*
>
> *IX – Oferecer cuidados médicos, psicológicos, odontológicos e farmacêuticos;*
>
> *X – Propiciar escolarização e profissionalização;*
>
> *XI – Propiciar atividades culturais, esportivas e de lazer;*
>
> *XII – Propiciar assistência religiosa àqueles que desejarem, de acordo com suas crenças;*
>
> *XIII – Proceder a estudo social e pessoal de cada caso;*
>
> *XIV – Reavaliar periodicamente cada caso, com intervalo máximo de seis meses, dando ciência dos resultados à autoridade competente;*
>
> *XV – Informar, periodicamente, o adolescente internado sobre sua situação processual;*
>
> *XVI – Comunicar às autoridades competentes todos os casos de adolescentes portadores de moléstias infectocontagiosas;*
>
> *XVII – Fornecer comprovante de depósito dos pertences dos adolescentes;*
>
> *XVIII – Manter programas destinados ao apoio e acompanhamento de egressos;*
>
> *XIX – Providenciar os documentos necessários ao exercício da cidadania àqueles que não os tiverem;*
>
> *XX – Manter arquivo de anotações onde constem data e circunstâncias do atendimento, nome do adolescente, seus pais ou responsável, parentes, endereços, sexo, idade, acompanhamento da sua formação, relação de seus pertences e demais dados que possibilitem sua identificação e a individualização do atendimento.*
>
> *§ 1º Aplicam-se, no que couber, as obrigações constantes deste artigo às entidades que mantêm programas de acolhimento institucional e familiar.*
>
> *§ 2º No cumprimento das obrigações a que alude este artigo as entidades utilizarão preferencialmente os recursos da comunidade.*

Fiscalização das entidades

As entidades serão fiscalizadas pelo Judiciário, pelo Ministério Público e pelos Conselhos Tutelares, caso sejam encontradas irregularidades o art. 97 do ECA prevê as sanções aplicáveis administrativamente, sem prejuízo a responsabilidade civil e criminal pelas irregularidades.

15.13 Medidas de Proteção

As medidas de proteção visam evitar ou afastar o risco do infante, conforme a interpretação do art. 98 do ECA que nos traz as situações de risco.

Na aplicação das medidas de proteção, devem ser observadas as necessidades pedagógicas principalmente de vínculo familiar e social, conforme disposto no art. 100 do ECA.

> *Art. 100 Na aplicação das medidas levar-se-ão em conta as necessidades pedagógicas, preferindo-se aquelas que visem ao fortalecimento dos vínculos familiares e comunitários.*
>
> *Parágrafo único. São também princípios que regem a aplicação das medidas:*
>
> *I – Condição da criança e do adolescente como sujeitos de direitos: crianças e adolescentes são os titulares dos direitos previstos nesta e em outras Leis, bem como na Constituição Federal;*
>
> *II – Proteção integral e prioritária: a interpretação e aplicação de toda e qualquer norma contida nesta Lei deve ser voltada à proteção integral e prioritária dos direitos de que crianças e adolescentes são titulares;*
>
> *III – Responsabilidade primária e solidária do poder público: a plena efetivação dos direitos assegurados a crianças e a adolescentes por esta Lei e pela Constituição Federal, salvo nos casos por esta expressamente ressalvados, é de responsabilidade primária e solidária das 3 (três) esferas de governo, sem prejuízo da municipalização do atendimento e da possibilidade da execução de programas por entidades não governamentais;*
>
> *IV – Interesse superior da criança e do adolescente: a intervenção deve atender prioritariamente aos interesses e direitos da criança e do adolescente, sem prejuízo da consideração que for devida a outros interesses legítimos no âmbito da pluralidade dos interesses presentes no caso concreto;*
>
> *V – Privacidade: a promoção dos direitos e proteção da criança e do adolescente deve ser efetuada no respeito pela intimidade, direito à imagem e reserva da sua vida privada;*
>
> *VI – Intervenção precoce: a intervenção das autoridades competentes deve ser efetuada logo que a situação de perigo seja conhecida;*
>
> *VII – Intervenção mínima: a intervenção deve ser exercida exclusivamente pelas autoridades e instituições cuja ação seja indispensável à efetiva promoção dos direitos e à proteção da criança e do adolescente;*
>
> *VIII – Proporcionalidade e atualidade: a intervenção deve ser a necessária e adequada à situação de perigo em que a criança ou o adolescente se encontram no momento em que a decisão é tomada;*
>
> *IX – Responsabilidade parental: a intervenção deve ser efetuada de modo que os pais assumam os seus deveres para com a criança e ao adolescente;*
>
> *X – Prevalência da família: na promoção de direitos e na proteção da criança e do adolescente deve ser dada prevalência às medidas que os mantenham ou reintegrem na sua família natural ou extensa ou, se isso não for possível, que promovam a sua integração em família adotiva;*
>
> *XI – Obrigatoriedade da informação: a criança e ao adolescente, respeitado seu estágio de desenvolvimento e capacidade de compreensão, seus pais ou responsável devem ser informados dos seus direitos, dos motivos que determinaram a intervenção e da forma como está se processa*

XII – Oitiva obrigatória e participação: a criança e ao adolescente, em separado ou na companhia dos pais, de responsável ou de pessoa por si indicada, bem como os seus pais ou responsável, têm direito a ser ouvidos e a participar nos atos e na definição da medida de promoção dos direitos e de proteção, sendo sua opinião devidamente considerada pela autoridade judiciária competente, observado o disposto nos §§ 1º e 2º do art. 28 desta Lei.

Medidas pertinentes aos pais e responsáveis

A situação de risco em sua maioria decorre de um problema familiar, dessa forma, a preocupação do ECA visa melhorar o núcleo familiar para o regresso do infante, assim o art. 129 do ECA prevê as medidas cabíveis aos pais.

Art. 129 São medidas aplicáveis aos pais ou responsável:
I – Encaminhamento a serviços e programas oficiais ou comunitários de proteção, apoio e promoção da família;
II – Inclusão em programa oficial ou comunitário de auxílio, orientação e tratamento a alcoólatras e toxicômanos;
III – Encaminhamento a tratamento psicológico ou psiquiátrico;
IV – Encaminhamento a cursos ou programas de orientação;
V – Obrigação de matricular o filho ou pupilo e acompanhar sua frequência e aproveitamento escolar;
VI – Obrigação de encaminhar a criança ou adolescente a tratamento especializado;
VII – Advertência;
VIII – Perda da guarda;
IX – Destituição da tutela;
X – Suspensão ou destituição do pátrio poder, poder familiar.
Parágrafo único. Na aplicação das medidas previstas nos incisos IX e X deste artigo, observar-se-á o disposto nos artes. 23 e 24.

Vale ressaltar que não há aplicação de penalidades aos pais e responsáveis por ato infracional do infante.

Ato infracional

Entrando na esfera criminal, é importante lembrar sempre que a criança e ao adolescente não cometem crimes, apenas ato infracional, não sendo criminalmente responsabilizados.

Assim, a criança que comete ato infracional fica sujeita a medidas de proteção elencadas no art. 101 do ECA; já os adolescentes, além de medidas de proteção, terão as medidas socioeducativas.

Quando o ato infracional é praticado pelo infante, o Estado é o responsável pela "reeducação". No entanto, o ECA, em seus art. 106 a 111, preocupou-se em garantir os direitos processuais e individuais do infante. (Importante realizar a leitura destes artigos!)

Importante mencionar que o adolescente só será privado de liberdade em casos de flagrante ou por ordem fundamentada do judiciário, devendo ser informado de seus direitos na apreensão.

O prazo máximo para a internação provisória é de 45 dias, não podendo esse prazo ser prorrogado, devendo a internação ser em entidade de internação específica.

Garantias processuais

As garantias processuais do adolescente, estão previstas no art. 111 do ECA:

Art. 111 São asseguradas ao adolescente, entre outras, as seguintes garantias:
I – Pleno e formal conhecimento da atribuição de ato infracional, mediante citação ou meio equivalente;
II – Igualdade na relação processual, podendo confrontar-se com vítimas e testemunhas e produzir todas as provas necessárias à sua defesa;
III – Defesa técnica por advogado;
IV – Assistência judiciária gratuita e integral aos necessitados, na forma da lei;
V – Direito de ser ouvido pessoalmente pela autoridade competente;
VI – Direito de solicitar a presença de seus pais ou responsável em qualquer fase do procedimento.

Medidas socioeducativas

As medidas socioeducativas são medidas que visam reeducar o infante que cometeu ato infracional, e decorre de uma sentença judicial.

Tem como objetivo, responsabilizar o adolescente quanto às consequências de seus atos, e incentivá-lo a reparar, bem como sua reintegração social e a garantia de seus direitos individuais.

Assim, no art. 112 do ECA, temos o rol taxativo das medidas socioeducacionais:

Art. 112 Verificada a prática de ato infracional, a autoridade competente poderá aplicar ao adolescente as seguintes medidas:
I – Advertência;
II – Obrigação de reparar o dano;
III – prestação de serviços à comunidade;
IV – Liberdade assistida;
V – Inserção em regime de semiliberdade;
VI – Internação em estabelecimento educacional;
VII – Qualquer uma das previstas no art. 101, I a VI.
§ 1º A medida aplicada ao adolescente levará em conta a sua capacidade de cumpri-la, as circunstâncias e a gravidade da infração.
§ 2º Em hipótese alguma e sob pretexto algum, será admitida a prestação de trabalho forçado.
§ 3º Os adolescentes portadores de doença ou deficiência mental receberão tratamento individual e especializado, em local adequado às suas condições.

Medidas socioeducativas em espécie

→ **Advertência**

De acordo com o art. 115 do ECA, a advertência é a repreensão verbal, que será escrita e assinada.

→ **Obrigação de reparar o dano**

Caso o ato infracional tenha causado danos patrimoniais, poderá a autoridade determinar que seja restituída a coisa ou o dano, no entanto, tal ato só é possível se o infante possuir patrimônio próprio.

→ **Prestação de serviços à comunidade**

Essa modalidade é a prestação gratuita de serviços pelo infante a entidades comunitárias, hospitais ou outros estabelecimentos do governo, tendo sua jornada no máximo 8 horas semanais.

→ **Liberdade assistida**

Sendo umas das medidas mais difíceis, a liberdade assistida é a forma de evitar uma reincidência, sendo o adolescente assistido e acompanhado por uma assistência interdisciplinar. Seu prazo mínimo é de 3 meses e deve ser fixada por juiz.

→ **Semiliberdade**

Essa medida priva a liberdade do infante em parte, como um regime semiaberto, podendo ser fixada em sentença ou em transição de regime.]

→ **Internação**

A internação é à medida que priva a liberdade do infante, e tem aspecto pedagógico com assistência ao infante. Essa internação terá prazo determinado, no entanto, podendo durar no máximo 3 anos, sendo possível apenas nas hipóteses do art. 122 do ECA.

Remissão

A remissão é o perdão ao adolescente que comete ato infracional, sendo aplicada a medida menos rigorosa ao caso ou nenhuma medida.

Há quatro formas de remissão:

→ **Remissão simples:** quando o perdão é simples, ou seja, sem nenhuma medida aplicada.

→ **Remissão imprópria:** quando o perdão vem com alguma medida socioeducativa menos gravosa.

→ **Remissão ministerial:** quando o perdão é dado pelo Ministério Público antes do início do processo conforme art. 126 do ECA.

→ **Remissão pela autoridade judiciária:** quando já instaurado o processo há o perdão judicial, que implicará na suspensão ou extinção do processo conforme art. 188 do ECA.

Importante lembrar que a remissão não implica no reconhecimento da responsabilidade, não servindo como antecedente.

15.14 Conselho Tutelar

O Conselho Tutelar é um órgão que atua na promoção e fiscalização dos direitos dos infantes, sendo um órgão do Poder Executivo municipal, permanentemente autônomo.

O art. 132 do ECA dispõe que "em cada Município e em cada Região Administrativa do Distrito Federal haverá, no mínimo, 01 Conselho Tutelar como órgão integrante da administração pública local, composto de 5 (cinco) membros, escolhidos pela população local através de pleito eleitoral para mandato de 4 (quatro) anos, permitida recondução por novos processos de escolha."

Os membros do conselho tutelar são eleitos, as eleições acontecem de forma unificada no primeiro domingo após as eleições presidenciais no Brasil, sendo a posse no dia 10 de janeiro do subsequente.

São atribuições do Conselho Tutelar, dispostas no art. 136 do ECA:

> **Art. 136** São atribuições do Conselho Tutelar:
> I – Atender as crianças e adolescentes nas hipóteses previstas nos artes. 98 e 105, aplicando as medidas previstas no art. 101, I a VII;
> II – Atender e aconselhar os pais ou responsável, aplicando as medidas previstas no art. 129, I a VII;
> III – Promover a execução de suas decisões, podendo para tanto:
> a) requisitar serviços públicos nas áreas de saúde, educação, serviço social, previdência, trabalho e segurança;
> b) Representar junto à autoridade judiciária nos casos de descumprimento injustificado de suas deliberações.
> IV – Encaminhar ao Ministério Público notícia de fato que constitua infração administrativa ou penal contra os direitos da criança ou adolescente;
> V – Encaminhar à autoridade judiciária os casos de sua competência;
> VI – Providenciar a medida estabelecida pela autoridade judiciária, dentre as previstas no art. 101, de I a VI, para o adolescente autor de ato infracional;
> VII – Expedir notificações;
> VIII – Requisitar certidões de nascimento e de óbito de criança ou adolescente quando necessário;
> IX – Assessorar o Poder Executivo local na elaboração da proposta orçamentária para planos e programas de atendimento dos direitos da criança e do adolescente;
> X – Representar, em nome da pessoa e da família, contra a violação dos direitos previstos no art. 220, § 3º, inciso II, da Constituição Federal;
> XI – Representar ao Ministério Público para efeito das ações de perda ou suspensão do poder familiar, após esgotadas as possibilidades de manutenção da criança ou do adolescente junto à família natural.
> XII – Promover e incentivar, na comunidade e nos grupos profissionais, ações de divulgação e treinamento para o reconhecimento de sintomas de maus-tratos em crianças e adolescentes.
> **Parágrafo único.** Se, no exercício de suas atribuições, o Conselho Tutelar entender necessário o afastamento do convívio familiar, comunicará incontinenti o fato ao Ministério Público, prestando-lhe informações sobre os motivos de tal entendimento e as providências tomadas para a orientação, o apoio e a promoção social da família.

15.15 Justiça da Infância e da Juventude

O art. 141 em seu texto trata do acesso à justiça dos infantes, bem como à Defensoria Pública, ao Ministério Público e ao Judiciário, por qualquer de seus órgãos.

O art. 142 do ECA traz a previsão legal de que os menores de 16 anos serão representados por seus pais; já os maiores de 16 anos e menores de 18 apenas serão assistidos dos mesmos.

Nessa mesma linha, o art. 145 dispõe sobre a possibilidade de os estados criarem varas especializadas na infância e juventude.

Competência da justiça da infância e da juventude

Iniciamos as competências, falando da competência material da justiça da infância e juventude, sendo prevista pelo art. 148 do ECA. Vemos aqui quando a competência será da vara da infância e juventude:

> **Art. 148** A Justiça da Infância e da Juventude é competente para:
> I – Conhecer de representações promovidas pelo Ministério Público, para apuração de ato infracional atribuído a adolescente, aplicando as medidas cabíveis;

II – Conceder a remissão, como forma de suspensão ou extinção do processo;
III – Conhecer de pedidos de adoção e seus incidentes;
IV – Conhecer de ações civis fundadas em interesses individuais, difusos ou coletivos afetos à criança e ao adolescente, observado o disposto no art. 209;
V – Conhecer de ações decorrentes de irregularidades em entidades de atendimento, aplicando as medidas cabíveis;
VI – Aplicar penalidades administrativas nos casos de infrações contra norma de proteção à criança ou adolescente;
VII – Conhecer de casos encaminhados pelo Conselho Tutelar, aplicando as medidas cabíveis.

Parágrafo único. Quando se tratar de criança ou adolescente nas hipóteses do art. 98, é também competente a Justiça da Infância e da Juventude para o fim de:
a) Conhecer de pedidos de guarda e tutela;
b) Conhecer de ações de destituição do pátrio poder, poder familiar, perda ou modificação da tutela ou guarda;
c) Suprir a capacidade ou o consentimento para o casamento;
d) Conhecer de pedidos baseados em discordância paterna ou materna, em relação ao exercício do pátrio poder familiar;
e) Conceder a emancipação, nos termos da lei civil, quando faltarem os pais;
f) Designar curador especial em casos de apresentação de queixa ou representação, ou de outros procedimentos judiciais ou extrajudiciais em que haja interesses de criança ou adolescente;
g) Conhecer de ações de alimentos;
h) Determinar o cancelamento, a retificação e o suprimento dos registros de nascimento e óbito.

Já quando falamos da competência territorial que envolva a criança ou o adolescente, falamos do art. 147 do ECA:

Art 147 A competência será determinada:
I – Pelo domicílio dos pais ou responsável;
II – Pelo lugar onde se encontre a criança ou adolescente, à falta dos pais ou responsável.
§ 1º Nos casos de ato infracional, será competente a autoridade do lugar da ação ou omissão, observadas as regras de conexão, continência e prevenção.
§ 2º A execução das medidas poderá ser delegada à autoridade competente da residência dos pais ou responsável, ou do local onde sediar-se a entidade que abrigar a criança ou adolescente.
§ 3º Em caso de infração cometida através de transmissão simultânea de rádio ou televisão, que atinja mais de uma comarca, será competente, para aplicação da penalidade, a autoridade judiciária do local da sede estadual da emissora ou rede, tendo a sentença eficácia para todas as transmissoras ou retransmissoras do respectivo estado.

O art. 147 do ECA prevê duas hipóteses, porém, segundo a jurisprudência atual, em vias de regra, sempre será o judio mais próximo ao infante.

Já o art. 149 do ECA trata da competência da autoridade judiciária:

Art. 149 Compete à autoridade judiciária disciplinar, através de portaria, ou autorizar, mediante alvará:
I – A entrada e permanência de criança ou adolescente, desacompanhado dos pais ou responsável, em:
a) Estádio, ginásio e campo desportivo;
b) Bailes ou promoções dançantes;
c) Boate ou congêneres;
d) Casa que explore comercialmente diversões eletrônicas;
e) Estúdios cinematográficos, de teatro, rádio e televisão.

II – A participação de criança e adolescente em:
a) Espetáculos públicos e seus ensaios;
b) Certames de beleza.
§ 1º Para os fins do disposto neste artigo, a autoridade judiciária levará em conta, dentre outros fatores:
a) Os princípios desta Lei;
b) As peculiaridades locais;
c) A existência de instalações adequadas;
d) O tipo de frequência habitual ao local;
e) A adequação do ambiente a eventual participação ou frequência de crianças e adolescentes;
f) A natureza do espetáculo.
§ 2º As medidas adotadas na conformidade deste artigo deverão ser fundamentadas, caso a caso, vedadas as determinações de caráter geral.

Procedimentos

Primeiramente, vale ressaltarmos que o ECA utiliza-se do CPC e do CPP de modo subsidiário, nos casos de lacunas legislativas.

É importante ressaltar que os prazos são contados em dias corridos, excluído o dia do começo e incluído o dia do vencimento, sendo o prazo em dobro apenas para a Defensoria Pública.

Perda ou suspensão do poder familiar e destituição de tutela

A suspensão ou a perda do poder familiar será iniciada pelo Ministério Público ou por legítimo interessado. Em alguns casos, o juiz concederá liminarmente, dependendo da gravidade.

No curso do processo, caso tenha ocorrido a suspensão, a criança ou o adolescente deverá ser encaminhado a uma entidade de acolhimento.

Após receber a inicial, o juiz determinará a realização de um estudo social por equipe interprofissional para comprovar se há necessidade de destituir o poder familiar, sempre em prol do melhor interesse do infante. Depois, ocorrerá a citação do requerido para se manifestar em 10 dias; essa citação se dá de forma pessoal.

Quando concluído o estudo social, o Ministério Público será intimado para se manifestar em 5 dias, salvo quando este for o requerente, podendo ainda ser necessária a oitava do infante.

Após o prazo de 10 dias, caso os requeridos não se apresentem, ocorrerá à revelia; no entanto, for apresentada a resposta, será aberta vista ao MP novamente por 5 dias

Será, então, designada audiência, na qual serão ouvidas as testemunhas, abrindo o prazo para manifestação oral de 20 minutos ao MP prorrogável por mais 10 minutos, sendo a decisão judicial proferida em audiência ou com data para leitura da decisão proferida em, no máximo, 5 dias.

Assim, o prazo máximo para conclusão do processo será de 120 dias, cabendo ao juiz, em caso de impossibilidade de retorno do infante ao poder familiar, iniciar os preparativos para colocação em família substituta.

Colocação em família substituta

A colocação em família substituta se divide em dois procedimentos:

→ **Procedimento simplificado:** quando há concordância dos pais, ocorrendo geralmente com pais falecidos, ou destituídos do poder familiar.

→ **Procedimento litigioso:** ocorre nos casos em que os pais se opõem à colocação do infante em família substituta.

Habilitação dos pretendentes à adoção

Para iniciar este tópico, devemos entender que para o adotante ser habilitado ao ato de adotar, há uma previa requisição judicial, bem como uma fila a ser seguida, dessa forma, o requerente deve segundo o art. 197-A do ECA, apresentar uma petição inicial.

Todo esse requerimento tem o intuito de verificar a vida do adotante, bem como se existe um bom núcleo para inserir o infante.

Vejamos um passo a passo da habilitação:

> Apresentação do requerimento inicial.
> – Aqui, os futuros adotantes apresentam a petição inicial para requisição.

↓

> O MP é intimado para se manifestar.
> – Após o recebimento da inicial, o Ministério Público é intimado para se manifestar em 5 dias.

↓

> É realizado um estudo social.
> – A equipe interprofissional elaborará o estudo psicossocial com o intuito de verificar a capacidade dos postulantes.

↓

> Os postulantes participam de um programa oferecido pela vara da infância e juventude.

↓

> É designada a audiência na qual o juiz deferirá ou não a habilitação e inclusão dos postulantes na fila de adoção.

↓

> Se deferido, o postulante será inscrito nos cadastros de adoção, sendo sua convocação para a adoção feita de acordo com ordem cronológica e disponibilidade do infante.

Infiltração de policiais para investigar crimes contra a dignidade sexual de criança e de adolescente

A infiltração de agentes na internet visa combater os crimes virtuais contra a criança e ao adolescente. O ECA prevê em seus arts. 190-A a 190-F meios para regular os procedimentos de infiltração dos agentes.

Enquanto a infiltração estiver ocorrendo, o juiz ou o MP pode requerer relatórios de atualização da operação. Ao fim da operação, antes de sua conclusão, o juiz colocará os relatórios em sigilo com acesso apenas ao MP e ao delegado responsável.

Apuração de ato infracional – apreensão e encaminhamento

Quando falamos na apreensão de um adolescente, sabemos que ela se dá pelo flagrante de ato infracional ou por ordem judicial de apreensão.

Assim, o adolescente será enviado à entidade adequada (caso não possua repartição adequada o adolescente deverá se apresentar em uma dependência adequada no prazo máximo de 24 horas) pela autoridade policial. Caso o ato infracional tenha sido praticado mediante violência ou grave ameaça à pessoa, será lavrado um Auto de Apreensão em Flagrante, e as partes e testemunhas serão ouvidas.

No entanto, caso o ato infracional tenha sido praticado sem violência ou grave ameaça à pessoa, a autoridade policial poderá optar por realizar um Boletim de Ocorrência Circunstanciado (BOC).

Tomadas as providências, os pais ou o responsável legal deverão comparecer para levar o adolescente com um termo de responsabilidade, no qual constará que o adolescente se apresentará ao MP no primeiro dia útil subsequente.

15.16 Recursos no ECA

O Recurso é um remédio jurídico, com o intuito de reformar, invalidar, esclarecer ou integrar a decisão judicial. Na justiça da infância e juventude, o recurso é disposto pelo art. 198 do ECA, no qual se adota o sistema recursal do Código de Processo Civil.

As ações que envolvem a infância ou juventude são isentas de forma geral de custas, emolumentos e preparo.

Importante mencionarmos que os prazos recursais do Ministério Público sempre serão de 10 dias, salvo os embargos de declaração que são 5 dias, sempre contados em dias corridos como todos os prazos do ECA.

Ao contarmos os prazos no ECA, contamos em dias corridos, excluindo o dia do começo e incluindo o dia do vencimento.

Tendo em vista a prioridade dos temas relativos ao infante, o relator deverá julgar o processo em, no máximo, 60 dias, contado da sua conclusão, sendo o MP intimado para se entender apresentar parecer oral.

Dessa forma, podemos observar que os recursos no ECA possuem as seguintes características:

→ adoção do sistema do CPC;

→ dispensa de preparo recursal;

→ prioridade no julgamento;

→ dispensa de revisor;

→ prazo em dias corrido.

15.17 Ministério Público, Advocacia e Tutela de Direitos

Ministério público

O Ministério Público (MP) exerce papel importantíssimo quando falamos sobre justiça da criança e do adolescente, atuando judicial e extrajudicialmente, atuando como fiscal. Suas atribuições constam no art. 201 do ECA, sendo este muito cobrado em concursos.

Art. 201 Compete ao Ministério Público:

I – Conceder a remissão como forma de exclusão do processo;

II – Promover e acompanhar os procedimentos relativos às infrações atribuídas a adolescentes;

III – Promover e acompanhar as ações de alimentos e os procedimentos de suspensão e destituição do pátrio poder, poder familiar, nomeação e remoção de tutores, curadores e guardiães, bem como oficiar em todos os demais procedimentos da competência da Justiça da Infância e da Juventude;

IV – Promover, de ofício ou por solicitação dos interessados, a especialização e a inscrição de hipoteca legal e a prestação de contas dos tutores, curadores e quaisquer administradores de bens de crianças e adolescentes nas hipóteses do art. 98;

V – Promover o inquérito civil e a ação civil pública para a proteção dos interesses individuais, difusos ou coletivos relativos à infância e à adolescência, inclusive os definidos no art. 220, § 3º, inciso II, da Constituição Federal;

VI – Instaurar procedimentos administrativos e, para instruí-los:

a) Expedir notificações para colher depoimentos ou esclarecimentos e, em caso de não comparecimento injustificado, requisitar condução coercitiva, inclusive pela polícia civil ou militar;

b) Requisitar informações, exames, perícias e documentos de autoridades municipais, estaduais e federais, da administração direta ou indireta, bem como promover inspeções e diligências investigatórias;

c) Requisitar informações e documentos a particulares e instituições privadas;

VII – Instaurar sindicâncias, requisitar diligências investigatórias e determinar a instauração de inquérito policial, para apuração de ilícitos ou infrações às normas de proteção à infância e à juventude;

VIII – Zelar pelo efetivo respeito aos direitos e garantias legais assegurados às crianças e adolescentes, promovendo as medidas judiciais e extrajudiciais cabíveis;

IX – Impetrar mandado de segurança, de injunção e habeas corpus, em qualquer juízo, instância ou tribunal, na defesa dos interesses sociais e individuais indisponíveis afetos à criança e ao adolescente;

X – Representar ao juízo visando à aplicação de penalidade por infrações cometidas contra as normas de proteção à infância e à juventude, sem prejuízo da promoção da responsabilidade civil e penal do infrator, quando cabível;

XI – Inspecionar as entidades públicas e particulares de atendimento e os programas de que trata esta Lei, adotando de pronto as medidas administrativas ou judiciais necessárias à remoção de irregularidades porventura verificadas;

XII – Requisitar força policial, bem como a colaboração dos serviços médicos, hospitalares, educacionais e de assistência social, públicos ou privados, para o desempenho de suas atribuições.

§ 1º A legitimação do Ministério Público para as ações cíveis previstas neste artigo não impede a de terceiros, nas mesmas hipóteses, segundo dispuserem a Constituição e esta Lei.

§ 2º As atribuições constantes deste artigo não excluem outras, desde que compatíveis com a finalidade do Ministério Público.

§ 3º O representante do Ministério Público, no exercício de suas funções, terá livre acesso a todo local onde se encontre criança ou adolescente.

§ 4º O representante do Ministério Público será responsável pelo uso indevido das informações e documentos que requisitar, nas hipóteses legais de sigilo.

§ 5º Para o exercício da atribuição de que trata o inciso VIII deste artigo, poderá o representante do Ministério Público:

a) Reduzir a termo as declarações do reclamante, instaurando o competente procedimento, sob sua presidência;

b) Entender-se diretamente com a pessoa ou autoridade reclamada, em dia, local e horário previamente notificados ou acertados;

c) Efetuar recomendações visando à melhoria dos serviços públicos e de relevância pública afetos à criança e ao adolescente, fixando prazo razoável para sua perfeita adequação.

Advocacia

O advogado poderá ser solicitado por qualquer uma das partes interessadas na lide, vindo a intervir nos procedimentos, podendo ser advogado particular ou gratuito.

No âmbito criminal, nenhum adolescente a quem se atribua ato infracional será processado sem a presença de advogado ou defensor a ser nomeado pelo juiz.

Tutela de direitos individuais, difusos e coletivos

O art. 208, em seu texto, dispõe que se regem pelas disposições do ECA as ações de responsabilidade por ofensa aos direitos assegurados à criança e ao adolescente, referentes ao não oferecimento ou oferta irregular. Vejamos:

Art. 208 Regem-se pelas disposições desta Lei as ações de responsabilidade por ofensa aos direitos assegurados à criança e ao adolescente, referentes ao não oferecimento ou oferta irregular:

I – Do ensino obrigatório;

II – De atendimento educacional especializado aos portadores de deficiência;

III – De atendimento em creche e pré-escola às crianças de zero a cinco anos de idade;

IV – De ensino noturno regular, adequado às condições do educando;

V – De programas suplementares de oferta de material didático-escolar, transporte e assistência à saúde do educando do ensino fundamental;

VI – De serviço de assistência social visando à proteção à família, à maternidade, à infância e à adolescência, bem como ao amparo às crianças e adolescentes que dele necessitem;

VII – De acesso às ações e serviços de saúde;

VIII – De escolarização e profissionalização dos adolescentes privados de liberdade;

IX – De ações, serviços e programas de orientação, apoio e promoção social de famílias e destinados ao pleno exercício do direito à convivência familiar por crianças e adolescentes;

X – De programas de atendimento para a execução das medidas socioeducativas e aplicação de medidas de proteção;

XI – De políticas e programas integrados de atendimento à criança e ao adolescente vítima ou testemunha de violência;

§ 1º As hipóteses previstas neste artigo não excluem da proteção judicial outros interesses individuais, difusos ou coletivos, próprios da infância e da adolescência, protegidos pela Constituição e pela Lei.

§ 2º A investigação do desaparecimento de crianças ou adolescentes será realizada imediatamente após notificação aos órgãos competentes, que deverão comunicar o fato aos portos, aeroportos, Polícia Rodoviária e companhias de transporte interestaduais e internacionais, fornecendo-lhes todos os dados necessários à identificação do desaparecido.

Aqui é importante mencionar que o rol do art. 208 é exemplificativo e não taxativo, não excluindo, assim, da proteção judicial outros interesses da infância e da adolescência.

Tendo em vista que ingressamos com os direitos coletivos, importante definir o que é um direito coletivo e um direito difuso.

→ **Direito coletivo:** são direitos indivisíveis de um grupo, categoria ou classe de pessoas ligadas entre si ou contra a mesma parte.

→ **Direito difuso:** são direitos indivisíveis de pessoas ligadas a um fato.

Legitimidade

A legitimidade poderá ser individual, ou seja, pelo próprio adolescente ou forma coletiva. Por meio de Ação Civil Pública, promovida por qualquer dos seus legitimados, admitindo o litisconsórcio entre eles. O art. 210 dispõe:

> **Art. 210** Para as ações cíveis fundadas em interesses coletivos ou difusos, consideram-se legitimados concorrentemente:
> I – O Ministério Público;
> II – A União, os estados, os municípios, o Distrito Federal e os territórios;
> III – a associação legalmente constituída há pelo menos um ano e que incluam entre seus fins institucionais a defesa dos interesses e direitos protegidos por esta Lei, dispensada a autorização da assembleia, se houver prévia autorização estatutária.
> § 1º Admitir-se-á litisconsórcio facultativo entre os Ministérios Públicos da União e dos estados na defesa dos interesses e direitos de que cuida esta Lei.
> § 2º Em caso de desistência ou abandono da ação por associação legitimada, o Ministério Público ou outro legitimado poderá assumir a titularidade ativa.

Cabe destacar que a ADIN nº 3.943/2015, houve o reconhecimento do STF quanto à legitimidade da Defensoria Pública para propor ação civil pública.

Competência

A competência para as ações de tutela de direitos individuais e coletivos sempre será no foro do local onde ocorreu a ação ou omissão, conforme disposto pelo art. 209 do ECA.

15.18 Crimes e Infrações Administrativas

Os crimes praticados contra a criança e ao adolescente, seja por ação ou omissão, estão previstos nos arts. 228 ao 244-B do ECA, aplicando-se concomitantemente as normas penais da parte geral do CP e do CPP para aplicação da pena.

Importante mencionar que todos os crimes previstos no ECA terão ação penal pública incondicionada, sendo sua titularidade do Ministério Público.

Vejamos alguns dos principais tipos de crime:

→ **Quanto ao sujeito ativo**
  > **Crime comum:** não exige qualidade específica do sujeito ativo para sua prática.
  > **Crime próprio:** exige qualidade específica do sujeito ativo para sua prática.
  > **Crime de mão própria:** é aquele que somente pode ser praticado pela própria pessoa.

→ **Quanto à necessidade de resultado naturalístico para sua consumação**
  > **Crime material:** prevê um resultado naturalístico para sua consumação.
  > **Crime formal:** descreve um resultado naturalístico, do qual sua ocorrência é desnecessária para consumar o delito.
  > **Crime de mera conduta:** quando o resultado naturalístico nem mesmo poderia ocorrer por ausência de descrição.

→ **Quanto à necessidade de lesão ao bem jurídico para sua consumação**
  > **Crime de dano:** necessita para ocorrer de lesão ou danos a um bem jurídico protegido penalmente.
  > **Crime de perigo:** necessita para a consumação de exposição do bem jurídico a perigo.

→ **Quanto à forma da conduta**
  > **Crime comissivo:** é praticado por um ato positivo do agente, ou seja, o ato de fazer algo.
  > **Crime omissivo:** é praticado por um ato negativo do agente, ou seja, o ato de não fazer algo.
  > **Crime de conduta mista:** prevê a ação seguida de uma omissão.
  > **Crime de esquecimento:** é um crime do qual o agente pratica sem prevê o resultado havendo a culpa inconsciente.

→ **Quanto ao tempo da consumação**
  > **Crime instantâneo:** consuma-se imediatamente.
  > **Crime permanente:** a consumação se protrai no tempo.
  > **Crime instantâneo de efeitos permanentes:** consuma-se imediatamente, mas os efeitos se prolongam no tempo.

→ **Crime a prazo:** depende prazo para sua consumação.
  > **Quanto à unicidade ou não do tipo penal**

→ **Crime simples:** formado por um único tipo penal.

→ **Crime complexo:** é formado pela junção ou fusão de outros tipos penais.

→ **Crime de forma livre:** é aquele que não prevê uma forma específica de realização do núcleo do tipo, como o furto e o homicídio.

→ **Crime de forma vinculada:** é aquele que tem forma ou formas de realização do núcleo do tipo especificamente previstas em lei. É o caso do curandeirismo, que possui algumas formas previstas nos incisos do art. 284 em que o núcleo do tipo pode ser realizado.

Crimes em espécie

O art. 228 do ECA tem como características principais que em o caput e o parágrafo único trazem infrações de menor potencial ofensivo. O tipo penal se refere as obrigações do art. 10 do ECA.

Os crimes descritos são omissivos próprios, formais, próprios e de perigo abstrato. Já o parágrafo único prevê a modalidade culposa.

Art. 228 Deixar o encarregado de serviço ou o dirigente de estabelecimento de atenção à saúde de gestante de manter registro das atividades desenvolvidas, na forma e prazo referidos no art. 10 desta Lei, bem como de fornecer à parturiente ou a seu responsável, por ocasião da alta médica, declaração de nascimento, onde constem as intercorrências do parto e do desenvolvimento do neonato:
Pena - detenção de 6 (seis) meses a 2 (dois) anos.
Parágrafo único. Se o crime é culposo:
Pena - detenção de 2 (dois) a 2 (seis) meses, ou multa.

Art. 229 Deixar o médico, enfermeiro ou dirigente de estabelecimento de atenção à saúde de gestante de identificar corretamente o neonato e a parturiente, por ocasião do parto, bem como deixar de proceder aos exames referidos no art. 10 desta Lei:
Pena - detenção de 6 (seis) meses a 2 (dois) anos.
Pena - detenção de 2 (dois) a 6 (seis) meses, ou multa.

O art. 229 do ECA, em seu caput e parágrafo único, trazem infrações de menor potencial ofensivo. O tipo penal refere-se as obrigações do art. 10 do ECA.

Os crimes descritos são omissivos próprios, formais, próprios e de perigo abstrato. Já o parágrafo único prevê a modalidade culposa.

Art. 230 Privar a criança ou o adolescente de sua liberdade, procedendo à sua apreensão sem estar em flagrante de ato infracional ou inexistindo ordem escrita da autoridade judiciária competente:
Pena - detenção de 6 (seis) meses a 2 (dois) anos.
Parágrafo único. Incide na mesma pena aquele que procede à apreensão sem observância das formalidades legais.

O caput e o parágrafo único do art. 230 trazem infrações de menor potencial ofensivo. O crime descrito é comum, material, doloso, permanente.

Art. 231 Deixar a autoridade policial responsável pela apreensão de criança ou adolescente de fazer imediata comunicação à autoridade judiciária competente e à família do apreendido ou à pessoa por ele indicada
Pena - detenção de 6 (seis) meses a 2 (dois) anos.

O art. 231 do ECA, em seu caput e no parágrafo único, trazem infrações de menor potencial ofensivo. O crime descrito é próprio, formal, omissivo, de perigo abstrato.

Art. 232 Submeter criança ou adolescente sob sua autoridade, guarda ou vigilância a vexame ou a constrangimento:
Pena - detenção de 6 (seis) meses a 2 (dois) anos.

O caput e o parágrafo único do art. 232 do ECA trazem infrações de menor potencial ofensivo. O crime descrito é próprio, material, comissivo, admite tentativa.

Art. 234 Deixar a autoridade competente, sem justa causa, de ordenar a imediata liberação de criança ou adolescente, tão logo tenha conhecimento da ilegalidade da apreensão:
Pena - detenção de 6 (seis) meses a 2 (dois) anos.

O art. 234 do ECA, em seu caput e no parágrafo único, trazem infrações de menor potencial ofensivo. O crime descrito é próprio, material, omissivo, permanente.

Art. 235 Descumprir, injustificadamente, prazo fixado nesta Lei em benefício de adolescente privado de liberdade:
Pena - detenção de 6 (seis) meses a 2 (dois) anos.

O art. 235 do ECA, em seu caput e no parágrafo único, trazem infrações de menor potencial ofensivo. O crime descrito é próprio, material, omissivo, permanente. Sendo ainda uma norma penal em branco, tendo em vista que exige que o agente descumpra os prazos fixados no ECA.

Art. 236 Impedir ou embaraçar a ação de autoridade judiciária, membro do Conselho Tutelar ou representante do Ministério Público no exercício de função prevista nesta Lei:
Pena - detenção de 6 (seis) meses a 2 (dois) anos.

O caput e o parágrafo único do art. 236 do ECA trazem infrações de menor potencial ofensivo. O crime descrito é comum, formal, omissivo, de perigo abstrato.

Art. 237 Subtrair criança ou adolescente ao poder de quem o tem sob sua guarda em virtude de lei ou ordem judicial, com o fim de colocação em lar substituto:
Pena - reclusão de 2 (dois) a 6 (seis) anos, e multa.

O crime descrito tem como características principais ser comum, formal, forma livre. Sendo uma norma penal em branco, tendo em vista que o conceito de lar substituto é retirado do ECA.

Art. 238 Prometer ou efetivar a entrega de filho ou pupilo a terceiro, mediante paga ou recompensa: [...]
Pena - Reclusão de 1 (um) a 4 (quatro) anos, e multa.
Parágrafo único. Incide nas mesmas penas quem oferece ou efetiva a paga ou recompensa.

O art. 235 do ECA tem como características principais ser infração de médio potencial ofensivo; no caput há um crime próprio, e no parágrafo único, um crime comum. O crime descrito é comissivo, formal e material, doloso e instantâneo.

Art. 239 Promover ou auxiliar a efetivação de ato destinado ao envio de criança ou adolescente para o exterior com inobservância das formalidades legais ou com o fito de obter lucro:
Pena - reclusão de quatro a seis anos, e multa.
Parágrafo único. Se há emprego de violência, grave ameaça ou fraude:
Pena - reclusão, de 6 (seis) a 8 (oito) anos, além da pena correspondente à violência.

O art. 236 do ECA tem como características principais ser crime comum, formal, de forma livre. Sendo norma penal em branco tendo em vista a referência à violação de formalidades legais de envio de criança ou adolescente ao exterior conforme previsto no ECA.

Art. 240 Produzir, reproduzir, dirigir, fotografar, filmar ou registrar, por qualquer meio, cena de sexo explícito ou pornográfica, envolvendo criança ou adolescente:
Pena – reclusão, de 4 (quatro) a 8 (oito) anos, e multa.
§ 1º Incorre nas mesmas penas quem agencia, facilita, recruta, coage, ou de qualquer modo intermedeia a participação de criança ou adolescente nas cenas referidas no caput deste artigo, ou ainda quem com esses contracena.
§ 2º Aumenta-se a pena de 1/3 se o agente comete o crime:
I - No exercício de cargo ou função pública ou a pretexto de exercê-la;
II - Prevalecendo-se de relações domésticas, de coabitação ou de hospitalidade; ou
III - prevalecendo-se de relações de parentesco consanguíneo ou afim até o terceiro grau, ou por adoção, de tutor, curador, preceptor, empregador da vítima ou de quem, a qualquer outro título, tenha autoridade sobre ela, ou com seu consentimento.

O art. 240 do ECA tem como finalidade punir qualquer um vinculado à produção de conteúdo sexual ou pornográfico envolvendo crianças ou adolescentes, mesmo que autorizado. É um crime comum, formal, doloso e instantâneo. Admite-se nesse crime o de erro de tipo, no que se refere à idade do infante.

> **Art. 241** Vender ou expor à venda fotografia, vídeo ou outro registro que contenha cena de sexo explícito ou pornográfica envolvendo criança ou adolescente:
> **Pena** - Reclusão, de 4 (quatro) a 8 (oito) anos, e multa.

O presente artigo tem como alvo o comerciante de material de pornografia infantil, tendo como características do crime ser um crime comum, formal, comissivo, instantâneo.

> **Art. 241-A** Oferecer, trocar, disponibilizar, transmitir, distribuir, publicar ou divulgar por qualquer meio, inclusive por meio de sistema de informática ou telemático, fotografia, vídeo ou outro registro que contenha cena de sexo explícito ou pornográfica envolvendo criança ou adolescente:
> **Pena** - Reclusão, de 3 (três) a 6 (seis) anos, e multa.
> § 1º Nas mesmas penas incorre quem:
> I - Assegura os meios ou serviços para o armazenamento das fotografias, cenas ou imagens de que trata o caput deste artigo;
> II - Assegura, por qualquer meio, o acesso por rede de computadores às fotografias, cenas ou imagens de que trata o caput deste artigo.
> § 2º As condutas tipificadas nos incisos I e II do § 1º deste artigo são puníveis quando o responsável legal pela prestação do serviço, oficialmente notificado, deixa de desabilitar o acesso ao conteúdo ilícito de que trata o caput.

Neste artigo, a punição é ao dispersor de material pornográfico, incluindo para adquirir para si ou para compartilhar. Tem como classificação ser um crime comum, formal, comissivo.

> **Art. 241-B** Adquirir, possuir ou armazenar, por qualquer meio, fotografia, vídeo ou outra forma de registro que contenha cena de sexo explícito ou pornográfica envolvendo criança ou adolescente:
> **Pena** - Reclusão, de 1 (um) a 4 (quatro) anos, e multa.
> § 1º A pena é diminuída de 1 a 2/3 se de pequena quantidade o material a que se refere o caput deste artigo.
> § 2º Não há crime se a posse ou o armazenamento tem a finalidade de comunicar às autoridades competentes a ocorrência das condutas descritas nos arts. 240, 241, 241-A e 241-C desta Lei, quando a comunicação for feita por:
> I - Agente público no exercício de suas funções;
> II - Membro de entidade, legalmente constituída, que inclua, entre suas finalidades institucionais, o recebimento, o processamento e o encaminhamento de notícia dos crimes referidos neste parágrafo;
> III - Representante legal e funcionários responsáveis de provedor de acesso ou serviço prestado por meio de rede de computadores, até o recebimento do material relativo à notícia feita à autoridade policial, ao Ministério Público ou ao Poder Judiciário.
> § 3º As pessoas referidas no § 2º deste artigo deverão manter sob sigilo o material ilícito referido.

O art. 241-B trata do criminoso, que é o consumidor da pornografia infantil. Tem como característica ser uma infração de potencial ofensivo, é crime comum, formal, comissivo, instantâneo na modalidade "adquirir" e permanente nas modalidades "armazenar e possuir".

> **Art. 241-C** Simular a participação de criança ou adolescente em cena de sexo explícito ou pornográfica por meio de adulteração, montagem ou modificação de fotografia, vídeo ou qualquer outra forma de representação visual:
> **Pena** - Reclusão, de 1 a 3 anos, e multa.
> **Parágrafo único.** Incorre nas mesmas penas quem vende, expõe à venda, disponibiliza, distribui, publica ou divulga por qualquer meio, adquire, possui ou armazena o material produzido na forma do caput deste artigo.

Tem como características ser infração de médio potencial ofensivo, crime comum, formal, de forma livre, comissivo, instantâneo.

> **Art. 241-D** Aliciar, assediar, instigar ou constranger, por qualquer meio de comunicação, criança, com o fim de com ela praticar ato libidinoso:
> **Pena** - Reclusão, de 1 a 3 anos, e multa.
> **Parágrafo único.** Nas mesmas penas incorre quem:
> I - Facilita ou induz o acesso à criança de material contendo cena de sexo explícito ou pornográfica com o fim de com ela praticar ato libidinoso;
> II - Pratica as condutas descritas no caput deste artigo com o fim de induzir criança a se exibir de forma pornográfica ou sexualmente explícita.

Neste artigo, o legislado engloba a conduta de quem, mesmo não produzindo o material pornográfico, recruta os infantes. Tem como características ser uma infração de médio potencial ofensivo, um crime comum, formal, de forma livre, comissivo e instantâneo.

Norma penal explicativa

> **Art. 241-E** Para efeito dos crimes previstos nesta Lei, a expressão "cena de sexo explícito ou pornográfica" compreende qualquer situação que envolva criança ou adolescente em atividades sexuais explícitas, reais ou simuladas, ou exibição dos órgãos genitais de uma criança ou adolescente para fins primordialmente sexuais.

Aqui, o legislador quis evitar contrariedades de interpretação, definindo exatamente o contexto de cena de sexo explícito ou pornográfica, deixando, no entanto, de mencionar a exposição dos seios, uma vez que não são órgãos genitais.

> **Art. 242** Vender, fornecer ainda que gratuitamente ou entregar, de qualquer forma, a criança ou adolescente arma, munição ou explosivo:
> **Pena** - reclusão, de 3 (três) a 6 (seis) anos.

Assim, o art. 242 é um crime comum, formal, forma livre, comissivo e instantâneo.

> **Art. 243** Vender, fornecer, servir, ministrar ou entregar, ainda que gratuitamente, de qualquer forma, a criança ou a adolescente, bebida alcoólica ou, sem justa causa, outros produtos cujos componentes possam causar dependência física ou psíquica:
> **Pena** - detenção de 2 (dois) a 4 (quatro) anos, e multa, se o fato não constitui crime mais grave.

O art. 243 tem como características principais ser um crime comum, doloso, comissivo, formal e uma infração penal subsidiária, incidindo apenas na falta de outro mais gravoso.

> **Art. 244** Vender, fornece ainda que gratuitamente ou entregar, de qualquer forma, a criança ou adolescente fogos de estampido ou de artifício, exceto aqueles que, pelo seu reduzido potencial, sejam incapazes de provocar qualquer dano físico em caso de utilização indevida:
> **Pena** - detenção de 6 (seis) meses a 2 (dois) anos, e multa.

O art. 244 tem como características principais ser uma infração de menor potencial ofensivo, bem como ser um crime comum, formal, de forma livre, comissivo.

NOÇÕES DE LEGISLAÇÃO PENAL E PROCESSUAL PENAL

LEI Nº 8.069/1990 - ESTATUTO DA CRIANÇA E DO ADOLESCENTE

Art. 244-A *Submeter criança ou adolescente, como tais definidos no caput do art. 2º desta Lei, à prostituição ou à exploração sexual:*

Pena - *reclusão de quatro a dez anos e multa, além da perda de bens e valores utilizados na prática criminosa em favor do Fundo dos Direitos da Criança e do Adolescente da unidade da Federação (Estado ou Distrito Federal) em que foi cometido o crime, ressalvado o direito de terceiro de boa-fé.*

§ 1º Incorrem nas mesmas penas o proprietário, o gerente ou o responsável pelo local em que se verifique a submissão de criança ou adolescente às práticas referidas no caput deste artigo.

§ 2º Constitui efeito obrigatório da condenação a cassação da licença de localização e de funcionamento do estabelecimento.

O conteúdo do artigo em questão foi reproduzido pelo art. 218-B do Código Penal, sendo assim, o tipo do art. 244-A foi revogado pela alteração do Código Penal, segundo a doutrina em geral.

Art. 244-B *Corromper ou facilitar a corrupção de menor de 18 (dezoito) anos, com ele praticando infração penal ou induzindo-o a praticá-la:*

Pena - *reclusão, de 1 (um) a 4 (quatro) anos.*

§ 1º Incorre nas penas previstas no caput deste artigo quem pratica as condutas ali tipificadas utilizando-se de quaisquer meios eletrônicos, inclusive salas de bate-papo da internet.

§ 2º As penas previstas no caput deste artigo são aumentadas de um terço no caso de a infração cometida ou induzida estar incluída no rol do art. 1º da Lei nº 8.072/90.

Aqui encontramos o crime conhecido por corrupção de menores. Sendo um crime de médio potencial ofensivo, bem como um crime comum, formal, comissivo.

15.19 Infrações administrativas

Em primeiro lugar, quando falamos das infrações administrativas, não estamos falando de crime não havendo penas privativas de liberdade se sim penas de multa serão revertidas a fundos municipais dos direitos da criança e do adolescente. Ocorre a prescrição das infrações em 5 anos.

Art. 245 *Deixar o médico, professor ou responsável por estabelecimento de atenção à saúde e de ensino fundamental, pré-escola ou creche, de comunicar à autoridade competente os casos de que tenha conhecimento, envolvendo suspeita ou confirmação de maus-tratos contra criança ou adolescente:*

Pena - *multa de 3 (três) a 20 (vinte) salários de referência, aplicando-se o dobro em caso de reincidência.*

Este artigo tem como características um sujeito ativo é próprio e conduta omissiva.

Art. 246 *Impedir o responsável ou funcionário de entidade de atendimento o exercício dos direitos de: [...] Peticionar diretamente a qualquer autoridade; avistar-se reservadamente com seu defensor; receber visitas, ao menos, semanalmente; corresponder-se com seus familiares e amigos; receber escolarização e profissionalização;*

Pena - *multa de 3 (três) a 20 (vinte) salários de referência, aplicando-se o dobro em caso de reincidência.*

Aqui, o sujeito ativo é funcionário de entidade de medida socioeducativa.

Art. 247 *Divulgar, total ou parcialmente, sem autorização devida, por qualquer meio de comunicação, nome, ato ou documento de procedimento policial, administrativo ou judicial relativo à criança ou adolescente a que se atribua ato infracional.*

Pena - *multa de 3 (três) a 20 (vinte) salários de referência, aplicando-se o dobro em caso de reincidência.*

§ 1º Incorre na mesma pena quem exibe, total ou parcialmente, fotografia de criança ou adolescente envolvido em ato infracional, ou qualquer ilustração que lhe diga respeito ou se refira a atos que lhe sejam atribuídos, de forma a permitir sua identificação, direta ou indiretamente.

§ 2º Se o fato for praticado por órgão de imprensa ou emissora de rádio ou televisão, além da pena prevista neste artigo, a autoridade judiciária poderá determinar a apreensão da publicação ou a suspensão da programação da emissora até por 2 dias, bem como da publicação do periódico até por dois números. (Expressão declara inconstitucional pela ADIN 869-2).

Neste artigo, o sujeito é qualquer pessoa. A expressão riscada foi declarada inconstitucional pelo STF.

Art. 249 *Descumprir, dolosa ou culposamente, os deveres inerentes ao poder familiar ou decorrente de tutela ou guarda, bem assim determinação da autoridade judiciária ou Conselho Tutelar.*

Pena - *multa de 3 (três) a 20 (vinte) salários de referência, aplicando-se o dobro em caso de reincidência.*

Art. 250 *Hospedar criança ou adolescente desacompanhado dos pais ou responsável, ou sem autorização escrita desses ou da autoridade judiciária, em hotel, pensão, motel ou congênere.*

Pena – *multa.*

§ 1º Em caso de reincidência, sem prejuízo da pena de multa, a autoridade judiciária poderá determinar o fechamento do estabelecimento por até 15 dias.

§ 2º Se comprovada a reincidência em período inferior a 30 dias, o estabelecimento será definitivamente fechado e terá licença cassada.

Art. 251 *Transportar criança ou adolescente, por qualquer meio, com inobservância do das regras de autorização de viagem.*

Pena - *multa de 3 (três) a 20 (vinte) salários de referência, aplicando-se o dobro em caso de reincidência.*

Art. 252 *Deixar o responsável por diversão ou espetáculo público de afixar, em lugar visível e de fácil acesso, à entrada do local de exibição, informação destacada sobre a natureza da diversão ou espetáculo e a faixa etária especificada no certificado de classificação.*

Pena - *multa de 3 (três) a 20 (vinte) salários de referência, aplicando-se o dobro em caso de reincidência.*

Art. 253 *Anunciar peças teatrais, filmes ou quaisquer representações ou espetáculos, sem indicar os limites de idade a que não se recomendem.*

Pena - *multa de 3 (três) a 20 (vinte) salários de referência, duplicada em caso de reincidência, aplicável, separadamente, à casa de espetáculo e aos órgãos de divulgação ou publicidade.*

Art. 254 *Transmitir, através de rádio ou televisão, espetáculo em horário diverso do autorizado ou sem aviso de sua classificação.*

Pena - *multa de 20 (vinte) a 100 (cem) salários de referência; duplicada em caso de reincidência, a autoridade judiciária poderá determinar a suspensão da programação da emissora por até 2 dias.*

O STF, no bojo da ADI nº 2.404, julgou inconstitucional a limitação de horários, argumentando que o Estado não pode determinar que os programas possam ser exibidos somente em determinados horários, o que seria uma imposição, vedado pela CF/88. O Poder Público pode apenas recomendar horários adequados, sendo a classificação dos programas meramente indicativa.

Art. 255 *Exibir filmes, trailer, peça, amostra ou congênere classificado pelo órgão competente como inadequado às crianças ou adolescentes admitidos ao espetáculo.*

Pena - multa de 20 (vinte) a 100 (cem) salários de referência. Na reincidência, a autoridade poderá determinar a suspensão do espetáculo ou o fechamento do estabelecimento por até 15 dias.

Art. 256 Vender ou locar a criança ou adolescente fita de programação em vídeo, em desacordo com a classificação atribuída pelo órgão competente.

Pena - multa de 3 (três) a 20 (vinte) salários de referência. Em caso de reincidência, a autoridade judiciária poderá determinar o fechamento do estabelecimento por até 15 dias.

Art. 257 Descumprir obrigação de:

I - Comercializar revistas de material impróprio com embalagem lacrada e advertência de seu conteúdo;

II - Não conter em revistas e publicações destinadas ao público infanto-juvenil ilustrações, fotografias, legendas, crônicas ou anúncios de bebidas alcoólicas, tabaco, armas e munições, e respeitar os valores éticos e sociais da pessoa e da família.

Pena - multa de 3 (três) a 20 (vinte) salários de referência, duplicando-se a pena em caso de reincidência, sem prejuízo de apreensão da revista ou publicação.

Art. 258 Deixar o responsável pelo estabelecimento ou o empresário de observar o que dispõe esta Lei sobre o acesso de criança ou adolescente aos locais de diversão, ou sobre sua participação no espetáculo.

Pena - multa de 3 (três) a 20 (vinte) salários de referência. Em caso de reincidência, a autoridade judiciária poderá determinar o fechamento do estabelecimento por até 15 dias.

Art. 258-A Deixar a autoridade competente de providenciar a instalação e operacionalização dos:

I - Cadastro do registro de crianças e adolescentes em condições de serem adotados e Cadastro de pessoas interessadas na adoção

II - Cadastro que contenha informações atualizadas sobre as crianças e adolescentes em regime de acolhimento familiar e institucional sob sua responsabilidade.

Pena - multa de R$ 1.000,00 a R$ 3.000,00.

Parágrafo único. Incorre nas mesmas penas a autoridade que deixa de efetuar o cadastramento de crianças e de adolescentes em condições de serem adotadas, de pessoas ou casais habilitados à adoção e de crianças e adolescentes em regime de acolhimento institucional ou familiar.

Art. 258-B Deixar o médico, enfermeiro ou dirigente de estabelecimento de atenção à saúde de gestante de efetuar imediato encaminhamento ao juiz de caso de que tenha conhecimento de mãe ou gestante interessada em entregar seu filho para adoção.

Pena - multa de R$ 1.000,00 a R$ 3.000,00.

Parágrafo único. Incorre na mesma pena o funcionário de programa oficial ou comunitário destinado à garantia do direito à convivência familiar que deixa de efetuar a comunicação referida no caput deste artigo.

Art. 258-C Descumprir a proibição de vender bebidas alcoólicas para crianças e adolescentes.

Pena - multa de R$ 3.000,00 a R$ 10.000,00.

Medida administrativa - interdição do estabelecimento comercial até o recolhimento da multa aplicada.

15.20 Sistema Nacional de Atendimento Socioeducativo

O Sistema Nacional de Atendimento Socioeducativo (Sinase), instituído pela Lei nº 12.594/2012, tem como função regulamentar a execução e cumprimento das medidas socioeducativas, para que a reinserção dos adolescentes funcione de forma eficaz.

O conceito do Sinase encontra-se no art. 1º da Lei nº 12.594/2012:

> **Art. 1º** Esta Lei institui o Sistema Nacional de Atendimento Socioeducativo (Sinase) e regulamenta a execução das medidas destinadas a adolescente que pratique ato infracional.
>
> § 1º Entende-se por Sinapse o conjunto ordenado de princípios, regras e critérios que envolvem a execução de medidas socioeducativas, incluindo-se nele, por adesão, os sistemas estaduais, distrital e municipais, bem como todos os planos, políticas e programas específicos de atendimento a adolescente em conflito com a lei.
>
> § 2º Entendem-se por medidas socioeducativas as previstas no art. 112 da Lei nº 8.069, de 13 de julho de 1990 (Estatuto da Criança e do Adolescente), as quais têm por objetivos:
>
> I - A responsabilização ao adolescente quanto às consequências lesivas do ato infracional, sempre que possível incentivando a sua reparação;
>
> II - A integração social do adolescente e a garantia de seus direitos individuais e sociais, por meio do cumprimento de seu plano individual de atendimento; e
>
> III - a desaprovação da conduta infracional, efetivando as disposições da sentença como parâmetro máximo de privação de liberdade ou restrição de direitos, observados os limites previstos em lei.
>
> § 3º Entendem-se por programa de atendimento a organização e o funcionamento, por unidade, das condições necessárias para o cumprimento das medidas socioeducativas.
>
> § 4º Entende-se por unidade a base física necessária para a organização e o funcionamento de programa de atendimento.
>
> § 5º Entendem-se por entidade de atendimento a pessoa jurídica de direito público ou privado que instala e mantém a unidade e os recursos humanos e materiais necessários ao desenvolvimento de programas de atendimento.

Assim, é importante mencionarmos que recursos financeiros do Sinase dependem do Orçamento Fiscal, da Seguridade social e de outras fontes.

Programas de atendimento

Os programas de atendimento do Sinase serão executados por uma unidade de atendimento previamente inscritas conforme os requisitos obrigatórios do art. 11 da Lei nº 12.594/2012.

> **Art. 11** Além da especificação do regime, são requisitos obrigatórios para a inscrição de programa de atendimento:
>
> I – A exposição das linhas gerais dos métodos e técnicas pedagógicas, com a especificação das atividades de natureza coletiva;
>
> II – A indicação da estrutura material, dos recursos humanos e das estratégias de segurança compatíveis com as necessidades da respectiva unidade;
>
> III – regimento interno que regule o funcionamento da entidade, no qual deverá constar, no mínimo:
>
> a) o detalhamento das atribuições e responsabilidades do dirigente, de seus prepostos, dos membros da equipe técnica e dos demais educadores;
>
> b) a previsão das condições do exercício da disciplina e concessão de benefícios e o respectivo procedimento de aplicação; e
>
> c) a previsão da concessão de benefícios extraordinários e enaltecimento, tendo em vista tornar público o reconhecimento ao adolescente pelo esforço realizado na consecução dos objetivos do plano individual;
>
> IV – A política de formação dos recursos humanos;
>
> V – A previsão das ações de acompanhamento do adolescente após o cumprimento de medida socioeducativa;

VI – A indicação da equipe técnica, cuja quantidade e formação devem estar em conformidade com as normas de referência do sistema e dos conselhos profissionais e com o atendimento socioeducativo a ser realizado; e

VII – a adesão ao Sistema de Informações sobre o Atendimento Socioeducativo, bem como sua operação efetiva.

Parágrafo único. *O não cumprimento do previsto neste artigo sujeita as entidades de atendimento, os órgãos gestores, seus dirigentes ou prepostos à aplicação das medidas previstas no art. 97 da Lei nº 8.069, de 13 de julho de 1990 (Estatuto da Criança e do Adolescente).*

Programas de meio aberto

Os programas de atendimento meio aberto são a liberdade assistida e a prestação de serviços à comunidade, sendo ambos executados pelo município. Vejamos os arts. 117 e 118 do ECA:

Art. 117 *A prestação de serviços comunitários consiste na realização de tarefas gratuitas de interesse geral, por período não excedente a seis meses, junto a entidades assistenciais, hospitais, escolas e outros estabelecimentos congêneres, bem como em programas comunitários ou governamentais.*

Parágrafo único. *As tarefas serão atribuídas conforme as aptidões do adolescente, devendo ser cumpridas durante jornada máxima de oito horas semanais, aos sábados, domingos e feriados ou em dias úteis, de modo a não prejudicar a frequência à escola ou à jornada normal de trabalho.*

Art. 118 *A liberdade assistida será adotada sempre que se afigurar a medida mais adequada para o fim de acompanhar, auxiliar e orientar o adolescente.*

§ 1º A autoridade designará pessoa capacitada para acompanhar o caso, a qual poderá ser recomendada por entidade ou programa de atendimento.

§ 2º A liberdade assistida será fixada pelo prazo mínimo de seis meses, podendo a qualquer tempo ser prorrogada, revogada ou substituída por outra medida, ouvido o orientador, o Ministério Público e o defensor.

Programas em meio fechado

Já os programas de meio fechado são a semiliberdade e a internação, sendo a execução pelo Estado. Seus requisitos estão presentes no art. 15 da Lei nº 12.594/2012.

Art. 15 *São requisitos específicos para a inscrição de programas de regime de semiliberdade ou internação:*

I – A comprovação da existência de estabelecimento educacional com instalações adequadas e em conformidade com as normas de referência;

II – A previsão do processo e dos requisitos para a escolha do dirigente;

III – a apresentação das atividades de natureza coletiva;

IV – A definição das estratégias para a gestão de conflitos, vedada a previsão de isolamento cautelar, exceto nos casos previstos no § 2º do art. 49 desta Lei; e

V – A previsão de regime disciplinar nos termos do art. 72 desta Lei.

Execução das medidas socioeducativas

A execução das medidas socioeducativas está disposta no art. 35 e 49 da Lei nº 12.594/2012. Vejamos:

Art. 35 *A execução das medidas socioeducativas reger-se-á pelos seguintes princípios:*

I - Legalidade, não podendo o adolescente receber tratamento mais gravoso do que o conferido ao adulto;

II - Excepcionalidade da intervenção judicial e da imposição de medidas, favorecendo-se meios de auto composição de conflitos;

III - prioridade a práticas ou medidas que sejam restaurativas e, sempre que possível, atendam às necessidades das vítimas;

IV - Proporcionalidade em relação à ofensa cometida;

V - Brevidade da medida em resposta ao ato cometido, em especial o respeito ao que dispõe o art. 122 da Lei nº 8.069, de 13 de julho de 1990 (Estatuto da Criança e do Adolescente);

VI - Individualização, considerando-se a idade, capacidades e circunstâncias pessoais do adolescente;

VII - mínima intervenção, restrita ao necessário para a realização dos objetivos da medida;

VIII - não discriminação do adolescente, notadamente em razão de etnia, gênero, nacionalidade, classe social, orientação religiosa, política ou sexual, ou associação ou pertencimento a qualquer minoria ou status; e

IX - Fortalecimento dos vínculos familiares e comunitários no processo socioeducativo.

Art. 49 *São direitos do adolescente submetido ao cumprimento de medida socioeducativa, sem prejuízo de outros previstos em lei:*

I - Ser acompanhado por seus pais ou responsável e por seu defensor, em qualquer fase do procedimento administrativo ou judicial;

II - Ser incluído em programa de meio aberto quando inexistir vaga para o cumprimento de medida de privação da liberdade, exceto nos casos de ato infracional cometido mediante grave ameaça ou violência à pessoa, quando o adolescente deverá ser internado em Unidade mais próxima de seu local de residência;

III - ser respeitado em sua personalidade, intimidade, liberdade de pensamento e religião e em todos os direitos não expressamente limitados na sentença;

IV - Peticionar, por escrito ou verbalmente, diretamente a qualquer autoridade ou órgão público, devendo, obrigatoriamente, ser respondido em até 15 (quinze) dias;

V - Ser informado, inclusive por escrito, das normas de organização e funcionamento do programa de atendimento e também das previsões de natureza disciplinar;

VI - Receber, sempre que solicitar, informações sobre a evolução de seu plano individual, participando, obrigatoriamente, de sua elaboração e, se for o caso, reavaliação;

VII - receber assistência integral à sua saúde, conforme o disposto no art. 60 desta Lei; e

VIII - ter atendimento garantido em creche e pré-escola aos filhos de 0 (zero) a 5 (cinco) anos.

§ 1º As garantias processuais destinadas a adolescente autor de ato infracional previstas na Lei nº 8.069, de 13 de julho de 1990 (Estatuto da Criança e do Adolescente), aplicam-se integralmente na execução das medidas socioeducativas, inclusive no âmbito administrativo.

§ 2º A oferta irregular de programas de atendimento socioeducativo em meio aberto não poderá ser invocada como motivo para aplicação ou manutenção de medida de privação da liberdade.

A decisão decorrente da execução deve ser proferida após a manifestação do defensor e do Ministério Público.

Plano individual de atendimento

O Plano Individual de Atendimento (PIA) será necessário na execução de medidas socioeducativas como a prestação de serviços à comunidade, liberdade assistida, semiliberdade e internação.

O objetivo é prever e registrar as atividades que a adolescente realizará, devendo contemplar a participação dos pais ou responsáveis, com a meta de ressocializador o adolescente.

Vejamos os artigos que regulamentam o PIA:

Art. 53 O PIA será elaborado sob a responsabilidade da equipe técnica do respectivo programa de atendimento, com a participação efetiva do adolescente e de sua família, representada por seus pais ou responsável.

Art. 54 Constarão do plano individual, no mínimo:
I - Os resultados da avaliação interdisciplinar;
II - Os objetivos declarados pelo adolescente;
III - A previsão de suas atividades de integração social e/ou capacitação profissional;
IV - Atividades de integração e apoio à família;
V - Formas de participação da família para efetivo cumprimento do plano individual; e
VI - As medidas específicas de atenção à sua saúde.

Art. 55 Para o cumprimento das medidas de semiliberdade ou de internação, o plano individual conterá, ainda:
I - A designação do programa de atendimento mais adequado para o cumprimento da medida;
II - A definição das atividades internas e externas, individuais ou coletivas, das quais o adolescente poderá participar; e
III - a fixação das metas para o alcance de desenvolvimento de atividades externas.

Parágrafo único. O PIA será elaborado no prazo de até 45 (quarenta e cinco) dias da data do ingresso do adolescente no programa de atendimento

Art. 56 Para o cumprimento das medidas de prestação de serviços à comunidade e de liberdade assistida, o PIA será elaborado no prazo de até 15 (quinze) dias do ingresso do adolescente no programa de atendimento.

Art. 57 Para a elaboração do PIA, a direção do respectivo programa de atendimento, pessoalmente ou por meio de membro da equipe técnica, terá acesso aos autos do procedimento de apuração do ato infracional e aos dos procedimentos de apuração de outros atos infracionais atribuídos ao mesmo adolescente.

§ 1º O acesso aos documentos de que trata o caput deverá ser realizado por funcionário da entidade de atendimento, devidamente credenciado para tal atividade, ou por membro da direção, em conformidade com as normas a serem definidas pelo Poder Judiciário, de forma a preservar o que determinam os arts. 143 e 144 da Lei nº 8.069, de 13 de julho de 1990 (Estatuto da Criança e do Adolescente).

§ 2º A direção poderá requisitar, ainda:
I - Ao estabelecimento de ensino, o histórico escolar do adolescente e as anotações sobre o seu aproveitamento;
II - Os dados sobre o resultado de medida anteriormente aplicada e cumprida em outro programa de atendimento; e
III - os resultados de acompanhamento especializado anterior.

Art. 58 Por ocasião da reavaliação da medida, é obrigatória a apresentação pela direção do programa de atendimento de relatório da equipe técnica sobre a evolução do adolescente no cumprimento do plano individual.

Art. 59 O acesso ao plano individual será restrito aos servidores do respectivo programa de atendimento, ao adolescente e a seus pais ou responsável, ao Ministério Público e ao defensor.

Direito de visita a adolescente em unidade de internação

O adolescente internado para aplicação de medida socioeducativa terá o direito a visitas familiares, de amigos e até mesmo conjugal desde que comprovadamente viva em união estável.

Extinção de medida socioeducativa

O art. 46 da Lei do Sinase regulamenta os motivos de extinção da medida socioeducativa.

Art. 46 A medida socioeducativa será declarada extinta:
I - Pela morte do adolescente;
II - Pela realização de sua finalidade;
III - pela aplicação de pena privativa de liberdade, a ser cumprida em regime fechado ou semiaberto, em execução provisória ou definitiva;
IV - Pela condição de doença grave, que torne o adolescente incapaz de submeter-se ao cumprimento da medida; e
V - Nas demais hipóteses previstas em lei.

§ 1º No caso de o maior de 18 (dezoito) anos, em cumprimento de medida socioeducativa, responder a processo-crime, caberá à autoridade judiciária decidir sobre eventual extinção da execução, cientificando da decisão o juízo criminal competente.

§ 2º Em qualquer caso, o tempo de prisão cautelar não convertida em pena privativa de liberdade deve ser descontado do prazo de cumprimento da medida socioeducativa.

Regimes disciplinares

O regime disciplinar das entidades é regulamentado pelos art. 71 a 75, devendo as entidades realizarem e obedecerem a seus princípios.

Art. 71 Todas as entidades de atendimento socioeducativo deverão, em seus respectivos regimentos, realizar a previsão de regime disciplinar que obedeça aos seguintes princípios:
I - Tipificação explícita das infrações como leves, médias e graves e determinação das correspondentes sanções;
II - Exigência da instauração formal de processo disciplinar para a aplicação de qualquer sanção, garantidos a ampla defesa e o contraditório;
III - obrigatoriedade de audiência do soco educando nos casos em que seja necessária a instauração de processo disciplinar;
IV - Sanção de duração determinada;
V - enumeração das causas ou circunstâncias que eximam, atenuem ou agravem a sanção a ser imposta ao socioeducando, bem como os requisitos para a extinção dessa;
VI - enumeração explícita das garantias de defesa;
VII - garantia de solicitação e rito de apreciação dos recursos cabíveis; e
VIII - apuração da falta disciplinar por comissão composta por, no mínimo, 3 (três) integrantes, sendo 1 (um), obrigatoriamente, oriundo da equipe técnica.

Art. 72 O regime disciplinar é independente da responsabilidade civil ou penal que advenha do ato cometido.

Art. 73 Nenhum socioeducando poderá desempenhar função ou tarefa de apuração disciplinar ou aplicação de sanção nas entidades de atendimento socioeducativo.

Art. 74 Não será aplicada sanção disciplinar sem expressa e anterior previsão legal ou regulamentar e o devido processo administrativo.

Art. 75 Não será aplicada sanção disciplinar ao socioeducando que tenha praticado a falta:
I - Por coação irresistível ou por motivo de força maior;
II - Em legítima defesa, própria ou de outrem.

SÚMULAS SOBRE DIREITO DA INFÂNCIA E JUVENTUDE

Súmula nº 605 – A superveniência da maioridade penal não interfere na apuração de ato infracional nem na aplicabilidade de medida socioeducativa em curso, inclusive na liberdade assistida, enquanto não atingida a idade de 21 anos.

Súmula nº 594 – O Ministério Público tem legitimidade ativa para ajuizar ação de alimentos em proveito de crianças e adolescentes independentemente do exercício do poder familiar dos pais ou do fato de o menor se encontrar nas situações de risco descritas no artigo 98 do ECA ou de quaisquer outros questionamentos acerca da existência ou eficiência da Defensoria Pública na comarca.

Súmula nº 500 – A configuração do crime do art. 244-B do ECA independe da prova da efetiva corrupção do menor, por se tratar de delito formal.

Súmula nº 492 – O ato infracional análogo ao tráfico de drogas, por si só, não conduz obrigatoriamente à imposição de medida socioeducativa de internação ao adolescente.

Súmula nº 383 – A competência para processar e julgar as ações conexas de interesse de menor é, em princípio, do foro do domicílio do detentor de sua guarda.

Súmula nº 342 – No procedimento para aplicação de medida socioeducativa, é nula a desistência de outras provas em face da confissão do adolescente.

Súmula nº 338 – A prescrição penal é aplicável nas medidas socioeducativas.

Súmula nº 301 – Em ação investigatória, a recusa do suposto pai a submeter-se ao exame de DNA induz presunção juris tantum de paternidade.

Súmula nº 265 – É necessária a oitiva do menor infrator antes de decretar-se a regressão da medida socioeducativa.

Súmula nº 108 – A aplicação de medidas socioeducativas ao adolescente, pela prática de ato infracional, é da competência exclusiva do juiz.

Súmula nº 01 – O foro do domicílio ou da residência do alimentando é o competente para a ação de investigação de paternidade, quando cumulada com a de alimentos.

16. QUESTÕES

01. (AOCP – 2018 – PM/SC – OFICIAL) O que diferencia o delito de organização criminosa, previsto no art. 1º, parágrafo primeiro, da Lei Federal nº 12.850/2013, e o delito de associação criminosa, previsto no art. 288 do Código Penal?
   a) O crime de organização criminosa prevê no mínimo 10 pessoas associadas para fins de cometimento de delitos, enquanto o delito de associação criminosa prevê no mínimo 3 pessoas.
   b) O crime de organização criminosa refere-se a delitos-fins relacionados a crimes contra a administração pública, enquanto o crime de associação criminosa refere-se a delitos-fins relacionados a crimes contra o patrimônio.
   c) O crime de organização criminosa não possui fins específicos, enquanto o crime de associação criminosa possui o fim específico de cometer outros crimes.
   d) O crime de organização criminosa objetiva o cometimento de delitos em que as penas máximas superam 4 anos de privação de liberdade, enquanto o crime de associação criminosa pode objetivar delitos com penas máximas inferiores.
   e) O crime de organização criminosa não exige estrutura ordenada com organização de tarefas entre seus membros, enquanto o crime de associação criminosa exige, no mínimo, hierarquia entre os envolvidos.

02. (AOCP – 2019 – PC/ES – ESCRIVÃO) Seguindo as diretrizes registradas em nossa legislação extravagante, de acordo com a Lei nº 12.850/2013 (organização criminosa), compreende-se como organização criminosa:
   a) a associação de 3 ou mais pessoas estruturalmente ordenada e caracterizada pela divisão de tarefas, ainda que informalmente, com objetivo de obter, direta ou indiretamente, vantagem de qualquer natureza, mediante a prática de infrações penais cujas penas máximas sejam superiores a 2 anos, ou que sejam de caráter transnacional.
   b) a associação de 3 ou mais pessoas estruturalmente ordenada e caracterizada pela divisão de tarefas, ainda que informalmente, com objetivo de obter, direta ou indiretamente, vantagem de qualquer natureza, mediante a prática de infrações penais cujas penas máximas sejam superiores a 4 anos, ou que sejam de caráter transnacional.
   c) a associação de 4 ou mais pessoas estruturalmente ordenada e caracterizada pela divisão de tarefas, ainda que informalmente, com objetivo de obter, direta ou indiretamente, vantagem de qualquer natureza, mediante a prática de infrações penais cujas penas máximas sejam superiores a 2 anos, ou que sejam de caráter transnacional.
   d) a associação de 4 ou mais pessoas estruturalmente ordenada e caracterizada pela divisão de tarefas, ainda que informalmente, com objetivo de obter, direta ou indiretamente, vantagem de qualquer natureza, mediante a prática de infrações penais cujas penas máximas sejam superiores a 4 anos, ou que sejam de caráter transnacional.
   e) a associação de 4 ou mais pessoas estruturalmente ordenada e caracterizada pela divisão de tarefas, ainda que informalmente, com objetivo de obter, direta ou indiretamente, vantagem de qualquer natureza, mediante a prática de infrações penais cujas penas máximas sejam superiores a 3 anos, ou que sejam de caráter transnacional.

03. (AOCP – 2019 – PC/ES – INVESTIGADOR) Considerando o disposto na Lei nº 11.343/06 (Lei Antidrogas), assinale a alternativa correta.
   a) Constitui crime punido com pena de reclusão a conduta de oferecer droga, eventualmente e sem objetivo de lucro, à pessoa de seu relacionamento, para juntos a consumirem.
   b) A Lei nº 11.343/06 não criminaliza a conduta de conduzir embarcação ou aeronave após o consumo de drogas, expondo a dano potencial a incolumidade de outrem.
   c) Quem adquirir, para consumo pessoal, drogas sem autorização ou em desacordo com determinação legal ou regulamentar poderá ser submetido à pena de prestação de serviços à comunidade.
   d) Prescreve em 1 ano a imposição e a execução da pena para quem adquirir, para consumo pessoal, drogas sem autorização ou em desacordo com determinação legal ou regulamentar.
   e) O tráfico transnacional de drogas não configura uma causa de aumento de pena.

04. (AOCP – 2019 – PC/ES – ESCRIVÃO) O sujeito que dispõe em seu estabelecimento comercial regra, recusando ou impedindo acesso ao estabelecimento, negando-se a servir, atender ou receber clientes ou compradores em razão de raça, cor, etnia, religião ou procedência nacional cometerá o delito
   a) de calúnia.
   b) contra a relação de consumo.
   c) de racismo.
   d) de injúria preconceituosa.
   e) de homofobia.

05. (AOCP – 2021 – PC/PA – INVESTIGADOR) **Adolfo, objetivando a divulgação do nazismo, distribuiu pelas ruas de seu município distintivos e ornamentos que utilizavam a cruz suástica. Diante do caso hipotético exposto, bem como considerando as disposições da Lei nº 7.716/1989, Adolfo, se condenado, estará sujeito à pena de**
   a) detenção de seis meses a dois anos e multa.
   b) detenção de dois a quatro anos e multa.
   c) reclusão de um a três anos e multa.
   d) reclusão de dois a cinco anos e multa.
   e) reclusão de três a oito anos e multa.

06. (AOCP – 2021 – PC/PA – DELEGADO) Considerando as recentes alterações legislativas, assinale a alternativa correta sobre a Lei de Execução Penal.
   a) O cometimento de falta grave durante a execução da pena privativa de liberdade interrompe o prazo para a obtenção da progressão no regime de cumprimento da pena, caso em que o reinício da contagem do requisito objetivo terá como base a pena remanescente.
   b) O regime disciplinar diferenciado não será aplicado aos presos provisórios, mas para os condenados, nacionais ou estrangeiros, que apresentem alto risco para a ordem e a segurança do estabelecimento penal ou da sociedade.
   c) A ausência de vigilância direta impede a utilização de equipamento de monitoração eletrônica pelo condenado, quando assim determinar o juiz da execução.
   d) A autorização para saída temporária do condenado será concedida por prazo não superior a catorze dias, podendo ser renovada por mais seis vezes durante o ano.
   e) A pena privativa de liberdade será executada em forma progressiva com a transferência para regime menos rigoroso, a ser determinada pelo juiz, quando o preso tiver cumprido ao menos vinte por cento da pena, se o apenado for primário e o crime tiver sido cometido sem violência à pessoa ou grave ameaça.

QUESTÕES

07. (AOCP – 2019 – PC/ES – ESCRIVÃO) À luz da Lei nº 7.210/1984, que disciplina a execução penal, assinale a alternativa correta.
   a) Em relação ao trabalho interno, a jornada não será inferior a 4 nem superior a 8 horas semanais.
   b) São recompensas regidas pela Lei nº 7.210/84 a concessão de regalias e o elogio.
   c) Considera-se egresso, para os fins da Lei de Execução Penal, o liberado definitivo, pelo prazo de 06 meses, a contar da saída do estabelecimento.
   d) Ao egresso poderá ser concedida assistência que consiste em alojamento e alimentação, em estabelecimento adequado e pelo prazo de 3 dias.
   e) No trabalho externo, o número máximo de presos será de 15% do total de empregados na obra.

08. (AOCP – 2019 – PC/ES – ESCRIVÃO) Assinale a alternativa que está de acordo com os preceitos da Lei nº 11.340/2006.
   a) As medidas protetivas de urgência devem ser adotadas pelo juiz no prazo de 24 horas.
   b) A violência moral é entendida como qualquer conduta do agressor que constitua calúnia ou difamação, excetuando-se a injúria.
   c) Em nenhuma hipótese, a mulher em situação de violência doméstica e familiar estará desacompanhada de advogado.
   d) A Lei nº 11.340/2006 veda a aplicação dos institutos da Lei nº 9.099/95, exceto o sursis processual.
   e) É possível obrigar o agressor a prestar alimentos provisionais ou provisórios.

09. (AOCP – 2018 – PM/SC – OFICIAL) Considerando o texto da Lei Federal nº 9.605, de 1998 (Lei dos Crimes Ambientais), constitui crime contra a fauna brasileira os seguintes tipos penais, EXCETO:
   a) destruir ou danificar florestas nativas ou plantadas ou vegetação fixadora de dunas, protetora de mangues, objeto de especial preservação.
   b) exportar para o exterior peles e couros de anfíbios e répteis em bruto, sem a autorização da autoridade ambiental competente.
   c) praticar ato de abuso, maus-tratos, ferir ou mutilar animais silvestres, domésticos ou domesticados, nativos ou exóticos.
   d) pescar em período no qual a pesca seja proibida ou em lugares interditados por órgão competente.
   e) pescar mediante a utilização de explosivos ou substâncias que, em contato com a água, produzam efeito semelhante.

10. (AOCP – 2021 – PC/PA – ESCRIVÃO) Referente à Lei de Abuso de Autoridade (Lei nº 13.869/2019), assinale a alternativa INCORRETA.
   a) A divergência na interpretação de lei ou na avaliação de fatos e provas não configura abuso de autoridade.
   b) Os crimes previstos nessa Lei são de ação penal pública incondicionada.
   c) São possíveis efeitos da condenação, dentre outros, a inabilitação para o exercício de cargo, mandato ou função pública, pelo período de um a oito anos.
   d) A perda do cargo, do mandato ou da função pública, como efeito da condenação, está condicionada à ocorrência de reincidência em crime de abuso de autoridade e não é automática, devendo ser declarada motivadamente na sentença.
   e) Entre as possíveis penas restritivas de direitos substitutivas das privativas de liberdade, está a suspensão do exercício do cargo, da função ou do mandato, pelo prazo de um a seis meses, com a perda dos vencimentos e das vantagens.

11. (AOCP – 2019 – PC/ES – ESCRIVÃO) O funcionário público que submeter pessoa sob sua guarda ou custódia a vexame ou a constrangimento não autorizado em lei responderá criminalmente por
   a) constrangimento ilegal.
   b) exposição a perigo.
   c) maus-tratos.
   d) calúnia.
   e) abuso de autoridade.

Gabaritos

01	D	02	D	03	C
04	C	05	D	06	A
07	B	08	E	09	A
10	C	11	E		

NOÇÕES DE MEDICINA LEGAL

1. MEDICINA LEGAL

É a ciência que engloba e soma conhecimentos de diferentes áreas da Medicina e do Direito. Na Medicina Legal ou Forense, usamos um conjunto de conhecimentos médicos, jurídicos, psíquicos e biológicos para informar, elaborar e executar diversas normas.

As ciências que mais se relacionam com a Medicina Legal são: **Sociologia**, **Filosofia**, **Botânica**, **Zoologia** e, principalmente, o **Direito**, com todas as suas áreas.

1.1 Conceitos de Medicina Legal

"É o conjunto de conhecimentos médicos e paramédicos destinados a servir ao Direito e cooperando na elaboração, auxiliando na interpretação e colaborando na execução dos dispositivos legais no seu campo de ação de medicina aplicada".

GOMES, H. **Medicina legal**. 23. ed. Rio de Janeiro: FreitasBastos, 1984, p.7.

"Medicina legal é a ciência e arte extrajurídica auxiliar alicerçada em um conjunto de conhecimentos médicos, paramédicos e biológicos destinados a defender os direitos e os interesses dos homens e da sociedade".

CROCE, D.; CROCE JR., D. **Manual de medicina legal**. 8.ed. São Paulo: Saraiva, 2012, p.29.

"A Medicina Legal caracteriza-se por ser um conjunto de conhecimentos médicos e paramédicos que, no âmbito do direito, concorrem para a elaboração, interpretação e execução das leis existentes e ainda permite, através da pesquisa científica, o seu aperfeiçoamento. É a medicina a serviço das ciências jurídicas e sociais".

BENFICA, F.S.; VAZ, M. **Medicina legal**. 2.ed. ver. atual. Porto Alegre: Livraria do Advogado, 2012, p.11.

"Medicina Legal é a ciência de aplicação dos conhecimentos médico-biológicos aos interesses do Direito constituído, do direito constituendo e à fiscalização do exercício médico-profissional".

MARANHÃO, O.R. **Curso básico de medicina legal**. 4.ed.rev. ampl. São Paulo: Revista dos Tribunais, 1991, p.26-27.

1.2 Campos Da Medicina Legal

Medicina geral

→ **Aqui estão incluídos:**

> A **Deontologia**, que agrupa os deveres dos profissionais de Medicina e as regras internas do exercício dessa profissão (Juramento de Hipócrates).

> A **Diceologia**, em que se estudam os direitos dos médicos e suas responsabilidades.

A Deontologia e a Diceologia constam do Código de Ética Médica.

Medicina específica

> **Antropologia forense**: estudo e pesquisa da identidade e da identificação do indivíduo com o uso de variadas técnicas e metodologia específica. Exemplo: analisando o fêmur, podemos descobrir a idade do indivíduo.

> **Asfixiologia forense**: estuda todas as hipóteses que podem ter levado o indivíduo a ter a oxigenação de seus tecidos prejudicada.

> **Psiquiatria forense**: procura compreender como as doenças e os transtornos mentais comprometem a esfera civil e penal.

> **Infortunística**: analisa doenças e acidentes que ocorrem na área do trabalho.

> **Sexologia forense**: cuida da sexualidade humana, do estudo da normalidade e da anormalidade, como atentado ao pudor, sedução, infanticídio, estupro, aborto, gravidez e anulação de casamento.

> **Obstetrícia forense**: estuda as complicações do nascimento e suas implicações legais.

> **Criminologia**: analisa o crime, o criminoso, a vítima e todas as condições capazes de explicar o que aconteceu.

> **Psicologia judiciária**: estuda as emoções envolvidas em declarações, depoimentos e confissões feitas pelo autor, independentemente da idade.

> **Traumatologia forense**: cuida das lesões corporais traumáticas, dolosas ou culposas, assim como acidentes de trabalho com causas exógenas.

> **Tanatologia**: é a parte que estuda a morte, quando esta aconteceu e o que a causou.

> **Toxicologia**: estuda os casos de envenenamentos, as substâncias entorpecentes, os tóxicos, o alcoolismo, os barbitúricos, suas causas e efeitos.

> **Vitimologia**: estuda a vítima para descobrir como, porque e quando foi cometido o crime contra ela.

1.3 Peritos e Perícia

No foro criminal, a perícia médica trabalha com o exame de corpo de delito (no vivo ou no morto), exames do indiciado, da testemunha ou do jurado. E deve ser executada por dois peritos.

No foro cível, a perícia médica é utilizada para a verificação de sanidade mental, determinação de erro essencial em pessoa para questões de anulação de casamento, etc.

As perícias devem ser executadas por peritos oficiais (art. 421 do Código de Processo Penal), mas, em sua ausência, podem ser substituídos (art. 159 do CPP).

O perito designado para uma questão criminal é obrigado a aceitá-la sob pena de multa; nas questões cíveis, pode ser admitida a recusa por motivo legítimo. Quando os peritos não são oficiais, há necessidade de assinatura de termo de compromisso para a missão que vão cumprir.

2. DOCUMENTOS MÉDICO-LEGAIS

2.1 Atestados Médicos

São afirmações de próprio punho ou digitadas do fato, com o respectivo carimbo e assinatura de quem o fornece. Apesar de não comprovarem compromisso legal, são documentos de importância e relevância, pois expressam a verdade sobre um fato. Podem ser:

> - **Administrativos** – quando o serviço público necessita do atestado para autorizar licenças, abono de faltas, sanidade física e mental para ingresso no serviço público, aposentadoria, vacinação e etc.
> - **Judiciários ou médico-legais** – quando solicitados pelos juízes de direito, com interesse judicial: jurados que precisam justificar suas faltas ao Tribunal do Júri.
> - **Oficiosos** – quando solicitados para comprovar a ausência durante algum tempo ou dia inteiro em escolas, trabalho, impossibilidade de realizar certas atividades, dispensa de educação física ou do serviço militar.

Atestado de óbito

É o documento que comprova a morte, suas causas e circunstâncias do ponto de vista médico.

A certidão de óbito é o documento expedido pelo Cartório de Registro Civil, protegido pelo atestado de óbito. Este documento é específico, obrigatório para o sepultamento, para um novo casamento do(a) viúvo(a), em caso de herança, inventário, testamento, partilha de bens, requisição de pensão, etc.

A Lei nº 6.015, em seu art. 77, expressa que não poderá, de forma alguma, ocorrer o sepultamento sem que haja a certidão de óbito, oriunda do cartório de registro do local do falecimento.

> **Serviço de Verificação de Óbito (SVO)**
>
> É um serviço público denominado, pelo Ministério da Saúde, como "órgão oficial responsável pela realização de necropsias em pessoas que morreram sem assistência médica ou com diagnóstico de moléstia mal definida".

Em caso de morte natural

Quando não houver suspeita quanto à morte natural, o atestado de óbito é fornecido:

> - pelo médico que estava cuidando do paciente;
> - pelo médico que assistia o paciente no hospital;
> - pelo médico plantonista que estava no hospital no momento da morte;
> - pelo Serviço de Verificação de Óbito (SVO) quando a morte ocorreu sem assistência médica ou por causa desconhecida para realização da necropsia.
> - pelo médico do serviço público de saúde mais próximo ou médico do município, quando a cidade não tiver SVO.

Em caso de morte suspeita

Os médicos legistas, depois da necropsia, são obrigados a fornecer a declaração de óbito, conforme o item 3 do art. 1º da Resolução nº 1.779/2005 do Conselho Federal de Medicina.

2.2 Relatório Médico Legal

É uma narração escrita de maneira minuciosa sobre todas as operações de uma perícia médica, determinada por autoridade policial ou judiciária.

De acordo com a elaboração, ele é classificado em: **laudo** – relatório de perícia redigido por um dos peritos oficiais; **auto** – o relatório é ditado a um escrivão.

Os relatórios são compostos das seguintes partes:

Preâmbulo

Nele consta hora, data e local exatos onde o exame é feito; a qualificação do perito; a qualificação do examinado; o nome da autoridade que requisitou o exame; o número da requisição; e o nome de quem determinou a perícia.

Quesitos

São padronizados e oficiais, variando com o tipo de perícia para melhor aplicação dos dispositivos do Código Penal. A autoridade requisitante não precisa ficar presa a esses quesitos, podendo formular quesitos suplementares.

Histórico

Nele consta a análise do exame clínico, com narrativa do ocorrido contada pelo periciado. Em exames necroscópicos, o histórico fica restrito às informações fornecidas pela guia de encaminhamento policial. Quando a vítima não sofreu morte imediata e foi socorrida em hospital, a guia de encaminhamento hospitalar também é utilizada.

Descrição

Aqui, um dos peritos descreve detalhadamente, para o outro perito, as lesões. Essa descrição deve mencionar a localização exata das lesões, relacionando-as com pontos fixos do corpo (mamilos, osso esterno, espinhas ilíacas), descrever a forma, a coloração, a dimensão e, quando for uma ferida, discorrer sobre as bordas, os ângulos, as vertentes, a profundidade e etc.

Discussão

Nesta etapa, os peritos têm liberdade para externar sua opinião e explicar o que for conveniente. Uma vez apresentada, ela não poderá ser refeita, pois, com o tempo, algumas condições que existiam na ocasião do exame são modificadas (lesões desaparecem, por exemplo).

Conclusão

É a síntese da descrição e da discussão, devendo ser clara e expressar, sem margem de dúvida, o conteúdo do relatório.

DOCUMENTOS MÉDICO-LEGAIS

Respostas aos quesitos

Os peritos devem responder de forma sintética e objetiva aos quesitos elaborados. Para cada tipo de laudo de corpo de delito, existe um conjunto de quesitos oficiais: aborto, atentado ao pudor, lesão corporal, conjunção carnal, infanticídio, cadavérico.

2.3 Parecer Médico Legal

O parecer não utiliza o exame da vítima, nem a descrição, sendo composto por **Preâmbulo** (qualificação do médico consultado e do autor da consulta), **Exposição** (transcrição dos quesitos e do objeto da consulta) e **Conclusão** (o consultado emitirá seu ponto de vista em relação aos fatos questionados).

Para elaborar o parecer, o médico examina os elementos dos autos desde o momento em que a autoridade policial tomou conhecimento do ocorrido até as declarações da vítima, do acusado, das testemunhas, os laudos de exame e de local, com a análise do laudo médico legal.

No parecer médico, a conclusão é a parte mais importante.

2.4 Depoimento Oral

É uma declaração tomada em audiência de instrução e julgamento sobre fatos obscuros.

2.5 Exame Pericial

Deve ser requerido por autoridade legalmente competente, como um delegado de polícia, e dirigido a um médico legista competente. No requerimento, devem estar informações sobre a identificação da pessoa, hora, local e finalidade do exame, para que ocorra a realização do laudo.

O **laudo pericial** é uma narrativa feita à medida que o exame é realizado. Nele deve estar, de forma abreviada e sucinta, apenas o que for essencial. O perito deve assinalar os locais e os tipos de lesões, ou a ausência delas.

Um exame suplementar deve ser realizado trinta dias após o fato, para que o perito assinale se existem ou não sequelas, bem como o grau de incapacidade que foi gerado na vítima.

Geralmente, o exame pericial é orientado por quesitos previamente determinados pela autoridade solicitante, em que os pontos que devem ser esclarecidos são elencados. As perguntas mais comuns são:

> Houve ofensa à integridade física ou à saúde?
> Qual o instrumento utilizado?
> A lesão foi produzida de maneira lenta ou cruel (veneno, tortura, etc.)?
> A vítima ficou incapacitada por período superior a 30 dias?
> Provocou dano permanente ou perda/inutilização de membro, sentido ou função orgânica?
> Impossibilitou a vítima para o trabalho, provocou doença incurável ou deformidade?
> Provocou aceleração de parto ou aborto?

2.6 Corpo de Delito

É o conjunto de vestígios que se localizam no corpo da pessoa (lesões corporais) viva ou morta. É a reunião de elementos materiais resultantes de fatos criminosos ou acidentais que formarão e sustentarão a materialidade comprobatória da tipicidade do ato delituoso.

Tipos de exames de corpo de delito

→ Os exames de corpo de delito realizados em cadáveres podem ser:

> **Necropsia** – também chamada de exame necroscópico, tem por finalidade constatar a morte, o que a causou: tiros ou golpes, quantos e quais foram fatais. Deverá ser feita até 6 (seis) horas depois do óbito para certificação de que o indivíduo está morto mesmo. O exame necroscópico tem como função examinar e descobrir a data e a causa mortis e a identificação do de cujus nos casos de morte suspeita, esclarecendo dúvidas policiais e judiciárias. Em suicídios, homicídios e acidentes de trânsito e de trabalho, esse exame é de grande relevância.

> **Exame cadavérico** – o médico-legista examina a parte externa do corpo, não havendo razão para incisões. Esse exame é feito em caso de morte violenta, aquela em que não pairam dúvidas quanto aos motivos do falecimento e que também não tenham incidido em infração penal: vítima com crânio, tórax ou abdômen completamente esmagados.

> **Exumação de cadáver** – quando há necessidade de exames complementares, a autoridade policial deve providenciar para que, em dia e hora determinados, seja realizada a diligência, devendo ser lavrado o auto circunstanciado. O local da sepultura deverá ser indicado pelo administrador do cemitério.

> **Exame visceral** – quando a causa da morte levantar suspeita ou não ocorrer sinais de lesões externas ou um possível suicídio ou homicídio precisar ser elucidado, o cadáver será eviscerado, com retirada de vísceras ou parte delas no momento da necropsia. Fragmentos dos órgãos serão submetidos a exame laboratorial; amostras de sangue, urina e de conteúdo gástrico serão colhidas para exame laboratorial toxicológico. Mortes por envenenamento, intoxicação, overdose, inalação de agentes tóxicos podem ser esclarecidas por esse exame.

Laudo de exame de corpo de ddelito

O médico-legista examina com detalhe e precisão a pessoa viva ou morta, registrando no laudo pericial o que conseguiu encontrar. No laudo, deve constar o que foi encontrado na pessoa examinada e a descrição do resultado deve ser clara. No laudo, temos: **preâmbulo**, **histórico**, **descrição**, **discussão**, **conclusão** e **respostas aos quesitos**.

O laudo comprova a existência de lesões corporais dolosas ou culposas, não podendo haver argumentos refutáveis de que houve delito.

Depois de pronto, o laudo é subscrito pelo examinador, sendo enviado para juntada no inquérito policial.

Exame direto

O perito examina de forma minuciosa, objetiva e direta o corpo da vítima.

Exame indireto

O médico-legista utiliza a ficha clínica do hospital ou pronto-socorro onde a vítima recebeu tratamento médico e elabora, com a maior clareza possível, o laudo.

Exame complementar

É realizado quando o primeiro exame de corpo de delito se apresenta incompleto ou insatisfatório, com lacunas e dúvidas relacionadas à conclusão e ao resultado das lesões. Nesse caso, o art. 168 do CPP deixa a possibilidade de um segundo exame. Esse exame complementar é determinado pela autoridade policial que preside o inquérito policial, ou pela autoridade judiciária, ou requerimento do Ministério Público, do ofendido ou do acusado, ou de seu defensor. Nele são analisados elementos que faltaram no primeiro exame e seu objetivo é aprimorar as conclusões. Caso os médicos-legistas não tenham condições de concluir sobre a classificação das lesões (art.129, §1º, I, do CP) no primeiro exame, nele deverá constar a necessidade de um exame complementar após 30 dias a partir da data do delito (art. 168, §2º do CPP).

2.7 Exames Grafológicos

Estes exames são feitos por comparação. A autoridade encaminha aos peritos, para análise, o documento que considera falso e os documentos escritos de próprio punho pelos suspeitos.

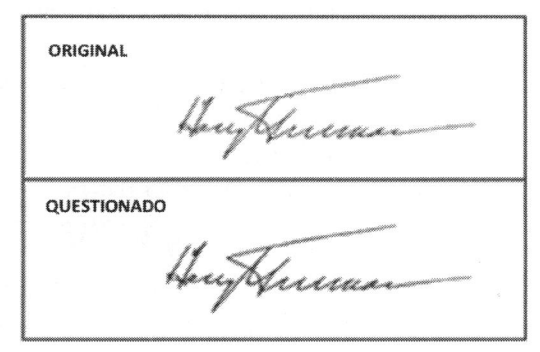

2.8 Exames por Precatória

Quando os exames periciais são feitos em outras comarcas, a autoridade judicial ou policial, que preside o processo, deverá pedir à autoridade do local que determine a realização do exame. Os quesitos das partes e da autoridade serão transcritos em precatória e a autoridade local fará a nomeação dos peritos.

2.9 Fotografia

É um auxiliar importante na investigação de um crime, pois permite identificar o ambiente e as vítimas, além de fornecer pistas que podem levar ao criminoso e à descoberta de como o crime foi cometido. Nesse tipo de registro, temos todos os detalhes da cena que podem ser usados no esclarecimento do fato.

3. ANTROPOLOGIA FORENSE

A Antropologia Forense estuda o ser humano, suas características, seu comportamento e seu aspecto biológico. As pessoas se diferenciam pela aparência exterior, pelos traços fisionômicos (olhos, nariz, boca, lábios, sorriso, orelhas), por cabelos, atributos, peso e estatura.

Para esse estudo, os procedimentos devem ser práticos, baratos e fáceis. Exemplo: os canais de Havers dos ossos humanos não têm correspondência aos de qualquer outro animal; o formato do crânio permite identificar a raça a que o indivíduo pertença.

3.1 Identidade

É o conjunto de características que diferencia e individualiza uma pessoa. É o que torna a pessoa única e exclusiva.

3.2 Identificação

É o conjunto de procedimentos para buscar as características individuais, usando a tecnologia para chegar à identidade a ponto de permitir comparações. A identificação de animais e pessoas pode ser feita no organismo vivo, no morto ou em restos.

→ **A perícia de identificação de pessoas é dividida em três fases:**
  > Fichamento – primeiro registro, em que se determinam as características imutáveis do indivíduo;
  > Verificação – segundo registro, quando se procura a identificação do indivíduo;
  > Comparação – ou identificação propriamente dita, quando se comparam os dois primeiros registros e se confirma ou não a identificação.

A identificação pode ser feita de acordo com:

Espécie

Necessária em caso de exames de esqueletos, partes de ossadas, cadáveres carbonizados ou em decomposição. Geralmente, são utilizados dentes (arcada dentária), ossos, cabelos, pelos ou plasma sanguíneo.

Raça

É identificada pelo índice cefálico (forma do crânio e ângulo facial) como caucasiano, mongólico, negroide, indiano e australoide.
  > caucasianos apresentam faces mais estreitas, narizes longos e queixos proeminentes;
  > negroides destacam-se por possuírem grandes aberturas nasais e cavidades subnasais;
  > asiáticos e os índios americanos exibem os ossos das bochechas salientes e características dentárias particulares.

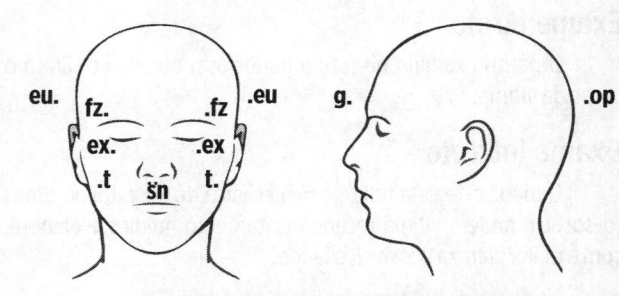

Pontos de medidas para índice cefálico

No Brasil, a miscigenação das raças originou: **mulatos**, resultado do cruzamento entre branco e negro; **cafuzo**, do cruzamento entre negro e índio, muito raro atualmente; **mamelucos**, os que nascem do cruzamento entre branco e índio.

Tanto o crânio, as arcadas dentárias e os dentes permitem que se obtenham dados sobre espécie, grupo racial, sexo, altura, idade e individualidade.

Sexo

→ Pode ser identificado por:
  > **cromossomos** – XX sexo feminino e XY sexo masculino.
  > **gônadas** – ovários no sexo feminino e testículos no sexo masculino.
  > **cromatina sexual** – com aplicação de corante em células humanas para identificar a presença de cromatina sexual no sexo feminino (segundo cromossomo X das mulheres é considerado inativo) e sua ausência no sexo masculino (o único cromossomo X que têm é ativo).
  > **genitália interna** – útero e ovário no sexo feminino; próstata no sexo masculino.
  > **genitália externa** – quem tem vagina e clitóris é do sexo feminino e quem tem pênis e bolsa escrotal é do sexo masculino.
  > **sexo jurídico** – o que aparece nos documentos do indivíduo, pressupondo-se fez a determinação.
  > **sexo de identificação** – o sexo psíquico, de comportamento, que, na maior parte das vezes, está relacionado ao sexo físico. É a sexualidade do indivíduo.
  > **sexo pericial** – é obtido por avaliação e com um laudo que avalia todos os aspectos.

A cromatina sexual é uma pequena massa condensada de um dos dois cromossomos X que aparece na mulher normal, geralmente localizada no interior da membrana nuclear durante a interfase. O número de cromatinas sexuais por núcleo é um a menos do que o número de cromossomos X. Nos homens normais (XY), não há cromatina sexual porque eles apresentam apenas um cromossomo X (ativo).

No caso da identificação do sexo de cadáver em estado adiantado de putrefação, esquartejado ou carbonizado, procura-se inicialmente a próstata e o pomo de Adão que são estruturas masculinas ou útero, que é um órgão feminino. Não sendo possível, exames dos ossos podem diferenciar:

> **Na mulher**, os ombros são mais estreitos, o tórax é menor e tem formato de ovo, o malar é menos saliente, a pelve mais larga, o sacro mais curto e largo, o cóccix não alcança a parte inferior da bacia, os ossos são menos volumosos, as extremidades mais delicadas e as pernas representam 50% da estatura. A caixa craniana apresenta paredes ósseas mais finas, menores, leves e mais lisas, com protuberâncias pouco acentuadas; a face e os maxilares não são volumosos.

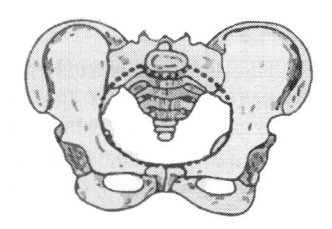

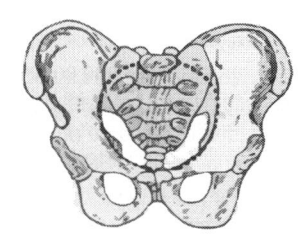

Pelve Feminina   **Pelve Masculina**

> **No homem**, os ombros são amplos, os ossos são mais volumosos, o tórax é maior e coniforme, o malar é saliente, a pélvis mais estreita, o sacro comprido, o cóccix chega próximo à parte inferior da pelve e as pernas correspondem a 56% da estatura. O pomo de Adão, estimulado pelo hormônio testosterona, apresenta ângulo agudo, convexo e saliente.

Idade

Pode ser determinada no **indivíduo vivo** em diferentes fases da vida (infância, adolescência e juventude). Com o passar do tempo, as alterações físicas (flacidez, rugosidade, pele seca, calvície, bolsa de gordura na pálpebra inferior, obesidade, aumento da próstata, manchas senis nas mãos) indicam a velhice. O desgaste dos dentes também pode auxiliar na determinação da idade.

A determinação da idade de **cadáveres** pode ser feita por aumento da próstata, atrofia do útero, fígado, baço, cérebro, rins, pulmões e testículos, que caracterizam a velhice. Em cadáveres carbonizados ou em fase de decomposição, a identificação é feita pelos ossos. A análise de pontos de ossificação e de soldadura epifisária permite essa aferição. A radiografia dos ossos dos punhos, das mãos e do crânio também auxilia na identificação. Nos punhos e nas mãos, o cálculo da idade é feito pela análise das soldaduras e núcleos de ossificação. No crânio, a radiografia permite verificar as fontanelas (moleira), indicando que é um bebê. Na fase adulta, as suturas dos ossos do crânio facilitam a identificação e, nos idosos, a diminuição de volume e peso (atrofia) dos ossos e a fragilidade óssea indicam **osteopenia** (diminuição da densidade dos ossos).

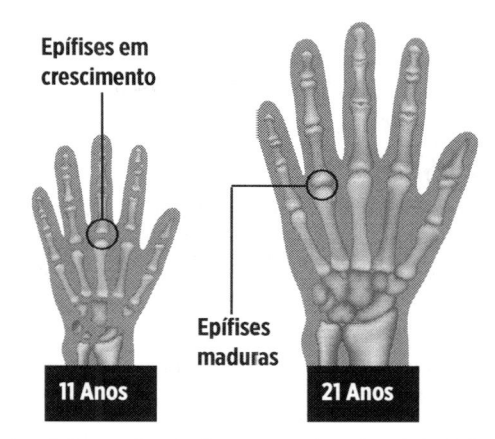

Epífises em crescimento

Epífises maduras

11 Anos   **21 Anos**

A **palatoscopia** estuda as rugas do palato (céu da boca), que se formam no 3º mês de gestação, pelo método de comparação com documento que contém essas impressões obtidas anteriormente. Esse procedimento é adotado pelo Ministério da Aeronáutica para identificação de cadáveres. A **queiloscopia**, estudo das impressões labiais que são imutáveis e permanentes desde a 6ª semana de gestação, também pode ser utilizada na identificação.

A identificação pelos dentes pode ser feita com uma ficha dentária fornecida pelo dentista da vítima. A presença de restaurações ou colocação de prótese facilita o reconhecimento.

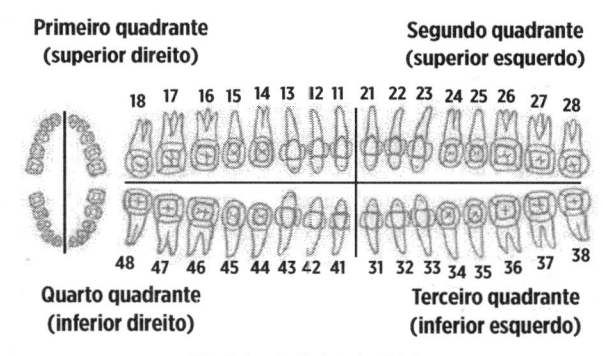

Primeiro quadrante (superior direito)   **Segundo quadrante (superior esquerdo)**

18 17 16 15 14 13 12 11 21 22 23 24 25 26 27 28

48 47 46 45 44 43 42 41 31 32 33 34 35 36 37 38

Quarto quadrante (inferior direito)   **Terceiro quadrante (inferior esquerdo)**

Modelo de ficha dentária

Estatura

Tabelas que podem ser aplicadas sobre vários tipos de ossos auxiliam a determinar a estatura do indivíduo, usando a tábua osteométrica de Broca. Por exemplo, se o fêmur mede 48,6 cm, o indivíduo vivo tinha 1,80 m.

Análise do dna

O diagnóstico molecular permite a identificação genética do ser humano, sendo instrumento pericial eficiente. Com ele, podemos determinar uma pequena massa de tecido carbonizado da vítima; e usando amostras de sangue de seu possível

Para esta análise, usa-se a técnica da PCR (reação em cadeia da polimerase), que permite multiplicar milhares de vezes um fragmento específico de DNA. A partir dessa técnica, é possível obter cópias de uma parte do DNA em quantidade suficiente para detectar e analisar a sequência que interessa.

filho e esposa, fazer a identificação. Em caso de estupro seguido de morte, amostras da secreção vaginal da vítima, um pouco de saliva dela e sangue dos suspeitos são suficientes para a análise do DNA e a identificação do autor.

Dna fingerprint

A impressão digital genética permite resultados muito confiáveis e é utilizada para identificação de paternidade e de autoria de crimes. Podem ser utilizados como matéria prima para esse teste sangue, pele, dentes, pelos, cabelos, saliva, esperma, urina, ossos, fezes, etc. As amostras que foram usadas e atacadas por solução fisiológica e pelo soro de Coombs são guardadas para possível comparação de DNA.

No sistema de justiça criminal, as impressões digitais de DNA têm sido usadas com certa regularidade a fim de identificação pessoal. DNA é a sigla de ácido desoxirribonucleico, a substância que constitui o cromossomo humano. Simplificando, o DNA contém o projeto do corpo de cada ser humano. No núcleo de cada célula humana, existem 46 cromossomos, que formam 23 pares. Cada cromossomo é composto de moléculas de DNA enroladas, iguais em todas as células do corpo. Cada fita de DNA contém genes que determinam as características únicas de uma pessoa: estrutura do corpo, cabelo, cor dos olhos e etc. Não existem dois seres humanos com composições idênticas de DNA, excetuando os gêmeos monozigóticos (idênticos – formados de um mesmo ovo). O DNA é herdado, por isso um teste de paternidade é muito útil em casos legais em que a identidade do pai está em questão.

A tecnologia do DNA fingerprint é usada em processos criminais, pois permite aos investigadores da cena do crime obter amostras de DNA a partir de roupas e objetos e, assim, identificar a origem por meio de procedimentos específicos: depois de combinar uma série de cadeias de DNA encontradas na cena do crime com amostras de DNA dos suspeitos, pode-se determinar se as impressões digitais de DNA pertencem ou não um dos suspeitos. Além disso, essa técnica é utilizada para provar condenações injustas, em que as pessoas cumprem penas, principalmente por crimes de estupro, e, após a apresentação de provas de DNA, são liberadas.

Usando técnicas bioquímicas, o DNA é multiplicado (técnica de PCR) e, assim, os pesquisadores podem trabalhar a partir de pequenas amostras, como as da raiz de um fio de cabelo. As células da amostra são abertas e o DNA é separado dos detritos celulares. Tratado com enzimas de restrição, o DNA é clivado em fragmentos menores (minissatélites) em regiões específicas. Uma vez que os minissatélites de dois indivíduos têm composições diferentes, quando clivados em diferentes locais, produzem fragmentos de comprimentos diferentes. Em seguida, os fragmentos de DNA são colocados em um gel de agarose e uma corrente elétrica é passada através do gel. Fragmentos de DNA carregados negativamente se deslocam pela superfície do gel, com as menores peças se deslocando mais para longe, ficando separados em bandas individuais, por tamanho.

1. Amostra de sangue
2. Extração do DNA
3. Enzimas de restrição cortam o DNA
4. Fragmentos de DNA são separados em bandas durante a eletroforese
5. uma película de nylon recebe as bandas de DNA
7. uma solução radioativa é preparada
8. A radioatividade se liga a bases de mesma composição
9. Uma película de raio-X é colocada sobre as bandas com solução radioativa
9. o Excesso de DNA é eliminado
10. Na película de raio-X o padrão das bandas é evidenciado

Como o gel não pode ser facilmente manipulado, uma película de nylon é colocada sobre sua superfície e coberta com uma camada de toalha de papel. À medida que as toalhas extraem a umidade do gel, o DNA é transferido para a superfície da película de nylon. As bandas de DNA, ainda invisíveis a olho nu, recebem uma solução radioativa e as que têm a mesma composição ligam-se a ela. Geralmente a radioatividade se liga entre 6 a 20 bandas, que podem ser vistas pelos investigadores quando colocam uma película fotográfica sobre elas. As manchas radioativas marcam o filme e produzem um padrão de faixas escuras grossas e finas como um código de barras. Pela comparação e encontro de bandas semelhantes, pode-se fazer a identificação.

Amostras de DNA

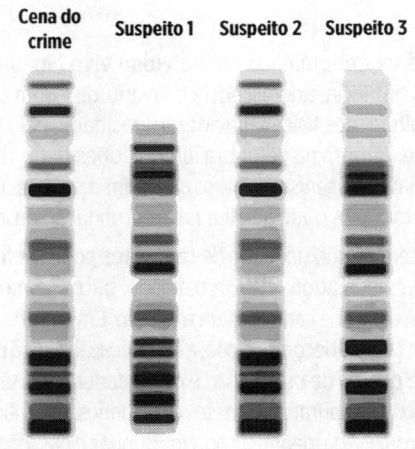

Cena do crime | Suspeito 1 | Suspeito 2 | Suspeito 3

Quando os cientistas forenses examinam as amostras de DNA no laboratório, cada amostra aparece como uma sequência única de barras escuras. Padrões de barras são comparados para encontrar correspondência. No exemplo hipotético mostrado aqui, parece que o suspeito 2 deixou algum DNA na cena do crime.

3.3 Outros Tipos de Identificação

Podemos usar **sinais individuais** (verrugas, manchas), **malformações** (lábio leporino, desvios de coluna, fratura mal consolidada), **sinais profissionais** (calosidades), **cicatrizes traumáticas** (acidentes, queimaduras) ou **patológicas** (cirurgias, vacinas).

Identificação judiciária

A Polícia Civil utiliza vários processos para identificar pessoas: fotografias, dados qualificativos e filiação, documentos como RG e CNH, mas eles podem ser falsificados. Por isso, nada supera a **papiloscopia**, que analisa as impressões digitais, desenhos papilares encontrados nas polpas dos dedos das mãos e na sola dos pés, o que é universalmente aceito. A papiloscopia se divide em:

> **Quiroscopia**: que identifica por meio das impressões da palma da mão.

> **Podoscopia**: que identifica pelas impressões da sola dos pés. Esse método é usado nas maternidades para identificação dos recém-nascidos.

> **Poroscopia**: que identifica os poros digitais (sistema de Locard).

> Albodactilograma: é o estudo da presença de linhas brancas nos desenhos papilares, variando na forma, na direção e no tamanho (sistema de Locard).

> **Datiloscopia**: que identifica pelos desenhos papilares das polpas dos dedos das mãos. Esse sistema foi criado por Juan Vucetich e as digitais são caracterizadas com forma de arco, de presilha interna (da esquerda para a direita), de presilha externa (da direita para a esquerda) e de verticilo (forma circular). Os detalhes em triângulo formado pelas linhas são denominados de deltas.

Arco

Formado por linhas que atravessam o centro da digital e que apresentam formas mais ou menos paralelas e abauladas.

Presilha Interna

Apresenta um delta à direita do observador com linhas que saem da esquerda, curvam-se e voltam à origem formando laçadas.

Presilha Externa

Apresenta um delta à esquerda do observador e linhas que partem da direita, curvam-se e voltam à origem formando laçadas.

Verticilo

Apresenta um delta à direita e outro à esquerda do observador, tendo pelo menos uma linha livre e curva à frente de cada delta.

Detalhes de galton

São acidentes que aparecem nas linhas papilares e que ocorrem em menos de 40 a 50 em cada impressão digital. Servem para estabelecer distinção em impressões muito parecidas.

> Esses tipos essenciais são simbolicamente representados por letras maiúsculas para os polegares e por algarismos para o restante dos dedos. Assim: Verticilo: V-4; Presilha externa: E-3; Presilha interna: I-2; arco: A-1.

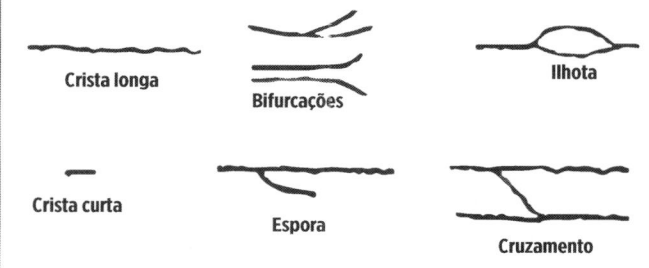

Crista longa — Bifurcações — Ilhota

Crista curta — Espora — Cruzamento

Na esfera policial, utiliza-se a "regra dos doze pontos", diferenciando entre 8 a 12 pontos acidentais nas impressões digitais. A utilização da quantidade de pontos varia de um país para outro, mas geralmente não ultrapassa o máximo de 17.

NOÇÕES DE MEDICINA LEGAL

Tipos de impressões digitais

As impressões digitais podem ser **decorrentes de substâncias** coloridas, quando o autor se apoia com a mão impregnada de sangue, tinta, graxa, etc. em um suporte plano e liso, como vidro ou metal, depositando suas impressões digitais.

As **impressões digitais** latentes são colocadas em qualquer suporte e, pelo suor nas mãos, origina impressões digitais que necessitam de métodos especiais para serem coletadas e reveladas.

Reveladores de impressões digitais

→ **Líquidos** – soluções de ácido ósmico, ácido pícrico, solução alcoólica de Sudam III atuam nos depósitos latentes de impressões digitais e as tornam coloridas. Objetos de vidro, cerâmica, porcelana, facas punhais, revólveres, etc., podem ser imersos nessas soluções.

→ **Sólidos** – vários tipos de partículas finas (pós) podem ser pulverizados sobre a impressão latente e, depois da retirada do excesso com sopro, elas ficam coloridas e visíveis. Como exemplo, alvaiade de chumbo branco.

→ **Gasosos** – são usados para revelação de impressões latentes em papéis. Limalhas de iodo metaloídico são colocadas sobre areia e aquecidas em uma vasilha. Sobrepondo o papel com as possíveis impressões no vapor, elas afloram com cor castanha ou violeta. Como a marca dura pouco tempo, deve ser fotografada.

A extração e o transporte de impressões digitais devem ser feitos com fotografias, que devem ser identificadas e numeradas ou com fita adesiva, que remove as impressões digitais latentes, identificando-as com números e colando-as em lâmina de microscópio para serem levadas ao laboratório.

Instrumentos do crime, como ferramentas, sapatos, etc., devem ser apreendidos para exames periciais e coleta de impressões digitais.

Manchas

São gotas, respingos ou pingos de determinada substância deixados em locais de uma área física ou na pele, roupa, parede, faca e em situações diferentes. Nos locais de homicídio, as manchas geralmente são de sangue. Existem casos em que as manchas deixam dúvidas ou até modificam o local do crime, como quando o piso onde ocorreu o crime é lavado. Nesse caso, é necessário utilizar técnicas de provas para definir se a mancha era de sangue, de ser humano ou animal.

Manchas de sangue: podem ser frescas ou coaguladas dependendo do tempo ou escoação.

Manchas invisíveis: quando há dúvida, usa-se o luminol, que torna a mancha de sangue visível, principalmente no escuro, ao se ligar à hemoglobina (proteína que apresenta quatro íons de ferro em quatro anéis tetrapirrólicos).

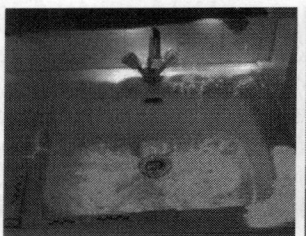

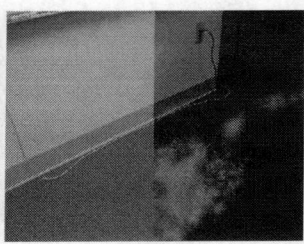

Uso do luminol

As **provas de orientação** ou **genéricas** demonstram que o material examinado é sangue e podem ser obtidas pela reação de Adler-Ascarelli, reação de Van-Deen; reação de Amado Ferreira, reação Kastle-Meyer. O resultado negativo indica que não é sangue; o resultado positivo indica que poderá ser sangue.

→ São **provas determinantes** ou **de certeza** de que o material examinado é sangue:

> **Prova espectroscópica** – analisa substâncias interpretando os espectros de emissão ou absorção de radiações eletromagnéticas pelo espectroscópico. Se o espectro obtido for o específico para hemoglobina, confirma a mancha de sangue.

> **Prova dos cristais de Teichmann** – solução de vinagre (ácido acético) quente, com cloreto de sódio (sal de cozinha), é usada em parte da mancha e forma cristais com formato de losango, castanho-claro. Isso comprova a presença de hemoglobina e confirma a presença de sangue.

> **Prova dos cristais de hemocromogênio** – mistura de 10 ml de água destilada, 3 ml de solução saturada de glicose, 3 ml de piridina e 3 ml de soda a 10% é misturada em uma lâmina com uma pequena porção de sangue, forma cristais arborescentes alaranjados (Takayama).

As **provas específicas** são usadas depois da confirmação de que a mancha é de sangue. Elas confirmam se o plasma é humano ou de animal.

> **Soroprecipitação de Uhlenhuth** – reação de antígeno-anticorpo feita em tubo de ensaio (*in vitro*) que deixa um anel gelatinoso branco se o sangue for humano.

Outras técnicas

> **Imunocromatografia** – utiliza a reação antígeno-anticorpo, na temperatura ambiente, e determina o sangue com definição da espécie, formando uma linha de cor azul.

> **Imunoflorescência** – detecta sangue humano no local, identificando também leucócitos, hemácias e DNA. Pode ser usada para detectar manchas de sangue em roupas e foi criada e desenvolvida por Thorogate.

> **Termografia pericial médica** – interpreta imagem digital infravermelha no laboratório.

Antropometria policial

Utiliza o método de Alphonse Berillon para diferenciar traços especiais do corpo e, assim, reconhecer criminosos. Esse método se vale da fotografia sinalética, do retrato falado e adota os desenhos papilares de Vucetich em suas fichas antropométricas.

A **fotografia signalética** é uma fotografia normal, com redução em 1/7 de frente e de perfil direito, permitindo calcular e cotejar a altura da testa, as formas e o diâmetro do nariz e da boca, bem como altura do pavilhão auricular e a estatura do indivíduo.

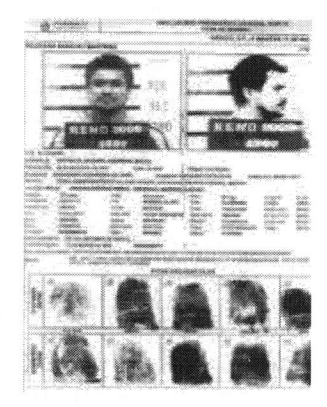

Fotografia signalética e impressões digitais.

O **retrato falado** descreve a pessoa reconstituindo seus traços fisionômicos a partir da fala de um terceiro indivíduo que viu a pessoa ou a conhece. Todos os dados e características devem ser informados ao policial desenhista para que ele faça um esboço e, depois, elabore o retrato. Apesar de ser um recurso complementar, esse processo é muito útil na procura de desaparecidos e infratores.

Retrato falado

Na sobreposição de imagens, usa-se uma fotografia da pessoa a ser identificada e se sobrepõe essa imagem à fotografia do crânio. Com a sobreposição das imagens, é possível determinar a compatibilidade das duas fotos pela marcação de pontos craniométricos específicos.

Pelo crânio, podemos obter diversas informações sobre a vítima: tempo transcorrido desde a morte, sexo e grupo racial humano.

A técnica de reconstituição bidimensional e tridimensional inclui o emprego de desenhos ou montagens de imagens digitais sobre um crânio. Já existem softwares para esse tipo de estudo, mas, no Brasil, a sobreposição de imagens é a mais realizada, pelas dificuldades encontradas para modelagem em argila e reconstituição computadorizada em 3D.

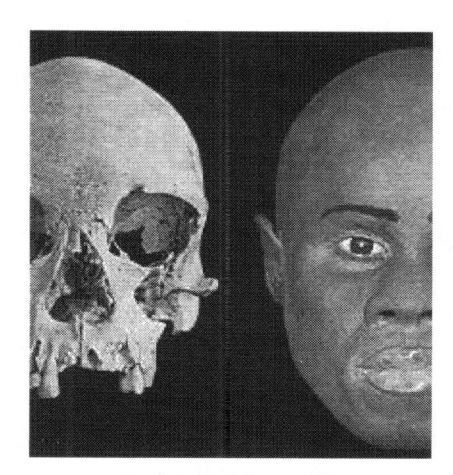

Reconstituição em 3D

4. TRAUMATOLOGIA FORENSE

É um ramo da Medicina Legal que estuda os traumas e as lesões corporais resultantes de traumatismos de ordem física, química ou psicológica. O estudo é feito com o **exame de corpo de delito**, o exame pericial na vítima e no local do crime.

4.1 Agentes Mecânicos

Os agentes mecânicos que provocam os traumas e as lesões corporais podem se manifestar sob duas modalidades:

> **Ação ativa** – o instrumento vem de encontro à superfície corpórea, com um soco, uma faca, um punhal, um porrete e etc.

> **Ação passiva** – quando a superfície corpórea (a vítima) vai de encontro ao instrumento, como quando uma pessoa cai e bate a cabeça no solo.

Lesão corporal

Qualquer alteração na integridade corporal, feita de maneira culposa ou dolosa, no corpo ou nos tecidos de uma pessoa (um beliscão pode caracterizar uma lesão corporal).

A perícia na lesão corporal deve constatar ou não a existência da lesão, determinar o nexo-causal entre o agente e a lesão, o tempo e a época em que ela foi produzida.

→ As lesões corporais podem ser:

> **Leves** – quando resultam da ofensa à integridade corporal ou à saúde (excetuando as lesões graves e gravíssimas).

> **Grave** – quando incapacitam a vítima para as ocupações habituais por mais de trinta dias; quando colocam em perigo de vida; causam debilidade de membro (sentido ou função); deformidade permanente ou aceleram o parto.

> **Gravíssima** – quando incapacitam permanentemente para o trabalho; causam perda ou inutilização de membro (sentido ou função); provocam deformidade permanente ou aborto.

> **Seguida de morte** – quando o agente alheio provoca a morte da vítima; quando o agente não queria esse desfecho, a ação é dolosa, mas o resultado é culposo.

Lesões mortais

As lesões mortais podem ser **diretas**, quando produzem a morte pelo *modus operandi* e do local da lesão (golpe de punhal ou projétil de arma de fogo atingindo o coração), ou **indiretas**, quando o ferimento não é o único motivo da morte; mas outras causas preexistentes contribuem para o falecimento, as **concausas preexistentes** ou **supervenientes**.

> **Concausas preexistentes** – a vítima apresentava anteriormente problemas patológicos, fisiológicos ou anatômicos.

> **Concausas supervenientes** – as lesões recebidas provocam situações que favorecem à morte: infecções após a cirurgia.

Armas

Todo instrumento destinado a atacar a integridade física, ferindo ou matando.

As **armas próprias** são as que foram fabricadas para serem instrumentos de defesa ou de ataque, proporcionando potencialidade lesiva (pistola, espingarda, revólver, fuzil, rifle, metralhadora, garrucha, punhal, espada, etc.). As armas impróprias são as fabricadas para o trabalho, mas que podem ser utilizadas em determinado momento como instrumento de ataque ou defesa (machado, foice, enxada, faca, facão, ancinho, martelo, caco de vidro, bengala, pedra).

Armas que produzem lesões simples

Cortantes

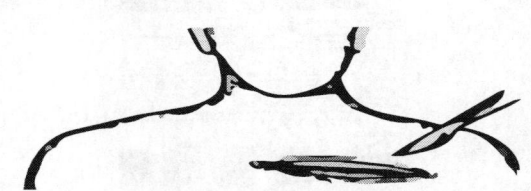

Agem deslizando e cortando os tecidos (navalha, pedaço de vidro, faca). A lesão é denominada **ferida incisa** e costuma ser linear, com bordas regulares e com pouca profundidade.

Perfurantes

Têm haste cilíndrica ou cônica (estilete, prego) e, quando penetram, separam as fibras dos tecidos, causando **lesões punctórias** ou **puntiformes**. O diâmetro do instrumento determina o diâmetro da lesão na pele: diâmetro pequeno, orifício pequeno; diâmetro maior, a lesão é maior e alongada, assemelhando-se ao ferimento de corte, graças à retração elástica da pele (espeto, furador de gelo, estaca).

Contundentes

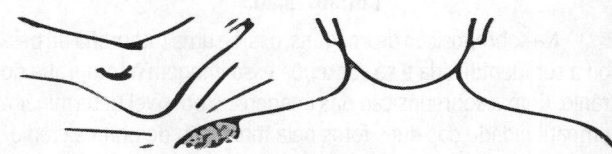

Têm a superfície de contato plana e ferem por pressão, deslizamento ou ambos. Agem ativamente quando vão em direção da vítima (soco, paulada, pedrada) ou passivamente se a vítima se dirige a eles (queda). Produzem lesões superficiais ou profundas.

Lesões superficiais

> Edema traumático – aumento do volume da área atingida graças à saída de líquido dos vasos sanguíneos para os tecidos.

> **Hiperemias** – provocam congestão dos vasos sem que estes se rompam; a região afetada fica róseo-avermelhada por até três horas após a violência, daí o exame ser de emergência médico-legal para confirmação da violência.

> **Equimoses** – são provocadas por extravasamento de sangue e sua infiltração entre os tecidos. Podem ser superficiais (na pele) ou profundas (músculos, vísceras). As equimoses superficiais variam a coloração ao longo do tempo (espectro equimótico de Legrand du Saulle): vermelho-clara (até o 2º dia); negra ou arroxeada (2º e 3º dia); azul (3º ao 6º dia); verde (7º ao 12º dia); amarelada (13º ao 20º dia) e então desaparecem.

Alterações de cor	Evolução em dias
Vermelho-escuro	1º dia
Violeta	2º e 3º dias
Azulado	4º ao 6º dia
Verde-escuro	7º ao 10º dias
Verde-amarelado	11º e 12º dia
Amarelo	12º ao 17º dia
Cor natural da pele	Após 20º dia

As equimoses são de grande importância médico-legal, pois indicam o local do traumatismo, podem sugerir o instrumento usado na agressão, dão ideia da violência pela extensão que apresentam e indicam a data provável do traumatismo. Como são sempre resultado de agressões ocorridas em vida, não são confundidas com lesões *post mortem*.

> **Hematomas** – são acúmulos de sangue retidos no interior dos tecidos, sem ruptura da pele e com a formação de bolsas.

> **Bolhas ou flictenas** – são derrames subcutâneos de serosidade produzidos por queimaduras ou traumatismos tangenciais à pele (rodas de veículo que descolam a pele).

> **Escoriações** – são lesões superficiais que retiram a epiderme e deixam a derme exposta. Produzidas em vida, apresentam serosidade e gotas de sangue que forma crosta quando secam Pelo formato, localização, aspecto e dimensão é possível determinar o agente (unha, dente) e a natureza de violência (escoriações nas mamas e órgãos genitais sugerem violação sexual).

> **Feridas contusas** – são feridas abertas de forma irregular, bordas tortuosas e com destruição de tecidos (golpe de cassetete).

Lesões profundas

> **Contusas** – quando o revestimento do corpo sofre compressão pelo instrumento contra uma estrutura óssea, contraindo involuntariamente em razão da tensão sofrida.

> **Lacerocontusas** – quando ocorre retirada violenta de tecidos, com pequena hemorragia.

> **Luxações** – quando os ossos saem das articulações.

> **Fraturas** – são fechadas quando o osso quebrado permanece dentro do corpo e abertas quando o osso quebrado fica exposto fora do corpo.

> **Esmagamentos** – objetos contundentes atingem partes vitais do corpo (cabeça, pescoço, tórax, abdome) ou órgãos não vitais, que podem precisar de amputação (pernas, pés, braços, mãos).

> **Rupturas de órgãos internos** – uma compressão violenta e repentina do instrumento contra o corpo atinge as vísceras, como em um atropelamento, uma queda de paraquedas ou de um prédio, em soterramentos.

> **Equimoses** – As equimoses profundas são negras durante toda a evolução.

Armas que produzem lesões mistas

Estes instrumentos atuam de duas formas, como o punhal que ao mesmo tempo em que fura, corta; ou contunde e corta, quando seu gume é mais grosseiro. Essas armas resultam da combinação das primeiras e podem ser:

Cortocontundentes

Quando possuem o gume mais ou menos grosso e atuam pela força de impulsão, bem como pelo peso e pressão. Atuam por meio de um gume associado ao impacto do próprio instrumento (machado, enxada, facão), provocando feridas cortocontusas:

> **Esgorjamento** – lesão na parte anterior do pescoço, de profundidade variável. Quando é suicida, o esgorjamento produz feridas superficiais e descendentes para a direita, enquanto que no homicídio as feridas são mais profundas e descendentes para a esquerda.

> **Degolamento** – a lesão é feita na parte posterior do pescoço.

Perfurocortantes

Perfuram e cortam com o punhal e a faca, que apresentam uma ponta e um ou dois gumes. A ferida é perfuroincisa e tende a tomar formato diferente do instrumento que os produziu, devido à força da pele que traciona os bordos da ferida, deformando-a.

Lesões feitas com lâmina de 1, 2 e 3 gumes.

Perfurocontundentes

Produzem ferimentos **perfurocontusos** e são, geralmente, resultado da ação de projéteis de armas de fogo (revólver, pistola, rifle, metralhadora) e de chumbinhos, conhecidos como projéteis múltiplos (pica-pau, espingarda de cartucho, cartucheira).

> A ponta de um guarda-chuva, impulsionada contra uma pessoa, poderá ocasionar essa modalidade de ferimento.

NOÇÕES DE MEDICINA LEGAL

Lesões por armas de fogo

Depois de disparado o tiro, o projétil sai girando e atinge o alvo, por pressão, perfurando e originando um orifício de entrada, um trajeto e, possivelmente, um orifício de saída; quando não sai, a lesão não é transfixante. O orifício de entrada, em geral, é menor que o de saída, possuindo bordas invertidas; o orifício de saída é maior, com borda invertidas e deslocamento de tecidos.

Nos tiros encostados, o projétil e os gases rompem os tecidos e ocasionam lesões extensas; nos tiros à queima-roupa, atuam o projétil e os gases provenientes da combustão da pólvora; nos tiros a distância, o alvo é atingido apenas pelo projétil.

Marcas no orifício de entrada do projétil

> **Orla de enxugo ou limpadura** – a qualquer distância que o tiro tenha sido dado, o projétil transporta pólvora e resíduos do cano da arma (ferrugem); ao entrar, a pele limpa o projétil e fica em torno do orifício um anel escuro; observada nas roupas.

> **Orla de escoriação** – localizada em torno do ferimento de entrada que arranca a epiderme e deixa exposta a derme vermelha e brilhante (tiro recente) e escura (após algumas horas).

> **Orla equimótica** (de contusão) – produzida quando o projétil impacta no corpo formando uma equimose de extensão e intensidade variável de acordo com a textura dos tecidos e o impacto do projétil. É importante para determinar que o ferimento ocorreu no indivíduo vivo e por arma de fogo. Ocorre infiltração hemorrágica ao longo do trajeto da bala, sendo observada até o orifício de saída.

Feridas produzidas pelo projétil

> **Ferida penetrante** – não tem orifício de saída e toda a energia cinética é liberada internamente nos tecidos vizinhos.

> **Ferida perfurante** – com orifício de entrada e de saída, libera parte da energia cinética nos tecidos vizinhos.

> **Magnitude da lesão** – o potencial da lesão é determinado pela capacidade do projétil transferir energia cinética aos tecidos.

A duplicação da massa de um projétil também duplica sua energia cinética. Quando se duplica a velocidade de um projétil, quadruplica-se sua energia cinética.

Zonas de contorno da entrada do projétil

Zona de tatuagem

Formada pela incrustação de partículas granulares de pólvora quente, levada pelo projétil. Apresenta forma circular no tiro perpendicular e semicircular no tiro oblíquo. É indelével nos tiros próximos. Permitem determinar o orifício de entrada do projétil e a distância do tiro; nos corpos vestidos, pode não existir.

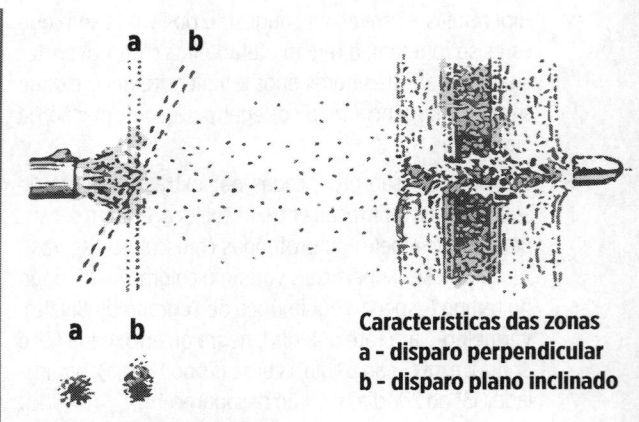

Características das zonas
a - disparo perpendicular
b - disparo plano inclinado

Zona de esfumaçamento

É formada por partículas pequenas de pólvora (fuligem) que incrustam na pele de modo superficial (pode ser removida com lavação local), sendo inexistente na vestimenta da vítima.

Zona de chamuscamento

Os tiros próximos queimam os pelos e a epiderme por causa do aquecimento dos gases, podendo ocorrer nas vestimentas da vítima no orifício de entrada.

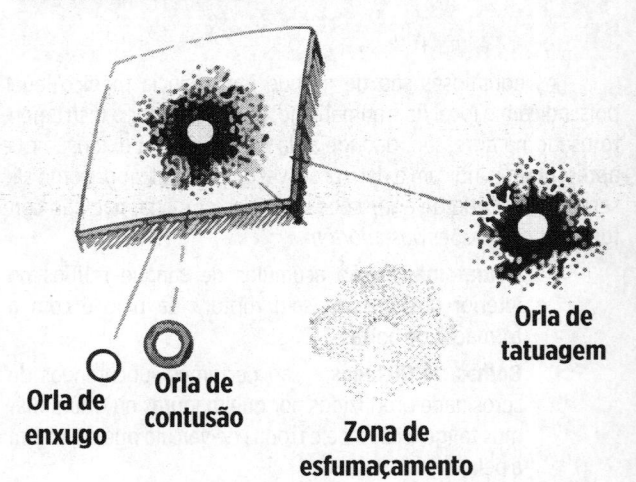

Orla de enxugo
Orla de contusão
Zona de esfumaçamento
Orla de tatuagem

Movimentos do projétil

Yaw

Quando penetram nos tecidos, os projéteis produzem uma zona cilíndrica central de 12 a 15 cm de profundidade; a partir daí, ele gira de seu eixo longitudinal sobre o eixo vertical aumentando a lesão em virtude de maior contato e produzindo uma cavidade maior, permanente e orifício de saída maior que o de entrada.

Tumbling

Os efeitos do projétil nos tecidos estão relacionados com a orientação deste ao atingir o corpo, ocorrendo dissipação rápida da energia cinética e aumentando os danos internos.

Precessão

O nariz do projétil traça um círculo no ar, perpendicular à sua trajetória, aumentando a área de impacto ao atingir o alvo.

Yaw

Precessão

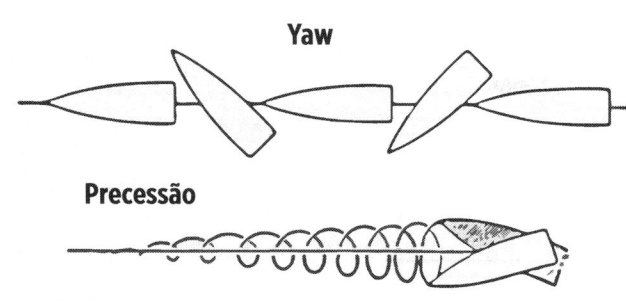

Oscilação

O nariz do projétil oscila no ar e contribui para aumentar a área de impacto ao atingir o alvo.

Modalidades de tiros

Projétil Único

> Tiros apoiados ou encostados

São efetuados com a saída do cano da arma colado ao corpo da pessoa, podendo ser encontrado no orifício de entrada o **Sinal de Hoffmann** (câmera de mina) com tonalidades escuras, provocado pela violenta combustão e expansão de gases. Na pele, também pode ser encontrado, em volta do orifício de entrada, o **Sinal de Werkgartner**, a marca da boca e da mira do cano.

> Tiros à queima-roupa

Todas as zonas de contorno aparecem graças ao aquecimento, às partículas de pólvora, impurezas e fumaça que saem do cano e atingem a pele. Apresenta efeitos secundários, com lesões advindas de microprojéteis e das partículas de pólvora quente que saem do cano.

> Tiros a distância

O orifício de entrada apresenta a orla de contusão, aréola equimótica e orla de enxugo e bordas invertidas. A ferida não tem efeitos secundários do disparo.

Projéteis Múltiplos

> Tiros apoiados ou encostados

Os projéteis marcam o orifício de entrada com zona equimótica, orla de contusão e halo de enxugo, demonstrando o "efeito mina", gravíssimo quando não é mortal.

> Tiros à queima-roupa

Produzem ferimentos grandes com bordos escuros e irregulares, mais ou menos oval; um segundo círculo circunda o primeiro com lesões menores provenientes de outros projéteis espalhados. Produz várias lesões gravíssimas.

> Tiros a distância

O alastramento dos grãos de chumbo ("rosa do tiro") produz pequenos ferimentos ovalares ou circulares, separados ou reunidos que facilitam esclarecer a distância do disparo.

4.2 Agentes Físicos

Provocam lesões corporais ou morte por mudança do estado físico dos corpos.

Temperatura

Frio

Quando é intenso, a exposição do corpo por tempo demorado pode provocar **geladuras**: congestão e tumefação da pele, acompanhadas de manifestações abundantes de prurido e queimação, podendo evoluir para gangrena.

As lesões produzidas por baixa temperatura podem ser classificadas em três graus:

> **1º grau** – rubefação ou eritema: começa com vasoconstrição de forma acentuada, principalmente nos capilares; a pele fica vermelho-escura, tensa e luzidia.

> **2º grau** – flictena ou vesicação: semelhante às queimaduras, com estagnação do sangue, levantamento da epiderme, formação de bolhas com líquido rico em proteínas séricas e leucócitos (exsudado).

> **3º grau** – necrose ou gangrena: os tecidos morrem e apodrecem formando a gangrena seca (obstrução arterial) ou úmida (contaminação por microrganismos), coagulação do sangue dentro dos vasos e destruição parcial ou completa do membro.

As queimaduras feitas pelo frio causam a perda de sensibilidade na região, pulsação lenta, perda temporária da visão e dos sentidos, calafrios. Alpinistas e náufragos podem morrer em razão da baixa temperatura.

> A *acrocianose*, forma de geladura, acomete as mãos (às vezes os pés) deixando-as suadas, frias e azuladas em razão de distúrbios circulatórios.

Calor

Pode provocar **termonoses: insolação** (quando os raios solares atuam diretamente sobre o organismo) ou **intermação** (quando ocorre elevação de temperatura provocada por confinamento ou falta de arejamento).

As queimaduras são lesões provocadas pela ação direta do calor sobre o organismo (contado direto com o fogo, vapores quentes, líquidos ferventes, substâncias químicas, eletricidade). Podem ser **superficiais**, quando atingem algumas camadas da pele ou **profundas**, quando há destruição total da pele.

O risco de vida está associado à extensão da superfície corporal atingida: 10% de área queimada = pequena queimadura; mais de 10% de área queimada = grande queimadura.

TRAUMATOLOGIA FORENSE

As queimaduras são classificadas em:

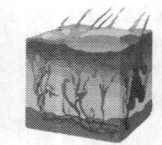

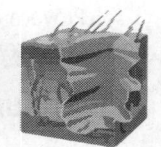

Pele normal | **Queimadura de primeiro grau** | **Queimadura de segundo grau** | **Queimadura de terceiro grau**

> **1º grau** – quando são superficiais e provocam vermelhidão e dor suportável no local, sem formação de bolhas.
> **2º grau** – quando atinge camadas mais profundas da pele e forma bolhas e flictemas (bolhas maiores – sinal de Chambert), camadas da pele se desprendem e a dor local é de intensidade variável.
> **3º grau** – quando atinge todas as camadas da pele, comprometendo profundamente os tecidos, até os músculos.
> **4º grau** – quando compromete até os ossos, carbonizando-os.

Eletricidade

Pode agir de forma letal, **fulminando** o indivíduo ou provocando fulguração, deixando lesões corporais.

Sinal de lichtemberg

É o ponto de contato da energia atmosférica (raios) com o corpo humano, formando figuras dendríticas ou sinal da samambaia: a queimadura deixa evidentes as ramificações dos nervos, artérias e veias que se encontram embaixo da pele, permitindo ver o caminho que a corrente elétrica percorreu no corpo da pessoa.

A eletricidade artificial, quando provoca acidentes, a síndrome é denominada **eletroplessão**.

Marca de jellineck

É a que fica no ponto de contato entre o fio elétrico e a pele, quando se toma um choque. Inchaço na pele, depois inflamação, com depressão central; pode ficar elemento metálico na pele. Pode ou não causar a morte.

4.3 Agentes Físico-Químicos

Envolvem a privação do direito de respirar, diante dos processos asfixiantes.

Asfixiar é o ato de ação ou omissão que ocasiona a paralização do processo respiratório normal de uma pessoa, por meio de método criminoso que culmina na morte da vítima.

Asfixia mecânica

Ocorre quando alguma força age nas vias respiratórias, impedindo o fluxo de oxigênio. Isso pode ocorrer com o uso de mãos, braço, travesseiro, almofada, areia, peso sobre o tórax, corda, laço, líquidos, etc. Ela pode ocorrer por:

> **anoxemia**, quando diminui ou falta oxigênio no sangue;
> **hipercapneia**, quando há excesso de gás carbônico no sangue.

Pode ocorrer por sufocação, que produz dificuldade extrema em respirar (falta de ar).

Sufocação direta

O ar não chega aos pulmões porque as narinas e a boca foram fechadas.

> **Oclusão dos Orifícios Respiratórios** – com objetos macios (pano, almofada, saco plástico), mãos, boca e narinas são tampados. Isso pode ocorrer de maneira criminosa ou por omissão (bebê que é sufocado pelo travesseiro).
> **Obstrução das Vias Respiratórias** – ocorre quando o ar é substituído por objeto estranho que bloqueia as vias respiratórias. Os objetos podem ser **exógenos** (carne, macarrão, grãos e sementes, chicletes, botões, etc.) ou **endógenos** (vômito, regurgitação, sangue, vermes, pus, etc.).

Essas duas formas de asfixia são também denominadas tamponamento e podem ser acidentais ou criminosas, causando um homicídio.

> **Confinamento** – ocorre quando, em ambiente fechado, com abertura reduzida ou lacrada, há diminuição gradativa do oxigênio e aumento do gás carbônico, causado pela respiração. A falta de renovação de ar, o aumento da temperatura e alterações na umidade atmosférica do local auxiliam a dificuldade respiratória. Esse processo ocorre em desabamentos e desmoronamentos de cavernas ou minas e afundamento de submarinos.
> **Afogamento** (verdadeiro ou azul) - tipo de asfixia por sufocação direta em que o meio asfixiante é líquido. A água penetra e preenche as vias e órgãos respiratórios, privando a respiração e acumulando líquido na parte interna do corpo. Nos exames médicos periciais, são encontrados, nos órgãos respiratórios, fragmentos de seres vivos microscópicos.
> Os **sinais externos** que indicam o afogamento são: coloração azulada (cianose), olhos esbugalhados, corpo intumescido, cabeça escurecida, livores cadavéricos de cor rósea, equimoses subpleurais (manchas de Paltauf), resfriamento precoce, cogumelo de espuma, corpos estranhos nas unhas, lesões de pele por arrastamento no fundo.
> Os **sinais internos** são: espuma traqueobrônquica, enfisema aquoso (pulmão como esponja molhada) – Sinal de Valentin; hiperdistenção pulmonar; água no estômago; lesões da base do crânio; sinal de Niles (hemorragia temporal); e sinal de Vargas-Alvarado (hemorragia etmoidal). Em casos de infanticídios (morte do recém-nascido por imersão da cabeça da criança em rios, lagos, cisternas, poços, durante o banho e etc.), a prova de Wreden-Wendt constata a presença de líquido no ouvido médio da vítima.

> **Afogamento** (branco ou falso) – o suposto afogado morreu antes de entrar na água, não havendo inundação do sistema respiratório, nem asfixia. A vítima não apresenta cianose na face, tem palidez generalizada. As causas da morte podem ser acidentais (acidente vascular, parada cardíaca) ou criminosas (a vítima foi morta e depois jogada na água).

> **Sufocação Indireta** – quando o tórax é comprimido e não permite a expansão e, consequentemente, a inspiração. Pode acontecer em desabamento, pisoteamento, queda de tronco de árvore ou poste sobre a pessoa. Nesse caso, temos a *Máscara equimótica de Morestin*: sinal predominante nos sobreviventes em que a face, a parte superior frontal do tórax e o pescoço ficam violáceos; podem ser constatadas hemorragias subconjuntivais.

> **Soterramento** – ocorre geralmente por acidente de trabalho, mas pode ser criminoso, com a vítima imobilizada e coberta por material sólido ou pó (terra, areia, farinha, cal, cimento) que invade as vias respiratórias. Nos exames de corpo de delito, são encontradas as substâncias asfixiantes na boca, no estômago, no esôfago, nas vias respiratórias, além de lesões externas e internas (contusões, hematomas, escoriações, fraturas).

> **Enforcamento** – feito com pressão circular que reduz o diâmetro do pescoço por meio de corda e a ação da gravidade que puxa o corpo para baixo. A compressão do laço em volta do pescoço força a base lingual e a parede posterior da faringe, bloqueando a passagem de ar. Nos enforcados, são encontrados lesões e sinais característicos: lesões na cartilagem da laringe, coluna vertebral e fraturas no osso hioide causadas pelo impacto inicial. O sulco no pescoço do enforcado pode ser: **duro**, quando feito por corda de nylon, sisal ou arame, em que o fundo do sulco é escoriado, desidratado e mais escuro que a pele, deixando a impressão da textura do laço; **mole**, quando feito por lençol ou peça de vestuário, em que o fundo do sulco é de difícil visualização, com pequenas hemorragias acima e abaixo do laço.

» **Linha argêntea ou argentina** – a pressão do laço no pescoço provoca condensação e desidratação do tecido conjuntivo e surge no sulco uma linha delgada, esbranquiçada e circular da espessura da corda.

» **Enforcamento completo** – considerado típico, nele o corpo é encontrado suspenso, com o nó posicionado junto ao osso temporal (nuca).

» **Enforcamento incompleto** – quando o nó, que pode ser fixo ou corrediço, não está na nuca.

» **Enforcado branco** – o laço fecha as artérias e a face branca indica falta de irrigação sanguínea.

» **Enforcado azul** – o acúmulo de sangue na face provoca o rompimento de pequenos vasos e o aparecimento de equimoses.

> **Esganadura** – tipo de enforcamento feito por meio das mãos do sujeito ativo, que aperta a glote e provoca obstrução da respiração da vítima (homicídio ou infanticídio). Os sinais característicos são arranhões provocados pelas unhas e manchas equimóticas devidas à pressão dos dedos do agente no pescoço da vítima. Os sinais externos são exoftalmia, otorragia, cianose da face, hematomas, fraturas das cartilagens e do osso hioide, espuma avermelhada na traqueia.

> **Estrangulamento** – é outra forma de asfixia mecânica, mas que não utiliza a força da gravidade. Ocorre quando o atacante usando de um laço (cinto, corda, arame, correia, gravata), por detrás da vítima, impede a entrada de ar. Geralmente são casos de homicídio e apresenta sinais de violência e de defesa, pois a vítima tenta se desvencilhar. Quando não consegue, a falta de ar provoca perda de consciência, convulsões, relaxamento dos esfíncteres e morte.

Outras mortes violentas

> **Esgorjamento** – corte na parte anterior do pescoço, com a incisão entre o osso hioide e a laringe, podendo ser oblíquo ou horizontal, provocando grande hemorragia. Para o corte, são usados instrumentos cortantes (faca ou navalha) e geralmente caracteriza homicídios (eventualmente suicídios).

> **Degolamento** – a lesão ocorre na nuca por instrumentos cortantes ou cortocontundentes (faca, navalha, machado), de maneira horizontal ou oblíqua, com hemorragia abundante.

> **Decapitação** – quando a cabeça é separada do corpo por instrumentos cortantes ou cortocontundentes, com muita perda de sangue.

> **Decepação** – são incisões que cortam, amputam mutilam e separam órgãos do corpo (dedos, mãos, braços, pés, pernas). São usados instrumentos cortantes ou cortocontundentes.

4.4 Agentes Químicos

Provocam reações químicas com a célula viva e podem ser classificados como:

Cáusticos

Quando agem sobre os tecidos provocando desorganização e destruição, processo conhecido como **vitriolagem**. Podem ter ação como:

Durante a emersão, ocorre entre 24 horas [e] 5 dias, os gases formados durante a putrefação [fazem] a flutuação na [água] doce; na água salgada isso ocorre em mais [tardiez]. Em putrefação [adiantada], os gases escapam e há rompimento dos [tecidos] moles com o corpo [imergindo] novamente. [Quando] o peso do corpo é [reduzido], transparecendo a adipocera (aparência [de sabão] ou cera), há nova [emersão]. Ao ser retirado [da água], o afogado apresenta olhos esbugalhados, [corpo] inchado e monstruoso, cheiro fétido, cortes e [ferimentos] causados por [peixes] e pedras.

> **Coagulantes** – desidratando os tecidos e formando escaras endurecidas como fazem o nitrato de prata, o cloreto de zinco e sulfato de cobre.
> **Liquefacientes** – produzindo escaras úmidas e moles como faz a soda, a potassa e a amônia.

Venenos

São substâncias que atuam sobre a química do organismo, lesando a integridade corporal, a saúde e podendo provocar morte. Geralmente penetram: pela boca, pelas mucosas (gástrica, retal, nasal) pela pele, pela região intramuscular, intraperitoneal, intravenosa e intra-arterial. A eliminação desses compostos se faz pela urina, fezes, pulmões, suor, saliva e bile.

Os venenos podem ser classificados quanto ao estado físico (líquidos, sólidos e gasosos), à origem (animal, vegetal, mineral e sintéticos), às funções químicas (óxidos, ácidos, bases e sais), ao uso (doméstico, agrícola, industrial, medicinal e cosmético).

Envenenamentos mais comuns

→ **Monóxido de carbono**

Esse gás é responsável por vários envenenamentos acidentais e suicidas, sendo produzido pela combustão incompleta de combustíveis, aquecedores, fornos e motores.

A **exposição hiperaguda** ocorre quando a vítima fica exposta à elevada quantidade do gás e provoca morte instantânea.

A **exposição aguda** ocorre quando a quantidade do gás é menor e provoca, inicialmente:

> **Sintomas nervosos** – vertigens, cefaleia, alterações sensoriais e impotência muscular.
> **Sintomas digestivos** – náuseas e vômitos.

Em seguida, inicia-se a fase de coma, com desaparecimento dos reflexos. Se o paciente não sair do local, morre; se for retirado, sobrevive e apresenta:

> Sintomas neuropsíquicos – confusão mental, delírio e amnésia.
> Sintomas motores – lesões no S.N.C.
> Sintomas sensoriais – amaurose (perda da visão).
> Sintomas cutâneos – distúrbios tróficos e gangrena;
> Glicosúria passageira – broncopneumonia.

A forma crônica do envenenamento geralmente é doença profissional, diminuindo a acuidade visual, provocando astenia, cefaleia, vertigens, vômitos e náuseas constantes. Em caso de morte, o cadáver apresenta: sangue de coloração clara; mancha hipostática de cor róseo-pálida; congestão do encéfalo e das vísceras; coloração roseada e pulmões repletos de sangue.

→ **"Chumbinho"**

Comercializado de maneira ilegal e usado pela população como raticida de grande eficiência, esse produto tem grande letalidade e ação rápida, expondo as pessoas a intoxicações graves e muitas vezes fatais.

São usados como "chumbinho" os produtos organofosforados (forate, terbufós, flutiafol, dissulfoton) cadusafós (carbamatos, carbosulfan, aldicarb, carbofuran) e ainda o triazol.

5. SEXOLOGIA FORENSE

É a parte da Medicina Legal que estuda os problemas médico-legais relacionados ao sexo. Aborda os seguintes aspectos: Erotologia Forense, Obstetrícia Forense e Himenologia Forense.

5.1 Erotologia Forense

Estuda os **crimes sexuais** (estupro e atentado violento ao pudor) e os transtornos da sexualidade.

Os crimes, antes considerados atentado violento ao pudor, enquadrados no Artigo 214 do Código Penal, são contemplados agora no Artigo 213, referente ao estupro. Com isso, estupro e atentado violento ao pudor, que eram dois crimes autônomos com penas somadas, devem resultar na aplicação de uma única pena.

Há o risco de as penas serem menores. Antes era aplicado concurso material de delitos. Quem praticou [de forma forçada] sexo vaginal [que era estupro] e depois oral [que era atentado violento ao pudor] podia receber seis anos por causa de cada delito. A condenação pelos dois delitos com penas somadas, agora passaram a ser a mesma coisa.

A unificação dos crimes de estupro e atentado violento ao pudor vai à contramão de uma decisão tomada em 18 de junho de 2009 pelo Supremo Tribunal Federal (STF), quando os ministros da Corte decidiram, por seis votos a quatro, que atentado violento ao pudor e estupro não são crimes continuados. Pela manifestação do STF, quem praticar os dois crimes deve ter as penas somadas, já que os delitos, embora ambos sejam crimes sexuais, não são da mesma espécie.

Estupro

Segundo o Código Penal, são atos sexuais a conjunção carnal e o ato libidinoso. A conjunção carnal com violência ou grave ameaça pode ocorrer com a penetração completa ou parcial do pênis em ereção na vagina, com ou sem ruptura do hímen, com ou sem orgasmo.

O **hímen** é uma membrana mucosa que separa a vulva da vagina e que se rompe geralmente no primeiro contato sexual. Apresenta borda livre em volta do óstio (abertura genital), orifício de morfologia variada por onde escoa o fluxo menstrual.

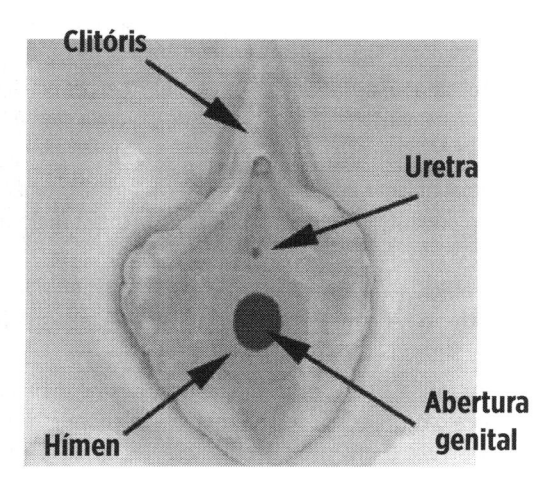

Em algumas mulheres, o hímen é **dubitativo** ou **complacente**, permitindo a relação sexual sem se romper. Entre 20 e 25% das mulheres têm o óstio amplo e a membrana com grande capacidade de distensão.

Os objetivos da Perícia em casos de estupro são: demonstrar a relação sexual ou penetração vaginal; perceber a ausência de consentimento, pelos sinais de violência efetiva ou presumida; obter relação de provas biológicas que permitam identificar o estuprador.

→ **A materialidade da conjunção carnal é configurada pela:**

> **ruptura do hímen** – que pode se dar na borda livre do óstio ou em qualquer parte da membrana, com pequena e passageira perda de sangue. Quando a ruptura é completa, ocorre da borda livre até a borda de inserção junto da parede vaginal. Durante o exame pericial, o hímen pode estar íntegro, com rotura completa, com rotura incompleta, com agenesia (ausência congênita), complacente ou reduzido a carúnculas mitriformes (em mulheres que pariram). Hímens rotos podem ser, quanto à cicatrização, **recentes** (até 20 dias), **antiga** ou **cicatrizada** (mais de 20 dias).

> **espermatozoides na vagina** – o encontro deles nessa região pressupõe que houve conjunção carnal, mesmo que seja uma célula apenas até 27 horas após a relação sexual. Tempo superior a 48 horas entre a perícia e a violência, o uso de preservativo pelo homem e os cuidados higiênicos da mulher costumam dificultar a descoberta.

> **gravidez** – mesmo que a relação sexual não tenha ocorrido no sentido estrito e independentemente do estado do hímen, a confirmação de gravidez implica que houve defloramento. O prazo máximo legal da gravidez é de 300 dias.

→ **A violência contra a mulher pode ser:**

> **Efetiva** – com emprego de força física e deixando vestígios de lesões corporais ou psíquicas, usando drogas ou recursos psicológicos para vencer a resistência da vítima (embriaguez, anestesia, uso de psicotrópicos).

> **Presumida** – quando ocorre em mulheres menores de 14 anos, quando há alienação ou debilidade mental conhecida pelo agressor ou qualquer causa que impossibilite a resistência da vítima (paralisia, doença imobilizante).

O estupro praticado por **grave ameaça** não costuma deixar vestígios de violência no corpo da vítima, pois esta cede por medo de violência física ou por estar sendo chantageada.

No estupro de mulher com vida sexual pregressa, a perícia deve buscar provas de ejaculação, presença de sêmen: espermatozoides no líquido seminal, fosfatase ácida (enzima presente em grande quantidade no líquido seminal) e a proteína P30 – PSA (glucoproteína produzida pela próstata e cuja presença no sêmen independe de haver ou não espermatozoides).

SEXOLOGIA FORENSE

Pode ocorrer estupro sem que tenha havido ejaculação ou o sêmen encontrado na vítima pode ser oriundo de penetração consensual anterior.

Para confirmar a violência sexual, deve-se observar na vítima a presença de:

> **Lesões genitais** (contusões e lacerações) – produzidas pela violência da penetração ou pela desproporção entre o tamanho do pênis e a vagina (crianças).

> **Pelos pubianos** – encontrados na região pubiana, vulvar, sobre a cama, o corpo ou a roupa íntima da vítima. Se for comprovada a sua origem como sendo de outra pessoa, indica relação sexual.

> **Manchas de sêmen** – nas roupas (íntimas ou não) e na cama, constituem prova importante de crimes de natureza sexual.

Atentado violento ao pudor

Ocorre quando a vítima é constrangida mediante violência ou grave ameaça, a praticar ou permitir que com ele se pratique ato libidinoso diverso da conjunção carnal.

Geralmente ocorre por sodomia (penetração retal), felação (cópula bucal), cunilíngua, toques e palpação de mamas e vagina. Na configuração do delito, não importa o sexo, podendo ser homem ou mulher o agente ou a vítima. O atentado violento ao pudor geralmente está associado ao estupro e, muitas vezes, mais de um agente participa do crime, que geralmente é seguido de homicídio.

Os objetivos periciais nesse caso visam caracterizar o ato libidinoso, comprovar a violência efetiva ou presumida e, se possível, obter relação de provas biológicas que permitam identificar o agente.

Excetuando os casos de cópula anal, os atos libidinosos não costumam deixar vestígios, salvo manchas de sêmen ou saliva nas roupas, equimoses ou escoriações.

Transtornos da sexualidade

São disfunções qualitativas ou quantitativas do desejo e do instinto sexual. Englobam as Parafilias ou Disfunções de Gênero, cujos sintomas são perturbação psíquica, alterações glandulares ou preferência sexual.

> **Anafrodisianismo** – é a diminuição do instinto sexual no homem, geralmente por doença nervosa ou glandular.

> **Frigidez** – caracteriza-se pela diminuição do apetite sexual da mulher, por causa de traumas, baixa autoestima ou rejeição.

> **Anorgasmia** – rara, caracteriza-se pelo fato do homem não alcançar o orgasmo.

> **Hipererotismo** – frequência abusiva de atos sexuais (satirismo nos homens e ninfomania nas mulheres).

> **Auto-erotismo** – coito sem parceiro, apenas na contemplação ou na presença da pessoa amada (coito Psíquico de Hammond)

> **Erotomania** – forma mórbida de erotismo no qual o indivíduo é dominado pela ideia fixa de uma paixão.

> **Frotteurismo** – quando os indivíduos se aproveitam de aglomerações em transportes públicos ou em outros locais para esfregar ou encostar seus órgãos genitais em mulheres. Com o advento da internet, há pessoas que marcam locais e horários para tal prática.

> **Exibicionismo** – obsessão em que os indivíduos com baixa autoestima mostram seus órgãos genitais, sem convite para a cópula, apenas pelo prazer incontrolável de mostrar-se a outros.

> **Narcisismo** – é o culto ao próprio corpo ou da própria personalidade, em que a excitação sexual tem como referência a si próprio (a).

> **Voyeurismo ou Mixoscopia** – caracteriza-se pelo prazer erótico despertado em certos indivíduos em presenciar o coito de terceiros.

> **Fetichismo** – amor por uma determinada parte do corpo ou por objetos pertencentes à pessoa amada.

> **Lubricidade senil** – manifestação sexual exagerada, sempre sinal de perturbações patológicas, como demência senil ou paralisia geral progressiva.

> **Pluralismo** – também chamado de troilismo ou "ménage à trois". Consiste na prática sexual em que participam três ou mais pessoas.

> **Swapping** – prática heterossexual que se realiza entre dois ou mais casais (troca de casais).

> **Gerontofilia** – Também chamada crono-inversão, ocorre quando indivíduos jovens se sentem atraídos por pessoas bem mais velhas.

> **Cromo-inversão** – seria a propensão erótica de certos indivíduos por outros de cor diferente. Pode ser grave quando se torna obsessivo e compulsivo.

> **Etno-inversão** – é a manifestação erótica por pessoas de raças diferentes.

> **Riparofilia** – manifesta-se pela atração de certos indivíduos por pessoas sujas, de baixa condição social e higiênica (mais frequente em homens).

> **Dolismo** – é a atração que o indivíduo tem por bonecas e manequins, olhando ou exibindo-as, chegando a ter relações com elas.

> **Donjuanismo** – aquele que se dedica compulsivamente às conquistas amorosas, sempre de maneira ruidosa e exibicionista.

> **Urolagnia** – consiste na excitação de ver alguém urinar, ou em ouvir o ruído da urina ou ainda urinando sobre a parceira ou esta sobre o parceiro.

> **Coprofilia** – perversão em que o ato sexual se prende ao ato da defecação ou ao contato das próprias fezes. Observar o ato de defecar causa excitação a estas pessoas.

- **Clismafilia** – o prazer é obtido introduzindo ou recebendo grande quantidade de água ou líquidos no reto, sob a forma de enema ou lavagem.
- **Coprolalia** – quando a excitação provém do ato de ouvir de alguém palavras obscenas ditas antes ou depois do orgasmo.
- **Edipismo** – tendência a manter relações sexuais com pessoas da família (incesto)
- **Bestialismo** – quando a satisfação sexual é obtida com animais domésticos.
- **Onanismo** – mesma coisa que masturbação, comum na puberdade.
- **Vampirismo** – satisfação sexual na presença de sangue, ou na obtenção dele por meio de mordeduras na região lateral do pescoço.
- **Necrofilia** – manifesta-se pela obsessão e impulso de praticar atos sexuais com cadáveres.
- **Sadismo** – obter prazer com a dor e o sofrimento da pessoa amada, podendo chegar à morte. Também chamado de algolagnia ativa.
- **Masoquismo** – é a busca de prazer sexual pelo sofrimento físico ou moral. Também chamado de algolagnia passiva.
- **Pigmalionismo** – amor desvairado pelas estátuas. Semelhante ao dolismo.
- **Pedofilia** – perversão sexual que se manifesta pela predileção erótica por crianças, indo desde os atos obscenos até a prática de atos libidinosos, denotando comprometimento psíquico.

5.2 Obstetrícia Forense

Estuda aspectos médico-legais desde a fecundação e a gestação, até o parto e o puerpério, além dos crimes de aborto e infanticídio.

Fecundação

A **fecundação**, união da célula feminina com o espermatozoide, pode ser consequência de: conjunção carnal, ato libidinoso diverso da conjunção carnal, fecundação artificial (união dos gametas fora do organismo materno) e inseminação artificial (introdução artificial do gameta masculino no genital feminino), que pode ser feita com o sêmen do marido ou de um doador, passível de punição pelo Código Penal se não tiver o consentimento do marido.

Para que a conjunção carnal ocorra com menores riscos de gravidez, podem ser utilizados os seguintes **métodos anticoncepcionais**:

- **Cirúrgicos** – laqueaduras na mulher e vasectomia no homem;
- **Mecânicos** – preservativo, diafragma, dispositivo intra-uterino (DIU);
- **Químico** – espermaticidas, anticoncepcionais orais;
- **Fisiológicos** – coito interrompido, "tabelinha".

Gravidez

O diagnóstico de **gravidez** pode ser estabelecido de diferentes maneiras: **sinais de presunção** (amenorreia, aumento do volume e de pigmentação das mamas, náuseas, vômitos, constipação, edema nos membros inferiores, pigmentação acentuada no rosto – máscara gravídica); **sinais de probabilidade** (identificados no exame ginecológico pela alteração da forma, consistência e topografia do útero; isoladamente não confirmam gravidez); **sinais de certeza** (batimentos cardiofetais audíveis a partir da 8ª semana com monitores eletrônicos, movimentos fetais ativos e passivos a partir da 18ª semana, esqueleto fetal visto em radiografia entre a 12ª e a 14 semanas, ultrassonografia a partir da 4ª semana).

puerpério

Do fim do parto até a volta do organismo materno ao estado anterior à gravidez é o período de puerpério. É de interesse médico legal determinar os sinais que possam vir a definir a ocorrência de parto recente ou antigo, em mulher viva ou em cadáver.

Sinais de parto recente

- **Externos** – edema de vulva e grandes lábios, rupturas himenais no primeiro parto, rupturas do períneo, sinais de episiotomia (incisão que amplia o canal de parto), presença de lóquios (fragmentos da placenta, de células epiteliais, hemácias, etc.), mamas eliminando colostro, útero palpável.
- **Internos** – edema, rupturas e equimoses na mucosa vaginal, colo uterino globoso com coágulos ou lóquios.

Sinais de parto antigo

- **Externos** – pigmentação dos mamilos e da linha alba (linha escura que vai do umbigo ao véu pubiano), cicatrizes no períneo, sinais de episiotomia, hímen reduzido a uma carúncula, alterações do colo uterino.

Aborto

Juridicamente é a interrupção da gravidez em qualquer momento da gestação, com a morte do feto ou nascituro por algum método natural ou artificial.

Em obstetrícia, é a interrupção da gravidez antes de o feto ser viável, até vinte semanas de gestação, pesando 500g e com altura calcâneo-occipital máxima de 16, 5 cm.

O aborto é proibido e tipificado como fato delituoso nos seguintes dispositivos: art. 124 – aborto provocado pela gestante ou com seu consentimento; art. 125 – aborto provocado por terceiro, sem o consentimento da gestante; art. 126 – provocar aborto com o consentimento da gestante; parágrafo único – aplica-se a pena do artigo anterior se a gestante não é maior de quatorze anos, ou é alienada ou débil mental, ou se o consentimento é obtido por meio de fraude, grave ameaça ou violência; art. 127 – qualificadoras.

Com exceção, não se pune o aborto praticado por médico (aborto necessário) nas seguintes situações: **aborto terapêutico**

SEXOLOGIA FORENSE

– quando é a única maneira de salvar a vida da gestante; **aborto sentimental, ético ou humanitário** – aborto em caso de gravidez resultante de estupro, precedido de consentimento da gestante ou, quando incapaz, de seu representante legal.

→ O aborto pode ser classificado como:
> **Espontâneo** – quando as condições materno-fetais impedem o término da gestação.
> **Acidental** – quando traumatismos provocam a morte do feto.
> **Provocado** – quando agentes externos são aplicados à mulher grávida para interromper a gravidez.

→ O diagnóstico de aborto provocado é feito com sinais:
> **Recentes**: sinais de gravidez pré-existente, sinais de parto recente, sinais de puerpério imediato (1ª semana), sinais de puerpério mediato (3 semanas seguintes);
> **Antigos**: sinais duradouros de gravidez preexistente, sinais de parto antigo.

Métodos usados no aborto

> **Meios mecânicos** – atuam de forma agressiva sobre o útero, com o descolamento ou punção das membranas, sobrevindo a curetagem visando ao esgotamento incontinente.
> **Substâncias químicas** – ingestão de substâncias tóxicas para induzir o aborto.

Sinais de manobras abortivas

Identificando a presença de corpo estranho ou sinais de pinçamento (curetagem) no colo do útero; presença de contusões, queimadura ou lesões corporais na superfície do corpo; presença de substâncias químicas no sangue.

Aborto de feto anencéfalo

O anencéfalo possui o tronco cerebral e, às vezes, parte do cérebro com abertura na calota craniana, por má formação congênita do tubo neural. A partir da 12ª semana, essa condição fetal pode ser constatada.

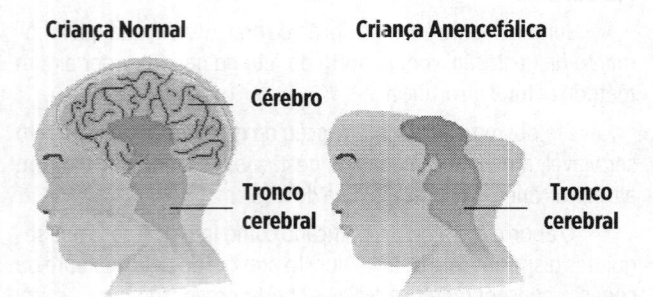

Criança Normal — Cérebro, Tronco cerebral
Criança Anencefálica — Tronco cerebral

O aborto do feto anencéfalo foi despenalizado, não sendo considerado crime a conduta de feticídio apenas nesse caso. Entretanto, a decisão final do Supremo Tribunal Federal determinou que a mãe pudesse se pronunciar com relação ao aborto ou não. Essa decisão gerou bastante polêmica e controvérsia.

Infanticídio

Corresponde à morte do recém-nascido praticada pela mãe, durante ou logo após o parto e nas condições do estado puerperal.

→ Nesse caso, os aspectos que devem ser observados pelo médico legista:
> se nascente ou recém-nascido no momento da morte;
> se houve vida extrauterina ou não;
> quem causou a morte da criança;
> se a mãe estava influenciada pelo estado puerperal;
> qual o meio empregado para o crime.

Avaliação de vida no infanticídio

> **Intrauterina** – nasceu morto, não chegou a respirar, tem pulmão pequeno, mais denso que a água, carnoso e sem presença de ar atmosférico – não foi infanticídio.

> Muitas mães passam por períodos de melancolia, tristeza, depressão e alterações de humor, aparentando tênue insanidade, não aceitando a criança que está nascendo ou tenha nascido naquele instante.

> **Extrauterina** – o recém-nascido respirou, tem pulmão grande, menos denso que a água, sangue espumoso – foi infanticídio.

Como prova de vida extrauterina, deve constar no laudo de corpo de delito o procedimento técnico-científico concernente à **docimásia pulmonar** utilizada para determinar se houve vida ou não.

> **Docimasia pulmonar hidrostática de Galeno** – na necropsia, um pequeno pedaço do pulmão do neonato é cortado em pedaços, colocado no interior de um frasco de vidro largo contendo aproximadamente 10 litros de água. Se afundarem: não houve respiração; se flutuarem: houve respiração (prova de vida extrauterina).

> **Docimasia gastrointestinal (Breslau)** – as extremidades do aparelho digestório são bloqueadas e colocadas em vasilha médica com água. Se boiarem: houve respiração (prova de vida extrauterina).

> **Docimasia histológica (Balthazard)** – fragmentos dos pulmões são cortados no micrótomo para observação dos alvéolos pulmonares ao microscópio. Se estiverem dilatados: houve respiração (prova de vida extrauterina); sem cavidades alveolares: não houve respiração.

> **Docimasia auricular (Vreden)** – é feito um pequeno corte na membrana do tímpano do recém-nascido e, em seguida, a cabeça é colocada no interior de uma vasilha com água. Se não produzir bolhas de ar: não respirou; se desprendeu bolhas de ar: houve respiração (prova de vida extrauterina).

Causas da morte do recém-nascido

O neonato pode morrer de causas naturais, acidentais ou criminosas.

> **Natural** – quando ocorre por doenças congênitas, malformações congênitas, ausência de órgãos, etc.

> **Acidental** – asfixia acidental pelo cordão umbilical ou por fechamento das vias respiratórias por fragmentos das membranas; hemorragia no umbigo (tardia, na queda do coto umbilical ou precoce, na ligadura do cordão umbilical); parto imprevisível, sem recurso e em local impróprio.

Criminosa

> **Voluntária** – por abandono da criança ou falta de cuidados necessários (frio, inanição, sufocação);

> **Violência contra o recém-nascido** – asfixia (sufocação, afogamento, estrangulamento, esganadura) com almofada ou travesseiro.

> **Lesões** – provocadas por instrumentos cortantes, perfurantes, contundentes, perfurocortantes, cortocontundentes e perfurocontundentes.

> **Culposa** – imprudência ou negligência, imperícia (inanição, não ligadura do cordão umbilical, frio).

5.3 Himenologia Forense

Estuda os problemas médico-legais relacionados ao casamento.

O casamento visa atender o instinto sexual de acordo com a moral, satisfazendo a natureza social do indivíduo dentro de normas legais, estabelecendo em um contrato bilateral o comprometimento de criar e educar a prole que nascer.

Existem certos impedimentos matrimoniais estabelecidos pela lei e que tornam o casamento nulo, anulável ou passível de sanções civis se não forem cumpridos.

> **Impedimentos absolutos** – os que tornam o casamento nulo, movidos por ação de ordem pública: parentesco (ascendentes, descendentes, colaterais até 3º grau e afins por adoção; vínculo (pessoas já casadas); adultério (adúltero comum corréu); crime (pessoa condenada por tentativa ou consumação de homicídio sobre o cônjuge do outro).

> **Impedimentos relativos** – tornam o casamento anulável mediante ação privada. Aplicados nos casos de:

> **Incapacidade de consentir** – doente mental, surdo que não expressa sua vontade;

> **Menores de 14 anos**;

> **Menor idade nupcial** – 16 anos para mulheres e 18 anos para os homens;

> **Erro de identidade física ou civil do outro cônjuge**;

> **Honra e fama**;

> **Defeito físico irremediável** – deformidades genitais, deformidades extragenitais repugnantes, impotência anterior desconhecida;

> **Moléstia grave e transmissível** – doença infectocontagiosa, de caráter crônico e grave, perturbação mental, doenças genéticas;

Nesse sentido, as doenças graves mais alegadas nos processos de anulação são as doenças mentais, devendo também, nestes casos, ser anteriores ao casamento e desconhecidas por um dos cônjuges. Das anormalidades irremediáveis, a mais alegada em processos de anulação é a impotência no homem.

Impotências no homem

Pode ser **instrumental**, causada por defeitos na conformação do pênis; **funcional**, que impede a ereção; *generandi*, que impede a procriação por ausência de espermatozoide (azoospermia), por anomalias na ejaculação (aspermatismo – não tem ejaculação; **dispermatismo** – a ejaculação não alcança os órgãos reprodutores femininos); ou por **oligospermia** (falta de vitalidade nos espermatozoides).

Impotências femininas

A impotência instrumental é caracterizada por problemas na vulva, na vagina ou em outros locais que dificultem a cópula; a impotência funcional seria a resistência à cópula por motivos psicológicos; a impotência concipiendi seria a incapacidade de conceber em praticar o ato de procriar.

6. TANATOLOGIA FORENSE

Estuda e pesquisa a morte quanto à fenomenologia, causas e importância jurídica. A morte é a cessação dos fenômenos vitais pela parada das funções cerebral, respiratória e circulatória. Na Medicina Legal, o estudo da morte se refere à causa (faca, projétil, punhal, etc.) e à consequência (homicídio, etc.).

A morte pode ocorrer de forma natural ou violenta.

> **Morte natural** – ocorre em razão da idade avançada, de manifestações patológicas (doenças, enfermidades, morbidez) ou teratológicas (anomalias e malformações congênitas).

> **Morte natural teratológica** – quando a malformação congênita não se coaduna com a vida extrauterina, podendo ser aguda (evolução acelerada) ou crônica (longa duração).

> **Morte violenta** – quando acidentes de trabalho, de trânsito, doméstico, suicídio homicídio e outras situações trágicas provocam a morte. Pode ser **súbita** (efeito imediato), **mediata** (permite a sobrevivência por algumas horas) e **agônica** (permite a sobrevivência por dias, semanas, meses após a causa).

6.1 Tanatognose

É o estudo dos fenômenos cadavéricos, que podem ser: **abióticos**, que negam a existência da vida; e **transformativos**, que informam as alterações que ocorrem nos cadáveres.

Fenômenos abióticos imediatos

Perda de consciência, insensibilidade, imobilidade, sem tônus muscular, cessação da respiração e da circulação. Esses sinais, individualmente, não têm valor absoluto.

Fenômenos abióticos consecutivos

Hipóstase

É observado duas a três horas após a morte e se caracteriza pela deposição do sangue nas partes do cadáver que ficam em declive, pela ação da gravidade. As manchas são de cor violeta, embora em casos de asfixia se apresentem vermelho-róseas. Mudando o cadáver de posição, as manchas também mudam, mas deixam sinais de posição inicial. Doze horas na mesma posição, as manchas se tornam fixas.

> *O diagnóstico diferencial entre a morte súbita e a morte agônica é feita pelas docimasias hepática e suprarrenal, baseadas na pesquisa de glicose e de glicogênio no fígado e de adrenalina nas glândulas suprarrenais.*

Rigidez cadavérica

É observada entre duas a três horas após a morte, chegando ao máximo depois de oito horas e desaparecendo após 24 horas, quando inicia a putrefação. A sequência observada começa pela mandíbula e segue pela nuca, tronco, membros torácicos e membros abdominais (lei de Nystem).

Espasmo cadavérico

É a rigidez instantânea que fixa o corpo na posição em que se encontrava na hora da morte.

Fenômenos transformativos

Destrutivos

Autólise

Inicia a decomposição com a desintegração dos tecidos pela ação das enzimas de acidificação.

Putrefação

Progressivamente os tecidos são destruídos pela ação de microrganismos. Nesse processo, o cadáver passa por diferentes etapas:

> **1ª: período de coloração** – surge entre vinte e vinte e quatro horas após a morte e se caracteriza pela mancha verde abdominal, localizada na fossa ilíaca direita e evoluindo para outras áreas do corpo, em virtude da impregnação da pele pela sulfometemoglobina, sendo perceptível entre 16 a 24 horas após a morte; é originada da ação de microrganismos aeróbicos, anaeróbicos e facultativos que atuam inicialmente no intestino (exceção recém-nascidos e fetos).

> **2ª: período gasoso** – formam-se gases que distendem os intestinos, dão aspecto volumoso no rosto, ventre e órgãos genitais masculinos e aumentam a pressão sobre o sangue levando-o à periferia; juntamente com o deslocamento da epiderme, forma-se na derme o desenho vascular denominado circulação póstuma de Bronardel.

> **3ª: período coliquativo** – caracteriza a presença da fauna cadavérica sobre a massa em putrefação do corpo; as condições do corpo e do ambiente podem acelerar ou retardar este processo.

> **4ª: período de esqueletização** – nesta fase final, sobram apenas os ossos, que com o tempo vão se tornando cada vez mais frágeis.

Maceração

Durante a putrefação, a umidade ou o excesso de água podem agir sobre o cadáver.

> Maceração asséptica – é feita em líquido estéril, como a que ocorre em fetos retidos no útero depois da morte.

> Maceração séptica – ocorre em líquido contaminado, como em casos de afogamentos, em que se nota retalhos de pele sendo destacados do cadáver.

> *A ação do ácido sulfúrico sobre a hemoglobina produz a sulfooxi-hemoglobina, que provoca no cadáver a putrefação e a rigidez cadavérica.*

Conservadores

Mumificação

Ocorre quando o corpo sofre forte desidratação. Pode ocorrer: naturalmente, quando provocada pelo calor do deserto ou pela grande ventilação em galerias; e artificialmente, quando os cadáveres são tratados com determinadas substâncias químicas. A pele escura, seca e dura, análoga ao couro são traços marcantes desse processo.

Saponificação

Também chamada de **adipocera**, transforma o cadáver que está em adiantado estado de putrefação em uma substância amarelada ou amarelo-escura, com aparência de cera ou sabão; geralmente ocorre em cadáveres que ficam em região úmida, terreno argiloso ou encharcado.

Embalsamento

O cadáver é tratado com substâncias conservadoras, desinfetantes ou germicidas, impedindo a decomposição. Esse processo permite retardar o sepultamento por até quatro dias após o óbito.

6.2 Ações com o Cadáver

Inumação

Depois de confirmada a morte, com atestado de óbito lavrado e registrado no cartório e depois de decorridas 24 horas, efetua-se o sepultamento do cadáver. Caso a morte seja ocasionada por moléstia infecciosa, o sepultamento pode ser imediato; morte suspeita ou violenta não poderá ser feita a inumação do corpo antes do exame necroscópico.

Exumação

É o ato de desenterrar o cadáver quando há necessidade de exames complementares ou se não foram feitos antes da inumação. A autoridade policial deve providenciar dia e hora previamente determinados para a diligência, devendo lavrar auto circunstanciado. O administrador do cemitério deverá indicar a localização da sepultura.

Diagnóstico cronológico da morte

→ **A sequência observada para esse diagnóstico é:**
> - resfriamento do cadáver;
> - livores[1] de hipóstase;
> - rigidez cadavérica;
> - gases de putrefação;
> - perda de peso;
> - mancha verde abdominal;
> - cristais no sangue (cristais de Westenhöffer-Rocha-Valverde) que surgem no sangue em putrefação, depois do 3º dia da morte, na forma de lâminas cristaloides fragmentadas, agrupadas e incolores;

> - crioscopia do sangue, o ponto de congelamento do sangue abaixa à medida que avança o tempo de morte;
> - fauna cadavérica, quando os insetos necrófagos surgem sobre o cadáver.

6.3 Fauna Cadavérica

Quando o cadáver é exposto ao ar livre, a visitação por diferentes tipos de insetos começa a acontecer. As moscas varejeiras são as mais frequentes visitantes e procuram as aberturas (condutos auditivos, narinas, boca, olhos e outros orifícios produzidos por lesões) para entrar e depositar internamente seus ovos.

Os ovos ao eclodirem liberam larvas que crescem rápido, sofrem mais duas mudas antes de pararem de se alimentar. Dependendo da espécie, as pupas podem ser formadas no cadáver ou em lugares afastados, podem se deslocar vários metros para se enterrarem no solo ou sob objetos do ambiente ou dentro de casa. Quando a mosca emerge, a cápsula vazia fica como prova de seu desenvolvimento.

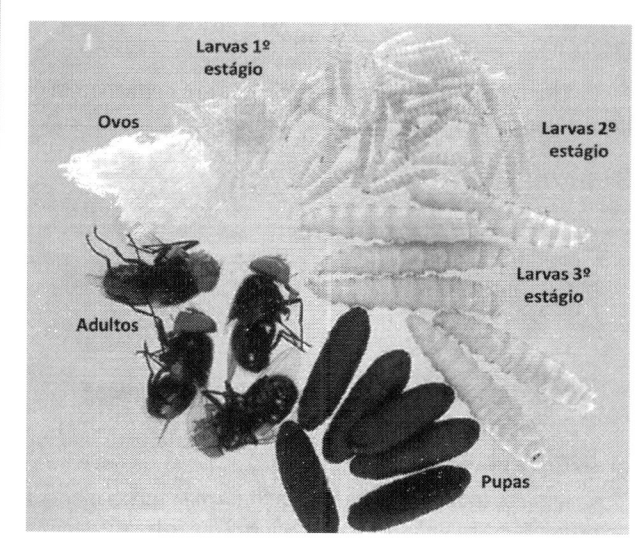

Ciclo de vida da mosca varejeira

Isso pode alterar a taxa de desenvolvimento de larvas em um cadáver: a temperatura, o calor gerado pela "massa larval", a fonte de alimento (tipo de tecido – fígado, coração, pulmões), presença de contaminantes e toxinas internos e externos, objetos enterrados no local que dificultam o acesso e a postura de ovos.

Estudos do DNA permitem atualmente determinar diferenças genéticas entre espécies de mosca e entre populações da mesma espécie. Isso ajuda a determinar se um corpo foi movido após a primeira infestação. A retirada e a análise do aparelho digestório das larvas que se alimentam do cadáver ajuda a verificar a presença ou não de drogas no corpo, indicando possível suicídio ou overdose; resíduos de pólvora no aparelho digestório das larvas comprovaria um tiroteio; a extração de DNA humano das larvas pode demonstrar a presença de um corpo, mesmo que ele tenha sido removido do local.

A **fauna cadavérica** é composta por oito turmas ou legiões que trabalham no cadáver com missões específicas, em etapas sequenciais, preparando o local para a turma seguinte.

---

1 Livores ocorrem depois da morte quando o sangue fica sujeito apenas à gravidade, acumulando-se nas zonas mais baixas do corpo (variando de acordo com a posição do cadáver), acontece que o cadáver fica com uma tonalidade descolorada em algumas áreas (onde havia superfície de contato) e arroxeada onde se deu acumulação de sangue.

TANATOLOGIA FORENSE

1ª turma

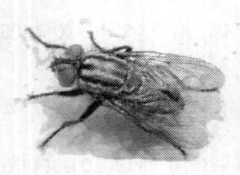

Mosca domestica — *Muscina stabulus* — *Caliphora vamitoria*

É representada por dípteros da espécie mosca doméstica que aparecem entre oito a quinze dias depois da morte e ficam até o aparecimento dos ácidos graxos.

2ª turma

Lucillia coesar — *Sarcophaga carnaria / sarcophaga arvensis / sarcophaga latricus* — *Cynomya morturum*

Chega tão logo o odor cadavérico inicia e permanecem por um período de quinze a trinta dias.

3ª turma

Dermester lardarius
Dermester rischii
Dermester undulatus

Agrossa pinguinalis

Inicia os trabalhos entre vinte a trinta dias após a morte, ficando por três a seis meses, e se caracteriza por extrema avidez de destruição.

4ª turma

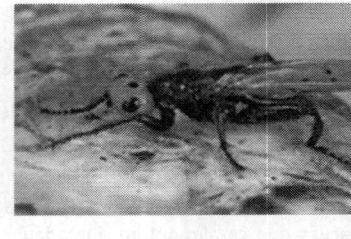

Necrobia ruficolis
Necrobia coeruleus

Tyreophora cynophila
Tyreophora furcata
Tyreophora antropophaga

Surge 10 meses após o óbito, depois da fermentação butírica das substâncias graxas e caseica dos albuminoides.

5ª turma

Phora aterrima — *Nicrophorus humator* — *Hister cadaverinus*

É encontrada em cadáveres que morreram há mais de 10 meses, na fase de fermentação amoniacal de liquefação enegrecida das matérias orgânicas que não foram consumidas pelas legiões anteriores.

6ª turma

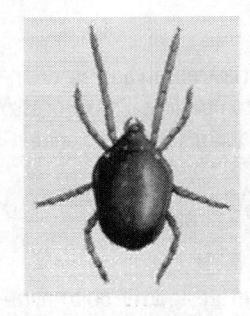

Uropoda nummularia — *Serrator necrophagus*

Absorve os humores que ainda restam no cadáver, deixando-o completamente dissecado ou mumificado.

7ª turma

Aglosa caprealis — *Tineola bisselliella* — *Tinea pellionella* — *Attagenus pellio*

Aparece entre 1 a 2 anos da morte e destrói os ligamentos e os tendões.

8ª turma

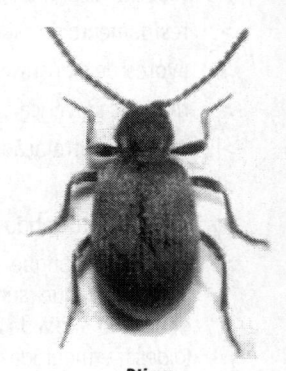

Tenebrio obscurus — *Ptinus brunneus*

Três anos após a morte, consome todos os resquícios orgânicos deixados pelas turmas anteriores.

Evolução dos fenômenos cadavéricos

Tempo	Cronologia
< 2 horas	Corpo flácido, quente e sem livores
2 - 4 horas	Rigidez da nuca e mandíbula e esboço de livores
4 - 6 horas	Rigidez de membros anteriores, nuca, mandíbula e livores acentuado
8 - 36 horas	Rigidez generalizada e livores
24 horas	Início da flacidez e da putrefação
48 horas	Flacidez, putrefação e início da coliquação
72 horas	Colquiação
2 - 3 anos	Desaparecem as partes moles
> 3 anos	Esqueletificação completa

> A evolução dos fenômenos cadavéricos difere de um para outro corpo, de acordo com o estado de nutrição, causa da morte, idade, condições do ambiente, etc.

6.4 Lesões In Vita e Post Mortem

As **lesões *in vita***, principalmente as contusões, apresentam: infiltrações hemorrágicas, coagulação do sangue, ferimento com bordas afastadas, equimoses com coloração fixa em vida, escoriações com presença de crosta, reação inflamatória, eritema cutâneo, flictenas com líquido seroso rico em albumina e leucócitos (queimaduras).

As lesões *post mortem* não apresentam infiltrações hemorrágicas (lesões brancas), coagulação do sangue, retração dos tecidos, presença de tonalidade das equimoses, aspectos das escoriações reações inflamatórias, embolias.

→ As provas complementares para esses diagnósticos podem ser:
> **Prova de Verderau** – que compara a relação existente entre hemácias e leucócitos.
> **Prova histológica** – que examina os tecidos com técnicas próprias através da retirada, fixação, montagem e coloração pela hauratoxilura-eosina.

6.5 Locais de Crime

→ O exame de locais de crime está mais associado à perícia criminal e seus procedimentos básicos são:
> **Observação das condições do local** – desarranjo, mobiliário, bilhetes, projéteis de arma de fogo, manchas, incrustações, etc.
> **Exame das roupas** – lesões, desalinho, correspondência ou não com as lesões do corpo, etc.
> **Exame externo do cadáver** – posição do corpo, ferimentos do corpo, lesões de defesa, etc.
> **Nas lesões por projéteis de arma de fogo** – determinação da distância e da direção do tiro, número de disparos, tipo de projéteis e suas cargas, etc.
> **Exame da área externa**.

As conclusões em relação a ferimentos e causa mortis são da competência exclusiva do médico-legista.

6.6 Transplante e Doação de Órgãos

Lei nº 9.434, de 4 de Fevereiro de 1971

Dispõe sobre a remoção de órgãos, tecidos e partes do corpo humano para fins de transplante e tratamento e dá outras providências.

Capítulo I
Das Disposições Gerais

Art. 1º A disposição gratuita de tecidos, órgãos e partes do corpo humano, em vida ou post mortem, para fins de transplante e tratamento, é permitida na forma desta Lei.

Parágrafo único. Para os efeitos desta Lei, não estão compreendidos entre os tecidos a que se refere este artigo o sangue, o esperma e o óvulo

Art. 2º A realização de transplante ou enxertos de tecidos, órgãos ou partes do corpo humano só poderá ser realizada por estabelecimento de saúde, público ou privado, e por equipes médico-cirúrgicas de remoção e transplante previamente autorizados pelo órgão de gestão nacional do Sistema Único de Saúde.

Parágrafo único. A realização de transplantes ou enxertos de tecidos, órgãos e partes do corpo humano só poderá ser autorizada após a realização, no doador, de todos os testes de triagem para diagnóstico de infecção e infestação exigido em normas regulamentares expedidas pelo Ministério da Saúde.

Capítulo II
Da Disposição *Post Mortem* de Tecidos, Órgãos e Partes do Corpo Humano para Fins de Transplante

Art. 3º A retirada post mortem de tecidos, órgãos ou partes do corpo humano, destinados a transplante ou tratamento deverá ser precedida de diagnóstico de morte encefálica, constatada e registrada por dois médicos não participantes das equipes de remoção e transplante, mediante a utilização de critérios clínicos e tecnológicos definidos por resolução do Conselho Federal de Medicina.

§ 1º Os prontuários médicos, contendo os resultados ou os laudos dos exames referentes aos diagnósticos de morte encefálica e cópias dos documentos de que tratam os arts. 2º, parágrafo único; 4º e seus parágrafos; 5º; 7º; 9º, §§ 2º, 4º, 6º e 8º; e 10, quando couber, e detalhando os atos cirúrgicos relativos aos transplantes e enxertos, serão mantidos nos arquivos das instituições referidas no art. 2º por um período mínimo de cinco anos.

§ 2º As instituições referidas no art. 2º enviarão anualmente um relatório contendo os nomes dos pacientes receptores ao órgão gestor estadual do Sistema Único de Saúde.

§ 3º Será admitida a presença de médico de confiança da família do falecido no ato da comprovação e atestação da morte encefálica.

Art. 4º A retirada de tecidos, órgãos e partes do corpo de pessoas falecidas para transplantes ou outra finalidade terapêutica dependerá da autorização do cônjuge ou parente, maior de idade, obedecida a linha sucessória, reta ou colateral, até o segundo grau inclusive, firmada em documento subscrito por duas testemunhas presentes à verificação da morte.

Art. 5º A remoção post mortem de tecidos, órgãos ou partes do corpo de pessoa juridicamente incapaz poderá ser feita desde que permitida expressamente por ambos os pais, ou por seus responsáveis legais.

Art. 6º É vedada a remoção post mortem de tecidos, órgãos ou partes do corpo de pessoas não identificadas.

Art. 7º (Vetado.)

Parágrafo único. No caso de morte sem assistência médica, de óbito em decorrência de causa mal definida ou de outras situações nas quais houver indicação de verificação da causa médica da morte, a remoção de tecidos, órgãos ou partes de cadáver para fins de transplante ou terapêutica somente poderá ser realizada após a autorização do patologista do serviço de verificação de óbito responsável pela investigação e citada em relatório de necropsia.

Art. 8º Após a retirada de tecidos, órgãos e partes, o cadáver será imediatamente necropsiado, se verificada a hipótese do parágrafo único do art. 7º, e, em qualquer caso, condignamente recomposto para ser entregue, em seguida, aos parentes do morto ou seus responsáveis legais para sepultamento.

Capítulo III

Da Disposição De Tecidos, Órgãos E Partes Do Corpo Humano Vivo Para Fins De Transplante Ou Tratamento

Art. 9º É permitido à pessoa juridicamente capaz dispor gratuitamente de tecidos, órgãos e partes do próprio corpo vivo, para fins terapêuticos ou para transplantes em cônjuge ou parentes consanguíneos até o quarto grau, inclusive, na forma do § 4º deste artigo, ou em qualquer outra pessoa, mediante autorização judicial, dispensada esta em relação à medula óssea.

§ 3º Só é permitida a doação referida neste artigo quando se tratar de órgãos duplos, de partes de órgãos, tecidos ou partes do corpo cuja retirada não impeça o organismo do doador de continuar vivendo sem risco para a sua integridade e não represente grave comprometimento de suas aptidões vitais e saúde mental e não cause mutilação ou deformação inaceitável, e corresponda a uma necessidade terapêutica comprovadamente indispensável à pessoa receptora.

§ 4º O doador deverá autorizar, preferencialmente por escrito e diante de testemunhas, especificamente o tecido, órgão ou parte do corpo objeto da retirada.

§ 5º A doação poderá ser revogada pelo doador ou pelos responsáveis legais a qualquer momento antes de sua concretização.

§ 6º O indivíduo juridicamente incapaz, com compatibilidade imunológica comprovada, poderá fazer doação nos casos de transplante de medula óssea, desde que haja consentimento de ambos os pais ou seus responsáveis legais e autorização judicial e o ato não oferecer risco para a sua saúde.

§ 7º É vedado à gestante dispor de tecidos, órgãos ou partes de seu corpo vivo, exceto quando se tratar de doação de tecido para ser utilizado em transplante de medula óssea e o ato não oferecer risco à sua saúde ou ao feto.

§ 8º O autotransplante depende apenas do consentimento do próprio indivíduo, registrado em seu prontuário médico ou, se ele for juridicamente incapaz, de um de seus pais ou responsáveis legais.

Capítulo IV

Das Disposições Complementares

Art. 10. O transplante ou enxerto só se fará com o consentimento expresso do receptor, assim inscrito em lista única de espera, após aconselhamento sobre a excepcionalidade e os riscos do procedimento.

§ 1º Nos casos em que o receptor seja juridicamente incapaz ou cujas condições de saúde impeçam ou comprometam a manifestação válida da sua vontade, o consentimento de que trata este artigo será dado por um de seus pais ou responsáveis legais.

§ 2º A inscrição em lista única de espera não confere ao pretenso receptor ou à sua família direito subjetivo a indenização, se o transplante não se realizar em decorrência de alteração do estado de órgãos, tecidos e partes, que lhe seriam destinados, provocada por acidente ou incidente em seu transporte.

Art. 11. É proibida a veiculação, através de qualquer meio de comunicação social, de anúncio que configure:

a) publicidade de estabelecimentos autorizados a realizar transplantes e enxertos, relativa a estas atividades;

b) apelo público no sentido da doação de tecido, órgão ou parte do corpo humano para pessoa determinada, identificada ou não, ressalvado o disposto no parágrafo único;

c) apelo público para a arrecadação de fundos para o financiamento de transplante ou enxerto em benefício de particulares.

Parágrafo único. Os órgãos de gestão nacional, regional e local do Sistema Único de Saúde realizarão periodicamente, através dos meios adequados de comunicação social, campanhas de esclarecimento público dos benefícios esperados a partir da vigência desta Lei e de estímulo à doação de órgãos.

Art. 13. É obrigatório, para todos os estabelecimentos de saúde, notificar, às centrais de notificação, captação e distribuição de órgãos da unidade federada onde ocorrer, o diagnóstico de morte encefálica feito em pacientes por eles atendidos.

Capítulo V

Das Sanções Penais E Administrativas

Seção I

Dos Crimes

Art. 14. Remover tecidos, órgãos ou partes do corpo de pessoa ou cadáver, em desacordo com as disposições desta Lei:

Pena – reclusão, de dois a seis anos, e multa, de cem a trezentos e sessenta dias-multa.

§ 1º Se o crime é cometido mediante paga ou promessa de recompensa ou por outro motivo torpe:

Pena – reclusão, de três a oito anos, e multa, de cem a cento e cinquenta dias-multa.

§ 2º Se o crime é praticado em pessoa viva e resulta para o ofendido:

I. Incapacidade para as ocupações habituais, por mais de trinta dias;

II. perigo de vida;

III. debilidade permanente de membro, sentido ou função;

IV. laceleração de parto:

Pena – reclusão, de três a dez anos, e multa, de cem a duzentos dias-multa.

§ 3º Se o crime é praticado em pessoa viva e resulta para o ofendido:

I. Incapacidade permanente para o trabalho;

II. enfermidade incurável;

III. perda ou inutilização de membro, sentido ou função;

IV. deformidade permanente;

V. aborto:

Pena – reclusão, de quatro a doze anos, e multa, de cento e cinquenta a trezentos dias-multa.

§ 4º Se o crime é praticado em pessoa viva e resulta morte:
Pena – reclusão, de oito a vinte anos, e multa, de duzentos a trezentos e sessenta dias-multa.

Art. 15. Comprar ou vender tecidos, órgãos ou partes do corpo humano:
Pena – reclusão, de três a oito anos, e multa, de duzentos a trezentos e sessenta dias-multa.
Parágrafo único. Incorre na mesma pena quem promove, intermedeia, facilita ou aufere qualquer vantagem com a transação.

Art. 16. Realizar transplante ou enxerto utilizando tecidos, órgãos ou partes do corpo humano de que se tem ciência terem sido obtidos em desacordo com os dispositivos desta Lei:
Pena – reclusão, de um a seis anos, e multa, de cento e cinquenta a trezentos dias-multa.

Art. 17. Recolher, transportar, guardar ou distribuir partes do corpo humano de que se tem ciência terem sido obtidos em desacordo com os dispositivos desta Lei:
Pena – reclusão, de seis meses a dois anos, e multa, de cem a duzentos e cinquenta dias-multa.

Art. 18. Realizar transplante ou enxerto em desacordo com o disposto no art. 10 desta Lei e seu parágrafo único:
Pena – detenção, de seis meses a dois anos.

Art. 19. Deixar de recompor cadáver, devolvendo-lhe aspecto condigno, para sepultamento ou deixar de entregar ou retardar sua entrega aos familiares ou interessados:
Pena – detenção, de seis meses a dois anos.

Art. 20. Publicar anúncio ou apelo público em desacordo com o disposto no art. 11:
Pena – multa, de cem a duzentos dias-multa.

Seção II
Das Sanções Administrativas

Art. 21. No caso dos crimes previstos nos arts. 14, 15, 16 e 17, o estabelecimento de saúde e as equipes médico-cirúrgicas envolvidos poderão ser desautorizados temporária ou permanentemente pelas autoridades competentes.
§ 1º Se a instituição é particular, a autoridade competente poderá multá-la em duzentos a trezentos e sessenta dias-multa e, em caso de reincidência, poderá ter suas atividades suspensas temporária ou definitivamente, sem direito a qualquer indenização ou compensação por investimentos realizados.
§ 2º Se a instituição é particular, é proibida de estabelecer contratos ou convênios com entidades públicas, bem como se beneficiar de créditos oriundos de instituições governamentais ou daquelas em que o Estado é acionista, pelo prazo de cinco anos.

Art. 22. As instituições que deixarem de manter em arquivo relatórios dos transplantes realizados, conforme o disposto no art. 3º, § 1º, ou que não enviarem os relatórios mencionados no art. 3º, § 2º, ao órgão de gestão estadual do Sistema Único de Saúde, estão sujeitas a multa, de cem a duzentos dias-multa.
§ 1º Incorre na mesma pena o estabelecimento de saúde que deixar de fazer as notificações previstas no art. 13.
§ 2º Em caso de reincidência, além de multa, o órgão de gestão estadual do Sistema Único de Saúde poderá determinar a desautorização temporária ou permanente da instituição.

Art. 23. Sujeita-se às penas do art. 59 da Lei nº 4.117, de 27 de agosto de 1962, a empresa de comunicação social que veicular anúncio em desacordo com o disposto no art. 11.

7. QUESTÕES

01. **(AOCP – 2021 – PC/PA – PAPILOSCOPISTA)** Criança com 13 anos, acompanhada pelo conselho tutelar, foi encaminhada ao serviço de referência em vítimas de violência sexual, pois há denúncia de que a menor estava sendo abusada sexualmente pelo padrasto há cerca de 02 anos. Considerando essa situação e a perícia dos crimes sexuais, assinale a alternativa correta.

a) Nesse caso, a ruptura himenal é o elemento essencial do diagnóstico da conjunção carnal.
b) Carúnculas himenais rotas confirmam o atentado violento ao pudor.
c) Aos 13 anos, as crianças apresentam hímen complacente, portanto não há possibilidade de avaliação pericial.
d) A presença de gravidez em nada contribui na avaliação do crime sexual.
e) Para a exclusão da conjunção carnal, o hímen deve permanecer imperfurado.

02. **(AOCP – 2021 – PC/PA – PAPILOSCOPISTA)** Paciente de 80 anos vai a óbito em sua residência. Ao chegar ao local do fato, observa-se um cadáver com manchas violáceas em região dorsal e glúteos, além de opacidade da córnea. A rigidez cadavérica encontra-se fixa no pescoço e em membros inferiores, a coloração da pele é normal e o cadáver não apresenta nenhuma lesão traumática externa. Sobre a situação descrita, assinale a alternativa correta.

a) Mancha verde abdominal é o marco dessa fase da decomposição.
b) A rigidez muscular inicia-se pela musculatura da face por volta da 8ª hora.
c) Os livores e a rigidez cadavérica fixa indicam que a morte aconteceu há pelo menos 08 horas.
d) Manchas violáceas definem o início da adipocera cadavérica.
e) Só é possível estimar o tempo de morte com testes laboratoriais do humor vítreo.

03. **(AOCP – 2021 – PC/PA – PAPILOSCOPISTA)** Um dos principais objetivos do estudo da Tanatologia Forense é estabelecer o diagnóstico da causa jurídica da morte. Em relação ao tema, assinale a alternativa correta.

a) As lesões externas se mostram de interesse incontestável, por meio das chamadas lesões de ataque, geralmente encontradas na região frontal e nuca.
b) O mecanismo de morte já pode orientar para determinada causa jurídica, por exemplo a fulminação para o homicídio e a fulguração para o suicídio.
c) A busca da causa jurídica da morte consiste na determinação das hipóteses de homicídio, suicídio ou acidente.
d) Na determinação da causa jurídica da morte, fatores psicológicos não devem ser levados em consideração, pois trazem inconsistências ao elemento probatório.
e) O diagnóstico da causa jurídica da morte deve constar na declaração de óbito e o seu preenchimento é de responsabilidade da autoridade judiciária.

04. **(AOCP – 2021 – PC/PA – PAPILOSCOPISTA)** Uma criança com 8 anos de idade, brincando na recepção das dependências de uma repartição pública, engasga-se com um pirulito, posiciona-se com as mãos entrelaçadas no pescoço e começa a passar mal sem conseguir respirar. Nesse momento, um voluntarioso policial com habilidades em primeiros socorros executa a manobra do desengasgo e a criança expele o corpo estranho. Sobre traumatologia forense, assinale a alternativa correta.

a) Esse é um caso típico de asfixia por sufocação direta.
b) Esse é um caso clássico de esgorjamento.
c) Trata-se de um caso de empalamento.
d) É um caso de estrangulamento.
e) Trata-se da síndrome da esganadura.

05. **(AOCP – 2021 – PC/PA – DELEGADO)** Nas dependências da delegacia, um preso é encontrado morto com uma cinta no pescoço amarrada a uma grade a 1,63 metro de altura. Observou-se que o prisioneiro foi encontrado com os joelhos fletidos e com os pés tocando o chão. Foi também constatada a existência de dois sulcos retilíneos e sem interrupções no pescoço. Sobre o mecanismo de sua morte, assinale a alternativa correta.

a) Jamais seria vítima de enforcamento, pois é impossível um indivíduo se enforcar com os pés no chão.
b) Poderia ser vítima de estrangulamento que é caracterizado por constrição das estruturas do pescoço por laço provocado por ação externa.
c) Poderia ter sido vítima de degolamento, sendo que os dois sulcos no pescoço falam a favor dessa modalidade. O aspecto retilíneo e um sulco sem interrupções por toda a extensão do pescoço confirmam essa hipótese.
d) Foi vítima de uma provável esganadura, sendo que as marcas do pescoço encontradas são típicas dessa modalidade de asfixia provocada pelo uso das mãos do agressor.
e) Poderia ser vítima de um provável enforcamento, sendo que os dois sulcos no pescoço e o aspecto retilíneo sem interrupções são típicos dessa modalidade de asfixia que se caracteriza pela construção das estruturas do pescoço provocada pelo peso do próprio corpo.

06. **(AOCP – 2021 – PC/PA – PAPILOSCOPISTA)** Um preso chega ao IML para exame cautelar de lesão corporal e apresenta equimose de coloração arroxeada em região do punho esquerdo, membro superior direito imobilizado por tala gessada devido à fratura óssea e inúmeras lesões de pequeno diâmetro, bordas crostosas e centro amarelado, envoltas por halo hiperemiado, típicas de queimaduras por choque elétrico, localizadas em região glútea bilateralmente. Em relação à resposta aos quesitos e com base no artigo 129 do Código Penal Brasileiro, como seria classificado esse caso?

a) As queimaduras caracterizam tortura, portanto tais lesões serão classificadas como lesões corporais do tipo gravíssimo.
b) A lesão de membro superior resultou em incapacidade para as ocupações habituais, por mais de trinta dias. Portanto trata-se de uma lesão corporal grave.
c) A equimose da região do punho esquerdo pode ser caracterizada como perigo de vida.
d) Está claro o meio insidioso ao observar a lesão do punho.
e) A fratura no membro superior determina que a lesão produziu perda dos movimentos do membro e é classificada como lesão corporal do tipo média.

07. **(AOCP – 2021 – PC/PA – DELEGADO)** Durante a noite, um duplo homicídio aconteceu no interior de um sítio próximo à rodovia. Não há família nem documentos no local do crime. Em relação ao processo de identificação dos cadáveres em questão, assinale a alternativa correta.

a) O reconhecimento facial dos cadáveres se dá ainda no local do crime por ação do Perito Papiloscopista, visto que este é o responsável pela gestão da equipe de Antropologia Forense.
b) A identificação por datiloscopia é um processo confiável, porém de difícil execução, pois exige um dispendioso esforço financeiro do estado que impossibilita o acesso a essa tecnologia.

c) Um caso como este só pode ter resolutividade através do exame de DNA. O Perito Médico Legista é o profissional responsável pela execução desse processo de identidade.
d) O policial civil que for designado para esse caso tem o dever de definir a identificação dos corpos ainda no local de crime pelo método antropométrico de Bertillon.
e) No sistema dactiloscópico de Vucetich, a impressão do polegar da mão direita denomina-se fundamental e é a base da classificação do sistema.

08. **(AOCP – 2021 – PC/PA – PAPILOSCOPISTA)** Quanto à antropologia forense, assinale a alternativa correta.
a) Identidade é o conjunto de caracteres que individualiza uma pessoa, fazendo-a distinta das demais.
b) Identificação é o processo de reconhecimento do indivíduo por seu familiar.
c) Uma perícia de identificação sempre é realizada por perito papiloscopista.
d) Os fundamentos biológicos que qualificam um método de identificação a ser considerado aceitável são peso, altura e tatuagens de um cadáver.
e) A identificação policial é feita apenas por legistas e exige o conhecimento e as técnicas médico-legais.

Gabaritos

01	A	02	C	03	C
04	A	05	B	06	B
07	E	08	A		